RÉPERTOIRE

DES

CONNAISSANCES USUELLES

LISTE DES AUTEURS QUI ONT CONTRIBUÉ A LA RÉDACTION DU 2ᵉ VOLUME DE CETTE ÉDITION.

MM.

Ahrens (H.), à Gœttingue.
Aicard (Jean).
Allent, ancien pair.
Arago (F.), de l'Académie des sciences.
Arago (Étienne).
Arago (Jacques).
Artaud, ancien inspecteur général.
Aubert de Vitry.
Audiffret (H.).
Auger, de l'Académie française.
Aycard (Marie).
Ballard (Charles).
Bandeville (L'abbé).
Bardin (Le général).
Baudry de Balzac.
Béchem.
Berthier (F.), profess. des Sourds-muets.
Berville, avocat général.
Béthune (F. de), capitaine d'état-major.
Blanchet (Docteur).
Bouchitté, recteur à Chartres.
Boulliet, ancien proviseur.
Bourdon (Isid.), de l'Acad. de médecine.
Boussingault, de l'Acad. des sciences.
Breton, de la *Gazette des Tribunaux*.
Bruker (A.).
Buchon.
Cadet-Gassicourt.
Castil-Blaze.
Cerise (Docteur).
Chabrol-Chaméane (E. de).
Chaix-d'Est-Ange, ancien bâtonnier.
Champagnac.
Champollion-Figeac.
Charbonnier (Docteur).
Charpentier, professeur à la Faculté des lettres de Paris.
Chasles (Philarète), professeur au Collège de France.
Chevalier (Auguste), ancien secrétaire général de la Présidence.
Clarion, ancien professeur à l'École de médecine de Paris.
Clavier, de l'Institut.
Constant (Benjamin).
Corey (B. de).
Cormenin (Vicomte de), conseiller d'État.
Degrange (Edmond).
Delaforest (A.).
Delamarche, ingénieur hydrographe.
Delbare (Th.).

MM.

Démezil.
Denne-Baron.
Des Genevez (A.).
Dino (Duc de).
Dubard, ancien procureur général.
Duchesne ainé, de la Bibliothèque nat.
Duckett (Docteur Alex.).
Duckett (W. A.).
Dufau (P. A.), directeur de l'Institution des Jeunes Aveugles.
Dufey (de l'Yonne).
Dumarsais.
Du Mège (Alex.).
Dupetit-Thouars, de l'Acad. des scienc.
Du Rozoir (Ch.).
Esménard (J. A.), de l'Institut.
Favé (L.), capitaine d'artillerie.
Feillet (A.).
Ferry, ancien examinateur à l'École polytechnique.
Fiévée (Joseph).
Forget, professeur à Strasbourg.
Français de Nantes (Comte).
Gallois (Napoléon).
Garnier (Jules).
Gaultier de Claubry.
Gimel (Ch. de).
Ginguené, de l'Institut.
Golbéry (de), ancien procureur général.
Granier de Cassagnac, député au Corps législatif.
Guizot (F.), de l'Académie française.
Héricourt (A. d').
Hertel (H.).
Kératry (de), ancien pair de France.
Klaproth, de l'Institut.
Lafage (Adrien de).
Lainé, généalogiste.
Lally-Tollendal (Marquis de), de l'Académie française.
Lamarque (Le général Max.).
Latouche (Henri de).
Laurent (de l'Ardèche), ex-représentant.
Laurent (L.), anc. chir. en chef de la mar.
Lavigne (E.).
Legláy (Edward), sous-préfet.
Legoyt (A.).
Lemoine (Édouard).
Lenormant (Ch.), de l'Institut.
Le Roux de Lincy.
Leroy (Onésime).

MM.

Louvet (L.).
Marrast (Armand), ancien président de l'Assemblée nationale.
Martin (Henri), lauréat de l'Acad. franç.
Matter (Albert).
Mazas (Alex.).
Mennechet (Ed.).
Merlieux (Ed.).
Millin, de l'Institut.
Monglave (Eug. G. de).
Montholon (Le général).
Muntz.
Norvins (J.).
Ortigue J. d'.
Paffe, professeur de philosophie.
Page (Th.), capitaine de vaisseau.
Parent-Réal, ancien avocat général.
Paton (Jules), banquier.
Pautet (Jules), sous-préfet.
Rabou (Ch.).
Reiffenberg (Le baron de).
Renier (Léon).
Reybaud (Louis).
Rochefort (Henri de).
Romey (Charles).
Rosseeuw-Saint-Hilaire, professeur à la Faculté des lettres.
Saint-Germain Leduc.
Saint-Marc Girardin, de l'Acad. franç.
Salvandy (du), de l'Académie française.
Sandeau (Jules).
Sarrans jeune, ex-représentant.
Saucerotte (Docteur).
Saussine (Émile).
Savagner (Aug.)
Say (J. B.), de l'Institut.
Sédillot, professeur au lycée Saint-Louis.
Suard, de l'Académie française.
Tastu (Madame Amable).
Teyssèdre.
Thiroux, officier supérieur d'artillerie.
Tiby (Paul).
Tollard ainé.
Toussenel (T.).
Vaudoncourt général G. de).
Viennet, de l'Académie française.
Viollet-Leduc.
Virey, de l'Académie de médecine.
Vivien, de l'Institut.
Voltaire.
Weiss (Ludwig).

DICTIONNAIRE

DE LA

CONVERSATION

ET DE LA LECTURE

INVENTAIRE RAISONNÉ DES NOTIONS GÉNÉRALES LES PLUS INDISPENSABLES A TOUS

PAR UNE SOCIÉTÉ DE SAVANTS ET DE GENS DE LETTRES

SOUS LA DIRECTION DE M. W. DUCKETT

Seconde édition

ENTIEREMENT REFONDUE
CORRIGÉE, ET AUGMENTÉE DE PLUSIEURS MILLIERS D'ARTICLES TOUT D'ACTUALITÉ

Celui qui voit tout abrège tout.
MONTESQUIEU.

TOME DEUXIÈME

PARIS

AUX COMPTOIRS DE LA DIRECTION, 9, RUE MAZARINE
ET CHEZ MICHEL LEVY FRERES, LIBRAIRES, 2 bis, RUE VIVIENNE

8°5ft 336(s)

DICTIONNAIRE
DE
LA CONVERSATION
ET DE LA LECTURE

ARIÉGE (Département de l'). Formé du Couserans, du pays de Foix et d'une partie du Languedoc, il est borné au nord par les départements de la Haute-Garonne et de l'Aude, à l'est par ceux de l'Aude et des Pyrénées-Orientales, au sud par celui des Pyrénées-Orientales et les Pyrénées, à l'ouest par le département de la Haute-Garonne.

Divisé en trois arrondissements, dont les chefs-lieux sont *Foix*, Pamiers et Saint-Girons, il renferme 20 cantons, 336 communes, et 270,535 habitants. — Il envoie six représentants à l'Assemblée nationale. — Il forme avec la Haute-Garonne, le Lot et Tarn-et-Garonne, le 18ᵉ arrondissement forestier, fait partie de la 9ᵉ division militaire, dont le quartier général est à Perpignan, compose le diocèse de Pamiers, suffragant de l'archevêché de Toulouse et Narbonne, et ressortit à la cour d'appel de Toulouse. — Son académie comprend 3 colléges communaux, une pension, 452 écoles primaires et une école ecclésiastique.

Sa superficie est de 454,808 hectares, dont 148,391 en terres labourables, 135,608 en landes, pâtis, bruyères, etc., 89,707 en bois, 33,522 en prés, 20,500 en forêts, domaines non productifs, 11,591 en vignes, 3,854 en lacs, rivières et ruisseaux, 1,679 en vergers, pépinières et jardins, 1,414 en propriétés bâties, 1,165 en étangs, abreuvoirs, mares, canaux d'irrigation, 750 en oseraies, aunaies et saussaies, 394 en cultures diverses, etc. — On y compte 47,911 maisons, 535 moulins, 53 forges et hauts fourneaux et 256 manufactures, fabriques et usines diverses. — Il paye 600,847 fr. d'impôt foncier. — Son revenu territorial est évalué à 9,841,000 fr.

Le département de l'Ariége, appuyé au faîte des Pyrénées, fait partie de leur versant septentrional, et du bassin de la Garonne. Sa surface forme deux vallées profondes et montueuses, à peu près d'égale largeur, celle de la Salat à l'ouest et celle de l'Ariége à l'est, qui sont séparées par un rameau de la chaîne des Pyrénées. Le Gers arrose toute la partie nord-est du département, et l'Arize la partie centrale, dans l'intervalle que les deux grandes vallées laissent entre elles. Couvert de montagnes, de forêts et de pâturages, le département de l'Ariége présente deux climats bien distincts. La partie méridionale est exposée aux froids les plus vifs, tandis que les vallées, plus au nord, éprouvent la douceur des climats tempérés. Les points culminants dans l'Ariége sont la Maladetta, qui a 3,312 mètres d'altitude; le Pic d'Estat, 3,141 m., et le Montcal, 3,080 m.

Les montagnes de ce département renferment beaucoup de bêtes sauvages et de bêtes fauves. Ses rivières sont poissonneuses. — Les essences dominantes des forêts sont le pin, le chêne et le hêtre. On récolte sur les montagnes des plantes médicinales et aromatiques. — Le sol est riche en minéraux de toutes sortes : en mines de fer, de plomb, de cuivre, de zinc, de plombagine, de jais, d'alun ; en carrières d'ardoises, de plâtre, de pierres à rasoirs, de pierres de touche; en houillères et tourbières, en terres à faïence et à poterie, en marbres de toutes qualités et de toutes couleurs, qui sont une des principales richesses du pays : les beaux marbres statuaires de Bélesta sont surtout renommés. Mais le fer est la production minérale la plus importante : les seules mines de Rancié, dans la vallée de Vic-d'Essos, alimentent dans le département et lieux circonvoisins plus de soixante-dix forges catalanes. Le département de l'Ariége possède aussi un grand nombre de sources d'eaux thermales et minérales, dont les plus renommées sont celles d'Ax, d'Ussal et d'Andinac. Plusieurs rivières, l'Ariége notamment, charrient des paillettes d'or, et jadis des mines d'argent y ont été exploitées.

Quoique les terres de ce département soient généralement de médiocre qualité, et qu'un tiers à peu près de l'étendue de son territoire soit stérile, cependant la récolte des céréales et autres graines suffit à la consommation locale. Les coteaux fournissent des vins ordinaires pour la boisson des habitants; outre ces productions, le lin, le chanvre, les fruits, le beurre, le fromage, le miel, la cire, le liége, sont des objets d'un commerce important. Mais la principale branche de l'industrie agricole du pays est l'élève et l'engrais des bestiaux des riches et nombreux pâturages qui couronnent les montagnes.

L'industrie manufacturière consiste principalement dans le travail du fer et des autres substances minérales que fournit le pays. Ils y donnent lieu à une grande activité. Outre des forges à la catalane et des hauts fourneaux, le département possède des aciéries très-estimées, des fabriques de limes, de faux, etc.; des manufactures de draps, de castorines, de serges, d'étoffes de coton; des filatures de laines, des tanneries, des papeteries, des verreries, des faïenceries, des manufactures de produits chimiques, des ateliers de tabletterie, etc.

Les voies de communication consistent en deux rivières navigables, la Salat et l'Ariége, trois routes nationales, treize départementales, et 1229 chemins vicinaux. La route de Toulouse à Puycerda, qui traverse le département de l'Ariége, est l'une des plus importantes voies de communication entre la France et l'Espagne.

Les villes du département de l'Ariége sont proportionnées pour le nombre et l'étendue au peu d'importance de sa population ; mais elles sont presque toutes fort jolies et très-agréablement situées. *Foix*, chef-lieu du département, semble cependant faire exception à cette règle ; mais *Tarascon-sur-Ariége* est dans une position charmante, au confluent de l'Ariége et du torrent qui descend de la vallée de Vic-d'Essos. *Ax* est célèbre par ses trente-deux sources thermales, dont la chaleur varie de 18 à 60 degrés, et réparties sur trois points : Teix, l'Hôpital, et Couloubret. En descendant vers le nord, on trouve *P a m i e r s*, siége épiscopal ; *Saint-Girons*, remarquable par la régularité de ses rues, et arrosée par le Salat, qui dans son cours rapide met en mouvement des usines, de belles papeteries et des fabriques d'étoffes. Cette ville de 4,000 habitants fait un grand commerce avec l'Espagne. A peu de distance on remarque *Saint-Lizier*, bourg de 1,400 habitants. Appelée jadis *Austria*, cette ville fut la capitale des *Consorrani*. Elle eut longtemps des évêques, dont saint Lizier (mort en 752) fut le plus célèbre. Mais, ô vicissitudes humaines ! le palais épiscopal est aujourd'hui un dépôt de mendicité.

ARIENS, ARIANISME. On appela ainsi les partisans et la doctrine d'A r i u s, prêtre d'Alexandrie, qui vers l'an 318 prétendit que le Christ, fils de Dieu, était le plus noble des êtres créés de rien ; qu'il était, par conséquent, inférieur à Dieu et produit par sa libre volonté. Cette opinion fut condamnée en 320, au synode d'Alexandrie, puis, en 325, au concile général de N i c é e, par les partisans d'A t h a n a s e, qui accordaient au Fils de Dieu une complète égalité d'essence avec le Père (ὁμοούσια, en grec, d'où on les surnomma *homosiens*), et déclaraient ne vouloir désigner son rapport avec le Père que par les mots *procréation éternelle*. Malgré la proscription qui frappa son parti, Arius n'en réussit pas moins à se faire de chauds adhérents, et Constantin le Grand, par amour de la paix, s'occupait de le faire recevoir de nouveau dans la communion chrétienne, lorsqu'il expira subitement en 336.

Après sa mort, le nombre de ses disciples s'accrut considérablement, surtout lorsqu'en 337 Constantin se fut fait administrer le baptême suivant le rite arien. Sous Constance cette croyance devint la théologie officielle de l'État ; et à partir de 350, époque où Constance régna seul, elle domina en Occident, puisque Rome elle-même dut accepter un évêque arien, Félix. Mais les discordes intestines des sectaires que le catholicisme persistait à anathématiser finirent par assurer le triomphe de celui-ci et par faire comprendre l'*homousia* au nombre des dogmes de l'Église orthodoxe. Déjà les *semi-ariens*, qui avaient pour chefs Basile d'Ancyre et Georgius de Laodicée, s'étaient rapprochés d'elle en soutenant la similitude d'essence du Fils avec le Père (ὁμοιούσια, d'où leur surnom d'*homoïousiens*) ; c'est ainsi qu'ils étaient parvenus à saisir la toute-puissance à la cour de l'empereur. Les exagérations des ariens rigides A é t i u s et Eunonius de Cappadoce, appuyées de leurs nombreux adhérents, contribuèrent encore plus au triomphe définitif des orthodoxes. En soutenant au synode de Sirmium, en 357, que le Fils de Dieu est d'une essence tout autre que le Père (d'où on les appela *hétérousiens*, ou encore *anoméens*), ils soulevèrent contre eux jusqu'aux semi-ariens ; et, en voulant ramener le baptême à une immersion complète, ils scandalisèrent le peuple.

L'empereur Julien, malgré son mépris pour le christianisme, accordait à toutes les sectes la même tolérance, et ne souffrait pas de querelles religieuses dans l'empire, acheva de faire triompher l'orthodoxie. A partir de l'an 364 l'arianisme parvint cependant encore à dominer quelque temps en Orient, et put même se permettre des actes de violence contre les catholiques. Mais Gratien rétablit la paix dans l'empire, et Théodose rendit aux Athanasiens leur prépondérance passée. En outre, les discordes qui éclatèrent entre les ariens eux-mêmes hâtèrent la fin de leur influence et de leur considération dans l'empire romain.

Dès la première moitié du cinquième siècle cette hérésie avait donc complétement disparu de la partie de l'empire romain qui reconnaissait encore l'autorité suprême des empereurs. Mais elle continua à dominer dans l'ouest, chez les Goths, qui avaient été convertis au christianisme vers l'an 340 par des ariens, jusqu'à ce que les victoires du roi Frank Clovis et les réformes opérées dans l'Église par le roi des Visigoths Récarède l'en eussent également expulsée vers la fin du cinquième siècle. A la même époque elle était aussi exterminée chez les Suèves d'Espagne, qui l'avaient professée cent ans. Les Bourguignons, qui l'avaient adoptée en l'an 450, l'abandonnèrent au commencement du sixième siècle. Il fût plus difficile de convertir les Vandales au catholicisme. Depuis l'an 430 ils étaient de rigides sectaires d'Arius : ils avaient maintenu son église toute-puissante dans le nord de l'Afrique en même temps qu'ils se livraient aux persécutions les plus cruelles contre les catholiques. Les victoires de Bélisaire mirent seules fin à leur empire en 534, et firent cesser leur séparation d'avec l'Église orthodoxe. Mais ce fut chez les Lombards que l'arianisme resta le plus longtemps enraciné. Ces peuples, qui avaient apporté avec eux en Italie, lui demeurèrent fidèles jusqu'en 662. Depuis lors les ariens n'ont plus constitué nulle part un parti ; et si en France, au douzième et au treizième siècle, on a accusé les albigeois d'enseigner des doctrines analogues, si, d'un autre côté, tous les sectaires qu'on a compris, à partir du seizième siècle, sous la dénomination d'anti-trinitaires ont admis en réalité que le Fils est inférieur au Père, ceux-ci néanmoins pas plus que ceux-là ne sauraient être considérés comme ariens.

ARIETTE (en italien *arietta*, diminutif d'*aria*, air). Ce mot n'a point été usité dans le sens propre qu'il a en italien, et jamais il n'a signifié un *petit air*, par opposition à ce que l'on nommait les *grands airs* ou *récits*. Comme ces derniers étaient presque toujours écrits en mouvements lents dans l'ancienne musique française, s'il apparaissait quelque morceau d'un mouvement plus vif et d'un rhythme plus marqué, on le nommait *ariette*. C'est plutôt par le mouvement que par l'étendue que dans l'origine les ariettes différaient des airs ; et en effet l'ancien répertoire offre quantité d'ariettes qui ont tout le développement que l'on donnait aux airs de cette époque. Plus tard ce terme a désigné les airs à voix seule, quel qu'en fût le mouvement. Un autre caractère de l'ariette était de n'être jamais à *couplets* : tous ses vers devaient avoir une musique qui leur fût propre, ce qui n'empêchait pas toutefois les répétitions mélodiques. Les pièces que nous appelons aujourd'hui *opéras-comiques*, dénomination qui n'est pas toujours parfaitement justifiée, se nommaient au siècle passé *comédies à ariettes* ou *mêlées d'ariettes* ; on avait aussi des *journaux d'ariettes*. Ce mot est tout à fait tombé en désuétude.

A. DE LAFAGE.

ARIKI. *Voyez* KOUMISS.
ARIMANE. *Voyez* AHRIMAN.
ARIMASPES, peuple fabuleux, que l'on place tantôt en Scythie, tantôt dans les monts Riphées, et que l'on confond souvent avec les Cyclopes. Comme eux, a-t-on dit, ils n'avaient qu'un œil au milieu du front, et, voisins des griffons, ils leur faisaient une éternelle guerre. Ces griffons étaient, ajoutait-on, des animaux sauvages, qui, guidés par un instinct singulier, fouillaient dans les entrailles de la terre pour en tirer de l'or et des pierres précieuses ; et lorsqu'ils avaient trouvé leur proie, ils auraient plutôt perdu la vie que de l'abandonner.

Tous ces contes puérils ont été accrédités par les témoignages d'écrivains de grand poids, tels que Pline, Pomponius Méla, Strabon et Pausanias. La plupart en parlent comme d'un peuple qui n'aurait existé que dans la première origine des siècles. Diodore de Sicile est le seul qui assure qu'ils formaient un corps de nation du temps de Cyrus, qui leur donna le nom d'Évergètes, *bienfaisants*. L'armée de ce prince éprouvait en effet toutes les horreurs de la famine, et ses soldats étaient réduits à se manger les uns les autres, quand les Arimaspes leur envoyèrent trois mille chariots de blé. Suivant le même auteur, ils existaient encore du temps d'Alexandre, qui les aurait rangés sous son obéissance. Étienne de Byzance les place autour de la forêt Hercynienne.

Puis sont venus les étymologistes : *Ari*, a-t-on dit, signifie en langage scythe, *un*, et *maspos*, *œil*. C'est que les Sarmates étaient armés de la lance et du bouclier, tandis que les Arimaspes, leurs ennemis, ne se servaient que de l'arc et des flèches. Or, comme pour mieux diriger leurs coups ils fermaient un œil et tenaient l'autre ouvert, l'opinion n'a pas manqué de les qualifier de *borgnes* ou de *cyclopes*.

ARINE (Coupole d'). *Arine* ou *Arim* est une ville d'Asie, dont les tables géographiques des Orientaux font souvent mention. En effet, les Arabes, à une certaine époque, comptèrent les longitudes à partir de la *coupole d'Arine*, parce qu'ils supposaient ce point justement situé sur l'équateur, et à égale distance des colonnes d'Hercule et de celle d'Alexandre. Cette *coupole d'Arine*, ainsi caractérisée, n'est probablement qu'une application de l'idée très-ancienne de la *coupole de la terre*, l'ὄμβαλὸς θάλασσης des Grecs, l'*umbilicus terræ* des Latins.

Le traité d'astronomie d'Aboul-Hassan nous fournit le premier exemple d'une table de longitudes géographiques calculées pour le méridien de la coupole d'Arine, et ce n'était point de la part des Arabes une ruse ou un déguisement ayant pour objet de dissimuler des emprunts faits à Ptolémée; ils avaient corrigé l'erreur du géographe d'Alexandrie sur le bassin de la Méditerranée, erreur qui ne s'élevait pas à moins de 20° en longitude, et que Guillaume Delisle signalait pour la première fois au commencement du dix-huitième siècle. Ils avaient été conduits tout naturellement à substituer au méridien des îles Canaries ou des Fortunées, dont se servaient les Grecs, et qui ne pouvait s'accorder avec leurs nouvelles évaluations, le méridien central de la coupole d'Arine, qui leur offrait toutes les conditions nécessaires de raccordement pour leur rectification.

L.-Am. SÉDILLOT.

ARIOBARZANE. *Voyez* CAPPADOCE.

ARION, inventeur du dithyrambe, né à Méthymne, dans l'île de Lesbos, florissait l'an 625 avant J.-C. Il vécut à la cour de Périandre, roi de Corinthe, et parcourut la Sicile et l'Italie. A Tarente, il remporta le prix sur les musiciens qui osaient lui disputer la palme. S'étant embarqué avec ses trésors sur un vaisseau corinthien pour retourner auprès de son ami Périandre, les matelots, excités par la cupidité, formèrent le projet de l'assassiner pour s'emparer de ses richesses; mais Apollon lui découvrit dans un rêve le danger qui le menaçait. Arion, vêtu comme en un jour de fête, et la lyre à la main, s'avança alors sur le pont, et chercha par ses douces chansons à toucher le cœur de ses compagnons de voyage. Les dauphins, rassemblés autour du bâtiment, l'écoutaient avec avidité; quant aux matelots, ils restaient insensibles à ses accents. Arion, voyant qu'ils persévéraient dans leur dessein, prit la résolution de leur échapper par une mort volontaire, et se précipita dans la mer; mais un dauphin le prit sur son dos; et tandis que par la magie de ses accords il forçait les flots à s'abaisser devant lui, son sauveur fendait rapidement les ondes, et s'approchait du rivage. Il le débarqua sain et sauf au promontoire de Ténare (aujourd'hui le cap Matapan), d'où il se rendit à Corinthe.

Ici les mythographes ne sont plus d'accord : suivant les uns, Périandre le reçut avec de grandes démonstrations de joie et érigea un monument au dauphin qui l'avait sauvé; d'après une autre version, le prince, ne pouvant ajouter foi au récit du prodige, fit jeter dans les fers le pauvre poëte, qui y resta jusqu'à l'arrivée du vaisseau. Tout s'éclaircit alors. Les perfides matelots, interrogés par le roi, lui répondirent qu'Arion était mort pendant la traversée. Le poëte parut à ce moment devant eux, et les coupables, convaincus de leur crime, furent mis en croix par ordre de Périandre. La lyre d'Arion et le dauphin qui l'avait sauvé furent placés au ciel, où ils devinrent de brillantes constellations. On n'a des poésies d'Arion qu'un hymne à Neptune, qui se trouve imprimé dans les Analectes de Brunck.

ARIOSTE (L'), LODOVICO ARIOSTO, né à Reggio, le 8 septembre 1474, d'une noble famille, annonça de bonne heure les plus remarquables dispositions pour la poésie. Il suivit les cours de l'université de Ferrare et, suivant le désir de son père, qui était membre du premier tribunal de Ferrare, il commença par se consacrer à l'étude du droit; mais plus tard les belles lettres l'absorbèrent tout entier. Plaute et Térence lui fournirent le sujet de deux comédies, *La Cassaria*, et *I Suppositi*; et un recueil de poésies lyriques en italien et en latin appela sur lui l'attention du cardinal Hippolyte d'Este, frère du duc de Ferrare, Hercule Ier, à qui son père avait longtemps été attaché. Placé d'abord en qualité de gentilhomme dans la maison du cardinal, il obtint sa confiance, l'accompagna dans ses voyages, et fut plus tard employé à plusieurs affaires importantes par le duc Alphonse, frère et successeur d'Hercule Ier. Ces affaires ne l'empêchèrent pas d'accomplir l'œuvre qui a immortalisé son nom. Ce fut en effet parmi les distractions de tous genres que lui offrait la cour qu'il composa son *Orlando Furioso*. Dix années environ furent consacrées au travail de ce grand poëme, qui forme suite à l'*Orlando Innamorato* du Bojardo, et qui ne saurait même être compris dans toutes ses parties sans une lecture préalable du poëme du Bojardo. L'Arioste en montra le manuscrit au cardinal d'Este, son protecteur, qui ne lui rendit avec ces mots : *Dove, Diavolo, messer Ludovico, avete pigliato tante coglionerie* (Où diable, messire Louis, avez-vous pris tant de sottises)? Le poëte, sans se laisser décourager par ce jugement, publia le *Roland Furieux* en 1516, et l'admiration de l'Italie entière le dédommagea des dédains du cardinal. A cette époque, il se brouilla avec le prince, parce qu'il refusa, en alléguant sa faible santé, de l'accompagner dans un voyage en Hongrie. Le duc Alphonse Ier se fit alors le patron déclaré de l'Arioste à la place de son frère, et l'admit même dans son intimité, mais sans jamais néanmoins le tirer de ces embarras de fortune et de famille presque inséparables d'une grande renommée littéraire. En 1522 Alphonse l'investit d'un emploi qui semblait devoir être étranger à la nature toute paisible de ses occupations habituelles, et dans lequel il faut même plutôt voir une disgrâce qu'une faveur. Il le nomma gouverneur d'un district de l'Apennin, révolté et infesté de bandits, le sauvage district de Garfaguana. L'Arioste s'acquitta à merveille de ses nouvelles fonctions : il apaisa les troubles, et s'acquit un grand empire sur les bandits. Un jour, le gouverneur poëte, plus rêveur que de coutume, étant sorti en robe de chambre d'une forteresse dont il faisait sa résidence habituelle, tomba entre leurs mains. Un d'eux le reconnut, et avertit le reste de la bande que leur prisonnier était le seigneur Ariosto. Au nom de l'auteur de l'*Orlando Furioso*, tous ces brigands tombent à ses pieds, et le conduisent jusqu'à la forteresse en lui disant que la qualité de poëte leur faisait respecter, dans sa personne, le titre de gouverneur. Cette anecdote a été révoquée en doute, de même que d'autres aventures dont les biographes ont évidemment exagéré les circonstances.

De retour à Ferrare, l'Arioste fit représenter pour la fête de la cour plusieurs comédies qu'il avait anciennement composées; et il donna en 1532 la seconde édition de son poëme, qu'il corrigeait soigneusement depuis quelques années. Peu de temps après cette publication, il fut attaqué d'une maladie de vessie, à laquelle il succomba, après huit mois de souffrances. Il montra beaucoup de calme à ses derniers moments, et sur son lit de mort il disait à ceux qui l'entouraient « que plusieurs de ses amis étaient déjà partis ; qu'il souhaitait de les revoir, et que chaque moment le faisait languir tant qu'il ne serait point parvenu à ce bonheur ».

L'Arioste mourut le 6 juin 1533. Ce grand poëte se distinguait par tous les avantages extérieurs, ainsi que par la douceur du caractère, l'affabilité des manières et la noblesse des sentiments. Il avait été riche, et il aimait la vie élégante ; mais sur la fin de ses jours des revers de fortune le contraignirent à diminuer son train et à se contenter d'une modeste maison qu'on voit encore aujourd'hui à Ferrare. Voici comment le juge Ginguené, dans son *Histoire littéraire d'Italie* : « Il avait une belle figure, les traits réguliers, le teint vif et animé, l'air ouvert, bon et spirituel. Sa taille était haute et bien prise, son tempérament robuste et sain, si l'on en excepte un catarrhe dont il fut quelquefois attaqué. Il aimait à se promener à pied, et ses distractions, causées par les méditations, la composition ou les corrections dont il était continuellement occupé, le menaient souvent plus loin qu'il n'en avait eu le projet. C'est ainsi que, par une belle matinée d'été, voulant faire un peu d'exercice, il sortit de Carpi, qui est entre Reggio et Ferrare, mais beaucoup plus près de Reggio, et qu'il arriva le soir à Ferrare en pantoufles et en robe de chambre, sans s'être arrêté en chemin. Sa conversation était agréable, piquante et respirait la franchise et l'urbanité autant que l'esprit. Ses bons mots étaient pleins de sel ; sa manière de raconter était originale et plaisante ; et ce qui manque rarement son effet, quand il faisait rire tout le monde, il était lui-même fort sérieux. Les auteurs qui ont écrit sa vie avec le plus de détails le représentent doué de toutes les qualités sociales, sans orgueil, sans ambition, réservé dans ses discours et dans ses manières, attaché à sa patrie, à son prince, et surtout à ses amis ; sobre, quoique grand mangeur, et sans goût pour les mets recherchés, comme pour les repas bruyants. Ils le représentent aussi peu studieux, ne lisant qu'un petit nombre de livres choisis ; travaillant peu de suite, très difficile sur ce qu'il avait fait, corrigeant ses vers et les recorrigeant sans cesse. Depuis qu'il eut formé le projet de faire un poëme épique, il joignait à ses études poétiques l'histoire et la géographie ; ses connaissances géographiques surtout s'étendaient aux plus petits détails. Il aimait les jardins, et les traitait notamment en ne se lassant jamais de semer, de planter, de transplanter, de changer la distribution des carrés et des allées. Il avait surtout souvent de prendre une plante pour l'autre ; il élevait comme précieuses les herbes les plus communes, et les voyait éclore avec une joie d'enfant, pour n'y plus songer le lendemain. Il avait un autre goût plus cher, celui de bâtir et de faire dans sa maison des changements continuels ; et il plaisantait souvent sur le malheur de ne pouvoir changer aussi facilement et à aussi peu de frais sa maison que ses vers. Son esprit vif, ingénieux et habile, a emprunté tous les tons, s'est peint dans ses ouvrages, surtout dans le *Roland Furieux*, qui les a tous effacés. L'Arioste peut être regardé comme le créateur d'un genre d'épopée dans lequel ses imitateurs, y compris Voltaire, sont restés bien loin de lui. Aucun poëte en effet ne l'a égalé dans ce genre d'épopée, où l'épopée a bien une autre carrière à fournir que dans l'épopée purement héroïque. Aucun n'a mêlé avec autant d'adresse le sérieux et le plaisant, le gracieux et le terrible, le sublime et le familier. Aucun n'a mené de front un aussi grand nombre de personnages et d'actions diverses, qui tous concourent au même but. Aucun poëte n'a été plus poète dans son style, plus varié dans ses tableaux, plus riche dans ses descriptions, plus fidèle dans la peinture des caractères et des mœurs, plus vrai, plus animé, plus vivant. »

L'*Orlando Furioso* est, on peut le dire, le chef-d'œuvre de l'épopée romantique, un poëme où l'éclat du récit se marie constamment à la grâce et à la délicatesse achevées du style. Une imagination toujours vive, toujours jeune, l'anime d'un bout à l'autre et y sème à chaque pas des charmes impérissables. En outre, le poëte y déploie un art admirable pour croiser et enchaîner ses épisodes, qu'il lui arrive souvent d'interrompre avec une visible malice, puis qu'il renoue plus loin, pour en faire un enchaînement tel que ce ne serait pas chose aisée que de vouloir faire l'analyse complète de ce poëme, qui ne se compose pas de moins de quarante-six chants. Ce sont ces éminentes qualités qui ont fait ranger à bon droit l'Arioste au nombre des grands maîtres en poésie ; et elles lui ont en outre valu parmi ses concitoyens le surnom de *Divin*. Indépendamment de ce grand poëme, on a de l'Arioste un certain nombre de comédies, de satires et de sonnets, ainsi qu'un recueil de vers latins ; toutes productions dans lesquelles on retrouve plus ou moins l'empreinte de son génie. Les deux éditions les plus rares de l'*Orlando Furioso* sont : la première, de Ferrare, in-4°, où le poëme n'a que quarante chants, et la seconde, de 1532, aussi in-4°, où il y en a quarante-six. On distingue aussi les deux éditions qu'en ont données les Alde (Venise, 1545, in-4°; *ibid.*, 1584). L'*Orlando Furioso* a été traduit en français par d'Ussieux, par le comte de Tressan, par M. Creuzé de Lesser. La plus récente édition qui en ait été publiée en Italie est celle de Vincenzo Gioberti (2 vol. ; Florence, 1846).

En 1845 M. Innocenzo Giampieri, conservateur-adjoint de la Bibliothèque Palatine du grand-duc de Toscane à Florence, découvrit dans un village du Ferrarais le manuscrit d'une grande partie d'un poëme épique inédit attribué à l'Arioste, et intitulé *Rinaldo l'Ardito* (Renaud le Hardi). Ce manuscrit n'est pas complet, mais on suppose qu'il est entièrement de la main de l'auteur du *Roland Furieux*; car l'écriture ressemble jusqu'aux moindres détails aux autographes de l'Arioste que l'on a conservés à Ferrare. Cependant, on doit s'étonner que Virginio Ariosto n'ait pas parlé de ce poëme dans les mémoires qu'il a publiés sur sa famille en 1533, et où il donne les détails les plus circonstanciés sur les œuvres de son père. Ce n'est qu'en 1551 qu'un bibliographe florentin, Antonio-Francesco Dona, en fit mention dans une espèce de catalogue intitulé *Libreria*. Mais on regarda longtemps ce poëme comme une invention de Dona. Girolamo Baruffaldi, dans une biographie de l'Arioste, qu'il publia vers le milieu du siècle dernier, lit le *Rinaldo Ardito*, et déclare avoir vu un manuscrit qui en contient deux cent quarante-quatre stances. Il y a tout lieu de croire que c'est ce même manuscrit qu'a retrouvé M. Giampierri. Les stances qui restent forment le troisième, le quatrième et le cinquième chants complets du poëme, et une partie du deuxième et du sixième. Tout le reste manque. Il résulte des fragments du sixième chant, dans lesquels l'auteur parle beaucoup de la bataille de Pavie et de la prise de François Ier, que le *Rinaldo Ardito* a été composé par l'Arioste vers 1525, c'est-à-dire neuf ans après la publication du *Roland Furieux* et huit ans avant sa mort. Le manuscrit découvert par M. Giampierri est d'une écriture rapide, et, comme les autographes de l'Arioste, il est plein de ratures et de corrections. M. Giampierri est parvenu néanmoins à le déchiffrer, et il en a donné une édition dont le grand-duc de Toscane a fait les frais.

L'Arioste eut un frère, *Gabriele* Augusto, plus jeune que lui, et qui était impotent des pieds et des mains. Dans la dernière partie de sa vie, Gabriel composa des vers ; et il a laissé un volume de poésies latines qui a été publié à Ferrare après sa mort. Il termina la comédie *La Scolastica*, que son frère avait laissée inachevée. Son fils, *Orazio*

Ariosto, devint chanoine de la cathédrale de Ferrare. Orazio fut intimement lié avec le Tasse et écrivit les *Argomenti*, ou le résumé en vers de chacun des chants de la *Gerusalemme liberata*. Pour défendre le grand poëme de son oncle contre la critique, il écrivit : *Difesa dell' Orlando Furioso del l'Ariosto, contra alcuni luoghi del Dialogo dell' épica poesia di Camillo Pellegrino* (Ferrare, 1585). Il laissa inachevé un poëme, *L'Alfeo* ; on a aussi de lui des comédies et quelques petits poëmes restés manuscrits.

ARIOSTI (LIPPA). Cette jeune fille de Ferrare, qui unissait tous les charmes de la beauté physique à toutes les grâces de l'esprit, pour être née dans une condition infime, n'en était pas moins digne de la position la plus élevée.

Elle inspira l'attachement le plus vif à Obizzone, marquis d'Este, qui eut d'elle cinq enfants, et qui l'épousa sur la fin de ses jours, en 1352, à l'effet de légitimer par là les fruits de leurs amours. Ces enfants sont la souche de l'illustre maison d'Este, qui pendant si longtemps a régné sur les duchés de Ferrare, de Reggio et de Modène.

ARIOVISTE, dont le nom teuton, EHRENVEST, signifiait *fort en honneur*, était un chef de ces peuplades germaines qui s'étaient établies sur les rives du Rhin. Dans le principe il était l'ami et l'allié des Romains ; mais plusieurs nations gauloises des rives de la Saône et de la Loire, qui supportaient impatiemment le joug des Germains, implorèrent le secours de César contre lui. César le fit sommer d'avoir à mettre en liberté les otages des Éduens, et lui fit défendre de faire à l'avenir passer le Rhin à de nouvelles tribus germaines. Arioviste répondit que personne n'avait le droit de lui prescrire avec qui il lui était ou non loisible de faire la guerre. César, sur cette réponse, marcha contre lui et le joignit, l'an 58 avant J.-C., sous les murs de Vesontium (*Besançon*), capitale des Séquanais. Les Romains, par suite des descriptions effrayantes qu'on leur avait faites de la taille et de la figure des Germains, faillirent un instant perdre courage ; un grand nombre de soldats firent leur testament ; César, cependant, releva le moral de ses troupes par une de ces allocutions militaires dont les grands capitaines ont seuls le secret.

Lorsque les deux armées se trouvèrent en présence, César s'entretint avec le chef germain une entrevue qui n'amena aucun accommodement. Cependant, à la prière d'Arioviste, il consentit à envoyer encore une fois des députés à son camp ; on les y retint prisonniers. Le chef germain s'établit ensuite dans un camp retranché, et refusa la bataille que lui offrait César. Celui-ci eut bientôt le secret de cette singulière tactique ; les devineresses germaines avaient défendu d'en venir aux mains avant la nouvelle lune. Aussitôt, profitant de leur superstition, César attaqua les Germains dans leurs propres retranchements, et leur fit essuyer une complète déroute ; plus de quatre-vingt mille des leurs mordirent la poussière. Arioviste ne réussit qu'à grand'peine à repasser le Rhin. Deux de ses femmes périrent dans cette désastreuse retraite, et de ses deux filles, l'une fut tuée et l'autre faite prisonnière. Sa défaite refoula pour quelque temps le torrent des invasions germaines, destinées dès lors dans un avenir très-rapproché à changer la face du monde romain.

ARISTARQUE, poëte tragique, de Tégée en Arcadie (420 avant J.-C.). Le premier il fit, dit-on, chausser le cothurne aux acteurs tragiques, et composa soixante-dix tragédies, dont une (*Achillis*) a été traduite par Ennius et imitée par Plaute dans son *Pœnulus*. Suidas et Athénée en font mention.

ARISTARQUE DE SAMOS, géomètre et astronome célèbre, naquit vers l'an 267 avant J.-C. Ses travaux eurent pour objet le système de l'univers. Il créa une méthode ingénieuse pour déterminer la distance du Soleil à la Terre par la dichotomie de la Lune. Partageant l'opinion de l'école pythagoricienne sur le mouvement de la Terre autour du Soleil, il fit de nombreux efforts pour faire prévaloir cette hypothèse à Alexandrie. Il composa dans ce but divers écrits, dont il n'est venu jusqu'à nous qu'une faible partie ; mais, il fut accusé de troubler par cette opinion le repos des dieux.

Le seul de ses ouvrages que nous possédions en entier, *De Magnitudine et Distantia Solis et Lunæ*, imprimé en 1498 (Venise, in-fol.), en 1572, en 1688, par les soins de Wallis (Oxford), a été traduit du latin par M. de Fortia (Paris, 1808). Vitruve attribue à Aristarque l'invention des cadrans solaires.

ARISTARQUE. Ce critique célèbre, formé à l'école du grammairien Aristophane de Byzance, naquit dans la Samothrace, 160 ans avant J.-C., et eut Alexandrie pour patrie adoptive. Ptolémée Philométor, qui l'estimait beaucoup, lui confia l'éducation de ses enfants. Il exerça la hardiesse et la sagacité de sa critique, soit comme reviseur de textes, soit comme juge de la pureté grammaticale, sur Pindare, Aratus et divers autres poètes, mais principalement sur Homère. Il composa environ quatre-vingt livres, dont neuf de corrections des œuvres de ce génie immortel. Depuis Lycurgue jusqu'à Aratus on ne s'était occupé qu'à recueillir, mettre en ordre et reproduire le plus correctement possible tout ce qu'on avait pu rassembler du chantre sublime de la guerre de Troie. Aristarque fit plus : il poursuivit d'un trait impitoyable tout vers qu'il n'approuvait pas, admettant ou rejetant sans scrupule ce qui lui paraissait plus ou moins digne de cette grande renommée antique. C'est à lui enfin que nous devons l'*Iliade* et l'*Odyssée* telles que nous les possédons aujourd'hui. C'est lui qui, pour rendre la lecture de ces poëmes plus facile, les divisa chacun en vingt-quatre chants ; il en supprima aussi les vers qui lui semblèrent apocryphes, changeant souvent de place ceux qu'il conservait, modifiant, rectifiant, etc.

Aussi son travail fut-il vigoureusement attaqué, même de son vivant : Zénodote le jeune, le stoïcien Cléanthe, Lucien, Philoxène, Strabon, Plutarque, Athénée et une foule d'autres savants appréciateurs l'accusèrent de caprice et de partialité. Mais la découverte du manuscrit de Venise, sur lequel Villoison a basé son édition de l'*Iliade*, a mis les modernes à même de décider jusqu'à quel point les reproches des adversaires d'Aristarque étaient fondés. Après avoir passé la plus grande partie de ses jours à Alexandrie, il se réfugia dans l'île de Chypre, où il se laissa mourir de faim, à l'âge de soixante-douze ans, pour échapper aux douleurs cruelles d'une hydropisie dont il était atteint.

Aujourd'hui encore le nom d'*Aristarque*, opposé à celui de *Zoïle*, sert à désigner un critique profond et consciencieux, dont les jugements font autorité.

ARISTÉAS ou ARISTÉE, personnage qui appartient à l'histoire de la littérature grecque, et dont cependant l'existence est demeurée problématique. La tradition ordinaire le fait vivre au troisième siècle avant J.-C., à la cour du Ptolémée-Philadelphe, qui l'aurait chargé d'aller chercher à Jérusalem soixante-dix savants pour traduire les livres saints ; vaste travail, qui constitue la version grecque de l'Ancien Testament dite *Septante*.

On trouve la première mention de cette histoire de la traduction précitée dans un ouvrage connu dès le premier siècle de l'ère chrétienne, qui a fut pour la première fois imprimé à Bâle en 1561. Autrefois on regardait Aristée lui-même comme l'auteur de cette traduction. Mais la critique moderne a démontré que ce ne pouvait être que l'ouvrage d'un Juif d'Alexandrie, qui a même dû vivre avant l'époque de J.-C.

ARISTÉE, fils d'Apollon et de la nymphe Cyrène, fille du fleuve Pénée, naquit dans la Libye (Cyrénaïque), et fut élevé par les nymphes. Son culte était fort ancien dans les îles de la mer Égée, et s'y liait à celui de son père. C'est probablement la religion primitive de quelques-unes des terres de cet archipel. Les poëtes grecs ont chanté ses bienfaits ; et des médailles, des sculptures antiques reproduisent ses traits, ses attributs et son nom. Selon les mythographes, il avait enseigné aux hommes la vie pastorale et l'art d'élever des bestiaux, de traire les vaches, de faire du beurre et du fromage, de chasser, de dompter les animaux féroces, de presser les olives pour en extraire de l'huile, d'appliquer, à l'exemple de son père, la vertu salutaire des plantes à la guérison des plaies. On lui attribue enfin la construction des ruches et l'élève des abeilles, d'où lui vient le surnom de *Mélissée*.

Ses troupeaux paissaient sur le mont Lycée en Arcadie : aussi Virgile, dans ses *Géorgiques*, le célèbre-t-il comme le berger de cette contrée. Mais il était plus particulièrement vénéré dans l'île de Céos ; M. Brœndsted croit avoir découvert les ruines d'un de ses temples à Cortéia. La mythologie mentionne encore son séjour dans l'île d'Eubée ; elle le représente comme l'instituteur de Bacchus et son compagnon, son Mentor dans son expédition des Indes. Hésiode parle du mariage d'Aristée avec Autonoé, princesse de Thèbes, fille de Cadmus et d'Harmonie. Il lui donne pour fils Actéon. A Corcyre il était représenté à peu près comme Jupiter, avec qui il partageait du reste les honneurs divins. A Pharos on le vénérait avec Apollon comme dieu de la médecine, et on le gratifiait d'une barbe comme Esculape.

Désespéré de la mort de son fils Actéon, dévoré à la chasse par ses chiens, il quitta la Grèce, passa à Cos, de là en Sardaigne, puis en Thrace, où Bacchus l'initia aux mystères des Orgies ; puis il fixa son séjour sur le mont Hémus, mais il en fut enlevé et disparut à son tour.

Virgile en a fait l'amant épris d'Eurydice, la jeune épouse d'Orphée, dont il aurait causé involontairement la mort : cherchant à éviter sa poursuite, elle fut, suivant le poëte de Mantoue, mordue par un serpent venimeux. La punition du ciel ne se fit pas attendre : Aristée perdit toutes ses abeilles. Mais cette perte fut remplacée par des essaims nouveaux, qui au bout de neuf jours prirent naissance dans le cadavre de bœufs qu'il avait immolés.

On l'a quelquefois confondu avec Aristée de l'île de Proconèse.

ARISTÉE DE PROCONÈSE, est un personnage complétement fabuleux de l'antiquité, qu'on pourrait appeler le *Juif errant* des superstitions grecques. On fait d'abord de lui le maître d'Homère. Plus tard, environ huit cents ans avant J.-C., on le fait naître à Proconèse, petite île de la mer de Marmara, et on l'envoie, animé de l'esprit d'Apollon, chez les Issédons, dans l'intérieur de l'Asie, puis chez les Arimaspes, ces grifons qui veillent à la garde de l'or dans les profondeurs de la terre, et enfin chez les Hyperboréens. Il mourut en s'en revenant de chez ceux-ci dans son pays ; cependant un voyageur affirma l'avoir rencontré en route et lui avoir parlé. On chercha alors Aristée dans la maison, qui était parfaitement fermée ; mais on ne l'y retrouva ni mort ni vivant.

Sept ans plus tard, il reparut de nouveau sur la terre, et composa ses *Arimaspeia*, poëme en trois livres, dont Hérodote tira bon parti, qui contenait des renseignements géographiques sur les habitants du centre et du nord de l'Asie, mais dont la matière était surtout théosophique. Aristée disparut ensuite ; mais trois cent quarante ans plus tard on le revit à Metapontium, au sud de l'Italie, où il conseilla aux habitants d'élever un autel à Apollon et de lui consacrer à lui-même une statue, parce qu'il avait accompagné sous forme de corbeau Apollon lorsque ce dieu avait fondé leur ville. Puis il disparut encore une fois.

Lors des discussions de l'Église primitive avec les païens, ceux-ci opposaient toujours les miracles d'Aristée de Proconèse aux miracles de Jésus-Christ, et ils ne manquaient pas, bien entendu, de les trouver autrement extraordinaires.

ARISTÉNÈTE DE NICÉE, épistolographe grec, qu'il est permis de compter parmi les romanciers. On dit qu'il était l'ami de Libanius, et qu'il périt dans le tremblement de terre de Nicomédie, en 358. Mais de Schœll, dans son *Histoire de la Littérature Grecque*, élève des doutes sur l'identité de cet Aristénète avec l'auteur des lettres que nous possédons. De ce qu'il y est fait mention du pantomime Camarallus, contemporain de Sidonius Apollinaris, il conclut que ce recueil est de la fin du cinquième siècle, et qu'il est par conséquent étranger à l'ami de Libanius. Cette opinion a pour elle l'autorité de M. Boissonade.

Les lettres attribuées à Aristénète sont érotiques ; ce sont des exercices sur des sujets imaginaires. L'ouvrage n'est pas complet. Sambucus publia la première édition, en 1566, à Anvers ; depuis, ce livre a été réimprimé en France et en Allemagne.

En 1796 le célèbre helléniste Bust publia le spécimen d'une édition d'Aristénète, qui n'a jamais été donnée au public, car la mort l'en empêcha, et M. Boissonade en a fait une nouvelle en 1822 ; elle est désormais la base de toutes les études, quoique son auteur n'ait pas possédé l'exemplaire de l'édition d'Abresch, que Bust avait surchargé de notes.

DE GOLBÉRY.

ARISTIDE, en latin *Aristida* (fait de *aristæ*, barbe de blé), grand genre de la famille des graminées, tribu des stipacées, établi par Linné, et comprenant environ quatre-vingts espèces, annuelles ou vivaces, toutes étrangères à l'Europe, mais dispersées dans les autres contrées de l'Ancien et du Nouveau Monde. Il se reconnaît aux caractères suivants : Épillets uniformes, fleurs stipitées, étamines variant d'une à trois, ovaire stipité et glabre. Les deux styles sont courts et terminaux, et portent chacun un stigmate plumeux, à poils simples. Les pétioles sont glabres et entiers, adnés à la base du support de l'ovaire. Fruit cylindrique et glabre.

ARISTIDE, surnommé *le Juste*, était le fils de Lysimaque, et descendait d'une des familles les plus distinguées d'Athènes. Il était l'un des dix commandants (stratèges) des Athéniens, lorsque ceux-ci combattirent les Perses à Marathon (490 av. J.-C.). Suivant ce qui avait été fixé à l'avance, chaque stratège prenait à son tour le commandement en chef pendant une journée. Aristide, reconnaissant les effets nuisibles de ces incessants changements de chef, détermina ses collègues à confier à tour de rôle leurs pouvoirs à Miltiade, et c'est grâce à cet arrangement que les Grecs remportèrent la victoire.

L'année suivante Miltiade fut élu archonte, et dans l'exercice de ces fonctions, comme dans toutes celles qu'on lui confia plus tard, il mérita l'estime de ses concitoyens. Cependant, Thémistocle, dont il contrariait la politique, consistant à faire d'Athènes une puissance essentiellement maritime, réussit, en répandant le bruit qu'il visait à s'emparer de la puissance suprême, à le faire frapper d'ostracisme (483 av. J.-C.). On rapporte à ce propos qu'un homme du peuple, qui arrivait à l'assemblée bien déterminé d'avance à se prononcer pour le bannissement d'Aristide, se trouvant à côté de lui sans le connaître, et ne sachant point écrire, le pria d'inscrire son nom sur la coquille avec laquelle il devait voter pour le bannissement. Aristide t'a-t-il offensé ? lui dit celui-ci. — Non, répondit l'autre : mais je suis fatigué de l'entendre toujours appeler *le Juste*. »

Aristide se soumit avec dignité à la sentence qui le frappait d'exil ; et il sortit d'Athènes en priant les dieux de faire en sorte que jamais ses concitoyens n'eussent à regretter son absence. Lorsque trois ans plus tard Xerxès s'en vint attaquer la Grèce, à la tête d'une armée formidable, Aristide, apprenant que la flotte grecque se trouvait cernée à Salamine par la flotte perse, ne songea qu'au bien de sa patrie, et accourut bien vite prévenir Thémistocle du danger qui la menaçait. Touché de cette preuve de patriotisme, Thémistocle lui avoua que le bruit qu'il lui rapportait n'était qu'une ruse de guerre dont il s'était servi pour empêcher la flotte grecque de se séparer. Il le fit assister au conseil de guerre; et comme on y résolut qu'on livrerait bataille le jour suivant, Aristide fut chargé de prendre position dans la petite île de Psytalila, où purent se réfugier ceux dont les navires sombraient pendant le combat. Après la victoire, le décret de bannissement fut rapporté. L'année suivante (479), lorsque Mardonius, arrivé en Grèce à la tête d'une armée formidable, fit faire des propositions de paix aux Athéniens par l'intermédiaire d'Alexandre, roi de Macédoine, on les repoussa tout aussitôt, d'après les conseils d'Aristide. A la bataille de Platée, c'est lui qui commandait les Athéniens, et il contribua beaucoup au succès de la journée.

En l'an 477, il fit rendre une loi supprimant les restrictions qui avaient jusque alors empêché une certaine classe de citoyens de parvenir aux charges publiques. Thémistocle ayant annoncé qu'il avait un plan d'une haute importance pour la république, mais qu'il ne pouvait le communiquer en assemblée publique, Aristide fut chargé d'en prendre connaissance. Ce plan consistait à incendier tous les navires des différents peuples de la Grèce à ce moment réunis dans un port voisin, afin d'assurer ainsi aux Athéniens la domination des mers. Aristide déclara au peuple que rien n'était plus avantageux mais en même temps plus injuste que le plan proposé par Thémistocle; et on le rejeta sans autrement en délibérer.

En 475 l'insolence de Pausanias ayant déterminé les alliés à refuser d'obéir plus longtemps aux Spartiates et ayant ainsi donné aux Athéniens l'hégémonie sur mer, ce fut Aristide que l'on chargea de prendre les mesures nécessitées par un pareil état de choses. Pour couvrir les frais de la guerre contre les Perses, il fit consentir les Grecs à payer un impôt dont la perception était confiée à des magistrats élus en commun et dont le produit devait être gardé à Délos. Plein de confiance dans sa probité, on chargea Aristide d'en faire la répartition; et il s'en acquitta à la satisfaction générale. Il mourut en l'an 468, dans un âge fort avancé, et si pauvre, qu'il fallut l'enterrer aux frais du trésor public. Il laissait deux filles, que la république se chargea de doter, et un fils, auquel on fit don de 100 mines d'argent (environ 8,000 fr. de notre monnaie) et d'une plantation d'oliviers.

ARISTIDE (Ælius), de Mysie, rhéteur ou sophiste du deuxième siècle, est célèbre par ses voyages en Asie, en Grèce, en Italie et en Égypte jusqu'aux confins de l'Éthiopie. Un tremblement de terre ayant détruit Smyrne, en 178, il détermina par son éloquence l'empereur Antonin à contribuer pour une forte somme à la réédification de cette ville, dont les habitants reconnaissants lui érigèrent une statue d'airain. Comme orateur il s'efforça d'imiter les modèles de l'antiquité; et bien qu'il ait, pour ce qui est de l'invention et de l'expression, les défauts des sophistes postérieurs, il ne laisse pas que d'offrir des beautés et une énergie qui lui sont propres. Les anciens admiraient beaucoup la richesse, l'ingénieuse disposition et la force de ses arguments. Indépendamment du discours contre Leptines, découvert par Morelli, et de celui contre Démosthène, découvert par Maï, mais dont l'authenticité a été niée par Foss, on a de lui 55 discours et déclamations, ainsi qu'un ouvrage théorique sur l'éloquence publique et privée. Ses œuvres ont été publiées par Walz dans ses *Rhetores græci* (Stuttgard, 1832).

ARISTIDE, célèbre peintre thébain, de l'école d'Euxinidas. Le premier il osa essayer de reproduire sur la toile les agitations de l'âme, les passions de l'homme, intérieurement soulevées comme la mer en courroux. Le plus célèbre de ses tableaux représentait *Le pillage d'une ville*. Sur le premier plan, on apercevait une jeune mère étendue à terre, luttant contre la mort, avec un poignard enfoncé dans le sein. Elle repoussait faiblement son enfant, qui se cramponnait à son sein, et qui, au lieu de sucer son lait, suçait le sang coulant de sa blessure; tableau touchant, dont tous les détails étaient si vrais, si saisissants, qu'il était impossible de le contempler sans frissonner d'horreur et d'effroi.

Entre autres grandes toiles, Aristide avait encore peint une *Bataille entre les Grecs et les Perses*. Ce tableau ne comprenait pas moins de cent figures principales. Mnason, tyran d'Élatée, qui en fit l'acquisition, le paya à l'artiste sur le pied de dix *mines*, c'est-à-dire de 360 kilogrammes pesant d'argent par personnage, ce qui portait le prix du tableau entier à 36,000 kilogrammes d'argent, soit à plus de 3,500,000 fr. de notre monnaie. Pline le naturaliste nous apprend qu'Attilus offrit à Aristide 600,000 sesterces, c'est-à-dire près de six millions de notre monnaie, d'un tableau représentant Bacchus. Mummius, le barbare consul qui prit Corinthe, ne pouvant comprendre qu'un homme de goût attachât une telle valeur à un chef-d'œuvre de ce genre, s'imagina, du moment où on le payait si cher, que ce devait être quelque précieux talisman ayant des vertus secrètes et incomparables; et il le fit en conséquence enlever de vive force à Attilus. Aristide, contemporain d'Apelle, vécut vers l'an 300 avant notre ère.

ARISTIPPE, philosophe grec, fondateur d'une célèbre école grecque, qui fut appelée cyrénaïque, du nom de sa ville natale, Cyrène en Afrique. Il florissait l'an 380 avant J.-C. Envoyé à Olympie par son père, probablement pour prendre part aux courses de chars, il entendit parler de Socrate, et fut si avide de suivre ses leçons, qu'il partit aussitôt pour Athènes. Mêlé parmi ses disciples, il n'adopta pas cependant tous ses principes. Il pensait, toutefois, ainsi que lui, qu'il faut s'abstenir de parler des choses qui sont au-dessus de l'intelligence humaine, et avait peu d'estime pour les sciences physiques et mathématiques. Sa morale, au fond, différait beaucoup de celle de Socrate : c'était l'art des jouissances les plus délicates de la vie. Ses principales maximes étaient : « Toutes les sensations de l'homme se réduisent à deux, le plaisir et la douleur. Le plaisir est une agitation douce, et la douleur une agitation violente. Toutes les créatures vivantes recherchent le premier et évitent la dernière. Le bonheur n'est rien autre chose qu'une jouissance durable composée de jouissances isolées ; et comme c'est le but où tendent tous les efforts de l'homme, il ne faut se soustraire à aucune jouissance. Il convient cependant de procéder avec choix, et de prendre le goût pour guide. » Socrate, qui n'approuvait pas ces maximes, disputa souvent avec lui, et pour échapper à ses remontrances Aristippe passait à Égine une partie de ses temps ; il y était lorsque son maître mourut.

Il fit plusieurs voyages en Sicile, et y fut accueilli avec beaucoup de bienveillance par Denys le Tyran. Ses amis lui reprochant ses liaisons avec lui : « Que voulez-vous? leur répondit-il, je parle à la cour la langue de la cour, et chez le peuple le langage du peuple. » Un jour que, pour obtenir une grâce, il s'était jeté aux genoux de Denys : « Est-ce ma faute, dit-il, si cet homme a les oreilles aux pieds? » Les charmes de la célèbre Laïs l'attirèrent à Corinthe, et il se lia d'intimité avec elle. Lorsqu'on lui reprochait de dépenser autant d'argent pour une femme qui se livrait à Diogène sans en rien recevoir : « Je la paye, dit-il, pour qu'elle m'accorde ses faveurs, et non pas pour qu'elle les refuse à d'autres. » Il disait une autre fois : « Je possède Laïs ; mais elle ne me possède pas. »

Il n'est pas vraisemblable qu'à son retour il ait ouvert une école à Athènes, ainsi que le prétend Diogène Laerce ; car nous ne connaissons aucun de ses disciples. Sa doctrine ne fut cultivée que par sa fille, Arété, et par Aristippe, son petit-fils. D'autres cyrénaïques se formèrent une doctrine de la jouissance ; mais ils furent, d'après leurs principes, appelés hédoniques. On ne connaît pas l'époque de sa mort. Tout ce qu'on sait, c'est qu'il rendit le dernier soupir à Lipara, d'où il se préparait, sur la demande de sa fille, à partir pour Cyrène. Ses écrits ne nous sont pas parvenus. Dans le roman historique et philosophique d'*Aristippe et quelques-uns de ses contemporains*, Wieland fait une peinture très-agréable de la vie et des principes mis en application par cet aimable philosophe. Barthélemy, dans son *Voyage d'Anacharsis*, a consacré à Aristippe un de ses chapitres philosophiques les plus piquants.

ARISTO, mot nouveau, dont la révolution de Février 1848 a enrichi la langue française. Disons bien vite, toutefois, qu'il n'est que l'abréviation du mot *aristocrate*, qui a occupé une place si importante dans le vocabulaire spécial dont faisaient usage les hommes de 1793. Sans se soucier de son étymologie (*voyez* ARISTOCRATIE), ils entendaient en faire une grosse injure; et malheureusement cette épithète accolée au nom d'un adversaire politique équivalait souvent à un arrêt de mort. En effet l'*aristocrate* prétendait rétablir l'ancien régime avec ses abus, alors même qu'il n'appartenait pas lui-même aux classes naguère privilégiées ; c'était donc l'ennemi de la cause populaire, un conspirateur :

Ille diris oneretur
Et orco detur....

Le mot *aristo* a eu de nos jours absolument la même signification. Quiconque refusait d'admettre que le gouvernement républicain fût au-dessus du droit des majorités, de croire à la tyrannie du capital, au droit au travail, à l'égalité des salaires, aux charmes du communisme, ne pouvait être qu'un ennemi du peuple, un *aristo*. Lui décerner cette épithète, c'était le désigner aux colères de la multitude pour quand viendrait l'heure de ses vengeances.

ARISTOBULE. Ce nom a été illustré par plusieurs personnages de l'antiquité. Un des frères d'Épicure s'appelait ARISTOBULE. — Alexandre compta parmi ses officiers un ARISTOBULE, qui écrivit l'histoire de ce prince, ouvrage cité pour son exactitude. — On compte encore un autre historien de ce nom, ARISTOBULE de Cassandrée, qui ne se mit à écrire qu'à l'âge de quatre-vingt-quatre ans. — ARISTOBULE, fils d'Hyrcan, et grand-prêtre des Juifs vers l'an 103 avant J.-C., acquit une triste célébrité, par le meurtre de son frère Antigone. — Un autre ARISTOBULE, neveu du précédent, et comme lui mauvais frère, défendit Jérusalem contre Pompée, et mourut empoisonné.

Le plus célèbre des ARISTOBULE appartient tout à la fois à l'histoire du judaïsme et à celle de la philosophie grecque, car il fut un de ceux qui tentèrent de faire entrer dans la philosophie grecque les doctrines de l'Ancien Testament. Juif d'Alexandrie, vivant pendant le deuxième siècle avant l'ère chrétienne, péripatéticien érudit, il se trouvait dans des conditions favorables pour tenter cette révolution. Il composa dans cette vue un commentaire grec sur le Pentateuque, ouvrage qu'il dédia à Ptolémée Philométor. Aristobule s'était proposé de prouver aux Grecs que le judaïsme, le plus ancien des systèmes religieux et philosophiques, avait servi de source commune à tous les autres. Il ne craignit pas d'appuyer cette assertion sur des textes qu'il forgeait avec toute cette habileté que les largesses bibliomanes de la cour de Pergame et de celle d'Alexandrie avaient apprise à tant d'autres. Pour montrer que les Juifs avaient été les instituteurs de la Grèce, il produisit même des vers sous le nom d'Orphée.

Sous les yeux d'une école critique qui révisait et altérait les textes anciens, et en face de ces aristarchéens qui discutaient chaque mot d'Homère, cela était d'une témérité extrême. De plus, il s'appliqua avec soin à faire disparaître par de savantes allégories tous les anthropomorphismes des codes judaïques qui auraient choqué des philosophes. Cet ouvrage avait pour but de mettre en rapport les philosophes de la Grèce avec les docteurs du judaïsme ; mais il n'eut pas ce résultat du vivant d'Aristobule. Les prétentions des écrits sacrés nouvellement traduits des Juifs étaient trop absolues, leur esprit trop exclusif, pour que les Grecs et les Égyptiens ne se roidissent pas contre cette domination et ne se liguassent pas dans leurs haines et dans leurs calomnies contre un ennemi commun. L'essai d'Aristobule fut donc prématuré. Il fallut que les circonstances fussent plus favorables ; il fallut que les enseignements du christianisme, répandus dans Alexandrie, eussent disposé les écoles de cette ville à recevoir des doctrines plus profondes, pour qu'un éclectisme des doctrines orientales et grecques pût réussir.

Tel fut le système que proposa Philon. Plus heureux qu'Aristobule, dont il présentait la tendance principale sur un plan plus vaste, Philon devint le chef de cette savante école judaïque qu'Aristobule a pour nous le mérite d'avoir fondée, mais dont il ne fut pas le créateur véritable. Ce titre appartient évidemment aux savants juifs qui, sur la demande des Lagides, traduisirent de l'hébreu en grec les codes sacrés de Moïse. Il est plus que probable qu'Aristobule ne fut que le représentant de la troisième ou de la quatrième génération de cette école.   Albert MATTER.

ARISTOCRATIE. Si l'on s'en tenait à la seule étymologie (άριστος et κράτος), l'aristocratie serait le *gouvernement des meilleurs*, des plus sages, des plus dignes. Que tel soit le but auquel doit tendre l'organisation sociale, nul n'en disconviendra; malheureusement il est difficile à atteindre, et l'expérience du genre humain depuis bien des siècles nous prouve que si cet idéal qu'il poursuit sans cesse n'est pas entièrement chimérique, il lui reste du moins encore beaucoup à faire pour le réaliser. Sans donc rester dans le domaine de l'utopie, examinons avec une attention sérieuse, calme, et dégagée de tout esprit de parti, ce qu'on doit entendre aujourd'hui par aristocratie, ce qu'elle doit être dans l'état actuel des sociétés civilisées ; si même il n'y a pas toujours une place nécessaire, quelle que soit la forme des gouvernements ; enfin, à quelles conditions elle peut exercer une légitime influence, et se faire accepter même des amis les plus sincères de la liberté.

Aux temps où nous vivons, il ne faut pas se le dissimuler, de terribles préventions s'élèvent contre l'aristocratie, dans la pensée du plus grand nombre, de ceux surtout qui, dominés par des passions ou des idées exclusives, ne cherchent dans l'histoire que les faits propres à justifier le dédain ou la haine du passé. Sans doute, il est trop facile d'y trouver des exemples d'aristocraties égoïstes, oppressives, préoccupées surtout des moyens de perpétuer leur pouvoir et de faire peser le joug sur les classes inférieures, condamnées à un travail abrutissant et sans aucun moyen de développer leur intelligence ou d'améliorer leur bien-être. Telles furent les castes sacerdotales de l'Inde et de l'Égypte, qui s'appropriaient non-seulement le monopole de la puissance et de la fortune publique, mais qui prétendaient confisquer à leur profit jusqu'au libre exercice de la pensée. Chez les Grecs même, la domination cruelle des Lacédémoniens sur les ilotes, dont ils faisaient les vils jouets de leurs caprices, est un exemple odieux de l'empire absolu que certaines races d'hommes ont cru pouvoir s'arroger sur d'autres races. De nos jours encore, dans de vastes pays, le code barbare de l'esclavage subsiste, et prétend se justifier par d'absurdes préjugés, fondés sur l'aristocratie de la couleur.

Si nous remontons aux origines de la plupart des États de l'Europe moderne, nous trouvons des hordes guerrières, qui, après les luttes prolongées contre les habitants indigènes, démembrent des provinces entières par la conquête, se partagent le sol, et y fondent des aristocraties territoriales. Telle fut l'origine de la noblesse chez la plupart des peuplades germaniques ou scandinaves, qui sont venues s'établir sur les débris du vieil empire romain. Rome elle-même avait été longtemps gouvernée par une aristocratie puissante, qui, pour maintenir la pureté, de la race dominante, prohibait le mariage des familles patriciennes avec les plébéiens. Parlerons-nous de Venise, où l'aristocratie, à son tour, était maîtrisée par une oligarchie, composée du conseil des Dix et des inquisiteurs d'État, dont le gouvernement avait pour armes l'espionnage et la délation, et pour ressort la terreur ?

Ceci nous conduit à une distinction qu'il importe de faire entre l'aristocratie et l'oligarchie, qui en est l'excès, l'abus et la dégénération. Aristote, cet esprit puissant, qui le premier rédigea la politique en corps de doctrine, n'a pas négligé d'établir et de marquer la ligne qui sépare ces deux régimes. Voici, selon lui, les caractères auxquels on reconnaît les gouvernements oligarchiques. En général, les lois y sont faites dans l'intérêt des plus riches : ce sont encore ceux où, pour parvenir aux magistratures, il faut payer un cens ou jouir d'un revenu si considérable, que les pauvres, qui sont toujours le plus grand nombre, ne puissent y atteindre ; ceux où le choix des magistrats est concentré dans un petit nombre de familles ; ceux où les charges sont héréditaires, c'est-à-dire où le fils succède à son père dans les fonctions qu'il remplissait ; enfin, ceux où l'autorité absolue appartient aux magistrats, et non pas à la loi ; en d'autres termes, ceux où n'existe pas la séparation des pouvoirs législatif et exécutif, et où ceux qui font la loi sont aussi chargés de l'exécuter : ce qui n'est autre chose que le pouvoir absolu et arbitraire.

Si maintenant nous considérons l'aristocratie en elle-même, indépendamment du rôle qu'elle a joué dans l'histoire, nous pouvons en reconnaître diverses espèces : l'*aristocratie de naissance*, qui le plus souvent est unie à l'*aristocratie territoriale*, ou à la grande propriété ; c'est celle qui domine en Angleterre. Celle-ci est en même temps une aristocratie politique ; car, disposant des grandes forces sociales qu'elle a entre les mains, ses intérêts sont étroitement liés aux intérêts généraux du pays ; elle prend toujours une large part aux grandes entreprises, quand elle ne les dirige pas elle-même ; en un mot, elle gouverne.

L'aristocratie française, sans avoir jamais joué un si grand rôle, avait eu la même origine, c'est-à-dire la conquête. Aux siècles de la féodalité, les hauts barons, les grands vassaux, seigneurs terriens, propriétaires d'immenses domaines, furent longtemps en lutte avec la couronne, tout en opprimant le tiers-état, sur qui pesait presque exclusivement la masse toujours croissante des impôts. De là cette alliance presque constante, dans notre histoire, de la royauté avec le tiers-état, qui lui dut presque exclusivement son émancipation successive, d'abord par l'établissement des communes, puis par les parlements, qui substituaient la juridiction royale à la justice féodale, par la création des armées permanentes, et par les états généraux, où le peuple fit entendre plus d'une fois ses doléances, trop bien fondées. La profonde politique de Louis XI porta des coups terribles à la prépondérance des grands vassaux, que plus tard Richelieu finit par écraser, ne laissant plus à Louis XIV que l'œuvre de les réduire au rôle de courtisans.

C'est dans cet état que la révolution de 1789 surprit la noblesse française. Une des plus admirables résultats de cette vaste rénovation sociale fut la transformation qu'elle opéra dans toutes les classes dont se composait alors la nation ; ce fut surtout la création de l'unité nationale, par l'abolition de tous les privilèges, de toutes les barrières qui séparaient les provinces, de toutes les classifications hiérarchiques qui divisaient les populations. L'aristocratie, cruellement décimée par les mesures révolutionnaires, dut se soumettre à des conditions nouvelles, dont les plus importantes étaient l'égalité de tous devant la loi, l'égale admissibilité de tous à tous les emplois, le partage égal des héritages entre tous les enfants d'un même père, c'est-à-dire l'abolition du droit d'aînesse, des majorats et des substitutions, d'où résulta bientôt le morcellement des grandes propriétés.

Lorsque, après les orages et les convulsions auxquels l'établissement de la première république livra la France, l'ordre commença à se rétablir ; quand le gouvernement, réparateur à certains égards, du consulat et de l'empire, travailla à ramener la société aux des bases plus solides, les débris épars de l'aristocratie se rallièrent successivement, et acceptèrent la condition d'égalité imposée par un nouvel état social, en échange de la sécurité que leur offrait un pouvoir à la fois despotique et tutélaire. Enivré de sa prodigieuse élévation, Napoléon essaya de créer une noblesse nouvelle, à l'aide de ses soldats parvenus, soutiens de son trône éphémère, qu'il voulut décorer des oripeaux de la vieille monarchie. Ce fut l'*aristocratie militaire*, la pire de toutes, parce qu'elle ne reconnaît pas d'autre droit que le droit du sabre, n'i d'autres lois que la force brutale. Napoléon crut consolider ainsi à jamais sa puissance, et comprit trop tard que là n'était pas la force réelle de la France.

Après les désastres de deux invasions, les quinze années de paix qui suivirent sous la Restauration, puis les dix-huit années de paix du règne de Louis-Philippe, développèrent dans ce généreux pays une puissance nouvelle, celle du travail. L'industrie et le commerce y prirent un essor dont on n'avait pas eu d'idée jusque alors. Le travail enfanta la richesse, cette richesse mobilière des capitaux, qui vint contrebalancer l'ascendant des fortunes territoriales. Ici se révélait un élément social qui n'avait pas encore montré à la France toutes ses ressources, et qui allait devenir à son tour le principe d'une autre aristocratie, l'*aristocratie financière*. Ce fut, en effet, le crédit qui nous sauva de l'abîme ; et l'histoire ne saurait oublier le rôle important que jouèrent dès lors dans les chambres et dans le gouvernement les banquiers, dont le dévouement, la sagacité et la confiance en l'avenir de la patrie créèrent le crédit public, et, après avoir tiré la France de la situation la plus critique, l'élevèrent en quelques années à un degré de prospérité qu'elle n'avait pas encore connu. Faut-il s'étonner maintenant que l'influence politique soit allée à ces hommes, qui disposaient pour ainsi dire de la fortune de l'État, et croirons-nous que l'espèce de prépondérance sociale qu'ils obtinrent alors ne fût que l'effet d'un aveugle préjugé, et non pas la noble et juste récompense décernée par l'opinion du pays ? Pas plus que d'autres, nous ne sommes enclin à sacrifier au veau d'or ou à ravaler l'intelligence humaine et sa dignité morale devant la pure aristocratie d'argent ; mais nous croyons aussi qu'il y aurait à la fois ingratitude à oublier de pareils services et imprudente imprévoyance à méconnaître le rôle qui appartient désormais dans les affaires publiques aux représentants de la haute finance, arbitres du crédit de l'État.

Il nous reste à voir ce que peut être aujourd'hui l'aristocratie, si elle est encore possible, et à quelles conditions.

En présence du débordement démocratique qui depuis près de quatre ans a comme un torrent inondé la France ne semblera-t-il pas, à la première vue, que l'aristocratie soit pour jamais submergée, et qu'il soit puéril de se demander ce qu'elle peut être encore ? Pourtant, il y a dans la force des choses et dans la nécessité indomptable des faits une énergie vivace, qui résiste aux préventions les plus passionnées, et qui maintient devant les plus âpres contradictions les droits de la vérité méconnue.

Et d'abord, peut-on concevoir sans une tête ? Quels que soient les rêves d'égalité chimérique dont on berce la multitude, n'y a-t-il pas et n'y aura-t-il pas toujours dans l'espèce humaine des inégalités naturelles, nécessaires, indestructibles ? A ceux qui seraient tentés de nier toute espèce d'inégalité ou de supériorité naturelle entre les hommes, nous demanderions s'il n'existe pas et s'il n'existera pas toujours dans le monde des caractères actifs, énergiques, et des caractères mous, paresseux; des esprits lents, étroits, bornés, et des esprits prompts, ouverts, pénétrants? Enfin, s'il n'y a pas d'un côté des intelligences cultivées, disciplinées par de longues et fortes études, riches de toutes les connaissances qu'un siècle de lumières met à leur disposition; et de l'autre côté des intelligences inertes, à peine dégrossies, engourdies par l'ignorance, ou même abruties par un abandon complet à leurs appétits sensuels? Sans nous tenir à ces deux bouts extrêmes de la chaîne que forme l'espèce humaine, on reconnaîtra aisément qu'il y a une masse intermédiaire d'hommes vulgaires, qui, sans se distinguer par les éminentes facultés des uns, ou sans tomber tout à fait à l'état déchu des autres, végètent dans une humble médiocrité et en savent assez pour faire d'estimables marchands, de bons employés, des bourgeois sans prétention et d'honnêtes électeurs. Eh bien, comparés à cette masse respectable, mais peu brillante, les premiers, que nous avons vus si heureusement doués des facultés intellectuelles et morales, ne sont-ils pas réellement l'élite de notre espèce? Ne forment-ils pas une aristocratie naturelle, légitime, incontestable?

Remarquez bien qu'ici nous avons laissé de côté toute autre supériorité, soit de naissance, soit de fortune, soit de position sociale. Aussi bien, ne ferons-nous nulle difficulté d'admettre que le temps des aristocraties fondées uniquement sur la naissance est fini, que d'autres conditions sont exigées pour mériter quelque prééminence sociale : si la naissance n'est pas un motif d'exclusion, elle n'est pas non plus un titre suffisant. Il en est de même de la fortune, soit territoriale, soit mobilière. Que si elle aspire à servir l'État dans quelqu'une des services publics, elle aura, comme tous, à faire avant tout preuve de capacité : car nul ne s'aviserait d'exclure, en qualité de propriétaire, quiconque montrerait d'ailleurs son aptitude à entrer dans cette aristocratie des lumières, des talents et des caractères.

Pour nous résumer, puisque nous avons reconnu due supériorités naturelles, ne tomberons-nous pas d'accord sur ce point, que la direction de la société appartient raisonnablement, naturellement, à ceux qui sont les plus capables de la conduire, c'est-à-dire aux plus intelligents, aux plus expérimentés, aux plus habiles, aux plus dévoués, aux plus désintéressés? Sans nous arrêter aux monstrueuses absurdités recoltées dans le principe que certains démagogues appellent le *gouvernement direct du peuple par le peuple lui-même*, on ne peut nier ceci : Un gouvernement n'est pas moins nécessaire aux républiques qu'aux monarchies; et pas plus dans une république que dans une monarchie on ne gouverne de bas en haut, à moins de vouloir mettre l'édifice social sens dessus dessous et dresser la pyramide sur sa pointe. C'est la tête de la société qui la dirige; et cette tête de la société, c'est ce que nous appelons l'aristocratie. Donc, dans l'État le plus démocratique il peut et il doit y avoir de l'aristocratie, sous peine de périr; car il n'est pas donné à l'homme de changer la nature des choses : c'est un des éléments indispensables de l'ordre; c'est une digue contre les tempêtes révolutionnaires, c'est un contre-poids naturel et nécessaire à la turbulence démocratique. Sans cet élément aristocratique, la démocratie dégénère en *ochlocratie* : c'est l'empire de la multitude, c'est le gouvernement des clubs, ou l'anarchie. — En quelque dose qu'on admette le principe aristocratique, le droit d'élection, principe essentiellement démocratique, et expression de la souveraineté nationale, aujourd'hui racine de tous les pouvoirs, sera toujours une garantie suffisante contre les abus, s'ils étaient possibles.

Seulement, la vraie question qui reste, c'est la nature de cette aristocratie et les conditions qui la rendent légitime. Elle doit représenter les vrais intérêts de la nation, ses idées, ses sentiments, ses besoins les plus généraux. A cet égard la constitution ne laisse autre chose à faire, sinon de s'en rapporter à l'intelligence des électeurs. Tout le progrès désirable consiste à choisir parmi ces notabilités, parmi ces candidats naturels aux fonctions politiques, les hommes qui par leurs lumières, leur expérience ou leurs services, par leur loyauté, leur dévouement et par une juste mesure de fermeté et de modération, présentent le plus d'aptitude pour la défense de la liberté et de l'ordre public.

Qui ne voit que l'aristocratie ainsi comprise ne peut plus être un corps isolé dans la nation? Elle ne saurait devenir oppressive : elle n'a plus de priviléges d'aucune espèce; elle est toute personnelle, et n'a rien d'héréditaire; elle n'a plus rien d'immobile ni d'exclusif : elle se recrute chaque jour librement dans toutes les classes de la société : ses rangs, toujours ouverts, sont accessibles à tous, sans autres limites et sans autres conditions que celle du mérite et de la capacité.
Artaud.

ARISTODÈME. Il y eut dans l'antiquité plusieurs personnages connus sous ce nom. Le plus ancien est un des Héraclides qui, à la tête des Doriens, vinrent conquérir le Péloponnèse, de 1190 à 1186, et fut père de Proclès et d'Eurysthène, chefs des deux branches qui après lui régnèrent conjointement à Sparte.

Aristodème, roi de Messénie, soutint, de 744 à 724, la guerre la plus opiniâtre contre les Spartiates. On dit que, sur la foi d'un oracle, il sacrifia sa fille pour le succès de la guerre, et qu'ensuite, pour obéir à un nouvel oracle, il se perça lui-même de son épée.

Un autre Aristodème, grammairien d'Alexandrie, fut un des disciples et des successeurs immédiats du grand critique Aristarque. — Enfin, on compte parmi les épigrammatistes Aristodème, qui recueillit les inscriptions de la ville de Thèbes.
Artaud.

ARISTOGITON. *Voyez* Harmodius.

ARISTOLOCHE (d'ἄριστος, très-bon, et de λοχεία, les couches). Le nom de l'aristoloche lui vient de ce que les anciens étaient persuadés que cette plante était propre à faciliter l'évacuation des lochies ou vidanges des femmes accouchées. De nos jours, les aristoloches n'entrent plus que dans quelques composés pharmaceutiques pou employés. Cependant il faut reconnaître les propriétés stimulantes des racines amères de deux espèces indigènes, l'*aristoloche ronde* et l'*aristoloche longue*. La plupart des autres espèces se trouvent principalement dans l'Amérique intertropicale : on distingue l'*aristolochia serpentaria* (*serpentaire de Virginie*), l'*aristolochia clematitis*, et l'*aristolochia sipho*, plus connue sous le nom d'*aristoloche à grandes feuilles*. Cette dernière est une plante grimpante, très-recherchée dans les jardins, à cause de l'ampleur, de la forme et de la couleur de ses feuilles, qui unies aux fleurs du jasmin et de la clématite concourent à la décoration des berceaux. — Ce genre renferme près de cent espèces.

ARISTOMÈNE, roi et général des Messéniens, vers 684 avant J.-C., souleva ses compatriotes contre les Lacédémoniens, et excita la seconde guerre de Messénie. Deux fois il fut fait prisonnier, et chaque fois il s'échappa de la manière la plus merveilleuse. Il remporta de grands avantages, et soutint un long siège de onze ans dans la ville d'Ira (671 avant J.-C.); mais il ne put empêcher l'asservissement de sa patrie. Aristomène vaincu se retira en Arcadie avec les débris des Messéniens.

Aristomène, poëte comique d'Athènes, contemporain d'Aristophane, appartint successivement à la comédie ancienne et à la comédie moyenne; son *Admète* concourut avec le *Plutus* d'Aristophane.
Artaud.

ARISTON. Plusieurs personnages de l'antiquité ont porté ce nom. L'un était fils d'Agasiclès, de la seconde branche des rois de Sparte, et monta sur le trône vers l'an 560 avant J.-C. — On trouve ensuite trois péripatéticiens de ce nom : le plus connu est Ariston Juliétes, qui succéda à Lycon dans la chaire d'Aristote. — Un autre Ariston, fils de Miltiade, se fit remarquer dans la secte stoïcienne, qu'il quitta bientôt pour en fonder une où il professait une morale moins sévère ; mais son école fut bien vite abandonnée. Cependant, Ariston eut pour disciple le célèbre Ératosthène de Cyrène.

ARISTOPHANE, le seul poëte comique grec dont on possède des pièces entières, était fils d'un certain Philippe, et né à Athènes. Ses débuts comme poëte datent de la quatrième année de la guerre du Péloponnèse, en 427 av. J.-C., et comme il s'était permis quelques plaisanteries sur le compte de Cléon, démagogue alors tout-puissant, celui-ci l'accusa d'avoir usurpé le titre de citoyen athénien. Aristophane ne se défendit qu'en citant les deux vers qu'Homère place dans la bouche de Télémaque, lorsqu'on lui demande s'il est le fils d'Ulysse : « Ma mère dit qu'il est mon père ; moi, je l'ignore, car personne ne sait qui l'a engendré. » Plus tard il se vengea de Cléon par sa comédie des *Chevaliers*, dans laquelle il joua lui-même le rôle de Cléon, aucun acteur n'ent ayant eu le courage.

C'est à peu près là tout ce que nous savons de la vie d'Aristophane, que les anciens appellent toujours par excellence *le Comique*, de même que lorsqu'ils disent *le Poëte* ils entendent désigner Homère. Des cinquante-quatre comédies qu'il avait composées, onze sont parvenues jusqu'à nous : *Les Acharniens*, *Les Chevaliers*, *Les Guêpes*, *La Paix*, *Les Oiseaux*, *Les Femmes à la fête des Thesmophories*, *Lysistrata*, *Les Grenouilles*, *Les Femmes à l'assemblée du peuple*, *Les Nuées*, et *Plutus*. Les *Acharniens*, *La Paix*, *Lysistrata*, ont pour but de montrer la nécessité de mettre fin à la guerre. Dans *Les Guêpes*, l'auteur raille la passion que le peuple athénien avait pour les procès, les plaidoyers, les jugements. *Les Oiseaux*, *Les Femmes à l'assemblée du peuple*, sont de spirituelles parodies des utopies mises en avant par les philosophes de cette république imaginaire que Protagoras avait décrite avant Platon. Les oiseaux s'avisent de bâtir dans les airs une ville appelée *Néphilococcygie*, où la ville des nuées et des coucous. A peine est-elle consacrée, qu'une foule d'aventuriers accourent dans l'espoir d'y trouver quelque chose à gagner. C'est un pauvre diable de poëte qui versifie en l'honneur de la ville nouvelle, pour attraper un morceau de pain ou un habit ; un devin avec ses oracles ; etc. L'esprit satirique du poëte se joue à l'aise dans ce cadre où il passe en revue tous les ridicules, sans que les dieux eux-mêmes soient à l'abri de ses traits. *Les Femmes à l'assemblée du peuple* représentent une conspiration féminine pour opérer une révolution sociale. Après s'être assurées de la majorité au moyen d'un stratagème, elles font passer un décret qui les investit du gouvernement. Elles établissent ensuite une nouvelle constitution, fondée sur la communauté des biens, des femmes et des enfants. Une critique libre et hardie, une vive satire des mœurs athéniennes, voilà l'unique but de l'auteur dans cette suite de scènes pleines de gaieté. Dans *Les femmes à la fête des Thesmophories*, dans *Les Grenouilles* et dans *Les Nuées*, le but de la critique est beaucoup plus littéraire que politique ; et c'est surtout contre Euripide que sont dirigés les traits du comique. Voici le sujet des *Grenouilles* : Bacchus, ennuyé des mauvaises tragédies qu'on jouait à Athènes depuis que Sophocle et Agathon étaient morts, veut aller chercher aux enfers un poëte digne de célébrer ses fêtes. Il passe le Styx dans la barque à Caron, et les grenouilles l'accompagnent de leurs coassements. De là le titre de cette comédie. Arrivé au terme de son voyage, Bacchus trouve les enfers en émoi. Euripide, nouveau venu, dispute le trône de la tragédie à Eschyle, qui l'occupait avant lui. Pluton nomme Bacchus juge de ce différend. Les deux poëtes s'attaquent tour à tour au sujet de leurs pièces, leurs prologues, de leurs chœurs, etc. Bacchus finit par se prononcer en faveur d'Eschyle, et l'emmène avec lui sur la terre. Pendant son absence le sceptre tragique restera à Sophocle. C'est à tort que la tradition attribue aux *Nuées* une part importante dans la mort de Socrate ; car la représentation en eut lieu vingt-quatre au-

paravant. Toutefois, si Aristophane se trouve disculpé à ce égard par le simple rapprochement des dates, on ne saurait nier que dans les incriminations mêlées de bouffoneries qu'il y élève contre le philosophe on ne retrouve une bonne partie des motifs qu'on mit plus tard en avant pour le condamner. Le *Plutus* peut être considéré comme transition entre l'ancienne et la nouvelle comédie. Ne pouvant plus se prendre aux personnages vivants, l'auteur se jette dans la fiction et l'allégorie.

Pour bien saisir toute la finesse des allusions politiques que contiennent les pièces du théâtre d'Aristophane, il faut être profondément versé dans la connaissance des mœurs et des idées des anciens. Le lecteur placé dans ces conditions ne manquera pas d'en admirer l'atticisme ingénieux, l'habileté et le soin extrême apportés dans la disposition du sujet et dans l'exécution considerant du plan, et d'autres avantages de la forme, qui ont mérité à Aristophane d'être placé au premier rang des poëtes comiques. Son esprit et sa gaieté sont aussi inépuisables que sa hardiesse est sans bornes. Les Grecs étaient ravis de la finesse et de la grâce de ses pièces, et Platon disait de ce comique que les Grâces auraient élu domicile dans son esprit. Avec les idées que nous avons aujourd'hui en manière de décence, on serait plutôt tenté de répéter avec Gœthe qu'Aristophane fut l'enfant gâté des Grâces. Il se servait de l'allégorie pour aborder des sujets politiques, pour flageller les vices et les ridicules de son époque. Au point de vue moral et esthétique il se montre le champion sévère de l'ancienne honnêteté, des anciennes mœurs, de l'art et de la science d'autrefois. Sur le champ de la satire personnelle la hardiesse de l'ancienne comédie permettait des choses incroyables : la hardiesse et l'imagination d'Aristophane usaient si largement à cet égard des privilèges du poëte comique, qu'il n'épargnait pas plus les dieux que les hommes, pour peu qu'ils lui donnassent prise. Il ménageait si peu le peuple athénien lui-même, que, sous le personnage de son vieux démagogue Demos, il n'hésite pas à le représenter de la manière la plus dégradante. Il lui reproche continuellement sa lâcheté, sa légèreté, son goût pour la flatterie, sa crédulité stupide et son penchant à se repaître d'espérances exagérées. Au lieu de s'en fâcher, les Athéniens l'en récompensèrent en lui décernant une couronne d'olivier sacré, honneur alors des plus rares. Mais cette liberté poussée jusqu'à la licence était d'ailleurs le caractère même de l'ancienne comédie, qu'on regarda pendant longtemps comme l'un des plus puissants moyens d'action de la démocratie, jusqu'à ce qu'après la guerre du Péloponnèse on songea enfin à en réprimer les excès. En l'an 338 avant J.-C., une loi fut rendue qui interdit de nommer à l'avenir qui que ce fût sur le théâtre. Aristophane donna alors sous le nom de son fils aîné *Cocalus*, comédie dans laquelle un jeune homme séduit une jeune fille et l'épouse quand il découvre quelle est son origine. C'est de cette pièce, on peut le dire, que date la comédie moderne. Aristophane, qui était déjà fort âgé, semble être mort peu de temps après.

M. Artaud, un de nos philologues les plus distingués, a publié une traduction en prose d'Aristophane (Paris, 1829, 6 vol. in-32) qui, au jugement de tous les critiques, reproduit avec une fidélité et un bonheur d'expression par ordinaires la manière d'Aristophane, et surtout cette *vis comica* portée à un suprême degré.

ARISTOPHANE, célèbre grammairien, né à Byzance, vers l'an 240 avant J.-C., vint de bonne heure à Alexandrie, y étudia sous Zénodote d'Éphèse, premier directeur de la bibliothèque qui venait d'être fondée dans cette ville, et lui succéda dans ce titre et dans sa chaire de grammaire. Il arrangea, mit en ordre et commenta les poésies d'Homère, Hésiode, Pindare et Aristophane, et fut le maître du fameux Aristarque. Mais le plus grand service qu'il ait rendu aux lettres, c'est incontestablement sa critique et son commentaire des poëmes homériques. A l'exception d'un fragment, dont M. Boissonade nous a donné une édition, publiée à Londres en 1829, tous ses ouvrages ont péri.

Léon Renier.

ARISTOTE fut le plus célèbre philosophe de la Grèce et de toute l'antiquité, l'une des puissances intellectuelles encyclopédiques les plus vastes qui aient éclairé le genre humain. En effet, Aristote paraît n'avoir rien ignoré de ce que les anciens avaient pu connaître, et il nous a transmis toute la science la plus positive de son époque, due soit à ses devanciers et à ses contemporains, soit à ses propres travaux. Il a exercé le même empire et a fait les mêmes conquêtes sur les esprits que son disciple Alexandre le Grand a su obtenir sur les peuples. Il n'est donc point étonnant qu'au milieu des ténèbres du moyen âge les œuvres d'Aristote aient apparu aux hommes presque *divines*, qu'il ait été appelé le *Génie de la nature*; qu'on ait mis en question si l'humanité pourrait s'élever plus haut; enfin si ce seul auteur devait suffire, à tel point qu'on n'espérait plus aller au delà, et que c'était crime ou hérésie de penser autrement que lui. Il fut pour ainsi dire défié dans les écoles, et des combats à outrance furent souvent livrés pour soutenir ses doctrines. Bizarre destinée d'un génie damné en même temps comme païen, et qu'on eût brûlé vif peut-être, s'il eût alors existé !

L'Orient, la Perse, sous la domination des Arabes et des khalifes sarrasins, successeurs de Mahomet, retentirent également du nom d'Aristote ; ces peuples traduisirent et commentèrent ses œuvres. Ce fut aussi toute leur science, avec celle de la médecine et l'astronomie. Puis cette immense renommée subit ses vicissitudes de décroissance : rejetée dans l'oubli, dans un mépris injurieux même, elle essuya tous les sarcasmes du dédain; on lui fit l'absurde reproche de n'avoir pas deviné les découvertes modernes; mais on l'accusa avec plus de justice de les avoir retardées ou empêchées par le dogmatisme qu'elle imposait.

Aristote naquit à Stagire, ville de l'Olynthie, province de Macédoine, 354 ans avant J.-C., la première année de la 99º olympiade. Sa mère se nommait Phestiade; et son père, Nicomachus, était médecin et ami du roi Amyntas, père de Philippe de Macédoine. Nicomachus, étant mort, laissa son fils à un ami nommé Proxenus, qui donna au jeune Aristote les éléments de toutes les sciences. Celui-ci en fut si reconnaissant, qu'il fit élever plus tard une statue à son tuteur, et se chargea de l'éducation de Nicanor, son fils. Cependant la jeunesse d'Aristote paraît avoir été livrée à toutes les dissipations : abandonné à lui-même, il dépensa follement son patrimoine, et se fit soldat; puis, dégoûté du métier des armes, et ne sachant comment subsister, il s'adonna au commerce des drogues pour la parfumerie et la médecine; enfin, il consulta l'oracle d'Apollon, qui lui dit : *Allez à Athènes, étudiez avec persévérance la philosophie; vous aurez plus besoin de frein que d'éperon.* Cet oracle, si tant est que le fait soit vrai, décida de la vocation d'Aristote.

Alors brillait à Athènes l'éloquent Platon, car déjà Socrate était mort; la réputation de l'*Académie* attirait un immense concours d'étudiants étrangers. Aristote n'avait encore que dix-sept ans ; sa taille était grêle, dit-on; il n'était point heureusement partagé en beauté, et même sa langue embarrassée lui donnait peu de facilité et de grâce dans son élocution; mais vif, doué d'une prodigieuse pénétration qui lui fit surpasser tous ses rivaux, il parut bientôt ce qu'il était, un génie supérieur, à tel point qu'on le nommait l'*esprit*, et qu'aucune question n'était décidée à moins qu'il ne l'appuyât de son avis. L'étude fut ses seules délices pendant vingt ans qu'il fréquenta l'Académie ; il y acquit cette complexion mélancolique et méditative qui constitue pour ainsi dire le *tempérament du philosophe*. La grande profondeur et la méthode sévère qu'il sut mettre dans tous ses écrits forment son principal caractère. Quoique des auteurs préten-

dent qu'il n'était point ennemi des plaisirs, il paraît cependant plus probable que l'amour seul de l'étude et l'ardeur de savoir absorbaient sa vie. Dévoré de l'ambition de tout connaître, il se procurait tous les ouvrages des auteurs, et fut le premier qui se créa une bibliothèque, selon Strabon ; il acheta jusqu'à trois talents les livres de Speusippe. Il ne cite guère ses prédécesseurs que pour les réfuter : aussi l'accuse-t-on d'avoir eu moins de bonne foi pour ses devanciers que de désir de s'enrichir de leurs découvertes. Toutefois, Ammonius rapporte qu'il honora la mémoire de Platon jusqu'à lui ériger un autel, et il n'en parla jamais qu'avec vénération, soit dans une oraison funèbre, soit dans des vers.

Il est vraisemblable qu'une secrète rivalité ne tarda point à s'élever néanmoins entre Aristote et son maître; leurs caractères étaient trop opposés et leurs opinions philosophiques partaient de principes trop différents pour qu'ils restassent parfaitement unis. Cette mésintelligence éclata bientôt lorsque Platon lui préféra Xénocrate, Speusippe, Amyclas. Il paraît certain que si Platon se montra piqué de voir Aristote s'élever et se former un parti dans son école, celui-ci fit tous ses efforts, dans la vieillesse de son maître, pour le surpasser et lui enlever ses disciples. On ajoute qu'il cherchait même à envelopper Platon dans les pièges séduisants d'une subtile dialectique pour l'embarrasser, le discréditer, au point qu'il se créa dans le Lycée une secte entièrement opposée à celle de son maître, qui le comparait à ces nourrissons vigoureux, ingrats, qui frappent leur mère après avoir été allaités de son sein. Tel est, au rapport de Suidas, le récit d'Aristoxène; mais celui-ci paraît avoir été animé d'un esprit de vengeance, parce que Théophraste avait été préféré par Aristote pour lui succéder dans son école. D'autres auteurs ont été jusqu'à rapporter que Platon fut expulsé de l'Académie par Aristote lui-même; ce qui n'a rien de probable, puisque après la mort de Platon et la continuation de son école par son neveu Speusippe, Aristote, révolté sans doute de cette préférence, se mit à voyager dans les principales villes de la Grèce.

C'est alors qu'il jeta les fondements de la secte péripatéticienne, ainsi nommée parce qu'il donnait ses leçons en se promenant; elle différait essentiellement de la secte académique. En effet, Platon partait du principe du *moi*, ou de l'âme, cette intelligence qui de la caverne du corps étend ses regards sur toute la nature et aspire à se réunir à la grande et sublime intelligence qui gouverne l'univers. Aristote, au contraire, part de la sensation pour constituer l'*entéléchie* ou la faculté de penser ; il décompose et sépare ou distingue ce que Platon réunit ; il analyse les phénomènes de la nature physique, et s'occupe surtout du monde extérieur. Platon s'adonne au contraire aux contemplations du monde moral et invisible pour se perdre parfois dans des ravissements sublimes, il se crée un univers; tandis qu'Aristote étudie méthodiquement toutes les parties des êtres physiques, et descend dans les détails les plus délicats de leur composition intime.

D'après un auteur qui a fort bien tracé leur parallèle, les qualités de l'esprit étaient supérieures dans l'un et dans l'autre ; ils avaient le génie élevé et propre aux grandes choses. Il est vrai que l'esprit de Platon est plus brillant et plus poli, celui d'Aristote plus vaste et plus profond. Platon a l'imagination vive, abondante, fertile en inventions, en idées, en expressions, en figures, donnant mille tours différents, mille couleurs nouvelles, et toutes agréables, à chaque chose ; mais, après tout, ce n'est souvent que de l'imagination. Aristote est dur et sec en tout ce qu'il dit ; quoiqu'il soit très sèchement, sa diction, toute pure qu'elle est, a je ne sais quoi d'austère, et ses obscurités, naturelles ou affectées, dégoûtent et fatiguent les lecteurs. Platon est délicat dans tout ce qu'il pense et dans tout ce qu'il écrit ; Aristote ne l'est point du tout, pour être plus naturel : son style est simple et uni, mais serré et nerveux ; celui de Platon est grand et élevé, mais lâche et diffus. Celui-ci dit toujours plus qu'il n'en faut dire, celui-là n'en exprime jamais assez, et laisse à penser toujours plus qu'il n'en dit; l'un surprend l'esprit et éblouit par un caractère éclatant et fleuri, l'autre l'éclaire et l'instruit par une méthode juste et solide; et comme les raisonnements de celui-ci sont plus droits et plus simples, les raisonnements de l'autre sont plus ingénieux et plus embarrassés. Platon donne de l'esprit par la fécondité du sien, et Aristote donne du jugement et de la raison par l'impression du bon sens qui paraît dans tout ce qu'il dit. Enfin Platon ne pense le plus souvent qu'à bien dire, et Aristote ne s'occupe qu'à bien penser, à creuser les matières, à en rechercher les principes, et de ces principes en tirer des conséquences infaillibles. Au lieu que Platon, en se donnant plus de liberté, embellit son discours et plaît davantage; mais, par la trop grande envie qu'il a de plaire, il se laisse emporter à son éloquence; il est figuré en tout ce qu'il dit. Aristote se possède toujours; il appelle les choses tout simplement par leur nom : comme il ne s'élève point, qu'il ne s'égare jamais, il est aussi moins sujet à tomber dans l'erreur que Platon, qui y fait tomber tous ceux qui s'attachent à lui, car il séduit par sa manière d'instruire, qui est trop agréable. Quoique Platon ait excellé dans toutes les parties de l'éloquence, qu'il ait été un orateur parfait au sentiment de Longin, et qu'Aristote ne soit nullement éloquent, ce dernier donne pour l'ordinaire du fond et du corps au discours, pendant que l'autre n'y donne que la couleur et la grâce.

C'est dans le cours de ses voyages qu'Aristote reçut cette célèbre lettre de Philippe, roi de Macédoine, pour le charger de l'éducation de son fils : « Je rends moins grâce aux dieux de m'avoir donné un fils que de l'avoir fait naître de votre temps ; je compte sur vos soins vous le rendrez digne de vous et de moi. » Aussi le jeune héros, appréciant un tel précepteur, répétait souvent : « Je dois la vie à mon père ; mais si je règne avec quelque gloire, c'est à Aristote que j'en ai toute l'obligation. »

Le philosophe resta probablement en Macédoine jusqu'au moment où Alexandre se disposa à entreprendre la conquête du monde et à porter la guerre en Asie. Aristote revint alors dans Athènes, qui le reçut avec honneur et lui donna le Lycée, où fut fondée son école philosophique, et où il composa sans doute ses principaux ouvrages. Il paraît cependant, d'après Plutarque, que déjà Aristote avait publié des livres de sa *Physique*, sa *Morale*, sa *Métaphysique* et sa *Rhétorique*, puisque Alexandre lui écrivait d'Asie des reproches d'avoir livré au public les belles sciences qu'il lui avait enseignées. On accuse de plus le philosophe de s'être mal à propos mêlé aux intrigues et aux querelles qui divisaient alors les États de la Grèce ; on l'a même soupçonné d'avoir trempé dans le complot tramé par Antipater pour empoisonner Alexandre au milieu de ses triomphes, dans toute la gloire de sa jeunesse et de l'admiration du monde, tant on suppose de jalousie et de passions basses dans les plus hauts génies ! Ces faits ne sont rien moins que prouvés.

Aristote rechercha la renommée dans toutes les carrières du savoir, et tenta de s'y frayer des routes nouvelles différentes de celles de Platon. Ainsi, quoiqu'il ne fût point législateur, et que le genre de ses études le portât à préférer des sciences, il entreprit cependant de traiter des *lois* et de la *politique*, et il y montra son génie méthodique et sa clarté.

Établi au Lycée, près d'Athènes, Aristote employait la matinée aux parties les plus abstraites des sciences qu'il nommait *acroamatiques*; il les destinait aux plus habiles de ses élèves, qu'il initiait à ses doctrines intérieures ou secrètes. Le soir était consacré à de plus douces études, à des travaux moins profonds et qui admettaient la publicité par leur usage fréquent dans la vie : tels étaient l'éloquence, la morale, la poésie, rangées parmi les connaissances *exotériques* ou *extérieures*.

Il jouit longtemps de la faveur d'Alexandre, puisque ce héros lui fit envoyer d'Asie tous les animaux rares ou les productions extraordinaires recueillis à grands frais, et lui prodigua des sommes considérables pour faciliter ses recherches et ses beaux travaux en histoire naturelle. On a même cru qu'Aristote avait suivi pendant quelque temps ce jeune guerrier au début de ses conquêtes ; mais l'opinion la plus générale, au contraire, est que son disciple et son parent Callisthène fut placé par lui près d'Alexandre. Toutefois, l'humeur caustique et la misanthropie de Callisthène révoltèrent bientôt la susceptibilité du conquérant : enveloppé dans une accusation capitale, il périt dans les supplices, et la calomnie s'étendit jusque sur Aristote : de là naquit entre le philosophe et le héros un refroidissement qui devint le prétexte de tant de suppositions mensongères représentant Aristote comme le complice de la mort prématurée d'Alexandre. De là surgirent aussi cette foule d'envieux et d'ennemis que se déchaînèrent surtout après la mort du conquérant ; à Athènes, les platoniciens, les démagogues, les prêtres, unirent leur animosité contre Aristote, soit qu'il ne les eût pas ménagés, soit que ses doctrines les eussent choqués. Ainsi, Eurymédon, hiérophante de Cérès, et Démophile, l'accusèrent de nier l'utilité des prières et des sacrifices, d'avoir élevé à la mémoire de Pythias, son épouse adorée, une statue à laquelle il rendait un culte divin.

Sans justifier de telles accusations, il est permis de croire que les principes du philosophe s'accordaient mal avec les opinions religieuses de son siècle, et qu'il énonçait sur la Providence, sur la politique, en général, des idées qui contrastaient avec celles de la république d'Athènes. Aristote, en effet, avait longtemps vécu, soit à la cour de Philippe de Macédoine, soit avec son ami Hermias, gouverneur ou tyran d'Atarne en Mysie, dont il avait épousé la sœur, qui fut cette Pythias si chérie. Il pouvait donc avoir préféré le gouvernement monarchique à tout autre. Enfin, la supériorité de son génie dut susciter bien de les jalousies contre lui. Redoutant le sort de Socrate, il abandonna Athènes, et se retira dans l'Eubée, à Chalcis, où l'accompagnèrent sa renommée et la plupart de ses disciples : « Épargnons, disait-il en se retirant, épargnons aux Athéniens un nouvel attentat contre la philosophie. » Bientôt le chagrin, et peut-être l'immensité des travaux qui avaient épuisé ses forces, le conduisirent au tombeau, à l'âge de soixante-trois ans : il mourut l'an 2e de la 114e olympiade, correspondant à l'année 322 avant l'ère vulgaire. On débita beaucoup de fables sur sa mort : selon les uns, il but de la ciguë ; d'après d'autres, le dépit de ne pouvoir expliquer le flux et le reflux de l'Euripe le porta à se précipiter dans ses eaux. Ses cendres furent portées à Stagire ; il laissa, avec une fortune considérable, une fille de sa première femme, et d'Herpyllis, sa seconde femme, un fils nommé Nicomachus, pour lequel il avait écrit plusieurs livres de morale.

On assure qu'Aristote avait l'usage du monde et savait l'attirer par des moyens flatteurs ou engageants. Il était tellement livré à ses études, que son estomac en souffrait sans cesse, et qu'il retardait son sommeil en laissant tomber une boule dans un vase d'airain, etc. Sa ville natale lui rendit des honneurs presque divins, et institua une fête annuelle (les *Aristotélies*) en son honneur.

On croit que les premiers écrits d'Aristote sont ceux sur l'*Art oratoire* et la *Poétique* ; qu'il les a composés pour l'éducation d'Alexandre à la cour du roi de Macédoine. Nourri de la lecture d'Homère et de tous les orateurs célèbres, Aristote traduit en excellents préceptes, remplis de goût, leurs exemples ; il en tire les plus pures leçons pour l'instruction de la jeunesse. Il a fort bien deviné les ressorts des passions que le poète ou l'orateur doivent mettre en jeu pour émouvoir le lecteur ou l'auditeur, à tel point qu'on n'a rien ajouté d'essentiel ni rien dit de mieux sur ces matières. Il y enseigne l'art difficile de dire les choses avec esprit. Aussi ces deux ouvrages, dont le dernier ne nous est parvenu qu'incomplet, font-ils le plus grand honneur à sa mémoire, bien qu'il ne s'y montre ni poëte ni orateur.

La *Morale* d'Aristote est un résumé exact et simple des principes les plus purs pour la conduite des hommes. Elle forme dix livres, adressés à Nicomachus, son fils. Il cherche quelle est la fin de l'homme ou sa félicité; il ne la trouve absolue ni dans les plaisirs des sens, ni dans les richesses et autres biens corporels, ni même dans la vertu; mais il semble composer de toutes ces choses la vraie béatitude à laquelle tout le monde aspire. Ce bonheur ne saurait s'obtenir toutefois sans la vertu. Aristote établit que les vertus sont un intermédiaire, un milieu entre des vices opposés, entre les excès et les défauts : ainsi la tempérance est placée entre l'abstinence et l'abus; le courage, entre la crainte et la témérité. Il faut donc se tenir dans le *médium* pour être vertueux. L'homme est un agent libre, qui doit se porter par sa volonté au bien, et résister aux plaisirs, qui recouvrent de vrais maux. Sans la prudence, qui est la vertu de l'entendement, il n'y a point de droite raison, ni par là de véritable vertu. La prudence dans la vie civile est la politique, dans la vie privée c'est l'économie et l'ordre. Enfin, il réduit à deux moteurs, le *plaisir* et la *douleur*, les ressorts les plus ordinaires de nos actions, de nos passions et des autres mouvements de l'âme. Aristote, dans les deux livres des *Grandes Morales*, explique comment la vertu s'acquiert, et quels sont les instruments du bonheur, soit ceux du corps, soit ceux de l'esprit, et les habitudes de l'âme dans l'adversité et la prospérité. Sept autres livres à Eudème, son disciple et son ami, traitent des genres de vie, l'une d'occupation, l'autre de plaisir, la troisième de méditation.

Quoique le fond des opinions morales d'Aristote ne diffère pas sensiblement de celles de Platon, leur manière de les exposer est pourtant fort différente. Le premier est un raisonneur méthodique et froid, qui montre sans doute autant de rectitude que de probité; cependant il n'inspire point cet amour ardent de la vertu, qui charme et enthousiasme dans Platon; il attiédit, ou du moins ou s'éclaire sans s'animer; c'est comme une dissection habile du cœur humain, mais froide, infructueuse. Au contraire, Platon touche le cœur, il élève l'âme avec Socrate mourant. D'ailleurs, à l'exemple de tous les Grecs, qui se tenaient pour supérieurs aux barbares, Aristote ne dit rien des devoirs de l'humanité en général, ni du droit naturel ou des gens entre les peuples, quoique dans ses livres de la *République* et ceux de la *Politique*, ce philosophe traite des sociétés, des gouvernements, des États, de la communauté ou des villes, des lois et de l'autorité civile, de la paix, de la guerre, du commerce, des finances, des arts, etc. Aristote descend même jusque dans le détail de la vie privée de la famille, en montrant les relations du chef avec la femme, les enfants, les serviteurs, et tout ce qui tient à l'intérieur d'une maison et d'un ménage.

Ces règles de politique et de l'économie domestique ne sont pas autres dans le fond que celles qu'a exposées Platon; cependant on les trouvera plus méthodiques, plus exactes, plus précises. Platon n'admet pas que toute félicité soit dans le monde actuel, il s'élève à une autre existence. Aristote ne propose, au contraire, rien au delà de la vie présente, et se renferme dans les bornes de l'existence : aussi le premier est regardé comme plus sublime que le second, et enflamme jusqu'à l'héroïsme, tandis qu'Aristote forme seulement à l'honnêteté dans la société civile. C'est là cependant l'ouvrage qu'on a coutume de ranger parmi les chefs-d'œuvre.

Quant à la méthode, Aristote est bien différent de son maître Platon. Celui-ci considère l'âme comme une lumière qui s'éteint en s'incorporant dans la matière de nos organes, et qui y végète dans l'incertitude et l'obscurité. Aristote, au contraire, admet que l'âme est une table rase, formant peu à peu d'elle-même les bases de ses connaissances par les tâtonnements des sens et par les impressions que reçoit la sensibilité : de là des réalités certaines, évidentes, qui sont le produit de notre organisme. Selon Platon, pour parvenir à la connaissance des choses, il faut partir des idées générales, universelles, afin de descendre aux particulières. D'après Aristote, il faut commencer par les idées spéciales, les sensations particulières, pour remonter aux résultats généraux, à des corollaires universels. Ainsi, selon lui, rien ne saurait pénétrer dans l'esprit qui n'ait passé par les sens, et c'est par les choses matérielles qu'on s'élève aux immatérielles. La différence entre les deux systèmes consiste donc en ce que Platon établit des idées archétypes, premiers originaux desquels tout dérive, ou n'est qu'une copie souvent imparfaite, à cause de la corruptibilité de nos organes corporels. Il procède ainsi de la cause à l'effet ou par la synthèse. Aristote, par opposition, suit l'analyse ou la distinction des choses, et de la réunion des faits comparés il remonte aux principes. En un mot, Aristote croit que la sensation ou l'impression faite sur nos organes ne trompe jamais, et que l'erreur ne vient que du sens général ou de l'esprit. Au contraire, Platon regarde nos sensations particulières comme autant de sources d'erreur, si elles ne sont pas rectifiées et coordonnées par l'intellect.

D'après sa doctrine, Aristote construit les formes du raisonnement, et c'est ici qu'il fonde ses fameuses *catégories* pour rendre infaillible, au moyen de cet instrument universel, l'esprit dans ses syllogismes ou ses démonstrations. Sa *Logique* est destinée à former l'art syllogistique; le livre de *l'Interprétation* s'occupe des termes grammaticaux dont la liaison sert à construire le syllogisme ou bien à l'énonciation des idées. Dans ses *Analytiques*, Aristote décompose le syllogisme en ses parties essentielles, afin de reconnaître s'il est juste ou sophistique. Le livre des *Topiques* sert à examiner si la matière du syllogisme n'est que probable ou contingente, et le traité des *Sophismes* expose quelles sont les équivoques ou les erreurs possibles, comme les *Analytiques postérieures* recherchent dans quelles conditions le raisonnement devient certain et nécessaire. Cette méthode donne ainsi tous les moyens de discernement pour juger la rectitude ou la fausseté des déductions logiques, comme elle contient toutes les armes capables de réfuter, de renverser les arguments captieux, erronés, les artifices subtils par lesquels on peut séduire ou tromper les esprits.

Archytas, Zénon le stoïcien, Euclide de Mégaro, et Platon, avaient ébauché la *logique*; Aristote l'a tellement perfectionnée par son esprit méthodique, qu'il semble l'avoir créée. Il a su rapporter à trois formes les termes composant le syllogisme, de manière qu'il en résulte une conclusion, par une sorte d'infaillibilité semblable à celle de la plus exacte géométrie. Toute ambiguïté, toute confusion ou équivoque étant ôtées, les plis et les détours des opérations intellectuelles étant réduits à des définitions claires, courtes, les idées complexes se trouvant analysées, les paralogismes, les contradictions, les sophismes d'argumentation étant soigneusement écartés, il semble qu'Aristote ait enfin remporté la gloire d'assurer à jamais la marche et les progrès ultérieurs de l'esprit humain. En effet, dans son traité des *Post-prédicaments* et des *Anti-prédicaments*, il met en garde contre les fausses significations des termes, qui perpétuent les pièges de mots, et il assure la voie de la dialectique. Son génie, éminemment subtil et net dans ses distinctions, emploie tous ses efforts pour assurer au syllogisme ou au raisonnement la certitude mathématique. C'est par là que sa philosophie a dominé les hommes pendant tant de siècles. On a cru y trouver l'instrument nécessaire de toutes les découvertes, le moyen de tout savoir, parce qu'on avait la faculté de raisonner exactement sur tout. Ainsi, il établit les règles des conversions modales pour toutes les propositions, et des *topiques* ou lieux communs appropriés à toutes sortes d'argumentations, puis des *élenches* présentant des exemples de tous les sophismes imaginables. Par ce raffinement des moyens dialectiques on est en état de discerner sur si que l'on tout d'une manière assez pertinente ; on est avocat pour toutes les causes : *dictum de omni, dictum de nullo*.

Cependant cet art captieux des dilemmes, cette habileté dialectique dont il a donné de si fortes preuves, n'ont-ils pas contenté bien des esprits par ces apparences de raison rendue de tous les effets sans recourir aux causes, ou fait admettre des qualités occultes d'après lesquelles on bâtissait des systèmes fort bien raisonnés d'ailleurs ? On se contentait d'une démonstration en paroles ; et parce qu'on avait exactement conclu, on s'imaginait avoir découvert le vrai. De là vient que sa méthode n'a pas toujours été aux sciences exactes, comme le lui a déjà reproché Gassendi.

Tant qu'Aristote s'en est tenu à cette méthode dialectique, il y est resté plus inférieur que dans les autres parties. Aussi sa *Physique* en huit livres se borne à des principes généraux, tels que le temps, le lieu, le mouvement, etc. Il pose trois principes, la *matière*, la *forme*, la *privation* : il définit obscurément ainsi la matière : *Ce qui n'est ni qui, ni combien grand, ni quoi, ni rien de ce par quoi l'être est mû*. Il veut exprimer que c'est un principe passif et multiforme, quoique d'une nature identique en toutes choses, selon que le mouvement ou la vie lui imprime des figures ou des modifications diverses. Quant à la forme, c'est selon Aristote un principe (ou *entéléchie*) actif qui constitue les corps et leur donne l'organisation. La privation ne peut être un principe, mais plutôt une négation de toute substance.

Le fini, l'infini, le vide, les atomes, etc., sont encore l'objet de la physique d'Aristote ; on y doit joindre ses traités de la *Génération* et de la *Corruption*, dans lesquels il admet qu'il se crée de nouveaux êtres spontanément par la puissance de la nature formatrice, et qu'il en périt. Selon lui, les contraires naissent de leurs contraires, par l'antipéristase.

Dans ses *Météores*, traité en quatre livres, Aristote s'est assez utilement servi des observations même imparfaites de son temps pour donner des explications de la pluie, de la neige, des éclairs et du tonnerre, des vents, de la rosée, de l'arc-en-ciel, etc. Ensuite il décrit, dans les quatre livres *du Ciel*, les astres, la matière dont il les suppose formés, leurs mouvements, leur situation, leur pesanteur ; enfin on y trouve les opinions des anciens sur les corps célestes et sur les éléments. Le froid, le chaud, l'humidité, la sécheresse, la putréfaction, les mixtes, etc., constituent aussi une partie de son traité des Météores. On sait qu'il admettait, outre les quatre éléments, un cinquième sous le nom d'*éther* ou *quintessence*.

Plusieurs écrits supposés ont été donnés sous le nom d'Aristote : sans prétendre les distinguer, il en est de moindre importance qu'on lui attribue, tels que le traité *de la Physionomie*, celui des *Questions mécaniques*, celui des *Couleurs* ; ses *Problèmes*, renfermant des questions fort curieuses, ses deux livres *des Plantes*, le livre *du Monde*, composé pour Alexandre, et qui paraît une amplification ; celui des *Récits admirables* ; celui des *Économiques*, en trois livres, qui contient l'art de conduire sa maison et sa famille, etc. Mais il a surtout composé d'autres ouvrages plus importants. On a de lui trois livres sur l'*Ame*, dont il décrit la nature, les opérations, soit internes, soit externes, par l'entremise des sens. Il faut y joindre ses traités compris sous le titre de *Petites Questions naturelles*, et composés de parties, telles que ce qui concerne *la mémoire* et *la réminiscence*, *la sensation*, *le sommeil* et *la veille*, les *songes et les pronostics par les songes*, *le mouvement des animaux*, *leur marche*, *la brièveté ou la longueur de la vie*, *la respiration*, *la jeunesse et la vieillesse*, *la santé et la maladie*, *la réputation*, etc. Aristote s'est également occupé de plusieurs sujets relatifs à la médecine. Il considère la santé comme un milieu entre le défaut et l'excès, qui sont également morbides, et qui se guérissent par un état opposé à ce qui les a produits. L'extrême chaleur ou l'excès d'humidité lui paraissent les principales causes des maladies, ainsi qu'un sang ou trop épais ou trop ténu, ou trop aqueux ou trop sec, ou trop froid ou trop ardent, etc. Il fait remarquer que l'habitude d'un médicament en diminue l'efficacité. Ses livres *iatriques* en deux parties, cités par Diogène Laerce, ne sont point parvenus à la postérité. Dans ses problèmes, Aristote cite souvent des préceptes de médecine, empruntés sans doute à Hippocrate et à d'autres médecins.

En histoire naturelle, c'est principalement sur celle des animaux que l'illustre philosophe s'est montré supérieur à son siècle, et qu'il y est devenu législateur. « L'histoire des animaux d'Aristote, dit Buffon, est peut-être encore aujourd'hui ce que nous avons de mieux fait en ce genre.... Il les connaissait peut-être mieux et sous des vues plus générales qu'on ne les connaît aujourd'hui. Aristote commence son histoire des animaux par établir des différences et des ressemblances générales entre les différents genres d'animaux. Au lieu de les diviser par de petits caractères particuliers, comme l'ont fait les modernes, il rassemble historiquement tous les faits et toutes les observations qui portent sur des rapports généraux et sur des caractères sensibles. Il tire ces caractères de la forme, de la couleur, de la grandeur, et de toutes les qualités extérieures de l'animal entier, et aussi du nombre et de la position de ses parties, de la grandeur, du mouvement, de la forme de ses membres, des rapports semblables ou différents qui se trouvent dans ces mêmes parties comparées, et il donne partout des exemples pour se faire mieux entendre. Il considère aussi les différences des animaux par leur façon de vivre, leurs actions et leurs mœurs, leurs habitations, etc. Il parle des parties qui sont communes et essentielles, et de celles qui peuvent manquer ou qui manquent, en effet, à plusieurs espèces d'animaux. Ces observations générales et préliminaires sont un tableau dont toutes les parties sont intéressantes ; et ce grand philosophe dit aussi qu'il les a présentées sous cet aspect pour donner un avant-goût de ce qui doit suivre et faire naître l'attention qu'exige l'histoire particulière de chaque animal ou plutôt de chaque chose. Il commence par l'homme, et il le décrit le premier, plutôt parce qu'il est l'animal le mieux connu que parce qu'il est le plus parfait et, pour rendre sa description moins sèche et plus piquante, il tâche de tirer des connaissances morales en parcourant les rapports physiques du corps humain. Il indique les caractères des hommes par les traits de leur visage. Il décrit donc l'homme par toutes ses parties extérieures et intérieures, et cette description est la seule qui soit entière. Au lieu de décrire chaque animal en particulier, il les fait connaître tous par les rapports que toutes les parties de leur corps ont avec celles du corps de l'homme. Lorsqu'il décrit, par exemple, la tête humaine, il compare ensuite la tête de différentes espèces d'animaux. A l'occasion du sang, il fait l'histoire des animaux qui en sont privés, et, suivant ainsi ce plan de comparaison, dans lequel, comme l'on voit, l'homme sert de modèle, et en donnant que les différences qu'il y a des animaux à l'homme, et de chaque partie des animaux à chaque partie de l'homme, il retranche à dessein toute description de la partie qu'il a toute répétition, il accumule les faits, et il n'écrit pas un mot qui soit inutile. Aussi a-t-il compris dans un petit volume un nombre presque infini de différents faits, et je ne crois pas qu'il soit possible de réduire à de moindres termes tout ce qu'il avait à dire sur cette matière, qui paraît si peu susceptible de cette précision, qu'il fallait un génie comme le sien pour y conserver en même temps de l'ordre et de la netteté. Cet ouvrage d'Aristote s'est présenté à mes yeux comme une table de matières qu'on aurait extraite avec le plus grand soin de plusieurs milliers de volumes remplis de descriptions et d'observations de toute espèce; c'est l'abrégé le plus savant qui ait jamais été fait, si la science est en effet l'histoire des faits; et quand même on supposerait qu'Aristote aurait tiré de tous les livres de son temps ce qu'il a mis dans le sien, le plan de l'ouvrage, sa distribution, le choix des exemples, la justesse des comparaisons, une certaine tournure dans les idées, que j'appellerais volontiers le caractère philosophique, ne laissent pas douter un instant qu'il ne fût lui-même bien plus riche que ceux dont il aurait emprunté. »

Ses principales divisions du règne animal, comme l'a remarqué le savant Cuvier, sont encore aujourd'hui les plus solidement établies ; car on y pourrait trouver la séparation des animaux vertébrés et des invertébrés; les animaux articulés, les mollusques y sont aussi distingués des autres classes. Il a bien connu les quatre estomacs des ruminants, et il a disséqué des singes et des éléphants, puisque les indications qu'il en donne ont été confirmées par les zootomistes de notre siècle. Il décrit la gerboise, le chacal et d'autres espèces rares de l'Orient. Il avait bien étudié aussi les poissons et plusieurs mollusques marins. Il a suivi le développement du poulet dans l'œuf avec une curieuse exactitude, quoique dépourvu d'instruments microscopiques et des autres secours que le scalpel des modernes doit aux autres sciences, etc. Les crustacés, les insectes les plus délicats, n'ont pas été négligés ; et sans doute il employa divers observateurs ou des élèves pour se procurer un si grand nombre de faits, qu'il coordonne avec autant d'ordre que de sagacité et de génie. Il s'éleva surtout à des vues philosophiques sur l'ensemble du règne animal, et reconnut la gradation croissante des êtres depuis les moins compliqués jusqu'aux plus parfaits, et depuis les corps inorganiques jusqu'aux mieux organisés, en passant par des degrés successifs. Il avait même étendu ses recherches sur les espèces marines qui se multiplient par division ou bouture, à la manière des végétaux. Les racines des végétaux lui paraissent être l'analogue de la bouche des animaux, et il considère les premiers comme un animal retourné.

L'anatomie comparée, que les travaux de l'illustre Cuvier ont élevée si haut, remonte donc à Aristote, qui en a jeté les principaux fondements; il paraît avoir accompagné son ouvrage de dessins qu'il cite, mais qui ne nous sont point parvenus. Quoiqu'il ait découvert les nerfs encéphaliques, il n'a guère connu leurs usages, puisqu'il place au cœur le foyer de la sensibilité. Cependant il observa que les vaisseaux sanguins aboutissaient au cœur; mais il ne distingua pas bien les veines des artères. Il a vu que l'homme possédait le cerveau le plus volumineux relativement à son corps, et il a décrit ses méninges ou enveloppes. Voici la notice de ses ouvrages sur les animaux : *De leur histoire*, en dix livres; *Des parties des animaux, et de leurs causes*, quatre livres; *De la génération des animaux*, cinq livres; *Des mouvements des animaux*, etc.

Un si vaste génie, l'étendue et la multiplicité des sciences qu'il embrassa, firent dire à Cicéron que l'ardente curiosité des péripatéticiens s'était étendue à la fois sur toutes les régions du ciel, de la terre et de la mer, en sorte que rien ne paraît leur avoir échappé dans la nature. Ce n'est pas qu'Aristote ait cependant puisé tout tiré de son propre fonds, mais il sut s'approprier par les vues neuves de son esprit les opinions déjà émises par d'autres philosophes. Ainsi, ce qu'il dit du temps était pris d'Archytas ; il s'empare des idées d'Ocellus sur le mouvement, de celles de Timée de Locres sur le vide, de celles de Démocrite et de Leucippe sur l'empyrée où le feu élémentaire au-dessus de l'orbite lunaire, quoique ce soit une erreur, comme ce qu'il dit de la zone torride, inhabitable selon lui par son extrême chaleur. Il regarde le monde comme coéternel à Dieu. Leibnitz a déjà remarqué que quoiqu'il y ait des questions très-sublimes dans la *Physique* d'Aristote, l'ensemble en est défectueux ; *infelix operis summa*. Il introduisit en effet une infinité de formes et de facultés distinctes de la matière, et enseigna qu'il naît et se perd de nouveaux êtres, ce que rien jusqu'ici n'a démontré. Semblable, dit Bacon de Verulam, à ces despotes de l'Orient, qui égorgent leurs frères pour régner seuls en paix, Aristote semble avoir pris à tâche d'étouffer les autres philosophies pour établir son empire ; il présente sous un jour peu favorable tout ce qui s'éloigne de ses propres opinions, et les terrasse par cette habile tactique. Enfin le satirique Lucien se joue des observations minutieuses des péripatéticiens, occupés à mesurer le saut d'une puce ; mais ce fait, supposé vrai, démontrerait encore une grande ardeur d'étude pour quelques parties de l'entomologie.

Nous avons cité les trois principes, matière, forme et privation ; qu'Aristote pose dans sa *Métaphysique* : il établit bien d'autres causes. Selon lui, il y a dans l'univers trois essences ou substances : 1° *l'essence immobile et incorruptible*, qui enveloppe le grand univers, c'est la Divinité; 2° *l'essence incorruptible et mobile*, qui est le feu ou la sphère de l'empyrée dans le firmament, s'étendant jusqu'à l'orbite de la lune, et constituant les astres ; 3° enfin *l'essence mobile et corruptible*, l'air, l'eau et les éléments, qui descend jusqu'au centre de la terre : les deux premières constituent la sphère céleste, celle-ci la sphère sublunaire. Le mouvement circulaire appartient aux deux premières, le rectiligne à la dernière, qui seule est douée de la pesanteur. Au delà de la sphère sublunaire, où règnent les dieux, se trouve, non plus les quatre éléments, mais une cinquième nature ou *quintessence*, pâture des astres, nectar des dieux, éther pur, substance toujours la même, et divinisée. Enfin, par-delà cette substance éthérée existe le premier moteur, substance inaccessible, infinie, indivisible, éternelle, dont la pensée fait la vie immatérielle, Dieu ineffable, comprenant toutes les sphères successivement plus denses et concentriques, jusqu'à la terre, noyau central. Tel est le monde, subsistant nécessairement de toute éternité, formé de lui seul, et se conservant par ses propres forces, comme Dieu même, dont il est le coéternel. Outre le premier moteur, chaque astre a sa sphère motrice qui l'entraîne d'orient en occident ; il y a des âmes, ou natures particulières, qui meuvent les sphères planétaires avec leur planète. De même, dans la sphère sublunaire chaque individu et espèce possède son principe particulier d'action, son entéléchie, qui apparaît comme sa forme et son organisation. Ce ne sont pas des parcelles de la Divinité, puisque celle-ci reste dans les sublimes hauteurs, sans communication ni influence avec les natures sublunaires livrées à leurs propres instincts ou volontés, ou au hasard de la fortune. Les êtres agissent d'après une sorte de résultat mécanique de leurs principes constituants, comme des rouages engrenés dans ceux du grand monde. Tout s'opère ainsi par la seule énergie de la nature en présence de la Divinité, mais sans son concours. Cependant tous les êtres sont coordonnés pour une fin quelconque, car les plantes elles-mêmes ont un but, quoique destituées de volonté. Mais la fin pour laquelle agissent les êtres ne résulte pas d'eux-mêmes ; c'est la nature qui les constitue. Dieu, délivré du pénible soin de gouverner le monde, est infiniment heureux, intelligent, roi du ciel et non responsable du mal. Sa puissance ne descend point jusqu'à la sphère sublunaire ; ainsi la terre échappe à sa providence. S'il en est ainsi, l'âme, n'ayant point pour témoin de ses actions la Divinité, qui n'y prend aucun intérêt, ne doit pas être punie ou récompensée ; cette âme, n'étant point une portion de Dieu, n'a rien qui constitue l'immortalité.

Aristote n'est point athée : il sent la nécessité d'une cause première, bien qu'il ne lui attribue point l'ordre et l'économie admirables du monde; mais il comprend qu'on ne peut remonter de cause en cause à l'infini, et qu'il faut bien s'arrêter à un principe originel. Seulement il croit cet univers aussi nécessairement existant et incorruptible que Dieu lui-même. C'est en cela qu'il ôte à Dieu la liberté, la volonté ou la spontanéité. C'est une sorte de *fatum* ou de destin. Abîmé dans ses contemplations, du haut de sa sphère, il ne peut descendre de sa sublimité, et laisse rouler au gré du hasard le monde sublunaire avec ses crimes, ses imperfections, ses infortunes; il n'est ni touché des prières des mortels ni des malheurs de la vertu. Cependant, à l'époque de la plus haute renommée d'Aristote, au moyen âge, des théologiens ont cru en un salut de son âme, bien qu'il ne fût ni chrétien ni orthodoxe. Aussi, l'un de ses successeurs les plus conséquents dans la doctrine du maître, Straton de Lampsaque, reconnut qu'en suivant rigoureusement ces principes, on pouvait se passer d'admettre dans la constitution du monde un Dieu qui n'y prend aucune part; il tomba dans l'athéisme. La nature et le hasard lui parurent des causes suffisantes de tout, puisque les parties constituantes de l'univers agissaient nécessairement selon leurs poids, leurs affinités, en chaque élément, ou se plaçaient en leur lieu par leur propre activité. Le monde, selon Straton, avait pu se constituer de lui-même, il n'être pas nécessairement éternel. Dans le chaos primitif, chaque chose chercha son analogue ou son plus convenable élément pour en constituer des êtres, dont les imparfaits périrent, et dont les plus parfaits se conservèrent, parce qu'ils avaient ce qui leur était indispensable pour cette conservation ou leur propagation. On voit que ces principes se rapprochent de ceux des épicuriens atomistes; aussi, le péripatétisme dégénéra bientôt, d'autant plus que, ne pouvant rendre raison de l'ordre et de l'harmonie des êtres, en excluant l'intervention divine, les péripatéticiens, sous Straton et ses successeurs, furent obligés de s'en référer à un aveugle hasard.

Telle est l'histoire du plus grand ou du plus illustre philosophe qui ait jamais honoré la Grèce, et porté jusqu'à nos jours la lumière des sciences antiques dans l'Occident et dans l'Orient pendant tant de siècles. Quelles que soient ses erreurs, c'est l'une des plus vastes et des plus complètes intelligences qui aient paru dans le monde. J.-J. VIREY.

ARISTOTÉLISME. *Voyez* ARISTOTE et PÉRIPATÉTISME.

ARISTOXENE de Tarente, philosophe et musicien, naquit vers l'an 324 avant J.-C. Suidas nous apprend qu'il avait composé quatre cent cinquante-trois volumes; mais il n'est parvenu jusqu'à nous que ses *Eléments harmoniques*, en trois livres. C'est le plus ancien traité de ce genre que nous ayons, et aucun n'est plus utile pour la connaissance de cet art chez les anciens. La doctrine musicale d'Aristoxène est tout à fait opposée à celle de Pythagore. Il bannit les nombres et le calcul, et s'en remet à l'oreille seule des choix et de la succession des consonnances. Ainsi, Pythagore se trompe en donnant trop de marge à ses proportions, et Aristoxène en les réduisant à rien. Le traité d'Aristoxène fait partie de la collection de Meibomius : *Musici veteres septem*. Un fragment sur le rhythme, retrouvé et publié par l'abbé Morelli à Venise en 1785, fait regretter la perte de l'ouvrage auquel il appartenait.

Comme philosophe, Aristoxène avait été le disciple d'Aristote; mais, irrité de voir ce grand homme désigner en mourant Théophraste pour son successeur, il chercha à noircir sa mémoire, et fit preuve d'un dénigrement semblable en écrivant les vies de Pythagore, d'Archytas de Tarente, de Socrate et de Platon. On peut consulter sur Aristoxène la savante dissertation de Mahne, intitulée : *Diatriba de Aristoxene, philosopho peripatetico* (Amsterdam, 1793, in-8°).

DICT. DE LA CONVERS. — T. II.

Il ne faut confondre cet écrivain ni avec ARISTOXÈNE, de Sélinonte, poète qui vécut plus de trois siècles auparavant, ni avec ARISTOXÈNE, de Cyrène, philosophe cité par Athénée ; ni, enfin, avec le médecin ARISTOXÈNE, dont parle Galien, et qui vivait au premier siècle de notre ère. Ch. DU ROZOIR.

ARISTYLE DE SAMOS, qui fleurissait vers l'an 290 avant J.-C., fut le premier astronome grec qui à Alexandrie, conjointement avec Timocharis, observa le ciel étoilé. L'ouvrage qu'il avait écrit sur les étoiles fixes n'est point parvenu jusqu'à nous; mais Ptolémée cite dans son *Almageste* plusieurs des observations qu'il contenait, et Hipparque, dans ses recherches, en faisait un fréquent usage.

ARITHMÉTIQUE (du grec ἀριθμός, nombre). Dans tous les traités élémentaires qui ont précédé les publications de M. Wronski, l'arithmétique est donnée comme la *science des nombres*, définition qui convient mieux à l'ensemble de l'algèbre et de l'arithmétique, désigné par le savant Ampère sous le nom d'*arithmologie*. Il a déjà été établi à l'article ALGÈBRE que cette science traite les *lois des nombres*, et que l'arithmétique est seulement la *science des faits des nombres* : d'où il résulte que les opérations de l'arithmétique sont les mêmes que celles de l'algèbre; seulement, l'arithmétique opère sur des grandeurs déterminées, et par conséquent son objet est plus borné ainsi que ses moyens. L'arithmétique renferme deux parties : la *numération* et le *calcul numérique*.

La suite des nombres étant infinie, puisque l'on peut toujours ajouter l'unité à un nombre quelconque, s'il fallait donner à chacun des nombres dont on peut avoir besoin un nom particulier, si ces noms n'offraient entre eux aucune liaison méthodique, la mémoire serait impuissante à les retenir, et la vie de l'homme ne suffirait pas à apprendre cette nomenclature. La numération représente toutes les quantités numériques imaginables, au moyen d'un nombre limité de mots ou de caractères; quand elle emploie des mots, c'est la *numération parlée*; quand elle se sert de caractères (*voyez* CHIFFRES), c'est la *numération écrite*. Les différents systèmes de numération n'offrent pas tous la même commodité. Nous avons adopté la numération décimale. Nous parlerons ailleurs des systèmes binaire, octaval et duodécimal.

Dans le *calcul numérique*, comme dans le calcul algébrique, nous trouvons l'addition, la soustraction, la multiplication, la division, le calcul des fractions ordinaires et décimales, l'élévation aux puissances et l'extraction des racines. Les rapports des nombres amènent les proportions, dont les applications aux opérations commerciales sont désignées sous les noms de règles de trois, de société, d'alliage, d'escompte, d'intérêt, etc. Enfin la connaissance des proportions conduit à celle des progressions, qui est complétée par la théorie des logarithmes, en considérant ceux-ci d'une manière purement arithmétique.

La nécessité incontestable de l'arithmétique dut faire naître cette science en même temps que la société. Elle grandit plus ou moins rapidement, suivant le génie des différents peuples. Elle semble avoir atteint de grands développements chez les Chaldéens, qui se livraient à l'étude de l'astronomie. Les Phéniciens, qui s'adonnaient au commerce, et les Égyptiens et plus tard les Grecs, cultivèrent aussi l'arithmétique avec quelque succès.

Les Arabes, qui firent de grands progrès dans les sciences mathématiques, déclarent eux-mêmes avoir emprunté aux Indiens leur système de numération, qui fut importé en Europe vers la fin du onzième siècle par le moine français Gerbert, élevé depuis à la papauté sous le nom de Sylvestre II. Cependant l'arithmétique ne commença à se vulgariser qu'avec les traités qui parurent aussitôt après l'invention de l'imprimerie, et dont le premier, publié par Jacques Faber

2

d'Étaples, fut l'*Algorithmus demonstratus* de Jordanus. On n'avait pas encore eu de traité complet d'arithmétique pratique jusqu'en 1556, époque à laquelle Tartaglia fit paraître le sien. Les principaux arithméticiens de ce siècle furent les Français Clavius et Ramus, les Allemands Stifelius et Henischius, et les Anglais Buckley, Diggs et Recorde. Bientôt Stevin posa les principes du calcul des fractions décimales. En 1614 l'illustre Écossais Néper imagina les tables de logarithmes.

Mais cet immense développement de l'arithmétique était dû à l'intervention de l'algèbre, qui depuis continua à l'enrichir de ses admirables découvertes. Aussi à partir de ce moment l'histoire de ces deux sciences devint commune, et il nous faudrait recommencer la liste des noms illustres que nous avons déjà donnés, depuis Fermat et Pascal jusqu'à Gauss et Fourier.

On a publié un grand nombre de traités d'arithmétique, appropriés aux différents besoins de la société. Parmi ceux de ces ouvrages destinés aux candidats aux écoles du gouvernement, et généralement aux hommes qui veulent acquérir des connaissances théoriques, les plus estimés sont dus à Bezout, Mauduit, Clairault, Lacroix, Cirodde, à M. Finck et à M. Guilmin. E. MELLIEUX.

ARITHMÉTIQUE POLITIQUE. Cette expression, que l'on ne retrouve plus que rarement dans les ouvrages contemporains, était plus souvent employée par les économistes du siècle dernier. Arthur Young publia sous ce titre un livre qui traite des causes qui donnaient alors à l'agriculture de la Grande-Bretagne une si grande supériorité sur celle des autres États. L'arithmétique politique n'était donc pour lui qu'un ensemble de considérations sur l'économie sociale en général, ou plus particulièrement de recherches sur la population, l'agriculture, etc.

D'autres économistes font de l'arithmétique politique un synonyme de statistique plus ou moins raisonnée, appelant à son aide l'économie politique pour expliquer la cause et la portée des faits numériquement constatés.

Au contraire, Jean-Baptiste Say circonscrit l'usage de l'arithmétique politique, qui dans le sens qu'il lui donne exprime simplement les calculs et les procédés numériques ou même algébriques à l'aide desquels on tire des faits fournis par la statistique des inductions et des appréciations qui ne sont pas constatées directement, mais que l'on admet par voie d'analogie, de proportionnalité ou de probabilité. L'arithmétique politique ainsi entendue forme pour M. Moreau de Jonnès une des deux méthodes de la statistique; il lui donne le nom de *méthode d'induction*, par opposition à la *méthode d'exposition*, à l'aide de laquelle on coordonne les éléments d'un sujet quelconque sans les altérer. Ces deux méthodes n'ont pas la même valeur quant à la certitude des résultats. « Un écrivain qui se respecte, dit M. Joseph Garnier, ne doit faire de l'arithmétique politique, de la statistique par calculs, ou déduire des faits numériques par induction, que lorsqu'il n'a pas d'autre moyen d'appréciation ; et dans ce cas même il est de son devoir de s'assurer de la solidité et de l'exactitude des bases sur lesquelles il appuie ses calculs et ses raisonnements. » *Voyez* STATISTIQUE.

ARITHMANCIE ou **ARITHMANCIE** (du grec ἀριθμός, nombre; μαντεία, divination), art de deviner au moyen des nombres. Le mode le plus ordinaire d'y recourir consistait à chercher dans la valeur numérale des lettres d'un nom la révélation des événements. Ainsi les Grecs considéraient cette valeur dans les noms de deux combattants; celui dont le nom renfermait le nombre le plus élevé devait infailliblement remporter la victoire.

Cette espèce de divination a été inventée par les Chaldéens, ou plutôt ils furent les premiers qui la pratiquèrent. Ils partageaient leur alphabet en décades, en répétant quelques lettres ; puis ils changeaient en lettres numérales les lettres des noms des personnes qui les consultaient, et rapportaient chaque nombre à quelque planète, de l'inspection de laquelle ils tiraient des présages.

Les Grecs eurent aussi un goût très-prononcé pour les combinaisons mystiques des nombres. Les platoniciens et les pythagoriciens surtout portèrent au plus haut degré ce genre de mysticisme, qui, après s'être répandu dans tout l'ancien monde, s'est conservé jusqu'à nos jours chez les Orientaux. Certains arrangements numériques sont encore regardés par eux comme possédant des vertus secrètes et des influences toutes-puissantes. *Voyez* CARRÉ MAGIQUE.

Les musulmans attribuent à ces combinaisons les effets les plus merveilleux. Elles doivent, suivant eux, opérer des charmes, faire découvrir des trésors cachés, et préserver de tous les accidents, etc. Les Orientaux souvent se contentent des chiffres 2, 4, 6, 8, qui occupent les quatre coins du carré, lesquels, par la raison qu'ils offrent une progression arithmétique, leur semblent un talisman d'une vertu prodigieuse. Ces chiffres, placés sur la porte d'une maison, ont, d'après leur croyance commune, la vertu de la préserver de l'incendie ou de tout autre malheur. Inscrits sur la lame d'un sabre, ils en rendent les coups mortels.

Les Juifs partagent les mêmes préjugés pour les carrés qui offrent le nombre 15, parce que ces deux chiffres représentent les deux premières lettres du mot Jéhovah, nom de l'Être suprême, à l'aide duquel se sont opérés, suivant eux, tous les miracles dont la Bible fait mention. L'arithmomancie forme chez les Juifs modernes la seconde partie de la cabale ; la première s'appelle *théomancie*.

Il n'y a pas bien longtemps encore qu'on a cherché à découvrir, à l'aide de cette prétendue science, le nom de la bête de l'Apocalypse, que saint Jean désigne sous le nombre de 666 ; et, suivant l'opinion de ceux qui se sont livrés à cette folie-recherche, le nombre s'est retrouvé dans le nom de Napoléon, dans le nom allemand du roi de Rome, et dans celui du pape.

ARITHMOMÈTRE ou **ARITHMOGRAPHE.** C'est le nom qu'on donne aux instruments à calculer.

ARIUS, hérésiarque fameux, était né vers 280 à Alexandrie, et mourut en 336. Il fut ordonné prêtre par Achillas, évêque d'Alexandrie, à qui il voulut succéder ; mais on lui préféra saint Alexandre. Les écrivains contemporains nous le représentent comme profondément versé dans la connaissance des livres saints, comme doué d'une grande facilité d'élocution, comme joignant un extérieur grave à une taille majestueuse, en un mot comme réunissant les avantages les plus propres à séduire. En l'an 318, dans une grande assemblée d'ecclésiastiques, Alexandre ayant dit, en parlant de la Trinité, qu'elle ne contenait qu'une seule essence, unité simple ou monade, Arius, qui y assistait, ne pouvant concevoir que trois personnes distinctes existassent dans une substance simple, se récria contre la proposition de l'évêque, alléguant qu'elle renouvelait l'erreur de Sabellius. Il ne pas convertir les personnes de la Trinité ; il fit du Père et du Fils deux personnes absolument distinctes. Les opinions se partagèrent. Alexandre proposa une conférence, qui ne fit qu'aigrir les esprits. Arius, prétendit alors que Jésus-Christ était une *créature* ; qu'il n'était fils de Dieu que par adoption, et non point par nature ; qu'il n'était ni éternel, ni immuable ; que le Père était seul vraiment et proprement Dieu. Après avoir insinué cette nouvelle doctrine dans des assemblées particulières, Arius, certain d'un bon nombre d'adhérents, la prêcha dans l'église, la répandit dans les villes et dans les campagnes, et, poëte et compositeur, la mit en vers et en musique pour qu'elle fît plus vite son chemin dans le monde. Il publia sous le titre de *Thalie* un poëme satirique, qu'il faisait chanter par ses adeptes. Les comédiens, qui étaient païens, en prirent occasion de jouer la religion chrétienne sur les théâtres. On se révolta, on jeta des pierres aux statues de l'empereur. Alexandre, ayant vainement essayé de ramener Arius à son orthodoxie, prile parti de le citer en plein concile à Alexandrie. Arius s'y défendit éloquemment; mais, vaincu, anathématisé avec ses disciples, il se mit à courir les provinces, attirant à sa cause des masses de peuple, des prêtres et même des évêques. D'autres conciles lui donnèrent l'absolution. Constantin lui même, un moment ébranlé, convoqua en 325 le célèbre concile de Nicée, où devaient assister tous les évêques de son empire. Arius, persistant plus que jamais dans sa doctrine, fut excommunié par cette grande assemblée et exilé par l'empereur en Illyrie, avec deux évêques qui lui étaient restés fidèles.

Après trois ans d'exil, Constantin le rappela, et l'envoya à Alexandrie reprendre possession de son église; mais saint Athanase, successeur d'Alexandre, refusa de le recevoir. Arius obtint plus de succès aux conciles de Tyr et de Jérusalem, où les eusébiens, ainsi nommés de leur chef Eusèbe, évêque de Nicomédie, l'admirent dans leur communion. Mandé à Constantinople pour rendre compte de sa conduite, il réussit si bien à convaincre l'empereur, qu'ordre fut donné à saint Alexandre, évêque de cette capitale, d'avoir à l'installer sur-le-champ. En même temps les eusébiens s'approchaient, menaçant de l'introduire de force dans l'église. Il n'en était plus qu'à deux pas lorsqu'il tomba frappé de mort subite, en 336. Les catholiques attribuèrent cet événement inattendu aux prières d'Alexandre, et les ariens au poison. Ce n'est presque qu'à la mort d'Arius que commence l'histoire de l'a r i a n i s m e, dont nous avons déjà décrit ailleurs les vicissitudes et la doctrine.

ARKANSAS, l'un des vingt-six États composant l'Union américaine du Nord (*voyez* ÉTATS-UNIS), est borné au nord par le Missouri, à l'est par l'État de Ténessée, dont il est séparé en partie par le Mississipi, au sud par la Louisiane, et à l'ouest par diverses peuplades indiennes. La frontière occidentale forme une ligne qui part de l'extrémité sud-ouest de l'État de Missouri, après le fort Smith, sur la rivière d'Arkansas, et de là se prolonge en ligne directe au sud jusqu'à la rivière Rouge, qu'elle coupe au 33° degré de latitude septentrionale. Sa superficie comprend 1500 myriamètres carrés. Outre l'Arkansas, le pays, qui est fertile en tabac, coton, maïs, riz, et vin, est arrosé par le Mississipi, la rivière Rouge, la rivière Blanche et le Saint-François. La population s'y accroît constamment. Depuis 1819, époque à laquelle ce territoire a été agrégé à l'Union, elle a si rapidement augmenté, que lors de l'élection de Van Buren, en 1836, il a pu prendre part au vote comme État indépendant. D'après le dernier recensement, elle se composait de 95,574 habitants, dont 19,935 esclaves.

La capitale de l'État et le siége de son administration est *Arkopolis* ou *Little-Rock*, située dans une localité aussi fertile que salubre, où viennent s'établir en foule des colons allemands. Le corps législatif se compose d'un sénat et d'une chambre des représentants. La première de ces assemblées se compose de dix-sept membres, et la seconde de cinquante-quatre. La dette publique de l'État s'élevait en 1840 à 3,660,000 dollars. — L'État d'Arkansas a trois voix pour l'élection du président de l'Union. Le fleuve qui lui donne son nom sort des monts Rocheux, coule au sud-ouest, et tombe dans le Mississipi, après un cours de 3,200 kilomètres environ. Il a pour affluents le Canadien à droite, le Vert-de-gris, le Neocho, le petit Illinois à gauche, et sépare les États-Unis du Mexique.

ARKHANGELSK ou *ville de Saint-Michel*, chef-lieu du gouvernement d'Arkhangel, situé comprend sur une superficie d'environ 892,100 kilomètres carrés une population de 230,000 âmes, composée, au nord-ouest de Lapons, et au nord-est de Samoïèdes, païens pour la plupart, est bâtie sur les bords de la Dwina, qui se jette dans la mer Blanche, à 35 kilomètres plus loin. Elle est le siége d'un archevêque, d'un gouverneur civil et d'un gouverneur militaire, et compte environ 10,500 habitants. Cette ville tire son nom d'un couvent qui y fut fondé en 1584 sous l'invocation de saint Michel archange. Longtemps elle eut le monopole de l'exportation des produits de la Russie. Mais après la fondation de Saint-Pétersbourg, et lorsque Riga fut devenue port russe, le commerce y alla toujours en déclinant jusqu'en 1762, époque où l'impératrice Élisabeth accorda à cet excellent port septentrional les mêmes priviléges qu'à celui de Saint-Pétersbourg.

Depuis, par suite de l'accroissement de la population de la Russie, le commerce de la Dwina a toujours été en augmentant; et Arkhangelsk est aujourd'hui pour la Sibérie une grande étape commerciale communiquant au moyen de canaux avec Moscou et Astrakhan. La débâcle de la Dwina s'opérant toujours au mois d'avril, les navires étrangers arrivent d'ordinaire à Arkhangelsk au mois de mai, et leurs derniers départs ont lieu en septembre. Tant que dure l'été il règne dans cette ville une grande activité commerciale, qu'alimentent surtout les poissons secs ou salés, l'huile de poisson, le suif, les fourrures, les cuirs, les bois de construction, la cire, le fer, les toiles grossières, les soies de porc, les marchandises de la Chine et du Japon, le caviar, etc. Malheureusement un banc de sable, situé à l'entrée du port, qui d'ailleurs est parfaitement sûr, et que protége la forteresse de Nowo-Dwiesk, est un grand obstacle à la navigation. Les bâtiments de l'Amirauté et les casernes des matelots sont situés dans l'île de Solombalsk, formée par une rivière appelée *Kuschenida*. Arkhangelsk est le point de départ d'un grand nombre d'expéditions, en été pour la pêche, en hiver pour la chasse au Spitzberg, à la Nouvelle-Zemble, jusqu'à l'embouchure de la Léna et plus loin encore.

ARKHANGELSK (NOVAÏA) ou NOUVELLE-ARKHANGELSK, petite ville d'environ 1,000 habitants, chef-lieu des établissements russes sur la côte occidentale de l'Amérique du Nord, dans l'océan Pacifique. Elle est située sur la côte occidentale de l'île appelée *Sitka* par les naturels, et *Baranoff* par les Russes, du nom du fondateur de cet établissement, et fait partie de l'*archipel du roi Georges III*. Quelques rares tribus qui errent le long des côtes font le commerce des fourrures avec les Russes, et reconnaissent parfois la suzeraineté nominale de l'empereur. Toutes les autres sont indépendantes, ainsi que celles de l'intérieur du continent, demeuré à peu près inconnu aux Européens, bien que les géographes et les écrivains à la solde de la Russie affectent de parler de ces informes essais de civilisation, ou, pour mieux dire, de factoreries commerciales, comme d'un vaste et florissant système divisé déjà en huit gouvernements distincts.

Les fortifications, les magasins, les casernes, la cale de constructions, et toutes les habitations de la *Nouvelle-Arkhangelsk*, sont en bois. L'hôtel du gouverneur seul se distingue par une sorte d'élégance: on y trouve même une bonne bibliothèque, trésor sans prix dans ces lointains et hyperboréens parages.

ARKONA ou ARKON, promontoire de roches crayeuses, de silex et de pétrifications, s'élevant à pic à 54 mètres au-dessus du niveau de la mer Baltique, au nord-est de l'île de Rugen. C'est l'extrémité de l'Allemagne au nord-est. Sur son versant occidental se trouvait jadis un vieux château fort, protégé par un rempart en terre, ainsi qu'un temple consacré au culte du dieu scandinave Svantovit, que détruisit le roi Waldemar Ier de Danemark lorsqu'il prit d'assaut cette forteresse en 1168. Près de là on remarque un petit lac, qu'on suppose être celui où les Scandinaves baignaient annuellement en grande pompe l'effigie de la déesse Hertha. Tout récemment un phare a été construit sur les ruines mêmes de l'ancien château slave, dont ce promontoire a conservé le nom.

ARKWRIGHT (Sir RICHARD), qui s'est rendu célèbre en perfectionnant les machines employées pour le filage des cotons, et qu'on peut dès lors considérer à bon droit comme le créateur d'une branche d'industrie à laquelle l'Angleterre est redevable de l'immense développement de son commerce, naquit à Preston, dans le comté de Lancaster, en 1732. Treizième enfant d'une famille très-pauvre, il ne reçut aucune éducation, et exerça jusqu'à l'âge de trente-six ans l'humble profession de barbier. Éclairé tout à coup par un rayon d'en haut, il abandonne son échoppe, bien décidé à se consacrer entièrement à la mécanique, et court exposer à Warrington une espèce de mouvement perpétuel. Un horloger du nom de Kay, qui s'occupait de la construction d'une machine à filer le coton sans avoir encore pu obtenir des résultats satisfaisants, l'engagea à poursuivre de concert avec lui la réalisation de cette idée.

Manquant tous deux des capitaux nécessaires, ils s'adressèrent à un habitant aisé de Liverpool, appelé Atherton, qui mit à leur disposition les ressources dont ils avaient besoin. C'est ainsi que put être construite la machine pour laquelle Arkwright prit un brevet en 1769. Associé avec Smalley, puis avec un Écossais, appelé Dale, et enfin seul à la tête de l'établissement qu'il avait fondé à Nottingham, il ne tarda pas à devenir l'un des plus riches filateurs de toute la contrée, quoique son brevet, renouvelé en 1775, fût expiré en 1785. Ayant été nommé shérif du comté de Derby et chargé en cette qualité de présenter une adresse au roi d'Angleterre, il en reçut le titre de chevalier.

A sa mort, arrivée le 3 août 1792, dans la grande usine qu'il avait fondée à Crumbford dans le Derbyshire, on évaluait sa fortune à 500,000 livres (12 millions de francs). On a souvent contesté à Arkwright la propriété de l'importante invention de la machine à filer le coton ; mais, tout en reconnaissant que Kay en a eu le premier l'idée, on ne saurait nier que l'homme qui sait tirer d'une idée encore informe tous les développements dont elle est susceptible et l'appliquer à tous les buts qu'elle peut atteindre, l'emporte de beaucoup sur l'inventeur primitif. Sa découverte n'a, du reste, reçu depuis lui que des perfectionnements fort peu importants. Mais tel est l'essor qu'elle a imprimé à la filature, que l'importation du coton qui de 1771 à 1780 n'avait été que de 5,735,000 livres, s'éleva de 1817 à 1821 à 144 millions, dont 130 furent consommés en Angleterre. La diminution de la main-d'œuvre qui en est résultée est incalculable; c'est elle qui permet de donner à si bon marché les tissus de coton dont la Grande-Bretagne inonde le continent. Reste à savoir si c'est tout un bien ou un mal.

ARLANGES (Joseph-Marie-Gaston d') naquit à Mareschê (Sarthe), le 1ᵉʳ septembre 1774. Nommé sous-lieutenant au Royal-Auvergne, à l'âge de dix-huit ans, il ne rejoignit pas son régiment, et suivit toute sa famille dans l'émigration. Incorporé à l'armée des Princes dans la campagne de Vermandois, il fut grièvement blessé à l'affaire d'Oberkemlach, et passa ensuite dans le corps des chasseurs nobles. De 1792 à 1797, il prit part à toutes les campagnes de l'armée de Condé. Rentré en France en 1798, il servit dans les armées royales, de l'Ouest, et resta en Vendée jusqu'en 1800, auprès du comte d'Autichamp, dont il était aide de camp. Au mois d'avril 1813 il obtint le commandement d'un bataillon des gardes nationales de Brest, et fit les campagnes de 1813 à 1814. Lieutenant-colonel en 1816 dans la légion départementale du Finistère, puis colonel du 7ᵉ de ligne, il fit partie du corps d'observation des Pyrénées, et se distingua dans la guerre d'Espagne de 1823. Il passa au commandement du 30ᵉ de ligne en 1831, et fut nommé maréchal de camp le 10 juin 1834, au camp de Saint-Omer.

Peu après il partit pour l'Algérie, où il avait déjà autrefois donné des preuves de capacité et de valeur, notamment à la première prise de Mascara et à la défense de la Maison-Carrée, où avec une poignée d'hommes de son régiment il refoula au delà de l'Harach les Arabes qui avaient pénétré dans l'intérieur de la ligne de nos blockhaus. A son retour en Afrique, l'expédition à Tlemcen était résolue par le maréchal Clausel. D'Arlanges partit avec lui d'Oran le 8 janvier 1836, laissant le commandement provisoire de cette place au lieutenant-colonel de Beaufort. Dans les nombreux combats qui eurent lieu en cette occasion, le général d'Arlanges se distingua par sa présence d'esprit et son infatigable activité.

Avant de quitter la province, le maréchal Clausel avait décidé l'établissement d'un camp retranché à l'embouchure de la Tafna, pour ouvrir de ce point des communications avec Tlemcen. Afin de remplir ses instructions, le général d'Arlanges quitta de nouveau Oran, le 7 avril, avec une colonne de deux mille hommes environ et mille auxiliaires arabes commandés par le brave Mustapha. Le jour même on fit halte au camp du Figuier ; le lendemain on traversa le territoire des Beni-Amer, et l'on coucha à Oued-Rassoul; le 9 la colonne s'établit sur l'Oued-Rhaïm, puis on traversa le mont Tessala, et l'on franchit le Rio-Salado le 13. Le 14 on prit position à l'Oued-Ghaser. Le lendemain, 15, sur le plateau incliné qui descend de Dar-el-Achtan (montagne aride), la cavalerie d'avant-garde de l'émir eut un engagement avec Mustapha, qui la fit d'abord reculer. Le général fit avancer ses chasseurs d'Afrique en ordonnant à Mustapha de se replier; mais les réguliers d'Abd-el-Kader, parvenus enfin sur le terrain, opérèrent un mouvement de flanc qui rendit impossible l'exécution de cet ordre. Le général, laissant alors sur la montagne les bagages gardés par le génie et le 66ᵉ de ligne, se lança dans la mêlée avec toutes ses forces. L'affaire fut courte, mais chaude. Nous eûmes dix hommes tués et soixante-dix blessés. Encouragé par le succès, le général d'Arlanges, aussitôt après le combat, donna l'ordre de se remettre en marche. On arriva la nuit à l'embouchure de la Tafna, en face du rocher d'Harschgoun. Le travail des fortifications commença immédiatement.

Quelques jours après, le général d'Arlanges, voulant reconnaître les forces de l'ennemi, alla prendre position sur les hauteurs de la rive gauche de la Tafna, puis se porta en avant du marabout de Sidi-Yagnoub, à l'ouest de la route de Tlemcen. Les spahis, s'étant avancés à plus de huit kilomètres dans le pays, revinrent bientôt, poursuivis par quelques centaines de Kabyles. Déjà de nombreux groupes, se montrant sur les flancs de la colonne, annonçaient à n'en pas douter qu'on aurait affaire sous peu d'heures à des masses considérables. Effectivement, les Arabes ne tardèrent pas à arriver, débouchant par toutes les gorges, et s'emparant de toutes les crêtes. Alors notre corps d'armée commença son mouvement rétrograde. L'ennemi se précipita sur nous avec fureur ; nos soldats combattirent souvent à l'arme blanche, mais, plus braves que prudents, ils ralentissaient notre marche et découvraient nos flancs. Engagée sur un terrain dominé de toutes parts, la colonne se trouva exposée à un feu terrible et meurtrier. L'artillerie ne pouvait agir. Nos tirailleurs, bientôt enfoncés, furent sabrés par les Kabyles, qui se ruèrent jusque sur nos pièces, et notre arrière-garde, un instant entourée, ne se dégagea que par des prodiges de valeur. Le général d'Arlanges paya noblement de sa personne. Trois cents de nôtres furent blessés. Enfin, la colonne, épuisée, atteignit le camp, laissant derrière elle, au pouvoir du vainqueur, un grand nombre de cadavres.

Cet échec raviva l'enthousiasme des partisans d'Abd-el-Kader. Des tribus soumises ou nos armes rentrèrent sous la domination de l'émir, et vinrent nous bloquer dans notre camp, dont les travaux se poursuivaient avec d'autant plus d'activité qu'ils devenaient plus nécessaires. Il ne s'était d'abord agi que d'y établir deux blockhaus; on en a une véritable place de guerre, où l'on engloutit inutilement 800,000 francs. Dans cette position les troupes eurent beaucoup à souffrir. Pendant huit jours la mer fut si mauvaise, qu'on ne pouvait communiquer avec Harchgoun. Dès que le temps le permit, le général d'Arlanges se rendit par mer à Oran, pour y prendre quelques mesures de défense et y ramener une partie des auxiliaires, afin de ménager nos ressources ; puis il revint à la Tafna pour partager encore les fatigues et les dangers de ce brigade. Il y resta jusqu'à l'arrivée du général Bugeaud (6 juin 1836). De retour à Oran, il remit son commandement au général de L'Étang, et rentra en France, où il fut mis en non-activité. Trois ans après il entra dans la section de réserve du cadre de l'état-major général, et revint bientôt mourir dans sa ville natale, le 13 juillet 1843. Il avait alors soixante-neuf ans.

FRANZ DE LIENHART.

ARLAY, commune et bourg de France, dans le département du Jura, à 10 kilomètres nord de Lons-le-Saulnier, sur la Seille, avec une population de 1800 âmes environ. C'était jadis une baronnie de la Franche-Comté de Bourgogne, appartenant à la maison de Châlons, d'où les princes d'Orange tirent leur origine. — Le roi de Prusse ayant élevé des prétentions sur l'héritage d'Orange, vacant par la mort de Guillaume III, roi d'Angleterre, prit le titre de la baronnie d'Arlay, qui en faisait partie.

ARLEQUIN, nom d'un personnage comique qui, de la scène italienne, s'est naturalisé sur tous les théâtres de l'Europe. Ce personnage, le plus ancien que l'on connaisse, et dont le costume et les habitudes se sont conservés presque sans altération durant plusieurs siècles, descend évidemment de l'antiquité païenne : on retrouve en lui le caractère des satyres, moins les cornes et les pieds fourchus. Son masque, sa ceinture, son habit collant, qui le faisait paraître presque nu, son allure vive et maligne, son style, ses pointes, ses lazzis, le son de sa voix, tout cela reproduisait une espèce de satyre. L'arlequin tenait du singe et du chat, comme le satyre ressemblait au bouc : c'était toujours l'homme changé en bête. Chez les païens les satyres jouaient, dit-on, avec les dieux, avec les héros. Notre arlequin figurait grotesquement auprès des héros, et se travestissait en héros ridicule. Ce personnage offrait d'autres traces de son antique origine : il rappelait les mimes de la comédie latine, qui finit avec l'empire romain, et des débris de laquelle s'était formée la comédie italienne. L'habit d'arlequin, étriqué, écourté, composé de petits morceaux de drap triangulaires de diverses couleurs ; ses souliers sans talons, représentaient les *mimi centunculo* (mimes en guenilles) dont parle Apulée, et les *planipedes* (les pieds-plats) de Diomède. Sa tête rasée, le petit chapeau qui la couvrait à peine, retraçaient les *sanniones rasis capitibus* (bouffons à tête rasée) de Vossius. Son masque noir avait remplacé la suie dont les anciens mimes se barbouillaient la figure. Son costume, uniforme en tout temps, en tous lieux, non sujet aux caprices de la mode, parce qu'il n'avait apparten spécialement à aucun peuple, ne pouvait donc être que celui d'un mime latin ; et si, comme le dit Marmontel, un esclave noir a été le premier modèle de l'arlequin, c'est parce qu'il a d'abord servi de type au mime latin. Cette opinion, loin de contester la double origine attribuée au mime arlequin, la prouve en la conciliant. Ne sait-on pas, en effet, que les singes ont donné lieu à la fable des satyres, et que les peuples noirs de l'Afrique, longtemps confondus avec les singes, sont encore aujourd'hui regardés comme une race de brutes par les classes ignorantes et par les hommes imbus de préjugés mercantiles?

Il n'est pas aussi facile d'expliquer l'étymologie du nom d'arlequin que l'origine du personnage. On a prétendu que dans une troupe de comédiens italiens venus en France, vers 1580, se trouvait un jeune acteur, qui, parce qu'il était admis dans la maison du président de Harlay, fut appelé par ses camarades *Harlecchino* (le petit Harlay), suivant l'usage des Italiens, qui donnent aux valets le nom de leurs maîtres, et aux clients celui de leurs patrons. Mais est-il probable qu'à cette époque, où les préjugés religieux étaient si puissants, l'austère gravité d'Achille de Harlay ait pu déroger jusqu'à faire d'un comédien la société d'un magistrat? L'appellation d'arlequin d'ailleurs était déjà connue. On la trouve dans une lettre de Raulin, imprimée en 1521, et dans d'autres écrits antérieurs au règne de Henri III.

Le nom de *zanni*, que les Italiens ont donné à l'arlequin et au scapin, dérive bien évidemment des mots latins *sannio*, *sanniones* (railleurs, bouffons), déjà cités, et de *sannæ* (railleries). Micali, dans son *Histoire d'Italie avant la domination romaine*, fait même descendre les *zanni* du *macco* et du *bucco*, qui figurent dans les fables atellanes des Étrusques. Mais, sans leur attribuer une origine aussi ancienne, peut-on méconnaître l'arlequin dans le *sannio* de Cicéron, lequel, de la bouche, du visage, des gestes, de la voix et des mouvements du mime, excitait le rire? Le caractère de ce personnage est donc celui du mime latin. Si Arlequin affecte plus particulièrement le patois de Bergame, comme Pantalon celui de Venise, comme Scapin celui de Naples, ce n'est plus seulement en vue d'un accent plus comique, mais en opposition à la populace de Bergame, qui, dit-on, se composait généralement de fripons et de sots ; car la comédie italienne s'est plutôt attachée à jouer les ridicules nationaux que les ridicules personnels.

Rien de plus varié, rien de plus plaisant au théâtre que le personnage d'Arlequin : les Italiens n'en avaient fait d'abord qu'un valet balourd, poltron et gourmand ; tel est encore le *Hans-Wurst* de la comédie allemande ; mais le cercle de son domaine s'agrandit bientôt considérablement en France : il devint un mélange d'ignorance, d'esprit et de naïveté, de ruse et de bêtise, de grâce et de bouffonnerie ; c'était un homme ébauché, un grand enfant qui avait des lueurs d'intelligence et de raison, qui s'affligeait et se consolait pour une bagatelle, qui amusait par ses méprises et sa maladresse, qui faisait rire par sa douleur comme par sa joie. Arlequin fut sur la scène ce que les bouffons étaient à la cour des rois, disant plaisamment de piquantes vérités et humiliant l'orgueil des grands ; il fit pour le théâtre ce que Lucien et Swift avaient fait dans leurs écrits. Comme eux il saisit et stigmatisa les ridicules. Le vrai modèle du personnage d'Arlequin, c'était la gentillesse et l'agilité d'un jeune chat, sous une écorce de grossièreté plaisante.

Parmi les arlequins célèbres, nous citerons Cecchini, dit *Frattelino*, qui fut anobli par l'empereur Mathias, et écrivit un traité sur la comédie ; Zaccagnino et Trufaldino, qui fermèrent la porte aux bons arlequins en Italie, vers 1680 ; et en France, Locatelli, Dominique Biancolelli, appelé de Vienne à Paris par le cardinal Mazarin ; Gherardi, qui publia un *Recueil de pièces du théâtre italien* ; un valet Biancolelli, fils du célèbre Dominique ; le Bicheur, qui était, en même temps, peintre ; Vizentini, dit *Thomassin* ; Bertinazzi, dit *Carlin*, ancien maître d'armes, le plus parfait des arlequins ; Coraly ; Marignan ; Dancourt, auteur de quelques pièces de théâtre, ami de Favart, et qui mourut aux Incurables ; Lazzari ; Laporte, du Vaudeville ; Foignet, qui était en même temps compositeur dramatique. Deux hommes qui se sont fait un nom dans les lettres, Florian et Coupigny, jouèrent quelquefois ce rôle en amateurs. Presque tous ces noms auront des articles dans notre ouvrage.

Arlequin ne figure plus en France, pas même dans les mascarades politiques. Son règne est passé, comme celui de tant d'autres. Son costume exige trop d'esprit et de grâce pour qu'un homme judicieux ose l'endosser dans la haute société sans craindre de s'exposer au ridicule.

Le nom d'arlequin s'emploie proverbialement, et devient alors synonyme de Protée. On dit d'un homme qui prend toutes les formes, tous les masques, pour amuser ou pour tromper : C'est un arlequin. De ce nom est venu le mot *arlequinade*. H. AUDIFFRET.

ARLEQUINADE, genre de pièces de théâtre, dont l'origine remonte chez nous à l'établissement de la comédie italienne à Paris, en 1716. On a plus spécialement appelé *arlequinades* les pièces à arlequin, jouées sur le théâtre du Vaudeville depuis sa fondation, en 1795. Ce rôle exigeait beaucoup d'esprit, de naturel, de grâce, de souplesse. Loin d'avilir la scène et de choquer le bon goût, il était indispensable dans plusieurs rôles, et ne pouvait être suppléé par aucun. Aucun personnage n'a été mis sur la scène plus souvent, plus longtemps, plus diversement, et avec plus de succès. On l'a placé dans toutes les positions, on l'a exposé sous tous les aspects, dans tous les âges, dans tous les états, dans toutes les fictions : valet, paysan, ouvrier, bourgeois, gentilhomme, prince ou empereur, héros, dieu, femme, enfant, philosophe, guerrier, sauvage, sentimental, intrigant, ingénu, animal, statue, diable, etc., on l'a fait parler, chanter, danser, grimacer, voler, bafouer Cassandre et Gilles, épouser Colombine. En un mot, il a pris tous les masques sans quitter le sien. En vain le célèbre Goldoni voulut-il, dans ses comédies, épurer et relever ce personnage, qui lui semblait susceptible de prendre des formes plus variées et plus aimables; il échoua dans cette entreprise et ses essais furent sifflés. Il y a mieux : quoique, dans le dernier siècle, Losage, Autreau, Delisle, Marivaux, etc., et plus tard Cailhava et Florian, aient tiré un heureux parti du rôle d'arlequin dans des pièces écrites, toutefois la liberté de ce personnage original s'accommode généralement mieux d'un simple canevas qu'il remplit à sa guise.

Le nombre des pièces représentées sur divers théâtres de Paris, tant improvisées qu'écrites, comédies, opéras-comiques, parodies, farces, vaudevilles, pantomimes, etc., qu'on désigne sous le nom d'*arlequinades*, monte à près de mille, à dater seulement de 1667 jusqu'en 1812, où parut au théâtre du Vaudeville, rue de Chartres, *Arlequin dans l'île de la Peur*. Précédemment on y avait joué *Arlequin Afficheur* et *Colombine Mannequin*. Il y avait toute une histoire de mœurs parisiennes dans ces *arlequinades*. Arlequin était devenu le personnage obligé de la parodie depuis que Talma avait été singé d'une manière si piquante par Laporte....

Faut-il donc s'étonner qu'un personnage aussi varié, aussi comique, aussi aimable, aussi spirituel, aussi multiplié, aussi universel, se soit maintenu deux siècles en France ; qu'il y ait survécu au Scapin, au Sganarelle, au Crispin, au Pierrot, au Gilles, au Jeannot, au Cadel-Roussel, au Jocrisse et à tant d'autres personnages, qui n'ont eu qu'une vogue passagère? Impossible de se figurer la consommation d'arlequinades qui s'est faite à Paris sur huit ou dix théâtres durant vingt-cinq ans; mais l'abondance amène la satiété. Peu à peu ce genre tomba. Il acheva de disparaître à la retraite de Laporte dans le *Nécessaire et le Superflu* : Vernet a essayé de le galvaniser, il y a quelque temps, aux Variétés, dans *Carlin à Rome*; mais il était trop tard. Arlequin est mort et bien mort. *Requiescat in pace!*

ARLES, ville de France, chef-lieu d'arrondissement du département des Bouches-du-Rhône, située au point de séparation de deux bras du Rhône, peuplée de 20,000 habitants, à 720 kilom. de Paris, siège d'un tribunal de commerce avec une école d'hydrographie, une bibliothèque publique de 15,000 volumes, un cabinet d'histoire naturelle et un beau musée d'antiquités. C'est une station du chemin de fer d'Avignon à Marseille; il s'y fait un commerce assez actif de vins rouges, d'huile d'olives et de fruits. Quatre vastes salines se trouvent sur son territoire. Arles possède encore un bureau principal des douanes, un entrepôt réel, un entrepôt de sels, et un dépôt d'étalons. On y prépare des saucissons renommés; il y existe plusieurs filatures de soie, deux imprimeries, des ateliers pour la construction des navires. Arles offre un bon port pour les petits bâtiments, qui communique avec la Méditerranée par le canal d'Arles à Bouc et où il se fait un cabotage actif.

Arles possède des antiquités célèbres. Outre de nombreux tronçons de colonnes, des sarcophages, des statues mutilées, il y existe encore deux vestiges grandioses de l'époque romaine. C'est d'abord l'amphithéâtre appelé aussi les *Arènes*, formé par deux rangs de portiques en arcades cintrées à plein jour superposées, chaque étage étant de soixante portiques, le premier dorique, le second corinthien. Il pouvait contenir vingt-cinq mille personnes; les deux tours carrées qui le dominent furent bâties à l'époque des Sarrasins. Aujourd'hui déblayé, le Colisée des bords du Rhône était resté pendant des siècles, dit M. Amédée Pichot, « comme une petite ville au milieu d'Arles, assez mal alignée avec sa place publique ornée d'une croix. Des masures s'étaient, les unes appuyées, les autres suspendues aux larges pierres des gradins inférieurs, creusant leurs cheminées sous les voûtes supérieures, et transformant en étables ou en caves quelques-unes des galeries qui avaient autrefois servi de loges aux bêtes féroces. » Les ruines du théâtre antique n'ont pas moins d'importance que celles des arènes. Il avait une grande étendue, et était entouré d'un portique composé de trois rangées d'arcades l'une sur l'autre et orné d'une magnifique corniche. Ici encore une tour du moyen âge superposée aux arcades, et qu'on appelle tour de Saint-Roland, du nom d'un évêque égorgé dans le neuvième siècle par les Sarrasins, indique que les deux édifices furent reliés dans un système de fortifications.

L'obélisque égyptien qui décorait sous les Romains le cirque des courses on char orne aujourd'hui la place de Saint-Trophime. Parmi les monuments chrétiens du moyen âge nous citerons seulement l'église métropolitaine, dédiée à saint Trophime. C'est une église en croix latine; elle n'a ni la grandeur mystérieuse des cathédrales normandes, ni la splendeur rayonnante des basiliques de Rome; mais ce qui la distingue surtout, c'est son portail historié, tableau de pierre du treizième siècle, représentant le jugement dernier, avec une grande variété de figures symboliques. Par la nature du sujet et l'effet du temps, la couleur du portail imite celle du bronze. Le cloître, qui est attenant à la cathédrale, est le monument unique par la multiplicité de ses détails.

Le cimetière des Alyscamps ou des Champs-Élysées, à un kilomètre environ d'Arles, et tel que nous l'avons aujourd'hui qu'un champ de dévastation; ce *campo santo* avait autrefois une grande réputation : une légende miraculeuse voulait que saint Trophime et le Christ eussent appelé sur ce lieu de repos les bénédictions du ciel en y fléchissant les genoux.

L'opinion vulgaire donne à la ville d'Arles (en latin *Arelatum*), comme à Marseille, une origine phocéenne. Ce fut saint Trophime, l'un des soixante-douze disciples de Jésus-Christ, envoyé dans les Gaules par saint Pierre, qui convertit les habitants d'Arles au christianisme. Leur religion était un mélange des croyances druidiques des Gaulois et du paganisme des Romains. Ils immolaient à leurs dieux non-seulement des animaux, mais encore des victimes humaines. On prétend que le 1er mai de chaque année ils sacrifiaient à Diane, en expiation de leurs crimes, trois enfants, qu'ils conduisaient sur un char, couronnés de fleurs, à cet horrible sacrifice. C'est, ajoute-t-on, du nom du vaste autel où Diane recevait ces offrandes, appelé *Ara-lata*, que la ville d'Arles a pris le sien. On voit encore au lieu de la Roquette, hors des murs de cette ville, les débris d'une pyramide qu'on dit être les restes de ce funeste autel.

La ville d'Arles fut conquise par les Romains dans les premières années du huitième siècle de Rome. C'est dans son port que fut construite, en 705, la flotte romaine qui fut employée au siège de Marseille. En 706 de Rome (48 ans avant Jésus-Christ), Jules-César y fonda une colonie romaine. Constantin le Grand, qu'un assez long séjour à Arles avait attaché à cette cité, y fit faire de nombreux embellissements et de magnifiques édifices, et voulut qu'elle fût appelée de son nom *Constantina*. Elle était alors la seconde cité des Gaules, et jouissait de grandes prérogatives. En 391 ou 392 de l'ère chrétienne, elle devint métropole et capitale du corps des cinq provinces, par la translation qu'y fit l'empereur Valentinien II du siége du préfet du prétoire des Gaules, qui jusque alors avait existé à Trèves. C'est de son titre de métropole, et non de la fertilité, d'ailleurs très-renommée, de son territoire, que la ville d'Arles est qualifiée dans des diplômes de Valentinien et d'Honorius *mère de toutes les Gaules*. Cette époque fut celle de la plus grande splendeur de cette cité. Lorsque le corps des cinq provinces romaines fut porté à sept, Arles conserva entière sa suprématie civile, et obtint, par une décrétale du pape Zozime (22 mars 417), la prééminence ecclésiastique sur les deux Narbonnaises et la Viennoise. Tous les ans, du 15 août au 15 septembre, se tenait à Arles l'assemblée des notables des sept provinces, en présence du préfet des Gaules. Le 1er avril 418 l'empereur Honorius avait ainsi réglé la convocation et la durée de ces assemblées, qui existaient dans la Narbonnaise avant les Romains, et dont les États du Languedoc ont été la continuation, modifiée par le régime féodal.

En 425, 429, 452 et 457, Arles soutint quatre mémorables siéges contre les Visigoths, qui s'en emparèrent en 466. Ibbas, général de Théodoric III, remporta sous ses murs une grande victoire, en 508, contre les Francs et les Bourguignons, qui voulaient forcer le passage du pont du Rhône pour se répandre dans la Provence. Les Visigoths, peuple le plus éclairé parmi les barbares, ne firent point déchoir la ville d'Arles de son ancienne prospérité. Théodoric lui conserva sa prééminence sur les autres villes des Gaules en y rétablissant, en 511, le siége de la préfecture, comme capitale de ses États.

A la chute des Visigoths, Arles tomba sous la domination des Francs. Ce fut l'époque de sa décadence, hâtée par les désastres de plusieurs invasions. L'empereur Justinien Ier confirma aux Francs leurs conquêtes sur les Visigoths, et leur céda tous les droits que pouvait avoir l'empire sur la ville d'Arles. Gontran, roi de Bourgogne, recueillit cette ville de la succession de Caribert. Elle passa en 593 à Childebert, son neveu. Après la mort de Thierri II, second fils de Childebert (613), la ville d'Arles, ainsi que la Provence, fut réunie avec toutes les autres parties de la monarchie française par Clotaire II. Elle fut gouvernée par les rois francs jusqu'en 855, où elle fut incorporée au royaume de Provence, érigé en faveur de Charles, troisième fils de l'empereur Lothaire. Charles mourut à Lyon en 863. Interrègne jusqu'en 877.

Boson II, fils de Théodoric Ier, comte d'Autun, et petit-fils de Childebrand II, reçut de l'empereur Charles le Chauve l'investiture du royaume de Provence, à charge de vassalité envers l'empire. Il prit les armes pour secouer le joug de cette dépendance, et y parvint en 887. Louis l'Aveugle, son fils, couronné roi de Provence en 890, fut élevé à l'empire en 901. En 905 il nomma pour administrer la Provence le comte Hugues, fils de Thibaut, comte d'Arles. Ce même Hugues, devenu roi de Lombardie en 926, conserva l'autorité souveraine en Provence, au préjudice de Charles-Constantin, fils unique de Louis l'Aveugle.

Par un traité fait en 933, Hugues, roi d'Italie, céda la Provence à Rodolphe II, roi de la Bourgogne Transjurane. La réunion de ces États prit la dénomination de *royaume d'Arles*. Conrad le Pacifique succéda, en 937, à Rodolfe II, son père. Il eut l'adresse de faire combattre l'une contre l'autre deux formidables armées de Sarrasins et de Hongrois qui avaient envahi son royaume. Au plus fort de l'action, il enveloppa les combattants, et les passa tous au fil de l'épée. Rodolfe III, son fils et son successeur, en 993, n'hérita d'aucune de ses grandes qualités. Sa faiblesse enhardit les grands du royaume à usurper le pouvoir souverain dans les gouvernements qui leur étaient confiés.

Sa couronne passa, en 1033, à l'empereur Conrad le Salique, qu'il avait institué son héritier. Ce prince soumit à son obéissance la plupart des seigneurs, mais les plus puissants se maintinrent dans les petites souverainetés qu'ils avaient fondées. Les successeurs de Conrad en laissèrent accroître le nombre, et concédèrent à beaucoup de prélats les droits régaliens, en sorte que le royaume d'Arles ne fut plus qu'une monarchie nominale, qui ne donna qu'un titre, en quelque sorte sans autorité, aux chefs de l'empire. Henri III, le Noir, fils unique de Conrad, fut couronné roi d'Arles à Soleure en 1038. Henri IV, fils de Henri le Noir, lui succéda en 1056, et eut pour successeur, en 1106, son fils Henri V, mort en 1125, sans postérité. Les empereurs de la maison de Souabe et ceux de la maison de Habsbourg ont conservé les mêmes prétentions de souveraineté sur ce royaume; mais ils n'ont jamais pensé à le rétablir.

A cette époque nous voyons Arles prendre part à la querelle des comtes de Provence et à la maison de Baux, s'alliant tantôt avec les premiers, tantôt avec cette dernière, suivant les intérêts de sa politique. Au commencement du treizième siècle, avec le secours du comte Raimond-Bérenger IV, Arles se soustrait à l'immédiateté de l'empire. Raimond VII, comte de Toulouse, qui en reçut l'investiture de l'empereur Frédéric II, assiégea inutilement cette ville pendant tout l'été de 1240. Elle se constitua en république, établit un gouvernement consulaire, et se maintint dans son indépendance, malgré les menaces d'Alfonse, comte de Poitiers, gendre et successeur de Raimond VII. Cependant, en 1251, Arles fut obligée de reconnaître l'autorité de Charles Ier, comte d'Anjou et de Provence. Depuis cette époque Arles a suivi la destinée du reste de la Provence.

Comme province ecclésiastique, Arles comprenait cinq diocèses : Arles, Marseille, Orange, Saint-Paul-Trois-Châteaux et Toulon. Il s'est tenu treize conciles dans cette métropole. Le plus célèbre de ces conciles fut celui qui s'assembla le 1er août en 314, par ordre de Constantin; six cents évêques d'Italie, d'Espagne, des Gaules et d'Afrique y assistèrent.   LAINÉ.

ARLINCOURT (Victor, vicomte d'), né au château de Mérantrais, près de Versailles, en septembre 1789, appartient à une famille picarde, dont l'un des membres fut ambassadeur sous Charles le Téméraire. Le père de Victor d'Arlincourt paya, en 1793, de sa fortune et de sa vie son dévouement à la famille royale. A peine âgé de vingt ans, Victor d'Arlincourt fut nommé, par l'empereur Napoléon, écuyer de Madame mère. Un peu plus tard, il épousa la fille du sénateur comte Chollet (morte en 1847), puis il fut envoyé en Espagne et nommé intendant de l'armée d'Aragon. Le jeune administrateur sut si bien se concilier l'affection des Espagnols, que la junte de Taragone fit frapper en son honneur une médaille d'or. Cette médaille était accompagnée d'une lettre, dont les termes emphatiques durent également flatter l'amour-propre de l'administrateur et les goûts littéraires du poète. Lorsqu'ils disaient que « cette médaille était destinée à transmettre *dignement aux siècles les plus reculés l'impression sublime que sur les âmes véritablement espagnoles causent les vertus françaises,* » les habitants de Taragone parlaient, sans le savoir, la langue du futur auteur de *la Caroléide* et de *l'Amour et la Mort*.

Le retour des Bourbons ne pouvait être vu avec regret par l'ancien écuyer de Madame mère. Le descendant d'un ambassadeur, le fils d'un gentilhomme mort pour le roi, pouvait bien peu accepter les bienfaits de l'empire, mais il n'avait pas entendu renoncer à des souvenirs qui formaient la plus belle partie du patrimoine paternel. Louis XVIII accueillit avec bonté M. d'Arlincourt et le nomma maître des requêtes au conseil d'État. Pendant les Cent-Jours M. d'Arlincourt se retira en Picardie. En 1815 il s'attendait à voir une brillante carrière s'ouvrir devant lui : déceventa illusion ! on ne lui laissa pas même sa place de maître des requêtes. Il eut le bon esprit de se consoler de cette injustice ; il est vrai que, maître d'une belle fortune, la philosophie lui était plus facile qu'à tout autre. Retiré dans son château de Saint-Paer, en Normandie, il s'y livra exclusivement à la culture des lettres, et eut l'honneur d'y recevoir la duchesse de Berry avec un luxe arcadien qu'eût envié certainement Honoré d'Urfé recevant sur les bords du Lignon quelque princesse de Lorraine ou de Savoie.

Dès 1810, lorsqu'il n'était encore que simple écuyer, M. d'Arlincourt avait eu un commencement de commerce avec les Muses; il avait composé un petit poëme intitulé *une Matinée de Charlemagne* : cette matinée était une allégorie dont le Charlemagne était Napoléon 1er, empereur des Français. Ce petit poëme de deux ou trois cents vers fut l'œuf d'où sortit, huit ans plus tard, un gros poëme de plusieurs milliers de vers, intitulé *la Caroléide*. Cette fois c'est bien du chef de la dynastie des Carlovingiens qu'il s'agit; Charlemagne, ce n'est plus Napoléon, tout au plus serait-ce l'auguste auteur de la Charte. Autres temps, autres allégories ! La *Caroléide* obtint un grand succès; succès d'enthousiasme auprès des uns, succès de ridicule auprès des autres.

À *la Caroléide* succéda *le Solitaire* (1821), roman dans lequel l'auteur eut l'intention de peindre les mœurs du moyen âge. *Le Solitaire* eut un retentissement inusité. On en fit en peu de temps trois ou quatre éditions; on en fit un drame; on donna son nom à tous les colifichets de la mode; on porta des habits solitaires, des robes solitaires; le solitaire s'appliqua à tout. Ce roman est à notre avis le premier et le dernier mot de la muse de M. d'Arlincourt; cet écrivain n'a rien fait de mieux que *le Solitaire*. Si cet ouvrage est celui où l'on trouve le plus de tournures burlesques, d'inversions mauvaises, de termes faux et de choquantes invraisemblances, c'est aussi celui dont la fable offre le plus d'intérêt et de mouvement. *Le Renégat*, qui parut en 1823, *Ipsiboé* et *l'Étrangère*, publiés, l'un en 1823, l'autre en 1825, n'en sont que des pastiches affaiblis, décolorés : c'est toujours le même faire, ce sont les mêmes ficelles, le même style prétentieux, mais avec moins d'originalité, de verve et d'imagination. M. d'Arlincourt affectionne par-dessus tout, dans ses ouvrages, les allures chevaleresques et les situations mélodramatiques. Ses héros sont des matamores, faisant d'ordinaire beaucoup plus de bruit que de besogne, des espèces de Don Quichotte, toujours prêts à se battre contre des moulins à vent. Avec de tels personnages il était difficile de tracer un tableau tant soit peu exact des mœurs de telle ou telle époque : aussi n'y a-t-il de vraiment historique dans tout ce qu'a écrit M. d'Arlincourt que les noms et les dates; le reste est pure fiction.

Quoi qu'il en soit, si les ouvrages que nous venons de citer ne manquent pas de défauts, ils ont du moins le mérite de laisser voir à nu et sans voile toutes les pensées de l'écrivain. Quand il vous montre le duc de Bourgogne, vous êtes sûr que c'est bien le duc de Bourgogne qu'il veut vous montrer. Il n'en est pas de même de ses derniers romans : *les Rebelles sous Charles V*, *Bannissement et Retour de Charles VII*, *les Écorcheurs*, *le Brasseur-roi*, *Double règne*, *l'Herbagère*. L'auteur, probablement par réminiscence de 1810, ne procède plus que par allégorie. *Les Rebelles sous Charles V*, allégorie dirigée contre le parti qui fut vainqueur en 1830 ! *le Retour de Charles VII*, allégorie faite en vue du prochain retour du duc de Bordeaux ! *le Brasseur-roi*, allégorie ! *Double règne*, allégorie ! *les Écorcheurs*, allégorie ! *l'Herbagère*, allégorie ! M. d'Arlincourt continue, comme précédemment, de peindre le moyen âge, mais il le peint sur le dos des contemporains; ou plutôt il fait de l'histoire contemporaine, qu'il habille tour à tour à la mode de Charles VII ou de Charles V, selon que le travestissement lui semble aller ou non aux personnages qu'il veut mettre en scène. L'esprit de parti s'accommode fort bien sans doute de ces allusions rétrospectives; mais qu'a de commun la littérature historique avec tous ces mensonges écrits en prose plus ambitieuse que solide, plus redondante que riche? Si M. d'Arlincourt tenait absolument alors à mettre son escopette de poëte et de romancier au service de ses préjugés politiques, que n'attaquait-il franchement ses adversaires, au lieu d'aller s'embusquer derrière des ruines pour tirer sur eux à la façon du mendiant de *Gil Blas*? *L'Étoile polaire*, une des dernières productions de M. d'Arlincourt, est une suite d'impressions de voyage, où l'on remarque, à côté d'observations naïvement et prétentieusement naïves, plusieurs anecdotes simplement racontées. L'auteur ne manque pas, il est vrai, toutes les fois que l'occasion s'en présente, de jeter une fleur sur le passé et de décocher une épigramme contre le présent; il en a certainement le droit, et personne ne trouvera mauvais qu'il en use, pour peu surtout que ses fleurs aient quelque parfum et ses épigrammes quelque pointe.

Ce que l'illustre vicomte n'a pas jugé à propos de faire sous Louis-Philippe (et Dieu nous garde de chercher pourquoi), il ne s'est pas fait faute de le tenter impunément sous cette débonnaire république, qui n'a de rigueurs que pour ses enfants. Levant alors la visière, il lui a lancé crânement à la face plusieurs pamphlets crûment légitimistes et antidémocratiques, tels que *Dieu le veut* et *l'Italie Rouge*. Ce dernier lui a même donné maille à partir, en plein tribunal, avec l'ancien prince de Canino, ex-président de la constituante romaine et cousin du président de notre république. Déjà, malgré ses aboutissants et ses écus, l'auteur de *la Caroléide* avait échoué dans la poursuite de la direction du troisième théâtre lyrique. Il n'y a, hélas! qu'heur et malheur dans ce monde.

Outre *la Caroléide*, M. d'Arlincourt a fait un autre poëme, qui a pour titre *Ismaël*, ou *l'Amour et la Mort*, et une tragédie, *le Siège d'Arras*, qui eut aucun succès, et coûta, dit Quérard, vingt mille francs à son auteur. Quérard ajoute que M. d'Arlincourt a toujours eu le soin de faire traduire, à ses frais, dans sept ou huit langues, chacune de ses œuvres : c'est payer un peu cher le privilège d'occuper la renommée. Les traductions ainsi multipliées sont assurément un excellent véhicule pour faire, à tout prix, arriver à se faire un nom en Europe. Il est fâcheux que ce véhicule ne soit pas à la portée de toutes les bourses, et spécialement de la bourse des littérateurs. Charles BALLARD.

ARMADA, mot espagnol, qui sert à désigner une flotte de vaisseaux de guerre, et qui a été donné plus spécialement à la redoutable force maritime, dite la flotte *Invincible*, qui fut équipée en 1588 par Philippe II, roi d'Espagne, pour envahir l'Angleterre, que le pape lui avait donné à conquérir. Cette épithète, toute castillane, d'*invincible* contraste ridiculement, dans l'espèce, avec la catastrophe qui termina l'expédition. Elle avait eu pour causes principales les affronts que les flottes anglaises avaient fait essuyer au fils de Charles-Quint, non moins que le désir de ce prince de transmettre à la postérité la plus reculée son nom comme celui d'un opiniâtre défenseur de la vraie foi. A ses yeux il était urgent de détrôner Élisabeth, qu'il regardait comme la protectrice et le boulevard de la religion protestante.

Les préparatifs de cette attaque furent conduits avec un secret profond, mais en même temps avec toute l'énergie et toute la vigueur dont Philippe II était capable. Ses ministres, ses amiraux, ses généraux, rivalisèrent d'activité, et des mesures furent prises non-seulement en Espagne, mais dans tous les ports de Sicile, de Naples et de Portugal, pour mettre en mer la plus formidable flotte qu'on eût encore vue. Elle se composait de 130 grands vaisseaux de guerre et de 30 autres bâtiments de moindre dimension; elle avait à bord 19,295 soldats de marine, 8,460 matelots, 2,088 galériens, et portait 2,630 canons, sans compter le grand inquisiteur et 150 dominicains, destinés à importer le tribunal du saint-office en Angleterre. D'immenses préparatifs militaires avaient en outre été faits dans les ports de Flandre, et une armée de 14,000 hommes de troupes de débarquement avait été réunie dans les Pays-Bas, prête à s'embarquer au premier signal sur des bateaux plats, construits à cet effet. A l'élite de la noblesse et des princes d'Italie et d'Espagne, jaloux de figurer au nombre des conquérants de l'Angleterre, étaient venus se joindre une centaine d'aventuriers anglais, commandés par un misérable, banni pour avoir vendu une forteresse hollandaise aux Espagnols. On se promettait de tirer bon parti des intelligences locales que ces malheureux mettaient à la disposition de l'entreprise.

Il semblait donc que la Grande-Bretagne ne fût pas de force à lutter contre un ennemi aussi puissant; mais la grande Élisabeth était à la hauteur du danger qui la menaçait. L'Angleterre ne comptait pas en tout plus de 14,000 matelots, et la marine de l'État ne se composait que de vingt-huit bâtiments de très-minimes dimensions; mais les marins anglais étaient à tous égards infiniment supérieurs à ceux contre lesquels ils avaient à lutter. L'attachement enthousiaste de la nation pour ses libertés politiques et religieuses produisit d'ailleurs des prodiges. Londres fournit à elle seule cinquante bâtiments armés et 10,000 hommes; et une foule d'autres villes imitèrent ce patriotique exemple. La noblesse et la haute bourgeoisie, dans les rangs desquelles se trouvaient cependant plusieurs catholiques de distinction, rivalisèrent d'efforts et de sacrifices pour déjouer la conspiration tramée contre l'existence politique de leur pays; elles firent construire, équipèrent et armèrent à leurs frais plus de quarante bâtiments de guerre, et tout l'argent que le gouvernement de la reine demanda par voie d'emprunt lui fut accordé avec empressement.

Le commandement en chef des forces navales fut confié à lord Howard d'Effingham; le gros de la flotte fut stationné à Plymouth, et une escadrille de quarante bâtiments légers, commandée par lord Seymour, alla croiser à la hauteur du Dunkerque. Une armée forte de 20,000 hommes fut ensuite échelonnée le long des côtes, et un corps d'égale force, avec 1,000 chevaux, concentré à Tilbury, aux ordres du comte de Leicester, pour la défense de la capitale. Le corps d'armée principal, ne présentant pas un effectif moindre de 40,000 hommes, fut placé sous les ordres de lord Hunsdon, et chargé de veiller à la sûreté personnelle de la reine : ordre lui fut donné de se tenir prêt à marcher aussitôt qu'on signalerait l'arrivée de l'ennemi. Le roi d'Écosse témoigna de son attachement à la cause d'Élisabeth, offrant, s'il était nécessaire, de venir à son secours avec toutes les forces dont il pourrait disposer. En ce moment critique le Danemark et les villes anséatiques envoyèrent aussi quelques renforts; et sur tous les points de l'Europe les protestants firent des vœux pour le succès de l'Angleterre dans cette lutte formidable, par chacun comprenait qu'en définitive il s'agissait là de la liberté religieuse de l'univers.

Enfin, le 29 mai 1588 la flotte espagnole appareilla de Lisbonne ; mais dès le lendemain, 30, un violent coup de vent la dispersait. Les avaries qui résultaient de ce contre-temps ayant été réparées, elle continua à se diriger, en assez bon ordre, vers les côtes méridionales de l'Angleterre. Le 19 juillet elle entra dans les eaux du canal Saint-Georges, évoluant en forme de croissant, et n'occupant pas moins de sept milles d'une de ses extrémités à l'autre. Apprenant son approche, Effingham ordonna à la flotte sous ses ordres d'éviter tout engagement mêlé, et d'escarmoucher contre les plus lourds bâtiments de l'ennemi; manœuvre qui fut exécutée six jours durant. L'*Armada* ayant atteint Calais, y jeta l'ancre pour y attendre l'armée du prince de Parme, lequel ne consentit à quitter les ports de Flandre que lorsqu'il lui fut démontré que les Espagnols étaient maîtres de la mer. Tandis que cette flotte était groupée sans ordre dans les eaux de Calais, l'amiral anglais, usant d'un heureux stratagème, lâcha sur elle plusieurs petits navires chargés de matières enflammées. Les Espagnols en éprouvèrent une telle épouvante, qu'ils coupèrent aussitôt leurs câbles, et que chaque vaisseau se prit à fuir avec précipitation dans la première direction venue, d'où résulta dans cette énorme masse une inextricable confusion. Les Anglais se lancèrent alors à la poursuite de l'ennemi, et lui prirent et coulèrent à fond plusieurs bâtiments.

Le lendemain une violente tempête assaillit l'*Invincible Armada*, quand elle eut dépassé les Orcades; et la majeure partie des vaisseaux qui avaient échappé au désastre naval de la veille furent rejetés par la fureur des vents sur les côtes occidentales de l'Écosse et sur celles de l'Irlande, où ils se brisèrent misérablement.

Ainsi se termina une expédition destinée à asservir l'Angleterre. De ce jour-là c'en fut fait de la suprématie que l'Espagne avait jusque alors exercée sur les mers; de ce jour aussi date la prépondérance maritime de l'Angleterre en Europe.

Quand on vint apprendre à Philippe II ce grand désastre, il fut impossible de découvrir au son impassible visage la moindre trace d'émotion. Il se contenta de répondre : « Je n'avais point envoyé ma flotte lutter contre la tempête; et, Dieu merci ! j'ai encore la puissance d'en créer une autre ! » Cela était fier, mais cela n'était pas vrai, comme la suite le démontra.

ARMAGNAC, nom d'une ancienne province du midi de la France, primitivement comprise dans le duché de Gascogne, et formant aujourd'hui le département du Gers, ainsi qu'une partie de Lot-et-Garonne, Tarn-et-Garonne et Haute-Garonne. Elle s'étendait du pied des Pyrénées aux rives de la Garonne, et était divisée en *Haut* et *Bas Armagnac*. Son sol, d'une rare fertilité, propre surtout à l'éducation des bestiaux ainsi qu'à la culture des grains et de la vigne, qui y donnent des produits très-estimés, est morcelé à l'infini, et appartient en grande partie à une noblesse aussi pauvre que nombreuse. La principale industrie des populations consiste dans la distillation des eaux-de-vie, et les produits des distilleries de l'Armagnac figurent avantageusement dans le commerce entre ceux des distilleries de la Saintonge et de Cognac. Courageux, énergiques, de mœurs simples et douces, les habitants de ces contrées, malheureusement encore trop enclins à la superstition et à végéter dans l'ignorance, étaient autrefois très-recherchés pour le service militaire. La province d'Armagnac portait alors le titre de comté; *Lectoure* était sa capitale.

Au temps du roi Charles VII les Armagnacs formèrent le noyau de ces bandes d'*aventuriers* armés commandées, entre autres chefs, par le comte d'Armagnac, qui exercèrent pendant longtemps en France les plus horribles dévastations. Pour débarrasser d'eux le pays, après la soumission de Jean IV d'Armagnac, un prince dans l'espoir de se donner le Rhin pour frontières naturelles, Charles VII, à l'invitation de l'empereur Frédéric III et des seigneurs de l'Alsace et de la Souabe, qui comptaient par là réussir à replacer la Suisse sous le joug impérial, envoya deux armées de ces Armagnacs, l'une, forte de 20,000 hommes, contre les villes de Metz, de Toul, de Verdun, et contre l'Alsace; l'autre, forte de 30,000 hommes, et commandée par le dauphin en personne, contre le Sundgau et le pays de Montbelliard. Mais les Suisses triomphèrent glorieusement de ces bandes d'aventuriers, dans la journée du 26 août 1444, à la célèbre bataille de Saint-Jacques sur le Bois, où une poignée de braves surent périr pour sauver leur patrie. L'année suivante les populations de l'Alsace réussirent également à se débarrasser des bandes indisciplinées des Armagnacs, tantôt en les forçant par des victoires à battre en retraite, tantôt en les y déterminant par des négociations; enfin Charles VII congédia le reste.

ARMAGNAC (Maison d'). Guillaume Garcie, comte

de Fezensac, issu d'une branche des Mérovingiens, dans le partage qu'il fit de ses États en 960, donna le pays d'Armagnac à BERNARD, son fils puîné, dit *le Louche*, qui devint la souche de cette puissante maison. A celui-ci succéda GÉRAUD TRINCALION, puis BERNARD II, qui réunit un instant (1040-1052) le duché de Gascogne au comté d'Armagnac. Vers 1140 GÉRAUD III, son petit-fils, y réunit le comté de Fezensac, domaine originaire de la maison; mais vers 1163 on en détacha, en faveur d'un cadet, un apanage dit le comté de Fezensaguet.

La branche aînée étant venue à s'éteindre en 1245, le comte de Fezensaguet, GÉRAUD V, fils du dernier comte de ce nom, devint comte de tout l'Armagnac; mais à sa mort, arrivée en 1285, les séparations de territoires et d'intérêts antérieurement créées continuèrent à subsister. JEAN Ier (1319-1373) et ses successeurs réunirent successivement à l'Armagnac les comtés de Rhodez et de Carlat, les vicomtés de Lomagne et d'Auvillars, le comté de Comminges et celui de Charolais, que JEAN III aliéna en 1390, pour se procurer les moyens d'entreprendre une expédition en Italie, afin de rétablir son beau-frère Charles Visconti dans le duché de Milan. Il y périt en 1391. C'est le premier comte d'Armagnac qui ait pris dans ses titres la formule *par la grâce de Dieu*, que conservèrent ses successeurs.

Son frère BERNARD VII lui succéda, en 1391, et agrandit en 1403 ses domaines héréditaires en faisant la guerre aux Anglais en Guienne et en dépouillant son parent le comte de Pardiac, qu'il fit périr dans une étroite prison, ainsi que ses deux fils. Appelé à la cour de France par Isabeau de Bavière, qui avait songé à mettre ce capitaine expérimenté à la tête de la faction d'Orléans pour l'opposer à la toute-puissante influence de la faction de Bourgogne, il en devint bientôt l'âme, et mérita même de lui donner son nom; car à partir de ce moment l'histoire oublie qu'il a existé une faction d'Orléans, pour ne plus s'occuper que de la faction d'Armagnac. Après l'assassinat du duc d'Orléans par la faction de Bourgogne (1407), Armagnac prit ouvertement le commandement des partisans de la victime, dont le fils, Louis d'Orléans, devint son gendre, et qu'il ne songea plus qu'à venger. A partir de ce moment il combattit sans trêve ni repos la faction de Bourgogne, qui dominait à la cour, et, après des succès divers, finit par entrer dans Paris (1413) à la tête de son armée. Bernard d'Armagnac se fit alors chèrement payer son entrée dans Paris, il se fit donner par cette reine l'épée de connétable avec le commandement suprême des armées et des forteresses et l'administration des finances de l'État, l'un et l'autre sans contrôle ni limites. Quand il eut ainsi concentré entre ses mains tous les pouvoirs, le comte Bernard d'Armagnac ne ménagea plus rien, et rompit ouvertement avec Isabeau. Cette princesse sans foi se jeta alors dans les bras du duc de Bourgogne, qui avait toujours été son ennemi le plus déclaré, implorant son secours et son appui. Le duc de Bourgogne se hâta de reprendre les armes, et marcha droit sur Paris, où le connétable et ses bandes avaient imposé une insupportable tyrannie. Les bourgeois de cette ville, et surtout le bas peuple, avaient en effet presque tous embrassé les principes la cause de Jean Sans Peur, duc de Bourgogne, l'assassin du duc d'Orléans. Les Armagnacs, qui avaient à venger les atrocités de tout genre commises par les *cabochiens*, ne pouvaient dominer sur cette cité que par la terreur, et avaient semé trop de haines pour ne pas recueillir des trahisons. Paris fut donc, grâce à la secrète connivence de Périnet-Leclerc, surpris par les troupes du duc de Bourgogne aux ordres de l'Ile-Adam, en juin 1418; et tout aussitôt le peuple se souleva en arborant la croix de Saint-André des ducs de Bourgogne. Les partisans du connétable, surpris à l'improviste, durent se cacher; car tous ceux d'entre eux qui tombèrent entre les mains du peuple exaspéré furent massacrés sans pitié. Les prisons furent forcées à diverses reprises, et le sang y coula par torrents. Dans une seule journée l'on ne compta pas moins de cinq mille cent dix-huit victimes de cette horrible réaction, qui pourtant, nous dit naïvement un chroniqueur contemporain, se termina par *l'une des plus belles processions qu'il se vit onques*. — Le connétable et son chancelier croyaient avoir trouvé un asile sûr chez un obscur maître maçon; mais effrayé par les menaces faites contre ceux qui recèleraient un Armagnac, c'est-à-dire un ennemi de la paix publique, cet homme finit par les livrer à la faction de Bourgogne. Tout d'abord il ne leur fut fait aucun mal, sans doute parce que les chefs de la faction victorieuse espéraient amener ainsi Bernard d'Armagnac à avouer où ses trésors devaient se trouver renfermés; mais quelques jours après, le bruit s'étant tout à coup répandu qu'il se tramait un complot pour le délivrer à prix d'argent, le peuple furieux envahit sa prison, et l'y massacra. Cela se passait le 12 juin 1418; quelques jours après, le duc de Bourgogne envoyait en supplice le bourreau Capeluche, principal acteur des massacres commis en son nom et dans ses intérêts.

JEAN IV, qui succéda à Bernard VII en 1418, excita, par des excès de toute sorte, la colère de Charles VII, qui fit instruire son procès et confisquer son comté au profit de la couronne. Toutefois, touché de ses promesses de bonne conduite et de ses marques de repentir, ce monarque consentit à lui accorder, en 1444, des lettres d'abolition. La procédure fut donc mise à néant, et le comté d'Armagnac fut restitué à Jean IV.

Le second fils du connétable d'Armagnac, comte de Pardiac, fut le père du fameux Jacques d'Armagnac, comte de la Marche, puis devint duc de Nemours le 3 avril 1461, et que Louis XI fit périr sur l'échafaud en 1477.

JEAN V, fils de Jean IV, né vers 1420, devenu comte d'Armagnac en 1450, conçut pour la plus jeune de ses sœurs, Isabelle, une passion effrénée, qui empoisonna sa vie. Isabelle ayant cédé à ses désirs, des enfants naquirent de ce commerce incestueux, dont le scandale, devenu public, attira sur le comte d'Armagnac les foudres de l'Église et la colère de Charles VII. Jean V promit de se séparer d'Isabelle; mais il n'en fit rien, et continua d'avoir avec elle les mêmes liaisons. Seulement, pour calmer les scrupules de sa sœur, qu'effrayaient les anathèmes lancés par l'Église, il eut recours à un référendaire du pape, qui, moyennant une forte somme d'argent, lui fabriqua une fausse bulle pontificale en vertu de laquelle il épousa Isabelle avec toutes les cérémonies de l'Église. Charles VII le fit solennellement condamner par le parlement, qui prononça contre lui la peine du bannissement et confisqua ses biens. Le comte Jean V passa alors en Italie, où ses protestations de repentir engagèrent le pape à l'absoudre du passé. A la mort du roi il rentra en France, et fut même rétabli par Louis XI dans la jouissance de tous ses domaines et privilèges; ce qui ne l'empêcha pas d'adhérer à la ligue du *Bien public*, dirigée contre son bienfaiteur. Le comte Jean, redevenu l'un des plus puissants seigneurs du royaume, entretenait constamment sur pied une bande nombreuse d'aventuriers, qui ne vivaient que de pillage. Louis XI marcha contre lui, s'empara de nouveau de ses domaines, et le contraignit (1470) à se réfugier encore une fois hors de France. Il ne tarda pas toutefois à reparaître, et, soutenu dans sa rébellion par le propre frère de Louis XI, il se remit en possession de ses domaines héréditaires. Mais à la fin, obligé de se renfermer dans Lectoure, il dut mettre bas les armes, et, au mépris d'une capitulation qui lui garantissait la vie sauve, fut massacré (1472) dans les bras de sa femme, Jeanne de Foix. Cette princesse, qu'il avait épousée en 1468, mourut peu de temps après dans la prison où on l'avait jetée, empoisonnée à l'aide d'un breuvage destiné à faire périr l'enfant qu'elle portait dans son sein. Quant à la malheureuse et coupable Isabelle, tout ce qu'on sait de sa vie ultérieure, c'est qu'elle survécut à son frère.

CHARLES Ier, frère puîné de Jean V, enveloppé dans sa disgrâce, resta captif pendant quatorze années, en proie aux plus affreux tourments; en 1484, l'Armagnac fut déclaré confisqué et réuni au domaine de la couronne par lettres patentes de Louis XI. Délivré de sa prison par le roi Charles VIII, Charles Ier d'Armagnac rentra en possession de ses États, mais viagèrement seulement, et avec privation de tous droits régaliens. A sa mort, arrivée en 1497, le duc d'Alençon, Charles, petit-neveu des deux comtes précédents, revendiqua leurs possessions, au mépris de l'arrêt de 1481. Le roi François Ier, lui ayant fait épouser sa sœur Marguerite, consentit à lui restituer l'Armagnac. CHARLES IIe du nom et le vingt-troisième dans l'ordre de succession des souverains, étant mort sans laisser d'enfants, son héritage passa, avec sa veuve, à Henri d'Albret, roi de Navarre, qui par les femmes descendait également de la maison d'Armagnac. Cette province s'étant trouvée de la sorte réunie au royaume de Navarre, Henri IV, en montant sur le trône de France, en 1589, les réunit l'un et l'autre à la couronne.

En 1647, des lettres patentes érigèrent un nouveau comté d'Armagnac en faveur de Henri de Lorraine, comte d'Harcourt, et sa postérité l'a possédé jusqu'en 1789.

ARMAGNACS (Faction des), opposée à celle des Bourguignons et aux Anglais, fut ainsi nommée du connétable Bernard d'Armagnac. Elle finit par devenir le parti du dauphin, fils de Charles VI, qui fut depuis Charles VII. — L'origine de l'horrible lutte des Armagnacs et des Bourguignons fut la rivalité du duc de Bourgogne et du duc d'Orléans pour exercer l'autorité royale, que la démence de l'infortuné Charles VI laissait vacante; et l'assassinat du duc d'Orléans, frère du roi, dans la rue Barbette (1407), devint le signal de ces longues et sanglantes guerres civiles, qui faillirent faire disparaître la nationalité française sous la conquête des rois d'Angleterre. Elles ne cessèrent qu'en 1435, par le traité d'Arras.

ARMAND, ancien acteur de la Comédie-Française, est né à Versailles. Fils d'un conseiller du roi, receveur des finances, il devait succéder à son père, lorsque les événements de la révolution vinrent détruire les projets et l'existence sociale de sa famille. L'inactivité forcée où se trouvait le jeune Armand et le goût de la comédie, dont il se sentit possédé de bonne heure, le portèrent à jouer à Paris quelques rôles d'amoureux sur un théâtre particulier, dit de Mareux, où il se fit remarquer par l'élégance et la grâce de ses manières.

A cette époque (1794-95), les comédiens du Théâtre-Français avaient été séparés par la violence du gouvernement révolutionnaire, qui, pendant la terreur, avait fait jeter en prison les acteurs et actrices suspects de royalisme : Molé, Fleury, Mlle Contat, etc. — Ceux-ci et ceux de leurs camarades qui avaient partagé leur sort n'avaient point voulu faire partie de la nouvelle troupe qui s'était établie au théâtre de la République, et avaient, le 6 février 1795, transporté leur ancien répertoire au théâtre Feydeau, où ils jouaient alternativement avec les acteurs de l'Opéra-Comique. Ce fut alors que, sur le bruit du succès d'Armand au théâtre Mareux, Fleury et Mlle Contat, ayant été le voir jouer, furent si satisfaits des espérances qu'il faisait naître, qu'ils lui proposèrent un engagement avec eux. Il accepta, et débuta en 1796 par le rôle de Germeuil, dans les Femmes, comédie en trois actes et en vers, de Demoustiers. En cette circonstance il réalisa l'espoir que les maîtres de la scène avaient conçu de lui, et tint bientôt un succès complet l'emploi des jeunes premiers. Aussi, lorsque les comédiens français du théâtre Feydeau se réunirent et se formèrent en sociétaires avec leurs anciens camarades au théâtre de la rue de Richelieu (16 février 1799), Armand les suivit, et fit partie de cette troupe, qui pendant de longues années a présenté le plus parfait ensemble, et laissé dans les fastes de la scène française un souvenir impérissable. Mlle Mars avait presque débuté au théâtre Feydeau avec Armand; les deux artistes ne se quittèrent à peu près jamais dans le cours de leur commune et longue carrière théâtrale. — Au milieu de cette élite des plus grands talents, Armand conserva toujours une des premières places, moins peut-être par la hauteur des rôles dont il était chargé, que par la bonne grâce de ses manières, l'élégance de sa tournure, le charme de sa physionomie et de sa taille; dons heureux de la jeunesse, qu'il a pu conserver non-seulement dans l'âge mûr, mais même encore dans un âge beaucoup plus avancé; et l'illusion qu'il produisait sous les traits du personnage le plus jeune était plus complète encore que celle que produisait Mlle Mars, longtemps admirée sous ce rapport, comme sous tant d'autres.

Armand avait été sociétaire du Théâtre-Français presque aussitôt après la création de la société, et en 1812 il avait été appelé à Dresde, avec une partie de la Comédie Française, par Napoléon, qui l'avait distingué, et lui avait plusieurs fois adressé de flatteuses félicitations. — Enfin, après trente-quatre ans d'une carrière toujours suivie de succès, il s'est retiré du théâtre, où il parut pour la dernière fois le 1er avril 1830, dans trois de ses rôles les plus brillants : Édouard en Écosse, l'École des Bourgeois, et les Suites d'un Bal Masqué. Depuis sa retraite, il s'est fixé à Versailles.   A. DELAFOREST.

ARMANSPERG (JOSEPH-LOUIS, comte D'), ancien président du conseil de régence du roi de Grèce, Othon Ier, né en 1787, à Kœtzting, dans la basse Bavière, d'une ancienne et noble famille, entra en 1808 dans la carrière administrative; mais en 1813, plein d'enthousiasme pour la cause de la liberté germanique, il rejoignit l'armée bavaroise, et remplit à sa suite des fonctions importantes. Après la paix de Paris, le département des Vosges et bientôt le pays situé entre le Rhin et la Moselle furent confiés à ses soins. Appelé au congrès de Vienne, il y défendit avec chaleur, mais sans succès, les intérêts de la Bavière. Enfin, ayant, en 1816 et 1817, occupé dans les cercles du Rhin et du Danube supérieur des fonctions analogues à celles de préfet, dans lesquelles il fit preuve d'un zèle constamment éclairé pour le progrès et la constitution, il fut placé en 1820 à la tête de la cour supérieure des comptes. Propriétaire dans le cercle du Danube inférieur, il fut élu membre de la seconde chambre des états en 1825. Il manqua de quelques voix seulement la présidence de cette assemblée, mais fut appelé à sa vice-présidence, et prit part à ses principales délibérations. Dans cette position nouvelle, il se plaça toujours à la tête de l'opposition libérale modérée, et insista vivement pour l'introduction des conseils municipaux en Bavière.

Quand le roi Louis, père du roi actuel, monta sur le trône, il manda Armansperg à Munich, et tous les projets de loi relatifs à la réorganisation de l'administration furent dès lors l'œuvre de ses méditations. Il passa successivement et rapidement conseiller d'État, ministre de l'intérieur, puis des finances et des affaires étrangères. En cette qualité, il se montra partisan décidé de la création de l'union des douanes allemandes, et contribua beaucoup à établir un ordre plus sévère dans la comptabilité publique. Depuis longtemps, par son énergique résistance aux exigences et aux empiétements de la cour de Rome, il s'était attiré la haine de la camarilla de Munich et des congrégations, aux yeux desquelles il combla la mesure de ses torts lors de la session si orageuse de 1831, par les efforts aussi nombreux que patents qu'il fit pour se rapprocher du parti libéral le plus avancé. Le résultat de cette lutte d'influences de cour fut à la fin de la session la perte de son portefeuille, qu'on échangea contre l'ambassade de Londres. M. d'Armansperg n'accepta point cette compensation, et se retira dans ses terres.

Depuis 1828 il était conseiller à vie du royaume, et, comme tel, membre de la première chambre des états. Le 5 octobre 1832 il céda enfin aux instances du roi de Bavière, et consentit à se laisser placer à la tête du conseil de régence créé en Grèce par le traité de mai 1832, et à se charger de la direction des affaires du nouvel État. M. d'Armansperg débarqua à Nauplie le 6 février 1833, en même temps que le roi Othon. De juin 1835 à 1837, il exerça ces fonctions et eut le titre de chancelier d'État. A la fin de l'année 1836, pendant une tournée que le roi alla faire en Allemagne, il fut investi de pouvoirs illimités. Sans doute, pendant les quatre années qu'a duré son administration, il a fait beaucoup pour la Grèce; mais, environné de mille difficultés, au milieu de partis bien tranchés et pleins de défiance, ayant en outre à se défendre contre les intrigues et les rivalités des envoyés des grandes puissances, et à lutter contre la sourde opposition des autres membres de la régence, il n'a plus paru répondre à la confiance de la diplomatie européenne, qui l'avait désigné d'une voix unanime comme le seul homme propre aux circonstances. Aussi ne tarda-t-on pas à lui donner pour successeur M. de Rudhart.

On a reproché surtout à M. d'Armansperg d'avoir cherché à se rendre indispensable par la création d'une coterie qui lui était personnellement dévouée. Un envoyé étranger, ami particulier de M. d'Armansperg, le ministre d'Angleterre, M. Lyons, n'avait pas craint de déclarer au jeune roi, quand il revint de son voyage, qu'au maintien de M. d'Armansperg se rattachaient non-seulement la tranquillité du pays, mais encore la sécurité de sa propre personne. Ces démarches actives ne furent pas suivies de résultats favorables. M. d'Armansperg reçut tout au contraire brusquement sa démission, à bord même du vaisseau le Portland, où il était allé complimenter le roi avant qu'il eût pris terre; et il quitta en conséquence la Grèce dans les premiers jours de mars 1837.

M. d'Armansperg n'avait pas d'ennemis personnels, car même à l'égard de ses adversaires politiques il avait toujours fait preuve de modération. Depuis son retour en Bavière, M. d'Armansperg vit éloigné des affaires dans le cercle intime de sa famille.

ARMATEUR. Plusieurs dictionnaires donnent au mot *armateur* une définition qui jamais ne fut plus inexacte que de nos jours. Ils disent que l'armateur d'un navire est le propriétaire de ce navire. C'est tout bonnement celui qui le fait armer : or, il est fort rare dans nos ports que celui qui fait armer un bâtiment le possède même en partie. C'est presque toujours pour le compte de plusieurs intéressés qu'un négociant se charge de surveiller les dispositions à prendre pour mettre un navire en état de recevoir une cargaison et de prendre la mer, et très-souvent il arrive que celui qui se charge de présider aux préparatifs de l'armement ignore assez complétement les travaux qu'il est censé diriger. Les vrais propriétaires du navire sont les intéressés pour le compte de qui l'armateur agit. L'armateur est celui sous le nom duquel navigue le navire, et des mains duquel on a reçu l'argent nécessaire à l'armement. Le véritable armateur, c'est le capitaine pour ceux qui attachent au mot *armer* la signification qui lui est réellement propre.

Autrefois dans la marine marchande on confondait le nom d'armateur et de capitaine, parce qu'il était assez ordinaire de voir les propriétaires de navires, marins pour la plupart, commander les bâtiments qu'ils avaient armés pour des spéculations lointaines ou pour faire des découvertes fructueuses. On dit par exemple qu'un matelot armateur de Dieppe découvrit une partie de la côte orientale de l'Afrique, que Jean Cousin était fils d'un armateur de Saint-Malo qui s'était enrichi en commandant les corsaires; ce qui prouve que les possesseurs des navires naviguaient assez généralement alors à bord des bâtiments qu'ils avaient armés.

Les armateurs français qui de nos jours possèdent le plus de navires naviguant au long cours n'en ont pas au delà de dix-sept à dix-huit expédiés sous leur nom. On citait un riche armateur des États-Unis qui comptait, dit-on, quarante trois-mâts ou bricks, et cette flotte marchande ne comprenait qu'une assez faible partie de son immense fortune. Cet exemple est peut-être unique dans les annales de la marine du commerce.

C'est à l'armateur, propriétaire ou non du navire, de choisir le capitaine, qui devient son préposé; mais ce n'est pas à lui de former l'équipage. Toutefois l'article 223 du Code de Commerce dit que le capitaine devra composer l'équipage de concert avec les propriétaires, lorsqu'il sera dans le lieu de leur demeure.

Il y a trois sortes de responsabilités pour les armateurs : 1° responsabilité des fautes que le capitaine commet dans l'exercice de ses fonctions; 2° responsabilité des emprunts qu'il contracte ; 3° responsabilité des ventes et des nantissements de marchandises qu'il fait en cours de voyage. La responsabilité cesse par l'abandon du navire et du fret (Code de Comm., art. 216).

Lorsque le navire est armé en course, la responsabilité de l'armateur est déterminée par l'article 217 ; il ne répond des délits ou des déprédations commis en mer que jusqu'à concurrence de la somme pour laquelle il a donné caution, à moins qu'il n'en soit participant ou complice.

Ed. CORBIÈRE.

ARMATOLES et **KLEPHTES**, noms donnés aux capitaines chrétiens qui depuis l'établissement de l'empire ottoman en Europe surent se maintenir à peu près indépendants au milieu des montagnes de la Grèce septentrionale. Dans l'origine, on les désignait sous le nom général de *klephtes*, à cause des brigandages qu'ils exerçaient dans la plaine ; plus tard on donna celui d'*armatoles* à ceux d'entre eux qui reçurent une commission de la Porte. Ce sont les habitants du mont Agrapha qui obtinrent les premiers le priviége d'avoir une troupe armée, sous les ordres d'un capitaine, pour le maintien de l'ordre dans les villes et les villages voisins. Cette institution se répandit en peu de temps sur tout le continent hellénique. Derniers défenseurs de la liberté et de l'indépendance de la Grèce, les armatoles se rendirent de plus en plus redoutables à la Porte, surtout depuis le commencement du dix-septième siècle. Impuissants à se défendre contre leurs audacieuses agressions, les pachas se virent forcés de traiter avec eux, et, sous la condition d'une conduite paisible, de leur accorder une paye et des vivres, en leur confiant le soin de faire régner la tranquillité dans le pays. Ce fut ainsi que les armatoles gagnèrent de plus en plus de force et de puissance ; aussi l'hétairie dut-elle d'abord s'adresser à eux et aux klephtes et tâcher de les gagner à sa cause, lorsqu'elle voulut tenter un soulévement contre la Porte.

Rien ne devait plaire à ces chefs belliqueux plus que ces avances. Leurs forces s'élevaient alors à environ 12,000 hommes, les uns tenant garnison dans des forts, les autres errant dans la Grèce septentrionale. Ceux d'entre eux qui se signalèrent le plus dans la guerre de l'Indépendance furent Eustrates, chef de 500 hommes; Gogo ; Georges Zongas, Saphakas, tué en 1827, devant Athènes ; Georges Makry, capitaine de 300 hommes; Karaïskakis, chef de 600 hommes, qui périt sous les murs d'Athènes ; Mitzo Kondojannis, Jean Panuryas, Kaltzodemos, capitaine de 100 hommes, tué devant Missolonghi ; Odysseus ; Georges Karatasso, chef de 600 hommes; Christos Mestenopoulos et Marc Botzaris, qui commandait les Souliotes. Les armatoles et les bandes de plusieurs klephtes soutinrent d'abord tout le poids de la guerre de l'indépendance, dans laquelle presque tous se couvrirent de gloire. *Voyez* GRÈCE.

ARMATOLIS, d'un mot grec signifiant *territoire des armes*. On appelait ainsi des districts, au nombre de treize selon les uns, de dix-sept suivant d'autres, situés dans les montagnes de la Grèce, et soumis à l'autorité d'un chef d'armatoles. C'étaient les derniers asiles de la liberté et de l'indépendance de la vieille Grèce; c'est là que s'est conservé intact pendant des siècles le noyau régénérateur de la nation hellénique; c'est dans les armatolis des montagnes de Macédoine, d'Épire et de Thessalie que s'est réfugiée et consolidée la liberté des Maïnotes, des Souliotes, des Monténégrins et des Mérinites, toujours si redoutés des Turcs. Quand Mahomet II fit la conquête de la Grèce, il se contenta de s'assurer du pays plat et des forts, et ni lui ni ses successeurs n'attachèrent d'importance à la possession des inaccessibles défilés de ces montagnes. Là se dissémina la partie indépendante de la nation, qui, sous les ordres de chefs courageux, continua à faire en détail la guerre aux oppresseurs de la patrie. *Voyez* GRÈCE.

ARMATURE ou ARMURE. *Voyez* AIMANT.

On donne aussi le nom d'*armature* à un assemblage de différentes barres ou liens de métal pour soutenir ou contenir les parties d'un ouvrage de maçonnerie, de charpenterie, de mécanique, d'un modèle de sculpture de terre, d'une figure coulée en bronze, etc.

ARME. On appelle ainsi toutes les machines employées par l'homme pour rendre plus efficaces ses moyens d'agression et de défense. L'invention des armes remonte au delà des temps historiques; on conçoit en effet qu'un des premiers besoins de l'homme a dû être de se défendre contre certains animaux, d'en attaquer d'autres pour en tirer sa subsistance, et de faire la guerre à ses semblables pour acquérir ou conserver les objets nécessaires à son bien-être ou à ses passions. Les premières armes consistaient sans doute en bâtons, épieux, massues, pierres, frondes, arcs et flèches (*voyez* ces mots); c'est ce que nous indique aussi l'histoire des temps héroïques. Plus tard, la découverte des métaux vint accroître les moyens de destruction; on vit paraître alors des épées, des lances, des javelots, et bientôt on imagina les armes défensives, ainsi qu'on le voit déjà au siége de Troie. Il est à remarquer qu'à cette époque, et longtemps après, les armes des Grecs étaient en cuivre, el que le fer, assez commun en Orient, était tellement usité parmi eux, qu'Achille donna une boule de ce métal pour prix des jeux funèbres qu'il fit célébrer en l'honneur de Patrocle.

Déjà le besoin de résister à un ennemi puissant avait conduit à envelopper les villes de murailles élevées, et les guerriers, montés sur des chars, avaient fait intervenir la vélocité et la force des chevaux dans le choc des armées.

Enfin, l'homme, trouvant trop faibles les anciens moyens de destruction, eut recours à l'emploi d'agents plus compliqués; on vit alors paraître dans les armées la cavalerie, les éléphants surmontés de tours, les balistes, les catapultes, et plus tard les différentes armes à feu; en un mot, toutes les machines que put inventer l'imagination des hommes, aidée par une civilisation de plus en plus avancée.

Les armes peuvent se diviser en *armes portatives*, susceptibles d'être mises en jeu par un seul homme, et en armes *non portatives*, ou *artillerie*, exigeant, pour entrer en action, le concours de plusieurs hommes et des moyens de transport plus ou moins compliqués.

Les armes portatives se divisent en *armes offensives* et *défensives*; parmi les armes offensives, on distingue les *armes de main*, qui servent à frapper directement l'ennemi, et les *armes de jet*, qui servent à l'atteindre de loin au moyen de projectiles. Les armes offensives des anciens consistaient en piques, poignards, épées, sabres, haches, javelots, arcs et frondes; les armes défensives étaient le casque, la cuirasse, le *garde-cœur*, plaque d'airain qui se mettait sur la poitrine, l'*ocrea* ou bottine garnie d'airain, et le bouclier, qui était plus ou moins grand, et dont la forme était variée.

La pique, en changeant de dimension, prenait un nom différent; la *sarisse* était une pique très-longue; la *lance* était plus courte que la sarisse; la *haste* était une pique de longueur moyenne; le *pilum* était assez court pour être lancé à la main, et assez long cependant pour servir de pique contre la cavalerie; les *javelots* étaient de longues flèches, qui se lançaient à force de bras; enfin la *javeline* était une demi-pique dont se servaient également les cavaliers et les fantassins.

Les épées étaient de formes diverses. Les Romains adoptèrent l'épée espagnole, qui était longue et tranchante des deux côtés; les épées des Gaulois étaient minces et très-allongées; elles pliaient souvent dans le combat. La dague ne pouvait être portée que par les grands seigneurs. Les armes offensives étaient le martel, le sabre et la lance.

Vers cette époque l'infanterie tomba en discrédit, et cessa de combattre en masse; alors les armes de main lui devenant inutiles, elle quitta en partie la hache, le javelot et le bouclier, pour prendre l'arc et la fronde.

Sous les rois de la troisième race les armées ne furent plus composées que de cavalerie cuirassée; l'infanterie et la cavalerie non cuirassée devinrent une multitude confuse attachée au service des chevaliers, et ne prenant que rarement part aux combats. Les boucliers étaient plus ou moins grands, en métal, en bois ou même en osier, et recouverts de cuir; le bouclier des soldats de rangs chez les Grecs et les Romains était large, haut et convexe au dehors, et ordinairement en bois; celui des armés à la légère et des cavaliers était rond ou ovale. Dans la suite on fit usage de boucliers très-hauts et très-larges, appelés *pavois* ou *talvas*.

Pendant fort longtemps les Grecs, les Romains et les Gaulois firent usage d'armes en cuivre allié d'étain, et dont le tranchant était durci par le martelage; on ne sait pas bien précisément l'époque où l'usage des armes en fer et en acier s'introduisit en Europe.

Sous les rois de la première race les Francs n'avaient ni casque ni cuirasse; leur vêtement était un sayon de cuir fortement rembourré; ils se servaient d'une petite hache, appelée francisque, qu'ils lançaient à la main contre leur ennemi; de javelots, dont la lame était garnie de deux crocs; d'épées et de boucliers. Vers la fin de cette période les armes défensives devinrent assez communes, et la valerie cuirassée commença à jouer un rôle important dans les armées.

Les armes de la cavalerie de cette époque consistaient en lances, sabres ou cimeterres, sorte d'épées à lame recourbée, et très-lourdes vers la pointe. A cette époque les chevaliers, couverts d'armures impénétrables et montés sur des chevaux bardés de fer, se servaient de lances, de masses d'armes et de haches destinées à briser les armures; de longues épées, nommées *allennelies*, *flamberges*, *estocades*, avec lesquelles ils perçaient leur adversaire au défaut de la cuirasse; d'*espadons*, ou *épées à deux mains*, destinés à pourfendre l'ennemi. Dans ce temps de désordre et d'anarchie féodale, toutes les notions de tactique ayant été perdues, un seul chevalier pouvait, à la faveur de son armure, braver un grand nombre de fantassins, sans courir d'autre risque que d'être renversé de cheval et foulé aux pieds.

Vers la fin du douzième siècle, Richard Cœur de Lion

ayant adopté l'usage de l'arbalète, on vit paraître en Angleterre des corps d'archers redoutables; mais les Français ne voulurent se servir que fort tard d'une arme que le concile de 1139 avait qualifiée de *diabolique*. On ne connaît pas exactement l'époque de l'invention de l'arbalète; il paraît que cette arme n'était pas connue des anciens, bien qu'ils fissent usage du *scorpion*, ou *manubaliste*, qui n'en différait que par de plus fortes dimensions.

L'arbalète était une arme redoutable, mais on conçoit qu'un corps d'arbalétriers pouvait être renversé par un petit nombre de chevaliers : aussi la gendarmerie continuait-elle à faire la force essentielle des armées ; et s'il résulta quelques changements de cette innovation, ce fut peut-être l'usage d'armures plus épaisses qu'auparavant.

Il est à remarquer que pendant tout le moyen âge la prouesse ou l'action individuelle avait remplacé l'action tactique ou d'ensemble ; de là était résulté nécessairement l'abandon des armes de main et l'asservissement des masses ; il fallait pour changer cet ordre de choses une révolution dans les institutions militaires, et cette importante révolution fut produite par le patriotisme des Suisses. Ce fut alors que les paysans de trois petits cantons helvétiques, réunis en bataillons hérissés de piques, brisèrent le joug de l'Autriche, et bravèrent l'effort de ses chevaliers.

L'exemple des Suisses ne tarda pas à être imité : on vit paraître successivement de l'infanterie régulière en Allemagne, en Flandre, en Espagne et en Italie; mais en France, pays classique de la chevalerie, cette innovation ne fut goûtée que fort tard, et nous n'eûmes de l'infanterie régulière que longtemps après nos voisins.

L'invention des armes à feu portatives, qui avait suivi de près celle de l'artillerie, vint porter le dernier coup aux anciens preux : vainement augmentèrent-ils la force de leurs armures, il fallut les quitter, et dès lors l'adresse et le courage purent lutter avantageusement contre la force brute, qui auparavant décidait de presque tout à la guerre.

Les premières armes à feu s'appelaient *bombardes*, du mot grec βόμβος, qui veut dire bruit; vers 1380 on commença à faire usage de petites bombardes, appelées *coulevrines* ou *canons à main* : ces petites armes consistaient en un tube de fer ou de cuivre, du poids de vingt-cinq à cinquante livres, qu'on établissait sur un petit chevalet en bois quand on voulait tirer.

Dès 1411 on comptait un assez grand nombre de canons à main dans les armées; en 1450 les Brabançons en avaient trois cents pour faire le siége de Bruges. Au temps de Louis XII ces armes, allégées et perfectionnées, devinrent plus communes, mais cependant la majeure partie des troupes faisaient usage des armes anciennes. Sous François Ier et ses successeurs l'infanterie, organisée régulièrement, prit le *corselet*, espèce de petite cuirasse, le casque ou bourguignotte, la pique et l'épée; l'arc et l'arbalète devinrent plus rares, mais ce ne fut qu'en 1560 qu'ils furent abandonnés. L'usage des armes à feu devenait de plus en plus fréquent; ces armes, appelées *arquebuses, pétrinals, pistolets, mousquets, mousquetons, carabines, fusils*, servaient pour l'infanterie et la cavalerie; néanmoins les piques étaient toujours employées dans l'infanterie, et se distinguait de plusieurs espèces ; savoir : la *pique*, le *sponton* ou *demi-pique*, la *hallebarde*, dont le fer très-large portait à sa base deux crocs, ou une petite hache et une pointe ; la *pertuisane*, qui était une très-forte hallebarde. En 1669 l'invention de la baïonnette vint restreindre l'usage de ces armes, cependant l'infanterie conserva encore un tiers des piquiers pour la garantir des charges de cavalerie.

A mesure que les armes à feu se perfectionnaient, la gendarmerie perdait de son importance, et la cavalerie légère ou non cuirassée s'accroissait dans les armées. Vers 1675 l'usage de la cuirasse complète fut aboli, et on se borna à avoir quelques régiments portant le casque et la demi-cuirasse, à peu près comme nos cuirassiers actuels; enfin, en 1703 la lance et la pique ayant été supprimées, l'infanterie fut armée du fusil à baïonnette, et la cavalerie du mousqueton, du pistolet et du sabre.

Les armes offensives des modernes se divisent en *armes à feu portatives*, et en *armes blanches* : les armes à feu portatives sont le fusil, le mousqueton, le pistolet et la carabine; les armes blanches sont le sabre, l'épée et la lance. Quant aux armes défensives, elles se réduisent au casque et à la cuirasse.

On nomme *armes de luxe* celles qui, fabriquées pour des particuliers, sont d'un prix plus élevé que les *armes de guerre* ou de munition, en raison des ornements qu'elles comportent. Les ordonnances relatives à la fabrication de ces armes s'opposent à ce qu'elles aient le même calibre que celles de guerre, sous peine d'amende et de confiscation.

Armes à vent. Dans ces armes, l'air comprimé est le moteur dont on fait usage pour lancer des balles. *Voyez* FUSIL A VENT.

Armes blanches. Vers la fin du seizième siècle, la cavalerie ayant abandonné l'usage de la lance pour prendre les armes à feu portatives, le sabre et l'épée devinrent ses armes principales ; car la force du cavalier étant dans son choc, et non dans son feu, qui ne saurait être redoutable, à cause du mouvement du cheval, on conçoit que la cavalerie ne put obtenir de résultats que le sabre ou l'épée à la main. Quelques grands capitaines ont blâmé cette innovation, particulièrement Montécuculli, qui appelait la lance la reine des armes; au contraire, d'autres officiers distingués plaçaient toute la force de la cavalerie dans la manœuvre du sabre; mais on a reconnu dans la suite que ces opinions étaient trop exclusives, et que si dans certaines circonstances le sabre est préférable à la lance, dans d'autres la lance doit lui être préférée : c'est d'après ce principe que certains corps de cavalerie ont été armés de lances. *Voyez* LANCIERS.

Dans l'origine les modèles de sabres et d'épées étaient fort multipliés; la forme de ces armes ne dépendait que du caprice des ouvriers ou des chefs de corps, et ce ne fut que successivement qu'on parvint à établir une certaine uniformité indispensable pour les réparations et les remplacements en temps de guerre; quant à la lance, le premier modèle français date seulement de 1812.

Armes à vapeur. Ces armes ont été inventées par M. Perkins, ingénieur anglais ; leur principe moteur consiste en un fort cylindre creux en fonte ou en fer, fermé de toutes parts, rempli d'eau et chauffé au rouge au milieu d'un fourneau; ce cylindre, appelé *générateur*, a deux soupapes : la première, qui s'ouvre de dehors en dedans, et qui est tenue fermée par la force expansive de l'eau, et la seconde, qui s'ouvre de dedans en dehors; cette dernière est chargée d'un poids qui l'empêche de s'ouvrir, et qui règle la force de la vapeur. Lorsqu'on veut faire fonctionner cette machine, on introduit, au moyen d'une pompe très-puissante, par la première soupape, une certaine quantité d'eau froide par le générateur; alors la seconde soupape, cédant à l'action de la pompe, s'ouvre, et laisse échapper la portion d'eau échauffée dans le générateur qui ne peut plus y être contenu à cause de l'introduction de l'eau froide. L'eau chassée du générateur arrive dans un canon disposé pour la recevoir, s'y réduit subitement en vapeur, avec d'autant plus de violence qu'elle était plus chaude, et chasse devant elle le projectile qui lui est opposé. Telle est l'idée principale de l'appareil.

M. Perkins a fait construire une machine qui lançait cent cinquante à deux cents balles d'un vingtième de livre par minute. Ces balles étaient placées dans une trémie et arrivaient successivement dans le canon à mesure que la balle inférieure était chassée; mais il paraît que les projectiles étaient lancés avec beaucoup moins de force et de justesse qu'avec le fusil.

ARME — ARMÉE

D'après ce que nous avons dit de la machine de M. Perkins, on conçoit assez facilement qu'on puisse s'en servir pour lancer des balles de fusil; mais il est difficile de croire qu'un cylindre de fer chauffé au rouge puisse résister à une force susceptible de lancer une grande quantité de boulets de gros calibre avec autant de violence que la poudre. Le vice radical de cet appareil tient à ce que la résistance du générateur décroît à mesure qu'on le chauffe, tandis que la force de l'eau augmente au contraire dans un grand rapport; de là résulte qu'on est obligé de ménager le feu pour prévenir les accidents, ce qui fait que les projectiles sont lancés avec une force beaucoup moindre que dans les canons.

L'usage des armes à vapeur est à peu près impossible dans la guerre de campagne, car la nécessité de tenir ces lourdes machines constamment en état de tirer entraînerait la consommation d'une énorme quantité de combustible dont le prix total dépasserait celui de nos munitions actuelles, et dont l'approvisionnement et le transport présenteraient de grandes difficultés.

Si les armes à vapeur ne conviennent pas pour la guerre de campagne, elles pourraient être fort utiles pour la défense des places. En effet, dès que l'assiégeant commencerait à battre en brèche, on pourrait disposer une ou plusieurs machines à vapeur à portée, qui, lançant cinq à six mille balles par minute, inonderaient la brèche de leurs projectiles à l'instant où l'ennemi tenterait d'y donner l'assaut.

TURNOUX, officier supérieur d'artillerie.

Un de nos compatriotes, M. Perrault, ingénieur civil, a inventé une arme à vapeur qui, sans avoir les inconvénients du canon de M. Perkins, paraît tout aussi meurtrière. Cette arme est arrivée à une telle précision, que M. Arago rapporte être parvenu, dans une expérience publique, *à loger tout le flux de balles dans un trou de la grandeur d'une pièce de cent sous* (Discours à la Chambre des Députés, séance du 5 mai 1845).

On entend encore par *arme* la totalité des corps qui composent une espèce de troupe; les armes principales sont l'infanterie, la cavalerie, l'artillerie, le génie et la gendarmerie. L'artillerie et le génie sont appelés *armes spéciales*, à cause de l'instruction particulière qu'ils nécessitent. — *Voyez* ARMES.

ARMÉE. Une armée est l'ensemble des troupes qu'une nation entretient pour sa défense ; « c'est une machine, dit Henri Lloyd, destinée à opérer des mouvements militaires; comme les autres machines, elle est composée de différentes parties ; sa perfection dépend de la bonne constitution de chacune de ces parties prises séparément et de leur bon agencement entre elles; leur objet commun doit être de réunir trois propriétés essentielles, force, agilité et mobilité universelle. » La loi du 12 décembre 1790 sur l'organisation de la force publique définit l'armée : « une force habituelle extraite de la force publique et destinée à agir contre les ennemis du dehors. »

Une armée est différemment nommée suivant sa composition et son but ; on dit qu'elle est *combinée* lorsqu'elle est composée de troupes de différentes puissances; l'*armée d'observation* est celle qui protège un siège, on donne aussi quelquefois ce nom à un corps de troupes placé sur la frontière pour observer l'ennemi, et appuyer des opérations entamées; l'*armée de réserve* est une armée formée en deuxième et troisième ligne pour alimenter les armées qui pénètrent dans le pays ennemi, et pour contenir les populations qu'elles laissent derrière elles; l'*armée de secours* est celle qui est destinée à faire entrer des renforts ou des vivres dans une place assiégée : quelquefois elle oblige l'ennemi à en lever le siège.

Chez les peuples primitifs la guerre ne fut sans doute d'abord que de grandes mêlées, et les combattants se ruaient probablement les uns contre les autres sans suivre d'ordre de bataille, ordre que nous trouvons chez les peuples plus civilisés. Sans entrer dans de grands détails, nous allons jeter rapidement un coup d'œil sur la composition de l'armée chez les Grecs et chez les Romains; nous examinerons ensuite l'organisation de l'armée française à différentes époques.

Des armées grecques. La Grèce était une réunion de petites républiques, soit aristocratiques, soit démocratiques; ce furent les Grecs qui les premiers substituèrent l'action des masses aux actions individuelles. A Athènes tout homme devait servir son pays de dix-huit à cinquante ans. Suivant la population des États, quelquefois chaque tribu servait à son tour, quelquefois on prenait dans chacune d'elles le nombre d'hommes nécessaire. Lorsque la population était insuffisante, on remplissait les cadres d'étrangers domiciliés dans le pays, et même d'esclaves. A Sparte il y avait des officiers permanents appelés *polémarques*, qui maintenaient les traditions. Des services administratifs étaient institués, et les armées avaient à leur suite des bataillons d'ouvriers chargés d'exécuter les divers travaux jugés nécessaires et de fabriquer les armes dont on avait besoin. Les armées des Grecs étaient temporaires; on y suppléait en temps de paix par des rassemblements d'hommes de toutes conditions qui étaient journellement exercés aux diverses manœuvres. Les citoyens riches formaient la cavalerie. Ainsi, chez eux les habitudes militaires se contractaient dès l'enfance; la tactique élémentaire, qui consistait simplement dans la tenue du soldat dans les rangs, l'escrime et le maniement des armes, s'apprenait dans les gymnases. La tactique générale était enseignée par des hommes spécialement désignés. Comme les grades et les commandements n'étaient acquis que pour une année, et que tel général hier pouvait être soldat le lendemain, toutes les connaissances militaires devaient être vulgaires pour tout homme qui voulait se faire une position. Le commandement de l'armée était électif; le principe de l'obéissance passive absolue était déjà regardé par les Grecs comme la base fondamentale de toute armée : aussi était-il contenu dans la législation.

L'armée grecque se divisait en infanterie, cavalerie et machines. L'infanterie se subdivisait en infanterie de ligne, infanterie légère et infanterie mixte. La première se composait des *oplites*, soldats lourdement armés, ayant pour armes offensives l'épée et la pique longue de dix-sept à vingt-quatre pieds; pour armes défensives, le casque, et deux cuirasses, l'une s'attachant à l'avant-bras gauche, l'autre couvrant la jambe gauche. Les *psilites*, soldats destinés à combattre de loin, armés de frondes et de javelots, n'ayant pas d'armes défensives, formaient l'infanterie légère. L'infanterie mixte était composée de soldats appelés *peltastes*; leur pique était plus courte que celle des oplites, et ils n'avaient pour toute arme défensive qu'un petit bouclier appelé *pelta*.

La cavalerie se divisait en cavalerie de ligne et cavalerie légère ; les cavaliers de ligne portaient le nom de *cataphractes* (briseurs); lourdement armés, ayant pour arme offensive la lance, ils devaient agir par le choc. La cavalerie légère, très-irrégulière, se composait de cavaliers scythes, armés d'arcs et de flèches, de Tarentins armés de haches, etc., etc. Plus tard, les Grecs créèrent une infanterie à cheval, portant le nom de *doubles combattants*, et dont nos dragons actuels sont une imitation. Leurs armées ne furent suivies de machines de guerre qu'au temps d'Alexandre, époque où l'on commence à voir des batteries organisées. Quant au commandement de l'armée à Sparte, c'était l'un des deux rois; à Athènes il était élu par le peuple. Il avait sous lui des officiers chargés d'étudier le terrain, de prendre des renseignements sur l'ennemi, etc.; c'était un véritable état-major.

Ce serait peut-être ici le lieu, en parlant des Grecs, de mentionner leur phalange, ou ordre de bataille, ordre profond, emprunté par eux toutefois aux Égyptiens et à divers peuples de l'Asie, quoique avec quelques différences dans chacune des diverses républiques de l'Hellénie. Mais nous croyons devoir renvoyer ce point spécial de science militaire, qui demande à être traité en détail, aux articles BATAILLE et PHALANGE.

Des armées romaines. — Il faut attribuer une grande partie du succès des armées romaines à leur sage organisation militaire, à leur bonne discipline, à leur empressement à profiter de tout ce qu'elles trouvaient de bon dans l'armement, l'équipement des peuples qu'elles soumettaient. A Rome non plus les armées n'étaient pas permanentes. Lorsqu'il y avait lieu à réunir une armée, les tribus s'assemblaient. Les tribuns militaires, partagés en autant de groupes qu'il devait y avoir de légions, choisissaient à tour de rôle les hommes jusqu'à ce que les légions fussent complètes. On pouvait être appelé à servir de dix-sept à quarante-cinq ans ; les plus riches citoyens étaient toujours choisis les premiers, car les Romains pensaient avec raison que ceux qui avaient des biens à défendre et à conserver devaient prendre plus d'intérêt à la réussite des opérations militaires que ceux à qui une guerre malheureuse ne pourrait rien faire perdre. La discipline était très-sévère; les citoyens juraient obéissance passive à leurs supérieurs. Avant la campagne, les chefs étaient élus, mais en campagne l'avancement devenait une récompense. Les armées n'étant pas permanentes, les citoyens en temps de paix étaient exercés devant les magistrats à des manœuvres, à des marches forcées avec armes et bagages.

L'infanterie romaine se composait d'infanterie de ligne et d'infanterie légère. L'infanterie de ligne comprenait des *hastaires*, des *princes* et des *triaires*; les *hastaires* et les *princes* étaient armés d'une petite pique ou grand javelot appelé *pilum*, la hampe de 1 mètre et le fer de 0,5 ; cette pique se lançait contre l'ennemi lorsqu'on s'en approchait pour le combattre corps à corps ; chaque soldat en avait une seconde, qu'il devait conserver dans le cas où il faudrait résister à la cavalerie. Ils portaient en outre une épée courte, peu propre à tailler, mais très-acérée, et qu'ils avaient empruntée aux Espagnols. Les *triaires* étaient armés d'une pique de 3 mètres environ et de l'épée. Ces troupes portaient encore un bouclier de 1^m,30, ayant la forme d'un demi-cylindre de 0,50 de diamètre, composé de douves recouvertes de plaques métalliques et garnies d'une pointe au milieu. Une cuirasse consistant en une plaque d'airain fixée sur la poitrine par un système de courroies, un casque en métal, et une bottine en lames métalliques couvrant la jambe droite, complétaient leurs armes défensives. Les *vélites*, choisis parmi les plus pauvres citoyens, étaient armés de petits javelots de 1 mètre de long, tels qu'ils pouvaient en tenir sept dans la main. Ils formaient l'infanterie légère, et combattaient toujours en tirailleurs.

La cavalerie romaine, composée d'*equites*, montés sur des chevaux sans selle, sans étriers, était fort médiocre. L'infanterie avait pour unité de force la manipule, commandée par deux centurions, dont le plus ancien avait le commandement et s'appelait *primipile*. La cavalerie était divisée en turmes, espèces d'escadrons, commandées chacune par deux officiers, l'un à la droite, l'autre à la gauche du premier rang; seize turmes formaient une aile commandée par un préfet. Les unités de force étaient trop petites pour le combat: aussi forma-t-on la *légion romaine*, composée de 10 manipules de *hastaires*, 10 manipules de *princes*, 10 manipules de *triaires* et de 300 cavaliers. L'armée consulaire se composait de deux légions romaines et de deux légions auxiliaires; l'armée double consulaire comprenait quatre légions romaines et quatre légions étrangères.

Telle fut la composition de l'armée romaine depuis la fondation de la ville éternelle jusqu'à la deuxième guerre Punique. A partir de cette époque on devint moins sévère sur les conditions à remplir pour servir : les pauvres, les affranchis et les esclaves mêmes purent entrer dans les rangs de l'armée. Marius, frappé des inconvénients des *manipules*, établit la cohorte, composée de trois manipules de *hastaires*, de *princes* et de *triaires*, et de 5 à 600 vélites fournis par les alliés ; la légion se composa alors de 10 cohortes ; des cavaliers étaient réunis aux ailes en grandes masses. Les machines de guerre, dont on n'avait pas fait usage jusque là, furent employées, et couvrirent le front des légions ; la composition de l'armée étant moins pure, la discipline devint plus sévère. Cette organisation dura jusqu'au règne d'Auguste; à cette époque on retrouve encore la légion, mais elle se forme sur une autre ligne de bataille. Un grand nombre de balistes, de catapultes, de machines de guerre embarrassent l'armée; la discipline se relâche; Rome tombe sous les coups des barbares, et plusieurs siècles de ténèbres succèdent à l'empire romain.

Des armées françaises. Le moyen âge offre peu d'intérêt sous le rapport stratégique; la science militaire n'existe plus ; il n'y a plus ni armée ni discipline ; les Francs, les Germains, armés de haches, de javelots recourbés, doivent leurs succès à leur bravoure individuelle. Chaque propriétaire de terres mène à la guerre un certain nombre de soldats ; le temps de service dure six mois, trois aux frais du propriétaire, trois aux frais de l'État. Charlemagne même n'apporte aucune amélioration à cette organisation; il ne doit ses succès qu'au grand nombre de ses troupes et surtout à sa cavalerie, qui devient l'arme prépondérante. Dans les temps féodaux, les biens donnés en usufruit deviennent des propriétés à la condition pour les possesseurs de servir leur souverain; la France est partagée en grands fiefs relevant immédiatement de la couronne; chaque possesseur de ces fiefs a des vassaux de différents ordres, et est tenu de fournir à son souverain un certain nombre de soldats armés et équipés suivant le fief qu'il occupe; le temps de service à leur charge est fixé à quarante jours.

Ce n'est qu'après les croisades que le progrès se fait sentir; au lieu des contingents fournis par les vassaux, on soudoie des bandes de mercenaires dont le métier est la guerre; ce furent les grandes compagnies, les plus célèbres de ces bandes, qui, sous Duguesclin, allèrent combattre en Espagne. Charles VII institua les milices des communes; un homme dans chaque commune, exempté d'impôt, devait à l'appel du souverain se rendre armé et équipé au lieu de rassemblement. Il y avait seize mille communes; c'est donc la création d'une armée permanente de 16,000 hommes qui prirent le nom de francs-archers (*voyez* ARCHER). La cavalerie fut composée de quinze compagnies de gendarmes, de 100 hommes chacune; chaque gendarme, moyennant une solde journalière d'environ cinquante francs de monnaie, devait entretenir un écuyer, trois archers, un coutelier, et un certain nombre de varlets. Louis XII dissout le corps des francs-archers, et les remplace par un corps d'infanterie de 10,000 hommes en prenant pour modèle l'infanterie suisse, dont il garde même une partie à sa solde ; les Allemands imitent les Suisses, et créent le corps des lansquenets; l'infanterie espagnole se constitue sur les mêmes bases, et devient la première infanterie d'Europe; la poudre est inventée, l'emploi des armes à feu vient rendre l'ordre profond impossible, le combat à distance est établi de fait, et le fantassin, aussi fort que le cavalier, lui devient supérieur toutes les fois qu'il peut se couvrir de quelque obstacle.

François 1er abandonne l'usage des mercenaires, et établit une armée nationale, formée de légions provinciales, composées de piquiers, d'arquebusiers et de hallebardiers. Sous Henri II, le duc de Guise réunit tous les corps d'armée en quatre grandes divisions, qu'il appelle régiments, et qui portent les noms de Picardie, Champagne, Piémont et Navarre; la cavalerie de ligne, toujours composée de chevaliers, perd de son influence; la cavalerie légère se compose de reîtres, armés d'épées, de casques et de cuirasses, de carabins faisant fonction de flanqueurs et d'éclaireurs, d'argoulets, armés d'une épée, d'une masse d'armes, d'une arquebuse, et combattant à la débandade. Le maréchal de Boussac crée les dragons armés d'arquebuses. C'est le temps des Coligny, des Henri IV, des Rohan, des Maurice de Nassau, des Gustave-Adolphe, des Turenne, de tous ces grands généraux, dont nous voudrions pouvoir citer toutes les créations, tous les progrès qu'ils firent faire à la tactique, à l'organisation des armées; rappelons seulement qu'à cette époque (1659) on doit la création des grenadiers, des carabiniers, et l'introduction d'une discipline sévère dans l'armée.

Sous Louis XIV l'armée française se recrutait par enrôlement volontaire et par capitulation. Par capitulation on entendait un traité passé avec une puissance étrangère qui s'engageait à fournir un certain nombre d'hommes. L'armée française était composée d'infanterie, de cavalerie et d'artillerie. L'infanterie se composait de 250 régiments de un à quatre bataillons ; ces régiments portaient le nom des provinces d'où ils avaient été tirés ou le titre des colonels à qui ils appartenaient ; les hommes étaient armés du fusil, de la giberne et de l'épée ; ce n'est qu'en 1703 que le fusil à baïonnette fut adopté. L'unité de force était le bataillon, composé de 12 compagnies, plus celle des grenadiers, placée à la droite. Le régiment était commandé par un colonel, un lieutenant-colonel, un major remplissant les fonctions de l'adjudant-major actuel. L'infanterie française se formait par brigade, c'est-à-dire par réunion de quatre bataillons ; le carré ne se formait que par brigade. Les feux s'exécutaient de différentes manières ; les deux premiers rangs mettaient genou en terre, et les deux autres tiraient par-dessus ; il y avait encore le feu de belle bande : les deux premières files sortaient du rang et faisaient feu, puis les troisième et quatrième, et ainsi de suite.

La cavalerie comprenait : la cavalerie de réserve ou maison du roi, composée de mousquetaires gris ou noirs, de gardes du corps, de chevau-légers et d'une compagnie de grenadiers à cheval. La cavalerie de ligne n'avait pour arme que l'épée et le pistolet, et se subdivisait en régiments de trois ou quatre compagnies. La cavalerie légère était formée d'un régiment de carabiniers fort de 100 compagnies et de hussards. Il y avait encore les dragons, sorte de sapeurs à cheval, réparant les routes à l'avant-garde et créant des obstacles à l'arrière-garde. L'artillerie se composait d'artillerie de siége et d'artillerie de campagne ; pour la servir on créa successivement des compagnies de canonniers, puis un régiment de fusiliers du roi, puis enfin un corps, appelé Royal-artillerie, composé de bombardiers, d'ouvriers et de sapeurs du génie. Les calibres de siége étaient ceux de seize, vingt-quatre et trente-six ; ceux de campagne, de quatre, huit, douze et seize. L'artillerie de campagne était formée en brigades de dix pièces ; elle transportait les cartouches de l'infanterie.

Les armées étaient commandées par des princes du sang ou des maréchaux de France ; chaque armée avait des catégories différentes d'officiers ; l'infanterie, la cavalerie, les dragons, la maison du roi avaient chacun un maréchal des logis chargé de tous les détails. Les généraux n'avaient pas de commandement fixe ; le jour de bataille on désignait les corps qu'ils devaient commander. En cas de guerre, l'intendant de la province la plus voisine de l'armée était chargé des approvisionnements de l'armée; il y avait un général des vivres pour la manutention et un général des voitures pour les transports, un capitaine des guides pour les renseignements et les espions. L'ordre de bataille était invariable ; l'infanterie sur deux lignes à deux ou trois cents pas l'une de l'autre ; la cavalerie sur deux lignes aux ailes ; l'artillerie en avant vis-à-vis des intervalles. Pour marcher, l'armée s'avançait sur cinq colonnes ; au centre l'artillerie, les bagages, l'état-major, flanqués de deux colonnes d'infanterie, flanquées elles-mêmes de deux colonnes de cavalerie ; il fallait pratiquer des routes pour ces colonnes ; ce qui rendait les marches excessivement lentes ; une marche de deux à trois lieues par jour était une marche forcée.

Après les vains efforts de modification tentés par le comte de Saint-Germain, l'armée française en 1792 était composée de la manière suivante : 100 régiments d'infanterie de ligne à 2 bataillons de 8 compagnies, dont une de grenadiers ; 14 bataillons de chasseurs à pied, ayant même armement, formaient l'infanterie légère. L'infanterie avait une instruction de caserne, un mauvais recrutement en hommes, et était désorganisée, par l'absence des officiers supérieurs qui avaient émigré. Lors de la guerre contre la Prusse et l'Autriche, au moment où la France avait à combattre des armées nombreuses, bien organisées, l'assemblée législative proclame la patrie en danger ; 500 bataillons de volontaires, composés presque tous d'hommes pris dans les classes élevées de la société, répondirent à cet appel ; leur composition était bonne, mais ils manquaient d'instruction militaire ; les grades étaient électifs. La cavalerie en 1792 était peu instruite, bien montée et rompue aux exercices de manége ; elle reçut aussi des volontaires, mais tous dans la cavalerie légère ; l'artillerie, composée d'officiers plébéiens, était restée ce qu'elle était avant la révolution, c'est-à-dire bien instruite et laissant peu à désirer ; elle fut augmentée de 10,000 cavaliers volontaires, qui formèrent une excellente artillerie à cheval.

Le comité de salut public, à la tête duquel était Carnot, réorganisa l'armée. Les corps d'infanterie, sous le nom de demi-brigades, se composèrent de 3 bataillons, de 9 compagnies chacun, dont une de grenadiers ; sur trois bataillons il y en avait deux de volontaires et un tiré des anciens régiments de ligne ; la demi-brigade était commandée par un chef de demi-brigade, trois chefs de bataillon, trois adjudants-majors, trois adjudants, cinq officiers, un trésorier, un capitaine d'habillement, et les officiers des diverses compagnies. Des demi-brigades d'infanterie légère furent formées avec les bataillons de chasseurs et les bataillons de volontaires formés en 1792 sur les frontières. A chaque demi-brigade était attachée une batterie de six pièces servie par des volontaires. L'armée fut divisée en divisions permanentes ; une division comprenait deux brigades d'infanterie de ligne ou légère, une brigade de cavalerie, dont un régiment de cavalerie légère et un de dragons ou grosse cavalerie, deux batteries d'artillerie (outre l'artillerie des brigades), et une compagnie du génie.

Pour le recrutement, la France fut partagée en trois bans, le premier pour l'armée, le deuxième pour la défense des places fortes, le troisième composé des vieillards et des enfants pour les hôpitaux et les ateliers ; on eut ainsi jusqu'à 1,100,000 hommes sous les armes. L'avancement fut à l'ancienneté, puis au choix des commissaires du comité de salut public auprès des armées ; enfin, pour exciter l'émulation, on laissa à l'élection les deux tiers des grades d'officiers inférieurs jusqu'à celui de capitaine. Chaque armée était commandée par un général de division nommé temporairement, ayant sous ses ordres des généraux de division, des généraux de brigade et des adjudants généraux, faisant les fonctions des chefs d'état-major ; l'armée était divisée en centre, ailes et réserve, commandés par des généraux de division dits lieutenants du général en chef ; la réserve était composée de demi-brigades d'infanterie et de bataillons de grenadiers détachés.

Au camp de Boulogne, en 1805, l'organisation générale de l'armée reçut de grandes modifications ; les divisions, au lieu d'être formées de troupes de toutes armes, ne se composèrent plus que de troupes de même arme ; on conserva néanmoins à chaque division sa nature une batterie d'artillerie à pied ou à cheval. Un corps d'armée se composa de plusieurs divisions combinées dans des proportions variables suivant l'importance des opérations à accomplir. Les voltigeurs, qui devaient être portés en croupe par les cavaliers, furent créés, mais bientôt abandonnés, et répartis dans les bataillons d'infanterie, dans chacun desquels ils formèrent une compagnie d'élite.

Après la paix de Tilsitt, l'empereur s'occupe de réorganiser l'armée sur un nouveau pied; des cadres nombreux furent constitués pour subvenir aux éventualités des guerres à venir. Cette organisation, qui ne fut complétée qu'en 1809 et 1811, comprenait des régiments d'infanterie de ligne et des régiments d'infanterie légère, ne différant des premiers que par quelques dénominations particulières et quelques modifications d'uniforme; chaque régiment avait cinq bataillons, dont un de dépôt commandé par le major, spécialement chargé de l'instruction des recrues; chaque bataillon comptait six compagnies, dont deux d'élite pouvant être détachées pour former des corps séparés. Outre les régiments d'infanterie nationale, il y avait des régiments étrangers, au nombre de 27 environ; un décret de 1808 attacha à chaque régiment une demi-batterie d'artillerie. La garde nationale fut organisée en cohortes de huit compagnies, dont une départementale au dépôt et une de canonniers; elle servit de noyau à l'armée lors de sa reconstitution en 1813. La cavalerie fut organisée en cavalerie de réserve, de ligne et légère. La cavalerie de réserve, comprenant les cuirassiers et les carabiniers, formait 15 régiments de 4 escadrons de 2 compagnies fortes de 120 hommes chacune; la cavalerie de ligne se composait de dragons et de lanciers. Longtemps inférieurs à cause de leur double service, les dragons, qui n'étaient plus que cavalerie, acquirent une réputation méritée. La cavalerie légère comptait 10 régiments de hussards et 24 de chasseurs. L'artillerie fut peu modifiée; elle se composait de 9 régiments à pied et de 6 à cheval.

La réserve de l'armée était formidable, et se composait de la garde impériale, créée au camp de Boulogne, puis augmentée successivement à cause des nombreux services à récompenser. En 1813 la garde se composait de 80,000 hommes, partagés en vieille, moyenne et jeune garde. La vieille garde était un corps privilégié; chaque soldat jouissait d'un grade supérieur dans la ligne; pour y entrer il fallait avoir dix ans de service, ou avoir fait une action d'éclat, ou avoir assisté aux campagnes d'Austerlitz, d'Iéna et de Pologne; son infanterie se composait de 2 régiments de grenadiers et de 2 régiments de chasseurs de 2 bataillons à 4 compagnies. La cavalerie, qui ne quittait jamais l'empereur et était dirigée par lui, comprenait un régiment de grenadiers, un régiment de dragons dit de l'impératrice, un régiment de chasseurs, un régiment de lanciers rouges, et un régiment de lanciers polonais; l'artillerie n'avait qu'un régiment à pied, un à cheval et un bataillon de train. La moyenne garde formait un corps peu nombreux; les cadres seuls avaient le privilége d'un grade supérieur à celui du reste de l'armée; elle se composait d'un régiment de fusiliers de la garde à 4 bataillons, composées de jeunes gens ayant une position sociale et destinées à devenir officiers, et d'un régiment de garde nationale impériale, corps peu connu, provenant des départements du nord, et qui fut annexé à la garde pour s'être distingué contre les Anglais en 1809. La jeune garde était fort nombreuse; certains officiers seulement avaient des grades supérieurs dans la ligne; elle comprenait 13 régiments de tirailleurs grenadiers, 13 régiments de tirailleurs voltigeurs, 2 régiments de flanqueurs fusiliers, un régiment de pupilles, composé d'enfants de troupe. La jeune garde n'avait pas de cavalerie; on peut cependant regarder comme lui ayant été annexé le corps des gardes d'honneur, créé en 1811.

En 1815, après les désastres des Cent-Jours, toute l'infanterie de ligne de la nouvelle armée française fut organisée en légions départementales, qui remplacèrent les régiments. Chaque légion avait 2 bataillons de ligne en uniforme blanc, revers, parements et retroussis de diverses couleurs, suivant le département; un bataillon de chasseurs à pied en uniforme vert, avec cartouchières à l'espagnole; une compagnie d'éclaireurs à cheval et une compagnie d'artillerie. Par ce remaniement, radical dans la forme comme dans le fond, les puissances coalisées avaient cherché à éteindre dans la nation le souvenir de notre glorieuse armée licenciée sur les bords de la Loire. C'était un faux calcul. Sous les nouveaux uniformes battaient encore des cœurs français, et chaque département comptait pour le défendre sur la légion recrutée dans son sein et qui portait son nom. Cette organisation provisoire ne pouvait du reste tenir longtemps; elle disparut avec les circonstances qui l'avaient vue naître, et l'armée redevint bientôt, pour la forme et pour le fond, ce qu'elle était avant nos désastres. De tous les ministres de la guerre qui se succédèrent à cette époque, le maréchal Gouvion Saint-Cyr, seul, chercha à établir des institutions; il restaura l'ancienne organisation de l'armée; le corps d'état-major fut fondé, les diverses écoles militaires réorganisées, et l'effectif assuré au moyen du recrutement.

Nous avons rapidement parcouru les armées des peuples les plus fameux et celles de la France aux diverses époques les plus importantes; il nous reste à donner la composition actuelle de l'armée française.

L'armée française actuelle comprend trois grandes divisions : les états-majors, les troupes et la réserve.

Sous le nom d'état-major on comprend l'état-major général, le corps d'état-major, le corps de l'intendance militaire, l'état-major des places, l'état-major particulier de l'artillerie, l'état-major particulier du génie.

Les troupes se subdivisent en troupes de ligne, troupes spéciales, troupes de l'administration. Les troupes de ligne comprennent l'infanterie, se subdivisant en infanterie de ligne et légère; la cavalerie, divisée en cavalerie de réserve (carabiniers et cuirassiers), cavalerie de ligne (lanciers et dragons), cavalerie légère (chasseurs et hussards); les guides d'état-major; les troupes spéciales de l'armée d'Afrique, composées, en infanterie, de bataillons d'Afrique, de zouaves, de tirailleurs indigènes; et en cavalerie, de chasseurs d'Afrique et de spahis. Les troupes spéciales sont : l'artillerie, divisée en régiments d'artillerie, régiment de pontonniers, compagnie d'armuriers, train de parcs; le génie, comprenant des régiments et des compagnies d'ouvriers; la gendarmerie, subdivisée en garde républicaine, en gendarmerie départementale, gendarmerie d'Afrique, gendarmerie mobile et sapeurs-pompiers. Les troupes de l'administration sont : les équipages militaires, comprenant l'état-major des parcs, les compagnies d'ouvriers, les équipages; le corps des infirmiers militaires. Voyez les articles spéciaux consacrés à la plupart de ces corps et troupes.

La réserve comprend les hommes faisant partie du contingent annuel et ceux qui sont renvoyés dans leurs foyers en attendant leurs congés de libération.

L'armée se recrute d'une manière essentielle par les appels, et d'une manière secondaire par les engagements volontaires. Suivant la loi de 1818, tout Français, sauf de justes et utiles exceptions, se doit à la patrie; nul ne peut être soldat s'il n'est Français. Le temps de service est de sept années (voyez RECRUTEMENT). Longtemps le grade ne fut pas la propriété de l'officier; la loi du 19 mai 1834 a paré à ce grave inconvénient : d'après cette loi, l'officier ne peut perdre son grade qu'en vertu d'un jugement solennel entouré de publicité, défense et appel. Une discipline sévère, et qui maintient le dogme de l'obéissance passive absolue, règne dans l'armée; elle s'obtient au moyen de punitions régies par des règlements et un code pénal militaire, et de récompenses qui peuvent se diviser en quatre grandes catégories : l'avancement, les distinctions honorifiques, les positions spéciales et les retraites. Nous ne pouvons examiner dans un cadre aussi restreint le nôtre toutes les parties de l'organisation militaire de l'armée française; contentons-nous de dire avec orgueil que cette organisation est une des plus belles et des plus complètes de toutes celles des armées de l'Europe. F. DE BÉTHUNE, capitaine d'état-major.

ARMÉE (Police d'). *Voyez* POLICE.

ARMÉE NAVALE. Il est d'autant plus nécessaire d'attacher ici une idée exacte et précise à ces mots, que presque toujours on les emploie mal dans la conversation, pour peu qu'on veuille parler d'une réunion considérable de bâtiments de guerre naviguant sous les ordres d'un officier général (*voyez* FLOTTE). Pour prévenir donc l'emploi vicieux que l'on pourrait faire de cette désignation, nous commencerons par dire que pour composer une armée navale il faut au moins vingt-sept vaisseaux de ligne. En effet, une armée navale soumise aux règles d'une tactique qui préside à tous ses mouvements, comme à terre les armées sont soumises aux règles de la stratégie militaire, doit naviguer pour évoluer avec promptitude afin de prévenir les accidents, selon un ordre qui puisse à la fois concourir à donner de l'ensemble à ses mouvements et de la force à ses attaques ou à sa résistance. Cet ordre, fondé sur l'expérience, qui a déterminé le meilleur mode à suivre, veut que l'armée navigue sur trois colonnes, que chaque colonne soit composée de neuf vaisseaux, que chacune de ces colonnes, qui compose à elle-même une escadre, puisse en certains cas se former sur trois colonnes de trois vaisseaux chacune. Ainsi, une armée navale, en se subdivisant de la sorte, est formée de trois *escadres* de neuf vaisseaux chacune. Chaque escadre est elle-même composée de neuf vaisseaux, qui forment eux-mêmes trois *divisions* de trois vaisseaux. Ce vaste ensemble, se décomposant en parties homogènes, présente à la mer le tout le plus complet et le plus favorablement divisible que l'on puisse trouver. On ne peut guère se former une idée de la puissance qu'une armée navale peut acquérir par l'effet de l'ordre et de la célérité que la tactique a su introduire dans ses mouvements, que lorsqu'on a vu manœuvrer en ligne ces masses de vaisseaux toujours disposés à exécuter les ordres de l'amiral avec une précision qui semblerait faite tout au plus pour des armées de terre.

Aux vaisseaux de ligne dont se compose une armée navale il faut ajouter encore le nombre de frégates, corvettes et avisos qui forment ce qu'on appelle l'*escadre légère*, et dont une partie est affectée au service de chacune des divisions de l'armée. Cette escadre, qui n'est pas destinée à combattre en ligne, est chargée spécialement des missions pour lesquelles l'amiral ne juge pas à propos de dégarnir ses colonnes. Pendant le combat, les frégates et les corvettes parcourent la ligne pour retirer du feu ou pour aider dans leur action les vaisseaux avariés par l'ennemi. Pendant la route une fait l'armée, les frégates dont la marche a été reconnue supérieure servent à transmettre aux divers vaisseaux les ordres verbaux qu'elles recueillent de l'amiral, et qui ne peuvent se transmettre minutieusement par le moyen de signaux; ou bien elles répètent les signaux, ou donnent la chasse aux bâtiments en vue.

La première des trois escadres qui composent une armée navale forme le corps de bataille, la seconde l'avant-garde, et la troisième l'arrière-garde. Elles sont distinguées entre elles par les couleurs blanche, bleue, et mi-partie blanc et bleu. Les divisions dont les escadres sont elles-mêmes composées se distinguent aussi les unes des autres par des couleurs qu'elles adoptent dans le pavillon même qui sert à marquer l'escadre à laquelle elles appartiennent.

Ed. CORBIÈRE.

ARMEMENT (*Art militaire*). C'est l'ensemble des préparatifs militaires d'une armée qui se dispose à entrer en campagne, c'est-à-dire la réunion des troupes, du matériel, des subsistances, sur les points qui doivent servir de base à l'opération qu'on projette. L'armement dépend donc entièrement des plans tracés dans les cabinets, de la nature de la guerre, de la situation et des ressources du pays.

Quel que soit son état militaire, une nation a besoin d'un certain temps moral pour se disposer à entrer en campagne. De toutes les grandes puissances, la France est celle qui, par les ressources de son sol, par ses communications intérieures, par l'organisation de ses troupes et par ses nombreux établissements, peut réunir le plus promptement de grandes masses et les mettre en action. La Russie, malgré ses nombreuses armées, constamment sur le pied de guerre, a besoin de plus de temps que toute autre puissance pour se préparer à la guerre, tant à cause de l'immense étendue de son territoire, que de la pauvreté de son sol.

L'*armement des places* consiste dans la quantité de bouches à feu, de munitions et de tous les objets qui sont nécessaires pour les mettre en état de défense. Il doit être proportionné à l'importance de la place, à la force de la garnison et à la durée présumée du siège dont on est menacé.

L'*armement d'une redoute*, *d'une batterie*, consiste dans les travaux à y faire pour la mettre en état de défense et y placer de l'artillerie.

L'*armement des bouches à feu* comprend les ustensiles nécessaires au tir de ces bouches, comme écouvillons, refouloirs, tire-bourres, leviers, boute-feu, seau, etc.

On nommait *armement d'honneur* aux quinzième et seizième siècles les pièces de l'armure dont la perte déshonorait celui qui les portait, telles que l'épée ou le bouclier. L'armement d'honneur, donné en grande pompe, était retiré avec des cérémonies qui avilissaient ceux qui en étaient jugés indignes.

On appelle *armement des troupes* l'ensemble des armes portatives des différents corps qui composent une armée. Il varie selon la nature du service auquel les troupes sont destinées et selon l'espèce d'armes en usage. Chez les anciens, l'arc, la fronde et l'arbalète ne se prêtant à aucune formation régulière, l'infanterie de ligne n'avait que des armes de main, et les combats se livraient corps à corps. Aujourd'hui, comme les masses ne s'abordent que rarement et sur quelques points, la force du fantassin réside surtout dans son feu, et les armes de jet doivent constituer la partie importante de son armement. Quant à la cavalerie de ligne, au contraire, comme toute sa force est dans son choc, le sabre et la lance ont constamment été et seront constamment ses armes par excellence. *Voyez* ARME.

On appelle encore *armement* tout ce qui est relatif à l'entretien des armes du soldat, dont la durée légale est fixée à cinquante ans, sauf les fourreaux de cuir qui ne doivent durer que dix ans pour les sabres et cinq pour les baïonnettes. Le ceinturon, la bretelle et la giberne ne sont pas compris dans l'armement; ils forment ce qu'on appelle le grand équipement.

Les réparations relatives à l'armement sont de deux espèces : les premières, suite de l'usage des armes, sont à la charge du corps; les deuxièmes, qui résultent de l'incurie du soldat, sont payées sur sa masse.

ARMEMENT (*Marine*). L'armement d'un navire de guerre ne se compose non-seulement des canons et de l'artillerie, qui en font un bâtiment armé, mais encore de tout ce qui contribue à le mettre en état de prendre la mer. C'est par l'effet de l'extension donnée à ce mot *armement*, que l'on dit qu'un bâtiment marchand *arme* ou va *armer*, quoique ce bâtiment ne prenne ni un seul canon à son bord, ni le plus souvent même un seul fusil. Mais il suffit qu'on le dispose de manière à le mettre bientôt en état d'aller à la mer pour qu'on dise qu'il *entre en armement*.

L'armement d'un navire quelconque se compose de trois parties principales, et suppose trois opérations majeures : la mâture ou plutôt *le mâtage*, l'arrimage ou la cargaison, et le gréement.

On divise les différents genres d'armement en autant d'espèces qu'il y a pour ainsi dire de destinations diverses à donner aux navires. Il y a deux natures principales d'armement, l'*armement en guerre* et l'*armement en paix*. L'armement en guerre comprend l'*armement en course*. Ce dernier genre d'armement s'applique aux bâtiments légers du commerce dont pendant la guerre leurs propriétaires veulent faire des corsaires. Lorsque les bâtiments de guerre arment sur le pied de paix, ils ne conservent à bord qu'une partie de leur artillerie et de leur équipage. On dit aussi, pour désigner cette espèce d'armement d'un bâtiment de guerre, que tel vaisseau ou telle frégate *arme en flûte*. Lorsqu'on vaisseau de ligne arme en *flûte*, on lui retire les canons de sa batterie, et on réduit ordinairement à trois cent cinquante hommes son équipage, qui sur le pied de guerre doit être composé de sept à huit cents hommes. On ne laisse aux frégates armées de cette manière qu'une partie des pièces de leur batterie et de leurs gaillards.

Il existe encore en temps de guerre, pour les bâtiments du commerce, un genre d'armement mixte : c'est l'*armement en guerre et en marchandise*. Les navires ainsi armés par le commerce se nomment des *aventuriers*. On remplit leur cale d'objets propres à la vente, et on place dans leur batterie, s'ils en ont une, ou sur leur pont, quelques pièces de canon pour le cas où ils auraient à défendre leur cargaison contre l'attaque de quelques petits bâtiments ennemis. Ces sortes d'armements, qui ont plutôt pour but une spéculation mercantile qu'une tentative belliqueuse, sont presque toujours destinés, pendant la guerre, à aller approvisionner les colonies des objets qui leur manquent. Il est rare que les aventuriers cherchent en route à s'emparer des navires marchands qu'ils rencontrent. Leur rôle est plutôt passif qu'agressif.

Un vaisseau de guerre armé est le miracle de l'industrie humaine, a dit Voltaire. Ce mot est surtout vrai pour ceux qui savent quelle réunion d'efforts et quel concours de moyens ingénieux président à l'installation en mer d'un vaisseau de ligne. On conçoit difficilement en effet que sur un espace aussi restreint l'homme soit arrivé à rassembler tout ce qui fait la force d'une forteresse, tout ce qui est nécessaire à la subsistance de sept à huit cents hommes pendant un an, tout ce qui peut contribuer à l'agrément et à la propreté de tant d'individus, et qu'il soit parvenu enfin à imprimer à l'appareil mobile qui porte tant d'objets et tant d'existences la vitesse d'un coursier infatigable et la solidité que n'ont pas même les édifices que l'art élève dans nos opulentes cités.   Ed. CORBIÈRE.

ARMÉNIE, pays montagneux, situé entre l'Assyrie (aujourd'hui Kourdistan), la Mésopotamie, plaine qui s'étend au sud du Caucase, l'Asie Mineure et la province médique de l'Atropatène (aujourd'hui Aderbaïdjan). Cette contrée se divise en grande et petite Arménie. La *grande Arménie* est un vaste pays, contenu dans un cercle qui a pour centre le mont Ararat, et pour rayon tout l'espace compris entre ce mont et le Caucase, la Mingrélie, l'Imérat, la Gourie, la Géorgie, le Kaket, le Chirwan, le Ghilan, l'Aderbaïdjan et le Kourdistan (*voyez* tous ces mots). La *petite Arménie*, qui tient à la grande Arménie par la partie la plus étroite, forme comme une presqu'île, qui s'étend en Asie Mineure depuis Diarbékir jusqu'à la mer Noire, vers Trébisonde. Les deux Arménies se trouvent sous 36° de latitude septentrionale, entre les 52° et 67° de longitude orientale. Ce pays présente un plateau de 330 myriamètres carrés de superficie, qui, s'élevant graduellement depuis les chaînes du sud du Caucase, depuis l'Asie Mineure, la Syrie et la Mésopotamie, forme la transition au plateau de l'Aderbaïdjan et à celui de l'Iran.

Entre l'Arménie et la Géorgie, traversant le pays des Lazes jusqu'à la mer Noire, se trouvent les monts Elkesi, les monts Chaldéens (Binegueul des Turcs) et les montagnes de Garine, d'Erzeroum et de Trébisonde; au sud-ouest des monts Arakadz, depuis l'Araxe jusqu'aux bords du Tigre, de l'Euphrate et du lac de Van, s'étend toute la chaîne du mont Ararat; au sud-ouest du mont Ararat, le Nbad (l'ancien Niphatès) ; au sud de l'Araxe vers l'orient, les monts Caspiens; enfin, entre l'Arménie et la Syrie sont d'autres montagnes, sans nom précis, parmi lesquelles, du côté de la Perse, se trouvent celles que les Turcs appellent montagnes Noires. Les principaux fleuves sont : l'Euphrate, qui prend sa source dans les monts Binegueul, près d'Erzeroum, et coule vers le sud, entre la petite et la grande Arménie ; le Tigre, qui sort des montagnes des Kourdes, et coule parallèlement à l'Euphrate; le Kour (Cyrus des anciens), qui sort du mont Barkhar dans la chaîne du Caucase; l'Araxe, le Tschorokh (*Bathys* ou *Akampsis*), et le Kisil Irmack (Lalys). Les plus célèbres lacs sont : celui de Van, ou Mer salée, qui a, dit-on, 400 kil. de tour ; on l'appelle aussi lac d'Agtutamar, du nom d'une île fameuse entre toutes celles qui parsèment ce lac par son monastère, où réside un patriarche de la religion arménienne. On voit encore au bord du lac de Van la digue construite par Sémiramis ; le lac Salé, appelé par les Turcs et les Persans lac d'Ourmiah; le lac de Sévan, situé au nord et sur la rive gauche de l'Araxe, et qui prend son nom d'une île très-connue par son monastère.

Tout le plateau arménien, qui présente, sous le rapport géologique, les caractères les plus variés, offre des traces nombreuses d'éruptions volcaniques, et il est encore aujourd'hui sujet à de violents tremblements de terre : on se rappelle encore celui de l'été de 1840. Sur les plateaux, la chaleur est excessive en été, le froid très-rude en hiver, mais le climat est plus doux dans les vallées. Le sol est presque partout excellent, le manque d'eau seul le rend stérile en quelques endroits. On y cultive le riz, le chanvre, le lin, le tabac ; les arbres fruitiers, la vigne et les productions des pays du nord y réussissent fort bien ; dans les parties les plus basses, on cultive même avec succès les fruits du sud et le coton, mais toute la contrée souffre de l'absence de forêts. Les montagnes renferment du fer, du cuivre, du plomb, du sel et du naphte. Favorisée par la nature du pays, l'éducation des bestiaux est plus florissante que l'agriculture ; on élève surtout beaucoup de chevaux. En outre, l'Arménie abonde en miel et en gibier.

Les Arméniens forment la partie la plus considérable de la population ; le reste se compose des débris des peuples conquérants qui les ont tour à tour assujettis, et d'un grand nombre de Turkomans, qui se sont établis au milieu d'eux sans renoncer à leurs habitudes nomades, et qui ont donné au pays le nom de *Turkomanie*. Dans la partie méridionale on trouve beaucoup de Kourdes ; à Tchorokh, des Lazes, originaires de la Géorgie, et partout des Grecs, des Juifs et des Bohémiens. On porte approximativement à un million le nombre des habitants de souche arménienne. Ils appartiennent par leurs caractères physiques à la race caucasienne ; ils sont bruns, bien faits, et offrent dans leurs traits le type oriental. Leur littérature et leur aptitude aux affaires prouvent qu'ils possèdent des qualités intellectuelles ; mais, privés depuis des siècles de toute culture, ils sont tombés dans l'ignorance et la superstition. Les Arméniens sont chrétiens, et c'est au christianisme qu'ils doivent en grande partie d'avoir conservé leur nationalité dans les persécutions de l'islamisme et au milieu de peuples professant d'autres croyances. Ils forment une église particulière (*voyez* ARMÉNIENNE [Église]) ; quelques-uns seulement se sont réunis à l'Église romaine.

L'Arménie ne forme pas un État indépendant ; partagée entre la Russie, la Turquie et la Perse, elle comprend les eyalets d'Erzeroum, de Van, de Kars, et une partie de ceux de Marach, de Sivas, de Chehrezour, de Diarbékir, qui appartiennent à la Turquie ; les anciennes provinces d'Érivan et de Nachitchevan, une partie du Chirvan, la Géorgie ottomane, qui font aujourd'hui partie de la Russie Transcaucasienne ; et la partie nord-ouest de la province persane de l'Aderbaïdjan. Les localités les plus remarquables sont Érivan, avec environ 14,000 habitants ; Akhalzik, avec 20,000 âmes, et le célèbre couvent d'Etchmiadzine, siége du *Catholicos*, dans l'Arménie russe; Erzeroum, Van, Bajazid, avec 15,000 habitants; Diarbékir et Erzingan, avec 30,000, dans l'Arménie ottomane.

Les Arméniens, qui, comme leur langue le prouve, appartiennent à la grande famille indo-germanique, sont un des peuples les plus anciennement civilisés du globe. Leur ancienne histoire, dans laquelle ils ont introduit beaucoup de traditions judaïques, puisées depuis leur conversion au christianisme dans l'Ancien Testament, est remplie de mythes, en sorte que tout ce qu'on peut y apprendre avec certitude, c'est qu'après avoir été d'abord gouvernés par des rois indépendants, ils finirent par devenir tributaires des Assyriens et des Mèdes.

L'Arménie reconnaît pour fondateur *Haïg*, célèbre par la victoire qu'il remporta sur Nemrod. *Aram*, sixième successeur de Haïg, signala son courage contre les Mèdes et contre Ninus, et régna sur une partie de l'Assyrie; c'est lui qui donna son nom à l'Arménie. Son fils *Ara* repoussa les séductions de Sémiramis, et mourut en la combattant. Longtemps assujettie à l'empire de Ninive, l'Arménie recouvra son indépendance, grâce à la bravoure de *Barouir*, qu'elle reconnaît comme son premier roi. Le neuvième successeur de *Barouir*, Dikran Ier ou Tigrane, cinquante et unième de la race de Haïg, selon l'histoire générale, régna en Arménie de 565 à 520 avant J.-C., et fut contemporain de Cyrus, qu'il aida à renverser l'empire des Mèdes.

Ses descendants ne tardèrent pas à être de nouveau soumis par les Perses. Le dernier d'entre eux périt l'an 328 avant J.-C., en combattant contre Alexandre le Grand, qui incorpora l'Arménie à son empire.

Après la mort du héros macédonien, cette province subit de nombreuses vicissitudes et tomba enfin sous la domination des Séleucides, qui la firent administrer par un gouverneur. Deux de ces gouverneurs, Artaxias et Zariadrès, réussirent à se rendre indépendants, entre les années 223 et 190 avant J.-C., pendant la lutte d'Antiochus le Grand contre les Romains, et ils se partagèrent le pays, qui fut dès lors divisé en grande et en petite Arménie.

La grande Arménie échut en partage à Artaxias, dont la dynastie ne régna que peu de temps, puisque dès le milieu du deuxième siècle avant J.-C. ce pays était gouverné par une branche des Arsacides; cette seconde dynastie, fondée par Valarsaces, établit sa résidence à Nisibe. Le prince le plus célèbre de cette famille fut Tigrane le Grand, qui aux conquêtes de ses prédécesseurs dans l'Asie Mineure et le Caucase, ajouta la Syrie, la Cappadoce, la petite Arménie, et enleva aux Parthes la Mésopotamie, l'Adiabène et l'Atropatène. La guerre dans laquelle il fut entraîné contre les Romains par son beau-père Mithridate, roi de Pont, lui fit perdre presque toutes ses conquêtes, 63 ans avant J.-C. Les attaques des Romains à l'ouest et des Parthes à l'est amenèrent le déclin rapide du royaume de la grande Arménie. Les successeurs de Tigrane durent reconnaître la suprématie tantôt des uns, tantôt des autres, et, profitant de la faiblesse des rois, les vassaux se rendirent de plus en plus indépendants; pendant un instant, sous Trajan, la grande Arménie ne fut même plus qu'une province romaine. Dès lors son histoire n'offre qu'une suite non interrompue de révoltes et de guerres, d'usurpations et de violences. Si de loin en loin ce royaume semble se relever de son abaissement, c'est pour y retomber bientôt. On comprend sans peine que les Sassanides se soient emparés, en 232, de la grande Arménie, et qu'ils en soient restés les maîtres pendant vingt-huit ans.

Le roi Tiridate III parvint avec le secours des Romains, dont il se reconnut le tributaire, à se remettre en possession de ses États. Ce fut sous son règne que le christianisme commença à se répandre en Arménie. Les chrétiens eurent d'abord à souffrir de violentes persécutions; mais Tiridate s'étant converti lui-même, le christianisme devint la religion de l'État, et supplanta, non pas toutefois sans des luttes sanglantes, les croyances anciennes, qui vraisemblablement n'étaient au fond que les doctrines de Zoroastre altérées par des mythes grecs et les superstitions de l'Asie moyenne. Il n'est pas difficile, en effet, de retrouver dans Aramazt et Mihir les deux plus puissantes divinités arméniennes, les noms d'Ormuzd et de Mithra; mais les Arméniens adoraient en outre une espèce de Vénus, Anaïtis, ainsi qu'une foule d'autres dieux, à qui ils sacrifiaient des victimes, usage qui n'est point prescrit par la religion de Zoroastre. Le christianisme fut impuissant à arrêter la décomposition intérieure du royaume; il ne put pas même lui procurer le secours efficace des empereurs d'Orient contre les invasions des Sassanides. Au contraire, Grecs et Perses travaillèrent à l'envi à le déchirer.

En 428 le roi de Perse Bahram V déposa Artésir IV, réunit la grande Arménie à ses États, et mit ainsi fin à la dynastie arménienne des Arsacides. L'empereur de Constantinople, qui possédait déjà la petite Arménie, profita de l'occasion pour s'emparer d'une faible portion de l'Arménie occidentale; mais ses successeurs en furent dépossédés en partie par les Sassanides, en partie par les Arabes. Les rois de Perse ne firent guère sentir leur pouvoir à leurs nouveaux sujets que par leurs violentes et inutiles persécutions contre la religion chrétienne. En 632 ils furent détrônés et remplacés par les khalifes. Sous les guerres de ces derniers contre les empereurs d'Orient, l'Arménie eut horriblement à souffrir, et déjà les Arabes la regardaient comme une proie assurée, lorsque Aschod I, de l'ancienne et puissante famille des Pagratides, prit les armes, chassa les oppresseurs de sa patrie, se fit couronner roi en 885, et fonda la troisième dynastie arménienne.

Sous ses successeurs la grande Arménie se releva de ses ruines, et jouit d'un bonheur auquel elle n'était pas accoutumée; mais des dissensions qui éclatèrent dans la famille même des Pagratides, à la fin du dixième et au commencement du onzième siècle, l'affaiblirent de nouveau, et la mirent dans l'impossibilité de résister aux attaques simultanées des Seldjoukides et des Grecs. Après avoir fait massacrer, en 1079, le dernier roi de cette race, les empereurs de Constantinople s'emparèrent d'une partie de ses États, tandis que les Turcs et les Kurdes se rendaient maîtres du reste. Un très-petit nombre de princes indigènes conservèrent une indépendance jusqu'à l'an 1472, par l'invasion des Mongols. Deux siècles plus tard, en 1472, la grande Arménie devint une province de la Perse; mais le sultan Sélim II en conquit la partie occidentale, qu'il réunit à son empire.

La petite Arménie eut pour premier roi Zariadrès, qui monta sur le trône l'an 190 avant J.-C. Le dernier de ses descendants périt dans un combat contre Tigrane le Grand, qui réunit sous son autorité les deux Arménies; mais dès l'an 70 avant J.-C. les Romains lui enlevèrent sa conquête, qu'ils donnèrent à Déjotarus, tétrarque de la Galatie. Après la mort de Déjotarus, la petite Arménie fut partagée entre plusieurs princes par les Romains, qui la réduisirent plus tard en province. Depuis cette époque elle partagea le sort de l'empire d'Orient jusqu'à la fin du onzième siècle, où elle fut affranchie du joug de Byzance par Rhoupen, parent du dernier roi de la grande Arménie, qui y avait, ainsi que beaucoup de ses compatriotes, cherché un asile contre les fureurs des Turcs et des Persans. Les successeurs de Rhoupen étendirent leur domination sur la Cilicie et la Cappadoce. Ils jouèrent un rôle important dans les croisades, et acquirent tant de puissance que Léon II, l'un d'eux, fut couronné roi par l'empereur Henri VI en 1198. Longtemps le royaume de la petite Arménie fleurit sous la dynastie des Rhoupénides, qui sut habilement s'accommoder avec les Mongols et résister pendant des siècles aux musulmans. Des troubles intérieurs et l'immixtion du pape dans les affaires ecclésiastiques du pays finirent cependant par réduire le royaume à un tel état de faiblesse qu'il succomba, en 1374, sous les attaques du sultan d'Égypte Schaban. Son dernier roi, Léon VI (ou Livon, Livron d'après Vertot), de la maison des Lusignan, rois de Chypre, fut emmené captif par le vainqueur; mais il recouvra la liberté, et vint mourir à Paris, en 1391. Depuis ce temps, la petite Arménie a passé de la domination des sultans d'Égypte sous celle des Turcomans, en 1403, puis, en 1508, sous celle des Persans, à qui les Turcs l'enlevèrent bientôt après.

Malgré la dure oppression sous laquelle ils gémissent, les Arméniens ont conservé fidèlement leur caractère national et leur religion; ils se distinguent même par un plus haut degré de moralité des Persans et des Turcs, leurs maîtres. Beaucoup d'entre eux, pour échapper aux révolutions qui ont bouleversé l'Asie dans le moyen âge, et surtout pour se soustraire aux persécutions des mahométans, ont pris le parti d'abandonner leur patrie et d'aller s'établir dans différentes parties de l'Asie et de l'Europe. On rencontre des Arméniens dans toute l'Asie antérieure et moyenne jusqu'en Chine; on en trouve en Hongrie, en Transylvanie, en Galicie (environ 10,000 âmes); ils sont très-nombreux dans le midi de la Russie, où ils ont toujours été protégés. Ils ont formé des communautés à Pétersbourg, à Moscou; ils se sont établis à Londres et à Amsterdam, et tout le monde connaît la célèbre congrégation des Méchitaristes à Venise. Nulle part cependant ces émigrants n'ont fondé des colonies plus considérables que dans l'Asie Mineure, où les empereurs grecs leur offrirent un asile, et à Constantinople, où ils furent transportés par les premiers sultans osmanlis, qui leur accordèrent un patriarche particulier. On n'en compte pas moins de 200,000 dans cette ville et ses environs. On évalue à 100,000 environ le nombre de ceux que schah Abbas enleva de leur pays, en 1605, et établit dans un des faubourgs d'Ispahan. De ceux-ci beaucoup s'enfuirent de la Perse pour échapper à la tyrannie, se retirèrent dans les Indes orientales, où l'on en compte aujourd'hui une quarantaine de mille. Ce n'est que dans ces derniers temps que le sort des Arméniens s'est amélioré à la suite des guerres de la Russie contre la Turquie et la Perse. Par le traité de Turkmantchaï, les Perses ont cédé aux Russes les provinces de l'Arménie dont ils étaient les maîtres, celles d'Érivan et de Nachitchevan; et par celui d'Andrinople, beaucoup d'Arméniens qui habitaient la Géorgie turque passèrent également sous le sceptre du czar. Pendant la durée de la guerre, une foule d'autres avaient déjà émigré de la Perse et de la Turquie, et s'étaient fixés dans les provinces russes au sud du Caucase.

ARMÉNIENNE (Église). Le christianisme pénétra en Arménie dès le deuxième siècle; Eusèbe nous apprend que Denys de Corinthe écrivit une épître aux chrétiens arméniens gouvernés par l'évêque Mérouzanès. Cependant il ne s'y établit solidement que dans le quatrième siècle, par les travaux apostoliques de l'évêque Grégoire, surnommé Lousavoritch ou l'Illuminé, qui convertit le roi Tiridate, ainsi que par la traduction de la Bible, que Miesrob entreprit dans le cinquième siècle. Une grande activité intellectuelle se manifesta dès lors dans l'Église arménienne, et il n'était pas rare de rencontrer des Arméniens parmi les jeunes gens qui fréquentaient l'école d'Athènes. Dans la controverse sur les deux natures, les Arméniens adoptèrent le sentiment des monophysites, et protégés par le roi de Perse Khosroès, qui conquit l'Arménie vers 536, ils assemblèrent à Thyen un synode qui rejeta les actes du concile de Chalcédoine. Depuis ce temps ils forment une Église dissidente. Pendant plusieurs siècles l'Église arménienne se distingua parmi les Églises orientales par le nombre de ses savants. Elle regarde comme son plus grand théologien Nersès de Klah, catholicos du douzième siècle, dont les ouvrages ont été publiés dans ces derniers temps à Venise. D'un autre côté, aucune secte n'a montré autant d'aversion contre l'Église orthodoxe que l'Église arménienne. A différentes époques, notamment en 1145, 1341, 1440, lorsque les Arméniens réclamaient le secours des chrétiens occidentaux contre les mahométans, les papes firent des tentatives d'union; mais les rois presque seuls y souscrivirent, le peuple resta fidèle à ses croyances, comme en 1341, par exemple, lorsque le pape Benoît XII condamna cent dix-sept hérésies de l'Église arménienne. On ne trouve donc des Arméniens unis qu'en Italie, en Pologne, en Galicie, en Perse, sous l'archevêque de Nachitjevan; sur le Don, sous le gouvernement russe de Iékaterinoslav, et à Marseille. Ils reconnaissent la suprématie spirituelle du pape, s'accordent avec les catholiques sur les dogmes, mais ont conservé une discipline ecclésiastique particulière. C'est à cette secte qu'appartiennent les moines arméniens du Liban et les Méchitaristes de l'île San-Lazaro à Venise. Lors de l'invasion des Perses, au commencement du dix-septième siècle, un grand nombre d'Arméniens furent forcés d'embrasser l'islamisme; cependant la majorité resta chrétienne, et la Porte les a toujours protégés contre les prétentions des catholiques.

Voici les points sur lesquels les doctrines de l'Église arménienne diffèrent des orthodoxes. Elle n'admet, comme les monophysites, qu'une seule nature en Jésus-Christ; elle fait procéder le Saint-Esprit du Père seulement; dans l'administration du baptême, elle pratique trois aspersions et plusieurs immersions; elle administre la confirmation en même temps que le baptême; elle ne mêle pas d'eau au vin dans la cène, et emploie du pain levé qu'on trempe dans le vin et qu'on distribue à la ronde; enfin elle ne donne l'extrême-onction qu'aux ecclésiastiques, et aussitôt après leur mort. Les Arméniens adorent les saints; mais ils ne croient pas au purgatoire. Ils surpassent les Grecs dans la rigueur du jeûne; et s'ils ne célèbrent pas autant de fêtes qu'eux, ils les observent plus strictement. En Turquie ils célèbrent le service divin le plus souvent de nuit; la messe se récite en ancien arménien, le prône se fait en langue vulgaire. Leur constitution hiérarchique diffère peu de celle des Grecs. Le *catholicos*, chef de toute l'Église, réside à Etchmiadzine, couvent près d'Érivan sur l'Ararat, fondé par George de Naziance, et le seul où l'usage des cloches soit permis par les Turcs. Chaque Arménien doit y faire au moins un pèlerinage dans sa vie. La vente du saint-chrême aux prêtres et les offrandes des pèlerins fournissent au catholicos les moyens de pourvoir aux dépenses du culte et d'entretenir d'excellentes écoles normales. C'est lui qui investit les patriarches de Constantinople et de Jérusalem, les archevêques et les évêques de l'Arménie, et qui les confirme ou les révoque tous les trois ans. Les autres ecclésiastiques ont le même rang et remplissent les mêmes fonctions que les prêtres de l'Église orthodoxe. Les moines suivent la règle de saint Basile. Les *vartabieds*, espèce de savants gradués, forment une classe particulière d'ecclésiastiques; ils mènent une vie monacale toute consacrée à l'étude, et c'est parmi eux qu'on choisit les vicaires des évêques. Les prêtres séculiers doivent se marier une fois; mais il leur est défendu de convoler en secondes noces.

ARMÉNIENNE (Ère). *Voyez* ÈRE.
ARMÉNIENNE (Littérature et langue). Avant l'introduction du christianisme par Grégoire l'Illuminé, en 319, la civilisation arménienne n'était, à ce qu'il paraît, qu'un reflet de la civilisation et de la religion des anciens Perses. Sauf quelques chants antiques, conservés par Moïse de Khorène, aucun monument littéraire de ces temps reculés n'est arrivé jusqu'à nous. Le christianisme inspira aux Arméniens une grande prédilection pour la langue et la littérature grecques, et ils traduisirent une foule d'écrivains grecs et syriens. Miesrob inventa, en 406, un alphabet particulier, composé de trente-six lettres, dont on se sert encore

aujourd'hui pour écrire l'arménien. Ce fut surtout du quatrième au quatorzième siècle que fleurit la littérature arménienne. On cite un nombre considérable d'historiens et de chroniqueurs de cette époque, dont les ouvrages, trop négligés jusqu'ici, seraient d'une grande utilité pour la connaissance de l'histoire de l'Orient dans le moyen âge. Tous ces écrits prouvent que les Arméniens avaient pris pour modèles les prosateurs grecs de la décadence ; cependant ils sont supérieurs à la plupart des autres livres orientaux par le choix intelligent des faits comme par le talent de l'exposition.

La littérature arménienne commença à décliner au quatorzième siècle, et depuis cette époque on rencontre à peine un ouvrage de quelque importance. Les Arméniens ont toujours conservé un vif amour pour leur littérature nationale ; aussi partout où ils se sont établis ont-ils fondé des imprimeries, à Amsterdam, à Venise, à Livourne, comme à Lemberg, à Moscou, Astracan, Constantinople, Smyrne, Ispahan, Madras, Calcutta, Batavia, etc. De toutes leurs colonies, aucune n'est plus intéressante que celle des Méchitaristes à Venise.

On regarde encore aujourd'hui comme le meilleur modèle de la langue classique la traduction de la Bible, entreprise en 411 par Miesrob et ses disciples, et terminée en 511. Dans l'Ancien Testament, les traducteurs ont suivi le texte des Septante ; mais il s'y est introduit dans la suite de nombreuses interpolations tirées de la Peschito et de la Vulgate. Elle a été publiée à Venise en 1733, in-fol., et réimprimée avec des variantes en 1805, in-4°. Le même siècle vit naître de nombreuses traductions d'auteurs grecs dont les ouvrages originaux se sont perdus en tout ou en partie. C'est à cette période qu'appartiennent les traductions de la *Chronique* d'Eusèbe (publiée par Aucher, Venise, 1818, 2 vol. in-4°), du *Discours de Philon* (publiée par Aucher, Venise, 1822, in-4°) et d'autres fragments de ce célèbre écrivain (Venise, 1826, in-4°), des *Homélies* de Chrysostome (Venise, 1826, 3 vol.), de Sévérien (Venise, 1827), de Basile le Grand (Venise, 1830), et d'Éphrem le Syrien (Venise, 1836, 1 vol.).

Parmi les historiens et les géographes, on doit citer, comme les plus connus, Agathangelos, qui vécut au commencement du quatrième siècle (Venise, 1835); Zenob Claghetsi (Venise, 1832); Moïse de Khorène, mort en 487, le meilleur historien d'Arménie (publ. avec la trad. latine par Wiston, Londres, 1736, in-4°, et Venise, 1827), qui a laissé aussi une géographie trad. et publiée par Saint-Martin dans ses *Mémoires historiques et géographiques sur l'Arménie* (Paris, 1818, 2 vol.); Fauste de Byzance (Venise, 1862); Élisée (Venise, 1828, *Description des guerres du roi Wartan contre les Perses*, trad. en angl. par Neumann, Lond., 1831), et Lazare de Parb (Venise, 1793); dans le septième siècle, Jean Mamigonensis (Venise, 1832); dans le neuvième siècle, Jean Catholicus (trad. en franç. par Saint-Martin; Paris, 1842); du douzième et du treizième, Mathias Érez d'Édesse, Samuel Anetsi, Vartan, Vahram, etc. Parmi les écrivains modernes, deux méritent une mention spéciale : c'est Michel Tcham-Tchean, auteur d'une *Histoire générale d'Arménie depuis les temps les plus reculés* (Venise, 1784-86, 3 vol. in-4°, abrégée; Venise, 1811, trad. en anglais par l'Arménien Avdall; Calcutta, 1827, 2 vol.), et Luc Indchidchean, à qui l'on doit une *Description de l'ancienne Arménie* (Venise, 1822, in-4°) et une *Description du Bosphore de Thrace* (Venise, 1794, in-4°, en italien, Venise, 1831). Les Méchitaristes ont entrepris, sous la direction du père Tommaseo, de publier une traduction italienne de tous les historiens d'Arménie depuis le quatrième siècle, y compris les ouvrages de George Ghouloukian et de Joseph sur *les révolutions de l'Empire Ottoman sous Sélim III*, et sur *la destruction des Janissaires*. Cette vaste collection formera 24 vol., dont le premier, qui contient l'histoire de Moïse de Khorène, a déjà paru (Venise, 1842).

Au nombre des philosophes et des théologiens arméniens les plus remarquables, il convient de placer David, écrivain du cinquième siècle, qui a traduit et commenté Aristote (*voyez* Neumann, *Mémoire sur la vie et les ouvrages de David*; Paris, 1829); Esniski, qui a composé dans le même siècle une réfutation des hérétiques (Venise, 1826); Élisée (Venise, 1838 ; en ital., Venise, 1840); Jean Ozniensis, auteur du huitième siècle (armen. et lat.; Venise, 1834); Nersès Klajensis, qui vécut dans le douzième (lat., Venise, 1833, 2 vol.); Nersès Lampronensis, auteur de *Harangues Synodales* (Venise, 1812, trad. en allemand par Neumann, Leipzig, 1834). Les *Vitæ Sanctorum calendarii armeniaci* (Venise, 1810-14, 12 vol.) contiennent de précieux renseignements sur l'histoire d'Arménie.

La littérature arménienne est moins riche en œuvres poétiques. Outre les hymnes de l'Église arménienne, on ne connaît guère que les poésies de Nersès Klajensis (Venise, 1830), parmi lesquelles on remarque une élégie sur la prise d'Édesse (Paris, 1828). On doit mentionner encore les *Fables* de Mechitar Kosch (Venise, 1790), et celles de Vartan (armén. et franç., Paris, 1825), qui vécurent l'un et l'autre dans le treizième siècle. On trouvera un tableau complet de la littérature arménienne dans le *Quadro della Storia litteraria di Armenia* (Venise, 1829) de Somal, ouvrage dont Neumann a donné une trad. libre dans l'*Essai d'une Histoire de la Littérature Arménienne* (en allem., Leipzig, 1836).

[La langue arménienne est dure et surchargée de consonnes; outre un grand nombre de racines indo-germaniques, elle montre des rapports frappants avec les idiomes finnois de la Sibérie et avec d'autres langues de l'Asie septentrionale; sa grammaire est très-compliquée, et, comme les idiomes du nord de l'Europe, elle a un article qui se place à la fin des mots. Cette langue n'a pas de genre, et sa déclinaison se fait par flexion et en dix cas. L'arménien ancien ou littéral n'est plus parlé, et ne se retrouve que dans les livres anciens. On peut le considérer comme une langue éteinte. Sa grammaire et la construction de ses phrases la rendent si différente de l'idiome moderne qui en est dérivé, qu'un Arménien ne la comprend pas à moins de l'avoir étudiée. Les bons auteurs de tous les temps et de toutes les contrées n'offrent aucune différence dans la langue écrite, qui n'a par conséquent aucun dialecte, ni qui n'est pas exempte de mélange de mots d'origine étrangère; sa construction ressemble à celle du grec. L'arménien moderne ou vulgaire, surchargé d'une foule de mots turcs et persans, diffère surtout du littéraire par la grammaire et la construction des phrases, qui sont totalement changées, par de nouvelles acceptions et des déviations de sens qui s'y sont introduites. Au lieu des phrases coupées et extrêmement variées de l'ancien arménien, il n'y a que de longues périodes à la manière des Turcs, toutes composées régulièrement de la même façon, coupées symétriquement selon les règles de la syntaxe turque. En outre, presque tous les mots turcs peuvent y être employés concurremment ou préférablement à leurs synonymes arméniens. KLAPROTH.]

Schræder (Amst., 1711, in-4°), Petermann (Berlin, 1837; abr. avec chrestomathie, 1841), et Cirbied (Paris, 1818, in-8°) ont publié des grammaires arméniennes. Les meilleurs dictionnaires arméniens sont : celui de Mechitar (Venise, 1836-1837, 2 vol. in-4°), le *Dictionnaire Arménien-Français* (Venise, 1812, 2 vol. in-4°), le *Dictionnaire Arménien-Anglais* d'Aucher (Venise, 1821, 2 vol. in-4°), et le *Dictionnaire Arménien-Italien* d'Emmanuel Tchakchak (Venise, 1837, in-4°).

ARMES (*Art militaire*). *Voyez* 'ARME.

ARMES (*Droit*). Dans l'intérêt de la sécurité publique, la loi a prescrit diverses dispositions relatives aux armes. Quelques-unes sont prohibées d'une manière absolue; d'autres sont seulement soumises à des mesures de précaution. Ainsi, l'article 314 du Code Pénal punit de six jours à six mois de prison toute personne qui aura fabriqué ou débité des armes prohibées, et celui qui est trouvé porteur de ces armes, d'une amende de 16 francs à 200 francs. Les armes prohibées par les lois et les règlements d'administration publique sont les poignards, stylets, tromblons, couteaux en forme de poignard, pistolets de poche, cannes à épée, bâtons à ferrement, cannes et fusils à vent, en général toutes armes offensives cachées ou secrètes; l'art. 471 du même Code punit des peines de police celui qui a laissé dans la voie publique ou dans les champs des armes ou instruments dont les voleurs pourraient se servir.

Enfin, les armes et munitions de guerre ont été aussi l'objet d'une législation spéciale : la loi du 24 mai 1834 a prescrit la peine d'un mois à deux ans de prison et de 16 à 1000 fr. d'amende contre tout fabricant ou détenteur d'armes ou de munitions de guerre.

L'emploi d'armes dans l'exécution d'un crime ou d'un délit devient circonstance aggravante. En ce cas, la loi comprend sous le mot *armes* tous instruments tranchants, perçants et contondants.

Pour porter des armes de chasse il faut être muni d'une autorisation nommée port d'armes.

Toute personne, excepté les vagabonds et les gens sans aveu, a le droit pour sa défense personnelle de porter des armes autres que celles qui sont prohibées par les lois ou règlements d'administration publique.

ARMES (*Art héraldique*). *Voyez* ARMOIRIES, BLASON et HÉRALDIQUE (Art).

ARMES D'HONNEUR. Un arrêté, en date du 4 nivôse an VIII, avait décidé qu'il serait accordé des armes d'honneur aux militaires qui se seraient distingués par des actions éclatantes : ces armes étaient, pour les officiers, des sabres; pour les sous-officiers et soldats, des fusils; pour les tambours, des baguettes; pour les troupes à cheval, des mousquetons ou carabines; pour les artilleurs, des grenades. Les sabres d'honneur donnaient droit à une double paye; les autres armes, à 5 centimes de haute paye. Cette institution a été supprimée lors de la création de la Légion-d'Honneur, à laquelle elle a servi de base, et dans laquelle tous ceux qui avaient reçu de ces armes ont été compris de droit, les sous-officiers et soldats comme simples légionnaires, et les officiers avec le titre d'officier.

ARMET. Sous les temps de Henri II et de ses fils le casque de guerre avait pris, suivant Pasquier, le nom d'*armet*; ce mot paraît avoir désigné aussi un casque léger et mince, sans ornements, sans visière et sans gorgerin, que les chevaliers prenaient hors de la mêlée, après s'être débarrassés du *heaume*. D'après Froissart, il semble que l'*armet* n'est autre chose que ce qu'on a depuis appelé *bacinet*. — L'*armet de Mambrin* a été à jamais rendu célèbre par le spirituel roman de Cervantes.

ARMFELT (GUSTAVE-MAURICE, baron D'). La vie publique de ce gentilhomme suédois, né le 1er avril 1757, offre un exemple remarquable des plus étranges vicissitudes de la fortune. Elle se rattache par de mystérieux liens à l'histoire secrète de la cour de Stockholm, et reste en conséquence entourée de nuages et d'énigmes. Gustave-Maurice était le fils aîné du baron d'Armfelt, général major. Élevé à l'école militaire de Karlskrona, il entra en qualité d'enseigne dans le régiment des gardes, à Stockholm. Sa belle figure et les agréments de son esprit, non moins que le zèle actif qu'il unit à l'attachement dans les intérêts du trône les mendes du parti aristocratique, lui valurent la faveur toute particulière de Gustave III, et un avancement rapide. Comblé d'honneurs de toute espèce, il prit part dans la guerre de 1788-1790, contre les Russes, une intrépidité qui justifia la bienveillante protection dont il était l'objet. Il était parvenu au grade de lieutenant général, lorsqu'il signa en qualité de plénipotentiaire, le 14 août 1790, le traité de paix de Werelœ, à l'occasion duquel l'impératrice de Russie le décora de plusieurs de ses ordres; et son roi, en le nommant, sur son lit de mort, gouverneur de Stockholm, lui donna encore le témoignage le plus flatteur de sa confiance et de son amitié. Un mariage l'avait fait entrer dans la vieille et puissante famille des comtes de la Gardie.

Un codicille de Gustave III, que le royal moribond, frappé quelques heures auparavant par Ankarstrœm, ne put signer que de la première lettre de son nom, le nommait membre du conseil de régence pendant la minorité de Gustave IV; mais, en l'absence d'une signature complète, le duc de Sudermanie, à qui un testament antérieur confiait la tutelle du jeune roi, refusa de reconnaître la validité de ce document, qu'il jeta au feu. C'est ce codicille qui probablement fut la cause première des haines violentes qui, après la mort de Gustave III, ne cessèrent plus de poursuivre le baron d'Armfelt. Dès le 7 septembre 1792 on le dépouillait de sa charge de grand-écuyer, pour l'envoyer comme ambassadeur à Naples. On a soupçonné avec beaucoup de vraisemblance qu'une rivalité d'amour entre d'Armfelt et le duc de Sudermanie, pour l'une des dames d'honneur attachées à la cour (mademoiselle de Rudenskjold, près de laquelle, dit-on, le baron était plus heureux), donna à la haine du prince éconduit tous les caractères du plus implacable acharnement. La tendre liaison de d'Armfelt avec mademoiselle de Rudenskjold fut livrée à la connaissance du public par de lâches et peut-être de calomnieuses indiscrétions, pendant qu'on cherchait en même temps à lui donner le caractère d'un complot. Les choses en vinrent au point que la pauvre jeune femme, coupable de n'avoir pas accueilli favorablement les hommages du duc de Sudermanie, fut renfermée dans une maison de correction. Quant à Armfelt, exilé au fond de l'Italie, il n'échappa que par une prompte fuite au poignard des assassins stipendiés par le gouvernement suédois et aux réquisitions expresses de ses agents, tandis qu'en Suède on le flétrissait par contumace, comme traître à la patrie, le déclarant déchu de ses biens, grades, honneurs, dignités, et même de sa noblesse.

Il se refira alors à Saint-Pétersbourg; mais ses projets n'ayant point obtenu l'assentiment du cabinet russe, il fut exilé à Kalouga, petite ville à cent cinquante kilomètres au sud-ouest de Moscou, d'où il réussit à s'échapper. Il gagna l'Allemagne, où il séjourna jusqu'en 1799, époque où Gustave IV, devenu majeur, le rétablit dans tous ses biens et dignités. Il lui confia en outre l'ambassade de Vienne, et lui conféra en 1807 le grade de général d'infanterie. C'est en cette qualité qu'il commanda les troupes suédoises dans la Poméranie, et en 1808 l'armée de l'ouest destinée à agir contre la Norvège. Dans l'automne de la même année il fut appelé, à Stockholm, à la présidence du conseil suprême de la guerre, et élevé à la dignité de seigneur du royaume. Cependant, en 1810 il donna sa démission de tous ses emplois, et vécut dans la retraite. Une liaison avec la comtesse Piper, qui lui suscita de nouvelles tracasseries de la part de la police, le força à implorer la protection du gouvernement russe, et à prendre même du service en Russie. Il y reçut un accueil flatteur, fut élevé à la dignité de comte, nommé chancelier de l'université d'Åbo, président des affaires de la Finlande, et membre du sénat russe. Il mourut à Tsarzkojé-Sélo, au mois d'août 1814, généralement estimé et regretté de toute la Finlande. — D'Armfelt a écrit lui-même sa biographie, qui a été traduite en allemand.

ARMIDE, l'une des plus séduisantes héroïnes de la *Jérusalem délivrée*, où l'on compte tant d'héroïnes séduisantes. Ismène, Clorinde, Herminie, a, sur ses immortelles compagnes de gloire l'avantage de caractériser, aujourd'hui comme jadis, comme toujours, la beauté fascinatrice, à laquelle on a peine à résister, de même qu'à l'aspect d'un site enchanteur on se rappelle malgré soi ces jardins fantastiques éclos au souffle de l'amour, dans lesquels le magicien Hidraot transporta le plus beau et le plus brave chevalier de cette armée des croisés, où il y avait aussi tant de chevaliers beaux et braves. Ces jardins, l'ardente imagination du Tasse les jette sur la cime aérienne du mont le plus abrupt des Iles-Fortunées, et, de peur qu'un œil curieux ne s'avise d'aller contrôler sa découverte, il a soin de prévenir que le nouvel Éden est rendu inaccessible par les immensités les plus arides, par les monstres les plus farouches que jamais l'enfer ait enfantés.

Mais l'amitié connaît-elle les obstacles? L'armée ne saurait se passer de Renaud; il faut qu'à tout prix elle retrouve Renaud; et ses plus austères compagnons d'armes, n'écoutant que la voix de leur cœur, se mettent courageusement à sa recherche. Bientôt ces lieux, qui n'ont longtemps été bercés que de concerts d'amour et de bonheur, retentissent de cris de désespoir et de rage. Renaud est parti, et Armide, sortie d'un long évanouissement, se retrouve seule. Oh! alors sa fureur ne connaît plus de bornes; la magicienne se redresse en délire, elle frappe l'air de sa baguette, elle invoque les puissances infernales, elle ébranle le ciel et la terre, elle enveloppe de lugubres ténèbres le théâtre de ses amours; et lorsque le voile funèbre s'est déchiré, il n'y a plus là qu'une île déserte, hideuse, désolée, maudite de Dieu et des hommes. Cependant, l'enchanteresse est partie, elle vole vers l'armée des infidèles, allant demander aux plus braves d'entre eux la tête du perfide.

Quand l'auteur de ce magnifique épisode, l'auteur de ce sublime poëme, fut devenu fou, quand il s'imagina avoir un démon familier auprès de lui, retiré chez son constant ami le Manzo, il substitua à l'immortelle *Gerusalemme liberata* sa pâle contre-façon la *Gerusalemme conquistada*, il en élagua les enchantements et les détails voluptueux, il se fit insensiblement philosophe et dévôt; il soumit enfin son admirable épopée à l'étroit compas de la plus mesquine allégorie.

Dans sa pensée l'armée chrétienne, composée de princes et de soldats, devient la représentation de l'homme lui-même, composé des puissances supérieures de l'esprit et des forces subalternes du corps. Jérusalem, but auquel on veut atteindre, c'est le bonheur du chrétien. Godefroi est l'intelligence, Tancrède la soumission, Renaud le dévouement. Ismène et Armide sont deux tentations particulières de l'enfer: Ismène représente les fausses croyances, qui éblouissent l'esprit; Armide, c'est la concupiscence et tous les maux qu'elle engendre. Pour combattre ces ennemis, l'homme possède des secours internes et externes, entre autres l'écu de diamant que recouvre Raimond, et les anges qui apparaissent, de temps en temps, dans le poëme.

Glück et Rossini ont traité le sujet d'Armide dans des opéras.

ARMILLAIRE (Sphère), de *armilla*, bracelet. Quelque singulière que puisse paraître l'étymologie de ce mot, elle n'est pas moins justifiée par la forme des cercles qui composent la sphère armillaire : ce sont des bandes circulaires, assez semblables, en effet, à des bracelets. Ces différentes bandes de métal, de bois, de carton ou de toute autre matière, sont destinées à représenter les cercles imaginaires, méridiens, équateur, parallèles, etc., que les géographes ont tracés sur la surface apparente du ciel, pour aider l'imagination à concevoir les mouvements des corps célestes. Il y a deux espèces de *sphères armillaires*, suivant l'endroit où l'on y place la terre, savoir : la sphère de Ptolémée et celle de Copernic. La première, dont l'invention, attribuée par les uns à Thalès, par d'autres à Archimède, semble cependant revenir à Anaximandre, est celle dont on se sert le plus communément; à son centre se trouve une boule représentant la terre, que le système de Ptolémée suppose immobile, tandis que tous les corps célestes tournent autour d'elle dans l'espace de vingt-quatre heures. Tous les problèmes qui ont rapport aux phénomènes du système solaire peuvent se résoudre au moyen de cette sphère, qui est très-propre à nous représenter l'état du ciel à quelque instant que ce soit, attendu que cet état doit nous paraître toujours le même, que ce soit le soleil ou que ce soit la terre qui tourne. Dans la sphère armillaire construite d'après le système de Copernic, le soleil occupe le centre, et autour de cet astre sont placées, à différentes distances, la terre et les autres planètes; ce dernier instrument est au reste de peu d'usage, bien que seul il représente les mouvements des corps célestes tels qu'ils s'exécutent réellement.

ARMILLES (même étymologie que le mot précédent), cercles gradués dont les anciens astronomes se servaient pour leurs observations. Suivant le plan dans lequel on voulait les manœuvrer, il y avait des armilles *verticales*, *équatoriales*, etc. Mais l'astronomie moderne a cessé d'employer ces divers instruments. — Les armilles d'Alexandrie, célèbres par les observations de Timocharis et d'Ératosthène, consistaient en deux cercles de cuivre fixés, l'un dans le plan de l'équateur, l'autre dans celui du méridien, et peut-être un troisième cercle mobile, à peu près comme l'astrolabe décrite par Ptolémée dans son Almageste.

ARMINIA, l'une des fractions de l'association secrète d'étudiants connue en Allemagne sous le nom de *Burschenschaft*. Après s'être constituée vers 1822, elle s'en sépara complétement sept ans après. L'*Arminia* était destinée à conserver dans toute sa pureté primitive l'idée-mère de la *Burschenschaft*; et si tant est qu'elle ait jamais eu un but politique, il n'y a pas de doute qu'elle ait jamais cherché à l'atteindre autrement que par la préparation préalable des masses au moyen d'une éducation morale et scientifique. L'université d'Iéna était le centre d'activité et d'efforts de cette société secrète, qui, dans son organisation intérieure, avait conservé les vieilles formes d'indépendante égalité, base première de la *Burschenschaft*, tandis que l'autre fraction, dite *Germania*, acceptait la direction sévère et absolue de supérieurs mystérieux.

ARMINIANISME, **ARMINIENS**. *Voyez* ARMINIUS et REMONTRANTS.

ARMINIUS. *Voyez* HERMANN.

ARMINIUS (JACQUES), ou HARMENSEN, ou HERMANUS, chef de la secte des *Arminiens* ou *Remontrants*, né en 1560, à Oude-Water, dans le sud de la Hollande, et mort à Leyde, où il était professeur, en 1609, était fils d'un conseiller, dont la mort précoce l'aurait laissé dans le plus grand embarras sans les secours de quelques bienfaiteurs et du magistrat de Leyde, qui lui permirent de continuer ses études, commencées dans cette dernière ville et achevées à Genève sous Théodore de Bèze, et à Bâle sous Grynæus. Il visita ensuite Padoue et Rome. Ses succès lui valurent une place de pasteur à Amsterdam, en 1588, et une chaire de théologie à Leyde en 1603. Bientôt après, une correspondance, qui lui donna occasion de changer ses idées en théologie, fit naître le parti considérable connu plus tard sous la dénomination d'*arminianisme*.

Des ecclésiastiques de Delft (près d'Amsterdam) avaient publié un livre où la doctrine de la prédestination était combattue; Martin Lydius, professeur à Franeker, s'adressa à Arminius, pour l'engager à réfuter cet écrit. Arminius, en l'examinant, trouva les doutes des théologiens de Delft fondés, et finit, non-seulement par adopter leurs sentiments sur la point en litige, mais par leur donner beaucoup plus de développement, en se prononçant avec force contre le *supralapsorisme*, c'est-à-dire contre la doctrine qui représente la chute d'Adam comme la suite et non comme la cause des décrets de Dieu sur l'œuvre de la rédemption.

Cette doctrine fit tout d'abord beaucoup de bruit, et trouva un grand nombre de défenseurs et d'adversaires ardents. Arminius eut à soutenir à Leyde des contestations fort vives, surtout avec son collègue Gomar. Les plus grands hommes de la république penchaient ouvertement pour ses opinions; et cependant cette controverse, prenant chaque jour une tournure plus alarmante, lui ôta toute tranquillité, et contribua indubitablement à abréger sa vie. Il laissa sept fils et de nombreux disciples. Sa conduite avait été irréprochable; sa piété était aussi douce que sincère. Il avait pris pour devise ces mots : *une bonne conscience est le paradis.*

ARMISTICE. Ce mot dérive, suivant Gébelin, des mots latins *stare* et *arma*. Il pourrait bien venir aussi du verbe *sistere*, retenir, arrêter. On l'appelait en 1350 *suffrance, suffrance de guerre, treuque*, ou *trefve*. Toutes ces expressions donnent aujourd'hui l'idée d'une suspension momentanée de tout acte d'hostilité entre deux armées, conformément aux conventions des généraux qui se font la guerre. La durée d'un armistice est limitée entre des époques déterminées ; ce repos momentané ne cesse que quand une des parties a dénoncé à l'autre la reprise des hostilités. *Voyez* SUSPENSION D'ARMES.

Un armistice est quelquefois une trêve conclue entre des cabinets respectifs ; elle prend alors un caractère politique; et c'est en ce cas une préparation aux négociations, un présage de paix. Autrefois, l'annonce de l'armistice était publiée, en présence des troupes, au moyen d'une formule prononcée au nom du roi, par un *héraut*. Cet usage est tombé en désuétude. La voie de l'ordre du jour supplée aujourd'hui à l'ancien mode de publication. Pendant la durée d'un armistice, les armées belligérantes, séparées par un fleuve, reconnaissent pour délimitation de leur terrain respectif le thalweg de ce fleuve.

ARMOIRE DE FER. Il y avait déjà trois mois que Louis XVI était enfermé au Temple, attendant l'ouverture du procès solennel que la démocratie victorieuse allait faire à la royauté vaincue, pour lui demander compte de ses fautes et de ses erreurs, lorsqu'un serrurier, nommé Gamin, vint dénoncer à la Convention l'existence d'une cachette secrète pratiquée dans l'épaisseur de la muraille de l'un des corridors du château des Tuileries, et garnie d'une solide porte de fer que dissimulait parfaitement un panneau de lambris peint en larges pierres. Cet inventeur était l'artisan même qui avait travaillé à sa construction sous la direction du roi, et qui avait dû d'autant plus facilement inspirer à Louis XVI de la confiance dans sa discrétion, que pendant dix années ce prince l'avait admis à partager les innocentes distractions qu'il y trouvait, comme on sait, dans les opérations toutes manuelles de l'art de la serrurerie.

La sensation produite dans le public par cette révélation inattendue fut grande, car on s'attendait généralement à voir lever le voile mystérieux qui cachait encore l'action, passive sans doute, mais pourtant assez énergique, de la royauté contre les institutions, les idées, les principes et les hommes du jour. On y était d'autant plus fondé que Louis XVI, comprenant toute la gravité de l'incident et le parti qu'on pourrait tirer de l'accusation, essaya d'abord de nier un fait incontestable, et qu'il aurait dû avoir le courage d'avouer franchement. C'est dans cette *armoire de fer* qu'on trouva, entre autres documents historiques, le fameux *livre rouge* (ainsi dénommé à cause de la couleur de sa reliure de maroquin), registre des sommes que le roi avait accordées à titre de gratifications ou de pensions mensuelles, avant et depuis 1789, aux plus grands noms de France, document destiné sous plus d'un rapport, car il explique où passaient les ressources de la couronne et du pays.

Madame Campan affirme, dans ses Mémoires, que les pièces les plus compromettantes renfermées dans l'*armoire de fer* en avaient été retirées longtemps avant la catastrophe du 10 août; et son témoignage doit être d'autant plus admis qu'en bien examinant les documents qu'inventoria la commission nommée *ad hoc* par la Convention, nous ne trouvons réellement rien qui, même au point de vue de l'accusation, ait quelque gravité. C'étaient des plans proposés au monarque ou à ses serviteurs intimes, tantôt pour lui gagner telle ou telle partie de l'assemblée nationale, tantôt pour faciliter son évasion de la capitale, etc., etc.; mais rien qui prouve que suite ait jamais été donnée à tous ces projets plus ou moins sensés.

ARMOIRIES ou ARMES par abréviation (ces mots ne s'emploient dans ce sens qu'au pluriel), emblèmes de noblesse figurés autrefois sur les drapeaux et les armures, sur les sceaux et les monuments publics et privés, et qui depuis longtemps n'existent plus que sur les cachets, les livrées et les équipages du marchand enrichi comme sur ceux du gentilhomme du haut parage.

On pourrait s'étonner aujourd'hui de l'influence prodigieuse et continue que ces caractères symboliques ont exercée sur les mœurs et l'imagination des peuples, si l'on ne se rappelait qu'ils doivent leur origine à cette ancienne chevalerie, dont l'institution a couvert d'un si éblouissant éclat l'époque inculte et barbare qui la vit naître. On se demande alors quels étaient ces mystérieux emblèmes, leur signification, leur usage. On s'intéresse malgré soi au souvenir de ces temps éloignés qu'ils retracent aux yeux et à la mémoire, et peu à peu on se laisse entraîner au désir de recueillir quelques éclaircissements sur cette matière autrefois si importante, aujourd'hui si frivole.

C'est un fait constaté par le résultat des recherches les plus certaines que l'invention des armoiries date de l'établissement des joutes et des tournois. On ne saurait se faire une idée de tout ce qui a été écrit pendant trois cents ans pour embrouiller cette question. Jamais la science la plus nécessaire à l'humanité n'inspirera peut-être une telle émulation ni ne verra éclore autant d'ouvrages. Jusqu'au savant P. Ménestrier, qui le premier porta la lumière dans ce chaos de dissertations sans discernement et sans critique, on ne s'était entendu que sur un seul point, le plus incontestablement erroné, et peu à peu on se laisse entraîner au désir de recueillir quelques éclaircissements sur cette matière autrefois si importante, aujourd'hui si frivole. Il y a même qui n'ont pas vu la moindre difficulté à sauter à pieds joints le déluge, pour donner des armoiries à Adam, à Seth, à Noé. Les plus circonspects semblent regretter de ne pouvoir aller au delà de l'antiquité. C'est une erreur moins déraisonnable, puisqu'elle repose sur un fait constant, mais mal interprété, sur la confusion des emblèmes avec les armoiries. La chouette que portaient les Athéniens, l'effigie de la Mort adoptée par les Thraces, l'épée des Celtes, l'aigle des Romains, le buste de cheval des Carthaginois, le coursier bondissant des Saxons, le lion des anciens Perses et l'ours des Goths, étaient des symboles nationaux et non des armoiries. Il en fut de même de ces tsiaps que Monmu, empereur du Japon, accorda, en 705 de notre ère, à chaque province de son empire. Le serpent des Druides, surmonté d'un gui de chêne, les clefs qui distinguaient, dit-on, leur chef suprême, les figures qu'on voyait gravées sur les boucliers de chaque légion romaine, comme un foudre, un dragon, d'où ces légions tiraient leurs dénominations de *Foudroyante, Dragonaire*, tous ces signes symboliques qu'on voit se reproduire plus tard, revêtus du caractère héraldique, sur les boucliers et les casques des chevaliers, n'étaient originairement que des emblèmes. Ils n'entrèrent dans le domaine des armoiries que du moment où, par de certaines hachures et lignes convenues, on parvint à exprimer, outre leur configuration et sans le secours de la peinture, les divers métaux, fourrures et couleurs qui entraient dans leur composition, et marquaient toutes les différences qui pouvaient exister dans ceux d'une même espèce. C'est de l'introduction de cet usage et de l'adoption d'une foule de figures commémoratives des tournois et des croisades, que date l'origine des armoiries. Leur classification méthodique et le langage mystérieux qui sert à les décrire constituent l'art du blason.

Des notions que nous possédons sur l'origine des tourois, on peut inférer que celle des armoiries n'est guère postérieure à la fin du neuvième siècle. En effet, on nous représente les officiers qui présidaient à ces joutes non-seulement comme les juges du combat, mais encore comme chargés du soin de recevoir les chevaliers dans la lice et de décrire à haute voix les armoiries peintes ou figurées sur leurs cottes d'armes et leurs boucliers. C'est vainement que les critiques opposent à l'ancienneté des armoiries un passage obscur du roman de Rou (Rollon), pour faire croire qu'elles n'étaient pas encore connues lors de la bataille d'Hastings, gagnée par Guillaume le Bâtard, duc de Normandie, le 14 octobre 1066. Ce passage fait mention d'une convention faite entre les Normands pour se reconnaître dans la mêlée. Cela prouve que les armures et la forme des boucliers étaient semblables dans les deux armées; autrement cette précaution n'eût pas été nécessaire. Quand ces critiques ajoutent que si les armoiries eussent existé on n'aurait pas eu besoin alors d'un autre signe de ralliement, ils confondent les emblèmes qui, chez les anciens, étaient propres à toute une légion, à une armée, avec les armoiries, signe entièrement personnel, et qui différait autant de fois qu'il y avait de combattants dans les rangs opposés. Cette confusion de boucliers, armoriés suivant les mêmes principes et les mêmes formes extérieures, était même un motif de plus pour rendre absolument indispensable un signe ou un cri de ralliement : aussi voit-on cet usage constamment pratiqué dans toutes les batailles postérieures livrées sous la chevalerie, comme en font foi les récits du temps, qui rappellent toujours avec attention le nombre de bannières armoriées que chaque parti a abattues.

Dès leur institution les armoiries nous apparaissent comme les insignes exclusivement caractéristiques de la chevalerie. La diversité de leurs figures, leur nombre, leur position, leur spécialité, toutes choses d'abord occasionnelles et variables, devinrent peu à peu une sorte de décoration fixe et héréditaire, propre à tous les membres d'une même famille. Inspirés par deux passions qui absorbaient entièrement la vie des anciens preux, l'amour de la gloire et la galanterie, ces ingénieux emblèmes durent exciter une bien vive émulation dans des temps où le guerrier était tout par lui-même, et ne devait rien de ses succès qu'à sa valeur, où la vie d'un brave ne se marchandait jamais qu'à la longueur d'une masse d'armes ou d'une lance; où la beauté elle-même, sensible au charme des combats et souveraine arbitre du prix d'honneur, aimait à s'interposer du regard et de la voix dans ces joutes périlleuses où la mort payait si souvent l'espoir d'un éloge, d'un baiser, seul prix qui pût alors flatter l'ambition d'un preux. Dans un tournoi, c'est le chevalier du Lion, le chevalier du Cygne, le chevalier du Soleil, qui offrent courtoisement leur écu à toucher à tous allants et venants qui voudront rompre une lance. D'autres, par l'organe d'un héraut, proclament ou acceptent un pas d'armes à telles conditions qu'on voudra prescrire. Plus loin, c'est un faisceau de boucliers où la noble simplicité des figures rappelle quelque gage de bataille ou de rançon, ou quelque pièce honorable enlevée de l'armure d'un chevalier. Ici c'est un casque représenté par le *chef*, là c'est l'écharpe et le bandrier, que symbolisent la *fasce* et la *bande*. L'étrier est représenté par le *sautoir*, l'éperon par le *pairle*. Le *chevron* retrace la barrière du tournoi; le *pal*, la juridiction exercée dans ces solennités militaires. Le *parti*, le *coupé*, le *tranché* et le *taillé*, indiquent le coup terrible et décisif qui a terminé la lutte et fixé la victoire. Si la piété domine sur les autres sentiments d'un chevalier, son bouclier porte l'empreinte d'une *croix*. Telle était celle des comtes de Toulouse avant la première croisade. Ailleurs, les roses et les tourterelles rapportent à l'amour les premiers succès de la vaillance. Nous ne citerons pas une foule d'autres ornements, destinés dans l'origine à perpétuer des traditions dont le temps n'a pas respecté la trace. Nous nous bornerons à faire remarquer le langage attribué aux émaux par la science héraldique. L'*or* exprimait richesse, force, foi, pureté, constance; l'*argent*, innocence, franchise, loyauté (il y a longtemps qu'on a dû prendre ces vieilles acceptions pour des contre-sens dérisoires); les deux fourrures, le *vair* et l'*hermine*, grandeur, autorité, empire; l'*azur* (bleu), majesté, beauté, sérénité; le *sable* (noir), affliction, science, modestie; le *pourpre* (violet), dignité, souveraineté, puissance.

Au neuvième et au dixième siècle, les armoiries personnelles de la chevalerie sont dans les tournois des ornements emblématiques de la galanterie; dans les combats, des signes convenus de reconnaissance ou de défi, ou bien un travestissement choisi par les chefs pour tromper les coups de l'ennemi. Les supports, les cimiers, les devises datent de cette époque.

Pendant les onzième et douzième siècles, les croisades imprimèrent un caractère sombre et réfléchi à l'exaltation des mœurs chevaleresques. Entreprises, actions, travaux, revers, persévérance, tout fut éclatant, sublime, extraordinaire, dans ces expéditions aventureuses, dont l'écho est encore si retentissant dans l'histoire. C'est l'époque où les armoiries perdent leur instabilité pour devenir des symboles fixes et héréditaires de ces événements mémorables, soit dans les familles, soit dans les ordres militaires, qui durent leur origine à ces événements, ou dans les cités qui y prirent une part active par les secours qu'elles fournirent aux croisés. De là cette prodigieuse quantité de croix, de *merlettes*, de *croissants*, de *coquilles*, de *besants* (monnaie de Byzance), d'*alérions* et tant d'autres emblèmes des voyages d'outremer, qu'on a vus depuis dans les armoiries d'un grand nombre d'anciennes familles, telles que les Courtenai, les d'Aubusson, les Beauvilliers-Saint-Aignan, les Grailly, les Montaigu, etc. Le respect pour la mémoire des aïeux ajoutait encore au sentiment religieux qui veillait à la conservation de ces emblèmes. Aussi, quand des descendants ajoutaient quelque pièce à leur écu ou en modifiaient la disposition, ce n'était pour l'ordinaire qu'un nouveau souvenir qu'ils voulaient consacrer, à moins qu'une cause majeure et impérative n'imposât une substitution complète d'armoiries.

Il y eut alors une sorte de législation convenue, qui régla les différences ou brisures qui devaient distinguer les cadets du chef de la famille. Cet usage a cessé de s'observer en France à partir du seizième siècle. En Angleterre il est encore en pleine vigueur. On remarque dans le blason anglais un bien plus grand nombre de brisures que dans le nôtre. Il y a des signes pour chaque branche, d'autres pour indiquer chaque individu, selon l'ordre de primogéniture : de manière qu'en voyant l'écu d'un noble, on reconnaît non seulement à quelle branche de sa famille il appartient, mais encore le rang qu'il occupe parmi ses frères et le nombre de ceux qui le priment pour l'aînesse. Les anciens sceaux de la noblesse française offrent de nombreuses traces de l'observation des mêmes règles. Depuis longtemps elles sont tombées chez nous en désuétude, et il n'y est resté de brisures bien distinctes que le lambel, le bâton péri, la bordure, l'engrélure, le filet en bande et en barre, etc. Les autres meubles qui dans notre blason accompagnent les pièces principales sont plutôt des additions d'armoiries que des brisures, puisque dans beaucoup de cas ces meubles additionnels et accessoires deviennent pièces uniques et constitutives. Nous observerons en passant que le blason anglais se distingue encore du nôtre par la constance et la légalité du port des couronnes, cimiers, supports, etc. En Angleterre tous les ornements sont de concession ou d'hérédité; chez nous la seule fantaisie a toujours présidé à leur adoption ou à leur changement. Aussi ces signes extérieurs n'ont-ils jamais eu aucune importance, aucune valeur. Il n'y a pas en France de si mince gentillâtre qui ne se croie le

ARMOIRIES — ARMOISE

droit de s'arroger la couronne de marquis ou de comte, la devise la plus fastueuse et les supports les plus magnifiques. La couronne ducale seule a conservé une signification positive ; encore pourrait-on citer plusieurs familles qui l'ont usurpée. Dans le blason de sa noblesse, Napoléon avait réformé cette anarchie. Des matricules constataient l'inscription des seules familles titrées sous l'empire. Chaque dignitaire dut porter ostensiblement dans ses armes le signe de son emploi civil ou de son grade militaire, et la couronne ou le casque qui timbrait son écusson indiquait d'une manière explicite et incontestable le rang que lui donnait dans la société son titre héréditaire. Avant la révolution, il n'y avait que les ornements extérieurs de quelque haute dignité dont on ne pût pas usurper les emblèmes, qui eussent une application réelle et spéciale. Tels étaient les bâtons des maréchaux de France, les ancres des amiraux, les masses du chancelier, les clefs du grand chambellan, les drapeaux des colonels généraux, le chapeau rouge des cardinaux, le chapeau vert avec la croix pour les archevêques, le chapeau vert avec la mitre et la crosse pour les évêques, etc. La fixité des supports dans les armoiries de la noblesse n'aurait pas dû exciter moins d'attention que la conservation des signes intérieurs ; car c'est par les supports seulement qu'on pouvait distinguer les familles dont les armoiries étaient entièrement semblables, et le nombre en est grand.

C'est surtout dans l'intervalle du douzième au quinzième siècle qu'on a pu dire avec raison que les armoiries étaient des marques d'honneur et de noblesse. Le caractère belliqueux qu'elles tiraient de leur origine et le magique langage qu'elles parlaient aux yeux tempéraient, chez un peuple idolâtre de la gloire, ces souvenirs et ces devoirs de féodalité dont elles adoucirent l'image tant qu'elles demeurèrent l'emblème de la puissance acquise au prix du sang, et d'une continuité de nobles travaux et de généreux sacrifices. On voit les armoiries figurer sur les monnaies des nations comme sur la bannière et le bouclier des chevaliers. Les communes ont aussi leurs drapeaux armoriés, de même que les écus et les sceaux de leur justice. Dans les familles, ce n'était pas seulement un objet de soins continuels et de vénération, un don précieux qu'un chevalier mourant léguait souvent à l'amitié, à la valeur éprouvée d'un frère d'armes ; c'était encore l'empreinte irréfragable qui suppléait à la signature, et donnait aux actes publics leur force et leur authenticité (*voyez* Sceaux) ; sur la limite des possessions seigneuriales, sur les insignes de la justice, sur les titres et les vitraux des monuments religieux, c'était le symbole de la suzeraineté territoriale et de la haute juridiction civile, et le juste hommage d'une pieuse déférence rendu à la postérité d'un fondateur ou d'un patron généreux.

Les causes qui ont amené la décadence de la noblesse sont les mêmes que celles qui ont occasionné la dépréciation des armoiries. Dès que les caprices de la faveur et la soif de l'or eurent flétri, en les prodiguant, ces distinctions si recherchées, on cessa d'y attacher le même prix. Les bourgeois obtinrent le droit de porter des écussons, des armoiries ; mais la forme de leur écu en cœur différait de celle des nobles dont l'écusson rappelait l'ancien bouclier.

Le dédain de la noblesse pour tout ce qui n'était pas service de l'épée fit passer dans les mains de la bourgeoisie l'administration municipale et le beau privilège de dispenser la justice et de la vendre à la noblesse elle-même. Dès lors une multitude de nouveaux nobles surgit de l'exercice des offices municipaux et des charges de la magistrature et de la finance. Les conseillers, les échevins, les secrétaires du roi, les trésoriers de France, les acheteurs de considération et de noblesse inondèrent le royaume de leurs armoiries. Ajoutons à ce déborulement la somme de tous les usurpateurs d'armoiries, et le nombre encore plus considérable de bourgeois et de marchands auxquels Louis XIV en concéda de gré ou de force à raison de vingt francs le brevet, et l'on aura une idée du désordre et de l'avilissement où sont tombées ces anciennes marques d'illustration militaire.

Nous terminerons cette notice par la nomenclature des diverses sortes d'armoiries. Celles de *famille* se distinguent : 1° en *parlantes*, c'est-à-dire faisant allusion au nom, comme le créquier de la maison de Créquy, les chabots (poissons) de la maison de Chabot, etc. : il y a des familles illustres dont les armoiries offrent des allusions fort plaisantes ; 2° *positives*, celles qui diffèrent des précédentes, et qui comprennent toutes les armoiries primordiales, historiques et traditionnelles ; 3° *arbitraires*, celles que les familles changent par fantaisie et sans motif raisonnable : cette espèce est très-nombreuse ; 4° à *enquèrre*, celles qui, violant les règles du blason, donnent lieu de s'enquérir du motif de cette dérogation aux principes ; 5° *pures ou pleines*, celles qui ne sont chargées d'aucunes brisures, et qui sont telles que les aînés d'une famille les ont toujours portées ; 6° *brisées*, celles des cadets, différenciées par l'addition d'une brisure ou de quelque meuble étranger et distinct ; 7° *chargées*, celles où l'on a ajouté quelque pièce en commémoration d'une alliance illustre, d'une action éclatante ; 8° enfin *diffamées*, celles dont on avait retranché quelque pièce, en totalité ou en partie. On en cite un exemple mémorable : une querelle sanglante s'était élevée entre les enfants de deux lits de Marguerite, comtesse de Flandre, les d'Avesnes et les Dampierre. Le roi saint Louis, choisi pour arbitre et juge de ce différend, condamna les d'Avesnes, pour avoir parlé outrageusement de leur mère, à porter désormais le lion de leurs armes avec la langue et les griffes coupées. Les *armes de possession* indiquent la réunion de divers états, divers domaines étrangers dans les mains d'une même famille. Telles étaient les armes de Navarre, adjointes à l'écu de France. Celles de *prétention* sont innombrables en Allemagne, et rares en France. Les armes de *substitution* sont celles qui remplacent exclusivement les armoiries paternelles. Les *armes d'alliances* ou *d'obligation* sont celles que les familles ajoutent aux leurs en écartelures, soit pour se faire honneur de quelque grande alliance, soit en exécution d'une convention expresse. Celles *de concession* sont les plus honorables et les plus rares. Les *armes de patronage* sont, par exemple, celles des villes qui portent en chef de leur sceau les armes de leur souverain. Enfin les *armes de communautés* sont celles des chapitres, universités, académies et corporations d'artisans et de marchands. Ces dernières étaient plutôt des sceaux que de véritables armoiries. Il n'en fut pas de même des communautés religieuses. Elles faisaient marcher leurs vassaux à la guerre sous leurs bannières armoriées.

Les armoiries ne sont pas un indice certain de noblesse, et la similitude de deux écussons ne peut pas toujours fonder une présomption d'identité d'origine entre plusieurs familles. La dissemblance des armoiries n'est pas non plus un indice positif de la différence des familles, les concessions et surtout les substitutions ayant fréquemment changé ou modifié les armes de deux frères ou de leur descendance. Enfin, on ne peut rien conjecturer de la noblesse d'une famille sur la simple notion de ses armes, attendu que la plus illustre race a souvent l'écu le plus insignifiant. Cependant l'expérience a démontré que généralement les armes les plus nobles sont les plus simples, c'est-à-dire les moins chargées.   Lainé.

ARMOISE (corruption du nom scientifique *artemisia*). Le nom d'*artemisia* fut donné par Linné à un genre de la famille des composées, formé de plantes vivaces, croissant spontanément dans les lieux stériles, et fleurissant en juin et juillet. Nous avons déjà décrit une des principales espèces, l'*absinthe*; elle peut servir de type pour les autres, dont les plus importantes sont l'*estragon* ou *serpentine* (*artemisia dracunculus*), la *citronelle* ou urone (*artemisia abrotanum*), l'*artemisia judaica* ou *emen contra* (sous-entendu *vermes*), et l'*herbe de aint-Jean* ou *armoise commune* (*artemisia vulgaris*). 'ette dernière est regardée comme tonique, stimulante et ntispasmodique. Les vertus emménagogues dont Hippocrate t Dioscoride l'avaient douée sont encore reconnues de nos iurs par quelques médecins, et personne n'ignore que 'est un remède vulgaire pour provoquer l'écoulement des menstrues. La meilleure manière de prescrire l'armoise dans e cas est de la donner en lavements pour agir plus directement sur l'utérus. On l'administre encore en lavements our combattre l'hystérie et les convulsions épileptiformes.

ARMORIAL, registre ou catalogue des armoiries d'une ille, d'une province, d'un royaume, dessinées, peintes, u seulement décrites. Les plus anciens armoriaux seraient sans contredit les registres des tournois et des croisades; mais l'authenticité de ces registres est fort suspecte. On trouve à la Bibliothèque impériale un armorial des barons et chevaliers français qui se trouvèrent à la première croisade, en 1096. L'écriture de ce registre est du quatorzième siècle; s'il ne fait pas preuve que les personnages qui y sont portés ont tous été à la Terre Sainte, du moins il constate les armes que portaient du temps de l'écrivain les plus nobles familles de France. Du Moulin, à la suite de son Histoire de Normandie, a aussi placé une liste armoriale de tous les nobles, chevaliers et barons qui accompagnèrent en 1066 Guillaume le Bâtard à la conquête d'Angleterre. La liste peut être exacte, mais les armoiries ont évidemment été ajoutées longtemps après; car on n'a pu recueillir par les sceaux et les monuments historiques que quelques exemples d'armoiries suffisants pour en constater l'existence dans les onzième et douzième siècles, et même au delà, mais qui font voir qu'elles n'étaient pas encore enregistrées par centaines, comme on l'a imaginé depuis. Il existe en manuscrit deux armoriaux des chevaliers qui assistèrent aux tournois de Chevancy et d'Huy, en 1285 et 1289, et un armorial des chevaliers qui furent présents à Rome, en 1312, au couronnement de l'empereur Henri VII. Un héraut d'armes, nommé Sécile, adressa son *comportement d'armes* à Alfonse, roi d'Aragon, avec la chapelle des hérauts du royaume de France, fondée en l'église de Saint-Antoine le Petit, à Paris, en 1306. Par les soins de ces hérauts, un enregistrement général des familles nobles et de leurs armoiries existait dans chaque province. Quelques-uns de ces registres ont été conservés; le plus grand nombre a été enlevé ou brûlé durant les guerres contre les Anglais. Charles VIII rétablit ses matricules, et créa un maréchal d'armes le 17 juin 1487.

Les guerres civiles ayant interrompu les fonctions de cette charge et favorisé une foule d'usurpations, Louis XIII, sur la demande de la noblesse assemblée aux états généraux tenus à Paris en 1614, institua la charge de juge général des armes et blasons de France, et en pourvut François de Chevrier de Saint-Mauris, auquel succéda Pierre d'Hozier, en 1641. La famille de ce dernier a possédé cet office jusqu'à la révolution de 1790, et a publié un armorial général, ou, pour parler plus exactement, un nobiliaire, en dix parties in f°, 1738-1768, ouvrage où les d'Hozier ont fait preuve d'une connaissance entière de la matière, mais en même temps d'une condescendance aveugle pour beaucoup de familles, dont les titres primordiaux sont d'une fausseté notoirement connue. Un véritable armorial général fut dressé dans chaque province lors des recherches commencées sous Louis XIV (1666). Charles d'Hozier, fils de Pierre, fut appelé à la vérification de toutes les armoiries portées sur ces catalogues. Jusque là ce n'était qu'une mesure d'ordre; mais les malheurs de la guerre et la détresse des finances suggérèrent l'idée (1696) de faire ressource de toutes vanités bourgeoises et mercantiles du royaume. On ouvrit boutique d'armoiries à vingt livres le brevet, avec injonction à la noblesse, à la basoche, au commerce et à l'industrie de payer cette capitation d'espèce nouvelle et de faire inscrire leurs armes ou celles qu'on leur accorderait. On vit alors confondus pêle-mêle dans l'armorial général princes et cabaretiers, aubergistes et archevêques, maréchaux et apothicaires; cadrans bleus, moulins à vent, melons, paud, avec les insignes des tournois et des croisades. Ce fut un véritable coup de feu pour le juge d'armes de France: ne voulant pas souffrir une omission, une lacune dans ce monstrueux ouvrage, ou plutôt dans les émoluments de sa place, il fabriqua de fausses armes pour tous les nobles qui refusèrent de se jeter dans la mêlée. L'armorial général fait partie des manuscrits de la Bibliothèque Impériale; chaque volume se divise en deux parties, les armes véritables, et les fausses. A la fin de chaque partie, d'Hozier avertit que l'une contient les armes qu'il a reçues directement des familles; l'autre, les armoiries qu'il a inventées pour ceux qui ont refusé de présenter les leurs.

Henri Simon, graveur de l'empereur, a publié en 1812 les deux premiers volumes in-f° d'un armorial général de l'empire français (gravure et texte). C'eût été un fort bel ouvrage; mais les événements politiques en ont empêché la continuation. Lainé.

ARMORIQUE, en gaulois *Ar-mor-righ* ou *Ar-meier-righ*, pays maritime. Ce nom n'appartenait pas à une province ou à un district particulier des Gaules; il s'appliquait à toutes les peuplades maritimes. César, dans ses Commentaires, dit que toutes les peuplades des Gaules riveraines de l'Océan sont appelées en commun *armoriques*. Pline rapporte que l'Aquitaine s'appelait autrefois Armorique; et en effet les deux mots avaient la même signification, l'un en gaulois, l'autre en latin. La Notice de l'empire sous les successeurs de Théodose attribue au duc de l'Armorique les deux Aquitaines, c'est-à-dire les provinces entre les Pyrénées et la Loire; la seconde et troisième Lyonnaise, entre la Loire et la Seine, et la Sénonie entre la Seine et l'Yonne. Le duc de l'Armorique était le chef de la marine et des flottes de la Garonne, de la Loire et de la Seine. Il n'avait pas dans son commandement les côtes de l'ancien Artois et de la Flandre jusqu'au Rhin; cette partie formait un commandement séparé, sous le nom de *Tractus Nervicanus*, Côtes des Nerviens. La ligue armorique, dans toute son extension, combattit César dans la seconde campagne des Gaules, et occupa trois corps de son armée. Les plus obstinés de cette ligue furent les habitants du pays qui depuis porta le nom de Bretagne.

Au cinquième siècle, lorsque les Gaulois abandonnés par Rome, qui avait passé sous la domination des barbares, voulurent défendre leur liberté, la ligue armorique se trouva réduite aux peuples situés entre la Loire et la Seine, vers l'Océan. L'Aquitaine était envahie par les Goths; les côtes entre la Seine et le Rhin, occupées ou ravagées par les pirates et les brigands saxons et francs. Les Armoricains seuls défendirent leur indépendance, et surent se préserver des armes et des perfidies de Clovis. Gal G. DE VAUDONCOURT.

ARMSTRONG (ARCHIBALD), vulgairement connu sous le nom d'*Archy*, bouffon du roi d'Écosse Jacques VI, passa, après la mort de ce prince, au service de l'archevêque Laud, qui plus tard le congédia. Armstrong en conçut un vif dépit, comme on en peut juger par un pamphlet qu'il publia sous ce titre: *Archy's dream, sometimes Jester to his majestie, but exiled the court by Canterburie's malice*. On rapporte de lui une foule de bons mots, de facéties et de calembours, mais qui traduits dans une autre langue perdraient toute espèce de sens. Il mourut en 1672.

ARMSTRONG (JOHN), poëte et médecin, né en 1709, dans le comté de Roxburgh (Écosse), fit ses études à Édimbourg, où il fut reçu docteur en médecine en 1732. Il alla ensuite s'établir à Londres; mais il ne parvint jamais à s'y faire une productive clientèle: aussi, en 1741, accepta-t-il un engagement pour les Indes occidentales, en qualité de médecin militaire. Revenu à Londres en 1749, il fut attaché à un des hôpitaux de cette capitale; puis, de 1760 à 1763, il accompagna l'armée anglaise en Allemagne. Son poëme didactique, *The art of preserving health* (Londres, 1744) lui assigne un rang honorable sur le Parnasse anglais; les critiques du siècle dernier s'accordèrent à en louer l'exposition et le style. On cite encore parmi ses poëmes *The Œconomy of Love* (Londres, 1739), dont certaines descriptions graveleuses faillirent compromettre le succès aux yeux des gens de goût; mais l'auteur l'épura plus tard. Il fit aussi paraître sous le pseudonyme de *Launcelot* Temple des mélanges philosophiques intitulés *Sketches, or essays on various subjects* (1758), et publia sous le titre de *Miscellanies* un recueil d'essais divers. Il mourut en 1779.

Son frère, *Georges* Armstrong, né à Londres, au commencement du dix-huitième siècle, fut médecin comme lui, et mourut à Londres en 1781. Il avait pris pour spécialité les maladies des enfants et les règles d'hygiène qui leur sont plus spécialement applicables. Il a publié les résultats de ses observations sous le titre : *Essay on the Diseases most fatal to infants*, avec cet appendice : *Rules to be observed in the nursury of children*, etc. (Londres, 1767). Cet ouvrage a obtenu de nombreuses éditions.

Un autre médecin du même nom, *John* Armstrong, né en 1784, à Ayres-Quay, comté de Durham, mort à Londres, en 1829, préconisa de l'autre côté du détroit les idées de Broussais. Comme lui, il voyait l'inflammation dans la cause de presque toutes les maladies, et pour la combattre il recommandait l'emploi des larges saignées. Les cours qu'il avait ouverts pour vulgariser ses doctrines attiraient un grand concours d'auditeurs, et il avait réussi à se faire une nombreuse et productive clientèle. On a de lui : *Observations relative to the Fever commonly called puerperal* (2ᵉ édit., 1819, 8 vol.); *Practical Illustrations of Typhus, of the common continued Fever, and of inflammatory Diseases* (1816); *Practical Illustrations of the scarlates Fever, pulmonary Consumption*, etc.; *with Remarks on sulphureous Waters* (1818); *On the brain-Fever, produced by intoxication* (1813); *The morbid Anatomy of Bowels*, etc. Consultez Boolt, *Memoir of the life and medical Opinions of Armstrong* (2 vol. Londres, 1834).

ARMURE (*Art militaire*). On appelle ainsi l'ensemble des pièces d'armes destinées à garantir le corps des coups de l'ennemi. Les armures des anciens n'étaient point continues; elles consistaient en bandes de cuir, revêtues de plaques de métal, ou en chaînons formant des chemises ou cottes de mailles; il n'y avait guère que la cuirasse et le casque qui fussent formés de lames métalliques d'un seul morceau. Vers la chute de l'empire romain, les armures continues commencèrent à être en usage chez les peuples de l'Orient; mais, suivant quelques auteurs, elles ne furent employées en France que vers le temps de Louis le Jeune, qui paraît être le premier qui en ait fait usage parmi nous.

L'armure continue était, à proprement parler, une sorte d'habillement en fer ou acier, formé de plaques métalliques contournées suivant leur position, et formant une enveloppe tellement résistante, qu'il fallait souvent plusieurs hommes armés de haches pour tuer un chevalier désarçonné et renversé par terre.

L'armure du chevalier se composait : 1° du *heaume*, casque très-lourd, embrassant le cou, et portant une visière à grille et à coulisse servant à couvrir la figure; ou bien de l'*armet*, qui était une espèce de heaume plus léger que le précédent; 2° du *hausse-col*, destiné à garantir la gorge; 3° de la *cuirasse*; 4° des *épaulières*; 5° des *brassards*; 6° des *goussets*, couvrant les aisselles; 7° des *gantelets*; 8° des *tanettes*, couvrant le haut des hanches et des cuisses; 9° des *cuissards*; 10° des *genouillères*; 11° des *grèves*, couvrant les jambes et portant les éperons; 12° des *yeusas*, espèce de souliers en fer.

Le cheval du *destrier* avait le front et les naseaux garantis par une plaque métallique, qui portait souvent une pointe aiguë; il avait le poitrail et les flancs défendus par une espèce de couverture formée de bandes ou bardes de cuir bouilli ou de métal. On voit par cette description que le cheval était loin d'être aussi invulnérable que le cavalier; aussi arrivait-il fréquemment que les chevaliers étaient démontés et renversés par terre.

Le musée d'artillerie possède plusieurs armures complètes, parmi lesquelles on distingue celle qu'on suppose avoir appartenu à Godefroi de Bouillon, celle de Jeanne d'Arc, celle de François Iᵉʳ, celle de Louis XIV, etc.

Thiroux, officier supérieur d'artillerie.

ARMURE ou ARMATURE (*Physique*). Voyez Aimant. Pour les *armures* de la bouteille de Leyde, voyez Bouteille de Leyde.

ARMURE (*Musique*). On désigne par là le groupe de dièses ou de bémols placés à la clef d'un morceau de musique. *Armer la clef*, c'est y mettre le nombre de dièses ou de bémols convenable au ton et au mode dans lequel on veut écrire de la musique. *Voyez* Mode.

ARMURIER. Celui qui fabrique des armes et qui en vend. Avant l'invention de la poudre à canon, l'armurier faisait probablement toutes sortes d'armes offensives et défensives; aujourd'hui, la profession d'armurier se divise en plusieurs branches : le chaudronnier façonne la partie métallique du casque, que le chapelier garnit et décore ensuite; les cuirasses se font en fabrique, ainsi que les sabres, la plupart des épées, des cuirasses, des casques, des épaulettes, des hausse-cols. Il y a encore des fabricants d'ornements qui fournissent les *plaques* des schakos, des boutons à poil, etc.

Les lois sur les armes prohibées (23 décembre 1805), les lois et décrets relatifs à la fabrication des armes (30 septembre 1808, 14 décembre 1810, 24 mai 1834), à la fabrication et au débit des poudres, les ordonnances de police qui se multiplient à certaines époques, renferment une foule de prescriptions minutieuses que l'armurier doit observer. Aussi, sous ce point de vue, cette profession est-elle la plus entravée, la plus difficile de toutes à exercer. A Paris, les révolutions, les insurrections, les émeutes viennent de temps à autre mettre leurs boutiques à sac, et la jurisprudence n'a pas encore admis leur droit à des indemnités qui ne seraient pas contestées ailleurs que dans la capitale. Il leur est en point maintenant d'avoir toujours leurs armes démontées. Les diverses expositions de l'industrie ont montré quels progrès a faits cet art dans ces derniers temps. Nous ferons connaître les principales à l'article Fusil.

Depuis 1776 il y a dans chaque régiment un sergent maître armurier chargé de l'entretien des armes. Outre la solde de sergent, le maître armurier reçoit le montant de l'abonnement des armes en service et celui des réparations au compte du soldat, déduction faite du prix des pièces d'armes que le corps lui livre au prix de facture. En temps de guerre, l'artillerie organise une ou plusieurs compagnies d'armuriers pour faire les grandes réparations d'armes.

ARNAL (Étienne), acteur des Variétés, est né à Paris,

le 31 décembre 1798. Il a dit lui-même en parlant de sa naissance :

Je suis tout bonnement le fils d'un épicier....
Élevé pauvrement, loin des murs d'un collége,
Du frère ignorantin, vu l'esprit qu'il avait,
En assez peu de temps m'apprit ce qu'il savait.

Arnal entra tout jeune à la Monnaie, et à l'âge de quatorze ans il s'engagea dans les pupilles de la garde. Vers la fin de 1813, il passa avec une partie de ses camarades dans les tirailleurs. En 1815, après s'être bravement battu au pont de Neuilly dans le corps d'armée qui disputait encore la capitale aux alliés, Arnal se fit réformer. Rendu à la vie privée, il entra comme brunisseur chez un fabricant de boutons. Le dimanche et le lundi il allait au théâtre Doyen pour se délasser. Bientôt le goût de la scène devint sa passion dominante. Il se sentait entraîné vers la tragédie, et il s'essaya dans le rôle de Mithridate. Le succès qu'il y obtint n'était pas celui qu'il avait rêvé; mais il décida de sa vocation :

Mon public fut saisi de ce rire homérique
Qui charmait tant les dieux sur leur montagne antique;
La pièce était finie et l'on riait encor
De mon nez, de ma barbe et de mon casque d'or,

dit-il lui-même dans son *Épître à Bouffé*. La nature des applaudissements qu'il venait d'obtenir ne lui permettait pas de se faire illusion. Il n'était pas né pour jouer la tragédie ; mais la comédie pouvait lui réussir.

Mithridate devint *Jocrisse corrigé.*

Ce nouveau rôle lui convenait. On le trouva plaisant. Sur ces entrefaites l'ouvrage vint à manquer chez le fabricant de boutons. Arnal, sans ressources, s'estima heureux d'être attaché au théâtre des Variétés en qualité de figurant. On le tira des chœurs pour l'enrôler dans les amoureux. C'était une méprise. Heureusement pour lui il quitta les Variétés en 1827 pour passer au Vaudeville. Ses commencements furent pénibles. Son courage ne s'émut pas trop des premiers sifflets ; peu à peu il fut mieux compris et plus convenablement employé. Quelques auteurs lui fabriquèrent des habits dramatiques à sa taille, et il obtint des succès aussi francs que décidés. Il nous suffira de citer parmi les ouvrages qui lui ont dû leur vogue : *l'Humoriste, Mademoiselle Marguerite, Heur et Malheur, les Cabinets particuliers, Passé minuit, le Supplice de Tantale,* etc.

Du Vaudeville Arnal passa aux Variétés, revint au Vaudeville et retourna aux Variétés, suivant les chances diverses de la scène où il avait conquis le sceptre des comiques. De nombreux procès qu'il eut avec les auteurs et les directeurs l'ont fait regarder comme étant d'humeur difficile, dominatrice et fantasque. Une fois hors des coulisses, Arnal dépouille le masque comique. On le trouve silencieux, triste, méditatif, recherchant l'isolement. Entouré de livres, il aime l'étude, et plusieurs productions estimables ont fait connaître son talent poétique. Il s'est amusé à écrire en vers quelques contes et quelques fables, qui joignent au mérite de la finesse et de l'observation celui d'une grande naïveté de forme. Comme membre d'une société lyrique, il a composé un certain nombre de chansons remplies d'entrain, de verve et de bonhomie malicieuse. On se souvient des sanglantes boutades qu'il lança à la tête de certain directeur académicien qui voulait le faire jouer dans ses pièces. Enfin l'*Épître à Bouffé,* dans laquelle il raconte lui-même ce qu'il appelle son Odyssée, révèle une grande élévation d'esprit. Quant à son talent d'acteur, aucun comique n'est plus simple, plus naturel dans ses allures, plus gai sans grossièreté, plus plaisant sans trivialité. Il arrive à un prodigieux effet comique sans se tourmenter ni grimacer ; quelquefois il excitera une hilarité générale avec la syllabe la plus innocente, avec un simple *oh!* ou *ah!* avec un geste, avec moins que cela. « La nature d'Arnal, a dit M. Eugène Briffaut, est fantasque ; il est bizarrement construit. Au premier aspect, on reconnaît en lui quelque chose de drôle, dans l'acception la plus singulière et la plus complète du mot... La disgrâce de tout son être est plaisante par elle-même ; ses imperfections physiques n'affligent pas, elles réjouissent et amusent. Sa voix et son regard sont en harmonie, pour ainsi dire, avec le burlesque désordre de toute sa personne ; il y a en lui une invincible naturalité si bien plaisamment que l'art des hommes n'aurait pu la faire. Cela est si vrai, qu'Arnal ne joue avec plus de chaleur, de verve et d'entraînement qu'il n'en apporte dans la peinture de ses personnages ; ses exclamations, son rire, ses improvisations fines, hardies et spirituelles, son audace aristophanique, voilà ce que l'étude lui a révélé ; il provoque le public et il l'observe, il le dirige et il lui obéit. Son monologue de *l'Humoriste* le montre tout entier ; il peint le plaisir qu'il goûte à s'exercer librement sur les théâtres. Dans *le Cabaret de Lustucru*, Arnal, en proie à une joyeuse exaltation, avait imaginé de danser tout seul ; il étendait alors les bras des deux côtés, et il tournoyait en criant : *En rond !* Nul autre que lui ne peut trouver ces jeux de scène si gais et si animés. »

ARNALDISTES, nom que l'on a donné aux partisans d'Arnaud de Brescia.

ARNAUD DE BRESCIA naquit au commencement du douzième siècle, et vint dans sa jeunesse en France, où il suivit les leçons d'Abailard. Il était de retour dans sa ville natale en 1136. Arnaud embrassa l'état monastique. Son esprit élevé et hardi, sa connaissance historique du christianisme, son éloquence entraînante et pleine d'énergie, donnèrent une grande force à ses sermons contre les vices du clergé. Aussi parvint-il à exciter les peuples contre le clergé, et trouva-t-il même en France, où il fut obligé de se réfugier en 1139, de nombreux partisans ; car partout la conduite dissolue et les prétentions extravagantes des prêtres avaient provoqué le mécontentement populaire.

Tous les monuments contemporains et les écrits même de saint Bernard l'attestent, il est à croire qu'Arnaud, comme tous les hommes distingués de son époque, n'attaqua d'abord dans le clergé que l'abus qu'il faisait de ses richesses ; mais il en vint bientôt à soutenir que le clergé ne pouvait pas être propriétaire. Cette doctrine trouva des partisans parmi les grands et dans le peuple. Les têtes s'enflammèrent, et la révolte contre l'évêque de Brescia fut le résultat de la fermentation des esprits.

Le clergé s'aigrit et porta ses plaintes, en 1139, au concile de Latran, et le pape Innocent II, après avoir fait condamner, dans trente canons, les excès que blâmait Arnaud, proscrivit sa doctrine, et lança l'excommunication contre lui et ses adhérents. Arnaud, repoussé de l'Italie, s'installa à Zurich en Suisse, et y dogmatisa avec son ancien maître Abailard. Il entretenait un parti si puissant à Rome, qu'une sédition y éclata à la fin du pontificat d'Innocent II. Les Romains prétendirent réduire le pape à se contenter des dîmes et des oblations, s'assemblèrent au Capitole, et rétablirent le sénat. En 1144 ils mirent à la tête des sénateurs un patrice, qu'ils regardèrent comme leur souverain.

La révolte s'accrut en 1145, à la mort de Lucius II. Le peuple voulut condamner son successeur, Eugène III, à reconnaître l'autorité du sénat. Il s'y refusa et, sortit de Rome. Arnaud y entra pendant son absence, porta les séditieux à abolir la préfecture, à ne reconnaître que les patriciat, et à dévaster les propriétés ecclésiastiques. Au mois de décembre de la même année Eugène soumit les rebelles, revint à Rome, excommunia le patrice et rétablit le préfet.

Adrien IV, plus courageux que ses prédécesseurs, excommunia en 1154 Arnaud lui-même et ses adhérents, et jeta l'interdit sur Rome jusqu'à ce qu'elle eût expulsé le moine séditieux. Cet acte sans exemple humilia les Romains, qui demandèrent grâce au saint-père, et Arnaud, obligé de se sauver, fut arrêté dans la campagne et brûlé à Rome, en

1155, comme rebelle et hérétique; ses cendres furent jetées dans le Tibre, et son parti anéanti. Toutefois, l'esprit de ses doctrines se perpétua dans les sectes de son époque et même du siècle suivant.

ARNAUD DE MARVELH, troubadour du douzième siècle, mort vers 1189, naquit au château de Marvelh en Périgord, et fut d'abord scribe chez un tabellion. Plus tard ses vers lui méritèrent la protection de la comtesse Adélaïde, femme de Roger II, vicomte de Beziers. Il paraît que le poète osa plus encore que célébrer les incomparables charmes de la comtesse, qu'il l'aima et ne sut pas renfermer sa passion dans les limites d'un respect sacro-saint. La comtesse le trouva souverainement impertinent, et le bannit de sa cour. Notre poète se retira alors à la cour du seigneur de Montpellier, où il semble qu'il n'ait point eu les mêmes occasions de faillir. Consultez Raynouard, *Choix des Poésies originales des Troubadours.*

ARNAUD (DANIEL), troubadour provençal, mort vers la fin du douzième siècle, est regardé par le Dante et par Pétrarque comme le premier des poètes de la langue romane. Pétrarque lui donne la qualification de *grand maître d'amour*. Il brilla pendant quelque temps à la cour de Richard Cœur de Lion, où il composa quelques poèmes, paroles et musique, et mérita le surnom de *Ménestrel*. Il inventa un genre particulier de poésie, dont l'originalité consistait dans la répétition combinée de certains mots et de certaines rimes. Son passe-temps favori était de faire ce qu'on appelle aujourd'hui des *bouts rimés*. La Bibliothèque impériale possède de lui un certain nombre de poëmes érotiques manuscrits. Consultez Crescimbeni, *Istoria della volgar Poesia*.

ARNAUD DE CARCASSÈS, troubadour provençal, mort en 1270, n'est connu que par un petit poème d'environ 300 vers intitulé *Le Perroquet*, en tête duquel l'auteur a placé cet épilogue : « C'est Arnaud de Carcassès qui a écrit ceci, lui qui a si souvent sollicité les dames. Il a voulu châtier les maris qui croient pouvoir séquestrer leurs femmes, et montrer qu'il vaudrait mieux les laisser agir selon leur volonté. »

ARNAUD DE MARSAN, troubadour provençal de la fin du treizième siècle. Il ne nous reste de lui qu'une peinture fort curieuse des modes de son siècle et de la manière de vivre des grands seigneurs. Ce poème est écrit avec tant de naïveté qu'on se demande s'il c'est une affirmation sérieuse ou bien une satire.

ARNAUD DE VILLENEUVE, dit *de Bachuone*, savant du treizième siècle, né en 1238, dans une petite localité appelée Villeneuve, sur la position de laquelle on n'est pas d'accord, se distingua à la fois par de profondes connaissances en théologie, en médecine, en astrologie et en chimie. C'est de lui et de son disciple Raymond Lulle que datent les premières découvertes sérieuses dans cette dernière science. C'est à tort, toutefois, qu'on lui attribue la découverte des acides sulfurique, muriatique et nitrique, et qu'on prétend que le premier il composa de l'alcool et reconnut qu'il pouvait contenir quelques-uns des principes odorants et sapides des végétaux qui y macèrent: d'où sont venues les diverses eaux spiritueuses en usage dans la médecine et dans la cosmétique. Tout cela était connu longtemps avant lui. Aussi bien, s'il fit faire quelques progrès à la science, c'est le hasard seul qui le servit; car il ne cherchait que le secret de la transmutation des métaux.

Il fut un des premiers médecins de l'école de Montpellier qui se montrèrent moins serviles imitateurs des Arabes, dont la doctrine dominait alors le monde savant. Possédant à fond plusieurs langues, entre autres l'hébreu, le grec et l'arabe, il parcourut la France, l'Italie, l'Espagne pour s'instruire encore, et séjourna longtemps à Paris et à Montpellier; on assure qu'il fut régent de la faculté de cette dernière ville. Malheureusement encore il partagea la folie de son époque en s'adonnant à l'astrologie, et annonça, sur la simple inspection des astres, la fin prochaine du monde, qui devait avoir lieu, selon lui, en 1335.

Cette prédiction n'ayant pas produit sur ses crédules contemporains tout l'effet qu'il s'en était promis, il se jeta dans l'hérésie, prêcha l'abolition de la messe, soutint que le scandale constituant seul le péché, serait seul puni de Dieu, attaqua les moines comme corrupteurs de la doctrine chrétienne et les damna de son autorité privée, proscrivit comme criminelles toutes les fondations de bénéfices et de chapelles, bannit la philosophie des écoles, prétendit prouver enfin que l'homme en Jésus-Christ est égal au Dieu, que les constitutions des papes sont purement humaines, que les œuvres de charité et les services rendus à l'humanité par un bon médecin sont préférables à tout ce que les prêtres appellent prières, sacrements et œuvres pies. Ces doctrines, prêchées au sein de Paris, réunirent bientôt de nombreux sectaires, que l'on gratifia du sobriquet d'*Arnaudistes*. L'université s'en émut, et Arnaud se vit forcé fuir.

Il se réfugia en Sicile, où il fut très-bien accueilli par Frédéric d'Aragon et Robert, roi de Naples; le premier lui confia même plusieurs missions diplomatiques. Sur ces entrefaites, le pape Clément V, malade dans sa résidence d'Avignon, ne balança pas à réclamer les soins de l'hérétique, qui, flatté de la confiance du saint-père, partit aussitôt pour aller mettre tous ses trésors de science à sa disposition; mais le vaisseau qui le portait fit naufrage dans la traversée, et Arnaud périt, en 1314, à soixante-seize ans, en vue de Gênes, où il fut enterré. Le souverain pontife, désolé de sa mort, ordonna, sous peine d'excommunication, qu'on lui remît fidèlement un traité *De Praxi Medica* que lui avait promis le docteur.

Ses divers traités, tous empreints des idées et du style de l'époque, sont plutôt des mémoires, des consultations, que des livres. On cite, entre autres, son manuel latin *Sur les moyens de conserver la jeunesse et de retarder la vieillesse*, qu'il dédia au roi Robert. Beaucoup d'ouvrages qu'on lui attribue ne sont certainement pas de lui; il était alors d'usage, parmi les alchimistes et les astrologues, d'attribuer aux célébrités tout ce qui se publiait de remarquable dans leurs attributions. Il fut ridiculement accusé de magie; et Mariana lui reproche sérieusement d'avoir tenté de créer un homme en mêlant dans une citrouille de la semence et certains ingrédients. La condamnation dont il avait été l'objet de la part de l'université de Paris, et qu'avait fait suspendre le crédit de Clément V, fut renouvelée, après la mort de ce pontife, par l'inquisition espagnole de Taragone, qui prit un cruel plaisir à faire brûler quelques arnaudistes. Voici les propositions qu'on avait trouvées malsonnantes dans ses écrits : « Les bulles du pape sont l'œuvre de l'homme; les moines corrompent la doctrine de J.-C., ils sont sans charité et seront tous damnés; les œuvres de miséricorde sont plus agréables à Dieu que le sacrifice de l'autel; celui qui ramasse un grand nombre de gueux, et qui fonde des chapelles ou des messes perpétuelles encourt la damnation éternelle; les fondations de messes ou de bénéfices sont inutiles. Ses œuvres ont été maintes fois réimprimées.

ARNAUD (FRANÇOIS-THOMAS-MARIE BACULARD d'), auteur dramatique, né à Paris, en 1718, mort en 1805, fut élève des jésuites, et annonça de bonne heure une inclination marquée pour la culture des lettres, passion malheureuse d'ailleurs à tous égards. On ne connaît guère que les titres de trois tragédies qu'il publia; lesquelles il débuta, et non une seule, intitulée *Coligny, ou la Saint-Barthélemy*, fut imprimée (1740). Voltaire y vit un germe de talent et des promesses d'avenir; et il aida le jeune auteur de ses conseils et de sa bourse. A sa recommandation, Frédéric II se mit en correspondance avec Baculard d'Arnaud; et plus tard il le fit venir auprès de lui à Berlin. Le roi l'appelait son *Ovide*, et il lui adressa entre autres un poème sur la décadence de l'*Apollon français*, qui blessa Voltaire tellement au vif qu'il s'en vengea par force plaisanteries sur la personne et sur les vers de Baculard. Après une année de séjour à Berlin, Baculard d'Arnaud alla à Dresde avec le titre de conseiller de légation ; et plus tard il revint se fixer en France. Il fut incarcéré à l'époque de la terreur ; et pendant les dernières années de sa vie, Baculard d'Arnaud, qui avait été longtemps la providence des libraires en possession d'alimenter le public de romans, eut à lutter contre la misère ; car la pension que lui faisait le gouvernement impérial était impuissante à le mettre à l'abri des besoins les plus vulgaires. Il mourut à Paris, le 8 novembre 1805. Ses meilleurs livres sont : *Les Épreuves du Sentiment*, *Les Délassements de l'homme sensible* et *Les loisirs utiles*. Ses œuvres dramatiques sont sans valeur aucune : seul son *Comte de Comminges* obtint en 1790 un succès passager.

ARNAUD (L'abbé François), savant littérateur et ami éclairé des arts, né à Aubignan, près de Carpentras, le 27 juillet 1721, devait le jour à un maître de musique. Son goût pour les lettres et les arts l'attira de bonne heure à Paris. Il y débuta par une *Lettre au comte de Caylus, sur la musique* (1754, in-8°), dans laquelle il annonçait son enthousiasme pour un art qui fit le charme de sa vie. Il composa en 1764 et années suivantes, en société avec Suard, son ami, la *Gazette littéraire de l'Europe*, journal qui eut du succès, surtout pendant la fameuse guerre des gluckistes et des piccinistes. On a recueilli, sous le titre de *Variétés littéraires*, les différents morceaux qu'Arnaud et Suard avaient donnés, tant dans cette *Gazette* que dans le *Journal Étranger*. Arnaud devint bibliothécaire de Monsieur, frère du roi, membre de l'Académie française et de celle des Inscriptions et Belles-lettres. Il était abbé de Grandchamp, lorsqu'il mourut à Paris, le 2 décembre 1784.

On l'appelait le *grand pontife des gluckistes*, à cause de son admiration pour le célèbre compositeur allemand ; il soutint à ce sujet une vive polémique avec Marmontel, partisan de Piccini. Grétry, encore inconnu et même rebuté pour ses premiers essais, trouva dans l'abbé Arnaud un chaleureux protecteur. Il aimait l'antiquité grecque. « Voilà qui est grec, » disait-il, quand il voulait mettre le dernier trait à un éloge. Ses mémoires lus à l'Académie des Inscriptions témoignent de ce goût pour les anciens. Son *Éloge d'Homère* est un morceau court, mais plein de force ; il replace le poète grec sur le trône de la poésie. Ses *Observations* sur le génie d'Horace et de Pétrarque sont pleines de raison et de délicatesse. C'était un ami précieux pour les artistes. Le talent naissant n'avait qu'à paraître à ses yeux pour être encouragé. CHAMPAGNAC.

ARNAUD (Arnaud-Jacques Leroy de Saint-), créé maréchal de France par décret du 1er janvier 1853, naquit à Paris, le 20 août 1801. Entré en 1816 dans les gardes du corps, compagnie Grammont, il passa successivement comme sous-lieutenant dans les légions départementales de la Corse et des Bouches-du-Rhône et au 49e de ligne. Après plusieurs années d'interruption de service, il rentra, le 22 février 1831, au 64e de ligne, où il fut fait lieutenant en décembre 1831. Passé en novembre 1836 à la légion étrangère, il fut fait capitaine le 15 août 1837 ; c'est en cette qualité qu'il assista à la prise de Constantine, où il se fit remarquer par une bravoure et une intrépidité qui lui valurent, le 11 novembre, sa nomination de chevalier de la Légion d'Honneur. A partir de cette époque, c'est par une suite d'actions glorieuses qu'il acquit chacun de ses grades. Blessé à l'attaque du col de la Mouzaïa, le 12 mai 1840, le 25 août 1840, il se distingua, sous les ordres du maréchal Bugeaud, dans toutes les expéditions de la grande Kabylie ; lieutenant-colonel du 53e de ligne le 25 mars 1842, commandant supérieur de Médéah, il débloque cette ville avec le seul secours de sa garnison, prend une part glorieuse à la guerre dans l'Ouarensenis, et est fait officier de la Légion d'Honneur, le 17 août 1841. Colonel le 2 octobre 1844, commandant supérieur de la subdivision d'Orléansville, il fonde cette ville, livre dans le Dahra pendant trois années une suite non interrompue de combats, dont les plus célèbres sont ceux du Djebel Krenença et de Sidi-Abbed, ruine et fait prisonnier Bou-Maza. A la suite de cette glorieuse campagne, il est fait commandeur de la Légion d'Honneur, le 25 janvier 1846, et maréchal de camp le 2 novembre 1847.

Lors de la révolution de Février, il fut chargé du commandement de la préfecture de police : il tenait encore lorsque déjà il n'y avait plus ni gouvernement ni troupes ; il n'en sortit que le 24 février à trois heures et demie, à la tête de sa petite colonne, et faillit être assassiné devant l'hôtel de ville. Il retourna bientôt en Afrique. Commandant de la subdivision de Mostaganem, puis de celle d'Alger, il pénétra avec une colonne légère dans les montagnes des Beni-Sleman, et contribua puissamment à la soumission de la Kabylie située entre Bougie et Sétif. Choisi, le 21 janvier 1850, pour commander la division de Constantine dans la position critique où elle se trouvait après l'affaire de Zaatcha, il réorganisa fortement le pays ébranlé, et châtia les Nemenchas et les révoltés de l'Aurès. L'expédition de la Kabylie est encore trop récente pour que nous ayons besoin de rappeler avec quelle énergie et quelle habileté il dirigea les opérations militaires de ce pays difficile ; contentons-nous de dire qu'en quatre-vingts jours il livra vingt-six combats et soumit une population qui n'avait pas encore connu de maître.

Appelé le 26 juillet 1851 au commandement de la 2e division de l'armée de Paris, il fut nommé ministre de la guerre le 26 octobre 1851, et par l'énergie et la précision de ses mesures ne contribua pas peu au succès du coup d'état du 2 décembre. F. DE BÉTHUNE, capitaine d'état-major.

Chargé en 1854 du commandement en chef de l'armée d'Orient, le maréchal mourut à Constantinople, en octobre de la même année, peu de temps après avoir heureusement effectué la descente de l'armée française en Crimée et gagné la mémorable bataille de l'Alma. Il avait épousé, en mars 1848, Melle de Trazegnies d'Ittre, appartenant à l'une des premières familles de la Belgique.

ARNAULD (Famille des). Cette famille, célèbre surtout par les persécutions que plusieurs de ses membres éprouvèrent pour leur attachement aux doctrines de Port-Royal, était originaire de Provence, où elle occupait un rang distingué dès le douzième siècle ; une branche passa en Auvergne au commencement du quatorzième. Ce fut un Arnauld qui favorisa l'évasion du connétable de Bourbon, à la maison duquel il était attaché.

ARNAULD (Antoine), fils du précédent, reçu avocat au parlement, s'y distingua par son éloquence, fut fait conseiller d'État par Henri IV, épousa la fille de l'avocat général Marion, et prononça, en 1594, un célèbre plaidoyer en faveur de l'université de Paris, dont il était l'élève, contre les jésuites, plaidoyer dans lequel il nuit sur leur compte tous les forfaits de la Ligue, et conclut à leur expulsion du royaume. Ce plaidoyer, réimprimé plusieurs fois, a été inséré en partie par De Thou dans son histoire. Antoine Arnauld était né à Paris, en 1560 ; il mourut en 1619. Il avait restauré le monastère de Port-Royal des Champs, dont sa fille, la mère Angélique, fut supérieure.

ARNAULD D'ANDILLY (Robert), fils aîné d'Antoine, naquit à Paris, en 1589, et remplit, jeune encore, des charges importantes, dans lesquelles il se fit remarquer par ses talents et par son intégrité. A l'âge de cinquante-cinq ans, il quitta le monde et alla se retirer dans le monastère de Port-Royal des Champs. Il a laissé plusieurs ouvrages, entre autres des mémoires sous une forme plus élégante que fidèle, des *Confessions de saint Augustin*. Il était père d'Arnauld, marquis de Pomponne, qui fut ministre sous Louis XIV.

ARNAULD (Henri), frère d'Arnauld d'Andilly, né en 1597, fut successivement doyen du chapitre de Toul, dont il refusa l'évêché; envoyé extraordinaire de France à Rome, où il déploya un grand zèle et un esprit conciliateur; puis enfin évêque d'Angers. Ce fut dans ce dernier poste, et pendant une grande disette qui désola cette ville, que le charitable prélat employa en une seule fois jusqu'à 10,000 livres pour ramener l'abondance, libéralité qui resta longtemps secrète, et fut attribuée au maréchal de la Meilleraie, alors gouverneur de Bretagne. Les fonctions de l'épiscopat n'occupaient pas tout son temps; une grande partie en était consacrée à visiter les malades et à consoler les malheureux. Un de ses amis lui représentant qu'il devrait prendre un jour de la semaine pour se délasser: « Volontiers, répondit-il, pourvu que vous me donniez un jour où je ne sois pas évêque. » Il mourut aveugle, à l'âge de quatre-vingt-quinze ans, après quarante ans d'épiscopat, pleuré de ses ouailles, qui le regardaient comme un saint.

ARNAULD (ANTOINE), surnommé *le grand Arnauld*, frère du précédent et le vingtième des enfants d'Antoine Arnauld et de Catherine Marion, naquit à Paris, le 16 février 1612, fit avec distinction ses études au collège de Calvi-Sorbonne, sa philosophie au collège de Lisieux, et prit le bonnet de docteur en Sorbonne en 1631. En prêtant le serment dans l'église de Notre-Dame, sur l'autel des Martyrs, il jura « de défendre la vérité jusqu'à effusion de son sang. » En 1641 la Sorbonne voulut le recevoir *de la société*, quoiqu'il n'eût pas rempli les conditions exigées, parce que *la rare piété du suppliant*, *sa capacité extraordinaire et le succès éclatant de sa licence* lui méritaient cette faveur; mais le cardinal de Richelieu, proviseur de Sorbonne, s'y opposa. La même année, il fut ordonné prêtre. Bientôt après, il publia son livre *De la fréquente Communion*, qui fut vivement attaqué par les jésuites, contre lesquels il était dirigé; cette disposition, qu'il tenait de son père, fit dire alors que sa haine contre cette compagnie célèbre était une haine d'éducation, et le fit comparer au jeune Annibal promettant à son père, dès ses plus tendres années, de déclarer aux Romains une guerre éternelle. Cet ouvrage, qui fait époque dans l'Église de France, par la réforme qu'il opéra dans l'administration des sacrements, fut le principe des persécutions que l'auteur essuya et d'une animosité que les disputes *sur la grâce* vinrent encore augmenter.

Dans ces hostilités de tous les jours, Arnauld ne jouissait pas d'un moment de repos qu'il ne s'occupât sur-le-champ d'un ouvrage de piété. Il fit paraître successivement un très-grand nombre d'ouvrages originaux et de traductions. Pendant quatre ans il joignit à ces travaux de cabinet et à l'exercice du ministère ecclésiastique la direction des religieuses et des pensionnaires de Port-Royal.

Cependant, depuis quelque temps il observait le plus rigide silence, lorsque le refus d'absolution fait sur la paroisse de Saint-Sulpice au duc de Liancourt s'il ne retirait pas sa petite-fille pensionnaire à Port-Royal et s'il ne renvoyait pas de son hôtel le père Desmares et l'abbé de Bourzéis, lui inspira deux *Lettres à une personne de qualité* et *à un duc et pair*. Admirées par le pape Alexandre VII, elles ne lui valurent pas moins une censure de la Sorbonne. Des motifs de prudence le contraignirent alors à abandonner Port-Royal, qu'il habitait depuis vingt ans, et à se réfugier, avec Nicole, dans une retraite inaccessible.

En 1656 il était exclu de la société de Sorbonne et de la faculté de théologie : « C'est aujourd'hui, écrivait-il à sa sœur, qu'on me raye du nombre des docteurs; j'espère de la bonté de Dieu qu'il ne me rayera pas du nombre de ses serviteurs. C'est la seule qualité que je désire conserver. » Tous les docteurs qui ne voulurent pas signer sa condamnation furent également exclus et privés des avantages attachés à ce titre. Rome cependant se montrait moins sévère: elle prohibait les écrits d'Arnauld, mais ne les censurait pas. Quant à lui, il entretenait une correspondance très-étendue et très-suivie : il était l'oracle du jansénisme. Ennemi implacable des jésuites, il fournissait à Pascal de précieux documents pour ses *Provinciales*.

En 1668 il se prêta de bonne grâce à l'accommodement appelé *la paix de l'Église*, et fut présenté au nonce, qui l'accueillit avec la plus grande distinction et fit l'éloge de ses rares talents. « Monsieur, lui dit-il, vous avez une plume d'or, servez-vous-en pour défendre l'Église de Dieu. » Il fut également présenté au roi, qui lui dit qu'il était bien aise de voir un homme de son mérite. Il reçut partout le même accueil, les mêmes louanges, et ne fut pas, néanmoins, rétabli en Sorbonne.

Afin de remplir les engagements qu'il avait contractés, il publia plusieurs ouvrages contre les protestants; il fit en outre quelques voyages pour aller visiter ses parents, se lia avec Boileau, avec le réformateur de la Trappe, et se réconcilia avec Racine, dont la tragédie de *Phèdre* l'avait éloigné. Tout le monde était curieux de voir un homme aussi célèbre; lui se dérobait, le plus qu'il lui était possible, à ce qu'il appelait *la servitude des visites*. Mais il était écrit qu'il ne jouirait jamais d'un instant de repos : de nouveaux écrits et de nouvelles persécutions que lui suscita l'archevêque de Paris, M. de Harlay, l'obligèrent, en 1679, à se retirer d'abord à Fontenay-aux-Roses, tout près de Paris, puis à Mons, dans la Flandre autrichienne. Cette contrainte, à son âge et avec une santé affaiblie par une vie laborieuse et sédentaire, lui devint fort extrêmement pénible, et il la déplore amèrement dans un de ses ouvrages.

Cependant Arnauld ne resta pas longtemps à Mons; il erra de ville en ville, sans demeure fixe, écrivant toujours avec la même verve pour la défense de sa cause, et quelquefois aussi, dans l'irritation de son esprit, contre ses amis ou ses protecteurs, Pascal, Domat et Nicole, contre Gilbert de Choiseul, évêque de Tournai, et contre le pape Innocent XI lui-même. Et cependant le pontife lui avait fait offrir une retraite honorable à Rome; mais Arnauld l'avait refusée, pour ne point se rendre suspect à Louis XIV, dont il s'était attiré la disgrâce après en avoir été si mal accueilli. C'est à cette occasion que Boileau, devant qui l'on disait que le roi faisait chercher Arnauld pour qu'on l'arrêtât, répondit : « Le roi est trop heureux pour le trouver. » Réfugié à Bruxelles, il y composa son *Apologie pour les catholiques contre les faussetés du ministre Jurieu*, ouvrage auquel ce dernier répondit par un libelle rempli de calomnies grossières, et qu'il intitula *l'Esprit de M. Arnauld*.

En 1683 commença entre Arnauld et Malebranche, au sujet de la *grâce*, une lutte violente, qui dura jusqu'à la mort du premier, arrivée à Bruxelles, le 8 août 1694. Cette mort enleva aux partisans de Jansénius le plus habile défenseur qu'ils aient jamais eu, et aux jésuites leur plus redoutable adversaire. Son corps fut enterré dans l'église Sainte-Catherine de cette ville; son cœur, porté d'abord à Port-Royal-des-Champs, fut transféré à Palaiseau, en 1710. Boileau composa son épitaphe; Racine, Santeuil et d'autres poètes célébrèrent ses talents et ses vertus : ses traités et ses pamphlets, qui ne forment pas moins de cent trente-cinq volumes, réduits depuis à quarante-huit tomes in-4°, renferment une foule de documents précieux pour l'histoire de son époque en particulier, et pour celle des égarements de l'esprit humain en général.

Les principaux ouvrages du grand Arnauld sont : le livre *De la fréquente communion* (1643); *Théologie morale des Jésuites*; *Traditions de l'Église sur la pénitence* (1644); des *Premières et secondes observations*, puis des *Considérations*, et autres brochures sur la censure du traité de Jansénius sur la doctrine de saint Augustin; la traduction de divers ouvrages de saint Augustin; *Novæ objectiones Contra Renati Cartesii Meditationes*; *Apologie pour les Saints Pères*, qu'il considérait comme le meilleur ouvrage sorti de sa plume; diverses *Lettres* au sujet de l'apostasie du jésuite Labadie, devenu calviniste; *Concorde des Évangiles*;

Office du saint Sacrement; Réponse à un écrit au sujet de la sainte Épine, et de l'autorité des miracles; Traité des vraies et des fausses idées (1683); *Réflexions philosophiques et théologiques* (1685); *Dissertation sur les miracles de l'ancienne loi* (1685); neuf *Lettres à Malebranche; Apologie pour les catholiques contre les faussetés du ministre Jurieu* (1681 et 1682); *Éclaircissements sur l'autorité des conciles; La Concorde des Évangiles; Défense du Nouveau Testament de Mons* (1666); *Renversement de la morale de Jésus-Christ par les calvinistes* (1672); *Impiété de la doctrine des calvinistes* (1675); *Remarques sur une lettre de M. Spon* (1680); *Le calvinisme convaincu de nouveaux dogmes impies* (1681); *Réponse générale à M. Claude* (1671); *Pratique morale des jésuites*. Arnauld fournit des matériaux à Pascal pour ses *Provinciales*, notamment pour la 3ᵉ, la 9ᵉ, la 11ᵉ, la 13ᵉ et la 14ᵉ. En outre, il publia ou laissa un manuscrit *La Grammaire générale et raisonnée*, dite de Port-Royal; le *Règlement pour l'étude des belles-lettres; La Logique, ou L'Art de penser; Nouveaux Éléments de Géométrie; Réflexions sur l'éloquence des Prédicateurs*. Ces cinq derniers ouvrages, demeurés classiques, ont été revus et refondus depuis par des hommes habiles; mais le premier jet en est dû à Arnauld, dont le cachet subsiste impérissable au milieu des améliorations qu'on a pu y introduire.

La sœur aînée d'Antoine Arnauld, *Jacqueline-Marie-Angélique* ARNAULD de Sainte-Madeleine, née en 1591, morte en 1661, devint religieuse à huit ans, et en violation du règlement fut nommée dès l'âge de quatorze ans abbesse de Port-Royal des Champs, où elle introduisit la réforme de Cîteaux et fit revivre la discipline de saint Bernard. La réforme de l'abbaye de Maubuisson, gouvernée par la sœur Gabrielle d'Estrées, fut pour elle une cause de vives préoccupations. Par la suite elle transféra son monastère des champs à Paris, et obtint du roi que l'abbesse serait désormais élective et triennale. Une autre sœur, la mère *Jeanne-Catherine-Agnès* de Saint-Paul, morte en 1671, qui travailla aux *Constitutions de Port-Royal*, est l'auteur de deux ouvrages, l'un ayant pour titre: *L'Image d'une religieuse parfaite et d'une imparfaite* (1660), et l'autre: *Le Chapelet secret du saint Sacrement* (1663). Au reste, elles étaient six sœurs religieuses dans le même monastère, toutes occupées de disputes sur la grâce.

ARNAULD (ANTOINE), né à Grenoble, en 1749, mort en Hollande, en 1804, entra au service comme simple soldat dans le régiment de Lorraine. En 1791 il fut reçu comme capitaine dans le bataillon des volontaires du Calvados, dont il devint tout de suite après lieutenant-colonel. Blessé en 1793 à l'affaire d'Hondschoote, il fit toutes les campagnes de Hollande; puis, à partir de 1800, il fut appelé à l'armée du Rhin, et il commandait une demi-brigade à la bataille de Hohenlinden. Promu au grade de général de brigade en 1803, il mourut de maladie, l'année suivante, au camp de Zeist, en Hollande.

ARNAULT (ANTOINE-VINCENT) naquit à Paris, le 1ᵉʳ janvier 1766. Son père et sa mère étaient employés auprès du comte et de la comtesse de Provence; et lui-même était filleul de ce second frère de Louis XVI, qui fut depuis Louis XVIII. Il fit de bonnes études au collège de Juilly, dirigé par les oratoriens. Élevé, comme toute la jeunesse de son époque, dans l'admiration des hommes et des idées de la Grèce et de Rome, il s'enthousiasma, malgré sa naissance et les opinions de sa famille, pour les principes qui triomphèrent en 1789. Lui aussi, au sortir des bancs, avait en poche sa tragédie classique, *Marius à Minturnes*, sujet romain, puisé dans les mœurs et les troubles de la république, sévèrement charpenté d'après les règles des trois unités théâtrales, une tragédie en trois actes, enfin, qui obtint un grand succès en 1791. « On y remarque, disait Geoffroy, le célèbre critique, de beaux vers dans le goût de Corneille, des tirades bien frappées, mais en général une versification dure, pénible, et plus de penchant à imiter Lucain que Virgile. »

Après la représentation, on demanda l'auteur; un acteur vint le nommer. Mais le public s'obstinant à le voir, le jeune poète vint recueillir ses applaudissements dans une loge, et non sur le théâtre, suivant l'usage. Trente-deux ans après, le 5 juin 1823, Arnault assistait à un semblable triomphe obtenu par son fils Lucien. C'était le soir de la première représentation de *Régulus*. On demandait l'auteur; on voulait le voir, comme on avait voulu voir son père après *Marius à Minturnes*. Placé dans une loge, Arnault, entouré de sa famille, heureux du triomphe de son fils, le présenta lui-même aux spectateurs.

Lucrèce, tragédie en cinq actes, jouée en 1792, n'obtint pas le même succès, quoique puisée aux mêmes sources; elle fut peu goûtée, malgré quelques situations heureuses; des murmures troublèrent les premiers actes, et le cinquième fut encore moins bien accueilli.

Cependant, la révolution marchait à grands pas; et comme le jeune auteur avait dédié sa tragédie de *Marius* au comte de Provence, le moment ne tarda pas à se présenter où Arnault, quoique partisan des idées nouvelles, dut prudemment se résigner à grossir les flots de l'émigration; il passa à Londres en 1792. Rentré bientôt et arrêté à Dunkerque, il fallut un arrêté du Comité de salut public pour constater qu'il n'était point émigré. Il reprit donc le cours de ses travaux littéraires, et donna successivement, aux Français, *Oscar*, en 1795, *Blanche et Montcassin, ou les Vénitiens*, en 1798, etc., sans compter deux opéras, dont Méhul avait composé la musique; *Horatius Coclès*, joué en 1794, au Grand-Opéra, et *Mélidore et Phrosine*, représenté plus tard à l'Opéra-Comique.

Il avait été nommé en 1799 membre de l'Institut, et avait présidé dans la famille de Bonaparte, son collègue dans ce corps savant. Une lecture des *Vénitiens* avait eu lieu chez ce dernier. « Dans l'origine, dit M. Scribe (*Discours de réception à l'Académie Française*), M. Arnault avait donné à cet ouvrage un dénoûment heureux. Montcassin, son héros, ne mourait pas; il était sauvé du supplice par son rival. Le dénoûment ne plut pas au général Bonaparte, qui avait en littérature des idées aussi arrêtées qu'en politique. Il détestait Voltaire, il aurait le malheur de ne pas aimer beaucoup Racine; mais il aurait fait Corneille premier ministre. Il était pour les dénoûments énergiques, et voulait que même au théâtre toutes les difficultés fussent enlevées à la baïonnette. Le cinquième acte des *Vénitiens* ne lui avait pas paru attaqué franchement; il le trouvait affaibli et gâté par le bonheur des deux amants: — *Si leur malheur eût été irréparable*, disait-il à M. Arnault, *l'émotion passagère qu'ils m'ont causée m'aurait poursuivi jusqu'à ce soir, jusqu'au dénoûment!... Le bonheur du héros meurt! il faut le tuer!... tuez-le!...* Montcassin fut donc mis à mort par ordre de Napoléon. »

Bientôt après, Arnault accompagna le donneur de conseils, qui allait commander l'expédition d'Égypte; mais on ignore pour quel motif il le quitta à Malte pour revenir en France. Quoi qu'il en soit, il resta longtemps éloigné du théâtre, s'étant engagé dans la carrière administrative sous le Consulat et l'Empire. Ainsi, nous le trouvons successivement chargé d'organiser le gouvernement des îles Ioniennes, chef de la division de l'instruction publique et des beaux-arts au ministère de l'intérieur, secrétaire général de l'Université impériale, grâce à la protection de Lucien Bonaparte, et, plus tard, de Regnault de Saint-Jean-d'Angely, dont il était devenu le beau-frère.

Ennemi déclaré et dangereux par la vivacité de son sarcasme, il était ami Bonaparte et fidèle. Son esprit, néanmoins, naturellement frondeur et satirique, le poussait sous tous les gouvernements du côté de l'opposition, et le pou-

4.

voir impérial lui-même ne fut pas toujours à l'abri de ses épigrammes secrètes. Après l'exil de Lucien Bonaparte, il devint le patron d'un homme de lettres que le frère de l'empereur lui avait en quelque sorte légué, de Béranger, qui était alors aussi inconnu qu'il est devenu depuis justement célèbre ; et c'est à ce double titre d'ami et d'opposant qu'Arnault favorisa de tout son cœur la propagation de la fameuse chanson du *Roi d'Yvetot*, considérée à cette époque comme la satire la plus vive de Napoléon et de son système.

Durant sa longue carrière administrative, Arnault livra seulement de temps à autre aux journaux périodiques quelques fables qui ont un cachet particulier et renferment souvent de bonnes épigrammes qui sont aussi de bonnes peintures de mœurs. Plus tard, elles furent réunies en un recueil, auquel, dans les dernières années de sa vie, il ajouta un petit volume d'apologues, dont quelques-uns sont pleins de finesse et de bonhomie.

Il était en 1814 secrétaire général de l'Université impériale, quand la Restauration vint, pour la première fois, franchir nos portes. Il avait été heureux sous l'empereur ; il espéra, comme beaucoup de poètes de ce temps-là, pouvoir l'être sous les Bourbons, et se rappela tout à coup qu'il était le filleul du comte de Provence, qui n'était autre que le roi Louis XVIII. Lui aussi courut plein d'espoir à sa rencontre ; mais il en fut, dit-on, très-froidement accueilli.

Cette dette du cœur payée, Arnault redevint ce qu'il était la veille, un homme d'opposition ; il rentra dans son atmosphère habituelle jusqu'au retour de l'île d'Elbe, où il reprit ses fonctions dans l'Université, et fit partie, comme membre de la chambre des représentants, de la députation qui, après le désastre de Waterloo, alla déclarer aux puissances alliées que la France n'accepterait pas pour roi un Bourbon de la branche aînée.

Compris pour ce fait dans l'ordonnance du 11 juillet, quand d'autres membres de la même députation n'y figuraient pas, il alla s'en plaindre à un ministre de ses amis, qui lui dit pour excuse : « Que voulez-vous ? on avait besoin d'un homme de lettres à intercaler au milieu des proscrits : on a pris la liste de l'Institut ; votre nom commence par un A et se trouve en tête de la liste, on l'a inscrit dans l'ordonnance ; ce n'est pas ma faute. Mais ne partez pas ; j'arrangerai cela. » L'arrangement aboutit à deux longues années d'exil, pendant lesquelles la fermeté de caractère d'Arnault ne se démentit pas un instant. Retiré à Bruxelles, il y trouva les plus honorables distinctions. C'est de là qu'en 1817 il fit représenter, à Paris, au Théâtre-Français, sa tragédie de *Germanicus*, qui devint le prétexte des plus affligeants scandales et des persécutions les plus odieuses. La police de M. Decazes n'en permit pas la seconde représentation. Elle n'eut lieu qu'en 1824, sans succès : la vieille tragédie classique commençait à pencher vers sa ruine.

Arnault, qui avait été éliminé de l'Institut à l'époque de son bannissement, rentra en France en 1819, et prit part immédiatement, avec ses amis Etienne, Jay, Jouy, Dupaty, à la rédaction de *la Minerve*, recueil politique alors fort en vogue, à celle des journaux satiriques *le Miroir* et *l'Opinion*, et devint un des principaux collaborateurs de la fameuse *Biographie des Contemporains*, qui fit alors tant de bruit ; puis, en 1829, il rentra aussi, mais par une élection nouvelle, dans le sein de l'Académie Française, dont l'avait exclu un acte arbitraire. M. Villemain, en qualité de directeur, lui adressa un discours remarquable. Avant et depuis sa nomination à la place de secrétaire perpétuel, dans laquelle il remplaça Andrieux, on avait remarqué un heureux changement dans son humeur, jadis un peu vive et même difficile. En gardant la malice de son esprit, il tempérait par les agréments d'un commerce aimable. Tous ses collègues avaient pour lui de l'affection, de l'estime, et tous s'applaudissaient de lui avoir donné leurs suffrages.

A soixante-huit ans sa constitution robuste semblait lui présager une longue carrière, et plus d'une fois ses amis lui avaient dit qu'il était né pour faire l'épitaphe du genre humain. Sa bonne mine, la vivacité de ses yeux, la fraîcheur de son teint, la gaieté de son humeur, les saillies de son esprit chassaient de toutes les pensées l'ombre d'un funeste présage.

Il était allé passer quelques jours à Goderville, aux environs du Havre, pour éloigner de Paris le plus jeune de ses fils, livré à une douleur profonde par la mort inattendue, prématurée de sa femme. La famille était réunie à la suite d'un repas, dans lequel, toujours attentif à distraire son fils, il avait montré la plus douce gaieté. Il se reposa un moment tandis que sa fille touchait du piano. A peine venait-il de s'assoupir qu'un enfant le tira par la manche pour lui dire *Bonjour*. « C'est très-bien à toi, mon petit ami, lui répondit le vieillard, en entr'ouvrant les yeux ; mais c'eût été mieux encore de me laisser dormir. » Puis il s'assoupit de nouveau. A quelque temps de là, on voulut le réveiller : il avait cessé de vivre, sans angoisse, sans convulsion, le 16 septembre 1834.

Pendant son séjour à Bruxelles, Arnault avait encore composé une tragédie, *Guillaume de Nassau*, qui ne fut pas représentée, mais qui figure dans ses œuvres, en huit volumes in-8°, avec ses fables, ses mélanges en prose, d'autres tragédies, plusieurs comédies, des poésies diverses, etc. On a encore de lui : *De l'Administration des établissements d'instruction publique*, une *Vie politique et militaire de Napoléon*, en trois volumes, et les *Souvenirs d'un Sexagénaire*, quatre volumes d'histoire du plus haut intérêt, où il y a des pages dignes de Tacite. L'empereur n'avait pas oublié Arnault dans son testament de Sainte-Hélène.

ARNAULT (Lucien-Émile), fils aîné du précédent, né à Versailles, en 1787, dut son premier prénom au prince Lucien Bonaparte, protecteur de sa famille. Il était sous l'Empire auditeur au conseil d'État, et fut chargé, en cette qualité, de l'administration de plusieurs pays conquis, entre autres, pendant cinq ans, de l'Istrie, dans les provinces Illyriennes. Revenu en France après la perte de nos conquêtes, il fut d'abord sous-préfet à Châteauroux, fonctions qu'il conserva pendant la première Restauration ; puis, au retour de Napoléon, préfet de l'Ardèche. Destitué à la seconde Restauration, lorsque son père fut proscrit, il le suivit sur la terre d'exil, et ne revint en France que quelques mois avant le rappel de l'auteur de *Marius à Minturnes*.

Ce fut dans cet intervalle qu'après avoir présenté au Théâtre-Français la tragédie de *Pertinax, ou les Prétoriens*, qui ne devait être livrée au public que beaucoup plus tard, et attribuée à son père, il en fit jouer sur la même scène une autre, en trois actes, qui avait pour titre et pour sujet *Régulus*.

Cette pièce, qui est loin certes d'être sans mérite, ne dut pas uniquement son succès à elle-même, mais encore au talent hors ligne de Talma, qui jouait le principal rôle, et surtout aux applications, aux rapprochements qui s'offraient sans cesse entre les malheurs et la situation de Régulus et les infortunes et l'exil de Napoléon.

En 1823 M. Lucien Arnault fit jouer une nouvelle tragédie, *Pierre de Portugal*, vieux sujet, souvent traité sur diverses scènes de diverses nations, mais qu'il a su rajeunir parfois avec bonheur ; et plus tard une autre tragédie, *le Dernier Jour de Tibère*, bien supérieure à la précédente, dans laquelle, brisant les entraves d'un passé qui ne peut plus que s'épuiser en vains efforts, il a le courage de s'élancer avec ses contemporains à la recherche trop longtemps attendue d'une forme nouvelle.

A ces tragédies, sans compter *Pertinax, ou les Prétoriens*, de douloureuse mémoire, il en faut ajouter deux autres, *Catherine de Médicis aux états de Blois*, et *Gustave-Adolphe, ou la Bataille de Lutzen*, qui datent, la première de 1829, la seconde de 1830, et montrent, à des degrés de mérite différents, que l'auteur persiste dans ses nouvelles convictions littéraires.

Il vivait retiré en Auvergne lorsque éclata la révolution de Juillet ; et protégé par le nom de son père, par les relations de celui-ci avec le futur roi, par les preuves de capacité que lui-même avait déjà données, il fut porté sur la première liste de préfets nommés par le lieutenant général du royaume. On lui destinait la préfecture de Marseille : son absence empêcha qu'il y fût porté. Il dut se contenter de celles de Saône-et-Loire, de la Meurthe, etc., etc., et partout il a, dit-on, laissé d'honorables souvenirs. Qu'est-il devenu après la proclamation de la république ? Nous l'ignorons. Ce qu'il y a de bien certain, c'est qu'il ne figurait pas en 1851 sur la liste des préfets.

ARNAUTES. C'est le nom que les Turcs donnent aux peuples que nous appelons Albanais, et qui dans leur langue se nomment Skypetars.

On a aussi donné le nom d'*Arnautes* aux Argoulets.

ARND (Jean), né le 27 décembre 1555, à Ballenstedt, dans la principauté d'Anhalt, après avoir suivi le cours de plusieurs universités, et étudié la chimie et la médecine, fut nommé, en 1583, à la cure de Paderborn. Expulsé de cette église pour s'être refusé à renoncer à la formule d'exorcisme prescrite par le prince dans la cérémonie du baptême, il se retira à Quedlimbourg, où il fut nommé pasteur en 1590. En 1599 il passa à Brunswick en qualité de prédicateur de la cour ; de là à Eisleben ; où il resta de 1608 à 1611, et enfin devint surintendant à Zell, où il mourut, le 11 mai 1621. Peu d'heures avant sa mort il avait fait un sermon sur ces paroles du 126ᵉ psaume : *Ceux qui sèment dans les larmes moissonneront dans la joie*, et était rentré chez lui en disant qu'il venait de prononcer son oraison funèbre. Comme ses ressources étaient extrêmement bornées, et que cependant il faisait à chaque instant preuve de la plus grande libéralité, le bruit se répandit et s'accrédita qu'il avait enfin trouvé l'inappréciable secret de faire de l'or.

Ses écrits ascétiques sont pleins de chaleur et d'onction : aussi l'a-t-on, à juste titre, surnommé le Fénelon de l'Église protestante. Son principal ouvrage, *Le Véritable Christianisme*, est encore populaire parmi les travailleurs, qu'il a mission de moraliser et de consoler, et restera longtemps le meilleur livre de piété de l'Église protestante. Il a été traduit en français par Samuel Beauval. De fanatiques luthériens ne se firent pas faute cependant de l'attaquer, comme propre à entraîner les lecteurs dans le fanatisme mysticisme. Plus de deux siècles de succès ont fait justice de ces critiques, aussi injustes que passionnées.

ARNDT (Ernest-Maurice), professeur à l'université de Bonn, né le 26 décembre 1769, à Schoritz, dans l'île de Rügen, d'un père fermier de divers domaines seigneuriaux, reçut, dans la maison paternelle, une éducation simple, sévère même sous plusieurs rapports. Après avoir suivi les cours du gymnase de Stralsund, il alla étudier, de 1791 à 1794, la théologie et la philosophie, d'abord à Greifswald et ensuite à Iéna. Quelque temps après il entreprit en Suède, en Autriche, en Hongrie, en Italie et en France, des voyages qui durèrent dix-huit mois. Les observations qu'il y recueillit sont consignées dans une série de volumes qu'il publia de 1797 à 1804. En 1806, il fut nommé professeur à l'université de Greifswald, et y fit un cours d'histoire.

Parmi les ouvrages les plus importants qu'il publia pendant son séjour dans cette ville, nous citerons *La Germanie et l'Europe*, où il y a beaucoup d'idées neuves sur les arts, sur l'éducation, sur la tendance des esprits ; son *Histoire du Servage en Poméranie et dans l'île de Rügen*, qui lui attira force accusations et même quelques dénonciations de la part de la noblesse ; puis son *Esprit du Temps* (Geist der Zeit), dans lequel il attaquait Napoléon avec la plus audacieuse liberté : aussi, après la bataille d'Iéna, dut-il se réfugier en Suède. En 1809 il revint de son exil, en se cachant sous le nom du maître de langues Allmann, et la même année il remonta dans sa chaire de Greifswald ; mais à l'approche de la guerre de 1812 il passa en Russie.

Avant cette époque et depuis il se lia avec la plupart des hommes considérables qui agissaient alors de concert pour arracher l'Allemagne au joug de l'étranger. Le ministre baron de Stein, qu'il accompagna en France, l'employa dans l'intérêt de la cause à laquelle il s'était dévoué ; et Arndt eut désormais pour mission d'entretenir et de raviver par de nombreuses brochures la haine contre les oppresseurs étrangers, l'amour de la patrie et de l'indépendance nationale. C'est à cette époque que parurent ses célèbres pamphlets : *Le Rhin, fleuve, mais non pas frontière de l'Allemagne ; Le Catéchisme du Soldat* ; et sa brochure sur *La Landwehr et la Landsturm*, vendus à plusieurs centaines de milliers d'exemplaires. Ses meilleures poésies, dont plusieurs sont devenues des chants populaires, appartiennent également à la guerre de l'indépendance et à la première époque d'ardent enthousiasme qui la suivit.

A partir de 1815 il vint s'établir sur les bords du Rhin, et publia à Cologne, dans les années 1815 et 1816, le journal *Le Veilleur*. En 1817, il alla se fixer à Bonn, et fut nommé, l'année suivante, à la chaire d'histoire de l'université de cette ville. Mais, dès 1819, il se vit enveloppé dans des procès politiques, sous prétexte de menées démagogiques, suspendu de ses fonctions, puis absous et mis à la retraite, avec maintien toutefois de son traitement.

En 1834 il eut la douleur de perdre son jeune fils, sujet qui donnait les plus brillantes espérances et qui se noya misérablement en se baignant dans le Rhin. En 1840, après avoir été pendant vingt ans suspendu de ses fonctions, le roi Frédéric-Guillaume IV lui permit de reparaître dans sa chaire. L'année suivante, il fut nommé recteur de l'université, et en 1842 il reçut la décoration de l'Aigle-Rouge.

De ses anciens écrits, nous citerons encore : les *Heures de Loisir*, histoire et description des îles d'Écosse et des Orcades (1826) ; et l'*Histoire de Suède sous le règne de Gustave III et de Gustave-Adolphe IV* (1839). Mais pour apprécier tout ce qu'il y a d'original dans cet ardent ami de l'indépendance nationale et du progrès de l'Allemagne, il suffit de lire celui de ses livres qui a pour titre : *Souvenirs de la vie extérieure* (1840).

ARNE (Thomas-Augustin), l'un des plus grands compositeurs qu'aient produits l'Angleterre, qui lui doit son célèbre hymne national *Rule Britannia*, né Londres, en 1710, mort dans la même ville, en 1778, était fils d'un riche tapissier, qui ne fit élever à l'école d'Eton. Destiné au barreau, il céda, malgré l'opposition de son père, à la vocation plus forte qui l'entraînait vers la musique. En étudiant les concertos de Corelli et les ouvertures de Haendel, il apprit à perfectionner son jeu sur le violon ; et son goût pour la musique, partagé par sa sœur, détermina celle-ci à se faire cantatrice. Ce fut la célèbre mistress Cibber. Il écrivit pour elle un rôle dans son premier opéra, *Rosamund*, paroles d'Addison, qui fut représenté pour la première fois en 1733 et qui obtint un grand succès. Il donna ensuite le petit opéra comique *Tom Thumb, or the opera of operas*. Son style parut avoir pris encore plus de largeur et d'originalité dans son *Comus* (1738). Vers 1740, il épousa une cantatrice formée à l'école italienne, Cécile Young, avec laquelle il se rendit en 1742 en Irlande, où il fut parfaitement accueilli. Deux ans plus tard, il fut engagé comme compositeur par le théâtre de Drury-Lane, à Londres, où sa femme fut aussi engagée comme cantatrice. A partir de 1745, il écrivit divers morceaux de chant pour les concerts du Vauxhall ; et plus tard l'université d'Oxford lui conféra le titre de docteur en philosophie. Après avoir composé deux oratorios et quelques opéras, par exemple *Eliza*, il s'essaya aussi à écrire de la musique dans le goût italien, et prit pour sujet l'*Artaserse* de Métastase ; et cette tentative fut bien vue par le public. Cependant, la nature de son talent était moins propre aux sujets nobles et élevés qu'aux sujets simples, tendres, gracieux et tenant de la nature de l'idylle. On a en outre de lui des intermèdes pour certains drames de Shakespeare et quelques autres morceaux de musique instrumentale.

ARNHEIM, l'*Arenacum* des Romains, l'*Arnoldi-villa* du moyen âge, chef-lieu de la province de Gueldre (royaume des Pays-Bas), avec 18,000 habitants, siége d'un gouverneur, d'une chambre d'états provinciaux et d'un tribunal de commerce, est situé à 80 kilomètres sud-est d'Amsterdam, sur la rive droite du Rhin, qu'on y traverse sur un pont de bateaux. On y voit un gymnase, une école des beaux-arts et plusieurs institutions scientifiques. Les environs de cette ville, qui est couverte de fortifications, sont délicieux. Parmi les édifices qu'elle renferme, on remarque l'hôtel de ville, l'ancien palais des ducs de Gueldre et l'église Saint-Eusèbe, qui contient leurs tombeaux. Dans un rayon de quarante kilomètres autour de la place sont situées trente-deux manufactures de papier. Il s'y fait, du reste, par eau avec l'Allemagne, Amsterdam et Rotterdam, un commerce important en blé, seigle, avoine, colza, ainsi qu'un transit considérable.

Arnheim était jadis une ville hanséatique. Louis XIV s'en rendit maître en 1672. Prise d'assaut en 1813 par les Prussiens, elle devint pour les coalisés la clef de la Hollande.

ARNI. *Voyez* BUFFLE.

ARNICA ou **ARNIQUE** (par corruption de *ptarmica*, dérivé de πταρμικός, sternutatoire). Ce genre de plantes est ainsi nommé à cause de la propriété sternutatoire que possède à un haut degré la poudre des fleurs d'une de ses espèces, l'*arnica montana*, qui à cause de cela a reçu les noms impropres de *tabac des Vosges* et de *bétoine des montagnes*. L'*arnica montana*, la seule dont nous ayons à nous occuper, appartient à la famille des synanthérées ; elle est vivace, et croît dans les lieux incultes et montagneux, en Suisse, en Bohême, dans les Alpes, les Pyrénées, les Vosges, etc. ; ses fleurs présentent à leur circonférence des demi-fleurons d'un jaune d'or, et au centre des graines noires surmontées d'une aigrette grise ; elles ont une saveur amère, âcre, nauséabonde, et une odeur forte et aromatique qui provoque l'éternuement. Ces fleurs contiennent une résine odorante, une matière amère analogue à la cytisine, une matière colorante, jaune, de l'albumine, de la gomme et quelques sels. Elles cèdent facilement leurs principes actifs à l'eau bouillante et à l'alcool. Aussi l'*arnica* est-il un des principaux ingrédients du *vulnéraire suisse*.

Ingéré dans l'estomac, l'*arnica* donne lieu à de la pesanteur, à une anxiété inouïe dans la région précordiale, à de la cardialgie, à des nausées, à des vomissements pénibles, à des évacuations alvines, à une supersécrétion salivaire et à des sueurs froides. A mesure que l'absorption du médicament s'opère, des phénomènes se manifestent du côté des centres nerveux : céphalalgie, vertiges, mouvements spasmodiques convulsifs dans les membres, avec difficulté de les faire agir, sentiment de constriction au diaphragme, dyspnée. Les médecins allemands prescrivent l'*arnica* contre les accidents qui peuvent résulter des chutes. Comme médicament fébrifuge, l'arnica a été vanté par Stahl, qui l'appelait le *quinquina des pauvres*. Stahl l'administrait dans les fièvres quartes sous forme d'électuaire, dont on prenait gros comme une muscade quatre fois par jour. Il lui attribuait aussi beaucoup d'efficacité dans le traitement des fièvres putrides et malignes. Corvisart, à l'exemple de Stahl, l'employait également en infusion dans ces maladies. L'arnica a été en usage dans la dyssenterie, dont il est le spécifique, au dire de Stahl, dans certaines névroses, dans la paralysie, le rhumatisme, la goutte, l'asthme et le catarrhe pulmonaire. Les médecins italiens s'en servent de même contre certaines diarrhées rebelles, quelques amauroses ; et ils l'emploient toutes les fois qu'ils reconnaissent la nécessité d'abaisser la vitalité des centres nerveux.

ARNIM (LOUIS-ACHIM D'), conteur allemand, plein d'originalité et d'imagination, né à Berlin, le 25 janvier 1781, se consacra d'abord à l'étude des sciences naturelles, dans le domaine desquelles il a fait une foule d'observations neuves, ainsi qu'on peut s'en convaincre par la lecture de son premier ouvrage intitulé : *Théorie des effets électriques* (Halle, 1799). Le premier roman qu'il écrivit donna tout de suite à comprendre que, bien que se rattachant en général aux principes proclamés par la nouvelle école poétique, il entendait cependant conserver la pleine liberté de sa fantaisie. Ses voyages à travers l'Allemagne lui donnèrent occasion de se familiariser profondément avec tous les détails intimes de la vie allemande, avec les nuances diverses qui modifient le caractère du peuple allemand selon les localités. Mais ce qui surtout frappa son attention et excita ses plus ardentes sympathies, ce fut la vieille poésie populaire nationale. La publication qu'il fit en compagnie avec *Brentano* du recueil intitulé *Des Knaben Wunderhorn* (3 vol., Heidelberg, 1806, in-8°) eut pour résultat d'exciter en Allemagne un vif intérêt pour l'antique poésie populaire. Il fit ensuite paraître son *Wintergarten*, recueil de nouvelles (Berlin, 1809) ; le roman *Prauvreté, richesse, faute et repentir de la comtesse Dolores* (2 vol., Berlin, 1810) : l'une des plus intéressantes créations qu'on puisse citer dans ce genre ; *Halle et Jérusalem, Jeux d'Étudiants* et *Aventures de Pèlerins* (Heidelberg, 1811), livre où sa gaieté a pris des licences bien hardies ; enfin, son *Spectacle* (Berlin, 1813), ouvrage qui contient une foule de choses excellentes.

Les malheureuses années de 1806 à 1813 pesèrent aussi sur lui, et pendant longtemps les soins que réclamaient sa famille et les malheurs de son pays absorbèrent toute son attention. Il ne donna de nouveau signe de vie poétique que lorsque la nationalité allemande se crut sauvée. Le roman nouveau qu'il publia alors sous le titre de *Kronenwaechter*, ou première et seconde vie de Berthold (Berlin, 1817), abonde en peintures originales et vivantes. Dans les derniers temps, il habitait alternativement Berlin et sa terre de Wiepersdorf, près Dahme, où il mourut, frappé d'apoplexie, le 21 janvier 1831.

Tous ses écrits révèlent un fonds peu ordinaire de fantaisie, de sentiment et d'*humour*, des connaissances aussi diverses qu'étendues, une observation fine, et un rare talent d'expression ; mais le sans-gêne avec lequel, surtout dans ses premiers ouvrages, il se laisse trop volontiers aller à de bizarres caprices ; le rôle trop important que jouent l'imprévu et le bizarre dans ses écrits, et l'absence de formes dans l'exposition de ses pensées, nuisent aux brillants effets de sa riche imagination.

ARNIM (ÉLISABETH D'), plus connue sous le nom de *Bettina*, épouse du précédent et sœur du poëte Clément Brentano, née en 1783, à Franfort-sur-le-Mein, passa une partie de sa jeunesse dans un couvent, et l'autre, tantôt chez des parents, à Offenbach et à Marbourg, tantôt à Francfort, où elle est plusieurs fois revenue. Dès son enfance, elle se fit remarquer par une tendance aux excentricités, aux bizarreries despotiques de tous genres ; un petit chat faisait sa société habituelle, et quand il mourut, vous dire combien elle le pleura serait chose impossible. Il lui restait pourtant une amie, une compagne de couvent, la chanoinesse de Günderode, dès qu'elles eurent renouvelé connaissance, son admiration pour la nature dégénéra chez elle presque en adoration fanatique et même en véritable folie. L'impression que lui fit éprouver le suicide de cette jeune personne, qui avait conçu la passion la plus violente pour le philologue Creutzer, fut profonde et décisive.

Elle reporta dès ce moment sur Gœthe un enthousiasme dont l'univers seul avait jusque alors fait presque tous les frais, et c'est de cette époque que date celui de ses ouvrages qui a pour titre : *Correspondance de Gœthe avec un enfant* (3 volumes, Berlin). *Voyez* notre article ALLEMAGNE, t. Ier, p. 376.

Or cet enfant, quand il s'éprit de Gœthe, en 1807, avait bel et bien dix-huit ans! Ajoutons que Bettina était de race italienne, au moins par son père, Maximilien Brentano, qui était venu s'établir banquier à Francfort. Donc elle s'enflamma un beau jour, sans trop savoir pourquoi, du plus prodigieux, du plus irrésistible amour pour Gœthe, qu'elle n'avait jamais vu. Le monde est plein d'imaginations crédules, de jeunes têtes qui s'exaltent, s'égarent et prennent à la lettre les jeux romanesques de leur esprit. Passe encore quand elles se contentent d'adorer, à distance, l'objet de leur passion !

Gœthe comptait alors près de soixante ans ; il résidait à Weimar, dans toute sa gloire, dans toute sa puissance de grand poëte et de premier ministre, lorsque la jeune Bettina se déclara hautement la prêtresse de sa divinité. A Francfort, qu'elle habitait alors, elle s'était liée avec la mère de Gœthe, madame Rath, dont l'intervention entre la dieu, son fils, et la prêtresse, sa voisine, ne laisse pas que d'offrir quelque singularité. Hâtons-nous, toutefois, d'ajouter qu'en se prêtant un peu trop peut-être aux effusions mythologiques de Bettina, madame Gœthe chercha plus d'une fois à en régler l'expression, à en tempérer l'ardeur.

Il est à regretter néanmoins qu'un homme tel que Gœthe, loin de s'empresser de couper court à ces excentricités, se soit laissé adorer le plus tranquillement du monde par cette jeune folie. Il était certainement de son devoir de calmer la fièvre subite de cette petite pensionnaire émancipée. Au lieu de cela, il fit le plus froidement du monde tout ce qu'il fallait pour irriter le mal et accroître l'incendie. Il se donna évidemment la petite Bettina en spectacle. Un jour, il se hasarda pourtant à lui écrire : « Tiens-toi bien fort au balancier, et ne te perds pas ainsi dans l'azur ! » L'avertissement était bon ; il devait suffire à faire comprendre à Bettina le genre d'intérêt lui portait le poète ; il s'amusait sans nul doute de ses sarabandes sentimentales, et pour l'en récompenser, de temps en temps il lui jetait de petits billets gracieux, et tournait ses pensées en vers.

Des paroles aux actions il n'y a souvent qu'un pas; mais cette fois le pas, dit-on, ne fut pas franchi. En publiant sa correspondance, Bettina a soin de nous prévenir que *le livre a été écrit pour les bons, et non pas pour les méchants.* Et comment en douter, en effet, quand nous voyons dans sa correspondance tout ce qu'il y avait d'innocent, de paternel, sa première entrevue avec le dieu? Elle entre seule dans sa chambre, cette jeune fille aux yeux ardents, aux joues brûlantes, aux cheveux noirs et crépus (c'est Bettina elle-même qui parle) ; elle entre, et Gœthe l'invite poliment à s'asseoir. Mais s'asseoir loin de lui, *en personne bien élevée* ! « Non, non , s'écrie-t-elle ; je ne puis rester sur ce canapé »; et elle se lève précipitamment. « Eh bien ! faites ce qui vous plaira, » lui répond le poëte. « Je me jetai à son cou, ajoute la narratrice; et lui m'attira sur ses genoux, et il me serra contre son cœur. Tout devint silencieux, tout s'évanouit. Des années s'étaient écoulées depuis l'attente de le voir ; il y avait longtemps que je n'avais dormi (elle venait de passer trois nuits en diligence); je m'assoupis sur son cœur, et quand je m'éveillai une nouvelle existence commençait pour moi. Cette fois, je ne vous en écrirai pas plus long. » A qui Bettina adresse-t-elle ce petit récit, tout empreint de naïveté, de sécurité allemande? A la propre mère de Gœthe. « Et à partir de ce jour l'esprit du poëte, dit-elle, m'enveloppe de tendresse depuis la première matinée du printemps jusqu'à la dernière soirée de l'hiver. »

Les deux premiers volumes de la *Correspondance* de Bettina contiennent ses lettres à la mère de Gœthe, ainsi que celles qu'elle a échangées avec le poëte ; le Journal de sa vie forme le troisième. Un admirateur passionné de notre héroïne, le professeur Daumer, a eu le courage de mettre en vers ce livre entier (Nuremberg, 1837). Une conception qui tient du lyrisme le plus élevé, un style naïf, hardi, charmant, quelquefois tout à fait anti-littéraire, très-négligé et aussi souvent attrayant que repoussant, par des traces du dialecte particulier à l'Allemagne méridionale, des réflexions souvent baroques et ridicules, et qui quelquefois vous frappent par leur rare profondeur, une lutte naïve et ingénieuse de la jeunesse contre la vieillesse, une ironie aimable et quelquefois mordante, poignante, distinguent ces lettres et ce journal, dont la lecture offre le plus vif attrait, à cause des personnages dont le portrait y est esquissé d'une manière aussi hardie que fine et spirituelle. On ne saurait néanmoins se dissimuler que la naïveté de Bettina atteint trop souvent les dernières limites de cette qualité, que les jeux d'esprit de la jeune fille dégénèrent quelquefois en puérilités, son sans-gêne en licence, la forme confiance qu'elle a dans sa jeunesse en coquetterie, sa causerie, ordinairement aimable, en vain bavardage de femme. En tous cas, il y a danger à publiquement révéler ses pensées les plus intimes, comme le fait souvent Bettina. On a d'ailleurs élevé des doutes assez fondés sur sa véracité.

Quoi qu'il en soit, on se lasse de tout dans ce monde, et même de l'adoration d'un génie de soixante ans. Notre héroïne songea donc à se marier, et comme elle ne pouvait rien faire comme tout le monde, elle se maria comme personne ne se marie. Un soir, le poète Achim d'Arnim se promenait à Berlin sous les Tilleuls. Il était jeune, beau et déjà célèbre. Bettina, qui ne le connaissait que de nom et de vue, s'approche, et lui dit, en le prenant par la main et lui lançant un regard de feu : « Si vous voulez, je vous épouse ; » et d'Arnim l'épousa. C'était un poëte. Son bonheur ne fut pas sans doute sans mélange, car le propre frère de Bettina, Clément Brentano, dit quelque part : « Arnim vécut jusqu'à la fin tourmenté de l'histoire avec Gœthe. » Quoi qu'il en soit, Gœthe fut profondément blessé de ce mariage , et la correspondance cessa, au grand regret de madame d'Arnim, qui n'épargna rien pour la renouer. Six ans après , elle écrivait au poëte que « son souvenir ne cessait de lui apparaître *dans la solitude* ». Et quatre ans plus tard elle ajoutait dans une nouvelle lettre : « *Dix ans de solitude* ont passé sur mon cœur, et m'ont séparée de la source où je puisais la vie.... Tout ce que j'avais senti , espéré, tout s'est évanoui. »

Après la *Correspondance de Gœthe avec un enfant*, Bettina fit paraître sa *Günderode* (2 volumes, Leipzig). C'est un recueil de lettres échangées entre elle et sa compagne de couvent, cette pauvre Caroline, qui avait pourtant de l'esprit et de la beauté. Dans ce livre on remarque une douceur de pensées qui a tout le caractère de l'idylle; mais il y a bien plus d'originalité dans les lettres écrites par Bettina que dans celles de la chanoinesse. Par-ci par-là il est possible de relever quelques anachronismes assez violents, de sorte que beaucoup de passages de cet ouvrage semblent n'être que de pures fictions, ce qui du reste ne détruit pas, tant s'en faut , le talent romanesque et poétique de l'auteur.

Durant ses vingt années de mariage ou de *solitude*, de 1811 à 1831, madame d'Arnim, pour se désennuyer sans doute, écrivit son *livre de l'Amour*. C'est encore un hymne à Gœthe, un éternel *alleluia*, où se trouve un peu de tout : de la physique, de la métaphysique, de la poésie, de la politique, avec toute l'histoire des trois premiers baisers qu'a reçus Bettina. « Ce que j'aime en toi, écrit a Gœthe cette femme en puissance de mari, ce n'est pas le grand poëte, cette gloire qu'exalte l'univers, c'est ce qui

ARNIM — ARNOLD

est dans tes yeux, dans les mouvements négligés et solennels de tes membres, dans les intonations de ta voix; c'est la manière dont tu arrives, dont tu t'en vas, ton regard que tu laisses errer sur toutes choses. Oui, voilà ce qui me plaît en toi; et les brillantes qualités ne valent pas pour moi ces choses qui éveillent ma passion..... Si je sentis jamais la dévotion, ce fut sur ton sein, ami! Tes lèvres exhalent le parfum du temple, tes yeux prêchent l'esprit de Dieu; il émane de toi une puissance inspiratrice. Tes vêtements, ta pose, ton visage, tout en toi répand la sanctification, et quand je presse tes genoux sur mon sein, je ne demande plus qu'on me définisse la béatitude réservée aux élus qui contemplent Dieu face à face. »

Madame Bettina d'Arnim, âgée maintenant de soixante-huit ans, réside à Berlin, d'où elle a adressé au roi de Prusse un ouvrage intitulé : *Ce livre appartient au roi*, dont nous avons parlé à l'article ALLEMAGNE. Ardente à poursuivre, sans relâche, l'émancipation de la femme, démocrate et socialiste avant tout, ayant conservé dans son style le feu de la jeunesse, elle s'est faite la sibylle et la pythonisse de la *Jeune Allemagne*.

ARNO, une des grandes rivières d'Italie, prend sa source sur le revers méridional de l'Apennin, dans le district de Casentino, en Toscane. Il coule d'abord au sud-est, séparé du haut Tibre par le contre-fort qui aboutit à Cortone, contourne le pied d'un autre contre-fort placé au nord d'Arezzo, dont il n'approche qu'à une lieue de distance, se relève vers le nord-ouest jusqu'au confluent de la Siève. De là, prenant son cours à peu près à l'ouest, et parcourant la belle et fertile vallée qui porte son nom, après avoir traversé la ville de Florence, il va baigner les murs de Pise, et se jette, à quelques lieues de cette ville, dans la Méditerranée, après un cours de près de 240 kilom.

ARNOBE naquit à Sicca, ville d'Afrique ; il y professait la rhétorique avec une haute réputation, sous le règne de Dioclétien, quand, frappé, dit Eusèbe, par une vision miraculeuse, il abandonna le paganisme, dans lequel il avait été élevé, pour se convertir au christianisme. A peine initié à la religion nouvelle, néophyte encore, Arnobe voulut donner à l'Église un gage éclatant de son adhésion et de sa foi, et qui pût lui mériter la grâce du baptême. Il composa donc, n'étant encore que catéchumène, un ouvrage en sept livres contre quarante-cinq gentils. L'ouvrage, et sous le rapport du plan et sous celui de la doctrine, se ressent de cette précipitation.

Sous le rapport de la doctrine, Arnobe reproduit plusieurs des erreurs du gnosticisme, les erreurs d'Hermogène surtout. Arnobe pèche par un excès de respect envers la Divinité. Il trouve la situation et les conditions de l'homme si malheureuses, qu'il nomme impie, blasphématoire, cette affirmation : « Dieu est l'auteur et l'ordonnateur de l'univers. » Suivant lui, les calamités infinies, les désordres perpétuels de la vie de l'homme, ne s'expliqueraient point et ne se justifieraient point suffisamment par la liberté de la volonté; car si Dieu, qui connaît tout et qui peut tout, n'empêche pas ce qui doit être empêché, la dépravation de l'humanité doit lui être imputée : ne pas la prévenir, c'est l'autoriser. Ceci seul le rassure, c'est que le mal peut provenir d'une autre source que Dieu. Il inclinerait donc à penser, sans l'affirmer, qu'il y a un autre, un second principe du monde, la matière. Arnobe, on le voit, est bien près du dualisme oriental. Arnobe ne peut non plus se résoudre à croire que l'âme soit immortelle, qu'elle soit une image de la Divinité. Des âmes si faibles, si mobiles, si flexibles aux vices, si portées à toutes sortes de péchés, peuvent-elles rien avoir de commun avec la Divinité? Si elles avaient avec Dieu quelque rapport, les eût-ils envoyées dans un corps qui renferme en lui le germe de tout mal ? Non, l'âme n'est point née de Dieu. Mais d'où vient-elle? C'est ici qu'Arnobe trahit ses affinités avec le gnosticisme; ici que, se rattachant à la doctrine des émanations, il donne à l'âme un autre père, qui habite, il est vrai, la cour du Dieu suprême, mais qui n'en est pas moins éloigné de la magnificence du Très-Haut. Puis il assigne à l'âme une place intermédiaire entre le monde au delà de nos sens et le monde sensible. A cette âme moyenne Arnobe ne dénie pas absolument l'immortalité, mais il ne la lui donne pas entière. Se séparant ici de Platon, qu'ailleurs il élève quelquefois jusqu'aux nues, il n'appuie pas l'éloge que le philosophe a donné à l'âme en la démontrant simple et immortelle. L'immortalité dans le système d'Arnobe n'est pas l'essence de l'âme, mais un don de Dieu. C'est par l'obéissance à Dieu que les âmes, qui occupent le milieu entre la vie et la mort, obtiennent le privilége de l'immortalité. Arnobe ne redoute pas la mort, car elle n'est que la séparation de l'âme avec le corps ; mais il craint que l'âme oubliée de Dieu ne soit anéantie complétement dans les flammes. Par ses vertus, par son humilité, l'âme doit donc sans cesse se rappeler à Dieu. Suivant lui, croire orgueilleusement que Dieu a départi au monde le germe d'une vie impérissable est un principe moins vraisemblable que de regarder cette vie immortelle comme un don futur de Dieu.

On voit sous le rapport théologique Arnobe est loin d'être irréprochable. Quant au plan de son livre, il n'en est pas un plus irrégulier. Les matières y sont mal distribuées et développées sans proportion. Arnobe évite et confond les questions, les quittant, les reprenant sans règle et sans nécessité ; en un mot, en se faisant chrétien, il est resté rhéteur et rhéteur africain, plein d'emphase et d'hyperboles, plus habile à étaler les folies et les absurdités du polythéisme qu'à expliquer les dogmes de la foi nouvelle. Arnobe n'a pas été accepté sans restriction par l'Église : il est exagéré et inégal, dit saint Jérôme. Il excelle à peindre des plus vives couleurs le mal physique de ce monde; mais, comme attaque vive et quelquefois éloquente du paganisme, l'ouvrage d'Arnobe est singulièrement curieux : origine de toutes les superstitions anciennes, rites, sacrifices, dieux, cérémonies, mystères jusque là non révélés, Arnobe met tout à nu ; sa verve, confuse quelquefois, mais toujours incisive, ne respecte rien, et on s'explique difficilement cette liberté de la pensée, même dans l'indifférence ou la tolérance du paganisme au troisième siècle.

CHARPENTIER, professeur à la Faculté des Lettres.

Un autre ARNOBE, dit *le jeune*, vivait dans la Gaule pendant la seconde moitié du cinquième siècle : il était moine suivant les uns, évêque suivant d'autres. On a de lui des commentaires sur les Psaumes, publiés à Cologne, en 1595.

ARNOLD, archevêque et électeur de Mayence en l'an 1153. Quelques historiens prétendent qu'il était d'abord prévôt de cette ville, et qu'ayant été envoyé à Rome par l'archevêque Henri 1er pour le défendre auprès du souverain pontife contre des accusations dont il était l'objet, il réussit, en corrompant deux cardinaux, à faire déposer celui qui l'avait choisi pour mandataire et à se faire adjuger sa succession. A supposer cette trahison vraie, il en aurait été cruellement puni ; car, à la suite d'une violente discussion que le nouvel archevêque eut avec les bourgeois de Mayence au sujet de certains priviléges qu'ils refusaient de lui reconnaître, il fut massacré par le peuple dans le cloître Saint-Jacques ; son corps, dépouillé de tout vêtement, fut traîné dans les rues, jeté sur un tas de fumier, mis en lambeaux et enterré sans honneurs.

Dès que l'empereur Frédéric Barberousse, auprès de qui il jouissait d'une grande faveur, eut reçu la nouvelle de cette atroce boucherie, il jura d'en tirer une vengeance éclatante. Trois ans après, en effet, il entrait dans Mayence, faisait mettre immédiatement à mort les trois principaux chefs de la sédition, et raser les fortifications de la place ainsi que le cloître Saint-Jacques; puis, après avoir anéanti d'un trait de plume tous les priviléges de la bourgeoisie, il convertissait la ville en une vaste solitude. Trente-six ans elle sommeilla dans cet état. Un des successeurs d'Arnold a écrit sa vie.

ARNOLD (CHRISTOPHE), paysan du village de Sommerfeldt, près de Leipzig, né le 17 décembre 1630, mort le 15 avril 1693, dut ses connaissances astronomiques à ses propres observations et aux études théoriques qu'il put faire plus tard à Leipzig. Ses observations astronomiques lui firent une telle réputation, qu'il finit par se trouver en correspondance avec tous les savants les plus illustres de son époque. Dans la maison qu'il habitait il avait construit un observatoire, que le respect porté à sa mémoire fit religieusement conserver jusqu'en 1794, où il fallut l'abattre, parce qu'il menaçait de s'écrouler de vétusté.

Infatigable à observer le ciel, Arnold y découvrit plusieurs phénomènes avant d'autres astronomes : ce fut lui, par exemple, qui le premier appela l'attention des savants sur les comètes de 1683 et 1686. Il acquit encore plus de célébrité par son observation du passage de Mercure, le 30 octobre 1690. A cette occasion, les magistrats de Leipzig non-seulement lui firent un présent en argent, mais l'exemptèrent d'impôts pour toute sa vie. Les observations d'Arnold étaient si exactes, que pour la plupart elles ont été insérées dans les *Acta Eruditorum*.

Il fit aussi imprimer un ouvrage intitulé : *Signes de la grâce de Dieu manifestés dans un prodige solaire* (1692), où il donne l'explication du phénomène de l'apparition simultanée de deux soleils. L'astronome Schrœder a donné le nom d'Arnold à trois vallées de la lune. Les manuscrits inédits qu'il a laissés en mourant, et qui se composent de cinq dissertations astronomiques, sont déposés dans la bibliothèque de Leipzig, où se trouve aussi son portrait.

ARNOLD (JEAN), meunier, dont le moulin était situé dans la partie de la Prusse dite la *Nouvelle-Marche*, est qu'un procès plaidé et jugé sous le règne de Frédéric II a rendu célèbre. Personnellement connu du roi, Arnold vint un jour se plaindre à lui de ce que le seigneur propriétaire féodal de son moulin, M. de Gersdorf, lui enlevait par l'établissement d'un nouvel étang l'eau nécessaire à sa machine, et de ce que néanmoins, sur un rapport rendu à l'unanimité par les autorités de Custrin, et homologué par le tribunal de Berlin, il était condamné à payer son prix de fermage ordinaire. Or, payer lui ayant été impossible, puisque le moulin ne fonctionnait plus, on l'en avait dépossédé, acte de rigueur qui le réduisait lui et sa famille à la mendicité.

Le roi crut voir dans l'espèce une injustice, et, ne voulant pas s'en fier au rapport précédemment fait sur ce procès par l'autorité administrative, il chargea le colonel Heuking d'examiner de nouveau l'affaire. Le rapport du colonel ayant été favorable aux réclamations d'Arnold, le roi non-seulement destitua son grand chancelier Furst, en lui reprochant de la manière la plus vive la négligence qu'il apportait à surveiller la marche générale de l'administration de la justice, mais encore il fit arrêter et jeter en prison les deux conseillers qui avaient instruit le procès, dont il ordonna que tous les documents fussent rendus publics.

Bien que le rapport demandé au sénat criminel du tribunal de Berlin, présidé par le ministre Zedlitz en personne, eût absous les deux magistrats de tout soupçon de partialité dans cette affaire, et que le ministre se refusât ouvertement à rendre une autre sentence, Frédéric II enleva arbitrairement leurs places à quatre des magistrats composant le tribunal, les condamna à un an de prison dans une forteresse, et ordonna, en outre, que conjointement avec M. de Gersdorf, l'instigateur de toute cette affaire, ils eussent à payer de leurs propres deniers une indemnité importante au meunier Arnold. M. de Furkenstein, président de la régence de la Nouvelle-Marche, perdit aussi sa place à la suite de ce procès, qui fait pendant à la célèbre histoire du *Meunier de Sans-Souci*.

Lorsque Frédéric II eut fermé les yeux, son successeur permit qu'on revînt sur toute la procédure, qui fut alors cassée. Le nouvel arrêt mit hors de cause tous les accusés, et indemnisa Arnold aux frais du trésor public.

ARNOLD (BENOIT), célèbre général de l'armée américaine pendant la guerre de l'indépendance, faisait avant cette époque le commerce du cheval aussi. Il embrassa avec ardeur le parti de la révolution. Né en 1745, dans le Connecticut, d'une famille obscure, d'abord chef d'une compagnie de volontaires de New-Haven, il se fit en peu de temps, comme colonel, une telle réputation d'habileté et de bravoure, surtout à la prise du fort de Ticondéroga, qu'il mérita d'être choisi par Washington pour l'un des chefs de l'expédition dirigée contre Québec, dans le but d'arracher le Canada à la domination anglaise.

Le célèbre Montgommery avait le commandement en chef de cette entreprise aventureuse. Le petit corps aux ordres du colonel Arnold s'enfonça le premier dans la contrée encore sauvage où il devait être rejoint par l'armée. On était au mois de septembre, au cœur de l'hiver dans ce pays, les neiges et les frimas couvraient la terre. Toujours à l'avant-garde, avec sa troupe de pionniers, Arnold frayait le passage, et, malgré les obstacles, arrivait souvent au terme de chaque étape sans que l'ennemi eût pu soupçonner son approche.

Après trois mois de rudes fatigues et de travaux inouïs, il dut suspendre sa marche et prendre position pour attendre Montgommery. Enfin l'assaut est donné à Québec dans les derniers jours de 1775 ; mais grièvement blessé à la jambe dans l'attaque où périt le brave général, et devenu seul chef de l'expédition, Arnold se trouva tellement affaibli par les pertes qu'avait éprouvées sa troupe, qu'il fut obligé de battre en retraite.

Plus heureux dans la campagne suivante, il prit une part importante à l'action dans laquelle le général anglais Burgoyne fut fait prisonnier avec tout son corps d'armée ; et quoique blessé encore devant Québec, où le premier il s'était jeté dans les retranchements ennemis, il n'en continua pas moins de sa tente, où on l'avait transporté, de diriger l'assaut, que le succès couronna cette fois pleinement. Dans un combat naval qu'il livra aux Anglais sur le lac Champlain, il soutint encore sa réputation militaire, et fut nommé au commandement de Philadelphie lorsque l'ennemi eut évacué cette place, en 1778.

Ce fut alors qu'il commença à se faire remarquer par une conduite qui contrastait étrangement avec les mœurs de son pays et les circonstances où se trouvaient ses concitoyens. Il faisait chaque jour d'énormes dépenses en diners, bals, concerts, et montrait une insolence à laquelle on n'était pas accoutumé, témoignant le plus grand mépris pour l'autorité civile. Ses dettes s'accumulèrent bientôt, et il fut accusé de péculat par l'assemblée de Pensilvanie. Une cour martiale le condamna, le 20 janvier 1779, à *être réprimandé par le commandant en chef*, sentence que ratifia le congrès, et qui conciliait les droits de la justice avec les égards dus au mérite personnel du condamné.

L'âme altière d'Arnold ne put supporter un pareil affront ; dès lors il forma le projet de trahir sa patrie et de se vendre aux Anglais. Il demanda et obtint le commandement du poste important de West-Point, dans le voisinage de New-York, quartier général des forces britanniques. Une correspondance s'établit entre lui et le général ennemi Clinton par l'intermédiaire du major André, aide de camp de ce dernier. André vint trouver Arnold à West-Point; le projet de livrer cette place aux Anglais et de faire prendre au corps d'armée commandé par Arnold une position telle que l'armée britannique pût le surprendre, le faire prisonnier, et s'emparer de ses armes et de ses munitions; mais le major André fut arrêté en retournant à New-York, la trame fut découverte, et le malheureux paya de sa tête sa coupable intervention. Quant à Arnold, ayant eu le temps de s'enfuir jusque auprès de Clinton, il publia deux manifestes, dans lesquels il attribuait sa défection à la déclaration de l'indépendance des États-Unis et à leur alliance avec la France, quoiqu'il eût continué à servir sous les drapeaux du congrès longtemps après ces deux événements. Il fut nommé major général dans l'armée anglaise ; mais il ne fit plus la guerre qu'en brigand, brûlant et dévastant un pays qu'il avait si bien défendu. A la suite du traité de paix qui reconnut l'indépendance de l'Amérique du Nord, il vint se fixer à Londres, où il mourut, universellement méprisé, en 1801.

ARNOLD (Samuel), Allemand de naissance, musicien célèbre, naquit en 1739 ou 1740, et fit son éducation musicale à Londres. Une composition dramatique qu'il produisit à vingt-trois ans lui valut d'être attaché en qualité de compositeur au théâtre de Covent-Garden. Il écrivit pour la scène la musique de *La Servante du Moulin* et de plusieurs autres opéras, et se distingua surtout par les oratorios de *La Guérison de Saül*, d'*Abimélech*, de *L'Enfant prodigue*, de *La Résurrection* et d'*Élisée*. Après avoir reçu le titre de docteur en musique à l'université d'Oxford, il devint, en 1783, organiste de la chapelle du roi, et fit une édition de luxe de tous les ouvrages de son maître Haendel, en 36 vol. Il mourut à Londres, le 22 octobre 1802.

ARNOLD (Georges-Daniel), né à Strasbourg, le 18 février 1780, mourut dans cette ville, en 1829. Après avoir passé deux ans à Gœttingue sous les Meister, les Hugo, les Martens, il se fit recevoir docteur en droit; et lorsque les écoles de droit furent rouvertes, en 1806, il fut nommé professeur de droit civil à la faculté de Colmar. Mais il désirait être placé dans sa ville natale. Son vœu fut exaucé. D'abord attaché à la faculté des lettres comme professeur d'histoire, il passa bientôt à la faculté de droit, dont il devint doyen en 1820, après la mort de Hermann.

Arnold était aimé et vénéré de ses élèves, pour lesquels il publia ses *Éléments de Droit romain* (*Elementa Juris civilis Justiniani cum codice Napoleono et reliquis legum codicibus collati*, 1812). Il s'est fait aussi un nom dans la littérature et par ses *Poésies allemandes*, entre lesquelles on remarque *Les Roses* et l'*Élégie sur la mort de Blessig*. Mais le chef-d'œuvre d'Arnold est son inimitable comédie populaire *Le Lundi de la Pentecôte* (*Der Pfingst-Montag*), dans laquelle il fait parler à ses personnages tous les dialectes de l'allemand d'Alsace. C'est un tableau de mœurs plein d'originalité, empreint d'une gaieté qui va parfois jusqu'à l'exubérance ; c'est les Strasbourgeois de la vieille roche, c'est la vie de cité et de famille des Alsaciens peinte d'après nature.

ARNOUL ou ARNOLPHE (Saint), dont est descendue la seconde race des rois de France, était issu, suivant Jacques de Guyse, de la première race des rois de France, ayant pour père Arnoul, et pour aïeul Ausbert, celui-ci fils de Waubert, et petit-fils d'Albéric, dont le père, Clodebaud, était frère aîné de Mérovée. Arnoul joignit à l'éclat de la naissance les lumières et la valeur qui distinguent l'homme d'État et le guerrier. Théodebert II, en montant sur le trône d'Austrasie (596), lui conféra la dignité de *domestique* (ministre des affaires intérieures et privées), et lui donna le gouvernement des six maisons royales qui existaient dans les six provinces austrasiennes. Bientôt après, cédant à l'inclination d'embrasser la vie religieuse, Arnoul, du consentement de Doda de Saxe, sa femme, reçut les ordres sacrés, et fut pourvu de l'évêché de Metz à la mort de saint Papoul, en 611. Clotaire II, roi de Soissons, auprès duquel Arnoul s'était retiré en 612, après la chute et la mort de Théodebert, le donna pour ministre à son fils Dagobert, roi d'Austrasie, en 622. Il fut l'un des médiateurs du différend qui s'éleva en 625 entre ce roi et son père,

au sujet des provinces qui avaient été démembrées de l'Austrasie. Les conseils d'Arnoul déterminèrent Dagobert à rendre à son fils quelques-unes de ces provinces.

L'année suivante Arnoul, accompagné de saint Romaric, se retira dans le désert des Vosges, résolu de terminer ses jours dans une profonde solitude. Cependant, à l'avénement de Dagobert (628) il consentit à faire au bonheur de sa patrie le sacrifice de son repos, et reprit la direction des affaires avec Pepin le Vieux, maire du palais d'Austrasie, et saint Cunibert, évêque de Cologne. Mais dès que cette sage et habile administration eut affermi et rendu florissante la prospérité du royaume, Arnoul, jugeant sa mission remplie et sa coopération désormais moins nécessaire, se retira dans sa solitude (630). Il y vécut dix ans dans les pratiques les plus austères de la piété, et mourut le 16 août 640. Le 16 juillet 648 son corps fut transféré à Metz, et inhumé avec pompe dans l'église des Saints-Apôtres, qui prit depuis le nom d'église de Saint-Arnoul. Doda de Saxe lui survécut, et prit le voile dans un monastère de Trèves.

Arnoul en avait eu deux fils, Clodulfe, évêque de Metz, et Anschise ou Ansegise, *domestique* de Sigebert II, roi d'Austrasie. Godrin le tua à la chasse, en 678. Il laissa de son mariage avec Begga, fille de Pepin le Vieux, dit de Landen, maire du palais d'Austrasie, inhumée dans le monastère d'Andère, qui lui dut sa fondation, Pepin surnommé *le Gros*, de Héristal, maire du palais d'Austrasie, et père de Charles Martel, chef de la seconde race des rois de France. Lainé.

ARNOUL ou ARNOULF, empereur d'Allemagne, fils naturel du roi Carloman et de la belle Luitswinda, reçut en partage, à la mort de son père, arrivée en 880, le duché de Carinthie. Les grands de l'empire, réunis en 887 à la diète de Tribur, ayant déposé l'empereur Charles le Gros, proclamèrent roi Arnoulf, qui, excité par Luitwand, ancien archi-chancelier de Charles et devenu son ennemi personnel, marcha sur Tribur à la tête d'une armée, à l'effet de faire personnellement valoir ses prétentions au trône impérial. L'Empire d'Allemagne, affaibli à l'intérieur par la faiblesse de ses prédécesseurs et menacé de tous côtés à l'extérieur, trouva dans Arnoulf le souverain énergique dont il avait besoin. Dès le début de son règne orageux, le roi de France Eudes prêta volontairement en 888 le serment de fidélité; et en 889 le roi Rodolphe de Bourgogne y fut contraint par la force des armes. L'année suivante les Normands, toujours vainqueurs jusque alors, qui avaient envahi la Lorraine et avaient battu une armée allemande le 26 juin, sur le Geul, non loin de Maëstricht, furent exterminés par Arnoulf sur les bords de la Dyle près de Louvain. Cependant Zwentibold, prince de la Grande-Moravie, paraissait être l'ennemi que l'Allemagne eût alors le plus à redouter; il obtint même d'Arnoulf, dont il se disait l'ami, l'investiture du duché de Bohême. Mais il chercha ensuite à se rendre indépendant, se révolta ouvertement et n'obéit point à la citation d'avoir à comparaître qui lui fut adressée en 892 au nom d'Arnoulf. En conséquence, celui-ci, après avoir conclu alliance avec le prince hongrois Brazlaff et avec Landomir, chef de hordes bulgares, envahit la Grande-Moravie et contraignit Zwentibold à se soumettre. Pendant ce temps-là les querelles dynastiques du comte Bérenger de Frioul et de Gui de Spoleto avaient pris en Italie une telle gravité, qu'Arnoulf dut passer les monts en 893 à l'effet de contraindre les contendants à reconnaître la suzeraineté de l'Empire. Bérenger avait déjà été secouru et reconnu par Arnoulf, tandis que Gui avait trouvé un appui dans le pape Étienne VI, qui l'avait même couronné sous le titre d'empereur, en 891. Arnoulf, dont la haute Italie jusqu'à Plaisance, lorsqu'il fit tout à coup volte face à l'effet de s'en aller châtier Rodolphe de Bourgogne, qui avait abandonné sa cause. Tandis que Arnoulf combattait inutilement en Bourgogne, pays alors presque impraticable, Gui mourait en 894 et Bérenger était reconnu roi à Pavie. Mais le fils de Gui, Lambert, se posa son compétiteur; et à cette nouvelle Arnoul accourut en 895 en Italie, où Lambert et Bérenger firent cause-commune contre lui. Arnoulf marcha d'abord sur Rome, que défendait Agelrude, veuve de Gui, et prit cette ville d'assaut. L'année suivante le pape Formose lui plaça sur la tête la couronne impériale; mais à peu de temps de là il tomba subitement malade au milieu de ses préparatifs, et s'en retourna en Allemagne, en chargeant son fils Ratold de la conduite de la guerre en Italie. Il mourut le 29 novembre 999, à Ratisbonne, après avoir fait reconnaître, dès 897, son fils Louis l'Enfant pour lui succéder.

ARNOULD (Sophie), actrice de l'Opéra, fameuse par ses aventures galantes et par la causticité de son esprit, naquit à Paris, le 14 février 1743, dans la chambre même où Coligny fut massacré la nuit de la Saint-Barthélemy. Son père, qui tenait un hôtel garni, lui fit donner une éducation brillante. Sophie avait reçu de la nature un esprit facile, un cœur impressionnable, une voix céleste et des yeux d'une expression ravissante. Un hasard lui fraya le chemin du théâtre : la princesse de Modène s'était retirée au Val-de-Grâce; c'était alors la mode, chez les grandes dames, de s'enfermer quelque temps dans un cloître pour y faire pénitence des péchés qu'elles avaient commis dans le courant du carnaval. La princesse de Modène remarqua la beauté d'une voix qui chantait une leçon des ténèbres; cette voix était celle de Sophie Arnould. La princesse ayant signalé la jeune virtuose à l'attention de la cour, Sophie fut bientôt admise à la chapelle du roi, où elle entra contre la volonté de sa mère. Madame de Pompadour, ayant entendu chanter Sophie, s'écria : « Il y a là de quoi faire une princesse ».

Quelque temps après, Sophie Arnould parut pour la première fois sur la scène, le 5 décembre 1757, et devint en peu de temps la reine de l'Opéra. Les rôles dans lesquels elle brillait le plus étaient ceux de Théalire dans *Castor et Pollux*, d'Éphise dans *Dardanus*, et d'Iphigénie dans *Iphigénie en Aulide*. Elle plaisait autant par son jeu naturel et expressif, par sa physionomie pleine de vivacité et de grâce, que par la beauté de son chant. Elle prit sa retraite en 1778.

Sophie Arnould dépensait avec une égale insouciance sa jeunesse, ses saillies et les largesses de ses amants. Sa maison était fréquentée par tout ce que la noblesse et les lettres offraient de plus illustre : on y voyait D'Alembert, Diderot, Helvétius, Mably, Duclos, et J.-J. Rousseau. Sophie fut chantée par Dorat, dans son poëme de *La Déclamation*, par Bernard, par Ruthière, par Marmontel, par Favart. Le célèbre Garrick lui donna des éloges. Ses bons mots lui avaient acquis une si grande réputation, qu'on en a fait un recueil intitulé *Arnoldiana, ou Sophie Arnould et ses contemporains*, par A. Deville (1813). Elle piquait souvent au vif celui à qui elle voulait faire sentir sa supériorité, et pourtant elle n'eut point d'ennemis. Ayant aperçu une batière avec les portraits de Sully et de Choiseul : « Ah! s'écria-t-elle, voilà la recette et la dépense! » Un fat, pour la mortifier, lui disait : « A présent, l'esprit court les rues. » « Ah, monsieur! répliqua Sophie, c'est un bruit que les sots font courir. » Un homme de qualité fort riche, qui était alors son amant en titre, l'ayant surprise en tête-à-tête avec un chevalier de Malte, et lui en faisant des reproches : « Votre procédé est souverainement injuste, lui répondit Sophie : monsieur accomplit son vœu de chevalier de Malte : il fait la guerre aux infidèles. »

En 1802 elle dit au curé de Saint-Germain-l'Auxerrois, qui lui administrait l'extrême-onction : « Je suis comme Madeleine, beaucoup de péchés me seront remis, car j'ai beaucoup aimé. » Elle mourut en 1803. Au commencement de la révolution, ayant acheté le presbytère de Luzarches, elle en fit une belle maison de campagne, et mit cette inscription sur la porte : « Ite, missa est. » Le troisième fils de Sophie Arnould, Constant Dioville de Brancas, fut tué à la bataille de Wagram; il était colonel de cuirassiers.

ARNSBERG, petite ville de 4,000 âmes, chef-lieu de la régence du même nom, dans la province de Westphalie (Prusse occidentale), bâtie sur une colline, siége du tribunal d'appel du duché de Westphalie et de la principauté de Siegen, à 70 kilomètres de Munster, est presque entièrement entourée par la Ruhr. Cette ancienne capitale du duché de Westphalie possède un gymnase catholique, une école normale d'instituteurs primaires, des fabriques de drap et de toile, des distilleries et des brasseries. On y jouit de la vue d'un site montueux embelli par les ruines d'un vieux château, qui aux onzième et douzième siècles appartenait aux comtes d'Arnsberg. Dans le parc ombreux qui entoure ses vénérables débris, on montre encore l'endroit où se réunissaient, aux treizième, quatorzième et quinzième siècles, les membres d'un de ces mystérieux tribunaux dits de la sainte vehme.

ARNTZENIUS, nom d'une famille hollandaise, célèbre dans l'histoire des lettres.

Jean ARNTZENIUS, né en 1702, à Wesel, étudia le droit à Utrecht, et surtout la philosophie, sous Duker. Après avoir été successivement nommé recteur, puis professeur de poésie, d'éloquence et d'histoire à Nimègue, il passa, en 1742, en la même qualité, à Utrecht, où il mourut, en 1759. Parmi les nombreux écrits qui témoignent de sa profonde érudition et de sa haute critique, nous citerons les éditions qu'il a données d'Aurelius Victor et du panégyrique de Trajan par Pline le Jeune. — Son fils, *Henri-Jean* ARNTZENIUS, né à Nimègue, en 1734, professeur de droit à Groningue et, depuis 1774, à Utrecht, mort en 1797, a laissé de précieuses éditions de Sedulius, d'Arator, et surtout des panégyristes romains. — *Othon* ARNTZENIUS, frère de Jean, né à Arnheim, en 1703, fut successivement professeur aux gymnases d'Utrecht, de Gouda, de Delft et d'Amsterdam. Son édition des *Distiques* de Dionysius Cato est fort estimée.

AROLSEN, capitale de la petite principauté de Waldeck, bâtie non loin de la Twiste, l'un des affluents de la Diemel, compte environ 2,500 âmes, un palais où s'assemblent les états, un hôtel des monnaies, quelques fabriques de cuir et de coton, et n'offre de remarquable que le château qui sert de résidence aux princes souverains. La construction en remonte à l'année 1720, époque où Théodore-Antoine-Ulrich de Waldeck le fit bâtir, sur l'emplacement d'un vieux manoir féodal, qui jusqu'au seizième siècle avait été un couvent de religieuses de l'ordre de Saint-Augustin. La bibliothèque de ce château est riche en livres et en manuscrits précieux; on y voit aussi une collection de médailles et d'antiques.

AROMATES (du grec ἄρωμα, odeur suave, parfum). On appelle ainsi les substances qui exhalent une odeur plus ou moins suave, telles que les épiceries qui nous viennent de l'Orient, la cannelle, le gingembre, le poivre, la muscade, l'aloès, le baume, l'encens, et généralement toutes les substances odoriférantes tirées des végétaux, et qui contiennent beaucoup d'huile volatile, ou une résine légère et expansive. Quelques aromates nous sont en outre fournis par le règne animal, comme l'ambre gris, le musc, la civette, le castoreum, etc.

On emploie les aromates dans la fabrication des parfums, dans les assaisonnements et dans les embaumements. En médecine, on s'en sert comme de remèdes excitants ou antispasmodiques.

AROME. Un grand nombre de plantes ou de leurs parties offrent une odeur plus ou moins suave, qui n'est pas toujours due à des principes de même nature; fréquemment elles doivent cette propriété à des huiles volatiles appelées communément *essences*, que l'on peut en séparer par des procédés convenables; dans d'autres cas, leur odeur provient d'une substance insaisissable, qui est plus particulièrement désignée sous le nom d'*arome*. Il paraît que des substances inodores ou peu odorantes par elles-mêmes peuvent répandre une odeur forte par le mélange de diverses substances qui facilitent leur volatilisation. Ainsi, quand on dessèche le musc, il s'en sépare de l'*ammoniaque*, qui paraît être le véhicule de l'odeur, puisque le résidu est inodore, et qu'en l'imprégnant avec une petite quantité de la substance enlevée on le rend aussi odorant qu'il l'était primitivement. De même le tabac doit une partie de son odeur à des sels d'ammoniaque que l'on y mêle dans la préparation.

Une chose remarquable, c'est que beaucoup de plantes dont l'odeur est assez forte donnent quand on les dissout dans l'eau un liquide inodore, et qu'elles rendent odoriférantes les huiles avec lesquelles on les fait macérer.

H. GAULTIER DE CLAUBRY.

ARONDE (*avicula*), genre de coquilles bivalves, placées par Lamarck dans sa division des *conchifères monomyaires*, famille des *malléacées*, et auxquelles une forme presque ronde et une charnière prolongée en aile donnent quelque rapport avec un oiseau : d'où leur est venu le nom d'*avicule* sous lequel on les désigne fréquemment. Ces coquilles sont en général petites, minces, fragiles, nacrées à l'intérieur. Les mollusques qui les habitent n'inspireraient qu'un médiocre intérêt, si l'on ne trouvait dans ce groupe l'*aronde margaritifère*, espèce qui produit les *perles d'Orient*, et que l'on voit en bancs énormes dans le golfe Persique, sur les côtes de Ceylan, etc., où des pêcheurs habitués à plonger vont la chercher sous l'eau. Les autres espèces du même genre ne fournissent pas de perles. Il faut pour cela que la substance nacrée qui les constitue et tapisse l'intérieur des valves s'extravase sous forme de globules : ce qui paraît être le résultat d'une maladie propre à ce mollusque. *Voyez* l'article PERLES.

Le mot *aronde* est aussi le synonyme vulgaire d'*hirondelle de fenêtre*.

Dr SAUCEROTTE.

ARONDE (Queue d'). *Voyez* QUEUE D'ARONDE.

ARONDELLE (dérivé du latin *hirundo*, hirondelle), longue corde que les pêcheurs étendent sur le sable à marée basse, pour prendre, avec des hameçons placés sur des lignes fixées à cette corde, les poissons qui, à la marée montante, viendront rôder autour de l'endroit où se trouve lacée l'*arondelle*. Le principal inconvénient de ce genre de pêche, c'est de ne permettre de retirer le poisson que douze heures après qu'il a été pris, les pêcheurs étant forcément obligés, pour relever leurs filets, d'attendre la marée basse.

Les marins donnent le nom d'*arondelle de mer* (sans doute par corruption du mot *hirondelle*) aux bâtiments légers, tels que brigantins, pinasses, etc.

ARPADES, nom de la première dynastie des rois de Hongrie. Elle était issue d'Arpad, chef ou khan des Madjares, qui à la fin du neuvième siècle vint avec sa nation, chassée des bords du Volga, s'établir sur les rives de la Theiss, et combattit les Moraves, comme allié de l'empereur Arnoul, vers 895. Quand ces tribus sauvages eurent franchi les monts Carpathes et se furent établies dans la Pannonie, leurs chefs prirent le titre de ducs. Saint Étienne, petit-fils d'Arpad, est le premier qui se soit fait appeler roi, titre que ses descendants ont porté jusqu'à Henri III, mort sans enfants en 1300.

ARPÉGE (de l'italien *arpeggio*, formé de *arpa*, harpe). On écrivait autrefois, et avec plus de raison, *harpége*. Ce mot sert en musique à désigner un accord dont les notes sont frappées successivement au lieu de l'être simultanément, et dont les différents degrés sont ou conservés ou abandonnés à mesure qu'ils se succèdent. Dans le dernier cas, cette forme est une précieuse ressource pour les instruments à archet, sur lesquels la convexité du chevalet rend impraticables les accords de quatre notes dont on voudrait frapper toutes les notes d'un seul coup ; on les fait donc résonner l'une après l'autre, en commençant par la plus grave, et de manière autant que possible que la prolongation des premiers degrés produise avec ceux qui les suivent l'effet d'un accord plaqué. La harpe, la guitare, le piano, l'orgue emploient aussi cette manière de faire l'accord, sans y être obligés, mais parce qu'en beaucoup de cas il en résulte plus d'élégance dans l'exécution et une sonorité plus apparente. Une autre forme d'arpége consiste à faire entendre successivement les notes d'un accord sans en retenir aucune et en leur donnant une durée égale ou inégale ; en ce cas, l'arpége prend le nom de *batterie*. Cette manière de détailler l'arpége offre de grands avantages, particulièrement lorsqu'il s'agit d'accompagner. une cantilène en notes prolongées ou dans laquelle les notes de passage sont peu nombreuses ; car par ce moyen l'harmonie semble beaucoup plus fournie que si l'accord était simplement *plaqué*. Lorsque les batteries sont d'un mouvement rapide, l'effet des notes de passage de la partie principale qui correspondrait mal avec la partie chantante passe inaperçu dans l'ensemble ; mais si le mouvement des batteries était trop lent, et que des notes étrangères l'une à l'autre se heurtassent continuellement, il en résulterait un effet désagréable.

Ces sortes d'arpéges offrent aux instruments à vent le seul moyen qu'ils possèdent de produire des accords. On a de plus construit des instruments à archet sur lesquels l'emploi fréquent et presque continuel de ces formules constituait véritablement le caractère particulier de l'instrument. Ce sont ceux que l'on appelait *violon*, *viole* et *violoncelle d'amour*, qui ont à peu près cessé d'être en usage. Ces instruments étaient montés de cordes métalliques placées au-dessous des cordes de boyau, qui seules subissaient l'action de l'archet, et résonnant sympathiquement avec elles. Les vibrations de la corde sympathique se prolongeaient au moment où une nouvelle note était attaquée : il fallait que la composition fût conçue de manière à ne pas contrarier cet effet, et les successions des notes d'un accord se prêtaient mieux que toute autre formule à obtenir de l'instrument le résultat le plus avantageux et le plus régulier.

Autrefois, lorsqu'un passage devait être *arpégé*, l'écrivait comme on écrit maintenant une cadence, en indiquant, au moyen du mot *arpégé* placé au-dessus ou au-dessous de la portée, l'intention du compositeur.

Adrien DE LAFAGE.

ARPENT, ancienne mesure de superficie agraire. Avant l'adoption du système métrique, on en comptait presque autant que de paroisses ; les plus en usage étaient celui de Paris, et l'*arpent royal dit des eaux et forêts*. L'arpent de Paris, contenant 100 perches carrées de Paris, valait 0,34189 d'hectare. L'arpent royal, composé de 100 perches carrées des eaux et forêts, était équivalent à 0,51072 d'hectare.

ARPENTAGE (mot dérivé d'*arpent*). Proclus raconte que les débordements périodiques du Nil confondant les limites des propriétés, les Égyptiens cherchèrent des règles pour que chacun pût retrouver ce qui lui appartenait avant l'inondation. De là naquit l'arpentage, qui portait en germe la géométrie, et qui n'est autre chose que l'application de cette science à la mesure des terrains. Pris dans sa plus grande extension, l'arpentage renferme : 1° les opérations qu'il faut exécuter sur le terrain même, ou l'*arpentage* proprement dit ; 2° la représentation sur le papier de la figure du terrain dans des proportions connues, ce qui constitue le *levé des plans* ; 3° l'ensemble des calculs nécessaires pour trouver la superficie du terrain, c'est le *toisé*. — L'arpentage proprement dit, et nous n'avons à nous occuper que de lui dans cet article, se borne donc à la mesure sur le terrain des côtés des figures et de leurs angles. Pour cela, l'arpenteur emploie divers instruments, les jalons, la chaîne les fiches, le niveau, l'équerre de l'arpenteur, le graphomètre, la boussole, et toute sa science consiste à savoir s'en servir avec précision. Quelquefois encore il a à résoudre des problèmes qui demandent l'emploi du calcul, comme celui-ci : *mesurer la distance de deux points inaccessibles*. Il lui est alors nécessaire d'avoir quelques notions de trigonométrie, ou au moins de connaître les formules applicables à ce genre de questions.

ARQUEBUSE, ARQUEBUSIER. Le mot *arquebuse* vient de l'italien *archibuso* ou *arcobusio*, formé d'*arco* et de *busio* (pour *bugio*), trou, c'est-à-dire *arc percé*; l'Arioste, dans son poëme de *Roland Furieux*, l'appelle *ferro buzio*. La Carne de Sainte-Palaye rapporte à peu près à l'année 1550, sous Henri II, roi de France, l'invention de cette arme, qui fut perfectionnée en 1554, par d'Andelot, général de l'infanterie française. Elle était si massive et si pesante qu'il fallut longtemps deux hommes pour la porter; on la chargeait de pierres rondes, et on l'appuyait sur des espèces de fourchettes pour la tirer. On en fit d'abord à rouet, puis à croc; on en fabriqua ensuite de plus simples et de plus légères, en diminuant le calibre et la longueur; on inventa enfin la batterie à pierre à feu, qui remplaça la mèche. Il y eut aussi des arquebuses à vent, inventées par un bourgeois de Lisleux nommé Marin, qui en présenta une au roi Henri IV; d'autres auteurs en attribuent l'invention aux Hollandais.

Lorsque l'arquebuse était en usage, on appelait arquebusiers les soldats à pied ou à cheval qui en étaient armés, par opposition au nom de *piquiers*, que portaient ceux qui avaient pour arme la pique ou la lance. Comme l'arquebuse avait remplacé l'arc et l'arbalète, qui étaient les armes de l'infanterie légère, le nom d'arquebusiers devint synonyme de celui de troupes légères, et c'est ce qui explique la présence d'*arquebusiers* dans l'armée française longtemps après le remplacement de l'arquebuse par le mousquet. Ainsi sous Louis XV, en 1745, un corps de partisans, composé d'infanterie, de cavalerie, d'artillerie et d'une compagnie d'ouvriers, portait le nom d'*arquebusiers de grassins*.

Les compagnies d'arquebusiers bourgeois qui succédèrent à celles des arbalétriers, et qui furent autorisées par François Ier et ses successeurs, se formèrent de l'élite des citoyens, qui s'exerçaient à tirer adroitement pour incommoder l'ennemi dans les approches; les rois les obligèrent souvent à les servir en campagne. Elles furent constamment d'une grande ressource pour la défense des villes; c'est le témoignage que leur rendent Henri IV et Louis XIII dans leurs lettres patentes de 1601 et 1620. *Voyez* ARBALÈTE (Compagnies de l').

On donnait aussi le nom d'arquebusiers aux artisans qui fabriquaient les petites armes à feu, telles que les arquebuses, les mousquets, les fusils, les pistolets. On les appelle aujourd'hui armuriers; ils formaient encore au siècle dernier une communauté distincte et des plus nombreuses de Paris, quoique leur érection en corps de jurande fût assez récente.

ARQUES (Bataille d'). Arques est le nom d'une rivière et d'un bourg de la Seine-Inférieure. La rivière prend sa source à 8 kilomètres sud-est de Saint-Saen, qu'elle traverse, passe par le bourg, et se jette dans l'Océan à Dieppe, après un cours de 48 kilomètres. Le bourg, qui n'a pas plus de 800 âmes, est situé à 6 kilomètres de Dieppe et à 48 de Rouen. Là se donna, le 21 septembre 1589, une grande bataille, et voici à quelle occasion :

Au moment où le faible Henri III tombait sous le fer d'un dominicain fanatique, des quarante mille hommes que le roi de Navarre commandait vers Saint-Cloud, trente-trois mille abandonnèrent ses drapeaux, les uns pour passer sous ceux de la Ligue, les autres pour rentrer dans leurs foyers. D'Épernon, Vitry et plusieurs autres chefs avaient imité cet exemple, et sacrifié l'honneur de leur patrie à un juste droit à la crainte de compromettre leur salut, ou plutôt les honteuses fortunes qu'ils avaient amassées dans les malheurs publics. Sept mille braves seulement accueillirent avec transport l'avénement du Béarnais, abjurèrent tout dissentiment d'opinions religieuses, et, se ralliant par un sentiment commun, puisé dans la conviction du devoir et de la loyauté, prêtèrent serment, en présence de trente mille baïonnettes soudoyées par l'Espagne et commandées par Mayenne, de vaincre ou de mourir pour sa cause.

Cependant Henri IV, forcé par la dissolution de l'armée de lever le siége de Paris, et ne voulant pas exposer ceux qui lui restaient fidèles contre un ennemi aussi supérieur, s'était retiré vers Dieppe et fortement retranché à Arques et au Polet; il attendait un secours de cinq mille hommes que lui avait promis Élisabeth, reine d'Angleterre. Cette feinte retraite et la facilité avec laquelle le duc de Mayenne s'était emparé de Gournay, de Neufchâtel, de Gamaches, d'Eu, persuadèrent à celui-ci qu'il était enfin maître du Béarnais, ou du moins que celui-ci ne pouvait plus lui échapper qu'en se jetant à la mer, et ce fut ce qu'il écrivit au pape et au roi d'Espagne.

Cette illusion fut bientôt dissipée. Le 15 septembre Mayenne s'avance d'Eu à la tête de son armée, dont le duc de Nemours commande la gauche. Le moment qu'il croit avoir saisi de terminer par un coup décisif cette guerre, où son ambition personnelle joue un si grand rôle, le rend peu sensible à la perte de trois cents soldats que Biron lui fait éprouver à Martin-Église. Il fait toutes les dispositions que lui suggère la prudence pour enlever tout espoir de salut à l'armée royale, et, plein de confiance dans ses mesures, dans sa force numérique et dans la trahison soudoyée de quelques lansquenets, qui par une feinte volte-face, doivent se faire accueillir des royalistes et s'emparer de leurs positions, il se présente le 21 septembre devant les retranchements d'Arques.

Henri IV, dont la destinée entière est sur ce champ de bataille, n'attend pas qu'une armée trois fois plus nombreuse que la sienne vienne l'insulter dans son camp; il va lui-même offrir le combat à Mayenne, lui tue ou prend douze cents hommes, et le force à la retraite. Jamais il n'avait couru d'aussi grands dangers personnels : il faillit être tué par un capitaine de lansquenets qui avait feint de vouloir passer dans ses rangs avec sa troupe. L'arrivée du comte de Châtillon à la tête de cinq cents arquebusiers décida du gain de la bataille. Parlant plus tard de cette affaire : « Ce fut un grand miracle, disait-il, que je ne me perdis pas avec tout ce qui m'entourait. Dieu seul est auteur de cette victoire. »

C'est en vain que Mayenne, par d'habiles manœuvres et de vives attaques contre le château d'Arques, cherche les jours suivants à réparer cet échec. La démoralisation de ses troupes, la jonction des secours que Henri IV attendait d'Angleterre, et celle, très-prochaine, des comtes de Soissons et de Longueville, du maréchal d'Aumont, de La Noue, de Givry et de quantité de noblesse qui accourait au secours du roi, déterminent le duc à la retraite.

Échappé par son sang-froid et son courage au plus grand péril qu'il eût jamais couru, Henri se met aussitôt en marche pour profiter de ses avantages; l'enthousiasme et la confiance qu'il a su inspirer les rendent immenses. Une foule de villes, fatiguées du despotisme des Seize et de l'ambition des Guise, le saluent du nom de libérateur de la France. Les pays les plus éloignés du théâtre de la guerre s'empressent de reconnaître son autorité, et de joindre à leur serment des secours de toute espèce.   LAÎNÉ.

ARRACACHA, plante de la famille des ombellifères; sa ressemblance avec l'ache lui a fait donner par les Espagnols le nom d'*apio*. Elle est très-probablement originaire des Andes de la Nouvelle-Grenade, où sa culture est très-répandue.

Des plateaux tempérés de Cundinamarca, l'arracacha s'est avancée au delà de l'équateur, s'établissant dans les Andes de l'Opayan et de los Pastos, alors que, à la même époque, la pomme de terre, partie des régions froides du Chili, se propageait du sud au nord, et, suivant les Incas dans leurs conquêtes, se fixait au Pérou, à Quito, avant de pénétrer dans la Nouvelle-Grenade.

C'est un fait curieux dans l'histoire des aliments de l'homme que de voir dans l'Amérique méridionale le maïs cultivé par les moindres peuplades, et à cette céréale, en quelque sorte normale, s'ajouter des plantes importantes sous le rapport alimentaire chez les nations parvenues à une civilisation plus avancée : ainsi, l'arracacha chez les Muyscas, la pomme de terre propagée par les Incas, le cacao en usage chez les Mexicains. Le maïs et la pomme de terre forment aujourd'hui la base de la nourriture d'une grande partie des Européens; le cacao est devenu presque indispensable en Espagne; seule l'arracacha n'est pas encore entrée dans nos cultures.

Cependant cette plante présente la plupart des avantages que l'on reconnaît dans les pommes de terre, et elle se développe dans les mêmes circonstances de sol et de climat. En effet, dans les Andes on en voit de belles plantations établies dans les localités qui possèdent une température moyenne de 14 à 22 degrés.

Dans ces pays on plante l'arracacha par *bouture en talon*; on coupe le collet de la racine, de manière à ce que la partie charnue qui est détachée devienne la base d'une touffe de pétioles. On divise cette base circulaire en plusieurs segments; ces boutons sont placés à une très-petite profondeur, dans un sol humide. Les plants sont espacés à environ six décimètres. Dans les circonstances favorables les bourgeons pétiolaires se développent en peu de jours ; leur croissance est rapide, et en quelques semaines la terre est complétement garnie. Avant cette époque, où la plante est assez robuste pour s'opposer à l'envahissement des mauvaises herbes, on nettoie ordinairement deux fois. La récolte a lieu avant la floraison. C'est au volume des touffes, à une légère chlorose qui se manifeste sur les feuilles extérieures, que l'on reconnaît la maturité extrême, passé laquelle la plante tend à monter. Arrivée à ce point, la racine, objet spécial de la culture, présente une masse charnue assez irrégulière; de la partie inférieure il sort plusieurs ramifications fusiformes, garnies de fibrilles, et qui sont, comme aliment, les parties les plus délicates de l'arracacha. Venue dans un bon terrain, une racine pèse de 2 à 3 kilogrammes. A Ibagué, M. Goudot a vu la récolte s'élever à 41,000 kilogrammes par hectare.

Cette racine est probablement moins nutritive que la pomme de terre; car, à poids égaux, et pour les mêmes proportions d'amidon et d'albumine, l'arracacha contient une plus forte dose d'humidité.

A Ibagué, la racine reste six mois en terre avant d'être récoltée. La température moyenne d'Ibagué étant de 21° 8′; il est donc évident que nos climats ne pourraient pas produire cette plante s'il fallait six mois ayant une température de 22° pour sa maturation; puisque, en prenant par exemple le climat de Paris, les six mois durant lesquels la végétation est en activité ont une température qui n'atteint pas tout à fait 16°. Mais l'arracacha, comme la betterave, arrive assez promptement à un point convenable de maturation. Une récolte hâtive donne déjà de bons produits, et le seul inconvénient qu'elle présente est une diminution dans le rendement. Aussi l'on sait, par des renseignements fournis par M. le docteur Vargas, qu'à Caracas on enlève l'arracacha trois ou quatre mois après qu'elle a été plantée, ce court espace de temps suffit pour donner à la racine toutes les qualités désirables. Or, Caracas possède exactement la même température moyenne qu'Ibagué ; il suit de là que si on cent vingt-deux jours, sous l'influence d'une température de 21° 8′, l'arracacha peut être récoltée, il y a tout lieu de penser que la culture de cette racine pourra s'effectuer dans les cent cinquante-un jours compris entre le commencement de mai et la fin de septembre, la température moyenne de cet inter-

valle étant à Paris de 17°. Ce que l'on doit craindre peut-être pour le succès de cette culture, ce sont les chaleurs de l'été; car on sait que l'arracacha, cultivée dans une région chaude et pluvieuse, monte rapidement en tiges, aux dépens de la croissance de sa racine.

Le mode de propagation décrit par M. Goudot, la *bouture en talon*, ne serait pas praticable en Europe, où l'hiver viendrait nécessairement se placer entre la récolte et la plantation, et l'on conserverait bien difficilement d'une saison à l'autre une grande masse de collets reproducteurs. On serait donc forcé de faire hiverner, en cave ou en silos, un certain nombre de racines, d'où l'on détacherait, au moment de la plantation, des segments de collets garnis de bourgeons pétiolaires. C'est ainsi que l'on conserve les betteraves et les carottes qui doivent porter des graines.

On comprend qu'une plante alimentaire aussi importante qu'l'arracacha a dû attirer depuis longtemps l'attention des voyageurs qui ont parcouru les Andes; aussi des tentatives déjà assez nombreuses ont été faites pour l'introduire dans la culture européenne. Vers l'année 1822 M. le baron Schack envoya des plants en Angleterre : un d'eux donna des fleurs dans le jardin botanique de Liverpool; ces plants ne réussirent que très-imparfaitement. Cependant, à la suite de ce premier essai, on rencontra dans le commerce, à des prix très-élevés, quelques individus peu vigoureux, et cette racine, qui alimente dans la Nouvelle-Grenade des populations entières, s'abaissa en Europe au rôle insignifiant de plante rare. En 1829 M. de Candolle reçut de M. le docteur Vargas un envoi de racines. La plante ne donna que des racines imparfaites : cet essai eut toujours ce résultat heureux, qu'il permit à l'illustre botaniste de Genève de faire une description botanique complète. Quelques années après, notre compatriote, M. Vilmorin, tira de Bogota des racines qui malheureusement arrivèrent entièrement avariées. A peu près à la même époque, des essais très-dispendieux de culture, qui n'obtinrent aucun succès, furent tentés par M. Soulange-Bodin. Enfin, M. Vilmorin fils, de la Société nationale d'Agriculture, s'est procuré, en 1845, quelques racines qu'il a envoyées à M. Hardy, directeur des pépinières d'Alger.

Boussingault, de l'Académie des Sciences.

ARRACH. *Voyez* Harach.

ARRAGONITE. Cette substance minérale, qui a été trouvée pour la première fois dans le royaume d'Aragon, et dont le nom devrait s'écrire dès lors *aragonite*, a été ainsi appelée par le savant minéralogiste Werner, qui le premier l'a séparée de la chaux carbonatée, avec laquelle on l'avait confondue jusqu'à lui : les expériences de MM. Vauquelin et Thénard n'avaient fait reconnaître en effet dans cette substance qu'un peu plus de la moitié de son poids de chaux, et le reste d'acide carbonique, uni quelquefois à une légère quantité d'eau. Haüy établit enfin une différence bien tranchée entre ces deux substances : « Ce sera peut-être un exemple unique dans l'histoire des sciences, dit-il à ce propos, que celui qu'offrent ici la chimie et la minéralogie, qui, faites pour s'aider mutuellement, et à peu près toujours d'accord, divergent d'autant plus l'une de l'autre en ce point, qu'elles font de plus grands efforts pour se rapprocher. »

Analysant les caractères physiques des deux substances, ce savant a démontré qu'il n'existe aucune analogie entre l'arragonite et la chaux carbonatée. La première diffère de la seconde par sa forme primitive, qui est l'octaèdre rectangulaire, tandis que celle de la chaux carbonatée est un rhomboïde obtus; par sa dureté, qui va jusqu'à rayer fortement la chaux carbonatée; par sa pesanteur spécifique, qui est plus grande; dans le rapport de seize à quinze; enfin par sa réfraction double, qui n'a lieu dans la chaux carbonatée, puisqu'elle n'a lieu qu'à travers deux de ses faces, inclinées l'une sur l'autre. Pour compléter ces différences, il faut ajouter que la fracture transversale d'un prisme d'arragonite présente un tissu inégal qu'on peut assimiler à celui de certains morceaux de quartz, tandis qu'aucun minéral n'a une texture plus lamelleuse que la chaux carbonatée ; que l'éclat de l'arragonite est plus vif, et approche de ce que les minéralogistes allemands désignent par le nom d'*éclat de diamant*, tandis que la chaux carbonatée, surtout celle qui est blanche, tend plutôt vers l'espèce d'éclat que l'on appelle *nacré*.

ARRAK. *Voyez* ARACK.

ARRANGER (*Musique*). C'est approprier un morceau de musique à un mode d'exécution autre que celui pour lequel il a été écrit par le compositeur. C'est ainsi que des morceaux d'orchestre ou de chant peuvent être arrangés pour le piano, et *vice versa* des parties de piano arrangées pour orchestre ou pour chant, quoique plus rarement. L'arrangement peut consister en une transposition pure et simple, et la possibilité de l'exécution mécanique en être l'unique principe ; ou bien l'*arrangeur* utilisera les ressources particulières d'exécution et d'effet de la nouvelle forme d'expression, pour produire des effets autant que possible égaux à ceux du morceau original, et s'efforcera avant tout d'en prendre et d'en reproduire l'idée fondamentale. C'est malheureusement suivant le premier de ces systèmes que la plupart des morceaux d'orchestre de Mozart, de Beethoven, etc., ont été *arrangés* pour piano, parce qu'on s'est habitué à considérer l'*arrangement* comme un travail purement mécanique, et peut-être bien aussi par un sentiment de respect mal compris pour ces chefs-d'œuvre. Dans ces derniers temps, F. Listz a montré tout le parti qu'un artiste de talent peut tirer de l'autre méthode. — Nous devons encore faire ici mention d'un autre mode d'arrangement, qui consiste à prendre les principaux effets et pensées d'harmonie d'un morceau, pour leur donner une autre forme, ou les entremêler avec plus ou moins de bonheur et d'adresse, sans aucune espèce de forme arrêtée ; c'est la méthode qu'on suit dans la composition de ces innombrables productions que chaque jour on annonce sous le titre de *fantaisies*, et qu'on devrait appeler des *pots-pourris*.

ARRAS, ville de France, chef-lieu du département du Pas-de-Calais, à 175 kilom. nord de Paris, située sur la rive droite de la Scarpe, séparée en deux par un ravin où coule la rivière du Crinchon, peuplée de 24,400 hab., siège d'un évêché suffragant de Cambray, dont le diocèse comprend le département ; d'un tribunal de première instance ; d'un tribunal de commerce. Cette ville renferme une école secondaire de médecine, un collége en même temps école secondaire ecclésiastique, un séminaire théologique, une bibliothèque publique riche de quarante mille volumes, un jardin botanique, et une société des sciences fondée en 1737. Elle possède un canal par lequel lui arrivent de Valenciennes et de Belgique les charbons, dont elle fait un commerce considérable. L'industrie y est très-active ; il s'y fait une production importante d'huiles blanches, de fil de coton, de fil à dentelle, de bonneterie, de dentelle, de sel raffiné et de sucre de betterave ; on y compte six imprimeries, de nombreuses brasseries et des ateliers de construction de machines à vapeur ; il s'y fait un commerce considérable en graines et en graines oléagineuses. Jusqu'au seizième siècle ses tapisseries historiques ont été fort estimées.

Plusieurs monuments remarquables embellissent la ville d'Arras. La cathédrale, détruite pendant la révolution, était d'un style plein de hardiesse. L'église de Saint-Vaast, aujourd'hui cathédrale, est d'une hauteur prodigieuse et d'une superbe construction. Le grand marché est remarquable par sa vaste étendue et les beaux édifices qui l'entourent. L'hôtel de ville est un des derniers exemples de l'emploi du style ogival ; la tour du beffroi, ouvrage des Espagnols, qui s'élève à l'un des côtés, et en retraite de la façade, a une grande importance.

Arras est divisé en deux parties, la cité et la ville ; la première n'avait avec la seconde rien de commun que le nom ; elle dépendait de l'évêque et du chapitre, qui relevaient du roi. La ville, bien plus moderne, doit son origine à une chapelle que saint Vaast fit construire sur le bord du Crinchon. Les rues sont belles et bien aérées. Arras est une place forte de troisième classe, dont les fortifications et la citadelle, une des meilleures de l'Europe, sont l'œuvre du célèbre Vauban.

La cité est fort ancienne ; elle existait du temps de Ptolémée et de saint Jérôme, qui la désignent comme une des villes les plus considérables des Gaules. Arras s'appelait autrefois *Atrebatum*, *Origiacum* et *Nemetacum* ; elle était la capitale des Atrébates. Elle a subi bien des vicissitudes : César s'en empara l'an 50 avant J.-C. ; les Vandales la dévastèrent en 407, et peu de temps après elle passa sous la domination des Francs ; saint Vaast, l'un des catéchistes de Clovis, y prêcha le christianisme. Elle fut encore pillée par les Normands en 880, et abandonnée pendant trente ans par ses habitants. Prise par Charles le Simple en 911, cette capitale de la Flandre fut restituée au comte de Flandre en 915. Hugues Capet s'en empara, mais ne la garda pas longtemps. Elle fut séparée du comté de Flandre lors du mariage de Philippe-Auguste avec Isabelle de Hainaut, et depuis cette époque elle resta la capitale de l'Artois. Assiégée vainement par Charles VI, cette ville devint florissante sous Philippe le Bon. Il s'y tint en 1435 une assemblée solennelle sous la médiation du pape et du concile de Bâle, pour réconcilier le roi de France et le duc de Bourgogne. Le traité qui porte le nom de cette ville mit fin aux dissensions qui divisaient les deux princes, et fut le présage de la délivrance de la patrie (*voyez* l'article suivant). Louis XI s'en empara en 1477, et essaya d'en changer les habitants. Il voulut lui imposer le nom de *Franchise* (et non pas de *Merveille*, comme l'ont prétendu quelques historiens). En 1492 des intelligences entretenues avec cette place par Maximilien la livrèrent à cet archiduc. Henri IV échoua contre elle en 1597 ; mais Louis XIII s'en empara en 1640, après cinq semaines de siége et trente-sept jours de tranchée ouverte. Les Espagnols, pour railler les Français, avaient gravé sur une des portes cette inscription :

Quand les Français prendront Arras,
Les souris mangeront les chats.

Quand la place se fut rendue, les Français se contentèrent d'effacer le *p* du mot prendront ; et en effet depuis cette époque la ville est restée française, malgré tous les efforts des Espagnols en 1554, commandés par le prince de Condé.

ARRAS (Paix d'). Après la mort de Jeanne d'Arc et de Barbazan, pendant la captivité de Xintrailles et de La Hire, le connétable Arthur de Richemond, devenu l'âme du conseil de Charles VII, comprit que la force des armes ne suffirait jamais pour relever les affaires, et qu'il fallait avoir recours aux manéges de la politique. Tous ses efforts se tournèrent vers un seul but, celui de détacher le duc de Bourgogne, son beau-frère, de l'alliance des Anglais. Philippe le Bon résistait à ses sollicitations en alléguant la foi jurée et les liens qui l'attachaient à la famille de Lancastre ; mais le temps affaiblissait chaque jour en lui le ressentiment qu'il avait conçu de l'assassinat de son père. Un de ces incidents fortuits qui changent la destinée des empires vint tout à coup prêter un appui tutélaire aux démarches du connétable. Anne de Bourgogne, femme du duc de Bedfort et sœur de Philippe le Bon, mourut, en mai 1435. Les liens qui depuis onze ans unissaient ces deux princes se trouvèrent rompus. Après deux mois de veuvage, le régent de France épousa Jacqueline de Luxembourg ; cette précipitation déplut extrêmement au Bourguignon, qui ne put en cacher son mécontentement. Dans une cérémonie publique Philippe le Bon ayant pris le pas sur le duc de Bedfort, celui-ci s'exhala en reproches contre son allié, et ils se séparèrent la haine dans le cœur.

Le duc de Bourgogne se rendit alors à Moulins, où se trouvaient le connétable, le duc de Bourbon et le comte de Nevers. Des fêtes brillantes furent données en cette circonstance; Arthur sut profiter des bonnes dispositions où il trouva le duc de Bourgogne pour mettre la dernière main à l'accommodement projeté depuis six ans; c'est là qu'on jeta les premiers fondements du fameux traité d'Arras. Ainsi, l'on ébaucha, dit Monstrelet, au milieu de *momeurs* et de *farceurs*, ce grand acte qui devait sauver la France et consommer l'abaissement de l'Angleterre.

Néanmoins, avant de se déclarer ouvertement, Philippe le Bon se proposa lui-même pour médiateur entre la maison de Valois et celle de Lancastre; il engagea le conseil du jeune Henri VI à ne pas repousser les ouvertures du connétable, en promettant de ne jamais faire une paix définitive avec Charles VII sans la participation de la maison de Lancastre. La politique anglaise, ordinairement si clairvoyante, se trompa complétement en cette occasion; le conseil de Henri VI fut dupe de Philippe, et le chargea de ses pleins pouvoirs au congrès qui allait se tenir dans la ville d'Arras.

Ce congrès s'ouvrit le 6 août 1435, dans le monastère de Saint-Vaast; tous les princes chrétiens y avaient envoyé des ambassadeurs. Charles VII y députa dix-sept personnes sous la conduite du connétable de Richemond; le duc de Bourgogne s'y fit assister de vingt-sept plénipotentiaires anglais, et de douze conseillers de sa chancellerie, parmi lesquels on distinguait Jean de Comines, père de l'historien, Philibert de Jaucourt, et Pierre de Berbis, magistrat très-versé dans le droit public. Arthur de Richemond proposa la cession définitive de toute la Guienne et de la Normandie, à condition que Henri VI quitterait le titre de roi de France, et que les troupes anglaises évacueraient Paris et les autres villes qu'elles occupaient dans le royaume. Les ambassadeurs de Henri repoussèrent avec mépris ces propositions, et en firent de leur côté d'inadmissibles. Ils voulaient que Charles VII se contentât d'un apanage, et qu'il renonçât à la couronne. Philippe le Bon, loin d'appuyer d'aussi étranges demandes, rendit hommage à la modération de Charles VII. Les plénipotentiaires anglais, comprenant un peu tard qu'on se jouait d'eux, se retirèrent du congrès; ce qui n'empêcha point l'assemblée de poursuivre ses travaux.

Philippe, de son côté, ne se montra guère moins exigeant que les Anglais; mais Richemond, pressé de conclure, laissa au duc de Bourgogne la faculté de dicter les conditions du traité. Enfin, tous les articles étaient bien arrêtés, lorsqu'il s'éleva une nouvelle difficulté. Philippe le Bon eut des scrupules; il allégua la foi du serment; il refusa de reconnaître Charles VII comme roi de France, attendu qu'il avait reconnu comme tel Henri VI de Lancastre; puis, combattu par divers sentiments, il sortit subitement de la salle des conférences, et alla s'enfermer au fond de la chapelle du monastère. Sa retraite plongea l'assemblée dans la consternation.

Le connétable et le cardinal de Sainte-Croix, envoyé du pape, allèrent trouver Philippe le Bon. On l'adjura de révoquer ce qu'il venait de dire dans le congrès. Le cardinal lui promit que le pape le relèverait de son serment; et, le voyant persister dans son refus, il le menaça de la colère du ciel, et d'un ton prophétique lui annonça qu'un déluge de maux allait fondre sur sa famille s'il se refusait de se réconcilier avec les Valois, ses plus proches parents. Philippe se rendit enfin, mais en faisant payer bien cher son adhésion. Le roi céda en effet à Philippe le Bon les comtés d'Auxerre et de Mâcon, les châtellenies de Péronne, Roye et Montdidier, les redevances du comté d'Artois et les villes de la Somme. Le traité fut signé le 21 septembre de l'année 1435. Cette paix était le coup le plus terrible que l'on pût

porter à l'Angleterre: aussi le régent Bedfort en conçut-il un violent chagrin, qui le conduisit au tombeau dans l'espace de vingt-cinq jours. Dès ce moment la fortune de la France changea de face. Paris fut enlevé aux Anglais six mois après; les troupes de Henri VI n'osèrent plus tenir la campagne devant les généraux français, et chacun put prévoir que tout le territoire ne tarderait pas à être délivré de la présence des étrangers.

ARRÉRAGES. C'est à proprement parler ce qui est échu et encore dû d'une rente, d'un loyer, d'un fermage; mais la signification de ce mot est devenue générale, et s'applique aux termes à échoir comme aux termes échus. Les arrérages sont rangés par l'art. 586 du Code Civil dans la classe des fruits civils, c'est-à-dire qu'ils sont réputés s'acquérir jour par jour, et appartiennent à l'usufruitier à proportion de la durée de son usufruit. Les arrérages de rentes payables en nature peuvent être exigés en nature dans la dernière année, sauf le cas d'impossibilité; mais pour les années précédentes ils ne peuvent être demandés qu'en argent. La quittance de trois années d'arrérages consécutives forme une présomption pour le payement des années précédentes. Les arrérages se prescrivent par cinq ans. *Voyez* RENTES, INTÉRÊTS, etc.

MAZAS.

ARRESTATION. C'est l'acte par lequel on s'empare d'une personne. L'arrestation peut avoir lieu en matière criminelle, et en matière civile et commerciale. Nous parlerons de l'arrestation pour dettes civiles à l'article CONTRAINTE PAR CORPS, et, à l'article PUISSANCE PATERNELLE, de l'arrestation qui en dérive. En matière criminelle, l'arrestation peut s'exécuter avant le jugement: dans ce cas la personne arrêtée est dite en état de *détention provisoire*. Mais l'arrestation n'est d'ordinaire que l'exécution de la peine prononcée contre l'accusé déclaré coupable par jugement: alors elle est suivie de l'*emprisonnement*.

En principe, l'arrestation ne peut être que le résultat de mandats décernés par les juges d'instruction et d'ordonnances de prise de corps décernées par les cours d'appel; mais en cas de flagrant délit, et lorsque les faits sont de nature à entraîner une peine afflictive et infamante, la loi a accordé le droit d'arrestation au procureur de la république, aux juges de paix, aux officiers de gendarmerie, aux commissaires de police, aux maires et aux adjoints, aux préfets des départements et au préfet de police à Paris. L'article 16 du Code d'Instruction criminelle autorise aussi les gardes champêtres et forestiers, *en matière rurale et forestière*, à arrêter les individus qu'ils auront surpris en flagrant délit, lorsque le délit emporte au moins la peine de la prison. Les présidents de cour d'assises peuvent faire arrêter à l'audience les témoins dont la déposition est évidemment mensongère. Tout administrateur, tout juge a le droit de faire arrêter ceux qui l'outragent dans l'exercice de ses fonctions ou commettent quelque délit à son audience.

Ce sont les huissiers ou agents de la force publique qui sont chargés de l'exécution des ordres d'arrestation; ils doivent en tout cas montrer au prévenu l'acte en vertu duquel son arrestation est ordonnée; puis ils le conduisent devant le magistrat désigné ou à la maison d'arrêt; l'ordre d'arrestation est transcrit avec l'écrou sur les registres de la prison. Toutes les fois qu'une arrestation a été faite hors des cas prévus par la loi et sans mission à cet effet, elle doit être réputée illégale, et donne lieu à l'application des articles 341 à 344 du Code Pénal.

Dans les matières toutes spéciales de la compétence des conseils de guerre ou des conseils maritimes, le droit d'arrestation appartient, soit au commandant supérieur du lieu du crime ou du délit, soit au rapporteur faisant fonctions de juge d'instruction, soit aux préfets maritimes; car tous ces fonctionnaires sont officiers de police judiciaire à l'égard de leurs subordonnés.

En Angleterre, le défendeur peut être arrêté en matière

civile et amené devant le juge, s'il n'a pas déféré à plusieurs mises en demeure successives. En matière criminelle nul ne peut être arrêté, s'il n'est accusé d'un délit pour lequel la justice puisse au moins lui demander caution de comparaître à la première réquisition. Aux États-Unis il y a un tel respect pour la liberté individuelle qu'un accusé ne peut être privé de sa liberté quand il offre caution, à moins qu'il ne soit gravement soupçonné d'un crime capital (*voyez* CAUTION). En Prusse, la police jouit exclusivement du droit d'arrestation; mais ce droit a été sagement limité.

ARRÊT. On appelle de ce nom, en jurisprudence, les décisions d'une cour souveraine, telles que celles de la cour de cassation, les sentences des cours de justice criminelle, les jugements qui sont rendus par les cours d'appel sur une question de droit ou de fait; tandis qu'on appelle jugement la décision des tribunaux de première instance et de justice de paix. Jusqu'à François Ier les arrêts en France se rendirent en latin; ce prince fit changer cette disposition, qui donnait souvent lieu à de fausses interprétations.

On appelait autrefois *arrêts de règlement* les décisions du parlement sur quelque point de jurisprudence générale ou de droit coutumier. Ces arrêts étaient de véritables lois, obligatoires tant qu'ils n'avaient pas été cassés par le conseil ou rétractés par les cours qui les avaient rendus. L'article 5 du Code Civil défend aux juges de prononcer par voie de disposition générale et réglementaire sur les causes qui leur sont soumises.

On appelle encore *arrêts du conseil* les décisions du Conseil d'État.

Arrêt signifie aussi *arrestation*, *saisie* d'une personne ou d'une chose. On dit : mettre arrêt sur la personne ou sur les biens de quelqu'un.

En termes de manége ou de médecine vétérinaire, l'*arrêt* est l'effet que l'on produit sur un cheval en retenant, à l'aide de la bride, sa tête et ses autres parties antérieures, et en chassant en même temps ses hanches avec le gras des jambes, de telle sorte que le corps du cheval se soutienne en équilibre sur ses jambes de derrière; c'est ce qu'on appelle *former l'arrêt d'un cheval*. On fait seulement un *demi-arrêt*, un *temps d'arrêt*, quand on retire légèrement vers soi la main qui tient la bride, et qu'on soutient le devant du cheval, sans l'arrêter tout à fait.

En termes de chasse, l'*arrêt* est l'action du chien couchant qui s'arrête quand il voit ou qu'il sent le gibier, qu'il en est proche.

En termes de discipline, ce mot ne s'emploie qu'au pluriel, et désigne une punition applicable seulement aux officiers, et qui consiste dans l'obligation de rester quelque temps dans un lieu sans en sortir. On nomme *arrêts forcés* la même punition aggravée de la présence d'une ou plusieurs sentinelles, suivant le grade, à la porte de l'officier puni.

ARRÊT (Maison d'). *Voyez* PRISON.
ARRÊT (Mandat d'). *Voyez* MANDAT.
ARRÊTÉ. On donne ce nom aux actes de l'autorité administrative qui ont pour but l'exécution des lois et des règlements d'administration. On appelle également ainsi certaines décisions ministérielles. Sous la Convention on nommait arrêtés les actes des comités rendus pour l'exécution des lois. Les actes du gouvernement directorial et du gouvernement consulaire se qualifiaient aussi d'arrêtés. Le sénatus-consulte du 28 floréal an XII avait changé cette dénomination en celle de *décret*.

ARRÊTE-BOEUF. *Voyez* BUGRANE.
ARRÊTÉ DE COMPTE. *Voyez* COMPTE.
ARRHES. On entend par ce mot ce qui est donné pour assurer la conclusion ou l'exécution d'une convention, d'un marché. Lorsqu'une promesse de vente a été faite avec des arrhes, chacun des contractants est maître de se départir de la convention: celui qui les a données en les perdant,

celui qui les a reçues en restituant le double (Code Civil, art. 1590). Si c'est d'un consentement commun que les parties rompent la convention, ou parce que l'objet est perdu ou détérioré, celui qui a reçu les arrhes les rend purement et simplement. Des juges ont décidé que les arrhes données après la conclusion d'un marché le sont comme preuve de la convention; que si elles sont données en espèces, elles sont alors considérées comme un à-compte sur le payement, et qu'il n'est pas permis de se départir de la vente, soit en renonçant aux arrhes, soit en restituant le double. Mais il est souvent difficile de reconnaître dans quelles conditions les arrhes ont été données. L'argent donné après la conclusion d'un traité prend souvent le nom de d e n i e r à Dieu.

ARRHIDÉE. *Voyez* PHILIPPE III, roi de Macédoine.
ARRIA, noble Romaine, femme de Cæcina Pætus, accusé, l'an 42 de J.-C., d'avoir tramé un complot contre l'empereur Claude, ayant perdu tout espoir de sauver son mari, et voyant qu'il ne pouvait se décider à mourir de ses propres mains plutôt que de celles du bourreau, s'enfonça un poignard dans la poitrine; puis ayant retiré le fer de la blessure, elle le lui présenta en lui disant : *Pæte, non dolet* (Pætus, cela ne fait pas de mal). Pætus suivit alors son exemple. La muse tragique en a la peinture se sont souvent emparées de ce sujet, mais sans grand succès.

ARRIA, fille de la précédente, et épouse de Pætus Thraseas, condamné par Néron, ne voulait pas non plus survivre à son mari; mais il s'opposa à son dessein, et la persuada de se conserver pour ses enfants.

ARRIEN (ARRIANUS FLAVIUS), né à Nicomédie, en Bithynie, vers l'an 100 de l'ère chrétienne, étudia la philosophie sous Épictète, et servit dans les armées romaines. Son mérite lui valut le titre de citoyen d'Athènes et de Rome, et en 134, sous l'empereur Adrien, le gouvernement de la Cappadoce. Il repoussa, en cette qualité, les Alains, qui avaient envahi l'Asie Mineure. On croit que ce prince, en récompense de ses services, l'éleva à la dignité de consul. Plus tard il se retira dans sa ville natale, loin des affaires publiques, et se livra tout entier à la culture des lettres et des sciences. C'est à cette détermination que nous sommes redevables d'un grand nombre d'ouvrages relatifs à la philosophie, à l'histoire, à la géographie et à la tactique, dans lesquels il se montre l'heureux émule de Xénophon , autant par le choix des sujets que par le mérite du style.

Disciple et partisan d'Épictète, il publia son *Manuel de Morale*, et écrivit en outre les *Entretiens d'Épictète*, en huit livres, dont nous ne possédons plus que les quatre premiers, publiés par Schweighauser dans ses *Philosophiæ Epictetææ Monumenta* (3 vol , Leipzig, 1799), et par Koraï (2 vol., Paris, 1827); le reste a péri. Mais de tous ses ouvrages, celui qui a incontestablement le plus d'importance pour l'histoire reste les *Campagnes d'Alexandre le Grand*, en sept livres. On l'appelle quelquefois aussi tout simplement *Anabasis*. Puisé aux sources les plus dignes de foi, mais à jamais perdues pour nous, ce livre , par l'exposition impartiale des faits, a mérité à son auteur le premier rang parmi les historiens d'Alexandre.

Les meilleures éditions de ce précieux livre, après celles des premiers éditeurs, Blancard et Gronovius, sont dues à Schneider (Leipzig, 1798), à Ellendt (Kœnigsberg, 1832), à Kruger (Berlin, 1835). Chys l'a enrichi de notes géographiques, dans son *Commentarius geographicus in Arrianum* (Leyde, 1798, avec une carte excellente). Enfin Chaussard a donné à Paris, en 1802, une bonne traduction française de l'*Expédition d'Alexandre*, avec cartes et plans. A l'histoire des campagnes d'Alexandre se joignent intimement les *Indiques*, ou *Histoire de l'Inde*, d'Arrien, publiée par Schneider (Halle, 1798), et par le commentateur de notes curieuses sur les mœurs et les coutumes des peuples de l'Inde, empruntées au voyage de Néarque.

L'ouvrage qu'Arrien dédia à Adrien, sur le *périple du*

Pont-Euxin, ainsi que son *périple de la mer Rouge*, sont d'une haute importance pour la connaissance de la géographie ancienne. Nous ne possédons qu'un fragment seulement de son *Manuel de Tactique* et de son *Plan de bataille contre les Alains*. Ces deux morceaux ont été publiés par Scheffer (Upsal, 1654) et par Blancard (Amsterdam, 1683).

— Il existe encore un traité d'Arrien sur la chasse, ou *Cynegeticus*, publié d'abord en grec et en latin par Holstenius (Paris, 1844), et plus tard compris dans les *Opuscula politica* de Xénophon, par Zeune (Leipzig, 1778), et par Sauppe (Leipzig, 1840).

ARRIÈRE (Gaillard d'). *Voyez* GAILLARD.

ARRIÈRE-BAN. *Voyez* BAN.

ARRIÈRE-FAIX. *Voyez* ACCOUCHEMENT et DÉLIVRE.

ARRIÈRE-FIEF. On appelait ainsi un fief qui relevait d'un autre, lequel était lui-même mouvant d'un fief supérieur. Le vassal tenait donc un arrière-fief du seigneur suzerain, qui était seigneur dominant du seigneur immédiat du vassal. Les inféodations successives multiplièrent presque à l'infini les arrière-fiefs.

ARRIÈRE-GARDE, corps détaché pour couvrir et protéger la retraite d'une armée. La composition de ce corps varie suivant les localités, la force et les moyens d'attaque de l'ennemi. Si on doit traverser des défilés, parcourir un pays montueux ou couvert, il faudra former l'arrière-garde d'infanterie; mais si l'on a affaire à travers des plaines rases et découvertes, c'est à la cavalerie, à l'artillerie légère, à protéger la marche; car c'est avec ces armes, dont les mouvements sont si rapides, que l'ennemi cherchera à vous entamer.

La distance que doit laisser une arrière-garde entre elle et le reste de l'armée n'a pas de règles fixes. Si l'armée se retire, sans redouter l'ennemi, pour se rapprocher de ses magasins ou pour prendre une position plus avantageuse, son arrière-garde doit marcher de manière à être soutenue si elle est attaquée; mais si cette arrière-garde est destinée à protéger une armée battue et qui ne peut plus se mettre en ligne, à couvrir des colonnes d'équipages dont la perte serait désastreuse, elle doit marcher lentement, se compromettre et même se sacrifier pour arrêter quelque temps l'ennemi.

L'espèce de nos armes et notre organisation permettent cependant quelquefois à une arrière-garde, bien commandée, de se hasarder loin du corps principal. Quelques pièces d'artillerie et de l'infanterie, bien placées à la tête d'un défilé, obligent l'ennemi à de grands mouvements, qui lui font perdre du temps, et donnent la facilité de prendre une nouvelle position. Il n'en était pas de même avant l'invention de la poudre et le perfectionnement des armes à feu : alors une armée battue ne pouvait pas faire une retraite régulière : elle devait fuir ou mourir.

Les coups de canon, les coups de fusil, les charges de cavalerie, ne sont pas les seuls moyens que peut employer une arrière-garde; elle doit dégrader les chemins, faire sauter les ponts, embarrasser les gués, se couvrir d'abatis, dresser des embuscades, et créer, enfin, à chaque pas des obstacles pour arrêter l'ennemi qui la poursuit. *Voyez* RETRAITE.

G' Max. LAMARQUE.

ARRIGHI DI CASANOVA (JEAN-THOMAS), duc DE PADOUE, est né à Corte (Corse), en 1770. Sa famille, alliée à celle de Bonaparte, était une des plus anciennes de Corte. Il entra dès l'âge de quinze ans dans la carrière des armes, se fit remarquer, tout d'abord, par sa bravoure, ses talents administratifs; suivit, après la paix de Léoben, Joseph Bonaparte à Rome comme secrétaire d'ambassade, et reçut dans ses bras le général Duphot, blessé mortellement au milieu d'une émeute qui eut lieu dans cette ville. Lors de l'expédition d'Égypte, le jeune Arrighi s'attacha à la destinée de son parent, le général en chef. La valeur qu'il déploya au combat de Salehiah, à l'assaut de Jaffa, où il fut laissé pour mort, et à Saint-Jean-d'Acre, le plaça bientôt au rang des officiers les plus intrépides de l'armée. De retour en Europe, il fut fait chef d'escadron à Marengo, et quelque temps après colonel de dragons. Après la bataille de Friedland, l'empereur le nomma général, puis duc de Padoue. A Wagram il se distingua à la tête des cuirassiers, qu'il commandait.

Lors de l'expédition de Russie, l'empereur le chargea du commandement en chef de toutes les cohortes qu'on avait organisées; ce fut en cette qualité qu'il repoussa les attaques des Anglais contre la Hollande et l'île de Walcheren. Après les batailles de Lutzen et de Bautzen, il se trouvait à Leipzig, lorsque les généraux Woronzow et Czernichef, malgré la suspension d'armes, vinrent l'y attaquer à la tête d'un corps d'élite. En cette circonstance, le duc de Padoue fit une si belle contenance avec le peu de monde qu'il avait, que les ennemis jugèrent à propos de se retirer. A la bataille de Leipzig, il commandait le troisième corps de cavalerie, et défendit avec beaucoup de valeur le faubourg de cette ville. Lorsque les ennemis eurent envahi la France, il sauva en Champagne les corps d'armée des maréchaux Mortier et Marmont, et soutint avec succès les attaques du grand-duc Constantin, qui commandait en personne la cavalerie.

Il fit partie de la chambre des pairs pendant les Cent-Jours, et au commencement de mai 1815 en Corse pour mettre cette île à l'abri d'une invasion ; la bataille de Waterloo l'obligea à se retirer. Frappé par l'ordonnance du 24 juillet 1815, le duc de Padoue alla vivre à Trieste, d'où il obtint son rappel à la fin de 1820. Dans son testament, le prince Louis Napoléon, ex-roi de Hollande et père du président actuel de la République, le désigna pour son exécuteur testamentaire. En mai 1849 il a été nommé par la Corse représentant du peuple à l'Assemblée législative, et plus tard appelé à faire partie pour le même département du conseil central de l'agriculture. Appuyant toutes les mesures du président, il fut, après la dissolution de l'Assemblée législative le 2 décembre 1851, nommé membre de la commission consultative créée par Louis-Napoléon. Il avait épousé, en 1812, la fille du comte de Montesquiou, chambellan de l'empereur, dont il a eu une fille, madame Thayer, et un fils, aujourd'hui préfet de Seine-et-Oise.

On lit dans le *Supplément de la France Littéraire* de Quérard : « Les biographies contemporaines font connaître cinq personnes éminentes du nom d'Arrighi, mais aucune ne dit si c'est à l'une de ces cinq ou à une autre que l'on doit un ouvrage qui n'est pas très-commun en France, bien qu'il ait été traduit en français, et que la traduction en ait été imprimée à Paris. Ce livre est intitulé : *Voyage de Lycomède (Arrighi) en Corse, et sa relation historique et philosophique sur les mœurs anciennes et actuelles des Corses, à un de ses amis. Dédié à S. A. I. monseigneur le prince Louis, connétable de l'empire* (en italien et en français, traduction Lafresnaye), Paris, 1806, 2 vol. in-8°. L'auteur dit dans la dédicace : « J'ai voulu venger la nation corse des reproches de quelques écrivains superficiels, de quelques voyageurs abusés. »

ARRIMAGE. C'est l'arrangement méthodique de tous les objets qui doivent être contenus dans un navire. Pour les bâtiments de l'État l'arrimage tend à donner au vaisseau une assiette qui rende sa marche plus rapide, ses oscillations plus douces et sa résistance contre le choc des lames plus grande ; en un mot, cet arrangement de la charge du vaisseau doit être tel que le centre de gravité se trouve, après le chargement, dans les conditions les plus favorables à la marche du bâtiment. Pour les bâtiments du commerce, le but n'est plus tant la marche rapide que de porter beaucoup. Le point capital est alors d'obtenir la solidité et de mettre toutes choses à l'abri des accidents qui pourraient survenir. En général, les corps les plus lourds sont placés dans les parties inférieures du bâtiment; les objets fragiles sont dispersés dans les endroits les plus sûrs; les marchandises qui ont besoin d'air pour que l'échauffement de la cale n'en compromette ni les couleurs ni le goût sont placées en dernier lieu. Du reste, on prend toutes les précautions pour que l'arrimage soit parfaitement solide. Aussi la partie mécanique de l'arrimage des vaisseaux du commerce est-elle toujours très-bien faite. Dans plusieurs ports il y a même des arrimeurs jurés; et lorsqu'un coup de vent ou autre fortune de mer occasionne des avaries dans les chargements faits dans ces ports, les capitaines sont tenus de justifier aux assureurs que leur vaisseau avait été arrimé par un juré.

ARROBE. Ce nom désigne plusieurs mesures de capacité et une unité de poids en usage en Espagne et dans toutes les anciennes colonies espagnoles de l'Amérique. L'arrobe avec laquelle se mesurent les vins et eaux-de-vie, le miel, etc. (*cantaro* de Castille ou *arroba mayor*), équivaut à près de 16 litres (15,98), tandis que l'*arroba menor*, servant aux huiles, n'équivaut qu'à 12,3 litres. L'arrobe, unité pondérale, vaut environ 11,5 kilogrammes. En Portugal on emploie aussi une arrobe qui pèse 14,69 kilogrammes. — Longtemps même après l'introduction de notre système métrique, l'usage de l'arrobe a prévalu dans le commerce de gros de quelques villes du midi de la France; sa valeur variait suivant les localités.

ARROCHE. C'est un genre de la famille des chénopodées; sa principale espèce est l'*arroche des jardins* (*atriplex hortensis*), plante potagère connue sous le nom de *belle-dame*, *bonne-dame*, et *follette*.

La belle-dame, originaire de l'Asie, d'où elle a été apportée très-anciennement, est du nombre des plantes exotiques qui, bien qu'étrangères à l'Europe, s'y sont multipliées tellement que si des documents certains ne constataient qu'elles y ont été apportées autrefois, elles seraient mentionnées en ce moment dans les *Flores* européennes comme indigènes à notre continent, tant elles se sont disséminées. Mais la belle-dame, retournée ainsi à l'état de nature, à l'état sauvage, dure, sans saveur, sans succulence, ne peut être employée avec autant d'avantage, comme aliment, que la belle-dame cultivée, qui est tendre, douce, savoureuse et succulente. Les feuilles de la *belle-dame cultivée*, mêlées à des plantes d'une saveur prononcée, telles que les nombreuses espèces de menthes, la roquette, les divers cressons, l'origan et la marjolaine, composent des salades dont on faisait autrefois un usage général en France, et qui sont encore recherchées par les autres peuples de l'Europe. Les feuilles de la belle-dame cultivée mêlées à celles des mauves et de quelques chénopodes étaient servies autrefois sur la table comme on sert aujourd'hui les épinards. La culture de cette autre chénopodée n'a pas affaibli celle de la belle-dame, qui, lui ayant été adjointe, ainsi qu'à l'oseille et à quelques autres hortolages, entre dans la composition de potages très-communs. Les feuilles de belle-dame sont d'un grand emploi pour faire, avec l'oseille et l'épinard, le mélange connu sous le nom d'*herbes cuites*. Elles entrent aussi dans la composition du *bouillon aux herbes*.

L'arroche des jardins a deux variétés, l'une à feuilles rouges (*atriplex hortensis rubra*), qui n'a pas les qualités de la précédente, mais qui est moins employée, sans doute à cause de sa couleur; l'autre à feuilles très-rouges (*atriplex hortensis ruberrima*), encore moins recherchée comme plante alimentaire, mais qui est une plante superbe pour l'ornement des jardins, s'élevant à huit pieds et ayant de grandes et larges feuilles d'un beau rouge.

Mentionnons encore l'*arroche hastée* et l'*arroche du Bengale*, légumes du midi de l'Europe et de l'Inde, dont l'introduction dans nos potagers serait facile; l'*arroche hastée* a même dans le midi des applications plus nombreuses en cuisine que notre belle-dame n'en a dans le nord de l'Europe.

Toutes ces arroches se multiplient par leurs graines, qu'on sème, l'arroche ordinaire, l'arroche rouge et l'arroche très-rouge, en pleine terre; et l'arroche hastée, ainsi que l'arroche du Bengale, sur couches.   C. TOLLARD aîné.

ARRONDISSEMENT, partie de territoire soumise à quelque autorité.

En France chaque département est divisé en plusieurs *arrondissements*, qui sont administrés chacun par un sous-préfet nommé par le président de la république et exerçant son autorité sous les ordres du préfet; les chefs-lieux d'arrondissement sont les sièges des sous-préfectures; dans l'arrondissement où se trouve le chef-lieu de département il n'y a pas de sous-préfet. Chaque arrondissement communal est partagé à son tour en plusieurs justices de paix ou cantons, contenant un certain nombre de communes.

Il y avait auprès du sous-préfet un *conseil d'arrondissement*, intermédiaire entre le conseil communal et le conseil général; mais la constitution de 1848 préféra créer des conseils cantonaux. Cependant les conseils cantonaux n'étant point organisés, les conseils d'arrondissement ont conservé provisoirement leurs fonctions. Du reste, la loi organique sur l'administration intérieure n'ayant pas été votée, nous aurons à revenir sur ces corps délibérants à l'article CONSEILS ADMINISTRATIFS.

Il y a aussi un tribunal de première instance, une conservation des hypothèques et un receveur particulier des finances par arrondissement communal. La France compte trois cent soixante-quatre arrondissements communaux. L'Algérie a sept arrondissements, dont trois sont chefs-lieux de préfecture.

La France a aussi cinq arrondissements maritimes, à la tête desquels sont des préfets maritimes; leurs chefs-lieux sont : Cherbourg, Brest, Lorient, Rochefort et Toulon.

Sous le rapport forestier la France se divise en trente arrondissements, ayant à leur tête un conservateur, et dont voici les chefs-lieux : Paris, Rouen, Dijon, Nancy, Strasbourg, Colmar, Douai, Troyes, Épinal, Châlons-sur-Marne, Metz, Besançon, Lons-le-Saulnier, Grenoble, Alençon, Bar-sur-Ornain, Mâcon, Toulouse, Tours, Bourges, Moulins, Pau, Rennes, Niort, Carcassonne, Aix, Nîmes, Aurillac, Bordeaux, et Ajaccio.

Enfin Paris est divisé en douze arrondissements, qui sont subdivisés chacun en quatre quartiers, et qui ont chacun leur mairie ou leur municipalité respective. Cette division date d'un décret rendu par la Convention le 19 vendémiaire an IV. Avant cette époque Paris avait subi successivement plusieurs délimitations de circonscriptions intérieures. En 1702 il avait été divisé par Louis XIV en *vingt quartiers*; en 1789, lorsqu'il s'était agi de procéder à la nomination des électeurs aux états généraux, le bureau de la ville divisa Paris en *soixante districts* ou assemblées primaires. Le 25 juillet 1790 on admit une autre division pour cette ville, qui fut partagée en *quarante-huit sections*.

ARROSAGE, ARROSEMENT. Hâtons-nous de dire ces deux termes ne sont nullement synonymes : le premier désigne l'action de conduire l'eau d'un fleuve, d'une rivière ou d'un ruisseau, sur des terres trop sèches; l'autre est l'action d'arroser, c'est-à-dire d'humecter, de mouiller avec un versement dessus de l'eau ou tout autre liquide. Ainsi, l'*arrosage* se rapporte aux irrigations, dont l'agriculture déploie les immenses ressources en Espagne, en Italie, dans le midi de la France, etc. L'*arrosement* est plus spécialement du domaine de l'horticulture ; il se pratique avec des arrosoirs et des pompes. Un *arrosoir* est un vase propre à transporter l'eau et à la répandre convenablement sur les plantes en imitant la pluie qui tombe sur les tiges et les feuilles, ou les irrigations qui viennent mouiller

5.

la terre autour des racines. La *pomme* de cet instrument est ordinairement mobile et percée de trous dont le nombre et la finesse varient suivant le genre de culture auquel on veut l'employer ; car la grosseur des trous doit être proportionnée à la vigueur des plantes qu'on se propose d'arroser : souvent on a vu de jeunes semis de plantes délicates périr écrasés par une pluie artificielle dont les gouttes affectaient un trop gros volume.

Comme il est utile d'arroser de temps à autre la tête des arbustes, afin de laver leurs feuilles, on se sert d'une pompe pour les plus grands et d'une seringue pour les petits.

Quand les plantes à la terre ont besoin d'être arrosées, les premières se fanent, la seconde se durcit, se resserre à la surface, ou se fend, ou se pulvérise. Du reste, pour déterminer la quantité d'eau qu'il faut donner aux plantes, il faut tenir compte de la température et de l'état hygrométrique de l'atmosphère. Pendant les grandes chaleurs, le jardinier doit attendre le soir pour arroser : s'il répandait des gouttes d'eau sur les feuilles exposées au soleil, chaque goutte agirait comme une lentille dont le foyer brûlerait le tissu délicat exposé à ses rayons concentrés.

On a demandé si les eaux pures sont les plus propres à la nutrition des végétaux, et si l'on ne pourrait pas les charger de quelque autre aliment qu'elles puissent dissoudre et entraîner avec elles. Cette question semble résolue par les expériences de Théodore de Saussure, qui s'est assuré qu'aucun mélange n'était préférable à l'eau pluviale. Ce qui vient encore à l'appui de cette décision, c'est que l'on savait depuis longtemps que les eaux des grandes rivières, et en général celles qui sont les plus propres à tous les usages domestiques, sont aussi les meilleures pour les arrosements.

La voie publique est arrosée, dans les temps de sécheresse et de poussière, au moyen de tonneaux posés sur une charrette, et dont l'eau s'échappe par une longue rangée de petits trous placés sur une même direction horizontale. Ce moyen d'assainir les grandes cités et de remédier aux incommodités qu'entraîne une population agglomérée n'est pas très-ancien, quoique rien ne paraisse plus simple que l'appareil qu'on y emploie : il ne remonte pas plus haut, à Paris, que le milieu du dix-huitième siècle. FERRY.

ARROSOIR. *Voyez* ARROSEMENT.

En physique, l'*arrosoir magique* ou *de commandement* est un instrument qui sert à prouver la pesanteur de l'air, et qu'on appelle aussi *fontaine de commandement*.

ARROSOIR ou **ASPERGILLE** (*Zoologie*), coquille très-singulière, d'un mollusque acéphale de la famille des tubicoles de Lamarck et des enfermés de G. Cuvier, appelée ainsi en raison de sa ressemblance avec l'instrument de jardinage de ce nom. On a trouvé que cette coquille ou plutôt ce tube calcaire offrait en outre la forme d'un pinceau, ou de ce qu'on nomme en archéologie un *phallus* et en anatomie le *pénis* ; de là les noms très-divers qu'on lui a donnés : *phallus testunus marinus* (Lister), *tuyau de Vénus* (Rhumphius), *solen phalloides* (Klein), *serpula penis* (Linné), *penicillus* (Lamarck). Les arrosoirs étant jadis des objets d'histoire naturelle aussi rares que chers et recherchés par les collectionneurs, les marchands leur donnaient aussi le nom de *brandon d'amour*.

Les premiers conchyliologistes classaient l'arrosoir dans ce qu'on nommait les tuyaux de mer. Linné l'avait placé parmi ses vers testacés ; et G. Cuvier, en raison des analogies de l'arrosoir avec les tubes des tiberelles, l'avait encore rangé parmi les annélides dans la première édition de son *Règne Animal*, parue en 1817. Mais depuis que Bruguière eut aperçu sur le tuyau de l'arrosoir les rudiments d'une coquille qu'il avait à tort être univalve, et surtout depuis que Lamarck a constaté que la coquille de l'arrosoir est réellement bivalve, ce mollusque occupe dans toutes les classifications zoologiques le rang qui lui est assigné par la nature dans la famille des tubicoles, de l'ordre des acéphales lamellibranches.

G. Cuvier, revenu de l'erreur qu'il avait d'abord commise, caractérise ainsi l'arrosoir : « Coquille formée d'un long tube fermé au bout le plus large par un disque percé d'un grand nombre de petits trous tubuleux ; les petits tubes de la rangée extérieure, plus longs, forment autour de ce disque comme une corolle. » Le motif pour les rapprocher des acéphales à tuyaux, c'est que l'on voit sur un endroit du cône une double saillie, qui ressemble réellement à deux valves d'acéphales qui y seraient enchâssées. Blainville a pu donner de l'arrosoir une description plus exacte en ces termes : « Coquille ovale, peu allongée, striée longitudinalement, équivalve, subéquilatérale, fortement bâillante dans tout son contour, ne pouvant recouvrir qu'une petite partie du dos de l'animal, sur lequel elle est sans doute appliquée, entièrement adhérente et plus ou moins confondue avec les parois d'un tube calcaire assez épais, conique, claviforme, ouvert à son extrémité ; amincie et terminée à l'autre par un disque convexe, percé par un grand nombre de trous arrondis subtubuleux et par une vésicule (petite fente) au centre. »

On ne connaît pas bien l'animal de l'arrosoir. Blainville dit que, quoiqu'il soit assez difficile de s'en faire une idée, et surtout d'apprécier les organes qui sortent du disque et en forment les épines tubuleuses, on pourrait supposer que ce seraient les filaments d'une espèce de byssus ou du pied lui-même qui servirait à attacher le mollusque aux corps sous-marins ; alors on pourrait admettre, ajouto-t-il, qu'il se tient dans le sable attaché à un grand nombre de ses grains, dans une situation plus ou moins verticale, la petite extrémité de son tube en haut et la tête en bas. M. Deshayes a donné, dans son *Traité élémentaire de Conchyliologie*, une description anatomique de l'animal de l'arrosoir rapporté par Ruppel. Cette description, quoique encore incomplète, suffit cependant pour confirmer les rapports de l'animal de l'arrosoir avec les animaux du genre clavagelle et des autres genres de la famille des tubicoles de Lamarck et des enfermés de G. Cuvier. On s'est demandé comment un si petit animal pouvait sécréter une enveloppe calcaire si grosse relativement à lui. Nous reviendrons sur ce sujet au mot COQUILLES.

Les espèces d'arrosoir établies jusqu'ici sont l'*arrosoir de Java*, l'*arrosoir à manchettes*, l'*arrosoir de la Nouvelle-Zélande*, l'*arrosoir agglutinant*, l'*arrosoir de Léognan* ; cette dernière espèce est dite fossile. L. LAURENT.

ARROW-ROOT. C'est une fécule extraite de la racine du *maranta arundinacea*, plante de l'Amérique tropicale, appartenant à la famille des amomées. Cette fécule est d'un très-beau blanc. L'analogie que l'arrow-root offre avec l'amidon et la fécule de pommes de terre le fait mélanger quelquefois avec ces deux substances ; mais quand on les examine isolément avec attention, on remarque dans leurs caractères physiques quelques différences qui peuvent servir à faire connaître ces mélanges. D'abord, l'arrow-root est moins blanc que les deux autres fécules ; ses grains sont beaucoup plus fins ; et lorsqu'on les regarde à la loupe, ils paraissent nacrés et très-brillants. On distingue deux sortes d'arrow-root : la première, venant de l'Inde, est très-légère, et possède une odeur que n'a pas la seconde, celle de la Jamaïque, qui est beaucoup plus pesante. L'arrow-root est employé pour faire des potages, et peut remplacer le tapioka, le sagou. Jules GARNIER.

ARSACE ou **ARSACÈS**, nom qui a été porté par un grand nombre de rois des Parthes. *Voyez* PARTHES et ARSACIDES.

ARSACIDES, dynastie des rois parthes fondée par Arsacès 1er ou Archaz, et qui régna à Hécatompylos, à Ctésiphon, à Ecbatane, depuis l'an 256 avant J.-C. jusqu'à l'année 226 de notre ère. Le nom de cette dynastie lui vient de son fondateur, que les Parthes surnommèrent *Ar-*

chez Katch, Archaz le Brave. Dans la suite, cette dénomination devint générique, comme celles de Pharaon et de Ptolémée données aux rois d'Égypte, et celle de César donnée aux empereurs romains. Le dernier roi arsacide fut Artaban IV, qui fut vaincu par Artaxerce, fils de Sassan (*voyez* PARTHES et SASSANIDES). La dynastie des Arsacides conserva encore quelque temps le trône d'Arménie. Ardachès, ou Artiser IV, dernier Arsacide d'Arménie, fut déposé en 428 par les Sassanides (*voyez* p. 37).

ARSCHOT ou **AERSCHOT**, petite ville de Belgique, dans la province de Brabant, à seize kilomètres de Louvain, sur la Demer. avec 3,500 habitants, des distilleries, des brasseries et un grand commerce de bétail. En 1284 elle fut donnée en apanage par Jean Ier, duc de Brabant, à son second fils, Godefroi, dont les descendants portèrent cette terre dans la maison de Lorraine. Elle passa dans celle de Croy par le mariage de Marguerite de Lorraine avec Antoine, sire de Croy et de Renty, en 1455. L'empereur Charles-Quint érigea la terre d'Arschot en duché, l'an 1533, en faveur de Philippe de Croy, dont la petite-fille et héritière, Anne de Croy, épousa Charles de Ligne, prince et comte d'Arenberg. C'est ainsi que les ducs d'Arenberg actuels joignent à tous leurs titres ceux de ducs de Croy et d'Arschot, parce qu'ils représentent la branche aînée de cette maison. Mais il existe en outre des comtes d'Arschot, dont le dernier, sénateur de Belgique, s'en fait connaître dans les événements qui ont amené la fondation de ce royaume. *Voyez* l'article suivant.

ARSCHOT-SCHOONHOVEN (PHILIPPE-JEAN-MICHEL, comte D'), né au château de Voodt, le 24 décembre 1771, devint membre du conseil général du département de la Meuse-Inférieure et président du canton de Looz sous le consulat et l'empire français. En 1814 il fut nommé conseiller privé du nouveau royaume des Pays-Bas, et fit partie en 1815 de la commission chargée d'en rédiger la constitution. Il devint ensuite conseiller d'État, et fut appelé en 1818 aux fonctions de gouverneur du Brabant méridional jusqu'en 1828. Membre de la première chambre des états généraux en 1825, le Brabant l'envoya au congrès après la révolution de 1830, et ensuite il représenta la même province au sénat jusqu'en 1839. Il est mort le 14 juin 1840. Le roi Léopold l'avait nommé grand maréchal de la cour le 8 août 1831.

ARSENAL. Du Cange fait venir ce mot du latin *ars*, engin, machine. On donne ce nom à un magasin public, au lieu destiné à la garde des armes nécessaires à l'attaque et à la défense. Les principaux arsenaux de France, où se conservent presque toutes les armes de la république, sont ceux de Vincennes, Strasbourg, Metz, Lille, Besançon et Perpignan. *Voyez* ces noms.

Les arsenaux les plus remarquables hors de France sont : 1° celui de Venise, construit en 1337, par André le père; disposé de telle sorte qu'il sert à la fois d'arsenal maritime et militaire, et devant la porte principale duquel sont placés les deux lions de marbre blanc qui ont été enlevés au Pirée d'Athènes ; 2° celui de Londres, où l'on voit, dans une salle d'armes de plus de cent dix mètres de longueur, cent mille mousquets rangés dans un ordre admirable ; 3° celui de Berlin, qui est dans une position très-avantageuse, sur les bords de la Sprée.

Dans l'artillerie on donne le nom d'*arsenaux de construction* aux établissements dans lesquels on monte les bouches à feu sur leurs affûts, et où l'on construit les voitures du train.

Les *arsenaux maritimes* se composent de la réunion des chantiers, bassins, ateliers, forges, corderies, magasins, armes, munitions de toutes espèces, de guerre et de bouche, etc., qui constituent l'approvisionnement des armements maritimes. Une rade sûre et un bon port sont les deux conditions principales qui déterminent le choix de l'emplacement d'un arsenal maritime. La France a trois arsenaux maritimes de première classe : ce sont ceux de Brest, Toulon et Rochefort; deux de seconde classe, Lorient et Cherbourg, et six autres arsenaux secondaires, dans les lieux suivants : Dunkerque, le Havre, Saint-Servan, Nantes, Bordeaux et Bayonne. « Les arsenaux maritimes, a dit un ministre, doivent être à la fois des foyers de productions et de réparations pour le présent, et des dépôts de prévoyance pour l'avenir. » Au 1er janvier 1845 la France possédait dans ses arsenaux 143,817 stères de bois de chêne et 11,505 mâts, sans compter 10,256 mâtereaux. On estime que la quantité nécessaire aux approvisionnements de la France est de 180,000 stères de bois de chêne, lesquels doivent rester cinq ans dans les magasins, et 15,000 mâts de 51 à 90 centim., ayant besoin d'une préparation de trente ans.

Les arsenaux maritimes de la Grande-Bretagne sont au nombre de six : à Deptford, Woolwich, Chatham, Sheerness, Portsmouth et Plymouth. Les arsenaux les plus remarquables des autres puissances sont : en Espagne, la Corogne, Cadix, Gibraltar (ce dernier appartenant aux Anglais), Carthagène et Barcelone; en Portugal, Lisbonne; en Italie, Villefranche, Gênes, la Spezzia, Livourne, Civita-Vecchia, Naples, Ancône, Venise et Trieste; dans diverses îles de la Méditerranée, Mahon, Porto-Ferrajo, Palerme, Malte et Corfou; en Allemagne, Dantzig et Hambourg, érigés en arsenaux maritimes par Napoléon, mais qui sont redevenus ports marchands; dans les Pays-Bas, Anvers, Flessingue, le Texel; en Danemark, Copenhague; en Suède : Carlscrone; en Russie, Saint-Pétersbourg et Cronstadt sur la Baltique, et Sébastopol sur la mer Noire; en Turquie, Constantinople et Alexandrie; dans les États Barbaresques, Alger, Tunis et Tripoli; en Amérique, New-York, Boston et Baltimore; au Brésil, Rio-Janeiro et Bahia, ou San-Salvador, etc.

ARSENAL DE PARIS. Il y eut autrefois à Paris un arsenal célèbre, le plus décrit aujourd'hui, et dont il ne reste plus que l'hôtel des poudres et salpêtres et les bâtiments de la bibliothèque qui porte son nom. La fondation de cet arsenal remonte très-haut. Une partie de l'emplacement de l'arsenal portait anciennement, avant le creusement des fossés de la ville, le nom de *Champ au Plâtre*. Charles VI en donna, en 1396, une portion au duc d'Orléans, son frère, qui y fit bâtir sa hôtel. Dans la suite, la ville acquit ce lieu, et y fit construire des granges pour y placer l'artillerie. François Ier, voulant faire fondre des canons, emprunta à la ville, en 1533, une de ces granges, avec promesse de la rendre dès que la fonte serait achevée ; puis, sous prétexte d'accélérer le travail, il en emprunta une seconde, puis une troisième, avec la même promesse. La ville voyait avec peine ces emprunts successifs. Ce roi si renommé pour sa loyauté n'en montra guère dans cette circonstance : il manqua sans façon à sa parole, et garda pour lui les granges de l'artillerie. Henri II, en 1547, demanda encore quelques bâtiments pour y construire des fourneaux, et offrit des dédommagements à la ville; on ignore s'il les lui donna. Il y fit construire plusieurs logements pour les officiers de l'artillerie, sept moulins à poudre, deux grandes halles et autres bâtiments, qui dans la suite furent presque tous ruinés.

Deux accidents notables ont donné quelque célébrité aux édifices de l'Arsenal : à l'angle méridional du jardin, angle formé par le cours de la Seine, on le Mail, qui le bordait, et par les fossés de la ville, s'élevait la tour de Billy, qui faisait partie de l'enceinte de Paris. Le 13 juillet 1538, à cinq heures du soir, le tonnerre éclata sur cette tour, et la démolit presque entièrement. On y substitua dans la suite un bastion. Le second accident arriva le 28 janvier 1563 : le feu prit à quinze ou vingt milliers de poudre qui se trouvaient dans les bâtiments. L'explosion fut terrible : des pierres furent lancées jusqu'au faubourg Saint-Marceau; la détonation fut entendue jusqu'à Melun; les poissons périrent dans la rivière. Des sept moulins à poudre, quatre furent détruits, les autres fort endommagés. Des maisons du voisinage furent renversées; trente personnes enlevées en l'air retombèrent en lambeaux, un plus grand nombre d'autres furent dangereusement blessées. On ne put jamais découvrir les auteurs ou les causes de cet accident. On ne manqua pas de l'attribuer aux protestants.

Charles IX fit reconstruire sur un plus vaste plan les bâtiments détruits. Ses successeurs continuèrent les constructions. Sous Henri III, en 1584, fut bâtie la porte qui faisait face au quai des Célestins. Cette porte était décorée de colonnes en forme de canons placés verticalement. Au-dessus était une table de marbre, où on lisait ce distique du poëte Nicolas Bourbon :

Ætna hæc Heurico vulcania tela ministrat,
Tela gigantoos debellatura furores.

Henri IV y établit un jardin, et Sully, en qualité de grand maître de l'artillerie, y fit pendant tout le temps de son ministère sa demeure ordinaire. Louis XIV ayant fait construire des arsenaux aux frontières du royaume, l'arsenal de Paris ne servit plus qu'à contenir des pièces hors de service, des fusils rouillés et des fonderies où l'on coulait quelques figures de bronze. Le régent, en 1718, fit abattre plusieurs vieux bâtiments, et construire, sur les dessins de Germain Boffrand, l'hôtel du gouverneur de l'arsenal. Dans diverses pièces de cet hôtel était et se voit encore la précieuse bibliothèque, dite d'abord *Bibliothèque de Paulmy*, devenue bibliothèque publique, sous le nom de *Bibliothèque de Monsieur*, puis *de l'Arsenal* (*voyez* BIBLIOTHÈQUE). Par édit du mois d'avril 1788, l'arsenal, depuis longtemps inutile, fut supprimé, et son emplacement destiné à la construction d'un nouveau quartier de Paris; mais cette ordonnance ne reçut point immédiatement son exécution. L'emplacement de l'arsenal a éprouvé depuis plusieurs changements. Sur le jardin fut établi, en 1806, une partie du boulevard Bourdon. Sur le même jardin et le long du boulevard Bourdon on commença, en 1807, à bâtir le vaste édifice appelé *Grenier de réserve*, qui se trouvant entre les bâtiments de l'arsenal et la Seine, on ouvrit une route très-commode. Enfin, sous le règne de Louis-Philippe, on a comblé le petit bras de la Seine qui séparait cette route de l'ancienne Ile Louviers, en même temps que les anciens terrains de l'Arsenal étaient percés de rues.

ARSÉNIATES, ARSÉNITES, ARSÉNIURES. *Voyez* ARSENIC.

ARSENIC (du grec ἄρσην, mâle, et νικάω, je tue). L'arsenic, dont les composés vénéneux étaient connus depuis longtemps, fut découvert par Brandt, en 1733. C'est un métal d'un gris d'acier très-brillant lorsqu'il est pur et récemment préparé. Il se ternit et noircit promptement à l'air. Sa texture est grenue, écailleuse; ou bien il cristallise en aiguilles prismatiques, lamelleuses, peu adhérentes les unes aux autres. L'arsenic est insipide, inodore, mais acquérant une légère odeur par le frottement. Il n'est pas fusible sous la pression atmosphérique ordinaire, mais il se volatilise à la température de 180°. Sa pesanteur spécifique est représentée par 5,67. Chauffé sur des charbons ardents, il se transforme en acide arsénieux après avoir donné de vapeurs qui répandent une forte odeur alliacée, et qui bientôt se condensent en une poudre blanche.

L'arsenic se rencontre dans plusieurs mines de plomb et d'argent, à l'état de sulfure, mais plus ordinairement à celui d'acide neutralisé par le nickel, le cobalt, le bismuth, le fer, l'antimoine et l'argent. S'unissant à plusieurs métalloïdes, l'arsenic produit divers composés. Sans action sur l'eau à la température ordinaire, il la décompose à celle de l'ébullition, et passe à l'état d'acide arsénieux et d'hydrure d'arsenic insoluble. L'acide azotique le transforme partie en acide arsénieux, partie en acide arsénique. Les acides sulfurique et chlorhydro-azotique (eau régale) le font passer, le premier à l'état d'acide arsénieux, le second à l'état d'acide arsénique.

A l'état métallique pur, l'arsenic n'est point un poison, mais il le devient à un degré extrême par l'oxydation; l'arsenic métallique ne peut donc pas être impunément introduit dans les voies digestives, car il s'y oxyde facilement.

On connaît trois degrés d'oxydation de l'arsenic : le protoxyde ou oxyde noir, appelé vulgairement *poudre aux mouches*; le deutoxyde ou *acide arsénieux*, nommé dans le commerce *arsenic blanc*, *oxyde blanc d'arsenic*, et encore *mort aux rats*; enfin le tritoxyde ou *acide arsénique*.

La poudre aux mouches est considérée par plusieurs chimistes comme un mélange d'arsenic métallique, d'acide arsénieux et de cobalt. On délaye cette poudre dans de l'eau sucrée, et les mouches qui viennent boire sont empoisonnées.

Les deux premiers de ces trois oxydes se rencontrent tout formés et en abondance dans la nature; l'acide arsénieux est beaucoup plus vénéneux que le protoxyde, et est regardé comme l'un des plus violents poisons minéraux.

L'acide arsénieux (quand il n'a pas encore , selon de sages prescriptions de Christison, été coloré en vert par le sulfate de fer, afin de prévenir les malheurs qui arrivent, soit par mégarde en le prenant pour de la farine ou du sucre, soit par malveillance) se trouve dans le commerce sous deux formes : en poudre blanche analogue à de la farine; et en masses blanches composées de plusieurs couches, blanches et opaques à l'extérieur, transparentes et vitreuses à l'intérieur; il est cassant, inodore, d'une saveur âcre et corrosive, laissant sur la langue un arrière-goût douceâtre et excitant fortement à la sécrétion de la salive : il n'aurait cependant aucun goût si l'on s'en rapporte aux expériences récentes de Christison, et ce serait par erreur qu'on aurait attribué à l'acide arsénieux un goût âcre, styptique et métallique : ce fait expliquerait comment des criminels peuvent faire prendre aisément ce poison dans des mets. Sa pesanteur spécifique est de 3,73 quand il est transparent, et seulement de 3,69 quand il est opaque. Soumis à l'action de la chaleur dans un matras, il se volatilise sans se décomposer. Mis sur des charbons ardents, il est décomposé : l'arsenic métallique se répand dans l'atmosphère sous forme de vapeurs brunâtres d'une odeur alliacée; mais bientôt, absorbant l'oxygène de l'air, il passe de nouveau à l'état d'acide arsénieux. Il est soluble dans l'eau froide, mais surtout dans l'eau bouillante, qui en prend la huitième partie de son poids environ. Il est moins soluble lorsqu'il est mis en contact avec les substances animales, comme le lait, le bouillon, les sucs gastriques, ou avec les tisanes, comme le thé par exemple; mais il l'est toujours assez pour déterminer la mort. On a en des exemples d'empoisonnements mortels dû à un ou plusieurs morceaux d'acide arsénieux solides introduits dans l'estomac. La solution aqueuse d'acide arsénieux est inodore, transparente, incolore, et rougit faiblement la teinture de tournesol ; elle précipite en blanc par l'eau de chaux, en jaune par l'acide sulfhydrique gazeux ou dissous dans l'eau. Cependant le précipité ne se forme que sous l'influence de la chaleur ou par l'addition d'une goutte d'acide chlorhydrique. Le nitrate d'argent précipite en jaune la solution aqueuse d'acide arsénieux, et le sulfate de cuivre ammoniacal y donne lieu à un précipité vert. L'acide arsénieux est composé de 100 parties d'arsenic et de 34,91 d'oxygène (2 volumes d'arsenic, 3 d'oxygène). On l'obtient le plus souvent en faisant griller la mine de cobalt arsenical; cet oxyde se volatilise et se dépose sur les parois de la cheminée; on le purifie en le sublimant de nouveau. L'acide arsénieux est employé en médecine sous différentes formes : dans la poudre de Fontaneille, contre les fièvres intermittentes, dans les pilules de Barton et celles dites *asiatiques*, dans la pâte caustique de Rousselot, dans la pommade d'Hellmund, dans le liniment de Swediaur, dans le cataplasme anti-cancéreux du même auteur, etc. Ses usages dans les arts sont assez étendus : on l'emploie dans la fabrication du verre et dans les travaux docimastiques ; il est usité pour faciliter la fusion du platine ; il entre dans la composition de quelques vernis.

On obtient l'*acide arsénique* en faisant bouillir l'acide arsénieux avec de l'acide nitrique, qui, dans cette réaction, se décompose en acide hyponitrique qui se dégage et en oxygène qui s'ajoute à l'acide arsénieux. Après l'évaporation l'acide arsénique se présente sous la forme d'une masse blanche amorphe, qui, chauffée au rouge, dégage de l'oxygène et reproduit l'acide arsénieux.

Les composés arsenicaux sont très-nombreux ; mais les préparations autres que l'acide arsénieux, telles que celles de sulfure d'arsenic, d'arsénite et d'arséniate de potasse et de soude, sont très-peu usitées de nos jours. Prescrites surtout contre les fièvres et le cancer, l'expérience a démontré que dans cette dernière maladie c'est plutôt à l'extérieur que les préparations arsenicales peuvent être employées. Biett les a ordonnées avec avantage contre certaines maladies de la peau, telles que la lèpre vulgaire, le psoriasis, l'eczéma et l'impétigo chronique.

L'arsenic peut s'allier à tous les autres métaux, qu'il rend cassants, voire même les plus ductiles. Chauffés fortement à l'air libre, ces alliages se décomposent. L'arsenic se volatilise à l'état d'acide arsénieux, et ce métal reste libre s'il appartient à la dernière section, ou devient oxyde s'il appartient aux cinq premières. Les principaux alliages auxquels il donne lieu sont les *arséniures* d'étain, de cobalt, de nickel, de zinc et de fer. Ce nom d'*arséniures* ne s'applique qu'aux composés de l'arsenic et d'un métal. Les autres composés binaires les plus remarquables après les oxydes sont les sulfures jaune et rouge, connus sous les noms d'*orpiment* et de *réalgar*. L'arsenic entre dans l'alliage qui sert à fabriquer les miroirs de télescope, dans l'alliage dont on fait le plomb de chasse, etc.

D'après les règles de la nomenclature chimique, les acides arsénieux et arsénique étant combinés avec des bases donnent lieu à des *arsénites* et des *arséniates*. Les arsénites se décomposent par la chaleur avant de fondre : ces sels sont peu ou point solubles, excepté les arsénites de potasse et de soude, propriété qui leur est commune avec les arséniates des mêmes bases. On ne les trouve pas dans la nature. Le seul en usage est celui de bioxyde de cuivre, connu en peinture sous le nom de *vert de Scheele*, et qui est obtenu en faisant rougir de la potasse et de l'acide arsénieux sur du sulfate de cuivre. Les arsénites de potasse et de soude précipitent le sulfate de cuivre en vert, tandis que les arséniates des mêmes bases le précipitent en blanc bleuâtre. Pour connaître ces acides de l'arsenic qui entrent dans la composition d'un sel autre que ceux-ci, on doit donc commencer par le transformer en sel de potasse ou de soude, en opérant une double décomposition à l'aide d'un carbonate de l'une ou l'autre de ces bases.

L'historique de l'intoxication arsenicale ne commence qu'à Dioscoride, qui est le premier auteur qui ait parlé de l'arsenic sous le point de vue toxique, et qui ait signalé, quoique d'une manière incomplète, les symptômes de son empoisonnement, contre lequel il indique l'emploi de l'huile chaude, dans le triple but d'envelopper le poison, de s'opposer à sa résorption et de le faire vomir, car l'huile chaude est émétique ; il prescrit aussi les contre-poisons (*alexipharmaca*), et surtout la thériaque dans le vin généreux. Depuis Dioscoride jusqu'aux seizième et dix-septième siècles on ne trouve dans les auteurs que peu de chose sur l'arsenic : tous n'ont fait que copier Dioscoride, et ce n'est qu'à dater de cette époque qu'on rencontre pour la première fois des faits chimiques relatifs à l'empoisonnement par l'arsenic enregistrés avec détail, et des expériences faites sur les animaux et chez les hommes condamnés à mort. Ambroise Paré décrit les symptômes de cet empoisonnement avec une grande fidélité, et le rapproche de celui par le sublimé corrosif : il condamne formellement dans ce cas la saignée, et prescrit, comme ses devanciers, l'usage des remèdes cordiaux, et en particulier le vin de Malvoisie après le vomissement. Fabrice de Hilden nous a conservé quelques faits remarquables d'intoxication arsenicale. Au dix-huitième siècle et de nos jours les recherches et les observations sur cet empoisonnement se multiplièrent beaucoup, grâce aux progrès de la chimie et surtout aux travaux de Fodéré, Berzelius, Sprengel, Brodie, Orfila, Christison, Raspail et Rognetta.

L'arsenic a été expérimenté sur des chiens, des chats, des lapins, le cheval, le loup, les rats, des volatiles, et même sur l'éléphant. Les phénomènes généraux de l'intoxication arsenicale chez les animaux sont les mêmes que chez l'homme. Chez ce dernier, le vomissement a toujours lieu dans cet empoisonnement ; il peut se déclarer de quelques minutes à quelques heures après l'ingestion de l'arsenic : sa durée est indéterminée ; le plus souvent il s'arrête plusieurs heures avant la mort, quelquefois il se continue jusqu'aux derniers moments de la vie. La matière vomie est écumeuse, parfois sanguinolente. Des garderobes analogues, des coliques, une soif ardente, accompagnent ou suivent les vomissements ; le malade tombe dans une prostration croissante ; son visage devient pâle ; le pouls est filiforme ; il y a rétraction du ventre, sueurs froides, gémissements, syncopes répétées, paralysie des quatre membres quelquefois, anxiété, léger délire et assoupissement avant que la mort ne survienne : en somme, les caractères les plus frappants et les plus importants de l'intoxication arsenicale sont les vomissements et les évanouissements. A l'autopsie, on trouve des lésions diverses, selon que l'arsenic a été introduit dans l'estomac ou par les autres voies d'absorption. Dans le premier cas, si le poison a été administré en solution, on ne trouve d'escarres nulle part ; si l'arsenic a été introduit à l'état solide, la muqueuse gastrique offre des escarres, et le cœur est mou, plein de sang liquide et noir ; le cerveau et ses membranes sont fortement engoués de sang veineux et liquide.

Une particularité bien remarquable et qu'apprend l'observation, c'est que plus la dose est considérable, plus la mort arrive tardivement. On connaît plusieurs cas où huit ou douze grammes d'acide arsénieux n'ont pas tué aussi promptement qu'un gramme ou un demi-gramme, et on a expliqué ce fait par la cautérisation violente de l'estomac, qui empêche la résorption jusqu'à un certain point.

Quelquefois les symptômes affectent une sorte d'intermittence vers la fin ; on observe une nuit meilleure, mieux, puis une syncope arrive où il succombe. D'autres fois, une éruption cutanée pustuleuse survient à la peau. Si le malade ne succombe pas promptement, la paroi intérieure de l'abdomen se rétracte contre la colonne vertébrale, le pouls reste filiforme, la peau est couverte de sueur, les membres sont presque paralysés, il n'y a de soif, s'éteint sans douleur au bout de quelque temps. Si l'empoisonnement ne doit point déterminer la mort, à tous les symptômes effrayants qui ont déjà été mentionnés succède une réaction fébrile et quelquefois une gastrite.

Le traitement de l'empoisonnement arsenical se fait suivant trois méthodes différentes : 1° par des remèdes neutralisants volontiers, tels que les émétiques, outre les vomitifs, le peroxyde hydraté de fer, qui en se combinant avec l'acide arsénieux dans l'estomac doit former un arsénite de fer qui est lui-même, dit-on, beaucoup moins dangereux que l'oxyde blanc d'arsenic ; 2° par des évacuations sanguines et autres remèdes antiphlogistiques ; 3° par des stimulants ; et s'il est vrai que lorsque les symptômes de l'empoisonnement se déclarent l'absorption est déjà opérée, et qu'en conséquence les remèdes neutralisants chimiques ne sauraient enrayer ces symptômes, ainsi que quelques médecins le prétendent, on comprend que la médication stimulante puisse combattre les symptômes généraux, qui à eux seuls suffisent pour produire la mort, et qu'on puisse amener une réaction salutaire par l'usage des alcooliques, de l'eau de cannelle, de l'opium, différemment combinés et administrés à hautes doses répétées. Dans cette méthode la première chose que l'on doit faire est de favoriser le vomissement et l'expulsion de la portion non absorbée du poison à l'aide d'huile d'olive chaude ou de lait chaud. On recommande aussi de s'abstenir rigoureusement de boissons d'eau tiède, qui favorisent, dit-on, la solution et l'absorption du poison, et on proscrit l'administration de l'émétique, qui ajoute à la force toxique de l'arsenic.

Tout ce qui a trait aux recherches médico-légales auxquelles peut donner lieu l'arsenic sera traité d'une manière générale au mot EMPOISONNEMENT. On verra aussi plus tard comment la présence de l'arsenic dans les corps organiques peut être constatée au moyen d'appareils, dont le plus célèbre est celui de Marsh.   Dr Alex. DUCKETT.

ARSÉNIEUX, ARSÉNIQUE (Acides). *Voyez* ARSENIC.

ARSINOÉ (*Mythologie*). Dans la langue des Hellènes, ce nom, composé des deux mots ἄρσις, élévation, et νοῦς, esprit, dénote la magnanimité. La mythologie grecque compte plusieurs femmes de ce nom.

ARSINOÉ, fille de Leucippe et nièce d'Apharée, roi de Messénie, fut, selon quelques auteurs, aimée d'Apollon et en eut Esculape, auquel on donne plus souvent pour mère Coronis, fille de Phlégias. Elle reçut les honneurs divins à Lacédémone, où elle avait un temple sur la place Hellénique.

ARSINOÉ, nommée aussi *Alphésibée*, était fille de Phégée, prêtre et roi d'Arcadie, et femme d'Alcméon, qui, pour venger la mort de son père Amphiaraüs, tua sa mère Ériphyle. Alcméon la répudia pour épouser Callirhoé, fille d'Achéloüs, fleuve suivant les uns, roi d'Épire selon les autres.

ARSINOÉ, fille de Nicocréon, roi de Chypre, inspira une violente passion à un jeune Salaminien, nommé Acréophon, qui, se consumant d'amour et de mélancolie, ne put réussir à s'en faire aimer. Arsinoé contempla sans verser une larme les funérailles de son malheureux amant. Vénus, pour la punir de son insensibilité, la changea, dit la fable, en caillou.

ARSINOÉ est encore, dans la mythologie, le nom d'une Hyade et d'une tante d'Oreste.

ARSINOÉ, nom de plusieurs princesses de la dynastie grecque qui régna en Égypte.

ARSINOÉ, fille de Ptolémée et de Bérénice, fut mariée à Lysimaque, l'un des généraux d'Alexandre, et roi de Thrace. Elle avait deux frères, Ptolémée Kéraunos et Ptolémée Philadelphe, roi d'Égypte. Lysimaque, étant parti pour une expédition en Asie, y avait à peine mis le pied qu'il périt les armes à la main sur le champ de bataille, laissant sans défense en Macédoine son épouse et deux fils en bas âge, Lysimaque et Philippe. Ptolémée Kéraunos en profita pour s'emparer de la Macédoine. Arsinoé, à son approche, s'était jetée avec ses enfants dans Cassandrée, place très-forte. Kéraunos, désespérant de les y atteindre, usa de la ruse la plus exécrable aux yeux des dieux et des hommes : il feignit d'être épris des charmes de cette malheureuse veuve, sa sœur, dont il sollicita la main par des envoyés; union incestueuse chez les Grecs, mais légitime chez les Perses et les Égyptiens. Arsinoé la lui promit, quoique avec répugnance et après de grandes lenteurs.

Le barbare, à peine entré dans Cassandrée, ayant vu s'avancer vers lui sa sœur avec ses deux enfants, dont l'aîné comptait seize ans et l'autre trois à peine, les fit massacrer sous ses yeux dans les bras mêmes de leur mère, qui les couvrait en vain de son corps. Le sacrilége quelques heures auparavant avait juré devant l'autel de Jupiter de protéger ses neveux ! Quant à Arsinoé, elle fut envoyée en exil en Samothrace, d'où Ptolémée Philadelphe quelque temps après la retira pour l'épouser.

Bien qu'elle fût déjà âgée et hors d'état d'être mère, ce prince n'en brûla pas moins pour cette sœur, devenue son épouse, d'une passion aussi violente que durable. A peine reine d'Égypte, Arsinoé se montra devant ce peuple ami des fêtes sous les attributs de Vénus, sans doute dominue, pleurant et se réjouissant à la célébration des obsèques et de la résurrection d'Adonis. On prétend que ce fut la seconde année de son mariage que parut la fameuse version de la *Bible* faite par les Septante sous les yeux de Ptolémée lui-même, vers l'an 277 avant J.-C. Ptolémée la perdit quelques années après. Inconsolable, il éleva à sa mémoire en Afrique et en Asie des villes qui portèrent son nom (*voyez* les articles suivants). Il fit placer son image adorée dans l'enceinte de son palais : c'était une statue précieuse faite d'une topaze haute de quatre coudées; sans compter un grand nombre d'obélisques érigés en son honneur, parmi lesquels un monolithe de cent vingt pieds d'élévation, dressé au-dessus du Delta. Un nome d'Égypte prit aussi le nom d'Arsinoé; et si Philadelphe, qui survécut peu à l'objet de sa tendresse, n'était pas mort, ainsi que son célèbre architecte Dinocrate, un temple se serait élevé dont la voûte incrustée d'aimant aurait maintenu en l'air une statue en fer doré représentant cette reine. Alexandrie lui consacra des autels ; déjà déesse adorée sous le nom de Vénus Zéphyride, sur le promontoire Zéphyrie, elle y recevait l'encens des peuples dans un temple magnifique.

ARSINOÉ, fille de Lysimaque, roi de Thrace, fut la première femme de Ptolémée Philadelphe. — Jalouse de la prédilection de son époux pour une autre femme, elle résolut de faire mourir à la fois par le poison sa rivale et l'infidèle. Elle corrompit à cet effet un certain Amyntas et Chrysippe, le médecin du roi. La conspiration fut découverte, et les coupables furent livrés aux derniers supplices ; mais, ému de pitié pour celle qui lui avait donné trois enfants, Ptolémée, Lysimaque et Bérénice, il ne fit que l'exiler à Coptos dans la Thébaïde. Obscure, abandonnée et oubliée, elle y finit ses jours rongée de remords, disent les uns; elle s'échappa de son exil, selon les autres, et se maria avec Magas, roi de Cyrène, frère utérin de Philadelphe, qui mourut quelque temps après. Alors Arsinoé, sous prétexte de lui faire épouser Bérénice, sa fille, manda celle-ci, d'elle Démétrius Poliorcète, et en fit son amant. Bientôt après, des conjurés guidés par sa propre fille Bérénice le percèrent de coups presque dans ses bras. *Voyez* BÉRÉNICE.

ARSINOÉ, fille de Ptolémée Évergète et de Bérénice, et sœur et femme de Ptolémée Philopator, voyant d'un œil jaloux les préférences de son mari pour une rivale du nom d'Agathoclée, en venait souvent aux plus tendres et aux plus vifs reproches. Le barbare, qui ne pouvait se plaindre que d'être trop aimé d'une épouse ouvertement outragée, importuné de sa présence, persécuté par ses pleurs, finit par la livrer à un certain Philammon, son premier ministre, avec ordre de la faire mourir, au choix de ce bourreau, soit par le fer, soit par le poison ; ce qui fut exécuté. Tel fut le sort affreux d'une chaste reine, d'une héroïne même; car, à côté de son époux, à la bataille de Raphia elle avait presque décidé la victoire remportée sur Antiochus.

ARSINOÉ, sœur de Cléopâtre, la fameuse reine d'Égypte, reçut de César l'île de Chypre dans le partage que fit le vainqueur de cette contrée. La jalousie de voir sa sœur assise sur le trône des Pharaons, ou peut-être un sentiment national, la poussa à secouer le joug du vainqueur. Aidée de Photin et d'Achillas, ses généraux, elle assembla un noyau assez considérable d'esclaves, de pirates, de fugitifs de Syrie et de Cilicie, et crut avec ce ramassis d'hommes sans aveu pouvoir tenir tête aux légions romaines. Défaite en une seule bataille, elle tomba suppliante aux genoux de César, qui la repoussa, et, peu généreux cette fois, la traîna enchaînée à son char jusqu'aux marches du Capitole, puis la relégua aux extrémités d'une province de l'Asie, où elle vécut pauvre et délaissée, mais non oubliée de Cléopâtre, qui, on ne sait par quel affreux ressentiment, conjura avec larmes Antoine de la faire périr. Son lâche amant envoya aussitôt des soldats, qui la poursuivirent jusque dans le temple d'Éphèse, où elle se réfugia, et l'y égorgèrent sur l'autel même de Diane, qu'elle tenait embrassé.

DENNE-BARON.

ARSINOÉ (*Géographie*). Nom commun à plusieurs villes anciennes, ainsi appelées en l'honneur de quelques princesses d'Égypte. On dit qu'elles étaient au nombre de quatorze. On cite parmi les plus importantes : *Arsinoé* ou *Cléopatris*, aujourd'hui Suez, sur l'isthme de ce nom, près de la mer Rouge ; *Arsinoé* ou *Crocodipolis*, ville de l'Heptanomide, près du lac Mœris, au sud, dans une vallée ainsi appelée de ce qu'on y enterrait les crocodiles sacrés ; *Arsinoé* ou *Tenchira*, dans la Cyrénaïque, au nord-ouest, sur la côte. — Trois villes de l'île de Chypre, dont une (aujourd'hui Poli) est à 30 kilomètres nord de Paphos, ont aussi porté ce nom.

ARSOUF ou ARSUR. *Voyez* ASSUR.

ART. Le mot *art* dans sa signification première désigne le moyen d'action des organes mus par la volonté dans la nature extérieure : il a un rapport étymologique très-étroit, d'une part avec le verbe grec αἴρω, qui signifie prise, entreprise, commencement d'action; de l'autre avec le mot latin *artus*, qui désigne les membres, instruments nécessaires de la volonté. Cette première et générale acception a passé sans altération dans notre langue; seulement elle implique une idée quelconque d'adresse et d'habileté : ainsi, quand nous disons les *arts mécaniques*, nous entendons la collection des procédés propres à l'action mécanique, et justifiés par l'expérience. Cette complexité introduite dans l'idée première conduit au sens figuré du mot *art*, que nous avons également emprunté à la langue latine; dans ce sens, *art* devient adresse, habileté, et par extension ruse, astuce : sous ce rapport le mot *art* appartient aux sciences morales, comme sous l'autre il rentre dans le domaine des sciences exactes. Ces deux acceptions sont étrangères à l'objet de cet article.

Dans le sens le plus général, l'art diffère de la science uniquement comme la théorie diffère de la pratique; il est aussi inséparable de la science que la pratique l'est de la théorie. Mais avec le point de vue sous lequel nous avons entrepris de le considérer, l'art est une faculté complètement distincte de la science. C'est une abstraction difficile à saisir, et dont nous ne trouvons pas l'équivalent dans les langues anciennes, parce qu'elle est étrangère aux développements simples de l'esprit humain. Ainsi les anciens, comme les modernes à une époque encore très-rapprochée de nous, ne disaient *l'art du peintre*, *l'art du sculpteur*, que comme ils disaient *l'art du menuisier*, *l'art du maçon*, et seulement sous le point de vue mécanique de la peinture et de la statuaire. Ils disaient *l'art du poète*, *de l'orateur*, dans une acception moins matérielle, plus positivement voisine de celle d'habileté, mais toujours en vue d'une certaine combinaison, soit des sons, soit des mots, d'un arrangement matériel. De là est venue l'habitude de désigner spécialement par le mot *d'art*, auquel on attachait dès lors une signification plus relevée, la faculté commune au poète, au dessinateur, au musicien; de là l'usage établi de considérer isolément ceux des arts qui s'adressent à l'imagination ; on les appela *arts libéraux* ou *beaux arts*, par opposition aux arts exclusivement mécaniques. Les premiers satisfaisaient des besoins qu'on pensait ne devoir appartenir qu'aux hommes libres et pourvus d'une haute culture intellectuelle ; les seconds, conséquence des besoins vulgaires et matériels, devaient être le propre des esclaves, c'est-à-dire des hommes qui ne connaissaient pas d'autres besoins que ceux de la matière, et qui travaillaient à les satisfaire, non-seulement pour eux, mais encore pour les classes ingénues de la société. On sait combien cette distinction, où se trouve le premier germe de l'idée qu'on attache aujourd'hui au mot art, a conservé l'empreinte de l'organisation antique des sociétés.

Mais l'art tel que nous l'entendons aujourd'hui n'est plus seulement la production d'une œuvre matérielle ; ce n'est plus même l'habileté qui consiste à bien remplir ce besoin de l'imagination : c'est le mobile même, le ressort caché qui fait que l'imagination humaine est attachée, émue, satisfaite, par l'imitation des objets extérieurs. C'est ce principe qui chez les uns détermine l'imitation des objets extérieurs, et chez les autres fait accepter cette imitation comme une jouissance. L'art n'est donc plus la collection des procédés matériels que le peintre, le sculpteur, l'architecte, le musicien, le poète, sont obligés d'employer pour arriver au résultat de l'imitation : ces procédés, et surtout les lois sur lesquelles ils sont basés, constituent la science et l'application de la science. L'art ne commence qu'au moment où l'emploi de ces procédés réalise l'imitation, crée l'œuvre, et la rend capable d'agir sur l'imagination. Il ne désigne plus le moyen d'action des organes sur la nature extérieure que quand ce moyen d'action a l'imitation pour base, et pour but le besoin d'affecter agréablement l'imagination.

Analyser complètement le principe de ce besoin, ce serait résoudre le problème de notre organisation. Or, dans l'impossibilité où nous sommes de résoudre ce problème, dans l'incertitude où nous laissent les différents systèmes de la psychologie, il nous suffit et il doit nous suffire de constater ce besoin comme un fait, et de remarquer quel rôle ce fait joue dans le développement individuel et social de l'espèce humaine. Notre point de départ est, comme un axiome dans les sciences exactes, dépourvu de preuves, mais rigoureusement accepté par la conscience. Nous sommes d'autant plus autorisé à ne pas faire remonter plus haut notre examen, que dans les différents systèmes de philosophie la question du principe des arts a été évitée, ou rattachée à certaines idées de morale délicate, de contemplation du beau absolu, de recherche de l'idéal, sans lesquelles, comme on le verra plus bas, le plus grand nombre des arts peuvent exister et jusqu'à un certain point se développer chez un peuple.

Le principe déterminant de l'imitation, comme l'origine de la parole, a été rejeté par un grand nombre de savants dans la philosophie de l'histoire, comme si le commencement d'une chose, quelque faible qu'on le suppose, quelque progressif que soit son développement, pouvait se concevoir indépendamment d'un principe déterminant. La théorie de l'école de Fichte sur la nature et la faculté d'imitation a certain point raison du besoin et de la faculté d'imitation de l'homme. Nous tâcherons, à la fin de cet article, de donner une idée des travaux par lesquels les élèves de Fichte ont tenté d'expliquer l'origine de l'art. Mais quelque ingénieuses que soient ces vues, nous craindrions de les donner pour base à un exposé dans lequel notre prétention est de n'admettre que des faits palpables et en quelque sorte matériels.

Quoi qu'il en soit, et si nous remontons par l'ordre logique au berceau de tous les arts, c'est par l'ornement que la faculté d'imitation se manifeste d'abord chez l'homme. On ne saurait nier le besoin d'orner ne soit co-existant aux besoins matériels de l'existence. Ce besoin est tellement intime et nécessaire, qu'il se cramponne à l'individu quand la société ne le satisfait pas. Chez nous, où une portion la société se dévoue à alimenter les jouissances de notre imagination, nous pouvons concevoir et exécuter sans ornement un couteau pour découper les viandes, un vase pour contenir des boissons; mais le sauvage ne fera ni un couteau ni un vase à boire sans l'orner à sa manière; c'est alors seulement que chaque individu, isolé qu'il est, et devant satisfaire à presque tous ses besoins, a sa part d'organisation artistique, non-seulement comme impression, mais encore comme production. Dans les sociétés intermédiaires, telles que la société antique des Grecs et des Romains, l'individu ne réunit plus l'action à la passivité; le grand nombre commence à jouir des productions du plus petit. Ce n'est que dans notre organisation moderne, et quand la cohésion toujours croissante du lien social rend de plus en plus possible la division à l'infini des facultés humaines, qu'on comprend qu'il puisse exister des individus étrangers non-seulement à la production, mais encore à la perception de l'art.

Ainsi donc, ce que nous avons ou ce que nous croyons avoir sous les yeux ne doit pas nous faire considérer comme une exception l'une des lois les plus essentielles de l'organisation humaine, je veux dire le besoin de satisfaire l'imagination par l'imitation des objets extérieurs. Ce besoin, né, comme nous l'avons dit, avec les besoins matériels, procède en quelque sorte de ces derniers, ou du moins, quelque complet qu'on le suppose dans son essence à l'époque même où il commence à se développer, il ne s'enrichit d'applications nouvelles qu'à mesure que les besoins matériels, par les progrès de la société, s'étendent à un plus grand nombre d'objets. Appliqué aux vêtements et aux ustensiles primitifs, il emprunte à la nature même ses productions, les fruits, les pierres, les coquilles, les fleurs, et les feuilles remarquables par leur élégance ou leur singularité; ou bien il imite ces divers objets par les procédés du tissage, de la gravure, de la plastique et du dessin. Dès lors l'imitation étend ses emprunts aux objets même que l'homme a fabriqués pour ses premiers besoins, tels que les cordes, les voiles, les armes défensives; ces divers objets, l'homme peut les imiter d'une manière isolée, confuse; plus souvent il leur imprimera un cachet symétrique, qui lui-même, mais dans l'ordre intellectuel, est aussi un produit de l'imitation. Je développerai plus bas ce phénomène essentiel, qui ressort immédiatement de l'idée de fini que l'homme se propose dans toutes ses œuvres. C'est la concentration sur un seul point de l'impression d'ordre et d'harmonie que la nature produit sur l'homme : c'est le cosmos des Grecs, qui est à la fois le monde entier et l'ordre imité de celui du monde. La même pensée fait abstraire à l'homme certaines formes de la nature extérieure, telles que le rond, le demi-cercle, le carré, le triangle, etc., qui représentent nettement les idées de fini et par conséquent d'ordre et de symétrie. Si l'on y réfléchit attentivement, on s'apercevra que les sauvages, non dans une vie assurée, mais au milieu des angoisses auxquelles les livrent les besoins physiques de toute espèce, conçoivent et exécutent l'ornement dans un système complet, et que nous, hommes civilisés, nous ne faisons que reproduire et copier.

Cette proposition est d'une évidente vérité. L'homme est donc ornemaniste avant même d'être potier ou forgeron; car il trace l'ornement sur le bois de ses armes avec le tranchant du silex ; il grave la calebasse, son premier vase à boire. Après l'ornemaniste, vient l'architecte: l'architecture, comme le mot paraîtrait l'indiquer, n'est pas le produit du besoin que l'homme éprouve de se construire une maison : car l'homme est architecte longtemps avant qu'il bâtisse sa première maison, et, en revanche, il peut, avec des branches d'arbres, des feuillages, des peaux d'animaux, etc., se créer des abris équivalant à des maisons, quant à la satisfaction du besoin physique, longtemps avant qu'il fasse œuvre d'architecte. L'architecture a son principe dans le besoin qu'éprouve l'homme de se rappeler certains lieux, certains faits, certaines idées. Dans ce but, il pose dans un endroit fixe une masse durable; il fonde un monument : ce dernier mot signifie avertissement, souvenir. L'architecture ainsi créée dès l'origine, et, autant que le permet la nature des matériaux employés et des instruments inventés par l'homme, reçoit pour auxiliaire l'ornement : elle peut rester étrangère à l'homme s'il continue d'être nomade; elle vit de son existence originaire, sans s'appliquer aux habitations, si l'homme, quoique nomade, contracte l'habitude de revenir aux mêmes lieux; elle entre sous le même toit que l'homme dès que la demeure de celui-ci devient fixe et invariable.

Ici se présente une nouvelle loi intellectuelle, qui tient une grande place dans le développement de l'art. Pour abréger ce que notre sujet renferme de trop exclusivement philosophique, il me suffira de dire, qu'abstraction faite de toute croyance à une intervention divine, le sentiment religieux chez l'homme, et la croyance en Dieu, qui est le mobile de ce sentiment, proviennent directement du besoin qu'éprouve l'homme d'expliquer la cause de tous les phénomènes qui frappent ses regards. Or, le procédé le plus simple qu'il emploie, c'est d'animer cette cause, de la personnifier, de lui attribuer les traits de l'homme en même temps qu'il lui prête des actions analogues à celles que l'homme produit. L'anthropomorphisme est donc le résultat obligé de cette opération, et transforme dès lors la plastique, et presque immédiatement la peinture, de procédés secondaires qu'elles étaient, en formes essentielles de l'art. On comprend, au reste, combien les phases historiques de ce développement de l'art chez tous les peuples, si curieuses à étudier quand on veut se rendre compte de l'organisation intellectuelle particulière à chaque nation, importent peu à la connaissance de la théorie générale. Ainsi, que telle peuplade ait restreint la causalité suprême à la forme de souffle et d'esprit, que telle autre ait préféré les images du sabéisme, que telle tribu nomade ait fabriqué des dieux voyageurs comme elle, et leur ait fait partager toutes les phases de la vie errante; que telle autre ait fixé à ses lieux de repère des masses auxquelles elle ait imprimé, tant bien que mal, l'imitation des formes humaines, ces diverses questions sont accessoires pour nous. Nous ne prétendons pas établir que l'anthropomorphisme soit une loi absolue de l'organisation humaine; nous remarquons seulement sous quelle forme l'anthropomorphisme se présente toutes les fois qu'existent les conditions favorables à sa production.

Ainsi donc, pour nous restreindre aux circonstances dans lesquelles le développement de l'art reçoit une extension réelle, nous admettons un peuple agriculteur, à demeures fixes et couvertes. Ce peuple conçoit l'anthropomorphisme plus directement qu'aucun autre : dès qu'il s'est fait un dieu à son image, il lui veut une habitation semblable à celle dont il jouit : de là le premier temple, et presque toujours la première statue. Ici l'art est aussi complet qu'il le sera jamais; il possède toutes ses formes essentielles, et se développe dans le sens le plus naturel, le plus riche et le plus élevé. La statuaire, sous ses faces plastiques, métallurgiques, sculpturales, selon les matériaux que le pays fournit à l'homme, occupe le sommet de l'échelle. L'architecture, réduite du rôle d'expression essentielle à celui d'expression secondaire, complète l'idée que la statuaire a fournie. La peinture, qui d'abord, simple colorage, n'était que l'auxiliaire de l'architecture et du figuriste, devient presque immédiatement, par l'idée abstraite du contour et le sentiment des phénomènes de la perspective, une forme d'art à expression complète. Il n'y a rien dans les prétendus développements de l'art chez les modernes qu'on ne puisse rapporter à ces rudiments, en apparence grossiers, qu'on retrouve non-seulement à l'origine des Égyptiens et des Perses, non-seulement à celle des Grecs et des Italiotes, mais encore chez tous les peuples qui ont fondé la société sur les bases de l'agriculture.

On ne peut donc nier que le développement de l'art ne soit distinct de la satisfaction des besoins physiques : on doit accorder en même temps que la satisfaction de ces besoins est une condition nécessaire de ce développement. Ainsi, l'*ornementation*, pour nous servir d'un terme barbare, mais sans lequel nous ne pouvons formuler notre pensée, l'ornementation se comprend en dehors du sentiment religieux, et comme simple accessoire, mais accessoire obligé, dans les lois de l'espèce humaine, de la satisfaction de besoins physiques. L'architecture est le signe inévitable du besoin de la mémoire et du retour aux mêmes lieux : ces phénomènes apparaissent quand la connaissance et la pratique de l'agriculture donnent aux besoins physiques un caractère tout nouveau de recherche et de délicatesse. La statuaire, et la peinture, qui n'est que l'ombre et comme l'apparence de la statuaire, s'élèvent seules au-dessus des besoins matériels, par la raison que l'homme, quand il pratique ces formes de l'art, en est venu au point de pouvoir séparer de tous les autres besoins, dans le temps et dans l'espace, la satisfaction de ses besoins intellectuels.

J'ai laissé de côté, dans tout ce qui précède, les formes de l'art qui s'adressent à l'oreille et non aux yeux. Le motif de cette prétermission existe pour nous dans l'essence même de l'imitation à laquelle nous avons rattaché les principes d'action et de passivité de l'art. Et en effet si nous étudions avec quelque soin l'imitation en elle-même, nous reconnaîtrons deux mobiles et en quelque sorte deux lois : la première, simple et directe, celle qui porte l'homme à copier les objets qui frappent ses regards ; la seconde, plus abstraite, qui l'amène à imprimer aux objets qu'il imite un cachet d'ordre et de symétrie. Ce second mobile a son principe dans l'idée de fini, que l'homme poursuit naturellement dans toutes ses œuvres. C'est par le besoin qu'il éprouve de finir et de circonscrire ses œuvres au milieu d'une nature qui lui donne l'idée de la perfection, sans présenter de limites à ses yeux, que l'homme élit les formes dont je parlais plus haut, telles que le carré, le rond, le triangle, etc. C'est ainsi qu'après avoir fait jouer à ces formes un rôle dans l'ornementation, il établit les plus régulières d'entre elles, telles que le carré, le cercle, le parallélogramme, comme bases de l'architecture. L'idée d'achèvement et de symétrie est aussi commune à la statuaire et à la peinture, et y produit directement le sentiment du beau. On conçoit seulement que dans ces formes de l'art, basées sur l'imitation directe, le second mobile ne tienne qu'une place accessoire. Ce mobile est, au contraire, essentiel dans les formes de l'art qui s'adressent à l'oreille : il est pour ainsi dire la seule cause de la musique, car l'imitation des sons naturels est en quelque sorte l'occasion et non la cause déterminante de la musique. Le principe de symétrie tient une place équivalente dans la poésie, l'emploi de la parole à l'origine des peuples n'étant que la satisfaction d'un besoin physique, si on le considère à part du rhythme, de la quantité et des autres conditions plus ou moins variables de la poésie. Cette dernière observation explique pourquoi la poésie, comme instrument littéraire, précède la prose chez tous les peuples, et comment l'éloquence ne devient un art que chez les peuples d'une civilisation très-avancée. C'est qu'il faut un degré de recherche tout particulier pour que les formes variables et imprévues du discours puissent être assujetties à des règles tout aussi variables, mais certaines, de symétrie et d'arrangement.

Si l'on reconnaît que l'art est une faculté essentielle de l'homme, un produit direct de l'organisme, on doit en conclure qu'il est nécessairement spontané, que par conséquent l'expression en est complète dès que la matière employée par l'homme n'est plus rebelle à sa volonté. Il suffit donc que les instruments dont il fait usage détruisent les résistances de la matière et en changent la forme dans le sens que l'homme se propose ; il importe peu que l'action de ces instruments soit lente et difficile, pourvu qu'ils soient en communication perpétuelle avec la pensée de l'artiste. A vrai dire, l'homme ne devrait faire usage que de sa main, si sa main coupait le marbre comme elle pétrit l'argile. Le ciseau, le pinceau sont à la main de l'homme des secours nécessaires, mais déjà un obstacle à la libre manifestation de l'art. Les moules ne sont acceptés par l'art que comme une autre nécessité, plus périlleuse encore ; mais il ne faut pas croire que l'art en lui-même n'a aucun intérêt de reproduction, car l'art a reçu directement l'impression à reproduire deux ou plusieurs fois le même ouvrage : les procédés de multiplication sont même nuisibles, en ce sens que, quelque parfaits qu'on les suppose, ils s'éloignent de plus en plus de l'œuvre qui a reçu directement l'impression de la pensée artistique ; à plus forte raison, quand le mode de reproduction altère cette pensée. On comprend dès lors quelle sorte de dangers nouveaux fait courir à l'art le progrès constant de l'industrie, et d'où vient que les artistes et les industriels s'accordent si peu, ceux-ci croyant toujours, à mesure qu'ils multiplient, par des moyens quelconques, les œuvres d'art, servir l'art lui-même par la propagation facile et prompte de ses produits, ceux-là voyant leur pensée de plus en plus effacée par l'action muette et inintelligente des procédés industriels.

Ce que nous avons dit jusqu'à présent de la théorie de l'art en général, et du principe de chacun des arts en particulier, fera peut-être comprendre d'où vient que cette théorie et ces principes n'ont pu être dégagés et exposés nettement jusqu'à ce jour. Et en effet, en prenant pour point de départ, comme on l'a fait presque constamment, le sentiment et l'expression du beau, on s'est privé à plaisir de certains faits essentiels à l'intelligence de la question, ou bien on a torturé l'explication de ces faits. On conçoit que certaines productions, incontestablement artistiques, n'aient pourtant pour mobile qu'une certaine démonstration de l'adresse manuelle ou la satisfaction d'un besoin de la mémoire. L'enfant ou le sauvage qui imitent grossièrement un animal n'agissent pas sous l'impression de la recherche du beau : ils imitent purement pour le plaisir d'imiter. D'un autre côté, l'homme primitif qui pose ou même équarrit un rocher comme point de repère pour ses besoins ou ses souvenirs, agit dans un but rationnel et non sensible. Le même homme qui trace en carré le plan de sa maison obéit à l'idée, non de beauté, mais simplement d'ordre et de régularité. Les faits primordiaux de l'art appartiennent donc séparément au premier ou au second mobile du principe que j'ai appelé d'une manière absolue le principe d'imitation. Le sentiment du beau n'est, à des proportions différentes, que le mélange de ces deux mobiles. Or, le sentiment du beau ne peut être confondu avec le principe absolu d'imitation ; car le premier pour exister a besoin de l'action collective des deux mobiles ; le second existe abstraction faite de l'un ou de l'autre de ces mobiles.

On conçoit ainsi comment les philosophes, qui s'étaient accoutumés à regarder le sentiment du beau comme un élément simple de l'esprit humain, ont été entraînés à considérer comme une condition obligée de l'art la recherche d'un type idéal d'imitation en chaque chose. La théorie de l'idéal dans les arts devant être l'objet d'un examen séparé, nous nous abstiendrons d'en commencer ici le développement. Seulement nous ferons remarquer, pour rendre plus évidente la démonstration qui précède, que la recherche d'un type idéal dans les œuvres de la peinture et de la sculpture a été le propre de ceux qui ont fait prédominer le principe de la symétrie aux dépens de celui de l'imitation proprement dite ; tandis que l'absence presque complète d'idéal appartient à ceux qui se sont attachés à l'imitation simple, tout en négligeant la symétrie : d'où il suit que l'idéal est une qualité plus nécessaire à chaque art différent, à proportion que l'imitation matérielle y est d'obligation moins absolue. La musique presque tout entière, la poésie en tant que rhythme, l'éloquence en tant que périodes, vivent presque exclusivement de l'idéal. L'architecture en particule aussi plus ou moins, selon qu'elle est plus ou moins émancipée des besoins matériels. Mais c'est une erreur complète, et une erreur malheureusement trop répandue, de croire que la sculpture et la peinture puissent se perfectionner en abandonnant le terrain de l'imitation simple pour rechercher exclusivement un type idéal de chacun des objets qu'elles imitent : cette opinion, qui peut-être a chance de vérité sur le terrain philosophique, où l'on n'a point pour limite la portée des forces humaines, mais bien l'extension possible des idées, cette opinion doit être surtout éloignée de la pratique, dans laquelle elle ne produit d'autres résultats que de laisser ignorer à l'artiste les ressources de la nature et la multiplicité infinie des accidents qu'elle développe. Ce dont chaque artiste en particulier doit se persuader avant tout, c'est que dans l'imperfection inhérente aux organes de l'homme le mieux doué, ce que cet homme prend pour invention n'est que souvenir, et qu'en tout cas, ce souvenir fût-il le plus riche et le plus exact possible, il ne peut suppléer à l'observation constante de la nature, puisque chaque objet dans la nature et chaque aspect du même objet produisent des accidents entièrement nouveaux, et dont l'étude peut conduire à la découverte et à la reproduction d'une nouvelle beauté.

On comprend, à plus forte raison, pourquoi, réservé comme nous le sommes sur la question du beau et de l'idéal, nous laissons entièrement de côté l'examen de l'opinion émise par Platon relativement à l'identité absolue du bon et du beau, identité à laquelle répond l'expression grecque τὸ καλόν : cette question, importante à étudier pour la psychologie et la morale, n'est à nos yeux entièrement distincte de la théorie de l'art. On ne pourrait lui supposer une connexion quelconque avec cette théorie que dans le cas où l'on continuerait à considérer le sentiment du beau comme le principe absolu de l'art, et nous avons, je crois, suffisamment démontré que ce sentiment était d'origine complexe, et qu'on pouvait en faire abstraction dans un grand nombre de cas, sans que pour cela on pût nier la présence de l'art.

Peut-être, au lieu de nous voir exprimer dans cet article notre opinion personnelle sur l'origine et la théorie de l'art, aurait-on préféré trouver ici une exposition des doctrines philosophiques par lesquelles on a tenté à plusieurs reprises de résoudre cette question. Mais ce n'est qu'après nous être convaincu de l'inutilité d'une pareille exposition que nous avons pris le parti de substituer notre propre manière de voir à celle qu'on croit, à tort, exister dans les ouvrages des philosophes esthéticiens. On aurait peine à croire en effet, sans s'en être assuré par soi-même, le peu de souci que la plupart de ces philosophes se sont donné pour démêler le principe déterminant de l'art. Tous, presque sans exception, ont admis l'existence de l'art comme un fait accidentel, dépendant, historique, sans s'apercevoir que l'absence de l'art serait pour ainsi dire une négation de la nature humaine. C'est ainsi que Lessing et Winckelmann, malgré tout leur génie, sont néanmoins inférieurs au père André, l'auteur de l'*Essai sur le Beau*, en ce que ce dernier cherche, tant dans les phénomènes naturels que dans les dispositions de l'esprit humain, l'origine de l'art, tandis que les philosophes allemands ne reconnaissent dans l'art qu'une expérience léguée par la civilisation antique.

Il faut donc, malgré l'invention du mot *esthétique*, que l'on doit à Baumgarten, malgré les nombreuses productions que l'Allemagne a vues paraître sous le même titre, malgré les chaires créées dans le dix-huitième siècle au sein de toutes les universités allemandes, malgré l'autorité de noms tels que ceux de Herder, de Jean-Paul, de Bürger, etc., reconnaître que la recherche de la vraie théorie de l'art est demeurée étrangère à l'Allemagne, et qu'au moins les Français, tels que le père André et même Batteux, ont eu le mérite de croire qu'il pourrait exister un principe absolu de l'art. Burke l'a cru aussi; mais substituer le sentiment de la terreur à celui du beau, c'était restreindre le cercle encore plus que ses prédécesseurs et reléguer en dehors de ce cercle un nombre immense de phénomènes qui sont la conséquence immédiate de l'art. Ainsi donc, l'esthétique n'a été jusqu'à Fichte que la critique expérimentale, décorée seulement d'un nom plus relevé. Fichte, par l'omission absolue qu'il a faite de l'art dans son système, donna lieu au développement de la seule théorie essentielle de l'art qui ait vu jusqu'à présent le jour. Tout le monde connaît la séparation absolue que ce philosophe établit entre le monde réel et le monde idéal, le *moi* et le *non-moi*. Plusieurs esthéticiens allemands, à la tête desquels il faut nommer les deux Schlegel, Solger, Tieck, Novalis, conçurent la pensée d'expliquer l'art par le principe de Fichte. Ils attribuèrent l'origine de l'art à la tendance nécessaire qui entraîne l'homme à anéantir le dualisme et à créer une réalité conforme à l'idéalité. Ce combat dans lequel l'homme se trouve ainsi engagé, et dont l'anthropomorphisme est le résultat, suffit, selon les philosophes allemands, pour rendre compte de toutes les formes de l'art. C'est ce que Frédéric Schlegel appelle l'*ironie*, et ce que nous serions tenté de nommer la contre-création.

L'influence de l'école de Fichte a disparu devant la philosophie de ses successeurs; le dualisme a été abandonné, et la théorie de l'art basée sur ce système a dû périr en même temps. Adoptant au contraire une identité absolue du monde réel et du monde idéal, les novateurs n'ont reconnu dans l'art que l'expression de cette identité. Aucun développement n'a été jusqu'à présent donné à cette idée sous le rapport de l'art. Mais on a d'autant plus droit d'en attendre que, dans la manière de voir tant de Schelling que de Hegel, l'art, comme la religion, la science, doivent être considérés comme des résultats nécessaires de l'esprit humain, dont l'évolution est soumise à des lois immuables.

Ch. Lenormant, de l'Institut.

ART DRAMATIQUE. *Voyez* Dramatique (Art).
ART MILITAIRE. *Voyez* Militaire (Art).
ART POÉTIQUE. *Voyez* Poétiques.

ARTA ou NARDA, ville ouverte de l'Albanie (Turquie d'Europe), protégée par quelques ouvrages extérieurs, et située à peu de distance de la côte septentrionale du golfe auquel elle donne son nom, au pied d'une montagne nue, aride et entourée au nord, à l'ouest et en partie au sud par les sinuosités de la Narda, l'*Aréthon* des anciens, petit fleuve qui commence à être navigable à partir de ce point, constitue de ce côté la limite actuelle du royaume de la Grèce et de la Turquie, et va se jeter plus loin au sud dans une baie qui forme le port de la ville. Un grand château fort, construit sur la montagne, domine la ville à l'est. Siége d'un évêché grec, Arta compte environ 7,000 habitants et le centre d'une importante fabrication de tissus de coton renommés, de lainages et de cuirs. Il s'y fait encore un grand commerce de bétail, vin, tabac, coton, chanvre, tissus et fils. Tout près sont des ruines d'anciennes murailles qu'on croit être celles de l'*Ambrakia* des Grecs.

Le golfe du même nom, l'ancien *sinus Ambracius*, sur la mer Ionienne, entre la Turquie d'Europe au nord et la Grèce au sud, a 40 kilomètres de long sur 15 de large. Son entrée, resserrée entre la langue de terre sur laquelle est bâtie Prévésa, au nord, et le cap de la Punta, promontoire d'*Actium* des anciens, au sud, n'a pas 700 mètres de largeur. La profondeur des eaux varie de 25 à 75 mètres; mais sur la barre qui ferme l'entrée du golfe, du côté de la mer, elle n'est que de 5 mètres. C'est dans ce golfe qu'eut lieu la bataille d'Actium.

ARTABAN, fils d'Hystaspe et frère de Darius Ier, s'opposa à l'expédition de ce prince contre les Scythes et à celle de Xerxès contre la Grèce. Après la mort de Darius, les deux fils du roi, Xerxès et Artabazane, s'en remirent à lui pour savoir qui des deux occuperait le trône. Il se prononça en faveur du premier.

ARTABAN, Hyrcanien, capitaine des gardes de Xerxès, assassina ce prince, et imputa ce crime au fils aîné du défunt, qu'il fit condamner comme parricide. Artaxerxès, frère de ce dernier, allait aussi devenir sa victime; mais, ayant découvert le piége, il tua Artaban. Ce scélérat avait occupé quelques mois le trône, l'an 472 avant J.-C.

ARTABAN I-IV, rois des Parthes. *Voyez* PARTHES.

ARTAUD (NICOLAS-LOUIS), né à Paris, en 1794, après avoir fait de brillantes études à Sainte-Barbe, entra à l'École Normale, dont il devint un des élèves les plus distingués. Il était sous la Restauration professeur de seconde au collége de Louis le Grand, et donnait en même temps des articles au *Courrier* et à la *Revue Encyclopédique*. Mis en congé à cause de ses opinions libérales, il en fut dédommagé à la révolution de 1830. Depuis lors il a été nommé successivement inspecteur de l'Académie de Paris, chevalier de la Légion d'Honneur, inspecteur général des études et officier de la Légion d'Honneur. Il a été chargé par le gouvernement, en 1840, de faire un voyage en Algérie, pour examiner l'état de l'instruction publique dans cette colonie.

On a de lui un *Essai littéraire sur le Génie poétique au dix-neuvième siècle*, extrait d'un cours fait à l'Athénée; et une *Traduction de Sophocle* (Paris, 1827, 3 vol. in-18). Le traducteur, comme il le dit lui-même dans un *avis* en tête du 1er volume, avait eu d'abord l'idée de revoir les anciennes traductions en rectifiant les principales fautes; « Mais, ajoute-t-il, elles ont été trouvées si défectueuses, et pour l'intelligence du texte, et pour le ton général qu'elles prêtent aux personnages, qu'il n'a pas été possible d'en faire usage. Elles ont donc été entièrement refondues d'après les meilleures éditions allemandes, et d'après l'excellent texte de M. Boissonade. Le traducteur s'est attaché à reproduire l'original avec une fidélité scrupuleuse, afin de conserver, du moins autant que notre langue le comporte, la physionomie antique, trop souvent défigurée par Brumoy, Rochefort et autres. La division par actes, que rien n'indiquait dans les auteurs grecs, et que les auteurs modernes leur ont appliquée arbitrairement, a été supprimée. On a également retranché les dénominations courtisanesques de *seigneur* Œdipe, de *princesse* Électre, et de *madame* Jocaste, ainsi que le *vous* de cérémonie, pour y substituer le tutoiement, grossier peut-être aux yeux des marquis de Louis XIV, mais qui ne choquait point les héros de Thèbes et d'Argos. »

Voilà de belles promesses; mais on peut dire qu'elles ont toutes été remplies. Sophocle n'est plus à traduire. Outre les notes indispensables pour l'intelligence des mœurs grecques et des usages particuliers au théâtre d'Athènes, il a cité les imitations les plus remarquables de Rotrou, Corneille, Voltaire, La Harpe, etc. M. Artaud a eu pour coopérateur dans cette œuvre de savoir et de patience un helléniste distingué, M. Théodore Destainville, professeur au lycée Louis le Grand, qui l'a encore aidé dans sa traduction des *Comédies d'Aristophane* (Paris, 1830, 6 vol. in-18), travail qui présente le même mérite d'exactitude scrupuleuse, et par conséquent de couleur locale, qui manquait aux précédentes versions de ce comique. On doit encore à M. Artaud une traduction des *Commentaires de César*, pour la collection Panckoucke (3 vol. in-8°).

Il a donné des articles de philosophie et de littérature dans la *Revue Encyclopédique* et dans le *Lycée*; il est l'un des collaborateurs du *Dictionnaire de la Conversation*. Savant helléniste, écrivain distingué, connaisseur dans les arts comme en littérature, il se distingue par une modestie assez rare chez les hommes de sa génération. Ch. DU ROZOIR.

Depuis notre première édition, M. Artaud a réimprimé plusieurs fois ses traductions de Sophocle et d'Aristophane. Il a en outre traduit Euripide. On lui attribue une *Lettre d'un bourgeois de Paris au président de la république*, touchant le projet de loi sur l'instruction publique qui avait été présenté à l'assemblée nationale en 1850.

ARTAUD DE MONTOR (ALEXIS-FRANÇOIS, chevalier), né à Paris, en 1772, émigra en 1791, fut chargé par les frères de Louis XVI de missions auprès du saint-siége, et entra en Champagne avec l'armée du prince de Condé. De retour de l'émigration en 1802, il réussit, non sans peine, à se faire nommer secrétaire de la légation française envoyée près du pape par le premier consul, laquelle avait pour chef Cacault, précédemment accrédité à Rome comme ministre de la république au temps du Directoire.

Artaud arriva à son poste l'année même où Pie VII venait d'être élu. Ce pape, dont la vie devait être si agitée, était loin de s'attendre alors à l'avoir pour historien. Notre secrétaire d'ambassade se trouvait sur les bords du Tibre quand furent entamées les négociations pour le concordat, et il y resta jusqu'à ce que l'empereur eût remplacé Cacault par le cardinal Fesch, qui amenait le vicomte de Châteaubriand comme secrétaire.

L'absence d'Artaud ne fut pas longue. Châteaubriand ayant donné sa démission lors de la fin tragique du duc d'Enghien, et son successeur au secrétariat de la légation étant mort, Artaud, qu'un attrait secret ramenait toujours à Rome, alla reprendre ses fonctions dans la ville éternelle. Il s'y trouvait au moment où se noua la négociation qui avait pour but de déterminer le pape à venir sacrer Napoléon.

En 1805 le chevalier Artaud fut envoyé comme chargé d'affaires à Florence; mais au moment où l'empereur songeait à expulser de ses États la reine d'Étrurie pour les donner à sa sœur Élisa, le diplomate fut soupçonné d'avoir donné d'officieux conseils à la princesse menacée, et on le rappela en France dans le mois de décembre 1807. On reconnut, il est vrai, bientôt qu'on avait été mal informé, mais on ne l'en laissa pas moins sans mission. Enfin, il fut nommé censeur impérial, fonctions qu'il conserva jusque dans les premiers temps de la Restauration.

Plus tard, le gouvernement royal l'envoya comme secrétaire de légation, d'abord à Vienne, et de nouveau à Rome, où il fut premier secrétaire. En 1830, après vingt-neuf ans de services, il rentra dans la vie privée pour se livrer tout entier à la culture des lettres. Le 17 décembre de la même année il fut admis comme membre libre à l'Académie des Inscriptions, en remplacement du marquis de Villedeuil. Mort le 12 novembre 1849, il a laissé, entre autres ouvrages, des *Considérations sur l'état de la peinture en Italie* dans les quatre siècles qui ont précédé celui de Raphaël, une traduction du Dante; une *Histoire de l'Italie*, faisant partie de l'*Univers pittoresque*; *Machiavel, son génie et ses erreurs*; une *Histoire de l'Assassinat de Gustave III*, roi de Suède; un *Voyage dans les Catacombes de Rome*; des études sur Aristote; une *Histoire de la Vie et des Travaux politiques de M. le comte de Hauterive*, contenant une grande partie des actes de la diplomatie française depuis 1784 jusqu'en 1830; une *Histoire des Souverains Pontifes romains* en 8 volumes; enfin des Mémoires qui n'ont pas encore été imprimés; mais son *Histoire du Pape Pie VII*, qui a eu onze éditions, et à laquelle l'Académie Française a décerné en 1838 un des prix Monthyon, est incontestablement son plus beau titre littéraire.

ARTAXERXÈS, rois de Perse.

ARTAXERXÈS Ier, troisième fils de Xerxès Ier, fut élevé sur le trône de Perse par Artaban, le meurtrier de son père. Les historiens contemporains le représentent comme l'un des plus beaux hommes de son siècle, et comme un prince de mœurs douces et polies. Doué d'un caractère noble et généreux, les Grecs lui avaient donné le surnom de *Macro-Cheir* (Longue-Main), ou à cause de la longueur démesurée de ses bras, ou de ce qu'il en avait un plus long que l'autre, ou enfin de la grandeur peu commune de ses mains. Après avoir envoyé au supplice Artaban, qui avait conspiré pour s'emparer du trône, il fut encore obligé de châtier les partisans de cet ambitieux, et jusqu'à son propre frère *Hystaspe*, en faveur duquel s'était soulevée la Bactriane tout entière. Devenu seul et paisible maître de tout l'empire des Perses, il s'occupa activement du redressement des abus, fonda une foule d'institutions utiles, et par là s'acquit l'attachement de ses peuples.

L'Égypte s'étant révoltée, il envoya son frère Achœménide, à la tête de trois cent mille hommes, pour faire rentrer cette province dans le devoir; mais cette expédition échoua, par suite des secours de toutes espèces fournis aux Égyptiens par les Athéniens. Il lui fallut donc recommencer une nouvelle campagne avec une armée tout aussi forte, et, plus heureux cette fois, il réussit à faire enfin rentrer l'Égypte sous le devoir. Les Athéniens alors n'en continuèrent pas moins la guerre pour leur propre compte, et Cimon, leur général, après avoir battu la flotte des Perses, défit en Cilicie leur armée, forte de trois cent mille hommes. Ces revers contraignirent Artaxerxès à conclure une paix désavantageuse, qui eut pour base la reconnaissance de l'indépendance de l'Ionie, et qui apporta une foule d'entraves à la navigation de la marine perse.

Peu de temps après, Mégabyzus, l'un de ses principaux généraux, et gouverneur de la Syrie, se révolta contre lui. A deux reprises, Artaxerxès fit marcher contre le rebelle d'immenses armées; toujours elles furent battues et contraintes à prendre la fuite. Cependant Mégabyzus, touché à la fin de la mansuétude de son souverain, vint spontanément lui faire sa soumission et implorer son pardon.

Pendant la guerre du Péloponnèse, qui mit toute la Grèce en feu, Artaxerxès refusa de prendre parti pour aucune des puissances belligérantes, bien qu'Athènes et Sparte lui envoyassent à l'envi des ambassadeurs chargés de solliciter son amitié. Il semblait cependant à la veille de se déclarer en faveur de l'une ou de l'autre de ces républiques, quand la mort le surprit (an du monde 471 à 424 avant J.-C.). Il avait régné quarante-sept ans. Ce prince se montra favorable aux Juifs. On croit qu'il est l'*Ahasuerus* de l'Écriture.

ARTAXERXÈS II, surnommé *Mnémon*, à cause de l'étendue extraordinaire de sa mémoire, était le fils aîné de Darius Nothus. Comme il se disposait à se faire couronner à Pasargade, il reçut la nouvelle que son frère puîné, Cyrus, venait de se révolter contre lui. Il le fit prisonnier, et allait l'envoyer au supplice, quand leur mère intervint pour demander la vie et la liberté du coupable, et, touché de ses supplications, Artaxerxès non-seulement lui accorda l'un et l'autre, mais encore rétablit Cyrus dans ses fonctions de gouverneur de l'Asie Mineure.

La généreuse mansuétude d'Artaxerxès n'inspira pas à son frère la moindre reconnaissance; tout au contraire, à peine arrivé dans son gouvernement, Cyrus conspira de nouveau, fit alliance avec les Lacédémoniens, mit en campagne une armée de cent mille Asiatiques et de treize mille Grecs, commandée par le Lacédémonien Cléarque, et réunit une flotte de trente-cinq vaisseaux. La rencontre eut lieu à Cunaxa, et Cyrus y perdit la vie. Les Grecs battirent alors en retraite sous le commandement de Cléarque; mais celui-ci ayant été tué, d'une voix unanime ils mirent Xénophon à leur tête. *Voyez* DIX MILLE (Retraite des).

La mère d'Artaxerxès fut tellement affligée de la fin malheureuse de Cyrus, que les plus horribles cruautés lui parurent seules propres à apaiser sa douleur, et qu'elle fit tuer tous ceux qui se vantèrent d'avoir contribué à la mort de ce fils chéri. Statira elle-même, l'épouse d'Artaxerxès, fut empoisonnée pour lui avoir un jour reproché d'avoir été la cause de la rébellion de Cyrus. Artaxerxès punit ce crime en bannissant pour quelque temps sa mère à Babylone.

Peu de temps après ces événements, une guerre éclata entre les Perses et les Lacédémoniens, par suite des vexations que le nouveau gouverneur de l'Asie Mineure faisait endurer aux villes grecques. L'armée des Lacédémoniens était commandée par Dercyllidas, qui ne tarda pas à faire d'alarmants progrès dans l'Asie Mineure. Artaxerxès, de son côté, songea à opposer à cette invasion les moyens de défense les plus vigoureux, et équipa une flotte dont il confia le commandement au proscrit Conon. Sparte envoya alors en Asie Mineure une nouvelle armée, placée sous les ordres de son roi *Agésilas*, qui après de brillants succès fut rappelé à Sparte par les éphores au moment où il se disposait à pénétrer au cœur de la Perse. La flotte perse aux ordres de Conon fut plus heureuse que l'armée de terre. La flotte lacédémonienne, commandée par Pisandre, fut complètement battue près de Cnide dans l'Asie Mineure, et Pisandre perdit la vie au milieu de la mêlée. Cette victoire servit de signal aux autres États grecs pour se déclarer contre Lacédémone, dont la fortune commença dès lors à décliner. Accablée par le nombre, Sparte chargea *Antalcidas* d'aller s'aboucher avec Tiribaze, gouverneur de Sardes, et cette négociation amena la conclusion de la célèbre paix dite d'*Antalcidas*. Par haine des Athéniens, les Spartiates calomnièrent dans l'esprit de Tiribaze le valeureux Conon, qui fut arrêté et envoyé à Suse, où il périt, dit-on, du dernier supplice.

Artaxerxès dirigea ensuite ses armées contre Evagoras, roi de l'île de Chypre. Ce prince se défendit avec opiniâtreté; et s'il succomba dans une lutte évidemment trop inégale, il n'en conserva pas moins la possession de la ville de Salamine et le titre de roi. A cette guerre en succéda une autre, contre les Cadusiens, peuples montagnards, habitant entre la mer Noire et la mer Caspienne; leurs discordes intestines, autant que l'emploi heureux de la ruse, aidèrent Tiribaze à soumettre leur prince et à le forcer de se reconnaître tributaire d'Artaxerxès. Celui-ci tourna alors ses armes contre l'Égypte, qui depuis longtemps s'était déclarée indépendante de la Perse, et où régnait *Achoris*. Ce roi pria les Athéniens de lui prêter leur célèbre général Iphicrate, pour commander dans son armée un corps de troupes mercenaires, et, après de longs préparatifs de part et d'autre, la guerre éclata. Nectanébis avait succédé sur le trône d'Égypte à Achoris, et avait pris toutes les mesures propres à assurer une vigoureuse résistance. La guerre se termina d'une manière défavorable à la Perse, grâce à l'impéritie de Pharnabaze, son général, qui essaya de rejeter sur Iphicrate la responsabilité de sa défaite. Celui-ci, se rappelant le sort qu'avait éprouvé Conon, au lieu d'aller en Perse, s'en retourna à Athènes.

Douze ans plus tard, Artaxerxès fit une nouvelle tentative contre l'Égypte, où régnait alors Tachos. Ce prince obtint des secours de Sparte; mais, ayant méprisé les sages conseils d'Agésilas, il fut déposé par ses propres sujets, et, contraint de se réfugier en Perse même. Cette fois encore Artaxerxès échoua dans les plans qu'il avait formés pour asservir l'Égypte.

Vers la fin de sa vie, il fit mettre à mort Darius, son fils aîné, déjà désigné pour son successeur, comme coupable d'avoir trempé dans une conspiration tramée contre lui. Pour lui succéder sur le trône, Ochus, son troisième fils, fit assassiner ses deux frères aînés, Ariaspe et Arsame; et ce crime causa une si poignante douleur à Artaxerxès, alors âgé de quatre-vingt-quatorze ans, qu'il en mourut (an 362 av. J.-C.). Il avait régné trente-six ans.

ARTAXERXÈS III, qui n'est autre que l'*Ochus* ci-dessus, assassin de ses deux frères, prit ce nouveau nom en montant sur le trône aussitôt la mort de son père, et fit mourir les quatre-vingts enfants naturels que celui-ci avait eus de ses concubines. La suite ne répondit que trop à ces commencements : l'Égypte était alors en pleine révolte; Mnémon, son prédécesseur, avait vainement essayé de la soumettre. Ochus continua longtemps à y faire la guerre par ses généraux; mais, ayant appris que les Égyptiens faisaient des railleries sur sa personne, et voyant que la Phénicie et l'île de Chypre s'étaient révoltées, il sortit de son inertie, et se mit à la tête de ses armées. Il alla d'abord attaquer la Phénicie, où il aurait obtenu peu de succès sans la trahison de Mentor, de Rhodes, qui commandait les troupes grecques à la solde du roi de Sidon, et qui, de concert avec le roi lui-même, livra les principaux de la ville à Ochus, qui les fit massacrer; les habitants aimèrent mieux alors périr dans les flammes que de se rendre. Les autres villes se soumirent sans combat.

Il entra dès lors sans obstacle dans l'Égypte, qu'il eut bientôt réduite grâce aux talents de l'eunuque Bagoas, son général. Une fois maître du pays, il s'y livra à toutes espèces de cruautés, détruisit les temples, envoya le bœuf Apis à l'abattoir, et se le fit servir à dîner. Cette dernière action excita l'indignation de Bagoas, qui, né en Égypte, était fort attaché à sa religion. Il dissimula d'abord son ressentiment; mais de retour en Perse, il fit empoisonner Ochus, donna son corps à manger aux chats, et fit faire avec ses os des poignées de sabres. Il plaça ensuite sur le trône Arsès, le plus jeune de ses fils, après avoir fait mettre à mort tous les autres.

ARTAXERXÈS, ou **ARDÉCHYR BABÉGAN**, fondateur du deuxième empire des Perses et de la dynastie des Sassanides, était fils de Babek, intendant général des pyrées, et petit-fils d'un nommé Sassan. Quoique descendant d'un fils d'Artaxerxès *Longue-Main*, déshérité en faveur de la reine Homaï, il avait mené une vie très-misérable, comme berger de Babek et comme simple soldat dans les troupes d'Artaban IV, si l'on en croit les écrivains orientaux. Un ange lui apparut enfin, lui annonçant que Dieu lui donnait la souveraineté de la terre; et dès lors, secondé d'un certain nombre de mécontents, il s'empara de l'Irac, de l'Aderbaïdjan, se mesura avec le souverain légitime, remporta sur lui deux victoires éclatantes, l'an 223 de J.-C., et, se parant des insignes de la royauté, il le mit lui-même en déroute, et le tua en 226. Maître de la Médie, de la Perse, de la Parthiène, il envahit l'empire romain; mais il fut battu par Alexandre Sévère. Il allait recommencer la guerre, quand il mourut, en 238. *Voyez* PERSE.

Il est auteur de plusieurs ouvrages, parmi lesquels on cite un *Kâr-Naméh*, ou commentaire de sa vie et de ses actions, et un *Traité de Morale*. Il prétendait qu'un lion furieux était moins à craindre qu'un monarque injuste.

ARTEDI (PIERRE), né en Suède, dans la province d'Angermannland, en 1705, célèbre comme médecin et comme naturaliste, fut l'ami de Linné, qui a écrit sa vie, placée en tête d'un *Traité d'Ichthyologie*, ouvrage posthume d'Artedi, et dont il voulut être l'éditeur. Les deux amis se prêtaient mutuellement le secours de leurs connaissances respectives : Linné s'occupait de botanique, et Artedi de zoologie et de minéralogie. Il mourut misérablement à Amsterdam, le 25 septembre 1735. Il venait de souper chez un ami, et s'en retournait chez lui; mais l'obscurité était si grande qu'il tomba dans un canal, et s'y noya. *Ainsi mourut le plus grand des ichthyologistes* : ce sont les termes dont se sert Linné en racontant cette déplorable fin. Voici les titres des ouvrages d'Artedi : 1° *Bibliotheca Ichthyologica*; 2° *Philosophia Ichthyologica*, Leyde, 1738, in-8°. Sous le nom d'*Artedia*, Linné a dédié à son ami un genre de la famille des ombellifères, constitué par une seule espèce, qui croît en Syrie.

ARTÉMIDORE, nom commun à plusieurs personnages de l'antiquité grecque et romaine. Les principaux sont :

ARTÉMIDORE le géographe, natif d'Ephèse, qui vivait environ 104 ans avant J.-C. et composa un *Périple, ou description de la terre*, en onze livres, ouvrage fort estimé des anciens, et dont Pline, Athénée et Strabon parlent souvent. On en trouve des fragments dans les *Géographes secondaires de la Grèce*, publiés par Hudson, Oxford, 1698.

ARTÉMIDORE surnommé *le Daldien*, parce que sa mère était de Daldis, ville de la Lydie, naquit à Éphèse, dans le deuxième siècle après J.-C. Cet écrivain s'occupa beaucoup de l'explication des songes. Nous avons de lui un ouvrage sur ce sujet, intitulé *Onéirocriticon*, qui offre quelque intérêt aux philologues. La dernière édition est celle de Rei (Leipzig, 1805). Ce livre a été traduit aussi en français par Ch. Fontaine, 1664. Artémidore avait parcouru la Grèce, l'Italie et les îles de la mer Ionienne.

ARTÉMISE, reine d'Halicarnasse et de quelques îles voisines, accompagna Xerxès dans son invasion de la Grèce, avec cinq vaisseaux bien armés et bien équipés, et prouva que, simple femme, elle surpassait en courage et en habileté tous les généraux perses; ce qui fit dire que dans cette affaire les hommes s'étaient conduits comme des femmes et les femmes comme des hommes. Quand on délibéra à bord de la flotte perse si on livrerait ou non la bataille de Salamine, Artémise assista à ce conseil de guerre, où tous les chefs, pour flatter Xerxès, qui était de cet avis, émirent l'opinion qu'il fallait livrer bataille; seule la reine d'Halicarnasse émit un avis contraire, et elle prouva alors, par des raisonnements aussi évidents que sensés, combien il serait dangereux, dans les circonstances où se trouvait l'armée d'expédition, d'engager une affaire. Xerxès se rendit jusqu'à un certain point à la justesse de ses observations; car, tout en faisant avancer la flotte vers Salamine, il envoya ses troupes de terre vers le détroit de Corinthe, à l'effet de menacer le Péloponnèse.

L'effet de cette manœuvre réalisa toutes les prévisions d'Artémise, car aussitôt la plus grande partie de l'armée des Grecs abandonna leur flotte pour voler au secours du Péloponnèse; mais une ruse de Thémistocle amena alors l'engagement qui devait avoir des résultats si malheureux pour les Perses. Pendant la bataille, Artémise se vit un instant entourée par l'ennemi, et sur le point d'être faite prisonnière; dans cet instant si critique, son énergie et sa résolution la sauvèrent. Elle coula bas un des vaisseaux de la flotte de Xerxès, pour faire que les Grecs s'imaginassent que le bâtiment qu'elle montait faisait partie des leurs, et qu'ils la laissassent s'éloigner sans obstacle.

Le roi lui confia ses enfants, et la chargea de les conduire à Éphèse. Dans la suite elle conquit Patmos. Une statue lui fut élevée à Lacédémone. Un auteur obscur de l'antiquité, Ptolémée Ephestin, raconte au sujet de la mort de cette princesse que, désespérée d'avoir fait crever les yeux, pendant son sommeil, à un jeune homme qui avait méprisé son amour, ellese précipita dans la mer du haut du promontoire de l'île de Leucade.

ARTÉMISE, nom grec de la Diane des Latins.

ARTÉMISE, fille d'Hécatomnus, sœur et épouse de Mausole, roi de Carie.

Mausole ayant introduit dans l'île de Rhodes le gouvernement aristocratique, les Rhodiens le renversèrent. A sa mort, arrivée l'an 355 avant J.-C., Artémise, qui lui succéda, eut à soutenir une guerre contre ces insulaires, qui ne paraissaient être rien moins que de la détrôner. Voici comment elle déjoua leurs projets et se tira de la périlleuse position où elle se trouvait. Quand l'armée des Rhodiens s'approcha de sa capitale, elle en garnit les murailles d'habitants, qui eurent ordre de donner à l'arrivée de l'ennemi tous les signes de la joie la plus vive et de la laisser pénétrer sans obstacle dans la ville. Pendant ce temps-là elle partit à la tête d'une flotte qu'elle avait tenue cachée dans une baie voisine, et captura les bâtiments des Rhodiens, demeurés presque

ARTÉMISE — ARTÈRES

vides; ensuite elle se dirigea sur Rhodes, et s'empara de l'île tout entière. Quant aux soldats rhodiens qu'on avait laissés pénétrer dans la capitale de la Carie, ils y furent massacrés jusqu'au dernier. Artémise fit mettre à mort tous les chefs du mouvement insurrectionnel de Rhodes, et consacra aux dieux un monument qui la représentait elle-même marquant la ville rebelle avec un fer chaud; et quoique à la mort d'Artémise Rhodes eût recouvré sa liberté, ce monument y subsista longtemps encore après, par suite du respect qu'on portait à tout ce qui avait été consacré aux dieux.

Mais ce qui a bien plus contribué à rendre célèbre le nom d'Artémise, c'est le magnifique monument qu'elle fit élever à la mémoire de Mausole. Elle avait si tendrement aimé ce prince, que lorsque la flamme du bûcher eut consumé ses restes, elle mêla ses cendres à sa boisson ordinaire, et avala cet affreux breuvage. Deux ans après elle succomba à une douleur que rien n'avait pu apaiser ni même tromper.

Artémise avait en outre fait composer en l'honneur de cet époux chéri des poèmes et des tragédies; puis elle convia les plus célèbres orateurs de la Grèce à composer son panégyrique, lutte littéraire dans laquelle Isocrate et Théopompe se disputèrent le prix, et où la victoire resta au second de ces deux célèbres orateurs. Cependant il entra toujours dans l'esprit de la royale veuve que ce qui devait éterniser surtout le souvenir de sa douleur, c'était le tombeau qu'elle faisait élever à son époux, et qu'elle appela, de son nom, *Mausolée*, mot qui a passé depuis dans toutes les langues. Plusieurs anciens auteurs l'ont compris au nombre des sept merveilles du monde; et voici la description que nous en a laissée Pline : « Du côté du nord et du côté du sud il avait soixante-trois pieds de longueur; les deux fronts en avaient moins, et le circuit comprenait en tout quatre cent onze pieds. Son élévation était de vingt-cinq coudées, non compris une très-haute pyramide qui couronnait l'édifice, et à l'extrémité conique de laquelle on arrivait par un escalier de vingt-quatre marches; en y comprenant le quadrige qui terminait cet ensemble, la hauteur totale du monument était de cent quarante pieds. »

La partie principale du monument était entourée par trente-six colonnes. Les premiers sculpteurs de la Grèce y avaient travaillé. Briaxis, Scopas, Léocharès et Timothée sont désignés comme ayant décoré de travaux de leur art les quatre parties latérales de l'édifice, et Pythès comme celui qui sculpta le quadrige en marbre dont il était surmonté. Suivant le rapport de Vitruve, l'illustre Praxitèle lui-même avait aussi pris part à ces immenses travaux. Le lieu où avait été construit le monument avait d'ailleurs quelque chose de tout à fait théâtral; car à partir de la sol allait toujours en s'inclinant vers la mer, ce qui ne contribuait pas peu à augmenter encore l'effet de la perspective. La construction en fut commencée dans la deuxième année de la 106e olympiade (353 avant J.-C.), et n'était point encore complétement terminée trois ans plus tard, lorsque Artémise mourut. Idrieus, son successeur, n'en ayant pas poursuivi l'achèvement avec autant de zèle et d'ardeur que cette princesse, les artistes qui y avaient jusque alors travaillé déclarèrent qu'ils se feraient tous un devoir de l'achever sans exiger pour cela le moindre salaire; et ils tinrent parole.

ARTÉMISIÉES, tribu du groupe des composées, la plupart aromatiques, ayant beaucoup d'affinité avec la section des Héliauthées et des Anthémidées : Caractères : Capitules discordes, homo-ou hétérogames; fleurs du disque herma phrodites, à style bifide, celles du rayon souvent femelles uni-ou plurisériées; fruits cylindrique, parcourus par des côtes plus ou moins saillantes, s'insérant sur un réceptacle dépourvu de paillettes, et dépourvus d'aigrettes.

ARTÉMON, de Clazomène, célèbre ingénieur grec, qui vivait vers l'an 450 av. J.-C., passe pour l'inventeur des machines de guerre connues sous les noms de *tortue* et de *bélier*. Il seconda Périclès au siége de Samos.

Un autre *Artémon*, Syrien de naissance, vivait vers l'an 215 av. J.-C. Les uns le font sortir de basse extraction, les autres lui donnent une origine royale. Il offrait avec Anthiochus le Grand une ressemblance tellement frappante, qu'en l'an 187 Laodice, veuve de ce monarque, plaça Artémon dans le lit nuptial et le fit passer pour Antiochus, malade. Les courtisans se laissèrent prendre à cette ruse, et regardèrent comme sérieuse la recommandation que leur faisait le faux Antiochus de veiller au sort de la reine et de ses enfants.

On cite encore de ce nom un sculpteur grec, qui vivait à Rome au premier siècle de notre ère, et qui, secondé par Polydore, décora de statues le palais des Césars au mont Palatin; enfin, un rhéteur grec, auteur d'une histoire de Sicile, souvent citée par les grammairiens, et aujourd'hui perdue.

ARTÈRES. Les artères constituent un ordre particulier de vaisseaux destinés à transporter le s a n g du cœur dans toutes les parties du corps. Elles remplissent en cela un but diamétralement opposé à celui des v e i n e s, lesquelles ramènent au cœur le sang que les artères ont apporté aux divers organes, pour entretenir leurs fonctions et servir à leur nutrition (*voyez* CIRCULATION). Le sang contenu dans les artères est rouge, rutilant; il s'échappe par jets saccadés; celui contenu dans les veines est noir ou d'un rouge très-foncé; il coule par un jet continu lorsqu'une ouverture faite au vaisseau lui permet de s'échapper au dehors.

Toutes les artères naissent de deux troncs principaux : *l'aorte* et *l'artère pulmonaire*. Ces deux troncs se divisent en branches, rameaux et ramuscules; de là le nom *d'arbre artériel* que certains auteurs ont donné à ce système de vaisseaux.

Le système de l'artère pulmonaire est beaucoup moins étendu que celui de l'aorte; son premier tronc apparaît à la base du ventricule droit, se dirige à gauche, accolé au côté antérieur et au côté gauche de l'aorte; puis il s'enfonce et se divise en deux branches, qui se portent un peu obliquement vers les poumons; là celles se partagent d'abord en autant de tubes principaux qu'il y a de lobes dans chaque poumon, et ces rameaux se subdivisent jusqu'à la capillarité. C'est par cet ordre de vaisseaux que le sang des veines est porté aux poumons pour y être revivifié et transformé en sang artériel.

Nous avons déjà donné la description de l'a o r t e. Elle représente un arbre beaucoup plus étendu, et offre des divisions beaucoup plus nombreuses. Pour faire connaître ses grandes divisions, nous les partageons en cinq sections :

1° Les artères que l'aorte fournit à son origine; ce sont : *l'artère cardiaque antérieure* ou *coronaire gauche du cœur*, et *l'artère cardiaque postérieure* ou *coronaire droite du cœur*.

2° La crosse de l'aorte donne naissance aux deux artères carotides primitives (*voyez* CAROTIDE) et aux deux sous-clavières. — Chaque artère carotide primitive est divisée en artères *carotide externe* et *carotide interne*. L'artère carotide externe fournit les artères *thyroïdienne supérieure, linguale, faciale* ou *maxillaire externe, occipitale, auriculaire postérieure, pharyngienne inférieure*, et se termine en *sphénoïdienne* et *artère temporale* et *artère maxillaire interne*. L'artère carotide interne fournit *l'artère ophthalmique*, *l'artère communicante de Willis*, *l'artère choroïdienne*, et les *artères cérébrales antérieure* et *moyenne*. — Chaque artère sous-clavière se divise en *artères vertébrale, thyroïdienne inférieure, mammaire interne, intercostale supérieure, cervicale transverse, scapulaire supérieure*, et *cervicale postérieure*. Plus loin, l'artère sous-clavière se continue sous le nom *d'artère axillaire*, et fournit les artères *acromiale, thoraciques supérieure* et *inférieure, scapulaire inférieure, circonflexes postérieure* et *antérieure*. Ensuite l'artère axillaire devient l'artère *brachiale*, qui, après avoir donné naissance aux artères *collatérales externe* et *interne*, se divise en artères *radiale* et *cubitale*.

3° L'aorte fournit dans le thorax les artères *bronchiques, œsophagiennes, médiastines postérieures*, et *intercostales inférieures*.

4° Dans l'abdomen, les branches que donne l'aorte sont les artères *diaphragmatiques inférieures, cœliaque, mésentériques, capsulaires moyennes, rénales* ou *émulgentes', spermatiques*, et *lombaires*.

5° L'aorte donne, un peu au-dessus de sa bifurcation, l'artère *sacrée moyenne*, puis elle se divise en artères *iliaques primitives* (*voyez* ILIAQUE). Chacune de celles-ci donne une artère *iliaque interne* et une artère *iliaque externe*. — L'artère iliaque interne fournit les artères *ilio-lombaire, sacrée latérale, fessière* ou *iliaque postérieure, ombilicale, vésicales, obturatrice, hémorrhoïdale moyenne, utérine, vaginale, ischiatique*, et *honteuse interne*. — L'artère iliaque externe, après avoir donné les artères *épigastrique* et *iliaque antérieure*, se continue sous le nom d'artère *crurale*; cette dernière fournit les artères *sous-cutanée abdominale, honteuses externes, musculaires superficielle* et *profonde*, et *perforantes*. Plus loin l'artère crurale devient l'artère *poplitée*, d'où naissent les artères *articulaires supérieures, jumelles, articulaires inférieures* et *tibiale antérieure*. A la jambe, l'artère poplitée se partage en artères *péronière* et *tibiale postérieure*.

Dans cette énumération, nous n'avons pas cru devoir parler des subdivisions qui précèdent le passage des vaisseaux à l'état capillaire.

Les ramuscules artériels arrivés à leur plus grand degré de ténuité constituent ce qu'on appelle les *capillaires artériels*. Alors ils se continuent avec les capillaires veineux, lesquels, à leur tour, par gradations successives, constituent des ramuscules, des rameaux, des branches et des troncs veineux, allant, comme on voit, en sens inverse des artères.

Les artères sont cylindriques; lorsqu'on les coupe, elles ne s'aplatissent pas comme les veines, mais restent circulaires et béantes. Quelle que soit la partie du corps où on les examine, leur structure est la même partout : il n'y a de différence que relativement au volume et, par cela même, à l'épaisseur des parois de ces vaisseaux.

Les artères sont composées de trois membranes, une extérieure, une moyenne, une interne : la première est constituée par un tissu blanchâtre, formé de fibrilles obliquement entrelacées, et qui, assez lâches du côté de la gaîne que le tissu cellulaire environnant forme au vaisseau dans le cours de son trajet, deviennent très-serrées et adhérentes du côté de la membrane moyenne. Celle-ci est épaisse, de couleur jaunâtre et formée de fibres presque circulaires; elle est ferme, résistante, élastique : c'est elle qui maintient béante l'ouverture d'une artère vide, ou qui, lorsqu'on aplatit avec le doigt un de ces vaisseaux, le fait revenir immédiatement après à sa forme cylindrique. La membrane interne est très-mince; elle se continue au ventricule gauche du cœur dans les artères : par sa face externe elle adhère assez intimement à la membrane moyenne; sa face interne est immédiatement en contact avec le sang.

Douées d'une certaine élasticité, les artères ont un mouvement régulier et non interrompu pendant la vie, qu'on nomme *battement de pulsation*. La cause principale de ce mouvement a été attribuée à la contraction des ventricules du cœur; mais cette explication on admet aussi une sorte de contraction propre et vitale dans les parois des artères. Le *pouls* se perçoit non-seulement au poignet, mais encore partout où existent des artères superficielles, comme aux tempes.

Les artères sont susceptibles de se dilater graduellement, comme aussi de se rétracter. Leur dilatation et leur rupture constituent l'**a n é v r i s m e**. Elles peuvent subir différentes altérations, telles que l'état cartilagineux, l'ossification, l'atrophie, l'inflammation (*voyez* ARTÉRITE). Leurs blessures sont très-graves à cause de l'**hémorrhagie** qui en résulte. On arrête cette hémorrhagie au moyen de la compression, de la torsion ou de la ligature.

ARTÉRIOLOGIE (du grec ἀρτηρία, artère; λόγος, discours), partie de l'**anatomie** qui traite de la description des artères.

ARTÉRIOTOMIE (de ἀρτηρία, artère, et τομή, section). C'est une opération chirurgicale consistant à ouvrir une artère avec un bistouri pour en tirer du sang artériel au lieu de sang veineux; elle ne se pratique que sur les artères temporales superficielles, ou encore sur les auriculaires postérieures, parce qu'il est aisé d'arrêter l'hémorrhagie, tant à cause de la situation superficielle de ces artères que parce que les os du crâne servent de point d'appui pour la compression. L'*artériotomie*, assez fréquemment employée chez les anciens, l'est fort peu de nos jours. Quelques médecins modernes ont portant voulu en faire usage dans les cas d'apoplexie; mais ils n'ont pas eu d'imitateurs. Aujourd'hui on remplace l'*artériotomie* par la saignée de la *jugulaire*.

ARTÉRITE. Cette inflammation des artères est partielle ou générale, aiguë ou chronique. Elle suit en général le cours du sang artériel, c'est-à-dire qu'elle s'étend de haut en bas; elle peut cependant se propager en sens inverse. Lorsque l'artère a un certain volume et qu'elle est placée superficiellement, il existe dans le début une douleur suivant son trajet; en même temps les pulsations de l'artère malade sont plus fréquentes, mais leur fréquence ne dépasse pas celle des battements du cœur. C'est surtout vers les gros troncs, dans l'**aorte**, par exemple, que ces phénomènes se manifestent; il s'y joint de l'anxiété, de la gêne dans la respiration et des défaillances. On peut quelquefois sentir sur le trajet du vaisseau enflammé des nœuds qui ressemblent à ceux qui suivent l'inflammation des vaisseaux lymphatiques. Quand l'artère est située profondément, on est souvent privé de symptômes spéciaux. L'artérite est une maladie grave, dont l'issue ne se fait pas longtemps attendre, soit qu'elle fasse périr dans sa période aiguë, soit qu'elle passe à l'état chronique; dans ce dernier cas, la mort, quoique plus lente, n'en est pas moins certaine. Elle est alors le résultat de la perforation et de l'hémorrhagie des membranes, de l'anévrisme et de la gangrène. Les causes principales de l'artérite générale ou partielle sont les violences extérieures, les plaies, les blessures et les opérations chirurgicales.

Le traitement de l'artérite consiste essentiellement dans l'emploi des moyens dont l'ensemble constitue la méthode antiphlogistique ordinaire, tels que les saignées générales et capillaires, la diète, les boissons rafraîchissantes, acidules, délayantes, les lavements émollients, etc.

ARTÉSIENS (Puits). *Voyez* PUITS ARTÉSIENS.

ARTEVELD (JACQUEMART ou JACOB D'). Quand la Flandre-wallonne et ses privilèges par le comte Louis Ier de Nevers vit encore ses manufactures menacées de ruine par la guerre contre l'Angleterre, un des plus ardents défenseurs des libertés publiques fut Jacquemart d'Arteveld, alors propriétaire d'une brasserie d'hydromel à Gand, à qui ses richesses et le grand nombre d'ouvriers qu'il employait donnaient beaucoup d'influence sur les masses. Tout ce que l'on sait de ses premières années et de sa jeunesse, c'est qu'il avait accompagné le comte de Valois à Rhodes et qu'il avait été valet de la fruiterie de Louis X. Doué de grands talents et d'une rare énergie, il réussit en peu de temps à organiser le parti populaire et à étendre son influence sur les villes de Bruges et d'Ypres. Les officiers du comte ayant voulu le faire assassiner, une violente sédition éclata dans la ville, et les partisans de Louis de Nevers furent contraints de prendre la fuite. Aussitôt

Arteveld confisqua leurs biens au profit du trésor public; mais il eut la générosité de réserver la moitié de leurs revenus pour l'entretien de leurs familles. L'insurrection gagnant du terrain, le comte Louis implora le secours de Philippe de Valois, qui lui promit une armée. Pour conjurer l'orage qui menaçait sa patrie, Arteveld s'adressa au roi d'Angleterre, que son ambition et les conseils de Robert d'Artois disposaient à une guerre contre la France. Cependant ces bourgeois rebelles à leur seigneur, qui avaient chassé ses troupes, qui l'avaient chassé lui-même, semblaient effrayés de leur audace; pleins de rancune et de haine contre les Français, qu'ils avaient toujours vus marcher au secours de leurs oppresseurs, ils n'osaient pourtant s'allier aux ennemis du royaume. Cette hésitation était d'autant plus naturelle qu'ils s'étaient engagés à payer deux millions de florins au pape s'ils attaquaient le roi de France. Pour étouffer ces scrupules, Arteveld conseilla au roi d'Angleterre de prendre le titre et les armes de roi de France. Sur ces entrefaites, le comte et Philippe crurent porter un grand coup à l'insurrection en envoyant au supplice un parlementaire flamand, Zeyer. Cet acte de perfidie souleva ces braves gens, qui hésitaient encore; l'alliance avec Édouard fut conclue à Bruges, et Louis de Nevers se fit battre par Arteveld à la tête des milices de Gand et des terribles foulons.

Nous ne ferons pas ici l'histoire de la guerre entre la France et l'Angleterre. On sait que, repoussé de Tournai, Édouard abandonna Arteveld et conclut une trêve à la faveur de laquelle le comte Louis rentra dans ses États. Réduit à ses propres ressources, le dictateur de la Flandre ne se découragea pas. A la tête des trois villes confédérées de Gand, d'Ypres et de Bruges, il sut maintenir l'union dans les conseils des nouvelles républiques, administrer leurs finances avec ordre et économie, et, tout en conservant l'autorité nominale au comte de Flandre, sauvegarder leur indépendance. Mais lorsque le monarque anglais voulut recommencer la guerre, la situation n'était plus aussi favorable; l'attitude de la France devenait de jour en jour plus menaçante, et la discorde avait éclaté parmi les confédérés. Gand, Bruges et Ypres ne s'étaient pas contentées d'avoir imposé leur gouvernement aux autres villes leurs alliées; elles avaient encore voulu concentrer dans leurs murs les manufactures de laine, principale richesse du pays. En même temps les tisserands réduisirent le salaire des foulons, et il se livra à Gand entre ces deux corps de métiers un combat sanglant. La faveur populaire échappait à Arteveld. C'est alors que, se sentant trop faible pour lutter seul, il accueillit les ouvertures du roi d'Angleterre, et proposa à ses concitoyens de faire passer la couronne des comtes de Flandre sur la tête du prince de Galles. Mais le temps n'était plus où son éloquence de tribun fascinait ses auditeurs. Les communes restèrent inébranlables. Lorsqu'il arriva à Gand, le peuple, qui se pressait d'ordinaire plein d'enthousiasme à son passage, ne fit plus entendre que des cris d'insulte et de menace. Bientôt Gérard Denys, doyen des tisserands, ennemi personnel d'Arteveld, souleva cette population hostile, et vint assaillir son hôtel. En vain Arteveld voulut rappeler ses exploits et les services qu'il avait rendus à sa patrie; sa demeure fut forcée, et il périt de la main même de Gérard Denys.

ARTEVELD (PHILIPPE D'), fils du précédent, vivait éloigné des affaires sans rechercher le pouvoir ni la célébrité, lorsqu'en 1379 les Gantois se révoltèrent de nouveau contre le comte Louis II. Pierre Dubois, le chef des blancs Chaperons, voulant donner une plus grande force à l'insurrection en mettant à sa tête un nom populaire, confia l'autorité suprême à Philippe d'Arteveld. Celui-ci, héritier des talents de son père, commença par établir dans la ville une justice sévère. Le comte, ayant échoué dans ses attaques contre Gand, avait résolu de l'affamer. La ville, étroitement bloquée, voyait ses ressources diminuer tous les jours, quand une conférence s'ouvrit près de Courtrai. Les envoyés de Gand, riches bourgeois, plus soucieux de leur fortune que de la liberté de leurs concitoyens, consentirent à signer un traité par lequel la ville obtenait son pardon à condition de livrer au comte deux cents des meneurs, qu'il traiterait à son gré et plaisir. Cette paix ignominieuse souleva dans l'assemblée du peuple la plus vive indignation. Arteveld et Dubois, sachant le sort qui les attendait si la ville se soumettait au comte, mirent à profit ce mouvement, et poignardèrent comme traîtres deux des envoyés. Les bourgeois déclarèrent qu'ils n'abandonneraient jamais leurs chefs. Cependant la famine étendait ses ravages. Une nouvelle conférence s'ouvrit à Tournai. Le comte, connaissant la position désespérée des assiégés, se montra plus exigeant et plus dur encore; il répondit que « si la ville voulait la paix, tous les Gantois de quinze à soixante ans devaient se présenter à lui en chemise et la corde au cou, s'en remettant à sa pure volonté du mourir ou du pardonner ». Cette déclaration inhumaine et impolitique eut pour effet de porter les malheureux ouvriers de Gand à un suprême effort. Un corps d'élite de cinq mille hommes sortit de la ville avec cinq chars portant du pain cuit et deux tonneaux de vin. C'était tout ce qui restait de vivres à Gand. Cette petite armée rencontra le comte Louis devant Bruges avec huit cents lances et vingt mille hommes de milice. Les Gantois, favorisés par la disposition du terrain, fondirent à l'improviste sur ces troupes peu aguerries, et les enfoncèrent du premier choc. Bruges leur ouvrit ses portes; le comte fut recueilli par une vieille femme d'un faubourg, qui le cacha sous le lit de ses enfants. Aussitôt presque toutes les villes de la Flandre se déclarèrent pour les révoltés, et Philippe d'Arteveld prit le titre de *régent de Flandre*. Le comte implora l'assistance de son cousin, Philippe de Bourgogne, qui gouvernait la France sous le nom du jeune Charles VI. Une nombreuse armée, commandée par le connétable de Clisson, passa la Lys et emporta Comines. Ypres, Cassel, Berghes, Gravelines, Furnes, Dunkerque, se rendirent l'une après l'autre. Malgré ces revers et ces défections, Arteveld ne perdit point courage. Rassemblant ses vaillants artisans, il offrit le combat aux Français à Rosebecque. Mais les manants de Flandre ne purent enfoncer les chevaliers français couverts de fer; les milices de Bruges. Ce ne fut pas une défaite, ce fut une boucherie. Le corps d'Arteveld fut retrouvé parmi les morts; et le jeune roi de France, après avoir contemplé quelque temps ce terrible ennemi des gentilshommes, fit pendre, pour l'exemple, son cadavre à un arbre. Selon Paulus, Arteveld n'était point mort quand on le releva sur le champ de bataille; mais il refusa de se laisser panser, ne voulant pas survivre à la ruine de sa patrie. W.-A. DUCKETT.

ARTHRITE (du grec ἄρθριτις, jointure). C'est l'inflammation aiguë des articulations. On lui a donné aussi le nom d'*arthrite traumatique* ou d'*arthrite externe*. Cette maladie est la complication la plus fréquente et la plus dangereuse de toutes celles qui se montrent après les plaies ou les opérations faites sur les articulations des membres. On la voit souvent prendre naissance sans causes extérieures appréciables; c'est ainsi qu'elle se produit chez les nouvelles accouchées, chez les individus affectés de phlébite, d'infection purulente ou de blennorrhagie. Les causes connues de l'arthrite sont nombreuses et assez diverses. Les coups, les chutes, les faux mouvements, les violences extérieures, telles que la distension violente des articulations, les fractures, les plaies faites par des instruments piquants, peuvent la produire.

A l'état aigu, l'arthrite *externe* peut affecter spécialement tantôt tous les tissus articulaires extérieurs, tantôt les parties internes. Son intensité varie encore selon que la capsule articulaire communique ou non avec l'air. Le blessé semble d'abord ne devoir éprouver aucun accident; la plaie conserve pendant les trente-six ou quarante-huit premières heures l'aspect le plus simple et le plus favorable ; mais vers le troisième ou le quatrième jour, et quelquefois plus tard, se développe dans l'articulation une douleur d'abord sourde, qui s'accroît avec promptitude et devient bientôt excessive. — L'arthrite traumatique exerce sur les différents viscères une influence très-énergique ; à l'agitation déterminée par la douleur succèdent quelquefois le délire et les convulsions ; la peau est brûlante, la langue rouge ; des vomissements bilieux se manifestent assez souvent ; enfin le sujet est en proie à un malaise et à une anxiété considérables. La suppuration est la terminaison la plus ordinaire de cette espèce d'arthrite. Rarement les abcès sont uniques ; une fois que la suppuration est bien établie, ou les accidents ne font qu'augmenter, et le malade, épuisé par ses souffrances, peut succomber en peu de temps ; ou, sans se calmer entièrement, la réaction générale diminue, l'enveloppe articulaire s'ulcère ou se rompt de dedans en dehors, et le pus ou la matière épanchée s'échappe dans les tissus voisins. Quand la jointure est ouverte, l'inflammation acquiert presque constamment alors un haut degré d'intensité en peu de temps. Cette variété de l'arthrite est quelquefois suivie des plus horribles souffrances, et la terminaison en est des plus fâcheuses.

Les variétés de l'arthrite *interne* sont principalement les suivantes : 1° *Suite de la blennorrhagie* : elle survient assez souvent vers la fin de cette maladie, et est ordinairement douloureuse. Quelques chirurgiens l'attribuent à une véritable métastase de l'inflammation de l'urètre. 2° *Suite de couches* : elle se distingue par le peu de réaction qui l'accompagne ; sa transformation en tumeur blanche n'est pas fort rare. 3° *Suite d'une infection purulente* : le plus souvent on ne la reconnaît qu'à l'ouverture des cadavres.

Lorsque l'arthrite traumatique est superficielle, elle se termine presque toujours d'une manière favorable. L'arthrite profonde qui succède aux plaies et donne à l'air un libre accès dans la cavité articulaire doit être considérée comme très-grave. Dans la plupart des cas d'abcès, si la mort ne survient pas dans la première période, les accidents colliquatifs la produisent souvent un peu plus tard. Quant à l'arthrite blennorrhagique, presque toujours elle cède à un traitement bien combiné.

Le traitement de l'arthrite traumatique consiste à essayer immédiatement à la suite des contusions, des distensions ou des ébranlements articulaires, de prévenir le mouvement fluxionnaire qui s'opère vers les parties blessées, en plongeant la partie dans un vase rempli d'eau fraîche, ou bien encore en appliquant autour de l'articulation blessée des compresses imbibées d'eau froide ; les irrigations continues peuvent être employées avec avantage ; une ou plusieurs saignées générales, l'usage des boissons délayantes, fraîches, complètent ces premières indications. Une fois les symptômes développés, il faut avoir recours aux saignées locales et surtout aux ventouses scarifiées. Il ne faut pas négliger les secours que l'on peut retirer des cataplasmes, soit émollients, soit laudanisés, des bains, en ayant toujours soin de maintenir le membre dans le repos le plus absolu. — Lorsque la suppuration n'est plus douteuse, il est d'observation que l'ouverture spontanée du dépôt entraîne moins d'inconvénients que celle faite à l'aide d'une incision ; il vaut mieux donc s'y résigner lorsqu'on ne croit pas devoir recourir à l'amputation.   Dr Alex. DUCKETT.

ARTHRITIQUE, épithète qu'on applique aux maladies, telles que la goutte, qui affectent les articulations. On l'emploie aussi, selon l'Académie, pour désigner les médicaments en usage contre ces affections. D'autres préféreraient dans ce cas dire remèdes *antiarthritiques*.

ARTHRITIS, nom sous lequel on a classé trois maladies distinctes ayant toutes pour caractère l'inflammation des articulations ; savoir : l'*arthrite traumatique* (*voyez* ARTHRITE), l'*arthrite rhumatismale* (*voyez* RHUMATISME), et l'*arthrite goutteuse* (*voyez* GOUTTE).

ARTHRODIE, espèce d'articulation qui résulte du concours d'une cavité osseuse peu profonde avec la saillie peu prononcée d'un autre os. *Voyez* DIARTHROSE.

ARTHRODYNIE (du grec ἄρθρον, jointure ; ὀδύνη, douleur). Ce mot indique une douleur persistante des articulations, et est quelquefois employé pour désigner le rhumatisme chronique. *Voyez* RHUMATISME.

ARTHUR, ou ARTHUS, duc de Bretagne, fils posthume de Geoffroy, troisième fils de Henri II, roi d'Angleterre, et de Constance de Bretagne, naquit à Nantes, le 30 avril 1187. Quand Richard, roi d'Angleterre, partit pour la Terre Sainte avec Philippe-Auguste, il s'engagea à faire épouser la fille de Tancrède, roi de Sicile, par Arthur, son héritier présomptif ; ses droits à la couronne d'Angleterre furent dès lors établis et reconnus par l'évêque d'Éli, régent du royaume, et par le roi d'Écosse ; Arthur fut en même temps proclamé duc de Bretagne dans une assemblée générale tenue à Rennes en 1196. Mais la fortune cessa bientôt de sourire à ce jeune prince : Richard déclara, par son testament, Jean-sans-Terre son successeur au préjudice d'Arthur. Cependant l'Anjou, le Maine et la Touraine se déclarèrent pour Arthur ; le roi de France reçut son hommage pour ces provinces, ainsi que pour la Bretagne, le Poitou et la Normandie. Mais Arthur était trop faible pour résister à son compétiteur. La duchesse Constance entra en négociations avec Jean ; elle lui proposa de garder l'Angleterre, tandis que les provinces du continent resteraient à Arthur.

Philippe-Auguste, qui tour à tour avait abandonné et protégé ce jeune prince, suivant son intérêt, le fit chevalier à Gournai, et déclara la guerre à Jean-sans-Terre. Arthur, plein d'enthousiasme et de courage, mit le siége devant Mirebeau en Poitou ; mais Jean-sans-Terre accourut avec des forces considérables, surprit Arthur, le fit prisonnier avec les principaux seigneurs de son parti ; il en fit enfermer vingt-deux dans le château de Corf, où il les laissa mourir de faim, et il envoya son neveu dans la prison de Falaise. Jean visita son neveu dans son cachot, et employa caresses et menaces pour l'engager à renoncer à ses droits ; mais Arthur, doué d'une vertu supérieure à son âge, déclara avec noblesse « qu'il resterait jusqu'à la mort digne du rang pour lequel il était né, et qu'il ne céderait jamais le trône à un usurpateur ». Dès lors la mort de l'héroïque jeune homme fut décidée. Ne rencontrant personne pour servir sa vengeance, Jean-sans-Terre fit conduire son neveu à Rouen dans une tour sur la rivière, et fit de nouvelles recherches pour trouver un bourreau ; mais elles ne réussirent pas davantage : l'horreur inspirait les uns, la crainte retenait les autres. Alors ce monstre résolut de devenir lui-même le bourreau de cet enfant de quinze ans (1202). Au milieu de la nuit, il se rend à la tour, fait descendre son prisonnier, le traîne suppliant aux bords de la Seine, le place dans un bateau, lui plonge plusieurs fois son épée dans le corps, puis le précipite dans les flots après lui avoir attaché une grosse pierre au cou. Son corps, retrouvé dans les filets d'un pêcheur, fut transporté à l'abbaye de Notre-Dame-du-Pré, où on l'inhuma secrètement.

Les malheurs d'Arthur de Bretagne ont inspiré Shakspeare et Ducis.

ARTHUS ou ARTHUR, roi de la Grande-Bretagne, l'un des héros des romans de la Table-Ronde, ordre de chevalerie dont on lui attribue la fondation. Dernier soutien de l'indépendance bretonne contre l'invasion étrangère, sa vie et ses exploits devinrent le sujet favori des bardes gallois ; ces récits poétiques, naturellement d'un peuple vaincu, déjà remplis de merveilleuses fictions, furent adoptés plus tard par la poésie chevaleresque, qui ne se fit pas faute non plus d'embellissements romanesques et fabuleux. Au rap-

6.

ARTHUS — ARTICLE

port de Geoffroi de Monmouth, qui paraît avoir puisé ses renseignements dans la chronique de Wistace, intitulée *Brut d'Angleterre*. Arthus était le fruit du commerce adultère d'*Ingarne*, princesse de Cornouailles, avec *Uther Pendragon*, général des Bretons. Arthus était né en 453; il succéda à son père en 516, et remporta douze grandes victoires sur les Saxons. Il périt les armes à la main en combattant un de ses neveux, qui s'était révolté contre lui et allié à ses ennemis. Les poètes lui font conquérir le Danemark, la Norwège et la France, tuer un géant en Espagne et marcher sur Rome. C'est dans ses expéditions contre Rome qu'il apprit, selon le poëte, l'infidélité de sa femme, qui avait épousé son neveu Modred. Whitaker est l'écrivain qui a mis le plus de soin à éclaircir l'histoire d'Arthus. Selon lui son nom indique qu'il fut roi des Silures, qu'il combattit les Saxons dans le nord de l'île sous les ordres d'Ambrosius, pendragon des Bretons, et qu'il devint ensuite chef suprême de ses compatriotes. Sous le règne de Henri II on découvrit son tombeau près de l'abbaye de Glastonebury. Geraldus prétend avoir vu les os et l'épée d'Arthus, ainsi qu'une petite croix de plomb sur laquelle étaient gravés ces mots : *Hic jacet sepultus inclytus rex Arturius in insula Avalonia*.

ARTICHAUT, plante de la famille des composées. Les artichauts, rares du temps de Pline, avaient ensuite été abandonnés. Hermolao Barbaro raconte qu'en 1473, à Venise, ils parurent une nouveauté. Vers 1466 ils avaient été portés de Naples à Florence, d'où, selon Ruel, ils passèrent en France au commencement du seizième siècle.

L'artichaut fournit un des nombreux exemples du perfectionnement des plantes par la culture. Transporté dans les jardins et en plein champ, dans un sol généreux et soumis à une culture soignée, il a acquis un volume très-considérable, et constitue actuellement telle qu'il est devenu l'une des plus précieuses ressources alimentaires fournies par le jardinage, sans néanmoins s'être acclimaté entièrement dans le nord, où la prudence conseille de le préserver des gelées en enveloppant sa souche de terre, et en couvrant ses feuilles avec de la paille.

L'artichaut offre aujourd'hui six variétés, dont les plus estimées sont : 1° *l'artichaut vert* ou *commun*, cultivé de préférence dans nos départements du nord, et auquel se rapportent les sous-variétés connues sous les noms d'*artichaut de Laon* et d'*artichaut de Bretagne* ou *camus*; 2° *l'artichaut violet*; 3° *l'artichaut rouge*; 4° *l'artichaut blanc*.

L'artichaut se consomme sous une multitude de formes; c'est un aliment substantiel et très-sain : aussi est-il d'un usage tellement général que sa culture occupe une partie assez considérable des meilleures terres des environs des grandes villes.

Divers procédés ont été indiqués pour obtenir de très-gros artichauts : l'un de ces procédés, le plus ancien de tous, et qui est consigné dans tous les auteurs géoponiques, consiste à fendre ou à perforer la tige, et à y insérer un corps étranger quelconque, pour arrêter la séve descendante, et la faire refluer aux parties supérieures, et augmenter ainsi le volume des têtes d'artichaut; la théorie et la pratique justifient ce procédé. On parvient également à obtenir de plus gros artichauts en pratiquant à la tige une incision annulaire, par l'enlèvement qu'on fait d'un centimètre d'écorce à sa partie moyenne, quand l'artichaut commence à se former. Cette incision a un autre avantage, c'est de provoquer dans cette plante la maturité des semences, en appelant d'une manière plus certaine les forces vitales vers les organes séminifères.

L'artichaut se multiplie par les œilletons qu'on sépare des vieux pieds, qu'on plante à 80 centimètres de distance, et qu'il ne faut arroser que lorsqu'ils sont bien repris; on les multiplie aussi par leurs graines, qu'on sème sous cloche ou en pleine terre, selon le climat ou la saison; les plants de semis se placent à la même distance que les œilletons, et il ne faut leur donner que quelques petits arrosements jusqu'à ce qu'ils soient attachés au sol, époque à laquelle on peut leur donner une plus grande quantité d'eau. Plusieurs personnes coupent le pivot de la racine des jeunes artichauts de semis dans l'espérance d'obtenir de plus gros artichauts; mais le résultat ne justifie pas toujours cette pratique, quoique la théorie vienne à son appui. C. TOLLARD aîné.

En Italie, on tire de l'artichaut, outre des têtes, un produit tout nouveau pour nous, et sur lequel M. Audot a publié la note suivante : « J'ai vu en plusieurs lieux faire un usage particulier des tiges de l'artichaut. On courbe la plante à angle droit, en rassemblant les pétioles, et l'on butte de manière à faire blanchir; il en résulte une *bosse* qui donne son nom italien, *gobbo*, à cette partie. Le gobbo se sert cru et se mange avec du sel; il est tendre; nos cuisiniers en tireraient sans doute un bon parti. C'est en automne et en hiver que j'en ai vu; ils remplaçaient avec avantage les radis.... »

Le fruit qui porte le nom d'*artichaut de Jérusalem* n'est autre chose que le *patisson*, qui appartient au genre courge.

ARTICLE. En grammaire l'article est un mot que l'on place, dans quelques langues, devant le substantif, et qui le fait prendre dans une acception distincte et particulière. La langue latine n'a point d'articles, non plus que plusieurs autres langues. En allemand, l'article supplée à ce qu'il y a d'incomplet dans la déclinaison des substantifs.

L'article n'est point une partie essentielle du discours; comme l'*adjectif*, il ne fait que modifier le nom : aussi plusieurs grammairiens le regardent comme une espèce d'adjectif, qu'ils nomment *déterminatif*, quoiqu'il ne détermine pas toujours, pour le distinguer de l'adjectif propre ou *qualificatif*. L'article a deux propriétés principales : la première, c'est de faire considérer comme l'expression d'un être réel le mot auquel on le joint, qui jusqu'alors n'était qu'une abstraction; exemple : *Agissez en homme*. Le nom n'indique ici qu'une abstraction, une qualité. *L'homme est mortel*, l'article a fait un véritable substantif de ce qui dans la phrase précédente était plutôt un adjectif. La seconde propriété de l'article, conséquence de la première, est de faire considérer le mot devenu substantif sous le rapport de l'étendue, sans pourtant déterminer toujours ce rapport par lui-même, car le même article *le* désigne en français tantôt un seul être, comme le soleil, et une infinité, comme *L'homme est mortel*. Il y a plusieurs espèces d'articles : l'article défini ou déterminatif, *le, la, les*, et l'article démonstratif, *ce, ces*; le mot *un*, dont Dumarsais, Condillac et Sacy ne font qu'un nom de nombre, est souvent un véritable article, que quelques grammairiens appellent article indéfini. Si l'on prend l'article comme synonyme d'adjectif déterminatif, il faut ranger encore dans cette classe tous les noms de nombre et les mots *tout, chaque, quelque, aucun, nul*, etc.

Dans quelques langues l'article reçoit, comme l'adjectif ordinaire, les modifications de genre et de nombre. En français il se contracte dans quelques cas avec les prépositions pour ne former qu'un mot : *du, au*, pour *de le, à le*.

Il résulte de la nature même de l'article qu'il doit être omis devant le nom toutes les fois que celui-ci n'exprime qu'une qualité abstraite. On pourra encore le retrancher lorsque le nom déjà précédé d'un adjectif est le *substantifie*; ex. : *Alexandre fit de belles actions et commit de grands crimes*. Mais toutes les fois que le nom, même abstrait, est employé comme substance, l'article est obligatoire : *l'homme est mortel*. Du reste, l'emploi de l'article le plus souvent conforme à la logique est quelquefois soumis aux bizarreries de l'usage : ainsi l'on dit *avoir beaucoup de chagrin* et *bien du chagrin*. Cette anomalie sans raison cause les plus grandes difficultés aux étrangers.

ARTICLE — ARTICULÉ

La suppression de l'article donne souvent un tour original, vif et gracieux à la phrase, surtout en poésie : La Fontaine en offre de nombreux exemples. Aujourd'hui ce n'est guère que dans le style marotique que cette suppression de l'article, véritable archaïsme, pourrait être tolérée. La plupart des proverbes et des dictons populaires ont supprimé l'article, et ne s'en trouvent que mieux : *Pauvreté n'est pas vice*, *Contentement passe richesse*, etc.

On a reproché à l'article d'alourdir le discours, et l'on a exalté l'admirable concision du latin, qui n'a pas d'articles, aux dépens de notre langue française, toujours embarrassée par un cortége d'articles, de prépositions et de particules de toute espèce. Cette critique n'est pas juste ; car ce que le français perd en rapidité, il le regagne en clarté et en précision.

En anatomie on appelle *article* la jointure, l'assemblage de deux ou plusieurs os, qui peuvent se mouvoir les uns sur les autres ; mais ce mot est presque entièrement abandonné aujourd'hui pour celui d'*articulation*, qui a un sens plus étendu.

Dans l'entomologie on appelle *article*, chez les insectes, les portions de membres qui peuvent se mouvoir les unes sur les autres ; les antennes, les pattes, l'abdomen, par exemple, sont constitués par un nombre plus ou moins grand d'articles, d'une figure variée, suivant les espèces.

En botanique l'*article* est la portion comprise entre deux articulations : la tige et les rameaux du gui, par exemple, sont composés d'articles.

ARTICULATION (*Anatomie*). On désigne par ce mot la jonction des os du squelette. La nature a manifesté dans le mode d'articulation des pièces de la charpente animale une admirable industrie ; partout les moyens sont en accord parfait avec la destination des parties. Lorsque les os doivent constituer des cavités immobiles, on les voit s'engrener d'une manière inébranlable, comme au crâne ; lorsqu'une cavité doit jouir d'une certaine mobilité, les surfaces osseuses se joignent par l'intermédiaire de cartilages élastiques, comme à la poitrine et à la colonne vertébrale. Lorsque la mobilité devient la condition essentielle, ce sont des têtes arrondies qui roulent dans des cavités analogues, comme à l'épaule ; ou des poulies ondulées, comme au coude ; ou des surfaces presque planes, comme au poignet. Les surfaces sont rendues compressibles et polies au moyen de cartilages, dont le glissement est favorisé par un liquide onctueux, qu'on appelle *synovie*. Pour assurer la solidité des connexions, des ligaments et des capsules très-résistantes assurent les rapports, qui pourtant peuvent être détruits par des violences extrêmes, ce qui constitue les *luxations*, dont le premier degré est l'*entorse*.

Les articulations se divisent en trois classes principales : 1° les *diarthroses*, comprenant toutes les articulations à surfaces contiguës ou libres (enarthroses, ginglymes, arthrodies) ; 2° les *synarthroses*, ou les articulations à surface continue et sans mouvement, appelées encore *sutures* ; 3° les *amphiarthroses* ou *symphyses*, qui sont des articulations en partie contiguës et en partie continues à l'aide d'un tissu fibreux.

On emploie encore le mot *articulation* en entomologie, pour indiquer le mode d'union qui existe entre la tête d'un insecte et son corselet ; en botanique, pour indiquer le point où deux parties d'un végétal s'unissent et s'emboîtent.

ARTICULATION (*Physiologie*), émission de la voix pour former un langage volontaire, conventionnel, qui s'exerce par les organes vocaux situés dans l'arrière-bouche sous l'influence du système nerveux cérébral, et qui sert à établir entre les êtres intelligents des rapports, des communications intellectuelles. L'articulation des sons se perçoit chez l'entendant parlant par l'ouïe ; chez le sourd-muet instruit, par les yeux, suivant le mouvement des lèvres de celui qui parle ; chez le sourd-muet aveugle, enfin, par le tact des organes mis en mouvement par la parole, dernière planche de salut qui lui reste pour avoir une notion de la voix modulée et de la voix articulée.

La voix ne peut se produire que chez les animaux qui aspirent l'air dans leur poitrine par un seul conduit. Ceux qui ont des branchies, comme les poissons, ou des trachées, comme les insectes, sont dépourvus d'appareil vocal. La voix modulée, ou *chant*. La voix modulée est produite dans le larynx au moment où une colonne d'air traverse la glotte, chassée de la poitrine par une expiration active. La voix articulée est formée par les modifications que subit l'air expiré de la poitrine depuis son passage à travers le larynx jusqu'à l'orifice de la bouche et du nez, sous l'influence de la contraction des muscles du pharynx, de la langue, des parois buccales, des lèvres et du nez. Le larynx ne reste cependant pas entièrement étranger à la formation de la parole ; mais le son qu'il produit est si rapproché de celui qui se forme dans le pharynx, la bouche et le nez, qu'ils se confondent, et que l'intervalle de temps qui les sépare devient inappréciable.

Afin de mieux saisir le mécanisme de la voix articulée, il suffit d'examiner la manière dont se produisent les sons élémentaires, ou les lettres de l'alphabet ; comme les sons modulés, ils nécessitent diverses modifications spéciales dans la forme et les dimensions du conduit vocal. Le pharynx, la langue, la cavité buccale et les lèvres participent aussi à la vocalisation des lettres. Ces modifications des organes vocaux se traduisent par le jeu de la bouche et des lèvres, ainsi qu'on peut s'en convaincre en se regardant parler, et le sourd-muet peut lire la parole sur les lèvres d'une personne qui parle.

Pour apprécier le jeu des parties de l'appareil vocal qui servent à l'émission de tous les sons modulés ou articulés, il suffit de promener la main sur les organes producteurs du chant et de la parole, afin d'en percevoir les vibrations. Si l'on place, par exemple, la main sur le larynx lorsque cet organe rend des sons vocaux, on en sentira les vibrations ; et ce sera d'autant plus d'intensité, que l'organe de l'ouïe sera moins délicat, moins sensible, parce que chacun de nos sens exécute ses fonctions avec d'autant plus d'énergie qu'il est moins distrait, moins secondé par le concours d'un autre sens. C'est ainsi que le sourd-muet excelle dans la gravure, et l'aveugle dans la musique. Pour arriver au même résultat, nous fermons souvent les yeux afin de mieux entendre, nous bandons les yeux au sourd-muet pour l'exercer à percevoir les sons par l'impression tactile des ondes en vibration. Pincez doucement les ailes du nez, vous sentirez facilement entre vos doigts la vibration des nasales.

De ce qui précède il résulte que toutes les altérations organiques et fonctionnelles qui surviennent, soit dans l'appareil auditif, soit dans le tact ou la vue, soit dans les nerfs de sensibilité générale, soit dans l'appareil vocal, modifient plus ou moins la parole et la rendent même impossible. Les sourds-muets sont des sujets uniquement atteints de surdité. A tous ou à presque tous on peut rendre la parole, avec cette réserve néanmoins qu'elle est incomparablement plus nette, plus intelligible chez le sourd-muet qui parvient à la vocalisation des lettres. Ces modifications des organes à l'aveugle, l'absence de cet autre sens, qui permet à l'homme de doue de la vue de lire la parole dans le jeu de la physionomie avant qu'on articule, laisse apercevoir chez lui une différence dans la manière dont il prononce les mots. Le timbre de sa voix réfléchit l'anxiété peinte dans ses traits et jusque dans le jeu de ses oreilles, qui semblent s'incliner pour recueillir la parole et saisir l'idée. Par le tact le sourd-muet aveugle peut lui-même acquérir quelquefois l'articulation.

D' BLANCHET,
chirurgien en chef de l'Institution nation. des Sourds-Muets.

ARTICULÉ. On appelle ainsi toute partie attachée par articulation, bout à bout, comme en botanique les pétioles de la sensitive, les anthères de la sauge, etc.; ou les parties composées d'articles attachés également bout à bout, comme on le remarque dans la tige du gui, dans l'axe de l'épi du blé, etc.

En anatomie on appelle articulés les os qui, étant liés l'un à l'autre, peuvent être pliés sans se détacher, se mouvoir sans se séparer.

Les *animaux articulés* forment l'une des premières divisions des animaux invertébrés dans les systèmes de Lamarck et de Cuvier, division qui comprend les êtres dépourvus de colonne dorsale ou épinière, dont le corps est articulé ou annelé dans sa longueur, et dont les organes extérieurs, lorsqu'ils existent, sont distribués par paires; par opposition on appelle *inarticulés* les autres invertébrés. *Voyez* ANIMAL.

ARTIFICE (Feu d'). *Voyez* FEU D'ARTIFICE.

ARTIFICIER. On appelle de ce nom celui qui fait le plan d'un *feu d'artifice*, dirige la fabrication des pièces qui le composent, et donne les doses convenables des compositions dont il connaît les effets. — On appelle aussi *artificier* le militaire qui confectionne certaines pièces, comme fusées, pétards, etc.

Les *feux d'artifice* jouent un grand rôle dans les fêtes publiques des peuples modernes; nous leur consacrerons un article spécial. On croit généralement qu'ils étaient inconnus avant l'invention de la poudre à canon. Cependant, il y a lieu de penser que les anciens connaissaient quelque spectacle du même genre, et on suppose que quelque chose d'analogue était employé dans les mystères d'Éleusis. On assure aussi que les Chinois connaissaient la poudre à canon plusieurs siècles avant l'arrivée des missionnaires dans le Céleste Empire, et qu'ils en composaient seulement des pièces d'artifice. Les jésuites leur apprirent à s'en servir à la guerre.

Le décret de 1810 a rangé les fabriques de pièces d'artifice dans la première classe des établissements dangereux. Mais, indépendamment des règles générales posées par ce décret et par l'ordonnance royale du 14 janvier 1815, ces fabriques, à cause des dangers qui leur sont inhérents, ont été l'objet de nombreuses ordonnances de police, et la vente de leurs produits a été soumise à des règles particulières. La plus remarquable de ces ordonnances est du 12 juin 1811 : elle défend aux artificiers d'employer dans la composition des fusées volantes aucune baguette de bois ni aucune espèce de corps dur; de vendre ni d'acheter des fusées volantes fabriquées avec ces baguettes, ni d'en tirer dans aucun lieu quelconque, soit public ou particulier.

Une autre ordonnance, du 3 juin 1831, défend la vente et le débit de pièces quelconques d'artifice, même de la plus petite dimension, à tous autres qu'aux artificiers patentés et autorisés. Il est, en outre, enjoint à ces derniers d'inscrire sur un registre, coté et parafé par l'autorité locale, les nom, prénoms, qualités et demeure, dûment justifiés, de toute personne à laquelle ils vendront des pièces d'artifice, et la quantité vendue, quelle que puisse être cette quantité. Pour accorder une autorisation à l'artificier, on lui impose d'ailleurs la condition de n'avoir dans sa maison que la quantité de poudre fixée par l'autorité; il lui est défendu expressément de travailler avec des lumières dans l'atelier de composition; il ne peut s'éclairer que dans celui du cartonnage, et seulement avec des quinquets ou des lanternes.

ARTIGAS (JUAN ou JOSÉ), né à Montevideo, vers 1760, d'une famille originaire de la péninsule Hispanique, fut d'abord capitaine dans les troupes espagnoles. Ayant eu quelques difficultés avec le gouverneur portugais de la ville de S.-Sacramento, il passa, en 1811, au service de la junte de Buénos-Ayres, qui venait de se former. Elle lui confia le commandement d'une division, avec laquelle il défit l'armée royaliste près de *Las-Piedras*. A la tête des Gauchos, ces indomptables centaures de l'Amérique

méridionale, il seconda si vigoureusement l'armée qui faisait le siége de Montevideo, que ses exploits amenèrent un accommodement entre le cabinet de Rio de Janeiro et le gouvernement de Buenos-Ayres. Bientôt Artigas excita les soupçons et la jalousie de Pocyredon, directeur de la junte; il se sépara de la nouvelle république, et abandonna Montevideo avec ses troupes. Le gouvernement de Buénos-Ayres le fit déclarer infâme, et offrit six mille francs à celui qui lui apporterait sa tête.

Artigas, ayant de nouveau réuni les Gauchos sous ses drapeaux, s'empara de la Banda Orientale; mais au mois de décembre 1816 le général portugais Lecor occupa Maldonado, et prit bientôt après Montevideo. Dès lors Artigas fit une guerre de partisan aux Portugais et aux troupes de Buénos-Ayres. Mais, après avoir remporté quelques avantages, il fut battu en 1818; toutefois Pocyredon se montra disposé à traiter avec lui. Ce gouverneur ambitieux avait formé le projet d'établir en Amérique un gouvernement héréditaire : il avait même déjà entamé des négociations à ce sujet avec quelques puissances de l'Europe. Pour déjouer ce complot, le parti républicain s'unit à Artigas. L'armée que Pocyredon envoya contre lui passa aux démocrates, et Pocyredon lui-même fut obligé de prendre la fuite. Rodriguez s'étant alors emparé de l'administration des affaires à Buénos-Ayres, Artigas quitta cette ville, et se réfugia au Paraguay.

Le docteur Francia, autrefois son adversaire, lui fit l'accueil le plus distingué. Depuis, Artigas habita un couvent de franciscains, où il termina sa carrière orageuse, au mois de novembre 1825. Comme général, il se distinguait par sa bravoure, son activité et la promptitude de son coup d'œil. Il exerçait une autorité absolue sur les Gauchos, dont il avait entièrement adopté le genre de vie. Du temps de sa puissance Artigas méprisait toutes les délices, toutes les commodités de la vie civilisée. Il n'avait point de résidence fixe ni de gouvernement régulièrement établi; d'ordinaire, son quartier général était à la Purification, petit village sur le Rio-Negro, composé de cabanes en terre, couvertes de peaux de bœufs. De là ce grand redresseur de torts fondait de sa propre autorité sur tous ceux dont il n'approuvait pas la conduite, républicains ou monarchistes, peu lui importait. Comme chef intrépide de partisans, sa grande figure historique reste encore à peindre, et Dieu sait si elle le sera jamais.

ARTILLERIE. On croit généralement que le mot *artillerie* vient ou du latin *ars tollendi* ou du vieux français *artiller*. Cependant les auteurs italiens le font dériver de *arte di tirare*. Jadis on désignait généralement les bouches à feu par le nom commun d'*artillerie*; aujourd'hui il faut entendre par cette dénomination la fabrication et la conservation du matériel des armes mobiles, portatives ou non portatives, ainsi que l'usage et le service des bouches à feu en campagne, dans les places, sur les côtes et sur les vaisseaux.

La lutte corps à corps fut probablement le combat primitif de l'homme, la pierre et le javelot ses premiers projectiles. La fronde et l'arc, dont l'invention remonte au delà des temps historiques, ont dû être les premières machines de jet; c'était déjà un produit de la pensée humaine, un moyen de supériorité de l'intelligence sur la force matérielle. L'arc et la fronde emploient des forces motrices tout à fait distinctes, et leurs perfectionnements successifs ont engendré des machines puissantes qui ont servi jusqu'à une époque plus rapprochée de nous qu'on ne le croit communément. L'arc utilisait l'élasticité du bois à la flexion; la fronde faisait usage de la pesanteur et de la force centrifuge. L'arc en bois ne peut fournir qu'une force limitée, l'élasticité du bois diminuant quand sa grosseur augmente. Les Grecs et les Romains eurent recours à d'autres inventions. Chez eux l'artillerie se borna d'abord à quelques machines grossières en usage pendant les siéges. Plus tard, ces machines se perfectionnèrent, et l'on fit même de grosses armes de jet assez mobiles pour marcher à la suite des armées, comme l'artillerie moderne; mais ces machines n'eurent jamais l'importance de nos bouches à feu, et ne furent jamais, comme chez nous, les auxiliaires indispensables de la troupe.

La baliste et la catapulte, dont la fronde et l'arc suggérèrent l'idée, étaient les principales machines de jet des anciens : la baliste servait d'abord à lancer des pierres, et la catapulte à lancer des traits. Dans la suite ces deux machines, rendues propres au même usage, furent souvent confondues sous la même dénomination. Toutefois, les traits et les boulets qu'elles lançaient n'ayant pas assez de force d'impulsion pour faire brèche dans des murailles d'une certaine épaisseur, on eut recours au bélier, machine extrêmement simple, dont on fait remonter l'origine au siége de Troie. On faisait, en outre, usage de l'hélépole et du frondibale. Balistes, catapultes et autres machines analogues furent compris dans le moyen âge sous le nom d'*engins* et de *mangonneaux*.

Voilà quelles étaient les machines de guerre en usage quand la poudre à canon fut, nous ne dirons pas découverte, mais employée, car elle était connue depuis longtemps en Europe avant qu'on ne songeât à s'en servir dans la guerre. Le moine anglais Roger Bacon en avait donné la composition en 1216, vers le temps des croisades. Mais ce ne fut qu'en 1330 selon quelques auteurs, ou plus tard suivant M. de Laporte dans ses *Épithètes*, qu'un moine de Cologne, Berthold Schwartz, ou un Fribourgeois, Constantin Anchtzen, découvrit par hasard et en manipulant de la poudre dans un mortier la propriété qu'elle possède de lancer des projectiles. L'explosion de la poudre, substituée peu à peu aux principes de force dont nous avons parlé, en fit si complètement disparaître l'usage qu'ils tombèrent dans l'oubli.

La poudre à canon a été le produit du développement naturel de l'art des compositions incendiaires. Les hommes, dès qu'ils s'étaient fait la guerre, avaient cherché à se nuire par le moyen du feu : dans les défenses des villes, les huiles bouillantes, les poix fondues, furent employées contre les assaillants dès la plus haute antiquité. On chercha à lancer des substances incendiaires, et l'on mélangea celles qui offrent une combustion vive; en y joignant des gommes ou des poix, on forma des mastics qui s'attachaient aux objets sur lesquels elles tombaient et qui pouvaient les enflammer s'ils étaient combustibles. On lança des *pots à feu* avec les machines ; des pelotes formées d'étoupes trempées dans ces compositions étaient attachées aux flèches et aux dards, qui prenaient alors les noms de *malléoles* et de *falariques*. Les écrivains grecs et latins de l'antiquité, Thucydide, Énéas, Végèce, Ammien-Marcellin, parlent de ces projectiles incendiaires; ils leur attribuent la propriété d'être inextinguibles par l'eau, et de ne pouvoir être éteints que par le sable ou le vinaigre. Il serait trop long d'expliquer les causes et l'origine de cette croyance.

Cette branche de l'art de la guerre, sans tomber entièrement en désuétude, resta fort longtemps sans faire en Europe de progrès notables. Il n'en était pas de même en Asie et en Afrique, où, déjà pratiquée à l'époque de l'invasion d'Alexandre, elle était favorisée par la chaleur et la sécheresse du climat. Ce qui fit faire à l'art des compositions incendiaires un pas immense, ce fut l'emploi du salpêtre. La propriété distinctive de cette substance est de *fuser* quand elle est en contact avec des charbons ardents. En Chine, où on la trouve à la surface du sol, les habitants, remarquant ce phénomène, la mélangèrent avec des substances inflammables. Dans l'Hellénie, dès l'an 670 de notre ère, elle avait donné naissance au feu grégeois. Les Arabes s'en servirent contre les chrétiens, et plusieurs chroniqueurs, notamment le sire de Joinville, qui accompagna saint Louis dans son expédition sur les bords du Nil, racontent très-naïvement la frayeur incroyable dont les croisés furent saisis à l'aspect des ravages de ce terrible agent de destruction.

Ces compositions incendiaires devinrent chez les Arabes du treizième siècle le moyen principal de guerre : ils les attachaient à leurs lances, à leurs flèches, à leurs boucliers, les lançaient avec toutes leurs machines ; ils faisaient usage de compositions formées de salpêtre, de soufre, de charbon, à peu près dans toutes les proportions imaginables, parmi lesquelles se trouvait celle dont nous nous servons aujourd'hui pour notre poudre. Cependant, chez eux ces compositions ne faisaient que brûler vivement ou *fuser*, et ne détonaient pas. Quelle en était la cause? C'est que le salpêtre qu'ils employaient n'était pas assez purifié pour que la détonation eût lieu ; la combustion n'était pas assez prompte pour produire le bruit que nous appelons *explosion*.

Toutefois, on aurait tort de croire qu'au moment où l'on commença à faire usage de la poudre à canon cette poudre eût une explosion aussi vive que celle dont nous nous servons aujourd'hui ; il s'en fallait de beaucoup, car l'art de la purification du salpêtre, encore peu avancé, n'a cessé de faire depuis cette époque des progrès, dont l'influence est passée presque inaperçue. La poudre de ces premiers temps, n'ayant qu'une explosion lente, n'aurait pas pu imprimer à de petites balles comme celles de nos fusils actuels une vitesse suffisante pour percer les armures. De là l'obligation d'employer de gros projectiles. La métallurgie n'était pas assez avancée pour que l'on pût avoir toujours des boulets de métal; on les fabriqua en pierres, et ces pierres, souvent énormes, lancées sous de grands angles avec des vitesses faibles relativement à celles de nos projectiles actuels, venaient par leur masse écraser les édifices et ruiner les défenses.

Le nouveau principe de force qui devait dans l'avenir produire de si grands résultats présentait un grave inconvénient : la poudre, en même temps qu'elle agit sur le projectile pour le lancer avec force, agit aussi contre l'enveloppe qui la contient, et tend à la briser. Ici, nous devons admirer ce qu'il y a de providentiel dans la marche de l'art humain : si le salpêtre employé d'abord dans la poudre eût été aussi pur que l'est aujourd'hui le nôtre, il serait arrivé, les bouches à feu étant grossières et peu solides, que l'enveloppe aurait été brisée en éclats ; ce qui eût fait renoncer, pour bien des siècles peut-être, à se servir d'une force qu'on n'eût pas su dompter. Il fallait donc l'accord de l'imperfection des machines et de l'imperfection de la poudre pour que l'homme pût approprier à son usage cette force nouvelle.

Il paraît que la découverte de la poudre par Berthold Schwartz ou Constantin Anchtzen aurait donné lieu presque immédiatement à l'invention des bouches à feu, car il y avait des canons en France dès 1339 (Registre de la chambre des comptes). En 1340, les Français s'étant approchés de la ville du Quesnoy, les assiégés, au dire de Froissard, déclinquetèrent *canons* et *bombardes*, qui lançaient de grands carreaux de fer ; ce qui força l'armée assiégeante, toute composée de cavalerie, à se retirer.

Selon d'autres auteurs, ce fut à la bataille de Crécy, en 1346, que les Anglais firent usage de six pièces de canon, et la terreur qu'elles inspirèrent détermina la victoire en leur faveur. Les Vénitiens s'en servirent en 1366, à l'attaque de Claudia Fossa. Enfin, si l'on en croit Gibbon, les Chinois auraient connu l'artillerie moderne dès le treizième siècle. [Quoi qu'il en soit, si les anciennes machines de jet avaient pour moteur la force de torsion des cordes, ou l'élasticité des bois, ou la puissance des leviers, favorisée par l'action de la force centrifuge, les nouvelles se réduisirent à un tube ouvert à une extrémité, et fermé de l'autre, par lequel la poudre, en s'enflammant, chassait devant elle le projectile qui lui était opposé. Cette nouvelle artillerie, d'une simplicité si grande, fut longtemps à se perfectionner, et on vit souvent l'artillerie ancienne agir concurremment avec elle dans les siéges célèbres, comme à ceux de Rhodes et de Constantinople.

Les premières bouches à feu portaient le nom générique de *bombardes*; on les appelait aussi *bastons à feu*. Elles étaient en tôle renforcée de cercles : on les fit ensuite en barres de fer longitudinales, assemblées et cerclées comme les douves d'un tonneau, et brasées; mais le peu de solidité de ces constructions les ayant fait abandonner, on fabriqua successivement les bombardes en fer forgé, en fonte, et enfin en bronze. Les petites bombardes consistaient ordinairement en un tube de fer forgé, et portaient le nom de canons à main. Les bombardes lançaient des boulets de pierre, ou des balles de plomb, ou des carreaux de fer.

Vers 1400 on commença à faire usage de boulets en fer. Dès lors les bouches à feu se rapprochèrent de leurs formes actuelles; on leur donna des tourillons, et on les monta sur des espèces d'affûts à roulettes qui permettaient de les transporter et de les tirer. Néanmoins on conserva l'usage des boulets de pierre et des *bombardes*, qui prirent le nom de *pierrières*.

En 1447 Sforce, chef d'aventuriers, fit usage de trois bombardes pour s'emparer de la ville de Plaisance; chacune de ces bombardes tirait soixante boulets de pierre en vingt-quatre heures. Au bout de trente jours une partie de la muraille étant tombée, les assiégeants entrèrent par la brèche, et s'emparèrent de la place.

Suivant Gibbon, Mahomet II aurait employé au siége de Constantinople, entre autres bouches à feu, une couleuvrine en bronze, qui lançait à cent pas un boulet de pierre de plus de six cents livres, et les Grecs se seraient défendus avec de petites pièces tirant à mitraille, c'est-à-dire environ dix balles de une livre à chaque coup. Cette nouvelle manière de tirer produisait de grands ravages sur les masses confuses des Turcs, et il n'y avait ni cuirasses ni boucliers qui pussent y résister.

Sous Louis XI l'artillerie française fut mise sur un pied respectable. Sous le règne suivant on voit cette artillerie figurer avantageusement en Italie, lors de la conquête de Naples. Charles VIII, disent les historiens du temps, avait à la suite de son armée trente-six basilics (canons) en bronze, du calibre de 48, qui formaient le parc de siége; le parc de campagne était composé de soixante-quatre couleuvrines, faucons, fauconneaux, et autres pièces de différents calibres. Toutes ces bouches à feu étaient montées sur des affûts à deux roues, auxquelles on adaptait un avant-train pour faire route. La beauté et la vigueur des attelages donnaient à cette artillerie un aspect formidable, et la rendaient aussi mobile que les autres troupes.

Ce n'est guère que vers cette époque que l'on commence à voir figurer l'artillerie dans les batailles; jusque alors cette arme n'avait été employée que dans les siéges, pour remplacer les machines anciennes. Au reste, le tir de cette artillerie de campagne était encore tellement incertain, que longtemps après Machiavel proposait, comme un excellent moyen, de laisser une trouée dans la ligne de bataille, vis-à-vis les batteries ennemies, afin d'en neutraliser l'effet.

Sous François Ier l'artillerie continua à faire des progrès sensibles; on établit des rapports entre les différentes parties des bouches à feu. En 1525 le parc de l'artillerie française exigeait plus de quatre mille chevaux. On adopta l'usage des grenades, à l'imitation des bombes que les Turcs avaient employées au siége de Rhodes, en 1522.

Les fusées de guerre, appelées depuis 1805 *fusées à la Congrève*, étaient déjà assez répandues à cette époque, et l'on prétendait que les Indiens les connaissaient depuis un temps immémorial. C'était du reste une réminiscence du fameux *feu grégeois*.

En 1577 les Polonais employèrent le tir à boulets rouges au siége de Dantzig; huit ans après, les Flamands se servirent d'une machine infernale pour la défense d'Anvers.

En déterminant les proportions des bouches à feu on n'avait pas songé à fixer un certain nombre de calibres; de là était résultée une grande complication, qui rendait les approvisionnements très-difficiles. A cette époque on comptait dix-sept calibres réguliers; toutes les bouches à feu portaient des noms d'animaux malfaisants, comme le basilic, de 48; le dragon, de 40; le dragon volant, de 32; la serpentine, de 24; la couleuvrine, de 20; le passenus, de 16; l'aspic, de 12; etc.

En 1572 Charles IX réduisit le nombre des calibres à six: le *canon*, de 33 $^1/_2$ (cette dénomination s'étendit par la suite à toutes les bouches à feu qui lançaient des boulets); la couleuvrine, de 16 $^1/_2$; la bâtarde, de 7 $^1/_2$; la moyenne, de 2 $^3/_4$; le faucon, de 1 $^1/_2$. Mais les guerres civiles et religieuses qui s'allumèrent bientôt empêchèrent que cette sage ordonnance fût mise entièrement à exécution.

Dans ces temps de désordre et d'anarchie, aucune des parties belligérantes n'avait le moyen d'entretenir de nombreux équipages; on se battait partout, mais par petites troupes, et l'artillerie ne convenait plus pour ce genre de guerre. S'il en faut croire quelques écrivains, on fut même sur le point d'en abandonner l'usage. Montaigne dit dans ses *Essais* : « Les armes à feu sont de si peu d'effet que, n'étoit l'étonnement des oreilles, ce à quoi chacun est désormais apprivisé, je suis persuadé qu'on en quitteroit l'usage. » Peut-être y avait-il plus de passion que de sincérité dans l'opinion de Montaigne, car les chevaliers devaient détester des armes qui leur faisaient perdre leur ancienne importance, et par lesquelles ils avaient cessé d'être invulnérables.

Sully, créé grand maître de l'artillerie par Henri IV, s'appliqua à remettre cette arme sur un pied respectable; elle avait été tellement négligée dans les guerres de la Ligue, qu'à la bataille d'Ivry il n'y avait que quatre canons dans les deux armées.

Sous Louis XIII l'artillerie continua à faire des progrès sensibles. On adopta en France l'usage des bombes; mais l'art de les lancer n'acquit quelque degré de précision qu'en 1633. Un an après, ces nouveaux projectiles furent employés avec succès au siége de Lamothe. A cette époque et longtemps après on jetait de la terre par-dessus la charge du mortier; on appuyait la bombe sur cette terre, et on mettait le feu en même temps au mortier et à la mèche de la bombe. On sent facilement tout le danger de cette manière d'opérer. Aujourd'hui, on ne met plus de terre dans les mortiers, et c'est le feu de la charge qui enflamme la mèche de la bombe.

L'impulsion donnée à toutes les connaissances humaines sous le règne de Louis XIV s'étendit au service de l'artillerie, qui fut perfectionnée dans beaucoup de parties; mais la multiplicité des calibres s'opposait toujours à ce que cette arme acquît le degré de simplicité et d'uniformité qui doit caractériser une bonne artillerie.

A cette époque les calibres en usage en France étaient : le canon de France, de 33; le demi-canon d'Espagne, de 24; la couleuvrine, de 16; le quart de canon d'Espagne, de 12; la bâtarde, de 8; la moyenne, de 4; la pièce de 3 courte, et les faucons et fauconneaux, dont le calibre variait de 3 à $^1/_4$.

Les mortiers étaient des calibres de 7, 8, 9, 10, 11, 12, et 18° de diamètre intérieur; ces derniers, appelés comminges, lançaient des bombes de cinq cents livres.

En 1732, de Vallière, général d'artillerie fort distingué, obtint de Louis XV la fixation de cinq calibres de canon : le 24, le 16, le 12, le 8 et le 4; et celle de deux de mortier, le 12 et le 8. On créa un pierrier de 15, destiné à lancer des grenades et des pierres; les canons conservèrent une grande longueur, et les affûts subirent peu de modifications. Les attelages furent toujours à la limonière, c'est-à-dire que les chevaux étaient disposés en une file, ce qui rendait les colonnes d'artillerie extrèmement longues.

Cette artillerie était fort lourde, et cela tenait à la nature des guerres, qui toutes se réduisaient à l'attaque et à la défense des places ; on avait d'immenses parcs de siége, mais on ne possédait pas, à proprement parler, d'artillerie de campagne. On avait vu cependant Gustave-Adolphe faire usage de canons en fer très-légers et environnés de cuir bouilli ; on savait que cette artillerie, quoique imparfaite, avait contribué, par sa mobilité, aux succès du grand capitaine ; mais une routine aveugle s'opposait chez nous à toute espèce de perfectionnement, et l'on n'estimait le canon qu'en raison de sa longueur.

Une arme nouvelle, l'obusier, vint ajouter à la puissance de l'artillerie moderne. Certains auteurs prétendent que les obusiers longs étaient employés en Italie dès 1618, et en France dès 1682 ; mais les obusiers courts, dont l'usage devint général par la suite, paraissent avoir été inventés par les Hollandais. Leur usage date en France de 1749.

Les perfectionnements introduits dans la tactique par le grand Frédéric rendaient l'ancienne artillerie trop lourde pour suivre le mouvement des troupes. Ce prince, et bientôt après les Autrichiens, remédièrent à cet inconvénient en créant une artillerie de campagne, composée de canons et d'obusiers légers ; mais les Français se bornèrent à adopter la pièce de 4 légère, et conservèrent leur ancienne artillerie. Cependant cette artillerie ne répondait plus aux besoins de l'époque. Vainement on avait élargi les pièces de 8 au calibre de 12 ; et celles de 12 au calibre de 16 ; le canon de bataille était toujours en retard, et il n'y avait que les pièces de 4, attachées aux bataillons, qui pussent suivre le mouvement des lignes.

Dans cet état de choses, Louis XV ayant rappelé le général Gribeauval du service d'Autriche, cet officier proposa bientôt un nouveau système d'artillerie, bien supérieur à tout ce qui existait alors en Europe. Ce système, longtemps repoussé par les partisans de l'ancienne artillerie, fut enfin adopté en 1765. Dans le système Gribeauval, l'artillerie de campagne se compose de trois calibres : du canon de 4 ; du 8, qui est le canon de bataille ; du 12, qui est celui de réserve, et d'un obusier de 6. Ces bouches à feu, près de moitié moins lourdes que celles de siége, donnent des portées suffisantes pour le service auquel elles sont destinées ; les affûts sont légers et roulants ; les caissons et les voitures sont perfectionnés dans toutes leurs parties. Les attelages sont à l'allemande, c'est-à-dire que les chevaux sont sur deux files, ce qui raccourcit les colonnes et rend le tirage plus facile.

L'artillerie de siége se compose de canons de 24, de 16, de 12 et de 8 ; d'obusiers de 8 pouces, de mortiers de 12 pouces, de 10 pouces ordinaires, de 10 pouces à grande portée, de 8 pouces, et de pierriers de 15 pouces. Les affûts de siége ont des avant-trains à la limonière.

Les canons de 24 et de 16, ainsi que les mortiers et pierriers, ne peuvent voyager sur leurs affûts, et sont portés sur des chariots à quatre roues, attelés à l'allemande. Il y a des affûts particuliers pour la défense des places et pour la défense des côtes ; ces affûts ne sont propres qu'à ce genre de service ; les mortiers ont des affûts en fonte. Enfin tout est calculé de manière à produire le plus grand effet avec la dépense et les dimensions les plus petites possibles.

En 1803 Napoléon allégea son artillerie de campagne, et la réduisit à deux calibres de canons, le 12 et le 6. Ce dernier devint le canon de bataille. Il adopta, à l'imitation des étrangers, deux obusiers, l'un de 6 pouces et l'autre de 24. En prenant le même calibre que ses ennemis, Napoléon remplissait le double objet de rendre son artillerie plus simple et plus mobile, et de mettre à profit les approvisionnements qui tombaient en son pouvoir ; quant à l'artillerie de siége, elle ne subit que très-peu de modifications.

Après la chute de Napoléon, on en revint provisoirement au système de Gribeauval ; mais un comité formé d'officiers d'un grand talent et d'une grande expérience s'occupait de créer une nouvelle artillerie qui fût tout à fait en harmonie avec les progrès de la tactique moderne. Le comité d'artillerie prit pour modèle l'artillerie de campagne anglaise, et s'imposa lui-même la règle, infiniment sage, de n'adopter aucun changement qu'il n'eût été sanctionné par l'expérience. Aujourd'hui le système du comité est adopté dans toutes ses parties, et c'est de ce système que nous allons donner une description très-succincte, pour terminer ce qui est relatif au matériel.

Les bouches à feu sont au nombre de treize, savoir : trois canons longs, le 24, le 16 et le 12 : ces canons ont à peu près un calibre ou un diamètre de boulet d'épaisseur à la culasse : ils ont vingt-et-un à vingt-quatre calibres de longueur, et pèsent environ deux cent soixante fois le poids de leur boulet ; — deux canons de campagne, le 8 ou canon de bataille, et le 12 ou canon de réserve : ces canons ont dix-huit calibres de longueur, et pèsent cent cinquante fois le poids de leur boulet ; — un obusier de siége de 8 pouces de diamètre ; deux obusiers de campagne, longs, l'un de 24, c'est-à-dire lançant des obus de même diamètre qu'un boulet de 24, et l'autre de 6 : le premier des obusiers marche ordinairement avec la pièce de 8, et est à peu près de même poids ; le deuxième fait batterie avec le canon de 12, et est aussi lourd que lui ; — un obusier de montagne de 12, c'est-à-dire lançant des obus de même diamètre qu'un boulet de 12 ; cet obusier pèse quatre-vingt-dix-sept ; — trois mortiers à la Gomée, c'est-à-dire dont le fond est terminé en cône tronqué ou entonnoir, et dont la longueur descend la bombe ; — les mortiers des calibres de 12, de 10 et de 8 : leur profondeur est d'une fois et demie le calibre du projectile ; — enfin, un pierrier de 15 de diamètre. Toutes ces bouches à feu sont en bronze, métal formé de onze parties d'étain et de cent de cuivre ; elles sont coulées pleines et forées ensuite.

L'armement des côtes se compose de pièces en fer de 36, de 24, de 18, etc. ; d'obusiers de 8 longs ; de mortiers de 12 et de 10, dont quelques-uns sont à chambre sphérique, contenant trente livres de poudre.

Les projectiles que lancent les bouches à feu consistent en boulets, balles, obus, boulets creux, bombes et grenades. Les bouches à feu sont placées sur des espèces de voitures qui servent à les tirer devant l'ennemi, et à l'aide desquelles on leur donne le degré de mobilité nécessaire et relatif dont elles ont besoin pour figurer dans les différents genres de guerre ; ces machines portent le nom d'affûts.

Le poids considérable de l'artillerie de siége, l'action des leviers employés à la manœuvre et la justesse du tir exigent que les bouches à feu soient placées sur des espèces de planchers appelés plates-formes. Les plates-formes sont en madriers pour les canons et obus, et en poutrelles ou lambourdes pour les mortiers.

Les munitions, outils et attirails nécessaires au service de l'artillerie exigent l'emploi d'un certain nombre de voitures et machines, parmi lesquelles nous citerons la caisson à munitions, la forge, le chariot de batterie, le haquet à bateau, le chariot de parc, la charrette, le chariot portecorps, les bateaux servant aux équipages de pont, les pontons, le trique-balle, la chèvre, le cric, les moufles, le cabestan, la bricole, le mouton, etc. Voyez TRAIN.

Tel est, en abrégé, le système actuel de notre artillerie. Cette artillerie présente à la fois simplicité, uniformité, solidité et économie dans les constructions. Aujourd'hui, la mobilité de nos parcs de siége est devenue infiniment plus grande qu'elle n'était autrefois ; nos équipages de ponts sont allégés de près de moitié. Nos parcs de campagne n'entravent plus la marche des armées, et les affûts et voitures, pouvant servir à transporter les canonniers, donnent à l'artillerie à pied de campagne la faculté de devancer momentanément l'infanterie, ou de se soustraire à sa poursuite; cette grande vélocité de la nouvelle artillerie ajoute infiniment à son importance, et agrandit le champ des combinaisons tactiques.

Le comité, pour ne rien négliger de tout ce qui pouvait être utile au progrès de l'artillerie en France, fit venir d'Angleterre d'habiles artistes, et fit faire à Vincennes, en 1828 et 1829, de nombreuses expériences sur les fusées à la Congrève et sur le canon à vapeur de M. Perkins. D'après ces expériences, on a adopté l'usage des fusées de guerre, et nous avons aujourd'hui une batterie de fusées qui ne le cède en rien à celle des Anglais. Quant à l'idée du canon à vapeur, elle paraît tout à fait abandonnée.

L'idée d'appliquer la vapeur aux usages de la guerre produisit d'abord une grande sensation en Europe, et déjà beaucoup de personnes pensaient que ce nouvel agent devait bientôt remplacer la poudre, et donner naissance à une nouvelle artillerie. Les expériences de Vincennes ont constaté la nullité de l'artillerie à vapeur pour le service de campagne; cependant on aurait tort de conclure légèrement que jamais la vapeur ne pourra être employée à la guerre. Qui sait si à une époque rapprochée de nous, l'esprit humain appliquant de nouveaux moyens à une idée ancienne, on ne verra pas de grands chars, mus par la vapeur, et rendus invulnérables par leurs dimensions, arriver avec une vitesse énorme sur les lignes de l'infanterie, les renverser et les tourner? Cette idée, ou toute autre qu'on ne saurait prévoir, puisqu'il faudrait inventer, nous fait penser qu'il n'est pas absolument impossible qu'on voie un jour les armes à vapeur jouer un rôle important dans les batailles.

Nous terminerons cet exposé sommaire du matériel d'artillerie en indiquant encore quelques articles qui s'y rapportent et qui sont destinés à le compléter; on les trouvera aux mots : BATTERIES, ÉQUIPAGES, MANŒUVRES, MUNITIONS, TACTIQUE, TIR, etc.

La nécessité de maintenir un certain équilibre dans les institutions militaires a forcé les puissances du Nord à perfectionner leur artillerie; mais des considérations d'économie, ou des principes différents des nôtres, leur ont fait conserver à peu près leur ancien matériel, en sorte que la France possède aujourd'hui, pour l'artillerie, à peu près la même supériorité qu'elle possédait lors de l'adoption du système de Gribeauval. Cependant, il faut le dire, quels que soient les avantages que nous assure cette supériorité, c'est plutôt dans la bonne composition du corps de l'artillerie française que dans un système que nos ennemis peuvent adopter, qu'on doit chercher les éléments de nos succès à venir.

L'artillerie ancienne était construite et servie par des ouvriers dirigés par des ingénieurs ou des architectes. Au temps de Végèce, il y avait une chambrée de soldats affectée au service de chaque machine légionnaire; mais cette espèce d'artillerie de campagne, quoique fort utile, était loin d'avoir la même importance et de jouir de la même considération que l'artillerie moderne.

Pendant le moyen âge le peu de machines dont on faisait usage étaient servies par des ouvriers appelés *engeigneurs* et *artillers*; il en fut de même de l'artillerie moderne à son origine. Mais lorsqu'elle eut fait quelques progrès, on employa des maîtres canonniers, auxquels on adjoignait un certain nombre d'aides en temps de guerre seulement. Les servants portaient alors des noms relatifs à leurs fonctions; il y avait des *pointeurs* ou maîtres, des *cartices* qui faisaient ou mettaient la charge, des *chargeurs*, des *boutefeux*, etc....

Un personnel composé en partie d'hommes levés à la hâte ne pouvait faire un bon service, et manquait généralement d'instruction. Louis XIV remédia à un certain point à cet inconvénient en créant un corps spécial chargé de la ma-

nœuvre des bouches à feu. Ce corps fut d'abord composé de deux régiments, l'un appelé *royal artillerie*, et l'autre dit des *bombardiers*; dans la suite, le premier, réuni au deuxième, fut formé en cinq ou sept brigades, qui au temps de Gribeauval furent transformées en sept régiments d'artillerie. Dans cette organisation, une compagnie forte de cent vingt hommes devait servir une batterie de huit bouches à feu de campagne; treize hommes étaient nécessaires au service du canon de huit, il en fallait quinze pour celui de douze; la plupart des servants étaient pourvus de bricoles pour mouvoir le canon sur le champ de bataille, ce qui était indispensable à une époque où l'artillerie était conduite par des charretiers à la solde d'un entrepreneur.

Le grand Frédéric ayant imaginé l'artillerie à cheval, destinée à suivre la cavalerie dans ses mouvements, cette heureuse innovation ne fut point d'abord adoptée parmi nous; à l'imitation des Autrichiens, nous eûmes des *wurst*, espèces de caissons allongés, sur lesquels les canonniers étaient placés à cheval les uns derrière les autres; mais l'expérience ayant bientôt fait reconnaître les inconvénients des *wurst*, ce système fut abandonné.

En 1791 on créa deux compagnies d'artillerie à cheval, et bientôt ce nombre s'accrut tellement, qu'en 1794 on comptait neuf régiments de six compagnies. En 1795 l'artillerie se composait de huit régiments à pied, et de six à cheval.

L'artillerie à cheval est ordinairement attachée à la cavalerie; cette arme, par sa célérité, peut rendre les plus grands services aux avant-postes et dans les réserves; mais elle a l'inconvénient de coûter fort cher, d'être difficile à entretenir, et d'offrir sur le champ de bataille des groupes de chevaux qui servent de but à l'ennemi. Ces défauts, qui sont inhérents à sa nature, doivent en faire restreindre l'emploi dans des limites convenables.

Jusqu'en 1800 l'artillerie avait été conduite par entreprise; ce système donnant lieu à des dépenses considérables, sans remplir les conditions essentielles d'un bon service, Napoléon créa un corps militaire chargé de la conduite des voitures. Ce corps se distingua bientôt par un excellent esprit et une valeur froide à l'épreuve de tout danger; dès lors l'artillerie, sûre de ses attelages, manœuvra avec plus d'audace; l'usage des bricoles fut à peu près abandonné, et celui de la prolonge (espèce de cordage qui réunit les deux trains de l'affût de campagne, et permet de marcher sans être obligé de remettre l'avant-train) devint habituel devant l'ennemi.

En 1829 le corps de l'artillerie se composait de huit régiments à pied, quatre à cheval, du régiment de la garde royale, d'un bataillon de pontonniers, de douze compagnies d'ouvriers et de huit escadrons du train d'artillerie. Depuis 1823 le nombre des servants nécessaires pour le service d'une pièce de 8, de 12 ou d'un obusier, avait été réduit à dix, et l'usage des bricoles avait été tout à fait abandonné.

Pendant que le service du personnel s'améliorait, celui du matériel se perfectionnait graduellement; les arsenaux, les fonderies, les poudreries, les manufactures d'armes s'établissaient et s'amélioraient; des tables de construction donnaient à l'artillerie une parfaite uniformité. Des compagnies d'ouvriers et de pontonniers exécutaient tous les travaux nécessaires, tant dans l'intérieur qu'à la suite des armées.

En 1829 le personnel des régiments d'artillerie fut changé : il fut admis en principe que les soldats conduisant les bouches à feu et voitures des batteries, participant aux mêmes dangers et concourant au même but que les canonniers servants, devaient appartenir au même corps; dès lors le train cessa de conduire les batteries de campagne, et les régiments se divisèrent en batteries composées de servants et de conducteurs.

L'artillerie à cheval ne différant de celle à pied qu'en ce

que tous ses canonniers sont à cheval, fut réunie dans les mêmes régiments, qui alors se composèrent de batteries dites à cheval, de batteries à pied dites montées, et de batteries non montées. Ces dernières sont spécialement affectées au service des siéges.

D'après cette nouvelle organisation, le train d'artillerie n'est plus employé qu'à la conduite des parcs de siége et de campagne, et l'on n'a plus à redouter l'inconvénient qui arrivait souvent dans les batteries de voir un officier du train sous les ordres d'un sous-officier d'artillerie, ou d'un officier d'un grade inférieur au sien.

Thiroux, officier supérieur d'artillerie.]

Les batteries à cheval et les batteries montées sont aujourd'hui exercées à se mouvoir, en quelque nombre que ce soit, avec ordre et rapidité. Les guerres de l'empire avaient fait sentir l'utilité de cet art des manœuvres, que la nouvelle organisation a permis de perfectionner. La plupart des innovations qui constituent le nouveau système d'artillerie ont été dirigées par M. le maréchal Valée, alors lieutenant général et président du comité de l'artillerie. Tout concourt dans ce système à rendre l'artillerie plus mobile. En outre, les obusiers ont été beaucoup améliorés. Ces bouches à feu, peu anciennes, qui lancent, comme on sait, des projectiles creux, ont reçu des perfectionnements notables, qui rendent leur tir beaucoup plus juste. — L'obusier a dans la guerre maritime une efficacité particulière ; un seul projectile creux, arrêté dans la muraille d'un bâtiment, peut, par son explosion, produire un déchirement suffisant pour le faire couler. C'est surtout en faisant ressortir l'avantage des forts calibres et en travaillant sur cette idée à améliorer les obusiers du service de la marine, pour parvenir à lancer horizontalement et avec justesse de gros projectiles creux, que le général Paixhans a rendu son nom célèbre. Il appartient à la marine d'apprécier et de dire les services dont elle lui est redevable.

Le *corps d'artillerie de terre* se compose aujourd'hui d'un état-major particulier et de différents corps de troupes. Le personnel de cet état-major particulier assure le service de 9 commandements d'artillerie dans les divisions militaires, dont 8 à l'intérieur et 1 en Algérie ; 25 directions, dont 22 à l'intérieur et 3 en Algérie ; 4 manufactures d'armes, 3 fonderies, 6 arrondissements de forges, 11 poudreries, 7 raffineries de salpêtre, 1 capsulerie de guerre ; enfin le dépôt central de l'artillerie à Paris, où se trouvent réunis les ateliers de précision, de construction, des armes portatives, le musée, la bibliothèque, et les inspections des manufactures d'armes, des fonderies et des forges, ainsi que la vérification de la comptabilité des arsenaux.

Les différents corps de troupes sont :

15 régiments d'artillerie, dont un de pontonniers, composés, les quatorze premiers, de 16 batteries chacun ;

12 compagnies d'ouvriers ;

1 compagnie d'armuriers à Alger ;

4 escadrons du train des parcs d'artillerie ;

5 compagnies de canonniers vétérans.

L'*artillerie de marine* se compose d'un général inspecteur du matériel, deux colonels directeurs, trois lieutenants-colonels directeurs, un lieutenant-colonel directeur de la fonderie, deux colonels et deux lieutenants-colonels du régiment d'artillerie, lequel est disséminé sur les bâtiments de guerre, dans les ports de mer et dans nos diverses colonies.

Dans l'artillerie de terre il y a trois espèces d'artillerie de campagne, l'artillerie à pied, l'artillerie à cheval et l'artillerie de montagne. L'artillerie de campagne se divise en France en batteries de bataille et batteries de réserve ; les premières sont de pièces de 8, les secondes de pièces de 12. En Russie et en Prusse on appelle batteries légères celles qui ont des pièces de 12. L'Autriche n'a pas d'artillerie à cheval proprement dite ; mais elle a de l'artillerie montée qui voyage sur le couvercle, bien rembourré et doublé de cuir, d'une caisse allongée, placée sur l'affût entre deux flasques, formant un siége pour cinq canonniers à cheval les uns derrière les autres.

L'*artillerie de montagne* est organisée pour le personnel et le matériel comme l'artillerie à pied et l'artillerie à cheval ; mais elle nécessite plus de chevaux et de mulets et plus de soldats du train ; elle emploie aussi des calibres plus petits, de 3 et de 4. Les pièces sont transportées sur des affûts-traîneaux. L'approvisionnement se porte à dos de mulet, dans des caisses du poids d'environ cinquante kilogrammes chacune. En France les batteries sont composées de six pièces et de deux mulets de bât par pièce.

L'*artillerie de place*, destinée à la défense d'une place forte, se compose, en majeure partie, de pièces en fer de différents calibres, de mortiers à la Cohorn et de mortiers-pierriers lançant des projectiles creux de plus de cinquante kilogrammes.

L'*artillerie des côtes*, affectée à la défense du littoral, a un matériel particulier composé de bouches à feu, canons et mortiers de très-gros calibre.

On a parlé de l'artillerie de siége.

A son origine l'artillerie moderne fut à peu près abandonnée au caprice d'ouvriers et d'ingénieurs qui, ne faisant point usage des machines qu'ils construisaient, ne pouvaient guère être dirigés que par une routine aveugle. Ce n'est que depuis Louis XIV que l'artillerie est devenue successivement un art fort compliqué, empruntant des secours aux mathématiques, à la chimie, à la physique, aux arts industriels, à la fortification et à la tactique des troupes, exigeant ainsi des connaissances de plus en plus étendues et variées.

Le service de l'artillerie nécessitant une éducation spéciale, particulier de Metz ; l'autre tiers est pris parmi les sous-officiers, ces derniers perfectionnant leur instruction dans les écoles régimentaires. Par ce moyen, l'artillerie a des officiers également propres à commander la troupe, à diriger ses établissements et à perfectionner des constructions dont ils ont pu reconnaître par eux-mêmes les avantages et les inconvénients.

ARTIMON (du grec ἀρτέμων, dérivé de ἀρτάω, suspendre). Le mât d'artimon est celui de l'arrière, le plus petit d'un bâtiment ; il donne son nom à une voile en forme de trapèze, qui se borde sur le gui et se manœuvre comme la brigantine. Le mât d'artimon se compose du bas mât, du mât de perroquet de fougue, de celui de perruche, et enfin de celui de cacatoès.

ARTISAN. On donne le nom d'*artisan* à l'homme qui exerce un art mécanique, par opposition au nom d'*artiste*, réservé à celui qui se livre aux beaux-arts.

ARTISTE. Ce nom appartenait jadis indifféremment à toute personne exerçant un des arts libéraux ou mécaniques. Aujourd'hui dans les arts mécaniques on ne l'accorde que rarement, et alors à des notabilités choisies ; c'est pour elles le comble de l'éloge. On compte à Paris dans chacune des professions d'opticien, d'horloger, d'armurier, de bijoutier, d'ébéniste, etc., deux ou trois hommes que l'on honore du nom d'artistes. Les marins de toutes les nations ont proclamé notre horloger Bréguet un grand artiste. Le *Journal des Modes* trouva plaisant de faire une fois le même honneur à un coiffeur. Depuis nous avons vu naître la profession d'*artiste en cheveux*, titre que se donnent les industriels qui fabriquent différents objets avec cette partie intéressante de notre espèce. Dans les arts libéraux, au contraire, le nom d'artiste est resté une dénomination qui n'implique par elle-même ni éloge ni blâme. Cependant, le pauvre diable qui salit de son cadre de miniatures la devanture d'une boutique au Palais-National signe avec orgueil *artiste*, tandis que M. Ingres se qualifie *peintre*. L'ouvrier qui modèle pour des pendules un Temps aiguisant sa faux s'intitule *artiste*, tandis que M. David se dit sculpteur ou statuaire. Le maçon qui enjolive d'une façade à deux lions une bicoque dans la plaine Saint-Denis est un artiste ; Brongniart, à qui nous devons la Bourse, était un architecte. Tout croque-notes est de droit artiste : Paganini était le premier violon du monde, Brod le premier hautbois, Tulou la première flûte. Les acteurs prétendent aussi au titre d'artistes dramatiques. Soit ! l'art dramatique doit être un art libéral, et l'Académie définit l'artiste « celui qui travaille dans un art où le génie et la main doivent concourir, qui cultive les arts libéraux ». Les vétérinaires, reniant la science, se sont aussi appelés *artistes vétérinaires*.

Dans le *Dictionnaire* de Boiste on trouve au mot Artiste : « qui cultive les arts libéraux, peintre, sculpteur, architecte, danseur, chimiste, etc., etc. » Mauvaise habitude du vieux langage. Aujourd'hui MM. Thénard, Dumas, Liebig jetteraient au fond de leur cornue, comme sujet précieux d'analyse, le béotien qui s'aviserait de les appeler artistes au lieu de savants. En résumé, la pratique des professions dites arts libéraux, où l'on suppose que le génie a tout autant de part que le travail des mains, constitue, dans notre état social, le véritable artiste, à l'exclusion des arts appelés mécaniques. Observons cependant que chaque jour ce titre tend davantage à se concentrer sur les seules personnes cultivant les arts du dessin : peinture, sculpture, architecture, gravure. Les doigtés d'instrument et les ronds de jambes sont doucement éconduits : il y a conspiration pour les reléguer dans la classe mécanique.

Moins les moyens d'exécution sont dispendieux, plus il y a pour l'artiste de chances d'un avenir heureux, et plus il est assuré de conserver l'indépendance de son caractère. Paganini, qui pour opérer ses prodiges n'avait besoin que de son violon, était un type de fierté sauvage. Une des premières cantatrices italiennes, qui n'avait besoin que de son gosier, se trouvant à Madrid il y a vingt ans, a pu, sans compromettre son avenir, refuser opiniâtrement de chanter devant l'absolu Ferdinand. Mais le grand peintre, qui pour développer ses idées a besoin d'une vaste toile, de modèles coûteux, de riches armes, d'étoffes, d'ornements à copier, etc.; le statuaire, à qui il faut des blocs de marbre et des ouvriers, nécessité leur est d'aller frapper à la porte des puissants du jour, de se mettre en quête de protecteurs. Qui achète des tableaux d'une certaine dimension, traitant des sujets d'un genre élevé ? qui achète des statues ? Quelques rares possesseurs de fortunes colossales ; l'État, représenté par un ministre plus ou moins circonvenu par quelque coterie ; et les listes civiles étrangères, ou de rares budgets municipaux. Et lorsque après une année et plus de travail un peintre ou un statuaire, à force de démarches, parvient à ramasser les quatre ou cinq mille francs que la cupidité d'un connaisseur qui spécule pour l'avenir, ou la pitié fastueuse d'un prince ou d'un parvenu, lui jette pour son œuvre, que croyez-vous qu'il lui reste, ses frais matériels acquittés ? Tout ceci n'est encore rien auprès des tribulations qui attendent l'architecte. Que d'intrigues il lui faut ourdir avant de mettre le moindre de ses plans en lumière ! A peine son monument sort-il de terre, un caprice vient imposer des modifications qui le rendent ridicule, ou un rival est appelé pour le réformer complétement et le terminer. Pauvres artistes, votre art réclame une libre allure, une pensée généreuse, et les moyens d'exécution vous condamnent à mendier une protection. Un temps viendra peut-être où cette protection s'exercera noblement au nom et à la face de la nation entière, par l'entremise de juges éclairés, et non d'après les caprices obscurs d'un commis.

« Combien comptez-vous de peintres en France ? demandait Napoléon à David. — Environ six mille. — Six mille, pour qu'il en sorte un David ! » Cette proportion est à peu près la même dans tous les arts. Les pères peuvent tirer de cette réponse la conséquence des dangers auxquels ils exposent leurs fils en les jetant inconsidérément dans une de ces professions. Combien de chances avant que le talent parvienne à se former ! et le talent formé, combien de chances encore avant de parvenir au succès ! C'est un assaut où six mille hommes servent à combler les fossés et font marche-pied pour celui que le hasard, autant que son courage et son adresse, réserve à planter le drapeau sur la brèche.

L'Italie et l'Allemagne sont les deux nations où se rencontre le plus grand nombre d'artistes. Cela tient à ce qu'elles possèdent un plus grand nombre de foyers où l'aptitude aux arts peut se développer. Vienne, Berlin, Dresde, Francfort, Stuttgard, Munich, etc.; chaque petite cour princière de la Confédération Germanique ; Naples, Rome, Florence, Venise, Milan, Turin, Bruxelles réclament autant de collections d'artistes, et par conséquent les produisent et les nourrissent. Paris est un tyran accapareur, qui ne permet à aucune autre ville de nos départements de nourrir en aucun genre des talents de quelque portée. Une fois toutes les places occupées à la capitale, force est aux talents qui naissent en province d'attendre pour se produire et de s'éteindre. C'est encore pis à Londres, où la bonne compagnie, riche et d'humeur éminemment cosmopolite, cherche surtout la variété dans les jouissances, emplit ses salons de tableaux recueillis dans tous les musées de l'Europe, ses parcs de statues et de bas-reliefs enlevés sur tous les points du globe, et s'assortit chaque saison à prix d'or de chanterelles et de gosiers exotiques. Voilà pour le nombre ; quant à dire quel pays produit dans ce siècle la meilleure qualité d'artistes, la question est délicate. L'Italie a compté longtemps les meilleurs peintres ; la France a maintenant Ingres, Cogniet, Scheffer, Delaroche, H. Vernet. L'Italien Canova avait légué le sceptre de la sculpture au Danois Thorwaldsen, qui lui-même l'a laissé à notre compatriote Pradier. En architecture moderne, les Italiens maintiennent leur supériorité antique. Les Anglais sont sans contredit, hors ligne pour la gravure. Comme chanteurs, le sceptre, qui appartenait à notre Nourrit, à notre Duprez, à madame Damoreau, passe à madame Viardot, à l'Alboni, etc. Quant à la danse, les Taglioni, les Elssler ont dépossédé la France d'un domaine où elle n'avait pas de rivale autrefois. SAINT-GERMAIN.

ARTOIS (*Artesia*, *Atrebatensis comitatus*), ancienne province de France, avec titre de comté, bornée au nord par la Flandre wallonne et la Flandre française, au sud par le Vermandois et les pays de Santerre, d'Amiénois et de Ponthieu ; à l'est par le Hainaut et le Cambrésis ; à l'ouest par le Ponthieu, le Boulonnais et le Calaisis. C'est un pays fort plat, qui va toujours s'abaissant du côté de la Flandre ; et c'est à raison de cette pente qu'on a donné aux États contigus le nom de Pays-Bas. — Cette province fait aujourd'hui partie du département du Pas-de-Calais. Sa capitale était Arras.

Lorsque Jules César fit la conquête des Gaules, l'Artois était habité par les *Atrebates* par une partie des *Morini*. Sous Honorius cette province faisait partie de la seconde Belgique. De la domination des Romains elle passa sous celle des Francs, à partir de Clodion, qui en fit la conquête. Rien n'annonce que l'Artois ait été donné en bénéfice avant le milieu du neuvième siècle. Charles le Chauve en fit la dot de sa fille Judith, en 863, en la mariant à Baudoin Bras-de-Fer, comte de Flandre. Trois siècles plus tard il revint à la France de la même manière, c'est-à-dire par le mariage d'Isabelle de Hainaut avec le roi Philippe-Auguste (1180). L'an 1237, le roi saint Louis investit Robert, son frère, des villes d'Arras, Saint-Omer, Aire, Hesdin et Lens, dont le roi Louis VIII, leur père, l'avait apanagé par son testament, à la charge de les tenir en fief de la couronne de France, et l'année suivante saint Louis érigea cet apanage en comté d'Artois. Ce prince périt le 8 janvier 1250, à la bataille de la Massoure, où saint Louis tomba au pouvoir des infidèles. Robert II, son fils, lui succéda, et perdit la vie à la bataille de Courtrai, le 11 juillet 1302. Mahaut, sa fille et femme d'Othon IV, comte de Bourgogne, succéda au comté d'Artois, malgré l'opposition de Robert d'Artois, son neveu, fils de Philippe, son frère, mort en 1298. Cette princesse siégea comme pair lors du sacre du roi Philippe le Long, son gendre (1316). Jeanne de Bourgogne, fille d'Othon IV et de Mahaut d'Artois, et veuve du roi Philippe le Long, succéda à sa mère dans le comté d'Artois, en 1329, et le transmit à sa fille Jeanne de France, qui avait épousé Eudes IV, duc de Bourgogne. A la mort de celle-ci (1347), l'Artois échut à Philippe de Rouvre, duc de Bourgogne, son petit-fils, mort sans enfant, en 1351. Marguerite de France, sa grand'tante, veuve de Louis 1er, comte de Flandre, fut son héritière dans ce comté. Elle le transmit, en 1382, à Louis II, comte de Flandre, son fils, mort en 1384. Marguerite de Flandre, fille de ce dernier, porta le comté d'Artois dans la maison de Bourgogne, où il demeura jusqu'à la mort de Charles le Téméraire (1477). Il fut alors porté, avec la Flandre et la Franche-Comté, dans la maison d'Autriche, par le mariage de Marie de Bourgogne avec l'archiduc Maximilien. La France n'avait conservé que l'hommage sur ces belles provinces. Le traité de Cambrai (1529) lui enleva cette faible garantie de souveraineté; mais le succès de nos armes sous Louis XIII et Louis XIV les rendit à leur ancienne nationalité, et depuis les traités des Pyrénées et de Nimègue elles sont restées les plus solides boulevards que la France puisse opposer sur nos frontières du nord à toute agression étrangère.

De temps immémorial l'Artois avait sa constitution politique, qui partageait le pouvoir en deux branches, les comtes et les états. C'étaient les trois ordres assemblés qui votaient les impôts, en réglaient l'emploi, et statuaient sur toutes les affaires publiques. Les comtes n'avaient, à proprement parler, que le pouvoir exécutif; car pour les relations extérieures, telles que la guerre et les traités, les états devaient aussi en connaître. La France, après la conquête de l'Artois, confirma à cette province ses coutumes et ses privilèges : seulement, comme il suffisait anciennement d'être noble ou d'avoir une terre à clocher pour siéger dans la chambre de la noblesse, un règlement aplanit les difficultés qui naissaient de cette coutume. Il fut statué que nul ne siégerait dans cette chambre qu'il ne fît preuve d'au moins quatre générations (cent ans) de noblesse, et qu'il ne fût seigneur de paroisse ou d'église succursale. Les rois de France se réservèrent l'appréciation de la capacité des membres des trois ordres, en réglant que les seuls députés porteurs de lettres closes de convocation pourraient être admis à siéger aux états. La convocation générale se faisait par lettres patentes, et des commissaires du roi assistaient à toutes les délibérations. Nul député n'était dispensé d'assister en personne. Les votes avaient lieu par ordre, et non par tête. La session terminée, les états remettaient l'exécution de leurs arrêts à trois commissions, les *députés ordinaires* (au nombre de trois, qui pendant le cours de l'année présentaient le corps des états), les *députés en cour*, ceux chargés des remontrances ou de solliciter l'expédition des affaires dont la décision appartenait au pouvoir royal, et les *députés des comptes*, chargés de la reddition de toutes les recettes et dépenses du budget provincial. La sagesse de ce gouvernement était universellement admirée des autres provinces du royaume, et il dut exercer une grande influence sur les mœurs et le caractère des Artésiens, dont tous les historiens portent le témoignage le plus honorable.

Louis XV avait fait revivre le titre de comte d'Artois sur la tête de son petit-fils Charles-Philippe de France, qui a porté ce titre jusqu'à son avénement au trône, sous le nom de Charles X. LAINÉ.

ARTOTYRITES

ARTOTYRITES, hérétiques, formant une branche des anciens montanistes, qui parurent dans le second siècle et infestèrent toute la Galatie. Ils corrompaient le sens des Écritures, et communiquaient la prêtrise aux femmes, qui étaient admises à discuter et à se poser en prophétesses dans leurs assemblées. Pour le sacrement de l'eucharistie ils se servaient de pain et de fromage, ou de pain dans lequel on avait fait cuire du fromage, alléguant que les premiers hommes offraient à Dieu non-seulement les fruits de la terre, mais encore les prémices de leurs troupeaux. C'est pourquoi, dit saint Augustin, on les appela *artotyrites*, du grec ἄρτος, pain, et τυρὸς, fromage.

ARTS, BEAUX-ARTS. On comprend généralement sous le nom de *beaux-arts* la peinture, la sculpture, la gravure, l'architecture, la musique et la danse, c'est-à-dire, parmi les *arts libéraux*, ceux qui rentrent plus spécialement dans le domaine de l'imagination (*voyez* ART). A toutes les époques leur développement eut une grande influence sur la civilisation : aussi, depuis que l'Europe est sortie de la barbarie, les beaux-arts ont-ils été l'objet de la sollicitude des gouvernements éclairés. De nombreuses institutions ont été établies, les unes pour provoquer le développement des arts, les autres pour honorer le talent. En France, outre les ateliers et les écoles départementales, la peinture, la sculpture et l'architecture ont une *école nationale des beaux-arts*, dont les *grands concours* ouvrent à un certain nombre d'élèves le chemin des *écoles françaises de Rome* et d'*Athènes* (*voyez* ACADÉMIE DE FRANCE A ROME).

L'artiste trouve ensuite des encouragements dans les récompenses décernées après les *expositions annuelles* (*voyez* EXPOSITION), ou bien dans l'admission de ses œuvres dans nos *musées nationaux* ou *départementaux* (*voyez* MUSÉES). Quant à la musique, enseignée au *Conservatoire national*, elle prend également part au *grand concours*. Enfin peintre, sculpteur, graveur, architecte ou musicien, tout artiste qui l'emporte sur ses rivaux entre ordinairement dans l'une des cinq sections qui composent la classe de l'Institut qui porte le nom d'*Académie des Beaux-Arts*.

ARTS (Société des Amis des). Cette association s'est formée à Paris en 1791, dans le but d'encourager quelques artistes en leur achetant, chaque année, un petit nombre de leurs tableaux avec le montant d'une somme acquise dans son sein par souscriptions individuelles de cent francs. Ces tableaux réunis sont ensuite tirés au sort parmi les membres. Les sociétaires que la chance n'a point favorisés reçoivent pour fiche de consolation la gravure d'un des tableaux acquis, dont la planche est brisée dès qu'il en a été tait un tirage égal aux personnes que l'on doit indemniser de leur mauvaise fortune. Cette société, du reste, se renferme, pour ses acquisitions, dans le cercle des tableaux de genre, comme étant, par leur dimension, les plus propres à l'ornement des cabinets. Chaque année elle a une exposition publique dans une des salles du Louvre des œuvres qu'elle met en loterie. Pour juger de son importance et du bien véritable qu'elle pourrait produire, il serait à désirer qu'elle pût opérer plus au grand jour de la publicité et sur une plus large base.

ARTS ET MÉTIERS, ARTS INDUSTRIELS, ARTS MÉCANIQUES. On comprend généralement sous l'une ou l'autre de ces trois dénominations les arts qui sont le plus directement indispensables à l'entretien de la vie de l'homme et aux besoins matériels de la société. La distinction que l'on a faite entre eux et les arts d'imagination, et la séparation des arts en général ou *beaux-arts* ou *arts libéraux* et *arts mécaniques* ou *industriels*, quoique fondées sous certains rapports, ont quelquefois entraîné néanmoins de fâcheuses conséquences, en rabaissant à quelques égards des hommes estimables et précieux. Les *arts mécaniques*, dit avec bien de la raison M. S. Le Normand, auquel les arts sont redevables de plus d'un perfectionnement, les *arts mécaniques* sont pour le moins aussi utiles que les *arts libéraux*; cependant, tous nos hommages sont pour ces derniers, tandis qu'à peine nous accordons quelque considération à l'artisan, à qui nous devons tout, humainement parlant, et sans lequel il n'y a ni société ni véritables richesses. On ne saurait donc trop honorer les arts mécaniques, ni employer trop de moyens pour leur perfectionnement. C'était le sentiment de Bacon, un des premiers génies de l'Angleterre, et de Colbert, un des plus grands ministres de la France; c'est aussi l'opinion des bons esprits et des hommes sages de tous les temps. Bacon regardait l'histoire des *arts industriels* comme la branche la plus importante de la vraie philosophie; il n'en méprisait pas la pratique. Colbert considérait l'industrie des peuples et l'établissement des manufactures comme la richesse la plus sûre d'un État. « Au jugement de ceux qui ont des idées saines de la valeur des choses, dit d'Alembert, celui qui peupla la France de graveurs, de peintres, de sculpteurs et d'artistes en tout genre, qui surprit aux Anglais la machine à faire des bas, le velours aux Génois, les glaces aux Vénitiens, ne fit guère moins pour l'État que ceux qui battirent ses ennemis et leur enlevèrent leurs places fortes. » On voit que l'immortel auteur de l'*Encyclopédie* ne séparait point dans son estime les arts industriels des arts libéraux.

Puisqu'il est prouvé que les arts sont les richesses de la patrie, puisqu'il est incontestable qu'il n'y a d'État florissant que celui où ils sont protégés et encouragés, que c'est par les arts que l'industrie s'agrandit, que c'est par eux, enfin, qu'un État étend son domaine, en s'affranchissant du tribut des autres peuples, et en les rendant, au contraire, tributaires de ses travaux et de son génie, on ne saurait trop inspirer aux hommes raisonnables du goût pour les arts et leur faire naître trop tôt le désir d'être utiles aux artistes et aux artisans. Il n'est pas absolument nécessaire de pratiquer soi-même les arts dans toutes les manipulations qu'ils nécessitent; il suffit qu'on les connaisse assez pour en sentir l'utilité, pour les protéger et pour les honorer. On doit savoir les apprécier sous les rapports des avantages immenses qu'ils procurent au commerce, en lui présentant des moyens continuels d'échange avec les autres peuples, et en lui donnant ainsi la facilité de cimenter de plus en plus la chaîne fraternelle qui doit les unir. On doit les protéger sous le rapport de leur utilité, pour procurer aux ouvriers des travaux lucratifs, qui fournissent à leur subsistance et aux moyens d'élever honorablement leur famille. On doit les honorer, puisqu'ils sont la source féconde et intarissable de la richesse et de la prospérité publique.

C'est à partir de l'époque de la révolution seulement que l'industrie française, entravée jusque là par les corporations et les nombreux statuts et règlements des arts et métiers, a recouvré sa liberté et a vu naître en même temps une foule d'institutions propres à favoriser ses progrès. Le premier pas fait dans cette carrière d'améliorations a été l'établissement des *brevets d'invention, d'importation et de perfectionnement* (voyez BREVET), décrété par les lois du 7 janvier et du 23 mars 1791. Deux ans après, la Convention institua une *commission temporaire des arts*, chargée de rechercher et d'acheter tous les objets utiles aux arts industriels; la collection de machines et d'instruments que procurèrent les travaux de cette commission, jointe à celle du célèbre Vaucanson, devint l'origine du *Conservatoire des Arts et Métiers*. Au bout de huit ans de leur glorieuse émancipation, les arts et métiers avaient fait des progrès assez marquants pour que le Directoire conçût, en 1797, l'heureuse idée d'offrir à la France une *exposition générale des produits des manufactures* (voyez EXPOSITION), et d'accorder en même temps des *récompenses nationales* aux artistes qui s'étaient le plus distingués. Cette solennité, renouvelée plusieurs fois depuis, adoptée par l'étranger, où notre industrie elle-même a pu aller disputer la palme, a fait connaître à chaque époque de nouveaux développements dans nos arts, auxquels ont contribué également le *concours décennal*, ouvert en 1810 aux sciences, aux lettres et aux arts utiles, et les travaux de la Société d'Encouragement. Telles sont les principales institutions qui sont venues élever l'industrie française au premier rang. Ajoutons ici les *écoles des arts et métiers*, qui propagent les bonnes méthodes et les bonnes pratiques, et sur lesquelles il nous reste à entrer dans quelques détails.

Vers la fin de 1803, M. Chaptal, alors ministre de l'intérieur, conçut l'idée de transformer en école d'arts et métiers le Prytanée de Compiègne, composé d'une division du Prytanée Français et des débris de quelques écoles gratuites. L'arrêté consulaire qui ordonna ce changement portait que deux écoles pareilles seraient formées, l'une à Beaupréau, l'autre à Trèves; mais cette dernière ne fut point instituée, et celle de Beaupréau fut transférée, quelque temps après sa création, à Angers, où elle est restée depuis. Vers la fin de 1806, celle de Compiègne fut à son tour transférée à Châlons-sur-Marne. Par ordonnance royale, en date du 26 février 1817, l'existence de ces écoles a été confirmée, et le bienfait de l'instruction qu'elles répandaient étendu à tous les départements. Enfin, dans les dernières années du règne de Louis-Philippe, une troisième école d'arts et métiers a été établie à Aix.

Les écoles d'arts et métiers sont destinées à propager et à multiplier les connaissances relatives à l'exercice des arts industriels; leur destination spéciale est de former des ouvriers instruits et habiles et des chefs d'atelier capables de conduire et de diriger les travaux des fabriques. Pour atteindre ce but, l'enseignement qu'on y donne est à la fois théorique et pratique : les études théoriques comprennent la grammaire française, les mathématiques, les divers genres de dessin et les principes généraux de physique et de chimie. Des ateliers où l'on travaille principalement le bois et les métaux servent à l'instruction pratique. Chaque élève, suivant les dispositions particulières qu'il manifeste, apprend un des états renfermés dans ces deux classifications. L'âge fixé pour l'admission des candidats aux places d'élèves des trois classes est de treize ans au moins et de seize ans au plus. Ils doivent être d'une bonne constitution et avoir reçu une éducation élémentaire. Le nombre des jeunes gens admis dans les écoles de Châlons, d'Angers et d'Aix, est fixé à neuf cents (trois cents par école), savoir : six cent soixante-quinze entretenus en tout ou en partie, aux frais de l'État; et deux cent vingt-cinq pensionnaires au prix de cinq cents francs par année. D'après l'arrêté du 19 décembre 1848, il a été attribué à chaque département une place d'élève à bourse entière, deux à trois quarts de bourse, et deux à demi-bourse. La *Société d'Encouragement pour l'Industrie nationale* dispose de huit places, dont six à titre gratuit et deux à trois quarts de pension.

Paris possède en outre une *école nationale spéciale de dessin et de mathématiques appliqués aux arts industriels*.

ARUM ou GOUET, de la famille des aroïdées. Ce genre renferme des plantes herbacées et des arbrisseaux, dont plusieurs sont utiles. L'*arum commun* (*arum maculatum*) croît abondamment dans toute la France. Sa racine, qui est d'une saveur âcre et brûlante quand elle est fraîche, s'emploie utilement en médecine : mêlée avec du miel, on la donne contre l'asthme; et macérée dans le vinaigre, on l'emploie contre le scorbut. Elle peut remplacer la moutarde dans la composition des sinapismes. Ses feuilles servent à mondifier, à nettoyer les ulcères des hommes et des animaux. Enfin, sa racine, desséchée ou bouillie, perd son âcreté et donne une fécule très-nourrissante, ainsi que le *colocasa* (*arum colocasia*), cultivé en Portugal, en Syrie, aux Indes, dont les racines très-féculeuses, et même les feuilles, sont d'une grande ressource pour les peuples du midi. Une troisième espèce d'arum, l'*arum es-*

culentum, ou *chou caraïbe*, rend les mêmes services aux habitants de Saint-Domingue, de la Jamaïque, des Indes, où il croît dans les montagnes fraîches et humides. La chaleur de cette dernière espèce d'arum est telle, que mise en contact avec le tube du thermomètre de Réaumur, elle le fait monter de 30 à 48 degrés, ce qui excède de beaucoup la chaleur de l'atmosphère. Ce phénomène se manifeste ou n'on un quart d'heure avant le lever du soleil. Une quatrième espèce de l'arum, qui n'est connue que par ses propriétés nuisibles, et qui porte le nom d'*arum vénéneux*, croît aux Antilles : elle a l'aspect du bananier, et elle est d'une âcreté et d'une odeur insupportable.

ARUNDEL, bourg d'Angleterre, de 2,600 âmes, à 100 kilomètres de Londres, dans le comté de Sussex, sur la rive droite de l'Arun, à 5 kilomètres de son embouchure dans la Manche. Ses bains de mer sont très-fréquentés, et son port, qui ne reçoit que des bâtiments de cent tonneaux, communique par un canal avec Portsmouth. Il s'y fait un commerce actif, surtout en tan et en bois de construction. A l'entrée de la rivière est le petit port de Little-Hampton.

Ce qu'Arundel possède de plus remarquable est son beau château gothique, forteresse jadis importante, qui soutint un long siége contre Henri Ier. Ce domaine confère à son propriétaire le titre de premier comte et pair du royaume. Il appartient aujourd'hui au duc de Norfolk. C'est une des résidences les plus anciennes et les plus magnifiques de la Grande-Bretagne. L'escalier et toute la boiserie du premier étage sont en acajou plein; la boiserie du deuxième est en chêne anglais. Chaque étage a une longue galerie. Celle qu'on nomme la salle des barons est éclairée par douze croisées, dont les vitraux sont admirables, surtout ceux de la fenêtre du milieu, où Beckwitt a représenté le roi Jean donnant la Grande Charte. De la plate-forme de la vieille tour, donnant sur le parc, on jouit d'une vue magnifique, qui s'étend jusque par-delà l'île de Wight.

ARUNDEL (Thomas), né en 1353, mort en 1414, fils du comte Robert d'Arundel, fut nommé à l'âge de vingt-deux ans seulement évêque d'Ély, sous le règne d'Édouard III. Treize années plus tard le pape le transféra à l'archevêché d'York, où il dépensa des sommes considérables pour la construction du palais épiscopal. Il fit les frais d'un outre appelé à remplir les fonctions de lord chancelier, et il les conserva jusqu'en 1396 ; époque où il passa à l'archevêché de Cantorbéry, qui faisait de lui le primat du royaume. Richard II régnait alors ; il eut bientôt querelle avec Arundel, qui sous l'accusation du crime de haute trahison, fut condamné à l'exil. Il se retira alors à Rome, où Boniface IX l'accueillit parfaitement et lui conféra l'archevêché de Saint-André en Écosse. Dans cette position Arundel se vengea du roi qui l'avait persécuté, en contribuant à déterminer le duc de Lancastre, qui fut ensuite le roi Henri IV, à envahir l'Angleterre et à détrôner Richard. Arundel eut recours au bûcher pour combattre les doctrines de Wiclef et des Lollards. C'est, dit-on, le premier prélat qui interdit la traduction des saintes Écritures en langue vulgaire.

ARUNDEL (Thomas HOWARD, comte d'), né vers 1580, mort en 1646, s'est rendu célèbre par la protection généreuse qu'en toutes occasions il s'attacha à accorder aux arts et aux sciences. Il fit les frais d'un voyage à Rome du savant John Evelyn à la recherche d'antiquités. Il confia ensuite une mission du genre pour la Grèce à William Petty, et les résultats en furent bien autrement importants pour l'archéologie. En 1627 W. Petty rapporta de son voyage un grand nombre de statues, de bustes, de sarcophages et marbres précieux chargés d'inscriptions, achetés par lui sur différents points de la Grèce pour le compte du noble lord, entre autres les célèbres marbres dits d'*Arundel* (*voyez* l'article ci-après), parmi lesquels se trouve la *chronique de Paros*; et le comte d'Arundel en composa un musée jusque alors unique en Angleterre. En 1642 le caractère que prenaient les troubles le décida à passer en Italie, où il mourut, quatre ans plus tard, à Padoue, partageant sa collection entre ses deux fils, dont l'un fut l'infortuné comte de Stafford. Henri Howard, son petit-fils fit don à l'université d'Oxford, en 1667, de toutes les inscriptions sur marbre qui avaient fait partie du lot de son père, et qu'on désigne aussi maintenant sous le nom de marbres d'Oxford, *marmora Oxoniensia*.

ARUNDEL (Marbres d'). Parmi les marbres que William Petty rapportait en Angleterre se trouvait la célèbre *chronique de Paros*, qui contient les époques les plus mémorables de l'histoire de la Grèce depuis l'an 1582 avant J.-C., date de la fondation d'Athènes par Cécrops, jusqu'en 264 avant notre ère, date où ils furent mis en ordre, dit-on, par l'archonte Diognète; ce qui présente une série chronologique de treize cent dix-huit ans. Il y avait en outre plusieurs traités relatifs à Priène, à Magnésie et à Smyrne. Dès que lord Arundel eut reçu les trésors archéologiques qui lui arrivaient de Rome et de Grèce, il fit placer les bustes et les tableaux dans sa galerie, appliquer les marbres écrits sur les murs de son hôtel, et disposer dans son jardin d'été, à Lambeth, les statues d'un mérite inférieur ou qui étaient mutilées. La collection entière contenait trente-sept statues, cent vingt-huit bustes et deux cent cinquante marbres chargés d'inscriptions, sans compter les autels, les sarcophages, divers fragments, et des bijoux d'un grand prix.

Nous avons vu qu'à sa mort il avait partagé sa collection entre son fils aîné et le comte de Stafford. Le lot du premier échut sous la, par héritage, à Henri Howard, comte d'Arundel, lequel, en 1667, à la sollicitation de Jean Selden et de Jean Evelyn, fit don à l'université d'Oxford de tous ses marbres écrits, qui depuis cette époque ont été connus sous le nom de marbres d'Oxford, *Marmora Oxoniensia*. Ils furent déchiffrés aussitôt après leur arrivée par Jean Selden, qui les publia en 1629, sous ce titre : *Marmora Arundelliana, sive saxa græce incisa, ex venerandis priscæ Orientis gloriæ ruderibus, auspiciis et impensis Thomæ comitis Arundelliæ, etc. Accedunt inscriptiones aliquot veteris Latii, ex ejusdem vetustatis thesauro selectæ* (Londres, in-4°). En 1676 Homfroi Prideaux les publia de nouveau, avec d'autres marbres qui avaient été donnés à l'université d'Oxford, et les accompagna, dans cette édition qui est intitulée : *Marmora Oxoniensia, ex Arundelliannis, Seldenianis, aliisque conflata* (Oxford, 1676, in-folio), d'un commentaire auquel il ajouta les observations de Selden et de Thomas Lydiat. Cette édition a été réimprimée à Londres en 1732, in-folio, par les soins de Michel Maittaire, sous ce titre : *Marmorum Arundellianorum, Seldenianorum, aliorumque Academiæ Oxoniensis donatorum, cum variis commentariis et indice*. Maittaire y a disposé les marbres dans un meilleur ordre que Prideaux, et a ajouté aux commentaires de ce dernier et à ceux de Selden des observations d'autres savants qui se sont occupés de ces belles antiquités.

Cependant, la meilleure et la plus belle édition de ces marbres est celle du célèbre docteur Richard Chandler, intitulée : *Marmora Oxoniensia* (Oxford, 1763, in-folio, format d'atlas). Il y a, toutefois, dans les deux éditions précédentes de bons commentaires, qui ne se trouvent pas dans celle-ci et qui les rendent nécessaires. Les inscriptions, mais sans gravures, ont été réimprimées à Oxford en 1791, in-8°. La *chronique de Paros* a été traduite par Scipion Maffei, Lengiet-Dufresnoy, le docteur Playfair et M. Robinson. Il est bon de consulter encore la *Dissertation* de ce dernier *sur l'authenticité de cette chronique*, 1788, in-8°, les *Observations* de Gibert sur le même sujet (tome XXIII de l'Académie des Inscriptions), et une *Réclamation en faveur de la chronique* adressée par Hewlest à M. Robinson,

ARUSPICES (en latin *haruspices*). On appelait ainsi à Rome une classe sacerdotale de devins qui exerçaient l'*haruspicina*, pratique originaire d'Étrurie, sorte de divination consistant dans l'inspection des entrailles des victimes. Ils tiraient également des présages de l'observation des éclairs et des prodiges, et c'était eux qui consacraient les lieux frappés par la foudre. Supérieurs aux augures, ils sont représentés sur les monuments antiques vêtus d'une robe courte et armés d'un couteau pointu en forme de scalpel. Du temps de la république la science des aruspices étrusques fut non-seulement tolérée, mais encore reconnue et utilisée de bonne heure par l'État, comme les autres genres de divination qui se pratiquaient à Rome. A l'époque des empereurs l'astrologie des Chaldéens obtint presque autant de crédit que l'art des aruspices; mais Claude favorisa l'*haruspicina*, et il est à présumer que ce fut lui qui institua un collège officiel de prêtres, composé de soixante membres placés sous un *magister publicus*, dont on attribue par erreur la création à Romulus. Cette pratique païenne, bien que l'objet de sévères prohibitions, se maintint encore quelque temps sous les empereurs chrétiens, jusqu'au règne d'Honorius, dont une loi rendue en l'an 419 prononçait la peine de la déportation contre tous les *mathematici*, c'est-à-dire devins, en même temps que les évêques condamnaient leurs livres au feu; dispositions pénales qui enveloppaient évidemment les aruspices.

ARVALES. *Voyez* AMBARVALES.

ARVERNES (*Arverni*), un des peuples les plus puissants de la Gaule Celtique. Leur territoire s'étendait d'un côté depuis la république de Marseille et les Pyrénées jusqu'au de là de la Loire. *Voyez* AUVERGNE.

ARYNE (Coupole d'). *Voyez* ARINE.

ARZACHEL (ABRAHAM), né à Tolède, au onzième siècle, doit être considéré comme le chef de cette école arabe d'Espagne qui produisit un si grand nombre de savants distingués. Au milieu des efforts de tous genres tentés par les Arabes occidentaux pour le développement des sciences et des lettres, l'astronomie devait attirer particulièrement l'attention; et si le traité d'Albatégni paraît avoir été jusqu'au onzième siècle la base principale des études, on ne peut révoquer en doute les améliorations nombreuses qui y furent successivement introduites. Arzachel corrigea sur plusieurs points importants les tables de ses devanciers; on dit qu'il écrivit un livre sur l'obliquité du zodiaque, qu'il fixa, pour son temps, à 23° 34′, et qu'il détermina l'apogée du soleil par quatre cent deux observations. Aboul-Hassan parle de cet astronome avec une grande estime, et nous fournit sur ses travaux quelques documents d'un haut intérêt : c'est ainsi qu'on peut déduire d'une série d'observations attribuées à Arzachel une détermination fort exacte de la précession des équinoxes. Il était occupé du système de trépidation des fixes, et l'instrument astronomique qui porte son nom (*shafiahs d'Arzachel*) prouve qu'il n'était pas moins habile dans la partie mécanique de son art. La Bibliothèque Nationale possède un de ces instruments. Alkemada avait dressé d'après les ouvrages d'Arzachel trois tables, souvent mentionnées par les écrivains arabes, et les *Tables Alphonsines* reproduisirent une partie de ses déterminations. On le croit auteur d'une hypothèse ingénieuse pour expliquer les inégalités qu'il avait aperçues dans le soleil, hypothèse adoptée plus tard par Copernic, et appliquée à la lune par Horoccius, Newton, Flamsted et Halley. Il existe dans la plupart des bibliothèques de l'Europe plusieurs traités d'Arzachel, traduits en latin. L.-Am. SÉDILLOT.

ARZEGAIE, ARZEGUAYE ou ARZAGUAYE. On appelait ainsi une arme offensive et d'hast, en usage dans le moyen âge; elle avait la forme d'un bâton ferré ou d'un épieu garni à ses extrémités d'une fer long et pointu. La lampe, y compris le fer, ne dépassait pas dix à douze pieds de long. C'était l'arme des estradiots ou stradiots infanterie et cavalerie albanaises que Charles VIII introduisit, comme auxiliaires, dans les armées françaises au retour de son expédition d'Italie (1494). Ces troupes se servaient indifféremment de l'une ou de l'autre pointe. Les cavaliers lançaient cette arme, à force de bras, de quinze à vingt pas, ou en frappaient avec beaucoup de vitesse et d'adresse. Les fantassins s'en servaient contre la cavalerie : ils enfonçaient une pointe en terre, et présentaient l'autre aux flancs du cheval. Les Français adoptèrent cette arme peu de temps après son introduction, et se rendirent très-habiles à la manier. Elle disparut au commencement du dix-septième siècle.

ARZEW ou ARZEU, port situé à 40 kilomètres à l'est d'Oran, dans la partie occidentale du golfe formé par les caps Jari et Carbon. Abrité des vents du nord et du nord-est par une suite de hauteurs, prolongement de la montagne des Lions, il offre un excellent mouillage aux navires de toutes grandeurs. Avant l'occupation française il existait au point dit maintenant le *vieil Arzeu*, à 6 kilom. du port, un village florissant d'environ cinq cents âmes, construit sur les ruines de l'antique *Arsinaria* des Romains, situé presque à l'embouchure de la Macta, rivière formée par la réunion du Sig et de la Pflabra, habité par une population paisible. Il s'y faisait un grand commerce de grains, et tous les ans plus de deux cents bâtiments partis des îles Baléares venaient s'y approvisionner d'orge et de blé. Coupable en 1831 d'avoir fourni à notre garnison d'Oran des ravitaillements de toutes espèces, le village d'Arzew fut détruit par Abd-el-Kader, sa population pillée et dispersée, son caïd emmené prisonnier à Mascara et mis à mort après les plus cruelles tortures. Ému de ces événements, le général Desmichels, commandant à Oran, fit prendre possession, le 3 juillet 1833, du petit fort et de quelques magasins, les seuls bâtiments existant au port d'Arzew; en 1834 des négociants d'Alger vinrent y établir leurs comptoirs de commerce, et y formèrent un premier établissement, qui en 1835 servit de refuge aux troupes du général Trezel, battu à la Macta. Ce désastre appela l'attention sur le port d'Arzew. Situé entre les ports d'Oran et de Mostaganem, débouché naturel des riches plaines de l'Habra, de Cérat et d'Éghris, jouissant d'une température saine, ce point offrait une grande importance politique et commerciale : aussi en 1838 une enceinte en maçonnerie vint-elle entourer le premier établissement; un plan d'alignement fut tracé, des casernes construites. Arzew sembla destiné à devenir le point le plus important du commerce de la province d'Oran; un grand nombre de commerçants et de spéculateurs vinrent y fonder à grands frais de vastes entrepôts et construire des maisons; une grande route réunit la ville d'un côté à Oran, de l'autre à Mostaganem, un pont sur la Macta. Malheureusement les espérances qu'on avait conçues ne se réalisèrent pas, et bientôt Arzew, abandonné par les commerçants et les spéculateurs ruinés, n'offrit plus qu'un amas informe de constructions, les unes inachevées, les autres tombant déjà en ruines. Depuis 1848 de grands efforts ont été faits pour relever Arzew; avec une partie des colons envoyés dans la province d'Oran on a repeuplé la ville, avec les autres on a fondé aux environs les villages de Sainte-Léonie, de Damesme, de Saint-Cloud; de grands travaux ont été faits pour y amener de l'eau potable et remplacer l'eau saumâtre qu'on y buvait; enfin on a cherché à donner une grande extension au commerce du port, où y recueille en grande quantité, et à celui de la spartine et du kermès, qu'on trouve abondamment dans les montagnes environnantes. F. DE BÉTHUNE, capit. d'état-major.

AS, nom purement latin, dont les antiquaires se servent fréquemment, et qui était employé de trois manières différentes par les Romains, pour désigner : 1° une unité quelconque, considérée comme divisible; 2° l'unité de poids; 3° la plus ancienne unité de monnaie. L'*as*, comme *unité quelconque*, était principalement d'usage dans les successions;

on l'employait même pour désigner la succession, l'hérédité entière. Ainsi hériter de quelqu'un *ex asse* signifiait hériter de tout son bien, être son légataire universel, son unique héritier ; de même, hériter *ex triente, ex semisse, ex besse*, etc., c'était hériter du tiers, de la moitié, des deux tiers, etc. L'as, quelle que fût l'unité réelle qu'il représentât, se divisait en douze parties, nommées chacune once (*uncia*), et ses diverses fractions avaient reçu des noms particuliers ; l'once elle-même se subdivisait en 4 *siciliques*, la sicilique en 6 *scrupules*, le scrupule en 2 *oboles*, et l'obole en 3 *siliques* ; cette dernière subdivision, la plus petite de toutes, était donc la cent quarante-quatrième partie de l'once. *Voyez* CONSULAIRES (Monnaies).

L'*as*, comme *unité de poids*, ou la *livre romaine* (*as libralis, libra romana*), est regardé par les savants, d'après les recherches les plus récentes et les plus exactes, comme équivalant à 10 onces 5 gros 40 grains de notre poids, ou 3 hectogrammes 27 grammes 18 milligrammes.

L'*as monnaie* (*as assipondium*, ou *libella*). Eusèbe rapporte dans sa *Chronique*, à l'an 506, que sous Numa-Pompilius les as étaient de bois, de cuir et de coquilles. Sous Tullus-Hostilius on les fit de cuivre, et on les appela *as*, *libra* et *pondo* ; d'autres disent que ce fut sous Servius-Tullius, le premier qui ait battu monnaie, et qui donna à l'as l'effigie d'une brebis (*pecus*), d'où cette monnaie prit le nom de *pecunia*. Quatre siècles plus tard, la première guerre punique ayant épuisé l'État et les finances, on en retrancha un *sextans*, ou deux onces, et on ne les fit plus que du poids du *dextans*, c'est-à-dire de 10 onces. Dans la suite on ôta encore une once, et on les réduisit au *dodrans*, c'est-à-dire aux trois quarts du premier et véritable as, ou à 9 onces. Enfin, par la loi Papirienne, on en retrancha encore une once et demie, et on le réduisit à 7 onces ½, en l'appelant *septunx* et *semiuncia*. On croit communément que l'as resta à ce point tout le temps de la république. Il fut ensuite réduit à une once. Quand les monnaies d'argent devinrent communes, la manière de compter par as tomba en désuétude, et on compta par *sesterces*.

Le denier, comme l'indique son nom même, fut dans l'origine l'équivalent de 10 as ; le sesterce valait 2 as ½. Ainsi, en donnant au denier la valeur d'environ 80 centimes, et au sesterce celle de 20 centimes, on trouvera que l'as valait 8 centimes de notre monnaie avant d'être réduit à une once, ce qui arriva l'an de Rome 537.

ASANIDES, nom d'une dynastie de rois de Boulgarie fondée par *Asan I*er, et par son frère *Pierre II*, issus des anciens souverains de ce pays, qui se révoltèrent en 1186 contre les empereurs de Constantinople, qui en étaient maîtres depuis cent soixante-huit ans, et se firent proclamer rois. Elle s'éteignit dans Strascimir II et *Sisman*, qui se disputèrent le trône jusqu'au moment où le sultan ottoman Amurat ou Mouradh entra en Boulgarie, l'an 1374, et en subjugua la majeure partie.

ASARIA. *Voyez* AZARIA.

ASBESTE. C'est une substance minérale, d'un tissu fibreux ou filamenteux, flexible, ou plus ou moins cassant. L'asbeste peut être réduit par la trituration en une poussière fibreuse ou pâteuse et douce au toucher. Il se rencontre dans certains rochers de première formation, et offre une infinité de variétés, dont la plus remarquable est l'asbeste flexible, connu sous le nom de *lin incombustible* ou *amiante*. Les autres variétés qui méritent particulièrement d'être citées sont l'asbeste tressé, auquel on a donné les noms de *chair de montagne*, *cuir fossile*, *liége fossile* ou *de montagne*, *papier fossile* ou *de montagne*, etc. ; l'asbeste ligniforme, vulgairement appelé *bois de montagne*, et l'*asbeste dur*.

Le mot asbeste vient du nom grec de cette substance, ἄσβεστος, qui signifie *inextinguible* ; ce nom rappelle un des usages auxquels les anciens l'employaient. Ils avaient des lampes dites *perpétuelles*, qu'alimentait une source de bitume, et qui brûlaient à l'aide d'une mèche d'asbeste.

ASCAGNE, fils d'Énée et de Créuse selon la tradition. Troie ayant été prise par les Grecs, Ascagne sortit de la ville en flammes tenant son père par la main, et le suivit en Italie, où Énée épousa Lavinie, fille du roi Latinus, à qui il succéda. Une imprudence qu'il commit en tuant un cerf qui appartenait aux enfants de Tyrrhénus engagea son père dans une guerre qui lui coûta la vie. Il prit alors les rênes du gouvernement ; il battit les Étrusques, et tua Mézence, fils de leur roi Lausus. Mais Lavinie étant accouchée d'un fils peu de temps après, et s'étant enfuie dans les forêts, par la crainte qu'elle avait de lui, il abdiqua volontairement, et se retira avec ses partisans dans l'intérieur des terres, où il fonda Albe la Longue. A sa mort ses États furent réunis au Latium, où régnait alors Énéas Sylvius, fils de Lavinie.

ASCALAPHE, fils de l'Achéron et de la nymphe Orphné, fut constitué le gardien de Proserpine, qui dut à la sévérité de sa vigilance d'être forcée de passer six mois de l'année dans les enfers. Cérès, en effet, après l'enlèvement de sa fille par Pluton, avait décidé Jupiter à la lui rendre, à la condition que Proserpine n'aurait encore rien pris depuis son entrée dans le sombre empire. Ascalaphe ayant rapporté qu'il l'avait vue cueillir et manger une grenade dans les jardins de Pluton, Cérès n'obtint de pouvoir jouir de sa fille que pendant six mois de l'année, et Proserpine fut condamnée à passer les six autres aux enfers. Sa mère, pour punir l'indiscrétion d'Ascalaphe, lui ayant jeté de l'eau du Phlégéton au visage, et l'ayant ainsi métamorphosé en hibou, Minerve le prit sous sa protection, pour qu'il lui rendît, par sa surveillance, les mêmes services qu'à Pluton.

ASCALON, la *Djanlah* des Arabes, ville de Syrie (Damas), à 50 kilom. sud-ouest de Jaffa. C'était jadis une des principales villes des Philistins, entre Azoth et Gaza, sur les bords de la Méditerranée. Sa position avantageuse la rendait un objet de convoitise pour les nations. Aussi fut-elle successivement prise par les Juifs, par les Perses, les Grecs et les Romains. La tribu de Juda s'en empara après la mort de Josué. Hérode, qui était originaire d'Ascalon, y fit bâtir un palais et divers édifices publics. Les anciens habitants de cette ville adoraient Vénus-*Uranie*, ou la Céleste. Le temple de cette divinité y était fort ancien. Lors de l'invasion des Scythes dans les États des Mèdes, d'où ils pénétrèrent jusqu'en Égypte, ils pillèrent Ascalon et ses temples en quittant ce dernier pays.

Les livres saints font souvent mention de cette ville, et les auteurs de l'antiquité parlent avec éloge de l'échalote (*cœpe ascalonicum*), qui tire son nom d'Ascalon, et que les croisés transportèrent plus tard en Occident. On cite aussi son vin. Ascalon avait un port à quelque distance, où Godefroi de Bouillon, premier roi de Jérusalem, remporta, la veille de l'Assomption, en 1099, une victoire mémorable sur les Égyptiens, qui se rembarquèrent précipitamment, après avoir éprouvé des pertes considérables. Cette bataille a été longuement décrite par le Tasse dans sa *Jérusalem délivrée*. Les Latins remportèrent une autre victoire sur les Sarrasins près de cette ville, en 1125. Ascalon opposa plus qu'aucune autre ville de la Palestine de la résistance aux croisés ; ils ne purent s'en rendre maîtres qu'en 1152, sous le roi Baudoin III, qui la donna en fief à son frère Amauri. Saladin fut vaincu, sous ses murs, en 1178, par le roi Beaudoin IV ; mais en 1187 il l'assiégea, la prit, et en détruisit la forteresse en 1191. Dès ce moment elle perdit beaucoup de son importance. Elle fut entièrement détruite en 1270 par le sultan Bibars, sur le bruit qui courut que saint Louis se proposait de tenter une invasion en Syrie.

Cette ville est aujourd'hui entièrement déserte, malgré ses débris imposants ; mais ses remparts, avec leurs portes, sont encore debout, dit M. le comte Forbin ; des rues con-

duisent à des places ; on y voit, de toutes parts, des ruines de palais, de grandes églises, et celles d'un vaste temple de Vénus, orné de quarante colonnes gigantesques de granit rose.
Th. Delbare.

ASCANIE, château-fort, depuis longtemps tombé en ruines, près d'Aschersleben, dans le cercle de Magdebourg en Prusse, ancien chef-lieu du comté d'Ascanie et de Ballenstedt, qui appartenait déjà dans le douzième siècle à la maison d'Anhalt, et qui fut administré jusqu'en 1315 par une de ses branches collatérales. A l'extinction de cette famille, les évêques d'Halberstadt se saisirent du comté, et il fut impossible à la maison d'Anhalt de s'en remettre en possession, ni par la force ni par les arrêts de la diète et des empereurs. Lorsque l'évêché d'Halberstadt fut sécularisé, à la paix de Westphalie, le comté d'Ascanie échut à la maison de Brandebourg. Anhalt réclama en vain un dédommagement auprès de l'empereur et de la diète, et la maison de Brandebourg, qui lui était alliée, appuya vainement ses réclamations. Une destinée singulière s'attacha à cette famille princière. Il lui fut impossible de recouvrer ce que l'Église lui avait enlevé, et elle vit ses fiefs de franc-alleu passer sous l'autorité de la maison de Brandebourg Hohenzollern, tandis que le pays de Lauenbourg et de Hadeln, sur le bas Elbe, d'où elle tirait son origine, augmenta les possessions de la maison des Guelfes.

ASCANIENNE (Maison). Cette maison, issue de la famille d'Anhalt, monta sur le trône de Saxe en la personne de *Bernard* d'Ascanie, regardé comme le fondateur de Wittemberg. Ce prince mourut en 1212, laissant deux fils, *Albert*, qui lui succéda comme duc de Saxe, et *Henri le jeune*, comte d'Anhalt ou d'Ascanie.

*Albert I*er occupa le trône ducal de Saxe jusqu'en 1260. En 1227 il battit les Danois, et s'empara de plusieurs villes. En 1228 il accompagna l'empereur Frédéric II en Orient, et combattit vaillamment contre les Sarrasins d'Égypte. Il était, disent les chroniques, d'une grandeur démesurée, ce qui le rendait un objet de curiosité pour les peuples. — *Albert II*, son fils et son successeur, régna de 1260 à l'an 1288. L'an 1288, après la mort d'Henri l'Illustre, margrave de Misnie, il obtint l'investiture du palatinat de Saxe, avec le vicariat de l'empire. — *Rodolphe I*er, son fils et son successeur, acquit le burgraviat de Magdebourg. Il mourut l'an 1356, après un règne de cinquante-huit ans. — *Rodolphe II*, son fils, lui succéda, et mourut sans postérité, l'an 1370, laissant le duché de Saxe à son frère Wenceslas, qui fut tué, en 1388, au siége de Zelle. — *Rodolphe III* succéda, l'an 1388, à Wenceslas, son père, dans l'électorat de Saxe. C'était un prince sage et magnanime; mais il fut malheureux dans la guerre qu'il fit à l'électeur de Mayence, en 1393. Envoyé en Bohême par l'empereur Sigismond pour traiter avec les Hussites, il y périt par le poison, en 1418. Il avait eu deux fils, qui furent écrasés, l'an 1406, à Wittemberg, avec d'autres personnes, par la chute d'une tour. — *Albert III*, frère de Rodolphe III, lui succéda, et mourut l'an 1422, sans laisser de postérité. Avec lui s'éteignit la maison électorale de Saxe de la branche ascanienne, après avoir occupé ce duché deux cent quarante-deux ans, sous sept ducs.
Ch. du Rozoir.

ASCARIDE (du grec ἀσκαρίζω, je remue, je sautille), genre de vers entozoaires, c'est-à-dire qui vivent dans l'intérieur des animaux. Les ascarides ont un corps blanchâtre, allongé, fusiforme, élastique, atténué à ses deux extrémités, dont la partie antérieure, un peu obtuse, est munie de trois tubercules, entre lesquels on aperçoit la bouche. Les deux sexes sont séparés dans ce genre, dont on n'avait d'abord observé qu'une seule espèce, l'*ascaride lombricoïde*, celle que nous venons de décrire; mais Linné en a trouvé plusieurs autres, et ce genre s'est accru encore depuis. *Voyez* VERS INTESTINAUX.

De Blainville nomme *ascaridiens* ou *oxycéphalés* un ordre de vers apodes, qui a pour type le genre ascaride. Ce groupe comprend presque tous les genres dont Rudolphi a fait ses *nématoïdes*.

[Quoique les ascarides se trouvent presque toujours dans le canal intestinal des animaux aux dépens desquels ils vivent, on cite cependant l'*ascaris nigro-venosa*, qui se rencontre exclusivement dans les poumons de plusieurs reptiles. On a aussi considéré comme des ascarides très-jeunes ou très-petites celles qui se développent dans des kystes du péritoine ou du tissu cellulaire de divers organes. Mais la simplicité de leur organisation, et surtout l'absence d'organes sexuels, ne permet point d'affirmer que ce soient de vraies ascarides.

L'ascaride lombricoïde est l'espèce la mieux connue depuis les temps les plus anciens, en raison de ce qu'elle vit dans l'intestin grêle de l'homme pendant l'enfance. Cette espèce paraît ne nuire à la santé que dans les cas où elle se multiplie beaucoup et où elle remonte dans l'estomac. En exceptant ces cas, les enfants peuvent jouir d'une santé parfaite, et rendre même des ascarides sans s'en apercevoir; on pense même qu'un cinquième des enfants de trois à dix ans ont habituellement l'ascaride lombricoïde. On a cru pendant longtemps que cette espèce vivait également dans l'intestin du bœuf, du cochon et même du cheval; on considère seulement l'ascaride du bœuf comme identique à l'ascaride lombricoïde de l'homme; mais les recherches de MM. J. Cloquet, F. Dujardin et Valenciennes ont montré que les ascarides du cochon et du cheval sont des espèces différentes.
L. Laurent.]

ASCENDANT (du verbe latin *ascendere*, monter), en termes de généalogie et de jurisprudence, se dit de tous les parents qui sont au-dessus de nous en *ligne directe* ou en *ligne indirecte*. Le père et les aïeux paternels forment ce qu'on appelle la *ligne paternelle ascendante*; la mère et les aïeux maternels forment la *ligne maternelle ascendante*. Le mariage est défendu entre les ascendants et les descendants en ligne directe seulement. *Voyez* PARENTÉ.

En termes d'astrologie, l'*ascendant* est l'horoscope ou le degré de l'équateur qui monte sur l'horizon au moment de la naissance de quelqu'un, et qu'on croyait jadis avoir influence sur sa vie et sur sa fortune, en lui donnant de la pente pour une chose plutôt que pour une autre.

En termes d'astronomie, *ascendant* se dit des astres et des degrés qui montent sur l'horizon en quelque cercle ou parallèle de l'équateur que ce soit. — Le *nœud ascendant* d'une planète est le point où elle traverse l'écliptique en allant du midi au nord, tandis que le *nœud descendant* est celui par lequel elle passe pour aller du nord au midi. — Les signes du zodiaque qui portent le nom d'*ascendants* sont les trois premiers (le Bélier, le Taureau, les Gémeaux) et les trois derniers (le Capricorne, le Verseau, les Poissons), parce que le soleil, en parcourant ces signes, s'élève de plus en plus au-dessus de l'horizon dans nos contrées septentrionales, et semble monter vers le zénith. Les six autres signes sont appelés *descendants*, parce que le soleil, en les parcourant, suit une marche contraire. Les signes *ascendants* de notre hémisphère sont *descendants* pour l'hémisphère austral, et *vice versa*.

En arithmétique une progression *ascendante* est celle dont tous les termes vont en croissant.

En termes d'anatomie, *ascendant* se dit des vaisseaux qui portent le sang en haut, ou des parties inférieures dans les parties supérieures. Le tronc supérieur de l'aorte s'appelle *artère ascendante*; on nomme *veine cave ascendante* celle qui porte le sang des parties inférieures au cœur.

ASCENSION, du latin *ascensus, ascensio*, qui s'applique à l'article du symbole des Apôtres : *Jésus-Christ est monté au ciel, où il est assis à la droite de Dieu*. L'ascension du Sauveur est décrite dans les mêmes termes par saint Marc. Nous trouvons dans saint Luc : « Après avoir parlé à ses disciples, Jésus les mena dehors jusqu'à Béthanie, et, ayant levé les mains, il les bénit, et en les bénissant il se sépara d'eux et monta au ciel. » Le même saint Luc dans les *Actes des Apôtres* ajoute des détails plus circonstanciés à ce fait miraculeux.

Au commencement du quatrième siècle on croyait généralement que Jésus-Christ était monté au ciel du point culminant de la montagne des Oliviers.

Le jour de l'*Ascension* est une fête que les chrétiens célèbrent dans tout l'univers quarante jours après Pâques, et que saint Augustin croit être d'institution apostolique. Il la qualifie de fête du *quarantième*. Saint Grégoire de Nysse et saint Jean Chrysostôme l'appellent *le jour du salut*; quelques Grecs, enfin, la nomment ἀνάληψις, assomption. On la consacre par des processions et d'autres cérémonies particulières.

Il y a eu plusieurs opinions émises, et par conséquent bien des erreurs répandues sur le fait de cette *ascension*. Les Appellites pensaient que Jésus-Christ laissa son corps dans les airs (saint Augustin dit qu'ils prétendaient que ce fut sur la terre), et qu'il monta sans corps au ciel. Comme Jésus-Christ n'avait point apporté de corps du ciel, mais qu'il l'avait reçu des éléments du monde, ils soutenaient qu'en retournant au ciel il l'avait restitué à ces éléments. Les Séleuciens et les Hermiens croyaient que le corps de Jésus-Christ n'était pas monté plus haut que le soleil, et qu'il y était resté en dépôt. Ils se fondaient sur ce passage des psaumes : *Il a placé son tabernacle dans le soleil*. Saint Grégoire attribue la même opinion aux Manichéens.

ASCENSION (Ile de l'), île de l'Afrique anglaise, située dans l'Océan Atlantique, par 7° 55' de latitude méridionale et 14° 23' de longitude occidentale, à 960 kilomètres de Sainte-Hélène et 1550 du cap des Palmes, point le plus rapproché du continent africain : elle a 12 kilomètres de long sur 9 de large, et doit son nom au Portugais Tristan d'Acunha, qui y aborda le jour de l'Ascension 1508, et qui crut l'avoir découverte, bien qu'elle l'eût été sept ans auparavant, par l'Espagnol Juan de Nova.

Sa surface irrégulière offre des roches nues, des collines de produits volcaniques concassés, des plaines couvertes de cendres et de lave. La montagne la plus haute, le *Green-Mountain*, s'élève à 890 mètres au-dessus du niveau de la mer; elle est entourée de quatre grands ruisseaux de lave qui contiennent beaucoup de feldspath vitrifié, preuve irrécusable d'anciennes éruptions volcaniques. Les flancs de cette montagne et ses environs immédiats sont de toutes les parties de l'île les plus favorables à la culture, le sol volcanique absorbant plus promptement la pluie, qui tombe souvent en grande quantité sous cette latitude. Les moussons et l'absence complète de marais rendent le climat très-salubre; le thermomètre à l'époque des plus fortes chaleurs, c'est-à-dire de septembre en mars, monte à 23 ou 27° de Réaumur à l'ombre, et ne descend qu'à 19 ou 22° en hiver, c'est-à-dire dans la saison des pluies, qui dure deux mois, mars et avril.

On cultive dans cette île la pomme de terre, le chou, la laitue, la carotte, le poivre d'Espagne, etc. Dans les vallées croissent fort bien le bananier, l'ananas et le maïs. Le ricin même y réussit, et le groseillier du Cap abonde sur le Green-Mountain. Les seuls mammifères qu'on y trouve à l'état sauvage sont les chèvres, les rats et les chats, qui poursuivent les oiseaux de mer au lieu de détruire leurs ennemis ordinaires. Les rats et les chèvres causent de grands dommages dans les champs cultivés; aussi la garnison leur a-t-elle déclaré une guerre à mort. Parmi les volatiles, on ne rencontre que des oiseaux de mer, des hirondelles de mer et plusieurs espèces de pélicans, entre autres la frégate, qui n'a pas moins de deux mètres d'envergure.

Mais c'est surtout par ses tortues que l'île de l'Ascension est remarquable ; on en prend chaque année de cinq cents à quinze cents, quoique l'on se borne à attraper les femelles, qui pèsent jusqu'à 350 kilogrammes, et dont la chair a le goût de celle du veau. Chaque soldat de la garnison en reçoit par jour une livre. Les côtes abondent également en poisson. Malheureusement, parmi les insectes qui désolent l'île et ses habitants, on doit mentionner une énorme quantité de mouches, de mosquites, de scorpions, de grosses araignées ; mais il y a aussi des abeilles, des grillons domestiques et une belle espèce de papillon.

La Grande-Bretagne s'est installée à l'Ascension en 1815, afin d'empêcher toute entreprise qui eût pu s'y organiser pour délivrer Napoléon. Depuis que l'empereur est mort, elle continue à occuper ce coin de terre perdu, de peur qu'il ne devienne un refuge de pirates, et l'importance de cette île n'a cessé de croître comme station de la flotte du Cap, et comme relâche pour les vaisseaux employés à réprimer la traite des noirs. La garnison occupe dans la partie méridionale une vingtaine de baraques, qu'elle décore du nom de *George-Town*, et dans lesquelles sont compris le magasin, l'hôpital, une forge, une auberge et les demeures des officiers. Un poste de signaux a été établi sur le *Crosshill*, et tout près de là une digue terminée par un rocher sert de lieu de débarquement. La garnison consiste en 110 soldats de marine, avec leurs officiers et 50 nègres de la côte d'Afrique, population de 170 âmes au *maximum*, placée sous les ordres d'un capitaine de la marine royale. Le Green-Mountain porte, à la hauteur de 730 mètres, une maison appelée *Mountain-House*, d'où l'on jouit d'un point de vue magnifique.

ASCENSION (*Astronomie*). L'*ascension droite* d'une planète ou d'une étoile est l'arc de l'équateur céleste compris entre deux méridiens dont l'un passe par le centre de l'astre et l'autre par le premier point du Bélier (équinoxe du printemps). La position d'un astre est parfaitement déterminée lorsqu'on connaît son *ascension droite* et sa *déclinaison*, ces deux éléments étant pour la sphère céleste la même chose que la longitude et la latitude pour le globe terrestre.

L'*ascension oblique* d'un astre est l'arc de l'équateur compris entre le premier point du Bélier et le point de l'équateur qui se lève en même temps que l'astre observé. Elle est donc plus ou moins grande selon l'obliquité de la sphère, tandis que cette obliquité n'influe nullement sur l'ascension droite.

La différence entre l'ascension droite et l'ascension oblique se nomme *différence ascensionnelle*.

Pour les cercles d'*ascension droite* et d'*ascension oblique*, voyez CERCLES (Cosmographie).

ASCENSIONS AÉROSTATIQUES. Voyez AÉROSTAT.

ASCÈTES, ASCÉTIQUE (du grec ἄσκησις), mot qui dans les écrivains profanes désigne tout exercice, tout travail en général, et s'applique en particulier aux exercices et au genre de vie des athlètes, qui non-seulement cherchaient à s'endurcir le corps, mais qui devaient s'abstenir de femmes, de liqueurs fortes et de tout plaisir énervant. Dans les écoles des philosophes, et surtout chez les stoïciens, on donnait ce nom aux exercices qui tendaient à dompter les appétits et les passions et à élever l'homme à une vie plus pure et plus parfaite. Ce mot avec ses deux sens passa dans la langue usuelle des premiers chrétiens, sous le patronage de saint Paul, qui dans ses Épîtres aime à comparer les disciples de Jésus à des athlètes luttant contre Satan, le monde et leur propre chair. Cette transformation s'opéra principalement sous l'influence de la philosophie de cet âge, qui, tenant la matière pour impure, enseignait que le moyen de s'unir spirituellement à Dieu et de parvenir à la perfection était de délivrer l'âme des chaînes du corps ; tout au moins regardait-elle l'abstinence des plaisirs charnels, des boissons spiritueuses et de toutes les jouissances

7.

du luxe, comme la voie la plus sûre pour rendre à l'âme sa pureté originelle.

Cette doctrine avait déjà avant la venue de Jésus-Christ des sectateurs dans les esséniens, les thérapeutes et quelques écoles gnostiques. Les premiers chrétiens entendirent de même par ascétisme la lutte contre Satan, le monde matériel et les appétits de la chair, lutte dans laquelle ils se fortifiaient par la prière, le jeûne, l'abstinence du luxe et des plaisirs temporels, le célibat. Ceux qui se soumettaient à un semblable genre de vie s'appelaient *ascètes*, et quelquefois *eucratites* ou *abstinents*. Beaucoup se retiraient dans la solitude et y vivaient en commun. Telle fut l'origine des m o i n e s, dont les ascètes se distinguaient essentiellement en ce qu'ils ne se liaient par aucun vœu et restaient libres de rentrer dans le monde. Les progrès du monachisme firent disparaître jusqu'au nom d'ascètes. Ce n'est que dans ces derniers temps que les protestants ont adopté le substantif ascétique pour désigner la partie de la morale qui traite de l'exercice des vertus, et l'adjectif *ascétique* pour caractériser une chose qui influe sur la vie chrétienne, une chose propre à édifier.

Ce mot n'est pas toutefois nouveau dans le langage mystique. Il y a longtemps que le catholicisme a consacré les deux mots de *théologie ascétique*, longtemps que le second a été donné comme qualificatif et titre à plusieurs livres d'exercices spirituels, tels que la *Bibliothèque ascétique* de dom Luc d'Achéri, et les *Ascétiques* ou *traités spirituels* de saint Basile le Grand, archevêque de Césarée en Cappadoce.

ASCHAFFENBOURG, l'*Asciburgum* des Romains, petite ville industrieuse et commerçante de Bavière, dans le cercle du bas Mein, à 22 kilomètres nord-ouest de Wurtzbourg, bâtie sur la rive droite de cette belle rivière, près de l'embouchure de l'Aschaff, compte environ 7,000 habitants. Il y a un tribunal de première instance (*Kreisgericht*), un gymnase scolastique, un séminaire de théologie catholique, une école forestière, des fabriques de savon, de drap, d'ouvrages de paille, de tabac, des distilleries, des tanneries, de vastes constructions de bateaux et un commerce important de bois. La navigation y est fort active.

Parmi les édifices publics on y remarque les églises de Saint-Pierre et de Notre-Dame, dont on admire les tombeaux curieux, l'ancien collége des Jésuites, converti en lycée, et le château de Johannisburg, ancienne résidence d'été des archevêques de Mayence, vaste bâtiment quadrilatéral, construit en 1614, sur l'emplacement d'un couvent de bénédictins fondé par saint Boniface, et d'où l'œil embrasse de tous côtés les plus admirables points de vue. Il est entouré d'un grand parc disposé dans le genre anglais. Gustave-Adolphe, qui, en 1631, s'empara d'Aschaffenbourg, fut tellement ravi de la délicieuse situation de ce château, qu'il exprima le regret de ne pouvoir le faire transporter sur les bords du lac Mélar. Faute de mieux, il ordonna qu'on en transférât du moins la riche bibliothèque; les précieuses archives de la ville eurent le même sort.

Aschaffenbourg ne fait partie du royaume de Bavière que depuis 1814, époque où, à la suite de la chute de Napoléon, s'opérèrent en Allemagne une foule de remaniements territoriaux; il fut alors donné à cette puissance à titre d'indemnité. Autrefois cette ville et son territoire formaient l'un des grands bailliages de l'électorat de Mayence. En 1802 on en avait formé, avec l'adjonction de quelques autres bailliages dépendant de l'archevêché de Mayence et du bailliage d'Aura, ancienne dépendance de l'évêché de Wurzbourg, la principauté d'Aschaffenbourg, dont l'électeur archichancelier de l'empire, plus tard prince primat de Dalberg, eut la souveraineté, qu'il conserva lorsqu'il devint grand-duc de Francfort. Une diète avait été tenue à Aschaffenbourg en 1447. On y avait discuté certains droits de l'Église allemande vis-à-vis du saint-siége, droits qui, plus tard, furent formulés à Vienne, mais auxquels néanmoins est resté le nom de *Concordats d'Aschaffenbourg*.

ASCHAM ou **ASSAM**, territoire de l'Hindoustan anglais, entre 25° 50′ et 28° 10′ de latitude nord et entre 87° 40′ et 95° 13′ de longitude est. Superficie évaluée à 47,320 kilomètres carrés. Population évaluée à 602,500 âmes. Ce pays est situé à l'extrémité nord-ouest du Bengale, dans la vallée centrale du Brahmapoutra, séparée, au nord, du Boutan par les premières chaînes de l'Himalaya boutanien, et, au sud, de quelques parties, encore très-peu connues, de l'empire indien de Kanroup, placé tout à l'extrémité nord-ouest de l'Inde (Monnipour, Katschar, Zynthea et le pays des Garraus), par les montagnes de Garraus, celles du pays de Kossya et les monts Noras. Ce pays est coupé d'une multitude de petits plateaux, qui divisent de fertiles vallées, qui toutes envoient leurs eaux au Brahmapoutra, lequel, après avoir ainsi reçu dans ce seul royaume le tribut de plus de soixante rivières, dont trente-quatre descendent des montagnes du nord et vingt-six de celles du sud, traverse, depuis Sudiya à l'est jusqu'à Goulpore à l'ouest, en ligne directe, tout le territoire d'Ascham, qui d'ailleurs ne se compose guère que de la vallée du Brahmapoutra.

Comme dans l'Inde et en Égypte, la fertilité de cette belle vallée tient à des inondations annuelles, qui atteignent leur maximum au mois de mai, et qui ont nécessité, à une époque déjà reculée, la construction de digues aujourd'hui à peu près en ruine. Les exhalaisons des eaux stagnantes rendent le climat d'Ascham malsain; mais dès qu'elles se retirent et rentrent dans leur lit, se développe une admirable végétation, et tout indique qu'avec une population plus nombreuse ce pays deviendrait bientôt l'un des plus riches et des plus fertiles de la terre. Il n'y en a maintenant tout au plus que la huitième partie de cultivée; le reste est encore occupé par d'impénétrables *j u n g l e s*, espèce de marécages couverts de forêts de bambous. La plus grande partie du territoire est affermée par le roi à ses *payiks* ou sujets, à la condition de travailler gratis pour lui ou pour les employés qu'il désigne à cet effet pendant quatre mois de l'année, ou de payer un impôt équivalent.

La variété des produits propres au royaume d'Ascham est fort grande; nous citerons, parmi ceux qu'on tire des entrailles de la terre, l'or, le fer et le sel. Les richesses du règne végétal consistent surtout en riz, en *jlhar*, espèce de moutarde; en froment, seigle, millet, poivre, oignons, tamarin, tabac, noix de bétel, opium, canne à sucre (qu'on y mange presque constamment fraîche), noix de cocos, oranges, coton, et enfin en thé, que l'on cultive depuis quelque temps avec succès dans l'Ascham supérieur. Le règne animal fournit en abondance des buffles et des bœufs communs employés à la culture, des moutons, des chèvres, quelques chevaux, des buffles sauvages et des éléphants dans les *jungles*, ainsi qu'une espèce de ver à soie qui se nourrit de la feuille du laurier.

La population d'Ascham est très-mêlée, et il serait difficile de la diviser exactement en classes et en races. Cependant, au milieu d'une si grande variété de castes et de tribus dispersées sur tous les points, on peut citer comme formant la race dominante, sinon par leur nombre, du moins comme les dominateurs du pays, les *Asams* ou *Ahams* dans l'Ascham central et dans l'Ascham supérieur, et les *Doms* ou *Nodyals*, comme la race la plus nombreuse, dans l'Ascham central et inférieur. Depuis l'invasion des Birmans, les trois quarts des habitants ont embrassé la religion hindoue, d'après la doctrine de Madhava-Acharya; le quart seulement est resté fidèle à la vieille croyance et aux idoles *Chung*. La langue bengali est celle dont l'usage est généralement prédominant. L'habitant des montagnes est sauvage et féroce, tandis que celui des vallées est lâche et perfide; tous les serviteurs sont des esclaves, et il n'y a pas longtemps encore qu'on les exportait comme marchandise.

L'industrie est assez bornée; cependant elle a atteint dans le tissage des étoffes de soie un assez haut degré de perfection, parce que les trois quarts de la population n'ont pas d'autre vêtement; vient ensuite pour l'importance l'industrie des tailleurs de pierres, des tourneurs et des fabricants d'huile. Les métiers de bouclier, de haulanger et de tailleur y sont inconnus; il en est à peu près de même de celui de cordonnier, car porter des souliers y est une marque toute particulière de la faveur du souverain. En raison de la position géographique du royaume d'Ascham, son commerce est nécessairement peu important. L'exportation consiste surtout en gomme laque, étoffes de soie de qualité inférieure, soie brute, coton en graines, graine de moutarde, poivre noir, bois, ivoire, poissons secs et thé. L'importation, qui a lieu en très-grande partie par le Bengale, consiste en sel, cuivre, bijoux, musc, perles, mousselines; et l'on tire du Boutan du sel, de la poudre d'or, des étoffes de laine, des soies chinoises, des queues de vaches et de chevaux.

A la division naturelle du pays en Ascham supérieur, central et inférieur, répond sa division administrative et politique, qui comprend trois provinces : celle de Sodiya, ayant pour chef-lieu la ville du même nom; celle de Roungpour, dont le chef-lieu est Dgorhat, et celle de Kamroup, dont la capitale est Gohati.

Les Birmans firent en 1832 la conquête du royaume d'Ascham; mais en 1835 les Anglais le leur ont enlevé, et l'ont rattaché à la confédération d'États plus ou moins indépendants placés sous la protection britannique; c'est à cette circonstance qu'on doit en grande partie les notions qu'on possède aujourd'hui sur cette contrée, naguère encore presque complétement inconnue.

ASCHAM (ROGER), savant anglais, né en 1515, dans le comté d'York. Le roi Henri VIII lui accorda une pension de dix livres sterling, et lui confia en partie l'éducation de sa fille, la princesse Élisabeth. En 1550 il accompagna sir Richard Morysine, ambassadeur d'Angleterre près de Charles-Quint. Il devint ensuite secrétaire latin d'Édouard IV, conserva quelque temps sa position sous la reine Marie, et fut employé par le cardinal Pole. Quand Élisabeth monta sur le trône, cette reine, qui se piquait d'érudition et de beau savoir, prit encore des leçons de son ancien maître pour se perfectionner dans les lettres grecques et latines. — Ascham mourut en 1558. Il a paru à Londres, en 1774, une édition in-4° de ses œuvres complètes, avec une remarquable dissertation de Johnson sur la vie et le talent de cet écrivain, l'un des érudits les plus distingués du seizième siècle.

ASCHANTIS ou **ASHANTEE**, nègres belliqueux, habitant au nord de la côte d'Or dans le voisinage de l'établissement anglais de Cap-Coast-Castle. Le pays des Aschantis forme une partie du Ouankarah, qui comprend encore deux autres États, celui de Dahomey et le puissant royaume de Benin. Sa superficie est d'environ 303 myriamètres carrés; il est extrêmement fertile, bien arrosé, mais à peine cultivé, et couvert d'une luxuriante végétation sauvage et de forêts d'arbres énormes. On en évalue la population à environ un million d'âmes.

Coumassi, capitale du royaume et résidence du souverain, compte de 12 à 15,000 habitants; elle a des rues larges et régulières, mais les maisons ne sont construites qu'en bois et en roseaux, à l'exception du palais du roi (Qouacoudouah), qui est en pierres. Les Aschantis forment une des plus belles variétés de la race nègre, au point qu'on les a comparés aux Abyssins; leur idiome offre plusieurs dialectes peu dissemblables; leur religion est le fétichisme; mais l'islamisme y compte de nombreux adhérents. Ces peuples sont peu agriculteurs, quoique la terre donne deux récoltes par an; leur industrie consiste dans le tissage et la teinture d'étoffes de coton et de soie, dans des ouvrages de poterie et le tannage des cuirs : les armes, bijoux et autres ornements travaillés par leurs forgerons et leurs orfèvres sont très-estimés. L'empire d'Aschanti entretient des relations commerciales très-actives, à travers le désert, avec le centre de l'Afrique et l'Afrique orientale.

Les Européens en exportent de l'huile de palme, des bois de teinture et d'ébénisterie, ainsi qu'un peu d'ivoire; ils y importent des armes, de la poudre, du plomb, du cuivre, de l'étain, du fer, du tabac, du rhum et des tissus de coton.

Le royaume d'Aschanti a été fondé entre 1730 et 1740 par un conquérant heureux ; sa constitution est une espèce de féodalité, et plusieurs États nègres restés sous le gouvernement de leurs propres rois, en sont tributaires. Le littoral est occupé par le pays des Fantis et celui d'Akim ou Assin. Les Akimistes avaient soumis Fanti et Aquambo, les deux États les plus puissants du littoral pendant longtemps, dont les habitants faisaient le commerce de l'or et des esclaves entre la mer et les montagnes de l'intérieur; mais ils furent conquis à leur tour en 1749 par les Aschantis, et presque entièrement détruits. Les voyageurs s'accordent à les peindre comme un peuple très-sage, loyal et vivant dans l'abondance. Les conquérants n'exercèrent pas de moins horribles cruautés contre les nègres de Fanti, qui ne furent sauvés d'une destruction totale que par la protection de l'Angleterre. La guerre sanglante que les Anglais soutinrent de 1822 à 1824 contre les Aschantis, et dans laquelle périt le gouverneur de Cap-Coast, le général Mac-Carthy, se termina, en 1826, par la défaite des nègres, que le gouverneur Campbell soumit à un tribut. — *Voir* Rickett, *Narrative of the Ashantee War*, etc. : Lond., 1831.

Les Aschantis sont renommés par leur mépris de la vie humaine et la barbarie avec laquelle ils traitent leurs prisonniers de guerre. Pour se rendre braves, les. grands et les guerriers boivent le sang de ceux qu'ils ont tués. Dans les funérailles on égorge des esclaves et même des personnes libres, afin que le défunt ne manque pas de serviteurs dans l'autre monde. La reine-mère étant morte pendant la guerre contre les Fantis, son fils, dit-on, égorgea 3,000 hommes sur sa tombe. Parmi les superstitions de ce peuple, aucune n'est plus ridicule que celle qui force le roi à entretenir 3,333 concubines, nombre sur lequel repose le salut du pays. En 1839, le missionnaire wesleyen Freeman, qui avait déjà obtenu des succès chez les Fantis, entreprit un voyage à Coumassi, où il fut si bien accueilli qu'il écrivait : « J'ai la conviction que même les sanguinaires Aschantis sont prêts à recevoir l'Évangile. » Dernièrement deux princes aschantis ont été élevés à Londres, et renvoyés dans leur patrie en 1841, avec l'expédition du Niger.

ASCHARY, docteur musulman, naquit l'an 260 ou 270 de l'hégire (873 ou 883 de l'ère chrétienne). D'abord zélé partisan de Chafiy, il l'abandonna pour prêcher une nouvelle doctrine. Ses principes soulevèrent contre lui les autres sectes mahométanes, plus nombreuses et plus puissantes. Après avoir couru bien des périls et bravé d'horribles malédictions, il mourut à Bagdad, l'an 324 de l'hégire (936 de Jésus-Christ). *Voyez* ASCHARYENS.

ASCHARYENS, disciples d'Aschary. Mahomet avait dit : « A Dieu se *manifestent* tout ce que renferment les cieux, tout ce qui git au plus profond de vos cœurs, soit que vous l'y reteniez caché, il vous en demandera compte. Dieu fait grâce à qui il veut, pounit qui il veut, car la puissance de Dieu s'étend sur tous les êtres. » (*Koran*.) Dès l'apparition de ce verset du Koran, les croyants, tout en émoi, coururent chez Abou-Bekr et chez Omar, afin d'obtenir par le prophète, par l'entremise de ses deux plus fervents apôtres, le véritable sens de la déclaration, cause actuelle de leur perplexité. « Si Dieu nous demande compte des pensées même dont nous ne sommes pas maîtres, disaient les députés, quels moyens de nous sauver? » Mahomet eut besoin de quelque temps pour se recueillir; et le lendemain,

ASCHARYENS — ASCLÉPIADE

recourant à l'aide qui ne lui faillit jamais, il fit descendre du ciel cette déclaration : « Dieu n'exige de personne rien au delà de sa capacité : à chacun profitera ce qu'il se sera procuré de bien, et sur chacun pesera ce qu'il aura acquis de mal. » (*Koran.*)

Les plus raisonnables des docteurs musulmans soutiennent que cette dernière sentence annule la première ; mais les ascharyens distinguent entre une loi, un statut, qui, disent-ils, peuvent être abrogés par une loi ou un statut contraire, et une déclaration, toujours subsistante malgré toute déclaration opposée. D'après ce principe, ils conservent les deux versets du Koran, et s'efforcent de les concilier, afin d'établir leur système sur la liberté et le mérite des œuvres. Dieu, suivant les disciples d'Aschary, est l'agent universel, auteur et créateur de toutes les actions humaines ; Dieu produit également le bien et le mal ; il les place pêle-mêle sous les yeux de l'homme, et celui-ci peut choisir, sauf à répondre un jour du choix qu'il aura fait. Il s'agit ici, comme on le voit, de la *prédestination* et du *libre arbitre*; insoluble question, que toutes les religions ont néanmoins tenté de résoudre. Les musulmans, eux aussi, en ont fait le sujet de leurs nombreuses et violentes controverses ; et on retrouve dans l'islam, tout aussi bien que dans les autres croyances, des pélagiens, des augustiniens, des thomistes et des partisans de Molina. E. LAVIGNE.

ASCIDIES. *Voyez* TUNICIENS et BRYOZOAIRES.

ASCIENS. *Voyez* AMPHISCIENS.

ASCITE (du grec ἀσκίτης, fait d'ἀσκός, outre). On a donné ce nom aux différentes h y d r o p i s i e s de l'abdomen, probablement à cause de la ressemblance de cette partie du corps distendue avec une outre remplie d'eau ; on le réserve aujourd'hui à l'hydropisie du péritoine seulement, la plus fréquente de toutes, et qui s'observe à tous les âges, depuis l'enfant, qui peut l'apporter en naissant, jusqu'au vieillard.

Quand la maladie marche avec lenteur, le malade est souvent longtemps à soupçonner les accidents qui le menacent ; les premiers indices sont un sentiment de gêne : il est trop serré dans ses vêtements ; la quantité d'urine est diminuée. S'il existe en même temps une maladie du cœur et une atonie générale, on remarque le soir aux malléoles, aux mains, aux paupières, une bouffissure qui paraît et disparaît à plusieurs reprises ; le malade devient peu à peu nonchalant, apathique ; le liquide remplit progressivement la cavité du petit bassin, il gagne l'ombilic, et repousse en haut les intestins grêles : de là troubles dans les fonctions digestives, borborygmes, rapports, nausées ou vomissements, soif et amaigrissement rapide ; la respiration devient courte et difficile, par suite de la gêne qu'éprouve le diaphragme, repoussé qu'il est par le liquide et les viscères qu'il déplace ; la peau est sèche, aride, comme terreuse, le pouls petit et précipité. A moins qu'il n'y ait en même temps anasarque, toutes les parties du corps deviennent extrêmement maigres, ce qui contraste avec le volume quelquefois extraordinaire du ventre. A cette époque les veines dilatées, variqueuses, rampent sur les parois des cavités abdominales, qui se couvrent de taches, et alors on voit souvent survenir des syncopes, des symptômes de congestion cérébrale, etc. Après avoir acquis un développement plus ou moins considérable, le volume du ventre peut cesser de faire des progrès, le cours des urines peut se rétablir peu à peu, devenir de jour en jour plus considérable, et surpasser la quantité des boissons ; on voit la sueur s'affaisser et revenir à son état normal. Des diarrhées séreuses, des vomissements, des sueurs abondantes peuvent encore déterminer la disparition du liquide contenu dans le ventre. Lorsque la résorption n'a pas lieu, le liquide peut se faire une issue par divers points de l'abdomen ; on l'a vu s'échapper par la cicatrice ombilicale ou établir une communication avec un point de l'intestin grêle ou du gros intestin. Lorsqu'on a recours à la paracentèse ou ponction, la guérison peut avoir lieu comme dans les circonstances précédentes ; mais le plus souvent le ventre se remplit de nouveau, et presque toujours avec une rapidité plus grande que la première fois. L'ascite finit alors par la mort, qui survient soit par l'effet d'une rupture, par l'inflammation d'un viscère abdominal ou thoracique, soit par une péritonite aiguë.

La densité du ventre est toujours accrue en raison de l'accumulation du liquide qui constitue l'ascite ; à un degré très-avancé les parois de l'abdomen sont dures, résistantes, et ne cèdent cette pression des doigts ; elle se manifeste beaucoup plus que dans les cas où des gaz ou des matières molles s'accumulent dans les intestins. On accorde une grande importance au phénomène de la *fluctuation* : pour rendre sensible ce signe, on appuie une des mains sur les côtés du ventre du malade, et l'on percute de l'autre main sur le côté opposé : de cette manière le choc est transmis d'un côté à l'autre par le liquide ébranlé, et la main reçoit une sensation analogue à celle que produirait un flot de liquide.

On admet plusieurs variétés d'ascite : 1° sous le nom d'*ascite idiopathique* on désigne l'ascite qui survient sans qu'il y ait eu un travail morbide antérieur, une altération organique appréciable ; elle est très-rare, et quand elle est prise à temps elle est facile à guérir ; 2° l'*ascite idiopathique passive* est encore plus rare, et survient après les grandes hémorrhagies, et chez les individus faibles qui vivent dans une atmosphère froide et humide ; 3° l'*ascite métastatique* succède aux fièvres intermittentes, au scorbut ou à des affections cutanées supprimées par le refroidissement ; 4° l'*ascite par inflammation du péritoine* a une marche fort irrégulière, et son diagnostic présente souvent des difficultés presque insurmontables ; 5° l'*ascite symptomatique d'un obstacle à la circulation veineuse* : c'est la forme de la maladie qui est la plus commune ; 6° l'*ascite symptomatique d'une dégénérescence des reins*.

Quant au traitement de cette maladie, on distingue les moyens internes et ceux chirurgicaux. Parmi les premiers ceux qui ont le plus d'efficacité sont les diurétiques, tels que l'oseille, la digitale, la crème de tartre et le nitrate de potasse. On administre aussi les purgatifs, les pilules de Bontius, celles de Bacher, l'eau-de-vie allemande, etc. Les sudorifiques, le quinquina, les amers sont quelquefois prescrits. Dans beaucoup de cas la paracentèse ou la ponction de l'abdomen est le seul moyen qu'on puisse opposer à la suffocation du malade, quand l'accumulation du liquide est si considérable qu'elle menace de la produire. Un nouveau moyen thérapeutique, la *compression*, a été essayé déjà avec assez de succès pour faire croire que l'on peut, dans certains cas, fonder sur elle l'espoir d'un succès complet : on pratique cette compression au moyen d'un bandage lacé comprimant exactement le ventre depuis la base de la poitrine jusqu'au bassin. Enfin des médecins hardis ont conseillé d'agir sur le péritoine, et ont imaginé de pousser des injections après la ponction, comme on le pratique dans le traitement de l'hydrocèle. Quoi qu'il en soit de tous ces moyens thérapeutiques, ce n'est que sur la connaissance parfaite des causes de l'ascite que l'on peut baser les méthodes diverses de traitement qu'il convient de lui opposer. Dr Alex. DUCKETT.

ASCITES (dérivé du grec ἀσκός, outre, sac). C'est le nom d'anciens hérétiques de la secte des m o n t a n i s t e s, qui parurent dans le deuxième siècle. On les appelait *ascites* parce que dans leurs assemblées ils introduisaient une espèce de bacchanale et dansaient autour d'une peau enflée en forme d'outre, en disant qu'ils étaient ces vases pleins du vin nouveau dont Jésus-Christ fait mention dans saint Matthieu, ch. IX, vers. 17. On les appelait aussi *ascodrogites* et *ascodrogistes*.

ASCLÉPIADE, poëte grec, de Samos, fils de Sikelos, d'où lui vient aussi le nom de *Sikelide*. On lui attribue

ASCLÉPIADE — ASCONIUS PEDIANUS

trente-neuf épigrammes, la plupart érotiques, publiées dans l'*Anthologie*; mais elles ne lui appartiennent pas toutes : quelques-unes sont d'autres poëtes, du même nom. Bien qu'un peu plus âgé, il était l'ami et le contemporain de Théocrite. Il a donné son nom au vers asclépiade.

ASCLÉPIADE, espèce de vers lyrique, ainsi nommé du poëte *Asclépiade*, son inventeur, et composé d'un spondée, d'un dactyle, d'une césure longue et de deux dactyles :

Crēscēntēm sēquĭtūr cūrā pĕcūnĭăm. (HORACE.)

Tel est le petit *asclépiade*. Le grand n'en diffère qu'en ce qu'il se termine par un troisième dactyle. Il n'est pas sans intérêt d'observer que le vers français dit *alexandrin* a été taillé sur le modèle du petit vers asclépiade. En effet, l'un et l'autre ont douze syllabes ; et si l'on partage un asclépiade comme on scande un alexandrin, en comptant deux syllabes pour un pied, on y trouve deux hémistiches bien marqués et suspendus par le sens.

Crescen-tem se-quitur—cura-pecu-niam.
L'ava-re avec-son or—entas-se des-soucis.

ASCLÉPIADE ou **ASCLÉPIAS**. Ce genre de plantes est ainsi nommé parce que le dompte-venin (*cynanchum vincetoxicum*), qu'y rangeait Linné, passe pour la plante consacrée par les anciens à Esculape. Les espèces d'asclépiades, au nombre d'environ quarante, sont toutes originaires du Nouveau Monde. Ce sont des herbes vivaces; plusieurs se cultivent dans les parterres, comme plantes d'ornement. L'*asclépiade de Curaçao* (*asclepias Curassavica*) et celle *à racine tubéreuse* (*asclepias tuberosa*) sont quelquefois employées en médecine, l'une pour remplacer l'ipécacuanha, l'autre comme diaphorétique. Enfin, nous avons déjà en occasion de parler de l'emploi économique de l'*asclepias cornuti*, autrefois appelé *apocyn à ouate soyeuse*.

ASCLÉPIADÉES. Cette famille de plantes dicotylédones, à corolle monopétale hypogyne, très-voisine de celle des apocynées, se compose d'herbes et d'arbrisseaux le plus souvent lactescents, à inflorescence généralement interpétiolaire, multiflore, quelquefois uniflore, en ombelles, capitules, cymes ou panicules, dans lesquels les fleurs sont accompagnées de trois bractéoles subulées, très-rarement développées. Cette famille est de toute sa classe celle dont l'appareil staminal présente la plus grande complication. Pour établir les divisions primaires, on s'est servi, comme pour les orchidées, de la disposition des granules polliniques.

Le nombre des genres monte à plus de cent; il s'y trouve beaucoup de plantes d'ornement, telles que les *stapélia* et les *hoya*, qui embellissent nos serres chaudes de leurs guirlandes de fleurs; les *twedia*, les *oxypetalum*, les *asclépiades*, les *philibertia*, les *periploca*, etc.; mais, excepté dans le midi et l'ouest de la France, où on a réussi à en naturaliser quelques-unes, toutes ces plantes demandent au moins à être élevées en serres tempérées. On ne les trouve guère en effet que dans les régions tropicales des deux continents. Cependant certaines espèces d'autres genres s'avancent dans l'un et l'autre hémisphère jusqu'à une latitude de 58 à 59°. Parmi ces dernières il faut compter le *cynanchum vincetoxicum*, ou *dompte-venin*, qui vers le mois de juin fleurit dans nos bois sablonneux. La racine de cette plante provoque des vomissements et des évacuations alvines; aussi elle a été longtemps employée comme contre-poison. La scammonée de *Montpellier*, tombée également en désuétude, s'obtenait au moyen du suc du *cynanchum monspeliacum*. D'autres asclépiadées agissent encore comme purgatifs. Les sénés qui nous viennent du nord de l'Afrique en sont fréquemment mélangés. Enfin les *cynanchum vomitorium*, *mauritianum*, etc.,

rentrent dans la catégorie des plantes qui fournissent l'ipécacuanha blanc.

ASCLÉPIADES. Successeurs d'Esculape, considérés comme personnages historiques, ils se transmettaient les connaissances médicales, et habitaient principalement Cos et Gnide. Si l'on veut regarder Esculape comme un pur mythe, ce nom s'appliquera à une corporation de médecins qui formaient une espèce de caste sacerdotale, la médecine étant considérée alors comme un mystère et intimement unie à la religion. Dans cette caste les connaissances et les expériences médicales se transmettaient par héritage. Ses membres devaient s'engager par un serment, le *jusjurandum Hippocratis*, à ne jamais révéler les secrets de l'art.

Rome, qui donna dans son Panthéon place à la plupart des divinités de la Grèce, reçut aussi le culte d'Esculape et avec lui ses mystères. La peste y exerçant de grands ravages en 292 avant J.-C., les livres Sibyllins ordonnèrent d'aller chercher Esculape à Épidaure et de l'amener à Rome. On fit donc partir une ambassade, qui exposa aux Épidauriens le sujet de sa mission. Au même moment un serpent sortit du temple et entra dans le vaisseau. On le prit pour le dieu lui-même, et on le conduisit en Italie. Lorsque le navire entra dans le Tibre, ce serpent s'élança sur une île, où l'on éleva un temple en l'honneur d'Esculape. C'est là que les prêtres exerçaient la médecine tout en servant leur dieu.

Les Asclépiades de Cos tiraient du côté maternel leur origine d'Hercule; l'un d'eux fut le célèbre Hippocrate.

ASCOLIES (des mots ἐν ἀσκῷ λιάζειν, danser sur une outre), fête grecque de l'outre, en l'honneur de Bacchus. On s'amusait à sauter à cloche-pied sur une outre de peau de bouc, frottée d'huile et remplie de vin. Celui qui parvenait à s'y maintenir recevait l'outre pour prix de son adresse. Dans cette fête on immolait un bouc, l'ennemi de la vigne. Le peuple célébrait Bacchus dans des vers grossiers, et se barbouillait de lie. Les Ascolies avaient lieu le 29 poséidon (28 novembre), et faisaient partie des Dionysiaques des champs ou du Pirée. Les Romains avaient aussi des Ascolies : c'est à cette fête champêtre que se rapporte ce vers du deuxième livre des *Géorgiques* :

Mollibus in pratis unctos salire per utres.

Après le saut de l'outre, on portait la statue de Bacchus autour des vignes; puis on attachait à des arbres de petites images de bois ou de terre cuite, représentant des objets consacrés à Bacchus. Il nous est resté quelques représentations de ces antiques cérémonies. On peut croire, d'après Varron, qu'on donnait anciennement aux Ascolies le nom de *Cernualia*, du vieux mot *cernuare*, qui signifie chanceler et tomber.

ASCONIUS PEDIANUS (QUINTUS), orateur et grammairien très-distingué, qui faisait des cours publics à Rome, sous le règne de Tibère. Tite-Live et Quintilien furent ses élèves, et Virgile son ami. Il mourut dans sa quatre-vingt-cinquième année, après avoir perdu la vue douze ans auparavant. Malheureusement il ne nous reste de lui que quelques parties de ses excellents commentaires sur trois des *Verrines*, le commencement de la quatrième, et cinq autres discours de Cicéron. Ce sont des modèles de clarté et d'élégance, qui jettent un jour précieux sur les mœurs, le droit public, et même sur quelques points importants du droit civil des Romains. La meilleure édition est celle de Leyde (1644, in-12), enrichie principalement des notes de Manuce, Hotman et Sigonius; ils ont été en outre imprimés souvent avec les œuvres de Cicéron, entre autres dans les éditions de Grævius et de l'abbé d'Olivet. M. Ang. Mai a trouvé en 1814, à Venise, des fragments du discours de Cicéron *pro Scauro*, accompagnés d'un commentaire qu'il attribue à Asconius; mais le savant Cramer (André Wilh), bibliothécaire à Kiel, ne partage point cette opinion. Plusieurs critiques, entre autres Scaliger, d'après un passage de saint Jérôme, ont cru devoir admettre deux auteurs romains de ce nom; mais cette hypothèse doit être rejetée. Muntz.

ASCOPHITES, hérétiques qui parurent dans l'Église chrétienne vers l'an 173. Suivant eux, un ange était chargé du gouvernement de chaque sphère de l'univers. La seule connaissance de Dieu suffisait au salut et à la sanctification de l'homme. Les bonnes œuvres étaient inutiles. Ils ne reconnaissaient pas l'Ancien Testament, s'élevaient contre les offrandes, et brisaient les vases sacrés.

ASDRUBAL. Neuf généraux carthaginois ont porté ce nom.

Le plus ancien était fils de Magon, à qui il succéda dans le commandement : il fut onze fois suffète et quatre fois honoré du triomphe. Chargé, l'an 489 avant J.-C., de la conquête de la Sardaigne, il périt dans une bataille dont le succès assura à Carthage la possession de cette île.

ASDRUBAL, fils d'Hannon, fut pendant la première guerre punique nommé général pour combattre Régulus, descendu en Afrique l'an 257 avant J.-C. Il fut vaincu, et sa défaite fut en grande partie attribuée à son incapacité. Envoyé en Sicile trois ans après, l'an 254, avec de vieilles troupes et cent quarante éléphants, il tint la campagne contre les Romains jusqu'en 250, où il fut encore vaincu devant Panorme par le proconsul Cæcilius Metellus. Il fut mis à mort à son retour à Carthage.

ASDRUBAL, surnommé *le Beau*, gendre d'Amilcar Barca, à qui il succéda dans le commandement de l'Espagne, l'an 230 avant J.-C., débuta par une grande victoire remportée sur les Espagnols. Pour assurer ses conquêtes dans la Péninsule, il bâtit Carthage-la-Neuve (Carthagène). Il fut assassiné par un esclave gaulois, l'an 223 avant J.-C. Annibal, son beau-frère et son élève, lui succéda.

ASDRUBAL, surnommé *le Chauve*, fut envoyé en Sardaigne, l'an 215 avant J.-C., pour soutenir les Sardes révoltés. Il fut vaincu et fait prisonnier par Manlius, et cette île rentra tout entière sous l'obéissance des Romains.

ASDRUBAL BARCA, fils d'Amilcar et frère d'Annibal, prit le commandement de l'Espagne quand ce dernier alla porter la guerre en Italie. Il eut à combattre Cneus et Publius Scipion, et fut d'abord constamment vaincu par ces généraux, dont la mission principale consistait à empêcher Asdrubal de passer les Pyrénées pour aller en Italie joindre ses forces à celles de son frère Annibal ; mais les deux Scipions, aveuglés par leurs succès, se séparèrent imprudemment, et Cneus, abandonné par les Celtibériens, fut vaincu et tué par Asdrubal. Publius, qui avait eu à combattre Magon, frère d'Asdrubal, eut le même sort. Avec un peu d'activité et de conduite, Asdrubal et son collègue auraient pu profiter de la consternation des Romains pour les chasser entièrement de l'Espagne ; mais ils surpassèrent l'imprudence qui avait fait la perte des Scipions. Ils laissèrent Marcius, simple chevalier romain, rallier ses compatriotes ; Magon et Asdrubal furent défaits l'un après l'autre. L'année suivante Asdrubal eut à combattre le préteur Claudius Néron, qui l'enferma dans le défilé nommé *Pierres-Noires*, entre Illiturgis et Mentosa, non loin du Bétis ; mais le Carthaginois, en amusant le général romain par une négociation, fit évader son armée par-dessus les montagnes. Asdrubal trouva bientôt un adversaire plus redoutable dans la personne du jeune P. Scipion, fils de Publius, qui le vainquit à Bæcula (209 avant J.-C.). Après sa défaite, il se dirigea vers les Pyrénées, et pénétra dans la Gaule. Partout, sur son passage, il se voit reçu comme un libérateur, fait de nouvelles recrues, et passe sans difficulté les Alpes avec cinquante-deux mille hommes. Les Liguriens lui en amenèrent huit mille. Au lieu de se porter rapidement vers Annibal, qui était au midi de l'Italie, il perd un temps précieux au siége de Plaisance, ce qui donne aux Romains le temps de rassembler leurs forces et de l'accabler dans une bataille livrée sur les bords du Métaure (an 207). Il ne voulut pas survivre à sa défaite, que Tite-Live compare à celle de Cannes. Elle décida du sort de l'Italie. Annibal n'apprit ce terrible revers qu'à la vue de la tête de son frère, que le consul Néron fit jeter dans son camp. « C'en est fait, s'écria-t-il, en perdant Asdrubal j'ai perdu ma fortune, et Carthage toute espérance. »

ASDRUBAL, fils de Giscon, partagea avec Asdrubal Barca et Magon le commandement de l'Espagne pendant la deuxième guerre punique. Après la défaite d'Asdrubal Barca à Bæcula, il demeura chargé de la garde de la Bétique, et maintint toute la contrée sous son obéissance jusqu'au moment où P. Scipion y entra. Il n'osa lui disputer cette province, et se retira à Gadès (Cadix); puis de là passa en Afrique, où il fut joint par le roi des Numides, Syphax, à qui il avait donné sa fille Sophonisbe en mariage. Il fit échouer les projets de Scipion sur Utique (l'an 204 avant J.-C.) ; mais l'année suivante le général romain attaqua le camp d'Asdrubal et celui de Syphax, y mit le feu, et détruisit en un même jour les deux armées carthaginoise et numide. Asdrubal, après ce désastre, fut mis en croix à son retour à Carthage, si l'on en croit Appien ; mais selon Tite-Live il parvint à détourner le sénat et les suffètes d'une paix déshonorante, hasarda même une seconde bataille contre Scipion, fut complétement défait, et mourut peu de temps après (l'an 201 avant J.-C.).

ASDRUBAL, surnommé *Hœdus*, c'est-à-dire *le Bouc*, alla à Rome, après le désastre de Zama, implorer au nom des Suffètes la ratification de l'espèce de grâce que Scipion avait faite aux Carthaginois, en ne détruisant pas leur ville. Ennemi de la famille Barca qui avait tant poussé à la guerre, il réussit dans une négociation qui ne laissait pas que d'être difficile; car dans le sénat bon nombre de membres, entre autres le consul Cornélius Lentulus, étaient d'avis qu'il ne fallait pas laisser pierre sur pierre dans la cité rivale (an 201 av. J.-C.). On sait que ce qui était différé ne fut pas perdu, et que Scipion l'Africain le jeune détruisit Carthage.

ASDRUBAL, général des Carthaginois dans la troisième guerre punique, n'était pas de la famille barcine. Il entraîna sa patrie dans une guerre contre Massinissa, et fut vaincu. Condamné à mort pour avoir offensé Rome en faisant la guerre à son plus fidèle allié, il prit la fuite, rassembla une armée de 20,000 hommes, et marcha sur Carthage. C'était le moment où les Romains, après avoir imposé aux Carthaginois les plus humiliantes conditions, leur ordonnaient de quitter la ville. Cette cruelle exigence rend à ce peuple toute son énergie ; il se prépare à la plus vigoureuse défense, et rappelle Asdrubal pour combattre ce même ennemi auquel une politique timide l'avait sacrifié. A la tête de ses 20,000 hommes, il commanda au dehors. Resserré par les Romains, il se réfugia dans Népheris, qui fut assiégée et prise d'assaut : 60,000 hommes furent ensevelis sous ses ruines. Malgré ce désastre, Asdrubal rassembla une nouvelle armée, et continua de harceler les Romains. Admis dans l'intérieur de la ville, il signala son commandement par la violence de son caractère et par d'atroces cruautés envers les prisonniers romains. Enfin, le jeune Scipion ayant pris Carthage d'assaut (l'an 146 avant J.-C.), Asdrubal se retrancha d'abord dans le temple d'Esculape, avec neuf cents transfuges romains ; mais bientôt, craignant pour sa vie, et passant de la fureur à l'abattement, il sort furtivement du temple, et se présente à Scipion une branche d'olivier à la main. Sa femme, abandonnée ainsi que ses enfants au ressentiment d'une troupe désespérée, ne peut se résoudre à partager son ignominie. Les Romains, par ordre de Scipion, exposent à ses yeux son mari sur le haut des remparts. Les transfuges vomissent contre lui d'horribles imprécations ; puis, plutôt que d'imiter sa lâcheté, et prenant conseil de leur seul désespoir, ils mettent le feu au temple, aimant mieux être la proie des flammes que d'expirer sous les verges et sous la hache du bourreau. Cependant la femme d'Asdrubal se pare de ses plus riches habits, et, se mettant à la vue de Scipion avec ses deux enfants dans ses bras : « Romain, lui dit-elle, je ne fais point d'imprécations contre toi ; tu ne fais qu'user du droit de la guerre; mais puisse le génie de Carthage conspirer avec toi pour punir le parjure qui a trahi sa patrie, ses dieux, sa femme et ses enfants! » S'adressant ensuite à son époux : « O le plus lâche et le plus scélérat des hommes! s'écria-t-elle, rassasie tes yeux de ces flammes qui vont nous dévorer, moi et mes enfants : notre sort est moins à plaindre que le tien; nous allons terminer nos souffrances. Pour toi, indigne capitaine de Carthage, va servir d'ornement à la pompe triomphale de ton vainqueur; va subir à la vue de Rome vengée la peine due à tes crimes. » Aussitôt elle égorge ses enfants, les jette dans le feu et s'y précipite avec eux. Appien assure qu'Asdrubal se tua lui-même, pour ne pas orner le triomphe de son vainqueur.

ASDRUBAL, petit-fils de Massinissa, commandait dans l'intérieur de Carthage, tandis qu'on laissait avec son armée, hors des murailles, l'autre Asdrubal (*voyez* l'article précédent), dont le caractère farouche était redouté de ses concitoyens. Jaloux de ce concurrent, homme aussi modéré que brave, celui-ci l'accusa de vouloir livrer Carthage à son oncle Gulussa, roi des Numides, qui venait de succéder à Massinissa. Asdrubal le Numide dédaigna de se justifier; son silence fut regardé comme l'aveu de son crime, et il fut massacré par la multitude (an 147 avant Jésus-Christ.)   Ch. DU ROZOIR.

ASE. Ce nom désignait les dieux et les déesses dans les poëmes de l'Edda et dans les chants des Scaldes du Nord. L'un des plus anciens écrivains scandinaves, Snorri Sturleson, nous apprend que ce nom de divinité fut aussi celui d'un peuple conquérant venu d'*Asie*, sous la conduite d'Odin, à une époque reculée, dans le Nord (*voyez* NORD [Mythologie du]). Nous savons d'autre part que les Étrusques avaient une dénomination analogue pour désigner la divinité ; c'est Suétone (*Vie d'Auguste*, c. XCVI) qui nous l'apprend. « Parmi les présages de la mort d'Auguste, dit-il, et de son apothéose, il faut placer cette circonstance que sur une colonne élevée en son honneur la foudre effaça la lettre C par laquelle commençait son nom (*Cæsar*) et ne laissa subsister que les lettres ÆSAR, mot qui dans la langue étrusque signifie dieu : et par là il était clairement annoncé que dans les cent (C) jours Auguste serait transféré au nombre des dieux. » Au témoignage d'Hesychius, les Tyrrhéniens nommaient aussi Ases leurs divinités : Ἄσοι θεοὶ ἀπὸ Τυρρηνῶν. Jornandès, en parlant des Goths, dit qu'après une grande victoire remportée sur l'armée de l'empereur Domitien, ils commencèrent à regarder leurs généraux comme des dieux, et les appelèrent *Æses*. Suivant la remarque du savant Islandais Finnur Magnusson, le nom du dieu suprême des Perses, *Mithras*, signifie en islandais l'Ase par excellence (Maetras). Rappelons-nous encore l'*Hesus* des Gaulois :

Et quibus immitis placatur sanguine cæso
Teutates, horrensque feris altaribus Hesus (LUC., *Phars.*, 1);

et nous pourrons conclure que ce mot, d'une haute antiquité, a été commun à des peuples de race très-distincte pour exprimer l'idée de Dieu.

ASÉGA (Droit). C'est le nom donné à un code d'antiques lois frisonnes conservées jusqu'à nos jours, et qui ont même eu les honneurs de l'impression. On en connaît une édition in-4°, publiée par Woarda, sous le titre de LIVRE D'ASÉGA, *Recueil des anciennes lois frisonnes de la tribu des Rüstrings* (Berlin, 1805).

ASERI ou ASSEKAI (Sultane). *Voyez* SULTANE.

ASELLI (GASPARD), plus connu sous le nom d'*Asellio*,

né à Crémone, en 1581, l'un des anatomistes les plus distingués de son siècle, fut nommé, en 1620, professeur d'anatomie à l'université de Pavie, et mourut en 1625, après avoir rendu son nom à jamais célèbre par la découverte des *vaisseaux lymphatiques* dans le mésentère. On raconte que cette découverte, comme tant d'autres qui ont influé sur le développement des sciences, fut due au hasard, et qu'au moment où il la fit Aselli opérait, dans une dissection destinée à un tout autre objet, sur le cadavre d'un chien tué pendant le travail de la digestion. Une autre circonstance bien remarquable encore, c'est qu'Aselli ne publia point lui-même sa découverte, qui ne fut divulguée qu'un an après sa mort, en 1626, par des amis fidèles.

ASER, un des douze fils de Jacob, donna son nom à l'une des tribus d'Israel. *Voyez* TRIBUS.

ASHANTÉE. *Voyez* ASCHANTIS.

ASHBURTON (Lord). *Voyez* BARING.

ASHMOLE (ÉLIE), dit le *Mercuriophile anglais*, alchimiste né à Lichfield, en 1617, était fils d'un sellier, et, grâce à une subvention que lui fit la famille Paget, put aller étudier le droit à Londres. Quand la lutte s'engagea entre Charles 1er et le parlement, il prit parti pour le roi et obtint le grade de capitaine dans l'armée royale, sans renoncer pour cela à l'étude des sciences exactes et naturelles. Et, suivant les préjugés de son époque, confondant l'astrologie avec l'astronomie, l'alchimie avec la chimie, il acquit le renom d'adepte dans ces deux sciences chimériques, qui lui fournirent le sujet de divers traités, aujourd'hui oubliés. Le dévouement à la cause royale dont il avait fait preuve à l'époque de la révolution, fut récompensé par Charles II, qui le nomma d'abord hérault d'armes (1660), et plus tard (1679) secrétaire des colonies. Avec Jonas Moore, William Lilly et John Booker, il fonda une société d'antiquaires, et rendit ainsi à la science des services bien plus réels que par ses recherches à la découverte du grand arcane. Il recueillit une foule de précieuses médailles, de chartes, de documents et de manuscrits curieux, qu'il légua, avec sa bibliothèque, à l'université d'Oxford. Ce legs est le fond primitif du *Museum Ashmoleanum*, qu'on voit encore aujourd'hui à Oxford, et auquel l'université reconnaissante donna le nom du généreux testateur. Ashmo'e mourut en 1692.

ASIARQUE, titre d'un magistrat qu'on élisait dans l'Asie Mineure, sous les empereurs romains, pour présider aux jeux fondés par les sept villes principales de cette contrée, et qui avaient lieu tous les cinq ans. C'était une charge très-onéreuse, parce que l'*asiarque* était obligé de faire la dépense de ces jeux ; aussi les pères de famille qui avaient cinq enfants pouvaient-ils s'en faire exempter. Mais pendant et après son exercice elle conférait le titulaire d'une grande considération. Son pouvoir, toutefois, ne durait qu'un an, et il n'avait même pendant ses fonctions aucun droit sur le gouvernement, si ce n'est celui de désigner la ville où la fête devait avoir lieu. On se glorifiait alors d'avoir des asiarques parmi ses ancêtres comme d'y compter des archontes ou des consuls. L'asiarque portait une couronne et une robe de pourpre. Le sacerdoce permettait de remplir d'autres places, telles que celles d'archonte, de préteur et de grand prêtre.

Ces fêtes nous sont été conservées sur des médailles de la Bithynie, de la Cappadoce, de la Galatie, de Tarse, de Cilicie, d'Éphèse, d'Ionie, de la Phrygie, du Pont, de la Lycaonie, de l'Isaurie, de la Carie. Les présidents des confédérations portaient le nom de bithyniarque, de pontarque, de galatarque, etc. D'autres provinces les avaient imitées, et des médailles nous offrent encore la confédération de Macédoine, celle de Phénicie, de Syrie, de Thrace, de la Cyrénaïque et de Crète. Alexandrie et Éphèse s'étaient partagées ces fêtes en commun. Les plus anciennes étaient les *panionies* et les *panachéennes*.

Dans les derniers temps les députés des différents peuples

ASIARQUE — ASIE

s'assemblaient pour s'occuper de leurs affaires, et préludaient à leurs fêtes par des sacrifices ; mais quand Rome eut soumis le monde, la Grèce et l'Asie Mineure n'eurent plus d'intérêts politiques à traiter. Privées de leur liberté, de leur indépendance, elles n'eurent qu'à se courber devant leurs maîtres et à se livrer aux fêtes et aux plaisirs. On oublia l'origine de ces jeux, on ne les célébra plus qu'à la gloire des vainqueurs, et il est à remarquer que ce sont les médailles de l'insensé, du sanguinaire Caracalla qui offrent le plus d'exemples de ces solennités nationales.

ASIATIQUES (Sociétés et Musées). La première société asiatique, c'est-à-dire la première association de savants ayant spécialement pour objet l'étude de la littérature, de l'histoire, de la géographie, des religions et des langues de l'Orient, fut fondée à Batavia par les Hollandais. Cette société publia les *Verhandelingen van het Bataviaasch genootschap van kunsten en wetenschapen* (15 vol., Batavia, 1780-1833), recueil où depuis peu de temps seulement sont traitées des questions d'un intérêt général. En 1784, William Jones fonda à Calcutta une société semblable, la Société Asiatique du Bengale, dont les mémoires, qui parurent d'abord sous le titre de *Asiatic Researches* (20 vol., Calcutta, 1788-1833, in-4°), ont puissamment contribué à étendre nos connaissances sur l'Inde. Ces mémoires, continuent à se publier, depuis 1832, sous le titre de *Journal of the Asiatic Society of Bengal* ; on y remarque surtout les savants travaux du secrétaire de la société, James Prinsep, relatifs à la numismatique indo-bactrienne et grecque. A la Société Asiatique du Bengale se rattachent par des liens étroits la Société Médicale, qui publie les *Transactions of the Medical and Physical Society of Calcutta* (7 vol., Calcutta, 1824-32), et la Société d'Agriculture, qui n'a fait imprimer qu'un vol. des *Transactions of the Agricultural and Horticultural Society of India* (Calcutta, 1829). A l'instar de la société de Calcutta s'est fondée à Bombay une autre société asiatique, qui a publié *Transactions of the Literary Society of Bombay* (3 vol., Londres, 1819-23, in-4°). Une troisième s'est établie à Madras ; on lui doit un volume de *Transactions* (Londres, 1828, in-4°), et dans ces derniers temps elle a entrepris la publication d'un *Journal of Literature and Science*. On peut citer encore les sociétés asiatiques de Bencoulen, dans l'île de Sumatra, de Malacca et de Ceylan ; mais leurs travaux sont très-peu connus en Europe.

En 1821 fut fondée à Paris, par Silvestre de Sacy, Abel Rémusat, Champollion, Chézy, Klaproth, Saint-Martin, et quelques autres savants, qui en offrirent la présidence honoraire au duc d'Orléans, une nouvelle Société Asiatique, laquelle toutefois ne fut autorisée par ordonnance royale que le 15 avril 1829. Cette société a pour but d'encourager l'étude des langues de l'Asie, d'acquérir les manuscrits asiatiques, de les répandre par la voie de l'impression, d'en faire faire des extraits ou des traductions ; d'encourager, en outre, la publication des grammaires, des dictionnaires et d'autres ouvrages utiles à la connaissance de ces diverses langues ; d'entretenir des relations et une correspondance avec les sociétés qui s'occupent des mêmes objets, et avec les savants asiatiques ou européens qui se livrent à l'étude des langues asiatiques et qui en cultivent la littérature. La société n'établit pas de concours et ne distribue pas de prix : seulement elle décerne quelquefois des médailles d'honneur à des hommes qui lui ont rendu d'éminents services. Elle publie un recueil mensuel, intitulé : *Journal Asiatique, ou Recueil de mémoires, d'extraits et de notices relatifs à l'histoire, à la philosophie, aux langues et à la littérature des peuples orientaux*, et plusieurs ouvrages originaux ou traduits, des grammaires et des dictionnaires, qu'elle édite partie à ses frais, partie par souscription. Elle a eu la gloire d'introduire la première en France une foule de caractères sanscrits, de faire graver des corps de caractères géorgiens,

pehlwis, tagalas ; de faire exécuter à Saint-Pétersbourg des fontes de caractères mongols et mandchoux, de former enfin un musée riche en antiquités et une bibliothèque de plus de 2,000 livres et manuscrits spéciaux. Elle a pour habitude de déposer à la Bibliothèque Nationale les œuvres importantes dont elle fait l'acquisition. Son sceau représente un soleil levant.

Une autre société, qui a quelques rapports avec la Société Asiatique, a été fondée, dans ces derniers temps, à Paris sous le titre de *Société Orientale*. Elle publie un recueil mensuel intitulé *Revue d'Orient*, et semble circonscrire de préférence le champ de ses explorations dans la Turquie, la Syrie, l'Égypte, l'Algérie et les autres pays musulmans. La Société royale Asiatique de la Grande-Bretagne et de l'Irlande date à peu près de la même époque que la Société Asiatique de Paris ; elle fut ouverte par Colebrooke, le 19 mars 1823, et depuis 1828 elle s'est adjoint un comité de traduction, qui déploie beaucoup d'activité et a déjà fait imprimer à ses frais de nombreuses traductions anglaises, latines et françaises d'ouvrages orientaux, quelquefois avec le texte original. Une troisième branche de cette société, fondée en 1842 par le comte Munster, s'est imposé le devoir de ne publier que les textes des ouvrages orientaux, en sorte que ces deux comités travaillent aujourd'hui de concert. Les *Transactions of the royal Asiatic Society of Great-Britain and Ireland* (3 vol., Lond., 1824-34), que la Société publiait autrefois, ont été remplacées, en 1833, par le *Journal of the Asiatic Society*. Cette société a déjà rassemblé une belle bibliothèque et un beau musée d'antiquités asiatiques.

Pétersbourg possède aussi un musée asiatique, sous la direction du conseiller Frœhn ; mais il n'y a pas en Russie de société asiatique proprement dite.

De nos jours une société égyptienne s'est fondée au Caire.

Si les orientalistes de l'Allemagne ne se sont pas encore formés en société, ils ont au moins un centre d'union dans le *Journal des Connaissances orientales*, que Lassen rédige à Bonn.

ASIE, le plus vaste continent de l'ancien monde, berceau du genre humain et foyer des plus anciens souvenirs historiques, masse énorme d'une superficie de 445,500 myriamètres carrés, entièrement située dans l'hémisphère septentrional et oriental, à l'exception des îles du sud-est, qui coupe l'équateur, et d'une faible portion de la Sibérie, qui s'étend dans l'hémisphère occidental, entourée de trois côtés par l'océan, et touchant à l'ouest par quelques points à l'Europe et à l'Afrique. L'immense distance des points extrêmes des caps Sjeverovostoknoï et Bouro, de 78° à 1° de latitude boréale, et des caps Baba et Oriental, du 44° de longitude orientale au 152° de longitude occidentale, suffit seule pour faire juger des énormes dimensions de ce continent, qui a sur tous les autres l'avantage de posséder, outre une étendue de côtes de 5,705 myriam., les frontières de terre les plus vastes. L'océan Glacial arctique, le grand Océan et l'océan Indien bornent l'Asie au nord, à l'est et au sud ; à l'ouest ses limites ne sont formées qu'en partie par la Méditerranée, car elle est jointe à l'Afrique, au nord de la mer Rouge, par l'isthme de Suez, long de 12 myriam. ; et sur une étendue de 266 myriam. entre le golfe de Kara et la mer Caspienne, l'Europe s'allonge comme une presqu'île du colossal continent asiatique. Au nord-est l'Asie est séparée de l'Amérique par le détroit de Béring, large de 5 myriam., et au sud-est de nombreuses îles semblent autant d'assises d'un pont jeté entre elle et le continent australien.

A la masse du continent asiatique, qui figure un trapèze, se rattachent d'immenses péninsules, d'une superficie de 85,250 myriam. carrés : à l'ouest, l'Asie Mineure ou l'Anatolie, entre la mer Noire et la mer du Levant, séparée de l'Europe par les détroits de Constantinople et des Dardanelles, avec les nombreux archipels des Sporades à l'occident, et Chypre non loin de sa côte méridionale; au midi, l'Arabie, l'Inde en deçà du Gange et l'Inde Transgangétique, trois presqu'îles offrant de l'analogie avec les trois péninsules de l'Europe méridionale. Comme l'Espagne, dont aucun golfe n'échancre les rivages, l'Arabie prolonge ses côtes unies entre la mer Rouge et le golfe Persique; comme l'Italie avec la Sicile sa voisine, l'Inde en deçà du Gange et l'île de Ceylan s'étendent entre le golfe Persique et celui du Bengale; et tandis qu'en Europe la péninsule hellénique, toute dentelée par ses anses, semble se rattacher à l'Asie par une ceinture d'îles, l'Inde Transgangétique, non moins profondément échancrée par l'Océan, s'allonge entre le golfe du Bengale et la mer de la Chine, se ralliant à l'Australie par l'archipel océanien. Cet archipel, appelé aussi *Asie australe*, se divise en plusieurs groupes d'îles : le groupe des Philippines avec Mindanao et Luçon, Bornéo, Célèbes; les Moluques; celui des grandes îles de la Sonde, avec Sumatra et Java, et celui des petites îles de la Sonde, avec Timor. Les côtes orientales de l'Asie sont caractérisées surtout par les profonds enfoncements de l'Océan dans les terres, enfoncements circulaires fermés au midi par des presqu'îles et de longues chaînes d'îles. Telle est la forme, dans la direction du sud au nord, des mers de la Chine, du Japon, d'Okhotsk et du Kamtschatka, qu'étreignent les presqu'îles de la Corée et du Kamtschatka, et l'archipel de la Chine avec Formose, celui du Japon avec Jesso et Nipon, l'île Saghalin et les Kouriles, tandis que Hainan dans le golfe du Tonquin touche presque au continent. Au nord, les côtes de la Sibérie sont aussi profondément échancrées, mais par les larges embouchures de ses immenses fleuves plutôt que par la mer. C'est également aux terres entraînées par ses cours d'eau que, hormis la Nouvelle-Sibérie, les îles Waigatsck et de la Nouvelle-Zemble, sur les limites de l'Europe et de l'Asie, toutes les îles de l'océan Glacial arctique doivent leur origine.

Gigantesque dans toutes ses proportions, l'Asie l'est aussi sous le rapport de sa constitution géologique. Elle offre la dépression du sol la plus considérable, les montagnes les plus élevés, les chaînes de montagnes les plus hautes que l'on connaisse sur le globe. Des plaines occupent un peu plus d'un tiers de ce vaste continent ; les deux autres tiers sont couverts par des montagnes, et au centre s'élève un plateau continu, borné au nord par un grand enfoncement, et au sud par une longue chaîne de montagnes. Le plateau intérieur, baigné à l'est par les flots du Grand-Océan et à l'ouest par la Méditerranée, est divisé, sous le 90° de long. orientale, par les plaines du Touran et de l'Hindostan, en deux massifs principaux, le plateau de l'Asie orientale ou Asie postérieure, et le plateau de l'Asie occidentale ou Asie antérieure, liés ensemble par une chaîne de montagnes couvertes de neiges éternelles, que l'on appelle l'Hindou-Kouh. L'Asie postérieure, dont la superficie, de 154,000 myriam. carrés, surpasse des deux tiers celle de l'Europe, constitue la portion principale du continent asiatique, et présente différents caractères dans les monts qui la bornent. Au midi le plateau s'abaisse sous la forme de montagnes escarpées jusqu'aux collines boisées et aux plaines marécageuses de l'Hindostan. Ces montagnes sont celles de l'Himalaya, dont les crêtes moyennes s'élèvent à 5,000 mètres, et les sommets à 7 et 9,000 mètres au-dessus de l'Océan, et dont le point culminant, le Dhawala-Giri ou montagne Blanche, masse colossale de 8,766 mètres, est la plus haute montagne du globe. A l'orient, le sauvage Sine-Schan, aux flancs déchirés par d'impétueux torrents, paraît la sur-passer encore en hauteur; mais il est trop peu connu jusqu'ici pour qu'on puisse en décrire les caractères géologiques. Les chaînes du Yun-Ling et du Klinggam-Ola, détachées du massif principal, courent à l'orient; elles forment au midi la transition aux nombreux rameaux qui parcou-

rent la Chine, et dont les plus considérables sont le Nan-Ling et le Pé-Ling ; au nord, la transition aux montagnes de la Mandchourie, dont la chaîne orientale, le Tschangpe-Schan, oppose à la mer une muraille de rochers haute de 1000 mètres. Moins élevées, mais reposant sur une plus large base, les montagnes du bord septentrional du plateau s'abaissent graduellement jusqu'à la plaine. Les bassins des lacs Baïkal et Saïsan les partagent en trois groupes, que l'on peut désigner sous les noms généraux de chaîne Dsourique, de système de l'Altaï et de chaîne de la Dsoungarie. C'est à cette dernière qu'appartiennent le Mouz-Tagh ou montagne de glace, au sud-ouest, et le Bolor-Tagh ou montagne nuageuse, qui forme la limite occidentale du plateau et unit ses escarpements, au nord-ouest, avec la chaîne du Turkestan. Le grand plateau central de l'Asie, ceint ainsi de tous côtés, est divisé en plusieurs plateaux secondaires par des chaînons qui dérivent des chaînes principales, comme le Kuen-Lun ou Koul-Koun, l'In-Chan et le Nan-Chan à l'est, et le Thian-Chan avec le Bokdo-Ola, haut de près de 7,000 mètres, à l'ouest. Ces plateaux secondaires forment au midi les hautes vallées du Thibet, à 5,000 mètres au-dessus de la mer ; au centre, les steppes de la Tatarie ; au nord, les plaines de la Dsoungarie et celles de la Mongolie, qui n'ont plus que 800 mètres d'élévation, et qui servent de limite, au nord-est, à la zone de déserts de l'ancien monde, appelée sur ce point extrême désert de Schamo ou de Gobi.

Moins vaste, puisqu'il n'a qu'une superficie de 40,700 my^r riam. carrés, et beaucoup moins élevé, le plateau de l'Asie antérieure se rattache au massif oriental par le plateau de l'Iran, la chaîne médo-arménienne et le plateau de l'Anatolie. Le plateau de l'Iran, haut de 2,000 mètres à l'est, de 1,300 mètres à l'ouest, s'abaisse au centre, dans les environs du lac de Zarah, à 700 mètres. D'immenses déserts de sable, de gravier et de sel le couvrent en grande partie, et de hautes montagnes l'entourent de tous côtés. Ce sont, à l'orient, les hauts chaînons escarpés de la chaîne Indo-persique, dont le pic le plus élevé, le Trône de Salomon, a 4,000 mètres ; au sud, les sauvages terrasses du Beloudchistan et du Farsistan ; au nord, l'Elbrouz, qui s'abaisse brusquement vers la mer Caspienne, et offre le volcan du Demavend, haut de 4,000 mètres ; enfin, plus à l'est, la chaîne du Khorassan, interrompue par de larges enfoncements accessibles et se liant par les hauteurs du Paropamisus avec la chaîne du Turkestan et avec l'Hindou-Kouh. La configuration du sol est plus compliquée dans la chaîne médo-arménienne : on rencontre d'abord, comme continuation des escarpements sud-ouest de l'Iran, les terrasses du Kourdistan, dont les masses sauvages et déchirées terminent le plateau autour des lacs d'Urnia et de Van ; tandis qu'au nord, comme prolongement de l'Elbrouz, jusqu'aux profonds bassins de l'Araxe et du Kour, elles sont encadrées par les montagnes de l'Aderbidjan et de l'Arménie, qui renferment des plaines hautes, comme celle d'Erzeroum, de 2,000 mètres, et portent leurs sommets escarpés jusqu'aux nues. Tel est l'Ararat, élevé de 5,333 mètres au-dessus de la mer. De ce labyrinthe de rochers bouleversés par des volcans part, dans la direction de l'ouest, un chaînon qui s'étend au nord et au sud de l'Asie Mineure, et dont les versants intérieurs en se réunissant forment un plateau très-tourmenté sur lequel s'élèvent l'Argœus, et l'Hassan-Dagh à 4,333 mètres de hauteur. L'escarpement méridional a reçu le nom général de Taurus ; il commence à l'est avec une hauteur absolue de 3,500 à 4,000 mètres.

Toutes les autres montagnes de l'Asie doivent être considérées comme des embranchements du massif intérieur. Hautes, à l'exception du Caucase et d'une partie de la chaîne sibérienne, courent du nord au sud, et sont séparées par de profondes vallées des chaînes principales, excepté dans l'Inde Transgangétique. Sur les limites de l'Asie et de l'Europe s'élève l'Oural, divisé en trois branches : Oural septentrional ou désert, Oural moyen, riche en métaux, et Oural méridional ou bas Oural, avec des cimes de 1,666 mètres, mais sans liaison, comme on le croit encore, avec le plateau central. Sur l'isthme qui sépare la mer Caspienne de la mer Noire, le Caucase porte ses crêtes à 3,300 mètres de haut et offre à côté de profondes vallées des cimes gigantesques, telles que l'Elbrouz, 5,700 mètres, et le Kasbek, 5,100 mètres. Les hautes plaines de la Syrie s'élèvent graduellement depuis le désert d'Arabie jusqu'aux chaînes de l'Antiliban et du Liban, 2,700 mètres, qui s'abaissent en terrasses escarpées jusqu'aux côtes étroites de la Phénicie et de la Palestine, et se rattachent, au sud, d'un côté au désert sablonneux l'El-Tyh, de l'autre au plateau du Soristan, et par lui au plateau de l'Arabie. Ce dernier plateau présente dans sa surface uniforme un caractère vraiment africain; il est coupé de roches arides, de déserts de sable, de steppes, et ses bords, en forme de terrasses, atteignent, dit-on, sur la côte occidentale une hauteur de 2,770 mètres. La presqu'île en deçà du Gange est formée par le plateau du Dekan, qui s'élève de l'ouest à l'est, et dont la hauteur moyenne est de 660 à 800 mètres. Ce plateau est séparé des Ghattes-Occidentales de l'étroite côte du Malabar à l'ouest, et par les groupes moins considérables des Ghattes-Orientales de la côte, plus étendue, de Coromandel à l'est. Le plateau intérieur, dont la surface est fort accidentée, est séparé au nord des plaines de l'Hindostan par la chaîne du Vindhya et les monts du Malwa. Au sud, au contraire, les Ghattes se réunissent dans la contrée où le Cavery prend sa source, et par leur jonction forment les pics les plus élevés de la presqu'île, les monts Nil-Gherri ou montagnes Bleues, avec des cimes de 2,700 mètres. Coupée brusquement par la profonde et étroite vallée de Gap, cette chaîne s'élève de nouveau à une hauteur considérable sous le nom d'Ali-Gherri, plonge avec le cap Comorin dans la mer, et reparaît sur l'île de Ceylan dans le groupe du Pic d'Adam. Les chaînes de l'Inde Trans-gangétique ou malaises doivent être regardées comme des embranchements du Sine-Chan. L'une d'elles s'étend jusqu'à l'extrémité méridionale de l'Asie, et se prolonge dans les îles de la Sonde sous la forme de volcans; mais la plupart de ces montagnes sont presque aussi inconnues que la chaîne dont elles se détachent. Si les monts Junam, le Pé-Ling, le Nan-Ling et les chaînes de la Corée paraissent être moins des groupes détachés que des embranchements des montagnes de la Chine et de la Mandchourie, les chaînes de la Sibérie orientale, celles d'Aldan, de Jablonoï et de Stanowoï, par contre, quoique provenant de la chaîne Daou-rique, sont indépendantes. Elles s'abaissent peu à peu vers la plaine, se coupent en falaises vers la mer, s'étendent jusqu'au cap Oriental, et se rattachent aux chaînes volcaniques du Kamtschatka, qui se prolongent avec leurs différents caractères sur les îles de l'Asie Orientale.

Si des plateaux et des montagnes du continent asiatique on descend dans ses enfoncements et dans ses plaines, on trouve d'abord au nord les plaines de la Sibérie, d'une superficie de 102,300 myriam. carrés, presque aussi grandes que l'Europe entière, mais désertes et désolées en majeure partie. Au sud-ouest, la Sibérie se lie aux plaines du Touran, et aux déserts de sable, de gravier et de sel qui entourent la mer Caspienne et le lac Aral. C'est dans cette région que se trouve le point le plus bas de l'Asie, présentant une dépression de 25 mètres au-dessous du niveau de la mer Noire, tandis qu'au pied du revers méridional du massif continental s'étendent à l'ouest les riches pâturages de la Mésopotamie et les plaines brûlantes du désert Syro-Arabe; l'Hindostan, avec la plaine stérile et sablonneuse du sud à l'ouest et la plaine bien arrosée du Bengale à l'est, forme un contraste frappant avec les cimes neigeuses de l'Himalaya. Les vallées de l'Inde Transgangétique, larges vallées longitudinales ou étroits vallons, sont séparées les unes des autres par de hautes chaînes de montagnes, tandis qu'au sud-est de l'Asie, les belles et fertiles plaines de la Chine s'étendent dans les montagnes qui bornent la presqu'île et s'ouvrent à l'orient sur la pleine mer.

Sous le rapport hydrographique, le continent asiatique offre les caractères les plus opposés. Ici des fleuves impétueux précipitent leur course sans frein, ou des lacs nombreux reflètent les montagnes qui les environnent; c'est une surabondance d'eau qui rappelle l'Amérique; là, au contraire, comme en Afrique, le sol altéré attend en vain une ondée rafraîchissante. Nulle part la zone de déserts de l'Ancien Monde n'a imprimé ses caractères en traits plus frappants que dans les steppes de l'Asie. La profonde steppe du Touran contient les plus grands lacs de la terre, la mer Caspienne et l'Aral, la première d'une superficie de 3,850 myriam., et le second de 385 myriam. carrés; celui-ci alimenté par le Sihoun et le Djhoun, celle-là par l'Emba, l'Oural, le Volga, le Terek et le Kour. Un seul lac de quelque importance, le Zareh, avec l'Hjlmend, se rencontre sur le plateau de l'Iran; mais on en trouve un grand nombre, au contraire, dans les hautes régions ouest et sud-est de l'Asie postérieure. Les plus importants sont : à l'ouest, le lac Balkasch avec l'Ili, l'Issi-Koul avec le Tchoui, et le Lop-Noor avec le Tarim; au sud-est, le Khou-Khou-Noor et le Tenegri. Un phénomène tout à fait particulier à l'Asie, ce sont ses grands fleuves jumeaux, ou ses nombreux et puissants courants d'eau qui prennent leur source dans la même contrée, se creusent des lits parallèles, et vont se jeter dans la mer sur la même côte. Parmi ces fleuves-frères, on peut citer le Sihoun et le Djihoun, l'Euphrate et le Tigre, le Gange et le Brahmapoutra, le Yantse-Kiang-ho, l'Amour, au contraire, coule isolément à l'est, et l'Indus au sud. Les fleuves de la Sibérie appartiennent à un seul et même système : ce sont l'Obi et l'Irtisch, le Tobol et l'Ischtm, le Iéniséi et la Toungouska supérieure et inférieure, et le lac Baïkal, d'une superficie de 275 myriam. carrés, la Léna, l'Indigirska et la Koluma. Il en est de même des fleuves de l'Asie Transgangétique : le May-Kaung ou Cambodje, le Menam, le Thalayn et l'Irawaddy; de ceux de l'Inde en deçà du Gange : la Krischna, le Godavery, le Cavery, la Kistnah et la Nerbudda; des lacs de l'Arménie, l'Urmía et le Van, et des fleuves de la Syrie et de l'Asie Mineure, l'Oronte, le Méandre, le Kisil-Irmak, auxquels se rattachent d'autres cours d'eau, et des lacs sans issue dans la mer, comme le Jourdain et la mer Morte en Palestine.

Noyau colossal, d'où s'échappent dans toutes les directions une foule de chaînes secondaires, de profondes vallées, de montagnes énormes, de fleuves majestueux, le grand plateau de l'Asie orientale règle en quelque sorte les climats de ce vaste continent : hivers plus rudes, étés plus chauds, abaissement de la température de l'ouest à l'est, limitation des influences tropicales, et néanmoins développement le plus varié de la nature organique à tous les degrés de l'échelle, tels sont les traits essentiels du climat de l'Asie. Pour être étudié, un tableau si vaste exige des divisions naturelles. Tandis que l'Amérique, qui s'allonge dans le sens du méridien, présente, selon la position mathématique, à la même heure du jour, les saisons opposées et la plus grande variété de climats, l'Asie, qui s'étend plutôt de l'est à l'ouest, offre à des heures différentes une plus grande similitude de climats et de saisons; mais sur l'un comme sur l'autre continent le climat atmosphérique est modifié par des causes naturelles : en Amérique surtout, par l'influence de l'Océan; en Asie, par celle des plateaux et des montagnes. L'Asie s'étend vers la nord plus loin que l'Amérique, et cependant elle touche presque du côté opposé à l'équateur, possédant ainsi la plus grande variété de climats et les extrêmes de la nature organisée, depuis les côtes glacées de la Sibérie jusqu'à la région des palmiers et des bananiers. Comparativement à l'Amérique, l'influence continentale s'y manifeste cependant d'une manière plus marquée, puisque les zones climatériques en Asie indiquent une température plus basse de 3° à 6° en hiver et plus haute de 2° à 3° en été. De plus grandes différences de température paraissent donc être un phénomène caractéristique pour cette partie du monde. En Asie, la zone tropicale proprement dite, la région des pluies, des palmiers et des bananiers, n'embrasse que les côtes et les vallées méridionales; car à une latitude très-basse l'influence des montagnes refroidit déjà la température, et les productions des tropiques font place aux fruits du sud et aux arbres toujours verts. Si cette zone commence en moyenne au 30° de latitude septentrionale, c'est-à-dire à la latitude du nord de l'Afrique, du Texas et de la Floride, elle s'étend, par contre, presque jusqu'aux rivages de la mer Polaire, où, pour peu de temps il est vrai, la température est proportionnellement très-élevée en été. Dans le mois le plus chaud le thermomètre monte à 4° Réaumur dans l'île de la Nouvelle-Zemble. Le caractère continental augmente de l'ouest à l'est dans le nord de l'Asie; dans le midi, il diminue dans cette même direction, car l'Arabie est encore vraiment continentale, tandis que l'archipel des Indes est vraiment océanien. De ces particularités, que nous venons d'indiquer seulement en partie, il résulte que l'on ne peut pas considérer l'Asie, relativement à son climat, sous un point de vue général, mais qu'on doit la diviser en quatre régions : l'Asie septentrionale, l'Asie centrale, l'Asie du sud et du sud-est, et l'Asie occidentale.

1° *Asie centrale* ou *haute Asie*. Comme en Afrique, des plaines mal arrosées et des steppes y occupent d'immenses espaces, sous l'influence égale d'une aridité continentale et de la sécheresse de l'atmosphère. Mais, tandis qu'en Afrique le désert offre une plaine unie sous un ciel brûlant, en Asie de hautes montagnes, des sommets neigeux qui arrêtent les vents de mer, offrent le contraste de la sécheresse de l'Afrique tropicale et des glaces du Nord. La sécheresse de l'air ne sert qu'à rendre d'autant plus rigoureux l'hiver, que signalent de furieuses tempêtes. L'ouragan mêle d'épais flocons de neige au sable qu'il soulève, détruit toute végétation, épouvante les animaux et les hommes qui habitent les vallées à l'abri de ses ravages, et change de vastes contrées en déserts inaccessibles. Les tempêtes s'apaisent, les chauds rayons du soleil du printemps fondent la neige, amollissent le sol durci et le fécondent, le revêtent en peu de temps d'un tapis verdoyant de plantes et de fleurs, et ne laissent que le désert imprégné de sel et couvert de sable à son aridité éternelle. Alors sortent de leurs étables les troupeaux de bœufs, de chevaux, de moutons; alors reparaissent sur les hauteurs les gazelles, les chèvres sauvages, les ânes, l'ours et le tigre guettant leur proie, et une vie joyeuse anime la steppe. Cependant le soleil monte; il absorbe l'humidité de l'hiver, que pas une goutte de pluie ne remplace, et l'herbe disparaît aussi vite qu'elle était venue. La plaine, qu'aucun arbre ne protège contre les ardeurs du soleil, offre l'aspect d'un pâturage aride, d'une steppe dévorée par un vent brûlant, d'où l'homme se hâte de fuir sur son léger dromadaire, jusqu'à ce que l'hiver vienne lui restituer ses droits. Le tableau change sur les limites du plateau, dans les belles vallées des escarpements de la Chine, de la Mandchourie, de la Daourie, etc. Là de hautes forêts, de magnifiques prairies, des plantes nutritives croissant en abondance dans les champs cultivés, des animaux nombreux et variés annoncent une nature plus propice, qui favorise la culture de la vigne, du coton, et l'éducation des vers à soie, à une hauteur de 1300 mètres, sous les 40°-42° de latitude boréale. Dans les hautes vallées du Thibet méridional des mousses spongieuses absorbent l'humidité de la neige qui couvre le sol pendant cinq à sept mois, suppléant ainsi à l'absence des courants d'eau et des forêts, lorsque l'été succède brusquement à l'hiver, été si chaud qu'à 2,000 mètres il mûrit le raisin, à 2,900 mètres les pommes,

les noix, les abricots, à 4,700 mètres le seigle et l'orge. Ces phénomènes, exclusivement propres à cette portion du continent asiatique, exercent une puissante influence sur la vie privée des hommes et des animaux. Le Thibet nourrit plusieurs espèces particulières de bœufs et de porcs, de buffles, de chevaux et de grands chiens, de moutons et de chèvres, presque tous revêtus du poil le plus fin, habiles à gravir les montagnes escarpées, propres à porter des fardeaux et à aider l'homme dans ses travaux.

2° *Asie du sud-est*. Le climat des plaines et des côtes diffère de celui des contrées montagneuses de l'intérieur, sur lesquelles ne s'exerce pas l'influence de la mer. Voisine des cimes neigeuses de l'Himalaya et de l'aride plateau central, cette région, dont le sol humide est échauffé par le soleil des tropiques, présente dans les plaines du Bengale, sur les collines du Taraï et les côtes de l'Archipel indien, une végétation luxuriante, qui rappelle celle de l'Amérique. Sous l'action d'une chaleur étouffante et d'une atmosphère chargée de vapeurs, les arbres atteignent une hauteur de plus de 30 mètres, les fougères prennent la grandeur de nos arbres, et les roseaux, comme le bambou, ont une grosseur telle que leurs tiges, semblables à des arbres creux, servent de vases et de tonneaux. Les forêts tropicales consistent en bois de sandal, d'ébène, de teck et d'acajou, en dragoniers, plusieurs espèces de palmiers, qui, avec le cocotier, le bananier et l'arbre à pain, fournissent les substances alimentaires végétales le plus généralement répandues. Dans les Indes orientales l'Asie australe, la vigueur de la végétation américaine se montre unie au parfum de la flore africaine dans des forêts d'arbres aromatiques croissant sous un sans culture, comme le muscadier, le cannellier, le giroflier, le poivrier, etc. Les vastes rivières du Bengale, les forêts marécageuses de l'Afghanistan, du Taraï, des côtes de l'Aracan, de l'Asie australe et de l'Inde en deçà du Gange, sont peuplées d'éléphants, de tigres, de lions, de panthères, de rhinocéros, d'énormes sangliers, de serpents gigantesques et de reptiles plus redoutables encore. À côté des plantes tropicales, comme le coton et la canne à sucre, croissent toutes espèces de plantes européennes; mais le riz forme la principale nourriture des habitants. Outre le buffle et le chameau, les animaux domestiques répandus en Europe aident l'homme dans ses travaux; seulement les chevaux, qui n'ont peut-être été introduits dans les Indes qu'à une époque postérieure, s'y sont moins multipliés. A mesure qu'on s'élève sur les pentes des plateaux et des montagnes, la chaleur étouffante diminue avec les phénomènes qui l'accompagnent; la température est plus fraîche, l'air plus sec, les arbres aromatiques disparaissent, le cocotier croît avec peine à 500 mètres, le bananier à 1000 mètres; mais, par contre, de vastes et sombres forêts d'arbres, la plupart toujours verts, couvrent les flancs des montagnes; et sur les hautes plaines tropicales règne un printemps presque éternel sous la douce influence duquel mûrissent le café, le coton et toutes les espèces de fruits du sud. Les vents périodiques appelés *moussons* exercent une remarquable influence sur les saisons et le climat de l'Asie méridionale. Ils apportent soit des pluies torrentielles, soit la sécheresse, et quelquefois un froid sensible, selon le côté d'où ils soufflent; mais l'effet n'en est pas uniforme dans toutes les régions de l'Inde ni sur toutes les parties de l'océan Indien, dont la surface est recouverte par des courants d'air les plus violents et les plus divers. Comme les Cordillères de l'Amérique méridionale, la haute chaîne des Ghattes occidentales partage l'Inde en deux climats distincts : ainsi, tandis que la saison des pluies règne de mai en septembre sur la côte occidentale dans l'intérieur de l'Hindostan, elle tombe sur la côte orientale dans les mois d'octobre à janvier. De profondes irrégularités se font remarquer dans l'Asie australe, dans l'Inde Transgangétique, et sur les côtes orientales de la Chine, sur lesquelles les violents ouragans, appelés *taïfoun* ou *tüfung*, exercent principalement leur fureur. Les plaines de la Chine ne participent pas au climat tropical, à cause du voisinage des sommets neigeux qui les bornent au nord, et, d'un autre côté, le voisinage de la mer leur enlève le caractère de climat continental. Les plus basses semblent destinées par la nature à devenir de magnifiques champs cultivés, où croissent le riz, à côté des légumes et des céréales de l'Europe, les fruits du sud, le mûrier, le cotonnier, les plantes tinctoriales, etc. Les plantes sauvages y sont aussi rares que les animaux farouches; et parmi les animaux domestiques, le cochon est le plus répandu. Les forêts qui couvrent les versants des montagnes rappellent celles de l'Amérique sous le même parallèle; dans les régions inférieures, elles portent encore le cachet de la flore tropicale dans leurs bambous gigantesques, leurs palmiers et leurs plantes lactescentes. Indépendamment de magnifiques magnoliers, de plusieurs espèces de cyprès et d'autres arbres verts, elles produisent une foule d'arbres qui alimentent le commerce de la Chine, comme l'arbre à suif, le savonnier, l'arbre à cire et le camphrier. La rhubarbe croît encore sur les cimes dépouillées qui couronnent la région des forêts, comme l'olivette sur les chaînes inférieures et le thé dans les vallées des contrées montagneuses. Dans les basses montagnes de la Chine, comme dans les régions moyennes des plaines voisines, la succession des saisons qui caractérise la zone torride, et qui n'est propre en Asie qu'à l'Inde et à l'Arabie, change entièrement; il y a quatre saisons, deux humides et deux sèches, répondant au printemps, à l'été, à l'automne et à l'hiver des pays septentrionaux.

3° *Asie septentrionale*. On comprend sous ce nom les plaines de la Sibérie, les steppes du Touran et les revers septentrionaux du haut plateau de l'Asie centrale. L'Asie septentrionale forme la plus grande partie des terres polaires arctiques du globe. Elle offre dans ses vastes régions des phénomènes physiques analogues à ceux de la zone polaire de l'Amérique, mais qui en diffèrent à plusieurs égards, à cause du caractère continental de l'Asie. Située sur les bords d'une immense mer de glace, la Sibérie ouvre ses rivages à un âpre vent du nord; et, à l'extrémité opposée, des chaînes de montagnes couvertes de neige opposent une barrière infranchissable à la douce influence des vents du sud. Les hivers sont longs, les étés courts; le sol, constamment gelé, est sillonné par une surabondance de fleuves gigantesques, et dans le voisinage du pôle une plaine qui s'étend à perte de vue permet le libre développement du caractère continental. Toutes ces causes doivent contribuer à augmenter le froid, comme en Amérique des causes en partie contraires tendent à le diminuer. Néanmoins, à l'exception des extrêmes régions boréales, qu'il abandonne à leurs neiges éternelles, l'été, quelque court qu'il soit, permet aux arbres de croître, aux céréales de pousser à une latitude de quelques degrés plus élevée qu'en Amérique. La zone des arbres du Nord et des céréales européennes s'étend au midi d'une ligne tirée depuis les sources de la Petchara jusqu'au 56° de latitude boréale sur la côte occidentale du Kamtschatka, coupant le revers septentrional du grand plateau central et embrassant les rives du lac Aral et de la mer Caspienne. Cependant les forêts, composées d'arbres à feuilles tombant périodiquement et d'arbres à feuilles persistantes, n'atteignent pas, non plus que l'herbe des prairies, la vigueur de la végétation américaine sous la même latitude, et ni les fruits d'Europe ni la vigne ne peuvent mûrir dans les vallées protégées par des montagnes, bien que le froment y vienne à maturité. La zone des mousses et des baies n'est même ni aussi riche ni aussi variée qu'en Amérique; sur plusieurs points même elle est interrompue par les déserts de glace des Toundras. Dans les montagnes de la Sibérie méridionale, la limite des neiges éternelles s'élève à 2,200 mètres, tandis que, dans le Kamtschatka méridional, elle descend à 1,000 mètres, et par conséquent elle n'atteint pas les sommets des monts Aldan et Oural, qui n'ont que 1,300 mètres de haut. A un hiver long et rigoureux, accompagné d'un vent violent et glacial, appelé *bourran*, succède presque sans transition un été étouffant, dont le soleil développe rapidement les fleurs et les fruits. Dans les contrées privées d'ombre la chaleur devient si insupportable que la plupart des travaux se font la nuit et le soir, et les myriades de moustiques qu'elle appelle à la vie tourmentent hommes et animaux d'une manière aussi insupportable que dans les steppes de l'Amérique tropicale. Cependant c'est à peine si ce sol s'amollit à quelques pieds de profondeur. Ses couches inférieures restent éternellement gelées; et à Jakoutsk on a encore trouvé de la glace à dix mètres de profondeur. Le règne animal ne diffère pas moins que le climat et la végétation en Sibérie et en Amérique. La grande famille des herbivores y est presque inconnue; le renne seul y est commun, à l'état sauvage ou domestique. Par contre, la Sibérie rivalise avec l'Amérique pour l'abondance de ses fourrures; et elle possède aussi plusieurs espèces d'animaux féroces, le loup, l'ours, le renard; le tigre même et la panthère y pénètrent pendant les chaleurs de l'été. Quant aux animaux domestiques, le nord de l'Asie est incomparablement plus riche que l'Amérique. Dans cette dernière partie du monde le renne n'a pas encore été apprivoisé, tandis qu'en Sibérie on s'en sert, ainsi que du chien, comme bête de trait. En outre, le mouton et le cheval sont généralement répandus dans les contrées du sud-ouest, et l'on trouve même des chameaux dans le voisinage des déserts.

4° *Asie occidentale*. Sous plusieurs rapports, et particulièrement sous celui du climat, la géographie de cette partie de l'Asie rappelle le voisinage de l'Afrique; mais nulle part cette analogie n'est plus frappante que dans l'Arabie et la partie limitrophe de la Syrie. Là plateaux et vallées se distinguent par leur aridité et la pauvreté de leur végétation; le dattier seul, pour ainsi dire, y représente la vie végétale, tandis que sur les terrasses arrosées et voisines de l'Océan le caféier, le millet, les plantes aromatiques et les végétaux à épices croissent à côté du palmier et des arbres à fruits du sud. Les animaux de l'Afrique se retrouvent aussi en Arabie. Les gazelles et les autruches courent d'oasis en oasis, fuyant le lion, la hyène, le chacal; le chameau parcourt les déserts et les plaines couvertes périodiquement, comme les steppes, de plantes sèches aromatiques; mais cette nature uniforme du désert disparaît avec la température tropicale dans les vallées et sur les terrasses abondamment arrosées de la Syrie septentrionale et de l'Anatolie. Le sol est coupé de grandes forêts d'arbres qui perdent ou conservent leur feuillage pendant l'hiver; le noyer, le coton, le café, le mûrier, les fruits du sud, l'olivier, le figuier y réussissent parfaitement; et en fait de céréales on y cultive le froment, le maïs et le riz. Une végétation plus magnifique encore distingue les terrasses du plateau de l'Iran, où le froment mûrit à 1,200 mètres d'élévation au-dessus de la mer, et l'oranger à 1,000 mètres, où des forêts entières d'arbres fruitiers européens et de myrtes alternent avec des vignobles, des bosquets de roses et des bouquets d'arbres chargés des plus beaux fruits du midi. Ce paradis offre un contraste frappant avec l'aridité des côtes de la mer et la stérilité du sommet du plateau, qui participe aussi aux inconvénients du climat continental de la haute Asie orientale. Le bassin de la mer Caspienne et du lac Aral offre encore un caractère vraiment asiatique dans ses déserts et ses maigres pâturages, qui ne nourrissent que des chameaux, des moutons et des chevaux, et qui ont régulièrement à souffrir de rudes hivers. Les plateaux du Caucase, de l'Arménie et de l'Anatolie forment la transition à l'Europe. Les forêts de haute futaie, les plantes alimentaires et l'agriculture européenne y dominent, les animaux domestiques sont plus nombreux et plus variés, et la nature continentale de l'orient se rapproche de plus en plus de la nature de l'occident de l'Ancien Monde, soumis davantage aux influences de l'Océan.

Si l'on ajoute à cette description de la nature organique un tableau des richesses minérales que le sol de l'Asie renferme, les diamants de l'Inde et de l'Oural, l'or du Japon, de la Chine et de l'Inde Transgangétique, de l'Altaï et de l'Oural, l'argent et le cuivre de l'Asie orientale, de l'Asie russe et de la Turquie asiatique, les mines de fer de presque toutes les régions, les minéraux utiles abondamment répandus partout, l'Asie s'offrira à l'imagination comme un des continents les plus favorisés de la nature, admirablement propre à servir de première patrie à l'homme, à le nourrir, à l'élever dans son enfance, et à l'introduire sur le théâtre de l'histoire du monde. Baigné par l'Océan, arrosé par des fleuves et des rivières impétueuses, étendant sur les tombeaux de glace d'un monde primitif qui a disparu ses forêts et ses plaines, il offre d'abondantes ressources aux peuples chasseurs et pêcheurs; il a ses steppes et ses déserts, brûlés par les rayons d'un soleil perpendiculaire ou bouleversés par les tempêtes de l'hiver, pour les nomades et les caravanes; il a enfin ses terrasses et ses plaines pour les nations sédentaires, qui se livrent aux travaux de l'agriculture et de l'industrie; sa nature se prête à tous les genres de vie, à toutes les religions, à toutes les formes de gouvernement, et il offre l'homme à tous les degrés de la civilisation, comme autrefois il a donné l'impulsion à la marche de l'humanité.

Le nombre des habitants de l'Asie s'élève, terme moyen, à 454 millions, c'est-à-dire à la moitié des habitants de toute la terre; toutefois cette population est si clairsemée, que proportionnellement l'Europe est près de trois fois mieux peuplée. Deux variétés de l'espèce humaine y dominent : la race caucasienne, à l'ouest et au sud (181 millions), et la race mongole au nord et à l'est (260 millions). On trouve, en outre, au sud-est, quelques traces d'une race éthiopienne, les Malais, au nombre de 13 millions; ces divers éléments s'étant mêlés et confondus à l'infini, nous croyons ne pas devoir entrer dans de grands détails touchant les différences de nations et de langages; nous les grouperons comme il suit : 1° *Groupe chinojaponais*. A ce groupe appartiennent les Chinois, les Japonais, les Coréens et les Indo-Chinois. Ces derniers se subdivisent en Birmans, Pégouans, Laos et Siamois à l'occident, et en Tonquinois, Cochinchinois et Cambodjéens à l'orient. Ces peuples parlent des langues très-différentes, parmi lesquelles domine cependant le chinois, comme langue savante. 2° *Souche tatare* ou *de la haute Asie*, divisée en quatre branches principales : les Thibétains, les Tatars ou Mongols, les Tongouses et les Turks. Au nombre des Mongols proprement dits on compte les Mongols orientaux (Scharras, Kalkas), les Mongols occidentaux ou Kalmouks et les Burètes. Les Tongouses se subdivisent en Tongouses méridionaux ou Mandchous et en Tongouses septentrionaux ou Tongouses proprement dits. A la branche turque appartiennent des peuples nombreux, comme les Turks proprement dits ou Osmanlis, les Ouigoures et les Ousbeks, les Turcomans ou Trouchmens, les Tatars Turks, les Nogaïs et les Kounnouks, les Baschkirs, les Kirghises, les Barabinzes et les Iakoutes, etc. Les langues de ce groupe, qui s'étend des côtes orientales aux côtes occidentales, se divisent en un nombre infini de dialectes, offrant à l'est des analogies avec le chinois et présentant à l'ouest un mélange d'éléments arabes. 3° *Groupe tchoude*, comprenant dans ses subdivisions les Ougriens ou Ouraliens, les Ostiaks, les Samojèdes, les Jou-Kagires, les Koriaks, les Kamtschadales et les Kouriliens, qui occupent la plus grande partie des plaines sibériennes, et dont la plupart n'ont encore qu'une langue fort imparfaite. 4° *Groupe*

malais proprement dit ou *Malais occidentaux*, répandus sur les côtes et les îles de l'océan Indien, parlant différentes langues, dont quelques-unes possèdent une riche littérature et qui dérivent évidemment d'une ancienne langue morte. 5° *Groupe indo-européen*, embrassant les peuples des familles indienne, persane, caucasienne, la plupart des nations sémitiques et quelques peuplades de la famille grecque. La famille indienne se subdivise en une quarantaine de peuplades, qui habitent l'Inde en deçà du Gange. La famille persane comprend les Beloutches, les Afghans, les Persans et les Médo-Perses ou Kourdes. A la famille caucasienne appartiennent les Arméniens, les Géorgiens et les nombreuses peuplades du Caucase. La famille sémitique se compose surtout des Syriens et des Arabes. Tous ces peuples possèdent des langues, parfaitement développées, comme le sanscrit et le pali, qui ne vivent plus que dans les livres de littérature et de religion, et qui sont l'objet des hautes études, comme en Europe le grec et le latin. Le mélange de ces différents peuples est encore considérablement augmenté par les Européens, surtout par les Russes au nord et les Anglais au midi.

De même que la nature a réparti ses dons d'une manière très-diverse en Asie, et que les races et les langues y forment des groupes de peuples fort divers, de même la religion établit une grande différence entre l'Asiatique du nord, dont l'esprit, comprimé par la rigueur du climat, s'élève à peine au-dessus du grossier instinct des animaux, et l'Indien, dont l'imagination s'enflamme aux feux de son soleil. Les religions polythéistes, le brahmisme, le bouddhisme et le lamaïsme, et la doctrine de Confucius, sont professées dans la majeure partie de l'Asie orientale, méridionale et moyenne. L'islamisme domine dans l'ouest et dans une partie du midi. Au nord, on trouve encore un grossier paganisme. La religion chrétienne et la religion juive n'ont conservé qu'un petit nombre de fidèles dans le pays qui fut leur berceau. En Arménie, en Syrie, dans le Kourdistan et dans l'Inde on trouve quelques sectateurs des premières hérésies chrétiennes. Le nombre des Indiens convertis par les missionnaires est bien petit dans l'archipel oriental; mais en Sibérie l'Eglise grecque se répand de plus en plus, tandis que les sectateurs de l'ancienne doctrine de Zoroastre disparaissent de jour en jour.

Quant à la civilisation, ce qui caractérise l'Asie, c'est la prépondérance marquée des peuples civilisés sur les peuples sauvages et nomades, bien que la civilisation des nations asiatiques ne puisse être comparée à la civilisation européenne, qui s'en distingue plutôt par une résistance inerte au progrès, et par la prédominance du sentiment sur la raison. Presque tous les peuples civilisés de cette partie du monde sont placés au même degré de l'échelle, ils ont des lois qui règlent les rapports de l'État, de la famille, de l'industrie, du commerce, des sciences et des arts; lois invariables depuis des siècles, fort arriérées si on les compare à celles d'autres nations, religieuses dans toutes leurs tendances, bien que le caractère religieux de la civilisation ait disparu en Chine plus que dans les Indes, en Arabie, en Perse et en Turquie. Si l'on donne, comme c'est l'usage en Europe, le nom d'Orientaux aux habitants de ces trois derniers pays, on devra distinguer sous plus d'un rapport la civilisation des Orientaux de celle des Indiens et des Chinois. Ainsi, on trouve chez les Orientaux des esclaves, chez les Indiens des castes, chez les Chinois une égalité civile et politique parfaite. Dans toutes leurs manières, les Orientaux ont une aisance, une noblesse que l'on ne rencontre pas chez les faibles et bons Indiens, et qui contraste fort avec la pédanterie cérémonieuse des Chinois. Les Orientaux sont fatalistes; ils croient à un destin immuable qui règle tous les événements ne les abandonne dans aucune circonstance de leur vie, et leur enlève tout sentiment de la liberté, toute activité morale. Les Indiens se croient beaucoup plus responsables de leurs actions envers leurs divinités. Les Chinois ne croient pas réellement à un monde invisible et n'ont même pas dans leur langue le mot de Dieu. Tandis que les habitants de l'Europe occupent sur l'échelle de la civilisation un degré à peu près aussi élevé, et les Africains un degré presque aussi bas, non-seulement les trois classes des peuples asiatiques diffèrent profondément entre elles, mais elles offrent même de nombreux contrastes. Par exemple, chez les nomades, le Kirghise, voleur de grand chemin, est tout l'opposé du Mongol, loyal et sociable : preuve convaincante de la puissante influence de la nature, qui exerce son pouvoir irrésistible sur les Asiatiques habitant des contrées fort diverses et doués de caractères tout opposés.

L'activité industrielle n'est répandue naturellement que chez les peuples civilisés, et parmi ceux-ci seulement chez les Chinois et les Japonais, les Indiens, les Persans, les Boukhares et les Osmanlis; car les Arabes, les Indo-Chinois et les Thibétains n'exercent aucune industrie, et les Arméniens ne sont que marchands. En général, l'industrie n'est nullement en rapport avec l'abondance et la variété des matières premières; mais les objets auxquels elle est réduite jouissent à bon droit d'une grande réputation de perfection, comme les tissus de soie, de coton et de laine, le cuir, les armes, les couleurs. Les mousselines des Indes ; les châles et les tapis de la Perse et de la Turquie, les aciers de Damas et les maroquins de la Turquie sont encore recherchés sur les marchés européens ; les porcelaines, les papiers, les laques et les ouvrages en ivoire de la Chine et du Japon sont toujours admirés comme sans égaux. Le commerce de l'Asie est fort étendu ; aujourd'hui encore il se fait surtout par caravanes et sur les mêmes routes que dans l'antiquité, entretenant l'activité et la vie dans les villes qu'il traverse, et qui, bien qu'entourées des ruines d'une puissance éteinte, jettent encore de l'éclat. De grandes caravanes transportent à dos de chameau, les marchandises à travers les déserts, et se rencontrent dans certaines villes, comme Bokhara, Hérat, Bagdad, Alep, Damas, etc. La Chine fait un important commerce avec la Russie à travers le Gobi oriental, et avec le Turkestan par le Gobi occidental. L'Inde envoie ses marchandises par le plateau de l'Iran dans la Syrie, l'Arménie et l'Asie Mineure, et par Bokhara jusqu'à Orembourg et dans la Russie européenne. Les pèlerins et les caravanes se rendant de la Perse et de la Turquie à la Mecque, et les Russes amènent en Europe à travers l'Oural les richesses de la Sibérie. Le commerce par terre est en majeure partie entre les mains des Boukhares et des Arméniens, des Juifs, des Banians et des Européens; le commerce maritime, au contraire, est presque exclusivement exercé par les Européens, et surtout par les Anglais; les Arabes, les Banians et les Chinois ne faisant guère qu'un commerce de cabotage. Les places maritimes les plus importantes sont Smyrne, Mascate, Bassora, Abuscher, Bombay, Madras, Calcutta, Canton et Nangasaki.

Sous le rapport politique l'Asie offre des oppositions bien tranchées, déterminées en partie par le degré de civilisation de ses différents peuples. Tandis que les tribus sauvages vivent sans chefs, en familles isolées, et se doutent à peine qu'un monarque européen les appelle ses sujets ; tandis que les peuples kans ou leurs chefs, conservent encore les formes du gouvernement patriarcal ou sont placées sous la suzeraineté des plus puissants empires, les peuples civilisés, constitués en grands États monarchiques ou despotiques, repaissent leur orgueil du souvenir de leur gloire passée, et continuent à éviter, quelques-uns avec succès, tout contact avec l'étranger. De bonne heure l'Asie s'est répandue sur les continents voisins, et à ébranlé sous les pas de ses armées victorieuses le sol de l'Asie, de l'Afrique et de l'Europe. Elle a lutté aussi bien contre la mystérieuse Égypte que contre la Grèce resplendissante de lumières; elle a été l'élément principal de la puissance macé-

donienne et la portion la plus riche de l'empire romain. C'est par la grande issue située au nord de la mer Caspienne que les hordes asiatiques se sont précipitées sur le monde ancien : les Huns se répandirent sur l'Europe, les Tatars de Gengis-Khan et de Tamerlan inondèrent les plaines slaves, tandis que les Arabes fondaient des khalifats dans trois parties du monde, et que les Croisés arrosaient les champs de l'Asie de sang européen. L'ombre de l'empire d'Orient s'évanouit devant le cimeterre des Osmanlis, et de nos jours encore les Turcs dominent sur une partie de l'Europe. La résistance de l'Europe et le développement de sa puissance intellectuelle ont non-seulement opposé une digue au débordement de l'Asie ; ils ont encore étendu de plus en plus l'influence européenne sur ses populations engourdies. On peut à bon droit les qualifier ainsi, car, bien qu'elles aient été agitées par des révoltes et des guerres sanglantes, jamais ces guerres et ces révoltes n'ont eu pour résultat de progrès intellectuel parmi elles. Arrivée à un certain point, l'Asie n'a plus d'histoire de la civilisation, elle n'a qu'une histoire politique. Depuis la découverte du cap de Bonne-Espérance, les côtes de l'océan Indien ont pris un tout autre aspect. Les Portugais, les Espagnols, les Hollandais, les Français, les Danois et les Anglais ont planté leurs bannières dans les Indes. Cependant c'est de la chute de Tippou-Saïb seulement que date la prépondérance des Anglais, qui fondèrent un empire sur les bords du Gange, étendirent rapidement leur influence sur tout le sud, et réduisirent les colonies des autres Européens à quelques points isolés. Les Portugais ne possèdent plus que Macao, Diu et Goa; les Espagnols sont maîtres des Philippines ; les Hollandais règnent aux Moluques, sur une partie de Célèbes et de Bornéo, à Java, sur la majeure partie de Sumatra et dans plusieurs petites îles de la Sonde ; les Français ont conservé Pondichéry, Carrical et Mahé; les Danois, Tranquebar. Tandis que le sud de l'Asie était ainsi envahi par la vie européenne, au nord la Russie étendait sa domination sur la Sibérie et les pays du Caucase, s'emparant des clefs de la Chine et des portes de la Perse. L'écorce de glace de la Sibérie cède lentement à l'influence de la Russie ; les armes de la paix y remportent d'importants triomphes. Dans le Caucase, au contraire, le glaive seul est capable de soumettre d'indomptables montagnards. Les nationalités asiatiques qui n'ont point encore disparu se réduisent aujourd'hui aux groupes suivants : A. *Groupe occidental* : 1° empire de Turquie ; 2° États de l'Arabie et ses populations nomades ; 3° Perse, Afghanistan et Béloudjistan ; 4° les khanats du Turkestan et leurs populations nomades. B. *Groupe oriental* : 1° Japon ; 2° Chine et ses États tributaires. C. *Groupe méridional* : 1° dans l'Inde en deçà du Gange, outre les possessions britanniques, le Lahore, le Népaul, le Boutan, le Scinde et le Dholpon, tous indépendants ; le Sind, le Nagpour, Hyderabad, le Mysore, etc., placés sous la protection anglaise ; 2° dans l'Inde Transgangétique, le Lokba, le Katschar, l'empire Birman, Siam, Anam (Tonquin, Cochinchine, Cambodge), les États malais de Malacca, et le pays d'Asoham, sous la protection de l'Angleterre.

De tous côtés, aujourd'hui, l'étranger européen envahit le colosse asiatique. Les puissances européennes règlent les moindres mouvements de la Porte, leurs vaisseaux bloquent les ports de la Syrie, et leurs prêtres sont chargés de défendre le christianisme dans son berceau. La diplomatie européenne assiège le trône de Perse, et la Chine voit des vaisseaux anglais sur ses côtes, des soldats européens dans ses forts ruinés, pendant que les Afghans succombent dans des combats incertains contre les Anglais. La Russie et l'Angleterre, l'une au nord et l'autre au sud, exercent chacune à sa manière la plus puissante influence sur les destinées de l'Asie.

Sous le rapport intellectuel, plus encore que sous le rapport politique et mercantile, notre âge retire d'immenses avantages de cette influence de l'Europe sur l'Asie. Aujourd'hui la science récolte plus en une année qu'elle ne récoltait autrefois en un siècle, alors qu'il fallait une audace intrépide pour parcourir l'Orient et y recueillir des documents assez incomplets et souvent fabuleux. Longtemps les récits d'Hérodote, de Xénophon, de Denys d'Halicarnasse, d'Arrien, furent la seule source de renseignements sur cette partie du monde. Plus tard, dans le dixième et le treizième siècle, les Arabes surtout et quelques Européens, le dominicain Ascalinus, le franciscain Plan Carpin et le Vénitien Marco Polo rendirent des services à la géographie et à l'histoire de l'Asie. Une nouvelle époque s'ouvrit lors de la découverte du cap de Bonne-Espérance par Vasco de Gama et de son débarquement sur les côtes du Malabar. Les découvertes se succédèrent durant le seizième siècle, sans donner lieu toutefois à ces investigations scientifiques qui signalèrent déjà le dix-septième et le dix-huitième siècle, grâce à l'activité des jésuites. Si les résultats n'ont pas été plus satisfaisants, il faut l'attribuer à l'esprit du siècle, qui ne permettait pas une appréciation scientifique des faits, et aussi à ce que les voyageurs ne possédaient pas tous l'infatigable énergie d'Engelbert Kœmpfer, qui, de 1683 à 1692, parcourut presque toute l'Asie et consacra deux années au seul royaume du Japon. L'affermissement et l'extension de la puissance européenne en Asie, dans le dix-huitième et au commencement du dix-neuvième siècle, favorisèrent l'étude de ce vaste continent. C'est dans cette période que brillèrent les noms de Gmelin, Pallas, Litke, Wrangel, Hansteen, Erman, qui voyagèrent dans le nord de l'Asie; de Capell-Brooke, Beechey et Basil Hall, qui parcoururent les côtes orientales; de Hyacinthe, Turner et Frazer, qui visitèrent le Thibet; d'Éversmann et de Meyendorf, pour la Boukharie; de Siebold, pour le Japon; de Biberstein, du comte Potocki, de Bergmann, Rheineggs, Klaproth, Schlatter et Parro, pour le Caucase; d'Eichwald et d'Engelhard pour l'Arménie; de Malcolm, Pottinger, Morrier, Kotzebue, Forster, Elphinstone, Moorcroft et Crawfurd, pour la Perse et la Turquie; d'Anderson, Burney, Richardson, Pemberton, Finlayson, etc., pour les Indes; de Seetzen, Burkhardt, etc., pour l'Arabie et la Syrie; de Laborde, Violet, Choiseul-Gouffier, etc., pour l'Asie Mineure; de Tomba et Renouard, pour les îles de la Sonde; de Ledebour, Meyer, Bunge, Hoffmann, Helmerssen et Alexandre de Humboldt pour le système des monts Altaï. Ce dernier a fait, en 1829, avec Rose et Ehrenberg, un voyage instructif jusqu'aux frontières de la Chine, dont il a publié les résultats dans les *Fragments de Géologie et de Climatologie asiatique* (2 vol., Paris, 1831).

Parmi ceux qui dans les dix dernières années ont rendu plus particulièrement des services par l'exploration de certaines contrées de l'Asie, on doit citer encore Bruguière pour la Corée; Davis et Gützlaff pour la Chine; Low, Cosh, Hannay, Leod, Richardson et Pemberton pour l'Inde Transgangétique; George Windsor, Oliver, Müller et Horner pour l'Archipel oriental; Lambton, Everest, Sykes, Malcolmson, Burnes et Hügel pour l'Inde en deçà du Gange; Moresby pour les îles Tschagos et Maldives; Wood pour les Laquedives; Johnson, Webb et Hügel pour la Haute Asie; Burnes, Pottinger, Conolly, Morrier, Shiel, Masson et Rawlinson pour l'Iran oriental; Todd, Kempthorne, Whitelock, Montheith, Sutherland, Chesney et Ainsworth pour l'Iran occidental; Wellsted pour l'Arabie; Robertson, Beck, Schubert, Russegger et Robinson pour la Syrie et la Palestine; Dubois de Montpereux, Sjögren et Koch pour le Caucase; Arundell, Braut, Hamilton, Texier, Russegger, Callier, Strickland, Graves et Brock, le maréchal Marmont, Fellows, Cohen, les officiers russes et les officiers d'état-major prussiens qui ont pris part aux dernières expéditions dans l'Asie Mineure. Les beaux résultats auxquels ont conduit les pas de géant faits par la science dans ce siècle sont consignés dans l'incomparable ouvrage de Charles Ritter, la *Géographie de l'Asie*. Bientôt tous les voiles de ce continent seront enlevés, et on lira comme à livre ouvert dans sa nature et ses destinées, pour recueillir les fruits que l'esprit européen est en droit de demander du temps.

ASIE MINEURE. Lors de la décadence de l'empire romain, on commença à donner ce nom à cette partie de l'Asie occidentale que, dans le langage des affaires politiques et commerciales, nous désignons aujourd'hui par la dénomination générique d'Orient ou de *Levant*, et que les Turcs appellent *Anatolie*, vaste presqu'île, dont la population n'est pas moindre de quatre à cinq millions d'âmes. Ce beau pays s'étend à l'ouest depuis l'Euphrate jusqu'à la mer Égée, autrement dite mer de Grèce, et jusqu'à la Propontide ou mer de Marmara, en face de Constantinople, s'abaissant toujours depuis le versant méridional du plateau le plus élevé de l'Arménie jusqu'au mont Taurus; et au sud, depuis le Pont-Euxin ou mer Noire jusqu'aux défilés de la Cilicie, portes de la Syrie.

C'est là, sous le beau ciel de l'*Ionie*, qu'est située la magnifique et fertile contrée qui fut le théâtre de l'héroïque tradition troyenne, le siége le plus florissant de la civilisation grecque, et pour la possession de laquelle, depuis l'obscure époque de Sémiramis jusqu'au temps d'Osman, c'est-à-dire depuis l'an 2000 avant J.-C. jusqu'à l'an 1300 de notre ère, par conséquent pendant plus de trois mille ans, ont successivement lutté les plus puissants conquérants et les nations les plus célèbres dans l'histoire, les Mèdes et les Perses contre les Scythes, ensuite les Grecs contre les Perses; puis les Romains, d'abord contre Mithridate, roi de Pont, et, plus tard, contre les Parthes; enfin, les Arabes, les Seldjouks, les Mongols, les croisés et les Osmanlis contre l'empire de Byzance et ses impuissants maîtres. Pendant cet espace de trois mille ans ont tour à tour grandi, fleuri et disparu de la scène du monde des nations célèbres, des États cuisants, des riches et magnifiques villes qui s'enorgueillissaient des plus superbes monuments de l'antiquité. Mais l'histoire nous a conservé, avec les traditions phrygiennes, les annales des Lyciens, des Cariens, des Paphlagoniens et des Bithyniens; elle nous rappelle la puissance et la richesse des Lydiens, la bravoure des Pamphyliens, des Isauriens et des Ciliciens, les hauts faits de Mithridate, les trésors que les Attales avaient entassés à Pergame, ainsi que les gracieuses et ingénieuses fables de Milet, de cette ville qu'on peut considérer comme le berceau du conte et du roman. C'est de l'Asie Mineure qu'Alexandre le Grand ébranla le monde antique; c'est là que, de l'an 89 à l'an 75 avant J.-C., Rome conquit par ses victoires le sceptre de l'univers alors connu. Quoique ce beau pays semble n'avoir été destiné qu'à servir de champ de bataille aux nations anciennes, qui y portèrent chacune à leur tour le fer et le feu, il n'en fut pas facile de l'extirper la civilisation. Encore, pour y parvenir fallut-il que les Turcs, conduits par le farouche Osman, vinssent planter leurs tentes en Bithynie, et qu'ils fissent de Brousse leur place d'armes, pour s'éloigner de là sur les contrées orientales de l'Europe. Ce ne fut que lorsque ces barbares eurent soumis ces contrées, pendant cinq cents ans, au régime du plus dégradant despotisme militaire, et que leur fanatisme religieux leur y eut fait commettre partout les plus horribles dévastations, que tomba en ruines ce magnifique monument de la civilisation antique.

Et cependant la nature n'a pas cessé de prodiguer ses bénédictions à cette heureuse terre. Aujourd'hui même, dans ses fertiles plaines, l'Asie Mineure produit encore en abondance toutes les espèces de fruits que l'Europe a dû lui emprunter, des vins exquis, le meilleur tabac qu'il y ait en Turquie, des oliviers, du coton, des pavots, du safran et une foule de matières tinctoriales. Ses montagnes sont couvertes de magnifiques forêts, riches en bois de construction et en bois à ouvrer, et où diverses espèces de chênes produisent la noix de galle. Ses fécondes vallées, qu'arrosent de nombreux cours d'eau, qui s'en vont à la mer, tels que le Sangar, le Sarabat, le Boujouk-Mindar, le Karasou, etc., etc., favorisent l'élève des bestiaux. Les bêtes à cornes, les chevaux qu'elles produisent sont justement renommés; les chèvres angoras, les moutons à grosse queue, la volaille, le gibier, l'élève des vers à soie, la pêche, constituent une partie des richesses du pays. Les trésors que peut offrir le règne minéral n'ont encore été que très-peu exploités; cependant l'écume de mer qu'on trouve près de Brousse, et qui sert à fabriquer des têtes de pipes, fait l'objet d'un commerce important, et il y a aux environs de Tokat de riches mines de plomb et de cuivre.

Mais, au milieu des hordes et des peuplades sauvages qui habitent ces beaux lieux, une foule d'animaux féroces, parmi lesquels nous citerons principalement le chacal, se multiplient, grâce à l'absence de toute mesure de police ayant pour but d'arrêter leur propagation, et ajoutent à l'insécurité des campagnes, où les *Turcomans*, toujours armés jusqu'aux dents, continuent leur vie nomade, au grand effroi des caravanes, qu'ils dévalisent toutes les fois qu'ils en trouvent l'occasion. Les Turcs, maîtres du pays, sont ici encore plus insolents, plus grossiers, plus intolérants, s'il est possible, qu'en Europe. Les Grecs, population industrieuse à laquelle ils ont imposé leur joug, y sont presque aussi nombreux; et au milieu de ces deux peuples vivent les Arméniens, race qui, dans les villes surtout, s'adonne de préférence au commerce.

Parmi les branches d'industrie particulières à l'Asie Mineure, il faut nommer la camelote et les châles d'Angora, les étoffes de soie et les tapis de Brousse, les tissus de lin de Trébizonde, les cuirs de Konieh, l'opium, etc. Quant aux nombreux ports qui jadis contribuaient tant à la prospérité de ces contrées, ils sont aujourd'hui pour la plupart ensablés, ou transformés en marais et en prairies.

L'Asie Mineure est maintenant divisée en huit eyalets ou pachalicks, subdivisés chacun en plusieurs sandjaks. Le premier est celui d'Anadoli ou d'*Anatolie*; il forme la partie nord-ouest de l'ancienne Asie Mineure, et a pour chef-lieu *Koutayeh*. Au pied du mont Olympe est située la ville de Brousse ou Boursa. Manissa nous rappelle Magnésie; Bergama, Pergame; le village de Sart, l'opulente ville de Sardes; Ajasalouk, Éphèse; les ruines de Makri, Telmissus; Angora ou Angoura, dans l'ancienne Galatie, *Ancyre*; Ismid, l'ancienne résidence impériale, Nicomédie; Isnik, Nicée; le village de Lepsek, la voluptueuse Lampsaque, etc. Ismir (*voyez* SMYRNE) est la ville commerçante la plus riche et la plus importante de tout le Levant. L'eyalet de Caramanie, situé au centre de la péninsule, a pour capitale Konieh, l'Iconium des anciens. Là étaient jadis la Cilicie, la Pamphylie et la Cappadoce, reconnues aujourd'hui les eyalets d'Adana, de Bezok et de Siwas. C'est dans cet eyalet de Siwas que se trouve située la ville de Tokat, la *Comana Pontica* des anciens. La partie orientale de l'ancien royaume de Pont et la Colchide appartiennent aujourd'hui à l'eyalet de Trapezoun. *Voyez* TRÉBISONDE.

On comprend encore dans l'Asie Mineure les îles de Mitylène ou de Lesbos, de Skio ou Chios, de Rhodes et de Chypre. A tous ces noms de villes, de peuples et de pays se rattachent les attristants souvenirs d'un glorieux passé, de guerres dévastatrices, et de tous les fléaux dont la malédiction du despotisme frappe la malheureuse humanité.

ASIENTO. *Voyez* ASSIENTO.

ASILE (du grec ἄσυλος, composé de à privatif, et de συλάω, je prends ou je heurte), parce qu'on ne pouvait jadis arrêter, sans sacrilège, un fugitif, un débiteur, un criminel, qui avait cherché un abri dans un sanctuaire ou un lieu de refuge (*voyez* l'article suivant). Il se dit, par extension, de tout lieu où l'on se met à l'abri des persécutions ou des dangers; il se dit aussi d'une retraite, d'un séjour, d'une habitation quelconque; il se dit enfin d'un lieu où une personne qui n'a pas de quoi subsister rencontre un refuge dans la mauvaise fortune. Le besoin de donner aux faibles et aux pauvres un abri où ils pussent trouver secours et protection a fait établir dans tous les pays des asiles destinés plus spécialement à l'enfance et à la vieillesse.

C'est ainsi qu'il existe des établissements, comme l'hôpital des Quinze-Vingts à Paris, où l'on recueille des *aveugles*, gratuitement ou moyennant pension ou portion de pension; sur certains points de l'Angleterre et de l'Allemagne ils reçoivent avec l'hospitalité des moyens de gagner leur vie. Dans d'autres institutions, comme à Charenton, à la Salpêtrière, à Bicêtre, à l'asile Saint-Yon de Rouen, à l'hospice de Bordeaux, chez les frères hospitaliers de Lille, de Lyon etc., les *aliénés* sont soignés et traités, soit à titre gratuit, soit comme pensionnaires. Il y a des établissements où l'on recueille les *sourds-muets* au sortir de leurs maisons d'éducation, afin de leur procurer du travail; des hospices *d'incurables*, où l'on reçoit des indigents des deux sexes attaqués d'infirmités graves; des asiles où, gratuitement ou moyennant pension, on admet des femmes enceintes ou en couche, comme la *maison d'accouchement* de Paris, où elles sont soignées, nourries et s'occupent de travaux pour lesquels elles sont payées; des établissements où l'on accueille des personnes âgées de l'un et de l'autre sexe, soit gratuitement, soit moyennant une somme fixe, ou une pension annuelle, comme Sainte-Périne, l'asile de la Providence, l'hospice des Ménages, celui de la Vieillesse, etc., des établissements où l'on accorde l'hospitalité pour une ou plusieurs nuits, avec nourriture et secours, comme à Berne, à Stuttgard, etc.; des maisons où l'on reçoit des femmes et filles envoyées par leur famille ou par les magistrats pour être ramenées aux bonnes mœurs, comme celles du *Refuge de Saint-Michel*; des institutions où les filles repentantes viennent chercher volontairement l'habitude d'une vie meilleure, comme celle du Bon-Pasteur à Lyon, celle de la rue d'Enfer à Paris; d'autres où de jeunes filles se réfugient pour échapper aux dangers de la séduction; d'autres où, revenues au bien, elles se vouent à la retraite; des établissements où l'on recueille les enfants chez lesquels se sont manifestés des germes de corruption précoce ou qui appartiennent à des condamnés ou à des vagabonds (on en trouve en Wurtemberg, dans le grand-duché de Bade et en Suisse); des maisons d'éducation et d'apprentissage où de jeunes condamnés, qui par leur conduite ont mérité d'être tirés des prisons, sont admis à achever le temps de leur peine (Paris en possède une); des établissements où l'on reçoit des femmes et des filles qui, après avoir été condamnées à des peines afflictives et infamantes, et les avoir subies, veulent se réhabiliter par une vie meilleure, comme la *Solitude* à Lyon; des asiles où l'on recueille les pauvres mendiants non criminels, pour les ramener par le travail aux habitudes de dignité humaine; des établissements où l'on admet des orphelins des deux sexes pour leur assurer les bienfaits d'une bonne éducation et les mettre à même d'exercer plus tard un emploi qui les fasse vivre; des asiles d'enfants, dont nous parlerons plus bas, et enfin les hôtels d'Invalides militaires de Paris, Stuttgard, Vienne, Berlin, etc., sans compter le *Naval Hospice* anglais de Greenwich.

ASILE (Droit d'). On a défini l'asile un droit de grâce divine, un droit d'appel à Dieu de la justice des hommes; en tout cas, c'était un privilège dont jouissaient certains lieux d'arrêter dans leur enceinte l'exécution des lois contre ceux qui parvenaient à s'y réfugier. Dans les sociétés naissantes, ce droit tutélaire devait être des villes importantes; Rome, Athènes, Thèbes n'ont été dans l'origine que des asiles de fugitifs, d'esclaves et de criminels; ensuite nous retrouvons ce droit d'asile au sein des cités arrêtant toujours les rigueurs de la loi ou de la force, pour ne soumettre le fugitif qu'au jugement de sa conscience.

Un jurisconsulte canonique rapporte l'établissement du droit d'asile à Dieu lui-même, qui mit un signe au front de Caïn pour que les hommes qui le rencontreraient ne le tuassent point. Cette pieuse remarque ne contredit qu'en apparence le témoignage de l'histoire, qui nous apprend d'ailleurs que l'asile fut inconnu des peuples dont la loi religieuse était en même temps la loi civile, et cela à raison de l'infaillibilité même de la loi. Ainsi les Hindous, les Perses, les Juifs même n'ont pas connu le droit d'asile dans le sens et l'acception étendue qu'il a eus chez les autres nations, bien qu'on en trouve quelques traces dans la législation de l'Hindoustan, au titre *du Magistrat et du Souverain*, et que les Juifs aient eu plusieurs lieux d'asile et de refuge; l'asile des Israélites, conséquence obligée de leur mode de justice, qui faisait de l'héritier ou du plus proche parent du défunt le vengeur de sa mort, ne protégeait contre la violence qu'à la condition de passer en jugement; si le crime était volontaire, le coupable le payait de son sang; dans le cas contraire seulement, il était rendu à son lieu de refuge. Ce droit d'asile ainsi restreint n'en mérite plus le nom ; on voit dans Josué que les villes de refuge furent Hébron, Sichem, Codès en deçà du Jourdain ; Bosor, Ramoth et Gaulon au delà de ce fleuve. Cependant, pour l'esclave de l'étranger la Judée tout entière tenait lieu d'asile; c'est la seule exception au principe.

Chez les Grecs, au contraire, régis par le dogme aveugle de la fatalité, le droit d'asile existait au plus haut degré. Les dieux, les Lares domestiques, les princes et les peuples en avaient l'exercice. Les principaux asiles de la Grèce étaient les temples de Diane à Éphèse, d'Apollon à Milet, de Cérès et de Proserpine à Éleusis et de Jupiter Olympien à Athènes ; les bois sacrés, dont le feuillage impénétrable remplissait les âmes de crainte et de respect servaient aussi d'asiles, ainsi que les tombeaux ; les plus célèbres de ces derniers refuges du faible et du coupable étaient les tombeaux d'Acrisius à Larisse et de Thésée à Athènes. Cette ville fut celle de l'asile par excellence, et la reconnaissance de la Grèce lui attribua l'honneur d'avoir la première répandu par le monde des lois en faveur des suppliants. Cependant les Grecs furent bientôt trop éclairés pour ne pas reconnaître les abus du droit d'asile, qui protégeait indistinctement les malheureux et les criminels ; le poëte Eschyle met dans la bouche des Euménides une éloquente protestation contre la folle vanité des hommes, qui prétendent établir entre eux et les dieux la solidarité des crimes ; le vulgaire néanmoins eut toujours la foi la plus vive dans la sainteté des asiles ; et lorsqu'ils étaient violés, soit directement, soit indirectement, comme lorsqu'on murait l'entrée du temple pour y faire mourir de faim ceux qui s'y étaient réfugiés, la colère de la divinité atteignait tôt ou tard, suivant les croyances populaires, l'impie qui l'avait outragée. Ainsi Néoptolème égorgé à Delphes sur l'autel d'Apollon expie le crime dont il s'était souillé en égorgeant Priam aux autels de ce dieu ; ainsi le massacre des Ilotes dans le temple de Ténare amène un tremblement de terre qui détruit Sparte de fond en comble, et l'horrible maladie qui conduisit Sylla au tombeau est un châtiment de Minerve, dont il avait violé l'autel pour mettre à mort Aristion.

On voit d'autre part dans l'histoire grecque que beaucoup de villes se qualifient asiles ; ces asiles ne ressemblent nullement aux villes de refuge des Israélites ; ils indiquent seulement la neutralité qu'avaient proclamée plusieurs cités au milieu des guerres sanglantes qui suivirent la mort d'Alexandre, pour se soustraire aux excès et aux vengeances des partis. Tyr, Antioche, Smyrne eurent ce privilége, ainsi qu'Éphèse et l'île de Samothrace.

Rome, formée et renouvelée à plusieurs reprises par le droit d'asile, en fut pourtant l'éternelle ennemie : le droit y avait trop d'autorité et d'empire pour y souffrir une telle exception, et le coupable n'avait que l'exil pour se soustraire à sa peine. Il y eut pourtant quelques traces d'asiles religieux chez ce peuple; en outre le soldat, à qui la loi épargna toujours ses rigueurs, trouvait asile auprès des aigles de sa légion ; un criminel qui rencontrait une vestale avait la vie sauve et elle jurait que la rencontre était fortuite. A part ces exceptions et quelques autres fort rares, c'est dans l'appel au peuple par l'intermédiaire du tribun qu'on doit trouver le véritable asile des Quirites. Lorsque la république s'est effacée devant l'empire, le prince qui représente le peuple est le symbole vivant de la loi; aussi l'asile devient symbolique, et l'image du prince, sa statue, une pièce de monnaie à son effigie, suffisent pour rendre inviolable celui qui se recommande à ces représentations de la majesté souveraine.

Mais avant l'empire déjà le monde était devenu romain ; les priviléges et les usages de chaque nation ne résistèrent pas à cette vaste et puissante assimilation, dont les peuples modernes n'ont pas retrouvé le secret. Après de nombreuses violations faites sans scrupule par les généraux de Rome et de plus nombreuses réclamations, toujours demeurées sans réponse, le droit d'asile des temples grecs finit par être complétement aboli. Tacite nous apprend que Tibère supprima tous les asiles qui ne justifièrent pas de titres authentiques, parce que ce droit avait dégénéré en d'incroyables abus ; les temples étaient toujours remplis d'esclaves, de scélérats et de débiteurs ; la justice n'était plus qu'un vain mot. Plus tard le droit d'asile des images impériales fut aussi singulièrement restreint.

Quand le christianisme fut devenu la religion de l'État, l'Église emprunta aux temples païens leurs immunités et leurs franchises : le droit d'asile en effet était à la fois un puissant moyen de propagation et d'autorité. Cependant les empereurs romains n'abdiquèrent pas leurs prérogatives, et ne voulurent d'abord accorder aux évêques que le droit d'intercession, en lui imposant encore des formalités légales; puis quand ils furent contraints de céder, ils éludèrent habilement les demandes de l'Église, tout en semblant y donner pleine satisfaction ; car s'ils étendirent le privilége du temple et du sanctuaire à tout le terrain qui s'étendait des murs du temple à sa clôture extérieure, et comprenait souvent des maisons, des bains, des jardins, ils le restreignirent en réalité quant aux personnes ; le juif, le violent, l'homicide, le ravisseur, l'adultère, en furent exclus, comme aussi le débiteur du trésor public ; le débiteur civil et l'esclave purent seuls y trouver un refuge assuré. Aussi voyons-nous dès le premier temps l'Église résister à ce qu'elle nomme les empiétements de César : saint Augustin, pressé, en vertu d'une loi de Théodose, de rendre un débiteur, aime mieux emprunter de l'argent et satisfaire lui-même à la créance, qu'abandonner le privilége de l'Église. Plus tard le ministre tout-puissant d'Arcadius, Eutrope, voulut même abolir entièrement le droit d'asile, et coupable moins après, fugitif et disgracié, il était reçu à ces autels qui, malgré les généreux efforts de saint Jean Chrysostôme, ne devaient pas lui sauver la vie.

Mais déjà l'Église parlait à des peuples plus dociles à sa voix : quand Rome tomba au pouvoir des barbares, ils prouvèrent asile à la basilique des Saints-Apôtres, et ce refuge empêcha la ville éternelle de périr entièrement. Seuls entre ces nouveaux peuples, les Ostrogoths, pénétrés de l'esprit romain, se montrèrent peu favorables aux tendances de l'Église. Les Visigoths, dont la loi rédigée plus tard, reconnurent l'asile des églises et l'étendirent uniformément à trente pas des murailles. Le concile de Tolède, l'une de leurs assemblées nationales, déclara qu'il pourrait recevoir les criminels, les débiteurs, les esclaves, mais qu'il ne saurait se soustraire au droit, car ils seraient livrés à la justice, sans violence aucune d'ailleurs, par le ministère du prêtre, qui en remettant le meurtrier aux parents du mort, le débiteur au créan-

8.

cier, l'esclave au maître, dicterait les conditions. La peine de mort ne devait plus entrer dans l'expiation du meurtre. Chez les autres barbares la loi religieuse fut généralement adoptée : en France le temple et son porche (*atrium*) furent réputés asiles ; et lorsque l'église n'avait pas de porche, on comptait tout autour des murailles un arpent de terre qui était aussi sacré, aussi inviolable que le sanctuaire même. C'est l'origine du privilége des cimetières. Le droit d'asile n'eut plus à redouter que la rudesse des mœurs, qui en amena de fréquentes violations : le deuxième concile de Mâcon (585) se prononça avec énergie contre les violences et les profanations commises par les princes et les seigneurs, par les réfugiés eux-mêmes. Sous la première race l'abus des asiles fut poussé à un tel point, qu'il exemptait de la peine de mort les criminels de toute espèce, même ceux qui avaient commis un homicide volontaire, pourvu qu'il n'eût pas été accompagné de sacrilége. Frédégonde, après le meurtre de son époux, se réfugia dans l'église cathédrale de Paris, où, sous la protection de l'évêque Raymond, elle se trouva à l'abri des poursuites de Gontran et de Childebert.

A dater du règne de Charlemagne, l'Église, dont les priviléges incontestés n'avaient eu à souffrir que de la force, se vit de nouveau attaquée par le droit. Deux capitulaires de cet empereur s'occupent du droit d'asile : le premier, de 779, porte que les coupables dignes de mort suivant les lois qui se réfugient dans une église ne doivent pas y trouver protection, et qu'on ne doit ni les y garder ni leur fournir d'aliments; l'autre, qui porte la date de 788, décide, au contraire, que les églises serviront de refuge à ceux qui s'y retireront, et qu'on ne leur fera subir ni peine capitale ni mutilation des membres. Charlemagne excepte cependant certains crimes pour lesquels il n'y avait jamais de grâce. Bien que le second de ces capitulaires puisse être regardé comme une concession de l'empereur aux réclamations du clergé, il est certain que le pouvoir temporel tendit désormais à diminuer et à prévenir l'intromission des évêques dans la juridiction séculière, et si nous voyons ensuite le droit d'asile éprouver de nombreuses vicissitudes, tantôt restreint et contenu, tantôt respecté et étendu, c'est uniquement aux circonstances politiques qu'il faut l'attribuer. C'est ainsi que sous Philippe Ier, en pleine féodalité, pour les guerres de seigneur à seigneur désolent la France, on voit ce prince étendre le droit d'asile aux simples croix des chemins. Ce n'est pas ici une satisfaction donnée au clergé, c'est une pensée politique du roi de France, jaloux de porter quelques adoucissements aux maux du peuple et de rabaisser cette orgueilleuse féodalité, qui, elle aussi, avait usurpé à son profit le droit d'asile, et faisait de ses donjons autant de repaires impénétrables pour tous ces gens de hart et de corde enrôlés sous la bannière d'un comte ou d'un baron. Mais la justice séculière se montre de plus en plus implacable ennemie du droit d'asile. Dès le règne de Philippe le Bel nous voyons dans toutes les ordonnances sur cette matière les immunités des saints lieux respectées en apparence quant au droit, attaquées en réalité quant au fait : il est défendu d'arrêter un coupable au lieu saint, *nisi casibus in jure permissis*, restriction passablement large et prêtant à l'interprétation des parlements, ces nouveaux auxiliaires de la puissance royale dans sa lutte contre l'Église. Celle-ci toutefois ne céda pas sans combat : la violation de l'asile Saint-Merry, en 1358, amena la sédition de Marcel. En 1377 trois sergents ayant arraché de la même église et conduit au Châtelet un clerc nommé Jean Briselle, furent condamnés, malgré les remontrances du procureur du roi, à le ramener au lieu d'asile un jour de dimanche et à demander pardon au chapitre réuni. Lorsque le parlement différait de répondre aux réclamations du clergé, les églises se fermaient, le service divin était interrompu, et le parlement était quelquefois contraint de céder; mais la cause qu'il défendait était celle de la raison et du droit, elle devait finir par triompher. Sans parler des moyens détournés que l'on employait souvent pour saisir le criminel, comme le guet autour de l'asile, nous voyons qu'en certains pays, en Angleterre et en Normandie, par exemple, les réfugiés avaient à choisir entre la comparution en justice et l'exil volontaire.

Au quinzième siècle le droit d'asile commence à perdre beaucoup du respect dont il avait jusque alors été l'objet; restreint par une ordonnance de 1515, qui supprima les asiles de Saint-Jacques la Boucherie, de Saint-Merry, de Notre-Dame, de l'Hôtel-Dieu, de l'abbaye Saint-Antoine, des Carmes de la place Maubert et des Grands-Augustins de Paris, il fut entièrement supprimé par François Ier, en 1559.

Ainsi que nous l'avons déjà dit, le privilége ecclésiastique en France ne se borna pas à la maison de Dieu, il fut étendu à son pourtour extérieur, à l'anneau de salut scellé dans le mur, qu'il suffisait de saisir pour être inviolable, aux chapelles, cloîtres, monastères, abbayes, quelquefois même à leurs vastes dépendances, aux tombeaux, aux cimetières, aux croix, et généralement à tous les monuments religieux. Dans l'intérieur des églises des places particulières étaient réservées aux réfugiés, qui venaient s'asseoir auprès de l'autel, sur un banc de pierre, appelé *pierre de la paix* : dans quelques-unes, comme Saint-Jacques la Boucherie, il y avait pour eux des chambres de refuge. L'église Saint-Martin de Tours fut un des plus célèbres asiles de France.

Dans les autres pays de l'Europe le droit d'asile fut, comme en France, successivement aboli. Il se maintint assez longtemps en Italie, où le pape, qui le soutenait dans toute la chrétienté comme chef de l'Église, travailla toujours comme prince temporel à le supprimer dans ses États. Une bulle de Benoît XIV en 1750 n'accorda plus l'asile qu'aux gens engagés par hasard dans des affaires malheureuses. C'était l'abolir virtuellement.

Quant au droit d'asile que les seigneurs avaient usurpé depuis la féodalité pour leurs demeures et leurs terres, il n'en fut plus question sous Louis XIV. Jusqu'à la révolution les demeures royales, celles des ambassadeurs et l'hôtel du grand prieur de Malte jouirent cependant de telles immunités qu'on pourrait à bon titre leur donner le nom d'asiles.

En résumé, le droit d'asile fut d'abord un remède à l'impuissance des lois, le rempart du faible contre le fort; il a eu sa raison d'être chez différents peuples de l'antiquité et au moyen âge, de même qu'il ne pouvait pas exister chez les Romains et qu'il était incompatible avec la civilisation moderne. Droit sacré quand il n'y a pas de droit, il est inconciliable avec une législation régulière et respectée. La loi française n'accorde plus quelques immunités que pour des cas restreints. Ainsi le débiteur ne peut être arrêté en certains lieux, à certaines heures et à certains jours ; le domicile, inviolable en principe, s'ouvre forcément devant les sommations du représentant de la loi; partout la justice saisit le criminel, et la terre étrangère, qui servait autrefois d'asile à tous les criminels, n'est plus en général un refuge que pour les victimes des discordes intestines qui déchirent aujourd'hui la plupart des peuples civilisés. Aujourd'hui il ne doit plus y avoir d'asile contre la loi, car la loi doit être l'asile de tous.   W.-A. DUCKETT.

ASILE (Salles d'). On désigne sous ce nom les établissements qui ont pour objet de réunir durant le jour les enfants de à six ans que leurs parents ne peuvent surveiller eux-mêmes, et qui par suite de ce défaut de surveillance sont exposés à tous les dangers de l'isolement, à tous les inconvénients de l'oisiveté. Telle a été la première pensée des fondateurs de cette belle institution. Ces établissements ne doivent donc pas être considérés comme des écoles : l'âge des enfants qui y sont reçus ne permet pas d'y donner une grande place à l'instruction élémentaire. Le nom qu'ils ont reçu en France en montre la distinction, et témoigne toute la sollicitude avec laquelle les fondateurs ont voulu prévenir une confusion qui ne pouvait que nuire à l'avenir de l'institution.

Les *salles d'asile* sont, avant toute chose, des établissements où l'instruction doit être, plus que partout ailleurs, subordonnée à l'éducation ; et celle-ci doit seule y être l'objet de toutes les sollicitudes. Qu'on ne s'imagine pas que les *salles d'asile*, parce qu'elles ne sont pas des écoles primaires, n'aient d'autre résultat que de préserver les enfants qu'on y recueille des accidents physiques qui les menacent ailleurs : cette institution répond à des besoins plus impérieux, elle sert surtout, et c'est là ce qui en accroît l'importance sociale, à protéger les générations qui s'élèvent contre l'invasion des mauvais exemples, des habitudes dangereuses, contre l'ignorance des premières notions morales et religieuses, sans lesquelles un enfant ne saurait jamais devenir un homme libre et responsable de ses actes. On a soin, dans les *salles d'asile*, de produire sur l'enfance ces premières et salutaires impressions, qui sont si puissantes dans le cours de la vie, en leur donnant des habitudes d'ordre, de discipline et de sincérité. On s'y attache à développer l'intelligence des enfants, en leur faisant connaître les signes parlés et écrits à l'aide desquels l'âme agit sur le cerveau dans le phénomène de la pensée. On les y exerce à parler la langue nationale, à l'exclusion de tout dialecte local, dont l'usage se trouve ainsi menacé de tomber en désuétude. Que d'avantages! et cependant rien n'est aussi simple, rien n'est enfin aussi aisé à créer et à surveiller qu'une *salle d'asile!* Un petit local composé d'une salle, d'un préau et d'une cour, un mobilier composé de quelques bancs, d'un gradin, de quelques tableaux, d'un lit de repos et d'un poêle ; un personnel composé d'une surveillante et d'une aide, quelques arbres dans la cour, quelques images dans la salle, voilà à peu près tout ce qui constitue une *salle d'asile*.

A qui appartient la première conception des salles d'asile pour l'enfance? Nous ne croyons pas nécessaire de remonter, ainsi qu'on l'a fait, à l'école de Pythagore ni aux premiers temps de la synagogue : l'Église chrétienne dès sa naissance créa des institutions dont le nom n'avait jamais été entendu dans les anciennes langues des Grecs et des Romains. Les orphelins, les vieillards, les malades, les petits enfants furent l'objet des plus vives sollicitudes des fidèles. Plus tard les monastères devinrent des asiles où l'enfance était recueillie. Au treizième siècle, sous la parole de saint François d'Assise, qui voulut créer une sorte de confraternité spirituelle sous le nom de *pénitence du tiers ordre*, les œuvres de charité se multiplièrent. L'enfance des pauvres fut comblée de bénédictions ; mais cette époque de charité chevaleresque fut de courte durée. Toutefois, le germe qui avait été répandu ne fut pas détruit. Frère Savonarola, fidèle à la pensée du fondateur du tiers ordre, au milieu des corruptions nouvelles qui envahissent l'Italie des Médicis, parcourt les rues de Florence, recueille et catéchise pendant sept ans les petits enfants des bords de l'Arno ; et ne termine sa mission éducatrice que pour monter sur le bûcher, allumé par des mains qui auraient dû inscrire son nom parmi les saints. Rome ne tarda pas à voir un ami de l'enfance se montrer dans ses murs. Cet ami de l'enfance parut à la fin du seizième siècle, dans la personne de saint Joseph Calasanzio. Ce digne prêtre, mécontent des écoles entretenues aux frais de l'administration, entreprit de fonder des écoles gratuites, où l'éducation de l'enfance fût moins négligée. Après avoir en vain imploré l'ordre des dominicains et celui des jésuites, qui déclarèrent ne pouvoir dépasser les limites de leurs attributions, il se décida à créer et à diriger lui-même, avec l'assistance de quelques bons prêtres, ses *scuole pie*, dont le souvenir n'est pas encore perdu à Rome. Il y eut dans ces écoles jusqu'à mille petits enfants, dès les premières années. Parmi ces enfants on en comptait qui étaient juifs. Quelques tentatives nouvelles surgirent dans diverses contrées de l'Europe. On connaît les pieux efforts de saint François de Paule, et les institutions qui en résultèrent en faveur des enfants abandonnés ; mais l'institution des *salles d'asile*, telle que nous la voyons réalisée aujourd'hui, avec son but net et précis, avec ses règles uniformes, avec ses attributions déterminées, avec son double caractère de conservation et de prévoyance, ne date réellement que du jour où le pasteur Oberlin rencontra, dans un village des Vosges, la jeune Louise Schœppler entourée de quelques enfants, avec lesquels elle chantait des cantiques qu'elle leur faisait répéter en filant du coton ; c'était en 1769. Ce fut Louise Schœppler, de Bellefosse, dans le département du Bas-Rhin, qui, entrée au service du vénérable pasteur, se chargea de répondre aux vœux les plus ardents de son cœur, en prenant soin des petits enfants que les travaux des champs privaient de la surveillance de leurs parents. Cinq villages et trois hameaux de la paroisse du Banc-de-la Roche furent les heureuses contrées où se déploya pour la première fois cet esprit de prévoyante charité qui devait se répandre sur tout le globe.

Cette œuvre de Louise était inconnue, lorsqu'en 1801 madame la marquise de Pastoret, péniblement émue des dangers que couraient les enfants qu'elle rencontrait dans ses visites pour la Société de Charité Maternelle, institua une salle d'hospitalité pour les enfants à la mamelle, qu'elle dut transformer bientôt en une école gratuite, qui existe encore. L'essai tenté par madame de Pastoret de recueillir les enfants au-dessous de douze ou de quinze mois ne put réussir, parce qu'à un âge aussi tendre les enfants réclament des soins qui rendent nécessaire la présence d'un grand nombre de personnes.

Owen, aidé de Buchanan, créa en 1819, à New-Lanark, un établissement plus convenable pour les enfants des ouvriers de la manufacture qu'il dirigeait. Cet exemple fut imité : une association de douze personnages, à la tête desquels figurent lord Brougham, lord Lansdown, Zachary Macaulay, se forma dans le but de protéger cette institution naissante, et de la défendre contre les préventions que les doctrines socialistes, bien connues, d'Owen soulevaient contre elle auprès du clergé anglican. Buchanan fut appelé à seconder les premiers efforts de l'association, et ses efforts furent couronnés d'un succès complet. L'Angleterre, l'Écosse, les États-Unis, les colonies anglaises se couvrirent de salles d'asile pour l'enfance, appelées *infants schools* ; partout des associations nouvelles se formèrent.

Ce fut en 1825 que parut le prospectus du *Comité des Dames*, qui fonda en France cette œuvre maternelle. Les souscriptions particulières en firent d'abord tous les frais, ainsi que cela a lieu chez nos voisins ; mais l'œuvre grandissant, et l'avenir de l'institution n'étant pas garanti, il fallut bien solliciter l'appui de l'administration : le conseil général des hospices ne fit pas attendre son concours. Plus tard, les ministères de l'intérieur et de l'instruction publique en firent mention dans leurs budgets. Enfin, la loi sur l'instruction primaire assura aux salles d'asile une existence légale, qui les plaça au rang de nos institutions nationales.

En voyant le développement que cette institution a reçu dans les diverses contrées du globe, on ne saurait être trop étonné d'en trouver les premiers essais en Angleterre et en France, si peu éloignés de nous. Nulle œuvre n'a été plus bénie que celle-ci. La plupart des villes de l'Italie, de l'Allemagne, du Danemark, de la Suède, de la Russie, de la Hongrie, possèdent des salles d'asile pour l'enfance. C'est l'abbé Apporti qui le premier en dota l'Italie en 1829. Milan, Venise, Pise, Florence, Naples, Turin, suivirent l'exemple donné à Crémone, et les *scuole infantini* s'y multiplièrent sous les auspices des gouvernements et par les soins des citoyens ; la Romagne seule en est privée. Constantinople est à cet égard mieux partagée que Rome, et les salles d'asile ont été introduites dans les États ottomans. Il en existe au milieu des tribus les moins civilisées de l'Afrique, au Cap, chez les Cafres, et dans les contrées centrales moins éloignées de l'équateur. Il en est qui ont été fondées dans quelques villes de l'Asie, en Perse, dans l'Inde, dans l'île de Java et jusque dans les îles de la mer Pacifique.

Tous les jours de nouvelles créations sont annoncées, tous les jours des perfectionnements nouveaux sont proposés et accueillis; tous les jours des relations fraternelles s'établissent à l'aide de publications périodiques spéciales, entre les personnes qui, séparées par des distances immenses, concourent à l'œuvre si importante de l'éducation de l'enfance. Déjà des livres nombreux ont vu le jour, qui suffiraient pour former une bibliothèque appropriée aux besoins de l'institution. L'Ami de l'enfance, ou journal des salles d'asile, est le recueil à la rédaction duquel les plus grands soins sont apportés par les directeurs de Paris. Le Guida dell' Educatore, qui paraît à Florence par les soins du vénérable abbé Lombruschini, ainsi que plusieurs journaux anglais et américains, rendent les plus grands services à l'œuvre qui a pour objet la protection et l'éducation de l'enfance. Parmi les livres spéciaux, nous en signalerons un qui, en France, a ouvert la carrière à tous les autres, c'est le Manuel des Fondateurs et des Directeurs des Salles d'Asile, par M. Cochin, fondateur de l'asile modèle du douzième arrondissement de Paris. Ce n'est qu'en tremblant que nous ajoutons à ces écrits un petit ouvrage dont il ne nous est pas permis de faire l'éloge : c'est le Médecin des Salles d'Asile, destiné à diriger les médecins et les surveillants dans les soins hygiéniques que réclament les enfants recueillis dans ces établissements. Dr L. CERISE.

Les résultats obtenus par ces fondations attestent leur utilité et expliquent leur progression incessante. Ainsi, en 1834 Paris possédait 15 salles d'asile, pour recevoir 2,800 enfants, et les dépenses totales s'élevaient à 54,900 fr. ; en 1850 il y avait 38 salles d'asile pour 7,560 enfants, dont les dépenses étaient en totalité de 193,200 fr. Dans le département de Seine-et-Oise, en 1836 on comptait déjà 13 asiles en faveur de 1053 enfants. Dans les autres parties de la France même ardeur et même accroissement, puisqu'en 1834 on trouvé 34 départements ayant 102 salles d'asile, et en 1837 192 villes de 62 départements possédaient 328 asiles ; enfin, de 1840 à 1843 1850 communes avait ouvert 1,489 asiles, pour lesquels les conseils généraux, les conseils municipaux, l'État et les bienfaiteurs donnèrent une somme de 1,547,000 fr. D'après l'ordonnance du 22 décembre 1837, la direction de ces établissements peut être confiée aux femmes ou aux hommes. A Paris chaque salle d'asile est dirigée par une surveillante titulaire et une surveillante adjointe, et une femme de service est attachée à chaque établissement ; une dame inspectrice surveille tout le personnel. L'emploi du temps dans les asiles est réglé ainsi qu'il suit : soins hygiéniques, conseils moraux, lecture par épellation ; exercice du gradin (silence, attention, lecture collective, leçons des choses), distribution d'aliments, musique (table de Pythagore chantée en sol majeur, et entrée dans la salle en fa majeur par William).

L'admission des enfants dans les salles d'asile est essentiellement gratuite ; il suffit, pour faire admettre un enfant à la salle d'asile, de justifier qu'il n'a pas moins de deux années ni plus de six, qu'il a été vacciné et qu'il n'a pas de maladies contagieuses. Les enfants y passent toute la journée. Ils doivent être conduits et repris par leurs parents, qui leur apportent dès le matin la nourriture de la journée.

Les enfants reçoivent dans ces établissements les soins de surveillance, ainsi que les premières notions de religion, de lecture, d'écriture, de calcul et même de chant. Les filles apprennent, en outre, les premiers travaux d'aiguille. Les règlements portent que l'enseignement ne peut excéder quatre heures en durée, et qu'un médecin doit être attaché à chaque asile et le visiter au moins une fois par semaine.

ASIMINIER ou **ASSIMINIER.** L'asiminier fait partie de la famille des anonées, et appartient au genre anona, qui contient plusieurs espèces d'arbres dont les fruits se mangent dans l'Amérique méridionale, où ils croissent naturellement, et où ils sont l'objet d'une grande culture ; on les connaît sous les noms de cachimentier, pomme-cannelle, corossolier cœur de bœuf, cherimolia, etc. Bornons-nous à indiquer, comme sujet d'études et d'expériences nouvelles, l'asiminier ou corossolier trilobé, parce qu'il est originaire de l'Amérique septentrionale, et que cultivé en France en pleine terre, il réussit, et donne chaque année des fruits.

Le fruit de l'asiminier a la forme et la grosseur d'une moyenne poire renversée ; il a une saveur douce et sucrée, aiguisée agréablement par un peu d'acidité. Mûrissant à Versailles et à Toulon, au moyen de très-légers abris, et produisant des semences parfaitement mûres, qui lèvent bien et servent à sa reproduction sans effort, on peut considérer l'asiminier comme désormais conquis à l'agriculture, car les graines obtenues d'une plante exotique dans le climat où cette plante a été introduite sont un moyen certain de naturalisation. C. TOLLARD aîné.

ASINIUS POLLIO. Voyez POLLION (Caïus Asinius).

ASIOLI (BONIFACE), savant compositeur, né à Correggio dans le duché de Modène, en 1769, mort dans son pays natal en 1832, s'exerça dans son art dès l'âge de huit ans, bien qu'il n'eût pas encore reçu la moindre instruction musicale. Morigi de Parme se chargea de son éducation, et ses progrès furent tels qu'à l'âge de douze ans il donnait déjà des concerts à Vicence. Après un court séjour à Venise, il revint à Corrègio, où il obtint la place de maître de chapelle, et composa des morceaux de musique de différents genres. A l'âge de dix-huit ans, il vint s'établir à Turin, où il résida neuf années, travaillant avec une infatigable ardeur. En 1799 il se rendit à Milan, et y séjourna jusqu'en 1813. Il avait été nommé professeur de musique du vice-roi. Plus tard il devint censeur du conservatoire de cette capitale. On a de lui plusieurs ouvrages théoriques d'une importance véritable : par exemple, Trattato d'Armonia ; Principi elementari ; Preparazione al bel Canto, contenente molti solfeggi d'armonia.

ASKEW (ANNE). C'était la fille d'un gentilhomme du comté de Lincoln ; elle naquit en 1521, et montra dès sa plus tendre jeunesse une singulière prédilection pour les études théologiques. Mariée à un catholique fervent, quoiqu'elle eût adopté les idées de Luther, de fanatiques discussions ne tardèrent pas à troubler cette union mal assortie. Anne fut chassée par son orthodoxe mari, qui la dénonça au farouche Henri VIII. Ce prince, qui faisait pendre en même temps les partisans du pape et brûler ceux de Luther, défèra l'accusée à une commission composée du lord maire, du lord chancelier et de quelques évêques. Anne Askew dans l'interrogatoire qu'on lui fit subir déploya une fermeté et une énergie incroyables. Un de ses juges lui ayant demandé ce qui arriverait à un rat s'il mangeait l'hostie consacrée : « Je n'en sais rien, mylord », répondit-elle. — Eh bien, reprit le juge, il irait au feu éternel ! » — Pauvre rat ! » dit Anne en souriant. Sa beauté et son courage ne désarmèrent pas ces hommes farouches : elle fut condamnée à subir la torture ; et comme on ne pouvait trouver de bourreau, le chancelier de la Tour de Londres, Wriotesely, en remplit lui-même l'office. Cet épouvantable supplice n'arracha pas une plainte à cette femme héroïque ; portée sur le bûcher, les membres disloqués, elle y vit mettre le feu sans que la sérénité de son âme en fût altérée, et mourut en recommandant son âme à Dieu (le 16 juillet 1546). Anne Askew avait vingt-cinq ans.

ASLANI, nom d'une ancienne monnaie hollandaise en argent. On en fabriquait aussi à Inspruck. Cette monnaie,

ASLANI — ASPECT

qui valait moins de cinq francs, et qui portait aussi le nom de *dalter*, n'a plus cours aujourd'hui en Hollande.

ASMODÉE. Ainsi s'appelait le démon qui obsédait la fille de Raguel, et qui fut chassé au moyen d'un fiel de poisson. Les rabbins enseignaient qu'Asmodée était né du commerce incestueux de Tubalcaïn et de Naama, sa sœur; qu'après avoir détruit Salomon il fut ensuite vaincu et enchaîné par lui, qu'il fut contraint par ce prince de l'aider dans la construction du temple, et que c'est grâce à lui que Salomon parvint à bâtir son œuvre sans faire de bruit et sans se servir de fer, avec le secours d'un petit ver appelé *schanir*. Asmodée représente le feu de l'amour impur.

ASOPE, ou **ASOPUS**, fils de Neptune, avait donné son nom à une ville de la Laconie, située sur la côte orientale près de Cyparisse, et à plusieurs fleuves de l'ancienne Grèce. — Il y en avait un en Béotie, qui sortait du Cithéron, traversait la plaine de Platée, et se jetait dans la mer, en face d'Érétrie, ville de l'île d'Eubée : c'était sur les bords de ce fleuve que se célébraient les fêtes de Bacchus. — Un second fleuve de ce nom traversait la Thessalie, et se jetait dans le golfe d'Æta, près des Thermopyles. — Un troisième baignait Héracléee en Macédoine. — Un quatrième arrosait le territoire de Sicyone, dans le Péloponèse : il venait du mont Cœlosse, et se jetait dans le golfe de Corinthe. — Un cinquième enfin s'unissait au Lycus, près de Laodicée, dans l'Asie Mineure.

ASOW ou **ASOF.** *Voyez* Azor.

ASPARAGINÉES. C'est une famille de plantes monocotylédones apétales périgynes, qui a reçu son nom du genre type *asparagus* (asperge). Quelques asparaginées sont sudorifiques; d'autres sont diurétiques, d'autres enfin astringentes.

ASPASIE, née à Milet, fille d'Axiochus. Aspasie paraît s'être proposé pour modèle Thargelia l'Ionienne, qui unissait aux grâces de son sexe des talents politiques remarquables et un rare savoir. Toutes les femmes étrangères étaient comme proscrites d'Athènes, et leurs enfants, fussent-ils légitimes, étaient regardés comme bâtards; voilà pourquoi on a placé souvent Aspasie au nombre des courtisanes. Ce qu'il y a de certain, c'est qu'elle cultivait la politique et l'éloquence, les plus puissantes armes dans un État libre. Sa maison était le rendez-vous des hommes les plus illustres, les plus spirituels, les plus vertueux de la Grèce. S o c r a t e la visitait souvent, et lui rendait, dit-on, un hommage passionné; il lui met même dans la bouche, par plaisanterie, la magnifique oraison funèbre qu'il prononce, dans un dialogue de Platon, sur la tombe de Ménéxenus. Aspasie inspira l'amour le plus pur et le plus constant à P é r i c l è s, ce grand homme, qui sut être à la fois citoyen et roi d'une république, et à qui elle donna, assure-t-on, des leçons d'éloquence. On appelait Périclès le Jupiter olympien, et Aspasie, sa compagne, Junon. Il finit par divorcer et épouser Aspasie, pour qui il ressentit toujours la plus vive tendresse.

Le satirique mais peu véridique Aristophane accuse Aspasie d'avoir provoqué la guerre entre Athènes et Samos, à cause de Milet, sa patrie, et entre Athènes et Lacédémone, à cause de Mégare. Plutarque la lave de cette inculpation, et Thucydide ne mentionne pas son nom, bien qu'il raconte avec les plus grands détails les causes de la guerre du Péloponnèse. Lorsque les Athéniens, irrités contre Périclès, qu'ils n'osaient pas attaquer personnellement, mirent Aspasie en jugement, sous prétexte qu'elle méprisait les dieux, Périclès se chargea lui-même de sa défense, et il désarma ses juges. Après la mort de Périclès, elle épousa le marchand de bestiaux Lysiclès, qui, pénétré bientôt de son esprit, acquit une grande influence à Athènes, et elle continua elle-même à jouir de beaucoup d'autorité sur le peuple, par suite de ses relations avec ceux qui tenaient les rênes de l'État. Son nom devint si célèbre, que le jeune Cyrus le donna à son amante Milto, pour témoigner de l'impression qu'elle avait faite sur lui. Plus tard il servit à désigner les femmes les plus aimables.

ASPASIE (CARLE MICELLI, dite), fille d'un coureur du prince de Condé, l'une de ces femmes qui se signalèrent dans les journées les plus sanglantes de la révolution par l'exagération de leur zèle patriotique. Elle avait déjà, à diverses reprises, tenté d'assassiner Boissy d'Anglas, qu'elle accusait d'être l'auteur de la disette, lorsqu'elle figura, un couteau à la main, en tête des furies qui aux journées de prairial an III envahirent le local des séances de la Convention. Un coup de pistolet ayant été tiré presqu'à bout portant sur le député Féraud, celui-ci essaya de se relever; mais on vit alors, au milieu d'un effroyable tumulte, Aspasie lui briser la tête à coups de sabot. Elle se précipita ensuite sur le député Camboulas, qui n'échappa que par hasard à son couteau. Arrêtée cinq jours après, Aspasie refusa énergiquement de nommer ses complices; elle se borna à déclarer qu'elle n'avait agi que d'après les suggestions des royalistes, des émigrés et des Anglais. Mise en jugement le 19 prairial, elle fut guillotinée le 24. Elle avait entendu sa sentence avec calme, elle la subit avec sang-froid, n'exprimant jusque sur l'échafaud d'autre sentiment que le regret de n'avoir pas pu égorger Boissy d'Anglas et Camboulas.

Pour l'honneur de la nature humaine, on aime à penser qu'il y avait démence dans les actes de cette malheureuse fille, âgée seulement de vingt-cinq ans; et à l'appui de cette opinion on rappelle une circonstance antérieure de sa triste carrière. Au plus fort de la T e r r e u r, Aspasie était venue un jour dénoncer sa propre mère comme contre-révolutionnaire; et tout en allant commettre ce parricide, la malheureuse parcourait les rues aux cris de *Vive le roi !* Immédiatement traduite pour ce fait devant le tribunal révolutionnaire, elle avait été renvoyée de l'accusation comme insensée. On attribuait à une passion malheureuse le dérangement de ses facultés intellectuelles.

ASPECT. C'est la vue d'une personne ou d'une chose : *l'aspect du maître*, *l'aspect de bien des merveilles*; l'idée seule qu'on en a : *l'aspect du péril*, *l'aspect de la mort*; ou la manière dont une personne ou un objet s'offre à la vue : *aspect noble, majestueux*; ou enfin les différentes faces, les divers points de vue sous lesquels se présente une chose, une affaire. On emploie le mot en peinture, en marine et en jardinage.

On appelle *aspect*, en astronomie, les plus remarquables d'entre les diverses situations que les planètes affectent les unes vis-à-vis des autres. On en distingue cinq principaux : la *conjonction*, l'*opposition*, l'*opposition trine*, l'*opposition quadrate* et l'*opposition sextile*. A ces aspects Kepler en ajoutait plusieurs autres, tels que l'*opposition quintile* ou de 72 degrés; l'*opposition octile*, ou de 45 degrés; l'*opposition décile*, ou de 36 degrés; l'*opposition semi-sextile*, ou de 30 degrés.

La *conjonction* est indiquée dans les calendriers par le signe ☌, l'*opposition* par le signe ☍. Nous leur consacrons des articles spéciaux. L'*opposition trine*, qu'on désigne par le triangle △, est la distance de deux planètes de la troisième partie du zodiaque, ou de quatre signes qui valent 120 degrés. L'*opposition quadrate*, qui s'indique par le carré □, est la distance de deux planètes de la quatrième partie du zodiaque, ou de trois signes, qui valent 90 degrés. L'*opposition sextile*, qui s'indique par une étoile ✶, est la distance de deux planètes de la sixième partie du zodiaque, ou de deux signes, qui valent ensemble 60 degrés. Ces trois derniers *aspects* n'ont point d'importance pour la science; mais les astrologues, qui les appelaient *configurations*, croyaient voir dans les astres des *aspects benins* et d'autres *malfaisants*, et ils leur attribuaient une grande influence sur les destinées des hommes et des États. C'est

ASPECT — ASPERSION

cette croyance superstitieuse qui est cause qu'on a primitivement inséré les *aspects* dans les calendriers, où l'on en trouve encore assez généralement les signes, sauf ceux des oppositions trine et sextile.

ASPERGE. Cette plante, que l'on regarde généralement comme originaire d'Asie, croît naturellement dans nos bois. Dans son état de nature elle pousse quelques tiges grêles, plus ligneuses que succulentes, mais dont la saveur est très-prononcée. C'est dans les tiges naissantes de l'asperge que résident ses qualités alimentaires, et il faut qu'elles s'élèvent trois ou quatre années de suite hors de terre avant qu'il soit permis de les couper pour les porter sur la table, si on veut les manger très-grosses.

Cette plante a acquis plusieurs variétés par la culture, qui a aussi augmenté beaucoup le volume de toutes ses parties. Parmi ses variétés nous citerons : l'*asperge blanche de Hollande*, hâtive, mais dont la tige devient facilement ligneuse, et ne présente qu'un petit bout à manger; l'*asperge violette d'Ulm*, qui est plus grosse, et a encore l'avantage sur la blanche de fournir un plus long bout à manger; l'*asperge verte d'Ulm*, qui est un peu moins grosse que la violette, mais se mange dans toute la longueur de sa tige, en la coupant à propos; l'*asperge commune*, la plus petite de toutes, qui est celle qu'on cultive en plein champ; elle est plus hâtive que les espèces indiquées ci-dessus, mais son produit est de beaucoup inférieur; on trouve en outre dans les jardins une variété intermédiaire entre l'asperge commune proprement dite et l'asperge verte.

L'asperge est un des légumes le plus en usage. Pour se procurer de bonnes races d'asperges, il faut apporter du soin dans le choix des plants ou dans les graines qu'on sème. Une aspergerie se fait de trois manières : 1° par des graines de bonne espèce qu'on sème au printemps dans le jardin, et dont on transplante le plant la deuxième année; 2° par des graines d'asperges qu'on sème en place, et qu'on ne transplante pas. Il suffit alors de les cultiver pendant trois à quatre années, et d'éclaircir le plant à la distance nécessaire entre chaque pied, c'est-à-dire dix-huit pouces; 3° on fait une fosse de dix-huit pouces de profondeur, et plus ou moins large, selon la quantité d'asperges que l'on a à placer. Le fond de cette fosse est garni d'une couche de fumier, lui-même recouvert d'une couche de quatre pouces de terre. Cela fait, on place les griffes d'asperges à dix-huit pouces de distance, et même à deux pieds si ce sont de grosses espèces; on recouvre le plant de quatre pouces de terre. Comme les asperges aiment une terre substantielle et néanmoins légère, si la terre dans laquelle on les établit est compacte et humide, on l'enlèvera à un pied de profondeur au-dessous des dix-huit pouces prescrits, et on la remplacera par une terre plus légère, mêlée avec de vieux bois, des cornes, des os, des épines, des plâtras; avec des terres salpêtrées des vieux édifices, des vieilles murailles et des écuries. Cette plantation se fait en automne et au printemps. Les bons plants d'asperges doivent être des racines longues, molles, chevelues, et présenter des yeux arrondis et fortement prononcés à leur collet. La plantation faite, on arrache les herbes à mesure qu'elles s'établissent dans l'aspergerie. Chaque année, on donne un binage au printemps, et on ajoute une couche nouvelle de terre mêlée de terreau consommé ou de débris de vieilles couches. Les deux premières années, on ne coupe pas les asperges, la troisième on coupe la moitié de celles qui montent, et la quatrième on a une jouissance entière.

L'asperge est d'un usage extrêmement multiplié; c'est un aliment très-sain, et l'un de ceux qui plaisent le plus à l'estomac, et qui conviennent à tous les âges et à toutes les constitutions. Cependant on regarde l'asperge comme nuisible aux calculeux et aux goutteux, peut-être à cause de l'odeur désagréable qu'elle donne rapidement aux urines.

Les racines d'asperge sont employées comme tisane en infusion ou en décoction légère : elles font partie des espèces médicamenteuses connues sous le nom d'*espèces apéritives* et du sirop des *cinq racines apéritives*. Broussais a découvert que les pointes d'asperges jouissent de propriétés sédatives assez prononcées. On les emploie sous forme de sirop, comme sédatif spécial des mouvements du cœur et comme pouvant remplacer avec avantage le sirop de digitale, dont il n'a pas les propriétés irritantes : cette opinion n'est point partagée par tous les médecins, qui s'accordent cependant à le considérer comme un sédatif général propre à calmer diverses douleurs nerveuses. On prétend qu'il combat les effets du café et prévient l'insomnie qu'il peut causer. Le sirop de pointes d'asperges, dit de *Johnson*, contient aussi de la morphine et de la digitale.

ASPERGILLE. *Voyez* ASPROSOR.

ASPERN (Bataille d'). *Voyez* ESSLING (Bataille d').

ASPERSION (du latin *aspergere*, arroser). Elle a lieu sur les personnes et sur les choses, avec une branche d'arbre, avec une poignée d'herbe, avec un goupillon, avec un manche de métal, à pomme creuse, contenant une éponge et percée de petits trous.

Presque tous les peuples ont pratiqué l'*aspersion* comme supplément à l'ablution, comme moyen, par conséquent, de laver, d'effacer, d'enlever toute souillure matérielle et morale. Dans la presqu'île du Gange il y a des aspersions de *tirtam* (eau lustrale), imprégné d'une herbe appelée *darba*. Mais plus fréquemment le brahmine verse dans le creux de la main de chaque fidèle quelques gouttes de cette eau, qu'il avale immédiatement. Les prêtres romains aspergeaient ceux qui entraient dans les temples de leurs dieux. On peut voir dans le livre des *Nombres* que chez les Juifs les aspersions étaient fréquentes.

Ce rite, qui remonte à Moïse, a passé du judaïsme dans la religion chrétienne dès les temps de l'Église primitive. Saint Clément, pape du premier siècle, ordonne qu'on fasse des aspersions avec de l'eau mêlée d'huile. Le pape Alexandre Ier substitua le sel à l'huile (*Voyez* EAU BÉNITE). Aucune bénédiction n'a lieu sans aspersion quand il s'agit d'une chose, car les personnes peuvent être bénies sans l'eau et le sel sanctifiés. Il faut en excepter le pain, le vin et l'eau du sacrifice, ainsi que l'encens, le cierge pascal et l'eau, aussi bien que le sel qui sert à faire l'eau bénite elle-même. L'aspersion la plus solennelle est celle qui a lieu le dimanche, avant la messe paroissiale.

Quand on dédie une église, on fait trois aspersions dans l'intérieur et trois autour de l'édifice avec de l'eau bénite et de l'hysope. Quand on consacre un autel, on l'asperge sept fois. Le dimanche, avant la célébration des saints mystères, suivant l'usage établi par le pape Léon IV, le prêtre asperge l'autel, l'église et les assistants.

L'aspersion de l'eau bénite se fait sur les corps des défunts. Cet usage tire de la plus haute antiquité, et se pratique en tout lieu. Il y a des localités en France où l'on fait une aspersion sur tout le cimetière le jour des morts. Il est des rituels dans lesquels il est prescrit, pour conjurer les démons de l'air, d'asperger la nue orageuse quand le tonnerre gronde; on asperge aussi les cloches quand elles sont baptisées, le pain bénit, les murs d'une construction nouvelle, un nouveau chemin de fer, une nouvelle locomotive, un navire qui n'a pas encore vu la mer, un bateau qui va être lancé sur un lac, un fleuve ou une rivière, etc., etc.

Hincmar de Reims recommande dans ses *capitules* l'asperger souvent les maisons, les champs, les pâturages et les troupeaux. Cette *aspersion* n'est guère usitée maintenant qu'aux octaves de Pâques et de Pentecôte, pendant les Rogations, et à certaines fêtes locales. A Milan, conformément au rituel du cardinal Monti, le curé asperge toutes les maisons de sa paroisse la veille de Noël. Cette cérémonie a lieu dans d'autres diocèses la veille ou le jour de l'Épiphanie.

ASPHALTE (du grec ἄσφαλτος, nom que les anciens donnaient à toute espèce de bitume ou de ciment naturel). Cette matière, qui appartient au genre carbure, de la famille des carbonides de Beudant, et à la première espèce des substances phytogènes d'Haüy, est aussi appelée *bitume de Judée*. Elle est solide et noire ou noir-brunâtre, d'un brun rougeâtre sur les bords, très-éclatant quand elle est pure. Il y en a deux variétés : l'une fragile, qui éclate par la pression de l'ongle ; l'autre dure, qui paraît provenir du bitume élastique. Il se trouve en petites gouttes rondes sur la chaux fluatée blanche ou en petites masses irrégulières. Il est commun sur le lac de Judée ou mer Morte, qui lui dut son nom de *lac Asphaltite*, et en Auvergne, où il recouvre certaines roches. On en exploite une mine considérable à Seyssel, et une autre à Lobsan ; on s'en sert dans la fabrication du vernis et pour le dallage. *Voyez* BITUME.

ASPHALTITE (Lac). *Voyez* MORTE (Mer).

ASPHODÈLE. Ce nom, employé par Pline, Dioscoride, et d'autres auteurs anciens, paraît avoir signifié primitivement *sceptre*, et aurait été donné aux plantes qui le portent à cause de la roideur et de la rectitude de leur tige herbacée, surmontée d'un long épi simple dans plusieurs espèces. Les racines tubéreuses de l'asphodèle servaient dans l'antiquité pour servir de nourriture aux mânes des morts : aussi en plantait-on autour de la plupart des tombeaux. Ces tubercules, auxquels on attribuait jadis une foule de vertus thérapeutiques plus ou moins douteuses, renferment une fécule amilacée très-nourrissante et dont on a fait du pain dans des temps de disette.

Les deux espèces principales sont *l'asphodèle jaune* et *l'asphodèle rameux*, vulgairement appelés, le premier, *verge* ou *bâton de Jacob*, le second, *bâton royal*.

Le genre *asphodèle* a été pour de Jussieu le type des ASPHODÉLÉES, famille de plantes monocotylédones apétales hypogynes, dont les botanistes modernes ont fait une tribu de celle des *liliacées*.

ASPHYXIE. On peut la définir : une mort apparente, provenant primitivement de la suspension des fonctions d'hématose pulmonaire.

On admet huit espèces d'asphyxie, savoir : 1° l'asphyxie déterminée par des obstacles mécaniques à la respiration, agissant en dehors des voies respiratoires, tels que la compression de la paroi thoracique à l'extérieur, un épanchement d'air ou de liquide dans la cavité des plèvres, le refoulement du diaphragme ou la pénétration des viscères de l'abdomen dans la cavité thoracique par une plaie du diaphragme ; 2° l'asphyxie causée par des obstacles mécaniques à la respiration, lesquels obstruent les voies respiratoires à l'intérieur, comme la strangulation, les corps étrangers dans les voies aériennes et l'écume bronchique ; 3° l'asphyxie par privation d'air dans un milieu ambiant qui s'observe dans la submersion et dans la raréfaction de l'air ; 4° l'asphyxie par arrêt de la circulation pulmonaire, comme on le voit dans la congélation et le choléra asphyxique ; 5° l'asphyxie par suppression de l'influx nerveux, que l'on peut constater dans la section de la moelle épinière ou dans celle du nerf pneumo-gastrique, et dans la sidération par la foudre ; 6° l'asphyxie occasionnée par la respiration de gaz contraires à l'hématose pulmonaire, mais qui n'ont point d'action toxique, comme le gaz azote, l'hydrogène et le protoxyde d'azote ; 7° l'asphyxie déterminée par la respiration de gaz contraires à l'hématose pulmonaire ayant une action toxique ou délétère, comme le gaz acide carbonique, l'acide sulfureux, le chlore, l'ammoniaque, l'acide nitreux, l'hydrogène carboné, l'oxyde de carbone, l'hydrogène sulfuré, l'hydro-sulfure d'ammoniaque, l'hydrogène arséniqué, etc. ; et enfin 8° l'asphyxie des nouveau-nés.

Selon Bichat, le passage du sang au travers du poumon pendant l'asphyxie n'est point interrompu ; le cœur continue de se contracter quelque temps pendant l'asphyxie, et il lance le sang rouge non artérialisé dans toutes les divisions de l'aorte ; mais l'action du sang noir dans les organes ne peut entretenir leur activité. — Les phénomènes généraux des asphyxies peuvent aussi se résumer en gêne plus ou moins grande de la respiration : de là des efforts volontaires pour opérer la dilatation de la poitrine, ou bien des efforts instinctifs, tels que des bâillements, des pandiculations ; bientôt survient un besoin impérieux de respirer, qui annonce un état d'angoisse difficile à supporter ; puis surviennent un affaiblissement gradué des facultés intellectuelles, un malaise général, des vertiges, une diminution dans la force des sens et dans celle de l'organe de la locomotion, et bientôt après une perte de connaissance ; à cette époque, la respiration ne consiste plus qu'en des mouvements peu sensibles de dilatation et de resserrement de la poitrine, et la seconde dans les battements du cœur que la main perçoit avec peine : de là un affaiblissement considérable du pouls ; survient ensuite l'immobilité générale la plus absolue, qui est accompagnée de la cessation de tout phénomène respiratoire. C'est alors que commencent à paraître les effets résultant d'un commencement de plénitude du système capillaire : la face se colore en un rouge violet, les mains et les pieds prennent une teinte analogue ; il en est de même de quelques points du corps, où apparaissent de larges plaques rosées ou violacées qui s'étendent quelquefois à toute la longueur d'un membre ; enfin la circulation s'arrête entièrement, et l'asphyxie est complète ; la chaleur du corps et l'absence de la rigidité cadavérique sont les seuls phénomènes qui distinguent cet état de la mort caractérisée.

Il y a des asphyxies inévitablement ou presque inévitablement mortelles, parce que leur cause ne peut être enlevée : telles sont la plupart des asphyxies par obstacles mécaniques à la respiration, tumeurs diverses, membranes de croup, etc. Les asphyxies compliquées d'empoisonnement par un gaz délétère sont très-graves, parce que le rétablissement des phénomènes respiratoires ne suffit pas toujours pour neutraliser le poison qui a été introduit dans l'économie. L'espèce la plus simple d'asphyxie est celle où, la cause pouvant être complétement enlevée, le sang n'a besoin que d'être artérialisé de nouveau ; mais dans cette asphyxie les chances du rétablissement de la respiration dépendent beaucoup du temps pendant lequel elle a été interrompue, en d'autres termes du degré de l'asphyxie. Il est fort difficile de décider quelle est l'époque où toute espérance de guérison est évanouie, où la mort réelle a succédé à la mort apparente ; toutefois il ne faut point abandonner tout espoir tant qu'on a lieu de supposer que ni les liquides ni les solides du corps de l'asphyxié ne sont pas assez profondément altérés, les premiers dans leur composition, les derniers dans leur texture, pour que l'organisme chez lui ne puisse entrer de nouveau en mouvement, si l'on change la condition de quelques-uns des rouages de la machine animale, du rouage pulmonaire, par exemple, à l'aide de la respiration artificielle ou de l'insufflation des poumons.

Le traitement général de l'asphyxie offre deux indications principales à remplir : 1° *soustraire l'individu à la cause qui a déterminé l'asphyxie* ; 2° *rétablir la respiration et la circulation*. Dans le premier cas, on éloigne, s'il est possible, l'obstacle à la respiration ; on incise le tuyau laryngo-trachéal. Si un corps étranger a été introduit ou s'est formé dans les voies aériennes, on fait l'extraction du corps arrêté dans l'œsophage, ou on le pousse dans l'estomac ; on se hâte de réunir les plaies pénétrantes de la poitrine ; on pratique l'opération de l'empyème si une collection de liquide menace d'interrompre les fonctions du poumon ; on enlève le lien qui comprime le cou dans les cas de strangulation ; on place dans un air pur les individus qui ont été à la fois empoisonnés et asphyxiés par les gaz délétères, etc. Pour remplir la seconde indication, on a conseillé la *respiration artificielle*, pratiquée au moyen de pressions exercées sur la poitrine et l'abdomen, de manière à simuler le resserrement et l'ampliation de la poitrine qui ont lieu dans l'acte respiratoire. Ce moyen est d'une grande efficacité dans toutes les asphyxies, et ne doit jamais être négligé. On a depuis longtemps aussi employé dans le même but l'*insufflation pulmonaire*. On en faisait autrefois de bouche à bouche; mais dans l'emploi de ce moyen l'air insufflé est déjà altéré dans sa composition par celui qui insuffle, et d'ailleurs une très-petite quantité d'air pénètre jusqu'au poumon : aussi aujourd'hui n'emploie-t-on que le moyen proposé par Chaussier, qui est d'une application plus exacte : il consiste, après avoir placé l'individu sur un plan incliné de manière à ce que la tête soit plus élevée, à introduire un tube en cuivre, appelé *tube laryngien*, dans la bouche ou par les fosses nasales; on s'assure avec le doigt qu'il y a pénétré; on le fait maintenir, et alors on adapte le bec d'un soufflet ordinaire dans l'ouverture extérieure, et on pousse de petites quantités d'air à l'aide d'une légère pression, en ayant soin de le faire d'une manière intermittente : l'élasticité du poumon suffit pour l'expulsion de l'air insufflé. Il faut avoir soin que l'insufflation pulmonaire soit faite d'une manière modérée.

Les excitants externes et internes sont encore très-employés. On a fait usage de l'électricité sous diverses formes : tantôt on a essayé des étincelles ou des décharges électriques sur les parois du thorax, sur la région du cœur; ou bien encore on a, en pratiquant l'électro-puncture, piqué les espaces intercostaux, les attaches du diaphragme, etc.; mais ces derniers moyens ne sont pas exempts de dangers. Les frictions ont été recommandées par tous les médecins, et conviennent dans toutes les asphyxies. Plusieurs personnes peuvent les mettre en pratique à la fois; des morceaux de laine chaude, de flanelle, de linge, ou même la paume des mains seulement, suffisent pour les pratiquer. L'ammoniaque, l'éther, l'acide sulfureux obtenu en faisant brûler des allumettes soufrées sous le nez des asphyxiés, et d'autres excitants, peuvent être portés soit sur la peau, soit sur la muqueuse buccale et nasale; on peut chatouiller la luette, les fosses nasales avec les barbes d'une plume, etc. L'impossibilité de la déglutition, la crainte de faire entrer des boissons dans la trachée, font recourir à l'emploi des lavements excitants; on donne aussi l'eau salée, l'eau vinaigrée. L'injection des liqueurs fortes dans l'estomac est plus dangereuse qu'utile. La saignée dans quelques asphyxies est très-efficace; mais elle peut devenir dangereuse dans d'autres. L'usage de tous ces moyens doit être continué jusqu'à ce que la rigidité cadavérique soit établie, et on doit le mettre en pratique, même lorsque l'asphyxie date de plusieurs heures. Dr Alex. DUCKETT.

ASPIC. Les anciens nommaient ainsi un serpent dont la morsure était regardée comme très-mortelle, et dont se servit Cléopâtre pour se donner la mort. C'est un aphorisme d'Hippocrate, qui se trouve aussi dans l'Écriture (*Deutéronome*, ch. XXXII, v. 33), que la morsure de l'aspic ne se guérit point. Ce serpent avait été nommé par les Grecs ἀσπίς (bouclier), parce qu'il affectait de se mettre en rond, surtout quand il était attaqué; sa tête, qu'il élevait du milieu du cercle qu'il formait ainsi, représentait alors ce que les Romains appelaient *umbo* du bouclier. On croit que l'aspic est la *vipère d'Égypte* de Lacépède, dont la morsure en effet est très-dangereuse. On a aussi donné ce nom à un autre serpent d'Europe.

Aspic ou *spic* est encore le nom vulgaire d'une lavande et d'une espèce appartenant au genre *phalaris*, appelée aussi *alpiste*.

ASPIRANT. Cet adjectif, pris substantivement, se dit généralement de ceux qui veulent parvenir à quelque chose, et spécialement de ceux qui se présentent pour obtenir leur réception en quelque degré d'une faculté. On dit les *aspirants* au doctorat, à la licence, au baccalauréat. — Autrefois on appelait *aspirant à la maîtrise* l'apprenti qui voulait devenir maître, soit dans quelque corps d'arts et métiers, soit dans l'une des six corporations de marchands.

Pendant la première révolution on appela *aspirants de marine* ceux qu'auparavant on nommait *gardes-marine*, et qui depuis la restauration jusqu'à la révolution de 1848 n'ont plus eu d'autre titre que celui d'*élèves de marine*. Les anciens aspirants de marine se divisaient en deux classes : ceux de première classe occupaient à bord le rang intermédiaire entre les premiers maîtres et les derniers officiers, c'est-à-dire les enseignes de vaisseau. Les aspirants de deuxième classe, quoique affectés au même service que ceux de première, étaient rangés, dans la hiérarchie navale, au-dessous des premiers maîtres. Cette classification un peu anormale donnait lieu souvent à d'étranges interprétations dans la marche du service maritime.

Un décret impérial de 1810 vint mettre fin à cette petite anarchie, en fixant le grade et les attributions des aspirants de première classe, et en faisant passer le plus ancien aspirant de seconde classe, sous le nom d'*officier de flottille*, dans l'armée de réserve de la marine.

La Restauration, en 1817, changea le titre d'*aspirant* et de *sous-lieutenant de marine* en celui d'élèves de première et de seconde classe, et l'aiguillette d'or pour les élèves de première, de soie et or mélangés pour ceux de deuxième, remplaça le trèfle et l'épaulette déjà entremêlée d'or et de soie bleue. La révolution de 1848 a conservé ces insignes, tout en reprenant le titre d'*aspirant*.

Les fonctions des aspirants à bord consistent à aider les officiers dans leur service. Les embarcations à l'usage d'un bâtiment sont aussi commandées par eux. Si la dénomination a changé, la position des individus est restée la même, et ce sont aujourd'hui comme autrefois des jeunes gens qui, par des études spéciales, se préparent à mériter et à obtenir le grade d'officier de marine.

Les aspirants avaient autrefois l'égrillarde et bruyante réputation des pages de cour, et leurs incroyables aventures ont laissé dans les souvenirs étouffés de beaucoup d'officiers supérieurs de notre époque des impressions qui doivent leur faire paraître fort grande la différence qui existe entre les aspirants d'autrefois et ceux d'aujourd'hui. Les temps sont changés : pour l'empire on voyait des marins de ce grade à trente ou trente-cinq ans; aujourd'hui, l'aspirant a de quinze à vingt ans. A vingt et un ans il est officier, et à titre pour commander un navire. L'école navale de Brest, d'où sortent les aspirants, ne les livre au service actif de la marine de l'État qu'à la suite de rigoureux examens. Au moment où nous écrivons, tous les officiers du grade de lieutenant de vaisseau, et quelques-uns d'un plus haut grade, ont achevé leurs études à cette école navale. L'éducation spéciale qu'ils y reçoivent a fait de la marine actuelle un des corps les plus distingués de l'État.

ASPIRANTE (Pompe). *Voyez* POMPE.

ASPIRATEUR, nom donné par M. Regnault à un instrument hygrométrique dont il est l'inventeur. Cet instrument consiste en un vase de trente à cent litres de capacité qui communique avec trois tubes recourbés en U et remplis de fragments de pierre ponce imbibés d'acide sulfurique. Ce vase est rempli d'eau et muni d'un robinet. L'usage de l'eau s'écoule, elle est remplacée par de l'air qui, en traversant les tubes en U, y dépose toute l'humidité dont il est chargé. L'augmentation de poids de ces tubes, ou le plus souvent du premier seulement, indique la quantité de vapeur d'eau qui était contenue dans l'air. *Voyez* HYGROMÉTRIE.

ASPIRATION, action d'attirer, de pomper l'air; opposée à l'*expiration*. En physiologie ce mot est synonyme d'*inspiration*, qui est plus usité. En physique, on l'emploie pour désigner l'action des pompes. En botanique, c'est

ASPIRATION — ASSAINISSEMENT

l'action par laquelle le végétal pompe l'air qui l'environne.
— En termes de grammaire, l'aspiration est une manière de prononcer fortement en aspirant, comme on le fait devant certaines lettres, et particulièrement devant la lettre *h*, appelée de là *h aspirée*, dans certains mots, comme, par exemple, dans celui de *héros*. — Enfin on appelle *aspiration*, au figuré, le désir de parvenir, et le mouvement, l'élévation de l'âme vers Dieu.

ASPRE ou **AKTCHE**, ce qui veut dire *denier blanc*, la plus petite pièce de monnaie turque, et la dernière subdivision de la piastre, que l'on divise en quarante paras, chacun de trois aspres. La piastre valant environ 68 centimes, il en résulte que l'aspre ne représente qu'un peu plus d'un demi-centime de notre monnaie.

ASPREMONT (D'). *Voyez* ORTE (Vicomte D').

ASSA-FOETIDA ou **ASA-FŒTIDA**, gomme résine fournie par la racine de la *ferula assa-fœtida*, plante herbacée, vivace, de la famille des ombellifères, qui croît naturellement en Perse. Cette substance se trouve en masses agglutinées plus ou moins volumineuses, d'une couleur brune ou fauve, parsemées de points blancs et violets, se ramollissant à une douce chaleur, d'une odeur pénétrante et d'une fétidité remarquable, d'une saveur âcre, amère et piquante. Elle contient de la résine, de la gomme, une huile volatile, une substance résinoïde, de l'adragantine, de l'extractif, du malate de potasse, des sels divers, de l'eau et quelques impuretés. L'huile volatile de l'assa-fœtida est incolore et très-volatile : sa saveur, d'abord fade, devient bientôt âcre et amère : elle contient du soufre. La résine est d'un brun verdâtre, d'une odeur aromatique, d'une saveur faible, qui devient ensuite amère et alliacée : elle est soluble dans l'alcool, l'éther et les huiles.

L'assa-fœtida, qui, malgré son odeur repoussante, est pour quelques habitants de l'Orient un condiment des plus recherchés, s'emploie en médecine comme un des plus puissants antispasmodiques diffusibles, antihystériques. On la prescrit surtout dans les névroses de l'utérus, dans l'hypochondrie, l'asthme, les convulsions des enfants, la chlorose, les coliques nerveuses, les vomissements spasmodiques. Administrée à hautes doses, elle donne lieu à une sensation de chaleur à l'épigastre, à des vomissements et à des évacuations alvines, suivies de malaise général, d'agitation et d'anxiété. A petites doses elle facilite les fonctions de l'estomac, et porte son action secondaire sur le système nerveux. A l'extérieur on l'emploie comme un puissant résolutif dans les cas de tumeurs indolentes, de carie des os, etc. Quand on la prescrit à l'intérieur, son odeur désagréable force de l'administrer le plus souvent en pilules et en lavements.

ASSAINISSEMENT. L'atmosphère, au sein de laquelle est placé tout ce qui a vie, renferme, comme principe éminemment respirable, l'*oxygène*, dont la proportion d'un cinquième environ se conserve par des causes dont la science est parvenue à découvrir quelques-unes, et que la Providence a si parfaitement réglées que partout ces proportions se maintiennent avec de si faibles différences, qu'au sein des villes les plus peuplées, comme au milieu des lieux vastes plaines, au niveau de la mer tout aussi bien que sur les plus hautes montagnes, le principe vital est toujours là pour exercer la même action et soutenir l'existence de l'homme et des nombreux animaux qui peuplent la surface du globe. Mais si la loi générale se manifeste d'une manière si marquée et si digne de toute notre admiration, des conditions particulières, sur des points plus ou moins restreints de l'espace, altèrent souvent plus ou moins la pureté de l'air, soit en enlevant une plus ou moins grande quantité d'oxygène, soit en le transformant en des composés non respirables, soit en répandant au sein de l'atmosphère des produits dont beaucoup ne peuvent être saisis par les moyens les plus perfectionnés de la science, mais dont l'action s'exerce d'une manière telle que non-seulement l'homme ou les animaux en éprouvent des accidents, mais même qu'ils peuvent y trouver la mort. Ainsi, que, par suite du contact prolongé de diverses essences, l'oxygène enlevé en proportion considérable à une masse d'air limitée y fasse prédominer l'azote; que la combustion du charbon, la fermentation ou d'autres causes, y répandent de l'acide carbonique ; qu'enfin, la décomposition des matières organiques accumulées sur une plus ou moins grande étendue vienne mêler à l'air des principes souvent insaisissables, même à l'aide de nos méthodes perfectionnées d'analyse, comme dans le voisinage des marais ou de grandes masses d'eau stagnante, ou dans l'accumulation des hommes dans les hôpitaux, la santé de l'homme et sa vie même peuvent être compromises. La chronique de chaque jour ne nous apprend que trop combien d'individus recourent à la seconde de ces causes d'altération de l'air par un criminel usage, soit dans le but d'attenter à leur existence, soit pour détruire celle des autres. Modifier ou faire disparaître ces dangereuses conditions est le but même de l'*assainissement*, dont nous ne pouvons qu'indiquer ici en peu de mots les importants effets.

Le même principe qui soutient la vie des animaux est indispensable pour la combustion des corps destinés à nous éclairer : aussi, quand, dans un lieu quelconque, on voit pâlir une chandelle ou une bougie, à plus forte raison lorsqu'on la voit s'éteindre, quoique l'homme puisse encore vivre pendant quelque temps, un danger imminent existe pour lui, et il ne saurait trop tôt s'y soustraire. Le meilleur et le plus sûr des moyens d'assainir l'air dans ce cas est d'en déterminer le renouvellement par une ventilation que l'on peut déterminer directement en ouvrant des portes et des fenêtres s'il en existe, ou en y introduisant de l'air avec des soufflets, comme ceux d'un maréchal, par exemple, ou tous autres analogues ; ou bien par le moyen de machines ou de l'emploi de la chaleur, qui, entraînant l'air vicié, le remplacent par de l'air pur pris sur un point convenable. Il est inutile de donner aucun détail sur le premier de ces moyens; quelques mots sur les autres sont au contraire indispensables.

Si, par exemple, un fond d'un puits plus ou moins profond, ou d'une cave dans laquelle on n'a pas pénétré depuis longtemps, se trouve accumulé de l'air vicié, dans lequel les hommes ne pourraient vivre, on fait pénétrer un tuyau de métal ou autre adapté supérieurement à un gros soufflet de maréchal mis énergiquement en action, l'air qu'il poussera déplacera celui qu'il s'agit d'évincer, et bientôt l'atmosphère sera devenue respirable. Les parties basses des navires, dans lesquelles l'air ne peut se renouveler directement, et dont tant de causes viennent à chaque instant altérer l'atmosphère, peuvent être facilement ventilées, et pour conséquent assainies, en y faisant pénétrer la partie inférieure d'un cylindre en toile, appelé *manche à air*, à l'ouverture supérieure duquel on fait du feu : le combustible dilate l'air et en emploie une partie à sa combustion; un courant rapide de bas en haut s'y détermine bientôt, et, l'air extérieur se précipitant pour prendre la place de celui qui est enlevé, l'atmosphère se trouve promptement renouvelée, et les hommes peuvent impunément pénétrer et stationner dans des espaces où auparavant ils auraient couru de plus ou moins grands dangers. Des moyens semblables, ou l'action d'un ventilateur, sont appliqués lorsqu'il s'agit d'assainir des points où l'air a éprouvé quelque altération, par exemple dans les fosses d'aisances ou les égouts.

Mais lorsque des matières organiques en décomposition répandent continuellement dans l'air des miasmes dont l'action sur l'économie animale peut devenir très-dangereuse par sa continuité, comme l'enfouissement d'un grand nombre de corps dans les espaces restreints et clos, la ventilation pourrait devenir insuffisante, et l'emploi de moyens qui altèrent ou détruisent complétement ces miasmes est indispensable. C'est de cette manière que le chlore et les chlorures

ASSAINISSEMENT — ASSASSINAT

alcalins sont appliqués avec grand avantage et peuvent rendre à l'air sa pureté première.

On doit donc bien distinguer les deux cas qui peuvent se présenter, et dans chacun desquels des moyens spéciaux deviennent d'une utilité réelle : la ventilation, toutes les fois que la partie respirable de l'air a diminué; car alors, en admettant que l'on détruisît les principes qui altéraient l'atmosphère, la respiration y resterait toujours impossible; et la destruction des principes actifs désignés sous le nom de miasmes, que la ventilation ne saurait seule expulser, puisque les corps subsistant toujours, l'air neuf serait bientôt parvenu au même degré d'altération, l'oxygène pouvant s'y trouver en proportion normale, et les principes organiques qui s'y répandent étant la seule cause de la mauvaise nature de l'air.

L'odorat indique souvent l'existence des corps étrangers dans l'air. On emploie pour se soustraire à l'action désagréable ou nuisible qu'elle peut exercer, des fumigations de vinaigre ou la combustion de diverses substances aromatiques : ces moyens ne sont que des palliatifs, souvent trompeurs, parce qu'ils procurent une fausse sécurité. Un seul moyen est réellement utile : c'est l'emploi du chlore, qui décompose les miasmes ou principes organiques que transporte l'air, et qui ramène par là celui-ci à l'état de pureté, s'il n'était pas altéré dans son principe respirable. C'est de cette manière que l'on fait disparaître l'odeur des lieux ou des fosses d'aisances, celle que développent diverses maladies ou l'accumulation de substances organiques altérées dans des lieux restreints

Les mouvements de grandes masses de terre pour des travaux déterminent souvent de nombreux accidents chez les ouvriers employés à les opérer, et dans les localités voisines de masses d'eau stagnante ou bien dont le cours est peu prononcé. Les rizières, les routoirs et beaucoup d'autres conditions analogues altèrent la pureté de l'air, au moyen d'émanations insaisissables, mais dont l'action est bien connue et s'étend quelquefois à de très-grandes distances, sans que l'odorat soit affecté par la présence des substances miasmatiques. Jusqu'ici on n'a pu trouver le moyen de les prévenir efficacement, et dans certains pays, à des époques déterminées, il règne chaque année des maladies spéciales, qui reconnaissent pour le genre d'action. Ménager un libre écoulement aux eaux, en empêcher la stagnation sur un même point, ne pas laisser les hommes exposés à l'humidité du soir ou de la nuit, sont les moyens les plus convenables pour obtenir une amélioration dans ces conditions.

A l'appui de ce qui précède, nous ne citerons que les marais de la Louisiane et les Marais Pontins, exemples bien remarquables, et que tout le monde connaît.

H. GAULTIER DE CLAUBRY.

ASSAISONNEMENT, procédé de l'art culinaire qui a pour but de donner aux aliments les saveurs les plus agréables. L'hygiène nous apprend : 1° que le sucre, le lait, la crème, le beurre, l'huile, la graisse, sont des assaisonnements doux, qui diminuent plutôt la digestibilité des aliments que d'y ajouter; 2° que le vinaigre, le verjus, les limons, les groseilles à maquereau, etc., rendent les substances alimentaires plus rafraîchissantes et d'une digestion plus facile; cependant certaines personnes ne s'en trouvent pas bien; 3° que la moutarde, le raifort, l'ail, l'oignon, augmentent les forces digestives de l'estomac en le stimulant fortement; 4° que l'emploi modéré du sel, destiné à dissiper la fadeur des aliments, est très-favorable à la santé, et que l'abus en est très-nuisible; 5° que le poivre, les clous de girofle, la cannelle, la muscade, le laurier franc, le thym, la sauge, le cumin, le carvi, le fenouil, et en général toutes les plantes aromatiques, sont des substances échauffantes à divers degrés, qui ne peuvent convenir comme assaisonnements qu'à l'estomac des personnes ont besoin d'être stimulées pour bien faire leur digestion. On ne saurait trop se prémunir contre les inconvénients qui résultent de l'abus de ces assaisonnements échauffants employés dans l'art culinaire pour aiguiser l'appétit et exciter le goût blasé de beaucoup de gens, en variant à l'infini la saveur des mets plus ou moins recherchés.

Assaisonner, dérivé de *saison* (conduire les choses à leur saison, à leur état de perfection), signifie au propre accommoder les viandes, les mets, avec des choses qui piquent et flattent le goût ; figurément, accompagner ses actions ou ses paroles de manières agréables, douces, honnêtes.

L. LAURENT.

ASSAM. *Voyez* ASCHAM.

ASSAPH ou **ASAPH**, lévite et chantre inspiré dont parle la Bible. Il était contemporain de David, et passe pour le véritable auteur d'un assez grand nombre de psaumes attribués par l'Écriture au saint roi lui-même, notamment des psaumes contenus dans les chapitres 50, 73 et 75 à 83, qui se trouvent sous son nom dans le recueil des chants sacrés. Plusieurs chapitres des Paralipomènes constatent l'époque où vécut Assaph, dont le nom en hébreu est synonyme de *réunir*, *assembler*, circonstance dont quelques commentateurs se sont autorisés à conclure que c'est lui qui réunit en un seul corps les chants sacrés appartenant à des auteurs et à des temps différents. Quant aux psaumes particulièrement attribués à Assaph, il en est dont la critique lui conteste la paternité, attendu qu'ils se rapportent à des événements postérieurs à l'époque où il vécut.

ASSAS (NICOLAS, chevalier D'), l'un de ces hommes dont on ne peut prononcer le nom qu'avec respect et admiration, était né au Vigan et avait embrassé la profession des armes. Capitaine au régiment d'Auvergne, il commandait, dans la nuit du 15 au 16 octobre 1760, une garde avancée près de Klosterkamp, aux environs de Gueldre, et sortit à la pointe du jour pour inspecter les postes. Dans cette tournée il est rencontré par un fort détachement ennemi, marchant dans le plus profond silence, et dont aucun indice n'avait pu encore indiquer l'approche à nos troupes. Quelques minutes de plus, nos postes étaient surpris et ouverts. Le salut de l'armée était peut-être gravement compromis. Le commandant ennemi menace aussitôt d'Assas de le tuer s'il pousse un seul cri, car ce cri suffira pour mettre les Français en alerte. « A moi, Auvergne, voilà l'ennemi! » s'écrie aussitôt d'Assas de sa voix la plus retentissante, et il tombe criblé de coups de baïonnette; mais les Français ont eu le temps de courir aux armes, et l'ennemi trouve à qui parler.

ASSASSINAT. C'est un attentat prémédité contre la vie d'une personne. Le langage ordinaire fait toujours le mot *meurtre* synonyme du mot *assassinat*, tandis que la langue juridique lui donne une signification toute différente pour désigner le crime commis avec préméditation et sans contestation.

Ce mot, dont on a donné plusieurs étymologies, paraît venir du nom de la tribu musulmane des Assassins.

La législation française punit l'assassinat de la peine de mort. Sans vouloir discuter ici de la légitimité de cette peine, nous nous bornerons à rappeler que les peuplades germaniques et les Francs de la première race ne la connaissaient pas, et que l'assassinat se rachetait par la composition. Les Athéniens ne punissaient pas de mort les assassins, et se contentaient de les bannir du sein de la société.

L'assassin est déclaré indigne de succéder à sa victime ainsi que celui qui n'a pas révélé l'assassinat, sauf le cas où il serait parent de l'assassin au cas déterminé par la loi (Code Civil, art. 728).

L'assassinat s'est montré sur la terre avec les premières sociétés. Ils n'étaient que trois sur la terre, a dit un misanthrope, et déjà l'un d'eux assassinait son frère.

Pascal ne voit dans la guerre qu'un assassinat déguisé et exalté par l'inconséquence humaine. « Pourquoi me tuez-vous? dit-il quelque part. — Eh quoi! ne demeurez-vous pas de l'autre côté de l'eau? Mon ami, si vous demeuriez de ce côté, je serais un assassin, cela serait injuste de vous tuer de la sorte ; mais puisque vous demeurez de l'autre côté, je suis un brave, et cela est juste. »

ASSASSINS ou ISMAÉLITES ORIENTAUX, branche de la secte mystique des Ismaélites, créée en Égypte par Abdallah. C'est à cette secte qu'est due la fondation de la dynastie égyptienne des Fatimites, sous laquelle s'établit au Caire une grande école, appelée *Darol-Hikmet* (maison de la sagesse), foyer central de l'ismaélisme, qui, par de secrets affidés, se propagea rapidement en Perse et en Syrie. Cette école jouissait d'une grande célébrité ; les sciences y étaient cultivées avec une supériorité remarquable, et souvent les khalifes y venaient eux-mêmes présider aux discussions de droit et de mathématiques. Cette association, dirigée par un grand maître (Daïal-Doat), se recrutait par initiations graduelles, et la doctrine des hautes classes restait complétement inconnue aux classes inférieures de la hiérarchie. Les missionnaires propagateurs de la nouvelle secte se nommaient Daïs.

S'il est vrai que la doctrine secrète des Ismaélites ait enseigné que les descendants d'Ismael, le dernier des sept imams incarnés, étaient les seuls héritiers légitimes du khalifat, et qu'elle ait donné aux prescriptions du Coran un sens allégorique dont résultaient la négation de toute religion positive et l'indifférence morale de toute action, on comprend que l'instinct sanguinaire des Assassins ait été le résultat de semblables préceptes.

Leur fondateur, Hassan-ben-Sabbah-el-Homaïri, naquit en Perse, où les libres penseurs étaient nombreux vers le milieu du onzième siècle. Il fit ses études à Nichapour, sous le célèbre Mowafek ; plus tard, initié à la doctrine secrète des Ismaélites par quelqu'un de leurs daïs, il se fit consacrer daï lui-même. S'étant rendu à la cour du Caire, il eut des discussions avec le général en chef, et fut déporté. Cependant il réussit à s'enfuir du vaisseau qui le portait et à débarquer sur les côtes de Syrie. Il retourna alors en Perse, se fit de nombreux partisans, fonda son ordre secret sur le modèle de l'ordre égyptien, et jeta les fondements d'un État qui devint la terreur de ses plus puissants voisins. S'étant emparé par ruse, en 1090, de la forteresse d'Alamout (Nid de Vautours) dans les montagnes de Roudbar, il étendit sa puissance politique en faisant assassiner princes et hommes d'État, et réduisit sous son autorité beaucoup de châteaux forts dans les montagnes au sud de la mer Caspienne (Djebal), dans le Kouhistan et dans les montagnes de la Syrie (nommément à Massiat).

Cet ordre était ainsi organisé. Le chef suprême, le Chéikh-al-Djebal, appelé communément *le Vieux* ou *le Prince de la Montagne*, exerçait le pouvoir le plus absolu. Sous lui, trois *daïlkebirs* ou grands-prieurs commandaient à Djebal, dans le Kouhistan et dans la Syrie. Ils avaient sous leurs ordres les *daïs* et les *refiks* ; ces derniers cependant n'étaient pas, comme les daïs, admis à tous les degrés de l'initiation, et ne leur était pas permis d'enseigner. A la classe des profanes appartenaient d'abord les *fedavis* ou *fedaïs* (c'est-à-dire s'immolant), troupe de jeunes gens résolus, toujours prêts à exécuter sans examen les ordres sanguinaires du Vieux de la Montagne. Avant de les faire partir pour une expédition, on avait toujours soin de les enivrer de hachich. De là le nom de Hachichins donné aux membres de cet ordre, nom qui en passant dans les langues occidentales est devenu *assassin*, synonyme de meurtrier. La sixième classe de l'ordre était formée par les *lassiks* ou novices. La septième et dernière se composait des paysans et des ouvriers des pays conquis, lesquels étaient soumis à l'observation la plus rigoureuse des lois de Mahomet, tandis que les initiés rejetaient toute religion positive. Le catéchisme de l'ordre, donné par Hassan à ses daïs, était divisé en sept parties, et traitait, entre autres choses, dans la seconde, de l'art de s'insinuer dans la confiance. Il est facile de s'imaginer combien était redoutable un ordre qui sacrifiait tout au principe de l'assassinat. Plus d'un prince payait secrètement tribut au Vieux de la Montagne ; les seuls Templiers ne le craignaient pas.

Pour réaliser son rêve de puissance universelle, voici le plan qu'avait arrêté Hassan : « Au lieu de renverser les empires par les batailles, renversons les rois par le poignard ; ramassons la puissance formidable de l'assassinat, tombée sous la réprobation universelle ; tirons-la du mépris par la religion ; érigeons-la en système ; faisons la guerre aux dynasties corps à corps ; glissons-nous avec le poignard au travers des armées, et frappons leurs généraux au cœur. »

Pour mettre à exécution de tels projets il ne fallait que deux choses, des bras dévoués, fanatiques, et un repaire inexpugnable. Avec son indomptable vouloir, Hassan n'avait pas été longtemps à les trouver. A sa forteresse inexpugnable d'*Alamout* il ajouta de nouveaux retranchements, une double enceinte de murailles, et il en fit le siége de sa puissance. Puis, comme nous l'avons vu , il organisa hiérarchiquement son ordre. Marco-Polo raconte que pour fanatiser ses sujets le Vieux de la Montagne avait soin de les entourer de tout ce qui pouvait flatter leurs sens et leur imagination. Après les avoir plongés, comme nous l'avons dit, dans une douce ivresse au moyen du hachich, on les transportait dans des jardins délicieux. A leur réveil ils se trouvaient au milieu de femmes séduisantes, bercés d'illusions et d'espérances, comblés d'honneurs et de flatteries ; de belles houris, esclaves dociles du maître, après avoir assouvi leurs désirs, les endormaient au sein des voluptés par le même breuvage. Quand ils se retrouvaient ensuite dans la vie ordinaire, ces hommes simples s'imaginaient avoir goûté les délices du paradis : aussi, rien ne pouvait les arrêter dans l'exécution des ordres qu'ils avaient reçus, leur courage et leur dissimulation venaient à bout de tous les obstacles. Bravant la mort, qui devait leur rendre les joies et les extases du paradis, marchant à leur but avec une infatigable persévérance, pénétrant jusque sous la tente et dans le palais des souverains proscrits par le Vieux de la Montagne, ils frappaient leurs victimes comme un bourreau frappe un condamné, et leurs coups étaient toujours mortels.

Les chroniques des croisades abondent en merveilleux récits du dévouement absolu de ces sicaires. Le comte de Champagne étant allé visiter le château d'Alamout, le Vieux de la Montagne, pour lui donner une idée de son autorité, fit un signe, et deux sentinelles qui se trouvaient au sommet d'une tour s'élancèrent dans le précipice. Des sultans, des vizirs seljoucides, des khalifes fatimites tombèrent sous le fer des Assassins. Plus tard Richard Cœur de Lion s'en servit contre Conrad, marquis de Montferrat. Saladin lui-même pour échapper à leur poignard se vit forcé de pactiser avec eux.

Quand le Vieux de la Montagne eut établi sa domination, il ne sortit plus de son appartement que deux fois, dit-on, pour aller respirer l'air et contempler le ciel sur sa terrasse. Il mourut à soixante et dix ans, en 1124, après avoir été trente-cinq ans, souverain le plus despote, le plus obéi et le plus révéré que la terre ait jamais vu. Après lui, l'ordre des Assassins fut agité de sanglantes révolutions. Il avait nommé pour son successeur Kia Bousourgouid , un de ses daïlkebirs, en 1138, son fils Mohammed, qui sut se défendre avec succès contre Noureddin et Joussouf Salahaddin. En 1163, Hassan II commit l'imprudence de livrer à ses sujets le secret de l'ordre , la négation de toute religion positive, et l'abolition de l'Islamisme ; faute dont le punit le poignard d'un beau-frère. Sous son fils Mohammed II, qui marcha sur ses traces, le daïlkebir de la Syrie se rendit indépendant, et voulut négocier avec les chrétiens ; mais les Templiers tuèrent ses envoyés, afin de ne pas perdre le tribut annuel qu'il leur payait. Mohammed fut empoisonné par son fils Hassan III, qui rétablit l'islamisme, et reçut en récompense le surnom de *Nouveau Musulman*. Il eut pour successeur un enfant de neuf ans, Aladin Mohammed III, qui plus tard prépara la ruine de l'ordre par son règne efféminé, et fut tué par ordre de son fils Rokneddin Charchah, septième et dernier Vieux de la Montagne.

En 1256, le prince mongol Houlagou détruisit les forteresses des Assassins en Perse. Ils se maintinrent plus longtemps en Syrie, où ils ne furent complétement soumis qu'à la fin du treizième siècle. Les restes de cette secte subsistèrent encore longtemps dans le Kouhistan. Des Assassins reparurent en Syrie en 1342, et de nos jours encore cette secte forme un parti hérétique dans ces deux pays. Les Ismaélites de la Perse ont un imam qui réside à Ohech, village du Koum, et on en trouve aussi, sous le nom de Hosséinis, dans le voisinage d'Alamout. Les Ismaélites de Syrie habitent dans les environs de Massiat. Ce château, qui leur fut enlevé en 1809 par les Nossaïriens, leur a été rendu par ordre du sultan. Les Nossaïriens, dont l'hérésie est exclusivement mystique, ne peuvent, non plus que d'autres sectes chiites, être comparés aux Assassins; mais on trouve la plus grande analogie entre ces derniers et les *Thougs* de l'Inde, qui assassinent aussi par principe. *Voyez* Hammer, *Histoire des Assassins d'après les sources orientales.*

ASSAUT (anciennement *assault*, du latin *salire*, sauter). C'est, en termes d'art militaire, le combat qu'on livre pour se rendre maître du chemin couvert, des ouvrages détachés, et enfin du corps de place. Le commandant d'une place assiégée est obligé de soutenir au moins un assaut au corps de place avant de se rendre. *Voyez* SIÈGE.

En termes d'escrime, l'*assaut* est un exercice au fleuret, un combat figuré entre deux personnes.

ASSEMANI. Ce nom a été illustré par plusieurs savants orientalistes, dont les travaux ont jeté une vive lumière sur les points les plus importants de l'histoire de l'Asie :

ASSEMANI (JOSEPH-SIMON), le premier et le plus célèbre de tous, Syrien Maronite, né en 1687, mort en 1768, fut archevêque de Tyr et préfet de la bibliothèque du Vatican; son grand ouvrage intitulé : *Bibliotheca orientalis Clementino-Vaticana*, etc., est un recueil plein de faits curieux, une mine inépuisable pour le philologue, l'historien, le géographe. — Ses deux neveux marchèrent avec honneur sur ses traces.

ASSEMANI (ÉTIENNE-ÉVODE), l'un d'eux, mort en 1782, a donné divers ouvrages où brille une rare érudition, et parmi lesquels on peut citer : 1° *Bibliothecæ Mediceo-Laurentianæ et palatinæ codicum manuscr. orient. Catalogus*; 2° *Acta sanctorum Martyrum orientalium et occidentalium*, etc.

ASSEMANI (JOSEPH-LOUIS), l'autre neveu de Joseph-Simon, mort la même année que son frère, professeur de syriaque au collège de la Sapience, s'est surtout distingué par la publication de son *Codex liturgicus Ecclesia universæ*, en 12 vol. in-4°.

ASSEMANI (L'abbé SIMON), né à Tripoli de Syrie, en 1752, et mort à Padoue, où il remplissait la chaire de professeur de langues orientales depuis quatorze ans, au mois d'avril 1821, était de la même famille que les précédents, et ne s'est pas rendu moins recommandable par la variété de ses connaissances et par ses travaux. Silvestre de Sacy a dignement apprécié son catalogue des manuscrits orientaux de la bibliothèque du chevalier Nani, imprimé en 1787 et 1792; quant à la description qu'il a publiée d'un globe céleste arabe du treizième siècle (Padoue, 1790, in-4°), nous avons eu l'occasion d'en parler dans notre mémoire sur les instruments astronomiques des Arabes présenté à l'Académie des Inscriptions et Belles Lettres, et d'y relever des erreurs qu'un semblable travail rend d'ailleurs assez excusables.

L.-AM. SÉDILLOT.

ASSEMBLAGE. *Voyez* BROCHAGE.
ASSEMBLÉES NATIONALES. *Voyez* CONSTITUANTES et LÉGISLATIVES (Assemblées).
ASSEMBLÉES REPRÉSENTATIVES. *Voyez* CHAMBRES et REPRÉSENTATIF (Système).
ASSER. *Voy.* ASER.

ASSER, célèbre rabbin, né à Babylone, l'an de J.-C. 353, et mort en 427, est le principal auteur du *Talmud* dit *de Babylone*. Ce *Talmud*, dont la première partie fut écrite vers l'an 190 de J.-C. par le rabbin Judas le Saint, tandis que la seconde, commencée au cinquième siècle par Asser, ne fut guère terminée qu'au sixième par ses disciples, renferme l'histoire et le droit canon des Juifs, avec un commentaire. Il fut imprimé pour la première fois à Venise en 1520, et a été réimprimé, en 1744, à Amsterdam. Cette dernière édition est la plus recherchée. Asser, dit la tradition juive, possédait la dévotion, l'humilité et l'éloquence à un degré qu'aucun des docteurs qui l'avaient précédé n'avait encore atteint, de même qu'il excellait dans la manière d'enseigner la loi, la morale et la tradition. *Voyez* TALMUD.

ASSERMENTÉ, celui qui a prêté serment avant d'entrer dans l'exercice d'une fonction publique. Par extension on donne cette qualification aux experts et interprètes que les tribunaux ont l'habitude d'appeler auprès d'eux pour les éclairer dans des cas particuliers.

Pendant la première révolution, on appela *prêtres assermentés* ceux qui prêtèrent le serment exigé par l'Assemblée constituante. *Voyez* CONSTITUTION CIVILE DU CLERGÉ.

ASSESSEURS. On donnait ce nom à Rome à des jurisconsultes formant auprès des magistrats une espèce de conseil, et chargés de les assister de leurs avis dans les décisions qu'ils avaient lieu de rendre. Ils n'avaient par eux-mêmes aucune juridiction.

Avant la Révolution on appelait en France *assesseurs* ou *gradués des hommes* compétents qui servaient de conseils, principalement à des juges d'épée, dans la maréchaussée, les bailliages et sénéchaussées. Ils avaient les mêmes priviléges que les juges de la juridiction. Les anciens conseils et échevins des villes, qui autrefois exerçaient une juridiction analogue à celle de nos tribunaux de commerce, avaient toujours un *assesseur* : c'était là une précaution sage, car quelques lumières que l'on suppose à un commerçant, il est bien rare d'en trouver un qui soit assez familiarisé avec les formes de la procédure pour pouvoir à cet égard se passer du secours d'un homme professionnel.

Par la loi du 24 août 1790, deux assesseurs avaient été créés auprès de chaque juge de paix pour juger conjointement avec lui; mais la loi du 29 ventôse an IX les a supprimés. — Sous l'empire on appelait également *assesseurs* les juges des cours et tribunaux de douanes. — Enfin on donne encore ce nom, mais à tort, aux juges délégués pour composer les cours d'assises.

On appelle aussi *assesseurs* les personnes qui aident le président d'une assemblée électorale à recueillir et à compter les votes.

ASSIDÉENS, secte de Juifs, ainsi nommés du mot hébreu *hhasidim*, miséricordieux, juste. Les assidéens tenaient les œuvres de surérogation pour méritoires. Ils furent les pères et les prédécesseurs des pharisiens, d'où sortirent les esséniens.

ASSIENTO, ou plutôt *asiento*, mot espagnol, employé dans un sens absolu pour désigner le traité qu'au seizième siècle le cabinet de Madrid conclut avec diverses puissances pour approvisionner d'esclaves africains ses colonies transatlantiques. Charles 1er d'Espagne fut le premier qui conclut un *asiento* avec les Flamands; ensuite (1580) ce furent les Génois qui l'obtinrent, puis (1696) les Portugais; et, quand Philippe V monta sur le trône d'Espagne (1702), ce privilége passa à la compagnie française de Guinée, qui prit aussi dès lors le nom de *Compagnie de l'Assiento*.

Il fut convenu avec elle qu'elle aurait seule pendant dix ans le droit d'introduire annuellement de trente-huit à quarante mille nègres des deux sexes, tant dans les possessions de la terre ferme que dans les îles espagnoles de l'Amérique, à la condition de payer au trésor espagnol 33 piastres ½ par tête de nègre importé.

La France ayant abandonné dès 1711 l'assiento à l'Angleterre, l'Espagne, par le traité de paix d'Utrecht, en assura aux mêmes conditions, pendant trente autres années, le privilège à cette puissance, qui le rétrocéda à une de ses nombreuses associations commerciales, la compagnie de la mer du Sud, mais qui obtint de plus la faculté d'expédier chaque année aux colonies espagnoles, pendant toute la durée du privilège, un bâtiment du port de cinq à six cents tonneaux, dit *vaisseau de l'assiento* ou *de permission*, chargé de marchandises anglaises. Les fraudes commises à l'occasion de l'exercice de ce dernier privilège ne contribuèrent pas peu à la guerre qui éclata entre les deux pays en 1739; mais en 1748, par la paix d'Aix-la-Chapelle, l'Espagne consentit à ce que l'Angleterre jouît encore du privilège de l'*assiento* pendant quatre années qui restaient à courir sur la durée du précédent traité quand étaient survenues les hostilités de 1739. Deux années plus tard, une convention, signée à Madrid, consacra la résiliation de la clause du traité de 1748 moyennant une indemnité de 500,000 piastres payée par le gouvernement espagnol à la compagnie de la mer du Sud, et l'octroi de quelques avantages commerciaux. L'*assiento* a donc été le commencement de cet odieux trafic des noirs, qui dans l'espace de trois siècles a fait des Antilles et du continent américain le tombeau de plus de dix millions d'Africains.

ASSIGNATION. C'est un acte de procédure par lequel une personne en appelle une autre en justice. Elle prend le nom de *citation* quand elle somme de comparaître en justice de paix, celui *d'ajournement* quand l'affaire est portée devant un tribunal de première instance et de commerce; on l'appelle *acte d'appel* quand il s'agit de comparaître devant la cour d'appel, et *acte de pourvoi* lorsque c'est devant la cour de cassation.

L'acte d'assignation est soumis, sous peine de nullité, à certaines formalités, qui ont pour objet de mettre l'assigné en état de répondre et de préparer sa défense. Il doit être donné par un huissier, agissant dans son ressort, et doit contenir l'objet de la demande, l'exposé sommaire des moyens et les conclusions; la date des jour, mois et an; les nom, profession et domicile du demandeur; les noms et demeures de l'huissier et du défendeur; la constitution de l'avoué qui occupera pour le demandeur; l'élection de domicile; l'indication du tribunal qui doit connaître de la demande et du délai pour comparaître; la mention de la personne à laquelle copie de l'exploit a été laissée, tant dans l'original que dans la copie; enfin le coût de l'assignation. Si l'huissier ne trouve ni parent ni serviteur au domicile de la personne assignée, il remet la copie au voisin, qui signe l'original; sinon, au maire, qui le vise. Quand le domicile est inconnu, l'assignation est délivrée à la résidence; s'il n'y en a pas en France, l'exploit est affiché à la porte de l'auditoire du tribunal où la demande est portée, et une copie est donnée au procureur de la république, qui dans tous les cas vise l'original.

En matière personnelle, le défendeur est assigné devant le tribunal de son domicile ou de sa résidence; en matière réelle, devant le tribunal où est situé l'objet en litige; en matière mixte, indifféremment devant l'un ou devant l'autre; en matière de société, devant celui du lieu où elle est établie; en matière de succession, devant celui de l'endroit où elle est ouverte; en matière de faillite, devant celui du domicile du failli; en matière de garantie, devant celui où la demande originaire sera pendante; et enfin en cas d'élection de domicile pour l'exécution d'un acte, devant celui du domicile élu ou devant le tribunal du domicile réel du défendeur.

Les mineurs, les interdits, les faillis et les condamnés, qui n'ont pas l'exercice de leurs droits, sont assignés en la personne de leurs tuteurs, de leurs syndics et représentants. Les femmes mariées, les prodigues en curatelle et les mineurs émancipés sont assignés conjointement avec leurs maris et leurs curateurs, et il doit être alors donné deux assignations distinctes. Cependant, par exception, les époux communs en biens peuvent être assignés par un seul et même acte. Les associés sont également assignés par un seul acte, au domicile social, en la personne de l'un d'eux; il en est de même à l'égard des héritiers d'une succession avant le partage; ils peuvent être assignés conjointement au domicile mortuaire, sans autre désignation que celle d'héritiers. Ce sont des exceptions au principe général qui prescrit de remettre autant de copies d'assignation qu'il y a de parties assignées. On assigne les unions de créanciers en la personne et au domicile de l'un des syndics; les communes, dans la personne de leurs maires; la ville de Paris, en la personne du préfet de la Seine; les établissements publics, dans la personne de leurs administrateurs; l'État, dans la personne du préfet du département où siège le tribunal qui doit en connaître; et le trésor public, au bureau de l'agent.

Quant au délai donné pour comparaître, il varie suivant les distances: le délai ordinaire pour ceux qui sont domiciliés en France est de huitaine; il est augmenté d'un jour à raison de trois myriamètres de distance; il est de deux mois pour ceux qui demeurent en Corse, en Angleterre et dans les autres États limitrophes de la France; de quatre mois pour ceux qui demeurent dans les autres États de l'Europe; de six mois pour ceux qui demeurent hors d'Europe en deçà du cap de Bonne-Espérance; et au delà, d'un an. Dans les cas qui requièrent célérité, on peut, avec la permission du tribunal de première instance, *assigner à bref délai*; dans ce cas c'est au président à fixer le jour de comparution.

Aucune assignation ne peut être donnée que pendant le jour, depuis six heures du matin jusqu'à six heures du soir, et dans un lieu de liberté. A cet effet, toute assignation destinée à un prisonnier doit lui être remise hors la prison, entre les deux guichets. Elle ne peut pas être remise un jour de fête légale, si ce n'est en vertu d'une permission du juge et quand il y a péril en la demeure.

En matière criminelle, toutes les assignations se donnent à la requête, soit du procureur du roi, soit du procureur général.

En matière administrative, les assignations se donnent par lettre, sans aucune formalité, parce qu'il nous manque un code administratif : nous n'avons encore de règlement que pour le conseil d'État, auprès duquel des huissiers sont institués pour donner les assignations.

En France les assignations ont toujours été faites par le ministère d'un huissier ou d'un sergent; mais ce n'est qu'à partir de l'ordonnance de 1667 que l'assignation a dû être donnée par écrit; auparavant elle l'était de vive voix par le sergent. Chez les Romains l'assignation se faisait d'abord également de vive voix; il suffisait de dire à celui contre qui l'on voulait former une demande : *Ambula in jus* « Viens en justice; » et sur son refus il était amené de force. Ensuite le préteur modifia cette procédure brutale; il ordonna que l'assignation se fît par écrit, et en régla les formes, qui étaient à peu près semblables à celles que nous observons. Sous Justinien l'usage s'introduisit de notifier les exploits d'assignation après leur inscription préalable sur des registres publics.

ASSIGNATS. Un décret de l'Assemblée nationale, en date du 2 novembre 1789, ayant décidé qu'il serait à l'avenir pourvu aux dépenses du culte par l'État, on affecta au remboursement de la dette publique les propriétés ecclésiastiques, dont la vente fut en même temps posée en principe, et qui furent dès lors déclarées *propriétés nationales* (*voyez* BIENS NATIONAUX). L'année suivante l'Assemblée s'occupa de la mise en vente des biens du domaine public et du clergé ; *Bailly*, pour leur conserver toute leur valeur, proposa de décider que l'État faisait abandon des biens nationaux compris dans leur territoire aux communes, qui les achèteraient en masse pour les revendre en détail, et qui payeraient le trésor public au moyen de bons à longues échéances, dont les ventes successives, effectuées dans l'intervalle, fourniraient les moyens de faire les fonds : avec ces bons, le trésor devait désintéresser ses créanciers, qui pourraient les donner comme comptant en payement d'acquisition de biens nationaux. De là le nom de *papier municipal* donné dans le principe aux *assignats*.

On ne saurait nier que l'idée était à la fois simple et ingénieuse, et qu'ainsi convertie en *dette communale*, la dette de l'État se rapprochait du créancier et présentait à tout porteur d'assignats une garantie certaine et toujours réalisable. Il ne s'agissait pas là, comme voulurent le persuader quelques membres de l'Assemblée appartenant au clergé, d'un papier-monnaie semblable à celui qu'avait créé Law sous la régence, et qui n'avait pour toute garantie que des savanes à défricher sur les bords du Mississipi. Les biens nationaux étaient une valeur réelle, connue de chacun ; créer à cette valeur un signe représentatif qui permît de la mettre immédiatement en circulation pour faire face aux besoins de l'État, était l'acte d'un intelligent patriotisme. Aussi, la sage motion de Bailly, appuyée et amendée par Péthion, Mirabeau et quelques autres orateurs, passa-t-elle malgré l'opposition de l'évêque Talleyrand et de l'abbé Maury, et fut-elle convertie, le 19 avril 1790, en décret.

Une première émission d'assignats, pour une somme de 400 millions de francs, eut lieu tout aussitôt, et mit momentanément le trésor à même de faire face à toutes les exigences du service public sans recourir à l'augmentation de l'impôt, car la loi leur assurait une circulation forcée avec une valeur absolue égale à celle du numéraire. Jusque là tout était bien ; mais la confiance ne tarda pas à manquer à ce signe représentatif des ressources extraordinaires que la vente des biens du clergé devait mettre à la disposition de l'État. La lutte toujours plus active des partis, la désorganisation du corps social qui en était la suite, les menaces que proféraient les émigrés contre le nouvel ordre de choses, firent douter du succès final de l'œuvre révolutionnaire. On craignit que dans l'antagonisme des intérêts nouveaux et des intérêts anciens, la victoire ne finit par rester à ceux-ci, et qu'il en résultât une réaction contre les tentatives d'émancipation faites depuis 1789 ; réaction qui aurait pour résultat de rétablir les choses sur le pied où elles étaient avant la réunion des états généraux, et par suite l'annulation des ventes de biens ecclésiastiques. « Les assignats, dit M. Thiers, restaient dans la circulation comme une lettre de change non acceptée, et s'avilissaient par le doute et la quantité. Le numéraire restait seul comme mesure réelle des valeurs. » Les agioteurs discréditaient encore les assignats par leur trafic.

Vainement la Convention essaya d'en relever la valeur en décrétant que quiconque échangerait une certaine quantité de monnaie métallique contre une quantité nominale plus grande d'assignats, ou bien qui stipulerait pour des marchandises un prix différent, selon que le payement se ferait en numéraire ou en assignats, serait puni de six ans de fers ; rien ne put triompher de la défiance générale, ni faire remonter la valeur des assignats, non plus que les porter au niveau des marchandises. Il fallut abaisser par une loi spéciale le prix de celles-ci ; mesure inique et inouïe, devant laquelle la Convention ne recula pourtant pas, et à laquelle elle eut recours en 1793 (*voyez* MAXIMUM). L'assignat cependant n'en baissait pas moins dans le crédit, et sa valeur, qui alors relativement au numéraire se comptait dans la proportion de trois à un, tomba en deux mois jusqu'à l'énorme différence de six à un. Tous les débiteurs s'empressaient de se libérer, et les créanciers, forcés de recevoir au taux légal les assignats ainsi dépréciés, perdaient les cinq sixièmes de leurs créances.

Cependant, à cette époque le montant des assignats mis en circulation était loin d'avoir dépassé la valeur des terres qui en étaient le gage, et dont l'évaluation n'était pas portée à moins de dix milliards. La création du grand-livre de la dette publique par *Cambon*, qui permit de convertir les assignats en une inscription de rente perpétuelle, rétablit la confiance publique dans le nouvel ordre de choses, firent remonter les assignats au taux du numéraire vers la fin de 1793. Mais cet équilibre dura peu. Le gouvernement révolutionnaire travailla lui-même à discréditer son papier-monnaie par les émissions désordonnées qu'il crut pouvoir en faire. Les dépenses énormes qu'entraînait pour le trésor l'entretien de quatorze armées sur les frontières, et au dedans les dilapidations et les concussions de tout genre, qui appauvrissaient nécessairement le gouvernement, ne lui permirent pas de s'arrêter dans la voie funeste où il se trouvait forcément engagé. On crut pouvoir toujours suppléer à l'absence de fonds résultant de la difficulté que l'impôt éprouvait à rentrer, par de nouvelles émissions d'assignats, qui contribuaient à en avilir la valeur.

En 1795, l'importance totale de ces émissions s'élevait déjà à une somme de vingt milliards, au double, par conséquent, de la valeur présumée des biens nationaux : aussi les assignats étaient-ils tombés au cent cinquantième de leur valeur. En vain on essaya d'activer la vente des biens nationaux ; dans ce but, on recourut à une banque territoriale avec primes, à une tontine, et à quelques autres opérations de ce genre. Mais tous ces beaux projets reposaient sur une idée fausse de l'état financier du pays, auquel on supposait la faculté d'acheter, quand il était ruiné et dépourvu de ressources réelles. Les sommes immenses représentées par les assignats ne formaient en effet qu'une richesse illusoire , qui, réduite au tarif de la circulation, suffisait à peine aux dépenses ordinaires de la vie.

Qu'on en juge par le prix demandé alors pour certains objets d'une consommation journalière ! On payait une paire de bottes cinq cents francs, un habit sept à huit mille francs, un demi-kilogramme de beurre deux cents francs, un sucre d'orge vingt et trente francs. Dans certaines localités le taux de l'assignat de cent francs descendit même à deux liards ! — Une émission de vingt milliards d'assignats, faite par le Directoire dans les premiers mois de 1796, produisit à peine cent millions en numéraire. Cependant ce signe représentatif de la richesse nationale, en se prêtant à toutes les combinaisons d'un agiotage effréné, en facilitant des spéculations sur les biens nationaux, ne manquait pas de partisans, et des patriotes plus ardents qu'éclairés s'obstinaient à penser que des mesures de rigueur, renouvelées du système suivi en 1793, par la Convention, pouvaient encore en relever la valeur.

Enfin, la raison prévalut : le 30 pluviôse an IV (19 février 1796), la planche aux assignats fut brisée. Ramel, ancien ministre des finances, évalua, dans ses mémoires, la somme totale des assignats émis depuis l'origine à quarante-cinq milliards cinq cent soixante-dix-huit millions de francs. (Aujourd'hui la somme totale du numéraire en circulation en Europe s'élève tout au plus au chiffre de quatre milliards.) Les rentrées successives, opérées au moyen des ventes de domaines nationaux, avaient réduit cette somme à *trente-six milliards*. Quand la liquidation définitive s'opéra, il fut reconnu que *vingt-quatre milliards* étaient encore en circulation ; liquidés au trentième de leur valeur, ces vingt-quatre milliards furent échangés contre huit cents millions de *mandats territoriaux*.

ASSIMILATION (du latin *assimilare*, action d'assimiler, de rendre semblable). Assimiler une personne ou une chose à une autre, c'est les confondre, les mettre sur la même ligne, dans la même classe, dans la même catégorie.

En physiologie, l'assimilation est une fonction en vertu de laquelle les êtres organisés transforment en leur propre substance les matières qu'ils puisent au dehors. Cette fonction est commune au règne végétal et au règne animal ; ce qui la distingue de l'*animalisation*, qui n'appartient qu'à ce dernier. L'assimilation est donc le phénomène essentiel de la nutrition.

ASSIMINIER. *Voyez* Asiminier.

ASSIS ET LEVÉ (Vote par). *Voyez* Vote.

ASSISES. Ce mot signifie *assemblée*, mais il a reçu dans l'ancien droit français diverses acceptions. Les assises proprement dites étaient tenues par les *missi dominici* envoyés par le souverain pour recueillir et porter au prince les réclamations et les plaintes des provinces ; les comtes, les évêques, les leudes et tous les magistrats et juges du ressort y étaient appelés pour y répondre de leur conduite. On y publiait les lois et les règlements d'administration. Les affaires les plus graves étaient envoyées aux assemblées générales du mois de mars ou du mois de mai, que plusieurs auteurs ont par analogie également nommées *assises* (*voyez* Champ de Mars). Les *missi dominici* ayant disparu avec la seconde race, les assises, dans le sens propre, disparurent avec eux. Au treizième siècle saint Louis ayant créé les *enquesteurs*, dont les attributions se rapprochaient de celles des envoyés de Charlemagne, et ayant d'autre part augmenté considérablement le pouvoir et l'influence des baillis et des sénéchaux, qui dès leur établissement avaient été chargés de se transporter à l'époque déterminée dans toute l'étendue de leur juridiction pour y tenir des assises, il résulta de cette double circonstance que ce prince est généralement regardé comme ayant institué les assises. Les assises eurent alors connaissance des appels et des sentences des juges inférieurs. Un édit d'août 1552 tenta de supprimer les assises en portant les appels aux siéges présidiaux, sauf les cas extraordinaires ; mais cet édit ne reçut pas une exécution générale. Beaucoup de baillis et de sénéchaux gardèrent l'usage d'aller, à certains jours de l'année, tenir leurs assises dans les siéges particuliers et royaux de leurs ressorts.

Les prévôts tenaient également des assises, mais sans avoir le droit d'y appeler les juges dont les appellations leur ressortissaient, parce qu'ils n'avaient pas connaissance de délits ou malversations par eux commis. Ces assises, présidées par le prévôt ou par quelque juge inférieur, furent nommées *petites assises*, par opposition aux *grandes assises*, présidées par le bailli ou le sénéchal. Les grandes assises se confondaient avec les *grands plaids* ou *grands jours* ; les petites assises, avec les *plaids* ou *jours ordinaires*.

Outre les assises proprement dites, dont nous venons de parler, les seigneurs usurpèrent cette prérogative de l'autorité royale, et firent tenir des *assises seigneuriales* par leurs officiers ou sénéchaux.

Dans le dernier état du droit ancien on appelait communément *assises*, *grandes assises*, toutes les séances solennelles tenues, soit par des cours souveraines hors du lieu de leur résidence ordinaire, soit par des tribunaux spéciaux institués pour des circonstances extraordinaires.

On a encore donné le nom d'*assises* à certains règlements faits par ces assemblées. *Voyez* Assises de Jérusalem.

En Bretagne, on appelait *assises du comte Geoffroi* une ordonnance rendue, en 1165, par Geoffroi d'Angleterre, mari de Constance, duchesse de Bretagne, portant abroga-

tion de l'égalité dans le partage des biens des barons, des chevaliers et de la noblesse, et attribuant à l'aîné le château ou manoir avec les principaux fiefs, et aux cadets une simple provision viagère. Ce partage, *noble et avantageux*, suivant l'expression consacrée, subit une légère modification : on attribua à l'aîné les deux tiers dans la succession ; l'autre tiers fut dévolu aux cadets ou juveigneurs, quel qu'en fût le nombre.

ASSISES (Cours d'). Il y a dans chacun de nos départements, et, sauf de rares exceptions, au chef-lieu, une cour siégeant par intervalles, devant laquelle sont portées les affaires criminelles, c'est-à-dire celles qui sont de nature à entraîner contre l'accusé des peines afflictives et infamantes. Ces cours connaissent aussi des délits politiques et des délits de presse. Quant aux délits correctionnels ordinaires, ils ne peuvent qu'accidentellement tomber sous leur juridiction, par exemple quand le fait qui leur avait été déféré comme ayant le caractère d'un crime ne présente plus après les débats que celui d'un simple délit. Les assises doivent se tenir tous les trois mois ; mais elles peuvent avoir lieu plus souvent si le besoin l'exige. De là la dénomination de sessions ordinaires et de sessions extraordinaires. Les cours d'assises sont composées depuis 1831, dans les départements où siège une cour d'appel, de trois conseillers de cette cour, dont un est président ; dans les autres départements, d'un conseiller de la cour d'appel, président, et de deux juges choisis parmi les président et juges du tribunal de première instance du lieu où se tiennent les assises. Le ministère public est représenté par le procureur général ou par l'un des avocats généraux, substituts du procureur général, procureurs de la république ou substituts du procureur de la république. Un greffier complète la cour. Le jury connaît du fait matériel et de la culpabilité de l'accusé.

Ainsi qu'on l'a dit à l'article Accusation, dès que la chambre des mises en accusation a prononcé le renvoi d'un prévenu devant la cour d'assises, le ministère public rédige ou fait rédiger l'acte d'accusation, qui est signifié avec l'arrêt de renvoi à l'accusé : celui-ci passe aussitôt de la maison d'arrêt de l'arrondissement où s'est faite l'instruction dans la maison de justice. Vingt-quatre heures après son arrivée, il est interrogé par le président, qui ne lui adresse guère que des questions de forme, à moins qu'il n'ait pas encore subi d'interrogatoire. Le président doit s'assurer que l'accusé a fait choix d'un défenseur, sinon lui en nommer un d'office ; il l'avertit aussi de la faculté qu'il a de se pourvoir en cassation, et lui indique les cas où ce pourvoi peut être exercé par lui. Tout accusé arrivé dans la maison de justice avant l'ouverture de la session doit y être jugé, à moins que, pour des raisons exposées dans une requête, soit par lui-même, soit par le procureur général, la cour n'ordonne le renvoi de l'affaire à une autre session, ou qu'un pourvoi en cassation n'arrête la marche de la procédure. L'accusé arrivé plus tard peut aussi être jugé, s'il y consent, ainsi que le président et le procureur général.

La surveille du jour fixé pour les débats, on signifie aux accusés la liste du jury, à peine de nullité, pour la notification et tout ce qui suivrait, si le délai n'a pas été observé ; on leur signifie aussi la liste des témoins. Le jour des débats venu, il est constitué par le tirage du jury par le président, qui doit avertir l'accusé du nombre de récusations qu'il peut exercer, et ce nombre dépend de celui des jurés présents ; quand le jury est constitué, il prend place, le public est admis à l'audience, les jurés prêtent serment ; l'accusé comparaît libre, dit la loi, et seulement accompagné de gardiens pour prévenir toute tentative d'évasion. Les pièces de conviction, c'est-à-dire les objets qui ont servi à la perpétration du crime ou qui en portent les traces, sont déposées sur le bureau. L'accusé décline ses noms et qualités ; le président avertit le défenseur de ne rien dire de contraire aux lois, et le greffier donne lecture de l'arrêt de la chambre d'accusation et de l'acte d'accusation. Le procureur général expose le sujet de l'accusation, et le plus souvent il se borne à requérir l'audition des témoins. Quelquefois, et surtout dans les causes compliquées, le président fait précéder cette audition d'interrogatoires, qui, bien dirigés, jettent beaucoup de jour sur l'affaire. Les témoins sont entendus, l'accusé est interpellé sur chaque déclaration, et souvent les observations mutuelles du ministère public et du défenseur deviennent très-animées.

Nous nous occuperons ailleurs de la qualité des témoins, des causes d'empêchement, des mesures à prendre contre ceux dont la déposition paraît fausse, et du renvoi à une autre session, faute de comparution des témoins essentiels. Quand ils ont été tous entendus, la partie civile et le ministère public ont d'abord la parole pour faire valoir les moyens de l'accusation; le défenseur et l'accusé lui-même parlent ensuite; la réplique est permise à la partie civile et au ministère public, mais l'accusé ou son conseil ont toujours la parole en dernier. Avant de clore les débats, le président interpelle l'accusé pour qu'il dise s'il n'a plus rien à ajouter à sa défense. Lorsque la morale publique peut être compromise par la publicité des débats, un arrêt de la cour peut ordonner qu'ils auront lieu à huis clos; mais, au moment où le président déclare qu'ils sont terminés, les portes sont rouvertes au public, comme elles doivent l'être aussi pour tout arrêt sur incident.

Le président résume les débats, et fait valoir les principales preuves pour ou contre, en son premier devoir est l'impartialité. Quand il a fini son résumé, le chef du jury s'approche et reçoit de lui les questions écrites auxquelles il doit être fait des réponses, l'acte d'accusation, les procès-verbaux, les pièces du procès autres que les dépositions écrites des témoins. Lorsque l'accusé a proposé pour *excuse* un fait admis comme tel par la loi, le président pose également la question de savoir si le fait est constant. Si l'accusé a moins de seize ans, la question de discernement doit encore être posée. Le président avertit en outre le chef du jury que si le jury pense qu'il existe des circonstances atténuantes, il doit en faire la déclaration.

Quand le jury a terminé sa délibération, il rentre dans l'auditoire, et là, hors de la présence de l'accusé, le chef donne lecture de la réponse. La cour, soit d'office, soit sur la demande du ministère public ou du défenseur, peut ordonner que le jury rentrera dans la chambre du conseil pour compléter sa réponse ou pour en faire disparaître ce qu'elle offrirait de contradictoire. Ce n'est que sur une déclaration régulière ou rectifiée que l'accusé est ramené. Le greffier lit alors la déclaration du jury : si cette réponse est négative sur toutes les questions, le président prononce sans délibération que l'accusé est acquitté; si la réponse, au contraire, est affirmative, la cour a deux questions à résoudre : Le fait dont l'accusé a été déclaré coupable est-il défendu par une loi pénale? Quelle peine dans ce cas lui sera-t-il appliqué? Après avoir entendu les plaidoiries respectives du défenseur de l'accusé, du ministère public et de la partie civile, la cour prononce l'*absolution* si le fait ne constitue ni crime ni délit; dans le cas contraire, elle condamne à la peine prescrite par la loi. S'il y a condamnation, le président avertit l'accusé qu'il a trois jours pour se pourvoir en cassation. Procès-verbal est rédigé de toute la séance, et il doit, à peine de nullité, constater l'observation de toutes les formes et l'accomplissement de tous les avertissements à donner par le président, soit au jury, soit à l'accusé. Dans tous les cas les demandes en dommages intérêts et en restitutions formées contre ou contre l'accusé sont jugées par la cour.

ASSISES DE JÉRUSALEM, ou LETTRES DU SAINT-SÉPULCRE. On a donné ces noms à un ensemble de lois publiées par Godefroy de Bouillon, après la conquête de Jérusalem, en 1099. Ces lois, rédigées par les principaux seigneurs et quelques hommes éclairés de la suite du vainqueur, réunis en *assises*, furent déposées dans l'église du Saint-Sépulcre, où elles devaient être conservées. Elles reproduisaient naturellement les formes du gouvernement féodal. Elles créaient deux cours souveraines : la première, composée de la noblesse, et présidée par le roi, avait pour mission de juger les différends survenus entre les grands vassaux et de maintenir ces derniers dans la subordination; la seconde, présidée par le vicomte de Jérusalem, et formée des députés des principales villes, devait régler les intérêts et les devoirs des bourgeois et des communes. Une troisième cour fut instituée en faveur des chrétiens originaires du pays et façonnés aux usages de l'Orient. C'était ainsi que tous les membres du nouveau royaume devaient être jugés par leurs pairs; mais la condition des serfs ou vilains ne fut aucunement améliorée.

Les Assises de Jérusalem furent appliquées au royaume de Chypre quand Guy de Lusignan en obtint la souveraineté, en 1192; plus tard, elles devinrent la loi de l'empire latin, fondé à Constantinople en 1204. Geoffroy de Villehardouin II les introduisit dans la Morée lorsqu'il hérita de cette province. Enfin, elles furent mises en vigueur dans l'île de Négrepont en 1453, sous la domination de Venise. Le manuscrit original fut perdu en 1187, lors de la reprise de Jérusalem. En 1531 le gouvernement vénitien, maître de l'île de Chypre, en recueillit quatre exemplaires manuscrits qui se trouvent aujourd'hui à Vienne.

Cette volumineuse collection, écrite en langue romane, est quelquefois bonne encore à consulter. C'est toutefois d'ailleurs un amas assez indigeste de dispositions prises çà et là dans nos recueils coutumiers. M. V. Foucher s'est attaché à débrouiller ce chaos et à commenter ce code, qui nous a conservé quelques anciennes coutumes négligées par nos rédacteurs du Coutumier général.

ASSISTANCE, secours qu'on donne à un homme qui est dans le besoin. Les mots *secours*, *aide* et *assistance*, qu'on serait d'abord tenté de regarder comme synonymes, diffèrent cependant entre eux de signification par les nuances qui, bien que peu sensibles, n'en sont pas moins réelles. Le *secours* suppose que l'individu secouru est dans le danger; l'*aide* donne à entendre que celui qu'on aide ne peut venir seul à bout de ce qu'il a entrepris; à l'*assistance* se joint toujours une idée de compassion inspirée par le malheur de l'homme qu'on assiste : ainsi, on ira au *secours* d'un homme attaqué par plusieurs individus; on *aidera* celui qui, faute de force ou de temps, ne pourrait achever une tâche; on *assistera* l'indigent. Pour *secourir*, il faut le plus souvent de la générosité; pour *aider*, de la bienveillance; pour *assister*, de la commisération.

En termes de pratique, on entend par *assistance* la présence d'un individu à l'acte fait par un autre individu : ainsi, des experts se rendent à l'endroit où leur ministère est requis, et opèrent avec l'*assistance* des avoués des parties; une femme plaide avec l'*assistance* de son mari; on procède à une opposition ou à une levée de scellés avec l'*assistance* du juge de paix.

ASSISTANCE JUDICIAIRE. A l'imitation d'une institution qui existe dans quelques villes de l'Italie, celle de l'*avocat des pauvres*, spécialement chargé de défendre les indigents devant les tribunaux, une loi du 22 janvier 1851 vient d'organiser en France un système d'assistance judiciaire qui permet aux pauvres de poursuivre toute action civile et criminelle et d'y répondre. Les frais élevés de la procédure, les droits et les honoraires, souvent considérables, qu'elle entraîne empêchaient la population indigente de profiter des bienfaits de la loi. La justice en réalité n'était pas égale pour tous.

L'assistance judiciaire a été organisée de la manière suivante : pour y être admis on doit fournir un extrait du rôle des contributions ou un certificat du percepteur de l'arrondissement constatant que l'on n'est pas imposé. Il faut en outre déclarer qu'on est, à raison d'indigence, dans l'impossibilité d'exercer ses droits en justice. On adresse sa demande sur papier libre au ministère public du tribunal de son domicile. L'assistance est prononcée par un bureau spécial, établi au chef-lieu judiciaire de chaque arrondissement. Ce bureau est composé de cinq membres quand l'affaire est portée devant les tribunaux civils et de commerce et les juges de paix ; de sept membres quand il s'agit de la cour d'appel, de la cour de cassation ou du conseil d'État.

Le choix de ses membres varie suivant ces divers degrés de juridiction. Le bureau d'assistance prend ses informations pour vérifier la déclaration ; ses décisions ne contiennent que l'exposé des faits et la déclaration sommaire que l'assistance est accordée ou refusée, sans donner de motifs ; elles ne sont susceptibles d'aucun recours.

Quand l'assistance a été accordée, le président du tribunal en est informé par l'intermédiaire du ministère public ; il invite le bâtonnier de l'ordre des avocats, le président de la chambre des avoués, le syndic des huissiers à désigner l'avocat, l'avoué et l'huissier qui prêteront leur ministère à l'assisté. Dans le même délai de trois jours le secrétaire du bureau envoie un extrait de la décision au receveur de l'enregistrement. L'assisté est dispensé provisoirement du payement des sommes dues aux greffiers, aux officiers ministériels, aux avocats ; les actes de procédure faits à sa requête et les actes ou titres qu'il produit sont visés pour timbre et enregistrés en débet. En cas de condamnation aux dépens prononcée contre l'adversaire de l'assisté, la taxe comprend tous les droits, frais de toute nature, honoraires et émoluments auxquels l'assisté aurait été tenu s'il n'y avait pas eu assistance judiciaire.

Le bénéfice de l'assistance judiciaire peut être retiré s'il survient à l'assisté des ressources reconnues suffisantes et s'il a surpris la décision du bureau par une déclaration frauduleuse ; le retrait est dûment motivé. S'il y a eu déclaration frauduleuse, l'assisté peut, sur l'avis du bureau, être traduit devant le tribunal de police correctionnelle et condamné, outre le payement des droits et frais de toute nature, à une amende de même valeur, sans toutefois qu'elle puisse dépasser cent francs, et à un emprisonnement de huit jours à six mois. L'article 463 du Code Pénal est applicable dans ce cas.

L'article 294 du Code d'instruction criminelle pourvoit à la défense des accusés devant les cours d'assises. L'assistance judiciaire en matière correctionnelle est réglée d'après le même principe.

ASSISTANCE PUBLIQUE. A une époque où l'idée de *droit au travail* montait un certain nombre de têtes, on essaya d'opposer à cette théorie un prétendu *droit à l'assistance*, qui consistait à déclarer que la société devait, non du travail, mais un secours à ceux de ses membres qui tombaient dans le besoin. C'était un moyen terme entre l'opinion qui soutenait que l'État devait assurer l'existence de tout travailleur par le travail, et celle qui niait que l'intervention de l'État pût être efficace contre la misère, laquelle ne devait attendre de soulagement que de la charité privée. Ce fut cette opinion moyenne entre les doctrines qu'on appela *socialistes* et *malthusiennes* qu'adopta la constitution de 1848 lorsqu'elle dit, article VIII du préambule : « La république... doit, par une *assistance* fraternelle, assurer l'existence des citoyens nécessiteux, soit en leur procurant du travail dans les limites de ses ressources, soit en donnant, à défaut de la famille, des secours à ceux qui sont hors d'état de travailler. »

Mais borner le devoir de l'État aux *limites de ses ressources*, c'était retirer à peu près ce qu'on venait de concéder, car l'État souffre aussi dans les temps de crise ; c'était détruire de fait le droit à l'assistance, et borner les devoirs de l'État à l'assistance aux incapables et aux invalides. Développant cette idée, l'article 13 de la même constitution ajoutait : « La société fournit l'assistance aux enfants abandonnés, aux infirmes et aux vieillards sans ressources et que leurs familles ne peuvent secourir. »

Ainsi réduite, l'assistance devenait purement et simplement synonyme de bienfaisance ; et c'est ainsi que l'entend M. Thiers dans son rapport présenté à l'Assemblée législative au mois de janvier 1850, au nom d'une commission de trente membres : « Ce qu'on appelle aujourd'hui l'assistance, dit-il, et ce que dans tous les temps on a nommé la bienfaisance, est assurément la plus belle, la plus noble, la plus attachante des vertus, tant de l'homme que de la société. De même que l'individu ne saurait trop s'y livrer, l'État non plus ne saurait trop la pratiquer. Mais il y a cette différence entre l'un et l'autre, que l'individu agit avec ses propres deniers, et que l'État, au contraire, agit avec les deniers de tous, avec ceux du pauvre comme avec ceux du riche, et que si pour l'individu il n'y a d'autre conseil à suivre que celui de donner le plus possible, pour l'État, au contraire, il faut recourir aux principes de la justice distributive et examiner si en donnant aux uns il ne prend pas aux autres, si en un mot il ne manque pas aux règles d'une bonne et équitable administration. »

Quant au droit primordial qu'on était allé jusqu'à appeler le *droit de vivre*, il avait, comme on voit, disparu, et M. Thiers le niait même par cette phrase : « Le principe fondamental de toute société, c'est que chaque homme est chargé de pourvoir lui-même à ses besoins et à ceux de sa famille, par ses ressources acquises ou transmises. Sans ce principe, toute activité cesserait dans une société ; car si l'homme pouvait compter sur un autre travail que le sien pour subsister, il se reposerait volontiers sur autrui des soins et des difficultés de la vie. Dans les pays où des couvents trop nombreux multipliaient l'aumône, comme autrefois en Espagne, la charité exercée sans prudence engendrait la mendicité. »

Enfin, suivant M. Thiers, la bienfaisance doit être spontanée, volontaire. Le malheureux qui vous implore, dit-il, objet sacré dans les ingénieuses paraboles du christianisme, s'il voulait nous contraindre à venir à son secours, ne serait plus qu'un malfaiteur. De ces principes de la bienfaisance privée il déduit les principes de la bienfaisance publique ; et, tout en engageant la société à exercer le plus possible cette vertu, il prend d'un reste fort peu à faire.

Serait-il donc vrai que tout fût si parfait dans l'administration de l'assistance publique, et qu'il restât en effet si peu à faire ? Quoi ! ces institutions créées en des temps d'esclavage, de servitude et de monopole subsistent à nos temps de liberté et d'égalité civile ! Quoi ! lorsque la grande propriété disparaît tous les jours par l'égalité des partages dans les successions, lorsque les biens de l'Église ont été rendus au travail, lorsqu'une infinité de fortunes bourgeoises remplacent ces immenses richesses autrefois agglomérées, vous n'oserez pas demander à l'impôt une part plus forte pour combattre les misères que les vertus privées sont impuissantes à soulager, par leur faiblesse et leur isolement ! Quoi ! lorsque tant de terres incultes existent sur notre sol ; lorsque l'agriculture, rongée par l'usure, manque de bras, vous ne trouverez pas de fonds pour défricher nos landes, pas de capitaux pour organiser le crédit agricole ! Quoi ! lorsque l'affluence encombre nos professions libérales, notre industrie, vous n'aurez d'argent que pour entretenir l'agiotage, vous offrirez aux capitaux, par les jeux de la bourse, des placements plus avantageux que dans le travail honnête et sérieux, et vous ne saurez détourner aucune parcelle de cette source féconde sur nos terres, desséchées pour ainsi dire par l'ardeur du lucre que par les feux du soleil ! Quoi ! lorsque tant de colonies demandent des travailleurs, vous ne ferez rien pour y porter la vie ; et votre budget se consumera à entretenir une armée oisive, une légion de fonctionnaires inutiles, des prisons immenses et des hospices toujours trop petits ! Et vous vous étonnez de ces soulèvements périodiques qui bouleversent sans profit votre société! Ne voyez-vous pas que ces explosions tiennent au défaut d'écoulement de ces misères qui fermentent, et que vous augmentez par vos systèmes de compression. Vous vous confiez à la bienfaisance privée! Mais la vie de chacun s'use à essayer de faire sa fortune au milieu de l'égoïsme général. Vous y poussez par vos institutions politiques et philanthropiques. Le riche n'est pas à l'abri des pertes. Le pauvre n'a pas assez pour être prévoyant. La classe moyenne désire toujours une aisance plus grande. Croyez-vous que la part qui reste à la bienfaisance soit assez forte pour être efficace sans votre secours pour centraliser ses dons et les faire tourner au profit du travail au lieu de les laisser s'évanouir en aumône improductive? N'en appelez pas aux sentiments religieux, ils seraient aussi impuissants aujourd'hui. Ne comprimez donc plus l'esprit d'association, lui seul peut remédier à vos maux en proclamant la fraternité pratique. L'antiquité avait pour combattre la misère l'infanticide et l'esclavage; le moyen âge eut les massacres et le servage; les temps modernes ont eu l'Église et les corporations, les hôpitaux et les couvents; que les temps futurs aient la solidarité des hommes, l'association de tous les membres de la société sans entrave pour aucun d'eux. Si c'est là une utopie, elle est du moins noble et digne. Aveugles, qui voulez rester stationnaires quand tout marche auprès de vous, quand tout vous entraîne et vous déborde, laissez-nous lever les bras vers cette terre promise; et quand bien même nous n'y devrions pas parvenir, laissez-nous montrer le chemin à l'humanité. Moïse n'est mort au désert que pour avoir douté.

Il nous reste à énumérer les établissements qui ont été compris sous le nom d'assistance publique. Nous trouvons d'abord les hôpitaux, hospices et autres institutions hospitalières, puis les bureaux de bienfaisance; viennent ensuite les crèches, les salles d'asile, les colonies pénitentiaires et agricoles, les monts-de-piété, les sociétés de secours mutuels, les caisses d'épargne, de prévoyance et de retraite, les assurances, etc. Tous ces mots ont des articles particuliers dans notre ouvrage. Nous ferons ailleurs l'histoire des développements que prirent la bienfaisance, la charité et la philanthropie chez les différents peuples. L. LOUVET.

ASSISTANT, prêtre qui dans les messes solennelles se tient toujours à côté de l'officiant, pour l'aider et l'assister dans les cérémonies. Le nombre des assistants varie suivant les diocèses. — On appelle aussi *assistants* les deux prélats qui lors de la consécration d'un évêque sont à ses côtés et ne le quittent pas de toute la cérémonie.

Le pape a *des assistants* au trône pontifical les jours de grande solennité. Ce sont les deux premiers cardinaux-diacres qui remplissent ces fonctions. A son couronnement, ils l'aident à monter au trône. L'un lui ôte la mitre, et l'autre lui met le trirègne sur la tête.

Assistant se dit encore de celui que la plupart des règles monastiques adjoignent au supérieur, au général, pour veiller aux intérêts de la communauté et pour le soulager dans ses fonctions. Le général des jésuites a cinq assistants, pour l'Italie, l'Allemagne, la France, l'Espagne et le Portugal; celui de l'Oratoire en avait trois.

ASSOCIATION (*d'associare*, joindre, attacher ensemble). En général on entend par ce mot toute réunion d'individus liés pour un but commun.

L'homme n'est pas fait pour l'isolement. Si sa nature essentiellement libre le pousse à la vie indépendante, sa faiblesse native, le besoin, l'intérêt, le forcent à s'unir à ses semblables et à sacrifier une partie de sa liberté à sa sécurité et à son bonheur. De là la formation des sociétés. La première association fut sans doute la famille. Fondée sur les plus puissants instincts du cœur humain, elle doit être aussi ancienne que l'humanité. L'accroissement de la famille l'oblige à se démembrer. Bientôt quelque danger ou le besoin d'échange rallie les familles éparses. Elles se réunissent en tribu, les tribus s'associent pour former des peuples. Ces sociétés primitives se créent sous l'empire de la force, la force les maintient. L'homme sacrifie presque toute sa liberté à la nécessité; le despotisme et l'esclavage sont les seules bases de l'association. Les liens qui unissent ces associations sont d'abord loin d'être indissolubles. Elles naissent et se rompent selon les circonstances, comme nous le voyons chez les peuples nomades, en Algérie, par exemple, où les tribus, ou fractions de tribu même, sont tour à tour alliées ou ennemies.

Mais la civilisation amène des relations plus régulières, des intérêts communs plus prononcés. Attachés à la terre, les hommes s'arment pour défendre celle dont ils ont pris possession. On creuse des fossés, on s'entoure de murailles, on se fortifie, et derrière ces remparts, que l'on peut mieux résister à un ennemi supérieur, la cité s'élève. Bientôt les citadins s'enferment dans une citadelle inexpugnable, et se séparent du cultivateur. L'industrie naît à l'ombre des murs des villes, et sert à payer les produits du sol. La commune s'organise. Chacun fournit sa part de service aux intérêts communs; la propriété s'établit par des titres authentiques, la loi s'impose à tous, la force fait place à la justice, des magistrats régissent la communauté, une force publique s'organise pour la défense de tous et la sécurité de chacun.

Mais l'industrie engendre l'*association du travail*. De petites associations se créent au milieu de la société communale. Des bras se réunissent pour entreprendre des travaux publics, des monuments, pour construire des routes, pour produire plus sûrement. L'utilité des échanges appelle les *associations commerciales* : on se réunit pour armer un vaisseau, pour conduire une caravane; les bénéfices se partagent entre les associés.

Les relations de peuple à peuple, de ville à ville, font naître la cupidité. On s'associe pour faire la guerre. Sous un chef valeureux, les *associations militaires* s'organisent. La cité la plus forte soumet les communes voisines à payer tribut ou à recevoir une garnison; quelquefois les vaincus sont réduits à l'esclavage, et une partie des vainqueurs forme une colonie. Pour éviter ces malheurs, parfois des villes se prêtent secours; toujours des liens nouveaux resserrent les cités entre elles : des provinces se forment, des États s'élèvent.

Du milieu des cités des hommes d'intelligence cherchent à expliquer la nature, l'humanité, la divinité. Des temples s'élèvent, les prêtres forment des *associations religieuses*. Les religions se fondent, elles ont leurs initiés et leurs adhérents; leur empire s'étend, et des liens nouveaux s'établissent par elles entre des hommes éloignés. La science elle-même se sépare de la religion, établit de nouvelles associations; le malheur appelle le secours de la fortune, et la bienfaisance unit encore les hommes.

Ainsi se forment dans toutes les sociétés de nouvelles associations qui étendent leur influence et préparent de nouvelles agglomérations humaines. Chez les anciens l'esprit d'association était très-borné. Le christianisme en proclamant l'égalité des hommes lui prépara une certaine extension. D'abord nous voyons des ordres religieux se former et se consacrer à la vie commune. Plus tard, après l'invasion des barbares, les cités se relèvent, et sous l'influence du travail les communes réussissent à s'affranchir et à former des communautés libres. Les corporations, les jurandes imposent la reconnaissance de leurs droits. Des confréries vont bâtir des ponts, élèvent des cathédrales. De saintes fondations sont dotées; l'église sert de refuge à la douleur; l'unité du culte associe un grand nombre d'hommes dans la prière, dans la croyance, et plus tard dans les aventures des croisades. La chevalerie fut encore une grande association du moyen âge, née sous l'influence de la religion.

L'Église devient intolérante à mesure qu'elle croit en puissance; des sectes forment de nouvelles associations, sources de guerres d'extermination. Les sociétés commerciales prennent une plus grande extension au temps de la renaissance. Les banques s'établissent; les sociétés d'assurance préviennent la ruine du commerçant. Quelques communautés marchandes se liguent entre elles. Les États se constituent, et la société civile reprend enfin la prépondérance sur la communauté religieuse. La compagnie de Jésus essaye en vain de lutter et de soumettre le monde à l'influence de Rome. Fondée sur l'idée de la révélation, et rejetant la discussion de son principe, l'Église devait finir par éloigner d'elle tout être qui veut penser librement. La philosophie s'était reconstituée dans une infinité d'associations. Longtemps renfermée dans le sein de quelques sociétés secrètes, dans les discussions de quelques académies, elle put enfin au dix-huitième siècle lever hardiment la tête, et préparer une régénération sociale. L'assemblée constituante française de 1789, en proclamant les droits de l'homme, basa la société nouvelle sur la liberté individuelle; c'était briser la tête aux associations qui depuis longtemps s'étaient emparées de la fortune publique, et qui par leur puissant monopole gênaient l'essor de chacun dans le travail. La libre concurrence fut regardée comme la loi nécessaire de la production. Les communautés religieuses, les corporations, furent détruites en même temps que la grande association féodale. Les nouveaux législateurs ne voulaient plus qu'une grande société, la nation, dont tous les membres fussent égaux en droits et libres.

Cependant l'esprit d'association renaît aussitôt dans la politique. Les principes de la société sont discutés au grand jour; les clubs s'affilient entre eux, et ces nouvelles associations pèsent d'un grand poids sur les destinées de la France. Sous le Directoire, les associations politiques furent interdites. Les clubs étaient ouverts; mais l'affiliation était défendue. Les corps enseignants et littéraires étaient réorganisés. Sous l'empire du Code Civil toute association fut soumise à l'agrément de l'autorité. Il fut interdit de se réunir au nombre de plus de vingt personnes pour discuter sur des questions religieuses, politiques, littéraires ou autres, sans l'autorisation du gouvernement. L'association industrielle fut du moins protégée par le Code de Commerce; de grands établissements s'élevèrent par association en dehors du gouvernement, mais sous sa protection, et l'empereur songea à réglementer l'industrie nouvelle.

Sous la Restauration, la paix suffit à entretenir le mouvement industriel. Les sociétés religieuses trouvèrent un puissant appui dans les sentiments de la famille royale. Mais les associations illicites minèrent l'état politique. Le mécontentement produit par les mesures réactionnaires du gouvernement trouva son aliment dans les sociétés secrètes. Le carbonarisme, la société Aide-toi, le ciel t'aidera, la franc-maçonnerie, contribuèrent pour leur part à la chute du trône légitime. Le gouvernement qui suivit la révolution de Juillet savait trop ce qu'il y avait à craindre de ces sociétés pour les laisser vivre. La pénalité du Code fut aggravée par la loi du 10 avril 1834, qui défendit les associations de vingt personnes, même lorsqu'elles se fractionnaient en sections d'un nombre moindre d'individus; les attentats contre la sûreté de l'État commis par les associations rendaient leurs membres justiciables de la cour des pairs; les délits politiques étaient déférés au jury; les infractions à la loi sur les associations étaient de la compétence du tribunal correctionnel. Sous le régime constitutionnel les sociétés secrètes se propagèrent, changèrent vingt fois de forme, parurent vingt fois en justice, tentèrent plusieurs fois l'insurrection, et armèrent la main de plus d'un assassin. Les grandes associations industrielles furent encouragées par la création des entreprises des chemins de fer, les emprunts publics, etc. Au milieu d'une certaine prospérité, et malgré l'élévation de la classe moyenne, les souffrances du pauvre s'accrurent par l'association des capitaux.

La révolution de Février semblait devoir changer la nature des associations. Le suffrage universel devait détruire le germe des sociétés secrètes. Mais depuis quelque temps déjà des économistes avaient présenté l'association comme le moyen de guérir les maux de la société. On savait que la liberté illimitée du travail avait fini par abandonner à la misère un certain nombre de travailleurs, que rien ne les protégeait contre les maladies, contre un salaire insuffisant, contre le chômage; on se rappelait les anciennes corporations, on se disait que des sociétés religieuses vivaient en commun encore de notre temps. Une réaction se produisit contre la concurrence libre; on exalta les économies de la vie commune, on pensa que l'appui de l'État était nécessaire pour arriver à un résultat utile. Une commission fut créée pour discuter la question du travail. Installée au Luxembourg, sous la présidence de M. L. Blanc, elle put passer en revue tous les systèmes. La concurrence fut éloquemment attaquée; mais quand on en vint à vouloir établir des règles, rien ne put aboutir. Quelques ateliers se fondèrent pourtant sur la base de l'égalité des salaires, mais sans rien produire de sérieux.

Néanmoins, après les événements de juin, l'Assemblée constituante, par un décret du 5 juillet 1848, mit trois millions à la disposition du gouvernement pour expérimenter l'association, et « offrir, disait l'instruction ministérielle, un concours sérieux et efficace à toutes les sociétés industrielles constituées de manière à placer l'ouvrier dans une position supérieure à celle de simple salarié ». Cette somme devait être répartie à titre de prêt, à un intérêt modique, entre les sociétés d'ouvriers, ou de patrons et d'ouvriers intéressés, qui justifieraient de quelques éléments de succès. Déjà plusieurs chefs d'atelier avaient intéressé leurs ouvriers à leurs entreprises en leur accordant une part proportionnelle dans les bénéfices. Cet essai produisit peu. Quelques ouvriers seulement consentirent à bannir la politique de leurs opérations industrielles. Les chefs d'école ne voulaient pas risquer leurs maximes sur d'aussi faibles échelles. On était d'ailleurs en temps de crise. Cependant l'égalité des salaires servit de base aux statuts de quelques associations fraternelles; mais ce ne fut pas un élément de succès, et la plupart de celles qui sont encore debout y ont renoncé. Petit à petit le capital de l'intelligence ont repris leur part, les membres des associations se sont mieux choisis, et quelques-unes sont florissantes, au détriment même du principe qu'elles étaient appelées à proclamer, puisqu'elles se sont rapprochées des conditions ordinaires de l'industrie, employant souvent des salariés à leur compte.

M. Cabet essaya d'aller former au loin une communauté sur les principes émis par lui dans son Icarie : le temps nous donna de tristes nouvelles de cette colonie. M. Proudhon tenta d'associer tous les travailleurs par des bons d'échange qui devaient remplacer l'argent et suffire à la circulation des valeurs, avec cette tendance spéciale d'arriver à supprimer l'intérêt du capital. Condamné sur ces entrefaites, il renonça à l'expérimentation de son entreprise. Que faut-il conclure de tous ces essais malheureux ? C'est que l'associćte ne se change pas aussi facilement qu'on le croit, qu'il faut de longues discussions, du temps, pour faire passer dans les mœurs quelque chose de ce qu'il peut y avoir de pratique dans les formules scientifiques.

L'association n'ayant fait aucun progrès ni dans le gouvernement ni dans le pays, on en revint à l'association politique. La constitution de 1848 déclara, dans son article 8, que les citoyens ont le droit de s'associer, etc.; mais elle donna pour limites à ce droit les droits ou la liberté d'autrui ou la sécurité publique. Ces limites s'étendirent indéfiniment; car nulle association ne peut encore une fois se former sans l'autorisation du gouvernement.

Plus heureux ou plus sages, les Anglais comme les Américains jouissent sous ce rapport d'une liberté presque illimitée. On a vu l'Association catholique forcer le gouvernement à accorder l'émancipation des catholiques. La ligue des *corn-laws* a valu la liberté commerciale à la Grande-Bretagne. L'association du Rappel n'a pas atteint son but, mais elle a pu du moins le poursuivre ostensiblement; les chartistes ont pu compter leurs adhérents au grand jour.

D'un autre côté, nous voyons les peuples poursuivre des *associations douanières* qui renversent les barrières politiques. L'Allemagne et l'Italie tendent chacune à l'unité; et malgré les rivalités des princes, la liberté des échanges devra finir par amener la fusion des intérêts des populations, la confédération des peuples des mêmes langues, et, faut-il l'espérer? l'association universelle des nations. L. LOCVET.

ASSOCIATION (*Histoire naturelle*). Les corps organisés, animaux et végétaux, ne sont d'abord à leur origine autre chose que des parties détachées du corps des parents qui les engendrent. Ces parties se constituent en corps reproducteurs de nouveaux individus; ceux-ci sont, dans le règne animal, le plus souvent isolés. Il est aussi des animaux réunis sous une seule et même peau, qui forment des **agrégations** naturelles. Il en est, enfin, qui sont agglomérés sur une partie commune vivante (*voyez* AGGLOMÉRATION), lorsque les individus de quelques espèces animales poussent autour d'eux des rejetons qui se développent, soit sans ordre, soit suivant certaines formes plus ou moins régulières. Ces espèces ont été dites *sociales*, et le groupement des individus est une sorte d'*association gemmaire*, qui par cela même diffère des sociétés formées d'individus libres et isolés qui vivent en familles et en troupes.

Les végétaux, chez lesquels l'individualité est moins distincte que dans le règne animal, sont considérés tantôt comme des *agglomérations* d'individus qui ont une souche ou partie commune, et tantôt comme des *associations* d'individus qui fonctionnent comme des organes plus ou moins spécialisés pour la nutrition et la reproduction. L. LAURENT.

ASSOCIATION CATHOLIQUE. C'est le nom que prit une société politique créée en 1823 à Dublin, par l'infatigable O'Connell, pour obtenir par les voies légales l'*émancipation des catholiques*, que les lois rendues en Angleterre depuis 1688 frappaient d'incapacité absolue dans tout ce qui a rapport à l'exercice des droits politiques. En s'affiliant à l'*Association catholique*, chaque membre prenait l'engagement de concourir aux dépenses de toute nature auxquelles elle devait donner lieu par le versement mensuel de la somme d'un *penny*, équivalant à dix centimes; et avec cette ressource, si faible en apparence, l'*association* ne tarda pas à avoir un revenu de plusieurs millions, qui fut consacré à secourir le pauvre, à combattre le riche, à lutter contre les hommes de loi, et à poursuivre devant les tribunaux les exactions ou les abus de pouvoir des agents de l'autorité. Comme l'iniquité du régime exceptionnel qu'il s'agissait de faire cesser pesait surtout sur l'Irlande, qui ne compte pas moins de sept millions de catholiques sur une population totale de huit millions d'âmes, ce fut naturellement dans ce pays que l'*Association catholique* compta le plus d'adhérents; et ses *meetings*, dans lesquels on admira l'énergique éloquence d'O'Connell, de Sheil et de quelques autres athlètes de la liberté civile et religieuse, eurent bientôt un immense retentissement, non-seulement dans les trois royaumes, mais encore dans le monde entier. Sur tous les points du globe, des manifestations d'ardente sympathie eurent lieu pour les courageux défenseurs d'une cause qui, au fond, était celle de l'humanité entière.

L'histoire des six années d'existence que compta l'Association catholique est incontestablement la page la plus brillante de la vie d'O'Connell. L'émancipation des catholiques une fois obtenue, c'est-à-dire quand l'oligarchie anglaise comprit enfin (en 1829) qu'elle ne pouvait pas plus longtemps, sans d'immenses périls pour elle-même, retenir toute une nation dans un état de dégradant ilotisme, l'Association catholique, qui avait eu la gloire d'atteindre son noble but, prononça d'elle-même sa dissolution.

Cependant, quelques années de participation à la vie politique de la grande famille anglaise ne tardèrent pas à faire comprendre aux patriotes irlandais que leur vieille nationalité, conservée peut-être jusqu'à nos jours par la seule obstination de l'oligarchie protestante à refuser aux catholiques toute espèce de droits politiques, est destinée à périr dans un avenir plus ou moins rapproché, par suite de la centralisation à Londres de tous les intérêts politiques et de tous les pouvoirs législatifs du pays. On se rappela alors que jusqu'en 1801 l'Irlande avait eu son parlement à elle, parlement tout protestant à la vérité, mais se réunissant annuellement à Dublin, et votant le budget des dépenses et des recettes du pays, ainsi que les lois qui le regardaient spécialement; et l'on se prit à regretter la fusion opérée par Pitt dans la législature des deux pays, fusion qui, du moment où elle recounaît à tous les citoyens des droits égaux, sans acception de croyance religieuse, doit nécessairement ne plus faire avec le temps qu'une même nation de deux peuples longtemps ennemis.

Ce fut alors que pour obtenir le *rappel*, c'est-à-dire le retrait de l'acte législatif qui a opéré, au commencement de ce siècle, l'*union législative* de l'Irlande et de l'Angleterre, l'on imagina de recourir au moyen employé quelques années auparavant pour obtenir l'émancipation des catholiques, et que l'*association* de 1823 fut reconstituée à peu près sur les mêmes bases, avec cette différence qu'elle cessa d'avoir un caractère religieux, pour ne plus tendre qu'à un but tout politique, qui pût, à la rigueur, être celui des Irlandais protestants tout aussi bien que des Irlandais catholiques, puisqu'il s'agissait, ostensiblement du moins, de maintenir la nationalité irlandaise et d'empêcher qu'elle ne disparût quelque jour, absorbée complétement dans la nationalité anglaise. Cette fois la société nouvelle prit le titre de *Repeal Association*. *Voyez* RAPPEL (Association pour le).

ASSOCIATION DES IDÉES. On nomme ainsi en psychologie un phénomène intellectuel qui consiste en ce que deux ou un plus grand nombre d'idées se suivent constamment et immédiatement l'une l'autre, de telle sorte que l'une produit presque infailliblement l'autre, soit qu'il y ait entre elles des corrélations naturelles, soit qu'il n'y en ait point. Quand nos idées ont l'une avec l'autre une liaison et des corrélations naturelles, le propre ainsi que le triomphe de notre raison est de les ramener et de les retenir dans ces corrélations et dans cette union fondées sur leur essence particulière. Mais lorsqu'il n'y a point entre elles d'affinité et qu'il n'existe point de causes par lesquelles se puisse justifier leur juxtaposition, autres que le hasard et l'habitude, cette association contre nature devient une grande imperfection, et est, généralement parlant, une cause ordinaire d'erreurs ou de fausses déductions dans le raisonnement. C'est à cette vicieuse association d'idées produite dans notre esprit par l'habitude, que Locke attribue la plupart des sympathies et des antipathies que l'on remarque dans l'homme, lesquelles opèrent aussi énergiquement et produisent des effets aussi réguliers que si elles étaient naturelles, bien que dans le principe elles n'aient point eu d'autre cause que l'union accidentelle de deux idées qui, tantôt par la puissance d'une première impression, tantôt par des habitudes postérieures, s'unissent de telle sorte qu'elles se présentent ensuite toujours ensemble à l'esprit, comme si elles ne faisaient qu'une seule et même idée.

Les idées de spectres et d'esprits n'ont dans la réalité aucune corrélation avec l'obscurité, pas plus qu'avec la lumière. Cependant, qu'on les présente souvent à l'esprit d'un enfant et qu'elles y grandissent ensemble, peut-être lui sera-t-il impossible de les séparer pendant le reste de sa vie, et par la suite l'obscurité réveillera toujours en lui ces idées effrayantes. De même, qu'un homme reçoive d'un autre une injure, et qu'ensuite il songe sans cesse de nouveau à cet homme et à l'action qu'il a commise, en y réfléchissant vivement il liera si bien ces deux idées ensemble qu'elles n'en feront plus qu'une seule dans son esprit. Il ne pensera plus jamais à cet individu sans qu'en même temps se présente à son esprit la circonstance du déplaisir qu'il a éprouvé, de telle sorte qu'il distinguera à peine la cause de l'effet, et qu'il aura autant d'aversion pour l'une que pour l'autre. C'est ainsi que des haines obstinées naissent des circonstances légères ou même indifférentes, et que les querelles et les discussions se perpétuent dans ce monde.

L'influence de l'association des idées sur les habitudes intellectuelles n'est pas moins puissante, quoiqu'elle se laisse plus difficilement observer. Que les idées d'essence et de matière soient intimement unies, ou par l'éducation, ou bien longtemps réfléchies pendant qu'elles sont encore combinées dans l'esprit, quelles notions, quels raisonnements en résultera-t-il touchant des esprits distincts? Que depuis la tendre enfance l'habitude ait joint à l'idée de Dieu une forme et une figure, à quelles absurdités l'esprit ne sera-t-il pas exposé en ce qui touche la Divinité! Ce sont ces associations d'idées impropres et contre nature qui, en définitive, font naître l'irréconciliable opposition qui existe entre les diverses sectes philosophiques et la religion. Il est, en effet, impossible de supposer qu'aucun de leurs adhérents se mente volontairement à lui-même, et refuse sciemment la vérité qui lui est offerte par la simple raison; mais quelques idées indépendantes, n'ayant entre elles aucune espèce d'affinité, sont tellement *associées* dans leur esprit par l'habitude, l'éducation et les clameurs incessantes de leurs coteries, qu'elles leur apparaissent toujours ensemble et qu'ils ne peuvent plus les séparer dans leur pensée, tout comme si elles n'étaient qu'une seule et même idée, et ils agissent absolument de même que s'il en était réellement ainsi.

ASSOLEMENT. On entend par ce mot le partage de terres labourables qui composent une exploitation agricole en grandes portions ou *soles*, pour les ensemencer diversement ou les laisser successivement en jachère. On conçoit facilement de quelle importance il est pour le cultivateur de savoir quelles plantes il doit préférablement introduire dans son système de culture, dans quel ordre il faut les faire succéder les unes aux autres et dans quelles proportions il pourra les distribuer dans son exploitation pour en retirer le produit le plus constamment avantageux. On peut dire que le meilleur système d'assolement est celui par l'adoption duquel on donne la plus grande extension à la culture des plantes qui conviennent le mieux au sol, qui lui rendent le plus, qui trouvent le débit le plus sûr et le plus avantageux et qui nuisent le moins à celles qui leur succèdent. Ce qui influe le plus sur cette succession économique des plantes, ce sont : 1° les époques diverses de leur maturité, de leur récolte, de leur semaille ou de leur plantation; 2° le degré d'ameublissement et de propreté où elles amènent le sol, soit par les travaux qu'elles exigent, soit par l'action mécanique de leurs racines ou par l'ombre qu'elles projettent. Sous ce dernier rapport ce sont les plantes dites *sarclées* qui occupent le premier rang. On doit reconnaître que la j a c h è r e est une préparation encore plus puissante, surtout pour les céréales. Quoiqu'elle soit onéreuse en elle-même et toujours moins en rapport avec les besoins croissants de la consommation, il faut bien, malgré tout ce qu'on a pu dire avec raison contre elle, la déclarer indispensable encore dans les contrées où manquent les bras et les capitaux, où les propriétés sont morcelées, et principalement pour les terres qu'envahissent les mauvaises herbes.

En général, il faut que les récoltes se succèdent de telle manière qu'aucune ne soit dans une abondance superflue de fumure; qu'aucune ne manque du nécessaire, et que la seconde profite du reste de fumure que lui a laissé la première. Aussi s'applique-t-on toujours à bien déterminer dans la succession des récoltes la place qu'exigent pour chaque plante l'espèce et la quantité de principes nutritifs dont elle a besoin. Si la terre est trop riche pour certaines plantes, comme les céréales et les légumineuses, et si elles y courent le risque de verser ou de produire beaucoup de feuilles et de tiges et peu de grain, on sème d'autres végétaux, comme le colza ou le pavot, qui par leurs fortes tiges ne sont pas susceptibles de verser, ou d'autres, comme les navets, le tabac, le chanvre, les choux, dont le produit consiste en racines, tiges ou feuilles. Les plantes qui s'accommodent bien d'une récente fumure, telles que les pommes de terre et les grains d'hiver, commencent avantageusement la rotation, que l'on continue par les légumineuses, le lin et l'orge; quant à l'avoine, elle est placée sans risque au dernier rang.

L'observation générale apprend qu'une même espèce de plante ne réussit pas bien quand on la cultive plusieurs fois de suite sur le même terrain ; de là l'usage de la faire alterner avec des plantes d'espèce, de genre et même de famille différents. Il est de règle constante qu'entre deux récoltes épuisantes on en place une qui ménage le sol entre deux récoltes qui y donnent lieu à la production d'un grand nombre de mauvaises herbes, une qui le nettoie par les façons multiples qu'on lui donne; entre deux récoltes qui occupent longtemps le sol, une autre qui survient rapidement ; entre deux récoltes pour lesquelles on ne laboure que superficiellement, une troisième qui exige un labour profond. C'est ainsi que dans les climats favorables on parvient à obtenir en une seule année d'un même terrain, sans grande augmentation de frais, deux ou plusieurs sortes de produits, en associant les végétaux de manière qu'ils se prêtent mutuellement un ombrage ou un appui salutaire, que les opérations nécessitées par les uns profitent en même temps aux autres, que leurs racines puisent la nourriture qui leur est nécessaire dans des couches différentes du sol, et que les récoltes secondaires soient d'une végétation moins rapide que les principales. On obtient aussi des produits très-avantageux des récoltes qui parviennent successivement à leur maturité dans l'année, soit qu'on les ait semées ensemble, soit que l'on ait atteint que l'une ait pris un certain développement pour semer l'autre sur le même terrain : c'est ainsi qu'on sème des carottes avec le lin, et le trèfle, le sainfoin ou la luzerne avec les céréales, etc.

Après avoir employé tous les moyens que l'art fournit pour mettre la terre dans un état convenable de netteté, d'ameublissement et de fertilisation, par l'emploi judicieux des labours, des hersages, des roulages et des sarclages, des houages, des binages et des butages, du fauchage et de l'enfouissement en vert, de la consommation sur place par les troupeaux, des amendements et des engrais, il faut s'attacher constamment à maintenir dans cet état prospère et l'améliorer, s'il est possible, par le choix des cultures intercalaires, de manière à ce que chaque récolte prépare le succès des récoltes futures, et que ce succès soit toujours assuré, sauf les intempéries des saisons. Lorsque le cultivateur a choisi les plantes qui doivent entrer dans le système de culture et qu'il a déterminé leur ordre de succession, il doit encore diviser le terrain en *soles* proportionnées à la quantité qu'indiqueront pour chacune de ces plantes les circonstances accidentelles et les besoins propres de son exploitation, en ayant toujours soin de s'attacher à rendre nécessaire le moins possible l'emploi des labours et des engrais.

L'assolement biennal, ou qui ne dure que deux ans, de

ASSOLEMENT — ASSORTIMENT

même que toutes les rotations à très-courte période, a le grave inconvénient de salir et d'épuiser le sol en y ramenant trop souvent les mêmes végétaux et en se prêtant mal à la production des plantes fourragères. Il ne peut subsister qu'à l'aide de fumures fréquentes; et s'il roule sur la production des céréales, il exige que la culture intercalaire soit de nature à nettoyer le sol.

L'*assolement triennal* consiste à diviser une terre en trois parties, dont l'une est en jachère, l'autre cultivée en céréales d'été, et la troisième en céréales d'hiver; c'est l'assolement le plus défectueux. Cependant, au dire des meilleurs agronomes, ce système peut être bon et durable quand il s'appuie sur une étendue de prés au moins égale à celle des terres arables; mais partout où l'augmentation de population oblige les cultivateurs à attaquer leurs prairies, il ne peut subsister sans l'aide du trèfle; et encore par cela même doit-il se transformer en assolement de six ou de neuf ans, attendu que la terre ne peut recevoir le trèfle tous les trois ans sans se fatiguer et se couvrir de mauvaises herbes. Voici un exemple de cet assolement triennal doublé : 1re année, jachère fumée; 2me, seigle; 3me, orge; 4me, trèfle; 5me, froment; 6me, avoine. Voici quelle est la continuation de ce même assolement quand il est triplé : 7me année, légumineuses fumées; 8me, seigle; 9me, avoine : ou bien 8me, colza après récoltes fourragées en vert, et 9mes, blé, épeautre ou seigle. Dans plusieurs localités l'impossibilité de fumer les terres tous les trois ans fait ajouter au système triennal avec jachère une 4me sole composée ordinairement avec des légumineuses. Dans d'autres localités, où la petite culture est pratiquée, comme aux environs de Paris, par exemple, on trouve avantageux de faire trois récoltes de céréales pour une de trèfle ou une récolte de plantes sarclées : le travail et l'abondance de la fumure suffisant pour combattre, sans le secours de la jachère, l'épuisement de la terre causé par une pareille combinaison.

L'*assolement quinquennal*, où l'on ne fume qu'à la première année de la rotation, ne peut guère se soutenir, à moins qu'on n'ait recours au parcage ou aux récoltes enfouies, ou qu'on n'évite toute autre récolte épuisante que les trois au moins qu'il produit en céréales. Dr Alex. Duckett.

ASSOMPTION (en latin *assumptio*, du verbe *assumere*, prendre, enlever), se disait généralement autrefois du jour de la mort d'un saint, pour indiquer que son âme était alors enlevée dans le ciel. L'*Assomption* s'entend aujourd'hui plus particulièrement d'une fête que l'Église romaine célèbre tous les ans pour honorer la mort, la résurrection et l'enlèvement au ciel de la Vierge Marie. Cette fête fut connue chez la plupart des Grecs sous le nom de Χοίμησις, sommeil, repos; et chez un petit nombre d'entre eux, dès les temps de Justinien et même de Maurice, sous celui de Μετάστασις, passage, émigration. Il se peut que les Latins l'aient connue vers le même temps sous les mêmes dénominations.

Placée au 15 janvier dans les septième et huitième siècles, sous le nom d'*Assomption*, qui était commun à quelques fêtes de saints, elle fut fixée au 15 août sous Charlemagne ou peu après. Cependant elle n'acquit de la solennité en Occident que dans le douzième siècle, après qu'on lui eut donné une *octave* dans le dixième et une *vigile* au onzième. Cette solennité s'accrut encore en 1638, lorsque Louis XIII choisit ce jour pour mettre sa personne et son royaume sous la protection de la Vierge; vœu qui a été renouvelé depuis, en 1738, par Louis XV. Cette fête se célèbre aussi avec beaucoup de splendeur dans l'Église d'Orient. Toutefois l'assomption corporelle de la Vierge n'est point un article de foi, et l'Église ne l'a pas décidé, quoiqu'en 1696 la Sorbonne ait fait profession, entre autres doctrines, de croire à l'assomption de la Vierge au ciel en corps et en âme.

ASSOMPTION, ville de l'Amérique méridionale et capitale de l'État du Paraguay, à 1,050 kilomètres nord-est de Buénos-Ayres, sur la rive gauche du Paraguay, avec une population de 12,000 âmes. Fondée en 1535, elle est misérablement bâtie, et ne renferme aucun édifice remarquable. Ses rues, sablonneuses pour la plupart, sont rarement pavées. Résidence du président de la république et siége d'un évêché suffragant de la Plata, dont l'érection remonte à 1547, elle est le centre d'un commerce important en peaux, tabac, bois, cire et maté, ou thé du Paraguay, dont la consommation est considérable dans l'Amérique du Sud. Elle est située au milieu d'un territoire populeux, bien cultivé, fertile en coton, canne à sucre, maté, et riche en bétail et en abeilles.

ASSOMPTION ou ANTICOSTIA, îles de l'Amérique septentrionale anglaise, gouvernement de Terre-Neuve, à l'embouchure du Saint-Laurent, entre le 49° et le 50° de latitude nord et le 64° 3' et 66° 55' de longitude ouest. Sa superficie est de 5,500 kilomètres carrés. Elle est inhabitée et sans bons ports naturels. Un dépôt de provisions et deux ports artificiels de sauvetage et de relâche y ont été établis pour les bâtiments employés à la pêche de la morue. Elle fut découverte, en 1534, par Jacques Cartier.

ASSONANCE. La grande *Encyclopédie* la définit « une propriété qu'ont certains mots de se terminer par le même son, sans néanmoins faire ce que nous appelons proprement une rime; » et le *Dictionnaire de l'Académie* : « une ressemblance imparfaite de son dans la terminaison des mots. » Pour nous, nous pensons que comme l'allitération est une espèce de consonnance produite par la répétition des mêmes consonnes, de même l'assonance se produit par la répétition des mêmes voyelles. Les Grecs et les Latins en faisaient usage. L'assonance, qui est ordinairement un défaut dans la langue anglaise et que les bons écrivains français ont soin d'éviter en prose, forme une espèce d'agrément et d'élégance dans l'espagnol. Elle abonde dans les œuvres dramatiques de Calderon et de Lope de Véga. Facile à saisir et suffisamment harmonieuse dans cette langue sonore, elle reste complétement sans effet dans les idiomes métriques du Nord. Là elle est insuffisante à remplacer la rime, et dans la prose elle ne produit qu'une répétition de sons désagréable. De nombreuses tentatives ont été faites pour l'introduire en Allemagne, à l'aide de la traduction de Calderon par Gries et Malsburg, de l'*Alarcos* et des *Romans de Roland* de Frédéric Schlegel; ces essais n'ont obtenu aucun succès. Quant à la versification française, comme presque toute son harmonie repose sur le retour périodique de la rime, elle repousse formellement tout effort qui tendrait à donner droit de bourgeoisie à l'assonance.

ASSORTIMENT, ASSORTIR. On appelle *assortiment* un assemblage d'objets qui se conviennent, qui se lient sous certains rapports d'utilité ou d'agrément, de forme, de substance, d'analogie ou de destination. Un *assortiment* de marchandises est la collection des divers produits propres à satisfaire par leur variété les besoins ou les caprices des consommateurs. On dit de telle boutique qu'elle est *bien assortie* quand on y trouve réunis tous les articles de débit que fait supposer son enseigne; dans le cas contraire, elle est *mal assortie*.

En termes de peinture, un *assortiment* est la réunion de toutes les couleurs nécessaires pour peindre; en termes d'imprimerie, c'est tout ce qui dépend d'un corps de caractères, bas de casse, italique, majuscules, etc.

Il est beaucoup de matières et d'ouvrages qui ne peuvent éprouver de vides ou de dégradations sans qu'il faille remplir les uns ou réparer les autres avec des substances de même nature et employées de la même façon; pour cela, il faut les *assortir*, c'est-à-dire choisir des matières autant que possible de même qualité et de même couleur.

Au figuré, *assortir* est encore synonyme de *se convenir* : il faut à table savoir *assortir* les convives. Pour vivre en paix, il est nécessaire que les caractères soient heureusement *assortis*. Enfin, comme le disait le vaudeville :

Il faut des époux *assortis*
Dans les lieux du mariage.

ASSOUAN ou **SOUAN**, sur la rive droite du Nil, en face de l'île d'Éléphantine, à 100 kilomètres sud d'Edfou, est la ville la plus méridionale de l'Égypte, l'antique *Syène*, dont on peut encore aujourd'hui voir les ruines à quelque distance de là, et dont le nom est à peu près synonyme de *porte d'Égypte*. C'est au sud d'Assouan que se trouve la dixième et dernière cataracte du Nil. La navigation de ce fleuve prend donc là seulement une importance qui de bonne heure et même au moyen âge, sous la domination arabe, a assuré à cette ville un commerce important. On avait remarqué dès la plus haute antiquité à Syène qu'aux jours les plus longs de l'année le soleil n'y projette point d'ombre, et on en avait conclu que là devait se trouver le tropique du Cancer, qui cependant est situé un demi-degré plus au sud. C'est à Assouan que commence la région granitique de l'Égypte; les granits qu'on y trouve, connus sous le nom de *syénites*, ont servi dès l'antiquité la plus reculée à la construction des édifices.

ASSOUCY (Charles COYPEAU d'), né à Paris, vers l'an 1604, mort en 1674.

Le plus mauvais plaisant eut ses approbateurs,
Et, jusqu'à d'*Assoucy*, tout trouva des lecteurs.

Cette sentence de Boileau a été sans appel pour la renommée littéraire de celui qu'elle frappait. On ne lit plus d'*Assoucy* depuis longtemps, bien que ses productions ne soient pas dépourvues de ce gros sel de gaieté burlesque qui sous Louis XIII, et même sous Louis XIV, était goûté jusqu'à la cour. Scarron avait travesti Virgile; d'Assoucy, que l'on a surnommé le *singe de Scarron*, et qui s'intitulait lui-même *empereur du burlesque, premier du nom*, travestit les *Métamorphoses* sous ce titre grotesque : *Ovide en belle humeur*. Il a également parodié *l'Enlèvement de Proserpine*, de Claudien. Ceux qui ont encore assez peu de notre siècle, si grave, pour trouver quelque plaisir à lire l'*Énéide* de Scarron, avoueront, en parcourant l'*Ovide* de d'Assoucy, qu'il a su glaner quelques traits heureux dans le champ du burlesque, champ stérile, où il croît plus d'ivraie que de grain, plus de chardons que de roses. Mais ces grotesques de la littérature ne surent jamais, selon l'expression de Boileau,

Distinguer le plaisant du plat et du bouffon.

Les deux recueils de vers qu'a publiés d'Assoucy en fournissent la preuve. Ils ont pour titre, le premier : *Poésies et vers contenant diverses pièces héroïques, satiriques et burlesques* (Paris, 1653, in-12); le second : *les Rimes redoublées* (Paris, 1671, in-12). Quelques pièces ne sont dépourvues ni de gaieté ni de grâce; mais c'est le très-petit nombre. Tout le reste est infecté d'un *burlesque* qui n'est bon que *pour le Pont-Neuf*, comme on disait du temps de Boileau, ou *pour les halles*, comme on s'exprime aujourd'hui. Dans le premier de ces recueils on trouve des lettres en prose, qui ne sont guère que des requêtes adressées à des grands pour en obtenir des secours pécuniaires. Possédé de la fureur du jeu, d'Assoucy se mettait souvent dans le cas d'affaires importun; mais parfois aussi on le traitait en homme qui ne rougissait point d'exposer ses besoins. Sa vie fut très-misérable et très-agitée : lui-même a fait ses confidences au public dans quatre ouvrages, mêlés de prose et de vers, intitulés : 1° *les Aventures de M. d'Assoucy* (1677, 2 vol. in-12); 2° *Aventures d'Italie* (1678, in-12); 3° *la Prison de M. d'Assoucy* (Paris, 1672, in-12); 4° *les Pensées de M. d'Assoucy dans le saint-office de Rome*, dédiées à la reine (1678, in-12).

Dans ces divers ouvrages d'Assoucy se plaint beaucoup de ses ennemis; mais son ennemi le plus cruel était lui-même, car ses aveux comme ses réticences, ses apologies comme ses récriminations, sont loin de donner bonne idée de l'auteur. Dès l'âge de neuf ans, après avoir fait de brillantes et très-précoces études chez les jésuites de Paris, il s'élança hors de la maison paternelle. Il voulait voir l'Angleterre : en passant à Calais, il se donna pour le fils de *Nostradamus*, et le peuple, qui le prit pour un sorcier, pensa le jeter à la mer. A l'âge de dix-sept ans il se fit fustiger et chasser, comme séducteur, de Montpellier, où il enseignait à jouer du luth à des demoiselles. A Turin il fut attaché en qualité de musicien à *Madame royale*, duchesse douairière de Savoie. De retour à Paris, il fut admis à charmer par ses chansons et par son luth la mélancolie du roi Louis XIII, qui trouva en lui un bouffon assez plaisant : aussi d'Assoucy partage avec l'A n g e l y, le fou du grand Condé, le triste honneur de clore la liste des bouffons de la cour de France.

Dans un second voyage qu'il fit dans le midi de la France, en 1654, lui cinquième, *en comptant sa fièvre quarte*, *son mauvais génie et ses deux pages vêtus de noir*, d'Assoucy parcourut toutes les villes, depuis Lyon jusqu'à Montpellier, recevant partout, pour prix des concerts qu'il donnait, de l'argent et des présents, dont la fureur du jeu le débarrassait bientôt. Ses deux pages étaient de jeunes garçons suivant les uns, de jeunes filles selon les autres : ils chantaient ses airs, et d'Assoucy accompagnait leurs voix sur ses instruments. A Lyon, ayant rencontré Molière, qui voyageait à la tête d'une troupe de comédiens, il le suivit jusqu'à Avignon, et demeura six mois avec lui. A Montpellier il fut accusé d'un crime contre nature : la compagnie continuelle de ses deux jolis pages ne servant pas à détruire l'accusation, il allait, dit-on, être condamné à périr par le feu. Le crédit d'amis puissants le sauva, et il s'évada de Montpellier,

N'ayant pour tout équipage
Que ses vers, son luth et son page,

à ce que disent dans leur *Voyage* les satiriques Chapelle et Bachaumont.

D'Assoucy se réfugia en terre papale, où, selon les mêmes, il se trouva dès lors en sûreté; passa quelque temps à Avignon, puis se rendit à Turin, où il reprit ses fonctions auprès de Madame royale, faisant tour à tour des motets pour sa chapelle et des chansons pour sa chambre. Il aurait été heureux s'il avait su l'être; mais, chassé de Turin pour ses vers satiriques, il se rendit à Rome. La fureur de médire en vers ne l'avait pas quitté : elle l'inspira contre des moines, des prélats, des cardinaux. Sa conversation n'était pas non plus exempte d'impiétés et de médisances. Il fut jeté dans les prisons du saint-office. De grands seigneurs intervinrent en sa faveur, et ses vers furent brisés. Il dut en partie sa liberté à l'heureuse idée qu'il eut de réfuter en vers la *Rome ridicule* du satirique Saint-Amand. Cette critique plut au pape Clément IX, qui voulut voir l'auteur, et le gratifia d'une médaille d'or ornée de son portrait. De Rome, d'Assoucy, après avoir résidé assez longtemps à Marseille, ne revint qu'en 1670 à Paris, où l'attendaient de nouvelles disgrâces. On le mit d'abord à la Bastille; et à peine en fut-il sorti qu'on l'enferma au Châtelet. On avait réveillé l'accusation qui l'avait fait emprisonner à Montpellier. Ses deux pages, tristes compagnons de ses infortunes, furent enfermés comme lui; mais ils ne furent trouvés innocents, et ils furent mis en liberté. Demeuré seul captif, notre poète n'était pas sans avocat, sans procureur, sans conseil, mais non sans protecteurs. Le duc de Saint-Aignan, *le père des Muses* et *le dieu du Parnasse*, suivant les expressions de d'Assoucy lui-même, employa tout son crédit en faveur de ce malheureux, et les portes de sa prison s'ouvrirent enfin, après six mois de détention. Il profita de sa liberté pour écrire sa justification, Il prétendit que le crime dont on l'accusait n'avait pour fondement que les historiettes de la Gazette de *Loret* et les plaisanteries du *Voyage* de Chapelle et Bachaumont. Si cette allégation est vraie, comme semble le prouver l'intérêt que d'Assoucy sut jusqu'à la fin de sa vie inspirer à des personnages du plus haut rang, et même au roi Louis XIV et à la reine (c'est à leurs majestés que furent dédiées et sa *Prison* et ses *Pensées*), combien ces plaisanteries sont coupables! Dans les rimes gracieuses de Chapelle, l'infortuné poète se trouve plus réellement atteint, plus cruellement flétri qu'il n'eût pu l'être par un arrêt, qu'aurait, depuis plus d'un siècle et demi, enseveli la poussière du greffe. En effet, sans Boileau et Chapelle, qui connaîtrait d'Assoucy ? Ch. Du Rozoir.

ASSUÉRUS, appellation générique, que l'on peut traduire par *grand roi*, et que l'Écriture emploie pour désigner un roi de Perse, célèbre par son mariage avec Esther et par le supplice d'Aman. On a beaucoup discuté sur la question de savoir à quel roi de Perse se rapportait le fait raconté dans le livre d'Esther. Astyagès, Darius le Mède, un fils de Cyaxarès ont tour à tour été mis en avant. Usher veut que ce soit Darius fils d'Hystaspe. Dom Calmet est du même sentiment. Scaliger prétend retrouver Esther dans Amestris, femme de Xerxès; mais comme les Septante remplacent toujours le nom d'Assuérus par celui d'Artaxerxès, et que Josèphe commence l'histoire d'Esther par ces mots : *Sous le règne d'Artaxerxès*, on est fondé à croire que l'Assuérus de la Bible n'est autre qu'Artaxerxès Longue-Main, lequel, suivant Sulpice-Sévère, avait épousé une Juive. *Voy.* ESTHER.

ASSUR, ARSOUF ou ARSUR, petite ville maritime, à deux lieues nord de Joppé. Elle portait anciennement le nom d'*Apollonie*. On la trouve sous ce nom, et dans cette situation, sur la carte de l'ancienne Judée de d'Anville, et dans l'historien Josèphe. Assur était au temps des croisades une place fortifiée. On ne peut en douter en lisant, dans Albert d'Aix, le siège opiniâtre et meurtrier que Godefroi de Bouillon en fit, en 1099, peu de temps après la conquête de Jérusalem. Gérard d'Avesnes et un nommé Lambert, croisés, avaient été donnés comme otages, en conséquence d'un traité conclu entre Godefroi et le gouverneur turc d'Assur. Ce gouverneur ne tenant pas les conditions du traité, Godefroi marcha contre la ville. En arrivant devant la place, il eut la douleur de voir Gérard attaché sur les remparts à une croix très-élevée. L'attaque n'en eut pas moins lieu, et la défense fut animée. Après divers assauts inutiles et sanglants, Godefroi se vit obligé de lever le siège. On était alors au mois de septembre. Cependant les habitants d'Assur se soumirent, quelque temps après, au roi de Jérusalem. Quatre ou cinq mois plus tard, Gérard d'Avesnes, que les croisés avaient cru mort, fut renvoyé à Godefroi par le gouverneur d'Ascalon, auquel celui d'Assur l'avait livré.

Ce fut dans les plaines d'Assur que le roi d'Angleterre, Richard Cœur de Lion, triompha en 1191 des troupes innombrables de Saladin, et que Jacques d'Avesnes, petit-neveu de Gérard, succomba après des exploits héroïques. Assur fut assiégée, en 1265, par le soudan d'Égypte, qui n'y entra qu'en passant sur le corps des braves chevaliers qui la défendaient.

Suivant Jacques de Vitry, la situation d'Assur était très-agréable, par les forêts qui l'environnaient et par son territoire, très-fertile et très-abondant en pâturages. Guillaume de Tyr a confondu Assur avec Antipatride : Assur est une ville maritime, Antipatride ne l'est pas; elle se trouve sur le chemin de Césarée à Jérusalem. Th. DELBARE.

ASSURANCE (Contrat ou police d'). C'est une convention par laquelle un ou plusieurs citoyens s'engagent, moyennant une prime déterminée à tant pour cent, à indemniser des pertes résultant de cas fortuits ou indépendants de la volonté du propriétaire, et dont la nature et la valeur sont expliquées par le contrat. Tout ce qui est susceptible de détérioration, de destruction totale ou partielle, par accident de mer, de voyage, tempêtes, naufrages et tous autres cas fortuits, peut être assuré.

La probabilité de la perte d'un objet quelconque ne peut s'évaluer avec la même certitude que celle des chances d'un jeu dont les conditions sont déterminées. Pour le jeu, la probabilité est déduite *a priori* du nombre des chances possibles, et l'expérience ne fait que confirmer les calculs. Pour l'objet des assurances, la probabilité ne peut être déduite qu'*a posteriori*, et l'expérience doit précéder les calculs. Ce n'est donc qu'à l'aide de recherches statistiques qu'on peut se procurer les éléments du calcul des assurances; et, nous devons le dire, ces éléments sont encore trop incomplets aujourd'hui pour qu'il soit possible d'établir une théorie rigoureuse.

Les assurances sont à *prime* ou *mutuelles* : celles-ci ne sont applicables qu'aux cas d'incendie, grêle ou intempéries des saisons, et ne peuvent concerner que les maisons ou récoltes. Les assurances maritimes sont toujours à prime. On appelle prime la somme convenue entre l'assuré et l'assureur pour le prix des risques garantis par ce dernier.

Assurances maritimes. Les expéditions par mer présentent le plus de risques et d'éventualités. La législation française sur ce point important est devenue le droit commun des deux mondes. Le nouveau code de commerce a réuni dans un seul contexte cette foule d'ordonnances, d'édits, de déclarations, qui régissaient la matière. Les rédacteurs de cette partie du Code de Commerce n'ont fait que coordonner les anciennes dispositions règlementaires, et l'ordonnance de 1681 n'a subi aucun changement important. L'expérience indiquait quelques améliorations qui ont été admises. Le contrat ou police d'assurance maritime doit être rédigé par écrit; les conventions des parties peuvent être constatées par le courtier d'assurance, qui remplit à cet égard les fonctions d'officier public. Le contrat énonce la date du jour où il a été souscrit, si c'est avant ou après midi. Il peut être fait sous signature privée; il doit être écrit d'un seul contexte, sans aucun blanc, et contenir le nom et le domicile de l'assuré, sa qualité de propriétaire ou de commissionnaire, le nom, la désignation du navire, le nom du capitaine, le port de les marchandises doivent être chargées, le port d'où le navire a dû ou doit partir, les ports et rades dans lesquels il doit charger ou décharger, ceux où il doit entrer, la nature et la valeur des marchandises assurées, les temps où les risques qui font l'objet de l'assurance doivent commencer et finir, la somme assurée, et la quotité du coût des primes de l'assurance. L'assurance peut être du tout ou pour chacune des parties du chargement, dans l'intérêt de tous ou d'un ou plusieurs des propriétaires; elle peut avoir pour objet ensemble ou séparément le corps du navire, les approvisionnements, les sommes prêtées à la grosse, les marchandises du chargement en tout ou par parties, et toutes choses appréciables en argent et exposées aux risques de la navigation. L'assurance peut être faite en temps de paix ou de guerre, avant ou pendant le voyage, pour l'aller et le retour, pour l'un ou l'autre exclusivement, pour le voyage entier ou pour un temps limité, pour tous transports par mer, rivières et canaux navigables. Ce contrat est susceptible d'une foule de modifications, que le Code n'a pu qu'indiquer. Il a fixé les droits et les obligations des assureurs et des assurés. Les cas auxquels s'appliquent les polices d'assurances maritimes ont été l'objet de laborieuses et savantes méditations.

Pendant longtemps le système des assurances n'a été appliqué en France qu'aux opérations du commerce maritime; mais en Angleterre le même système a été étendu depuis plus d'un siècle aux propriétés terrestres, mobilières ou immobilières, comme maisons, ameublements, bestiaux ou récoltes, et généralement à tous les objets susceptibles de détérioration ou destruction par le feu, par les agents atmosphériques ou autres. Enfin on l'a appliqué aussi à la mortalité humaine. De là les assurances contre l'incendie, contre la grêle, et sur la vie. Ces diverses sortes d'assurances n'ont guère commencé à être connues et à se répandre parmi nous qu'à l'époque de la Restauration.

Assurances contre l'incendie. Cette sorte d'assurance est maintenant très-répandue en France, et beaucoup plus encore en Angleterre. Dans les assurances contre l'incendie la valeur des primes doit être subordonnée à certaines considérations, qui font varier les risques, telles que le mode de construction des édifices, suivant qu'ils sont construits en bois ou en pierre, couverts en chaume ou en ardoise; et aussi leur destination même, c'est-à-dire si ce sont de simples habitations ou des fabriques, et dans ce cas quelle sorte de fabriques. Les assureurs doivent aussi faire attention si telle maison qu'on veut faire assurer est dans la campagne, c'est-à-dire éloignée des secours, ou bien si elle est au milieu d'une ville populeuse et bien administrée. En un mot, il est indispensable de faire une classification très-soignée de tous les cas particuliers qui présentent des chances diverses, afin d'établir dans le tarif général des primes une classification correspondante.

Les conditions générales énoncées dans les polices d'assurances sont à peu près les mêmes dans toutes les compagnies; toutes renferment les dispositions suivantes : La compagnie assure contre l'incendie et contre le feu du ciel, et les dégâts qui en résultent, toutes les propriétés mobilières et immobilières. — Elle assure aussi le *risque locatif* et le recours du voisin. — L'assurance du risque locatif garantit l'assuré des effets de la responsabilité à laquelle il est soumis comme locataire, aux termes des articles 1382, 1383 et 1384 du Code Civil. — La compagnie n'est responsable que des dommages matériels, et ne doit, soit au propriétaire, soit au locataire, soit au voisin, aucune indemnité pour changement d'alignement, défaut de location ou de jouissance, résiliation de baux, chômage ou toute autre perte non matérielle. — La compagnie n'assure pas les dépôts, magasins et fabriques de poudre à tirer, les titres de toute nature, les pierreries et perles fines, les lingots et les monnaies d'or et d'argent. — Elle ne répond pas des incendies occasionnés par guerre, invasion, émeute populaire, force militaire quelconque, volcans et tremblements de terre. — En cas d'explosion ou de détonation autre que celle de la foudre, elle ne répond pas des dégâts qui en résultent; elle garantit seulement les dommages d'incendie qui en sont la suite. — Elle ne répond en aucun cas des objets perdus ou volés. — Elle ne répond des tulles, des dentelles, des cachemires, des bijoux, des médailles, de l'argenterie, des tableaux, des statues, et en général de tous les objets rares ou précieux, mobiliers et immobiliers, que lorsqu'ils sont spécialement désignés dans la police. — Toutes les exceptions ci-dessus sont applicables également à l'assurance du risque locatif ou du recours des voisins. — L'assurance ne peut jamais être une cause de bénéfice pour l'assuré; elle lui garantit que l'indemnité des pertes réelles qu'il a éprouvées. En conséquence, les sommes assurées, les primes perçues, les désignations et évaluations contenues dans la police ne peuvent être invoquées ni opposées par l'assuré contre une reconnaissance, une preuve ou une présomption de l'existence et de la valeur des objets assurés, soit au moment de l'assurance, soit au moment de l'incendie. — Lorsque l'assurance porte sur une fabrique ou usine, sur ses dépendances, sur les marchandises ou mobilier industriel y contenu, sur récoltes non battues ou fourrages rentrés ou en meules, la compagnie ne répond que des quatre cinquièmes de la somme assurée par elle, et l'assuré est tenu de rester son propre assureur pour l'autre cinquième. — Les polices sont complétées par une série d'articles qui traitent du mode de payement des primes, de l'évaluation des dommages, des contestations entre l'assuré et la compagnie, etc.

Assurance contre la grêle. Le premier établissement de ce genre fut fondé et organisé par M. Barrault, vers la fin du siècle dernier, à Toulouse, et s'étendit bientôt au département de la Haute-Garonne et aux départements voisins. L'assurance était mutuelle. Aujourd'hui, Paris à lui seul ne compte pas moins de huit compagnies contre la grêle.

Assurances diverses. Le système d'assurance a pris depuis quelques années un grand accroissement. A Paris surtout il s'étend à tout ce qui est susceptible de risques éventuels: ainsi telle compagnie assure contre les accidents causés par les voitures; telle autre garantit en même temps les dégâts que peuvent éprouver les devantures de boutiques. En outre, Paris renferme une foule innombrable de compagnies d'assurances qui exercent leurs opérations sur les faillites, les non-valeurs des locations, la mortalité des animaux, les pertes de frais de procès, le remplacement militaire, etc. En Angleterre on a établi un système d'assurance contre les dangers des chemins de fer, et moyennant une prime payée en même temps que sa place on peut assurer à soi ou à ses héritiers une indemnité en cas d'accident.

ASSURANCES SUR LA VIE. Les assurances sur la vie sont un contrat par lequel une compagnie de capitalistes s'engage à payer, au bout d'une époque déterminée, à un individu, un certain capital ou bien une rente viagère, moyennant un capital moindre, ou une prime annuelle moindre aussi, donnée par cet individu; ou bien encore à payer après la mort de cet individu, à toute personne désignée par lui, un certain capital, moyennant une prime annuelle donnée par l'individu dont il s'agit. Cette définition des assurances a besoin d'être développée pour être comprise, car elle ne peut donner une idée nette et précise des opérations complexes et nombreuses auxquelles peuvent donner lieu les assurances sur la vie.

Les assurances se partagent en deux grandes divisions :
1° *les assurances payables après la mort des assurés;*
2° *les assurances payables du vivant des assurés.*

Examinons d'abord les diverses combinaisons auxquelles peut donner lieu la première division. La somme assurée ou la rente ne sont dues ordinairement qu'après la mort d'un seul assuré; elles peuvent l'être dues qu'après le décès de plusieurs personnes, au dernier survivant, ou à un survivant désigné. Souvent aussi on détermine le temps suivant lequel le décès devra avoir lieu pour rendre l'assurance exigible. Si le contrat s'étend à la vie entière, la somme promise par l'assureur est exigible au jour même du décès de l'assuré, à quelque époque qu'il ait lieu; de son côté, l'assuré doit payer la prime chaque année durant toute sa vie. Si l'assurance a été faite pour un temps limité, le capital stipulé dans le contrat n'est dû qu'autant que le décès de l'assuré survient dans le laps de temps convenu; mais si l'assuré vit au delà, les obligations de l'assureur cessent entièrement : il n'a rien à payer et gagne les primes versées.

Le prix de l'assurance, au lieu d'être ainsi acquitté annuellement, peut être payé en une fois dans la plupart des compagnies. Ce payement unique est moindre que la somme des primes annuelles réunies; mais ce mode d'assurance ne saurait convenir à la plupart des individus, car il est bien plus facile de disposer durant plusieurs années d'une faible somme résultant d'économies que d'une somme qui serait équivalente à leur ensemble et à ses intérêts.

L'assurance peut avoir lieu pour un an, cinq ans, dix ans, etc., pour la vie entière : c'est à volonté. Le taux de la prime dépend de ces arrangements divers et aussi de l'âge des personnes sur qui porte l'assurance. Toutes les compagnies possèdent des tableaux où sont indiquées les primes que doivent payer les personnes qui veulent se faire assurer, suivant leur âge et le temps pendant lequel elles veulent se faire assurer. La santé est une condition indispensable, et sans laquelle les compagnies ne contractent avec les particuliers aucune obligation d'assurance payable au décès.

ASSURANCES SUR LA VIE

Pour donner un exemple, supposons qu'un homme de vingt ans veuille s'arranger de manière qu'après sa mort une personne qu'il affectionne touche 10,000 fr. : il faudra qu'il paye, au commencement de chaque année, pendant toute la durée de sa vie, une prime de 196 fr.; s'il est âgé de vingt-cinq ans, il devra payer 221 fr.; s'il est âgé de trente ans, une prime de 249 fr.; s'il est âgé de trente-cinq ans, une prime de 284 fr.; s'il est âgé de quarante ans, une prime de 328 fr.; s'il est âgé de cinquante ans, 466 fr., etc. L'on voit ainsi que la prime s'accroît avec l'âge, parce que plus il est avancé, plus l'homme est sujet à la mort, plus par conséquent il y a de chances de perte pour l'assureur, qui cherche à s'en garantir en élevant la prime.

Par les nombres que je viens de citer, on voit qu'un homme de trente ans, par exemple, en payant 249 fr. par an, peut faire assurer sur sa vie une somme de 10,000 fr. Pour obtenir un capital égal, en plaçant chaque année une économie de 249 fr., il lui faudrait vingt-quatre années, et encore est-ce en supposant qu'il placerait à intérêt une somme aussi modique, et que même il retirerait les intérêts des intérêts. Eh bien, au moyen du contrat d'assurance, s'il succombe avant ce terme, et même s'il meurt quelques jours après la conclusion du contrat, il n'aura payé qu'une somme fort modique, qu'une seule prime peut-être, et néanmoins il laissera à la personne sur laquelle veillait sa prévoyance la somme de 10,000 fr. tout entière.

Dans ce qui précède, j'ai supposé que la somme assurée est payable à quelque époque qu'arrive le décès qui doit donner lieu au remboursement; mais si cette époque était limitée, l'homme ou la femme qui se font assurer contre la chance de vivre au delà de la limite prescrite, et par conséquent de perdre toutes les primes qu'ils auraient avancées; l'assureur aurait donc une chance de gain en sa faveur plus grande que dans l'autre cas, et il en tiendrait compte en exigeant une prime annuelle moindre; cette diminution dépend du plus ou moins de chances de la personne qui se fait assurer. Pour un âge donné, la prime est d'autant plus élevée que l'assurance est d'une plus longue durée, parce que les chances de mort augmentent à l'égard de la personne assurée dans un plus grand espace de temps, et par suite aussi les chances de perte pour l'assureur.

Le contrat d'assurance en cas de mort convient à toute personne qui veut rendre heureux l'avenir de quelqu'un qui lui est cher, ou récompenser des services, ou exercer sa bienfaisance en faveur d'un établissement d'utilité publique, etc. Cette personne pourra satisfaire son désir sans priver ses héritiers d'une partie quelconque de sa succession; elle fera assurer un capital déterminé sur sa vie, elle en payera les primes avec ses revenus annuels, et en transmettra la propriété par simple endossement à l'individu auquel elle était destinée, etc. Ce genre d'assurances convient aussi à tout individu dont la fortune consiste dans l'exercice d'un emploi, d'une profession, dans la jouissance d'un revenu viager, et qui veut pourvoir après lui au sort de sa famille ou de personnes quelconques; il convient encore à celui dont le sort est attaché à l'existence d'un autre individu. Le premier, en prélevant chaque année une partie de son revenu, peut s'assurer, dans le cas où le second viendra à mourir, une somme ou une rente qui continue à le faire jouir de la même aisance qu'auparavant. Il convient également à l'individu qui, ayant besoin d'emprunter une somme d'argent, ne saurait la trouver, faute de pouvoir garantir qu'il sera existant à l'époque du remboursement. Cette circonstance se présente très-souvent parmi les industriels qui n'ont d'autre fortune que leurs talents et leur probité; ils restent pauvres et inactifs faute de fonds qui leur permettent de faire les avances nécessaires à leur profession. Un emprunt est impossible à l'homme qui se trouve dans une pareille situation; car il peut mourir avant que, par une bonne gestion de ses affaires, il ait eu le temps de rembourser son emprunt, et il n'a pas de fortune pour en répondre; or, l'assurance sur la vie peut y suppléer. Il peut l'offrir comme gage au capitaliste, lequel, tranquille alors sur les conséquences de la mort de son débiteur, lui livre avec confiance ses capitaux. D'ailleurs, la prime que payera annuellement le débiteur pour son assurance sera faible et ne gênera pas ses opérations : par exemple, s'il a vingt-cinq ans, et qu'il emprunte 20,000 fr. pour dix ans, il se fera assurer durant dix ans pour la somme de 20,000 fr., ce qui l'obligera à payer chaque année la prime de 304 fr.

Un individu ayant acheté une rente viagère peut en assurer le capital à ses héritiers et jouir encore d'un intérêt supérieur au taux ordinaire. Supposons un homme de quarante ans qui place 10,000 fr. en viager à 10 pour 100 : il a 1,000 fr. de rente. Or, moyennant une prime annuelle de 328 fr., il garantit le remboursement à ses héritiers; il lui restera 672 fr. de rente, ce qui donne pour le taux d'intérêt de son argent 6 fr. 72 c. pour 100.

Deux époux peuvent en cas de mort assurer à celui des deux qui survivra une somme ou une rente déterminée; ils peuvent faire la même assurance en désignant d'avance celui des deux qui devra survivre. Commençons par ce dernier cas. Supposons les deux époux âgés, l'un de trente ans, l'autre de vingt ans. Si l'époux de trente ans veut assurer après sa mort à l'autre, il devra payer une prime annuelle de 212 fr. Au contraire, si c'est la personne de vingt ans qui veut assurer 10,000 fr. à celle de trente, elle ne devra payer annuellement que 166 fr. Si les époux veulent assurer 10,000 fr. à celui qui survivra à l'autre indistinctement, ils devront payer une prime qui sera la somme des deux premières, ou 378 fr., pendant la durée de leur co-existence. Un homme de quarante ans pourrait assurer à sa femme âgée de trente ans une rente viagère de 1,000 fr., dont elle jouirait après la mort de son mari, moyennant une prime annuelle de 358 fr., payée pendant toute la durée de leur co-existence. Deux époux, âgés l'un de quarante ans, l'autre de cinquante ans, pourraient assurer à celui des deux qui survivra, indistinctement, une pareille somme de 1,000 fr. de rente moyennant une prime de 662 fr., payée au commencement de chaque année, jusqu'à la mort de l'un des deux.

Deux époux n'ont point d'enfants, leur âge respectif étant une raison déterminante pour n'y plus compter : le mari, je suppose, veut pourvoir aux reprises dotales que pourraient exercer les parents de la femme s'il venait à la perdre; il se fera garantir un capital payable dans le cas où il lui survivrait. S'il a cinquante ans et sa femme quarante, et qu'il veuille s'assurer un capital de 30,000 fr. en cas de mort de celle-ci, il faudra qu'il paye annuellement à la société d'assurances une somme ou prime de 741 fr.

Enfin, un jeune homme de vingt ans soutient par son seul travail son père âgé de soixante ans; il se fait assurer pour une prime annuelle de 92 fr., moyennant laquelle, s'il venait à mourir, son père aurait 1,000 fr. de rente.

Passons maintenant aux *assurances payables du vivant des assurés*. Dans celles que nous venons d'examiner, on a dû voir que l'assureur ne s'engageait à livrer un certain capital ou une rente qu'après le décès de l'assuré; ici c'est le contraire, l'assureur s'engage à livrer un capital ou une rente dans le cas où la personne assurée vivrait au bout d'un certain temps stipulé dans le contrat.

Ce genre d'assurances est recherché surtout par les individus qui veulent augmenter leurs revenus on l'aisance de leur vieillesse, ou bien encore se prémunir contre les pertes incertaines, contre le dénûment où les mettrait un malheur imprévu. Donnons quelques exemples. Un jeune homme de vingt-cinq ans, à un emploi qui lui permet, sans beaucoup de gêne, une économie de 500 fr. par an; il place chaque année cette économie dans une caisse d'assurances jusqu'à l'âge de quarante-cinq ans. A cette époque, il aura un capital de 17,660 fr. ou une rente viagère de 1,240 fr., à son gré ; à cinquante ans, s'il a continué le versement annuel de 500 fr., il aura un capital de 25,955 fr. ou une rente viagère de 2,010 fr. ; à cinquante-cinq ans, le capital se sera élevé à 37,870 fr., et la rente viagère à 3,275 fr.

Supposons qu'un jeune homme se trouve à vingt ans possesseur d'une somme dont il peut abandonner la jouissance pendant un certain nombre d'années : il pourra, en faisant un seul versement, acquérir un capital ou une rente à une époque déterminée. S'il verse par exemple 6,000 fr., il obtient à trente ans un capital de 9,852 fr., ou bien une rente de 576 fr., et ces chiffres augmentent très-rapidement à mesure que l'individu recule l'époque à laquelle il retirera le capital accumulé ou voudra jouir d'une rente. Les fonctionnaires publics, les ouvriers, peuvent se ménager ainsi des ressources pour un avenir toujours incertain sans cette prévoyance.

C'est encore un moyen pour des parents peu aisés d'assurer une dot, un établissement à leurs enfants à l'époque de leur majorité. Ainsi, moyennant la somme de *mille francs* une fois payée à la naissance d'un enfant, il doit toucher à vingt ans 3,638 fr., ou à vingt-cinq ans 4,681 fr. Si l'on préfère verser 100 fr. par an depuis la naissance de l'enfant, on pourra lui assurer à vingt ans 3,619 fr., et à vingt-cinq ans 5,212 fr. Si l'enfant venait à mourir avant l'époque fixée, soit vingt ans, soit vingt-cinq, les sommes versées formeraient le gain de la compagnie, qui sans cette chance à son bénéfice ne ferait pas des assurances aussi avantageuses.

Les rentes viagères que l'on se prépare pour une époque plus ou moins éloignée s'appellent *rentes différées*. Il y a d'autres rentes viagères que les sociétés d'assurances s'engagent à payer à partir du jour même du placement d'un certain capital à fonds perdu. Le taux de la rente augmente avec l'âge de celui qui doit la recevoir.

Les combinaisons auxquelles peuvent donner lieu les assurances sont très-nombreuses ; elles peuvent se plier à tous les besoins, à toutes les exigences. Ce qui a été dit suffit pour en donner une idée assez complète.

Les compagnies d'assurances sont assez nombreuses en France ; elles sont loin cependant d'avoir reçu tout le développement désirable ; et pourtant ce sont des institutions éminemment utiles, tant sous le rapport moral que sous le rapport de l'utilité matérielle. Elles permettent à l'homme laborieux de compter sur une vieillesse tranquille et exempte des souffrances qu'engendre le besoin ; elles enlèvent à celui qui n'a que son travail pour soutenir une famille l'inquiétude poignante que lui inspire la crainte qu'une mort prématurée ne plonge les siens dans la misère. La sécurité dans le travail est la première condition pour qu'il soit bien fait ; l'imagination de l'artiste est étouffée par le défaut de sécurité, l'ouvrage de l'artisan est fait avec dégoût, le fonctionnaire ne s'intéresse nullement à l'administration à laquelle il est attaché ; en un mot, le vice et l'immoralité abordent facilement le cœur de l'homme, et surtout de la femme, dont l'avenir est nébuleux ; les plus grands crimes n'ont souvent pas d'autre cause. Mais si une légère rétribution annuelle permet à un individu quelconque de compter, sans le moindre doute, sur l'aisance après le travail durant ses jeunes années, son esprit sera libre, sa probité pure et inflexible devant les tentations qui l'auraient vaincu sans la sécurité dans laquelle il repose.

Il est inutile de dire qu'il y a toutes sortes d'avantages à s'adresser, pour tous les contrats dont nous venons de parler, à des compagnies d'assurances plutôt qu'à des particuliers. Comme elles opèrent sur des règles invariables et connues, on n'est pas exposé à débattre longuement avec elles le taux de la prime à payer annuellement, ou le capital à placer pour retirer une certaine rente ou un certain capital au bout d'un certain temps. On n'a point à craindre qu'elles empruntent par besoin et qu'elles se trouvent ensuite hors d'état de servir les arrérages ; on n'a pas enfin cette répugnance naturelle qu'on éprouve toujours à traiter avec des individus pour qui la rente est une charge pénible, dont il leur est toujours agréable d'être débarrassés par la mort du rentier. Les sociétés d'assurances opèrent sur des masses ; le cours des événements réalise leurs calculs sans qu'elles aient à désirer ou à attendre la mort de tel ou tel rentier ; enfin, avec elles on est débarrassé des chances de querelles, de procès, auxquels peuvent donner lieu les rentes mal servies, et durant lesquels, si l'on n'a pas d'autres ressources, on risque de se trouver plongé dans la misère.

Les conditions avantageuses auxquelles sont faites les assurances sont fondées sur les probabilités de la vie humaine. Ces probabilités, déduites d'observations faites depuis un grand nombre d'années au moyen des tables de mortalité, font connaître assez exactement les chances de durée de la vie suivant les différents âges. Ces chances une fois connues, les sociétés d'assurances sont à même de fixer d'une manière certaine le taux de la prime qui doit les garantir de toute perte dans les promesses qu'elles font aux personnes qui se font assurer.

Lors même que *l'assuré à vie* remplirait le temps marqué par les tables de mortalité, il a encore un avantage considérable dans le placement de son argent. Cet avantage résulte de l'intérêt composé, qui est garanti par la société d'assurances : pour sentir l'importance de cet intérêt, tant en lui-même que relativement à l'assuré, il suffit de concevoir l'effet progressif de cet intérêt, qui consiste, comme on sait, à accumuler avec l'intérêt du capital l'intérêt de l'intérêt ; et d'un autre côté de penser à la difficulté, à l'impossibilité même où se trouvent la plupart des personnes qui peuvent contracter une assurance, de se procurer, on ne dit pas l'intérêt composé, mais l'intérêt simple, placées comme elles le sont en dehors du mouvement des affaires, n'ayant ordinairement que des avances modiques et successives à placer, et ne sachant où trouver des dépositaires solvables ou disposés à leur rendre service, et ne rencontrant dans les autres genres de placement, comme hypothèques ou acquisitions territoriales, quand elles auraient la possibilité de les faire, que des embarras multipliés et des frais considérables. Les sociétés d'assurances accordent toujours un intérêt composé, parce qu'elles le retirent elles-mêmes de l'emploi de leurs fonds. Il résulte de cet arrangement que l'assuré paye en définitive beaucoup moins pour obtenir la somme assurée que s'il avait voulu se la procurer par l'emploi de ses épargnes lui que sa position lui permettrait de le faire.

C'est une chose capitale pour les sociétés d'assurances d'avoir des connaissances exactes sur les probabilités de la vie humaine dans les différentes parties du monde, puisqu'elles assurent, *en cas de mort*, les voyageurs, les marins qui parcourent les climats divers où la mortalité est plus ou moins grande.

L'usage des assurances sur la vie n'a produit jusqu'ici de grands avantages qu'en Angleterre ; la première société d'assurances y fut créée sous la reine Anne, en 1708, sous le nom de *Société Amie* : elle existe encore aujourd'hui. Ses opérations n'étaient pas d'abord réglées d'après des principes fort exacts, et il a fallu les modifier beaucoup au fur et à mesure que la science a fait des progrès. En 1720 deux nouvelles sociétés, celles du *Change Royal* et de l'*Assurance de Londres*, furent fondées. Bientôt après fut organisée la fameuse société connue sous le nom de *Société Équitable*. Les profits de celle-ci ont été si considérables que, malgré des distributions décennales aux actionnaires, il y a eu encore un fonds accumulé de 12 millions sterling (300 millions de francs). De 1762 à 1792 aucune compagnie actuellement existante ne paraît avoir été établie. Depuis cette dernière époque jusqu'en 1807 on en a fondé une douzaine, qui, à l'exception du *Roc* et de *la Prévoyante*, sont simplement des compagnies propriétaires. Le nombre total des sociétés d'assurances s'élève maintenant à quarante-quatre en Angleterre. Les peuples du continent en possèdent à peine quelques-unes; les seuls pays de l'Europe continentale chez lesquels on ait tenté jusqu'à présent d'introduire l'usage des assurances sur la vie sont la France, les Pays-Bas, le Danemark et l'Allemagne. La France possède actuellement une vingtaine de ces sociétés. Ces institutions éminemment utiles intéressent le repos des familles et la prospérité de l'État, en offrant à tous les moyens de se procurer un avenir heureux fondé sur le travail et l'économie.

Aug. CHEVALIER, secrétaire général de la Présidence.

ASSYRIE, royaume asiatique célèbre dans l'antiquité, dont les limites ont varié aux différentes époques de l'histoire. L'Assyrie proprement dite, le Kurdistan actuel, était bornée au nord par le mont Niphatès dans la Grande Arménie, à l'ouest par la Mésopotamie, au sud par la Susiane, et à l'est par la Médie. Ses habitants, comme les Babyloniens, appartenaient à la famille sémitique ou araméenne; ils étaient, comme eux, adorateurs des étoiles, et chez eux aussi la civilisation paraît avoir fait de bonne heure des progrès. On dit que c'est Assur, fils de Sem et petit-fils de Noé, qui fonda le royaume d'Assyrie et lui donna son nom. Parmi ses successeurs, les plus célèbres furent Ninus, fondateur de la capitale Ninive, et sa femme Sémiramis, qui lui succéda. Sous Sardanapale, environ 900 ans av. J.-C., Arbaces, gouverneur de Médie, s'empara du trône, et en 888 le royaume se divisa en Babylonie et Nouvelle-Assyrie.

Le nouveau royaume d'Assyrie s'éleva à un haut degré de puissance sous Phul, Téglat-Phalassar et Salmanassar; la Babylonie même dut se soumettre. Mais vers 700 la Médie s'en détacha, et le nouveau roi des Mèdes, Cyaxare, s'étant ligué avec Nabopolassar, gouverneur de la Babylonie, ils marchèrent tous deux contre Ninive, vers l'an 600 av. J.-C., la prirent et la ruinèrent.

Voilà ce que raconte ordinairement l'histoire; mais il paraît plus certain que le premier royaume d'Assyrie, dont Diodore a écrit l'histoire d'après les chroniques fort suspectes de Ctésias, et le second, dont nous ne connaissons de rois que par l'Ancien Testament, ne sont qu'un seul et même empire; en sorte que, ayant égard au récit d'Hérodote, il faudrait admettre que les Assyriens ont dominé en Asie jusqu'à l'invasion des Mèdes, c'est-à-dire pendant 520 ans, placer à l'année 1250 av. J.-C. la fondation de leur royaume, que Diodore fait remonter trop haut, et regarder comme le même personnage Sardanapale et le dernier roi du prétendu nouveau royaume d'Assyrie. Plus tard, l'Assyrie fut réduite en une province de la Médie, tandis que le royaume de Babylone était devenu, depuis l'an 600, un puissant empire, par les conquêtes de Nabuchodonosor. Le conquérant perse Cyrus réunit, vers 550, ces différents États sous son sceptre.

ASTARTÉ, déesse des Phéniciens et des Syriens. Astarté désignait la planète Vénus, que l'on regardait comme la source du bonheur, de l'amour et de la génération. Des fêtes fort lascives se célébraient en son honneur dans ses différents temples, surtout à Hiéropolis. Son culte, originaire peut-être du fond de l'Orient, se propagea dans les pays voisins, dans l'île de Chypre, par exemple, et à plusieurs reprises les Hébreux eux-mêmes le reçurent, principalement sous le règne de Salomon.

ASTATHIENS, hérétiques du neuvième siècle, sectateurs d'un certain Sergius, qui avait renouvelé les erreurs des manichéens. Ce mot, dérivé du grec, est formé de *a* privatif, et d'ίστημι, je me tiens ferme, comme qui dirait *variable*, *inconstant*, soit parce qu'ils ne s'en tenaient pas à la foi de l'Église, soit parce qu'ils variaient dans leur propre croyance. Ces hérétiques s'étaient fortifiés sous l'empereur Nicéphore, qui les favorisait; mais son successeur Michel Curopalate les réprima par des édits extrêmement sévères.

On conjecture qu'ils ne sont autres que ceux que Théophane et Cédrène appellent *Anthiganiens*. Se fondant sur ce que Nicéphore et Curopalate tinrent à l'égard de ceux-ci absolument la même conduite, le père Goar, dans ses notes sur Théophane, prétend que les hordes errantes de Bohémiens ne sont que des débris de ces hérétiques. Son opinion ne s'accorde nullement avec le portrait que Constantin Porphyrogénète et Cédrène font de cette secte, qui, née en Phrygie, y domina, s'étendit peu dans le reste de l'empire, et, joignant l'usage du baptême à la pratique de toutes les cérémonies de la loi de Moïse, présentait le plus absurde mélange de judaïsme et de christianisme qu'on pût imaginer.

ASTER (du grec ἀστήρ, étoile), genre de la famille des composées, renfermant un grand nombre d'herbes vivaces, à rhizomes rampants, desquels naissent des tiges touffues terminées par des capitules qui offrent dans leurs fleurons cette disposition radiée à laquelle le nom générique de la plante fait allusion; ces fleurons blancs, roses, violets ou bleus, sont ordinairement plus longs que les fleurs du disque. Presque toutes les espèces sont très-rustiques et cultivées comme plantes de parterre; on en compte plus de quarante, pour la plupart indigènes ou originaires de la Chine, de la Sibérie, du cap de Bonne-Espérance et de l'Amérique septentrionale; parmi les indigènes, on distingue l'*aster amellus*, vulgairement appelé *œil de Christ*, nom que justifie en quelque sorte la douceur de la teinte bleue de ses fleurons, qui s'épanouissent en août et septembre. — La *reine-marguerite*, dont les nombreuses variétés embellissent nos jardins, appartient au genre *aster*; c'est l'*aster de la Chine. Voyez* MARGUERITE.

ASTÉRIE. Ce mot, qui désignait d'abord un genre de zoophytes, est devenu le nom d'une famille naturelle, et même, dans quelques classifications, d'un ordre distinct appartenant à la classe des échinodermes. Appelées aussi *étoiles de mer*, à cause de leur forme, les astéries ont été l'objet d'études suivies depuis Aristote jusqu'à nos jours. Lamarck leur donne les caractères suivants : corps divisé dans sa circonférence en angles; lobes ou rayons disposés en étoiles; face inférieure des lobes ou des rayons munie d'une gouttière longitudinale, bordée, de chaque côté, d'épines mobiles et de trous pour le passage de pieds tubuleux et rétractiles; bouche centrale située à la réunion des sillons inférieurs.

Le système nerveux des astéries, d'abord soupçonné par Cuvier, a été décrit par MM. Spix et Tiedemann; il a beaucoup d'analogie avec celui des oursins. Quant aux organes des sens, ceux qui président au toucher sont des cirrhes tentaculiformes, comme chez les autres échinodermes; de plus, M. Ehrenberg croit que les astéries ont un appareil pour la vision. Certaines espèces possèdent un anus, d'autres en sont dépourvues.

Il est des rivages, tels que nos côtes de l'Océan et de la Méditerranée, où ces animaux sont très-abondants. Comme on n'a pas encore su les utiliser d'une manière plus lucrative, on les ramasse pour fumer les terres.

ASTÉRISQUE, terme de typographie, petit signe en forme d'étoile (*), dont il a pris le nom (*astér*, en grec), et on met dans les livres au-dessus ou auprès d'un mot pour prévenir le lecteur qu'on le renvoie à un signe pareil, placé à la marge, ou plutôt au bas de la page, après lequel il trouvera quelque remarque, note, commentaire ou explication. On en fait aussi usage pour indiquer des lacunes ou des noms qu'on omet à dessein.

Ce terme était en usage dans le même sens chez les anciens. Isidore en fait mention au premier livre de ses *Origines : Stella enim* ἀστὴρ *græco sermone dicitur, a quo asteriscus, stellula, est derivatus*; et quelques lignes plus bas il ajoute qu'Aristarque se servait d'*astérisques allongés* par une petite ligne pour marquer les vers d'Homère que les copistes avaient déplacés : *asteriscus cum obelo; hac proprie Aristarchus utebatur in iis versibus qui non suo loco positi erant.*

D'autres critiques employaient un astérisque ou une croix (*obelus*) pour désigner des erreurs dans un manuscrit; quelques-uns, au contraire, s'en servaient comme marque de la justesse et de l'authenticité du texte. Parfois on y recourait pour signaler un mot, une pensée; mais plus ordinairement on consacrait à cet usage les deux lettres N. B., *nota bene*. DUMARSAIS.

ASTÉROÏDES (du grec ἀστήρ, étoile, et εἶδος, ressemblance). W. Herschell donna ce nom aux quatre petites planètes, *Cérès*, *Pallas*, *Vesta* et *Junon*, découvertes de 1801 à 1807 par Piazzi, Olbers et Harding.

Une théorie nouvelle emploie le terme d'*astéroïdes* comme nom générique des *étoiles filantes* ou *aérolithes*. Cette théorie admet l'existence d'une zone immense de corps solides circulant autour du soleil comme les planètes, mais beaucoup trop petits pour être aperçus dans les cas ordinaires. La terre se trouvant à certaines époques dans le voisinage de cette zone, les astéroïdes en traversant notre atmosphère s'enflamment à son contact, et prennent alors l'apparence d'étoiles tombant du ciel. Souvent aussi ils se fondent, éclatent, cèdent à l'attraction terrestre, et produisent les aérolithes. De prime abord cette hypothèse peut paraître singulière, cependant elle réunit en sa faveur un grand nombre de probabilités, habilement établies par Halley, Laplace, Chladni, MM. Arago, Chasles, E. Biot, Quételet, Cappoci, Nobili, etc. L'ensemble des recherches de ces savants distingués sera examiné à l'article ÉTOILES FILANTES.

ASTHÉNIE (du grec ἀ privatif, et σθένος, force), c'est-à-dire manque de force, faiblesse générale, considérée par plusieurs médecins, entre autres par Brown, comme la cause prochaine de la plupart des maladies.

ASTHME (dérivé du grec ἄω, je respire). C'est une maladie caractérisée par une extrême difficulté de respirer, qui revient par accès, ce qui lui a fait donner le nom vulgaire de *courte haleine*. Les causes prédisposantes de cette maladie sont la conformation vicieuse de la poitrine, l'obésité résultant d'une vie oisive et splendide, les efforts de voix répétés, l'inspiration prolongée d'un air chargé de poussière ou de calorique. Elle attaque plus particulièrement les vieillards; elle paraît se transmettre par voie d'hérédité. L'impression du froid et de l'humidité, les exercices violents, l'emportement des passions, les écarts de régime, etc., ont une grande influence sur le retour des accès. Quant à l'essence de la maladie, les uns la considèrent comme une affection nerveuse, d'autres comme le résultat de lésions organiques du cœur ou des gros vaisseaux, comme l'effet de la dilatation des vésicules pulmonaires, opinions qui toutes comportent un certain degré de probabilité, et dont chacune peut être vraie, suivant la diversité des cas.

L'asthmatique respire habituellement avec difficulté, surtout dans la position horizontale, et lorsqu'il marche vite ou qu'il veut monter un escalier, une côte, etc. Les accès, annoncés par divers genres de maladie, se déclarent le plus souvent le soir ou pendant la nuit; alors la respiration devient extrêmement gênée, fréquente, et fait entendre un sifflement particulier; le malade est obligé de se tenir droit ou penché en avant; il recherche et hume l'air frais avec avidité : *Sub dio ambulare cupiunt, et spirant quasi totum aerem trahere vellent*, dit Arétée, ce sublime peintre des maladies. Le visage est pâle et animé; les traits sont altérés; le pouls est ordinairement naturel; mais les mouvements de la poitrine sont pressés et comme convulsifs; une toux fatigante amène avec difficulté quelques crachats limpides; les mains et les pieds deviennent livides et froids; l'asphyxie peut être imminente.

Ces phénomènes s'apaisent pendant le jour pour s'exaspérer de nouveau la nuit suivante, jusqu'à ce qu'enfin, les rémissions devenant graduellement plus complètes, la respiration reprenne son rhythme habituel à mesure que des crachats plus épais se détachent avec facilité. La durée de ces accès est très-variable. Quelque formidable que soit cet appareil de symptômes, l'asthme, très-grave en lui-même et surtout difficile à guérir, est cependant rarement mortel; la ténacité de la vie chez les asthmatiques est même passée en proverbe, peut-être parce que, en proie à une maladie qui ne tue pas, ils se trouvent affranchis d'affections plus funestes.

Le traitement de l'asthme, hors l'époque des accès, consiste à éloigner les causes, et à soumettre le malade à l'hygiène des valétudinaires : repos, régime léger, boissons adoucissantes. Le traitement des accès est très-variable : la première indication est de faciliter la respiration en dégageant la poitrine de ce qui peut gêner ses mouvements, et en portant au malade un air abondant, frais et pur; la saignée, les rubéfiants, les antispasmodiques, les vomitifs, etc., peuvent ensuite trouver leur application, suivant la nature des symptômes ou la théorie du médecin. Dr FORGET.

ASTI, ville des États sardes, gouvernement d'Alexandrie, chef-lieu de la province de ce nom, à 28 kilomètres ouest d'Alexandrie et à 42 sud-est de Turin, près du confluent du Belbo et du Tanaro, avec une population de 20,000 âmes, une enceinte d'anciennes murailles, un évêché suffragant de Turin, une école secondaire de droit, un séminaire théologique, un collège royal, des filatures de soie, des manufactures d'étoffes et un commerce considérable de vins, soie et denrées. C'est dans ses alentours qu'on recueille le muscat le plus estimé du Piémont.

Cette ville, très-ancienne, l'*Asta Pompeia* des Romains, était encore au moyen âge une forteresse importante, capitale d'une petite république indépendante, puis d'un duché. Le commerce, qui fut à cette époque le véritable père de la liberté en Italie, favorisa de bonne heure ses développements. Ses évêques, dont l'autorité s'étendait sur plusieurs châteaux et sur la majeure partie du Piémont méridional, joignirent, comme tant d'autres prélats, l'autorité temporelle à la spirituelle. En 1098 Humbert II, comte de Savoie et marquis d'Italie, reconnaissait l'indépendance de la république d'Asti en se confédérant avec elle contre Boniface de Wast, marquis de Savone, leur ennemi commun.

Asti fut livré aux flammes en 1155, par l'empereur Barberousse. Une guerre intestine déchira son sein, dans le siècle suivant, par suite des divisions des Ismardi de Castello, chefs des patriciens, et des Solari, chefs du peuple. Après de longues vicissitudes, la faction populaire rendit la ville, en 1314, à Robert d'Anjou, roi de Naples; elle passa ensuite sous la domination des Visconti, des ducs d'Oriéans, et parvint finalement, par donation de l'empereur Charles-Quint, à la maison de Savoie, en 1528.

Asti est la ville natale d'Alfieri. Jadis les Astésans, comme les Genevois et les Lombards, exerçaient en France, en Angleterre, en Flandre, les professions de banquiers, changeurs, prêteurs sur gages, et acquéraient ainsi des richesses considérables.

ASTORG (ALEXANDRE-EUGÈNE-LOUIS-FRANÇOIS-SATURNIN, comte d'), général de division, ancien pair de France, né à Paris, le 5 janvier 1787, est issu d'une ancienne famille espagnole, qui a la prétention d'avoir une communauté d'origine avec la maison des marquis d'Astorga. Entré en 1803 à l'école militaire de Fontainebleau, il rejoignit un régiment de chasseurs à cheval au camp de Boulogne, comme sous-lieutenant, et combattit avec la grande armée à Austerlitz, à Iéna, etc. La bataille d'Eylau lui valut le grade de lieutenant, et après la paix de Tilsitt il passa en Espagne, et se trouva compris dans la capitulation de Baylen. Revenu des pontons en 1809, il était à Wagram, et retourna en Espagne en qualité d'aide de camp du duc d'Istrie. Il fit la campagne de 1813 comme chef d'escadron de hussards, et fut placé dans les gardes d'honneur après la bataille de Brienne.

Mais les Bourbons rentrèrent en France. M. d'Astorg fut admis dans les gardes du corps, et ne tarda pas à être appelé, en qualité d'aide de camp, auprès du duc de Berry, qu'il suivit à Gand, et avec lequel il revint en France. A la mort de ce prince, le roi lui donna le commandement d'un régiment. Il fit la campagne d'Espagne, et fut nommé à la suite maréchal de camp.

La révolution de Juillet reçut néanmoins son adhésion, et nous le retrouvons en 1834 à la tête de l'administration militaire du département d'Eure-et-Loir. La même année il entra à la chambre des pairs, à titre héréditaire, en remplacement de 1814. Il devint un des plus ardents adversaires de son ancien bienfaiteur. Après le désastre de Waterloo il fut nommé colonel des lanciers de la garde royale. Parvenu au grade de général de division, il est mort en septembre 1849, dans le département de la Loire-Inférieure.

Le père de ces deux généraux, JACQUES-MARIE d'Astorg, parvint lui-même au grade de lieutenant général sous la Restauration. Il avait émigré et fait les campagnes de l'armée de Condé.

ASTORGA (Famille d'). La maison d'Astorga, une des premières de l'Espagne, tire son nom d'Astorga, ville épiscopale, nommée sous la domination romaine *Asturica Augusta*, parce que Auguste y avait envoyé une colonie. Elle est située dans une plaine fertile du royaume de Léon, à 45 kilomètres ouest-sud-ouest de la ville de ce nom. Astorga, érigé en marquisat par Henri IV, en 1465, avait un château et des fortifications, aujourd'hui en ruines, qui ne purent l'empêcher de tomber au pouvoir de l'armée française en 1806. On y remarque aussi quelques antiquités romaines.

Les marquis d'Astorga étaient porte-étendard de Madrid au couronnement des rois d'Espagne. L'un fut de 1672 à 1675 vice-roi de Naples; un autre, prince d'Ascoli, duc d'Atriseo et comte d'Altamira, figura dans la guerre contre Napoléon. L'histoire a conservé le souvenir de plusieurs autres membres de cette famille, comme ayant joué à diverses époques un rôle d'une certaine importance dans les affaires politiques de l'Espagne. On cite aussi une marquise d'Astorga qui au dix-septième siècle, sous le règne de Charles II, dans un transport de jalousie, renouvela la tragique aventure de Gabrielle de Vergy; mais ce fut le personnage de Fayel dont elle s'empara. Après avoir tué de sa main la maîtresse de son époux, elle servit à celui-ci le cœur de la victime, qu'elle avait apprêté; puis lui ayant révélé le secret de cet affreux festin, et montré la tête encore sanglante de sa rivale abhorrée, elle alla se jeter dans un couvent, où bientôt elle mourut folle.

ASTORGA (EMANUELE D'), célèbre non moins par les malheurs de sa destinée que comme compositeur de musique religieuse, naquit en Sicile, vers 1680. Son père appartenait à la plus haute noblesse de cette île, et dans la lutte qu'il soutint contre l'incorporation de sa patrie à l'Espagne, ayant été livré par les hommes qu'il avait soulevés et enrégimentés, fut publiquement exécuté en 1701 comme coupable du crime de rébellion. Forcé, ainsi que sa mère, d'assister au supplice de son père, Emanuele tomba dans un état de complète insensibilité, tandis que sa malheureuse mère en mourut de saisissement et d'effroi.

Plus tard, grâce à l'intercession de la princesse des Ursins, grande-maîtresse de la cour de la reine, femme de Philippe V, Emanuele fut autorisé à se retirer dans un couvent de la ville d'Astorga, du nom de laquelle il se fit appeler par la suite. Il y apprit la musique, art qui florissait alors surtout en Italie, mais qui partout était cultivé avec ardeur. Quelques années après il se rendit à Parme, dont le duc, après l'avoir pris en affection à cause de son talent musical, ne tarda pas à l'éloigner de sa cour par suite des soupçons qu'il avait conçus de l'existence d'une liaison galante entre sa fille et l'artiste. Ce prince cependant ne l'en recommanda pas moins à la protection de l'empereur Léopold.

Après la mort de ce souverain, Emanuele d'Astorga, protégé désormais par la cour d'Espagne, parcourut toutes les contrées de l'Europe où les arts étaient en honneur. Il finit par se fixer à Prague, et mourut, dit-on, au fond d'un couvent de la Bohême, auquel, fatigué du monde, il était venu demander la paix de l'âme et la tranquillité de l'existence. Son principal ouvrage est un *Stabat mater*, véritable chef-d'œuvre, dont on conserve l'original à Oxford. Il écrivit en outre un opéra, *Daphné*, qui fut représenté en 1722, à Prague; on lui attribue aussi un *Requiem*.

ASTRAGALE. Ce mot, dérivé du grec ἀστράγαλος, désigne l'os du pied situé à la partie inférieure et moyenne du tarse, et s'articulant avec les os de la jambe, de telle sorte que sa partie moyenne est enclavée entre les deux malléoles.

On nomme aussi *astragale* le filet qui termine le fût d'une colonne et qui touche le chapiteau ou quelquefois la base. On applique aussi ce nom à la moulure de même forme qui se trouve dans l'architrave; souvent alors l'astragale est taillé en perles rondes ou ovales; dans ce cas on le désigne sous les noms de *baguette* ou de *chapelet*.

Dans une pièce d'artillerie, l'*astragale* est le filet qui borde la pièce à deux ou trois décimètres de l'entrée.

Astragale est encore le nom d'un genre de la famille des légumineuses, qui comprend environ trois cents espèces, la plupart indigènes des contrées extra-tropicales, et abondant surtout en Sibérie. L'*astragalus gummifer* et quelques autres espèces d'Orient produisent de la gomme adragante.

ASTRAGALOMANCIE (du grec ἀστράγαλος, osselet; μαντεία, divination), divination qui se pratiquait au moyen d'osselets sur lesquels on traçait les lettres de l'alphabet. On les jetait au hasard, et les lettres qui se présentaient on formait la réponse à la demande qui était faite. C'est ainsi que, selon Pausanias, on consultait Hercule Busaïque dans sa caverne d'Achaïe, et Géryon à la fontaine d'Apone près de Padoue. On appelait *cubomancie* le genre de divination lorsqu'au lieu d'osselets on se servait de dés.

ASTRAKHAN, nom d'un grand royaume tatare qui subsista jusqu'en 1554; à cette époque il passa sous la domination d'Jwan Wasiliévitch, et fut réuni au Caucase pour former un gouvernement russe. Aujourd'hui l'ancien royaume d'Astrakhan constitue un des gouvernements de la Russie méridionale. Il a 1555 myriamètres carrés de superficie, avec une population de 285,500 âmes. Ses limites sont, au sud la mer Caspienne et le Caucase, à l'ouest le pays des Cosaques du Don, et à l'est celui d'Orenbourg. Situé tout entier dans les steppes salées et marécageuses de la mer Caspienne, il est déjà soumis à l'influence du climat continental de l'Asie : les hivers y sont extrêmement rudes et les étés brûlants. Il est arrosé par le Volga inférieur et par ses nombreuses embouchures. Sa population se compose de Kalmoucks, de Kirghises, de Russes, et d'un grand nombre d'étrangers d'autres nations, qui n'y séjournent qu'autant que l'exige l'intérêt de leur commerce.

ASTRAKHAN — ASTRINGENTS

Astrakhan, la capitale, est située sur l'île de Seitza, à 50 kilomètres de l'embouchure du Volga, sur la mer Caspienne, par 46° 20' de latitude septentrionale, et 45° 35' de longitude orientale. Elle est le siége d'un archevêché grec et d'un évêché arménien. On y compte trente-sept églises grecques, deux catholiques romaines, une protestante, deux arméniennes, quinze medjeds, un temple indien, un gymnase, un séminaire, un jardin botanique et beaucoup de fabriques. Elle a, y compris les faubourgs, 7 kilomètres de circonférence. Le nombre de ses habitants, en comptant les Arméniens, les Tatars, les Perses et les Hindous, mais en laissant de côté 20 à 25,000 étrangers, s'élève à 45,700. Les maisons, construites en bois, sont laides et incommodes. Les environs sont couverts de jardins et de vignes. La pêche de l'esturgeon est fort importante dans le Volga; on le sale et on l'expédie dans presque toute la Russie. La préparation du caviar et la pêche des veaux marins et du grand esturgeon forment également une branche d'industrie considérable. De juillet en octobre la contrée est fréquemment ravagée par les sauterelles. Autrefois Astrakhan commerçait avec Khiva et Bockhara; aujourd'hui son commerce, d'ailleurs peu important, est restreint à la Perse et à l'intérieur de la Russie. Les exportations consistent en cuirs, toiles, lainages et autres marchandises européennes; on importe de la Perse des rubans et des étoffes de soie, tissues d'or, des soieries, des étoffes de coton, du riz, du coton, de la rhubarbe et quelques autres drogues, mais surtout de la soie grége.

ASTRAL, ce qui a rapport aux astres. Dans la religion des Parses, dans le gnosticisme et dans la théosophie de diverses nations, on donnait le nom *d'esprit astral* à une classe de génies composés d'air et de feu, et dont on peuplait l'immensité de l'univers. Les âmes des morts allaient s'unir à ces esprits, et par là acquéraient la puissance de revenir sur la terre. Paracelse, Jacques Bœhme et quelques autres prétendaient même que l'homme est composé d'un corps, d'une âme et d'un esprit astral ou sidérique, constituant la nature relevée, le principe de vie et d'intelligence, le siége de la sensibilité, des désirs et de la répugnance; enfin que quelque temps après la mort, lorsque le corps est redevenu terre, et que l'âme est arrivée au séjour qui lui est assigné, cet esprit astral se dissout dans l'air et le feu, ses éléments constitutifs.

ASTRANCE (en latin *astrantia*, du grec ἄστρον, astre), nom que donnait Linné au genre radiaire, et qui lui vient de la forme de ses involucres, ouverts en étoile.

ASTRÉE (chez les Romains *Justitia*), fille de Jupiter et de Thémis, et selon d'autres d'Astréus et de l'Aurore, est regardée comme la déesse de la justice; aussi l'appellait-on quelquefois *Diké*. Pendant l'âge d'or, qui a reçu son nom, elle habita parmi les hommes; durant le siècle d'argent elle se montra rarement, et retourna au ciel lorsque, après l'âge d'airain, dans le siècle de fer, les hommes apprirent à forger des armes et commencèrent à exercer des violences. Depuis son retour dans le ciel elle brille sous le nom de la Vierge parmi les constellations du zodiaque. On la représente ordinairement avec une balance à la main et une couronne d'étoiles sur le front.

ASTRÉE (Roman d'). *Voyez* URFÉ.

ASTRÉE (*Astronomie*). Le 13 décembre 1845 M. Hencke de Driessen, astronome jusque alors peu connu, aperçut une étoile de neuvième grandeur dans un point du ciel où elle n'existait point antérieurement. Cette étoile parut d'ailleurs animée d'un mouvement propre, tel qu'en ont les planètes. M. Encke, le célèbre astronome de Berlin, aperçut le 14 décembre, c'est-à-dire vingt-quatre heures trop tard, le nouvel astre, qui, ressemblant fort aux étoiles voisines, s'en distingua bientôt par sa mobilité. Dès lors ce ne pouvait être une étoile fixe. Si elle eût été accompagnée d'une queue ou d'une nébulosité, on aurait pu croire que c'était une comète; mais en l'absence de tels caractères, MM. Hencke, Encke, Schumacher, Petersen et Arago ont unanimement opiné pour une nouvelle planète.

M. Hencke céda généreusement à son presque homonyme M. Encke l'honneur de baptiser sa planète. M. Encke la nomma *Astrée*. On a calculé que la révolution de cet astre doit s'accomplir en 1511 jours comme pour Junon. Cette lenteur, au reste, ne doit point étonner : on sait que, d'après Kepler et Newton, la vélocité centrifuge est en raison directe de l'attraction solaire. La distance moyenne d'Astrée au soleil est de 39,512,000 myriamètres environ ; l'excentricité de son orbite, dont l'inclinaison est de 5° 19' 25", est représentée par 0,1880861 ; enfin on a trouvé pour les longitudes du périhélie et du nœud ascendant 135° 34' 41" et 141° 26' 14".

ASTRES. On donne le nom d'*astres fixes* ou *étoiles* à ceux qui conservent la même position dans le ciel et le même ordre entre eux : le nombre en est infini, et pour les reconnaître on les a partagés en différents groupes qu'on a appelés c o n s t e l l a t i o n s. Les *astres errants* ou *planètes* sont les corps célestes opaques qui changent de place par rapport aux groupes d'étoiles fixes qui les environnent, et qui s'éloignent ou se rapprochent entre eux. Quelques astres errants sont lumineux : on les appelle c o m è t e s. — Les *astres lumineux* sont ceux qui brillent d'un éclat qui leur est propre : on les reconnaît à leur lumière scintillante, et qui change de couleur à chaque instant : tels sont le soleil et les étoiles fixes. — Les *astres opaques* sont ceux, au contraire, qui ne réfléchissent qu'une lumière empruntée ; on les reconnaît à leur lumière tranquille, uniforme, et qui n'offre aucun changement de couleur : telles sont les planètes et leurs satellites. — On appelle s a t e l l i t e s des astres secondaires qui tournent autour des planètes et les accompagnent dans leurs mouvements.

On divise encore les astres en *apparents* et en *télescopiques* ; les premiers sont ceux qu'on peut apercevoir à la vue simple, tels que le soleil, la lune, quelques planètes et un nombre prodigieux d'étoiles ; les seconds ne peuvent être vus qu'avec le secours des télescopes, et n'ont été découverts que depuis l'invention de ces instruments. — On a proposé d'admettre, en principe général, la distinction fondamentale des divers astres visibles en *intérieurs* et *extérieurs*, selon qu'ils appartiennent au même système solaire que notre propre planète, ou qu'ils sont placés en dehors de ce système : on peut donc, en effet, que cette distinction est souvent représentée par le contraste qui existe entre l'idée du *monde* proprement dit et l'idée indéfinie d'*univers*.

Disons aussi qu'on appela d'abord, en l'honneur de Louis XIV, *Astres de Louis* les cinq satellites de Saturne toute particulière des astringents sur l'organe du goût ne découverts par Huygens et Cassini, à l'instar de la dénomination d'*astres de Médicis* qui avait été primitivement donnée aux quatre satellites de Jupiter lors de leur découverte par Galilée.

ASTRES (Culte des). *Voyez* SABÉISME.
ASTRICTION. *Voyez* ASTRINGENTS.
ASTRINGENTS (de *astringere*, resserrer). Ce sont des médicaments qui mis en contact avec des tissus vivants y déterminent une sorte de resserrement fibrillaire, en même temps qu'ils exercent une action tonique passagère. Bien que la langue et le palais la perçoivent très-facilement, l'action toute particulière des astringents sur l'organe du goût ne doit pas être désignée sous le nom de *saveur*, parce que la sensation produite, qu'on est appelée *astriction*, est commune à tous les tissus contractiles du corps : c'est ainsi que l'application des substances astringentes sur les lèvres, qui ne sont point aptes à la dégustation, leur fait néanmoins éprouver cette sensation. Quand on emploie les astringents à l'extérieur dans le but de produire une astriction qui arrête l'écoulement du sang fourni par les petits vaisseaux, ils prennent le nom de *styptiques*. Le goût peut en général faire reconnaître les substances qui jouissent de la pro-

priété astringente : la sensation d'âpreté qu'elles laissent sur la langue est connue de tout le monde.

Les règnes végétal et minéral fournissent les astringents; ceux que l'on tire du premier doivent ordinairement leur activité à la présence de l'acide gallique et du tanin; quant aux astringents minéraux, ce sont des acides ou des sels avec excès d'acide.

En règle générale, on peut dire que ces agents médicinaux sont nuisibles toutes les fois qu'il existe une inflammation assez grave d'un organe important : cependant on peut en retirer parfois de nombreux avantages au début d'une inflammation externe, comme dans les panaris, les brûlures, l'érysipèle déterminé par l'insolation, et même dans certaines phlegmasies commençantes des membranes muqueuses, telles que l'angine tonsillaire. Mais c'est surtout lorsque les inflammations sont devenues chroniques, quand elles ne sont plus accompagnées de douleur, et lorsque les sécrétions ne sont point revenues à leur état normal, comme dans certaines diarrhées chroniques et dans la dernière période des inflammations catarrhales du vagin et de l'urètre, que les astringents convenablement administrés peuvent être employés avec le plus grand succès. Il en est de même dans la colique des peintres; mais alors il est nécessaire de les donner à assez hautes doses. Dans les hémorrhagies dites passives, telles que les ménorrhagies, les hématuries et quelques autres, ils réussissent assez souvent; mais dans l'hémoptysie et l'hématémèse, il n'est pas toujours prudent d'y recourir; et si dans ces cas on les emploie, il faut toujours du moins ne faire usage que des astringents les plus faibles.

Les principaux médicaments astringents sont les acides minéraux étendus d'eau, l'alun, les sulfates de zinc et de cadmium, l'acétate de plomb, le tanin, le cachou, le kino, le monésia, la racine de ratanhia, la noix de galle, l'écorce de chêne, la bistorte, les roses de Provins, les fleurs de grenadier, l'écorce de grenade, la tormentille, la bénoite, l'aigremoine, etc. Dr Alex. DUCKETT.

ASTROGNOSIE (du grec ἄστρον, et γνῶσις, connaissance). On désigne par ce mot la connaissance des constellations et des étoiles isolées qui en font partie. On se sert pour acquérir cette connaissance du ciel stellaire de globes célestes ou de cartes sidérales, en s'aidant de la méthode des alignements.

ASTROLABE (du grec ἄστρον, astre, et λαμβάνω, je prends), instrument employé par les anciens pour mesurer les latitudes et les longitudes des astres. L'astrolabe, qui ressemblait beaucoup à notre sphère armillaire, perfectionné par Tycho-Brahe, fut pourvu de deux télescopes, l'un fixe et l'autre mobile, qui remplacèrent les trous à travers lesquels Ptolémée faisait ses observations. Cet instrument, appliqué à la navigation, servait à reconnaître la position en mer sans le secours de l'aiguille aimantée. — Le nom d'astrolabe a aussi été donné à une sorte de planisphère employé par Ptolémée.

ASTROLOGIE (du grec ἄστρον, astre, étoile, et λόγος, discours). Ce mot devait signifier, suivant le sens de son étymologie, la connaissance du ciel et des astres, c'est aussi ce qu'il exprimait dans son origine; mais dans la suite on a donné le nom d'astronomie à la véritable science des astres, et sous le nom d'astrologie, spécialement d'astrologie judiciaire, on n'a plus désigné que l'art mensonger de prédire l'avenir par les aspects, les positions et les influences des corps célestes.

L'origine de l'astrologie remonte à la plus haute antiquité; elle se lie intimement à celle de l'astronomie, qui sans aucun doute lui est redevable de ses premiers progrès. L'opinion commune la fait naître en Chaldée; quelques auteurs cependant la croient originaire d'Égypte; et en effet, grâce aux infatigables recherches d'un homme dont les sciences déplorent la perte prématurée, des monuments dont on ne peut révoquer en doute l'immuable témoignage prouvent aujourd'hui d'une manière incontestable que cette vieille erreur du genre humain existait en Égypte aux temps les plus reculés. Nous voulons parler des Tables du lever des constellations pour toutes les heures de chaque mois de l'année, découvertes dans le tombeau de Rhamsès V, par Champollion jeune, et dans lesquelles on peut voir, comme dans l'astrologie moderne, l'influence exercée sur les diverses parties du corps par chaque constellation. Au reste, Diodore de Sicile avait déjà dit qu'une table semblable du lever des constellations et de leur influence était gravée sur le fameux cercle d'or du tombeau d'Osymandias.

De l'Égypte, l'astrologie passa en Grèce, et de là en Italie. Les Romains, chez lesquels la religion consacrait la science des augures, étaient nécessairement portés vers les croyances astrologiques; ils s'y adonnèrent avec ardeur; mais il paraît que plus d'une fois les adeptes firent un abus scandaleux du pouvoir qu'ils exerçaient sur l'esprit du vulgaire, puisque les empereurs, par des édits réitérés, crurent devoir bannir de Rome les astrologues ou les mathématiciens, comme on les appelait alors indistinctement. Après la chute de l'empire romain, lorsque les invasions des barbares eurent détruit en Europe toute puissance intellectuelle, les traditions astrologiques, comme toutes les sciences de même nature, furent soigneusement recueillies et conservées par les Arabes, qui ne cessèrent jamais de les confondre et de les cultiver simultanément; ils les apportèrent avec eux en Espagne; et lorsque, vers la fin du douzième siècle, les ténèbres de la barbarie dans laquelle était plongé le reste de l'Europe commencèrent à se dissiper, ce fut surtout chez les Arabes espagnols qu'allèrent étudier les hommes de génie qui voulaient renouer le fil des hautes connaissances humaines rompu depuis si longtemps. C'est ainsi qu'ils en rapportèrent le goût de l'astrologie judiciaire, qui avec l'astronomie, la médecine et la science des nombres, formaient alors un tout pour ainsi dire inséparable. Si l'on s'étonnait que de tels hommes aient pu sincèrement ajouter foi à des théories dont l'absurdité nous est aujourd'hui si clairement démontrée; s'il fallait expliquer comment les vaines croyances de l'astrologie ont pu naître et se perpétuer si longtemps dans l'esprit du genre humain, nous répondrions, avec Bailly, que les astres, et particulièrement le soleil et la lune, ont une influence si directe, si incontestable sur les saisons, la température et la fécondité de la terre, qu'il était naturel de penser que tous les astres avaient été créés seulement par rapport aux hommes et au globe qu'ils habitent, et que puisqu'ils avaient de l'influence sur la terre, ils devaient également en avoir sur les mœurs des hommes en général et des individus en particulier.

« D'ailleurs, dit Voltaire, l'astrologie s'appuie sur des bases bien meilleures que la magie. Car si personne n'a vu ni farfadets, ni elves, ni péris, ni démons, ni cacodémons, on a vu souvent des prédictions d'astrologues s'accomplir. Que de deux astrologues consultés sur la vie d'un enfant et sur la saison, l'un dise que l'enfant vivra âge d'homme, l'autre non; que l'un annonce la pluie et l'autre le beau temps, il est bien clair qu'il y en aura un prophète, et même, indépendamment de cette alternative, ils ne pouvaient pas manquer de, de toujours se tromper. »

Nos lecteurs nous sauront gré sans doute de leur exposer sciencement quelques-uns des principes d'une science à laquelle Crassus, Pompée, César et tant d'autres grands hommes, dans les temps anciens et modernes, ont accordé une entière confiance. Les règles de l'astrologie, que le fond absolument arbitraires; ces règles, peu nombreuses dans l'origine, ne tardèrent pas à se compliquer : chacun des membres du corps humain fut gouverné par une planète. Le monde et les empires furent également sous l'influence des constellations. On voit dans les *Admirables Secrets* d'Albert le Grand comment Saturne domine sur la vie, les sciences, les édifices; l'honneur, les souhaits, les richesses, la propreté des vêtements dépendent de Jupiter; Mars exerce son influence sur la guerre, les prisons, les mariages, les haines; le soleil verse avec ses rayons l'expérience, le bonheur, le gain, les héritages; les amitiés et les amours viennent de Vénus; Mercure envoie les maladies, les pertes, les dettes; il préside au commerce et à la crainte; la lune domine sur les plaies, les songes et les larcins. Les jours, les couleurs, les métaux, sont également soumis aux planètes : le soleil est bienfaisant et favorable; Saturne, triste, morose et froid; Jupiter, tempéré et bénin; Mars, ardent; Vénus, féconde et bienveillante; Mercure, inconstant; la Lune, mélancolique. Les constellations ont également leurs qualités bonnes ou mauvaises. Les astrologues regardaient comme un des principaux mystères de leur science la vertu des *maisons* du soleil. Pour construire ces maisons, ils faisaient une première division du jour en quatre parties, séparées, disaient-ils, par les quatre points angulaires, savoir : l'ascendant du soleil, le milieu du ciel, l'occident et le bas du ciel; ces quatre parties, subdivisées en douze autres, font ce qu'on appelle *les douze maisons*. « Ce qu'il y a de fâcheux, ajoute M. Ferdinand Denis, auquel nous empruntons cette description des mystères astrologiques, c'est que les propriétés de ces diverses *maisons* varient selon les peuples et les auteurs. Ptolémée et Héliodore les envisagent d'une manière opposée; les Grecs, les Égyptiens, les Arabes, ne les considèrent point de la même manière. »

L'opération la plus importante, et en même temps la plus ordinaire, de l'art des astrologues, consistait à tirer un *horoscope*.

Ce fut dans le courant du seizième siècle que l'astrologie judiciaire acquit tout le développement dont elle était susceptible. Cette science avait adopté une foule de signes d'origine orientale, que l'on peut voir dans Cardan, et qui constituaient une espèce d'alphabet de langue particulière, dont la connaissance demandait de longues et profondes études. Mais de tout temps ceux qui ont cultivé l'astrologie (et parmi eux l'on compte plus d'un homme de génie) durent trouver un ample dédommagement de leurs travaux dans l'immense influence qu'on leur a toujours accordée, même dans les temps qui se rapprochent le plus du nôtre. Parmi les anciens, les hommes les plus illustres et les plus instruits ajoutèrent foi aux prédictions astrologiques. Parmi les modernes, pour citer quelques exemples, Charles V, dit *le Sage*, était tellement infatué de l'astrologie qu'il fonda un collège pour que cette science y fût enseignée publiquement, et qu'il combla de ses bienfaits maître Gervais Chrétien, « souverain médecin, et astrologien du roi Charles-Quint, » dit Simon de Phares, dans son catalogue des principaux astrologues de France. Ces dispositions furent confirmées par une bulle du pape Urbain V, qui lança anathème contre quiconque oserait enlever de ce collége les livres et les instruments qui servaient aux opérations astrologiques.

Mathias Corvin, roi de Hongrie, n'entreprenait rien sans avoir consulté les astrologues; Louis Sforce, duc de Milan, le pape Paul, se dirigeaient d'après leurs avis. Louis XI courba la tête sous leurs prétendus oracles. Ils exercèrent une telle influence sur Catherine de Médicis, que sur la prédiction d'un des nombreux astrologues qu'elle avait amenés d'Italie, elle abandonna les Tuileries, qu'elle venait de faire construire à grands frais, et fit bâtir l'hôtel de Soissons, où elle fit ériger cette colonne-observatoire qui existe encore adossée à la halle au blé, et où elle interrogeait les astres sur ses futures destinées. Quelle impression de tels exemples ne devaient-ils pas faire sur la multitude! Aussi, lorsque Stoffler, l'un des plus fameux mathématiciens de l'Europe, eut prédit par l'inspection des astres un déluge universel pour le mois de février 1524, tous les peuples de l'Asie, de l'Europe et de l'Afrique, qui entendirent parler de cette prédiction, furent-ils consternés. Chacun, malgré l'arc-en-ciel, s'attendit à un nouveau déluge. Plusieurs auteurs contemporains rapportent que les habitants des provinces maritimes de l'Allemagne s'empressaient de vendre à vil prix leurs terres à des gens qui profitèrent de leur crédulité. Chacun se munissait d'un bateau comme d'une arche. Un docteur de Toulouse, nommé Auriol, en fit construire un immense pour lui, sa famille et ses amis. On prit les mêmes précautions dans une grande partie de l'Italie. Enfin le mois de février arriva, et il ne tomba pas une goutte d'eau; jamais mois ne fut plus sec, et jamais les astrologues ne furent plus embarrassés.

Cependant, ils ne furent pour cela ni découragés ni négligés; presque tous les princes, même les plus éclairés, continuèrent de les consulter. Henri IV ordonna au fameux Larivière, son premier médecin, de tirer l'horoscope du jeune prince qui devait être Louis XIII. Le célèbre Wallenstein fut un des plus infatués des chimères astrologiques. « Il se disait prince, dit Voltaire, et par conséquent il pensait que le zodiaque avait été fait tout exprès pour lui. Il n'assiégeait une ville, ne livrait une bataille qu'après avoir tenu son conseil avec le ciel. Mais comme ce grand homme était fort ignorant, il avait établi pour chef de ce conseil un fripon d'Italien, nommé Baptiste Seni, auquel il entretenait un carrosse à six chevaux et donnait la valeur de vingt mille de nos livres de pension. Jean-Baptiste Seni ne put jamais prévoir que Wallenstein serait assassiné par les ordres de son gracieux souverain Ferdinand, et que lui, Seni, s'en retournerait à pied en Italie. » Des hommes que leur caractère semblerait avoir dû mettre encore davantage au-dessus d'une telle superstition, Richelieu et Mazarin, consultaient Jean Morin en qualité d'astrologue, et l'on voit dans des mémoires sur la Russie combien, un peu plus tard, l'astrologie eut part aux décisions qui gouvernaient cet empire.

Ce ne fut guère que dans le siècle dernier que les progrès des sciences, de la philosophie surtout, portèrent à l'astrologie un coup dont elle ne s'est point relevée, et cette limite que nous assignons à l'entière décadence de l'astrologie en France est si juste, on croyait encore si généralement à la puissance des sciences occultes vers la fin du siècle précédent, que lorsque en 1666 Colbert fonda l'Académie des Sciences, il crut devoir défendre expressément aux astronomes de s'occuper d'astrologie judiciaire et aux chimistes de chercher la pierre philosophale. L'astrologie est encore en honneur en Chine, en Perse, et dans presque tout l'Orient, bien que la doctrine de Mahomet lui soit opposée.

ASTROMÈTRE. *Voyez* Héliomètre.

ASTRONOMIE (de ἄστρον, étoile, et νόμος, loi), connaissance du ciel ou des astres; science des corps célestes, en général, et de leurs mouvements vrais et apparents, en particulier. L'astronomie doit donc nous faire connaître d'abord tout ce qui a été découvert sur la nature et les propriétés des corps célestes, ensuite et principalement les observations faites sur leur grandeur et leurs mouvements apparents pour en déduire les lois de leurs mouvements vrais, de leurs dimensions et de leurs distances. À l'égard de ce dernier et important objet de la science, on divise ordinairement l'astronomie en trois branches principales : *sphérique, théorique* et *physique*.

L'*astronomie sphérique* traite des observations sensibles du ciel, de la position des astres sur la sphère céleste apparente, tant entre eux que par rapport à certains cercles imaginaires, de la connaissance des différents groupes d'étoiles réunis en constellations, connaissance désignée sous la dénomination particulière d'*astrognosie*. On pourrait l'appeler astronomie empirique ou expérimentale, en ce qu'elle se borne à la représentation du ciel tel qu'il apparaît à l'observateur. Le nom de *sphérique* lui vient de ce que le ciel étoilé se présente à l'œil sous la forme d'une moitié de sphère.

L'*astronomie théorique* ou *scientifique*, par opposition à l'astronomie expérimentale, dont il vient d'être parlé, traite de cette importante question, qui se présente d'abord à la seule inspection des mouvements sensibles du ciel étoilé, de savoir quelle est l'explication la plus satisfaisante que permettent la contradiction apparente et l'inintelligibilité de ces mouvements; si, par exemple, le ciel avec ses millions d'étoiles se meut autour de la terre d'orient en occident, ou si, au contraire, c'est cette dernière qui, dans une direction opposée, tourne sur son axe; si le soleil se meut, comme il nous semble, ou si c'est la terre qui gravite autour du soleil, ainsi qu'un raisonnement plus approfondi nous porte à le penser. L'astronomie théorique examine ces questions, et les résout par le secours des mathématiques. Elle va même jusqu'à préciser les mouvements *vrais* des corps célestes, et nommément ceux qui appartiennent à notre système solaire, et à prédire, ce qui est d'une grande importance pour la vie civile, le lieu où se trouvera chacun de ces corps dans un espace de temps déterminé. Elle précise l'époque des éclipses de soleil et de lune avec toutes les circonstances qui y ont rapport, les oppositions et les conjonctions; elle en déduit les conséquences nécessaires à la théorie des planètes et de leurs satellites; elle a porté cette théorie à une telle perfection que le navigateur, par exemple, trouve sur l'Océan une direction sûre pour le lieu de sa destination, au moyen de tables astronomiques dressées sur la position réciproque de la lune et des étoiles pour chaque instant du jour.

L'*astronomie physique* traite des lois suprêmes des mouvements combinés des astres, et analyse, d'après les règles de la mécanique, les phénomènes de l'attraction réciproque des corps célestes, ainsi que les règles qui lui sont applicables. On pourrait la réunir à la division précédente sous la dénomination commune d'astronomie scientifique. On peut comparer le ciel étoilé à une montre : le mouvement sensible des aiguilles est comme l'astronomie sphérique; les rouages et leur influence sur le mouvement des aiguilles comme l'astronomie théorique, et le ressort, cause première de tout mouvement, comme l'astronomie physique. Tout le système théorique de cette science est contenu dans ces trois divisions.

L'*astronomie pratique*, ainsi nommée par opposition à celle dont il vient d'être parlé, comprend tout ce qui a rapport aux observations, à la construction et à l'entretien des instruments, ainsi qu'aux calculs astronomiques.

Voici le portrait que l'illustre et infortuné Bailly trace du véritable astronome. Après avoir fait ses observations,...
« Il rentre dans son cabinet avec les secrets qu'il a surpris, avec les dépouilles du ciel ; son âme a résidé jusqu'ici dans les sens de la vue et du tact : elle se retire avec elle-même; il va méditer sur ce qu'il a vu ; il rappelle ce qu'on a vu jadis, pour comparer les faits présents avec les faits passés. Qu'on ne croie pas qu'il se borne à être le témoin des phénomènes : ce n'est pas une sentinelle placée pour observer ce qui se passe au dehors de notre citadelle, et dans les campagnes célestes; qu'on n'imagine pas qu'il a tout fait lorsque la célérité du coup d'œil et l'adresse de la main lui ont procuré une observation exacte : cette observation n'est qu'un moyen qui lui a été indiqué par son génie, et dont son génie lui prescrira l'usage. L'observation est placée entre les vues de l'esprit, elle n'est qu'un montré l'utilité et cette utilité même, qu'il faut avoir l'art d'en faire éclore. Mais cette prévision de l'esprit, le pressentiment des phénomènes est étonnamment difficile; c'est un don très-rare, c'est le génie lui-même. Il faut joindre à une vaste mémoire, où tous les faits connus soient disposés, une intelligence proportionnée pour combiner ces faits, pour comparer ce qu'ils ont produit avec ce qu'ils pouvaient produire; il faut se représenter les phénomènes revêtus de toutes leurs illusions, distinguer les cas où ces illusions peuvent être séparées, marquer en même temps les instants où l'une à toute sa force et peut être plus facilement mesurée; il faut quelquefois l'art de la multiplier, en sommant, en réunissant ses effets pour la rendre plus sensible. Une découverte, soit dans les principes, soit dans les phénomènes de la nature, dans les méthodes d'observer, ou dans les instruments, change souvent l'état des choses. Il faut alors revenir sur le passé, apercevoir les ressources nées de cette découverte; les moyens qu'elle offre de pénétrer plus avant; considérer ce qu'un fait nouveau peut changer, rectifier, dans un ensemble de faits connus, et l'influence d'une idée sur un grand nombre d'idées acquises. C'est par cette divination, c'est par cette manière d'interroger le ciel qu'on se rend digne des réponses favorables. Alors, quand l'astronome devient observateur, il l'est avec toute la dignité de l'homme; il suit le plan qu'il a tracé, il agit d'après ses vues, comme la main exécute la pensée. Mais quand il a multiplié les observations, quand il a amassé une multitude de faits, il faut qu'il remonte à la hauteur d'où il est descendu; il faut que sa vue les pénètre, les embrasse. L'explication d'un phénomène est souvent dans un fait éloigné et solitaire; les causes générales sont sous des masses de faits. Dans la variété de la magnificence céleste, on a bien de la peine à retrouver la simplicité : mais, organe et interprète des choses divines, l'astronome s'agrandit par cette noble fonction. Le génie seul peut dire : Voilà la marche, voilà la règle de la nature. L'astronome a commencé par l'épier; il finit par la presser de toute l'intelligence humaine pour faire sortir ses vérités. »

Ovide, dans le premier livre des *Fastes*, fait ainsi l'éloge des astronomes :

Felices animos, quibus hæc cognoscere primis,
Inque domos superas scandere cura fuit.
Credibile est illos pariter vitiisque locisque
Altius humanis exseruisse caput.

Admovere oculis distantia sidera nostris
Ætheraque ingenio suppositere suo.
Sic petitur cœlum.

Histoire de l'astronomie. — « Le spectacle du ciel dut fixer l'attention des premiers hommes, dit La Place, surtout dans les climats où la sérénité de l'air invitait à l'observation des astres. On eut besoin pour l'agriculture de distinguer les saisons et d'en connaître le retour. On ne tarda pas à s'apercevoir que le lever et le coucher des principales étoiles, au moment où elles se plongent dans les rayons solaires, ou quand elles s'en dégagent, pouvait servir à cet objet. Aussi voit-on chez presque tous les peuples ce genre d'observations remonter jusqu'aux temps dans lesquels se perd leur origine. Mais quelques remarques grossières sur le lever et le coucher des étoiles, ne formaient point une science ; et l'astronomie n'a commencé qu'à l'époque où les observations antérieures ayant été recueillies et comparées entre elles, et les mouvements célestes ayant été suivis avec plus de soin qu'on ne l'avait fait encore, on essaya de déterminer les lois de ces mouvements. Celui du soleil dans un orbe incliné à l'équateur, le mouvement de la lune, la cause de ses phases et des éclipses, la connaissance des planètes et de leurs révolutions, la sphéricité de la terre et sa mesure, ont pu être l'objet de cette antique astronomie; mais le peu qui nous reste de ses monuments est insuffisant pour en fixer l'époque et l'étendue. Nous pouvons seulement juger de sa haute antiquité par les périodes astronomiques qui nous sont parvenues et qui supposent une suite d'observations d'autant plus longues que ces observations étaient plus imparfaites. — Il paraît que l'astronomie pratique des premiers temps se bornait aux observations du lever et du coucher des principales étoiles, de leurs occultations par la lune et par les planètes, et des éclipses. On suivait la marche du soleil au moyen des étoiles qu'effaçait la lumière des crépuscules, et par les variations des ombres méridiennes des gnomons : on déterminait les mouvements des planètes par les étoiles dont elles s'approchaient dans leur cours. Pour connaître tous ces astres et leurs mouvements divers, on partagea le ciel en constellations ; et cette zone céleste nommée zodiaque, dont le soleil, la lune et les planètes alors connues ne s'écartaient jamais, fut divisée dans les douze constellations suivantes : le Bélier, le Taureau, les Gémeaux, l'Écrevisse, le Lion, la Vierge, la Balance, le Scorpion, le Sagittaire, le Capricorne, le Verseau, les Poissons. On les nomma *signes*, parce qu'elles servaient à distinguer les saisons. »

Les observations les plus anciennes qui prouvent quelques connaissances exactes en astronomie appartiennent aux *Chinois* ; et bien que les premières éclipses dont leurs annales font mention ne puissent servir qu'à la chronologie, par la manière vague dont elles y sont rapportées, elles prouvent qu'à l'époque de l'empereur Yao, plus de deux mille ans avant notre ère, l'astronomie était cultivée à la Chine comme base des cérémonies. De temps immémorial on y célébrait des fêtes à l'époque du solstice, dans l'espérance assez poétique de séduire le soleil, et de l'engager par des danses et des festins à retarder son départ vers les équinoxes. Le gnomon était connu en Chine dès les temps les plus reculés ; on y mesurait le temps par des clepsydres, et l'on y déterminait la position de la lune par rapport aux étoiles dans les éclipses, ce qui donnait les positions sidérales du soleil et des solstices. La théorie a confirmé trente et une de ces éclipses, entre les trente-six dont les éléments sont parvenus jusqu'à nous, et qui furent observées depuis l'année 776 jusqu'à l'an 450 avant notre ère. Les Chinois avaient même construit des instruments propres à mesurer les distances angulaires des astres. Ils avaient ainsi reconnu que la durée de l'année solaire surpasse d'un quart de jour environ trois cent soixante-cinq jours : ils la faisaient commencer au solstice d'hiver. Leur année civile était lunaire ; et pour la ramener à l'année solaire ils faisaient usage de la période de dix-neuf années solaires correspondantes à deux cent trente-cinq lunaisons, période exactement la même que, plus de seize siècles après, Calippe introduisit dans le calendrier des Grecs. Ils avaient partagé l'équateur en douze signes immobiles, et en vingt-huit constellations dans lesquelles ils déterminaient avec soin la position des solstices. Trois observations, qui remontent de l'an 1098 à l'an 1104 avant notre ère, faites par les astronomes de la Chine, nous sont heureusement parvenues : deux d'entre elles sont des longueurs méridiennes du gnomon observées avec un grand soin aux solstices d'hiver et d'été, et qui donnent pour l'obliquité de l'écliptique à cette époque reculée un résultat conforme à la théorie de l'attraction universelle. L'autre observation est relative à la position du solstice d'hiver dans le ciel à la même époque. Elle s'accorde pareillement avec la théorie, autant que le comportent les moyens employés alors pour déterminer un élément aussi délicat.

Pour retrouver d'autres vestiges certains d'observations astronomiques, il faut se transporter chez les *Chaldéens*, qui avaient, dit-on, des observations remontant à dix-neuf siècles avant Alexandre, et qu'Aristote, si l'on en croit Porphyre, cité par Simplicius, se fit communiquer par l'entremise de Calisthène. Ces observations ont été perdues ; mais Ptolémée nous en a transmis trois des plus anciennes et relatives à des éclipses de lune observées à Babylone dans les années 719 et 720 avant notre ère ; il les utilisa pour déterminer les mouvements de la lune. Les Chaldéens connaissaient les planètes anciennes ; ils avaient un zodiaque divisé en douze constellations ; ils possédaient une sphère qui a servi de modèle à la nôtre ; ils faisaient la terre creuse et semblable à un bateau, et ils savaient prédire les éclipses. La célèbre période qu'ils appelaient *Saros* est le monument astronomique le plus curieux avant l'époque de l'école d'Alexandrie : elle contenait 6583 jours ⅓, pendant lesquels la lune fait 223 révolutions à l'égard du soleil, 239 révolutions anomalistiques, et 141 révolutions par rapport à ses nœuds. Ils ajoutaient $\frac{1}{13}$ de la circonférence, pour avoir le mouvement sidéral du soleil dans ses intervalles, ce qui suppose l'année sidérale de 365 jours ¼. Ptolémée atteste qu'ils observaient dès les plus anciens temps les occultations des étoiles par la lune ; et il paraît aussi qu'ils connaissaient l'usage des cadrans solaires.

L'état et l'origine de l'astronomie chez les *Égyptiens* sont enveloppés des plus profondes ténèbres. Les nombreux monuments de ce peuple, couverts d'emblèmes allégoriques, semblent presque tous être en rapport avec des connaissances astronomiques : telles sont les pyramides, dont les faces ont des relations exactes avec les points cardinaux, et dont les bases ont un rapport remarquable avec les dimensions du globe terrestre ; les obélisques, les sphinx, les temples, dont la porte était ouverte vers le soleil ou vers le Nil, et une multitude de signes symboliques ; mais aucune des observations faites par les Égyptiens n'est parvenue jusqu'à nous, et le mystère qui entourait toutes les connaissances de cet ancien peuple reste encore pour nous impénétrable. Quant au célèbre monument d'Osymandias, où fut trouvé un cercle d'or de 365 coudées de circonférence, et présentant sur sa face supérieure une division en 365 parties égales, correspondant aux jours de l'année, il servait à observer le mouvement du soleil en déclinaison. Les zodiaques imparfaits de l'Égypte, et particulièrement celui de Denderah, dont on faisait autrefois remonter l'origine à une antiquité si reculée, paraissent aujourd'hui être d'une date assez récente, comparativement à celle qui leur avait été d'abord assignée. Quoi qu'il en soit, Macrobe attribue expressément aux Égyptiens la pensée des mouvements de Mercure et de Vénus autour du soleil. Leur année civile était de 365 jours ; elle était divisée en douze mois de trente jours, et ils ajoutaient à la fin cinq jours complémentaires. Mais, suivant la remarque de Fourier, l'observation des levers héliaques de Sirius leur avait appris que le retour de ces levers retardait alors chaque année d'un quart de jour ; et ils avaient fondé sur cette remarque la *période sothiaque* de 1461 ans, qui ramenait à peu près aux mêmes saisons leurs mois et leurs fêtes. Cette période s'est renouvelée l'année 139 de notre ère. Si elle a été précédée d'une période semblable, comme tout porte à le croire, l'origine de cette période antérieure remonterait à l'époque où l'on peut supposer avec vraisemblance que les Égyptiens ont donné des noms aux constellations du zodiaque, et où ils ont fondé leur astronomie. Ils avaient observé que dans vingt-cinq de leurs années il y avait trois cent neuf retours de la lune au soleil ; ce qui donne une valeur fort rapprochée de la longueur du mois. Cette période remonte vraisemblablement à l'an 2782 avant notre ère.

L'origine de l'astronomie en *Perse* et dans l'*Inde* se perd, comme chez tous les peuples, dans les ténèbres des premiers temps de leur histoire. Les Tables Indiennes supposent une antiquité assez avancée ; mais tout porte à croire qu'elles ne sont pas d'une haute antiquité. » Elles ont deux époques principales, qui remontent, l'une à l'année 3102 avant notre ère, l'autre à 1491. Ces époques sont liées par les mouvements du soleil, de la lune et des planètes, de manière qu'en partant de la position que les Tables Indiennes assignent à tous ces astres à la seconde époque, et remontant à la première par le moyen de ces Tables, on trouve la conjonction générale qu'elles supposent à cette époque primitive. Il est très-vraisemblable que la première époque, loin d'être fondée sur les observations, a été imaginée, au contraire, pour donner dans le zodiaque une commune origine aux mouvements célestes. « Nos dernières Tables astronomiques, dit Laplace, considérablement perfectionnées par la comparaison de la théorie avec un grand nombre d'observations très-précises, ne permettent pas d'admettre la conjonction supposée dans les Tables Indiennes; elles offrent même à cet égard des différences beaucoup plus grandes que les erreurs dont elles sont encore susceptibles. A la vérité, quelques éléments de l'astronomie des Indiens n'ont pu avoir la grandeur qu'ils leur assignent que longtemps avant notre ère ; il faut, par exemple, remonter jusqu'à six mille ans pour retrouver leur équation du centre du soleil. Mais indépendamment des erreurs de leurs déterminations, on doit observer qu'ils n'ont considéré les inégalités du soleil et de la lune que relativement aux éclipses, dans lesquelles l'équation annuelle de la lune s'ajoute à l'équation du centre du soleil, et l'augmente d'une quantité à peu près égale à la différence de sa véritable valeur à celle des Indiens. Plusieurs éléments, tels que les équations du centre de Jupiter et de Mars, sont très-différents dans les Tables Indiennes de ce qu'ils devraient être à leur première époque : l'ensemble de ces Tables, et surtout l'impossibilité de la conjonction générale qu'elles supposent, prouvent qu'elles ont été construites, ou du moins rectifiées dans des temps modernes. « Cependant l'antique réputation des Indiens ne permet pas de douter qu'ils aient, dès l'époque la plus reculée, cultivé l'astronomie.

Chez les Grecs, disciples des Égyptiens et des Chaldéens, on trouve, mais bien plus tard à la vérité, des connaissances en astronomie qui prouvent qu'ils mettaient à profit leurs voyages. Le premier philosophe grec qui ait ouvert la carrière astronomique fut Thalès de Milet, qui vivait l'an 640 avant notre ère, et qui fonda, après avoir été s'instruire en Égypte, l'école ionienne, si fertile en grands hommes. Il y enseigna la sphéricité de la terre, l'obliquité de l'écliptique, et les véritables causes des éclipses du soleil et de la lune. On dit même qu'il parvint à les prédire, en employant sans doute les méthodes ou les périodes qui lui avaient été communiquées en Égypte. Thalès eut pour successeurs Anaximandre, Anaximène et Anaxagore : les deux premiers introduisirent en Grèce l'usage du gnomon et des cartes géographiques. Pythagore, né à Samos, vers l'an 590 avant notre ère, disciple de Thalès, après avoir été visiter l'Égypte et l'Inde, fut le fondateur de la célèbre école italique, où il enseigna secrètement la théorie du double mouvement de la terre, que son disciple Philolaüs exposa ensuite publiquement. Il apprit aussi à l'Italie que les étoiles du matin et du soir, Hesper et Lucifer, n'étaient qu'un seul et même astre ; c'est-à-dire la planète de Vénus, et que le soleil était immobile. Suivant les Pythagoriciens, les comètes elles-mêmes sont, en mouvement comme les planètes autour du soleil : ce ne sont point des météores passagers formés dans notre atmosphère, mais des ouvrages éternels de la nature.

La seule observation faite par les Grecs antérieurement à l'école d'Alexandrie est celle du solstice d'été de l'an 432 avant notre ère, par Méton et Euctémon. Ce fut aussi Méton qui, à la même époque, proposa aux jeux olympiques sa fameuse période de dix-neuf années solaires, qui conciliait d'une manière très-heureuse les mouvements du soleil et de la lune, (voyez NOMBRE D'OR). Vers le temps d'Alexandre, Pythéas, de Marseille, se rendit célèbre par une observation de la longueur méridienne du gnomon au solstice d'été dans cette ville : c'est la plus ancienne observation de ce genre après celle de Tcheou-Kong, et elle est précieuse, en ce qu'elle confirme la diminution successive de l'obliquité de l'écliptique.

« Nous voyons pour la première fois dans l'École d'Alexandrie, dit Laplace, un système combiné d'observations faites avec des instruments propres à mesurer des angles,

et calculées par les méthodes trigonométriques. L'astronomie prit alors une forme nouvelle, que les siècles suivants n'ont fait que perfectionner. La position des étoiles fut déterminée avec plus d'exactitude qu'on ne l'avait fait encore ; les inégalités des mouvements du soleil et de la lune furent mieux connues ; on suivit avec soin les mouvements des planètes. Enfin, l'école d'Alexandrie donna naissance au premier système astronomique qui ait embrassé l'ensemble des phénomènes célestes ; système, à la vérité, bien inférieur à celui de l'école de Pythagore, mais qui fondé sur la comparaison des observations offrait dans cette comparaison même le moyen de le rectifier et de s'élever au vrai système de la nature, dont il est une ébauche imparfaite. Aristille et Timocharis furent les premiers observateurs de cette école, 300 ans avant notre ère. Les observations qu'ils firent sur la position des principales étoiles dans le zodiaque ne furent point inutiles à leurs successeurs. »

Aristarque de Samos essaya de déterminer par un procédé ingénieux, mais inexact en pratique, le rapport des grandeurs et des distances du soleil et de la lune. C'est au moment où il jugea l'exacte moitié du disque lunaire éclairé, qu'Aristarque mesura l'angle compris entre les deux astres. A cet instant, le rayon visuel mené de l'œil de l'observateur au centre de la lune est perpendiculaire à la ligne qui joint les centres du soleil et de la lune ; ayant donc trouvé l'angle à l'observateur plus petit que l'angle droit d'un trentième de cet angle, il en conclut que le soleil est dix-neuf fois plus éloigné de nous que la lune ; résultat qui, malgré son inexactitude, reculait les bornes de l'univers beaucoup au delà de celles qu'on lui assignait alors.

Ératosthène, qui vivait du temps de Ptolémée Évergète, entreprit de déterminer la mesure de la terre. Ayant considéré que le jour du solstice d'été, le soleil éclairait un puits dans toute sa profondeur, et comparant cette observation à la hauteur méridienne du soleil au même solstice à Alexandrie, il trouva l'arc céleste compris entre les zéniths de ces deux villes égal à la cinquantième partie de la circonférence ; et comme leur distance était estimée d'environ cinq mille stades, il donna deux cent cinquante mille stades à la longueur entière du méridien terrestre. Il est peu probable que pour une recherche aussi importante cet astronome se soit contenté de l'observation grossière d'un puits éclairé par le soleil. Cette considération et le récit de Cléomède autorisent à penser qu'il fit usage des longueurs méridiennes du gnomon aux solstices, à Syène et à Alexandrie. C'est la raison pour laquelle l'arc céleste qu'il détermina entre les zéniths de ces deux villes s'éloigne peu du résultat des observations modernes. Ératosthène se trompa en plaçant Syène et Alexandrie sous le même méridien. Il se trompa encore en n'évaluant qu'à cinq mille stades la distance de ces deux villes ; si le stade qu'il employa contenait trois cents fois la coudée du nilomètre d'Éléphantine, comme il y a des raisons de le penser. Alors les deux erreurs d'Ératosthène se seraient à fort peu près compensées ; ce qui porterait à croire que cet astronome ne fit que reproduire une mesure de la terre anciennement exécutée avec soin, et dont l'origine s'était perdue.

Hipparque, de Nicée en Bithynie, qui vivait dans le second siècle avant notre ère, illustra à jamais l'École d'Alexandrie. Il fut sans contredit le plus grand astronome de l'antiquité et la science véritable ne commence même qu'à lui. Peu satisfait de l'état douteux où se trouvaient alors la plupart des connaissances qu'on y possédait en astronomie, il se décida à les soumettre toutes à un scrupuleux examen, et à n'admettre comme résultats définitifs que ceux qui seraient fondés sur l'exactitude, parfaitement reconnue, des observations antérieures, ou sur des observations entièrement nouvelles plus précises que celles faites par ses prédécesseurs. « Il détermina, dit Laplace, la durée de l'année tropique, en comparant une de ses observations du solstice d'été avec celle d'un pareil solstice qu'Aristarque avait faite dans l'année 281 avant notre ère. Cette durée lui parut un peu moindre que l'année de 365 j. ¼ adoptée jusque alors, et il trouva qu'à la fin de trois siècles il fallait retrancher un jour ; mais il remarqua lui-même le peu d'exactitude d'une détermination fondée sur les observations des solstices, et l'avantage de se servir pour cet objet des observations des équinoxes. Celles qu'il fit dans un intervalle de trente-trois ans le conduisirent à peu près au même résultat. Hipparque reconnut encore que les deux intervalles d'un équinoxe à l'autre étaient inégaux entre eux, et inégalement partagés par les solstices, de manière qu'il s'écoulait 94 j. ½ de ce solstice à l'équinoxe d'automne. Pour expliquer ces différences, Hipparque fit mouvoir le soleil uniformément dans un orbe circulaire; mais au lieu de placer la terre à son centre, il l'en éloigna de la vingt-quatrième partie du rayon, et il fixa l'apogée du soleil à son sixième degré des Gémeaux. Avec ces données, il forma les premières Tables du soleil mentionnées dans l'histoire de l'astronomie. » Hipparque calcula, par la comparaison d'éclipses choisies dans les circonstances les plus favorables, les durées des révolutions de la lune, relativement aux étoiles, au soleil, à ses nœuds et à son apogée. Il détermina aussi l'excentricité de l'orbe lunaire et son inclinaison à l'écliptique; et il les trouva à très-peu près les mêmes que celles qui ont lieu maintenant dans les éclipses, où l'on sait que l'un et l'autre de ces éléments sont diminués par l'évection et par l'inégalité principale du mouvement de la lune. Enfin, il détermina la parallaxe de la lune, dont il essaya de conclure celle du soleil, par la largeur du cône d'ombre terrestre au point où la lune le traverse dans ses éclipses. Il avait fait un grand nombre d'observations des planètes, et, persuadé du déplacement des étoiles, « il osa, dit Pline, par une entreprise digne des dieux, donner à la postérité le dénombrement du ciel et en déterminer toutes les parties avec des instruments de son invention, à l'aide desquels il marqua les lieux et les grandeurs des étoiles : par là il donnait les moyens de discerner à l'avenir si les étoiles pouvaient se perdre et reparaître, si elles changeraient de situation, de grandeur et de lumière; c'est ainsi qu'il laissa le ciel en héritage à ceux qui seraient dignes d'en profiter. » Ce fut, dit-on, une nouvelle étoile qui parut de son temps qui lui fit entreprendre un catalogue de ces astres, le plus ancien que l'on connaisse, et qui en contient 1022. Le fruit de cette longue et pénible entreprise fut la découverte de la *précession des équinoxes*. C'est encore à Hipparque que la géographie est redevable de la méthode de fixer la position des lieux sur la terre par leur latitude et par leur longitude, pour laquelle il employa le premier les éclipses de lune.

L'intervalle de près de trois siècles qui sépare ce grand astronome de l'époque où florissait Ptolémée nous offre Géminus, dont le *Traité d'Astronomie* est parvenu jusqu'à nous, et quelques observateurs, tels qu'Agrippa, Ménélaüs et Théon. C'est dans cet intervalle qu'il faut placer la réforme du calendrier romain, pour laquelle Jules-César fit venir d'Alexandrie à Rome l'astronome Sosygène, ainsi que la connaissance précise du flux et du reflux de la mer, due à Possidonius, qui reconnut que les lois de ce phénomène étaient liées aux mouvements du soleil et de la lune, découverte dont Pline le Naturaliste a donné une description remarquable par son exactitude. A ce propos, disons que les *Romains* négligèrent presque entièrement l'astronomie; cependant on sait que Pompée entretenait une correspondance avec Possidonius. Cicéron, dans un passage remarquable de son traité *de Republica* (liv. I, § xiv), parle de la sphère que Marcellus avait enlevée lors de la prise de Syracuse, et qu'il fit suspendre dans le temple de la Vertu à Rome. Ce passage, quoique obscur dans plusieurs de ses parties, donne une idée assez juste des connaissances astronomiques des Romains avant que les relations qu'ils établirent plus tard avec la Grèce ne les eussent davantage éclairés.

Claude Ptolémée, né à Ptolémaïs en Égypte, vers l'an 130 de notre ère, perfectionnant les travaux d'Hipparque, essaya de donner un système complet d'astronomie, qui fut adopté pendant longtemps comme l'expression de la vérité, et qui, quoique reconnu erroné dans les temps modernes, se fait cependant remarquer par l'ingénieuse invention des *épicycles*, au moyen desquels étaient expliquées les irrégularités apparentes des mouvements planétaires (*voyez* SYSTÈMES ASTRONOMIQUES). On lui doit la découverte importante de l'*évection* de la lune. Avant lui les astronomes n'avaient considéré les mouvements de cet astre que relativement aux éclipses, dans lesquelles il suffissait d'avoir égard à son équation du centre, en supposant l'équation du centre du soleil plus grande que la véritable. En suivant attentivement la lune dans toute sa course, Ptolémée reconnut que l'équation du centre de l'orbite lunaire était moindre dans les syzygies que dans les quadratures : il détermina la loi de cette différence, et fixa sa valeur avec beaucoup de précision. Il confirma la détermination des équinoxes découvert par Hipparque, et établit l'immobilité respective des étoiles, leur latitude à très-peu près invariable et leur mouvement en longitude. Bien que l'édifice astronomique construit par Ptolémée, et qui subsista pendant quatorze siècles, soit aujourd'hui complétement détruit, l'ouvrage qui en contient l'exposé sous le titre de *Composition mathématique*, et qui est plus ordinairement connu sous le nom d'*Almageste*, que lui donnèrent, au neuvième siècle, les Arabes, lorsqu'ils en firent une traduction du grec dans leur idiome, témoigne du génie supérieur dont était doué cet astronome.

Les progrès de l'astronomie dans l'école d'Alexandrie se terminèrent par les travaux de Ptolémée. Cette école subsista encore pendant cinq siècles; mais les successeurs de Ptolémée et d'Hipparque se contentèrent de commenter leurs ouvrages, sans rien ajouter à leurs découvertes; et les phénomènes qui se ciel offrit dans un intervalle de plus de six cents ans manquèrent presque tous d'observateurs.

Lors de la chute de l'empire romain, l'astronomie, comme toutes les autres sciences, cessa d'être cultivée pendant plusieurs siècles, où on la vit bornée pour ainsi dire à la connaissance de l'ouvrage de Ptolémée et aux rêveries de l'astrologie. Cependant quelques khalifes arabes en encouragèrent l'étude pendant les huitième et neuvième siècles : le plus célèbre de ces khalifes fut Al-Mamoun, de la famille des Abassides, et fils du fameux Haroun-Al-Raschid : il régnait à Bagdad, en 814. Après avoir défait l'empereur grec Michel III, il lui avait imposé, entre autres conditions de la paix, celle de lui remettre les meilleurs livres de la Grèce. L'ouvrage de Ptolémée était de ce nombre. Le khalife fit traduire en arabe; ce qui aida puissamment à répandre chez les nouvelles nations de l'Orient les connaissances astronomiques. Al-Mamoun fit publier de nouvelles Tables du soleil et de la lune, meilleures que celles de Ptolémée; il fit encore mesurer avec un grand soin, dans une vaste plaine de la Mésopotamie, un degré de méridien terrestre que l'on trouva de 200,500 coudées noires; malheureusement on ne sait rien relativement à la longueur du module dont on fit usage dans cette mesure. Parmi les astronomes que le khalife et ses successeurs encouragèrent, il faut surtout citer Albatenius ou Albatégni, auquel on doit une observation de l'obliquité de l'écliptique qui, corrigée de l'effet de la parallaxe, donne 23° 35′ 46″. Cet observateur perfectionna aussi la théorie du soleil : il réduisit l'excentricité de l'ellipse solaire à 0,017,325, le rayon de l'orbite étant pris pour l'unité. Les écrits des astronomes arabes, tels qu'Aboul-Wéfa de Bagdad, Ebn-Jounis, qui observait au Caire, et Arzachel à Tolède, attestent de profondes connaissances dans la science des mouvements célestes, comme on peut le voir particulièrement dans ceux d'Aboul-Wéfa, qui dès l'an 975 avait constaté l'inégalité lunaire appelée *variation*, dont la découverte avait été à tort jusqu'à nos jours attribuée à Tycho-Brahe. Quelques monuments qui nous sont parvenus témoignent en outre de leurs travaux scientifiques : tels sont les globes célestes koufiques des musées de Rome, de Dresde et de Londres, ainsi que celui dont l'Observatoire de Paris s'est enrichi en 1836, et qui est semblable au globe du musée Borgia. Les figures représentant les constellations et les groupes d'étoiles, avec leurs noms en caractères koufiques, les lettres exprimant les nombres, sont exécutées au burin sur ces globes avec une netteté remarquable. Le globe du musée Borgia porte pour date de sa construction l'année de l'hégire 622 (1225 de notre ère); et quoique celui de l'Observatoire de Paris ne porte pas la date de sa construction, on la fait cependant remonter à l'année de l'hégire 463 (le milieu du onzième siècle de notre ère).

Les *Persans*, longtemps soumis à la même domination souveraine que les Arabes, ayant secoué le joug des khalifes vers le milieu du onzième siècle, donnèrent, par les soins de l'astronome Omar-Cheyan, une forme nouvelle à leur calendrier, en y introduisant une intercalation ingénieuse, qui consistait à faire huit années bissextiles tous les trente-trois ans. Au treizième siècle, Nassir-Eddin se rendit célèbre en Perse par les observations astronomiques qu'il fit à Méragah, et deux siècles après Oloug-Beg, prince de cette nation, dressa lui-même à Samarcande, capitale de ses États, un nouveau catalogue d'étoiles, et construisit des Tables astronomiques qui sont meilleures que toutes celles que l'on connaissait avant lui. Il mesura l'obliquité de l'écliptique; et son résultat, en le corrigeant de la réfraction et de la fausse parallaxe qu'il avait employée, donne cette obliquité plus grande que de notre temps ; ce qui prouve sa diminution successive.

En cherchant à découvrir quelles pouvaient être les connaissances possédées en astronomie dès la plus haute antiquité par les peuples qui habitaient cette partie du globe terrestre entièrement inconnue aux anciens, le Nouveau Monde, ce n'est certes pas sans étonnement que l'on a constaté que ces connaissances étaient très-avancées, eu égard à l'état de civilisation de ces peuples. En effet, les *Mexicains* et les *Péruviens* observaient avec soin les ombres du gnomon aux solstices et aux équinoxes. Les premiers connaissaient même l'année tropique d'une manière plus exacte qu'Hipparque. Ils avaient une période de trois ans, un cycle de treize mois et un siècle de quatre périodes dont chacune se composait de treize années. Ils n'interposaient point, comme nous le faisons, un jour successivement de quatre en quatre années, mais treize jours tous les cinquante-deux ans.

En Europe, pendant l'obscurité du moyen âge, Alphonse X, roi de Castille, se distingua par les encouragements qu'il donna à l'étude de l'astronomie ; mais il fut mal secondé par les astronomes qu'il avait rassemblés à grands frais à Tolède, et les tables astronomiques dites *Tables Alphonsines*, qu'il publièrent, ne valurent jamais les dépenses qu'elles durent occasionner.

Il faut arriver à l'époque mémorable de la renaissance des lettres, des arts et des sciences, pour assister à la rénovation de l'astronomie, dont les données les plus positives avaient été pendant les siècles de barbarie obscurcies par mille rêveries astrologiques (*voyez* ASTROLOGIE). Cette science s'éleva alors, par des progrès rapides, et se dégageant des limites étroites dans lesquelles on l'avait tenue si longtemps renfermée, à un degré remarquable de certitude que les découvertes sublimes des temps modernes devaient encore accroître. Purbach, Regiomontanus et Walterus se distinguèrent à cette époque, les deux premiers en publiant de beaux travaux astronomiques, et le dernier en construisant de grands instruments d'observation ; mais à Copernic, né à Thorn, en Pologne, le 9 février 1473, était réservée l'impérissable gloire d'accélérer les progrès de la science par son *système* des phénomènes célestes produits par les mouvements de la terre sur son axe et autour du soleil.

« En 1543, Copernic, dit M. Arago, brisa d'une main ferme et hardie la majeure partie de l'échafaudage antique et vénéré dont les illusions des sens et l'orgueil des générations avaient rempli l'univers. La terre cessa d'être le centre, le pivot des mouvements célestes; elle alla modestement se ranger parmi les planètes ; son importance matérielle dans l'ensemble des corps qui composent notre système solaire se trouva presque réduite à celle d'un grain de sable. Vingt-huit ans s'étaient écoulés depuis le jour où le chanoine de Thorn s'éteignait en tenant dans ses mains défaillantes le premier exemplaire de l'ouvrage qui devait répandre sur la Pologne une gloire si éclatante et si durable, lorsque Wittemberg vit naître un homme destiné à produire dans la science une révolution non moins féconde et plus difficile encore. Cet homme était Kepler. Doué de deux qualités qui semblent mutuellement s'exclure, une imagination volcanique et une opiniâtreté que ne rebutaient pas les calculs numériques les plus fastidieux, Kepler devina que les mouvements des astres devaient être liés les uns aux autres par des lois simples, ou, en nous servant de ses propres expressions, par des *lois harmoniques*. Ces lois, il entreprit de les découvrir. Mille tentatives infructueuses, des erreurs de chiffres, inséparables d'un travail colossal, ne l'empêchèrent pas un seul instant de marcher résolûment vers le but, qu'il avait cru entrevoir. Vingt-deux ans furent employés à cette recherche, sans qu'il faille s'en affliger ! car on sait en vérité vingt-deux ans de labeur pour celui qui va devenir le législateur des mondes, qui inscrira son nom en traits ineffaçables sur le frontispice d'un code immortel ? »

N'oublions pas d'ailleurs que les idées de Copernic durent principalement leur grande faveur aux travaux et aux malheurs de l'illustre Galilée. « Un heureux hasard, dit Laplace, venait de faire trouver le plus merveilleux instrument que l'industrie humaine ait découvert, et qui, en donnant aux observations astronomiques une étendue et une précision inespérées, a fait apercevoir dans les cieux des inégalités nouvelles et de nouveaux mondes. Galilée eut à peine connaissance des premiers essais sur le télescope, qu'il s'attacha à le perfectionner. En le dirigeant vers les astres, il découvrit les quatre satellites de Jupiter, qui lui montrèrent une nouvelle analogie de la terre avec les planètes ; il reconnut ensuite les phases de Vénus, et des lors il ne douta plus de son mouvement autour du soleil. La Voie-Lactée lui offrit un nombre infini de petites étoiles que l'irradiation confond à la vue simple dans une lumière blanche et continue ; les points lumineux qu'il aperçut au delà de la ligne qui sépare la partie éclairée de la partie obscure de la lune lui firent connaître l'existence et la hauteur de ses montagnes. Enfin, il observa les taches et la rotation du soleil, et les apparences singulières occasionnées par l'anneau de Saturne. En publiant ces découvertes, il fit voir qu'elles démontraient le mouvement de la terre; mais la pensée de ce mouvement fut déclarée contraire aux dogmes religieux par une congrégation de cardinaux, et Galilée, son plus célèbre défenseur en Italie, fut cité au tribunal de l'Inquisition, et forcé de se rétracter, pour échapper à une prison rigoureuse. »

Avant lui, Tycho-Brahe, l'un des plus grands observateurs qui aient existé, né vers la fin de 1546, à Knudstorp, en Scanie, avait rendu de grands services à l'astronomie, soit en inventant de nouveaux instruments, soit en apportant des perfectionnements aux anciens ; ce qui permit

ASTRONOMIE

une précision plus grande dans les observations. On lui doit : la découverte de deux nouvelles inégalités dans le mouvement de la lune, la *variation* et l'*équation annuelle*; celle des inégalités du mouvement des nœuds et de l'inclinaison de l'orbe lunaire ; la remarque importante que les comètes se meuvent fort au delà de cet orbe ; une connaissance plus parfaite des réfractions astronomiques ; enfin des observations très-nombreuses des planètes, et un nouveau catalogue d'étoiles. Malheureusement pour sa mémoire, il employa inutilement un grand savoir à soutenir une hypothèse pour expliquer les principaux phénomènes célestes. Privant la terre de son double mouvement et l'ayant placée au centre du monde, il fit tourner autour d'elle le soleil et la lune, tandis que Mercure, Vénus, Mars, Jupiter et Saturne devaient tourner autour du soleil. Ce système n'était au fond qu'un mélange habile de trois systèmes plus anciens, celui des Égyptiens, celui de Ptolémée et enfin celui de Copernic ; bien supérieur aux deux premiers, il n'avait pas la simplicité remarquable du dernier.

Les travaux d'Huygens suivirent de près ceux de Kepler et de Galilée. C'est à lui qu'on doit l'application du pendule aux horloges, l'un des plus beaux présents qu'on ait faits à l'astronomie et à la géographie ; la théorie et la pratique du télescope furent aussi considérablement perfectionnées par lui. A l'aide d'excellents objectifs qu'il était parvenu à construire, il reconnut que les singulières apparences de Saturne sont dues à la présence de l'anneau qui entoure cette planète, et son assiduité à observer ces apparences lui fit découvrir un des satellites de Saturne. A la même époque, Hévélius se rendit célèbre par ses observations sur les taches et la libration de la lune, et Dominique Cassini enrichit l'astronomie d'une foule de découvertes : telles sont la théorie des satellites de Jupiter, dont il détermina les mouvements par les observations de leurs éclipses ; la découverte de quatre satellites de Saturne, de la rotation de Jupiter et de Mars, de la lumière zodiacale ; la connaissance fort approchée de la parallaxe du soleil, et surtout la théorie complète de la libration de la lune.

« Quand Descartes vint, dit Laplace, le mouvement imprimé aux esprits par les découvertes de l'imprimerie et du Nouveau Monde, par les révolutions religieuses, et par le système de Copernic, les rendait avides de nouveautés. Ce philosophe, substituant à de vieilles erreurs des erreurs plus séduisantes, soutenues de l'autorité de ses travaux géométriques, renversa l'empire d'Aristote, qu'une philosophie plus sage eût difficilement ébranlé. Ses tourbillons, accueillis d'abord avec enthousiasme, étant fondés sur les mouvements de la terre et des planètes autour du soleil, contribuèrent à faire adopter ces mouvements. Il était réservé à Newton de nous faire connaître le principe général des mouvements célestes. La nature, en le douant d'un profond génie, prit encore soin de le placer dans les circonstances les plus favorables. Descartes avait changé la face des sciences mathématiques par l'application féconde de l'algèbre à la théorie des courbes et des fonctions variables. Fermat avait posé les fondements de l'analyse infinitésimale par ses belles méthodes des maxima et des tangentes. Wallis, Wren et Huygens venaient de trouver les lois de la communication du mouvement. Les découvertes de Galilée sur la chute des graves, et celles d'Huygens sur les développées et sur la force centrifuge, conduisaient à la théorie du mouvement dans les courbes. Kepler avait déterminé celles que décrivent les planètes, et il avait entrevu la gravitation universelle. Enfin Hook avait très-bien vu que les mouvements planétaires sont le résultat d'une force primitive de projection, combinée avec la force attractive du soleil. La mécanique céleste n'attendait enfin qu'un homme de génie, qui, rapprochant et généralisant ces découvertes, sût en tirer la loi de la pesanteur

(*voyez* Attraction). C'est ce que Newton exécuta dans son ouvrage des *Principes mathématiques de la Philosophie naturelle.* »

Ce furent les astronomes de l'Académie des Sciences de Paris qui successivement appliquèrent le télescope au quart de cercle, inventèrent le micromètre et l'héliomètre, déterminèrent la propagation successive de la lumière, la grandeur de la terre et la diminution de la pesanteur à l'équateur. L'astronomie n'est pas moins redevable à la Société Royale de Londres ; parmi ses membres qui étaient astronomes, nous devons spécialement citer Flamsteed, l'un des plus grands observateurs qui aient paru ; Halley, illustré par son beau travail sur les comètes, et par l'idée ingénieuse de déterminer la parallaxe du soleil à l'aide des passages de Vénus sur cet astre ; enfin , Bradley, célèbre par deux des plus belles découvertes qu'on ait faites en astronomie, l'aberration de la lumière et la nutation de l'axe terrestre.

A la même époque où ce dernier astronome jetait une si belle gloire sur l'Angleterre, Lacaille, en France, et Tobie Mayer, en Allemagne , se montraient observateurs infatigables et laborieux calculateurs, perfectionnaient les théories et les Tables astronomiques, et formaient, sur leurs propres observations, des catalogues d'étoiles qui, comparés à celui de Bradley, fixent avec une grande exactitude l'état du ciel au milieu du dernier siècle.

« La loi de gravitation universelle, dit Laplace, n'avait pas pour les contemporains de Newton et pour Newton luimême toute la certitude que le progrès des sciences mathématiques et des observations lui a donnée. Euler et Clairaut, qui les premiers, avec d'Alembert, appliquèrent l'analyse aux perturbations des mouvements célestes, ne la jugèrent pas suffisamment établie pour attribuer à l'inexactitude des approximations ou du calcul les différences qu'ils trouvèrent entre l'observation et leurs résultats sur les mouvements de Saturne et du périgée lunaire. Mais ces trois grands géomètres et leurs successeurs ayant rectifié ces résultats, perfectionné les méthodes, et porté les approximations aussi loin qu'il est nécessaire, sont enfin parvenus à expliquer par la seule loi de la pesanteur tous les phénomènes du système du monde, et à donner aux théories et aux Tables astronomiques une précision inespérée. »

On peut résumer de la manière suivante les découvertes astronomiques de la dernière moitié du dix-huitième siècle, qui a été couronnée par les magnifiques travaux analytiques de Laplace : les mesures des degrés des méridiens terrestres et du pendule multipliées dans les diverses parties du globe ; l'arc de méridien compris entre Dunkerque et Formentera déterminé par des méthodes très-précises, et servant au système des mesures métriques ; les voyages entrepris pour observer les deux passages de Vénus sur le soleil, en 1761 et 1769, et la connaissance très-approchée des dimensions du système solaire, fruit de ces voyages ; l'invention des lunettes achromatiques, des montres marines , de l'octant et du cercle répétiteur; la formation par Mayer de Tables lunaires assez exactes pour servir à la détermination des longitudes à la mer ; la découverte de la planète Uranus, faite par W. Herschel en 1781, et celle de ses satellites et de deux nouveaux satellites de Saturne, due au même grand astronome.

Quant à Laplace, qui a jeté une si belle gloire sur la France, sa première découverte, l'invariabilité des distances moyennes au soleil, révéla sous un jour nouveau. Newton lui-même n'avait pas osé concevoir l'idée de saisir l'ensemble des effets qui devaient résulter des actions mutuelles des planètes et des satellites de notre système solaire; et supposant même que ce système ne renfermait pas en lui-même des éléments de conservation indéfinie , il avait cru qu'une main puissante devait intervenir de temps à autre pour réparer le désordre. Laplace aborda avec hardiesse cette grande question philosophique. « Les recherches profondes et longtemps continuées de l'illustre géomètre, dit M. Arago, établirent avec une entière évidence que les ellipses planétaires sont perpétuellement variables ; que les extrémités de leurs grands diamètres parcourent le ciel ; qu'indépendamment d'un mouvement oscillatoire, les plans des orbites éprouvent un déplacement en vertu duquel leurs traces sur le plan de l'orbite terrestre sont chaque année dirigées vers des étoiles différentes. Au milieu de ce chaos apparent, il est une chose qui reste constante ou qui n'est sujette qu'à de petits changements périodiques : c'est le grand axe de chaque orbite, et conséquemment le temps de la révolution de chaque planète ; c'est la quantité qui aurait dû principalement varier suivant les préoccupations savantes de Newton. » En effet, Laplace démontra que la pesanteur universelle suffit à la conservation du système solaire, et qu'elle maintient les formes et les inclinaisons des orbites dans un état moyen autour duquel les variations sont légères ; tout en reconnaissant d'ailleurs que si à des planètes *se mouvant toutes dans le même sens, dans des orbites d'une faible ellipticité, et dans des plans peu inclinés les uns aux autres*, on substituait des conditions différentes, la stabilité du monde serait mise en question, et suivant toute probabilité il en résulterait un épouvantable chaos.

Nonobstant la belle découverte de Laplace sur l'invariabilité des grands axes des orbites planétaires, et qui prouvait que l'attraction n'était pas une cause de désordre, on pouvait redouter toujours que d'autres forces se mélassent à celle-ci et produisissent ces perturbations graduellement croissantes qui donnaient lieu, de la part de certains esprits savants, à de sinistres prévisions. Comme les observations anciennes comparées aux observations modernes dévoilaient une accélération continuelle dans les mouvements de la Lune et de Jupiter, et une diminution non moins manifeste dans le mouvement de Saturne, il semblait que notre système planétaire était destiné à perdre Saturne, son mystérieux anneau et ses sept satellites, qui s'enfonçaient graduellement dans les régions invisibles de l'espace, tandis qu'au contraire Jupiter serait allé par une marche inverse s'engloutir dans la masse du soleil, et que la terre aurait vu la lune se précipiter sur elle. Ce fut alors que Laplace, s'aidant de théories analytiques inusitées jusqu'à lui, fit surgir clairement les lois de ces grands phénomènes, en rattachant les variations de vitesse de Jupiter, de Saturne, de la Lune, à des causes physiques et évidentes, ce qui les fit rentrer dans la catégorie des perturbations communes, périodiques, dépendantes de la pesanteur. Les changements si redoutés dans les dimensions des orbites ne furent donc plus qu'une simple oscillation renfermée entre d'étroites limites ; enfin, comme le dit M. Arago, « par la toute-puissance d'une formule mathématique, le monde matériel se trouva raffermi sur ses fondements ».

On doit mettre au premier rang des travaux de Laplace le perfectionnement des Tables de la lune, perfectionnement qui a résolu le problème des longitudes à la mer plus complètement qu'on n'avait osé espérer au point de vue scientifique, et plus exactement que ne le demandait l'art nautique dans ses derniers raffinements. Cet illustre géomètre porta le flambeau de l'analyse mathématique au milieu des perturbations des satellites de Jupiter, et grâce à lui les Tables de ces petits astres ont acquis toute la précision désirable et nécessaire pour qu'elles puissent servir de méthode des longitudes. Il avait annoncé dans un Mémoire publié en février 1789 que la cause qui empêchait que les deux parties de l'anneau de Saturne, placées à des distances différentes de la planète, n'éprouvassent par l'action du soleil des mouvements de précession différents, était due à l'aplatissement de Saturne, produit par un mouvement de rotation rapide de cette planète, mouvement qu'Herschel constata au mois de novembre de la même année. Enfin, il rattacha le phénomène des marées à une théorie analytique dans laquelle les conditions physiques de la question figurent pour la première fois ; et c'est lui qui le premier traita de la stabilité de l'équilibre des mers. « Une fois, selon les expressions de M. Arago, une seule fois, Laplace s'élança comme Kepler, comme Descartes, comme Leibnitz, comme Buffon, dans la région des conjectures. Sa conception ne fut alors rien moins qu'une cosmogonie. »

Le siècle actuel, comme le fait observer Laplace, a commencé de la manière la plus heureuse pour l'astronomie : son premier jour est remarquable par la découverte de la planète Cérès, faite par Piazzi à Palerme ; et cette découverte a bientôt été suivie de celle de deux planètes, Pallas et Vesta, par Olbers, et de la planète Junon, par Harding.

L'étude suivie des étoiles doubles et des nébuleuses appartient entièrement à notre siècle. Un mémoire de W. Herschel publié en 1803 ouvrit dans le champ des cieux une voie nouvelle aux observateurs ; et cé grand astronome ainsi que Bessel, John Herschel, J. South et Struve ont successivement publié plusieurs catalogues d'étoiles multiples qui en comprennent déjà plusieurs milliers. L'examen attentif des groupes binaires et tertiaires a montré que dans chacun d'eux les plus petites étoiles sont en mouvement autour des plus grosses ; et certaines étoiles ont déjà accompli une révolution entière depuis qu'on les observe comme étoiles doubles ; aussi a-t-on reconnu qu'on pouvait rendre compte de tous les déplacements aperçus dans plusieurs groupes d'étoiles multiples, en supposant les étoiles qui les composent en mouvement dans des courbes elliptiques et soumises aux principes de l'attraction universelle, ce qui prouverait que cette grande loi de la nature s'étend jusqu'aux astres les plus éloignés que nous apercevons dans les cieux.

Laplace compléta, depuis le commencement de ce siècle, la *Mécanique Céleste*, le plus vaste monument qu'on eût encore élevé aux sciences astronomiques, et Poisson publia successivement plusieurs mémoires sur les plus importantes questions de la théorie du système du monde. Plana en Italie, Gauss, Bessel, Encke, Olbers, Hansen, en Allemagne, Ivory, Lubbock, Hamilton, en Angleterre, se distinguèrent pareillement par des recherches d'un grand mérite sur plusieurs points intéressants de l'astronomie théorique.

Les Tables du soleil par Delambre, publiées en 1806 et construites d'après les formules de Laplace et sur les observations faites à Greenwich par Bradley et Maskeline, et à Paris par l'auteur, sont encore les plus exactes que la science possède, bien que Burckhardt en 1816, et M. Airy en 1827, aient indiqué quelques corrections essentielles qui leur servent de base. On doit aussi à Bessel des corrections pour les Tables de Cassini, qui ne diffèrent de celles de Delambre que par quelques dispositions particulières propres à faciliter les calculs, et ces corrections ont été généralement adoptées pour la construction de la *Connaissance des Temps*, des *Éphémérides de Berlin*, etc. Lindenau a établi des Tables de Mercure, de Vénus et de Mars, en se fondant sur la discussion des observations des astronomes les plus habiles et sur les formules de Laplace. Les Tables de Jupiter et de Saturne par Bouvard sont ce que l'on possède de plus exact et de plus complet en ce genre, quoique l'on doive y admettre, comme l'a démontré M. Leverrier, certaines corrections. Burckhardt en 1812 de nouvelles Tables de la lune, qui s'écartent peu de celles qu'avait publiées Burg au commencement de ce siècle. Cependant ces Tables étaient fondées sur la réunion de l'observation et de la théorie ; aussi l'Académie des Sciences de l'Institut de France, jugeant que la théorie de la lune demeurait imparfaite et dans un état peu digne de la hauteur à laquelle se sont élevées les autres parties de la théorie

ASTRONOMIE — ASTROS

du système du monde, tant qu'on serait forcé, pour construire les Tables lunaires, d'emprunter aux observations d'autres données que celles qui sont nécessaires pour établir les six éléments de son mouvement elliptique, proposa cet objet en 1820 comme le sujet d'un prix. Damoiseau présenta à ce concours un mémoire qui devint la base de nouvelles Tables lunaires; il fut couronné par l'Académie, ainsi qu'un autre mémoire, dû à la collaboration de Plana et de Carlini, géomètres italiens. Damoiseau construisit aussi de nouvelles Tables des satellites de Jupiter, qui furent publiées en 1836, et qui sont destinées à remplacer celles que Delambre avait fait paraître en 1817.

Le système solaire vers la fin du siècle dernier ne se composait que de sept planètes principales avec leurs satellites, et d'une comète, dite la comète de Halley, la seule dont les retours périodiques fussent constatés et qu'on pût regarder conséquemment comme lui appartenant. Aujourd'hui, en 1851, ce même système se compose de vingt-trois planètes avec leurs satellites, et de quatre comètes.

Les nombreuses planètes successivement découvertes dans ces dernières années sont : Astrée, le 8 décembre 1845, par M. Hencke; Neptune, le 23 septembre 1846, par M. Galle, d'après les admirables indications de M. Leverrier; Hébé, le 1er juillet 1847, par M. Hencke; Iris, le 13 août 1847, par M. Hind; Flore, le 18 octobre 1847, par le même; Métis, le 26 avril 1848, par M. Graham; Hygie, le 14 avril 1849, par M. de Gasparis; Parthénope, le 11 mai 1850, par le même; Victoria, le 13 septembre 1850, par M. Hind; Égérie, le 3 novembre 1850, par M. de Gasparis; Irène, le 19 mai 1851, par M. Hind; et Eunomia, le 29 juillet 1851, par M. de Gasparis. Les trois nouvelles comètes dont connues sous les noms de comète d'Encke, de comète de Biéla et de comète de Faye. La découverte de la plupart de ces astres est due à l'observation (voyez PLANÈTES, COMÈTES). Le calcul seul a fait trouver un de ces corps errants (voyez NEPTUNE). Cette brève et dernière énumération des progrès de l'astronomie pendant la première moitié du dix-neuvième siècle suffit pour faire espérer bien d'autres brillantes découvertes dans les régions infinies de l'espace, découvertes qui prouveront toutes de plus en plus que cette science est, selon les expressions si justes de Laplace, le plus beau monument de l'esprit humain, le titre le plus noble de son intelligence. Dr Alex. DUCKETT.

ASTRONOMIE (Instruments d'). Voyez INSTRUMENTS.

ASTROS (PAUL-THÉRÈSE-DAVID D'), cardinal, archevêque de Toulouse, naquit à Tourvès (Var) le 15 octobre 1772. Son père était avocat et avait épousé la sœur du comte de Portalis, qui fut ministre des cultes. D'Astros dès sa plus tendre enfance se fit remarquer par une dévotion extrême. Il embrassa l'état ecclésiastique. En 1798 Portalis, déjà très-influent, appela son neveu auprès de lui en qualité de secrétaire; et quelques années plus tard, lors de la réorganisation de l'Église de Paris, il le fit élever à l'une des places de vicaire général nouvellement créées. L'abbé d'Astros acquitta sa dette de reconnaissance envers Napoléon par un discours sur le rétablissement de la religion en France, qu'il prononça le 15 août 1807, à Notre-Dame, et dans lequel il prodigua au restaurateur du culte, au héros de la France, les hommages de la plus grande adulation.

Bientôt cependant Napoléon, irrité des velléités d'indépendance manifestées par le saint-siège, rompt avec le pape Pie VII, qui l'excommunie, mais qu'il fait enlever. La police impériale, qui croyait avoir pris toutes ses mesures pour que la bulle d'excommunication ne transpirât pas en France, apprit non-seulement qu'elle y était connue, mais que le clergé avait même refusé, dans quelques diocèses, de chanter le Domine, salvum fac imperatorem. « Il est impossible, dit Napoléon, en apprenant ces nouvelles, que l'abbé d'Astros ne soit pour rien dans tout ceci. » En effet,

l'abbé d'Astros, alors premier grand vicaire de Notre-Dame, était en France l'agent le plus actif du pape. Le siège de la métropole, devenu vacant par la mort du cardinal de Belloy, avait d'abord été donné par le cardinal Maury. Celui-ci n'ayant pas obtenu son institution canonique, c'était l'abbé d'Astros qui, en qualité de vicaire capitulaire, administrait le diocèse, et il en profitait pour servir les ennemis du souverain auquel il devait sa position.

Des perquisitions faites par ordre du ministre de la police, Savary, au palais archiépiscopal, pendant l'absence de l'abbé d'Astros, amenèrent la découverte d'une copie de la fameuse bulle, d'une dizaine de lettres du cardinal Piétro, premier ministre du saint-père. Ces documents accusateurs, trouvés partie dans la doublure d'une vieille soutane et partie dans une botte à manchon, furent immédiatement envoyés à l'empereur, qui s'écria en les voyant : « Ah ! messieurs du clergé métropolitain, vous apprendrez si on se joue de moi impunément ! » Ces choses se passaient dans les derniers jours de décembre 1810.

Cependant le clergé de Paris, qui, pour excommunier l'empereur, n'assistait pas moins à toutes les présentations, se rendit aux Tuileries le 1er janvier 1811, la croix en tête et conduit par le grand vicaire de Notre-Dame. A peine Napoléon sut-il l'arrivée du chapitre métropolitain, qu'il chargea le comte Réal d'arrêter l'abbé d'Astros, de faire une perquisition dans ses papiers, et de le conduire à Vincennes s'il y trouvait quelque chose.

Quelques instants après, l'empereur, le regard soucieux, le chapeau sur la tête et les mains croisées sur le dos, s'avançait à pas précipités vers le grand salon, dont la porte s'ouvrait avec fracas. La physionomie contractée, les lèvres serrées, les yeux flamboyants, il alla droit au grand vicaire qui se tenait en avant du clergé métropolitain, et, s'efforçant visiblement de vaincre sa colère, il fit à l'abbé d'Astros un signe de la main comme pour lui dire qu'il était prêt à l'écouter. Le grand vicaire, sans paraître déconcerté, débita sa harangue, où les protestations d'usage de dévouement, de fidélité, d'amour pour la personne sacrée du monarque n'étaient pas oubliées. — « Voilà qui est bien, monsieur l'abbé, dit Napoléon avec ce sourire amer dont il avait seul le secret; mais il serait encore mieux de vous distinguer par votre obéissance aux lois de l'empire et par votre respect pour ma personne sacrée, comme vous voulez bien le dire. Ah ! ah ! c'est donc vous qui cherchez à allumer dans mes États le feu de la sédition ! c'est donc vous qui trahissez votre souverain pour exécuter les ordres d'un prêtre étranger ! Sachez, monsieur l'abbé, que je ne veux ni révolte, ni fanatisme, ni martyre ! Je suis chrétien, moi, et meilleur chrétien que vous ! Je saurai soutenir les droits de ma couronne, s'il le faut, contre de téméraires et criminelles entreprises ! Avez-vous donc oublié que je porte là une épée pour sa défense ? » Et l'empereur frappa fortement de sa main gauche la poignée de son épée.

Le grand vicaire fut si atterré, qu'il put à peine balbutier quelques excuses, et deux membres du chapitre furent obligés de le soutenir pour sortir du salon et regagner sa voiture. Mais une nouvelle épreuve l'attendait au bas de l'escalier. Là le comte Réal, qui se tenait aux aguets, lui déclara qu'il était son prisonnier, et que l'empereur lui avait donné mission de l'accompagner chez lui pour faire en sa présence des recherches minutieuses. En même temps, Réal, du ton le plus mielleux, s'efforça de provoquer des confidences en assurant à l'abbé d'Astros que s'il voulait se montrer sincère et communicatif relativement à la bulle d'excommunication, les choses pourraient s'arranger, et que peut-être la colère de l'empereur, n'parviendrait à l'apaiser. Le grand vicaire répondit qu'il avait eu connaissance de la bulle, non d'une manière particulière et personnelle, mais comme tout le monde. Si persistantes et si patelines que fussent les sollicitations de son juge instructeur, l'abbé d'Astros, malgré sa frayeur, demeura inébranlable. « En ce cas, dit le comte Réal, c'est chez vous et non chez moi qu'il faut aller. »

Les recherches de Réal amenèrent la découverte de la minute d'une réponse à la lettre d'envoi du pape. L'abbé d'Astros pâlit, voulut s'excuser et supplier. « Il n'est plus temps, dit froidement le comte. Je vous avais offert le moyen de vous sauver. Je n'ai plus maintenant qu'à rendre compte à l'empereur de ma visite. En attendant, pour exécuter ses ordres, je suis forcé de vous conduire à Vincennes. » Et la voiture partit au galop des chevaux.

L'abbé d'Astros fut mis au secret. On lui refusa, de peur de nouvelles intrigues, un valet de chambre qui le servait depuis longtemps ; mais on mit à sa disposition l'appartement le plus confortable du château, la bibliothèque des officiers d'artillerie, et sa table était tous les jours servie délicatement, suivant les recommandations de l'empereur, qui voulait que le prisonnier fût traité avec tous les égards possibles. Cependant la tempête ne s'apaisait pas, et de nouvelles instructions furent données pour saisir toutes les ramifications du complot tramé par les ultramontains. On sut bientôt que l'abbé d'Astros, avant de porter la bulle à la connaissance du clergé de Paris, l'avait gardée six mois ; qu'il s'était enfin décidé à la faire imprimer clandestinement, et qu'après l'avoir fait afficher, pendant la nuit, en présence de quatre chanoines dont il s'était assuré le secret concours, à la porte de l'église métropolitaine, il en avait répandu des exemplaires le lendemain à Paris et dans les départements. Le comte Réal crut même pouvoir affirmer à l'empereur que le directeur de la librairie, M. Portalis fils, avait été, dans le fait de l'impression, le complice de son cousin le grand vicaire, et cette découverte provoqua bientôt en plein conseil d'État une scène très-violente, dont tous les spectateurs furent terrifiés, et qui se termina, après les apostrophes les plus vigoureuses, par le renvoi de M. Portalis, que les services de son père ne purent sauver de l'exaspération de l'empereur.

L'abbé d'Astros resta prisonnier à Vincennes jusqu'en 1814. Quand il eut recouvré sa liberté, surpris et mécontent de ce qu'on ne l'avait pas immédiatement réintégré dans ses fonctions de vicaire général, il publia sa célèbre brochure *Des appels comme d'abus en matière de religion*. Retiré à Gand pendant les Cent jours, il revint avec les Bourbons, qui d'abord lui rendirent sa place, puis acquittèrent à son égard la dette de reconnaissance de la cour de Rome, et récompensèrent ce qu'ils appelaient le *martyre* de M. d'Astros en l'appelant à l'évêché de Bayonne. L'ex-grand vicaire de Paris vivait assez paisiblement dans son diocèse, entouré de quelques missionnaires de Montrouge, qu'il avait mis dans la confidence de ses projets ultérieurs, lorsque, le 16 mars 1830, son dévoûment à certaines idées obtint une nouvelle récompense : il fut choisi comme successeur de M. de Clermont-Tonnerre à l'archevêché de Toulouse.

La révolution de Juillet trouva d'abord l'abbé d'Astros rebelle ou tout au moins incertain. M. de Broglie dut lui écrire plusieurs fois pour réclamer sa prestation de serment. Enfin le pape, qui avait été consulté, répondit que les lois de l'Église ne s'opposaient point à ce qu'on prêtât serment de fidélité à un gouvernement *de fait*. D'ailleurs le règne de l'*usurpation* semblait vouloir se consolider. Ces motifs firent cesser les hésitations de l'archevêque de Toulouse. Ici commence une nouvelle phase dans sa vie publique. Il devint l'âme de la croisade que, sous le spécieux prétexte de la liberté d'enseignement, on vit éclater en 1842 contre l'université, ses docteurs et ses doctrines, et qui ne tendait à rien moins qu'à faire passer l'instruction publique aux mains de l'Église. Le signal une fois donné, les dénonciations de sacristie partirent de plusieurs points à la fois,

et on vit successivement accuser d'athéisme MM. Ferrari, Garnier et Cousin. Puis vint le tour d'un professeur de la faculté des lettres de Toulouse. A l'occasion du carême de 1842, M. d'Astros lança un mandement dans lequel, s'occupant à la fois des doctrines et de la personne de ce professeur, M. Gatien-Arnoult, il l'accusait : 1° *de tendance à l'athéisme*; 2° *d'opinions entachées d'athéisme sur la création*; 3° *d'attaques dirigées contre la Bible et Moïse*; 4° *d'attaques contre le christianisme et Jésus-Christ*. M. Gatien-Arnoult riposta avec beaucoup de tact, de sagesse et de sens. Sa réponse, insérée dans l'*Émancipation*, journal de Toulouse, eut un retentissement immense en France, et commença la polémique qui a duré longtemps entre le clergé et l'université.

Les pensées guerroyantes de M. d'Astros, car il eut le courage de se déclarer l'auteur de ce mandement, sommeillèrent ensuite ; mais ce fut pour se réveiller plus vives que jamais à la fin de 1843. Il les formula dans un *Mémoire au roi en son conseil, et aux chambres, en faveur de la liberté d'enseignement*, daté du 15 novembre 1843, et publié dans les premiers jours de 1844. En 1845 il revint encore sur la brèche ; mais cette fois il adressa au roi personnellement son *Mémoire en faveur de la liberté d'enseignement*; acte de déférence qui permit de croire que le cousin de M. Portalis, rallié définitivement comme lui à la dynastie de Juillet, avait reçu de la cour de Rome une promesse de chapeau dont il ne pouvait attendre la réalisation que du bon vouloir des Tuileries. On ne se trompait pas. La barrette arriva de Rome le 30 septembre 1850, après l'avénement de la république, et quand déjà l'université et le clergé étaient réconciliés sur ce même terrain de l'enseignement public. Son Éminence du reste n'a pas longtemps joui de son triomphe. Elle expirait le 29 septembre 1851, dans sa résidence archiépiscopale de Toulouse.

ASTRUC (JEAN), né à Sauves, dans le Bas-Languedoc, le 19 mars 1684, fut un des médecins les plus célèbres et les plus érudits de son temps et de sa province ; il fit ses études à Montpellier, et fut un des principaux et derniers soutiens de la secte des iatro-mécaniciens, et l'un des plus dociles continuateurs de Boërhaave.

Astruc reçut le bonnet de docteur et revêtit la robe de Rabelais en 1703, à l'âge de dix-neuf ans. Il débuta, comme professeur suppléant, dans la chaire de Chirac, alors à l'armée et préludant à sa haute fortune, son général étant le duc d'Orléans, qui, douze ans après, devint régent du royaume. Astruc passa plusieurs années à professer, à étudier, à disputer, à écrire, prenant soin de mériter tout ce qu'il espérait, c'est-à-dire son élévation et la renommée. Il avait choisi pour maîtres et pour modèles Borelli et Bellini, médecins mathématiciens, et il expliquait tout, dans les corps vivants, par les lois de la mécanique ou de la chimie. Pour lui la digestion n'était qu'un mouvement de fermentation ; si les plantes se dirigent vers le ciel, c'est en vertu d'une sorte d'attraction. Il est superflu de faire remarquer que ces vues étaient erronées et ces idées fautives ; mais les erreurs d'Astruc, par leur homogénéité même, eurent un éclat que n'obtiennent pas toujours les plus réelles découvertes et la cause de la vérité.

Sa réputation était déjà si grande quand Chirac revint de l'armée, que Chirac lui-même et Vieussens, alors en désaccord sur un point fort délicat de l'anatomie du cerveau, choisirent l'un et l'autre Astruc pour arbitre de leur différend. En homme d'esprit et en juge habile, Astruc ne donna raison à aucun des deux, en sorte que cet arbitrage lui fit paraître supérieur aux contendants, ses anciens et ses maîtres. Ne pouvant plus rester à Montpellier dans un rang subalterne, Astruc partit pour Toulouse. Ce ne fut qu'à quelque temps de là qu'il revint à Montpellier pour occuper la chaire de Chirac dès que ce dernier se trouva attiré à Paris par l'élévation de son illustre protecteur, Philippe d'Orléans. Il fut en outre chargé de l'inspection générale des eaux minérales du Languedoc, c'est-à-dire des eaux de Balaruc, d'Avesne, de Rennes, des sources de Bagnères de Luchon, d'Encausse et de Lamatou.

En 1720 Astruc alla étudier la peste de Marseille, et il obtint là des succès brillants en prenant cette fois encore parti pour l'erreur contre la vérité : il soutint, en effet, contrairement à l'avis de Chirac, que la peste était contagieuse. Comme le sentiment public était pour la contagion, Astruc eut pour lui les suffrages de la multitude, tant il est vrai que la cause de l'erreur est presque toujours la plus populaire et la plus fructueuse. La peste finie, Astruc écrivit beaucoup sur l'épidémie de Marseille, et ensuite sur la maladie vénérienne peu de temps après Boërhaave. Il s'agissait là d'une contagion certaine et persévérante. Astruc vint ensuite à Paris. Il fut pendant quelque temps médecin du roi de Pologne (1729), sinécure assujettissante et mal rétribuée, dont il se dégoûta au bout d'un an.

Après avoir été élu capitoul de Toulouse, il fut nommé professeur au Collège de France, médecin conseiller ou consultant du roi Louis XV; et ce fut à cette époque qu'il prit part à la vive querelle qui venait de s'élever entre les médecins et les chirurgiens : c'était vers 1737. A cette occasion, il publia cinq lettres en faveur des médecins, et quelque temps après son *Histoire du Languedoc*; après cela, il s'occupa de métaphysique et de théologie, ce qui lui valut quelques tourments. Entre autres hérésies condamnées, Astruc prétendit que la Genèse n'est point un ouvrage original, inspiré ou révélé, affirmant qu'on y trouve la trace de notes et d'ouvrages antérieurs que Moïse aurait mis à contribution pour son œuvre. Enfin, accusé en Sorbonne et à Rome, Astruc pensa réhabiliter son orthodoxie en composant un ouvrage fort médiocre sur l'immortalité et la liberté de l'âme; mais, comme pour ne pas abandonner entièrement la cause de l'erreur, il écrivit en même temps contre l'inoculation. Connu par ses ouvrages et ses leçons publiques, activement attaché à la faculté de médecine de Paris, dont il dirigeait toute une branche d'enseignement, Astruc, par ses titres officiels et son mérite, accrut de plus en plus sa réputation, en même temps que sa pratique. Malheureusement, la crainte puérile de voir ses leçons publiées par ses auditeurs lui fit consacrer un temps précieux à mettre au jour de fort mauvais ouvrages.

Il a paru sous le nom d'Astruc un grand nombre de dissertations et de traités, dont la très-longue liste et l'extrême diversité seraient la meilleure preuve que son esprit, étranger aux vues d'ensemble, n'était qu'un vaste répertoire de morceaux détachés, n'ayant pour lien aucun principe général. Voici, comme exemple, les titres de quelques-uns de ses ouvrages : *Conjectures sur le redressement des plantes inclinées à l'horizon. — Traité de la cause de la Digestion. — Dissertatio de Ani Fistula. — Dissertatio de Sensatione. — Quæstio medica de naturali et præternaturali Judicii Exercitio. — Dissertation sur la Contagion de la Peste, où cette qualité contagieuse est démontrée. — Dissertation sur la Peste de Provence. — De Morbis Venereis Libri* (in-4°, Paris, 1736). Boërhaave avait publié son traité l'année précédente, 1735. — *Conjectures sur les mémoires originaux dont il paraît que Moïse s'est servi pour composer le livre de la Genèse* (1753). — *Sur l'Immortalité, l'Immatérialité et la liberté de l'Ame* (1755). — *Traité des ulcères* (1759). — *Doutes sur l'inoculation* (1756). — *Histoire naturelle du Languedoc. — Manuel des Accouchements, à l'usage des sages-femmes*, 1766, l'année de sa mort (5 mai). Ses *Mémoires pour servir à l'Histoire de la Faculté de Montpellier* ne furent publiés qu'après sa mort et par les soins de Lorry (1767, in-4°). — La pratique d'Astruc ressemblait beaucoup à ses ouvrages : il faisait ce qu'on appelle la médecine des symptômes, qui n'est pour ainsi dire qu'une guerre de partisan, une suite d'escarmouches, sans plan général ni tactique. Astruc a vécu quatre-vingt-deux ans.

Dr Isid. BOURDON.

ASTURIES, en espagnol *Asturias*, province septentrionale de l'Espagne, portant le titre de principauté et bornée à l'est par la Vieille-Castille, au sud par le royaume de Léon, à l'ouest par la Galice, et au nord par la mer de Biscaye, dans laquelle elle projette le cap Peñas. Cette province, d'une superficie de 9,700 kilomètres carrés, compte environ 435,000 habitants. A partir du royaume de Léon et de la Vieille-Castille elle est couverte d'âpres montagnes, appartenant à la chaîne cantabrique et s'élevant jusqu'à la crête qui suit la frontière méridionale et s'échappe du plateau de la Galice avec la Sierra Peña Merella, formant au centre les Peñas de Europa, hautes de 3,400 mètres et se rattachant à l'est au groupe de la Liébana. La grande route de Léon à Oviédo traverse le Pas de Pajarès. De sombres et profondes vallées creusent son versant septentrional, qui, n'atteignant pas le rivage de la mer, en est séparé par une seconde chaîne parallèle, divisée par la Sella en Sierras de Péral et de Noreña à l'occident, et en Peña Mallera à l'orient. Ces vallées sont arrosées par des torrents dévastateurs d'un cours très-borné, comme la Navia, la Pravia et la Sella. Les sommets des montagnes que la neige couvre jusqu'au mois d'avril sont nus et arides; souvent ils portent sur leurs flancs des blocs de marbre de 65 à 130 mètres de hauteur; les intervalles qu'ils laissent entre eux sont couverts de pâturages, et leurs vallées de vertes prairies. Ce n'est que dans le fond de ces vallées, et lorsqu'elles s'élargissent, qu'on aperçoit des champs de seigle avec des bouquets d'arbres du nord, et à 37 kilomètres seulement de la crête qu'on rencontre des champs de maïs et de froment, des châtaigniers, des noyers et des mûriers. Quelques figuiers, oliviers, orangers ou autres arbres de cette espèce, qui croissent dans des expositions favorables, rappellent seuls un climat méridional. Dans le bas pays, l'influence de la mer rend le sol d'une grande fertilité; dans les hautes et étroites vallées, où les nuits sont glaciales, même en été, et les matinées froides, l'agriculture, peu pratiquée, ne rapporte que des récoltes misérables. On s'y occupe généralement de l'éducation des bestiaux, surtout des bêtes à cornes et d'une race de chevaux célèbre par sa force et son adresse. Sur les côtes, la pêche récompense amplement les travaux de ceux qui s'y livrent. On ne trouve ni huile ni sel dans la province. Parmi les différents minéraux qu'elle produit, on exploite surtout le cuivre, l'antimoine gris et le charbon de terre. On rencontre aussi dans les terrains bas de la tourbe et de l'ambre jaune.

Les Arabes ne purent jamais s'établir solidement dans les Asturies, qui jusqu'au huitième siècle servirent d'asile inviolable aux Goths. Aussi l'Asturien se regarde-t-il comme un hidalgo libre; il est fier de ne s'être mêlé ni aux juifs ni aux Arabes. Simple dans ses mœurs, brave jusqu'à la témérité, généreux, en même temps, moins laborieux que l'habitant de la Galice et moins sociable que le Biscaïen. Beaucoup d'Asturiens, ne trouvant pas à vivre dans leur pays, émigrent dans le reste de l'Espagne, où ils se font cochers ou valets; mais dès qu'ils ont amassé un petit pécule, ils retournent finir leurs jours dans leur patrie. Les Vaqueros forment parmi les Asturiens une caste particulière; ils se marient entre eux, habitent l'hiver sur le bord de la mer, l'été sur les montagnes de Leytariegos, et mènent une véritable vie nomade, uniquement occupés du soin de leurs troupeaux. En 1341 le prince héritier d'Espagne portait déjà le titre de prince des Asturies. Oviédo est la capitale de la province; Gijon et Avilès, chacune avec un port, en sont ensuite les villes les plus importantes.

ASTYANAX, fils d'Hector et d'Andromaque, fut, après la prise de Troie, précipité du haut des murailles de la ville, parce que le devin Calchas prédit aux Grecs qu'il leur serait plus funeste que son père. Suivant une autre tradition, Astyanax fut sauvé et suivit sa mère en Épire.

ASYMPTOTE (de ά privatif, σύν, avec, πίπτω, je tombe; c'est-à-dire *qui ne rencontre pas, qui ne coïncide pas*). Une ligne droite s'approchant continuellement d'une courbe est dite *asymptote* à cette courbe, si la distance des deux lignes peut devenir plus petite que toute quantité assignable, sans que ces lignes se rencontrent, à quelque distance qu'elles soient prolongées. — Un exemple éclaircira cette définition. Supposons qu'une ligne droite soit donnée; menons-lui, par un point fixe, une série d'obliques très-rapprochées, et prenons sur chacune d'elles une longueur constante à partir de son intersection avec la droite donnée; nous obtenons ainsi une suite de points qui, réunis par un trait continu, forment une courbe appelée *conchoïde*. Or cette courbe se rapproche continuellement de la droite donnée; car les perpendiculaires abaissées des points de la conchoïde sur cette droite diminuent à mesure qu'augmente l'obliquité des droites parties du point fixe; de plus, la courbe, par son mode même de construction, ne peut jamais rencontrer la droite donnée : ces deux conditions étant remplies, la droite donnée est asymptote à la conchoïde construite.

Pour qu'une courbe puisse avoir une ou plusieurs asymptotes, il faut qu'elle présente autant de branches infinies; mais une courbe peut avoir des branches infinies sans asymptotes correspondants. Parmi les sections coniques, la parabole est dans ce dernier cas, tandis que l'hyperbole a deux asymptotes.

Deux courbes peuvent être asymptotes l'une à l'autre : telles sont les hyperboles qui ont les mêmes asymptotes rectilignes. Un point peut aussi être asymptote à une courbe : certaines spirales en offrent l'exemple; elles effectuent une infinité de circonvolutions tendant constamment à se rapprocher d'un point asymptotique, sans jamais pouvoir l'atteindre.

Les asymptotes rectilignes étant regardées comme limites des tangentes, cette considération abrège leur recherche générale, et en fait une des plus élégantes théories de la géométrie analytique.   E. MERLIEUX.

ASYNDETON, mot composé d'ά privatif et de συνδέω, j'unis. C'est une figure de grammaire, qui consiste à supprimer les liaisons, ou particules, ou conjonctions copulatives indispensables dans le langage ordinaire; ce retranchement a lieu dans certains cas pour donner au style plus de force et de vivacité, comme, par exemple, dans ce vers de Virgile :

Ferte citi flammas, date vela, impellite remos.

On y a recours quand, pour imprimer au discours plus de force et de rapidité, on place à la suite l'une de l'autre et par gradation plusieurs idées qui se lient entre elles. C'est ce qui arrive lorsque la phrase doit exprimer une action rapide ou bien une vive émotion de l'esprit; ce retranchement constitue alors une véritable figure de rhétorique, comme dans la fameuse phrase de César : *Veni, vidi, vici*, où la particule *et* est omise, et dans cette autre de Cicéron contre Catilina : *abiit, excessit, evasit, erupit*. L'asyndeton s'oppose à la polysyntheton, qui consiste à multiplier la particule copulative.

ATABEGS ou **ATTABEGS**, gouverneurs ou émirs de province de la Perse, qui, depuis le moment où les Seldjoucides commencèrent à décliner jusqu'à la conquête de la Perse sur eux par le fameux Houlagou, exercèrent sur la contrée le pouvoir suprême qu'ils avaient usurpé, sans oser prendre toutefois le titre de sultans, et se contentant d'en créer un nouveau, celui d'*atabeg*, qui dans la langue turque signifie *père du prince*.

Plusieurs de ces *atabegs* acquièrent une grande célébrité; et aujourd'hui même les Persans ne parlent qu'avec admiration de leurs exploits. Parmi les plus fameux, il faut citer Omad'Eddin-Zenghi, connu dans l'histoire des croisades, et dont les écrivains francs ont, suivant leur habitude, défiguré le nom en celui de *Sanguin*. Ce fut lui qui, en l'an 1144, enleva la ville d'Édesse aux croisés. Son fils, Noureddin, eut pour général Saladin, qui fit, en 1171, la conquête de l'Égypte.

ATAHUALPA, le dernier des souverains indigènes du Pérou, de la race des Incas. Son père, Huayna-Capac, ayant conquis le royaume de Quito, épousa une fille des anciens souverains de ce pays, au mépris de l'antique usage qui défendait aux Incas de s'allier hors de la famille royale. De plus, il scinda l'empire des Incas, en donnant ce royaume pour apanage à son plus jeune fils, Atahualpa, issu de cette nouvelle épouse, au détriment de l'aîné, Huascar. A l'arrivée de Pizarre et d'Almagro, la guerre avait éclaté entre les deux frères. Tous deux avaient envoyé aux Espagnols des députés pour solliciter leur appui. Mais quand l'audacieux Pizarre s'avançait vers le camp d'Atahualpa, à Caxamarca, Huascar était déjà vaincu et captif; et, pour prévenir un soulèvement en sa faveur, l'Inca victorieux avait fait périr son frère, après s'être souillé du meurtre de tous les princes du sang royal.

L'avide et perfide Espagnol, dévoré de la soif de l'or que les Péruviens étalaient à ses yeux, ne tarda pas à punir, par une horrible trahison, les crimes d'Atahualpa. Instruit par l'exemple de Cortez, au Mexique, il avait résolu de s'emparer de la personne de l'Inca, comme son compatriote s'était saisi de Montezuma. Au moment où l'empereur péruvien, comptant sur un allié, se présentait à lui sans défiance, il lui fait signifier par le moine Vincent Valverde l'ordre de se soumettre au roi d'Espagne, et d'embrasser sa religion, en mettant aux mains d'Atahualpa le livre de l'Évangile. L'Inca, révolté de cette audace, et incapable de comprendre l'autorité du livre des chrétiens, le laisse tomber ou le jette à terre, Valverde crie au sacrilège. Les Espagnols, commandés par Almagro, se précipitent alors sur les gardes du prince et le massacrent. La terreur qu'inspirent aux troupes péruviennes les chevaux des Espagnols, leurs armes à feu et leur artillerie, les met en fuite. Atahualpa est prisonnier des brigands de l'Europe, jugé, condamné au feu, étranglé par grâce, après avoir reçu le baptême ; et un empire puissant, détruit, tombe sous la domination espagnole.   AUBERT DE VITRY.

ATALANTE. Deux femmes ont porté ce nom dans l'antiquité héroïque : l'une, fille de Jasus et de Clymène, était Arcadienne, et se rendit célèbre par son adresse à la chasse. Son père, qui désirait un fils, l'exposa sur le mont Parthénios, où elle fut trouvée par des chasseurs, qui l'élevèrent, mais qui la rendirent plus tard à ses parents. Elle tua à coups de flèches les Centaures Rhaecus et Hylœus qui voulaient lui faire violence. Elle prit part à l'expédition des Argonautes, et assista à la chasse du sanglier Calydon, auquel elle porta le premier coup. Aussi Méléagre lui donna-t-il la hure et la peau du sanglier, comme prix de la victoire. — L'autre ATALANTE, fille de Schœnée, roi de Seyros, fut célèbre par sa beauté et son agilité. Elle imposait pour condition à ses amants de lutter avec elle à la course. Elle poursuivait le prétendant une lance à la main, et le tuait si elle l'atteignait. Dans le cas contraire, elle devait lui appartenir. Beaucoup avaient déjà trouvé la mort, lorsque Hippomène, fils de Mégarée, la vainquit avec le secours de Vénus. La déesse lui avait donné quelques pommes d'or, qu'il laissa successivement tomber en courant. Atalante s'arrêta pour les ramasser, et Hippomène atteignit le premier le but; mais il oublia de remercier Vénus de sa victoire. Pour l'en punir, la déesse lui inspira un amour si violent pour sa fiancée qu'il se permit l'embrasser dans le temple de Cybèle, près duquel la course avait eu lieu. Cybèle, irritée, les métamorphosa en un couple de lions, qu'elle attela à son char. Les mythographes confondent souvent les deux Atalante, et Ott. Müller prétend, dans son *Histoire des abus helléniques*, qu'il ne faut pas les distinguer.

ATARAXIE (du grec à privatif, et ταράσσω, je trouble). C'est ce calme, cette parfaite quiétude de l'âme, que le sage recommande, que le stoïcien exige dans tous les événements de la vie, en se préparant à les recevoir sans émotion aucune, selon cette maxime de Sénèque : *Sustine, abstine*, était de règle habituelle, qui appartiendrait plus à un dieu qu'à l'homme. Aussi le *bourgeois gentilhomme*, M. Jourdain, dit-il à son maître de philosophie qu'il est bilieux en diable, et qu'il veut se fâcher. L'on a trop souvent occasion de mettre en contradiction les prétendus précepteurs de sagesse, si prompts à démentir leurs leçons par leurs exemples! Où est-il, ce mortel sans passions, que dépeint le Balzac du dix-septième siècle? Sans faire l'apologie des affections de l'âme, et tout en aspirant à réfréner leurs excès dangereux, ne peut-on pas reconnaître l'utilité des sentiments généreux, nobles ressorts des grandes âmes, tels que l'émulation de la vertu, l'amour ardent de l'humanité, de la vraie gloire, qui s'élance jusqu'au sacrifice de la vie, pour son pays, pour l'avancement des sciences, etc.? On cite d'éclatants modèles de ces dévouements, même dans nos siècles modernes si décriés. Malheur aux esprits froids qui ne savent rien admirer, et dont l'*ataraxie* n'est que glace pour tout ce qui doit enthousiasmer le cœur humain!

J.-J. Virey.

ATAULF, un des chefs visigoths qui envahirent l'Italie, sous la conduite d'Alaric, qui avait épousé sa sœur. Ataulf vint en 409 rejoindre son beau-frère avec une armée de Goths et de Huns, qu'il commandait en Pannonie, et il contribua puissamment à la prise de Rome. L'empereur Attale, créature d'Alaric, le nomma *comte des domestiques*, c'est-à-dire commandant de la garde de l'empereur. L'année suivante, 410, lorsque Alaric, après le sac de Rome, alla mourir à Cosenza, Ataulf lui succéda comme roi des Wisigoths, et passa dans les Gaules, en promettant à Honorius de lui délivrer des chefs de partisans qui se disputaient les dépouilles de cette province. Il battit Jovinus et Sébastien, qui furent mis à mort; mais ensuite il échoua devant Marseille, qui fut défendue par le comte Boniface. Ataulf, après la prise de Rome, avait comme captive Placidie, fille de l'empereur Théodose, et sœur d'Honorius, qui avait été promise au comte Constant. Honorius la lui fit redemander; mais Ataulf l'épousa lui-même, en 414. Placidie avait pris sur ce barbare une influence qu'elle conserva tant qu'il vécut; et elle imprima à ses idées une direction nouvelle. Il ne songea plus dès lors qu'à adoucir les mœurs de ses grossiers compatriotes, et à mitiger leur barbarie par le contact de la civilisation romaine. Il avait pour Placidie une espèce de culte, qu'il rendait à la fois à la femme aimée et à la fille issue du sang des empereurs. Dans ses noces, qui furent célébrées à Narbonne, il portait le costume romain, et Placidie siégeait au-dessus de lui sur son trône d'impératrice. L'enfant qu'il eut d'elle fut nommé Théodose. Orose a conservé le précieux récit des confidences d'Ataulf sur les motifs de la réforme qu'il voulait introduire dans les mœurs et la politique de sa nation. Il ne songea plus dès lors qu'à se faire reconnaître par Honorius. Mais le comte Constance ne le laissa pas paisible possesseur de la Gaule. La même année 414 les Visigoths furent forcés de quitter la Gaule, et de se retirer en Espagne. Ils brûlèrent Bordeaux avant de l'abandonner. En 415 il perdit son jeune fils Théodose, qui lui fit faire les funérailles où il étala toute la pompe des cérémonies romaines. Peu de temps après, il périt à Barcelone, assassiné par un de ses serviteurs. On dit que ses compatriotes commençaient à le haïr, soit pour ses cruautés, soit pour ses tentatives de réformes qui n'étaient pas encore mûres; car sans doute il devait rencontrer des résistances de la part de ces hordes barbares, pleines de mépris pour des vaincus dont on voulait leur faire imiter les usages.

Artaud.

ATALANTE — ATELIER 159

ATAXIE (du grec à privatif, et τάξις, ordre), terme employé d'abord par Sydenham, puis par Selle, et enfin par Ph. Pinel, qui en a constitué son ordre de *fièvres ataxiques*. Des symptômes désordonnés, suivis de stupeur, de tressaillements convulsifs, nerveux, selon Frank, caractérisent, en effet, les plus malignes et les plus pernicieuses de ces affections.

J.-J. Virey.

ATAXIQUE (Fièvre). *Voyez* Ataxie et Fièvre.

ATÉ, en grec *malheur*, divinité malfaisante, fille de Jupiter et d'Éris suivant Homère, ou de Dysnomia d'après Hésiode; c'est la même que la Discorde chez les Romains. selon l'*Iliade*, « cette déesse agit, influe en toutes choses ; c'est la fille redoutable du ciel, c'est le crime qui égare la raison et répand partout la terreur. Ses pieds agiles semblent avoir des ailes. Planant sur la tête des hommes, elle les excite tous au.mal, à l'iniquité, et ne les quitte qu'après les avoir fait tomber dans ses pièges criminels. » Lorsqu'à la naissance d'Hercule, Até eut excité Jupiter lui-même à se rendre coupable d'une orgueilleuse vanité qui le fit tomber dans les pièges d'une infâme magicienne, le maître des dieux, transporté de colère, la saisit par sa brillante chevelure et la précipita sur la terre, en jurant que jamais elle ne remonterait dans l'Olympe. Depuis, elle ne cesse de parcourir le monde avec une vitesse infinie, et partout où elle s'arrête ses pas sont marqués par la destruction et le ravage. Elle est suivie des Prières, filles boiteuses de Jupiter, qui s'efforcent de réparer les maux qu'elle fait.

ATÈLES (du grec ἀτελής, imparfait). Les atèles sont des singes américains, remarquables par leurs membres très-grêles et par leurs mains antérieures ayant seulement quatre doigts et par conséquent *imparfaites*, caractère auquel se rapporte leur nom. Les atèles se tiennent le plus souvent en troupes dans les arbres élevés, qu'ils parcourent facilement à l'aide de leur queue, très-longue et fortement prenante; ils peuvent en effet se suspendre par cette queue, qui constitue chez eux comme un cinquième membre. *Voyez* Singes.

ATELIER, lieu où travaillent réunis des artistes ou des ouvriers, tels que peintres, sculpteurs, dessinateurs, menuisiers, serruriers, tapissiers, tailleurs, brocheurs, relileurs, etc. Se dit aussi du lieu de travail d'un peintre, d'un sculpteur, etc.

Les ateliers d'ouvriers ne sont pas toujours dans les conditions de salubrité nécessaires; trop souvent aussi on rencontre dans ces ateliers et surtout dans ceux des artistes de pauvres *souffre-douleur*, contre lesquels s'acharne la taquinerie de camarades qui, sous le prétexte de s'amuser, font courir, par leurs mauvaises plaisanteries, de véritables dangers à des êtres moins bien doués qu'eux. Un autre abus des ateliers, c'est la licence de paroles et d'actions qu'engendre une familiarité journalière et que sert souvent à accroître le mélange des deux sexes. En compensation, la vie d'atelier offre plus d'un avantage. Cette communauté d'occupations et d'habitudes forme des liens de fraternité et de dévouement. Heureux si un jour il peut s'établir entre les ouvriers un système de solidarité qui en les attachant à l'atelier élève et assure le travail !

Les artistes surtout apprécient et savent faire valoir leurs relations d'atelier quand ils se retrouvent dans le monde ou qu'il s'agit d'appuyer le système d'un maître commun. Il est à regretter seulement que l'excès de ces préventions d'école cause souvent des empiétements injustes, soulève des coalitions passagères et crée de regrettables priviléges au détriment de l'indépendance de l'art.

Quant aux ateliers des artistes, ils doivent être bien clos et chauffés en hiver. Le jour principal doit y venir du nord, pour être égal. Cependant, il est bon de pouvoir, à volonté, l'obtenir aussi du levant et du midi, non pour faire usage de tous les jours à la fois, mais afin d'avoir, dans quelques circonstances, un jour plus vif et plus éclatant. En un mot, l'artiste doit veiller à la disposition des jours nécessaires à son tableau, et consulter dans ce cas la scène qu'il représente, ainsi que le lieu où sera placé son tableau.

L'*atelier* de Rembrandt ne recevait de lumière que par une ouverture fort étroite. Aussi dans ses tableaux le jour n'éclaire-t-il qu'un espace très-resserré, et les ombres sont-elles très-vigoureuses. L'*atelier* de Gérard Dow était à l'abri de la moindre poussière, parce que les atomes les plus légers pouvaient détériorer son travail, qui était des plus soignés et des plus minutieux.

Des chevalets de diverses grandeurs, des boîtes à couleurs, de grands tabourets, des échelles commodes, une table pour placer le modèle et un mannequin, sont les meubles nécessaires de l'*atelier* d'un peintre d'histoire. On y rencontre en outre de vieilles armures, de vieux costumes, des plâtres, une bibliothèque quelquefois. Le peintre de portraits doit avoir de plus un fauteuil et des coussins pour placer convenablement ses modèles. L'atelier du sculpteur est ordinairement plus simple; des moulages en sont généralement les seuls ornements.

Le nom d'*atelier* est encore donné à la réunion d'élèves qui travaillent sous un même maître. L'*atelier* de David a toujours été le plus fréquenté de son époque. Outre son atelier de jeunes gens, qui est très-fréquenté, M. Léon Cogniet en a aussi un pour les jeunes filles; il est tenu par sa sœur, et ne compte pas moins d'élèves. On cite encore les ateliers de MM. Abel de Pujol, Picot, Ramey et Dumont.

ATELIERS NATIONAUX. Ces deux mots rappellent les vastes embrigadements d'ouvriers qui eurent lieu après la révolution de 1848, et qui devinrent bientôt si menaçants pour la sécurité publique. Il ne faut pas croire, néanmoins, que ce soit le premier essai de ce genre qui ait été tenté. Dès le quinzième siècle il avait été ouvert en France des ateliers, dits de *charité*, pour fournir du travail aux ouvriers inoccupés, surtout dans la morte-saison, ou pour éteindre la mendicité en employant les indigents à divers travaux appropriés à leur âge et à leur sexe.

Un édit de 1545 prescrit d'utiliser les mendiants valides aux travaux publics. Des ordonnances de 1685, 1699 et 1709 règlent la police de ces ateliers. Enfin, par deux autres ordonnances, de 1786 et 1788, Louis XVI étend ce mode d'assistance à tout le royaume, fait ouvrir des travaux publics dans chaque province pendant la morte-saison et les encourage par divers priviléges.

En 1790, le commencement des troubles de la révolution ayant fait fermer un grand nombre d'établissements particuliers et laissé beaucoup de bras sans ouvrage, on ouvrit dans les environs de Paris de grands ateliers publics, consistant en travaux de terrassements pour les hommes, en travaux de filature pour les femmes et les enfants. On mit, en outre, à la disposition de chaque département une somme de 30,000 fr., afin d'occuper partout les indigents d'après le plan adopté pour la capitale. Cette minime somme n'était, selon toute apparence, qu'une prime d'encouragement offerte aux administrations locales qui consentiraient à entrer dans la voie indiquée par le législateur. Une loi de juillet 1791 régla, par des dispositions précises et sévères, l'ordre et la rémunération des travaux dans ces ateliers publics. Cette organisation coïncidait, du reste, à merveille avec le vaste plan proposé à l'Assemblée constituante pour l'extinction de la mendicité.

Cette mesure, exécutée il est vrai d'une manière incomplète, ne paraît pas avoir atteint son but. Malgré l'ouverture des ateliers, la misère des pauvres, le chômage des ouvriers allèrent toujours croissant, et cependant la Convention n'hésita pas à adopter le même mode de secours publics. Ayant souvent promis de venir en aide à toutes les misères humaines, elle regardait l'organisation des ateliers nationaux comme un des principaux moyens à mettre en usage pour réaliser ses promesses. Mais le temps manqua trop vite à sa bonne volonté.

Plus tard, la loi du 24 vendémiaire an XII vint donner aux ateliers publics une organisation plus régulière, plus solide; et cependant elle ne remplit pas mieux que les précédentes l'objet qu'elle s'était proposé. Peut-être eût-il fallu en conclure que ce mode de secours publics n'était pas aussi rationnel, aussi efficace qu'on le supposait. On y eut néanmoins recours de nouveau en 1830, comme à toutes les époques critiques; mais l'essai le plus large et le plus malheureux qui ait été fait en ce genre est celui de 1848, sous la dénomination d'*ateliers nationaux*.

A cette époque les idées de certaines écoles socialistes s'étaient répandues dans le peuple, qui les accueillait avec faveur. Divers systèmes ayant cours se proposaient même de substituer, sur une large échelle, aux établissements privés des ateliers publics organisés sous l'influence de l'État. Lors donc que, pour venir en aide aux ouvriers sans travail, on résolut de les employer provisoirement pour le compte de la république, les ateliers qu'on organisa dans cette intention furent confondus avec les ateliers futurs qui n'existaient encore que dans l'imagination des utopistes. On les considéra comme un premier essai de l'application des systèmes alors en honneur.

Faisons sommairement connaître l'organisation de ces ateliers, décrétée dès le 27 février 1848 par le ministre des travaux publics. A Paris ils se trouvaient sous les ordres d'un directeur, M. Émile Thomas d'abord, M. Léon Lalanne à la fin : leur administration se divisait en arrondissements, correspondant à ceux de la ville. Chaque arrondissement était, selon son contingent, divisé en un nombre plus ou moins considérable de services; chaque service se composait de trois compagnies; chaque compagnie, de quatre lieutenances, et chaque lieutenance, de quatre brigades; la brigade se composait de cinquante ouvriers, de cinq escouadiers ou piqueurs, d'un brigadier, d'un délégué et d'un agent de paye. Le brigadier, chargé du payement des salaires, constatait ce payement sur des feuilles quotidiennes, contenant le personnel des brigades, et émargées par les ouvriers, à côté des sommes qu'ils avaient reçues. Ces feuilles passaient successivement des mains du chef de brigade dans celles du lieutenant, du chef de compagnie, du chef d'arrondissement, et arrivaient, par une transmission hiérarchique, revêtues des signatures qui attestaient des divers contrôles, dans les mains du chef de la comptabilité générale. Ce qui a été malheureusement constaté lors de la liquidation générale des ateliers nationaux, c'est qu'il existait, à tous les degrés, une excessive négligence, et qu'aucune des pièces n'était régulière, malgré la surveillance d'un inspecteur du ministère des finances, chargé spécialement du contrôle de cette comptabilité. Le travail se faisait généralement en commun et à la journée. Le prix de la journée était de deux francs pour les simples ouvriers, quels que fussent d'ailleurs leur âge et leur aptitude; mais chacun ne travaillait guère qu'un jour sur deux. L'État fournissait les outils, et les grades se donnaient par l'élection des subordonnés. Les compagnies élisaient en outre des délégués qui discutaient en commun les intérêts du corps.

Les fondateurs de ces ateliers se sont fortement défendus d'avoir jamais eu la pensée de tenter dans cette entreprise la moindre application des utopies socialistes qui avaient cours à cette époque. Nous n'avons aucune raison de ne pas les croire entièrement sur parole à cet égard. On les a accusés aussi d'avoir, dans ce grand recrutement de bras nus, oisifs, cherché à se créer une armée à leur dévotion, en prévision lointaine d'événements graves; et sur ce second point, il faut l'avouer, ils ne se sont pas aussi bien défendus. Ce qu'il y a de certain, c'est que les idées qui avaient cours à cette époque et la dénomination ambitieuse qu'on avait adoptée, donnèrent aux ateliers de secours institués en 1848 un caractère particulier et une importance nouvelle bien supérieure à celle que leurs prédécesseurs avaient eue en d'autres temps. Ils devinrent un lieu de refuge non-seulement pour les ouvriers auxquels le travail échappait malgré leur bonne volonté, mais encore pour ceux qui se refusaient volontairement au travail par turbulence, par paresse, et trouvaient commode de se créer aux frais de l'État des loisirs qui pourraient un jour le bouleverser. Ainsi, en achevant la désorganisation des ateliers privés, ils contribuèrent dans une large part à étendre la plaie qu'ils étaient destinés à guérir, et devinrent une menace permanente pour la paix publique.

Remarquons en outre qu'en 1848 on apporta peut-être moins de réserve que jamais dans l'admission des hommes qu'on employait au service de l'État. Aucune des précautions recommandées par la loi du 24 vendémiaire an XII ne fut observée dans cette circonstance; on reçut presque sans examen, sans choix, ceux qui se présentèrent. Ce ne fut que lorsque le nombre des enrôlés eut atteint des proportions colossales qu'on se vit forcé de s'arrêter. C'était la conséquence de cette idée, à peu près officielle, que l'État devait du travail à tous ceux qui en manquaient. De plus, soit négligence, soit difficulté réelle, on pourvut fort mal à l'emploi effectif des travailleurs : les outils et le travail manquèrent à la fois. Pendant plusieurs mois une masse effrayante d'ouvriers déclassés, que quelques-uns ont portée à cent dix, à cent vingt mille, et dont on n'a jamais su le chiffre au juste, passèrent leur temps, soit à remuer des terres sans but, soit à jouer au bouchon ou aux barres, soit, ce qui était pis, à se concerter pour diriger à leur gré les mouvements tumultueux de la place publique, tenant sans cesse suspendue sur le siége du gouvernement la menace d'un bouleversement général. Ce fut le plus cruel, le plus terrible embarras de cette époque, si féconde en embarras de toutes espèces.

Il fallait prendre un parti. Lequel? Ce n'est pas à nous de l'indiquer. Peut-être eût-il mieux valu consacrer les fonds extraordinaires dont on pouvait disposer à une sage distribution progressive de secours à domicile qu'à des travaux mal entendus, dont le moindre inconvénient était de dévorer en frais inutiles une bonne partie des ressources qu'on possédait. Dans tous les cas, la transition ne devait pas s'opérer brusquement au milieu de l'exaltation où se trouvaient alors les esprits, mais lentement, méthodiquement, avec sagesse et modération, sans froisser, sans inquiéter personne. La création des ateliers nationaux, telle qu'elle avait eu lieu, sans ordre, sans précaution, sans contrôle, en lâchant la bride à l'effervescence de toutes les passions politiques, avait été certainement une grande faute; mais une plus grande faute encore fut leur suppression soudaine, brutale, sans pitié, cause ou, pour le moins, prétexte de la sanglante bataille de juin, la plus terrible dont une capitale ait été témoin dans ses murs, et qui ait vu le sang de plus de généraux rougir les pavés d'une ville.

A ce qui précède qu'on nous permette d'ajouter, en dehors de nos appréciations, et comme simple page d'histoire contemporaine, le passage suivant de M. de Lamartine, qui remonte au mois de mars 1850 :

« Les ateliers nationaux ne furent pas un système, mais un malheur. Inévitable résultat de la cessation soudaine du travail et du licenciement des ateliers dans une capitale industrielle de deux cent mille ouvriers, ils furent l'entrepôt des misères et des oisivetés forcées du moment. Les hommes les plus modérés du gouvernement y établirent, autant que possible, une hiérarchie et une discipline qui prévinrent pendant quatre mois les fermentations et les explosions que tout devait faire craindre dans de pareils rassemblements.

» Ces ateliers, bien qu'à l'obéir aux inspirations des délégués des clubs et du Luxembourg, et d'être l'armée à demi-solde du socialisme, furent constamment, pendant quatre mois, l'appui volontaire du gouvernement qui défendait l'ordre et les propriétés. Ils pesaient, en effet, mais ils pesaient contre les clubs extrêmes et contre les exigences turbulentes des agitateurs et des séditieux. Le gouvernement modéré les inspira seuls, et accepta souvent leur concours dans des moments décisifs. Quand l'indiscipline et la sédition éclatèrent aux Invalides, et qu'une poignée de soldats, indignes de ce nom, traînèrent le général Petit enchaîné dans les rues de la capitale, ce furent des détachements de ces ateliers qui prêtèrent leur concours à M. Arago, ministre de la guerre, pour aller réinstaller le général Petit, réprimer l'émeute militaire et punir les coupables.

« Il en fut ainsi jusqu'au mois de juin, époque à laquelle l'approche du licenciement, pressentie dans les ateliers nationaux, les jeta dans la fermentation et dans les mains des agitateurs. Mais ces agitateurs étaient si peu inspirés par le gouvernement que les chefs de secte du Luxembourg étaient alors déjà arrêtés ou en fuite; et ce fut aux cris de *Mort à Lamartine! Mort à Marie!* que le soulèvement des ateliers nationaux s'opéra le 22 juin au soir. La commission exécutive était si loin de conserver ce rassemblement pour peser sur l'assemblée, que le gouvernement avait rassemblé lui-même cinquante-cinq mille hommes, appelés de loin et à temps pour les dissoudre, et qu'il signa dans la nuit du 22 au 23 l'ordre de repousser la sédition par la force. »

ATELLANES (Fables) ou *Jeux osques*, nom donné à des espèces de farces originaires de la ville osque d'Atella en Campanie, entre Capoue et Naples, lesquelles furent introduites à Rome de très-bonne heure, et y furent jouées sous la forme modifiée de mimes jusqu'à l'époque impériale. Il semblerait, d'après Tite-Live, qu'elles seraient entrées dans la ville éternelle en même temps que les jeux des histrions étrusques, c'est-à-dire en l'an 390 avant J.-C. Le drame grec, importé par Livius Andronicus, ne put supplanter la farce nationale, qui continua à se jouer entre la tragédie et la comédie ou à la suite d'un drame pour rasséréner les esprits attristés. Il ne faut donc pas confondre les atellanes. pièces comiques vraiment italiennes, avec les pièces satiriques des Grecs, malgré l'analogie qu'établissent entre elles leur origine et leur but. Dans les premières paraissaient comme masques de caractère le *Bucco* (niais), le *Pappus* (vieillard imbécile), et le *Maccus* (polichinelle); ce dernier personnage n'était point notre polichinelle avec sa double bosse, mais bien le *Pulcinello* napolitain, qui charme encore par ses saillies et sa poltronnerie les *lazzaroni* de la Chiaja et les pêcheurs de la Mergelline, et dont la figure, sous le nom de *Civis atellanus*, a été trouvée dans les peintures d'Herculanum. On employait dans cette espèce de pièces le dialecte osque, qui prêtait déjà à rire par ses locutions surannées et ses tournures singulières; la vie des campagnards opposée à celle des citadins en fournissait le sujet, qui était en général traité d'une manière plus raisonnable et plus chaste que dans les *vers fescennins*, chants alternatifs, souvent immondes.

Les jeunes Romains jouaient dans les atellanes, tandis qu'il leur était défendu, sous peine de perdre leurs droits civils, de jouer dans aucune des pièces empruntées aux Grecs. Les noms de plusieurs auteurs de fables atellanes sont arrivés jusqu'à nous, entre autres ceux de Fabius Dorsennus, Q. Novius, L. Pomponius et Memmius. Nous ignorons quel fut celui que Caligula fit brûler au milieu de l'amphithéâtre pour une plaisanterie à double entente. Il ne nous reste de leurs œuvres qu'un très-petit nombre de fragments, qui ont été recueillis par Bothe, *Poet. lat. scen. fragmenta* (Leipz., 1834). Après Pomponius, si l'on en croit Macrobe, les atellanes tombèrent, et de longtemps on ne s'en occupa plus. Suivant Ovide et Pline le jeune, les compositions de Memmius étaient très-libres; il ne ménageait la pudeur ni des mots ni dans les pensées. Ce fut à lui que Lucrèce dédia son poème *De la Nature des Choses*. Les atellanes étaient encore fort en vogue du temps d'Horace. Elles fournirent parfois de sanglantes applications aux dérèglements de Tibère et de Néron. Le sénat, qui avait perdu toute dignité, redouta aussi l'audace de ces pièces, et lança l'anathème contre elles.

ATERGATIS ou **ATTERGATIS** (corruption d'*addirdag*, formé du phénicien *addir*, grand, et *dag*, poisson), célèbre divinité syrienne, femme jusqu'à la ceinture et poisson par le reste du corps, d'où les Grecs ont fait *Derceto*. Voyez DAGON.

ATERMOIEMENT. On nomme ainsi un délai de grâce accordé par un créancier à son débiteur lorsqu'il est dans l'impossibilité de payer à l'échéance de la dette. Il y a cette différence entre le terme et l'atermoiement, que le terme fait partie de la stipulation ; d'où cette maxime : Qui a terme ne doit rien ; tandis que l'atermoiement, venant après l'échéance de la dette, dépend de la seule volonté du créancier. On aurait tort d'entendre par le même mot la remise de tout ou partie des créances. La convention d'atermoiement peut avoir lieu avant comme après le jugement qui déclare un commerçant en faillite. Il arrive quelquefois qu'après la déclaration de suspension des payements les créanciers accordent des délais pour le remboursement de ce qui leur est dû, afin de ne pas laisser rendre un jugement qui achèverait de détruire le crédit de leur débiteur ; mais lorsque le jugement déclaratif de la faillite a été rendu, l'atermoiement n'est plus qu'un concordat, et en suit toutes les règles. Les tribunaux de commerce, qui ont coutume d'accorder un délai au débiteur qui le demande, forcent le créancier à accepter un véritable contrat d'atermoiement.

ATH, ville fortifiée du royaume de Belgique, située dans le Hainaut, sur la Dendre, à 24 kilomètres nord-ouest de Mons, et centre d'un commerce assez actif. On y compte 9,000 âmes. Le blanchissage des toiles, les impressions sur coton, la teinture, la fabrication de la dentelle, des gants, des épingles, de la bière et le raffinage du sel constituent les principales industries des habitants. La ville d'Ath, dont les premières fortifications furent élevées par ordre de Charles-Quint, a été assiégée à diverses reprises, et notamment en 1697, par Vauban, qui, pour la première fois, s'y servit systématiquement des parallèles, qu'il traça, la première à huit cents, la seconde à quatre cents et la troisième à cinquante pas des angles saillants du chemin convert ; pour la première fois aussi il fit usage à ce siège du tir par ricochet. Ath fut encore assiégée par les alliés en 1706, et en 1745 les Français la reprirent de nouveau après un siége de quelques jours. Plus tard l'empereur Joseph la fit démanteler ; mais en 1815 le roi Guillaume y fit faire de nouveaux travaux de défense, qui la placèrent sur un pied des plus respectables. Les conventions intervenues entre les puissances à la suite des événements de 1830 ont fait ranger Ath dans la catégorie des places fortes de Belgique à démanteler.

ATHALIE, sœur d'Achab, roi d'Israël, et épouse de Joram, roi de Juda. Après la mort de son fils Ochosias, Athalie s'ouvrit la route du trône par le meurtre de tous les princes de la famille royale. Le plus jeune fils d'Ochosias, Joas, fut seul sauvé par Josabed, sœur de Joram et femme du grand prêtre Joad, et il fut élevé secrètement dans le temple. Au bout de six ans, Joad le replaça sur le trône de ses pères, en 879 avant J.-C. Attirée par les clameurs du peuple, qui ne précipitait dans le temple pour assister au couronnement de Joas, Athalie y entra avec la foule. A l'aspect du nouveau roi assis sur le trône, entouré des prêtres, des lévites, des hauts fonctionnaires et du peuple enthousiasmé, elle entra en fureur, déchira ses vêtements et cria à la trahison. Joad la fit aussitôt conduire hors du temple par les gardes, avec ordre de massacrer tous ceux qui voudraient la défendre. Elle fut égorgée à la porte de son palais. Les autels de Baal, qu'elle avait relevés, furent démolis, et l'alliance avec le Seigneur, rompue par l'idolâtrie, fut renouvelée. Racine a traité ce sujet dans une tragédie.

ATHALIN (LOUIS-MARIE-JEAN-BAPTISTE), général de division, ancien pair de France et ancien aide de camp du roi Louis-Philippe, est né à Colmar (Haut-Rhin), le 22 juin 1784. Son père, originaire de Franche-Comté et conseiller au conseil souverain d'Alsace, mourut président de chambre à la cour royale. Participant à l'élan militaire qui enflammait alors toute la jeunesse, le jeune Athalin entra à l'école Polytechnique après un examen brillant, et suivit la carrière du génie. Après la bataille d'Iéna, quand l'empereur fit venir à Berlin l'école d'application de Metz, le sous-lieutenant Athalin prit part à tous les combats qui précédèrent la célèbre bataille d'Eylau, à laquelle il assista. Passé lieutenant, il fut employé à divers travaux de défense ; en mai 1807, il se distingua au siège de Graudentz, dans diverses reconnaissances périlleuses. Des missions à Stralsund et à Magdebourg lui furent aussi confiées après la paix de Tilsitt. Aide de camp du général Kirchner, qui commandait le génie de la garde impériale, M. Athalin fit dans le corps d'armée du général Gouvion-Saint-Cyr toutes les campagnes de Catalogne. Sur la fin de 1809 il accompagna le général Kirchner à Anvers et à Walcheren, où il se distingua par la rédaction d'un remarquable rapport sur les moyens de prévenir le retour d'une pareille invasion. En 1810 il fit un nouveau travail sur les moyens propres à défendre la passe du Helder.

Ce fut en 1811, et sur la proposition du général Bertrand, que le capitaine Athalin fut nommé officier d'ordonnance de l'empereur. En cette qualité il reçut d'importantes missions, pendant lesquelles il correspondit directement avec le souverain. La première loi confiait le soin de voir tous les ports et toutes les îles, depuis Cherbourg jusqu'à Delfzyl ; de reconnaître les passes, les embouchures des fleuves, de constater l'état des travaux, etc., etc. Pendant la désastreuse campagne de Russie il fut toujours au quartier général, et partagea toutes les souffrances et les privations de l'armée. En 1813 il fit avec l'empereur la campagne de Dresde, y reçut la croix d'officier et le titre de baron ; en novembre de la même année il fut nommé sous-directeur du cabinet topographique, et colonel après les combats de Brienne, Montmirail et Champaubert ; le 20 avril, il assista aux adieux de Fontainebleau.

Une carrière nouvelle s'ouvrit alors pour le colonel Athalin. Le duc d'Orléans l'appela près de sa personne, et il était son aide de camp quand l'empereur revint de l'île d'Elbe. M. Athalin rejoignit cependant Napoléon, qui le chargea de commander le génie à Landau. De nouveaux désastres ayant ouvert la capitale aux alliés, le colonel Athalin reprit auprès du duc d'Orléans une position qu'il n'avait, au reste, quittée que de l'assentiment de ce prince. Il fit un voyage en Angleterre, où il s'occupa beaucoup de l'art du dessin, et son goût fut encouragé par les leçons du célèbre Daniel. A Neuilly il se lia avec Horace Vernet. En 1819 il publia de très-belles lithographies dans l'ouvrage de Charles Nodier intitulé *l'Ancienne France* ; en 1824 il enrichit les *Antiquités d'Alsace*, de MM. de Golbéry et Schweighæuser, de plusieurs belles planches. M. Athalin, qui excelle aussi dans l'aquarelle, peignit beaucoup de beaux sites dans les voyages qu'il fit avec M. le duc d'Orléans.

Au moment où la révolution de 1830 éclata, il était en Alsace, où il n'avait été appelé par la maladie d'un frère qu'il eut la douleur de perdre. Revenu près du roi des Français, celui-ci l'envoya à Berlin et à Saint-Pétersbourg notifier aux souverains du Nord la ferme volonté de la France de maintenir son indépendance tout en respectant les traités. Successivement nommé maréchal de camp, pair de France, lieutenant général, le général Athalin était encore auprès du roi lorsque, en 1848, le plus beau trône de l'univers s'est affaissé sous Louis-Philippe, entraînant sa famille entière dans sa chute.

ATHAMAS, fils d'Éole, roi de Thessalie, et d'Énarète, successeur de son père dans cette partie de la Béotie qui s'étend sur les bords du lac Copaïs et au pied du mont

ATHAMAS — ATHÉISME

Ptoon, et qui a pris d'Éole le nom a Eolide, épousa Néphélé, dont il eut Phrixus et Hellé, et la répudia ensuite pour se marier avec Ino, fille de Cadmus, qui lui donna Léarque, Mélicerte et Euryclée. Junon, irritée contre Athamas et son épouse, parce qu'ils avaient élevé Bacchus, confié à leurs soins par Mercure, troubla l'esprit d'Ino, qui fit manquer la récolte en brûlant la semence, corrompit les députés envoyés pour consulter l'oracle à ce sujet, et leur dicta cette réponse, que le fléau ne cesserait que par le sacrifice des enfants qu'Athamas avait eus de Néphélé. Elle cherchait, en effet, à s'en défaire par tous les moyens; mais elle n'y put réussir. Néphélé, qui avait été après son divorce élevée au rang de déesse, les sauva sur le bélier à la Toison d'or. Cependant la colère de Junon ne s'apaisa pas; elle jeta Athamas dans un accès de fureur pendant lequel il tua Léarque et poursuivit Ino, qui se précipita dans la mer avec Mélicerte du haut du rocher de Molouris dans la Mégaride.

Obligé de s'enfuir de la Béotie comme coupable d'un meurtre, Athamas se rendit dans la Phthiotide, en Thessalie, où il bâtit Halos et épousa Thémisto, fille de Hypséus, qui le rendit père de Schœnée, Érythrius, Leuconès et Ptoüs. Ce mythe a été altéré de différentes manières par les poëtes tragiques, et surtout par les mythographes d'une époque postérieure.

ATHANASE (Saint), célèbre Père de l'Église, patriarche d'Alexandrie, naquit en cette ville, vers l'an 260, et y fut élevé dans les principes de la foi chrétienne. Après avoir été pendant quelque temps secrétaire particulier de saint Alexandre, devenu plus tard patriarche d'Alexandrie, et à qui il succéda en cette qualité, il alla trouver saint Antoine, et mena auprès de lui la vie des ascètes, jusqu'à ce qu'il revint enfin à Alexandrie, où il fut ordonné diacre. Il accompagna alors le patriarche Alexandre au concile de Nicée, et dans les discussions qui y eurent lieu au sujet des doctrines d'Arius, l'influence de sa parole ne contribua pas peu à les faire condamner. Son orthodoxie lui valut l'honneur de donner son nom à un symbole que l'Église chrétienne regarde encore comme la base de sa foi. En l'an 335 l'empereur Constantin, à la suggestion des ennemis d'Athanase, le traduisit devant le concile de Tyr, qui le déposa de ses fonctions. Cette sentence ayant été confirmée en 336 par le synode tenu à Jérusalem, Athanase fut exilé à Trèves. La mort de Constantin mit fin à son exil. Constance, empereur d'Orient, le rappela en 338, en même temps qu'il lui conférait le titre de patriarche d'Alexandrie; et son entrée dans cette ville fut un véritable triomphe.

Les ariens ne tardèrent cependant pas à élever de nouvelles accusations contre lui; et dès l'an 341 quatre-vingt-dix évêques ariens, rassemblés à Antioche, le condamnèrent encore une fois. Par contre, cent évêques orthodoxes réunis à Alexandrie déclarèrent ses doctrines irréprochables; et ce jugement, auquel adhérèrent plus de trois cents évêques réunis en concile à Sardique, fut confirmé par le pape Jules. En conséquence Athanase revint pour la seconde fois, en 349, occuper son siége. Mais quand, en 353, Constance se trouva l'unique souverain de l'Orient et l'Occident, les ariens relevèrent la tête; et Athanase, condamné de nouveau par les conciles tenus à Arles et à Milan en 356, fut encore une fois déposé. Comme il avait déclaré qu'il ne se soumettrait qu'à un ordre exprès de l'empereur, cinq mille soldats envahirent tout à coup l'église où il célébrait une grande solennité religieuse, afin de s'emparer de sa personne. Heureusement la protection des prêtres et des moines qui se trouvaient là avec lui favorisa son évasion, et il put se réfugier dans les déserts de l'Égypte. Sa tête ayant été mise à prix, il abandonna encore cet asile, pour ne pas exposer aux persécutions de ses ennemis les cénobites qui se refusaient à révéler le lieu où il se tenait caché; et il se retira alors dans la partie la plus sauvage du désert, où le suivit un serviteur fidèle qui l'y nourrit au péril de ses jours. C'est là qu'il composa un grand nombre d'ouvrages, tous empreints de la plus haute éloquence et ayant pour but soit de confirmer les fidèles dans leur foi, soit de dévoiler les artifices de ses ennemis.

Quand Julien monta sur le trône et permit aux évêques orthodoxes de reprendre possession de leurs églises, Athanase put, lui aussi, revenir à Alexandrie, en 361. La mansuétude avec laquelle il traita ses persécuteurs trouva des imitateurs dans les Gaules, en Espagne, en Italie et en Grèce, et ramena la paix dans l'Église. Toutefois elle ne tarda pas à être troublée par les dénonciations des païens, dont le zèle apostolique d'Athanase rendait les temples de plus en plus vides. Ils irritèrent contre lui l'empereur, et pour sauver sa vie Athanase dut encore une fois se réfugier dans le désert de la Thébaïde. A la mort de Julien, quand Jovien monta sur le trône impérial, Athanase revint prendre possession de son siège; mais huit mois plus tard, Valens ayant été proclamé empereur, les ariens redevinrent encore une fois tout-puissants, et en 367 Athanase se vit de nouveau réduit à prendre la fuite. Il demeura caché pendant quatre mois dans le tombeau de son père, jusqu'au moment où Valens, cédant aux instantes prières et aux menaces même des habitants d'Alexandrie, lui permit de reprendre l'exercice de ses fonctions, dans lequel il ne fut plus troublé jusqu'à sa mort, arrivée en 373.

Des quarante-six années de son épiscopat, Athanase en avait passé vingt dans l'exil. Il appartient incontestablement aux hommes les plus remarquables que l'Église ait jamais produits. A la plus vaste intelligence il unissait un trésor de savoir philosophique et une grande connaissance du monde. D'un caractère sévère et énergique, il ne sut pas assez modérer l'ardeur de son zèle contre tout ce qui lui semblait hérétique. Ses écrits sont ou polémiques, ou historiques, ou encore relatifs à la morale. Les premiers ont surtout trait aux dogmes de la Trinité, de l'Incarnation de Jésus-Christ et de la divinité du Saint-Esprit. Ses ouvrages historiques sont d'une grande importance pour l'histoire ecclésiastique. Le style des uns et des autres est remarquable par sa clarté et son élégance. La meilleure édition qu'on ait de ses œuvres est celle que Montfaucon en a donnée (3 vol. in-fol., Paris, 1698), et le second volume de la *Bibliotheca Patrum* de Montfaucon (1706) peut en être considéré comme le supplément.

ATHÉISME (du grec ἀ privatif, et θεός, Dieu). C'est un système qui consiste à nier la Divinité. L'athée non-seulement méconnaît Dieu; mais s'il est conséquent dans ses principes, il doit en rejeter la nécessité; alors, il lui faut recourir au hasard, ou bien à des propriétés inhérentes à la matière et développant toutes choses, pour rendre quelque raison des phénomènes du monde physique et surtout du monde moral.

Le grand argument des athées est non pas l'invisibilité d'une cause toute-puissante et intelligente, car beaucoup d'autres causes et d'autres forces ne tombent aussi que par leurs effets sous nos sens, mais c'est l'existence du mal sur la terre. Aussi, d'anciens philosophes ont recouru à un principe malfaisant, qui combat le bon principe. Telle est la philosophie du *dualisme* d'Ahrimane et d'Oromaze, de Satan et de Dieu, d'Isis et de Typhon, etc. Les peuples les plus sauvages ont même admis de bons et de mauvais génies, l'empire de la lumière et celui des ténèbres, etc. Quant aux athées, s'il en existe qui soient réellement convaincus de leur opinion, ils ne peuvent admettre le diable, puisqu'ils ne croient pas Dieu, ce raisonnement impie : Ou Dieu veut et peut ôter le mal sur la terre, ou il ne le peut ni ne veut. S'il le veut ôter et ne le peut pas, il n'est pas Dieu, il n'est pas tout-puissant. S'il ne le veut pas, quoiqu'il le puisse, il est méchant ou envieux, et

11.

par conséquent ce n'est pas un Dieu. Enfin, s'il ne le peut ni ne le veut, ce n'est donc point un Dieu. Tel est l'argument cité par Lactance. Mais il est facile de répondre que tout le sophisme repose sur l'interprétation à donner au *mal*. En effet, s'il existait dans le monde un mal absolu, non pas seulement pour l'homme, mais pour toute chose, on en pourrait conclure ou que Dieu a créé ce mal exprès, ou qu'il n'a pas pu l'empêcher. Mais si le mal pour un être tourne à l'avantage d'autrui, ce peut être un bien général; il n'offre donc point réellement un mal, quel que soit l'inconvénient éprouvé par quelqu'un. C'est ainsi que sans la mort il n'y aurait ni amour ni reproduction ; car la vie ne se soutient que par la destruction. Que tout ait pu être arrangé différemment, et que dans l'infinie combinaison des mondes notre planète ne soit pas la mieux partagée en bien, il reste à savoir si la nature des choses s'y prêterait. Le mal peut non-seulement avoir sa nécessité, il peut même offrir son côté indispensable. Il n'y aurait point de vertus si les vices n'étaient pas possibles.

L'existence du mal n'implique donc pas la non-existence de la Divinité. Aussi les athées arguent des désordres de l'univers (au moins ce qui nous paraît désordre) qu'aucun dieu ne préside à sa direction. Prenez, disent-ils, des molécules diverses de toutes les matières de notre globe , avec les propriétés qui leur sont inhérentes, avec leurs affinités, leurs attractions électives ; mêlez-les comme dans une vase chimique : elles formeront spontanément une foule de combinaisons différentes, les unes imparfaites et destructrices d'elles seules, les autres mieux composées par le même hasard, sans qu'on ait besoin d'invoquer un Dieu à son aide. Ainsi , ajoutent-ils , avec le concours des siècles , et dans les chances infinies qu'ils amènent, pourront se développer toutes les séries d'êtres que nous voyons sur la terre. Ces successions d'événements aujourd'hui nous paraissent régulières, intelligentes, par l'effet de l'habitude ; mais ce ne sont pas moins, dans l'origine, des œuvres d'abord informes du hasard. Telle est l'hypothèse soutenue dès l'antiquité par les Straton, les Diagoras : ils attribuent à la matière le mouvement essentiellement, de telle sorte que toutes les combinaisons sont possibles et même doivent nécessairement se développer par une espèce de fatalité inévitable. Il faut en effet, si toute matière jouit d'une quantité quelconque de mobilité par sa forme inhérente, qu'elle l'exerce lorsque les circonstances seront favorables. Dès lors, tout doit se produire dans l'éternité des temps et l'infinie variété des événements. Mais il est facile d'objecter à ce système aveugle et tout mécanique que si rien d'intelligent, rien de sage ni d'harmonieux ne préside aux opérations de la matière ainsi abandonnée à toute l'impétuosité brute du hasard, il n'en peut résulter des séries constantes d'œuvres coordonnées, d'êtres organisés pour un but, et dans un dessein de prévoyance , de correspondance aussi évidente que le sont les rapports des sens avec les objets extérieurs, les sexes l'un relativement à l'autre, les végétaux , les animaux , d'après les lieux , les climats, etc.; enfin, l'aile pour l'air, la nageoire pour l'eau, le pied pour la marche , telle espèce de dents et d'estomac pour tel genre de nourriture, etc. Là échouent toutes les explications des athées, et l'histoire naturelle, l'anatomie, sont des traités de théologie, des hymnes à la Divinité, comme l'exprimait Galien.

En effet, lorsque rien d'intelligent ne préside à des mouvements fortuits, il est impossible que rien de régulièrement organisé puisse en émaner. Depuis plusieurs milliers d'années, les cataractes du Rhin, du Nil ou du Niagara voient se précipiter un torrent d'eau du sommet d'un roc. Dans cette infinité de mouvements des molécules de l'eau entraînant d'autres matières terrestres, quelles créatures nouvelles sont produites? Dans la fange impure même où se multiplient tant de races, quelles générations équivoques forment des espèces sans cesse différentes? Non ; ce sont toujours les mêmes qui se perpétuent par la reproduction uniforme et selon des lois régulières. Supposez qu'au lieu d'eau, un torrent verse des millions de caractères d'imprimerie, pensez-vous qu'il en sorte jamais la combinaison d'une tragédie ou d'un théorème d'algèbre? Le naturaliste Adanson, voulant trouver des noms pour toutes les nouvelles coquilles qu'il apportait du Sénégal, renferma dans une roue creuse beaucoup de caractères alphabétiques ; mais en la tournant il n'en tira au hasard que des lettres qui n'offraient qu'une suite de termes si bizarres qu'il fut obligé de les modifier pour les rendre un peu supportables. Admettez qu'on secoue d'ailleurs des millions de lettres pendant des millions d'années, les mêmes combinaisons de mots se renouvelleront des milliers de fois et ramèneront un certain nombre de chances. De même, ce qu'un coup du hasard pourrait créer dans cet univers, un autre coup le détruirait, et les plus heureux événements seraient sans un lendemain. L'argument des athées se détruit donc par les mêmes moyens qu'il se construit, car les résultats des jeux de hasard prouvent qu'à la longue il y a égalité pour et contre. Ainsi, ce système ne produit rien, puisqu'il détruit tout autant qu'il construit.

On entend tous les jours répéter encore : *Ce que vous voyez exister est donc nécessaire, puisqu'il subsiste ainsi.* Eh bien, ce principe n'est pas plus certain que les autres. Combien, en effet, d'espèces d'animaux éteintes ou perdues ont laissé leurs ossements enfouis dans les couches du globe ! Cuvier a fait la gloire de reconstituer par la science anatomique ces races inconnues. Les espèces actuellement vivantes peuvent être un jour anéanties ; des catastrophes immenses engloutissent les continents et leurs créatures, sans que le système entier de notre monde en soit ébranlé. La prétendue nécessité de l'existence des choses n'est donc nullement fondée.

On a vu ainsi renversé les principaux retranchements de l'athéisme, il reste à examiner l'hypothèse du *panthéisme*, opinion ancienne, mais soutenue surtout entre les modernes par Spinosa et les matérialistes, qui accordent la vie, le sentiment, l'intelligence à la matière elle-même. Ainsi Malebranche ne voyait que Dieu dans le monde, il était spiritualiste ; Spinosa ne voit que le monde, dont il fait un dieu ; il confond l'esprit et le corps dans une unique et même substance, et ne sait plus que répondre à quiconque lui demande où est l'esprit dans un cadavre, sinon qu'il s'est réfugié dans chacune des particules de cette charogne en putréfaction. Leibnitz distingue de la matière la *force* qui la gouverne ; Hobbes et Collins, etc., font le dieu *Pan* le grand tout d'une nature unique. Plus d'un se console en l'on confondait le fer avec le magnétisme qu'il reçoit et dont il peut être privé, ou comme d'un corps qu'on soutenait que le calorique est la substance même du corps qu'on en a imprégné. Ainsi , autre chose est la matière elle-même, tangible ou tombant d'ordinaire sous le sens, et l'intelligence ou la force qui la régissent avec ordre, unité, régularité, harmonie. Les corps peuvent manifestement être doués ou privés de cette force, de cette vie, de cette intelligence. En outre, quoi de plus absurde et de plus extravagant, comme l'a fait voir Bayle, dans sa réfutation de Spinosa, que d'associer des principes incompatibles dans un même sujet? Certes, voilà un singulier dieu que celui qui, animant deux armées rangées en bataille, l'une contre l'autre, s'entr'égorge à la baïonnette. Un dieu-juge envoie une autre portion de dieu criminelle aux galères. Quand un dieu se donne la fièvre ou quelque chose de pis, quand il s'enivre, tue ou empoisonne un autre, c'est la Divinité elle-même qui s'amuse à se tourmenter ! En un mot, il n'y a sorte de crime, de folie et de turpitude que l'on ne puisse par ce moyen établir ; et Dieu se niera lui-même dans l'athée, ou se fouettera, etc., tant est extravagante cette monstrueuse hypothèse.

Mais, de plus, si la matière est Dieu, elle est en même

temps agente et patiente dans la même substance, en sorte qu'elle se détruit et meurt, en un mot se crée tous les maux, toutes les fureurs que nous voyons sur la terre. Car, puisqu'elle est tout, et sa propre autocratie, pourquoi renferme-t-elle toutes les horreurs comme toutes les imbécillités ? La *matière-dieu* de Spinosa, ou l'athéisme des matérialistes, est le comble de l'absurdité. Il faut donc en revenir à la distinction des deux substances, à l'esprit et au corps, *mens agitans molem*; principes séparés, quoiqu'ils puissent être coexistants, soit dans l'espace, soit dans la durée. L'incompréhensibilité, ou l'invisibilité d'une chose, n'est point un motif valable pour la rejeter. Combien d'effets dans la nature dont les causes nous échappent et n'en sont pas moins des réalités !

Si vous remarquez les raisonnements des hommes qui prétendent se passer de la Divinité, tous sont obligés de multiplier les ressorts et les explications en traitant des êtres organisés ou des parties anatomiques des animaux et des plantes. Pour établir leur coordination savante et leurs merveilleuses correspondances, il faut que les athées accordent à la matière brute des pouvoirs extraordinaires; ils concèdent gratuitement l'intelligence, la sensibilité aux pierres mêmes, à la terre, à l'air, aux moindres molécules, pour étançonner leur échafaudage. Ils sont forcés de mettre Dieu en pièces, de le démembrer, et d'en incorporer, pour ainsi dire, les morceaux dans les substances les plus inertes, tant il leur est impossible de se passer d'une puissance intelligente dans l'univers, en sorte que les partisans de l'athéisme ne nient pas tant Dieu qu'ils en pénétrent, au contraire, davantage tous les corps naturels; ils confondent sans cesse, comme Spinosa, l'ouvrier avec l'ouvrage.

Parmi les objections les plus fortes que l'on ait élevées dans le dix-huitième siècle contre l'existence d'un être intelligent auteur des créatures, on a surtout vanté les arguments opposés aux causes finales par le livre intitulé *Système de la Nature*, attribué à Mirabaud, secrétaire de l'Académie Française. Hélas! notre bon Mirabaud, dit Voltaire, n'était pas capable d'écrire une page du livre de notre redoutable adversaire. Cet ouvrage, éloquemment écrit, mais diffus, rempli de sophismes, de pétitions de principes, est dû au baron d'Holbach et à Diderot.

On ne peut empêcher des raisonneurs d'attribuer à des causes secondaires des effets très-considérables et très-étendus dans le monde, en sorte qu'ils croient pouvoir se passer d'un premier moteur pour arranger, notre leur tête, leur petit univers. C'est ce qu'a déjà remarqué Bacon : il dit que si l'on ne goûte que des lèvres les sciences naturelles, on peut être conduit à l'athéisme; mais qu'en s'abreuvant pleinement de cette féconde source de philosophie, l'on est ramené invinciblement vers la Divinité. Voilà pourquoi furent religieux Newton, Linné, et tous les plus profonds savants qui ont scruté les secrets de la nature.

Réveillé sur la terre, dit Linné, j'ai contemplé un Dieu immense, éternel, tout-puissant, sachant tout; je l'ai vu, et je suis tombé dans l'étonnement à sa seule ombre. J'ai cherché quelques-uns de ses pas au milieu des créatures, et jusque dans les plus imperceptibles même : quelle puissance ! quelle sagesse ! quelle perfection inextricable ! J'ai observé les animaux sustentés par les végétaux, ceux-ci par les corps terrestres, et la terre roulant, dans un orbe inaltérable, autour du soleil, source ardente de sa vie; ce soleil, tournant sur son axe avec les planètes qui l'environnent, forme, avec les autres astres, indéfinis en nombre, et soutenus dans les éternels espaces, par le mouvement dans le vide, un immense système. Tout est régi par un moteur premier, incompréhensible, l'être des êtres, comme l'appelle Aristote, la cause des causes, le gardien, le recteur suprême du grand tout, l'auteur, l'artisan, l'éternel architecte, selon Platon, d'un si magnifique ouvrage. » Voulez-vous l'appeler la *Fatalité*, vous ne vous trompez pas, ajoute Sénèque, toutes choses dépendent de lui. Préférez-vous le nommer *Nature*, vous n'errez pas : toutes choses sont nées de lui. Le nommez-vous *Providence*, vous parlez bien : c'est par ses ordres et ses conseils que le monde déploie tous ses actes. Il est tout sentiment, tout œil, tout oreille, toute vie. Tout est lui-même, et l'intelligence humaine reste incapable d'embrasser son immensité. Il faut croire, dit Pline, qu'il existe une Divinité éternelle, infinie, non engendrée, non créée. Cet être, comme l'expose encore Sénèque, cette cause, sans laquelle rien n'existe, qui a tout bâti et organisé, qui remplit nos regards et leur échappe, qui n'est saisissable que par la pensée, a dérobé son auguste majesté dans un asile si saint et si impénétrable, qu'il n'est permis qu'à notre seule intelligence d'y aborder. *Voyez* DIEU.

Pour écraser en peu de mots les absurdités qu'entassent les défenseurs de l'athéisme, il suffira d'exposer un simple fait, aussi vulgaire que celui-ci. Attribuez telle force active ou expansive que vous voudrez à la matière, et voyons comment elle composera, je ne dis pas un homme, mais seulement un œil, avec toutes ses tuniques, dont chacune est différemment tissue et fabriquée. Il faut que cela s'opère avec tant de justesse et d'industrie, que les unes soient opaques pour former une chambre obscure, sphérique, noircie à l'intérieur, d'autres transparentes. Il faut que l'iris se resserre ou se relâche à propos, afin de n'admettre que tel cône de rayons lumineux ; que l'humeur aqueuse de la chambre antérieure, la lentille du cristallin et la courbure savante de ses segments de sphère, que l'humeur vitrée de la chambre postérieure, soutenue dans son réseau, comme le cristallin enchatonné, soient placés à des distances respectives si bien calculées, et en rapport pour réfracter les rayons, qu'il n'y manque rien, afin que les images viennent exactement se peindre sur la rétine. Dire ensuite comment de telles impressions se transmettent au cerveau par des nerfs optiques entrecroisés, et comment de deux images, même renversées dans nos yeux, nous ne voyons cependant qu'un seul objet droit, cela est trop inexplicable. Comment encore la matière, supposée active, devinera-t-elle (sans une intelligence qui la dirige) qu'il faut garantir l'œil au dehors, lui donner des paupières qui le recouvrent, des sourcils qui l'abritent, des cils pour écarter les insectes ou d'autres petits objets, une pupille dilatable ou contractile qui proportionne le degré de la lumière afin de n'être ni aveuglé du trop grand jour, ni plongé dans de trop épaisses ténèbres de nuit?

Ce n'est pas tout. Il fallait approprier cet œil au milieu qu'habite l'animal. Comme le poisson doit vivre dans l'eau, il est inutile qu'une chambre antérieure contienne de l'humeur aqueuse à son œil. Il fallait au contraire que la forme du cristallin corrigeât la trop grande réfraction des rayons lumineux traversant un liquide dense comme l'eau. Ce n'est donc plus un cristallin lenticulaire; il est renflé en sphère comme un pois (quoique la courbure de ses deux côtés ne soit pas la même), et par ce moyen, imaginé et exécuté avec la plus rare précision, le poisson distingue parfaitement les objets sous l'eau, ce que ne pourrait faire l'œil de l'homme. De même, l'oiseau, destiné à s'élancer dans un milieu rare et subtil comme l'air des hauteurs de l'atmosphère, au contraire, avoir un œil autrement conformé que celui du poisson; aussi la chambre antérieure de l'humeur aqueuse est fort bombée; son cristallin, au lieu d'être sphérique, est plus aplati même que celui de l'homme, et selon les lois les plus savantes de l'optique. Mais ce qu'on remarquera de non moins merveilleux, c'est que la vue de l'oiseau devient très presbyte (ou longue) en volant pour distinguer les objets de très-loin ; puis, quand il est perché sur un arbre ou à terre, il faut qu'il puisse voir d'assez près ce qui l'entoure et qu'il prenne alors une portée de vue plus courte. Afin d'obtenir ce résultat, il faut tantôt reculer le cristallin et tantôt l'avancer, comme on tire plus ou moins les tubes d'une lunette d'approche, afin de l'approprier aux diverses distances des objets. Aussi la savante Providence a placé dans l'œil de l'oiseau, de la rétine au cristallin, un muscle transparent en losange, qui recule ou laisse avancer cette lentille pour produire, au besoin de l'animal, telle ou telle étendue de vue.

Qu'un défenseur des forces aveugles de la matière nous vienne chanter dans les beaux vers de Lucrèce que, l'œil s'étant trouvé formé par hasard à la suite de millions de conjonctures favorables, l'animal s'est servi de cette partie, mais qu'il n'y a point à cela de cause finale, certes, qui ne voit combien un pareil raisonnement est pauvre et absurde? Aussi, sentant le poids immense que les causes finales mettent dans la balance pour démontrer cette suprême intelligence qui créa tous les êtres, divers auteurs ont tenté de discréditer ce genre de preuves. On a profité de quelques explications hasardées pour jeter du ridicule sur les partisans des causes finales (*voyez* CAUSALITÉ); mais ce ridicule ne peut tomber sur les rapports manifestes des êtres, soit entre eux, soit avec les objets qui les environnent. On ne saurait méconnaître que l'aile ne soit prédisposée pour le vol de l'oiseau, du papillon, de la chauve-souris, comme la vessie natatoire pour soutenir hydrostatiquement le poisson dans les eaux, comme les aigrettes des semences du chardon et du pissenlit sont disposées afin que le vent les dissémine au loin. S'il y a jamais un dessein prémédité et manifeste, c'est celui des rapports des organes sexuels entre eux pour la perpétuité des espèces. La coordination des membres des animaux est tellement précise, inévitable, qu'on voyant telle dent, telle mâchoire d'un mammifère, d'un insecte même, le naturaliste exercé devinera sans peine le genre de vie, herbivore ou carnivore, et tous les autres rapports des intestins, des pieds ou griffes qui en résulteront, sans avoir vu l'animal; il devinera juste, parce que telle organisation est nécessairement enchaînée à tel appareil de structure. Newton prouvait un Dieu par des soleils et des mondes; Linné, Réaumur, ou Cuvier, en prouvent non moins l'existence par des moucherons, des fleurs ou des fossiles.

Toute la nature est tellement riche de ces harmonies, et cette étude enchanteresse se lie si étroitement à toute l'histoire naturelle, qu'il est impossible de l'en séparer. Cette science devient la démonstration la plus complète, la plus irréfragable de la puissance et du sublime génie qui préside à l'univers. C'est une théologie vivante et perpétuelle, la plus convaincante pour toutes les intelligences. Qu'est-ce donc qui réfute le mieux les dangereux systèmes, ou des raisonnements de pure théologie dogmatique des écoles, ou bien des observations de la nature? Les plus incrédules, qui se jouent des dogmes, se sentent renversés par des faits positifs. Aussi, tels que les mauvais anges de Milton, ils soulèvent en vain leurs têtes audacieuses et rebelles contre les épées flamboyantes des anges de lumière. Ils appellent à leur secours la peste, les poisons, les maladies, la mort, les ouragans destructeurs, toutes les puissances infernales, pour dégrader, noircir, envenimer les chefs-d'œuvre du Très-Haut. Si vous leur présentez une fleur, ils vous montrent aussitôt le ver qui lui ronge le sein.

Nous ne cherchons point à justifier ici les desseins de la nature, ou plutôt de son sublime auteur, et en vérité nous ne croyons pas qu'il ait besoin d'avocat auprès de ses créatures. C'est une témérité non moins grande de décider dans notre petite sagesse que telle chose ne pouvait être mieux faite, que de blâmer hardiment telle autre. Il est évident que l'homme, être fragile et borné dans un coin obscur de cet immense univers, cette fourmi du globe, raisonnant avec suffisance de toutes choses, s'imaginant dans son orgueil être l'animal le plus important, le seul pour le bonheur duquel tout doit nécessairement conspirer, il est évident, dis-je, que pour lui c'est déchoir jusqu'aux dernières limites du ridicule. Absolument parlant, nous sommes hors d'état de décider si telle chose est bien ou mal, non par rapport à nous (petite partie d'un infini), mais par rapport au grand tout N'est-il donc pas étrange de voir un atome se redresser contre le suprême ordonnateur des mondes, et lui dire : *Tu as mal fait?* Mais, pour réfuter par un seul exemple tant de téméraires assertions, prenons les plantes vénéneuses : leur création est, dira-t-on, une méchanceté gratuite sur la terre. Je vous dis qu'en cela même brille la sage prévoyance de la nature. En voici des preuves. L'euphorbe est, comme la plupart des tithymales, un violent poison pour l'homme et la plupart des animaux; l'odeur seule de ces plantes repousse. Il en est d'autres espèces toutefois qui les recherchent, comme des insectes et la belle chenille du tithymale, qui en font leur unique pâture. On voit en Arabie les chameaux et dromadaires brouter avec plaisir de petits tithymales, dont le lait âcre stimule apparemment l'estomac coriace de ces ruminants, comme les mets épicés fortifient le nôtre. La chèvre dévore sans danger la ciguë; le persil, que nous mangeons, devient poison pour les perroquets et d'autres oiseaux. Ainsi, le poison pour l'un devient l'aliment réservé pour l'autre. Chaque être ne trouve-t-il point ainsi sa portion d'aliment garantie sur la grande et commune table de la terre? La loi du venin est donc une défense, un moyen imaginé habilement pour assigner à chacun sa part de nourriture sans qu'aucun autre s'en empare.

Nous ne prétendons point connaître tous les desseins profonds de la Providence divine lorsqu'elle permet le développement des maux sur la terre; mais on peut voir par les bienfaits de la fécondité et de la reproduction sur tout le globe que ceux-ci ne pouvaient éclore que par la nécessité de la mort ou de la destruction, aliment de nouvelles existences. Quiconque nie la cause des causes est par cela même l'impossibilité de découvrir les principes des choses et d'avoir aucune invention. Tournant dans un cercle vicieux, il ne sort pas de la matière, où il s'arrête comme à la dernière ancre de son existence. Pétrifié et incorporé à cette terre, qui doit, selon lui, l'engloutir tout entier, il roule avec elle d'un mouvement perpétuel, soulevant, comme Sisyphe, un rocher qui l'écrase sans cesse. Toujours heurté contre cette idée d'un Dieu qui resplendit comme le soleil sur toute la nature, et dont les rayons blessent ses yeux de toutes parts, il n'est occupé qu'à s'en défendre. Partout tenté de Dieu, il ferme en vain ses sens à cet immense génie de l'univers dans lequel il se trouve plongé. En vain il oppose les monstruosités, les vices, à une sagesse incompréhensible; en vain il offusque toutes ses magnificences du fiel de la haine et de la détraction : les *cieux racontent sa gloire*, et le télescope poursuit dans l'immensité la course des astres qui le décorent.

La vie, le sentiment, l'amour d'une mère pour son fils, seraient-ils donc, comme aux yeux de l'athée, les jeux fortuits d'une matière qui se forme, puis se désorganise sans cause, sinon par le hasard, ce père aveugle, ce Saturne effroyable qui dévore toutes choses à mesure qu'elles sortent du sein de la nature?

Tel est ce monstrueux système. Où voulez-vous que le génie puisse se développer? De quel saurait-il s'inspirer? Quelle invention éclatera du sein de cet abîme de putréfaction? Tel qu'un cloaque infect exhale partout des vapeurs empestées, tel ce système destructeur entraîne l'âme aux grandes maisons, où elle ne peut contempler que décomposition, que crimes et que mort. Que sont dans cette hypothèse les sens et les malheureux lancés sans consolation, sans espoir sur cette terre pour y être tour à tour immolés par un sort inexorable, sans exploit pour l'innocence, sans frein pour le scélérat, Socrate vertueux égalé à Néron! Quelles horreurs sur ce globe si rien n'est méritoire, si rien n'est criminel, si la fraude et le vice heureux dominent avec impunité, enfin si les attentats sont absous par cela seul qu'ils sont triomphants aux yeux indignés des humains ? D'où naîtrait alors cette expansion généreuse, inspiratrice des nobles sentiments, des actions sublimes? Non, le cœur flétri par ces désolantes croyances ne sait plus s'empreindre d'un magnanime espoir d'immortalité. Cette communication avec la Divinité, qui nous tenait suspendus et aspirants aux cieux, cette chaîne d'or désormais rompue, nous retombons de tout notre poids vers la terre. Elle entr'ouvrait ses entrailles sombres pour nous engloutir tout entiers avec nos espérances de renommée. Tel est l'ange déchu des régions célestes de la pensée; tel est celui qui nie Dieu et que ne vivifie plus le rayon éclatant de son génie : ce n'est plus qu'un cadavre.

L'athéisme, déshéritant l'homme de la Divinité, le transforme donc, comme Nabuchodonosor, en bête. Il favorise, par l'espoir de l'impunité, tous les vices, et tend à désespérer la vertu, en la privant de toute rémunération à venir. C'est donc la destruction des liens sociaux, tandis que le théisme place la divine Providence au-dessus des nations et présidant à leurs destinées ; dès lors elle soutient l'homme juste dans ses sacrifices ; elle menace en secret le criminel ; elle a les yeux ouverts sur toute la conduite cachée des hommes, et les défend souvent contre des tentations. Si depuis quarante siècles les raisonnements des athées n'ont pu désabuser le genre humain de la croyance en un Être suprême, ordonnateur de la nature, il est à croire que tant d'efforts ne sont pas impuissants sans cause, et qu'un ouvrage prouve un ouvrier, comme une horloge suppose un horloger.

Dieu sans doute est incompréhensible ; approchons-en comme du feu et du soleil, pour en être éclairés et échauffés, mais non pour nous précipiter dans ce foyer brûlant, dans lequel nos pensées seraient bientôt consumées et absorbées.

C'est souvent afin de se donner le relief d'*esprit fort* et indépendant, d'homme habile et instruit au delà du vulgaire, que certaines personnes affectent l'athéisme ; mais s'il est certain, comme dit Bacon, qu'un peu de science cause cette présomption, les profondes connaissances ramènent les plus grands génies au théisme. En considérant le peu qu'on est capable de savoir, le superbe orgueil des hommes tombe confondu de son ignorance. Dieu seul semble s'être réservé la vérité de l'omniscience, et ne nous en avoir laissé qu'une faible lueur. Mesurer la Divinité à notre petitesse est l'amoindrir ; vouloir la définir, c'est borner son infinité. Plus on cherche à l'approfondir, plus elle s'agrandit dans son incompréhensibilité. C'est l'abime qui engloutit l'âme dans son horreur et sa majesté.

Que les athées devenus tels par le spectacle de ce monde, où la vertu est si mal récompensée et le vice si orgueilleux de ses triomphes, désespèrent moins de la justice suprême. Il est aussi dans les desseins de l'éternelle Providence des retours équitables et vengeurs. Sous l'or et la pourpre des tyrans règnent les remords et les déchirements du cœur, à défaut de supplices et de bourreaux. La joie et le bonheur n'habitent point avec les méchants, et la couche la plus voluptueuse est souvent remplie de tortures morales. C'est une loi de notre organisation, qui ne peut nous soustraire à notre destinée, et la chute est toujours proportionnée à l'élévation, par une réaction nécessaire de la sensibilité.

J.-J. VIREY.

ATHÉNAGORE, philosophe platonicien, né d'abord à la religion chrétienne, était, dit-on, originaire d'Athènes, et professa à Alexandrie. Il est connu parmi les plus anciens apologistes par sa *Legatio pro Christianis*, apologie écrite en grec, qu'il adressa, vers 177, à l'empereur Marc-Aurèle. Dans cet opuscule, qui a été publié par Lindner (Langensalza, 1774), Athénagore justifie les chrétiens des accusations que les païens faisaient courir sur leur compte. Il prouve par des arguments dignes d'un esprit philosophique, et dans un style clair et concis, que ses coreligionnaires n'étaient coupables ni d'athéisme, ni d'inceste, ni d'anthropophagie. Nous avons aussi de lui un traité sur la *Résurrection des morts* (Louvain, 1531), qui n'est pas sans importance encore aujourd'hui pour la théologie philosophique. Le roman de *Théagène et Chariclée*, qu'on lui a longtemps attribué à tort, lui est postérieur de douze siècles.

ATHÉNÉE, temple, école, doit le nom est dérivé d'Athéné ou Minerve, à laquelle il était consacré, ou d'Athènes, qui possédait un lieu de réunion pour les poëtes et les orateurs. Vers l'an 140 de J.-C., l'empereur Adrien fonda, sur le Capitole de Rome, un *Athénée* où étaient logés et nourris des savants, des orateurs et des poëtes, qui y tenaient école, et où le public était admis, pour assister à des lectures et à des exercices oratoires. Cette institution se maintint jusqu'au cinquième siècle de notre ère.

Le nom d'Athénée aurait donc pu être donné d'abord aux établissements publics scientifiques et littéraires établis à Paris et en diverses villes de France. Mais la plupart portèrent primitivement d'autres noms, tels que *musées*, *lycées* ; et ce ne fut qu'en 1803 que la dénomination de *lycée*, ayant été exclusivement réservée à toutes les écoles centrales de Paris et des départements, fut interdite aux sociétés littéraires, qui prirent celui d'*Athénée*. Il y en avait alors trois à Paris, le *lycée Républicain*, le *lycée des Arts*, et le *lycée des Étrangers*.

C'est en 1781 que Pilâtre de Rozier fonda le premier de ces établissements, sous le nom de *Musée*. Dans cette institution on devait s'occuper, non de systèmes philosophiques, non de discussions subtiles, non de questions abstruses, de controverses et de métaphysique, mais de questions littéraires, de questions de goût, et des principes du beau en matière d'œuvres d'esprit. La passion de Pilâtre pour les ascensions aérostatiques et sa fin déplorable, en 1785, nuisirent aux progrès du *Musée*, quoiqu'il fût établi au Palais-Royal, autorisé par Louis XVI et protégé par son frère puîné, *Monsieur*, dont il portait le nom. On fut obligé de vendre la bibliothèque et les instruments de physique et de chimie ; mais bientôt il se releva sous les auspices de Montmorin et de Montesquiou, s'installa rue de Valois (aujourd'hui rue du 24 Février), et prit le nom de *Lycée de Paris*, puis celui de *Lycée républicain*. C'est là que Fourcroy, Chaptal, Monge, Cuvier, firent des cours scientifiques ; Marmontel et Garat, des cours d'histoire, et Lemercier, Ginguené et surtout Laharpe, des cours de littérature, qui eurent beaucoup de vogue, notamment celui du dernier, dont le succès durable s'est perpétué par des éditions multipliées de ses leçons, sous le titre de *Lycée*. Cet établissement prît le nom d'*Athénée républicain*, puis d'*Athénée de Paris*, et après la Restauration celui d'*Athénée royal*, qu'il a conservé, mais avec moins d'éclat que sous ses noms précédents. Dans ces dernières années, avant qu'il rendît le dernier soupir, ce n'était plus qu'un cercle où on lisait, on causait, on se rafraîchissait, et où cependant deux ou trois fois l'année M. de Castellane, le vieux Mécène des *bas-bleus* de cette époque, venait encore trôner, pour la plus grande gloire des lettres, dans une académie en jupons.

Le *Lycée des Arts*, depuis Athénée des arts de Paris, qu'il ne faut pas confondre avec le précédent, fut conçu par Desaudrais, colonel du génie, qui fut le fondateur de cette société savante, dont l'inauguration eut lieu au mois d'août 1792, dans le Cirque, qui était alors au milieu du jardin du Palais-Royal. Une députation de vingt-quatre membres de l'assemblée législative assista à la cérémonie. Pendant les orages de la république, le *Lycée* ranima l'émulation, enflamma le génie, encouragea le talent par des hommages publics, des couronnes, des médailles, des mentions honorables, et contribua puissamment à réorganiser l'enseignement des sciences et des arts, et à en appliquer les ressources aux besoins de l'État. L'Institut, les principales sociétés savantes, les écoles centrales, n'existaient pas encore. Lavoisier, Vicq-d'Azyr, Lalande, Condorcet, Parmentier, Berthollat, Darcet, Fourcroy, Millin, Sue, Daubenton, Thouin, Vauquelin, Sedaino, Lesueur, Sicard, Dalayrac, Desforges, etc., coopérèrent à la fondation d'une société qui, par des cours publics et gratuits, pouvait tendre à la conservation et au perfectionnement des arts utiles. La Terreur n'effraya point les membres du Lycée; et Lavoisier, trois jours avant sa mort, recevait dans sa prison une couronne apportée par une députation de cette société, qui en 1796 célébrait une pompe funèbre en mémoire de cette illustre victime, et proclamait le respect dû aux morts. A la même époque un discours de son président, Mulot, couronné par l'Institut, provoqua l'établissement de l'administration des pompes funèbres. Plusieurs autres personnages distingués s'affilièrent successivement au Lycée des Arts : Boissy d'Anglas, Chaptal, François de Neufchâteau, Portalis père, Talleyrand-Périgord, Cuvier, etc.

Après l'incendie du cirque du Palais-Royal, en décembre 1799, le Lycée, dont le fondateur se trouvait ruiné (il est mort en 1832, général de brigade, sans fortune, âgé de quatre-vingt-douze ans) fut transféré à l'Oratoire, où il siégea jusqu'à ce que ce local eût été consacré au culte réformé. Il fut alors, en 1803, accueilli dans une des salles de l'hôtel-de-ville de Paris, où il tient encore ses séances, et ce fut là qu'il prit le nom d'Athénée des Arts.

L'Athénée des Étrangers porta d'abord le nom de Lycée Marbœuf, parce qu'il fut inauguré, en 1798, dans les magnifiques salons de l'hôtel de ce nom, rue du Faubourg-Saint-Honoré, où il tint ses séances pendant deux ou trois ans. On y faisait des lectures publiques et des cours de sciences et de belles lettres. On y donnait surtout des bals et des concerts très-brillants. Lorsque l'hôtel Marbœuf et surtout son jardin, cédés à des entrepreneurs de fêtes publiques, prirent le nom d'Idalie, le Lycée des Étrangers passa à l'hôtel Thélusson, rue de Provence; mais Napoléon ayant cédé cet hôtel à son demi-frère Murat, grand maréchal de l'empire, le Lycée, alors Athénée des Étrangers, fut transféré dans la rue Neuve-Saint-Eustache, où il se trouvait encore en 1825. Quoique l'on eût continué à y donner des lectures agréables, la musique et la danse y avaient le pas sur la science : aussi ne tarda-t-il point à disparaître.

ATHÉNÉE, rhéteur grec et grammairien, contemporain de Marc-Aurèle et de Commode, natif de Naucratis en Égypte, et qui vivait vers la fin du deuxième et au commencement du troisième siècle, est connu par un ouvrage en quinze livres, intitulé le Banquet des Sophistes (Deipnosophistes), trésor d'érudition, qui a valu à son auteur le surnom de Varron grec, et qui est un recueil précieux de documents et de connaissances historiques, critiques et philosophiques. Il nous est parvenu en entier, à l'exception des deux premiers livres, dont nous n'avons qu'un abrégé fait au cinquième ou sixième siècle. On ne saurait reprocher à ce trésor d'érudition qu'un style un peu lourd et un peu uniforme. Voici quel en est le sujet.

Vingt et un artistes ou littérateurs, parmi lesquels on compte des musiciens, des poëtes, des grammairiens, des philosophes, des médecins et des jurisconsultes, sont réunis dans une fête donnée par un riche Romain, nommé Laurentius. Dans leur conversation, dans les digressions nombreuses auxquelles ils se livrent, il est question de tout ce qui dans les usages des Grecs pouvait embellir un banquet : aliments, vins, parfums, guirlandes, couronnes de fleurs, vases, jeux, rien n'est oublié. Les interlocuteurs citent au delà de sept cents auteurs, et nous font connaitre des fragments de deux mille cinq cents ouvrages, presque tous perdus.

La première édition d'Athénée est sortie des presses d'Alde (Venise, 1514, in-fol.); Casaubon en a donné une accompagnée d'un excellent commentaire (1597, in-fol.); la meilleure est celle de M. Schweighœuser (Strasbourg, 1801-1807,

in-8°). L'abbé de Marolles et Lefebvre de Villebrune ont tous deux traduit Athénée.

Il y a eu plusieurs autres personnages de ce nom, parmi lesquels nous citerons un médecin né en Cilicie, vers l'an 9 de l'ère. chrétienne, et dont Galien fait mention : il n'admettait point le feu, la terre, l'eau et l'air comme éléments, mais il réservait ce nom aux qualités premières de ces corps, et en consacrait un cinquième sous le nom de pneuma (ou esprit), dont les manières d'être déterminaient tous les mouvements en état de santé ou de maladie. — Citons encore un mathématicien grec, né vers l'an 210 avant Jésus-Christ, lequel a laissé un traité sur les Machines de guerre, qui se trouve dans le recueil intitulé : Mathematici veteres (Paris, 1693, Imp. Roy., in-fol.); — et un philosophe péripatéticien, natif de Séleucie, qui mourut enseveli sous les ruines de sa maison.

ATHÉNÉES, fête que les Athéniens célébraient en l'honneur de Minerve. Érichthonius, troisième roi d'Athènes, l'avait instituée; lorsque Thésée eut rassemblé les douze bourgades de l'Attique pour en former une ville, la fête célébrée par tous les peuples réunis prit le nom de Panathénées.

ATHÈNES, capitale du royaume, puis de la république du même nom. Cette ville célèbre, foyer de la civilisation pendant plusieurs siècles, comptait à l'époque la plus florissante de son histoire 21,000 citoyens libres, chiffre qui permet de porter sa population à plus de 200,000 âmes. Elle fut, dit-on, bâtie par Cécrops, l'an 1550 av. J.-C., et reçut d'abord le nom de Cecropia, qui plus tard fut réservé à la citadelle. Ce fut sous le règne d'Érichthonius qu'elle prit celui d'Athènes, en l'honneur d'Athéné ou Minerve.

L'ancienne Athènes était bâtie sur le sommet d'un roc, au milieu d'une vaste et belle plaine qui se couvrit d'habitations à mesure que sa population augmenta. De là venait la distinction entre l'Acropole ou haute ville, et la Catapole ou basse ville. La ville s'étendait sur le rivage du golfe Saronique, en face de la côte orientale du Péloponnèse, et était baignée par deux ruisseaux, le Céphise au nord, et l'Ilissus au midi. Elle était peu éloignée de la mer, sur laquelle se fondait principalement sa puissance. Les trois ports, de Phalère, le plus rapproché de la ville, de Munychie, le plus éloigné, et du Pirée, le plus commode et l'entrepôt le plus considérable du commerce hellénique, étaient situés au sud-ouest. A l'ouest s'étendait l'île de Salamine; au nord-ouest on trouvait Éleusis; au nord, Phylé et Décélie, au nord-est Marathon, et au sud le mont Hymette. Sur les côtes s'élevaient de magnifiques édifices, qui rivalisaient avec ceux de la ville. Les murailles qui joignaient Athènes à ses ports étaient en pierres de taille et si larges que des chars pouvaient y passer.

L'Acropole renfermait les chefs-d'œuvre dont les Athéniens étaient le plus légitimement fiers; mais aucun n'était comparable au Parthénon ou temple de Minerve. Ce merveilleux édifice, dont les ruines font encore l'admiration du monde, détruit par les Perses, fut rebâti plus magnifique par Périclès, l'an 444 av. J.-C. Ce temple renfermait le chef-d'œuvre de la sculpture, la statue de Minerve par Phidias. On entrait au Parthénon par les Propylées, construits en marbre blanc. Cet édifice était situé sur le côté septentrional de l'Acropole, tout près de l'Érechthéon, également en marbre blanc. Sous ce dernier nom on comprenait deux temples consacrés l'un à Pallas, l'autre à Neptune, et un autre bâtiment remarquable, appelé Pandrosion. Dans le voisinage du temple de Minerve on voyait aussi l'olivier consacré à cette déesse. Sur la partie antérieure de l'Acropole s'élevait le théâtre de Bacchus, près de l'église actuelle de Panagia Spiliotissa, ainsi que l'Odéon, le premier destiné à des représentations théâtrales proprement dites, le second à des concerts. Ce dernier se faisait remarquer par sa magnificence. De là une rue, le Tripodos, conduisait au nord vers le *Prytanée*; plus loin, au nord-ouest, s'élevait l'*Anakéion*, temple des Dioscures, à côté duquel s'étendait une place d'où l'on apercevait le temple de Pan et d'Apollon dans une grotte de l'Acropole. Un large escalier de marbre conduisait à travers les Propylées dans la citadelle Cécropia.

Le *temple d'Apollon Pythien* était situé dans le quartier de Cinné, vers le *Musée*. Sur la place, derrière l'angle sud-est de la citadelle, s'élevaient le *Panthéon*, achevé par Adrien; l'aqueduc, commencé par le même empereur et terminé par Antonin, et le *Didascalion*. Au sud de la citadelle on admirait le vieux temple commencé par Pisistrate, la maison de Cimon, l'*Amazonéion*, temple bâti par Thésée en mémoire de sa victoire sur les Amazones, et le sanctuaire d'Hercule Menysès. C'est dans le quartier septentrional de la ville, nommé Mélité, que Thémistocle et Phocion avaient leurs demeures.

La basse ville offrait aussi de magnifiques édifices, comme le *Pœcile*, galerie où l'on dressait les statues historiques, la *Tour des Vents* d'Andronicus Kyrrhestès et plusieurs monuments d'hommes célèbres.

Deux chefs-d'œuvre d'architecture se trouvaient hors des murs, le temple de Thésée et celui de Jupiter Olympien, l'un au nord, l'autre au sud. Le premier, d'ordre dorique et semblable au Parthénon, présentait sur les métopes les exploits de Thésée, parfaitement sculptés. Le second, d'ordre ionique, surpassait tous les autres édifices d'Athènes en magnificence et en beauté. Il avait coûté des sommes énormes. On l'avait successivement agrandi et embelli jusqu'au règne de l'empereur Adrien, qui l'acheva. Environ 120 colonnes cannelées, de 16 mèt. 80 centim. de haut et de 1 mèt. 70 de diamètre, en décoraient l'extérieur. L'enceinte avait près de 4 kilom. de périphérie; c'est là qu'était la célèbre statue de Jupiter Olympien en or et ivoire, due au ciseau de Phidias.

Outre ces chefs-d'œuvre de l'art, la ville d'Athènes renfermait encore d'autres lieux et d'autres monuments dont le souvenir ne s'effacera pas, tels que la célèbre *Académie*, où Platon enseigna, située à environ trois kilomètres au nord de la ville et faisant partie du champ Céramique; le *Lycée*, au delà de l'Ilissus, de l'autre côté de la ville, où Aristote fonda l'école péripatéticienne; la colline de l'*Aréopage* où siégeait ce célèbre tribunal; le *Prytanée*, ou palais du sénat; le *Pnyx*, où se tenaient les assemblées du peuple, etc.

Deux mille ans de guerres et de dévastations ont passé sur cette magnifique cité, qui a été soumise tour à tour par des nations civilisées et par des peuples barbares, et cependant ses ruines sont encore aujourd'hui un objet d'étonnement et d'admiration. Une partie considérable de l'Acropole existe encore. Les Turcs l'ont entourée de larges murs irréguliers, pour la construction desquels ils ont employé les débris des anciennes murailles, où surabondent des fragments de colonnes antiques. L'aile droite des Propylées formait un temple de la Victoire. Ce temple fut entièrement détruit, en 1656, par l'explosion d'un magasin à poudre. De l'aile gauche il reste encore six colonnes, et entre elles de hautes arcades. Ces colonnes, cachées à moitié par le mur que les Turcs ont construit, sont en marbre blanc comme de la neige et du travail le plus délicat. Chacune se compose de trois ou quatre morceaux joints avec tant d'art qu'on n'y remarque aucune soudure, bien qu'elles soient exposées aux injures de l'air. Du Parthénon, dont les Turcs avaient fait une mosquée, il existe encore huit colonnes à l'orient et plusieurs péristyles sur les côtés. Il ne s'est conservé du tympan, qui représentait le combat de Neptune et de Minerve à propos d'Athènes, que la tête d'un cheval marin et deux figures de femmes sans tête; mais ces débris suffisent pour faire admirer la scrupuleuse vérité et la beauté surprenante de cette composition. Le combat des Centaures et des Lapithes a moins souffert. De toutes les statues dont cet édifice était orné, il ne reste plus que celle d'Adrien. Quelque ruiné qu'il soit, ce monument conserve une indicible expression de grandeur et de majesté. Il s'est conservé aussi de beaux restes de l'Érechthéon, temple de Neptune Érechthée; on doit citer surtout les caryatides qui forment deux arcades.

Les deux théâtres présentent à peine assez de débris pour qu'on puisse en déterminer la position et juger de leur énorme étendue. L'arène est convertie aujourd'hui en un champ cultivé. La ville elle-même n'offre aucun monument comparable à ceux dont nous venons de parler, ni pour la grandeur ni pour la beauté. Près d'une église consacrée à la Vierge Marie, trois belles colonnes d'ordre corinthien sont restées debout portant une architrave. On les regarde, sans raison, comme un débris du temple de Jupiter Olympien. La Tour des Vents est parfaitement conservée. Elle est de forme octogone et d'un travail excellent. Sur chacune de ses faces est sculptée en relief la figure d'un des principaux vents. Elle doit sa conservation à cette circonstance, qu'elle servait de mosquée à un ordre de derviches. De tous les monuments élevés à des hommes célèbres, monuments si nombreux qu'ils formaient comme une rue, il n'en reste plus qu'un seul, celui de Lysicrate, qui consiste en un piédestal, un péristyle rond et une coupole d'ordre corinthien. L'emplacement du magnifique gymnase construit par Ptolémée ne se reconnaît plus qu'à quelques pans de murs. Des cent vingt colonnes du temple de Jupiter Olympien, seize sont encore debout; mais toutes les statues ont péri. On découvre çà et là, en partie enfouis sous terre, quelques débris de piédestaux et quelques fragments d'inscriptions.

Le temple de Thésée, au contraire, est presque entièrement conservé; mais beaucoup de ses parties datent d'une époque récente. Les sculptures extérieures sont généralement dégradées; celles qui ornent la frise à l'intérieur sont en bon état: elles représentent les exploits de Thésée. Sur la colline où l'Aréopage tenait ses séances on voit encore des degrés taillés dans le roc, ainsi que les sièges des juges, et en face des parties. La colline est aujourd'hui un cimetière turc couvert de tombeaux. Le Pnyx, non loin de l'Aréopage, n'a presque pas souffert; on distingue encore la tribune aux harangues taillée dans le roc, les sièges des secrétaires, et aux deux extrémités ceux des magistrats chargés de commander le silence et de proclamer le résultat des votes. On remarque également les niches où ceux qui sollicitaient une faveur du peuple déposaient leurs présents. On reconnaît aussi la lice qu'Hérode Atticus avait construite en marbre blanc, et qui servait aux exercices gymnastiques; mais la place du Lycée n'est plus reconnaissable qu'à la quantité de pierres dont elle est jonchée. Une maison moderne avec son jardin occupe l'emplacement de l'Académie. Le Pirée n'a presque rien conservé de son ancien éclat; on n'y trouve plus que quelques débris de colonnes semés çà et là. Il en est de même de Phalère et de Munychie.

Leake établit d'une manière fort vraisemblable que du temps de Pausanias il existait encore à Athènes beaucoup de monuments datant de la période des guerres persiques, la courte occupation de cette ville par les Perses n'ayant donné à Xerxès le temps de ruiner que les fortifications et les principaux édifices publics. Tandis que Thémistocle, en relevant la ville, eut plutôt en vue l'utile, Cimon suivit son goût pour la magnificence, et consacra sa fortune à l'embellissement d'Athènes; mais il était réservé à Périclès de les surpasser l'un et l'autre. Cependant ce qu'il avait entrepris grâce aux tributs des autres États ne put être achevé dans la suite. Chaque fois que l'administration des revenus de la république tombait entre des mains sages, Athènes voyait reparaître son ancienne splendeur; et bientôt l'influence de la civilisation, dont elle était le foyer, rayonna jusque chez des peuples qui étaient restés en dehors de la confédération grecque.

L'Attique ne formait pas une île. Dès que les ressources naturelles de la grande et fertile Macédoine eurent été développées par un souverain énergique et éclairé, les intérêts contraires d'une foule de petites républiques ne purent longtemps opposer une digue aux armées bien disciplinées d'un peuple belliqueux, conduit par un prince actif et ambitieux. La destruction des murailles du Pirée par Sylla acheva de ruiner la marine athénienne, et entraîna l'État dans sa chute. Caressée par les triumvirs, favorisée par Adrien, qui aimait les arts, Athènes, il est vrai, jeta quelques lueurs encore sous les Antonins. La splendeur de ses huit ou dix siècles de gloire brilla même un instant à tous les yeux; les monuments de Périclès rivalisèrent avec des édifices plus modernes, et Plutarque s'étonnait que les chefs-d'œuvre d'Ictinos, de Ménésiclès et de Phidias, élevés avec une si merveilleuse rapidité, eussent défié les âges et conservé toute leur fraîcheur et leur éclat.

Par respect pour une religion sœur de la leur, et afin de s'attacher un peuple plus civilisé qu'eux, les Romains respectèrent les temples et les chefs-d'œuvre qu'ils renfermaient, se bornant à lever des impôts, tandis qu'en Sicile, où l'influence de Carthage et des Phéniciens s'était fait sentir de bonne heure, ils s'emparaient des trésors mêmes des sanctuaires. Ce fut plutôt du temps de Pausanias que des tableaux furent emportés à l'étranger. Les larcins en grand des amateurs, les embellissements de Constantinople à une époque où les architectes semblaient impuissants à créer, le zèle des chrétiens, les invasions des barbares, dépouillèrent peu à peu Athènes des chefs-d'œuvre qu'avaient respectés les empereurs. Il est cependant permis de croire que le colosse d'Athéné Promachos existait encore après le règne d'Alaric.

Ce fut vers 420 que le paganisme fut complétement extirpé d'Athènes. Après la fermeture des écoles des philosophes par Justinien, le souvenir même des mythes se perdit. Le Parthénon devint l'église de la Panagia, et Thésée céda la place à saint Georges. L'industrie résistait encore; mais Roger de Sicile lui porta un coup affreux en emmenant les ouvriers en soie. Enfin en 1456 Athènes tomba entre les mains d'Omar. Pour comble d'ignominie, la ville de Minerve obtint le privilége, envié dans l'Orient, d'être administrée par un eunuque noir, comme apanage du harem. Le Parthénon fut converti en mosquée, et à l'angle occidental de l'Acropole on entreprit des travaux de fortifications rendus nécessaires par la découverte de la poudre.

Il paraît que ce fut seulement en 1687, lors du siége d'Athènes par l'amiral vénitien Morosini, que le temple de la Victoire non ailée fut détruit. On en conserve toutefois de magnifiques débris dans le Musée Britannique. Voici du reste comme on raconte l'événement : « Après la prise de la citadelle, le 29 septembre, les Vénitiens voulurent emporter chez eux comme trophée le quadrige de la Victoire, qui était placé sur le fronton occidental du Parthénon; mais en l'enlevant ils laissèrent tomber le groupe, qui fut réduit en poussière. » Dès le 8 avril 1688 Athènes rentra sous le pouvoir des Turcs, malgré les supplications des habitants, qui redoutaient de cruelles vengeances. De savants voyageurs ont depuis visité fréquemment cette ville, et nous devons à leurs descriptions et à leurs dessins la connaissance de quelques monuments aujourd'hui en ruine. Il serait injuste d'accuser les Turcs seuls de la destruction de tant de débris respectables. Pendant des siècles les Grecs en eu la coutume d'employer d'anciens matériaux pour leurs constructions. Dans ces derniers temps le gouvernement grec a rendu une loi qui prescrit non-seulement de veiller à la conservation des monuments existants, mais de faire de nouvelles fouilles pour en découvrir d'anciens.

L'origine des Athéniens remontait aux premiers temps de la Grèce. Ce peuple s'était formé, sans doute, du mélange des Pélasges, les plus anciens habitants de cette contrée, avec les Ioniens, qui vinrent s'y réfugier, après avoir été chassés de l'Achaïe. L'amour de la gloire et de la liberté, le goût le plus vif pour les plaisirs, le luxe et les beaux-arts, une grande mobilité d'esprit, la douceur des mœurs et la politesse des manières, étaient les traits distinctifs du caractère national des Athéniens, auxquels on peut reprocher, d'un autre côté, leur inconstance, leur ingratitude, souvent même de la cruauté. Chez eux la faveur était toujours voisine de la disgrâce, et l'on ne parvenait à la gloire que par le sacrifice du repos et du bonheur. Le général qui avait le mieux combattu, le magistrat qui avait le plus habilement administré, devenaient un objet d'envie : l'exil, la prison ou la mort étaient presque toujours la récompense des belles actions (*voyez* OSTRACISME). Et toutefois il n'est aucun peuple au monde qui puisse se glorifier d'avoir produit dans un si court espace de temps un aussi grand nombre d'hommes célèbres dans la guerre, les sciences, les lettres et les arts.

Les Athéniens apportaient beaucoup de soin à l'éducation de leurs enfants. On appelait *gymnase* et *palestre* le lieu où on les exerçait. Ils s'appliquaient surtout à l'étude de la langue; aussi le grec d'Athènes avait-il la supériorité sur les autres dialectes de la Grèce, à tel point que les écrivains des autres parties de l'Hellénie abandonnèrent leur dialecte pour celui des Athéniens (*voyez* ATTICISME). Aucun peuple de la Grèce, d'ailleurs, ne fut plus occupé que les Athéniens du culte des dieux : chaque jour de l'année était marqué par quelque fête. Les plus solennelles étaient les *Bacchanales*, ou fêtes de Bacchus, les *Panathénées*, ou fêtes de Minerve, et les mystères d'Éleusis, en l'honneur de Cérès. On dit aussi qu'ils avaient un temple dédié au Dieu inconnu, *Deo ignoto*, que l'on a prétendu être le Dieu des chrétiens.

Selon la tradition, c'est Thésée qui jeta les fondements de la puissance d'Athènes, en forçant les autres États de l'Attique sur lesquels il régnait à se soumettre à elle et à la regarder comme leur capitale. C'est encore lui, dit-on, qui établit la grande fête populaire des Panathénées, qui publia les premières lois, qui veilla avec le plus de sollicitude à maintenir la division du peuple en trois classes, les grands, les agriculteurs et les ouvriers, attribuant à la première le privilége de garder les choses sacrées et d'expliquer les lois. Il embellit, en outre, et agrandit la ville, et peupla les campagnes en y attirant des étrangers. Gouvernée par des rois jusqu'à Codrus, qui chercha et trouva la mort dans un combat, l'an 1068 avant J.-C., Athènes abolit alors la royauté, et donna le pouvoir suprême à un archonte à vie. En 752 avant J.-C. la durée de l'archontat fut réduite à dix ans; soixante-dix ans plus tard, 683 av. J.-C., elle fut réduite à une année seulement, et au lieu d'un seul, neuf archontes furent mis à la tête de l'État (*voyez* ARCHONTE). C'est l'archonte Dracon qui donna à Athènes sa première législation; mais la sévérité de ses lois révolta les esprits. L'an 594 avant J.-C., Solon établit une législation plus douce et une constitution plus rationnelle. La forme du gouvernement était démocratique, et un sénat de quatre cents membres, élus par les tribus, devait exercer le pouvoir au nom du peuple. Celui-ci était divisé en quatre classes, selon la fortune de chacun. Aux trois premières devaient appartenir tous les emplois; la quatrième ne prenait part qu'à la confection des lois dans les assemblées générales. Mais cette constitution était trop artificielle pour subsister.

Pisistrate, homme doué de talent, d'audace et d'ambition, se mit à la tête des classes pauvres, et usurpa le pouvoir. Son gouvernement fut glorieux et bienfaisant; néanmoins ses fils Hipparque et Hippias ne surent pas se maintenir au rang où il s'était élevé : le premier fut assassiné et le second chassé. D'autres abus se manifestèrent plus tard, et Clisthène, également ami du peuple, chercha à y remédier au moyen de quelques modifications dans la législation de Solon. Il divisa le peuple en dix classes, et porta le nombre des sénateurs à cinq cents. C'est alors que s'ouvrit la brillante période des guerres contre les Perses, où Athènes se couvrit de gloire. Miltiade battit les Perses à Marathon ; Thémistocle anéantit leur flotte à Salamine. La liberté de la Grèce sortit d'une lutte qui semblait devoir la détruire, et elle remplit d'enthousiasme la nation entière. Les droits du peuple furent étendus ; les archontes et d'autres magistrats furent choisis sans distinction dans toutes les classes.

L'intervalle qui s'étend depuis les guerres persiques jusqu'à Alexandre, de 500 à 336 avant J.-C., est l'époque la plus importante et la plus remarquable du développement de la constitution athénienne. Cimon et Périclès, vers 444 avant J.-C., portèrent à son comble la gloire de leur patrie; mais le dernier déposa aussi dans son sein le germe de la corruption et de la décadence. C'est sous son gouvernement que commença la guerre du Péloponnèse, qui se termina par la prise d'Athènes. Les vaincus durent accepter des Lacédémoniens vainqueurs des conditions très-humiliantes; toutefois, l'État conserva l'ombre de son existence. Trente tyrans furent établis pour gouverner l'Attique, et sous la protection de la garnison lacédémonienne ils se livrèrent à toutes sortes d'actes arbitraires et de cruautés. Après huit mois de terreur, la tyrannie fut renversée par Thrasybule, qui rétablit la liberté et l'ancienne constitution un peu améliorée. Athènes reprit son rang parmi les États de la Grèce, et alliée aux Thébains elle fit avec succès la guerre aux Spartiates. Mais cette prospérité dura peu.

Un ennemi dangereux se levait au nord, c'était Philippe de Macédoine. Les Athéniens s'étant déclarés contre lui dans la guerre de Phocide, Philippe leur enleva plusieurs colonies. Les Grecs coururent aux armes; mais la bataille de Chéronée, 338 avant J.-C., fut le tombeau de leur liberté, et Athènes, comme d'autres États de la Grèce, tomba sous la dépendance du Macédonien. En vain, après la mort d'Alexandre, les Athéniens tentèrent-ils de reconquérir leur liberté ; ils durent recevoir une garnison étrangère dans le port de Munychie. Antipater exclut de l'administration de l'État tous les citoyens qui ne possédaient pas une fortune de 2,000 drachmes. Peu de temps après Cassandre s'empara d'Athènes, qui, malgré les conseils de Phocion, s'était rangée parmi ses ennemis. Il y rétablit l'oligarchie, et nomma pour gouverneur Démétrius de Phalère, qui pendant dix ans en remplit honorablement les fonctions; mais les Athéniens, qui le haïssaient parce qu'ils ne l'avaient pas choisi, appelèrent à leur secours Démétrius Poliorcète, qui prit la ville et rétablit l'ancienne constitution, ce qui lui valut de la part des Athéniens les témoignages de la reconnaissance la plus exagérée. Mais bientôt ce peuple inconstant changea de dispositions à son égard; et au retour de ses expéditions il ne voulut refuser l'entrée de la ville. Il la prit de force, pardonna aux habitants, et leur laissa la liberté, se contentant de mettre des garnisons dans les ports de Munychie et du Pirée. Plus tard les Athéniens réussirent à les chasser, et ils recouvrèrent pour quelque temps leur indépendance. Vaincus de nouveau par Antigone Gonatas, ils restèrent sous le joug macédonien jusqu'à leur entrée dans la Ligue Achéenne. Plus tard encore ils se joignirent aux Romains contre Philippe, et conservèrent leur liberté ; mais s'étant alliés avec Mithridate, ils attirèrent sur eux la vengeance de Rome. Sylla prit Athènes, et ne lui laissa qu'une ombre de liberté, qu'elle perdit même sous Vespasien. Enfin, au temps des Croisades elle forma une baronnie séparée. *Voyez* ATHÈNES (Baronnie d').

L'édit de Justinien qui abolit ses écoles, en 529, acheva de lui enlever le peu d'attrait qui lui restait encore. Elle avait déjà cruellement souffert en 253 et 258 de l'invasion des Goths, de la dévastation complète de son territoire par Alaric, en 396, et successivement des ravages des autres barbares du Nord. Depuis, souvent inquiétée par les barbares nomades du moyen âge, elle fut prise et saccagée par les Normands de Sicile, en 1145.

L'Athènes moderne, appelée par les Turcs *Athiniah* ou *Sétines*, est la capitale du nouveau royaume de Grèce. Jusqu'à l'époque de la révolution, en 1821, c'était une ville d'une médiocre importance, siége d'un archevêque grec et d'un woïwode turc, indépendant du pacha de l'Eubée. Les terres étaient en grande partie au pouvoir de Turcs de distinction ; les archontes grecs n'en possédaient qu'une portion relativement faible. La principale branche d'industrie consistait dans l'agriculture et l'éducation des bestiaux. On ne trouvait guère de fabriques que dans la ville et aux environs. Athènes elle-même était entièrement bâtie dans le style turc, la plupart des maisons en bois, les rues tortueuses. De plus, elle était entourée d'un mur de cinq mètres de haut à peine sur soixante-cinq centimètres d'épaisseur, élevé en 1772, contre les incursions des brigands albanais. La guerre de l'indépendance commença au mois de mars 1821. Dès le mois de juin de l'année suivante, les Turcs évacuèrent Athènes et l'Acropole, qui restèrent au pouvoir des Grecs pendant quatre ans. On organisa une administration; on fonda des écoles, et on établit même une imprimerie, que le colonel Stanhope apporta d'Angleterre. Mais au mois d'août 1826 les Turcs reprirent la place, et, après une défense désespérée, l'Acropole succomba à son tour au mois de juin 1827. Athènes n'était plus qu'un monceau de ruines ; et elle resta dans cet état de désolation jusqu'à ce que la conférence de Londres eut décidé, le 3 février 1830, l'adjonction de l'Attique à la Grèce. Beaucoup de Grecs et d'Européens s'y établirent, surtout après la prise de possession par les Bavarois, le 20 mars (1er avril) 1833. Le roi Othon y transporta sa résidence de Nauplie, le 13 décembre 1834. Les mœurs et les institutions turques disparurent devant les mœurs et les institutions franques. Des édifices publics, des maisons particulières s'élevèrent avec une incroyable rapidité ; des rues droites et larges furent percées à travers les décombres, comme celles d'Hermès, d'Éolus, d'Athènes, de Stradion ; enfin, au mois de mars 1836 on posa la première pierre du palais du roi. A la tête de l'administration municipale est le préfet de l'Attique (διοιχητής), placé immédiatement sous les ordres du ministre de l'Intérieur. Les affaires de la ville sont administrées par un maire (δήμαρχος), assisté de plusieurs adjoints et d'un conseil municipal élus par la commune (δῆμος Ἀθηναίων). Les écoles sont l'objet de soins tout particuliers. On a fondé, outre d'autres établissements, un gymnase et une université, qui compte aujourd'hui trente-six professeurs ordinaires et extraordinaires et environ cinq cents étudiants. Athènes possède, en outre, une bibliothèque publique, un musée royal d'antiquités, un hôtel des monnaies, une imprimerie nationale avec lithographie.

Chef-lieu du diocèse de l'Attique, au confluent de deux ruisseaux, l'Ilissos et le Képhisos, à 7 kilom. de l'embouchure de ce dernier dans le golfe d'Égine, elle compte une population de 18,000 âmes environ, dont les deux tiers Grecs, et le reste composé d'individus de presque toutes les nations de l'Europe. Athènes est le siége de l'Aréopage (ἄρειος πάγος), tribunal suprême ; d'un Éphétéion (ἐφετεῖον), ou cour criminelle et d'appel civil ; d'un tribunal de première instance (πρωτοδίκειον).

Athènes est le centre d'un commerce d'importation assez considérable, ses exportations consistent, comme autrefois, en fruits excellents, olives, et figues, en cire et miel renommés de l'Hymette, et en huile, laine et soie. Son port, entrepôt du commerce le plus riche de la Grèce au temps de sa splendeur, et auquel on a restitué son ancien nom de Pirée, en est éloigné de 7 kilomètres. Il a des communications régulières, par paquebots et bateaux à vapeur, avec toutes les places importantes du littoral de la Méditerranée.

ATHÈNES (Baronnie, Duché d'). Lorsque après la seconde prise de Constantinople par les Français, les diverses parties de l'empire grec furent réparties entre les conquérants francs, le marquis Boniface de Montferrat, qui avait eu jusqu'à l'élection à l'empire de Baudoin, comte de Flandre, le commandement suprême de l'armée, obtint d'abord pour son lot les provinces asiatiques, qu'il céda presque immédiatement contre celles d'Europe qui s'étendent du mont Hémus en descendant au midi, parce qu'elles le rapprochaient de son beau-frère, le roi de Hongrie. Beaucoup de chefs francs s'étaient ralliés à l'armée lombarde. Au nombre des plus distingués était Eudes ou *Othon de la Roche*, en Franche-Comté. Réuni à son ami Jacques d'Avesnes, il devança la marche de l'armée de Boniface, et avec les gens de sa seigneurie s'empara de la Béotie et de l'Attique, tandis que Jacques d'Avesnes s'établissait dans l'île d'Eubée. Othon de la Roche était déjà installé, dès 1205, dans la baronnie de Thèbes et d'Athènes, quand Geoffroi de Villehardoin et Guillaume de Champlitte entreprirent la conquête de la Morée. Boniface de Montferrat leur ayant cédé la suzeraineté des terres situées au midi des Thermopyles, dans les Cyclades et les îles Ioniennes, le baron d'Athènes et de Thèbes, Othon de la Roche, passa par là sous la suzeraineté des princes d'Achaïe, et les aida dans toutes leurs expéditions. Son père, Pons de la Roche, étant mort en Franche-Comté, Othon, qui avait fait venir près de lui, à Athènes, son neveu Guy et les frères et sœurs de Guy, pour donner un établissement en Grèce à ces enfants de son frère Pons, laissa à Guy sa baronnie d'Athènes et de Thèbes, et retourna dans sa seigneurie de Franche-Comté.

Guy, resté en possession de la baronnie d'Athènes et de Thèbes, dans laquelle il avait déjà obtenu quelques sous-fiefs dès 1208, démembra ensuite cette seigneurie en faveur de sa sœur Bonne, veuve du roi de Salonique, le jeune Démétrius de Montferrat, à laquelle il donna en dot, à l'occasion de son mariage avec Nicolas, châtelain de Saint-Omer, la moitié de la baronnie de Thèbes. Guy prit une part active aux événements qui se passèrent en Morée pendant la vie de Geoffroi Ier de Villehardoin et celle de son fils aîné, tous deux princes d'Achaïe ; il obtint d'eux l'usage du droit régalien de frapper monnaie, et ne songea pas à se dérober aux liens qui le rattachaient à ces princes par un serment de suprématie féodale. Mais quand, à la mort de Geoffroi II, son frère cadet, Guillaume de Villehardoin, devenu prince d'Achaïe, eut sommé tous ses grands vassaux de lui prêter hommage, Guy crut l'occasion favorable pour se rendre indépendant, et, se liant avec quelques-uns des seigneurs les plus puissants, il refusa l'hommage. Guillaume de Villehardoin n'était pas homme à rien céder de ses droits. Il leva une armée pour avoir raison des récalcitrants ; ceux-ci en firent autant de leur côté. Les seigneurs rebelles furent battus sur le mont Karydi, entre Mégare et le Cithéron, et se réfugièrent à Thèbes, où ils furent assiégés et soumis. Guy de la Roche, le plus redoutable de tous, reçut ordre de Guillaume de Villehardoin d'aller se soumettre à l'arbitrage de saint Louis.

C'était au commencement de l'année 1248 ; saint Louis se préparait à l'expédition d'Égypte. Une réconciliation entre tous les chefs chrétiens était nécessaire pour les réunir dans une inimitié commune contre les mahométans. Saint Louis montra beaucoup de bienveillance au baron d'Athènes, et déclara qu'il n'avait pas encouru la confiscation par sa révolte, puisqu'il n'avait pas encore prêté serment, et que son exil présent avait servi d'expiation à sa faute. A cette occasion, Guy ayant fait valoir que ses prédécesseurs dans la seigneurie d'Athènes avaient possédé un titre de seigneurie très-élevé, il obtint de saint Louis la faveur d'échanger son titre de *grand sire* (megas kyr) contre celui de duc, que les seigneurs de cette baronnie franque ont porté depuis, et qu'on retrouve sur toutes leurs monnaies à partir de Guy.

Guy revint donc en Grèce, et y régna paisiblement ainsi que ses successeurs jusqu'à Gautier de Brienne, époque où le duché d'Athènes fut envahi par les Catalans survenus de Sicile sous prétexte de servir d'auxiliaires à Andronic Paléologue. Une bataille fut livrée, et Gautier de Brienne, victime de son trop d'ardeur, tomba roide mort près des marais du lac Copaïs. Sa veuve déchue, Jeanne de Châtillon, se réfugia en France avec son fils.

Celui-ci ne fut pas plus tôt en état de manier les armes qu'il songea à reconquérir son duché ; mais, après de grands succès, il échoua dans cette entreprise, devint en France connétable du royaume, et mourut en 1336, en combattant à Poitiers, sans laisser d'enfants. Son neveu Sohier, ayant voulu faire valoir ses droits, fut décapité. Son fils Gautier d'Enghien prit, après sa mort, le titre de duc d'Athènes, mais ne fit aucune tentative pour reconquérir ses États, et mourut à Gand, en l'an 1381. En lui s'éteignit le titre de duc d'Athènes.

Pendant que les derniers ducs titulaires abandonnaient ainsi leurs domaines de Grèce, en se contentant de se parer d'un vain titre, les Catalans, établis à Athènes depuis 1310, continuaient à s'y maintenir ; mais leurs chefs ne furent regardés que comme des lieutenants du roi de Sicile, et ce furent les rois de Sicile qui prirent pour eux le titre de ducs d'Athènes et de Néopatras, et l'ajoutèrent aux autres titres de leurs seigneuries.

Les Catalans avaient cependant de rudes chocs à soutenir dans la Gallo-Grèce. Un Florentin, Nicolas Acciaiuoli, chambellan de l'impératrice Catherine de Valois, réunissant des forces imposantes dans la contrée, l'avait fait reconnaître princesse d'Achaïe, et avait obtenu pour lui-même la baronnie de Corinthe. Un de ses neveux, Nerio, avait, en outre, par la faveur de son oncle, usurpé quelques seigneuries ; l'an 1394 il fut créé duc d'Athènes par une patente du roi de Naples. Il mourut en 1394, et fut enterré dans l'église Sainte-Marie d'Athènes, à laquelle il avait fait donation de la ville même. Outre deux fils légitimes, il laissait un bâtard, nommé Antoine, qui, mécontent de sa part, voulut s'en faire une plus large. La république de Venise, désignée par Nerio comme exécutrice testamentaire et non comme légataire, chercha vainement à l'arrêter dans l'exécution de ses desseins ; elle ne put l'empêcher de s'emparer du duché d'Athènes ; qu'il continua à posséder jusqu'à sa mort, arrivée en 1435.

Le duché tomba plus tard entre les mains de Franco, fils d'Antoine, qui se trouvait à la cour de Mahomet II, et recueillit le fruit d'une honteuse intimité avec ce sultan en recevant l'autorisation d'aller occuper le duché d'Athènes. Il jouit bien peu de temps de cette seigneurie. Réduit d'abord à celle de Thèbes, il devint aisément suspect à des conquérants qui voulaient le perdre pour s'enrichir de ses dépouilles. Il fut assassiné par Zagan, lieutenant de Mahomet II, et le duché d'Athènes fut réuni, en 1462, aux autres possessions des Turcs. Buchon.

ATHÈNES (École d'). Athènes compta dans son sein de nombreuses écoles scientifiques et philosophiques, que Raphaël réunit dans une admirable fresque qu'on appelle l'*École d'Athènes*. Cependant on a particulièrement donné ce nom d'*École d'Athènes* à l'École néoplatonicienne, qui continua dans cette ville l'enseignement d'Alexandrie. « L'école d'Alexandrie, dit M. Jules Simon, va se perdre dans l'école d'Athènes, qui en est la fille légitime. » En effet, lorsque les successeurs directs de Jamblique, vaincus avec Julien, s'effacèrent et disparurent en quelque sorte de l'histoire, l'école d'Athènes releva un moment les destinées de l'éclectisme. Pendant cette courte période, qui de la mort de Julien s'étend à la fermeture des écoles (en 529), c'est Athènes qui remplaça Alexandrie et Pergame.

Comment l'école d'Athènes se rattache-t-elle à celle d'Alexandrie? Suidas, qui nous a donné l'ordre de succession entre les maîtres de l'école d'Athènes, Plutarque (fils de Nestorius), Syrianus, Proclus, Marinus, ne nous dit pas quel était le maître de Plutarque, et ce renseignement ne se trouve nulle part. Quoi qu'il en soit, les rapports des deux écoles sont nombreux et évidents : l'exposition des doctrines de Proclus fera ressortir les différences qui les séparent. *Voyez* NÉOPLATONISME.

ATHÉNODORE, né à Tarse en Cilicie, était un partisan de la philosophie stoïcienne, qui vivait à Rome vers l'époque où naquit Jésus-Christ. Il donna des leçons à Auguste; mais aucun de ses ouvrages n'est parvenu jusqu'à nous. C'est lui qui conseillait à cet empereur de ne jamais se laisser aller au premier emportement de la colère sans préalablement réciter les vingt-quatre lettres de l'alphabet grec. Auguste, à sa prière, diminua les impôts que payait la ville de Tarse. Il lui confia l'éducation du jeune Claude, qui fut depuis empereur et répondit si mal aux soins de son vertueux maître. Athénodore mourut à l'âge de quatre-vingt-deux ans, dans sa ville natale, où il s'était retiré. Ses concitoyens célébrèrent ses funérailles à l'égal de celles d'un héros.

On ne doit pas le confondre avec un autre ATHÉNODORE, aussi né à Tarse, qui fut conservateur de la bibliothèque de Pergame, et qui eut pour disciple Caton d'Utique.

ATHÉRINES. *Voyez* CYPRINOÏDES.

ATHÉNÉES, fête en l'honneur de Minerve, célébrée par les Libyens. Ce nom est, à peu de chose près, le même que celui d'*Athénées*, qu'on donnait aux fêtes de Minerve à Athènes. Les *athénées* des Libyens se célébraient auprès du lac Triton, sur les bords duquel Minerve avait aidé Persée à vaincre la Gorgone Méduse, dont elle porta dans la suite la tête sur son égide. Hérodote dit que dans cette fête les filles du pays paraissaient armées de pierres et de bâtons; qu'elles se battaient ensemble, que celles qui périssaient de leurs blessures étaient soupçonnées d'avoir perdu leur honneur, et que celle qui se distinguait parmi les autres montait sur un char armé à la grecque et faisait le tour du lac, accompagnée de ses rivales.

ATHLÈTE (en grec ἀθλητής, mot qui vient d'ἀθλέω, je lutte). On nommait ainsi ceux qui combattaient dans les joûtes de la Grèce, et parmi lesquels figuraient les jeunes gens qui se livraient aux exercices gymnastiques, pour se rendre propres au métier des armes. Dans le sens étroit du mot, on appelait athlètes ceux qui faisaient leur principale occupation de la gymnastique, du pugilat et d'autres exercices, afin de se mettre en état de combattre publiquement dans les jeux à l'occasion des fêtes et des réjouissances nationales; leur manière de vivre était appropriée à leur état : ils se nourrissaient bien et s'abstenaient des plaisirs de l'amour. Avant de les admettre dans la corporation on s'informait avec soin de leur naissance, de leur nom et de leurs mœurs; un héraut les nommait à haute voix, et sommait tous ceux qui avaient quelque chose à leur reprocher d'en faire la déclaration. Après cette disposition préalable, l'athlète prêtait serment d'observer les lois de la lutte, et il était admis à concourir.

Les couples étaient tirés au sort; le vainqueur n'était pas seulement récompensé par les applaudissements de l'assemblée, mais encore par des couronnes et des statues; on le portait en triomphe; son nom était inscrit sur des tables publiques et désignait les olympiades, les poëtes chantaient ses louanges; il jouissait aussi de certains priviléges, recevait une rétribution annuelle, et avait la place d'honneur dans les réjouissances publiques. Sa ville natale lui décernait des honneurs particuliers; car tous ses concitoyens avaient part à sa gloire.

Les athlètes combattaient nus, après s'être frottés d'huile et de poussière. Les diverses sortes d'exercices ou de combats étaient la lutte, le pancrace, le pugilat, le ceste, la palestre, les courses à pied et en char. Plusieurs monuments nous sont restés qui représentent des athlètes. Il y a dans la villa Albani une belle statue de marbre noir offrant un athlète qui tient un flacon d'huile dont il va se frotter pour se préparer au combat. Sur un camée du cabinet de la Bibliothèque impériale, provenant du comte de Caylus, on voit Néron dans un quadrige en athlète. Dans le jardin des Tuileries est un joli groupe de deux lutteurs copié par Magnier d'après le groupe antique de la galerie de Florence. On regarde ces lutteurs comme deux des fils de Niobé, et ils sont ainsi qualifiés dans une estampe de 1557. En effet, ils ont été trouvés dans le même lieu que les autres figures appartenant à ce célèbre groupe, et ils n'ont pas les oreilles brisées comme les ont d'ordinaire les statues des athlètes et des pancratiastes ; les poëtes racontent que les fils de Niobé se livraient à des exercices gymnastiques quand ils furent percés par les flèches d'Apollon.

ATHOCIENS, hérétiques du treizième siècle, qui niaient l'immortalité de l'âme et soutenaient l'égalité de tous les péchés, à la manière des anciens stoïciens.

AT HOME. Ces deux mots anglais, qui veulent dire *à la maison*, *chez soi*, sont le titre sous lequel sont demeurées célèbres, dans l'histoire de l'art dramatique en Angleterre, les représentations satiriques que donna le fameux comique Mathews, en 1834, peu de temps avant sa mort, sur le théâtre de l'Opéra de Londres et dans la salle d'Adelphi. Il paraissait seul en scène pendant toute la soirée, comme s'il eût été chez lui, *at home*. Le talent satirique et dramatique qu'il y déployait était vraiment extraordinaire ; et on ne pouvait se lasser d'admirer la diversité des caractères qu'il représentait devant le public, sans autre secours que la voix, le geste, la tenue et le costume. Plus tard, Yates, son ingénieux disciple, l'assista dans ces représentations, et lui ayant réussi en peu d'années à se faire par là une fortune considérable.

ATHOR ou ATHYR, mieux *Het-Her* (demeure de Dieu), nom d'une divinité égyptienne qui, dans le système mythologique des Égyptiens, appartenait au second ordre de dieux, et qu'on appelait fille de Ra (le Soleil). Les Grecs identifiaient Athor avec leur Aphrodite. La vache était son type ; aussi est-elle ordinairement représentée sur les monuments avec une tête de vache, portant entre ses cornes le disque du soleil. Sous la forme humaine, les cornes et le soleil ne lui manquent jamais. Athor est aussi représentée comme une vache arrivant de derrière la montagne, sous la forme d'un oiseau à visage humain, avec les cornes de vache et le disque du soleil, etc. Dans les plus anciens monuments elle porte déjà très-souvent sur la tête comme ornement un temple. De là proviennent les chapiteaux à tête d'Athor des constructions datant de l'époque des Ptolémées, et que l'on prend à tort pour des têtes d'Isis. En tous cas Athor avait à l'origine une signification cosmogonique ; plus tard on lui donna le nom de « maîtresse de la danse et du rire » ; et en signe de joie elle tient à la main les lacs d'amour et le tambourin. Ce sont surtout des reines et des filles de roi qui sont représentées sous ses traits. Athor jouissait d'un culte extrêmement répandu, et avait des temples dans toutes les parties de l'Égypte. Cependant, son principal sanctuaire, du moins à une époque postérieure, se trouvait à Denderah. Cette déesse donnait aussi son nom au troisième mois de l'année égyptienne.

ATHOS (Mont), appelé ordinairement *Hagion-Oros* par les Grecs, et *Montesanto* par les Italiens, chaîne de montagnes de 35 kilomètres de long sur 11 à 12 de large, qui s'avance en manière de presqu'île dans la mer Égée, en partant de la Chersonèse thrace, entre le golfe Strymoni et le golfe Singiti, et se rattache au continent par un isthme ayant de 2 à 3 kilomètres de largeur. La tradition dérive le nom de ces montagnes d'Athos, fils de Poséidon, ou du géant Athos, qui les avait jetées à la tête des dieux. Le point le plus élevé de cette presqu'île, qui abonde en sites beaux et sains, est situé au sud-est; il atteint une altitude de 1,966 mètres au-dessus du niveau de la mer. Dans l'antiquité on y comptait un grand nombre de villes, entre autres Dion, Olophyxos, Thyssos, Cléones et Acrothoon. Au moyen âge elle se couvrit de monastères, dont vingt-et-un subsistent encore de nos jours, sans parler d'une foule d'ermitages et de chapelles. Les plus grands de ces monastères sont ceux d'*Ivoron* et d'*Hagia-Laura*, et le plus riche celui de *Vatopædi*. Ils sont habités en totalité par cinq ou six mille moines de toutes les nations, formant une espèce de république monacale, sous la souveraineté des Turcs, auxquels ils payent un tribut annuel d'environ 80,000 francs. Le gouvernement est exercé par le *protaton*, assemblée à laquelle chaque couvent envoie un *épistate* ou *igumen* investi de ses pleins pouvoirs pendant quatre ans, et qui élit chaque année une commission chargée de l'administration des revenus et de la distribution de la justice. Le *protaton* siège à Caryæs, bourg principal de la presqu'île, où l'on compte un millier d'habitants. Il y réside aussi, pour représenter le gouvernement turc, un aga ayant sous ses ordres douze janissaires.

Les moines du mont Athos, astreints à la règle de Saint-Basile, celle qui domine généralement en Orient, vivent dans l'ascétisme le plus sévère; ils ne se nourrissent que de légumes, de fruits et de poissons, s'occupent d'agriculture, d'horticulture et d'apiculture et confectionnent pour leur propre usage et aussi pour être vendus des amulettes, des crucifix, des chapelets, des statuettes de saints etc., en bois ou en corne. D'informes images de saints, des vues des monastères, etc., sont aussi imprimées dans une petite typographie existant à Caryæs. Les hommes seuls sont admis aux espèces de foires qui se tiennent dans ce bourg. On ne permet pas à une seule femme de mettre les pieds dans la presqu'île; les animaux femelles n'y sont même pas tolérés. Les nombreux pèlerinages dont le mont Athos est l'objet forment la plus productive source du revenu des moines. La tradition veut que les trésors et la couronne des empereurs grecs soient demeurés enfouis au mont Athos. Tandis que de nos jours on rencontre à peine dans chacun de ces couvents deux ou trois moines possédant quelque instruction, et que l'agriculture, comme tout le reste, y est dans un état fort arriéré, cette île était au moyen âge le centre de la science grecque; c'est là que l'art christo-byzantin jetait son éclat le plus vif. Les bibliothèques, presque chaque couvent en possède une, sont abandonnées et désertes. Outre des livres imprimés du plus grand prix, on y trouve une foule de manuscrits précieux, qui ont récemment été examinés, entre autres par Minas, et communiqués à l'Occident. Il y a là fort peu à glaner sous le rapport de la littérature classique, mais beaucoup pour tout ce qui a trait à la Bible et aux Pères. Les manuscrits en langue géorgienne (à Ivoron) et surtout en vieille langue slave ou bulgare (par exemple à Dochéiron), ont une haute importance. Il y existe aussi tout un riche trésor de chartes. Les couvents, toujours entourés d'une haute muraille et dans lesquels on n'a accès que par une seule porte, ont à l'extérieur l'air de maisons irrégulières; ils sont cependant du même style que l'église Saint-Marc à Venise, et renferment presque tous des sculptures sur bois de prix et de très-beaux travaux d'orfèvrerie. On y trouve aussi un grand nombre de peintures et de fresques, qui fournissent une preuve authentique de l'immuable style christo-byzantin. Il faut surtout mentionner les peintures d'*Hagia-Laura* et de *Vatopædi*, qui sont fort anciennes et qu'on attribue à un certain Michel Panselinos. Comme l'ont démontré les recherches de Choiseul-Gouffier, de Hunt, de Leake, de Fallemerayer, de Grienbach, de Spratt, etc., l'isthme fut percé par Xerxès, dont la flotte fit naufrage sur ce point; mais d'après Démétrius Scepsius, cité par Strabon, le canal ne fut point terminé.

ATHYTES (d'ἄ privatif, et de θύω, j'immole). On appelait ainsi les offrandes des pauvres, parce qu'au lieu de victimes ils offraient des gâteaux et des fruits. Lucien les nomme plaisamment des sacrifices sans fumée, *acapnoutusies*.

ATILIA (Loi). Cette loi modifia le droit primitif des Romains sur la t u t e l l e : elle chargea le préteur urbain et la majorité des tribuns de nommer un tuteur au pupille qui n'en avait ni de testamentaire ni de légitime. Ces tuteurs furent appelés *atilliens* ou *datils*. Dans son *Origne du Droit*, livre premier du Digeste, Justinien nomme Publius Atilius auteur de cette loi. Il fut, dit-il, le premier appelé sage parmi les Romains.

ATKINS (JOHN) naquit vers 1680, à Plaistow, comté d'Essex (Angleterre). Après avoir terminé ses études médicales, il entra dans la marine en qualité de chirurgien, et resta au service de l'État pendant plus de vingt ans. Les nombreux voyages que ses fonctions l'obligèrent d'entreprendre dans diverses parties du monde lui fournirent l'occasion de faire de judicieuses remarques sur les populations de la côte occidentale de l'Afrique, du Brésil et des Antilles, sur leurs mœurs, leurs coutumes, leur industrie et leur religion; et quand il se retira du service avec une modique pension, il consacra ses loisirs à les consigner dans un ouvrage intitulé : *A Voyage to Guinea, Brazil and the West-Indies, in his majesty's ships* The Swallow *and* Weymouth, *describing the colour of the inhabitants, with remarks on the gold, ivory, and the slave trade*, et qui eut les honneurs de deux éditions. La seconde est de 1737. La même année, il fit paraître un manuel du chirurgien de la marine, sous le titre de *The Navy Surgeon*.

ATKYNS (ROBERT), célèbre jurisconsulte anglais, né en 1621, d'une bonne famille du comté de Gloucester, se destina à la carrière du barreau, et y brilla au temps de Cromwell, mais en ayant soin de rester prudemment en dehors des affaires de la politique, par conséquent sans se compromettre avec aucun parti. Aussi, à l'époque du couronnement de Charles II fut-il compris dans une grande promotion de chevaliers de l'ordre du Bain; et en 1662 le gouvernement l'appela-t-il à faire comme juge partie de la cour des plaids communs. Plus tard il refusa de s'associer plus longtemps à la politique illibérale des Stuarts restaurés, donna sa démission, et se retira à la campagne, loin des intrigues dont la cour était le théâtre. Pour le décider à reparaître au barreau, il ne fallut pas moins qu'une grave et solennelle circonstance : une accusation de haute trahison portée en 1683 contre lord John Russell, à l'occasion du complot désigné dans l'histoire sous le nom de *Ryehouse Plot*. Atkyns se montra plein de son passé, et retrouva l'éloquence de sa jeunesse pour défendre un accusé qu'on était décidé à perdre, et contre lequel ne s'élevaient d'autres charges qu'une dénonciation portée par un des conjurés et une lettre anonyme attribuée généralement à lord Howard. Mais le terrible Jeffreys l'emporta; il ébranla les convictions des jurés, leur arracha un verdict de culpabilité : et le malheureux Russell porta sa tête sur l'échafaud. On a nié qu'Atkyns ait été pour rien dans la révolution de 1688; et on a eu raison, en ce sens que ce fut là une révolution qui s'accomplit toute seule, par la force même des choses, par suite de l'ineptie du gouvernement de Jacques II, qui violentait les consciences du plus grand nombre et blessait tous les intérêts. Atkyns, comme tant d'autres, n'eut donc qu'à laisser faire et à regarder passer la révolution qui donna le trône à Guillaume III. Le nouveau roi, en le nommant, dès 1689, premier baron de l'Échiquier, prouva combien il attachait de prix à le compter parmi les défenseurs de sa dynastie; et plus tard

Atkyns remplit encore longtemps les fonctions d'*orateur* ou de président des communes. Il mourut en 1709.

Son fils, *Robert* ATKYNS, né en 1746, longtemps membre de la chambre des communes après la révolution de 1688, mourut en 1711. Il est auteur d'une *Histoire du Comté de Gloucester*, qui a eu les honneurs de deux éditions.

ATLANTES, genre de mollusques rangé par quelques naturalistes parmi les **ptéropodes**, et par d'autres parmi les **gastéropodes** nageurs. L'animal des atlantes est proportionné à la grandeur de sa coquille. Son extrémité antérieure la plus épaisse se partage en trois parties bien distinctes, dont la première est la tête; la seconde un pied considérable; et la troisième un appendice de ce pied, destiné à porter un opercule. La tête, assez grosse, est en forme de trompe, et portée presque à angle droit sur un col assez long. Son extrémité antérieure présente une petite ouverture buccale sans renflement labial. Vers le sommet se trouvent deux tentacules cylindriques, à la base desquels les yeux sont placés postérieurement sur des tubercules très-courts. Ces yeux sont grands en proportion de la taille de l'animal, et ont beaucoup d'éclat lorsqu'il est vivant. Le milieu du corps est formé par un grand pied comprimé, qui prend la forme d'une grande nageoire. Derrière ce pied s'élève un appendice musculaire, à l'extrémité duquel est fixé un petit opercule corné extrêmement mince et transparent comme du verre. Les coquilles des atlantes ne sont pas parfaitement symétriques, comme on l'a cru pendant longtemps; presque toutes sont discoïdes, aplaties. Toutes les atlantes ont le test extrêmement mince, transparent, fragile. Le dernier tour, dans les individus adultes est symétrique et porte sur le milieu une carène très-saillante, mince, tranchante, dont l'extrémité antérieure vient aboutir à une fente, plus ou moins profonde, qui divise le bord en deux parties égales. L'ouverture, plus ou moins évasée selon les espèces, est longitudinale dans le plus grand nombre et ovale substranverse dans l'espèce de la Méditerranée. Les atlantes sont des mollusques nageurs par excellence, et il leur suffit de rester immobiles pour s'enfoncer dans les profondeurs de la mer. On les rencontre surtout sous les mers voisines de l'équateur; mais il y en a une, l'*atlante de Keraudren*, qui abonde dans la Méditerranée.

ATLANTES, terme d'architecture qui nous vient des Grecs, lesquels vraisemblablement l'avaient eux-mêmes emprunté à la fable si connue d'Atlas supportant le ciel sur ses épaules. Il sert à désigner des figures ou des demi-figures d'hommes tenant lieu de colonnes ou de pilastres pour soutenir un entablement. Dans le temple de Jupiter Olympien à Agrigente, on voit des atlantes sur une plinthe posée sur l'entablement placé au-dessus des pilastres de la cella du temple, et soutenant avec leurs têtes et leurs bras l'entablement sur lequel devaient reposer les poutres de la toiture. Les atlantes de ce temple avaient vingt-cinq pieds de hauteur; ils étaient par conséquent en pierre, correspondaient aux murailles de la cella et y étaient en partie adhérents.

Dans le *tepidarium* des bains de Pompéi, des atlantes, de terre cuite, en haut relief, recouverts de stuc du marbre le plus beau, et colorés de manière à représenter la vie, sont rangés à égale distance autour de la salle, afin de supporter l'entablement duquel s'élance le plafond voûté. Les intervalles laissés entre les figures formaient des niches où les baigneurs s'habillaient.

Dans l'architecture moderne des Italiens, on trouve souvent des atlantes supportant l'entablement placé au-dessus de l'entrée d'un palais ou d'un jardin. Il en existe un colossal exemple à Milan, et la porte des jardins Farnèse à Rome, exécutée sur un dessin de Vignole, en fournit un autre.

ATLANTIDE, ATLANTES. Les anciens géographes donnaient le nom d'*Atlantide* à une grande île ou plutôt à un continent qui existait selon eux dans des temps très-reculés en face et à l'occident du détroit de Gibraltar.

Platon est le seul parmi les anciens qui nous ait laissé quelques détails sur l'Atlantide. Voici ce qu'il en a dit dans son dialogue intitulé *Timée* : « Les prêtres égyptiens racontèrent à Solon un fait historique conservé dans leurs annales, et dont l'antiquité remontait selon eux à neuf mille ans. A cette époque il existait en face des colonnes d'Hercule une île plus grande que la Libye (Afrique) et l'Asie réunies, et qui s'appelait *Atlantide*. Les rois de cette île régnaient sur toute l'Afrique jusqu'à l'Égypte, et sur l'Europe jusqu'à la mer Tyrrhénienne. Ils voulurent pousser leurs conquêtes plus loin; mais les Athéniens, qui brillaient alors sur tous les peuples dans les arts de la paix et de la guerre, résistèrent aux Atlantes et les repoussèrent. Peu après cette victoire, un grand tremblement de terre engloutit tout à coup l'île Atlantide : la mer qui porte son nom n'est plus navigable, elle est embarrassée par le limon des îles détruites. » Il en parle encore dans le dialogue intitulé *Critias*.

Le récit de Platon fut adopté par les géographes grecs, et de siècle en siècle la tradition de l'existence et de la destruction de l'île Atlantide passa jusqu'à nous. L'opinion généralement répandue dans l'antiquité était que l'Océan au delà des Colonnes d'Hercule était tout à fait innavigable; on la retrouve dans tous les géographes grecs. Les Phéniciens et les Carthaginois, qui naviguaient de Cadix en Bretagne et sur les côtes d'Afrique, ne la combattirent pas, mais ils ne paraissent pas l'avoir propagée. Himilcon, un des amiraux de Carthage chargés de reconnaître les côtes de l'Occident de Cadix, et dont la relation nous a été conservée par Rufus Festus Avienus, dit simplement qu'au delà des Colonnes d'Hercule s'étend une vaste mer qui n'a point de limites. Il est possible, en toute rigueur, qu'il ait existé une île Atlantide, submergée à la suite d'un tremblement de terre; mais il n'est aucunement probable que cet événement soit assez récent pour avoir été connu par les prêtres égyptiens. Des navigateurs anglais croient cependant encore à l'existence sous-marine de la grande île, ou plutôt du grand continent submergé, dont ils assignent la position à de très-faibles distances de l'Afrique occidentale et du golfe du Mexique. Ils fondent leur opinion sur les énormes goémons qui y croissent et qui embarrassent souvent la marche des navires et sur une formidable courant qui régnerait autour. G^{al}·G. DE VAUDONCOURT.

ATLANTIQUE (Océan), ainsi nommé, soit à cause du mont Atlas, soit à cause de la célèbre Atlantide de Platon. L'océan Atlantique, qui sépare le nouveau monde de l'ancien, est en communication libre avec les mers glaciales des deux pôles. Le parallélisme remarquable de ses côtes opposées lui donne plutôt l'aspect d'un immense torrent que d'une mer ouverte. Au nord, il découpe les côtes d'Amérique par la baie d'Hudson, le golfe Saint-Laurent, le golfe du Mexique et celui des Caraïbes, à peu près comme celles de l'Europe par la mer Baltique et la mer du Nord, le golfe de Gascogne, la Méditerranée et la mer Noire. Au midi, au contraire, les côtes de l'Amérique comme celles de l'Afrique offrent très-peu de coupures. A l'enfoncement du golfe de Guinée en Afrique correspond le renflement du Brésil, de même que la protubérance de la Sénégambie et du Soudan répond à l'enfoncement de la mer des Antilles.

Depuis le quinzième et le seizième siècle l'océan Atlantique est parcouru par toutes les nations civilisées de l'Europe; il est sillonné dans tous les sens par leurs vaisseaux, selon la direction des courants et des vents. Trois grands courants traversent l'Atlantique, ce sont : 1° le *courant équinoxial*, de l'est à l'ouest, à peu près sous l'équateur; 2° le *courant septentrional*, connu sous le nom anglais de *gulf-stream* (courant du golfe), de l'ouest à l'est, entre le 36° et 44° de latitude nord; 3° le *courant méridional*, de l'ouest à l'est, entre 3° et 4° de latitude sud.

Les îles ne sont nombreuses dans l'océan Atlantique

que près des côtes de l'Europe et de l'Amérique; en pleine mer, on en trouve infiniment moins que dans le Grand-Océan. Les stations les plus importantes sont l'Islande et les îles Feroë entre l'Europe et l'Amérique polaire, les Açores et les Bermudes entre l'Europe, l'Amérique centrale et la partie méridionale de l'Amérique du Nord, l'Ascension, Sainte-Hélène, la Trinité, Tristan-da-Cunha entre l'Afrique et l'Amérique méridionale, les îles Malouines, la Géorgie australe et l'archipel de Sandwich entre l'Amérique méridionale et les terres polaires antarctiques. Relativement à son étendue, l'océan Atlantique est la seconde mer du globe. Il occupe une superficie de 894,300 myriamètres carrés, si l'on prend pour ses limites les deux cercles polaires.

ATLAS, un des Titans, fils de Japhet et de Clymène, et frère de Menœtius, de Prométhée et d'Épiméthée, épousa Pléone, fille de l'Océan, ou Hespéris, fille de son frère, qui le rendit père des Atlantides ou Pléiades. Ayant voulu escalader le ciel avec les autres Titans, il fut condamné par Jupiter à porter la voûte céleste.

D'autres écrivains, plus modernes, racontent qu'Atlas était un roi puissant, très-versé dans l'astronomie. On compte même trois personnages de ce nom, l'un Maure, l'autre Italien, et le troisième Arcadien. Le premier, qui possédait de nombreux troupeaux, ayant appris de l'oracle de Thémis qu'il serait détrôné par un descendant de Jupiter, voulut, pour échapper à cette prédiction, chasser de ses États Persée, qui était venu lui demander l'hospitalité et qui, pour se venger, fit briller à ses yeux la tête de Méduse, et le métamorphosa en montagne.

Atlas, d'après la première version, ne supporta pas toujours sur ses épaules le poids du ciel. On retrouve Hercule prenant un instant sa place, tandis qu'il va lui chercher les trois pommes d'or des Hespérides, et obligé de recourir à la ruse pour que le gigantesque Titan reprenne son fardeau. Des sept Atlantides, six eurent les dieux pour amants. Une seule, Mérope, épousa un mortel. Quelques mythographes nous montrent Atlas emporté par les vents et prenant enfin une étoile pour domicile.

Les idées que les anciens se faisaient de la voûte du ciel et de ses rapports avec la terre, idées d'après lesquelles le ciel devait reposer sur un corps solide, introduisirent dans la géographie un nom qui appartenait originairement à la mythologie et à la cosmographie. *Voyez* ATLAS (*Géographie*).

ATLAS (*Géographie*), système de montagnes très-étendu, qui par ses chaînons, ses contre-forts et ses plateaux occupe toute la partie nord-ouest de l'Afrique. C'est à tort que les géographes ont considéré le *grand* et le *petit* Atlas comme deux chaînes distinctes courant l'une à côté de l'autre. Les explorations modernes ont démontré que l'Atlas n'est pas précisément une chaîne de montagnes, mais qu'il se présente plutôt comme un système excessivement irrégulier, composé d'une quantité de chaînons, de groupes et de montagnes isolées courant dans toutes les directions et reliés entre eux soit par des nœuds, soit par des rameaux, et souvent même par une suite de collines.

Au sud, les limites de l'Atlas s'étendent depuis le cap Noûn, sur l'océan Atlantique, jusqu'au golfe de Cabès, ou petite Syrte, en face l'île de Gerbi. Au nord, il longe la côte méridionale de la mer Méditerranée, depuis le cap Spartel et le détroit de Gibraltar jusqu'au cap Bon, au nord-est de Tunis; ses contre-forts et ses terrasses bordent l'océan Atlantique; le rivage est tantôt sablonneux et bas, tantôt formé par des rochers à pic, qui n'atteignent pas d'ailleurs une grande hauteur, excepté au cap Ger et sur quelques points isolés de médiocre étendue. La côte le long de la Méditerranée, entre le cap Spartel et le cap Bon, est généralement escarpée et parsemée de falaises; en quelques endroits elle atteint une hauteur considérable, qui persiste sur une assez grande étendue de terrain. Entre le cap Bon et le golfe de Cabès, elle est également le plus souvent formée de rochers comme au cap Vada; mais elle n'atteint jamais une grande élévation, et dans quelques endroits elle est interrompue par des plages basses et sablonneuses. Depuis le cap Vada jusqu'à l'île Gerbi, le long de la petite Syrte, elle est extrêmement inclinée.

Les limites méridionales de l'Atlas sont formées par le grand Désert ou Sahara, dont il est séparé par des collines de sable ondulées et mobiles que les vents soulèvent et déplacent, et qui empiètent graduellement sur les versants fleuris et fertiles qui terminent les montagnes en ce pays. A l'ouest du golfe de Cabès les monts Nofusa, qui sont le dernier rameau oriental de l'Atlas, se lient aux monts Gharians, qui s'étendent au sud-ouest jusqu'à la régence de Tripoli, mais que, pour de bonnes raisons, on ne rattache pas au système de l'Atlas. Dans les limites que nous avons assignées à l'Atlas se trouvent compris tout l'empire du Maroc et l'Algérie ainsi qu'une grande partie de la régence de Tunis. Quoi qu'il en soit, la vaste étendue de ces pays ne consiste pas entièrement en groupes de montagnes et en vallées; mais une grande partie s'étend en vastes plaines, surtout du côté de l'Atlantique; on en trouve encore quelques-unes au milieu des nombreux accidents de terrain qui découpent les bords de la Méditerranée.

La principale chaîne (ou, si l'on aime mieux, les montagnes les plus élevées du système entier) ne suit pas une direction parallèle à celle de toute la région montagneuse de l'ouest à l'est, mais forme plutôt une diagonale irrégulière et sinueuse, dont la principale direction court du sud-ouest au nord-est. Elle commence sur les rives de l'océan Atlantique avec le cap Ger, qui sort presque perpendiculairement de la mer à une grande élévation; elle s'étend jusqu'à l'est du méridien de la ville de Maroc, puis elle tourne brusquement au nord-est, et dans cette direction donne naissance à quatre rivières importantes : l'Oued-Oum-Erbegh (Morbeya), la Malouïa, le Tafilet et la Draha.

En cet endroit paraît exister un groupe considérable de montagnes, où les trouvent, autant que nous en pouvons juger, les points culminants du système entier; la chaîne la plus élevée commence en effet dans ce lieu, se dirigeant vers le nord ; mais elle s'abaisse bientôt quelque peu à l'est, direction qu'elle prend en approchant de la Méditerranée. Cependant, quoiqu'un de ses chaînons se termine au *Cabo de Tres Forcas*, près de Mélilla, la chaîne principale; celle-ci, à une distance considérable de la mer, semble s'abaisser à l'est, et traverse une région entièrement inconnue, désignée sous le nom de désert d'Angad, que traversent les limites respectives de l'empire de Maroc et de l'Algérie.

Arrivée à ce point, la chaîne est appelée par les Européens *grand Atlas*; par les indigènes *Daran* ou *Djebel Tedla*. La chaîne principale reparaît de nouveau en Algérie, où sa partie la plus élevée reçoit le nom d'Ouarensenis, et se termine aux rives du Chélif, dont la vallée interrompt probablement la succession de ses pitons. Quoi qu'il en soit, on la revoit encore plus à l'est former au sud-ouest de la ville d'Alger les hauts sommets du Jurjura. A partir de ce point, la chaîne suit une direction parallèle à la côte; mais bientôt elle s'abaisse tant soit peu au sud-est, et prend le nom de montagnes de Ouannougah. Plus loin à l'est elle forme le *Djebel Aurès*, et, se rapprochant encore de la côte, elle pénètre sur le territoire de Tunis sous le nom de montagnes de Tipara ou de Tiffach, et se termine au cap Blanc et au cap Zibeb au nord de la ville de Tunis.

La hauteur respective de ces montagnes est peu connue. On n'a mesuré qu'un seul sommet, le Miltsin, situé à 95 kilomètres sud-est de la ville de Maroc, qui ne voit fondre ses neiges qu'une fois environ tous les vingt ans, et qui s'élève, dit-on, à 3,465 mètres au-dessus du niveau de la mer. Nous avons vu plus haut que les points culminants de tout le système se trouvent dans ce groupe de montagnes situé près des sources de l'Oued-Erbeg et de la Malouïa, et dont une partie considérable est toujours couverte de neige. Aly-bey évalue à plus de 4,400 mètres au-dessus du niveau de la mer la hauteur des principaux sommets ; mais Græberg de Hemsœ pense que le mont Hentet atteint une plus grande élévation, qu'il dépasse 5,000 mètres, et que la chaîne en cet endroit n'est pas inférieure en hauteur aux Alpes mêmes. La chaîne qui longe la Méditerranée, et que l'on appelle communément petit Atlas, est beaucoup moins élevée. Un peu plus à l'est, elle s'abaisse encore davantage. On sait que la chaîne principale, au point où elle entre dans le désert d'Angad, forme la ligne de séparation des eaux qui se rendent dans l'océan Atlantique et de celles qui coulent au nord et au sud vers la mer Méditerranée ou le Sahara. Quant au petit Atlas, il ne forme réellement aucun partage des eaux ; les principales rivières qui se jettent dans la Méditerranée viennent du sud de la principale chaîne et semblent avoir forcé le passage à travers la chaîne parallèle.

De toutes les chaînes latérales la mieux connue est celle qu'on peut considérer comme la continuation occidentale de l'Atlas inférieur. Elle se sépare vraisemblablement de la rangée principale là où elle entre dans le désert d'Angad, et se prolonge dans la direction des côtes de la Méditerranée à une distance d'environ trois myriamètres, et même moins. Elle se termine en face de Gibraltar par le cap de Ceuta, auquel les naturels donnent le nom de *Djebel Dazout* (montagne des Singes) et par le cap Spartel. On croit que cette chaîne ne s'élève guère au delà de 900 mètres au-dessus du niveau de la mer dans ses plus hautes parties ; et c'est la seule qui traverse l'immense contrée à l'ouest de la rangée principale.

Les nombreuses ramifications situées au midi de l'Atlas inférieur, et qui couvrent le pays s'étendant de là jusqu'au Grand-Désert, sont encore imparfaitement connues en ce qui est de leur élévation, de leur étendue et des embranchements qui les relient les unes aux autres. On peut croire que les plus septentrionales de ces chaînes, celles dans lesquelles prennent leurs sources les rivières les plus importantes (le Chélif, la Seybouse, la Medjerda), et qui renferment les montagnes de Zackar, sont les plus élevées, et qu'elles s'abaissent aux approches du Sahara.

Un embranchement qui se sépare de la chaîne principale et s'étend vers le Sahara se dirige au sud-ouest et se termine au cap Noun. Il divise le pays aux approches des rivières Souse et Oued-Meila, qui vont se jeter dans l'océan Atlantique, après avoir pris leur source dans la région arrosée par la rivière Draha, laquelle va se perdre dans les sables du Sahara. Cet embranchement est à peu près inconnu ; mais il est probable qu'il n'a qu'une médiocre élévation.

L'Atlas offre plusieurs passages, dont les plus célèbres sont, à l'ouest, le Bebaouan, qui mène à Tarodant, dans l'Etat de Maroc ; à l'est, le Biban, ou *Porte de Fer*, défilé étroit et dangereux qui conduit d'Alger à Constantine.

Les montagnes de l'Atlas ont encore été insuffisamment explorées. Cependant nos expéditions militaires en ont déjà sillonné une partie. Un jour viendra sans doute où notre civilisation forcera ce sauvage rempart, et permettra de compléter l'histoire naturelle de ces contrées. En attendant on peut voir, à l'article ALGÉRIE (t. Ier, p. 309-310), ce que l'on sait de sa constitution géologique et des produits qu'on y trouve. *Voyez* en outre SAHEL, TELL, KABYLIE.

Le nom d'*Atlas* apparaît dans les ouvrages des premiers écrivains grecs, lesquels savaient qu'il existait une région montagneuse dans la partie nord-ouest du continent africain. Mais l'Atlas d'Hérodote est plutôt une montagne isolée qu'un groupe de montagnes. Eschyle, dans son *Prométhée*, en représente les dimensions comme restreintes et circulaires, et dit qu'il est d'une élévation telle que l'œil ne peut pas en découvrir les sommets, attendu que jamais les nuages ne les abandonnent, pas plus l'hiver que l'été. Il ajoute encore que les naturels croient que cette montagne est le pilier qui supporte le ciel.

Les écrivains postérieurs, à partir surtout de Polybe, donnent toujours le nom d'Atlas à la chaîne de montagnes qui s'étend depuis l'île de Cerné (près du cap de Ger actuel) dans la direction du nord-est à travers la Mauritanie Tingitane. Suivant Pline et Strabon, le nom des habitants indigènes de ces montagnes était *Duri*. Ptolémée distingue le Grand Atlas du Petit Atlas, chaîne qui court au nord.

Il ne paraît pas que les anciens géographes aient eu une connaissance bien complète de l'Atlas. Toutefois il est à présumer que les Romains en savaient encore plus que nous à cet égard, puisqu'ils avaient colonisé beaucoup de parties de la contrée occupée par ces montagnes et leurs ramifications. Autant qu'on peut le présumer des documents que nous possédons, ils ne donnaient le nom d'Atlas qu'à la partie occidentale et la plus élevée ; et il ne paraît pas qu'ils aient étendu cette dénomination aux plateaux de l'est autant que nous le faisons aujourd'hui.

Le consul Suétonius Paulinus, contemporain de Pline, est le premier Romain qui ait franchi l'Atlas.

Les derniers prolongements du grand Atlas ont été décrits comme aboutissant à Ceuta, les *Septem fratres*, ou Sept frères de Pline et de Strabon. Le géographe grec semble faire commencer les montagnes de l'Atlas à Cotes, aujourd'hui cap Spartel, pour se continuer le long de l'océan Atlantique. Pline dit que les Grecs avaient donné le nom d'*Ampelusia* (pays des vignes) à la pointe de terre que l'on nomme aujourd'hui cap Spartel.

Strabon ne donne aucun nom à la chaîne de montagnes s'étendant à l'est et dans l'intérieur depuis Cotes jusqu'à Syrtes ; mais il la décrit, ainsi que les chaînes qui lui sont parallèles, comme ayant été habitée d'abord par les *Maurusii* ou *Maures*, et à l'intérieur par les *Getuli* ou *Gétules*.

ATLAS (*Librairie*), recueil de cartes terrestres ou célestes. Gérard Mercator passe pour avoir été le premier qui au seizième siècle ait employé ce terme de l'ancienne mythologie pour désigner une collection semblable, parce que le frontispice représentait Atlas portant le monde sur ses épaules. Faute d'un autre titre aussi court, les géographes adoptèrent l'innovation de Mercator ; et actuellement le mot Atlas sert à désigner non-seulement une collection de cartes géographiques, mais aussi un recueil de vues, de plans, etc. Toutes les planches réunies d'un ouvrage prennent le titre d'Atlas, qu'on donne même à des collections de tableaux historiques, généalogiques, etc. Le grand format employé pour les Atlas a reçu lui-même dans la librairie et les arts le nom d'*atlantique*. Peu de voyages importants paraissent aujourd'hui sans l'accompagnement obligé d'un atlas. On a beaucoup parlé de l'*Atlas historique* de Lesage, œuvre du comte De Las Cases, compagnon d'exil de Napoléon à Sainte-Hélène, compilation trop vantée naguère, et déjà presque entièrement oubliée.

ATLAS (*Anatomie*), nom qu'on a donné à la première vertèbre du cou, parce qu'elle supporte la tête, comme le géant Atlas supportait la sphère céleste, suivant la fable. L'atlas a la forme d'un anneau dont les côtés seraient un peu renforcés ; il est formé *antérieurement* par un petit arc comprimé, convexe et tuberculeux en avant, et muni à sa partie supérieure d'une facette arrondie et concave qui facilite son articulation avec l'apophyse odontoïde de l'axis. L'atlas est formé *postérieurement* par un arc osseux, plus grand que celui dont nous venons de parler, arrondi et tuberculeux à sa partie antérieure, mais qui par-devant est creusé d'un sillon pour le passage de l'artère vertébrale. Le trou vertébral de l'atlas est fort grand, et reçoit en avant l'apophyse odontoïde, et en arrière la moelle épinière. Les apophyses articulaires supérieures sont concaves, ovalaires, inclinées en dedans, et s'articulent avec l'occipital ; les inférieures sont presque planes, également inclinées en de-

DICT. DE LA CONVERS. — T. II. 12

dans, et en rapport avec l'axis ; les apophyses transversales sont très-longues et terminées en pointe : le trou dont elles sont percées à leur base est fort grand. Le développement de l'atlas a lieu par cinq points d'ossification : un pour l'arc antérieur, deux pour le postérieur, et un pour chacune de ses parties latérales.

ATMIDOMÈTRE, ATMIDOSCOPE. *Voyez* ATMOMÈTRE.

ATMOMÈTRE (du grec ἀτμὸς, exhalaison, et μέτρον, mesure). C'est un instrument au moyen duquel on évalue la quantité d'un liquide quelconque qui a passé à l'état de vapeur dans un temps donné. Tous les liquides sans exception, depuis l'éther, qui est un des plus légers, jusqu'au mercure, qui est le plus lourd, passent en vapeurs dans l'atmosphère si on les laisse un temps suffisant dans des vases découverts. Tout vase de forme prismatique ou cylindrique peut donc servir d'atmomètre. Supposons un tube de verre bien calibré à l'intérieur, divisé en parties égales dans toute son étendue ; on remplira ce tube d'eau après avoir bouché un de ses orifices, et on le suspendra verticalement dans un lieu dont la température soit constante et l'air libre et calme. Il est évident que si dans une heure, par exemple, l'eau baisse d'une division, elle descendra de deux, de trois divisions, dans des espaces de temps doubles, triples...; mais il est bien entendu que l'instrument ne pourra donner des indications régulières qu'autant que les circonstances seront de tous points invariablement les mêmes. Il est facile de concevoir d'autres instruments de ce genre. Par exemple, au lieu de diviser le tube en parties égales, on pourrait le suspendre à un peson à ressort, dont l'aiguille indiquerait les quantités de liquide évaporées. *Voyez* ÉVAPORATION.

Sous le nom d'atmidomètre (du grec ἀτμίδος, génitif d'ἀτμός), M. Babinet a imaginé un nouvel instrument qui offre quelques avantages. C'est un vase ou caisse circulaire à bords droits que l'on remplit d'eau, et dont on fixe le niveau par un tuyau additionnel, garni d'un robinet qui laisse écouler toute l'eau qui surpasse le haut du tuyau qui porte le robinet. — Supposons l'atmidomètre réglé : on laisse l'évaporation s'opérer à l'ordinaire, par exemple, pendant cinq jours ; au bout de ce temps, le robinet étant fermé, on verse dans le vase une quantité déterminée d'eau ; supposons que ce soit un litre, qui, d'après la surface soumise à l'évaporation, représente une couche d'eau de dix millimètres de hauteur. Le vase ainsi se trouve plein au-dessus du sommet du tuyau de dégagement. On ouvre alors le robinet, et la quantité d'eau qui s'échappe, étant retranchée du litre qui a été versé, donne la mesure de l'évaporation.

M. Babinet a encore inventé un autre instrument, l'*atmidoscope* (de σκοπέω, j'examine) : c'est un instrument de comparaison, qui ne donne, comme les hygromètres, que des indications de plus et de moins. Il se compose d'un vase poreux qui laisse échapper d'autant plus de l'eau qu'il contient que l'air est plus sec, plus agité, et la température plus élevée. Un siphon de verre renversé est adapté à l'appareil, et, le total étant rempli d'eau, l'évaporation se manifeste par l'abaissement du liquide dans la branche ouverte du siphon.

ATMOSPHÈRE (du grec ἀτμὸς, vapeur, et de σφαῖρα, sphère). Ce nom, donné dans le principe à la masse d'air qui entoure notre globe, a été étendu par les découvertes successives de la science aux fluides qui présentent la même disposition à l'égard de certains corps.

Atmosphère terrestre. Les propriétés physiques et la composition chimique de notre atmosphère ont été examinées à l'article AIR ; l'influence de l'air sur la vie organique a été savamment établie ; nous ne reviendrons pas sur ces différents points. Nous remarquerons seulement que l'atmosphère n'est pas exclusivement composée d'air pur, mais qu'elle contient ordinairement, dans des proportions variables, de la vapeur d'eau en suspension et dans certains cas d'autres vapeurs émanées de la surface de la terre, ou des gaz formés par l'action des décharges électriques.

L'atmosphère est-elle limitée ? Au premier abord, il semble qu'elle doive s'étendre à une grande distance, et sa hauteur, calculée d'après la loi de Mariotte, est en effet infinie. Cependant, il est d'abord évident que l'atmosphère terrestre ne peut dépasser un certain point, celui où l'attraction de la terre se trouve contrebalancée par l'attraction de la lune ; s'il en était autrement, la lune entraînerait avec elle toutes les parties de notre atmosphère soumises à son attraction, et dès lors ces parties en seraient séparées à jamais. D'un autre côté, la force centrifuge s'oppose à l'extension indéfinie de l'atmosphère ; car l'air partageant le mouvement diurne de la terre, la limite de l'atmosphère est tout au plus au point où la force centrifuge est égale à la force centripète, puisqu'au delà le fluide serait lancé dans l'espace par le mouvement de rotation, et ne resterait pas uni avec la terre.

L'atmosphère étant limitée, on a dû chercher sa forme et ses dimensions. Les lois de l'aérostatique nous apprennent que si la terre était immobile, l'atmosphère présenterait une surface parfaitement sphérique. Mais la terre ainsi que la masse d'air qui l'entoure ayant un mouvement diurne, leurs différentes parties éprouvent d'autant plus les effets de la force centrifuge qu'elles sont plus éloignées de l'axe de rotation. Il s'ensuit que l'atmosphère affecte la forme d'un sphéroïde aplati vers les pôles. Une autre cause vient augmenter cet aplatissement : c'est la chaleur solaire, dont les rayons agissent plus énergiquement sur les régions équatoriales que sur les zones glaciales.

Pour déterminer la limite de la hauteur atmosphérique, M. Biot a fait de savantes recherches, dont il a emprunté les éléments à trois séries d'observations barométriques, thermométriques et hygrométriques faites à des stations successives par Gay-Lussac, MM. de Humboldt et Boussingault. Par une ingénieuse méthode, que nous voudrions pouvoir développer ici, M. Biot est arrivé en résultat à une hauteur totale d'atmosphère qui ne peut pas dépasser 47,000 mètres. MM. de Humboldt et Boussingault n'assignent même que 43,000 mètres à cette limite supérieure.

Nous laissons de côté l'examen de la pression atmosphérique, sur laquelle est basée la théorie du baromètre. Nous ne parlons pas non plus de l'inflexion que subissent les rayons lumineux qui traversent l'atmosphère, ce phénomène n'étant qu'un cas particulier de la réfraction.

Atmosphère des planètes. Les observations astronomiques ont établi l'existence d'atmosphères pour les planètes principales ; quant aux satellites, nos connaissances sur leur état physique sont encore peu avancées.

Lorsqu'on voit une étoile disparaître derrière une planète, on peut déterminer quel sera le temps de cette disparition en supposant que la lumière n'éprouve aucune déviation en rasant les bords de la planète. Si la durée de l'occultation observée est moindre que celle déduite du calcul, on en conclut que cette planète est entourée d'une atmosphère qui infléchit les rayons lumineux venus de l'étoile. Si ces deux temps sont égaux, ce dont la lune offre un exemple, c'est que la planète est dépourvue d'atmosphère.

Dans son *Exposition du Système du Monde*, Laplace donne de grands détails sur l'atmosphère des planètes et du soleil. « .... L'atmosphère (*d'une planète*), dit l'illustre « astronome, est aplatie vers ses pôles, et renflée à son « équateur ; mais cet aplatissement a des limites, et dans « le cas où il le est le plus grand le rapport des axes du pôle « et de l'équateur est celui de deux à trois. — L'atmosphère « ne peut s'étendre à l'équateur que jusqu'au point où la « force centrifuge balance exactement sa pesanteur ; car il

« est clair qu'au delà de cette limite le fluide doit se dis-
« siper. Relativement au soleil, ce point est éloigné de son
« centre du rayon de l'orbe d'une planète qui ferait sa ré-
« volution dans un temps égal à celui de la rotation du so-
« leil. L'atmosphère solaire ne s'élève donc pas jusqu'à
« l'orbe de Mercure, et par conséquent elle ne pourrait
« point la lumière zodiacale, qui paraît s'étendre au delà
« même de l'orbe terrestre. D'ailleurs cette atmosphère, dont
« l'axe des pôles doit être au moins les deux tiers de celui
« de son équateur, est fort éloignée d'avoir la forme lenti-
« culaire que les observations donnent à la lumière zodia-
« cale. »

Le nom d'*atmosphère* a été étendu à toute couche de fluide qui entoure un corps isolé, composé d'une matière plus dense ou d'une autre nature. C'est dans cette dernière acception que l'on dit en chimie que deux atomes de deux corps différents susceptibles de combinaison sont entourés, l'un d'une atmosphère d'électricité positive, l'autre d'une atmosphère d'électricité négative, dont l'attraction mutuelle détermine la formation de l'atome composé.

L'unité de force imaginée pour évaluer de très-grandes pressions, comme celle des machines à vapeur, a aussi reçu le nom d'*atmosphère*, parce que cette unité est la pression atmosphérique ordinaire agissant sur l'unité de surface.

ATOMES (de à privatif, et de τέμνω, je coupe). Ce sont de petits corps dont la ténuité est telle qu'ils passent pour insécables ou indivisibles en plus petites molécules. On suppose donc leur substance matérielle parvenue au dernier degré de division, et l'on a regardé cette matière comme s'arrêtant à ce point ultime : ce qui constitue la philosophie corpusculaire. D'autres philosophes regardent, au contraire, la matière comme divisible à l'infini ; il s'ensuivrait que l'atome pourrait être réduit lui-même en d'autres millions d'atomes d'une finesse incomparable, lesquels seraient susceptibles chacun d'une division non moins infinie, sans terme, sans limite aucune dans l'immensité.

Quoique leur existence n'ait jamais été prouvée, les atomes ont servi de base à deux doctrines qu'il ne faut pas confondre. L'une était connue, dès la plus haute antiquité, dans la Chaldée, l'Inde et la Phénicie; elle brilla d'un vif éclat en Grèce, où elle fut établie par Démocrite, Leucippe, et principalement Épicure; cette doctrine toute philosophique est l'*atomisme*. Cette théorie fut longtemps négligée. Enfin les travaux des modernes aboutirent à un autre résultat en fondant le *système atomistique*, sur lequel s'appuient nos connaissances chimiques.

Existe-t-il réellement une limite à la divisibilité de la matière ? « Il n'est pas démontré en rigueur, répond Voltaire, que l'atome soit indivisible; mais il suffit pourvu qu'il est indivisé par les lois de la nature. » Si on admet cette conclusion, on peut se demander quelles sont les dimensions de l'atome. Or, on parvient à réduire l'or à une épaisseur de $\frac{1}{\ldots}$ de millimètre, épaisseur qui est évidemment au moins égale à la distance centrale de deux atomes; dans l'hypothèse de l'égalité, un million d'atomes d'or ne formeraient qu'un petit cube de $\frac{1}{100}$ de millimètre de côté, parcelle tellement petite qu'elle échapperait presque au microscope !... L'esprit humain reste confondu devant les merveilles de l'infiniment petit, comme il se perd dans la contemplation de l'infiniment grand.

ATOMISME. La base de cette doctrine philosophique est que rien ne peut sortir du néant ni être anéanti,ет qu'il y a certains principes de toutes choses qui sont éternels, savoir, le vide et les atomes ; sans le vide on ne conçoit aucun mouvement, et sans le mouvement les atomes n'auraient pu concourir à la formation du monde. Les atomes contiennent une force motrice, éternelle et nécessaire comme leur existence : cette force motrice est une sorte de gravitation vers un centre commun. Mais si cette force était seule,

le résultat de son action continue serait l'union inaltérable des atomes : il faut donc reconnaître dans l'atome, outre la force de gravitation, une *force de déclinaison* qui éloigne l'atome du centre vers lequel la première force l'entraîne.—
Tout n'était d'abord que chaos, jusqu'à ce qu'un concours fortuit d'atomes produisît le monde, qui est infini. Tels sont les points principaux de la doctrine d'Épicure. Ce philosophe avait adopté le système de Leucippe et de Démocrite, dont il consolida les fondements. Plus tard, Épicure trouva un interprète dans Lucrèce, qui revêtit ses spéculations philosophiques des brillantes images de la poésie.

L'atomisme fut oublié pendant le moyen âge, pour renaître sous une forme nouvelle avec Descartes, Bacon et Gassendi, qui, sans faire descendre la Divinité de sa sphère inaccessible, tentèrent d'expliquer par les seuls principes de la matière les phénomènes naturels. Enfin, le dix-huitième siècle vit les chimistes, avec Dalton, Richter, etc., établir la *théorie atomistique* sur des expériences, en s'étayant sur des faits de combinaisons définies et d'affinités proportionnelles.

ATOMISTIQUE (Système). Ce système chimique est généralement attribué au physicien anglais Dalton, quoique la première idée en paraisse devoir être reportée à Higgins et à Richter, et que ce soit aux travaux de Humphrey Davy, Berzélius et Gay-Lussac qu'il doit sa perfection actuelle.

Les premiers éléments des corps, soit atomes, soit molécules, à l'état le plus simple, ne peuvent s'unir qu'en certaines proportions ou en nombre déterminé, parce qu'ils ne présentent sans doute qu'une étendue de surface limitée. Ainsi le cercle ne peut être en contact avec d'autres cercles de même diamètre que sur six points. De là vient que les cellules des abeilles sont hexagones ; elles sont pressées par des cellules pareilles, et occupent le moindre espace qu'il est possible de remplir. Des pois serrés dans un vase prennent par la même raison une figure de dodécaèdre. Or, les atomes des diverses substances chimiques, s'ils sont constituants, se combinent ou deux à deux, ou trois à trois, ou en plus grande proportion, mais d'ordinaire en nombre égal, quelquefois en quantité semi-double. Quelle est la raison probable de ces limites ? Sans doute la configuration des molécules. On comprend que les particules primitives et intégrantes d'un sel les plus simples, le triangle, le tétragone, le tétraèdre, l'octaèdre, etc., ne s'associent bien, pour constituer un solide géométrique, que par des additions, des superpositions en certaines seus. Telle est l'accrétion extérieure d'un cristal qui se forme rarement au sein d'une dissolution saline saturée, comme les prismes du nitre, les cubes du sel marin, les octaèdres de l'alun. Cependant, si la dissolution saline contient plusieurs autres substances, comme les sulfates de cuivre mêlés de ceux de fer, il y a modification dans les angles et les autres surfaces des cristaux. Tous ces faits ne peuvent s'expliquer que par la disposition des molécules ou des atomes, l'interposition ou le jeu de ces diverses particules sous la loi de l'attraction d'agrégation.

L'attraction de composition est également subordonnée aux rapports des molécules entre elles. Berthollet, dans sa *Statique chimique*, avait établi en principe que les corps chimiques n'avaient point de limitation dans leur saturation. Ainsi, un acide acceptait d'abord certaine quantité de base pour se neutraliser complètement, puis admettait, par l'effet de l'addition de la base, une sursaturation, et plus s'étendait à une grande proportion de cette base si l'on en ajoutait encore. Mais il reconnaissait que l'acide adhérait d'autant moins aux dernières portions de cette base qu'on en avait mis davantage. En effet, un acide agit de toute sa puissance d'attraction sur une petite quantité de base, et la défend si l'on veut l'enlever. C'est ainsi que du sulfate acide de potasse ou du suroxalate de cette base sont plus diffi-

12.

cilement décomposables que les oxalates neutres et les sulfates saturés. Les sous-sulfates et les sous-oxalates abandonnent même spontanément dans l'eau une certaine proportion de leur base surabondante. Si les dissolutions de plomb ou d'argent enlèvent ces acides sulfurique, oxalique, à leur base, c'est qu'il en résulte des sels insolubles, et qui se précipitent, tandis que la potasse, par sa grande solubilité, conserve de l'attraction pour l'eau du liquide où se passent ces phénomènes d'attraction. Mais l'opinion de Berthollet doit être modifiée par les lois des proportions fixes, qui ont été bien reconnues depuis les travaux de ce chimiste. On sait en effet que les affinités ont des degrés divers sans doute, mais limités, de saturation. Les atomes ne peuvent point s'unir sans terme, ni admettre des nombres infinis; car ils sont bornés dans une proportion circonscrite.

Il faut distinguer deux genres d'atomes ou molécules : 1° celles qui par leur simple agrégation forment une masse quelconque : ce sont les molécules *intégrantes* de ce corps ; 2° les atomes *constituants*, ou qui se combinent avec d'autres atomes de nature différente, comme un acide et un alcali, pour constituer des corps composés. Au contraire, un corps simple, comme le soufre, n'a qu'une espèce d'atomes, tous de même nature, comme l'intégralité du corps qu'ils forment par leur agrégation. Cependant ces atomes élémentaires peuvent être tout aussi ténus, aussi impalpables et invisibles au microscope (réduits en vapeur, par exemple) que les atomes composés d'un sel neutre en dissolution. Les atomes simples ou intégrants peuvent se combiner avec des atomes composés, comme ceux-ci peuvent s'unir entre eux. Il en résulte d'autres atomes surcomposés, comme ceux des matières animales, ou ayant deux ou trois degrés de composition. A vrai dire, on pourrait contester à ces derniers le nom d'atomes, puisque leur nature est complexe et formée évidemment de plusieurs bases combinées ; mais Berzélius et les chimistes modernes considèrent ces molécules comme des unités lorsqu'elles agissent par leur masse, par rapport à d'autres corps composés. Ainsi les atomes inorganiques, quoique moins composés que les organiques, peuvent être déjà binaires ou ternaires, comme ceux de l'eau, d'un sel neutre. Quoique l'idée d'atome ou d'élément matériel repousse toute idée de pénétration, cependant les atomes constituants ou composés ont leurs principes tellement combinés entre eux, qu'arrivé à la dernière molécule par la seule division mécanique (d'un sel neutre, par exemple), elle contient encore un atome d'acide et un de base. Pour les séparer, il faudrait avoir recours à des affinités chimiques divelentes, ou qui les arrachent l'un à l'autre.

Ces principes établis, pour en faire l'application, prenons pour exemple l'eau (résultat de la combinaison de deux volumes d'hydrogène et d'un volume d'oxygène) ; remarquons, avec Gay-Lussac, que dans tous les corps à l'état aériforme les molécules sont à une distance sensiblement constante ; de là il résulte que l'atome intégrant de l'eau est formé de deux atomes constituants d'hydrogène et d'un d'oxygène. Or, les poids des quantités d'oxygène et d'hydrogène dont la combinaison forme l'eau sont entre eux comme les nombres 100 et 12,5 : donc, si on représente le poids de l'atome d'oxygène par 100, le poids de deux atomes d'hydrogène est représenté par 12,5, et celui d'un atome par 6, 25. C'est en appliquant ce procédé aux différents corps connus qu'on a pu former un tableau des poids relatifs des atomes. *Voyez* ÉQUIVALENTS CHIMIQUES.

ATONIE (de ά privatif, et τόνος, ton, force) ; défaut de ton, faiblesse générale de tous les organes, et particulièrement des organes contractiles. L'atonie est le premier degré de l'asthénie.

ATRABILE, ATRABILAIRE (de *atra*, noire, et de *bilis*, humeur). Par le premier de ces mots, les anciens entendaient une humeur noire et épaisse, qu'ils supposaient sécrétée par les capsules surrénales ou par le pancréas. Cette humeur n'existe point, et l'erreur vient de ce que la bile, dans certaines maladies, prend une couleur plus foncée et acquiert des propriétés très-irritantes. Les anciens accordaient à cette humeur une grande influence dans la production de l'hypocondrie et de la mélancolie ; ils regardaient l'atrabile comme la cause des affections tristes : aussi avaient-ils admis un tempérament *atrabilaire*. Cette dernière dénomination sert encore à désigner les personnes d'un caractère sombre, morose, ou malveillant.

ATRÉBATES, nom d'une peuplade gauloise dont César fait mention dans ses *Commentaires* comme habitant la partie de la Gaule qu'il appelle Belgique. On sait que les divisions politiques et administratives de la Gaule subirent différentes modifications sous les empereurs ; aussi déjà voit-on sous Auguste les Atrébates faire partie de la Belgique seconde, vers le nord, entre les *Morini*, les *Nervii*, les *Ambiani*, les *Veromandui*, couvrant une partie de l'espace qu'occupe dans l'ancien Artois le département actuel du Pas-de-Calais. On nommait ainsi *Atrebates*, *Nemetacum* ou *Nemetocenna* le chef-lieu de ce pays, aujourd'hui Arras.

ATRÉE, fils de Pélops, roi d'Élide, et d'Hippodamie, fille d'Œnomaüs, petit-fils de Tantale et frère de Thyeste. Selon les mythologues d'un âge postérieur, Atrée épousa Cléola, dont il eut Plisthène, et après la mort de ce dernier il se remaria avec sa veuve Érope. D'autres disent qu'il ne prit Érope pour femme qu'après s'être enfui auprès d'Eurysthée, dont elle était fille. A l'instigation d'Hippodamie, Atrée et son frère Thyeste tuèrent Chrysippe, leur demi-frère par Axioche. Contraint de s'exiler, Atrée se sauva à Mycènes, où régnait Eurysthée, qui périt dans un combat contre les Héraclides et à qui il succéda. Thyeste, qui l'avait accompagné dans sa fuite, s'éprit d'amour pour sa femme, et la séduisit. Telle fut l'origine de cette longue série d'atrocités qui ont rendu si célèbre la maison de Tantale et fourni une si riche mine aux auteurs tragiques.

Thyeste, qui régnait sur la partie méridionale de Mycènes, fut banni, et pour se venger il envoya le fils unique d'Atrée, qu'il avait élevé, tuer son père ; mais le contraire arriva : ce fut Atrée qui tua son fils, sans le reconnaître. Instruit de sa méprise, il médita une terrible vengeance, feignit de se réconcilier avec Thyeste, le rappela auprès du lui avec les enfants qu'il avait eus d'Érope, les égorgea, et fit servir leurs membres à leur père. Le soleil recula, dit la Fable, pour ne pas éclairer cet horrible festin.

Les dieux punirent ce crime abominable en frappant le pays de stérilité. L'oracle consulté ayant ordonné à Atrée de faire revenir son frère qu'il avait chassé, il se mit en route pour le chercher, arriva chez le roi Thesprotus, où il épousa, sans la connaître, Pélopée, fille de Thyeste, qui était déjà enceinte du fait de son père, et qui donna le jour à Égisthe. Ce dernier tua Atrée, qui lui avait ordonné d'égorger son père Thyeste. Agamemnon et Ménélas, ordinairement appelés les *Atrides*, étaient fils, suivant les uns, d'Atrée et d'Érope ; selon d'autres, ils descendaient de son fils Plisthène, à qui les avait adoptés. Tout le mythe des Pélopides est extrêmement incomplet et obscur. Ni Homère ni aucun écrivain des premiers âges de la Grèce ne l'a éclairci, et les tragiques ont contribué à l'embrouiller encore. A l'exemple de Sophocle, Crébillon a fait chez nous une tragédie d'*Atrée et Thyeste*. Elle commença sa réputation, et fut jouée avec succès.

ATRIBA (R.), docteur juif, qui florissait peu de temps après la ruine de Jérusalem par Titus. A cette époque l'étude de la philosophie cabalistique s'était répandue parmi les Israélites. R. Atriba fut un de ceux qui s'y distinguèrent le plus. Il est auteur du livre *Jézirach*, *ou de la Création*. Il n'était juif que du côté de sa mère, et l'on prétend que son père descendait de Liseran, général d'armée de Jabin, roi de Tyr. Atriba vécut à la campagne jusqu'à l'âge de quarante ems. Il y gardait les troupeaux de Calva Schuva, riche bourgeois de Jérusalem. Enfin, il entreprit d'étudier, à l'instigation de la fille de son maître, laquelle lui promit de l'épouser s'il faisait de grands progrès dans les sciences. Il s'appliqua donc si opiniâtrement à l'étude pendant les vingt-quatre ans qu'il passa dans les écoles, qu'à son tour il se vit environné d'une multitude de disciples et regardé comme un des plus grands maîtres qu'il y eût jamais eu en Israel. Il réunissait, dit-on, jusqu'à vingt-quatre mille adhérents. Il se déclara pour l'imposteur Bar-Kokébas. Il soutint que c'était de lui seul qu'il fallait entendre ces paroles de Balaam : *Une étoile sortira de Jacob*, et qu'il était le véritable messie. Les troupes que l'empereur Adrien envoya contre les Juifs conduits par ce faux messie exterminèrent cette faction. Atriba fut pris et puni du dernier supplice : on lui déchira la chair avec des peignes de fer. Il avait vécu, dit-on, *six-vingts ans*, et fut enterré avec sa femme sur une montagne voisine de Tibériade. Ses vingt-quatre mille disciples furent enterrés au-dessous de lui sur la même montagne. Les chrétiens accusent Atriba d'avoir altéré des textes de la Bible, afin de pouvoir plus aisément leur répondre. Les Juifs lui donnent de grands éloges ; ils l'appellent *Sethtuntaach*, ou l'*Authentique*.

ATRIDES descendants d'Atrée. On a particulièrement donné ce nom à ses deux petits-fils, Agamemnon et Ménélas.

ATRIUM. On appelait ainsi chez les anciens une espèce de portique couvert, composé de deux rangs de colonnes qui formaient deux ailes, c'est-à-dire trois allées : une large au milieu, et deux étroites aux côtés. Il était situé près du *cavædium*, qui était ce que nous appelons la cour, et avant le *tablinum* ou cabinet. Vitruve donne différentes règles sur les proportions de la longueur et de la largeur de l'*atrium*. C'était dans l'*atrium* que se plaçaient les images des ancêtres chez les Romains ; quelquefois il servait de salle à manger, quoiqu'il y eût d'autres lieux destinés pour la table. L'*atrium* était, d'après cela, une des parties intérieures de la maison, en quoi il différait du *vestibulum*; il était couvert, ce qui le distinguait du *cavædium* ou de l'*impluvium*. Quelques temples avaient aussi un *atrium* : de ce nombre étaient le temple de Vesta et celui de la Liberté. Les historiens parlent souvent de l'*atrium Libertatis* ; ce fut là, selon Tite-Live, qu'on déposa les otages des Tarentins. C'était vraisemblablement une cour découverte et demi-circulaire. Dans les historiens romains, l'usage de l'*atrium* fut emprunté des Étrusques, et le nom lui vint de la ville d'Adria ou Atria (qui donna aussi son nom à la mer Adriatique), où ces portiques étaient fort usités.

CHAMPOLLION-FIGEAC.

ATROPATÈNE, province de l'ancien empire perse, dans la Médie septentrionale, formant aujourd'hui l'Aderbidjan, reçut son nom d'*Atropate*, son premier roi. Plutarque nomme cette contrée *Phrahata*, et Dion *Proaspa*. Strabon lui donne la ville de Gaza pour capitale. Atropate en fut nommé gouverneur sous Darius Codoman, 340 ans avant J.-C. Il défendit cette province contre Alexandre; et quand les Macédoniens eurent renoncé à la conquête, il s'en fit proclamer roi ; il affermit sa couronne par son mariage avec la fille de Perdiccas, le successeur d'Alexandre dans la Perse. Après Atropate régnèrent *Timarque*, qui défendit son royaume contre Démétrius Soter, roi de Syrie; *Mithridate*, contemporain de Mithridate roi de Pont, qu'il secourut contre Lucullus; *Darius*, son frère, qui fut battu par Pompée; *Artavasde* ou Artuasde, fils de Darius, à qui Antoine envoya la tête d'Artabase, roi d'Arménie, son ennemi mortel, en lui offrant pour gendre un fils qu'il avait eu de Cléopâtre. Ce mariage ne fut pas conclu; mais Artuasde, ayant pris le parti d'Antoine contre Octave, y perdit la meilleure partie de ses troupes; et les Parthes profitèrent de sa faiblesse pour le détrôner. Octave, devenu Auguste, lui pardonna sa faute, et lui donna une petite couronne dans la petite Arménie ; mais sa postérité, s'il en eut, n'y laissa aucune trace.

ATROPATIDES, nom que l'on a donné aux descendants d'Atropate qui ont régné sur l'Atropatène.

ATROPHIE (de ἡ privatif, et de τροφή, nourriture); consomption, dépérissement, diminution progressive dans le volume de tout le corps, ou seulement d'une de ses parties, attribuée au défaut de sucs nourriciers. L'atrophie toutefois est moins une maladie qu'un symptôme; on l'observe dans un grand nombre d'affections dont elle signale le danger. L'*atrophie partielle* cependant peut quelquefois être le résultat immédiat du repos absolu d'une membre, de la compression à laquelle il a été soumis pendant plus ou moins de temps, ou de certaines causes morbifiques, telles que le rhumatisme fixé, la paralysie et les luxations. Les phénomènes de l'*atrophie partielle des membres* ne sont pas les mêmes pendant et après l'accroissement : chez l'homme adulte, le membre diminue de volume, mais il conserve la même longueur que le membre sain; chez l'enfant, au contraire, l'accroissement n'étant pas achevé, le membre atrophié ne suit pas l'autre dans son développement en longueur, et diffère quelquefois de plusieurs pouces.

ATROPINE. *Voyez* BELLADONE.

ATROPOS (c'est-à-dire l'*inflexible*, d'ἀ privatif, et de τρέπειν, tourner, fléchir). C'était le nom de celle des trois Parques dont la fonction consistait à couper le fil de la vie des humains, sans égard pour le sexe, l'âge ou la qualité. Les anciens la représentaient sous la figure d'une femme très-âgée, avec des ciseaux à la main, revêtue d'un habillement noir et lugubre, analogue à la sévérité de son emploi ; près d'elle on voyait plusieurs pelotons, dans ou moins garnis, suivant la longueur ou la brièveté de la vie de ceux dont ils devaient mesurer les jours.

ATTABEGS. *Voyez* ATABECS.

ATTACA. Ce mot italien, qui vient de *attacare* (attaquer), indique, lorsqu'il est placé à la fin d'une phrase musicale, que le motif suivant doit être rattaché sans interruption, et *attaqué* avec plus d'énergie, de rapidité, qu'on n'en a mis dans l'exécution du motif précédent. Le plus souvent ce mot est accompagné d'un adverbe qui détermine le mouvement dans lequel il doit être exécuté, par exemple : *attaca allegro*, après un *adagio*.

ATTAIGNANT (Abbé de L'). *Voyez* LATTAIGNANT.

ATTALE. Trois rois de Pergame ont porté ce nom.

ATTALE 1ᵉʳ monta sur le trône l'an 141 avant J.-C. Secondé par des mercenaires gaulois, qui vers ce temps-là commettaient toutes sortes de brigandages en Grèce et en Asie Mineure et qui se mettaient à la suite des princes qui voulaient les solder, il remporta plusieurs victoires éclatantes sur Antiochus II de Syrie; mais il ne tarda point non plus à se trouver réduit à une dure extrémité par Antiochus III ainsi que par Philippe III de Macédoine; et c'est dans ces circonstances critiques qu'il accéda, en l'an 211 av. J.-C., à la ligue intervenue entre les Romains et les Étoliens. Dès lors il combattit constamment, avec des chances diverses, contre Philippe; et de leur côté les Romains rendirent à Attale le bon office d'envoyer une ambassade à Antiochus lui signifier qu'il eût à s'abstenir d'hostilités contre lui. Mais, Attale mourut à l'âge de soixante-douze ans, peu de temps avant la mémorable bataille de Cynoscéphale (197 av. J.-C.), où le consul Flaminius battit complètement le roi Philippe.

ATTALE II *Philadelphe*, frère du précédent, servit d'abord son frère aîné Eumène II, successeur de son père, et monta sur le trône après sa mort, arrivée en l'an 159 av. J.-C. Il ne fut pas moins fidèle à l'alliance romaine, et se trouva aussi mêlé à toutes les guerres qui ensanglantèrent alors l'Asie Mineure et la Grèce. Il mourut l'an 138 av. J.-C., à l'âge de quatre-vingt-deux ans.

ATTALE III, *Philométor*, neveu du précédent, à

peine monté sur le trône, se livra à tous les excès de la fureur, comme s'il eût perdu la raison, n'épargnant ni ses amis ni ses parents. Il tomba ensuite dans un accablement douloureux, laissa croître sa barbe et ses cheveux, fuyant toute espèce de société, et négligeant toutes les affaires de l'État pour s'occuper exclusivement de jardinage, de sculpture et de fonte de bronze. Il mourut l'an 133 av. J.-C., après avoir par son testament institué le peuple romain son héritier. Les trois Attale se montrèrent les amis généreux des beaux-arts. Consultez Wegener, *De Aula Attalica litterarum artiumque fautrice* (Copenhague, 1836).

ATTALE, lieutenant de Philippe de Macédoine, vivait environ vers l'an 370 av. J.-C. Il était l'oncle de Cléopâtre, que Philippe épousa, après avoir répudié Olympias. Le jour de ce mariage, une querelle éclata entre Attale et Alexandre qu'il avait gravement insulté ; et Philippe, l'épée à la main, prit parti pour son lieutenant contre son fils. C'est à peu de temps de là que Philippe fut assassiné par un de ses gardes du corps appelé Pausanias, qui lui avait vainement demandé vengeance d'un outrage qu'Attale lui avait fait au milieu d'une cérémonie. Attale se trouvait en ce moment en Asie Mineure ; Démosthène, fidèle à sa haine pour le nom macédonien, vit là une circonstance heureuse à exploiter dans l'intérêt de la liberté de la Grèce. Il écrivit lettre sur lettre à Attale pour le pousser à la révolte ; mais Alexandre, instruit de ces intrigues, donna l'ordre à Hécatée de le débarrasser d'Attale, et celui-ci le fit assassiner. Suivant Quinte-Curce la responsabilité de ce meurtre reviendrait à Parménion.

ATTALE, lieutenant d'Alexandre le Grand, avait épousé Atalante, sœur de Perdiccas. Son beau-frère ayant été égorgé par ses soldats, et sa sœur massacrée par les Macédoniens, il put se sauver à Tyr. Mais il ne tarda point à y être fait prisonnier par Antigonus. Attale, pendant l'absence d'Antigonus, ourdit dans la citadelle où il était détenu un complot ayant pour but de s'en rendre maître, et qu'il mena à bonne fin. Pour qu'Antigone, à son retour, pût reprendre cette petite place, il lui fallait presque une armée. Attale, qui était à peu près du même âge et de la même taille qu'Alexandre, fut fait prisonnier et livré à Darius, dans une poursuite qu'il engagea contre Bessus et ses confédérés. Il ne faut pas le confondre avec un autre *Attala*, également lieutenant d'Alexandre, qui commandait les Agrianiens et qui se distingua aux batailles d'Issus et de Gaugamèle.

On cite encore du nom d'*Attala* un mathématicien grec, qui vivait de l'an 150 à l'an 160 av. J.-C., auteur de commentaires sur un poème d'Aratus intitulé *Phænomena*; un philosophe stoïcien, qui vivait l'an 40 av. J.-C., et dont Sénèque, dans sa jeunesse, suivit les leçons : il valait encore sous Tibère, et fut banni par l'influence de Séjean. Enfin, il y eut encore, au second siècle de notre ère, un célèbre médecin appelé *Attale*.

ATTALE (FLAVIUS-PRISCUS), natif d'Ionie, d'abord païen, puis converti au christianisme et baptisé par un prêtre arien, était préfet de Rome sous le règne d'Honorius, lorsqu'il devint en 409 un de ces empereurs que les barbares élevaient si fréquemment sur le trône, sauf à les en renverser et à les massacrer le lendemain. A la ric, maître de la péninsule italique, que le faible Honorius, réfugié à Ravenne, n'avait pas osé défendre, fit proclamer Attale par le sénat, et Attale lui en témoigna aussitôt sa reconnaissance en le revêtant, lui et son beau-frère Ataulf, des premières dignités de l'État.

Le règne de ce fantôme d'empereur fut d'abord assez heureux ; plusieurs villes d'Italie se soumirent à son obéissance factice, et il rêva la conquête de l'Afrique ; mais la fortune changea bientôt. Ses projets échouèrent de toutes parts ; il oublia qu'il devait son élévation à Alaric, et Alaric, le déposant aussi facilement qu'il l'avait fait élire, lui arracha son sceptre en présence de l'armée, et l'habilla en esclave.

Attale, détrôné, suivit humblement son maître, après la mort duquel il passa comme histrion au service d'Ataulf, qui le chargea, en 414, des préparatifs de son mariage avec Placidie, fille de Théodose, dont il chanta l'épithalame. Puis, furieux de voir qu'Honorius osait lui refuser la paix, il fit reprendre à Attale le titre d'empereur ; mais le prince goth étant mort, Constance, général romain, surprit, en 416, Attale abandonné, et le livra à Honorius, qui lui fit couper les doigts de la main droite et l'envoya mourir obscurément dans l'île de Lipari.

ATTAMAN ou **HETMAN**. C'est le titre que prend le chef suprême ou général en chef des Kosaks. On le fait dériver du vieux mot allemand *het*, signifiant *chef*. Lorsque les Kosaks étaient encore sous la domination polonaise, en 1576, le roi Étienne Bathory plaça à leur tête un chef suprême, qui prit le titre d'*attaman*, et auquel il donna comme insignes de sa dignité un étendard, un bâton de commandement et un sceau. Aujourd'hui encore l'*attaman* des Kosaks se fait suivre partout de ces insignes. Il est dû par les Kosaks ; mais son élection a besoin, pour être valable, de la confirmation de l'empereur de Russie.

Quand, en 1655, les Kosaks passèrent sous la domination russe, ils conservèrent leur antique organisation ; mais lorsqu'en 1708 l'attaman M a z e p p a embrassa le parti de Charles XII, dans l'intention de s'unir ensuite de nouveau à la Pologne, le czar Pierre le Grand diminua considérablement leurs privilèges. Pendant longtemps la dignité d'attaman resta vacante, et en 1750, le comte Rasumowsky en ayant été revêtu, reçut, au lieu des anciens domaines et des droits de douane qui y étaient attachés, une pension annuelle de 50,000 roubles. L'impératrice Catherine abolit complètement la dignité d'attaman des Kosaks de l'Ukraine, et la remplaça par un conseil de régence composé de huit membres. Les autres Kosaks ont, à la vérité, conservé jusqu'à nos jours leur attaman ; mais les privilèges énormes attachés autrefois à ce titre ont été singulièrement limités. *Voyez* KOSAKS.

ATTAQUE (*Médecine*). *Voyez* ACCÈS.

ATTAQUE ET DÉFENSE DES PLACES. *Voy.* SIÈGE.

ATTENTAT. Toute atteinte portée aux droits d'autrui, dans sa personne ou dans ses biens, est un *attentat*. Ce terme, qui comprend généralement tous les crimes et tous les délits, s'applique plus spécialement, en droit criminel, d'une part aux tentatives dirigées contre la sûreté de l'État, et d'autre part à celles qui sont dirigées contre les bonnes mœurs.

La plupart des constitutions dont on a doté la France depuis la première révolution, la constitution de 1791, celle de juin 1793, celle du 5 fructidor an III, celle de frimaire an VIII, le sénatus-consulte organique du 28 floréal an XII, traitèrent en détail de la poursuite et du jugement des crimes attentatoires à la sûreté générale de l'État, et constituèrent juges des divers crimes et attentats qui peuvent être dirigés contre l'État ou ses représentants, soit le jury, soit une haute cour, qui s'appela nationale ou impériale. La charte de 1814, remaniée en 1830, contenait cet article ainsi conçu : « La chambre des pairs connaît des crimes de haute trahison et des attentats à la sûreté de l'État, qui seront définis par la loi. » Cette loi ne fut jamais faite : ce qui n'empêcha pas la chambre des pairs de la Restauration et, à son exemple, la pairie de 1830 de connaître de tous les attentats qui depuis le crime de Louvel ont menacé l'ordre politique. Les lois de septembre 1835 étendirent la qualification d'attentat à certains délits de presse ; c'était un moyen de livrer la presse à la cour des pairs, charte qui lui assurait la juridiction du jury. Cette extension abusive souleva les plus vives réclamations ; mais le gouvernement constitutionnel ne fit jamais usage de ce droit. Aux termes de l'article 91 de la constitution de 1848, une haute cour de justice jugeait sans appel ni recours en cassation toutes personnes prévenues de crimes, attentats ou complots contre la sûreté intérieure ou extérieure de l'État, que l'Assemblée Nationale avait renvoyées devant elle.

La section IV du titre II du livre III du Code Pénal énumère sous la rubrique d'attentats aux mœurs : l'outrage public à la pudeur, le viol, ou tout autre attentat à la pudeur avec violence, l'excitation habituelle à la débauche, l'adultère et la bigamie.

ATTENTION. L'*attention* a été accordée à l'homme dans une large mesure, qui était à la fois la conséquence de son admirable organisation et une condition nécessaire de sa liberté. Cette faculté est en nous d'une telle énergie, que l'âme humaine s'y révèle dans toute la sublimité de son origine.

La *réflexion* trouve son berceau dans la perception, née elle-même de la sensation ; et lorsque l'âme s'y attache, ce qui a lieu ou par un pur effet de sa volonté, ou par toute autre cause occasionnelle, telle que la crainte, l'espoir, ou une réminiscence, elle devient l'*attention*, que nous ne distinguerons pas, comme Locke, de la contention d'*esprit*, celle-ci n'étant réellement qu'une attention prolongée.

Tous les hommes, mais dans des degrés différents, sont susceptibles d'*attention*. L'habitude chez quelques-uns fortifie cette faculté; il en est, au contraire, qui par négligence, ou par suite de légèreté, promènent leur pensée sans l'arrêter nulle part, se rendent incapables de méditation, et annulent le libre exercice de leur volonté, faute de lui permettre de s'éclairer par un jugement fondé sur des motifs. N'attendez de ceux-là rien de grand dans les arts, dans les lettres, dans les sciences et dans les hautes spéculations de la politique ou de la philosophie.

Prenez, au contraire, à leur point de départ tous les génies qui en passant sur la terre y ont laissé une trace lumineuse, vous verrez que l'*attention*, résultat en eux d'une volonté forte, a été leur première qualité; sans cesse, jamais perdu de vue l'objet de leurs méditations ; sans cesse, ils en ont été préoccupés. Plus d'une fois on les a vus immoler à un futur bonheur le bien-être de la vie présente; et les voluptés terrestres, malgré leur ardent aiguillon, ont été par eux foulées aux pieds comme indignes d'une sage poursuite.

Maintenant, parcourez de vos regards le vaste champ des connaissances humaines, étudiez les monuments de tous les anciens âges ont légués au vôtre. Arrêtez-vous devant la statue de Newton, et demandez-lui comment il a rencontré le beau système de la gravitation des corps célestes; il vous répondra : « En y pensant toujours. » Priez le Pline français de vous donner une définition du génie, il vous dira : « C'est la patience dans l'attention. » Remontez dans les siècles écoulés, et allez jusqu'à Pythagore, pour vous enquérir de la source où ce philosophe a puisé sa sublime notion de l'immortalité de l'âme ; vous le trouverez assis pensif devant un papillon, devenu pour lui l'emblème de cette auguste vérité. Archimède se fera tuer sur un calcul de mécanique entrepris pour la défense de Syracuse.

L'*attention*, bien définie, sera donc un des plus beaux caractères de notre humanité. Il n'est pas un être de notre espèce chez lequel cette faculté n'existe à un degré suffisant pour que d'un examen éclairé ne puisse sortir, à son avantage, une détermination équitable et légitime. Admis au banquet de la vie, à peine a-t-il porté la coupe à ses lèvres, qu'il apprend à réprouver le mal et à choisir le bien. On ne saurait donc trop user des moyens sages, mais modérés, pour accoutumer les enfants à fixer leur *attention* sur des objets de morale pratique, ou même sur les accidents de la vie ordinaire.

KÉRATRY, ancien représentant du peuple.

ATTÉNUANTES (Circonstances). Les circonstances atténuantes, admises autrefois en matière correctionnelle, ont été introduites dans le domaine des cours d'assises par la loi de 1832, qui a modifié le Code Pénal. Cette réforme importante avait été réclamée par un savant criminaliste, Carnot, dans son commentaire sur le Code Pénal. M. Cotta avait émis un vœu semblable dans son *Traité de l'Administration de la Justice en Angleterre*. L'effet de cette mesure a été de diminuer le nombre des acquittements, trop souvent scandaleux, et qui ne provenaient que de la répugnance des jurés à voir appliquer une peine trop forte. C'est là le côté favorable que présente cette innovation.

On appelle ainsi les faits favorables à un accusé, tout ce qui peut lui mériter quelque indulgence. En matière criminelle l'appréciation des circonstances atténuantes appartient au jury, en matière correctionnelle au juge; leurs décisions ne sont pas motivées. Quand le jury les a admises, la peine de mort est remplacée par celle des travaux forcés à perpétuité ou celle des travaux forcés à temps. Si la peine est celle des travaux forcés à perpétuité, la cour applique la peine des travaux forcés à temps ou celle de la réclusion ; si la peine est celle de la déportation, la cour applique celle de la détention ou du bannissement ; si la peine est celle des travaux forcés à temps, la cour applique la réclusion ou même l'emprisonnement simple, sans toutefois pouvoir en réduire la durée au-dessous de deux ans. Enfin, si la peine est celle de la réclusion, de la détention, du bannissement ou de la dégradation civique, l'emprisonnement correctionnel sera prononcé, et il ne pourra durer moins d'un an.

Dans tous les cas où le code prononce le maximum de la peine, la cour appliquera le minimum ou même la peine inférieure.

Quant aux tribunaux correctionnels, ils peuvent, même en cas de récidive, réduire l'emprisonnement même au-dessous de six jours, et l'amende même au-dessous de 16 fr., prononcer séparément l'une ou l'autre de ces peines, et substituer l'amende à l'emprisonnement sans qu'en aucun cas elle puisse être au-dessous des peines de simple police.

ATTERBOM (PIERRE-DANIEL-AMÉDÉE), poète suédois, chef de la nouvelle école, naquit en 1790, à Asbo, village d'Ostrogothie. Étant encore à l'université d'Upsal, il fonda, sous le nom d'*Alliance de l'Aurore*, une société de critique et de littérature dont le but était d'affranchir la littérature suédoise du pédantisme académique, ainsi que de l'imitation servile et maniérée des formes de l'esprit français, pour la ramener aux inspirations du génie national. L'*Alliance* fonda en 1810 un journal ayant pour titre *le Phosphore*, qui trouva bientôt un violent contradicteur dans le *Polyphème*, fondé par Askelœf et par Hammarskœld. Parmi les productions les plus remarquables d'Atterbom, nous citerons *Xénies*, poésie fugitive; *la Ligue des Rimeurs*, drame tongouse ; l'*Opinion de la nouvelle École sur l'Académie suédoise et sur le bon goût*; l'*Almanach poétique de Suède* ; d'excellents articles de critique dans le *Svensk Literatur tidning* ; les *Iles Fortunées* ; un recueil intitulé : *Skrifter*, et contenant des études sur l'histoire et la philosophie; *Samlade Dikter*, poésies mêlées, d'une tendance toute lyrique; *les Fastes et les Revers suédois*, contenant des appréciations sur Swedenborg et Ehrenswœrd. Il a aussi participé à la rédaction de quelques recueils, comme la *Svea*, la *Skandia*, le *Mimer*, etc.

Comme poète, Atterbom allie toujours une grande harmonie de style à une rare profondeur de pensées; on reproche toutefois à ses premières poésies, et notamment à quelques pièces du *Phosphore*, des inversions forcées et beaucoup d'archaïsmes. Malgré tous ses avantages, Atterbom n'est point devenu populaire, sans doute parce qu'avec son exubérance d'images poétiques et sa tendance lyrique il ne s'est jamais occupé de sujets nationaux. Comme philosophe, il se rattache à cette école de théosophes qui voudrait faire concorder les spéculations de la science avec les données du christianisme.

Atterbom a occupé plusieurs chaires à l'Université d'Upsal, et a été professeur du roi actuel. Son admission à l'Académie de Stockholm, en 1839, termina en Suède la longue querelle des romantiques et des classiques.

ATTERRAGE. En marine, c'est l'arrivée à la vue de la terre, la connaissance que l'on en prend pour *assurer* la route qu'on a suivie dans le cours d'une navigation. Les points les plus avancés ou les plus remarquables des côtes servent aux atterrages, lorsque leur position est bien indiquée sur les cartes. Dans un voyage de découvertes, si une terre nouvelle est rencontrée, on a soin d'en dessiner quelques vues pour donner aux navigateurs les moyens de la reconnaître; ces vues sont aussi très-commodes pour les *atterrages*, et il est à désirer que les cartes hydrographiques en soient bien accompagnées. Si l'on ne signalait qu'un petit nombre de points très-visibles sur une grande étendue de côtes, on imposerait aux marins la nécessité d'aller en vue de quelqu'un de ces points, et de revenir ensuite au lieu de leur destination. Mais à mesure que la science de la navigation sera plus répandue, ainsi que les instruments dont elle fait usage, la route des vaisseaux sera calculée avec plus d'exactitude, et l'on évitera quelques détours auxquels les atterrages donnent lieu. FERRY.

ATTERRISSEMENT. Quoique la loi, d'accord avec la géologie, semble regarder l'*atterrissement* comme synonyme de l'*alluvion*, il existe cependant en droit une différence essentielle entre ces deux choses. On a vu déjà que l'alluvion s'entend des accroissements qui se forment successivement et imperceptiblement aux fonds riverains d'un fleuve ou d'une rivière. On désigne plus spécialement, au contraire, par le mot *atterrissement* le terrain qu'enlève et transporte, sans le dénaturer, un fleuve ou une rivière navigable ou non. Les alluvions proprement dites profitent au propriétaire du fonds auquel elles s'unissent. Il en est autrement des atterrissements. Celui dont l'héritage a été diminué par suite d'un atterrissement a le droit de revendiquer la partie enlevée; mais il doit former sa demande dans l'année, sous peine de déchéance. Ces principes sont été consacrés par l'art. 559 du Code Civil. E. DE CHARROL.

ATTICISME, délicatesse de langage, finesse de goût particulière aux Athéniens. « On l'applique, par extension, dit l'Académie, au style de tout écrivain qui joint l'élégance à la pureté. »

Ce mot s'est d'abord entendu d'une forme de langage particulière au dialecte attique ou des Athéniens. Quintilien nous apprend, en effet, qu'il existait deux sortes de style, l'*asiatique* et l'*attique* : celui-ci serré, pur et plein ; celui-là, au contraire, vide et gonflé ; l'un n'ayant rien de superflu, l'autre manquant de justesse et de raison ; et il attribue le premier aux villes de l'Asie, qui, avides de connaître le grec et ne s'étant pas donné le temps de l'étudier à fond avant de le pratiquer, avaient altéré cette belle langue. D'après l'autorité de cet orateur et celle de Cicéron, il faudrait conclure que les Grecs entendaient par *atticisme* une façon de parler concise et serrée, mais cependant un peu froide, sèche et dénuée de mouvement oratoire, ce qui s'expliquerait par les anciennes lois d'Athènes, qui proscrivaient en quelque sorte l'éloquence. Ils ajoutent que Lysias avait affaibli le style attique à force de le polir ; qu'Hypéride lui avait donné un agrément et une douceur qu'il n'avait pas ; qu'avec Démétrius de Phalère il était devenu plus fleuri ; que sous Hégésias, enfin, on l'avait vu tomber dans une frivolité, dans une recherche de paroles non moins contraire au goût qu'à la raison. Plutarque, citant Phocion, que Démosthène appelait *la cognée de ses discours*, comme un modèle d'atticisme, vient à l'appui de cette opinion.

Suivant Moréri, *atticisme* se dit d'une certaine raillerie agréable et polie, d'une certaine politesse fine et galante, qui était en usage parmi les Athéniens : *lepidus jocus, liberalis urbanitas*. La Bruyère semble comprendre par atticisme l'à-propos dans les pensées, la convenance dans les expressions, joints à une certaine familiarité, à une certaine fleur d'esprit, à un certain talent de plaire, qui semblent surtout l'apanage des classes élevées de la société. L'atticisme, en effet, suppose toujours l'élégance des mœurs, et, pour nous servir de l'excellente définition de M. Tissot, nous dirons qu'appliqué aux écrivains le mot *atticisme* « exprime un mélange de la pureté, de la délicatesse des Grecs, et de l'urbanité des Romains, avec le goût et la politesse des modernes ».

ATTICUS (TITUS POMPONIUS), chevalier romain, un des citoyens les plus nobles et les plus désintéressés de la ville éternelle, naquit en 109 av. J.-C., peu d'années avant Cicéron. L'excellente éducation qu'il reçut éveilla de bonne heure en lui un rare enthousiasme pour la science, et cet enthousiasme s'accrut encore par un séjour de plusieurs années à Athènes, où il se rendit l'an 88 avant J.-C., pendant les guerres civiles de Marius et de Sylla, et où il apprit à parler le grec aussi correctement que le latin : d'où lui vint le surnom d'*Atticus*, sous lequel il est connu dans l'histoire. Pendant son séjour dans cette ville, il rendit de si grands services aux Athéniens qu'ils lui érigèrent des statues.

Rappelé par Sylla l'an 65, il retourna dans sa patrie, où il vécut entouré d'un cercle d'amis, parmi lesquels on distinguait Hortensius, Pompée, César, Brutus, et surtout Cicéron. Agrippa rechercha son alliance et épousa sa fille Attica Pomponia ; Auguste fiança sa petite-fille à Tibère, qui devait lui succéder. Sa vie entière, consacrée en grande partie au culte des belles lettres, fut un long enchaînement d'actions généreuses. Il vécut heureux et comblé de richesses jusqu'à soixante-dix-sept ans, où, atteint d'une maladie cruelle et incurable, il se laissa mourir de faim, l'an 32 av. J.-C.

Quoiqu'il eût constamment refusé toute espèce d'emploi, Atticus ne laissa pas que d'exercer une influence considérable sur la marche des affaires publiques par ses liaisons avec les hommes d'État les plus distingués de son temps et les chefs des différents partis. Les anciens parlent avec éloge de ses *Annales*, histoire universelle qui comprenait un espace de sept cents ans. Il avait aussi composé les généalogies des plus illustres familles de Rome, avait écrit en grec les événements du consulat de Cicéron, et s'était essayé également dans la poésie. Il n'est rien resté de tous ces ouvrages. Outre les seize livres de lettres de Cicéron à Atticus, nous devons à Cornélius Nepos une biographie intéressante de ce personnage célèbre.

ATTILA, roi des Huns, appelé dans les *Nibelungen* et dans les traditions héroïques allemandes *Etzel*, c'est-à-dire *fleuve ou torrent*, était fils de Mandras, Mundiuquo ou Munzuque, et succéda à son oncle Roas, l'an 434 de notre ère, avec son frère Bléda. À la tête des barbares qui s'étaient établis dans la Hongrie et la Scythie, ces princes forcèrent à deux reprises le faible Théodose II d'acheter une paix honteuse, et en peu de temps ils se firent redouter de tous les peuples de l'Europe et de l'Asie. Les Huns eux-mêmes regardaient Attila comme le plus intrépide de leurs guerriers et le plus habile de leurs chefs. Leur respect pour lui se changea bientôt en une crainte superstitieuse. Attila prétendit avoir trouvé le glaive du Dieu protecteur de sa nation ; et fier de la possession de cette arme, qui rehaussait sa puissance, il songea à soumettre toute la terre. Jamais il ne prit lui-même, cependant, le surnom de *Fléau de Dieu*, comme le prétendent à tort tous les historiens modernes. Il dit assassiner son frère, l'an 444 ; et, ayant déclaré qu'il avait agi en cela par une inspiration divine, ce fratricide fut célébré comme une victoire. Resté seul chef d'un peuple belliqueux, et n'écoutant que son ambition, sans bornes, il étendit en peu de temps sa domination sur toute la Germanie et la Scythie ; l'Orient et l'Occident devinrent ses tributaires. Les Vandales, ses alliés, les Ostrogoths, les

Gépides et une partie des Franks se rangèrent sous ses étendards. Quelques historiens affirment que son armée pouvait s'élever à 700,000 hommes.

La puissance et les richesses des rois de la Perse l'attirèrent dans ce pays; mais il fut battu dans les plaines de l'Arménie. Pour apaiser sa soif de pillage, il chercha un prétexte de rompre avec l'empire d'Orient, et il le trouva facilement. En 447 il traversa l'Illyrie, et ravagea toutes les provinces depuis la mer Noire jusqu'à l'Adriatique. L'empereur Théodose réunit une armée pour s'opposer aux invasions des barbares; mais la fortune se prononça contre lui dans trois batailles sanglantes. Constantinople ne dut son salut qu'à ses murailles et à l'ignorance de l'ennemi dans l'art des siéges. La Thrace, la Macédoine et la Grèce devinrent la proie du vainqueur, qui détruisit soixante-dix villes florissantes. Théodose dut implorer la merci d'Attila et acheter la paix au prix de ses trésors. Un des gens du chef des Huns, Edécon, se laissa gagner par l'eunuque Chrysaphius, et promit d'assassiner son maître lorsque l'armée repasserait le Danube; mais le cœur lui manqua au moment de l'exécution : il se jeta aux pieds d'Attila, et lui avoua son crime. On redoutait la vengeance du roi barbare, et Constantinople tremblait; mais Attila se contenta de reprocher à Théodose sa perfidie et de lui demander la tête de Chrysaphius.

Attila tourna ensuite les yeux vers les Gaules. Il traversa le Rhin, l'an 451, à la tête d'une armée immense, franchit la Moselle et la Seine. Metz est détruite avec vingt autres villes. Troyes ne doit son salut qu'à l'intercession de ses pasteurs : Lutèce est sauvée par l'intervention de sainte Geneviève, au dire de la légende. Enfin, le Hun arrive sur les bords de la Loire, et campe devant Orléans. Encouragés par leur évêque Agnan ou Aninus, les habitants de cette ville soutinrent les premières attaques, et Attila fut contraint de lever le siége par Aëtius, général des Romains, et Théodoric, roi des Visigoths. Il se replia sur la Champagne, et attendit l'ennemi dans la plaine où s'élève aujourd'hui Châlons-sur-Marne, et où les deux armées en vinrent aux mains. Attila, parcourant les rangs de ses guerriers, leur rappela leurs exploits et leur témoigna sa joie de les conduire à une nouvelle victoire. Enflammés par ses discours et par sa présence, les Huns combattirent vaillamment; ils percèrent les rangs des Romains et des Visigoths, et déjà Attila regardait la victoire comme certaine, lorsque le fils de Théodoric, Thorismond, tomba sur eux du haut des collines voisines et en fit un tel carnage, pour venger la mort de son père, qu'Attila, pressé de tous côtés, ne regagna qu'avec peine son camp. C'est la bataille la plus sanglante qui ait jamais été livrée en Europe, si l'on en croit quelques historiens contemporains, qui disent que 160,000 morts restèrent sur le champ de bataille. De retour dans son camp, Attila fit réunir en monceau tout ce qui lui appartenait pour le brûler avec ses trésors, le cas échéant; mais les vainqueurs se contentèrent de leur triomphe, les Franks seuls le poursuivirent jusqu'à ce qu'il eût repassé le Rhin.

Malgré cet échec, Attila fut dès l'année suivante en état d'envahir l'Italie, quand Valentinien III lui refusa la main d'Honoria, sa sœur, après la lui avoir pourtant promise. En vain l'empereur essaya de le fléchir. A la tête d'une armée formidable, il prit et ruina Aquilée, Padoue, Vicence, Vérone, Bergame, et ravagea les plaines de la Lombardie. Les habitants de ces contrées cherchèrent un refuge dans les Alpes, les Apennins et les lagunes de la mer Adriatique où ils fondèrent Venise. L'empereur n'ayant pas d'armée à opposer au roi des Huns, les Romains eurent recours aux larmes et aux prières. Le pape Léon Ier se rendit avec leurs députés dans le camp ennemi et réussit à conclure la paix. Attila retourna en Hongrie, et les Romains attribuèrent leur délivrance à un miracle. Les anciennes chroniques racontent naïvement que le roi des Huns fut effrayé par les menaces de saint Pierre et de saint Paul, légende qu'a illustrée l'art des Raphael et des Algarde.

Attila méditait une seconde invasion en Italie, lorsqu'il mourut l'année suivante, en 453, au moment où il venait d'ajouter la belle Ildico à son nombreux harem. Le lendemain des noces, ses courtisans et ses guerriers, impatients de le féliciter, entrèrent dans sa tente, et trouvèrent Ildico voilée et assise à côté du cadavre de son époux, qui avait succombé dans la nuit à une attaque d'apoplexie. On soupçonna sa nouvelle épouse d'avoir contribué à sa mort, et dans les deux cours de Rome et de Byzance la jeune Ildico fut célébrée comme une autre Judith. La nouvelle de la mort d'Attila répandit le deuil et la terreur dans l'armée. Son corps fut enfermé dans trois cercueils, l'un d'or, l'autre d'argent et le dernier de fer. Les prisonniers qui avaient creusé la tombe furent égorgés.

Jornandès nous peint le roi des Huns comme un homme court, difforme, à grosse tête, à nez aplati, à larges épaules, traits qui rappellent son origine mongole. Il avait la démarche fière, la voix forte et sonore. Les rois qui suivaient sa cour disaient qu'ils ne pouvaient supporter la majesté de ses regards.

Le chef des Huns mettait toute sa gloire à inspirer la terreur, et ne cherchait point à se distinguer par les dehors de la magnificence. Sa table était de bois, ainsi que ses coupes et ses plats; il se nourrissait de viande presque crue, et regardait le pain comme un aliment indigne des guerriers du Nord. Maître de plusieurs royaumes, il n'eut jamais de capitale, et son palais n'était qu'une immense cabane ornée des dépouilles des vaincus. Cet affreux conquérant n'a laissé d'autres monuments de sa puissance que les ruines de cinq cents villes. Son nom, à quinze siècles de distance, réveille encore en nous comme un vague souvenir de superstitieux effroi. Attila sera toujours dans la mémoire des hommes le type hideux de la force brutale qui détruit pour détruire, comme le fer, qui dévore pour dévorer, comme le feu. Ce qui le caractérise le mieux, c'est ce cri sauvage qu'on lui attribue : *où mon cheval a passé, l'herbe ne repousse plus.*

ATTIQUE, une des huit provinces de la Grèce centrale ou Hellade proprement dite, avec Athènes pour capitale. Bornée au nord par la Béotie, à l'ouest par la Mégaride, au sud par le golfe Saronique, et à l'est par la mer Égée et l'Euripe, l'Attique formait une presqu'île dont le noyau consistait en une branche du mont Cithéron courant à l'est et au sud-est. Elle était divisée en plusieurs bourgs ou *dèmes*, au nombre de cent soixante-et-quatorze selon les anciens; mais les explorations modernes les plus minutieuses n'ont retrouvé l'emplacement que de quelques-uns. L'aridité du sol et le manque d'eau protégèrent ce pays contre les invasions étrangères. Les aborigènes vivaient encore dans l'état sauvage, lorsque, 1550 ans av. J.-C., Cécrops y aborda avec une colonie venant de Saïs à l'embouchure du Nil. Il adoucit leurs mœurs, leur apprit à cultiver l'olivier, à élever le bétail et à semer diverses espèces de plantes. En même temps il ordonna d'honorer les d'eux et de leur sacrifier les fruits de la terre; il institua le mariage, et commanda d'enterrer les morts. Les habitants, au nombre d'environ vingt mille, furent divisés en quatre tribus, et il les engagea à rapprocher leurs habitations et à les protéger par des clôtures contre les attaques des voleurs. Telle fut l'origine d'Athènes, nommée alors Cécropie.

Plus tard, onze autres villes s'élevèrent encore dans l'Attique. Elles ne tardèrent pas à entrer en guerre les unes contre les autres. Ce fut Thésée, dit-on, qui les décida à renoncer à leur indépendance et à se soumettre à Athènes ou Cécropie, à qui il réserva le pouvoir de faire les lois. L'Attique partagea dès lors le sort d'Athènes jusqu'au règne de Vespasien, qui la réduisit en province romaine. Lors du partage de l'empire, elle échut à l'empire d'Orient. En 396 elle fut conquise et dévastée par Alaric.

ATTIQUE — ATTRACTION

Aujourd'hui l'Attique forme avec la Mégaride et Égine un gouvernement du royaume de la Grèce. Le sol, vraisemblablement par suite d'éruptions volcaniques, offre l'aspect bouleversé d'un pays de montagnes; les monts et les collines s'y pressent, laissant à peine place à de petites plaines. Les plus importantes de ces montagnes sont le **Pentélique** (1110 mètres), l'**Hymette** (1025 mètres) et le petit Laurion (355 mètres), qui appartiennent à la péninsule, tandis que les monts Onéiques traversent l'isthme de Corinthe. C'est autour d'Éleusis et d'Athènes, sur les bords des deux Céphises, que s'étendent les plus larges plaines. Les montagnes sont stériles; à leur base quelques plantations d'oliviers remplacent les forêts, qui sont rares; les flancs du Laurion n'offrent aucune trace de végétation, et sont couverts d'une épaisse couche de cailloux roulés. Du temps de Solon l'Attique était déjà bien cultivée. Les vendanges et la moisson, dont les produits étaient abondants, se célébraient par de grandes fêtes. Les habitants étaient célèbres par la finesse de leur esprit; de là aussi l'expression de *sel attique*, appliquée à tout ce qui porte le caractère de cette plaisanterie délicate et fine qui les distinguait (*voyez* ATTICISME). Le mont Hymette donnait d'excellent miel, et le mont Laurion contenait de riches mines dont le produit était consacré à l'entretien de la flotte.

ATTIQUE (*Architecture*). C'est un petit ordre d'architecture qui sert pour couronner un grand ordre. On l'emploie à la décoration des étages peu élevés qui terminent la partie supérieure d'une façade. Cet étage s'appelle *attique*, parce que sa proportion imite celle des bâtiments pratiqués à Athènes, qui étaient d'une hauteur médiocre, et sur lesquels on ne voyait point de toit. Le mot *attique* s'emploie en deux sens: ou par rapport à l'ordre, ou par rapport à l'étage auquel on peut adapter cet ordre. On ne voit chez les anciens l'*ordre attique* employé qu'en pilastres; il se trouve aussi appliqué aux massifs qui servent de couronnement aux arcs de triomphe; il ne paraît pas avoir eu dans l'antiquité de caractère spécial; vraisemblablement il empruntait toujours celui des ordres avec lesquels il se trouvait placé. Il n'y a sur cet ordre aucune règle fixée par l'usage; et on peut dire qu'il n'est autre chose qu'un assemblage arbitraire des différents ornements de l'architecture, où les principes des ordres ne sont point employés, et dont l'ordonnance ne peut être réglée que par le goût de l'architecte.

L'étage attique ne fait, en général, aucun bon effet dans les édifices: traité en grand, il le dispute aux autres étages; réduit à de moindres proportions, il ne présente qu'un hors-d'œuvre, sans accord avec la masse générale, et il choque l'œil par le peu de saillie qu'on peut alors donner à l'entablement. C'est pourquoi la meilleure manière d'employer l'attique comme étage est celle pratiquée en Italie; c'est-à-dire de le mettre toujours en retraite du grand entablement qui termine l'édifice. Mais lorsqu'il entre dans la décoration du monument, et qu'il en partage l'aspect, comme à l'église de Saint-Pierre et au Louvre, il n'est pas aisé de lui assigner des formes déterminées. Les croisées qu'on ménage dans l'attique doivent être carrées ou presque carrées, comme sont celles du Palais National. En pratique des attiques sans ordre et sans croisées; de ce dernier genre sont ceux des arcs de triomphe et de plusieurs fontaines publiques. Ils servent pour y placer l'inscription. Alors ces attiques prennent le nom de l'architecture qui les reçoit et de la diversité des formes qui les composent. A.-L. MILLIN.

ATTIS. *Voyez* ATYS.

ATTITUDE. On entend par ce mot les diverses positions que peut prendre le corps de l'homme ou des animaux. Les unes sont *naturelles*, les autres *accidentelles*. On peut encore distinguer les attitudes en *actives* et en *passives*, suivant qu'elles exigent ou non le concours des muscles. Le coucher, où le corps se trouve dans un repos parfait, est une attitude éminemment passive.

Suivant qu'elles sont plus ou moins fatigantes et prolongées, les attitudes peuvent déterminer diverses affections; les varices, les ulcères aux jambes sont très-communs chez les individus que leur profession oblige à se tenir longtemps debout. Les gens de cabinet sont très-prédisposés aux hémorrhoides, et l'on attribue la fréquence des hernies observées autrefois dans les couvents à l'attitude à genoux que les moines gardaient pendant plusieurs heures. C'est ainsi encore que les tailleurs sont sujets à des déviations de la colonne vertébrale, les menuisiers à la courbure du tibia, etc.

L'attitude entre pour beaucoup dans la thérapeutique. Enfin il est des maladies, comme les déformations de la colonne vertébrale, où l'attitude constitue à elle seule tout le traitement.

ATTIUS (LUCIUS). *Voyez* ACCIUS.

ATTORNEYS. On appelle ainsi en Angleterre des intermédiaires, qui moyennant salaire se chargent de faire en justice toutes les démarches, tous les actes nécessaires pour la défense, la conservation et la revendication des droits d'autrui. L'attorney est l'intermédiaire indispensable entre le plaideur et son avocat, *barrister*, lequel ne plaide que conformément aux instructions écrites du premier. Ses fonctions ont donc quelque analogie avec celles de nos avoués. L'attorney attaché à la chancellerie prend le nom de *solicitor*.

Pour acquérir le titre d'*attorney* et être admis à faire au nom d'un autre des actes devant une cour de justice, il faut, aux termes d'un statut du roi Georges II, avoir fait un apprentissage de cinq ans en qualité de clerc dans le cabinet d'un attorney, subir un examen spécial relatif aux règles de la procédure (usage tombé en désuétude), prêter serment, être admis dans la corporation, et enfin être inscrit sur ses registres. Un contrat en règle, écrit sur parchemin, doit constater que cinq ans auparavant l'impétrant avait bien et dûment pris l'engagement de consacrer cinq ans de sa vie à la cléricature exigée; ce contrat est soumis, en vertu d'un statut du roi Georges III, à un droit de timbre de 100 liv. sterl. (2,500 fr.), quand il s'agit de devenir attorney près l'une des cours de justice siégeant à Westminster, droit qui va toujours diminuant à mesure que l'importance des cours de justice s'affaiblit par suite de leur éloignement du grand centre d'activité politique et commerciale du pays. L'exercice de la profession est en outre soumis à une espèce de droit de patente, qui est de 12 liv. sterl. (300 fr.) à Londres, et de 8 dans le reste de l'Angleterre. La profession d'*attorney* est une de celles que l'on considère comme honorables, et donnant dès lors à celui qui l'exerce le droit de prétendre à la qualification de *gentleman*.

L'*attorney général* est un officier de justice dont les fonctions ont quelque analogie avec celles du ministère public en France. Il est chargé de poursuivre au nom de la couronne les causes criminelles, de porter la parole devant la cour de l'échiquier, dans les intérêts de la couronne, toutes les fois qu'il s'agit d'héritages et de profits. C'est lui que sont adressés les brevets (*warrants*) contenant des octrois, grades, etc.

ATTRACTION. Newton étant assis un jour sous un pommier, un fruit de cet arbre tombe devant lui. Ce fait si vulgaire éveille aussitôt dans l'esprit du philosophe une foule d'idées nouvelles sur ce singulier pouvoir qui sollicite les corps à se précipiter vers le centre de la terre avec une vitesse continuellement accélérée, et cela quelle que soit la hauteur d'où tombent ces corps exerce une influence appréciable sur l'intensité de la force à laquelle ils obéissent. Pourquoi, se demanda Newton, ce pouvoir ne s'étendrait-il pas jusqu'à la lune? Et s'il en était ainsi, que faudrait-il de plus pour contrebalancer l'effet de la force centrifuge et retenir notre satellite dans l'orbite qu'il décrit autour de la terre? Bien plus, pourquoi ne serait-ce pas cette mystérieuse puissance qui maintiendrait aussi l'harmonie de tout notre système planétaire et même de l'infinité de globes qui se meuvent dans l'immensité?...

Comme le géomètre de Syracuse, Newton pouvait s'écrier : Ευρηκα! En effet, après plusieurs années d'un gigantesque travail de vérification, le doute n'était plus possible, et l'auteur du livre des *Principes* formula cet admirable théorème : *Tous les corps s'attirent en raison directe de leurs masses et en raison inverse du carré de leurs distances.* En même temps il donna le nom d'*attraction* (du latin *ad*, vers, et de *traho*, je tire) à la force universelle dont il venait d'établir la loi fondamentale, tout en déclarant très-expressément qu'il ne prétendait qu'énoncer un fait et non en indiquer la cause. Depuis, Fontenelle, considérant les corps comme poussés les uns vers les autres, a proposé le mot *impulsion*; Azaïs a cherché à expliquer l'attraction universelle par l'*expansion*; mais la dénomination newtonienne a toujours été préférée, et on a renoncé avec raison à rechercher la cause d'un phénomène dont il nous suffit de connaître les lois.

Sous le nom de *gravitation*, l'attraction préside aux mouvements des corps célestes; sous celui de *pesanteur*, elle sollicite les corps sublunaires. L'*attraction moléculaire* s'exerce à des distances infiniment petites : *cohésion*, elle retient unies les molécules matérielles ; *affinité*, elle opère les combinaisons chimiques. L'*adhésion*, que nous avons déjà définie, est encore un cas particulier de l'attraction. Enfin, les liquides mis en contact avec des corps solides manifestent envers ceux-ci des attractions et des répulsions dont on a réuni les principes à ceux de la **capillarité**.

Pour les *attractions électriques* et *magnétiques*, voyez Électricité et Magnétisme.

« Plusieurs savants, dit M. Transon, ont été portés à présumer que tous les phénomènes de l'ordre physique général résultent d'un seul fait, d'une seule réaction physique primordiale, l'attraction, lequel fait serait d'ailleurs quelquefois dualisé (*polarisé*) de manière à se manifester positivement (*attraction*) et négativement (*répulsion*), et ensuite pourrait être modifié aussi de manière à s'exercer d'une façon toute particulière dans une sphère d'action de rayon infiniment petit; mais la science est encore bien loin de pouvoir justifier cette vue, qui établirait entre toutes ses parties une rigoureuse unité. » *Voyez* Répulsion.

Il n'est pas un seul atome qui ne soit soumis à la loi d'attraction. L'analogie a conduit Fourier à imaginer une loi semblable pour le monde moral; de là l'*attraction passionnelle* des phalanstériens.   E. Merlieux.

ATTRAITS. *Voyez* Charmes.

ATTRIBUTS, symboles qui servent à caractériser les dieux et les héros, etc. C'est ainsi que l'aigle et la foudre sont les attributs de Jupiter, le trident est celui de Neptune ; le caducée, celui de Mercure; la massue, celui d'Hercule ou de Thésée ; le bonnet, celui d'Ulysse et des Dioscures. Dans les monuments antiques, ces attributs ne sont jamais multipliés, comme on le fait dans les iconologies modernes, pour caractériser les vertus, les arts, etc. L'architecture peut aussi employer, dans les frises et dans les parties d'ornement, des attributs, qui servent à caractériser heureusement les édifices, sans le secours des inscriptions. C'est ainsi que les anciens décoraient les frises des temples d'instruments de sacrifices ; ils plaçaient un aigle sur le sommet des temples de Jupiter; la lyre, dans les métopes du temple de Délos, indiquait que c'était celui d'Apollon ; des aplustres et des éperons décoraient le temple de Neptune ; les victoires, les palmes, les couronnes décoraient les arcs de triomphe; des biges ou des quadriges surmontaient le comble des cirques ou lieux d'exercices; les Muses et leurs attributs, les masques comiques ou tragiques ornaient les théâtres. Les architectes modernes négligent beaucoup trop cette manière d'apprendre aux spectateurs l'usage et l'emploi des monuments. A.-L. Millin.

Chez les Égyptiens les mêmes attributs indiquent toujours la même divinité, et l'alliance des attributs celle des personnages divins, selon les idées et les croyances égyptiennes. Le nombre considérable des personnages du Panthéon égyptien, classés toutefois dans une *hiérarchie* méthodique, qui était la conséquence de leur *généalogie* même, et émanant tous d'un premier être, multiplia beaucoup en Égypte le nombre et la variété des attributs, et compliqua ainsi l'étude des monuments. Mais comme les divinités principales, celles du premier ordre, étaient aussi les plus honorées, et devaient être plus ordinairement figurées, il en résulte que leurs représentations furent aussi les plus nombreuses, et ce sont celles que l'on découvre le plus communément en Égypte, celles encore qui parviennent en plus grand nombre dans les collections de l'Europe.

Comme caractères ou attributs généraux communs à toutes les divinités, nous indiquerons : 1º la croix ansée (ou T surmonté d'un anneau), symbole de la vie divine, que chaque dieu tient d'une main ; 2º le sceptre, de l'autre, et ce sceptre, ou bâton long, est terminé en haut par une tête de coucoupha pour les divinités mâles (symbole de la bienfaisance), et par une fleur de lotus tronquée pour les divinités femelles, que ces personnages soient debout ou assis. De plus, la figure humaine d'un dieu a un appendice au menton, en forme de barbe tressée, et les déesses n'en ont jamais. Enfin, dans certaines actions, les divinités occupées à une fonction particulière ont quitté ces deux premiers attributs, la croix ansée et le sceptre ; mais on les reconnaît à leur coiffure spéciale.

Il faut espérer que l'étude plus approfondie de l'art et de l'écriture emblématique des Égyptiens, par la simple appréciation d'objets analogues au motif ou à la destination des monuments, perfectionnera l'œuvre de l'art moderne, en lui rendant propres toutes les pratiques consacrées par le génie des anciens.   Champollion-Figeac.

ATTRITION (du latin *atterere*, froisser, user par le frottement). Les théologiens modernes donnent ce nom au regret d'avoir offensé Dieu causé par la laideur du péché, ou par la crainte des peines de l'enfer. C'est une *contrition* imparfaite. Le mot *attrition*, dont on ne trouve pas l'équivalent dans les Pères de l'Église (lesquels ne font d'ailleurs nullement mention de la question théologique qu'il récèle), n'apparaît dans les ouvrages des casuistes que vers le milieu du treizième siècle. La difficulté théologique qui s'y rattache est celle de savoir si cette détestation du péché, qui provient tout à la fois de la considération de sa laideur et de la crainte de l'enfer, excluant la volonté de pécher avec espérance d'obtenir de Dieu le pardon des fautes, est, un don divin, un mouvement du Saint-Esprit, et dispose le pécheur à recevoir la grâce dans le sacrement de la pénitence. Bossuet, l'assemblée du clergé de France de 1700, et un grand nombre de docteurs enseignent que dans le sacrement de la pénitence *l'attrition* ne justifie pas le pécheur, si elle ne renferme un commencement d'amour de Dieu, comme source de toute justice. Mais cet amour de Dieu est-il un *amour de charité* ou bien un *amour d'espérance?* Nouvelle difficulté, question agitée dans des milliers de volumes et à une polémique acharnée, sans faire avancer la question d'un pas.

En termes de physique, l'*attrition* est l'action de frotter ou de frapper deux corps l'un contre l'autre, de manière à en enlever quelques particules superficielles. L'action de broyer de la poudre ou de deux corps à lieu par l'*attrition*, qui a pour effet de développer de la chaleur, de la lumière et de l'électricité.

En termes de médecine, on dit souvent qu'il y a *attrition* lorsqu'il y a froissement de certains corps qui ne supporteraient pas le frottement sans que leur surface en souffrît, mais dont les fluides sont, par ce mouvement, soumis à une détermination particulière. Ainsi naissent les sensations de douleur et de plaisir, causées par l'*attrition* des organes.

ATTROUPEMENT. Pour qu'une réunion d'un plus ou moins grand nombre de citoyens sur un même point de la voie publique prenne le nom d'*attroupement*, il faut qu'elle soit prohibée par la loi et tumultueuse. Le plus souvent ces réunions, provoquées par de graves préoccupations politiques, ou par de vagues inquiétudes répandues tout à coup dans les masses au sujet de tel ou tel intérêt général, plus ou moins directement compromis, se composent d'hommes de toute condition et de tout âge, auxquels se mêlent un grand nombre d'oisifs, complétement désintéressés dans les questions qui s'agitent et mettent en émoi une partie de la cité, attirés là seulement par une vaine curiosité.

La grande commotion de 1789 et les secousses successives qu'elle imprimait à la machine sociale, en surexcitant les passions des masses, durent nécessairement amener sur un même point, à diverses époques de crise, quelques-unes de ces agglomérations de citoyens émus, effrayés, qui ne tardent pas à présenter de graves dangers pour la paix publique : aussi voyons-nous le législateur fixer son attention, dès l'année 1791, sur une question tenant d'une part à la liberté, et de l'autre au maintien de l'ordre et de la paix dans la cité. La loi de 1791 ne punissait que les attroupements *séditieux*; alors elle autorisait la proclamation de la *loi martiale* : en d'autres termes, elle suspendait les garanties que la constitution politique assurait aux citoyens pour les soumettre à l'arbitraire de l'autorité militaire. Après la révolution de 1830, une loi spéciale, votée sous le ministère de Casimir Périer, le 10 août 1831, défendit indistinctement toute espèce d'attroupements. Aux termes de cette loi, les individus même inoffensifs et calmes qui composaient ces attroupements devaient se disperser à la première sommation des préfets, sous-préfets, maires, adjoints de maires, ou de tous magistrats et officiers civils chargés de la police judiciaire. Ces magistrats, pour que personne ne puisse prétexter erreur ou ignorance, étaient décorés d'une écharpe tricolore. Après trois sommations faites en ces termes : *Obéissance à la loi; on va faire usage de la force; que les bons citoyens se retirent!* — précédées chacune d'un roulement de tambour ou d'un son de trompe, et demeurées inutiles, si les attroupements persistaient à ne pas se disperser, on faisait usage de la force.

Après la révolution de Février, les attroupements restèrent en quelque sorte en permanence, et on se rappelle encore avec douleur ces sortes de *clubs en plein air*, indice du trouble jeté dans les affaires, qui contribuaient pour leur bonne part à empêcher la confiance de renaître. Le 7 juin 1848 on fut voter contre les attroupements. Elle forme encore la législation en cette matière. Cette loi distingue l'attroupement armé de celui qui ne l'est pas, et les interdit l'un et l'autre.

L'attroupement armé constitue un crime s'il ne se dissipe pas à la première sommation; il ne constitue qu'un délit, si sur la première sommation il se dissipe sans résistance. L'attroupement est armé quand plusieurs des individus qui le composent sont porteurs d'armes apparentes ou cachées et lorsqu'un seul de ces individus porteur d'armes apparentes n'est pas immédiatement expulsé de l'attroupement par ceux-là même qui en font partie.

Le maire, son adjoint, le commissaire de police, ou à leur défaut tout autre agent dépositaire de l'autorité publique, se rend au lieu de l'attroupement, et lui fait, s'il est armé, sommation de se dissoudre et de se retirer; lorsque cette sommation reste sans effet, le magistrat en fait une seconde; en cas de résistance, l'attroupement est dissipé par la force. Si l'attroupement s'est sans armes, ce n'est qu'après trois sommations que l'on emploie la force.

Si l'attroupement s'est dissipé après la première sommation, sans avoir fait usage de ses armes, la peine pour ceux qui en faisaient partie est de six mois à deux ans de prison, de deux à cinq ans quand l'attroupement s'est formé pendant la nuit, de deux à cinq ans également quand il ne s'est dissipé qu'après la seconde sommation, de trois à six ans s'il s'est formé pendant la nuit. Enfin, si l'attroupement ne s'est dissipé que devant la force, ou après avoir fait usage de ses armes, la peine est de cinq à dix ans de réclusion, de huit à douze ans s'il s'est formé pendant la nuit. Dans tous les cas les coupables sont interdits de leurs droits civiques.

Lorsque l'attroupement n'était pas armé, s'il ne s'est pas dissipé avant la deuxième sommation, la peine est un emprisonnement de trois mois à un an. S'il n'a pu être dissipé que par la force, la peine est de treize à dix-huit mois.

Toute provocation à un attroupement armé ou non armé est punie comme le crime ou le délit, suivant les distinctions établies; quand elle n'a pas été suivie d'effet, la peine est un emprisonnement de six mois à un an, s'il s'agit d'une provocation à un attroupement nocturne et armé; d'un à trois mois s'il s'agit d'un attroupement non armé.

Les cours d'assises connaissent des crimes ou délits d'attroupements.

ATUATIQUES, une des cinq peuplades principales de la Belgique au moment de la conquête romaine. Cimbres ou Teutons d'origine, laissés par leurs compatriotes à la garde des bagages de la horde sur la rive gauche du Rhin, ils contraignirent les Éburons, après plusieurs années de guerre, à leur céder une partie du territoire qu'ils occupaient et même à devenir leurs tributaires. Ils devaient occuper la province ou une partie de la province actuelle de Namur. Pellerin étend leurs frontières jusque dans la Hesbaye et le Brabant. Par les guerres de César, les Éburons, les Atuatiques et plusieurs autres peuplades moins considérables disparurent du sol de la Belgique et furent remplacés, sous le règne d'Auguste, par les Ubiens, les Tongrois et les Toxandres. César donne, dans ses *Commentaires*, un relevé des forces dont les Belges pouvaient disposer. Les Atuatiques y sont comptés pour 19,000 en état de porter les armes, ce qui élèverait la population entière à environ 76,000 âmes. Les 57,000 Atuatiques qui périrent ou furent réduits en esclavage par les Romains ne formaient donc point la totalité de cette peuplade. Les 19,000 qui restaient encore sont ceux qui prirent part dans la suite à la révolte des Éburons, et non de prétendus colons gaulois par lesquels, suivant l'opinion de quelques érudits, César aurait repeuplé le pays des Atuatiques et celui des Nerviens. DE REIFFENBERG.

ATWOOD (GEORGE). Ce physicien anglais est célèbre à plus d'un titre, entre autres comme inventeur de la machine qui porte son nom et qui sert à établir les lois de la chute des corps. Atwood fut de bonne heure professeur de physique à l'université de Cambridge, où ses cours attiraient une grande foule d'auditeurs. Le ministre Pitt, qui y assistait un jour, charmé de l'éloquence et des connaissances profondes du savant physicien, lui donna une pension et un emploi dans les finances. Né en 1745, Atwood mourut en 1807.

Ses principaux ouvrages sont : *Traité sur le mouvement rectiligne et la rotation des corps* (Cambridge, 1784); *Analyse d'un cours sur les principes de la physique, fait à l'Université de Cambridge*; *Recherches fondées sur la théorie du mouvement pour déterminer les temps de vibration des balanciers des horloges*.

ATYPE (de à privatif, et de τύπος, forme). Latreille donne ce nom à un genre de l'ordre des aranéides. *Voyez* ARACHNIDES.

ATYS, ou ATTIS, était fils de Calaus, roi de Phrygie. Suivant les uns, il y vint au monde eunuque. D'autres racontent que, zélé adorateur de Cybèle, il excita la jalousie de Jupiter, qui le fit mutiler ou tuer par un sanglier. Selon Catulle, Atys, jeune Phrygien, étant entré, avec quelques amis, dans un bois consacré à

Cybèle, tomba en démence et se châtra lui-même. Lorsqu'il voulut s'éloigner, la déesse envoya à sa rencontre un lion, qui le força à rester dans ce lieu funeste. D'après un autre mythe, Atys était un prêtre de Cybèle, qui inspira de l'amour à un roi. Pour lui échapper, il se réfugia dans le bois de la Mère des Dieux ; mais le prince l'y poursuivit, et le mutila. Ses collègues le trouvèrent à moitié mort sous un pin ; ils employèrent inutilement leurs soins pour lui sauver la vie.

Quelques différences que présentent tous ces mythes, ils s'accordent en cette circonstance qu'Atys était eunuque ; et presque tous ajoutent que, rappelé à la vie par Cybèle, il devint son compagnon inséparable. L'idée sur laquelle se fonde cette tradition est le repos de la terre en hiver, et son réveil au printemps sans le secours d'une force génératrice. Chaque année, au commencement du printemps, on célébrait la fête d'Atys. Le premier jour, 21 mars, on abattait un pin, auquel on suspendait l'image du jeune Phrygien, et qu'on portait ensuite dans le temple de Cybèle. Cette action symbolique était désignée par ces deux mots : *Arbor intrat*. Le lendemain on soufflait dans des cornes en forme de croissant, d'où l'on tirait des sons sourds. Le troisième jour Atys était retrouvé, et pour en témoigner leur joie les prêtres de la déesse, entrant dans une fureur fanatique, se mettaient à danser tout armés, au bruit des cymbales, des flûtes et des trompes, à courir par monts et par vaux avec des flambeaux, et à se déchirer les bras et les pieds. Dans d'autres solennités, les prêtres se mutilaient eux-mêmes.

Un second Atys, fils d'Hercule et d'Omphale, ou, selon Hérodote, de Manès, roi des Méoniens, fut le père de Tyrrhénus et de Lydus, et la souche des rois de Lydie, qui de lui furent appelés *Atyades*, laquelle occupa le trône de 1579 à 1292 avant J.-C., et fut remplacée par celle des Héraclides.

Ce nom fut encore porté par un jeune Troyen qui suivit Énée en Italie, et fonda la famille Attique, ainsi que par un fils de Crésus, roi de Lydie, qu'Adraste tua par accident à la chasse. Son frère, qui était muet, donna un bel exemple d'amour filial : voyant dans une bataille un guerrier tirer le glaive contre son père, il fit un si violent effort, qu'à l'instant sa langue se délia, et il cria à l'étranger : *Soldat, ne tue pas Crésus !*

AUBADE (dérivé du mot *aube*). Dans le sens propre, c'est un concert instrumental donné sous les fenêtres de quelqu'un, en plein air et à l'*aube*, c'est-à-dire au point du jour ; de même que la *sérénade* est un concert donné sur le soir, lorsque le *serein* commence à tomber.

Le mot *aubade* désignait aussi ces horribles roulements que les tambours, et plus particulièrement ceux de la garde nationale, venaient encore, il y a quelques années, exécuter à la porte ou sous les fenêtres de leurs officiers, quand ils voulaient les complimenter à l'occasion d'une fête ou d'une promotion ; roulements qui avaient sans doute quelque chose d'enivrant pour un bonnetier appelé pour la première fois par les suffrages de ses concitoyens à troquer ses épaulettes de laine contre des épaulettes d'argent, mais qui à Paris faisaient de la nuit de la Saint-Sylvestre et de la matinée du jour de la Circoncision l'épouvantail et le désespoir de tous ceux qui avaient les nerfs un peu sensibles et qui n'aimaient que médiocrement à jouer au soldat.

AUBAGNE, chef-lieu de canton du département des Bouches-du-Rhône, situé à 16 kil. à l'est de Marseille, est le centre de la production et du commerce des vins du même nom, qui jouissent, ainsi que ceux de quelques autres vignobles de la Provence, d'une réputation méritée. L'écoulement des vins d'Aubagne a lieu surtout pour les colonies ; les voyages, loin de les altérer, augmentent encore leur qualité ; il s'en fait aussi une grande consommation dans le nord de l'Europe, où les vins capiteux, colorés, sont plus particulièrement expédiés. Aubagne a 6,400 âmes.

AUBAINE. On appelait *aubaine*, ou *droit d'aubaine*, le droit en vertu duquel un souverain français recueillait la succession, soit d'un étranger mort dans ses États sans y être naturalisé, soit d'un étranger naturalisé, quand il n'avait pas disposé de ses biens par testament, et qu'il n'avait laissé aucun héritier *régnicole*. On appelait encore de ce mot le droit de succéder au régnicole sorti du royaume, et qui avait renoncé à sa patrie en s'établissant dans un pays étranger.

Ce droit est d'origine française, il n'est puisé dans aucune législation romaine ou étrangère. En effet, à Rome, les princes ne succédaient jamais aux étrangers ; pendant un certain temps, les étrangers ne pouvaient pas hériter des Romains. Cette disposition cependant fut abolie par un décret qui permit aux étrangers de tester. Ce droit, que Montesquieu appelle un *droit insensé* (*Esprit des Lois*, liv. 21, chapitre 17), s'établit en France sous le moyen âge. Les races germaines appelaient *albani* ou *albini* les étrangers. C'était, dit-on, par corruption des mots *alibi nati*.

Anciennement les régnicoles qui sans quitter la France changeaient de diocèse étaient appelés *aubins*, aussi bien que les étrangers qui venaient s'établir en France ; mais ces derniers étaient traités avec bien plus de rigueur, et réduits dans quelques provinces à l'état de serfs. Peu à peu la législation s'adoucit, et quelquefois même, pour attirer les étrangers et favoriser le commerce, les rois de France, par des édits spéciaux, renonçaient en faveur de telle ou telle ville à l'exercice du droit d'aubaine. Ce droit fut complètement aboli par l'Assemblée constituante. On peut voir à ce sujet les décrets des 6 août 1790, 8 août et 31 août 1791. Cependant sous le code Napoléon ce droit fut rétabli par les articles 11 et 912, non pas tel qu'il existait autrefois, mais avec cette restriction, que l'étranger jouirait en France des mêmes droits civils que ceux qui étaient ou seraient accordés aux Français par le traités de la nation à laquelle cet étranger appartiendrait. Mais cette réciprocité, qui donnait lieu à beaucoup de doutes et d'embarras, a maintenant disparu de nos lois. Le droit d'aubaine est aboli par la loi du 24 juillet 1819, dont l'article premier est ainsi conçu : « Les art. 11, 726 et 912 du Code Civil sont abrogés. En conséquence, les étrangers auront le droit de succéder, de disposer et de recevoir de la même manière que les Français dans toute l'étendue du royaume. » CHAIX-D'EST-ANGE.

AUBE (*Astronomie*). *Voyez* AURORE.

AUBE (*Liturgie*), *alba vestis*. C'est un vêtement de toile blanche, dont se servent les évêques, les prêtres, les diacres, les sous-diacres et autres ministres des autels. Il descend jusqu'aux pieds et est serré au-dessus des reins par une ceinture, ou un cordon, afin que son ampleur soit moins embarrassante. L'aube doit être de chanvre ou de lin ; mais il n'est pas rare de la voir ornée de dentelles et de broderies.

Dans la primitive Église, les ecclésiastiques étaient toujours revêtus de l'aube, même hors de leurs fonctions sacrées. Benoît XIV fait remarquer qu'anciennement les prêtres portaient une tunique noire le jour du vendredi saint. Quelquefois les aubes étaient brodées en soie ou en or ; mais un savant critique a prétendu qu'on ne se revêtait point de ces aubes pour le service de l'autel. La blancheur de l'aube est l'emblème de l'innocence du cœur. Tel est, d'ailleurs, le sens de la prière que le ministre des autels récite en se revêtant de l'aube. Avant de servir, l'aube est bénie par l'évêque, et cette coutume était en vigueur dès le neuvième siècle.

Dans les premiers siècles du christianisme, les néophytes qui avaient reçu le baptême la veille de Pâques conservaient huit jours l'aube ou tunique blanche.

L'aube que portent les prêtres arméniens est un peu moins ample que celle des prêtres d'Europe ; et quoiqu'en général on exige qu'elle soit de lin, on tolère cependant des aubes de soie blanche, auxquelles on donne le nom de *chapik*.

AUBE (*Hydraulique*). On donne ce nom à de petites planches fixées à la grande roue qui met en mouvement la machine, et sur lesquelles s'exerce immédiatement l'impulsion du fluide, qui les chasse les unes après les autres. Pour que les aubes produisent tout l'effet qu'on en attend, il faut qu'elles soient placées à de telles distances les unes des autres que lorsque l'une coupe le fil de l'eau perpendiculairement, en d'autres termes, lorsqu'elle est entièrement plongée dans l'eau, l'autre, celle qui la suit immédiatement, arrive tout juste à la surface de l'eau, de manière que la somme des efforts positifs pour accélérer le mouvement de la roue soit égale à la somme des efforts négatifs pour le retarder. En effet, si la seconde aube plongeait dans l'eau avant que la première atteignît la ligne perpendiculaire, elle enlèverait à celle-ci une quantité d'eau proportionnée, ce qui diminuerait la somme de l'impulsion totale; car l'impulsion reçue par la force de la seconde aube qui serait dans l'eau aurait lieu sous un angle moins favorable.

AUBE (Département de l'). Formé en grande partie aux dépens de la Champagne et d'une portion de la Bourgogne, il est borné au nord par les départements de la Marne et de Seine-et-Marne, à l'est par celui de la Haute-Marne, au sud par ceux de la Côte-d'Or et de l'Yonne, à l'ouest par ce dernier et celui de Seine-et-Marne.

Divisé en cinq arrondissements, dont les chefs-lieux sont Troyes, Arcis-sur-Aube, Bar-sur-Aube, Bar-sur-Seine, Nogent-sur-Seine, il renferme 26 cantons, 444 communes, 261,881 habitants. — Il envoyait cinq représentants à l'Assemblée nationale. — Il forme avec l'Yonne le 8ᵉ arrondissement forestier, fait partie de la 1ʳᵉ division militaire, dont le quartier général est à Paris, fait partie du ressort de la cour d'appel de Paris, et compose le diocèse de Troyes, suffragant de l'archevêché de Sens. Son académie comprend un collège communal, 13 institutions et pensions, 453 écoles primaires.

Sa superficie est de 609,000 hectares, dont 393,571 en terres labourables, 79,653 en bois, 37,430 en prés, 22,908 en vignes, 22,061 en landes, pâtis, bruyères, 13,550 en forêts, domaines non productifs, 3,868 en vergers, pépinières et jardins, 2,890 en rivières, ruisseaux et lacs, 2,819 en propriétés bâties, 2,278 en étangs, abreuvoirs, mares, canaux d'irrigation, 1,953 en oseraies, aunaies et saussaies, 6 en canaux de navigation. — On y compte 58,220 maisons, 398 moulins à eau et à vent, 289 usines et manufactures. — Il paye 1,430,713 fr. d'impôt foncier. — Son revenu territorial est évalué à 12,569,000 fr.

Le département de l'Aube, situé dans le bassin de la Seine, est arrosé, du sud-est au nord-ouest, par l'Aube, qui lui donne son nom, avec ses affluents, l'Anjun, la Voire, le Puis, l'Auges ; par la Seine avec ses affluents, l'Ourse, la Barse, la Laignes, la Lozein, et par la Vannes, affluent de l'Yonne, qui coule à l'ouest. Sa surface, dont la pente générale est celle du bassin dont elle fait partie, est formée de grands plateaux crayeux légèrement accidentés : sous le rapport de la nature du sol, elle se partage en deux régions : celle du nord-ouest, composée de plaines et de collines couvertes seulement d'une légère couche de terre végétale, ne produit guère que de l'avoine, du seigle et du sarrazin. Cette région, dépouillée d'arbres, composée en grande partie de terrains incultes, mérite sous tous les rapports le triste surnom de *Champagne pouilleuse*, qu'on lui a donné ; les habitants y sont aussi pauvres que le sol. Cependant depuis un certain nombre d'années les limites de cette malheureuse contrée se resserrent insensiblement; l'industrie opiniâtre des habitants finit par vaincre chaque année, à force de labeurs, une portion de ce sol rebelle. Là où l'on ne voyait autrefois que des terres nues, arides, on trouve aujourd'hui des cultures assez productives pour payer les peines du laboureur. Ce progrès se fait surtout sentir depuis que l'agriculture s'occupe davantage de prairies artificielles. Des plantations de pins d'Écosse y ont parfaitement réussi, et cette culture commence à s'y généraliser. La région du sud-est, au contraire, bien que le fonds en soit également composé de craie, présente dans toutes ses parties des terres grasses et fertiles, dont l'extrême richesse fait la plus heureuse diversion à la stérilité des autres. Cette partie renferme des vallées riches en humus et des coteaux rocailleux très-propres à la culture de la vigne.

Le gibier de toute nature abonde dans le département de l'Aube. On y trouve beaucoup de sangliers. — Ce département n'a pas de mines métalliques, mais on y exploite des carrières de marbre et de pierres lithographiques, de moellons et de grès à paver, des argiles plastiques et une immense quantité de craie, qui est connue dans le commerce sous le nom de blanc d'Espagne.

Le département de l'Aube est un pays essentiellement agricole. Près des deux tiers des terres sont livrés à la culture des céréales. Les prairies naturelles des vallées de l'Aube, de la Seine et de l'Armance fournissent d'excellents fourrages, qui sont en partie expédiés à Paris. La vigne y est généralement cultivée, et quelques cantons même sont entièrement vinicoles. La moitié de leurs produits est consommée sur les lieux, et le reste est exporté. Les vins les plus estimés sont ceux des Riceys, de Bar-sur-Aube, de Gravilliers et d'Avirey. L'engrais du gros bétail et de la volaille, l'élève des chevaux et des bêtes à laine sont des branches assez importantes de l'industrie agricole.

L'industrie manufacturière du département consiste essentiellement dans la fabrication des tissus de coton, et spécialement des objets de bonneterie, coton, soie et laine, qui occupent un grand nombre de bras dans la ville de Troyes et les campagnes environnantes. Il y a peu de villages où l'on n'entende point le bruit des métiers. Le département possède en outre des filatures de coton et de laine, un grand nombre de tanneries importantes, des verreries, faïenceries, poteries, tuileries, des papeteries, etc.

Outre ses deux rivières navigables, la Seine et l'Aube, deux canaux, ceux de Nogent et de Courlavaut, 5 routes nationales, 9 routes départementales, et 3,018 chemins vicinaux sont les voies de communication du département de l'Aube.

Après Troyes, son chef-lieu, les plus importantes localités de ce département sont : Brienne, Arcis-sur-Aube, Bar-sur-Aube, Bar-sur-Seine, Nogent-sur-Seine, Clairvaux, etc. Plusieurs de ces villes ont été illustrées en 1814 par la défense de la France, dont la Champagne fut le dernier boulevard. Nommons encore la ville des *Riceys*, peuplée de 4,000 habitants, et formée de la réunion de trois bourgs appelés *Ricey-Haut*, *Ricey-Bas*, *Ricey-Haute-Rive*. On en attribue la fondation à une ancienne peuplade helvétique. Son territoire fournit annuellement dix mille pièces d'excellents vins. On voyait autrefois dans les environs d'Arcis-sur-Aube l'abbaye de *Sellière*, où fut inhumé le gros bétail et de Voltaire, en 1778. Le *Paraclet*, fondé par Abailard, était auprès de Nogent-sur-Seine.

AUBENAS, ville de France, département de l'Ardèche, peuplée de 4,759 habitants, avec un tribunal de commerce et un collège. Cette ville récolte des fruits excellents, marrons, truffes noires, vins communs. On y élève du bétail et des vers à soie. L'industrie y est très-active; on y compte un grand nombre de filatures de soie estimées, des tanneries, des mégisseries, des papeteries.

AUBÉPINE, ou *épine blanche* (*mespilus oxiacantha*, Linné). Cet arbuste, nommé aussi vulgairement *noble épine*, soit par corruption de son nom, soit qu'on ait pensé, à tort ou à raison, qu'il avait servi au supplice de Jésus-Christ, est rattaché par les botanistes au genre *néflier*, et fournit plusieurs variétés, cultivées dans les jardins comme clôtures ou comme agrément. Il s'élève quelquefois à une assez grande hauteur. Sa racine est tortueuse, rameuse et ligneuse. Ses rameaux sont très-multipliés et tortueux : lorsqu'ils poussent en buisson, ils sont armés de fortes épines. Son écorce est blanchâtre. Ses fleurs naissent au sommet, disposées en corymbe, blanches, quelquefois d'un rose tendre, lorsqu'elles sont dans leur plus grand développement. Elles sont composées de cinq pétales, disposés en rose, presque ronds, concaves, insérés dans un calice d'une seule pièce, concave et ouvert ; les étamines sont au nombre de vingt environ, et le milieu de la fleur est occupé par un et plus souvent deux pistils. Ses feuilles, placées alternativement sur les tiges, sont obtuses, portées sur des pétioles assez longs, dentelées en manière de scie, deux fois divisées en trois, lisses, d'un vert foncé, brillant par-dessus, plus clair en dessous. Son fruit, baie rouge dans sa maturité, charnue, presque ronde, avec un ombilic dans sa partie supérieure, renferme deux noyaux oblongs, séparés, durs, et chaque noyau contient une amande. L'aubépine est particulièrement employée à faire des haies.

A force de culture et de soins, l'art est parvenu à métamorphoser les fleurs simples en fleurs doubles; elles s'obtiennent généralement par la greffe, quoique l'espèce à fleurs roses puisse se reproduire de semis. Ces fleurs, rassemblées en bouquets, offrent un joli coup d'œil, et méritent à l'aubépine une place dans les bouquets du printemps. Elle se taille avec le croissant ou avec les ciseaux, de manière à pouvoir réunir l'agrément à l'utilité, en laissant de distance en distance, suivant l'étendue de la haie, monter une tige droite, au sommet de laquelle on ménage une tête ronde, que l'on taille au ciseau.

Le bois de l'aubépine est dur et brûle facilement; les tourneurs l'emploient à différents usages.

AUBER (DENIS-ESPRIT-FERDINAND), fils d'un riche marchand d'estampes de Paris, est né à Caen, le 29 janvier 1784. De bonne heure on le vit manifester les plus heureuses dispositions, non-seulement pour la musique, mais encore pour le dessin, la peinture et tout ce qui fait l'objet d'une éducation distinguée. Cependant on le destinait au commerce, carrière pour laquelle il ne se sentait aucune vocation. Ce fut pour la lui faire embrasser qu'on l'envoya à Londres, après lui avoir fait apprendre la musique comme art d'agrément, et lui avoir donné pour maître de piano le professeur Ladurner. M. Auber jouait également bien du violon et de la basse. Il avait dix-neuf ans lorsqu'il arriva à Londres ; mais, au bout de deux ans de séjour dans cette capitale, ennuyé de la tenue des livres et de la vie de comptoir, il obtint la permission de revenir à Paris.

Très-familiarisé avec la langue anglaise, doué d'un esprit naturel, délicat et brillant, de manières élégantes, le jeune amateur de musique et de peinture fut très-recherché dans le monde. Quelques romances, dont plusieurs obtinrent un succès de vogue, un trio pour piano, violon et violoncelle, des quatuors, qu'il ne consentit à publier que sous le nom du violoncelliste Lamarre, sans se douter de l'honneur qu'il faisait à ce virtuose, lui valurent bientôt une certaine réputation dans les salons. Lié étroitement avec Lamarre, ce fut lui qui écrivit et instrumenta les concertos publiés par ce dernier, et plusieurs autres restés en manuscrit. Il rendit le même service à Rode pour ses concertos de violon. Le public n'était pas dans la confidence; mais les artistes, qui connaissaient le véritable auteur, prévirent assez les destinées brillantes qui lui étaient réservées. M. Auber écrivit même un concerto de violon qui fut exécuté au Conservatoire par M. Mazas.

Déjà M. Auber s'était amusé à remettre en musique l'ancien opéra-comique de *Julie*, avec un simple accompagnement de deux violons, deux altos, violoncelle et contrebasse. Représenté sur un théâtre d'amateurs de Paris, cet essai fut très-applaudi. Encouragé par ce succès, il composa, pour le petit théâtre de M. de Caraman, prince de Chimay, un second opéra, mais cette fois avec orchestre complet. Depuis lors, il a tiré de cet ouvrage plusieurs morceaux pour d'autres opéras.

Néanmoins, à mesure que M. Auber s'exerçait sur des œuvres d'une certaine portée, il s'apercevait lui-même que ses études avaient été trop rapides pour être complètes, et il sentit le besoin de les perfectionner. Il se mit donc sous la direction de Cherubini, et se livra à des travaux sérieux. Une messe à quatre voix montra qu'il avait fait de notables progrès dans l'art. L'*Agnus Dei* de cette messe a eu une singulière destinée, et le public ne se doute guère qu'il a applaudi cent fois ce morceau favori. En effet, l'*Agnus Dei* s'est transformé en épithalame, et est devenu la prière du mariage dans le premier acte de *la Muette de Portici*. C'est un des morceaux les plus remarquables de ce chef-d'œuvre. M. Zimmermann en possède le manuscrit original dans sa précieuse collection d'autographes.

En 1813 M. Auber débuta en public au théâtre Feydeau, par un acte intitulé *le Séjour militaire*. Un long repos suivit cet ouvrage, et ce ne fut que six ans après, en 1819, que le compositeur donna un second acte, sous ce titre : *le Testament et les billets doux*.

L'année suivante M. Auber perdit son père. Mais sa situation de fortune était bien changée. Victime de spéculations malheureuses, de désastres commerciaux, et n'ayant conservé pour tout héritage qu'un nom honorable, M. Auber ne songea pas d'abord à se servir de son talent pour réparer les malheurs du sort. Ne sentant pas ses propres forces et s'ignorant lui-même, il s'estimait heureux de pouvoir obtenir dans quelque administration un modeste emploi de 3,000 fr. Il se mit en quête, lança en campagne ses amis; fort heureusement ni lui ni ses amis ne réussirent. Alors seulement il prit son parti, se posa comme artiste. *La Bergère châtelaine*, opéra en trois actes, représenté à l'Opéra-Comique au commencement de 1820, signala un compositeur, et fit entrevoir une carrière aussi brillante que fructueuse. L'année suivante, *Emma, ou la Promesse imprudente*, affermit sa réputation, et changea ses espérances en certitude.

Sur ces entrefaites commença la grande vogue des opéras de Rossini. Le charme, la nouveauté de cette musique, exercèrent leur influence sur l'esprit de M. Auber, qui modifia sa manière d'après le style et les formes de l'auteur du *Barbier*. M. Auber avait trop de talent et un mérite trop réel pour se borner au rôle de copiste. Cependant, dans la reproduction de certaines formules, dans ce sacrifice un peu systématique au goût du jour en vue du succès, l'aimable compositeur perdit quelque chose de son individualité, de la spontanéité de ses idées. Bientôt, pourtant, il s'appropria ces formules du maître italien, les proportionna, pour ainsi dire, à la mesure de son génie, et les fondit tellement dans les procédés propres à son faire, qu'elles semblent aujourd'hui lui être toutes naturelles. Ce fut dans ce système un peu mitigé qu'il écrivit cette série d'ouvrages qu'il faut compter presque tous par autant de succès : *Leicester*, trois actes, 1822; *la Neige*, trois actes, 1823; *Vendôme en Espagne*, un acte, 1823, en collaboration avec Hérold; *le Concert à la cour*, 1824; *Léocadie*, trois actes, 1824 ; *le Maçon*, trois actes, 1825; *Fiorella*, trois actes, 1826 ; *le Timide*, 1826; *la Fiancée*, trois actes, 1828; et enfin *la Muette de Portici*, grand opéra. Jamais les qualités qui distinguent M. Auber ne se sont montrées plus avantageusement que dans ce bel ouvrage. Jusqu'ici son talent, toujours léger et gracieux, avait semblé peu fait pour les situations fortes et dramatiques; jusqu'ici il avait montré plus d'élégance que de sentiment, plus de coquetterie que de sensibilité; ici il a pris tous les tons, et quelquefois les plus élevés, avec un égal bonheur. Il peint admirablement les richesses, les pompes d'une cour princière dans les cérémonies d'un mariage; il jette au milieu de la gaieté bruyante d'un marché une scène terrible de conspirateurs; il saisit avec une incroyable vérité le caractère des airs nationaux napolitains; et les mélodies instrumentales qui accompagnent le rôle muet de la sœur délaissée de Masaniello, empreintes de la mélancolie la plus pénétrante, expriment tous les déchirements d'un cœur abandonné, ainsi que les emportements d'une passion italienne. Cet ouvrage, qui ne se distingue pas moins par ses délicieux airs de ballet, et son instrumentation riche, délicate et pittoresque, a pris place à côté des grandes œuvres dramatiques qui honorent notre siècle.

Outre le grand succès de cet opéra, M. Auber ne tarda pas à être récompensé d'aussi nobles travaux par l'Académie des Beaux-Arts de l'Institut, qui l'admit dans son sein au mois d'avril 1829. Déjà depuis le mois de mai 1825 il était chevalier de la Légion d'honneur.

C'est en 1829 que M. Auber donna à l'Opéra-Comique *Fra Diavolo*, joli opéra en trois actes. Puis il revint à l'Opéra donner *le Philtre*, 1831; *le Dieu et la Bayadère*, *le Serment*, *Gustave III*, *le Lac des Fées*, *l'Enfant prodigue*. Ces opéras sont accompagnés à l'Opéra-Comique de *Lestoc*, *le Cheval de Bronze*, *Actéon*, *les Chaperons blancs*, *l'Ambassadrice*, *le Domino noir*, *le duc d'Olonne*, *les Diamants de la couronne*, *la Part du Diable*, *la Syrène* et *Haydée*.

A la mort de Cherubini M. Auber était naturellement désigné pour le remplacer à la direction du Conservatoire de Musique. M. Auber, l'homme du monde le plus éloigné de toute pédanterie scientifique, fut jugé avec raison digne de présider aux études des jeunes élèves. Parmi les améliorations qu'on lui doit dans les règlements de cette institution, il faut signaler l'arrêté par lequel tout lauréat de l'Institut a droit, à son retour de Rome et d'Allemagne, de faire représenter dans les exercices du Conservatoire un petit opéra joué et exécuté par les élèves. Et puis M. Auber concilie si spirituellement sa haute position avec celle de gracieux compositeur! Tandis qu'il prend sous sa protection l'honneur de la fugue et du contrepoint, sa muse devient toujours plus jeune et plus légère, et dans les loisirs que lui laissent les méthodes d'enseignement et l'inspection des classes, il écrit les plus charmants opéras. J. d'Ortigue.

AUBER (Théophile-Édouard), médecin connu par quelques ouvrages qui témoignent d'une certaine aptitude philosophique. Ayant de bonne heure pris ses degrés, quoique chirurgien d'abord attaché à l'armée, M. Auber publia, à son début, quelques brochures sur son art, notamment : *Un mot sur l'état morbide* (1834), un *Coup d'œil sur la médecine, envisagée sous le point de vue philosophique* (1835), et bientôt un modeste *Traité de Philosophie médicale*. L'auteur avait espéré de ce dernier travail plus de renom qu'il n'en obtint. Néanmoins on parla de ce livre, on le critiqua surtout, ce qui certes valait mieux pour l'auteur que si on en eût pensé beaucoup de bien sans le dire. On trouva l'ouvrage trop abstrait, trop dogmatique, et plutôt inspiré par les doctrines de Montpellier ou de l'Allemagne que par celles de Paris. L'auteur, en effet, ne déguisait point sa prédilection très-ardente pour les théories spéculatives, tout en témoignant de son enthousiasme pour l'observation et l'empirisme d'Hippocrate. En ce qui concerne la science plus positive des modernes, celle qui se fonde sur le double contrôle des sens et de la raison, l'auteur lui accorde peu d'estime. Disciple de M. Azaïs, en grand partisan de Barthez et de Fréd. Bérard, M. Auber s'attache principalement aux hypothèses complaisantes qui donnent une cause à chaque effet : c'est un *probabiliste*. Comme tous ceux qui arborent la vieille et respectable bannière d'Hippocrate, il voudrait qu'on se bornât à observer passivement les maladies, et c'est assez selon lui d'attendre les crises et de surveiller la nature, sans presque agir. M. Auber a depuis publié un volume de moindre importance, qui est intitulé : *Hygiène des femmes nerveuses, ou Conseils aux femmes pour les époques critiques de leur vie*. Ces deux titres, on est forcé de le reconnaître, ont peu d'homogénéité. Si vraiment cette hygiène est pour les femmes nerveuses, vos conseils ne s'adresseront qu'à elles, tandis que, donnant des avis pour les époques critiques de la vie des femmes, votre ouvrage ne s'adresse pas plus aux femmes nerveuses qu'à celles qui ne le seraient pas. Enfin M. Auber a fait paraître tout récemment (1851) un *Guide Médical des Baigneurs à la mer*. Isid. Bourdon.

AUBERGE. Les Romains avaient, ainsi que nous, des maisons meublées et pourvues de vivres, dans lesquelles les étrangers et les voyageurs trouvaient, moyennant rétribution, la nourriture et le logement ; ils leur donnaient le nom de *diversoria*. Ils en introduisirent l'usage dans les pays dont ils firent la conquête, et le nombre s'en accrut à mesure que l'hospitalité, cette vertu si chère aux anciens, fut remplacée, dans le cœur de leurs descendants, par l'amour de l'argent. Dans le treizième siècle, il existait en France, sous le nom d'*alberga*, *albergaria*, dont nous avons fait le mot *auberge*, de semblables maisons, que l'on appelait aussi hôtels, hôtelleries, *hostalaria*.

Jusqu'à la seconde moitié du seizième siècle la profession d'aubergiste fut entièrement libre. Une déclaration de Charles IX du 25 mars 1567 obligea ceux qui voulaient l'exercer à se pourvoir d'une permission du juge de police. Henri III, par un édit de mars 1577, ordonna qu'ils seraient tenus de prendre des lettres de permission du roi. Louis XIV renouvela cet édit par un autre de mars 1693, qui subsista jusqu'en 1791, époque où il fut implicitement aboli par l'art. 2 de la loi du 2 mars, portant qu'il serait libre à toute personne de faire tel négoce ou d'exercer telle profession, art ou métier, qu'elle voudrait, à la condition de se pourvoir auparavant d'une patente, d'en acquitter le prix, et de se conformer aux règlements de police.

De nos jours les aubergistes sont assujettis à certaines obligations. Comme les hôteliers, logeurs, loueurs de maisons garnies, ils doivent inscrire sur un registre tenu régulièrement les noms, qualités, dates d'entrée et de sortie de toute personne qui aurait passé une nuit dans leur maison, sous peine d'une amende de 6 à 10 francs. S'ils inscrivaient sous des noms faux et supposés les personnes logées chez eux, ils sont passibles d'un emprisonnement de six jours au moins et d'un mois au plus. Le Code Civil rend les aubergistes responsables, comme dépositaires, des effets apportés par le voyageur qui loge chez eux ; le dépôt de ces sortes d'effets doit être regardé comme un dépôt nécessaire. Cependant leur responsabilité cesse dans le cas de vol à main armée et dans celui de force majeure.

Dans les chartes et chroniques du moyen âge, les mots *alberga* et *albergium* signifient encore le droit qu'avaient le roi et certains seigneurs d'être reçus et *hébergés*, eux et leur suite, dans les monastères de leur fondation ou de celle de leurs ancêtres, et dans les maisons de certains de leurs vassaux. Ce droit se rachetait quelquefois par une redevance annuelle, payable en argent, et que l'on nommait *albergamentum*. L'officier chargé de lever cette redevance s'appelait *albergator*. Dans cette acception, les mots *alberga* et *albergium* se traduisent par *droit d'aubergade*, et sont synonymes de *jus gisti*, droit de gîte. Beaucoup de communes de France, appelées *Abergement*, *Hébergement* ou *Hébergement*, doivent leur nom à quelque ancien château, qui souvent n'existe plus, et qui était soumis au droit de gîte au profit du seigneur dominant.

On appelait *auberge*, à Malte, l'hôtel où les chevaliers de chaque langue se réunissaient pour manger en commun et tenir leurs assemblées : ainsi il y avait l'*auberge de France*, l'*auberge de Provence*.

AUBERGINE (*Solanum melongena*, Linné; *solanum ovigerum*, Duval). Cette plante annuelle, originaire des contrées méridionales, où elle est de temps immémorial cultivée comme aliment pour son fruit, dont on fait un grand usage, porte aussi les noms de *béringène, melongène, mélanzane, meringeanne* et *mayenne*. Introduite dans le jardinage du midi de la France depuis de longues années, elle n'avait pas franchi les limites de la Provence, si ce n'est comme plante de collection botanique ou comme mets de fantaisie. Mais depuis trente à quarante ans cette plante est devenue un objet d'une telle consommation, qu'on voit son fruit accommodé de diverses manières sur toutes les tables à Paris et dans les départements septentrionaux de la France, comme dans ceux du midi.

Les variétés de l'aubergine cultivées à Paris sont les *violettes rondes*, *ovales* et *longues*, dont le fruit est à peu près de la grosseur du poing. On cultive aussi l'*aubergine blanche*, dont le fruit ressemble parfaitement à un œuf, mais on la regarde généralement comme malsaine, on la n'empêche pas que dans le midi on la mange, dans l'occasion, aussi bien que la violette. C'est une plante très-curieuse sous le rapport de son fruit, qui l'a fait appeler *aubergine ovifère*, et trivialement *plante aux œufs* ou *poule pondeuse*.

On sème la graine de l'aubergine sur couche, et on la plante dans la partie la plus chaude du potager.

C. TOLLARD aîné.

AUBERT (JEAN-LOUIS, abbé), le premier des fabulistes français après La Fontaine, au jugement de Voltaire, qui disait des Fables *le Merle, le Patriarche* et *les Fourmis* : « C'est du sublime écrit avec naïveté, » naquit à Paris, en 1731, et se voua de bonne heure au culte des Muses. Ses premiers apologues parurent dans le *Mercure de France*. En 1752 on lui confia, pour la partie littéraire, la rédaction des *Annonces et affiches de la province et de Paris*; et ses articles pleins de malice, de bon goût, d'érudition, firent pendant vingt ans la fortune de ce recueil. Ce fut en 1756 qu'il publia ses Fables, qui obtinrent une vogue européenne. A certains égards elles méritaient ce succès. On y trouve du naturel, de la grâce, souvent de la poésie. Ces qualités se font remarquer surtout dans *Fanfan et Colas* , *Chloé et Fanfan, l'Abricotier, le Miroir, la Force du Sang, la Poule et ses Poussins, le Billet d'Enterrement* et *le Billet de Mariage*. L'abbé Aubert a publié aussi des *Contes moraux* en vers. Il voulut s'essayer, en outre, dans le genre dramatique; mais ici il échoua : *la Mort d'Abel*, drame en trois actes, qu'il donna en 1765, n'est qu'une froide imitation du poème de Gessner. Il ne fut pas plus heureux quand il entreprit, en 1769, de refaire en vers de dix syllabes la *Psyché* de La Fontaine Il y a certaines œuvres de génie auxquelles il n'est pas permis de toucher.

L'abbé Aubert travailla encore au *Journal des Beaux-Arts*, et dirigea depuis 1774 la *Gazette de France*. En 1773 on avait créé pour lui au Collége de France une chaire de littérature française, qu'il occupa jusqu'en 1784. A cette époque il cessa de faire son cours; mais il n'en garda pas moins son titre jusqu'en 1814, époque de sa mort.

AUBERT (Mademoiselle ANAIS), actrice du Théâtre-Français, fille d'un maître de danse des environs de Chartres. Après avoir été élevée dans l'aisance et avoir reçu un commencement d'éducation brillante, la mort de son père et la perte de sa fortune conduisirent Mlle Anaïs vers la carrière dramatique, et à l'âge de quinze ans, sous la direction de Baptiste cadet et sous la protection de M. le duc de Duras, premier gentilhomme de la chambre du roi, elle débuta, le 10 novembre 1816, au Théâtre-Français, dans les *ingénuités*, Angélique de *l'Épreuve nouvelle*, et Eugénie de *la Femme jalouse*.

Malgré le succès de ses débuts, cet emploi étant alors tenu par Mlles Bourgoin et Volnais, et surtout par Mlle Mars,

Mlle Anaïs ne put pas résister aux obstacles et aux dégoûts de toute nature qui lui furent suscités. Elle ne fut donc point engagée par le comité du théâtre, et alla jouer à Londres avec la troupe française qui, *patronisée* notamment par le duc de Wellington, donnait des représentations à *Argyle-Room's*. L'année suivante, Mlle Anaïs reparut encore au Théâtre-Français. Les mêmes causes l'en éloignèrent presque aussitôt, et lorsque le Gymnase s'établit, elle y passa quelques mois seulement, et vint, en 1821, au second Théâtre-Français (Odéon), où, en jouant le grand répertoire de la Comédie-Française, elle établit avec succès plusieurs rôles nouveaux, entre autres celui de Juliette, dans la tragédie de ce nom de M. Frédéric Soulié.

Elle revint en 1831 au Théâtre-Français, qu'elle n'a quitté que dans ces dernières années pour prendre sa retraite. Sans renoncer à l'emploi des *ingénues*, et au milieu de la quantité de personnages nouveaux qu'elle avait créés avec talent, Mlle Anaïs, dans les rôles travestis de Chérubin du *Mariage de Figaro*, du page d'York des *Enfants d'Édouard*, et du Novice de *Don Juan d'Autriche*, avait su se distinguer encore par la physionomie naïve, espiègle, malicieuse, mêlée d'une sensibilité touchante, qu'elle avait imprimée à chacun de ces personnages. Par les avantages extérieurs de sa taille mignonne et de sa voix juvénile, Mlle Anaïs offrait une nouvelle et agréable preuve du charme et de l'illusion que le talent peut longtemps prolonger au théâtre.

A. DELAFOREST.

AUBERT DE VITRY (FRANÇOIS-JEAN-PHILIBERT), né à Paris, d'une honorable famille consulaire, suivit avec éclat le cours de ses études humanitaires aux colléges d'Harcourt et de Mazarin. Passionné pour les lettres et les arts, il se décida cependant, afin de plaire à sa famille, à étudier le droit et la procédure; mais il n'en poursuivit pas moins sa vocation, et publia, en 1789, quelques brochures et un ouvrage politique intitulé *Rousseau à l'Assemblée nationale*, qui lui valut l'amitié et les conseils de Bernardin de Saint-Pierre, de Condorcet et de La Harpe. Un second livre, intitulé *Études sur l'Éducation*, vit le jour en 1792.

De sanglantes saturnales préludaient déjà, en place de Grève, à la tourmente révolutionnaire. Les clameurs de la foule éveillèrent Aubert de Vitry au fond de sa retraite. Après les massacres de septembre il s'était lié avec le girondin Godefroi Izarn de Valady, qui siégea depuis à la Convention. Le 14 mars 1793 il attaqua, dans un journal-affiche intitulé *Cassandre aux Troyens*, la faction des Jacobins, et Saint-Just dénonça à la tribune cette satire quotidienne. Frappé de mandats d'arrêt, il fuit la capitale sans savoir où reposer sa tête.

Après mille périls, il rejoint à Caen son ami Izarn, partage avec lui la proscription des girondins, les suit de Brest à Bordeaux sur le navire *l'Industrie*, et se fait arrêter de leur cherchant un asile près de Périgueux. De là il fut transféré à Versailles. Remis en liberté sous le Directoire, d'homme de lettres consciencieux il devint administrateur intègre, suivit, comme secrétaire, son vieil ami Girault (d'Eure-et-Loir) à la légation de Bruxelles; fut chargé, en 1801 à 1803, d'une mission de confiance dans les Bouches du-Rhône; devint, enfin, successivement chef de bureau au ministère de l'intérieur, sous-préfet, secrétaire général de préfecture, et secrétaire général du conseil des ministres de Westphalie, sous le roi Jérôme.

Mis à la réforme en 1815, à son retour en France, Aubert de Vitry ne vit forcé, pour vivre, de reprendre sa plume de littérateur. Versé dans les langues allemande et anglaise, il publia avec succès plusieurs traductions, entre autres celles des *Contes Moraux* de Mistress Opie et des *Mémoires de Gœthe*, qui ne lui pardonna jamais de ne pas avoir annoncé sans son introduction. Le premier en France, il fit paraître en 1815, sous le titre de *Recherches sur les vraies causes de la misère et de la félicité pu-*

bliques, un examen critique de la désespérante doctrine de Malthus. Plusieurs feuilles quotidiennes, le *Journal de Paris*, le *Courrier français*, le *Constitutionnel*, le *Moniteur*, ouvrirent leurs colonnes à ses analyses et à ses critiques. Il fit insérer des articles capitaux dans l'*Encyclopédie moderne* de Courtin, comme plus tard il paya un riche tribut à la *Revue mensuelle d'Économie politique* et à notre *Dictionnaire de la Conversation*. Enfin, de 1824 à 1830, il rédigea en chef la sixième section du *Bulletin Universel des Sciences et de l'Industrie* de Férussac.

Cependant, en dépit de ses efforts multipliés, le besoin vint frapper à la porte de l'homme de lettres. Il avait, de plus, à sa charge une sœur qui, après avoir perdu son mari et ses enfants, se trouvait sans ressources; mais la Providence avait conservé à Aubert un vieil ami..... M. de Kératry obtint pour lui de M. Girod (de l'Ain), ministre de l'instruction publique, un secours annuel de 1500 fr. Peu de temps après, lui et sa sœur, à laquelle il survécut de quelques années, se réfugièrent ensemble dans l'asile de Sainte-Perrine, où il s'est éteint en juin 1849, conservant toute sa présence d'esprit, et disant à ses amis en leur montrant un Bossuet : « Voilà le plus grand des moralistes! »

Émile DE KÉRATRY.

AUBERT DU BAYET (JEAN-BAPTISTE-ANNIBAL), né à la Louisiane, le 19 août 1759, était en 1780 sous-lieutenant au régiment de Bourbonnais. Il se distingua dans la guerre de l'indépendance américaine, où il reçut le grade de capitaine. Rentré en France peu de temps avant la révolution, il n'hésita pas à en épouser les principes. Député, en 1791, à l'Assemblée législative, par le département de l'Isère, il prit une part active à ses travaux. Il proposa que le roi fût prié d'inviter les puissances étrangères à discontinuer leurs préparatifs de guerre et à dissoudre le corps d'émigrés qui s'organisaient militairement sur nos frontières; il demanda qu'un délai de grâce fût accordé aux fonctionnaires qui n'avaient point encore prêté serment à l'Acte constitutionnel; il défendit Lafayette et Dupont-Dutertre, attaqués à la fois par les girondins et par la Montagne; il combattit la formation d'une fédération générale, qu'il considérait comme dangereuse pour la sûreté intérieure de l'État; il proposa l'ordre du jour sur une adresse du département de Loir-et-Cher; il émit, enfin, l'avis de prohiber le costume ecclésiastique, parla en faveur du divorce, et proposa de joindre au serment de haine contre la royauté celui de ne souffrir jamais qu'un étranger régnât sur la France.

Après le 10 août, Aubert du Bayet se sépara du parti exalté de l'assemblée. A la dissolution de la Législative, il reprit le service comme capitaine au régiment de Bourbonnais, fut fait peu de temps après lieutenant-colonel, et nommé général de brigade en 1792. A la reddition de Mayence, où il commandait une partie de la garnison, il se vit décrété d'accusation; mais on le mit en liberté le 4 août, à la suite d'un rapport sur la prise de cette place. Le 7 du même mois, fort de son innocence, il se présente à la barre de la Convention, se justifie avec tant de succès que, sur la demande de l'assemblée, le président lui donne l'accolade fraternelle. Parti pour la Vendée avec la garnison de Mayence, il débute par une défaite à Clisson, où l'ennemi lui enlève son artillerie, lui tue quelques centaines d'hommes; mais il prend une éclatante revanche à Mortagne, où il engage l'action au mépris d'un ordre du comité de salut public, qui le destituait et le rappelait.

Arrivé à Paris, il est arrêté, jeté en prison, puis remis de nouveau en liberté, sur un rapport de Merlin de Thionville, et renvoyé en Vendée, où il coopère activement, sous les ordres de Hoche, à la pacification du pays. Nommé général de division et commandant en chef de l'armée de Cherbourg, il poursuit les chouans à outrance, les combat, les disperse, et rétablit les communications entre les principales villes de la Bretagne. A la nouvelle de la journée du 13 vendémiaire, Aubert du Bayet se disposait à marcher avec son armée au secours de la Convention, lorsqu'il apprit qu'elle avait triomphé de l'insurrection. La constitution de l'an III promulguée, et le Directoire installé, Aubert du Bayet accepta le portefeuille de la guerre en novembre 1795, et rendit, en sa nouvelle qualité, les plus grands services à l'armée. A la suite d'un grave conflit avec Carnot, il crut devoir donner sa démission, et fut nommé ambassadeur près la Porte Ottomane. Il avait su faire rendre, par sa fermeté, tous les droits et priviléges accordés sous la monarchie au représentant de la France, et conquérir une haute influence auprès du Divan, lorsqu'il mourut presque subitement à Constantinople, d'une fièvre maligne, le 7 décembre 1797. A. LEGOYT.

AUBIER. Dans presque tous les arbres que l'on coupe horizontalement, l'on remarque une zone ou ceinture plus ou moins épaisse, plus ou moins dure, selon leurs diverses essences, placée immédiatement après l'écorce, et qui va se terminer vers le cœur du bois, en acquérant progressivement plus de dureté. Cette partie, que l'on a nommée *aubier* à cause de sa couleur blanchâtre, ne diffère du vrai bois que par cette couleur, ainsi que par sa pesanteur et sa densité, qui sont moindres chez elle. Elle est composée, ainsi que lui, de vaisseaux lymphatiques ou fibres ligneuses, de tissu cellulaire, qui, en partant de la moelle, vient se rendre dans l'écorce, en suivant une marche horizontale; de vaisseaux propres, remplis d'une liqueur particulière, et d'utricules où cette liqueur s'élabore; enfin de trachées par lesquelles l'air circule. Toutes les parties arrangées par couches à peu près concentriques autour du cœur de l'arbre, plus ou moins épaisses, paraissent et sont réellement destinées à devenir bois dur, compacte et solide, lorsque le temps leur aura donné une plus grande densité. Le but de la nature, en formant l'aubier, est donc de le faire passer insensiblement à l'état de bois. Ce but, elle l'atteint chaque jour, à chaque instant, à chaque ascension ou à chaque descente de la sève. Chaque retour du printemps voit naître une nouvelle couche solide, tandis qu'entre l'écorce et le bois il se forme une nouvelle couche d'aubier. L'homme, à qui une vie toujours si courte ne donne pas le temps d'attendre la nature et de suivre sa marche insensible, a tenté d'accélérer son ouvrage et de convertir l'aubier en bois dur. Ses essais ont été couronnés d'heureux succès, et dans l'espace de deux ou trois ans il fait ce que la nature ferait à peine dans le cours d'un siècle, en faisant écorcer sur pied, les arbres destinés à être abattus prochainement. L'aubier ainsi mis à nu durcit à l'air, et acquiert une consistance ou moins égale à celle du reste de l'arbre. C'est pour les bois blancs surtout, qui n'ont presque que de l'aubier, que cette pratique est avantageuse, puisque, malgré un retrait assez considérable, ils acquièrent presque autant de solidité que le chêne. Le seul inconvénient de cette méthode serait de faire périr les souches, s'il n'était bien démontré aujourd'hui que la substitution des essences dans les forêts est avantageuse, et que la souche d'un vieux arbre ne donne que des sujets rabougris et de mauvaise venue.

AUBIGNAC (FRANÇOIS HÉDELIN, abbé D'), petit-fils par sa mère d'Ambroise Paré, naquit à Paris, le 4 août 1604, et mourut à Nemours, le 16 juillet 1676. Avocat, puis prêtre, c'est à ce dernier titre qu'il fut choisi par le cardinal de Richelieu pour être le précepteur de son neveu, le duc de Fronsac, et peu après pourvu de l'abbaye d'Aubignac, dont il conserva le nom.

Le patronage du premier ministre lui donna plus d'influence et de réputation que ne lui en auraient valu son seul mérite et ses nombreux ouvrages, tous aujourd'hui justement oubliés. Il est auteur de *la Pratique du Théâtre*, sorte de commentaire de la Poétique d'Aristote; de *Térence justifié*; de *l'Apologie des Spectacles*; des *Conseils d'Ariste* à *Célimène*; de l'*Histoire du temps, ou Relation du royaume de la Coquetterie*; de *Macarise, ou la reine des Îles Fortunées*. Il fut du très-petit nombre d'ecclésiastiques qui en France, et à une époque où le clergé était encore fort mêlé aux affaires du monde, s'occupèrent du théâtre. Il composa *Zénobie*, tragédie (1647); le *Martyre de sainte Catherine*, tragédie (1650); la *Pucelle d'Orléans*, tragédie (1667), et enfin une tragédie en prose, *Cyminde*.

La difficulté de son humeur le faisait mal vivre avec tous les gens de lettres célèbres de son temps, quoiqu'il fût fort lié avec eux et fanatique partisan des règles d'Aristote. Il eut surtout des querelles littéraires avec Corneille, dont il critiqua avec passion les tragédies, et avec Ménage, contre lequel il publia *Térence justifié*. D'Aubignac est un des premiers qui aient soutenu qu'Homère est un personnage chimérique, et que les poëmes qu'on lui attribue ne sont qu'un recueil de pièces détachées. C'est ce fanatisme et son amour-propre qui lui attirèrent cette saillie du grand Condé, laquelle, plus que toute autre chose peut-être, a poussé jusqu'ici le nom d'Aubignac. Sa tragédie de *Zénobie* avait été rudement sifflée, et l'abbé se vantait pourtant de s'être en tout point conformé aux préceptes de la rhétorique aristotélicienne. « Je vous sais bon gré, lui répondit le prince, d'avoir suivi les règles d'Aristote; mais je ne pardonne point aux règles d'Aristote d'avoir fait faire une si mauvaise tragédie à l'abbé d'Aubignac. »

AUBIGNÉ (THÉODORE-AGRIPPA D'), seigneur des Landes et de Chaillou, écrivain, guerrier et courtisan estimable, naquit dans la religion réformée, à Saint-Maurice, près de Pons, en Saintonge, le 8 février 1550, d'une famille ancienne et noble, mais peu fortunée. Son père, qui n'avait à lui léguer que des dettes, s'occupa du moins avec zèle de développer par l'étude les heureuses dispositions de son esprit et de son caractère. Les progrès de son éducation furent si rapides qu'à six ans il lisait le latin, le grec, et l'hébreu. Dix-huit mois plus tard il traduisait en français le *Criton* de Platon, séduit par la promesse que cet ouvrage irait par l'impression répandre sa jeune renommée dans le monde.

Il n'avait que treize ans lorsque le massacre de trente religionnaires à Vassy alluma le feu de la guerre civile. Son père, ardent calviniste, lui avait fait jurer dès sa plus tendre enfance de mourir pour la défense de sa religion. Aussi fut-il un des premiers à courir aux armes. Le sang-froid et la résolution dont il fit preuve au siége d'Orléans étonnèrent dans un enfant de cet âge. Resté orphelin et sans fortune à la mort de son père (sa naissance avait coûté la vie à sa mère), Agrippa fut envoyé à Genève, où l'accueillit affectueusement Théodore de Bèze. Les leçons et les conseils de ce savant homme ne furent pas sans profit pour le jeune d'Aubigné; mais la marche des événements en France ne permit pas à son impétuosité naturelle d'étudier longtemps la controverse dans les livres. Il s'échappa de l'école pour venir payer d'exemple, et le fit avec une telle distinction à l'armée du prince de Condé, que le roi de Navarre (depuis Henri IV), charmé de sa bravoure, de la gaieté vive et originale de son esprit, et plus encore de la noblesse de son caractère, l'attacha à son service, et lui voua une amitié que n'altérèrent jamais ni les écarts d'une franchise et d'une causticité souvent imprudentes, ni l'éclat d'une double disgrâce. Comblé de distinctions, qui n'excitèrent l'envie de personne, parce qu'elles furent toujours éclipsées par le mérite du favori et achetées par le dévouement le plus entier et les actions les plus louables, d'Aubigné fut successivement gentilhomme de la chambre du roi, maréchal de camp, gouverneur de l'île et du château de Maillezais et vice-amiral de Guienne et de Bretagne.

Surpris dans une embuscade et fait prisonnier par Saint-Luc, gouverneur de Saintonge et de Brouage (1585), il obtint sur parole d'aller passer quelques jours à La Rochelle, principale place des religionnaires. A peine était-il parti, que Saint-Luc reçut ordre de la cour de le faire transférer à Bordeaux, enchaîné et sous bonne escorte. Il n'était pas douteux que Catherine de Médicis et le duc d'Épernon ne voulussent le sacrifier à leur vengeance : il les avait offensés par des satires d'autant plus mortifiantes qu'elles étaient vraies. L'occasion de se défaire d'un ennemi dangereux était trop favorable pour que la reine et d'Épernon la laissassent échapper. Aussi les ordres qu'ils expédièrent à Saint-Luc étaient-ils impératifs. Ce dernier, qui estimait et respectait le courage malheureux dans une opinion contraire à la sienne, fit avertir secrètement d'Aubigné de ne pas revenir. Mais sa surprise et son admiration égalèrent ses regrets lorsqu'il vit son prisonnier s'empresser de se remettre dans ses mains. « Je sais, dit-il à Saint-Luc, que ma mort est résolue. Me voici : que mes ennemis satisfassent leur haine ! Je préfère le destin qu'ils me préparent à la honte d'avoir manqué à l'honneur et à la reconnaissance, en vous compromettant avec une cour soupçonneuse et cruelle. » Sur ces entrefaites, Guitaut, lieutenant du roi des îles de Ré et d'Oléron, ayant été pris par les Rochelois, ceux-ci menacèrent de le jeter à la mer si l'on transférait d'Aubigné à Bordeaux. Saint-Luc se fit un prétexte de cette menace pour garder son prisonnier et lui sauver la vie.

D'Aubigné continua de rendre au roi de Navarre les plus importants services, soit dans les armes, soit dans les négociations, où il ne montra pas moins d'habileté. Lorsque Henri monta sur le trône de France, il gorgea ses ennemis de richesses, d'honneurs et de places, et parut oublier ses vieux compagnons de gloire et d'infortune. Cette politique, qui paraissait aux uns de la faiblesse, aux autres de l'ingratitude, excita beaucoup de murmures. D'Aubigné surtout ne pouvait contenir son mécontentement. Une nuit qu'il était couché dans la garde-robe du roi avec le seigneur de La Force, il lui dit : « Notre maître est un ladre vert, et le plus ingrat mortel qu'il y ait sur la terre. » La Force, qui sommeillait à moitié, lui demanda ce qu'il disait : « Sourd que tu es, répondit Henri IV, qu'il croyait endormi, il le dit que je suis le plus ladre et le plus ingrat des hommes ! » Le lendemain le roi ne fit pas plus mauvais visage à d'Aubigné, mais pas plus sa fortune d'un quart d'écu. Henri fut plus sensible au refus formel que lui fit d'Aubigné de servir ses amours. Celui-ci, ne voulant point descendre du rôle de conseiller à celui de confident, se retira de la cour. Le roi lui écrivit plusieurs lettres pour le rappeler. D'Aubigné aurait résisté à toutes les exhortations, à toutes les promesses; mais, touché d'apprendre que, sur la fausse nouvelle qu'il avait été fait prisonnier au siége de Limoges, Henri avait pris plusieurs bagues à la reine pour payer sa rançon, il revint à la cour. Des épigrammes qu'il lançait à tout propos sur la reine Marie le forcèrent à s'éloigner de nouveau. Il se retira dans son gouvernement de Maillezais, toujours dévoué à son prince, et toujours aimé et honoré estimé de lui. Henri IV lui pardonnait tout, parce qu'aucun homme ne lui paraissait plus franc, plus loyal et plus sincère dans ses discours, ses actions et ses sentiments. Duplessis-Mornay ayant voulu dissuader le roi d'envoyer le cardinal de Bourbon du château de Chinon dans celui de Maillezais, que lui inspirait la disgrâce de d'Aubigné : « Demandez-lui sa parole, répondit Henri; je ne connais pas de plus sûre garantie. »

Après la mort de ce monarque, d'Aubigné consacra plusieurs années passées dans la retraite la plus absolue à composer l'histoire de son temps (l'*Histoire universelle depuis 1550 jusqu'en 1601*, 3 vol. in-fol.), ouvrage éminemment remarquable pour l'époque, surtout par la hardiesse des vues et l'indépendance des opinions. Un arrêt du parlement de Paris (4 janvier 1620) condamna cet ouvrage au bûcher; un autre condamna l'auteur à périr sur l'échafaud. C'était la quatrième arrêt de mort prononcé contre d'Aubigné. Il n'avait pas jugé à propos de l'attendre. Lorsque la nouvelle lui en parvint à Genève, où il s'était réfugié, il n'eut rien de plus pressé que d'en faire part à une riche veuve de l'ancienne maison de Burlamaqui, à laquelle on projetait de l'unir. Cette nouvelle ne changea rien à la résolution de cette femme courageuse, et leur mariage se conclut vers 1622. D'Aubigné était alors âgé de soixante-douze ans. Son esprit avait conservé toute sa vivacité, et les nombreuses agitations de sa vie n'avaient point altéré la gaieté de son caractère. Il mourut le 29 avril 1630, et fut inhumé dans l'église de Saint-Pierre de Genève. D'Aubigné a laissé plusieurs autres ouvrages : ceux qui ont fait le plus de bruit sont les *Aventures du baron de Fœneste*, et la *Confession du sieur de Sancy*, satires pleines de sel et de traits d'esprit contre les courtisans de l'époque.

D'un premier mariage avec Susanne de Lezay, Agrippa d'Aubigné avait eu entre autres enfants Nathan d'Aubigné de La Fosse, qui exerça la médecine à Genève, où il se fit recevoir dans la bourgeoisie en 1627, et dont le fils, Tite d'Aubigné, fut aussi docteur en médecine, puis ingénieur au service de Hollande; Constant d'Aubigné, baron de Surineau, gouverneur de Maillezais, père de la célèbre marquise de Maintenon; Charles d'Aubigné, gouverneur de Berri, chevalier des ordres du roi, mort en 1703, et Artémise d'Aubigné, femme de Benjamin de Valois, seigneur de Villette.
LAINÉ.

AUBIN. En termes de manége, l'aubin est une allure défectueuse, qui tient de l'amble et du galop.

AUBRAC (Monts d'). Cette chaîne de montagnes, située dans l'Aveyron, est un rameau du mont Lozère, qui donne son nom à l'un de nos départements méridionaux et se rattache au système alpique. — Dans la partie la plus sauvage de ces montagnes s'élevait autrefois un célèbre établissement du genre de ceux que l'on appelait *domeries*, hospices où le voyageur égaré était toujours sûr de trouver asile et protection. Une tradition locale en fait remonter la fondation à l'an 1031. Adalard, vicomte de Flandre, s'en revenant d'un pèlerinage à Saint-Jacques en Galice, et passant à travers ces montagnes désertes, où il se commettait beaucoup de meurtres et de vols, eut, dit-on, une vision qui lui ordonna d'y fonder un hospice, ce à quoi il se conforma sur-le-champ. Il assigna même des fonds considérables pour l'entretien de l'église et de l'hospice : aussi ne tarda-t-on pas à y voir une communauté d'hommes et une communauté de femmes, qui se consacraient au service des pauvres pèlerins. A côté de ces communautés charitables s'étaient formées des confréries de laïques, qui, avec le temps, avaient pris le titre de *chevaliers de l'ordre d'Aubrac*, et qui portaient sur leurs vêtements une croix bleue à pointes; ordre que fit supprimer Louis XIV. Au dix-huitième siècle, le supérieur du monastère d'Aubrac jouissait encore d'un revenu de 40,000 livres de rente, et chacun des religieux, qui appartenaient à la règle de Saint-Augustin, avait pour sa part 15,000 livres. On voit qu'un établissement fondé uniquement dans un but de charité n'avait pas tardé à dégénérer et à devenir un des mille abus de ce bon vieux temps trop vanté. — Le hameau d'Aubrac, à 29 kilomètres est-nord d'Espalion (Aveyron), commune de Saint-Chély-d'Aubrac, compte aujourd'hui 200 âmes au plus.

AUBRIOT (Hugues), prévôt de Paris en 1367, sous le roi Charles V, naquit à Dijon, et obtint d'abord la direction des finances par la protection du duc de Bourgogne et du prince de Conti. Charles V le chargea de terminer et de fortifier la nouvelle d'enceinte de la capitale, construite cinq ans auparavant par Étienne Marcel. Il agrandit les bastilles ou forteresses situées aux principales portes de Paris, et posa la première pierre de la nouvelle Bastille Saint-Antoine. Non moins préoccupé de l'as-

sainissement de Paris que de sa défense, il purgea cette grande cité des immondices qui encombraient toutes les rues, et fit établir des égouts et des conduits souterrains pour en faciliter l'écoulement. C'est encore lui qui fit construire le Pont Saint-Michel, et entourer de murs la partie du quartier Saint-Antoine qui borde la Seine pour prévenir les débordements de ce fleuve; enfin il rebâtit le Petit-Châtelet, pour contenir la turbulence des écoliers.

Hugues Aubriot, magistrat impartial et éclairé, protégea les juifs, ces parias du moyen âge; et malgré l'Université, malgré le clergé, il leur fit rendre leurs enfants, qu'on leur avait enlevés pour les baptiser. La fermeté qu'il déploya en plus d'une occasion contre les écoliers, et notamment lorsqu'aux obsèques du roi Charles V ils voulurent prendre rang avant l'escorte du prévôt et des échevins, lui avait attiré de nombreux ennemis. L'Université et le clergé se partagèrent les rôles pour perdre le prévôt de Paris; l'Université le dénonça au tribunal de l'évêque sous la triple accusation d'hérésie, d'impiété et de débauche. On lui reprochait principalement, au témoignage de Juvénal des Ursins, « d'avoir compagnée charnelle à juives, de ne croire point à la sainteté du sacrement de l'autel et de ne se confesser point..... Il fut trouvé qu'il estoit digne d'estre bruslé; mais à la requeste des princes cette peine lui fut relaschée et le condamna-on à estre perpétuellement en la Force, au pain et à l'eau ». Renfermé d'abord à la Bastille, il fut transféré quelques mois après dans les prisons de l'évêché que l'on nommait *Oubliettes*. En 1381 les Maillotins brisèrent sa prison pour le mettre à leur tête; mais l'ancien prévôt de Paris, homme de mœurs douces et paisibles, ne pouvait pas être le chef d'une insurrection. Il se sauva de Paris le soir même, et se réfugia à Dijon, où il mourut quelques années après.

AUBRY DE MONTDIDIER. C'est moins pour ce personnage que pour son chien fidèle et dévoué que l'histoire et la peinture ont conservé la mémoire d'un événement curieux du règne de Charles V. Aubry, gentilhomme picard, né probablement à Montdidier, était attaché à la cour. Un chevalier nommé Macaire y remplissait aussi un emploi. La faveur dont jouissait le premier excita la jalousie et fit naître la haine du second, qui ne cherchait plus qu'à l'assouvir par un meurtre. L'occasion s'en présenta facilement, grâce aux fréquents voyages que faisait Aubry à Montdidier. Un jour, en 1371, qu'il y allait, suivi seulement d'un lévrier, Macaire l'assassina dans la forêt de Bondy et l'y enterra. Mais le chien, témoin du meurtre, en avait gardé la mémoire, ainsi que celle du meurtrier. Le fidèle animal ne voulut pas quitter le lieu où reposait son maître : il ne s'en éloignait que fort rarement pour courir à Paris chercher le peu d'aliments nécessaires à sa vie. Ces courses continuelles, l'absence prolongée du maître, les aboiements plaintifs et les tentatives que faisait le pauvre animal pour entraîner quelqu'un avec lui, déterminèrent à le suivre. On découvrit la fosse, le cadavre et les blessures d'Aubry, auquel on rendit les honneurs de la sépulture.

Le chien était resté dans la famille, et il y était justement chéri. Un jour qu'il accompagnait ses nouveaux maîtres, il aperçut au milieu d'un groupe de seigneurs le chevalier Macaire, sur lequel il s'élança avec fureur, et auquel il s'attacha obstinément sans que les cris ni les coups pussent lui faire lâcher prise. Cette scène s'étant répétée, on crut d'autant plus violents à la culpabilité de Macaire que l'on connaissait sa haine pour Aubry de Montdidier. Informé de ces circonstances, le roi fit venir le lévrier, et fit placer le chevalier inculpé au milieu d'un grand nombre de personnes. Le chien ne balança pas à s'élancer, à aboyer sur les assistants, sur Macaire, et, comme à l'ordinaire, il l'attaqua avec furie. D'après ces indices accusateurs, on ne douta plus que ce ne fût là le vrai coupable. Interrogé par le prince lui-même, il se retrancha dans des dénégations formelles. En cette circonstance délicate, le combat singulier fut ordonné, afin que le jugement de Dieu fit connaître la vérité. Pour rendre la partie égale autant que possible, on donna au chien un tonneau défoncé pour y opérer ses retraites et préparer ses élancements; l'accusé fut armé d'un gros bâton ; puis les champions, mis en présence devant le roi et la cour, s'attaquèrent réciproquement; le lévrier tourna quelques instants autour du chevalier, afin de saisir le moment favorable pour lui sauter à la gorge, en évitant la massue dont il le menaçait ; enfin, le chien se précipite, et ayant atteint Macaire, il s'attache à son col, le renverse à terre et le contraint à demander grâce : le chevalier félon promit de confesser la vérité. Alors on retira le chien vainqueur, et Macaire avoua son crime. Il fut envoyé au gibet. C'était en 1371, et le duel eut lieu dans l'île Notre-Dame à Paris. Louis du Bois.

AUBURN, chef-lieu de l'arrondissement de Cayuga (État de New-York), à l'extrémité septentrionale du lac d'Owasco, à environ 17 myriamètres au nord-ouest d'Albany, compte près de 6,000 habitants. Cette ville doit quelque célébrité à sa grande prison, qui y fut établie en 1816 pour l'État de New-York, et où à l'origine on mit en pratique le système pénitentiaire de l'isolement absolu. En 1823 cet établissement fut complètement réorganisé; on y introduisit un système mixte, qui prit le nom de *système d'Auburn* (*voyez* Prison, Pénitentiaire [Régime]). Ce qui le distingue essentiellement du système pensylvanien, c'est que pendant la nuit les condamnés sont renfermés dans des cellules isolées; mais dans le jour on les fait travailler en commun, en les forçant, sous peine des châtiments les plus sévères, à observer un silence absolu.

Indépendamment de cette grande prison, Auburn possède encore une autre pour le comté, et un tribunal criminel. On doit citer aussi parmi ses établissements publics un grand séminaire, fondé, en 1820, par les presbytériens. Il contient une cinquantaine d'élèves ; il a une belle chapelle et une riche bibliothèque; trois professeurs de théologie y sont attachés.

AUBUSSON, ville et chef-lieu d'arrondissement de la Creuse, peuplée de 6,000 habitants, située sur la Creuse, à 38 kilomètres sud-est de Guéret, au milieu d'un territoire stérile et de montagnes granitiques. La ville consiste presqu'en une seule rue, large et bien bâtie; elle possède un collége, un théâtre, une société d'agriculture, une imprimerie, des filatures de laine. L'industrie y est très-active. La manufacture des tapis d'Aubusson est la plus célèbre de France depuis que celle de la Savonnerie n'existe plus. Elle fut fondée en 1763 par M. de Laporte, intendant de la généralité.

AUBUSSON (Pierre d'), trente-huitième grand maître de l'ordre de Saint-Jean de Jérusalem, cinquième fils de Rainaud d'Aubusson et de Marguerite, vicomtesse de Comborn, alliée aux rois d'Angleterre, naquit en 1423, au château de Monteil-le-Vicomte, dans la Marche. Il descendait de Ranulfe Ier, créé vicomte d'Aubusson et de la Marche par le roi Eudes en 887, frère de Turpion d'Aubusson, élu évêque de Limoges en 898, issu d'une très-illustre race, suivant Adémar de Chabanais, historien du douzième siècle. Antérieurement, un Ébon, prince d'Aubusson, souscrivit une charte datée du règne de Pépin, après l'expulsion de Childéric (vers 752), et confirmée en 803 par un diplôme de Charlemagne, en présence du prince Turpion, probablement fils d'Ébon et aïeul de l'évêque de Limoges.

Pierre d'Aubusson embrassa presque au sortir de l'enfance la carrière des armes. Dès l'âge de treize ans il voulut faire partie du secours que la France fit passer à l'empereur Sigismond contre le sultan Amurat II. Le fameux Huniade, enfermé dans Belgrade, lui fit voir comment un chef habile et déterminé sait maîtriser la fortune et confondre l'orgueil et les projets d'un conquérant redoutable, en le forçant à chercher son salut dans une honteuse retraite. D'Aubusson ne perdit point le souvenir de cette première leçon. Rentré en France en 1437, il fut présenté à la cour par Jean d'Aubusson, seigneur de la Borne, son cousin, chambellan du roi Charles VII. Le roi lui donna bientôt une grande marque de confiance en l'envoyant à dix-sept ans (1440) vers le dauphin, depuis Louis XI, révolté contre son père, pour l'engager à rentrer dans le devoir.

Lorsque le dauphin, à la prière de l'empereur Frédéric III, alla secourir Zurich, assiégé par les Suisses, Pierre d'Aubusson accompagna ce prince, et contribua par sa valeur à la victoire de Bottelem, près Bâle, le 26 août 1444. Dans le même temps, la nouvelle étant parvenue en France du débarquement des Égyptiens dans l'île de Rhodes, d'Aubusson fut un des premiers à se rendre à l'appel que le grand maître de Lastic fit aux chrétiens d'Occident pour secourir l'ordre de Saint-Jean, le bouclier de la foi chrétienne. Quoiqu'il apprît à son arrivée la déroute et la fuite des infidèles, il fit vœu de consacrer sa vie à la défense de la religion; et s'étant fait agréger parmi les chevaliers de cet ordre célèbre, il s'acquit une si prompte renommée par la terreur qu'il inspirait aux pirates mahométans, qu'on lui donna peu d'années après la commanderie de Salins. En 1457 il reparut à la cour de France comme ambassadeur de son ordre. Le succès de sa mission ajouta beaucoup à la haute opinion qu'on avait de ses talents et de son crédit. Une nouvelle dignité, celle de bailli capitulaire de la langue d'Auvergne, ayant été instituée en 1471, le commandeur d'Aubusson en fut le premier revêtu. Peu de temps après on lui déféra celle de grand prieur d'Auvergne, avec la surintendance générale des fortifications. Enfin, à la mort du grand maître des Ursins (8 juin 1476), l'unanimité des suffrages l'éleva au magistère.

Jamais un plus digne choix n'avait été commandé par des conjonctures plus impérieuses. Des ruines fumantes de Constantinople et de Négrepont, Mahomet II menaçait l'île de Rhodes. Le premier soin de d'Aubusson fut de faire forger une énorme chaîne, dont on ferma le port; il fit achever les fortifications commencées sous sa direction pendant le dernier magistère, et en fit élever de nouvelles, soit à Rhodes, soit dans les autres îles qui dépendaient de cette république. Les magasins s'approvisionnèrent de vivres et de munitions de toute espèce pour une longue défense. Une citation, décrétée en chapitre général, rappela dans le plus bref délai tous les chevaliers qui séjournaient en Europe, soit dans leurs familles, soit dans les commanderies. Avec ces chevaliers accourut une foule de chrétiens de toutes les nations, jaloux de prendre part au drame sanglant qui allait se dérouler. Antoine d'Aubusson, frère aîné du grand maître, débarqua à Rhodes à la tête de 2,000 hommes d'infanterie et de 500 gentilshommes, qu'il avait levés et conduits à ses dépens.

En 1480 le sultan envoya contre Rhodes une flotte de 160 vaisseaux de haut bord, portant une armée de 100,000 hommes et une nombreuse artillerie. Un renégat fameux, Misali Paléologue, prince grec de la maison impériale de ce nom, qui, sauvé du massacre de Constantinople par une lâche apostasie, s'était élevé par sa servilité et sa haine implacable contre les chrétiens au rang de grand vizir, commandait cette expédition formidable. Le siége dura deux deux mille bouches à feu, des canons appelés *basilics* de dix-huit pieds de longueur et recevant des boulets de deux à trois pieds de diamètre, des mortiers qui lançaient d'énormes blocs de pierre, des mines, des galeries, des fourneaux, renversèrent la plus grande partie des murailles; mais le grand maître éclairait ses chevaliers par son exemple. De nouvelles murailles s'élevèrent comme par enchantement; les Turcs furent repoussés avec des pertes considérables. Un dernier assaut n'amena pas d'autres résultats, et Misah-

AUBUSSON — AUCKLAND

Pacha, qui pour sauver sa tête des colères du sultan avait inutilement armé deux assassins du fer et du poison, fut contraint de remettre à la voile. D'Aubusson, qui depuis le premier assaut n'avait pas quitté les remparts et s'était toujours montré aux postes les plus périlleux, fut relevé sur la brèche perdant son sang par sept larges blessures. Son premier soin fut de rétablir tout ce qu'il avait dû sacrifier à l'impérieuse nécessité de la défense. Il répara les monuments publics et fonda trois églises nouvelles, dont la plus remarquable fut celle de Notre-Dame-des-Victoires. Les fortifications surtout occupaient son active prévoyance, quand une mort subite surprit Mahomet II, le 2 juillet 1481.

Bajazet II, fils aîné de Mahomet, lui succéda, malgré les efforts du prince Zizim, son frère. Celui-ci, ayant été vaincu, demanda asile au grand maître de Rhodes. Une escadre alla porter à Zizim la réponse et le sauf-conduit de d'Aubusson, et le ramena à Rhodes, où il fut reçu avec de grands honneurs le 30 juin 1482. Ici d'Aubusson oublia de la hauteur de son magnanime caractère pour se constituer, contre le droit des gens et sa foi donnée, le geôlier d'un prince malheureux. Dans l'alternative d'une nouvelle invasion ou d'un parjure, il accepte ce dernier parti, et conclut avec la Porte un traité par lequel Bajazet donne à l'ordre de Rhodes une somme annuelle de 40 mille écus d'or, sous la condition que les chevaliers garderont soigneusement le prince ottoman, afin qu'il ne puisse rien entreprendre contre son frère. Plusieurs tentatives d'empoisonnement et d'assassinat ne furent pas les seuls motifs qui déterminèrent les chevaliers à faire passer Zizim, d'abord en Piémont et en Savoie, puis dans les châteaux des commanderies de France; on voulut, en l'éloignant du théâtre de sa puissance déchue, lui faire perdre tout espoir de rétablissement, ou du moins rendre ses projets d'évasion impossibles. Rien ne fut négligé pour parvenir à ce but, qui assurait à l'ordre de Rhodes l'exacte exécution d'un traité avantageux. Dès qu'on s'apercevait que l'infortuné Zizim excitait l'intérêt, on changeait le lieu de sa captivité. Ce traitement révolta les princes chrétiens. La liberté de Zizim entrant dans leurs projets de croisades contre Bajazet, les réclamations furent si vives et partirent de si haut que d'Aubusson dut céder aux instances d'Innocent VIII et lui remettre son illustre captif (1487).

Les priviléges que Rome accorda aux chevaliers pour les indemniser de la cessation du tribut, et le chapeau de cardinal que reçut le grand maître le 9 mars 1489, n'ont pu justifier ni couvrir aux yeux de la saine politique une violation aussi révoltante qu'odieuse des plus saintes lois de l'hospitalité. Tout porte à croire que le caractère généreux de d'Aubusson fut maîtrisé par le conseil de l'ordre; car lorsque le projet de la croisade fut définitivement arrêté, les mêmes princes qui avaient blâmé avec le plus de force la conduite des chevaliers envers le fils de Mahomet furent les premiers à solliciter du pape (1495) que d'Aubusson fût proclamé généralissime de l'armée chrétienne. Cette expédition n'eut qu'un commencement d'exécution sans importance. Les jalousies des puissances alliées la firent avorter. Le chagrin qu'en conçut d'Aubusson, ajouté à la profonde mélancolie qu'il nourrissait depuis la fin déplorable du prince Zizim, lui causa une maladie de langueur dont il mourut le 13 juillet 1503, à l'âge de quatre-vingts ans. LAINÉ.

AUBUSSON (François d'), maréchal de France. *Voyez* LA FEUILLADE.

AUCH, ville de France, chef-lieu du département du Gers, à 590 kil. sud-ouest de Paris, siège d'un archevêché, métropole des évêchés d'Aire, Tarbes et Bayonne, dont le diocèse comprend le département. Cette ville, peuplée de 10,867 habitants, possède un tribunal de commerce, un lycée, une école normale primaire départementale, une bibliothèque publique de cinq mille volumes. On y fabrique des étoffes en fil et en coton; on y fait le commerce des vins, eaux-de-vie d'Armagnac, laines, plumes à écrire, etc.; on y compte trois imprimeries et plusieurs manufactures.

Auch est située sur le penchant d'une colline au pied de laquelle passe le Gers, qui la divise en haute et basse ville. Ces deux parties communiquent entre elles par un escalier de plus de deux cents marches, qu'on appelle *Pousterlo* (Poterne). Les rues sont étroites et mal pavées; mais les places publiques sont régulières. La haute ville surtout renferme une belle place terminée par une promenade, d'où l'on découvre les Pyrénées. La cathédrale, commencée sous Charles VIII et achevée sous Louis XV, est un monument remarquable par l'élévation de ses voûtes, la beauté de ses vitraux, que Marie de Médicis projeta de faire transporter à Paris, et l'élégance de son portail moderne, où l'ordre corinthien se mêle au composite. On remarque encore à Auch l'hôtel de la préfecture, autrefois hôtel de l'intendance, un vaste hôpital, un séminaire et une jolie salle de spectacle. — Auch est une ville très-ancienne; les Romains l'appelaient *Augusta Auxorum*. Elle fut prise par Crassus, un des lieutenants de César. En 721 les Sarrasins brûlèrent la partie de la ville qui s'étendait sur la rive droite. Des fouilles, qu'on a récemment pratiquées en cet endroit, ont amené la découverte de précieuses antiquités romaines. Auch fut ensuite capitale de l'Armagnac. Les archevêques d'Auch ont porté jusqu'en 1789 le titre de *primats d'Aquitaine*. Il s'est tenu dans cette ville plusieurs conciles.

AUCKLAND (William Eden, comte), homme d'État anglais qui sous l'administration de William Pitt exerça une grande influence sur les affaires de son pays, était né en 1750. Il commença sa carrière politique à l'âge de vingt-six ans, en 1776, comme membre de la chambre des communes, et fut chargé, en 1778, d'une mission particulière auprès des insurgés de l'Amérique du Nord, à l'effet de les déterminer à rentrer dans l'obéissance envers la mère-patrie. Les négociations ouvertes à cet effet étant demeurées sans résultat, Auckland revint en Angleterre en 1779, reprit son siège à Westminster, et, membre influent des communes, eut une grande part à la réforme des lois pénales, à l'organisation d'un nouveau système de police et à la réorganisation des prisons.

En 1780 il obtint la place importante de secrétaire d'État pour l'Irlande, qu'il échangea en 1785 contre celle de premier lord secrétaire du conseil de la guerre et des colonies. Nommé la même année ambassadeur à Paris, il y négocia, en 1786, un traité de commerce avec la cour de France. En 1788 il passa à l'ambassade de Madrid; et l'année suivante il se rendit en Hollande en qualité d'envoyé extraordinaire auprès des états généraux; fonctions qu'il remplit jusqu'en 1794, et qui lui donnèrent une grande influence sur les mesures adoptées par les puissances étrangères au milieu des graves circonstances produites par la révolution française. A son retour en Angleterre, soumis à une enquête parlementaire en raison même du rôle qu'il venait de jouer, sa conduite fut reconnue sans reproche. A partir de ce moment jusqu'à celui de sa mort, arrivée en 1814, son activité politique fut concentrée tout entière dans la sphère parlementaire.

AUCKLAND (Georges Éden, comte), fils du précédent, né le 20 août 1784, est surtout connu par son administration des possessions britanniques dans l'Inde, dont il fut nommé, en 1835, gouverneur général par le ministère Melbourne. Des plus importantes fonctions il exerça une prépondérante influence sur la direction des relations de l'Angleterre avec la Chine, et par suite sur la guerre qui en résulta. Il joua un rôle important dans les affaires de la Perse et de l'Afghanistan; et l'on peut à bon droit reporter la guerre qui éclata en 1839 entre l'Angleterre et ce dernier pays, comme le résultat de sa politique. Dès 1841 le ministère Peel s'empressait de lui envoyer pour successeur, dans le gouvernement général de l'Inde, lord Ellenborough.

Aussitôt que celui-ci fut arrivé à Calcutta, lord Auckland s'embarqua pour l'Europe, où il arriva en 1842, après une traversée qui avait duré huit mois. Devenu premier lord de l'amirauté, il est mort à l'âge de soixante-cinq ans, le 1ᵉʳ janvier 1849.

AUCKLAND (Iles), groupe de l'Australie, situé au sud de la Nouvelle-Zélande, par 51° de latitude méridionale, et que tout démontre être d'origine volcanique, se compose d'une grande île et de plusieurs petites, toutes montagneuses et bien boisées, jouissant d'un climat sain et tempéré, et possédant plusieurs bons ancrages. On y rencontre une foule d'espèces différentes d'oiseaux, de poissons et de coquillages. Ce groupe fut découvert en 1806 par Briston, commandant du baleinier *Océan*, et tout récemment les Anglais en ont pris possession à cause de l'importance qu'elle a pour eux comme station principale de la pêche de la baleine dans la mer du Sud.

AUDACE. C'est la hardiesse portée à l'extrême. Celle-ci hasarde sans hésitation une entreprise périlleuse, pourvu qu'un succès probable ne demande qu'un homme de tête et de cœur; l'autre ne calcule point les obstacles, elle n'en tient compte : tout doit plier devant le génie et l'intrépidité qui court à son but, sans que rien l'arrête ou la détourne : elle créerait, au besoin, l'obstacle pour la gloire et avec la ferme confiance du triomphe : aussi est-il rare qu'elle reste en deçà de la témérité

Audaces fortuna juvat,

a dit un grand poëte. *De l'audace, encore de l'audace, toujours de l'audace!* disait un démagogue célèbre, qui eût peut-être vaincu son rival si la sienne ne se fût point endormie. La fortune, il est vrai, semble se plaire à favoriser ceux qui osent beaucoup. Tout oser n'est cependant point un sûr moyen de réussir, à moins, comme le dit Montaigne, que l'on ne sache bien *coudre la peau du renard à la peau du lion* : témoin la plus audacieuse des nations, Rome, sous ses consuls et ses dictateurs; témoin les conquérants et les politiques les plus renommés par leur audace, depuis Alexandre jusqu'à Napoléon. Ceux d'entre eux qui ont atteint le but, et s'y sont maintenus, Sylla, Richelieu, Cromwel, Frédéric II, Fernand Cortez, n'ont-ils pas dû leurs succès autant pour le moins à la ruse qu'à l'*audace?*

Ne confondons point avec l'*audace*, qui réussit quelquefois au crime habile et prudent, les entreprises héroïques du génie qu'un noble enthousiasme anime. Miltiade, Thémistocle, Léonidas et ses Spartiates hasardant avec intrépidité, pour la liberté et le salut de la Grèce, la lutte en apparence la plus téméraire; Épaminondas affrontant avec ses Thébains les cohortes lacédémoniennes jusque alors victorieuses; Colomb bravant sur de frêles navires les périls d'une navigation dont il ignore le terme; Gustave-Adolphe allant, à la tête d'un petit nombre de Suédois, attaquer les armées impériales enorgueillies de leur nombre et de leurs victoires, pour défendre la cause de ses co-religionnaires et les libertés de l'empire, tous ces hommes illustres qu'enflammèrent une grande pensée et un sentiment sublime, puisaient dans leur dévouement le mépris de tous les périls. La confiance du vrai héros dans le triomphe d'une cause juste, c'est le *c o u r a g e* qu'aucun obstacle ne peut ébranler, et non l'*audace* qui défie le danger par ostentation.

Les sciences, les lettres, les arts, ont aussi leurs héros et leurs fanfarons d'héroïsme. La passion du vrai et du beau, l'enthousiasme du génie ou du talent pour tout ce qui peut éclairer les hommes et les rendre meilleurs, voilà ce qui produit les savants, les philosophes, les écrivains, les poëtes, les artistes dont les noms et les œuvres sont immortels, Pythagore, Platon, Homère, Sophocle, Pline, Horace, Virgile, Kepler, Galilée, Descartes, Newton et Leibnitz!

Auront-ils droit aux fleurons de votre couronne, ceux à qui l'amour d'une vaine et passagère renommée, et l'amour, plus vil encore, de l'or auront fait déserter les routes par vous frayées, et renier le génie du bien pour sacrifier au génie du mal? Non, non. Pour créer, pour innover avec succès dans la vaste carrière des sciences, des lettres et des arts, l'*intrépidité de bonne opinion* et l'*audace* sont de faibles ressources. Pour quiconque s'est plu à pervertir ce qu'il y a de plus saint au monde, la pensée et le sentiment, ce qu'il y a de plus précieux pour l'esprit et le cœur, la raison et le goût, il ne saurait y avoir de postérité. Les novateurs qui n'auront en que l'*audace* vivront assez pour être les témoins de leur chute. AUBERT DE VITRY.

AUDÆUS, AUDIUS ou OUDO, pieux laïque, qui au commencement du quatrième siècle vivait de la manière la plus exemplaire en Mésopotamie. Les reproches réitérés qu'il adressait aux prêtres de ce pays en raison de leurs idées mondaines, et surtout de leur cupidité, et le contraste frappant qu'offrait la sévérité de ses mœurs, le firent regarder comme dangereux; et en conséquence il fut excommunié. Mais cet acte de violence, de même que les mauvais traitements de tout genre qu'on lui fit essuyer ainsi qu'à ses amis, eurent pour résultat de grouper autour de lui un nombre toujours plus grand de mécontents, parmi lesquels on comptait beaucoup de prêtres et jusqu'à des évêques. Ils lui conférèrent les pouvoirs de l'épiscopat, et formèrent bientôt une secte dans laquelle on professait des doctrines anthropomorphiques, en même temps qu'on y célébrait la fête de Pâques d'après le comput en vigueur avant la tenue du concile de Nicée. Ce fut plus particulièrement la classe la moins éclairée de la population qui adopta les idées d'Audæus, dont les partisans, fidèles interprètes des sentiments des masses, constituèrent les premiers éléments de la secte qui se forma en opposition à un clergé corrompu et hiérarchiquement organisé. Dans sa vieillesse, Audæus fut banni aux environs de la mer Noire, où il contribua jusqu'à sa mort, arrivée en l'an 370, à propager le christianisme parmi les Goths qu'il y trouva établis, en même temps que la vie monacale et ascétique. La secte des *Audiens* ou *Audæens*, manquant de bases dogmatiques solides et d'une organisation vigoureuse, succomba vers la fin du quatrième siècle aux persécutions dont elle fut l'objet.

AUDE (Département de l'). Ce département, l'un des sept que forme le Languedoc, est borné au nord par les départements de l'Hérault, du Tarn et de la Haute-Garonne; à l'est, par la Méditerranée; au sud, par le département des Pyrénées-Orientales et de l'Ariége, et à l'ouest par ceux de l'Ariége et de la Haute-Garonne.

Le département de l'Aude est divisé en quatre arrondissements, dont les chefs-lieux sont Carcassonne, siège de la préfecture; Castelnaudary, Limoux et Narbonne; il compte 31 cantons, 434 communes, et 389,121 habitants. Il envoyait sept représentants à l'Assemblée nationale. Il forme, avec les départements du Tarn et des Pyrénées-Orientales, le vingt-cinquième arrondissement forestier et fait partie de la neuvième division militaire, dont le quartier général est à Perpignan. Il est du ressort de la cour d'appel de Montpellier, et compose le diocèse de Carcassonne, suffragant de l'archevêché de Toulouse et Narbonne. Son académie comprend 2 collèges communaux, 5 institutions et pensions, et 660 écoles primaires.

Sa superficie est de 606,397 hectares, dont 273,484 en terres labourables, 183,218 en landes, pâtis, bruyères, etc., 50,148 en vignes, 44,149 en bois, 21,047 en forêts, échantage non productifs, 11,059 en prés, 5,646 en rivières, lacs, ruisseaux, 2,484 en étangs, abreuvoirs, mares, canaux, 2,014 en cultures diverses, 1,946 en vergers, pépinières et jardins, 1,667 en oseraies, aunaies et saussaies, 874 en propriétés bâties, etc. — On y compte 54,873 maisons, 824 moulins, 20 forges et fourneaux dits à la catalane, et 540 usines, fabriques et manufactures diverses. — Il paie 1,774,832 francs d'impôt foncier.

Le département de l'Aude est traversé du sud au nord, dans sa partie occidentale, par le rameau qui lie les Cévennes aux Pyrénées, et qui dépend de la ligne de faîte qui sépare les deux bassins maritimes de l'Atlantique et de la Méditerranée. Les montagnes Noires couvrent la partie septentrionale; et la chaîne des Corbières, celle du midi, en courant du sud-ouest au nord-ouest. Les points culminants du département sont dans les Corbières le pic Mosset (2,408 mètres) et le pic de Bugarach (1,231 mètres), et dans les montagnes Noires le pic de Noze, qui s'élève à 1,200 mètres environ. Le pays est arrosé par l'Aude, qui donne son nom au département, et par ses affluents. L'Aude, qui naît près de Mont-Louis (Pyrénées-Orientales), coule du sud au nord, puis à l'est, en baignant Quillan, Aleth, Limoux, Carcassonne, forme la limite des départements de l'Aude et de l'Hérault, et se jette dans la Méditerranée. Cette rivière, la plus importante du département, est seulement flottable. Le canal du Midi passe à Castelnaudary et à Carcassonne, et celui de la Robine, embranchement du précédent, passe à Narbonne en se rendant à la mer.

Les montagnes et les forêts du département de l'Aude nourrissent diverses espèces d'animaux sauvages, et notamment l'ours, le chamois, le blaireau. Le gibier y est très-abondant. Les bords de la mer et les étangs sont très-poissonneux. Le chêne, le pin, le sapin, le hêtre et le frêne sont les essences dominantes des forêts. L'agriculture est dans un état florissant : les prairies naturelles fournissent d'abondants fourrages; la récolte des céréales dépasse les besoins des habitants, qui font un commerce avantageux de farines. La vigne donne des vins excellents : les plus estimés sont les vins rouges de Fitou, Leucate, Treilles, dits *vins de Narbonne*, et le vin blanc ou *blanquette* de Limoux. La culture de l'olivier n'est pas négligée. L'éducation des abeilles fait une des principales occupations des habitants de la campagne, et fournit un miel qui jouit d'une grande réputation. On élève aussi un grand nombre de mulets et de moutons. Le sol renferme beaucoup de substances minérales; on en extrait du fer qui alimente la principale branche de l'industrie manufacturière du département, dont les usines fournissent un acier renommé. On y trouve encore du plomb, du cuivre, du manganèse, du cobalt, de l'antimoine, les beaux marbres des Corbières, des pierres lithographiques, du plâtre, du jayet. Il existe dans les montagnes nombre de sources minérales, thermales ou froides, telles que celles de Rennes, Alet, Campagne, Ginols, Les salines de Sijean sont très-importantes. Enfin, on y rencontre de grandes fabriques de draps, de peignes, de tonneaux, des papeteries, des distilleries et des tanneries.

Le canal du Midi et celui de la Robine favorisent singulièrement le commerce de ce département, qui est en outre sillonné par deux autres canaux navigables (ceux de Carcassonne et de Sainte-Lucie), cinq routes nationales, vingt-trois routes départementales et 2182 chemins vicinaux.

Les principales villes du département de l'Aude sont : Carcassonne, Castelnaudary, Narbonne et Limoux.

AUDEBERT (Jean-Baptiste), célèbre peintre et naturaliste français, né à Rochefort en 1759, s'était acquis à Paris une grande réputation comme peintre de miniatures, lorsqu'il fit, en 1789, la connaissance de Gigot d'Orcy, riche amateur des sciences naturelles, qui lui fit peindre les objets les plus rares de son cabinet d'histoire naturelle, et qui ensuite l'envoya en Angleterre et en Hollande, d'où il rapporta une grande quantité de dessins. Ces travaux éveillèrent chez Audebert le goût de l'histoire naturelle, qui ne tarda pas à devenir pour lui une véritable passion. Le premier ouvrage qu'il publia pour son compte, intitulé : *Histoire naturelle des Singes*, *des Makis et des Galéopithèques*, prouva à la fois son talent comme dessinateur et graveur, et la rare étendue de ses connaissances dans la science qu'il avait étudiée avec tant d'ardeur. Audebert eut le premier l'idée de l'impression des figures en couleur; il trouva le moyen d'imprimer diverses couleurs avec la même planche; il y ajouta l'art de nuancer l'or de diverses couleurs afin de mieux imiter les brillants effets produits par la nature. Ses ouvrages, qui frappent de surprise par leur grande magnificence, ont singulièrement contribué aux progrès de la science. Son *Histoire des Colibris*, *des Oiseaux-Mouches*, *des Jacamars et des Promerops* est considérée comme l'ouvrage le plus parfait qui ait été publié en ce genre; quinze exemplaires en ont été imprimés en lettres d'or. Il n'avait point encore complétement terminé cet ouvrage et ne faisait que commencer son *Histoire des Grimpereaux et des Oiseaux de Paradis*, lorsqu'il mourut, en 1800. Ces deux œuvres furent dignement continuées et terminées par Desray, qui se trouvait en possession des matériaux et des procédés. Audebert a pris aussi une large part à la publication des *Oiseaux d'Afrique*, de Levaillant. Il dirigea l'impression des planches de cet ouvrage jusqu'à la 13e livraison.

AUDH, AOUDE ou OUDE, royaume ou *nababie* dont le nom sanscrit est *Ayodhya*, situé dans la vallée de l'Indoustan et placé sous la *protection* des Anglais, est limité par la présidence d'Allahabad et par l'État indépendant de Népaul, et compte une population de cinq millions d'âmes sur une superficie de 1570 myriam. carrés. Au nord s'élèvent les premières chaînes des monts Hymalaya, et l'on y rencontre aussi la contrée marécageuse et boisée dite *Tarai;* le reste du pays est généralement plat et arrosé vers les frontières méridionales par le Gange, et dans l'intérieur par le Rapti, le Goggra, le Goumty, le Gnye, et d'autres cours d'eau qui, joints au luxuriant climat de l'Inde, contribuent à fertiliser d'une manière surprenante les contrées qu'ils traversent. Le riz, le coton, le sucre, l'indigo, l'opium et la soie constituent les principales richesses du pays, dont les revenus s'élèvent à plus de 40 millions de francs, et dont l'impôt payé aux Anglais n'atteint pas un chiffre de 10 millions. Les liens de dépendance tributaire qui rattachent le royaume d'Audh à la compagnie anglaise des Indes sont d'ailleurs tels que ce pays peut être considéré comme une dépendance immédiate de la présidence d'Allahabad, et que les Anglais entretiennent des garnisons dans les villes les plus importantes.

La capitale du royaume est *Louknow*, bâtie sur le Goumty, qui compte une population de 300,000 âmes, où le nabab possède de nombreux palais et jardins, et qui est le centre d'un commerce aussi actif qu'important. Après la capitale, on peut encore citer comme villes importantes Fyzabad, dont la population ne s'élève pas à moins de 60,000 âmes; Oude ou Audh, où l'on remarque un temple hindou et une magnifique mosquée dite d'Aureng-Zeib; Thanikpour, Beraytsch, Khyrabad et Sultanpour. A une faible distance de la capitale s'élève le magnifique palais de *Constancia*, dont la construction coûta au résident anglais M. le général Claude Martin de 3 à 4 millions de francs.

Depuis la chute de l'empire du Grand-Mogol (1775), la cour de Louknow est la plus brillante de l'Inde; le roi possède des équipages somptueux ; ses haras renferment environ 2,000 chevaux; ses éléphants ne sont pas moins nombreux, et dans le voisinage de son palais se trouvent un musée, une belle collection d'armes et une ménagerie. Dans les jours de cérémonie, il ne se montre qu'entouré d'un cortége magnifique. Dans l'intérieur de son palais, il est vêtu d'un uniforme anglais. Celui qui règne aujourd'hui s'appelle *Souléïman-Schah-Nasir-Eddin-Heyder*. C'est à ses frais qu'a été imprimé le livre intitulé *the Shah Namèh* (4 vol., Calcutta, 1829). Son père, *Ghazi-Eddin-Heyder-Redaelt-Oud-Dowlah*, mort le 20 octobre 1827, s'est également rendu célèbre par la publication du magnifique ouvrage ayant pour titre *Heft culsum* ou *les Sept Mers*, dictionnaire et grammaire de la langue persane (7 vol. in-f°, Louknow, 1822). Il en recueillit lui-même tous les matériaux, et les fit ensuite revoir par les savants de sa cour.

AUDIENCE, du latin *audire*, écouter; *audiens*, qui écoute. C'est le temps accordé aux citoyens par ceux qui sont revêtus de la puissance publique, pour qu'ils exposent leurs griefs ou leurs demandes. A ceux qui sollicitent des grâces ou des faveurs administratives, le président, les ministres, les grands dignitaires, donnent des audiences; pour ceux qui ne demandent que justice, les cours et tribunaux tiennent leurs audiences.

Ferrière a défini l'audience « l'assemblée des juges pour écouter les parties ou les avocats qui plaident devant eux, et pour juger ou appointer l'affaire ». La publicité des audiences judiciaires est un principe de notre droit public; néanmoins cette publicité souffre des exceptions quand elle pourrait nuire aux mœurs publiques et compromettre l'ordre; mais le jugement doit toujours être prononcé publiquement. La publicité n'est pas admise en matière administrative. Quant à celle de la justice militaire, on désirerait généralement qu'elle fût plus étendue.

On distingue les audiences ordinaires et les audiences extraordinaires : les premières sont celles qui se tiennent à des jours fixes déterminés en vertu d'un règlement arrêté à l'avance; les secondes, au contraire, se tiennent lorsque les audiences ordinaires ne suffisent pas pour l'expédition des affaires, ou lorsque quelque circonstance urgente, imprévue, les rend indispensables; dans ce cas le président doit avertir préalablement le public.

Les cours d'appel ont en outre des audiences solennelles, où sont portées toutes les questions concernant l'état civil, les prises à partie et les renvois après cassation d'un arrêt.

Les magistrats ont droit au même respect que la loi dont ils sont les représentants, et tous ceux qui assistent à une audience doivent rester découverts et silencieux. La police de l'audience appartient au président du tribunal; il maintient l'ordre, règle la discussion, et est revêtu d'un pouvoir discrétionnaire dont il ne doit pourtant user qu'avec une grande réserve.

Les tribunaux n'ont pas seulement le droit de prendre des mesures de police contre ceux qui troublent la dignité de leurs audiences, mais encore ils peuvent réprimer et punir sur-le-champ les délits commis en leur présence, si ces délits toutefois rentrent dans les limites de leur compétence; autrement ils ne peuvent que faire arrêter le délinquant après avoir dressé procès-verbal des faits, renvoyer les pièces et le prévenu devant les juges compétents (art. 505, 506 du Code d'Instruction criminelle).

On nomme *audienciers* les huissiers choisis par les cours et tribunaux pour faire le service des audiences.

AUDIFFRET (Famille d'). La maison d'*Audiffredi*, originaire d'Italie, se transplanta au treizième siècle dans la vallée de Barcelonnette, et y francisa son nom en celui d'*Audiffred* ou *Audiffret*. JEAN-FRANÇOIS-HUGUES, comte d'AUDIFFRET, issu de la principale branche établie en France, naquit à Fontès, près Béziers, le 5 novembre 1707. Après avoir servi avec distinction dans le régiment des gardes de Stanislas, roi de Pologne, il fut appelé à la lieutenance de Briançon et au commandement du Briançonnais. Sur ces entrefaites se livra le fameux combat d'Exiles, où le comte de Belle-Isle, comme le rapporte Voltaire, blessé des deux mains en arrachant des palissades, en tirait encore des pieux avec ses dents, quand il reçut le coup mortel. Les blessés furent conduits à Briançon, et la maison du commandant, comte d'Audiffret, se convertit en un vaste hôpital où les malades reçurent les soins les plus empressés. Il mourut en 1785.

AUDIFFRET (CHARLES-LOUIS-GASTON, marquis D'), ancien pair de France, petit-fils du précédent, né à Paris le 10 octobre 1787, entra de bonne heure dans l'administration des finances. Il se fit remarquer dès les premiers jours par un grand esprit d'ordre, une science profonde du calcul, une exquise pénétration dans les affaires, et par la plus constante assiduité. L'ensemble de ces qualités fut discerné par M. Mollien, ministre du trésor de l'empire, qui le fit chef de bureau. Lors de la première Restauration, M. d'Audiffret s'empressa d'endosser l'uniforme de garde national et d'arborer la cocarde blanche. Cette démonstration de royalisme fut remarquée. L'abbé Louis, parvenu au ministère des finances, le nomma chef de division et chevalier de la Légion d'Honneur. Le retour de Napoléon dans les Cent Jours amena la présentation dans tous les bureaux de l'Acte additionnel aux constitutions de l'empire. M. d'Audiffret eut le courage de refuser son adhésion, et écrivit *non* sur la formule. Il n'en conserva pas moins sa place.

Après vingt-cinq ans de travaux au trésor et au conseil d'État, il fut revêtu, le 29 octobre 1829, des fonctions de président à la cour des comptes, qu'il occupe encore, et promu l'année suivante au rang de commandeur de la Légion d'Honneur. Louis-Philippe l'appela à la pairie le 3 octobre 1837. On lui doit la plupart des améliorations introduites depuis 1814 dans le système de la comptabilité. Il a provoqué la plus grande partie des simplifications et des économies réalisées dans les différentes branches de l'administration des finances. Sous les derniers temps de la monarchie constitutionnelle M. d'Audiffret s'occupa beaucoup des questions financières à l'ordre du jour. On cite parmi ses écrits : un *Examen des revenus publics*, 1839, 6 vol.; *Système financier de la France*, 1840; un travail sur *le budget* de 1841; une brochure intitulée *la Libération de la propriété*, ou *Réforme de l'administration des impôts directs*, *etc.*; enfin deux opuscules, un sur *la crise financière* de 1848, un autre, qui date de 1851, sur la *Réforme de l'administration financière des hypothèques*.

AUDINOT (NICOLAS-MÉDARD), né en 1741, de parents pauvres, dans les environs de Nancy, garda les vaches dans sa jeunesse. Le désir de faire fortune le détermina à venir à Paris, où il apprit chez son frère l'état de perruquier. Au nombre de ses pratiques était un acteur de l'ancien Opéra-Comique, qui, lui ayant trouvé de la voix, le mit en état d'apprendre un rôle et d'y débuter, vers l'année 1758, dans une salle qui existait alors rue Mauconseil. Il fut assez mal accueilli; mais on s'accoutuma à le voir, et il fut reçu pour jouer les paysans et les rôles à tablier; il créa ceux de *Blaise le savetier*, Omar dans *le Cadi dupé*, Marcel dans *le Maréchal ferrant*, Martin dans *le Tonnelier*, dont on lui attribua les paroles et la musique. Lorsqu'en janvier 1762 l'Opéra-Comique fut réuni à la Comédie-Italienne, Audinot eut l'honneur d'être un des cinq ou six acteurs qui furent seuls conservés : doué d'une figure rubiconde, d'un physique robuste, il imitait au naturel la grossièreté des mœurs de la populace. L'avant-dernier prince de Conti l'ayant pris en amitié et à son service, il quitta la Comédie-Italienne au bout de trois mois, et joua dans la troupe de Versailles, à l'Ile-Adam et à Bordeaux. La nécessité d'avoir un acteur pour doubler Caillot fit rappeler Audinot sur la scène italienne; il y reparut le 3 janvier 1764, et fut reçu avec transport. Mais ses prétentions exagérées l'ayant fait congédier trois ans après, il eut recours à son protecteur, et obtint la direction de la troupe de Versailles.

L'animosité de ses camarades l'y suivit, et le força de renoncer à cette entreprise. Avec les fonds du prince et les secours d'un ancien menuisier nommé Arnoult, homme d'intelligence et d'esprit, il fit exécuter de petites marionnettes, auxquelles il sut donner des ressemblances frappantes de traits et de gestes avec ses camarades des deux sexes. Ces marionnettes exécutaient de petites pièces, pleines de railleries, d'imitations burlesques et de mots heureux, le tout assaisonné de vaudevilles joyeux et spirituels. Le public se mit de moitié dans cette vengeance originale, et la petite salle qu'Audinot avait fait d'abord construire à la foire Saint-Germain, et qu'il transporta ensuite au boulevard du Temple, où il fonda le théâtre de l'Ambigu, ne cessa pas longtemps d'être pleine. Quand cette espèce de curiosité eut été épuisée, Audinot remplaça ses marionnettes par de petits acteurs, ou très-jolis, ou très-intelligents, qui exécutaient de petites pièces ou d'intéressantes pantomimes. Ces jeunes acteurs malheureusement grandirent, puis vieillirent. Audinot lui-même subit les outrages du temps, et succomba en 1801, laissant à son fils un théâtre à diriger sans les ressources qui avaient fait sa fortune. Madame Audinot, qui survécut de plusieurs années à son mari, fut jusqu'à sa mort une des plus belles femmes de Paris.

AUDITEUR. On appelait autrefois auditeurs les juges des cours d'appel en pairie; ils tenaient leurs audiences trois fois par an sous forme de grands jours, et l'on interjetait appel de leurs sentences au parlement. Il y avait également des auditeurs au Châtelet de Paris, qui connaissaient des affaires purement personnelles jusqu'à concurrence de cinquante livres. — Le régime impérial créa un grand nombre de juges auditeurs, qui, sans être revêtus de charges judiciaires, assistaient aux délibérations des tribunaux auxquels ils étaient attachés. Les aspirants devaient remplir des conditions de fortune et d'études qui n'étaient pas toujours respectées. Les juges-auditeurs ne recevaient pas de traitement; les conseillers-auditeurs touchaient le quart des appointements que touchaient les conseillers; ils avaient voix délibérative quand ils étaient arrivés à l'âge nécessaire pour être juge ou conseiller. Les cours présentaient elles-mêmes les candidats. La Restauration conserva cette institution essentiellement vicieuse, qui faussait l'organisation judiciaire en y faisant entrer des hommes sans expérience et sans indépendance, puisqu'ils attendaient leur avancement du pouvoir. C'était un puissant moyen de corruption et d'influence dans un gouvernement représentatif. L'ordonnance du 10 décembre 1830 abolit les juges-auditeurs; les conseillers-auditeurs en exercice continuèrent leurs fonctions, mais il ne fut pas pourvu à leur remplacement.

Jusqu'à présent il y eut des auditeurs au Conseil d'État; chargés d'assister les conseillers d'État et les maîtres des requêtes rapporteurs dans la préparation et l'instruction des affaires, le règlement déterminait celles dont le rapport ne pouvait leur être confié. D'après la loi de 1849, ils étaient nommés au concours pour quatre ans.

A Rome, c'est aux véritables juges que l'on donne le nom d'auditeurs: ainsi, l'on dit les auditeurs de rote, les auditeurs de la chambre pontificale, pour désigner les juges qui composent ces tribunaux ecclésiastiques.

AUDITIF (en latin *auditivus*, qui appartient à l'ouïe, dérivé d'*auditus*, ouïe). L'organe de l'ouïe est souvent désigné sous le nom d'*appareil auditif*. Les *conduits auditifs* sont des parties importantes de cet organe. *Voy.* OREILLE.

AUDITION (*auditio*, du verbe latin *audire*, entendre). On appelle ainsi l'exercice de l'ouïe, l'action d'entendre, d'écouter, l'impression produite sur les nerfs auditifs par les sons qui pénètrent dans les cavités de l'oreille. En d'autres termes, c'est la faculté de percevoir les sons. L'attention donne une intensité toute particulière à l'audition. L'impression des sons se fait dans les deux oreilles à la fois, et cependant la sensation est unique. L'audition offre beaucoup de variétés, suivant les âges, les individus, les habitudes, etc. Elle nous fait connaître l'intensité, le timbre, le ton des sons; par elle nous jugeons de la voix, de la parole, de la distance, de la position des corps sonores, etc.

Nous empruntons à M. Jules Cloquet l'explication du *mécanisme de l'audition* : « Le pavillon de l'oreille rassemble, dit ce savant anatomiste, les rayons sonores et les dirige vers le conduit auditif, et cela d'autant mieux qu'il est plus grand, plus élastique, plus détaché de la tête et dirigé en avant. Cependant, tous les rayons qui tombent sur le pavillon ne sont pas, comme le pensait Boerhaave, dirigés vers le conduit auditif. Le son est reçu dans le conduit auditif, qui le transmet, en partie par l'air qu'il contient, en partie par ses parois, jusqu'à la membrane du tympan. Celle-ci reçoit le son, entre en vibration, et peut, à ce qu'il paraît, jusqu'à un certain point, s'accommoder à son intensité, en se relâchant ou en se tendant par l'action alternative des muscles antérieur et interne du marteau. Vu sa direction, la membrane du tympan reçoit obliquement les rayons sonores, et les transmet à l'air contenu dans la caisse, ainsi qu'à la chaîne des osselets. La corde du tympan doit participer aux vibrations de la membrane, et communiquer quelques impressions au cerveau. Le principal usage de la caisse du tympan est de transmettre à l'oreille interne les sons qu'elle a reçus de l'oreille externe. Cette transmission du son par la chaîne des osselets, qui agit spécialement sur la membrane de la fenêtre ovale; 2° par l'air qui le remplit, et qui agit sur la portion pierreuse et sur la membrane de la fenêtre ronde; 3° enfin, par les parois. La trompe d'Eustache sert à renouveler l'air de la caisse, et, suivant quelques auteurs, à transmettre directement des sons dans cette cavité. Il paraît qu'elle donne issue à l'air dans les os des sons violents viennent frapper la membrane du tympan. Les cellules mastoïdiennes, en augmentant l'étendue de la caisse, augmentent aussi la résonnance des sons qui viennent s'y rendre. Le conduit auditif n'est pas la seule partie qui puisse transmettre les sons à l'oreille interne; les chocs produits sur les os de la tête, le bruit d'une montre placée entre les dents, sont également perçus. On connaît peu les fonctions de l'oreille interne. Les vibrations sonores sont propagées par l'intermède du tympan au liquide de Cotugno et à la palpe du nerf auditif. Il est possible que la lymphe qui remplit le labyrinthe puisse céder aux vibrations trop intenses qui pourraient endommager le nerf, en refluant dans les aqueducs du limaçon et du vestibule. La rampe interne du limaçon reçoit les vibrations par la membrane de la fenêtre ronde, le vestibule par l'extrémité de la chaîne des osselets, les canaux demi-circulaires par les parois de la caisse; mais on ignore les usages de ces différentes parties. On avait cru que les fibres successivement décroissantes de la lame du limaçon étaient ainsi disposées pour se mettre en rapport avec la succession des sons, depuis le plus grave jusqu'au plus aigu; mais c'est une pure hypothèse. Le nerf acoustique reçoit les impressions et les transmet au cerveau, qui les perçoit avec plus ou moins de promptitude et d'exactitude, suivant les individus. »

AUDIUS. *Voyez* AUDÆUS.

AUDOUIN (JEAN-VICTOR), entomologiste remuant, qui a surtout excellé dans l'art de se produire. Se trouvant trop faible par lui-même pour satisfaire son ardente convoitise sans le dévouement et le concours d'autrui, il fut assez judicieux pour se concilier la protection de M. Brongniart, homme à qui ses ouvrages et ses grands emplois, mais surtout sa liaison intime avec G. Cuvier, donnaient un grand crédit. Audouin devint le gendre de M. Brongniart, précisément à l'époque où ce savant minéralogiste présidait un concile scientifique que la position de ses membres rendait puissant. Quel que fût alors le candidat à qui M. Brongniart porterait intérêt, il était certain d'obtenir au moins dix-huit ou vingt voix à l'Académie des Sciences de l'Institut. Jamais, et en aucun lieu, l'amitié et la famille n'eurent d'autels plus propices. C'est ainsi que M. Audouin parvint, sans trop de retard ni d'efforts, à l'Académie qu'on vient de citer; encore n'y entra-t-il que par une porte dérobée et par un chemin que le soc aurait dû sillonner. Et en effet, entomologiste de courte haleine, disciple et aide de Latreille, qui, lui-même, ancien prêtre alors sans froc, et savant de peu de zèle, ne lisait que des romans dans les dix dernières années de sa vie, Audouin ne succéda point à un zoologiste, mais à un agriculteur, lui qui aurait eu peine à discerner le sainfoin d'avec la luzerne. Il frustra donc un candidat légitime, un véritable agronome, d'une place que celui-ci avait pris soin de mériter par vingt années d'études et de sacrifices.

Audouin, d'une santé chancelante et d'un esprit peu fertile, savait s'associer avec habileté à ceux qui travaillaient. Il se lia d'abord, dès 1819, et sous les auspices de M. de Mirbel, alors secrétaire général du ministère de M. Decazes, avec Havet, jeune homme plein d'ardeur, qui, à peu de temps de là, alla mourir à Madagascar, où il s'était follement épris de la fille aînée du roi René, souverain de l'île. Audouin avait entrepris avec Havet, et d'après ses idées, un peu inspirées par celles de Bernardin de Saint-Pierre, un cours public sur les insectes selon les plantes qu'ils habitent et dont ils se nourrissent par préférence. Il s'associa, vers la même époque, avec un condisciple presque mourant, M. Lachat, pour la publication d'un bon travail sur l'anatomie des insectes, et en particulier sur la composition du corselet et du thorax de ces animaux. Plus tard, il se rangea parmi les partisans du système si hasardé de M. Geoffroy-Saint-Hilaire, concernant la prétendue analogie de structure des divers animaux, et il essaya de retrouver dans un cloporte ou un charançon les pièces principales du squelette des mammifères. A cette époque M. Strauss composait cette admirable anatomie du hanneton, qui causa à Audouin bien des insomnies. Audouin, toujours défiant de ses forces isolées de tout concours étranger, s'unit ensuite à M. Milne-Edwards, Anglais d'un studieux mérite, pour entreprendre quelques ouvrages; et plus tard à M. Brullé et à Dory de Saint-Vincent, etc., pour d'autres travaux. En sorte que de tant de publications morcelées concernant une branche d'ailleurs restreinte de la zoologie, presque aucune ne fut le fruit de sa propre pensée et de son travail vraiment personnel.

D'après des renseignements authentiques qu'il tenait de M. Berthelot, un des auteurs de l'*Histoire des Canaries*, Audouin put entretenir l'Institut des soins qu'il conviendrait de prendre pour acclimater utilement la cochenille dans l'Algérie, dans la Corse, et peut-être même en Provence. De même que les vers à soie, originaires des Indes, ont pu être introduits partout où le mûrier croît et prospère, la cochenille deviendrait productive dans tous les lieux où, comme au Mexique, sa vraie patrie, on pourrait lui offrir pour pâture et pour habitation des nopals, des tuneras ou divers cactus. Toujours comme collaborateur auxiliaire ou suppléant, il concourut un peu au grand ouvrage sur l'Égypte, en donnant l'explication très-sommaire des planches d'entomologie, etc., qu'une cruelle névrose aux yeux empêchait M. Lelorgne de Savigny de composer lui-même et avec la perfection de ses autres ouvrages. Audouin pour ce travail, qui ne lui valut pas l'assentiment de son titulaire et maître, obtint du moins les remerciments du ministre et la croix d'Honneur.

A la vérité il composa seul quelques ouvrages de détail sur la cochenille, sur les cantharides (sa thèse de docteur, car il était reçu médecin), sur le puceron des pommiers, sur cette maladie contagieuse des vers à soie qu'on nomme *muscardine*, sur les insectes qui nuisent à la vigne, et en particulier sur la *pyrale*, le meilleur de ses travaux. Il attacha son nom à quatre-vingt-deux petits travaux de cette espèce, notes, mémoires, descriptions d'insectes, la plupart desquels, comme on l'a vu, furent composés avec un ou divers collaborateurs, rarement les mêmes, à une ou deux exceptions près; en sorte qu'Audouin fit de la science comme d'autres ont fait des vaudevilles, en participant aux idées de quiconque s'en montrait prodigue. Ce fut encore ainsi qu'il publia un journal d'histoire naturelle avec ses deux beaux-frères, MM. Ad. Brongniart et J.-B. Dumas, tous deux, comme lui, membres de l'Institut. La famille Brongniart à elle seule composait la treizième partie de l'Académie des Sciences.

Toujours fidèle à son idée fixe d'association avec des esprits féconds par qui pût être voilée la stérilité du sien, Audouin était de toutes les réunions scientifiques, de toutes les entreprises collectives, grandes ou petites. On était sûr de retrouver son nom parmi les collaborateurs des diverses encyclopédies de l'époque, et à peu près toujours en tête, à raison de l'heureuse initiale dont le hasard avait doté sa vanité. Il en concluait tout naturellement qu'il n'existait qu'un ou deux hommes qui fussent véritablement avant lui : M. Arago à l'Institut, M. Adelon ou M. Andral ailleurs.

Audouin était professeur au Muséum d'Histoire Naturelle, membre de l'Institut et de la plupart des académies de Paris; au Jardin du Roi, il avait succédé à MM. de Lamarck et Latreille; à l'Académie des Sciences il occupait le fauteuil de M. Teissier, le savant abbé à qui la science a en quelque sorte dû Cuvier. Né à Paris, en 1797, il mourut dans cette ville, le 9 mars 1843.   Isid. Bourdon.

AUDRAN, famille de graveurs. Le premier fut *Charles* Audran, né à Paris, en 1594, et mort en 1674. Après lui se distinguèrent son frère *Claude* (1597-1677) et *Germain*, fils de Claude, né à Lyon, en 1631, mort en 1700; mais le plus illustre de tous et un des plus célèbres graveurs de l'école française fut *Gérard* Audran, né à Lyon, en 1640. Devenu de bonne heure d'une rare habileté dans son art, il alla encore se perfectionner à Rome, où il étudia pendant trois ans sous Carlo Maratti, et se rendit dès lors célèbre par un portrait du pape Clément IX. Sa brillante réputation décida le ministre Colbert à l'appeler à Paris, où il reçut le titre de graveur du roi. Il y reproduisit les principaux ouvrages du peintre Lebrun, dont il était devenu l'ami intime, et contribua à sa gloire, tout en s'immortalisant lui-même par la gravure des *Batailles d'Alexandre*, planches admirables, qui sont à bon droit considérées comme des chefs-d'œuvre. On a encore de lui six planches représentant des cartons de la coupole du Val-de-Grâce, d'après les dessins de Mignard; *la Mort de saint François*, d'après Carrache; *Énée fuyant avec Anchise*, *le Martyre de sainte Agnès*, *le Baptême des Pharisiens*, *la Femme adultère*, *Coriolan touché par les larmes de sa mère*, *Pyrrhus dérobé aux recherches des Molosses*, *le Temps sauvant la Vérité*, *l'Empire de Flore*, *le Martyre de saint Laurent*. Il mourut à Paris, en 1703.

Ses neveux *Benoît* Audran, né à Lyon, en 1661, mort à Paris, en 1721; et *Jean-Louis* Audran, né à Lyon, en 1670, et mort à Paris, en 1712, se formèrent à son école, sans toutefois atteindre à la hauteur de son talent.

AUDRY DE PUYRAVEAU (Pierre-François), issu d'une riche famille du département de la Charente, est né à Puyraveau, le 3 septembre 1773. En 1790 il fut envoyé à la grande fédération par la garde citoyenne de sa ville natale. Élu député à Rochefort en 1822, il alla tout aussitôt siéger à l'extrême gauche de la chambre, et se fit bien vite remarquer par l'ardeur de son opposition. Dans les dernières années qui précédèrent la révolution de Juillet, il s'était mis à la tête d'une grande maison de roulage; mais il paraît que cette opération, très-compliquée dans ses détails, loin de donner des bénéfices, se soldait déjà par des pertes annuelles. M. Audry de Puyraveau, cédant aux entraînements de la politique, se signalait dès lors par la vivacité avec laquelle il combattait le ministère Polignac. L'un des signataires de la fameuse Adresse des 221, il fit partie, après la dissolution des chambres, du petit nombre des députés qui crurent ne pas devoir quitter Paris, à l'effet de travailler l'élément populaire. Le jour où furent publiées les fatales ordonnances qui coûtèrent la branche aînée des Bourbons le plus beau trône de l'univers, M. de Puyraveau se jeta tête baissée dans la résistance à cette audacieuse et folle tentative de contre-révolution.

Dès la matinée du 27 juillet, sa maison était devenue l'arsenal de l'insurrection populaire qui avait éclaté la veille au soir, et il n'hésitait pas à livrer au peuple, indépendamment d'une quantité considérable d'armes à feu qui se trouvaient alors dans ses magasins à la destination des États de l'Amérique du Sud, tout l'immense matériel de son établissement de roulage pour en faire des barricades. Les députés présents à Paris se réunirent chez lui le 28 au matin; mais tous les efforts tentés par M. Audry de Puyraveau pour les engager à se mettre à la tête des combattants demeurèrent inutiles : aussi refusa-t-il de s'adjoindre à la députation qui se rendit aux Tuileries, auprès du duc de Raguse, pour demander le retrait des ordonnances et la mise en jugement des ministres, moyennant quoi tout rentrerait dans l'ordre. Dans la nuit M. Audry de Puyraveau fit imprimer, sous sa responsabilité, un arrêté qui nommait le général Lafayette commandant général de la garde nationale. Le lendemain la réunion des députés eut lieu chez M. Laffitte, et on sait les résolutions qui y furent prises. M. Audry de Puyraveau, sur le refus de M. Odier, se vit désigner pour faire partie de la commission municipale ; et lorsque les envoyés de Charles X se présentèrent à l'Hôtel-de-Ville, apportant au peuple les humbles excuses de la royauté humiliée et vaincue, ce fut lui surtout qui décida ses collègues à répondre qu'*il était trop tard!*

Quand l'ordre fut rétabli et la direction des affaires du pays encore une fois engrenée dans les rouages parlementaires, M. Audry de Puyraveau, qui avait tant contribué à l'établissement du nouveau gouvernement, qui avait plus *prêté* que tout autre *à la grande semaine*, songea à faire le bilan de sa situation commerciale, et reconnut que des pertes énormes étaient pour lui le résultat le plus clair et le plus positif du rôle qu'il venait de jouer dans la révolution. Il parut néanmoins, dans les premiers temps, placer toute sa confiance dans le nouveau pouvoir, et se tenir franchement dans l'opposition que vers la fin de décembre 1830. Dans l'intervalle avait eu lieu la répartition, entre les intéressés, d'un fonds de secours de 30 millions attribué à titre de prêt, par l'État, aux négociants et manufacturiers qui avaient le plus souffert de la crise commerciale. Obéré comme il l'était déjà avant les événements de Juillet, la gêne de M. Audry de Puyraveau s'était accrue des pertes réelles qu'il avait faites dans les journées de l'insurrection. Un prêt de 300,000 francs l'eût sauvé : il n'obtint que 100,000 francs, pour lesquels il dut hypothéquer ses propriétés, et qui, absorbés en grande partie par les frais de poursuite dont il avait déjà été l'objet, disparurent dans le gouffre des réclamations élevées par ses créanciers. Ainsi mulcté dans sa fortune particulière des sacrifices de toute espèce qu'il avait faits à la cause demeurée victorieuse en 1830, M. Audry de Puyraveau apporta à la tribune une opposition qui, en raison de l'antagonisme violent qui s'établit aussitôt entre les soutiens du pouvoir nouveau et ceux qui n'étaient pas dupes de ses machiavéliques roueries, durent encore contribuer à lui enlever des ressources de crédit qui eussent facilité une liquidation désastreuse sans doute, mais irréprochable.

Pressé de plus en plus par ses créanciers, M. Audry de Puyraveau eut alors l'idée de mettre en loterie ses trois terres de *Blamery*, *Boistableau* et *la Boissonnerie*. Les aigrefins, à l'affût de toutes les affaires où l'on peut voler en grand, comptèrent sur l'impunité que le gouvernement, en feignant de ne rien voir, accorderait sans doute dans cette circonstance au député de Rochefort et à leurs imitateurs, pour monter à l'envi force loteries analogues. Le gouvernement dut alors agir, tant dans l'intérêt du public tout autant que dans celui de la loi ; et les entrepreneurs de loteries illicites furent poursuivis correctionnellement. M. Odilon Barrot prêta dans cette circonstance l'appui de son talent à son malheureux collègue ; et cependant M. Audry de Puyraveau se vit condamner à une amende de 3,000 fr. et aux frais de l'instance. Son opposition à la tribune n'en devint que plus violente ; et les relations très-ostensibles qui s'établirent entre lui et un parti ardent, qui ne devait pas tarder à paraître armé sur la place publique, l'aveu qu'il fit franchement à la chambre que la *Société des Droits de l'Homme* le comptait au nombre de ses membres, autorisent à penser que dans son esprit cette opposition pouvait, si les circonstances l'exigeaient, sortir complétement des voies parlementaires. Enveloppé dans le procès *d'avril*, à l'occasion de la *lettre aux accusés*, dont il était un des défenseurs, il refusa de donner aucune explication sur sa conduite à la chambre des députés, qui accorda l'autorisation nécessaire, et la chambre des pairs, devant laquelle il ne se présenta pas, le condamna, le 4 juin, à un mois de prison et à 200 fr. d'amende ; mais plutôt que de la payer, il laissa vendre ses meubles.

L'année suivante, en présence des réclamations, toujours plus pressantes, de ses créanciers , M. Audry de Puyraveau comprit la nécessité de donner sa démission de député. Il se retira en Suisse, pour conserver sa liberté menacée, et disparut momentanément de la scène politique, où il laissait le souvenir d'un homme franc et loyal. La révolution de 1848, à laquelle il applaudit, on le pense bien, l'alla chercher dans sa retraite pour le porter à l'Assemblée constituante. Accablé par le malheur plus encore que par l'âge, il n'y donna guère signe de vie que par ses votes honnêtes, et ne fut pas réélu à la Législative. Oublié, méconnu, frustré de toute espoir, il mourut obscurément à Maisons-Lafitte (Seine et Oise), le 6 décembre 1852 : nouvelle preuve de cette vérité, fille d'un axiome bien connu : « Si les révolutions, comme Saturne, dévorent parfois leurs enfants , elles dévorent bien plus souvent leurs pères. »

AUE (HARTMANN VON DER), né vers l'an 1170, en Souabe, fut l'un de ces *minnesænger*, ou troubadours allemands, qui, sous les princes de la maison de Hohenstaufen, imprimèrent à la poésie allemande, alors encore dans l'enfance, un si brillant essor. Traduit en français, son nom veut dire *Hartmann de la Prairie* ; selon les uns, ce poëte, né roturier, prit le nom de *von der Aue* du lieu même où il vivait en Souabe; selon les autres, il était réellement de noble extraction, et ce nom appartenait bien à sa famille. Quoi qu'il en soit, la renommée de *Hartmann von der Aue* fut grande parmi ses contemporains , car son nom se trouve cité dans le fameux *Titurel* d'Eschenbach avec force épithètes, toutes plus élogieuses les unes que les autres. Son principal ouvrage, qui a pour titre *Ivain, ou le Chevalier du Lion*, et dont le sujet paraît emprunté aux traditions de la *Table-Ronde*, appartient incontestablement aux plus belles créations de la littérature germanique du moyen âge. Ce poëme a été imprimé à diverses reprises. Les frères Grimm ont publié, en 1815 , *le Pauvre Henri*, autre gracieux poëme de Hartmann, qui était demeuré oublié pendant des siècles dans la bibliothèque du Vatican. *Erek et Enite*, poëme épique, et la *Légende de saint Grégoire sur la pierre*, du même poëte, n'ont point encore eu les honneurs de l'impression. La collection de Manuesse (édit. de Bodmer) contient ses poésies lyriques, composées d'environ soixante strophes, et dans lesquelles on retrouve la sensibilité profonde qui est le propre de son génie poétique. L'année de la mort de Hartmann n'est pas connue.

AUERSPERG (Princes et comtes d'), ancienne famille, autrefois immédiate, établie dans la Carniole autrichienne, et qui tire son nom d'un château situé en Illyrie, qu'elle possède, à titre de majorat, depuis l'an 1067. Le comte ENGELHARDT, mort en 1466 , eut deux fils, PANCRACE et WOLKARD, devenus les chefs de deux branches aînées auxquelles ils donnèrent chacun leur nom. En 1631 la maison de *Volkard-Auersperg* fut promue à la dignité de comte de l'empire; et en 1653 la maison de *Pancrace-*

Auersperg à celle de prince de l'empire. Celle-ci, qui acheta en 1664 le comté de Theugen, situé dans le cercle de Souabe et érigé aussi plus tard en principauté, obtint par là le droit de vote et de séance à la diète de ce cercle. En 1791 les Auersperg firent cession au roi de Prusse de leurs duchés de Münsterberg et de Frankestein, situés en Silésie, et dont le titre ducal fut transféré au comté de Gottschée en Carniole; et la même année le titre et le rang de princes de l'empire furent accordés à toute la descendance masculine et féminine du prince alors vivant.

Les princes d'Auersperg sont à la fois maréchaux héréditaires de la Carniole et de la marche des Windes. Conformément à l'acte de confédération du Rhin, Theugen passa en 1812 sous la souveraineté du grand-duc de Bade, et son prince fit en conséquence partie des seigneurs du grand-duché. La famille d'Auersperg est catholique, et réside d'ordinaire à Prague. Son chef actuel est le prince *Charles-Guillaume-Philippe*, duc de Gottschée, né le 1er mars 1814; il a succédé à son père en 1827, sous la tutelle de sa mère. La ligne de Pancrace-Auersperg, indépendamment de la maison princière, s'est divisée en plusieurs branches, dont les membres portent le titre de comtes. C'est à une de ces branches collatérales qu'appartient le comte Antoine-Alexandre *d'Auersperg*. Voyez l'article suivant.

AUERSPERG (ANTOINE-ALEXANDRE, comte D'), connu comme poëte en Allemagne sous le nom d'*Anastasius Grün*, et célèbre surtout comme poëte lyrique, est né le 11 avril 1806, à Laybach, en Carniole, et a hérité de son père, mort prématurément, de la terre de Queckfeld et du comté de Thurn-am-Hart, en Autriche. Il séjournait alternativement à Vienne et dans ses terres, lorsqu'un voyage qu'il fit à Paris, en 1837, vint troubler cette existence. Sa dispute avec le chevalier Braun de Braunthal et les résultats qu'elle eut, en devenant un fait public, le forcèrent à avouer son nom véritable, qui, du reste, n'avait jamais été un secret pour les admirateurs de son talent. Des arrêts forcés qui lui furent alors infligés le punirent de sa trop grande franchise, mais il lui fut fait remise de l'amende de 25 ducats à laquelle il avait été condamné pour contravention aux lois de la censure. Le parti libéral lui a reproché comme une apostasie le mariage qu'il contracta bientôt après avec la fille du comte Ignace-Marie d'Attems, grand-bailli de Styrie.

Son premier ouvrage, la brillante épopée romantique intitulée : le Dernier Chevalier, *der letze Ritter* (Stuttgart, 1830; 2e édition 1845), produisit la plus vive sensation. La vie et les hauts faits de l'empereur Maximilien 1er sont le sujet de ce poëme; et l'auteur le traite non d'après une forme sévèrement arrêtée, mais dans une suite de ballades et d'après un rhythme qui ressemble, sans aucune affectation, à celui qu'emploie le poëte des Nibelungen. Les *Promenades d'un poëte viennois* (Hambourg, 1831), publiées sous le voile de l'anonyme, brillent par la force et la hardiesse de l'expression, par une noble franchise, par des traits fins et délicats, ainsi que par l'élévation du style et la richesse des images, à un degré auquel n'est jamais parvenu aucun des imitateurs qui se sont lancés à sa suite dans la poésie politique. On remarque les mêmes qualités dans un recueil d'élégies publié à Leipzig en 1835 sous le titre de *Schutt*. Ses *Poëmes* (Leipzig, 1837) étincellent de beautés originales. L'impression que produisent en général les œuvres poétiques du comte d'Auersperg, c'est un sentiment profond qui fait du bien à l'âme, qui la prédispose à la bienveillance et la réconcilie avec l'humanité. Deux essais épiques du comte d'Auersperg ont obtenu moins de succès. Dans l'un, *Nibelungen in Track* (Leipzig, 1843), il nous présente la peinture d'un duc de Weissenfels, personnage à moitié imbécile, destiné à ridiculiser l'esprit dont était animée une certaine partie de la noblesse à une époque déjà bien loin de la nôtre; et le ton plaisant qu'il y affecte se trouve en désaccord complet avec les allures ordinairement graves et posées du poëte. Dans l'autre, qui a pour titre *Pfaff vom Kahlenberg*, poëme pastoral (Leipzig, 1850), il a confirmé de nouveau dans leur opinion les critiques qui déjà avaient décidé que les sujets gais et plaisants étaient de tous points contraires à la muse sévère du comte d'Auersperg. Sa plus récente publication, *Volkslieder aus Krain* (Chants populaires de la Carniole; Leipzig, 1850), où il a la prétention de n'être qu'un traducteur fidèle, offre de nombreuses beautés. On y trouve recueillies, sous la forme la plus gracieuse, un grand nombre de vieilles poésies populaires.

AUERSTÆDT (Bataille d'). Voyez IÉNA.

AUERSWALD (HANS-ADOLF-ERDMANN D'), général major au service de Prusse, issu d'une ancienne famille de la Prusse occidentale, était né le 19 octobre 1792. A son entrée dans la vie il résolut de suivre la carrière des sciences et des lettres. Ses progrès dans les langues anciennes furent si rapides, qu'il était parvenu à parler très-couramment le grec et le latin. Dans les sciences mathématiques il avait engagé une habileté telle qu'il arriva souvent à l'illustre astronome Bessel d'exprimer plus tard le regret qu'il eût renoncé à cette carrière pour embrasser l'état militaire, et d'ajouter que les sciences exactes avaient perdu en lui un sujet qui faisait concevoir les plus belles espérances.

Les événements de 1813 arrachèrent comme tant d'autres Auerswald à ses studieuses recherches. Le corps d'armée du général d'York étant venu à passer par la ville de Kœnigsberg, où il étudiait, il s'y enrôla, et fut incorporé dans le deuxième régiment de dragons, où il ne tarda pas à passer lieutenant. Il lui fut donné d'assister aux batailles de Gross-Beeren, de Dennewitz et de Leipzig, et, l'année d'après, de prendre part à la campagne de Hollande sous les ordres du général Bulow, dont il fut nommé aide de camp après la bataille de Waterloo. La guerre terminée, il entra en 1817 dans l'état-major général, où l'on eut à apprécier les connaissances spéciales qu'il devait à ses études premières. En 1841 il fut promu colonel, et appelé à commander un régiment de dragons. En 1846 il fut nommé général de brigade à Neisse, et en 1848 appelé en la même qualité à Breslau. Les événements de l'année 1848 lui fournirent l'occasion de se poser en homme politique. La réputation de franchise et d'indépendance qu'il avait acquise fit sortir son nom de l'urne électorale dans la députation au parlement allemand presque partout où il avait tenu garnison. Il fut l'un des officiers prussiens membres de cette assemblée qui votèrent en faveur d'une organisation encore plus populaire à donner à l'armée. Au reste, il se montra en toute occasion le défenseur énergique et convaincu du principe monarchique en général, et des droits de la maison de Hohenzollern en particulier, sans d'ailleurs rien sacrifier par ce son attachement aux libertés civiles et aux droits du peuple. Au mois d'avril 1848 le président du conseil des ministres Camphausen le manda à Berlin, dans l'intention de lui offrir le portefeuille de la guerre. Auerswald le refusa, parce qu'il avait déjà un de ses frères membre de ce cabinet, et qu'il ne voulait pas qu'on pût accuser sa famille d'accaparer toutes les hautes fonctions publiques.

Dans l'assemblée nationale de Francfort il appartint à la droite, et s'y occupa surtout des questions militaires soumises aux délibérations du parlement.

Le 18 septembre 1848, à la suite de l'acceptation de l'armistice de Malmoe par l'Assemblée nationale, les rues de Francfort étant devenues le théâtre d'une lutte armée, le général Auerswald se rendait à cheval, avec un autre député, le prince Félix Lichnowski, à la maison de campagne du prince vicaire de l'empire, située à peu de distance de la ville, pour le prévenir, dit-on, de la prochaine arrivée d'une députation de membres du côté gauche. En route, ils rencontrèrent une bande d'insurgés, qui, reconnaissant le prince Lichnowski, odieux au parti populaire à cause de ses votes dans le parlement, se lancèrent à sa poursuite et à celle de son compagnon. Auerswald parvint à se réfugier dans une maison; mais ces furieux l'en arrachèrent, et, après lui avoir fait subir les plus indignes traitements, le blessèrent mortellement de plusieurs coups de fusil. Il tomba alors dans un fossé, et y rendit l'âme. Sa femme était morte peu de temps auparavant. Il laissait quatre fils et une fille, tous encore en bas âge.

Deux frères puînés du général, Rodolphe et Alfred, le premier né en 1795, et le second en 1797, ont été appelés comme lui, à la suite des événements de 1848, à jouer un rôle important dans les affaires de leur pays.

Rodolphe D'AUERSWALD a été ministre des affaires étrangères dans le cabinet qui succéda, à la fin de juin, à l'administration qui avait pour chef M. de Camphausen. Mais il donna sa démission dès le mois de septembre suivant, avec tous ses collègues, à cause de l'attitude de plus en plus hostile au pouvoir prise par l'Assemblée nationale prussienne. Il avait été élu membre de cette assemblée par la ville de Francfort-sur-l'Oder : il revint en conséquence y reprendre sa place au côté droit, où il combattit toujours avec énergie et talent les tendances démagogiques de ses collègues de la gauche. Élu l'année suivante membre de la première chambre, il en dirigea les débats comme président pendant les sessions de 1849 et 1850, faisant preuve dans ces délicates fonctions d'autant d'impartialité que d'habileté. Au mois de juin 1850 il devint président supérieur de la province du Rhin; remplacé le 18 juillet 1851, il a dû être chargé de fonctions diplomatiques en Italie.

Alfred D'AUERSWALD, après avoir été l'un des fondateurs de la Burschenschaft, était entré dans l'administration. Mais il renonça en 1824 à cette carrière pour se consacrer uniquement à la culture d'un domaine que lui avait laissé son père. La confiance de ses compatriotes vint l'arracher une première fois, en 1837, à ces paisibles travaux pour le charger de défendre leurs intérêts dans l'assemblée des états de la province de Prusse. Membre de la diète en 1840, il y présenta une motion tendant à ce que le roi fût supplié d'ordonner la convocation des états généraux vainement promise en 1815. A la suite de la révolution qui éclata à Berlin en mars 1848, Alfred d'Auerswald fut appelé à tenir le portefeuille de l'intérieur dans le cabinet dont Camphausen était le chef, et se retira avec ses collègues devant les votes hostiles de l'Assemblée nationale. Lui aussi il en avait été élu membre, et il y vint alors prendre place au centre droit, pour combattre en toute occasion la majorité démocratique. En 1849 il fut élu membre de la seconde chambre, qui le choisit pour son vice-président, et où il vota encore avec le côté droit contre la majorité démocratique. Dans toute sa carrière parlementaire il s'est montré aussi constant partisan de la liberté et du progrès qu'implacable adversaire de l'anarchie et de la démagogie.

AUGER (Le P. EDMOND), de la compagnie de Jésus, naquit en 1530, d'un père laboureur, au village d'Allemand, dans le diocèse de Troyes. Il alla à Rome en mendiant, entra chez les jésuites comme aide de cuisine, fut admis dans l'ordre par saint Ignace, et revint en France pour convertir les protestants. Dans le cours de cet apostolat, alors si dangereux, il tomba entre les mains du fameux baron des Adrets, qui voulut le faire pendre. Un ministre calviniste obtint sa grâce au moment où il avait déjà le pied sur l'échelle. Henri III le nomma son prédicateur et son confesseur. C'est le premier jésuite qui ait rempli cette fonction délicate. Les ligueurs l'éloignèrent de la personne du roi, et il alla mourir à Côme, en 1591.

AUGER (NICOLAS), comédien, qui, après avoir tenu avec beaucoup de succès l'emploi des valets sur le théâtre français de Vienne, en Autriche, vint débuter à Paris, le 14 avril 1763, dans les mêmes rôles. Il obtint un succès très-brillant, et parut d'abord destiné à remplacer Armand, qui commençait à vieillir. Cet acteur avait une mobilité de physionomie dont il abusait quelquefois pour donner dans la charge. C'est lui, par exemple, qui, en jouant *Tartufe*, introduisit celle du gros bâton de réglisse qu'il offrait à Elmire; plaisanterie indécente, qui a été longtemps répétée comme une tradition théâtrale. Quoique son jeu annonçât une grande intelligence, Auger manquait totalement d'instruction. Il estropiait souvent les vers, et c'est à lui qu'il est arrivé, en jouant l'*Intimé* des *Plaideurs*, de dire ainsi les vers suivants :

Et si dans la province
Il se donnait en tout vingt coups de nerf de bœuf,
Mon père, pour sa part, en embourait DIX-HUIT.

Auger, pour se conformer aux règlements de la Comédie, débuta dans le genre tragique au mois de février 1763, par le rôle d'Huascar, dans *les Illinois*, qu'il joua trois fois; il s'essaya ensuite dans le rôle de Warwick : cette tentative lui prouva qu'il devait s'en tenir à la comédie. Il créa avec un grand succès les rôles du Commandeur dans *le Père de Famille*, et celui de Basile dans *le Barbier de Séville*. Il se retira du théâtre en 1782; mais il ne jouit pas longtemps de sa pension, car il mourut au Roule, le 26 février de l'année suivante.

AUGER (ATHANASE), grand-vicaire de Lescar, membre de l'Académie des Inscriptions, naquit à Paris en 1734, et fut d'abord professeur de rhétorique au collége de Rouen. L'évêque de Lescar, M. de Noé, savant helléniste, qui l'attacha à son chapitre, l'appelait, en plaisantant, son grand vicaire *in partibus Atheniensium*, par allusion à sa profonde connaissance de la langue, des mœurs et de l'histoire d'Athènes. Uniquement livré à l'étude, modeste, sans ambition, simple dans sa manière de vivre, l'abbé Auger passait tout son temps dans son cabinet, s'occupant d'enrichir notre langue des chefs-d'œuvre oratoires de la Grèce et de Rome. Pour que rien sous ce rapport ne manquât à sa félicité, son évêque se plaisait à prendre part à ses travaux : c'est ce qui a fait dire que, bien différent de tant de prélats qui font faire leurs ouvrages par leurs grands-vicaires, M. de Noé était souvent le *teinturier* de son grand-vicaire.

L'abbé Auger débuta par la traduction des *Harangues de Démosthène* et d'*Eschine sur la Couronne*. Plus tard, il donna les *Œuvres complètes* de ces deux orateurs, réimprimées en 1819 à la suite d'une révision consciencieuse par MM. Planche et Boissonade, en 10 vol. in-8°, avec le texte en regard. Il traduisit successivement les *Œuvres complètes de Lysias*; les *Discours de Lycurgue, d'Andocide, d'Isée, de Dinarque*, avec un *fragment sous le nom de Démade*: les *Harangues tirées d'Hérodote, de Thucydide et des œuvres de Xénophon*. Ces diverses traductions indiquent un écrivain sachant mieux le grec que le français. Partout le sens est bien saisi; mais tout le feu de Démosthène et d'Eschine s'éteint sous la plume timide du traducteur. Sa version de Lysias est plus estimée, parce qu'il est plus facile de reproduire la froide symétrie d'Isocrate que l'éloquence impétueuse de Démosthène. L'abbé Auger s'est également exercé sur les pères de l'Église. On a de lui la traduction des *Homélies, Discours et Lettres choisies de saint Jean Chrysostome* et *de saint Basile le Grand*. Il a également traduit sur Cicéron, dont il publia les *Discours choisis*. Il avait autant médité l'orateur romain que l'orateur grec, et dans la partie posthume de ses ouvrages, publiée en 1794 (an II), figurent tous les discours de Cicéron.

Le laborieux écrivain a laissé aussi des livres de morale et de politique : 1° *Discours sur l'Éducation, avec des notes et des réflexions sur l'amitié*; 2° *Projet d'éducation publique*, précédé de quelques *Réflexions sur l'Assemblée nationale* (1789); 3° *Catéchisme du Citoyen français*; 4° *Des Gouvernements en général, et en particulier de celui qui nous convient* (1792); 5° *Combien il nous importe d'avoir la paix*. Ces diverses brochures prouvent qu'il avait adhéré aux principes de la révolution. Il mourut le 7 février 1792. Les derniers écrits de l'abbé Auger sont : 1° *De la Constitution des Romains, sous les rois et au temps de la république* (1781); Il avait consacré plus de trente ans à cet important ouvrage; 2° *De la Tragédie grecque* (1792). Cette dissertation, qui parut quatre jours après la mort de l'auteur, était destinée à servir de préface à une traduction des trois tragiques grecs en prose et en vers. Les écrits d'Auger forment une collection de 29 vol. in-8°; on recherche encore ses traductions des Grecs; on fait moins de cas de ses traductions des Latins. L'éloge d'Auger fut prononcé un mois après sa mort à la loge des Neuf-Sœurs par Hérault de Séchelles, savant helléniste lui-même.

AUGER (LOUIS-SIMON), de l'Académie Française, né à Paris, le 29 décembre 1772, entra en 1793 dans l'administration des vivres de l'armée pour se soustraire à la réquisition; de là il passa au ministère de l'intérieur, ce qui ne l'empêcha pas de se livrer à la littérature. Il débuta par quelques bluettes aux petits théâtres, et composa avec Mabire *la Foire de Senlis*; seul, *Arlequin odalisque*; avec Piis, *la Mothe-Houdart*; avec Boutillier, *le Tonnerre*. En 1804 il devint rédacteur de la *Décade philosophique*, et le succès de ses articles engagea MM. Bertin à l'admettre parmi les collaborateurs du *Journal de l'Empire*, position littéraire aussi recherchée alors qu'aujourd'hui, et qui a fait plus d'un académicien, plus d'un conseiller d'État, plus d'un ministre. Les articles d'Auger, signés de la lettre T, sont remarquables par la sévérité des principes littéraires, par la pureté du style; mais la critique en est parfois âpre, la diction sèche; ils n'offrent ni ce riche fonds de littérature, ni cette légère ironie, ni ce ton d'homme du monde qui distinguaient ceux de Dussault, des Hoffman, des Feletz, des Boissonade. Il avait amèrement critiqué dans son journal l'ouvrage de madame de Genlis intitulé : *De l'Influence des Femmes dans la Littérature*. Elle répondit par deux brochures acrimonieuses, dans lesquelles elle attaquait Auger et comme rédacteur du *Journal de l'Empire* et comme collaborateur de la *Biographie Universelle*, qui alors commençait à paraître. Pour sa réplique, Auger réimprima ses articles avec deux lettres nouvelles, sous ce titre, où brille le *moi littéraire : Ma Brochure en réponse aux deux Brochures de madame de Genlis*.

Du reste, notre journaliste avait toujours soin de se mettre bien avec l'autorité. Il conserva jusqu'en 1812, au ministère de l'intérieur, sa place, qui n'était pour lui qu'une sinécure; et lors de la formation de l'université impériale, il fut adjoint à la commission chargée de l'examen et de la composition des livres classiques. En 1814 la littérature, jusque alors unanime pour encenser Napoléon, se partagea en deux camps. Dans l'un se pavanaient les littérateurs qui couraient les premiers à la curée des places et des pensions; dans l'autre, ceux qui ne furent ni assez habiles ni assez empressés pour avoir part au gâteau. Auger n'était pas homme à s'oublier dans une telle conjoncture : il fut nommé censeur royal, et, quittant le *Journal de l'Empire*, redevenu le *Journal des Débats*, il fut le principal rédacteur du *Journal général de France*, que venait de fonder M. Étienne Feuillant. Cette feuille était royaliste, mais en même temps gouvernementale : les articles d'Auger et de ses collaborateurs se firent remarquer par une mesure parfaite, et le journal eut un grand succès. Pendant les Cent-Jours il ne changea point le ton de sa rédaction, et fit de cette opposition réservée qui fatigue plus la puissance que les attaques les plus directes. Trois jours de détention punirent le rédacteur en chef. Rendu à la liberté (20 juin), Auger persévéra, et ce fut impunément. Napoléon, vaincu à Waterloo, avait autre chose à faire que de persécuter les journalistes. Au second retour du roi, Auger reprit sa place de censeur, et reçut, en outre, une pension. Jusqu'en 1817 il conserva la rédaction en chef et la direction du *Journal Général*, qui contracta dès lors une allure toute ministérielle : les abonnés s'en allaient en proportion de ce que les subventions devenaient plus abondantes. C'est ainsi qu'Auger décida la ruine d'une feuille dont, en d'autres temps, il avait commencé le succès. Il finit par quitter ce journal, qui, sous le titre d'*Indépendant*, se fit libéral, sans pouvoir se relever.

En 1816, lors de la réorganisation de l'Institut, il fut, non point nommé académicien par ordonnance, comme on l'a dit à tort, mais élu, le 12 avril, à l'une des deux places que l'ordonnance de réorganisation avait laissées vacantes. Son assiduité, son aptitude aux fonctions académiques, le firent appeler à la commission du Dictionnaire, avec 6,000 fr. d'appointements. En 1820 il fut un des membres les plus zélés de la commission de censure établie par la loi qui suspendait la liberté de la presse. Enfin, lors de la démission de M. Raynouard, dont l'indépendance ne se prêtait point à toutes les exigences du pouvoir, Auger fut nommé secrétaire perpétuel, et bientôt après membre de la Légion d'Honneur. Toutes ces faveurs ne pouvaient manquer d'exciter l'envie, et de lui attirer de vives attaques. La *Minerve*, la *Pandore*, les *Lettres Normandes* et maintes biographies satiriques firent pleuvoir sur lui force brocards dont il s'affectait peu, bien qu'il ne se fît pas faute d'y répondre avec âpreté dans d'autres journaux, entre autres dans le *Mercure de France*, devenu ministériel. Dès qu'il eut été nommé secrétaire perpétuel, il cessa de fréquenter la Société des Bonnes Lettres, qui lui avait servi d'échelon, et où il avait fait avec applaudissements des lectures de son *Commentaire sur Molière*. Tout entier aux affaires de l'Académie, il se livra avec ardeur au travail du Dictionnaire, dont il était spécialement chargé, et qu'il avança plus qu'aucun de ses prédécesseurs. Il eut la plus grande part aux élections de MM. Villemain, de La Quénen, Soumet et Casimir Delavigne. Lorsque, dans l'Académie, quelques membres proposèrent de rédiger une adresse au roi Charles X sur la loi de la presse, présentée par M. de Peyronnet, Auger s'opposa vivement à cette mesure.

Bien vu de ses collègues, quoique ami du pouvoir, il paraissait jouir de la position la plus désirable, lorsque, dans la soirée du 2 janvier 1829, il quitta sa maison pour ne plus reparaître. Le malheureux avait été se précipiter dans la Seine, ce ne fut que trois semaines après que son corps, horriblement défiguré, fut retrouvé dans ce fleuve, à dix lieues de la capitale, près de Meulan. Bien des versions circulèrent alors sur les causes de ce suicide. Il eut pour successeur à l'Académie M. Étienne, éliminé en 1816, et qui s'est honoré en rendant justice au caractère de celui qu'il avait si souvent critiqué de son vivant. Une prévention fâcheuse s'était établie : on supposait assez généralement que l'influence d'Auger n'avait pas été étrangère à l'exclusion de l'auteur des *Deux Gendres*. M. Étienne dans son discours de réception, prononcé le 24 décembre 1829, prit soin de détruire ce préjugé. Dans le fait, nous qui avons connu personnellement Auger, nous pouvons dire que son caractère privé était à l'abri de tout reproche. Ses formes un peu brusques cachaient le cœur le plus sensible. Il avait beaucoup d'amis, et tous sont restés fidèles à sa mémoire. Quelques années avant sa mort il avait épousé la nièce de deux illustres savants, Berthollet et Monge. Auger a publié avec des notices une foule d'éditions estimées : mesdames de Villars, de Maintenon, de Caylus, de Tencin, de Lafayette; mademoiselle Aïssé, Hamilton, Duclos, l'abbé de Boismont, Campistron, Favart, Fénelon, l'historien Gaillard, Carmontelle, Malfilâtre, Montesquieu, etc., l'ont successivement occupé comme éditeur et biographe. On voit par ces noms, qui indiquent des genres si divers, que dans son heureuse médiocrité il ne doutait pas tout sujet ne fût de son ressort. On lui doit une édition abrégée du *Lycée de La Harpe*; mais son œuvre capitale est le *Commentaire de Molière*, qui aura toujours sa place dans la bibliothèque de l'homme de goût. En 1805 il avait été couronné par l'Académie pour un *Éloge de Boileau*; en 1808, l'*Éloge de Corneille*, mis aussi au concours, lui avait valu un accessit. On a réuni en deux volumes un choix raisonné de ses articles, sous ce titre : *Mélanges philosophiques et littéraires* (Paris, 1828, 2 vol. in-8°). — La *Biographie Universelle* lui doit un grand nombre de notices et le discours préliminaire de la première édition. Ch. DU ROZOIR.

AUGEREAU (PIERRE-FRANÇOIS-CHARLES), duc DE CASTIGLIONE, maréchal et pair de France, l'un des plus intrépides guerriers qui aient illustré les armées françaises, était fils d'un ouvrier maçon et d'une fruitière du faubourg Saint-Marceau à Paris. Il naquit dans cette ville, le 11 novembre 1757. Son éducation, extrêmement négligée, influa sur toute sa vie : il en conserva tous les vices. Appelé de bonne heure, par sa vocation, au métier des armes, on ignore par quelles circonstances il fut conduit à aller prendre du service dans les troupes napolitaines, où il resta comme simple carabinier jusqu'en 1787. Il s'établit alors maître d'escrime à Naples. Son industrie nouvelle y prospérait peu, lorsque, en 1792, l'ordre fut donné à tous les Français suspects de quitter cette ville. Il arriva en France après le 2 septembre, âgé de trente-cinq ans, plein de courage, d'activité, d'ambition, et se jeta dans les premières levées de volontaires, où il ne tarda pas à se faire remarquer par une intrépidité fougueuse, presque toujours suivie de succès. Nos frontières étaient alors envahies. Son avancement fut rapide; trois ans s'étaient à peine écoulés, que, conquérant à chaque affaire un nouveau grade, il était adjudant-général à l'armée des Pyrénées, commandée par Dugommier. Sa conduite à la reprise de Bellegarde, au blocus de Figuières et sur les bords de la Fluvia, où il battit les Espagnols, lui valut le grade de général de division.

A l'issue de la paix conclue avec le cabinet de Madrid, il passa, sous Schérer, à l'armée d'Italie, où il contribua puissamment au gain de la bataille de Loano. Enfin Bonaparte parut, et l'immortelle campagne de 1796 commença. Sous l'habile direction de son nouveau général, Augereau se signale à presque toutes les batailles. Le 13 avril 1796, à la suite d'une marche forcée, il s'empare des gorges de Millesimo et, réuni aux généraux Mesnard et Joubert, exécute avec rapidité et audace cette belle manœuvre qui fit mettre bas les armes au général autrichien Provera. Peu de jours après, il bat les Autrichiens à Dego, prend les redoutes de Montelesimo, opération qui sépare définitivement les Sardes des Impériaux, et assure ainsi le succès de la campagne. Le lendemain il emporte le camp retranché de Céva, et pénètre dans Alba et Casale. Enfin, il rencontre l'ennemi à la tête du pont de Lodi, hérissé de canons et défendu par un feu terrible; sur l'autre rive stationne une armée de soixante mille hommes. Augereau s'enflamme à cet aspect, inspire son courage à ses troupes, renverse tous les obstacles, et, à la tête de ses grenadiers, bravant la mitraille, se précipite sur le pont, qui n'est pas encore traversé que l'ennemi est déjà en fuite dans toutes les directions. Il profite de cet avantage, fait des milliers de prisonniers, bat tous les corps de troupes qu'il rencontre, dégage Masséna d'une position difficile, s'empare de Castiglione et de Bologne, où il voit tomber en son pouvoir quatre cents hommes de l'armée pontificale, son état major et le cardinal-légat lui-même; repousse pendant plusieurs jours des nuées d'assaillants retranchés sur la tête numérique, passe l'Adige, et arrive à Roveredo. Là il tient en échec un corps posté à Bassano, tandis que Masséna s'avance de Villa-Nova, et cerne vingt mille hommes commandés par le général Wurmser, qui ne lui échappe qu'en se sauvant le long de l'Adige jusqu'à Mantoue.

Bientôt il apprend que l'ennemi a passé la Brenta et vient l'attaquer; il réunit immédiatement ses troupes, court à sa rencontre, et le poursuit pendant 16 kilomètres, jusqu'à Bassano. Arrive enfin cette célèbre journée d'Arcole, qui devait couronner de la manière la plus glorieuse pour lui une campagne qu'il avait illustrée par tant de beaux faits d'armes. Son admirable conduite dans cette circonstance fut dignement récompensée par le gouvernement français; il fit don, au général du drapeau dont il s'était servi pour guider ses troupes. Il était réservé à Augereau lui-même de souiller cet acte d'héroïsme, d'abord en livrant au pillage pendant trois heures la ville de Lugo, qui s'était soulevée, il est vrai, mais qui en avait déjà été punie; puis en achetant à vil prix les effets précieux que ses soldats avaient emportés du pillage. Ce fut surtout à cette occasion que le *fourgon d'Augereau* devint célèbre dans l'armée.

Ici commence pour lui une nouvelle carrière : éloigné de l'armée, il se livra à toutes les intrigues politiques dont Paris était le théâtre, et y compromit sa gloire! En Italie il s'était montré excellent général, intrépide, infatigable, mais dur envers les vaincus, qu'il dépouillait sans pitié. D'un caractère difficile et frondeur avec ses égaux et ses supérieurs eux-mêmes, incapable de vues étendues et suivies, Augereau, de retour à Paris, chargé d'or et de lauriers, apportant au Directoire les drapeaux enlevés à l'ennemi, reçut du pouvoir de publiques félicitations pour son courage et ses talents militaires; mais à ces félicitations succéda tout à coup une confiance qui eût paru avilissante à tout autre : en effet, Bonaparte et Hoche étaient les seuls qui portassent alors ombrage au Directoire; Augereau, aussi brave qu'eux, était plus dévoué et moins habile. Il devint entre les mains des directeurs un instrument utile pour abattre une faction qui s'était formée sous le nom de *Club de Clichy*, et dont les membres nombreux se reconnaissaient à des signes particuliers, tels qu'un collet noir et une cadenette. Augereau, toujours docile au pouvoir, pourvu que son avarice et son ambition y trouvassent leur compte, se soumit à tout ce qu'on exigea de lui pour accomplir la révolution du 18 fructidor, qu'on méditait de longue main. Ayant remplacé le général Hoche dans le commandement de la division militaire de Paris, il entra dans la salle du corps législatif à la tête d'un fort détachement, s'adressa au général Ramel, lui arracha ses épaulettes, ordonna l'arrestation de tous ceux qu'on lui avait désignés comme coupables, ou seulement comme suspects, et les fit conduire au Temple; il avait arrêté de sa main le général Pichegru. Le parti vainqueur ne manqua pas de prodiguer de nouvelles félicitations au général, qui crut à leur sincérité; il se berça même de l'espoir de remplacer un des directeurs fructidorisés; et n'en douta plus quand il vit son nom placé sur la liste des candidats; mais on lui préféra Merlin de Douai et François de Neufchâteau. Telle fut la première excursion d'Augereau dans le champ de la politique, et l'on voit qu'elle ne fut pas heureuse. Interrogé quelques jours auparavant sur la crise qui se préparait, il avait répondu avec plus d'esprit qu'on n'en attendait de lui : « Je suis enfant de Paris; jamais Paris n'aura rien à craindre de moi. » Il mentit encore ici à sa conscience, et vous le verrez y mentir toutes les fois qu'il croira ses intérêts compromis à être vrai. Augereau, désappointé, se plaignit; pour se débarrasser de ses plaintes, on l'envoya remplacer à l'armée du Rhin et Moselle le général Hoche, qui venait de mourir. On avait joué Augereau; c'en fut assez pour le supposer mécontent et pour lui attribuer des projets hostiles au gouvernement, qui, le croyant encore trop près de Paris, l'envoya, sous prétexte d'une guerre contre le Portugal, commander aux Pyrénées la dixième division militaire. Augereau, ne doutant plus alors que ce commandement ne fût un véritable exil, se fit élire dans le département de la Haute-Garonne membre du conseil des Cinq-Cents, et se hâta de revenir à Paris remplir ses nouvelles fonctions.

A la même époque, vers la fin de 1799, Bonaparte avait quitté l'Égypte et voguait vers la France. Dès que le Directoire apprit son retour, il se crut perdu : l'extrême médiocrité des cinq directeurs, les fautes nombreuses dans lesquelles ils tombaient chaque jour, ne leur laissaient plus qu'un pouvoir déconsidéré; peu d'efforts suffisaient pour le renverser, et Bonaparte arrivait avec son génie et les vœux de la France. En vain Jourdan, prévoyant un coup d'État, voulut faire déclarer la patrie en danger; en vain Augereau, pour le seconder, soutint « que la tête du général de fructidor serait jetée bas avant que l'on osât rien entreprendre contre le gouvernement établi, » le 18 brumaire éclata; et Augereau, qui n'avait point été appelé à y prendre part, alla trouver Bonaparte, et lui dit avec une apparente franchise : « Quoi ! vous avez voulu faire quelque chose pour la patrie, et vous n'avez pas appelé Augereau ! » Ces mots, suivis d'une accolade, sincère ou non, valurent à Augereau, dont les talents n'étaient pas d'ailleurs à dédaigner à cette époque, le commandement de l'armée gallo-batave, qui lui fut remis par les autorités hollandaises. Chargé de seconder les opérations de Moreau, il s'attacha au général Kalckreuth, que l'Autriche lui opposait, le combattit, le harcela, le poursuivit et livra en quelque sorte à Moreau, qui remporta à Hohenlinden ce glorieux triomphe qui fixa les destinées de l'Allemagne. Remplacé en Hollande par le général Victor en 1801, il alla passer deux années dans sa belle terre de la Houssaye, occupé à rétablir sa santé chancelante et à organiser son immense fortune. Après la rupture du traité d'Amiens, il fut nommé général en chef d'une expédition projetée contre le Portugal, qui n'eut pas lieu ; il revint à Paris assister au sacre de l'Empereur, et grossir la foule des courtisans. Napoléon avait acheté son adhésion avec le bâton de maréchal, le grand-aigle de la Légion d'Honneur, la présidence de l'assemblée électorale du Loiret, l'ordre d'Espagne de Charles III, le titre de duc de Castiglione, d'autres dignités, d'autres décorations encore, et, ce qui ne souriait pas moins peut-être à l'homme séduit, un beau million en or; et à ces conditions le général de fructidor, malgré ses promesses solennelles, avait laissé abattre pour la troisième fois le *gouvernement établi*; ce qui ne l'empêcha pas de dire d'un ton frondeur, quelques jours après, « qu'il n'avait manqué à la cérémonie qu'un million de Français morts pour la destruction de ce qu'on voulait rétablir. »

Cependant, la guerre ayant éclaté entre la France et l'Autriche, le nouveau maréchal fut chargé du commandement de l'armée qui allait envahir l'Allemagne ; il atteignit les Autrichiens sur la rive orientale du lac de Constance, les vainquit, leur prit plusieurs places importantes et concourut puissamment, par ses succès, à la paix de Presbourg. Bientôt la guerre est déclarée au cabinet de Berlin : Augereau bat les Prussiens à Iéna, et s'empare de leur capitale. Une nouvelle bataille signala l'année suivante, celle d'Eylau ; le maréchal, dévoré d'une fièvre ardente, couvert de rhumatismes, malade et conservant à peine sa connaissance, fit des fautes qui faillirent lui arracher la victoire ; mais bientôt, rappelant ses forces morales, sans recourir à ses forces physiques, ranimé par le canon *qui réveille les braves*, comme dit le 63ᵉ bulletin, il remonte à cheval, s'y fait lier, s'élance vers l'ennemi, et fixe la fortune dans les rangs français; une balle lui avait traversé le bras pendant l'action, mais il ne s'en était pas aperçu. Voilà de ces faits qui n'appartiennent qu'à Augereau. Que ne sont-ils les seuls qui accompagnent son nom dans l'histoire !

Sa santé, gravement altérée par les fatigues de la campagne, le força de rentrer en France : il y resta dix-huit mois, jusqu'en 1809, époque où il reçut ordre de passer en Espagne. Chargé de la direction du siége de Gironne, il obligea cette place à capituler. Rappelé tentement quelques mois après, il se replia sur Barcelone, et fut remplacé par le maréchal Macdonald. Rappelé par l'empereur, qui n'aimait pas les généraux malheureux, il resta en disgrâce jusqu'à la campagne de Russie, en 1812. Un commandement important lui fut alors confié, celui du onzième corps, stationné à Berlin, tandis que la grande armée marchait sur Moscou. Les liens qui attachaient l'Allemagne à la France commençaient à se rompre. Le duc de Castiglione fut attaqué dans son hôtel par la populace de la capitale, et ne put rétablir l'ordre et pourvoir à sa sûreté qu'en faisant jouer l'artillerie. Il se retira à Francfort, dont il fut nommé gouverneur général, place qu'il réunit bientôt à celle de gouverneur du grand-duché de Wurtzbourg. Ce fut dans cette dernière ville qu'en 1813 il célébra pour la dernière fois, avec une grande pompe, la Saint-Napoléon. Deux mois après il faisait tous ses efforts pour soutenir, de ce côté, la retraite de notre armée. A la bataille de Leipzig, pendant la journée entière, il défendit un poste important avec une poignée d'hommes, et fit des prodiges de valeur contre des forces infiniment supérieures ; mais l'étoile de Napoléon s'éclipsait, et avec elle le dévouement d'Augereau.

Rentré en France, il reçoit le commandement en chef des 6ᵉ et 7ᵉ divisions militaires, et se rend à Lyon dans les premiers jours de l'année 1814. Il prend toutes les mesures de défense que les circonstances réclament, et publie une proclamation énergique pour rattacher le peuple à Napoléon. Il était encore fidèle à cette époque; mais il va bientôt cesser de l'être. Lorsqu'il aurait dû redoubler d'efforts et d'énergie pour la défense du sol sacré, il changea tout à coup : le vainqueur de Castiglione, d'Arcole, de Lodi d'Iéna n'est plus qu'un général timide, indécis, qui ne sait que disséminer ses troupes et les livrer en détail à l'ennemi ; qui s'efforce de comprimer l'élan national, et oppose à peine quelques obstacles à la marche du général comte de Bubna, qu'il lui était facile de vaincre avec des généraux aussi distingués; aussi actifs que Dessaix et Marchand, dont le dévouement aurait dû au moins lui servir d'exemple. En vain Napoléon lui écrit plusieurs fois pour lui rappeler ses anciens triomphes, les recommandations de l'empereur sont vaines. Au moment où les troupes nombreuses qu'il a sous ses ordres, et des légions de gardes nationales, dès longtemps organisées, ne demandent qu'à combattre, sa conduite devient telle, qu'on peut l'accuser sans crainte d'avoir vendu sa patrie à l'étranger : en effet, il ferme aux portes de Valence ; lui, oublie ce qu'il doit à la patrie, à des citoyens qui lui confient leur vie, à sa propre gloire ; il se replie sur Valence ; et là, mettant le comble à sa honte, il publie une proclamation où on lit cette phrase : « Soldats, vous êtes déliés de vos serments ; vous l'êtes par la nation, en qui règne la souveraineté ; vous l'êtes encore, s'il était nécessaire, par l'abdication *d'un homme* qui, après avoir immolé des millions de victimes à sa cruelle ambition, n'a pas su mourir en soldat. »

« Depuis longtemps, dit Napoléon dans ses *Mémoires*, chez Augereau le maréchal n'était plus le soldat ; son courage, ses vertus premières l'avaient élevé trop haut hors de la foule ; les honneurs, les dignités, la fortune l'y avaient replongé. Le héros de Castiglione eût pu laisser un nom cher à la France; elle réprouvera la mémoire du défectionnaire de Lyon ainsi que celle de tous ceux qui ont agi comme lui. »

Le duc de Castiglione devait, au reste, recevoir bientôt la récompense de son zèle ; il sacrifiait aux Bourbons plus que sa vie, les Bourbons ne se montrèrent pas ingrats : il fut nommé membre du conseil de la guerre, chevalier de Saint-Louis, pair de France, et, plus tard, commandant de la quatorzième division militaire à Caen. Déjà l'empereur, se rendant à la terre d'exil, à l'île d'Elbe, l'avait rencontré aux portes de Lyon, près des lieux mêmes où sa conduite avait répondu si mal à sa confiance. Comme tout était fini, il ne voulut pas paraître inutilement sévère; il fit arrêter sa voiture pour voir Augereau et lui dire adieu. La figure du maréchal exprimait tout à la fois la douleur et la compassion : Napoléon lui lança un coup d'œil rapide, sourit, prononça quelques mots, mais ne lui témoigna aucune irritation. Le duc voulant parler, l'empereur coupa court à ses explications; et marchant à côté de lui sur la route, murmura avec émotion : « Eh bien! n'as-tu rien de mieux à dire à ton vieux camarade? »

Lors du miraculeux retour de l'île d'Elbe, les souvenirs de l'empereur avaient effacé chez Napoléon ceux de l'ancien compagnon d'armes. Mettant pied à terre au golfe Juan, il stigmatisa Augereau en ces termes : « Un homme sorti de nos rangs a trahi nos lauriers, son pays, son prince, son bienfaiteur : la défection du duc de Castiglione livra Lyon sans défense à nos ennemis, etc. » Augereau néanmoins ne se regarda pas comme battu; il répliqua par une proclamation dans laquelle il disait : « Soldats, durant son absence, vos regards cherchaient en vain sur vos drapeaux blancs quelque honorable vestige. Jetez les yeux sur l'empereur ! A ses côtés brillent d'un nouvel éclat vos aigles immortelles. Rallions-nous sous leurs ailes ! elles seules vous conduiront à l'honneur et à la victoire. » Napoléon, insensible à ces éloges intéressés, se vengea noblement du maréchal en ne lui donnant pas signe de vie. Cet adulateur éhonté crut que le second retour de Louis XVIII lui serait plus avantageux; mais de ce côté aussi on dédaigna son grossier encens; tout ce qu'il put obtenir de ses anciens rois, ce fut d'être réintégré dans sa pairie. Toutefois, empressons-nous de consigner ici un trait à sa gloire. Désigné, avec plusieurs maréchaux, pour procéder au jugement du prince de la Moskowa, il suivit, en se récusant, le noble exemple donné par son collègue Moncey. Bientôt pourtant il alla cacher ses regrets, sinon son repentir, au fond de sa terre de la Houssaye, où il mourut le 12 juin 1816, d'une hydropisie de poitrine.

Le maréchal Augereau comme guerrier aura des pages glorieuses dans notre histoire. Malheureusement son *fourgon* et ses trahisons continuelles le suivront dans la postérité. Artisan de sa fortune, il voulait la conserver à tout prix; il courba les genoux et la tête sous toutes les dominations, servit tour à tour la république, le Directoire, le Consulat, l'Empire, la Restauration, et ne resta fidèle qu'à la fortune. Napoléon le juge avec rigueur, mais il en avait le droit : « Augereau, dit-il, était incapable de se conduire. Il n'avait pas d'instruction, peu de portée d'esprit, peu d'éducation ; mais il maintenait l'ordre et la discipline parmi ses soldats ; il en était aimé. Ses attaques étaient régulières et faites avec ordre, il divisait bien ses colonnes, plaçait bien ses réserves, se battait avec intrépidité ; mais tout cela ne durait qu'un jour. Vainqueur ou vaincu, il était le plus souvent découragé le soir. C'était la nature de son caractère. Augereau, tout au rebours de Masséna, était fatigué et comme découragé par la victoire même : il en avait toujours assez. Sa taille, ses manières, ses paroles, lui donnaient l'air d'un bravache, ce qu'il était bien loin d'être quand une fois il se trouva gorgé d'honneurs et de richesses, lesquelles d'ailleurs il s'adjugeait de toutes mains et de toutes manières. »

AUGIAS ou **AUGÉAS**, l'un des Argonautes et roi d'Élide, était fils, selon les uns, de Phorbas, roi des Lapithes, et selon d'autres d'Élius, d'où vient qu'il a été quelquefois considéré comme fils du soleil, à cause de la conformité de ce nom avec le mot grec *hélios*. Augias, dit la Fable, avait des étables qui ne contenaient pas moins de 3,000 bœufs, lesquelles n'avaient pas été nettoyées depuis trente ans : double circonstance qui semblait devoir rendre toute entreprise à cet égard difficile, sinon impossible. Hercule s'en chargea néanmoins, sur la promesse du dixième du troupeau. Il s'acquitta de sa mission en détournant le fleuve Alphée pour lui faire traverser les écuries. Augias ayant ensuite refusé de remplir les conditions du marché, Hercule, indigné, pilla la ville d'Élis, tua son roi, et mit sur le trône le fils d'Augias, Philée, qui avait concouru la pratique de son père et l'exil pour avoir décidé le différend en faveur d'Hercule.

AUGIER (ÉMILE), un de nos plus brillants auteurs dramatiques, est né à Valence (Drôme) le 17 septembre 1820. Son père était avocat, et par sa mère il est petit-fils de Pigault-Lebrun. Ses débuts littéraires datent de 1844, époque à laquelle fut représentée à l'Odéon *la Ciguë*, comédie en deux actes, son premier ouvrage. L'originalité de la pièce, présentée d'abord au Théâtre-Français, effraya sans doute les sociétaires, déjà prévenus contre l'extrême jeunesse de l'auteur, qui dut porter son œuvre refusée à l'Odéon. Elle y obtint un éclatant succès. La Comédie-Française revint plus tard sur son arrêt, et reprit deux ans après *la Ciguë*, qui est restée depuis au répertoire. M. Émile Augier n'est pas d'ailleurs le premier auteur qui ait eu le bonheur de se faire un nom, en dépit du faux jugement de messieurs les comédiens français.

Néanmoins, malgré une intrigue ingénieuse, des détails pleins de finesse et des vers pleins de grâce, *la Ciguë* ne devait pas être l'œuvre capitale du jeune poète. Le 23 mars 1848 il donna à la Comédie-Française *l'Aventurière*, qui est au fond plus un drame qu'une comédie. Les préoccupations politiques du moment nuisirent singulièrement au succès qu'on devait attendre de cet important ouvrage, le plus sérieux peut-être et le plus moral de tous ceux de M. Augier. *Gabrielle*, comédie en cinq actes, qui parut l'année d'ensuite au Théâtre-Français, fit une sensation plus vive. L'Académie Française lui décerna en 1850 un prix de 7,000 fr. *Gabrielle* en effet est, sous le rapport de l'élégance, une des meilleures comédies de notre temps. M. Émile Augier, avec la donnée la plus exploitée au théâtre, et en la dégageant presque de toute intrigue secondaire, a, par le seul prestige de son style, trouvé le moyen de soutenir et d'accroître l'intérêt cinq actes durant. Les caractères manquent un peu de ton et de vigueur peut-être ; mais la poésie en est si riche et les pensées si touchantes et si belles, qu'il est difficile de ne pas s'y laisser entraîner. C'est ainsi que depuis cette heure si entrée dans la carrière le talent de M. Augier a toujours été grandissant. Il y a un peu plus énorme de *la Ciguë* à *l'Aventurière* quant à la conception, et un plus grand encore de *l'Aventurière* à *Gabrielle* quant au style.

Ces trois pièces ne forment pas tout le bagage littéraire de M. Augier. Outre *l'Habit vert*, qu'il fit avec M. de Musset, ni de *la Chasse au Roman*, avec M. Jules Sandeau, comédies jouées toutes deux aux Variétés, le Théâtre-Français lui doit encore *l'Homme de bien*, comédie en trois actes jouée en 1845, et qui tomba après quelques représentations pénibles, et *le Joueur de flûte*, comédie en un acte, petite pièce ambiguë et prétentieuse, qui passa inaperçue à la fin de 1850 ; depuis il a fait une excursion sur notre première scène lyrique, par un opéra en trois actes, intitulé *Sapho*, dont M. Gounod fit la musique. Malgré l'appui des premiers artistes, et les combinaisons ingénieuses de la mise en scène, cette pièce fut trouvée langoureuse et fade. Peut-être aussi était-ce la faute du sujet, dans ce moment on annonce au Théâtre-Français une œuvre nouvelle de M. Augier, qui aura pour titre *Diane*, drame semi-historique en cinq actes et en vers.

Ce qui distingue surtout jusqu'ici M. Augier, c'est d'avoir réussi à substituer une sorte de comédie de sentiment à la comédie de caractères, qui semble épuisée, et à l'imbroglio, qui n'intéresse plus. Son style n'est pas non plus le style banal et maniéré de la comédie du dix-huitième siècle; mais s'il est facile et coulant, si le vers est quelquefois bien frappé, il n'est pas toujours exempt d'incorrection ni de mauvais goût.   Henri DE ROCHEFORT.

AUGITE. L'augite ou pyroxène *des volcans* (*voyez* PYROXÈNE), plus riche en fer que la salite, se présente en petites masses laminaires, ou en cristaux courts, nets et de forme assez simple, d'un vert tirant sur le noir. L'augite se rencontre abondamment disséminée dans les roches volcaniques modernes, et fait, avec le feldspath labrador, le fond de la majorité des basaltes. On la trouve principalement en Bohême, en Transylvanie, en Écosse, et en échantillons remarquablement beaux dans l'île de Runa, l'une des Hébrides, et aussi aux environs d'Arendal, en Norvège. Sa pesanteur spécifique varie de 3,22 à 3,47, et ses parties constituantes sont, en moyenne, dans les proportions suivantes : silex, 52 ; chaux, 13,2 ; alumine, 3,3 ; magnésie, 10 ; oxyde de fer, 14,7 ; oxyde de manganèse, 2.

AUGMENT. On appelle ainsi, en termes de grammaire, un accident que subissent certains temps des verbes grecs, et consistant tantôt en ce que leur radical s'augmente d'une syllabe, tantôt en ce que la quantité des voyelles initiales augmente. Il y en a de deux espèces, l'*augment temporel* ou d'une lettre, lorsqu'une voyelle brève est changée en une longue ; et l'*augment syllabique* ou d'une syllabe, lorsqu'on ajoute une syllabe au commencement du mot. La langue grecque n'est pas la seule où le radical du verbe subisse cette modification initiale ; le sanscrit y est aussi sujet, et ce n'est pas la seule analogie que les savants aient remarquée entre ces deux idiomes.

AUGMENTATION, accroissement, addition d'une chose à une autre de même genre. Dans la langue musicale, ce mot est synonyme de *doublement* de valeur des notes du sujet d'une fugue ou d'un canon ; ou bien il indique les intervalles du sujet en notes qui ont deux fois la longueur originale. — En termes de blason, on entend par *augmentation* une addition à des armoiries, laquelle est conférée souvent comme témoignage particulier d'honneur, et se place ordinairement sur l'écu ou bien sur un canton.

AUGSBOURG, chef-lieu du cercle de Souabe et de Neubourg, en Bavière, entre la Wertach et le Lech, dans la plaine du Lechfeld, à 422 mètres au-dessus du niveau de la mer, compte 35,000 habitants, dont 13,000 appartiennent au culte évangélique, et est le siége du commissariat général, d'un tribunal commercial d'appel et d'un évêque. Avec des rues étroites et irrégulières, elle ne laisse pas que de posséder plusieurs belles places publiques ornées de fontaines jaillissantes et un grand nombre de remarquables édifices. Aujourd'hui encore cette ville mérite d'être considérée comme l'un des centres de l'industrie et de la culture des arts en Allemagne. Au nombre de ses principaux édifices, il faut citer le palais épiscopal ; l'ancien château impérial, dans la grande salle duquel, divisée depuis en plusieurs pièces, les princes protestants remirent en 1530 à Charles-Quint leur profession de foi, qui eut à cette circonstance d'être désignée sous le nom de *confession d'Augsbourg* (*voyez* l'article ci-après) ; l'hôtel de ville, avec sa grande salle d'or, qu'on regardait comme la plus belle de l'Allemagne ; l'hospice *Fugger*, composé de cent six maisonnettes, construites en 1519 par les frères Fugger pour y loger gratuitement autant de pauvres familles, monument touchant de la bienfaisance de ces riches bourgeois d'Augsbourg ; la cathédrale, dont l'architecture annonce une haute antiquité ; et enfin le bâtiment de la halle. En fait d'édifices particuliers, on doit surtout mentionner les beaux hôtels des barons de Lubert et de Schœzler. Ce dernier a consacré sa fortune à fonder divers établissements magnifiques. Il existe à Augsbourg un institut polytechnique, un séminaire catholique, fondé en 1829 par le roi de Bavière, une galerie de tableaux riche surtout en productions de l'école allemande, diverses bibliothèques et collections d'objets d'art, un arsenal, une école des beaux-arts, divers établissements d'instruction publique de différents degrés, une foule de manufactures et de fabriques de calicot, de soieries, d'orfévrerie, de montres et d'instruments de précision, des fonderies de caractères, etc. La *Gazette universelle*, fondée en 1798 à Augsbourg, est aujourd'hui encore l'un des journaux de l'Europe les mieux renseignés et les plus accrédités. L'orfévrerie et la joaillerie d'Augsbourg sont célèbres à l'étranger ; et l'art de la gravure, quoiqu'il y soit en quelque sorte réduit à l'état d'industrie manufacturière, ne laisse pas que d'être également pour cette ville une source de bénéfices considérables.

Augsbourg est le centre d'importantes affaires de change et d'expédition. Ses relations avec Vienne et l'Italie sont immenses, et elle sert d'entrepôt tout à la fois aux produits de l'Allemagne méridionale et à ceux de l'Italie. Un chemin de fer la met en communication avec Munich et avec Nuremberg.

Il n'est pas prouvé qu'avant l'arrivée des Romains en Germanie une ville du nom de *Damasia* ait déjà occupé l'emplacement où s'élève aujourd'hui Augsbourg ; mais il est certain que vers l'an 12 avant J.-C. l'empereur Auguste, après y avoir battu les Vindéliciens, y fonda une colonie (*Augusta Vindelicorum*) qu'on peut regarder comme le berceau de la ville d'Augsbourg actuelle. Au cinquième siècle elle fut dévastée par les Huns, et passa ensuite sous la domination des rois francs. Dans la guerre de Charlemagne contre le duc Thassilon de Bavière, elle fut encore une fois presque entièrement détruite. Après le partage de l'empire frank, elle passa sous la souveraineté des ducs de Souabe ; mais enrichie par son commerce et son industrie, elle racheta peu à peu à ces souverains son indépendance, et fut déclarée en 1276 *ville libre impériale*. A partir de ce moment sa prospérité alla toujours en augmentant ; et de même que Nuremberg, elle fut la grande étape du commerce du nord de l'Europe avec le sud, jusqu'à ce que les découvertes faites vers la fin du quinzième siècle par les Espagnols et par les Portugais donnassent une autre direction au commerce du monde. Les familles Fugger et Welser notamment faisaient alors d'immenses affaires. A la suite d'une insurrection qui éclata en 1368 dans les classes inférieures de la population, le gouvernement, d'aristocratique qu'il avait été jusque alors, reçut une forme démocratique ; mais cent soixante années plus tard les familles aristocratiques devinrent de nouveau prépondérantes, grâce à l'appui de Charles-Quint. Une foule de diètes et de tournois furent tenus à Augsbourg, et c'est là que fut conclue en 1555 la paix de religion. Lors de la dissolution de l'empire d'Allemagne, en 1806, Augsbourg perdit ses droits de ville libre impériale, et au mois de mars de la même année la Bavière en prit possession.

L'évêché d'Augsbourg, qui jadis relevait directement de l'empire, fut fondé, dit-on, dès le sixième siècle. Sécularisé en vertu d'un rescrit de la députation de l'empire en 1803, les possessions territoriales en furent également adjugées à la Bavière.

AUGSBOURG (Confession d'). L'empereur Charles-Quint, désireux de mettre un terme aux dissensions religieuses que la réformation avait provoquées dans l'empire, ayant convoqué une grande diète impériale à Augsbourg, en l'année 1530, l'électeur Jean de Saxe ordonna à ses théologiens de Wittenberg de composer une justification des changements opérés jusque alors dans les doctrines et dans les usages de l'Église, pour la présenter à l'empereur. Cette rude tâche échut en partage à Philippe Melanchthon, qui la commença à Torgau près de l'électeur, la continua en route et pendant un séjour à Cobourg, et la termina à Augsbourg même, peu de temps avant la remise de cet important document. Originairement, ce ne devait pas être une profession de foi, mais seulement une apologie des modifications introduites ; aussi Melanchthon commença-t-il par en composer la seconde partie, qui traite des abus abolis. Toutefois, comme on accusait les protestants de vouloir faire revivre toutes les anciennes hérésies déjà condamnées par l'Église, Melanchthon jugea nécessaire de démontrer qu'ils étaient d'accord avec l'Église des quatre premiers siècles. En conséquence, il écrivit à Augsbourg la première partie de la Confession telle qu'elle existe encore de nos jours, contenant le rapide exposé des doctrines professées alors en matière de foi par les protestants. Son ouvrage, qu'il intitula d'abord lui-même *Apologie*, acquit ainsi le carac-

14.

1ère d'une Confession, nom qu'il reçut à Augsbourg et qu'il a toujours conservé depuis.

L'électeur de Saxe, le landgrave de Hesse et d'autres princes protestants y ayant adhéré par l'apposition de leurs signatures, donnèrent à cette Confession l'autorité d'un document officiel contenant l'exposition de leur foi religieuse et de celle de leurs sujets. Elle avait été rédigée simultanément en latin et en allemand. Les deux exemplaires en furent signés par les princes et présentés à l'empereur; aussi les deux textes ont-ils la même autorité. L'exemplaire en langue allemande fut remis à l'archevêque de Mayence pour être déposé dans les archives de l'empire; et l'empereur garda par-devers lui l'exemplaire en langue latine. Ces deux exemplaires n'existent plus; et les recherches diplomatiques faites pour en rétablir le texte original durent toujours. Pendant la tenue même de la diète, la Confession fut imprimée à sept reprises différentes d'après des copies assez défectueuses (deux fois en latin et cinq fois en allemand); aussi à son retour d'Augsbourg Melanchthon en publia-t-il dès l'année 1530 une édition, qui a souvent été réimprimée depuis, qu'il corrigea constamment, et dont le texte fut même en partie modifié. Ce fut surtout le cas pour l'édition principale, qui date de 1540, époque où Mélanchthon modifia le dixième article, qui traite de la communion, de telle sorte que les réformés eux-mêmes pussent l'adopter. Il en résulta que, lors de la paix de religion conclue en 1555, ils adhérèrent à cette Confession, qui ainsi modifiée fut insérée dans le texte du traité. Mais après la mort de Melanchthon ils la rejetèrent, pour en revenir strictement au texte primitif, qui en l'an 1580 fut admis au nombre de leurs livres symboliques et déclaré contenir leurs doctrines normales en matière de foi.

Le Jubilé commémoratif célébré en 1820 à l'occasion de l'anniversaire séculaire de la publication de cette Confession fut dans tous les pays protestants l'objet de grandes solennités; et à cette occasion il parut une foule d'ouvrages relatifs à la Confession d'Augsbourg. L'église protestante ne possède pas d'exposition de ses doctrines plus complète, plus exacte, mieux rédigée; et on peut dire qu'elle l'emporte de beaucoup en simplicité et en clarté sur tous les autres livres symboliques. Cependant elle ne laisse pas encore que d'avoir des défectuosités. Ainsi, non-seulement le texte allemand et le texte latin, dont l'autorité est la même, diffèrent sensiblement dans une foule de passages; mais la Confession admet encore un troisième sacrement, la pénitence, et contient le dogme catholique de la transsubstantiation dans la communion, deux points de doctrine que les protestants ont laissés tomber en désuétude. Enfin on y trouve diverses propositions évidemment fausses et erronées.

AUGST, village de la Suisse, situé sur le bord du Rhin, et séparé par ce fleuve en deux parties, dont l'une dépend du canton de Bâle et l'autre de celui d'Argovie, occupe l'emplacement de l'importante colonie romaine, *Augusta Rauracorum*, détruite par les Allemands et les Huns, et siège primitif de l'évêché de Bâle.

AUGUIS (Pierre-René) naquit à Melle (Deux-Sèvres), le 6 octobre 1783. Son père avait été membre de l'Assemblée législative, de la Convention, du conseil des Anciens, des Cinq-cents et du Corps législatif; son aïeul et son bisaïeul avaient été subdélégués de l'Intendance de Poitiers. Destiné d'abord à la profession de peintre, il fut élève du professeur Moreau; mais son goût pour les lettres le fit entrer au Prytanée français. Il éprouva encore d'autres variations dans la direction de sa carrière; il fut d'abord sous-lieutenant, de 1803 à 1804, puis officier dans la marine hollandaise. Après le retour des Bourbons, il fut arrêté et condamné à cinq ans de prison pour avoir publié, en septembre 1814, une brochure intitulée : *Extraits du Moniteur*. Mis en liberté dans les Cent Jours, il donna les ouvrages suivants : *Correspondance de Louis XVIII avec le marquis de Favras, etc.*; *Napoléon*; *la Fuite des Bourbons*; *la Révolution*; *Lettre d'un colonel français à un évêque anglais*. A la seconde rentrée des Bourbons, il se disposait à fuir, quand il fut arrêté et jeté à la Force, où il resta détenu jusqu'au 20 août 1817.

Redevenu libre, il se remit à écrire, et publia successivement plusieurs ouvrages, tels que les *Révélations indiscrètes*, divers mémoires archéologiques; une *Histoire de Catherine II*, des *Considérations sur les Conciles*, une continuation de l'*Histoire de France* du président Hénault, une *Histoire des Peintres de l'Antiquité*, une traduction du *Voyage Sentimental* de Sterne, etc.

En 1820 il fut nommé conservateur du Musée des Monuments Français, qui allait être établi dans le palais des Thermes; mais en 1821 la réimpression d'une notice, déjà imprimée en 1812, sur la vie et les écrits de Dupuis, l'auteur de l'*Origine des Cultes*, le fit révoquer. Rentré dans son département, il ne craignit pas d'intenter une action criminelle au préfet pour fraudes électorales. Nommé député à la révolution de juillet, et toujours réélu depuis jusqu'à sa mort, ses devoirs législatifs l'empêchèrent de mettre à exécution plusieurs projets scientifiques. Il voulait s'attacher à l'expédition envoyée à la recherche de la Lillolse, pour se livrer en Islande à des travaux sur des poèmes peu connus.

Auguis a fait imprimer un grand nombre de notices, entre autres sur l'abbé de Longchamp, madame Cottin, Jean-Baptiste Thomas, Champfort, Clément Marot, Rabelais, Malherbe, La Rochefoucault, Pascal, Molière, Racine, Jean-Baptiste Rousseau. Il avait enrichi de notes plusieurs ouvrages de Voltaire et de Jean-Jacques. On lui doit aussi diverses traductions et des traités de critique littéraire; enfin, des ouvrages historiques, entre autres la suite de l'*Histoire de Russie* de Lévesque, depuis la mort de Pierre III jusqu'à celle de Paul Ier.

Auguis avait été collaborateur d'une multitude de journaux, tels que *le Moniteur*, *le Nain Jaune*, *les Annales*, *le Journal de Paris*, *le Courrier français*, *le Journal Politique*, *le Conseil Européen*, *le Magasin Encyclopédique*. Il était éditeur d'une traduction de Martial par Simon de Troyes, bibliothécaire du Tribunat, travail auquel il avait ajouté des notes encyclopédiques. A la chambre des députés il mêla longtemps sa voix aux discussions les plus importantes. L'autorité de la pairie, le recrutement, l'état des officiers, l'occupation de l'Algérie, et le régime de nos colonies, furent spécialement l'objet de ses travaux. Nommé conservateur de la bibliothèque Mazarine, il prit au sérieux ses nouvelles fonctions, qu'il ne quitta qu'à sa mort, arrivée à la fin de 1844.
De Golbéry.

AUGURES. Ils formaient chez les Romains un collège particulier de prêtres, entouré autrefois d'une grande considération, et qui annonçait la volonté des dieux et l'avenir par le vol et le cri des oiseaux, par la foudre, etc. On les consultait aussi bien sur les affaires publiques que sur des questions d'intérêt privé; et leur crédit, ainsi que l'influence qu'ils exerçaient dans l'État, étaient fort grands. Rien qu'en prononçant ces deux mots : *Alio die*, c'est-à-dire « à un autre jour, » il dépendait d'eux de suspendre une assemblée du peuple et d'annuler les décisions qu'on y avait prises. Mais déjà du temps de Cicéron, l'usage où il n'y avait de Romain instruit et éclairé qui consentît à remplir les fonctions de devin, les membres de ce collège se faisaient moquer d'eux quand ils se mêlaient d'interpréter la volonté des dieux; et les magistrats chargés des auspices les considéraient comme un moyen politique pour faire de l'influence, en bien seulement comme une ennuyeuse formalité. On donnait *auguria* leurs décisions, de même que les signes d'après lesquels ils les rendaient. Les *auguria* publics étaient :

1° Les *phénomènes physiques*, tels que le tonnerre et

les éclairs. A cet effet, on tenait compte du point de l'horizon d'où partait l'éclair, et de celui où il disparaissait. L'augure se plaçait dans quelque lieu élevé (arx ou templum), d'où la vue pouvait librement s'étendre en tous sens. Après avoir sacrifié aux dieux et leur avoir adressé une prière solennelle, il se tournait vers l'orient, la tête couverte, et désignait avec son bâton (lituus) les points du ciel dans les limites desquels il entendait faire ses observations. Les signes heureux étaient ceux qui se manifestaient à sa gauche, et les signes malheureux ceux qui apparaissaient à sa droite.

2° *La voix et le vol des oiseaux.* Les prédictions de l'avenir déduites de l'observation des oiseaux s'appelaient, à bien dire, auspices, *auspicia*; et elles étaient déjà en usage chez les Grecs, qui les avaient empruntées aux Chaldéens. Peu à peu le crédit des augures devint tel chez les Romains, qu'il ne s'entreprenait rien chez eux, pas plus en temps de guerre qu'en temps de paix, sans qu'on eût pris d'abord conseil des oiseaux, à qui, en raison de l'habitude où ils sont d'aller constamment d'un lieu dans un autre, on attribuait la connaissance des choses les plus secrètes. Ils étaient réputés heureux ou malheureux, suivant leur nature, ou encore eu égard aux circonstances dans lesquelles ils se montraient. Les oiseaux divinatoires étaient partagés en deux grandes classes : ceux dont le vol annonçait l'avenir, et ceux dont le chant ou les cris le prédisaient. La corneille, le corbeau, le hibou, le coq et d'autres encore révélaient l'avenir par leurs cris ; l'aigle, la corneille, le corbeau, le vautour, l'autour, par leur vol. Les deux derniers de ces oiseaux étaient toujours d'un fâcheux présage. L'aigle au contraire annonçait toujours quelque chose d'heureux, surtout s'il volait de gauche à droite. Quand la corneille et le corbeau volaient à gauche, le présage était favorable; le contraire avait lieu quand ils volaient à droite.

3° *Le plus ou moins d'appétit des poulets.* C'était bon signe quand ils mangeaient bien, et mauvais signe quand ils refusaient la nourriture. C'est surtout à la guerre qu'on interrogeait l'avenir par l'intermédiaire des poulets : aussi toute armée avait-elle toujours à sa suite un *pontifex*, quelques augures et aruspices, et un *pullarius* avec sa cage à poulets.

Indépendamment de ces sortes de présages, il y avait encore ceux qui se tiraient de certains quadrupèdes, d'accidents extraordinaires et d'événements malheureux (*diræ*), de circonstances toutes fortuites, par exemple quand un animal courait sur le grand chemin ou bien se montrait dans des lieux inhabités, quand on était pris de tristesse subite, quand on éternuait, quand on répandait du sel sur la table. Les augures expliquaient tous ces différents signes, et enseignaient en même temps la manière de se rendre les dieux propices. Le droit d'auspices, c'est-à-dire de consulter les dieux, au moyen de certains présages, sur l'issue d'une opération militaire, n'appartenait qu'au général en chef. Les commandants en second combattaient sous ses *auspices*; c'est-à-dire que le présage que celui-ci avait tiré s'appliquait également à eux, et qu'à lui seul pouvait être attribuée l'issue, soit heureuse, soit malheureuse, de l'opération.

AUGUSTALES, fêtes établies en l'honneur d'Auguste, l'an 735 de Rome, lorsque ce prince eut pour la seconde fois depuis la fondation de la ville éternelle fermé le temple de Janus. Ce jour, où tout le monde romain fut en fête, fut inscrit dans les Fastes, et l'on éleva un autel avec cette inscription : *Fortunæ reduci* (A la Fortune de retour). On célébra des jeux augustaux ; mais ils ne furent fixés par un décret du sénat que huit ans après. Ils avaient lieu, ainsi que la fête, le 12 octobre. Horace, dans la 1ʳᵉ ode de son IVᵉ livre, en parle en ces termes :

Publicum ludum urbis, super impetrato
Fortis Augusti reditu.

On les célébrait aussi en plusieurs villes d'Asie, entre autres à Pergame; il y en avait encore à Naples. Hérode en établit dans la ville de Césarée ou de Sébaste, qu'il fit bâtir sur la côte de Phénicie; ils se nommaient *augustaux* ou *sebasmia*. Il paraît, d'après Josèphe, qu'on y distribuait des premiers, seconds et troisièmes prix. Cependant la plupart des jeux augustaux qu'on trouve joints à d'autres jeux sur les médailles n'étaient pas en l'honneur d'Auguste, mais en l'honneur des empereurs suivants, qui, prenant le titre d'Auguste, le donnaient aux jeux qu'ils faisaient célébrer. Ils leur accordaient toutes les prérogatives des jeux olympiques et pythiques, comme on peut le croire en voyant les noms d'Olympia et de Pythia unis aux augustaux et aux *sebasmia*. Les vainqueurs aux jeux augustaux se nommaient *sébastioniques*; le magistrat chargé de les faire célébrer avait le titre de *sébastophane*. Cette charge était une espèce de sacerdoce, et pouvait avoir rapport avec celle des hiérophantes, des hellanodices et des agonothètes, que remplissaient les familles les plus distinguées de la Grèce. Les provinces de l'Asie Mineure furent les plus empressées à rendre ces hommages aux empereurs. Les médailles de ces princes servent de monuments à ces jeux. Il paraît que jusqu'au règne de Gallien il y en eut des augustaux en Pamphylie et en Lydie. On en voit sur les médailles de Salonin, fils de cet empereur, frappées à Perge, et sur celles de Valérien, frappées à Thyatire. DENNE-BARON.

AUGUSTE. Caius Julius Cæsar Octavianus, fils de Caius Octavius et d'Accia, sœur de César, naquit sous le consulat de Cicéron, l'an de Rome 689, avant J.-C. 62. Italien par son père, qui descendait d'une famille de Velletri, dans le pays des Volsques, et qui le premier devint, de chevalier, sénateur, Octave était Africain par sa mère, s'il faut en croire du moins les reproches de ses ennemis et d'Antoine : « Ton aïeul maternel était africain, ta mère faisait aller le plus rude moulin d'Aricie, ton père en remuait la farine d'une main noircie par l'argent qu'il maniait à Nérulum. » Élevé d'abord à Rome, sous les yeux d'Accia et de son beau-père Philippe, on raconte qu'à douze ans il prononça l'oraison funèbre de sa grand'mère Julia, quoique plus tard, orateur timide, il eut besoin d'un héraut pour parler au peuple. Petit et délicat, boitant fréquemment d'une jambe, et jugé trop faible pour suivre César dans la guerre d'Espagne, il rejoignit ce fils de Pompée, on l'envoya continuer ses études en Épire, à Apollonie, sous le fameux rhéteur grec Apollodore ; et c'est là que plus tard il surveillait les préparatifs de la guerre contre les Parthes, quand il apprit la mort tragique de César. Il repoussa les timides avis de son beau-père et de sa mère, qui lui faisaient craindre pour lui-même le poignard de Brutus, et le conjuraient d'attendre un moment favorable. En débarquant à Brindes, il apprit le contenu du testament qui le déclarait héritier de son oncle, l'éloquence perfide d'Antoine aux funérailles de César et la colère du peuple contre ses meurtriers. Octave comprit aussitôt sa position. Le titre dès vétérans de César, qu'il avait voulu éviter, et qui couraient au-devant de lui en lui reprochant tendrement ses injustes soupçons, il intercepta pour lui-même le tribut que les provinces envoyaient à Rome, s'empara de tout l'argent de l'État qui se trouvait à Brindes, et marcha sur Rome à travers la Campanie, résolu de faire ratifier sur le Forum le titre d'héritier, de vengeur de César, que lui décernaient les vétérans.

A l'approche d'Octave, magistrats, soldats et citoyens allèrent à sa rencontre ; mais le chef du parti des césariens, Antoine, qui avec Lépide triomphait du parti des républicains et de la faiblesse du sénat, ne soupçonnant pas dans ce jeune homme de dix-neuf ans, dans ce corps si chétif, l'âme qui gouvernerait le monde, ne vint point au-devant de lui. Octave sans délai réclama du préteur, et se fit solennellement reconnaître la succession de César ; le peuple, déjà sûr d'être payé, applaudit. Octave exigea d'Antoine les trésors de

César pour acquitter ses legs : celui-ci répondit qu'ils étaient la propriété de l'État, et, surpris de l'audace de cet enfant, défendit insolemment qu'on le nommât tribun. Qu'importe au jeune César ? Sa plus pressante affaire, il le dit, est d'acquitter les charges de la succession. Aussi, puisque Antoine lui refuse de l'argent, vend-il les terres de l'héritage pour acquitter les legs faits au peuple ; puis il célèbre les jeux ordonnés pour l'inauguration du temple bâti par César à *Venus genitrix*, et l'apparition d'une comète à cette époque faisant déjà de la divinité de César une croyance populaire, il place sa statue dans le temple avec une étoile sur la tête.

C'est peu d'avoir gagné les nombreux partisans de César, et c'était chose facile avec des jeux et de l'argent ; Octave, avec son talent d'intrigue politique, dispose en sa faveur les ennemis mêmes de César, ces républicains qu'effrayait la tyrannie d'Antoine, et que la protection du sénat ne rassurait guère. Aidé de Cicéron, utile instrument des partis à toute époque, et qu'à son arrivée en Italie il visita dans sa *villa* près de Cumes, Octave fait comprendre aux républicains qu'ils ont besoin de lui, comme il a besoin d'eux, contre l'ennemi commun, Antoine.

Par ses largesses et ses promesses, Octave avait rassemblé une foule de vétérans déjà colonisés dans l'Italie, formé trois légions de ces vieilles recrues, et de plus embauché deux légions d'Antoine, sur les quatre que celui-ci faisait venir de la Macédoine pour chasser D. Brutus de la Gaule Cisalpine. Elles quittèrent sans peine Antoine, qui, donnant peu, exigeait beaucoup ; or, ces forces réunies illégalement, Octave les offrait au sénat, à Rome, à tous ceux qui avaient peur de son rival, et s'offrait lui-même pour chef. Cicéron, qui prononçait alors ses Philippiques, et qui se croyait le plus menacé, appuya une proposition que la jeunesse et le nom d'Octave faisaient paraître singulière ; le sénat, qui n'avait point de volonté, ratifia par un décret la conduite illégale d'Octave. Les déserteurs d'Antoine, qui l'avaient quitté, non pour le sénat, mais pour Octave, entendirent louer leurs *immortels services* ; l'argent qu'Octave leur avait promis fut pris dans les caisses de l'État, et le sénat, approuvant la résistance de Decimus Brutus contre le consul Antoine et contre le peuple, envoya vers Modène au secours de Brutus, avec les deux consuls Hirtius et Pansa, le propréteur Octave. Alors grande joie des républicains, qui se croyaient sûrs de vaincre le parti de César en Italie comme en Asie. En effet, l'héritier de César s'était posé, par calcul, le vengeur d'un de ses meurtriers, l'homme du sénat. Après les deux batailles gagnées sur Antoine, Octave, qui, selon les historiens, donna lieu dans la première de faire soupçonner sa bravoure, mais remplit dans la seconde les devoirs d'un général et d'un soldat, se trouva chef de l'armée victorieuse par la mort des deux consuls, mort si favorable à ses projets qu'on l'accusa d'avoir fait empoisonner les blessures de Pansa et tuer Hirtius dans la mêlée par ses propres soldats. Cependant dans le sénatus-consulte qui décernait le triomphe à D. Brutus, il ne fut pas seulement question d'Octave, tant le parti républicain se croyait déjà fort ; mais il restait au jeune César sa politique et ses légions, qui, n'ayant aucune confiance et aucune sympathie pour les meurtriers de César, repoussèrent les offres secrètes du sénat. Octave, loin de poursuivre Antoine après la victoire, lui laissa le temps de se fortifier en Italie et d'aller joindre Lépide au delà des Alpes, puis il demanda le consulat avec Cicéron, qu'il acceptait son père. N'obtenant que la promesse du consulat pour l'année suivante, et le commandement de la guerre contre Antoine et Lépide avec D. Brutus, il dépêcha vers Rome quatre cents députés de son armée, dont l'un frappa sur la poignée de son glaive, et dit : « Celui-ci lui donnera le consulat. — Si c'est ainsi qu'il le demande, dit Cicéron, il est sûr de l'obtenir. » Octave vint en effet le demander à la tête de son armée, et s'éloigna seulement de la ville pendant les comices, comme si, dit un historien, on eût craint sa présence et non sa puissance. Consul avant vingt ans, Octave fait alors condamner par les tribunaux ceux qui ont pris part à la mort de César, et révoquer les décrets portés contre Antoine et Lépide. Puis, pour résister aux républicains qui se rassemblent autour de Brutus et de Cassius, qui en appellent à la fortune des armes de la sentence des tribunaux de Rome, il va dans une île du Rhenus (*Reno*), près de Bologne, délibérer pendant trois jours avec Antoine et Lépide sous la garde des légions césariennes.

Ces légions apprirent les premières le résultat de cette mystérieuse délibération, où le jeune César et ses deux collègues venaient de calculer la portée et le prix de leur dévouement. Ils se constituèrent *triumvirs*, réformateurs de la république, avec une puissance absolue pour cinq ans, dans le partage des provinces occidentales, l'Afrique et les îles. Les soldats poussèrent des cris de joie en apprenant l'alliance de leurs chefs, et firent épouser à Octave Claudia, belle-fille d'Antoine. Une proclamation des triumvirs, à leur entrée dans Rome, annonça des proscriptions qu'Appien rapporte en détail, disant pour les justifier qu'Octave et Antoine, chargés d'aller combattre les maîtres de la riche Asie, Brutus et Cassius, ne pouvaient laisser des ennemis derrière eux. Les soldats, qu'il fallait enrichir et *satisfaire*, comme disent aussi la proclamation, osèrent demander les biens de la mère d'Octave, qui venait de mourir. Octave et Antoine conduisirent ensuite leur armée en Grèce, et c'est là que les deux journées de Philippes décidèrent entre le triumvirat et la république. Dans la première, Octave, malade, averti, disait-il, par un songe de son médecin, quitta le champ de bataille, et même son camp, qui fut pris par Brutus. Après la victoire il prétendit justifier sa superstition, ou plutôt sa lâcheté, par le danger qu'il avait couru. Dans la seconde, l'aile qu'il commandait fut repoussée ; mais, abusant de la double victoire d'Antoine, il fit couper la tête de Brutus, qui s'était donné la mort, comme Cassius, et la fit jeter aux pieds de la statue de César.

Revenu malade à Rome, Octave avait à soutenir la guerre civile contre Sextus Pompée, à dépouiller l'Italie pour donner aux vétérans les terres qu'on leur avait promises, à contenir les prétentions exagérées de ses soldats et les plaintes des Italiens dépossédés. Mais Octave à tout prix voulait Rome et l'Italie. Fulvie, femme d'Antoine, qui voyait avec dépit son mari s'oublier dans l'Orient près de Cléopâtre, prit sous sa protection les Italiens, promit aux vétérans des colonies plus sûres que celles d'Octave, et sut exciter contre son beau-fils, qu'elle aimait, dit-on, plus qu'il ne convient à une belle-mère, Lucius Antonius, frère d'Antoine. Cette guerre civile de *Pérouse* finit par le pillage de cette ville, où Lucius s'était enfermé, et par la mort de trois cents sénateurs immolés par Octave sur l'autel de César. Au retour d'Antoine, nouveau partage : Octave eut l'Italie et les provinces de l'ouest, à l'exception de celles d'Afrique, qu'il laissa à Lépide. Le mariage d'Antoine et d'Octavie, sœur d'Octave, fut encore une fois commandé par les soldats, qui craignaient l'alliance d'Antoine et de Sextus Pompée contre Octave. Les deux triumvirs, cédant au peuple révolté, qui se voyait menacé de la disette tant que Sextus Pompée serait maître de la Sicile, conclurent avec celui-ci le traité de Misène ; mais après le départ d'Antoine pour l'Orient, Octave rompit la paix. Sous les yeux de Sextus, maître de la mer, il construisit des vaisseaux, exerça des matelots, aguerrit son armée par des guerres successives contre les Pannoniens, les Dalmates, les Gaulois et les Espagnols ; répara ses flottes dix fois détruites par les tempêtes et par l'ennemi, créa le port Jules en joignant le lac Averne au lac Lucrin, et, par la victoire d'Agrippa près de Naulochos, détruisit à la fois Pompée, qui alla mourir en Asie, et Lépide, qui, pour avoir prêté ses flottes et ses troupes, osait demander la Sicile. Octave lui prit son armée, sa province d'Afrique, et le laissa vivre, riche et grand-prêtre, dans la retraite et l'oubli.

Maître de l'Occident, vainqueur de l'Espagne et des Gaules, de la Sicile et de l'Afrique, bienfaiteur de l'Italie, qui retrouvait l'abondance et la paix, et se rouvrait aux proscrits, Octave pouvait dès lors se présenter à la bataille d'Actium, opposer sa politique ferme et profonde à l'aventureuse fortune d'Antoine. Il déclara cependant qu'il résignerait la puissance suprême aussitôt que celui-ci serait revenu de la guerre contre les Parthes, et couvrit son titre de triumvir de celui de tribun perpétuel, plus favorable à ses vues, plus doux au peuple romain; les folies d'Antoine firent le reste. Octave l'accusa d'avoir démembré l'empire pour doter Cléopâtre, d'avoir introduit Césarion dans la famille de César, et promis Rome elle-même à la reine d'Égypte. Il fit alors déposer Antoine et déclarer la guerre à Cléopâtre; guerre populaire pour les Romains, depuis le jour où, arrachant aux vestales le testament d'Antoine, Octave avait prouvé que son rival abjurait Rome pour Alexandrie, et ne léguait pas même ses cendres à sa patrie. Avec des forces considérables de terre et de mer, depuis longtemps préparées pour cette guerre décisive, il s'avança vers le golfe d'Ambracie à la rencontre d'Antoine. La bataille d'Actium, gagnée par son amiral Agrippa, lui livra le monde romain. Il poursuivit son rival en Égypte, refusa le combat singulier que lui offrait Antoine, et lui répondit qu'il pouvait trouver un autre moyen de mourir. Cléopâtre, qui livra secrètement sa flotte et sa ville de Péluse au vainqueur, et qui, sur la foi de ses billets doux, espéra captiver pour la troisième fois un maître du monde, ignorait que pour Octave l'amour était encore de la politique, et qu'il ne faisait la cour aux dames romaines que pour savoir les secrets de leurs maris. Dans cette belle reine, qui le reçut en habits de deuil, au milieu des portraits de César et de ses lettres amoureuses qu'elle couvrait de baisers, Octave ne vit que l'ornement de son triomphe, ne désira et n'eut d'elle que ses trésors. Il commanda pour Antoine et Cléopâtre de magnifiques funérailles; et ordonna en même temps la mort de Césarion, qu'on disait fils de César et de Cléopâtre, et celle d'un fils d'Antoine et de Fulvie. Il passa deux années dans l'Orient pour arranger les affaires de l'Égypte, de la Grèce, de l'Asie Mineure et des Îles, et, de retour à Rome, célébra trois triomphes : le premier sur les Dalmates, les Pannoniens et les Japodes; le second sur les rois barbares qui avaient combattu pour Antoine, et le troisième sur l'Égypte.

Après la mort d'Antoine et celle des républicains sur les champs de bataille, il faut voir dans Dion Cassius comment le vainqueur se fit faire, par Agrippa et Mécène, de longs discours sur le parti qui lui restait à prendre; comment le franc soldat lui conseilla la république pour sa gloire, et le fin courtisan l'empire pour sa sûreté et le bonheur du peuple romain. Octave se rangea de l'avis de Mécène, et, sans démolir brusquement la république, lui prit tous ceux de ses titres de magistrature qui n'étaient pas odieux au peuple, rejeta ceux que Sylla et César avaient usés, et fut tour à tour respectable aux Romains sous le nom d'empereur, de consul, de proconsul, de tribun perpétuel, de grand-pontife, de censeur et de grand-pontife. A la fin de son septième consulat, 27 ans avant J.-C., il voulut déclarer au sénat qu'il déposait la puissance suprême, et, cédant aux prières des uns, aux craintes des autres, ne consentit à la reprendre que pour dix ans : modération célébrée depuis par des fêtes décennales, et qu'Auguste fit encore admirer plusieurs fois dans la suite, au bout de dix ou de cinq ans, pendant les quarante-deux années de son règne. Ce fut lors de cette première tentative d'abdication, et adroitement repoussée, que le sénat salua du nouveau nom d'*Auguste* celui qui venait d'abolir les lois du triumvirat, qui s'occupait de réformer les abus nés des guerres civiles, et qui résumait en lui seul toute la force et l'autorité du peuple romain. Auguste *empereur* commandait aux troupes de terre et de mer, décidait de la paix et de la guerre; *proconsul*, il exerçait une suprématie légale sur toutes les provinces; *tribun* perpétuel, inviolable, il s'opposait à tous les actes publics; *censeur*, il disposait des places vacantes au sénat, ou destituait les sénateurs. A tous ces pouvoirs, qui lui furent conférés successivement, à la dispense d'observer certaines lois, on joignit les titres plus vagues de *père de la patrie, de prince du sénat*. Affectant de gouverner par le sénat, Auguste partagea l'administration des provinces avec lui, mais se réserva les provinces frontières où campaient les légions. Au dehors, il soumit, ou par lui-même ou par Agrippa, plus tard par Tibérius et Drusus, les Cantabres et les Asturiens, peuples du nord de l'Espagne; les Taurisques, les Scordisques, peuples des Alpes; et ajouta à l'empire la nouvelle province de Mœsie, sans parler de l'expédition de Balbus en Afrique contre les Garamantes et de la funeste tentative d'Ælius Gallus sur l'Arabie Heureuse. Les Parthes, divisés par les rivalités de leurs princes, lui rendirent les drapeaux de Crassus et d'Antoine. L'an 744 de Rome, il ferma pour la troisième fois le temple de Janus; mais la paix fut bientôt troublée par le triomphe d'Arminius (*voyez* HERMANN), chef des Germains révoltés; et c'est alors qu'Auguste, dans l'égarement de sa douleur, laissant croître sa barbe et ses cheveux, redemanda ses légions à Varus avec des cris de désespoir, comme si le fondateur de l'empire eût pressenti quelqu'un des barbares devaient un jour le renverser. Tibère toutefois contint la Germanie, où Drusus s'était avancé jusqu'à l'Elbe.

Le chef de l'empire put dans la paix perfectionner son gouvernement, et, comme dit Plutarque, achever le pompeux ouvrage de l'empire romain. Il purgea le sénat des serviles créatures d'Antoine et de César, réforma les mœurs, punit le célibat, rétablit la discipline de l'armée, et, en lui donnant une solde, supprima les distributions de terres. Il divisa Rome en quatorze quartiers, à chacun desquels il préposa un magistrat annuel, préteur ou tribun; il put se vanter d'avoir reçu la ville en brique et de l'avoir laissée de marbre. Il releva Carthage et Corinthe, fit de Lyon une seconde Rome, d'Autun une nouvelle Athènes; institua des postes régulières pour les messagers d'État, étendit ainsi sa surveillance sur tout l'empire, en même temps que, par ses deux flottes de Ravenne et de Misène, il assurait les convois et les communications maritimes. Il avait laissé subsister les comices et les élections; mais à l'occasion des troubles excités par l'ambition de quelques candidats, il avait nommé d'abord un consul, puis disposé de toutes les charges. Vers la fin de sa vie, il adjoignit à Agrippa et Mécène, ses conseillers intimes, quinze sénateurs et un membre de chaque collége de magistrats; ce fut l'origine de ce conseil privé, on pourrait dire de ce conseil d'État, transmis par la cour de Byzance à nos cours modernes.

Auguste eut à punir quelques conspirateurs, Cæpio, Muséna, Egnatius, etc.; mais ayant changé de caractère comme de nom, diminuant chaque jour par sa douceur et sa générosité le nombre des mécontents, il pardonna sans danger à Cinna, et, délivré d'ennemis au dedans comme au dehors, n'éprouva plus que des chagrins domestiques. Sa fille Julie, qu'il avait eue de sa seconde femme Scribonia, mariée d'abord à son neveu Marcellus, que les destins, suivant l'expression de Virgile, ne montrèrent qu'un instant au peuple romain, puis épouse d'Agrippa, et mère de Caius et de Lucius, enfin épouse de Tibère, déshonora par ses débauches la vieillesse d'Auguste, et fut reléguée dans l'île de Pandataria. Après la mort de ses deux petits-fils Caius et Lucius, que le sénat avait nommés *princes de la jeunesse*, et qu'Auguste se plaisait à voir conduire d'honneurs, le vieil empereur, livré sans partage aux intrigues de Livie, sa troisième femme, la seule personne peut-être qu'il eût véritablement aimée, revint à son beau-fils Tibère, et le déclara son successeur. Au retour d'un voyage sur les côtes de la Campanie et d'une visite au troisième des fils de Julie, Agrippa-Posthumus, il fut obligé de s'arrêter à Nole, où il mourut, à soixante-seize ans, dans les bras de Livie. On raconte que, sentant approcher sa dernière heure, il demanda un miroir, fit arranger ses cheveux, et qu'alors, donnant l'ordre d'introduire ses amis, il leur dit : « Que vous en semble? ai-je bien joué mon rôle? — Oui? eh bien donc, battez des mains ! » Auguste ne soupçonnait pas que le dénoûment était déjà préparé de son vivant pour ce long drame de l'empire romain, dont son heureuse politique assura l'unité, et dont son règne fut comme l'exposition. — Jésus-Christ naquit sous son règne et dans son empire!

On a dit d'Auguste qu'il aurait dû ne jamais vivre et ne jamais mourir, et ce mot résume admirablement les deux parties de cette vie si pleine et si habile. Auguste, doux et clément sans effort, a fait croire qu'Octave avait été par politique, non par inclination, cruel et sanguinaire. L'auteur des proscriptions, le terrible vengeur de César, souffrait qu'on fit devant lui l'éloge de Pompée, de Caton et de Brutus, et s'étonnait que son petit-fils se dérobât à ses regards pour lire les œuvres de Cicéron; qu'il appelait un excellent citoyen : c'est qu'alors Auguste n'avait *plus rien à craindre*, car le triumvir fut toujours implacable pour qui lui faisait peur. Trop supérieur à ses sujets pour en être jaloux, il encourageas tous les talents, et fit servir toutes les gloires à la sienne. Agrippa lui gagnait des victoires; Horace chantait les douceurs de son règne; Virgile, conservant le champ de ses pères, fit un dieu du triumvir; et c'est à ces deux poètes surtout qu'il dut de laisser son nom à son siècle.

Après sa mort, Drusus communiqua au sénat, avec son testament, trois petits livres écrits de sa main : l'un contenait les instructions nécessaires pour sa sépulture; l'autre, un abrégé de sa vie, qu'il voulait qu'on gravât sur des tables d'airain; on pense que l'inscription trouvée dans un temple d'Ancyre, en Galatie, est un fragment de cet abrégé; le troisième contenait, avec l'état des forces de l'empire, l'avis de ne point chercher de nouvelles conquêtes, et de s'en tenir aux frontières du Rhin, du Danube et de l'Euphrate. La maison où il était né, celle où il était mort, furent changées en sanctuaires. Livie fut la grande-prêtresse de cette nouvelle divinité, et fit compter 10,000 sesterces au sénateur qui jura qu'il avait vu l'âme d'Auguste monter au ciel. Tibère et Germanicus instituèrent en son honneur un nouvel ordre de prêtres, choisis parmi les sénateurs, et présidèrent eux-mêmes aux sacrifices qu'on lui offrait dans le palais impérial. Auguste avait composé une tragédie d'*Ajax* et *Ulysse*, un livre d'épigrammes, et un poème intitulé *la Sicile*; mais son plus beau mérite littéraire fut sans contredit d'avoir sauvé l'*Énéide* des flammes, malgré les dernières volontés de Virgile, en maudissant, dans une éloquente inspiration ce par des vers qu'on a cités souvent, le poëte si cruel à lui-même et à la postérité : « Sa voix mourante a pu commander un pareil crime ! Il faudra jeter aux flammes les sublimes écrits de Virgile ! oui ! la loi l'ordonne. Les dernières volontés d'un mourant sont sacrées; il faut obéir. Mais périsse la sainte majesté des lois plutôt qu'un seul instant détruise ces longs travaux du jour et de la nuit ! »
T. TOUSSENEL.

AUGUSTE (titre). Comme on l'a vu dans l'article précédent, le titre d'*Auguste* fut pour la première fois donné à Octave lorsqu'il succéda à son père adoptif, Jules César, l'an 28 avant J.-C., et l'on en fit son nom véritable. Plus tard, les Romains le prodiguant à tous leurs chefs suprêmes, il devint insensiblement le synonyme d'*empereur*. Les successeurs des empereurs désignés ou associés à l'empire étaient d'abord créés *césars*, puis nommés *augustes*. Les Grecs traduisirent cette qualification par celle de *sébaste* (σεβαστός). Les femmes et filles d'empereur portent sur les médailles le titre d'*augusta*, qu'on y donne aussi à toutes les villes coloniales et à toutes les divinités allégoriques : *Pietas Augusta*, *Virtus Augusta*, etc. Par imitation, les peuples qui prirent la place des Romains attribuèrent sur leurs médailles et monnaies la qualification d'*auguste* à leurs rois : témoin Childebert, Clotaire, Clovis, etc.

Le simple titre d'*augustus* ne suffisant plus à la boursouflure orientale des empereurs de Byzance, on y ajouta l'adjectif *perpetuus*, qui commença à être en usage peu après Constantin. Les empereurs d'Occident adoptèrent l'un et l'autre; le *perpetuus augustus* date du règne d'Othon II. Dans le contrat de mariage de ce prince, qui épousa Théophanie, princesse de Byzance, lui et son père reçoivent le titre de *perennes imperatores*. Mathilde, grand'mère d'Othon, y est qualifiée de *semper semperque augusta*. Toutes ces dénominations sont traduites dans le vieux français par *toudis accroissans*. Néanmoins ce titre ne devint officiel et inséparable du titre impérial qu'à partir du règne de Henri VI. Quelques rois y ont aussi prétendu; on le trouve également traduit en russe sur les médailles de Pierre le Grand.

On donne le nom d'*Histoire Auguste* au recueil des vies des empereurs romains, compilation écrite sans goût et sans critique, en latin incorrect et barbare, mais n'en constituant pas moins un monument précieux pour l'étude de cette époque. Elle est attribuée à six auteurs : *Julius Capitolinus*, *Vulcatius Gallicanus*, *Ælius Lampridius*, *Trebellius Pollio*, *Ælianus Spartianus* et *Flavius Vopiscus*.

AUGUSTE. Trois électeurs de Saxe ont porté ce nom. Les deux derniers ont en outre régné sur la Pologne en diminuant d'un chiffre leur numéro d'ordre.

AUGUSTE 1er, électeur de Saxe, de 1553 à 1586, fils du duc Henri le Pieux et de Catherine de Mecklenbourg, sa femme, naquit le 31 juillet 1526, à Freiberg, où son père résida jusqu'en 1539, époque où il hérita de l'ensemble des possessions de la maison Albertine. Élevé à l'école de sa ville natale, sous la direction du savant Jean Rivius, il alla d'abord faire quelque séjour à la cour du roi Ferdinand à Prague, où il se lia d'une étroite amitié avec le fils de ce prince, Maximilien, et se rendit ensuite à l'université de Leipzig. En 1541 il reçut la prestation de foi et hommage en même temps que son frère Maurice, après que celui-ci eut pris les rênes du gouvernement dans les États héréditaires paternels. Depuis lors, à l'exception des occasions où il était obligé de s'occuper d'affaires gouvernementales conjointement avec son frère, il résida le plus souvent à Weissenfels. En 1548 il épousa Anne, fille de Chrétien III, roi de Danemark, qui par son attachement aux doctrines de Luther et par sa bienfaisante activité mérita et obtint l'amour général des populations.

Appelé par la mort de son frère, en 1553, à la dignité électorale, il eut à lutter contre les difficultés politiques résultant de l'état d'agitation et de confusion auquel l'Allemagne était alors en proie, des guerres entreprises par son frère et des discussions avec ses cousins de la ligne Ernestine, qui sans vouloir prendre en considération les injustices dont était victime le chef de leur maison, exigeaient des indemnités et leur rétablissement dans ce qu'ils avaient perdu. En même temps il lui fallait songer à cicatriser les plaies causées par la guerre dans ses États. Si Maurice avait réussi à agrandir par l'épée l'héritage paternel, Auguste sut accroître ses droits de souveraineté et ses possessions territoriales en mettant habilement à profit les événements et en sachant se ménager les bonnes grâces de l'empereur. Mais par cette conduite il s'exposa à des reproches dont l'histoire ne saurait complètement l'absoudre. La dépendance plus grande dans laquelle les trois chapitres ecclésiastiques de Mersebourg, de Naumbourg et de Meissen se trouvèrent désormais placés relativement à l'autorité séculière, fut une conséquence nécessaire de la Réformation. Mais on ne peut regarder comme parfaitement régulier et légitime l'accroissement de territoire qui résulta pour lui de la mise au ban de l'empire du duc Frédéric de Gotha, victime des menées séditieuses de Guillaume de Grumpach, et qui passa le reste de sa vie au fond d'un cachot. Il est difficile aussi de justifier la manière dont il s'acquitta envers ses cousins, les enfants de Jean-Guillaume de Weimar, des fonctions de tuteur qu'il s'était fait adjuger de vive force: on ne saurait disconvenir en effet qu'il en profita pour spolier ses pupilles de l'héritage de Henneberg.

L'événement le plus saillant de son règne fut la direction que prirent, grâce à son intervention, les affaires de l'Église protestante. Gagné aux intérêts du parti calviniste par les théologiens de sa cour, il en imposa les doctrines aux ecclésiastiques non-seulement de ses propres États, mais encore de ceux de ses cousins de la maison de Weimar. Ce ne fut qu'en 1574, qu'il changea d'opinion; et alors, effrayé de voir le calvinisme dominer, il apporta à le poursuivre autant de rigueur qu'il avait pu en déployer à l'égard des stricts observateurs du dogme luthérien. C'est pour mettre désormais ceux-ci à l'abri de tout danger de persécution qu'après de longues négociations il publia sa fameuse *Formule de Concorde*, qui, contrairement aux intentions de son auteur, enchaîna les doctrines protestantes dans un réseau de formes roides et étroites.

Auguste 1er se montra législateur habile, protecteur éclairé de tout ce qui pouvait contribuer à la propagation des lumières, administrateur aussi économe que consciencieux de la fortune publique, et ses États offrirent sous son règne le spectacle d'une prospérité inconnue au reste de l'Allemagne. Secondé par d'habiles ministres, convoquant fréquemment les assemblées d'états afin de les faire délibérer sur les intérêts généraux du pays, il fonda une administration modèle d'ordre, d'économie et d'activité; il simplifia beaucoup d'ailleurs les rouages de la machine administrative. En ce qui touche les finances, il opéra une stricte séparation entre les revenus domaniaux et les produits de l'impôt, dont l'emploi fut abandonné aux États. Une meilleure organisation judiciaire et des lois nouvelles améliorèrent sensiblement l'administration de la justice. Calquées sur le droit romain, ces lois remplacèrent dans le pays, de la manière la plus utile pour tous les intérêts, le vieux droit coutumier de l'Allemagne. Mais le côté le plus brillant de l'histoire de son règne, ce fut l'active sollicitude qu'il apporta à augmenter les forces intérieures du pays en développant ses divers éléments de richesse, et surtout en s'attachant à perfectionner l'industrie agricole et à vivifier l'industrie et le commerce. Surveillant lui-même avec la plus attentive sévérité tous les détails de l'administration, il parcourait sans cesse ses États dans toutes les directions, et il en fit dresser la carte par Job Magdebourg, en 1566. Il encouragea de toutes les manières la mise en culture des terres laissées en friche de même que le partage des biens communaux, et l'agriculture put prendre modèle sur l'intelligente exploitation des domaines particuliers de l'électeur: exploitation à laquelle, dit l'histoire, la femme de ce prince prenait une part des plus actives.

Il s'attacha surtout à encourager la culture des arbres à fruit; aussi dans ses voyages avait-il toujours soin de se munir de noyaux qu'il distribuait sur la route, en recommandant bien qu'on les confiât à la terre. Il rendit même un édit par lequel il était enjoint à tout nouveau couple de mariés de planter deux arbres à fruit dans la première année de leur mariage. On a aussi de lui un *Manuel de la Culture des Jardins*.

Il divisa et afferma un grand nombre de domaines électoraux, fournissant aux fermiers les préceptes les plus propres à tirer le meilleur parti possible des terres par eux affermées; et il transforma un grand nombre de corvées personnelles en simples redevances de fruits. Il n'apporta pas moins de soin à favoriser les progrès de la sylviculture et ceux de l'exploitation des mines; et il contribua efficacement à développer l'essor et l'industrie en accueillant dans ses États les habitants des Pays-Bas expulsés de leur patrie en raison de leurs opinions religieuses. Ces réfugiés améliorèrent singulièrement la fabrication des draps, et introduisirent en Saxe la fabrication des étoffes de coton. Aussi comptait-on alors en Saxe trente mille ouvriers drapiers et soixante mille tisserands.

Secondé par les progrès de l'industrie manufacturière, le commerce trouva un puissant moyen d'action dans les priviléges accordés à la grande foire de Leipzig, dans l'amélioration des voies de communication et dans l'ordre et la régularité du système monétaire. En même temps qu'il déposait d'importants capitaux dans les différents bailliages à l'effet de mettre un terme aux déprédations dont les usuriers se rendaient coupables en rançonnant le petit commerce nécessiteux, Auguste 1er consacrait des sommes considérables à construire de vastes édifices, tant à Dresde que dans d'autres villes. C'est lui qui fortifia Kœnigstein et qui construisit les châteaux d'Augustusburg et d'Annaburg.

Les progrès intellectuels de ses peuples ne furent pas moins l'objet de sa sollicitude. Les écoles furent mieux organisées, des chaires nouvelles furent fondées dans les deux universités du pays, un jardin botanique fut créé, et un plan d'études fut rédigé dans l'esprit et les idées du système administratif alors en vigueur. La bibliothèque de Dresde n'est pas le seul trésor scientifique qui doive sa fondation à l'électeur Auguste 1er; la plupart des institutions littéraires, scientifiques ou artistiques que possède la Saxe datent de cette même époque.

Auguste 1er, dans ses moments de loisir, s'amusait à tourner; mais l'alchimie faisait surtout ses délices. Sa femme partageait son goût pour cette science chimérique; et dans le grand laboratoire du château d'Annaburg elle confectionnait une foule d'élixirs et de médicaments demeurés longtemps en vogue. Elle était aux yeux du peuple le modèle le plus achevé de la pureté et de la simplicité de la vie domestique; elle eut la douleur d'en perdre onze. Anne mourut le 1er octobre 1585, victime d'une épidémie. Le 3 janvier de l'année suivante Auguste se remaria avec la fille du prince Joachim d'Anhalt, qui n'était encore âgée que de treize ans. Mais un mois à peine après cette union disproportionnée il succombait le 11 février 1586, à une attaque d'apoplexie; et on l'enterra dans la cathédrale de Freiberg. Ses trois fils, Chrétien I*er*, mort le 25 septembre 1591; Chrétien II, mort le 22 juin 1611, et Jean-Georges, lui succédèrent l'un après l'autre. La jeune veuve se remaria avec le duc Jean de Holstein.

AUGUSTE II (FRÉDÉRIC), surnommé ordinairement *le Fort*, électeur de Saxe de 1694 à 1733, et roi de Pologne, second fils de Jean-Georges III, électeur de Saxe, d'Anne-Sophie, princesse de Danemark, était né à Dresde, le 12 mai 1670. Il reçut une éducation soignée, qui développa, par la pratique de tous les exercices chevaleresques, la vigueur de corps peu commune dont il était doué, sans négliger pour cela ses facultés intellectuelles, mais qui fut impuissante à lui donner cette fermeté de caractère et ce goût pour les choses sérieuses qu'on exige chez l'homme destiné à occuper un trône. De 1687 à 1689 il parcourut l'Allemagne, la France, la Hollande, l'Angleterre, l'Espagne, le Portugal, l'Italie et la Hongrie, mais avec défense de son père de visiter Rome.

Si pendant ce voyage les voluptés et l'amour du faste qu'il rencontra dans les cours de Versailles et de Londres le charmèrent et l'aveuglèrent, les hommages dont il y fut l'objet en raison de ses avantages personnels développèrent

AUGUSTE

en lui une ambition qui devait lui faire considérer son pays natal comme beaucoup trop étroit pour son importance personnelle. Son père étant venu à mourir en 1691, il se rendit à Vienne, où il contracta avec le roi des Romains, Joseph, des relations d'amitié qui exercèrent une grande influence sur la politique générale de l'Europe.

Parvenu à la couronne le 24 avril 1694, par suite de la mort de son frère aîné, Georges IV, Auguste II au lieu de prendre, ainsi qu'il avait d'abord été arrêté, le commandement en chef de l'armée impériale contre la France, alla se mettre à la tête d'une armée austro-saxonne chargée d'agir en Hongrie contre les Turcs. Mais après la bataille livrée à Blasch le 27 août 1696 il déposa ce commandement et revint à Vienne, où son ambition, peut-être bien aussi la politique de l'Autriche, lui firent concevoir le projet de se porter candidat à la couronne de Pologne, que la mort de Jean Sobieski laissait vacante.

Une fois que Flemming, créé plus tard feld-maréchal, eut réussi à jouer l'abbé de Polignac, ambassadeur de France à Varsovie, chargé de faire élire le prince de Conti roi de Pologne, et qu'il eut acheté la couronne moyennant dix millions de florins distribués habilement entre les membres d'une noblesse vénale, Auguste eut bientôt triomphé du dernier obstacle qui lui restait à vaincre en embrassant la religion catholique à Baden près de Vienne, le 23 mai 1697. Afin de se procurer les fonds nécessaires pour couvrir les dépenses faites à cette occasion, il avait vendu ou engagé plusieurs portions de ses domaines héréditaires, et jusqu'aux derniers débris des possessions de la maison de Wettin, souche de sa famille, au Brandebourg. Le 27 juin il fut élu roi par la diète réunie; mais un parti ayant persisté à se prononcer en faveur du prince de Conti, il envahit la Pologne à la tête d'une armée de 10,000 Saxons, et se fit couronner, le 15 septembre, à Cracovie. Le prince de Conti se vit dès lors contraint d'abandonner Dantzig et de retourner en France.

La Saxe ne tarda pas du reste à s'apercevoir combien était pesante la nouvelle couronne que son souverain venait de placer sur sa tête. En montant sur le trône de Pologne, Auguste avait promis de reconquérir les provinces que la Pologne s'était vue forcée de céder à la Suède. Les seigneurs polonais ayant montré une vive répulsion pour une telle entreprise, Auguste se trouva réduit à ne faire cette guerre qu'avec une armée saxonne et seulement aux frais de ses États héréditaires (voyez GUERRE DU NORD). Il s'allia avec le Danemark et avec le czar Pierre. Mais Charles XII contraignit le Danemark à signer la paix de Travendal, le 18 août 1700. Il battit ensuite les Russes à Narva, et, après avoir remporté, le 20 juillet 1702, une victoire complète sur les Saxons à Klissow, il acheva d'anéantir les derniers débris de leur armée à Pultusk, le 1er mars 1703. En suite de quoi le sénat déclara Auguste déchu du trône de Pologne par un décret rendu le 14 février 1704; et le 12 juillet de la même année il élut roi à sa place Stanislas Leszczinski, voïvode de Posen, qu'Auguste tenta vainement, à quelque temps de là, d'enlever dans Varsovie. L'invasion de la Saxe par Charles XII, à la suite de la victoire remportée par ce prince, le 14 février 1706, à Fraustadt, sur le feld-maréchal comte de Schulenburg, força Auguste, qui était demeuré en Pologne au milieu de l'armée russe, à entamer avec le vainqueur, la même année, des négociations qui amenèrent la conclusion de la paix d'Altranstædt. Le 18 décembre 1706 il vint rendre visite à Charles XII dans son camp d'Altranstædt; et le roi de Suède, afin de lui faire avaler le calice de l'humiliation jusqu'à la lie, le contraignit à renvoyer à Stanislas les joyaux et les archives de la couronne de Pologne avec une lettre contenant ses félicitations personnelles. A son retour à Dresde, il reçut fort inopinément la visite de Charles XII, qui s'en retournait dans ses États. Il fit ensuite, sous un

nom d'emprunt, la campagne de 1708 contre les Français, et alla rejoindre l'armée du prince Eugène dans les Pays-Bas, à la tête de neuf mille Saxons.

Il venait d'organiser une seconde invasion de la Pologne, quand il reçut la nouvelle du désastre essuyé par Charles XII à Pultawa; dans une publication à la date du 8 août 1709 il chercha alors à justifier la violation des stipulations du traité d'Altranstædt. Il entra en effet immédiatement en Pologne avec une nombreuse armée, conclut un nouveau traité d'alliance avec le czar Pierre, et recommença contre la Suède une guerre à laquelle le retour de Charles XII de Bender ne fit qu'imprimer encore plus d'acharnement, jusqu'à ce que la mort du roi de Suède, aux approches de Frédéricshall, en décembre 1718, vint donner aux événements une tout autre direction. La première conséquence de cette mort fut un armistice conclu avec la Suède en 1719, mais qui ne fut transformé en paix définitive qu'en 1732. Il se forma toutefois alors en Pologne contre les troupes saxonnes une confédération ayant à sa tête un gentilhomme du nom de Ledekuski. Les Saxons furent attaqués sur tous les points qu'ils occupaient, et forcés de mettre bas les armes. La médiation du czar Pierre amena enfin en 1716, entre Auguste et la république de Pologne, la conclusion d'une convention dite de Varsovie, aux termes de laquelle les troupes saxonnes durent évacuer le royaume.

Forcé dès lors de renoncer à son projet de soumettre la nation par l'emploi de la force, Auguste songea à employer à cet effet d'autres moyens. Effectivement, il réussit bientôt à se concilier l'affection des Polonais par le spectacle d'une cour brillante et voluptueuse; et les seigneurs ne mirent que trop d'empressement à imiter l'exemple de leur roi. Par contre, la réunion des deux pays sous l'autorité du même souverain eut pour résultat d'imposer à la Saxe de lourdes charges, et les finances, déjà très-obérées, de l'électorat ne tardèrent pas à se trouver complètement épuisées. Des maîtresses, des favoris, des enfants naturels, et en outre des alchimistes qui promettaient de lui fabriquer non pas seulement de l'or, mais de l'élixir de longue vie, coûtèrent à Auguste des sommes énormes. Sans doute il embellit la capitale de ses États héréditaires, où l'éclat de sa cour et des fêtes dont il arrêtait et exécutait lui-même le programme, appelaient de nombreux visiteurs étrangers; mais en 1719, pendant qu'à l'occasion du mariage de son fils il dissipait en quelques jours à Dresde quatre millions d'écus, une cherté excessive régnait sur tous les points de l'électorat, et l'Erzgebirge était en proie à la famine.

Les lettres n'eurent guère à se louer des encouragements de ce prince, qui ne se montra pourtant protecteur plus généreux des arts, mais uniquement parce qu'ils contribuaient à la magnificence de sa cour. Il prit personnellement fort peu de part aux améliorations introduites de son temps dans la législation et l'administration; c'est de son règne que date en Saxe l'origine du gouvernement de la bureaucratie et de l'influence des jésuites et des prêtres. Son caractère était un bizarre mélange de douceur, de bonté, de sentiments chevaleresques et d'habitudes despotiques, de goût pour les plaisirs, de vues ambitieuses; de même qu'il savait allier la pétulance des inclinations guerrières à la mollesse d'une vie voluptueuse.

La mort le surprit au milieu des préparatifs faits pour des fêtes nouvelles. En se rendant à Varsovie pour la tenue de la diète, la gangrène se mit à une blessure qu'il avait au genou. Le 1er février 1733, il mourut et fut enterré à Cracovie. Sa femme, Christine-Eberhardine, fille du margrave de Brandebourg-Kulmbach, qui était restée luthérienne et vivait séparée de lui, lui avait donné un fils, Frédéric-Auguste III, qui lui succéda. De la comtesse de Kœnigsmark il avait eu le célèbre Maurice, maréchal de Saxe, et de la comtesse de Cosel, le comte Rutowski.

AUGUSTE III (FRÉDÉRIC), électeur de Saxe de 1733 à

1763, et roi de Pologne, fils et successeur du précédent, naquit le 7 octobre 1696, et fut élevé dans la foi protestante, sous les yeux de son excellente mère et l'influence de sa grand'mère, en dépit des exhortations du pape, qui insistait auprès de son père pour que ce prince lui donnât un gouverneur catholique. Après avoir communié en 1711 suivant le rit protestant au château de Lichtenau, où résidait sa mère, il partit pour un voyage en Allemagne, en France et en Italie. La cour de Rome, qui fondait sur la conversion de la maison Albertine de Saxe de grandes espérances pour la propagation du catholicisme, fit tout pour continuer l'œuvre qu'elle avait commencée avec tant de succès; et comme l'indiquent diverses circonstances, ce jeune prince, sans expérience et sans guide, consentit, peu de temps après son départ pour cette tournée en Europe, à changer de religion. La reine Anne d'Angleterre, en remerciant le roi Auguste d'avoir fait élever son fils dans la foi protestante, l'engageait vivement à le faire revenir d'Italie. Il était déjà trop tard. Le 12 novembre 1712 le prince avait abjuré secrètement à Bologne entre les mains du cardinal Cusani; mais ce ne fut que cinq ans après, en 1717, que le fait fut officiellement porté en Saxe à la connaissance du public. Il se peut que la perspective de la couronne de Pologne et celle de son mariage avec une princesse autrichienne, mariage qui fut célébré en 1719, aient contribué à ce changement de religion.

Après avoir succédé à son père, en 1733, dans ses États héréditaires, il fut élu roi, vers la fin de la même année, par une partie de la noblesse polonaise, malgré les efforts de Louis XV pour faire remonter sur le trône Stanislas Lesczinski; toutefois, ce ne fut qu'en 1736, et aux termes de la paix conclue dans un congrès tenu à Varsovie, qu'il fut généralement reconnu pour roi. Quoique les remarquables facultés intellectuelles de son père lui manquassent, il se modela complétement sur son exemple, et se fit remarquer comme lui par l'éclat de ses fêtes et par l'excessive magnificence de sa cour. Il employa des sommes immenses en acquisitions de tableaux et à l'entretien de sa chapelle; et c'est au goût pour les arts qu'il avait contracté pendant ses voyages que la ville de Dresde est redevable de la plupart de ses embellissements. Il donnait aux affaires de l'État encore moins de soins et de temps que son père, s'en rapportant complétement à cet égard à son ministre et favori le comte de Bruhl, courtisan assez adroit pour faire accroire à un prince faible et paresseux, mais orgueilleux et jaloux à l'excès de ses prérogatives, que c'était lui seul qui gouvernait. Ils n'avaient d'ailleurs tous deux qu'un seul et même système en politique, la plus complète soumission aux volontés de la Russie. Comme Auguste III préférait le séjour de Dresde à celui de Varsovie, la Pologne se trouvait pour ainsi dire sans gouvernement et abandonnée à ellemême. Les diètes étaient constamment orageuses, et se séparaient presque toujours sous les plus frivoles prétextes. En dépit de la confusion extrême à laquelle elle était en proie, la Pologne paraissait cependant contente et heureuse.

Quand Frédéric II eut conquis la Silésie, Auguste III, inquiet de ce subit accroissement de la Prusse, contracta, en décembre 1742, alliance avec Marie-Thérèse, et, en vertu d'un traité secret conclu à Leipzig le 18 mai 1745, il s'engagea, moyennant des subsides promis par l'Angleterre et la Hollande, à mettre à la disposition de la coalition un corps auxiliaire de 30,000 hommes, qui, après être venu de Silésie et avoir opéré sa jonction avec l'armée autrichienne, éprouva une défaite complète à Hohenfriedberg, le 4 juin 1745. Frédéric II envahit immédiatement la Saxe. Le 15 décembre 1745 le prince Léopold de Dessau battit de nouveau l'armée saxonne à Kesselsdorf, sous les murs de Dresde. Auguste III, forcé d'abandonner sa capitale, eut encore le temps de sauver ses collections d'art; mais il oublia d'emporter avec lui les archives de l'État, et la trahison d'un employé de la chancellerie appelé Menzel plaça sous les yeux du vainqueur tous les documents qu'elles contenaient relativement au traité secret conclu à Leipzig en 1745.

Auguste III fut remis en possession de la Saxe l'année suivante, aux termes de la paix signée à Dresde le 25 décembre 1745; mais onze ans plus tard, en 1756, il se vit encore mêlé à une guerre contre la Prusse. Ses propositions de neutralité ayant été repoussées par Frédéric II, il quitta Dresde le 10 septembre pour se rendre au camp de Pirna, où se trouvaient réunis 17,000 hommes de troupes saxonnes. Frédéric réussit à les cerner si complétement que force leur fut de mettre bas les armes dès le 14 octobre suivant. Auguste se réfugia d'abord dans la forteresse de Kœnigstein, et passa plus tard en Pologne. Dans ce pays, où on ne l'avait jamais cru en grande considération, la perte de son électorat acheva de lui ôter tout crédit. Aussi bien l'impératrice Catherine ne négligeait rien pour faire expulser de Pologne les princes de la maison de Saxe, alliés de la France. Ce ne fut qu'après la conclusion de la paix d'Hubertsbourg qu'Auguste III put revenir de Varsovie à Dresde, où il mourut, le 5 octobre 1763. Il eut pour successeur son fils Frédéric-Chrétien comme électeur de Saxe, et Stanislas Poniatowski en qualité de roi de Pologne. Frédéric-Chrétien mourut dès le 17 décembre 1763, et eut pour successeur, sous la tutèle du prince Xavier, son fils encore mineur Frédéric-Auguste Ier.

AUGUSTENBURG (Maison de Schleswig-Holstein-Sonderburg-), branche cadette de la famille qui occupe en ce moment le trône de Danemark.

Les événements qui se sont accomplis dans le nord de l'Europe à la suite de la révolution de février 1848 ont donné une grande importance politique à la maison d'Augustenburg. On ne s'en étonnera pas quand on connaîtra la position dans laquelle elle se trouve placée à l'égard de son aînée.

La famille régnante de Danemark descend de Chrétien Ier, comte d'Oldenburg et neveu d'Adolphe VIII, duc de Schleswig-Holstein, lequel fut appelé au trône de ce pays en 1448 par la libre élection des états. Adolphe VIII étant mort en 1459 sans laisser d'enfants, les états des duchés de Schleswig et de Holstein élurent aussi pour duc le roi de Danemark Chrétien Ier, mais en stipulant expressément *que le Schleswig et le Holstein resteraient éternellement unis sous le même prince, et que jamais le duché de Schleswig ne pourrait être uni au Danemark.*

A la mort de Chrétien Ier (1483), ses États passèrent à son fils aîné, Jean, lequel mourut en 1513 et eut pour successeur Chrétien II, prince que l'histoire a flétri du surnom de *Néron du Nord*, et à qui ses sujets, révoltés de ses actes de cruauté et de tyrannie, enlevèrent sa couronne pour la donner à son oncle, Frédéric Ier. Celui-ci, en mourant (1533), transmit à son fils aîné, Chrétien III, le trône de Danemark, demeuré jusqu'en 1660 soumis à un semblant d'élection, tandis que les duchés, où n'était pas encore établie la loi de primogéniture, furent partagés de la manière la plus bizarre entre ses enfants, dont trois étaient encore mineurs, mais qui furent tous déclarés co-régents. Chrétien III fit des duchés trois lots, composés de domaines dispersés çà et là dans le pays, et laissa ses frères choisir chacun le lot à sa convenance. Il eut pour sa part le lot de *Sonderburg*, dit aussi plus tard le *lot royal*. Son frère puîné Jean, dit *Jean le vieux*, eut le lot d'*Hadersleben*, ainsi nommé de la ville qui lui servait de résidence. Ce prince mourut en 1580, sans laisser de postérité. Adolphe, troisième fils de Frédéric Ier, eut en partage le lot de *Gottorp*, dont le nom provenait d'un vieux manoir féodal dominant la ville de Schleswig. Il devint la souche de la maison de Schleswig-Holstein-Gottorp, qui a régné en Suède et qui occupe encore aujourd'hui le trône de Russie. Un quatrième fils de Frédéric Ier, le plus jeune, laissé en dehors du partage de l'héritage paternel, obtint, à titre d'indemnité, l'archevêché de Brême et une pension considérable.

AUGUSTENBURG

A la mort de Chrétien III (1559) un nouveau partage du *lot royal* des duchés dut encore avoir lieu entre les enfants de ce prince. L'aîné, qui, sous le nom de Frédéric II, fut roi et souverain unique en Danemark et duc co-régent en Schleswig-Holstein, indemnisa son frère puîné, Magnus, en le faisant élire évêque d'OEsel et de Courlande; mais en 1564 il concéda à son autre frère, *Jean* dit *le jeune*, devenu alors majeur, un tiers de l'héritage paternel dans les duchés, tiers qu'on composa encore de domaines disséminés dans le Schleswig et le Holstein, comme l'était le *lot royal* lui-même. Cette part faite au duc Jean tira sa dénomination particulière du château de *Sonderburg*, dans l'île d'Alsen, où il fixa sa résidence; et ce prince devint la souche de la maison de Schleswig-Holstein-Sonderburg. L'introduction de la loi de primogéniture dans la maison royale par Chrétien IV eut pour résultat d'empêcher tout morcellement ultérieur de ce qui restait encore dans les duchés du *lot royal* à l'aîné de la maison d'Oldenburg, duc en Schleswig-Holstein, roi en Danemark; mais les duchés continuèrent pendant longtemps encore à être gouvernés collectivement par les trois branches de la maison d'Oldenburg, à savoir : la branche royale, représentée par *Frédéric II*; la branche d'Hadersleben, représentée par son oncle *Jean le vieux*, et la branche de Gottorp, représentée par son autre oncle, *Adolphe*. Ce gouvernement *collectif* ne laissa pas d'ailleurs que d'amener entre les co-souverains de graves et fréquents conflits.

Si l'usage des partages avait été fatal à la branche aînée de la maison d'Oldenburg, il ne fut pas moins désastreux pour ses cadettes, et notamment pour la maison de Sonderburg, attendu qu'en mourant (1622) le duc *Jean le jeune* divisa, à son tour, son héritage entre ses quatre fils; partage qui affaiblit singulièrement la maison de Sonderburg, et qui donna naissance aux lignes ducales de Schleswig-Holstein-*Sonderburg*, *Norburg*, *Glucksburg* et *Ploen*. Ces trois dernières se sont successivement éteintes dans le cours du dix-huitième siècle. La première seule subsiste encore aujourd'hui, divisée en deux branches : l'aînée, la maison de Schleswig-Holstein-Sonderburg-*Augustenburg*, qui fait l'objet de cet article; la cadette, celle de Schleswig-Holstein-Sonderburg-Beck, qui a récemment changé cette dernière dénomination pour celle de *Glucksburg*.

La maison de Gottorp, elle aussi, avait produit quelques branches cadettes, devenues également l'objet des persécutions les plus acharnées de la part de la maison royale de Danemark, jalouse de la grandeur et de la puissance faites à ces familles collatérales par suite du morcellement de l'héritage commun de Chrétien Ier d'Oldenburg.

Les longues et sanglantes luttes entreprises par les rois de Danemark pour ramener sous leurs lois toutes ces petites souverainetés occupent une grande place dans l'histoire du Nord. La maison de Gottorp fut celle qui résista le plus longtemps aux plans d'absorption conçus de bonne heure par la maison royale. Sa résistance ne cessa que lorsque, appelée elle-même à occuper par deux de ses branches les trônes de Suède et de Russie, elle abandonna à son aînée, à la suite de négociations suivies sous la médiation de la diplomatie européenne, mais seulement sous certaines réserves, sa part dans l'héritage de Chrétien Ier.

Les rois de Danemark en étaient donc arrivés à leurs fins. Les duchés de Schleswig-Holstein, terre essentiellement allemande, et par la possession de laquelle ils se rattachaient à l'empire, ne reconnaissaient plus d'autre souverain que celui qui régnait à Copenhague. Un tel résultat n'eût cependant satisfait encore qu'incomplètement leur politique, s'ils n'avaient point eu antérieurement la précaution de faire, autant que possible, disparaître les dernières traces des partages du *lot royal* des duchés opérés par Frédéric Ier, Chrétien III et Frédéric II, recourant à cet effet, tantôt, et le plus souvent, à la violence, tantôt à la ruse, parfois aussi à l'emploi de certains moyens mystérieux que la raison d'État autorise, dit-on, mais que la morale vulgaire qualifie de crimes.

En 1660, Frédéric III, roi de Danemark, mettant habilement à profit la lassitude qu'éprouvait le peuple danois des sanglantes discordes incessamment provoquées dans l'État par une noblesse insolente et jalouse à l'excès de ses priviléges, se fit décerner, aux acclamations unanimes des classes populaires, le pouvoir absolu le plus exorbitant dont jamais chef de nation ait été investi, et, sous le nom de *loi du roi*, monument naïf du despotisme le plus monstrueux qu'on puisse imaginer, formula la charte qui désormais devait régir à toujours la monarchie danoise. Jusque alors la loi salique avait seule été en vigueur en Danemark. Frédéric III la brisa de sa seule autorité, et appela à l'avenir, par sa *loi du roi*, les lignes issues des femmes à hériter de la couronne, au détriment des lignes mâles aînées, quand elles se trouveraient plus rapprochées que celles-ci de la ligne directe. Cependant, devenu roi absolu en Danemark, Frédéric III n'osa pas violer le contrat intervenu lors de l'élection de Chrétien Ier dans les duchés de Schleswig-Holstein. Ils conservèrent donc, avec leur ordre particulier de succession régi par la loi salique, leurs antiques priviléges, leur nationalité parfaitement distincte de celle du Danemark, leurs lois, leur langue; et lui, ainsi que ses successeurs, continuèrent à n'y régner qu'en qualité de *ducs*, relevant comme tels de l'empire. Les branches collatérales de sa maison que nous avons énumérées plus haut demeurèrent par conséquent des familles princières *allemandes* (1), soumises, à ce titre, par ce qui touchait l'ordre de successibilité, aux prescriptions de la loi salique. Ces branches sont désignées par les historiens sous les noms de *branche ducale* et de *branche royale cadette*. La première, nous l'avons dit, est représentée par la maison de Gottorp, issue de Frédéric Ier; la seconde, par la maison de Sonderburg et ses différentes lignes, dont celle d'*Augustenburg* est l'aînée; les unes et les autres, qu'on ne l'oublie pas, issues de Chrétien III par *Jean le jeune*, duc de Schleswig-Holstein-Sonderburg. La branche royale cadette demeura d'ailleurs, tout aussi bien que la branche *ducale*, l'objet des persécutions acharnées de la branche aînée, qui régnait en Danemark, et qui mettait soigneusement à profit toutes les occasions favorables pour diminuer son importance et son influence.

Cet antagonisme, tantôt occulte, tantôt manifesté par les actes les plus odieux, parut cesser un instant vers la fin du siècle dernier. A la suite du dérangement total des facultés intellectuelles de son père, Chrétien VII, Frédéric VI avait été appelé à prendre en mains, comme prince-régent, le timon des affaires.

Les intrigues ourdies avec tant de perfidie par Julianne-Marie à l'effet d'assurer la couronne de Danemark au fils qu'elle avait eu de Frédéric V, et pour se débarrasser de Chrétien VII, fils aîné de Frédéric V et issu d'un premier lit, n'avaient abouti qu'à envoyer à l'échafaud Brandt et Struensée et à déshonorer la malheureuse mère de Frédéric VI (*voyez* l'article CAROLINE-MATHILDE). Julianne-Marie, en effet, n'avait pas rencontré dans son fils, le prince Frédéric, cette intelligence, cette force de volonté et ces ressources d'esprit à l'aide desquelles d'un prétendant on fait un usurpateur. Cependant, appuyé par un parti nombreux et puissant dans l'aristocratie, elle continuait à exercer sur la direction des affaires une influence qui, pour ne pas être patente, n'en était pas moins réelle, et qui dura même longtemps encore après que Frédéric VI eut été proclamé régent. A ce moment, un ministre habile à prévoir les éventualités de l'avenir et désireux de prévenir celles desquelles pouvait

(1) L'*Almanach royal de France* depuis son origine n'en fait jamais autrement mention.

résulter quelque jour le morcellement de la monarchie, songea à rapprocher par une union matrimoniale la maison régnante de sa branche cadette. Il négocia donc, et (jt conclure le mariage de la sœur du prince régent, *Louise-Auguste*, avec le chef de la maison d'Augustenburg, en même temps que Frédéric VI épousait la fille d'un cadet de la maison de Hesse.

Une mystérieuse fatalité s'attacha à ce mariage de Frédéric VI, dont tous les enfants mâles périrent successivement en bas âge. Des rumeurs de palais attribuèrent alors la mort de tant d'héritiers directs du trône à des crimes soudoyés par Juliane-Marie, et c'est là encore aujourd'hui une opinion très-répandue.

L'aîné des petits-fils de cette princesse, le prince Chrétien, que nous avons vu succéder en 1839 à Frédéric VI, se trouva ainsi, du chef de son père le prince Frédéric, héritier présomptif de la couronne.

Si Frédéric VI se résigna assez philosophiquement à ne pas continuer la descendance mâle et directe de Chrétien 1er d'Oldenburg, il n'en poursuivit pas moins la politique qui, à partir des premières années du dix-septième siècle, avait été constamment celle de ses prédécesseurs à l'égard des duchés de Schleswig-Holstein. Lui aussi, il songea aux moyens de les incorporer définitivement quelque jour à la monarchie danoise par l'anéantissement de leur nationalité, par l'abolition de leurs droits et de leurs priviléges séculaires, et surtout en cherchant à y faire prévaloir, en même temps que la langue danoise, les prescriptions de la *loi du roi* de 1660 relatives à l'ordre de successibilité. La dissolution de l'empire germanique, en 1806, parut à ses conseillers une occasion précieuse à saisir; et dans l'édit par lequel le roi-duc porta officiellement ce fait à la connaissance de ses sujets des duchés, on eut soin de glisser quelques paragraphes équivoques, destinés à fournir plus tard les moyens de nier et d'infirmer les droits des branches collatérales mâles de la maison d'Oldenburg. Des réserves et des protestations formelles du duc d'Augustenburg, en sa qualité de chef et de représentant de la branche *royale cadette* des ducs de Schleswig-Holstein, seule apte à hériter des droits de souveraineté dans les duchés en cas d'extinction de la branche mâle aînée de la maison d'Oldenburg, suffirent alors pour faire différer l'exécution des projets cachés sous ces phrases insidieuses.

Trois ans plus tard, la révolution qui s'accomplit en Suède et qui en expulsa la branche cadette de la maison de Gottorp, représentée par Gustave-Adolphe IV, ouvrit un plus vaste champ à l'ambition de Frédéric VI, qui tout aussitôt songea à réunir sur sa tête la couronne de Suède et celle de Danemark. Napoléon appuyait de ses sympathies cette combinaison, au prix de laquelle Frédéric VI offrait de renoncer à la souveraineté des duchés; mais elle échoua par suite de l'élection d'un prince d'Augustenburg, frère puîné du duc, en qualité de prince royal de Suède, appelé par les suffrages presque unanimes de la diète à succéder un jour au vieux duc de Sudermanie, acclamé roi de Suède sous le nom de Charles XIII après le détrônement de son neveu Gustave-Adolphe. Mais trois mois à peine s'étaient écoulés depuis cette élection, que le nouveau prince royal mourait subitement en Scanie, au milieu d'une grande revue de troupes, après avoir pris un verre d'une boisson rafraîchissante.

Le peuple suédois n'hésita pas à attribuer cette mort si imprévue à un crime inspiré par la politique; il en nomma hautement les auteurs et les complices, et une sanglante émeute éclata contre ceux-ci à Stockholm quand on y reçut la nouvelle d'un événement qui replongeait le pays dans toutes les incertitudes d'un avenir reposant sur la tête d'un vieillard.

Il y avait dès lors nécessité de procéder au plus vite à l'élection d'un nouveau prince royal. Frédéric VI, ouvertement recommandé par Napoléon, brigua encore une fois les suffrages de la diète; mais cette assemblée semblait décidée à choisir le frère aîné du prince que la mort, peut-être bien le poison présenté par une main intéressée, venait de ravir à sa seconde patrie. Résolu d'entraver à tout prix l'élection du duc d'Augustenburg, Frédéric VI le fit retenir prisonnier dans ses propriétés d'Alsen sous la garde d'un régiment d'infanterie et de deux sloops de guerre; et la diète, afin d'échapper à une autre union de Calmar, choisit pour présider désormais aux destinées de la Suède un simple maréchal de France, Bernadotte.

De tant d'efforts tentés pour empêcher son beau-frère d'être élu prince royal de Suède, Frédéric VI ne recueillit d'abord que la honte de l'avortement de sa propre candidature; mais cinq ans plus tard Bernadotte payait sa bienvenue en Suède en conquérant au profit de ses nouveaux concitoyens, et pour les dédommager de la perte de la Finlande, la Norvège, cet antique fleuron de la couronne de Danemark, ce pays dont la population, essentiellement maritime, était la pépinière des équipages de la flotte danoise. Une tentative faite par le cousin de Frédéric VI, le prince Chrétien, à l'effet de s'y faire proclamer roi indépendant, échoua complétement; et le roi de Danemark dut subir l'humiliation d'avoir à effacer des armoiries de sa maison le lion de Norvège, qui continue au contraire à figurer dans celles de la maison d'Augustenburg.

On ne peut d'ailleurs se défendre d'être vivement surpris de l'apathique résignation avec laquelle la nation danoise laissa s'accomplir le divorce violemment opéré alors entre elle et la nation norvégienne, encore bien que toutes deux eussent la même histoire, la même langue, la même littérature, les mêmes lois, les mêmes mœurs. Les choses en sont venues à ce point, qu'il semble qu'on ignore complétement aujourd'hui à Copenhague que de Christiania à Drontheim on ne parle que danois.

Le résultat de tant d'intrigues ourdies contre la branche cadette de sa maison avait donc été de faire perdre sans aucune compensation une couronne et un royaume à Frédéric VI. Peu s'en fallut même, vers la fin de 1813, que l'armée victorieuse de Bernadotte ne lui enlevât encore, non-seulement les duchés de Schleswig-Holstein, mais encore le Jutland, l'ex-maréchal de l'empire ayant eu alors un instant la velléité de faire ériger à son profit toute l'ancienne Chersonnèse Cimbrique en royaume de *Nordalbingie*; dénomination empruntée aux souvenirs des premiers siècles de notre ère. La paix de Kiel maintint toutefois le Danemark au nombre des États européens, mais singulièrement amoindri d'importance et d'influence par la perte irréparable de la Norvège; et l'acte constitutif de Vienne comprit Frédéric VI, en sa qualité de *duc de Holstein*, au nombre des souverains membres de la Confédération germanique. Son beau-frère, le duc d'Augustenburg, mourut sur ces entrefaites, laissant deux fils encore mineurs, qui eurent pour tuteurs le roi leur oncle, et une fille qui, deux ans plus tard épousait le prince Chrétien, cousin de Frédéric VI et héritier présomptif de la couronne. Cette princesse est aujourd'hui reine douairière de Danemark.

Le mariage du prince héréditaire (devenu depuis lors roi sous le nom de Chrétien VIII) avec la fille du duc d'Augustenburg est demeuré stérile; mais d'une première union, contractée avec une princesse de Mecklenburg, et rompue juridiquement à la suite d'un scandaleux procès, était déjà né un prince Chrétien un jour qui, règne aujourd'hui en Danemark sous le nom de Frédéric VII.

En 1815, lors de la reconstitution générale de l'Europe, la ligne mâle et directe de la maison royale d'Oldenburg ne semblait donc pas courir risque de s'éteindre prochainement; et ce moment le danger de la dissolution de la monarchie formée par la réunion du Danemark et des duchés de Schleswig-Holstein sous les lois du même souverain, paraissait aussi éloigné qu'il avait pu l'être jamais. Frédéric VI maria ses deux filles, les deux seuls enfants qu'il eût pu conserver de sa nombreuse lignée, l'aînée à un autre petit-fils de Juliane-Marie, au prince Ferdinand, frère puîné du prince héréditaire; la cadette, au prince issu du premier mariage contracté par le prince Chrétien. Suivant toute probabilité, la ligne directe allait donc se perpétuer encore dans de nombreux rejetons. Cependant ces deux mariages demeurèrent également frappés de stérilité : le second dut même être juridiquement brisé, et l'ex-gendre de Frédéric VI fut exilé au fond du Jutland, qu'il ne quitta plus qu'à l'avénement de son père au trône.

Chrétien VIII négocia alors un nouveau mariage de son fils avec une princesse de Mecklenburg; mais un second divorce vint bientôt, à la médiocre édification du public, rendre au prince royal la liberté de se marier une troisième fois. Ce second mariage, d'ailleurs, n'avait pas plus que le premier donné de rejeton à la ligne directe de la maison royale d'Oldenburg.

Si la ligne mâle directe menaçait de s'éteindre, il restait encore pour recueillir, aux termes de la *loi du roi*, la couronne de Danemark, une ligne *féminine directe* représentée par le prince héréditaire de Hesse, fils d'une sœur de Chrétien VIII.

Mais la nation danoise, déjà réduite au plus strict nécessaire par la perte de la Norvège, ne devait pas entrevoir sans une patriotique douleur la possibilité du fractionnement de la monarchie, conséquence inévitable de l'arrivée au trône de cette branche féminine, puisque dans ce cas, aux termes de la loi salique qui les régit, les duchés de Schleswig-Holstein devraient passer sous la souveraineté de la branche collatérale, *mâle*, de la maison d'Oldenburg, c'est-à-dire de la maison de Schleswig-Holstein-Sönderburg *Augustenburg*. Vers 1842 les journaux danois s'occupèrent donc avec une extrême vivacité des éventualités qui pouvaient surgir, si le prince royal ne laissait pas d'enfants, en même temps que de la satisfaction à donner par le pouvoir royal aux tendances constitutionnelles de l'époque. Bientôt même, grâce à l'influence et à l'intervention patentes du gouvernement, se forma un parti qui entreprit de démontrer que le Danemark et les duchés de Schleswig-Holstein, ayant toujours eu le même souverain depuis quatre siècles, devaient avoir toujours les mêmes destinées et continuer à ne faire qu'un. Incorporation complète des duchés au Danemark, introduction d'un ordre de succession commun à toute la monarchie, d'une constitution et d'une législation communes, tel fut désormais le mot d'ordre du parti danois.

Si de pareilles idées étaient populaires en Danemark, et on conçoit aisément qu'elles l'y fussent, il s'en fallait qu'il en fût ainsi dans les duchés, où la population est allemande d'origine, de mœurs, d'intérêts, de langage, de lois, et devait par conséquent avoir sa part de sympathies et d'espérances dans ce mouvement si prononcé de nationalité qui tend à faire quelque jour une imposante fédération politique, peut-être même une grande et redoutable nation, des diverses races germaniques aujourd'hui divisées d'intérêts sous des souverains différents. L'opinion publique y réclamait d'ailleurs, avec tout autant de force qu'elle pouvait le faire en Danemark, la substitution du gouvernement constitutionnel au régime du bon plaisir; avec cette différence toutefois que dans les duchés on entendait rester ce qu'on avait toujours été, un État allemand, tandis qu'en Danemark l'aspiration au régime représentatif impliquait ouvertement le projet d'absorber les duchés allemands dans le Danemark, dont on prétendait leur imposer, non-seulement la législation, mais jusqu'à la langue. On voulait essayer avec eux la politique qui en 1815 avait si mal réussi à la Sainte-Alliance quand elle avait espéré fusionner les nationalités belge et hollandaise.

La révolution qui avait eu lieu à Bruxelles en septembre 1830 ne paraissait aux champions de la cause danoise qu'un fait isolé et sans application possible aux intérêts en présence sur les rives de la Baltique.

De pareilles prétentions devaient naturellement amener entre le Danemark et les duchés une guerre de brochures et de pamphlets des plus animées. Bientôt on vit l'Allemagne tout entière intervenir dans cette polémique; car la cause du Schleswig-Holstein était la sienne.

A l'origine pourtant, les publicistes danois faisaient assez bon marché des prétentions du Danemark à la possession du Holstein, et se bornaient à revendiquer en faveur de leur pays le Schleswig, en se fondant sur ce que cette seconde province, bien que de tout temps indissolublement unie à la première et en ayant toujours partagé les destinées, n'avait cependant jamais été comprise officiellement au nombre des pays relevant de l'empire. Puis, l'appétit venant en mangeant, comme dit le proverbe, ils entreprirent de démontrer que le Danemark s'étendait, non pas seulement jusqu'aux bords de l'Eider, mais jusqu'à l'Elbe, et que dès lors la *loi du roi* avait toujours été en vigueur en Holstein tout aussi bien qu'en Schleswig et dans le Danemark proprement dit. Cependant, et sans doute pour se parer d'un vernis de modération et d'équité, on consentait à reconnaître qu'à la rigueur la maison d'Augustenburg pouvait élever quelques prétentions ou moins fondées à la possession de certaines parcelles du duché de Holstein; mais on avait soin d'ajouter que ce devait être là avant tout matière à transaction, et en même temps on laissait entrevoir qu'on se montrerait large et généreux dans les indemnités pécuniaires à accorder.

Des transactions de ce genre ne sont guère possibles à une époque comme la nôtre. Le chef de la maison d'Augustenburg, le duc Chrétien-Auguste, eût manqué à tous ses devoirs s'il s'y fût prêté. Il refusa donc de *vendre* les duchés au Danemark, protestant d'avance contre tout abus de la force qui pourrait être tenté pour mettre à néant, non pas seulement les droits éventuels de sa maison à la souveraineté de cette partie de l'Allemagne, mais encore et surtout la nationalité et l'indépendance de ses concitoyens.

D'une question de succession, les écrivains danois étaient parvenus, à force de passion et de mauvaise foi, à faire une question de races, une question de peuple à peuple. C'est ainsi qu'ils insistaient, avec un acharnement voisin du fanatisme, sur la nécessité de *daniser* les duchés, et pour cela de ne les faire administrer que par des fonctionnaires ayant mission expresse d'y propager par tous les moyens possibles la langue et les idées danoises. Ces tendances de la presse, et l'agitation fébrile des esprits qu'elles provoquaient en Danemark, s'accordaient d'ailleurs trop bien avec les projets du cabinet de Copenhague pour qu'il n'y donnât pas ample satisfaction par des actes qui, en revanche, provoquaient dans les duchés une irritation de plus en plus profonde. Obéissant au mot d'ordre de la diplomatie danoise, certains journaux de France et d'Angleterre, tristement fameux par leur vénalité, attribuaient uniquement à l'ambition du duc d'Augustenburg et aux intrigues de ce chef de la branche cadette de la maison royale, l'agitation et la désaffection toujours croissantes causées dans les duchés. Si la presse avait apporté plus de bonne foi dans ces irritants débats, elle eût bien vite reconnu cependant que les difficultés et les périls de la situation provenaient de l'ordre de succession arbitrairement introduit dans la maison royale en 1660 par Frédéric III, en vertu de sa fameuse *loi du roi*.

Il est évident que de longtemps les rivalités existant entre les grandes puissances ne permettront pas au Danemark disparaisse complètement d'un système d'équilibre politique où sa situation géographique lui permet de jouer un certain rôle. Personne non plus ne conteste que sans la possession des duchés ce petit État ne serait plus absolument rien en

Europe. Mais de ce que les duchés sont utiles, nécessaires même au Danemark pour être quelque chose, s'ensuit-il qu'il fallait d'abord nier les droits éventuels d'une branche cadette de la maison royale, et les mettre à néant si elle refusait de se prêter à un marché déshonorant, puis violemment dépouiller toute une inoffensive population de ses lois et de sa nationalité? Comment du sein de cette nation danoise si intelligente, et au patriotisme de laquelle nous aimons à rendre hommage, pas une voix ne s'est-elle alors élevée pour faire observer qu'en définitive il importait assez peu à l'influence politique du Danemark d'avoir pour souverain un prince étranger trônant tout à la fois à Cassel et à Copenhague, puisqu'il n'apporterait au pays aucun élément nouveau de force et de prospérité, sans compter qu'il pourrait arriver souvent à ce prince d'être forcé de sacrifier l'intérêt de ses sujets danois à ceux de ses sujets hessois, c'est-à-dire d'Allemands pur sang, et qu'on n'avait pas sans doute la prétention de le voir un jour tenter de *daniser*? Comment, au contraire, chacun ne comprenait-il pas que s'il y allait de l'existence du royaume que l'antique union politique existant entre le Danemark et les duchés ne fût pas rompue, le moyen le plus simple, le plus équitable, de maintenir longtemps encore un ordre de choses qui fait la force du pays, était de déclarer non avenues les prescriptions de la *loi du roi* de 1660 relatives à la successibilité des lignes féminines, et, au cas où la branche aînée de la maison d'Oldenburg viendrait à s'éteindre dans sa descendance mâle, d'appeler au trône la branche cadette arbitrairement dépouillée de ses droits par Frédéric III?

Ce n'est pas cependant qu'en Danemark beaucoup de bons esprits n'entrevissent que le retour à la loi salique était l'unique voie à suivre pour donner toute sécurité à l'avenir. Les meneurs du parti populaire eux-mêmes comprenaient si bien que là était vraiment le nœud de la question, que dans les premiers jours de 1846, alors que la lutte se trouvait déjà irrévocablement engagée entre les deux intérêts en présence, ils firent savoir au duc d'Augustenburg qu'il pouvait assurer la couronne à sa maison, pour peu qu'il consentît à briguer en Danemark les faveurs de l'opinion publique, ainsi qu'à donner satisfaction à ses exigences et à ses passions. On offrait de faire abolir la *loi du roi*, par conséquent de faire déclarer la maison d'Augustenburg apte à hériter du trône de Danemark, comme issue en ligne droite de Chrétien III ; seulement on y mettait pour condition expresse qu'elle s'identifiât désormais à la politique danoise vis-à-vis des duchés, et qu'elle s'associât, elle aussi, aux efforts faits pour les *daniser*. Las d'une situation qui devenait de plus en plus tendue, et désireux en apparence d'y mettre un terme par une transaction, Chrétien VIII fit un jour à son beau-frère une proposition absolument identique. Certes il y avait là de quoi tenter un ambitieux. Toujours droit et loyal, le duc d'Augustenburg répondit qu'il lui appartenait moins qu'à personne d'essayer, même indirectement, de porter atteinte aux droits que la *loi du roi*, en ce moment reconnue loi fondamentale du royaume de Danemark, avait pu faire à une maison étrangère ; qu'à cet égard la nation danoise et son roi étaient sans doute libres de complétement modifier, suivant qu'ils le jugeraient bon et utile, les conditions d'accession au trône ; mais que, quant à lui, jamais la perspective d'assurer une couronne à sa maison, voire la certitude de la poser sur sa propre tête, ne pourraient le déterminer à mentir à sa conscience, à trahir ses concitoyens et à se prêter à l'exécution de projets ayant pour but avoué l'anéantissement de leur nationalité.

Qui oserait faire au chef de la maison d'Augustenburg un crime d'une si noble déclaration? Aussi bien, peut-être ces avances n'étaient-elles que des pièges tendus à un grand et beau caractère pour le compromettre.

Rien ne prouve, en effet, que jamais Chrétien VIII ait eu l'intention de renoncer à ses prérogatives de roi absolu et d'abolir en Danemark la *loi du roi* pour y substituer une constitution représentative. Les assemblées *consultatives* établies, tant en Holstein et en Schleswig que dans les provinces danoises de la monarchie, par Frédéric VI, à la suite de la révolution de juillet 1830 et de l'ébranlement qu'elle avait causé partout en Europe, paraissaient à son successeur le *nec plus ultra* des concessions que la royauté pouvait faire à l'esprit du siècle et à ses besoins de progrès et de liberté. Imbu de tous autres sentiments politiques que le roi son beau-frère, le duc d'Augustenburg, membre de l'assemblée *consultative* du Schleswig à titre de grand propriétaire foncier, y avait, au contraire, émis le vœu, en maintes occasions, de voir le roi-duc rassurer tous les intérêts de ses sujets allemands en leur accordant des institutions franchement constitutionnelles, avec une seule et même assemblée représentative pour les deux duchés, dont l'administration civile et religieuse avait été toujours commune, conformément à l'engagement signé en 1460, tant en son nom qu'en celui de ses successeurs, par Chrétien Ier d'Oldenburg lors de son élection comme duc.

L'assemblée consultative du duché de Holstein, elle aussi, avait constamment retenti des mêmes griefs et émis les mêmes vœux. Il devenait dès lors de plus en plus évident que l'emploi de la force pourrait seul aider le gouvernement danois à mener à bonne fin ses projets à l'égard des duchés, et qu'une crise était imminente.

C'est en Danemark que fut donné le signal du mouvement qui devait la précipiter. Au mois d'octobre 1844 le bourgmestre de Copenhague, M. Algreen Ussing, proposa et fit adopter par la diète danoise réunie à Roeskilde une adresse à la couronne dans laquelle on représentait au roi la nécessité qu'il fit savoir à ses sujets, « pour prévenir
« les agitations qui pourraient naître et porter atteinte à
« l'unité de l'État en tendant à la dissolution prochaine du
« royaume, que la monarchie danoise (le Danemark propre-
« ment dit, le Schleswig, le Holstein et le Lauenburg) serait
« désormais considérée comme un *royaume héréditaire*,
« *inséparable* et *indivisible*, et cela, d'après *les lois et*
« *vigueur dans le royaume*; et que le roi prendrait des me-
« sures nécessaires pour faire échouer toute entreprise
« ayant pour but de dissoudre le lien qui en unit les parties
« séparées. »

Non-seulement le commissaire royal près la diète appuya cette motion, mais il ajouta encore qu'à la déclaration royale serait jointe la défense expresse aux duchés de *jamais reparler de cette question*, et que certainement le roi prendrait en considération les vœux de la diète de Roeskilde.

A ce *sic volo, sic jubeo, sit pro ratione voluntas*, insolemment jeté en défi aux duchés, la diète consultative du Holstein, siégeant à Itzehoë, et dont la réunion coïncidait avec celle de la diète de Roeskilde, répondit par une pétition au roi-duc votée à l'unanimité le 21 décembre de la même année, sur la proposition du comte de Reventlau-Preetz. Dans ce document, destiné à réfuter les prétentions de la diète danoise, les droits des duchés se trouvaient résumés dans ces trois laconiques propositions, devenues tout aussitôt le *credo* politique des Schleswig-Holsteinois :

1° *Les duchés sont des États indépendants ;*
2° *La ligne masculine règne dans les duchés ;*
3° *Les duchés sont des États éternellement et indissolublement unis.*

Cette si digne protestation de la diète d'Itzehoë en faveur de la nationalité et de l'indépendance des duchés, n'était que la traduction fidèle des sentiments unanimes des populations, dont elle porta l'enthousiasme patriotique à son comble. Par contre, en Danemark, les chefs du parti populaire et anti-allemand ne continuèrent qu'avec plus d'ardeur leurs menées pour forcer le pouvoir à frapper un coup décisif.

Le 8 juillet 1846, Chrétien VIII, qui dans l'intervalle s'était assuré l'appui de l'Angleterre et de la France, et qui avait constamment en celui de la Russie (directement intéressée dans la question, parce que le prince de Hesse, héritier présomptif de la couronne de Danemark, avait épousé l'une des filles de l'empereur Nicolas); le 8 juillet 1846, disons-nous, le roi Chrétien VIII se décida enfin à publier des lettres patentes en vertu desquelles le droit de succession dans les duchés était déclaré appartenir à *tous ses successeurs royaux*. Le roi avait grand soin d'ailleurs d'ajouter que son intention n'était pas et n'avait jamais été d'apporter aucune modification aux rapports d'union existant entre le duché de Schleswig et le duché de Holstein.

Pour des lecteurs français il ne faut pas, en vérité, une médiocre attention d'esprit pour arriver à comprendre qu'il y avait un coup d'État dans cette phraséologie en apparence si inoffensive; qu'en fait elle anéantissait la nationalité et l'indépendance des duchés, déclarés partie intégrante du Danemark, dont la souveraineté appartiendrait désormais aux seuls successeurs *royaux* de Chrétien VIII, c'est-à-dire, faute de la branche *mâle* directe, à la branche *féminine* et à ses représentants, comme le voulait la fameuse *loi du roi*.

Cet acte par lequel Chrétien VIII avait attenté tout à la fois aux droits des habitants des duchés et à ceux des agnats de sa maison excita la fermentation la plus vive dans tout le pays, en même temps qu'il provoqua les protestations et les réserves les plus formelles, d'abord de la part du grand duc d'Oldenburg en sa qualité de chef de la deuxième branche de la ligne cadette de la maison de Gottorp, et ensuite de la part du duc d'*Augustenburg* et du duc de *Glucksburg*, comme représentant les deux lignes cadettes de la branche royale de la maison de Schleswig-Holstein. Le prince *Chrétien de Glucksburg*, troisième frère du duc, par conséquent cadet de sa famille, *mais marié à une nièce de Chrétien VIII*, refusa seul de s'associer à ces protestations.

Après avoir inutilement tenté de faire revenir le roi son beau-frère sur sa détermination, le prince Frédéric d'Augustenburg, frère cadet du duc et gouverneur général des duchés, se démit de toutes fonctions publiques le 18 août; et son exemple fut imité par de nombreux fonctionnaires schleswig-holsteinois de naissance.

Douze jours après la publication des lettres patentes, le 20 juillet, dans une grande assemblée populaire tenue à Neumünster, une solennelle et énergique protestation était signée par plusieurs milliers de citoyens qui plaçaient leurs droits sous la sauvegarde de la diète d'Itzehoé. Celle-ci à son tour se réunissait pour voter au roi-duc une adresse terminée par cette phrase :

« Que Sa Majesté veuille bien accueillir gracieusement la déclaration de ses États de Holstein, maintenir aux duchés leur nationalité et leur indépendance, ne pas leur refuser le droit sacré de pétition accordé par la constitution, et *régler la succession de sa royale maison avec sagesse et justice*. C'est à cette condition seule que la joie et la reconnaissance feront place au mécontentement et à la tristesse. »

Chrétien VIII refusa de recevoir cette adresse de la diète de Holstein, qui résolut alors de se considérer comme dissoute, mais après avoir préalablement envoyé à la diète germanique, siégeant à Francfort, une protestation solennelle contre la violation des droits de ses concitoyens.

Par une délibération, datée du 17 septembre 1846 et rédigée avec le vague d'expressions qui caractérise tous les actes de cette assemblée, la diète germanique déclara non avenue la protestation de la diète du Holstein, attendu que des explications qui lui avaient été données par le représentant du roi-duc, était résultée pour elle la conviction que Sa Majesté, en réglant d'une manière définitive les questions dont la lettre patente du 8 juillet faisait mention, *respecterait les droits de tous*, et particulièrement ceux de la Confédération, de même que *les droits légitimes de ses agnats et ceux de la représentation légale du pays*.

Pour quiconque est au fait des allures cauteleuses et réservées de la diplomatie, il y avait au fond de cette fin de non recevoir opposée à la diète du Holstein, un désaveu indirect, mais formel, des projets dynastiques du gouvernement danois; et quand on réfléchit à la composition de la diète de Francfort, aux intérêts si divers, et si nombreux qui se trouvent constamment en lutte dans son sein, on ne doit pas s'étonner qu'elle ait reculé dans cette occurrence devant une initiative qui eût exigé avant tout de l'homogénéité et de l'unité dans les vues.

A quelque temps de là, la diète du Schleswig s'associait à la résistance opposée aux lettres patentes par la diète d'Itzehoé, et un décret royal en prononçait tout aussitôt la dissolution.

Le gouvernement danois était franchement entré dans la voie de la violence. Bien décidé à ne reculer désormais devant aucun moyen pour atteindre son but, son premier soin fut de bâillonner la presse des duchés, et de procéder dans l'administration à des épurations et des destitutions en masse.

Au commencement de l'année 1848 on annonçait que Chrétien VIII s'occupait sérieusement de la rédaction d'un projet de constitution commune à toute la monarchie, quand le 20 janvier la mort vint le frapper et appeler son fils unique, Frédéric VII, à le remplacer sur le trône.

Le nouveau roi notifia son avénement à ses sujets dans des lettres patentes où il déclarait vouloir non-seulement poursuivre les améliorations commencées par son père, mais aussi maintenir *l'ordre projeté par lui dans les rapports des deux pays, donner de l'unité à la patrie*, etc. Huit jours après parut un document émanant de la chancellerie danoise, et relatif à la prochaine introduction d'une constitution commune au Danemark et au duché de Schleswig.

La nouvelle des événements survenus à Paris dans la journée du 24 février 1848 produisit quelques jours plus tard en Danemark comme dans le reste de l'Europe l'émotion la plus vive, et contraignit le pouvoir à faire des concessions qu'on lui eût bien inutilement demandées sans cela. Le 10 mars, la censure fut provisoirement supprimée dans les États danois; mais l'exercice de la liberté de la presse resta encore soumis dans les duchés à de gênantes restrictions. Vaines précautions ! Dès le 15 la ville d'Altona adressait au roi-duc une pétition conçue dans les termes les plus fermes, et où on réclamait de lui « le rétablissement d'une constitution schleswig-holsteinoise séparée, fondée sur le principe du suffrage universel, avec la responsabilité des ministres et une assemblée d'États, non plus séparés comme sous les règnes précédents, mais réunis. »

En même temps on apprenait dans les duchés qu'une fermentation de plus en plus vive se manifestait à Copenhague, et que le gouvernement du nouveau roi se sentait débordé par l'élément révolutionnaire. Les membres des anciennes diètes du Schleswig et du Holstein, comprenant toute la gravité de la situation, accoururent alors spontanément à Rendsbourg, à l'effet d'aviser aux mesures à prendre dans l'intérêt du pays. On décida aussitôt que les anciens États seraient immédiatement convoqués, et qu'une députation de cinq membres se rendrait à Copenhague à l'effet de tenter un nouvel effort auprès du roi-duc et de le déterminer à donner enfin satisfaction aux si légitimes griefs des duchés.

Pendant que cette députation était en route pour se rendre à destination, un mouvement insurrectionnel éclatait à Copenhague, et y mettait le pouvoir aux mains du parti révolutionnaire. Le premier soin de ces hommes poussés ainsi aux affaires fut d'exiger du roi qu'il proclamât l'incorporation pure et simple du duché de Schleswig au Danemark. En même temps, ils songeaient à s'assurer de précieux otages pour le cas où la population du duché essayerait de défendre sa nationalité ; et plusieurs bâtiments de guerre à vapeur étaient expédiés en toute hâte de Copenhague à l'île d'A l s e n pour y enlever le duc d'Augustenburg et sa famille et les conduire prisonniers à Copenhague. Mais on ignorait dans cette capitale que le duc d'Augustenburg se trouvât alors à Berlin. Or, à la réception des dernières nouvelles qui parlaient de la fermentation toujours croissante des esprits en Danemark, ce prince, sachant parfaitement quelles haines ardentes s'attachaient à sa personne et que déjà plus d'une fois il avait été question dans le conseil de Chrétien VIII de l'arrêter par raison d'État, avait mandé en toute hâte à la duchesse sa femme d'abandonner immédiatement l'île d'A l s e n pour venir se réfugier avec ses enfants sur le continent. Ses instructions ayant été ponctuellement suivies, les bâtiments à vapeur danois chargés d'enlever la famille ducale n'arrivèrent en vue du port de Sonderburg qu'une demi-heure à peine après que leur proie avait pu s'échapper.

Quand on sut à Kiel ce qui venait de se passer à Copenhague, on y résolut tout aussitôt, et d'une voix unanime, de ne pas se soumettre au pouvoir révolutionnaire qui venait de s'y établir, de considérer Frédéric VII comme ayant cessé d'être libre de sa personne, et de constituer dès lors pour les duchés un gouvernement provisoire, qui fut composé de MM. Beseler, président; Bremer, avocat; Schmidt, négociant; le comte de Reventlau-Preetz, et le prince Frédéric d'Augustenburg, ancien gouverneur général des duchés. Une garnison danoise occupait l'importante forteresse de Rendsbourg; un hardi coup de main tenté tout aussitôt par une troupe de volontaires, que commandait le prince d'Augustenburg, plaça ce boulevard de l'indépendance nationale des duchés sous l'autorité du gouvernement provisoire, qui se trouva dès lors reconnue sans conteste dans toute l'étendue des deux duchés.

De Berlin, où il se trouvait, le duc d'Augustenburg s'efforça de contribuer pour sa part à sauvegarder l'indépendance compromise de ses concitoyens, en invoquant l'appui de la Prusse, puissance qui s'était toujours montrée favorable à la cause des duchés. Voici la lettre que lui adressa le roi Frédéric-Guillaume :

« Sérénissime duc,

« À la lettre que vous m'avez adressée aujourd'hui à l'égard de « l'état de contrainte où se trouvent les duchés de Schleswig et de « Holstein, je réponds ce qui suit :

« Je me suis chargé dans les jours de danger de veiller à l'inté« grité de la patrie allemande, non pour usurper le droit d'autrui « mais pour conserver par tous les moyens qui sont en mon pou« voir l'état de choses existant à l'extérieur et à l'intérieur.

« Au nombre des droits existants je range les droits des duchés de « Schleswig-Holstein , formulés dans les propositions suivantes, les« quelles ne blessent en aucune façon les droits de la couronne « danoise, savoir :

« 1° Que les duchés sont des États indépendants;
« 2° Qu'ils sont des États étroitement unis l'un à l'autre;
« 3° Que la souche masculine règne dans les duchés.

« Je me suis expliqué en ce sens à la diète : et, vu les rapports po« litiques reconnus par elle existants, je suis prêt, en conformité « avec la décision de ladite diète du 17 septembre 1846, à protéger « par tous les moyens qui sont à ma disposition les droits du Schles« wig-Holstein contre toute attaque injuste, quelle qu'elle soit.

« J'espère, au reste, qu'aucun danger sérieux ne menace la natio« nalité des duchés, et suis pour le cas contraire dans la ferme « assurance que mes alliés allemands s'empresseront de les protéger « de concert avec moi.

« Votre affectionné cousin,
« FRÉDÉRIC-GUILLAUME, roi de Prusse. »

Le décret d'incorporation pure et simple du Schleswig au Danemark avait été une véritable déclaration de guerre aux deux duchés, et annonçait l'intention bien arrêtée de recourir à la force des armes pour leur imposer les volontés des meneurs du parti révolutionnaire danois. En effet, dès les premiers jours d'avril des forces considérables envahissaient le Schleswig et ne rencontraient d'obstacle que sous les murs de Rendsbourg.

C'est à l'article SCHLESWIG-HOLSTEIN que se placera tout naturellement le récit de la lutte qui s'engagea alors entre les populations schleswig-holsteinoises et le Danemark, ouvertement appuyé par la Russie, l'Angleterre, l'Autriche, la Suède et la France; lutte glorieuse, après tout, pour la petite nation qui a dû nécessairement succomber sous les efforts réunis de tant d'ennemis, sans que tous ses droits aient cependant péri dans le naufrage de sa nationalité. En effet, malgré l'hostilité déclarée qu'elle a constamment témoignée pour la cause des duchés (hostilité basée uniquement sur la nécessité de ne pas déranger l'équilibre politique actuel de l'Europe), la diplomatie s'oppose encore en ce moment à la réalisation des projets de complète danisation conçus depuis si longtemps à Copenhague à l'égard du Schleswig, et insiste avec force, au grand dépit du parti danois, sur le maintien de l'union administrative des deux duchés et sur leur séparation politique d'avec le Danemark, conformément à l'état de choses existant antérieurement à 1848. Au moment où nous écrivons, il reste d'ailleurs encore à résoudre la si difficile question de la succession au trône de Danemark.

A la suite des événements qui se sont accomplis en Allemagne dans le courant de 1848, le prince de Hesse, neveu de Chrétien VIII, s'est vu contraint de renoncer aux droits que lui assurait en Danemark la loi du roi, pour s'en tenir à ses droits à la couronne grand-ducale de Hesse. Il semblerait dès lors que toute difficulté se trouvât aplanie, et que la ligne mâle *collatérale* aînée de la maison d'Oldenhourg, celle d'*Augustenburg*, dût tout naturellement recueillir les droits laissés vacants tant par l'extinction de la ligne mâle *directe* que par la renonciation de la ligne féminine *directe*; mais cette maison, comme sa cadette la maison de Glucksborg, s'est trop compromise dans la défense de la nationalité *allemande* des duchés pour que le parti révolutionnaire *danois* lui pardonne jamais. En même temps donc qu'il confisquait toutes les propriétés du duc d'Augustenburg et qu'il contraignait ce prince à aller demander avec sa famille un refuge à l'étranger, il déclarait lui et les siens à jamais exclus de tout droit de successibilité au trône.

Rarement on vit un aussi révoltant abus du droit du plus fort; une circonstance bien bizarre au reste, c'est que pour donner un successeur à la maison royale la diplomatie, après avoir mis ou laissé mettre au néant les droits de la famille d'Augustenburg, n'ait trouvé rien de plus avisé que de proposer pour héritier présomptif du trône le plus jeune des quatre princes dont se compose la famille de Glucksburg, cadette de celle d'Augustenburg. Les aînés de ce prince ont tous été déclarés *indignes*, parce qu'ils ont protesté contre l'anéantissement de la nationalité allemande des duchés; lui, on le *récompense* pour une couronne de l'indifférence qu'il a montrée pour les droits de ses concitoyens ! Vantez-nous donc maintenant le principe de la légitimité, s'il peut devenir lettre morte du moment où les princes qui le représentent sont coupables de croire aux droits imprescriptibles des peuples !

Il est vraisemblable que lorsque nous arriverons à traiter les articles CHRÉTIEN-AUGUSTE, DANEMARK, FRÉDÉRIC VII et SCHLESWIG-HOLSTEIN, nous pourrons apprendre au lecteur quelque chose de définitif sur le sort fait par les puissances à la maison d'Augustenburg, aujourd'hui proscrite et dépouillée de tout ce qu'elle possédait, mais à laquelle sont restés les respects et les sympathies de tous ceux qui regardent le droit comme la seule base à donner aux sociétés humaines.

AUGUSTES (Ère des). *Voyez* ÈRE.

AUGUSTI (JEAN-CHRÉTIEN-GUILLAUME), l'un des plus savants théologiens protestants des temps modernes, naquit en 1772 à Eschenberg, dans le pays de Saxe-Gotha. Son grand-père, le rabbin *Herschell*, né en 1696, à Francfort sur l'Oder, s'était converti au christianisme en 1722, avait reçu sur les fonts de baptême les noms de *Frédéric-Albert* AUGUSTI, était devenu pasteur à Eschenberg, et continua d'en remplir les fonctions jusqu'à sa mort, arrivée en 1782. On a de lui *Dissertatio de adventus Christi Necessitate, tempore templi secundi* (Leipzig, 1764); *Aphorismi de Studiis Judæorum hodiernis* (Gotha, 1734): *Dissertationes historico-philosophicæ in quibus Judæorum hodiernorum consuetudines, mores, ritus, tam in rebus sacris quam civilibus, exponuntur* (Erfurt, 1763). Son père, *Ernest-Frédéric-Antoine* AUGUSTI, était aussi pasteur de la commune d'Eschenberg. Il devint plus tard surintendant à Ichtershausen, et mourut à Iéna, en 1820.

Augusti fut redevable de sa première éducation au savant pasteur Mœller de Gierstedt (Saxe-Gotha), et termina ses études à l'université d'Iéna. Il habita ensuite la ville de Gotha jusqu'en 1798, époque où, d'après les conseils de Lœffler, mort plus tard surintendant, il alla de nouveau se fixer à Iéna, et nommé bientôt après professeur agrégé de philosophie à cette université, il y fit des cours de langues et de littérature orientales. En 1803 on le nomma titulaire de la chaire de théologie à l'université de Breslau. En 1819 il fut attaché en la même qualité à l'université de Bonn. En 1828 il fut nommé membre du conseil consistorial supérieur de Coblentz, tout en conservant sa chaire à Bonn; et il y fut nommé plus tard encore directeur du consistoire, après avoir refusé en 1835 de remplir à Darmstadt des fonctions analogues dans l'Église protestante à celles d'évêque dans l'Église catholique. Il mourut, le 28 avril 1841, à Coblentz, où il s'était rendu pour présider à des examens de candidats en théologie.

Des jugements très-divers ont été émis sur l'érudition et les opinions théologiques d'Augusti. D'abord franchement rationaliste, il adopta vers 1809 des opinions de *juste milieu*, en matière de religion, puis, assez peu conséquent avec lui-même, il finit par devenir le défenseur ardent des vieilles idées. Ce qu'on ne saurait en tous cas lui contester, c'est un remarquable talent d'exposition et infiniment d'esprit et d'habileté. Ses plus importants ouvrages, tous écrits en allemand, sont : *Mémoires d'Archéologie chrétienne* (12 vol., Leipzig, 1817-1831), dont il publia plus tard un abrégé, complété et corrigé, sous le titre de *Manuel d'Archéologie chrétienne* (3 vol., Leipzig, 1834-1837). Il publia aussi, au point de vue dogmatique, son *Système de dogmatique chrétienne* (Leipzig, 1819 ; 2ᵉ édit., 1825) ; ouvrage dans lequel il montrait déjà les tendances les plus prononcées vers l'orthodoxie. Sa *Critique des Agents ecclésiastiques prussiens* (Francfort, 1824) lui fit de nombreux ennemis ; et dans un *Supplément* à cet ouvrage il se montra l'un des plus fermes champions de la liturgie nouvelle en même temps que de ce que l'on appelle dans l'Église protestante le *système territorial*. Nous mentionnerons encore son *Esquisse d'une introduction à l'Ancien Testament* (Leipzig, 1806); sa traduction de la Bible, entreprise avec de Witte (6 vol., Heidelberg, 1809-1812); son *Corpus librorum symbolicorum Ecclesiæ reformatorum* (Elberfeld, 1827); son *Introduction historique et dogmatique à l'Écriture Sainte* (Leipzig, 1832); ses *Essais sur l'histoire et la statistique de l'Église évangélique* (Leipzig, 1838), et enfin ses *Essais sur l'histoire de l'Art chrétien* (Leipzig, 1841).

AUGUSTIN (Saint), *Aurelius Augustinus*, l'un des plus célèbres et peut-être le plus influent d'entre les docteurs de l'Église chrétienne, naquit en 354, en Afrique, à Tagaste, petite ville de Numidie située à peu de distance de Madaure et d'Hippone. Il nous a lui-même raconté sa vie dans ses célèbres *Confessions*. Il reçut sa première éducation de sa mère Monique, noble et digne femme, douée du plus rare bon sens, et surtout profondément imbue des vérités du christianisme, mais dont la salutaire influence sur son esprit ne laissa pas que d'être d'abord annulée en partie ou tout au moins amoindrie par celle de son père, Patricius, qui était resté païen, qui ne se convertit que dans un âge fort avancé, et qui ne reçut même le baptême que peu d'instants avant de mourir. Envoyé plus tard par ses parents à Madaure et à Carthage pour y compléter ses études classiques, l'ardent jeune homme, il l'avoue lui-même, se jeta dans toutes sortes de désordres à un âge que, par un abus de mots, on appelle l'âge de l'innocence. Il y fut entraîné autant par la fréquentation des spectacles que par l'influence des sociétés corrompues au milieu desquelles il vivait, et où il puisa de dangereuses impressions, qui en flattant secrètement sa vanité développaient en lui toutes les passions et faisaient taire la voix de la conscience. Pendant plus de quinze ans il se laissa enchaîner par une maîtresse, de laquelle il eut un fils, appelé *Adeodatus* (Dieudonné), et qu'il ne quitta que lorsqu'il commença à réformer sa vie.

La lecture d'un ouvrage de Cicéron, aujourd'hui perdu et intitulé *Hortensius*, ouvrit à son esprit des horizons nouveaux, et lui fit comprendre que l'homme doit s'élever au-dessus de la matière, et que la satisfaction brutale de ses sens n'est pas le but unique de son existence ici-bas. Il se livra donc avec l'ardeur qu'il apportait en toutes choses à l'étude de la philosophie ; mais il en sentit bientôt le vide, et alors l'active et inquiète curiosité de son esprit le porta à se jeter dans les Manichéens, dont pendant plus de neuf années il partagea la monstrueuse hérésie. Il n'y échappa que pour tomber dans les erreurs des académiciens ; puis alors il en vint à douter de tout.

Depuis longtemps il professait l'éloquence à Carthage, où il composa son premier ouvrage, qui n'est pas parvenu jusqu'à nous, *De la Beauté et de la Convenance*, lorsque la ville de Milan ayant envoyé demander au préfet de Rome, appelé Symmaque, un maître d'éloquence, celui-ci désigna pour ces fonctions Augustin, dont la réputation était parvenue de Tagaste et de Carthage à Rome. Augustin s'éloigna des rivages de l'Afrique en 383, et arriva l'année suivante à Milan, où il entra aussitôt en fonctions. C'est là qu'il eut occasion de voir le grand et pieux évêque saint Ambroise, dont il suivit bientôt assidûment les sermons. Ce fut moins encore l'éloquence du premier pasteur chrétien de cette ville qui le toucha, que sa bonté, que la fermeté de sa foi et que son inépuisable charité. Jusque alors Augustin n'avait encore rien vu de pareil. Il réfléchit profondément sur les dogmes chrétiens ; il apprit à les respecter toujours de plus en plus ; et le moment vint enfin où, cédant aux larmes et aux supplications de sa vertueuse mère, sainte Monique, et à l'impression de plus en plus vive que produisait sur lui la lecture des épîtres de saint Paul, il se prit à penser que peut-être il avait été aveugle jusque alors. Un rayon de la lumière céleste vint aussitôt éclairer son esprit, dissiper toutes ses ténèbres, toutes ses incertitudes, et embraser son cœur d'une flamme encore inconnue. Sa conversion ne fut ni moins prompte, ni moins éclatante que l'avait été celle de saint Paul. Tout aussitôt il opéra une réforme radicale dans ses mœurs et ses habitudes. Il se sépara de la femme avec laquelle il vivait depuis longtemps et qui avait succédé dans ses affections à la mère d'Adeodatus. Il se retira ensuite dans la solitude, où il composa divers ouvrages, un entre autres contre le scepticisme de l'école d'Alexandrie, afin de se préparer ainsi à recevoir dignement le baptême, qui lui fut conféré ainsi qu'à son fils par saint Ambroise, dans la nuit de Pâques de l'an 387. Il était âgé de trente-trois ans.

A quelque temps de là il résolut de retourner en Afrique, où l'accompagnèrent sa mère et son fils. Mais il commença par vendre tout ce qu'il possédait, ne se réservant que ce qui lui était strictement nécessaire pour vivre, et distribuant

AUGUSTIN

le reste aux pauvres. Peu après son arrivée en Afrique, il eut l'ineffable douleur de perdre sa mère, qui mourut âgée à peine de cinquante-six ans ; et il vécut alors pendant plusieurs années, comme chef d'une association d'ascètes, dans une rigoureuse solitude. En 391, s'étant rendu par hasard à Hippone (*Hyppo Regius*, aujourd'hui B o n e), un jour qu'il assistait dans l'église à la célébration des saints mystères, l'évêque de cette ville, Valère, qui était déjà fort âgé et reconnaissait son insuffisance, engagea l'assistance à élire un prêtre qui pût le seconder dans ses travaux et lui succéder un jour comme évêque. Tous les yeux se fixèrent alors sur Augustin, bien connu depuis longtemps de chacun par ses talents et sa vertu. Tous ses efforts pour se soustraire à cet honneur qu'il n'avait pas recherché, furent inutiles. Cédant enfin aux supplications du peuple, Augustin se fit ordonner prêtre ; et Valère lui confia aussitôt d'une manière toute spéciale le ministère de la prédication, contrairement aux usages jusque alors suivis dans l'Église d'Afrique, où les évêques seuls l'exerçaient. Augustin s'en acquitta avec un zèle qui ne faiblit jamais. Il prêchait tantôt en latin, langue parfaitement comprise par la plus grande partie de la population d'Hippone, tantôt en langue punique, en faveur de ceux à qui la première n'était pas familière.

En 395 Valère, sentant sa fin s'approcher de plus en plus et craignant toujours qu'Augustin ne fût enlevé à son église, résolut de faire de lui son coadjuteur dans l'épiscopat. Il s'en défendit vainement encore, et fut sacré évêque d'Hippone conjointement avec Valère. Sa nouvelle dignité ne diminua en rien l'ardeur de son zèle. Quoiqu'il s'en fallût de beaucoup que dans l'ordre hiérarchique il occupât le premier rang parmi les évêques d'Afrique, il exerça dans l'histoire dogmatique de cette Église une influence sans pareille. Compositions savantes sur toutes les matières de la religion, de la philosophie et de la critique, interprétation des livres saints, prédications habituelles, correspondances suivies avec les empereurs et tous les grands de l'empire, avec les souverains pontifes et avec la plupart des évêques de la chrétienté, réfutation des hérésies, monuments immortels, élevés à la gloire de la religion, surtout dans la *Cité de Dieu*, chef-d'œuvre d'érudition et de génie, tels étaient les délassements de son épiscopat, aussi admirable par la simplicité et l'héroïsme de ses vertus, qu'il est étonnant par le nombre et l'excellence de ses écrits. Voilà plus de quatorze siècles que le monde chrétien les vénère. On remarque dans tous un esprit subtil et pénétrant, une mémoire heureuse, un style énergique, malgré les mots impropres et barbares qu'il emploie quelquefois. Les pointes, les jeux de mots, qu'on trouve surtout dans ses *Homélies*, font comprendre combien il est inférieur à saint Jean Chrysostome. Ses défauts, d'ailleurs, tiennent moins à son génie, qu'à son siècle et à son pays, où l'on avait perdu le sentiment de la véritable éloquence. Il se montra l'infatigable et redoutable adversaire des ariens, des priscillianistes, et surtout des donatistes, des pélagiens et des semi-pélagiens. Sa dialectique et son éloquence ne contribuèrent pas peu à fixer d'une manière absolue le dogme de la Trinité. Sans doute il n'y en a pas eu qui aient été doués d'un esprit plus sagace et plus ingénieux, qui aient mieux su s'emparer du cœur de l'homme et l'enflammer d'ardeur pour la religion. Aussi, dans leurs tableaux, les peintres lui donnent-ils ordinairement un cœur enflammé pour symbole. Il mourut au mois d'août de l'an 430, pendant le premier siége d'Hippone par les Vandales, qui avaient été appelés en Afrique par le comte Boniface. Pour dérober ses ossements aux Vandales, qui partageaient l'hérésie d'Arius, ses amis et ses disciples les avaient emportés en Sardaigne. Quand cette île tomba au pouvoir des Sarrasins, Luitprand, roi des Lombards, dut les racheter au poids de l'or. Conservés depuis lors dans l'église de Saint-Pierre, à Pavie, ils en ont été exhumés en 1842, avec l'agrément du pape, pour être déposés à Bone, dans le tombeau élevé au *docteur de la grâce* par l'épiscopat français. La meilleure édition des *Œuvres complètes de Saint-Augustin* est celle qui en a été donnée en 10 volumes in-folio, de 1679 à 1700, à Paris. La plus récente est celle qu'en ont publiée les frères Gaume, libraires dans la même ville, de 1836 à 1841.

AUGUSTIN (Saint), l'apôtre de l'Angleterre, et le premier archevêque de Cantorbéry, était un moine bénédictin que le pape saint Grégoire le Grand envoya, en 596, prêcher le christianisme parmi les Anglo-Saxons. Il traversa la Gaule et arriva en Angleterre avec quarante religieux de son ordre. Habile à user des ménagements nécessaires pour préparer peu à peu ces populations barbares à recevoir la lumière de l'Évangile, il convertit dès la seconde année de son arrivée Ethelbert, roi de Kent, à la foi en Jésus-Christ. Une circonstance qui favorisa beaucoup cette conversion, c'est qu'Ethelbert avait épousé une fille du roi franc Caribert, Berthe, qui le disposa à écouter les pieux missionnaires ; et le roi leur permit de créer à Cantorbéry un établissement fixe, devenu ensuite le siége primatial de l'Angleterre. Ce résultat une fois obtenu, Augustin repassa le détroit, afin d'aller recevoir en France la consécration épiscopale avec les pouvoirs qui y sont attachés. Pendant son absence, ses compagnons ne restèrent point inactifs ; et à son retour il eut la joie de conférer le sacrement du baptême à plus de dix mille Anglo-Saxons de toutes conditions, le jour de Noël. Par suite des progrès rapides que le christianisme fit dès lors en Angleterre, le pape y établit divers évêchés, dont il nomma Augustin le métropolitain avec usage du Pallium. D'après les conseils de saint Grégoire le Grand, Augustin, au lieu de brûler et de détruire les temples païens des Anglo-Saxons, comme cela s'était pratiqué dans d'autres contrées barbares, les transforma en églises chrétiennes, après les avoir purifiés. Par une sage transaction avec des habitudes trop profondément invétérées pour les détruire tout à coup, et de l'avis encore du père commun des fidèles, Augustin permit aux nouveaux convertis de construire à l'entour des églises des cabanes avec des troncs et des branches d'arbres, pour y célébrer les fêtes du nouveau culte par des repas modestes, au lieu des sacrifices d'animaux qu'auparavant ils étaient habitués à offrir à leurs idoles. Tous les historiens s'accordent à reconnaître la merveilleuse rapidité avec laquelle s'opéra en Angleterre la révolution dont Augustin et ses pieux compagnons furent les instruments. Avant leur arrivée les Anglo-Saxons étaient livrés à tous les vices et plongés dans la plus crasse ignorance. Ils n'avaient pas même d'alphabet à eux, et se servaient de celui des Irlandais. Les Northumbres, notamment, étaient encore dans l'usage de vendre leurs enfants, ainsi qu'ils faisaient des produits de leurs troupeaux. On place la mort d'Augustin vers l'an 607. Son apostolat avait par conséquent duré environ onze années. Il paraît que son successeur Laurentius ne sut pas apporter la même sagesse que lui dans le gouvernement de cette Église, encore si jeune, et que le zèle inconsidéré qu'il porta à vouloir convertir de gré ou de force les Anglo-Saxons devenus chrétiens et ceux qui étaient demeurés païens, faillit un instant compromettre les heureux résultats de la mission d'Augustin et de ses compagnons.

AUGUSTIN (Antoine), archevêque de Tarragone, né en 1517, mort en 1586, fut une des lumières et une des gloires de l'Église d'Espagne, qu'il représenta au concile de Trente. On a de lui : *Antiquæ Collectiones Decretalium* (Paris, 1609) ; *Constitutionum provinciarum Terragoniensium Libri V* (Tarragone, 1580) ; des Dialogues sur les médailles, en langue espagnole, qui ont été à diverses reprises traduits en italien, puis en latin par André Schott (Anvers, 1617) ; un *Epitome Juris pontificis veteris* (Tarragone, tome 1er,

1587; Rome, t. II et III, 1611); etc. C'était un des plus savants hommes de son siècle. « Vous excellez, lui écrivait Paul Manuce, dans la belle littérature; et si je suis quelque chose à l'égard des autres, je ne suis rien si on me compare à vous. » Sa charité était si grande, qu'il ne laissa pas de quoi se faire enterrer. En 1545, il avait été nommé auditeur de rote. Dix ans plus tard, en 1555, à la demande du cardinal, il avait été envoyé par Jules III en Angleterre pour essayer d'y rétablir l'autorité du saint-siége. Il n'y séjourna que peu de temps ; il était de retour à Rome dès 1556. Nommé alors évêque d'Alise, dans le royaume de Naples, il fut chargé par Paul IV de diverses missions diplomatiques. Promu, en 1558, à l'évêché de Lerida, c'est en cette qualité qu'il assista sept ans plus tard au concile de Trente. Sa nomination au siège de Tarragone avait eu lieu en 1574.

AUGUSTIN (LÉONARD) ou AGOSTINI, natif de Sienne, et qui florissait vers la fin du dix-septième siècle, est auteur d'un ouvrage intitulé *Le Gemme antiche figurate* (Rome, 1657 et 1659), qui a été plusieurs fois réimprimé et traduit. La seconde édition, qui en fut faite également à Rome, en 1686, supérieure à la première pour la mise en ordre et le classement des matières, lui est inférieure pour la beauté des planches, œuvre du célèbre Galle Trucci. Maffei a donné, en 1707, dans le format in-4°, une nouvelle édition de ce recueil, qui est fort estimé et que Gronovius traduisit aussi en latin. Sa traduction eut les honneurs de deux éditions successives (Amsterdam, 1685 ; Franeker, 1694).

AUGUSTIN ou AGOSTINI, né à Sienne, comme le précédent, mais dans la première partie du quinzième siècle, fut un architecte célèbre et élève de Jean de Pise. Directeur des bâtiments de sa ville natale, il l'enrichit de divers monuments, entre autres de deux portes et d'une grande fontaine. La façade septentrionale de la cathédrale fut également exécutée sur ses dessins.

AUGUSTIN ou AGOSTINI DE BOLOGNE, surnommé *des Perspectives*, à cause de son rare talent en ce genre et de la perfection avec laquelle il peignait toutes sortes d'objets d'architecture, vivait dans la première partie du seizième siècle.

Un Vénitien du même nom, élève de Marc-Antoine, a laissé un grand nombre de gravures, entre autres : *Le Sacrifice d'Isaac* ; *L'Adoration des Bergers* ; *des Squelettes formant une assemblée présidée par la Mort* ; *Saint Paul frappant d'aveuglement Elymas* ; malheureusement elles ne rappellent pas la correction de dessin de son illustre maître. Il marquait ordinairement ses gravures d'un A et d'un V placés sur une petite tablette. Un AUGUSTIN de Ferrare imprima dès 1470 la première édition des Contes de Boccace, sans date ni désignation d'imprimeur.

AUGUSTIN (JEAN-BAPTISTE-JACQUES), peintre en émail et en miniature, né le 15 août 1759, à Saint-Dié, département des Vosges, d'une famille pauvre, se passionna dès son bas âge pour l'imitation de la figure humaine. Ses ressources étaient si bornées, qu'il manquait même du peu d'argent nécessaire pour suivre une école : il prit donc la nature pour maître, et pour modèles dans l'art les chefs-d'œuvre de Petitot. Ainsi replié sur le siècle de Louis le Grand, il résista au faux goût de l'époque, qui tapissait de peintures blanches et roses, et toujours riantes, les boudoirs des courtisanes de Louis XV.

Ce ne fut qu'en 1781 qu'Augustin se rendit à Paris, où Vien, premier peintre du roi à Rome, essayait de régénérer l'art, La. Les miniatures du jeune provincial furent bien accueillies ; leur vigueur de ton, la vérité des clairs, l'expression de la bouche, leur ressemblance parfaite, leur admirable fini, valurent au peintre une renommée européenne. Les royales familles, les riches banquiers, les négociants, les artistes fameux, les actrices, les courtisanes célèbres, revivaient sous ses pinceaux ; Napoléon, l'impératrice Joséphine, se multiplièrent sous ses doigts.

Ses chefs-d'œuvre sont ses grandes miniatures représentant lui tout d'abord, puis le sculpteur Calamare, puis le peintre Girodet, puis Caroline Murat et la duchesse d'Angoulême.

Cependant l'école de David avait régénéré la peinture, et le sévère anatomiste ne vous faisait pas grâce d'une fibre, d'une veine. Alors, insensiblement la miniature vit l'huile succéder à ses couleurs douces. Augustin, qui vieillissait, voyait décliner non sa réputation, mais sa vogue. Il en ressentit quelque chagrin, qu'adoucit cependant l'honneur, assurément mérité, de sa nomination, en 1819, au titre de premier peintre en miniature du cabinet du roi, et, en 1820, de chevalier de la Légion d'Honneur. Sa femme, d'abord son élève, n'était point étrangère à ses travaux. Augustin finissait avec un soin précieux. Un jour, un émail qui lui avait coûté beaucoup de temps et d'application lui échappa, et tomba dans le fourneau à cuire cette pâte. Désespéré, il y enfonça la main, qu'il ne retira qu'avec son chef-d'œuvre, mais dépouillée d'une partie de son épiderme. Malgré son économie sévère, Augustin n'avait pas une fortune proportionnée à ses longs travaux et à son immense talent, tant il dépensait de jours et de mois à un portrait. Dès l'âge de trente ans il avait vécu avec un ennemi intime, la goutte. Il mourut du choléra, en 1832.   DENNE-BARON.

AUGUSTINE. Voyez CHAUFFERETTE.

AUGUSTINES. Les religieuses de ce nom ne peuvent pas plus se glorifier d'avoir été fondées par saint Augustin que les religieux du même titre, quoique le célèbre docteur ait institué des monastères des deux sexes, et confié à sa sœur la direction des filles de la communauté d'Hippone. Il est à croire, en outre, que les religieuses augustines, dans les temps modernes, sont de beaucoup postérieures aux hommes. Elles portent une robe noire, serrée par une ceinture de cuir ; mais elles ne sont pas toutes soumises à la juridiction du même ordre. Elles dépendent souvent de l'ordinaire. Plusieurs hôpitaux, comme l'hôtel-Dieu de Paris, sont desservis par les filles de Saint-Augustin. Beaucoup de religieuses se disant *augustines*, qui ont un costume particulier et des statuts différents : telles sont celles du monastère des Vierges à Venise, de Dordrecht en Hollande, de Champeau à Tournay, de Sainte-Marthe à Rome, etc. Il y a aussi des *augustines déchaussées* d'Espagne et de Portugal, des *augustines de la Récollection*, des *sœurs de Saint-Thomas de Villeneuve*, lesquelles présentent également des nuances dans leur règle et leur habit.

AUGUSTINIENS. On a donné ce nom aux théologiens qui font profession de suivre la doctrine de saint Augustin sur les matières de la grâce, du libre arbitre, de la prédestination et de la persévérance ; doctrine souvent formulée dans les conciles et par les docteurs, en 418 dans le concile plénier de Carthage, par les capitules du pape saint Célestin Ier, par le concile d'Orange en 528, par celui de Langres en 855, par ceux de Langres et de la Savonnerie en 859, par le pape Clément VIII, par le cardinal de Noailles, par Bossuet dans sa *Défense de la tradition et des saints Pères*, etc., etc.

AUGUSTINS. Ces religieux formaient le dernier des quatre ordres mendiants de l'Église catholique. Classé en 1567 au quatrième rang par le pape Pie V, cet ordre avait eu pour origine diverses associations d'ermites qui s'étaient formées aux onzième et douzième siècles, surtout en Italie, et presque toujours sans règle ni constitution fixes. A l'incitation toute particulière des dominicains et des franciscains, qui en étaient jaloux, Innocent IV leur donna, vers le milieu du treizième siècle, la règle de Saint-Augustin, laquelle ne provient pas directement de ce père de l'Église, mais fut postérieurement établie et a pour bases deux de ses œuvres, son discours *De Moribus Clericorum* et sa 109e épître aux religieuses. En 1256, Alexandre IV en réunit les diverses congrégations sous la dénomination d'*ermites suivant la règle de Saint-Augustin* ; l'année suivante il les exempta de la juridiction épiscopale ; et ce fut grâce aux mesures prises dans leur intérêt par ce souverain pontife qu'à partir de l'année 1287 la charge de sacristain de la chapelle pontificale et de confesseur du saint-père leur fut presque constamment confiée. Enfin, en 1580, les religieux augustins reçurent leur constitution actuelle, qui est assez douce au point de vue ascétique. Ils ont un prieur général, résidant à Rome, assisté de *définiteurs* (conseillers généraux) très-influents, et d'un chapitre général se réunissant tous les six ans et ayant pouvoir d'élire comme de déposer le prieur général.

Le relâchement de l'ordre au quatorzième siècle provoqua la fondation d'environ quinze congrégations nouvelles d'*observants réguliers*, formées par opposition aux anciens augustins indisciplinés, les *observants* dits *consistants*. Dans le nombre on remarque dès 1483 la congrégation de Saxe, qui en 1506 se déclara indépendante du prieur général, et à laquelle appartenaient Luther et Jean Staupitz. La réformation lui porta tant moralement qu'extérieurement de profondes blessures ainsi qu'à l'ordre des augustins en général. C'est au commencement du seizième siècle cependant qu'il jeta son plus vif éclat, bien qu'il ne fût ni plus savant ni plus religieux que les franciscains et les dominicains. Mais à cette époque il comptait près de deux cents couvents d'hommes et environ trois cents de femmes. Au dix-huitième siècle il comprenait encore quarante-deux provinces, sans compter ses dix congrégations et ses vicariats dans les Indes et en Moravie. Depuis la révolution française il a été complétement supprimé en France, en Espagne et en Portugal, partiellement en Italie, et considérablement réduit même en Autriche et à Naples.

Le vêtement des augustins a éprouvé des variations : ils affectèrent dans l'origine de s'habiller de gris comme les franciscains, dont le fondateur avait suivant eux fait son noviciat dans une de leurs maisons. Cette supercherie fut condamnée par le pape Grégoire IX, qui leur prescrivit en 1241 de porter un habit noir ou blanc avec des manches larges et longues, d'avoir toujours à la main un bâton haut de cinq palmes en forme de béquille, de dire en recevant l'aumône de quel ordre ils étaient, et d'avoir une robe assez peu longue pour qu'on pût voir leurs souliers et les distinguer des frères mineurs. Aux termes de la bulle pontificale d'Alexandre IV, du 9 avril 1256, les religieux augustins dispensés du bâton portent un costume complet de laine blanche ainsi que le scapulaire, et par-dessus, dans le chœur; hors des couvents, des frocs noirs à longues manches et à large capuchon, avec une ceinture de cuir. Ils se partagent en grands et petits augustins, augustins *chaussés* et *déchaussés*; la règle de ceux-ci est la plus rigoureuse. Ils forment trois congrégations indépendantes : une espagnole, une germano-italienne et une française. Le costume a dû nécessairement marquer des différences entre les grands et les petits augustins, les augustins chaussés et déchaussés : ceux-ci portaient la barbe comme les capucins dans quelques pays et se rasaient dans d'autres.

Vers le milieu du treizième siècle, sous la protection de saint Louis, qui les dotait, commençaient à fleurir à Paris bon nombre de monastères. Cette faveur y attira quelques-uns de ces religieux mendiants italiens, qui furent favorablement accueillis du roi. Il y avait alors au delà de la porte Saint-Eustache, aujourd'hui rue Montmartre, au milieu d'un bois, une chapelle dédiée à sainte Marie Égyptienne. Ce fut là que saint Louis leur fit bâtir un *moustier*, où ils restèrent environ deux ans. L'incommodité du local leur déplut; ils vinrent s'établir dans le clos du Chardonnet, où fut bâti depuis le collège du Cardinal Lemoine. Ce nouveau clos consistait en six arpents de terre et en une maison qu'ils achetèrent de leurs deniers, en 1285.

Sur la rive gauche de la Seine, au milieu d'une saussaie marécageuse, se cachait alors un pauvre couvent fondé en 1261 par saint Louis. Là vivaient d'aumônes des moines mendiants, les frères *sachets*, ainsi nommés des sacs qu'ils portaient en guise de robe serrée à la ceinture. En 1293 les augustins traitèrent avec ces moines, qui se dispersèrent peu de temps après avoir fait cession de leur couvent et de ses dépendances. Cette congrégation, bientôt l'une des plus considérables et des plus florissantes de la capitale, acquit du terrain autour d'elle, et y éleva des bâtiments plus convenables, plus vastes, quoique fort simples; elle dut à la munificence de Charles V la nouvelle église où depuis Henri III institua l'ordre du Saint-Esprit. Elle occupait la rive où l'on nomme aujourd'hui quai des Augustins ou de la Vallée. L'édifice était d'un style commun; cependant le maître-autel méritait des éloges; à la place de sa demi-coupole, décorée par Charles Lebrun, et que soutenaient huit riches colonnes de brèche violette, sur le sol où gisait le grave et triste tombeau de Philippe de Commines et de sa femme agenouillés, s'étend aujourd'hui le Marché à la volaille. Germain Pilon illustra la nef de l'église de ses riches sculptures en bois, et son cloître d'une superbe figure en terre cuite de saint François en extase, que l'on voyait naguère au Musée des Monuments français. Les assemblées du Saint-Esprit, celle du clergé de France et quelquefois le parlement siégèrent dans les vastes salles de ce monastère, qui possédait une bibliothèque de 25,000 volumes. Ces moines, dits les *grands augustins*, se distinguèrent plusieurs fois par leur humeur martiale. En 1440 ils résistèrent aux huissiers venus pour arrêter un théologien, Nicolas Aymery, qui s'était réfugié dans leur cloître; un moine fut tué dans cette échauffourée. Ils furent assiégés de nouveau en 1657, par les archers de la ville de Paris, sur l'ordre du parlement, qui, malgré leur titre de chapelains du roi, voulait châtier dans ces moines la résistance du célèbre Villiers, leur prieur. Armés jusqu'aux dents, les augustins soutinrent l'assaut du haut de leurs murailles, où les archers firent enfin brèche. Aussitôt sur cette brèche même où se battaient nos furieux fut apporté par un chapelain l'ostensoir, le tabernacle du Dieu vivant; mais, par un double scandale, les archers vainqueurs n'en eurent nul souci. Les augustins, déçus, capitulèrent. Deux moines avaient été tués, plusieurs blessés; onze furent emprisonnés au Châtelet. Relâchés au bout de dix-sept jours par la protection du cardinal Mazarin, leur couvent rentra dans l'ordre, et ne subit plus d'autre catastrophe que la révolution de 1789, qui le supprima.

Non loin de la rive gauche de la Seine, aujourd'hui faubourg Saint-Germain, à Paris, Marguerite de Valois, première femme de Henri IV, avait acquis un hôtel pour s'y fixer. Dans le vaste enclos de cette habitation vivaient monastiquement cinq solitaires italiens, dits *frères de la Charité*, sous la protection de Marie de Médicis. Marguerite les remplaça par vingt augustins déchaussés, sous la direction du P. Amet, non sans que l'insinuante princesse eût obtenu pour eux un bref de Paul V de l'an 1607. C'était l'accomplissement d'un vœu qu'elle avait fait. La capricieuse Marguerite, qui, reine toujours, tenait sous son joug et en son hôtel ces pauvres moines, eut la fantasque idée de les congédier; elle leur substitua des augustins chaussés de la réforme de Bourges. Le pape ne s'y opposa pas. Quelques années après, cette princesse mourut, le 17 mars 1615. Sans argent, sans cloître, sans église, ces religieux eurent recours à la pieuse munificence d'Anne d'Autriche. Un monastère convenable, dont elle jeta la première pierre, leur fut bâti aussitôt; l'église fut terminée en moins de deux années; le reste des bâtiments, résultat d'aumônes, et commencé en 1619, fut achevé plus tard. L'église de ce couvent, dit les *Petits-Augustins*, à vrai dire sans aucun style, se faisait toutefois remarquer par sa petite chapelle, en forme de coupole, genre d'architecture particulier alors à la seule Italie. Le cœur de la reine Marguerite y fut déposé. C'est sur l'emplacement de ce monastère que se trouve aujourd'hui l'école des Beaux-Arts.

Les augustins déchaussés ou *petits-pères*, expulsés, comme nous venons de le voir, de l'hôtel de Marguerite de Valois, par l'illustre propriétaire elle-même, d'abord errants et dispersés, obtinrent, le 9 juin 1620, de l'archevêque de Paris, l'autorisation de fonder un couvent. Ils s'établirent ou plutôt ils campèrent au delà de la porte Montmartre. Là, devenus plus à l'aise par leurs quêtes et les aumônes, ils parvinrent à faire l'acquisition d'un terrain d'un peu moins de huit arpents, qui longeait le Mail (aujourd'hui, la rue de ce nom). Le 9 décembre 1629 le roi posa la première pierre de leur église sous l'invocation de *Notre-Dame des Victoires*. Aujourd'hui sacristie de l'église nouvelle, elle fait avec cette dernière l'angle de la rue de ce nom et du passage des *Petits-Pères*. En 1656 ces religieux jetèrent le fondement de la nouvelle église. L'argent manquant, la construction n'en fut reprise qu'en 1737 et achevée en 1740. Elle est d'un style médiocre et trop simple pour l'époque; Cartaud en avait fourni le dessin.

Une longue barbe, des jambes nues, des sandales, caractérisaient ces moines. En 1746, Benoît XIV, par un bref, leur accorda bas et souliers. Bientôt les richesses amollirent leur rudesse primitive. Ils ouvrirent leur monastère aux beaux-arts et aux lettres. Une riche et nombreuse bibliothèque, un cabinet d'antiquités des plus rares, des tableaux du Guerchin, d'André del Sarte, de Wouwermans, de Stella, de Boulogne, de Rigaud, de Carle Vanloo, une œuvre du statuaire Pigalle, embellirent cette sainte demeure.

L'ordre fut supprimé en 1790; mais les bâtiments restèrent debout; les voûtes de l'église, au lieu d'hymnes, entendirent crier, pendant quelque temps, le cours de la rente, et ses dalles, jadis silencieuses, retentirent des pas croisés des agioteurs. Le cloître a jusqu'ici servi de caserne et de mairie. La rue de la Banque a été percée depuis sur l'emplacement de ce monastère ; des bâtiments nouveaux remplaceront les anciens, et conserveront leur usage actuel.

AUGUSTOW, était autrefois chef-lieu d'un palatinat de Pologne du même nom, fut fondée en 1557 par le roi Sigismond-Auguste, sur la Netta, l'un des affluents de la Narew. Sa population est d'environ 3,500 âmes.

Le gouvernement actuel d'Augustow, la province la plus septentrionale du royaume de Pologne, et qui a pour chef-lieu *Suwalki*, est généralement plat. Divisé en cinq arrondissements (*obwody*) : Loinza, Augustow, Sejny, Kalwarja et Mariampol, il abonde en lacs et en forêts, ainsi qu'en riches pâturages. Le commerce des blés et des bois s'y fait dans de vastes proportions, favorisé qu'il est pour ses exportations par le canal d'Augustow, qui relie la Vistule à la Baltique, près de Pindawa en Courlande. La construction en fut entreprise il y a dix d'années afin de rendre le commerce de la Pologne indépendant de la Russie, maîtresse des embouchures de la Vistule et du Niemen. On évalue la population totale actuelle de ce gouvernement à 550,000 habitants, en partie Mazoviens et en partie Samoïèdes d'origine. Depuis 1830 on a transporté aussi un grand nombre de Philippons, pour remplacer les habitants qui, par ordre de l'empereur Nicolas, avaient été répartis entre différents gouvernements intérieurs de la Russie.

AUGUSTULE. ROMULUS MOMYLLUS AUGUSTUS, surnommé par dérision *Augustulus*, était fils d'Oreste, général des armées romaines dans les Gaules. Celui-ci s'étant révolté, l'an 475 après J.-C., fit proclamer son fils empereur. Augustule était remarquablement beau : c'est là le seul éloge qu'on fasse de lui, et tout ce qu'on sait de son règne éphémère, c'est qu'il envoya un ambassadeur à Basilisque pour lui notifier son avénement au trône d'Occident, d'où il ne tarda pas à être précipité. Odoacre, roi des Hérules, à la noblesse romaine avait imploré le secours, marcha sur Rome, fit mettre à mort Oreste, et se contenta de dépouiller son fils de la pourpre impériale et de l'exiler, avec une pension annuelle de 6,000 écus d'or, en Campanie, dans un domaine qui avait autrefois appartenu à Lucullus. Odoacre prit alors le titre de roi d'Italie. Ainsi finit l'empire romain d'Occident, après avoir duré treize siècles. Rome dut alors se courber sous le joug d'un barbare, dont le nom seul à l'époque florissante de la république eût été regardé comme une injure. Cette grande révolution s'effectua l'an 476 de J.-C., juste cinq cent sept ans après la bataille d'Actium. C'est une circonstance assez bizarre que le dernier empereur se soit appelé Romulus Augustus, et qu'il ait porté par conséquent le nom du premier roi des Romains et celui de leur premier empereur.

AULAGNIER (ALEXIS-FRANÇOIS), médecin de quelque réputation, naquit en 1767, à Grasse, alors siége d'un évêché. Après avoir fait de bonnes études dans le séminaire de sa ville natale, Aulagnier étudia la médecine à Montpellier, où il eut pour maîtres de savants hommes, à la tête desquels brillait Barthez. On le reçut docteur en 1789, et ce fut pour cette circonstance qu'il rédigea en latin une thèse sur l'*insolation*. Une fois médecin, il choisit Marseille pour résidence. Très-attentif aux bruits du dehors, surtout aux refrains de *la Marseillaise*, très-influençable de sa nature, et très-enclin à imiter, son zèle pour la république alla jusqu'à l'exaltation et quelquefois jusqu'à l'imprudence. Cependant, et tout en desservant l'hôpital militaire de Marseille, il contracta d'intimes relations avec quelques parents de Napoléon, et dès lors il devint bonapartiste aussi dévoué qu'il s'était montré ardent républicain: et cela même, tout désintéressé qu'il était, parut un instant fonder sa fortune. Il fut tour à tour médecin de Murat, dès que Murat fut roi de Naples, puis médecin de Joseph. Aulagnier fut au nombre de ceux que la chute de l'empire laissa le plus attristés, le plus dénués, le plus profondément malheureux. Tout lui manquait, les consolations, l'espérance, une bibliothèque, et même les idées. Il publia cependant quelques écrits, un *sur la colique de Madrid*, un autre *sur l'emploi du feu* comme remède désespéré des maux qui n'en ont pas d'autres (il avait guéri de la sorte un ou deux pulmoniques), enfin un *Dictionnaire des Aliments*, le seul de ses ouvrages dont on se souvienne encore. Quoique ce livre ne soit qu'une compilation fort indigeste et destituée de toute originalité quelconque, je ne puis pas bien certain qu'Aulagnier lui-même l'ait composé : j'en ai vu faire un semblable, et à coups de ciseaux, quelques mois auparavant, par un ignorant qu'on nommait Gardeton. — Aulagnier mourut à Paris, en décembre 1830.   Isid. BOURDON.

AULICH (LOUIS), général dont le nom se rattache au souvenir de la révolution hongroise, né à Presbourg, en 1792, était au moment où éclata la révolution de mars 1848 lieutenant-colonel du régiment d'infanterie autrichienne de l'empereur Alexandre, qui tenait alors garnison en Hongrie. Quoique composé en grande partie de Slaves, ce corps prêta serment à la nouvelle constitution hongroise, et fut envoyé aux retranchements de Saint-Tamas, contre les Serbes. Aulich se distingua dans les nombreuses attaques tentées contre cette forteresse serbe, et passa colonel, puis commandant du régiment précité. Dans les derniers mois de 1848 il fut envoyé sur la rive gauche du Danube, à l'effet d'opérer de concert avec les troupes concentrées sur ce point contre les corps d'armée combinés aux ordres de Schwartzenberg et de Simunich. En conséquence, et par suite de la part importante qu'il prit à la campagne d'hiver, il fut promu au grade de général le 7 mars 1849, par le ministre de la guerre Messaros, et reçut en cette qualité le commandement du deuxième corps d'armée. Dans cette position il contribua activement aux brillantes victoires que l'armée hongroise remporta en mars et avril sur Windischgraetz : aussi Kossuth fit-il mention expresse de lui dans sa fameuse proclamation de Gœdœllœ. Tandis qu'à la suite de ces victoires Gœrgei courait au secours de Komorn, Aulich avait ordre de masquer ce mouvement en harcelant et en trompant les troupes impériales devant Pesth par des attaques simulées et de petites escarmouches. Il s'acquitta parfaitement de cette mission; et quand les troupes impériales évacuèrent enfin Pesth, le 23 avril, il y entra le lendemain 24, et, considéré comme le héros du moment, y fut accueilli avec les démonstrations de la plus vive allégresse, tant par les autorités constituées que par la population. Dans les premiers jours de mai il passa avec son corps d'armée sur l'autre rive du Danube, et prit alors une part importante au siége et à la prise d'assaut d'Ofen. Au mois de juillet il fut envoyé, avec Ganyi et Kis, à Komorn près de Gœrgei, à l'effet de déterminer celui-ci à obéir aux ordres du gouvernement; mais il échoua dans cette mission. Quand plus tard Gœrgei, placé dans l'alternative de renoncer à son commandement ou à son portefeuille, prit ce dernier parti, Aulich fut choisi pour le remplacer comme ministre de la guerre. Mais d'une part il avait trop peu d'énergie, et de l'autre trop de confiance en Gœrgei, pour être capable de renverser le traître au dernier moment par une attitude vigoureuse, ainsi que le lui eussent permis ses fonctions de ministre de la guerre. Dupe de Gœrgei, il consentit au contraire à entrer comme lui en pourparlers avec les Russes à Arad. Il reçut d'ailleurs dans cette même ville la récompense de son aveugle confiance, et y périt, le 6 octobre 1849, au gibet, avec douze autres compagnons d'infortune. Aulich était incontestablement un des officiers les plus honorables et les plus braves de l'armée hongroise; mais comme général en chef il s'en fallait qu'il fût doué de cette promptitude de coup d'œil et de cette fertilité de ressources qui distinguaient beaucoup de généraux plus jeunes que lui. Ministre, il manquait de la prudence qu'on exige chez l'homme d'État, et dans les moments décisifs l'énergie lui faisait trop souvent défaut.

AULIDE, ou **AULIS**. On n'est pas trop d'accord aujourd'hui sur la nature de ce lieu, fameux par l'embarquement des Grecs pour la guerre de Troie et le sacrifice, vrai ou prétendu, d'Iphigénie. Quelques-uns disent que c'était une *ville* de Béotie, en Grèce; Servius assure que c'était une *île* qui possédait une ville de même nom, avec un port capable de tenir cinquante vaisseaux. Eschyle, dans *Agamemnon*, Sophocle, dans *Électre*, et, après eux, Lucrèce, Horace et beaucoup d'autres, veulent qu'on ait en effet répandu le sang d'Iphigénie, et qu'elle soit morte en Aulide; mais Homère, le père des poëtes, a si peu prétendu qu'Iphigénie eût été sacrifiée en Aulide, ou transportée en Scythie, que, dans le neuvième livre de l'*Iliade*, Agamemnon fait offrir en mariage à Achille sa fille Iphigénie, qu'il a, dit-il, laissée à Mycènes, dans sa maison. Quoi qu'il en soit, il est probable qu'Aulide est à la fois le nom propre d'une ville de Béotie en Grèce et d'un pays dont elle était la capitale.

AULIQUE (du latin *aula*, cour souveraine). Autrefois on appelait de ce nom certains officiers impériaux composant une cour supérieure. Ainsi l'on disait : *conseiller aulique*, *cour aulique*.

Le *conseil aulique* fut institué par l'empereur Maximilien Ier, en 1501. Ce prince avait d'abord chargé ce conseil de l'exercice de ses réservats impériaux, mais il l'avait ensuite compétent pour toute sorte de procès qui aurait dû être seulement du ressort de la chambre impériale, prétextant, pour justifier cette innovation, qu'en consentant à l'institution de cette dernière il avait réservé expressément son droit de suprême juridiction. Ses successeurs l'imitèrent, et continuèrent à favoriser les usurpations du conseil aulique. Cependant il n'atteignit tout son développement qu'à la paix de Westphalie. Le conseil aulique était sous l'entière et unique dépendance de l'empereur, qui nommait ses membres. Il était composé d'un président, d'un vice-président et de conseillers en nombre illimité, parmi lesquels deux classes : les assesseurs comtes ou barons, et les assesseurs jurisconsultes. Il avait été stipulé par le traité de Westphalie qu'il y aurait au moins six conseillers protestants, et qu'en cas de partage leurs voix réunies contrebalanceraient les voix catholiques, en quelque nombre qu'elles fussent.

Le conseil aulique jugeait seul, et à l'exclusion de la chambre impériale, 1° toutes les causes féodales qui avaient pour objet des fiefs entiers; 2° toutes celles qui étaient relatives aux réservats des empereurs, toutes celles qui avaient trait aux affaires et aux vassaux d'Italie. Ce conseil représentait en outre la cour féodale d'Allemagne, et donnait l'investiture aux comtes et aux barons du saint-empire relevant du royaume de Germanie ou de celui d'Italie. Il n'y avait aucune voie d'appel contre les arrêts du conseil aulique, qui jugeait en dernier ressort; le seul recours que l'on eût était une supplication analogue à la *requête civile*, et adressée à l'empereur. Quand tous les États de l'empire avaient un grief commun contre une décision du conseil aulique, ils prenaient leur recours à la diète. Le traité de Westphalie avait donné à l'électeur de Mayence le droit de surveiller ce tribunal.

A la mort de l'empereur les pouvoirs des membres du conseil aulique cessaient de plein droit, et pendant les interrègnes le tribunal était vacant; mais alors les deux vicaires de l'empire instituaient pour les provinces de leur ressort des tribunaux de vicariat qui remplissaient toutes les fonctions du conseil aulique.

En théologie on appelait *aulique* la thèse soutenue dans plusieurs universités le jour où un licencié en théologie recevait le bonnet de docteur, et à laquelle le nouveau docteur présidait, après avoir reçu son grade.

AULNE. *Voyez* AUNE.

AULNOY ou **AUNOY** (MARIE-CATHERINE-JUMELLE DE BERNEVILLE, comtesse D'), romancière, née en 1650, de parents nobles, dans un château de Normandie, était d'une certaine comtesse Desloges, célèbre sous Louis XIII par son esprit et par ses rapports avec les hommes les plus distingués de cette époque. Elle épousa le comte d'Aulnoy, qui, ayant eu le malheur d'être accusé du crime de lèse-majesté par trois Normands, fut en grand péril d'avoir la tête tranchée. Heureusement un de ses accusateurs, mû par un remords de conscience, rétracta sa déposition.

Les mémoires contemporains nous représentent la comtesse d'Aulnoy comme une gracieuse et aimable femme, dont la demeure était le rendez-vous de la compagnie la plus élégante et la plus choisie. Elle ne débuta, néanmoins, que fort tard dans la carrière des lettres, car elle avait déjà quarante ans lorsqu'elle publia le meilleur de ses romans : *Hippolyte comte de Douglas*, suivi d'un grand nombre d'autres, que les découvertes des provinces lointaines lisent encore faute de mieux. La Harpe n'hésite pas cependant à mettre ses quatre volumes de *Contes de Fées* au-dessus de ceux de Perrault. Il y a du mérite dans le *Comte de Warwick* et dans les *Nouvelles espagnoles*; sa *Relation d'un Voyage en Espagne* abonde aussi en détails piquants et en observations pleines de finesse. Mais les *Mémoires historiques* de ce qui s'est passé de plus remarquable en Europe de 1662 à 1679, ceux de *la Cour d'Espagne*, et surtout l'*Histoire de Jean de Bourbon, prince de Carency*, ne sont que des compilations indigestes, n'ayant rien d'historique que le titre et ne reproduisant que le mauvais côté des romans. On lui attribue encore plusieurs pièces de vers et le *Recueil de Barbin*, nouvelle compilation en cinq volumes.

A tout ces fatras, presque constamment écrit sans esprit, sans goût, sans finesse, un seul ouvrage survivra, c'est le roman d'*Hippolyte comte de Douglas*. Il y a dans ce livre de l'imagination et de l'intérêt. On y trouve de la chaleur, du naturel dans le style, et des aventures attachantes. Toutefois, l'auteur est une de ces imitatrices de Mme de la Fayette fort inférieures à leur modèle pour l'art d'inventer et d'écrire. Mme d'Aulnoy mourut en 1705, laissant une fille, Mme d'Héère, qui, elle aussi, a publié quelques écrits; mais ils ont eu moins de retentissement encore que ceux de sa mère.

AULU-GELLE, *Aulus Gellius*, ou suivant quelques manuscrits *Agellius*, sans doute par omission du point après l'initiale du prénom, était né vers le temps où Trajan parvint à l'empire, et mourut sous le règne de Marc-Aurèle. Il reçut à Rome sa première éducation, et fut nommé un des centumvirs ou jurés des affaires civiles après son retour de la Grèce, où il était allé, suivant la coutume, étudier la philosophie dans les écoles d'Athènes. Il eut pour maîtres Phavorin, Hérode Atticus, Taurus et Pérégrin, celui même à qui Lucien décocha les traits de sa verve satirique. Là, pour tromper l'ennui des longues soirées d'hiver, il commença ses *Nuits Attiques*. Ce sont les extraits de ses lectures quotidiennes et de ses entretiens avec les savants, confiés au papier, soit pour aider sa mémoire et les consulter au besoin, soit pour servir à ses enfants. Ces extraits, divisés en vingt livres, dont le huitième est perdu avec une partie du sixième, n'y sont pas classés par ordre de matières, mais jetés sans aucun plan, suivant que le hasard lui a offert quelque chose à noter dans la variété de ses lectures et de ses conversations. Ainsi, pour citer en exemple cinq chapitres du livre neuvième, on y voit marcher pêle-mêle physique, philosophie, morale, littérature, histoire, observations grammaticales.

Malgré ce défaut de méthode, l'ouvrage d'Aulu-Gelle est un monument précieux, où l'on trouve des recherches curieuses sur les antiquités et la grammaire, des points d'érudition discutés, des fragments d'ouvrages perdus, des opinions de quelques philosophes contemporains. Au reste, Aulu-Gelle a prêté le sujet du *Philosophe scythe* à notre La Fontaine, et l'auteur éloquent d'*Émile* a puisé peut-être d'heureuses inspirations dans le premier chapitre du livre douzième, où Phavorin exhorte une jeune mère à nourrir elle-même son nouveau né. Saint Augustin appelle l'auteur des *Nuits Attiques* un homme d'un grand savoir et d'une élocution fort élégante; néanmoins, on lui reproche avec raison un style très-négligé, souvent incorrect et chargé de locutions vicieuses. Aulu-Gelle fut imprimé pour la première fois à Venise, en 1509, par les soins de Beroald; mais la plus estimée de plusieurs éditions est celle de Leyde, publiée en 1668, avec les commentaires d'Antoine Thysius et de Jacques Loisel. On doit à M. Victor Verger une traduction française des *Nuits* d'Aulu-Gelle, avec le texte en regard, qui a paru à Paris en 1820. M. Jacquinet les a retraduites en 1843.

AULX, pluriel d'*ail*.

AUMALE (*Alba Mala, Aumalcum*; en anglais *Albemarle*), ville de la haute Normandie, située sur le penchant d'une colline, bornée par une prairie qu'arrose la Bresle. Elle fait actuellement partie du département de la Seine-Inférieure, et est distante de cinq lieues à l'ouest de Neufchâtel. Cette ville, dont la population n'est que de 3,000 âmes, est surtout remarquable par le rang distingué qu'elle a tenu dans l'histoire féodale.

A la fin du dixième siècle ce n'était encore qu'une grande terre, dans laquelle un seigneur nommé Guérinfroi fit bâtir un château fort, où il fonda plus tard (vers 1027) l'abbaye d'Auxy. Il paraît qu'en mourant ce seigneur avait laissé la terre d'Aumale à l'église de Rouen. L'archevêque Jean de Bayeux, du consentement de son chapitre, en fit don à EUDES de Champagne, fils d'Étienne II, comme on l'a dit, et neveu du comte Thibaut III, qui l'avait frustré de la succession paternelle. Eudes, qui avait épousé la sœur utérine de Guillaume le Bâtard, Adélaïde de Contèville, accompagna ce prince dans son expédition d'Angleterre, et reçut l'investiture du comté de Holderness dans l'Yorkshire; en outre, sa terre d'Aumale fut érigée en comté relevant du duché de Normandie. Après la mort de son beau-frère et pendant les guerres qui éclatèrent entre ses successeurs, il osa aspirer au trône même de son bienfaiteur pour son fils Étienne de Champagne (1095). La conjuration qu'il trama avec Robert de Mowbray et d'autres seigneurs anglais et normands fut découverte, et punie pour Eudes par une étroite prison où il termina ses jours. Le comte ÉTIENNE, son fils, après avoir trahi deux fois le roi Henri Ier d'Angleterre, vit son château d'Aumale livré aux flammes par le monarque anglais, et, à l'exemple de tous ceux de son temps, grands et petits, qui faisaient des sottises dans leur pays, il alla chercher une noble et pieuse distraction à la Terre-Sainte : il y mourut la même année.

GUILLAUME Ier, troisième comte d'Aumale et d'Holderness, fils et successeur du précédent, reçut le comté d'York en récompense de la victoire dite de l'Étendard, qu'il remporta, en 1136, contre David, roi d'Écosse. Mais la réputation guerrière qu'il s'était acquise s'évanouit par sa fuite honteuse à la bataille de Lincoln, le 2 février 1141 (vieux style). Havoise, comtesse d'Aumale et d'Holderness, sa fille unique et son héritière en 1180, fut mariée quatre fois. Mais Philippe-Auguste s'étant emparé d'Aumale, il investit de cette seigneurie un de ses chevaliers, Simon de Dammartin. Quant aux héritiers d'Havoise, ils continuèrent à porter en Angleterre le titre honorifique de comtes d'*Albemarle*, titre dont furent revêtus après eux plusieurs seigneurs anglais.

Simon de Dammartin imita envers Philippe-Auguste la conduite qu'Eudes, premier comte d'Aumale avait tenue envers Guillaume, duc de Normandie. On le vit à Bouvines combattre contre son bienfaiteur. Proscrit pendant seize ans, il obtint son rappel en 1230, et fut l'un des grands de France qui, en 1235, protestèrent auprès du pape Grégoire IX contre les entreprises des prélats de France sur la juridiction civile.

Jeanne de Dammartin, fille aînée de Simon, réunit de son chef, en 1239, le comté d'Aumale et celui de Ponthieu du fait de sa mère. Elle était mariée depuis un an à Ferdinand III, roi de Castille. La nouvelle maison d'Aumale, issue de cette union, conserva ce comté jusqu'en 1342, où un mariage de l'héritière du comté le fit passer à la maison d'Harcourt. Une extinction des mâles le transmit en 1476 à René II, duc de Lorraine, petit-fils de Marie, dernière héritière des d'Harcourt.

CLAUDE Ier de Lorraine, duc de Guise, cinquième fils de René, fut en 1508 son successeur au comté d'Aumale, que le roi Henri II érigea en duché-pairie, en récompense de ses services.

CLAUDE II de Lorraine, né le 1er août 1526, troisième fils de Claude Ier, d'abord marquis de Mayenne, puis duc d'Aumale et pair de France en 1547, succéda à son père dans la charge de grand veneur. En 1550 Henri II le nomma gouverneur de Bourgogne. En 1552 le duc d'Aumale vola au secours de Metz, assiégé par Charles-Quint, et fut fait prisonnier dans un combat par le margrave de Brandebourg, après avoir été blessé de trois coups de pistolet et avoir eu un cheval tué sous lui. Remis en liberté en 1553, il donna de nouvelles preuves de sa valeur à la prise de Marienbourg, au combat de Renty, puis en Piémont, où il prit d'assaut la ville de Vulpiano, le 19 septembre 1553. Il marcha au secours du pape Paul IV, attaqué par le duc d'Albe (1556), revint en France après la journée de Saint-Quentin, et assista à la reprise de Calais (1558), aux batailles de Dreux (1562), de Saint-Denis (1567) et de Moncontour (1569). Ce prince, emporté par le ressentiment du meurtre du duc de Guise, son frère aîné, qu'il imputait à l'amiral de Coligny, fut le plus ardent promoteur du massacre des religionnaires à la Saint-Barthélemy. Soit remords, soit générosité, on vit le même jour d'Aumale s'empresser de soustraire au carnage un grand nombre de calvinistes désignés à la proscription. Il accompagna l'armée suivante le duc d'Anjou au siége de La Rochelle, et y fut tué d'un coup de canon, le 14 mars 1573. Il eut entre autres enfants Charles, dont nous allons parler, et Claude de Lorraine, dit le chevalier d'Aumale, célèbre dans l'histoire de la Ligue, qui fut tué en voulant surprendre Henri IV à Saint-Denis, le 3 janvier 1591.

CHARLES de Lorraine, duc d'Aumale, né le 25 janvier 1556 (v. st.), fut un des plus illustres et des plus fermes soutiens de la Ligue, œuvre de sa famille. Il présida avec le duc de Guise l'assemblée d'Orcamp (1586), où l'on résolut de prendre les armes sans attendre les ordres du roi, pour intercepter le secours que les protestants d'Allemagne amenaient à ceux de France. Au mois de décembre, il s'empara de la ville de Doullens. Après le meurtre du duc de Guise et du cardinal de Lorraine, le duc de Mayenne et le duc d'Aumale héritèrent de leur popularité. Nommé gouverneur de Paris par les Seize, en 1589, le duc d'Aumale n'épargna rien pour y attiser le feu du fanatisme; il assista en personne aux prières publiques et aux processions que le peuple faisait jour et nuit pour demander au ciel l'extinction de la race des Valois. Il échoua au siége de Senlis, où le duc de Longueville lui enleva son artillerie et ses bagages (17 mai), au combat d'Arques, et à la bataille d'Ivry, où il commandait l'aile gauche des ligueurs (14 mars 1590). Mais, s'étant jeté dans Paris, il força Henri IV d'en lever le siége. Battu par Biron le 8 août 1591, puis chassé d'Amiens par les habitants en 1594, le duc d'Aumale, voyant le parti de la Ligue presque entièrement anéanti, aima mieux traiter avec les Espagnols que d'imiter l'exemple de Mayenne. Le parlement de Paris, à la requête du procureur général, le déclara criminel de lèse-majesté, et il fut écartelé en effigie le 24 juillet 1595. Henri IV, qui n'était pas à Paris, désapprouva cette condamnation, et défendit qu'on procédât à la confiscation prononcée par le même arrêt, qui fut considéré comme non avenu. Quant au duc d'Aumale, quoique comblé d'égards et de considération à la cour d'Espagne, il témoigna de vifs regrets d'avoir porté les armes contre sa patrie. Il ne la revit pas, étant mort à Bruxelles en 1631.

Anne de Lorraine, sa fille unique, avait eu en dot le duché d'Aumale lors de son mariage (1618) avec Henri de Savoie, duc de Nemours. Son père ne s'était réservé que le titre de duc d'Aumale. Les duchés d'Aumale et de Nemours passèrent successivement à Louis (1638) et Charles-Amédée de Savoie (1641), fils de la duchesse Anne et du duc Henri 1er. Leurs successeurs furent Henri II de Savoie, en 1652, mort sans enfants en 1659, et Marie-Jeanne de Savoie, sa sœur, enfants de Charles-Amédée. Celle-ci, morte en 1724, avait vendu le duché d'Aumale à Louis-Auguste de Bourbon, duc du Maine, prince légitimé de France. Par la petite-fille de ce prince, Adélaïde de Bourbon-Penthièvre, mariée à Louis-Philippe-Joseph, duc d'Orléans, le duché d'Aumale passa à la branche cadette des Bourbons. De nos jours le titre de duc d'Aumale est porté par le troisième fils du feu roi Louis-Philippe. *Voyez* l'article suivant.

AUMALE (HENRI-EUGÈNE-PHILIPPE-LOUIS D'ORLÉANS, duc d'), quatrième fils de Louis-Philippe et de la reine Marie-Amélie, est né à Paris, le 16 janvier 1822. Comme ses frères, le jeune prince suivit les cours du collége Henri IV, et obtint plusieurs succès universitaires. En 1839 son père le fit entrer dans le 4ᵉ de ligne avec le grade de capitaine, et il fit ses débuts au camp de Fontainebleau. Plus tard une école de tir ayant été organisée à Vincennes, on la mit sous sa direction, ou plutôt sous sa patronage. En 1840 il accompagna comme officier d'ordonnance son frère le duc d'Orléans pendant l'expédition de Médéah, et il se distingua au combat de l'Affroun, à la prise du téniah de Mouzaïa et au combat meurtrier du bois des Oliviers.

Nommé en 1841 commandant du 1ᵉʳ bataillon du 21ᵉ léger à Paris, le duc d'Aumale retourna en Afrique au printemps, fit une seconde campagne sous les ordres du général Bugeaud, comme lieutenant-colonel du 24ᵉ régiment de ligne; puis il commanda une colonne détachée sous les ordres du général Baraguay-d'Hilliers. A la suite de cette campagne le jeune prince se trouva indisposé. On dut songer à le renvoyer en France; mais en même temps on lui prépara une sorte d'ovation, qui faillit lui devenir funeste. Le 17ᵉ léger avait beaucoup souffert en Afrique; il ne restait plus que quelques glorieux lambeaux à la hampe du drapeau haché par les balles arabes. On imagina de faire rentrer le jeune fils du roi à la tête de ce régiment, dont le colonel devint général. Le duc d'Aumale prit sa place, et débarqua en France. Des réceptions brillantes furent organisées dans toutes les villes que parcourut le régiment, et le duc vit mêler son nom à tous les exploits de nos soldats. Ses deux frères aînés allèrent au-devant de lui aux portes de la capitale, et le 13 septembre ils rentrèrent à Paris, où ils essuyèrent un coup de pistolet que leur tira Quénisset, mais qui n'atteignit que le cheval du lieutenant-colonel.

Pendant une année entière le duc d'Aumale resta avec son régiment à Courbevoie, complétant son instruction dans les loisirs que lui laissait son commandement. Promu en octobre 1842 au grade de maréchal de camp, il se rembarqua à Brest, et retourna en Afrique en passant par Lisbonne et Gibraltar. Jusqu'en 1843 il commanda la subdivision de Médéah, et se signala par de hardis coups de main; il exécuta de vigoureuses razzias, et fit enfin prisonnier un kalifat de l'émir. Bientôt une occasion brillante s'offrit à son jeune courage. On apprit que l'émir Abd-el-Kader tenait son dépôt de réguliers, sa famille et son trésor sur la limite du Petit-Désert. Une grande opération fut décidée dans le but d'envelopper l'armée de l'émir. Le prince fut chargé de conduire à Boghar un approvisionnement considérable, et de réunir les contingents armés de sa province. Après avoir rempli ces ordres, il s'aventura au delà de Boghar le 10 mai 1843, avec 1,300 hommes d'infanterie et 600 cavaliers, et ne tarda pas à savoir que la smalah d'Abd-el-Kader était réunie dans les environs de Goudjilab, près de la source d'Aïn-Taguin. L'infanterie avançait trop lentement; le jeune duc la laisse en arrière, et avec une heureuse témérité s'élance à la tête de ses cavaliers à la recherche du camp de l'émir. Épouvantées par la masse d'hommes qu'il faut combattre, les tribus alliées engagent le prince à attendre son infanterie : « *Personne de ma race n'a jamais reculé,* » répond le duc avec plus de hardiesse peut-être que de vérité; et il donne le signal du combat. Un grand nombre de prisonniers, quatre drapeaux et un butin immense furent le prix de sa victoire.

Le duc d'Aumale quitta la terre d'Afrique au mois de juin, et au mois d'octobre le roi lui conféra le grade de lieutenant général. Peu de temps après le commandement de la province de Constantine lui fut donné.

Le 25 novembre 1844 le duc d'Aumale épousa une princesse de Naples, Marie-Caroline-Auguste de Bourbon, fille du duc de Salerne, née le 26 avril 1822, dont il a eu trois enfants : le premier mourut peu de temps après sa naissance; le second, né en 1845, porte le titre de prince de Condé; le troisième, né en 1849, duc de Guise, est né le 11 janvier 1852, à Naples.

L'ambition gagnant le cœur du vieux roi, on songea à créer une sorte de vice-royauté en Afrique pour le duc d'Aumale. Depuis longtemps le maréchal Bugeaud imposait ses volontés au ministère, qui lui avait sacrifié le maréchal Soult. Cependant on se brouilla sur la question des camps agricoles que voulait organiser le duc d'Isly, et le 11 septembre 1847 le roi nomma gouverneur général de l'Algérie son *très-cher et très-aimé fils le duc d'Aumale.*

Cette nomination fut assez bien accueillie en Afrique. Le prince devait, disait-on, y mener un grand train; sa fortune personnelle, le tiers de la fortune du prince de Condé, dont il avait été le filleul et l'héritier, fortune que son père avait fait profiter pendant sa jeunesse, mais dont il ne lui avait jamais laissé le libre usage, pouvait en effet alimenter une sorte de cour, le budget aidant. En France cette mesure ne fut pas appréciée de même: l'opposition s'éleva contre cette tendance à donner de hautes destinations aux fils du roi; qui devaient ainsi finir par peser sur les affaires de l'État d'une manière inconstitutionnelle. On disait qu'en découvrant ainsi la royauté on ôtait toute liberté aux discussions des affaires publiques, et qu'on préparait la chute du régime représentatif.

Quoi qu'il en soit, le duc d'Aumale était à peine installé à Alger, que l'émir Abd-el-Kader tombait entre les mains de nos colonnes, et il donnait inconsidérément son acquiescement à la clause qui assurait la liberté à notre plus implacable ennemi.

Cependant une révolution en France renversait bientôt le trône de son père. Les premières nouvelles annonçaient seulement l'abdication du roi et l'établissement d'une régence; mais le lendemain, informé de la proclamation d'un gouvernement provisoire, le duc d'Aumale engageait la population et l'armée à attendre dans le plus grand calme les ordres de la mère-patrie. Enfin, le 3 mars, il apprit la nomination du général Cavaignac au poste de gouverneur général, et remit le commandement par intérim au général Changarnier. « Soumis à la volonté nationale, disait-il dans sa dernière proclamation, je m'éloigne; mais, du fond de l'exil, tous mes vœux seront pour votre prospérité et pour la gloire de la France, que j'aurais voulu servir plus longtemps. » Le duc d'Aumale s'embarqua ensuite avec le prince de Joinville, son frère, à bord du Solon, et se dirigea sur Gibraltar. Le commandant du Titan emporta en France deux dépêches, adressées aux ministres de la guerre et de la marine par les deux princes, dépêches qui resteront comme un monument de dignité et de douloureuse abnégation. Peu de gens osèrent les accompagner jusqu'au rivage. La crainte de laisser leur père avait toujours empêché les princes d'Orléans de se rendre populaires. Les deux frères exilés reçurent des nouvelles de leurs parents, et allèrent les rejoindre en Angleterre, où ils ont surtout vécu retirés depuis.

AUMÔNE, du grec ἐλεημοσύνη, miséricorde, ce qu'on dépose entre les mains du pauvre par charité, secours donné à l'indigent par une âme compatissante. Ce mot n'existait pas avec cette acception dans l'ancienne langue des Grecs et des Latins, où le christianisme l'introduisit en même temps qu'il relevait les idées de la philosophie humaine. Le pauvre obtenait un don, un présent, une largesse. Le christianisme vint, et lui offrit une aumône, c'est-à-dire une tendre compassion, ménageant ainsi la délicatesse du pauvre, en couvrant la pudeur du bienfait sous le voile du sentiment qui l'inspire. Les anciens philosophes ont recommandé l'indigent à la générosité du riche: il était réservé au christianisme de montrer Dieu personnellement obligé dans l'aumône. Donner aux pauvres, dit-il, c'est donner à Dieu même, et lui prêter à usure. Attentif à repousser l'aumône ce qui pourrait imprimer la honte au front du pauvre, il veut que la main gauche ignore ce qui est donné par la main droite. Il ne flétrit pas l'indigence, en disant avec le poëte: probrosa paupertas; au contraire, il relève le pauvre et l'assoit aux côtés du riche, à qui les biens de la terre sont confiés et non donnés, afin qu'il administre le dépôt en fidèle intendant, non pour lui seul, mais pour ses frères indigents. L'aumône, suivant l'ancienne philosophie, est un bienfait: c'est justice, suivant l'Écriture; elle dit mieux: c'est une dette. Il faut la, payer sans balancer, sans murmure, sans regret, avec un sourire sur la bouche et des paroles douces comme la rosée, qui rafraîchissent le cœur haletant du malheureux. Quelle onction et quelle sagesse!

AUMÔNIERS, ecclésiastiques attachés à la chapelle des princes ou à la personne des grands et des prélats. Il y en a aussi dans les hôpitaux et les prisons. Il y en a eu dans les régiments : il y en a encore à bord des vaisseaux de l'État. Le grand aumônier de France était un officier ecclésiastique de la cour des rois, un prélat ordinairement de haute naissance, chargé de la distribution des aumônes de la famille royale. Cette dignité, abolie en 1830, remontait au règne de Charlemagne, où celui qui en était revêtu portait le titre d'apocrisiaire; plus tard, on le qualifia d'archichapelain. Ce fut François Ier qui lui conféra le premier la qualification de grand aumônier de France. On compte parmi les plus célèbres Pierre d'Ailly, Jean la Baluc, Jacques Amyot, Richelieu, frère aîné du grand ministre; le prince de Rohan, si connu par sa scandaleuse affaire du Collier; le cardinal Fesch, oncle de l'empereur Napoléon, le cardinal de Talleyrand et le prince de Croï.

La présence des aumôniers dans les camps remonte à l'an 742, où le premier concile de Ratisbonne décida qu'à l'avenir tout général en chef serait accompagné de deux évêques avec un nombre proportionné de prêtres et de chapelains, et que tout chef de corps serait suivi en campagne de son confesseur. Plus tard ces aumôniers de camp, de troupes, de régiment, furent nommés par le grand aumônier, qui prenait dans les derniers temps le titre d'évêque des armées. Ils étaient approuvés par l'évêque diocésain, qui pouvait révoquer les pouvoirs spirituels qu'il leur conférait. Les aumôniers de régiment avaient sous la Restauration le grade de capitaine.

AUMONT (Famille d'). Cette ancienne famille, originaire de la Picardie, a pour premier auteur Jean Ier, sire d'Aumont, qui vivait en 1248. Elle a produit plusieurs personnages remarquables : Jean III, sergent d'armes du roi, se trouva aux batailles de Cassel et de Bouvines. Pierre II, dit le Hutin, fut nommé porte-oriflamme de France par le roi Charles VI. Jacques d'Aumont, son fils, chambellan du roi, fut tué à la bataille de Nicopolis. Jean IV le Hutin, échanson du roi, périt à la bataille d'Azincourt.

Jean VI, comte de Châteauroux, maréchal de France, naquit en 1522, et fit ses premières armes en Piémont, sous le maréchal de Brissac. Il accompagna ensuite le duc de Guise en Italie (1556). L'année suivante il combattait à Saint-Quentin, où il fut fait prisonnier. Ayant payé d'une forte rançon sa liberté et l'honneur de continuer à servir sa patrie, il assista, en 1558, à la prise de Calais, de Guines et de Ham; fut blessé aux batailles de Dreux, de Jarnac et de Moncontour, combattait à celle de Saint-Denis, au siége de La Rochelle (1573) et à la prise de plusieurs places du Poitou sur les religionnaires. En récompense de ses services, il fut créé chevalier des ordres du roi en 1578, puis maréchal de France le 23 décembre 1579. Il conserva Angers malgré tous les efforts de la ligue pour l'enlever, et déjoua le projet de Mayenne, qui se flattait de surprendre le roi dans la ville de Tours (1589).

D'Aumont fut le premier maréchal de France qui à la mort de Henri III proclama Henri IV comme son seul successeur légitime, et lui offrit le secours de son épée. Il alla joindre ce prince devant Dieppe avec un corps de troupes nombreux, marcha avec lui sur Paris, et emporta d'assaut les faubourgs Saint-Jacques et Saint-Michel, le 1er novembre de la même année. Commandant l'aile gauche de l'armée royale à la bataille d'Ivry (14 mars 1590), après avoir enfoncé les lansquenets et la cavalerie légère des ennemis, il s'aperçut qu'un escadron de trois cents cornettes wallonnes s'avançait rapidement pour envelopper Henri IV, qui, dans la vivacité de la poursuite de Mayenne, se trouvait presque seul sur le champ de bataille; d'Aumont, suivi seulement de quelques cavaliers, s'élance sur les gardes wallonnes, les taille en pièces, et poursuit vivement les fuyards, qui abandonnent une partie de leurs armes et de leurs bagages. Lorsque, à la fin de cette chaude journée, d'Aumont vint rejoindre Henri IV à Rosny, le roi, qui se mettait à table pour souper, se leva, alla embrasser ce vaillant capitaine, et, le faisant asseoir auprès de lui : « Mon cher maréchal, lui dit-il, vous avez été de la noce, il est juste que vous soyez du repas. » En 1591 il assiégea Autun sans succès. L'année suivante il fut appelé au gouvernement du Dauphiné. A la tête de l'armée de Bretagne, il s'empara de la ville de Mayenne. Le duc de Mercœur lui fit lever le siége de Rochefort; mais il se dédommagea amplement de cet échec par la prise de Lavai, de Redon, Morlaix et Quimper, et par celle du fort de Crodon, qu'il emporta au troisième assaut (1594). L'année suivante, après avoir soumis Moncontour, il alla faire le siège de Camper, bourg fortifié de l'évêché de Saint-Malo. Il y reçut une mousquetade au bras, dont il mourut le 19 août, à l'âge de soixante-treize ans. — Il avait servi sous six rois, François Ier, Henri II, François II, Charles IX, Henri III et Henri IV.

ANTOINE, duc d'Aumont, son petit-fils, né en 1601, appelé d'abord le marquis de Villequier, servit pendant cinquante et un ans avec la plus grande distinction, d'abord contre les religionnaires à Mautauban, Royan, Saint-Antonin, l'ile de Ré et La Rochelle, ensuite contre les Espagnols et les Impériaux en Italie, en Artois, en Flandre, aux Pays-Bas. Il s'était trouvé à dix-sept siéges et prises de places, et à six combats, lorsqu'il fut créé lieutenant général, le 10 juillet 1645, à la suite d'une action brillante qui dura dix heures, et dans laquelle, après avoir passé la rivière du Colme à la nage, il força l'ennemi à la retraite. Mardyck, qu'il prit le 24 août; Dunkerque; Laon, qu'il força à capituler le 1er octobre 1647; Rethel, et nombre d'autres actions éclatantes, furent ses titres au bâton de maréchal de France, qu'il reçut le 2 janvier 1651. Opposé à Fuensaldagne et au duc de Wurtemberg, il remporta sur eux de grands avantages; mais il ne put sauver Dunkerque, qui se rendit aux Espagnols le 16 septembre 1652. Il fut appelé en 1662 au gouvernement général de Paris. Au mois de novembre 1665 Louis XIV érigea en sa faveur le marquisat d'Isle en duché-pairie d'Aumont. Dans la guerre de Flandre (1667), il prit Bergues, Furnes, le port Saint-François, Courtrai et sa citadelle, et Oudenarde. Il mourut à Paris d'apoplexie, le 11 janvier 1669.

LOUIS-MARIE-VICTOR, duc d'Aumont, pair de France, né en 1632, et Louis, duc d'Aumont, pair de France, né en 1666, suivirent tous deux la carrière des armes avec distinction et furent maréchaux de camp. LOUIS-MARIE-AUGUSTIN, duc d'Aumont, pair de France, fut lieutenant général, et mourut à Paris le 15 avril 1782.

JACQUES-LOUIS-GUY-MARIE, duc d'Aumont, pair de France, lieutenant général, se déclara un des plus chauds partisans des idées révolutionnaires, et figura en 1789 parmi les vainqueurs de la Bastille. La reconnaissance du peuple lui fit donner le commandement général de la garde nationale de Paris; mais il refusa cette dignité, qui fut alors conférée au marquis de La Fayette. Son dévouement à la cause populaire ne l'empêcha pas d'être jeté en prison comme suspect d'avoir voulu favoriser l'évasion de Louis XVI; mais il fut relâché par l'intervention du duc d'Aiguillon, et fut nommé lieutenant général de la Flandre, puis commandant de Lille. Il mourut en 1799. Il était boiteux et contrefait, ce qui ne l'empêchait pas de pousser jusqu'au ridicule la prétention d'imiter, sinon la démarche, du moins les manières, les bons mots et le costume du roi Henri IV, avec lequel un lui avait persuadé qu'il avait quelque ressemblance.

LOUIS-MARIE-CÉLESTE, duc d'Aumont, pair de France, lieutenant général, neveu du précédent, né en 1762, fut d'abord titré duc de Piennes. Il reçut deux coups de baïonnette au château des Tuileries le 28 février 1791, quitta la France, fit l'année suivante la campagne des princes, et passa ensuite au service d'Espagne. Il sortit surtout connu par la descente qu'il fit en 1815 sur les côtes de la Normandie, et qui le rendit maître de Bayeux et de Caen avant la rentrée des troupes alliées dans Paris. Il mourut en 1821. — Son fils ADOLPHE-

HENRI-EMMERY, né en 1785, mort en 1848, était le père du chef actuel de la famille, LOUIS-MARIE-JOSEPH, né en 1809.

AUMUCE, ou AUMUSSE. Il est assez probable que ce mot a la même origine qu'*armet*. Quelques auteurs cependant le font venir de l'allemand *mütze*, qui signifie habillement de tête. C'était la fourrure que les chanoines portaient autrefois sur la tête, et qu'ils mettent aujourd'hui sur le bras. L'aumuce a été longtemps non-seulement un vêtement réservé aux gens d'église, mais porté aussi par les laïques. Pendant plusieurs siècles on ne s'est couvert la tête en France que d'aumuces et de chaperons. Le *chaperon* était à la mode dès le temps des Mérovingiens; on le fourra, sous Charlemagne, d'hermine ou de menu-vair. Le siècle suivant, on en fit tout entiers de peaux; ces derniers se nommèrent *aumuces*, et ceux qui étaient d'étoffe retinrent le nom de *chaperons*; les aumuces étaient moins communes. On commença sous Charles V à abattre sur les épaules l'aumuce et le chaperon, et à se couvrir d'un bonnet. Dans un registre de la chambre des comptes on trouve un article de trente-six sous employés pour fourrer l'aumuce du roi. La couronne se mettait sur l'aumuce. L'aumuce des chanoines n'était d'abord qu'un bonnet de peau d'agneau avec son poil, et la chape se mettait par-dessus. On fit descendre ensuite le bonnet sur les épaules, puis jusque sur les reins; mais comme la chape et cette peau étaient très-incommodes pendant les chaleurs, on en vint successivement à mettre l'une et l'autre sur les épaules, puis sur le bras.

AUNE (du latin *ulna*, en grec ὠλένη, un des os du bras, le *cubitus*). Cette ancienne mesure a singulièrement varié de longueur, comme la coudée, le pied : chaque peuple, chaque ville a eu son aune. Avant l'adoption du système métrique, l'*aune de Paris* avait 3 pieds 7 pouces et 8 lignes; elle valait donc 1 mètre 2 décimètres environ, et plus exactement 1 mètre 1884. Elle se divisait en demies, quarts, huitièmes, etc.; tiers, sixièmes, etc.

Longueurs des aunes de quelques villes d'Europe, évaluées en mètres.

Amsterdam (aune courante)	0,6903	Hollande	0,6754
Anvers (aune d'ordonnance)	0,6824	Londres (p. toiles)	0,9063
Autriche (Haute)	0,7098	Id. (p. laines)	0,6996
Berlin	0,6667	Madrid	0,5708
Copenhague	0,6227	Munich	0,8343
Dantzig	0,5740	Stockholm	0,5946
Dresde	0,5653	Vienne	0,7762
Dublin	0,9153	Pétersbourg	0,6572
Francfort-sur-le-Mein	0,5612		

AUNE ou AULNE (*alnus*). Ce genre d'arbres appartient à la famille des bétulacées. L'aune acquiert une taille élevée, et croît rapidement dans les terres humides; cependant il ne refuse aucun terrain. Il convient près des ruisseaux, sur les bords desquels il sert utilement à maintenir le sol par le grand nombre de ses racines. On le multiplie facilement, et de toutes les manières; on emploie le plus souvent des boutures, soit en enfonçant en terre des tronçons de branche, soit en couchant et en recouvrant une branche entière de trois à quatre mètres de long, dont on se contente de raccourcir les rameaux à douze ou quinze centimètres; il en sort bientôt une infinité de rejetons que l'on peut séparer à la fin de l'année. Si l'on emploie le mode des semis, on doit mettre la graine en terre aussitôt qu'elle est récoltée, ou la conserver dans un lieu frais et humide jusqu'au printemps; on ne la recouvrira que légèrement; et si le printemps est humide, la réussite est assurée. Le jeune plant n'exige ensuite que les soins ordinaires, et l'on pourra se dispenser de le recéper, soin que l'on doit prendre pour les boutures et marcottes. La croissance rapide de l'aune permet de le couper en taillis tous les huit à dix ans.

Cet arbre fournit des perches que leur longueur rend propres à divers emplois. Le bois de l'aune est léger et ne pourrit pas dans l'eau, ce qui le rend d'un bon usage pour la confection des fascines destinées à former des encaissements. Les ébénistes et les tourneurs en font beaucoup de cas, parce qu'il se lisse et offre une coupe nette sous le ciseau. On en fait des sabots, des échelles, des échalas, etc. Lorsqu'il est sec, il prend une teinte rougeâtre, d'un rose pâle tirant sur le jaune. Il sert surtout à chauffer le four. Le bois des racines est agréablement veiné. Le charbon de l'aune, qui est de bonne qualité, entre dans la composition de la poudre à canon. L'écorce de cet arbre peut être employée en guise de tan. Unie à la vieille ferraille, et macérée avec elle pendant plusieurs jours, elle produit une couleur noire utile aux teinturiers et aux chapeliers, et sert aussi à colorer les filets, la corne et les os destinés aux ouvrages de coutellerie. Elle est aussi employée en médecine comme astringente et tonique, et dans quelques contrées on fait avec ses feuilles des cataplasmes émollients.

On compte deux ou trois espèces d'aunes et plusieurs variétés. Cet arbre figure très-bien dans les bosquets du printemps; on peut l'employer en palissades élevées, et on en forme de belles allées dans les lieux frais des parcs.

AUNIS (*Alnisium*, *Tractus Alnetensis*), petite province de France, bornée au nord par le Poitou, à l'est et au sud par la Saintonge, et à l'ouest par l'Océan. D'une superficie de 151,871 hectares, elle est comprise aujourd'hui dans le département de la Charente-Inférieure et dans celui des Deux-Sèvres. Ce pays, renommé pour ses sauneries, était habité du temps de César par une partie des *Santones*. Sous Honorius il faisait partie de la seconde Aquitaine. De la domination des Romains, l'Aunis passa sous celle des Visigoths. Les Francs s'en rendirent maîtres en 507, par la victoire de Vouillé. Depuis ce temps le sort de ce pays fut étroitement lié à celui de la Saintonge. Au dixième siècle la terre d'Aunis était possédée par les maisons de Mauléon et de Châtelaillon, sur lesquelles l'usurpa, en 1130, Guillaume VIII (X), comte de Poitiers et duc d'Aquitaine. L'Aunis reprit son rang parmi les provinces lorsque, ayant enfin secoué le joug des Anglais, il se donna à la France, en 1371. Les principales villes de l'Aunis étaient La Rochelle et Rochefort; les îles d'Aix, de Ré et d'Oléron en faisaient aussi partie.

AUNOY (Comtesse d'). *Voyez* AULNOY.

AUPICK (JACQUES), né le 28 février 1789, à Gravelines, fut élevé à partir de 1807 aux écoles militaires de La Flèche et de Saint-Cyr, et entra en 1809 dans un régiment d'infanterie avec le grade de sous-lieutenant. A partir de ce moment il fit toutes les campagnes de l'empire, en passant successivement par tous les grades. En 1815, à la bataille de Ligny, où il remplissait les fonctions de capitaine adjudant-major, il fut grièvement blessé. A la seconde Restauration, licencié en septembre 1815, il rentra dès 1817 dans les rangs de l'armée, devint aide de camp de divers généraux, fit partie du corps d'état-major, et prit part à la campagne de 1823 en Espagne, attaché au général de Hohenlohe. Chef de bataillon le 24 septembre 1823, il fit partie de l'expédition d'Alger en 1830, devint lieutenant colonel le 2 octobre, et rentra en France en 1831. Nommé colonel en 1834, il remplit à diverses reprises les fonctions de chef d'état-major dans les camps et les manœuvres établis à Compiègne, et fut attaché en la même qualité à partir de 1836 à la première division militaire. Promu au grade de maréchal de camp en 1839, il fut l'année suivante appelé au commandement de l'une des brigades d'infanterie de la garnison de Paris, et en 1842 nommé commandant de la place de Paris et du département de la Seine. Promu en avril 1847 au grade de lieutenant général, il fut nommé en novembre de la même année commandant de l'École polytechnique. Après la révolution de février 1848, le gouvernement républicain l'envoya dès le mois d'avril avec le titre de ministre plénipotentiaire à Constantinople; il conserva ce poste jusqu'au commencement de 1851, époque où on lui confia l'ambassade de Londres. M. Walewski ayant été appelé à ce poste au mois de juillet de la même année, M. Aupick l'a remplacé comme ambassadeur à Madrid.

AURA. *Voyez* CATHARLE.

AURANTIACEES, famille de plantes dicotylédones polypétales hypogynes, composées d'arbres ou d'arbrisseaux, *citronniers*, *orangers*, *limoniers*, etc., dont le bois est ferme et compacte. Leurs feuilles sont alternes et criblées de points transparents, dus à la présence d'utricules remplis d'huile volatile, qui s'observent aussi sur les diverses parties de la fleur et du fruit, et qui communiquent à la plante une odeur ordinairement agréable. Les fleurs naissent des aisselles ou aux sommités des rameaux; elles sont régulières, axillaires ou terminales, solitaires ou réunies en corymbes et en grappes, de couleur blanche, rouge ou jaune. La pulpe du fruit est toujours plus ou moins acide.

AURAY, petite ville de France, dans le Morbihan, à 28 kilomètres de Lorient, avec 3,900 habitants, près de laquelle se trouve l'église Sainte-Anne, si célèbre par ses pèlerinages, ses neuvaines, ses *pardons* et ses cures merveilleuses. Le 29 septembre 1364, le comte Jean de Montfort remporta sous ses murs une victoire complète sur son compétiteur Charles, comte de Blois, qui y perdit la vie. Cette journée plaça sur la tête du vainqueur la couronne de Bretagne, disputée à la main armée depuis vingt-trois ans. Duguesclin, qui combattait pour le comte de Blois, fut fait prisonnier à la fin de l'action. Montfort gouverna depuis le duché de Bretagne sous le nom de Jean IV.

AURE (Famille d'). Une branche cadette des comtes d'Aragon, ayant reçu en apanage la ville et seigneurie d'Aure, donna naissance, dit-on, à la première race des vicomtes de ce nom. Elle paraît s'être éteinte vers 1130, époque où Bertrande, fille et héritière de Sanche de Garcie, vicomte d'Aure, épousa un puîné des comtes de Comminges. La postérité issue de cette alliance forma la seconde maison d'Aure. Elle s'est divisée en plusieurs branches : celle des vicomtes d'Aster, seule aujourd'hui existante, prit le nom et les armes de l'ancienne maison de Grammont en Navarre, lorsqu'au seizième siècle elle recueillit ses biens par le mariage de Menaud d'Aure avec Claire de *Grammont*.

AURÉLIEN, empereur romain. L. DOMITIUS AURELIANUS naquit vers l'an 220, dans le territoire de Sirmium, en Illyrie, d'un métayer du riche sénateur Aurelius. Il entra de bonne heure dans la carrière des armes, et passa par tous les grades de la milice. Les soldats, pour le distinguer d'un autre officier, qui portait le même nom que lui, l'avaient surnommé *Manus ad ferrum* (la main à l'épée). Sa force et son courage étaient tels, qu'il tua en un jour quarante-huit Sarmates, et que dans la suite le nombre des ennemis qui périrent de sa main s'éleva jusqu'à neuf cent cinquante. L'empereur Valentinien le nomma inspecteur des camps, et le chargea d'y rétablir la discipline; il lui donna ensuite le consulat, et lui fit épouser la fille d'un riche sénateur, Ulpius Crinitus, descendant de Trajan. Sous le règne de Claude II, Aurélien le seconda comme Auréole, et dans la guerre contre les Goths il eut le commandement de la cavalerie; ses victoires lui valurent le surnom de *Gothique*.

Quand l'empereur mourut, il désigna Aurélien pour son successeur, et les légions d'Illyrie confirmèrent ce choix. Quintillus, frère de Claude, prit la pourpre dans Aquilée; mais il la résigna volontairement, et se donna la mort après dix-sept jours de règne, pour ne pas tomber au pouvoir de son rival.

Délivré de tout embarras intérieur, Aurélien tourna ses efforts contre les Suèves et les Sarmates, et les contraignit à repasser le Danube; en même temps il retira les troupes romaines de la Dacie, rapprochant ainsi les frontières de l'empire par l'abandon d'une province trop éloignée pour être facilement défendue. Sur ces entrefaites, une invasion d'Alemans, de Marcomans et de quelques tribus germaines le rappela dans le nord de l'Italie. Après une alternative de succès et de revers, après avoir essuyé une grande défaite à Plaisance, l'empereur tailla en pièces les barbares sur les bords du Métaure et auprès de Pavie.

De retour à Rome, il châtia avec la plus grande vigueur les auteurs d'une sédition, et entoura la ville d'une enceinte qui prit son nom. Il marcha ensuite contre Tetricus, qui avait pris la pourpre dans les Gaules et à qui la Bretagne et l'Espagne obéissaient. L'usurpateur, fatigué de sa puissance précaire, entra en accommodement avec Aurélien, se laissa battre par lui, et se rendit de bonne grâce.

En 272, Aurélien entreprit l'expédition qui a le plus illustré son règne, en allant combattre Zénobie, reine de Palmyre. Deux combats livrés à Antioche et à Émèse décidèrent du sort de la guerre ; Zénobie tomba au pouvoir de l'empereur. Elle rejeta sa longue résistance sur son conseiller, Longin, qui fut mis à mort. Le supplice de ce philosophe est une tache aussi bien pour Zénobie que pour Aurélien. Pendant ce temps Probus avait soumis l'Égypte ; Aurélien retournait en Europe, quand il apprit que les habitants de Palmyre s'étaient révoltés et avaient massacré la garnison romaine. Aussitôt il revint sur ses pas, et avant que les révoltés eussent pu se mettre en défense la ville était en son pouvoir. Il tira une vengeance terrible de cette rébellion en abandonnant Palmyre pendant trois jours à la fureur de ses soldats. Après cette exécution, il fit reconstruire plus magnifique le temple du Soleil, astre qu'il honorait particulièrement.

Il passa ensuite en Égypte, où l'appelait une nouvelle révolte. Firmus, marchand, qui avait acquis une immense fortune dans le commerce de l'Inde, s'était fait proclamer empereur. Aurélien triompha sans peine de l'insurrection, et en fit périr publiquement l'auteur. Ayant ainsi délivré l'empire des usurpateurs et rendu au monde romain ses anciennes limites, il revint à Rome, où il célébra ses victoires par un triomphe d'une magnificence extraordinaire. On en trouve les détails dans Vopiscus.

L'empereur visita ensuite la Gaule et l'Illyrie, et se prépara à marcher contre les Perses pour venger la défaite de Valérien. Il était déjà près de Byzance, quand il fut assassiné par la trahison d'un de ses secrétaires, nommé Mnesthée, qu'il soupçonnait de concussion et qu'il avait menacé de sa justice. Mnesthée contrefit l'écriture de l'empereur, et fit voir aux principaux officiers une liste de proscription où leurs noms se trouvaient joints au sien. La rigueur excessive qu'avait souvent déployée l'empereur les rendit crédules ; ils le tuèrent (janvier 275). Cependant la mort d'Aurélien ne resta pas sans vengeance ; ses meurtriers reconnurent qu'on les avait trompés : ils livrèrent Mnesthée aux bêtes féroces, et élevèrent un monument expiatoire au lieu où l'empereur avait été assassiné ; mais ces regrets ne les sauvèrent pas du ressentiment des soldats ou de la justice de Tacite et de Probus.

Aurélien était un général habile avec toutes les qualités d'un soldat ; on lui a reproché une rigueur qui allait parfois jusqu'à la cruauté, et cependant il laissa vivre en paix Tétricus et Zénobie. On disait de lui qu'il était bon médecin, mais qu'il tirait trop de sang. Après de continuels efforts pour réformer les mœurs. Après avoir traité les chrétiens avec douceur au commencement de son règne, il lança contre eux des édits terribles ; mais il mourut avant leur publication.

AURELIUS VICTOR (SEXTUS), historien romain du quatrième siècle de l'ère chrétienne, était né en Afrique, dans une condition infime. L'empereur Julien, qui fit sa connaissance vers l'an 360, à Sirmium, et plus tard Théodose le Grand, l'élevèrent aux plus hautes dignités. Il fut d'abord préfet de Pannonie, en 361, puis préfet à Rome, et, en 369, partagea le consulat avec Valentinien. On a sous son nom : 1° *Origo Gentis Romanæ, a Jano ad Constantium*, ouvrage dont un court fragment, s'arrêtant à la première année de la fondation de Rome, est seul parvenu jusqu'à nous, et que quelques savants modernes considèrent comme une compilation faite au quinzième siècle ; 2° *De Viris Illustribus Romæ*, attribué par les uns à Cornelius Nepos, par d'autres à Pline le jeune et à Suétone ; 3° *De Cæsaribus*, rapide abrégé de l'histoire de Rome depuis le règne d'Auguste jusqu'à celui de Julien, composé avec plus de soin et écrit d'un style plus pur que les précédents ; 4° *De vitâ et moribus Imperatorum Romanorum Epitome*, extrait qui va jusqu'à Théodose, et dont le véritable auteur fut un autre Aurelius Victor, contemporain d'Orose, dit *Victor Junior* ou *Victorinus*. La première édition d'Aurelius Victor est celle qui fut faite en 1579, à Anvers, par Schott. Parmi les éditions postérieures, nous citerons celles d'Arntzenius (Amsterdam, 1733), de Gruner (Coblentz, 1757) et de Schœrter (2 vol., Leipzig, 1829-31).

AURENG-ABAD (*ville du trône* ou *d'Aureng-Zeib*) est le nom que reçut de cet empereur mogol la ville de Gurkah ou Kerkih, dont le séjour lui parut si agréable, qu'il la fit agrandir et embellir, vers l'an 1686, et y fixa sa résidence. Aureng-Abad devint alors la capitale de la province de ce nom, et même de tout le Dekkan dans l'Inde, et elle conserva ce titre lorsque Nizam-el-Moulouk s'y fut rendu indépendant. Après sa mort, en 1748, ses fils s'étant disputé le trône qu'il avait fondé, les Français entrèrent en vainqueurs, le 11 juin 1753, dans Aureng-Abad, y établirent Salabet-Djenk à la place de son frère, Ghazy-Eddin, qui venait d'y mourir, et le firent reconnaître nabab du Dekkan. Ses successeurs y résidèrent d'abord ; mais elle déchut bientôt de son ancienne splendeur. Aureng-Abad céda la prééminence à Hyder-Abad, où les Nizam établirent leur cour. Elle passa ensuite sous la domination des Mahrattes du Pounah, et depuis la destruction de leur empire par les Anglais cette ville est le chef-lieu d'une des provinces qui dépendent de la présidence du Bengale.

Elle est située à 290 kilom. est-nord-est de Bombay, sur le Kowlah, à 35 kilom. de son embouchure dans le Godavery. Sa population est évaluée à 60,000 âmes ; on y voit un beau bazar, de plus de 2 kilom. de long. Elle est encore entourée de murs, mais inanimée et en partie déserte. Ses principaux édifices, ses mosquées, ses aqueducs tombent en ruines ainsi que le vaste palais d'Aureng-Zeib, le mausolée de ce prince et celui qu'il éleva à l'une de ses femmes. Les eaux stagnantes et les marais qui se sont formés aux environs en rendent le climat insalubre. De toutes les cités de l'Inde, Aureng-Abad est celle où les eaux sont le plus abondantes. Chaque maison a sa source, sa pièce d'eau et jusqu'à sa fontaine jaillissante.

La situation de cette ville, entre le Bengale, le Delhi, Bombay et Hyder-Abad, est des plus favorables à 22 kilom. au nord-ouest, par delà la forteresse de Daulat-Abad et de la merveilleuse grotte d'Ellora, on en visite un délicieux plateau, le bourg de Rosah, le Montpellier ou la Nice de l'Inde, renommé pour l'air pur qu'on y respire et les perspectives dont on y jouit.

La province d'Aureng-Abad est le chef-lieu, et qui s'appelait autrefois *Almenadgar* et *Daulat-Abad*, s'étend entre le 18° et le 21° de latitude septentrionale, et a pour limites au nord Goudjerate, Kandich et Berar, au sud Bidschapour et Bider, à l'est Bérar et Hyder-Abad, à l'ouest l'océan Indien. C'est un pays montagneux, qui offrait aux Mahrattes qui y sont établis un grand nombre de repaires et de points fortifiés naturels. A l'est des Ghattes s'étend un plateau qui appartient aux hautes régions du Dekkan, et dont la hauteur moyenne au-dessus du niveau de la mer est de 600 mètres. Le climat en est excellent et favorable à la culture de tous les fruits de l'Europe.

Jusqu'en 1818 les Mahrattes avaient possédé les trois quarts de la contrée; le reste appartenait au Nizam. Mais dans cette année, si fatale à leur puissance, la province passa sous l'autorité en partie médiate et en partie immédiate des Anglais. L'Aureng-Abad, après avoir pendant si longtemps servi de repaire aux dévastateurs de l'Hindoustan, est aujourd'hui l'une des provinces les plus tranquilles de l'empire indo-britannique.

AURENG-ZEYB fut le dernier souverain remarquable que produisit l'empire des Mogols en Hindoustan durant la seconde moitié du dix-septième siècle. Son véritable nom était Mohammed; mais son grand-père lui donna le surnom d'Aureng-Zeyb, c'est-à-dire l'ornement du trône; quand il fut empereur, il prit celui de *Mohi-Eddin*, c'est-à-dire le vivificateur de la religion, et plus tard celui d'*Alem-Gir*, ce qui veut dire le conquérant du monde.

Aureng-Zeyb était le troisième fils de Chah-Djehan, fils et successeur du célèbre empereur Djehan-Gir. Il naquit le 22 octobre 1618, et n'avait pas encore dix ans quand, à la mort de Djehan-Gir, son père monta sur le trône (février 1628). Aureng-Zeyb aspira dès ses premières années au trône des Mogols; mais il eut l'adresse de déguiser ses ambitieux desseins sous un faux air de piété et de dévotion. C'est à vingt ans que commença sa vie militaire; il s'y consacra bientôt tout entier. Après une expédition que la tranquillité de l'empire avait permis à Chah-Djehan d'entreprendre contre le Dekkan, il fut nommé gouverneur de la province conquise de Kandisch, et y fonda une magnifique cité, qu'il appela de son nom Aureng-Abad. Deux ans après, la province de Kaboul fut ravagée par les Ouzbeks; Aureng-Zeyb marcha contre eux, et, après une lutte longue et désespérée, réussit à soumettre leur khan. Mais ni lui ni son frère aîné Dara-Schekouh ne purent reprendre la ville de Kandahar, dont le chah de Perse Abbas s'était emparé pendant l'absence de l'armée mogole. A l'instigation de l'émir Djemlah, officier au service du roi de Golconde, Aureng-Zeyb recommença la guerre dans le Dekkan; il s'était déjà emparé d'Hyder-Abad par surprise et assiégeait la ville de Golconde, quand arrivèrent des ordres de la cour impériale d'Agra, contenant les conditions de la paix offerte au rajah vaincu. L'émir Djemlah fut appelé à Agra, et Chah-Djehan lui conféra la dignité de vizir. Joint à lui, Aureng-Zeyb fit une expédition contre le rajah de Bedjapour, qui après la défaite de ses armées fut obligé de subir les plus dures conditions.

Après ces événements (à la fin de l'année 1656) Chah-Djehan, alors âgé de plus de soixante ans, tomba dangereusement malade; son fils aîné, Dara-Schekouh (né en 1615), profitant de l'éloignement de ses frères, relégua son père dans l'intérieur du harem, et prit dans ses mains les rênes du gouvernement. Son frère Souljah (né en 1616), qui était à peu près de son âge, fut le premier les armes contre lui; mais il fut complétement battu en 1658. Quant à Aureng-Zeyb, sous prétexte d'assurer le trône à son plus jeune frère, Mourad-Baksch (né en 1624), qui se trouvait alors dans la ville d'Ahmed-Abad en Goudjerate, il l'invita à venir le rejoindre avec ses forces dans Oudjéin, capitale de Malouah. Mourad-Baksch se rendit à cette invitation, et les troupes réunies des deux frères rencontrèrent et défirent les forces de Dara-Schekouh près d'Oudjéin, et une seconde fois près d'Agra. Dara-Schekouh s'enfuit à Lahore, et Aureng-Zeyb s'étant préalablement assuré, par un stratagème, qu'il jeta dans une prison d'Agra, fut proclamé empereur dans les jardins d'Izz-Abad, près de Delhi, le 20 juillet, et suivant d'autres le 2 août 1658. Son père Chah-Djehan avait en même temps recouvré la santé; mais Aureng ne fit pas cesser sa captivité, et lui fit quitter Delhi pour Agra, où il mourut, à l'âge de soixante-quatre ans, par le poison, à ce que l'on a cru, le 2 janvier 1666.

Quoique Aureng-Zeyb eût été proclamé empereur, Soudjah, son frère, tenait encore dans le Bengale, et faisait les plus grands efforts pour s'assurer la victoire; mais défait en plusieurs rencontres, n'ayant plus aucun moyen de résistance, il battit en retraite sur Decca dans le pays d'Ascham, d'où il passa auprès du rajah d'Aracan, qui, perfide par crainte et par avarice, l'emprisonna et le traita cruellement. Pendant ce temps Dara-Schekouh était revenu de Lahore, et, ayant gagné le gouverneur de Goudjerate, marchait sur Delhi, lorsqu'il fut mis en déroute par Aureng-Zeyb près d'Adjmire. Il s'enfuit sur les bords de l'Indus; mais il fut livré à son frère, et reçut la mort à Khizr-Abad, près de Delhi, le 28 août 1659. Son fils Soliman-Schekouh, accueilli d'abord favorablement par le rajah de Serinagour, dans les montagnes du nord, fut ensuite livré par lui à l'empereur, qui le confina dans la forteresse de Goualior (14 janvier 1661).

Après tant de crimes politiques, dont on lit avec peine l'apologie dans la relation du voyageur Bernier, qui fut son médecin pendant huit ans, Aureng-Zeyb se fit alors proclamer une seconde fois à Delhi, et ordonna qu'à l'avenir le commencement de son règne ne daterait que du jour de son couronnement, le 15 juin 1659. Délivré de toute inquiétude et débarrassé de ses rivaux, il déploya de grands talents et une rare prudence dans l'administration, et son règne fut pacifique et tranquille. Toujours actif et toujours vigilant, il s'occupa sans relâche et simultanément de l'organisation et de l'administration de son empire. On doit rendre hommage aux mesures pleines de sagesse et d'habileté par lesquelles il réussit à prévenir et à adoucir la famine qui eut lieu la troisième année de son règne.

L'émir Djemlah avait été nommé gouverneur du Bengale; sa popularité excita les ombrages d'Aureng-Zeyb, qui, dans le but de le détourner des projets ambitieux qu'il aurait pu former, le désigna pour commander une expédition contre le roi d'Ascham. Les armes de l'émir Djemlah furent victorieuses; mais les troupes eurent à souffrir d'une dyssenterie épidémique, dont il fut lui-même la victime.

Sur ces entrefaites, le trône d'Aureng-Zeyb courut un grave danger, à cause de l'ineptie d'un secrétaire, qui, en écrivant au chah de Perse, Abbas, ne lui avait pas donné plus de titres qu'au khan des Ouzbeks. Chah-Abbas vit dans cette négligence une insulte préméditée, et déclara la guerre. Elle aurait pu devenir fatale à Aureng-Zeyb, et le chah de Perse s'avançait déjà sur l'Inde avec une armée, quand la mort l'arrêta.

En même temps un nouvel ennemi pour le trône d'Aureng-Zeyb surgit en la personne de Sevadji, fondateur de la puissance des Mahrattes, qui, arrêté au milieu de ses premiers exploits, se soumit à l'empereur, mais se révolta bientôt, parce qu'on l'avait traité ignominieusement; il frappa monnaie à son nom, attaqua et pilla Surate, ainsi que quelques autres possessions mogoles, et rendit tributaires les rois de Golconde et de Bedjapour. En 1677 il entra dans le territoire de Golconde avec 40,000 chevaux, et plaça des gouverneurs mahrattes dans les villes et dans les forteresses. Quand il mourut en 1682, sa domination s'étendait sur un territoire de 400 milles de long et de 120 milles de large.

Les hostilités entre les Mahrattes et les Mogols continuèrent sous son fils Sambadji, qui excita la colère et le ressentiment d'Aureng-Zeyb en donnant refuge au prince Akbar, qui s'était révolté contre son père. En 1687 Aureng-Zeyb conduisit une armée dans le Dekkan, contraignit les villes d'Hyder-Abad, Bedjapour, Golconde, à se rendre, et étendit sa domination jusqu'aux limites du Karnatik. Sambadji fut fait prisonnier, et subit une mort cruelle. Son frère Rama se jeta dans le fort de Djinji, où une vive résistance désespérée, qui retarda depuis l'année 1692 jusqu'en 1700 la réduction du Karnatik. La conquête du Dekkan et la soumission des Mahrattes continuèrent d'occuper toute l'attention d'Aureng-Zeyb pendant les dernières années de sa vie. Les troupes impériales avaient facilement raison des forces mahrattes quand elles les rencontraient en rase campagne; mais les Mahrattes évitaient adroitement toute bataille rangée. Ils gagnaient avec rapidité les montagnes au moindre danger, infestaient de leurs excursions et de leurs brigandages les provinces voisines, et disparaissaient chaque fois que s'avançait une armée mogole. La politique jalouse d'Aureng-Zeyb s'opposait à ce qu'il confiât le commandement de ses troupes ou le gouvernement de ses provinces à des officiers habiles et expérimentés : aussi se passa-t-il bien des années avant qu'il pût réduire ces montagnards, qui ravagèrent et dévastèrent impunément toute la contrée jusqu'à la rivière Nerbudda. Au milieu de ces luttes, Aureng-Zeyb mourut, à Ahmednagor, dans la province de Daulat-Abad, le 21 janvier 1707. Sa mort termina la période la plus brillante de la puissance mogole dans l'Inde. Il eut cinq fils : Mohammed, Mohammed-Mozim, Azem, Akbar et Cambaksch. Mohammed-Mozim (surnommé Schah-Alem et Kotb-Eddin-Bahadour-Chah) fut proclamé son successeur. Contemporain de Louis XIV, auquel on peut le comparer pour sa longévité, pour la durée et l'éclat de son règne, Aureng-Zeyb, comme lui, protégea les savants et les gens de lettres, encouragea l'instruction publique en fondant des universités, des colléges, des bibliothèques publiques. Il entretenait des correspondances littéraires dans les pays étrangers, et il écrivait lui-même ses ordonnances et ses dépêches, remarquables par leur élégance et leur précision. Dans toute l'étendue de son empire, il fit percer des routes et construire des karavansérais, des ponts, des hospices, des mosquées, où la solidité l'emportait sur la magnificence. Il établit une garantie des propriétés territoriales, encouragea l'agriculture et le commerce, simplifia les formes de la justice, surveilla les arrêts des tribunaux, écouta les réclamations des plaideurs, révoqua les juges iniques et prévaricateurs, et fit punir comme crime capital les tentatives faites pour les corrompre.

Zélé pour le maintien des préceptes de la religion, il s'occupa de la réforme des mœurs, prohiba sévèrement l'usage du vin, poursuivit les musiciennes et les danseuses nommées *bayadères*, dont le nombre s'était prodigieusement augmenté sous le règne du voluptueux Chah-Djehan; il les força de renoncer à leur scandaleuse profession ou de l'exercer secrètement. Il donnait lui-même l'exemple de la tempérance. Pendant quelques années, soit par véritable dévotion, soit pour expier ses crimes, il ne vécut que d'herbages, de fruits crus ou confits, et de pain d'orge ou de millet. Suivant le précepte du Coran, qu'il faut vivre des produits de son travail, il faisait des bonnets, qu'il vendait ou qu'il donnait aux grands de sa cour, en échange de leurs riches présents. Son costume était de la plus grande simplicité. Sa robe en toile peinte, sa ceinture et son turban ne valaient pas en tout plus de 15 roupies (45 fr.). Malgré cette modestie apparente, il tenait beaucoup à son titre de conquérant du monde, et il avait adopté pour enseigne un globe d'or, que l'on portait devant lui; mais, pour montrer qu'il ne possédait que les trois quarts de la terre, il déchirait un coin de toutes les feuilles de papier employées à sa correspondance. Sans cesse livré aux soins du gouvernement, il ne dormait que deux heures, couché sur une peau de tigre, et passait le reste de la nuit à prier ou à lire le Coran. Son armée était de 5 à 600 mille hommes, et ses revenus allaient à 800 millions. — Il reçut des ambassades de Turquie, de Perse, du schérif de la Mecque, des rois d'Yémen et d'Éthiopie, des khans ouzbeks de Bokhara et de Balkh. C'est à lui que furent députés, par le ministre Colbert, les premiers agents de la compagnie française des Indes. D'autres voyageurs, Bernier, Thévenot, Tavernier, Owington, Gemelli Carreri, Valentyn, etc., visitèrent sa cour ou diverses parties de ses États, et nous en ont laissé les relations les plus curieuses.

AURÉOLE. C'est le nom que l'on donne au cercle ou à la couronne de lumière dont les peintres et les sculpteurs ont orné la tête des personnages d'une origine céleste. Ce mot vient du latin *aureola*, couronne d'or : et en effet les peintres grecs du temps de la Renaissance, et ceux d'Italie jusqu'au quinzième siècle, ont eu l'habitude de dorer cette partie dans leurs tableaux. Le père Sirmond, jésuite, prétend que cette coutume est empruntée aux païens, qui environnaient de rayons la tête de leurs dieux.

L'*auréole* ne fut d'abord donnée qu'à Jésus-Christ, puis ensuite à la Vierge, aux apôtres et aux anges. Dès le cinquième siècle elle devint l'attribut de tous les saints et saintes, et l'on en gratifia même l'agneau, la colombe et les animaux symboliques des évangélistes. Lorsque les peintres, au lieu de placer de simples portraits dans leurs tableaux, ont cherché à donner à leurs personnages mystiques une expression de noblesse ou de componction qu'ils puisaient dans leur imagination, cet usage a diminué insensiblement. Par un décret de 1625, le pape Urbain VIII défend de peindre les personnes mortes en odeur de sainteté la tête couronnée d'une auréole et d'exposer leurs tableaux dans les lieux saints, sur les autels, dans les églises et les chapelles. Ce décret est si rigoureusement observé, que la *congrégation des rites* refuserait de procéder à la béatification d'un personnage au sujet duquel il aurait été enfreint; les images seules des saints canonisés peuvent être exposées dans les temples la tête environnée d'une auréole.

AURICHALQUE. *Voyez* ORICHALQUE.

AURICULAIRE, *auricularis*, d'*auricula*, oreille, se dit de ce qui appartient à l'oreille, particulièrement à l'oreille externe : *conduit auriculaire, muscles auriculaires, artères et veines auriculaires*. Les *vers auriculaires*, ou ceux qui se rencontrent quelquefois dans les oreilles, sont ordinairement des larves de mouches; les *maladies auriculaires* sont celles qui affectent l'organe de l'ouïe.

Le *doigt auriculaire* est le petit doigt ou cinquième doigt de la main, ainsi nommé parce que sa petitesse le rend plus propre que les autres à être introduit dans le conduit auditif externe. La *confession auriculaire* est celle qui est faite à l'oreille d'un prêtre. *Voyez* CONFESSION.

Un *témoin auriculaire* est celui qui a entendu de ses propres oreilles les choses dont il dépose.

AURICULE (*auricula*, diminutif de *auris*, oreille). On appelle ainsi, en anatomie, le pavillon de l'oreille. L'auricule, en botanique, est cet appendice lobé et arrondi qu'on observe à la base de plusieurs feuilles, telles que celles de la sauge officinale, ou de certains pétioles, comme ceux de l'oranger.

En conchyliologie, c'est un genre de coquilles univalves, appartenant aux mollusques gastéropodes; les espèces en sont étrangères, et probablement terrestres.

AURILLAC, ville de France, chef-lieu du département du Cantal, ancienne capitale de la haute Auvergne, à 430 kilom. sud de Paris, peuplée de 9,609 habitants. Siége d'un tribunal de première instance et d'un tribunal de commerce, chef-lieu du trentième arrondissement forestier, qui comprend les départements du Cantal, de la Corrèze et de la Haute-Vienne, Aurillac possède encore une société d'agriculture, arts et commerce, une bibliothèque publique de 7,000 volumes, un collége et une jolie salle de spectacle. La ville est située à l'entrée d'une vallée arrosée par la Jordane : elle est bien bâtie; les rues mal percées, mais larges et propres; les routes de Clermont, de Rodez, de Saint-Flour et de Tulle y forment autant d'avenues. Enfin, au bas de la ville se trouve une belle promenade appelée le *Gravier* ou *Cours Monthyon*. Aurillac compte plusieurs monuments remarquables, entre autres le château de Saint-Étienne, ancienne résidence des comtes d'Auvergne; l'église Saint-Géraud, l'abbaye des Bénédictins, l'hôtel de ville, l'hôpital, l'hospice des aliénés, la colonne de Monthyon, etc. Cette ville vient d'élever une statue au pape Silvestre II, qu'elle a vu naître.

AURILLAC — AURORE BORÉALE

Les habitants d'Aurillac s'occupent de l'amélioration de la race chevaline; ils ont un dépôt d'étalons, et tous les ans, au mois de juin, des courses, qui jouissent d'une grande réputation dans le midi, ont lieu dans un hippodrome situé à 1 kilomètre de la ville. L'industrie y est active; on y remarque des fabriques de papier, de dentelle, de tapisserie, d'orfèvrerie et de chaudronnerie, des tanneries, des corroieries, des teintureries, des brasseries. Son principal commerce consiste en chevaux, mulets, bestiaux, toile, chanvre, laines et fromage. Il s'y tient plusieurs foires.

L'origine d'Aurillac est peu connue; fondée par Aurélien selon les uns, elle ne date selon les autres que du neuvième siècle, époque où saint Géraud construisit un monastère sur l'emplacement qu'elle occupe aujourd'hui. Cette abbaye, qui était devenue une des plus riches du royaume, fut sécularisée par Pie IV, en 1561; et on y établit une école, qui fut aux dixième et onzième siècles une des plus célèbres de la France. La ville, soumise d'abord aux abbés qui s'étaient arrogé le titre de comtes d'Aurillac, se gouverna ensuite librement; ses habitants nommaient leurs magistrats, qui s'appelaient consuls. Cette administration ayant été renversée pendant les guerres de religion, Aurillac reçut un gouverneur envoyé par le roi. Ses fortifications ont été démantelées à la même époque.

AUROCHS. *Voyez* BŒUF.
AURONE. *Voyez* CITRONELLE.
AURORE. Pour l'astronome, l'aurore est cette lumière faible qui commence à colorer l'atmosphère lorsque le soleil n'est plus qu'à 18° au-dessous de l'horizon, et qui continue en augmentant jusqu'au lever de cet astre. *Voyez* CRÉPUSCULE.

Les Grecs, qui divinisèrent tous les phénomènes célestes, ont fait de l'aurore une déesse qui, *de ses doigts de rose*, ouvrait les portes de l'Orient. Fille de Titan et de la Terre, elle précédait le lever du soleil, sur un char attelé de deux chevaux dont Homère nous a conservé les noms. De son union avec Astræus, roi d'Arcadie, naquirent les Vents et les Astres. Devenue ensuite éperdument amoureuse du jeune Tithon, elle l'enleva, l'épousa, et eut de ce nouvel hymen deux fils; Memnon et Hermation, qui régnèrent, l'un sur l'Éthiopie, l'autre sur une partie de l'Asie. La mort de ces princes est encore tellement sensible à leur mère, que la rosée qui se répand chaque matin sur les fleurs n'est autre chose que *les larmes de l'Aurore*. Aurore avait obtenu de Jupiter l'immortalité de Tithon; mais elle oublia de demander qu'il ne vieillit pas, et bientôt le fils de Laomédon devint si caduc qu'il souhaita d'être changé en cigale. Aurore aima ensuite Céphale, qui fut insensible à toutes ses séductions.

Les modernes, ayant aperçu un point blanc sur l'horizon à l'endroit du ciel où le soleil doit paraître, ont poétisé

... ce feu pâle et doux qui précède l'aurore

sous le nom d'*aube*. Depuis, l'*aube matinale* partage avec l'*Aurore au teint vermeil* l'encens des poëtes descriptifs.

AURORE, île des Nouvelles-Hébrides. *Voyez* HÉBRIDES (Nouvelles-).

AURORE BORÉALE. Pendant longtemps ce météore, n'ayant été observé que dans le voisinage du pôle nord, reçut le nom d'*aurore boréale*. Mais l'on sait aujourd'hui que des phénomènes analogues se produisent dans les régions antarctiques : il serait donc rationnel de dire *aurore polaire*.

« Si l'aurore boréale doit paraître, dit M. Pouillet, on commence, après la chute du jour, à distinguer une lueur confuse vers le nord; bientôt des jets de lumière s'élèvent au-dessus de l'horizon, larges, diffus, irréguliers; on remarque, en général, qu'ils tendent vers le zénith. Après ces apparences très-variées, qui sont comme le prélude du phénomène, on voit à de grandes distances deux vastes colonnes de feu, l'une à l'occident, l'autre à l'orient, qui montent lentement au-dessus de l'horizon, et parviennent à une grande hauteur; pendant qu'elles s'élèvent avec des vitesses inégales et variables, elles changent sans cesse de couleur et d'aspect; des traits de feu plus vifs ou plus sombres en sillonnent la longueur, ou les enveloppent tortueusement; leur éclat passe du jaune au vert foncé ou au pourpre étincelant. Enfin les sommets de ces deux colonnes éblouissantes s'inclinent, se penchent l'un vers l'autre, et se réunissent pour former un arc ou plutôt une voûte de feu d'une immense étendue. Quand l'arc est formé, il se soutient majestueusement dans le ciel pendant des heures entières. L'espace qu'il renferme est en général assez sombre, mais d'instant en instant il est traversé par des lueurs diffuses et diversement colorées. Au contraire, dans l'arc lui-même on voit incessamment des traits de feu d'un vif éclat qui s'élancent au dehors, sillonnent le ciel verticalement comme des fusées étincelantes, passent au delà du zénith, et vont se concentrer dans un petit espace à peu près circulaire, que l'on nomme la couronne de l'aurore boréale. Dès que la colonne est formée, le phénomène est complet, l'aurore a déployé dans le ciel tous les plis de sa robe de feu, on peut la contempler dans toute sa majesté. Après quelques heures, ou d'autres fois après quelques instants, la lumière s'affaiblit peu à peu, les fusées ou les jets deviennent moins vifs et moins fréquents, la couronne s'efface, l'arc devient languissant, et enfin l'on n'aperçoit plus que des lueurs incertaines qui se déplacent lentement et qui s'éteignent. Telle est, au rapport des voyageurs, l'apparence de l'aurore boréale quand elle se montre dans sa plus grande magnificence; mais, soit que l'état du ciel ou les circonstances atmosphériques ne soient pas toujours favorables, soit que les conditions elles-mêmes qui déterminent le phénomène ne soient pas toujours satisfaites en même temps, il arrive très-rarement que l'on puisse observer une aurore boréale complète, même dans les régions septentrionales. »

L'aurore boréale se passe dans l'atmosphère, puisqu'elle est emportée avec elle dans le mouvement de rotation du globe. Différentes explications ont été proposées relativement à la formation de ce météore; celles de Franklin, de Maïran, d'Euler, ont été abandonnées. Aujourd'hui on pense qu'il y a une liaison intime entre les causes de l'aurore boréale et celles du magnétisme terrestre. En effet, outre la correspondance remarquable entre l'apparition de l'aurore boréale et les mouvements irréguliers de l'aiguille, et qui sont d'autant plus sensibles que l'aurore boréale paraît plus active et plus répandue, on a reconnu : 1° que les arcs concentriques reposent sur des points également éloignés du méridien magnétique; 2° que le point le plus élevé de chaque arc se trouve dans ce méridien; 3° que le point où les rayons lumineux partis de l'horizon se réunissent est précisément celui vers lequel se dirige l'aiguille aimantée, suspendue par son centre de gravité. Il n'est pas nécessaire que l'aurore boréale soit visible dans un lieu pour que la boussole y soit agitée. M. Arago à Paris, M. Kupfer à Kazan, ont observé une agitation pareille le 13 novembre 1825. A la même époque, une aurore boréale était visible dans le nord de l'Écosse, tandis qu'on ne l'apercevait ni de Paris ni de Kazan. De plus, on sait que dès qu'un courant électrique quelconque est interrompu, il y a production d'une série d'étincelles; il y a dégagement de lumière entre les deux extrémités du conducteur. Telle est donc sans doute la cause première des aurores boréales, dont l'apparition est toujours liée à des variations extraordinaires de l'aiguille aimantée : preuve manifeste de l'interruption du courant. Nous ne voyons point directement la lumière même si elle arrive à l'œil de chaque spectateur sous un angle déterminé, après avoir subi une ou plusieurs réfractions entre des couches de densités différentes, à la manière de celle qui produit les illusions du mirage sur des sables brûlants; et c'est ce qui donne au phénomène, comme à celui de l'arc-en-ciel, la constance de toutes ses phases diverses.

M. Biot, dans son voyage aux îles Shetland, a observé une grande aurore boréale; il n'a reconnu aucune trace de polarisation dans la lumière qui en émanait : d'où il a conclu que la lumière était produite au point d'où partaient les jets lumineux.

AURUNCES, *Aurunci*, peuples de l'ancienne Italie, dans la Campanie, sur les bords de la mer, entre les Volsques et les Campaniens, dont la capitale était *Suessa Aurunca*, aujourd'hui *Sezza*, ville épiscopale située sur une éminence près des marais Pontins, à 35 kilomètres ouest-sud-ouest de Frosinone, et qui a 6,000 habitants. Ce peuple avait probablement la même origine que les *Ausones*.

AUSCULTATION (du latin *ausculto*, j'écoute). Ce mot désigne, dans le langage médical, une méthode d'investigation qui est basée sur la connaissance des bruits que l'organisme en fonction produit, soit dans l'état sain, soit dans l'état de maladie; elle comprend l'étude de tous les bruits qui peuvent être perçus à distance ou par l'oreille immédiatement appliquée sur la région du corps qui résonne, ou encore par l'intermédiaire d'instruments destinés à conduire le son : elle apprécie leur valeur, qu'ils soient naturels ou artificiellement produits. On doit à Laennec la connaissance de ce moyen puissant de diagnostic, et c'est lui qui en a développé les résultats les plus importants.

Les recherches d'auscultation peuvent se faire à l'aide de l'application immédiate de l'oreille sur l'organe que l'on explore, ou bien à l'aide d'un instrument que l'on interpose entre l'oreille et l'organe interrogé : de là la distinction d'*auscultation médiate* et d'*auscultation immédiate*. Laennec, qui avait fait toutes ses premières recherches à l'aide de l'auscultation médiate, n'était pas partisan de l'application immédiate de l'oreille sur les parois de la poitrine; mais l'expérience a prouvé depuis qu'il s'était exagéré les avantages de l'instrument qu'il avait inventé et nommé *stéthoscope*; le plus souvent les médecins pratiquent aujourd'hui l'auscultation seulement à l'aide de l'oreille, pour reconnaître par l'étude des bruits des poumons ou du cœur les diverses maladies dont ces organes peuvent être affectés. On fait aussi, mais rarement, l'application de l'auscultation au diagnostic des fractures, à l'étude des maladies du larynx, au diagnostic des calculs vésicaux, ou à celui de la grossesse. Quant à l'application de l'auscultation aux phénomènes de la circulation artérielle, elle est toute récente.

AUSONE. DECIUS, ou DECIMUS MAGNUS AUSONIUS, poète latin du quatrième siècle, naquit à *Burdigala* (Bordeaux), vers l'an 309, de *Julius Ausonius*, qui jouissait de la faveur de l'empereur Valentinien, et qui, après avoir été son médecin, était devenu préfet de l'Illyrie. Il fit ses études sous la direction de maîtres distingués des écoles de Bordeaux et de Toulouse, suivit quelque temps le barreau avec assez d'éclat, et devint enfin titulaire de la chaire d'éloquence de Bordeaux. Valentinien, sur le bruit de son mérite, lui confia l'éducation de son fils Gratien, et le récompensa de ses soins en le nommant successivement comte de l'empire, questeur et préfet du prétoire. Quelques années plus tard (379), son élève reconnaissant, étant monté sur le trône, lui conféra la dignité de consul dans les Gaules. L'époque de sa mort n'est point certaine; quelques critiques la fixent à l'année 394.

On n'est pas d'accord non plus sur le mérite d'Ausone comme poète : les uns l'ont loué et les autres l'ont blâmé avec la même persistance. On ne peut nier qu'il n'eût beaucoup d'esprit et des connaissances variées; mais, d'un autre côté, sa versification manque de facilité, son style est dur, et sa latinité même est moins pure que celle de Claudien, qui vécut peu de temps après lui. Il n'a écrit qu'un seul ouvrage en prose, le *Panégyrique de Gratien*. Quelques personnes, s'appuyant sur une fausse interprétation de sa seizième épître, croient qu'il avait, en outre, composé une *histoire* qui commençait à la fondation de Rome et se terminait à son consulat, une chronique de *Cornelius Nepos* et une traduction des *Fables d'Ésope*; en tous cas, ces ouvrages en prose auraient été perdus. On distingue parmi ses poésies son poème de *la Moselle*, où les naturalistes ont remarqué une description des poissons qui habitent ce fleuve, aussi exacte, dit-on, que l'homme le plus instruit pourrait la faire aujourd'hui; *le Crucifiement de l'Amour*, description agréable et piquante d'un tableau qu'on voyait à Trèves; les *Parentales*, petites pièces touchantes et pleines de sensibilité, espèces de tableaux d'intérieur consacrés à la louange de sa propre famille; enfin, des églogues, des idylles et quelques *épigrammes*, entre autres celle-ci sur Didon :

Infelix Dido, nullo bene nupta marito !
Hoc moriente fugis, hoc fugiente peris,

dont Voltaire nous a laissé une agréable traduction.

La pièce intitulée *Cento nuptialis* est un véritable tour de force. Elle ne se compose que de vers de Virgile, pris dans un sens obscène qu'ils n'ont pas dans l'original.

La première édition d'Ausone, et la plus rare, est celle qui a été faite à Venise en 1742 (in-fol.). L'abbé Jaubert a publié en français une traduction estimée des poésies d'Ausone.

AUSONES, ancien peuple de la péninsule italique, qui occupait la plus grande partie de la Campanie entre le Vulturne et le Silarus, excepté les territoires de Cumes et de Naples. Les Grecs avaient étendu le nom d'*Ausonie* à toute l'Italie; il est fréquemment employé par les poëtes dans ce sens.

Les Ausones paraissent être une branche de la grande nation opique ou osque. Niebuhr prétend que le mot *Ausones* est la forme grecque du mot *Aurunî*, nom de ce peuple dans sa langue; d'où on a formé l'adjectif *Aurunici*, et par abréviation *Aurunci*. Les Ausones et les Aurunci sont donc, seulement lui, le même peuple. *Suessa Aurunca*, près du Liris, se trouvait au centre du pays qu'ils habitaient. *Cales* (Tite-Live, VIII, 16), *Ausona*, *Minturnes* et *Vescia* (IX, 25) étaient leurs principales cités. Tite-Live (VIII, 15, 16) semble dire que les Aurunci de Suessa et les Ausones de Calès étaient deux peuples différents; les premiers ennemis, les seconds alliés des Sidiciniens. On est en droit, pour faire tomber cette contradiction, de penser que les Ausones de Calès et les Aurunci de Suessa, seul et même peuple, étaient partagés à cette époque de sentiments ou d'intérêts, et qu'une partie de la nation était hostile aux Romains tandis que l'autre était leur alliée.

AUSONIE. *Voyez* AUSONES.

AUSPICES. *Voyez* AUGURES.

AUSTER, vent du midi chez les Latins; c'est le *Notos* des Grecs. Les premiers, selon quelques étymologistes, auraient tiré *auster* de *haurire*, puiser de l'eau. Ce nom pourrait bien venir aussi de l'alliance hybride du grec αὔω, souffler, enflammer, et du latin *terra*. Quant à *notos*, son étymologie est certaine, νοτίς signifiant dans l'idiome des Hellènes *humidité*. Ce vent prend sa moiteur des mers du Sud, qu'il traverse. Le père de la médecine le qualifie ainsi dans un de ses aphorismes : « Le vent du midi (*notos*) émousse l'ouïe, apporte la pesanteur de tête, l'indolence, la lenteur, l'affaissement du corps. » La tour des Vents à Athènes le représente imberbe, avec un front juvénile : comme le Verseau du zodiaque, il tient à sa main une urne inclinée, d'où des ondes s'épanchent. Les mythes disent ce vent fils du Titan Astrée et d'Héribée, la mère des astres.   DENNE-BARON.

AUSTERLITZ, en morave *Slawkow*, ville des États autrichiens, à 17 kilom. sud-est de Brünn, sur la Littawa, avec une population de près de 3,000 habitants, dont 500 juifs, une fabrication active de lainages et d'amidon, et le château des princes de Kaunitz-Rittberg, l'un des plus beaux de la contrée, possédant des jardins magnifiques et une précieuse collection de tableaux. A 5 kilomètres ouest de cette ville on va visiter le champ de bataille devenu célèbre par l'éclatante victoire que, le 2 décembre 1805, l'empereur Napoléon y remporta sur les armées réunies de l'Autriche et de la Russie, commandées par les empereurs François et Alexandre en personne ; c'est de cette circonstance que la bataille d'Austerlitz reçut des soldats le nom de *journée des trois empereurs*.

La journée d'Austerlitz est le complément de cette étonnante campagne de quinze jours (vendémiaire an XIV) qui eut pour début la capitulation d'Ulm et pour résultat l'occupation de Vienne par les Français. La bataille fut livrée le 11 frimaire an XIII (2 décembre 1805), jour anniversaire du couronnement ; circonstance qui explique en partie les prodiges de valeur qu'enfanta l'enthousiasme de l'armée. Il faut avouer aussi que rien n'avait été négligé pour le porter au comble. On songea même à perpétuer cet enivrement ; car du camp d'Austerlitz furent rendus plusieurs décrets que l'on pourrait citer comme des types de la magnificence de Napoléon, notamment l'institution qu'il prescrivit d'une solennité religieuse en commémoration de sa victoire, dont il envoyait les trophées à l'archevêque de Paris pour être déposés à l'église métropolitaine.

Depuis la prise de Vienne, Napoléon, établi à Schœnbrunn, après avoir obtenu la neutralité de la Hongrie et entamé des négociations avec la Prusse, marcha vers Brünn. Il envoya Savary au quartier général russe pour offrir la paix ; mais les conditions de la Russie furent inacceptables. Les Russes étaient sûrs de la victoire.

Le général Koutousof se croyait prédestiné à triompher du plus grand capitaine des temps modernes, et il en justifiait toutes les prévisions par ses fausses manœuvres. « Refusons notre droite, disait Napoléon ; ce mouvement engagera les Russes à quitter les positions qu'ils occupent ; fussent-ils trois cent mille, ils sont pris en défaut et perdus sans ressource ; » et le 1er décembre Koutousof comblait les espérances de son ennemi en abandonnant ses hauteurs pour tourner le flanc droit de l'armée française. « Voyez, dit alors Napoléon à Berthier, avant demain au soir cette armée est à moi ; » et le lendemain la prédiction était accomplie.

Mais la veillée d'Austerlitz a sa célébrité, et il n'est pas permis à l'histoire de la passer sous silence. Napoléon avait ranimé l'exaltation de ses troupes par ces paroles entraînantes : « Soldats, l'armée russe se présente devant vous pour venger l'armée autrichienne : ce sont les mêmes bataillons que vous avez battus à Hollabrun, et que vous avez constamment poursuivis. La victoire ne saurait hésiter dans une journée où il y va de l'honneur de l'infanterie française. Que chacun se pénètre de cette pensée, qu'il faut vaincre ces stipendiés de l'Angleterre, qui sont animés d'une si grande haine contre notre nation ! Cette victoire finira notre campagne, et la paix que je ferai sera digne de mon peuple, de vous et de moi. »

Cette proclamation, que j'abrège, circulait encore dans les bivouacs, quand Napoléon s'y présente. L'armée se rappelle à l'instant que le lendemain est l'anniversaire de son couronnement, et par un mouvement électrique, cinquante mille bouchons de paille, attachés aux baïonnettes des fusils, lui offrent le spectacle d'une brillante illumination. « Sire, lui dit un grenadier, tu n'auras à combattre que des yeux, nous t'amènerons demain les drapeaux et l'artillerie des Russes. » La nuit entière se ressentit de cette fête improvisée, et Napoléon entra dans sa baraque avec la certitude de la victoire.

Le 2 décembre parut enfin sur l'horizon le soleil d'Austerlitz, expression devenue classique dans nos fastes militaires. Koutousof avait divisé son armée en cinq colonnes. La première, commandée par Doctorof, prit à son extrême gauche les positions d'Hostériadek ; la seconde, celles de Pratzen, sous les ordres de Langeron, et toutes les deux obéissaient au commandement supérieur de Buxhowden. A la droite du même village vint se placer Przyhyzewsky avec la troisième, dont Koutousof se réserva la direction suprême. Les Autrichiens formaient les deux autres avec la division russe d'Ouwarof, et marchaient en seconde ligne sous la conduite du prince de Lichtenstein ; la quatrième occupa la route d'Austerlitz à Brünn, et la cinquième les derrières de Pratzen. La garde impériale russe couvrit Austerlitz de ses masses, que le tsar regardait comme invincibles ; Bagration formait l'extrême droite avec leur avant-garde, en avant des villages d'Holubitz et de Blazovitz ; et Kienmayer, arrivé dans la nuit avec sa cavalerie dans le vallon d'Augerd, avait flanqué l'extrême gauche des alliés et débordé la droite de notre armée.

Cent mille combattants se présentaient ainsi devant soixante-dix mille Français ; mais Napoléon les commandait, et chacun de ses lieutenants avait amassé déjà plus de gloire et de science que le tsar et tous ses généraux n'en avaient à compromettre. Napoléon parcourait dès le matin les rangs de son armée, et l'électrisait encore par ses discours. « Souvenez-vous, disait-il, que cette bataille doit être un combat de géants. Il faut finir par un coup de tonnerre, qui confonde l'orgueil de nos ennemis et apprenne au monde que nous n'avons pas de rivaux. » « N'oubliez pas, ajoutait-il en passant devant le 57e régiment, que depuis bien des années je vous ai surnommé *le Terrible*. » Ses regards pendant ce temps observaient les mouvement de l'ennemi ; et il s'aperçut, avec une grande joie, que les Russes, trop fiers pour se laisser attaquer, abandonnaient encore les fortes positions de Pratzen pour s'aventurer dans la plaine. La prise de ces hauteurs lui parut alors une opération décisive, et, se tournant vers le maréchal Soult, il lui demanda combien de temps il lui faudrait pour les couronner. — « Moins de vingt minutes, sire, » répondit le maréchal ; — et Napoléon, qui connaissait son lieutenant et la justesse de son coup d'œil, différa cette attaque d'un quart d'heure, pour donner à ses ennemis le temps de bien marquer leurs mouvements et de dévoiler leurs projets.

Puis Soult partit comme l'éclair du ravin de Kobelnitz, gravit les hauteurs de Pratzen, culbuta l'ennemi ; et bientôt le corps de Kolowrath, où se trouvait Alexandre, fut enfoncé, mis en déroute et obligé de s'enfuir en abandonnant toute son artillerie. A la gauche l'ennemi était également pris en flanc, et les réserves se voyaient assaillies les premières. Voici à quelle manœuvre était dû ce premier succès :

Rangés sur une chaîne de collines à huit kilomètres en avant de Brünn, depuis Bobenitz jusqu'à Telnitz, nos bataillons, forts, comme nous l'avons dit, de soixante-dix mille combattants, avaient le désavantage d'être obliquement, à une très-faible distance, de l'armée ennemie qui venait se déployer sur une ligne parallèle. Dans la soirée du 1er décembre, Napoléon jugeant l'ennemi assez engagé dans ce mouvement demi-circulaire, avait commandé au maréchal Soult l'attaque dont nous venons de parler, afin d'arrêter et de couper la gauche des Russes. Dans le même but, il lança le maréchal Davoust avec deux divisions, l'une d'infanterie, l'autre de dragons. En ce moment, la droite était commandée par le maréchal Soult, la gauche par le maréchal Lannes, et le centre par le maréchal Bernadotte. Toute la cavalerie, échelonnée en arrière de la ligne de bataille, obéissait au prince Murat. Les divisions de cuirassiers des généraux Nansouty et d'Hautpoul se tenaient en réserve avec vingt-quatre pièces d'artillerie légère. Enfin, l'empereur pouvait compter sur une réserve non moins imposante, celle des dix bataillons de grenadiers réunis du général Oudinot et de dix bataillons de la garde, qu'il conservait pour ainsi dire sous sa main, avec tout son état-major, avec le maréchal Berthier, avec l'intrépide Junot, pour frapper un grand coup décisif et brusquer la victoire si ce nouveau concours devenait nécessaire.

Cependant, la division Friant, attaquant les hauteurs et le village de Telnitz, à la faveur d'un épais brouillard qui cachait ses mouvements, en avait chassé les Autrichiens et les Russes, et n'avait été arrêtée dans sa marche que par les hussards de Nostitz; mais la dispersion du brouillard qui avait protégé son attaque fit connaître à l'ennemi la faiblesse de ce corps français; et il déploya ses colonnes pour l'attaquer. Friant fut assez prudent pour ne pas s'engager contre ces masses; il évacua le village de Telnitz, et rallia dans sa retraite vers le centre de l'armée les troupes de la division Legrand, qui, après avoir repris le défilé, l'abandonnaient une seconde fois aux Russes. Les colonnes descendaient pendant ce temps des hauteurs du château de Sokolnitz pour se porter sur le village de ce nom. La division Friant l'avait déjà dépassé; Legrand n'y avait laissé que deux bataillons pour soutenir sa retraite, sous la protection d'une batterie qui foudroyait les flancs des colonnes russes, et ces deux bataillons ne se replièrent qu'après une longue et meurtrière résistance.

Le défilé de Telnitz se trouva ainsi au pouvoir des colonnes moscovites; mais cette manœuvre était désormais inutile. Les divisions Friant et Legrand avaient rallié la grande armée; elles s'étaient établies en bon ordre sur la lisière du bois de Turas, et les Russes, maîtres du terrain auquel ils avaient attaché une si grande importance, n'avaient plus devant eux que de faibles partis de cavalerie qui se raillaient de leur désappointement. Koutousof conservait cependant encore ses illusions. L'empereur Alexandre l'avait rejoint pour jouir de la défaite de l'armée française, et la quatrième colonne russe se disposait à descendre des hauteurs de Pratzen pour consommer sa victoire, quand de fortes masses d'infanterie parurent sur le flanc droit. Koutousof s'arrêta stupéfait. Son offensive était terminée; il sentit trop tard qu'il était coupé lui-même par l'effet de ses manœuvres, et réduit à se défendre contre un ennemi dont il commençait à reconnaître la supériorité.

Que s'était-il donc passé? Pendant que le maréchal Soult marchait avec ses trois divisions sur les hauteurs de Pratzen et disait au 10ᵉ d'infanterie légère : « Rappelez-vous, mes braves, que vous avez battu les Russes en Suisse! » l'avant-garde ennemie avait débordé l'extrémité de notre droite; mais Davoust était là. Tout aussitôt on avait vu s'ébranler Murat avec sa cavalerie, tandis que Soult opérait avec les divisions Vandamme et Saint-Hilaire. Leur feu ne commença qu'à cent pas de l'ennemi, et sema le carnage et la terreur dans ses rangs ébranlés. Alexandre, qui faisait ses premières armes, combattit vainement en soldat pour soutenir l'élan de ses troupes. Il ne retira de ce trait de courage que l'honneur de voir plier le 36ᵉ de ligne, sur lequel s'étaient jetées deux brigades autrichiennes; mais ce triomphe fut de courte durée. Bernadotte, qui flanquait avec son corps d'armée la gauche du maréchal Soult, combattait de son côté près du village de Blazowitz contre la garde russe, dont Koutousof et le tsar avaient cru devoir ne faire qu'une réserve. La cavalerie de cette garde, en se rapprochant de Koutousof, rencontra sur sa route le 4ᵉ de ligne, qu'elle sabra et qui perdit son aigle dans cette charge; mais ce léger échec n'arrêta point l'attaque de Soult. Koutousof avait évacué les hauteurs de Pratzen, il s'efforça vainement de les reprendre par une charge à la baïonnette. Trois généraux russes furent blessés à la tête de leurs colonnes, qu'aucun effort, aucun reproche ne put ramener au combat. Soult resta maître de Pratzen et de ses hauteurs, fit poursuivre le général Kolowrath par ses avant-gardes, lui enleva une grande partie de ses canons, et cette portion de l'armée russe eût été dès lors anéantie si le prince de Lichtenstein n'était venu, à la tête de ses troupes, la rallier dans le vallon de Krenovitz, au delà de Pratzen.

Bernadotte avait secondé ce mouvement décisif avec autant d'adresse que de courage; son rôle était d'éloigner autant que possible Constantin et Lichtenstein des colonnes que le maréchal Soult était chargé d'écraser. Il céda même, pour mieux tromper l'ennemi, une partie du terrain qui séparait les villages de Blazowitz et de Pratzen, soutint avec vigueur plusieurs charges de cavalerie, et s'acharna sur le premier de ces villages, comme sur le point de sa ligne le plus éloigné des hauteurs dont il devait écarter la garde impériale russe. Constantin fit de vains efforts pour le lui reprendre, au moment où Lichtenstein courait au secours de Koutousof. Les tirailleurs de la division Drouet se replièrent devant les masses du grand-duc; mais bientôt, foudroyées par l'artillerie de Bernadotte, elles furent culbutées par cette division. La cavalerie de Constantin revenait alors des environs de Pratzen, où elle n'avait pu empêcher la défaite de Koutousof. Le grand-duc l'appela au secours de son infanterie, et cette cavalerie d'élite tomba comme la foudre sur les régiments de Drouet. Leurs carrés, formés à la hâte, ne furent pas entamés par cette charge; mais cette nuée de cavaliers passa, repassa au galop dans leurs intervalles, sous les feux croisés de leur mousqueterie; et elle y jeta quelque désordre.

Napoléon était à portée de ce combat terrible, que l'inégalité du terrain lui dérobait, et dont le bruit lui causa quelque inquiétude. Il ordonna au général Rapp, son aide de camp, de partir avec ses mamelucks et trois escadrons de sa garde. A l'aspect de cette mêlée, qui lui fait craindre un désastre, l'intrépide Rapp s'écrie : « En avant! on égorge vos frères, vengeons-les; en avant! » Il s'élance avec Morland et Dallemagne, enlève l'artillerie qui soutenait la cavalerie russe, et la culbute elle-même à travers les carrés de la division Drouet; mais cette cavalerie se rallie, se reforme et revient à la charge. Rapp, qu'un nouvel escadron de grenadiers à cheval vient de rejoindre, soutient ce second assaut avec la même valeur. On se mêle, on combat corps à corps : Morland est tué, Rapp est blessé. N'importe! il continue à combattre et à vaincre, blesse et prend le prince Repnin à la tête de ses cavaliers, et les rejette en désordre sur les divisions Drouet et Rivaud, qui les criblent de balles. Bernadotte pousse son corps d'armée en avant, franchit les hauteurs et le vallon de Blazowitz, s'empare du village de Krenovitz, et la garde russe fuit pêle-mêle vers Austerlitz, entraînant avec elle le corps de Lichtenstein et les débris de celui de Kollowrath (1).

Le maréchal Lannes, formant la gauche de l'armée française, avait lutté toute la journée contre le prince Bagration, sur la chaussée de Brünn à Olmutz. Ce prince russe avait ordre d'occuper le Santon, mamelon isolé, qui devait son nom à un monument funéraire élevé par les musulmans lorsqu'ils étaient maîtres de la Moravie. Mais les dispositions de Napoléon avaient prévenu les siennes, et le Santon, défendu par dix-huit pièces de canon, était occupé par le général Ciaparède et le 18ᵉ d'infanterie légère. Des charges de cavalerie avaient commencé sur ce point la lutte des deux partis : un régiment de hulans, maladroitement engagé par le général Essen et attiré par Kellermann dans les intervalles de deux divisions françaises dont il voulait arrêter la marche, avait péri presque tout entier. Mais c'est autour du mamelon que furent portés les coups les plus terribles. Coupé du grand-duc Constantin par les divisions Suchet et Caffarelli, que Lannes avait poussées en avant jusqu'aux villages de Kruk et d'Holubitz, Bagration rallia son corps d'armée pour attaquer le Santon, dans le double but de conquérir cette position importante et de rétablir ses communications avec le grand-duc. Mais la vivacité de son attaque fut bientôt ralentie par l'artillerie du formidable mame-

(1) C'est ce moment de l'action que Gérard a choisi dans sa grande composition historique dont nous avons offert la magnifique gravure à nos premiers souscripteurs.

16.

lon, et son infanterie, mitraillée et mise en déroute par celle du maréchal Lannes, eût insensiblement péri dans sa prompte retraite sous les coups de la cavalerie de Murat, si le général Ouvarof ne fût arrivé avec trente escadrons pour en arrêter l'impétuosité. La vigoureuse contenance d'Ouvarof permit à Bagration de conserver quelque temps les positions de Posorvitz; mais la défaite de Constantin et de la garde russe lui faisant craindre d'être cerné par Lannes et Bernadotte, il se replia enfin sur Austerlitz, laissant au pouvoir de Murat les deux tiers des équipages de l'armée, et annonça ce nouveau désastre à l'empereur Alexandre.

Ce n'était pas le dernier que le tsar eût à apprendre. Buxhowden restait avec ses trente mille hommes dans les environs de Telnitz et de Sokolnitz, n'osant rien changer aux dispositions de Koutousof, croyant toujours au génie de ce général, et tiraillant contre cinq ou six mille Français que lui opposaient la division Friant et une des brigades du général Legrand. Friant lui disputa même avec une étonnante audace le village de Sokolnitz, qui fut pris et repris trois ou quatre fois dans la journée, et qui finit par rester aux Français, malgré les forces quadruples qu'ils avaient à combattre. Napoléon avait annoncé un combat de géants, et les soldats justifiaient sa prédiction.

La brigade Thiébault, avant-garde de la division Saint-Hilaire, avait abordé la première une colonne russe retranchée au château de Sokolnitz, et, malgré les blessures de son général, ayant enlevé cette position de vive force, elle avait chassé du village cette colonne ainsi séparée de Buxhowden, qui ne commandait plus qu'à des débris confus, mitraillés par les feux croisés de l'artillerie des deux divisions françaises. Cette masse, balayée du défilé de Telnitz, chercha une issue sur ses derrières du corps de Bernadotte par la vallée de Kobelnitz, où elle rencontra une multitude de fuyards que l'attaque de Friant avait rejetés sur la gauche. Leur terreur était à son comble. Ils se précipitèrent sur le lac de Sokolnitz, que le froid de décembre avait glacé. Mais un petit nombre seulement eut le bonheur d'atteindre la rive opposée. La glace rompit sous le poids de cette masse, et 6,000 Russes trouvèrent la mort dans les eaux. Le général Przybyzewski aima mieux se rendre avec 6,000 autres que de partager la destinée de ses compagnons d'infortune, et livra toute son artillerie à la division Saint-Hilaire. Son collègue Buxhowden, resté sur la droite de Sokolnitz avec les débris des corps de Langeron, de Doctorof et de Kienmayer, prit une direction opposée, et chercha à gagner les hauteurs d'Augerd sous la protection de sa cavalerie et d'un régiment qui défendait encore le village de Telnitz. Mais Napoléon, qui n'avait plus d'autre ennemi à réduire, avait lancé sur Augerd la division Vandamme, la brigade Levasseur et vingt bataillons de réserve, formés de sa garde à pied et des grenadiers d'Oudinot. Il y marcha lui-même avec l'artillerie légère de sa garde. Vandamme attaqua le corps de Langeron au moment où il défilait dans Augerd, s'empara de ce village, prit ce général avec quatre mille de ses soldats et son artillerie. Buxhowden, qui marchait avec lui, ne put se sauver qu'avec deux bataillons qu'il ramena à Austerlitz par un long détour. Quatre autres, qui s'échappaient par le lac glacé d'Augerd avec cinquante-neuf canons et autant de caissons, y furent engloutis avec ce matériel immense et tous les fuyards qui en faisaient partie.

Il ne restait plus que Doctorof et Kienmayer à détruire. Ces deux corps devaient une retraite par l'étroite chaussée qui sépare les lacs d'Augerd et de Monitz, et Kienmayer s'échappait porté avec un régiment de hussards sur les hauteurs de Satschau pour défendre la tête de ce défilé. Heureusement pour lui, Vandamme ne prit point cette direction, et ne songea qu'à attaquer la queue de cette colonne. Il enleva le village de Telnitz, et refoula la cavalerie ennemie sur le défilé pendant que Napoléon la foudroyait sur les flancs des feux de son artillerie. Cette cohue de cavaliers autrichiens porta le désordre dans l'infanterie russe, qu'elle refoulait à son tour sur la digue. Un grand nombre de fantassins périrent encore dans les deux lacs que traversait la chaussée. Mais une batterie habilement placée par Doctorof, ripostant à celle de Napoléon, permit à la cavalerie autrichienne de se reconnaître. Elle se dévoua pour assurer la retraite des 8,000 Russes qui restaient à ce général, et qui, gagnant Boscowitz à la faveur de la nuit, rejoignirent enfin à Austerlitz les débris de l'armée d'Alexandre.

Telle fut cette journée mémorable, dans laquelle les alliés perdirent 40,000 hommes, 120 pièces de canon, 45 drapeaux et une innombrable quantité de bagages. Toutes leurs troupes y furent engagées, tandis que 20,000 Français ne brûlèrent pas une amorce. Ce ne fut qu'avec 50,000 combattants que Napoléon remporta cette victoire. « Je suis content de vous, » dit-il à ses soldats dans une proclamation aussi célèbre que la journée, et qui finissait par ces mots, que répètent encore avec enthousiasme les Français tout à la gloire d'y assister : *Il vous suffira de dire : J'étais à la bataille d'Austerlitz, pour qu'on vous réponde : Voilà un brave!* Cette victoire, signalée par une foule de traits héroïques, qu'il serait trop long de rappeler ici, ne fut achetée que par le sang de 2,000 morts et de 5,000 blessés. Valhubert fut le seul général français qui y perdit la vie. Alexandre et François II étaient atterrés de leur défaite. Le prince de Lichtenstein vint demander une entrevue à Napoléon au nom de son souverain. Le vainqueur l'accorda, et l'entrevue eut lieu en plein air, près d'un feu de bivouac, à trois lieues en avant d'Austerlitz. L'héritier de Charles-Quint implora la clémence d'un soldat parvenu, pour lui et pour son allié, que l'armée française avait déjà cerné dans son quartier général de Holitsch. « Je consens à le laisser passer, répondit le vainqueur, mais il faut qu'il évacue l'Allemagne et les Polognes autrichienne et prussienne. » François II le promit au nom d'Alexandre, et l'aide de camp général Savary retourna vers le tsar pour s'assurer de ses intentions. « Cet homme me fait faire une faute, observa Napoléon après avoir quitté l'empereur d'Autriche. J'aurais pu prendre le reste des deux armées; mais enfin quelques larmes de moins seront versées. » Il ajouta quelque temps après en racontant cette entrevue : « Je fus vaincu par la douleur de mon ennemi, c'était le roi Priam. » Parole fatale, qui fut vérifiée plus tard par le mariage impolitique de la fille du roi Priam avec le nouvel Achille!

Savary accepta sa mission avec joie. Il ne retrouva que la honte et la consternation dans une cour et dans une armée qui trois jours auparavant l'avaient fatigué de leur jactance. Le tsar accepta toutes les conditions qui lui furent imposées; le maréchal Davonst, dont les divisions établies à Josephsdorf fermaient la retraite aux Russes, ouvrit ses rangs pour les laisser passer; et ceux qui s'étaient annoncés comme les libérateurs de l'Allemagne s'estimèrent heureux de se retirer par les journées d'étape que Napoléon avait réglées lui-même. Le traité de Presbourg fut le résultat de cette victoire. Après avoir annoncé à ses soldats cette paix qui devait durer dix mois, l'heureux conquérant revint dans sa capitale enivrée leur préparer des fêtes, des monuments et des triomphes, et jouir de la gloire immense qu'il venait d'ajouter à son nom.   VIENNET, de l'Académie Française.

AUSTRAL (*australis*), épithète par laquelle on désigne tout ce qui vient du sud ou du midi, tout ce qui appartient à cette partie du monde. On dit : *l'hémisphère austral*, *le pôle austral*, etc. — On a donné le nom de continent austral tantôt à la Nouvelle-Hollande, tantôt aux terres antarctiques, quelquefois désignées aussi sous le nom de *terres australes*. Les Anglais désignent aussi sous ce dernier nom l'ensemble de leurs possessions dans l'Australie.

AUSTRAL (Océan). *Voyez* SUD (Mer du).

AUSTRALIE, OCÉANIE ou POLYNÉSIE. La plus petite des cinq parties du monde, d'une superficie totale de

AUSTRALIE

88,000 myriamètres carrés, se compose d'une foule d'îles dispersées dans le Grand-Océan, et d'une terre ferme, le continent austral ou la Nouvelle-Hollande, située entre le Grand-Océan et la mer des Indes. Tandis que le continent situé au sud-est de l'archipel Indien, des deux côtés du tropique, appartient encore tout à fait à l'hémisphère oriental, les groupes du monde insulaire australien s'étendent surtout dans l'hémisphère oriental, du 30° de latitude septentrionale au 50° de latitude méridionale, et depuis le voisinage de l'Inde orientale jusqu'aux approches de l'Amérique du Sud. Les cartes géographiques n'indiquent pas moins de sept cents de ces îles; et cependant, si on en défalque la Nouvelle-Guinée et la Nouvelle-Zélande, elles ne présentent guère qu'une superficie totale de 2,750 myriamètres carrés. Que si même on en retranche encore les groupes plus compactes situés plus à l'ouest et plus rapprochés de la terre ferme, il ne restera guère du chiffre que nous venons d'indiquer que 1,100 myriamètres de superficie pour les six cents îles environ des archipels de l'Est.

On divise généralement aujourd'hui ce monde insulaire en trois parties, la *Micronésie*, la *Polynésie* et la *Mélanésie*.

La *Micronésie* comprend différents archipels résultant de la juxtaposition d'une multitude de petites îles, par exemple les archipels des Larrons ou des îles Mariannes, des îles Pelew, des Carolines, des groupes Radak et Ralik, désignés aussi tous deux sous le nom d'archipel de Lord-Mulgrave, et s'étend à l'est depuis les îles Philippines jusqu'au 163° de longitude occidentale, par conséquent sur une longueur de 50° au nord de l'équateur.

La *Mélanésie*, comprenant les îles habitées par la race noire des Papouas ou Nègres australiens, et située, en y comprenant la Nouvelle-Guinée et ses dépendances, partie au nord et partie au nord-est du continent, s'étend jusqu'au 173° de longitude occidentale, et comprend les groupes de la Nouvelle-Guinée, de la Nouvelle-Irlande, la Louisiade, les îles Salomon, les Nouvelles-Hébrides, le groupe Nitendi, les îles Banks, les îles Loyalty et la Nouvelle-Calédonie.

A l'est de la Mélanésie s'étendent avec des proportions immenses les groupes de la *Polynésie*. L'agglomération des petites îles la plus compacte est située entre le 8° et le 23° de latitude méridionale. On y trouve les îles Fidji ou Viti, l'archipel de Tonga ou des Amis, les îles Samoa ou des navigateurs, le groupe d'Ellis, le groupe du Phénix, les îles Tarawa ou Gilbert, les îles Cook, les îles de Taïti ou de la Société, l'archipel Paumotou (c'est-à-dire *nuage d'îles*) ou les îles Basses, l'archipel de Mendañas ou de Noukahiva (îles Marquises ou Washington), et l'île de Pâques, située tout à l'extrémité à l'est. Séparé par de vastes masses d'eau, le groupe des Hawaï ou îles Sandwich s'étend du 19° au 22° de latitude septentrionale, tandis qu'entre le 34° et le 47° de latitude méridionale, l'île Jumelle, la Nouvelle-Zélande, avec les îles Chatam et Auckland, forment jusqu'à un certain point un centre à part.

A ces trois parties du monde austral il convient d'en ajouter encore une quatrième, à savoir, le continent lui-même.

Tandis qu'à l'exception des îles Sandwich dans l'hémisphère septentrional, et de la Nouvelle-Zélande dans l'hémisphère méridional, tout le monde insulaire austral est situé en deçà du tropique, la plus grande moitié du continent (qui s'étend sur l'hémisphère méridional et, en y comprenant la terre de Van-Diémen, se prolonge du 10° au 45° de latitude méridionale, depuis le cap York jusqu'au cap du Sud, et du 132° au 174° de longitude orientale, depuis Steep-Point jusqu'au cap Byron), est située au delà du tropique. Son circuit de côtes, qui se développe sous la forme d'un ovale déprimé du côté qui regarde le sud, n'occupe que 1,435 myriamètres d'une superficie de 70,400 myriamètres carrés, offrant par conséquent à cet égard le rapport de 1 à 19. Les côtes du continent affectent des formes assez simples; placées entre les énormes masses d'eau du Grand-Océan et de la mer des Indes, elles ne présentent que des échancrures peu considérables. Ce sont : au nord, le détroit de Torrès, le golfe de Carpentaria et de Cambridge; à l'ouest les baies d'Haifisch, de Freycinet et des Géographes; au sud le golfe Austral, les baies de Spencer et de Vincent et le détroit de Bass, tandis qu'à l'est la mer de la Nouvelle-Zélande et la mer de Corail n'offrent que de petites anses. De cette configuration particulière des côtes du continent austral il résulte aussi que le nombre des presqu'îles y est très-petit ; car on ne saurait guère mentionner que celles de Carpentaria, de Péron et d'York. De même que les archipels les plus voisins offrent des développements moindres, ceux que forment les îles Melville et Dampier au nord-ouest, les îles Kangourou, King et Fourreaux ainsi que la terre de Van-Diémen au sud, ceux de Howe et de Norfolk à l'est, sont les seuls qu'on puisse citer. Ce développement moindre des parties continentales annonce la prédominance de la nature océanienne, de même que l'Afrique ouvre la série des parties du monde continental. Elle apparaît inculte et uniforme dans le domaine de l'hémisphère aquatique, comme l'opposé de l'Europe son antipode, et l'élément continental ainsi que l'élément océanien s'y réunissent pour favoriser la civilisation la plus perfectionnée.

La découverte de l'Australie et de son monde d'îles eut lieu tard et lentement (consultez Burney, *A History of the Discoveries in the South Sea* (5 vol. ; Londres, 1803-1807). En effet, grâce à la position isolée de ce continent au fond d'une mer lointaine et à la dissémination extrême de ses îles dans cette même mer, l'Australie resta longtemps cachée aux regards des Européens. Magellan, qui dans son grand voyage de circumnavigation toucha aux îles Mariannes, jeta le premier quelques lumières sur ces îles et leurs parages. Drake, Cavendish, Chidley, Hawkins, Dampier, lors de leurs courageuses expéditions autour du monde, abordèrent dans quelques groupes. Le voyage de circumnavigation d'Anson (1741-1744) imprima une nouvelle activité aux recherches et aux travaux de découvertes dans l'océan Pacifique. C'est ainsi qu'on voit Carteret et Wallis en 1767, Bougainville en 1766-1769, Dixon en 1785-1788, et beaucoup d'autres encore, suivre ses traces. Depuis Cook, dont les voyages, exécutés de 1770 à 1779 en compagnie de Banks et des deux Forster, font époque dans l'histoire de la géographie en général, et plus particulièrement de l'Australie, toutes les nations maritimes de l'Europe ont rivalisé pour compléter par de grandes expéditions la découverte de la cinquième partie de la terre et l'hydrographie de l'océan Pacifique. C'est ainsi que sous ce rapport les Français peuvent rappeler les glorieuses expéditions de Pagès (1788-1790), Marchand (1790-92), Entrecasteaux (1791-94), Péron (1800-04), Freycinet (1817-20), Duperrey (1822-25), Dumont d'Urville (1826-29 et 1837-40), etc. Parmi les nombreuses expéditions du même genre entreprises par les Anglais, on peut citer celles d'Hamilton (1790-92), Vancouver (1790-95), Bligh, Broughton (1795-98), Flinders (1802-03), Campbell (1806-12), Porter (1812-14), Weddell (1822-24), Dillon (1824-28), Webster (1828-1830), Delcher (1836-42), Beechey (1818 et 1825-28), Simson (1836-39), les bâtiments *l'Aventure* et *l'Aigle*, capit. Fitz-Roy (1826-30), etc. ; la Russie peut à bon droit rappeler aussi les voyages de Krusenstern (1803-6), de Kotzebue et Chamisso (1815-18 et 1823-26), de Lutke (1826-29). Il n'y a pas jusqu'à la Prusse dont les vaisseaux *le Mentor* et *la Princesse Louise* exécutèrent des voyages de circumnavigation qui ont fourni aux sciences de précieux renseignements. Une expédition du même genre, exécutée de 1845 à 1847 par Steen-Bille, donne à la marine danoise un rang distingué dans cet ensemble de recherches et d'efforts scientifiques. Il faut encore citer une expédition entreprise de 1838 à 1842 sous les ordres du capitaine Wilkes, de la marine des États-Unis d'Amérique, parmi celles qui ont eu les résultats les plus importants. On les trouvera consignés dans l'ouvrage intitulé : *Narrative of the United States exploring Expedition* (5 vol. avec atlas ; Londres, 1845).

Ce n'est qu'après que la puissance hollandaise se fut fondée et consolidée dans l'archipel de l'Inde orientale, qu'il fut possible de connaître exactement le continent austral. C'est de là, comme aussi par suite des erreurs de calcul commises dans leur navigation par les vaisseaux doublant l'extrémité sud de l'Afrique pour gagner les grandes Indes, ou encore y arrivant de l'ouest, que la Nouvelle-Hollande se trouva, au commencement du dix-septième siècle, attaquée de deux côtés à la fois, au nord et à l'ouest. Une fois que les Hollandais eurent découvert la Nouvelle-Guinée, il était naturel qu'ils avançassent toujours davantage vers le sud. En 1606 ils découvrirent la Nouvelle-Hollande par le navire *Duyfken*, parti d'Amboine. Immédiatement après, un hasard amena le navigateur espagnol Torrès dans les mêmes parages; mais ce ne fut qu'après la conquête de Manille par les Anglais, en 1762, que ses rapports furent publiés et qu'on honora sa mémoire en appelant de son nom le détroit de Torrès. Les Hollandais continuèrent leurs découvertes, en 1623, par l'envoi des navires *Pera* et *Arnheim*, qui donnèrent à l'étendue de côtes qu'ils découvrirent au nord le nom de *Carpentaria*, en l'honneur de C. Carpenter, alors gouverneur général des Indes hollandaises; puis, en 1636 par une nouvelle expédition qu'envoya le gouverneur général Van-Diémen, et qui donna aux terres qu'elle découvrit les noms de Terre de Van-Diémen et de Terre d'Arnheim. La découverte de la côte occidentale, qui eut lieu presque en même temps, fut l'effet du hasard et de la force des courants dans la mer des Indes qui en 1616 y conduisirent le navire *Eendracht*, en 1619 le navigateur Édel, et plus tard De Witt : de là les noms de Terres de De Witt, d'Eendracht et d'Édel, donnés à la côte occidentale. Les Hollandais découvrirent de la même manière la côte méridionale. En 1622 le vaisseau le *Leeuwin* en aperçut l'extrémité sud-ouest, en 1629 Peter Nuyts découvrit les côtes du golfe austral à l'ouest : aussi a-t-on donné à cette étendue de terres les noms de Terres de Leeuwin et de Nuyts. Dans les dernières années de l'administration du gouverneur général Van-Diémen, les Hollandais Abel Tasman continua dans plusieurs expéditions et avec le zèle le plus glorieux les découvertes de ses prédécesseurs. Il releva la plus grande partie de la côte occidentale, découvrit en 1642 l'île à laquelle il donna le nom de Terre de Van-Diémen, dissipa les illusions d'après lesquelles on regardait l'Australie comme l'extrémité septentrionale d'un grand continent polaire antarctique, et donna le nom de Nouvelle-Hollande à l'espace de terre situé entre la Terre de Van-Diémen et la Terre de De Witt. A la mort de Van-Diémen, arrivée en 1845, les découvertes des Hollandais dans ces parages cessèrent presque complètement; et jusqu'à l'arrivée de Cook en 1770 il y eut dans les explorations de l'Australie un temps d'arrêt qui ne fut interrompu que par le Hollandais Vlaming, en 1696, et par Dampier, célèbre navigateur français, en 1699. Cook arracha l'Australie, et en général tout l'hémisphère océanique, à l'obscurité où il était resté jusque alors. En 1770 il aborda la côte de Botany-Bay, et en même temps, par conséquent, l'est du continent, et lui donna le nom de Nouvelle-Galles du Sud. De la création de la colonie de Sidney, par le gouverneur Phillipp, en 1788, date pour l'Australie une nouvelle période d'explorations. Les recherches eurent d'abord plutôt pour objet l'intérieur des terres; mais bientôt on reprit le travail du relèvement des côtes. Les navigateurs Flinders, Grant et Bass se distinguèrent à la fin du dix-huitième et au commencement du dix-neuvième siècle par l'infatigable activité qu'ils déployèrent pour atteindre ce but; les noms de *Terre de Flinders*, *Terre de Grant* et *Détroit de Bass* éterniseront le souvenir des services rendus par eux à la géographie. En 1801 le navigateur français Baudin contribua aussi à mieux faire connaître ces contrées; mais l'homme qui sous ce rapport a le mieux mérité de la science est l'Anglais King. Cet habile navigateur, dans les diverses expéditions qu'il entreprit successivement de 1817 à 1822, opéra avec la plus grande exactitude le relèvement de presque toutes les côtes de l'Australie. Ce que ses explorations avaient encore laissé d'obscur ou d'incomplet fut élucidé et achevé de 1837 à 1843 par Stokes (*Discoveries in Australia*; Londres, 1846).

En même temps la connaissance de l'intérieur du continent, contrée déserte et où tout inspire l'effroi, était enrichie par les rapports de hardis aventuriers, et aussi par des expéditions scientifiques spécialement entreprises à cet effet. A bien dire, le premier voyage de découvertes tenté à l'intérieur est celui qu'entreprit le géomètre Oxley, qui partit de Bathurst en 1817 pour les marais du Lachlan et s'en revint par la vallée de Wellington; puis, en 1818, pour les marais du Maquarie, et à l'est pour Port-Maquarie. En 1823 Currie, parti de Camden, parvint au sud jusqu'aux dunes de Brisbane ; et en 1824 Hume et Hovell, partis de Morumbidjee, atteignirent Port-Phillippe, après avoir traversé de fertiles contrées. Dans l'intervalle de 1823 à 1829 Allan Cunningham entreprit des rives du Maquarie quatre voyages dans la direction du nord, où il atteignit le fleuve Brisbane. Dans la direction du nord-ouest, Sturt parvint deux fois, en 1828 et 1829, jusqu'au Darling, après avoir traversé les marais du Maquarie. Le même explorateur entreprit d'autres expéditions dans les années suivantes, en partant de la Nouvelle-Galles du Sud pour pénétrer dans l'intérieur. En 1836 et 1838 eurent lieu dans la même direction les expéditions de Leigh et de Mitchell. En 1837 et 1839 les recherches auxquelles se livra Grey firent mieux connaître l'ouest et le nord-ouest de l'Australie, tandis qu'en 1846 Gregory et Helpmans, partis de la colonie de l'Australie occidentale, et en 1840 et 1841 Eyre, parti d'Adélaïde, s'efforçaient les uns et les autres de pénétrer dans l'intérieur du continent. Consultez le livre qu'a publié ce dernier explorateur sous le titre de *Journals of expeditions of discovery in central Australia* (2 vol. ; Londres, 1845). En 1844 le même capitaine Sturt, dont nous avons déjà parlé, entreprit d'Adélaïde un nouveau voyage de découvertes, dont il a consigné les résultats dans *Narrative of an expedition into central Australia* (Londres, 1849). Kennedy, qui s'était proposé d'explorer la contrée située entre Rockingham-Bal et le cap d'York, mais qui périt assassiné en route, n'atteignit que partiellement son but. Consultez Carron, *Narrative of an expedition under the direction of Kennedy*, etc. (Sidney, 1849). Les essais tentés par Mitchell (*Journal of an expedition into the interior of tropical Australia* [Londres, 1848]) et par Leichardt, intrépide explorateur allemand, à l'effet d'atteindre le golfe de Carpentaria en partant de Sidney, eurent un plus heureux résultat. Ce dernier voyageur, dont on trouvera le récit dans le *Journal of an Overland expedition in Australia* (Londres, 1847), a entrepris en 1849 un nouveau voyage à l'intérieur; et il espérait parvenir jusqu'à la rivière des Cygnes, après avoir traversé tout le continent.

Les différents noms imposés aux diverses côtes du continent austral au fur et à mesure qu'on les découvrait, n'ont pas été généralement admis. Il conviendrait mieux dès lors d'admettre une division conforme à la nature et de partager l'Australie en Australie septentrionale, méridionale, orientale et occidentale, puisque c'est précisément celle qu'on a adoptée sous le rapport politique pour désigner les différentes colonies. L'Australie septentrionale comprend l'Australie interfropicale située au nord du tropique, et l'Australie méridionale les terres avoisinant le golfe Spencer et le golfe Vincent, d'où résulte la séparation du pays en parties orientale et occidentale. Une telle division a d'ailleurs pour base la configuration même du sol de tout le continent austral. Une succession non interrompue de montagnes et de plateaux de nature rocheuse forme comme une espèce de ceinture tout autour du pays. Leur élévation varie entre quelques centaines et quelques milliers de pieds. Sur quelques points ils se rapprochent de la côte, où ils forment vers la mer des crêtes nues, coupées à pic et profondément échancrées ; tandis que sur d'autres, au nord notamment, ils se trouvent à une distance des côtes de cinq à vingt milles géographiques. Comme toutes ces élévations du sol sont de simples ondulations et qu'on ne rencontre nulle part de soulèvements abrupts et à pic, il n'y a pas dans tout le continent austral de contrée qu'on puisse considérer comme participant réellement de la nature alpestre. Des recherches géologiques toutes récentes ont démontré que la Nouvelle-Hollande contient quatre régions montagneuses s'élevant en manière d'îles, de configuration identique, avec des plateaux, se développant faiblement les unes au-dessus des autres. Il est possible qu'à l'époque tertiaire elles se soient soulevées du fond de la mer comme quatre groupes d'îles, tandis que l'intérieur du continent, où domine une configuration profondément encaissée du sol, s'opposant à l'établissement de toute culture supérieure, est sujet en outre aux inondations de la mer. De la structure particulière du sol résulte une conformation imparfaite et malheureuse des cours d'eau, qui presque toujours n'ont ni tracé précis ni voies assez larges quand ils arrivent à une certaine distance de leurs sources, et dont le plus souvent les embouchures forment d'immenses golfes s'étendant dans les formations tertiaires qui se trouvent là, ou bien se perdent dans des lacs et des marais d'un accès très-difficile par mer. Ces quatre plateaux en forme d'îles se retrouvent également dans les autres parties du continent austral dont il a été question tout à l'heure.

On ne connaît que fort imparfaitement la côte de l'*Australie septentrionale*. La lisière nord-est de cette contrée offre un sol élevé, traversé par des chaînes de montagnes (le Dryander, entre autres, atteint une élévation de 1400 mètres), couvert de belles forêts, mieux arrosé que ne le sont généralement les côtes de l'Australie, mais d'un accès extrêmement difficile, à cause des énormes rochers qui ceignent toute la côte. Au nord on rencontre d'épaisses forêts et un sol généralement plat, stérile et pauvre eu cours d'eau. Le nord-ouest, enfin, où est située la colonie anglaise de *Northaustralia*, commence par des montagnes sablonneuses, nues, aux formes abruptes et bizarres, et constituant un plateau qui s'élève à 600 mètres au-dessus du niveau de la mer. De anses et des ports profonds y échancrent les côtes, en vue desquelles s'élèvent du fond de la mer de nombreuses îles et une foule d'écueils. Plus loin, à l'ouest, les côtes ne tardent pas à devenir plates, sablonneuses, désertes, pauvres en végétaux et inhabitables, caractère que partage presque toute la côte nord-ouest. Dans la partie méridionale de l'*Australie occidentale*, une série de montagnes de formation granitique se succèdent à quelque distance de la côte, qu'elles suivent parallèlement. On les appelle la chaîne de Darling. Interrompues par la rivière des Cygnes, elles se transforment à l'est en un plateau bas, très-boisé, qui se prolonge jusqu'à la côte méridionale, tantôt en terrasses rocheuses et escarpées, tantôt en plaines doucement inclinées. Cette côte paraît bientôt son caractère morne et désert quand on atteint l'*Australie méridionale*. Les rivages deviennent alors fort élevés, très-échancrés en ports. On y trouve des chaînes de montagnes dont certains pics (le *Lofty* et le *Brown*) atteignent une hauteur de 700 à 1,000 mètres, et où l'on a récemment découvert d'importants gisements de cuivre. Au sud-est, et jusqu'à l'embouchure du Murray, on rencontre un riche et fertile territoire. La partie méridionale de l'*Australie orientale*, la Nouvelle-Galles du Sud, est la région la plus connue, la plus habitée, et, à ce qu'il paraît, la plus heureusement constituée de tout le continent central.

Là s'élève, à partir du cap Wilson, situé au sud, un sol montagneux de médiocre largeur, mais de configuration extrêmement variable, se prolongeant au nord jusqu'aux environs de la baie d'Hervey, tantôt se rapprochant de la côte, tantôt s'en éloignant, en y formant quelques plaines fertiles, telles, par exemple, que celle de Cumberland et celle de la baie de Moreton. La partie sud, dont le sol riche en pâturages est éminemment favorable à l'élève des bestiaux, est formée par les hautes terres des montagnes Noires, dont les contre-forts forment des chaînes plus abruptes, plus élevées et suivant pour la plupart la direction du méridien : par exemple, à l'ouest le Monarou et le Warragong, qui atteint une hauteur de 3,000 à 3,300 mètres, le point vraisemblablement le plus élevé qu'il y ait dans toute l'Australie, et encore le mont Argyle. Le plateau morne et désert des montagnes Bleues en forme la prolongation méridionale jusqu'à la chaîne de Liverpool, qui court de l'est à l'ouest, et à laquelle se rattachent au nord les plaines de Liverpool, encaissées à l'ouest par les chaînes de Wallambangle, et au nord par la chaîne d'Hardwick. Ces chaînes de plateaux ont un axe de granit, çà et là avec d'immenses masses de basalte, de grunstein et autres pierres volcaniques, flanqué des deux côtés d'épaisses couches de formation paléozoïque, le plus souvent de grès, mais quelquefois aussi de pierre calcaire et de houille. Des fleuves peu importants, comme le Shoalhafen, l'Hawkesbury, l'Hastings, l'Hunter et le Brisbane, prennent leur source dans ce pays de montagnes, qui à l'est est très-escarpé et s'abaisse abruptement sans presque aucune transition, et souvent au milieu de vallées transversales de la nature la plus sauvage ; tandis que le versant occidental du pays de montagnes est plus avantageusement conformé, attendu qu'il constitue une succession de terrasses offrant de belles et fertiles plaines appartenant aux meilleures parties de tout le continent. Dans ce nombre nous devons surtout mentionner les plaines de Bathurst sur le Macquarie, et de Yass sur le Morumbidgee. Malheureusement elles sont fort peu étendues, et forment de petites zones transitoires pour aboutir à une grande et inhabitable vallée dont le sol va toujours s'aplanissant davantage à l'ouest et paraît se déprimer tout à coup en rebords escarpés pour former la côte déserte du sud. Composée d'une terre rougeâtre et sablonneuse, cette vallée est couverte de broussailles basses et, sur de vastes étendues, de plantes salines ; puis, au temps des pluies, elle change son caractère de désert pour se transformer en immenses et impraticables marécages. Des chaînes de montagnes peu élevées, mais sans liaison aucune entre elles, s'y montrent dans les directions les plus opposées. C'est au sud seulement que s'élève isolément un petit pays de montagnes avec de belles vallées bien arrosées. Ce sont les monts Grampian du sud. Ce bas pays contient un système de fleuves qui est bien le plus incomplet de tout ceux que l'on connaisse. Dans la partie septentrionale du pays de montagnes prend sa source le Darling, qui, de même que ses affluents le Karaule, le Kindour et le Macquarie, ne tarde pas à perdre dans d'immenses marais tout cours précis, et n'est plus désigné que par présomption comme l'un des affluents du Murray, le principal fleuve du sud. Celui-ci prend sa source dans les chaînes neigeuses du Warragong, reçoit à droite le Morumbidgee et le Lachlan réunis, forme également des marais, mais pas aussi considérables que ceux du Darling, et a son embouchure dans le lac peu profond d'Alexandrina, situé au milieu d'une riche contrée et communiquant avec la mer par un chenal étroit et inaccessible.

Les îles de l'Australie sont dispersées sans doute sur un incommensurable espace de l'océan Pacifique ; cependant elles possèdent systématiquement la même configuration que présentent les chaînes de soulèvement des continents. Les groupes principaux sont manifestement des groupes linéaires, affectant en général deux directions principales, celle du nord-est et celle du nord-ouest. A la première de ces directions appartiennent les îles Fidji, Tonga et Kermadec, la Nouvelle-Zélande, les îles des Larrons et les îles Pelew. Tous les autres archipels s'étendent dans la direction nord-ouest. La série de chaînes d'îles correspond aux chaînes de montagnes des continents voisins. Les Cordillières, sur la côte occidentale de l'Amérique du Nord, suivent la même direction que la chaîne de l'Archipel d'Hawaï. Les montagnes des côtes de la Nouvelle-Hollande s'étendent parallèlement aux Nouvelles-Hébrides et aux îles Salomon. Tous ces groupes d'îles semblent être les sommets de grandes chaînes de montagnes dont les parties inférieures sont couvertes d'eau. Les îles de l'Australie, en ce qui regarde leur structure, sont d'origine soit continentale, soit volcanique, ou bien de formation madréporique. Depuis Forster, l'usage s'est établi de désigner les premières par l'épithète de *hautes*, et les dernières par celle de *basses*, toutes deux dérivées de l'aspect sous lequel elles se présentent en mer aux yeux du navigateur. Toutes les îles de la Polynésie et de la Micronésie ainsi que la plus grande partie de la Mélanésie appartiennent à la formation volcanique (basaltique) ou madréporique. Le groupe nombreux des îles Paumotou, les Carolines et une foule d'îles disséminées dans l'Océan, sont des rochers de corail reposant sur des cratères sous-marins éteints. Ainsi s'explique le phénomène que présentent un grand nombre d'entre elles, qui, tout en offrant à l'extérieur une configuration arrondie, contiennent à l'intérieur, au lieu de soulèvements du sol, un lac communiquant avec la mer par quelque étroit chenal. Les grandes et hautes îles sont entourées de plusieurs rangées de petites îles de corail. Les îles volcaniques, dont la configuration est tantôt celle d'un simple cône volcanique, et qui tantôt offrent des montagnes aux flancs violemment déchirés, avec des pics élevés et de profondes fondrières, couvrent une superficie de plus de 550 myriamètres carrés, et indiquent que la mer du Sud fut autrefois le théâtre d'une énorme quantité de volcans sous-marins ou surmarins. Toutefois, il en est peu aujourd'hui qui soient encore en activité. On trouve des volcans lançant, soit des flammes, soit de la fumée, en Polynésie, dans les îles Hawaï, et dans les îles Taïoa et Amargua du groupe de Tonga, où une éruption violente a eu lieu le 9 juillet 1847, et au nord de la Nouvelle-Zélande. Dans la Micronésie on remarque deux ou trois volcans dans la partie septentrionale de l'archipel des Larrons, dans les îles de l'Assomption, Pagon et Gougouan. Dans la Mélanésie on trouve les îles volcaniques de Tanna et d'Ambrym dans les Nouvelles-Hébrides, de Tinakoro dans le groupe de Vanikoro, puis quelques volcans dans les îles Salomon et sur la côte de la Nouvelle-Bretagne, etc. Parmi les volcans du groupe d'Hawaï, le Mauna-Loa atteint une élévation de 13,760 pieds, le Kea 14,950, l'Houalalaï 10,000, le Kaonaï 8,000. A Taïti le volcan éteint de Tobreana s'élève à 11,000 pieds. Des îles d'origine volcanique se trouvent disséminées au milieu de groupes de corail. La Nouvelle-Zélande, la Nouvelle-Guinée et les îles rocheuses, longues, étroites et profondément échancrées des chaînes qui s'étendent parallèlement au continent austral, ont le caractère géologique mixte des continents. Dans la Nouvelle-Zélande, où le mont Egmont s'élève à 14,000 pieds, les couches de gangue que des masses volcaniques ont soulevées de leur position originairement horizontale, les cratères éteints, les sources chaudes, les stufas, les solfatares, annoncent la présence de volcans, soit éteints, soit encore en activité. On peut dire, en général, que la Nouvelle-Zélande, aussi bien par sa faune et sa flore actuelles et passées que par sa structure géologique, semble former une province géographique à part, tandis que la plupart des îles de la Mélanésie se rapprochent par leur caractère géologique de la Nouvelle-Hollande et de la Nouvelle-Guinée.

On peut dire du climat de l'Australie, en général, que c'est un climat océanien, où la juxtaposition des extrêmes produit une certaine uniformité. Toutefois le climat qui domine sur le continent diffère de celui des îles. L'immense développement de la masse terrestre du continent austral suppose de nombreuses différences, quoique l'influence océanienne y ait tant de puissance que toute la terre ferme se trouve située dans la zone des pluies et n'abandonne à la température variable que quelques points les plus élevés des montagnes. Au nord d'une ligne coupant la côte occidentale par 22° et la côte orientale par 34° de latitude méridionale, s'étend la région de la végétation tropicale, dont la partie septentrionale offre un caractère encore plus exclusivement tropical, parce qu'il n'y existe que deux saisons. La saison des pluies y commence en octobre, et est suivie en mai d'une saison sèche, accompagnée d'un excès de sécheresse. Sur la côte orientale les quatre saisons se succèdent régulièrement. Le printemps commence en septembre, l'été en décembre, l'automne en mars, et l'hiver à la fin de mai. Le printemps et l'automne sont caractérisés par des pluies fréquentes, l'été et l'hiver par d'abondantes pluies. Le mois de juillet est le plus froid de l'année, et le mois de janvier le plus chaud. L'été est malsain, à cause de ses chaleurs étouffantes; l'hiver australien, au contraire, est vanté par les Européens, à cause de sa fraîcheur agréable, et passe pour la saison la plus saine de toutes. Pendant que cette différence des saisons fait du nord-est une zone tropicale ayant pour représentant végétal le palmier, et établit une zone sous-tropicale située plus au sud-est, caractérisée par la réussite des arbres à fruit et des céréales de l'Europe et des tropiques, c'est-à-dire du riz et du maïs, la partie méridionale de l'Australie appartient à un autre climat, où à la vérité la neige fond d'ordinaire à une élévation ne dépassant pas le niveau de la mer, mais qui, en raison de sa situation océanienne, a une température insulaire moindre et caractérisée par la réussite de la vigne et des céréales particulières à l'Europe.

La minime variation de climature, de même que l'uniformité de la constitution, tant interne qu'externe, du sol, se reproduisent dans le monde animal et végétal, et jusque dans l'homme même. Ce n'est pas que la nature en Australie manque de formes particulières; elle s'y offre, au contraire, à nous avec un type australien tout particulier, se révélant par les phénomènes les plus bizarres et les plus frappants. A l'exception des fertiles vallées formées par les fleuves dans les plateaux de l'Australie orientale, et aussi de la végétation tropicale du nord existant dans quelques contrées placées dans les conditions les plus diverses, on ne voit dominer sur une large étendue du sol qu'une seule espèce d'animaux, qu'une seule espèce de végétaux, uniformité qui imprime aux paysages le caractère monotone des steppes. Sur les plateaux, des plaines couvertes d'un gazon toujours de la même espèce sont ombragées par des arbres d'une seule et même famille, et, en raison de l'absence absolue de buissons et de broussailles ou de plantes herbacées, présentent l'aspect d'une claire forêt semblable à un parc; tandis que dans les profondes vallées de l'intérieur on remarque l'absence de forêts de ce genre. Elles y sont remplacées par des plantes herbacées et des buissons appartenant toujours à la même espèce. Si cette uniformité du monde végétal paraît plus visible en raison de la prédominance de quatre grandes familles seulement, on la retrouve encore plus frappante dans le règne animal, en raison de la prédominance du genre des marsupiaux. Ce qui frappe surtout l'Européen en Australie, c'est de rencontrer des arbres aux feuilles coriaces, lancéolées et spinescentes, et qui avec les saisons changent non pas de feuillage, mais d'écorce; ensuite l'absence de fruits comestibles, l'abondance de fleurs, belles, riches en miel et n'exhalant pas d'odeur, des roseaux qui ressemblent à des arbres, et des gramens de la hauteur d'un homme; de même dans le règne animal, l'immense variété d'êtres imparfaitement organisés, et surtout les apparitions anormales de cygnes noirs, d'aigles blancs, d'oiseaux pourvus de poils en guise de plumes, d'ornithorinques, de kangourous, etc. Des formes nouvelles ont aussi été introduites, grâce à la colonisation européenne, accueillies volontiers par la nature et propagées avec beaucoup de succès. Nous voulons parler de la culture des céréales et des plantes légumineuses d'Europe, et de l'introduction de diverses espèces d'animaux qui jusqu'alors y manquaient complétement. Le mouton et le porc, entre autres, ne sont pas les moins importants.

Si les îles australiennes n'offrent que peu de diversités dans leurs espèces d'animaux et de végétaux, les formes de ces espèces ressemblent du moins à celles qui existent dans d'autres parties de la terre, et diffèrent bien moins de ce qu'on y connaît que les espèces appartenant au continent australien, lequel, sous ce rapport, offre des différences essentielles. D'ailleurs, dans les localités les plus favorisées des îles et du continent, l'influence océanienne a pour caractère constant et uniforme la luxuriante magnificence de la végétation. Quand on avance davantage à l'est, la pénurie d'espèces animales et végétales devient toujours plus grande, et il en est de même de la moindre hauteur du sol des îles. En effet, les îles basses manquent souvent de forêts, et le cocotier ainsi que l'arbre à pain sont les seuls produits qui y témoignent d'une végétation supérieure. La Nouvelle-Guinée, la Nouvelle-Zélande, les îles Sandwich et autres îles au sol élevé possèdent, au contraire, en abondance de hautes et immenses forêts (le bois de sandal y est l'espèce la plus généralement dominante), et les îles voisines de l'Archipel de l'Inde orientale participent encore du caractère luxuriant et gigantesque de sa végétation. La Nouvelle-Zélande, en tant que région botanique particulière, est caractérisée par l'absence des graminées, par la prédominance des légumineuses les plus diverses et autres cryptogames, ainsi que des taxus. Les plantes d'origine européenne, telles que les céréales, la vigne, les fruits, les légumes, etc., la canne à sucre et les animaux domestiques introduits dans plusieurs de ces îles, comme les îles Mariannes, les îles Sandwich et les îles de la Société, y ont parfaitement réussi. Ces conditions si favorables de climature sont, en dépit de l'éloignement de la zone tropicale, ou à cause de la situation équatoriale de ces îles, une suite naturelle de l'influence océanienne qui y domine. C'est elle qui provoque dans le voisinage de l'Inde orientale un printemps presque perpétuel, et qui produit jusque dans la Nouvelle-Zélande les formes végétales des tropiques, sans que jamais la neige y apparaisse dans les contrées placées au niveau de la mer, quoique l'extrémité méridionale de cette île atteigne déjà le 47° de latitude sud.

L'uniformité de la nature océanienne de l'Australie se reproduit jusque dans ses habitants, encore bien qu'avec le temps il doive y résulter de l'influence européenne un type plus actif, plus remuant, de même que déjà le soi s'y trouve plus propre à recevoir des formes européennes et à les faire fructifier. D'après un calcul approximatif, on peut évaluer le chiffre total de la population des îles et du continent à 2,400,000 âmes, chiffre qui semble tout à fait insignifiant, comparativement à l'Europe, celle-ci possédant une population 118 fois plus nombreuse et comptant 1423 habitants par mille géogr. carré, tandis qu'on n'en trouve en Australie sur le même espace que 12 à 13. A l'exception d'un cinquième environ de la population, qui se rattache à la race caucasienne, et provient de colons européens, le reste des habitants de l'Australie appartient, sauf de minimes mais assez nombreuses différences naturelles, à deux familles de peuples, les nègres Australiens, au teint noir foncé, appelés négritos ou papouas, et les Australiens, ou Malais-Polynésiens, deux groupes différant suffisamment à première vue sous le rapport de la conformation du corps de même que sous celui des mœurs. Le premier domine à l'ouest, le second à l'est ; mais l'un et l'autre se trouvent souvent juxtaposés dans une même île, où ils finissent par se confondre. Au premier aspect les nègres Australiens, à cause de leur peau noirâtre ou même du noir le plus foncé, de leur chevelure, plus souvent crépue que lisse, ressemblent aux nègres d'Afrique; mais ils en diffèrent essentiellement par la conformation de leur crâne et de tout leur corps. Ils étaient jadis répandus dans les différentes îles de l'océan Indien, habitées aujourd'hui par des peuplades malaises ; cependant, à l'exception de quelques misérables débris qui s'y sont conservés dans l'intérieur des terres dans un état de sauvage dégradation, ils y ont presque entièrement disparu. A l'est de la Nouvelle-Guinée, siège principal de la race, ils habitent les îles Salomon, la Louisiade, les Nouvelles-Hébrides, la Nouvelle-Calédonie et tout le continent austral. Dans les Nouvelles-Hébrides et en Nouvelle-Calédonie, on rencontre aussi juxtaposés des Malais Polynésiens, qui dans les îles Fidji ont ennobli la race des Papouas. On conçoit aisément, en raison de la vaste étendue du continent et des groupes d'îles, qu'ils soient divisés en diverses tribus différant entre elles par la langue, la religion et l'état de civilisation. Toutefois, on ne possède encore sur ces contrées que des notions trop insuffisantes pour pouvoir y établir des classifications bien distinctes, quoique les nombreuses observations faites dans ces derniers temps par les voyageurs et par les missionnaires autorisent à dire que les langues y ont toutes les mêmes racines et ne diffèrent entre elles que par l'emploi arbitraire d'un nombre immense de synonymes.

Ainsi que dans toute l'Océanie, la végétation fut portée d'une île à l'autre par les vents et par la mer, avant même d'avoir perdu en quelque sorte son humidité native; de même l'homme, poussé par les vents dans sa pirogue, passa de groupe en groupe, depuis les parages voisins de l'Inde jusqu'à l'île de Pâques, isolée tout à l'extrémité de l'océan Austral. C'est de la sorte, sans doute, que la race des Négritos s'est répandue dans la plus grande partie des groupes de l'est aujourd'hui habités, jusqu'à ce que des peuplades malaises, parties peut-être des Moluques, se soient plus tard répandues successivement d'île en île, non pas seulement à l'ouest dans les îles de la Sonde, aux Philippines, etc., mais encore à l'est dans la Micronésie et la Polynésie, et qu'elles y aient absorbé la race aborigène des Papouas, mais non sans mélange ni détérioration de leur type primitif. Des recherches récentes ont démontré de la manière la plus irréfragable que ce furent les îles Samoa qui les premières reçurent leur population malaise polynésienne, et que de là cette race alla occuper les autres îles de l'est. Quand des Polynésiens habitent la même île que des Négritos, la race noire subit toujours le rôle de subordonnée. C'est là d'ailleurs que les navigateurs européens rencontrèrent des populations dont les mœurs naïves, faciles, douces, rappelaient jusqu'à un certain point les premiers âges de l'humanité, encore bien qu'elles fussent loin d'être innocentes; qui étaient déjà parvenues à un état de civilisation fort remarquable, familiarisées avec l'agriculture, l'industrie, le commerce, accessibles dès lors à la connaissance de l'Évangile. Cependant il se trouvait aussi parmi elles des tribus grossières et sauvages, des cannibales offrant l'exemple de tous les vices, qui opposèrent une opiniâtre résistance aux progrès des Européens, et firent de nombreuses victimes parmi les navigateurs assez hardis pour aborder leurs côtes inhospitalières.

Tous les Polynésiens parlent la même langue, laquelle ne comprend qu'un petit nombre de dialectes et forme un rameau de la grande famille des langues malaise et polynésienne. Consultez G. de Humboldt, *Essai sur la Langue Kawi* (3 vol., Berlin, 1836-1840), et Hale, *United States exploring Expedition ; Etnography and philology* (Philadelphie, 1848). Si en Amérique les aborigènes disparaissent de plus en plus sous le souffle de la civilisation européenne, le même sort paraît destiné aux Australiens et aux Polynésiens. Déjà la population indigène de la terre de Van-Diémen, autrefois très-considérable, est à peu près complétement anéantie, et cette même race disparaît rapidement dans les autres colonies de l'Australie. Si la disparition successive des aborigènes peut être surtout attribuée à l'action des colons dans les contrées ci-dessus mentionnées, on ne saurait expliquer de même la rapide diminution de la population à la Nouvelle-Zélande et dans le reste des îles. C'est ainsi qu'à l'arrivée des missionnaires européens dans ces parages, les Maoris de la Nouvelle-Zélande étaient évalués à un chiffre d'au moins 120,000 âmes, tandis qu'en 1850 ils atteignaient à grand'peine celui de 100,000. C'est encore ainsi qu'au lieu des 300,000 habitants que Cook trouva en 1779 aux îles Sandwich, on n'en compte guère aujourd'hui que 95,000. La population va décroissant de même dans toutes les autres îles depuis que les mœurs et les idées de leurs habitants ont été subitement modifiées par le christianisme et par la civilisation européenne.

L'état politique du continent australien et des îles qui l'avoisinent est encore en voie de développement. Toutefois le tableau qu'ils présentent offre déjà quelque chose de si caractéristique et de si intéressant, qu'il n'y a rien de prématuré à dire que dès à présent on voit là les résultats les plus magnifiques du système européen de colonisation. L'histoire des colonies de l'Australie date de soixante ans à peine; aussi, quand on compare la rapidité de leurs progrès et leur prospérité actuelle avec le développement de la puissance américaine, on ne peut s'empêcher de reconnaître que tout l'avantage est en leur faveur. Ce fut l'illustre Pitt qui le premier eut l'idée de fonder une colonie spécialement destinée à recueillir et à moraliser les condamnés; et Banks désigna à cet effet les environs de Botany-Bay, dans la Nouvelle-Galles du Sud. Ce fut en mai 1787 le capitaine de vaisseau Philipp, fils d'un Allemand de Francfort-sur-le-Mein, désigné pour remplir cette mission, mit à la voile avec une flotte de onze bâtiments portant, indépendamment des fonctionnaires d'administration, environ deux cents soldats de marine et sept cent soixante-seize condamnés, avec les approvisionnements nécessaires. Le 26 janvier 1788 Philipp posa la première pierre de la ville de Sidney, centre de la colonie de la Nouvelle-Galles du Sud (*voyez* SIDNEY et NOUVELLE-GALLES DU SUD), dans un pays dont les contours n'étaient pas même encore connus. L'émigration volontaire fut pendant longtemps très-faible et insuffisante, de sorte que la colonie ne pouvait se soutenir qu'artificiellement, en tirant de loin la plupart des objets les plus indispensables, tandis qu'à l'intérieur l'accumulation des criminels était une puissante cause de contagion morale pour le petit nombre de colons qui s'y étaient établis. Le développement de la colonie prit un nouvel essor quand, sous l'administration de Maquarie, qui dura douze années (de 1810 à 1822), on eut pu triompher des causes intérieures de discorde. Une sécheresse, qui, en 1813, menaça les troupeaux détermina de hardis aventuriers à franchir les montagnes Bleues; et les trois colons Wentworth, Lawson et Blackland furent richement récompensés de leurs peines et des dangers qu'ils avaient courus, en découvrant dans les terrasses occidentales de cette chaîne de montagnes les plus magnifiques pâturages. Le torrent de l'émigration s'accrut encore quand on fonda, en 1815, l'établissement de Bathurst, et qu'une belle route y conduisit de Sidney à travers la montagne. Avec le mouvement toujours plus prononcé de l'émigration, on ne put toutefois éviter qu'il ne se formât dans la population libre deux partis, celui des *exclusionistes*, composé des grands propriétaires et des fonctionnaires publics, et celui des *émancipationistes*, formé par les députés; division qui exerça et exerce encore aujourd'hui, tant sous le rapport social que sous le rapport politique, une influence décisive sur l'histoire de la colonie. La mise en culture des terres n'en prit

pas moins de rapides développements. Comme à l'époque de la fondation de la colonie cette contrée n'avait été choisie qu'à cause de la bonté et de la sûreté de ses ports, et que le peu de fertilité naturelle du sol ne permettait pas à l'agriculture d'y prospérer, il n'y eut que l'élève du bétail, et notamment celle de la race ovine, due plus particulièrement aux industrieux efforts du colon Mac Arthur, qui devint la base de la prospérité de l'Australie tout entière. En 1796 ce colon fit venir du Cap les premiers mérinos qu'on ait vus dans la colonie; et depuis cette époque ils s'y sont tellement multipliés, qu'en 1824 on n'en comptait déjà pas moins de 170,000 têtes. En 1849 le nombre des moutons dépassait 8,000,000, fournissant, année commune, 28 millions de livres de laine à l'exportation. Les pâturages pour les troupeaux venant à manquer, force fut de faire de nouvelles découvertes et de fonder de nouveaux établissements. Tandis que la Terre de Van-Diémen, à l'origine (1803) simple dépôt de criminels, devenait avec une étonnante rapidité une florissante colonie, où l'on compte aujourd'hui près de 90,000 habitants, où s'élèvent des villes importantes, telles que Hobarttown et Launcestown, et dont les exportations annuelles, consistant surtout en laines, dépassent le chiffre de 25 millions de fr., le gouverneur Stirling fondait, en 1829, dans la partie sud-ouest du continent, au milieu des plaines arrosées par la rivière des Cygnes, la colonie de l'Australie occidentale, dont le développement paraît toutefois avoir à lutter contre de nombreux obstacles. En 1850 on n'estimait en effet la population totale de l'Australie occidentale et du détroit du Roi-Georges qu'à 5,000 âmes.

Dès 1833 des établissements étaient fondés sur les bords du golfe Saint-Vincent dans l'Australie méridionale, et l'année suivante ils recevaient l'organisation régulière d'une colonie. Cependant cette nouvelle colonie ne date, à bien dire, que de l'année 1837, époque où fut bâti son chef-lieu, *Adélaïde*. Un climat sain, une grande et heureuse diversité dans le caractère géographique du pays, de belles forêts, de magnifiques pâturages, un sol éminemment propre à la culture, de riches mines de cuivre, tels sont les avantages qui se réunissent pour assurer à cette colonie un brillant avenir. Les habitants, qui en 1849 s'élevaient déjà au nombre de 56,450, Allemands pour la plupart, font un commerce des plus actifs avec les produits de leurs champs, de leurs troupeaux et même de quelques fabriques assez importantes.

Un an après la fondation d'Adélaïde, une nouvelle ville, Port-Lincoln, était fondée sur les bords du golfe Spencer, et plus tard encore d'autres établissements s'élevaient sur la baie de Rivoli. En même temps on créait au sud-est de l'embouchure de la Murray, dans la contrée appelée *Australia felix*, la colonie de Port-Essington, -et s'appelle Victoria. Il est immédiate de la Nouvelle-Galles du Sud, avec la ville de Melbourne, dont la prospérité a été rapide, et qui rivalise aujourd'hui avec Sidney sous le rapport de l'activité commerciale et manufacturière.

Un nouvel essai d'établissement fut tenté en 1838 dans l'Australie du Nord, malgré l'insuccès d'une précédente tentative, faite en 1829, époque où l'on fut réduit à abandonner le Fort Dundas, dans l'île Melville, et Wellington sur le port Raffles. Le nouvel établissement est situé dans la presqu'île de Cobourg, à Port-Essington, et s'appelle Victoria. Il est entouré de montagnes et d'épaisses forêts, où abondent toutes les espèces tropicales. Sa situation près de l'archipel des Indes lui promet l'avenir le plus prospère.

En 1840 le gouvernement anglais s'étant vu dans la nécessité de prendre également possession de la Nouvelle-Zélande, et plus tard aussi des îles Auckland, et de s'en attribuer la souveraineté, les colonies australiennes des Anglais se trouvent aujourd'hui partagées en sept groupes distincts, occupant ensemble une superficie carrée de 20,000 milles géographiques carrés, et contenant une population de plus de 300,000 âmes, à savoir :

AUSTRALIE — AUSTRASIE

1° La *Nouvelle-Galles du Sud*, chef-lieu *Sidney*;
2° La *Terre de Van-Diémen*, chef-lieu *Hobarttown*;
3° L'*Australie occidentale*, chef-lieu *Perth*;
4° L'*Australie méridionale*, chef-lieu *Adélaïde*;
5° L'*Australie septentrionale*, chef-lieu *Victoria*;
6° La *Nouvelle-Zélande* et ses deux provinces *New-Ulster* et *New-Munster*, chef-lieu *Wellington*;
7° Les *îles Auckland*.

Ces colonies ont chacune leur gouverneur particulier, qui les administre avec l'assistance d'un conseil législatif et d'un conseil exécutif. Des assemblées représentatives, produit de l'élection populaire, leur sont assurées. Quant aux colons mêmes, ce sont ou des émigrés volontaires, ou des condamnés libérés et leurs descendants. On ne trouve toutefois cette dernière classe qu'à la Nouvelle-Galles du Sud et à la Terre de Van-Diémen, et comme émigrés dans l'*Australia Felix*. Quoique déjà depuis assez longtemps on ait cessé de transporter les criminels en Australie, une profonde ligne de démarcation y existe toujours entre les émigrés volontaires et les anciens condamnés; et, en dépit de toutes les mesures que pourra prendre le gouvernement, il faudra encore bien des années pour qu'elle s'efface complétement et pour que la vie sociale se trouve purgée de ses éléments de démoralisation. Quand on réfléchit aux ressources immenses qu'offre déjà cette contrée, on cesse de s'étonner que le nombre des émigrants y aille toujours en augmentant de la façon la plus prodigieuse, surtout depuis les récentes commotions politiques que l'Europe a subies. En 1849 16,000 émigrés arrivèrent dans la seule ville d'Adélaïde. Dès 1848 un comité d'émigration pour l'Australie occidentale s'est formé en Allemagne, à Berlin même; et en 1849 il y a envoyé une colonie sous la direction d'O. Schomburgk. Il est probable que ce mouvement d'émigration ira toujours en augmentant et entraînera des colons encore plus aisés, une fois que le projet d'un service de bateaux à vapeur entre la Nouvelle-Zélande et l'Angleterre, au moyen de stations intermédiaires, aura pu être réalisé. Jusqu'à ce jour l'élève du bétail a été la grande ressource des colons; viennent ensuite quelques produits de l'agriculture et même de l'exploration des mers : cependant déjà on peut voir naître dans les grands centres de population les premiers germes d'une industrie manufacturière, notamment pour la laine et pour le lin (en Nouvelle-Zélande), aux riches développements de laquelle, en raison de l'abondance de la houille, il ne manque plus que des bras et des débouchés. Or, comme ces colonies n'emploient plus seulement leurs navires à la pêche de la baleine, qu'elles étendent leur activité mercantile à d'autres branches de commerce et à d'autres mers, il se pourrait bien que l'Australie, en raison de sa position océanienne, devint un jour l'Angleterre de ces lointains parages.

Il y a un demi-siècle la mer du Sud était encore une région mystérieuse, où de hardis mais rares navigateurs ne rencontraient que des peuplades sauvages. Aujourd'hui elle est déjà transformée en un riche marché ouvert aux négociants de tous les pays. Depuis la prospérité de la Californie et son adjonction aux États-Unis, les Américains s'en sont assuré la domination exclusive. Les États maritimes de l'Amérique centrale et méridionale commencent d'ailleurs à se réveiller de leur léthargie. Déjà on y a organisé des lignes régulières de bateaux à vapeur, et le commerce le plus actif s'y est établi avec l'Asie orientale, l'Inde et les colonies australes. Le commerce des fourrures dans l'Amérique septentrionale russe et la pêche de la baleine dans les eaux arctiques et antarctiques, occupent un grand nombre de bâtiments européens et américains. Plusieurs groupes d'îles, tels que l'archipel d'Hawaï, les îles de la Société, les îles Marquises et la Nouvelle-Zélande, offrent par conséquent déjà d'importantes stations au commerce et à la navigation à vapeur. Aussi les Français ont-ils jugé utile de prendre possession, en 1842, des îles Marquises et de Tahiti, à la suite d'une expédition commandée par le capitaine Dupetit-Thouars, et de fonder un établissement à Akaron, dans la Nouvelle-Zélande. Les races autochthones que les navigateurs ont trouvées dans ces îles ne vivent plus déjà dans leur état primitif antérieur, car il était impossible que dans la plupart des groupes le contact avec les Européens n'exerçât aucune influence sur ces populations. Les îles Sandwich forment un État florissant, et d'autres îles encore jouissent de gouvernements organisés sous l'influence européenne. Presque partout aujourd'hui dans ces lointains parages on rencontre des Européens, tantôt débris de quelques naufrages, tantôt matelots déserteurs, quelquefois aussi missionnaires venus pour répandre les lumières de l'Évangile; ou bien encore hommes remuants, que leurs goûts ou l'amour des aventures ont poussés à aller s'établir dans celles de ces îles où la civilisation a fait le plus de progrès. Les missionnaires, qui ne se bornent pas à y enseigner les vérités du christianisme ou à propager les éléments de la civilisation européenne, mais qui le plus souvent exercent encore une influence politique importante, ont déjà complétement converti au christianisme plusieurs de ces îles, et sont en voie d'en convertir d'autres. Depuis 1797, époque où Wilson s'établit pour la première fois à Tahiti, les missionnaires anglais et américains, envoyés par des églises protestantes, ont établi leurs stations aux îles Sandwich, des Amis, de Cook, Fidji, Samoa et Marquises; et là, comme à la Nouvelle-Zélande, leurs efforts sont couronnés des plus heureux succès, quoiqu'elles aient aujourd'hui à y combattre l'opposition de missionnaires travaillant dans les intérêts de l'Église catholique. Les missions chrétiennes ont en même temps propagé l'imprimerie dans ces contrées ; de telle sorte que, indépendamment de traductions de la Bible, de livres d'école et de piété écrits dans les langues indigènes, un grand nombre de grammaires, de dictionnaires et d'autres livres, voire même de journaux locaux, nous fournissent aujourd'hui une foule de précieux renseignements sur la constitution physique et les populations de cette plus jeune des parties du monde. Consultez Ellis, *Polynesian Researches* (2 vol., Londres, 1829); Meinicke, *Das Festland Australia* (2 vol., Prenzlau, 1837); French-Angas, *Savage life and scenes in Australia* (2 vol., Londres, 1847); Majoribanks, *Travels in New South Wales* (Londres, 1847); Haygarth, *Recollections of bush life in Australia* (Londres, 1848); Hasskarl, *Australia und seine Colonien* (Elberfeld, 1849).

AUSTRASIE. Lorsqu'en 511 les quatre fils que laissa Clovis, Thierry Ier (ou Théodoric), Clodomir, Childebert et Clotaire Ier, firent le partage des États et des immenses conquêtes de leur père, Thierry, quoique né d'une concubine avant le mariage de Clovis avec Clotilde, fut appelé par le vœu des Francs à ce qu'on nomma l'Austrasie ou France orientale. Ce fut à Metz que Thierry Ier établit le siége de son nouveau royaume. Il comprenait, outre les provinces d'au delà du Rhin (la France rhénane), tous les pays situés entre le Rhin, la Meuse et l'Escaut. Plusieurs villes de Champagne, telles que Reims, Châlons, Troyes, etc., faisaient également partie de l'Austrasie. Enfin, Thierry joignait à ces possessions l'Auvergne, le Gévaudan, partie du Rouergue, du Limousin et du Vivarais, Cahors, Albi, Uzès, etc., qu'il avait eus par préciput de son père. Il agrandit encore ses domaines par la conquête de la Thuringe, et mourut en 534, âgé de cinquante et un ans.

Son fils Théodebert lui succéda; aussi habile politique que grand capitaine, il battit successivement les Grecs et les Ostrogoths qui avaient recherché son alliance, et mourut en 548. Le respect et l'admiration des Francs pour ce monarque, le plus accompli des descendants de Clovis, avaient étouffé de son vivant les murmures qu'excitaient sourdement les impôts excessifs dont Parthénius, son ministre, les avait accablés. Mais dès que Théodebert eut fermé les yeux, Parthénius fut lapidé par le peuple dans Trèves. Théodebalde succéda à son père Théodebert. Justinien et les Ostrogoths recherchèrent également, mais en vain, son alliance. En 522 les deux frères Bucelin et Léutharis, ses généraux, conduisirent 70,000 hommes en Italie. Narsès ne put d'abord s'opposer à leur marche sur Rome; mais bientôt ils divisèrent leurs forces, et furent accablés séparément. Théodebalde mourut sans enfants. Ce fut Clotaire Ier, roi de Soissons, son grand-oncle, qui recueillit sa succession. Celui-ci mourut en 561, maître depuis trois ans de toute la monarchie française.

Sigebert Ier, quatrième fils de Clotaire, eut dans le nouveau partage de l'empire des Francs le royaume d'Austrasie. Gogon fut l'intendant de sa maison royale ou son maire du palais, dignité qui devait bientôt supplanter le pouvoir du prince. Sigebert épousa la trop fameuse Brunehaut, et fut assassiné en 575, par deux domestiques de Frédégonde, quand il avait déjà conquis presque toute la Neustrie. Sous ce prince commença la longue lutte de l'Austrasie et de la Neustrie, représentée par la rivalité de deux femmes, Frédégonde et Brunehaut, et causée par le caractère et les intérêts différents des deux peuples. La Neustrie, en effet, étant plus romaine, tendait davantage à reconstruire l'administration impériale; l'Austrasie, au contraire, conserva plus longtemps la sève barbare, car sa population était sans cesse renouvelée par les peuplades qui franchissaient le Rhin; elle resta donc plus germanique : aussi devait-elle fatalement l'emporter sur la Neustrie, comme les Francs l'avaient emporté déjà sur les Visigoths et les Gaulois civilisés.

Childebert, roi d'Austrasie, n'avait que cinq ans lorsque la fin tragique de son père l'appela au trône. Il fit quatre expéditions en Lombardie, malgré les ennemis que Frédégonde lui suscitait de tous les côtés, et mourut en 596. La législation austrasienne est redevable de plusieurs lois à ce prince actif et belliqueux. Théodebert II, son fils aîné, n'avait que dix ans quand il lui succéda, sous la régence de son aïeule Brunehaut, qu'il chassa en 599, par le conseil des grands de son royaume : celle-ci, le poursuivant dès lors d'une haine implacable, arma contre lui son frère Thierri II, roi d'Orléans et de Bourgogne, qui le défit à Toul et à Tolbiac. Théodebert tomba au pouvoir de Brunehaut, qui lui fit d'abord couper les cheveux en signe de dégradation, et s'en débarrassa plus tard en l'envoyant au supplice. De quatre fils qu'il laissa, Sigebert, que quelques auteurs considèrent comme la tige de la maison de Habsbourg, Gontran, Lothaire et Mérovée, aucun ne recueillit une portion de son immense héritage. Le dernier, par ordre de Thierri, eut la tête brisée contre une pierre. Thierri prit alors le titre de roi de Bourgogne et d'Austrasie. Il mourut quelque temps après, et Clotaire II se trouva maître de toute la France après le supplice de Sigebert, fils de Thierri, que Brunehaut lui avait suscité pour rival. L'Austrasie conserva ses maires particuliers.

Dagobert, fils aîné de Clotaire II, placé par lui sur le trône d'Austrasie en 622, succéda à son vaste royaume en 628, et mourut en 638, laissant à Sigebert II la couronne d'Austrasie, qu'il lui avait cédée dès l'année 633. Dirigé par les conseils de saint Arnoul, évêque de Metz, du duc Adalgise, de Pépin le Vieux, maire du palais, et de Cunibert, évêque de Cologne, Sigebert fit chérir la sagesse et la douceur de son gouvernement sous ces habiles et vertueux ministres. Uniquement occupé du bonheur de son peuple, il cultiva l'amitié de ses voisins, et évita tout sujet de dissentiment et de querelle. Radulfe, gouverneur de la Thuringe, fut le seul qui, par sa révolte ouverte, lui mit les armes à la main. Cette guerre ne fut pas heureuse pour Sigebert, et se termina par une paix chèrement achetée. Ce prince mourut le 1er février 655. Le maire du palais Grimoald se crut alors assez fort pour envoyer en Irlande le jeune fils du roi et placer la couronne sur la tête de son propre fils; mais sept mois après le nouveau roi fut renversé par les Neustriens, et Grimoald paya de sa tête son ambition prématurée. Childéric II, second fils de Clovis II, roi de Neustrie, fut proclamé roi d'Austrasie, sous la tutelle du maire Wulfoad. En 670 il fut accepté pour roi par les Neustriens après la chute d'Ébroïn, et fut assassiné trois ans après par un jeune seigneur qu'il avait fait fouetter comme un esclave. Dagobert II, ce fils de Sigebert II que le perfide Grimoald avait fait confiner en Irlande, est proclamé roi d'Austrasie en 674. Wulfoald conserve son autorité comme maire du palais. Le règne de Dagobert II, qui ne dura que quatre ans, ne fut remarquable que par les ravages et les profanations qui souillèrent sa lutte avec Thierry III, roi de Neustrie. Il avait environ vingt-sept ans lorsqu'il fut assassiné, en 679. Après sa mort le trône d'Austrasie demeura vacant pendant quarante et un ans. Pépin d'Héristal et après lui Charles-Martel, son fils, gouvernèrent ce royaume comme maires du palais et ducs des Français. Thierry IV, dit de Chelles, (720-737) et Childéric III (742-752), régnèrent nominalement sur l'Austrasie, sous l'autorité effective de Carloman et de Pépin le Bref. Carloman, frère puîné de Pépin le Bref, chef de la seconde race, hérita du royaume d'Austrasie, qu'il gouverna pendant trois ans (768-771). Ses enfants, Pépin et Siagre, ne lui succédèrent point, et en 772 Charlemagne, son frère aîné, réunit l'Austrasie aux autres portions de la monarchie française. Le nom même d'Austrasie cessa d'exister lorsqu'en 843, par le partage fait entre l'empereur Lothaire et ses frères, une portion considérable de cet ancien royaume fut incorporée à la Germanie. Le reste est demeuré à la France propre, ci-devant neustrienne.

AUSTRÈGUES. L'absence d'une forte et solide organisation judiciaire en Allemagne, absence principalement attribuée à la faiblesse de la puissance impériale, engagea les princes, les prélats, les villes et les chevaliers à former pour leur sûreté commune de nombreuses unions, ayant pour but d'instituer des tribunaux chargés de vider les différends qui surviendraient entre les contractants, et de les juger, soit comme amiables compositeurs, soit comme arbitres-juges. Ces arbitres furent nommés *austrègues*. Les électeurs en établirent entre eux dès l'an 1424. Lorsque enfin la proclamation d'une paix perpétuelle mit, en 1495, un terme à toutes les querelles intestines, l'institution d'un tribunal suprême chargé de juger tout différend entre les membres immédiats de l'empire ne fut naturellement arrivée à la conséquence; l'établissement de la chambre Impériale remonte à la même époque. Les États conservèrent toutefois les *austrègues* qu'ils s'étaient précédemment choisis, et le droit pour l'avenir d'en désigner d'autres. Il se trouva donc dès lors tout à la fois des *austrègues* légalement constitués (c'est-à-dire dont la juridiction comprenait tous les princes et seigneurs immédiats de l'empire), et des *austrègues* exceptionnels, ne tenant leurs pouvoirs que de conventions particulières, et privilégiés, car l'empereur accordait aux villes impériales et à la plupart des sujets de l'empire le droit d'en constituer.

Lors de l'établissement de la Confédération du Rhin, il avait été convenu que la décision de ces litigieux qui se présenteraient entre les parties contractantes serait conférée à une commission fédérale; cette commission ne fut jamais organisée. Depuis la formation de la Confédération germanique, ces pouvoirs judiciaires ont été également conférés à la diète à l'effet de juger toute contestation survenant entre les États membres de la confédération. La diète doit d'abord chercher à concilier les parties, et si elle ne le peut pas, une *instance austrégale*, constituée d'après toutes les formalités judiciaires, rend une décision, qui a force de chose jugée. Dès l'époque du congrès de Vienne, l'Autriche et la Prusse usèrent de toute leur influence pour faire créer un tribunal permanent; mais les autres États se prononcèrent pour l'établissement de commissions spéciales. Les décisions de la diète, en date du 16 juin 1817 et du 3 août 1820, ainsi que l'acte final des conférences ministérielles de Vienne, en date du 15 mai 1820, ont fixé le mode à suivre pour la formation de ces commissions arbitrales, et les formalités qu'elles doivent accomplir pour rendre leurs sentences.

L'acte final du congrès de Vienne étend cette juridiction *austrégale* aux simples particuliers quand leurs réclamations demeurent inutiles, parce que leurs prétentions s'adressent à différents membres de la confédération, qui se les renvoient les uns aux autres. Divers décrets de la diète tracent d'une manière encore plus précise les formalités à suivre dans les instances *austrégales* et les détails de procédure qu'on y doit observer. Il a été en outre institué un tribunal spécial pour le jugement subsidiaire des difficultés entre les gouvernements et leurs chambres représentatives, tribunal à la juridiction duquel les membres de la confédération peuvent également soumettre leurs différends particuliers.

AUTEL (du latin *altare*, *alta ara*, aire, plate-forme élevée). La reconnaissance de l'homme pour son Créateur donna naissance aux sacrifices. On les trouve établis dès les premiers âges du monde. Abel offrait à Dieu les premiers nés de son troupeau, Caïn les prémices de ses fruits; ils les lui présentaient sur un tertre de gazon, sur une simple pierre, et ces monuments devenaient sacrés, car on pensait que Dieu s'y était montré pour agréer les offrandes. Si l'on échappait à quelque danger, si l'on terminait heureusement une entreprise lointaine, le premier soin était d'élever un autel. On agissait de même dans toutes les transactions importantes, afin que la présence de Dieu entre les deux parties rendit leurs serments inviolables. Abraham achète un champ pour servir de sépulture à sa famille, et il élève la pierre du serment. Jacob passe le gué de Jaboc, et il construit un autel grossier qui rappellera à ses enfants la miséricorde du Seigneur.

Mais quand les hommes attachèrent un sentiment de préférence à certaines pierres, à certains métaux, la religion s'accommoda à leur faiblesse. Les rois habitant des palais de marbre, on ne crut pas devoir laisser à la Divinité des toits couverts de chaume et des autels de gazon. Dieu ordonna à Salomon de lui bâtir un temple qui surpassât en beauté tous les temples de l'univers.

Avant la loi de Moïse, les descendants d'Abraham suivaient son exemple; ils sacrifiaient à Dieu sur des autels qu'ils élevaient, tantôt dans un lieu, tantôt dans un autre. La loi de Moïse interdit ces sacrifices particuliers: elle veut que Dieu ne possède qu'un seul temple. Malgré les preuves éclatantes de la puissance et de la bonté du Très-Haut, les Juifs avaient un irrésistible penchant pour l'idolâtrie. Souvent ils allaient sacrifier dans les hauts-lieux. Consacrer un seul temple à Jéhova était ramener le peuple israélite à l'unité; attacher une seule famille au ministère des autels, c'était couper court d'avance aux sectes et aux hérésies. Il n'y avait dans le temple que deux autels : l'un était d'airain et servait aux holocaustes; l'autre était d'or, et servait à brûler des parfums. On appelait holocauste le sacrifice dans lequel la victime était entièrement consumée sans qu'on en réservât rien pour les prêtres. C'était une reconnaissance publique de la majesté divine, devant qui tout s'anéantit. Quant à l'usage des parfums, c'était un symbole de la pureté qui doit régner dans les prières, afin qu'elles soient agréables à Dieu.

Les autels égyptiens sont des monolithes de forme conique tronquée, de quatre pieds de hauteur, mais fort évasés ensuite à la partie supérieure, qui est ordinairement creusée en entonnoir, terminé par une ouverture qui traverse la pierre dans toute sa longueur; la partie supérieure du contour pose sur une pointe de quelques pouces. On connaît des autels égyptiens en basalte vert et en granit : le Musée National en possède un de la première matière ; son poli est parfait, et des inscriptions hiéroglyphiques le décorent. Caylus donne la figure d'un autre autel, dont les inscriptions hiéroglyphiques portent le nom du roi Psammétique. Il est rare de trouver un monument égyptien d'un certain volume dénué d'inscriptions ou de sculptures symboliques. Ce peuple était essentiellement écrivain ; il voyait toujours devant lui les temps futurs, et semblait s'attacher à leur arriver tout entier. L'indifférence des Grecs et des Romains pour les productions des arts de l'Égypte l'a en quelque sorte conservée dans son intégrité à nos études, et à notre admiration.

Chez les Grecs et chez les Romains dans le principe les autels furent aussi simples que chez les premiers Hébreux ; on conserva même presque toujours cette simplicité dans les autels consacrés aux dieux des champs : c'était assez souvent une pierre antique, que les laboureurs entouraient de guirlandes de fleurs, quelquefois un tronc d'arbre où se rattachaient d'anciennes traditions. On y répandait du lait en l'honneur de la déesse Palès, amie des troupeaux ; on y portait les premiers fruits de l'automne, pour honorer le dieu des vergers. Cette pierre des premiers autels votifs fut ensuite plus ou moins taillée, plus ou moins ornée , et porta une inscription indiquant les motifs et l'époque de sa consécration, avec le nom de la divinité et celui du dévot qui l'avait élevée. On en trouve beaucoup laissées par les Grecs et les Romains, et il ne faut pas les confondre avec les piédestaux de statues également consacrées par le zèle ou l'intérêt des particuliers ; les inscriptions votives se ressemblent beaucoup sur ces deux espèces de monuments, mais on remarque assez ordinairement sur les piédestaux des restes de soudure de la statue qu'ils portaient.

Les autels grecs, d'abord de bois, bientôt après de pierre, et quelquefois de métal, sont en général remarquables par le goût qui a présidé à leur exécution. Placés dans le temple, ils sont de diverses formes, carrés, ronds ou triangulaires, de brique ou de pierre; ils ne doivent pas être trop élevés, afin de ne pas cacher la statue du dieu. Les autels destinés aux libations sont creux , les autres massifs; on les orne de feuilles et de fleurs d'olivier pour Minerve , de myrte pour Vénus , de pin pour Pan; les sculpteurs imitent ensuite ces ornements , et la différence des feuilles , des fleurs ou des fruits qui les composent indique exactement le dieu auquel ils ont été consacrés. On y voit aussi figurer des têtes de victimes, des patères, des vases et autres ornements religieux, et, sur les plus élégants , des bas-reliefs dont le sujet est relatif aux sacrifices ; des inscriptions s'y lisent aussi fort souvent : elles rappellent le nom de celui qui les a élevées, les motifs de cette dévotion , et la divinité qui en est l'objet; la langue dans laquelle elles sont écrites indique l'origine du monument.

Ce que nous venons de dire des autels grecs s'applique en général aux autels romains : les inscriptions latines caractérisent ces derniers; il ne faut d'ailleurs pas oublier que les Romains n'employèrent que des artistes grecs, et le goût de ceux-ci préside à tous leurs ouvrages. Selon Vitruve, les autels devaient être tournés vers l'orient. Il paraît que cette prescription était observée surtout pour les autels de forme carrée, qui étaient souvent adossés au piédestal d'une statue. Les autels se plaçaient dans les temples, ou dans les péristyles, ou souvent même en plein air. Dans les grands temples de Rome il y avait ordinairement trois autels, l'un dans le sanctuaire et au pied de la statue du dieu, l'autre à la porte du temple ; le troisième était un autel appelé *anclabris*, sur lequel on portait les offrandes et les vases sacrés. D'autres autels étaient hors de l'enceinte des temples.

Les anciens professaient un incroyable respect pour les autels. Ils pensaient que les dieux y résidaient, de même que dans les statues qui leur étaient consacrées. Ainsi, lorsqu'un malheureux réclamé par la justice des hommes pouvait rompre ses fers et pénétrer dans le sanctuaire d'un temple, embrasser les autels des dieux, il était sauvé, il avait trouvé un asile inviolable. Cette croyance généralement admise fut exploitée par les législateurs : c'était sur un autel que se scellaient les traités de paix, et celui qui les violait s'exposait aux imprécations promises à l'impie ; c'était au pied des autels que se serrait le lien conjugal, auquel la religion présidait avec toute sa majesté.

On plaçait les autels au fond du temple, et cette partie de l'édifice était toujours tournée vers l'orient. La raison de cet usage s'explique facilement. La renaissance du jour est l'instant où la puissance de la Divinité se manifeste avec le plus d'éclat. La religion chrétienne a adopté cette coutume, comme toutes celles du paganisme qui pouvaient se concilier avec la sévérité de ses dogmes.

Chez les Gaulois, on croyait faire injure à la Divinité en lui élevant des temples : les cérémonies religieuses avaient lieu dans l'épaisseur des forêts, au bord des torrents, à l'entrée des cavernes. On construisait pour servir d'autel une pile carrée, qui se rougissait trop souvent de sang humain. Ce peuple, qui avait de la Divinité des idées sublimes, qui reconnaissait si nettement l'immortalité de l'âme, déshonorait le plus beau des cultes par les sacrifices les plus barbares. Le temps a conservé quelques-uns de ces monuments d'une superstition homicide. Ce sont des pierres massives, sans aucune inscription ni bas-reliefs, dans lesquelles quelques archéologues, à tort selon nous, n'ont voulu voir que des sépultures. Mais rien ne justifie cette opinion. La tradition seule apprend quel était leur usage. *Voyez* DOLMEN, MENHIR, PIERRES LEVÉES.

Nous arrivons à l'autel chrétien. Dans la primitive Église les chrétiens se réunissaient dans la maison de l'un d'entre eux pour chanter les louanges du Seigneur. Le premier des apôtres prenait le pain et le bénissait en prononçant les paroles du Maître. L'autel n'était donc, comme celui où J.-C. institua l'eucharistie, que la table d'un festin. Dans les catacombes les saints mystères se célébraient sur le tombeau d'un martyr. Quand la religion put avoir des temples, le souvenir de ce temps de persécution fit donner à ses autels la forme d'un tombeau.

Dans nos églises l'autel est assez ordinairement en marbre. A la place où le prêtre consacre le pain mystique une pierre marquée de quatre croix, sous laquelle sont enfermées des reliques. C'est encore un souvenir des catacombes. Cette pierre est bénie par l'évêque. On la nomme *autel portatif*. A proprement parler, elle constitue seule l'autel ; le marbre, le bois et les autres matériaux dont on compose la table ne sont que des accessoires. Au-dessus de l'autel se trouve le tabernacle. On y place les hosties consacrées dans un vase nommé ciboire. De chaque côté l'autel est orné de chandeliers, qui restent allumés pendant la célébration des mystères, autre vestige des anciennes persécutions. Devant l'autel brûle jour et nuit une lampe, emblème de l'amour dont nous devons brûler pour Dieu. Enfin il y a peu d'églises où la statue d'un saint ne soit placée derrière l'autel.

La position des autels varie dans les églises ; les uns sont adossés, d'autres isolés. L'autel adossé est celui qui est appuyé contre un mur, comme le sont généralement ceux des chapelles, dont la décoration servant de revêtement au mur se nomme *retable*, et est ordinairement enrichie de tableaux ou de bas-reliefs. L'autel isolé est celui qui n'est adossé ni à un mur, ni à un pilier, ni à une colonne. Le maître-autel érigé dans le chœur et servant aux messes paroissiales et solennelles est toujours isolé. Sa forme doit être grande et sa décoration simple. Il existe de très-belles constructions de ce genre dans les églises de France. On citait le maître-autel de l'ancienne Grande-Chartreuse près de Grenoble, comme remarquable par son ensemble et dans ses détails ; il orne aujourd'hui la chapelle des Pénitents de l'ancienne capitale du Dauphiné. Les autels sont quelquefois couverts d'un baldaquin.

AUTELZ (GUILLAUME DES), l'un des contemporains et des maladroits imitateurs de Rabelais, né à Charolles (Saône-et-Loire) vers 1529, mort en 1576, était un poète de la dernière médiocrité. Comme il possédait une terre à Montcenis, et qu'il date de ce lieu quelques-unes de ses ouvrages, on a supposé à tort qu'il y était né. Pendant qu'il étudiait le droit à l'université de Valence, entraîné par son goût pour la poésie française et pour les romans, il en composa un, à l'imitation du *Pantagruel*, intitulé *Fanfreluche et Godichon*, *mythistoire baragouine, de la valeur de dix atomes, pour la récréation de tous bons Fanfreluchistes*, qu'il fit paraître immédiatement après la Saint-Barthélemy. Mais il resta bien au-dessous du jovial curé de Meudon.

Un certain Louis Meygret, de Lyon, ayant publié un ouvrage sur la nécessité de réformer l'orthographe française en la conformant à la prononciation, tentative que nous avons vu renouveler par M. Marle il y a quelque vingt ans, *Des Autelz* fit paraître une critique de cet ouvrage. Meygret y répliqua avec humeur ; *Des Autelz* lui répondit sur le même ton, les deux champions se prodiguèrent les noms les plus injurieux. Chacun prit parti dans la querelle ; il y eut des *meygretistes* et des *anti-meygretistes*, ces derniers finirent par avoir le dessus. Dans cette lutte, *Des Autelz* s'était caché sous le nom de *Glaumalis du Vézelet*, anagramme du sien ; il se cacha sous celui de *G. Terhault* dans des vers à Ch. Fontaine, poète contemporain, son ami.

Il farcissait tous ses vers de grec et de latin, ce qui en faisait un fatras souvent indéchiffrable. Il est auteur d'un grand nombre d'ouvrages en vers et en prose, dont les titres, plus ou moins bizarres, ne sont pas d'une nature fort attrayante. Des Autelz, comme tous les poètes de son temps, avait une Iris réelle ou imaginaire, à laquelle il adressait ses madrigaux baroques. Il l'appelle *sa sainte*, et déclare qu'il n'a éprouvé pour elle qu'un amour chaste et pur. Il est bien certain, du reste, qu'il ne la compromettait point par d'indiscrètes révélations. C'était beaucoup qu'elle-même pût le comprendre.

AUTEUIL, village et commune du département de la Seine, situé à 7 kilomètres de Paris, entre la route de Versailles et le bois de Boulogne, auquel il est contigu, peuplé de 3,667 âmes. Quelques-unes de ses maisons ont eu d'illustres habitants, tels que Boileau, Molière, Chapelle, d'Aguesseau, Franklin, Condorcet, Helvétius et Rumford. La plus remarquable est celle de Boileau : elle a appartenu au célèbre médecin Gendron, et en y entrant un jour Voltaire fit cet impromptu :

C'est ici le vrai Parnasse
Des vrais enfants d'Apollon.
Sous le nom de Boileau, ces lieux virent Horace,
Esculape y paraît sous celui de Gendron.

Dans un temps plus rapproché, les penseurs qualifiés d'idéologues se réunissaient dans une maison qu'habitait Destutt de Tracy près de l'église paroissiale d'Auteuil.

Du temps qu'Auteuil appartenait aux abbés de Sainte-Geneviève, son vin avait de la célébrité, et les abbés en faisaient des cadeaux aux évêques.

AUTEUR. Ce nom honorable ne se donnait autrefois qu'à des hommes qui avaient déjà consacré une partie de leur carrière à des travaux littéraires de quelque importance. Alors, en effet, on pouvait être fier de ce titre. Aussi lorsqu'un grand seigneur, voulant humilier Piron, et d'un financier qui se trouvait en même temps à la porte de sa chambre, a supposé à tort : « Passez, monsieur, ce n'est qu'un *auteur*, » on approuva l'*auteur de la Métromanie*, qui remit chacun à sa place en disant : « Puisque les qualités sont connues, je passe le premier. » Il n'en est plus de même aujourd'hui. Ce nom, réservé jadis à l'écrivain laborieux, se prodigue à tous ceux qui ont fait une notice de quelques pages, un article de journal, ou un quart de vaudeville. Interrogez tous les portiers de la capitale ; tous ont au moins un auteur dans leur maison. Diverses causes ont contribué à cette prodigieuse augmentation du nombre des individus alimentant, bien ou mal, la curiosité des lecteurs : la grande quantité de journaux et de théâtres, la facilité de se borner à la brochure, presque ignorée de nos consciencieux devanciers ; puis, ces grandes commotions politiques qui, déplaçant bien des fortunes, enlevant à beaucoup de jeunes gens l'espoir d'hériter d'une charge, d'une profession, les ont contraints à chercher d'autres ressources et à se faire de la littérature un état, quand ils n'en font pas un métier. Quelques-uns d'entre eux, au surplus, n'ont pas eu sous le rapport du produit à s'en repentir : il fut un temps, et ce temps n'est pas fort éloigné, où telle ou telle compilation était payée plus que l'*Émile*, où tel ou tel roman était acheté plus cher que l'*Esprit des Lois*. Deux ouvrages d'un mérite réel, les *Messéniennes* et les *Harmonies poétiques*, furent acquis dans le principe, par des libraires, au prix de 20 et de 25,000 fr., seulement pour un petit nombre d'années. Certes, dans les deux siècles précédents, jamais un pareil traité n'eût été conclu. Les *Dernières Chansons* de Béranger ont été vendues 30,000 fr., et tout le monde sait fort bien aujourd'hui que le libraire acquéreur n'a pas fait un mauvais marché. Collé, que certes nous n'avons pas la prétention de comparer au chantre du *Dieu des bonnes gens*, mais dont les chansons eurent aussi une grande vogue, eût-il trouvé de son recueil entier la moitié ou même le quart de cette somme? Les notabilités du roman pendant plusieurs années n'en ont pas tiré un parti moins avantageux, grâce à l'emplacement qui de droit était réservé à leurs chefs-d'œuvre au rez-de-chaussée de tous les journaux bien famés. Demandez à M. Eugène Sue ce que lui ont valu ses *Mystères de Paris*, le *Juif-Errant* au *Constitutionnel*. Demandez encore à M. Alexandre Dumas quel était le chiffre de son traité avec *la Presse*. M. de Lamartine a vendu son roman des *Girondins* 240,000 fr. : cela faisait juste 40,000 fr. par volume ; et le succès de cet ouvrage a encore fait hausser le prix de sa *copie*. Aujourd'hui le chantre d'Elvire n'accepte pas moins de 50,000 fr. pour un volume, prose ou vers, histoire ou roman. Son collègue à l'Académie M. Thiers a vendu 500,000 francs à une compagnie en commandite une *Histoire du Consulat et de l'Empire* en dix volumes. Cet ouvrage n'est pas encore terminé aujourd'hui, tant s'en faut, et fera de quinze à seize volumes au moins. C'est donc un petit supplément de 250 à 300,000 fr. à ajouter aux premières stipulations ; mais, avec un désintéressement que nous aimons à citer, l'honorable académicien a consenti à ne recevoir le prix de son travail supplémentaire que lorsque les acquéreurs de son manuscrit seraient rentrés dans leurs débours.

M. Louis Blanc, lui aussi, avait traité en 1846 d'une *Histoire générale de la Révolution française*, au prix de 500,000 fr. Les événements de 1848, en venant l'arracher à ses studieux et productifs travaux, ont seuls interrompu la publication de ce livre. Le grand apôtre de l'égalité des salaires n'aurait sans doute pas été embarrassé de justifier un pareil chiffre comme rémunération de son travail, si quelque voix discordante s'était élevée au milieu des conférences du Luxembourg pour lui demander comment il entendait s'appliquer à lui-même son généreux et fécond principe. Il eût pu en effet répondre que tel était désormais le prix d'un travail de ce genre, et invoquer au besoin le témoignage d'une demi-douzaine de Tacites contemporains, qui seraient venus affirmer sur l'honneur que des offres semblables leur avaient été faites de divers côtés, mais qu'ils les avaient repoussées comme insuffisantes. Comment s'y seraient-ils refusés, eux qui affirmaient spontanément le fait à qui voulait les entendre?

La seconde et la troisième classe de nos écrivains ne voyaient pas sans doute leurs travaux aussi largement rétribués, mais avec un peu d'activité dans la production les romanciers pouvaient se rattraper sur la quantité, et se créer encore chaque année un honnête revenu : la vie pour eux était alors douce et bonne. La loi Tingui, en imposant une brûlante estampille au roman-feuilleton, a ruiné sans retour cette industrie. *Métier d'auteur, métier de spéculateur*, aurait pu dire en ce temps Beaumarchais, faisant subir au proverbe une légère variante. *Métier d'auteur, métier de malheur*, crient aujourd'hui de toutes parts nos grands hommes désarçonnés. Mais pourquoi aussi avoir voulu réduire aux étroites proportions d'un métier ce qu'il y a de plus noble, de plus spontané, de plus indépendant, de plus libre, de plus désintéressé au monde, les produits de l'intelligence?

AUTEURS DRAMATIQUES. Les produits de la littérature théâtrale avaient aussi éprouvé, il y a quelques années, une hausse remarquable, et nous n'examinerons pas ici si cette hausse était habituellement justifiée par le mérite des œuvres. La vogue a souvent des caprices, et un mauvais drame du boulevard fait quelquefois plus d'argent qu'une comédie bien faite et bien jouée. Nous ne nous occuperons pas non plus de rechercher, en ce moment, si ces avantages n'ont pas été restreints, en grande partie, à un petit nombre d'élus, si l'annonce, le savoir-faire, la camaraderie, la coterie, n'ont pas monopolisé les succès dans quelques mains privilégiées ; qu'il nous suffise de faire l'historique des droits payés par nos théâtres aux auteurs dramatiques.

Dans le siècle de Louis XIV et même dans le siècle dernier, les ouvrages dramatiques étaient d'un faible rapport. Corneille mourut pauvre ; Racine, quoique historiographe et pensionné, n'avait que de l'aisance ; nous n'avons jamais entendu dire que Molière eût acheté des terres, et Regnard en posséda une, ce fut comme trésorier de France et non comme notre second poëte comique. L'auteur n'avait alors de propriété réelle que celle de son manuscrit. L'impression ne l'avait pas plus tôt rendu public, qu'en vertu d'un certain droit d'aubaine, non motivé, tous les théâtres étaient autorisés à le jouer, sans sa permission et sans lui rien payer. Aussi l'homme de lettres ne pouvait-il guère traiter avec les administrateurs dramatiques que pour son œuvre inédite. Il stipulait alors un prix pour chaque représentation ; encore le compromis s'arrêtait-il à un chiffre assez limité.

A la Comédie-Française, par exemple, ce chiffre était invariable tant que les représentations de la pièce atteignaient un *quantum* de recettes déterminé ; mais si une seule fois la recette descendait au-dessous de ce taux, la pièce tombait dans ce qu'on appelait *les règles* ; et l'auteur de tout ouvrage tombé dans les règles était exproprié, dépossédé sans compensation aucune. La recette eût-elle remonté le lendemain à un chiffre considérable, il n'avait droit à aucun dédommagement ; la confiscation dont il était victime le frappait *à perpétuité*. Les théâtres de province y mettaient encore moins de façons : ils ne payaient rien, absolument rien, aux auteurs, soit qu'ils obtinssent des copies des pièces jouées dans la capitale, soit qu'ils les montassent à l'aide des brochures imprimées.

L'auteur de *Figaro*, homme de talent, qui savait compter aussi bien qu'écrire, avait eu beaucoup à souffrir de cet abus à son entrée dans la carrière. Il mérita la reconnaissance de ses confrères en sollicitant et obtenant la loi de 1791, qui défend de jouer un ouvrage sans la permission écrite de l'auteur, à peine de la confiscation totale de la recette pour chaque infraction. Il fut secondé dans cette croisade littéraire auprès de la Constituante par Mercier, l'auteur du *Tableau de Paris*, et par plusieurs autres écrivains en renom.

Ce principe posé, il s'agissait de le féconder ; il fallait

en assurer l'exécution. Beaumarchais l'entreprit, et le succès couronna ses efforts. Tous les auteurs contemporains, réunis à son hôtel près de la Bastille, prirent entre eux l'engagement de régler désormais leurs intérêts en commun. Ils arrêtèrent des tarifs fixant les droits de représentation tant à Paris que dans les départements. Ils les divisèrent en catégories de genres et de population. Ils fondèrent deux agences centrales chargées de percevoir les droits et de traiter les affaires sociales. Enfin deux comités nommés par les auteurs veillèrent à l'ensemble des travaux. Ils s'assemblaient de temps à autre, et convoquaient au besoin des réunions générales.

L'état de choses créé par Beaumarchais dura jusqu'en 1829. A cette époque notre écrivain dramatique le plus fécond, M. Scribe, eut l'heureuse idée de rendre permanents les comités ainsi que les assemblées générales, et de placer les deux agences sous la surveillance d'un seul pouvoir agissant avec plus d'unité. Son appel fut entendu, et la commission actuelle des auteurs fut définitivement fondée.

Elle subsista sur ces bases jusqu'en 1837. Toutefois, plusieurs de ses membres n'avaient pas été sans s'apercevoir que son organisation recélait un grand inconvénient, celui de n'établir d'autre lien entre les auteurs qu'une association volontaire, fondée sur la délibération d'une assemblée dont chacun pouvait non-seulement décliner la compétence, mais se dégager même à son gré quand la fantaisie lui en viendrait. L'un des membres de la commission alors en exercice, M. Ferdinand Langlé, proposa de constituer l'association des auteurs dramatiques en société civile, conformément aux dispositions du Code Napoléon. Cette pensée fut unanimement accueillie; et l'acte, soumis à un conseil judiciaire, fut signé de tous les auteurs dramatiques.

D'après cet acte, la commission dramatique, composée de quinze membres, forme le conseil suprême de la société qu'elle administre. Les membres en sont nommés pour trois ans, à la majorité des voix, par l'assemblée générale annuelle. Les membres sortants ne peuvent être réélus qu'après un an d'intervalle. Les attributions de la commission consistent : 1° dans le droit de passer des traités avec tous les théâtres de France; 2° dans l'administration des finances sociales; 3° dans la surveillance et la direction des recouvrements; 4° dans la distribution des secours et pensions aux sociétaires malheureux, aux infirmes, aux vieillards, aux veuves et aux orphelins. Ces secours et pensions se sont élevés dans les dix dernières années au chiffre de 104,380 fr. 65 cent.

Voici les bases sur tarifs de les rétributions en ce moment accordées par les principales administrations théâtrales : au grand Opéra, 500 fr., partagés entre le poëte et le musicien, sont alloués à une œuvre chantante de trois actes et au-dessus pour chacune des quarante premières représentations, et 100 fr. pour chacune des suivantes indéfiniment. Les opéras en deux actes et un acte sont payés 170 fr. aux quarante premières représentations, et ensuite 50 fr. Il en est de même pour les ballets en trois et deux actes. Ceux d'un acte ne prélèvent que le tiers de cette somme. Au Théâtre-Français et à l'Opéra-Comique c'est d'après la recette que sont établis les droits proportionnels des auteurs, fixés pour les grands ouvrages au douzième de cette recette brute; pour les autres, suivant le nombre d'actes, au seizième et au vingt-quatrième. Aux quatre théâtres de vaudeville, c'est douze pour cent répartis entre les pièces plus ou moins nombreuses, plus ou moins étendues, qui composent le spectacle. Aux théâtres de drame, c'est dix pour cent. Même prix à l'Odéon, douze pour cent à l'Opéra-National. Les petits théâtres ont passé divers marchés insignifiants; et pourtant telle est la fécondité dramatique de notre époque qu'il n'y a pas de spectacle de boulevard dans la capitale, pas de spectacle forain hors des murs d'octroi ou dans la banlieue, qui ne voie la foule des au-

teurs se presser et les concurrents s'entre-dévorer aux portes des comités de lecture.

Quant aux théâtres de départements, ils sont toujours divisés, suivant l'ancien tarif de 1791, en cinq classes, dont la première, qui comprend ceux de nos grandes villes, telles que Lyon, Bordeaux, Marseille, Rouen, etc., paye, suivant le nombre d'actes, depuis 36 fr. jusqu'à 18 fr. par représentation, tandis que dans la cinquième et dernière catégorie ces prix descendent à 4 et même à 2 fr. Ces droits, que les auteurs ne pourraient toucher en personne, sont perçus par les deux agents dramatiques dont nous avons parlé.

On concevra, d'après ces détails, que tel auteur de nos jours ait touché annuellement des sommes que ceux des époques précédentes auraient comme fabuleuses, et que telle pièce en couplets rapporte aujourd'hui beaucoup plus que jadis une tragédie en cinq actes. Cela rend croyable le mot attribué à un ministre, qui, il y a quelques années, se serait écrié naïvement, en apprenant avec surprise quel pouvait être le produit d'une bluette : « Si j'avais su cela lorsque je travaillais chez mon notaire, j'aurais fait des vaudevilles le dimanche. » Grâce à ces produits, grâce également à la sollicitude de la commission des auteurs dramatiques, il n'est pas à craindre que nous voyions à Paris ce qu'on a vu il y a quelques années à Londres, un écrivain arrivé au terme de sa carrière se promener dans les rues de la capitale en portant un écriteau sur lequel chacun pouvait lire : « Un auteur de plus de cent pièces de théâtre se voit contraint d'implorer l'humanité de ses concitoyens. »

Il nous reste un dernier vœu à former : c'est que la loi qui régit la propriété littéraire en général s'applique également à la propriété littéraire dramatique, et qu'on ne limite pas à cinq ans après la mort d'un auteur le temps où sa veuve et ses enfants jouiront du produit de la représentation de ses œuvres. *Voyez* PROPRIÉTÉ LITTÉRAIRE.

AUTHENTICITÉ, caractère d'un acte réclus duquel on acte fait pleine foi de ce qu'il énonce et contient. L'acte authentique est celui qui a été fait par des officiers publics ayant le droit d'instrumenter dans le lieu où l'acte a été rédigé et avec les solennités requises (Code Civil, art. 1317).

On distingue sept espèces d'actes authentiques : 1° les actes du pouvoir législatif; 2° ceux de l'autorité administrative; 3° les actes judiciaires, c'est-à-dire les jugements et tous les actes de procédure faits par huissiers et autres officiers ministériels; 4° les actes notariés; 5° ceux de l'état civil; 6° les procès-verbaux des gardes forestiers ou des préposés de l'administration des douanes, des contributions indirectes, etc., auxquels la loi a donné le droit d'être crus jusqu'à inscription de faux; 7° les registres de certaines administrations publiques, comme ceux des conservateurs des hypothèques.

Un acte perd tout caractère d'authenticité par l'incompétence ou l'incapacité de l'officier, si, par exemple, il l'a rédigé en dehors de son ressort, ou s'il a été suspendu de ses fonctions, ou bien encore par un vice de forme. Mais dans ces différents cas, s'il a été signé par les parties, il a la force d'un acte sous *seing privé*. Un des principaux effets de l'authenticité est de faire foi à l'égard des tiers tout aussi bien que des parties mêmes, effet que n'ont point les actes sous seing privé. Celui qui veut dénier les faits contenus dans un acte authentique n'a d'autre ressource que l'*inscription de faux*.

Les actes authentiques sont exécutoires sans avoir besoin d'aucune autre formalité, et les officiers publics sont tenus de prêter leur ministère sur le vu de l'acte lui-même; c'est à ces sortes d'actes que s'appliquait autrefois la locution d'*exécution parée*, qui n'est guère plus d'usage aujourd'hui. En cas d'inscription de faux seulement, les tribunaux peuvent suspendre cette exécution.

AUTHENTIQUÉE (Femme). *Voyez* ADULTÈRE.

AUTHENTIQUES (*Droit romain*). On appelle ainsi des extraits des Novelles par lesquels des lois du Code sont ou modifiées ou abrogées. Ils furent tirés au moyen âge d'un manuscrit des Novelles (*libro authentico*), par les premiers compilateurs du Code Justinien, qui les ajoutèrent aux passages modifiés de ce code, et ils sont restés dans les éditions postérieures du *Corpus Juris*. Treize ordonnances rendues par les empereurs Frédéric Ier et II en Italie, et que ces princes avaient envoyées aux jurisconsultes de Bologne, avec ordre de les intercaler dans le Code Justinien aux endroits convenables, y sont demeurées de la sorte, et ont acquis force de loi.

AUTHENTIQUES (*Musique*). Ce sont quatre modes ou tons de plain-chant qui s'élèvent d'une quarte au-dessus de leurs dominantes, lesquelles sont toujours d'une quinte au-dessus de leurs finales, et diffèrent en cela du mode plagal, qui tombe toujours une quarte au-dessous de la finale. Ainsi, quand une octave est divisée arithmétiquement d'après les nombres 2, 3, 4, c'est-à-dire, quand la quinte est au grave et la quarte à l'aigu, le mode ou ton est dit *authentique*, pour le différencier du ton plagal, dans lequel l'octave est harmoniquement divisée par les nombres 3, 4, 6, ce qui fait passer la quarte au grave et la quinte à l'aigu. Les anciens auteurs de musique appelaient *impairs* les tons authentiques. — L'Église a encore quatre tons authentiques, le premier, le troisième, le cinquième et le septième. *Authentique* a ici le sens d'*approuvé*, parce que ce furent les quatre tons approuvés et choisis par saint Ambroise, le premier auteur de plain-chant.

AUTICHAMP (Famille d'). Elle descend d'Artaud IV, seigneur de *Beaumont*, qui vivait en 1324, et elle a fourni à notre histoire nationale plusieurs illustrations : *François* D'AUTICHAMP, seigneur de la Freyte, qui combattit vaillamment à Verneuil, en 1424; *André* D'AUTICHAMP, qui mourut en brave à la bataille de Montlhéry, en 1464 ; *Claude* D'AUTICHAMP, qui suivit en Italie le roi Charles VIII ; *Charles* D'AUTICHAMP, qui se distingua au siége de Lérida, à la bataille de Lens et dans les campagnes de Catalogne antérieures à la paix de Westphalie, et qui mourut en 1629; *Louis-Joseph* D'AUTICHAMP, colonel du régiment d'Enghien, tué à la bataille de Lawfeld le 2 juillet 1747.

Jean-Thérèse-Louis de Beaumont, marquis D'AUTICHAMP, né en 1738, à Angers, était le fils du précédent. Il remplit pendant la guerre de Sept-Ans les fonctions d'aide de camp auprès du maréchal de Broglie, et fut promu en 1779 au grade de maréchal de camp. Au moment de la révolution, il se prononça de la manière la plus énergique en faveur de la cause royale, émigra avec le prince de Condé, dans l'armée duquel il commanda en 1792 un corps de cavalerie, et passa en 1797 au service de Russie. En 1799 il avait été chargé de conduire à Souwarof un corps de cavalerie de réserve; mais Masséna l'empêcha d'opérer sa jonction avec le général russe. A la Restauration, Louis XVIII le créa pair de France et lui donna le gouvernement du Louvre. Démissionnaire par refus de serment en 1830, il mourut le 12 janvier 1831.

Son frère consanguin, *Antoine-Joseph-Eulalie de Beaumont*, comte D'AUTICHAMP, né à Angers, le 10 décembre 1744, comme lui aide de camp du maréchal de Broglie, se distingua en 1769 dans la campagne de Corse, accompagna La Fayette en Amérique, fut appelé, en qualité de maréchal de camp, à prendre en 1782 le commandement supérieur de Saint-Domingue, d'où il revint en France en 1788. Peu après il abandonna la France pour aller servir dans l'armée de Condé. Cependant en 1799 il obtint sa radiation de la liste des émigrés, et rentra en France, où il vécut désormais dans la vie privée jusqu'en 1815, époque où il fut nommé gouverneur du château de Saint-Germain. Il en remplissait les fonctions lorsqu'il mourut, le 10 avril 1822.

Son fils aîné, *Marie-Jean-Joseph de Beaumont*, vicomte D'AUTICHAMP, né en 1768, émigra en 1790 comme capitaine de dragons, et prit part à toutes les luttes de l'émigration, mais rentra en France en 1800. Pendant les Cent-Jours, le duc d'Angoulême le chargea d'une mission pour Londres. Plus tard il fut nommé commandant de la division militaire à Bordeaux, et mourut en 1909.

Un frère cadet du précédent, *Charles de Beaumont*, comte D'AUTICHAMP, se distingua de 1792 à 1799 parmi les chefs les plus actifs de l'insurrection vendéenne, puis finit par reconnaître le nouvel ordre de choses établi en France, et accepta du service de Bonaparte. Promu par la Restauration au grade de lieutenant général et créé pair de France, il chercha à l'époque des Cent-Jours à provoquer une insurrection royaliste dans l'Anjou. En 1823 il fut chargé du commandement de la première division de l'armée française qui envahit l'Espagne. Après la révolution de Juillet 1830 il tenta de soulever la Vendée, fut pour ce fait condamné à mort par contumace en 1833, et amnistié plus tard, se retira dans la vie privée.

AUTOBIOGRAPHIE (du grec αὐτος, soi-même; βίος, vie; γράφω, j'écris), récit qu'un personnage, historique ou non, fait de ses pensées, de ses sensations et des événements qui ont influé sur son existence. « L'autobiographie, dit M. L. Spach, est une confession, un développement psychologique, un drame intérieur mis à nu. L'auteur de mémoires n'est pas tenu de rendre compte de ce qui se passe au fond de son âme; il n'a promis au lecteur que des notes, des explications; il écrit le *commentaire de l'histoire*; l'autobiographe fait le *roman du cœur.* »

A la tête des autobiographes figure saint Augustin. L'Allemagne est riche en peintures de ce genre. Gœthe, dans son roman de *Wilhelm Meister*, a inséré, sous le titre de *Confessions d'une belle âme*, quelques passages empreints d'une haute philosophie et d'un pur sentiment chrétien : c'est l'autobiographie de Mlle de Klettenberg. La biographie du théologien Semler appartient à ce genre d'écrits.

Des mémoires peuvent devenir partiellement des autobiographies. Mme Roland est autobiographe quand elle raconte ses souvenirs d'enfance, ses impressions de vierge et de jeune mariée. Dans la seconde partie de son livre, el e s'élève au hauteurs de l'histoire quand elle décrit la lutte de la Gironde avec la Montagne. Silvio Pellico pourrait réclamer parmi les autobiographies une place éminente pour le *Mie Prigioni*.

A l'autre extrémité de l'échelle vous rencontrez le récit des tentatives galantes, du scandale, du vice, du crime, le Vénitien Casanova, le coureur d'aventures par excellence, et Trelawncy, l'auteur des *Mémoires d'un Cadet de Famille*, gentilhomme ami de Byron, pirate, massacreur, incendiaire. Il y aurait injustice à jeter en pareille compagnie Jean-Jacques Rousseau, quoiqu'il y ait de bien vilains traits dans ses *Confessions*. On se heurte à moins de pages honteuses dans Alfieri, mais il y a en revanche autant de bizarreries et plus d'humeur orgueilleuse et farouche. Goldoni est bavard et froid. Dans Coley Cibber nous ne voyons qu'un comédien ridiculement et méchamment vaniteux. L'autobiographie de Gœthe donne la clef de son génie, de son pays, de son siècle; c'est dommage qu'il se drape trop souvent en artiste, et qu'il écrive sur le piédestal de sa statue comme sur la première page de ses mémoires : *Fiction et Vérité !*

Dans ces derniers temps, Bouilly, Arnault et M. de Lamartine nous ont écrire leurs autobiographies : le premier en vieille commère, bonne quoiqu'un peu médisante, charitable quoique pleine de préjugés; le second, en faux bonhomme, sachant beaucoup, mais ne disant que ce qui lui convient et après l'avoir accommodé à sa guise; le troisième, en vieux fat, contant avec amour ses bonnes fortunes de jeunesse à la meilleure, à la plus tolérante des femmes. Les autobiographes, si nombreux chez les modernes, n'ont pas eu de représentants dans les littératures grecque et latine. Rien de plus étranger que l'amour-propre et l'égoïsme à ces mœurs républicaines. Les hommes s'effaçaient alors devant les choses. L'Orient, au contraire, cette terre classique du despotisme, offre parmi ses souverains de nombreux autobiographes, en tête desquels il faut inscrire Tamerlan.

AUTOCHTHONES (du grec αὐτός, lui-même, et de χθών, terre, pays ; c'est-à-dire sortis de la terre, du pays même). C'est le nom que les Grecs donnaient aux premiers habitants d'un pays, pour les distinguer des peuples venus d'ailleurs pour s'y établir, soit par tolérance, soit à la suite de conquêtes. Les Latins appelaient ces habitants primitifs d'un pays *aborigènes* ou *indigènes*. Les peuples anciens tenaient à honneur de passer pour autochthones, les Athéniens surtout, malgré l'histoire, qui attestait que la plus grande partie de l'Attique avait été peuplée par des colonies égyptiennes.

AUTOCLAVE (qui ferme de lui-même : du grec αὐτός, et du latin *clavis*, clef). On dit qu'un vase est *autoclave* quand il a la propriété de se tenir fermé par l'action d'une force qui se développe dans l'intérieur. Telles sont les marmites spécifiées par cette épithète, et dont le couvercle ou obturateur est construit de manière que la force expansive de la vapeur du liquide qu'elles contiennent applique exactement contre leur surface intérieure une rondelle qui interdit tout passage à cette vapeur. Cette invention moderne n'est donc réellement que la marmite de *Papin* appliquée aux usages domestiques, et principalement à la cuisson des aliments. Pour la rendre propre à ce nouvel emploi, il fallait augmenter sa capacité et diminuer considérablement l'épaisseur que le physicien donnait à celles qui servirent à ses expériences ; mais ces changements diminuaient la résistance dont ces vases étaient capables, et ramenaient le danger des explosions : on y a pourvu par des soupapes de sûreté, comme celles des chaudières de machines à vapeur. FENRY.

AUTOCRATE (du grec αὐτοκράτωρ, celui qui règne (κρατέω) en vertu de son propre droit, αὐτός ; *sui juris*).

Chez les Athéniens on nommait *autocrator* un général qui, comme Aristide à la bataille de Platée, Nicias, Alcibiade, Lamaque, dans l'expédition contre la Sicile, était dispensé de rendre compte de sa conduite et de ses opérations à la fin de la campagne. Plus tard ce mot devint une espèce de titre que les empereurs romains de Byzance, et c'est à eux que l'ont emprunté les czars de Russie, qui le portent encore. C'est en effet la traduction du titre de *samoderjets* (de *sam*, lui-même, et *derjets*, qui tient), dont les empereurs de Russie se qualifient.

L'*autocratie* est donc le gouvernement absolu d'un souverain ; c'est une puissance indépendante, qui tire toute sa force et son pouvoir de son propre fonds. Il peut bien y avoir une loi dans le pays, mais cette loi dérive du monarque, qui ne se croit responsable qu'envers Dieu. En effet, quoique les déterminations de ce souverain puissent quelquefois être influencées par des traditions et d'anciens usages, et par la loi même faite en son nom, sa volonté n'a pourtant au fond aucune limite légale. Source de tout pouvoir, il ne peut être arrêté que par sa sagesse ou par la crainte des séditions et des conjurations. Aucune charte, aucune capitulation n'a tempéré en Russie le pouvoir monarchique ; l'acte d'élection de 1613, qui conféra la couronne des czars à Michel Romanof et à ses descendants, bien qu'il offre l'apparence d'une constitution, n'a fait que consacrer le pouvoir absolu. Ce soumît-il à la loi, le pouvoir autocratique n'en serait pas diminué, puisque la loi, c'est lui qui la fait, et c'est que qu'en donnant de sages lois à son pays, en s'en montrant le plus strict observateur, en émancipant son peuple progressivement et le préparant à des institutions plus libérales, que l'autocrate peut faire oublier le pouvoir exorbitant dont il dispose.

AUTO-DA-FÉ, expression espagnole, qui signifie *acte de foi*. C'était autrefois en Espagne, en Portugal, et dans leurs dépendances, le mode suivant lequel s'accomplissaient les sentences que l'inquisition prononçait contre les personnes qui lui étaient déférées. Depuis la seconde moitié du dernier siècle, ces exécutions se faisaient en secret. Le cérémonial de l'*auto-da-fé* a varié suivant les temps et suivant les lieux. « Les tristes effets de l'inquisition, a dit Voltaire, sont peu de chose en comparaison de ces sacrifices publics qu'on nomme *auto-da-fé*, et des horreurs qui les précèdent. C'est un prêtre en surplis, c'est un moine voué à la charité et à la douceur, qui fait, dans de vastes et profonds cachots, appliquer des hommes aux tortures les plus cruelles. C'est ensuite un théâtre dressé sur une place publique où l'on conduit au bûcher tous les condamnés, à la suite d'une procession de moines et de confréries. On chante, on dit la messe et on tue des hommes. Un Asiatique qui arriverait à Madrid le jour d'une telle exécution ne saurait si c'est une réjouissance, une fête religieuse, un sacrifice, ou une boucherie ; et c'est tout cela ensemble. »

On trouve partout des descriptions d'*auto-da-fé*, et pourtant Antonio Llorente a reculé, on ne sait pourquoi, devant l'idée d'en donner une dans son *Histoire de l'Inquisition d'Espagne*. Cette cérémonie avait lieu d'ordinaire un dimanche entre la Pentecôte et l'Avent, et très-souvent le jour de la Toussaint. Dès la pointe du jour retentissait le son étouffé de la grosse cloche de la cathédrale pour annoncer aux populations l'horrible spectacle qui allait leur être offert. C'était bien en effet un spectacle pour une populace ignorante et fanatisée, qui y accourait en foule, s'imaginant que c'était faire œuvre pie que d'y assister. Les personnages les plus considérables s'honoraient de suivre ces processions, espérant par là mériter les bonnes grâces du saint-office : on voyait jusqu'à des grands d'Espagne ne pas rougir de se faire les massiers de l'Inquisition.

Les dominicains ouvraient la marche avec la bannière de l'Inquisition ; venaient ensuite les repentants qui n'avaient été condamnés qu'à de simples pénitences ; puis, séparés par un grand crucifix porté respectueusement, nu-pieds, recouverts du *san-benito* et un bonnet pointu sur la tête, les condamnés à mort. Ils étaient immédiatement suivis par les effigies des contumaces, et par les ossements des accusés morts pendant la procédure, enfermés dans des bières noires, sur lesquelles étaient peintes des flammes et des symboles infernaux. Le terrible cortége était fermé par de longues files de moines et de prêtres. On se rendait à l'église en passant par les rues principales de la ville ; la lecture des jugements était donnée à l'issue du sermon. Pendant cette lecture, les accusés étaient placés devant un crucifix chacun un cierge à la main. Quand cette lecture était terminée, un officier de l'Inquisition frappait de la main chacun des condamnés sur la poitrine, pour lui annoncer que l'Inquisition l'abandonnait au bras séculier. Un officier civil les faisait alors charger de chaînes, et on les conduisait à la prison de la ville. Quelques heures après on les amenait au lieu du supplice. Si à ce moment suprême ils se reconnaissaient catholiques romains, on les étranglait avant de livrer le corps aux flammes ; sinon, ils étaient brûlés vivants avec les ossements de leurs co-accusés morts pendant l'instance et avec les effigies des contumaces. Ordinairement il fallait que le roi vint rehausser l'éclat de cette sombre cérémonie en y assistant avec toute sa cour. Le plus brillant *auto-da-fé* dont fasse mention l'histoire eut lieu à Madrid en 1680, sous le règne de Charles II.

AUTODIDACTE (du grec αὐτός, soi-même ; διδάσκω, enseigner), celui qui sans aucun secours étranger a

AUTODIDACTE — AUTOGRAPHIE

appris seul tout ou partie de ce qu'il sait. On n'a peut-être jamais vu d'hommes complètement *autodidactes* : aussi le plus ordinairement ne désigne-t-on par cette expression que ceux qui ont acquis de l'habileté et des connaissances dans un art ou dans une science sans le secours d'autrui, et notamment sans enseignement oral. En ce sens il a existé des *autodidactes* dans tous les siècles, quoiqu'en petit nombre, car il ne faut rien moins que du génie pour ne pas tomber dans une foule de décevantes illusions et pour ne pas perdre en tentatives inutiles un temps précieux lorsqu'on veut apprendre tout seul à se rendre utile à ses semblables. On ne saurait nier que de ces nobles efforts ne résulte une plus grande excitation intellectuelle, plus de profondeur et de vivacité dans les connaissances ainsi acquises, plus d'indépendance et d'originalité dans le talent; mais à côté de ces avantages on ne peut omettre de porter en ligne de compte l'inévitable perte d'un temps précieux, la presque impossibilité pour l'esprit de généraliser, l'insuffisance de notions ainsi acquises, que l'on trouve d'ailleurs le plus souvent unies à du pédantisme et à de la présomption ; et force est d'avouer que c'est là un mode de s'instruire qui convient peu aux intelligences ordinaires. Parmi les *autodidactes* les plus remarquables que nous offrent les annales de la science, nous citerons ici V.-J. D u v a l et Fréd.-Aug. W o l f.

AUTOGRAPHE (du grec αὐτὸς, et γράφω, j'écris) signifie un écrit de la main de l'auteur. Si les hommes des siècles qui nous ont précédés avaient, autant que nous, attaché de prix aux manuscrits autographes des grands écrivains, aux lettres, aux signatures des personnages célèbres, nous n'aurions à regretter ni la perte de tant d'ouvrages grecs, latins et français, dont il reste à peine les titres ou un triste souvenir, ni celle de tant de lettres, de mémoires, de pièces diplomatiques qui auraient servi à débrouiller les ténèbres et les contradictions qu'offre l'histoire des temps anciens et du moyen âge, et à remplir les lacunes qu'elle présente.

Dans des contrées où l'instruction élémentaire est encore peu répandue, dans des siècles où elle était inconnue, et à des époques même assez récentes où elle était trop négligée, des héritiers avides, ignorants ou superstitieux, vendaient au poids ou livraient aux flammes, sans scrupule et sans examen, tous les papiers trouvés dans la succession d'un parent mort. Il n'en est plus ainsi aujourd'hui, surtout à Paris. La conservation des papiers et des écrits autographes est devenue l'objet d'un soin particulier, d'une sorte d'idolâtrie, qui chez quelques individus a dégénéré en manie, en ridicule. Il en est résulté un nouveau genre de commerce que des marchands, des spéculateurs, exploitent hardiment à leur profit. Des lettres, des pièces autographes, des signatures apposées à des diplômes, à des actes, à des quittances sur papier ou sur parchemin, sont dérobées dans les bibliothèques publiques, dans les diverses archives, et autres dépôts littéraires et administratifs, par des employés infidèles ou par des amateurs peu délicats. On en cherche, on en découvre chez les épiciers, chez les brocanteurs. Achetées à vil prix, elles sont revendues fort cher aux curieux.

La recherche de ces sortes de manuscrits a produit aussi une nouvelle branche d'industrie. Comme toutes les fortunes ne peuvent pas suffire à former des collections dispendieuses d'autographes, on y a suppléé par la gravure et par les procédés encore plus économiques de la lithographie. Des *fac-simile*, calqués sur les originaux, ont été publiés, soit isolément, soit dans des éditions nouvelles de nos meilleurs auteurs classiques, Corneille, Racine, Boileau, Bossuet, Fénelon, La Fontaine, madame de Sévigné, Voltaire, J.-J. Rousseau, etc. On en a inséré dans les voyages pittoresques et autres ouvrages. Mais c'est principalement dans des recueils spéciaux qu'on les trouve en plus grand nombre.

Nous nous bornerons à citer l'*Iconographie Universelle*, où le *fac-simile* du personnage illustre est placé à la suite de sa notice biographique et de son portrait. C'est surtout dans l'*Isographie des Hommes célèbres*, publiée en 31 livraisons in-4°, de 1827 à 1830, que l'on trouve la plus curieuse et la plus nombreuse collection de *fac-simile*, de lettres autographes et de signatures. Elle n'en contient pas moins de sept cents, dont les originaux ont été empruntés à la Bibliothèque Nationale, à celles de Vienne, Prague, Munich, etc., aux Archives nationales, à celles de divers ministères, et à des cabinets particuliers. Des collections d'autographes lithographiés ont paru aussi en Angleterre et en Allemagne, mais elles ne sont ni aussi complètes, ni aussi méthodiques, ni aussi bien exécutées.

La Bibliothèque Nationale de Paris possède une immense collection de manuscrits, lettres et signatures autographes de rois, princes, ministres, guerriers, savants et personnages illustres, tant français qu'étrangers, depuis le treizième siècle jusqu'à nos jours. On y distingue les volumineuses correspondances de Marguerite de Valois, reine de Navarre; des ducs de Guise, du connétable de Montmorency, du maréchal de Saulx-Tavannes, des cardinaux du Bellay, de Richelieu, de Retz et de Noailles, de Peiresc, de Bouillaud ; les recueils des lettres de François Ier, d'Henri IV, de Louis XIV ; le manuscrit original de *Télémaque* par Fénelon. On y trouve aussi un choix de signatures d'hommes célèbres dans tous les genres, apposées au bas de quittances et autres pièces sur parchemin, parmi lesquelles on en remarque trois ou quatre signées de Molière, et découvertes depuis peu d'années. C'est tout ce qui reste de l'écriture de notre plus illustre auteur comique. Plusieurs millions pesant de parchemins de même nature ont été, à diverses reprises, vendus assez inconsidérément et à trop bas prix à des marchands qui, après en avoir fait un nouveau triage, ont revendu en détail les pièces les plus rares et les plus intéressantes à des amateurs. Le reste ont passé chez les relieurs, chez les fabricants de colle. Les autographes abondent aussi aux archives du Palais-de-Justice et des différents ministères, plus encore aux Archives nationales, où l'on conserve entre autres pièces rares et curieuses une charte de saint Louis, l'original du procès-verbal du fameux serment prononcé au jeu de paume à Versailles, en 1789, et signé par la grande majorité des députés aux états généraux. On y garde aussi les signatures de tous les membres de la Convention nationale et de diverses autres assemblées législatives. Quelques richesses que possède la France en autographes, elle est surpassée, non pas pour le nombre, mais pour l'antiquité et la rareté, par l'Italie et par l'Espagne, s'il est vrai que la bibliothèque de Florence conserve l'Évangile de saint Jean écrit de sa main, et que plusieurs manuscrits autographes de saint Augustin existent à la bibliothèque de l'Escurial.

Les collections les plus importantes de lettres et signatures autographes sont aujourd'hui celles de M. Guizot, du prince de Metternich, de M. Fossé d'Arcosse, du marquis de Biencourt, du marquis de Flers, du marquis de Châteaugiron, du baron de Trémond, de M. Corby, de M. Jolyet, à Dijon ; de sir Thomas Philipps, à Londres ; de M. Dawson-Turner à Yarmouth; du comte de Corsilla, à Turin; du comte Gilbert Borromeo, à Milan ; de M. Falckenstein, à Dresde; de MM. Fuchs et Franck, à Vienne; celles de Guilbert-Pixérécourt, d'Auguis, de Villenave, ont en quelque célébrité, elles ont été dispersées à la mort de ces hommes de lettres.

H. AUDIFFRET.

AUTOGRAPHIE. Ayant écrit avec une encre grasse sur un papier préparé au moyen d'une composition d'amidon, de gomme et d'alun (et qu'on nomme *papier autographique*), on mouille avec de l'eau tiède le dos de la feuille, dont on applique ensuite la face écrite sur une pierre lithographique ; on recouvre le tout de plusieurs feuilles de papier mou, et l'on fait passer dessus le rateau de la presse ; les caractères sont alors transportés sur la pierre, et le tirage s'opère comme dans la lithographie. Ce procédé a reçu le nom d'*autographie* (d'αὐτός, soi-même, et γράφω, j'écris), parce qu'il permet à chacun d'écrire lui-même et d'obtenir des épreuves au moyen d'un simple *transport*, tandis que, dans la lithographie ordinaire, il faut que l'écrivain soit exercé à tracer sur la pierre des caractères renversés. L'autographie est employée particulièrement pour les mémoires, circulaires, formules d'actes judiciaires, factures, quittances de loyers, avis, facsimilés, etc.; enfin pour tout ce qu'on appelle *ouvrages de ville*.

AUTOLYCUS, astronome et mathématicien grec, natif de Pitane en Éolie, florissait vers l'an 330 avant J.-C., et écrivit des traités sur le mouvement de la sphère et sur le lever et le coucher des étoiles fixes. Ces deux ouvrages ont été imprimés dans les *Propositiones doctrinæ sphericæ* de Dasypodius (Strasbourg, 1572). Jean Auria les publia de nouveau, l'un en 1578, et l'autre en 1588. Enfin la traduction latine du livre *De Ortu et Occasu Siderum*, etc., se trouve aussi dans la *Synopsis mathematica* du père Mersenne.

AUTOMATES (du grec αὐτός, soi-même, et μάω, vouloir). On peut donner ce nom à toute machine qui fonctionne par elle-même : à proprement parler, une montre, un tourne-broche, sont des automates. Les plus extraordinaires des automates sont : le canard de Vaucanson, les têtes parlantes de l'abbé Mical, etc. Nous avons déjà consacré un article aux androïdes.

En 1741, Vaucanson construisit un canard mécanique qui se mouvait, mangeait, buvait et digérait comme un canard ordinaire ; il allongeait le cou pour aller prendre le grain dans la main, et il l'avalait avec la gloutonnerie qui est naturelle à ces sortes d'oiseaux. Quant à la construction de ses ailes, elles étaient, os pour os, cavité pour cavité, charnière pour charnière, etc., une imitation parfaite de l'animal vivant. Le mécanisme était très-bien entendu, et si bien exécuté que cet automate se dressait sur ses pattes, portait sa tête à droite et à gauche, se déplaçait, barbottait dans l'eau, croassait comme un canard ordinaire. Nous allions oublier de dire que ce canard rendait les aliments par les voies ordinaires, quelque temps après les avoir pris : on ne dit pas si l'espèce de digestion qui s'opérait dans son estomac était l'effet d'un agent chimique ou d'une trituration purement mécanique. On ignore ce qu'est devenu cet automate.

Sur la fin de sa vie, Vaucanson s'était occupé d'un automate dans l'intérieur duquel on aurait vu tout le mécanisme de la circulation du sang. Le système vasculaire devait être en gomme élastique ; mais, comme on ne connaissait pas encore la manière de dissoudre et de façonner cette matière, il avait été décidé qu'un anatomiste se transporterait à la Guyane pour présider à ce travail. Le roi Louis XVI, qui s'intéressait à cette invention, avait ordonné le voyage ; mais les lenteurs qu'éprouva l'opération dégoûtèrent Vaucanson.

L'abbé Mical construisit aussi, vers la fin du siècle dernier, plusieurs automates dont on parla beaucoup dans le temps ; il fit un groupe de figures qui jouaient de différents instruments de musique et formaient un concert. En 1780 et 1783 il présenta à l'Académie des Sciences deux têtes humaines qui articulaient des syllabes ; suivant Vicq-d'Azyr, qui fit un rapport sur ces machines, Mical avait atteint en partie le but qu'il s'était proposé, mais il avouait que les sons rendus par ces têtes n'étaient que des imitations *très-imparfaites* de la voix humaine. Le mécanisme de ces automates n'a pas été décrit exactement : nous savons vaguement que les têtes posaient sur des boîtes, dans l'intérieur desquelles on avait disposé des glottes artificielles qui rendaient des sons plus ou moins graves ; on faisait parler ces glottes au moyen d'un clavier ; de façon que si le mécanisme avait été assez parfait, il eût été possible de faire répéter à ces têtes un livre tout entier.

Dans les fameuses horloges de Lyon et de Strasbourg, les heures étaient annoncées par le chant d'un coq.

La plupart des automates dont il est fait mention dans l'histoire étaient des tours de charlatans, comme, par exemple, le *joueur d'échecs*, qui fit tant de bruit sur la fin du siècle dernier (*voyez* t. Ier, p. 556). Que dire de cet automate qui répondait en grec, en latin ou en hébreu, aux personnes qui lui parlaient à l'oreille ? TEYSSÈDRE.

AUTOMÉDON, fils de Diorès, alla au siège de Troie avec douze vaisseaux. Il fut successivement écuyer d'Achille et de son fils Pyrrhus, et s'acquit dans l'exercice de cette fonction une si grande réputation que son nom est encore donné aujourd'hui à ceux que l'on veut désigner comme habiles dans l'art de conduire un char ou un coursier.

AUTOMNE. *Voyez* SAISONS.

AUTONOMIE, MONNAIES AUTONOMES (du grec αὐτός, soi-même ; νόμος, loi). L'*autonomie* était le droit d'être gouverné par ses propres lois. Ce mot désignait sous les Romains l'état des villes grecques et des cités conquises qui jouissaient de ce privilége, et y joignaient ordinairement le droit de battre monnaie, qui a été de tout temps l'apanage de l'autorité suprême. Ces villes mettaient leur nom sur leurs monnaies. Ainsi ces mots :ΑΘΗ, ΘΕΣΣΑΛΩΝ, ΕΦΗΣΙΩΝ indiquent les monnaies des Athéniens, des Thessaliens et des Éphésiens. Les habitants de l'Asie continuèrent à frapper des statophores et ceux de l'Attique des tétradrachmes : les empereurs ne leur ôtèrent pas le droit d'autonomie. Leurs monnaies, qui n'avaient point de rapport avec celles de l'empire romain, sont dites *autonomes* ; quelques-unes portent l'image de l'empereur ou de quelqu'un de sa famille ; Eckhel appelle ces dernières *officieuses*. Cependant Rome était jalouse de son autorité : elle ne fit que de faibles concessions aux villes dont elle respecta le plus l'autonomie ; le droit de frapper des monnaies d'argent ne fut laissé qu'à des villes considérables, telles qu'Alexandrie d'Égypte, Antioche de Syrie, Césarée de Cappadoce, et autres. La permission de l'empereur était indispensable pour que les colonies romaines pussent frapper des monnaies, et alors elle était indiquée par cette expression : PERM. AUG. ou PROCOS.
CHAMPOLLION-FIGEAC.

AUTOPLASTIE. On donne ce nom à une opération chirurgicale à l'aide de laquelle on fait une partie aux dépens d'une autre partie du même individu ; en d'autres termes, c'est l'art de restaurer des parties détruites, au moyen d'autres parties voisines ou éloignées qu'on emprunte au même individu et qu'on fait adhérer par une véritable greffe animale. L'origine de cet art se perd dans les temps les plus reculés. On prétend que les Indiens l'avaient porté à un très-haut degré de perfection : l'habitude de punir, dans l'Inde, les criminels par la perte du nez, des lèvres et des oreilles, explique les opérations qu'on y a vantées à cet égard, d'autant plus que dans le principe la loi autorisait ceux qu'elle frappait ainsi à employer tous les moyens qu'ils jugeaient convenables pour rendre leur difformité moins hideuse. La tradition rapporte qu'on imagina d'abord de réappliquer le nez, que l'exécuteur venait de trancher ; mais le succès était si complet que la loi dut ordonner que le nez serait jeté au feu, et que c'est alors qu'on eut recours à la transplantation de la peau du front. Celse parle d'une autoplastie nasale et labiale. Galien traite des mêmes restaurations et de celle du prépuce ; Paul d'Égine s'occupe aussi de cette dernière autoplastie. Vers le seizième siècle, Lanfranc de Milan, qui exerçait la chirurgie à Paris, exécuta l'autoplastie nasale. On dit que dès le quinzième siècle cet art, qui avait reçu le nom de *chirurgia curtorum*, était exercé avec distinction en Calabre par la famille des Branca, qui formait des nez aux dépens de la peau des bras ; c'est même de cette famille qu'on fait descendre le célèbre Gaspard Tagliacozzo, qui passe pour le plus heureux autoplaste du seizième siècle et dont l'ouvrage laisse très-peu à désirer pour la plupart des opérations autoplastiques. Au commencement du dix-neuvième siècle, l'art des restaurations, qui était tombé en désuétude, reçut une heureuse impulsion de Carpue, chirurgien anglais, et aujourd'hui, grâce aux travaux de Græfe, Dzondi, Delpech, Cooper, Dupuytren, Roux, Dieffenbach, Lisfranc, Blandin, Lallemand et Velpeau, l'autoplastie a reçu de tels perfectionnements qu'elle constitue une science nouvelle, et l'on peut dire qu'il n'y a pas de vices de conformation, naturels ou acquis, autrefois incurables, auxquels on n'ose remédier aujourd'hui à l'aide de son intervention.

L'autoplastie a reçu des désignations particulières suivant la partie du corps où on l'applique : ainsi elle est appelée *blépharoplastie* aux paupières, *otoplastie* aux oreilles, *rhinoplastie* au nez, *kératoplastie* aux cornées, *chéiloplastie* aux lèvres, *génoplastie* aux joues, *staphyloplastie* au voile du palais, *palatoplastie* à la voûte palatine, *bronchoplastie* au larynx, etc.

On appelle *méthode italienne*, parce qu'elle fut inventée, perfectionnée et décrite en Italie au seizième siècle, celle dont les procédés opératoires consistent à prendre un lambeau sur une région éloignée, comme le bras, l'avant-bras, la main, pour être appliqué sur le vice de conformation existant, soit à la face, soit ailleurs; et on désigne sous le nom de *méthode indienne*, parce que de temps immémorial elle est pratiquée aux Indes et dans les principaux pays de l'Orient, les procédés opératoires qui consistent à tailler dans le voisinage de la difformité un lambeau pédiculé qu'on renverse en tordant le pédicule et qu'on fixe sur le lieu à restaurer, de manière à mettre ses bords saignants en contact avec les bords ravivés de la difformité; enfin par la *méthode française* on se borne à décoller les parties tout autour de l'ancienne solution de continuité, afin de pouvoir les allonger, les rapprocher, les découper et les mettre en contact par leur bord libre, sans les renverser ni les tordre. Les divers procédés opératoires que l'on emploie dans ces trois méthodes d'autoplastie témoignent des ressources immenses qu'offre cette branche nouvelle de la chirurgie. Toutefois, s'il est vrai que l'autoplastie rende d'immenses services à la pratique chirurgicale, il est vrai aussi qu'elle occasionne quelquefois des accidents graves et même la mort. Son exécution exige la plus grande prévoyance, jointe à une extrême habileté; et souvent lorsqu'elle échoue elle ajoute à la difformité primitive. D' Alex. DUCKETT.

AUTOPSIE (du grec αὐτός et ὄψις, vision, signifie *action de voir par soi-même*). Ce mot, synonyme de *nécropsie*, *nécroscopie*, est vicieusement consacré à exprimer l'inspection méthodique des cadavres, dans le but de découvrir les causes de la mort. L'art des autopsies est basé sur une profonde connaissance de l'anatomie normale et pathologique; c'est de lui que découlent les notions médicales les plus positives et les plus fécondes en résultats pratiques; mais une de ses applications les plus délicates gît dans les lumières qu'il peut fournir aux magistrats pour l'application des lois criminelles. L'infanticide, les divers genres d'homicide et de suicide ne peuvent le plus souvent être constatés que par l'autopsie de la victime. Cette branche de la médecine légale, qui rend l'homme de l'art arbitre de la vie et de la mort de ses semblables, comporte une foule de préceptes minutieux qu'il est indispensable de puiser dans les traités spéciaux.

Les autopsies ont lieu par autorité de justice ou sur la demande des familles. Les premières sont faites par des hommes de l'art commis à cet effet, en présence de magistrats qui en constatent les résultats. Les secondes ont lieu le plus souvent avant l'inhumation; il importe qu'elles ne précèdent pas la constatation régulière du décès. Si l'autopsie est réclamée après l'inhumation, il faut obtenir de l'autorité municipale les permissions nécessaires pour l'exhumation et l'autopsie.

AUTORISATION, acte par lequel certaines personnes ou certaines corporations sont relevées de l'incapacité dans laquelle les tenait la loi générale, et sont rendues habiles à contracter et à plaider. L'autorisation est nécessaire aux femmes mariées, aux mineurs, aux tuteurs, aux syndics, aux communes, aux hospices.

Les femmes mariées ont besoin de l'autorisation maritale pour ester en justice, vendre, donner, hypothéquer, acquérir à titre gratuit ou onéreux; elle est donnée par le tribunal sur le refus ou en l'absence du mari. Les mineurs émancipés doivent également être autorisés de leur conseil de famille pour emprunter, vendre, aliéner. Le tuteur a besoin de l'autorisation du conseil de famille pour aliéner ou hypothéquer les biens du mineur, pour introduire une action en justice relativement à ses droits immobiliers, pour transiger en son nom, accepter une succession qui lui serait échue, une donation qui lui serait faite. Les syndics doivent produire celle de leurs communautés ou compagnies quand il s'agit d'un acte qui dépasse les limites de l'administration. Il est des actes pour lesquels les administrateurs des hospices, des communes, maisons de charité, fabriques, etc., ont besoin de l'autorisation des sous-préfets, de celle des préfets, même de celle du gouvernement en quelques cas : ils en ont également besoin pour plaider. Les créanciers des communes ne peuvent leur intenter aucune action sans y être autorisés.

Enfin les agents du gouvernement ne peuvent être poursuivis en justice pour des crimes ou des délits commis dans l'exercice de leurs fonctions qu'en vertu d'une décision ou autorisation du conseil d'État.

AUTORITÉ. L'autorité, dans l'acception la plus générale du mot, est ce qui confère le pouvoir de commander à un autre et de le contraindre à certaines actions. Deux choses peuvent conférer ce pouvoir : la force ou le droit; ce qui donne lieu à distinguer d'abord deux espèces d'autorité, *l'autorité de droit* et celle *de fait*.

L'autorité de droit est celle, par exemple, que Dieu a sur les hommes, parce qu'étant la sagesse et la bonté même, et ayant réglé leur destinée d'après les lois de cette sagesse éternelle, il peut légitimement exiger d'eux l'exécution de ces lois, et leur imposer tous les actes qui sont nécessaires pour conduire l'homme à l'accomplissement de sa destinée.

L'autorité de fait est celle, par exemple, qu'exerce un conquérant sur un peuple qu'il a soumis par la force des armes, et auquel il impose violemment toutes les charges et toutes les institutions qu'il lui plaît.

L'autorité envisagée sous un autre point de vue, d'après la manière dont elle est exercée, donne encore lieu à distinguer deux sortes d'autorité : *l'autorité absolue* et *l'autorité limitée*.

L'autorité absolue est le pouvoir d'ordonner tout ce qu'il plaît à celui auquel on commande. Dieu seul possède l'autorité absolue de droit et de fait : lui seul, en effet, a le droit d'exiger de l'homme tout ce qu'il veut, parce qu'il ne peut rien vouloir que de bon et de sage. Nul homme, au contraire, ne peut avoir l'autorité absolue de droit sur ses semblables; car puisque c'est la nature seule qui a réglé la destinée de l'homme, nul n'a le droit de changer, selon sa volonté ou son caprice, la destination de ses semblables, et de les détourner du but auquel la nature les a tous également appelés. Ainsi, la nature nous ayant accordé des facultés pour en faire un libre usage et les développer autant qu'il est en nous, pour atteindre la fin à laquelle elles sont propres, nul n'a le droit de mettre des entraves au libre usage et au développement de ces facultés. L'autorité absolue ne peut donc pas exister de droit parmi les hommes; elle ne peut exister que de fait. Quand elle existe, c'est un devoir, et, comme on l'a dit, le plus saint de tous les devoirs, de secouer le joug d'une autorité pareille; car rien ne contrarie plus les lois de la nature, relativement à l'espèce humaine, qu'un homme qui met son caprice et son bon plaisir à la place des règles éternelles de justice et de raison qui doivent présider au développement de l'humanité.

L'*autorité limitée* est la seule qui puisse être légitime parmi les hommes. Elle est de deux sortes, l'*autorité naturelle* et l'*autorité légale*.

L'autorité naturelle est celle, par exemple, que les parents exercent sur leurs enfants jusqu'à un certain âge. Cette autorité est naturelle, c'est-à-dire qu'elle a été conférée par la nature, et qu'elle ne dépend nullement des conventions de la société. Elle est *légitime*, en ce que les parents ont sur leurs enfants une supériorité intellectuelle qui leur permet de les guider et de veiller à leurs véritables intérêts, mieux que les enfants ne pourraient le faire étant livrés à eux-mêmes. Elle est *limitée*, en ce que les parents ne peuvent vouloir à l'égard de leurs enfants que ce que la nature a voulu elle-même, c'est-à-dire leur bien, ou leur plus grand bien possible. Ainsi, les parents ne sont pas libres de disposer de la vie de leurs enfants, d'arrêter le développement de leurs facultés, etc. Ils ne sont que les délégués de la nature auprès de leurs enfants, ils ne sont pas leurs maîtres. L'autorité paternelle peut devenir légale, c'est-à-dire être limitée, non-seulement par la nature, mais encore par les lois humaines; mais elle ne cesse pas pour cela d'être naturelle, les lois ne faisant que confirmer ce qu'a établi la nature.

L'autorité *légale* est celle qui confère à certains hommes le pouvoir de gouverner la société dont ils font partie; pouvoir limité par des lois, c'est-à-dire par des conventions faites par la société, et qui déterminent le mode et la limite de ce pouvoir. Pour bien comprendre la légitimité d'une autorité semblable parmi les hommes, il faut remonter à son origine.

La société en général, ou une société en particulier, c'est-à-dire un peuple, est une réunion d'individus qui mettent en commun leurs facultés et leurs lumières pour le plus grand bien de chacun. Le plus grand bien-être de tous les individus qui composent une société, telle est la loi de cette société, parce que tel est le but que s'est proposé la nature en réunissant les hommes par l'instinct social. Mais comme ce bien-être peut souvent être compromis pour la société ou pour quelques individus par les passions et les crimes des hommes, on a senti de bonne heure la nécessité d'établir des lois, c'est-à-dire de faire des conventions au moyen desquelles les droits de chacun seraient respectés, les intérêts de diverse nature réglés, garantis, et placés sous la sauvegarde de ce qu'on appelle la justice humaine. Comme ces lois eussent été illusoires si leurs décisions n'avaient été appuyées par une force qui en rendît l'exécution possible, il fut également indispensable de confier le maintien et l'application des lois à des hommes qu'on investit d'une force suffisante pour contraindre les citoyens à l'obéissance. L'*autorité* dont ces hommes furent investis et ce que nous appelons aujourd'hui le *pouvoir exécutif*. En remontant ainsi à l'origine de ce pouvoir, on voit que la seule autorité qui puisse légitimement exister parmi des hommes créés avec des droits égaux est l'autorité légale, c'est-à-dire celle qui est chargée de commander au nom de la loi; c'est la loi seule, ou la nécessité que cette loi soit maintenue et appliquée, qui sert de fondement à cette autorité. On n'obéit pas, à proprement parler, à ceux qui en sont revêtus; on obéit à la loi qu'ils représentent, et en lui obéissant on remplit les termes du contrat passé préalablement entre les hommes. Cette autorité a des limites bien fixes et bien marquées; car les gouvernants n'imposent point leur volonté lorsqu'ils forcent d'exécuter la loi, ils imposent les volontés de la société, qui seule tient de la nature le droit d'établir des lois pour sa sûreté et son propre bien-être. Loin de commander en maîtres, ils sont liés eux-mêmes par la loi, et ne peuvent ordonner que ce qu'elle ordonne. Du moment où ils dépassent les limites de la légalité, leur autorité cesse d'être légitime, et la société qui la leur a confiée a le droit de les en dépouiller pour en revêtir des dépositaires plus fidèles.

Souvent l'autorité despotique, pour mieux assurer son empire, prend le masque de la légalité : c'est lorsque le pouvoir exécutif abuse de la puissance qui lui est confiée pour corrompre les législateurs, fausser les lois existantes et en faire rendre de nouvelles, toutes favorables au despotisme. Cette espèce d'autorité est la pire de toutes; c'est la tyrannie devenue hypocrite, et insultant à ses victimes en les écrasant au nom de la société et de la justice.

L'autorité légale, quoique s'exerçant dans les limites qui lui sont imposées, peut encore s'exercer injustement : c'est lorsque les lois qu'elle a mission de faire exécuter sont elles-mêmes vicieuses, soit par le fait des législateurs, de leur défaut de lumières ou de leurs mauvaises passions, soit par le fait même du peuple, trop ignorant ou trop lâche pour se donner des législateurs dignes par leur *capacité* et leur *moralité* de représenter convenablement les intérêts de la nation. Dans ce dernier cas, ce n'est pas au pouvoir exécutif qu'il faut s'en prendre, mais bien à la législation elle-même et aux causes qui la vicient; car le pouvoir exécutif n'est que l'agent et l'instrument de la loi.

On voit, par tout ce qui vient d'être dit, que les véritables bases sur lesquelles repose la légitimité du pouvoir exécutif ne sont autres que le pouvoir législatif, lequel a lui-même pour fondement le droit qu'a toute société d'instituer des lois protectrices de ses intérêts, et de déléguer les citoyens les plus éclairés et les plus probes pour discuter et déterminer ces lois. Or, ce droit, que la société possède au même titre que l'individu, qu'a le droit de défendre sa vie et de se développer conformément à sa nature, ce droit est ce qui constitue la *souveraineté nationale*; la souveraineté nationale est donc le seul fondement légitime de l'autorité.

Après cette explication, il est, je crois, inutile de montrer combien est fausse et ridicule l'opinion qui place la légitimité de l'autorité dans tel ordre, telle caste, ou telle famille, à laquelle le ciel aurait directement confié la mission de régir la société, qu'il aurait expressément imposée à tel peuple, et dans laquelle il aurait infusé le droit imprescriptible de disposer à son gré de la fortune, de la liberté et de la vie des citoyens. Le simple bon sens et les faits de l'histoire font suffisamment justice d'une pareille absurdité, sous l'empire de laquelle vivent pourtant encore une grande partie des peuples du globe que nous habitons.

Il est une autre espèce d'*autorité*, qui s'exerce dans une sphère tout intellectuelle, qui ne s'adresse point aux actions, mais aux idées, et qui consiste à imposer non des lois, mais des croyances. L'autorité dans le sens philosophique est ce prétendu droit qu'on accorde à certains hommes de devenir en maîtres sur les intelligences de leurs semblables, d'être la pensée qui doit régler toutes les pensées, d'être les seuls organes de la vérité sur la terre, de décider de tout sans appel, en un mot, d'être *crus sur parole*, comme d'infaillibles oracles. Ce qui a donné naissance à cette espèce d'autorité, c'est la superstition ignorante ou l'admiration aveugle et fanatique. C'est ainsi que les prêtres d'une religion sont investis d'un semblable pouvoir par l'ignorance des peuples, qui, sachant seulement que Dieu est la source de toute vérité, laissent surprendre leur crédulité au point de regarder comme les interprètes directs de la parole divine et les véritables délégués du ciel sur la terre des hommes qui d'études profondes ou les inspirations naturelles d'un esprit supérieur ont placés au-dessus du vulgaire. C'est ainsi que l'admiration exclusive pour le génie d'Aristote le faisait respecter dans le moyen âge comme la source de toute vérité en philosophie, et ces mots : *le maître l'a dit*, furent souvent l'argument sans réplique avec lequel on fermait la bouche à ses adversaires.

La foi, c'est-à-dire la croyance sans examen, est ce qui répond à cette autorité, comme l'obéissance passive répond dans un autre ordre de choses à l'autorité despotique.

Toutes les religions ont l'autorité spirituelle pour fondement; la philosophie, au contraire, a pour fondement la réflexion libre. C'est pour cette raison qu'il n'est point d'ennemis plus irréconciliables que la religion (en tant que révélée) et la philosophie; car le règne de l'une détruit le règne de l'autre. Autant la philosophie réprouve cette servitude intellectuelle qui dépouille l'homme de sa plus noble prérogative, de l'usage libre de sa raison, autant la religion a de haine pour la liberté de la pensée, autant elle fait d'efforts pour arrêter la propagation des connaissances qui élèvent l'homme au-dessus des préjugés religieux, lui révèlent sa véritable nature, et l'affranchissent du joug dont on veut asservir son intelligence.

Un fait digne de remarque, c'est que l'absolutisme et l'autorité spirituelle s'appuient ordinairement l'un sur l'autre, et que ces deux espèces de despotisme se donnent la main, parce qu'ils se prêtent naturellement un mutuel secours. Comme le bras obéit à la pensée, et que la volonté est dirigée par les croyances, un despote est plus sûr d'être obéi quand les intelligences de ceux qu'il gouverne sont façonnées au joug, et quand on ne courbe pas la tête sous son sceptre par la contrainte seule, mais aussi par la persuasion. De son côté, l'autorité spirituelle emprunte de puissants moyens d'action au pouvoir temporel, qui lui prête son glaive pour faire entrer violemment dans le temple la foule indécise, et faire prompte justice de toutes les innovations et de tous les novateurs qui pourraient ébranler la foi du vulgaire et briser les entraves d'une superstition traditionnelle.

Il n'est point nécessaire de démontrer longuement que cette seconde espèce d'autorité n'est pas plus fondée que la première; car, de même que nul homme n'a le droit de décider selon son bon plaisir du sort de ses semblables, qui ont tous reçu de la nature des droits égaux à la liberté et au bien-être, de même nul homme n'a le droit de régler à lui seul les croyances de tous les autres, puisque la nature a accordé à tous des facultés intellectuelles pour en faire usage, et que de cet usage il résulte un respect invincible pour les décisions de notre propre raison. On a comparé à bon droit l'homme qui repousserait le témoignage de sa raison, pour n'avoir de confiance que dans l'autorité d'un autre homme, à celui qui, dans sa stupide lâcheté, fermerait les yeux et se boucherait les oreilles pour ne croire que ce qui serait vu et entendu par autrui.

Il est cependant beaucoup de cas où nous sommes obligés de nous en remettre au témoignage de nos semblables, et le mot *autorité* n'a pas toujours en philosophie une aussi odieuse acception. Ainsi, il est un nombre infini de faits historiques sur la réalité desquels nous ne conservons aucun doute; nous croyons avec une égale certitude à l'existence de contrées que nous n'avons jamais visitées, aux résultats de certaines expériences que nous n'avons jamais faites. Il faut nécessairement, pour croire à tout cela, que nous ajoutions foi au témoignage des autres hommes ou aux monuments qu'ils nous ont laissés. Et en effet l'homme serait borné à un bien petit nombre de connaissances certaines, s'il ne lui était permis de croire qu'à ce qu'il a vu ou expérimenté par lui-même. Mais qu'on prenne bien garde que dans tous les cas dont nous venons de parler la confiance que nous accordons à nos semblables est fondée sur un raisonnement qui nous est propre, et que nous ne les croyons pas par la seule raison qu'ils parlent, mais bien parce que nous jugeons par nous-mêmes, et d'après la connaissance que nous possédons de certaines lois de l'esprit humain, que ces hommes n'ont pu se tromper et n'ont point voulu nous tromper. Le crédit que nous leur accordons alors repose donc en dernier lieu sur le crédit que nous accordons à notre propre raison; nous examinons ce qu'ils nous rapportent, nous vérifions par nous-mêmes leurs titres à notre confiance, et quand nous les admettons, ce n'est qu'à nous seuls que nous ajoutons foi, car tous ces témoignages n'ont pour nous de valeur qu'après avoir été éprouvés dans le creuset de notre raison individuelle.

Il est nécessaire d'ajouter ici qu'une pareille confiance n'est légitime que quand il s'agit de faits; mais dès qu'il est question de vérités que nous pouvons connaître par nous-mêmes et qui tombent ou peuvent tomber sous le raisonnement de chacun, les autorités les plus respectables ne sauraient avoir assez de poids pour balancer le témoignage de notre propre intelligence; et quand nous avons mûrement posé les raisons que notre réflexion nous suggère, les raisons opposées seraient-elles apportées par les hommes du génie le plus élevé, si elles nous paraissent évidemment inférieures aux nôtres, nous ne devons point hésiter à nous en tenir à nos propres lumières; car un homme peut avoir trouvé la vérité sur beaucoup de points, et être précisément tombé dans l'erreur à l'égard de celui-là. Quoique personne avant Newton n'eût expliqué comme lui le système du monde, et que des explications opposées eussent été données par des hommes du plus grand génie, Newton ne s'arrêta pas devant des noms, et il n'y eut point d'autorité si imposante qui pût prévaloir contre la clarté des idées et l'évidence des démonstrations rigoureuses que lui suggéra sa propre raison.

C.-M. PAFFE.

AUTOS, c'est-à-dire *actes*. A l'origine on appelait ainsi en Espagne toutes les procédures judiciaires et toutes les cérémonies publiques. Par la suite on se servit de ce mot pour désigner toutes les espèces de représentations dramatiques, et plus particulièrement les mystères ou pièces spirituelles. Plus tard encore, vers l'époque de Lope de Vega, on le réserva exclusivement aux drames spirituels qu'on représentait publiquement pour ajouter à l'éclat de certaines grandes fêtes religieuses, se rattachant pour la plupart à des processions, et qui d'ordinaire consistaient en représentations allégoriques, mystiques, symboliques, d'une étendue moindre que les *comedias*. C'est par ce caractère symbolique, ou allégorique, ayant toujours quelque rapport direct avec un mystère de la foi, que les *autos*, à proprement parler, différaient des *comedias divinas*. Comme celles-ci eurent pour point de départ les mystères ecclésiastiques ou pièces de miracles, de même les *autos* furent une transformation des moralités. Ils apparaissent dès la première moitié du seizième siècle sous cette forme précise, essentiellement différente des autres espèces de représentations dramatiques, et n'atteignirent leur plus complet développement, l'apogée de leur perfection, qu'à l'époque de Lope de Vega, et plus particulièrement par les œuvres de ce poëte, qui n'en composa pas moins de quatre cents, dit-on.

Quand les *autos* furent parvenus à cette forme épurée, la représentation en fut toujours précédée, comme celle des *comedias*, par un prélude (*loa*) et par un entr'acte (*entremès*), le plus souvent du genre comique, et même du genre de la farce. Venait ensuite l'action allégorique et religieuse proprement dite (*auto*), à laquelle, du reste, le plus souvent l'élément comique ne faisait pas défaut non plus; ce n'étaient que quelquefois que des parodies spirituelles (*a la divino*) de sujets mondains parfaitement connus dont une application ingénieuse et la solution presque épigrammatique constituaient le charme le plus vif. A cet égard donc les *autos* ne reniaient point leur origine, qui était les farces populaires représentées dans les églises : aussi, dans le principe, les intitulait-on souvent tout simplement *Farsas*, par exemple : *Farsas del Sacramento*.

Les principales espèces d'*autos* sont les *autos sacramen-*

tales qu'on représentait le jour de la Fête-Dieu (*Fiesta del Corpus*), et dont le caractère le plus saillant consiste en scènes allégoriques ayant trait à la solennité du jour. Ils n'étaient point divisés en actes ou *jornadas*, mais leur longueur dépassait celle d'une *jornada* des *comedias*. La représentation en avait lieu dans les rues et les places publiques, sur des échafaudages temporaires élevés à cet effet et formant autant de reposoirs pour les processions du saint Sacrement, toujours faites avec une pompe éblouissante. D'ordinaire les acteurs des *autos* suivaient la procession en voiture (de là la dénomination de *Fiesta de los Carros*, qu'on donnait aussi à ces fêtes). Le peuple qui accourait en foule à ces représentations, auxquelles, à Madrid, le roi assistait en personne avec toute sa cour, les écoutait avec la même piété que les cérémonies saintes. Ces espèces d'*autos* furent portés à leur plus haut degré de perfection par Calderon, qui pendant trente-sept années successives en composa non-seulement pour les fêtes du saint Sacrement célébrées à Madrid, mais pendant quelque temps aussi pour les villes de Tolède, Séville et Grenade, et qui fit preuve dans cette espèce de drames d'une extrême habileté. En effet, pour ce qui est de la profondeur de la composition, des ressources de l'invention, des finesses de l'exécution et de l'enthousiasme mystique, il surpassa en ce genre tous les autres poëtes espagnols, et il se surpassa lui-même, attendu que ses *autos*, auxquels il attachait d'ailleurs une grande importance, l'emportent pour l'art et le fini sur tous ses drames mondains. Il alla jusqu'à écrire en forme d'*autos* plusieurs de ces derniers, entre autres *le Peintre de sa propre honte* et *La vie est un rêve*.

Une autre espèce d'*autos* était ce que l'on appelait *Autos al nacimiento*; ils servaient à célébrer la naissance du Christ, et étaient représentés lors des fêtes de Noël. Il faut également en rechercher l'origine dans les fêtes que l'Église primitive célébrait à l'occasion de la Nativité du Christ (*Ludi natales*), et les églogues ou noels de l'Espagnol Encina et du Portugais Gil Vicente peuvent être considérés comme les premiers essais tentés dans ces deux pays pour donner au drame une contexture plus conforme à l'art. L'*Adoration des Bergers*, la *Fuite en Égypte*, ou quelque autre circonstance se rattachant aux souvenirs que rappelle cette fête, en composent le sujet. La mère de Dieu et saint Joseph en sont-ils d'ordinaire les principaux personnages, et les personnages allégoriques n'y jouent qu'un rôle secondaire. Ces *autos* étaient joués tantôt en plein air, tantôt dans les églises et les sacristies; plus tard, on les représenta aussi dans les salles de spectacles. Quelques-uns sont divisés en trois *jornadas*; la plupart portent l'empreinte naïve et enfantine de leur première origine.

Une troisième espèce d'*autos* était enfin ceux qui avaient pour but de célébrer certaines solennités spéciales, par exemple, la fête de saint Jacques, patron de l'Espagne. Quelquefois même des *autos* furent composés dans un but politique, par exemple pour célébrer le mariage de Philippe III avec l'archiduchesse Marguerite, la conclusion d'une paix entre la France et l'Espagne, etc.

La forme métrique des *autos* est d'ailleurs tout à fait analogue à celle des *comedias*. Pour se faire une juste idée du degré de perfection auquel était parvenue leur composition et de l'extrême variété qui les caractérise, il faut surtout lire ceux de Calderon, dont il a été fait une édition spéciale (6 vol., Madrid, 1717; 2ᵉ édition, 1759-1760). Vers le milieu du dix-huitième siècle, ils furent interdits par ordre royal, comme étant une indécente profanation des plus saints mystères; et depuis ils sont tombés en désuétude, tout au moins comme genre permanent du drame espagnol.

AUTOUR (*astur*), genre d'oiseau de proie, de la famille des diurnes, de la tribu des faucons, et qui se reconnaît aux caractères suivants : ailes plus courtes que la queue; bec court, mais fort, courbé dès la base, convexe en dessus; tarses allongés, plus ou moins grêles; doigts longs, armés d'ongles vigoureux. La brièveté de leurs ailes ne leur permet pas de voler aussi haut ni aussi longtemps que les vautours, les faucons proprement dits et les aigles : aussi pour saisir leur proie joignent-ils la ruse à la force, et c'est toujours de côté qu'ils se précipitent sur les oiseaux qui passent à leur portée, au lieu de fondre sur eux perpendiculairement, comme la plupart des oiseaux de proie; lorsqu'ils prennent du repos, ils se placent vers le milieu des arbres touffus, d'où ils guettent les oiseaux et les petits quadrupèdes. Nous en avons deux espèces en France : l'*autour ordinaire* et l'*épervier*.

L'*autour ordinaire*, long de 50 à 55 centimètres pour le mâle, et de près de 65 centimètres pour la femelle, est brun en dessus, avec des sourcils blanchâtres, blanc dessous, rayé en travers de brun dans l'âge adulte, moucheté en long dans le premier âge; il a la queue cendrée avec quatre ou cinq bandes brunes. Cet oiseau, qui se trouve communément en France, où il passe toute l'année, est également fort commun en Allemagne, en Russie, en Suisse, en Irlande, plus rare en Hollande et en Angleterre. Il habite de préférence les montagnes boisées; les jeunes pigeons et autres volailles, les levrauts, les écureuils, les souris, les taupes, etc., forment sa nourriture. Son cri est rauque et fréquent. Il vit par paire, comme le font, en général, les oiseaux de proie; il construit sur les plus grands arbres un nid dans lequel la femelle dépose quatre à cinq œufs d'un blanc bleuâtre, avec des raies et des taches brunes.

La famille des falconidés renferme un genre qui tient en quelque sorte le milieu entre l'aigle et l'autour. *Voyez* AIGLE-AUTOUR. DÉMEZIL.

AUTREAU (JACQUES D'), peintre et auteur dramatique, né à Paris, en 1656, avait appris la peinture comme moyen d'existence; c'est dire qu'il ne s'éleva guère au-dessus de la médiocrité. On a conservé cependant le souvenir de deux de ses tableaux : l'un représente *La Motte*, *Danchet* et *Fontenelle écoutant une lecture*, et l'autre *Diogène, sa lanterne à la main, cherchant un homme et le trouvant dans le cardinal de Fleury*. D'Autreau avait près de soixante ans lorsqu'il s'adonna au théâtre. Quoique d'un caractère sombre et mélancolique, il a fait des comédies qui ont fait rire, et qui paraîtraient encore fort amusantes. Leur défaut est une trop grande simplicité d'intrigue, qui laisse voir tout de suite le dénoûment. Mais il a des scènes d'un bon comique; son dialogue est naturel; son style, quoique négligé, se distingue par une heureuse facilité.

Il donna au Théâtre-Italien *le Port à l'Anglais*, comédie en prose; c'est la première pièce dans laquelle les comédiens italiens aient parlé français (le succès de cet ouvrage retint en France ces acteurs décidés à s'en retourner dans leur patrie), et *Démocrite prétendu fou*, comédie en trois actes et en vers. Il fit pour l'Opéra *Platée, ou la Naissance de la Comédie*, dont la musique est de Rameau. Le Théâtre-Français représenta plusieurs de ses pièces, qui sont à peu près oubliées : *Clorinde*, tragédie en cinq actes; *le Chevalier Bayard*, également en cinq actes, et *la Magie de l'Amour*, pastorale en un acte et en vers. On lui doit encore *les Amants ignorants*, *l'Amante romanesque et capricieuse*, *la Fille inquiète ou le Besoin d'aimer*, *Panurge à marier*, etc. D'Autreau occupe une place dans les fameux couplets attribués à Jean-Baptiste Rousseau; il y est appelé *le peintre Autreau, toujours ivre*. Ce fut sans doute son connue qui commence ainsi :

Or, écouter, petits et grands,
L'histoire d'un ingrat enfant, etc.

Jacques d'Autreau mourut en 1745, âgé de quatre-vingt-neuf ans, à l'hôpital des Incurables de Paris. Ses œuvres dramatiques, publiées en 1749, forment 4 vol. in-12 ; elles sont précédées d'une préface de Pesselier, qui est un bon morceau littéraire. CHAMPAGNAC.

AUTRICHE (Archiduché d'), l'une des principales parties de l'empire d'Autriche, borné par la Bohême, la Moravie, la Hongrie, la Styrie, l'Illyrie, le Tyrol et la Bavière, présente une superficie de 390 myriamètres carrés, avec une population d'environ 2,225,000 âmes. Au point de vue politique il est partagé : 1° en pays au-dessous de l'Ens ou Basse-Autriche, subdivisé en cercles *au-dessous* et *au-dessus du Wienerwald*, cercles *au-dessous* et *au-dessus du Mannhartsberg*; et 2° en pays au-dessus de l'Ens ou Haute-Autriche, comprenant les cercles de Muhl, de Hausruck, de Traun, de l'Inn et de Salzbourg.

AUTRICHE (Empire d'). Ce vaste empire forme un tout borné par la Saxe, la Prusse, la Russie, la Moldavie et la Valachie, la Servie, la Turquie, la mer Adriatique, les États de l'Église, Modène, Parme, le Piémont, la Suisse et la Bavière. Il se compose des provinces suivantes : 1° l'archiduché d'Autriche ; 2° le duché de Styrie ; 3° le comté princier du Tyrol et le Vorarlberg ; 4° le royaume de Bohême ; 5° le margraviat de Moravie et la partie autrichienne de la Silésie ; 6° le royaume d'Illyrie ; 7° le royaume de Gallicie et de Lodomirie ; 8° le grand-duché de Cracovie ; 9° le royaume Lombardo-Vénitien ; 10° le royaume de Hongrie avec ses dépendances, la Slavonie, la Croatie et la Dalmatie ; 11° enfin, la grande principauté de Transylvanie ; le tout présentant une superficie de 668,910 myriam. carrés, avec environ 38 millions d'habitants. De ces différentes provinces les seules qui fassent partie de la Confédération Germanique sont celles qui sont véritablement allemandes, à savoir l'Autriche, la Styrie, les duchés de Carniole et de Carinthie, le gouvernement de Trieste, le Tyrol, la Bohême, la Moravie, une partie de la Silésie, et en Gallicie les duchés d'Auschwitz et de Zator, ensemble 1973 myriam. carrés de superficie, avec 12,300,000 habitants.

La plupart des États autrichiens sont des pays de montagnes, et traversés par trois grandes chaines, les Alpes, les Karpathes et les Sudètes, dont les crêtes principales se composent de montagnes primitives. Les Alpes s'étendent depuis Bernhardin jusqu'au Danube, et présentent les points les plus élevés qu'offre toute la monarchie, l'*Orteles* et le *Grossglockner*, puis perdent de leur hauteur à mesure qu'elles s'avancent vers l'est. Le mont Leitha, dont l'élévation est à peine de 1,000 mètres, les relie aux Karpathes, qui s'élèvent de la rive gauche du Danube dans les masses granitiques colossales de la chaîne de Tatra, atteignant une hauteur de 2,672 mètres au pic de Lomnitz, et de 2,720 mètres au mont Bucsés, près de Kronstadt. Les Alpes sont accompagnées au nord et au sud de chaines calcaires, suivant toutes une direction parallèle, et dont les unes atteignent une hauteur de 3,074 mètres, avec le Dachstein sur les frontières de Saltzbourg, de Styrie et d'Autriche, et dont les autres, les chaines méridionales, qui remplissent avec leurs ramifications presque toute l'Illyrie et la Dalmatie, atteignent leur point culminant au mont Terglou, dont la hauteur est de 2,031 mètres. Les Karpathes, qui dans leur développement décrivent un arc, sont entourés au nord de grandes masses de grès qui remplissent aussi presque toute la Transylvanie. Aux Karpathes se rattachent les monts Jablunka et les Sudètes, dont le point culminant, le *Schneekoppe* (tête de neige), haut de 1,652 mètres, forme la limite du pays. Les Sudètes se relient à l'*Erzgebirge*, et celui-ci au *Bœhmerwald*, de manière à ne former avec eux qu'une suite presque non interrompue de montagnes de granit et de gneiss.

Les plus vastes plaines qu'offre la monarchie autrichienne sont la grande plaine de Hongrie, mesurant du nord au sud 555 kilomèt., et de l'est à l'ouest 370, la grande plaine de Lombardie et celle de la Gallicie.

L'extrémité septentrionale de la mer Adriatique appartient à l'Autriche depuis l'embouchure du Pô jusqu'à l'extrémité sud de la Dalmatie, offrant un développement de côtes de 1887 kilom., non compris celles des nombreuses îles du littoral.

Les lacs les plus considérables sont ceux de Platten, de Garda, de Neusiedl, qui a 220 kilom. carrés de superficie, et de Côme. Le Lac Majeur (*Lago Maggiore*) et le lac de Constance (*Bodensee*) n'appartiennent que partiellement à l'Autriche. Les pays des Alpes et des Karpathes abondent en lacs de montagnes, dont le plus considérable, situé dans la chaine de Tatra, atteint une élévation de 2,000 mètres. Le lac de Zirknitz est remarquable par ses écoulements périodiques. Les marais se trouvent surtout en Hongrie et sur les bords du Pô. Le marais de Hansag, qui communique avec le lac de Neusiedl, a une superficie de 440 kilom. carrés, et celui d'Ecsed une superficie de 220 kilom. On a tenté à diverses reprises d'opérer le desséchement du Hansag, et dans ces dernières années cette entreprise a plus particulièrement occupé l'archiduc Ferdinand. Ce prince a aussi fait opérer le desséchement des marais de Bellye, sur les bords du Danube. Le marais de Laybach, qui occupait autrefois une superficie de 165 kilom. carrés, est complètement desséché depuis 1828, et celui de Kumm, en Bohême, depuis 1834. On a de même beaucoup diminué depuis cette époque le nombre des étangs, qui est très-considérable en Bohême.

Les principaux cours d'eau sont : le Danube, qui traverse la monarchie sur un parcours de 1339 kilom., avec ses affluents l'Inn, la Traun, l'Ens, la Drau, la Save, la March, la Waag, la Theiss et la Béga ; la Vistule, avec ses affluents, le Dunajec, la Wisloka, le Sán et le Boug ; l'Elbe, avec ses affluents, la Moldau ; le Pô, avec ses affluents, le Tessin, l'Oglio, l'Adda et le Mincio, les uns et les autres navigables. Le Dniestr et l'Etsch n'ont pas d'affluents navigables.

Le climat des États autrichiens est en général salubre ; mais il varie beaucoup suivant les différentes localités. Tandis que dans les pays de montagnes la moisson est souvent couverte de neiges avant qu'elle ait eu le temps de parvenir à son point de maturité, à Trieste on voit le dattier mûrir. La température moyenne est de 6° au-dessus de 0° Réaumur à Lemberg, et de 12° à Trieste.

La population de l'empire d'Autriche comprend quatre races principales : les Slaves (16,870,000), les Allemands (6,750,000), les Italiens (4,956,000) et les Magyares (4,850,000) ; on y compte en outre 1,820,000 Valaques, Bulgares et Morlaques, 485,000 juifs, 110,000 Bohémiens, 14,000 Arméniens, 4,000 Grecs, etc. Les extrêmes de la population se trouvent dans le royaume Lombardo-Vénitien, où l'on compte 101 habitants par kilom. carré, et en Dalmatie, où on n'en compte que 27. La race slave, la plus forte de toutes, est répandue sur toute la superficie de l'empire en formant six familles principales. Elle compose plus du tiers de la population totale, et constitue la grande masse de la population en Bohême, en Moravie, en Illyrie, en Gallicie, en Hongrie et dans les contrées adjacentes réunies à ce royaume. De la race allemande, laquelle ne forme guère qu'un cinquième de la population totale, 4,300,000 âmes habitent comme population compacte les provinces purement allemandes ; le reste est dispersé dans les provinces germano-slaves, la Bohême, la Moravie et la Silésie, en Hongrie et en Transylvanie, en Gallicie et dans les provinces italiennes. La race très-mélangée des Italiens, qui ne forme qu'un septième de la population totale, n'a qu'un chiffre minime de représentants en dehors du royaume Lombardo-Vénitien, au sud du Tyrol, sur le littoral, en Dalmatie, à Vienne et dans les grandes villes de province. La race magyare, qui ne forme non plus qu'un septième de la population totale, n'égale même pas en force numérique absolue les Slaves établis en Hongrie; cependant elle constitue la principale population dans quarante comitats de ce royaume et dans les onze comitats de la Transylvanie. Il y a des Valaques en Hongrie, en Transylvanie, dans la Bukowine et la Dalmatie. Les juifs vivent dispersés dans toute l'étendue de la monarchie, à l'exception de l'Autriche au-dessus de l'Ens, de la Carinthie et de la Carniole, ainsi que des villes de montagnes de la Hongrie, où il leur est interdit de résider. C'est en Galicie qu'ils sont relativement le plus nombreux, car ils y forment presque la dix-septième partie de la population.

Au point de vue religieux il y a beaucoup moins de diversité dans les États autrichiens qu'au point de vue ethnographique. En effet, l'Église catholique romaine, à laquelle appartient aussi la famille régnante, réunit dans sa communion l'immense majorité de la population. Environ 25 millions d'âmes professent ses doctrines, qui, à l'exception de la Gallicie, de la Transylvanie et des Frontières-Militaires, forment partout la religion dominante. Elle possède treize archevêchés et soixante-dix évêchés. Depuis 1815 le nombre des couvents d'hommes, qui précédemment avait diminué, a de nouveau augmenté. En 1834 on n'en comptait pas moins de 821, comprenant une population de 6,825 religieux, qui appartenaient à vingt-cinq ordres différents. Le plus grand nombre de ces couvents sont situés en Dalmatie, dans l'Autriche au-dessus de l'Ens, dans le Tyrol et sur le littoral. Les provinces qui en comptent le moins sont la Transylvanie, la Hongrie, la Styrie, la Carinthie et la Carniole. Dans l'année précitée les franciscains avaient 203 couvents, les capucins 92, et les piaristes 61. Le nombre des couvents de femmes ne s'élevait qu'à 123, avec une population de 2,137 religieuses, presque exclusivement occupées du soin des malades et de l'éducation des jeunes filles. L'Église grecque-catholique compte environ 6,100,000 fidèles, dont plus de moitié se composent de Grecs unis au saint-siège, surtout en Galicie, en Transylvanie et en Hongrie. On trouve en outre dans ces pays 190,000 Grecs-Arméniens unis. L'Église grecque orthodoxe compte plus de 2,700,000 fidèles, dont la moitié en Hongrie, un quart en Transylvanie, et le reste dans les Frontières-Militaires, en Gallicie et en Dalmatie. Les deux principales confessions de l'Église évangélique n'ont d'importance politique, numériquement parlant, qu'en Hongrie et en Transylvanie. Formant ensemble un chiffre de 3,340,000, trois quarts de ce chiffre appartiennent à l'Église réformée, et l'autre quart à l'Église protestante.

L'instruction publique en Autriche est entièrement liée à l'Église, et ce sont des ecclésiastiques qui de préférence sont chargés de la direction non-seulement de l'enseignement élémentaire et même intermédiaire, mais le plus souvent encore de la direction des établissements d'instruction supérieure. Depuis 1830 le nombre des écoles élémentaires s'est considérablement accru dans les différentes parties de la monarchie; seule, la Hongrie était restée étrangère à ce progrès. Par contre, les établissements consacrés à l'instruction supérieure n'ont qu'une organisation insuffisante. Indépendamment des neuf universités existant à Vienne, à Prague, à Pesth, à Lemberg, à Olmutz, à Graetz, à Inspruck, à Padoue et à Pavie, on compte 55 lycées où l'on enseigne les sciences philosophiques, la jurisprudence et la théologie, 36 institutions où l'on enseigne l'économie rurale, l'exploitation des mines, la sylviculture, l'art vétérinaire, etc., 210 gymnases, dont 182 catholiques, le reste dissidents.

La constitution physique du sol de l'empire d'Autriche est telle qu'il se prête admirablement à la production de toutes les matières premières. Depuis le rétablissement général de la paix en Europe à la suite des événements de 1815, la culture des produits les plus importants a pris dans les diverses provinces le plus rapide essor. Toutefois l'abondance des produits ne satisfaisait encore qu'imparfaitement aux besoins du pays, parce que les barrières existant entre les différentes parties de la monarchie entravaient tout développement actif des rapports commerciaux entre les diverses provinces. C'est une justice de reconnaître d'ailleurs que dans ces dernières années l'administration s'est constamment efforcée d'écarter la plupart de ces obstacles à la prospérité générale. Depuis la paix conclue à Vienne en 1809, le gouvernement a fait construire une foule de nouvelles voies de communication, et les nouvelles routes des Alpes à travers le Stilfser-Joch et le Splugen, de même que l'élargissement des routes lombardes dans les vallées alpestres, appartiennent aux plus magnifiques travaux de ce genre qui aient été exécutés de nos jours. Des services réguliers de communication par la vapeur ont été organisés de Trieste à Venise, en Grèce, à Constantinople; sur le Danube, en aval jusqu'à la mer Noire et à Constantinople, en amont jusqu'à Ulm; sur le Pô, la Moldau et l'Elbe. Le chemin de fer de Linz à Budweiss est le premier qu'on ait vu en activité en Allemagne, à cette différence près qu'au lieu de vapeur la traction y avait lieu par des chevaux. Depuis lors de nombreuses voies ferrées, desservies par la vapeur, relient Vienne avec les différentes capitales de l'Allemagne de même qu'avec les chefs-lieux les plus importants de la monarchie. La Hongrie et l'Italie n'ont point été oubliées dans la répartition de ces utiles et fécondants travaux. Un chemin de fer met en communication Milan avec Venise, et le chemin de fer central hongrois se relie au vaste réseau qui aujourd'hui enserre toute l'Allemagne. Il s'en faut cependant que le chiffre des exportations de l'Autriche réponde à tant d'éléments de prospérité. La culture de la soie, l'élève des moutons et l'exploitation des mines sont les branches de l'industrie nationale dans lesquelles l'Autriche, et notamment la Lombardie, la Moravie, la Bohême, la Hongrie et la Styrie, peuvent avantageusement soutenir la comparaison avec les pays de l'Europe les plus industrieux. Mais si dans ces dernières années l'étranger a reçu annuellement en moyenne pour plus de 25 millions de florins de soie brute, pour plus de 11 millions de florins de laine brute et pour plus de 25 millions de florins de laine ouvrée, par contre les différents produits de l'agriculture n'ont pas livré en moyenne pour plus de 4,600,000 florins par an, et ceux de l'élève du bétail pour moins de 4 millions. L'agriculture pratique a fait de notables progrès dans les provinces allemandes et italiennes; mais en cela elle a plutôt satisfait à des besoins intérieurs et diminué l'importation des produits fabriqués, qu'elle n'a ouvert à ses propres produits des débouchés nouveaux. Voici comment se concentre l'industrie manufacturière dans les quatre grands districts de la monarchie : Vienne conserve son ancien renom pour tous les objets de luxe; Milan, Venise et quelques autres villes lombardes voisines brillent dans la fabrication des différentes étoffes de soie; la Moravie, la Silésie et la Bohême fournissent d'excellentes toiles et étoffes de laine, ainsi que de remarquables verroteries et cristaux; la Styrie et la Carinthie excellent pour la fabrication des armes, et en général pour tout ce qui se rattache à l'industrie métallurgique. Cependant, comme objets d'exportation, hormis les étoffes de soie et de laine, il n'y a que les toiles, les fils et autres produits du lin, les verroteries et les étoffes de coton qui aient une importance réelle. On peut évaluer à environ 12,000 le nombre des grandes fabriques et usines, à 2,500,000 le nombre des ouvriers qu'elles emploient directement ou indirectement, et à 1,500,000,000 de florins le produit de leur fabrication. Environ 4,000 manufactures fabriquent de la soie, 860 de la toile, 460 des étoffes de laine ou de coton, 580 des cuirs, 210 des verroteries et cristaux, 120 de la petite quincaillerie, 700 travaillent dans le fer, 160 dans le cuivre, 165 dans le laiton et le zinc, etc.

Le commerce ne répond point encore par ses développements à l'importance et à la richesse de l'empire; cette infériorité tient aux mille entraves qui pèsent sur ses relations avec la Russie et la Pologne comme avec les États de l'Allemagne qu'unit le *Zollverein*. Le maintien des lignes de douanes sur les frontières de la Hongrie et sur celles de la Transylvanie, deux contrées qui semblent étrangères au reste de la monarchie, ne produit pas des effets moins fâcheux. Le commerce de transit ne laisse pas cependant que d'avoir de l'importance, parce que l'Autriche se trouve placée de manière à être un intermédiaire naturel entre l'Europe et le Levant; et on ne saurait douter que lorsque la navigation à vapeur sur le Danube aura pris tous les développements dont elle est susceptible, il n'en résulte des transactions commerciales bien autrement importantes. Le commerce national a son centre principal à Vienne, où il est particulièrement favorisé par l'existence d'importantes maisons et de puissants établissements de crédit. Le commerce de la Bohême a pour centre Prague; celui de la Gallicie, Lemberg et Brody; celui de la Hongrie, Pesth et Debreczin; celui de la Transylvanie, Kronstadt et Hermanstadt; celui de la Moravie, Brunn; celui de la Haute-Autriche, Salzbourg et Linz; celui de la Styrie, Grætz; et celui du Tyrol, Inspruck et Tyrol. Le commerce maritime, tant qu'il ne prendra pas des développements autres, n'aura qu'une importance médiocre pour l'Autriche, et ne pourra égaler celui des autres grandes puissances. Il est limité aux côtes de l'Adriatique depuis Venise jusqu'à Cattaro; et ces côtes sont trop éloignées des provinces les plus importantes de l'empire, de même que de trop hautes montagnes les en séparent, pour qu'on puisse songer à les rapprocher par la création de voies de communication moins coûteuses que les routes ordinaires. La flotte commerciale autrichienne se compose de plus de cinq cents grands navires, dont quinze bâtiments à vapeur et plus de vingt vaisseaux à trois mâts. Trieste est le port le plus important; il jouit des priviléges d'un port franc. Depuis la paix de 1814 le mouvement des transactions et des marchandises a toujours été croissant sur cette place; la création encore récente du Lloyd autrichien, société de commerce qui ne date que de 1833, n'a pas peu contribué à ce résultat. Le mouvement des entrées et des sorties de navire y a correspondu de tous points. Parmi les articles d'importation introduits pour la moitié par navires anglais et américains et aussi d'Égypte, figure pour le chiffre le plus important l'approvisionnement de l'Autriche en denrées coloniales. Le commerce de Venise, quoique cette place ait obtenu en 1830 les priviléges de port franc, est hors d'état de rivaliser avec celui de sa puissante rivale. Il n'emploie en moyenne que le tiers de navires qu'emploie Trieste, et la même proportion existe entre le mouvement d'affaires des deux places. Le port de Fiume sert d'étape au commerce de la Hongrie, de même que Buccari, Buccariza, Portore et Martinchizza. Ils occupent annuellement environ deux mille navires, mais qui pour la plupart se bornent au cabotage. Les ports de Rovigno et de Raguse ont pour spécialité le transport à Trieste et à Fiume des produits des côtes voisines. Cattaro et autres petits ports du Bocchese entretiennent environ quatre cents bâtiments caboteurs, avec lesquels ils font un commerce très-actif, et servent d'intermédiaires aux relations entre Trieste, Fiume et Venise.

En ce qui touche l'organisation politique de la monarchie autrichienne, c'est un empire héréditaire, indivisible, dans lequel, en cas d'extinction de la famille régnante actuelle, les États de Hongrie et de Bohême auraient le droit de choisir un nouveau roi, tandis que dans les autres parties du pays le dernier souverain désignerait son successeur. Les enfants puînés de la maison régnante portent le titre de « princes « impériaux d'Autriche, princes royaux de Hongrie et de « Bohême, archiducs d'Autriche ». La famille impériale professe la religion catholique; toutefois les épouses des archiducs peuvent appartenir à une autre communion. La constitution est limitée en Hongrie et en Transylvanie, monarchique absolue dans le reste de l'empire. Chaque province a toutefois ses assemblées d'états, composées de membres du clergé, de la noblesse et de bourgeois (et de paysans dans le Tyrol), mais elles n'ont que voix consultative. La noblesse est soumise aux impôts directs et indirects comme les autres ordres de l'État. Les bourgeois peuvent acquérir des propriétés foncières et les droits particuliers qui y sont attachés. Le paysan est propriétaire usufruitier complétement libre des champs qu'il cultive, libre dans tous ses rapports civils, et peut étudier, soit des métiers, soit les arts, soit les sciences. A l'exception de la rente foncière et de la dîme, il ne paye pas d'impôts directs particuliers. La corvée n'est pas personnelle, et on s'efforce de la rendre partout rachetable, ainsi que cela a déjà eu lieu depuis longtemps dans tous les domaines de la couronne. La propriété foncière est autorité politique et judiciaire en première instance, mais sous la surveillance des bailliages de cercle.

A la suite des événements dont Vienne avait été le théâtre en mars 1848, et après de douloureux tâtonnements dans la voie du régime libre et représentatif, des institutions constitutionnelles, calquées avec plus ou moins de bonheur sur les différentes constitutions octroyées déjà à leurs peuples par différents souverains de l'Europe, avaient été accordées à l'empire d'Autriche le 4 mars 1849. Une ordonnance impériale, à la date du 21 août 1851, suspendit provisoirement cette constitution, qui, par une autre ordonnance en date du 31 décembre de la même année, a été définitivement abolie, attendu, disait l'exposé des motifs, qu'elle ne s'adaptait point dans ses bases aux besoins de l'empire, et qu'elle était dans ses diverses dispositions d'une exécution impraticable. Le même jour le gouvernement posait dans une déclaration solennelle, publiée à la partie officielle de la *Gazette de Vienne*, les bases des institutions organiques que l'empereur se réservait d'octroyer aux différents États de la couronne. Sauf de très-peu importantes modifications de détail, ce décret équivalait au rétablissement pur et simple de l'état de choses existant avant les événements de mars 1848.

En 1847 les forces militaires de l'empire d'Autriche, après avoir avantageusement subi les réductions autorisées par l'état de paix générale où se trouvait l'Europe, se composaient de 160,000 hommes d'infanterie de ligne, divisés en cinquante-huit régiments de ligne, un régiment allemand ou italien de 1,372 hommes, un régiment hongrois de 2,616 hommes, et en infanterie légère consistant en un régiment de chasseurs tyroliens et douze bataillons de chasseurs. A ces forces il faut ajouter une institution particulière à l'Autriche, et consistant en une organisation militaire ayant spécialement pour but la défense des frontières orientales de l'empire. Elle comprend 50,000 hommes formant dix-sept régiments d'infanterie et un bataillon de tschakistes avec un régiment de hussards. La cavalerie, forte de 39,000 hommes, se composait de huit régiments de cuirassiers, six régiments de dragons, sept régiments de chevau-légers, douze régiments de hussards et quatre régiments d'uhlans, indépendamment d'un escadron de réserve pour les temps de guerre. L'artillerie se composait de cinq régiments de campagne, d'un corps de bombardiers, et quatorze divisions d'artillerie, d'un corps d'ingénieurs, d'un corps de sapeurs et de mineurs, formant un effectif de 20,350 hommes. L'armée autrichienne sur le pied de paix se composait donc en 1847 de 269,400 hommes. On y comptait 239 généraux, 10,600 officiers supérieurs ou d'état-major, 31,200 sous-officiers et 1,590 officiers d'administration. Mais en cas de guerre cet effectif pouvait être facilement porté au chiffre de 540,000 hommes. Placée sous l'administration supérieure du conseil aulique de guerre, siégeant à Vienne, l'armée est répartie en douze commandements généraux.

La marine autrichienne se compose de un vaisseau de

ligne rasé, de huit frégates, quatre corvettes, six bricks, sept goelettes et schooners, et quelques bâtiments de moindres dimensions, montés par quatre-vingt-seize officiers, un corps d'artillerie et un bataillon de soldats de marine. Il existe en outre sur le Bas-Danube, dans les Frontières-Militaires, ainsi que sur la Sau, une petite flottille dite du Danube et montée par le bataillon de tschaïkistes.

Il serait difficile de présenter ici des données bien précises sur la situation financière de l'Autriche, attendu que le gouvernement s'est toujours efforcé de cacher au public sa véritable situation à cet égard. On estime approximativement la dette publique à deux milliards de francs, et le revenu total de l'État à environ 300 millions de francs.

Le pays au-dessous de l'Ens semble former la base même de la monarchie autrichienne. C'est là qu'à l'époque de Charlemagne, vers l'an 800, fut créé le margraviat d'Autriche, destiné à protéger les frontières sud-est de l'Allemagne contre les hordes asiatiques, et qui, réuni en 1156 au pays au-dessus de l'Ens, fut érigé alors en duché. Toutefois, ce ne fut que lorsqu'en 1282 ce duché fut passé sous les lois de la maison de Habsbourg, qu'on le vit tendre à acquérir rapidement les proportions d'un puissant État. Les Habsbourg non-seulement y réunirent ce qu'on appela plus tard le cercle d'Autriche, mais acquirent encore, en 1438, la couronne impériale d'Allemagne : et à partir de ce moment le duché fut érigé en archiduché. L'acquisition des couronnes de Bohême et de Hongrie, en 1526 et 1527, fit de la maison d'Autriche une des grandes puissances européennes, rang qu'elle conserva par le traité de paix d'Aix-la-Chapelle de 1748. L'unité politique de la monarchie se consolida en 1804, quand elle fut érigée en *empire héréditaire*, et elle lui assura en 1814 une influence prépondérante parmi les puissances appelées alors à être les arbitres de l'Europe.

Histoire.

La contrée qu'on appelle aujourd'hui l'Autriche fut habitée à l'époque la plus reculée par les Taurisques, peuple qui appartenait à la nation des Celtes. Plus tard ce nom fut remplacé par celui des Noriques. Quand les Romains eurent vaincu, en l'an 14 avant Jésus-Christ, les Noriques et occupé le Danube, le pays situé au nord de ce fleuve, vers les frontières de la Bohême et de la Moravie, appartint aux Marcomans et aux Quades. Une partie de la Basse-Autriche et de la Styrie dépendait, avec *Vindobona*, ville municipale romaine, de la Pannonie. Le reste de la Basse-Autriche et de la Styrie, avec la Carinthie et une partie de la Carniole, fut compris dans le Noricum. Goritz appartenait à la province romaine *Illyricum*, et le Tyrol fit partie de la Rhétie. La grande migration des peuples détruisit ces démarcations. Les Boïens, les Vandales, les Hérules, les Rugiens, les Goths, les Huns, les Lombards et les Avares s'y succédèrent pendant les cinquième et sixième siècles, jusqu'à ce que, à partir de l'an 568, quand les Lombards eurent fondé leur empire dans la Haute-Italie, l'Ens forma la ligne de démarcation entre la peuplade germanique des Bajuvariens, à qui appartenait le pays d'au-dessus de l'Ens, et les Avares venus de l'Orient sur les bords de cette rivière. Mais dès l'an 611 on voit apparaître les Slaves sur les rives de la Mur, de la Sau et de la Drau. Lorsque après l'abolition de la dignité de duc en Bavière, en 788, les Avares franchirent l'Ens et envahirent les comtés francs de la Bavière, Charlemagne, en l'an 789, les repoussa jusqu'à la Saale, et réunit tout le pays s'étendant depuis l'Ens jusqu'à l'embouchure de cette rivière dans le Danube (ce qu'on appelle le pays d'au-dessous de l'Ens) à l'Allemagne, sous le nom d'Avarie ou de Marche orientale, *Marchia orientalis* ou *Austria*. Charlemagne envoya des colons, originaires pour la plupart de la Bavière, dans cette nouvelle province, à la tête de laquelle il plaça un margrave (*markgraf*), en même temps que l'archevêque de Salzbourg était chargé par lui d'y surveiller tout ce qui se rapportait à l'Église. L'Avarie forma, à partir du traité de partage conclu à Verdun en 843, la province frontière orientale de l'empire d'Allemagne. Les Hongrois s'en emparèrent en l'an 900, quand ils envahirent l'Allemagne; et ce ne fut qu'en 955 que l'empereur Othon Ier, par la victoire qu'il remporta sous les murs d'Augsbourg, réussit à leur reprendre une partie de cette province, qui, complètement reconquise à peu de temps de là, fut réunie de nouveau à l'Allemagne avec ses délimitations primitives.

En l'an 983 l'empereur nomma margrave de la province nouvellement conquise le comte Léopold Ier de Babenberg, qui se rendit célèbre par ses entreprises contre les Hongrois, dont il enleva d'assaut la forteresse appelée *Mœlk*, et qui mourut en 994. Sous le règne de Henri Ier (jusqu'en 1018), fils de Léopold, apparaît pour la première fois la dénomination d'*Ostirrichi*, c'est-à-dire *Œstreich*, dérivée d'*Austria*, dans un acte de donation de l'empereur Othon III de l'an 996. A Henri Ier succédèrent son frère Adalbert d'abord (jusqu'en 1050), puis le fils de celui-ci Ernest (jusqu'en 1075). Ernest obtint de l'empereur Henri IV des lettres de liberté (*Freiheitsbrief*) qui constituèrent le premier des privilèges de la maison d'Autriche. Il y est fait mention du margrave comme du plus fidèle des serviteurs de l'empereur, et l'empereur lui accorde le droit de faire porter devant lui l'épée et la bannière du pays. C'est sous son règne que fut enfin décidé le procès pendant entre l'empereur Conrad de Hohenstaufen et Henri l'Orgueilleux, duc de Saxe et de Bavière; décision qui attribua la Saxe à Albert l'Ours et la Bavière au margrave Léopold. Henri II Jasomirgott, frère et successeur de Léopold, eut à la vérité querelle avec Henri le Lion au sujet de la Bavière; mais il s'en tira à son honneur. L'accommodement eut lieu le 17 septembre 1156, à Ratisbonne, dans le palais de l'empereur Frédéric Barberousse. Henri Jasomirgott restitua à l'empereur la Bavière et tous les fiefs impériaux qui en dépendaient, ainsi que sept bannières. Henri le Lion en fut gratifié; mais à son tour il dut restituer à l'empereur deux bannières de même que la marche de Bavière d'au-dessus de l'Ens avec les comtés qui en dépendaient ; après quoi Henri Jasomirgott reçut l'investiture du fief de la marche d'au-dessus de l'Ens. En outre, les deux marches d'au-dessus et d'au-dessous de l'Ens furent érigées en duché dont l'investiture fut immédiatement accordée au nouveau duc pour lui et ses héritiers, en même temps que des franchises et des privilèges importants étaient accordés au pays. On stipula entre autres que le duché d'Autriche serait indivisible, héréditaire dans la ligne mâle aînée d'après l'ordre de primogéniture, que l'empire ne posséderait aucun fief en Autriche, et que le duc ne serait justiciable d'aucune cour de justice de l'empire. On ajouta même que ces droits et privilèges s'étendraient à tous les pays que les ducs pourraient ajouter par la suite à leur héritage. Henri Jasomirgott est encore important dans l'histoire d'Autriche à cause de la part qu'il prit à la seconde croisade, et aussi parce qu'il transféra sa résidence et sa cour de Léopoldsberg à Vienne, alors pour la première fois qualifiée de ville, enfin parce que ce fut lui qui commença la construction de l'église Saint-Étienne.

Il mourut le 13 janvier 1177, et eut pour successeur son fils Léopold V (jusqu'en 1194), sous lequel la Styrie fut réunie à l'Autriche. A Léopold V succéda son fils Frédéric le Catholique (mort en 1198), et à celui-ci son frère Léopold VI, qui entreprit de nombreuses expéditions contre les Hongrois et les infidèles, tant en Europe que hors d'Europe, et qui de tous les princes de la maison de Babenberg est celui sous le règne duquel l'Autriche jouit de plus de prospérité. Son fils Frédéric, à qui il légua ses États, non-seulement prospères, mais encore augmentés, et qui à son tour accrut tellement les fiefs dont il avait hérité de son père en Carniole, qu'il prit le titre de seigneur de la Carniole, fut le dernier de sa race. En lui s'éteignit la maison de Babenberg. Dans les dernières années de sa vie, il avait en le projet de réunir ses différents États en royaume et de se faire créer roi par l'empereur; mais sa mort prématurée, arrivée le 12 juillet 1246, dans une bataille livrée aux Magyares, l'empêcha de mettre ce projet à exécution.

La période suivante, de 1246 à 1282, est désignée dans l'histoire sous le nom d'*Interrègne autrichien*. L'empereur Frédéric II déclara en effet l'Autriche et la Styrie réunies au domaine héréditaire des empereurs à titre de fief tombé en deshérence, établit un gouverneur à Vienne, et renouvela les priviléges de ville impériale accordés à cette cité. Mais en 1248 Marguerite, sœur du feu duc Frédéric et veuve de l'empereur Henri VI, ainsi que sa nièce Gertrude, qui avait épousé le margrave Hermann de Bade, gouverneur de l'Autriche pour l'empereur, élevèrent, à l'instigation du pape Innocent IV, des prétentions à l'héritage de Frédéric. Le margrave Hermann, appuyé par le pape et par un puissant parti, s'empara de Vienne et de plusieurs villes d'Autriche, tandis qu'en Styrie le gouverneur de Goritz, le comte Meinhard, lui opposait une vive résistance. Mais Hermann mourut dès l'année 1250 ; et son fils Frédéric, qui eut la tête tranchée à Naples, en 1268, avec Conradin de Souabe, n'était encore alors âgé que d'un an. Par suite des dissensions intestines auxquelles le pays était en proie et de l'impossibilité de songer à l'Autriche, où la lutte qu'il avait à soutenir contre son anti-roi plaçait l'empereur Conrad IV, les états de ce duché, dont il est déjà fait mention dans des diplômes remontant à l'année 1096, et ceux de Styrie résolurent, en 1251, de choisir pour duc l'un des fils de la seconde sœur de Frédéric, Constance, femme du margrave de Misnie, Henri l'Illustre. Déjà leurs envoyés étaient en route pour se rendre en Misnie, quand, à leur arrivée à Prague, le roi Wenceslas les détermina à élire pour duc d'Autriche et de Styrie son fils Ottocar, lequel réussit à se maintenir en possession de cette dignité par la force des armes et par l'emploi de la corruption, de même que par le mariage qu'il contracta avec l'impératrice douairière, Marguerite. Après avoir enlevé la Styrie au roi Béla de Hongrie, à la suite de la victoire décisive qu'il remporta sur ce prince dans les plaines de March, il se fit accorder l'investiture des deux duchés par le roi des Romains, Richard, en 1262. En vertu du testament laissé en mourant par son cousin Ulrich, dernier duc de Carinthie et de Frioul, le duché de Carinthie avec la partie de la Carniole qui y avait été réunie, l'*Histerreich* et une partie du Frioul, passèrent sous son autorité. L'orgueil perdit Ottocar et le précipita de la hauteur où il était parvenu. Il s'était refusé à reconnaître Rodolphe de Habsbourg en qualité d'empereur ; mais il fut vaincu par ce prince en novembre 1276, et dut lui céder l'ensemble de ses possessions en Autriche. Ayant tenté de les reconquérir, il perdit la vie dans une bataille livrée le 26 août 1278; et son fils Wenceslas, pour conserver ses États héréditaires, dut solennellement renoncer à toutes prétentions sur l'Autriche. L'empereur Rodolphe séjourna pendant trois ans à Vienne, et nomma ensuite son fils gouverneur de la contrée. Puis, après en avoir obtenu l'agrément des électeurs de Saxe et de Brandebourg, des trois électeurs ecclésiastiques et des comtes palatins du Rhin, il accorda, le 27 décembre 1282, à ses fils Albert et Rodolphe l'investiture solennelle des duchés d'Autriche, de Styrie et de Carinthie.

Albert Ier et Rodolphe cédèrent la Carinthie au comte Meinhard de Tyrol, beau-père d'Albert, en 1283 passèrent une convention en vertu de laquelle Albert resta seul en possession de l'Autriche, de la Styrie et de la Carniole, et fixa sa résidence à Vienne, qui renonça à ses priviléges de ville libre impériale, en même temps que le nom de l'Autriche devenait celui de la famille des descendants de Rodolphe et de ses fils. L'avénement de la maison de Habsbourg fut la base première de la grandeur future de l'Autriche. L'esprit de domination dont était animé Albert l'entraîna dans des guerres sanglantes contre la Bavière et la Hongrie ; et en 1298 il fut élu roi des Romains de préférence à Adolphe de Nassau, son rival. Mais ayant entrepris de subjuguer les Suisses, il fut assassiné le 1er mai 1308 à Rheinfelden, par son neveu Jean de Souabe (*voyez* JEAN LE PARRICIDE), dont il avait confisqué les domaines héréditaires. Les cinq fils d'Albert, Frédéric, Léopold, Henri, Albert et Othon, auxquels échut en outre l'héritage de Jean de Souabe, durent acheter de l'empereur Henri VII, moyennant la somme de 20,000 marcs d'argent, l'investiture des États de leur père, qui sous son règne avaient été accrus, en l'an 1301, du margraviat de Souabe, et qui à sa mort en étaient venus à comprendre une superficie de 690 myriamètres carrés. A la suite de leurs guerres contre la Bavière, ils acquirent Neuburg ; par contre, la tentative faite par le duc Léopold pour recouvrer les villes forestières helvétiques, perdues sous le règne d'Albert, échoua contre la bravoure des confédérés à la fameuse bataille de Morgarten, livrée le 6 décembre 1415. Son frère Frédéric, élu empereur d'Allemagne par quelques électeurs en 1314, fut, lui aussi, battu par son compétiteur, Louis de Bavière, à la bataille de Muldorf, livrée le 13 septembre 1322, et devint même son prisonnier. L'empereur s'étant vu forcé en 1325, par suite de sa lutte contre la maison de Luxembourg en Bohême et contre le pape Jean XXII, de lui rendre sa liberté, Frédéric dut renoncer à toute participation au gouvernement et s'engager à restituer tous les domaines impériaux au pouvoir de l'Autriche. Mais son frère refusa de sanctionner cette convention, comme déshonorante, et continua la lutte contre Louis : en conséquence, Frédéric revint à Munich se constituer prisonnier. Touché de cette fidélité à la foi jurée, l'empereur Louis se réconcilia avec Frédéric et, signa avec lui, le 7 septembre 1325, une convention aux termes de laquelle ils se partageaient l'administration de l'empire, mais qui demeura inexécutée parce qu'elle avait été conclue sans l'assentiment des électeurs. Sur ces entrefaites, Henri et Léopold d'Autriche étaient morts, le premier en 1326 et le second en 1327. Frédéric à son tour mourut le 13 janvier 1330, sans laisser d'enfants ; et alors ses frères Albert II et Othon firent leur paix avec l'empereur Louis. A la mort de leur cousin Henri, margrave de Tyrol et duc de Carinthie, père de Marguerite Maultasch, ils se firent accorder par l'empereur, en mai 1335, l'investiture du Tyrol et de la Carinthie ; toutefois, en vertu d'un traité signé le 9 octobre 1336, ils rétrocédèrent le Tyrol au roi Jean de Bohême pour son fils Jean-Henri, ou plutôt pour sa bru, Marguerite Maultasch. Othon et ses fils étant morts en 1344, Albert II réunit sous son autorité l'ensemble des possessions de la maison d'Autriche, augmentées encore en 1324 des domaines du dernier comte de Pfort, dont il avait épousé la fille, et en 1326 des domaines de la maison de Bourgogne-Kyburg.

Des quatre fils d'Albert II, Rodolphe, Albert, Léopold et Frédéric, Rodolphe II (IV) fut celui qui se distingua le plus. Il termina la construction de l'église de Saint-Étienne, créa le chapitre coliégial et l'école supérieure de Vienne, et mourut à Milan en 1355 sans laisser d'enfants. Son frère cadet, Frédéric, l'avait déjà précédé dans la tombe. Les deux frères survivants opérèrent alors entre eux un partage par suite duquel Albert III eut pour lui l'Autriche et abandonna à son frère le reste de l'héritage paternel. Léopold ayant payé de sa vie, à la bataille de Sempach, la tentative nouvelle qu'il fit pour reconquérir les anciennes possessions de sa maison, Albert gouverna en qualité de tuteur les États du fils mineur que laissait son frère. Marguerite Maultasch lui céda le Tyrol à la mort de son fils unique, Meinhard, qui avait épousé la sœur d'Albert ; et jusqu'à la mort d'Albert III, arrivée en 1395, l'Autriche s'accrut de divers territoires. Albert III et Léopold III fondèrent deux lignes, celle d'Autriche et celle de Styrie, qui durèrent soixante-dix-huit années. Albert IV, fils unique d'Albert III, se trouvait en Palestine au moment où mourut son frère. A son retour, il voulait se venger des actes d'hostilité commis par le margrave Procope de Moravie; mais il mourut empoisonné sous les murs de Znaïm, en 1404. Son fils, encore mineur, Albert V, fut déclaré majeur en 1410, et, comme gendre de l'empereur Sigismond, réunit sur sa tête, en 1438, les couronnes de Hongrie et de Bohême, ainsi que la couronne impériale; mais il mourut dès l'année suivante (1439). Avec son fils posthume Ladislas s'éteignit, en 1457, la ligne d'Autriche, dont les possessions firent retour à celle de Styrie. A partir de cette époque la couronne impériale resta constamment dans la maison d'Autriche. Il n'y eut que la Hongrie et la Bohême qui s'en séparèrent pour quelque temps, par suite de la mort d'Albert V; de même qu'après les luttes sanglantes qui eurent lieu en Suisse sous le roi des Allemands Frédéric IV, devenu plus tard l'empereur Frédéric III, elle perdit les derniers débris de l'héritage primitif des Habsbourgs en Helvétie. En revanche, l'empereur Frédéric III fit de nombreuses acquisitions de territoire, et pour ajouter à l'éclat de sa maison il y introduisit la dignité d'archiduc. La querelle de succession qui éclata entre l'empereur Frédéric III et ses frères, Albert et Sigismond, et pendant laquelle l'empereur se trouva quelque temps assiégé dans son château impérial de Vienne par la population de cette capitale, dévouée aux intérêts d'Albert, se termina par la mort de ce dernier, arrivée en décembre 1464. Sigismond lui ayant alors cédé sa part dans l'héritage de Ladislas, mort précédemment, Frédéric III devint seul souverain de l'Autriche. Son fils Maximilien Ier, par son mariage avec Marie, fille unique du duc de Bourgogne Charles le Téméraire, ajouta en 1477 les Pays-Bas aux possessions de la maison d'Autriche. Cependant Maximilien eut beaucoup de peine à en conserver le gouvernement, qu'il exerça comme tuteur de son fils Philippe. Un traité avantageux conclu en 1489 mit un terme à sa captivité à Bruges; mais il perdit le duché de Gueldre. Devenu empereur d'Allemagne en 1483, par suite de la mort de son père, il céda à son fils Philippe le gouvernement des Pays-Bas. Maximilien Ier recula les frontières de ses États héréditaires, auxquels il ajouta tout le Tyrol, ainsi que d'autres territoires, pour la plupart enlevés à la Bavière; et il acquit aussi à sa maison de nouvelles prétentions sur la Hongrie et sur la Bohême. Ce fut sous son règne que la ville de Vienne commença de devenir le centre des arts et des sciences en Allemagne. Le mariage de son fils avec Jeanne d'Espagne plaça la maison de Habsbourg sur le trône des Espagnes et des Indes; mais Philippe étant venu à mourir dès l'année 1506, la réunion des couronnes d'Autriche et d'Espagne sur une même tête n'eut lieu qu'après la mort de Maximilien Ier, arrivée le 12 janvier 1519, époque où son petit-fils, aîné de Philippe, Charles Ier, roi d'Espagne, fut élu empereur d'Allemagne sous le nom de Charles-Quint. Celui-ci, aux termes des traités de partage intervenus le 28 avril 1521 à Worms et le 17 mai 1540 à Gand, abandonna à son frère Ferdinand Ier tous ses États héréditaires allemands, à l'exception des Pays-Bas, qu'il se réserva.

Ferdinand Ier, par son mariage avec Anne, sœur du roi de Hongrie, Louis II, tué à la bataille de Mohatsch, en 1526, acquit les royaumes de Hongrie et de Bohême ainsi que les dépendances de la Bohême, telles que la Moravie, la Silésie et la Lusace. La Bohême reconnut sans difficulté Ferdinand pour son roi. En Hongrie également, malgré le nombre des magnats qui se montraient disposés en faveur de Jean de Zapolya, et malgré le bonheur qui s'attacha d'abord aux entreprises de son compétiteur, il fut élu roi en 1526 et couronné en 1527. Mais Zapolya contracta alliance avec le sultan Soliman II, qui dès 1529 s'en vint camper sous les murs de Vienne à la tête d'une armée formidable. Les mesures habiles prises par le général autrichien, le comte de Salm, sauvèrent seules à ce moment cette capitale, et l'armée impériale contraignit Soliman à battre en retraite. Un traité fut ensuite conclu en 1535, en vertu duquel Jean de Zapolya obtint le titre de roi et la moitié de la Hongrie, avec la réserve que sa descendance ne conserverait que la souveraineté de la Transylvanie. A la mort de Jean, de nouveaux troubles éclatèrent, dans lesquels intervint encore une fois le sultan Soliman, à qui Ferdinand dut acheter la tranquille possession de la Basse-Hongrie en prenant l'engagement de lui payer un tribut annuel de 300,000 ducats. Ferdinand ne fut pas plus heureux à l'égard du duché de Wurtemberg, que la ligue de Souabe avait enlevé au turbulent duc Ulrich pour le rendre à l'empereur Charles-Quint, lequel, dans l'acte de partage précité, l'avait rétrocédé à son frère Ferdinand. Le landgrave Philippe de Hesse, ami du duc Ulrich, profita en effet de la situation embarrassée de Ferdinand, obligé de soutenir une guerre difficile au sujet de la Hongrie, pour, avec l'appui de la France, s'emparer du Wurtemberg; et aux termes du traité signé à Cadan en Bohême le 29 juin 1534, Ferdinand le rendit à Ulrich, sous la réserve qu'il le tiendrait comme fief relevant de l'Autriche et devant lui faire retour en cas d'extinction de sa descendance. Ces pertes ne furent pas à beaucoup près compensées par l'acquisition de l'autre moitié de Bregenz, du comté de Thengen et de la ville de Constance. Cependant, même à ce moment les possessions de la ligne allemande de la maison d'Autriche comprenaient déjà une superficie de 5,402 milles géographiques carrés.

Ferdinand ceignit en outre la couronne impériale quand, en 1556, son frère Charles-Quint eut échangé le sceptre contre le froc. Il mourut le 25 juillet 1564, laissant le renom d'un souverain du premier mérite, encore bien qu'on puisse lui reprocher de l'immobilité pour principe dans l'État, dans l'église et dans le système de la féodalité, de même que d'avoir accueilli dans ses États la compagnie de Jésus. Aux termes de l'acte de ses dernières volontés, ses trois fils opérèrent comme suit le partage de l'héritage paternel : l'aîné, Maximilien II, qui devint empereur, eut l'Autriche, la Hongrie, la Bohême; le second, Ferdinand, le Tyrol et la Haute-Autriche; et le troisième, Charles, la Styrie, la Carinthie, la Carniole et Goritz. L'empereur Maximilien II fut plus heureux en Hongrie que son père. La mort de Soliman sous les murs de Zigeth, en 1566, amena la conclusion d'un armistice. En 1572 l'empereur fit couronner son fils aîné, Rodolphe, en qualité de roi de Hongrie; ce prince fut en outre couronné comme roi de Bohême et élu roi des Romains en 1575. Par contre, les tentatives qu'il fit pour assurer à sa maison la couronne de Pologne échouèrent, tout comme celles que fit encore son frère Ernest. Le quatrième de ses fils, Maximilien, en 1587, après la mort d'Étienne Bathori. Maximilien II fut un prince ami de la paix, tolérant en matière de religion, et juste. Il mourut en 1576. De ses cinq fils, ce fut à l'aîné, Rodolphe II, qu'échut la couronne impériale. Sous son règne les possessions de l'archiduc Ferdinand, qui avait épousé la belle Philippine Welser, fille d'un riche bourgeois d'Augsbourg, firent retour, après la mort de ce prince, aux deux lignes survivantes, parce que les enfants issus de ce mariage ne furent point reconnus aptes à hériter du titre de princes de la famille impériale qu'avait porté leur père. Rodolphe II s'attacha à maintenir l'antique système féodal aristocratique, apporta d'ailleurs beaucoup de négligence et de légèreté dans le gouvernement de ses peuples; prince d'un caractère essentiellement faible, il s'en rapportait en toutes choses à l'avis de ses ministres. La guerre qu'il soutint contre la Porte et contre le prince souverain de la Transylvanie fut peu glorieuse. Les protestants, dont les jésuites voulaient étouffer les doctrines religieuses, lui arrachèrent la déclaration connue sous le nom de *Lettres de Majesté*. En 1608 il dut céder la Hongrie, et en 1611 la Bohême ainsi que les États héréditaires autrichiens à son frère Mathias. Celui-ci, qui lui succéda en 1612 comme empereur, conclut une trêve de vingt ans avec les Turcs, et abandonna en 1617 la Bohême, puis en 1618 la Hongrie, à son cousin Ferdinand, fils de l'archiduc Charles, mort en 1590, et troisième fils de l'empereur Maximilien II. Mathias, après avoir assisté au début de la guerre de Trente Ans, mourut, le 20 mars 1619. Les habitants de la Bohême, de même que les États de l'Autriche et les Hongrois, refusèrent de reconnaître son successeur, l'empereur Ferdinand II, devenu dès lors possesseur de tous les États autrichiens, et élurent pour roi le chef de l'Union Évangélique, l'électeur palatin Frédéric V. Mais à la suite de la bataille de Prague, en 1620, la Bohême dut se soumettre à Ferdinand, qui entreprit alors en Bohême et en Moravie une véritable extermination du protestantisme, mit à néant la libre élection des rois de Bohême ainsi que les Lettres de Majesté, et institua un tribunal catholique de la Réformation, qui contraignit des milliers de citoyens à s'expatrier pour conserver leur liberté de conscience. L'empereur réussit aussi à forcer les membres, pour la plupart protestants, des états d'Autriche à lui prêter foi et hommage, acte qui fut suivi de l'interdiction la plus sévère du protestantisme en Autriche. Enfin il parvint à étouffer la révolte de la Hongrie, qui avait pris les armes et s'était rangée sous les ordres du prince souverain de la Transylvanie, Bethlen-Gabor. Cependant cette guerre de religion coûta à la maison d'Autriche la prospérité de tous ses États. C'est ainsi, par exemple, que sur 372 villes qu'on comptait en Bohême au moment où elle éclata, il n'en restait plus que 130 quand elle se termina; que le nombre des villages se trouva réduit de 30,700 à 6,000, et le chiffre de la population, de 3,000,000 d'habitants à 780,000. Sous le règne du successeur de Ferdinand II, l'empereur Ferdinand III, qui régna de 1637 à 1657, les États autrichiens furent encore davantage en proie au fléau de la guerre. De même que par la paix de Prague Ferdinand II s'était vu forcé d'abandonner la Lusace à la Saxe, Ferdinand III fut contraint d'abandonner l'Alsace à la France dans le traité de Westphalie, conclu en 1648. L'empereur Léopold 1er, fils et successeur de Ferdinand, provoqua par son intolérance et ses cruautés une révolte des Hongrois. Tœkely trouva aide et appui auprès de la Porte; et Kara-Mustapha vint, en 1683, mettre le siége devant Vienne, qui ne dut alors son salut qu'à une armée polonaise et allemande accourue à son secours sous les ordres du roi de Pologne Jean Sobieski. L'empereur, ayant ensuite opéré la soumission complète de la Hongrie par ses généraux, transforma, en 1687, ce royaume en État héréditaire, auquel il réunit la Transylvanie, quoiqu'elle eût eu jusque alors des souverains particuliers. La Porte, vaincue par le prince Eugène, dut en outre, par la paix de Carlowitz, conclue en 1699, restituer à la Hongrie tout le territoire situé entre le Danube et la Theiss, et en 1718, en vertu de la paix de Passarowitz, lui céder encore d'autres provinces importantes. Mais le projet que Léopold conçut pour faire assurer à son second fils, Charles, l'héritage de la monarchie espagnole par le roi d'Espagne Charles II, qui n'avait pas d'enfants, échoua complétement. La politique plus adroite de la France parvint à déterminer ce prince à désigner pour son successeur le petit-fils de Louis XIV, Philippe, duc d'Anjou. Il en résulta la guerre de la Succession d'Espagne, au milieu de la durée de laquelle Léopold mourut, le 5 mai 1705. C'était un prince instruit, qui eut le tort de suivre trop aveuglément en toutes choses les conseils des jésuites. Le fils aîné et successeur de Léopold, l'empereur Joseph 1er, prince fort éclairé, continua la guerre; mais il mourut sans laisser de postérité, le 17 avril 1711; et il eut pour successeur son frère Charles dans ses États héréditaires,

de même que sur le trône impérial, qu'il occupa sous le nom de Charles VI. Celui-ci fut contraint d'accéder à la paix conclue sans lui à Utrecht par ses confédérés, et ce en vertu des traités de Rastadt et de Baden; il conserva d'ailleurs la possession des Pays-Bas, du Milanais, du Mantouan, de Naples et de la Sardaigne. Une convention, en date de 1720, opéra l'échange de la Sardaigne contre la Sicile. Le duché de Mantoue, placé sous séquestre en 1708 par l'empereur Joseph 1er, parce que le duc s'était allié à la France contre lui chef de l'empire d'Allemagne, fut réuni à la monarchie autrichienne à titre de fief confisqué. Cette monarchie eut alors une superficie de 4973 myriamètres carrés, avec une population de 29 millions d'âmes. Les revenus publics s'y élevaient de 130 à 140 millions de florins, et elle entretenait une armée de cent trente mille hommes. Mais sa puissance ne tarda point à être singulièrement affaiblie par de nouvelles guerres contre l'Espagne et la France. Aux termes des traités de paix signés à Vienne en 1735 et 1738, Charles VI fut forcé de céder Naples et la Sicile à l'infant d'Espagne, don Carlos, et une partie du Milanais au roi de Sardaigne; sacrifices en compensation desquels il n'obtint que Parme et Plaisance. De même, la paix de Belgrade, conclue en 1739, lui fit perdre la plupart des fruits des victoires du prince Eugène, attendu qu'il dut alors restituer à la Porte Belgrade, la Servie, la partie autrichienne de la Valachie, Orsova et la Bosnie. Charles VI consentit à toutes ces humiliantes concessions, afin d'assurer par la Pragmatique sanction l'héritage de la monarchie autrichienne à sa fille Marie-Thérèse, que toutes les puissances de l'Europe reconnurent effectivement l'une après l'autre. Pendant toute la période où s'était écoulée jusque alors depuis le règne de Ferdinand 1er, les peuples placés sous la souveraineté des princes de la maison de Habsbourg n'avaient joui que pendant dix-huit années, à savoir, douze sous Maximilien II, et six sous Joseph 1er, de l'inappréciable bonheur de pouvoir vivre en paix dans le libre exercice de leurs libertés religieuses, et pendant presque tout le reste du temps les consciences avaient été cruellement opprimées.

Quand, à la mort de Charles VI, arrivée le 20 octobre 1740, la ligne mâle de la maison de Habsbourg vint à s'éteindre, sa fille, Marie-Thérèse, qui avait épousé le duc François-Étienne de Lorraine, lui succéda dans le gouvernement de tous les États héréditaires autrichiens; mais alors on vit des prétentions hostiles s'élever de toutes parts contre elles. Une guerre acharnée éclata bientôt, dans laquelle cette princesse n'eut d'autre allié que l'Angleterre. Frédéric II, roi de Prusse, lui enleva la Silésie; l'électeur de Bavière prit le titre d'archiduc d'Autriche, fut couronné à Linz et à Prague en qualité de roi de Bohême, et, en 1742, élu empereur d'Allemagne sous le nom de Charles VII. Les Hongrois seuls restèrent fidèles à leur héroïque reine, qui, par la paix signée à Breslau le 4 juin 1742, dut céder à la Prusse la Silésie et le comté de Glatz, à l'exception de Teschen, de Jægerndorf et de Troppau. Frédéric II recommença la guerre en accourant au secours de l'empereur Charles VI; mais ce prince étant venu à mourir le 20 janvier 1745, l'époux de Marie-Thérèse fut élu empereur d'Allemagne sous le nom de François 1er. Un second traité de paix conclu avec l'Autriche, le 25 décembre 1745, assura de nouveau à Frédéric II la possession de la Silésie. En vertu de la paix signée à Aix-la-Chapelle le 18 octobre 1748, l'Autriche dut encore céder les duchés de Parme, de Plaisance et de Guastalla à l'infant don Philippe d'Espagne, et quelques districts du Milanais à la Sardaigne. Au prix de ces sacrifices, la continuation de la monarchie autrichienne se trouvait assurée, et Marie-Thérèse voulut récupérer la Silésie. Dans ce but, elle s'allia avec la France, la Russie, la Saxe et la Suède. Après sept années d'une sanglante guerre, la Prusse, aux termes de la paix d'Hubertsbourg, conclue en 1763, conserva la Silésie, et les immenses sacrifices en hommes et en argent faits par l'Autriche se trouvèrent inutiles (*voyez* GUERRE DE SEPT-ANS). C'est à cette époque qu'un papier-monnaie fut pour la première fois émis en Autriche. On lui donna le nom d'*Obligations d'État*, et l'empereur François fonda une banque pour en faciliter la circulation. A sa mort, arrivée le 18 août 1765, son fils aîné, Joseph II, devint co-régent des États héréditaires autrichiens avec sa mère, en même temps qu'il fut élu empereur d'Allemagne. Des lignes collatérales de la maison d'Autriche naquirent des fils puînés de Marie-Thérèse : l'archiduc Pierre-Léopold en Toscane (1765), et l'archiduc Ferdinand, qui épousa l'héritière d'Este (*voyez* MODÈNE). L'impératrice chercha encore à compenser la diminution que subissait la monarchie par cette cession de la Toscane à une branche cadette de la maison d'Autriche, en s'emparant de diverses villes engagées autrefois à la Pologne par des rois de Hongrie. Ce ne fut guère que comme contrainte et forcée qu'en 1772 cette princesse consentit au premier partage de la Pologne, qui valut à l'Autriche la Gallicie et la Lodomirie. En 1777 la Porte dut lui faire cession de la Bukowine. En 1779 la paix de Teschen lui valut le bailliage de Burghausen dans l'Innviertel, le comté de Falkenstein et autres possessions; de telle sorte qu'à sa mort, arrivée le 28 novembre 1780, le territoire de l'Autriche comprenait 11,070 milles géogr. carrés. S'il en avait perdu 772, il en avait regagné 1,648. Le chiffre de la population s'élevait à 24,000,000 d'âmes; mais celui de la dette publique montait, par contre, à 100 millions de florins. Le règne de Marie-Thérèse fut remarquable, par l'excellente organisation qu'elle introduisit dans toutes les branches de l'administration publique, par la sollicitude toute particulière dont furent l'objet l'agriculture, le commerce, l'éducation populaire, l'instruction supérieure, la religion, les sciences, les lettres et les arts, de même que par la direction, aussi intelligente que prudente, donnée par le ministre de Kaunitz aux relations de l'Autriche avec les puissances étrangères, et jusque avec le siège de Rome. Joseph II, successeur de l'impératrice, apporta dans l'exercice de ses devoirs souverains une infatigable activité et un esprit exempt de préjugés, mais quelquefois aussi trop de précipitation et de violence. Comme co-régent, il avait déjà opéré de considérables économies dans les dépenses de la cour, dans l'état des pensions et dans tout le système de rétribution des fonctions publiques. Ce ne fut toutefois qu'après la mort de sa mère que toute son activité comme monarque put se développer librement. Sévère à l'égard des militaires tout comme à l'égard des fonctionnaires civils, il fit preuve en outre comme empereur d'un bien rare libéralisme de principes et d'idées. Il réforma le système de la censure, accorda aux protestants des libertés et des droits civils, fit preuve de plus de tolérance vis-à-vis des juifs, supprima neuf cents couvents et chapitres, et soumit le système des écoles à une révision et à de notables améliorations. La visite que le pape Pie VI vint lui rendre en personne à Vienne ne modifia en rien le système de réformes de l'empereur. L'ordonnance douanière de 1788 développa plus complétement le système de douanes introduit en Autriche par Marie-Thérèse, lequel avait pour but de favoriser la production et l'industrie des populations autrichiennes en les protégeant contre l'influence ruineuse de la concurrence étrangère; et l'industrie manufacturière ne tarda pas à atteindre un remarquable degré de prospérité. Mais le zèle pour les réformes dont l'empereur était animé provoqua peu à peu la résistance de tous les ennemis des lumières et de la véritable civilisation. Les Pays-Bas se révoltèrent, et la douleur amère que cet événement causa à Joseph II fut peut-être le motif qui le détermina à projeter la création d'un royaume d'Austrasie, qu'il eût échangé contre les États de l'électeur palatin de Bavière. Ce projet échoua contre l'opposition décidée qu'y fit le plus proche agnat de l'électeur, le duc de Deux-Ponts, et aussi contre la ligue des princes suscitée par Frédéric II. L'empereur ne fut pas plus heureux dans la guerre qu'il déclara à la Porte en 1788. Les fatigues auxquelles il s'exposa pendant cette campagne et le chagrin que lui causèrent les troubles dont ses États héréditaires étaient devenus le théâtre, accélérèrent sa mort, qui arriva le 20 février 1790.

A Joseph II succéda son frère aîné, jusque alors grand-duc de Toscane, l'empereur Léopold II. Par le système de concessions et de fermeté tout à la fois qu'il adopta vis-à-vis des Pays-Bas, ce prince réussit à apaiser les populations de cette province, de même qu'il sut donner satisfaction aux griefs des Hongrois. Le traité de Reichenbach, qu'il conclut le 17 juillet 1790, le réconcilia avec la Prusse, et celui de Szistowe, en date du 4 août 1791, avec la Porte. Le sort de sa sœur Marie-Antoinette, reine de France, et de Louis XVI, son époux, le détermina à conclure un traité d'alliance avec la Prusse; mais il mourut dès le 1er mars 1792, avant même que la guerre de la révolution eût pu éclater. Peu de temps après l'avénement au trône de son fils François, et avant que celui-ci eût été élu empereur d'Allemagne, la France lui déclara la guerre en sa qualité de roi de Hongrie et de Bohême (*voyez* FRANCE). Aux termes du premier traité de paix de Campo-Formio, signé le 19 octobre 1797, l'Autriche perdit la Lombardie et les Pays-Bas, et reçut comme indemnité la plus grande partie du territoire vénitien. Deux années auparavant, lors du troisième partage de la Pologne, elle s'était agrandie par l'adjonction de la Gallicie occidentale. Dans les premiers mois de l'année 1799 l'empereur François, allié à la Russie, recommença la guerre contre la France; mais Bonaparte le contraignit à signer, le 9 février 1801, la paix de Lunéville, traité en échange duquel demeura l'Angleterre, et par lequel l'empereur dut abandonner le comté de Falckenberg et le *Frickthal*, en même temps que le grand-duc Ferdinand de Toscane était forcé de renoncer à la souveraineté de ce pays en échange du pays de Salzbourg et de Berchtesgaden, d'une partie du territoire de Passau, et encore, par la suite, de la plus grande partie d'Eichstædt, avec le titre d'électeur. L'Autriche obtint en Tyrol les deux archevêchés de Trieste et de Brixen; de sorte que, malgré les cessions de territoire auxquelles elle était obligée de consentir en faveur de la France, et en tenant compte des acquisitions faites par elle en Pologne, son territoire se trouvait encore accru de 452 milles géog. carrés de plus qu'au début des guerres de la révolution, et que le chiffre total de sa superficie dépassait 12,000 milles géog. carrés. Par contre, la dette publique avait atteint le chiffre de 1,220 millions de florins. Le premier consul de la république française n'ayant pas tardé à se faire proclamer empereur, François II, avec un admirable pressentiment de l'avenir, se fit de son côté acclamer, le 11 août 1804, empereur héréditaire d'Autriche, en même temps qu'il réunissait ses différents États en un tout compacte sous la dénomination unique et générale d'*empire d'Autriche*. En 1805 l'empereur François II, après s'être allié avec la Russie et l'Angleterre, prit de nouveau les armes pour résister aux prétentions dominatrices du souverain de la France. Cette guerre, qui ne fut qu'une rapide succession de désastres, se termina le 26 décembre de la même année par la paix de Presbourg, aux termes de laquelle l'empereur dut abandonner à la France le reste de ses possessions en Italie; au roi de Bavière, Burgau, Eichstædt, le pays de Passau, tout le Tyrol, le Vorarlberg, Hohenems, Rottenfels, Tettnang, Argen et Lindnau; au roi de Wurtemberg, les cinq villes du Danube, le comté de Hohenberg, le landgraviat de Nellenburg, le bailliage d'Altdorf et une partie du Brisgau; au grand-duc de Bade enfin, le restant du Brisgau, l'Ortenau, Constance et la commanderie de Meinau. Pour unique compensation de tant de pertes, on lui accordait le territoire de Salzbourg et de Berchtesgaden. On dédommagea l'électeur de Salzbourg avec le grand-duché de Wurzbourg;

enfin on promit de rendre héréditaires en faveur d'un prince de la maison d'Autriche le titre et la dignité de grand maître de l'ordre Teutonique. Ainsi se termina une guerre qui, indépendamment de ces diverses cessions de territoire, coûta à la monarchie autrichienne 90 millions de florins, valeur de tout ce que les Français emportèrent avec eux de Vienne et d'ailleurs, plus 800 millions dépensés en frais d'armement, équipement, etc.

La Confédération du Rhin ayant été créée le 12 juillet 1806, l'empereur François II renonça le 6 août suivant au titre d'empereur d'Allemagne, qui existait dans sa famille depuis plus de cinq cents ans, et prit dès lors, en sa qualité d'empereur d'Autriche, le nom de François Ier. En cette qualité, il recommença en 1809 la guerre contre la France, mais cette fois sans avoir d'autre allié que la Grande-Bretagne, dont tout l'appui consista en subsides et en une tardive attaque tentée contre l'île de Walcheren. Dans cette nouvelle lutte, les armées autrichiennes firent preuve de la plus héroïque constance; mais elles succombèrent encore cette fois. La paix signée à Vienne le 14 octobre 1809 enleva à la monarchie 1100 myriamètres carrés de territoire, avec 3,500,000 habitants et un revenu public de plus de 11 millions de florins, en même temps que la dette publique était portée au chiffre de 1,200 millions de florins. L'Autriche perdit, en vertu des stipulations de la paix de Vienne, ses plus belles provinces : le duché de Salzbourg avec Berchtesgaden, l'Innviertel, le Hausruckviertel occidental, la Carniole avec Goritz, Trieste, le cercle de Villach, la plus grande partie de la Croatie, l'Istrie, Rœzuns dans les Grisons, les enclaves bohêmes de la Saxe, toute la Gallicie occidentale, le cercle de Zamosk de la Gallicie orientale et Cracovie, avec la moitié des mines de sel de Wielicza, et le cercle de Tarnopol, adjugés à la Russie. Un mariage n'en eut pas moins lieu, en 1810, entre Napoléon et l'archiduchesse Marie-Louise; et le 14 mars 1812 François Ier contracta même un traité d'alliance offensive et défensive contre la Russie avec l'empereur des Français. Mais lorsque la puissance de Napoléon se fut brisée en Russie, que la Prusse se souleva contre lui et que le congrès ouvert à Prague fut demeuré inutile, l'empereur François Ier déclara, le 10 août 1813, la guerre à la France, et le 9 septembre suivant signa avec l'Angleterre, la Russie, la Prusse et la Suède un traité d'alliance offensive et défensive contre son propre gendre. La bataille de Leipzig, à laquelle les troupes autrichiennes prirent une part si décisive, l'opiniâtre persistance que l'empereur François Ier apporta dès lors dans la lutte, le consentement qu'il donna à ce que Napoléon fût relégué à l'île d'Elbe en même temps qu'on éloignait de lui sa femme et son fils, les nombreux sacrifices auxquels il consentit quand un congrès européen se fut réuni dans sa capitale, la fermeté avec laquelle il adhéra ensuite à la cause des nations de son gendre quand celui-ci s'évada du lieu qui lui avait été assigné pour résidence, le désintéressement avec lequel il régla le sort de sa fille et de son petit-fils; enfin, la vigueur dont il fit preuve en repoussant l'attaque tentée en Italie par Murat, durent naturellement entourer son nom d'une grande popularité en Allemagne. En vertu de la paix signée à Paris en 1814, il se fit attribuer tout le nord de l'Italie érigé alors en royaume Lombardo-Vénitien, et récupéra les parties de ses États héréditaires qu'il avait naguère été forcé d'abandonner, ainsi que la Dalmatie, en même temps que le ci-devant grand-duc de Wurzbourg, Ferdinand III, abandonnait ce territoire à la Bavière et rentrait en possession de la Toscane.

Par suite du remaniement complet de l'Europe opéré par le congrès de Vienne en 1815, et aussi par suite des stipulations du traité conclu à Munich, le 14 avril 1816, avec la Bavière, la monarchie autrichienne (abstraction faite de la Toscane, de Parme et de Modène), si on la compare à ce qu'elle était après le dernier partage de la Pologne, non-

seulement avait accru son territoire d'environ 150 milles géogr. carrés, mais encore avait considérablement gagné au point de vue de la situation géographique et de l'agglomération de ses possessions, comme aussi de l'extension donnée à son commerce, mais surtout en récupérant Venise et la Dalmatie. Depuis cette époque la prépondérance de l'Autriche dans le système général des États européens n'a fait que devenir de plus en plus sensible. Le rapide développement de ses forces intérieures eut bientôt en partie réparé les suites désastreuses de la lutte que pendant près de vingt-trois années elle avait soutenue contre la France, et il accrut en même temps qu'il consolida la prospérité nationale et le crédit de l'État. L'empereur François Ier, par son caractère droit et loyal, par son sévère esprit d'équité et par la conscience avec laquelle, obéissant aux bienfaisantes impulsions de son cœur, il s'efforçait comme souverain d'assurer par tous les moyens en son pouvoir le bonheur de ses peuples, mérita l'amour de ses sujets et les respects de l'Europe.

La fixation des rapports de l'Autriche avec la Confédération germanique ne fut pas l'une des moins délicates négociations suivies à l'extérieur par le prince de Metternich, promu en 1821 à la dignité de chancelier de l'empire. L'Autriche entra dans cette confédération, dont la présidence lui fut accordée, pour une superficie de 2,017 myriamètres carrés avec une population de 11,200,000 habitants. Représentée à la diète de Francfort d'abord par le comte de Buol-Schauenstein, et à partir de 1823 par le baron de Munch-Bellinghausen, le cabinet de Vienne dirigea de telle façon les délibérations de cette assemblée, que les résolutions de Carlsbad y furent adoptées à l'unanimité et promulguées le 20 septembre 1819. Il exerça de même une influence non moins décisive sur le congrès ministériel qui se réunit à Vienne en 1819, et auquel assistèrent des plénipotentiaires de tous les États membres de la confédération. C'est alors que fut arrêté l'acte final, promulgué le 8 juin 1820 comme loi générale de la confédération. *Voyez* CONFÉDÉRATION GERMANIQUE.

Aux congrès de Troppau (1820), de Laybach (1821) et de Vérone (1822), ce fut l'Autriche qui joua le premier rôle comme puissance, et ce fut elle aussi qui en fit rédiger les protocoles par M. de Gentz. Conformément aux décisions prises par les fondateurs de la Sainte-Alliance, les armées autrichiennes rétablirent en 1822 l'ancien ordre de choses momentanément renversé à Naples et en Piémont (*voyez* SICILE). D'abord hostile à l'insurrection des Grecs, l'Autriche n'accéda point au traité conclu par la Russie, la Grande-Bretagne et la France pour la pacification de la Grèce; mais elle n'en entrava en rien la mise à exécution, et, la question grecque une fois terminée, elle conserva ses bons rapports avec toutes les puissances. Dans le différend relatif au droit de souveraineté qui surgit entre le Brésil et le Portugal, l'Autriche, liée par des rapports de famille avec l'empereur du Brésil, ne fit rien pour s'opposer à la déclaration de l'indépendance du nouvel empire, œuvre de la politique anglaise; et dom Miguel lui-même prêta serment à la constitution portugaise, à Vienne, en 1826. Le cabinet autrichien s'associa également complètement à la politique qui en 1823 amena une intervention française en Espagne. Constamment fidèle à la Porte, l'Autriche seconda comme puissance médiatrice les efforts faits par l'ambassadeur anglais pour aplanir les difficultés survenues entre le Divan et le cabinet de Saint-Pétersbourg, réussit à obtenir l'évacuation des principautés par les troupes turques, et par la favorisa, en 1826, la conclusion de la convention d'Akjerman, qui, en 1829, servit de base à la paix signée à Andrinople. Les contestations survenues en 1828 entre l'Autriche et l'empereur de Maroc furent terminées par le traité préliminaire du 2 février 1830.

La révolution de Juillet 1830 contraignit l'Autriche à faire

18 *

des armements considérables; cependant, suivant en cela l'exemple donné à l'Europe par l'Angleterre, elle reconnut immédiatement la nouvelle dynastie intronisée en France. Il lui fut d'ailleurs facile de réprimer les insurrections qui éclatèrent en 1831 à Modène, à Parme et dans les États de l'Église, et qui s'y renouvelèrent en 1832. A l'occasion de la question belge, elle prit une part importante aux négociations dont la conférence de Londres fut le centre; puis quand l'Angleterre se rapprocha de la France, elle resserra les liens de son alliance avec la Prusse et la Russie. A l'origine l'Autriche affecta d'observer une exacte neutralité à l'égard de la révolution de Pologne; mais quand le général polonais Dwornicki se vit forcé de se retirer avec son corps d'armée sur le territoire autrichien, elle le fit désarmer, puis interner en Hongrie, en même temps qu'elle permettait de rentrer en Pologne à une division russe qui antérieurement avait dû, elle aussi, chercher un refuge momentané sur le territoire autrichien, mais après l'avoir préalablement armée et équipée avec les armes enlevées aux Polonais. Une fois la Pologne définitivement vaincue et soumise, le cabinet de Vienne prit part à des négociations ouvertes avec la Russie et la Prusse au sujet de la république de Cracovie, négociations qui se terminèrent en 1832 par des modifications faites à la constitution de cette ville libre. Les troubles qui éclatèrent également sur divers points de l'Allemagne à la suite des événements de 1830 fournirent à l'Autriche l'occasion de se prononcer en politique d'une manière plus décisive, et de faire servir son influence à déterminer l'attitude prise par quelques princes allemands. C'est ce qui arriva notamment pour les résolutions de la diète de 1832 et pour les conférences ministérielles de 1834.

La mort de l'empereur François 1er, arrivée le 2 mars 1835, ne modifia pas d'une manière bien sensible le système politique de l'Autriche, qui consistait essentiellement dans le maintien de la paix et du système de la légitimité. Son fils aîné et successeur, l'empereur Ferdinand 1er, déclara aussitôt qu'il fut monté sur le trône que sa ferme intention était de suivre les principes politiques de son père. Aucun changement n'eut lieu dans le personnel des diverses grandes charges de l'État; cependant quelques améliorations de détail furent opérées, et plus particulièrement dans l'administration de la justice. Le nouvel empereur raffermit encore davantage l'ancienne alliance politique existante entre l'Autriche et les deux grandes puissances du Nord, par l'entrevue personnelle qu'il eut, en octobre 1835, à Tœplitz, avec Frédéric-Guillaume III et avec Nicolas. Une des premières mesures du règne de Ferdinand 1er fut d'apporter de notables adoucissements à la position de ceux de ses sujets italiens détenus pour crimes et délits politiques; et cette mesure d'humanité ne tarda pas à être élargie encore par une amnistie presque générale. En 1838 on renouvela le traité de navigation existant avec l'Angleterre, et un traité de commerce fut conclu avec la Grèce en 1839. Le calme dont jouissait l'Autriche fut momentanément troublé en 1840 par la lutte qui s'engagea alors en Syrie entre la Porte et Ibrahim-Pacha, lutte dans laquelle l'Autriche fut obligée d'intervenir avec l'Angleterre, et par le langage hautain que la France, sous le ministère de M. Thiers, tint un instant au sujet de la question d'Orient; enfin, en 1844, par la tentative d'insurrection qui éclata en Italie sous la direction des frères Baudiera, mais qui échoua complétement. Une autre insurrection, dont la république de Cracovie fut le théâtre en 1846, et qui avait pour but de réveiller les vieux ferments révolutionnaires sommeillant en Pologne depuis 1831, fut également comprimée, grâce à l'intervention rapide et énergique d'un corps d'armée autrichien; ensuite de quoi les trois puissances, la Russie, la Prusse et l'Autriche convinrent de confisquer, malgré les protestations de l'Angleterre, la nationalité et l'indépendance de cette ville libre, dont le territoire fut alors définitivement incorporé aux États autrichiens.

La surprise fut grande en Europe quand on y reçut la nouvelle que le contre-coup de la révolution de Février s'était fait sentir jusque dans cette ville de Vienne où M. de Metternich régnait sans conteste depuis trente-cinq ans, et que le prince chancelier d'État s'était vu forcé non-seulement d'abdiquer, mais encore de fuir devant une émeute, devenue bientôt une révolution. Il n'y avait cependant dans un événement d'une telle nature rien que des esprits un peu clairvoyants n'eussent pu, n'eussent dû même prévoir depuis longtemps. Profonde en effet serait l'erreur de celui qui s'imaginerait que toutes ces convulsions sociales dont la vieille Europe donna alors l'effrayant spectacle ne furent que le résultat d'une espèce de tarentule politique dont les populations les plus étrangères les unes aux autres par leurs mœurs, leurs institutions et leurs besoins, se trouvèrent tout à coup frappées, d'une manie imitative, sans raison d'être, et par suite sans portée. Le malheur de notre époque a été, au contraire, que toutes ces grandes secousses politiques fussent légitimées aux yeux de la froide raison, par ce motif que presque partout les destinées des nations se trouvaient confiées aux mains d'hommes mettant leur mérite et leur gloire à lutter contre cet esprit de progrès qui se manifeste sans discontinuité dans l'histoire des sociétés humaines, et sinon à lui faire remonter le torrent des âges, tout au moins à l'enrayer et à le condamner à l'immobilité. C'est en Autriche surtout que ce système d'immobilité politique était préconisé et mis en pratique; c'est là qu'on ne reconnaissait le titre d'hommes d'État qu'à ceux qui, au lieu de s'efforcer de diriger les générations actuelles dans leurs aspirations au progrès, employaient toutes les ressources dont pouvait disposer un pouvoir consacré par plusieurs siècles d'existence incontestée à comprimer l'esprit d'innovation inhérent au cœur de l'homme, de même qu'à étayer plus ou moins habilement un édifice social vermoulu et menaçant ruine de toutes parts. Longtemps le *divide ut imperes* avait été la maxime favorite de la maison d'Autriche, et elle s'était appliquée à le mettre en pratique dans tous les détails de l'administration de l'empire, admirablement secondée à cet égard par la multiplicité même des éléments divers dont se composaient les nombreuses populations soumises à son sceptre, et parmi lesquelles on ne comptait pas moins de huit ou dix races différant entre elles par la langue, les mœurs et la législation, souvent même par les intérêts commerciaux et politiques. Mais ce qui avait pu servir la politique gouvernementale de la maison d'Autriche au point de vue de l'exercice incontesté du pouvoir avait en partie contre l'inconvénient grave de rendre étrangères, hostiles même les unes aux autres, ces populations d'origine si diverse, parmi lesquelles avait fini par prévaloir un énergique sentiment de nationalité indépendante, menaçant des plus graves périls l'unité de la monarchie. Ces ferments si actifs de dissolution étaient ensuite venus se joindre, en dépit de tous les obstacles, de toutes les barrières, de toutes les censures, les idées nouvelles d'un siècle où l'aspiration à la liberté est le sentiment universel des générations nouvelles; sentiment auquel tout gouvernement sage devra donner satisfaction, sous peine d'avoir à craindre que le trop-plein des passions populaires irritées ne fasse explosion au moment le plus inattendu et ne brise en mille pièces la machine si compliquée qu'on appelle l'État.

Partout les mœurs sont plus fortes que les lois. M. de Metternich avait cru mettre à jamais la monarchie autrichienne à l'abri des ravages de l'esprit du siècle en l'entourant comme d'un immense cordon sanitaire, chargé d'intercepter au passage toutes les idées nouvelles, tous les livres ou tous les journaux pouvant leur servir d'organes. Mais une contrebande non moins active que hardie inondait les États autrichiens de toutes les publications les plus dangereuses pour le maintien du *statu quo*; et quand l'autorité s'avisait de vouloir sévir contre les délinquants, elle trouvait dans la mollesse de la magistrature, dans son indifférence apathique, dans sa quasi-complicité avec les coupables, d'insurmontables obstacles à l'application rigoureuse de règlements de police condamnés par la conscience publique. Pendant ce temps-là les idées nouvelles faisaient chaque jour plus de progrès, surtout dans les parties de la monarchie qui avaient conservé leurs antiques institutions féodales ; institutions dans le mécanisme desquelles l'esprit de liberté ne laissait pas que de jouer un rôle, encore bien qu'il fût entaché des préjugés de caste et qu'il demeurât le partage presque exclusif de certaines classes privilégiées.

C'est ainsi que depuis plusieurs années le gouvernement autrichien avait à lutter contre une opposition persistante et systématique dans les diètes de Hongrie, assemblées aux éléments essentiellement aristocratiques et où toutefois les besoins nouveaux des sociétés européennes avaient fini à la longue par trouver d'éloquents interprètes.

En dépit des efforts faits par l'autorité pour atténuer et dissimuler l'importance de l'antagonisme de plus en plus marqué qui se manifestait à toute occasion entre lui et les diètes qu'il convoquait de temps à autre dans les diverses parties de la monarchie ; en dépit même d'une presse insuffisante, non pas seulement à cause des mille entraves que lui imposait une censure ombrageuse et méticuleuse, mais encore par suite du peu d'habitude de traiter les matières politiques que trahissaient ses productions, comme aussi de l'exiguité de ses moyens matériels d'action, les différentes populations de l'empire prenaient chaque jour plus d'intérêt à la vie nouvelle à laquelle les initiait peu à peu le jeu d'un semblant d'institutions représentatives.

A la nouvelle des événements dont la capitale de la France avait été le théâtre dans la matinée du 24 février 1848, les États de Bohême avaient demandé qu'on leur fournit, en les réunissant, l'occasion de prouver leur dévouement à la maison régnante. En Hongrie ces mêmes événements exaltèrent tellement les espérances de l'opposition populaire, que le 2 mars son chef, Louis Kossuth fit décider dans la seconde chambre qu'on enverrait à Vienne une députation chargée de demander immédiatement la nomination d'un ministère d'État responsable, composé uniquement de Hongrois, ainsi qu'un changement dans la constitution que le pouvoir devrait opérer de concert avec la diète ; démarche décisive, sur la portée de laquelle il était impossible de se méprendre, et qui jeta les vieux conseillers de la couronne dans la plus grande perplexité.

Le tort des hommes d'État en ce moment encore à la tête des affaires en Autriche fut de n'avoir pas immédiatement compris qu'à une situation nouvelle en politique, il faut absolument des noms nouveaux, sinon pour donner complète satisfaction aux exigences de l'opinion, du moins pour faire rentrer dans son lit le torrent populaire débordé, parce que seuls alors des hommes sans engagements avec le passé sont aptes à le diriger dans des voies rationnelles et modérées, en attendant que la lumière se fasse sur les dangers dont l'anarchie, quelles qu'en soient les formes, menace toute espèce d'ordre social.

Les quinze à dix-huit cents étudiants de l'université de Vienne se saisirent alors de l'initiative que le pouvoir éperdu abandonnait au premier venu ; et le 13 mars éclata un mouvement révolutionnaire organisé dans le local même de l'université, mouvement auquel s'associa tout de suite avec enthousiasme la plus grande partie de la population de la capitale. Une garde nationale recrutée parmi les étudiants et dans le corps de la bourgeoisie se forma spontanément, et, après de longues hésitations, le gouvernement, frappé de terreur et de vertige, finit par consentir dans la soirée à donner les ordres nécessaires pour qu'on tirât des arsenaux impériaux les armes nécessaires à l'armement de cette milice. Au fur et à mesure que s'effectuait la distribution des fusils, on voyait les étudiants improviser entre eux des compagnies, des bataillons, se nommer des officiers et des sous-officiers, et aller prendre militairement position sur la grande place. Ce serait bien mal connaître les sentiments de la foule que de croire que, dans l'ivresse de son triomphe, elle se soit abstenue de tout désordre, de tout acte coupable. Dans le faubourg de Mariahilf, au contraire, on incendia les bureaux de l'octroi, et on précipita même tout vivant dans les flammes un malheureux employé de ce service connu par sa sévérité et accusé d'avoir tué un paysan d'un coup de fusil ; sauvages représailles par lesquelles la multitude protestait à sa manière contre les abus du vieux système. La populace envahit ensuite le plus grand nombre des boutiques de boulangers, de bouchers et autres détaillants, brisant tout ce qu'elle y trouvait, quelquefois même s'y livrant au pillage. En même temps des ouvriers pénétraient dans diverses usines des villages de Funfhaus, de Sechshaus et de Wœdling, et y mettaient en pièces toutes les machines. A ces travailleurs se vengeant stupidement de la concurrence des machines s'associèrent bientôt une foule de ces individus sans aveu et sans nom qui partout apparaissent à la surface des émeutes, et dont le vol et le pillage sont le but unique.

La matinée du lendemain, 14, se leva pure et radieuse ; mais en sortant de chez lui pour s'en aller à la quête des nouvelles et autres bourgeois de Vienne put apprécier dans toute son étendue la révolution accomplie la veille, car l'histoire en était déjà écrite en lettres de sang sur de nombreuses ruines.

Pendant ce temps-là bivouaquait tranquillement sur les glacis des remparts toute la garnison de Vienne, infanterie et cavalerie, à laquelle, la veille au soir, on avait jugé prudent de faire évacuer non-seulement ses quartiers, mais l'enceinte même de la ville : son attitude était, au reste, toute pacifique, car les chefs, restés sans ordres et sans instructions, ne pouvaient prendre aucune décision. A tous les coins de rue on lisait des affiches portant à la connaissance des masses les concessions faites la veille par le gouvernement, l'armement des étudiants, la création d'une garde nationale et celle d'un comité des états, dont divers citoyens, entre autres Alexandre Bach, étaient appelés à faire partie. De toutes les satisfactions ainsi données à l'opinion publique par le pouvoir, l'éloignement du prince de Metternich n'était pas la concession la moins applaudie ; et dans les groupes on se racontait avec ivresse comment le prince chancelier d'État et sa jeune femme, non moins abhorrée que lui de la foule, en avaient été la veille au soir réduits à fuir du château impérial, à l'aide d'un déguisement, tapis au fond d'une modeste voiture de blanchisseuse. A l'intérieur de la ville, la plupart des postes, abandonnés par la troupe, étaient occupés par les étudiants et par la garde nationale, dans les rangs de laquelle s'empressaient maintenant de se faire inscrire une foule de citoyens la veille encore fort mal disposés en faveur du mouvement révolutionnaire. Vers le soir, elle présentait déjà un effectif de 30,000 hommes.

Toute cette journée du 14 se passa en pourparlers entre les chefs du mouvement de la veille à l'effet de le faire sanctionner par l'empereur, et les hommes d'État restés au pouvoir malgré cette révolution, et qui ne désespéraient pas encore de parvenir à en triompher par la ruse et la temporisation. La nomination du prince Windischgrætz au commandement supérieur des troupes indiqua clairement de la part du pouvoir le parti pris d'essayer de la résistance, encore bien que dans le courant de la journée une nouvelle concession, celle de la liberté de la presse, eût été faite aux exigences du parti populaire et aux nécessités de la situation.

Dans les quelques heures de nuit qui séparèrent la journée du 14 mars de celle du 15, la camarilla essaya effectivement de revenir sur les concessions de ces deux premières journées. A onze heures et demie du soir, quand un grand nombre d'habitations resplendissaient encore de l'éclat des illuminations par lesquelles partout la population avait voulu célébrer l'octroi de la liberté de la presse, mais alors que la plupart des rues étaient déjà silencieuses et désertes, on affichait furtivement et à profusion un laconique décret qui déclarait la capitale en état de siége. Le lendemain matin, 15, l'autorité fit encore afficher deux autres décrets corollaires de celui-ci : l'un instituait des comités d'État des provinces slaves, allemandes et italiennes « de la mo- « narchie, convoqués à l'effet d'aider l'empereur de leurs « conseils sur des questions de législation et d'administra- « tion ; » l'autre était une ordonnance du commandant supérieur, lequel, se référant au décret de la mise en état de siége, sommait les citoyens d'avoir à se conformer strictement aux diverses mesures prises par l'autorité à l'effet d'assurer le maintien de l'ordre public, et surtout les engageait à s'abstenir de toute insulte et de toute provocation à l'égard de la force armée. Évidemment le gouvernement, revenu de son premier moment de trouble et de confusion, jetait le gant à la révolution victorieuse.

L'exaspération de la foule en lisant ces différents décrets allait toujours croissant, et une lutte était imminente, quand survint dans les idées du pouvoir une complète modification. Deux circonstances contribuèrent, dit-on, à faire comprendre aux hommes de la camarilla autrichienne tous les dangers du conflit qu'ils voulaient engager : d'un côté, la réception des nouvelles de la Hongrie annonçant l'attitude prise par la diète sur la motion de Kossuth, ainsi que la prochaine arrivée à Vienne d'une grande députation ayant à sa tête l'archiduc palatin, et chargée par la diète de faire connaître au souverain les vœux et les besoins de ses sujets hongrois ; d'un autre côté, quelques hommes honorables, dont le dévouement personnel à la dynastie ne pouvait être douteux, avaient encore essayé de faire entendre la voix de la raison dans les conseils de la couronne, d'éclairer le pouvoir sur la véritable disposition des esprits dans la capitale et de signaler tout le danger de la situation.

L'anxiété était donc à son comble, et chacun s'attendait à tout moment à voir éclater le conflit le plus effroyable; quand le bruit se répandit avec la rapidité de l'éclair à travers la ville que l'empereur allait enfin se montrer à ses peuples. Effectivement, peu d'instants après, le valétudinaire monarque sortait du palais dans une voiture à quatre chevaux, avec son frère et son neveu, le jeune prince qui plus tard ceignit la couronne impériale sous le nom de François-Joseph, et qui règne au moment où nous écrivons. Partout la foule accueillit avec des démonstrations de respectueux attachement le malheureux et excellent empereur, qui, touché jusqu'aux larmes, eut beaucoup de peine à empêcher le peuple de dételer sa voiture pour le promener en triomphe dans la capitale. Le peuple témoignait ainsi à son souverain que jamais il n'avait confondu avec son odieux entourage aristocratique le prince doux et bon qui, au milieu de tous ces événements, n'avait su trouver dans son cœur que ces mots : « Surtout, qu'on ne tire pas sur le peuple ! J'aime mieux abdiquer que d'y consentir ! » Ferdinand 1er fut tellement touché, dit-on, de l'accueil que lui faisait la population, qu'il déclara de la manière la plus énergique vouloir accéder aux vœux dont il venait d'entendre l'expression, et être déterminé à accorder une constitution à ses sujets.

A midi on vit arriver dans la capitale l'archiduc palatin Étienne, précédant seulement de quelques heures la grande députation de la diète de Hongrie. Reconnu par le peuple, il fut conduit jusqu'au château au milieu des plus vives acclamations. Vers quatre heures et demie un héraut impérial suivi de la foule qui continuait à stationner devant la demeure du souverain, et lui donna lecture à haute et intelligible voix des lettres-patentes par lesquelles l'empereur, ratifiant ses promesses, déclarait dans un style d'ailleurs assez vague qu'il reconnaissait à ses sujets le droit de jouir de la liberté de la presse et de constituer une garde nationale ayant pour base la propriété et l'intelligence. Il s'y engageait de nouveau à convoquer, dans un délai très-rapproché, les députés des diverses parties de la monarchie, à l'effet de délibérer en commun sur la forme à donner à la reconstitution de la patrie. Malgré la rédaction ambiguë de ce manifeste, ce fut là un moment aussi solennel qu'imposant. Les acclamations ayant bientôt étouffé la voix du héraut impérial, des membres de la diète, des étudiants, des officiers de la garde bourgeoise se transportèrent à cheval sur les différents points de la capitale pour y donner lecture des lettres-patentes, et alors on voyait les citoyens, dans l'ivresse de la joie, s'embrasser et fraterniser à l'envi. Le bruit s'étant répandu à ce moment que la grande députation hongroise allait arriver, une foule immense courut à sa rencontre jusqu'au Prater. Cette députation y fut reçue avec les démonstrations du plus vif enthousiasme, en même temps que c'était à qui dans la foule annoncerait à ses membres la promesse solennelle d'une constitution faite par l'empereur. La foule se porta ensuite sous les fenêtres de l'empereur pour le saluer encore une fois de ses acclamations, et le souverain ému parut de nouveau au balcon de son palais, afin d'exprimer sa reconnaissance pour les marques de respect et d'attachement dont il se voyait personnellement l'objet.

La révolution était désormais un fait accompli. L'Autriche entrait dans le système constitutionnel, à la grande surprise de l'Europe, qui se fût refusée à croire à la possibilité d'un pareil événement, s'il n'avait pas coïncidé avec les autres mouvements insurrectionnels auxquels la révolution de Février 1848 venait de donner le signal à la fois sur un si grand nombre de points du continent, et notamment dans ces diverses autres parties de la monarchie autrichienne, dans le royaume Lombardo-Vénitien, en Hongrie, en Bohême, par exemple. On en trouvera le tableau dans l'article spécial consacré dans ce dictionnaire aux événements de Mars 1848, ou aux articles Hongrie, Prague, Lombardie, Venise, etc. Il nous suffira de dire ici que le gouvernement autrichien, qui s'était laissé prendre au dépourvu par une émeute d'un caractère au total assez débonnaire, se trouva placé à quelques jours de là dans une des situations les plus critiques dont l'histoire fasse mention ; et, toutes sympathies ou antipathies politiques à part, on ne saurait disconvenir que l'énergie et la vigueur avec lesquelles les hommes nouveaux appelés alors à la direction des affaires firent face aux périls tant intérieurs qu'extérieurs et parvinrent à en triompher, resteront un des faits les plus remarquables de notre époque.

Les tardives concessions faites à la population viennoise eurent pour résultat de mettre entre les mains des étudiants et de quelques-uns de leurs professeurs les destinées de la monarchie. Bientôt la démagogie, avec ses doctrines dissolvantes, envahit toute l'administration, puis se mit en rapport avec tous les démagogues du reste de l'Europe ; et la plus inextricable confusion, la plus déplorable anarchie, régnèrent dès lors dans la capitale et sur une foule de points du territoire autrichien. C'est ainsi que la Lombardie proclamait son indépendance, et que la diète de Hongrie, obéissant désormais aux seules inspirations de Kossuth, secouait à son tour le joug de la maison de Habsbourg. C'en était fait de la monarchie, si la capitale avait pu dominer le reste de l'empire, et, grâce à une écrasante centralisation, lui imposer, comme Paris au reste de la France, ses moindres caprices. Mais si les provinces avaient réclamé des réformes administratives comme Vienne, elles ne pouvaient accepter le joug de quelques centaines d'étudiants dirigés en gouvernants, et obéissant eux-mêmes servilement aux inspirations de certain nombre d'aventuriers politiques de tous les pays, chevaliers errants de la démagogie, transportant partout avec eux les clubs et les barricades. Elles donnèrent donc à la dynastie de telles marques de dévouement, que le moment vint où les nouveaux ministres de l'empereur se crurent assez forts pour résister à la démagogie. Celle-ci s'empressa de relever le gant qu'on lui jetait. Une tentative faite par le pouvoir pour désarmer la légion académique, qui, en dépit de son titre, ne contenait plus qu'un très-petit nombre d'étudiants, mais en revanche force Polonais, Italiens, Suisses, etc., provoqua les barricades et les journées des 15 et 16 mai, à la suite desquelles l'empereur et la famille impériale furent réduits à abandonner la capitale pour aller se placer sous la protection des habitants d'une province restée fidèle entre toutes à la dynastie. Le 20 mai parut la proclamation suivante :

« Les événements de Vienne du 15 mai me donnent la triste conviction qu'une faction anarchique, s'appuyant sur la légion universitaire, égarée en grande partie par des étrangers, et sur certaines fractions de bourgeois et de gardes nationaux qui ont oublié leurs sentiments de fidélité, voudrait m'enlever ma liberté d'action pour dominer les provinces. Ces prétentions isolées ont certainement irrité les provinces autant qu'elles ont irrité les habitants loyaux de ma capitale. Il ne me restait donc que le choix de sortir de cette crise avec la fidèle garnison, en employant la force, ou bien de me retirer pour le moment silencieusement dans une de mes provinces, qui heureusement me sont toutes restées fidèles. Mon choix ne pouvait être douteux. Je me décidai pour l'alternative pacifique, et je pris la route du pays des montagnes, toujours fidèle, et où en même temps je me rapprochais des nouvelles de l'armée qui combat si vaillamment pour la patrie. Loin de moi la pensée de vouloir retirer les dons que j'ai accordés à mon peuple dans les jours de mars, et leurs conséquences naturelles, ou de les diminuer. Au contraire, je serai toujours disposé à écouter les désirs raisonnables de mes peuples, manifestés par les voies légales, et à tenir compte des intérêts nationaux et provinciaux; mais il faudra qu'ils aient un caractère général, qu'ils soient exprimés d'une manière légale, délibérés par la diète, et soumis à ma sanction, et non pas extorqués à main armée par quelques individus sans mandat. Voilà ce que j'ai voulu dire à mes peuples, que mon départ a vivement inquiétés, pour les calmer et leur rappeler en même temps comment, dans ma sollicitude paternelle, j'ai toujours été prêt à accueillir ceux de mes enfants que je croyais égarés, lorsqu'ils revenaient à moi.

« FERDINAND. »

La dissolution de la légion académique n'avait pas d'ailleurs provoqué seule la démonstration à la suite de laquelle le gouvernement avait cédé la place à l'émeute.

En effet une récente ordonnance impériale avait établi le système de deux chambres législatives, un sénat et une chambre des députés. Ce sénat devait être le produit combiné de l'élection et de la nomination par la couronne. La seconde chambre devait être composée d'un député par cinquante mille âmes. Était électeur et éligible tout sujet de l'empire âgé de vingt-quatre ans, sans distinction de religion. N'étaient exclus que ceux qui avaient perdu leurs droits politiques, les domestiques, les ouvriers journaliers et les individus recevant des secours publics.

Les meneurs de la démagogie, désormais toute-puissante à Vienne, ne trouvèrent pas ce projet de constitution assez démocratique. Ils exigèrent la promesse d'une nouvelle loi établissant une chambre unique, où tout au moins modifiant le sénat de telle manière que les princes de la famille impériale en fussent exclus, et que la couronne n'eût pas le droit de nomination directe. Ils demandèrent en outre que la garde nationale fût chargée de la police et du maintien de l'ordre dans la capitale, que le gouvernement adhérât d'une manière plus explicite à la grande unité allemande; enfin que les troupes ne fussent rappelées à Vienne que sur la demande expresse de la garde nationale; et, sous la pression de l'émeute, tout cela fut accordé.

En conséquence, le ministère constitué à la suite de la révolution du 13 mars, et composé du comte Colloredo-Waldsee aux affaires étrangères, du baron de Pillersdorf à l'intérieur, du baron de Kubeck aux finances, du comte Stadion comme président du conseil aulique, et des comtes Kollowrat et Hardig, ministres sans portefeuille, se voyant complétement débordé, dut donner sa démission.

A ce moment les serviteurs fidèles et dévoués de la dynastie reconnurent que, sur la pente fatale où le pouvoir se trouvait entraîné, tout était à redouter pour la perpétuité du principe monarchique, et que le seul moyen de le sauver et d'éviter peut-être à son représentant le sort de Louis XVI, était d'abandonner la capitale à l'émeute victorieuse. D'après leurs conseils, l'empereur quitta Vienne, le 17 mai, vers six heures du soir, sous prétexte de se rendre à Schœnbrunn; mais les voitures de la cour ne s'arrêtèrent que lorsqu'on se trouva au milieu des populations dévouées du Tyrol.

Ce départ excita la plus vive émotion dans la capitale. C'était évidemment une autre fuite de Varennes; mais celle-là du moins avait été couronnée de succès.

Malgré la jactance habituelle du parti démagogique, il comprit qu'il y avait là pour lui un grave péril. En vain, le soir même du 17, quand la fuite de l'empereur fut connue, quelques étudiants, ou soi-disant tels, plus exaltés que le reste de leurs camarades, essayèrent de faire proclamer la république; cette tentative fut repoussée par le bon sens de la population, qui se prononça en grande majorité pour le maintien de la forme monarchique, et qui résolut même tout aussitôt d'envoyer une députation à l'empereur pour l'engager à rentrer dans sa capitale.

Quant au ministère constitué le 15 mars, la situation si critique où se trouvait l'État le força de retirer sa démission et de rester aux affaires par intérim. Il acceptait ainsi la rude tâche de présider à l'installation d'une assemblée constituante, chargée de donner à la monarchie son assiette définitive, et dont les travaux commencèrent le 22 juillet. Vingt jours après, l'empereur, résolu de donner à ses sujets une preuve de sa confiance dans leur loyauté, rentra à Vienne (12 août). Cependant dix jours plus tard les menées des démagogues réussissaient encore une fois à armer les citoyens les uns contre les autres. Le 23 août les ouvriers des ateliers de l'État, sorte d'ateliers nationaux créés à l'instar de ceux de Paris, attaquèrent la garde nationale, la garde municipale et la garde de sûreté. Le combat dura trois heures; mais l'émeute fut vaincue.

Aussi bien, il en avait été à Vienne comme partout ailleurs : l'absence de tout luxe et la stagnation des affaires publiques pendant les cinq mois qui venaient de s'écouler y avaient réduit la population ouvrière à une extrême misère. C'est cette situation des classes laborieuses que les meneurs de la démagogie et surtout le parti hongrois avaient voulu exploiter pour livrer la capitale à l'anarchie. Repoussés une première fois, ils furent plus heureux un mois après, lors de l'approche du ban Jellachich et de son armée. L'habileté du parti hongrois à Vienne consista à représenter le succès de Jellachich sur le parti magyare comme celui de la réaction. Tous les démagogues de Vienne étaient en effet les alliés naturels du parti magyare. Le départ de Vienne des régiments autrichiens quittant la capitale pour rejoindre l'armée de Jellachich, qui s'en allait défendre la monarchie contre les insurgés hongrois, fut le signal d'une formidable insurrection. La division se mit entre l'armée et la garde nationale, et une lutte terrible s'engagea le 6 octobre. Des canons furent enlevés par les ouvriers. La ville se trouva couverte en un instant de barricades ; et le ministre de la guerre, le comte de Latour, attaqué dans son hôtel par la populace, y fut massacré à coups de marteau. Une bande de forcenés, après avoir traîné le cadavre de cet infortuné dans les rues, alla le pendre à la porte du ministère de l'intérieur.

Toutes les troupes avaient évacué la ville; l'arsenal, mal défendu, fut pillé. L'insurrection, cette fois, était demeurée complétement victorieuse. L'assemblée constituante se saisit en conséquence du pouvoir exécutif, et une espèce de comité de salut public s'organisa dans la soirée du 6.

Réduit alors à fuir de nouveau sa capitale, l'empereur se retira sur Linz, escorté par quelques régiments, et bientôt le centre du gouvernement fut transféré à Olmutz. Mais dès le 9 octobre on pouvait apercevoir du haut des tours de Saint-Étienne les premiers éclaireurs de l'armée du ban Jellachich. Elle accourait opérer sa jonction avec la garnison qui trois jours auparavant évacuait Vienne sous les ordres du général d'Auersperg, ainsi qu'avec les troupes de Windischgraetz, et elle brûlait d'impatience de faire rentrer la capitale dans le devoir.

Pendant que ces différents corps combinaient leurs mouvements pour se masser sous les murs de Vienne, l'empereur adressait à ses sujets des proclamations dans lesquelles il protestait de sa ferme intention de ne retirer aucune des promesses qu'il avait faites à ses peuples, et de doter la patrie commune d'institutions représentatives. Il y ordonnait en outre la translation de la diète à Kremsier. Mais, au lieu de déférer aux ordres de l'empereur, la diète feignit de le considérer comme n'étant plus libre, et le conseil municipal lui envoya une adresse qui commençait ainsi : « Votre Majesté s'est crue obligée, à la suite des « événements du 6 octobre, de quitter la capitale sans « faire parvenir à la ville aucune communication constitu- « tionnelle qui lui indique le motif de ce départ et les in- « tentions de Votre Majesté. Nous avons
« cependant appris que le bruit s'est propagé, bruit qui « aura peut-être été accueilli par Votre Majesté, que la ville « de Vienne était livrée à l'anarchie. Les événements du 6 « ont réellement donné lieu à une grande agitation, mais « l'énergie et la ferme volonté des citoyens unis pour le « maintien de la liberté et de la légalité ont suffi pour faire « rentrer cette agitation dans son lit. »

Après ce préambule, le conseil municipal attribuait la continuation de l'état armé de la population à la position menaçante prise par le comte d'Auersperg, mais surtout à l'arrivée sous les murs de Vienne du ban de Croatie, qui, sans même faire savoir dans quel but il venait, avait tout aussitôt désarmé les gardes nationales de la banlieue.

C'est la crainte d'une attaque de ce côté qui, disait-on, avait nécessité les mesures de défense prises dans la ville, où régnait d'ailleurs l'ordre le plus parfait ainsi que le respect des personnes et des propriétés. Le conseil municipal pensait que les citoyens eux-mêmes seraient en état de maintenir l'ordre et la liberté, si l'intervention d'éléments hostiles ne leur créait pas d'obstacles. C'est pourquoi il priait l'empereur : 1° de donner au ban Jellachich l'ordre de s'éloigner du voisinage de la capitale, en réservant le ban de décider si le ban devait rester sur le territoire autrichien ; 2° de faire cantonner les troupes selon l'usage suivi jusque alors ; 3° d'accorder une amnistie ; 4° de constituer un ministère populaire. Le conseil municipal adjurait encore l'empereur de ne pas sortir des voies pacifiques, et l'assurait de son inviolable attachement au trône.

De son côté, la garde nationale de Vienne envoyait à l'empereur une députation chargée de lui remettre une adresse dans laquelle elle demandait : 1° que le comte d'Auersperg revînt tenir garnison à Vienne, avec les troupes sous ses ordres, mais sans que celles-ci pussent dépasser le chiffre de 10,000 hommes ; 2° que les troupes prêtassent serment aux lettres-patentes du l'empereur du 15 mars et du 15 mai 1848, toute réserve faite d'un serment à la constitution quand elle serait votée ; 3° que l'empereur eût à sa cour six aides de camp pris dans la garde nationale ; 4° que les généraux Windischgraetz et Jellachich se retirassent du voisinage de Vienne ; 5° que la population de Vienne fût appelée à constituer une force armée considérable d'après l'une ou l'autre de ces trois conditions : intelligence, bonne conduite ou propriété ; 6° que l'empereur nommât un ministère populaire ; 7° et qu'il revînt le plus tôt possible dans sa capitale.

Inutile sans doute d'ajouter que ce *conseil municipal*, cette *garde nationale*, c'étaient le ban et l'arrière-ban de la démagogie aux abois usurpant ces titres et ces qualifications pour se déguiser et donner crédit à leurs phrases. Ces adresses ne produisirent aucun effet sur les généraux de l'armée impériale, qui, leur mouvement de concentration une fois terminé, attaquèrent la ville dans la matinée du 28 octobre. L'attaque fut dirigée contre la partie des faubourgs où on s'attendait à la résistance la moins vigoureuse, évidemment dans le but de donner aux bourgeois de Vienne, opprimés par les démagogues, le moyen de se réunir dans ces faubourgs et de se séparer des insurgés armés. Le 28 au soir le prince Windischgraetz était maître des faubourgs de Landstrasse, d'Erdberg et du débarcadère de la ligne de Gloggnitz. Le lendemain matin 29 on attaqua les faubourgs de la part desquels on attendait une résistance plus décidée, ceux de Wieden, de Mariahilf et de Schottenfeld. A midi le prince, après avoir fait suspendre le feu, accordait aux insurgés un délai pour faire leur soumission ; et le soir la ville se rendait à discrétion. Cependant, le lendemain 30 une division hongroise étant tardivement arrivée au secours des révoltés, ceux-ci violèrent la capitulation, et la lutte dut recommencer. Mais le 31 Windischgraetz, après avoir battu le corps hongrois, était complétement maître de Vienne, dont il désarmait la population.

Les troupes impériales furent parfaitement accueillies par la grande majorité des habitants, heureux d'échapper à la tyrannie qu'avaient si longtemps exercée sur eux quelques centaines d'étudiants flanqués de cinq ou six mille aventuriers et démagogues cosmopolites. Une fois l'autorité impériale rétablie dans la capitale, on put songer à réaliser une pensée qui depuis longtemps préoccupait l'empereur Ferdinand. Ce malheureux prince, comprenant parfaitement, en effet, que son état maladif le rendait incapable des devoirs de la souveraineté au milieu de circonstances comme celles où la monarchie autrichienne se trouvait placée, avait résolu d'abdiquer et de remettre le pouvoir en des mains plus jeunes et plus fermes. Maintenant que force était restée à l'autorité impériale, cette abdication n'était pas une concession de plus, mais un acte de patriotique abnégation, un sacrifice méritoire fait aux nécessités de la position. Le 2 décembre donc un manifeste impérial apprit aux populations de l'empire la double abdication de l'empereur Ferdinand et de son frère l'archiduc François-Charles en faveur du fils aîné de celui-ci, l'archiduc François-Joseph.

Grâce à l'intervention de la Russie, qui mit ses troupes à la disposition de l'Autriche, la répression des insurrections italienne et hongroise fut alors entreprise par le gouvernement autrichien avec une vigueur qui donna le démenti le plus éclatant aux sinistres appréciations de ceux qui naguère encore voyaient déjà l'Autriche réduite à ses provinces allemandes, comme au temps où elle ne formait qu'un simple duché.

La victoire complète remportée par le pouvoir monarchique sur la démagogie et l'anarchie faisait pressentir que le moment viendrait sans doute où on songerait à revenir sur des concessions politiques accordées avec trop de précipitation. La constitution votée par la diète de Kremsier, après avoir d'abord été suspendue provisoirement, nous l'avons déjà dit, a été définitivement abolie par un décret du jeune empereur, en date du 23 décembre 1851, qui a rétabli les choses en l'état où elles se trouvaient avant les événements de mars 1848.

Si les espérances qu'avaient pu concevoir en Autriche les partisans du système représentatif se trouvent ainsi indéfiniment ajournées, la faute en est incontestablement à la démagogie, dont les tendances désorganisatrices ont effrayé et compromis là comme ailleurs tous les intérêts et fait regretter.... les *bienfaits* du despotisme!

AUTRUCHE (*struthio camelus*, Linné). Genre d'oiseaux appartenant à l'ordre des échassiers. Ils se distinguent par les caractères suivants : leurs ailes, revêtues seulement de plumes lâches et flexibles, ne peuvent leur fournir un instrument de vol, mais elles sont très-propres à accélérer leur course; les plumes de leurs ailes, qui n'ont que des tiges minces, et dont les barbes, quoique garnies de barbules, ne s'accrochent point ensemble, comme dans les autres oiseaux, leur forment, sur les côtés du corps, des espèces de panaches d'une élégance extrême; leur bec est déprimé horizontalement et de longueur médiocre; leur langue est courte et arrondie; leur œil grand, avec des paupières garnies de cils; leurs jambes et leurs tarses sont très-élevés; ils ont un énorme jabot et des intestins volumineux; ce sont les seuls oiseaux qui urinent.

Aujourd'hui que les *dinornis* et les *æpiornis* ne se rencontrent plus qu'à l'état fossile, l'autruche est le plus grand de tous les oiseaux; c'est aussi l'un des plus célèbres et des plus anciennement célèbres, car il en est question plus d'une fois dans l'*Ancien Testament*, en particulier dans le *Deutéronome*, où Moïse interdit sa chair aux Hébreux. L'autruche atteint quelquefois deux mètres de hauteur, et peut peser jusqu'à 140 kilogrammes. Elle a la tête fort petite, chauve et calleuse à sa partie supérieure, garnie inférieurement de poils clair-semés, blancs et brillants; le bec droit, court et déprimé; l'orifice de l'organe de l'ouïe découvert et garni à l'intérieur de poils; les yeux grands et vifs; un cou mince, long d'un mètre environ, et dont la peau, d'une couleur chair livide, n'est recouverte que de poils blancs et peu abondants; des ailes hors de proportion avec le corps, et qui, outre leurs plumes flexibles et ondoyantes, présentent chacune deux piquants semblables à ceux du porc-épic; une queue garnie de pennes dont la structure est la même que celle des ailes; des jambes recouvertes d'une peau épaisse et ridée; des pieds vigoureux, garnis de grosses écailles; deux doigts seulement dirigés en avant, formés chacun de trois phalanges, joints à leur base par une forte membrane, et dont l'externe est plus court que l'autre et privé d'ongle; tout le corps enfin, sauf les cuisses et le dessous des ailes, qui sont nus, recouvert d'une espèce de plumage qui semble tenir le milieu entre le poil des mammifères et le vêtement des oiseaux, étant formé de plumes toutes de même espèce, qui n'ont pour barbes que des filets détachés, sans consistance et sans adhérence réciproque. Le plumage dans le mâle est noir, mêlé de gris et de blanc; les grandes plumes des ailes et celles de la queue sont blanches; la femelle est brune ou d'un gris cendré partout où le mâle est d'un noir éclatant, et elle n'a de plumes noires qu'à la queue et aux ailes. Les jeunes sont d'un gris cendré la première année; ils ont aussi des plumes sur le cou, la tête et les cuisses; mais elles tombent bientôt pour ne plus revenir.

Telle est l'autruche, oiseau terrestre, mais conservant en quelque sorte sur la terre le principal attribut de sa classe, puisque par la vitesse de sa course il l'emporte sur tous les autres animaux. Elle court en élevant ses ailes, et alors, dit Job, elle défie le cheval et le cavalier (*deridet equum et ascensorem ejus*). Par l'élévation de ses jambes et la longueur de son cou, aussi bien que par les lieux qu'elle habite, elle rappelle naturellement le chameau : aussi les Orientaux l'appellent-ils, dans toutes leurs langues, l'*oiseau-chameau*. Elle a pour séjour les contrées les plus arides de la terre, les sables et les solitudes de l'Arabie et du reste de l'Afrique, où elle vit souvent par troupes; elle a l'ouïe fine et la vue perçante, mais les sens du goût et de l'odorat sont chez elle extrêmement obtus : aussi dévore-t-elle avidement et sans choix tout ce qu'elle rencontre, non-seulement des herbes et des matières animales, mais aussi des pierres et des substances métalliques, telles que du fer, du cuivre et du plomb. Elle fait rarement entendre sa voix, que les uns comparent à un gémissement, d'autres au rugissement du lion, mais moins fort et moins prolongé. Le cri du mâle est d'ailleurs plus fort que celui de la femelle. Ce sont des animaux peu intelligents et fort doux, qui n'attaquent jamais, et ne se défendent guère que par la fuite. Parmi les voyageurs, les uns disent qu'ils vivent par paires, comme les pigeons; les autres assurent qu'un mâle a plusieurs femelles, comme nos coqs. Ce qu'il y a de certain, c'est qu'ils sont fort lascifs, ont un accouplement plus prolongé que les autres oiseaux, et pondent des œufs pesant près de trois livres, que dans les pays les plus brûlants ils se bornent à déposer dans le sable, à la chaleur du soleil, mais qu'ils couvent dans les contrées plus tempérées, et qu'ils surveillent et défendent partout avec courage.

Les Romains estimaient beaucoup la chair de l'autruche, et l'on trouvait autrefois dans l'Arabie des peuplades qui s'en nourrissaient, et que l'on nommait à cause de cela *struthiophages*. Les Arabes de nos jours s'en abstiennent, comme les Hébreux, et pour une raison semblable ; mais ils recherchent beaucoup la graisse de cet oiseau, dont ils se servent pour apprêter leurs mets et pour se frictionner le corps dans les cas de rhumatisme et autres maladies. Ils chassent l'autruche à cheval, en tournant autour d'elle pendant plusieurs heures, jusqu'à ce qu'ils parviennent à couper sa course.

L'autruche s'apprivoise assez facilement; on peut la dompter, au point de la monter comme un cheval, ainsi que nous l'avons vu faire à l'Hippodrome. Tout le monde sait quel usage on fait de ses grandes pennes : la préparation des plumes d'autruche est une branche assez importante du commerce parisien.

On a découvert récemment à Madagascar les débris d'œufs et d'ossements fossiles d'un oiseau gigantesque, auquel le nom d'*æpiornis* a été donné par M. Isidore Geoffroy Saint-Hilaire, qui considère cet oiseau comme très-voisin du genre autruche. DÉMEZIL.

AUTRUCHE D'AMÉRIQUE. *Voyez* NANDOU.

AUTUN, ville de France, chef-lieu d'arrondissement du département de Saône-et-Loire, située sur la rive gauche de l'Arroux, peuplée de 10,089 habitants, siége d'un évêché suffragant de Lyon, et dont le diocèse comprend le département de Saône-et-Loire. Cette ville possède un tribunal de commerce, un collége, une bibliothèque publique de 7,000 volumes, un musée de peinture et un cabinet de médailles. Elle a des fabriques de tapis de pied, des tanneries, des mégisseries, une imprimerie. Le commerce consiste en bois, chanvre, chevaux et bestiaux. La ville est divisée en trois parties; ses monuments les plus remarquables sont : la cathédrale, d'architecture gothique, qui date du onzième siècle, et que l'on cite pour son aiguille, son chœur et son portail; l'église Saint-Martin, bâtie par la reine Brunehaut, et renfermant son tombeau, etc., etc.

On trouve à Autun des antiquités d'époques et de civilisations diverses; la période gauloise y est représentée par quelques vestiges des anciennes murailles formées de pierres de taille juxtaposées sans ciment, mais si parfaitement adhérentes que chaque pan de mur semble être taillé dans le roc. Outre de nombreux morceaux de corniches, de frises, d'entablements, des parties de bas-reliefs, des statues mutilées, on y voit deux portes de construction romaine assez bien conservées : la porte Saint-André et la porte d'Arroux, sorte d'arcs de triomphe avec deux grandes arches pour le passage des voitures et deux petites pour les piétons, surmontées d'une galerie d'ordre corinthien et richement ornées. On découvre aussi les traces d'un théâtre et celles d'un vaste amphithéâtre dont on voyait encore en 1700 les gradins, les escaliers et les portiques. Il en a été tiré depuis, comme d'une véritable carrière, une si grande quantité de pierres et de moellons, que c'est à peine s'il subsiste encore quelques vestiges de ce monument. Enfin, on trouve encore à Autun beaucoup de restes d'admirables édifices chrétiens attribués, comme tous les monuments de l'ancien royaume d'Austrasie, à la reine Brunehaut. En dehors des murs existent aussi quelques restes de la naumachie et de l'aqueduc qui servait à y conduire les eaux. Non loin de la ville, au milieu d'un ancien cimetière appelé *Champ-des-Urnes*, on voit un monument funèbre nommé *Pyramide de Couart*. Elle est formée d'un blocage de pierres liées avec du ciment; sa hauteur est encore aujourd'hui de 6 mètres environ, malgré les nombreuses mutilations opérées par le temps et par les hommes. Quelques antiquaires voient dans ce singulier monument le tombeau du chef éduen Divitiac. Mentionnons encore dans les environs plusieurs autres ruines, entre autres celles d'un temple magnifique qu'on croit avoir été dédié à Janus.

L'origine d'Autun se perd dans la nuit des temps. Cette ville existait bien longtemps avant la conquête romaine. C'était la capitale des Éduens. Elle se nommait *Bibracte*; et sous le règne d'Auguste elle prit le nom d'*Augustodunum*, d'où est venu Autun, et plus tard sous Constantin celui de *Flavia Æduorum*. Elle faisait partie de la première Lyonnaise. Elle fut comblée de priviléges par les Romains; ses habitants jouissaient du droit de bourgeoisie à Rome. Il s'y établit des écoles célèbres, qui y attiraient un grand concours de jeunes gens, et elle devint la capitale d'une grande partie de la Gaule. Détruite sous Tibère, à la suite de la révolte de Sacrovir, assiégée et prise d'assaut par Tétricus, l'ancienne cité des Éduens fut à plusieurs reprises saccagée par les barbares. Au cinquième siècle, Attila et les Bourguignons la brûlèrent et la ravagèrent; au sixième, elle se trouva mêlée aux sanglantes querelles des fils de Clovis; elle fut encore pillée au huitième par les Sarrasins et au neuvième par les Normands. Durant le moyen âge elle acquit quelque importance, à cause de son siége épiscopal et par les conciles qui y furent tenus, entre autres par celui de 1094, qui excommunia Philippe Ier. En 1379 elle fut incendiée par les Anglais. Réunie à la couronne de France en même temps que la Bourgogne, dont elle faisait partie, elle fut assiégée sous la Ligue par le maréchal d'Aumont. Enfin elle eut encore à souffrir pendant l'héroïque campagne de 1814.

AUVERGNE, province de France bornée au nord par le Bourbonnais et le Berry, au sud par le Rouergue et le Gévaudan, à l'est par le Vélay et le Forez, à l'ouest par le Limousin, la Marche et le Quercy, d'une superficie de 1,388,218 hectares. Elle se divisait en haute et en basse Auvergne. Celle-ci, qu'on appelait encore *Limagne*, était célèbre par la douceur de son climat. La capitale de l'Auvergne était Clermont; cette province est aujourd'hui comprise dans les départements du Cantal, de la Haute-Loire et du Puy-de-Dôme.

Avant la conquête romaine son territoire était occupé par un peuple fameux entre les peuples de la Gaule-Celtique, les *Arvernes*. Six cents ans avant l'ère chrétienne, ils formaient déjà un corps considérable, car on les trouve parmi ces nombreuses colonies de Gaulois qui, sous la conduite de Bellovèse et de Sigovèse, neveux d'Ambigat, roi de toutes les Gaules, allèrent former des établissements dans la Lombardie, la Bohême, la Frise et la Westphalie. En 541 de Rome (213 avant J.-C.), les Arvernes fournirent un corps de troupes et des subsides à Asdrubal, lorsque le général carthaginois marcha en Italie au secours d'Annibal, son frère. La domination de ces peuples s'étendait alors d'un côté depuis la Loire jusqu'à la Méditerranée, y compris Narbonne, jusqu'aux confins de Marseille, et de l'autre depuis les Pyrénées jusqu'à l'Océan et au Rhin. Les Éduens pouvaient seuls leur disputer la prépondérance dans les Gaules. Posidonius et Strabon donnent des détails curieux sur la magnificence de Luerius (Louerios ou Louernios suivant Athénée), l'un de leurs rois, qui vivait au sixième siècle de l'ère romaine. Ils le représentaient dans certaines solennités monté sur un char d'argent, répandant à pleines mains des pièces d'or et d'argent. L'an 121 avant J.-C., les Arvernes, commandés par leur roi Betultus, furent défaits en bataille rangée par le consul Fabius Maximus; Betultus figura au triomphe du vainqueur. Toutefois, traités dans la suite avec bienveillance, les Arvernes devinrent les alliés des Romains, avec lesquels ils prétendaient avoir une commune origine.

Arvernique ausi Latios se fingere fratres
Sanguine ab iliaco populi. (LUCAIN, *Phars.*, liv. II.)

Lors de l'expédition de César, les Arvernes ne s'opposèrent pas d'abord à ses progrès; mais le soulèvement général des peuples gaulois en 52 fut l'ouvrage d'un des leurs, Vercingétorix. Réduite en province romaine avec le reste de la Celtique, l'Auvergne obtint néanmoins de grands priviléges, entre autres l'établissement d'un sénat à l'instar de Rome et le droit de bourgeoisie romaine accordé à Augustonemetum, leur ville principale.

De la domination des Romains l'Auvergne passa sous celle des Visigoths en 474; le Vélay et le Bourbonnais en faisaient alors partie. Clovis la conquit en 507. Incorporée au royaume d'Austrasie (511), elle en fut séparée en 630, pour faire partie de l'apanage de Boggis, duc d'Aquitaine, et passa à ses descendants, qui confièrent à des comtes l'administration de ce pays, Blandin, comte d'Auvergne pour le duc Waïfre, défendit son suzerain contre Pépin le Bref. Après lui l'Auvergne eut différents comtes, que nommèrent soit les rois de France, soit les ducs d'Aquitaine. Bernard II, surnommé Plantevelue, à qui Louis le Bègue confia en mourant (879) la tutelle de son fils aîné et l'administration de son royaume, rendit le comté d'Auvergne héréditaire.

Mais sa maison s'étant éteinte quelque temps après, la seigneurie, de nouveau viagère, fut concédée successivement à des comtes de Poitiers et de Toulouse. En 979 elle redevint héréditaire dans la maison des vicomtes d'Auvergne, qui se reconnurent vassaux des ducs d'Aquitaine ou de Guienne; et passèrent avec eux sous la domination de l'Angleterre. Guillaume VIII se vit dépouillé par son oncle, qui portait le même nom que lui, de la plus grande partie de ses possessions. C'est alors qu'à l'imitation de son aïeul maternel, qui se faisait appeler *dauphin* du Viennois, il prit le titre de dauphin d'Auvergne, que ses descendants continuèrent à porter. Plusieurs d'entre eux se distinguèrent dans nos guerres nationales jusqu'à l'année 1428, où Jeanne, fille unique du dernier dauphin Beraud III, transporta par son mariage avec Louis, comte de Montpensier, cette seigneurie à cette branche de la maison de Bourbon. La célèbre Mademoiselle de Montpensier légua le dauphiné d'Auvergne au duc d'Orléans frère de Louis XIV, qui le transmit à ses descendants.

Quant au comté d'Auvergne, Philippe-Auguste s'en empara à la faveur des discordes et des guerres qui avaient éclaté entre le comte Gui II et son propre frère Robert, évêque de Clermont. Louis le fils de Gui II, Guillaume XI, fut rétabli par saint Louis dans une partie des terres qui avaient été confisquées sur son père.

L'autre partie, de beaucoup plus considérable, servit à former un second comté, qui, sous le nom de *Terre d'Auvergne*, fut donné par saint Louis, en 1241, à son frère Alfonse, à la mort duquel il revint à la couronne. En 1360 le roi Jean érigea la Terre d'Auvergne en duché en faveur de Jean, son fils, duc de Berry, mort, sans postérité masculine, en 1416. Charles VI donna cette terre à Jean Ier, duc de Bourbon, époux de Marie de Berry, fille du même Jean, et père de Charles Ier, duc de Bourbon et d'Auvergne, mort en 1452; Jean Ier et Pierre II, ses fils, moururent en 1488 et 1503; Suzanne de Bourbon, fille de Pierre II, fut maintenue par Louis XII dans l'héritage de son père, en considération de son mariage avec le connétable de Bourbon. Le duché d'Auvergne fut confisqué en 1527 sur celui-ci pour crime de félonie, puis en 1531 réuni à la couronne, dont il ne fut plus séparé. Riom était le chef-lieu du duché d'Auvergne.

Revenons au comté d'Auvergne proprement dit.

Robert IV, comte d'Auvergne en 1247, du chef du comte Guillaume XI, son père, répara une partie des pertes territoriales qu'avait faites sa famille, par l'héritage du comté de Boulogne, qui lui échut en 1260, aux droits d'Alix de Brabant, sa mère. Vers la fin du quatorzième siècle les deux comtés d'Auvergne et de Boulogne passèrent par mariage à l'ancienne maison de La Tour, dite depuis de *La Tour d'Auvergne*. Anne de La Tour, comtesse d'Auvergne, mariée, en 1505, avec Jean Stuart, duc d'Albany en Écosse, se voyant sans enfants, assura par son testament, en 1524, le comté d'Auvergne à Catherine de Médicis, sa nièce, depuis reine de France. En 1589, cette princesse, sous le nom du roi Henri III, son fils, transporta le comté d'Auvergne en pur don à Charles de Valois, fils naturel de Charles IX. Mais en 1606 Marguerite de Valois, sœur de Henri III, s'étant pourvue au parlement contre cette donation, se fit adjuger le comté d'Auvergne. Elle le donna ensuite au dauphin, depuis Louis XIII, qui réunit ce comté à la couronne. Louis XIV l'abandonna avec les duchés d'Albret et de Château-Thierry, et le comté d'Évreux, au duc de Bouillon, le 20 mars 1651, en échange des principautés de Sédan et de Raucourt. La maison de Bouillon en a joui jusqu'à la révolution.

Sous le rapport des finances l'Auvergne était comprise dans la généralité de Riom, et sous celui de la justice dans le ressort du parlement de Paris; elle formait les trois bailliages de Clermont, Riom et Saint-Flour.

AUXERRE, chef-lieu du département de l'Yonne, à 155 kilomètres sud-ouest de Paris, sur la rive gauche de l'Yonne, peuplée de 12,464 habitants, avec un tribunal de commerce, un collége communal, une école normale primaire départementale, une bibliothèque publique riche de 25,000 volumes, un cabinet d'antiques et d'histoire naturelle; un jardin public, où l'on cultive environ quinze cents espèces envoyées du Jardin des Plantes de Paris, un hôpital général, etc. La ville est généralement bien bâtie. On remarque la cathédrale gothique de Saint-Étienne, dont les cryptes et les vitraux sont justement admirés; l'église Saint-Pierre; l'église Saint-Germain; l'ancien palais épiscopal, aujourd'hui hôtel de la préfecture; la salle de spectacle, etc. L'industrie est peu active, quoique la position d'Auxerre à mi-chemin de Paris et de Lyon, qui lui permet d'embrasser l'Océan par la Seine, et la Méditerranée par le canal de Bourgogne, semble l'inviter aux avantages des villes manufacturières. On y compte deux imprimeries, une fabrication importante de tonnellerie, des manufactures de produits chimiques, ocres, blanc de céruse. Le commerce consiste en bois flotté, en charbon et surtout en vin du territoire. Aucune ville de France, en effet, ne peut guère disputer à Auxerre la supériorité dans l'art de cultiver la vigne; les vins de Chainette et de Migraine sont presque autant estimés que ceux de Nuits, de Pomard et de Volnay.

Auxerre est une des plus anciennes villes de France. Suivant l'abbé Lebeuf, elle n'a pas toujours occupé le même emplacement qu'aujourd'hui. La grande voie romaine de Lyon à l'Océan par Amiens passait au pied d'*Autessiodure*, dont le voisinage en a conservé de très-beaux restes; elle y faisait jonction avec la route d'Autun à Tours; Autessiodure était comprise dans la quatrième Lyonnaise, et partageait avec Sens le privilége d'être la résidence des proconsuls. Le christianisme y pénétra au commencement du troisième siècle, et saint Pèlerin en fut le premier évêque et le pôtre martyr. Attila ravagea Auxerre, comme tant d'autres cités de la Gaule. Après l'invasion des Francs, elle tomba au pouvoir de Clovis; ses successeurs lui donnèrent des comtes, qui, d'abord temporaires ou viagers, devinrent ensuite héréditaires. Sous leur gouvernement, son siége épiscopal fut illustré par de hautes vertus et de grands talents; il s'enorgueillit d'avoir produit saint Germain; en même temps ses écoles brillaient du plus vif éclat; cinq ou six mille clercs y suivaient les leçons d'Héric, de Rémi et de Gislebert. En 1038, sous le comte Rainaud, il se tint à Auxerre, après une disette horrible, une grande assemblée au sujet de la paix et de la réformation des mœurs. A la mort de Rainaud, en 1040, le duc de Bourgogne, Robert, s'empara d'Auxerre; mais l'héritier légitime du comté, Guillaume, le reconquit et le transmit à ses descendants, qui furent en même temps comtes d'Auxerre et de Nevers. Le comté d'Auxerre passa ensuite de la ligne directe à une ligne collatérale. Le comte Gui appuya la commune de Vézelai contre son abbé, et essaya, malgré l'évêque, d'en établir une semblable à Auxerre. Son fils étant mort sans postérité mâle, Philippe-Auguste prit possession d'Auxerre; mais trois ans après il rendit ce comté ainsi que celui de Nevers à la petite-fille de Gui, en la mariant à son cousin Pierre de Courtenay. Quinze années du règne de ce comte, qui signa aux habitants d'Auxerre une charte d'affranchissement, sont mémorables par ses longs débats avec Hugues, évêque opiniâtre et fastueux. Le comté d'Auxerre passa ensuite dans la maison des comtes de Châlons, par le mariage d'Alix, arrière-petite-fille de Pierre de Courtenay, avec Jean de Châlons. En 1370 le roi Charles V acheta ce comté à Jean IV de Châlons, y établit un siège royal de justice et des officiers, et confirma les chartes des bourgeois, sauf les tailles qu'il leur imposa. Dans les guerres des Armagnacs et des Bourguignons, Auxerre embrassa la cause de ces derniers; en 1412 et en 1435 il s'y tint deux assemblées pour la paix, qui n'amenèrent aucun résultat; la ville demeura au pouvoir de la maison de Bourgogne. En vertu du traité d'Arras et depuis la réunion de cette province à la couronne, l'histoire d'Auxerre n'a plus rien de particulier. Ravagée au quinzième et au seizième siècle par la peste, la ville eut encore à souffrir des guerres de religion; elle embrassa avec passion la cause de la Ligue, malgré son évêque, le vertueux Amyot, qui faillit payer sa tolérance de sa vie.

AUXESIA et **DAMIA**. On lit dans Pausanias, liv. II, que les Éginètes et les Épidauriens rendaient un culte particulier à Auxesia et à Damia. C'était, selon eux, deux jeunes filles qui vinrent de Crète à Trézène, dans le temps que cette ville était divisée par des partis contraires. Elles furent les victimes de la sédition; et le peuple, qui ne respecta rien, les assomma à coups de pierres. Hérodote, liv. V, rapporte que l'oracle de Delphes ordonna aux Épidauriens, affligés de la famine, d'élever aux martyrs de leur fureur des statues de bois d'olivier. Il décrit aussi les cérémonies observées dans les sacrifices que l'on faisait à ces déesses.

AUXILIAIRE (du latin *auxilium*, secours), qui vient en aide, au secours. Il se dit en parlant des troupes qu'un prince, un État envoie au secours d'un autre prince, d'un autre État. — En grammaire, il désigne des verbes qui servent à former quelque temps d'antres verbes (*voyez* VERBE).
— Enfin, dans la comptabilité, on nomme *auxiliaires* des livres qui servent à établir certains comptes particuliers. *Voyez* LIVRES DE COMMERCE.

AUXOMÈTRE ou **AUZOMÈTRE** (du grec αὔξω, j'augmente, et de μέτρον, mesure). *Voyez* DYNAMÈTRE.

AUZOUX (Louis), médecin, né à Saint-Aubin d'Écroville (Eure), s'est rendu célèbre par ses préparations anatomiques et ses mannequins imités (*voyez* CLASTIQUE). Vers 1823, la Faculté de médecine étant nouvellement reconstituée selon l'esprit du jour, et tournant elle-même aux scrupules et à la dévotion, on eut lieu de craindre que les dissections ne fussent bientôt entravées, et que l'étude de l'anatomie n'en souffrît. Or, l'on ne connaissait alors, pour remplacer les cadavres et suppléer à des dissections nécessaires, que les pièces en bois de l'abbé Fontana, ou du musée de Florence, que les planches gravées ou lithographiées, encore rares en ce temps-là, que les imitations en cire de Laumônier et celles en carton du docteur Ameline, de Caen.

Ces diverses représentations, outre leur imperfection et leur prix élevé, ne pouvaient ni se démonter pièce à pièce ni servir à des études détaillées et approfondies. Ce fut dans ces conjonctures que M. Auzoux, encore jeune et ignoré, eut l'utile pensée de représenter tous les organes du corps humain, non-seulement dans leur ensemble, mais dans leurs détails les plus minutieux, et quelle qu'en fût la situation, superficielle ou profonde. Il employa à cet effet une matière pâteuse qui, pouvant se liquéfier et se mouler, devient dure comme du bois en se desséchant, et retrace fidèlement les moindres empreintes des corps qu'elle entoure. M. Auzoux continua ses essais jusqu'en 1825 ; mais les principaux perfectionnements de sa méthode remontent à 1830. Ses premiers modèles avaient cinq pieds six pouces de haut, et ils coûtaient 3,000 fr., somme élevée, à laquelle peu de particuliers pouvaient atteindre. Il a depuis composé des modèles de trois pieds six pouces, c'est-à-dire fort au-dessous de la grandeur naturelle. Le prix de ceux-là n'est que le tiers des autres.

Pour cette remarquable industrie, M. Auzoux a créé, dans son village natal de Saint-Aubin, une grande usine, où sont sans cesse occupés soixante à quatre-vingts ouvriers, qu'il a pris soin de former et d'instruire dès l'enfance, et en vue de ses travaux. La plupart de ces individus, dont l'industrie tient à la fois de la peinture et de la sculpture, sont des anatomistes d'une instruction étonnante, au moins dans leur spécialité. M. Auzoux en a placé un certain nombre dans diverses capitales, où ils ont pour emploi de démontrer ses savantes machines. Au Caire et à Ispahan, on a ainsi acquis, pour 3,000 fr., un mannequin anatomique et un jeune démonstrateur. Grâce à ce médecin, le parlement d'Angleterre a révoqué comme désormais superflu l'*anatomy-bill*, qui proscrivait avec sévérité la vente des cadavres, commerce indigne, qui plus d'une fois a suggéré des entreprises criminelles.

Les machines d'Auzoux ont déjà eu pour résultat de répandre le goût de l'anatomie dans toutes les classes de la société. Elles sont plus expressément nécessaires dans les contrées où l'ardeur du climat interdit toute dissection, ainsi que dans les pays tempérés, pour quiconque dissèque dans toutes les saisons. Ce fut avec les machines d'Auzoux que le feu duc d'Orléans apprit l'anatomie.

Chaque machine d'Auzoux retrace onze cent quinze objets différents, chacun desquels est numéroté, et elle peut être démontée et ces vingt-neuf pièces ou morceaux juxtaposés les uns aux autres, et formant plusieurs couches à joints invisibles. C'est une œuvre merveilleuse et d'une exactitude inestimable. Disons toutefois que le médecin et le chirurgien n'apprendront jamais l'anatomie aussi précisément avec ces machines qu'avec les organes en nature. Et pour ce qui est des artistes, il est indubitable que de simples planches exactement dessinées ou peintes éveillent mieux la mémoire en fécondant plus puissamment l'imagination que ces machines à compartiments enclavés et ces mosaïques chargées de couleurs. La réalité et les représentations pittoresques l'emportent toujours, on doit bien le penser, sur les reliefs matériels, qui ne laissent aucun prétexte à l'illusion.

Non content de représenter le corps tout entier, M. Auzoux a voulu fabriquer des organes et des membres séparés de tout ensemble, des mains, des genoux, des oreilles, des crânes et des cerveaux. Son modèle de femme, destiné à enseigner l'art des accouchements, avec ses *quatorze utérus de rechange*, est un chef-d'œuvre d'exactitude et de patience. Il en est de même du modèle qui retrace les origines et les anastomoses de tous les nerfs.

Après avoir représenté la structure de l'homme, M. Auzoux a voulu aussi donner le modèle d'un squale, d'un hanneton et d'un cheval, dernier objet très-digne d'attention, qui, en 1851, a obtenu les honneurs de l'exposition dans le Palais de Cristal, et qui sera d'une grande utilité pour les écoles vétérinaires. Isid. Bourdon.

AVA. C'était autrefois un puissant royaume situé dans la large vallée de l'Irawaddi, tout au fond de la presqu'île de l'Inde, et qui, après avoir d'abord soumis le *Pégu*, finit, à la suite de différentes invasions, par devenir tributaire de cet État. L'oppression sous laquelle gémit alors le royaume d'Ava provoqua une insurrection dont le chef, après l'avoir affranchi du joug de l'étranger, prit le surnom d'Alompra, et fonda la dynastie actuellement régnante. Les habitants d'Ava s'appelaient jadis *Maramas*, mot qui, vers la fin du dix-huitième siècle, fut transformé par les Anglais, dans la langue persane, qui est celle dont ils se servent pour leurs relations diplomatiques, en celui de *Birma* ou *Birman*, d'où l'*Ava* a depuis lors été généralement appelé empire *Birman*.

Ava, ville capitale de l'empire birman depuis 1819, comme elle l'avait déjà été à deux reprises différentes, en 1364 et en 1761, est située dans une riche plaine, sur la rive sud-est de l'Irawaddi (ou *Iraouaddi*), qui n'y a pas moins de 1,300 mètres de largeur, et qui y reçoit deux affluents qui communiquent par un canal. L'un, le *Myit-Tha*, forme le port de la ville, et peut recevoir des bâtiments de cinquante à soixante tonneaux. Il permet aux navires de faire le tour d'Ava. Cette dénomination qui est une corruption indoue, malaise et européenne d'*Aengwa* ou *Aen Ua*, ce qui veut dire *étang à poisson* (à cause de sept grands lacs poissonneux qui entouraient la ville autrefois et se trouvent aujourd'hui réduits à cinq), est inconnue sur les lieux, où le nom officiel de la capitale est *Ratuapoura*, ce qui veut dire la *ville des joyaux*. Ava a une enceinte de 18 à 20 kilomètres, protégée par un mur haut de 5 mètres sur 3 de large, formant à l'intérieur une terrasse, bordée à l'extérieur de fossés profonds. On n'y compte pas moins de vingt et une portes. La partie nord-est, dite *ville royale*, est entourée d'une muraille particulière de 7 mètres d'élévation, et renferme le palais du roi, ainsi qu'un grand nombre d'édifices publics. L'aspect imposant qu'offrent de loin ses nombreux temples blancs, surmontés de tours dorées, disparaît complétement quand on entre dans la ville, parce que la plupart des habitations ne sont que des huttes couvertes en gazon, et que les maisons des riches seules construites en planches et couvertes en tuiles. Dans un grand temple, appelé *Logatharbou*, on remarque une statue colossale en grès (et non en marbre, comme le prétend Symer) du dieu Gautama. Ava ne contient guère, malgré sa vaste superficie, que 30,000 habitants.

En face d'Ava, sur l'autre rive du fleuve, entre des forêts d'arbres à fruit et des collines couvertes de temples et de couvents, se trouve la ville de Sagaing, choisie deux fois, au quatorzième siècle, pour capitale du royaume. Non loin de là est le bourg de *Kyauksit*, célèbre par ses carrières de marbre blanc, lesquelles sont en possession de fournir toute l'Inde de *statues de Gautama*, sculptées grossièrement et sans goût.

A une lieue environ d'Ava est située l'ancienne capitale *Amarapoura*, nom qui signifie *ville des immortels*, bâtie et élevée en 1783 au rang de capitale par le roi Mandarakei ou Padounmag. En 1800 on y comptait environ de 20 à 25,000 maisons et une population de 175,000 âmes. Mais tel est son état de décadence qu'elle ne renferme à peine 20,000 aujourd'hui.

Suivant l'habitude de donner à un État le nom de sa capitale, on appelle quelquefois l'empire Birman *empire d'Ava*.

Ava est aussi le nom que portent une principauté japonaise dans l'île de Niphon et une antre principauté du même État dans l'île de Sikoko. Les deux capitales ont le même nom. Celle de l'île de Sikoko possède un bon port.

AVAL. C'est le nom d'une espèce de cautionnement propre aux effets de commerce. Il consiste dans l'obligation que souscrit un tiers étranger de payer à l'échéance le montant d'un billet à ordre ou d'une lettre de change à défaut de payement par le souscripteur. Ordinairement celui qui donne son aval au bas d'une lettre de change fait précéder sa signature de ces mots : *pour aval*. Cependant on regarde aussi comme une signature donnée pour aval celle qui n'est précédée d'aucune suscription. Pour ne pas inspirer de défiance sur la solvabilité du tireur, de l'accepteur ou de l'endosseur, l'aval se donne le plus souvent par acte séparé sous signature privée ou devant notaire, soit qu'il s'agisse de garantir telle lettre de change en tout ou en partie, soit que l'on veuille cautionner celles qu'une personne pourrait tirer en vertu d'un crédit ouvert. L'aval devient alors un acte de cautionnement complet, qui doit contenir toutes les stipulations nécessaires.

Ainsi par sa nature et son but l'aval est une garantie commerciale, et celui qui le donne s'oblige dans les mêmes conditions que la partie qu'il garantit, c'est-à-dire *commercialement et par corps*, à moins qu'il n'y ait convention contraire (Code de Commerce, art. 142). Ce mode d'obligation diffère de la souscription du billet en ce que le donneur d'aval n'est pas le principal obligé; de l'endossement, en ce que la garantie qu'il procure peut être fournie par acte séparé, et que les délais du recours du porteur sont supprimés et sans valeur pour le donneur d'aval. Il diffère encore en ce qu'il peut garantir tout aussi bien un endosseur qu'un souscripteur. Si c'est le souscripteur, le donneur d'aval sera engagé comme le souscripteur ; si c'est l'endosseur, il sera obligé comme l'endosseur. C'est donc un point important pour le donneur d'aval de bien expliquer et préciser comment et jusqu'à quelle concurrence il entend s'obliger; car lorsque l'aval est mis à côté d'un endossement sans autre explication, on juge qu'il s'étend aussi bien au souscripteur qu'à l'endosseur. L'action à laquelle l'aval donne ouverture est prescrit, comme toutes celles relatives aux lettres de change ou billets à ordre, par le laps de cinq ans.

AVAL, AMONT. Ces termes s'appliquent à des positions relatives dans le cours d'un fleuve, d'une rivière, etc. : l'*aval* suit la pente des eaux; l'*amont* remonte contre leur cours. Ce dernier mot est dérivé de *ad montem*, tandis que le terme *aval* est tiré de *val*, vallée.

AVALANCHES, chutes de masses considérables de neige qui se détachent du haut des montagnes et tombent dans les vallées, entraînant ou brisant ce qui se trouve sur leur passage, et causant encore plus de désastres aux lieux où elles s'arrêtent. Ces phénomènes sont fréquents et terribles dans les Alpes, où ils ont été l'objet de savantes observations. C'est donc aux nombreux écrits sur ces montagnes que nous devons la connaissance de ces faits, des circonstances qui les accompagnent, et de celles qui les ont devancés et préparés.

En hiver, lorsque nos habitations sont couvertes de neige, nous avons quelquefois sous les yeux des avalanches en miniature. La neige, s'accumulant sur le bord des toits, déborde en surplomb jusqu'à ce que son poids la détache; quelquefois une masse neigeuse se met à glisser le long d'un toit fortement incliné, grossit dans le trajet qu'elle fait sur la pente, et tombe avec fracas, si la hauteur de sa chute est assez grande. En substituant la pente roide d'une montagne à la petite superficie d'un toit, et un escarpement de plusieurs centaines de mètres aux murs d'un édifice, on concevra facilement ce que le prodigieux accroissement des causes doit opérer sur la grandeur de l'effet. On ne sera pas surpris en apprenant qu'une masse de neige, après avoir parcouru quelques kilomètres sur les flancs d'une haute montagne, est parvenue jusqu'au fond d'une gorge, où des habitations ont été ensevelies, où le torrent subitement arrêté par une digue à couvert de ses eaux un vaste terrain. Tels sont effectivement les désastres qu'entraînent trop souvent les avalanches.

Les causes de ces éboulements de neige peuvent être très-différentes et même directement opposées; mais les effets varient aussi, suivant la nature des forces qui les produisent. Lorsque le froid est médiocre, les molécules neigeuses adhèrent entre elles , et peuvent former des masses assez compactes qui agissent par leur poids, entraînent des arbres et même des rochers ; mais si la température est au-dessous de 20 degrés Réaumur, ce qui n'est pas rare dans les Alpes pendant l'hiver, la neige devient pulvérulente, et dès qu'elle est mise en mouvement, ce n'est plus qu'une poussière incapable d'agir par sa masse, mais qui expose le voyageur à d'autres dangers. Les vents impétueux qui soufflent très-souvent dans les régions montagneuses soulèvent ces neiges incohérentes, et achèvent de les pulvériser : livrées alors aux moindres agitations de l'air, on les y voit flotter, même par un temps calme en apparence; et si un ouragan vient les bouleverser, elles forment des tourbillons très-redoutables, qui font périr plus d'hommes que la chute des grandes masses. Quelques voyageurs ont aussi donné le nom d'*avalanches* à ces tourbillons de neige, en dépit du sens étymologique de ce mot. En les rapportant à leur origine, on les assimilera plutôt aux ouragans de sable dans les immenses déserts de l'Afrique et de l'Asie centrale, quoique le malheureux enseveli sous les neiges des Alpes y périsse de froid, au lieu que les sables d'Afrique, d'une sécheresse brûlante, menacent le voyageur d'une mort encore plus douloureuse.

On pense généralement dans les Alpes que la chute des avalanches peut être déterminée par des causes très-légères, des ébranlements à peine sensibles, des bruits de voix, le tintement d'une clochette. L'imminence et la grandeur du péril expliquent assez les exagérations de la peur, et font excuser les précautions qu'elle inspire. Avant de s'engager dans les lieux exposés aux avalanches, on s'efforce de mettre l'air en mouvement, afin de faire tomber les masses qui tiennent le moins : les détonations d'armes à feu se font alors entendre; mais dès que l'on est en marche, un rigoureux silence est observé, et les sonnettes des mulets sont étoupées. On ne cite pourtant aucun fait qui prouve que cette prudence n'est pas poussée trop loin.   FERRY.

AVALLON, ville de France, chef-lieu d'arrondissement du département de l'Yonne, sur le Cousin, peuplée de 5,566 habitants, avec un tribunal de commerce et un collège. Ses rues sont larges et bien bâties. Les bâtiments qui méritent une attention particulière sont l'hôpital, la salle de spectacle et l'église. Il s'y fait un commerce important de bois de chauffage, de grains et de vins; une fabrication de draps, papier, cuirs et moutarde. Ses environs sont agréables et fertiles ; on y récolte un des meilleurs vins de la Bourgogne. Le vin d'Avallon est souvent pris pour du vin de Beaune. — Cette ville est fort ancienne ; elle existait dès le temps des Romains, et s'appelait *Aballo*. Les rois carlovingiens la citent dans leurs capitulaires comme une des meilleures forteresses de la Bourgogne. Elle fut prise et démantelée sous le roi Robert.

AVALOS. *Voyez* PESCARA (Marquis de).

AVANCEMENT MILITAIRE. C'est un sentiment ineffaçable dans le cœur de l'homme que celui qui le porte à s'élever; chacun veut toujours obtenir pour la fin de sa carrière, soit un bien-être qu'il n'avait pas quand il y est entré, soit un emploi ou des honneurs qui satisfassent son ambition. S'il y a un état où ce sentiment puisse se justifier, c'est bien celui des armes, carrière toute de vocation et d'abnégation, où chaque jour on sacrifie sa santé, son temps et sa liberté. Chez les Grecs, chez les Romains, où les armées n'étaient pas permanentes, il ne pouvait y avoir de règles bien certaines d'avancement ; au début de la campagne les chefs étaient désignés, et pendant sa durée on avançait suivant son mérite. « Cependant l'art qui règle l'avancement, dit le général Bardin, avait été approfondi aux beaux temps de la milice chez les Grecs et chez les Romains, comme le démontrent Polybe, Végèce, Xénophon. Dans les légions romaines le premier des centurions n'arrivait à ce rang qu'après avoir successivement exercé le commandement sur les vingt-neuf centuries inférieures à la sienne. »

Dans le moyen âge, cette époque du chaos de l'art militaire, où la chevalerie faisait la force des armées, où les seigneurs menaient à leur suite une troupe informe de vassaux, où les capitaines étaient possesseurs de leurs bandes, chacun était ce qu'il pouvait être et s'élevait suivant son mérite, son audace et sa fortune. Sous Louis XIV on était sous-lieutenant d'infanterie en sortant des cadets, sous-lieutenant de cavalerie en sortant des mousquetaires; dans l'infanterie on arrivait à l'ancienneté au grade de capitaine; mais dans la cavalerie, où l'on achetait les capitaineries, ce grade était presque exclusivement réservé à la noblesse; cependant quelques emplois, tels que ceux de porte-drapeau, de major, de lieutenant-colonel, étaient réservés aux officiers de fortune.

En Prusse, sous Frédéric II, les grades appartenaient à la noblesse; mais comme chacun était libre de prendre le titre qui lui convenait, cette disposition était illusoire, et tout homme de talent pouvait arriver aux plus hautes fonctions militaires : pour être officier, il fallait avoir servi trois ans, soit comme porte-enseigne, soit comme fourrier; c'étaient là les deux échelons exclusivement réservés à ceux qui désiraient devenir officiers; les propositions étaient faites par le commandant du régiment, approuvées par le général commandant la subdivision et examinées par le comité de salut public aux armées nommèrent aux grades sous leur responsabilité; pour exciter l'émulation, on essaya de l'élection pour les grades subalternes dans la proportion d'un tiers à l'ancienneté pour deux tiers au choix ; s'agissait-il de nommer un sous-lieutenant, les sous-officiers présentaient une liste de candidats sur laquelle les sous-lieutenants en choisissaient trois, sur lesquels trois sous-lieutenants en désignaient un pour l'emploi vacant; ce système a donné dans les premiers temps quelques bons officiers. Sous l'Empire, un grand nombre de décrets et de décisions réglaient le mode d'avancement; mais comme par suite de l'état permanent de guerre ils ne furent presque jamais suivis, nous n'entrerons dans aucun détail à ce sujet.

Tout mode d'avancement doit, pour être juste, veiller aux intérêts de l'État comme à ceux des individus. Accorder tout à l'ancienneté, c'est offrir la chance de tout obtenir sans avoir rien mérité, c'est anéantir l'émulation, c'est étouffer les talents, c'est exposer la sûreté de l'État en ne donnant à l'armée que des chefs que leur grand âge rend impropres à la guerre : c'est ce qui arriva en 1806 à l'armée prussienne, dont tous les généraux étaient plus que septuagénaires, et dont la plupart des officiers atteignaient de cinquante à soixante ans. Accorder tout au choix, c'est ouvrir la porte à l'intrigue et à toutes les prétentions, c'est oublier le mérite et faire jeter le dégoût de l'état militaire dans l'armée. Cependant, comment concilier les droits de l'ancienneté avec ceux du mérite et comment constater le mérite? Plusieurs gouvernements ont semblé reculer devant la solution de ce problème et préférer abandonner les grades à l'ancienneté. En France, la loi du 14 avril 1832, cherchant à assurer les droits de l'ancienneté et ceux du mérite, accorde pour les grades subalternes les deux tiers des emplois vacants à l'ancienneté et l'autre tiers au mérite, pour les officiers supérieurs la moitié à l'ancienneté, la moitié au choix; enfin pour les officiers généraux, tous les emplois au choix; elle détermine la durée du service dans chaque grade avant d'en pouvoir obtenir d'autres ainsi que les exceptions qui peuvent avoir lieu en campagne ; enfin, pour imprimer du mouvement à l'avancement et éviter que les emplois ne soient remplis par des hommes trop âgés, la loi a fixé l'âge de la retraite dans chaque grade. F. DE BÉTHUNE, capitaine d'état-major.

AVANCEMENT D'HOIRIE. Voyez HOIRIE.

AVANIE (du grec vulgaire ἀβανία, signifiant *affront fait avec supercherie*), terme en usage dans le Levant pour désigner les vexations que les pachas et les douaniers turcs font éprouver, en dépit des consuls, aux marchands chrétiens, qui doivent leur offrir des présents s'ils veulent éviter des amendes considérables et toujours injustement prononcées, sous prétexte de contraventions aux lois et règlements en vigueur.

Cette expression, transportée du sens propre au figuré, signifie, dans le langage ordinaire, une insulte marquée au coin du mépris, faite sans nécessité et de gaieté de cœur; différant en cela de l'*outrage*, qui ordinairement n'est que le résultat de la colère et de l'affront, qui implique l'idée de brusquerie et d'attaque plus ouverte. On peut faire un affront à l'ennemi qu'on estime; on ne lui fera point d'avanie. L'*insulte*, comme l'*affront*, est dans les paroles, l'*avanie* dans les procédés.

AVANT-BRAS. Voyez BRAS.

AVANT-GARDE, corps détaché, formé ordinairement de troupes d'élite : il marche et prend position en avant de l'armée pour l'éclairer et la couvrir.

Les armées de l'antiquité, qui se rangeaient dans l'ordre profond, qui campaient resserrées dans un espace étroit, qui n'avaient pas besoin de beaucoup de temps pour se préparer à combattre, n'exigeaient pas de corps détachés pour éclairer et couvrir leurs marches. Le récit de cent batailles où la victoire fut décidée par des surprises prouverait même qu'elles négligeaient souvent de faire reconnaître le terrain sur lequel elles s'avançaient.

Dans les temps modernes, on a beaucoup abusé de l'habitude de former des avant-gardes. Les mauvais généraux les compromettent souvent : jamais on ne vit tant de combats d'avant-garde que sous les Contadès et les Soubise. La honteuse bataille de Rosbach ne fut qu'un de ces combats d'avant-garde, qu'une surprise sur une armée qui prêtait le flanc.

Le fameux combat du pont d'Aumale, que quelques auteurs peu militaires ont vanté, mais que le sévère Sully appelle une *erreur héroïque*, n'est pas un combat d'avant-garde, mais une reconnaissance de l'armée du duc de Parme, que le courage et l'audace du Béarnais poussèrent peut-être trop loin.

Dans la guerre de positions, il est plus dangereux encore de pousser une avant-garde hors de la ligne. Si l'emplacement où vous la mettez est meilleur, il faut y porter l'armée; s'il est plus mauvais, on doit se borner à y placer des éclaireurs.

Poursuivre avec des avant-gardes une armée qui se retire est un système toujours vicieux. La sanglante journée de Senef, où toute l'audace et les *soudaines illuminations* de Condé ne produisirent qu'une immense et inutile boucherie, ne fut occasionnée que parce qu'une avant-garde, qu'on alimentait par des secours successifs et toujours tardifs, attaqua le prince d'Orange.

Après la glorieuse et décisive bataille de Hohenlinden, Moreau eut le tort de ne faire suivre l'armée de l'archiduc Jean que par des avant-gardes. En vain Richepanse et Decaen, qui se disputaient cette place d'honneur, entamèrent à plusieurs reprises l'arrière-garde des Autrichiens: quelques morts, un petit nombre de prisonniers, étaient le résultat de chaque journée. Mettez l'empereur Napoléon à la place de Moreau : toutes les divisions feront des marches forcées pour se mettre en ligne; la masse de cavalerie sera disposée de manière à pouvoir joindre l'une des colonnes; et dès le second ou le troisième jour l'ennemi, pressé, talonné, perdra son artillerie, ses bagages, et deviendra la proie d'un vainqueur qui croira n'avoir rien fait s'il reste quelque chose à faire. La maxime tant de fois répétée de Scipion : *qu'il faut faire un pont d'or à l'ennemi qui fuit*, n'est bonne que pour éterniser la guerre; il faut, au contraire, quand on est le plus fort, le contraindre à s'arrêter et l'anéantir. Gal Max. LAMARQUE.

AVANT LA LETTRE. *Voy.* ÉPREUVE (*Beaux-arts*).

AVANT-PARLIERS. C'est le nom qu'au treizième siècle on donnait aux procureurs ou avocats des parties litigantes. A cette époque il était défendu aux plaideurs de se faire représenter en justice par des tiers. Il leur fallait comparaître en personne, affirmer ou dénier eux-mêmes leurs prétentions, c'est-à-dire plaider leur cause. Les juges voulaient voir le visage, la contenance des parties, pour se former une opinion au milieu de leurs dires contradictoires. Quand la comparution en personne était impossible, on y suppléait par des *avoués* ou *procureurs*. Mais ceux qui ne recouraient pas à l'assistance d'un avoué ou d'un procureur, qui tenaient à donner de vive voix des explications à leurs juges, avaient soin de se faire assister d'un homme habitué aux procès, lequel, prenant la parole le premier, exposait l'affaire, faisait valoir les moyens de droit, et s'efforçait de démontrer la justice des réclamations de son client, qui ne faisait ensuite que répondre succinctement aux questions que les juges, dans l'intérêt d'une justice loyale et bien intentionnée, mais ignorante, croyaient encore devoir lui adresser. Ces hommes *habitués aux procès, à parler en public*, étaient appelés *avant-parliers*, *aus-parliers* ou prélocuteurs; il en est question déjà dans les Capitulaires, qui les accusent d'une trop grande loquacité, n'aboutissant d'ordinaire qu'à embrouiller les affaires. On voit que nos *avocats* descendent en ligne directe des *avant-parliers*.

AVANT-POSTES. Quand des troupes en campagne établissent un camp, un bivouac ou des cantonnements, le premier soin de leurs chefs doit être de s'entourer de postes de sûreté, pour, en cas d'attaque de l'ennemi, n'être pas pris au dépourvu et avoir le temps de se préparer à le repousser. C'est là ce qu'on appelle des avant-postes, lesquels comprennent les *postes de soutien*, les *grand'gardes* et les *petits postes*, se maintenant en communication par des patrouilles (*voyez* GRAND'GARDE) et s'entourant d'une ligne de vedettes ou de sentinelles. Au moyen de ces précautions, il devient tout à fait impossible d'approcher sans être aperçu. Tout individu surpris aux abords de cette ligne de vedettes est aussitôt arrêté, s'il ne donne pas le mot d'ordre, conduit aux avant-postes pour y être interrogé. Quoique par sa nature le service des avant-postes appartienne aux troupes légères, on doit avoir soin d'y habituer indistinctement toutes les armes; il exige en effet beaucoup de sagacité, de vigilance, d'activité, de présence d'esprit, et une rare justesse de coup d'œil.

AVANT-SCÈNE. *Voyez* SCÈNE, LOGE, etc.

AVANT-TRAIN. On appelle ainsi le train qui comprend les roues de devant et le timon d'une voiture à quatre roues. L'avant-train d'une pièce d'artillerie est la flèche posée sur deux petites roues ; elle s'adapte, au moyen d'une cheville de fer, avec l'affût monté sur deux grandes roues, et complète la voiture qui porte la pièce de canon. La bouche à feu se manœuvre sur son affût seul, dont la caisse repose à terre quand la pièce est en batterie. Lorsqu'on veut la faire changer de place, on fait approcher l'avant-train, auquel les chevaux sont attelés, à moins que les artilleurs n'emploient la prolonge ou ne se servent de bricoles pour changer leurs pièces de position.

AVARAY (Famille DE BÉSIADE D'). Cette famille, qui dans le cours des trois dernières générations compte cinq officiers généraux, un brigadier des armées du roi et plusieurs colonels, est originaire de la province du Béarn, où elle est connue depuis la fin du douzième siècle.

Claude-Théophile de Bésiade, marquis D'AVARAY, d'abord page de *Monsieur*, frère de Louis XIV, entra dans un régiment de cavalerie en 1672, et fit les diverses campagnes de la guerre de Hollande. Créé, en 1688, mestre-de-camp d'un régiment de dragons de son nom, le marquis d'Avaray fut ensuite promu au grade de maréchal de camp en 1702, et de lieutenant général en 1704. Ce fut à lui que la France dut en grande partie le gain de la bataille d'Almanza. La paix d'Utrecht ayant rendu ses services militaires désormais inutiles, Louis XV le nomma ambassadeur en Suisse. Il mourut en 1745, à l'âge de quatre-vingt-dix ans ; il en avait passé soixante-deux dans les camps.

Charles-Théophile de Bésiade, marquis D'AVARAY, fils du précédent, s'était élevé rapidement au grade de maréchal de camp, lorsqu'il mourut de la petite vérole à la fleur de l'âge, en 1746.

Claude-Antoine de Bésiade, marquis, puis duc D'AVARAY, né en 1740, fils du précédent, fut pourvu, en 1771, de la charge de maître de la garde-robe de *Monsieur*, comte de Provence. Député par la noblesse de l'Orléanais aux états généraux, il proposa de publier la déclaration des devoirs du citoyen pour balancer celle des droits de l'homme, et signa toutes les protestations de la minorité de l'Assemblée constituante. Au retour des Bourbons, en 1814, il fut créé lieutenant général, pair de France le 17 août 1815, et duc le 6 août 1817. Il résidait fréquemment dans la belle terre dont ses ancêtres ont pris le nom, située près de Beaugency, sur les bords de la Loire; elle est remarquable, outre son étendue, par le clos qui produit l'excellent vin de *Guignes*, et renferme le *dolmen de Ver*. C'est là qu'il est mort en 1829, âgé de quatre-vingt-neuf ans.

Antoine-François de Bésiade, comte, puis duc D'AVARAY, fils aîné du précédent, devint le confident intime du comte de Provence, l'accompagna dans sa fuite en 1792, s'attacha à sa personne pendant toute l'émigration. Louis XVIII, en reconnaissance de ses services, l'avait créé duc et lui avait concédé de charger ses armoiries de l'écusson de France. C'est à lui comme à un *libérateur* qu'il avait adressé la relation de son *Voyage à Bruxelles et à Coblentz*, imprimé sous la Restauration, et sur le compte de laquelle s'égayèrent les journaux de l'époque. La santé du duc d'Avaray s'altérant de jour en jour, les médecins l'envoyèrent à Madère, où il mourut en 1810 sans avoir contracté d'alliance. Ses titres passèrent à son frère puîné Joseph-Théophile-Parfait de Bésiade, général de division, chevalier de Saint-Louis et officier de la Légion d'Honneur.

AVARES, peuplade d'origine mongole, qui parut cent ans plus tard que les Bulgares dans les contrées voisines du Don, de la mer Caspienne et du Volga. Une partie resta dans les gorges du Caucase; l'autre partie, vers l'an 555 de notre ère, parvint jusqu'au Danube, et s'établit en Dacie, prit du service dans les armées de Justinien, contribua avec les Lombards a la ruine de l'empire des Gépides, et finit par conquérir la Pannonie vers la fin du sixième siècle, notamment sous le puissant khan Baïan.

Plus tard, les Avares s'emparèrent de la Dalmatie; et leurs hordes dévastatrices pénétrèrent en Allemagne jusqu'en Thuringe, puis en Italie, où ils eurent à lutter contre les Lombards et les Franks. Leur domination s'étendit sur les Slaves fixés sur les rives du Danube, et plus loin au nord, de même que sur les Bulgares jusqu'à la mer Noire; mais les populations finirent par se soulever en masse contre eux et par les expulser de la Dalmatie.

Resserrés dans la Pannonie, ils furent subjugués par Charlemagne en 786, puis à peu près anéantis par les Moraves et les Petschenègues, de sorte qu'à partir de l'année 827 l'histoire cesse complétement d'en faire mention. Ils avaient habitude d'entourer leurs habitations de fossés, de remparts et de pieux; et on trouve encore bon nombre de débris de ces espèces de forteresses dans les diverses contrées où ils s'étaient établis, et où on les désigne sous la dénomination d'*anneaux d'Avares*. On confond quelquefois, mais à tort, les Avares avec les Huns, peuple plus ancien qu'eux, et aussi avec les Hongrois, nation plus moderne.

AVARICE. Les plus grands moralistes n'ont pu expliquer comment un homme riche, au milieu de son or et de ses greniers d'abondance, peut se condamner, lui, les siens, ses semblables, aux horreurs de la faim. Los Massillon, les Bourdaloue, au nom d'un Dieu de charité, ont essayé vainement de toucher l'âme de l'avare. Que faire donc d'un pareil misérable? L'attacher au poteau de la publicité, le marquer d'un honteux stigmate, en le livrant au fouet du ridicule. C'est ce qu'a entrepris Molière, digne exécuteur de ces hautes et comiques œuvres. L'*Aululaire* de Plaute, le Théâtre-Italien et notre vieux Théâtre-Français lui ont à l'envi fourni des scènes et de nombreux morceaux. De tous les lambeaux tirés de ces antiques magasins, et réunis avec art, Molière a fait un chef-d'œuvre.

Enrichis de l'usure, nos avares modernes ont peut-être plus de *formes* qu'*Harpagon*; au fond rien n'est changé. Ce sont toujours des cœurs arides. *On tirerait plutôt de l'huile d'une pierre*, disait Plaute. Vainement vous crierez contre eux, l'autre jour charité bien faite est un grain qui rend au centuple, qu'il y a dans ce commerce avec les pauvres des *bénéfices énormes*, que c'est placer son argent au *plus haut intérêt*; qu'il faut s'appauvrir volontairement pour acquérir les vrais trésors, vous ne pourrez jamais faire entrer dans leurs calculs l'idée de placer ainsi leur *bienfaisance* et leur *humanité* à usure. L'avare est son plus inexorable ennemi.

Parvenu au dernier degré d'avilissement, il n'est souvent plus accessible ni aux douces affections du cœur, ni même à la voix de la justice. Sous ce rapport il ne mérite que trop le mépris public; mais l'avarice, envisagée à son point de vue de mesquinerie, de ladrerie, ne relève que du ridicule. Si elle est un qu'une économie excessive, elle prend plus particulièrement le nom de *lésinerie*. Si elle a recours à des moyens ignobles, c'est alors une *avarice crasse*.

Ne confondons pas, du reste, l'avarice avec la cupidité ou l'ambition. L'avare et le prodigue peuvent être également cupides, l'un pour conserver, l'autre pour dépenser; le prodigue sera même plus cupide que l'avare, parce qu'il dépense plus vite que l'autre n'entasse. Pour l'avare, conserver est la principale chose, acquérir la seconde, dépenser la dernière. Pour le prodigue, dépenser est la première chose, acquérir la seconde, conserver la dernière. Ces deux états d'âme, on le voit, ont des points de départ, des mobiles, des principes différents. Dès qu'ils sont en mouvement, ils se tournent le dos.

AVARIE. Dans le sens le plus général du mot, l'avarie exprime tout dommage éprouvé par une marchandise. Le Code de Commerce s'est plus particulièrement occupé des avaries *maritimes*, c'est-à-dire qui arrivent en mer; par opposition, les autres avaries ont reçu le nom d'avaries *ordinaires*.

L'avarie dans ce dernier cas est la détérioration de la marchandise provenue depuis son départ jusqu'à sa destination, et la responsabilité du dommage échoit à celui qui l'a commis ou ne l'a pas prévenu. Aux termes des articles 99 et 103, le commissionnaire qui se charge des transports et le voiturier sont garants des avaries ou pertes des marchandises, sauf celles qui proviennent du vice propre de la chose, s'il n'y a stipulation contraire dans la lettre de voiture ou force majeure. L'action en indemnité pour avarie est éteinte par la réception de la marchandise et le payement du prix de la voiture. Le destinataire doit donc vérifier la marchandise aussitôt qu'elle lui est présentée, et la refuser si elle est avariée. Alors il se pourvoit par requête auprès du tribunal de commerce, ou à son défaut auprès du tribunal civil, ou même, s'il n'en existe pas, à la justice de paix, pour faire nommer un ou plusieurs experts. Quand l'expert a dressé son procès-verbal, le destinataire peut recevoir le colis sous toutes réserves; mais il peut aussi s'y refuser, et alors ordinairement une transaction; le destinataire retient sur le prix de la lettre de voiture, ou, si le prix est plus élevé que la somme due au voiturier, il se fait payer le montant de l'évaluation faite par l'expert, et reçoit les marchandises. S'il n'intervient pas de transaction, la contestation est portée devant le tribunal de commerce.

Considérées spécialement sous le rapport du commerce maritime, les avaries sont définies par le Code de Commerce: toutes dépenses extraordinaires faites pour le navire et les marchandises conjointement ou séparément, tout dommage qui arrive au navire et aux marchandises depuis leur chargement et départ jusqu'à leur retour et déchargement. En principe, c'est aux parties qu'il appartient de déterminer par des conventions spéciales tout ce qui peut être relatif aux avaries; ce n'est qu'à défaut de ces conventions que la loi a établi des règles générales. Elle distingue deux classes d'avaries: les avaries qu'on appelle *grosses* ou *communes* indistinctement, et celles dites *simples*, ou *particulières*. Les avaries grosses sont quelquefois minimes, et les simples ou particulières plus souvent, fort importantes. Les avaries particulières sont celles qui résultent soit d'un vice propre à la chose, soit d'un accident imprévu ou de force majeure: c'est le propriétaire de la chose avariée qui supporte la perte de l'avarie particulière, sauf son recours, s'il y a lieu, contre l'auteur personnel du dommage. Les avaries communes ont, au contraire, toutes pour cause la nécessité de sauver le navire et sa cargaison, en sorte qu'elles sont l'effet d'une détermination volontaire qui engage à sacrifier une partie de la fortune du navire pour sauver le reste; il était juste alors que le propriétaire lésé fût indemnisé du dommage par tous ceux à qui avait profité le sacrifice de son droit. Ces avaries sont supportées en commun par le propriétaire du navire et par celui du chargement; en estime le prix du navire et des marchandises au lieu du déchargement, et la répartition se fait au marc le franc. Le Code de Commerce définit avec beaucoup de détails et de clarté les avaries grosses et les avaries simples. Nous y renvoyons. Le cas d'abordage est réglé par des dispositions particulières. Le Code distingue encore les avaries des frais à la charge du navire.

Une demande pour avaries n'est point recevable si l'avarie commune n'excède pas un pour cent de la valeur cumulée du navire et des marchandises, et si l'avarie particulière n'excède pas aussi un pour cent de la valeur de la chose endommagée. Les commerçants qui reçoivent du capitaine une marchandise avariée doivent protester et signifier leurs protestations dans les vingt-quatre heures, et assigner dans le mois de la protestation. De son côté, le capitaine qui livrerait les marchandises et recevrait son fret s'interdirait tout droit d'action d'avarie contre les affréteurs.

La clause *franc d'avarie* dans un contrat d'assurance maritime affranchit les assureurs de toutes avaries, soit communes, soit particulières, excepté dans les cas qui donnent ouverture au délaissement, et alors les assurés ont l'option entre le délaissement et l'exercice d'action d'avarie.

AVAUX (Claude de Mesmes, comte d'), conseiller au grand conseil, maître des requêtes, conseiller d'État, appartenant à une des familles les plus illustres de la magistrature, acquit une grande réputation dans les différentes ambassades où il représenta la France : d'abord à Venise, en 1627, puis en Danemark, en Suède et en Pologne. Il fut un des négociateurs de la paix de Westphalie, qui mit fin à la guerre de Trente Ans. Après avoir rempli plusieurs années les fonctions de plénipotentiaire à La Haye et à Munster, les intrigues de Servien, son collègue, de qui il avait éprouvé plus d'un désagrément, le firent rappeler tout à coup, au moment où la paix allait être signée. Après un court exil dans ses terres, Mazarin lui rendit les fonctions de surintendant des finances. D'Avaux mourut en 1650, âgé de cinquante-cinq ans. On a publié de lui des Lettres et des Mémoires sous le titre de *Négociations* (1752).

AVAUX (J.-Antoine de Mesmes, comte d'), neveu du précédent, conseiller au parlement, suivit aussi la carrière diplomatique. Il fut d'abord ambassadeur à Venise, et alla ensuite comme plénipotentiaire à Nimègue, où il s'attacha à Croissy, frère de Colbert, qui le fit secrétaire d'État des affaires étrangères à la disgrâce de Pomponne. D'Avaux, quelque temps après la paix de Nimègue, fut ambassadeur en Hollande. Il avait de l'adresse, de l'insinuation, de la douceur, et il était toujours bien informé. Il eut dès les premiers temps des renseignements sur le projet de la révolution d'Angleterre de 1688, lorsque tout était encore secret, et il avertit Louis XIV. Mais on aima mieux croire Barillon, ambassadeur en Angleterre, qui, trompé par Sunderland et les autres ministres du roi Jacques II, affiliés à la conjuration, rassura toujours la cour de Versailles, et lui persuada que ses soupçons étaient chimériques. Quand la révolution fut accomplie, d'Avaux quitta la Hollande et passa en Irlande, en qualité d'ambassadeur auprès du roi Jacques II, qui, malgré ses avis, s'opiniâtrait à donner dans tous les piéges qui lui étaient tendus. De là il fut nommé ambassadeur en Suède, où il réussit très-bien. En 1705, aux approches de la guerre de la succession, il fut renvoyé en Hollande, pour tâcher de prévenir, s'il était possible, la rupture imminente ; mais l'ascendant du roi Guillaume l'emporta. D'Avaux mourut en 1709, après avoir été opéré de la pierre.
Artaud.

AVEDIK, patriarche des Arméniens schismatiques, héros d'une des nombreuses versions dont le problème historique du Masque de Fer a été le sujet. Celle, du reste, à laquelle il a donné lieu ne saurait soutenir un instant l'épreuve d'un examen sérieux.

Avedik, parvenu au patriarcat par la protection du muphti, avait excité en 1701 une violente persécution contre les catholiques ; Ferriol, ambassadeur de France près la Sublime-Porte, l'avait fait déposer, exiler et renfermer plusieurs fois, et en dernier lieu dans les premiers mois de 1706. On le conduisait à Chio lorsque les jésuites le firent enlever et embarquer sur un bâtiment français qui devait le transporter à Marseille, et le remettre entre les mains de Montmort. Cet enlèvement avait été conçu et dirigé par le père Braconnier, jésuite à Constantinople, et le père Tarillon, jésuite à Chio. Il ne pouvait rester ignoré. Le ministère ottoman envoya le *capidgi-bachi* à Chio pour obtenir des renseignements du vice-consul français, M. Bonnal, qui nia tout. Le grand seigneur prétendit alors rendre l'ambassadeur français responsable de cet *attentat*. L'ambassadeur eut de fréquentes conférences à ce sujet avec le grand vizir, et finit par prendre l'engagement d'écrire à sa cour, et de supplier le roi son maître d'écrire au roi d'Espagne pour que ce prince fit sortir Avedik de la prison de Messine, où il était détenu, et lui permit de retourner à Constantinople.

Tel était l'état des négociations en 1707. Nouvelles réclamations en 1710 et 1713. A cette dernière époque, Desalleurs, ambassadeur de France à Constantinople, parvint à assoupir cette affaire, et il n'en fut plus question.

Il suffit, du reste, pour se convaincre qu'Avedik n'était point l'*Homme au masque de fer*, de comparer les dates : le prisonnier mystérieux est mort en 1703, et a été enterré dans le cimetière de la paroisse Saint-Paul, à Paris, le 19 novembre de la même année ; Avedik était encore dans les prisons de Messine en 1707.   Dupey (de l'Yonne).

AVEIRO (*Averium, Talabrica*), ville de Portugal, située dans la province de Beira, à 55 kilom. nord-nord-ouest de Coimbre, sur la rive gauche de l'estuaire de la Vouga, avec une population de 7,000 âmes, un évêché suffragant de Braga, de riches exploitations de marais salants, d'abondantes pêches de sardines, et d'huîtres réputées les meilleures du Portugal, un port vaste et sûr, mais ensablé et ayant une entrée peu profonde, et un commerce actif en huile, vin, huîtres, sardines, autres poissons, oranges et sel marin. Au seizième siècle Aveiro fut érigé en duché avec son territoire par le roi Jean III, et demeura à ce titre jusqu'en 1720 dans la maison de Lancastro. Le dernier duc d'Aveiro, accusé d'avoir trempé dans une conspiration contre Joseph Ier, perdit la vie dans les tourments en 1759.

AVEIRO (Dom Joseph Mascarenhas, duc d'), titre passé dans sa famille depuis 1720 par héritage, à l'extinction de la descendance mâle et directe de la maison de Lancastro, était, il y a un siècle, un des seigneurs qui faisaient le plus figure à la cour de Lisbonne. Il avait été grand maître de la maison du roi et avait joui d'un crédit sans bornes pendant tout le règne de Jean V. L'avénement de Joseph Emanuel, et surtout l'influence du marquis de Pombal sur ses affaires, modifièrent complétement sa position ; et bientôt les sarcasmes piquants qu'en toutes occasions il lançait au tout-puissant ministre, le firent regarder comme un des chefs des mécontents. Les jésuites, dont le crédit avait beaucoup baissé, se rattachèrent à la petite coterie de courtisans frondeurs dont Aveiro était l'âme. C'est dans ces circonstances que Joseph Emanuel, revenant un soir (3 septembre 1758) *incognito* de chez sa maîtresse, la marquise de Tavora, deux coups de feu furent tirés sur son carrosse ; et le roi reçut une blessure légère à l'épaule. L'attentat était constant, mais quels en étaient les auteurs ? C'est là une question sur laquelle règne encore aujourd'hui une profonde incertitude. Un fait certain, c'est que Pombal vit là une occasion de perdre dans l'esprit de son maître les jésuites (*voyez* Malagrida), et en même temps de se débarrasser de quelques courtisans qui lui portaient ombrage. Par l'imprudence de ses propos, Aveiro, plus que tout autre, semblait autoriser les soupçons qu'on jeta aussitôt sur lui ; cependant, prévenu à temps, il refusa de se sauver. Puis, il opposa la résistance la plus désespérée aux individus chargés de l'arrêter. On ne peut s'empêcher de frémir d'horreur en lisant les détails de l'atroce supplice qui lui fut infligé, le 13 janvier 1759 (il était alors âgé de cinquante et un ans), ainsi qu'aux individus déclarés ses complices, entre autres le marquis de Tavora, le mari de la maîtresse du roi, ses deux fils et sa vieille mère. Enfermés, pendant l'instruction du procès, dans les loges des bêtes féroces, au château de Belem, on les roua vifs, puis leurs corps disloqués, mais respirant encore, furent livrés aux flammes. Ceux qu'on voulut traiter avec plus de mansuétude, furent préalablement étranglés. Mais les cendres des uns et des autres furent jetées à la mer, avec une solennité à laquelle on s'efforça d'attacher l'expression de l'exécration publique. La vieille marquise ne fut que décapitée ;

quant à sa belle-fille, on la relégua dans un couvent. En outre, les jésuites furent bannis du royaume.

Du reste, la procédure relative à cette affaire fut conduite de la manière la plus arbitraire, et tout porte à penser que la plupart des prévenus étaient complétement innocents des faits mis à leur charge; une profonde obscurité régna toujours sur l'accusation dont ils furent l'objet. C'était bien moins des accusés qu'il s'agissait de juger, que des adversaires dont on voulait se défaire à tout prix.

Sous le règne de Marie Ire ce procès fut révisé, et un arrêt en date du 23 mai 1781 cassa celui qui avait été précédemment rendu à l'égard de six personnes, dont, en conséquence, la réhabilitation fut prononcée. Mais elle n'a jamais eu lieu, et l'on s'est débarrassé, il n'y a pas longues années, avec une petite rente viagère, des réclamations d'un des descendants de la victime de cette tragédie judiciaire.

AVELINE, nom d'une espèce particulière de noisette tirant sur le violet, et plus grosse que la noisette ordinaire. Les avelines, très-recherchées des confiseurs, entrent dans une foule de préparations culinaires, et sont plus nourrissantes que les noix; mais la digestion en est difficile. Elles contiennent une certaine quantité d'huile et de sel volatil. Cultivé avec succès dans nos jardins, l'*avelinier* (*corylus avellana*, Linné) croît spontanément, ainsi que les autres espèces de noisetiers, dans nos forêts.

AVELLINO, chef-lieu de la province de la principauté ultérieure ou Montefurco, dans le royaume de Naples, est une ville de 16,000 habitants, située sur la route de Naples à Bari, à 45 kilomètres est de cette première ville, au pied du mont *Vergène*; siége d'un évêché suffragant de Bénévent, d'une cour criminelle, d'un tribunal civil, d'un collége royal; place fortifiée, célèbre par les événements de la révolution de 1820. Assez mal bâtie d'ailleurs, elle a à diverses reprises beaucoup souffert de tremblements de terre, et a gardé notamment le souvenir de ceux de 1696, de 1731 et de 1805; mais la situation en est ravissante. Sur la place publique, servant de marché, s'élève un assez bel obélisque. Elle appartient à la maison de Carraccioli, dont l'un des membres porte le titre du prince d'Avellino. La fabrication de draps communs, de macaroni, le commerce des grains, et la teinture, que favorise singulièrement la nature de l'eau qu'on y trouve, forment les branches principales de l'industrie des habitants. Les environs sont renommés pour la production des châtaignes et des noisettes, et souvent ces fruits tiennent lieu de pain au paysan. Il est question dans Pline des *nuces avellanæ*, alors déjà célèbres. Non loin d'Avellino et de Bénévent, près du bourg d'Arpaja, se trouve un défilé demeuré célèbre dans l'histoire des guerres de Rome contre les Samnites, sous le nom de *Fourches Caudines*.

AVELLINO (Francesco), archéologue célèbre, né le 14 août 1788, à Naples, où son père était architecte, se consacra d'abord à l'étude du droit; mais il se sentit bientôt attiré vers celle de l'archéologie, et de la numismatique en particulier. Ce goût le conduisit à Rome, où il se lia avec Zoéga, Marini et Séroux d'Agincourt. A son retour à Naples, il obtint d'abord un emploi public; mais bientôt il accepta la chaire de littérature grecque à l'université, et dirigea de 1809 à 1815 l'éducation des enfants de Murat. Après la chute de ce prince, il plaida avec succès comme avocat, sans pour cela renoncer à sa chaire. En 1820 on lui confia celle d'économie politique, et plus tard celles des Instituts et des Pandectes. Quoique dans cette sphère d'activité il ait rendu d'incontestables services, ce sont plutôt ses travaux relatifs à l'archéologie et à la numismatique qui ont fait connaître son nom à l'étranger.

Dès 1820 on le chargeait de rédiger le catalogue de la si riche collection de médailles que possède le *Museo Borbonico*. Indépendamment des articles instructifs qu'il a fournis au splendide ouvrage commencé en 1824 sous le titre de *Real Museo Borbonico*, il a donné à l'*Accademia Ercolanese*, dont il fut le secrétaire perpétuel à partir de 1832, à l'*Accademia delle Scienze*, et depuis 1815 à la *Società Pontiniana*, de nombreuses dissertations restées la plupart inédites. Nommé en 1839, à la mort d'Arditi, directeur du Musée Bourbon, il fut en même temps chargé de présider aux fouilles. Malheureusement les troubles survenus à la suite de la dernière révolution eurent pour résultat de mettre beaucoup d'entraves à son zèle et à son activité. Il est mort le 9 janvier 1850. Il a réuni lui-même dans ses *Opuscole diversi* (3 vol., Naples, 1831-1836) une grande partie de ses nombreux écrits. En 1808 il avait fondé un *Journal de Numismatique*, qui ne poursuivit pas longtemps sa carrière; le *Bullotino Archeologico Napolitano*, qu'il rédigeait, et qui compte 6 vol., Naples, 1843-1848, a été également interrompu par les événements de 1848. Nous citerons encore de lui : *Del aes grave del Museo Kircheriano* (Naples, 1839); *Conghietture sopra un' iscrizione sannitica* (Naples, 1841); *Descrizione di una casa disotterrata in Pompei* (Naples, 1840); *Osservazioni su taluni dischi marmorei figurati* (Naples, 1841).

AVE MARIA. C'est par ces mots latins que commence une prière à la Vierge Marie en usage parmi les catholiques, et désignée aussi sous le nom de *Salutation Angélique*, parce que l'ange Gabriel salua la Vierge en ces termes : « Je vous salue, Marie (*Ave, Maria*), pleine de grâce, le Seigneur est avec vous; » auxquels l'Église a ajouté d'abord ces paroles qu'Élisabeth adressa à sa cousine, quand elle en fut visitée : « Vous êtes bénie entre toutes les femmes, et le fruit de vos entrailles est béni ».

En vertu d'un décret rendu par Grégoire Ier (590-604), cette prière fut récitée d'abord par les prêtres, le quatrième dimanche de l'Avent, lors de la célébration de la messe, à l'offertoire. Depuis le onzième siècle elle devint, comme le *Pater Noster*, une prière commune aux laïques, à mesure que le culte de la Vierge Marie se répandit; et vers la fin du douzième siècle elle fut officiellement sanctionnée en cette qualité. Le pape Urbain VI ajouta, en 1261, le nom de Jésus à la dernière phrase, et à partir de la trentième partie du seizième siècle-la formule finale fut comme aujourd'hui : « Sainte Marie, mère de Dieu, priez pour nous, pauvres pécheurs, maintenant et à l'heure de notre mort. »

La cloche de l'église rappelle aux fidèles, le matin, à midi et le soir, l'obligation d'élever leur âme à Dieu par la prière. Les catholiques satisfont à ce devoir en récitant une prière nommée Angelus, et dans laquelle on retrouve l'*Ave Maria*. Un décret rendu en 1326 par le pape Jean XXII ordonne à chaque catholique de réciter trois fois de suite, à chacune de ces trois époques de la journée, la Salutation angélique.

Les rosaires ou chapelets, récités en l'honneur de la Vierge, sont composés de plusieurs dizaines de grains, sur lesquels on dit des *Ave Maria*, et qui en ont pris le nom. Chaque dizaine est séparée par des grains plus gros, sur lesquels on dit des *Pater*.

La récitation de l'*Ave Maria* est en grand honneur dans l'Église catholique. Des grâces particulières y sont attachées. Quoiqu'elle se trouve peu dans les offices, les fidèles sont engagés à la dire et à la redire. Des confréries se formèrent pour la répéter. Enfin cette prière avait donné son nom à quelques couvents de femmes. Il y en avait un à Paris, qui est aujourd'hui converti en caserne.

AVÉNEMENT, venue, arrivée. Ce mot ne se dit guère que du temps où le Messie s'est manifesté aux hommes, et de celui dans lequel il doit paraître pour les juger; ou plus humainement de l'élévation à une dignité suprême, celles, par exemple, d'un pape au pontificat, d'un empereur au trône impérial, d'un prince à une couronne royale. Nos rois ont pendant un temps prélevé un droit à propos de leur avénement. *Voyez* JOYEUX AVÉNEMENT.

AVENT (du latin *advenire*, arriver, venir). On appelle ainsi le temps qui précède la fête de Noël, temps consacré par l'Église pour se préparer à célébrer dignement l'anniversaire de l'avénement ou de la naissance de Jésus-Christ. Dans les premiers siècles de l'Église on jeûnait pendant l'Avent trois fois par semaine, savoir : le lundi, le mercredi et le vendredi. Il est parlé de ce jeûne dans le neuvième canon du concile de Mâcon, tenu en 581 ; mais il était en usage auparavant dans l'Église romaine et même dans l'Église de France, où l'on prétend que Rupert, évêque de Tours, l'introduisit. Par la suite, on jeûna tous les jours de l'Avent. Ce jeûne commençait à la fête de saint Martin, d'où il avait été appelé *Carême de la Saint-Martin*. Les *Capitulaires* de Charlemagne nous apprennent qu'on faisait un jeûne de quarante jours avant Noël dans le neuvième siècle. Les clercs y ayant été obligés, les personnes pieuses entre les laïques les imitèrent. La coutume s'en introduisit, et l'usage en fit une loi. En 1270 Urbain V, au commencement de son pontificat, en fit une pratique de rigueur pour les clercs de la cour de Rome.

Aujourd'hui dans toute l'Église romaine l'*Avent* n'a que quatre dimanches, dont le premier est le dimanche le plus proche de la Saint-André, c'est-à-dire celui qui tombe entre le 27 novembre et le 3 décembre inclusivement. Dans l'Église grecque il commence le 14 novembre ; ce qui revient à l'ancienne pratique de le commencer à la Saint-Martin. Les noces sont interdites par l'Église pendant l'Avent comme durant le Carême. A ces deux époques retentit dans les chaires catholiques la parole des prédicateurs en renom, et des discours de ce genre ont été souvent réunis sous le nom d'*Avent* et de *Carême*.

AVENTIN (Mont), une des sept collines de Rome antique, située au sud du mont Capitolin. Selon les vieilles légendes, ce fut là qu'Hercule vainquit Cacus, là que Évandre, au temps d'Énée, avait construit sa royale chaumière. Ancus Martius en céda l'emplacement au peuple, en l'invitant à y bâtir des maisons. Remus désira y consulter les auspices, et y fut enterré. Romulus ne voulut pas comprendre le mont Aventin dans la ville, et le laissa en dehors du *pomœrium* ou enceinte consacrée. Après la chute des décemvirs, vers l'an 310 de Rome, le peuple, qui avait consolidé l'autorité de ses tribuns, prétendait avoir dans Rome un quartier qui lui appartînt et lui fût réservé, au lieu de continuer à rester dispersé dans tous les autres quartiers de la ville, et de se voir par là sous l'influence et presque dans la dépendance des patriciens, dont les plébéiens étaient forcément les locataires. Le tribun du peuple L. Icilius proposa et fit sanctionner une loi qui attribuait exclusivement aux plébéiens la propriété du mont Aventin, pour y construire leurs habitations. Les possesseurs usagers non plébéiens qui y étaient établis légalement devaient être indemnisés, les autres simplement évincés. Cependant le mont Aventin resta hors du *pomœrium* et des murs de Rome jusqu'à la décadence de l'empire. Ce fut l'empereur Aurélien qui le renferma dans les murs de l'enceinte qui porte son nom. Hercule, Diane, la Liberté, la Bonne-Déesse et d'autres divinités avaient des temples sur le mont Aventin. On dérive le nom de cette hauteur tantôt des bandes d'oiseaux (*aves*) qui la fréquentaient, tantôt d'un Aventin, roi d'Albe ou fils d'Hercule.

Le Gal G. DE VAUDONCOURT.

AVENTURE (Mal d'). *Voyez* PANARIS.

AVENTURIER, chercheur ou coureur d'aventures, homme qui, séduit par l'appât de la nouveauté, par l'amour du changement, par l'impossibilité de rester en place, par la soif de l'inconnu, par l'impatience du cours régulier des choses, poursuit, dans son ardeur romanesque, les chances et les hasards les plus extraordinaires. Une situation douce, heureuse, calme, monotone lui est à charge. Doué d'une imagination vive et d'une audace sans bornes, il ambitionne tous les obstacles, et se précipite sans réflexion au-devant de tous les périls. Ce n'est point positivement un grand homme, car il ne cherche précisément jamais à faire une chose bonne en soi ou utile aux autres, mais ce n'est pas non plus une âme froide ou égoïste, comme l'intrigant, l'ambitieux ou le chevalier d'industrie. L'aventurier n'est qu'un poète. Parfois cependant il devient pour un moment un grand homme.

C'est surtout dans les époques neuves, âpres, romanesques qu'apparaissent les grands aventuriers, comme au moyen âge les *chevaliers errants*, les *troubadours*, les *ménestrels voyageurs*, plus tard les découvreurs de terres inconnues, et dans les Antilles *les frères de la Côte*, *boucaniers* ou *flibustiers*; plus près de nous, enfin, les *corsaires* de la République et de l'Empire, et les *corps francs* de 1813, 14 et 15.

En Italie, aux dixième et onzième siècles, nous rencontrons sous le nom d'*aventuriers* des mercenaires rappelant les Mamertins de l'ancienne Syracuse.

Ces aventuriers étaient des ramas d'hommes de toutes les nations ; ils formaient le fond des milices non féodales du moyen âge ; leur nom se présente sans cesse dans les anciens annalistes quand ils parlent des armées de l'Occident.

Ces bandes que les récits historiques désignent techniquement par le titre d'*aventuriers* rappellent surtout le temps des républiques italiennes et de notre monarchie sous la troisième race jusqu'aux Valois inclusivement. L'usage des corps étrangers que certaines puissances ont continué à tenir sur pied jusqu'à nos jours est une trace de l'existence des compagnies d'aventure. Les aventuriers d'Italie datent de l'époque qui fut pour cette contrée une ère nouvelle, époque où des déchirements amenèrent une demi-organisation, et où s'établirent tant de petites souverainetés indépendantes. Quelquefois ils n'étaient avoués par aucun gouvernement et se déclaraient ennemis de tous ; c'étaient, comme le dit Daru dans l'*Histoire de Venise*, « des hommes à charge à leur propre pays, faisant de la guerre leur unique existence, et parcourant les parties de l'Europe en proie à des guerres civiles, pour se vendre tour à tour aux diverses factions ». Suivant les temps et les pays, ils servaient à pied, en cavalerie légère, en lances garnies, en troupes régulières. Tels d'entre eux, promenant leurs enseignes de France en Italie, d'Italie en France, exploitaient et rançonnaient tour à tour les contrées en deçà et au delà des Alpes ; ces migrations alternatives ont jeté dans la langue militaire des Français quantité d'expressions italiennes qui s'y sont conservées.

En France, on voit depuis Louis le Jeune, en 1140 environ, jusqu'à Charles V, en 1370 environ, figurer, sans interruption, des aventuriers ; ils se reproduisent de temps à autre sous les règnes plus modernes ; ils s'appellent tour à tour et suivant les provinces où ils servent, ou bien en raison des pays d'où ils sortent, *Allaquais*, *Aragonais*, *Armagnacs*, *Bandes noires*, *Bandits*, *Bandouillers*, *Barbutes*, *Basques*, *Bidaux*, *Brabançons*, *Brigants*, *Cantatours*, *Chaperons*, *Compagnies blanches*, *Condottieri*, *Cotteraux*, *Escorcheurs*, *Grandes compagnies*, *Guilleris*, *Lances vertes*, *Lansquenets*, *Laquais*, *Linfards*, *Mainades*, *Malandrins*, *Margots*, *Mille Diables*, *Navarrois*, *Paillers*, *Pastoureaux*, *Piquichins*, *Retondeurs*, *Ribauds*, *Routiers*, *Rustres*, *Soudoyers*, *Tard-Venus*, *Tondeurs*, *Tuchins* et *Varlets*. Il y aurait une histoire particulière à composer touchant chacune de ces troupes diverses. A leur ordre alphabétique nous esquisserons celle de quelques-unes.

Ces hordes de brigands formaient une nation au milieu du peuple qui les tolérait, les appelait ou les employait ; les uns étaient mus par l'enthousiasme ou poussés par le fanatisme, d'autres épousaient à prix d'argent les haines des partis ; mais en général ils cédaient à l'appât d'une vie licencieuse, vagabonde, pillarde, et à la persuasion trop fondée que l'impuissance des lois laisserait leurs crimes impunis.

Ceux d'Italie, tour à tour ennemis simulés ou franchement compagnons d'armes, se faisaient entre eux le moins de mal possible; dans leurs collusions, ils ne regardaient le champ de bataille que comme une salle d'armes ou un jeu de barres; ils se donnaient au parti qui promettait le plus d'argent; deux républiques en guerre auraient pu le même jour changer d'armée si elles eussent en même temps négocié et attiré chacune à elle les chefs des troupes guerroyantes. Les aventuriers de France n'auraient pas pu s'acheter de même par masses; on sait du moins la peine que Duguesclin eut à les entraîner en Espagne; mais rien n'était plus facile, plus commun que de les débaucher par individus. Tantôt les aventuriers se battent entre eux au sein du royaume, tantôt ils marchent contre les étrangers, tantôt ils sont ennemis ou défenseurs du trône ou des seigneurs souverains. Tous vivaient de butin, saccageaient leur propre pays, et en torturaient de mille manières les habitants. En 1177, un vicomte de Turenne contribue à défaire quelques mille aventuriers auprès de Brives. En 1183, une armée d'aventuriers est battue près de Bourges par les troupes de Philippe-Auguste. En 1185, un rassemblement d'aventuriers, composé des mercenaires licenciés par Philippe-Auguste et par Henri II d'Angleterre, se montre entre l'Aquitaine et la Bourgogne; il est écrasé par les Chaperons, qui en tuent dix-sept mille. En 1339, Ludosio Visconti prend querelle avec le duc de Milan; il décide une troupe considérable d'aventuriers allemands, qui venaient d'être congédiés, à le suivre; il marche contre la ville, est battu et fait prisonnier. En 1343, un *condottiere* célèbre, dont M. de Sismondi nous trace le portrait, appelle près de lui tous les aventuriers mis en réforme par les États d'Italie, et il compose de ce noyau une espèce de royaume ambulant. Ce partisan, nommé le duc Guarnieri, se contente d'être un général indépendant; il n'aspire à aucune conquête; il change de pays suivant son intérêt; il entretient sa compagnie au moyen de contributions qu'il lève sur les contrées qu'il parcourt. « Ce fut la première de ces compagnies d'aventure, dit M. Hallam, qui continuèrent pendant nombre d'années d'être le fléau et la honte de l'Italie. » Guarnieri, gorgé de butin, emmène ensuite ses gens de guerre en Allemagne, mais reparaît en Italie en 1348, et ravage l'État de l'Église. C'était à n'en pas finir. En France, sous François 1er, outre les troupes à peu près enrégimentées qui formaient les légions et les compagnies franches qu'on appelait *vieilles bandes*, il y avait encore dans les armées françaises des troupes d'aventuriers à pied qui, comme les bandes, se divisaient en compagnies plus ou moins nombreuses; mais elles différaient de ces corps en ce qu'elles étaient levées sans autorisation par d'anciens officiers, qui, sans appartenir à l'armée et sans commission, prenaient de leur propre autorité le titre de capitaines. Elles se joignaient aux armées pour faire la guerre pour leur propre compte; elles n'étaient point payées par l'État, ne vivaient que de pillage, et se livraient à d'horribles excès. Quoiqu'elles ne se formassent d'ordinaire qu'aux approches de la guerre, elles ne se dispersaient pas toujours à la paix. Elles rentraient alors sur le territoire français, s'y perpétuaient, et continuaient à y exercer les mêmes brigandages qu'en pays ennemi.

Les aventuriers étaient devenus en 1523 un fléau pour certaines parties du royaume. Ils frappaient d'excessives contributions les villes dont ils infestaient les alentours, et les assiégeaient même si elles ne se soumettaient pas à leurs exigences, François 1er fut obligé de les déclarer ennemis de l'État, et d'autoriser ceux qui voudraient les détruire à leur courir sus impunément : « Par nos longues guerres, est-il dit dans l'ordonnance, se sont levez quelques *avanturiers*, gens vagabonds, oiseux, perdus, méchants, flagitieux, abandonnez à tous vices, larrons, meurtriers, rapteurs et violeurs de femmes et de filles, blasphémateurs et renieurs de Dieu, cruels, inhumains, immiséricordieux, qui font de vice vertu et sont précipitez en l'abîme de tous les maux; loups ravissants faits pour nuire à chacun, et qui ne veulent et ne sçavent nul bien ne service faire : lesquels sont coutumiers de manger et dévorer le peuple, le dénuer et dépouiller de tout son bien, perdre, gâter et dissiper tout ce qu'ils trouvent, battre, mutiler, chasser et mettre le bonhomme hors de sa maison, tuer, meurtrir et tyranniser nos pauvres sujets, et leur faire plus d'oppresse, de violence et cruauté que nuls ennemis, fussent-ils Turcs ou infidèles, ne voudroient faire ne penser. »

Les bourgeois d'Autun furent les premiers qui usèrent de l'autorisation du roi : ils levèrent des milices, marchèrent contre les aventuriers, les défirent, en tuèrent un grand nombre et dispersèrent le reste. La plupart des villes du centre et du midi de la France suivirent si bien cet exemple, qu'en peu de temps le royaume fut délivré de ce fléau. Mais ils reparurent pendant la captivité du roi. Lorsqu'il eut recouvré sa liberté, l'invasion de la Provence par Charles-Quint mit encore François 1er dans la nécessité de les employer. Cependant ils ne tardèrent pas à se livrer aux mêmes désordres, et l'on fut forcé de recourir au même moyen pour s'en débarrasser. Il n'en est plus question sous Henri II, qui ne fulmine aucune ordonnance contre les *aventuriers*. Mais ils surgissent de nouveau en troupes nombreuses sous les règnes suivants, à l'ombre des guerres de religion. Pas un gentilhomme qui ne se croie en droit de lever des soldats, lesquels n'auront d'autre paye que le pillage. Henri IV, ayant enfin rétabli l'ordre, rassembla toutes les bandes errantes d'aventuriers, et en forma des régiments. On trouve même dans la compte de l'extraordinaire des guerres de 1590 la mention d'un *régiment d'aventuriers* fort de quatre compagnies.

Brantôme nous a laissé un portrait très-peu flatté de ces pillards : « D'autres, dit-il, les ont appelés *aventuriers de guerre*, et aussi que tels les trouverez vous-mêmes dans les vieux romans de Louis XII et de François 1er, au commencement, et peints et représentés dans les vieilles peintures, tapisseries et vitres des anciennes maisons; et Dieu sçait comment représentez et habillez, plus à la pendarde vraiment, comme l'on disoit de ce temps, qu'à la propreté, portant des chemises à longues et grandes manches comme Bohémiens de jadis et Mores, qui leur duroient vétues plus de deux et trois mois sans changer, ainsi que j'ai ouï dire à aucuns; montrant leurs poitrines velues et pelues et toutes découvertes, les chausses plus bigarrées, découpées, déchiquetées et balafrées, usant de ces mots; et la plupart moustroient la chair de la cuisse, voire des fesses.... C'étoient, la plupart, gens de sac et de corde, méchans garnimens, échappez à la justice, et surtout force marquez de la fleur de lys sur l'épaule, essorillez, et qui cachojent les oreilles, à dire vray, par longs cheveux hérissés, barbes horribles, tant pour cette raison que pour se montrer effroyables à leurs ennemis. »

Terminons en citant ces trois lignes, empruntées à Machiavel : « L'Italie dut aux aventuriers d'être envahie par Charles VIII, dévastée par Louis XII, opprimée par Ferdinand, insultée par les Suisses. »

AVENTURIERS (Marine). *Voyez* ARMEMENT.
AVENTURINE. On raconte qu'un ouvrier de Venise ayant laissé tomber par hasard, ou, comme on dit, *par aventure*, un peu de limaille d'un certain composé métallique dans un creuset contenant du verre fondu, fut séduit par l'éclat du mélange, qu'il appela *aventurine*. Depuis, on appliqua le même nom à plusieurs pierres naturelles qui offraient quelque ressemblance avec l'*aventurine artificielle*. Celle-ci ne se fabriqua pendant longtemps qu'à

Venise, et l'art de la produire semblait devoir rester entièrement le secret de ce pays. Cependant les essais de Lebaillif le conduisirent à une analyse assez exacte de l'aventurine artificielle, et depuis le problème a été complétement résolu par MM. Ebelmen et Clémandot. En chauffant pendant douze heures un mélange de 300 parties de verre pilé, de 40 parties de protoxyde de cuivre et de 80 parties d'oxyde de fer des battitures, et en soumettant ensuite ce mélange à un refroidissement très-lent, les deux chimistes que nous venons de nommer ont obtenu de beaux échantillons d'aventurine.

L'*aventurine naturelle* est une variété de quartz grenu, colorée le plus souvent en rouge ou en jaune, et dans laquelle de petites parcelles minérales ou des paillettes de mica forment des points brillants dont la pierre est parsemée; le quartz grenu est quelquefois remplacé par du feldspath.

AVENZOAR (Abou-Merwan-Ben-Abdel-Malek-Ben Zoar, dont on a fait), célèbre médecin arabe, naquit à Penaflor, près de Séville, en 1070. Il était juif de religion. Il entra au service de Yousef-Ben-Tachefyn, prince de Maroc.

Le plus grand titre de gloire d'Avenzoar est d'avoir eu pour élève Averrhoès, qui, tout détracteur qu'il est des autres médecins, parle toujours de son maître avec vénération et même avec enthousiasme. « Pour parvenir, dit-il, à une connaissance profonde de la médecine, il faut lire avec soin les ouvrages d'Avenzoar, qui en sont le vrai trésor. Il a connu tout ce qu'il est permis à l'homme de connaître dans ces matières, et c'est à sa famille que l'on doit la vraie science médicale. » Avenzoar mourut à l'âge de quatre-vingt-douze ans, l'an 557 de l'hégire (1162 de J.-C.). Son fils, né à Cordoue, en 1142, mort en 1216, fut célèbre aussi comme médecin. Il a laissé des ouvrages estimés, mais dont aucun n'a été imprimé.

AVERNE (en grec Αορνος, sans oiseaux), lac dans le royaume de Naples, entre Pouzzole et Baïa, auprès duquel se trouve l'antre de la fameuse Sibylle de Cumes. Sa forme est circulaire; il a 3 kilomètres de tour, et sa profondeur en quelques endroits est de 60 mètres. Entouré de collines couvertes autrefois d'épaisses forêts, qui ne laissaient pénétrer qu'un jour sombre, il avait un aspect lugubre et désolé, et exhalait des vapeurs fétides qui empestaient l'air. Les oiseaux qui traversaient ces régions périssaient infailliblement. Des peuplades sauvages avaient habité dans des temps reculés les grottes qui entouraient le lac Averne; telle est l'origine de la fable qui y avait placé les Cimmériens, plongés dans une éternelle nuit. Plus tard des prêtres s'établirent sur les bords de ce lac; ils évitaient la lueur du soleil, et ne quittaient leurs antres que la nuit pour apaiser les mânes : aussi les bocages de cyprès qui se trouvent en ces lieux étaient consacrés à Hécate. Homère et Virgile y ont placé l'entrée des enfers et la scène du passage d'Ulysse.

Agrippa transforma le lac Averne en un port en le faisant communiquer par un canal avec le lac Lucrin; l'éruption de Monte-Nuovo en 1538 a détruit cette communication. Aujourd'hui le lac Averne ressemble bien peu à celui que nous ont dépeint les historiens et les poëtes de l'antiquité : ses eaux ne sont plus malfaisantes; les oiseaux peuvent sans danger jouer à la surface; rien n'est plus pittoresque que ses bords.

Averne, chez les anciens, se disait encore de certaines grottes qui exhalaient dans les environs des vapeurs pestilentielles et dont l'air était contagieux.

AVERRHOÈS, dont le véritable nom était Abou'l Walid-Ibn-Boschd, le plus célèbre d'entre tous les philosophes arabes, naquit vers l'an 1149, à Cordoue, en Espagne. Son père, qui remplissait dans cette ville les fonctions de grand juge et de mufti, l'instruisit lui-même dans la loi mahométane, et lui donna Tophaïl pour professeur de théologie et de philosophie. Averrhoès eut pour maître en médecine le célèbre Avenzoar. Ses talents et ses connaissances lui méritèrent d'être choisi pour succéder à son père dans la place qu'il remplissait à Cordoue. Le roi de Maroc le fit ensuite cadi de la province de Mauritanie; mais des envieux l'ayant accusé de s'être écarté des véritables principes de la foi mahométane, il fut destitué de ses emplois et condamné à faire pénitence publique. Il retourna alors en Espagne, où il vécut dans une grande détresse jusqu'à l'époque où le khalife Almansor le rétablit dans ses titres et dignités. Il se rendit alors de nouveau dans le Maroc, où il mourut en 1198 ou 1206.

Averrhoès considérait Aristote comme le plus grand philosophe qui eût jamais existé. Il traduisit ses ouvrages, et les commenta avec beaucoup de sagacité. Toutefois on sent trop dans ses travaux sur ce penseur l'influence de l'école d'Alexandrie. Il défendit d'ailleurs le rationalisme philosophique contre les Arabes orthodoxes, notamment contre Algazali. Les Arabes le désignent par l'épithète d'*éditeur* (d'Aristote), et ils faisaient un cas tout particulier de sa traduction des ouvrages du philosophe de Stagire, qu'il entreprit d'après une traduction syriaque. Les œuvres d'Averrhoès ne nous sont connues que d'après des traductions latines (Venise, 1489). Ses commentaires sur Aristote ont été imprimés à la suite de l'édition en 11 volumes des œuvres de ce philosophe, publiée en 1560 à Venise. Averrhoès est aussi l'auteur d'un système médical qui a été traduit en latin sous le nom de *Colliget* (mutilation du titre arabe *Kulliyat*), et qui a souvent été réimprimé (Venise, 1482 et 1514).

Dès le treizième siècle la philosophie d'Averrhoès joua un rôle important dans l'Église chrétienne, encore bien que ses idées panthéistes sur l'unité du principe actif dans l'univers aient souvent été anathématisées. On a aussi désigné l'astrologie sous le nom d'*averrhoïsme*. Aux quinzième et seizième siècles ses partisans se désignaient eux-mêmes sous la qualification d'*Aver*; ils avaient pour chef Alexandre Achillini.

AVERSA, ville du royaume de Naples dans la Terre de Labour (Campanie), entre Naples et Capoue, à 14 kilom. nord de cette première ville, et 15 kilom. sud-ouest de Caserta, au sein d'une contrée magnifique, riche en vignes, en orangers et en *villas*. Siège d'un évêché immédiat, elle est bien bâtie, et possède 16,000 habitants, une cathédrale, neuf paroisses et un grand nombre de couvents, un célèbre hospice pour le traitement des aliénés (*real casa de matti*) et un hospice d'orphelins.

Aversa fut fondée en l'an 1029 par les Normands, sur un territoire qui leur fut concédé à titre de fief par le duc Serge de Naples. L'empereur Conrad II confirma à leur chef, Rainulf, le titre de comte d'Aversa, et celui-ci le reconnut pour suzerain. En 1156 ce comté fut réuni à celui de Capoue, et devint un fief pontifical. C'est dans Aversa que fut étranglé, en 1345, André de Hongrie, époux de Jeanne, reine de Naples.

AVERSION. *Voyez* Haine et Facultés.

AVESNES, ville de France, chef-lieu d'arrondissement du département du Nord, située sur l'Helpe majeure, peuplée de 2,961 habitants, avec un tribunal de première instance, un collége, une société d'agriculture, etc. C'est une place de guerre fortifiée : on remarque le système de Vauban.

La ville est bien construite : on remarque la cathédrale avec sa tour haute de cent mètres, l'hôtel de ville, le Palais de Justice, les bâtiments militaires, etc. L'industrie y est assez active; on y compte deux imprimeries, des savonneries, des brasseries et fabriques d'hydromel, des raffineries de sel, des scieries de marbre, des tanneries, des tuileries et des briqueteries. Le commerce consiste en bois, marbre, pierre de taille, ardoise, lin, houblon, bestiaux, fromage et quincaillerie.

Cette ville doit son origine à une forteresse que Widric le Barbu, seigneur de Leuze, fit construire sur les bords de l'Helpe, au onzième siècle. Elle faisait partie du Hainaut. Louis XI la prit, et passa presque toute la population au fil de l'épée. En 1559 les Espagnols l'enlevèrent à la France, à laquelle le traité des Pyrénées la restitua un siècle après. Pendant les guerres de l'invasion, cette ville tomba au pouvoir des Russes en 1814 et des Prussiens en 1815. Ces derniers n'y entrèrent que par suite d'un accident, l'explosion d'une poudrière qui détruisit presque toute la ville.

AVEU, AVOUER. Dans les relations habituelles de la vie, *avouer*, c'est simplement reconnaître, approuver, autoriser. Une chose faite *de mon aveu* est une chose que j'ai autorisée, que j'approuve, et que je reconnais comme faite de ma part, en mon nom ou de mon consentement. Souvent le mot *aveu* signifie, non pas une approbation formelle, mais un simple agrément, une sorte d'acquiescement. Il se prend même quelquefois dans le sens d'opinion ou de goût. C'est ainsi qu'on dit : Cette pièce est mauvaise de l'aveu de tout le monde. La révocation de l'aveu est le *désaveu*; mais on peut désavouer aussi des personnes, des démarches pour lesquelles nul aveu, nulle autorisation n'a eu lieu précédemment. On peut désavouer un ambassadeur qui a traité ou agi sans autorisation, comme on peut le désavouer pour avoir mal compris ou bien outrepassé une autorisation donnée.

La plupart de nos actions ayant le caractère de la moralité ou de l'immoralité, l'aveu ou le désaveu qui s'y rapporte participe à ce caractère. L'aveu d'une action méritoire n'a souvent rien de méritoire. S'il peut quelquefois n'être pas méritant, et d'autres fois avoir quelque chose qui blesse non-seulement l'humilité religieuse, mais jusqu'à la plus simple modestie, l'aveu d'une erreur ou d'une faute a toujours le caractère du mérite lorsqu'il est inspiré par le respect du devoir, par le désir de rendre hommage aux principes qui le règlent, par celui de réparer le tort que l'on a fait et le mal que l'on a commis, ou encore par l'obligation où l'on se sent d'effacer un mauvais exemple. Le mérite de l'aveu ou du désaveu dépend des motifs qui l'inspirent. Par conséquent l'aveu d'une erreur et d'une faute, loin d'être toujours méritoire, peut devenir une faute nouvelle. L'aveu fait avec plus d'ostentation et d'orgueil que de modestie et d'humilité, l'aveu d'une mauvaise action fait avec impudence, ne serait encore qu'une action coupable. Les motifs même ne suffisent pas pour rendre un aveu complètement méritoire; pour qu'il ait ce caractère il faut que toutes les intentions, tous les efforts et tous les sacrifices d'une réparation légitime viennent s'y joindre. À ces règles, tracées par la morale philosophique, la morale religieuse confère son auguste sanction avec des directions encore plus délicates et plus sublimes. Elle exige que l'aveu du péché soit formel, explicite, accompagné non-seulement de regrets, mais de repentir, et elle n'accorde le pardon de la faute qu'à l'expiation consommée.

En matière de droit civil, l'aveu est une manière de prouver les obligations; c'est une déclaration contenant reconnaissance d'un fait ou d'une obligation. L'aveu est *judiciaire* ou *extrajudiciaire*. — L'aveu extrajudiciaire est celui qui est fait hors justice, c'est-à-dire dans une lettre, dans une conversation; il ne lie celui à qui il est opposé qu'autant qu'il résulte d'un acte écrit : lorsqu'il est purement verbal, il est inutile, à moins qu'il n'ait pour objet une chose dont il ne permet de faire la preuve par témoins. — L'aveu judiciaire est la déclaration que fait en justice la partie ou son fondé de pouvoirs spécial; il fait pleine foi contre son auteur; il ne peut être révoqué que pour cause de fait, et jamais sous prétexte d'erreur de droit. L'aveu, soit judiciaire, soit extrajudiciaire, ne peut être divisé contre celui qui l'a fait, c'est-à-dire qu'on ne peut pas s'emparer d'une partie du fait avoué et rejeter l'autre. — On emploie encore ce mot pour exprimer la reconnaissance qui est faite en justice ou devant un notaire d'une écriture privée ou d'une signature qui y est apposée.

En matière criminelle, l'aveu ne fait pas preuve contre son auteur, parce que le système des preuves judiciaires repose tout entier sur la conviction du juge; c'est à lui qu'il appartient d'apprécier dans sa conscience le caractère des aveux faits par un prévenu. Il n'en était pas de même autrefois; on attachait une grande importance à obtenir l'aveu de l'accusé, et pour le lui arracher on avait établi la barbare institution de la torture.

Dans le droit féodal l'aveu avait encore une signification particulière. C'était la déclaration par laquelle une personne, stipulant pour elle seule ou pour ses héritiers, se reconnaissait dans la dépendance et se mettait sous la protection du roi, d'un seigneur ou d'une communauté. L'aveu en général entraînait trois obligations : 1° de fidélité, à peine de félonie; 2° de service loyal, qui entraînait des redevances pécuniaires et le payement d'impôts; 3° de devenir justiciable de la justice du seigneur avoué, sauf deux exceptions pour les procès criminels et ceux relatifs aux immeubles. — *L'aveu en dénombrement* était un acte que le nouveau vassal devait donner à son seigneur dans les quarante jours à dater de celui où il avait prêté foi et hommage. Le vassal reconnaissait dans cet acte tenir de son seigneur les terres qui y étaient portées et énumérées.

AVEUGLES. On désigne par le nom d'*aveugle* toute personne privée de la vue. Cette privation, dit d'Alembert dans l'*Encyclopédie*, devrait, suivant l'analogie, s'appeler *aveuglement*, mais ce mot n'est usité que dans un sens moral et figuré, et ce n'est pas le seul de notre langue qui ne se prenne que dans un sens métaphorique. La privation de la vue est appelée *cécité*, du mot latin *cæcitas*, qui vient lui-même de *cæcus* (aveugle). Quant à l'étymologie du mot *aveugle*, Ducange, Ménage et Casenœuve ont voulu la trouver dans le mot *aboculus*, employé dans la basse latinité; l'abbé Jauffret la fait venir des mots *ab oculis* (sans yeux), qui ont pu donner naissance à celui que nous venons de citer, et Barbazan, de ceux-ci : *avulsus a lumine* (privé de la lumière), source qui paraîtrait en effet assez vraisemblable si l'on pouvait supposer qu'on se fût d'abord servi d'une périphrase pour exprimer un état malheureusement trop fréquent.

Il y a des *aveugles-nés*, c'est-à-dire des individus qui viennent au monde privés de la vue, ou plutôt dans des conditions organiques qui doivent amener à une époque plus ou moins prochaine la perte de ce sens; des maladies, des accidents peuvent la faire perdre à d'autres, et certainement ce sont les plus à plaindre sous tous les rapports, car l'absence d'un bien que l'on n'a pas connu est beaucoup moins sensible que sa perte.

Une des observations qui frappent le plus, et dont on doive tenir le plus de compte dans l'organisation des aveugles, c'est l'espèce de compensation que la nature semble avoir voulu leur offrir, en permettant à leurs autres sens d'acquérir un degré de perfection qu'on ne rencontre pas ordinairement chez les individus qui ne sont pas affligés de la même infirmité. D'Alembert, qui reconnaît cette différence, la rapporte uniquement à une cause physique, mais il en fait ressortir tous les résultats : « Il est évident, dit-il, que le sens de la vue étant fort propre à nous distraire, par la multitude d'objets qu'il nous présente à la fois, ceux qui sont privés de ce sens doivent naturellement et en général avoir plus d'attention aux objets qui tombent sous leurs autres sens. C'est principalement à cette cause que l'on doit attribuer cette finesse du toucher et de l'ouïe qu'on observe dans certains aveugles, plutôt qu'à une supériorité réelle de ces sens, par laquelle la nature ait voulu les dédommager de la privation de la vue. Cela est si vrai, poursuit-il, qu'une personne devenue aveugle par accident trouve souvent dans les sens qui lui restent des ressources dont elle ne se doutait pas auparavant : ce qui vient uniquement de ce que cette personne, étant moins distraite, est devenue plus capable d'attention. Mais c'est principalement, ajoute-t-il, dans les aveugles-nés qu'on peut remarquer, s'il est permis de s'expliquer ainsi, les miracles de la cécité. »

Diderot a publié en 1749 une *Lettre sur les Aveugles*, devenue fameuse plutôt par certaines impiétés qui n'étaient pas absolument de son sujet, et qui lui valurent les honneurs de la Bastille, que par les considérations ingénieuses mêlées aussi à beaucoup d'erreurs qu'elle renferme, et dont nous allons donner ici une analyse d'après d'Alembert. L'auteur fait d'abord mention d'un aveugle-né qu'il a connu, lequel était chimiste et musicien. Il faisait lire son fils avec des caractères en relief, et jugeait fort exactement des symétries; mais on se doute bien, par exemple, que l'idée de symétrie, qui pour nous est de pure convention à beaucoup d'égards, l'était encore davantage pour lui. Sa définition du miroir est singulière : « C'est, disait-il, une machine par laquelle les choses sont mises en relief hors d'elles-mêmes. » Cette définition peut être absurde pour un sot qui a des yeux; mais un philosophe, même clairvoyant, doit la trouver bien subtile et bien surprenante. « Descartes, aveuglené, dit Diderot, aurait dû, ce nous semble, s'en applaudir : en effet, quelle finesse d'idées n'a-t-il pas fallu pour y parvenir! Notre aveugle n'a de connaissance que par le toucher ; il sait, par le rapport des autres hommes, que par le moyen de la vue on connaît les objets comme ils lui sont connus par le toucher ; du moins , c'est la seule notion qu'il puisse s'en former; il sait, de plus, qu'on ne peut voir son propre visage, quoiqu'on puisse le toucher. La vue, doit-il conclure, est donc une espèce de toucher qui ne s'étend que sur les objets différents de notre visage et éloignés de nous. D'ailleurs, le toucher ne lui donne que l'idée du relief. Donc, ajoute-t-il, un miroir est une machine qui nous met en relief hors de nous-mêmes. » Remarquez bien que ces mots *en relief* ne sont pas de trop. Si l'aveugle avait dit simplement *nous met hors de nous-mêmes*, il aurait dit une absurdité de plus ; car comment concevoir une machine qui puisse doubler un objet? Le mot *relief* ne s'applique qu'à la surface; ainsi, *nous mettre en relief hors de nousmêmes*, c'est mettre seulement la représentation de la surface de notre corps hors de nous. L'aveugle a dû sentir par le raisonnement que le toucher ne lui représente que la surface des corps, et qu'ainsi cette espèce de toucher qu'on appelle *vue* ne donne l'idée que du *relief* ou de la surface des corps, sans donner celle de leur solidité, le mot *relief* ne désignant ici que la surface.

Nous avouons que la désignation de l'aveugle, même avec cette restriction, est encore une énigme pour lui; mais du moins on voit qu'il a cherché à l'interpréter le mieux qu'il lui était possible. On juge bien que tous les phénomènes des miroirs et verres qui grossissent, diminuent ou multiplient les objets, sont des mystères impénétrables pour lui. Il demanda si la machine qui grossit les objets était plus courte que celle qui les rapetisse, si celle qui les rapproche était plus courte que celle qui les éloigne, et, ne comprenant pas comment est autre nous-même que, selon lui, le miroir répète en relief, échappe au sens du toucher : « Voilà, disaitil, deux sens qu'une petite machine met en contradiction; une machine plus parfaite les mettrait peut-être d'accord; peut-être une troisième machine, plus parfaite encore et moins perfide, les ferait disparaître et nous avertirait de l'erreur. » Quelles conclusions philosophiques un aveugle-né ne doit-il pas tirer de là contre le témoignage des sens ! Il définit les yeux : un organe sur lequel l'air fait l'effet d'un bâton sur la main. L'auteur remarque que cette définition est assez semblable à celle de Descartes, qui dans sa *Dioptrique* compare l'œil à un aveugle qui touche les corps de loin avec son bâton : les rayons de la lumière sont le bâton des clairvoyants.

L'aveugle a la mémoire des sons à un degré surprenant, et la diversité des voix le frappe autant que celle que nous observons dans les visages. Les secours qu'il tire de ses sens, et l'usage singulier qu'il en fait, au point d'étonner ceux qui l'environnent, le rendent assez indifférent sur la privation de la vue. Il sent qu'il a, à d'autres égards, des avantages sur ceux qui voient, et, au lieu d'avoir des yeux, il dit qu'il aimerait bien autant avoir de plus longs bras, s'il en était la maître. Cet aveugle se dirige très-habilement et très-sûrement au bruit et à la voix ; il estime la profondité du feu au degré de la chaleur, la plénitude des vaisseaux au bruit que font en tombant les liqueurs qu'il transvase, et le voisinage des corps à l'action de l'air sur son visage : il distingue une rue d'une impasse, ce qui prouve bien que l'air n'est jamais pour lui dans un parfait repos, et que son visage ressent jusqu'aux moindres vicissitudes de l'atmosphère. Il apprécie à merveille le poids des corps et les capacités des vaisseaux, et il se fait de ses bras des balances fort justes, et de ses doigts des compas presque infaillibles. Le poli des corps n'a guère moins de nuances pour lui que le son de la voix : il juge de la beauté par le toucher, et ce qu'il y a de plus singulier, c'est qu'il fait entrer dans ce jugement la prononciation et le son de la voix. Il fait de petits ouvrages au tour et à l'aiguille, il nivelle à l'équerre, il monte et démonte les machines ordinaires ; il exécute un morceau de musique dont on lui dit les notes et les valeurs; il estime avec beaucoup plus de précision que nous la durée du temps, par la succession des actions et des pensées. Son aversion pour le vol est prodigieuse, sans doute à cause de la difficulté qu'il a de s'apercevoir quand on la vole. Il a peu d'idée de la pudeur, ne regarde les habits que comme propres à garantir des injures de l'air, et ne comprend pas pourquoi on couvre plutôt certaines parties du corps que d'autres : Diogène, dit l'auteur que nous abrégeons, et dont l'opinion sur l'absence de pudeur chez les aveugles a été combattue depuis par des faits nombreux, n'aurait point été pour notre aveugle un philosophe. Enfin, les apparences extérieures du faste, qui frappent si fort les autres hommes, ne lui imposent en aucune manière. Ces avantages ne sont pas à mépriser.

Nous passons sous silence un grand nombre de réflexions fort subtiles que fait l'auteur de la Lettre, pour en venir à ce qu'il dit d'un autre aveugle, très-célèbre : c'est le fameux Saunderson, mort professeur de mathématiques à Cambridge, en Angleterre. La petite vérole lui fit perdre la vue dès sa plus tendre enfance, au point qu'il ne se souvenait point d'avoir jamais vu, et n'avait pas plus d'idée de la lumière qu'un aveugle-né. Malgré cette privation, il fit des progrès si surprenants dans les mathématiques, qu'on lui donna la chaire de professeur. Ses leçons étaient d'une clarté extrême. En effet, il paraît à ses élèves comme s'ils eussent été privés de la vue. Or, un aveugle qui s'exprime clairement pour des aveugles doit gagner beaucoup avec des gens qui voient. Ce qu'il y a de singulier, c'est qu'il faisait des leçons d'optique ; mais cela ne paraîtra surprenant qu'à la multitude. Les philosophes concevront aisément qu'un aveugle, sans avoir l'idée de la lumière et des couleurs, peut donner des leçons d'optique, en prenant, comme font les géomètres, les rayons de la lumière pour des lignes droites qui doivent être disposées suivant certaines lois pour produire les phénomènes de la vision ou ceux des miroirs et des verres. Saunderson, en parcourant avec les mains une suite de médailles, discernait les fausses, même lorsqu'elles étaient assez bien contrefaites pour tromper les yeux d'un bon connaisseur. Il jugeait de l'exactitude d'un instrument de mathématiques en faisant passer ses doigts sur les divisions. Les moindres vicissitudes de l'atmosphère l'affectaient comme l'aveugle dont nous avons parlé plus haut, et il s'apercevait, surtout dans les temps calmes, de la présence des objets peu éloignés de lui. Un jour qu'il assistait dans un jardin à des observations astronomiques, il distingua, par l'impression de l'air sur son visage, le temps où le soleil était couvert par des nuages, ce qui est d'autant plus singulier qu'il était totalement privé non-seulement de la vue, mais de l'organe.

Diderot fait ensuite mention, en peu de mots, de plusieurs autres illustres aveugles qui, avec un sens de moins, étaient parvenus à un degré surprenant de science et de connaissances variées; et il observe, ce qui est fort vraisemblable, que ce Tirésias qui était devenu aveugle pour avoir lu dans les secrets des dieux, et qui prédisait l'avenir, était, selon toutes les apparences, un grand philosophe aveugle, dont la fable nous a conservé la mémoire. Ne serait-ce point peut-être un astronome très-fameux, qui prédisait les éclipses (ce qui devait paraitre très-singulier à des peuples ignorants), et qui devint aveugle sur la fin de ses jours, pour avoir trop fatigué ses yeux à des observations subtiles et nombreuses, comme Galilée et Cassini?

« Il arrive quelquefois, dit d'Alembert, qu'on restitue la vue à des aveugles-nés : témoin ce jeune homme de treize ans à qui Cheselden, célèbre chirurgien de Londres, abattit la cataracte qui le rendait aveugle depuis sa naissance. » Cheselden, ayant observé la manière dont il commençait à voir, publia dans le n° 402 des *Transactions Philosophiques*, et dans le 55° article du *Tatler* (le *Babillard*), les remarques qu'il avait faites à ce sujet. Voici ces remarques, extraites du 3° volume de l'*Histoire Naturelle* de MM. de Buffon et Daubenton : « Ce jeune homme, quoique aveugle, pouvait distinguer le jour de la nuit, comme tous ceux qui sont aveugles par une cataracte; il distinguait même une forte lumière, le noir, le blanc et l'écarlate, mais il ne discernait point la forme des corps. On lui fit d'abord l'opération sur un seul œil. Au moment où il commença à voir, tous les objets lui parurent appliqués contre ses yeux. Les objets qui lui étaient le plus agréables, sans qu'il pût dire pourquoi, étaient ceux dont la forme était régulière. Il ne reconnaissait entre les couleurs qu'il avait distinguées à une forte lumière étant aveugle; il ne discernait aucun objet d'un autre, quelque différentes qu'en fussent les formes. Lorsqu'on lui présentait les objets qu'il connaissait auparavant par le toucher, il les considérait avec attention pour les reconnaitre une autre fois; mais bientôt il oubliait tout, ayant trop de choses à retenir. Il était fort surpris de ne pas trouver plus belles que les autres les personnes qu'il avait aimées le mieux. Il fut longtemps sans reconnaitre que les tableaux représentaient des corps solides ; il les regardait comme des plans différemment colorés; mais lorsqu'il fut détrompé, qu'il eut en y portant la main il ne trouva que des surfaces, il demanda si c'était la vue ou le toucher qui le trompait. Il était surpris qu'on pût faire tenir dans un petit espace la peinture d'un objet plus grand que cet espace, par exemple, un visage dans une miniature, et cela lui paraissait aussi impossible que de faire tenir un boisseau dans une pinte. D'abord, il ne pouvait souffrir qu'une très-petite lumière, et voyait tous les objets fort gros; mais les premiers se rapetissaient à mesure qu'il en voyait de plus gros. Quoiqu'il sût bien que la chambre où il était était plus petite que la maison, il ne pouvait comprendre comment la maison pouvait paraitre plus grande que la chambre. Avant qu'on lui eût rendu la vue, il n'était pas fort empressé d'acquérir ce nouveau sens; il ne connaissait point ce qui lui manquait, et sentait même qu'il avait à certains égards des avantages sur les autres hommes ; mais à peine commença-t-il à voir distinctement, qu'il fut transporté de joie. Un an après la première opération, on lui en fit une seconde sur l'autre œil, qui réussit également. Il vit d'abord de ce second œil les objets beaucoup plus gros que de l'autre, mais cependant moins gros qu'il ne les avait vus du premier œil; et lorsqu'il regardait le même objet des deux yeux à la fois, il disait que cet objet lui paraissait une fois plus grand qu'avec son premier œil tout seul. Cheselden parle d'autres aveugles-nés à qui il avait abattu de même la cataracte, et dans lesquels il avait observé les mêmes phénomènes, quoique avec moins de détail. Comme ils n'avaient point besoin de faire mouvoir leurs yeux pendant leur cécité, ce n'était que peu à peu qu'ils apprenaient à les tourner vers les objets. Il résulte de ces expériences que le sens de la vue se perfectionne en nous petit à petit; que ce sens est d'abord très-confus, et que nous apprenons à voir à peu près comme à parler. Un enfant nouveau-né qui ouvre pour la première fois les yeux à la lumière éprouve sans doute toutes les mêmes choses que nous venons d'observer dans l'aveugle-né : c'est le toucher et l'habitude qui rectifient les jugements de la vue.

A la suite des considérations présentées par les deux encyclopédistes, il faut citer l'écrit de M. Dufau, directeur de l'Institution des Jeunes Aveugles de Paris, sur l'*État physique, moral et intellectuel des aveugles*, avec un exposé complet des moyens propres à améliorer leur sort par l'instruction et le travail. L'auteur traite successivement, avec l'autorité que donne une longue observation, de la constitution physique ,des aveugles, de leur caractère moral, de leurs facultés intellectuelles, de leurs sensations et de leurs idées, du tact et de l'ouïe, de la cécité et du mutisme comparés; il expose enfin *ex professo* le système d'éducation intellectuelle, musicale et technologique des aveugles tel qu'il est aujourd'hui compris et pratiqué chez les différents peuples, et les améliorations qu'il conviendrait d'y introduire.

Nous ferons suivre les considérations philosophiques de cet article par quelques détails historiques sur la fondation des principaux établissements consacrés au soulagement et à l'instruction des infortunés affligés de la perte d'un des sens les plus utiles et les plus regrettables. Le premier asile que la bienfaisance ouvrit en France aux jeunes aveugles fut institué en 1784, grâce à la pitié de quelques personnes généreuses. Auparavant, on les entassait sans discernement dans les hôpitaux, où ils attendaient, dévorés d'ennui, la fin de leur pénible existence, et le gouvernement n'avait encore rien fait pour l'instruction de ces malheureux, condamnés dès leur naissance à passer toute leur vie dans les hospices ou à mendier leur pain de porte en porte. Quelques-uns cependant s'étaient réunis en société, et, sans règle ni mesure, ils exécutaient à la porte de quelque café ou dans les lieux de promenade, quelques morceaux de musique qui excitaient souvent l'hilarité des passants. Nous consacrerons un article spécial à l'hospice des Quinze Vingts, dont la fondation remonte à saint Louis, et qui n'a pas cessé de servir de refuge à des pauvres privés de la vue. Rendons hommage à Valentin Haüy, qui le premier conçut le généreux projet d'ouvrir une école aux aveugles et de consacrer sa vie et sa fortune à leur éducation. Enveloppons dans le même hommage la Société Philanthropique, qui se chargea de l'administration du matériel des Aveugles, qu'elle établit en 1784 dans une maison de la rue Notre-Dame des Victoires. Rappelons à la mémoire l'illustre et infortuné Bailly, qui le premier procura aux aveugles des secours à domicile, et le plus persévérant de nos philanthropes, M. de La Rochefoucault-Liancourt, qui obtint pour eux, en 1790, le couvent des Célestins, et mesdames de Planoy, Duménil, de Staël et de Lafayette, dont le zèle ne se ralentit point jusqu'au moment où Louis XVI ordonna que les aveugles seraient entretenus aux frais de l'État, jusqu'au décret de l'assemblée constituante de 1791, qui statua que les fonds nécessaires à cet établissement seraient faits par trésor.

Profitant de plusieurs essais qui avaient déjà été tentés pour instruire des aveugles de naissance, Valentin Haüy réussit à faire naitre dans l'esprit de ses nouveaux élèves, au moyen du toucher, les idées que la privation de la vue leur avait dérobées. Il composa des livres et de la musique dont les caractères étaient en relief, et qu'ils parvinrent bientôt à déchiffrer à l'aide d'un toucher exercé. Une loi du 10 thermidor an III plaça l'Institution des *Aveugles travailleurs* dans la maison des Filles Sainte-Catherine, rue des Lombards. Le nombre des élèves fut porté à quatre-vingt-six (un par département), et il fut alloué à chacun d'eux une pension de 500 francs. Le 26 pluviôse an IX, un arrêté des consuls ordonna que les aveugles travailleurs seraient transférés sur-le-champ dans l'enclos des *Quinze-Vingts*. Indépendamment d'une imprimerie, divers travaux furent mis successivement en activité dans ce nouvel établissement.

Enfin, après bien des vicissitudes, l'*Institution des Jeunes Aveugles* fut en 1815 transférée dans l'ancien séminaire Saint-Firmin, rue Saint-Victor, où elle reçut une organisation conforme à sa destination. Il y eut pour les aveugles trois branches d'enseignement : enseignement intellectuel, enseignement musical, enseignement professionnel; les élèves recevant une éducation gratuite aux frais de l'État durent être au nombre de quatre-vingt-dix, savoir soixante jeunes garçons et trente jeunes filles. L'école de la rue Saint-Victor ne fut pas sans éclat, surtout comme école musicale; mais l'état d'insalubrité et l'exiguité des bâtiments engagèrent le gouvernement à faire construire sur le boulevard des Invalides un local plus vaste et mieux approprié à une école publique : ce bâtiment, commencé en 1839 sur les dessins de M. Philippon, fut terminé en 1843 et put recevoir à la fin de cette année la jeune famille de la rue Saint-Victor. Alors s'ouvrit une nouvelle phase pour l'Institution des Jeunes Aveugles : le nombre des élèves gratuits fut accru et élevé à 120, savoir : quatre-vingts garçons et quarante filles ; ce nombre est porté ordinairement par les boursiers des administrations départementales ou hospitalières et par les pensionnaires à 175 ou 180 élèves, qui reçoivent dans l'établissement le triple enseignement dont nous avons parlé. La durée de cet enseignement pour chaque élève est fixée à huit années. L'institution des Jeunes Aveugles a produit dans tous les genres des élèves distingués. Elle cite avec honneur dans les sciences d'excellents professeurs, parmi lesquels il faut nommer Pinjeon, qui fut lauréat de l'université et ensuite professeur de mathématiques au lycée d'Angers ; Braille, qui doté les aveugles d'un système d'écriture parfaitement approprié à leur infirmité. En musique, il serait trop long de nommer tous les organistes distingués qu'elle a produits, et parmi lesquels se fait remarquer M. Gauthier. Dans les arts manuels se place au premier rang M. Montal, l'un des premiers facteurs de pianos de nos jours. Voir du reste, pour plus de détail, l'*Institut des Jeunes Aveugles de Paris, son histoire et ses procédés d'enseignement*, par J. Guadet.

La France doit être fière d'avoir si souvent devancé les autres nations dans la carrière de la bienfaisance, comme dans celle des sciences et des lettres. A son exemple, tous les autres pays de l'Europe se sont empressés d'ouvrir des asiles à la vieillesse et à la jeunesse des infortunés que la privation de la vue doit mettre plus qu'aucune autre à la merci de toutes les misères, et qui sont malheureusement en si grand nombre dans certaines contrées. Nous lisons dans l'ouvrage allemand de M. Klein, directeur de l'institution impériale des Aveugles à Vienne : *Kleines Lehrbuch zum Unterricht der Blinden* (1 vol. in-8°, avec six gravures, Vienne, 1819), que l'on compte dans tous les États de l'Autriche environ trente-six mille individus qui sont nés aveugles ou qui le sont devenus dans leur enfance. Ce n'est que depuis 1805 que ces malheureux trouvent à Vienne une institution dont le but est d'adoucir leur triste sort par l'instruction, et de les rendre utiles à eux-mêmes et à la société. Des institutions de même nature ont été successivement fondées, en 1806 à Saint-Pétersbourg et à Berlin, en 1807 à Prague, en 1808 à Amsterdam, en 1809 à Dresde, en 1810 à Zurich, en 1811 à Copenhague, etc. Ainsi, l'exemple de la France aura contribué à faire rendre à la société des individus qui semblaient devoir en être séparés dès leur naissance.

AVEYRON (Département de l'). Ce département, formé de l'ancien Rouergue, est borné au nord par le département du Cantal; à l'est par ceux de la Lozère et du Gard; au sud, par ceux du Gard, de l'Hérault et du Tarn; et à l'ouest par ceux du Tarn, de Tarn-et-Garonne et du Lot. — Son chef-lieu est Rodez. Il a reçu le nom d'une de ses rivières, qui se jette dans le Tarn après un cours de 205 kilomètres.

Divisé en cinq arrondissements, dont les chefs-lieux sont Rodez, Espalion, Milhau, Saint-Affrique et Villefranche, il compte 42 cantons, 277 communes, et 389,121 habitants.

— Il envoyait sept représentants à l'Assemblée nationale. — Il forme avec les départements du Cantal, de la Corrèze, de la Haute-Loire et de la Haute-Vienne, le 28° arrondissement forestier, fait partie de la 8° division militaire, dont le quartier général est à Montpellier, ressortit à la cour d'appel de cette ville, et compose le diocèse de Rodez, suffragant de l'archevêché d'Albi. — Son académie comprend un lycée, 4 collèges communaux, 2 pensions, 3 écoles ecclésiastiques, et 1190 écoles primaires.

Sa superficie est de 887,873 hectares, dont 364,723 en terres labourables, 209,032 en landes, pâtis et bruyères, 121,516 en prés, 83,565 en bois, 40,511 en cultures diverses, 34,410 en vignes, 8,166 en lacs, rivières et ruisseaux, 3,296 en forêts, domaines non productifs, 2,233 en propriétés bâties, 2,260 en vergers, pépinières et jardins, 81 en étangs, abreuvoirs, mares et canaux d'irrigation, etc. — On y compte 74,297 maisons, 1,185 moulins, 165 fabriques, manufactures et usines diverses, et 20 forges et hauts-fourneaux.

— Il paye 1,452,715 fr. d'impôt foncier, et son revenu territorial est évalué à 13,000,000 fr.

Presque entièrement couvert par les monts Espinause, Garriguen, d'Aubrac et quelques rameaux du Cantal, le département de l'Aveyron est arrosé par l'Aveyron, par le Tarn et ses affluents, la Dourdou et la Rance, par la Viaur et par le Lot et son affluent la Troyre, qui, dans leurs cours, le divisent en six vallées ou bassins principaux, presque tous dirigés, comme la pente générale du département, de l'est à l'ouest. De toutes ces rivières, le Lot est la seule navigable. De vastes forêts couvrent le penchant des montagnes, et la neige reste sur leurs sommets pendant plus de la moitié de l'année. Aussi, malgré la situation de ce département dans le midi de la France, la température y est généralement froide, surtout dans la partie septentrionale.

Quoiqu'elle y soit encore peu avancée, l'industrie agricole est, avec l'élève du gros bétail, moutons, chèvres, la principale ressource du pays. Les céréales et les vins qu'on y récolte suffisent à peine à la consommation et sont de médiocres qualités, à l'exception des vignobles de Lancedat, de Verfeil, de Varens et d'Agnac. Les chevaux, qui tiennent un peu de la race limousine, servent pour la cavalerie légère, les mulets, de très-belle taille, sont presque tous exportés en Espagne. Un des produits les plus importants est la fabrication des *fromages de Roquefort* (*voyez* FROMAGE); qui s'élève à environ 800,000 kilogr. par an.

L'industrie métallurgique est également très-active ; on compte un grand nombre de hauts fourneaux et des usines importantes, parmi lesquelles il faut placer au premier rang celles de Decazeville. Ce département est un des plus riches en houille de toute la France; l'extraction du fer, du cuivre, du plomb sulfuré argentifère, de l'alun, sont d'une notable importance pour le pays. Des sources d'eaux thermales et minérales existent dans quelques cantons.

Aux voies de communication, le département est desservi, outre le cours navigable du Lot, par 8 routes nationales, 13 départementales et 4,000 chemins vicinaux, qui le parcourent ou le traversent.

Parmi les villes du département de l'Aveyron nous citerons, outre son chef-lieu : *Espalion*, sur le Lot, ville de 4,274 habitants, traversée dans toute sa longueur par une rue large et bien bâtie. Elle possède quelques tanneries, et est l'entrepôt de bois pour meubles et de merrains pour le Languedoc. *Milhau*, l'ancienne *Æmilianum* des Romains, sur la rive droite du Tarn ; sa population s'élève à 9,357 habitants. Entouré de jolies promenades, arrosées par la Sorgue, qui coule au milieu d'un vallon entrecoupé de prairies et de vignes, *Saint-Affrique* ne présente malheureusement que des rues tortueuses, bordées de maisons gothiques. On y remarque cependant l'hôpital et le temple du culte réformé. Cette ville, autrefois fortifiée, fut un des plus sûrs remparts des Calvinistes. Elle possède des fabriques de draperies, de gants de peau, des mégisseries, des tanneries et des chamoiseries renommées. Son commerce consiste en laines, cuirs, bois de construction et de merrain. Enfin, sur la rive droite de l'Aveyron, au confluent de l'Alzon, *Villefranche*, peuplée de 9,405 habitants, avec un collége, une bibliothèque publique de 7000 volumes, un cabinet de physique, une société d'agriculture. Pleine d'industrie et d'activité, cette ville possède des fabriques d'ouvrages en cuivre, des fonderies, quelques tanneries, et surtout un grand nombre de manufactures en toiles grises et d'emballage. *Roquefort*, village de 1315 habitants, situé près de Saint-Affrique, dont les caves, au nombre de vingt environ, taillées dans le roc à un ou plusieurs étages, servent à la manipulation des fromages.

AVICENNE (Abou-Ali-Houssein-Ben-Abdallah-Ben-Sina, connu sous le nom d'), célèbre philosophe et médecin arabe, naquit, l'an 980 de J.-C., à Afschema, bourg dépendant de Chiraz, et dont son père était gouverneur. Il commença ses études dès l'âge de cinq ans, à Bokhara, où son père l'avait conduit, et à dix-huit ans il était déjà assez instruit pour rivaliser avec ses maîtres. Il n'était encore qu'élève lorsqu'il guérit l'émir Nouh d'une maladie grave. Cette cure jeta les fondements de sa réputation, et lui mérita la faveur du prince. Après plusieurs vicissitudes arrivées dans sa fortune à la suite de revers éprouvés par ses protecteurs, il s'était retiré à Réi, où il était devenu à la fois le premier médecin et le vizir de Madj-Eddaulah ; forcé d'abandonner l'Irac, que Mahmoud-Sébektégni menaçait de ses armes, il alla à Hamadan, où il obtint la même confiance et les mêmes honneurs auprès de Chams-Eddaulah. Ce fut dans ce poste éminent qu'il conçut le plan du son traité de métaphysique, intitulé : *Ketâb-el-Chefâ*, et qu'il composa la première partie de ses *Canons*, qui pendant près de six siècles ont été suivis exclusivement en Europe dans toutes les écoles. Il se démit de ses fonctions de vizir à la mort de Chams-Eddaulah ; mais un des ministres du successeur de ce prince, le soupçonnant d'entretenir des intelligences avec Ala-Eddaulah, sultan d'Ispahan, fit enfermer Avicenne dans un château fort. Celui-ci n'en sortit que lorsque le sultan eut vaincu le successeur de Chams-Eddaulah. Le vainqueur le combla de bienfaits, et lui conféra la même dignité dont l'avaient déjà honoré plusieurs princes. Ses travaux scientifiques, les soins qu'il était obligé de donner à la politique, et quelques excès commis à table et dans le commerce des femmes, avaient commencé à porter une atteinte funeste à sa santé, lorsqu'un de ses esclaves, qui voulait s'emparer de ses richesses, lui porta le coup mortel en mêlant une forte dose d'opium à la potion qu'il prenait pour calmer ses attaques d'épilepsie. Il mourut bientôt après, l'an 428 de l'hégire (1037 de Jésus-Christ), à Hamadan, où l'on voit encore les ruines de son tombeau.

Doué d'une mémoire prodigieuse et d'une rare facilité, Avicenne fut sans contredit un des hommes les plus extraordinaires qu'ait produits l'Orient. Il a composé sur toutes sortes de sciences des ouvrages dont un seul semblerait avoir dû remplir la vie d'un homme laborieux. Outre son traité de philosophie intitulé : *Adouych-Félasyfch*, il est auteur de plusieurs traités d'alchimie (ou plutôt de chimie), de physique et de minéralogie. Dans toutes ces productions, Avicenne brille moins par l'originalité que par l'intelligence avec laquelle il sut choisir et puiser dans les ouvrages des auteurs grecs à une époque où la connaissance de la langue grecque était peu répandue.

AVICEPTOLOGIE. Ce mot signifie *description des chasses aux oiseaux* (du latin *avis*, oiseau, *capere*, prendre, et du grec λόγος, discours). Aucune autre partie de l'art des chasses ne s'est enrichie d'un aussi grand nombre de procédés d'instruments, d'une aussi grande variété de ruses, de ressources de toute espèce : c'est apparemment par ce motif que le savoir lui a fait hommage d'un nom plus imposant, et qui fait naître l'idée d'un grand ensemble de connaissances. En effet, dans la guerre déclarée par l'homme à tous les animaux qui peuvent partager avec lui les libéralités de la nature, ou dont la conquête peut lui être utile, il a fallu plus d'artifices contre un ennemi toujours prêt à fuir dans une région où il est hors d'atteinte. Les combats de vive force ne peuvent guère se présenter que sous des aspects assez uniformes, au lieu que les embuscades et les stratagèmes de guerre, étant dans le domaine de l'imagination, dépendant des circonstances de temps et de lieu, provoquent une diversité qui leur est nécessaire pour le succès. L'oiseleur a étudié les mœurs des oiseaux de son pays, les habitudes des bandes que les migrations annuelles mettent à sa portée ; il a disposé en conséquence ses armes et ses munitions, réglé pour chaque saison une série de passetemps dont les différentes espèces volatiles sont tour à tour les victimes : l'art qu'il a créé comprend essentiellement une multitude de détails, et exige un volumineux assortiment de filets, de pièges, d'appeaux, etc. ; il a même la prétention d'étendre ses droits jusqu'à certaines parties d'un art plus illustre, celui de la fauconnerie, lorsque l'oiseau de proie exerce sa force et son adresse contre des perdrix, des cailles et autre petit gibier emplumé.

Un art, quel qu'il soit, se pourvoit d'instruments appropriés à ses procédés. Il faut donc que l'*aviceptologie* passe en revue la forme, les dimensions et la fabrication des diverses sortes de filets employés, soit dans l'eau, soit dans l'air, soit à celles qu'on fait la nuit ; la préparation de la glu, la confection des trébuchets, des ressorts à tendre dans les bois, des lacets où l'oiseau séduit par l'appât d'un aliment qu'il goûte, trouve la captivité ou la mort ; il faut des préceptes qui dirigent le choix d'un emplacement propre à la *pipée*, et toutes les opérations de cette chasse, où la crédulité des oisillons est si cruellement abusée. Un traité complet de l'art de l'oiseleur enseignera même comment on peut, sous de grotesques déguisements, tromper la vigilance de quelques espèces ombrageuses, transformer, par exemple, le chasseur en un simulacre de vache pour qu'il puisse aller surprendre des vanneaux dans une prairie, ou des canards sauvages dans un étang. Dans les forêts de sapins, la chasse aux mésanges attirera l'attention par la simplicité de ses moyens et l'abondance de ses produits. Des pratiques confinées dans quelques provinces, telles par exemple que la *tèse* provençale, trouveront aussi leur place dans ce traité, et seraient peut-être imitées ailleurs ; mais les matières de cet ouvrage fourniraient plus qu'un gros volume.

Les détails relatifs à chaque chasse aux oiseaux seront placés, soit à l'article de ces oiseaux, soit au nom spécial de cette sorte de chasse. FERRY.

AVICULAIRE (d'*avicula*, petit oiseau). Cette espèce du genre *mygale* a été nommée ainsi parce que sa taille, qui a quatre centimètres de longueur pour le corps seulement, lui permet d'attaquer jusqu'aux petits oiseaux. Elle ne file point, et se loge dans les crevasses des rochers, d'où elle se jette de vive force sur sa proie. Elle tue les colibris, les oiseaux-mouches, les petits lézards, qu'elle a toujours soin de saisir par la nuque, comme si elle avait observé que c'est bien l'endroit par où ils peuvent être plus aisément mis à mort. Ses fortes mâchoires paraissent verser quelque venin dans les plaies qu'elles font, et que l'on regarde en effet comme beaucoup plus dangereuses que leur seule profondeur ne semble le faire supposer.

La mygale aviculaire enveloppe dans une coque de soie blanche des œufs, au nombre de dix-huit cents à deux mille, et cette fécondité, jointe à la ténacité de sa vie, aurait bientôt couvert le pays de cette espèce hideuse et nuisible, si la nature ne lui avait donné dans les fourmis rouges des ennemis actifs et innombrables, qui détruisent la plus grande partie des petits à mesure qu'ils éclosent.

AVICULE. Voyez ARONDE.

AVIÉNUS (RUFUS FESTUS), poëte et géographe latin, né à Volsinium, en Étrurie, quoique quelques auteurs le fassent originaire d'Espagne, vivait à Rome vers la fin du quatrième siècle, et était païen et non chrétien, comme on l'a prétendu. On voit tout de suite par-là qu'il règne beaucoup d'incertitude à son sujet. Un fait certain, c'est qu'il fut deux fois proconsul, et qu'il eut beaucoup d'enfants de sa femme Placidie. Les ouvrages qu'on possède aujourd'hui sous son nom, consistent en un poëme de 1394 vers, intitulé *Descriptio Orbis Terræ*, ou *Situs Orbis*, métaphrase du poëme grec de Denys le Périégète; une description en 703 vers iambiques des côtes de la Méditerranée, intitulée *Ora Maritima*; une paraphrase des Phénomènes d'Aratus, en 1325 vers, *Aratea Phænomena*; une paraphrase des Pronostics du même, en 552 hexamètres, *Aratea Prognostica*; trois petits poëmes, dont l'un est adressé à Flavius Mirmeccius, pour lui demander quelques grenades de ses vergers d'Afrique, afin de guérir d'une maladie de bile et d'indigestion; l'autre, *De Cantu Sirenum*, renferme le récit d'Ulysse et des allusions aux filles d'Achéloüs; le troisième enfin, *Ad amicos de agro*, contient le récit de la Journée à la campagne. Ces œuvres diverses ont été traduites en français par Despois, en 1843. La première édition d'Aviénus parut à Venise, en 1488. Il en fut publié une nouvelle à Madrid, en 1634; Maittaire la comprit dans ses *Opera Poetarum latinorum* (Londres, 1713). La meilleure édition est celle qu'en a donnée Wernsdorff, dans ses *Poetæ latini minores*.

AVIGNON, ville de France, chef-lieu du département de Vaucluse, à 650 kilomètres de Paris, sur la rive gauche du Rhône, et traversée en outre par deux bras de la Sorgue. Sa population s'élève à 31,029 habitants. Siége d'un archevêché, auquel ressortissent les évêchés de Nîmes, Valence, Viviers et Montpellier, et dont le diocese comprend le département de Vaucluse, cette ville possède un tribunal de première instance, un tribunal de commerce, un lycée, un séminaire, une école normale primaire départementale, une bibliothèque publique de 28,000 volumes, un musée d'antiquités et de médailles, un musée de tableaux, un jardin botanique, un joli théâtre, un mont-de-piété, etc.

Avignon est généralement bien bâtie, quoique ses rues soient étroites et mal percées; les murailles, plus belles que fortes, flanquées de tours et ornées de créneaux, sont entourées d'élégants boulevards. Les quais qui bordent le Rhône sont magnifiques. Il reste encore quatre arches du pont de pierre de Saint-Benezet, qui en avait vingt-cinq avant d'être renversé par l'inondation de 1669. Avignon possède un grand nombre d'édifices remarquables, parmi lesquels nous citerons : l'ancien palais archiépiscopal; le palais des Papes, immense édifice, remarquable par la masse irrégulière de ses constructions gothiques et par la hauteur et l'épaisseur de ses tours, qui sert aujourd'hui de caserne et renferme, comme autrefois, l'arsenal et les prisons; l'église métropolitaine de Notre-Dame des Dons, où se trouvent les tombeaux des papes Jean XXII et Benoît XII, et celui du brave Crillon; l'hôtel de ville, d'assez mauvais goût, surmonté d'une tour au haut de laquelle est une horloge antique où l'on voit deux grandes figures mobiles, dont l'une frappe les heures.

L'industrie est florissante à Avignon; on y trouve des fabriques importantes d'étoffes de soie, florence, taffetas, marceline, foulard, velours, etc.; des filatures de soie et de coton; des teintureries, des foulonleries, etc.; plusieurs et zinc, et de caractères d'imprimerie, et surtout de très-nombreux moulins à garance et à sumac. Centre de la culture de la garance, Avignon récolte encore de très-bons vins rouges ordinaires; il s'y fait un commerce très-actif en produits manufacturés, grains et bestiaux.

Avignon fut fondé au sixième siècle avant J.-C. par les Phocéens de Marseille. Cette cité fut la capitale des Cavares ou Cavariens jusqu'à la conquête des Gaules par Jules César, et s'attacha dès lors à la fortune et aux intérêts de la république romaine; aussi fut-elle comptée parmi les villes latines et même parmi les colonies romaines, et ses habitants jouirent-ils des titres et des droits de citoyens romains. Comprise sous le règne d'Auguste dans la Gaule Narbonnaise, et sous l'empereur Adrien dans la seconde Viennoise, elle fut conquise par les Bourguignons vers le milieu du cinquième siècle; et Gondebaud, l'un de leurs rois, poursuivi par Clovis, y soutint, l'an 500, un siége mémorable. Après Clovis, Avignon fut incorporée à la monarchie des Francs par Thierry, roi d'Austrasie. Charles Martel en chassa deux fois les Sarrasins. Soumise aux rois carlovingiens jusqu'en 880, elle fit ensuite partie des royaumes de Provence, de Bourgogne Transjurane et d'Arles, puis du comté de Provence. En 1125 elle fut partagée entre le comte de Barcelone et celui de Toulouse. La partie qui échut à ce dernier fut appelée depuis marquisat de Provence, et mal à propos confondue avec le Comtat Venaissin, qui n'en était qu'une portion. L'autre moitié, qui fut le partage du comte de Barcelone, forma le nouveau comté de Provence. Le comte de Barcelone céda quelque temps après le marquisat de Provence au comte de Forcalquier; mais cette souveraineté partagée était si faible, qu'Avignon formait sous l'autorité de ses magistrats municipaux une sorte de république, et elle conserva son indépendance jusqu'à la mort du dernier comte de Toulouse, en 1249, quoiqu'elle eût été prise vingt-trois ans auparavant par Louis VIII, dans sa guerre contre Raimond-Béranger IV, comte de Toulouse. En 1251 Avignon se soumit aux deux frères de saint Louis, Alphonse, comte de Poitiers, héritier du comté de Toulouse, et Charles Ier d'Anjou, roi de Naples, époux de l'héritière du comté de Provence. La moitié de la ville après la mort d'Alphonse échut à son neveu Philippe le Hardi, et plus tard à Philippe le Bel, fils de celui-ci, qui la céda à Charles II, comte de Provence.

Le pape Clément V, François de naissance, avait promis à Philippe le Bel qu'il résiderait en France : il vint, en 1309, s'établir à Avignon, sous le bon plaisir de Charles II, qui ne prévoyait pas que ces nouveaux hôtes s'empareraient de la retraite qu'il leur accordait. Cinq autres papes, Jean XXII, Benoît XII, Clément VI, Innocent VI, Urbain V et Grégoire XI, résidèrent à Avignon jusqu'en 1769, époque où ce dernier transporta de nouveau le siége pontifical à Rome. Cette période fut la plus brillante de l'histoire d'Avignon, que Clément VI acheta moyennant 80,000 florins d'or de la reine Jeanne de Sicile, comtesse de Provence. La cour des papes était très-brillante ; des souverains venaient la visiter ou s'y faire couronner; on y recevait des ambassades des contrées les plus lointaines. C'est que Pétrarque vit la belle Laure, qu'il immortalisa par ses chants. Au témoignage du poëte, rien n'égalait le luxe et la magnificence d'Avignon que la corruption et la dépravation, qui étaient alors effrénées dans cette ville. Pendant le grand schisme les deux papes élus successivement par les cardinaux français y résidèrent. Quand il fut terminé, le saint-siége continua à faire gouverner le comtat par un légat. Dès lors ce pays fut un continuel embarras pour la France. C'était un refuge ouvert à tous les banqueroutiers et à tous les malfaiteurs. Mécontent de la cour de Rome, Louis XIV fit saisir Avignon de 1663 à 1667, et de 1689 à 1690. Louis XV le prit en 1768, et ne le rendit qu'en 1774.

En 1789, notre révolution eut son contre-coup à Avignon : on y créa une municipalité populaire, une garde nationale; et bientôt une collision éclata entre le parti français et celui du pape. Ce dernier fut vaincu. Carpentras et quelques autres communes du haut comtat, influencées par la faction ultramontaine, ayant persisté à vouloir rester sous le régime sacerdotal, quelques milliers de bandits, se qualifiant *armée des braves brigands de Vaucluse*, et commandés par Jourdan Coupe-Tête, Duprat, Mainvielle, Rovère, etc., dévastèrent le pays, sous prétexte de le purger de la présence des papistes. Le 14 septembre 1791 la ville d'Avignon fut réunie à la France par décret de l'Assemblée nationale, et en 1793 elle devint le chef-lieu du département de Vaucluse, formé du comtat Venaissin et de quelques parties des départements de la Drôme et des Bouches-du-Rhône. Mais à la Restauration le parti prêtre reprit le dessus, les papistes devinrent légitimistes; et nulle part la réaction de 1815 ne se souilla de plus d'excès. C'est là que le maréchal B r u n e fut lâchement assassiné dans une auberge.

Il s'est tenu à Avignon une dizaine de conciles depuis l'an 1080 jusqu'en 1594. Les plus remarquables sont ceux de 1209 contre les Albigeois, de 1282 contre les usuriers, de 1326 contre les empoisonneurs et les sorciers, enfin celui de 1457, où l'on traita de la croisade projetée par Calixte III contre les Turcs, qui venaient de prendre Constantinople.

AVILA (Don Louis d'), né à Placencia, dans l'Estramadure, vers le commencement du seizième siècle, est connu comme un des historiens les plus distingués qu'ait produits l'Espagne. Sa supériorité en ce genre tient sans doute à la part active qu'il prit lui-même aux affaires et aux événements qu'il a racontés. Il se fit remarquer en effet comme homme de guerre et comme homme d'État, devint ambassadeur de Charles-Quint auprès des papes Paul IV et Pie IV, et fut chargé de presser les opérations du concile de Trente. Après avoir accompagné l'empereur en Afrique, puis en Allemagne, pendant la guerre qu'il faisait aux protestants, il composa une relation de cette guerre, sous le titre de *Commentaire de la guerre d'Allemagne faite par Charles V*, pendant les années 1546 et 1547 (Madrid, 1549). Cette histoire, qui est fort estimée, a été traduite en latin, en français, en italien et en allemand. Charles-Quint en faisait grand cas, et s'estimait plus heureux qu'Alexandre d'avoir eu un tel historien. Ce prince avait nommé Louis d'Avila grand-maître de l'ordre d'Alcantara.

Plusieurs autres d'Avila, la plupart ecclésiastiques et appartenant au seizième siècle, ont laissé des ouvrages de piété, qui ont obtenu quelque succès. L'un d'eux, *Jean* d'A-vila, au diocèse de Tolède, en 1502, mort en 1569, surnommé l'apôtre de l'Andalousie, a été le maître de sainte Thérèse. Ses écrits ont été traduits en français par Arnauld d'Andilly (Paris, 1673).

Un autre d'Avila (*Gil-Gonzales*), originaire de la Vieille-Castille, jésuite et chanoine de Salamanque, historiographe d'Espagne pour la Castille et les Indes, né en 1559, à Avila, mort à quatre-vingt-dix-neuf ans, en 1658, a publié : *Théatre ecclésiastique de la primitive Église des Indes occidentales*, *Histoire des Antiquités de Salamanque*, *Histoire de la vie et des hauts faits du roi Henri III de Castille*, *Histoire de la vie et des hauts faits du roi Philippe III* (dans *la Monarchie espagnole*, de Mendoza).

ANTAUD.

AVIRON. L'aviron s'appelle également *rame* ; seulement le premier mot est d'une application plus générale chez les marins. On peut considérer un aviron comme un l e v i e r de seconde espèce, dont un bout est plat et se nomme *pale* ou *pelle*; l'autre bout est le *bras*; il commence à la poignée et finit sur le bord du bateau. On emploie l'aviron pour faire marcher les canots, chaloupes et autres embarcations, lorsque le défaut de vent ne leur permet pas d'aller à la voile. La puissance est à la main du rameur, le point d'appui est dans l'eau, sur la pale, et la résistance sur le bord du bateau. L'eau cédant sous l'effort de la rame, il en résulte une diminution de l'effort sur la résistance; plus le bras de l'aviron est court par rapport à la pale , plus le rameur se fatigue, et moins il produit d'effet sur le bateau. Ordinairement la pale a le double du bras, en y comprenant la poignée. Le centre de l'effort sur l'eau se trouve généralement à une distance de la résistance égale à une fois et demie la longueur du bras. L'*aviron en pointe* est seul par banc de rameur. Les *avirons sont couples* quand il y en a deux sur le même banc, de sorte que les deux rameurs sont assis l'un auprès de l'autre.

L'aviron, en grand usage dans l'enfance de la navigation, a été remplacé par la combinaison de voiles mises en action contre la puissance du vent. Pourtant, plus approprié à des exigences particulières de construction, l'aviron resta exclusivement en usage pour certaines embarcations de guerre. Ainsi, les g a l è r e s, par exemple, depuis les Tyriens jusqu'au dix-huitième siècle, époque de leur abandon, conservèrent l'aviron comme unique moyen de locomotion. De nos jours on embarque aussi à bord des vaisseaux et frégates quelques grands avirons nommés *avirons de galère*; ils servent dans les calmes, ou lorsque le vaisseau est désemparé, à le faire tourner d'un côté ou de l'autre; on les emploie aussi au même usage à défaut de gouvernail. Les avirons de galère d'un vaisseau de soixante-quatorze canons doivent avoir environ quinze mètres de longueur.

AVIS (Ordre de SAINT-BENOIT D'). Plusieurs gentilshommes portugais s'étant associés, au milieu du douzième siècle, pour concourir à l'expulsion des infidèles qui occupaient les principales provinces de leur patrie, adoptèrent, en 1162, une constitution à la fois militaire et religieuse. Ils firent vœu de consacrer leur fortune et leur vie à cette guerre sainte, et embrassèrent la règle de Citeaux. Ayant successivement enlevé aux Maures les places de Mafra et d'Evora, Alphonse premier, roi de Portugal, leur en fit don. Plus tard (1181), ils reçurent sur la frontière des terres assez étendues, où ils fondèrent un château, qu'ils appelèrent d'*Avis* (de l'oiseau, de l'aigle), en souvenir de deux aigles qu'ils virent planer sur leur tête au moment où ils en prenaient possession. De là les noms de *Nouvelle-Milice*, *ordre d'Evora*, *ordre d'Avis*, successivement portés par ces chevaliers. Le pape Innocent III confirma leur institution en 1204. Les avantages qu'ils continuèrent d'obtenir contre les infidèles, dont ils hâtèrent puissamment l'expulsion de la Péninsule hispanique, élevèrent leur ordre à une haute considération sous les successeurs d'Alphonse. Une foule de princes et de seigneurs accrurent considérablement son domaine par de riches donations. La plus considérable fut celle de D. Rodrigue Garcias de Aza, grand maître de Calatrava, qui, du consentement de ses chevaliers, apporta à l'ordre d'Avis tous les biens que le sien possédait en Portugal. Les chevaliers d'Avis, en reconnaissance, se réunirent (1213) à l'ordre de C a l a t r a v a, et se soumirent à sa règle et à ses statuts.

Cette réunion subsista jusqu'en 1385; à cette époque Jean 1er, fils naturel de Pierre le Sévère, ayant affermi sur sa tête la couronne de Portugal par la victoire d'A l j u b a-r o t a sur le roi de Castille, qui la lui disputait comme gendre de Ferdinand, fils légitime de Pierre Ier, sépara l'ordre d'Avis, dont il était grand prieur, de celui de Calatrava. Cette désunion occasionna de grands troubles dans les deux milices ; les souverains même y prirent part. Le concile de Bâle (1431) à la décision duquel ce différend fut soumis, se prononça pour la réunion des deux ordres; mais elle n'eut pas lieu. De ce moment les papes refusèrent de nommer des grands maîtres à l'ordre d'Avis. Il fut régi par des administrateurs particuliers jusqu'en 1550, où la grande maîtrise fut réunie à la couronne de Portugal par le pape Paul III.

La deuxième dynastie daus ais de ce pays (1295 1390) porte le nom de *dynastie* ou *race d'Avis*, à cause de Jean Ier, qui était, avant son avénement, grand prieur de l'ordre.

Pendant les soixante ans que le Portugal passa sous le joug espagnol (1580-1640), les statuts de cet ordre furent respectés, et il est encore le premier ordre militaire de Portugal.

Anciennement les chevaliers portaient l'habit blanc de Cîteaux, et sur le côté gauche une croix verte fleurdelisée. Aujourd'hui la décoration de l'ordre, suspendue à un ruban vert, est d'or, *à la croix fleurdelisée de sinople, accompagnée en pointe de deux oiseaux affrontés de sable*.

Autour du château, chef-lieu de l'ordre et résidence du grand prieur, s'est formé un bourg du même nom, peuplé de 1,500 âmes, situé à 55 kilomètres de Porto-Alegre.

AVISO, petit bâtiment de guerre très-léger, d'une marche supérieure, qui sert à porter des avis, des ordres et des dépêches réclamant de la célérité. On emploie des bricks, des goëlettes, etc., pour ce service; mais en guerre on choisit de petits lougres, parce qu'ils serrent bien le vent, et qu'en cas de navire à la vue ils n'ont qu'à tout amener, même leurs mâts; alors ils sont inaperçus : et quand même on les verrait, ils pourraient nager dans le vent et braver l'ennemi.

AVITUS (Marcus Mœcilius), empereur romain, mort en 456, après quatorze mois de règne. On ignore la date de sa naissance; tout ce qu'on sait, c'est qu'il était originaire de l'Auvergne et appartenait à une famille considérée de cette province qui avait déjà fourni un grand nombre de hauts fonctionnaires. Lui-même avait servi sous Aétins, et il avait déjà le titre de sénateur quand en l'an 421 ses compatriotes le députèrent auprès d'Honorius à l'effet de réclamer contre un impôt dont souffraient cruellement les populations de l'Auvergne. Au retour de cette mission, dans laquelle il fut appuyé par Constance, devenu plus tard le collègue d'Honorius, il se rendit à Toulouse à la cour de Théodoric, roi des Visigoths, dont il gagna l'amitié. Nommé par Valentinien, en 439, préfet du préture des Gaules, il obtint du roi des Visigoths, grâce aux bons souvenirs que ce prince avait conservés de lui, une trêve qu'il avait constamment refusée jusque alors aux autres généraux romains; et les populations gauloises purent enfin respirer sous une administration qui sans doute fut de trop courte durée pour leur bonheur. Avitus, rentré dans la vie privée, vivait philosophiquement, à *Avitacum*, lorsque l'invasion des Gaules par Attila vint troubler sa douce existence. Aétins eut recours à lui pour déterminer Théodoric à se joindre aux Romains, à l'effet de repousser le roi des Huns; et Avitus réussit dans cette mission. L'armée de Théodoric ne contribua pas peu à la victoire qu'Aétius remporta en 455 dans les plaines de Châlons sur les bandes d'Attila. Peu de temps après, on apprit la mort de l'empereur Pétronius Maxime et le sac de Rome par les Vandales de Genséric. Le trône d'Orient était vacant, et l'on sentait plus vivement que jamais le besoin d'un chef. Depuis plus de trente ans, Avitus s'était fait un nom par la sagesse avec laquelle il avait rempli divers hauts emplois. On pensa donc à lui, et Théodoric tout le premier le pressa de prendre la pourpre. Avitus se laissa persuader et abandonna sa douce retraite pour se rendre à Rome, où il fut proclamé empereur en 455. Il s'empressa de notifier son avénement à l'empereur d'Orient Marcien, qui le reconnut. A quelque temps de là les Suèves envahissaient l'Espagne; et Théodoric, appuyé à son tour par Avitus, battait leur roi Réchaire et mettait fin à l'existence de leur royaume. Puis les Vandales d'Afrique et leur roi Genséric attaquèrent de nouveau l'empire romain; mais leur flotte fut rencontrée et défaite dans les eaux de la Sicile par le comte Ricimer, commandant la flotte et l'armée romaine. Ce général victorieux devait être pour Avitus un ennemi non moins redoutable que les Vandales; bientôt en effet il visa ouvertement à l'empire, et il battit Avitus, le 16 octobre 456. Ricimer, après avoir déposé Avitus, lui laissa l'évêché de Plaisance pour fiche de consolation; mais l'empereur détrôné, croyant ses jours menacés, prit le parti de s'en retourner planter ses choux en Auvergne. C'est dans ce voyage que la mort le surprit, sur la route de Brioude. Le poëte Sidoine Apollinaire, dont il avait fait son gendre, a composé son panégyrique.

AVITUS ou **AVIT** (Saint), Sextus Alcimus Ecditius, poëte latin, né vers le milieu du cinquième siècle, était neveu de l'empereur Avitus. Élevé en 490 au siége archiépiscopal de Vienne, en Dauphiné, il l'occupa jusqu'au 5 février 525, époque de sa mort. Pendant tout ce temps il joua un grand rôle dans les affaires de l'Église des Gaules, et fut le chef des évêques orthodoxes de l'est et du midi de cette contrée. Il eut part à la conversion de Clovis et de Sigismond, roi des Bourguignons. Avitus cultivait la poésie latine avec succès. On a de lui six poëmes, tous en vers hexamètres : 1° sur la création; 2° sur le péché originel; 3° sur l'expulsion du Paradis; 4° sur le déluge; 5° sur le passage de la mer Rouge; 6° sur la virginité. Les trois premiers forment une sorte d'ensemble, qu'on pourrait appeler le *Paradis Perdu*. M. Guizot a démontré qu'il y avait entre ces poëmes et celui de Milton des ressemblances frappantes, non-seulement dans la conception générale, mais encore dans quelques-uns des plus importants détails; et parfois, dans cette comparaison, le poëte latin n'est pas inférieur au poëte anglais, qu'il a cependant précédé de plus de dix siècles. La versification d'Avitus n'est pas toujours pure; mais l'imagination, le génie poétique dominent dans ses ouvrages. Il nous reste aussi de lui des *lettres*; elles roulent la plupart sur des questions de théologie; mais il en est plusieurs, écrites à des amis, qui peuvent révéler quelques traits de mœurs du temps. CHAMPAGNAC.

AVOCAT (du latin *advocatus*, appelé). C'est celui qui, ayant pris ses grades en droit, est appelé à défendre les citoyens devant les tribunaux civils et criminels. Pour être avocat il faut avoir obtenu dans une faculté de droit le grade de licencié, qui est conféré après trois années d'études et plusieurs examens. Les licenciés sont reçus avocats par les cours d'appel après avoir prêté un serment qui a été souvent modifié suivant les circonstances politiques, mais qui comprend toujours l'engagement de ne rien dire de contraire aux lois ou à la morale publique. La qualité de Français est indispensable pour être reçu avocat. Il faut en outre être admis au stage, et être inscrit au tableau dressé au commencement de chaque année judiciaire par le conseil de discipline. L'inscription au tableau donne le droit de *communiquer* avec les membres de l'ordre, échange de renseignements sans lequel toute discussion utile serait impossible. La profession d'avocat est, aux termes de l'ordonnance de 1822, incompatible avec des fonctions judiciaires, à l'exception de celles de juge suppléant, avec les fonctions de préfet, de sous-préfet et de secrétaire général de préfecture; avec celles de greffier, de notaire et d'avoué; avec les emplois à gages, ceux d'agent d'affaires et ceux d'agent comptable; avec toute espèce de négoce.

L'indépendance est la condition essentielle de l'exercice de cette profession. On sait qu'en parlant devant les cours de justice l'avocat a le droit de rester couvert, excepté lorsqu'il prend ses conclusions. Cette coutume a pour but de rappeler sans cesse aux juges les droits imprescriptibles de l'avocat, dont l'indépendance a pour garantie principale l'immunité assurée aux plaidoiries. Sa pensée est libre ainsi que son expression; toutefois, cette liberté ne peut aller jusqu'à la licence. Les attaques contre la religion, les mœurs, les lois fondamentales de l'État, peuvent être réprimées sur-le-champ, à la réquisition du ministère public, par le tribunal saisi de l'affaire. Les injures, les diffamations prononcées contre les parties, surtout lorsque les faits sont étrangers à la cause, peuvent être poursuivies, soit par la voie civile, soit par la voie correctionnelle. L'indépendance de l'avocat consiste encore dans la liberté qu'il a de refuser les causes qui lui sont offertes. La dignité de sa profession, s'il en était autrement, serait compromise. Toutefois l'avocat nommé d'office en matière criminelle par le président des assises ne saurait refuser sans faire agréer au préalable ses motifs d'excuse par la cour, qui pourrait, en cas de contravention, le punir des peines portées par l'article 18 de l'ordonnance de 1822.

Un privilége plus précieux a été accordé à l'avocat. En raison de la nature de son ministère, on l'a affranchi de la nécessité imposée à tout citoyen de venir dire tout ce qu'il sait à la justice. Toutes les fois que les secrets dont il a été fait dépositaire, que les renseignements qu'il a recueillis, ne sont venus à sa connaissance que dans l'exercice de sa profession, il peut se taire.

Il y a pour l'ordre des avocats un conseil de discipline élu directement par tous les avocats inscrits au tableau. Le bâtonnier est le chef de l'ordre et préside le conseil de discipline. Ce conseil prononce sur les difficultés relatives à l'inscription au tableau; il exerce sa surveillance sur tous les membres de l'ordre, et applique, lorsqu'il y a lieu, les mesures de discipline autorisées par les règlements. Les peines disciplinaires sont l'avertissement, la réprimande, l'interdiction temporaire, la radiation du tableau.

Le ministère des avocats est requis en plusieurs cas. L'article 487 du Code Civil exige l'avis de trois jurisconsultes désignés par le ministère public pour légaliser les transactions du tuteur. L'art. 495 du Code de Procédure prescrit une formalité analogue en cas de requête civile, ainsi que l'art. 1 de l'arrêté du 21 frimaire an XII, relatif aux transactions que passent les communes. Les liens qui unissent le barreau et la magistrature sont si étroits sous quelques rapports, que celle-ci peut recruter des juges au sein de l'ordre des avocats. L'art. 30 de la loi du 22 ventôse an XII porte que les avocats, selon l'ordre du tableau, seront appelés, en l'absence des suppléants, à remplacer les juges, les commissaires du gouvernement et leurs substituts. L'art. 118 du Code de Procédure établit qu'en cas de partage, et dans un ordre qu'il détermine, un avocat peut être appelé d'après son rang au tableau, pour que l'affaire sera de nouveau plaidée. L'art. 468 du même Code contient une disposition équivalente à l'égard des cours d'appel. L'avocat jouit encore de quelques immunités qu'il faut noter. Il est dispensé de donner récépissé des pièces remises entre ses mains, et il est cru sur son affirmation lorsque la restitution en est contestée. Le serment décisoire ne peut lui être déféré à ce sujet.

En matière civile l'avocat n'est pas même admis à prendre des conclusions : il ne peut que développer celles qui ont été prises et signées par l'avoué duquel il est assisté. Son seul soin à cet égard doit être de veiller à ce que tous les moyens qu'il croit utile d'invoquer dans sa plaidoirie soient consignés dans les conclusions écrites; mais quant à lui, l'emploi de son ministère est tout de confiance, et il ne peut avoir aucun compte à rendre à ses clients. En matière criminelle l'avocat est autorisé à prendre des conclusions, parce qu'étant assisté de la partie, il ne peut être exposé au désaveu : c'est d'ailleurs dans ce cas un devoir de nécessité, car le prévenu, qui se trouve alors aux prises avec la société tout entière, a besoin d'être éclairé par des conseils; et s'il n'a pas choisi un avocat pour se défendre, il doit lui en être donné un d'office.

Un noble désintéressement est un des attributs de la profession de l'avocat. Il doit plaider pour le riche par devoir et pour le pauvre par zèle. S'il accepte les honoraires qu'on lui offre, c'est qu'ils lui sont librement offerts. L'ordre des avocats repousserait infailliblement de son sein un de ses membres qui les réclamerait judiciairement.

Le paragraphe sixième du tarif, intitulé *Plaidoirie et assistance au jugement*, donne pour honoraires à l'avocat qui a plaidé contradictoirement, à Paris quinze francs, dans le ressort dix francs. Les honoraires ne sont que de cinq francs lorsque le jugement est par défaut à Paris, et de quatre francs dans le ressort. La jurisprudence a été constante sur ce point, que cette fixation d'honoraires n'a trait qu'à la répétition que peut exercer la partie qui a gagné son procès contre celle qui l'a perdu. Il est en effet d'usage que cette somme modique ne soit jamais touchée par l'avocat, et reste à l'avoué. L'on cite cependant quelques arrêts, fort rares, qui dans des circonstances extraordinaires ont condamné des parties à payer leurs avocats; mais c'était moins pour les plaidoiries que pour les soins tout particuliers qu'ils avaient donnés, soit à une liquidation importante, soit à quelque autre affaire d'une nature toute spéciale. Si quelque avocat était assez peu pénétré de ses devoirs pour s'associer par contrat aux chances d'un procès, une telle convention serait frappée de nullité, comme immorale. Le même motif a fait défendre aux avocats de signer des lettres de change et de recevoir une procuration même devant la juridiction d'un juge de paix. Le conseil de discipline a toléré l'usage qu'ont pris quelques administrations de choisir un conseil habituel et de lui donner annuellement une somme fixée d'avance. Les exemples de cette espèce de contrat sont d'ailleurs assez rares.

Du moment même où les sociétés furent constituées, des intérêts contraires se sont trouvés en présence, des contestations se sont élevées, il a fallu des lois et des juges pour les régler; des crimes se sont commis, il a fallu des lois et des juges pour les punir; et bientôt, pour expliquer les lois, pour éclairer les juges, il a fallu appeler des avocats. Dans les républiques anciennes, et généralement dans tous les gouvernements dont le principe admet une discussion publique, l'on voit les avocats jouer un rôle politique, parce que l'habitude qu'ils ont de la parole et la connaissance qu'ils doivent avoir de toutes les lois leur donnent sur tous les autres citoyens un avantage inappréciable : aussi le titre d'avocat ou de patron était-il, à Rome, le seul qui pût conduire aux honneurs : l'avocat marchait entouré de sa nombreuse clientèle, toujours prêt à se présenter devant le juge pour donner l'appui de son éloquence à tous ceux qu'il avait pris sous sa protection, et il retrouvait au Forum les suffrages populaires qu'il s'était acquis au prétoire. L'on ne pouvait pas dire alors que les avocats exerçassent une profession, car ce n'était en quelque sorte qu'accidentellement qu'ils prenaient la parole devant les tribunaux; mais lorsque la puissance publique fut réunie dans les mains d'un seul, et qu'il n'y eut plus à discuter dans le Forum, les avocats durent renfermer leur ministère dans un cercle plus modeste : ils ne furent plus que les explicateurs de la procédure et les interprétateurs de la loi. Réduits à ces simples fonctions, leur rôle était encore assez beau; c'était, comme le disait la loi romaine, celui d'un homme de bien versé dans l'étude des lois et l'art de la parole. Pour l'histoire de la profession d'avocat en France, nous renvoyons à l'article BARREAU.

Avocats au conseil d'État et à la cour de cassation. Officiers ministériels, chargés de suivre la procédure et de plaider pour les parties devant le conseil d'État et la cour de cassation. Ces offices étaient autrefois séparés : les avocats aux conseils du roi avaient succédé aux anciens avocats aux conseils, qui étaient, avant la Révolution, dans le droit exclusif de postuler devant les différentes commissions du conseil. Les avocats à la cour de cassation, institués d'abord sous le titre d'avoués, étaient les officiers attachés

AVOCAT — AVOINE

spécialement à cette cour. En 1817 ces diverses fonctions ont été réunies. Ce sont à la fois des avoués et des avocats; comme avoués, ils forment les demandes, signent les procédures, et prennent des conclusions, qu'ils développent comme avocats dans leurs plaidoiries. La simplicité de la procédure a permis cette sorte de cumul; mais il en résulte qu'ils sont astreints envers leurs clients à rendre compte du mandat dont ils sont investis, et qu'ils demeurent responsables de leurs procédures, obligations qui ne pèsent point sur les autres avocats. Il en résulte également que leur titre est érigé en véritable office, pour lequel ils sont admis à présenter, comme les avoués, un successeur moyennant finance. Pour être avocat à la cour de cassation il faut être âgé de vingt-cinq ans, avoir au moins deux années de stage comme avocat, et être agréé successivement par le conseil particulier de l'ordre, qui n'a pas de bâtonnier, mais un président, par le ministre de la justice et par la cour de cassation. Ils sont maintenant au nombre de soixante.

Avocat général. C'est le titre que l'on donne à certains officiers attachés au ministère public près les cours d'appel et la cour de cassation, et qui sont chargés d'y porter la parole au nom du procureur général.

On désignait autrefois sous la dénomination d'*avocats du roi* tous les officiers du parquet, que l'on appelait anciennement les *gens du roi*. Dans le principe on appelait avocats du roi ceux qui étaient chargés de soutenir l'intérêt personnel du roi dans des causes diverses, et, par opposition, on nommait tous les autres des avocats généraux.

Avocat des pauvres, voyez ASSISTANCE PUBLIQUE et PAUVRES.

Avocat des Arabes, voyez ALGÉRIE (tome Ier, page 314).

AVOCAT DU DIABLE. Voyez DIABLE (Avocat du).

AVOCAT PATHELIN. La pièce qui porte ce titre, et dont le premier auteur n'est pas plus connu que l'époque précise de la composition de l'ouvrage, est sans contredit le monument le plus ancien et le plus curieux de la gaieté comique de nos ancêtres. Quand on songe que cette excellente farce, qui n'appartient en rien à l'antiquité, a été composée bien avant l'année 1474, où Pierre Le Caron en fit une édition, citée par de La Caille (*Histoire de l'Imprimerie et de la Librairie de Paris*); quand on songe qu'à la fin du règne de Louis XIV, Brueys et Palaprat, qui refirent cette pièce, n'y ajoutèrent rien d'essentiel, et qu'on retrouve dans l'original tout ce qu'on admire encore aujourd'hui dans l'ouvrage refait, il faut reconnaître que le génie de la comédie existait parmi nous, indépendamment de tout ce qui a pu le développer. Dans *la Farce de maistre Pierre Pathelin*, telle qu'elle a été traduite ou imitée par la plupart de nos voisins et souvent citée par nos vieux auteurs, sont tracés avec autant de naïveté que de force les caractères de Pathelin, de Guillaume et d'Agnelet. La scène où ce dernier raconte à son avocat comment, pour rendre siens les moutons de son doux maître, il les tuait *afin de les empêcher de mourir*; le conseil que Pathelin lui donne de jouer l'imbécile et de répondre comme ses bêtes à laine à toutes les demandes qu'on lui fera, conseil que le fripon de berger exécute si bien que quand ce même Pathelin réclame de lui ses honoraires, il n'en peut tirer que des *bée*.... tout cela est fort gai sans doute, et la manière dont Pathelin est payé de son beau conseil serait digne, pour le fond, du plus haut comique. Il faut encore citer la scène où le marchand drapier, voulant défendre lui-même sa cause, confond, dans son trouble, avec ses moutons le drap qu'on lui a pris, s'écarte si plaisamment de la question, et se voit toujours rappelé par le juge *à ses moutons*, mot qui est demeuré, ainsi que quelques autres du même ouvrage, à commencer par le nom du héros, dont notre langue s'est enrichie depuis si longtemps, qu'on trouve dans Rabelais cette expression : *en langaige pathelinois*, et dans Pasquier : *pathelinage, pathelinner;* et qu'enfin ce nom si doux, si caractéristique de *Pathelin*, est devenu le synonyme de flatteur et de fourbe.   Onésime LEROY.

AVOGADOR. On appelait autrefois ainsi à Venise une espèce de tribunal composé de trois membres, que le grand conseil nommait sur la présentation du sénat, et qui était chargé de veiller à l'exacte observation des lois. Les avogadors, qui assistaient aux séances du sénat ainsi qu'à celles du grand conseil, ou leur présence était même nécessaire pour la validité des délibérations, pouvaient opposer leur *veto*, suspensif pendant un mois et un jour, à toute résolution de ces deux corps qu'ils jugeaient contraire à l'esprit de la constitution. Les délibérations devaient alors être reprises sur les sujets que les avogadors avaient frappés de leur censure. Ils intervenaient également dans l'administration de la justice, exerçaient une haute surveillance sur le maintien de la tranquillité publique, et conservaient le dépôt des lois ainsi que le registre des naissances et mariages des familles nobles. Cette magistrature spéciale, créée au douzième siècle, et même dès le neuvième, suivant quelques auteurs, se maintint jusqu'aux dernières années de l'existence de la république; seulement le nombre de ses membres avait été doublé, mais il n'y en avait jamais que trois en exercice; leurs fonctions duraient seize mois.

AVOINE (*avena sativa*). La culture de cette plante se restreint chaque année en France, et elle doit disparaître de plus en plus de nos campagnes, où on ne la verra bientôt plus sans doute que dans les localités où aucune autre plante ne pourrait réussir utilement, comme les sols froids et humides, de mauvaise qualité, connus sous le nom impropre et néanmoins expressif de *terres mortes*, et les sites marécageux longtemps couverts de neige; ou dans des circonstances où elle ne soit cultivée que comme plante préparatoire d'autres cultures, telles que les défrichements, qui produisent une avoine superbe pendant une année, souvent deux et quelquefois trois années de suite, et peuvent porter ensuite des plantes plus importantes; soit encore comme plante accessoire et protectrice de semis de prairies, cas où, employée à trois quarts de semence, elle produit souvent autant que si elle eût été semée seule, tout en procurant un abri utile à la prairie naissante.

En Espagne, dans la Mauritanie, l'Arabie et la Tartarie, les chevaux ne mangent pas d'avoine, mais bien de l'orge, et sont cependant les plus beaux et les meilleurs du monde. Huzard, dans l'instruction qu'il a publiée sur l'amélioration des chevaux en France, recommande pour les haras d'expérience une grande réserve dans l'emploi de l'avoine, qu'on donne, dit-il, trop abondamment aux chevaux. Cet auteur conseille de remplacer, dans de sages proportions, l'avoine par la racine de carotte, ainsi que le pratiquent les Anglais, dans la proportion de trois parties de carotte sur une d'avoine. On a en effet remarqué en Angleterre qu'indépendamment de la diminution dans la dépense en nourriture, les chevaux sont en meilleur état et conservent dans la vieillesse leurs dents, que la carotte, douce, tendre et sucrée, ne fatigue pas, tandis que l'avoine, dure, pointue, coulante, élastique, est d'une manducation fatigante et difficile pour les chevaux de tous les âges, les vieux surtout, qui perdent par une lente mastication une quantité d'avoine qui s'échappe de leur bouche, ou passe dans le canal alimentaire en pure perte.

Si l'avoine peut être remplacée en partie pour les chevaux, elle doit l'être entièrement pour la nourriture de l'homme, car partout sa présence est plus ou moins l'indice de la misère des peuples; le pain qu'on en fait est amer, noir, nauséabond, peu nutritif et nuisible à la santé; et si l'avoine réussit, et que ces deux céréales contiennent à poids égal plus de matière nutritive que l'avoine, on s'étonnera que celle-ci ne soit pas abandonnée entièrement et remplacée par l'orge et le seigle, par l'orge surtout.

Si l'avoine fut révérée par nos ancêtres, si elle fut l'aliment de nos pères, si les Scythes, les Celtes, les Germains, les Gaulois s'en sont nourris ; si nos aïeux, la plupart nomades et les plus braves des hommes, vécurent d'avoine, c'est que dans les siècles héroïques, toutes les pensées étant pour la liberté, ces peuples, moins avancés en civilisation, plus sobres et ayant moins de besoins que les modernes, craignaient que les travaux de l'agriculture ne les attachassent trop au sol et ne compromissent leur vie libre et indépendante ; et l'avoine, qui vient presque partout sans culture, suffisait à des nations qui plaçaient la vertu dans le mépris des richesses, et qui préféraient la gloire à des jouissances dont nous sommes aujourd'hui esclaves, et même à la longévité. C'était assez pour eux de la liberté, de leur grossière bouillie d'avoine, d'une mauvaise boisson faite avec ce grain aigri, et de quelques plantes aromatiques dont ils se servaient en guise de tabac à fumer, pour charmer leurs loisirs, tout en rêvant aux lieux où ils porteraient la guerre, leurs volontés et leurs lois.

Les Bretons, qui paraissent de nos jours conserver le plus les mœurs, la langue et les usages des Celtes, font encore de l'avoine une partie de leur nourriture, ainsi qu'un petit nombre d'habitants des montagnes où l'agriculture n'est pas en progrès.

On cultive plusieurs variétés d'avoine, qui sont : l'*avoine noire*, l'*avoine blanche*, l'*avoine brune*, l'*avoine rouge*, l'*avoine de Hongrie*, l'*avoine unilatérale*, l'*avoine patate*, l'*avoine de Géorgie*, l'*avoine nue*. Quoique toutes proviennent l'une de l'autre, elles se perpétuent selon leurs variétés si on les cultive séparément. Toutes se sèment au printemps, excepté l'avoine blanche, qui, ayant la propriété de passer facilement l'hiver, se sème en automne, et prend souvent le nom d'*avoine d'hiver* ; cette espèce est grande et produit beaucoup, c'est la meilleure comme avoine d'hiver ; elle a une sous-variété à graines grises ou d'un blanc pâle, qui n'en est qu'une dégénérescence et qu'il faut rejeter. Comme avoine d'été, la *noire de Brie*, de la grande espèce à gros grains noirs et luisants, est la meilleure, car il y a une petite avoine noire dégénérée qu'il ne faut pas semer. Plusieurs propriétaires recherchent l'avoine maigre et pâle venue dans un mauvais sol pour servir de semence dans un sol pareil ; on doit au contraire se procurer la plus belle avoine possible pour ensemencer les mauvaises terres. L'avoine nue mérite une attention particulière ; c'est une conquête sur l'avoine ordinaire, qu'elle surpasse, surtout pour faire le gruau. Toutes les avoines peuvent d'ailleurs être réduites en gruau. Parmentier observe que l'avoine est plus nutritive consommée en gruau que sous forme de pain, et en cela il est d'accord avec les anciens, qui mangeaient l'avoine en bouillie.

En général, les semences de l'avoine sont employées comme aliment médicamenteux. La décoction de gruau est de l'emploi le plus heureux dans les maladies inflammatoires, dans les affections de poitrine et dans beaucoup d'autres maladies. La réputation médicale de l'avoine est fort ancienne. On lit dans Pline que les médecins germains, dont les compatriotes vivaient de bouillie faite de farine d'avoine, se plaignaient de ce qu'il y avait très-peu de malades dans cette nation ; cette épigramme est encore en faveur de l'avoine, considérée comme aliment médicamenteux.

Pline cite des anciens prétendaient que l'avoine était du blé dégénéré. Ce sentiment de l'un des plus grands naturalistes de l'antiquité a prévalu longtemps ; une pareille opinion n'est plus soutenable dans l'état actuel de nos connaissances. Au reste, il paraît que l'origine de l'avoine est aussi inconnue que celle du blé, car rien ne prouve qu'elle soit, comme on l'a dit, originaire de l'Asie.   C. TOLLARD aîné.

AVON, nom de plusieurs petites rivières d'Angleterre, dont l'une est située dans le comté de Warwick et se jette dans la Severn à Tewkesbury. Stratford, bourg où naquit Shakspeare et où il passa les dernières années de sa vie, est bâti sur l'Avon. C'est pour cela que, par périphrase, on appelle souvent ce grand poète *le Cygne de l'Avon*.

AVORTEMENT (*abortus, aborsus*). C'est l'expulsion du fœtus ou de l'enfant hors du sein de la mère avant qu'il soit *viable*. On a également donné à cet accident le nom de *fausse couche* ou de *blessure*. Il convient de ne pas confondre l'avortement avec l'*accouchement prématuré*, qui est l'expulsion d'un enfant *viable* à une époque rapprochée du terme de la grossesse. L'avortement a le plus ordinairement lieu dans les deux premiers mois de la grossesse. Il a été observé que le nombre des fœtus abortifs du sexe féminin est plus grand que celui des fœtus mâles.

Les *causes* de l'avortement se distinguent en *prédisposantes* et en *occasionnelles*. Les premières dépendent de la femme, qui peut être d'un tempérament sanguin, réglée trop abondamment, très-faible, hystérique, mal conformée, ou habituée à des avortements antérieurs. On a en effet observé que plusieurs femmes avortent d'autant plus facilement qu'elles ont déjà été atteintes plusieurs fois de cet accident, et, chose digne de remarque, le plus fréquemment à la même époque ; c'est ce que quelques auteurs ont appelé *avortements périodiques*. Maygrier cite l'exemple d'une femme qui avorta cinq fois de suite entre six semaines et deux mois, par suite de l'inflammation également périodique de la matrice ; et ce médecin ne parvint à faire disparaître cette tendance à l'avortement que par des bains et des saignées convenablement dirigés. Du reste, les veilles prolongées, la fatigue, l'emploi des corsets trop étroits et l'abus des plaisirs peuvent devenir des causes prédisposantes de l'affection qui nous occupe ; celles qui dépendent de l'enfant tiennent, soit à des maladies ou à des vices de conformation, étéignant peu à peu ou rapidement chez le fœtus les principes de la vie ; cadavre qu'il devient alors, il est réduit à l'état de corps étranger, qui, contenu dans la matrice, doit dès lors en être expulsé.

Les *causes occasionnelles* sont très-nombreuses. Il nous suffira d'énumérer celles qui sont les plus importantes à noter : de ce nombre sont toutes les maladies aiguës, surtout celles de la matrice, le chagrin, la colère, les fortes émotions de l'âme, l'asphyxie, les efforts ou les secousses, déterminés soit par des marches forcées et les fatigues du bal ou le mouvement d'une voiture mal suspendue ; les cris immodérés, la toux, les vomissements, les saignées trop abondantes, enfin toutes les causes qui déterminent la mort de l'enfant.

Les *phénomènes* qui accompagnent l'avortement sont quelquefois peu appréciables et de la femme et du médecin, et ne produisent ni douleur ni hémorrhagie. Mais les choses ne se passent ainsi qu'autant que l'avortement a lieu dans les premières semaines de la grossesse, ce qui s'explique par le peu de volume qu'a pu acquérir le produit. Dans d'autres cas, où l'avortement s'opère dans les deux premiers mois de la grossesse, il peut y avoir hémorrhagie abondante, qui cependant, étant calmée, fait croire quelquefois aux femmes qu'elles n'ont point avorté, mais qu'elles ont éprouvé un retard de plusieurs mois. A mesure que la grossesse avance, l'avortement, s'il a lieu, devient plus pénible : d'abord les femmes éprouvent des douleurs dans les reins, des palpitations, une sorte d'abattement général ; la figure devient pâle, livide ; elles sentent une pesanteur inaccoutumée vers les reins et le siège ; la gorge s'affaisse, et s'entoure d'une certaine flaccidité, qui ne s'observe jamais dans le cours d'une belle grossesse ; les mouvements du fœtus décroissent peu à peu, et finissent enfin par disparaître ; les parties génitales sont humectées par des glaires sanguinolentes, exhalant une odeur infecte ; puis s'opère la sortie des eaux, l'expulsion du fœtus et du délivre, après lesquels le sang cesse ordinairement de couler en aussi grande abondance. En général, les efforts qui accompagnent la fausse couche ont d'autant plus de ressemblance avec ceux de l'accouchement que l'avortement arrive à une époque plus éloignée de la conception. Dans d'autres cas, la fausse couche, au lieu de présenter successivement la sortie du fœtus, puis du délivre, donne issue au fœtus enveloppé de ses membranes restées entières.

Le danger que présente l'avortement est d'autant plus grand pour la femme qu'elle est plus près du terme de la grossesse, parce que l'hémorrhagie est plus abondante, l'expulsion du produit plus difficile, et la fièvre de lait plus forte. Celui qui dépend de causes accidentelles est plus dangereux que celui qui est produit par les causes prédisposantes. Mais en général on doit mesurer le danger auquel les femmes sont exposées à la suite de la fausse couche par l'intensité de l'hémorrhagie, des convulsions, de la diarrhée et de l'inflammation de la matrice.

Les ressources que l'art de guérir met à la disposition du médecin contre l'avortement tendent ou à le prévenir ou à remédier aux symptômes fâcheux qui peuvent en être la suite. Les premiers moyens consistent à éloigner de la femme menacée d'avortement toutes les causes que nous avons examinées (*voyez* GROSSESSE); mais lorsque, malgré l'éloignement de ces causes, on ne peut le prévenir, le médecin doit le favoriser en recourant aux soins que réclame la femme pendant le travail de l'accouchement à terme. *Voyez* ACCOUCHEMENT.

En médecine légale, l'avortement est l'accouchement avant terme provoqué par des aliments, des breuvages, des médicaments, des violences, ou par tout autre moyen. L'article 317 du Code Pénal veut que l'avortement ait été accompli pour qu'on puisse en poursuivre les auteurs; aussi il porte que « les individus qui auront fait avorter une femme enceinte par un moyen quelconque, qu'elle y ait consenti ou non, et que la femme elle-même qui se sera fait avorter en faisant usage de moyens qui lui auraient été indiqués, soient punis de la réclusion ». Les médecins, chirurgiens ou autres officiers de santé, sages-femmes, ainsi que les pharmaciens qui auront indiqué ou administré ces moyens, seront condamnés à la peine des travaux forcés dans le cas où l'avortement aurait eu lieu. La loi est plus sévère à l'égard des personnes qui ont reçu la mission de guérir, parce qu'elles connaissent mieux l'action des moyens qu'elles emploient. Toutefois, il ne suffit pas qu'un avortement ait eu lieu sous l'influence d'une médication pour que le médecin puisse être poursuivi : telle n'a point été l'intention du législateur ; tous les jours, en effet, une maladie aiguë peut se développer pendant la grossesse et nécessiter l'emploi de moyens susceptibles de produire une fausse-couche ; et tant de causes peuvent produire l'avortement, qu'il n'est pas toujours possible d'en accuser la médication mise en usage. L'art n'est-il point d'ailleurs obligé quelquefois d'en venir à ce moyen extrême pour sauver la mère dans le cas de convulsion et d'hémorrhagie utérine qui ne peuvent disparaître que sous l'influence de la déplétion de la matrice? et ne serait-il pas absurde d'inquiéter le médecin à ce sujet, la loi ne poursuivant dans l'avortement que l'intention accompagnée d'exécution? Du reste, en pareil cas, l'homme de l'art prend toujours l'avis de plusieurs confrères éclairés et s'entoure de la publicité pour éviter toute suspicion.

L'avortement n'est pas un fait particulier à l'espèce humaine, seulement c'est chez la femme que ce cas est le plus fréquent; mais les animaux sont aussi sujets à cet accident, dont les causes les plus communes sont l'irrégularité d'évolution du fœtus, son développement anormal, la coexistence de produits étrangers dans l'utérus, etc. Les animaux domestiques, dont la constitution a été modifiée par l'esclavage, et surtout les bêtes à cornes, sont les plus susceptibles d'avorter ; chez les chèvres et les truies l'avortement est rare ; il est plus rare encore chez les chattes et les chiennes. Les oiseaux en offrent quelques exemples; les œufs à coque molle, appelés *œufs hardés*, ne sont autre chose que des germes avortés.

En physiologie végétale, le mot *avortement* exprime la suppression naturelle ou le non-développement d'une partie ou de la totalité d'un organe. L'avortement est *complet* si l'organe qui manque a disparu sans laisser aucune trace ; il est *incomplet* si l'organe existe, mais déformé, rapetissé, en un mot *atrophié* : d'où le nom d'*atrophie* donné à cet avortement incomplet. On divise encore l'avortement en *constant* ou *naturel* et en *inconstant* ou *accidentel*. L'avortement ne laisse quelquefois aucune trace de l'existence de l'organe avorté; d'autres fois, au contraire, celui-ci est remplacé par un organe différent. C'est ainsi que les fleurs se doublent par la transformation des étamines en pétales : ici l'avortement est une sorte de métamorphose.

AVORTON. Dans son sens propre, ce mot désigne le produit de l'a v o r t e m e n t, fœtus plus ou moins développé suivant l'époque à laquelle il a été expulsé. Par extension, on le fait synonyme de *rabougri*, *contrefait*, et on l'applique aux arbres, aux plantes de mauvaise venue, et figurément à ces œuvres de l'esprit composées trop précipitamment, qui ne dureront pas, parce que l'auteur ne s'est donné le temps ni de les limer ni de les finir.

AVOUÉ (*advoé*, *advoué*, *avoier*, *avoé*, ou défenseur, mot dérivé du latin *advocatus*, préposé, représentant). Les avoués existent, dit Velly, depuis le règne d'Honorius.

L'Encyclopédie fixe à l'an 420 ou 423 l'origine de leurs fonctions ; elles ont été remplies, suivant les temps, par des officiers de divers grades, par des généraux d'armée, par des gonfaloniers.

Les avoués furent institués dans le principe pour présenter au prince les requêtes des maisons religieuses et pour diriger l'administration des biens ecclésiastiques ; ils étaient tirés de l'ordre de la noblesse, et chargés par une communauté, un évêque, un abbé, une abbaye, un chapitre, de passer les montres (revues) des gens de guerre, de défendre à main armée les intérêts du domaine ou du fief; ils en plaidaient la cause, rendaient la justice aux vassaux, et étaient les généraux des serfs de l'Église. Ils occupaient dans la milice française un rang élevé; ils commandaient aux clients comme le bailli commandait aux vassaux de son seigneur, et ils remplissaient des fonctions analogues à celles des vidames.

Quelques auteurs ont dénommé les avoués *signifari ecclesiarum*, parce qu'ils étaient les dépositaires du gonfalon et les conducteurs de l'infanterie communale. Les plus grands personnages se sont honorés de ce titre : ainsi Charlemagne s'intitulait avoué de Saint-Pierre, et Godefroi de Bouillon, avoué du Saint-Sépulcre.

Ordinairement, l'emploi ou le grade d'avoué était richement rémunéré; l'étendue de ses attributions nécessitait parfois la création d'un sous-avoué. L'institution des avoués avait eu, surtout, pour objet de réprimer les spoliations exercées sur les biens de l'Église par la noblesse; mais on vit souvent les avoués devenir les oppresseurs des ecclésiastiques, et usurper les propriétés qu'ils s'étaient engagés à défendre : c'est ce que témoignent Ducange, Hallam, Muratori, Vaisselte, et c'est ce que prouvent les décisions fulminées contre les avoués par plusieurs conciles.

Vers la fin du treizième siècle, Rodolphe de Habsbourg est choisi comme avoué par les abbayes de Schwitz ; Albert, son fils, hérite de cette avouérie ou advouérie, mais l'abus qu'il fait de ses droits, en prétendant imposer au canton de Schwitz des baillis impériaux, prépare et décide l'émancipation que les Suisses obtiennent sans retour par la bataille de Morgarten, livrée en 1315.

Les avouéries disparurent peu à peu ou se transformèrent en fiefs. Quelques-uns des avoués devinrent vassaux de leurs clients ou se convertirent en vidames.

La qualification d'avoué a eu aussi une signification moins élevée ; il s'est pris comme synonyme de champion : tels étaient les avoués qui combattaient à titre de représentants dans les jugements de Dieu. Gal BARDIN.

AVOUÉS. En France aujourd'hui les avoués sont des officiers ministériels établis près les tribunaux civils de première instance ou les cours d'appel pour représenter les parties et suivre la procédure en leur nom, c'est-à-dire faire tout ce qui est nécessaire à l'instruction du procès, rédiger les actes, remplir les formalités prescrites par la loi et déterminer les divers points sur lesquels le tribunal doit se prononcer. Quand l'instruction est faite et qu'il ne reste plus qu'à développer les moyens, c'est la mission des avocats ; quelquefois cependant les avoués plaident eux-mêmes, notamment dans les demandes incidentes de nature à être jugées sommairement, et quand le nombre des avocats inscrits au tableau est insuffisant pour la plaidoirie et l'expédition des affaires. La loi interdit aux avoués les tribunaux de simple police, les bureaux de paix et de conciliation. Leur ministère devant ces tribunaux correctionnels et devant les cours d'assises n'est admis que lorsqu'il y a partie civile. En revanche, leur ministère est obligatoire et forcé devant les tribunaux civils de première instance et d'appel ; nul ne peut comparaître devant les tribunaux sans se faire représenter par l'un d'eux ; l'avoué doit être désigné dans l'acte même d'assignation, à peine de nullité ; cette désignation s'appelle *constitution d'avoué*. La partie assignée doit aussi de son côté, pour répondre à la demande, constituer un autre avoué ; pour justifier l'intermédiaire de ces officiers, on a fait valoir, entre autres raisons, l'animosité des plaidants venant seuls à la barre et l'ignorance des formes de la procédure dans laquelle pourraient être les mandataires qui seraient chargés de les représenter, si le cercle n'en était pas restreint.

L'art. 1597 du Code Civil défend aux avoués de se rendre cessionnaires des procès, droits et actions litigieux qui sont de la compétence du tribunal dans le ressort duquel ils exercent leurs fonctions, à peine de nullité et des dépens, dommages et intérêts ; ils ne peuvent refuser leur ministère, à moins qu'il ne s'agisse de former des demandes contraires aux lois ou évidemment mal fondées. En cas de refus non motivé, il peut leur être enjoint de le prêter. Tous les avoués sont tenus d'avoir un registre coté et parafé par le président ou par un juge commis, sur lequel ils doivent inscrire eux-mêmes, par ordre de date et sans aucun blanc, toutes les sommes qu'ils reçoivent des parties. Ils doivent représenter ce registre toutes les fois qu'ils en sont requis ; et lorsqu'ils forment des demandes en condamnation de frais, ils ne peuvent réclamer que ce qui leur est alloué par le tarif. Les parties qui trouveraient les réclamations d'honoraires de la part d'un avoué trop élevées peuvent demander son mémoire et le faire taxer par le président du tribunal civil ou par un juge commis à cet effet.

Les avoués sont aujourd'hui ce qu'étaient autrefois les anciens procureurs ; mais ils ne sont pas leurs successeurs immédiats, car pendant le cours de la révolution il n'y avait ni procureurs ni avoués, chaque partie ayant alors le droit de se présenter elle-même ou de se faire représenter par un mandataire dont quelques-uns prenaient le titre d'*hommes de loi*. Les conditions requises pour être avoué sont d'être âgé de vingt-cinq ans et d'être porteur d'un certificat de capacité délivré dans les écoles de droit après deux années d'études ; il faut en outre, pour être avoué de cour d'appel, justifier d'une cléricature de cinq années.

Comme tous les autres officiers ministériels, les avoués sont soumis à la surveillance d'une chambre qu'ils élisent eux-mêmes et qui exerce sur eux le pouvoir disciplinaire ; la suspension ne peut être prononcée que par les tribunaux. Les avoués sont nommés par le chef de l'État, sur la présentation des cours ou tribunaux près lesquels ils doivent exercer, sur la désignation de leur prédécesseur. Ainsi se trouve rétablie depuis 1816 la vénalité des offices, abolie par la révolution de 1789, et malgré le vœu exprimé par tous les cahiers des électeurs de la France à cette époque, qui demandaient *justice prompte, libre et gratuite.*

AVOYÉ ou AVOYER. On appelle de ce nom en Suisse le premier magistrat de quelques cantons et de quelques villes. C'était originairement sans doute la même chose qu'*avoué* (*advocatus*).

AVRANCHES, ville de France, chef-lieu d'arrondissement du département de la Manche, sur la rive gauche de la Séez, peuplée de 7,561 habitants, siège d'un tribunal de première instance avec un collége et une bibliothèque publique d'environ 10,000 vol. On y compte deux imprimeries, des raffineries de sel ; on y fabrique des bougies, des blondes et des dentelles ; la pêche du saumon est une source de revenu pour les habitants d'Avranches, et les environs produisent du beurre d'excellente qualité. Il s'y fait un commerce de grains, cidre et fil.

Du temps des Romains Avranches était le chef-lieu des *Abrincatui* ; on prétend que Chilpéric y fit bâtir un château. En 511 on y établit un évêché, qui compta parmi ses pasteurs le savant Huet, et qui fut supprimé en 1791. Avranches était le boulevard de la Normandie : aussi a-t-elle été souvent assiégée et prise un grand nombre de fois dans les guerres avec les Anglais et dans les troubles de religion.

AVRIGNY (HYACINTHE ROBILLARD D'), né à Caen, en 1675, entra dans la Société de Jésus en 1691, fut nommé procureur d'Alençon, et mourut inconnu, le 24 avril 1719. Il a laissé deux ouvrages, qui, publiés après sa mort, lui ont assuré un rang distingué parmi les historiens du siècle de Louis XIV. Ce sont : 1° les *Mémoires chronologiques et dogmatiques pour servir à l'histoire ecclésiastique depuis 1600 jusqu'en 1716* (Paris, 1720, 4 vol. in-12) ; 2° le *Mémoire pour servir à l'histoire universelle de l'Europe depuis 1600 jusqu'en 1716* (Paris, 1725, 4 vol. in-12 ; 1787, 5 volumes, édition du P. Griffet). Le P. d'Avrigny se distingue par la précision et l'élégance du style, par l'exactitude des dates et l'intérêt qu'il a su répandre avec plus d'art que de fidélité dans ses deux ouvrages. La lecture en est utile et attrayante. Mais l'historien laisse trop souvent paraître le froc de son ordre, soit dans la controverse contre les écrivains de Port-Royal, soit dans l'animosité qu'il manifeste contre les religionnaires. Du reste, dans toutes les questions où le zèle religieux de d'Avrigny se trouve désintéressé, on peut compter sur sa véracité et sa franchise.

AVRIGNY (CHARLES-JOSEPH L'ŒUILLARD D'), né à la Martinique, en 1760, homme de lettres, auteur dramatique. Après s'être fait connaître par quelques poésies légères, il donna en 1788, sous le nom de L'Œuillard, au Théâtre-Italien (depuis théâtre Favart), une comédie en trois actes et en prose, *la Supercherie par amour,* imitée de l'espagnol, qu'il arrangea et fit ensuite jouer en opéra-comique, sur le même théâtre et sous le même titre, en 1794, musique de Jadin ; en 1793, *l'Homme et le Malheur,* drame en deux actes, en société de Parenti. L'année suivante, on donna de lui, en compagnie de Dejaure, *le Négociant de Boston,* comédie en un acte, mêlée d'ariettes également composées par Jadin. Il fut nommé censeur dramatique sous l'Empire, et il l'était encore sous la Restauration lorsqu'on joua de lui, en 1819, une tragédie en cinq actes, *Jeanne d'Arc,* à laquelle nos sentiments nationaux contre l'Angleterre, qu'on accusait alors d'avoir favorisé la Restauration, et que le *libéralisme* de cette époque exploitait ardemment, procurèrent un succès que ne pouvait justifier et soutenir le mérite réel de cet ouvrage de l'école classique, et qui fut, quelques années après, éclipsé par la *Jeanne d'Arc* de Soumet, tragédie jouée à l'Odéon. D'Avrigny s'est distingué dans la poésie sérieuse par la publication successive

de ses *Poésies nationales*, de *Marina* et du *Départ de La Peyrouse*. Il s'est encore fait avantageusement connaître comme prosateur par son *Tableau historique des commencements et des progrès de la puissance britannique dans les Indes*. D'Avrigny est mort à Paris, le 17 septembre 1823.
A. DELAFOREST.

AVRIL. Ce mois, qui est le quatrième de l'année chrétienne, était le second de l'ancienne année romaine, qui commençait par mars avant la réforme de Numa. — Avril, que les Grecs avaient mis sous la protection d'Apollon, était consacré à Vénus chez les Romains ; il ramenait chaque année un grand nombre de fêtes, toutes relatives à la fécondité de la terre. Son nom même, *aprilis*, dérivé d'*aperire*, disait que la terre s'ouvrait alors à de plus douces influences, pour donner l'espérance des moissons et des fruits. Ovide, dans le IVe livre des *Fastes*, rejette cette origine du mot *aprilis*. Il aime mieux en faire honneur à l'écume de la mer, dont Vénus était sortie, selon la mythologie grecque. C'est ainsi que ce poète ingénieux préfère presque toujours un mot galant à la vérité.

Les poètes ont quelquefois désigné le printemps par le mois d'*avril*, comme l'hiver par le mois de *décembre*. Malherbe a dit dans ce sens :

Le centième décembre a les plaines ternies,
Et le centième *avril* les a peintes de fleurs.

AVRIL (Poisson d'). *Voyez* POISSON D'AVRIL.

AVRIL 1834 (Journées d'). Dans les premiers mois de l'année 1834 il régnait en France une fermentation redoutable. Chacun sentait qu'une grande lutte allait s'engager, et le gouvernement vivait dans la plus cruelle inquiétude, sachant qu'il avait dans le parti républicain des ennemis nombreux, aguerris déjà et par l'insurrection qui avait renversé le trône de Charles X, et par celles qui avaient ébranlé le trône de son successeur.

Dans la prévision de prochains combats, les partis faisaient le dénombrement de leurs forces ; mais à vrai dire le parti républicain était seul capable d'oser attaquer le pouvoir à main armée ; les légitimistes, riches ou nobles, n'avaient qu'un bien faible intérêt à renverser le gouvernement nouveau, qui veillait à la conservation de leurs propriétés, respectait leurs titres, et tendait même à s'approprier leurs traditions. Cependant ils le haïssaient profondément, et cette haine suffisait à leur faire ourdir des conspirations où ils apportaient de l'argent, de grandes influences, de grands noms, de l'intrigue, tout enfin, excepté l'audace. Amis du trouble, pourvu qu'il n'allât point jusqu'à mettre leur opulence en danger ; partisans de l'insurrection, pourvu qu'elle dût expirer au seuil de leurs demeures, ils n'avaient qu'un de ces deux stimulants qui font les révolutionnaires, l'intérêt et la passion. Les légitimistes n'étaient donc pas pour le gouvernement de Louis-Philippe les ennemis le plus à craindre en un jour de bataille. Quant aux bonapartistes, ils eussent été puissants au milieu d'une nation qui avait gardé un souvenir si cher de la gloire impériale ; mais les hommes que le parti devait naturellement compter à sa tête se trouvaient ralliés en partie au régime nouveau.

C'était donc le parti républicain que le gouvernement redoutait surtout, et ce parti, du reste, avait une immense force dans les sociétés secrètes. La plus fameuse, la plus redoutable de toutes, était la *Société des Droits de l'Homme*. Son comité commandait dans Paris à cent soixante-trois sections, dont il entretenait l'ardeur par de hardis manifestes. Ce comité avait établi avec les provinces une correspondance suivie, infatigable ; il s'était mis en rapport avec les soldats en garnison à Versailles et à Vincennes ; il avait chargé des commissaires d'arrondissement de faire connaître exactement les ressources dont on pouvait disposer dans les divers quartiers de Paris et sur quels hommes il était permis de compter. Parallèlement à cette société s'agitait celle des *Amis du Peuple*, dont l'origine était antérieure, puis la *Société Gauloise*, et l'*Association pour la défense de la liberté de la presse*, dont Lafayette était le patron. La coexistence de ces sociétés diverses pouvait amener un défaut d'ensemble, parce qu'elles vivaient indépendantes l'une de l'autre, et n'obéissaient pas à la même impulsion ; mais il était vraisemblable que le jour venu, et le signal donné, tous ces éléments d'insurrection se confondraient dans une même bataille.

Dans les départements la situation n'était ni moins menaçante ni moins compliquée. Lyon n'avait pas perdu le ressentiment des tempêtes qui avaient éclaté dans cette ville au mois de novembre 1832. A Perpignan un comité correspondait avec celui qui dirigeait à Paris la *Société pour la défense de la liberté de la presse*. Le parti républicain dominait dans le Jura, et, dirigé par un neveu du général Bachelu, il se montrait tout-puissant dans la ville d'Arbois. A Dijon, à Clermont-Ferrand, à Châlons-sur-Saône, à Saint-Étienne, à Besançon, à Épinal, à Grenoble, les éléments de résistance étaient nombreux. A Lunéville, un maréchal-des-logis-chef au 9e régiment de cuirassiers, du nom de Thomas, avait formé l'audacieux projet de soulever les régiments de cavalerie qui se trouvaient à Lunéville depuis la dissolution du camp de manœuvres formé en 1833.

Les choses étaient en cet état au commencement de l'année 1834, lorsque des circonstances imprévues vinrent hâter le dénoûment de la loi. Les poursuites dirigées contre plusieurs députés de l'extrême gauche, la loi contre les associations, aggravant l'art. 291 du Code Pénal, loi de circonstance qui enlevait au jugement du jury ceux qui l'auraient violée ; la mort du député de l'extrême gauche Dulong, tué en duel par le général Bugeaud, tout cela avait aigri et exaspéré les républicains. Aussi la *Société des Droits de l'Homme* se préparait-elle à répondre par des coups de fusil à l'exécution de la loi, si bien que le 11 mars un député, M. de Ludre, osait dire à la tribune : « La Société des Droits « de l'Homme ne fera pas d'émentes ; mais si elle n'était « pas décidée à attendre que la volonté de la France se ma-« nifeste, le nombre et le courage de ses membres lui per-« mettraient peut-être de livrer une bataille. »

Pendant ce temps, tout remuait à Lyon ; le parti républicain s'y était accru et constitué, il y marchait la tête haute. Par *le Précurseur*, par *la Glaneuse*, il tenait en haleine tous les esprits. Dès l'année précédente un comité destiné à centraliser l'action du parti, sorte de municipalité provisoire en cas de triomphe, avait été formé dans cette ville. Ses membres, connus plus tard, avaient nom Jules Séguin, Lortet, Bertholon, Baune, Charassin, Poujol, Jules Favre, Michel-Ange Perrier, Antide Martin, Rivière cadet. Ce comité, contrarié quelque temps par une forte opposition dissidente, constituée sous le nom de *Société du Progrès*, et dont Ch. Lagrange fut l'âme, créa une Société des Droits de l'Homme, modelée sur celle de Paris, et à dater de ce moment l'influence du parti s'étendit avec une rapidité extraordinaire. On se serait malaisément une idée de la vie brûlante que menait alors la ville de Lyon. A certains jours, des clameurs étranges y montaient dans les airs, et l'on voyait s'entasser sur les places publiques une population menaçante et hâve, espèce de marée mouvante qui semblait prête à tout engloutir. Les soldats étaient épuisés de corvées et de veilles, les cavaliers toujours sur le point de monter à cheval. Tantôt c'étaient des chanteurs dont il fallait étouffer la voix, tantôt c'étaient les crieurs publics qu'on essayait d'arrêter au milieu d'une foule en délire. Dans le mois de janvier l'autorité engagea contre les crieurs une lutte ardente, et l'on vit surtout se tenir sur leurs mesures conseillées par le premier. Protégés par le pouvoir municipal et par la loi, les crieurs publics purent distribuer librement tous les écrits dont la saisie n'avait pas été judiciairement prescrite, et les publications politiques inondèrent la ville.

Telle était la situation, lorsque le *mutuellisme* vint la compliquer en entrant dans l'arène. Le mutuellisme était l'association des ouvriers en soie, chefs d'atelier; elle était purement industrielle, et son origine remontait à 1828. Ses statuts excluaient de la manière la plus formelle toute discussion de choses religieuses et politiques. Fondé d'abord dans un but de mutuelle assistance entre ouvriers, le mutuellisme se divisait en loges de moins de vingt personnes. Onze loges nommant chacune deux délégués formaient ainsi une loge *centrale*; et c'était à un conseil composé des *présidents des centrales* qu'appartenait la direction. L'association voulut faire servir la force qu'elle puisait dans l'union de ses membres à empêcher la décroissance du salaire. Par un funeste et trop fréquent effet de la concurrence, les commandes avaient diminué. La crise était donc devenue imminente : une réduction de vingt-cinq centimes par aune sur le prix des peluches la précipita. Les ouvriers en peluches invoquèrent l'appui de leurs frères des autres catégories ; et alors, obéissant au principe de solidarité, la société mutualiste mit en question la suspension générale des métiers. L'interdit avait été prononcé dans la journée du 12 février : deux jours après, vingt mille métiers avaient cessé de battre à Lyon ! Comment peindre la consternation qui à cette nouvelle régna dans la ville? Ce n'étaient plus partout que visages inquiets ou menaçants. On s'interrogeait du regard avec anxiété. Chaque jour la place des Terreaux et les environs se couvraient de rassemblements, chaque jour les rues étaient sillonnées d'émigrants, car, la frayeur les ayant gagnés, plusieurs fabricants avaient coupé court à leurs affaires, fermé leurs maisons, et se hâtaient vers la campagne, pour y chercher un asile.

Le gouvernement, de son côté, sentant la crise inévitable, préférait la voir éclater à Lyon plutôt qu'à Paris, et il pensait à prendre lui-même l'offensive pendant qu'il avait encore le choix des circonstances, des armes, du terrain, et avant que le parti républicain eût terminé ses préparatifs. Ce que voulait le pouvoir, les mutuellistes et les républicains devaient le craindre; et cependant s'arrêter était impossible. La misère allait croissant, et la fermentation devenait de plus en plus terrible. Le comité, sentant les rênes lui échapper, résolut de réclamer directement l'appui des Parisiens. Albert partit avec la mission de s'entendre avec le comité de Paris, et de ramener à Lyon Godefroi Cavaignac ou Guinard. Il avait aussi pour instructions de n'aller trouver ni Armand Carrel ni Garnier-Pagès : le premier, parce qu'il ne faisait point partie de la *Société des Droits de l'Homme*; le second, parce qu'on le jugeait trop modéré.

Arrivé à Paris, Albert vit les membres du comité de la *Société des Droits de l'Homme*; mais Cavaignac et Guinard étaient retenus à Paris. M. Cabet, consulté dans les bureaux du *Populaire*, se prononçait énergiquement pour une résistance exclusivement légale. M. Garnier-Pagès, qu'Albert n'avait pu s'empêcher de voir, tenait le même langage; de sorte que l'envoyé lyonnais se trouvait fort embarrassé, fort incertain, lorsque Armand Carrel lui fit demander une entrevue. « Si personne, dit Armand Carrel, ne consent à vous accompagner à Lyon, moi, je m'offre. — Y pensez-vous? répondit Albert, accablé de cette proposition inattendue. Quel accueil espérez-vous qu'on vous fasse dans notre ville? Savez-vous bien que je n'ai pu accepter un entretien avec vous qu'en dépassant mes instructions? — Et si j'allais à Lyon, reprit Armand Carrel, avec Godefroi Cavaignac? — A la bonne heure; et voilà bien qu'il en soit ainsi ! » Quelques nuages avaient passé sur l'amitié de Cavaignac et de Carrel. Ils se virent néanmoins, et n'eurent pas de peine à s'entendre. Le voyage fut résolu. On désirait que le général Lafayette en fît partie, à cause de son nom; mais il était alors gravement malade. Il donna des lettres de recommandation, et autorisa les délégués à se présenter comme ses lieutenants. Tout était convenu. Albert devait devancer ses amis, et déjà une chaise de poste l'attendait, quand tout à coup l'on apprit à Paris que la ville de Lyon s'était calmée, et que le conseil exécutif des mutuellistes venait d'ordonner la reprise des travaux.

Ainsi le repos était rentré dans la ville. Malheureusement on y apprit bientôt la loi contre les associations, qui atteignait les sociétés industrielles aussi bien que les sociétés politiques. Tous les corps d'état s'assemblent en tumulte. Les mutuellistes eux-mêmes se décident à repousser la loi par la force, et ils publient une protestation dans l'*Écho de la Fabrique*. La *Société des Droits de l'Homme* pousse un de leurs membres, et l'on forme un *comité d'ensemble*.

On n'avait arrêté aucun ouvrier durant le chômage. Depuis la reprise des travaux, six mutuellistes avaient été jetés en prison. Ils devaient être jugés le 9 avril, et, dans l'esprit de tout le monde, c'était ce jour-là que la bataille devait s'engager. Les sections sont en permanence; le comité d'ensemble, réuni pendant la nuit, a donné pour mot d'ordre *Association, résistance et courage*; il se soumet ensuite volontairement à une réélection, et, définitivement chargé de la responsabilité capitale, il attend le jour décisif.

Ce jour se leva sur une cité devenue un camp. Les troupes ont été disposées de manière à couper la révolte dès le commencement de l'action. Le lieutenant général Aymar est sur la place de Bellecour, le général Fleury à la Croix-Rousse, le général Buchet à l'archevêché, le colonel Dielmann à l'hôtel de ville. Le 7e léger stationne près de la place Saint-Jean, et la cathédrale, qui confine à cette place, regorge de soldats. Il est dix heures et demie environ. Un moment couverte de monde, la place Saint-Jean est subitement devenue déserte. Le peuple reflue dans les rues circonvoisines, et quelques enfants s'y essayent à former des barricades. Dans l'intérieur du tribunal, en face des mutuellistes arrêtés, les juges sont sur leurs sièges, ne prêtant qu'une oreille distraite à la plaidoirie de Me Jules Favre. Tout à coup une détonation retentit; dans la cour du tribunal on apporte un homme couvert de sang. « C'est, dit-on, un insurgé « qu'un gendarme vient de tuer faisant une barricade. » Et l'on s'empresse autour du blessé. Mais sous ses vêtements entr'ouverts on aperçoit une ceinture d'agent de police. Ce malheureux se nommait Faivre, et il ne tarda pas à rendre l'âme. Ainsi c'était du sein des troupes qu'était parti le premier coup de feu, et c'était la police qui fournissait la première victime!

Le signal venait d'être donné. Les soldats du 7e s'élancent sur la place. Refoulés dans les rues adjacentes, les ouvriers s'y entassent en fuyant : ceux-ci cherchent à regagner leurs quartiers, ceux-là s'arrêtent au détour des rues pour les fermer par des barricades; d'autres, dans l'indécision de leur colère, courent çà et là, éperdus et muets. Lyon est déjà en pleine guerre civile. Animées par un courant électrique, les troupes font feu de toutes parts. Le canon gronde sur la place Louis-le-Grand. La mitraille couvre le pavé d'hommes, femmes, enfants. Les communications étant coupées par les soldats, la plupart des combattants se trouvent isolés et dans l'impuissance de se réunir. Le désordre est immense; beaucoup de chefs sont absents, et le découragement est dans tous les cœurs. Et toutefois, dans cette confusion effroyable, on est parvenu à créer à la hâte six centres d'action. La fusillade continue; on se bat sur divers points. Sur le pont du Change, barricadé, l'insurrection fait reculer quatre compagnies. Dans la rue Saint-Pierre-le-Vieux, les troupes font sauter une maison d'où l'on tirait sur elles. La Préfecture, menacée par un grand corps d'insurgés, est dégagée rapidement, et les soldats refoulent l'insurrection. Au passage de l'Argue les républicains font volte-face. Ils soutiennent quelque temps le choc. Mais une pièce de canon chargée à mitraille s'avance. Le coup part. Les vitraux sont criblés, les lustres réduits en poussière, les magasins enfoncés. Le passage ainsi rendu libre, les soldats s'y élancent. Au bout de la galerie, une barricade a été élevée : elle est défendue avec acharnement. Enfin, les insurgés sont repoussés ! La journée touche à sa fin. Le silence est descendu sur la ville, silence morne et presque plus effrayant que le tumulte.

Le lendemain, 10 avril, les premières heures du jour furent assez calmes ; mais, une fois commencée, la lutte devint furieuse. L'artillerie grondait sur Lyon comme sur un champ de bataille ; les obus volaient sur divers points, lançant au hasard l'incendie. Et ce jour-là néanmoins l'insurrection gagna du terrain. Serpentant sur les hauteurs dont la Saône baigne le penchant, elle les couronna, et bientôt, éclatant partout à la fois, elle enveloppa la ville. Le faubourg de Vaise s'était ébranlé déjà, et des soldats disciplinaires, se soulevant, agrandissaient la révolte commencée. La caserne des Bernardines opposait son front menaçant, inébranlable, aux fortifications mouvantes dont la Croix-Rousse se hérissait de toutes parts. De son côté, la Guillotière était parcourue et tenue en haleine par des bandes d'insurgés. Le tocsin sonnait aux Cordeliers et à Saint-Nizier. Le drapeau noir flottait sur l'église de Saint-Polycarpe et sur l'hôpital des Fous. Alors ce fut un affreux spectacle. Des pétards font sauter les maisons dont les fenêtres sont garnies d'insurgés. C'est à coups de canon qu'on attaque les barricades, qu'on les renverse. Les bombes pleuvent sur le faubourg de la Guillotière. Au cœur de la ville, même désolation. Ici, le collège prend feu, et, deux fois éteint par les élèves, l'incendie se rallume dans le combat. Là, aux environs de l'hôtel de Ville, soldats et insurgés se poursuivent à coups de fusil sur le faîte glissant des maisons. Plus loin, deux pavillons du pont Lafayette, un moment au pouvoir de l'insurrection, vont s'écrouler sous les boulets, tandis qu'atteint par un obus, un bateau de foin descend tout en flammes du haut de la Saône, et va se heurter au pont de Chazourne, dont il consume trois arches.

Et toutefois l'armée se montre aussi prudente qu'implacable. L'ordre a été donné aux soldats d'éviter les quartiers sinueux, de ne s'avancer que pas à pas, en laissant toujours entre eux et les révoltés la longueur d'une rue, et en opposant barricade à barricade. Sur un point seulement, l'insurrection occupait une position favorable ; c'était au centre de la ville, sur la place des Cordeliers. Les républicains s'étaient emparés de l'église, ils en avaient fait leur quartier général, et, l'environnant de barricades, ils en rendaient les approches mortelles. Là commandait Lagrange ; Carrier et Gauthier étaient à la Croix-Rousse, Reverchon à Vaise, Despinasse à la Guillotière. Cependant la lutte continue, laissant la victoire incertaine, et multipliant, d'heure en heure, les désastres. Une interruption si prolongée des relations de chaque jour est venue ajouter des angoisses nouvelles à la détresse permanente du peuple, et dans quelques quartiers reculés des citoyens s'en vont faisant des quêtes et criant d'une voix lamentable : « Du pain pour les pauvres ouvriers! » Dans le voisinage des troupes, tout est désert. La circulation a été interdite d'une manière absolue : mesure extrême, qui fait de chaque passant un rebelle, et quiconque franchit le seuil de sa porte devient un point de mire pour les soldats.

Il y eut des points cependant où, retenues prisonnières par les troupes qui bivouaquaient dans les rues, des femmes d'insurgés furent traitées non-seulement avec égards, mais avec générosité, et partagèrent le pain du soldat. Un insurgé venait de tirer à bout portant sur un officier ; il le manque, se découvre la poitrine et dit : « A ton tour! » Alors, par une admirable inspiration de générosité : « Je n'ai pas cou-

tume de tirer de si près sur un homme sans défense, répond l'officier ; va-t'en. » Néanmoins, la dévastation de Lyon suivait son cours ; l'armée foudroyait la ville comme si chaque maison eût été une forteresse occupée par des milliers d'ennemis. Or, les insurgés en armes, trop convaincus de leur impuissance, étaient les premiers à s'étonner de la prolongation de la lutte. L'insurrection, d'ailleurs, flottait au gré du hasard, la direction ayant échappé aux mains de ceux qui étaient naturellement appelés à en supporter le fardeau, et la dispersion du comité des *Droits de l'Homme* étant complète. Baune attendait dans les cachots de l'hôtel de ville ce qu'il plairait à ses ennemis de décider de son sort. Quant à Albert, séparé des siens, lui aussi, et trop connu pour se montrer à Lyon impunément, il avait d'abord cherché refuge chez un de ses amis, dans la maison même qu'habitait M. Chégaray, procureur général ; puis, déguisé en prêtre, et des pistolets sous sa robe d'emprunt, il s'était risqué dans la ville.

Ainsi, pour éteindre l'insurrection le soir du 10 avril il suffisait en quelque sorte de souffler sur elle. Et cependant, chose remarquable! l'autorité militaire mit en délibération et résolut l'évacuation de la cité. Mais l'autorité civile connaissait trop bien par ses agents le secret de la situation pour ne pas faire révoquer l'ordre, déjà donné, de la retraite, et il fut décidé que l'armée continuerait à camper dans les rues et sur les places publiques.

Pour la seconde fois depuis le commencement des troubles, la nuit venait de suspendre les hostilités. Le temps était triste et chargé de neige. Autour de grands feux, les soldats veillaient. Lyon était plongé dans un silence sans repos et qu'interrompaient seulement, d'intervalle en intervalle, quelques coups de fusil tirés dans le lointain. Tout à coup parmi les troupes postées dans le quartier Saint-Jean le bruit circule qu'on va passer de l'autre côté de la Saône, et que les chefs jugent indispensable la concentration de leurs forces. Le quartier Saint-Jean était habité par plusieurs fonctionnaires, et, entre autres, par M. Duplan, homme modéré, qui dans l'exercice d'un ministère rigoureux avait su s'attirer jusqu'à l'estime de ses adversaires. Averti pendant la nuit qu'on allait abandonner le quartier Saint-Jean et que l'heure était venue de se mettre en sûreté, il court à la Préfecture, moins effrayé que surpris. Il y trouve, étendu tout habillé sur un matelas, le général Buchet ; il lui témoigne son étonnement, et, à force de représentations, à force d'instances, il obtient que l'ordre de passer la Saône sera révoqué.

Le 11 la lutte s'était ranimée avec les mêmes circonstances et le même caractère. Mais le 12 il devint tout à fait manifeste que pour dominer la ville l'armée n'avait plus qu'à le vouloir. Alors seulement on se décide à un vigoureux effort, et tandis qu'on occupe la Guillotière, qui n'était pas défendue, le faubourg de Vaise, qui ne l'était guère davantage, est impétueusement envahi. Il ne restait plus qu'à emporter le quartier des Cordeliers. Deux compagnies, soutenues par du canon, attaquent les barricades, et, après une lutte acharnée, les enlèvent. Les insurgés occupaient encore l'église des Cordeliers : les portes s'ébranlent, elles sont enfoncées... Bientôt des flaques de sang couvrent les dalles du temple, et l'on y compte onze cadavres. Le jour suivant les derniers débris de l'insurrection disparaissaient des hauteurs, et une proclamation en informait les habitants.

Pendant le mouvement de Lyon s'éteignait, une insurrection militaire se préparait à Lunéville. Enlever les trois régiments de cavalerie en garnison dans cette ville, courir le sabre à la main sur Nancy et sur Metz, y soulever le peuple au cri de *Vive la république !* et pousser droit à Paris en faisant rouler devant soi le flot sans cesse grossissant des populations et des troupes révoltées, tel était le dessein qu'avaient formé les sous-officiers Thomas, Bernard,

20.

Tricotel, de Regnier, Lapotaire, Birth, Caillé, Stiller. Le 12 avril, jour où la guerre civile brûlait à Lyon ses dernières amorces, tout était disposé à Lunéville pour l'exécution du complot. Mais le gouvernement avait été mis sur la trace : il avait obtenu des révélations. Thomas fut mandé chez le général Gusler, et, au lieu de le faire arrêter comme conspirateur, on se contenta de lui adresser quelques remontrances. Convaincu que ces ménagements cachaient un piége, Thomas résolut de précipiter le dénoûment. Le 16 avril il se réunit à ses deux camarades Bernard et Tricotel. Aussitôt un mouvement inaccoutumé agite les quartiers des trois régiments ; le bruit se répand qu'on va se diriger sur Paris. Avertis de se tenir prêts à monter à cheval, les soldats font leurs porte-manteaux, s'approvisionnent d'eau-de-vie et achètent des pierres à feu. En même temps, par les soins de Thomas et de Bernard, tous les sous-officiers ont été invités à se rendre au Champ-de-Mars après l'appel. A huit heures du soir maréchaux-des-logis-chefs, maréchaux-des-logis, fourriers, s'acheminaient mystérieusement vers le rendez-vous convenu, marchant dans les rues par groupes de trois ou quatre. Bientôt, dans une grande carrière de sable située à l'extrémité du Champ-de-Mars, ils se trouvèrent réunis au nombre d'environ quatre-vingts. Thomas les fit ranger par régiment, et, prenant la parole, il leur exposa les motifs et le plan du complot. On se sépare en disant : A minuit ! Mais quelle est la surprise des sous-officiers, lorsqu'en rentrant dans leurs quartiers, ils aperçoivent les officiers en armes et des piquets qui de toutes parts se rassemblent, commandés par des capitaines ! Plus de doute : l'autorité a été instruite du complot. En effet, plusieurs sous-officiers furent arrêtés et dirigés sur Nancy. L'insurrection était étouffée dans son berceau.

D'autres agitations, sur divers points de la France, furent le contre-coup de la guerre lyonnaise. A Saint-Étienne, à Grenoble, à Clermont-Ferrand, à Vienne, à Châlons-sur-Saône, à Marseille, à Arbois surtout, il y eut des troubles, des menaces, des soulèvements avortés. Il est temps de dire quelle était au milieu de cet ébranlement universel la situation de Paris.

Après avoir raconté les événements de Lyon, le *Moniteur* disait dans son numéro du 12 avril : « A quatre heures « mercredi 9 l'action était finie. » Le même jour M. Thiers s'écriait à la tribune que le général Aymar occupait à Lyon une position *inexpugnable*; ce qui supposait que l'insurrection avait l'offensive. Ce mot fit frémir l'assemblée. Averti des résultats de la séance, le comité des *Droits de l'Homme* croit de son honneur de ne point reculer et de venir en aide aux Lyonnais par une diversion puissante. On rédige à la hâte une proclamation ; mais le journal la *Tribune* n'existait plus, il avait été violemment supprimé par M. Thiers : il fallut donc porter la proclamation au *National*, qui n'osa point la publier. Le gouvernement, très-bien instruit des projets d'une société dont les séances avaient un caractère public, n'eut qu'à faire opérer un certain nombre d'arrestations pour paralyser le mouvement.

Cependant, l'ordre avait été donné à plusieurs sectionnaires de descendre sur la place publique, d'y rester un instant dans une attitude prudente, puis de disparaître. Il ne s'agit pas, leur avait-on dit, de commencer l'attaque ; il s'agit de répandre dans l'air une agitation qui indique quelles sont les dispositions du peuple. Cet ordre fut mal compris ou mal exécuté. Le dimanche 13, dans les rues Beaubourg, Geoffroy-l'Angevin, Aubry-le-Boucher, aux Ours, Maubuée, Transnonain, Grenier-Saint-Lazare, des barricades furent construites par une poignée d'hommes exaltés. Du reste, partout le bruit de l'appareil des armes, le monotone retentissement du rappel, les promenades circonspectes des patrouilles, et les cavaliers courant par la ville, porteurs de messages redoutés : car le gouvernement n'avait pas été pris au dépourvu : c'était avec une armée de près de 40,000 hommes, avec le secours de la garde nationale de la banlieue convoquée, avec 36 pièces de canon braquées dans différents quartiers, que les généraux Tourton, Bugeaud, de Rumigny et de Lascours se disposaient à soutenir le combat. L'attaque commença vers sept heures du soir. Mais la lutte fut courte. A neuf heures le feu s'éteignait, et l'on remettait au jour suivant la prise, désormais inévitable, des barricades qui coupaient encore les rues Transnonain, Beaubourg et Montmorency.

En ce moment le comité des *Droits de l'Homme* n'existait plus de fait, la plupart des chefs étaient arrêtés ; l'ordre du combat, donné par ceux qui restaient libres, ne put parvenir aux sections, les commissaires d'arrondissement qui devaient le transmettre se trouvant pris ou dispersés. Le pouvoir vainquit sans peine l'émeute désorganisée, et le 14 au matin il fit balayer à la course l'inutile amas de pierres qui obstruait quelques rues de la capitale. Et plût à Dieu que rien n'eût souillé l'ivresse de ce facile triomphe ! Mais non : il était dit que la maison n° 12 de la rue Transnonain serait le théâtre de scènes plus terribles encore que celles du faubourg de Vaise ! Hâtons-nous de reconnaître d'ailleurs que parmi les soldats employés à cette rigoureuse mise en pratique des lois de la guerre, il y en eut qui, par les plus nobles inspirations de la générosité, s'étudièrent à atténuer dans l'exécution ce que leurs ordres avaient d'impitoyable.

Le 15 avril M. Persil, garde des sceaux, présenta au vote de la chambre des députés une loi contre les détenteurs d'armes de guerre. Le même jour une ordonnance transforma la chambre des pairs en cour de justice. Le gouvernement liait à l'idée d'un vaste complot tous les mouvements enfantés par le mois d'avril ; faute immense, et qui mettait parfaitement en relief la médiocrité des hommes placés à la tête des affaires ! Car en réunissant avec solennité devant la chambre des pairs constituée en cour de justice tant de prévenus, qui disséminés dans les divers tribunaux du royaume pouvaient être jugés à petit bruit, on leur donnait une importance sans égale, et des cendres de la guerre civile, remuées d'une main imprudente, on s'exposait à faire jaillir des calamités nouvelles. Le pouvoir, cependant, n'oublia pas que certains ménagements lui étaient commandés par la politique. M. Voyer d'Argenson, par exemple, dut à sa haute position et à ses brillantes alliances de n'être pas impliqué dans un complot dont on rejetait la responsabilité sur un grand nombre de ses amis. La condamnation aux frais devant être solidaire, il en était lieu de craindre qu'elle n'engloutît la fortune de M. Voyer d'Argenson. Or, il avait pour gendre M. de Lascours, pair de France, qui ne voulait pas frapper dans la fortune de son beau-père. Ce fut aussi pour s'épargner l'embarras de faire descendre sur un banc d'accusés Lafayette, qu'on s'empressa de mettre hors de cause les membres les plus compromis de l'*Association pour la liberté de la presse*.

Malgré les protestations d'un de ses membres, M. Dubouchage, la chambre des pairs proclama sa compétence, et le 6 février 1835 cent trente-deux de ses collègues signèrent l'arrêt de mise en accusation. Cet arrêt déclarait connexes tous les faits qui s'étaient passés à Lyon, à Paris, à Marseille, à Saint-Étienne, à Besançon, à Arbois, à Châlons, à Épinal, à Lunéville et dans l'Isère. Sur ces entrefaites, les accusés parisiens résolurent de convoquer dans la capitale, des divers points de la France, les hommes qu'ils croyaient les plus capables par leurs talents ou leurs antécédents de représenter le parti républicain. Puis, comme il importait d'éviter les dissidences qu'aurait pu amener le rapprochement de tant de personnalités diverses, un comité fut chargé de donner à la défense générale un caractère d'unité et d'ensemble.

Cependant le jour décisif approchait. Les accusés de Lyon et ceux de Lunéville avaient été transférés à Paris. Le gouvernement n'ignorait pas dans quel champ clos les républicains prétendaient l'attirer. Aussi, le 20 mars 1835, M. Pasquier, président de la cour des pairs, décida-t-il que des avocats d'office seraient imposés aux accusés. Les accusés protestèrent énergiquement, et écrivirent aux avocats nommés d'office par M. Pasquier. Ceux ci ayant unanimement résolu de ne point obtempérer à sa réquisition, le *Moniteur* publia, le 30 mars, une ordonnance qui investissait la cour des pairs et son président, à l'égard des avocats, de tous les pouvoirs qui appartiennent aux cours d'assises et aux présidents de ces cours. Les accusés écrivirent au barreau de Paris, et le conseil de l'ordre, convoqué extraordinairement, rédigea une délibération qui se terminait ainsi : « Le conseil, procédant par forme de simple avis, estime que le parti le plus convenable à prendre par les avocats est de s'assurer des dispositions des accusés, et, en cas de refus, d'écrire à M. le président de la cour des pairs qu'ils se seraient empressés d'accepter la mission qui leur a été déférée, mais que la résolution des accusés leur fait un devoir de s'abstenir. » — Suivaient les signatures, parmi lesquelles on remarquait celles de MM. Philippe Dupin, *bâtonnier*; Mauguin, Hennequin, Berryer, Lavaux, Delangle, Marie, Chaix-d'Est-Ange, Duvergier, Paillet, Odilon Barrot. Le même jour, le barreau rouennais délibérait une protestation signée de M. Senard, bâtonnier, laquelle ne différait de celle qui précède qu'en ce que les conclusions en étaient plus précises encore et les termes plus énergiques. Tous les barreaux de France imitèrent cet exemple.

Cependant les accusés de diverses catégories étaient divisés sur la question de la défense. Les Parisiens et les sous-officiers de Lunéville voulaient qu'on laissât aux pairs de France le rôle d'interdire à des accusés le choix de leurs défenseurs; ils voulaient ne répondre que par le silence. Les Lyonnais, au contraire, désiraient vivement que le grand jour éclairât l'histoire de l'insurrection lyonnaise. Pour que l'on pût se concerter, il fallait, avant tout, que l'on pût se voir. Les Parisiens demandèrent que l'on transférât à Sainte-Pélagie, où ils étaient eux-mêmes détenus, leurs camarades de Lunéville, renfermés à l'Abbaye, et leurs camarades de Lyon, déposés à la Conciergerie. Cette demande fut repoussée. Les prévenus de Paris adressèrent alors au procureur général une lettre où leurs griefs étaient résumés. Une entrevue d'un jour entre les deux comités de défense de Paris et de Lyon fut tout ce que les accusés purent obtinrent. Elle eut lieu à Sainte-Pélagie, le 18 avril (1835), et les dissentiments que nous venons de signaler s'y produisirent avec éclat. Enfin il fut arrêté que les prisonniers se conformeraient unanimement à ce qui aurait été décidé dans la réunion des défenseurs. Ceux-ci, dont les journaux venaient de publier les noms, se réunirent pour résoudre la difficulté. L'immense majorité fut d'avis qu'on ne devait pas accepter un débat où la défense n'était pas entièrement libre. L'opinion contraire fut soutenue par MM. Ledru-Rollin, Saint-Romme et Jules Favre. Il ne restait plus qu'à envoyer des commissaires aux accusés de Lyon pour leur apprendre le résultat de la délibération des défenseurs. L'assemblée chargea de cette mission M. Jules Favre et deux de ses adversaires : MM. Michel (de Bourges) et Dupont.

On était arrivé au 5 mai, jour fixé pour l'ouverture des débats. La permission d'assister aux débats avait été refusée aux parents des accusés. Les troupes étaient consignées dans les casernes. A une heure un quart, les accusés furent introduits, et les gardes municipaux se répandirent dans la salle. A deux heures, le président Pasquier entrait, à son tour, suivi des pairs. Les officiers du parquet étaient MM. Martin (du Nord), procureur général, Franck-Carré, Plougoulm, Chégaray, de la Tournelle. Cent soixante-quatre pairs étaient présents; il y en eut quatre-vingt-six qui ne répondirent pas à l'appel, et parmi ces derniers, les maréchaux Maison, Grouchy, Gérard, les marquis de Castellane et de Dreux-Brézé, le comte Exelmans. Les accusés étaient au nombre de cent vingt et un : quatre-vingts des départements et quarante et un de Paris.

M. Pasquier ayant procédé à l'interrogatoire, les Lyonnais répondirent, les Parisiens refusèrent. A trois heures, la séance fut suspendue, la cour s'étant retirée dans la chambre du conseil pour y délibérer sur la question de savoir si l'on admettrait comme défenseurs treize citoyens dont M. Maillefer venait de soumettre les noms au président. C'étaient MM. Voyer-d'Argenson, Audry de Puyraveau, le général Tarayre, La Mennais, Trélat, Raspail, Carnot, Carrel, Bouchotte, Pierre Leroux, Reynaud, Frédéric Degeorge et de Cormenin. A cinq heures la cour rentrait en séance, et M. Pasquier prononçait un arrêt qui repoussait les défenseurs proposés, sous prétexte qu'ils n'étaient inscrits au tableau ni comme avoués ni comme avocats. Les défenseurs choisis par les prévenus publièrent le lendemain une protestation énergique.

Cette fermentation des esprits faisait prévoir des résistances terribles : elles éclatèrent dans l'audience du 6 mai. Godefroi Cavaignac avait réclamé la parole pour protester contre l'arrêt de la veille. On la lui refuse. Aussitôt, d'un mouvement spontané, les accusés se lèvent, et, l'œil en feu, le bras étendu : « Parlez, Cavaignac, s'écrient-ils, parlez ! » Les gardes municipaux sont debout, ils reçoivent l'ordre d'avancer. Les cris redoublent. Le président se consulte avec le grand référendaire, avec M. de Bastard, vice-président ; puis il annonce à la cour qu'il faut qu'elle se retire pour délibérer. A ces mots, les pairs se précipitent vers la salle du conseil. Alors au tumulte succède le plus profond silence. Au dehors, les troupes sont sous les armes. Après quatre heures d'attente solennelle, la cour rentre en séance. Des conclusions sont prises contre Cavaignac, et la garde municipale entraîne les accusés.

Le lendemain même tempête, et plus violente encore. Un avocat, M. Crivelli, demande à récuser les pairs qui se sont chargés de l'instruction. Les accusés l'interrompent. Il faut les faire descendre dans les salles d'attente pendant que la cour rédige l'arrêt par lequel les conclusions de M° Crivelli sont repoussées. Les accusés ne tardent pas à être ramenés et l'arrêt prononcé. Alors M. Cauchy, secrétaire archiviste, commence la lecture de l'acte d'accusation. Aucune parole humaine ne peut rendre la physionomie que présente dans cet instant l'assemblée. Ainsi que la veille, tous les accusés se sont levés en masse, et tous ils crient : Nos défenseurs ! nos défenseurs ! Le colonel de la garde municipale, M. Feisthamel, donne des ordres menaçants. Le président fait de vains efforts pour cacher son émotion. Les officiers du parquet lui adressent, de leurs sièges, des exhortations qui se perdent dans le tumulte. Le désordre est parmi les pairs. Les sténographes ont cessé d'écrire; et, du haut des tribunes, les spectateurs suivent, d'un regard inquiet et le corps penché, la marche de ce drame étrange. Tout à coup, le procureur général, M. Martin (du Nord), se lève, de son côté, au nom des prévenus, pour lire une protestation. Les deux voix montent ensemble. Le ministère public en est venu à demander le jugement sur pièces.

Que l'attitude des prévenus tendît à rendre le procès absolument impossible, il n'y a pas le moindre doute à cet égard; cependant la cour hésita à porter la main sur les armes qu'on lui tendait. Les conclusions de M. Martin (du Nord) furent vivement combattues dans la chambre du conseil. Leur adoption eût été le signal de la retraite de plus de trente pairs. Et toutefois, par un arrêt qui était un acheminement à la condamnation sur pièces, on décida qu'en cas de tumulte les accusés pourraient être amenés devant la cour séparément, et que l'acte d'accusation ayant été personnellement signifié à chacun d'eux, on pourrait le lire, même en l'absence de ceux qui se seraient fait exclure de l'audience. Ce fut alors que MM. de Talhouet et de Noailles cessèrent de participer au procès.

Dans l'audience du 9, la lecture de l'acte d'accusation ayant été interrompue, on fit sortir de la salle tous les prévenus, et l'on n'en ramena que vingt-neuf, de la catégorie de Lyon, qu'on supposait moins fermes dans leurs projets; mais, à l'égard de l'un d'eux, M. Lagrange, on s'était singulièrement trompé. M. Pasquier lui ayant refusé la parole, « Je la prends ! » s'écria-t-il avec une impétuosité extraordinaire. « Oui, nous protestons devant la parodie de vos réquisitoires, comme nous l'avons fait devant la mitraille. Nous protestons sans crainte, en hommes fidèles à leurs serments, et dont la conduite vous condamne, vous qui en avez tant prêté et tant trahis ! » Sur l'ordre du président, plusieurs gardes municipaux entourent, saisissent l'accusé. Mais lui, dans un état d'exaltation croissante : « A votre aise, messieurs, condamnez-nous sans nous entendre; envoyez à la mort, sans avoir pas de défenseurs, les soutiens de cent cinquante familles d'hommes du peuple : moi, je vous condamne à vivre, car notre sang ne lavera pas les stigmates gravés sur vos fronts par le sang du brave des braves. » Et pressé par les gardes, il reculait, les yeux toujours fixés sur ses juges. Il sortit enfin, et la lecture de l'acte d'accusation put être reprise.

Dans les audiences qui suivirent, jusqu'au jour où cette lecture fut achevée, le tumulte ne se reproduisit qu'une fois. Mais dès le 13 mai il ne restait plus sur les bancs que vingt-trois prévenus, et l'on devait naturellement s'attendre à voir recommencer la crise aussitôt qu'on aborderait les débats. Un incident imprévu vint compliquer encore ce procès.

Le parti républicain, pour venir en aide aux accusés et alléger leurs souffrances physiques, avait ouvert dans ses rangs une souscription qui produisit 20,000 francs, somme distribuée immédiatement entre les prévenus les moins aisés. A cette occasion les défenseurs signèrent une lettre d'encouragement adressée par eux aux accusés, et dont la rédaction avait été entreprise par M. Michel (de Bourges). Les journaux les plus hardis du parti républicain, la *Tribune* et le *Réformateur*, insérèrent cette lettre, au bas de laquelle figuraient cent neuf signatures, et entre autres celles de deux membres de la Chambre des Députés siégeant à l'extrême gauche, MM. Audry de Puyraveau et de Cormenin. Les termes en étaient tellement hardis que le lendemain, un pair, M. de Montebello, vint la dénoncer à la cour et appeler formellement les rigueurs de la justice sur les signataires.

Il fallait l'autorisation de la chambre élective pour poursuivre ces deux membres. Appelés à donner des explications à leurs collègues, ils déclarèrent, l'un, M. de Cormenin, que sa signature avait été apposée d'office; l'autre, M. Audry de Puyraveau, qu'il refusait de répondre. L'autorisation de poursuivre ce dernier fut donc seule accordée. Mais en assumant la responsabilité de la lettre incriminée, en déclarant qu'ils s'étaient crus autorisés à y ajouter les signatures de leurs collègues sans les consulter, MM. Michel (de Bourges) et Trélat simplifièrent la tâche de la cour des pairs, qui n'eut plus dès lors à juger que les deux auteurs du délit et les journaux leurs complices. Ils furent tous condamnés à dix mille francs d'amende. Les ardents du parti reprochèrent vivement à MM. Michel (de Bourges) et Trélat leur généreux dévouement, et les accusèrent d'avoir rapetissé la cause de l'opinion républicaine et de l'avoir en ceci réduite à n'avoir pas eu les honneurs d'une lutte qu'on se fût efforcé de rendre aussi dramatique que possible.

Cet incident, qui occupa longtemps les passions du dehors, une fois vidé, la cour des pairs rentra dans le procès principal avec une résolution qu'elle ne s'était point connue jus-

qu'alors. On profita de la présence de ceux des accusés lyonnais qui acceptaient les débats, et les témoins furent entendus. Ce fut une source nouvelle de récriminations incroyables. Cependant la liste des prévenus dociles se trouvant épuisée, l'heure vint de dompter les prévenus rebelles. Comment retracer les moyens employés pour faire paraître les prisonniers à l'audience? Les gardes couraient les appréhender dans leurs cabanons, passant bien vite de la sommation à l'injure et de l'injure à la violence; puis, on se prenait corps à corps, et quand, épuisé de fatigue, accablé par le nombre, le prisonnier n'avait plus à opposer qu'une résistance inerte, saisi par les pieds, il était traîné impitoyablement le long des escaliers de son cachot. Brutalité stérile! En présence de la cour, l'accusé se redressait fier de ses meurtrissures, fier de la poussière sanglante dont ses vêtements étaient souillés; et alors, ce n'était plus qu'accès de colère et clameurs sauvages. Ne faisons pas à l'humanité cette injure de croire qu'un semblable système de coërcition laissât les pairs indifférents. Ils s'en affligeaient pour la plupart, c'est certain; mais une nécessité inéluctable pesait sur eux. La cour des pairs eut des inspirations louables, elle eut de prudents retours; mais cela même tourna contre elle. En vain s'arma-t-elle de patience pour écouter jusqu'au bout des discours qui lui prodiguaient l'insulte, en vain M. Pasquier poussa-t-il maintes fois jusqu'à la condescendance les égards dus au malheur, rien ne put calmer l'exaspération des accusés. La cour des pairs n'avait pas voulu la défense libre, elle était conduite à la souffrir injurieuse.

Pendant ce temps, d'étranges et secrets préparatifs se faisaient dans l'intérieur de Sainte-Pélagie, prison assignée aux accusés parisiens. Dans la partie de la prison appelée *bâtiment de la Dette*, et à peu de distance de l'escalier qui conduisait aux cabanons des détenus, il y avait un caveau faisant face à la porte de la cour, dont il n'était séparé que par un très-petit corridor. Quelques détenus, entre autres MM. Guinard, Cavaignac, Armand Marrast, avaient remarqué ce caveau; ils le jugèrent propre à une évasion, et se procurèrent aussitôt le moyen d'y pénétrer. La sœur d'un détenu apporta sous sa robe les instruments qu'exigeait le percement du caveau, et les travaux commencèrent. Pour parer au danger des indiscrétions, les premiers artisans du projet s'étaient abstenus de mettre dans la confidence le plus grand nombre de leurs camarades. Un succès inespéré couronna l'entreprise. Pendant que les uns travaillaient dans le caveau, à la lueur d'une lampe toujours prête à s'éteindre, les autres faisaient sentinelle au dehors, habiles à détourner l'attention de leurs co-détenus et à déjouer par mille ruses diverses la surveillance des gardiens. L'activité qu'ils y déployèrent fut prodigieuse. Au bout de quelques jours, la besogne se trouvait terminée : la route mystérieuse avait gagné sous la prison de façon à en dépasser les limites, et il n'y avait plus qu'une croûte de terre peu épaisse entre les détenus de Sainte-Pélagie et la liberté. Mais ils s'étaient imposé la loi de rester captifs tant que l'espoir de combattre fructueusement par la parole ne leur serait pas enlevé. L'évasion fut donc ajournée et le caveau tenu en réserve.

Mais la pairie ne tarda point à dégager les prisonniers de leurs scrupules. Les débats relatifs aux accusés lyonnais touchaient à leur fin. Quelque incomplète que fût l'instruction du complot, la poursuive devenait impossible. On allait, par conséquent, aborder une nouvelle phase de la procédure, et une question grave se présentait : fallait-il commencer l'interrogatoire des accusés de Paris, de Lunéville, de Châlons-sur-Saône, de Saint-Étienne, de Marseille, d'Arbois, d'Épinal? ou bien devait-on, les réquisitoires et les plaidoiries entendus, procéder d'une manière immédiate au jugement des accusés de Lyon? Malgré les protestations de M. Baune, parlant au nom de tous ses camarades, la cour des pairs passa outre, et, sur les conclusions du procureur général, M. Martin (du Nord), elle rendit, le 11 juillet 1835, un arrêt qui, prononçant la disjonction des causes, ordonnait qu'il fût immédiatement procédé aux plaidoiries et jugement en ce qui concernait les accusés de la catégorie de Lyon. La mesure était comblée : M. Molé se retira, ainsi que les marquis d'Aux et de Crillon.

L'arrêt de disjonction devait avoir des résultats faciles à deviner. En séparant les causes, la cour des pairs se donnait le temps de reprendre haleine ; elle amortissait la fougue de l'opinion ; elle jetait le découragement parmi les prévenus ; elle ôtait enfin à leur résistance ce caractère d'ensemble qui seul pouvait la rendre imposante. Les détenus de Sainte-Pélagie ne s'y trompèrent pas, et, désormais convaincus qu'on ne leur laisserait pas même le bénéfice moral de leur courage, ceux d'entre eux qui avaient tout préparé pour une évasion ne songèrent plus qu'à la liberté. L'exécution est fixée au 12 juillet, dans la soirée, et l'on se livre avec ardeur aux préparatifs. Les complices du dehors ont déjà reçu leurs instructions. Pour désarmer la défiance du directeur, on lui adresse plusieurs demandes qui supposent la prolongation du séjour des prisonniers à Sainte-Pélagie, et M. Armand Marrast, qui avait coutume de prendre un bain chaque soir, commande son bain pour dix heures, comme à l'ordinaire. A la nuit tombante, toutes les dispositions étaient prises. M. Dornez avait envoyé le produit des souscriptions à répartir entre les détenus ; les voitures destinées à les recueillir à la sortie de la prison commençaient à filer le long de Sainte-Pélagie. M. Armand Barbès s'acheminait, donnant le bras à la femme d'un détenu, vers la maison Vatrin, où il importait de prendre position, sous un prétexte quelconque ; enfin MM. Étienne Arago, Klein et Fulgence Girard se trouvaient installés dans un appartement situé en face de la chambre de M. Guinard, auquel ils devaient apprendre, par des signes convenus, si les rues voisines étaient sûres et les patrouilles absentes. De son côté , pour indiquer aux auxiliaires du complot que tout allait bien à l'intérieur, M. Guinard devait se promener devant une lampe, puis l'élever en l'air quand il aurait lui-même à descendre dans le caveau.

Huit heures sonnèrent à l'horloge de la prison. Aussitôt les meneurs vont à ceux de leurs camarades qui ne sont pas dans le secret, disant à chacun : « Veux-tu être libre ? « Voici de l'argent. Au caveau! » Quelques-uns, reponssèrent l'offre. La plupart l'accueillirent avec une joie pleine de stupeur. Et tandis qu'ils se hâtaient, un à un, vers le rendez-vous mystérieux, un petit groupe, pour donner le change aux gardiens, se formait à l'entrée de la chambre de M. Armand Marrast, devant laquelle il était d'usage que les prisonniers vinssent en masse, chaque soir, écouter la lecture du Messager. C'en est fait : les fugitifs sont réunis dans le caveau. Ils se mettent à ramper, l'un après l'autre, dans la voie sombre, étroite, étouffante, qui doit les conduire à la lumière. Bientôt des coups de sifflet, venus du dehors,leur apprennent qu'ils touchent à un heureux dénoûment. Sortir de l'enclos de Sainte-Pélagie, monter en voiture, se disperser, disparaître, tout cela fut pour les républicains l'affaire d'un moment. Ils étaient sauvés!

A cette nouvelle, grande fut la surprise de la police. La presse, qui s'intéressait vivement aux prisonniers, accabla les ministres des manifestations de sa joie railleuse ; et les agents de police, humiliés, appesantirent le poids de leurs colère sur les détenus qui avaient refusé de suivre leurs compagnons, tels que MM. Kersausie, Beaumont, Sauriac, Hubin de Guer. Ils avaient eu pour refuser la liberté offerte des motifs respectables, quoique empreints d'exagération. Ils avaient pensé qu'ils devaient au parti, qu'ils se devaient à eux-mêmes de déshonorer, à force de constance, la persécution dont ils étaient victimes. D'ailleurs, ils ne pouvaient se persuader que la police eût ignoré jusqu'à la fin les préparatifs de l'évasion, et ils ne voyaient dans cette né-

gligence, suivant eux calculée, qu'un moyen d'alléger à la pairie le fardeau de sa tâche judiciaire. Cette opinion trouva beaucoup d'adhésions dans le public.

Mais la cour des pairs ne tarda pas à montrer que pour s'épargner les embarras elle n'avait nul besoin de secours. Se fondant sur la résistance opiniâtre des accusés lyonnais, M. Martin (du Nord) ayant conclu à ce qu'on les ingérât sur pièces, s'il le fallait : la cour des pairs n'hésita pas cette fois à faire droit à ses conclusions.

La procédure une fois simplifiée de la sorte, l'affaire fut rapidement terminée. MM. Martin (du Nord), Chégaray, de la Tournelle, ayant tour à tour développé la thèse présentée dans l'acte d'accusation, les avocats adverses prirent successivement la parole, chacun pour son client.

Ce fut le 13 août (1835) que la cour des pairs rendit, en l'absence des prévenus, l'arrêt général relatif aux accusés de Lyon. Sept furent condamnés à la déportation, deux à vingt ans de détention, trois à quinze ans, neuf à dix, quatre à sept, dix-neuf à cinq, tous à la surveillance de la haute police pour leur vie, trois à trois ans d'emprisonnement et cinq ans de surveillance, deux à un an d'emprisonnement et cinq ans de surveillance, un à un an d'emprisonnement et deux ans de surveillance. L'arrêt qui frappa les huit sous-officiers de Lunéville ne fut prononcé que vers le commencement du mois de décembre. Leur attitude avait été pleine de dignité. Un fut condamné à la déportation, un à vingt ans de détention, deux à dix ans de détention, trois à cinq ans de la même peine, tous à la surveillance pour toute leur vie, deux à trois ans d'emprisonnement et cinq ans de surveillance. Vinrent ensuite les catégories de Lyon, de Saint-Étienne, d'Arbois, de Marseille, de Grenoble, de Châlons, de Paris, qui ne fournirent que douze acquittements sur un nombre considérable de condamnations. Des prévenus de Saint-Étienne, Grenoble, Marseille, Arbois, Besançon, etc., un fut condamné à vingt ans de détention, un à dix, deux à cinq, et tous à la surveillance pour leur vie ; deux à trois ans d'emprisonnement, deux à un an et tous quatre à cinq ans de surveillance. Des prévenus de Paris, deux furent condamnés à la déportation, deux à dix ans de détention et à la surveillance pour toute la vie, un à cinq ans de prison, quatre à trois ans, quatre à un an, et tous à cinq ans de surveillance. Par contumace furent condamnés huit à la déportation, quatre à quinze ans de détention, huit à dix, sept à cinq, et tous à la surveillance pour toute leur vie.

Dans la dernière phase du procès, les accusés s'étaient montrés, en général, fort calmes. Cependant MM. Caussidière, Kersausie et Beaumont firent revivre des scènes dont le souvenir était resté palpitant.

Le procès d'avril fut pour le parti républicain que la révolution de Juillet avait engendré une défaite éclatante, mais non pas décisive. Ludwig Weiss.

AWAL ou AOUAL. Voyez BAHREIN.
AWATSCHA. Voyez PETROPAWLOWSK.
AX. Voyez ARIÉGE.
AXE (de ἄξων, essieu , pivot). Ce mot est employé en mécanique, en astronomie, en géométrie , en physique, en architecture, en minéralogie, en botanique, en zoologie, en tératologie, etc. ; cependant en passant d'une science dans une autre le sens primitif du mot axe n'a subi que de légères altérations, et il nous est facile de retrouver les analogies qui ont amené le langage à se contenter d'une seule expression pour représenter tant de choses diverses.

Dans les machines à rotation , et c'est là sans doute qu'il a été d'abord employé, le mot axe désigne la ligne droite, réelle ou idéale, autour de laquelle le système tourne. C'est par extension que dans les arts mécaniques on a donné le nom d'axe ou arbre au cylindre ou prisme autour duquel une machine exécute un mouvement gyratoire, comme l'axe du treuil, celui du cabestan , les essieux des roues, etc.

312 AXE — AXIOME

Les axes jouent un grand rôle dans la mécanique rationnelle; leur considération a amené la découverte de plusieurs théorèmes importants; citons seulement celui d'Euler : « Quelle que soit la forme d'un corps solide, il y a trois axes perpendiculaires entre eux et dépendants de cette forme, autour desquels le corps peut tourner sans que ces axes changent de position dans l'espace; et si le même corps a éprouvé des impulsions qui le fassent tourner autour d'un autre système de trois axes, ceux-ci seront perpétuellement mobiles dans l'espace, sans pouvoir jamais arriver à la position des *axes principaux*. » Ces trois axes reçoivent en effet le nom d'*axes principaux de rotation*.

Si on applique aux phénomènes célestes la définition du mot *axe* en mécanique, on donnera également ce nom aux lignes autour desquelles la terre et les autres corps du système solaire exécutent leur rotation. On voit immédiatement que l'*axe de la terre* est un de ses trois axes principaux : s'il en était autrement, les pôles ne seraient plus des points fixes, et les latitudes et longitudes éprouveraient de continuelles variations. L'*axe terrestre* est incliné sur l'écliptique de 66° 32'; cette inclinaison varie avec l'obliquité de l'écliptique dont elle est le complément; ainsi l'axe terrestre ne se meut pas tout à fait parallèlement à lui-même. Voyez NUTATION.

En géométrie, une droite est dite *axe d'une surface*, lorsque cette surface peut être considérée comme engendrée par la révolution d'une ligne autour de cette droite : ainsi, dans le cône droit à base circulaire, l'axe n'est autre chose que la droite qui joint le sommet au centre de la base; dans le cylindre droit à bases circulaires, c'est la droite qui joint les centres des deux bases; dans la sphère, un diamètre quelconque peut être regardé comme axe. En généralisant, on a aussi appelé *axe* la droite qui joint le sommet d'une pyramide régulière au centre de sa base, celle qui réunit les centres des bases d'un prisme régulier, puis encore la droite menée du sommet d'un cône quelconque au centre de sa base, la ligne des centres des bases d'un cylindre quelconque, etc., quoiqu'on ne puisse plus supposer ces pyramides, ces prismes, ces cônes, ces cylindres, etc., engendrés par la révolution d'une surface autour de l'axe.

Les *axes des surfaces planes* partagent celles-ci en parties égales. Dans les sections coniques, l'ellipse a un *grand axe* et un *petit axe*; l'hyperbole a également deux axes, qui prennent les noms de *premier axe* ou *axe transverse* (celui qui passe par les deux foyers), et de *second axe* ou *axe non transverse*; la parabole n'a qu'un axe, qui est infini. On détermine ces axes en cherchant les diamètres perpendiculaires à leurs ordonnées.

La géométrie analytique appelle *axes* le système de coordonnées auquel on rapporte les points d'une ligne ou d'une surface pour en établir l'équation : c'est ainsi que l'on dit l'*axe des abscisses* et l'*axe des ordonnées* (voyez COORDONNÉES). Ces axes sont rectangulaires ou obliques, et il existe des formules pour passer d'un système à un autre. Dans la géométrie de l'espace, les coordonnées se comptent sur trois axes partant d'une origine commune.

La physique se sert du mot *axe* dans plusieurs de ses branches. En optique et en cristallographie, il offre le même sens qu'en géométrie : ainsi l'*axe visuel* ou *axe de l'œil* est la droite qu'on mènerait à travers la pupille sous la condition d'être à la fois normale ou perpendiculaire aux deux faces du cristallin; l'*axe d'un cristal*, celui d'une *lentille* sont les axes des figures géométriques dont le cristal ou cette lentille représentent une partie ou la totalité. Les cristaux doués de la double réfraction présentent en outre un ou deux *axes optiques* (voyez RÉFRACTION). Enfin l'*axe d'un aimant* est la droite qui joint ses pôles. Voyez AIMANT.

Dans tout ce qui précède l'axe a toujours été une ligne droite. Il n'en est plus de même dans l'architecture; cet art établit une distinction entre l'*axe droit* ou *cathète*, qui dans une colonne est l'axe du cylindre dont elle affecte la forme, et l'*axe spiral*, qui est un axe tourné en vis dont on se sert pour tracer les circonvolutions d'une colonne torse.

Cette dernière acception nous sert d'intermédiaire pour passer de la définition géométrique de l'axe à celle qui convient aux sciences biologiques. Dans celles-ci, M. Isidore Geoffroy Saint-Hilaire donne le nom d'axe à *toute ligne autour de laquelle se coordonnent les parties analogues d'un être*; l'axe géométrique n'est qu'un cas particulier de cette définition générale. Le savant naturaliste établit une classification des axes des animaux, classification qui les divise en binaires, radiaires et hétéromorphes. C'est principalement, en tératologie, dans l'étude des axes et des épines chez les êtres anomaux, que nous voudrions suivre les ingénieux développements de M. Isidore Geoffroy Saint-Hilaire; nous ne pouvons que renvoyer le lecteur à son *Histoire générale des Anomalies*.

E. MERLIEUX.

AXEL. Voyez ABSALON.

AXILLAIRE (*axillaris*, de *axilla*, aisselle, qui appartient à l'aisselle). On nomme ainsi en botanique les fleurs ou les feuilles qui se trouvent attachées au point intérieur de l'angle formé par le rameau et la tige, ou par la feuille et le rameau.

En anatomie il y a des artères, des veines, des nerfs et des glandes axillaires. L'*artère axillaire* fait suite à la sous-clavière; elle est située sur la partie latérale supérieure de la poitrine et dans le creux de l'aisselle, commençant entre les deux muscles scalènes, et de là se dirigeant obliquement, en bas et en dehors, jusqu'à la partie inférieure du creux de l'aisselle, où commence l'artère brachiale. La *veine axillaire* reçoit les branches qui correspondent aux divisions de l'artère du même nom, et, de plus, deux grosses veines, la céphalique et la basilique. Le *nerf axillaire* ou *circonflexe*, nommé aussi par Chaussier *scapulo-huméral*, provient de la partie postérieure du plexus brachial. Les *glandes axillaires* sont les ganglions lymphatiques, qui occupent le creux de l'aisselle; leur volume est considérable et leur nombre variable. On les trouve au milieu du tissu cellulaire de l'aisselle, autour des vaisseaux axillaires et de leurs branches. Ils reçoivent les vaisseaux lymphatiques des membres supérieurs et une partie de ceux de la poitrine.

AXINITE (du grec ἀξίνη, hache). Ce nom a été donné par Haüy au *schorl violet*, qu'on appelait aussi autrefois *yanolithe*, substance vitreuse, violette ou verte, qui raye le verre, est rayée par la topaze, et est fusible au chalumeau par un feu soutenu. Sa cristallisation, qui présente des facettes en biseau, assez semblables, par conséquent, au tranchant d'une hache, lui a fait donner ce nom d'*axinite*. Ce minéral, qui se trouve en petits dépôts entre les fissures tertiaires de l'Isère, en France, aux Pyrénées, les Alpes, l'Atlas, les monts Alleghanis, et qui est très-commun dans le département de l'Isère, est un composé de silicate d'alumine, de chaux et d'oxyde de fer et de manganèse, mélangés d'une petite proportion d'acide borique et de quelques particules de magnésie. L'axinite affecte tantôt la couleur verdâtre, qu'elle paraît devoir au manganèse, tantôt la couleur violette, produite par la présence du fer.

AXINOMANCIE (du grec ἀξίνη, hache; μαντεία, divination). Sorte de divination au moyen d'une hache. On plaçait cet instrument dans un équilibre parfait sur un pieu rond. Ensuite on citait, et l'on prononçait les noms de ceux que l'on soupçonnait d'un crime. Si lors de la prononciation d'un de ces noms la hache tombait, on croyait qu'elle désignait par là le coupable.

AXIOME. On appelle ainsi en mathématiques une proposition qui exprime des rapports qu'on aperçoit avec une entière évidence. Telles sont ces propositions : L'*entier est plus grand que la partie; l'entier est égal à la* somme de toutes ses parties; deux choses égales à une troisième sont égales entre elles.

Dans le sens étendu, l'*axiome* renferme une vérité incontestable et manifeste par elle-même, comme sont les propositions suivantes : *Ce qui est est; une même chose ne peut être en même temps et n'être pas.*

Considérant ce mot relativement aux arts de l'esprit, toutes les connaissances, soit physiques, soit morales, ont chacune leurs *axiomes* particuliers, dont les uns sont fondés sur des vérités de fait, les autres sur des vérités de convention. A cet égard les *axiomes* sont des formules où sont énoncés des points fondamentaux. Les *axiomes* sont en quelque sorte les résumés d'une science ; ce sont des bases sur lesquelles reposent différentes parties d'un édifice; ce sont des principes qui dominent les discussions et en régissent les conséquences obligées; car, suivant l'*axiome* de logique, qui veut le principe veut les conséquences.

AXIOMÈTRE. On appelle ainsi un petit appareil disposé de manière à indiquer constamment la position de la barre du gouvernail, dans les bâtiments qui gouvernent à la roue.

AXIS (*Anatomie*). C'est le nom qu'on donne à la seconde vertèbre du cou, parce qu'elle forme une sorte de pivot, sur lequel roulent tout à la fois la première vertèbre et la tête.

AXIS (*Zoologie*). *Voyez* Cerf.

AXONGE (du latin *axis*, axe, et *ungere*, oindre). La graisse solide de l'épiploon du porc est ainsi nommée, parce qu'elle sert à graisser les essieux des roues. Sous le nom de *saindoux* les pauvres gens l'emploient comme comestible. L'axonge entre dans les onguents et les pommades des pharmaciens et des parfumeurs. La fabrication des savons et la préparation des cuirs font une grande consommation de cette graisse, que dans certains pays on utilise aussi pour l'éclairage. On tire l'axonge du tissu cellulaire qui revêt les organes abdominaux du porc; on la fait fondre au bain-marie pour isoler les matières étrangères. Elle est alors blanche, douce, inodore, et se compose de 62 parties d'oléine et 38 de margarine. *Voyez* Graisse.

AXUM ou **AXOUM**, jadis la capitale d'un royaume éthiopien du même nom, dans l'État abyssinien appelé aujourd'hui Tigré, à l'ouest d'Adowa, est maintenant complétement en ruines, du milieu desquelles cependant s'élève encore la nouvelle église principale de l'Abyssinie, construite en 1657, dans un assez bon style. Des monuments taillés dans le roc vif témoignent encore de son ancienne splendeur, par exemple le trône royal, deux groupes de trente obélisques (le nombre en était autrefois de 55) bien sculptés, mais où ne se trouve aucune espèce d'hiéroglyphes; enfin la célèbre inscription d'Axum, rédigée en langue grecque, où l'on voit que vers l'an 333 de notre ère Aizanes, roi d'Axum, célèbre une victoire au milieu du dénombrement de ses possessions, et consacre à cette occasion des statues à Arès. On voit par ces monuments que le royaume d'Axum, qui s'éleva sur les débris de celui de Méroé dans les deux siècles qui précédèrent et suivirent immédiatement la venue de Jésus-Christ, s'étendait sur l'Abyssinie, sur les contrées qui l'avoisinent à l'ouest de la mer Rouge, sur les provinces d'Yémen et de Saba, et qu'il était parvenu à la domination de la mer Rouge. Ce qui avait fait son importance politique, c'est qu'il indiquait au sud la limite où s'était arrêtée la puissance conquérante des Romains, de même que celle où était venue se briser la puissance des Parthes quand ils avaient envahi l'Arabie. Il y eut même un temps où les empereurs de Byzance payèrent tribut aux rois d'Axum. C'est encore ainsi qu'Axum était au sud le point extrême où la civilisation grecque fût parvenue après avoir traversé l'Égypte, et de telle sorte que la langue grecque y était devenue celle de la cour et des prêtres.

Sous le règne de ce roi Aizanes dont il a été mention plus haut, et qui dans l'inscription précitée fait acte de paganisme, Frumentius et Ædésius, les deux apôtres de l'Abyssinie, y vinrent prêcher l'Évangile, et un grand nombre de prêtres chrétiens y émigrèrent d'Égypte. La religion nouvelle se répandit rapidement dans le pays. Frumentius fut le premier évêque d'Axum, et on construisit en son honneur la ville de Fremona. Les nombreuses églises en pierre qu'aujourd'hui encore on rencontre disséminées sur toute la surface de l'Abyssinie, dont l'architecture fut l'œuvre de prêtres égyptiens, et dont quelques-unes présentent les proportions les plus imposantes, datent de cette époque, de même que les couvents et les ermitages les plus célèbres de l'Abyssinie.

Le royaume d'Axum faisait par A du l é un commerce des plus actifs avec l'Arabie et l'Inde; il fut le dernier rempart du christianisme, et à ce titre, à partir surtout du sixième siècle, protégea les chrétiens en Arabie, où il se trouva l'antagoniste naturel du mahométisme. Les luttes qu'il engagea contre cette nouvelle religion furent la cause de sa ruine. Les rois d'Axum perdirent successivement toutes leurs possessions en Arabie avec le littoral entier de la mer Rouge et du golfe d'Aden. Toutes communications entre eux et le reste du monde se trouvèrent dès lors coupées, et des guerres incessantes ne firent que les affaiblir davantage, jusqu'au moment où les discordes intestines auxquelles le royaume était en proie finirent par en amener la complète dissolution.

AY. *Voyez* Aï.

AYACUCHO, l'un des onze départements dont se compose la république du Pérou dans l'Amérique du Sud, est situé entre les Cordillères orientales et occidentales des Andes, et compte une population de 160,000 habitants, sur une superficie de 565 myriamètres carrés. Il a pour chef-lieu *Guamanga*, avec une population de 25,000 âmes. Ce département emprunte sa dénomination à la plaine d'*Ayacucho*, d'une superficie de 55 kilomètres carrés, située au nord de la province, bornée à l'est par le Condor-Cangui, montagne abrupte, et à l'ouest par la grande route de Luna à Guamanga. Cette plaine est célèbre par la sanglante bataille qui y fut livrée le 9 décembre 1824, et dans laquelle le général Sucre remporta sur le vice-roi espagnol La Serna une victoire complète, qui décida de l'indépendance du Pérou. Bolivar décerna à cette occasion au vainqueur le titre de *grand maréchal d'Ayacucho.* Les Espagnols désignent cette localité sous le nom de *Puerta de los Muertos* (la Fondrière des Morts).

Depuis cette époque on a appelé *Ayacuchos* en Espagne les généraux en activité qui avaient été précédemment employés en Amérique; et cette qualification a passé à la faction politique dont ils sont devenus les chefs. Sous la régence d'Espartero on traitait d'*Ayacuchos*, ou encore d'*Anglo-Ayacuchos*, les hommes appartenant à son parti militaire, parti qu'appuyait l'Angleterre.

AYALA (Lopez de), chancelier de Castille, florissait pendant la seconde moitié du quatorzième siècle. Il est l'auteur de la célèbre Chronique de Pedro, ou Pierre le Cruel, que l'Espagne oppose avec un juste orgueil à notre Froissard, contemporain d'Ayala et son rival. Le biographe de Pierre le Cruel, comme la plupart des grands historiens de l'antiquité, n'a raconté que des choses qu'il a vues. Écrivain, homme d'État et guerrier, il s'est trouvé aux deux grandes batailles où, sous le règne de Pierre, s'est jouée la possession du trône de Castille entre lui et son frère et rival Henri de Transtamare, roi depuis, sous le nom de Henri II. Aussi dans cette lutte sanglante, où il fallait prendre un parti, ne doit-on pas attendre du chroniqueur une grande impartialité : il combat pour son Henri II de la plume et de l'épée, et, avocat impitoyable, il traduit devant le tribunal de l'histoire, avec une passion effrayante de fidélité, tous les crimes de son adversaire. La fortune a prononcé contre Pierre le Cruel; mais, fût-il mort sur le trône, l'histoire eût porté contre lui la même sentence. Les chroniqueurs étrangers, et Froissard surtout, qui a raconté en détail toute cette guerre, française autant qu'espagnole, sont d'accord sur ce point avec le chroniqueur castillan. Aussi la critique doit-elle faire justice de la fable absurde qui veut que la chronique d'Ayala soit complétement faussée par la haine et l'esprit de parti, et que la vérité réside seule dans une chronique manuscrite de Juan de Castro, évêque de Jaen, chronique portée en Angleterre à l'infante Constanza, fille de Pierre le Cruel, et qui serait passée plus tard aux mains de l'historiographe Carvajal, sans que jamais personne ait entendu parler depuis ni d'elle ni de son auteur.

Quant à la Chronique d'Ayala, on est frappé, en la lisant, de cette manière ferme et candide à la fois de présenter les faits, sans réflexions, sans commentaires, mais de façon néanmoins à faire naître dans l'esprit du lecteur cette pensée muette que l'auteur indique sans l'exprimer; espèce de partialité d'autant plus dangereuse qu'elle est plus cachée, et qu'on se méfie moins de l'historien, qui raconte sans conclure, et amène le blâme sans le prononcer lui-même.

Ayala, après avoir occupé les hautes fonctions de chancelier à la cour de Henri II, mourut en laissant après lui une mémoire honorée, et son nom est resté celui d'une des premières familles de la Castille. ROSSEEUW-SAINT-HILAIRE.

AYA-PANA (*eupatorium ayapana*), plante du Brésil, dont toutes les parties sont aromatiques et légèrement stimulantes. Sa tige est droite, très-rameuse, d'un brun foncé, haute d'un mètre et de la grosseur d'une plume à écrire; ses feuilles, presque sessiles, lancéolées, très-entières et relevées de trois nervures, sont opposées dans la partie inférieure de la tige et des rameaux, et alternes dans la partie supérieure; ses fleurs, d'un pourpre vif, sont disposées en corymbes terminaux. Cette plante croît au Brésil, et paraît douée de propriétés sudorifiques.

L'aya-pana, dont les feuilles fournissent une infusion qui se rapproche du thé, a passé autrefois pour une véritable panacée, complétement dédaignée aujourd'hui. D'après Cadet-Gassicourt, l'aya-pana renferme de l'acide gallique et un peu d'acide benzoïque.

AYE-AYE. *Voyez* CHEIROMYS.

AYÉCHA, aussi nommée par les Arabes *Nabijah Choumeirah*, ce qui veut dire *la prophétesse rousse*, à cause de la couleur de ses cheveux, était fille d'Abou-Bekr, et fut la troisième femme de Mahomet, qui l'épousa après sa fuite de la Mecque, en reconnaissance du service qu'il avait reçu de son père en cette occasion. Ce fut celle de ses femmes pour laquelle Mahomet eut le plus de tendresse. Il la fit instruire dans toutes les sciences cultivées alors parmi les Arabes, et ses progrès y furent rapides. Elle apprit la jurisprudence, l'éloquence, la musique et tous les arts qui pouvaient rehausser l'éclat de ses charmes. Cependant elle ne demeura point à l'abri de mauvais propos qui eussent pu faire douter de sa vertu; mais Mahomet, qui savait à quoi s'en tenir à cet égard, ou que peut-être sa passion aveuglait, composa le 24º chapitre de son Koran exprès pour l'absoudre de toutes les accusations répandues par la malignité publique, déclarant au nom de Dieu qu'à l'avenir toute parole prononcée pour attaquer l'honneur d'Ayécha serait une calomnie digne de châtiments éternels. Ce fut dans ses bras qu'expira le prophète.

Après la mort de Mahomet, sa veuve, Ayécha, se déclara contre le parti d'Ali, le combattit les armes à la main, et fit bande à famille. Elle devint pour les musulmans l'objet d'un profond respect, et reçut d'eux le titre de prophétesse et de mère des fidèles. Il arrivait fréquemment qu'on la consultât sur l'interprétation à donner à quelques passages obscurs du Koran, et toujours ses décisions, accueillies comme autant de lois, étaient inscrites dans la *Sounnah*. Elle survécut de quarante-huit ans au fondateur de l'islamisme, et mourut à l'âge de soixante-sept ans, l'an 678, sous le khalifat de Moaviah. Ses restes reposent à Médine.

AYEN (Ducs d'). *Voyez* NOAILLES.

AYLANTE, genre d'arbres comprenant quatre espèces, dont trois sont originaires de l'Inde et des Moluques, et la quatrième de la Chine et du Japon. Cette dernière espèce, qui porte aussi les noms de *vernis de la Chine*, *vernis du Japon*, *faux vernis*, est un arbre forestier, naturalisé en France, où on le voit dans tous les parcs et jardins, dont il est l'un des ornements par ses feuilles composées, ses fleurs nombreuses et en grappes, la force de son tronc et la majesté de son port. Acclimaté en Europe depuis longtemps, et employé avec succès depuis un demi-siècle, comme les peupliers, pour les plantations d'alignement, l'aylante du Japon doit désormais faire partie des plantations forestières dans tous les sols, où il ne peut manquer de prospérer et de se maintenir, ayant la propriété, plus marquée en lui qu'en aucun arbre de haute stature, de repousser sur racines quand il a été abattu et surtout coupé entre deux terres, selon le procédé moderne de coupe des bois.

L'aylante de la Chine s'élève de vingt à vingt-cinq mètres de hauteur, sur une tige toujours droite. Indépendamment de l'emploi qu'on peut en faire pour les bâtiments et comme bois de foyer, il est recherché par les menuisiers et les tourneurs. Ayant été longtemps sans produire de graines parmi nous, on multipliait cet arbre exotique par boutures, marcottes, et par les jets qui s'élevaient naturellement de ses racines, ou par ces racines elles-mêmes, découpées et cassées par fragments de dix à quinze centimètres, plantées, ou pour mieux dire semés; mais, actuellement qu'il produit facilement des graines, on le multiplie par elles, et ce procédé, conforme à la nature, est le plus facile et le meilleur. C. TOLLARD aîné.

AYMON (Les quatre fils), *Renaud*, *Guichard* ou *Guiscard*, *Adélare* ou *Alard* et *Richard* ou *Richardet*. L'histoire du moyen âge offre peu de guerriers dont la renommée soit devenue aussi populaire que celle de ces quatre frères, possédant en commun, suivant la légende, un seul cheval, devenu célèbre sous le nom de Bayard. Ils étaient fils d'*Aymon*, ou *Aymont* (en langue d'Oc *Almont*), duc de Dordogne selon les uns, prince des Ardennes suivant les autres, Saxon d'origine, qui, d'après une troisième version, aurait obtenu de Charlemagne le gouvernement de la province dont Alby était la capitale. Froissard raconte sérieusement l'histoire de ces personnages, auxquels, à moins d'un excès de foi, rare à notre époque, les modernes ne sauraient accorder qu'une existence toute poétique. C'est une parcelle détachée du cycle carlovingien avec ses douze pairs, ses chevaliers de la Table Ronde, ses grands coups de lance et d'épée, ses enchantements, ses royaumes fabuleux et ses monarques introuvables, grand fonds de merveilleux sur lequel a vécu toute l'épopée romanesque italienne des quinzième et seizième siècles.

Enfin Arioste donna à ces ombres fugitives un corps, une existence, une immortalité poétique dans son *Roland furieux*, où le premier fils d'Aymon, Renaud, qu'il appelle *Renaud de Montauban*, parce qu'il a commandé pendant plusieurs années cette place forte, joue certainement le plus beau rôle. En même temps il nous fait faire connaissance avec sa sœur Bradamante, fille du duc Aymon, et de Béatrix, qui eût pu compter, dit-il, Priam, roi de Troie, parmi ses ancêtres, et dont il fait descendre le duc de Ferrare, auquel il dédie ses vers, et Anne de Bretagne, femme de Louis XII, roi de France.

Généralement on regarde la fable des quatre fils d'Aymon comme d'origine bordelaise ou provençale. Il est certain toutefois que l'original français, intitulé *les Quatre Fils Aymon*, *Renaud de Montauban*, *la Conquête de Trébisonde par Renaud*, *leur cousin Maugis d'Aigremont*, etc., a été imprimé pour la première fois en 1493. On en trouve un extrait dans la *Bibliothèque des Romans*. Cependant rien ne prouve que ce livre soit l'unique source où l'on ait puisé plus tard. Du moins, quant au livre populaire allemand publié à Berlin par Tieck sous le titre de *Belle et divertissante histoire des quatre fils Aymon et de leur cheval Bayard, avec faits et gestes héroïques qu'ils accomplirent contre les païens au temps de Charlemagne*; il est incontestable que l'auteur s'est plutôt inspiré de la *Chronique des quatre Fils Aymon*, représentés tous les quatre juchés à la suite l'un de l'autre sur le robuste cheval Bayard, chronique imprimée en gros caractères, sur papier brouillard, pour les foires de village, à Anvers, en 1619, et qu'on rencontre encore aujourd'hui dans quelques chaumières perdues de la Belgique et de la Hollande.

En définitive, peut-être serait-on fondé, jusqu'à un certain point, à admettre l'hypothèse qui assigne pour source unique aux deux légendes écrites sur ce mythe une tradition orale beaucoup plus ancienne, qui aurait été le fonds commun où la poésie populaire aurait puisé sous la forme de ballade, de tenson, etc., des récits que les conteurs du Nord et du Midi auraient ensuite développés chacun à sa manière et d'où émaneraient la version française d'une part, la version néerlando-germanique de l'autre.

De la première, qu'on attribue à Huon de Villeneuve, M. Brès a publié en 1829 à Paris une nouvelle édition, d'où il a soigneusement fait disparaître les nombreuses modifications et additions, les fréquents anachronismes introduits maladroitement dans l'œuvre par d'inhabiles éditeurs, trop pressés de se soumettre aux changements survenus dans la langue. Il a de plus enrichi son livre d'un tableau généalogique de la famille des fils d'Aymon, dont le chef fut Bernard de Clermont.

AYOUBITES. Voyez EYOUBIDES.

AYR. Voyez ECOSSE.

AYRER (JACOB), après Hans Sachs, le plus fécond et le plus important des poëtes dramatiques allemands du seizième siècle. Il règne beaucoup d'obscurité sur les circonstances de sa vie. Il était vraisemblablement originaire de Franconie, et établit d'abord à Nuremberg avec de faibles ressources un commerce de féronnerie. Plus tard il alla, dit-on, se fixer à Bamberg, où c'est là qu'il se fit un renom comme écrivain. Ce qu'il y a de certain, c'est qu'en 1594 il était bourgeois et procureur au tribunal de Nuremberg, contraint qu'il avait été par des discussions religieuses de revenir dans cette ville; plus tard encore il y remplit les fonctions de notaire impérial; enfin il y mourut, en l'an 1605. Quelques-unes de ses comédies parurent imprimées de son vivant; mais ce furent ses héritiers seulement qui en publièrent une partie, réunie sous le titre de : *Opus theatricum*, ou *Trente Comédies et Tragédies merveilleusement belles*, etc., avec *trente-six autres belles, joyeuses et amusantes farces de carnaval* (Nuremberg, 1618, in-fol.). La préface annonce la publication prochaine d'une seconde partie, contenant quarante comédies et tragédies; mais cette seconde partie n'a jamais vu le jour. Ayrer emprunte les sujets de ses drames à l'histoire, aux traditions populaires, aux légendes. Tite-Live, Plaute, le *Heldenbuch*, Frischlin, Boccace, des chroniques, des livres populaires de tous les domaines contemporains sont les sources auxquelles il puise. Comme poëte comique, c'est l'écrivain de cette époque qui approche le plus de Hans Sachs. Chez lui aussi le dialogue dégénère trop souvent en bavardage; mais il est cependant plus régulier. Ses tragédies ne sont que des histoires dialoguées sans véritable unité d'action, de temps ni de lieu, et où le grave et le plaisant se mêlent et se confondent arbitrairement. Il est impossible d'y méconnaître, notamment dans celle de ses pièces qui est intitulée *Petinozeria*, comme aussi dans les œuvres de ses contemporains, l'influence du vieux répertoire du théâtre anglais, que des comédiens anglais nomades avaient fait connaître vers ce temps en Allemagne. On ne saurait toutefois refuser à Ayrer un certain talent dramatique, dans la comédie surtout; et il ne laisse pas quelquefois que de réussir à bien dessiner un caractère. Son style pur et nerveux l'emporte de beaucoup, par sa facilité et son naturel, sur celui de ses devanciers. Une circonstance curieuse, c'est que beaucoup de ses farces de carnaval, sorte de pièces dans lesquelles il est demeuré bien inférieur à Hans Sachs sous le rapport de la gaieté et de l'esprit, se rapprochent du vaudeville, tant par leur versification toute particulière que par la forme lyrique de leurs strophes, toutes d'égale longueur, quoique coupées inégalement en phrases dialoguées, qu'on chantait sur des airs populaires, et beaucoup sur la même mélodie. Dans son *Théâtre Allemand* Tieck a compris cinq pièces d'Ayrer.

AYUNTAMIENTO. C'est le nom qu'on donne en Espagne au pouvoir municipal dans les villes. Produit des anciennes institutions romaines, et consolidés pendant les longues luttes contre les Maures, les *ayuntamientos* acquirent bientôt une influence considérable et une puissance politique d'autant plus grande que la noblesse faisait cause commune avec eux. Quoique la révolte de Juan de Padilla, en 1521, eût détruit cette importance, et que plus tard, sous les Bourbons, les derniers débris des franchises municipales eussent complètement disparu, les souvenirs en restèrent toujours vivants dans le peuple. Aussi, en 1812, les cortès reprirent les bases du vieux système en les accommodant aux besoins du temps par une organisation plus démocratique. Abolis par Ferdinand VII à son retour dans ses États, rétablis par les cortès en 1821, les *ayuntamientos* disparurent encore une fois après l'invasion française de 1823.

A la suite de divers projets relatifs au rétablissement des *ayuntamientos* proposés pendant la guerre civile, les dispositions prises sur cette matière en 1812 furent confirmées par la constitution de 1837. Aux termes de cette loi, les *ayuntamientos*, avec les alcades qui les président, sont le produit de la libre élection du peuple, et ont dans leurs attributions les matières les plus importantes. Le gouvernement a le droit de suspendre provisoirement le cours de leurs délibérations, mais il doit soumettre les arrêtés qu'il prend à cet égard à la sanction des cortès, qui seules ont le droit de dissoudre un *ayuntamiento*.

Les *ayuntamientos* ont dans leurs attributions la confection des listes électorales et du jury, l'organisation de la garde nationale, les derniers débris des franchises municipales, la répartition et la levée des impôts, enfin l'administration des biens communaux. Quand des conflits éclatent entre le gouvernement et les *ayuntamientos*, ceux-ci trouvent presque toujours aide et appui dans les députations provinciales investies du droit de surveillance.

En 1840 le gouvernement proposa aux cortès le projet d'une nouvelle loi sur les *ayuntamientos*, imitation plus ou moins heureuse de la législation française sur cette matière, qui dépouillait les *ayuntamientos* de toute puissance politique, et limitait le cercle de leur action aux affaires purement communales ainsi que le droit électoral aux plus imposés. Mais l'insurrection provoquée par ce projet de loi, contre lequel se prononça Espartero, eut pour résultat l'exil de la reine Marie-Christine, et empêcha de le mettre à exécution. Enfin, une loi nouvelle rédigée dans le même esprit que celle de 1840, et présentée en 1844 à l'instigation de la reine-mère, qui s'appuyait l'influence française, fut adoptée par les cortès, où les *moderados* se trouvaient en majorité; et depuis lors il n'y a été apporté que d'insignifiantes modifications.

AZAÏS (PIERRE-HYACINTHE) naquit le 1er mars 1766, dans la petite ville de Sorèze (Tarn). Son père était professeur de musique au collège qu'y avaient fondé les bénédictins. L'enfant y fut admis à l'âge de six ans. Il n'y fit point ce qu'on appelle généralement de bonnes études classiques, peu soucieux qu'il fut toute sa vie du latin et du grec; il excella seulement dans la physique, l'histoire naturelle, la musique; mais le musicien Azaïs voyait avec répugnance son fils devenir musicien. A seize ans il quitte le collège, et suit son père à Toulouse; l'année suivante il entre chez les oratoriens. Envoyé, après six mois de noviciat, régent de cinquième au collège de Tarbes, il acheva d'y prendre en aversion toutes les communautés en général. L'abbé de Faye, devenu évêque d'Oloron, prit le jeune professeur comme secrétaire; mais on le poussait à embrasser l'état ecclésiastique, et Azaïs retourna vers son père.

Ne sachant quelle carrière suivre, il va tenir l'orgue à l'abbaye de Villemagne; puis un gentil-homme du voisinage lui propose d'élever ses enfants, et le voilà qui le suit à trois lieues de là. L'orage révolutionnaire ne tarde pas à gronder; le jeune précepteur et le comte ne s'entendent plus. Azaïs fait plus d'une fois de la confiance qu'il inspire aux patriotes une égide à son patron. Ce dévouement finit même par le compromettre; et, après sept ans de préceptorat, il est contraint de fuir le château où il a trouvé une si bienveillante hospitalité.

Azaïs père était venu à Bagnères, auprès du général Darnaud, dont il avait épousé la sœur, et qui commandait le département des Hautes-Pyrénées. Son fils ne tarda pas à l'y joindre. Après le 9 thermidor, il fut nommé secrétaire de l'administration du district de Bagnères. Il ne fit qu'y donner une preuve irrécusable de sa profonde incapacité pour les affaires. Impossible de le suivre dès lors dans sa vie inquiète et nomade; il passe plus ou moins de temps dans presque toutes les villes du midi sans se fixer dans aucune; tantôt il traite d'une éducation, puis d'un mariage, tantôt il se cache pour éviter la réquisition ou brigue dans le même but un pupitre à quelque orchestre de théâtre. Il se rapproche enfin de la famille du gentil-homme dont il a élevé les enfants; il fonde tout près un pensionnat à Gaillac, et la municipalité l'invite à s'établir avec ses élèves dans l'ancien collège des jésuites. Là ses succès furent brillants et rapides.

Mais le contre-coup du 18 fructidor vient le menacer dans son obscurité. Il a publié une brochure véhémente intitulée : le Législateur de l'an V. Il est poursuivi et condamné à la déportation. Il se réfugie à Toulouse. N'y étant pas en sûreté, il va à Tarbes demander un asile à l'ingénieur en chef du département, dont il a élevé l'enfant. Sa retraite est bientôt connue, son hôte en reçoit avis de l'autorité elle-même. Le proscrit quitte la maison, et la nuit même un homme sûr le conduit à l'hôpital de la ville, desservi par les sœurs de la Charité. Là, installé dans les fonctions de secrétaire et de teneur de livres, loin du monde et du bruit, il écrit ses Entretiens de l'âme avec le Créateur, et ses Inspirations religieuses ou Élévation de l'âme à l'esprit de Dieu. Il comprend pour la première fois les destinées humaines dirigées par une loi de suprême justice, par une loi de balancement, entremêlant sans cesse sur la terre le bien et le mal, le bonheur et le malheur, de manière à les tenir toujours en équilibre.

Après dix-huit mois de séjour à l'hôpital de Tarbes, il se décide à se retirer au sein d'une famille de Tarbes. Au bout de quelques mois il y est atteint d'une maladie grave, et parmi les personnes qui lui prodiguent leurs soins il retrouve ses bonnes religieuses de l'hôpital. La convalescence fut longue, et se termina chez une fille aînée de ses hôtes, qui habitait Saint-Sauveur, charmant village au pied des Pyrénées. Là il composa son livre intitulé : Un Mois de séjour dans les Pyrénées (septembre 1800). On le retrouve ensuite à Bagnères, achevant deux traités sur le malheur et sur le bonheur.

Pendant six ans consécutifs qu'il passa dans les Pyrénées, Azaïs travailla sans relâche à approfondir son système des Compensations. Sur la fin de ce temps, madame Cottin vint passer à Bagnères la saison des eaux chez les mêmes hôtes, et cette femme célèbre inspira à notre philosophe un attachement qui, par degrés rapides, devint de l'amour. Leur mariage fut même résolu; mais, d'un commun accord, elle retourna seule dans la capitale, le laissant à Bagnères, d'où il ne vint à Paris qu'un an plus tard.

Là il retrouva madame Cottin prête à entreprendre un long voyage par générosité, par dévouement; elle eut juste le temps de le recommander au sénateur Garnier, qui le mit en rapport avec Lacépède, Haüy, Cuvier, avec Laplace surtout, qui devint la pierre d'achoppement contre laquelle échouèrent d'abord toutes ses tentatives pour faire accueillir ses idées, soit par l'Institut en corps, soit par des savants isolés. Azaïs, malheureux, écrivit dans quelques journaux; il imprima en 1806 une introduction à son Essai sur le monde; il ouvrit des conférences publiques.

Il succombait au découragement; il songeait même à retourner dans ses Pyrénées, lorsqu'un jeune professeur de mathématiques au prytanée militaire de Saint-Cyr lui offrit de le faire entrer maître d'études dans cet établissement. Il accepta, et fut bientôt accepté par le général Duteil. Ils étaient tous deux musiciens : Azaïs ne fut plus maître d'études, on fonda pour lui une chaire de géographie. Chaque semaine il accompagnait le général à Paris chez Lacépède, où il faisait de la musique avec tout ce que la capitale possédait d'artistes éminents.

Dans les salons du général il distingua une jeune dame, veuve d'un officier mort à Austerlitz, qui, pour surveiller l'éducation de ses deux enfants, élèves de Saint-Cyr, avait loué dans le village une modeste demeure. Azaïs s'éprit d'amour pour madame Berger, et leur mariage s'ensuivit. Mais ils ne suivirent pas le prytanée lorsqu'il fut transféré à la Flèche, et vinrent s'établir à Paris avec leur petite famille. Malheureusement leurs moyens d'existence étaient des plus bornés.

Il se décida donc à publier son livre des Compensations, qui eut promptement deux éditions. Cet ouvrage lui valut une renommée honorable; mais il n'en retira que 320 francs, et sans la générosité de ses amis il eût manqué de pain avec sa famille. Mais trois séances qu'il donna à l'Athénée suffirent pour le classer parmi les plus brillants improvisateurs de l'époque, et les salons les plus distingués de la capitale se disputèrent sa présence.

Le gouvernement se décida enfin à lui offrir une place d'inspecteur de la librairie à Avignon, avec deux bourses dans le lycée de cette ville pour les deux enfants de madame Berger. Là en un an il termina, à ses frais, la publication commencée à Paris de son grand ouvrage sur le Système universel (8 vol. in-8°). L'année écoulée, il alla remplir les mêmes fonctions à Nancy, et s'y occupa d'un nouvel ouvrage, intitulé Du Sort de l'Homme.

Cependant l'approche de l'ennemi jetait l'épouvante sur la frontière. A l'instigation du préfet de la Moselle, il commença un journal : le Patriote français. Les quelques numéros qui parurent électrisèrent les populations. Mais Paris tombait au pouvoir de l'étranger; les Bourbons remontaient sur le trône. Six gendarmes vinrent arrêter Azaïs. Il fut bientôt libre, mais l'occupation de la Lorraine l'avait plongé dans la détresse; ses appointements étaient suspendus : il fut obligé pour vivre de vendre ses meubles un à un. Puis il écrivit un livre intitulé : de Napoléon et de la France, à la publication duquel la censure s'opposa, et qui ne put paraître que dans les Cent Jours. Il salua avec enthousiasme le retour de l'île d'Elbe, et rédigea l'adresse que la garde nationale de Nancy envoyait à l'empereur. Nommé recteur de l'académie de cette ville, il eut juste le temps d'organiser dans le pays une fédération.

Après Waterloo, il se retire à Toul, puis à Paris. Là il fait plusieurs tentatives pour conjurer le sort; aucune ne lui réussit : à peine s'il obtient de temps à autre l'insertion de quelque article dans les journaux. Enfin un libraire accueille le projet conçu par Azaïs et sa femme de continuer l'*Ami des Enfants* de Berquin. Ce fut pour lui une planche de salut. A la fin de décembre il fut attaché momentanément au *Constitutionnel*, puis à l'*Aristarque*, à l'occasion duquel il eut une entrevue avec M. le duc Decazes, alors ministre de la police. L'administrateur, inflexible pour le journal, se montra très-gracieux pour l'écrivain, dont il avait remarqué les articles ; il intéressa même à son sort madame de Staël, MM. de Humboldt, de Prony, de Jouy, plusieurs autres savants et littérateurs. Un des derniers désirs de madame de Staël avait été de lui être utile. Trois jours après sa mort, son gendre, M. de Broglie, faisait appeler Azaïs, et six mois plus tard il recevait de M. Decazes le brevet d'une pension de 6,000 francs. En 1820 il habitait à Paris une petite maison solitaire, environnée d'un beau jardin, et dont il devint dans la suite propriétaire. Là il écrivit d'abord quelques ouvrages politiques, entre autres plusieurs lettres à M. de Châteaubriand.

En 1821 et 1822 il reparut à l'Athénée. Mais sa pension était réduite d'abord de moitié, et bientôt des deux tiers. Il eut un moment de découragement ; ses chères Pyrénées lui revinrent à l'esprit. Mais il se roidit contre l'adversité, resta à Paris, et se remit avec une nouvelle ardeur au travail. Il publia, sous le titre de *Cours de Philosophie générale*, ses leçons à l'Athénée, lesquelles, en 1826, devinrent, sous une nouvelle forme, l'*Explication universelle*.

On a beaucoup parlé des conférences tenues par Azaïs dans ses jardins durant les années 1827 et 1828. Deux fois par semaine, à la chute du jour, ce clos vaste et tranquille s'emplissait d'une société nombreuse ; un modeste amphithéâtre, ombragé par de grands arbres, se couvrait d'hommes graves, de jeunes gens studieux, de dames élégantes. Azaïs arrivait ; son âge, ses longs cheveux blancs, la simplicité de son maintien et de son costume, son air de bonté, tout disposait à une bienveillante attention. Dans son improvisation, toujours élégante et facile, il exposait avec clarté son système général des êtres et de leurs rapports. Dès 1820 il avait frappé à la porte de l'Académie Française ; mais, faute de savoir-faire, il n'y avait point été admis, et cependant il était déjà auteur des nombreux ouvrages que nous avons cités. De plus, il fit paraître en 1829 ses *Principes de Morale et de Politique*; en 1833, son *Cours d'Explication universelle*; en 1834, son *Idée précise de la vérité première*; en 1835, *De la vraie Médecine et de la vraie Morale*; en 1836, sa *Physiologie du Bien et du Mal*, ouvrage auquel l'Académie Française assigna sur les prix Montyon une somme de 5,000 francs ; en 1839, *De la Phrénologie, du Magnétisme et de la Folie*; en 1840, la *Constitution de l'Univers et l'Explication générale des mouvements politiques*, à laquelle l'Académie accorda encore une gratification de 2,000 francs.

En 1828 M. de Martignac avait fait porter la pension d'Azaïs de 2,000 francs à 3,000. Ce chiffre fut maintenu jusqu'en 1841, époque où il fut abaissé à 2,500. Cependant ses forces diminuaient. Vers le milieu de mars 1844, il éprouva les premiers symptômes d'une maladie qui devait être la dernière. Cependant, il travaillait avec ardeur ; il pensait même à rédiger son grand ouvrage d'une manière définitive ; c'est alors qu'il fit paraître le *Précurseur philosophique*, dernier cri d'un mourant à ses contemporains.

Le 11 octobre, après une nuit des plus pénibles, il éprouva un grand accablement, une anxiété de l'âme qui lui inspira le désir d'avoir auprès de lui sa femme, ses enfants, et de leur faire ses adieux. Déjà cette haute intelligence s'obscurcissait par degrés rapides, et il ressaisissait seulement à longs intervalles, et à force d'énergie le fil de ses pensées. Ce fut le 22 janvier 1845 qu'il exhala son dernier soupir. Le lendemain un modeste convoi s'acheminait vers le champ du repos. Point de députations officielles, point d'insignes brillants : Azaïs n'appartenait à aucune académie ; il n'était décoré d'aucun ordre.

Pour le système et la doctrine d'Azaïs, *voyez* l'article COMPENSATIONS, dont il est l'auteur.

AZALÉE (de ἀζαλέος, aride, par allusion aux lieux où croissent ces plantes). Les azalées se placent dans la famille des éricacées à côté des rhododendrons. Les fleurs de ces deux genres offrent en effet beaucoup de ressemblance ; mais le caractère distinctif des azalées est de présenter cinq étamines insérées sur le réceptacle, au lieu de dix qu'on trouve dans les rhododendrons.

Le genre azalée appartient aux régions extra-tropicales de l'hémisphère septentrional. Les plantes d'ornement qui le composent sont des arbrisseaux agréables par leur floraison printanière et par leurs jolis corymbes aux couleurs éclatantes, passant par toutes les nuances du blanc au jaune et au rouge. On cultive les azalées en pleine terre de bruyère, et on les multiplie par rejetons, par marcottes, par greffes sur l'*azalée du Pont*, et enfin par les semis, qui ont produit un grand nombre d'hybrides et de variétés. Les espèces qu'on recherche le plus sont l'*azalée visqueuse*, l'*azalée glauque*, l'*azalée à fleurs nues*, et principalement l'*azalée du Pont*. Cette dernière est fortement vénéneuse et narcotique, et le miel que les abeilles récoltent sur ses fleurs provoque, dit-on, l'étourdissement et le délire, ainsi que les soldats de Xénophon l'éprouvèrent en Colchide.

AZARA (José-Nicolo D'), né en 1731, à Bordenalès, en Aragon, fit preuve, dès l'époque où il suivait les cours des universités de Huesca et de Salamanque, du goût le plus vif pour les sciences et les arts ; et cette disposition naturelle chez lui ne fit que se développer davantage quand il eut été nommé chargé d'affaires d'Espagne à Rome. Dans cette capitale il se lia intimement avec les artistes les plus célèbres de son temps, et surtout avec Mengs, qui était entré au service du roi d'Espagne. Dans les négociations qu'il fut chargé de suivre avec Clément XIII, Azara déploya une rare habileté diplomatique ; et il continua à exercer une grande influence sur toutes les relations de son gouvernement avec le saint-siége, particulièrement sous le pontificat de Clément XIV. Il eut une grande part aux résolutions prises à l'égard de l'arme et des jésuites, de même qu'à l'élection du pape Pie VI. En 1796 il fut envoyé par sa cour auprès du conquérant de l'Italie, afin de demander grâce pour Rome. Bonaparte eut bien vite reconnu en lui un homme d'un esprit distingué ; mais lui-même produisit dans cette première entrevue la plus vive impression sur Azara. Deux ans plus tard celui-ci fut envoyé en mission à Paris. Rappelé en 1801 et exilé à Barcelone, il revint à Paris l'année suivante avec le titre d'ambassadeur ; mais en 1803 ses pouvoirs lui furent encore une fois enlevés. Sa santé, déjà fort ébranlée, ne put résister à tant de secousses ; il mourut à Paris, le 26 janvier 1804. Il possédait une précieuse collection de livres, de tableaux et d'antiques ; et il a publié les ouvrages de son ami Mengs, dont il a aussi écrit la vie.

AZARIA (Prière d'), l'un des livres apocryphes de l'Ancien Testament, attribué sans fondement à Azaria, compagnon de Daniel, avec qui il fut emmené captif à Babylone après la prise de Jérusalem (an 606 av. J.-C.) par Nabuchodonosor.

AZARIAS. *Voyez* OSIAS.

AZAZEL, nom que donnent les Hébreux au bouc émissaire.

AZÉDARACH (*melia*), genre de la famille des méliacées et de la décandrie monogynie, originaire de l'Asie, d'où il a été transporté en Europe.

L'*azédarach bipenné*, appelé aussi *faux sycomore* (*melia azedarach*, L.), est un arbre assez grand dans l'Inde, où il croît naturellement, et dans une partie de la région méditerranéenne, où il a été naturalisé; mais il n'atteint pas d'aussi grandes dimensions sous le climat de Paris, où on le rencontre dans quelques jardins comme arbre d'ornement. Sa tige est droite et rameuse, son écorce verdâtre et lisse, sa racine ligneuse; ses feuilles, à folioles entières, ordinairement au nombre de cinq, et portées par des pétioles, imitent celles du frêne, mais sont plus découpées et d'un vert beaucoup plus foncé. L'azédarach fleurit en juin ou juillet; ses fleurs, composées de cinq pétales lancéolés, longs et ouverts, ont la couleur et l'odeur du lilas; le *nectaire* est en forme de tube droit, d'un rouge noir, de la longueur des pétales; dix étamines sont attachées à son sommet, qui est divisé en dix parties; le calice est petit, d'une seule pièce et à cinq découpures. Le fruit est charnu, rond, contenant un noyau oblong, marqué de cinq sillons et divisé en cinq loges qui contiennent chacune une semence oblongue. Ces noyaux, très-durs et percés naturellement d'un trou dans le sens de leur longueur, servent en Espagne et en Portugal à faire des chapelets : d'où les noms d'*arbre saint* et d'*arbre à chapelets* donnés à ce végétal.

L'azédarach se multiplie de graines sur couche : on repique le plant en pots, puis on le rentre en orangerie pendant deux ou quatre ans, et, on le met ensuite en pleine terre légère et à une bonne exposition.

L'*azédarach toujours vert*, autrement nommé *lilas des Indes* ou *margousier* (*melia azedarach semper virens*), est moins grand, et ne peut passer l'hiver dehors; ses feuilles et ses fleurs sont à peu près semblables à celles de l'azédarach bipenné, mais ses folioles sont plus profondément dentées. Il fleurit à l'âge de deux ans et à la hauteur d'un pied, et donne des fruits qui servent à le multiplier comme le précédent; mais il faut le tenir en pot et le ranger en orangerie pendant l'hiver.

Les racines et les fruits de l'azédarach passent pour être vermifuges; mais on ne les emploie pas en Europe. Ses fleurs sont regardées en médecine comme apéritives; ses fruits donnent une huile qu'on emploie au Malabar contre les plaies et les piqûres. Ils ne sont pas sans danger pour quelques animaux, tandis que d'autres les mangent impunément et même avec plaisir. On connaît depuis longtemps leur effet pernicieux sur l'homme.

AZEGLIO (Massimo, marquis D'), président du conseil des ministres en Sardaigne, célèbre comme artiste, publiciste, romancier et homme d'État, descend d'une ancienne famille du Piémont. Il est né en 1801, à Turin, où son père remplissait de hautes fonctions militaires, et reçut sa première instruction d'un précepteur ecclésiastique, dont l'extrême sévérité fut pour l'enfant de quatorze ans la cause de bien des chagrins. Il avait quinze ans quand son père alla remplir à Rome les fonctions de ministre de Sardaigne, et il l'y suivit. Les dispositions précoces du jeune homme se manifestèrent dans cette ville, surtout pour la culture des arts, et il s'appliqua avec une ardeur extrême à la culture de la peinture et de la musique. Mais son père, qui le destinait à la carrière militaire, le fit entrer avec le grade d'officier dans un régiment de cavalerie piémontaise.

La vie militaire s'accordait mal avec le goût décidé de Massimo d'Azeglio pour les sciences et les arts; et tous les loisirs qu'elle lui laissait, il les employa avec tant d'ardeur à l'étude, qu'il en tomba malade et dut donner sa démission. Un voyage à Rome lui rendit la santé. En 1820 il était de retour à Turin. A Rome, sa passion pour la peinture s'était réveillée avec une nouvelle force, et il obtint alors de son père, non sans peine toutefois, la permission de se consacrer à cet art, mais sans aucune pension fort exiguë, afin qu'il passât par l'école de la privation. Une année s'était à peine écoulée que déjà il s'était fait à Rome une réputation d'artiste, et bientôt il parvint à une remarquable habileté dans la peinture de paysage. On voit au musée et au château royal à Turin une foule de tableaux originaux datant soit de cette époque de la vie de l'artiste, soit d'une époque postérieure encore. Après un séjour de huit années à Rome, pendant lequel il fit marcher de front l'étude de l'histoire avec la culture de la peinture, il revint à Turin.

Son père étant venu à mourir (1830), il se rendit à Milan, dont l'école de peinture jetait alors un vif éclat, et il ne tarda pas à s'y lier avec Alessandro Manzoni, dont il épousa la fille. Azeglio se fit ensuite non moins avantageusement connaître dans le monde littéraire par la publication de différents ouvrages. Son premier roman de quelque étendue, *Ettore Fieramosco*, dans lequel il s'efforçait de réveiller le sentiment national des Italiens, fut accueilli avec le plus vif enthousiasme sur tous les points de la péninsule. Un second roman, *Niccolo di Lapi*, acquit une célébrité pareille, et agit puissamment sur le sentiment national de ses compatriotes.

Les affaires politiques de l'Italie ne tardèrent pas à l'occuper exclusivement. Il parcourut les provinces, les villes, les bourgades de l'Italie, à l'effet d'imprimer aux esprits une direction patriotique et d'opérer la réconciliation des partis qui divisent si malheureusement la patrie commune. Partout on l'accueillit avec joie et on célébra son nom avec enthousiasme; partout il donna l'impulsion aux aspirations à la liberté qui se manifestèrent en Italie peu de temps après la mort de Grégoire XVI. Ses amis Balbo et Gioberti le secondèrent alors dans la mission qu'il s'était donnée. Toutefois, jamais Azeglio n'appartint à une société politique secrète. Il poursuivit au contraire toujours l'esprit de conspiration, exhortant sans cesse les impatients à la modération. Quand des conspirateurs romains amenèrent les tentatives insurrectionnelles de Rimini et de la Romagne, Azeglio se trouvait à Turin, où il s'efforça de déterminer le roi à opérer les réformes réclamées par les besoins de l'époque. A peu de temps de là il écrivit à Florence son célèbre ouvrage *Degli ultimi casi di Romagna*, dans lequel il flagellait le triste gouvernement pontifical, dissuadait ses compatriotes de recourir à toute tentative d'insurrection, et représentait aux princes italiens la nécessité d'une politique nationale. Après l'élection de Pie IX comme pape, Azeglio retourna à Rome, et c'est à son influence qu'on attribue les réformes qui inaugurèrent le règne du nouveau souverain pontife. Une série de publications politiques, par exemple, sur la législation de la presse à Rome, sur les réformes opérées par le pape, sur l'émancipation des juifs dans les États de l'Église, sur l'incorporation de Lucques à la Toscane, sur l'opinion publique en Italie, etc., témoignent de l'incessante activité qu'il consacra pendant son dernier séjour à Rome aux affaires de l'Italie. Il a été publié en 1851 à Turin une édition complète de ses œuvres politiques.

Lorsqu'à la suite du soulèvement de la Lombardie le roi Charles-Albert franchit le Tésin, Azeglio quitta Rome avec les troupes pontificales chargées d'appuyer le mouvement italien. A Venise il prit du service comme colonel, poste dans lequel il donna de nombreuses preuves de courage militaire. A la bataille livrée sous les murs de Vicence il commandait une légion à la tête de laquelle, après avoir opposé à l'ennemi une résistance désespérée, il fut grièvement blessé à la cuisse par un coup de feu. A peine fut-il guéri, qu'on le vit à Florence attaquer hardiment la plume à la main le parti républicain, enivré des avantages qu'il venait de remporter. A l'ouverture du parlement sarde, il fut nommé membre de la chambre des députés. Après la malheureuse issue de la bataille de Novare, le jeune roi Victor-Emmanuel II l'appela à la présidence du cabinet; fonctions qu'il accepta par dévouement pour sa patrie, et dans l'exercice desquelles il lui a été donné de rendre d'immenses services à son pays. Sous son administration, la Sardaigne, quoique placée dans les circonstances intérieures et extérieures les plus difficiles, sans renier ses sentiments pour la cause nationale, a pu conserver et affermir toutes les institutions libres que lui avait values l'année 1848, en même temps que son industrie prenait le plus puissant essor. Comme ministre Massimo d'Azeglio est resté fidèle à cette simplicité de mœurs, à ce caractère droit, loyal et dévoué, dont il avait constamment fait preuve dans sa vie privée.

AZÉROLE ou AZÉROLIER (*mespilus azarola*, Linné), arbre du genre néflier. Il se rapproche de l'aubépine par ses feuilles, qui sont linément et profondément dentées; mais il en diffère par ses fruits, qui sont plus gros; par sa tige, qui s'élève beaucoup plus haut, est droite, très-rameuse, ordinairement sans épines. Ses fleurs sont disposées en grappes; son fruit, de couleur rouge, a un goût aigrelet, légèrement sucré; il est rafraîchissant, et sa grosseur varie suivant le terrain et le climat dans lequel il vient. Il y en a une variété à fleurs toutes blanches, et une autre dont le fruit a la forme d'une poire. La variété blanche est beaucoup moins aigrelette que la rouge. Cet arbre est indigène dans les provinces méridionales.

On greffe l'azérolier sur l'aubépine et sur le coignassier, et il est susceptible, à son tour, de recevoir les greffes de ces arbres. Il ne vaut pas la peine d'être cultivé dans les provinces du nord, où il demande une bonne exposition; son fruit n'y acquiert jamais une maturité parfaite, d'où dépend tout l'agrément de son goût. Dans les pays plus méridionaux on peut en faire des haies, comme avec l'aubépine, ou bien le placer dans les bosquets du printemps, à cause de ses fleurs, et dans ceux d'automne, en considération de la jolie couleur de son fruit. Sa graine reste quelquefois jusqu'à la seconde année sans lever. Les confitures faites avec l'azérole sont très-agréables, et tout aussi approchent beaucoup de celles que l'on fait avec l'épine-vinette.

AZILUTH. Dans la langue cabalistique du judaïsme ancien, d'où, avec le temps, il est passé dans le langage de la théosophie, ce mot désignait le mode intellectuel de la production divine, qui s'effectue par *émanation*. De là l'expression de *monde aziluthique*, c'est-à-dire celui qu'on se représente intellectuellement, par opposition aux trois autres mondes inférieurs.

AZIMUT. Emprunté à la langue arabe, ce mot désigne en astronomie l'angle dièdre que fait avec le vertical d'un astre le méridien du lieu de l'observation, ou encore l'arc de l'horizon qui mesure cet angle. L'azimut, étant le complément de l'amplitude, peut se calculer au moyen de celle-ci; on peut aussi le déterminer en le déduisant de la hauteur observée, de la latitude du lieu, de la déclinaison de l'astre, en tenant compte des effets de la réflexion, de la parallaxe, et de la dépression de l'horizon due à la hauteur de l'œil. L'azimut calculé sert à éprouver la variation de l'aiguille aimantée. Pour cela on emploie le *compas azimutal*, instrument qui se compose d'une boussole surmontée d'un cercle gradué et portant un index mobile qui présente une fente devant laquelle est un fil tendu du centre de l'instrument au sommet de l'index. Après avoir calculé l'azimut d'une étoile, on tourne l'index jusqu'à ce que le fil coupe cette étoile vue au travers de la fente; puis on lit sur le limbe de l'instrument l'angle que forme la direction de l'aiguille aimantée avec celle de l'astre, c'est-à-dire l'*azimut magnétique* de celui-ci; la variation de l'aiguille s'obtient en comparant cet azimut avec l'azimut réel.

La géodésie se sert de l'azimut d'un astre pour déterminer celui d'un objet terrestre, en mesurant au moyen du théodolite l'angle horizontal que l'astre et l'objet font à l'instant de l'observation. C'est dans cette opération délicate que consiste l'orientation d'un réseau de triangles, comme celui qu'on destine à la mesure d'un arc de méridien.

Un cadran solaire est dit *azimutal* lorsque son style est vertical.

AZINCOURT (Bataille d'). Azincourt est le nom d'un petit village de l'ancien Hainaut, aujourd'hui arrondissement d'Hesdin, département du Pas-de-Calais. Ce nom rappelle un des jours néfastes de l'histoire nationale. Pendant la démence du roi Charles VI, au moment où le royaume était épuisé et bouleversé par la fureur des factions, Henri V d'Angleterre, poursuivant l'exécution du vaste plan qu'avait formé son bisaïeul, demanda sans préambule l'entière exécution du traité de Brétigny, dont les victoires de Duguesclin et d'Olivier de Clisson avaient affranchi l'État : s'était une déclaration de guerre. Quelques jours après, le 23 août 1415, il débarquait sur les côtes de Normandie et se rendait maître de la ville d'Harfleur. Après y être demeuré quinze jours, les maladies qui ravageaient son armée l'obligèrent de prendre le chemin de Calais au lieu de pénétrer en Normandie. Le connétable d'Albret et le maréchal de Boucicaut défendaient les passages de la Somme. Les Anglais avaient à faire une route longue et difficile : ils manquaient de vivres, la saison était mauvaise; ils souffraient beaucoup. C'était bien le moment de venger le royaume; mais Henri V trouva de puissants auxiliaires dans la jalousie des grands et dans leur présomption. La ville de Paris venait d'offrir huit mille soldats tirés de la bourgeoisie. L'oncle du roi, le duc de Berri, les refusa en disant : « Qu'avons-nous à faire de ces gens de boutique? nous sommes trois fois plus nombreux que les Anglais. » Henri, opiniâtre dans ses projets, sut dérober pendant un jour sa marche aux Français : il entra dans le bassin renfermé entre la Somme et l'Authie, reprit ensuite sa direction du nord, passa la Canche, et vint s'établir à Blangi, à deux lieues nord-ouest de Saint-Pol, espérant toujours arriver à Calais sans rencontrer les Français; mais le maréchal Boucicaut, ayant retrouvé sa trace, en donna avis au connétable, qui concentra ses forces à Aubigny, en étendant ses ailes pour embrasser toutes les issues. Henri, ignorant ce nouveau mouvement, passa la Ternois, monta sur le plateau de Maisoncelle, et ne vit pas sans étonnement d'épaisses colonnes de Français se déployant dans la plaine qu'il devait nécessairement traverser pour gagner la chaussée d'Hesdin. Il acquit la triste conviction qu'il ne pouvait pas sortir de ce mauvais pas sans combattre; il déclara donc à ses généraux qu'il fallait passer sur le ventre des Français s'ils voulaient arriver à Calais, dont ils étaient encore éloignés de six marches.

La plaine qui se développait à leurs yeux formait un carré long d'une lieue d'étendue; le petit côté de gauche se trouvait fermé par la ferme d'Azincourt; les tourelles du château de ce nom s'élevaient au-dessus des arbres; le terrain était ondulé par des versants très-légers et partagé en diverses pièces de cultures. Les Français, au nombre de quarante mille, auraient pu se placer une lieue en arrière, où ils auraient trouvé un pays découvert beaucoup plus favorable aux grands déploiements; mais, poussés par la fatalité, ils vinrent remplir ce défilé, et commirent une faute encore plus grande en se partageant en trois grandes divisions, séparées l'une de l'autre de près d'un quart de lieue. Le connétable se trouvait en tête de la première avec l'élite de la noblesse française; le chevalier d'Alençon, Jean le Beau, prince du sang, commandait la seconde, formée de noblesse moyenne et de troupes soldées ; la troisième, composée des milices bailleuses de la Normandie, de la Picardie et de l'Artois, marchait sous les ordres du comte d'Aumale et de plusieurs baillis. Ces trois corps échelonnés, trop éloignés les uns des autres, ne pouvaient se prêter un mutuel appui. Les dispositions morales de l'armée française étaient encore plus déplorables que son ordre de bataille. Douze princes du sang, tous jeunes, violents et divisés d'opinions, avaient à se reprocher l'un à l'autre quelque sanglante injure reçue puisque la guerre civile déchirait la France. Il aurait fallu pour les tenir dans la ligne du devoir un général doué d'un grand caractère. Le connétable d'Albret, dépourvu de capacité militaire, ne leur inspirait aucune estime; d'ailleurs ses soupçons les plus terribles planaient sur lui : aussi voyait-il à chaque instant son autorité méconnue.

Le jour parut (25 octobre 1415, un vendredi, fête de la Saint-Crépin), à travers un brouillard épais, accompagné d'une pluie fine et glaciale. Henri V entra dans la chapelle de Maisoncelle, y entendit la messe, qui fut dite par l'évêque de Bath, et communia. Il ordonna à ses soldats de faire leur paix avec Dieu par la confession, et leur dit « qu'il avait une grande espérance de gagner la bataille, parce que les Français étaient tous pleins de péchés et ne craignaient point le Créateur. » Les Anglais se prosternèrent tous à genoux pour recevoir la bénédiction de l'évêque de Bath. Ils s'avancèrent ensuite en bon ordre; et quand leurs archers furent arrivés à la portée du trait, ils commencèrent à cribler de flèches le front de bataille des Français, qui demeuraient immobiles. En ce moment le comte de Vendôme et Clignet de Brabant voulurent exécuter l'ordre qu'ils avaient reçu de prendre avec douze cents lances les archers anglais en flanc. Ils partirent aussitôt aux cris de *Montjoye et saint Denis!* Malheureusement la terre était humide, les chevaux enfonçaient; et quand ils arrivèrent sur l'ennemi ils n'étaient pas plus de cent soixante. Le plus grand nombre, frappé d'une terreur superstitieuse, avait tourné bride et s'étaient rejetés sur l'avant-garde, qu'ils mettaient en désordre. Quand celle-ci voulut manœuvrer à son tour, les boues se trouvèrent si profondes que les chevaux ne purent avancer et se renversèrent les uns sur les autres. Enfin le désordre devint si grand que les archers anglais laissèrent leurs arcs, sortirent du rempart de leurs pieux, s'élancèrent la hache à la main sur cette cohue et commencèrent un horrible massacre.

Pendant ce premier engagement, le second corps, commandé par le comte d'Alençon, resta immobile. Les mouvements de flanc ne s'opéraient dans ce siècle que parmi les troupes turques, les plus tacticiennes de l'époque; mais les armées chrétiennes se bornaient à marcher en avant. Le duc d'Alençon ne s'ébranla que lorsqu'il vit les derniers rangs du connétable reculer confusément sur sa position. Se voyant appelé à réparer un grand désastre, il s'avança fièrement, enseignes déployées. Henri V, enflammé par son premier succès, poursuivit sa marche. Les deux lignes se joignirent avec fureur à la hauteur du château d'Azincourt. Le duc d'Alençon, combattant plutôt en soldat qu'en général, suivant la vicieuse coutume de cet âge, fondit tête baissée sur les rangs ennemis. Pendant une heure entière les deux partis se poussèrent alternativement comme les vagues de la mer; mais dans ce moment difficile, où le moindre incident pouvait faire pencher la balance, quatre mille soudoyers, formant l'extrême droite de la ligne française, depuis longtemps sans solde (Brabançons ou Italiens), se retirèrent avec une lâche précipitation. Les archers anglais se précipitèrent dans cette ouverture, et tournèrent ainsi cette aile. Le duc d'Alençon crut pouvoir remédier à ce malheur par sa bravoure personnelle, et déploya-t-il plus que tous les barons réunis. Il rompit tout ce qui le séparait d'Henri V; il joignit ce prince, et, en lui assénant un coup de hache, brisa la couronne qui surmontait le casque du monarque anglais; il relevait le bras, et allait tuer Henri V d'un second coup, lorsqu'il fut percé de toutes parts, avant que Lancastre eût eu le temps de lui faire quartier. La mort du duc d'Alençon acheva la défaite du second corps.

Le troisième, composé encore de 15,000 hommes de milices, rangés en lignes à quinze cents toises du premier théâtre de bataille, ne jugea pas à propos de commencer une troisième action. Henri V envoya vers eux le sire de Ross, pour leur annoncer que tous les nobles de France étaient morts ou prisonniers; qu'il serait inutile de continuer la lutte, et que le roi d'Angleterre les laissait libres de se retirer où bon leur conviendrait. Sur cet avis, les troupes communales, ayant déterminé un mouvement rétrograde, gagnèrent la Chapelle-de-Fougès, où elles se rompirent pour prendre différentes directions.

Pendant que le sire de Ross était en pourparlers avec ces milices, l'alarme se mit dans l'armée anglaise. Des fuyards, arrivant de Maisoncelle, où Henri V avait laissé ses bagages, accoururent annoncer qu'une nouvelle division de 20,000 Français venait de tourner la position pour attaquer les Anglais en queue. C'était en effet Robert de Bousnouville, Isambert d'Azincourt et quelques hommes d'armes qui, avec cinq ou six cents paysans, plus par amour du pillage que par espoir de rétablir la bataille, étaient tombés sur les chariots. Cette nouvelle irrita extrêmement Henri V. Dans la conviction qu'il allait commencer une troisième action, ce prince ordonna qu'on fit main basse sur quatre mille prisonniers qu'il était fort embarrassé de garder. Douze cents de ces malheureux, tous barons ou chevaliers, avaient déjà péri, lorsque Henri V fit cesser ce carnage à l'arrivée d'un message annonçant que les fuyards avaient donné une fausse alerte.

Alors Henri V ordonna à ses clercs de parcourir le champ de bataille, et de faire le relevé des morts. Les clercs trouvèrent, outre sept princes du sang, plus de six mille barons, chevaliers ou écuyers, l'élite de la noblesse de France; on releva 2,000 blessés très-grièvement, parmi lesquels on distinguait les comtes de Vendôme, de Richemont et le maréchal de Boucicaut. Les Anglais perdirent 1,600 hommes, outre une quantité considérable de blessés. Le duc d'York et le comte d'Oxford, princes de la maison de Lancastre, succombèrent dans cette journée.

Malgré sa victoire, Henri V ne se crut pas en sûreté avec une armée aussi affaiblie que la sienne dans un pays ennemi. Il gagna Calais, et huit jours après il s'embarquait pour Douvres. Les Français, que cette terrible défaite avait d'abord jetés dans la consternation, ne firent pas longue trêve à leurs discordes, et deux ans après Henri V était maître de Paris et de deux tiers du royaume.   Alex. Mazas.

AZINCOURT (D'). *Voyez* Dazincourt.

AZOF ou ASOF, port de mer et place forte de la Russie méridionale, dans le gouvernement d'Ékatérinoslaf, bâtie sur le Don, non loin de son embouchure dans la mer d'Azof. Les dépôts de limon de ce fleuve ont tellement ensablé le port, que la navigation et le commerce y vont perdant chaque jour de l'importance qu'ils avaient autrefois : la pêche forme aujourd'hui la principale ressource des habitants, dont le nombre s'élève à peine à 3,000.

Dans l'antiquité, Azof était, sous le nom de *Tanaïs*, une colonie grecque, centre d'un commerce fort actif avec les peuples du septentrion, et qui à diverses reprises rivalisa avec *Panticapæum* sous le rapport des richesses et de la population.

Au moyen âge cette ville dépendait de la nation des Polowts, puis des Génois, qui lui imposèrent le nom de *Tana*. En 1392 elle leur fut enlevée par Tamerlan.

En 1471 Tana ou Asof (ce dernier nom vient des Turcs, qui appellent cette ville, ainsi que la mer qui l'avoisine, *Asak*), fut prise par les Turcs, et depuis lors elle a appartenu tantôt aux Russes, tantôt à la Turquie. Après s'en être emparé, Pierre le Grand dut en 1711 la rendre au grand seigneur, qui la reprit en 1733 pour la recouvrer en 1739, jusqu'à ce qu'enfin la Russie en soit demeurée tranquille propriétaire à partir de l'année 1774.

La ville d'Azof donne son nom au golfe le plus septentrional de la mer Noire, appelé d'après elle *mer d'Azof*. Elle communique avec la mer Noire par le détroit de Kaffa, tandis qu'elle en est séparée par la Tauride.

La *mer Pourrie* est une partie de la mer d'Azof; les anciens la désignaient sous le nom de *Palus Meotis*, et les Tatares ainsi que les Turcs sous celui de *Dalek-Denghis*, c'est-à-dire mer aux poissons, à cause de sa richesse en poissons. Les Turcs donnent aussi le nom de *mer de Souwasch* à la mer d'Azof, à cause du fleuve de Sotiwasch, qui y a son embouchure. De là la dénomination de *mer de Zabbache* ou *Zabbachit*, qui était en usage au moyen âge.

AZOTATE. Sel formé par la combinaison de l'acide azotique avec une base. *Voyez* Nitrate.

AZOTE. Ce gaz, confondu d'abord avec le gaz acide carbonique, en fut distingué, en 1772, par Rutterford; trois ans plus tard, Lavoisier constatait son existence dans l'air atmosphérique. L'azote est incolore, inodore, et transparent. Plus léger que l'air, dont il forme la plus grande partie, l'azote est sans action sur l'oxygène à toute sorte de température. Cependant il existe cinq combinaisons de ces deux corps, dans lesquelles la proportion d'oxygène croit comme de 1 à 5 : ce sont le *protoxyde d'azote*, le *bioxyde d'azote*, l'*acide azoteux*, l'*acide hypoazotique*, et l'*acide azotique*. L'azote et l'oxygène peuvent aussi se mêler en toutes proportions, et l'air atmosphérique n'est qu'un de ces mélanges où il entre soixante-dix-neuf parties d'azote pour vingt et une parties d'oxygène. Impropre à la respiration, l'azote éteint les corps enflammés et ne change pas d'état physique, quelque pression et quelque refroidissement qu'on lui fasse subir. On peut l'obtenir de plusieurs manières : la plus simple consiste à brûler quelques grammes de phosphore sous une cloche pleine d'air placée sur la cuve hydropneumatique; le phosphore en brûlant s'empare de l'oxygène, forme de l'acide phosphorique qui se dissout dans l'eau, et l'azote reste isolé dans la cloche. Ce gaz, sans usage dans les arts, est un des agents les plus importants de la nature : il entre dans la composition de la plupart des substances organiques. Notre savant collaborateur M. Dumas a présenté à l'article Air l'exposé du rôle important que joue l'azote dans la vie animale et végétale.

Protoxyde d'azote. Ce gaz, découvert par Priestley en 1772, a été successivement désigné sous les noms de *gaz nitreux déphlogistiqué*, d'*oxyde nitreux*, d'*oxyde d'azote* et d'*oxydule d'azote*; celui qu'il porte aujourd'hui indique sa composition proportionnelle par rapport aux autres combinaisons de l'azote et de l'oxygène. Il est incolore, sans odeur et d'une saveur légèrement sucrée. Davy, qui a le premier respiré ce gaz, a éprouvé à le faire un sentiment de force très-marqué. La gaieté extraordinaire et le rire inextinguible qu'éprouvèrent plusieurs personnes qui répétèrent l'expérience de Davy valurent à ce gaz le nom de gaz *hilarant*. Mais chez d'autres il se manifeste un état de faiblesse, d'abattement et de stupeur très-prononcé, ce qui tendrait à prouver que l'effet n'est pas toujours le même. Dans tous les cas, ces effets sont passagers. Loin d'éteindre les corps en ignition, le protoxyde d'azote rallume les bougies qu'on y plonge après les avoir éteintes, lorsque leurs mèches ont encore quelques points lumineux. Il entretient la combustion mieux que l'air, parce qu'il cède facilement son oxygène aux corps combustibles, qui le décomposent tous. L'oxygène et l'air sont sans action sur lui à la température ordinaire. Il est soluble dans l'eau en petite quantité. On le distingue de l'oxygène, en ce que, mêlé à deux fois son volume d'hydrogène, il donne de l'eau et un résidu gazeux, résidu qui manquerait si c'était de l'oxygène. On obtient le protoxyde d'azote en chauffant peu à peu de l'azotate d'ammoniaque bien desséché.

Bioxyde d'azote. Découvert par Hales, et nommé successivement *gaz nitreux*, *oxyde nitreux*, *oxyde nitrique*, *oxyde d'azote*, ce gaz invisible éteint les bougies allumées et asphyxie les animaux. Mis en contact avec l'oxygène à la température ordinaire, il s'en empare promptement, devient rouge, et passe à l'état d'acide hypoazotique. Il est beaucoup moins soluble dans l'eau que le protoxyde; car à la température de 20° et sous la pression de l'atmosphère l'eau ne peut dissoudre que la vingtième partie de son volume de bioxyde d'azote, tandis qu'elle dissout un peu plus de la moitié de son volume de protoxyde. On obtient le bioxyde d'azote en faisant agir de l'acide azotique sur du cuivre en limaille : l'acide se partage en deux parties, dont l'une cède de l'oxygène au cuivre et passe à l'état de bioxyde, tandis que l'autre se combine avec le cuivre oxydé et forme de l'azotate de bioxyde de cuivre.

Acide azoteux. Gay-Lussac a prouvé l'existence de cet acide; mais il ne peut être isolé de ses combinaisons avec les bases, parce que lorsque l'on s'empare de ces bases, il se transforme en bioxyde d'azote et en acide hypoazotique ou azotique, suivant les circonstances.

Acide hypoazotique. Cet acide est liquide à la température ordinaire ; sa couleur est jaune orangé depuis 28° jusqu'à 15° de chaleur, et jaune fauve à 0°. Peu coloré à — 10", il est entièrement incolore à — 20°; au delà de — 40°, il se prend en masse blanche. Comme l'acide azotique, il tache la peau en jaune et la désorganise. Soluble dans l'eau en toutes proportions, il se décompose cependant toujours en partie lorsqu'on le mêle avec ce liquide : si l'on en verse, par exemple, une petite quantité dans une grande quantité d'eau et qu'on agite aussitôt, l'acide est instantanément et presque entièrement décomposé; la partie décomposée produit un tiers de bioxyde d'azote, qui se dégage, et deux tiers d'acide azotique, qui restent dans le liquide unis à la partie non décomposée de l'acide hypoazotique. En versant ensuite successivement de nouvelles portions d'acide dans le même mélange, la partie décomposée diminue peu à peu, et en même temps cesse le dégagement de bioxyde d'azote. La couleur du liquide passe pendant ces combinaisons du bleu verdâtre au vert, et enfin au jaune orangé. Chauffé à 28°, l'acide hypoazotique entre en ébullition, et se transforme en un gaz rutilant, qui répand dans l'atmosphère de belles vapeurs rouges.

Acide azotique. L'importance de cet acide dans la médecine et dans les arts nous oblige à lui consacrer un article particulier; il est plus connu d'ailleurs sous le nom d'*acide nitrique*.

Autres composés binaires d'azote. La combinaison de l'azote avec l'hydrogène donne lieu à l'*azoture d'hydrogène*, connu sous le nom d'*ammoniaque*.

L'*azoture de carbone* est plus généralement désigné par le nom de *cyanogène*.

Le *chlorure d'azote* est un composé doué de propriétés très-extraordinaires. Il a été découvert par le savant Dulong, en 1811. C'est un liquide oléagineux, très-volatil, d'une couleur fauve et d'une odeur très-piquante et insupportable. Mis en contact avec l'air, il s'y vaporise promptement, et le rend impropre à la respiration. Chauffé à 30°, il détone avec violence, et un grand dégagement de chaleur et de lumière a lieu. Une très-petite goutte de ce liquide mise en contact avec du phosphore produit une détonation assez forte pour rompre les appareils. Son contact avec le selenium et l'arsenic présente les mêmes phénomènes. La difficulté d'examiner ce corps, qui détone quelquefois spontanément dans l'air, n'a pas permis de reconnaître avec exactitude la proportion de ses éléments.

L'*iodure d'azote* est un composé qui présente comme le précédent la propriété de détoner par son contact avec plusieurs corps. On l'obtient sous forme de poudre noirâtre.

L'azote peut aussi se combiner avec quelques métaux.

Le mot *azote* est formé de *a* privatif et de ξωον, vie, étymologie qui pourrait faire supposer à ce gaz des propriétés délétères; mais l'azote est au contraire un des principaux agents qui servent à l'entretien de la vie, et son nom indique seulement qu'il est incapable de concourir au phénomène de la respiration. Dr Alex. Duckett.

AZOTEUX (Acide). *Voyez* Azote.
AZOTIQUE (Acide). *Voyez* Nitrique (acide).
AZOTITES, sels résultant de la combinaison de l'acide azoteux. Ils sont peu connus; on sait seulement que tous les azotites neutres sont insolubles. Les azotites sont sans usage. Aucun d'eux ne se trouve dans la nature.

AZTÈQUES. C'est ainsi qu'on nommait les habitants du Mexique à l'époque où les Européens abordèrent pour la première fois en Amérique. Vers le onzième siècle de l'ère chrétienne, la nation des Toltèques disparaît mystérieusement et sans bruit des annales du monde, et on voit alors de nombreuses et farouches hordes de Chichemèques envahir l'Anahuac. Bientôt, vers l'an 1200, les Acolhouas, peuple plus policé, leur succèdent. Ils font revivre les derniers débris de la civilisation toltèque, et de leur capitale, Tezcuco, ils fondent, par des conquêtes faites au nord de l'Anahuac, un florissant empire appelé *Acolhouacan*.

Au commencement du treizième siècle les Aztèques, peuple sauvage arrivant du nord du continent, atteignirent les vallées du Mexique, où pendant plus d'un siècle ils errèrent à l'état nomade, assujettis même quelque temps aux Colhouans, jusqu'à ce qu'enfin ils fondassent, en 1325, la ville de Tenotchtitlan, le *Mexico* des Européens (ainsi appelé du dieu de la guerre, *Mexitli*). Malgré d'incessantes dissensions intérieures et de fréquentes guerres avec l'étranger, le nouvel État alla toujours se consolidant, tandis que sa population augmentait de jour en jour. Les Aztèques se firent une grande réputation de courage guerrier. Aussi, au commencement du quinzième siècle, Nezahualcoyotl, prince célèbre des Toltèques, implora-t-il le secours d'Itzcoatl, roi des Aztèques, contre les Tépanèques, qui avaient subjugué les Toltèques et s'étaient emparés de Tezcuco. On fit droit à sa demande; la nation des Tépanèques fut anéantie, l'empire de Tezcuco rétabli, et tout le territoire conquis sur les Tépanèques distribué aux Aztèques.

Il se forma alors entre Mexico, Tezcuco et le petit État de Tlacopan une confédération qui subsista jusqu'à l'arrivée des Européens, et dans laquelle Mexico occupait le premier rang. Le siècle qui suivit ne fut qu'une guerre sans fin. Les instincts belliqueux des Aztèques trouvèrent d'abord une satisfaction suffisante dans leurs propres vallées; mais par la suite ils les entraînèrent à franchir les montagnes servant de remparts à l'Anahuac. Sous le règne de Montezuma Ier (1436-1464), leur domination s'étendait déjà jusqu'aux rives du golfe du Mexique. Après avoir été gouverné par une suite de princes remarquables, non moins habiles à tirer parti des penchants guerriers de la nation que des ressources du pays, l'empire de Montezuma II, au moment où les Européens arrivèrent au Mexique, s'étendait sur les côtes de l'océan Atlantique depuis le 18° jusqu'au 21°, et sur celles de la mer du Sud depuis le 14° jusqu'au 19° de latitude septentrionale. Quelques princes, par exemple le courageux Ahuitzotl (1482-1502), étaient même parvenus jusqu'aux derniers confins de Nicaragua et de Guatemala. Les Aztèques n'étaient sans doute pas maîtres de tout le territoire qu'avaient autrefois possédé les Toltèques; mais la rapide extension qu'avait prise leur puissance n'en demeure pas moins merveilleuse, et frappe d'autant plus l'esprit que, ainsi qu'il était arrivé autrefois aux Romains, elle avait eu une seule ville pour berceau.

La constitution politique des Aztèques était une monarchie élective. Les rois étaient choisis parmi les plus proches parents du monarque défunt, par quatre nobles que désignaient à cet effet les membres de leur propre caste, et leur installation avait lieu avec une grande pompe et de nombreuses cérémonies religieuses. Vivant au milieu d'un faste extrême et vraiment oriental, ils exerçaient une autorité à peu près absolue, avec l'assistance d'une espèce de conseil intime, et sous la protection d'une garde spéciale, recrutée parmi les seigneurs les plus distingués. La plus éminente noblesse, dans les rangs de laquelle on choisissait les hauts fonctionnaires de la cour et de l'État, se composait d'environ une trentaine d'individus pourvus de grandes possessions territoriales, et pour la plupart astreints à résider dans la capitale. La puissance législative résidait uniquement dans le monarque; mais les tribunaux supérieurs, indépendants de la couronne, formaient un contre-poids à toute velléité d'arbitraire de sa part. L'organisation judiciaire était complète. Les procès se plaidaient par les parties en personne et sans ministère d'avocat; et les débats, les interrogatoires étaient recueillis en caractères hiéroglyphiques par des greffiers. Les lois se conservaient de la même manière. Elles ont trait plutôt à la sûreté des personnes qu'à celle des propriétés, et, ainsi qu'il convient à un peuple habitué à la guerre et à ses scènes sanglantes, elles portent l'empreinte d'une extrême sévérité. La peine de mort y est appliquée à tous les grands crimes commis contre la société, et dans le nombre on comprend la prodigalité et l'intempérance.

Un tribunal spécial connaissait des affaires matrimoniales. L'état civil des esclaves faisait l'objet de lois particulières qui leur étaient très-favorables. Les revenus royaux provenaient de sources diverses, des domaines de la couronne, des corvées personnelles et de livraisons en nature destinées à l'entretien de la maison du monarque. Les habitants payaient à la couronne une partie du revenu des terres qui leur avaient été réparties par la voie du sort, et les vassaux de la haute noblesse eux-mêmes n'étaient pas exempts de cette redevance. Différentes contributions étaient en outre assises sur divers produits de l'industrie. Dans la plupart des grandes villes, il y avait des garnisons permanentes pour assurer au besoin par la force le recouvrement de l'impôt. Au moyen de grandes voies stratégiques et de messagers se relayant de stations en stations bâties à cet effet de huit kilomètres en huit kilomètres, on entretenait de constantes communications entre la capitale et les parties les plus éloignées du pays. L'art de la guerre était le but suprême de toute l'éducation domestique des Aztèques et de toutes leurs institutions publiques. Avant le commencement de toutes hostilités, l'ennemi était d'abord sommé d'avoir à se soumettre, puis prévenu par une formelle déclaration de guerre. C'était le plus souvent le roi lui-même qui commandait les armées, dont l'attitude était brillante, la discipline excellente, et le code militaire d'une sévérité sanguinaire.

Chez eux la religion était étroitement liée à la constitution civile. L'Aztèque croyait à l'existence d'un créateur suprême, invisible, maître du monde, le *Teotl*; treize divinités principales et deux cents divinités secondaires lui étaient subordonnées; chacune d'elles avait un jour qui lui était particulièrement consacré, et devenait l'objet de solennités particulières. A leur tête était placé le dieu protecteur de toute la nation, le terrible Huitzilopochtli, le Mars mexicain. Ses temples étaient les plus vastes, les plus magnifiques; dans chaque ville de l'empire ses autels ruisselaient du sang des prisonniers de guerre. Les Aztèques croyaient à une triple existence après la mort : à un ciel où les guerriers jouissaient d'un bonheur parfait au sein de voluptés sans bornes, à un lieu de douce et paisible satisfaction pour ceux qui mouraient de mort naturelle, à un enfer enveloppé de ténèbres éternelles pour les impies, lesquels formaient, disaient-ils, la plus grande partie du genre humain. On brûlait les morts avec de nombreuses cérémonies, et cette opération, quand il s'agissait de nobles, était accompagnée de sacrifices d'esclaves. La caste sacerdotale, dont l'immense réseau enveloppait la nation entière, exerçait une influence illimitée sur les affaires publiques et sur la vie privée. L'ordre hiérarchique et les fonctions en étaient très-exactement déterminés. La classe supérieure présidait aux sacrifices humains, d'autres à la musique, à l'éducation publique, à l'exécution et à la conservation des hiéroglyphes et des calendriers. La caste tout entière avait deux grands prêtres à sa tête. Par suite de la construction des *teocallis* (maisons de Dieu), lesquels étaient très-nombreux et dépassaient de beaucoup en élévation les édifices en pierre dont se composaient les villes, les cérémonies du culte, aussi nombreuses que diverses, devaient être toutes publiques. Elles consistaient soit en processions de prêtres, de femmes, d'enfants, en offrandes de fleurs, de fruits, d'animaux, offrandes et processions généralement paisibles et gaies, soit en sombres et horribles sacrifices humains. Rares à l'origine, ces sacrifices devinrent plus communs à mesure que l'empire s'agrandit, jusqu'à ce qu'ils finissent par être le complément indispensable de toute grande solennité. Les calculs les plus faibles évaluent à vingt mille le chiffre des hommes qui dans les derniers temps de l'empire étaient immolés chaque année sur les autels des dieux, et il est probable que le désir de se procurer des victimes de ce genre était le motif qui déterminait le plus souvent les déclarations de guerre. Les cadavres des victimes étaient ensuite dévorés dans de hideux festins, non-seulement pour satisfaire un appétit brutal, mais par obéissance pour la religion.

La principale occupation des prêtres consistait néanmoins dans l'éducation de la jeunesse, et à cet effet des édifices particuliers étaient annexés à tous les temples. Ce qu'on se proposait surtout dans cette éducation, c'était d'inspirer de bonne heure aux enfants le respect de la religion et de ses ministres. Dans les écoles supérieures, appelées *calmécac*, la jeunesse destinée au sacerdoce recevait des leçons d'astronomie, de philosophie, d'histoire, etc., et cet enseignement avait lieu au moyen d'espèces d'hiéroglyphes ou plutôt de peintures hiéroglyphiques. Les lois, les rapports des fonctionnaires au gouvernement, les cartes géographiques, étaient également dessinés en caractères de ce genre, coloriés, sur de la toile de coton, sur des peaux habilement préparées, sur une espèce de papier végétal. A l'époque de l'arrivée des Espagnols il existait une foule de petits manuscrits, traitant des matières les plus diverses; mais le zèle fanatique des prêtres et surtout des soldats qui obéissaient à leur voix n'a laissé parvenir jusqu'à nous qu'une très-faible partie de ces curieux monuments du paganisme. On en voit quelques-uns dans certaines bibliothèques publiques d'Europe, à Dresde par exemple, et ils ont été pour la plupart recueillis dans le splendide ouvrage publié par lord Kingsborough sous le titre de *the Antiquities of Mexico* (6 vol. in-fol., Londres, 1830). Il n'existe plus de vestige des poésies héroïques et de la langue des Aztèques. Il nous reste fort peu de celles des Acolhouas. Leur système de numération, tout ce qui se rapportait chez eux à la confection du calendrier et à la chronologie, suppose des connaissances déjà étendues en mathématiques et en astronomie. Leur année solaire se composait de dix-huit mois de vingt jours chacun, avec cinq jours complémentaires; elle était par conséquent calculée avec plus de précision que celle des Grecs et des Romains. Il paraît aussi que les Aztèques connaissaient la cause des éclipses de soleil.

L'agriculture n'était pas moins avancée chez eux que les autres arts. Elle était entourée de la plus haute considération, étroitement unie aux institutions religieuses du peuple, et constituait la base de la prospérité nationale. Les Aztèques exploitaient avec un certain art les mines d'argent, de plomb et d'étain de Tasco, et les mines de cuivre situées dans les montagnes de Zacotollan. On trouvait de l'or dans les rivières et dans les sables. Ils ne connaissaient pas l'usage du fer, et y suppléaient, pour leurs outils et leurs instruments, par un alliage de cuivre et d'étain, de même que par l'emploi de pierres d'une grande dureté rappelant le porphyre ou l'obsidienne, et qu'ils nommaient *itztli*. Pour certains ouvrages d'or et d'argent les orfèvres aztèques l'emportaient sur ceux de l'Espagne. Leur vaisselle de terre et de bois, leurs couleurs brillantes et solides, leurs étoffes analogues à nos broderies, leurs colifichets et parures confectionnés avec des plumes et d'autres matériaux, témoignent d'une grande habileté pratique dans les arts utiles. Il nous reste encore de nombreux monuments de leurs sculpteurs et de leurs architectes. Le commerce se faisait chez eux soit par voie d'échanges, soit à l'aide de certains objets de valeurs diverses et servant d'appoints, tels que tuyaux de plumes remplis de poudre d'or, petits fragments d'étain, grains de cacao, etc. La profession de marchand était entourée d'une considération toute particulière. On voyait souvent ceux qui l'exerçaient parcourir en caravanes les contrées les plus lointaines de l'Anahuac, quelquefois aussi les pays voisins, placés qu'ils étaient sous la protection immédiate du gouvernement et souvent même chargés par lui de missions spéciales. Le commerce des esclaves était réputé honorable, et il y avait à Atzcapotzalco des bazars spéciaux où ils étaient mis en vente. La polygamie était permise à tous, mais les classes riches seules en usaient. La femme était traitée avec les plus grands égards et prenait part à toutes les fêtes, à toutes les réjouissances de la vie sociale.

L'empire des Aztèques était arrivé à son apogée quand tout à coup les Espagnols, vinrent, comme par enchantement, l'effacer à jamais de la liste des nations. Sans doute leurs descendants subsistent encore aujourd'hui confondus avec les Européens dans les montagnes et les vallées de l'Anahuac, mais tout ce qui constituait leur caractère particulier comme peuple a complétement disparu. Ainsi que toutes les autres nuances de la race rouge, l'Aztèque a une sensibilité de naturel toute particulière. Il fuit tout tremblant le contact grossier de l'étranger européen. Quand l'influence étrangère vient à lui sous la forme d'une civilisation supérieure, il y succombe et disparaît. Celui qui connaît les Indiens actuels du Mexique a de la peine à comprendre comment ils ont jamais pu créer une organisation politique aussi avancée que celle des Aztèques, ou plutôt des Toltèques, car la civilisation des Aztèques paraît n'avoir été que le dernier reflet de l'antique civilisation toltèque. Consultez Veytia, *Historia antigua de Mejico* (Mexico, 1836); Clavijero, *Istoria antica del Messico* (4 vol., Ceséna, 1780-1781); Torquemada, *Monarquia Indiana* (Séville, 1615); Sahagun, *Historia universal de la Nueva España* (3 vol., Mexico, 1829; reproduit dans le sixième volume des *Antiquities of Mexico* de lord Kingsborough); Prescott, *History of the Conquest of Mexico* (2 vol., Boston, 1843).

AZUNI (Dominico Alberto), écrivain que ses recherches sur les origines du droit maritime et sur l'histoire en général ont rendu célèbre à bon droit, né vers 1760, à Sassari, en Sardaigne, mort à Cagliari, en janvier 1827, fut d'abord avocat dans cette dernière ville, puis juge au tribunal de commerce de Nice. Quand une armée française envahit le comté de Nice, il se retira à Florence, où parut d'abord son *Sistema universale dei principi del dritto marittimo d'Europa* (4 volumes, 1795), dont il fut donné plus tard une édition française sous ce titre : *Droit maritime de l'Europe* (2 vol., Paris, 1805). Le comté de Nice ayant été réuni à la France, Azuni se rendit à Paris, où il fut parfaitement accueilli. Appelé à participer aux travaux préparatoires de la rédaction du Code de Commerce, il fut nommé en 1807 président de la cour d'appel de Gênes, et l'année suivante élu membre du Corps législatif. Après la chute de l'Empire, il vécut quelque temps sans place et dans la misère à Gênes, jusqu'à ce que la protection du prince qui régna plus tard sous le nom de Charles-Félix lui eut fait obtenir une place au tribunal consulaire supérieur de Cagliari.

Parmi les autres ouvrages dont on est redevable à cet écrivain, il faut encore citer son *Dizionario universale ragionato della Giurisprudenza Mercantile* (4 vol., Nice, 1786-1788; deuxième édition, Livourne, 1822), travail extrêmement complet; son excellente *Histoire géographique, politique et naturelle de Sardaigne* (2 vol., Paris, 1802); *Mémoires pour servir à l'histoire des voyages maritimes des anciens navigateurs de Marseille* (Gênes, 1813); *Recherches pour servir à l'histoire de la piraterie* (Gênes, 1816); *Système universel des armements en course et des corsaires en temps de guerre* (Gênes, 1817).

AZUR, *smalt*, ou *bleu d'émail*. C'est un verre coloré en bleu par l'oxyde de cobalt. La fabrication de l'azur est en Saxe l'objet d'une industrie importante. En France, où elle existe à peine, elle pourrait recevoir des développements avantageux. L'azur réduit en poudre sert à donner au papier cette teinte qu'on nomme *azurée*; il sert aussi à mettre au bleu le linge et les étoffes blanchies auxquelles on le fixe par de la colle d'amidon, et aussi comme couleur d'émail, de porcelaine, de verre, plus rarement comme couleur d'application. On s'en sert beaucoup dans la peinture à fresque et à la détrempe. En général, sa nature vitreuse serait un obstacle à sa solidité si on ne le mêlait à la colle, à la gomme ou à l'huile.

On donne quelquefois improprement le nom d'azur à d'autres bleus, et notamment au *lapis lazuli*, minéral d'où l'on extrait l'o u t r e m e r.

La teinte de l'azur, à la fois douce et brillante, sert à caractériser un ciel sans nuage, une eau pure et profonde. On dit la *voûte azurée* du firmament, la *mer azurée*.

Azur est encore le nom que porte le bleu dans les armoiries. *Voyez* ÉMAIL.

AZYME (du grec ζύμη, *levain*, avec l'α privatif, c'est-à-dire sans levain). On appelle ainsi le pain fait de pâte non fermentée, le pain sans levain, dont les Israélites mangèrent au moment de sortir d'Égypte. C'était aussi chez les Israélites le nom d'une fête où l'on ne mangeait que des azymes, et où les convives prenaient un repas frugal, debout, les reins ceints, comme prêts à partir, en mémoire de la sortie d'Égypte. Il se dit encore aujourd'hui des pains sans levain que les Israélites mangent dans le temps de leur Pâque, et du pain que les chrétiens de l'Église latine emploient dans le sacrement de l'E u c h a r i s t i e.

La question de savoir si le pain dont on se sert dans la consécration eucharistique doit être levé ou sans levain a été un long sujet de dispute entre l'Église latine et l'Église orientale. Les Grecs, les Syriens jacobites et maronites, les kophtes et les nestoriens se servent de pain levé, et il paraît que cet usage est établi chez eux depuis les premiers temps du christianisme. Les catholiques romains se servent de pain azyme, et l'on est peu d'accord sur l'époque à laquelle cette coutume a commencé; il paraît qu'elle n'a pas toujours été généralement observée. Il est à peu près certain néanmoins que Jésus-Christ a consacré l'Eucharistie avec du pain azyme, puisque c'était le seul dont il fût permis d'user dans la célébration de la Pâque; cette considération, jointe à la leçon que saint Paul fait aux fidèles dans sa première Corinthienne : « Purifiez-vous du vieux levain, » etc., a fait conclure que le pain azyme était le plus convenable pour l'Eucharistie. Les protestants n'ont point adopté cette raison, et ils communient aussi avec du pain levé.

AZYMITES. Michel Cerularius, patriarche de Constantinople, donna cette qualification aux catholiques romains quand, au onzième siècle, l'Église grecque se sépara d'eux, parce qu'ils se servaient pour la sainte communion de pain azyme.

Ce nom devint surtout en usage parmi les Grecs après les infructueux efforts tentés en 1439 à Florence pour réunir les deux Églises; depuis, l'usage du pain levé ou du pain sans levain a constitué entre elles une différence essentielle. Les Latins, de leur côté, appellent les Grecs *prozymites* ou *fermentaires*.

Le concile de Florence a pourtant décidé que l'on peut validement consacrer le corps de Jésus-Christ avec du pain levé ou avec du pain sans levain, et que les prêtres grecs aussi bien que les prêtres latins peuvent agir suivant la coutume de leur Église. *Voyez* EUCHARISTIE.

B

B, consonne. C'est la seconde lettre de l'alphabet dans la langue française, comme dans plusieurs autres, telles que l'hébreu, le chaldéen, le syriaque, l'arabe, le grec, le latin, etc.; c'est la première dans l'alphabet de l'ancienne langue ire, la neuvième dans l'alphabet éthiopien, la treizième dans l'écriture runique, la vingt-sixième dans l'alphabet arménien, etc. Elle manque chez les peuples qui en parlant ne ferment jamais la bouche, comme les Américains indigènes du Nord. C'est un son doux produit par une légère pression des lèvres suivie de l'ouverture de la bouche; son facile à rendre, et qui est un de ceux que l'enfant fait entendre d'abord. La figure de cette lettre est prise des Latins, qui l'avaient reçue des Grecs (les Grecs modernes et les Russes en ont fait leur v). Le B (majuscule) est tout à fait semblable au B (bêta) des Grecs, et notre b (minuscule) à leur β. Ceux-ci l'avaient eu des Phéniciens, dont Cadmus apporta les caractères en Grèce. Son nom ancien chez les Orientaux était *bet; beth* chez les Phéniciens et les Hébreux, *bœvk* en langue runique, et *bouki* chez les Russes. Le B est une des lettres que les grammairiens hébreux, chaldéens, syriens et arabes appellent *labiales*, parce que les lèvres (*labia*) sont le principal instrument de la prononciation de ces lettres. Le B a beaucoup d'affinité avec d'autres lettres labiales, telles que le V, le P, et le Φ des Grecs, ou notre F, que nous tenons des Latins. De là vient que dans les manuscrits le B et le V sont souvent mis l'un pour l'autre; que les Arméniens ont très-souvent mis le B pour le P, et le P pour le B; qu'ils disent, par exemple, *Betrus* au lieu de *Petrus*, *Baulus* au lieu de *Paulus*, et *Apraham* pour *Abraham*. De là vient encore que dans la prononciation latine on ne distinguait pas beaucoup le B et le V, comme il paraît par les manuscrits, où nous trouvons *amabit* pour *amavit*, et *amavit* pour *amabit*, *berna* pour *verna*, et autres changements semblables, sur lesquels était fondée l'équivoque d'Aurélien sur l'empereur Bonose, grand buveur : *Non ut vivat natus est*, *sed ut bibat*. Les Espagnols et les Français qui sont voisins des frontières d'Espagne, comme les Gascons et les Basques, ont conservé cet usage, ne mettant guère de différence entre le B et le V, quoique le son de la première soit plus fort. On trouve souvent chez les Latins la substitution des mots *opsequens* à *obsequens*, *bolcano* à *volcano*, *jubentus* à *juventus*, *bixit* à *vixit*. Plutarque, dans ses *Questions Grecques*, dit que les Macédoniens changeaient le Φ en B, et prononçaient *Bilippe*, *Balacre* et *Béronice*, pour *Philippe*, *Phalacre* et *Phéronice*. Au contraire, ceux de Delphes à la place d'un Π mettaient un B, disant Βαθειν pour Παθειν et Βικρον pour Πικρον, aussi bien que les Éoliens. Les copistes latins ont quelquefois aussi changé le B en M, et ils ont écrit : *Mascauda* pour *Bascauda*, *Cumamus* pour *Cubabus*. Ils écrivaient *suppono*, *oppono*, au lieu de *subpono*, *obpono*, et prononçaient *optinuit*, quoiqu'ils écrivissent *obtinuit*, comme l'a remarqué Quintilien.

On dit ordinairement d'un ignorant qu'il ne sait ni A ni B; d'un homme malin, qu'il est marqué au B, parce que ceux qui sont borgnes, boiteux ou bossus, sont réputés avoir de l'esprit et de la malice.

B chez les Latins était une lettre numérale, qui signifiait 300, comme le constate le vers suivant :

Et B trecentum per se retinere videtur.

Quand on mettait un trait horizontal au-dessus, il signifiait 3,000. Chez les Grecs le β signifiait 2, et 2,000 avec un accent en bas. Chez les Hébreux il se prenait aussi pour 2. — En termes de calendrier B est la seconde des sept lettres d o m i n i c a l e s. — C'est le caractère par lequel on distingue les monnaies fabriquées dans la ville de Rouen. Le double B (BB) est la marque de la monnaie de Strasbourg.

Dans les formules chimiques B signifie le bore, Ba, le baryum, Bi le bismuth, Br le brome.

En musique, B placé en tête d'une partie sert à indiquer par abréviation la partie de basse. B *fa si*, ou B *fa mi*, ou simplement B, est le nom du septième ton de la gamme de Guy d'Arezzo.

Sur les inscriptions et sur les médailles B est l'abréviation d'un mot dont il est l'initiale, ou bien d'un nom propre, d'un prénom, d'un surnom, d'un titre; il désigne aussi le sénat, le conseil d'un peuple. Ajouté au nom d'un magistrat, d'un préteur, d'un archonte, il indique que ces personnages sont en fonction pour la deuxième fois. Deux B accolés ainsi, BB, veulent dire *benè, benè*, ou *très-bien*; deux B à la fin d'un mot en indiquent le pluriel : NOBB CÆSS, *Nobilissimi Cæsares*; en tête d'une préface, B. L. signifie *benevole lector*. B. F. dans une dédicace veut dire *bonæ fortunæ*; placées à la tête des ordonnances, ces deux lettres désignaient deux mots de bon augure : *bonum fatum*. B. V. sur une pierre tumulaire signifiaient *benè vixit* ; B. Q., *benè quiescat*.

BAADER (François-Xavier de), philosophe allemand connu par ses tendances mystiques et religieuses, né à Munich, en 1765, mort dans la même ville, le 23 mai 1841, était sujet dans sa jeunesse au somnambulisme. Il étudia d'abord la médecine à Ingolstadt et à Vienne; mais plus tard il se livra à l'étude de la minéralogie, notamment à Freiberg, sous la direction du célèbre Werner, à partir de 1788. Après avoir fait un grand nombre de voyages à l'étranger, tantôt seul, tantôt en compagnie de son frère Joseph, il fut nommé en 1818 directeur général des mines en Bavière. Élu membre de l'Académie des Sciences de Munich, il se trouva amené à faire une étude toute particulière de la philosophie de la nature, science sur laquelle le système philosophique de Schelling était arrivé à exercer une grande influence. C'est ainsi qu'il publia successivement un grand nombre de petits traités et de dissertations, par exemple : *Matériaux pour la Physiologie élémentaire* (Hambourg, 1787), *Du carré de Pythagore dans la nature* (Tubingue, 1799), etc., qu'il réunit plus tard dans ses *Matériaux pour la Physique dynamique* (Berlin, 1809) et dans ses *Œuvres philosophiques* (2 vol., Munster, 1831).

BAADER — BABATAG

A l'époque de la fondation de l'université de Munich, Baader fut nommé à la chaire de dogmatique spéculative; fonctions qu'il conserva jusqu'à sa mort, et qui convenaient mieux à sa nature contemplative.

L'idée première du système philosophique de l'identité répondait à ses tendances naturelles vers le mysticisme, mais il sut lui donner une direction et une application toutes particulières. Aussi toute sa vie se passa-t-elle à poser les bases d'une contemplation de la nature (*physiosophie*) qui participait en même temps de la théologie, ou plutôt de la théosophie. Il le tenta tantôt directement, tantôt indirectement et d'une manière polémique, par exemple, dans sa *Révision des philosophismes de l'école de Hegel, dans ses rapports avec le christianisme* (Stuttgard, 1836).

Dans le même but, il publia un grand nombre d'écrits, parmi lesquels nous citerons surtout ses *Leçons sur la Dogmatique spéculative* (Stuttgard, 1828 et 1838); *Leçons sur une théorie future du sacrifice ou du culte* (Munster, 1836). Parmi les écrivains qui ont essayé de réunir systématiquement les idées de Baader, qu'il n'a guère formulées lui-même que sous forme d'aphorismes, il faut surtout citer Hoffmann et son *Introduction aux Doctrines spéculatives de François Baader* (Aschaffenbourg, 1836).

Baader essaya aussi d'intervenir comme médiateur dans les querelles de l'Église moderne, par exemple dans son ouvrage posthume intitulé : *le Catholicisme oriental et occidental* (Leipzig, 1841).

Son frère aîné, *Clément-Aloys de* BAADER, éditeur de la *Bavière Savante*, né le 8 avril 1762, mourut le 23 mars 1838, conseiller de gouvernement et d'école.

Son troisième frère, *Joseph de* BAADER, membre du conseil supérieur des mines en Bavière, célèbre minéralogiste et mécanicien, né à Munich, en 1763, mort en la même ville, le 20 novembre 1838, s'était beaucoup occupé des perfectionnements à apporter à la construction des chemins de fer, et avait fait de nombreuses et heureuses expériences pour faciliter la traction. Cependant ses idées ont généralement été peu goûtées, faute peut-être d'avoir eu pour elles la sanction de l'expérience. On a de lui, entre autres, *Théorie des Pompes aspirantes et foulantes* (Baireuth, 1797; nouvelle édition, Hof, 1820); *Nouvelles Propositions et inventions pour améliorer les ouvrages hydrauliques employés dans l'exploitation des mines et des salines* (Baireuth, 1800; nouvelle édition, Hof, 1820); *Sur un nouveau Système de Mécanique créatrice* (Munich, 1871); *Huskisson et les Chemins de fer* (Munich, 1830).

BAAL, chez les Babyloniens *Bel*, nom générique de Dieu chez les Phéniciens et les Carthaginois, et qui dans le système religieux des tribus phéniciennes désignait plus particulièrement leur principale divinité mâle. A l'origine Baal était le même que le soleil, en tant que cet astre gouverne et féconde la nature par sa chaleur et sa lumière. Dans le culte sidéral postérieur des peuples de l'Asie centrale, le nom de Baal servit à désigner la grande étoile du bonheur, la planète Jupiter. Son caractère mythologique reçut les développements et les formes les plus divers, suivant les temps et les lieux; mais on manque de tout renseignement précis à cet égard. A Baal on associait d'ordinaire *Baaltis*, divinité femelle, plus généralement appelée *Astarté*.

Le culte de Baal était magnifique et bruyant. Les temples de ce dieu, ordinairement entourés de colonnes, étaient construits sur des hauteurs, et on lui faisait de sanglants sacrifices.

Les rapprochements qu'on a voulu établir entre Baal et un des dieux supérieurs ou inférieurs des Grecs sont en général très-hasardés. Toutefois, la légende d'Hercule et le culte rendu à ce héros ne laissent pas que d'avoir quelque analogie avec le culte de Baal, vraisemblablement parce que l'origine en était phénicienne.

L'Ancien Testament mentionne Baal dans les termes et les formes les plus divers; il lui applique des surnoms très-différents : le plus connu est celui de *Baalsefouf* (dans la forme grecque, Beelzebub).

Beaucoup de noms babyloniens, phéniciens et carthaginois sont composés du mot Baal : par exemple, *Annibal*, *Asdrubal*, etc.

L'introduction du culte tout sensuel de cette divinité parmi les Israélites, sous les rois juifs de l'époque postérieure, excitait le juste courroux des prophètes, qui rivalisaient de zèle et d'indignation pour le flétrir. Aussi les expressions de *culte de Baal*, *prêtre de Baal*, sont-elles devenues synonymes d'*idolâtrie* et de *serviteur hypocrite de la Divinité*.

BAALBECK. *Voyez* BALBEK.

BAANITES, sectateurs d'un certain Baanet, qui se disait disciple d'Épaphrodite, et qui renouvela vers 801 les erreurs des manichéens.

BAASA, fils d'Ahia, de la tribu d'Issachar, fut d'abord général du roi Nadab, fils de Jéroboam. Puis, conspirant contre ce prince, il le tua au siège de Gebbethon, et usurpa le trône d'Israel (953 avant J.-C.). Il extermina toute la famille de Jéroboam, se souilla de crimes, et s'abandonna à l'idolâtrie. Il fut battu par Asa, roi de Juda. Sa dynastie finit avec son fils Éla, tué en 929 par Zamri, commandant de ses chariots.

BABA, mot turc, qui a la même signification que *papa*, père ou grand-père. Les habitants d'Alexandrie nommaient ainsi leur patriarche. C'est aussi le nom de quelques personnages orientaux.

BABA, fameux imposteur turkoman, qui, à l'exemple de Mahomet, se faisait passer pour prophète et envoyé de Dieu dans le douzième siècle, leva une nombreuse armée, mit à feu et à sang la Natolie ou Asie Mineure, et battit en plusieurs rencontres les troupes du sultan seldjoukide Kaï-Khosron II. Mais les chrétiens, qui formaient une partie de l'armée de ce prince, mirent en déroute ces sectaires l'an 638 de l'hégire (1240 de J.-C.), en passèrent le plus grand nombre au fil de l'épée, et coupèrent la tête au faux prophète.

BABA BAZARLU, Turc contemplateur a fini demi fou, passa sa vie dans une cellule, où il ne s'occupait qu'à observer les choses célestes et à lire, non des livres, mais un seul mot, *Hu*, qu'il avait fait écrire en lettres énormes sur la muraille, et qui signifie en arabe *celui qui est*, l'Être-Suprême.

Avant de monter sur le trône de Perse, *Feth-Ali-Chah* s'appelait *Baba-Khan*. H. AUDIFFRET.

BABA (*Pâtisserie*), gâteau d'origine polonaise, dans la composition duquel entre la plus belle farine, du beurre très-fin, beaucoup d'œufs, du sucre, du sel, du raisin de Corinthe, du raisin muscat de Malaga, du cédrat confit, de l'angélique confite, du safran, de la crème et du vin de Malaga. On croit généralement que c'est le roi Stanislas, beau-père de Louis XV, qui importa cette espèce de pâtisserie en France. D'après une recette donnée par la comtesse de Kisseleff, née comtesse Potocka, et parente des Leczinski, le véritable *baba* polonais devrait se faire avec de la farine de seigle et du vin de Hongrie. On voit quelquefois à Paris, dans les mains de quelques gourmands, ou aux étalages de quelques-uns de nos praticiens, des babas qui ont été façonnés dans les petits moules; mais ils se dessèchent trop aisément pour que les gens de goût puissent approuver cette méthode économique.

BABATAG, ville forte du sandjak de Silistria, dans la partie nord-est de la Turquie d'Europe, bâtie dans une contrée marécageuse entourée de montagnes, possède une population de 10,000 âmes, une école supérieure et cinq mosquées, dont la plus belle est celle que fit construire Bajazet 1er. Ce sultan peupla de Tatares cette ville, qu'il venait de fonder, et lui donna le nom d'un saint dont le tombeau, situé sur une hauteur voisine, est l'objet de nombreux pèlerinages. Les habitants de Babatag font avec la mer Noire un commerce des plus actifs, auquel le port de Kara-Kerman, situé un peu plus au sud, sert d'entrepôt. Dans la plupart des guerres que la Porte a eu à soutenir contre la Russie, le quartier général de l'armée turque a toujours été établi à Babatag.

BABBAGE (CHARLES), professeur de mathématiques à Cambridge, membre correspondant de l'Académie des Sciences morales et politiques de France, l'un des savants les plus illustres dont s'enorgueillisse aujourd'hui l'Angleterre, est né vers 1790. Parmi ses travaux, il nous faut tout d'abord citer ici ses Tables logarithmiques et trigonométriques, qui se distinguent par leur exactitude et la commodité de leur disposition. La lenteur et la difficulté des opérations qu'exige la construction de ces sortes de tables, surtout lorsqu'elles doivent avoir des proportions étendues, suggérèrent à M. Babbage l'idée de confier ce travail à une machine. Chargé par le gouvernement anglais de la réalisation de ce projet, il eut soin, avant d'entreprendre ce travail, d'aller visiter un grand nombre d'ateliers de mécanique et d'étudier les divers systèmes de machines, tant en Angleterre que sur le continent, afin de bien connaître l'ensemble des forces auxiliaires de la mécanique, et de les pouvoir combiner et utiliser dans sa gigantesque construction. Cette étude préalable lui fournit les matériaux de son ingénieux Traité sur l'Économie des Machines et des Manufactures, traduit de l'anglais une première fois par M. Éd. Biot, et une seconde par M. Isoard, sous le titre de Science économique des Manufactures. M. Babbage y expose d'une manière très-lucide le grand principe de la division du travail, qui est la base de l'industrie manufacturière. « Cet ouvrage, dit M. Blanqui, est un hymne en faveur des machines. L'auteur en fait ressortir les plus merveilleux résultats avec une exactitude mathématique, et il démontre fort bien tout ce que l'humanité doit gagner en soulagement physique et en dignité morale à se débarrasser par les machines de ses plus rudes travaux. »

Enfin M. Babbage commença sa machine à calculer, qui, pour atteindre son double but d'effectuer les calculs et d'en écrire les résultats, devait se composer de deux parties distinctes, l'une pour calculer et l'autre pour imprimer. La construction de la première de ces parties, commencée vers 1828, était à peu près achevée en 1833, et avec une admirable perfection, lorsque survint une interruption dans les travaux. La seconde partie n'était pas encore alors à moitié terminée, et déjà la dépense totale s'élevait à une somme de 17,000 livres sterling (425,000 fr.). Comme le complet achèvement de la machine eût au moins exigé le double de cette somme, on renonça à la terminer, et M. Babbage s'occupa de projets relatifs à la construction de machines plus grandes pour toutes les opérations algébriques.

On doit encore à ce savant économiste un livre intitulé Vue comparative des diverses institutions d'assurances sur la vie ; et sa dernière publication a pour titre : l'Exposition de 1851 : coup-d'œil sur l'industrie, les sciences et le gouvernement de l'Angleterre.

BABEL (Tour de). La Bible raconte dans le premier livre de Moïse qu'il n'y avait d'abord qu'une seule langue sur toute la terre. Après le déluge, les fils de Noé se retirèrent vers les plaines de la Mésopotamie, où ils se mirent à cuire de la brique avec l'intention de bâtir une ville au milieu de laquelle s'éleverait une tour dont le faîte atteindrait le ciel. Mais Jéhova détruisit cette audacieuse entreprise, en punition de laquelle il confondit les langues, de telle sorte que les hommes ne se comprirent plus entre eux, en même temps qu'il les dispersa sur tous les points de la terre. La ville fut nommée à cause de cela Babel, nom qui veut dire confusion. Ce récit se rattache d'abord à un fait historique de la plus haute antiquité, à savoir la construction de la ville de Babylone, qui fut incontestablement l'un des premiers foyers de la civilisation. La tour de Babel est parfaitement reconnaissable dans le grand temple de Bélus à Babylone. Ce temple, d'après le témoignage toujours concordant des écrivains classiques, était l'un des édifices les plus remarquables de cette ville, si riche en monuments magnifiques. Hérodote et Diodore nous ont donné la description du temple. Le premier nous représente cet édifice comme un carré de huit stades de circuit, qui, au rapport de Strabon, atteignait une élévation de 625 pieds. Un grand escalier circulaire permettait d'en atteindre le faîte, où se trouvait placé le sanctuaire de la divinité, à laquelle, toutefois, une statue d'or était consacrée à l'étage inférieur. Les murailles en étaient ornées de sculptures semblables aux scènes de chasse assyriennes de Ninive. Cette tour ne servait pas uniquement aux cérémonies du culte, mais encore d'observatoire astronomique.

Il serait difficile d'indiquer l'époque précise où ce temple fut détruit. Il existait d'ailleurs encore à l'époque d'Aristote. Alexandre le Grand ne le trouva plus qu'en ruines, et fit d'inutiles efforts pour enlever les décombres de ce gigantesque édifice. Aujourd'hui même une immense monceau de briques brisées, situé sur la rive occidentale de l'Euphrate, et désigné sous le nom de Birs Nimroud, rappelle le souvenir de cette colossale construction des temps primitifs.

La tradition que nous venons de raconter contient en outre une explication au sujet de la diversité des langues, encore bien que toutes les races humaines descendent d'une seule et même souche. Elle y voit un mal, attendu que cette diversité a rendu plus difficiles les rapports des hommes entre eux ; elle la présente en conséquence comme une punition immédiate de Dieu ; opinion à l'égard de laquelle l'auteur de la Genèse se trouve d'accord avec divers autres philosophes de l'antiquité, notamment avec Platon. Il sera facile de concevoir pourquoi Babylone fut choisie pour le siége de cette confusion des langues, si l'on réfléchit que, cette ville ayant été l'un des grands foyers de la civilisation et de la vie du monde antique, une foule d'individus appartenant aux nations les plus étrangères les unes aux autres par l'origine et par la langue devaient constamment s'y rencontrer.

Quant au troisième point de la tradition qui nous occupe, celui qui donne au nom de la ville de Babel le mot confusion pour synonyme, il serait tout aussi difficile de le démontrer que de le soutenir philologiquement que tant d'autres étymologies plus ou moins hasardées. Évidemment ce nom indiquerait plutôt des souvenirs se rapportant au culte du dieu Bel ou Baal.

BAB-EL-MANDEB, c'est-à-dire Porte de la Tristesse. C'est le nom du détroit situé entre l'Arabie et le continent africain, qui met la mer Rouge en communication avec le golfe d'Aden et la mer des Indes. La presqu'île d'Arabie se rapproche ici par le promontoire de Djebel Manhâli, haut de 288 mètres, à une distance de 44 kilomètres de la côte d'Afrique, qui au Râs-Sejan atteint une élévation de 122 mètres. Au milieu du détroit, mais cependant plus près de la côte d'Arabie, est située l'île de Périm, rocher nu et aride, que les Anglais ont fortifié de nos jours, et qui divise le canal en deux passes, dont la plus étroite est du côté de l'Arabie, et la plus large du côté de l'Abyssinie. C'est la première que les navires choisissent d'ordinaire, à cause de son bon fond d'ancrage. Tout près de la côte d'Afrique on rencontre huit petites îles, appelées les Huit Frères. Le courant dans cette passe est ordinairement d'une grande violence, et la rend extrêmement dangereuse pour les bâtiments de petites dimensions. C'est cette circonstance, jointe à l'aspect nu et désolé des côtes, ainsi qu'aux fréquents coups de vent qui règnent dans ce détroit, qui lui ont fait donner, dit-on, le nom sous lequel il est désigné.

BABENBERG (Comtes de). Cette famille, une des plus anciennes de l'Allemagne, descendait, dit-on, des rois francs. Dès le neuvième siècle il est question des Babenberg comme possédant de riches domaines dans ce qu'on appelle aujourd'hui la haute Franconie, et aux environs de Bamberg, ville dont le nom provient du château de Babenberg, siége de cette famille, situé à peu de distance. Ils devinrent souverains de cette contrée avec le titre de *gaugraves* dès l'an 908 ; mais leur importance politique ne date véritablement que du moment où Léopold 1er, l'un de leurs descendants, devint, en 983, margrave d'Autriche. Cette famille s'éteignit en 1246, en la personne de Frédéric le Belliqueux, duc d'Autriche. Une ligne collatérale, fondée par Henri, fils cadet de Henri Jasomirgott (mort en 1177), et dont les chefs prenaient le titre de ducs d'*Autriche Mœdling*, s'était éteinte dès l'an 1226, en la personne de Henri le Cruel.

BABENHAUSEN, ancienne seigneurie immédiate de l'empire, aujourd'hui justice seigneuriale des princes Fugger, dans le cercle bavarois de Souabe et de Neuburg, d'une superficie de 124 kilom. carrés, avec une population de 6,762 habitants. Elle a pour chef-lieu le bourg de *Babenhausen*, où se trouvent deux châteaux, un beau parc et 1700 habitants. C'est là que résident les princes de Fugger-Babenhausen.

Cette seigneurie passa, vers le milieu du seizième siècle, des mains des anciens sires de Babenhausen dans celles des comtes de Kirchberg, puis successivement aux sires de Fœrber et aux barons de Rechberg, qui, en 1538, la vendirent aux comtes de Fugger. Elle fut médiatisée en 1806. — Il y a une petite ville du même nom dans le grand-duché de Hesse-Darmstadt : population, 2,350 habitants.

BABEURRE. *Voyez* BEURRE.

BABIL, BABILLARD, BABILLER. Ce serait bien miracle que dans un *Dictionnaire de la Conversation* on eût oublié l'article *Babil*. Notons d'abord que ce mot est formé des syllabes *ba bi*, qui appartiennent au vocabulaire de l'enfance, expriment des idées relatives à cet âge, et imitent le bruit et l'action de parler. Plusieurs savants, Nicod, Grotius, Postel, etc., donnent à ce mot une origine plus relevée, plus illustre, et le font remonter jusqu'à la tour de Babel. Notre grand Molière semble avoir adopté cette étymologie dans ces vers du *Tartufe* :

C'est véritablement la tour de Babylone,
Car chacun y babille, et tout le long de l'aune.

Babiller, c'est parler beaucoup sans rien dire, ou, ce qui revient au même, c'est dire des riens, tenir des discours superflus, insignifiants ; c'est causer, jaser, caqueter, bavarder à tort et à travers, comme font les femmes, auxquelles s'applique merveilleusement le mot babil :

Et je sais même sur ce point
Bon nombre d'hommes qui sont femmes.

Babiller est encore un terme de vénerie. On dit d'un limier qui donne de la voix : Ce limier babille trop ; il faut lui ôter le babil, le rendre secret. Quel moyen emploiera-t-on pour cela ? je l'ignore. Mais s'il est efficace pour faire taire les chiens, pourquoi n'y aurait-on pas recours pour fermer la bouche aux hommes ? Si le Français passe pour le plus babillard de tous les peuples, le Parisien est sans contredit le plus babillard de tous les Français. On babille dans le cabinet, dans l'antichambre, dans l'appartement ; ce n'est pas assez, la conversation recommence à la porte, elle se continue du haut en bas de l'escalier ; on est trop loin pour s'entendre, et l'on se répète encore ce que l'on s'est déjà dit. Dans les boutiques, dans les marchés, que de paroles avant de conclure la plus petite emplette ! Dans les cafés, dans les cabinets de lecture, que de commentaires sur un article de gazette ! Dans les rues, sur les quais, sur la rivière, quels flux de paroles précèdent et terminent les rixes et les gourmades ! On babille dans les salons comme dans les estaminets ; on s'arrête dans les rues pour babiller, au risque d'être écrasé par les voitures : forcé par l'omnibus de se séparer, les interlocuteurs se rejoignent bientôt pour reprendre leur conversation.

Phocion appelait les babillards *larrons de temps*. Il les comparait aux tonneaux vides, qui rendent plus de son que les tonneaux pleins. Moi qui m'évertue à babiller, tant bien que mal, pour définir le babil et corriger, si je peux, les babillards, sans parvenir à me corriger moi-même, je crains fort qu'on ne m'accuse, à mon tour, de n'être qu'une futaille. Et pourtant sur ce chapitre j'aurais bien des choses à dire encore. Mais qui m'empêchera de reprendre ma conversation aux mots BAVARD, BAVARDAGE, CAQUET, CAQUETAGE, etc. ?

H. AUDIFFRET.

Ajoutons seulement qu'une feuille périodique anglaise illustrée par la plume d'Addison a porté le nom du *Babillard*, et qu'une comédie de Boissy, sous le même titre, est restée au répertoire de la Comédie-Française.

BABINE (République de), société satirique et littéraire, fondée en Pologne au milieu du seizième siècle par Stanislas Pszonka, seigneur de Babine, l'un des beaux-esprits de la cour du roi Sigismond-Auguste. Le but de cette réunion était la critique des ridicules des personnages marquants de l'époque. On y décernait des titres et des charges imaginaires, dont la collation avait toujours pour but quelque satire sanglante : aussi, à une époque où la liberté de la presse n'existait pas, cette association de frondeurs ne laissa-t-elle pas d'exercer pendant un certain laps de temps une influence salutaire et décisive sur les mœurs. Aucun personnage d'un rang élevé n'échappait à sa censure, qui recevait tout aussitôt une immense publicité ; grâce à la malignité naturelle d'une société que cette justice souveraine, mais impartiale, satisfaisait dans ses rancunes comme dans ses instincts généreux. Sigismond-Auguste ayant demandé à Pszonka s'il y avait un roi dans sa république : « Vous régnez à Babine comme en Pologne, lui répondit le caustique fondateur ; et tant que vous vivrez, nous ne songerons pas à nous choisir un autre roi. »

Pszonka mourut en 1570. Ses successeurs maintinrent encore longtemps la république de Babine ; mais elle s'affaissa un jour comme celle de Pologne, et disparut dans les troubles du pays. Ses archives avaient été enlevées par les Suédois sous le règne de Jean-Casimir. Le prince Adam Czartoryski, ministre des affaires étrangères de Russie, obtint en 1802 la restitution d'une faible partie de ces documents, entre autres celle des protocoles de la République lilliputienne, dont les derniers portent la date de 1677.

A l'imitation de ce qui se pratiquait en Pologne, plusieurs républiques du même genre s'étaient formées dans différentes cours de l'Europe. Celle qui avait été établie à la cour de l'électeur de Clèves demeura longtemps célèbre en Allemagne.

BABINET (JACQUES) naquit à Lusignan, le 5 mars 1704. Sa famille, qui remplissait de père en fils des fonctions dans la magistrature, le destinait à la même carrière ; mais le jeune Babinet montra plus de vocation pour l'étude des sciences que pour le droit. Sans doute, les leçons de Binet, qu'il suivait au lycée Napoléon, contribuèrent beaucoup à développer cette tendance. Il quitta le lycée pour entrer à l'École Polytechnique, et après à l'École d'artillerie de Metz ; le 5e régiment d'artillerie l'a compté quelque temps dans ses rangs.

Sous la Restauration nous trouvons M. Babinet professeur de physique au collége Saint-Louis. Ses recherches se sont plus particulièrement portées sur l'optique météorologique et minéralogique ; l'Académie des Sciences et la Société Philomatique renferment dans leurs archives plusieurs mémoires de M. Babinet sur cette partie de la physique. C'est aussi à cette époque qu'il faut rapporter les mémoires *sur la Mesure des forces chimiques*, *sur la Masse de la planète Mercure*, *sur les Couleurs des réseaux*, *sur la Détermination du magnétisme terrestre*, sur la *Cause du retard qu'éprouve la lumière dans les milieux réfringents*, etc. M. Babinet a remplacé Fresnel à la Société Philomathique, et il s'est assis, en 1840, au fauteuil de Dulong à l'Académie des Sciences (section de physique). L'Athénée l'a compté au nombre de ses professeurs de 1825 à 1828; son cours de météorologie attirait le public.

Un des titres scientifiques de M. Babinet est la modification qu'il a fait subir à la construction de la machine pneumatique, modification qui fournit le moyen de faire sortir du récipient une plus grande quantité d'air, c'est-à-dire d'obtenir une raréfaction d'air plus parfaite. Elle consiste en un robinet qui intercepte la communication de l'un des corps de pompe avec le récipient, en laissant subsister celle des corps de pompe entre eux. On ne commence à en faire usage que lorsqu'on a obtenu le vide ordinaire, c'est-à-dire lorsque l'éprouvette reste stationnaire. On parvient par ce moyen à une raréfaction telle que la quantité d'air qui reste sous le récipient exerce sur une éprouvette d'acide sulfurique une pression d'un ou deux millimètres au plus. M. Babinet, doué d'un esprit fertile en inventions, a enrichi la science de nouveaux instruments, atmomètres, hygromètres, goniomètres, etc. Jules GARNIER.

BABINGTON (Conjuration de). Cette conjuration, qui fit tomber la hache si longtemps suspendue sur la tête de Marie Stuart, est un des événements les plus mal connus et les plus diversement jugés de l'histoire d'Angleterre. Non-seulement les opinions varient à ce sujet, mais encore les historiens rapportent les faits d'une façon différente, selon qu'ils appartiennent au parti catholique ou au parti protestant; car cette lutte de Marie Stuart et d'Elisabeth ne fut pas seulement la lutte de l'Écosse et de l'Angleterre et celle de deux femmes rivales, ce fut encore la lutte de deux principes religieux, le catholicisme et le protestantisme, depuis un siècle en guerre dans la Grande-Bretagne. Des nombreuses conspirations qui durant la longue captivité de la reine d'Écosse se tramèrent contre Elisabeth, celle de Babington fut la plus complétement, la plus purement catholique, et ce fut celle-là qui amena la mort immédiate de Marie Stuart.

Babington était un jeune Anglais de noble famille, riche, beau, spirituel, romanesque, et catholique zélé jusqu'au fanatisme. Avant de se mêler en titre à la politique, il professait un dévouement chevaleresque pour la reine captive, en même temps qu'un profond respect pour la religion opprimée par Elisabeth. Ses sentiments bien connus le firent rechercher par les agents d'un nommé Morgan, conspirateur déterminé, qui, détenu prisonnier en France à la demande de la reine d'Angleterre, ne désespérait pourtant pas de délivrer Marie Stuart. Dans un plan de conspiration envoyé par Morgan en Angleterre, on devait assassiner Elisabeth : un fanatique, nommé Savage, s'était chargé de faire le coup. Mais on jugea qu'un seul pouvait ne pas suffire, et il fut décidé qu'une troupe de dix gentils-hommes prendrait part à cette entreprise désespérée, dont Babington devint le chef. L'enthousiaste et orgueilleux jeune homme commit mille imprudences, et le ministre Walsingham, ennemi acharné de la reine d'Écosse, eut bientôt découvert le complot, dont, selon les écrivains catholiques, il aurait même été l'agent provocateur. Certain d'être puni quand il le voudrait une conspiration dont il tenait tous les fils, il laissa agir les conjurés, parce que leur action devait perdre la royale captive. Ces lettres furent envoyées à Marie Stuart par Babington, qui reçut les réponses de la reine d'Écosse, et au jour du jugement ces réponses furent la plus terrible accusation portée contre cette infortunée; elles prouvaient, en effet, qu'elle avait consenti à l'assassinat d'Elisabeth.

En examinant de sang-froid combien il importait au ministre qui voulait perdre la reine d'Écosse d'avoir de telles lettres, on est porté à douter de leur authenticité, d'autant plus qu'en face même de l'échafaud Marie, faible, malade, vieille avant l'âge, croyante jusqu'à la superstition, nia obstinément qu'elle fût l'auteur des réponses. Quant à Babington, il fut démontré qu'il avait écrit les lettres; et quoiqu'il fût prouvé aussi que, refusant de prendre part à l'assassinat d'Elisabeth, il s'était dévoué à la partie romanesque et chevaleresque de l'entreprise, la délivrance de la reine d'Écosse, il fut condamné à perdre la tête sur un échafaud avec ceux des conspirateurs dont on parvint à s'emparer. Loin de protester contre cet arrêt, Babington, se reconnaissant chef de la conspiration, posa courageusement sa tête sur le billot, en témoignant de son attachement à la reine d'Écosse et à la religion catholique. Les suites de cette conspiration furent, comme nous l'avons dit, la mort de celle qu'on avait voulu sauver. Ajoutons que la cause catholique, qui devait encore soulever plus d'un complot au sein de la protestante Angleterre, périt, en 1586, dans la personne de Babington.

BABIROUSSA ou BABYRUSSA (mot composé de deux termes malais : *babi*, cochon, et *roesa*, cerf). Ce mammifère, encore peu connu, bien que Pline en fasse déjà mention dans son *Histoire Naturelle*, appartient à la famille du cochon, avec lequel il a beaucoup de rapports en ce qui concerne la disposition des dents. Il est presque de la taille du cerf, et sa couleur tire sur le rouge fauve. Ses défenses supérieures sortent de sa mâchoire, et se recourbent comme celles de la mâchoire inférieure en forme de demicercle et dans la direction des yeux; elles ont toute l'apparence de cornes, et n'existent, dit-on, que chez le mâle. Valentyn prétend que le babiroussa a l'habitude d'accrocher ses défenses à quelque branche d'arbre ou à quelque liane, afin de dormir, ainsi suspendu, avec plus de commodité. Mais il est permis de révoquer en doute cette particularité.

Le babiroussa, qui est très-commun dans les îles de Bornéo, Java, Célèbes, etc., où on le rencontre en petits troupeaux, se nourrit d'herbes, de feuilles d'arbres, etc. Il nage parfaitement, et n'est pas difficile à apprivoiser. Sa chair, dont le goût tient tout à la fois de celle du cerf et de celle du cochon, est vivement recherchée par les gourmets dans les Indes orientales.

BABO (JOSEPH-MARIE DE), poëte dramatique de quelque talent, naquit en 1756, à Ehrenbreitstein, et mourut en 1822, à Munich, dont il dirigea le théâtre pendant près de trente années. Son *Othon de Wittelsbach*, pièce dans laquelle les plus célèbres acteurs s'essayèrent tour à tour, et qui fut évidemment inspirée par le *Gœtz de Berlichingen* de Gœthe, est resté au répertoire, et se voit encore avec plaisir. Babo composa en outre un drame intitulé *Arno*, dans lequel il essaya de supprimer l'intervention de l'amour et les rôles de femmes. On a encore de lui les tragédies de *Gênes et la Vengeance*, *Ida*, *Dagobert roi des Franks*, *les Romains en Allemagne*; *les Strelitz*, drame; *Cora et Alonzo*, mélodrame, et plusieurs comédies, qui obtinrent beaucoup de succès. Son théâtre complet a été imprimé à Berlin (1er volume, 1793; 2e volume, 1804).

BABŒUF (Conspiration de). Babœuf, qui fut à la tête du plus vaste, du plus redoutable complot qui ait été tramé pour le renversement du gouvernement directorial, et qui a eu le triste avantage de voir son nom servir de racine à la composition du mot *babouvisme*, créé pour généraliser les principes de la conspiration et de la loi agraire; Babœuf, qui avait substitué à ses prénoms, *François-Noël*, ceux de *Caïus-Gracchus*, était né à Saint-Quentin, en 1764. Après avoir rempli à Roye les fonctions de géomètre et de commissaire à terrier, il rédigea au commencement de la révolution un journal intitulé *le Correspondant picard*, fut successivement administrateur du département de la Somme, commissaire du district de Montdidier, secrétaire général de l'administration des subsistances à

Paris, et publia, après le 9 thermidor, un pamphlet intitulé : *Du Système de Dépopulation, ou la vie et les crimes de Carrier* ; plus tard, *le Tribun du Peuple*, journal d'opposition contre le parti thermidorien.

Accusé par Tallien, le 10 pluviôse an III (29 janvier 1795), d'outrage envers la Convention nationale, il fut arrêté et conduit dans la prison d'Arras. Rendu à la liberté par la loi d'amnistie qui termina la session de la Convention nationale, il reprit la publication de son *Tribun du Peuple*, et se prononça avec la plus énergique franchise contre le nouveau gouvernement établi par la constitution de l'an III, réclamant la mise en œuvre de la constitution votée par la Convention en 1793, présentée par elle à la sanction du peuple, et suspendue par l'établissement du gouvernement révolutionnaire. S'il ne fut pas le chef, il est du moins certain qu'il fut l'agent le plus actif, le plus hardi de la conspiration qui se forma à Paris pour substituer cette constitution de 1793 à celle de l'an III. La Convention nationale, après la révolution de thermidor, avait elle-même considéré l'acte constitutionnel de 1793 comme base fondamentale du gouvernement; elle avait nommé une commission spéciale pour la rédaction des lois organiques. Ce décret resta sans exécution, et la nouvelle constitution de l'an III fut rédigée et promulguée.

Le nouveau régime était à peine en activité, que Babœuf, Antonelle, Drouet, Ch. Germain, Darthé, Buonarotti et autres, s'associèrent pour le renverser. La conjuration avait des ramifications dans tous les arrondissements de la capitale, dans les départements et aux armées. Un projet aussi vaste, une correspondance aussi étendue, aussi active, ne pouvaient être longtemps secrets. Barras, alors membre très-influent du Directoire exécutif, en connaissait les chefs et le but. Il feignit de vouloir entrer dans le complot. Sa conférence avec Darthé le prouve. Ce document, dont l'authenticité n'a jamais été contestée, a été produit au procès devant la haute cour nationale, et publié officiellement. Cette entrevue de Darthé et Barras eut lieu le 30 germinal de l'an IV, et dès le 25 du même mois le Directoire exécutif avait, par un message, informé le conseil des Cinq-Cents que des rassemblements nombreux menaçaient la tranquillité publique; que l'on y provoquait ouvertement le rétablissement de la constitution de 1793, le massacre des membres du Corps législatif et du gouvernement. Ce message fut renvoyé à une commission spéciale, dont le rapport ne se fit pas attendre. Dès le lendemain une résolution du conseil des Cinq-Cents, adoptée le même jour par celui des Anciens, autorisa le Directoire à employer les moyens répressifs les plus énergiques. Cette loi portait peine de mort contre tous ceux qui attenteraient à l'autorité du gouvernement établi. Les auteurs et imprimeurs de journaux, affiches et placards furent tenus de les signer, sous peine d'emprisonnement de six mois à deux ans. La légion de police, établie comme garde soldée pour la sûreté de la capitale, fut supprimée ; on la croyait disposée à seconder le mouvement préparé par les chefs de la conjuration. Ceux-ci avaient eu tout le temps nécessaire pour faire disparaître les preuves du complot. Ils savaient depuis plus de quinze jours que le Directoire était parfaitement instruit du complot et de tous les moyens d'exécution. Il paraît que l'insurrection devait éclater dans la nuit du 22 au 23 floréal an IV, et dès le 21 Babœuf, le conventionnel Laignelot et les autres principaux conjurés furent arrêtés; immédiatement le Directoire en informa les deux conseils. Une loi votée le même jour ordonna que dans trois jours les conventionnels, les fonctionnaires destitués, les prévenus d'émigration, les amnistiés, sortiraient de Paris et se tiendraient à une distance de dix lieues.

De nombreux papiers furent saisis dans le local où s'assemblait le comité insurrectionnel, qui s'intitulait *Directoire du salut public*. Toute la correspondance avec les agents de Paris, des départements et de l'armée, les proclamations, les instructions, les listes de proscription et l'état de ceux qui devaient diriger le mouvement, former la nouvelle Convention et s'emparer de l'autorité, le but de l'insurrection, et tous les documents relatifs aux moyens d'exécution, tombèrent ainsi au pouvoir du gouvernement.

Le représentant Drouet étant signalé par les documents comme l'un des chefs de la conjuration, le Directoire demanda au conseil des Cinq-Cents s'il pouvait faire mettre les scellés chez ce représentant et le faire arrêter. Le conseil passa à l'ordre du jour, motivé sur les lois de répression qui venaient d'être votées, et qui dans la désignation des prévenus du complot n'avaient excepté personne. Les pièces saisies forment deux volumes in-8°. Une des plus remarquables est celle qui est intitulée : *Manifeste des Égaux*; il suffira d'en extraire les conclusions :

« ... Peuple de France... d'anciennes habitudes, d'antiques préventions, pourront de nouveau faire obstacle à l'établissement de la *République des Égaux*. L'organisation de l'égalité réelle, la seule qui répondrait à tous les besoins, sans faire de victimes, sans coûter de sacrifices, ne plaira peut-être point d'abord à tout le monde. L'égoïste, l'ambitieux frémira de rage. Ceux qui possèdent injustement crieront à l'injustice. Les jouissances exclusives, les plaisirs solitaires, les aisances personnelles, coûteront de vifs regrets à quelques individus, blasés sur les peines d'autrui. Les amants du pouvoir absolu, les vils suppôts de l'autorité arbitraire, ploieront avec peine leurs chefs superbes sous le niveau de l'égalité réelle. Leur vue courte pénétrera difficilement dans le prochain avenir du bonheur commun. Mais que peuvent quelques milliers de mécontents contre une masse d'hommes tous heureux et surpris d'avoir cherché si longtemps une félicité qu'ils avaient sous la main... Peuple de France... à quel signe dois-tu donc reconnaître désormais l'excellence d'une constitution?... Celle qui tout entière repose sur l'égalité de fait est la seule qui puisse te convenir et satisfaire à tous les vœux. Les chartes aristocratiques de 1791 et de 1795 vous ont les fers au lieu de les briser. Celle de 1793 était un grand pas de fait vers l'égalité réelle : on n'en avait pas encore approché de si près ; mais elle ne touchait pas encore le but, et n'abordait point le bonheur commun, dont pourtant elle consacrait solennellement le grand principe... Peuple de France... ouvre tes yeux et ton cœur à la plénitude de la félicité; reconnais et proclame avec nous la République des Égaux... »

Voilà toute la pensée des conjurés; ils appelaient le peuple aux armes contre le gouvernement établi; ils écrivaient sur leurs bannières : *Constitution de 1793*, et en réalité ils voulaient plus que cette constitution, qui garantissait toutes les existences et toutes les propriétés, où on ne lit pas un seul mot qui indique la moindre tendance à la communauté des biens. Cette communauté est formellement consacrée dans le *Manifeste des Égaux*; on remarque la même contradiction dans l'*Acte d'insurrection* : *Le but de l'insurrection est le rétablissement de la constitution de 1793* (art. 2). Telle était aussi la devise inscrite sur les bannières et les drapeaux qui devaient être distribués aux insurgés. C'était pour la constitution de 1793 qu'on les appelait à combattre; mais, dans la pensée des chefs de l'insurrection, la constitution de 1793 devait être anéantie comme celles de 1791 et de 1795. La France, alors en guerre avec toute l'Europe, déchirée par les factions à l'intérieur, allait se trouver sans gouvernement, sans lois, sans chefs avoués par elle; les conjurés n'auraient sans doute pas calculé toutes les conséquences désastreuses de leur complot. Ils s'étaient flattés que tous les départements et les armées auraient suivi l'exemple de la capitale; mais la capitale elle-même n'aurait pas cédé sans résistance. Cependant les deux conseils avaient prévu toutes les chances de cette crise : une adresse aux Parisiens fut immédiatement suivie d'un décret qui les rendait responsables de la sûreté de la représentation nationale, et qui ordonnait que dans le cas où un attentat serait commis contre un de ses membres les deux conseils et le Directoire exécutif se réuniraient à Châlons-sur-Marne. Babœuf fut arrêté le 21 floréal an IV, et conduit au ministère de la police générale. Il déclara qu'il n'y avait pas eu de conspiration, mais une simple réunion de patriotes, dont l'unique but était de délibérer sur les moyens de sauver la liberté compromise par les fautes du gouvernement, et que dans cette réunion il n'avait eu que sa voix.

A peine entré dans la prison du Temple, il écrivit au Directoire une longue et singulière lettre, dont il suffira de citer quelques fragments : « Regarderiez-vous au-dessous de vous, citoyens Directeurs, dit-il, de traiter avec moi de puissance à puissance? Vous avez vu à présent de quelle vaste confiance je suis le centre; vous avez vu que mon parti peut bien balancer le vôtre; vous avez vu quelles immenses ramifications y tiennent. J'en suis plus que convaincu, cet aperçu vous a fait trembler. Est-il de votre intérêt, est-il de l'intérêt de la patrie de donner de l'éclat à la conjuration que vous avez découverte? Je ne le pense pas. Vous irriteriez toute la démocratie de la république française. On a eu beau vouloir comprimer le feu sacré, il brûle et il brûlera. Plus il paraît dans certains instants anéanti, plus sa fumée menace de se réveiller subitement forte et explosive..... Je ne vois qu'un parti sage à prendre : déclarez qu'il n'y a pas eu de conspiration sérieuse. Cinq hommes, en se montrant grands et généreux, peuvent aujourd'hui sauver la patrie. Je vous réponds encore que les patriotes vous couvriront de leurs corps, et vous n'aurez plus besoin d'armées entières pour vous défendre. Les patriotes ne vous haïssent pas, ils n'ont haï que vos actes impopulaires. Vous savez quelle mesure d'influence j'ai sur les patriotes; je l'emploierai à les convaincre que si vous êtes peuple, ils doivent ne faire qu'un avec vous. Il ne serait pas si malheureux que l'effet de cette simple lettre fût de pacifier l'intérieur de la France. »

Le Directoire ne répondit à cette lettre qu'en l'envoyant aux deux conseils, et en lui donnant la plus grande publicité. Quelques jours après Grisel, capitaine à la troisième demi-brigade, fit au Directoire des révélations importantes. Il avait assisté à plusieurs réunions, et Babœuf mis en rapport avec les principaux conjurés. Le représentant Drouet fut arrêté, mais il parvint à s'évader de la prison de l'Abbaye. Il s'agissait d'un complot contre la sûreté de l'État, et, aux termes de la constitution de l'an III, les accusés ne pouvaient être jugés que par la haute cour nationale. Ce tribunal suprême fut institué et établi à Vendôme. Quarante-sept accusés comparurent devant les juges nationaux ; dix-huit furent jugés par contumace. Les principaux accusés étaient Babœuf, Darthé, Choudieu, Amar, Vadier, Ricord, Drouet, conventionnel; les généraux Rossignol, Parein, Fion; les adjudants généraux Jarry et Massard; Didier, ex-juré au tribunal révolutionnaire; Charles Germain, officier; Buonarotti, Félix Lepelletier, Julien fils, Chrétien, Lamberthé, Moroy, Cazin, Blondeau, Bouin, Ménessier, Cochet, Muguier, Céline, Gauthier, Feux, etc.; Marie-Louise Adbin, veuve Mounard, M. S. Lapierre, Jeanne Ansiot, Nicole Pognon, femme Martin, Marie Lambert, etc.

La haute cour se composait d'un président, de quatre juges, deux juges suppléants, deux accusateurs nationaux, trois greffiers, deux greffiers commis, quatre huissiers, vingt hauts jurés nommés par le département, quatre suppléants. Réal, depuis conseiller d'État sous l'empire, et sept autres avocats, plaidèrent pour les accusés. Les débats, ouverts le 22 ventôse an V, furent terminés le 5 prairial de la même année. L'arrêt, prononcé à neuf heures du matin, condamna Babœuf et Darthé à la peine de mort; Buonarotti, Ch. Germain, Moroy, Cazin, Blondeau, Bouin et Ménessier à la dé-

portation; Amar et Cochet, renvoyés devant le tribunal criminel de la Seine; Muguier, Céline, Gauthier, Feux, devant celui de l'Ain; les autres prévenus acquittés. Pendant tout le cours de ces longs débats, les accusés, en se rendant de l'audience à la prison, entonnaient des chants patriotiques, et presque toujours l'hymne funèbre de Goujon :

Dieu protecteur de la justice,
C'est nous qui sommes dans les fers, etc.

A peine le président eut-il prononcé l'arrêt de condamnation contre Babœuf et Darthé, que tous deux se frappèrent d'un poignard : leur sang coulait à grands flots, lorsque les gendarmes se précipitèrent sur eux et les désarmèrent. On les transporta dans la prison. Darthé resta longtemps sans connaissance. On assure que le poignard dont s'était servi Babœuf lui avait été apporté par le plus jeune de ses deux fils. Les deux condamnés furent portés sur l'échafaud quelques heures après, le 24 mai 1797. On a prétendu que Babœuf avait déjà cessé de vivre, et que la hache fatale ne tomba que sur un cadavre.   Dufey (de l'Yonne).

BABOIS (Marguerite-Victoire), femme poète, était née à Versailles, le 8 octobre 1760, d'une famille respectable de commerçants. Elle ne trouva pas le bonheur en ménage, si l'on s'en rapporte à ce que lui écrivait Ducis en 1798 : « Oh! combien vous méritez d'être heureuse! et vous n'avez pas été sentie! et votre cœur est veuf avec un époux ! Oh ! que la moitié de tous ces trésors aurait rendu un homme sensible encore plus heureux ! » S'ignorant elle-même jusqu'à trente ans, un jour elle s'éveilla poëte sur la tombe d'une fille chérie. Ses Élégies maternelles furent le cri d'une âme navrée de douleur. Ducis le premier encouragea ce jeune talent. Il trouva Mme Babois au milieu de ses nièces, et lui en donna le titre; elle l'était en effet par sa mère. Il entendit parler de ses vers, les lui demanda, les lut, et l'engagea à les faire imprimer. Les Élégies de Mme Babois parurent pour la première fois en 1805. Le public confirma le jugement de Ducis. Le satirique Lebrun, qui ne pardonnait pas aux femmes de savoir et d'oser écrire, Fontanes et Ginguené, furent les premiers à reconnaître et à proclamer le talent de Mme Babois. « On ne peut citer avec un intérêt médiocre, disait J.-M. Chénier dans son Rapport sur les prix décennaux, les six élégies que Mme Babois a publiées sur la mort de sa fille. Le style en est constamment pur, la versification d'une douceur exquise : cette poésie vient du cœur, et du cœur d'une mère. Ce sont des chants de douleur; un objet adoré les remplit : toutes les idées sont de tendres souvenirs, et tous les vers sont des larmes. » Enfin Geoffroy ajoutait spontanément : « Quand on pleure comme Mme Babois, on ne devrait jamais sourire! »

Le succès encouragea Mme Babois. L'amour de la patrie lui inspira en 1815 ses Élégies nationales. Une pensée noble et généreuse lui fit réunir l'éloge des femmes poètes modernes dans une Épître à Clotilde de Surville. D'autres poésies gracieuses, tendres ou sévères, toujours philosophiques, occupèrent sa plume, en général plus correcte qu'inspirée. On la vit attaquer les romantiques dans une épître en 1834, et en 1836 elle fit des adieux à la muse. Au milieu de souffrances corporelles intolérables, sa muse semblait retrouver toutes ses forces dans une pièce sur la vie humaine, remplie de grandes pensées, mais en même temps d'une tristesse profonde; c'était le chant du cygne. Mme Babois expira à Paris, le 8 mars 1839.

BABOLNA, célèbre haras royal en Hongrie, situé à quatre lieues de Komorn, comprenant des prairies qu'en forêts et bois taillis une superficie de plus de 4,000 hectares, est surtout remarquable par ses produits de véritable race arabe. Les chevaux qu'on y élève, au nombre d'environ 600, dont 140 à 150 pouliches, sont exclusivement réservés aux écuries de l'empereur et roi. Ce bel établissement, qui formait une succursale du haras militaire de Mezœhegyes, a été presque entièrement détruit par les insurgés hongrois dans la dernière guerre.

BABORD. Lorsque, placé sur l'arrière d'un navire, on se tourne vers l'avant, tout le côté qui reste à gauche se nomme le côté de *bâbord*, et celui qui reste à droite le côté de *tribord*. Anciennement on écrivait *bas-bord*, et ensuite on a écrit *bâbord*, peut-être parce que dans les premiers temps on attacha une idée d'infériorité au côté de gauche du navire. Cette conjecture est d'autant plus fondée qu'aujourd'hui même le côté d'honneur dans les embarcations et à bord des bâtiments est encore le côté de *tribord*. L'officier le plus haut gradé en montant dans un canot s'assied à tribord. C'est à tribord, et non pas à bâbord, que le commandant se promène quand le navire est au mouillage; c'est par le côté de tribord que les officiers montent à bord d'un bâtiment, tandis que le côté de bâbord est réservé aux maîtres et aux matelots. Cette idée d'infériorité conventionnelle s'est tellement étendue des usages du bord, que lorsque l'on divise l'équipage en deux parties pour lui faire faire la garde, la bordée de la partie qui prend le premier quart quand on est sous voiles est la bordée de tribord; celle de bâbord fait le premier quart lorsqu'on est à l'ancre. A elle appartient l'initiative des corvées ordinaires; à l'autre sont réservées les premières corvées d'honneur. Les hommes qui composent cette bordée de bâbord sont désignés sous le nom de *bâbordais*, par opposition au nom de *tribordais*, donné à ceux qui font partie de la bordée opposée.

La distinction absolue établie par cette division du navire en côté de bâbord et en côté de tribord cesse momentanément d'être en usage dans certaines circonstances, qui placent le navire sous l'influence d'une position spéciale. Lorsque le bâtiment est à la voile, par exemple, et qu'on a besoin, pour la manœuvre, de désigner particulièrement chacun des bords, comme il importe beaucoup plus pour le but qu'on se propose de distinguer le *bord du vent* de celui de *devant le vent*, alors on se sert plus ordinairement des mots *vent* ou *sous le vent* que des mots *tribord* et *bâbord*. Ainsi, soit que le vent vienne de bâbord ou de tribord, on dit aux matelots : *passez au vent*, ou *passez sous le vent*, sans avoir égard à celui des côtés de bâbord ou de tribord par lequel on reçoit la brise. Nous ajouterons même que cette division relative du navire dans le sens de sa longueur, quand il fait de la voile, convient en général beaucoup plus à l'exécution de la manœuvre que la division absolue qui résulte de l'emploi des mots *tribord* et *bâbord*. L'officier de quart commande plus souvent au timonier, c'est-à-dire à l'homme qui gouverne : *la barre dessous* ou *la barre au vent*, que *la barre à tribord* ou *la barre à bâbord;* Cette habitude s'explique par la situation frappante dans laquelle se trouve le navire qui reçoit le vent d'un bord ou de l'autre. L'inclinaison que lui imprime la brise et la disposition des voiles orientées pour la recevoir indiquent en effet, de la manière la plus sensible et la moins équivoque, quel est le côté du vent et quel est celui de *sous le vent*. Pendant le combat on ne désigne dans le commandement les côtés qui portent le feu que par les mots *feu bâbord* ou *feu tribord!* Lorsqu'on gouverne vent arrière, et que sous cette allure le navire n'a ni bord du vent ni bord sous le vent, on commande au timonier : *tribord la barre* ou *bâbord la barre*. C'est la seule manière d'indiquer alors le côté vers lequel la barre doit être poussée.   Ed. CORBIÈRE.

BABOUCHES, sorte de pantoufles de couleur, pointues, légèrement recourbées au-dessus, sans quartier comme sans talon, tantôt en maroquin, tantôt en étoffe de soie, plus ou moins chargées de broderie d'or et d'argent, que l'on porte en Orient dans l'intérieur des habitations. A l'entrée des riches demeures il y a toujours, dans cette contrée, un certain nombre de babouches qu'on offre à chaque visiteur, précaution utile pour garantir de toute souillure les tapis qui garnissent les appartements. Les babouches sont appelées *badbougd* en turc, et *papous* en persan.

BABOUIN. C'est un singe de l'ancien continent, qui appartient au genre des *cynocéphales;* il a pour caractères particuliers un angle facial de trente degrés, des abajoues, des fesses calleuses et point de queue, ou une queue très-courte. Le museau du babouin, d'après Cuvier, est précisément comme celui du papion, et c'est à son extrémité que les narines sont ouvertes; leur taille et leurs proportions sont les mêmes; ils paraissent avoir des penchants semblables et le même caractère. Le museau, les oreilles et le dessus de la paupière chez le babouin sont d'une couleur de chair livide, un peu plus claire autour des yeux ; aucune partie des narines ne dépasse le museau, et les cartilages latéraux sont un peu échancrés dans leur milieu. La queue ne dépasse pas les cuisses. La partie supérieure de l'animal est lavée de verdâtre et de noir. Les côtés des joues sont garnis de poils blancs, jaunâtres, jusque sous le cou. Les jeunes babouins ont les parties inférieures d'un blanc sale.

BABOUR (ZEHIR-EDDIN-MOHAMMED), premier Grand-Mogol dans l'Inde, petit-fils de Tamerlan, né en 1483, avait douze ans à peine lorsque son père, Œnar-Cheick, mourut en lui léguant la souveraineté de tous les pays situés entre Samarkhund et l'Indus. Résolu à opérer la conquête de l'Inde, il s'empara, soit par ruse, soit de vive force, des territoires de Kachgar, Khoten, Kandouz, Kandahar et Kaboul, tout en ayant à réprimer en même temps de nombreuses révoltes dans les différentes parties de son empire. Après s'être ainsi ouvert la grande route de l'Inde, il mit à profit la faiblesse du gouvernement d'Ibrahim Sody, et vers la fin de l'année 1525 franchit l'Attock (Indus) à la tête de 10,000 hommes d'élite seulement; battit bien vite quelques divisions de troupes qui essayèrent de lui barrer le passage dans le Pendjab, et livra enfin au mois d'avril 1526, dans la plaine de Pannibet, non loin de Delhi, une bataille décisive à son adversaire, qui avait sous ses ordres des forces bien autrement considérables que les siennes. Ses 100,000 guerriers et ses 1000 éléphants ne tardèrent pas à être mis en fuite, entraînant avec eux dans leur déroute Ibrahim lui-même, et Babour put faire son entrée triomphale à Delhi. Le mois suivant, Agra, la seconde ville de l'empire, lui ouvrit également ses portes. Mais Babour mourut dès l'année 1530, après voir eu à lutter contre un grand nombre de conspirations et de révoltes pendant les cinq années qu'il avait été le maître de l'Inde. Aux talents qui font le capitaine et l'homme d'État, Babour unissait l'amour des sciences et des lettres. Il écrivit lui-même en langue tatare l'histoire de sa vie et de ses conquêtes, ouvrage qui a été traduit par Abdul-Rachim en persan , et tout récemment de cette langue en anglais. Babour, à qui succéda immédiatement sur le trône de Delhi l'aîné de ses quatre fils, Houmayoun, fut le fondateur de la dynastie des Baboudes ou du Grand-Mogol.

BABOUVISME. *Voyez* BABOEUF.

BABRIUS, BABRIAS ou GABRYAS est un fabuliste grec, qui n'a, d'après ce que ses M. Boissonade faisait vivre au plus tard dans le siècle d'Auguste, parce qu'il est cité dans le lexique d'Apollonius, que maintenant il place au temps d'Alexandre Sévère, d'après un vers de dédicace qui mentionne *un fils du roi Alexandre*, et que M. Quicherat, en le plaçant un siècle avant notre ère, désigne comme contemporain de Ptolémée Alexandre Ier. Il recueillit et coordonna un très-grand nombre de fables d'Ésope, qu'il écrivit en vers choliambiques, dans un style naturel, animé et populaire. Au commencement et vers la fin du moyen âge, ces fables furent remaniées et mises en vers à différentes reprises, et c'est dans cette forme qu'elles sont venues à nous sous le titre de fables d'Ésope.

Ce fut Bentley et ensuite Tyrwhitt, dans sa *Dissertatio de Babrio* (Londres, 1776), qui les premiers y reconnurent l'œuvre originale de Babrius, cherchèrent à rétablir quelques fragments de ses vers choliambiques et à retrouver ailleurs d'autres fragments du véritable fabuliste. Del Furia, Coray, Schneider, y ajoutèrent quelques apologues d'après des manuscrits, et Knoche tout ce qui en était alors connu (Halle, 1835). Enfin, en 1844, le Grec Minoïde Minas, chargé par le gouvernement français d'explorer les couvents de l'Orient, découvrit au mont Athos un manuscrit contenant cent vingt-trois fables de Babrius, sur lesquelles une dizaine ne se trouvent dans aucun des recueils connus ; mais beaucoup d'autres que ceux-ci renferment n'y sont pas reproduites ; on peut calculer assez exactement ce qui manque dans la collection que nous possédons aujourd'hui. Par une simple règle de proportion on arrive à soixante-quatre fables pour combler la lacune, ce qui porterait à deux cents environ le chiffre total.

Le recueil trouvé par M. Minoïde Minas a été publié, l'année même de sa découverte, par M. Boissonade, qui en a rétabli et corrigé les leçons, et a accompagné le texte d'une traduction latine qui, bien que toujours exacte, ressemble à un original. M. Boyer, professeur au collège Saint-Louis, a été des premiers dans le secret de la nouvelle publication, qu'il a pu traduire en français sur les épreuves mêmes avec beaucoup de soin et une rare élégance. De nouvelles éditions du texte ont été publiées, en 1845, à Zurich par Orelli et Baiter, et la même année à Berlin par Lachmann. Entre les nombreux ouvrages provoqués par la découverte de ces fables inédites de Babrius, il faut surtout citer, outre la version française de M. Boyer, les traductions allemandes qui en ont été données par Ribbeck et Herzberg (Berlin et Halle, 1846), et les *Animadversiones criticæ de Babrii mythiambis*, par Dübner (Paris, 1844).

BABYLONE, capitale de la Babylonie, fut une des villes les plus anciennes et les plus célèbres du globe. Les renseignements sur son origine et sa position sont extrêmement confus. On cite comme son fondateur le dieu Baal ou Belus, puis la reine Sémiramis, qui, au rapport de Diodore, y aurait employé deux millions d'ouvriers appelés de toutes les parties de son royaume. Les informations que nous fournissent les auteurs anciens, tout au moins ce que nous en connaissons aujourd'hui, n'ont aucunement rapport à l'ancienne Babylone. Toutes sont relatives à la capitale que Nabuchodonosor fit reconstruire et embellir. Hérodote nous donne une description de la ville, que vraisemblablement il avait vue de ses propres yeux. Elle s'étendait sur les deux rives de l'Euphrate, en formant un carré, aux côtés duquel on assigne différentes longueurs. Hérodote, par exemple, parle de 120 stades, ce qui donnerait pour la totalité 88 kilomètres. Elle était entourée d'une muraille haute de 200 coudées, large de 50, et pourvue, dit-on, de cinquante portes d'airain, nombre que Diodore augmente encore et qu'il porte à deux cent cinquante. Les deux parties de la ville, qui étaient construites avec une extrême régularité et coupées à angle droit par des rues larges et droites, étaient unies par un pont en pierres de taille rattachées par des crampons en fer et surmonté d'une toiture ; il n'en existe plus aujourd'hui le moindre vestige. La partie occidentale de la ville en était incontestablement la plus ancienne ; c'était celle qui jadis appartenait à proprement parler à la dynastie babylonienne. C'est là et au milieu de la ville, dit-on, qu'était situé le célèbre temple de Belus ou de Baal, sans doute la tour de Babel, nommée par les Arabes *Birs-Nimroud*. Le second point important du côté occidental est l'amas de ruines appelé aujourd'hui *el Moukallibé*, désigné, non sans raison de vraisemblance, comme l'antique demeure royale des souverains de l'ancienne Babylonie. C'est dans la partie orientale que sont situées les ruines datant de la nouvelle époque babylonienne, parmi lesquelles il faut surtout mentionner celles qu'on désigne sous le nom de *Jardins suspendus* de Sémiramis, rangés autrefois parmi les merveilles de l'univers, et dont Diodore nous a donné une description très-détaillée. On en voit aujourd'hui les débris dans le monceau de ruines appelé *el Kasr*. Vient ensuite le mont Amran, dont les vestiges sont restés l'objet de vagues conjectures.

Babylone souffrit énormément des suites de l'invasion et de la conquête des Perses. Ses murailles extérieures furent alors démolies, surtout quand Darius Ier, après un siège de deux années, nécessité par une révolte, s'en fut rendu maître de nouveau, grâce à un stratagème employé par Zopire. Xerxès pilla le temple de Bélus, qui avait été respecté jusque alors, et qu'Hérodote trouva par conséquent entièrement vide. Bien que les rois de Perse eussent également fixé leur résidence dans cette ville, ils ne firent rien pour la restaurer ; et Alexandre le Grand, qui à son entrée dans Babylone, en l'an 331, promit aux habitants de reconstruire leur temple, ne put seulement pas en deux mois et à l'aide de dix mille ouvriers en enlever les décombres. Une fois qu'il fut mort lui-même dans le palais de Nabuchodonosor, et que Séleucie (aujourd'hui *Al-Madaïn*) eut bientôt après été fondée par Séleucus Nicator, la décadence de Babylone fut rapide et non interrompue. La ville nouvelle fut en grande partie construite avec les matériaux de l'ancienne, et on en manqua souvent pour élever des constructions monumentales. Il fallut tirer des montagnes de l'Arménie les grosses pierres destinées aux fondations et aux premières assises ; mais le plus ordinairement, il est vrai, on employait des briques d'une remarquable solidité. Dès l'époque de Pausanias il ne restait plus des ruines de Babylone que celles de ses murs.

Les anciens géographes arabes font bien mention d'un bourg de *Bâbil*, mais ils ne disent rien des ruines qui s'y trouveraient amoncelées. Depuis Della Valle, qui, comme plus tard Rennel, prétendit, à tort, reconnaître la tour de Belus dans la ruine désignée sous le nom de *al Moukallibé*, l'antique Babylone a été l'objet d'un grand nombre de voyages et d'investigations. La plupart des explorateurs, au nombre desquels il faut surtout citer Rich, voient dans la petite ville de Hillah (peuplée de 7,000 âmes), sur la rive orientale de l'Euphrate, l'endroit où s'élevait jadis la magnifique cité des anciens. Les grandes masses de ruines, dont on ne saurait, à l'instar de Rennel, exclure le *Birs-Nimroud*, autoriseraient sans doute à croire que la ville aurait eu une étendue démesurée ; elles s'accordent de tous points avec les indications données par les anciens sur la longueur des côtés du carré. Tout récemment Rawlinson a voulu placer à Niffer le lieu où était autrefois située Babylone. Cependant le champ des recherches et des investigations reste toujours ouvert à cet égard. Consultez Rich, *Mémoirs on the Ruins of Babylon* (3e édition, Londres, 1818) ; le même, *Personnal Narrative of a Journey to England, by Bassorah, Bagdad, the ruins of Babylon* (Londres, 1826) ; Mignan, *Travels in Chaldæa* (Londres, 1829) ; Fraser, *Travels in Koordistan, Mesopotamia* (Londres, 1840) ; Wellsted, *Travels to the City of the Kaliphs* (Londres, 1840), et l'habile compilation de Vaux, *Nineveh and Persepolis* (Londres, 1850).

BABYLONE (Exil ou Captivité de). C'était l'un des principes dominants de la politique despotique de l'antique Orient de bannir les habitants riches et considérés d'une province conquise dans une partie bien éloignée de l'empire, où, séparés du reste de la population par la nationalité, la langue et la religion, ils cessaient d'être politiquement dangereux, tandis qu'on avait enlevé de la sorte au gros de la nation restée dans ses foyers ses chefs naturels, les citoyens les plus influents. De tels exils furent souvent infligés aux habitants de la Judée, surtout à partir de l'époque où ils eurent des rapports de plus en plus hostiles avec le puissant empire d'Assyrie. C'est ainsi que sous le règne de Hosea, l'an 722 avant J.-C., le royaume d'Israël fut détruit par le roi d'Assyrie Salmanassar, qui, après la prise de Samarie, fit conduire en captivité les principaux habitants de cette importante cité, en même temps qu'il ordonnait de transplanter dans Israel des populations étrangères, pour former désormais avec les éléments de la population indigène restés sur le sol natal la nation samaritaine. Mais ce fut sous le règne de Nabuchodonosor qu'eut lieu l'exil du peuple juif dans les plus larges proportions dont l'histoire fasse mention. Sédécias, roi de Juda, vainement averti par le prophète Jérémie, se ligua avec le roi d'Égypte contre la domination babylonienne et chaldéenne. Mais Nabuchodonosor ne tarda pas à paraitre sous les murs de Jérusalem, à la tête d'une formidable armée, et s'empara de cette ville, en l'an 588 avant J.-C. Le roi Sédécias eut les yeux crevés, et le vainqueur envoya avec lui la partie la plus considérable de Juda en exil en Babylonie. C'est cet exil, dont on fixe ordinairement la durée à soixante-dix ans, bien qu'il n'ait été que de cinquante-six ans, qu'on désigne plus spécialement sous le nom d'*exil de Babylone*. Du reste, la situation faite aux exilés était au total tolérable. La plupart d'entre eux se fixèrent définitivement dans les localités où on les avait placés, y acquirent des propriétés avec du bien-être et même de la richesse; plusieurs furent admis à la cour, et il y en eut même de nommés à des emplois importants. On leur laissa leurs lois et leurs usages, et ils continuèrent à observer les préceptes de Moïse. Ils avaient d'ailleurs leur propre chef et le libre exercice de leur culte. Ils ne manquèrent non plus ni de consolations ni d'exhortations, car ce fut au milieu d'eux qu'Ezéchiel éleva sa puissante voix prophétique. C'est même pendant la durée de l'exil de Babylone que se forma l'idée du Messie avec le caractère vague et idéal qui lui était particulier. Quand, en l'année 538, Cyrus eut détruit l'empire de Babylone, il permit aux Juifs de s'en retourner dans leur terre natale, la Palestine. Mais il n'y eut que deux tribus, celles de Lévi et de Benjamin, qui profitèrent de cette autorisation ; les dix autres disparaissent complètement de l'histoire depuis l'exil. Vraisemblablement elles s'étaient déjà si bien confondues avec les Babyloniens, que le souvenir même de la terre natale s'était éteint parmi elles. On s'est très-inutilement efforcé dans ces derniers temps de retrouver en Asie ces dix tribus perdues. Quelques savants ont été les chercher dans l'Inde et jusqu'en Chine; d'autres ont prétendu que les Afghans en descendaient en ligne directe. Il y en a enfin qui ont prétendu que les Indiens de l'Amérique du nord étaient la postérité de ces dix tribus. Il se pourrait plutôt que ce fussent les Nestoriens qu'on rencontre aujourd'hui dans les montagnes du Kourdistan.

BABYLONIE. C'est le nom que portait dans l'antiquité la vallée formée par le cours inférieur de l'Euphrate, et qu'on appelle aujourd'hui *Irak Arabi*. L'Ancien Testament la désigne d'ordinaire sous le nom de *Sindar* (mais quelquefois aussi de *Babel*), et les écrivains grecs et romains d'une époque postérieure en font souvent mention aussi sous la dénomination de Chaldée. Ses véritables limites étaient formées au nord, vers la Mésopotamie, par l'Euphrate, et au nord-est, depuis l'embouchure du Chabour dans l'Euphrate jusqu'au Tigre, par ce qu'on appelait la *muraille médique*, à l'est par le Tigre vers l'Assyrie et la Susiane, au sud par le golfe Persique, à l'ouest par les déserts de l'Arabie. Quand plus tard la puissance babylonienne en arriva à prendre de plus grands développements, on comprit en son sein l'Assyrie et la Mésopotamie sous la dénomination commune de Babylonie.

La Babylonie est une plaine formant la continuation de celle de l'Assyrie; c'est là que l'Euphrate et le Tigre se rapprochent le plus, jusqu'à ce que, enveloppant tous deux dans leur cours les îles du pays de Mesem, ils aillent se déverser dans le golfe Persique. Il a fallu mettre cette contrée à l'abri des inondations en y construisant un grand nombre de canaux et de digues, et en y creusant plusieurs lacs artificiels; travaux immenses, qui pour la plupart sont aujourd'hui en ruines. Le canal le plus important était celui qu'on connait encore sous le nom du *Nahr-el-Melih*, qui n'est évidemment autre que le *canal royal* construit dès la plus haute antiquité pour relier les deux grands fleuves, et qui subsistait encore au septième siècle de notre ère, soigneusement entretenu par les empereurs romains, jusqu'à ce que les Mahométans s'emparassent de la Babylonie. Grâce à une culture perfectionnée, qui en avait fait un vaste jardin, le sol, naturellement fertile, de ce pays donnait d'abondantes récoltes, surtout en froment, orge et dattes. Toutefois, le manque d'arbres et de pierres y était encore plus sensible qu'en Assyrie. On dut dès lors utiliser pour les constructions les couches épaisses d'argile qui y abondent; cette matière première, séchée au soleil ou cuite dans des fours, fournit des briques qui dans les ruines aujourd'hui existantes résistent encore parfaitement aux intempéries de l'air. Le bitume, dont le pays possède des sources inépuisables, était employé en guise de mortier.

Dans cette heureuse vallée la civilisation prit d'assez rapides développements pour former l'un des États les plus anciens dont fassent mention les annales de l'humanité. Comme l'ont péremptoirement démontré de nos jours les recherches de l'Anglais Rawlinson sur l'écriture cunéiforme, ce furent les *Babyloniens*, peuple d'origine essentiellement sémitique, et plus spécialement de race araméenne, qui fondèrent l'empire d'Assyrie. Les traditions mosaïques désignent comme créateur de cet État le Couchite Nimroud ou Nemrod (dénomination qui, en raison de toute la composition du catalogue des mots de la langue de ce peuple, semblerait indiquer une invasion venue du midi). A une époque postérieure les Grecs en attribuèrent l'origine au dieu Baal ou Bel. Quoique les observations astronomiques régulières et les annales de cet empire remontent jusqu'à l'année 1903 avant Alexandre le Grand, et que Bérose, l'historien sacerdotal de la Babylonie, ainsi que d'anciens chronologistes, nous aient conservé de longues séries de dynasties babyloniennes, toute l'histoire de cette contrée est entourée d'incertitude et d'obscurité. A une vieille dynastie de quatre-vingt-six rois succèdent deux dynasties mèdes de huit et de onze rois, puis une dynastie chaldéenne de quarante-neuf souverains, neuf souverains arabes, et enfin la reine Sémiramis. Ce qu'il y a de plus clair, c'est que l'empire d'Assyrie, fondé plus tard, et qui fut le résultat d'un démembrement de la Babylonie, finit par gagner une prépondérance marquée et par assujettir l'État qui lui avait donné naissance.

La migration des Chaldéens, peuple venu du septentrion, qu'on peut à bon droit comparer aux anciens Kourdes, migration qui eut lieu dès une époque extrêmement reculée, et non pas seulement au septième siècle avant notre ère, exerça une influence décisive sur l'histoire intérieure de la Babylonie; elle explique parfaitement au point de vue ethnographique les rapports existant entre les Babyloniens et les mages de la Perse. Les Chaldéens donnèrent leur nom à la caste sacerdotale babylonienne, dépositaire des sciences et de la civilisation, de même qu'ils y fondèrent une nouvelle dynastie, dont le chef fut Nabopolassar ou Nabuchodonosor Ier. La Babylonie, depuis longtemps administrée par des gouverneurs assyriens, et qui déjà sous Sannachérib avait essayé de se révolter, devint alors tout à coup, mais pour peu de temps, un pays libre et conquérant. Nabopolassar se ligua avec le roi mède Cyaxarès pour renverser l'empire d'Assyrie. Son fils Nabuchodonosor II battit d'abord le roi d'Égypte Necho à Circisium (Karchemisch), sur les bords de l'Euphrate, l'an 604 avant notre ère, et anéantit ainsi la domination égyptienne en Asie. Il assujettit ensuite Joachim, roi de Juda, et, à la suite de révoltes réitérées, détruisit Jérusalem en même temps que le royaume des Juifs, sous Hiskias (an 588), et en transporta dans la Babylonie les habitants, réduits en servitude. Les Phéniciens se soumirent volontairement à lui, à l'exception de la ville de Tyr, dont il ne put s'emparer à la suite d'un siége opiniâtre. Après une expédition heureuse en Égypte, Nabuchodonosor II s'appliqua avec le plus grand soin à embellir la capitale de ses États; et il est permis d'admettre qu'une grande partie des constructions qu'on fait remonter à l'époque la plus reculée, et qu'on attribue plus particulièrement à Sémiramis, furent son ouvrage. A sa mort, arrivée en l'an 562, le nouvel empire de Babylone s'écroula avec autant de rapidité qu'il s'était élevé, et sous Nabonedus (Nabounita, dans les inscriptions cunéiformes; dans Hérodote, Labynetos), qui s'était ligué avec Crésus, roi de Lydie, contre la Perse, il tomba au pouvoir de Cyrus (539). Mais la Babylonie, réduite à l'état de province perse, essaya maintes fois ensuite de recouvrer son indépendance.

C'est ainsi que dans la grande inscription de Bisoutoun Darius Ier raconte qu'après son avènement au trône un certain Naditabira se donna à Babylone pour Nabuchodonosor fils de Nabounita, et gagna tout le peuple à sa cause, mais que lui, Darius, le battit. Toutefois, il lui fallut entreprendre le siége de la ville rebelle, dans laquelle l'usurpateur trouva la mort. A partir de ce moment les monuments achéménidiques font mention de la Babylonie comme d'une satrapie perse sous la dénomination de Babirus. Lors de la chute de l'empire des Perses, la Babylonie passa sous la domination d'Alexandre le Grand, qui mourut l'an 323, dans sa capitale; après quoi Séleucus Ier, à qui elle avait été promise dans l'assemblée de Triparadisos tenue en 321, dut combattre Antigone pour en devenir maître, en l'an 312. Elle fut enlevée par les Parthes aux souverains de la Syrie vers l'an 140 avant J.-C., et n'obéit que par intervalles aux Romains : sous Trajan, l'an 114 de notre ère ; sous Septime Sévère, l'an 199, et sous Julien, l'an 363. Quand les successeurs de Mahomet eurent mis fin, en l'an 650, à l'empire des Sassanides, la Babylonie, où de l'année 762 à l'année 766 fut fondée Bagdad, devint le siége des khalifes jusqu'en 1258. A partir de l'année 1638, époque où les Turcs enlevèrent pour la seconde fois aux Persans, elle est restée sous la domination turque, et forme les pachaliks de Bagdad et de Bassora.

La civilisation avait pris d'assez larges développements parmi les anciens Babyloniens, de même que chez les Assyriens. La constitution politique était aussi despotique que l'exigeait et le comportait une population serrée, voluptueuse et efféminée. On trouve dans Hérodote quelques vagues renseignements sur l'administration des satrapies. Il paraît que l'organisation de la justice y était divisée en trois grandes cours. L'industrie et le commerce y avaient pris le plus merveilleux essor. Le commerce se faisait plus particulièrement à l'est avec la Bactriane, la Perse et la Médie, peut-être par caravanes jusque dans l'Inde, et par mer, au moyen du golfe Persique, jusqu'en Arabie; dans ces derniers temps il a encore conservé les mêmes voies d'écoulement et d'approvisionnement. L'Angleterre y est venue trafiquer dès le seizième siècle, sous le règne de la reine Élisabeth; mais de nos jours Bagdad, située plus au sud, a complétement supplanté l'antique Babylone et Ktésiphon. La Babylonie se distingue par ses teintureries, par ses manufactures de tissus et de broderies, et surtout par la fabrication de précieux tapis représentant les figures les plus bizarres d'animaux et des arabesques semblables à ceux qu'on retrouve encore sur les monuments de Ninive. Le commerce amena l'invention des poids et mesures; et la prospérité s'accrut si généralement que la Babylonie put acquitter sans peine avec l'Assyrie un tribut annuel de 1000 talents. Mais ceci même témoigne peu favorablement du caractère national des Babyloniens, qui se rendirent en effet tristement fameux par leur mollesse, leur immoralité et leurs débauches.

Leur religion avait beaucoup d'affinité avec le culte des Phéniciens (consultez Munter, *de la Religion des Babyloniens*, Copenhague, 1827). L'adoration des forces de la nature, qui se manifestent plus particulièrement dans les grands astres et dans la fécondité de la terre, formait le fond de leurs croyances; à ce système religieux précédait Baal, idole adorée dans toute la vallée de Chanaan et de la Mésopotamie, qui représentait d'une manière générale les forces de la nature, abstraction faite de toute idée morale, et qui s'identifiait particulièrement avec le soleil. Après lui venait comme complément femelle Baaltis (*la Maîtresse*), la terre susceptible de conception, et une foule de pratiques immorales se rattachaient à son culte. Elle apparait surtout sous la dénomination de Melyta, Mylitta (de même qu'en Assyrie), c'est-à-dire *qui fait enfanter*. Il serait assez difficile de bien préciser les traits qui la différenciaient d'Aschloreth (l'Astarté des Grecs), divinité venant immédiatement après elle. L'enseignement et la religion étaient réservés à la caste des Chaldéens, laquelle n'avait d'ailleurs rien d'héréditaire et se recrutait au contraire le plus généralement dans les rangs du peuple, puisque le prophète étranger Daniel y fut lui-même admis. Elle s'occupait en outre d'astronomie et d'astrologie, et on la voit dès les temps les plus reculés se consacrer à des observations astronomiques et à l'histoire des rois tenue par ordre chronologique. C'était là très-certainement un travail collectif, attendu qu'il n'est jamais question d'un nom particulier, mais toujours, au contraire, de la dénomination collective de *Chaldéens*. Après la chute de l'empire de Babylone, leur influence et leur considération diminuèrent naturellement beaucoup ; c'est peut-être à cette circonstance qu'il faut attribuer la propagation de l'astrologie en Occident, où on la trouve dès l'an 400 avant J.-C. répandue parmi les Grecs, avec cette mention que c'est là une science provenant des Chaldéens. Il est évident qu'ils ne laissaient pas que d'avoir fait des progrès aussi réels qu'importants dans l'étude des sciences. (Consultez Ideler, *de l'Astronomie des Chaldéens*.) Les renseignements manquent pour porter un jugement bien précis sur leur plastique, dont, à l'exception de quelques cylindres et pierres taillées, il n'existe aucun monument de quelque importance. Leur architecture, au contraire, était des plus remarquables, au rapport des anciens, et comme on peut encore en juger aujourd'hui d'après les ruines qui en existent. *Voyez* BABYLONE.

BAC, sorte de bateau plat qui sert au passage des rivières, à l'aide d'une corde joignant les deux rives. Le bac est assez grand pour recevoir des charrettes tout attelées et du bétail. Sa forme est celle d'un carré long; ses extrémités sont garnies d'une espèce de tablier qui s'abaisse sur chaque rivage et facilite l'accès du bac aux voitures et aux bestiaux.

Les bacs étaient autrefois des entreprises particulières, appartenant à quelque châtelain qui se chargeait de passer ses vassaux moyennant un droit de péage, qu'il haussait ou baissait à volonté. L'Assemblée constituante, en supprimant les droits seigneuriaux, maintint une réserve spéciale pour ceux des bacs, mais accorda en même temps à tout particulier le droit d'en construire en concurrence avec ceux existants. Le mauvais entretien des agrès, le non-fixité du droit, amenèrent mille accidents et mille abus, auxquels le gouvernement du Directoire jugea nécessaire de remédier. Les lois sur l'émigration avaient mis le domaine public dans la propriété du plus grand nombre des bacs, au lieu et place des anciens seigneurs; la loi du 6 frimaire an VII dépossédá, moyennant indemnité, toutes les entreprises particulières, et depuis cette époque le gouvernement est resté en possession du monopole de cette industrie. Un particulier ne peut établir un bac que pour son service personnel; il n'en peut tirer aucun lucre; il a besoin d'une autorisation venue des bureaux de la préfecture : bien entendu qu'il ne gêne en rien la navigation, et qu'il y a nécessité reconnue. Chaque passage de rivière est maintenant la propriété d'une commune, après toutefois qu'elle a obtenu du ministre de l'intérieur la faveur de l'établir. L'ordonnance porte le tarif du droit de péage que la commune est autorisée à exiger. La commune alors met ce droit en fermage, pour un bail de six ou neuf ans, aux mains d'un particulier qui contracte l'engagement de fournir le bac et les agrès nécessaires. Quand ce matériel exige une mise de fonds trop considérable, le fermier obtient pour indemnité un bail de douze et même de dix-huit ans. Si le passage offre trop peu de bénéfice, la commune fait les frais du matériel, et trouve un abonnataire qui s'engage à rendre une somme de... par année, ou bien elle exploite à son profit ou perte par l'entremise d'un préposé. L'ordonnance qui autorise le passage porte, et les clauses du bail répètent, quelle sera la grandeur du bac, le système des agrès, le nombre des charrettes, des têtes de bétail ou têtes d'hommes qu'il pourra contenir au plus; combien de mariniers seront employés pour le desservir; s'il doit marcher escorté sans cesse d'un batelet à sa remorque, ou surveillé par d'autres batelets stationnaires le long des deux rives; précaution utile pour certains passages dangereux, et déterminée d'après le rapport des ingénieurs des ponts et chaussées. La surveillance pour l'exécution de ces clauses appartient aux maires des communes. Ils doivent informer le sous-préfet des accidents ou événements imprévus, pour qu'il provoque une visite extraordinaire; veiller à ce que les bateliers n'exigent pas des droits plus forts que ceux portés au tarif, ou les poursuivre devant le tribunal de police municipale, et demander la destitution des préposés ou fermiers qui se conduiraient avec négligence.

Le mot *bac* s'applique encore, mais dans le vieux langage et dans certaines professions, à des cuviers en bois.

SAINT-GERMAIN.

BAC (THÉODORE), avocat, ancien représentant du peuple, est né à Limoges, en 1808. Reçu avocat en 1830, il se fit inscrire au barreau de sa ville natale, et, s'il faut en croire *le Corsaire*, il était vers 1837 un des collaborateurs de l'*Europe monarchique*, journal rival de la *Quotidienne* et de la *Gazette de France*. Quoi qu'il en soit, ce fut le procès de Mme Lafarge qui fit sortir son nom de l'obscurité. Le talent dont il fit preuve dans cette mystérieuse affaire réussit à jeter du doute sur la culpabilité de sa cliente, sinon dans l'esprit des juges, au moins dans les idées de plus d'un lecteur. Ensuite M. Bac se livra avec ardeur à la défense de la presse, poursuivie par le pouvoir. « On m'avait annoncé un avocat, disait un magistrat qui avait eu à le combattre comme membre du parquet dans une affaire politique; j'ai rencontré un orateur auquel rien de ce qui touche aux grandes questions de la philosophie, de la morale et du droit public n'est étranger. » L'éloge était grand; M. Bac le méritait, par l'étude consciencieuse qu'il fit toute sa vie des doctrines philosophiques. A une imagination brillante il joint en effet une rare application aux matières abstraites. Sa voix est en outre pleine et sonore, et une forte constitution lui permet de soutenir sans fatigue de longs débats.

A la révolution de Février il accepta les fonctions de commissaire du gouvernement provisoire pour le département de la Haute-Vienne. Nommé dans ce département à l'Assemblée constituante, il y fit partie du comité des affaires étrangères, et siégea à la Montagne. Il prit plusieurs fois la parole, notamment pour défendre son ami Louis Blanc; mais il ne justifia pas comme orateur parlementaire les espérances qu'avait fait concevoir le succès de ses plaidoiries au barreau. En 1849 M. Bac fut réélu le deuxième dans le département de la Haute-Vienne, et le seizième dans le département de la Seine. Il opta pour le premier. Toujours assis sur les bancs, M. Bac défendit sans réserve avec plus d'énergie que de bonheur. Quoique son nom figurât sur le manifeste du 13 juin 1849, il put continuer à siéger jusqu'au 2 décembre 1851; atteint par le décret du 11 janvier 1852, il a dû s'éloigner de sa patrie.

BACCALAURÉAT, BACHELIER. Le baccalauréat est un grade universitaire qui est conféré à la suite d'examens publics. Ce grade précède tous les autres dans toutes les facultés. Pour être admis à subir l'examen du baccalauréat ès-lettres, il faut être âgé au moins de seize ans, et répondre sur tout ce qu'on enseigne dans les hautes classes des lycées et des colléges. En cas de minorité, il faut de plus avoir le consentement légal de son père ou de son tuteur. Pour le baccalauréat ès-sciences physiques et le baccalauréat ès-sciences mathématiques, il faut justifier préalablement du titre de bachelier ès-lettres, ainsi que pour obtenir le même grade dans les facultés de théologie, de droit et de médecine.

Dans la plupart des universités d'Allemagne, l'obtention de ce titre est une des formalités préalables pour être admis à soutenir les épreuves du doctorat.

Le mot de bachelier a beaucoup exercé la sagacité des étymologistes. Suivant Ducange, la dénomination de bachelier s'appliquait le plus anciennement aux chevaliers qui, trop pauvres pour avoir à leurs ordres une troupe de cinquante lances au moins, et pour être par conséquent chefs de bannière, se trouvaient obligés de servir sous celle d'un chevalier mieux partagé qu'eux, d'un baron banneret. On appelait du même nom les jeunes nobles à qui l'accolade n'avait pas encore donné droit de lever bannière eux-mêmes. Témoin de cette signification primitive, le roman de Garin, dans lequel on lit : *La flor de France et la bachelerie*; et la chronique de Duguesclin, qui porte : *Et puis manda sa gent et sa bachelerie*. L'épithète *bachevalureux* qu'on rencontre dans quelques documents, nous amène, jointe à d'autres raisons, à regarder ce mot comme une contraction de bas-chevalier.

C'est l'université de Paris qui parait avoir été la première à admettre ce titre militaire dans le langage académique. Il y fut institué au treizième siècle par le pape Grégoire IX, pour la Faculté de théologie. On y appelait bacheliers les étudiants qui avaient subi un ou deux examens, sans être encore docteurs. Ils se divisaient en *simplices*, *cursores* et *formati*, comme c'est encore l'usage en Angleterre, où l'on distingue le *formed bachelor*, admis conformément aux règlements, et le *current bachelor*, créé par diplôme extraordinaire; et ils occupaient le rang intermédiaire entre les docteurs et les simples écoliers, de la même manière que les bas-chevaliers étaient inférieurs aux barons bannerets, mais supérieurs aux écuyers. Une toque ronde les distinguait de leurs condisciples, et ils avaient le droit d'enseigner déjà eux-mêmes tout en continuant encore de suivre les cours des professeurs. Bientôt ce titre fut admis dans presque toutes les autres universités, tant françaises qu'étrangères.

Dans la suite le mot *bachelier* prit aussi l'acception de jeune homme en général; et c'est ainsi qu'on appelle aujourd'hui, dans certaines contrées du nord de la France, *bacheliers* et *bachelettes* ou *bachelèses* les adolescents et les jeunes filles non mariées.

BACCARA, jeu de cartes et de hasard qui se joue entre un banquier et des pontes. Originaire de l'Italie, il fut importé dans le midi de la France après les guerres de Charles VIII. Depuis les dernières années du règne de Louis-Philippe, on l'a vu partager avec le lansquenet les honneurs des tripots clandestins. Si ce jeu est peu récréatif, on peut en revanche y perdre ou y gagner beaucoup d'argent en très-peu de temps, ce qui lui a valu les faveurs des joueurs de bas étage.

Le baccara se joue avec plusieurs jeux complets : les figures valent dix; les autres cartes valent le point qu'elles indiquent. Tous les pontes ayant fait leur mise, le banquier donne une carte à chacun d'eux et à lui-même, en commençant par sa droite, puis une seconde carte à tous. Chacun regarde son jeu, et s'il se trouve un joueur dont les deux cartes forment les points de neuf ou dix-neuf, huit ou dix-huit, il abat son jeu, et tous en font autant. Le banquier ramasse les enjeux placés devant les pontes qui ont un point dont le chiffre des unités est plus petit que dans son jeu ; il perd avec les pontes qui sont dans le cas contraire ; il fait coup nul lorsqu'il y a égalité.

Si, les deux cartes données, personne n'a neuf ou dix-neuf, huit ou dix-huit, le banquier offre une carte à qui la veut, et il s'en donne une à lui-même, s'il le juge à propos : cette troisième carte se donne à découvert. On compte alors comme dans le cas précédent : seulement, celui qui a reçu une troisième carte qui fait dépasser à son jeu le point de vingt-neuf, crève.

BACCARAT, ville de France, département de la Meurthe, située sur la rivière qui donne son nom au département, au pied d'une colline escarpée et dans le voisinage d'une forêt considérable. Au milieu du siècle dernier ce n'était encore qu'un bourg sans importance. Expilly évalue le nombre des familles qui l'habitaient alors à cent dix-sept, Aujourd'hui sa population dépasse 3,000 âmes; elle doit cet accroissement à sa cristallerie, la plus remarquable de France, occupant plus de mille ouvriers et produisant annuellement environ 1,500,000 fr. de cristaux bruts. *Voyez* CRISTAL.

Baccarat possède encore des fabriques de toile de coton. Il s'y fait un commerce de bois de construction, de charronnage et de merrain, de planches et de charbon de bois.

BACCHANALES. Ces fêtes, qui réveillent toutes les idées de désordre et de débauche, étaient originaires de l'Égypte, pays fertile en superstitions. Les Égyptiens célébraient les bienfaits d'Osiris, l'auteur de la fécondité, adoré chez les Grecs sous les noms de *Dionysos* ou de *Bacchus*. Le premier culte qu'on lui rendit fut sans doute plus simple et plus pur que celui dont on l'honora plus tard. On retraçait dans la plupart de ces fêtes les malheurs d'Osiris, ses guerres contre Typhon, l'ennemi de tout bien, et la mutilation affreuse qu'il souffrit de la part de ce tyran. Ce n'était d'abord qu'une allégorie aux mystères de la nature et à cette lutte continuelle du bien et du mal qui paraît l'agiter; mais peu à peu on s'éloigna du sens de l'allégorie, ou plutôt on la présenta au peuple sous les images les plus grossières, et le peuple dut croire que la débauche était le culte le plus agréable à sa divinité.

Lors de la célébration des bacchanales, la sage Égypte paraissait transportée de folie; les hommes et les femmes, déguisés en satires, armés de thyrses ou de javelines couvertes de feuilles de vigne, agitant des sistres et des tympanons, couraient confusément en poussant des cris et des hurlements. Les femmes, précédées d'un joueur de flûte, portaient en triomphe des statues d'une coudée de haut, représentant Osiris ou Bacchus. La partie du corps d'Osiris que Typhon lui avait fait perdre et qu'il n'avait pu retrouver était d'une grandeur démesurée; on la connaissait sous le nom de *phallus*. Ces indécentes marionnettes se mouvaient avec des fils ou des cordes. Le jour de la fête de Bacchus, chacun immolait un pourceau devant sa porte à l'heure du repas; on le donnait ensuite à emporter à celui qui l'avait vendu. Le reste de l'année, les Égyptiens avaient les porcs en horreur.

De l'Égypte les bacchanales passèrent dans la Grèce avec toute leur licence. Ce nouveau culte y porta le trouble et le scandale; Melampus, fils d'Amythaon, de retour de ses voyages, le fit connaître aux Hellènes 1400 ans avant J.-C. Le peuple, avide de plaisirs, en favorisa l'établissement ; mais les chefs des différents États virent avec peine un culte qui autorisait toutes sortes de débauches. Les ministres des anciens dieux craignirent aussi que la gaieté et la licence des bacchanales ne fissent déserter leurs temples et ne leur enlevassent leurs adorateurs et leurs richesses. Mais une religion qui offrait de tels plaisirs devait triompher chez les Grecs; Bacchus l'emporta donc, et les obstacles qu'avaient rencontrés les bacchanales ne servirent qu'à leur donner plus d'éclat. Partout on célébra Bacchus et ses victoires, partout les montagnes et les forêts retentirent des cris d'*io, io Bacche, io triumphe, évan évohé*. A la voix de leur dieu, les bacchants, déguisés en satyres, en faunes et en ityres, parcouraient furieux les campagnes, effrayaient les habitants par leurs hurlements, par leurs courses, par le bruit éclatant de leurs flûtes et de leurs trompettes; les bacchantes, transformées en thyades, en ménades, en bassarides, les cheveux épars, se livraient à tous les transports du dieu qui les agitait. Malheur au prince ou au sage qui voulait s'opposer à leurs fanatiques emportements! Ces thyrses, qui ne devaient servir qu'aux plaisirs, devenaient dans leur main des armes terribles. Agavé, mère de Penthée, et ses sœurs, déchirent sur le Cithéron ce malheureux prince qui a essayé d'arrêter leur licence. Lycurgue, qui a aussi fait de vains efforts pour diminuer les désordres que ces fêtes causaient dans ses États, éprouve le même sort, à Nysse, de la part des bacchantes; Orphée est la victime de celles de Thrace. On célébrait les bacchanales à Athènes au mois de novembre, et l'on y attachait assez d'importance pour compter par bacchanales comme on comptait par archontes. C'était même un de ces magistrats qui en réglait l'ordonnance et qui les présidait. Elles n'en étaient pas pour cela moins licencieuses. On célébrait en Grèce plusieurs fêtes de Bacchus, qu'il ne faut pas confondre avec les dionysiaques ou mystères de ce dieu ; dans lesquels régnait plus d'ordre et de décence, quoiqu'on y fit encore bien des folies.

Si les bacchanales portèrent le trouble en Égypte et en Grèce, elles ne produisirent pas des effets moins funestes en Italie. On ne sait pas précisément à quelle époque elles s'y introduisirent, mais il paraît que les Étrusques et les colonies grecques du midi de cette contrée, la Campanie surtout, les reçurent les premiers. Bacchus était une des principales divinités de la Campanie ; il y était adoré sous le nom d'Hébon. On lui donnait la figure d'un bœuf à face humaine, souvenir des femmes éléennes, qui, dans leurs bacchanales, le nommaient le fils de la génisse, et l'invoquaient en le priant de venir les trouver avec son pied de bœuf. De la Campanie les bacchanales se propagèrent et vinrent à Rome, où elles furent accueillies avec avidité. Célébrées d'abord par quelques femmes débauchées, elles ne tardèrent pas à conquérir de nombreux prosélytes. Leurs assemblées nocturnes et secrètes devinrent l'école de tous les vices et des crimes les plus honteux. Le mal allait toujours croissant, et parut menacer le repos de l'État. Il était d'autant plus dangereux qu'on en ignorait encore la source. Ce fut un hasard qu'on en dut la découverte. Tite-Live (liv. 39) entre à ce sujet dans les détails les plus intéressants.

Les bacchanales avaient parsemé Rome de mouvements désordonnés et de crimes secrets. On découvrait chaque jour des assassinats, des viols, de faux testaments, de fausses signatures; le silence de la nuit était troublé par des cris confus, par des hurlements, par le bruit des instruments; tout ce bruit, sous prétexte d'honorer les dieux, servait à voiler des crimes et à étouffer les cris des coupables et des victimes. Le sénat, effrayé de ces désordres et craignant qu'ils ne couvrissent quelque conjuration, ordonna au consul Posthumius de faire des recherches qui pussent l'éclairer et ramener la tranquillité. Le hasard les lui procura par l'entremise d'un jeune homme, nommé Œbutius, et surtout de sa maîtresse, la courtisane Hispala Fécenia. On apprit d'elle que dans ces assemblées il n'y avait sorte de crimes que ceux qui s'y refusaient y étaient forcés, ou qu'on les immolait, de crainte qu'ils ne trahissent les mystères ; qu'au reste, le nombre des initiés de tous les ordres de l'État était si considérable qu'ils formaient pour ainsi dire un peuple.

Posthumius, tous ces renseignements recueillis, vint faire immédiatement son rapport au sénat. On fut glacé d'horreur en apprenant ces odieux détails ; chaque sénateur craignait que quelqu'un de sa famille ne fût au nombre des initiés. Les consuls eurent ordre de poursuivre l'affaire des bacchanales avec toute la rigueur qu'elle méritait. Posthumius courut ensuite au *Forum*, monta à la tribune aux harangues, et, dans un discours énergique, exposa au peuple le péril où se trouvait la république, si l'on n'apportait pas un prompt remède au mal, si l'on n'étouffait pas, avant qu'elle eût acquis plus de force, cette conjuration contre l'ordre public. On lut ensuite le sénatus-consulte qui, accordant des récompenses à ceux qui avaient découvert les bacchanales, statuait des peines contre ceux qui favoriseraient, recèleraient les initiés, ou achèteraient leurs biens pour leur donner les moyens de se soustraire aux recherches. On faisait monter le nombre des bacchants, hommes et femmes, à plus de sept mille. Il y en eut beaucoup d'arrêtés ; d'autres, pour échapper à la honte du supplice, se donnèrent la mort. Les quatre principaux chefs subirent la peine de leurs crimes. La terreur s'était répandue dans Rome ; un grand nombre de personnes s'en étaient éloignées. On se hâta de terminer cette affaire. Les initiés plutôt séduits que coupables, et qui n'avaient pas encore commis les crimes auxquels ils s'étaient engagés par des serments exécrables, furent emprisonnés. Ceux qui furent convaincus de meurtres, de fausses signatures, de débauches honteuses, perdirent la vie. Il y eut beaucoup de femmes exécutées dans leurs familles, pour leur éviter la honte d'un supplice public. Les bacchanales furent abolies dans toute l'Italie ; mais on ne détruisit pas le culte de Bacchus. Seulement ceux qui voulurent l'honorer furent obligés de se présenter au préteur, qui en faisait la demande au sénat, où devaient se trouver au moins cent sénateurs. Il ne fut permis de réunir que cinq personnes au sacrifice secret qu'on offrait à ce dieu ; on défendit à ces initiés d'avoir des prêtres et de mettre en commun des sommes d'argent pour célébrer des fêtes. Le sénat décréta en outre que Fecenia et OEbutius recevraient chacun du trésor cent mille sesterces en récompense du service qu'ils avaient rendu à l'État. On accorda à Fecenia, qui n'était qu'affranchie, tous les droits de citoyenne ; il fut déclaré qu'elle pouvait se marier à un homme libre, et que ce mariage ne le ferait pas déroger.

Ce sénatus-consulte, de l'an de Rome 568, fut sans doute envoyé dans toute l'Italie pour y notifier les ordres du sénat. Longtemps on ne le connut que par ce qu'en rapporte Tite-Live ; mais en 1640 Jean-Baptiste Cigala fut assez heureux pour le trouver dans des fouilles faites à Tiriolo, dans la Calabre ultérieure, parmi d'autres antiquités. Il est gravé sur une table de bronze d'un pied carré environ. Vienne le possède maintenant. Un savant Napolitain, Matthieu Egizio, a composé, en 1729, sur ce sénatus-consulte un ouvrage plein d'érudition.

L'Italie fut longtemps délivrée du scandale de ces fêtes ; mais sur les derniers temps de la république et sous les empereurs elles reprirent faveur. Velléius Paterculus rapporte qu'Antoine les célébra. Ce triumvir aimait à prendre le nom de *Liber Pater* ou de Bacchus ; on le vit plus d'une fois couronné de lierre, chaussé du cothurne et tenant un thyrse, imiter dans Alexandrie la pompe du dieu vainqueur de l'Inde, et promener dans son char la reine Cléopâtre comme une autre Ariane. Messaline, entourée de femmes perdues de débauche et vêtues de la nébride et de la pardalide, sacrifiant à Bacchus. On peut se figurer la licence qui devait régner dans des fêtes que présidait cette princesse, devenue courtisane banale. Th. DELBARE.

BACCHANTE ou **BACCHARIDE** (*baccharis*), genre de la famille des synanthérées corymbifères, tribu des astérées et de la syngénésie polygamie superflue, dont les espèces sont pour la plupart des arbrisseaux d'Afrique, d'Amérique ou des Indes orientales. On prend habituellement comme stomachique, au Pérou, l'infusion théiforme des feuilles du *baccharis* *tuæ folia*. Une autre espèce, le *séneçon en arbre* de la Virginie (*baccharis halimifolia*), est cultivée dans les jardins d'agrément. Les Brésiliens emploient pour dissiper et apaiser la douleur et la rougeur des yeux les feuilles pilées du *baccharis brasiliana*, qui ont l'odeur du storax.

BACCHANTES, femmes vouées à la célébration des mystères de Bacchus, appelées aussi *ménades*, *bassarides*, *thyades*, *mimallonides*, *edonides*, *eviades*, *élëides*, noms dérivés de leur manière de crier, ou de l'espèce de fureur dont elles étaient animées pendant le temps que duraient les bacchanales. On les a aussi nommées quelquefois *Éleusinies*, parce qu'à certains jours de l'année elles portaient la statue de Bacchus d'Athènes à Éleusis. Les premières bacchantes furent les nymphes qui avaient nourri Bacchus et les femmes qui le suivirent à la conquête des Indes. On les représente demi-nues ou couvertes de peaux de tigre passées en écharpe, la tête couronnée de lierre, les yeux égarés et le thyrse à la main, poussant des cris et des hurlements affreux, et répétant sans cesse des acclamations que l'on supposait adressées à Bacchus triomphant des géants et des Indiens, telles qu'*Evohe* et *Io Bacche*.

A Athènes, dans le principe, les bacchantes étaient choisies parmi les femmes les plus vénérées ; elles enseignaient aux jeunes filles la religion, la morale, les travaux domestiques. Elles obéissaient à une reine, qui était élue parmi les matrones les plus recommandables. Mais lorsque le culte de Bacchus se fut répandu dans les autres cités de la Grèce, la sévérité publique commença à se relâcher peu à peu sur le choix des bacchantes. C'est à partir de là que nous les voyons courir au son des cymbales, des tambours et des clairons, la tête entourée de serpents vivants, déchirant de jeunes taureaux, mangeant leur chair crue, et faisant, à l'instant où elles touchent la terre dans leurs bonds irréguliers et convulsifs, jaillir des flots de lait, de miel et de vin. Les bacchantes sont quelquefois aussi représentées avec des vêtements ou blancs ou peints de diverses couleurs, surtout de la couleur du raisin au commencement de sa maturité. Ainsi que Bacchus, elles portaient encore le cothurne, et se couronnaient de guirlandes de lierre, de *smila* (le liseron ou le convolvulus), de chêne, de sapin et de laurier, parce que ce dieu s'en était couronné au retour de son expédition des Indes. On dit aussi que les *bacchants* et les *bacchantes*, pour se déguiser, commencèrent par se couvrir les joues du sang des victimes immolées à Bacchus ; par la suite, ils y substituèrent le jus de mûrier, le gros vin ou la lie.

BACCHIUS, nom d'une mesure de trois syllabes composée d'une brève et de deux longues, par exemple *dchīvī*.

BACCHUS, en grec Βάκχος, Διόνυσος, appelé aussi, surtout dans les mystères, *Iacchos*, le dieu du vin, était fils de Zeus et de Sémélé, fille de Cadmus. Sémélé mourut avant la naissance de son fils, victime du perfide conseil que lui donna la jalouse Héré, et par suite duquel elle se laissa aller à adresser à Zeus la demande insensée de permettre qu'elle le contemplât sous ses véritables traits. Afin de conserver le fruit de leurs amours, à ce moment âgé de six mois, Zeus le cacha dans sa hanche. Plus tard, il confia l'enfant aux soins d'Ino, sœur de Sémélé, et à ceux de son époux Athamas ; puis, Ino et Athamas ayant été rendus furieux par les maléfices de Héré, il l'envoya à Nysa, en Thrace, aux soins des nymphes. C'est là que Bacchus apprit l'art de cultiver la vigne et de préparer une liqueur enivrante avec le jus des raisins. Dans le but de communiquer sa découverte aux hommes, il parcourut un grand nombre de pays avec Silène, son maître, et en compagnie de nymphes couronnées de lierre et de feuilles de vigne, portant des bâtons entourés de rubans et de pampres, appelés *thyrses* et provenant d'un arbrisseau appelé *narthex* (*voyez* FÉRULE). Cette expédition, suivant une tradition postérieure, s'étendit jusqu'à la Bactriane et à la Médie, jusqu'à l'Égypte et à l'Inde, où Bacchus dressa, dit-on, des colonnes destinées à indiquer les limites extrêmes du monde connu. On trouve une ville appelée Nysa partout où il porta ses pas dans ses lointaines expéditions. C'est de la sorte que le culte de ce dieu, qui était originaire de l'Orient, et que Mélampe introduisit en Grèce, se propagea dans presque toutes les parties du monde alors connu; aussi le mythe de Bacchus a-t-il été diversement modifié par les différents peuples, ce qui l'a rendu l'un des plus confus et des plus difficiles à expliquer qui existent. Bacchus, d'ailleurs, protégeait en même temps les arbres fruitiers et les fruits en général. Son culte ayant été tellement répandu et la célébration de ses fêtes étant accompagnée d'hymnes, il est tout naturel qu'il ait reçu une foule de surnoms. C'est ainsi, par exemple, qu'il était appelé *Lenæos* par les Celtes, *Bromios* à cause du bruit dont son culte était entouré, *Euios* (en latin *Evius*), à cause du cri *evoi* poussé en son honneur dans différentes solennités, et le *couronné d'or* à cause de ses brillants cheveux blonds. On se représentait ces expéditions comme analogues aux fêtes célébrées en son honneur et dans lesquelles les ménades ou bacchantes erraient çà et là en proie à une feinte fureur et passant la nuit sur des montagnes avec des torches.

Dans ses différentes expéditions, Bacchus eut à triompher de bon nombre de résistances, parce que beaucoup se refusaient à le reconnaître pour dieu. C'est ainsi qu'il lui fallut lutter contre Lycurgue, roi des Édons, et à Thèbes contre Penthée, qui pour ce fait fut mis en pièces par sa propre mère et par ses sœurs. Il rendit furieuses et métamorphosa en chauves-souris les filles de Mynias, pour les punir de s'être refusées à célébrer les fêtes qui lui étaient consacrées. Un jour qu'il se rendait dans l'île de Naxos, les matelots tyrrhéniens voulurent l'enlever et le conduire en Italie ; et à cet effet ils le chargèrent de chaînes. Mais elles se détachèrent spontanément de son corps, en même temps que le navire, qui se garnissait de lierre et de ceps de vigne, demeurait immobile au milieu de la mer. Il se métamorphosa alors lui-même en lion ; et à cette vue les matelots, saisis de terreur, se précipitèrent dans la mer, où ils furent changés en dauphins. Il récompensait au contraire ceux qui l'accueillaient avec bienveillance et respect, par exemple Midas. Au total, d'ailleurs, on remarque un grand fonds de douceur et de mansuétude dans le caractère de Bacchus ; et parmi les artistes, son type a même quelque chose d'efféminé qui se rapproche de la femme. C'est plus particulièrement par la beauté de son front qu'il brille. Ses longs cheveux laineux sont ramassés en nœud derrière sa tête, et quelques boucles seulement retombent de chaque côté sur ses épaules. Sa chevelure est couronnée d'un diadème de feuilles de vigne et de lierre. Sa taille n'est ni déliée ni ramassée. D'ordinaire on le représente dans un état complet de nudité. Souvent une large *palla* lui pend négligemment autour du corps, ne couvrant qu'une partie de ses épaules et de ses hanches, mais souvent aussi la plus grande partie de son corps ; parfois encore une peau de chevreuil est suspendue en travers sur sa poitrine. Il porte des sandales, mais plus fréquemment des cothurnes.

Le Bacchus barbu de l'Inde diffère complètement de celui-ci, dont le type est essentiellement grec : il a quelque chose de plus digne, de plus majestueux, de plus royal. Il porte une tunique qui lui descend jusqu'aux pieds, et par-dessus un large et somptueux manteau. Comme guerrier il est vêtu d'une courte tunique nouée par une ceinture autour des hanches, avec des cothurnes aux pieds. Une peau de panthère lui sert de bouclier. Il est aussi représenté quelquefois avec de petites cornes. Quand on institua les mystères d'Éleusis, on y rattacha son culte ; aussi figure-t-il dans Pindare comme l'assesseur de Déméter. Enfin comme il était tenu pour dieu du soleil par les Ophiciens, il participait à l'oracle de Delphes.

Le culte de Bacchus était célébré au milieu de fêtes enivrantes. Thèbes, désignée aussi comme le lieu de naissance du dieu, en était le grand centre en Grèce. A Athènes le culte de *Lenæos* était le culte le plus anciennement établi, et on en retrouve des traces jusque dans l'époque mythologique. On lui offrait plus particulièrement en sacrifice des béliers, des chèvres et des taureaux, ces derniers animaux parce qu'on le représentait lui-même sous la forme d'un taureau. *Voyez* ASCOLIES, DIONYSIAQUES, HALOÉES, BACCHANALES, etc.

BACCHYLIDE, poète grec, né l'an 512 avant J.-C., à Ioulis, dans l'île de Céos, abandonna de bonne heure sa ville natale, et passa la plus grande partie de sa vie tantôt dans le Péloponnèse, tantôt en Sicile. Il était parent de Simonide et contemporain d'Eschyle et de Pindare. Hiéron de Syracuse, à la cour de qui il vécut de l'an 478 à l'an 466, faisait grand cas de lui. Il ne nous reste qu'un très-petit nombre de fragments des poèmes, des dithyrambes et des odes tant érotiques que parthéniques qu'il avait composés en dialecte dorien, entre autres un dithyrambe et un hymne à la déesse de la Paix. Ses poèmes se distinguent par la pureté et l'éclat du style, par la profondeur du sentiment et par une exposition gracieuse. On trouve ces fragments réunis dans l'*Anthologie* de Jacob (t. 1er), dans les *Delectus Poesis Græcæ* de Schneidewin (t. II) et dans les *Poetæ Lyrici Græci* de Bergk (Leipzig, 1843).

BACCIFÈRE (du latin *bacca*, baie, et *fero*, je porte). Ce mot se dit des plantes qui portent des baies.

BACCIO BANDINELLI. *Voyez* BANDINELLI.

BACCIO DELLA PORTA. *Voy.* BARTOLOMEO (Fra).

BACCIOCHI (FELICE PASQUALE), de 1805 à 1814 prince de Lucques, Piombino, Massa-Carrara et Garfagnana, était né en Corse, le 18 mai 1762, d'une famille noble, mais pauvre. Il entra au service, et était parvenu au grade d'officier, quand Bonaparte fut appelé au commandement en chef de l'armée d'Italie. Après avoir épousé sa sœur Élisa, il passa colonel du 26e régiment d'infanterie légère, fut nommé plus tard président du collège électoral des Ardennes, sénateur en 1804, et reçut en 1805 le titre de prince, la principauté de Lucques et de Piombino ayant été constituée en souveraineté en faveur de sa femme. Il ne porta jamais le titre de grand-duc de Toscane, qui en 1808 avait été accordé à sa femme. A la chute de Napoléon il accompagna Élisa dans son exil, et vécut avec elle, son fils et sa fille, sous la surveillance du gouvernement autrichien. Après la mort d'Élisa il habita le plus souvent Bologne, où il possédait un beau palais auquel il a donné son nom. Il mourut le 27 avril 1841, laissant une fortune évaluée à huit millions, et dont hérita son petit-fils.

Sa femme, *Marie-Anne* (qui se fit appeler plus tard *Élisa*) BONAPARTE, née à Ajaccio, le 3 janvier 1777, avait été élevée au couvent noble de Saint-Cyr, et avait vécu avec sa mère à Marseille à l'époque de la révolution. D'après le désir de sa mère, mais sans l'assentiment de son frère Napoléon, elle épousa en 1797 Bacciochi, à Paris, où, à partir de 1799, elle vint résider auprès de son frère Lucien, qui lui inspira le goût des vers et des arts, et où sa maison devint le rendez-vous des hommes les plus distingués en tout genre. Généreuse envers le talent, elle protégea particulièrement Châteaubriand et Fontanes, et ce fut à sa recommandation que Napoléon fit la fortune du second. Dans le sentiment de sa supériorité intellectuelle, elle tenait son mari à distance. C'est elle seule qui gouvernait ses principautés de Lucques et de Piombino; et quand en 1808 son frère la créa grande-duchesse de Toscane, elle se complut à jouer le rôle d'une reine. Lorsque cette Sémiramis de Lucques, comme on l'a surnommée, passait des journées en

22.

revue, son mari remplissait auprès d'elle les fonctions d'aide de camp. Au reste, elle fit beaucoup de bien, quoiqu'elle ne fût pas toujours heureusement secondée par les fonctionnaires en qui elle avait placé sa confiance. En 1814 elle se retira à Bologne; mais l'année suivante elle dut aller s'établir en Autriche. D'abord elle vécut auprès de sa sœur Caroline, la veuve de Murat; puis avec sa famille à Trieste, où elle prit le titre de *comtesse de Compignano*. Elle mourut dans sa terre de Villa-Vicentina, non loin de Trieste, le 7 août 1820. Elle fut enterrée dans un caveau de la chapelle qu'elle avait fait construire dans son palais.

Son fils, *Frédéric-Napoléon* BACCIOCHI, né à Codroipo, près d'Udine, en 1810, mourut à Rome, le 7 avril 1833, des suites d'une chute de cheval.

Sa fille, *Napoléone-Élisa* BACCIOCHI, née le 3 juin 1806, qui ressemble, dit-on, d'une manière frappante à Napoléon, épousa en 1825 le comte *Camerata*, l'un des plus riches gentils-hommes de la marche d'Ancône. Mais elle vit séparée de lui depuis 1830, dans les domaines qu'elle possède en Illyrie. Cette jeune femme portait au duc de Reichstadt toute l'affection que sa mère avait pour l'empereur. On assure qu'elle avait trouvé le moyen de tromper la surveillance qui entourait à Schœnbrunn le fils du grand homme, et que, l'ayant décidé à partir avec elle, elle répondit à ceux qui les arrêtèrent à peu de distance du palais : *Ce prince est mon souverain ; je suis sa cousine*. Elle possède une rare résolution de caractère, et s'est rendue célèbre par les nombreux procès de succession qu'elle a intentés à ses quatre oncles. Son fils, *Napoléon* CAMERATA, qui ressemble aussi d'une manière frappante à l'empereur son grand-oncle, est entré dans la marine.

BACH (Famille). On a signalé en Allemagne comme en France des familles de musiciens dans lesquelles le génie et le talent s'est propagé de génération en génération, et qui pendant un ou deux siècles ont fourni des artistes du premier mérite à leur patrie. La famille Bach a joui de cet heureux privilége, et elle a produit pendant près de deux cents ans une foule d'artistes du premier ordre.

Le chef de cette race de musiciens, *Viet* BACH, fut d'abord boulanger à Presbourg. Forcé de quitter cette ville vers le milieu du seizième siècle, à cause de la religion réformée, qu'il professait, il vint s'établir dans un village de Saxe-Gotha, appelé Wechmar, et, pour ne pas déroger, il s'y fit meunier. Après avoir fini son travail, ce meunier secouait sa farine, prenait une guitare et se délassait en chantant. Il communiqua ce goût à ses deux fils, commença leur éducation musicale, et ces deux élèves du meunier de Wechmar s'illustrèrent et devinrent les chefs de cette immense famille de musiciens, qui se répandit dans la Thuringe, la Saxe et la Franconie pendant près de deux siècles. Tous furent chanteurs de paroisse, organistes, ou musiciens de ville, ainsi qu'on les appelle en Allemagne. Devenus trop nombreux pour vivre rapprochés, ils s'étaient dispersés dans les différentes contrées dont je viens de parler; mais ils convinrent de se réunir une fois chaque année à jour fixe, afin de conserver entre eux un lien patriarcal. Erfurt, Eisenach, Arnstadt, furent les lieux choisis tour à tour pour ces réunions musicales et fraternelles. Cet usage se perpétua jusqu'au milieu du dix-huitième siècle, et l'on vit plusieurs fois jusqu'à cent vingt musiciens du nom de Bach, hommes, femmes et enfants, assister à cette fête annuelle. Leurs récréations consistaient alors uniquement en exercices de musique. Ils débutaient par un hymne religieux, chanté en chœur, prenaient ensuite pour thèmes des chansons populaires, et les variaient en improvisant à quatre, à cinq et à six voix. Ils donnaient le nom de *quolibets* à ces improvisations. Plusieurs personnes les ont considérées comme l'origine des opéras allemands; mais les quolibets sont beaucoup plus anciens que la première réunion des Bach, car le docteur Forkel en possédait une collection imprimée à Vienne en 1542. Un autre trait caractéristique de cette famille intéressante est l'usage qui s'y était établi de rassembler en recueil toutes les compositions de chacun de ses membres : cela s'appelait *les archives des Bach*. Charles-Philippe-Emmanuel Bach les possédait vers la fin du siècle dernier; en 1790 elles ont passé dans les mains de M. Georges Pœlchau, à Berlin.

Nous donnerons ici la biographie des principaux membres de cette intéressante famille.

BACH (JEAN), musicien à Gotha, y vécut au commencement du dix-septième siècle.

BACH (HENRI), organiste d'Arnstadt, naquit à Weimar, le 16 septembre 1615. Son père était musicien et fabricant de tapis, et lui donna les premières leçons de musique. Henri montrait de grandes dispositions, et son frère aîné, Jean, prédicateur et musicien à Erfurt, acheva son éducation. En 1641 il fut nommé organiste d'Arnstadt, et pendant cinquante ans remplit cette fonction. Il eut la satisfaction de compter vingt-huit arrière-petits-enfants. — Ses deux fils, *Jean-Christophe*, organiste de cour à Eisenach, et *Jean-Michel*, organiste dans le bailliage de Gehren, et beau-père du célèbre Sébastien Bach, méritent d'être cités.

BACH (JEAN-AMBROISE), musicien de la cour à Eisenach, père de Sébastien, naquit en 1645 et mourut en 1695.

BACH (JEAN-SÉBASTIEN), compositeur de la cour de Pologne, maître de chapelle du duc de Weissenfels et du prince d'Anhalt-Kœthen, directeur de la musique de l'école de Saint-Thomas à Leipzig, fils du précédent, naquit à Eisenach, le 21 mars 1685. Ayant perdu ses parents avant l'âge de dix ans, il se rendit auprès de son frère aîné, Jean-Christophe Bach, organiste à Ordruff, et commença à entrer dans la carrière musicale sous sa direction. Son penchant irrésistible pour l'art se développa dans un âge si tendre avec une telle force, qu'il le porta à dérober à son père un livre de musique de clavecin, de Froberg, Kerl et Pachelbel, qu'il n'avait pu obtenir par ses vives instances. Pendant six mois il le lisait, le copiait au clair de lune, craignant d'être découvert en plein jour, jusqu'à ce qu'enfin son père l'aperçut et lui retira impitoyablement ce livre si précieux. Après la mort de Jean-Christophe, il passa au gymnase de Lunebourg, d'où il fit de fréquentes excursions à Hambourg, pour y entendre le fameux organiste Jean-Adam Reinken. La chapelle ducale était composée en grande partie de Français; Sébastien Bach la visita souvent, et s'appliqua à connaître la musique française; ce fut une nouveauté pour lui. Nommé en 1702 musicien de la cour de Weimar, il obtint deux ans après l'orgue d'Arnstadt. C'est là principalement qu'il acquit les grands talents qui le distinguèrent ensuite comme compositeur et comme organiste. Il y parvint plus par son ardeur pour le travail, ses réflexions et son génie, que par l'étude suivie des ouvrages des plus grands maîtres, tels que Bruhn, Reinken et Buxtehude, et par un séjour de trois mois qu'il fit à Lubeck pour y étudier la manière du célèbre organiste Buxtehude.

En 1707 il fut appelé à Mulhouse comme organiste; il n'y resta qu'un an et quitta cette ville pour entrer au service du duc de Saxe-Weimar, qui lui donna la place d'organiste de la cour. Le succès prodigieux qu'il y obtint, les applaudissements qu'il reçut, portèrent son enthousiasme au plus haut degré. Uniquement occupé du soin de se perfectionner, d'acquérir de nouvelles connaissances et de mériter ainsi la faveur dont il se voyait honoré, Bach parvint à ce talent inimitable dans l'exécution qui porta si loin sa renommée, et composa pour cette cour beaucoup de ses plus belles pièces d'orgue. La place de maître de concerts, qu'il obtint en 1714, l'obligeait à composer et à exécuter la musique d'église.

En 1717 il défendit la supériorité de sa nation contre Marchand, fameux organiste français, à qui le roi de Pologne offrait des appointements considérables pour le fixer à Dresde. Voici comment on raconte cette lutte musicale : Volumier invita Bach à venir à Dresde, et lui fit entendre Marchand, qui ne savait pas qu'un tel maître faisait partie de son auditoire. Bach, avec l'agrément du roi, proposa son cartel, qui fut accepté. Au jour marqué Bach vint au rendez-vous ; il y trouva une société brillante et nombreuse. On attendit longtemps, mais en vain, son adversaire ; Marchand était parti le même jour par la poste. Bach se fit alors entendre seul, et déploya toutes les ressources de son art. A son retour de Weimar il devint maître de chapelle du prince d'Anhalt-Kœthen. De là il fit un second voyage à Hambourg pour y voir le célèbre Reinken, alors presque centenaire, et joua devant lui pendant plus de deux heures dans l'église de Sainte-Catherine. Le vieux Reinken lui dit : « J'ai cru que cet art allait mourir avec moi, mais je vois qu'il vit encore en vous. » En 1723 le conseil de Leipzig l'appela pour lui confier la direction de la musique de cette ville. Le duc de Weissenfels lui conféra, peu de temps après, le titre de maître de chapelle. La cour de Dresde l'entendit plusieurs fois sur l'orgue en 1736. Bach y recueillit les témoignages les plus flatteurs, et le roi le nomma compositeur de la cour.

Bach fit un voyage à Berlin en 1747 : le roi de Prusse Frédéric voulut l'entendre à Potsdam, et lui donna le thème d'une fugue. Après qu'il l'eut improvisée en maître, Frédéric lui demanda une autre fugue à six voix, et Bach l'exécuta sur-le-champ sur le clavecin, d'après un thème de son invention. De retour à Leipzig, il écrivit encore sur le thème du roi un *ricercare* à trois voix, un autre à six voix, et quelques autres chefs-d'œuvre, qu'il fit graver, en les dédiant à Frédéric. Une maladie d'yeux, que l'opération ne fit qu'aggraver, altéra sa santé au dernier point ; il mourut d'une attaque d'apoplexie, à l'âge de soixante-cinq ans, le 28 juillet 1750.

Tel était l'homme qui, selon l'expression de Marpurg, réunit en lui seul les talents et les perfections de plusieurs grands hommes. Voici ce qu'en dit le maître de chapelle Hiller : « Si jamais compositeur a montré toute la force d'un grand orchestre ; si jamais virtuose a su se servir des ressources les plus secrètes de l'harmonie, cet honneur appartient sans contredit à Sébastien Bach. Personne ne sut mieux que lui embellir les thèmes les plus secs en apparence par une foule d'idées neuves et étrangères au motif. Il lui suffisait d'entendre un thème quelconque pour avoir à l'instant présent devant lui tout ce qu'on pouvait en tirer de beau, de sublime. Ses mélodies étaient étranges, à la vérité, mais pleines d'invention, et ne ressemblaient en rien à celles des autres compositeurs. Quoique son caractère sérieux l'entraînât à la musique grave et mélancolique, il pouvait cependant, s'il le fallait, se livrer aussi, surtout dans son jeu, à des idées aimables et légères. L'exercice continuel dans la composition d'ouvrages à grand orchestre lui avait donné une telle habileté, que dans les partitions les plus compliquées il embrassait du même coup d'œil toutes les parties coïncidentes. Il avait l'oreille si délicate et si subtile que dans l'orchestre le plus complet il découvrait à l'instant la moindre faute d'exécution. Les symphonistes et les chanteurs devaient être d'une exactitude extrême ; il battait la mesure avec une grande assurance, et marquait les mouvements avec beaucoup de rapidité. Comme virtuose sur l'orgue et sur le clavecin, on doit le regarder comme le plus fort qui ait existé et qui peut-être existera jamais. Ses compositions, que tout le monde trouve très-difficiles, étaient pour lui des bagatelles. Tous ses doigts étaient également exercés ; il s'était composé un doigté particulier, et, contre l'usage des musiciens de ce temps-là, il se servait beaucoup du pouce. »

C'est à ses ouvrages qu'il devait son étonnante habileté. Il dit lui-même que souvent il s'était vu forcé d'employer toute la nuit pour exécuter ce qu'il avait écrit pendant le jour. On assure qu'il a écrit son ouvrage intitulé *Temperirtes klavier*, composé de fugues très-compliquées et de préludes, dans un endroit où le dépit, l'ennui et le défaut de toute espèce d'instruments de musique le forcèrent de recourir à cette manière de passer son temps. Ses pieds exécutaient à leur tour le thème que ses mains avaient déjà joué. Il trillait avec ses pieds, tandis que ses mains étaient dans une continuelle activité. Il affectionnait tant la pleine harmonie, dit Burney, que, non content d'employer les pédales avec une constance et une vivacité peu communes, il était dans l'usage de tenir un petit bâton dans les dents, pour s'en servir sur les touches que ses mains ou ses pieds ne pouvaient atteindre. A toutes ces qualités extraordinaires se joignaient encore sa grande expérience et le goût exquis avec lequel il sut choisir et lier ensemble les divers registres. Personne ne savait mieux que lui juger des qualités d'un orgue, ou proposer la manière de le construire. Son collègue Gessner, qui dans la suite devint professeur à Gœttingue, nous a laissé un portrait de ce grand artiste dans une note au 12e chapitre du livre 1er de son édition de Quintilien, que Hiller rapporte également.

La partie de violoncelle était exécutée alors d'une manière lourde et traînante : Bach inventa une espèce de viole qu'il nomma *viola pomposa*, montée comme le violoncelle, avec une cinquième corde sonnant *mi* à l'aigu, ce qui donnait beaucoup de facilité pour l'exécution des traits rapides écrits dans un diapason élevé. Parmi les nombreux ouvrages de théorie et de pratique de cet auteur, qui s'est placé au plus haut degré dans tous les genres, si l'on excepte celui d'opéra, on compte cinq oratorios de *la Passion*. Une de ces œuvres sublimes a été exécutée à Berlin en 1829.

BACH (Guillaume-Friedmand), surnommé *Bach de Halle*, fils aîné de l'immortel Jean-Sébastien Bach, naquit à Weimar, en 1710. Il était, selon le jugement de ses contemporains, organiste et compositeur d'un très-grand talent et très-bon mathématicien. S'il n'eut pas tous les succès qu'il méritait, on doit l'attribuer à son caractère sombre, à son opiniâtreté, qui l'empêchèrent de se concilier la bienveillance des personnes qui pouvaient le protéger et le servir.

BACH (Charles-Philippe-Emmanuel), deuxième fils de Jean-Sébastien, né à Weimar, en 1714, est ordinairement désigné par le nom de *Bach de Berlin*, parce qu'il habita cette ville pendant vingt-neuf ans. Il fit ses premières études de musique à l'école de Saint-Thomas, à Leipzig. Son père le prit ensuite sous sa direction, et lui enseigna pendant plusieurs années le clavecin et la composition. Il fonda à Francfort-sur-l'Oder une académie de musique. En 1738 il se rendit à Berlin, et deux ans après il entra au service de Frédéric II. Il conserva cet emploi jusqu'en 1767, et vécut alors à Hambourg pour y remplacer Talemann en qualité de directeur de musique. Avant son départ la princesse Amélie de Prusse lui donna le titre de maître de sa chapelle en récompense de ses services. Le docteur Burney le connut en 1773. Il jouissait d'une honnête aisance, mais non de toute la considération que méritaient ses talents. Accoutumé, comme on l'était en Allemagne, au style savant, harmonieux, mais plus ou moins lourd, des compositeurs de ce pays, la musique d'Emmanuel Bach, pleine de nouveautés, de charme et de légèreté, et qui s'éloignait des formes scientifiques, ne fut pas estimée ce qu'elle valait ; ce n'est guère qu'en France et en Angleterre qu'on sut l'apprécier. C'est cependant ce même style, perfectionné par Haydn et Mozart, qui depuis a charmé toute l'Europe. L'injustice de ses compatriotes fit longtemps le tourment de Bach, qui avait la conscience de son talent. « Mais, disait-il à Burney, depuis que j'ai cinquante ans, j'ai quitté toute ambition. Je me suis dit : Vivons en repos, car demain il faudra mourir ; et me voilà tout à fait réconcilié avec ma position. » Ce grand artiste mourut à Hambourg, le 14 décembre 1788. Il eut deux fils, dont un suivit la carrière de la jurisprudence, et l'autre celle de la peinture : ce sont les premiers membres de la famille Bach qui ne se soient pas livrés à l'étude de la musique. Emmanuel Bach possédait une bibliothèque musicale très-précieuse. Le nombre des ouvrages qu'il a publiés s'élève à plus de cinquante. Parmi ses écrits didactiques, on doit placer au premier rang celui qui a pour titre : *Essai sur la manière de toucher le clavecin*.

BACH (JEAN-CHRISTOPHE-FRÉDÉRIC), maître de concert à Bückebourg, autre fils de Jean-Sébastien, naquit à Weimar, en 1732; il a écrit de la musique instrumentale dans un style qui se rapproche de celui de son frère Emmanuel.

BACH (JEAN-CHRÉTIEN), surnommé *le Milanais* ou *l'Anglais*, fils de Jean-Sébastien, mais d'un second lit, maître de chapelle de la reine d'Angleterre, était né à Leipzig, en 1735. Il voyagea en Italie, où il écrivit six opéras, des oratorios, de la musique d'église. Il a fait graver à Paris, peu de temps avant sa mort, la partition d'un opéra intitulé *Amadis des Gaules*.

Les biographes allemands signalent encore les noms de *Jean-Nicolas* BACH, *Jean-Ernest* BACH, *Jean-Louis* BACH, maîtres de chapelle ; *Jean-Élie* BACH, chanteur ; *Jean-Michel* BACH, chanteur et théoricien. Voir l'*Almanach de Musique*, par Forkel, 1784. CASTIL-BLAZE.

BACH (GUILLAUME-FRÉDÉRIC-ERNEST), fils aîné de Bach de Bückebourg et dernier rejeton de cette famille, né le 27 mai 1756, résida pendant quelque temps à Londres auprès de son oncle. A sa mort, il revint en Allemagne par la France et les Pays-Bas, et devint le maître de musique des différents enfants du roi de Prusse Frédéric-Guillaume III. A la mort de la reine Louise, il se retira loin du monde, et mourut à Berlin, le 25 décembre 1845. Plusieurs de ses compositions, dont le nombre est assez restreint, et qui annoncent un bon esprit, ont été publiées. Les plus connues sont un oratorio et les cantates *Colomb* et *les Nymphes du Weser*. On a aussi de lui quelques symphonies, chansons, quatuors, sonates, etc., la plupart ouvrages de circonstance.

BACH (ALEXANDRE), aujourd'hui ministre de l'intérieur en Autriche, est né le 4 janvier 1813, à Loosdorf, en Basse-Autriche, où son père remplissait des fonctions judiciaires. Il avait à peine six ans quand son père vint se fixer à Vienne, où il fut bientôt l'un des avocats les plus en vogue. L'aîné de neuf enfants, Alexandre Bach reçut une éducation distinguée, passa docteur en droit dès l'âge de vingt-quatre ans, et entra alors dans l'administration, acquérant par là ces connaissances pratiques que rien ne supplée, consacrant les congés qu'il obtenait de ses supérieurs à visiter la plus grande partie de l'Europe et même quelques contrées de l'Orient. Il y avait neuf ans qu'il était dans les fonctions publiques, quand la mort de son père le décida à changer de carrière. Il prit la direction de son cabinet, dont l'immense clientèle le mit immédiatement en rapport avec les personnages les plus haut placés. Lié d'amitié avec les membres de l'opposition dans l'assemblée des états de la basse Autriche, Al. Bach appartenait à ce cercle de jeunes hommes qui comprenaient tout ce qu'avait de vicieux l'ancien système et combien un changement était inévitable en Autriche. Lors des événements dont la ville de Vienne fut le théâtre en 1848, il fit partie du comité de la commune provisoire comme député de l'ordre des avocats ; plus tard il fut compris dans le comité des états de la basse Autriche accrue d'une représentation de la bourgeoisie, et au mois d'avril ce comité le nomma l'un de ses délégués au comité central des états provinciaux autrichiens.

Dès sa première apparition sur la scène politique, Alexandre Bach annonça ses tendances vers le système et le système que comme ministre il s'est efforcé de faire prévaloir. Partisan de la centralisation de la monarchie autrichienne, il se prononça contre l'indépendance de la Hongrie de même que contre l'entrée des provinces allemandes de l'Autriche dans un État fédératif allemand. S'il voulait l'unité pour le pouvoir, il appelait également de ses vœux l'extension du système d'assemblées d'états avec une participation plus large à la vie politique. Aussi les partis extrêmes, les hommes qui, à l'instar des démocrates français, sont allés d'un bond au delà de ces idées pratiques, l'ont-ils accusé d'apostasie politique. Quand, à la suite des événements du 15 mai, se constitua le ministère Dobblhoff, qui mettait le pouvoir aux mains de l'ancienne opposition libérale des états, Alex. Bach fut appelé à prendre le portefeuille de la justice. En même temps le faubourg de Wieden, l'une des circonscriptions électorales les plus importantes de Vienne, le nommait député à la diète constituante. Le jeune ministre s'occupa alors avec autant de talent que d'énergie de la complète réorganisation du système judiciaire de l'Autriche, et, en dépit des obstacles mis à ses efforts par les malheurs des temps, il ne laissa pas que de faire beaucoup de bien. Mais il ne tarda pas à devenir en butte aux attaques haineuses et passionnées de la gauche, et surtout du parti démocratique, qui ne lui pardonna pas d'avoir insisté dans la discussion de la nouvelle constitution pour que la suppression des corvées n'eût point lieu sans une indemnité dont une certaine partie devait être acquittée par les paysans eux-mêmes, comme aussi pour qu'on réservât à la couronne le droit de sanctionner ou de rejeter les lois votées par la législature. Les idées politiques qu'il eut occasion d'émettre au sujet des affaires de Hongrie, et qui avaient comme toujours pour bases la nécessité de l'unité gouvernementale et politique de la monarchie, n'excitèrent pas de moins violents clameurs parmi les membres de la gauche. Lors des événements du 6 octobre 1848, il eût infailliblement péri victime de la fureur populaire, comme son collègue le ministre de la guerre Latour, s'il n'avait pas réussi à s'échapper. Apprenant que l'empereur avait accepté la démission des ministres impopulaires, il partit le 8 octobre pour Salzbourg, où il passa plusieurs semaines dans la retraite. Dans les premiers jours de novembre il se rendit à Olmutz, et, dans le ministère Schwartzenberg-Stadion qui s'y forma, reçut le portefeuille de la justice. Il a pris depuis une part importante à la dissolution de la diète de Kremsier, à la constitution du 4 mars 1849, aux mesures adoptées à l'égard de la Hongrie, et à tous les actes importants de ce cabinet. A la mort de Stadion, arrivée en mai 1849, il le remplaça comme ministre de l'intérieur, et en cette qualité il a poursuivi avec son énergie habituelle l'œuvre de la centralisation de l'Autriche, commencée par son prédécesseur. A cet égard on doit surtout mentionner les constitutions de pays données aux diverses provinces de la couronne, et l'administration politique qui y a été organisée. Alex. Bach paraît plus jeune qu'il n'est. Ses ennemis politiques ne contestent ni son habileté, ni son énergie, ni son activité. Comme orateur, son organe manque d'éclat et son éloquence de chaleur ; mais le calme impassible, la finesse et l'ironie souvent mordante dans la discussion sont des qualités qui compensent bien l'absence des premières.

BACHA, BACHI. Titre honorifique chez les Turcs (voyez PACHA). Il désigne un officier ou chef de soldats, ainsi que le chef d'un emploi quelconque. *Bogandji-bachi* signifie le chef des fauconniers, et *bostandji-bachi* le chef des jardiniers, ou intendant des jardins. Ce mot est toujours précédé d'un autre qui désigne la nature de l'emploi.

BACHAUMONT (FRANÇOIS LE COIGNEUX DE), fils d'un président à mortier au parlement de Paris, naquit dans cette ville, en 1624. Le jeune Bachaumont était conseiller-clerc au même parlement lorsque les troubles de la Fronde commencèrent. On prétend même que ce fut lui qui fournit le nom que l'histoire a conservé à cette opposition guerroyante contre le ministère de l'époque. Il comparait les troupes peu disciplinées qui soutenaient cette cause aux écoliers qui, s'amusant alors au jeu de la fronde dans les fossés de Paris, se dispersaient à l'approche du lieutenant civil, puis recommençaient dès qu'il avait disparu. Cette plaisanterie fit naître à quelques opposants l'idée d'attacher à leurs chapeaux, comme signe de reconnaissance, un cordon en forme de fronde. Ce signe devint bientôt une mode, et leur parti en garda le nom. Dans cette guerre à la fois d'épée et de plume, Bachaumont prit une part très-active à ce dernier genre de combat ; nul ne lança plus d'épigrammes, de chansons, de traits satiriques contre *le Mazarin* (*voyez* MAZARINADES), et ce fut sous ce rapport un des aides de camp les plus utiles du fameux cardinal de Retz.

Lorsque le calme fut rétabli, il vendit sa charge, et se borna à jouir de la vie dans une oisiveté épicurienne, qui ne l'empêcha pas toutefois de laisser couler de sa plume un grand nombre de couplets et de petites pièces, insérés dans les recueils du temps. Il est probable que Bachaumont ne fût point arrivé avec ce léger bagage à la postérité : son *Voyage*, fait et écrit en société avec Chapelle, a suffi pour lui assurer cet avantage. On croit que la part de Bachaumont dans cet ouvrage fut moindre que celle de son collaborateur. Mais le beau passage qui commence ainsi :

Sous un berceau qu'Amour exprès
Fit pour charmer quelque inhumaine,

lui est unanimement attribué. Cette agréable bagatelle a produit beaucoup d'imitations, et n'a pas eu de pendant. Bachaumont épousa plus tard la mère de la marquise de Lambert, écrivain moraliste, qui eut quelque nom dans le siècle dernier. L'hymen était déjà pour ce voluptueux épicurien un commencement de conversion ; l'âge avancé compléta la sienne, et il mourut dans des sentiments très-chrétiens, en 1702, âgé de soixante-dix-huit ans. Il disait à ses amis : *Un honnête homme doit vivre à la porte de l'église et mourir dans la sacristie.*

BACHAUMONT (Louis PETIT DE), né à Paris, à la fin du dix-septième siècle, y mourut en 1771. Ses *Mémoires secrets pour servir à l'histoire de la république des lettres* sont dans toutes les bibliothèques. Ce journal politique et littéraire est le tableau varié et fidèle des mœurs, de la littérature et des plus importants événements de l'époque. Il n'a composé que les quatre premiers volumes et la moitié du cinquième. Ces Mémoires ont été continués après sa mort, et composent 36 volumes in-12. Les articles les plus piquants ont été réimprimés en deux volumes in-8°. Il avait publié en 1751 un *Essai sur la Peinture, la Sculpture et l'Architecture*, un volume in-8°. On lui doit une édition annotée de l'excellente traduction de Quintilien par Gédoyn, son parent et son ami, publiée en 1752, 4 vol. in-12.

BACHE. On appelle ainsi en agriculture une variété de châssis qui se rapproche davantage de la serre. Ses parois sont en maçonnerie et s'élèvent dans une fosse, de sorte que, sans dépasser beaucoup le niveau du sol environnant, elles permettent à un homme de circuler à l'intérieur.

On appelle aussi *bâche* : 1° une grande couverture de grosse toile que les rouliers et les voituriers étendent sur leur voiture, ainsi que les bateliers sur leurs bateaux, pour garantir les marchandises de la pluie ; 2° une cuvette de bois qui reçoit l'eau d'une pompe aspirante à une certaine hauteur, où elle est reprise par d'autres corps de pompe foulante, qui l'élèvent davantage.

BACHELIER, BACHELETTE. *Voyez* BACCALAURÉAT.

BACHELIER (NICOLAS), né à Toulouse, vers 1487, d'une famille originaire de Lucques, apprit les premiers principes de la sculpture dans l'atelier de son père. Il fut envoyé par celui-ci en Italie, où il eut pour maître l'illustre Michel-Ange. Il fit bientôt des progrès rapides, et l'on montre encore à Rome les statues des douze apôtres faites par cet habile artiste. De retour à Toulouse, il y construisit plusieurs palais, où à l'élégance et à l'agrément des lignes il ajouta toutes les richesses de l'ornementation la mieux entendue. Le palais Maynier, ceux de Catellan, de Bernuy,

de Dufaur, de Saint-Gory, furent les créations de ce grand architecte sculpteur. L'autel de la Vierge, dans l'église de Saint-Étienne, était tout un poëme religieux : là étaient les douze apôtres, une partie des disciples, et aussi des anges assistant aux derniers moments de la mère du Sauveur. La révolution a brisé ce magnifique monument. Le *Saint-Sépulcre* fait par lui dans l'église des Tribulations était compté parmi les chefs-d'œuvre de l'art. Il traita le même sujet dans l'église de la Dalbade, et, sans se répéter, sans emprunter à la précédente composition, il fut aussi sublime. L'autel de la paroisse de Saint-Nicolas fut également enrichi par lui d'une composition majestueuse, noble et pittoresque. Celle des Cordeliers renfermait ce qu'il a peut-être fait de plus beau, de plus sentimental : il y avait encore représenté la sépulture de J.-C.

Tout le Languedoc et toute la Guienne admiraient les talents de Bachelier. Trente et une cathédrales du midi voulurent avoir de ses ouvrages ; et comme il ne pouvait suffire à toutes les demandes, il se contentait souvent de corriger les dessins des artistes auxquels il confiait ces travaux. Souvent, néanmoins, il ne voulait point qu'une boiserie de métropole, telle que celle d'Auch ou celle de Saint-Bertrand de Comminges, fût terminée sans qu'il y eût quelque chose de sa façon ; et c'est ainsi qu'au milieu des sculptures monumentales, mais quelquefois incorrectes, de ces cathédrales, on trouve de délicieux bas-reliefs, où se trahit tout le talent du sculpteur toulousain, ce parfait et savant imitateur de Michel-Ange. Galliot de Genouillac chargea Bachelier du soin de construire son admirable château d'Assier, château qui, selon Brantôme, « était la plus superbe maison qu'on pût voir ». L'église d'Assier, et le mausolée de Galliot, comme les ruines de Castelnau de Bretenoux et la cour d'Henri IV, à Toulouse, attestent aussi le génie de cet architecte.

Doué d'une modestie égale à son talent, Bachelier ne prenait ordinairement que la qualité de *maître maçon* et de *tailleur de pierres*. Ce grand artiste parvint à un âge très-avancé ; et, suivant la tradition, il mourut victime d'une insigne perfidie. Des ornementistes italiens étaient venus demander du travail à Jean-Baptiste de Simiane, abbé de Saint-Saturnin ; celui-ci les refusa, en leur disant que Bachelier terminait alors tout ce qu'il y avait à faire dans la basilique consacrée à l'apôtre de Toulouse. Piqués de ce refus, les sculpteurs italiens allèrent scier, pendant la nuit, les pieds-droits de l'échafaudage placé devant la grand'-porte, n'en laissant subsister qu'une faible partie, de sorte que le moindre effort devait opérer le bris de ce qui restait intact. Leur complot obtint un succès fatal : à peine Bachelier était-il monté sur l'échafaudage, avec son fils Dominique, qu'il tomba mort au pied de l'un de ses chefs-d'œuvre, et ce ne fut qu'avec peine que l'on put conserver à la vie le fils de ce grand artiste. Ch^{er} Alex. DU MÈGE.

BACHELIER (JEAN-JACQUES), peintre français, né en 1724, on ne sait dans quelle ville. Doué d'un cœur éminemment porté au bien, nous le voyons, en 1763, consacrer une fortune de 60,000 francs, laborieusement acquise, à l'établissement d'une *école gratuite de dessin* pour les artisans. Après avoir écarté les mille obstacles que rencontrent trop souvent les entreprises utiles, il eut la satisfaction de voir pleinement réussir son école, qui existe encore à Paris, rue de l'École-de-Médecine.

Bachelier fut l'ami du comte de Caylus, et il contribua au succès des recherches de ce protecteur éclairé des arts sur les procédés anciens de la peinture ; il peignit même quelques toiles à l'encaustique et à la cire. Il retrouva aussi le moyen de préserver les statues de marbre des injures de l'air par l'application d'une espèce d'encaustique, ainsi que le faisaient les anciens, au dire de Pline. Après avoir été directeur de la manufacture de Sèvres, Bachelier mourut en 1805 ; outre ses tableaux, il laissait quelques écrits :

le Conseil de Famille, proverbe en un acte, et un *Mémoire sur l'Éducation des Filles*, présenté à l'Assemblée nationale en 1789.

Le Louvre ne possède aucune des productions de Bachelier; les musées de Marseille et d'Angers seuls en ont conservé chacun une; le tableau de ce dernier musée est peint à l'encaustique.

BACHELU (Gilbert-Désiré-Joseph), lieutenant général, ancien député, naquit à Dôle, le 9 février 1777. Il se fit remarquer à une affaire qui eut lieu en Égypte contre Mourad-Bey. En 1800 il était chef de brigade du génie aux Antilles; en 1807 il commandait le 11° régiment en face de Castel-Nuovo, et contribua à culbuter deux bataillons russes et près de 5,000 Monténégrins. Il se distingua encore au siège de Dantzig, fit les campagnes de 1812 en Russie, de 1813 en Allemagne, où il fut nommé général de division, et on le vit encore combattre vaillamment à Waterloo. Sous la Restauration le général Bachelu eut le sort de tous les braves qui avaient élevé si haut la gloire de la France. Après la révolution de Juillet il fut élu député du Jura, le 22 novembre 1830; mais il ne fut pas réélu aux élections générales de 1831. Il rentra ensuite à la chambre en 1832, en remplacement de M. Lempereur, démissionnaire; son mandat expira en 1834, et il n'en reçut un nouveau qu'en 1838 et 1839, au collège de Châlons (Saône-et-Loire). Mais aux élections de 1842 il fut remplacé par le général Thiard. M. Bachelu appartenait à l'opposition constitutionnelle modérée. Il est mort en 1849 dans sa belle terre de Lagrange, près d'Arbois.

BACHEVILLE (Les frères), nés à Trévoux, département du Rhône, ont dû leur célébrité non-seulement à leur grande bravoure, mais aussi aux persécutions qu'ils eurent à subir en 1815, et au lointain exil qui en fut la suite. Ils étaient entrés l'un et l'autre dans la carrière militaire dès les premières années de l'empire, et ils avaient gagné sur les champs de bataille la croix de la Légion d'Honneur et le grade de capitaine dans la garde, lorsque survinrent les événements de 1814. L'ainé, Barthélemy, suivit Napoléon à l'île d'Elbe, et l'accompagna ensuite de Cannes à Paris, et de Paris à Waterloo. Après cette funeste journée, les frères Bacheville, atteints par la licenciement de l'armée, se retirèrent dans leur famille. La réaction ne les y laissa pas tranquilles. Leur dévouement à la cause nationale, leur admiration pour le grand homme, l'énergie de leur caractère, les rendaient suspects et odieux au parti dominant. La police s'attacha à leurs pas; on surveilla toutes leurs démarches, on incrimina leurs actions les plus innocentes, jusqu'à transformer en menée révolutionnaire une visite faite à des parents dans une contrée voisine de leur résidence. Les réacteurs lyonnais saisirent cette occasion pour envoyer la gendarmerie à la poursuite des deux frères, qui résistèrent à l'exécution du mandat inique décerné contre eux, et qui parvinrent à s'échapper. La cour prévôtale n'en fut pas moins saisie d'une procédure criminelle à leur encontre, et elle les condamna, savoir, Barthélemy à la peine de mort, et son frère Antoine à deux ans de prison.

Ils se réfugièrent d'abord en Suisse, d'où la diplomatie française les fit expulser. Retirés ensuite en Pologne, ils n'y séjournèrent pas longtemps, et passèrent dans les provinces du Danube. L'ainé se fixa à Bucharest, et Antoine à Jassy. Mais Barthélemy ne resta que peu de temps au milieu des Valaques, et partit pour Constantinople, où il retrouva la haine persévérante et la fureur réactionnaire de la diplomatie de son malheureux pays. Obligé de chercher un refuge chez le terrible pacha de Janina, il parvint à inspirer assez de confiance au farouche Ali pour se faire admettre à sa table et à l'honneur de fumer dans sa pipe. Mais le spectacle d'une affreuse tyrannie ne pouvait convenir à l'enfant de la liberté. Barthélemy Bacheville se retira de la cour de Janina, et, au moyen d'un passe-port qu'il avait obtenu du consul anglais à Constantinople, il aborda en Italie, et s'établit sur les frontières de France. L'esprit de parti était devenu accessible à la modération : Bacheville en profita pour purger sa coutumace, et la cour royale de Lyon le renvoya pleinement absous des inculpations dirigées contre lui. Mais s'il eut le bonheur de revoir sa patrie et d'y obtenir justice, il n'eut point celui d'y retrouver le frère chéri dont il s'était séparé pour toujours à Jassy. Antoine Bacheville, en quittant la Valachie, s'était également rendu à Constantinople, où l'ambassade française n'avait pas été plus bienveillante pour lui que pour son frère, et, après avoir parcouru l'Asie Mineure, il était allé mourir sur les bords du golfe Persique, à Mascate.

Laurent (de l'Ardèche).

BACHI. *Voyez* Bacha.

BACHIQUE (Air). Tout le monde sait que des l'opinion de l'antiquité Bacchus avait appris aux hommes à presser le grain du raisin et à en composer un breuvage fermenté dont l'usage modéré est aussi bienfaisant que l'abus en est pernicieux. L'effet le plus ordinaire du vin étant d'exciter la gaieté, de délier la langue et de faire que chacun s'épanche dans un joyeux abandon, le chant, langage plus animé, plus accentué, plus énergique que la parole, a été dès le principe appelé dans les réunions de buveurs, et souvent en ce cas, autant pour la poésie que pour la musique, les inspirations ont dû être heureuses. En effet, le premier résultat des libations bachiques est de donner naissance et cours aux saillies gaies et spirituelles, même de la part de ceux qui d'ordinaire ne les risqueraient point; le trouble de leur tête les empêche alors de se défier d'eux-mêmes,

Et l'esprit vient quand la raison s'en va,

comme dit une de nos vieilles chansons.

Tel a été chez les Grecs l'origine du dithyrambe; les Égyptiens avaient aussi connu les chansons de table, mais c'est chez les modernes, et particulièrement en France, que l'usage en a été le plus fréquent, surtout pendant les deux siècles qui ont précédé le nôtre. Aujourd'hui il n'existe plus guère que parmi le peuple, qui aurait grand tort de l'abandonner ce vieux débris de l'ancienne gaieté française (*voyez* Chanson). Pris au point de vue musical, le seul qui doive nous préoccuper dans cet article, les airs *bachiques* doivent surtout se distinguer par la netteté et la franchise de leur mélodie; ils doivent par-dessus tout être faciles, car lorsqu'on commence à être pris de vin, on est peu disposé à exécuter des passages auxquels la voix se montrerait rebelle, et il faut d'ailleurs considérer que les morceaux de ce genre sont destinés à des personnes qui fort souvent n'ont aucune notion musicale. La coupe est celle des chansons ordinaires, et se règle sur la mesure et le nombre des vers. Le plus souvent les airs bachiques ont un refrain, et doit être traité comme devant être chanté en chorus, c'est-à-dire par toutes les voix à l'unisson; en conséquence n'étant ni trop étendu vers l'aigu, puisque alors il ne conviendrait ni aux basses ni aux contraltos, ni se trop porter vers le grave, car en ce cas les ténors et les soprani ne sauraient y atteindre. Le nombre d'airs bachiques a été immense de 1600 à 1800; on en possède beaucoup de recueils imprimés et manuscrits, sans parler d'une infinité qui ont péri. Au dessert on apportait sur la table les collections de ce genre, et chacun devait entonner une chanson à son choix, par ce principe, alors universel en France, que

Tout le monde chante
Bien ou mal.

Après chaque chanson, et souvent même après chaque couplet, on buvait à la ronde, le but de la chanson bachique étant surtout d'exciter à boire. Il y avait des airs qui outre leur refrain particulier, étaient disposés de manière à s'adapter à un refrain général qui se reproduisait à la fin de chaque chanson; alors la personne qui chantait avait en mains le livre et la bouteille, qui faisait ainsi le tour de la table: au refrain général chacun était tenu de vider son verre. Tous les verres étaient ensuite remplis de nouveau, et la bouteille s'arrêtait entre les mains de celui qui devait chanter ou, comme on disait alors, *réciter*; et c'est ainsi qu'on suivait le précepte d'un maître :

> Remplis ton verre vide,
> Vide ton verre plein.
> Ne laisse jamais dans ta main
> Ton verre ni plein ni vide;
> Ne laisse jamais dans ta main
> Ton verre ni vide ni plein.

Outre ces airs à l'usage de tout le monde, on avait dans les repas d'apparat des chanteurs et musiciens de profession qui, placés à une table particulière, exécutaient des airs, des duos, des trios, etc., dont Bacchus, le vin et les buveurs étaient toujours l'objet. Plusieurs de ces pièces, dont la musique était due aux premiers compositeurs du temps, ont été imprimées; il y en a de fort bien faites et de fort comiques.

De notre temps tout cela s'est perdu : il est devenu de mauvais ton de chanter à table; et soit dans les repas de corps, soit dans les repas officiels, les seuls maintenant auxquels la musique vienne prêter ses charmes, on n'entend que de l'harmonie militaire ou bien des chœurs d'opéra qui n'ont aucun rapport à la circonstance. De tant de vieux usages disparus avec l'ancien régime, je n'en vois guère qui soient plus à regretter que celui-là.   Adrien DE LAFAGE.

BACHIERS. *Voyez* BASCHIERS.

BACHOT, petit bateau plat ou à quille, mais sans livres, et dont les bords à recouvrement sont cloués les uns sur les autres. On le conduit au croc ou à l'aviron, et on s'en sert pour la navigation intérieure des rivières, pour la pêche, ou encore comme petite embarcation à l'usage des grands bateaux. Dans quelques localités la dénomination de *bachot* est remplacée par celle de *flette* ou de *batelet*.

BACILE ou **CRISTE MARINE**. C'est une espèce de fenouil marin, que l'on confit au vinaigre et que l'on mange en salade. Le *bacile* sert aussi d'assaisonnement. Il croît en abondance sur les côtes de l'Océan; il se plaît surtout dans les fentes de rocher où la mer vient continuellement l'arroser de ses eaux. La meilleure espèce se recueille sur les rochers du cap Finistère, où cette plante est connue sous le nom de *perce-pierre* ou *passe-pierre*. On peut la cultiver dans les jardins; mais il faut le mettre dans des pots bien abrités et remplis de terre et de sable; il est indispensable aussi de l'arroser souvent et abondamment pendant l'été. A l'aide de ces soins, il végète assez bien, mais il n'est jamais d'un aussi bon goût que celui qu'on cueille sur les rochers.

BACILLARIÉES. M. Ehrenberg a constitué sous ce nom sa dixième famille des animaux infusoires ou microscopiques, ayant pour type les *bacillaires*, ainsi nommés à cause de leur forme, qui a été comparée à celle d'une petite baguette (en latin *bacillus*). Il distribue les trente-six genres qui composent cette famille en deux principaux groupes, d'après la carapace, qui est simple dans les uns et double dans les autres. D'autres groupes secondaires y sont établis selon que ces prétendus animaux sont libres ou fixés, univalves ou bien multivalves, d'après leurs variétés de forme, en ayant égard à l'absence ou à la présence d'une masse gélatineuse amorphe qui les entoure. M. Félix Dujardin, dans ses *Zoophytes infusoires*, place les bacillariées parmi les végétaux. M. de Brébisson range les bacillariées ou diatomées et ses desmidiées parmi les algues inférieures. Cette incertitude sur la place que doivent occuper les bacillariées dans l'un des deux règnes organiques tient à ce que ces corps, en raison de leur petitesse microscopique, ne peuvent guère être suivis pendant toute la série de leur développement.   L. LAURENT.

BACINET. Ce nom, qui s'appliquait d'abord à une simple calotte de fer que le soldat mettait par-dessus le chaperon de mailles, a désigné ensuite un genre de casque déjà en usage du temps de Louis IX. Ce casque, ouvert, léger, différait peu du *cabasset* et du chapeau de fer; il était, comme ce dernier, sans gorgerin ni crête, et presque toujours sans visière; il s'enfonçait jusqu'aux yeux, et était garni d'un *porte-pennache*; il s'assujettissait au moyen d'une courroie ou de deux gourmettes à écailles se nouant sous le menton; il se formait d'une calotte s'aplatissant latéralement et s'élevant en polute; il se portait quelquefois avec un *chaperon* qui s'y suspendait, et il prenait alors le nom de *bacinet à camail* : on voit encore de ces derniers chez les Persans et les Caucasiens.

BACK (GEORGES), capitaine de la marine britannique qui s'est fait un nom par ses voyages aux Terres polaires, accompagna Franklin et Richardson dans leurs expéditions à la côte septentrionale de l'Amérique, et s'offrit en 1832 au gouvernement anglais pour aller à la recherche du capitaine Ross, qu'on croyait avoir fait naufrage. Parti de Londres le 27 février 1833, il quitta le 28 juin suivant *Norwayhouse*, l'une des stations de la compagnie d'Hudson, pour commencer son voyage vers le nord. Après avoir passé avec ses compagnons un hiver effroyable dans le lac des Esclaves, il découvrit dans le courant de l'année 1834, indépendamment du lac Waldesiel et de l'Artillerie, l'immense *Thlewi-Schoch* (fleuve aux poissons), ou fleuve de Back, qu'il descendit jusqu'à la mer glaciale. Empêché par les glaces de pousser sur cette mer jusqu'au cap Tournagain, il remonta le fleuve vers le commencement de 1835, bien qu'il eût reçu la nouvelle du retour de Ross en Angleterre, pour continuer ses pénibles investigations sur la mer Glaciale. Complétement bloqué pendant une année par les glaces, d'août 1836 à août 1837, ce ne fut que dans les derniers mois de cette même année qu'il revint en Europe, après avoir souffert des maux et des privations sans nombre. Il a publié le récit de son expédition sous ce titre : *Narrative of the Arctic Lands Expedition to the mouth of the Great Fish-River, and along the shores of the Arctic ocean*, etc.

BACK-GAMMON ou **TOUTES TABLES.** C'est le jeu de *trictrac* tel qu'il est usité en Angleterre. Les règles sont à peu près les mêmes. On a quinze dames noires ou blanches, le tablier, les dés agités dans les cornets, et de plus les fichets. Les nombres les plus forts amenés par les dés sont appelés les premiers. Les règles établies pour prendre les nombres additionnés ou séparés sont les mêmes. Les doublets, c'est-à-dire besets, doubles-deux, ternes, carmes, quines et sonnez, se jouent doublement. Toutes les dames battues sont mises *hors de jeu*, et celui à qui elles appartiennent ne peut plus toucher quoi que ce soit avant qu'il ne les ait toutes rentrées.

L'ancienne dénomination *toutes tables* vient de la faculté accordée de faire des cases indifféremment à toutes les tables dès le commencement de la partie, même dans le camp de l'adversaire.

Le plus important est de savoir faire les rentrées : en cela consistent principalement les finesses du back-gammon. Il y a en effet quatre piles de dames : 1° celle qui fait la tête du jeu, et qui se compose de deux dames placées dans le coin, à la droite du joueur adverse; 2° cinq dames dans le coin à sa gauche ; 3° cinq sur la cinquième case de la table à gauche de chaque joueur; 4° cinq sur la première flèche touchant à la bande de séparation dans la seconde table. Si du premier coup les dés amènent six ou cinq, il faut prendre une des dames de la tête et l'avancer sur la seconde table.

Le *jan de retour* et d'autres combinaisons sont les mêmes qu'au *trictrac* et au *revertier*; mais il y a de plus au back-gammon l'*ambezas*, ou *à bas le dé*, et diverses marches qui lui sont propres. BRETON.

BACKHUYSEN ou **BAKHUYSEN** (LUDOLF), l'un des plus célèbres peintres de l'école hollandaise, excella dans les tableaux de marine. Né en 1631, à Emden, il travailla jusqu'à l'âge de dix-huit ans comme expéditionnaire auprès de son père, qui était secrétaire des états généraux, et entra en 1650 dans une maison de commerce à Amsterdam, où il commença à donner des preuves de ses dispositions pour les arts. Voulant se consacrer entièrement à la peinture, il prit des leçons d'Éverdingen; et par un travail assidu, de même que par ses fréquentes visites aux ateliers des maîtres les plus célèbres, il ne tarda pas à acquérir une habileté et une facilité peu communes. Mais ce qui seconda ses efforts, ce fut surtout son soin scrupuleux de toujours étudier la nature. Souvent, à l'approche d'un tempête, il montait un bâtiment léger, sur lequel il allait en pleine mer étudier le mouvement des vagues, et les effets de phosphorescence qui semblent les enflammer. Plein de ce qu'il venait de voir, il rentrait chez lui, et en reproduisait ensuite avec une admirable vérité tous les détails dans des esquisses dépositaires de ses impressions premières. C'est ainsi qu'il parvint à prendre place au premier rang parmi les peintres de marine. Un tableau plus particulièrement célèbre de cet artiste est celui que possède la galerie du Louvre. Il fut commandé à Backhuysen par le conseil municipal d'Amsterdam, qui, en 1665, en fit présent à Louis XIV. Toutes les toiles de Backhuysen se distinguent par leur extrême vérité, en même temps que par la poésie dont il sait revêtir l'élément en fureur. Son coup de pinceau excelle à imiter l'eau et ses ondulations. Il y a beaucoup de légèreté et une variété infinie dans ses ciels. — A l'âge soixante-et-onze ans il se mit à graver son cuivre. Il s'essaya aussi dans la poésie, et donna longtemps des leçons de calligraphie, art aux progrès duquel il contribua beaucoup. Il mourut en 1709, à la suite d'une longue et douloureuse maladie.

Son petit-fils, *Ludolf* BACKHUYSEN, né en 1717, mort en 1782, d'abord marchand, puis militaire, se livra aussi plus tard à la peinture. On a de lui de remarquables scènes de la vie des camps.

BACKWOODS, c'est-à-dire *bois de derrière*. Les habitants de la Nouvelle-Angleterre donnaient ce nom aux immenses forêts primitives qui jusqu'au milieu du siècle dernier couvraient encore les contrées à l'ouest des monts Alleghanys, et que les Indiens seuls parcouraient. Mais depuis que la culture a envahi ces contrées mêmes, on a appliqué l'expression de *Backwoods* à tout le territoire occidental des États-Unis qui n'est point encore cultivé. Les blancs qui, véritables éclaireurs de la civilisation, viennent s'établir au milieu de ces forêts vierges sont appelés *Backwoodsmen* ou *pionniers* et *squatters*. Les privations qu'ils endurent, leur vie sauvage, leur courage, les périls qu'ils affrontent, leurs vertus, leurs vices, leurs luttes contre les animaux féroces des forêts, contre les Indiens et contre les éléments, prêtent un charme tout particulier aux peintures et aux descriptions de Fenimore Cooper, de Gerstœcker, etc.

BACLER D'ALBE (LOUIS-ALBERT GHISLAIN, baron), peintre et ingénieur géographe, naquit en 1762, à Saint-Pol (Pas-de-Calais). Parti pour l'Italie à l'âge de vingt ans, il s'arrêta dans les Alpes, au pied du mont Blanc, et choisit Sallenches pour son séjour habituel. Il y demeura sept ans, s'occupant tout à la fois de peinture et d'histoire naturelle; et bientôt les galeries, répandus en Suisse et en Allemagne, lui firent une grande réputation. Ses nombreuses explorations dans les montagnes lui fournirent l'occasion d'étudier les rapports de liaison existant entre leurs différents groupes et de réunir dans sa mémoire les bases de cette topographie pittoresque dont il ne devait pas tarder à être le créateur. Quand les armées françaises pénétrèrent en Savoie, Bacler d'Albe, quoique marié et déjà père, céda à l'enthousiasme qui s'emparait alors de tous les cœurs généreux, et s'engagea pour aller rejoindre comme volontaire un bataillon de chasseurs de l'Ariége. Il ne tarda pas à franchir les grades inférieurs. Quand Bonaparte vint prendre, en 1796, le commandement de l'armée d'Italie, des reconnaissances militaires confiées à Bacler, et exécutées avec autant de bravoure que de succès, le firent remarquer par le général en chef, qui l'attacha à son état-major avec le titre de chef du bureau topographique. Bacler, prit part en cette qualité à toutes les actions de cette mémorable campagne, et se distingua particulièrement à la bataille d'Arcole, dont il fit, en 1804, le sujet d'une grande toile, remarquable par sa belle exécution, et qui eut les honneurs de Trianon; car ses préoccupations militaires ne l'absorbaient pas tellement qu'il ne sût toujours, la veille ou le lendemain d'une bataille, trouver le moment de crayonner le côté pittoresque du paysage qu'il venait de voir, de la scène où il venait d'être acteur. C'est ainsi que dans le cours même de cette immortelle campagne d'Italie il dressa la belle carte du théâtre de la guerre en Italie (Paris, 1802). Les chances de la guerre, en arrachant l'Italie aux Français en 1799, dépouillèrent Bacler d'Albe du fruit de ses longs travaux. Mais il réussit du moins à sauver ses dessins topographiques; et il avait déjà presque refait une partie de ses cuivres, lorsque le gouvernement autrichien lui rendit ceux qui avaient été transportés à Vienne. A son retour d'Égypte, Bonaparte donna à Bacler d'Albe le titre de directeur de son cabinet topographique, et l'emmena avec lui dans toutes ses campagnes. Devenu adjudant-commandant en 1807, général de brigade en 1813, Bacler parcourut ainsi l'Italie, la Suisse, l'Allemagne, la Russie et l'Espagne, constamment admis dans la confiance intime de l'empereur, dressant chaque jour l'esquisse des mouvements de troupes projetés pour le lendemain, rapportant de chaque campagne un grade et un album de plus. Épuisé enfin de travail, il ne put résister aux écrasantes fatigues de la campagne 1814 : il revint alors à Paris; mais il trouva encore moyen de s'y rendre utile au dépôt de la guerre. Mis à la retraite en 1815, il se retira à Sèvres, près Paris, où il reprit avec succès son crayon et ses pinceaux, et où il mourut, au milieu de ses travaux, le 12 septembre 1824. On a de lui : *Annales pittoresques et historiques des paysagistes* (36 planches in-4° au trait et à l'aqua-tinta; Paris, 1803), d'après les meilleurs ouvrages connus et inédits des peintres paysagistes de toutes les écoles, avec des notices sur leur vie; *Souvenirs pittoresques de la Suisse* (17 livraisons lithographiées, chacune de 6 planches; Paris, 1818); *Souvenirs pittoresques concernant la campagne d'Espagne* (17 liv. Paris; 1824). Il exposa aussi au salon une *Bataille d'Austerlitz*, et un *Páris chez Œnone*, qui décorait la galerie de la Malmaison.

BACON ou **BACO** (ROGER), moine anglais, surnommé *le Docteur admirable*, qui par la puissance de son génie s'éleva bien au-dessus de son époque, fit d'étonnantes découvertes dans diverses branches de la science, et contribua beaucoup à élargir le champ, alors encore circonscrit, des connaissances positives, descendait d'une famille ancienne et considérée, établie au commencement du 13e siècle au comté de Somerset. Il étudia d'abord à Oxford, sous Édouard Rich, devenu plus tard archevêque de Cantorbéry, puis sous Richard Fitzarre, et fit des progrès rapides dans toutes les sciences qu'on y enseignait alors. De là, pour compléter ses études, il se rendit à Paris, dont à cette époque l'université était la plus célèbre de l'Europe et attirait surtout un grand nombre d'Anglais. Après y avoir obtenu le grade de docteur en théologie, il revint, dit-on, en Angleterre, et entra dans l'ordre de Saint-François. Suivant d'autres, ce fut à Paris qu'il entra, vers 1240, dans l'ordre des Cordeliers. Un fait certain, c'est qu'il passa plusieurs années dans le couvent des Franciscains de Paris, où il eut beaucoup à souffrir de l'ignorance et de l'intolérance de ses confrères. La première circonstance de sa vie qui le mit en relief fut un sermon très-hardi qu'il prononça à Oxford, en présence de Henri III. Un goût décidé pour les sciences physiques le porta ensuite à s'appliquer avec ardeur à l'étude des phénomènes de la nature ; et des amis généreux mirent à sa disposition les ressources qui lui étaient nécessaires pour cela. C'est ainsi qu'il se trouva en état de pouvoir ne reculer devant aucun sacrifice ; et il raconte lui-même, dans son *Opus majus*, que dans l'espace de vingt ans il dépensa, en expériences, plus de 2,000 livres de France (*duo millia librarum parisiensium*), somme énorme pour le temps. En sondant les mystères de la nature, il fit des découvertes et en déduisit des conséquences qui frappèrent d'admiration les hommes assez éclairés pour en comprendre les rapports naturels, mais dans lesquelles les ignorants ne voulurent voir que les effets de la magie et d'un pacte avec le diable. Ces rumeurs furent perfidement exploitées par la haine et par la jalousie que le sentiment de sa supériorité inspirait aux autres moines de son couvent. En outre, Roger Bacon ne se gênait pas pour blâmer ouvertement l'ignorance et la corruption de mœurs des prêtres et surtout des moines, et il adressa même au pape une lettre dans laquelle il lui exposait la nécessité d'une réforme du clergé ; c'en était assez pour qu'il fût dénoncé formellement en cour de Rome par ses ennemis, et pour qu'un bref du pape lui interdit de faire désormais des cours publics à l'université. A peu de temps de là on le jeta dans un cachot, où tout commerce avec un être humain lui fut interdit et où souvent même on le laissa manquer de nourriture. Parmi le petit nombre d'esprits d'élite qui admirèrent le génie de Roger Bacon et qui déplorèrent ses malheurs, on cite le cardinal-archevêque de Sabine, alors légat du pape en Angleterre, qui n'eut pas plus tôt ceint la tiare, sous le nom de Clément IV, qu'il s'empressa de faire élargir l'illustre captif en le prenant hautement sous sa protection. C'est à la demande expresse de ce souverain pontife que Roger Bacon écrivit son *Opus majus* (publié par Jebb ; Londres, 1733), qu'il lui envoya par son élève favori, Jean de Paris, et dans lequel il exposait la nécessité d'une réforme absolue des sciences par l'étude attentive des langues et de la nature. Il lui fit aussi passer par la même occasion quelques instruments de mathématiques qu'il avait construits, et s'offrit d'aller lui-même à Rome pour donner toutes les explications nécessaires. Pendant la vie de Clément IV, les envieux et ignorants cordeliers n'osèrent plus attenter à la liberté de leur savant confrère ; ils se bornèrent à lui rendre la vie insupportable par leurs incessantes tracasseries. Dix-ans après, en 1278, sous le pontificat de Nicolas III, le général des Franciscains, Jérôme d'Esculo, étant venu à Paris en qualité de légat, les cordeliers en profitèrent pour dénoncer au représentant du pape leur confrère comme magicien astrologue et comme ayant fait un pacte avec le diable. La science perdit son procès ; l'ignorance triompha. Les ouvrages de Roger Bacon furent condamnés, comme renfermant des *nouveautés dangereuses et suspectes* ; et l'auteur lui-même expia son génie par une détention de près de dix années. La sentence, rendue par Jérôme d'Esculo, fut confirmée par le pape Nicolas III ; et ce fut fort inutilement lorsque le général des Franciscains fut élu pape, sous le nom de Nicolas IV, Roger Bacon essaya de fléchir et de lui démontrer l'innocence en même temps que l'utilité de ses ouvrages en lui adressant une dissertation *Sur les moyens de prévenir les maladies de la vieillesse* (en latin ; Oxford, 1590 ; traduit anglais en par Brown, 1683), dont un exemplaire manuscrit existe encore à la Bibliothèque impériale de Paris. Ce ne fut qu'après la mort de Nicolas IV, lorsque le pauvre frère Roger, usé par une vie si agitée et si bien remplie, ne parut plus redoutable, que ses persécuteurs se décidèrent à faire droit aux réclamations de beaucoup de seigneurs anglais et à le rendre à la liberté. Accablé d'infirmités, il revint alors à Oxford, où il écrivit encore un *Abrégé de théologie* et ne tarda point à mourir, en 1292 suivant les uns, et en 1294 suivant les autres. « Je me repens de m'être donné tant de peine dans l'intérêt de la science, » dit-il à son lit de mort. Son corps fut enterré dans l'église des Franciscains, où pendant longtemps l'on montra la cellule où travaillait le frère Roger Bacon.

De tous les ouvrages de Roger Bacon qui sont parvenus jusqu'à nous, son *Opus majus* est incontestablement celui qu'il faut placer au premier rang. Il y traite de presque toutes les sciences, et quelques-unes des parties dont il se compose ont été publiées sous forme de traités particuliers. Roger Bacon peut être considéré comme l'un des fondateurs de l'optique. Le premier il étudia l'action des lentilles et des verres convexes ; et il inventa les lunettes à l'usage des presbytes. Il donne très-bien la théorie des miroirs ardents, et nous apprend qu'il en fabriquait lui-même de très-bons en acier, pour dix livres monnaie de Paris. Le premier il expliqua la formation de l'arc en-ciel par l'action des rayons réfléchis et réfractés dans un milieu diaphane. C'est, dit-il, le même genre de phénomène coloré qui se produit lorsque, tenant la bouche pleine d'eau, on lance cette eau sous forme de pluie fine dans l'air contre le soleil. Le premier aussi il appela l'attention des physiciens sur la décomposition de la lumière et sur le spectre coloré. Albumasar avait déjà observé que le phénomène de la marée dépend de la lune ; mais Bacon, tout en admettant cette explication, attribue particulièrement ce phénomène à l'attraction que la lune exerce sur l'élément liquide. Dans un chapitre intitulé *Du Mouvement de la Balance*, on trouve entre autres détails astronomiques fort remarquables l'indication de la précession des équinoxes. Dans son Épître sur les œuvres secrètes de l'art et de la nature, ainsi que sur la nullité de la magie (*Epistola de secretis operibus artis et naturæ et nullitate magiæ*), il indique clairement que la composition de la poudre à canon était déjà connue de son temps. « Nous pouvons, dit-il, avec le salpêtre et d'autres substances composer artificiellement un feu susceptible d'être lancé à toute distance. On peut aussi parfaitement imiter la lumière de l'éclair et le bruit du tonnerre. Il suffit d'employer une très-petite quantité de cette matière pour produire beaucoup de lumière, accompagné d'un horrible fracas : ce moyen permet de détruire une ville ou une armée. » Dans ce même traité, il dit des choses si étonnantes concernant la physique et la mécanique, qu'on serait tenté de croire qu'il connaissait la machine à vapeur et les aérostats. « On pourrait, dit-il, construire des machines propres à faire marcher les plus grands navires plus rapidement que ne le ferait toute une garnison de rameurs : on n'aurait besoin que d'un pilote pour les diriger. On pourrait aussi faire marcher les voitures avec une vitesse incroyable, sans le secours d'aucun animal. Enfin, il ne serait pas impossible de faire des instruments qui au moyen d'un appareil à ailes permettraient de voler dans l'air à la manière des oiseaux . » Si Roger Bacon partageait quelques-unes des erreurs de son siècle, s'il crut à l'astrologie et à la possibilité de la transmutation des métaux, en revanche il regardait les mathématiques comme la base de toutes les autres sciences ; et on ne saurait donner trop d'éloges à la sagacité qui lui fit reconnaître les erreurs existant dans le calendrier, leurs causes et les moyens d'y porter remède. Lui-même il confectionna un calendrier ainsi rectifié, dont une copie existe encore dans la bibliothèque de l'université d'Oxford. Afin de pouvoir lire les auteurs anciens dans les textes originaux, il avait étudié à fond les langues latine, grecque, hébraïque et arabe ; et il écrivait le latin avec une élégance et une clarté vraiment remarquables.

BACON (François), baron de Verulam, vicomte de Saint-Alban, célèbre philosophe anglais, né à Londres, en 1561, était fils de sir Nicolas Bacon, garde des sceaux sous Élisabeth, et descendait de l'ancienne famille des Suffolk. Il étudia au collège de La Trinité à Cambridge, et s'y fit remarquer par la rapidité de ses progrès et la précocité de son génie : il n'avait pas encore seize ans que, frappé de la futilité de la philosophie d'Aristote, telle qu'elle était alors enseignée dans les écoles, il fit un écrit pour la combattre. Il paraît avoir dès cette époque compris la nécessité de reconstituer sur de nouvelles bases tout le système des connaissances humaines, et avoir conçu le hardi projet d'exécuter par lui-même cette réforme. Malheureusement le hasard des circonstances l'entraîna dans une carrière à laquelle il était moins propre, et qui, en flattant peut-être son ambition, devait remplir sa vie d'amertume.

A peine âgé de dix-sept ans, il accompagna sir Amias Pawlet, ambassadeur à la cour de France, et fut, quoique bien jeune encore, chargé par ce ministre, auprès de son souverain, d'une mission délicate, qu'il remplit avec le plus grand succès. Son père étant mort pendant ses voyages, Bacon, qui n'avait à hériter que d'une fortune médiocre, retourna dans son pays, et se livra tout entier à l'étude du droit, afin de s'assurer des moyens honorables d'existence. Bientôt en effet il parut au barreau avec éclat, et il y réussit si bien que dès l'âge de vingt-huit ans il fut nommé conseil extraordinaire de la reine; il obtint aussi, par la protection de lord Burleigh, la survivance de la place de greffier de la chambre étoilée, place qui donnait un revenu de 1,600 livres sterling, mais dont il ne jouit que vingt ans après. En 1593 il fut nommé membre de la chambre des communes, et, quoique attaché à la cour, il s'acquitta de sa mission avec indépendance. Mais toutes ces fonctions étant plutôt honorifiques que lucratives, Bacon était loin de jouir d'une aisance proportionnée à sa naissance et à son rang : aussi le comte d'Essex, qui était son plus zélé protecteur, fit-il tous ses efforts pour lui faire obtenir la place, fort avantageuse, de solliciteur général ; mais il ne put y réussir. Quoique Élisabeth appréciât ses talents et sa haute capacité, elle céda aux objections de Cécil, comte de Salisbury, qui possédait alors toute sa confiance, et qui lui représentait Bacon comme un homme tout spéculatif, dont la tête était remplie d'idées philosophiques, mais qui n'avait aucune connaissance positive des affaires. Peu après, le comte d'Essex ayant été accusé de haute trahison, Bacon, sans doute afin de se concilier la faveur de la reine, oublia tout ce qu'il devait à son protecteur, et accepta le rôle odieux d'accusateur du favori disgracié, qui ne tarda pas à porter sa tête sur l'échafaud. Ce trait d'ingratitude n'eut pas le succès que Bacon devait en attendre. L'indignation qu'il souleva dans le public fut telle qu'Élisabeth n'osa rien faire pour lui.

Dégoûté des affaires, Bacon voulut alors quitter sa patrie, et il serait sans doute allé s'ensevelir dans un pays étranger si ses amis ne l'en eussent empêché. Ce ne fut qu'à l'avènement de Jacques Ier qu'il parvint au pouvoir ; il fut alors successivement fait chevalier, puis nommé solliciteur général (1607), garde des sceaux, et enfin lord grand-chancelier (1619) ; il fut en même temps élevé à la pairie, avec le titre de *baron de Verulam*, qu'il échangea bientôt contre celui de *comte de Saint-Alban*. Mais, soit que son élévation lui eût fait des ennemis acharnés, soit qu'il eût réellement donné prise contre lui, il fut bientôt accusé par les communes devant la cour des pairs de corruption et de vénalité, et fut condamné à payer une amende de 40,000 livres sterling, à être emprisonné à la tour de Londres pendant le bon plaisir du roi, et déclaré indigne de servir le roi et de siéger au parlement. Peut-être Bacon avait-il en effet reçu, comme la plupart de ses prédécesseurs, quelques sommes pour expédier les brevets des places et des priviléges qu'il délivrerait comme garde des sceaux et pour expédier plus promptement des affaires portées à son tribunal ; mais la plus grande partie de ses torts doit retomber d'un côté sur le duc de Buckingham, favori du roi et son nouveau protecteur, dont il ne faisait en cela que servir la cupidité, et de l'autre sur des domestiques infidèles, qui s'enrichissaient en vendant la protection de leur maître et en l'engageant dans des actes illicites dont ils recevaient le profit. Son principal tort fut une excessive faiblesse de caractère. Le roi, qui vit bien que c'était moins à Bacon qu'on en voulait qu'au duc de Buckingham lui-même, l'engagea à ne point se défendre, quoiqu'il eût pu le faire avec avantage, et après sa condamnation, il ne le laissa que peu de temps en prison, lui fit remise de l'amende, et même lui assura une pension considérable. Au reste, il est à remarquer, pour l'honneur de Bacon, que malgré les reproches de cupidité et de corruption qu'on lui adressait, il était sorti pauvre du maniement des affaires, et que dans les arrêts qu'il eut à prononcer il respecta toujours la justice, car aucune des décisions qu'il avait rendues en qualité de grand-chancelier ne fut cassée plus tard comme dictée par la partialité. Il resta éloigné des affaires jusqu'à la fin du règne de Jacques, et consacra plusieurs années à rédiger ou à reviser ses écrits philosophiques; mais à la fin de sa vie il fut publiquement réhabilité, et siégea même au premier parlement qu'assembla Charles Ier. Il mourut en 1626, chez lord Arundel, son ami.

C'est surtout comme philosophe et comme écrivain que Bacon mérite d'être envisagé : c'est là qu'il se montre tellement supérieur que l'on est tenté de lui appliquer avec Voltaire ce que Bolingbroke disait de Marlborough : « C'était un si grand homme, que j'ai oublié ses vices. » Il avait conçu de bonne heure le projet de réformer toutes les sciences, et même, comme il le disait, de renouveler l'entendement humain. Il consacra à l'exécution de ce projet un ouvrage immense, auquel il travailla toute sa vie, mais dont il n'a pu exécuter que quelques parties: la *Grande Rénovation* (*Instauratio magna*). Frappé de l'état d'imperfection et de délaissement où se trouvaient les sciences, il commence par en faire sentir toute l'importance et la dignité; puis, les passant toutes en revue, il en donne une classification complète et méthodique, assignant la place de chacune, et même indiquant les lacunes qu'il y avait encore à combler ; c'est là le but du traité *De la Dignité et de l'Accroissement des Sciences* (*De Dignitate et Augmentis Scientiarum*), qui forme la première partie de l'*Instauratio*.

Mais, reconnaissant que le principal obstacle à l'avancement des sciences se trouvait dans la mauvaise méthode que l'on avait suivie jusqu'à lui, et surtout dans la funeste influence exercée par la logique d'Aristote, qui était plus propre à engendrer et à perpétuer des disputes qu'à faire avancer l'esprit humain, il propose de suivre une marche nouvelle, et substitue à l'art syllogistique, seul employé jusque là, une méthode fondée sur l'observation de la nature et l'expérimentation, la méthode d'induction, qui consiste à s'élever graduellement et patiemment des effets aux causes, des faits particuliers aux faits généraux et aux lois de la nature ; il veut que la science ne se borne plus à de vaines et stériles spéculations, mais qu'elle tende sans cesse à augmenter la puissance de l'homme par des applications utiles; car, répète-t-il souvent, savoir, c'est pouvoir. C'est là l'objet d'un ouvrage qui forme la seconde et la plus importante partie de l'*Instauratio magna* ; il l'intitula : *Novum Organum*, ou *Nouvel Instrument*, pour l'opposer à la logique d'Aristote, qui était connue sous le nom fastueux d'*Organon*, ou *Instrument de l'Intelligence*. Cet ouvrage opéra la plus heureuse révolution dans les sciences, qui depuis ont marché à grands pas dans la carrière des découvertes; et valut à Bacon le glorieux titre de père de la philosophie expérimentale.

Les parties suivantes de sa *Grande rénovation*, au nombre de quatre, dans lesquelles il devait recueillir tous les faits fournis par l'observation et y appliquer sa méthode d'induction, sont à peine ébauchées; l'état des sciences ne permettait pas alors de compléter ce monument, qui ne peut être que l'ouvrage des siècles. Toutefois, Bacon fit par lui-même ou du moins soupçonna plusieurs découvertes importantes, entre autres celles de la pesanteur et de l'élasticité de l'air, démontrées depuis par Galilée et Torricelli, et celle de l'attraction mutuelle de toutes les parties de la matière, que plus tard Newton mit dans tout son jour : c'est ce qui a fait dire qu'il avait été le prophète des vérités que Newton et ses successeurs étaient venus révéler aux hommes.

Bacon est encore remarquable comme jurisconsulte et moraliste. Il étudia le droit en législateur et en philosophe, et dans les *Aphorismes* qu'il a laissés sur cette science il se montre le digne précurseur de Montesquieu; dans ses *Essais de Morale* (*Sermones fideles*), ouvrage classique en Angleterre, on admire la finesse des observations et la connaissance approfondie de l'homme et des affaires. Bacon écrivit aussi sur l'histoire. On a de lui une *Histoire du Règne de Henri VII et de Henri VIII*; mais ses ouvrages historiques, quoique vantés par Voltaire, sont moins généralement estimés.

Ce que l'on remarque dans tous les écrits de Bacon, outre la profondeur des vues et l'énergie des pensées, outre une vaste érudition, c'est une richesse de style, une vivacité d'imagination, une profusion de métaphores bien rares dans des ouvrages aussi sérieux, et qui répandent la vie et de l'intérêt sur les matières les plus arides.

Les ouvrages de Bacon, dont nous n'avons pu indiquer que les principaux dans cette notice, ont été plusieurs fois publiés, soit réunis, soit séparés. La plupart ont été traduits en français. Lasalle en a donné une traduction complète en 15 vol. in-8° (Dijon, 1799-1802), avec des notes critiques et littéraires. Malheureusement, il s'est quelquefois permis des retranchements et des transpositions qui empêchent de se fier entièrement à sa traduction. BOUILLET.

BACON (JOHN), célèbre sculpteur anglais, né à Londres en 1740, mourut dans la même ville, en 1799. D'abord peintre sur porcelaine, il ne commença à travailler le marbre qu'à l'âge de vingt-trois ans. Cependant, entre autres prix, il gagnait dès 1768 le premier prix à l'Académie royale, dont il ne tardait point à être élu membre. On cite surtout de lui une statue de Mars. Ses travaux les plus remarquables sont après cela deux bustes du roi Georges III (pour le *Christ-Church college*, à Oxford, et pour la bibliothèque de l'université, à Goettingue), les monuments élevés à la mémoire de lord Chatam dans l'abbaye de Westminster et à Guildhall, les statues d'Howard et de Johnson dans l'église Saint-Paul de Londres, et la statue de Blackstone à Oxford.

BACOVE. *Voyez* BANANIER.

BACS (on prononce *Bahtsch*) ou BACSKŒ. C'est le nom qu'a porté jusque dans ces derniers temps un comitat méridional de la Hongrie, qui, situé au confluent du Danube et de la Theiss, était borné de trois côtés par ces cours d'eau, et au nord par les comitats de Pesth, de Czongrád et de la Petite-Koumanie, et renfermait une population de 303,000 âmes sur une superficie de 120 myriamètres carrés. Cette contrée est une des plus riches de la Hongrie. Aussi faisait-elle un commerce des plus actifs, notamment en grains. Toutefois, la population en était des plus mélangées : elle se composait de 67,500 Hongrois, de 61,000 allemands, de 68,000 Slaves, de 15,240 Serbes, de 2,230 Roumaiques, etc. C'est ce qui explique comment la plus sanglante guerre de races y éclata tout aussitôt après les événements de mars 1848, et s'y prolongea pendant toute la durée de la révolution hongroise. Le gouvernement national ne put jamais complètement la soumettre. La révolution une fois comprimée, le gouvernement autrichien prit le parti de séparer formellement la *Bácska*, ou le comitat de Bács, de la Hongrie, et d'en faire, sous la dénomination de *woiwodie serbe*, une province à part.

BACSANYI ([on prononce *Batschaanji*] JÁNOS), écrivain et poëte hongrois, né le 11 mai 1763, à Tapolcza, dans le comitat de Szalad, étudia à Wessprim, à OEdenbourg et à Pesth, et devint ensuite instituteur du fils du général Orczy, époque où il publia son premier ouvrage : *A Magyarok Vitézsége* (La Bravoure des Hongrois [Pesth, 1785]). Nommé la même année à un emploi administratif à Kaschau, il y fonda, en société avec Batоu et Füalhonyi, le *Magyar Museum* (Kaschau et Pesth, 1788-1792). En 1793, un poëme empreint d'un vif amour de la liberté lui fit perdre sa place; en 1794, accusé de complicité dans la conspiration tramée par l'évêque Martinovich, il fut conduit au Spielberg, où il resta détenu jusqu'en 1796. Rendu à la liberté, il fut admis à prendre part à la rédaction de la *Magyar Minerva*, puis attaché comme rédacteur à la direction de la banque à Vienne, où il épousa, en 1805, une femme poëte, Gabrielle Baumgarten. Ce mariage ne fut pas heureux. Quand les Français s'emparèrent de Vienne en 1809, ce fut Bacsányi qui traduisit la proclamation adressée par Napoléon aux Hongrois; aussi fut-il obligé plus tard de se réfugier à Paris. A la suite de la paix de Paris, le gouvernement autrichien obtint son extradition, et lui assigna alors la ville de Linz pour séjour obligatoire, mais où, jusqu'à la fin de sa vie, il put toucher la petite pension que lui faisait le gouvernement français. Il mourut à Linz, le 12 mai 1845. En 1843, l'Académie hongroise avait élu ce vieillard, déjà âgé de quatre-vingts ans, au nombre de ses membres correspondants. Entre autres travaux des dernières années de sa vie, nous citerons une édition de ses *OEuvres complètes* (Pesth, 1828 ; 2° édit., 1835).

BACTÉRIE. genre d'animaux microscopiques, à corps filiforme, roide, devenant plus ou moins distinctement articulé, par suite d'une division spontanée imparfaite ; mouvement vacillant, non ondulatoire. Les bactéries sont rangées par M. Ehrenberg et par M. F. Dujardin dans la famille des vibrioniens. Ce genre renferme quatre espèces, parmi lesquelles le *bacterium termo* est considéré comme le premier terme de la série animale. Leuwenhoek l'a trouvé dans le tartre des dents. L. LAURENT.

BACTRIANE. C'est le nom que portait dans l'antiquité la contrée située près de la partie occidentale du Caucase indien (*Hindou-Kou*), le Paropamisus et le fleuve Oxus (*Amou* ou *Djihoun*), qui la séparait de la Sogdiane septentrionale, désignée aujourd'hui sous la dénomination de Balkh. Les Bactriens formaient avec les Mèdes et les Perses un rameau de la race indo-germanique, le rameau arien ou perse, nommé encore le peuple zend, à cause de la langue zende, commune à ces diverses populations. La Bactriane fut à une époque extrêmement reculée le centre principal d'un puissant empire, qui s'étendait encore bien au delà de la Perse orientale, mais sur l'histoire duquel nous ne possédons guère aujourd'hui que la tradition légendaire d'une expédition dont il fut l'objet de la part de Ninus et de Sémiramis. Sous le règne de Cyrus elle devint, avec l'empire des Mèdes, dont elle semble avoir fait partie plus tard, l'une des provinces de l'empire perse, fondé par ce conquérant. L'antique religion des Perses eut pour berceau la Bactriane, qui fut de bonne heure un foyer de civilisation, et dont la capitale, *Bactra*, aujourd'hui Balkh, était l'un des grands centres du commerce de l'Asie intérieure. Zoroastre purifia cette religion, que les mages avaient défigurée.

Comme la reste de l'empire des Perses, la satrapie de la Bactriane fut conquise par Alexandre le Grand, qui y fonda douze villes, et y laissa quatorze mille Grecs, élément d'une civilisation nouvelle dans ces contrées. Après la mort d'Alexandre, Stasanor de Soli se fit adjuger la Bactriane et la Sogdiane par l'assemblée tenue en l'an 321 avant J.-C. à Triparadisus; mais ces deux contrées furent réunies à l'empire de Syrie dès l'expédition entreprise dans l'Inde par Seleucus Ier en l'an 307 avant J.-C. Vers l'année 256, sous le règne d'Antiochus II Théos, le gouverneur Théodotus, ou Diodotus Ier, s'en rendit indépendant. Il fut le fondateur d'un empire grec dans l'Asie centrale, la Nouvelle Bactriane, qui subsista pendant un siècle et demi à travers les destinées les plus diverses. Eutydème, qui succéda à Théodotus environ de l'an 220 à l'an 190, fut vaincu par Antiochus lors de l'expédition de ce prince dans l'Inde ; toutefois, le conquérant ne lui enleva pas son royaume, afin qu'il servît de barrière aux invasions des nomades du Nord, qui s'étaient répandus dans la Sogdiane. Son fils, Démétrius, et le successeur de celui-ci, Eucratidès, mort en l'an 147, reculèrent au sud les frontières du royaume au delà du Paropamisus ; et la domination grecque, bien que refoulée à l'ouest par les Parthes, se maintint dans ces contrées entre le Kaboul et l'Indus, après avoir été anéantie dans la Bactriane proprement dite par des hordes scythes, notamment par les Sakers, quand ils se réunirent aux Parthes, l'an 127 avant J.-C. Menander semble être surtout celui qui l'y consolida et l'y étendit de nouveau, après l'année 126. Après sa mort, et sous le règne d'Hermœus, c'est-à-dire vers l'an 90 avant J.-C., elle fut détruite par ces Sakers, qui fondèrent alors un empire indo-scythe le long des rives de l'Indus jusqu'à son embouchure.

Pendant longtemps on ne posséda guère à l'égard de l'empire de la Nouvelle-Bactriane que les renseignements extrêmement incomplets et insuffisants fournis par les écrivains de l'antiquité ; et ce n'est que depuis une dizaine d'années environ qu'on a acquis une connaissance plus complète et plus exacte de cette contrée, à l'aide d'un grand nombre de médailles gréco-bactriennes trouvées en Afghanistan dans les tumuli que les indigènes appellent *Topès*, on même temps que des médailles indo-scythes, sassanides, indiennes et indo-mahométanes. Elles indiquent une série de noms de rois, et , par leurs symboles ainsi que par leurs inscriptions, fournissent une foule d'autres renseignements sur l'histoire de la civilisation et l'histoire politique de cet empire grec. Sur les médailles d'Eucratidès apparaît pour la première fois à côté de la langue grecque une langue étrangère, qu'on a reconnue être un dialecte du sanscrit, mais dont l'écriture appartient à des alphabets d'origine phénicienne, et que l'Anglais Prinsep est parvenu à déchiffrer avec un rare bonheur. Toutefois la langue grecque se maintint longtemps encore sur les médailles des souverains scythes, qui semblent dès lors n'avoir pas immédiatement étouffé dans ces contrées la civilisation grecque. A l'égard de ces médailles, qui ont beaucoup occupé les savants de la France et de l'Allemagne, tels que Raoul-Rochette, Lassen, Grotefend et Offr. Müller, de même qu'au sujet des résultats de leurs travaux, consultez Wilson, *Ariana antiqua* (Londres, 1841), et surtout le deuxième volume de l'*Archéologie indienne* de Lassen (Bonn, 1849).

BACULAIRES, secte d'anabaptistes qui furent ainsi nommés du mot latin *baculus* (bâton), parce qu'ils enseignaient qu'on ne pouvait sans crime porter d'autres armes. Selon eux, il ne devait plus y avoir ni procès ni divisions parmi les hommes, auxquels Jésus-Christ était venu apporter la paix. C'était même un péché, dans un chrétien, que de citer quelqu'un en justice. Ils prenaient à la lettre le commandement de tendre la seconde joue quand on avait reçu un soufflet sur la première, et, se faisant un scrupule de repousser la force par la force, ils se laissaient dépouiller sans la moindre résistance.

BACULARD D'ARNAUD. Voyez ARNAUD.

BACULITE. On désigne sous ce nom, dérivé du latin *baculus*, des fossiles singuliers, caractérisés par leur forme allongée, conique, qui furent longtemps un sujet d'énigme. On sait maintenant que ce sont des moules intérieurs de coquilles *multiloculaires* ou polythalames, à cloisons feuilletées, qui ont les plus grands rapports avec les ammo-

nites, parmi lesquelles les naturalistes les ont définitivement classées. G. Ouvier les range entre les scaphites et les hamites. On distingue les espèces dans le genre baculite en celles à ouverture ronde et celles à ouverture ovale ; toutes sont percées par un siphon marginal. On les trouve dans des couches assez anciennes de terrains situés au-dessus de la craie. M. de Gerville a observé et étudié un banc puissant où dominent les baculites dans les environs de Valognes.

L. LAURENT.

BACULOMÉTRIE (mot hybride formé du latin *baculus*, bâton, et du grec μετρον, mesure). C'est l'art de mesurer les distances, de relever les hauteurs, et en général de lever les plans, rien qu'à l'aide de bâtons et sans employer aucun instrument goniométrique ou géodésique proprement dit. Bien qu'on puisse avec ce seul secours mesurer de grandes distances et même celles de points inaccessibles, on ne se sert guère de mesures baculométriques que lorsqu'il s'agit de connaître tout de suite l'élévation d'une tour, d'un arbre, etc. Pour mesurer la hauteur d'un objet, on enfonce verticalement un bâton de longueur connue ; on place ensuite l'œil aussi près que possible du sol et de manière que le rayon visuel qui passe par l'extrémité du bâton passe également au sommet de la tour ou de l'arbre observé. La hauteur de l'objet est alors à la hauteur du bâton dans le même rapport que la distance de l'œil au pied de l'objet est à la distance de l'œil au pied du bâton : cette hauteur est donc connue. On peut arriver au même résultat par la comparaison des ombres projetées au même moment par l'objet dont on veut mesurer la hauteur et par un bâton de longueur connue ; il est évident que les deux hauteurs sont proportionnelles aux longueurs des ombres.

Toutes les données baculométriques ont pour base les propriétés des triangles semblables.

On ne saurait raisonnablement exiger une grande exactitude dans les résultats que donne cette méthode, bonne seulement pour obtenir tout de suite une approximation.

BADAJOZ, ville d'Espagne, chef-lieu de la province de ce nom, dans l'Estramadure, à 290 kilom. sud-ouest de Madrid, sur la rive gauche de la Guadiana, à l'embouchure de la Rivillas, doit à sa situation sur l'extrême frontière du Portugal son importance comme place de guerre, et aux événements militaires dont elle fut le théâtre l'intérêt historique qui l'environne. On y traverse la Guadiana sur un pont de vingt-huit arches, construit en 1596, en grosses pierres de taille, et qui n'a pas moins de sept cents pas de long. C'est une ville très-forte, avec une bonne citadelle, un évêché suffragant de Santiago, une population de 12,000 âmes , une magnifique cathédrale, des fabriques de savon et de lainages, des tanneries, des teintureries et un commerce très-actif avec le Portugal.

Sa fondation remonte à une haute antiquité. Pline l'appelle *Colonia Placentis*, et Strabon *Pax Augusta*. C'est probablement de ce dernier nom, dont l'équivalent en langue espagnole est *Paz de Agosto*, que dérive l'appellation actuelle de *Badajoz*.

Comme place de guerre, elle peut s'enorgueillir de glorieuses annales. Devant ses remparts échoua en 1658 l'effort des Portugais, qui en avaient entrepris le siège. Une pareille issue termina également la tentative faite en 1705 par les armées combinées de l'Angleterre et de la Hollande, qu'appuyait un corps considérable de troupes portugaises. Le marquis de Bray, général de l'armée espagnole, battit en 1709 devant Badajoz le général Galloway, et alla lever des contributions jusqu'aux environs de Lisbonne.

Après la paix de Bâle, en 1795, l'Espagne, devenue l'alliée fidèle de la république française, déclara la guerre à la Grande-Bretagne ; et dès 1797 elle menaça le Portugal d'une invasion s'il ne renonçait pas à l'alliance anglaise. Les négociations traînèrent en longueur jusqu'au Consulat. Alors Bonaparte envoya à Madrid, d'abord son frère Lucien, puis

BADAJOZ — BADAUD

Gouvion Saint-Cyr, pour hâter la solution de la question. La maison de Bragance hésitant encore, une armée espagnole, soutenue par une armée française, envahit le Portugal, conquit l'Alem-Téjo, et força le cabinet de Lisbonne à signer, le 6 juin 1801, la paix de Badajoz. Le Portugal céda à l'Espagne Olivença et plusieurs places sur la Guadiana, qui devenait la limite des deux royaumes; il consentait à ne plus recevoir de vaisseaux anglais dans ses ports du Tage et du Douro. Mais Bonaparte s'indigna de ce qu'on avait traité sans lui; il refusa de ratifier cette convention, et fit marcher contre le Portugal une armée sous le commandement de son beau-frère le général Leclerc. Aussitôt l'ambassadeur de Lisbonne à Madrid se hâta de signer avec Lucien un nouveau traité, qui différait peu du premier, et auquel Bonaparte donna sa sanction. Le Portugal entra ainsi pour quelque temps dans l'alliance française.

Badajoz allait devenir neuf ans plus tard le théâtre d'événements plus dramatiques. Quand, en 1810, le Portugal se trouva complétement à la discrétion de l'Angleterre par la fuite du régent au Brésil, le chef du gouvernement français ne put voir sans un amer déplaisir le commandement des forces portugaises entre les mains de Wellington. L'entrée de Joseph Bonaparte dans Séville, le siége de Cadix par le maréchal Soult et l'expédition de Masséna en Portugal avaient rempli la campagne de 1810 avec plus d'éclat que de succès positifs. Au moment où s'ouvrait celle de 1811, la disette était sur le point de contraindre Masséna à évacuer sa conquête. Wellington se fortifiait sur la ligne de Torres-Vedras, quand le maréchal Soult, entamant son plan d'opérations dans le midi de l'Espagne pour attaquer les flancs du général anglais, s'empara d'Olivenza et vint mettre le siége devant Badajoz. La tranchée fut ouverte le 5 février. 12,000 hommes défendaient la place; les forces françaises assiégeantes s'élevaient à 15,000 combattants, qui, ayant franchi la Guadiana, débordèrent le corps espagnol retranché dans les lignes de Berwick, et le défirent à la journée de Guébora. Badajoz fut dès lors plus étroitement serrée; un boulet emporta le général espagnol commandant la place, qui le surlendemain se rendit par capitulation. Mais à peine le maréchal Soult avait-il eu le temps de pourvoir à la sûreté de la ville conquise, qu'une diversion de l'ennemi sur Cadix le rappelait en Andalousie. Alors le général anglais Béresford et le général espagnol Castaños, repassant la Guadiana, investissent la place avec 60,000 hommes. A cette nouvelle Soult réunit ses forces, et s'avance à grandes journées. Ses deux adversaires à son approche lèvent le siége, et se portent à sa rencontre de Burgos jusqu'au bourg d'Albuhera, où fut livrée la bataille de ce nom.

L'ennemi avait perdu ses positions et battu en retraite; il célébra cependant cette journée comme un triomphe. Soult, de son côté, bien que rétrogradant sur Séville, s'attribua la victoire. Les cortès de Cadix avaient envoyé une députation au roi Joseph pour traiter de la paix; mais, apprenant à Séville que dans les deux camps on se faisait honneur du gain de la bataille, la députation, jugeant que si la victoire appartenait aux Français elle n'avait point eu de résultat décisif, hésita d'abord à aller remplir sa mission, et puis rebroussa chemin. Quand Wellington revint pousser lui-même le siége de Badajoz, Soult, alors dans la Sierra-Morena, accourut encore à la défense de la place. Béresford avait opéré sa jonction avec Wellington, et leurs forces réunies ouvrirent la tranchée. Cependant Soult et Marmont marchaient de Mérida contre l'armée espagnole; le généralissime anglais, fidèle à ses habitudes de temporisation, ne crut pas devoir les attendre; il leva le siége, et repassa la Guadiana. En vain Soult lui présenta la bataille; Wellington la refusa, et rentra en Portugal. Enfin, après avoir soutenu trois siéges dans l'espace de treize mois, Badajoz fut enlevée aux Français le 6 avril 1812. Le brave général Philippon, avec une garnison de 3,000 hommes, avait opposé une résistance vigoureuse à une armée assiégeante forte de 50,000.

Eug. G. DE MONCLAVE.

BADAMIER. Ce mot qui, d'après M. d'Orbigny, n'est qu'une corruption de *bois de damier*, est le nom vulgaire que portent les espèces du genre *terminalia* de Linné. Les badamiers sont en général de grands arbres, appartenant à la tribu des myrobalanées ou terminaliées, famille des combrétacées; ils croissent dans les deux Indes.

Le *badamier du Malabar* (*terminalia catappa*) est un arbre magnifique, pyramidal, à rameaux étagés; ses feuilles sont grandes, en ovale renversé ou presque en coin; ses fleurs, d'un blanc sale, sont en épis axillaires; son fruit offre assez de rapport avec nos amandes par sa grosseur et par la bonté de la graine qu'il contient, et c'est pourquoi ce badamier est cultivé sous le nom d'amandier dans les colonies d'Amérique. Dans nos climats il a besoin d'une serre chaude et d'une terre substantielle. Le *badamier des Moluques* (*terminalia moluccana*), qui orne les places publiques de Batavia, donne aussi de fort bonnes amandes.

Le *badamier benjoin* (*terminalia benzoin*), qui a reçu une foule d'autres noms, est l'arbre le plus gros et le plus grand des îles de France et de la Réunion; il produit une sorte de résine tout à fait analogue au benjoin, avec lequel on l'a souvent confondue à tort.

Le genre badamier contient une espèce qui, ainsi que l'aylanthe, porte le nom d'*arbre du vernis*. C'est le *terminalia vernix* : cet arbre a aussi un suc propre, résineux, caustique, laiteux, qui rend ses exhalaisons dangereuses, et que les Chinois emploient pour enduire une foule de meubles que l'on connaît sous le nom de *laque*; il croît à la Chine et aux Moluques, et l'on en mange les graines après les avoir torréfiées.

BADAUD. Niais, simple, innocent, qui n'a jamais rien vu. D'où vient ce sobriquet, qu'on a particulièrement affecté aux Parisiens? L'*Encyclopédie* en donne une étymologie qui n'a rien d'offensant. Suivant elle, *badau*, mot celtique, signifie *homme de bateau* ou *de vaisseau*, et l'on a ainsi désigné les habitants de Paris, parce qu'ils faisaient un grand commerce par eau. Mais à ce compte, Rouen, Orléans, Nantes, Lyon, Bordeaux, etc., réclameraient à plus juste titre l'honorable épithète de *badauds* pour leurs habitants, qui depuis bien des siècles font sur la Seine, la Loire, le Rhône et la Garonne, tout autant de commerce que les Parisiens. Il faut donc chercher une autre origine au nom de *badaud*. Mercier, dans son *Tableau de Paris*, le tire de *Baudaye* ou *Badaye*, nom d'une des anciennes portes de la capitale; mais là il hésite, il s'arrête, il hasarde même une autre étymologie basée sur un calembour : les Parisiens battirent les Normands, ils furent donc des *bat-dos*.....

Tout cela n'a pas le sens commun. *Badaud* dérive bien du verbe *badare* et de son adjectif *badaldus*, appartenant à la basse latinité, d'où viennent les mots provençaux *bada*, *badaya* (*béer*, *bayer*, *bailler*, *bader*) et *badaire* (qui bâille, qui baye, qui a la bouche béante) ; et ces mots expriment parfaitement l'idée d'un homme qui s'étonne de tout , qui regarde tout en béant aux corneilles. L'orthographe du nom français est même absolument identique avec celle des mots provençaux, si ce n'est les deux dernières lettres, qui en francisent la terminaison. Il y a enfin en provençal le mot plus moderne *badaou*, qui n'est que la traduction littérale de *badaud*, et qui a la même origine. M. Raynouard est entièrement de notre avis à cet égard.

On trouve des sots, des niais, des imbéciles partout. Ce n'est qu'à Paris que l'on voit de véritables badauds, et il y a déjà longtemps qu'on l'a dit. Sans recourir à des autorités trop anciennes, bornons-nous à citer celle de deux grands hommes, après lesquels il ne reste rien à dire. On lit dans *le Menteur* de Corneille, qui date de 1642 :

Paris est un grand lieu plein de marchands mêlés ;
L'effet n'y répond pas toujours à l'apparence ;

On n'y laisse duper autant qu'en lieu de France ;
Et, parmi tant d'esprits plus polis et meilleurs,
Il y croît des badauds autant et plus qu'ailleurs.

Et dans le *Pourceaugnac* de Molière, joué en 1669 : « Eh ! messieurs les badauds, faites vos affaires ! » Notez bien que c'est un sot provincial qui traite ainsi les Parisiens. Une comédie anonyme, intitulée *le Badaud*, en un acte et en prose, fut jouée au Théâtre-Français en 1687 : comme elle n'a pas été imprimée, nous ne pouvons pas dire si c'est un Parisien qui en est le héros.

Le caractère du badaud répond bien à l'idée qu'on donne son portrait. Ce n'est ni un bénêt, ni un niais, ni un nigaud, ni un imbécile, ni un sot; c'est un homme simple et crédule, qui, n'ayant jamais rien vu, croit tout, admire tout et s'étonne de tout. C'est un petit esprit dont l'avide curiosité ne porte que sur les objets qu'il ne connaît pas, et qui se laisse séduire par les apparences. Le Parisien qui n'a jamais quitté ses foyers, qui n'a vu le monde que par un trou, s'extasie de tout. Tel est le héros du *Voyage à Saint-Cloud par mer*. Tel est encore dans la délicieuse comédie du *Voyage à Dieppe* ce digne M. d'Horbelin, qui, transporté du quai de l'Hôpital dans la rue Charlot, se croit arrivé sur les côtes de France et y respire l'air pur de la mer. Ce portier de la rue Montmartre, près des Messageries, qui ne connaît pas le Palais-Royal ; ce Parisien qui en mer se fait éveiller de grand matin pour être témoin du passage de son vaisseau sous la ligne ; ce marquis qui, arrivant trop tard avec des dames pour voir une éclipse de soleil, leur dit qu'il espère que l'astronome sera assez complaisant pour recommencer son expérience; cet autre innocentin de la capitale qui, n'ayant jamais vu que la Seine, trouve que la Loire est une assez belle rivière pour une rivière de province ; ce marchand de la rue Saint-Denis qui se désole de ne pouvoir plus expédier des soieries à Constantinople, parce qu'une des échelles du Levant s'est rompue, et qu'une des arches du Pont-Euxin a été emportée; et cet honnête M. de Matignon qui croit qu'avec des noix on fait de l'huile d'olive ; qui à dix heures du soir dit à son domestique d'aller voir l'heure au cadran solaire; qui, faisant coucher près de lui son valet de chambre, lui crie : « Georges, suis-je endormi ? — Oui, monsieur. — C'est bon. »

N'en voilà-t-il pas des badauds pour tous les goûts ? Il y a des bourgeois de Paris qui, d'après les tableaux, des statues et des gravures, croient fermement à l'existence des sphinx, des sirènes, du phénix et des licornes. Cette crédulité parisienne est exploitée non-seulement par les charlatans et les saltimbanques sur les places publiques, où l'on voit toujours stationner la foule des badauds, mais encore dans la société par les mystificateurs et dans les maisons de commerce par les escrocs. Voulez-vous éprouver s'il y a plus de badauds à Paris qu'en province? arrêtez-vous dans une rue, sur un pont ; regardez en l'air ou sur la rivière : dans cinq minutes vous serez entouré de plus de cinquante badauds qui croiront voir ce que vous ne voyez pas, ou ce que vous leur direz avoir vu. Faites eu province la même expérience, elle n'aura pas le même résultat. H. AUDIFFRET.

BADE (Grand-Duché de), en allemand *Baden*. Le grand-duché de Bade est situé à l'extrémité sud-ouest du territoire de la Confédération germanique. Il s'étend sur une superficie de 153 myriamètres carrés, depuis le coude que le Mein fait au sud de Wertheim jusqu'au lac de Constance, et est borné à l'est et au nord par la Bavière et par le Wurtemberg, par le pays de Hohenzollern et le grand-duché de Hesse-Darmstadt. Le Rhin le sépare à l'ouest du Palatinat bavarois et de la France, comme, au sud, de la Suisse. Il est divisé politiquement en quatre cercles, ceux de Sée, du Haut, du Moyen et du Bas Rhin, subdivisés à leur tour en 79 arrondissements.

Au point de vue physique, le pays de Bade se divise en partie occidentale, formée par la vallée de la rive droite du Rhin, et en partie orientale, contrée montagneuse qui à l'égard de l'autre est dans le rapport de 4 à 1. La Forêt-Noire est le point culminant de ces montagnes. Elle appartient, sur une étendue de 13 myriamètres, depuis Seckengen jusqu'à Pforzheim, presque exclusivement au grand-duché ; ses contre-forts escarpés vont s'abaissant toujours davantage à l'ouest, et rejoignent le plateau du Neckar wurtembergeois au moyen de plaines d'une grande élévation. La Forêt-Noire, dont la hauteur moyenne varie du sud au nord de 900 à 1300 mètres, est groupée de la manière la plus diverse par de profondes vallées de l'aspect tantôt le plus sauvage et tantôt le plus romantique. Les pics les plus élevés sont au sud le Feldberg et le Belchen. L'abaissement du pays de montagnes du grand-duché de Bade, au nord de la Murg, est généralement désigné sous le nom de montagne de Neckar, jusqu'à la coupure transversale qu'y fait la vallée du Neckar, au delà de laquelle s'élève l'Odenwald, qui prolonge ses ramifications presque jusque dans le grand-duché de Hesse, et qui n'appartient guère au sol badois que par ses limites orientales aux environs de la Bosse-du-Chat (*Katzenbuckels*), non loin d'Éberbach. Dans la partie sud du grand-duché, dans le cercle de Sée, s'élèvent les longs plateaux plats du Jura allemand.

Le Rhin et le Danube partagent le grand-duché de Bade en deux bassins. Après s'être grossi des eaux des lacs de Constance, d'Uberling et de Zell, le Rhin, souvent interrompu dans son cours placide par des prolongements du territoire suisse, forme la limite du territoire badois au sud, au-dessous de Bâle et jusqu'au-dessous de Manheim ; il lui sert de frontière à l'ouest. Caractérisé par un cours riche en îles et serpentant de la manière la plus capricieuse, ce fleuve devient susceptible, à partir de Bâle jusqu'à Strasbourg, de porter des embarcations de 5 à 600 quintaux ; à partir de Strasbourg, des bâtiments de 2,500 quintaux ainsi que des bateaux à vapeur. Sur sa rive droite il reçoit les eaux de la Wiese, de l'Etz et de la Treisam, de la Kinzig et de la Schutter, de la Murg, de la Pfinz et du Neckar.

En raison de la différence existant entre ces points extrêmes (le Felberg atteint une élévation de 1,533 mètres, tandis que Manheim n'est qu'à 84 mètres au-dessus du niveau de l'océan), il doit naturellement exister dans le grand-duché une grande variété de climats. Ainsi la température moyenne des pays de plaines est de 8°, tandis que celle des pays de montagnes n'est que de 5° Réaumur ; cependant on peut considérer la vallée badoise du Rhin comme la contrée la plus chaude de toute l'Allemagne. Elle en est aussi l'une des plus heureusement douées sous le rapport de la richesse du sol, qui fournit en abondance les plus belles récoltes en céréales et en fruits de toute espèce, en même temps que la vigne prospère sur les terrasses occidentales de la Forêt-Noire. Le noyer y réussit jusqu'à une élévation de 333 mètres, la vigne à 366 mètres, les autres fruits, comme le pommier, le cerisier, etc., à 666 mètres, et même la cerise sauvage à 866 mètres, toujours accompagnés de la culture la plus productive des céréales. L'avoine, entre autres, y croît remplacée par les plus belles herbes fourragères, formant exclusivement la zone de l'élève du bétail.

Tant d'éléments de prospérité naturelle ont eu pour résultat un rapide accroissement de la population, qui en 1846 était en moyenne de 0,92 pour 100. En 1849 les documents officiels évaluaient à 1,355,950 habitants la population totale du grand-duché. Elle se compose presque uniquement d'Allemands de race alémanique dans les hautes contrées de la Forêt-Noire jusqu'à la Murg, de race franconienne à partir de cette rivière dans la direction du sud-est, et de race souabe dans les plateaux qui environnent le lac de Constance. Les Huguenots et les Vaudois constituent une race étrangère, qui depuis longtemps s'est fondue dans la population, et à bien dire il n'y a guère que les juifs qu'on puisse y considérer comme des étrangers. L'église catholique romaine, qui sur 1,000 habitants compte 671 individus professant ses dogmes, constitue la religion de la majorité. Le reste se divise ainsi : 312 protestants, 16 israélites et 1 mennonite. L'industrie agricole est celle qui occupe le plus grand nombre de bras. Beaucoup de gens de métier se consacrant en même temps à la culture de la terre, on peut dire que sur 1,000 familles, 666 se consacrent à l'agriculture, tandis que 169 seulement s'occupent exclusivement d'industrie, par conséquent que sur 1,000 familles il y en a 835 qui appartiennent à la seule classe des producteurs. La culture du sol est récompensée par les produits les plus nombreux et les plus riches. 100 milles géogr. carrés sont couverts de champs de blé et de jardins. Plus de la moitié produisent de l'épeautre, et le reste de l'avoine, du seigle, de l'orge, du froment, du maïs, des pommes de terre, des légumes et des fruits de toute espèce; 23 myriam. carrés sont consacrés à des cultures diverses, notamment à celles du chanvre, dont le produit annuel est de 145,000 quintaux, et du tabac (150,000 quintaux) pour une valeur de 2 millions de florins; enfin d'une magnifique espèce de houblon et de colza. Par contre, le lin n'est cultivé que dans les pays de montagnes, où la culture des arbres à fruit, par exemple des différents fruits à noyaux, des amandiers, des châtaigniers, des noyers, etc., donne les résultats les plus satisfaisants. Près de cinq myriamètres carrés sont consacrés à la culture de la vigne, dont les crûs d'Affenthal, de Wertheim, de Bergstræss, de Markgræff et de See donnent des produits appréciés par les connaisseurs, et trouvent un facile débit à l'étranger. On peut en évaluer la récolte annuelle à plus de 400,000 muids; 15 myriam. carrés environ appartiennent aux plus riches pâturages qu'on puisse voir, et 12 se composent de pâtis et de pacages qu'on ne féconde qu'à de longs intervalles. La sylviculture a pris de larges développemens dans le grand-duché de Bade, attendu que près d'un tiers de la totalité de son sol (46 myriam. carrés environ) se compose de forêts. La Forêt-Noire est une des contrées boisées de l'Allemagne les plus riches en essences d'arbres à feuilles aciculaires; on y trouve d'immenses étendues de terrains uniquement plantés de sapins blancs, lesquels atteignent souvent une élévation de 160 à 180 pieds, et qu'on exporte dans les Pays-Bas pour les besoins de la marine. Des chiffres que nous venons de citer il résulte que six myriamètres au plus de la superficie totale du grand-duché de Bade sont demeurés rebelles à la culture.

L'élève du bétail est encore un des notables éléments de richesse de l'agriculture badoise, et les chiffres suivants pourront donner une idée de son importance. On compte en effet dans le grand-duché 72,200 chevaux, 700 ânes, 481,000 bœufs, 189,000 moutons, 12,000 chèvres et 480,000 porcs; à quoi il faut ajouter 14,000 ruches d'abeilles. La Société centrale d'Agriculture de Carlsruhe et les Sociétés de Heidelberg, de Wertheim, de Friburg et de Donaueschingen, qui correspondent avec elle, contribuent activement au perfectionnement de l'agriculture, en vulgarisant tous les procédés nouveaux dont s'enrichit la science, en même temps que les haras de Carlsruhe, de Bruchsal et de Waghæusel sont d'un puissant secours pour améliorer l'espèce chevaline.

L'exploitation des richesses minérales du grand-duché n'y a point encore pris tous les développements auxquels elle semble appelée; cependant l'activité que déploie la Société métallurgique de Carlsruhe est chaque année mieux récompensée des efforts qu'elle fait dans l'intérêt de cette belle industrie. Les chiffres suivants peuvent être regardés approximativement comme le produit annuel de l'exploitation des mines : or, 7 marcs ; argent, 600 marcs ; cuivre, 900 quintaux ; plomb, 1900 ; fer, 173,770 ; manganèse, 500 ; cobalt, 150 ; sel marin, 300,000 ; houille, 300,000. D'abondantes mines de calamine ont été récemment découvertes à Wiesloch. Le lavage des sables du Rhin produit un peu d'or. Autrefois, quand on frappait encore des ducats portant ces mots pour exergue : *Sic fulgent littora Rheni*, on en trouvait dans tout le cours de ce fleuve depuis Bâle jusqu'à Manheim ; mais de nos jours on n'en rencontre plus qu'à Wittenweier, dans le bailliage de Lahr, et à Philippsburg. Les deux principales salines sont celles de Ludwig, près de Rappenau dans le cercle du Bas-Rhin, et celle du même nom près Durrheim, dans le cercle de See. Le grand-duché de Bade possède une grande richesse de sources minérales, dont près de soixante sont ou sulfureuses ou ferrugineuses et encore acidulées. Aussi les localités où l'on va prendre les eaux abondent-elles ; nous citerons entre autres : Baden-Baden, Badenweiler, Antogast, Griesbach, Freiersbach, Petherstbal, Rippoltsau, Glotterthal, Langenbrucken, Nordwasser, Rappenau et Uberlingen.

Les manufactures et usines, au nombre d'environ 300, et occupant au delà de 9,000 ouvriers, livrent à la consommation pour plus de 14 millions de florins de produits. Depuis 1835, époque où le grand-duché de Bade est entré dans le Zollverein, le nombre des manufactures s'est accru de soixante, en même temps que le chiffre des travailleurs s'augmentait de mille cinq cents et celui de la production générale de plus de 3,300,000 florins. Voici les principaux objets sur lesquels s'exerce l'industrie : manufactures de rubans et d'étoffes de laine (les plus considérables sont à Saint-Blaise), bijouterie et fabrication du tabac (de toutes les industries manufacturières la plus importante) ; fabrication des cuirs, du papier, des draps, du café-chicorée, de la bière; enfin, comme industrie spéciale au district de la Forêt-Noire, et dont les produits sont connus du monde entier, la fabrication des horloges de bois et des objets de sparterie. Les principaux articles d'exportation sont les vins et surtout les bois, dont l'écoulement a lieu pour la plus grande partie dans les Pays-Bas, et dont on peut évaluer le produit net à au moins 3 millions de florins. Viennent ensuite les grains, le chanvre, le tabac, les fruits divers, l'huile, le kirschwasser, le sel, les toiles, les étoffes de coton, les horloges de la Forêt-Noire, les objets de sparterie et les ustensiles ou jouets en bois, les articles de bijouterie, le papier, etc. Les denrées coloniales, les fruits du sud, les médicaments, les chevaux, la laine, le coton, les étoffes de soie, le fer, l'acier et les articles de luxe constituent les principaux articles d'exportation. Le titre des monnaies de Bade est de 24 florins au marc d'argent; et le florin a 60 kreutzer. Les poids et mesures en usage sont divisés suivant le système décimal. Si partout le développement de l'industrie correspond à celui de la culture de l'esprit, cet axiome est surtout vrai quand on l'applique au grand-duché de Bade, dont la population est arrivée à un développement des lumières et de l'instruction générale qui lui permet de représenter dignement l'Allemagne à cet égard. L'organisation de l'instruction publique y est telle en effet que chacun peut y acquérir les notions les plus vastes en tout genre, grâce à l'existence d'une foule d'institutions libérales, telles que musées, bibliothèques et galeries de tout genre, qui toutes témoignent du haut degré de civilisation auquel le pays est parvenu.

La souveraineté du grand-duché de Bade, indivisible et inaliénable dans toutes ses parties, est héréditaire d'après l'ordre de primogéniture dans la ligne mâle, et à défaut de celle-ci dans la ligne féminine. L'héritier du trône prend le titre de grand-duc héréditaire; les autres princes et princesses reçoivent la qualification de margraves de Bade. Le souverain est lié par une constitution représentative. L'assemblée des états, qui est convoquée tous les deux ans en session extraordinaire, se compose de deux chambres, et par son action, exercée, tantôt d'accord avec le gouvernement, tantôt comme opposition représentant et défendant les intérêts du pays avec autant d'énergie que de dignité, non-seulement elle a obtenu les plus heureux résultats par ses efforts, mais encore elle a conquis l'estime générale même dans les plus lointaines contrées. La première chambre se compose des princes de la maison régnante, des chefs des familles médiatisées (deux princes et trois comtes) et de quelques grandes familles aristocratiques auxquelles le grand-duc confère des titres et des privilèges de noblesse du moment où elles possèdent une fortune territoriale d'au moins 300,000 florins; de l'évêque catholique, des prélats protestants, de deux députés des universités du pays, et de huit membres nommés par le grand-duc sans condition d'ordre ni de naissance. La seconde chambre se compose de soixante-trois députés élus pour huit ans, dont vingt-deux élus par les villes et quarante et un élus par les arrondissements électoraux des bailliages, de sorte qu'il y a environ un député par 16,000 âmes. La propriété a moins été prise à Bade que partout ailleurs pour base du droit électoral. Tout citoyen domicilié et tous les fonctionnaires publics peuvent prendre part aux élections. Seulement on exige des députés qu'ils payent un impôt répondant à l'intérêt d'un capital de 10,000 florins, ou bien qu'ils possèdent un emploi, soit ecclésiastique, soit civil, d'au moins 1500 florins. Le ministère d'État est le pouvoir suprême exécutif et délibératif. Il est présidé par le grand-duc, et se compose des ministres de la maison du grand-duc et des affaires étrangères, de la justice, de l'intérieur, de la guerre et des finances. Aux termes du projet de loi soumis en 1851 à la législature, le budget des dépenses était évalué à 17 millions et demi de florins; et depuis environ vingt ans il a toujours été en augmentant à chaque nouvelle période financière. Le produit brut des recettes est évalué à 17,500,000 florins, et le produit net du budget ordinaire à 9,165,000 florins, chiffre dans lequel ne sont point comprises les ressources extraordinaires du trésor, par exemple, ni les revenus de la poste ni ceux des chemins de fer. La dette publique (sans y comprendre la dette spéciale contractée pour la construction des chemins de fer) s'est augmentée de 26 millions et demi de florins à la suite des événements des années 1848 et 1849. L'armée se recrute en vertu d'une loi qui déclare le service militaire obligatoire pour toutes les classes de citoyens, à l'exception des membres des familles seigneuriales; elle fournit à l'armée de la Confédération germanique un contingent de 10,400 hommes avec une réserve de 3,333 hommes. Il y a dans le grand-duché de Bade trois ordres de chevalerie, à savoir: 1° l'ordre de la Fidélité, fondé en 1715; 2° l'ordre du Mérite de Charles-Frédéric, fondé en 1807, et auquel est attachée une pension annuelle; 3° l'ordre du Lion de Zæhringen, fondé en 1812. Il existe encore une médaille du Mérite militaire et quelques autres signes honorifiques analogues.

Carlsruhe est la capitale du grand-duché; les chefs-lieux de ses quatre cercles sont Constance, Fribourg, Carlsruhe (autrefois Radstadt) et Manheim.

Histoire (jusqu'en 1819, c'est-à-dire jusqu'à l'établissement du gouvernement représentatif).

Quand les Alemans eurent été assujettis dans le pays de Bade par les Franks, les lumières du christianisme se firent bientôt jour parmi eux. Diverses tentatives qu'ils firent pour recouvrer leur indépendance, notamment sous les ordres de leur duc Gottfried, de qui la maison aujourd'hui régnante tire son origine, demeurèrent infructueuses. En 748 Pépin le Bref anéantit le duché d'Alemanie; mais les descendants de Gottfried, entre autres un certain Gerold et son fils Berthold, conservèrent le titre de *gaugraves* et de *margraves* de Baar, contrée possédée aujourd'hui par les princes de Furstenberg sous la souveraineté de la maison de Bade. Plus tard on trouve comme comte dans le Brisgau un certain Gebhard, qui prétendait descendre d'un Berthold de Baar. Il fut le père du duc Berthold, qui construisit le château de Zæhringen en Brisgau, et avec qui commence la suite non interrompue depuis lors des princes de la maison de Zæhringen. Ce Berthold, à qui l'empereur Henri III accorda la survivance du duché de Souabe, dans le cas où le duc Othon de Schweinfurt, vieillard déjà avancé en âge, viendrait à mourir, prit le titre de duc du vivant même de ce prince, et le transmit à son fils aîné Berthold II, en 1078, avec ses différents domaines dans le Brisgau, l'Ortenau, la Forêt-Noire et le Neckargau, après avoir subi diverses alternatives de perte et de récupération. Les descendants mâles de celui-ci arrivèrent en possession du duché de Bourgogne, mais n'en purent conserver qu'une partie, et s'éteignirent en l'an 1218 dans la personne de Berthold V. Ce dernier eut pour héritières ses deux filles, dont l'une, Agnès, mariée au comte d'Urach, eut pour sa part la plus grande partie des domaines de Zæhringen dans la Souabe avec Fribourg en Brisgau; et l'autre, Anne, mariée au comte de Kybourg, reçut les biens libres situés en Suisse et en Bourgogne. Le reste des possessions fit retour à l'empire. Le fils cadet de Berthold Ier, Hermann Ier, possédait déjà du vivant de son père Hochberg en Brisgau, dont dépendait également le pays de Bade, et prit le titre de margrave. Plus tard il se retira dans l'abbaye de Cluny, où il mourut avant son père, en l'année 1074. Il eut pour héritier son fils Hermann II, qui prit d'abord le titre de margrave de Bade, et qui est la tige de la maison de Bade encore existante aujourd'hui. Il mourut en 1130, après avoir rendu d'essentiels services aux empereurs Conrad et Frédéric Ier de la maison de Hohenstaufen, et avoir été créé par le second de ces souverains duc de Vérone.

Ce titre passa à son fils Hermann III, l'un des favoris de l'empereur Frédéric Ier, mort en 1160, à Antioche, pendant une croisade. Les fils de ce prince, Hermann IV et Henri, opérèrent entre eux le partage du pays vers l'an 1190, et fondèrent deux lignes, le premier celle de Bade, et le second celle de Hochberg. Hermann IV, en échange de la moitié de la ville de Brunswick, dont avait hérité sa femme, reçut de l'empereur Frédéric II la ville de Durlach, ancienne propriété des ducs de Zæhringen, comme bien libre, et Ettlingen à titre de fief. De ces deux fils Rodolphe fut celui qui continua la ligne de Bade. Mais l'aîné, Hermann V, reçut de sa femme Gertrude, duchesse d'Autriche, des droits à ce duché, en possession duquel il entra effectivement; mais deux années plus tard il mourait empoisonné, et son fils Frédéric fut décapité à Naples, en 1268, avec Conradin de Souabe. Ce riche héritage se trouva encore une fois vacant. Mais Élisabeth, nièce de Hermann V, épousa Albert, fils de l'empereur Rodolphe de Habsbourg, qui, d'après les idées généralement admises à cette époque, ne posséda qu'autres seulement un droit complet sur l'Autriche. Le frère de Hermann V, le margrave Rodolphe de Bade, réunit la seigneurie d'Eberstein à ses États, et pendant l'interrègne s'empara de divers domaines de la maison de Hohenstaufen, que l'empereur Rodolphe Ier lui reprit ensuite. Il eut pour successeur Hermann VI, dont les fils Frédéric et Rodolphe IV fondèrent deux lignes nouvelles. Celle de Frédéric ne tarda point à s'éteindre; celle de Rodolphe au contraire, s'est perpétuée jusqu'à nos jours. L'histoire ultérieure de Bade offre une longue série de partages qui eurent pour le pays les résultats les plus déplorables.

Le margrave Christophe, mort en 1527, qui réunit sous son autorité les diverses parties du pays de Bade, le partagea de nouveau entre ses trois fils, dont l'un mourut peu de temps de là. Les deux autres fondèrent les lignes de Baden-Baden et de Baden-Durlach. Bernard, mort en 1557, fondateur de la maison de Baden-Baden, introduisit la réformation dans ses États. Son petit-fils Philippe fut placé sous la tutelle du duc de Bavière, qui mit à profit l'autorité dont il était investi pour y abolir la religion évangélique. Philippe mourut en 1588, et ses États échurent à son cousin Édouard, lequel embrassa le catholicisme. Édouard se préoccupa peu des soins du gouvernement, et à la suite de la vie de plaisirs contracta des dettes considérables. En conséquence l'empereur Rodolphe II confia l'administration du pays aux ducs de Bavière et de Lorraine. Le margrave Ernest-Frédéric s'opposa à ce décret impérial, et prit possession du territoire, en 1599. Ce ne fut donc qu'en 1629 que cession en fut faite au margrave Guillaume, fils d'Édouard. La ligne de Baden-Baden s'éteignit en 1771, et toutes les anciennes possessions de la maison de Bade se trouvèrent à ce moment réunies sous les lois du même souverain.

Ernest, fils cadet de Christophe Ier, mort en 1553, fonda la ligne de Baden-Durlach. Il embrassa la religion protestante, qui fut introduite dans tout le pays par son fils Charles II. Le fils de ce dernier, Charles-Ernest, partagea de nouveau en 1584 le territoire badois avec ses frères Jacques et Georges-Frédéric. Il abandonna aussi l'Église luthérienne pour l'Église réformée, vendit, au grand dommage de ses peuples, en 1590, les bailliages de Besigheim et de Mundelsheim, puis en 1603 ceux d'Altensteig et de Liebenzell au Wurtemberg, et mourut en 1604, sans enfants. Son frère Georges-Frédéric, qui lui succéda, confia le gouvernement à son fils aîné Frédéric V, tandis qu'il se mettait lui-même en campagne à la tête d'une armée nouvellement recrutée contre l'empereur Ferdinand II, à l'effet de défendre l'électeur palatin, Frédéric V.

A Frédéric V, qui hérita des francs-alleux de Hohengeroldseck, mais sans pouvoir les conserver, succéda son fils Frédéric VI, qui, à son tour, eut pour successeur son fils Frédéric Magnus, en 1677. A la suite de l'invasion française, celui-ci dut résider à Bâle jusqu'en 1697. Après la paix de Ryswick il s'efforça de rappeler la prospérité dans ses États, et mourut en 1709. Il eut pour successeur son fils Charles III, qui en 1715 fonda la nouvelle capitale, Carlsruhe, et créa, en commémoration de cet événement, l'ordre de la Fidélité. Son fils unique, Frédéric, mourut avant lui, mais laissa deux fils, dont l'aîné, Charles-Frédéric, né en 1728, monta sur le trône en 1748. Sous le règne de ce prince, si remarquable à tous égards, et qui fut secondé par les excellents ministres de Hahn et d'Edelsheim, le pays de Bade obtint de notables accroissements. Au moment de la conclusion de la paix de Lunéville, en 1801, sa superficie totale était de 77 milles géogr. carrés avec une population de 210,000 habitants. Ce traité de paix lui enleva 8 milles carrés et 25,000 habitants, mais lui accorda, comme compensation, 60 milles carrés avec une population de 245,000 âmes; après quoi le margrave prit en 1803 le titre d'électeur. Le paix conclue à Presbourg en 1805 valut à l'électorat de Bade le Brisgau, antique berceau de la maison de Zaehringen. C'est à son accession à la Confédération du Rhin qu'il dut son titre de grand-duché, la souveraineté de la plus grande partie des États de la maison de Furstenberg, le landgraviat de Klittau, la principauté de Linanges, etc., etc. Un échange de territoire avec le Wurtemberg lui valut un accroissement de population de près de 30,000 âmes. Le grand-duc Charles-Frédéric mourut en 1811. Son fils aîné étant mort d'une chute de voiture dans un voyage en Suède, dès le 15 décembre 1801, il eut pour héritier son petit-fils Charles-Louis-Frédéric, né en 1786, marié, en 1806, à Stéphanie-Louise-Adrienne-Napoléone, fille adoptive de Napoléon. Après la bataille de Leipzig, ce prince se détacha de la Confédération du Rhin, et accéda en 1815 à la Confédération germanique, dans le comité restreint de laquelle Bade obtint la septième voix.

Le margraviat de Bade eut de bonne heure des assemblées d'états. Elles se composaient des députés des villes, bailliages et abbayes, sans que la noblesse, qui s'était maintenue à peu près indépendante de l'autorité souveraine du pays, y prit part. Vers le milieu du dix-septième siècle, les réunions des états tombèrent en désuétude, et d'ailleurs il n'existait pas d'assemblées d'états dans les nouvelles acquisitions de territoire faites par les margraves, par exemple dans le Palatinat du Rhin, dans l'évêché de Constance et dans la grande maîtrise de l'ordre de Saint-Jean de Jérusalem. Il en était autrement dans le Brisgau, où l'assemblée des états se composait des trois ordres ou bancs, des prélats, des chevaliers et des villes et bailliages. Parmi les premiers figurait le seigneur de l'empire et grand maître de l'ordre de Saint-Jean le prince abbé de Saint-Blaise, et d'autres encore. L'électeur Charles-Frédéric s'étant déclaré souverain absolu le 5 mai 1806, la constitution d'états du Brisgau fut abolie, comme l'avait été précédemment celle des autres provinces; et au congrès de Vienne le grand-duché de Bade figura au nombre des gouvernements qui se prononcèrent contre l'engagement qu'on faisait prendre à tous les membres de la Confédération d'introduire le système représentatif dans leurs États. Mais les habitants réclamaient des garanties politiques, en même temps que la Bavière, s'appuyant à la fois sur le traité de Ried et sur une ancienne convention héréditaire de Sponheim, élevait des prétentions, soit absolues, soit éventuelles, à la possession d'une grande partie du pays de Bade. Le grand-duc Charles les repoussa de la manière la plus énergique; et peu de temps avant sa mort, arrivée le 18 décembre 1818, il accorda à ses sujets une constitution dans laquelle était posée en principe l'indivisibilité du territoire. Charles mourut sans laisser de postérité mâle, et eut pour successeur le frère de son père, le margrave Louis-Guillaume-Auguste, né le 9 février 1763. Sous le règne de ce prince un recès de la commission de Francfort, en date du 10 juillet 1819, réunit au grand-duché de Bade le comté de Hohengeroldseck, situé dans la Forêt-Noire et mis sous séquestre par l'Autriche depuis 1814, en échange duquel Bade dut abandonner à cette puissance une partie équivalente du bailliage de Wertheim. Le même recès plaça l'intégrité du grand-duché de Bade sous la garantie de la Russie, de l'Autriche, de l'Angleterre et de la Prusse, et reconnut les droits de successibilité des frères consanguins du grand-duc, les margraves de Hochberg; ce qui n'empêcha pourtant pas la Bavière de réclamer de nouveau, à la date du 3 juillet 1827, une indemnité pour la partie du comté de Sponheim cédée par Bade à la France.

Histoire (suite).

(Période constitutionnelle.)

Les états de Bade se réunirent pour la première fois au mois d'avril 1819; mais le 28 juillet suivant ils étaient prorogés à la suite d'un double conflit survenu entre eux et le ministère d'abord, et ensuite entre les deux chambres, de telle sorte que les motions qui y avaient été présentées relativement à la liberté de la presse, à l'introduction du jury, à la suppression des corvées et de la dîme, restèrent à l'état de projets. Les droits des seigneurs et des propriétaires fonciers, ainsi que l'édit rendu sur cette matière, furent le principal obstacle à l'union des partis; et l'un en vint jusqu'à présenter comme suspects de tendances révolutionnaires les vœux exprimés par l'autre pour élargir les priviléges des états. Lors de la seconde convocation des chambres, en septembre 1820, les dispositions mutuelles ne parurent pas d'abord plus favorables; plusieurs députés n'obtinrent point les congés qui leur eussent été nécessaires pour vaquer à leurs fonctions législatives, et le député de Heidelberg Winter fut même arrêté. Les deux chambres ne tardèrent pas toutefois à tomber d'accord sur des questions importantes, par exemple sur la suppression des derniers vestiges du servage et sur le projet de loi de la responsabilité ministérielle, sur le blâme infligé aux sévérités de la censure et à la loi communale. De son côté aussi, le gouvernement fit preuve de dispositions plus conciliantes. Les noms des députés Duttlinger, Winter, Liebenstein, Rotteck, Wessemberg, etc., acquirent une grande popularité parmi tous ceux qui avaient à cœur l'établissement et le maintien d'un ordre légal constitutionnel. (Consultez Rotteck, *Archives des travaux de l'Assemblée des États du grand-duché de Bade* [2 vol. Carlsruhe, 1820].)

La troisième session des états durait depuis six mois, lorsqu'elle fut subitement prorogée, le 31 janvier 1821, par une ordonnance grand-ducale qui infligeait le blâme le plus sévère à la seconde chambre, pour avoir refusé au gouvernement les subsides qu'il demandait pour l'entretien de l'armée. Il en avait fixé le chiffre à 1,600,000 florins par an, et avait consenti à le réduire à 1,550,000 ; mais les états n'en avaient voulu accorder que 1,500,000. Au mois de décembre 1824 le gouvernement prononça encore la dissolution de la seconde chambre, et de nouvelles élections donnèrent lieu à des plaintes aussi vives que nombreuses contre la pression inconstitutionnelle dont elles avaient été l'objet de sa part.

Une des premières délibérations de la quatrième diète, qui dura du 24 janvier au 4 mai 1825, eut pour objet une modification importante à opérer dans la constitution. Au lieu du renouvellement partiel de la seconde chambre qui avait eu lieu jusque alors, elle devait être intégralement renouvelée tous les six ans, et les intervalles des sessions prolongés de deux à trois ans. La loi rendue le 14 avril 1825 consacra ces changements. Pendant toute la durée de cette session, l'opposition dans la seconde chambre ne se composa que de trois membres. A cette époque de réaction, des pétitions furent même rédigées sur divers points du pays pour demander la suppression complète de la constitution, ou tout au moins sa suspension pendant le reste de la vie du souverain régnant. Cette cinquième diète, qui dura du 29 février au 14 mai 1828, demeura à peu près sans résultats. En vertu d'un traité conclu en novembre 1829 avec la France, une route nouvelle fut construite pour éviter de passer par Bâle, depuis Lœrrach jusqu'au nouveau pont du Rhin du grand Huningue, de même qu'en 1829 on introduisait dans les poids et mesures en usage dans le grand-duché un système métrique basé sur celui qui est en vigueur en France.

Le grand-duc Louis mourut sans laisser d'enfants, le 30 mars 1830, et eut pour successeur le grand-duc Léopold, aujourd'hui régnant, fils aîné issu du mariage morganatique contracté par le grand-duc Charles-Frédéric avec la comtesse de Hochberg, de l'antique maison Geyer de Geyersberg. La successibilité éventuelle des enfants issus de cette union avait déjà été déclarée, en vertu des garanties données avant l'acte de mariage par le statut organique de 1806 et par les lettres patentes du 4 octobre 1817, puis reconnue en 1819 par les grandes puissances. Mais la Bavière parut vouloir alors appuyer ses prétentions et réclamations par l'emploi de la force ; de sorte que du côté du grand-duché des mesures militaires de précaution durent être prises et maintenues jusqu'à ce que ce conflit eût été aplani à l'avantage de Bade par l'intervention de l'Autriche.

Le grand-duché de Bade fut de tous les États constitutionnels de l'Allemagne celui auquel la commotion partie de France en 1830 imprima le mouvement le plus puissant et le plus fécond. Marchant constamment de pair avec les autres États de la commune patrie quant à la prospérité matérielle de ses populations, le pays de Bade les devança tous par les institutions libérales qu'il sut se donner, et particulièrement par l'excellente loi sur la liberté de la presse promulguée le 21 décembre 1831. Mais plus les esprits s'étaient habitués à l'idée de la liberté sous un prince assez sûr de l'affection générale pour ne pas craindre d'en favoriser l'essor, plus ils durent se sentir froissés par les liens étroits dans lesquels les décrets de la diète fédérale étreignirent les libertés nouvellement acquises, et par l'odieux régime de censure que le gouvernement fut alors obligé de rétablir à la suite de ces décrets. La réaction qui s'opéra alors sur plusieurs points de l'Allemagne fut sans doute moins forte dans le grand-duché de Bade qu'ailleurs ; mais il fallut faire bien des pas en arrière pour s'abaisser au niveau des autres pays allemands, comme l'exigeaient les décrets de la diète, ou plutôt les ordres de l'Autriche et de la Prusse, arbitres suprêmes de cette assemblée.

Malgré l'opposition constante de la diète de Francfort au développement de ses institutions constitutionnelles, le duché de Bade, et c'est là sa gloire, sut se maintenir à la tête du mouvement progressif en Allemagne. Le gouvernement badois, sincèrement attaché à la constitution de son pays, aborda franchement les réformes jugées nécessaires, toutes les fois que l'organe des grandes puissances voulut bien ne pas contrarier ses bonnes intentions. Les assemblées législatives, la chambre élective surtout, se distinguèrent constamment par leur énergie et leur franc-parler ; tout en s'occupant sans relâche des intérêts matériels du grand-duché, les députés badois ne perdirent jamais de vue les intérêts moraux des populations qu'ils représentaient.

Bien que le grand-duché de Bade soit en possession de la constitution depuis le 22 août 1818, le régime constitutionnel n'y date à proprement parler que de l'avénement au trône de Léopold Ier. Sous son prédécesseur, prince dur, dissolu, haï du peuple, les affaires publiques avaient été abandonnées à l'arbitraire ministériel et au favoritisme. Pour la première fois depuis douze ans le gouvernement avait manifesté l'intention de laisser aux opérations électorales toute leur liberté, et il avait tenu parole. Aussi cette sixième session des chambres badoises excita-t-elle à un haut degré l'attention publique. Elle s'ouvrit le 17 mars 1831. Le gouvernement avait préparé des projets de lois relatifs à l'introduction d'un nouveau règlement municipal, d'une nouvelle procédure civile, et de la publicité des débats judiciaires, ainsi qu'à l'abolition des corvées pénales. La seconde chambre, sur une proposition de M. Itzstein, insista sur la révocation de la loi du 14 avril 1825, relative au renouvellement de l'assemblée et à la durée des législatures, sur le complément des lois concernant la responsabilité des ministres, la modification du rachat des corvées, aux termes de la loi de 1820, sur la suppression des dîmes, etc. L'on adopta une réduction de 450,000 florins sur le budget du ministère de la guerre ; les impôts furent diminués de 747,000 florins, et l'on préleva sur les dépenses générales la somme de 290,000 florins pour diverses améliorations, dont 30,000 florins furent affectés à augmenter le salaire des instituteurs de campagne. La chambre vota, en outre, une loi contre la diffamation et une loi d'apanage ; elle adopta un nouveau code militaire, les statuts de la caisse d'amortissement, la nouvelle procédure civile proposée par le ministère, et fit passer les lois sur le rachat des corvées et le nouveau système municipal, malgré l'opposition très-vive de la chambre haute. Une adresse des princes de Lœwenstein contre le pouvoir législatif de l'État fut repoussée avec force par le ministère. La loi qui assura la liberté de la presse fut célébrée le 24 décembre, en proclamée aux acclamations du peuple badois et de toute l'Allemagne. Malheureusement, cette joie ne dura pas longtemps. La chute de Varsovie devint pour l'Allemagne le signal d'une réaction qui amena des décrets de la diète fédérale aux termes desquels le gouvernement badois dut, le 28 juillet 1832, retirer la loi sur la liberté de la presse, comme incompatible avec la législation de Francfort.

L'assemblée de 1833, bien qu'à quelques exceptions près elle se composât des membres de la législature précédente, témoigna déjà de cette apathie politique qui devait devenir plus prononcée de session en session. La chambre s'occupa principalement de la question des dîmes, qu'elle ne vida qu'après un long dissentiment avec la première chambre. Elle vota une loi sur les forêts, se contentant de protester contre le retrait de la loi sur la presse. Ces protestations, répétées de session en session, restèrent sans effet. Une proposition de M. Rotteck, tendant à faire nommer une commission chargée de délibérer sur l'état du pays, quoique fortement appuyée, fut repoussée par un ordre du jour motive, c'est-à-dire par une protestation réitérée et insérée au procès-verbal contre toute interprétation des décrets de la diète attentatoire à la constitution du pays. Mais l'opposition l'emporta du moins à propos d'une loi qui, contrairement à une ordonnance antérieure, autorisait les assemblées populaires et les associations. La chambre la vota à l'unanimité.

En 1835 les chambres ratifièrent le traité conclu entre le grand-duché et les États du *Zollverein*. Dans la session suivante le gouvernement présenta des modifications essentielles au régime municipal voté en 1831, dans un esprit vraiment libéral, et les obtint. Dans cette même session M. Itzstein fit une proposition tendant à ce que le gouvernement s'employât au rétablissement de l'ordre légal dans le royaume de Hanovre. Appuyée à l'unanimité, cette proposition eut son plein effet dans la session extraordinaire de 1838, où la chambre vota, en outre, l'exécution du chemin de fer de Heidelberg à Bâle.

L'intérêt universel qui s'attachait aux affaires du Hanovre, l'appréhension que firent naître les conjonctures politiques de l'année 1840, joints à la position difficile du ministère vis-à-vis la seconde chambre depuis la mort de M. Winter, ministre universellement regretté, tout cela n'avait pas laissé que de produire une certaine agitation parmi le peuple et ses représentants. Cette disposition des esprits s'était manifestée dès la session de 1837 à 1840, bien que les débats y eussent porté principalement sur le nouveau code pénal.

Conformément à une promesse remontant à plusieurs années, le gouvernement publia une ordonnance à l'effet de garantir la presse contre l'arbitraire de la censure.

En 1841, après le renouvellement partiel de la chambre aux termes de la loi, il s'éleva une discussion violente entre l'opposition et le ministère à propos du droit que s'arrogeait le cabinet de refuser aux députés fonctionnaires les congés nécessaires pour venir siéger à la chambre. Il faut savoir qu'en Allemagne, où les fonctionnaires sont inamovibles, ils constituent souvent à eux seuls la grande majorité dans l'opposition des assemblées législatives. Cette lutte entre le ministère et la chambre se renouvelant avec plus de violence après un long ajournement des séances, la chambre fut dissoute le 19 février 1842. Par suite des nouvelles élections, il s'opéra un changement notable dans le personnel de la chambre; toutefois, l'opposition l'emporta cette fois encore. En vain le discours de la couronne annonçua-t-il que les délibérations de l'assemblée eussent à se borner, dans cette session, aux chemins de fer et au budget, réservant les autres questions à la législature prochaine ; les propositions de M. Welcker, à l'effet de réduire les impôts, de diminuer l'armée, de créer un corps de *landwehr*, celle qui avait trait à l'abolition des mesures exceptionnelles de la diète fédérale, enfin la motion de M. Sander sur l'état de la presse, et ses attaques énergiques contre la censure, amenèrent des débats aussi vifs qu'intéressants. La motion de M. Itzstein contre l'intervention du ministère dans les élections donna lieu à une séance fort orageuse. Ce député attaqua avec une grande véhémence la circulaire publiée par le ministère afin d'influencer les opérations électorales, et qui avait produit dans le pays une si vive agitation. Malgré l'énergique protestation du cabinet, la chambre adopta, à une majorité de dix voix (34 contre 24), l'insertion au procès-verbal d'un paragraphe qui désapprouvait la contrainte exercée par le ministre sur la liberté des élections. La discussion du budget fournit de nouveau l'occasion d'attaquer le cabinet sur le système politique suivi par lui dans les dernières années. Cependant les impôts furent votés, et la question des chemins de fer fut vidée dans le sens du cabinet. Cette mémorable session, destinée à faire époque dans les fastes constitutionnels du grand-duché de Bade, fut close par commission, le 9 septembre 1842. Quoique le discours prononcé à cette occasion ne laissât à la chambre aucun espoir d'un prochain changement de cabinet, les députés de l'opposition, rentrés dans leurs foyers, y furent reçus aux acclamations de leurs commettants.

Les suites fâcheuses de cette lutte entre les pouvoirs se firent sentir au haut comme au bas de l'échelle sociale. Le gouvernement persistant dans l'attitude qu'il avait prise, la classe des fonctionnaires publics devint de plus en plus odieuse aux classes populaires à mesure que le gouvernement les transforma davantage en instruments dociles de son système. L'agitation se maintint donc dans la population, entretenue aussi bien par les menées du pouvoir que par celles de l'opposition. Le départ de M. de Blittersdorff, considéré comme l'âme de la politique nouvelle adoptée par le gouvernement, et qui alla remplir alors les fonctions de représentant du grand-duché près la Confédération germânique, n'amena point de modification appréciable dans les idées de l'administration. L'antagonisme entre le système anti-constitutionnel des lois d'exception et des arrêtés secrets de la conférence et le libéralisme des chambres et de la population, était désormais manifeste et ne pouvait qu'avoir les résultats les plus désastreux, si l'une des deux parties ne consentait point à faire de concessions. La lutte trouvait en effet toujours de nouveaux éléments dans les grandes discussions de principes provoquées par les projets et les mesures, toujours marqués au coin d'une défiance mutuelle, que présentaient le pouvoir ou bien la représentation nationale, dans les plaintes au sujet du maintien de la censure et des abus existant dans l'organisation du ministère public, etc. : aussi la scission entre le gouvernement et la seconde chambre devenait-elle de plus en plus profonde.

La diète de 1843, qui se prolongea jusqu'en février 1845, fut à la vérité en grande partie consacrée à la discussion d'un vaste ensemble de projets de lois relatifs à la publication d'un nouveau code pénal, d'un nouveau code de procédure criminelle et d'une nouvelle organisation judiciaire, les uns et les autres mis en vigueur seulement en 1851, après avoir subi les destinées les plus diverses. Mais il y avait encore là matière à surexciter les passions politiques ; aussi l'irritation était-elle des plus vives de part et d'autre quand s'ouvrit la nouvelle diète ordinaire de 1845. M. Nebénius, homme libéral et éclairé, était bien, dans l'intervalle, arrivé à la direction du ministère de l'intérieur ; mais il échoua dans ses efforts pour rétablir le bon accord entre le pouvoir exécutif et le pouvoir législatif. Beaucoup de fautes commises par le premier justifièrent l'attitude prise par l'opposition, alors surtout que l'agitation germano-catholique commença aussi à se faire sentir dans le grand-duché de Bade et à provoquer contre elle les rigueurs de la censure et de la police.

C'est dans ces circonstances que se réunit, au mois de novembre 1845, la nouvelle diète, dans le sein de laquelle se manifestèrent tout aussitôt les symptômes d'une profonde irritation. Une discussion demeurée sans résultats, au sujet d'une motion présentée par M. Welcker pour faire présenter au grand-duc une adresse signalant les périls de la politique suivie par ses ministres, et une autre au sujet de la motion de M. Trefurt relative à la liberté religieuse, remplirent toute cette courte session, tandis qu'en dehors des chambres une agitation artificielle et de nature religieuse divisait les esprits. Au milieu de ces conflits, le pays fut surpris par la subite dissolution des chambres (9 février 1846), mesure gouvernementale qui ne fit qu'ajouter encore à l'irritation des esprits sur tous les points du territoire. C'est dans cette disposition qu'on procéda à de nouvelles élections générales, et elles assurèrent à l'opposition une majorité considérable. Le député constitutionnel Bekk fut appelé à faire partie du cabinet, d'abord comme ministre sans portefeuille ; et la diète, qui se rouvrit alors, arriva à son terme en septembre 1846, non pas sans avoir été signalée par des luttes extrêmement vives, mais du moins sans avoir provoqué de conflit. Deux mois plus tard M. Bekk fut nommé ministre de l'intérieur, et, en conformité avec les vrais principes du système constitutionnel, l'opinion libérale se trouva appelée avec lui à la direction des affaires. La nouvelle administration adopta une politique à la fois plus libérale et plus conciliante que celle qu'elle remplaçait. Beaucoup de réformes intérieures furent annoncées, et des démarches sérieuses faites auprès de la diète centrale à l'effet d'obtenir l'abolition de la censure. Le calme qui se faisait peu à peu dans les esprits, la scission profonde qui se déclara entre l'opposition libérale et le parti radical, la majorité décidée que le gouvernement obtint lors des élections faites pour la nouvelle diète, tels furent les premiers résultats des efforts de l'administration présidée par M. Bekk. Au mois de décembre 1847 la nouvelle diète se réunit; et pour la première fois depuis longues années l'ouverture en fut faite par le grand-duc en personne, dont les promesses de nombreuses réformes (notamment dans la législation relative à la presse) furent saluées des plus chaleureuses acclamations. La majorité de la seconde chambre manifesta également à l'égard du gouvernement les dispositions les plus conciliantes.

C'est au milieu de ces témoignages réciproques de confiance et de bonne intelligence qu'éclata à l'instar de la foudre la nouvelle de la révolution accomplie le 24 février à Paris. Il était naturel qu'en raison de sa situation si rapprochée de la France, le grand-duché de Bade fût la contrée de l'Allemagne qui en ressentît la première le contre-coup. Cette révolution et les idées qu'elle favorisait y trouvèrent naturellement aussi un puissant appui dans l'agitation entretenue depuis si longtemps en bas comme au haut de l'échelle sociale. Sur tous les points du pays surgirent alors des pétitions où on insistait avec force sur les points suivants : liberté de la presse, introduction du jury, armement de la population et représentation nationale; et peu de temps après les mêmes vœux étaient manifestés dans toutes les parties de l'Allemagne avec une non moins grande unanimité. Suppression des mesures exceptionnelles ordonnées par la diète de Francfort, prestation de serment à la constitution par l'armée, égalité politique de tous les cultes, responsabilité des ministres, droit des citoyens de poursuivre en dommages-intérêts les fonctionnaires publics coupables d'abus de pouvoir, abolition des derniers vestiges du système féodal, réformes dans le système des impôts, suppression des juridictions privilégiées, administration populaire des communes et des cercles, coopération active à l'établissement d'un parlement allemand, inamovibilité des juges, renvoi du représentant du grand-duché près la diète germanique (M. de Blittersdorf) et des trois ministres (MM. Tréfurt, Regenauer et de Froydorf), telles étaient alors les exigences les plus exagérées de l'opinion publique, manifestées soit par des pétitions directes au pouvoir, soit par des motions d'ordre émanant de la législature elle-même. Les ministres dont on demandait l'éloignement furent remplacés par MM. Brunner, le conseiller des finances Hoffmann et le colonel Hoffmann, trois hommes connus par leur libéralisme. Si à ce moment la majorité dans les chambres, de même que le parti modéré dans le pays, malgré l'opposition qu'il avait pu faire antérieurement, étaient encore du côté du gouvernement, on ne tarda pas à reconnaître que le parti radical, après s'être séparé avec éclat du parti libéral et de l'opposition constitutionnelle, ne s'en tiendrait pas à son premier programme. Dans une grande assemblée populaire tenue le 19 mars à Offenburg, ce parti, à la tête duquel figurèrent les Hecker et Struve, sonda pour la première fois les dispositions des masses à l'égard d'un mouvement républicain, prouva tout ce qu'il établissait sur tous les points du territoire un vaste système de clubs, que dans le cercle de See Fickler faisait de l'agitation franchement républicaine, et que de l'autre côté du Rhin se formaient des bandes armées annonçant hautement l'intention de *républicaniser* l'Allemagne. L'échec essuyé par le parti républicain dans le parlement allemand fit naître le projet d'un appel à la force des armes, dont l'arrestation de Fickler par Mathy (8 avril) hâta l'éruption. Le 12 avril Hecker et Struve lancèrent de Constance une proclamation par laquelle ils provoquaient un soulèvement armé et indiquaient Donaueschingen comme l'endroit où devraient se réunir les patriotes. Mais pendant ce temps-là le gouvernement n'était pas non plus resté inactif; et comme il avait lieu à ce moment de se défier de la fidélité des troupes badoises, il avait réclamé le renfort des États voisins. C'est ainsi qu'avorta la première tentative républicaine faite à Donaueschingen; d'autres entreprises de ce genre eurent le même sort, notamment dans l'engagement qui eut lieu entre Kandern et Schliechenhaus (20 avril), où Frédéric de Gagern, commandant des troupes fédérales, périt victime de son courage, peu de temps avant la reprise de Fribourg (24 avril), dont les *volontaires* s'étaient emparés; enfin à l'affaire de Dossenbach, où fut dissoute (27 avril) la légion de travailleurs allemands formée par Herwegh.

Quoique cette première insurrection eût complètement échoué, on ne pouvait espérer voir la tranquillité durer tant que les affaires générales de l'Allemagne demeureraient à l'état de crise révolutionnaire. Dans le grand-duché de Bade même le parti radical, malgré la leçon qu'il venait de recevoir, ne se considérait encore nullement comme vaincu. Au contraire, le courage et l'énergie faisaient défaut au plus haut degré dans les différents éléments du parti conservateur, qui n'offraient dès lors au pouvoir qu'un appui insuffisant. C'est d'ailleurs à ce moment aussi que le parti radical commença à se former et à organiser ses moyens d'action dans le reste de l'Allemagne. Le gouvernement et les chambres continuaient cependant sans relâche à poser les bases de la nouvelle organisation politique à donner au pays, et à coordonner un ensemble de lois ayant pour but de modifier dans un sens plus démocratique l'administration, les cours et tribunaux, etc. Mais le parti démagogique était loin d'en savoir gré au gouvernement et à la représentation nationale. On réussit encore une fois, à l'aide des troupes badoises, à triompher d'une nouvelle tentative d'insurrection que Struve fit sur la frontière suisse (21 septembre), dans un combat qui eut lieu à Staufen (24 septembre), et où Struve lui-même fut fait prisonnier; mais la dissolvante activité du parti radical annula tous les résultats de cette victoire. Ce parti, maintenant complètement organisé, s'appuyait sur un vaste ensemble de clubs, et ayant pour ainsi dire le privilège exclusif de la presse, se sentait encouragé à tout tenter par la timidité et la faiblesse du gouvernement, de même que par les hésitations du parti conservateur. Un torrent de pétitions parties des clubs démocratiques ne réussit point, il est vrai, à amener, comme l'avaient espéré les chefs du mouvement, la dissolution des chambres et la convocation d'une assemblée constituante; le parti extrême, en désertant en masse la seconde chambre, essaya tout aussi inutilement de la mettre hors d'état de valablement délibérer. Mais ce qui faisait la force de la démagogie, c'est que ses excès dans la presse et ses conspirations permanentes dans les clubs demeuraient impunis; c'est que le jugement par le jury du procès intenté à Struve et à ses complices (mars 1849) donna lieu à une bruyante assemblée populaire dans laquelle les avocats et les orateurs de barricades gesticulèrent et pérorèrent à l'envi; et les jurés, intimidés, eurent la faiblesse de rendre un verdict négatif.

Pendant ce temps-là les affaires de l'Allemagne subissaient une crise décisive. Quand la constitution de l'empire eut été votée, le 28 mars 1849, et que le gouvernement prussien eut refusé de l'accepter, une nouvelle chance de succès s'offrit aux meneurs du parti révolutionnaire. La *constitution de l'Empire* put servir de mot d'ordre et de prétexte à un nouveau mouvement républicain, organisé et tenté cette fois sur les plus larges proportions, et on manœuvra à cet effet avec un succès égal dans le Palatinat et en Saxe. Dès le principe le gouvernement et la seconde chambre des états du grand-duché de Bade s'étaient prononcés en faveur de l'assemblée nationale allemande. Le grand-duc de Bade avait été le premier à déclarer (janvier 1849) qu'il était prêt à faire des sacrifices pour la cause nationale. Après le vote de la constitution qui créait un État fédératif avec l'hégémonie attribuée à la Prusse, le grand-duché de Bade avait encore une fois donné l'exemple en la reconnaissant spontanément et en se déclarant prêt à s'y conformer. On s'était immédiatement occupé du soin d'en mettre les principes en pratique dans ce qu'ils avaient d'applicable ; et, alors même que le roi de Prusse eut refusé la couronne impériale et la constitution, Bade resta fidèle à la constitution du 28 mars. Le gouvernement badois, faisant droit à une motion de la seconde chambre, inséra cette constitution au Bulletin des Lois, en même temps qu'il faisait prêter serment à cette base nouvelle du droit public de l'Allemagne par l'armée et par la garde nationale. Le parti constitutionnel conservateur non-seulement y avait consenti, mais encore y avait poussé, tandis que tout d'abord cette constitution de l'empire avait été l'objet des railleries et des mépris du parti radical. Bientôt éclata une rupture ouverte entre la Prusse et le parlement allemand. L'agitation en faveur de la constitution de l'empire se transforma tout de suite après, sur les bords de l'Elbe comme sur ceux du Rhin, en une insurrection républicaine ; et dans les premiers jours de mai 1849 tous les éléments révolutionnaires, tant à l'intérieur qu'à l'extérieur, se préparèrent à faire appel à la force. A ce moment des mutineries éclatèrent parmi les troupes badoises. Elles provenaient en partie d'anciens abus auxquels il n'était guère possible de remédier dans un temps de révolution, et en partie aussi des actives et incessantes menées des clubs démocratiques, dont le but principal avait toujours été de travailler et de pervertir l'esprit des troupes. C'est à Rastadt surtout que le mouvement éclata avec le plus de gravité ; mais il eut simultanément lieu sur presque tous les points à Lœrrach, Fribourg, Bruchsal, Carlsruhe), et même les régiments bien pensants n'eurent ni assez d'énergie ni assez de constance pour résister à la contagion. C'est sous l'impression de ces événements qu'eut lieu (13 mai 1849) la grande assemblée populaire convoquée par le parti démocratique à Offenbourg ; et alors les hommes qu'on avait considérés jusqu'à ce moment comme les chefs et les meneurs du parti n'eurent plus assez d'influence pour dissuader les frères et amis de recourir ouvertement à l'insurrection. Ils avaient formulé leurs demandes au gouvernement en quatre points, à savoir : retraite du ministère, dissolution des chambres, convocation d'une assemblée constituante et abolition de toutes les procédures entamées pour cause politique ; et ces diverses demandes avaient longuement été discutées dans une assemblée préparatoire tenue la veille, 12 mai. Mais les résolutions définitives votées dans la grande réunion populaire du 13 allèrent encore bien au delà de ces vœux, et exprimèrent des exigences ou complétement inexécutables ou tout au moins incompatibles avec tout gouvernement constitutionnel et monarchique. Un comité national, composé de meneurs des clubs démocratiques, parmi lesquels les hommes tels que Brentano et Fickler pouvaient encore être regardés comme des modérés, se chargea de la mise à exécution de ces résolutions ou même bien se saisit immédiatement du pouvoir exécutif.

Pendant ce temps-là une mutinerie de soldats qui avait éclaté à Carlsruhe dans la nuit du 14 au 15 mai avait contraint la cour et le ministère à abandonner la capitale et à se réfugier en Alsace par Germersheim et Lauterbourg. Le général Hoffmann fit une inutile tentative à l'effet de conduire au delà de la frontière les troupes restées fidèles. Il en résulta que le parti révolutionnaire se trouva en possession de tous les moyens de gouvernement. Une commission exécutive issue du comité national et formée de Brentano, Gœgg, Peter et Eichfeld, prit la direction des différents ministères. Ce nouveau pouvoir, affectant les formes les plus républicaines et les plus révolutionnaires, laissa fonctionner sans aucun contrôle des commissaires civils et militaires chargés de républicaniser le pays, lequel fut bientôt inondé par un ramassis de réfugiés, d'aventuriers et d'individus plus tarés les uns que les autres et appartenant à toutes les nations. En même temps qu'il faisait des agaceries au gouvernement français, il s'efforçait de maintenir de belle humeur les soldats mutinés en leur prodiguant l'argent et les caresses ; et cependant il se montrait tout à fait hors d'état d'organiser une résistance vraiment révolutionnaire, aussi bien que de propager le mouvement révolutionnaire dans les pays voisins. Porter immédiatement la propagande armée au delà des frontières lui fut chose impossible, car il fallait du temps pour réunir de nouveau sous les drapeaux des soldats en proie à la plus complète indiscipline. Quand plus tard des tentatives de ce genre furent faites en Hesse et en Wurtemberg, elles échouèrent honteusement. La malheureuse réunion populaire armée tenue à Oberlaudenbach (24 mai) et la surprise tentée à Heggenheim (30 mai) détruisirent l'espoir qu'avait pu concevoir le parti démagogique de rattacher le grand-duché de Hesse à leur cause, en même temps qu'il échouait en Wurtemberg dans le projet qu'il avait eu de faire de l'assemblée populaire tenue à Beutling le pendant de celle d'Offenbourg.

Le grand-duc de Bade, vu l'impossibilité où se trouvait la puissance impériale de disposer de masses de troupes suffisantes, avait dû invoquer l'aide et l'appui de la Prusse. Bientôt donc on vit se grouper autour du grand-duché des forces assez considérables pour y comprimer un mouvement insurrectionnel isolé. Une armée composée d'éléments très-divers avait pris position sous les ordres du général Peucker aux environs du Neckar, et une colonne de troupes prussiennes commandée par le général Grœben arrivait à marches forcées pour la soutenir, en même temps que sur la rive gauche du Rhin de grandes masses de troupes se rapprochaient des frontières du Palatinat Rhénan. L'état des choses dans le pays de Bade touchait d'ailleurs à une crise décisive. Le désaccord existant entre le parti des terroristes, ayant à sa tête Struve, et celui des avocats, dont Brentano était le chef, en était arrivé à une rupture déclarée. Le mécontentement avait même gagné une partie de la faction dominante, parce que la résistance des populations devenait toujours plus marquée, et que l'assemblée constituante nouvellement convoquée présentait le triste spectacle de la faiblesse et de l'inintelligence cherchant à se dissimuler sous le masque d'une vaine forfanterie. Dans de telles circonstances la nomination de Mieroslawski, appelé à prendre le commandement des forces révolutionnaires, ne pouvait plus être d'aucune utilité. Cependant on ne saurait nier que ce chef ait du moins réussi à introduire plus de cohésion dans l'armée et plus d'unité dans les mouvements stratégiques. C'est ainsi que dans les journées du 15 et du 19 il défendit avec assez d'habileté et de succès la ligne du Neckar contre l'armée de l'empire ; mais il ne put point empêcher les Prussiens d'occuper le Palatinat et d'effectuer le passage du Rhin, le 20 du même mois, à Germersheim. Le lendemain il attaqua avec des forces supérieures à Waghæusel une de leurs colonnes, et parvint à la rejeter sur Philippsburg ; mais dans l'après-midi du même jour il rencontra une autre de leurs divisions, qui après un court engagement mit l'armée révolutionnaire en pleine déroute. Pendant ce temps-là le général Peucker, à la tête de l'armée de l'empire, s'était avancé par l'Odenwald vers le haut Neckar, sans avoir pu réussir toutefois, à Sinsheim, à couper la retraite aux fuyards ; et le corps prussien aux ordres du général Grœben avait effectué le passage du bas Neckar. Le 25 les Prussiens entrèrent dans Carlsruhe ; le 29 et le 30 juin, à la suite d'une lutte des plus vives, les insurgés durent abandonner la ligne de la Murg, et leur retraite se transforma bientôt en une complète débandade. Toute résistance sérieuse cessa à partir de ce moment ; mais un grand nombre de fuyards, quelques-uns de leurs chefs surtout, commirent alors les plus honteux actes de brigandage et de dévastation. Une lutte acharnée s'engagea entre les meneurs du mouvement insurrectionnel et les députés réfugiés à Fribourg, et Brentano lui-même dut prendre la fuite (29 juin) devant son propre parti, dans la crainte de périr victime du terrorisme de Struve. Le 10 et le 11 juillet les dernières bandes de fuyards atteignirent le territoire suisse. Le 23 Rastadt capitula.

Huit jours auparavant, Hecker était revenu d'Amérique pour assister, témoin inactif, à la fin de la révolution badoise.

Le grand-duc de Bade, à l'époque même où il s'était vu contraint d'abandonner momentanément ses États, avait renvoyé le ministère Bekk et appelé à la direction des affaires MM. Klüber, Marschall, Regenauer, Stabel et Roggenbach. L'une des premières mesures que la nouvelle administration se trouva dans la triste nécessité de prendre fut de déclarer le grand-duché en état de siège, de traduire devant la justice les individus qui s'étaient le plus compromis dans les derniers événements, et de commencer un procès monstre contre les auteurs et instigateurs de la révolution. Environ trente condamnations à mort furent prononcées et exécutées. Les condamnés étaient pour la plupart des soldats révoltés, ou encore des individus ayant pris les armes contre l'autorité légitime, enfin certaines notabilités politiques, entre autres le député à la diète de Francfort Trützschler. Les caisses publiques étaient vides, l'armée en complète dissolution, tout ordre, toute discipline anéantis. Cependant les membres du ministère de la restauration eurent assez de modération dans l'esprit pour résister aux suggestions des hommes qui ne voyaient de sécurité pour le nouvel ordre légal que dans l'abolition de la constitution. Le pays se rétablit plus rapidement qu'on n'aurait pu l'espérer des plaies, tant matérielles que morales, que lui avaient faites la révolution et ses suppôts. Au mois de mars 1850 de nouvelles chambres se réunirent après s'être complétées d'après les prescriptions de l'ancienne loi électorale, auxquelles il ne fut apporté aucune modification. D'accord avec elles, le gouvernement rendit une série de lois relatives à l'administration des communes, au code pénal, au code de procédure, à la police de la presse, au droit de réunion, etc., et qui assurèrent à l'autorité une plus grande influence. L'accord le plus complet régna alors à cet égard entre les chambres et le gouvernement, et la scission existant entre les conservateurs et l'ancien parti libéral s'effaça même complétement. La nouvelle législation, quelque différente qu'elle fût par sa sévérité de l'esprit qui dirigeait précédemment l'administration, n'en maintint pas moins les plus importantes des réformes opérées avant les événements du mois de mars 1848 ; elle était encore bien plus libérale que celle qui fut introduite à la même époque dans d'autres pays, où pourtant on n'avait point eu de révolution de mai. De notables adoucissements furent d'ailleurs apportés bientôt aux rigueurs de l'état de siège. En s'efforçant de rétablir l'ancien ordre légal détruit par la révolution, le gouvernement avait pris le moyen le plus sûr pour guérir les maux du pays. En ce qui touche les affaires de l'Allemagne, le gouvernement et la représentation nationale du grand-duché de Bade sont demeurés fidèles à la direction politique qui avait constamment réglé leurs rapports fédéraux. Ils s'unirent de la manière la plus étroite à la Prusse, ainsi que l'exigeaient les circonstances, et accédèrent au traité d'union du 26 mai. En vertu d'une convention militaire conclue en mai 1850, il fut décidé que les troupes prussiennes continueraient à occuper le territoire badois, et que l'armée badoise réorganisée irait tenir garnison dans différentes villes de Prusse. Toutefois cette convention ne put être exécutée que partiellement, la Prusse s'étant trouvée dans l'impossibilité de lever tous les obstacles qui s'opposaient à sa complète exécution. La retraite du ministère Klüber et son remplacement par le cabinet que présidait M. de Rudt (octobre 1850) ne furent nullement, comme on le prétendit d'abord, l'indice d'une rupture avec la Prusse, mais seulement d'un rapprochement marqué de l'Autriche. Quand le gouvernement prussien mit à profit la crise de novembre 1850 pour retirer ses troupes et évacuer Rastadt, le maintien de l'ordre public fut de nouveau confié à l'armée badoise réorganisée, et la forteresse fédérale reçut une garnison autrichienne. Toutefois, dans les conférences ministérielles tenues à Dresde, le grand-duché de Bade ne figura pas au nombre des soutiens de la politique autrichienne, et y combattit au contraire en toute occasion la direction prise par l'Autriche et les États du centre. Consultez Sachs, *Histoire du Margraviat de Bade* (5 vol., Carlsruhe, 1764-1778) ; Schreiber, *Histoire de Bade* (Carlsruhe, 1817) ; Bader, *Histoire nationale de Bade* (Carlsruhe, 1836) ; Bekk, *le Mouvement de Bade* (Manheim, 1850) ; Hausser, *Mémoires pour servir à l'histoire de la révolution de Bade* (Heidelberg, 1851).

BADE ou **BADEN-BADEN**, ville de 6,500 habitants du grand-duché de Bade, sur les bords de l'Oosbach, dans une ravissante vallée au pied de la Forêt-Noire, à 75 kilomètres du Rhin et à 20 kilomètres de Rastadt, sur l'un des embranchements du grand chemin de fer badois. Baden était déjà célèbre pour ses eaux minérales sous les Romains, qui lui donnèrent le nom d'*Aurelia Aquensis*, en l'honneur de l'empereur Aurelius Alexandre Sévère. Elle fut autrefois, pendant environ six cents ans, la résidence des margraves de Bade, dont le château couronne encore avec ses ruines pittoresques le *Schlossberg*, montagne située à peu de distance de là. On y trouve de vastes souterrains, qui probablement sont l'ouvrage des Romains, et qui, dit-on, ont été le siége de ce tribunal secret des *Francs-Juges* qui longtemps épouvanta l'Allemagne. Le Musée (*Musæum Paleotechnicum*) est riche en antiquités romaines trouvées dans les environs de la ville. L'église collégiale ou paroissiale contient les tombeaux des margraves de Bade depuis 1531. Le cercle ou *casino*, appelé encore *Conversationshaus*, maison de conversation, est établi dans un ancien couvent de jésuites, qui s'élève au milieu d'un site charmant. On compte à Bade vingt-six sources minérales : la principale, dont la température varie entre 45° et 54° Réaumur, donne 7,345,440 pouces cubes d'eau dans les vingt-quatre heures ; le rocher d'où elle s'échappe est encore orné de marbres de Carrare qui datent de l'époque de la domination romaine ; on voit également plusieurs débris de bains romains à la source dite *bains de Pauvres*. Parmi les sources les plus renommées, il faut citer la source des Juifs, la source du Käfer, la source de l'Autorité, la source du Couvent, la source du Puits, les deux sources du Muhr, la source du Puits-Froid et les quatre sources des Bœttlu. L'eau minérale contient une grande quantité de muriate de soude, plus du muriate de chaux, et de magnésie, du sulfate et du carbonate de chaux, du fer et de l'acide carbonique. On l'emploie pour bains, douches, affusions, et aussi pour boisson. Elle est particulièrement recommandée pour les affections du bas-ventre, les désordres de la matrice, les scrofules, les affections rhumatismales et goutteuses, etc., pour les maladies chroniques de la peau et les paralysies, et employée surtout pour bains de boue. — Depuis longtemps Bade n'est pas moins célèbre par son tripot privilégié, qui attire de toute les points du monde les amateurs de roulette, de biribi et de trente-et-quarante. Consultez Isid. Bourdon, *Guide aux Eaux minérales* (Paris, 1837).

BADE est aussi le nom d'une petite ville de la basse Autriche, à deux milles au sud de Vienne, station de chemin de fer, dans une charmante contrée, au pied du *Weinberg*, riche vignoble, qui produit un des meilleurs vins qu'on récolte en Autriche. Elle était déjà célèbre pour ses eaux minérales du temps des Romains, qui lui avaient donné le nom d'*Aquæ Pannoniæ* ou *Cethiæ*. On y compte aujourd'hui 5,000 habitants. Elle fut la résidence d'été de plusieurs archiducs d'Autriche. Ses principaux édifices sont la grande Redoute, les maisons des princes et le Casino. A côté du beau parc où se trouvent les *bains de Thérèse* est situé le rocher calcaire duquel s'échappe la puissante source d'eau minérale qui sert à alimenter les divers établissements de bains. Les eaux en sont chaudes et sulfureuses, et offrent beaucoup de ressemblance avec celles d'Aix-la-Chapelle, sauf qu'elles sont moins échauffantes et qu'elles portent moins à la peau. La température en est de 29 à 30° Réaumur. Les sources les plus chaudes sont celles de l'*Ursprung*, le *Frauenbad* et le *Josephbad*. Ordinairement on se baigne en commun, dans de grands bassins pouvant contenir de quarante à cent cinquante baigneurs; mais on peut aussi se baigner seul à certaines heures de la journée. La grotte de l'Ursprung est remarquable, par la masse salée qui suinte de ses parois (composée principalement de sulfate d'alumine et de peroxyde de fer), et est connue sous le nom de *sel de Bade*. La vallée d'Hélène est l'une des plus belles promenades qu'on puisse voir; on y trouve les ruines des vieux châteaux féodaux Rauhenstein, Rauhenegg et Scharfeneck. Consultez Rollet, *Bade en Autriche* (Vienne, 1838).

BADE est également le nom d'une ville de Suisse, dans le canton d'Argovie : elle est dans une position agréable, sur les bords de la Limmath. Ses bains minéraux jouissent d'une grande réputation, et ils étaient connus des Romains, qui avaient élevé un fort sur l'emplacement qu'occupe aujourd'hui la ville. Les principes qui entrent dans la composition des eaux de Bade sont des muriates de soude et de magnésie, et des carbonates de chaux, de magnésie et de manganèse. Ces eaux contiennent en outre de l'hydrogène sulfuré et de cette matière glaireuse, nommée *glairine* ou *baregine*, que l'on trouve dans toutes les eaux sulfureuses.

Bade fut choisi pour le lieu de réunion de la diète helvétique, et jusqu'en 1712 c'est dans ses murs que cette assemblée tint ses séances. En fait d'édifices publics, il faut citer l'église catholique et l'hôtel de ville, où, le 7 septembre 1714, le prince Eugène de Savoie, en qualité de plénipotentiaire de l'empereur et de l'empire, signa la *paix de Bade*, qui mit complétement fin à la guerre de la Succession d'Espagne et reconnut la paix d'Utrecht dans ses plus importantes conditions.

Entre Zurich et Bade est situé l'unique chemin de fer que la Suisse possédât encore en 1851.

BADIA Y LEBLICH. *Voyez* ALI-BEY.

BADIANE, genre de plantes nommées en latin *illicium*, de la famille des magnoliacées. Ce genre ne contient jusqu'à présent que trois espèces : ce sont des arbrisseaux ou des arbustes, remarquables par l'odeur agréable qu'exhalent toutes leurs parties, et même leur bois. Les caractères génériques sont : un calice composé de cinq ou six sépales; un grand nombre de pétales disposés sur trois rangs, vingt ou trente étamines, plus courtes que les pétales. Le fruit est un assemblage de six à douze capsules ovales réunies en étoile orbiculaire, et dans chacune desquelles est renfermée une seule semence. En général ces trois arbustes ont le port du laurier.

La première espèce est la *badiane de la Chine* (*illicium anisatum*), dont le fruit est répandu dans le commerce sous le nom d'*anis étoilé de la Chine*. Sa fleur est jaunâtre, sans éclat; son odeur et sa saveur l'assimilent à l'anis et au fenouil, mais l'arôme en est plus abondant et plus pénétrant. On le préfère, même en Europe, pour parfumer les liqueurs spiritueuses dites *anisettes*. Dans la Chine on l'associe au thé et au café, qu'il rend plus agréables au goût des Chinois. Cette espèce est la plus grande des trois ; son bois est aussi employé dans le commerce, et sert aux ouvrages de tour et à la marqueterie. Comme odeur et la même que celle du fruit, quoique plus faible, le liquoriste peut aussi l'employer, ainsi que les feuilles et l'écorce. Le nom de *bois d'anis*, qu'on lui donne, est donc justifié par toutes les parties de cet arbuste. Il croît au Japon aussi bien qu'à la Chine, et il y a tout lieu de croire que l'Europe méridionale pourrait se l'approprier.

Les deux autres espèces sont originaires de la Floride, et la plus anciennement connue est désignée par le nom spécifique de *badiane de la Floride* (*illicium Floridianum*). Ses fleurs sont rouges, et plus belles que celles de la badiane de la Chine. D'ailleurs, ces deux arbustes ont à peu près la même port, et surtout la même odeur. La troisième, transportée d'abord dans la Caroline, et de là en France, dans les orangeries, est la *badiane à petites fleurs* (*illicium parviflorum*). Lorsqu'on l'expose à l'air pendant les chaleurs de l'été, cet arbuste répand dans les jardins une odeur des plus suaves. La petitesse de ses fleurs est bien compensée par leur nombre prodigieux, et les capsules qui en proviennent sont aussi grandes que celles de l'espèce chinoise. La *badiane à petites fleurs* est plus robuste que cette dernière; elle fructifie aisément, et avec abondance; on la propage de semences ou de marcottes, et sa végétation est rapide. Ajoutons que sa floraison dure très-longtemps, et qu'elle semble réunir tous les titres pour obtenir une place dans les cultures d'agrément et d'utilité. FERRY.

BADIGEON, espèce de peinture en détrempe dont se servent les maçons pour donner aux enduits de plâtre la couleur de la pierre, et qui se fait avec des recoupes de pierres écrasées, passées au tamis et délayées dans l'eau.

Badigeonner, c'est colorer avec du *badigeon* un ravalement en plâtre fait sur un pan de bois ou sur un mur de moellons, de briques, etc. Quand on veut que le badigeon imite la pierre de Saint-Leu, qui est plus jaunâtre, on y met de l'ocre pour le rendre plus coloré. On badigeonne encore avec différentes substances colorantes des murs et des bâtiments noircis par le temps, pour leur redonner l'apparence de la fraîcheur et de la nouveauté.

BADIN, BADINAGE. Le *badinage* est l'action de badiner; le *badin* est l'homme qui badine, c'est-à-dire qui se livre à une plaisanterie enjouée et décente, vive, quoique mesurée, inoffensive, quoique parfois malicieuse. Elle suppose dans l'esprit de la légèreté, de la grâce, du bon ton; employant à propos l'ironie sans amertume, sans allusions fâcheuses, elle ne s'écarte jamais du naturel; elle triomphe par la naïveté; elle se garde bien d'avoir recours à la causticité, encore moins à la fleur. Le badin n'est pas précisément *folâtre*, quoi qu'en dise l'Académie. « L'humeur *folâtre*, selon le *Dictionnaire des Synonymes*, fait agir avec assez d'agrément pour se passer de raison; l'esprit *badin* sait jouer sur les choses en égayant la raison ; le *folâtre* est plus sémillant, le *badin* est plus plaisant. » Toutefois l'Académie n'a pas tort de dire que le badin est enjoué : c'est là son véritable caractère. Ce caractère, qui appartenait éminemment aux Athéniens, est aussi celui des Français. Chez nous on le retrouve depuis les poètes spirituels à qui nous devons les fabliaux, jusque dans nos meilleurs écrivains; dans Clément Marot, dont Boileau a dit :

Imitez de Marot l'élégant *badinage*;

dans son père, Jean Marot, qui serait plus remarqué s'il n'avait été éclipsé par son fils; dans Voiture, Hamilton, Mme de Sévigné, Gresset, et Voltaire, qui fait usage d'un badinage aussi ingénieux que plein de convenance dans la plupart de ses contes, de ses romans philosophiques, et dans quelques-unes de ses poésies légères. Parmi nos bons poëmes badins, citons *le Lutrin* avant tous les autres, puis *le Lutrin vivant*, *Vert-Vert*, *Caquet-Bon-Bec*, *Tangu et Félime*. Un autre, que nous ne citerons pas, appartient à l'épopée romanesque, comme le *Roland* d'Arioste.

Le *badinage*, la plaisanterie, n'est pas toujours sans portée, sans suites funestes. Un mot de l'impératrice Sophie, dirigé contre l'eunuque Narsès, détermina ce général à proposer au roi des Lombards (Alboin) la conquête de cette riche partie de l'Italie, où ils fondèrent un royaume, qui a conservé leur nom. — Guillaume le Conquérant avait acquis un tel embonpoint, qu'un jour Philippe Ier dit de lui : « Quand donc ce gros homme accouchera-t-il? » Ce propos fut rapporté à Guillaume, qui s'écria : « Après mes couches, j'irai faire mes relevailles à Sainte-Geneviève de Paris, avec deux mille lances en guise de cierges ! » Il était en train de réaliser sa menace; il avait ravagé la frontière française, incendié le pays, et jeté la terreur jusque dans les faubourgs de la capitale, lorsque, près de Mantes, il se blessa au pommeau de sa selle, et rendit le dernier soupir aux portes de Rouen, la mort seule pouvant l'empêcher de marcher droit au trône de Philippe, où vraisemblablement il se serait assis.

Louis Du Bois.

BADIUS. Deux imprimeurs ont porté ce nom avec éclat.

Josse Badius, en latin *Jodocus Badius Ascensius*, parce qu'il était du village d'Asche, près de Bruxelles, où il avait vu le jour, en 1462, fit de bonnes études en Flandre et en Italie, et professa les belles-lettres à Lyon de 1491 à 1511, époque où Robert Gaguin l'attira à Paris. Treschel, imprimeur de Lyon, l'avait fait correcteur dans son établissement, et lui avait donné sa fille en mariage. Reçu professeur de grec à Paris, il y monta la célèbre imprimerie connue sous le nom de *Prælium Ascensianum*, de laquelle sortirent, entre autres ouvrages, nos meilleurs classiques, enrichis de ses notes, et ses propres écrits, parmi lesquels on cite la *Navicula stultorum Virginum*, en vers. C'est mal à propos qu'on a supposé que Josse Badius avait introduit le premier en France, vers 1500, l'usage des caractères ronds, et que jusque là on ne s'était servi chez nous que de caractères gothiques. Il est certain que les premiers livres imprimés à la Sorbonne, en 1469 et 1470, par Ulrich Géring, sont en caractères ronds.

Le besoin de pourvoir aux nécessités de sa nombreuse famille obligea Josse Badius à renoncer à ses travaux littéraires pour se consacrer exclusivement à son imprimerie jusqu'à sa mort, arrivée en 1535. Ses trois filles épousèrent trois typographes célèbres : Michel Vascosan, Robert Étienne et Jean de Roigny. Ce dernier continua à diriger les presses de son beau-père. La seconde savait parfaitement le latin. Les éditions de Josse Badius ne sont pas aussi agréables à l'œil que celles des Étienne, mais elles se recommandent aussi par une grande correction. Il imprimait d'ordinaire ce vers latin en tête de ses livres :

Ære meret Badius, laude auctorem, arte legentem.

Conrad Badius, fils du précédent, né à Paris en 1510, mort vers 1560, suivit les traces de son père. Les premiers ouvrages sortis de ses presses sont datés de 1546.

Conrad avait embrassé les doctrines de Calvin; pour se soustraire aux persécutions dont les huguenots étaient l'objet, il se réfugia en 1548 à Genève, où il publia, avec Robert Estienne, lequel avait épousé Pérette Badius, un grand nombre de belles éditions, enrichies de préfaces estimées, parmi lesquelles on cite surtout comme en tête de l'ouvrage de Théodore de Bèze, intitulé : *Kreophagia* ou *Cyclops*. Conrad Badius est auteur d'une traduction en français de l'*Alcoran des cordeliers* d'Érasme Alber. On lui attribue les *Satires chrétiennes de la cuisine papale* (très-rare; Genève, 1560) et une *Comédie contre Castalien*.

BAER (Charles-Ernest de), l'un des plus savants et des plus ingénieux naturalistes des temps modernes, est né le 17 février 1792, en Esthonie. Conduit par le hasard à étudier la botanique, il consacra à cette science tous les instants de liberté que lui laissa son séjour à l'école capitulaire de Revel, où il avait été reçu en 1808. De 1810 à 1814 il alla étudier la médecine à l'université de Dorpat, et pendant l'hiver de 1812 à 1813 il trouva l'occasion de faire de la pratique dans le grand hôpital militaire de Riga. Les leçons de Ledebour, de Parrot et surtout de Burdach exercèrent sur lui la plus heureuse influence. Convaincu que dans l'état où elle se trouvait alors la Russie n'offrait que peu de chances de succès à un naturaliste, il se rendit en Allemagne, où le professeur Dœllinger, de Wurzbourg, l'initia à la connaissance philosophique de l'anatomie comparée. Burdach, nommé en 1817 professeur à Kœnigsberg, fixa auprès de lui, en qualité de prosecteur, Baer, qui jusque alors n'était resté fidèle à l'étude de la médecine que par nécessité. Appelé dès 1819 aux fonctions de professeur agrégé, bientôt après de professeur titulaire de zoologie dans cette même université, Baer reçut en même temps la mission d'y fonder un muséum zoologique, et en 1826 il remplaça Burdach dans sa chaire d'anatomie. En 1819 il avait été appelé à Saint-Pétersbourg pour faire partie de l'Académie des Sciences de cette ville; mais des affaires de famille le forcèrent dès l'année suivante à donner sa démission et à retourner à Kœnigsberg. Ayant accepté quelques années plus tard une nouvelle invitation de venir se fixer dans la capitale de la Russie, il est resté depuis lors l'un des membres les plus actifs de l'Académie des Sciences de cette ville, et les missions importantes ainsi que les distinctions de tout genre dont le gouvernement russe l'a honoré prouvent assez combien son mérite est apprécié à Saint-Pétersbourg. En 1838 il a même été nommé conseiller d'État.

Les ouvrages de Baer se distinguent par des aperçus philosophiques d'une rare profondeur, et la lecture en est si d'ailleurs aussi attrayante que facile. Digne élève de Burdach, ses recherches ont eu surtout pour objet les si difficiles questions de la génération. On est redevable à ses infatigables travaux de la connaissance de faits d'une haute importance relatifs au développement des corps organiques, et on pourrait même dire de la création d'une science nouvelle, puisque tout ce qu'avaient fait jusque alors les observateurs microscopiques, depuis Leuwenhoek et Swammerdam, manque d'exactitude, ou ne présente pas cet esprit de généralisation qui seul en peut faire la valeur. Son point de départ dans cette voie a été l'ouvrage intitulé : *Epistola de Ovi Mammalium et Hominis Genesi* (Leipzig, 1827, in-4°); ensuite sont venus deux autres livres, l'*Histoire du Développement des Animaux* (2 vol., Kœnigsberg, 1828-1837), et l'*Histoire du Développement des Poissons*.

Depuis son retour à Saint-Pétersbourg Baer a fait des terres polaires l'objet principal de ses investigations, et il a réussi à jeter quelque lumière sur bon nombre de ces contrées complètement inconnues jusque alors. Le gouvernement russe résolut de s'associer à ses efforts. En 1837 l'empereur Nicolas lui confia la direction d'une expédition scientifique, qui, bien que contrariée par quelques accidents, n'a pas moins eu pour résultat de répandre une vive lumière sur la faune et la flore de la Nouvelle-Zemble, qu'on connaissait fort peu auparavant, et qu'en raison du climat rigoureux régnant dans ces contrées on n'eût même pas cru devoir exister. Il en est résulté de précieux matériaux pour des recherches ultérieures. L'aspect physique des côtes visitées par l'expédition, la description des animaux et des plantes particulières à la Nouvelle-Zemble, enfin le récit de l'expédition tracé par Baer lui-même, ont fourni à l'illustre naturaliste le sujet de plusieurs communications du plus haut intérêt, insérées, partie dans les *Mémoires de l'Académie de Saint-Pétersbourg*, partie dans les *Bulletins scientifiques de l'Académie* (1837).

BAFFIN (William), hardi navigateur anglais, né vers 1584, prit part en qualité de pilote, sous les ordres des capitaines Hall (1612), Hudson, Button, Gibbins et Bylot (1615 et 1616), à divers voyages de découvertes à la recherche d'un passage par le détroit de Davis, et y pénétra en 1616 jusqu'au détroit de Smith, par 78° de latitude septentrionale. N'ayant point rencontré dans cette direction le passage qu'on cherchait, on se décida, d'après ses conseils, à changer de route; et, en se dirigeant vers le nord du détroit de Davis, on entra dans une grande baie, qui fut dénommée, d'après lui, *baie de Baffin*, bien qu'elle eût été découverte par Bears dès l'année 1562. (*Voyez* l'article suivant.) Baffin mourut en 1622, au siége d'Ormus, entrepris par les Anglais. Il avait dressé des cartes qui se sont perdues, et rédigé un journal dont quelques fragments se trouvent dans le recueil de voyages de Purchas.

BAFFIN (Baie de), vaste golfe ouvert de l'Atlantique, ainsi nommée de W. Baffin. Elle forme la continuation du détroit de Davis, et s'étend comme un grand et vaste canal de 481 kilom. de largeur moyenne, depuis le cap Farewell, l'extrémité méridionale du Groenland et l'entrée du détroit de Hudson, dans la direction du nord à l'ouest, pendant plus de 2,072 kilom., jusqu'à ce que par 78° de latitude nord elle devienne le détroit de Smith, qui jusqu'à ce jour n'a point encore été exploré dans toute son étendue. Pendant que la baie de Baffin, ou à proprement parler la *mer de Baffin*, baigne à l'est les côtes du Groënland, elle est limitée à l'ouest par l'archipel dit de *Baffin-Parry*, la terre de Baffin des anciennes cartes. Cet archipel contient les îles Cumberland, Southampton, Cockburn, etc., séparées du continent par le détroit de Hudson, le canal de Fox, le détroit de Fury et d'Hekla et l'île du Prince-Régent, qui sont situés au nord du Labrador et au sud du détroit de Barrow. Cette immense masse de terres, séparées uniquement les unes des autres par de petits canaux étroits qu'on n'a point encore explorés, ressemblent tout à fait, en ce qui est de la conformation de leur sol, au plateau arctique du continent voisin; cependant elles n'atteignent guère à l'intérieur plus de 500 mètres d'élévation, n'offrent quelques traces de végétation que sur les côtes les plus basses, mais en revanche une grande richesse en oiseaux et en animaux marins ainsi que quelques mammifères provenant des terres voisines. Les îles sont habitées par un petit nombre de tribus d'Esquimaux.

BAFFO. Au seizième siècle, une jeune Vénitienne de ce nom, qui était celui d'une des plus illustres familles patriciennes de la république, rejoignait par mer son père, gouverneur de Corfou, lorsqu'elle fut prise par un pirate turc, qui la vendit ensuite comme esclave au sultan Amurat III (1575). L'admirable beauté de cette jeune fille captiva si complétement le sultan, qu'il conçut pour elle la passion la plus vive, et qu'il l'éleva au rang de sultane asèki, faveur qui depuis le règne de Soliman II n'avait encore été accordée à aucune esclave. La constance dont Amurat fit preuve à son égard ne tarda pas à accréditer le bruit que, pour séduire le sultan, la belle Vénitienne avait eu recours à l'emploi de philtres et de charmes surnaturels. Ces rumeurs parvinrent jusqu'aux oreilles d'Amurat, qui s'étonna lui-même alors de la vivacité de sa passion. Dans l'espoir de découvrir les moyens secrets auxquels avait recours la belle Baffo pour le captiver, il fit jeter en prison toutes les femmes attachées à son service particulier; mais comme il leur fut impossible de faire le moindre aveu, Amurat, désormais rassuré, s'abandonna de nouveau à toute la puissance de son amour. Tout le secret de la jeune Vénitienne consistait en effet dans les charmes de son esprit, incomparablement plus cultivé que celui des autres femmes renfermées avec elle dans le harem, et le voluptueux monarque avait été subjugué par l'esprit de son esclave autant que par ses charmes physiques. La sultane Baffo conserva son empire sur le cœur d'Amurat jusqu'à la mort de ce prince, arrivée en 1595. Sous le règne de Mahomet II, son propre fils, elle continua à exercer la plus grande influence; mais Achmet Ier, qui succéda à celui-ci en 1603, la relégua dans le vieux sérail.

BAFFO (Georges), sénateur vénitien issu de la même famille que la sultane, dont une plume décente aurait peine à tracer le nom, si les erreurs mêmes et les licences les plus effrénées de l'esprit humain ne devaient occuper leur place dans ses annales. Il vivait entre 1780 et 1800, au milieu de la décadence dernière et de la ruine définitive de cette république, dont le singulier génie avait encouragé à la fois l'audace des entreprises, la puissance du commerce, le bien-être du citoyen et la volupté dans les mœurs. Le sénateur vénitien Baffo, homme grave et respecté dans sa vie privée, honorable dans sa vie publique, se fit l'interprète secret de la débauche vénitienne parvenue à son dernier période et à sa corruption la plus complète; ses poésies, recueillies en quatre volumes, aujourd'hui fort rares dans les autres contrées de l'Europe, devinrent le code avoué, le manuel reconnu des boudoirs les plus mystérieux de la cité des Lagunes. Un caractère particulier distingue ces étranges poésies, que l'on ne peut comparer ni aux recherches sémillantes de Boufflers, ni aux galanteries métaphysiques de Roscommon, encore moins aux impiétés de Parny. Écrites dans le dialecte vénitien, dont la prononciation est si molle et si fluide, et qui remplace toutes les consonnes fortes par des consonnes douces, elles ne rougissent de rien et ne semblent pas même s'étonner un instant de la nudité extraordinaire et constante des images et du langage. C'est une muse qui, semblant ignorer son obscénité, sans un raffinement extrême, se joue de la dépravation avec une ingénuité enfantine, avec un laisser-aller qui ne suppose pas même un autre but dans la vie que de suivre ses formes les plus nues.

Cette naïveté de corruption et le très-grand talent de versification que le sénateur a porté dans cet étrange labeur, œuvre de toute sa vie, ne permettraient pas d'effacer son nom et son souvenir de l'histoire littéraire, s'il y avait place dans les annales des arts pour les chefs-d'œuvre dangereux et obscènes de Klingstet et de Clodion. Mais de telles œuvres ne laissent dans la mémoire des hommes qu'un honteux souvenir, mêlé d'un profond regret pour le talent qui s'est employé ainsi. Dans l'histoire des peuples ces corrupteurs occupent une place plus importante et non moins flétrie. On ne voit apparaître jamais qu'au moment où les institutions se dépravent et dégénèrent, et ils portent toujours la marque spéciale du genre de corruption qui a précipité leur patrie vers sa ruine. La grande orgie romaine des empereurs, dont sa débauche et son gigantesque, respire chez les Pétrone et les Martial, ces meilleurs commentateurs de Tacite. On retrouve toute la monarchie délabrée et toute l'élégance dépravée de la France en 1789 dans les poésies de Parny et dans les romans de Crébillon fils. Rome mourante a encore de la grandeur; la mère des Gracques s'est transformée en Messaline. Le raisonnement philosophique et la jactance des abus contemporains se mêlent aux saillies libertines des écrivains français de la fin du dix-huitième siècle. Chez les derniers représentants de l'aristocratie vénitienne, vivant, comme Baffo, dans les casini et les cafés de la place Saint-Marc, on n'aperçoit plus qu'un abandon total et souriant aux voluptés de tous les jours; la seule philosophie est celle d'une jouissance éternelle et commode; la muse n'a d'autre mission que de répandre et de propager ce culte sensuel. Plus d'espoir, de patrie, de regrets, de désir, d'aspiration supérieure : c'est une vieillesse qui retombe dans l'enfance par l'abus des faciles plaisirs.

Philarète Chasles.

BAGACE. On nomme ainsi, dans les sucreries des Antilles, les cannes de sucre lorsqu'elles ont passé par le moulin et qu'on en extrait le sucre. On emploie les bagaces pour alimenter le feu sous les chaudières où cuit le sucre; on en fait des flambeaux pour s'éclairer la nuit.

BAGAGES. Dérivé du latin barbare *baga*, qui a d'abord produit *bague*. On lit dans plusieurs capitulations anciennes : *vie et bagues sauves*, c'est-à-dire conservation de l'existence et des effets. C'est le *bagaglia* de l'italien : ce que Bonaparte appelle *embarras* dans ses Mémoires. Ce mot commence à tomber en désuétude, et ce n'est pas sans raison. Il désigne spécialement ce que les troupes en marche traînent à leur suite pour les besoins du soldat; les munitions et les armes n'y sont point comprises. Il est loin de nous, ce temps où un de nos généraux abandonnait entre les mains des *guérillas* une argenterie de 30,000 fr., et où un de ses collègues, célèbre aussi comme diplomate, laissait aux Kosaks un caisson plus riche encore. Depuis 1792, et depuis l'abandon des tentes jusqu'au consulat, on ignorait pour ainsi dire le mot de bagages, mais cette simplicité dura peu. De 1812 à 1813 la masse démesurée des bagages a influé pour beaucoup sur nos désastres. Si les besoins sont réduits à ce qui est absolument indispensable, et si les moyens de transport sont perfectionnés, les armées se trouvent débarrassées, autant qu'il est possible, de cet attirail que les Romains nommaient très-justement *impedimenta*. Alors un seul mot peut exprimer l'ensemble de tout ce que les troupes transportent avec elles, et c'est ainsi que celui d'*équipages* a prévalu. Les guerres suscitées par la révolution de 1789 ont hâté l'éducation militaire de toute l'Europe : la discipline de nos soldats n'a pas manqué d'imitateurs, non plus que la tactique de Napoléon : toutes les sortes d'instruction se sont répandues partout où nos armes ont pénétré, et seront conservées. Il y a donc tout lieu de croire que le mot *bagages* vieillira de plus en plus, et qu'il ne se trouvera plus dans les dictionnaires que pour expliquer le sens que les anciens écrivains y ont attaché. FERRY.

BAGARRIS (PIERRE-ANTOINE BASCAS, sieur DE), gentilhomme provençal, né vers 1565, et qui s'occupait d'archéologie, fut appelé à Paris par Henri IV pour réaliser le projet formé par ses prédécesseurs d'établir un cabinet de médailles et de pierres gravées. Ce prince lui ayant donné la mission de composer des dessins de médailles qui auraient retracé l'histoire de sa vie et de son règne, Bagarris prit dès lors le titre de *iméliarche* de S. M., dénomination qui ne paraîtrait aujourd'hui que ridicule, mais qu'autorisaient alors les habitudes des savants. Suite ne fut pas, au reste, donnée à ces projets, et Bagarris repartit pour la Provence peu de temps après la mort tragique de son royal protecteur. Pendant son séjour à Paris il avait fait imprimer un petit ouvrage fort curieux, intitulé : *la Nécessité de l'usage des Médailles dans les Monnaies* (Paris, 1611, in-4°).

BAGATELLE. Ce mot, dérivé de *bague*, dont il est un diminutif, signifie une chose frivole, peu nécessaire, dont on ne fait pas grand cas, qu'on ne peut estimer, qui a peu de prix, et encore moins de valeur, comme beaucoup de colifichets à l'usage des femmes. Il diffère, en ce sens, de son synonyme *babiole*, qui exprime l'idée d'un hochet, d'un joujou d'enfant, d'une chose puérile, qui ne mérite pas d'occuper un homme fait. Le mot bagatelle est employé dans diverses locutions proverbiales : *donner dans la bagatelle*, *s'amuser à la bagatelle*, c'est passer sa vie à se livrer à des plaisirs futiles et sensuels; *s'occuper de bagatelles* signifie perdre son temps à ne rien faire ou à faire des riens. C'est à peu près dans la même acception, mais par jactance, que les bateleurs des spectacles forains invitent le public à ne pas *s'arrêter aux bagatelles de la porte*. On dit aussi : *renoncer à la bagatelle*, c'est-à-dire revenir à des occupations sérieuses, acquérir de l'expérience, devenir sage.

C'est ce que ne fit pas un haut personnage que beaucoup de nous ont connu. Peu s'amusèrent plus à la bagatelle, s'occupèrent plus de bagatelles. Il les aimait tant qu'il donna ce nom à un château qu'il fit bâtir vers 1770, sur la limite du bois de Boulogne, près des rives de la Seine. Tout dans cette habitation était digne de son nom frivole et du caractère du maître : petits jardins, petit ruisseau, petits ponts, petit boudoir orné de peintures galantes, petite bibliothèque bien assortie en livres guillerets, dont plusieurs avaient été imprimés à ses frais ou sous ses auspices. Après la révolution, un décret de la Convention, en 1794, désigna ce château nain pour servir à un établissement public. Mais il paraît qu'on ne put en tirer aucun parti, car on fut obligé de le louer pendant quelques années à des entrepreneurs de feux d'artifice et de fêtes champêtres. La Restauration le rendit à son ancien propriétaire, et *Bagatelle* devint *Babiole*. Il avait été le théâtre des folâtres soupers de l'aïeul; il devint l'arène des jeux innocents du petit-fils. Le vieillard, n'étant plus d'âge à s'amuser à la bagatelle, s'avisa de traiter la France et les droits des Français comme des bagatelles. La France et les Français n'ont pas oublié ce qu'il en advint en l'an de grâce 1830.

En littérature les bagatelles ne manquent pas. Nous avons les *Bagatelles anonymes* de Dorat, les *Bagatelles morales* de l'abbé Coyer, les *Bagatelles littéraires*, les *Bagatelles poétiques*, les *Bagatelles*, ou *Promenades d'un désœuvré à Saint-Pétersbourg*, etc., etc. Sous des titres plus prétentieux, des écrivains, en bien plus grand nombre, nous ont, dans ces derniers temps, inondés de soporifiques bagatelles, avec le secours réuni des souscripteurs, des éditeurs et des journalistes-compères, qui excellaient à les faire valoir. Que le ciel les leur pardonne et nous en délivre ! H. AUDIFFRET.

BAGAUDES. Au milieu du troisième siècle de l'ère chrétienne le colosse de l'empire romain, livré à une crise violente, faisait prévoir de tous côtés sa dissolution prochaine. Chacune de ses gigantesques provinces se soulevait et cherchait à se dérober au joug de la ville éternelle en se créant un empereur. Vers l'an 270 c'était dans les Gaules que le sol tremblait surtout : une femme, *Victoria*, surnommée par les soldats *la Mère des légions*, opposait bravement une domination aborigène à une domination italique; mais le sort trahit son courage, elle succomba. A travers ces luttes incessantes, à travers l'indiscipline et l'anarchie qui dévoraient tout semblant d'organisation militaire, les habitants des campagnes, plongés dans la plus horrible misère, ne pouvaient plus payer leurs impôts, et se voyaient enlever leurs dernières ressources. Ils se soulevèrent de toutes parts pour protester contre l'oppression, et, s'intitulant eux-mêmes *Bagaudes*, c'est-à-dire *insurgés*, *attroupés*, du mot gallique *bagard* (attroupement), ils se livrèrent aux plus épouvantables dévastations.

« On avait, dit Sismondi, diminué leur part aux produits de la terre et augmenté le travail qu'on exigeait d'eux; on les avait traités non plus en vassaux ou en serfs attachés à la glèbe, mais en esclaves domestiques. Le désespoir leur rendit le sentiment de leurs forces; ils s'armèrent des instruments de leur labourage, ils assaillirent partout leurs maîtres à l'improviste, ils en massacrèrent un grand nombre; ils mirent le feu à beaucoup de châteaux, de villages et de petites villes ils glacèrent d'effroi la noblesse des Gaules, qui se réfugia dans les plus grandes cités. »

Leur audace augmentant avec le succès, ils réunirent bientôt des forces assez considérables pour venir mettre le siège devant Autun. L'alarme se répandit aussitôt dans la métropole des Éduens, qui s'adressa à Rome à l'empereur Claude, lequel, occupé en Italie par d'autres guerres, ne put secourir la place. Elle fut donc forcée de se rendre après sept mois de siège ; tout y fut mis à feu et à sang, ses remparts et ses somptueux édifices furent abattus, ses célèbres écoles délaissées, et cette ville en renom ne se releva plus de ses ruines. Claude ayant consolidé son pouvoir dans les Gaules, les Bagaudes cessèrent leurs pillages et leurs dévastations. Aurélien acheva de les soumettre par de sages mesures, leur fit remise de l'arriéré de leurs impôts et leur accorda une amnistie générale. Sous ses successeurs les immunités et les priviléges accordés aux Gaulois furent renouvelés, les réclamations accueillies, les contributions allégées. Probus leur rendit la culture de la vigne, et les côtes et les collines du pays ne tardèrent pas, dit Aurelius Victor, à se couvrir de vignobles. Mais Carinus, moins prudent, ayant recommencé les anciennes exactions, les Bagaudes profitèrent de l'avénement de Dioclétien pour courir de nouveau aux armes.

« Il y eut alors, dit M. Henri Martin, une seconde *Bagauderie*, plus terrible que la première : les Bagaudes pillaient et brûlaient les *villas* des sénateurs et des curiales, attaquaient et forçaient les cités, et poursuivaient avec fureur les officiers impériaux. Ce ramas d'esclaves, de colons, de petits propriétaires ruinés, de chrétiens persécutés, de vieux Gaulois, héritiers des haines druidiques contre Rome, ce peuple de barbares que le désespoir avait enfanté dans les entrailles d'une civilisation incomplète et oppressive, s'étendit d'un bout à l'autre de la Gaule, et se choisit deux empereurs, Ælianus et Amandus, dont les médailles ont été conservées.... Ces empereurs des Bagaudes étaient chrétiens. La bagauderie menaçait les autres régions de l'Europe... Le danger parut très-grave à Dioclétien. Retenu en Orient par la nécessité de réfréner les Perses et les barbares du bas Danube, il associa à la pourpre son lieutenant Maximien, et se hâta de l'envoyer contre les rebelles gaulois.

« Ce fut, dit-on, dans sa marche que Maximien fit massacrer la *légion thébaine*, qui refusait de combattre les Bagaudes, chrétiens comme elle. Entré dans les Gaules, Maximien assaillit les Bagaudes.... Après divers échecs, la plus grande partie de cette multitude indisciplinée se dispersa et mit bas les armes; les plus braves, avec leurs chefs Ælianus et Amandus, se retirèrent dans la presqu'île que forme la Marne un peu au-dessus de son confluent avec la Seine, et qui était alors isolée de la terre ferme par un mur et un fossé attribués à Jules César. Ils s'y défendirent jusqu'à la dernière extrémité. Ælianus et Amandus moururent les armes à la main. Ce lieu conserva pendant plusieurs siècles le nom de *camp des Bagaudes* ou *fosses des Bagaudes*. C'est aujourd'hui Saint-Maur-des-Fossés, près de Paris. »

Les Bagaudes ne tentèrent plus d'insurrection générale ; mais la bagauderie ne fut point anéantie, car les causes qui l'avaient engendrée subsistaient toujours et croissaient d'intensité. Elle dégénéra en brigandages, et jusqu'à la chute de l'empire il y eut toujours dans les forêts et les montagnes de la Gaule une population errante et poursuivie, vivant en état de guerre contre toutes les lois et les pouvoirs sociaux. Plus tard aux Bagaudes succédèrent les *Jacques-Bonhommes* ou *Jacquerie* et les *Pastoureaux*.

Salvien, prêtre de Marseille, qui vivait sous Honorius et Théodose, fait mention, dans plusieurs passages de ses écrits, des Bagaudes : « Je parle maintenant, dit-il, de ces malheureux paysans qui, dépouillés, torturés, égorgés par des juges méchants et sanguinaires, après avoir perdu le droit de la liberté romaine, ont perdu aussi l'honneur du nom romain. Et on leur impute leur propre infortune ! Nous leur imputons le nom de leur malheur, un nom que nous avons fait ! Par quelles causes, en effet, sont-ils devenus bagaudes, si ce n'est par nos iniquités, si ce n'est par les prévarications des juges, si ce n'est par les proscriptions et les brigandages de ceux qui, sous prétexte de lever les deniers publics, les avaient convertis en profits pour eux et en faisaient l'objet de leurs rapines ? »

BAGAVAD-GITA. *Voyez* BHAGAVAD-GITA.

BAGDAD, chef-lieu du pachalik turc du même nom, dans la partie méridionale de la province d'Irak-Arabi, est situé pour les deux tiers sur la rive orientale du Tigre, qu'on y passe sur un pont long de 207 mètres, tandis que l'ancienne Bagdad, la capitale des khalifes et autrefois la plus grande des villes mahométanes, était située sur la rive occidentale du fleuve. Elle est entourée d'une muraille en briques, flanquée de tours fortifiées, s'étendant sur un circuit d'environ 8 kilomètres, et que protège un fossé qu'on remplit à volonté avec l'eau du Tigre. La citadelle, construite à l'extrémité nord-ouest de la ville, est très-importante. Les maisons, pour la plupart bâties en briques, n'ont guère qu'un étage; les rues sont étroites, sales et non pavées. Le palais du gouverneur est l'édifice le plus remarquable de la ville. Les bains publics et les cafés, deux sortes d'établissements également fréquentés, sont dans un état misérable ; et cependant, vue de loin avec ses nombreuses mosquées, la ville offre un aspect vraiment enchanteur. En été la chaleur y est si accablante, que les habitants sont réduits à chercher un peu de fraîcheur dans les appartements souterrains; en revanche, l'hiver y est assez froid pour rendre le feu nécessaire.

Le nombre des habitants de Bagdad, en y comprenant environ 20,000 Arabes, Hindous, Afghans et Égyptiens qui viennent s'y fixer pour se livrer au commerce, peut s'élever aujourd'hui à 65,000. Avant 1831, époque où la peste y exerça d'effrayants ravages de concert avec de dévastatrices inondations, la population atteignait 100,000 âmes. On y trouve, en outre, des Persans et un petit nombre de chrétiens arméniens. Sous la protection du gouvernement turc, qui y entretient une garnison de 5,000 hommes, les premiers y exercent un important trafic; leur probité et leur loyauté en affaires sont proverbiales. Les juifs sont tenus d'habiter un quartier séparé, et soumis en général à la plus dure oppression. Les classes supérieures de la population se montrent dans leurs rapports avec les étrangers plus polies et plus hospitalières qu'on ne l'est généralement dans les villes mahométanes; les classes inférieures au contraire ont tous les vices particuliers à l'Orient.

Jadis foyer de lumières et de civilisation, Bagdad n'est plus qu'un grand centre commercial, et la fameuse *medresse*, construite en 1233 par le khalife Mostansir, est depuis longtemps transformée en caravansérail. Le commerce n'est d'ailleurs pas le seul motif qui attire un grand concours d'étrangers à Bagdad ; la religion y contribue tout autant, et chaque année les tombeaux des saints, entre autres celui du prophète Ézéchiel et celui d'un imam sunnite, patron de la ville, appellent la foule des fidèles.

Bagdad est un des grands entrepôts des denrées de l'Arabie, de l'Inde et de la Perse, ainsi que des articles des manufactures européennes. C'est elle qui fournit à l'Asie Mineure, à la Syrie et à une partie de l'Europe les produits de l'Inde qui entrent dans leur consommation. Introduits par la voie de Bassora, ils remontent le Tigre à l'aide de barques, puis sont transportés par caravanes à Tokat, Constantinople, Alep, Damas, et dans les parties occidentales de la Perse. On y fait aussi un commerce assez important en joaillerie et bijouterie. Rien de plus brillant que l'aspect du bazar, bâti plus particulièrement par Dawoud-Pacha, et justement célèbre en Orient, avec ses douze cents boutiques remplies de tous les produits de l'hémisphère oriental. Les principaux objets qu'on fabrique à Bagdad consistent en cuirs rouges et jaunes, qui jouissent à bon droit d'une grande réputation ; étoffes de soie, de laine, de coton, notamment mousselines, taffetas, tapis et châles. Un bâtiment de poste anglais fait le service entre Bagdad et Bassora.

La ville fut fondée, de 762 à 766, par le khalife Almansour, sur un emplacement où, au rapport des géographes persans, il n'y avait jamais eu de maisons auparavant. Il apporta tant d'activité à en accélérer la construction, qu'une année après il pouvait déjà y établir sa résidence. En conséquence elle reçut le surnom honorifique de *Dâr-oul-Khildfet*, *Dar-oul-Selam* (demeure du khalifat, de la paix). Au neuvième siècle, Haroun-al-Raschid, qui s'y fit construire un palais en même temps qu'il y élevait un tombeau à son épouse chérie Sobéide, fit arriver Bagdad à l'apogée de sa prospérité. Mais cent ans plus tard elle fut détruite par les Turcs. En 1258 Houlagou, petit-fils de Djengis-Khan, s'en empara. Il fit mettre à mort le khalife régnant, et anéantit le khalifat. Tamerlan, qui prit Bagdad en 1393, en chassa à son tour les petits-fils de ce conquérant. Au commencement du seizième siècle, le chah Ismael, premier souverain de la Perse de la maison des Sofis, s'en rendit maître, et depuis lors elle n'a pas cessé d'être une cause de discordes entre la Perse et la Turquie. A la suite d'un siége mémorable Bagdad tomba, en 1638, au pouvoir du sultan Mourad IV, et le chah Nadir essaya vainement au dix-huitième siècle de la reprendre aux Turcs. Une circonstance qui n'a pas peu contribué non plus à rendre Bagdad si célèbre dans tout l'Occident, c'est que cette ville est le théâtre de la plupart des aventures qui forment le fond des contes des *Mille et une Nuits*. Consultez Wellsted, *Travels to the City of Caliphs* (Londres, 1840).

BAGEMIUS, philosophe, né à Leipzig, vers le milieu du dix-septième siècle, passa sa vie à rechercher par quels motifs Dieu nous a créés, et finit par trouver que c'est par amour pour nous. Mais comme le bon sens lui objectait qu'on ne pouvait pas aimer des créatures qui n'existaient pas encore, il découvrit, après Platon, que Dieu les avait aimées par l'idée de ce qu'elles devaient être. C'est la preuve la plus concluante de la bonté infinie de Dieu. On a fait force gros livres sur des questions de cette nature, et depuis Platon jusqu'à nous les philosophes y ont toujours répondu par des niaiseries. VIENNET.

BAGGER (CHARLES-CHRÉTIEN), l'un des poëtes danois les plus remarquables de notre époque, était né le 10 mai 1807. Doué par la nature des plus admirables facultés, il manquait cependant du sens de l'harmonie. Il débuta en 1833 par la tragédie *Dronning Christine og Monaldeschi*, production remarquable au point de vue de l'agencement dramatique, mais dont le style est très-négligé. L'année suivante, 1834, il publia ses *Smaadigte*, petits poëmes pleins de vie et d'énergie, et *Havets Konge*, conte en vers. En 1845 parut sous le pseudonyme de Jean Harring celui de ses ouvrages qui a obtenu le plus de retentissement, *Min Broders Levnet* (la Vie de mon Frère), conte. En s'attachant à relever minutieusement les défauts de cet ouvrage, la critique blessa Bagger au cœur. Sa petite fortune s'était épuisée au milieu de ses efforts pour vivre de la vie littéraire; et pour assurer l'existence de sa famille il finit par se trouver réduit à accepter la rédaction d'un petit journal littéraire à Odensée, en Fionie. La besogne monotone et fastidieuse qu'entraînait pour lui une semblable position ne tarda pas à lui devenir horriblement à charge; et il adressa au roi un placet bizarre, rédigé de la manière la plus galement spirituelle, et dans lequel il demandait à Chrétien VIII « une pauvre petite place, » qu'il n'obtint pas. Au milieu de la lutte continuelle qu'il avait à soutenir pour subvenir à ses besoins, ses forces physiques et morales s'épuisèrent rapidement, et il mourut le 25 octobre 1846. Sa veuve s'occupe, dit-on, d'une édition complète de ses œuvres.

BAGGESEN (JENS), poëte danois, qui appartient également à la littérature allemande, né le 15 février 1764, à Korsœr, en Seelande, se fit d'abord connaître par ses *Comiske Fortællinger* (1785), par l'opéra de *Holger Danske* (1790) et par divers poëmes et odes. Son protecteur, le duc de Holstein-Augustenburg, le mit à même de faire en 1789, en Allemagne, en Suisse et en France, un voyage qu'il entreprit en société avec le professeur Cramer et Frédéric Brun. Dès lors il s'assimila assez complétement la langue allemande, pour pouvoir l'écrire avec autant d'élégance et de facilité que la sienne propre. Son séjour à Paris dans les premières années de la révolution fournit à son ardent amour pour la liberté de nombreuses occasions de se manifester. A Berne il épousa une petite-fille de l'illustre Haller. Dès 1793 il obtint du gouvernement danois une mission littéraire, qui lui fournit les moyens de visiter l'Autriche et l'Italie. A son retour en Danemark, en 1796, il obtint un emploi public; mais il y renonça bientôt pour entreprendre à l'étranger un nouveau voyage, pendant lequel il eut la douleur de perdre sa femme. Il se remaria ensuite, à Paris, avec une Genevoise, et il revint habiter Copenhague en 1798. Mais dès 1800 il partit encore une fois pour Paris, avec le dessein de s'y fixer définitivement, et en 1803 il y obtint une pension du gouvernement danois.

Nommé en 1811 professeur de langue et de littérature danoises à l'université de Kiel, avec le titre de conseiller de justice, il donna sa démission de cette place en 1814, sans en avoir jamais rempli les devoirs, et revint à Copenhague avec une pension de 1,500 écus. Dans cette capitale il entreprit alors contre Œhlenschlæger et ses partisans une guerre littéraire acharnée, conduite de part et d'autre sans la moindre dignité, et à laquelle Œhlenschlæger mit fin, après un assez long silence, en publiant un mémoire contenant l'historique de ses relations passées avec Baggesen. L'homme de caractère le plus doux et le plus aimable dans le commerce intime était sans indulgence et même souvent sans justice comme poëte; sa plume mordante frondait avec acharnement tout ce qui lui déplaisait, et sa verve satirique ne sut jamais s'arrêter, même devant son propre intérêt. Il en résulta pour Baggesen une vie errante et aventureuse, et il fut heureux d'avoir trouvé un protecteur aussi constant que le duc de Holstein-Augustenburg; les libéralités de ce prince aidèrent toujours le poëte lorsqu'il se trouva dans l'embarras, soit par la nécessité de se soustraire aux orages qui le menaçaient, soit par suite du désordre que son insouciance introduisait dans toutes ses affaires. Une maladie lente et douloureuse le conduisait en Bohême pour y prendre les eaux en 1826, et il retournait dans sa patrie, quand, le 3 octobre, la mort le surprit à Hambourg.

BAGLIVI (GEORGES), célèbre médecin italien, né à Raguse, en 1669, substitua aux subtilités de la science était alors obscurcie la méthode de l'observation, dont les anciens offrent le modèle. Le pape Clément XI le nomma d'abord professeur de médecine, puis de chirurgie et d'anatomie, au collége de la Sapience à Rome. Son éloquence, son érudition et sa pratique judicieuse lui firent bientôt une brillante et juste réputation. Ses ouvrages ont remis en honneur la doctrine hippocratique, renversé les théories galéniques, préparé la classification méthodique des maladies, ouvert la voie à la physiologie expérimentale, et sanctionné l'alliance de la médecine avec la science de l'organisation. Il mourut à trente-huit ans, en 1707, avant l'âge où les talents ont acquis tout leur développement. Ses œuvres ont été plusieurs fois imprimées sous le titre de *Opera omnia medico-practica et anatomica*. D' FORGET.

BAGNACAVALLO, dont le véritable nom était *Bartolomeo* RAMENGHI, né à Bologne, vers l'an 1486, mort en 1542, l'un des élèves les plus distingués de Raphael, avait commencé par travailler dans l'atelier de Francia. Il était originaire de Bagnacavallo, petite ville des États romains, dont le nom lui est demeuré. Il peignit plusieurs tableaux dans les appartements du Vatican. Plus tard il alla se fixer à Bologne, où le temps a fini par détruire les magnifiques peintures dont il avait enrichi l'église de Saint-Petronius, grandes et admirables pages que les Carrache étudièrent attentivement. La galerie de Dresde possède un de ses plus beaux tableaux, représentant la Vierge Marie avec l'enfant Jésus. Ce qui distingue surtout les toiles de cet artiste, c'est la noblesse de son style et la vigueur des son coloris.

BAGNE. Dans les anciens codes de la France, la peine la plus grave, après le supplice d'une mort ignominieuse, était celle des galères. Le condamné aux galères perpétuelles, après avoir été flétri sur l'épaule droite d'un fer chaud, portant les trois lettres G A L, était conduit à la chaîne sur les galères du roi, et ses biens confisqués. Les galères à temps entraînaient, de moins, la mort civile et la confiscation. On fit ensuite précéder la marque d'une formalité douloureuse, la fustigation, qui fut maintenue jusqu'à la révolution de 89. Ainsi quelle espèce d'hommes nos rois clouaient-ils sur leurs galères? Outre des esclaves faits sur les barbaresques, outre quelques rameurs libres, c'étaient des scélérats, le rebut de la société. Ils allaient recruter dans la fange de la civilisation les dépositaires de l'honneur national dans les combats de mer. Du reste, en Espagne et dans toutes les républiques italiennes, l'histoire des galères est à peu près la même qu'en France.

A la fin du règne de Louis XIV, quand les galères, avec leurs bancs de rameurs, cessèrent d'être en usage, les galériens furent employés dans les hôpitaux, dans les arsenaux maritimes, au curage des ports, à toute espèce de travaux pénibles; le bagne fut leur prison. Ce nouveau mot introduit dans notre langue vient de l'italien *bagno*, parce qu'à Constantinople il y avait des bains dans la prison des esclaves : de là ce nom fut donné à toutes les prisons d'esclaves, et par suite aux prisons de forçats qui leur ont succédé. L'Assemblée constituante (1791-92) s'apitoya sur le sort des condamnés au bagne; elle remplaça le mot de galères par celui de *travaux publics*, et adoucit la peine; vint ensuite le Code de Napoléon (1810), qui institua les t r avaux forcés. Après la révolution de Juillet, on trouva qu'il était affreux de graver pour toujours dans la chair vive d'un homme le souvenir d'une faute dont il allait subir la peine, et la marque fut supprimée en 1832.

Dans les projets de loi présentés sur le régime pénitentiaire, toujours on s'est occupé de la suppression des bagnes, d'où l'homme revient flétri et pire qu'il n'y était entré, où les associations de malfaiteurs s'organisent, d'où le condamné sort incorrigible. Depuis les événements de 1848 il a été plusieurs fois question de la présentation d'un projet de loi tendant à transférer les condamnés aux travaux forcés hors du territoire continental; l'Assemblée constituante et l'Assemblée législative avaient même été saisies d'un grand nombre de pétitions relatives au même objet. Usant de son droit d'initiative, le gouvernement issu de la journée du 2 décembre 1851 a tout récemment décrété la fondation à la Guyane d'une colonie pénale destinée à recevoir désormais les condamnés aux travaux forcés, soit à temps, soit à vie. On peut donc espérer qu'avant peu les renseignements qui suivent, indispensables encore aujourd'hui à l'appréciation de la mesure projetée, n'auront plus qu'un intérêt historique.

L'établissement des bagnes actuels remonte au milieu du dernier siècle. Celui de Toulon fut fondé le 27 septembre 1748. Avant cette époque, les forçats étaient placés à Marseille sur seize galères, dont huit pouvaient prendre la mer et huit restaient mouillées dans le port. Le bagne de Brest date de 1750, celui de Rochefort de 1767. Quant aux bagnes de Nice, Lorient, le Havre, Cherbourg, etc., créés après la révolution de 1789, leur suppression nous dispense d'en parler.

De nombreux établissements civils et hydrauliques se sont élevés dans le port de Toulon : on a fait peu de dépenses, et l'on a obtenu d'importants résultats. Cet avantage est dû principalement à l'emploi des ouvriers condamnés. Autrefois on ne leur imposait que des travaux de fatigue; on ne tirait aucun parti de leur intelligence. Si l'on rencontrait parmi eux quelques artisans habiles, on les utilisait; mais ce cas était rare. Tout le reste n'était que force mécanique. Depuis 1819 la direction des constructions hydrauliques et civiles de ce port suit une marche différente. Non-seulement elle emploie comme ouvriers d'art la plupart des hommes qui avant leur condamnation exerçaient une profession, mais encore elle multiplie les apprentissages, de telle sorte que des travaux de toute nature puissent être exécutés par les condamnés sans le concours des ouvriers libres. Ce système est avantageux à l'État, non-seulement parce qu'il augmente la valeur du travail des forçats, mais encore parce qu'il pourrait améliorer leurs mœurs si une instruction morale et religieuse était l'auxiliaire de cette excellente innovation.

A Toulon les diverses professions de maçon, tailleur de pierre, menuisier, charpentier, forgeron, sont enseignées aux condamnés graduellement par apprentissages mutuels, sous l'inspection de plusieurs contre-maîtres. Ils travaillent à la journée ou à la tâche : dans le premier cas, leur salaire journalier varie de 5 à 25 centimes; dans le second, ils peuvent gagner jusqu'à 30 centimes. Cette modique somme améliore beaucoup leur sort : elle leur suffit pour acheter du tabac et pour se procurer de temps en temps quelque nourriture plus agréable, plus substantielle que la ration ordinaire du bagne. Ils peuvent même tous les mois se réunir en escouade et former des espèces de pique-niques, où les chagrins sont oubliés. Plus le salaire qu'ils reçoivent leur procure de jouissances, plus ils craignent d'en être privés; c'est un puissant moyen de police, car la paresse et les fautes contre l'ordre sont punies quelquefois par la diminution ou par le retranchement de la solde. Outre la paye ordinaire, qui est la même pour les condamnés à vie et pour les condamnés à temps, on accorde à ceux-ci un supplément d'un tiers en sus, auquel on donne le nom de *pécule*, et on le leur tient en réserve jusqu'à l'expiration de leur peine. A cette époque on leur en remet le montant, afin qu'à leur sortie du bagne ils ne se trouvent plus, comme par le passé, dans un dénûment complet. On a formé à Saint-Mandrier de grands ateliers, dans lesquels six cents forçats, qui doivent atteindre en très-peu d'années l'époque de leur libération, sont réunis. On y fabrique de la chaux, des tuiles, des briques, du ciment, des pavés, pour les travaux de l'hôpital et pour ceux qui s'exécutent dans l'intérieur du port.

La vallée au milieu de laquelle est creusé le port de Brest présente trois grandes courbures. C'est au commencement de la seconde qu'est placé le bagne. Ce vaste bâtiment est assis à mi-côte entre le quartier de la marine qui est au-dessus et les belles corderies qui, plus bas, longent le quai. Il confine au nord à l'ancien hôpital Brûlé, nommé depuis Clermont-Tonnerre; au sud, au séminaire, autrement dit Grand Hôpital militaire. Deux corps de logis composent ce bagne, et sont séparés par une cour d'une extrême profondeur. Le second bâtiment, d'une bien moindre dimension, s'appelle l'infirmerie; il n'a qu'un rez-de-chaussée et un premier étage. Dans ce rez-de-chaussée sont placés le laboratoire de la pharmacie, le logement du pharmacien de garde et quelques magasins. Le premier étage se compose du logement des officiers de santé, chargés du service d'une salle très-longue où gisent les malades, et d'une salle particulière séparée de celle-ci par un grillage, où se tient continuellement un détachement de gardes-chiourmes (gardiens des forçats). La salle de l'infirmerie est éclairée par des fenêtres hautes et étroites, garnies de barreaux de fer. Un long exhaussement règne de chaque côté de la salle et tient élevés au-dessus du parquet les lits destinés aux malades. Chaque lit porte un anneau destiné à la chaîne qui attache chaque individu, et la longueur de cette chaîne ne laisse de libres mouvements que ceux d'une absolue nécessité.

Le principal bâtiment est d'une prodigieuse grandeur. Il est divisé en trois étages, composés de deux immenses salles, partagées au milieu par une longue colonnade de pierre. Les salles sont éclairées par de hautes et larges ouvertures couvertes de grillages en fer. Contre la colonnade du milieu et dans le pourtour des salles s'adossent de chaque côté des lits de camp d'une très-grande longueur, mais non continus; dans l'intervalle qui existe entre chacun d'eux il y a des tuyaux de pompe qui, à certaines heures de la journée, laissent échapper de l'eau pour le nettoiement de la salle. Dans cet intervalle, on a ménagé aussi des fosses inodores. Au bord inférieur de ces lits de camp règne une série d'anneaux propres à recevoir la chaîne de chaque individu.

L'intérieur du bagne de Rochefort rappelle à peu près celui du bagne de Toulon, excepté toutefois les localités flottantes, qui n'y existent pas. Le bâtiment est assez beau. Dans l'arsenal les travaux sont moins compliqués qu'à Toulon. Les récompenses journalières produisent un bon effet sur l'esprit des condamnés lorsqu'elles sont distribuées avec justice : elles consistent dans la cessation de l'accouplement, dans l'emploi de fers plus légers, dans la distribution de postes plus doux qui procurent quelque argent, en gratifications semestrielles accordées par le conseil d'administration de la marine aux détenus qui ont réuni à une bonne conduite le plus de zèle et d'aptitude pendant les travaux. Les punitions de simple police autres que celles prévues par les lois sont : 1° le retranchement du vin pour un jour seulement, excepté dans la saison caniculaire; 2° le ramas, les menottes, le cachot, la souche et la garcette; 3° la privation des douceurs accordées; 4° la remise en couple pour un temps plus ou moins long.

Le mouvement journalier de la chiourme est ainsi réglé dans le bagne de Rochefort : au coup de canon de Diane, on commence à déferrer la fatigue, et ensuite la consigne. Au son de la cloche de l'embauchée, la chiourme sort des salles; la visite des fers et la fouille se font avec attention, et la chiourme est envoyée sur les travaux. Le 1er mars, la chiourme rentre dans les salles à onze heures et demie; chaque homme reçoit sa ration de vivres. A une heure un quart, la chiourme sort des salles, et est envoyée sur les travaux; elle rentre toujours une demi-heure avant la débauchée des ouvriers. Chaque homme reçoit à la rentrée du soir quarante-huit centilitres de vin (la ration sans travail ne comporte pas de vin). Du 1er avril au 1er novembre, la chiourme sort des salles à une heure trois quarts après midi; le 1er novembre au 31 mars, la chiourme sort des salles à sept heures un quart et rentre à trois heures du soir, toujours une demi-heure avant la débauchée des ouvriers. La rentrée totale de la chiourme est annoncée par le son de la cloche; alors chaque sous-adjudant de garde fait compter les hommes de la salle : cette mesure nécessaire se pratique à la rentrée du matin comme à celle du soir. Au coup de canon de retraite, l'appel nominal se fait dans les salles; une heure après, les sous-adjudants, chacun dans sa salle, donnent un coup de sifflet pour annoncer le silence, qui s'établit peu de temps après, et qui dure jusqu'au lendemain.

Les forçats sont transportés aux trois bagnes dans des voitures cellulaires. Autrefois le ferrement et le départ de la chaîne avaient lieu publiquement, et attiraient un nombreux concours de spectateurs. En arrivant à leur destination ils sont soumis à une opération assez dangereuse. On leur rive au pied droit une chaîne de 1 mètre 60 cent. au bout de laquelle se trouve un boulet de 5 kilog. 90. Lorsqu'un forçat s'est enfui du bagne, on tire trois coups de canon pour avertir les habitants des alentours de se tenir sur leurs gardes et de lui courir sus. Si le fuyard est repris, il est mis au cachot. En cas de vol ou d'assassinat au bagne, le coupable est traduit devant un conseil de guerre; et s'il est condamné à mort, la sentence s'exécute comme suit : l'échafaud est dressé dans la principale cour; quatre pièces chargées à mitraille sont disposées de manière à balayer en un instant toute la place; les soldats de garde prennent les armes et se placent en bataille derrière la porte d'entrée; les forçats agenouillés autour de l'échafaud se découvrent et tiennent leur bonnet à la main. A midi le condamné arrive chargé de chaînes; un coup de canon tiré du port donne le signal, et le bourreau, qui est aussi un forçat, remplit son office.

Dans les trois bagnes, les vêtements et la marque distinctive des forçats varient suivant qu'ils sont condamnés à temps ou à vie. Tous ont une houppelande, un pantalon, un gilet, un bonnet. La couleur seule de ce bonnet indique la durée de la peine.

L'administrateur du bagne a à sa disposition les plus énergiques moyens de répression; mais ces moyens, bons pour punir les fautes, sont sans efficacité pour les prévenir; les vices de l'institution sont plus forts que tout ce qu'on leur oppose. Le commissaire du bagne a le droit de retenir un forçat au banc, au pain et à l'eau; de lui faire garder les menottes pendant plusieurs jours; de le faire mettre au cachot; de le traduire, pour des délits caractérisés, à la cour martiale; mais de tous les châtiments qu'il peut infliger le plus terrible est celui qu'on appelle la bastonnade. Il consiste à appliquer sur les reins nus du coupable, avec une corde goudronnée de l'épaisseur d'un fort pouce, un certain nombre de coups. Il est impossible de se faire une idée des souffrances cruelles de ce supplice : en un instant la chair est déchirée; des cloches nombreuses s'élèvent, se crèvent, et une rigole sanglante est creusée sous les coups redoublés. Il faut avouer cependant que ces traitements sont fort rares, et que les administrateurs actuels apportent dans l'exercice de leurs fonctions autant de douceur que de fermeté.

La population des trois bagnes a subi d'assez importantes variations. Au commencement de ce siècle, elle était de 7,689 forçats; en 1830 on en comptait 8,568; en février 1848, 7,953; au 1er janvier 1850 elle était réduite à 7,690 individus, ainsi répartis : 3,873 à Toulon, 2,831 à Brest, 986 à Rochefort. Sur ce nombre 1,965 étaient condamnés à perpétuité, 3,070 de cinq à dix ans, 2,239 de onze à vingt ans, 282 de vingt et un à trente, 41 de trente et un à quarante, 23 de quarante et un à cinquante, et 9 à cinquante et au-dessus.

Le vol était la cause principale de ces différentes condamnations : sur 7,690 forçats, 4,750 étaient condamnés pour ce crime, 1,027 pour meurtre, 459 pour attentat à la pudeur, 233 pour incendie, 168 pour assassinat, 162 pour coups et blessures graves, 159 pour faux, 140 comme faux monnayeurs, 24 comme banqueroutiers frauduleux, 65 comme empoisonneurs, 26 comme parricides.

Les hommes de vingt à quarante ans formaient plus de la moitié de cette population dépravée; on y comptait 122 jeunes gens de seize à vingt ans et 270 sexagénaires ou septuagénaires. Arrivés à l'âge de quatre-vingts ans, les condamnés sont transférés dans les maisons de force. A l'époque que nous citons, les campagnes fournissaient plus de la moitié des forçats : on en comptait 4,595 nés dans les communes rurales sur 2,452 nés dans les villes; les forçats d'origine étrangère ne dépassaient pas 643.

Quant à l'influence de l'instruction sur la moralité des masses, voici quels résultats elle donnait : 3,902 forçats ne savaient ni lire ni écrire, 2,990 ne savaient lire et écrire qu'imparfaitement, 707 savaient bien lire et écrire, mais 91 seulement avaient reçu une instruction supérieure.

Le classement des condamnés suivant la profession qu'ils exerçaient avant leur condamnation offrait aussi quelques particularités assez curieuses. Les batteurs en grange, cultivateurs, jardiniers, formaient environ le sixième de la population des bagnes, soit 1,278 individus; les journaliers et terrassiers venaient ensuite pour un chiffre de 1,078; les maçons et plafonneurs pour 467 ; les domestiques pour 243; les tisserands pour 345; les tailleurs d'habits pour 175 : les cloutiers, forgerons et serruriers pour 184. On trouvait au bagne 3 comédiens, 6 notaires et 5 ecclésiastiques. La profession qui fournissait le moins d'hôtes à ces lieux maudits était celle de l'homme de lettres : on n'en comptait qu'un sur 7,690 forçats.

Après le département de la Seine, où le bagne recrutait son plus ample contingent, venaient en première ligne ceux des Côtes-du-Nord, du Nord, de l'Aisne, du Calvados, de la Corse, de l'Eure, du Finistère, du Rhône, du Haut-Rhin, de la Seine-Inférieure et de la Somme. Les départements des

Basses-Alpes, de l'Ariège et de la Vendée fournissaient le moins de condamnés. On comptait aux bagnes 143 mahométans, 26 israélites, 189 protestants; le reste était né dans la religion catholique.

Le nombre de grâces accordées aux forçats avait été de 90 en 1848 et de 52 en 1849.

« Dans l'origine des bagnes, dit M. Charles Lucas, inspecteur général des prisons, on permettait aux forçats de se livrer, hors du temps de service, à divers ouvrages pour leur profit personnel et de les vendre. L'ouvrier habile pouvait même s'exempter de la fatigue de l'arsenal en chargeant un autre forçat de le remplacer au prix de 25 cent. Les bagnes prirent alors au dedans et au dehors une physionomie spéciale : au dehors c'était le singulier contraste d'une société qui pendant la durée de sa condamnation admettait le forçat dans les ateliers de l'industrie et jusque dans les services intérieurs de la domesticité, tandis qu'à l'époque de la libération, à quelques kilomètres du bagne, elle le poursuivait d'une invincible répugnance, lui fermant partout les voies du travail et les conditions de la probité. Au dedans, sous l'empire de cette faculté pour le détenu de travailler à son profit après le temps de son service et de s'affranchir même de ce service à prix d'argent, les bagnes présentaient de vrais bazars, dans les salles desquels les forçats étalaient aux yeux des visiteurs les produits des diverses industries qu'ils cultivaient. A Brest on allait aussi naturellement au bagne qu'au premier magasin venu prendre mesure d'une paire de bottes ou d'un habit. Une dame, bonne musicienne, m'a assuré avoir appris la harpe au bagne, où, accompagnée de sa mère, elle se rendait chaque jour, avec quelques-unes de ses amies, pour suivre les leçons d'un forçat professeur.

« Mais le code de 1810, en attachant aux travaux forcés le but pénal d'une occupation pénible, dépouillée de tout attrait, opéra une révolution dans les bagnes. Ces vastes salles, autrefois si animées, devinrent désertes. On n'y aperçoit plus de loin en loin que quelques forçats condamnés à la double chaine, vous offrant les produits de leur travail, ou balayant et nettoyant la maison. La double chaine est la punition de tout forçat qui a cherché à s'évader et qui doit rester pendant trois ans attaché par une chaîne à son banc, où il se livre à son industrie.

« Où est donc maintenant cette terrible population ? Dans le port, aux travaux de la fatigue? Nullement. On n'emploie à la fatigue que les individus incapables; mais au lieu des travaux pénibles que prescrit le code, on cherche à procurer aux forçats des occupations utiles, l'exercice de leur profession à ceux qui en ont une, l'enseignement d'une industrie à ceux qui n'en ont pas.... On développe aisément les condamnés, on remplace sans peine le boulet par la manille, qui n'est qu'un petit anneau de fer, et, par une nouvelle violation du code au profit de l'humanité, on attache aux professions le principe des salaires et des masses de réserve pour le moment de la libération. Ainsi commence à tomber le vieux système des bagnes.

« Il y a encore une différence notable entre le régime intérieur des maisons centrales et celui des bagnes : affranchi des rigueurs de la vie cloîtrée, le forçat travaille au dehors. Il s'épanouit, avec ses frères, au grand air, à l'air libre de la mer, sur le port, aux travaux du gouvernement. On fournit à chaque direction tant d'hommes suivant ses besoins. Vous frémissez à l'aspect de cette population; à l'idée de cette population coupable qui est toute dehors; mais voyez par votre fenêtre ces tailleurs de pierre, près desquels les passants s'arrêtent, surpris de leur habileté. Ils ont les mains libres, armées même de lourds marteaux. On ne leur voit qu'un anneau au pied, les gardiens sont bien loin, et ces forçats sont indistinctement des bonnets *rouges* ou *verts*, c'est-à-dire qu'il en est parmi eux de condamnés à perpétuité, qui n'ont échappé à l'échafaud que parce que le jury a écarté la circonstance de préméditation. Eh bien, il n'est pas d'exemple que ces hommes aient fait le moindre mal à un visiteur ou à un passant ; ils vous saluent même fort poliment : veillez seulement à votre montre et à votre bourse.

« A Brest, dans la cour très-longue de la manufacture, vous apercevez tout un peuple de tisserands, de fileurs, de teinturiers, de foulcurs, de forgerons, les mains libres, armés des instruments de leurs professions, ayant pour toute garde deux garde-chiourmes le sabre au côté. Après l'épreuve de la bastonnade, des fers, du canon, de la guillotine, des peines perpétuelles, les hommes les plus habiles et les plus expérimentés s'accordent à dire que le meilleur moyen d'ordre, c'est le travail, c'est l'espoir de l'expiration de la commutation de la peine, c'est la crainte de la prolonger. Le gouvernement, de son côté, a beaucoup à faire encore pour améliorer le régime des bagnes. Il y a surtout une grande et urgente réforme à opérer dans la société; c'est d'y combattre l'exagération de répugnance pour les libérés. »

BAGNÈRES DE BIGORRE, charmante petite ville du département des Hautes-Pyrénées. Elle doit à ses sources minérales et son nom et sa célébrité. Située à quatre lieues de Tarbes et de Barèges, à vingt-trois lieues de Toulouse, et à environ deux cents lieues de Paris, Bagnères, à cause de sa situation même, et moins pour ses eaux que pour ses beaux sites et ses plaisirs, reçoit chaque année la visite des étrangers curieux ou malades qui voyagent dans les Pyrénées. Il est rare, en effet, que les riches habitués de Baréges, de Cauterets, de Bonnes et de Saint-Sauveur, reprennent le chemin des grandes villes sans avoir assisté au spectacle de Bagnères, sans avoir fréquenté ses bals, galopé dans ses magnifiques salons, parcouru ses belles promenades, admiré ses cascades, frémi à l'aspect de ses rochers et de ses profondes cavernes, et sans conserver sur leurs tablettes quelques croquis des vues de Bigorre et de Campan, que la plume poétique de M. Ramond a justement célébrées. On s'était fait villageois, montagnard et quasi sauvage en parcourant les Pyrénées; mais à Bagnères on redevient citadin et mondain. C'est à Bagnères que se donne rendez-vous la société ambulante des Pyrénées; c'est là qu'on vient mutuellement se faire confidence de ses secrets de voyage, mutuellement se raconter ses chères aventures, et quelquefois finir un roman commencé sous d'autres ombrages ; enfin, c'est à Bagnères qu'on fait le premier essai de la santé qu'on a recouvrée à force de douches, en recommençant la vie mondaine qui l'avait compromise.

Les eaux de Bagnères méritent bien qu'on allonge un peu sa route à cause d'elles. Quoique inodores et limpides, elles ne sont pas dépourvues de principes; la chimie y démontre des sels de soude, des substances alcalines et un peu de fer; aussi ont-elles une saveur métalique et salée. La réputation des eaux de Bagnères remonte fort haut. Quelques inscriptions non équivoques et des débris de monuments caractéristiques attestent qu'elles étaient connues et estimées des Romains. Toutefois, comme les eaux ont aussi leurs vicissitudes, la mode dans le dix-huitième siècle, après les avoir longtemps préconisées, tout à coup les délaissa. A dater de 1777 les étrangers cessèrent presque entièrement de visiter Bagnères; on leur préféra et Barèges et Cauterets, comme si des eaux aussi différentes pouvaient se suppléer les unes les autres. Plus tard, Vichy et le Mont-Dore attirèrent loin de Bagnères l'attention des curieux et la confiance des malades ; de sorte qu'à l'époque de la Restauration Bagnères était dans un état complet de délabrement, indice infaillible de l'indifférence du public. Le préfet d'alors sut mettre toute la sollicitude de son bon administrateur à rendre à Bagnères son ancienne prospérité. Les eaux minérales sont d'autant plus dignes d'occuper l'administration publique que là où la naturelle est prodiguée, elle se montre ordinairement avare de ses autres dons et richesses. Les sources thermales, entourées de montagnes, voisines d'un sol bouleversé par d'anciens volcans, sont presque toujours situées dans les lieux stériles. D'ailleurs, les sources de Bagnères sont des plus abondantes de France : elles composent là comme une Méditerranée d'eaux à demi bouillantes. Il n'y a pas moins de 25 à 30 sources considérables à Bagnères, et la température de ces thermes varie depuis 13° jusqu'à 40° R., circonstance précieuse au traitement de maladies si diverses en des hommes eux-mêmes si diversement susceptibles.

A l'instigation de l'inspecteur des eaux, et par les soins d'un préfet homme de mérite, un grand établissement fut donc fondé à Bagnères vers 1820. On employa pour cet objet les marbres de nos Pyrénées; et, nonobstant ces précieux matériaux tout trouvés et transportés aux lieux mêmes où ils devaient être mis en œuvre, l'établissement coûta 300,000 fr. La dépense se fût élevée à plus d'un million à Paris. Huit des sources les plus réputées de l'endroit alimentent le grand établissement, et sont renfermées dans son enceinte.

Avec ses 6,000 habitants, la jolie ville de Bagnères peut donner la plus convenable hospitalité à 3 ou 4,000 étrangers. Car il faut remarquer que les habitants des villes à eaux minérales bâtissent pour les voyageurs plus encore que pour eux. Là, les *chambres d'amis* ne sont ni moins vastes ni moins commodes que celles du maître de la maison : c'est là qu'il faut aller pour vérifier jusqu'à quel point l'égoïsme peut ressembler à l'abnégation la plus parfaite. On calcule approximativement que ses 3,000 visiteurs annuels laissent à Bagnères de 3 à 400,000 fr. durant la saison des eaux, ce qui suffirait pour alimenter la ville entière pendant le reste de l'année. Bagnères est un séjour d'autant plus agréable qu'on n'y rencontre ni casernes ni hôpitaux militaires, comme à Baréges.

Les eaux de Bagnères n'ont de vertus bien spécifiques que contre les engorgements des entrailles et contre les pâles-couleurs. Elles sont laxatives, et favorisent le retour ou l'accomplissement des hémorrhagies. On les trouve également bien de leur usage dans les engorgements du foie, dans quelques inflammations chroniques et dans les hémorrhoïdes. On les conseille aussi dans les maladies de la peau, pour les vieilles blessures; mais celles de Baréges leur sont préférables; dans les maladies de nerfs, dans les tremblements, celles de Saint-Sauveur valent mieux; dans les maladies de poitrine, mais il est plus prudent d'aller à Bonnes ou au Mont-Dore; dans les rhumatismes articulaires, mais ordinairement les eaux de Bourbonne réussissent davantage; dans les scrofules, dans les leucorrhées, mais il y a plus de succès à espérer tantôt des eaux de Forges et tantôt de l'établissement de Cauterets. Enfin, elles n'agissent souverainement que dans les cas de constipation persévérante et chez les jeunes filles dont la menstruation est retardée, difficile ou irrégulière. Les eaux de Bagnères ont quelque analogie avec celles de Plombières, auxquelles pourtant je les préfère.   Isidore BOURDON.

BAGNÈRES DE LUCHON. *Voyez* LUCHON.

BAGNOLES, hameau situé dans l'arrondissement de Domfront, est la seule source thermale que possède la Basse-Normandie. Le département de l'Orne renferme beaucoup d'autres eaux minérales ; mais toutes ces eaux froides n'ont que des propriétés insignifiantes, outre qu'elles sont inconnues hors du village où on les voit sourdre.

Bagnoles est situé entre deux montagnes hérissées de rochers, entouré de toutes parts par la belle forêt d'Andaine ; et il occupe une gorge étroite où serpente du nord au midi, pour ensuite s'aller jeter dans la Mayenne, la petite rivière de Vée, qui sans doute autrefois s'appelait *Gué*, nom dont la rend digne son peu de profondeur. Le sol aride qui environne la source thermale, les arbres verts qui croissent autour avec profusion, tous ces genêts, toute cette bruyère et ces ajoncs marins dont la terre est partout couverte, un lac formé près de là par une entrave de la rivière, toutes ces choses donnent au lieu dont nous parlons un aspect vraiment sauvage, et font, pour ainsi dire, de Bagnoles la capitale d'un désert.

Le nom de Bagnoles, qui s'écrivait aussi *Bagnols*, *Bagnolles*, et même *Baignolles*, est fort ancien ; il dérive d'un mot de la basse latinité, que l'on retrouve dans le Glossaire de Du Cange. *Bagnum* pour *Balneum* se rencontre aussi dans quelques vieilles chartes. N'en jugeât-on que par son nom ainsi dérivé, il est clair que Bagnoles peut se targuer de quelque ancienneté. S'il ne compte pas autant de quartiers que de maisons qui l'entourent, et dont ses eaux ont sans doute guéri plusieurs générations, son illustration date pour le moins du temps de Henri IV. Au reste, s'il en faut croire les traditions locales, la réputation de Bagnoles serait due primitivement à un fait assez singulier. On raconte que, vers le milieu du quinzième ou seizième siècle (la date n'est pas précise), un cheval poussif, vieux coursier, victime de son zèle, et sans doute aussi des détestables chemins du pays, fut abandonné, presque hors d'haleine et tout amaigri, sur la route de Guibrai à Mayenne. Près de mourir, ce pauvre animal fut heureusement inspiré par un reste de cet instinct conservateur qui n'abandonne jamais les animaux, à quelque espèce qu'ils appartiennent. Il se traîna vers la fontaine de Bagnoles, s'y baigna, s'y plongea chaque jour, et sans doute aussi but de ses eaux, si bien et si favorablement, qu'à la saison suivante ce cheval fut retrouvé frais et rebondi, ayant le poil lisse et la respiration facile, ce qui porta ses maîtres à ne plus désespérer des moribonds ; je suis même porté à croire qu'il servit ensuite à cultiver le domaine de Bagnoles ; et là se trouverait l'explication de ce grand nombre de plantes vivaces que la propriétaire, malgré ses soins, ne pourra toutes extirper. Vous le voyez, on traite les fontaines minérales comme des villes fameuses, comme quelques familles historiques : à défaut de renseignements authentiques, on a recours à des fables pour en illustrer l'origine.

Il paraît que dès 1687 les eaux de Bagnoles jouissaient d'une assez grande célébrité ; c'est sans doute à cause de cela que M. de Cerny, qui fut anobli à l'occasion de sa gestion de Bagnoles, se laissait volontiers appeler *M. le gouverneur de Bagnoles* ; le docteur Gondonnières, médecin de Falaise, alors fameux, ne prenait modestement que le titre d'*intendant*. Toutefois, Bagnoles n'a possédé un véritable établissement et n'a pris un rang honorable parmi les eaux connues qu'à partir de 1813 à 1814, époque où M. Lemâchois les acheta au prix, je crois, de 22,000 fr., eaux et domaine. Voilà l'époque du vrai Bagnoles, que M. Boursault de Paris, vers 1825, fut à la veille de posséder pour 60,000 francs, en vertu d'une vente à retenir à réméré. Bagnoles vaut aujourd'hui et a été récemment vendu 400,000 fr. ; il vaudrait le double entre les mains du gouvernement ou d'un gros capitaliste.

La source thermale sulfureuse est abondante ; sa température ne s'élève guère au delà de 20° R. On est ainsi obligé de chauffer l'eau servant aux bains et aux douches, ce qui en altère un peu les qualités. Vauquelin a trouvé dans ces eaux de petites quantités de muriate de soude, de chaux et de magnésie, pas la moindre atome de soufre ; mais l'odeur des eaux en désigne assez la présence, outre que les roches les plus voisines de la source sont recouvertes de soufre sublimé. Des bulles de gaz se dégagent incessamment de ces eaux, mais principalement dans les temps d'orage ; de sorte qu'on les voit toujours bouillonner. Ces gaz sont composés à la fois d'azote et de gaz acide carbonique. Le sol est imprégné de ces mêmes gaz, et l'on en juge par la rivière, toujours bouillonnante, comme la fontaine.

Les eaux de Bagnoles sont efficaces contre les maladies superficielles de la peau, et principalement encore contre les rhumatismes goutteux et les scrofules; les douleurs réveillées d'anciennes blessures sont souvent guéries à Bagnoles, ainsi que les vieux ulcères, les flux chroniques, les hémorrhoïdes atoniques et les gonflements des jointures. Les jeunes filles pâles, qui ont une santé incomplète plutôt qu'elles ne sont vraiment malades, se trouvent ordinairement très-bien des eaux et des bains de Bagnoles. Quoique douces et peu irritantes en comparaison des eaux des Pyrénées et de celles du Mont-Dore, elles remuent le cœur, elles hâtent les battements du pouls, déterminent souvent des éruptions, quelquefois des coliques, relâchent le corps des jeunes gens, et fréquemment constipent les vieillards ; elles vont même jusqu'à causer de légers tremblements des membres, surtout si on les prend trop chaudes. En général, elles n'agissent bien qu'autant qu'elles sont administrées à une température de 27 à 30° R.; elles agitent trop le cœur, en général, pour qu'on les proscrive aux personnes faibles de la poitrine, aux asthmatiques, aux jeunes filles atteintes de palpitations (à moins que ces palpitations ne résultent des pâles couleurs); j'en défends aussi l'usage aux vieillards apoplectiques, en qui je craindrais le retour d'une attaque. Il est remarquable combien ces eaux adoucissent et blanchissent la peau. Toute femme de cinquante ans, s'il en existe, doit un voyage à Bagnoles.

Outre cette source principale, il y a à Bagnoles une source d'eau ferrugineuse froide; c'est la *fontaine Dufay*. On en fait usage seulement en boisson, et elle est d'un goût fort agréable. Une autre source ferrugineuse, que j'ai nommée l'*Octavie*, se trouve dans la forêt, sur la route de la Sauvagère, à une demi-lieue de Bagnoles. Cette dernière surtout est fort chargée de principes, très-agréable au palais, et très-estimée dans le pays; la surface en est fortement rouillée et irisée. Malheureusement la source en est peu abondante.

On aurait tort d'inférer de ce que j'ai dit de l'aspect tout sauvage de Bagnoles et de son isolement au milieu d'une forêt, que le séjour en est ennuyeux ; il est peu de lieux où l'on s'amuse davantage et où les plaisirs soient plus variés. Après avoir pris, dès le point du jour, son bain, sa douche, ses deux verres d'eau blanchie, rougie, orangée ou complétement pure, on se remet au lit, et, après avoir pris sa tasse de café ou de chocolat, on se rendort durant une ou deux heures. Avant le déjeûner, on se rend au salon pour faire un peu de musique, pour jouer au billard, lire les journaux et délibérer sur les plaisirs du jour ; d'autres vont pêcher dans l'étang de madame Thirion ou chasser dans la forêt. On déjeûne à dix heures. Maintenant, où irons-nous ? Douze à vingt mauvais petits chevaux de charbonnier attendent dans la cour. Messieurs, quand partons-nous ? Après avoir choisi ses coursiers, mis les dames en selle, ce qui dure plus d'une heure, voilà toute la cavalcade qui part. Nous allons à la tour de Bonvouloir, noble ruine des temps chevaleresques, nous allons à l'Étoile, rond-point de la forêt, où aboutissent dix routes aussi belles à voir, quoique moins bonnes à pratiquer, que celles de Saint-Germain ou de Chantilly. Nous reviendrons par la Ferté, où nous prendrons du punch. D'autres fois l'on visite le beau château de Couterne, où habite la famille de Frotté; ou le château de la Bermondière, où Réaumur, qui en fut propriétaire, composa des ouvrages dont la réputation fut grande jusqu'à la venue de Buffon. D'autres fois on va rendre visite à M. Dufay, l'homme d'esprit de ce pays-là ; ou bien on se rend pédestrement à la chapelle de Saint-Horter, lieu de pèlerinage et de superstitions les plus bizarres. Les paysans malades se rendent à Saint-Horter n'espéreraient rien de l'intercession du saint s'ils n'élevaient sur la jolie route qui conduit à la chapelle des pyramides de pierres à la hauteur du point douloureux et malade : si le siége de la douleur est très-élevé, on enclave une pierre au niveau du mal dans un arbre voisin de la route. Malheur aux imprudents qui dérangeraient ces petits châteaux !

ils hériteraient du mal pour la guérison duquel on les avait édifiés.

On revient à Bagnoles juste à l'heure du dîner. Le soir, si le temps le permet, on commence par une promenade dans le domaine de Bagnoles ; on visite l'île Adèle, le rocher Sommariva, le mont Ida, consacré à M. Paris ; car chaque baigneur, après trois voyages à Bagnoles, a le droit de donner son nom à quelque lieu de son choix. Quelquefois aussi l'on fait en canot, avec voile ou rames, une promenade sur l'étang ; on jette l'ancre, et l'on aborde dans quelque île charmante, où l'on danse, où l'on fait des vers : rien n'excite la verve comme les eaux thermales : tout ce qui porte à la peau porte en même temps au cerveau. La promenade terminée, on revient au salon : on joue, on fait de la musique, on lit, on joue des proverbes, etc.; et dix heures venant, les personnes délicates, que l'air du soir rendrait malades, se font porter en chaise dans leur lit d'édredon. Dans l'isolement où est Bagnoles, chaque baigneur n'y dépense pas moins de 12 à 15 francs par jour.

Bagnoles est situé sur deux communes, dont la rivière forme la limite. Toute la partie de l'établissement située sur la rive gauche appartient à Couterne, et toute la rive droite dépend de La Madeleine ; de sorte qu'on dîne chaque jour à La Madeleine, tandis qu'on se baigne, qu'on danse et dort à Couterne. L'étymologiste Eloi Johanneau explique ce voisinage de Bagnoles et du village La Madeleine en disant qu'une Magdeleine était bien placée près d'un lieu de piscines et d'ablutions publiques.   Isidore BOURDON.

BAGNOLS-LES-BAINS, village du département de la Lozère, au pied d'une montagne, sur le Lot, peuplé de 400 habitants, est célèbre par ses sources thermales sulfureuses et par ses bains, très-fréquentés.

Il y a aussi une petite ville dite nom de BAGNOLS dans l'arrondissement d'Uzès (Gard), à trente-huit kilomètres de Nîmes, près de la Cèze, qui y roule quelques paillettes d'or. Cette ville possède un collége, récolte d'excellents vins et fait encore le commerce de blé et des eaux-de-vie. Au huitième siècle elle a donné son nom aux *Bagnolais*, sectaires appartenant à la communion des cathares.

BAGOAS. Ce nom, qui en babylonien voulait dire *eunuque*, a été porté par un favori d'Alexandre le Grand, eunuque qui avait d'abord été attaché à la personne de Darius. Le vainqueur des Perses conçut pour lui, au rapport de Quinte-Curce, une de ces indignes passions dont on ne trouve que trop d'exemples dans l'antiquité, et s'oublia au point de la manifester publiquement.

Un autre BAGOAS, eunuque égyptien, qui vivait dans la première moitié du quatrième siècle av. J.-C., commanda les armées du roi de Perse Artaxercès Ochus, qui, lors de son expédition en Égypte, mit ses troupes mercenaires sous ses ordres ; ce qui, au rapport d'Élien, n'empêcha pas plus tard Bagoas de l'assassiner, pour venger l'insulte faite au culte de ses compatriotes par la mise à mort du bœuf-dieu Apis, en vertu des ordres d'Artaxercès. L'historien juif Josèphe nous parle aussi d'un BAGOAS, favori d'Hérode le Grand, et surnommé *Carus* en raison même de la faveur dont il jouissait auprès du roi, ce qui ne l'empêcha point de conspirer contre son bienfaiteur, à cause des cruautés que celui-ci exerçait sur les populations juives. Le complot ayant été découvert, Bagoas paya de sa vie la part qu'il y avait prise.

BAGRADITES. *Voyez* PAGRATIDES.

BAGRATION (PIERRE, prince), l'un des plus célèbres généraux russes des temps modernes, né vers l'an 1762, descendait d'une ancienne famille princière de Géorgie (*voyez* PAGRATIDES). En 1783 il entra au service de Russie, et se forma sous les ordres de Souwarof. En 1788 il assistait à l'assaut d'Oczakow. Il fit ensuite la guerre de Pologne de 1792 et 1794 avec le grade de général, et en 1799 celles d'Italie et de Suisse, où il fut à deux reprises gravement blessé. Dans la campagne d'Autriche de 1805 il déploya plus d'énergie et d'activité que jamais, surtout dans la journée du 16 novembre, où il fit p<!---->euve d'une intrépidité sans égale.

Le 13 novembre Koutousof, général en chef de l'armée russe, marchait sur Znaïm pour opérer sa jonction avec l'armée autrichienne, lorsqu'il apprit qu'elle avait été anéantie à Ulm et que les Français avaient passé le Danube à Vienne. Il craignit dès lors qu'ils n'arrivassent avant lui à Znaïm, position qui leur eût permis de l'écraser à son tour. Dans cette situation critique, il envoya huit mille hommes de ses meilleures troupes, commandés par Bagration, au-devant de Murat, à Hollabrunn, avec ordre de s'y défendre jusqu'à la dernière extrémité, pour donner le temps à son corps d'armée de dépasser Sprottenthal.

Le 16, une action aussi vive que meurtrière s'engagea entre la faible division commandée par Bagration et le corps d'armée de Murat, appuyé par celui de Lannes et toute la réserve de cavalerie. Si lorsque vint le soir trois mille Russes tués ou blessés jonchaient le champ de bataille, Bagration eut du moins la gloire d'avoir résisté, pendant six heures consécutives, à un ennemi trois fois plus nombreux, et d'avoir ainsi permis à l'armée de Koutousof d'arriver à Znaïm.

Bagration, quelques jours après, prit une part active à la journée d'Austerlitz, dans laquelle il commandait, comme lieutenant général, l'avant-garde de la cinquième colonne, aux ordres du prince Jean de Lichtenstein, forte de 6,000 hommes, qui formait l'aile droite et s'étendait jusqu'à la chaussée conduisant à Brunn. Il ne combattit pas moins vaillamment aux journées d'Eylau et de Friedland.

Lorsque l'accession de la Russie au système continental entraîna cette puissance dans une guerre contre l'Angleterre et la Suède, Bagration fut chargé de s'emparer des îles d'Aland, tandis que Buxhowden pénétrait en Finlande et enlevait à la Suède cette province en même temps que la Bothnie occidentale. Dans la campagne de 1809 contre les Turcs, il assista à la sanglante bataille de Silistria; et lorsque Pechliwan-Pacha fit partir de son camp d'Andrinople 15,000 hommes pour secourir cette place, Bagration, feignant d'y être contraint par les pluies et les débordements, repassa le Danube à Horsova pour marcher au-devant de ce nouvel ennemi, et mit fin à la guerre en l'écrasant. En 1812 il commandait le second corps d'armée de l'ouest; il échoua dans l'attaque qu'il tenta à Mohilew contre Davoust, mais il réussit cependant à opérer à Smolensk sa jonction avec le premier corps. Frappé mortellement à la bataille de Mojaïsk, il mourut quelques jours après, le 7 octobre 1812.

BAGUE (Jeu de). Il consiste en une série d'anneaux de cuivre ou d'autre métal, passés à la suite l'un de l'autre dans une potence sous une double rainure à peu près perpendiculaire, de telle façon que celui qui est au-dessous de tous les autres, poussé par leur poids, reste suspendu à l'extrémité de la potence, s'en détache aisément, et peut être ainsi enfilé et emporté par une lance, un stylet ou un poignard émoussé, dont sont armés ceux qui courent la carrière à cheval, sur des chars, sur des chevaux ou des siéges de bois.

Le plus ancien jeu de bague est celui auquel les Grecs et les Romains se livraient dans leurs jeux, les jours de fêtes ou de réjouissances militaires. Il ne différait de celui qui est en usage dans nos académies et nos manéges que par l'étendue de la lice et le nombre plus considérable de concurrents. Les vainqueurs recevaient des couronnes ou des prix au milieu de fanfares et de l'allégresse générale.

Au moyen âge le jeu de bague était un des divertissements les plus ordinaires des tournois; les fabliaux consacrent souvent le souvenir de ces joûtes de la chevalerie. Dans les brillants carrousels qui eurent lieu sous Louis XIV, des chevaliers superbement vêtus, et divisés en plusieurs quadrilles, couraient la bague en char, quelquefois même à cheval.

Aujourd'hui ce jeu dans nos académies et nos manéges n'est plus qu'un exercice d'équitation. Dans les fêtes locales, dans les promenades publiques autour des grandes villes, dans les foires de village, on dresse souvent aussi une machine de bois construite et disposée de manière à ce que, tournant sur un pivot, à force de bras, dans une enceinte circulaire, elle imprime un mouvement pareil, assez rapide, à des chevaux ou des siéges de bois, sur lesquels sont placés les coureurs, qui, avec un stylet ou un poignard émoussé, s'efforcent d'enfiler et d'emporter une bague ou un anneau suspendu, comme nous l'avons dit, à leur portée, près de la circonférence du mouvement.

BAGUENAUDIER (*colutea*), genre de plantes appartenant à la diadelphie décandrie de Linné, à la famille des légumineuses de Jussieu, et qui, d'après Robert Brown et Decandolle, doit être caractérisé de la manière suivante : calice à cinq dents; corolle papilionacée, à étendard aplati pourvu de deux callosités, à carène obtuse et plus petite que l'étendard; étamines diadelphes au nombre de dix, dont neuf réunies en un seul faisceau et une isolée; style comprimé, velu sur son côté interne; gousse vésiculeuse, très-renflée, ovoïde, allongée, portée sur un pédicelle et terminée en pointe au sommet, contenant un grand nombre de graines attachées à la suture supérieure, et finissant par s'ouvrir en deux valves.

Ce genre ne contient qu'un petit nombre d'espèces, qui toutes sont des arbrisseaux à feuilles imparipennées, à stipules très-petites, attachées seulement à la tige; les fleurs forment des grappes peu fournies, qui naissent dans l'aisselle des feuilles, et n'égalent pas en longueur les feuilles ellesmêmes. Parmi ces arbrisseaux, il en est un qui croît spontanément en plusieurs lieux de l'Europe, et que l'on a partout naturalisé pour l'ornement des bosquets : c'est le *baguenaudier commun* (*colutea arborescens*, Linné), qui acquiert dix à douze pieds de hauteur, et dont les feuilles sont composées de neuf à onze folioles ovales arrondies, dépourvues de dentelures, mais un peu échancrées au sommet, glabres, d'un beau vert en dessus, et d'un vert glauque en dessous. Les fleurs sont jaunes et se développent dans les mois de mai et de juin; les gousses qui leur succèdent sont d'un vert rougeâtre et très-vésiculeuses; elles sont remplies d'air qui se dégage avec bruit, en rompant les parois qui les retiennent, quand on les comprime subitement et avec force, en s'amusant et en *baguenaudant*, d'où vient le nom donné à cet arbrisseau. Il est connu aussi sous celui de *faux séné*, parce que ses feuilles sont purgatives. Ses menues branches, coupées et séchées pendant l'été, peuvent être employées l'hiver comme fourrage; ses fruits servent aussi en quelques pays à la nourriture des brebis; on dit qu'ils les engraissent et leur donnent beaucoup de lait. DÉMEZIL.

BAGUES. Voyez ANNEAUX.

BAGUES EN FER. On a préconisé ces sortes de bagues comme un remède contre les maux de tête, les maux de nerfs, les étourdissements, les palpitations et les hémorrhoïdes; comme propres, en outre, à préserver des attaques de paralysie et d'apoplexie, leur propriété principale étant de forcer le sang à la circulation. Nous vivons dans un temps où l'on accorde peu de foi aux anneaux enchantés; aussi emploie-t-on pour recommander ces bagues un prétexte très-captieux; on attribue leur efficacité à l'électricité et à l'aimant. Ces deux agents invisibles produisent par l'entremise des métaux des phénomènes si surprenants, si avérés, que l'annonce, qui paraît être une amorce grossière au premier coup d'œil, séduit plusieurs malades. Déjà, dans le siècle dernier, un médecin des États-Unis d'Amérique, Perkins, avait cru, d'après ses spéculations scientifiques, que les aimants artificiels étaient des armes propres à combattre avec succès diverses maladies. Sur ses assertions et ses indications, on fit usage en Europe d'aiguilles aimantées, et fabriquées avec divers métaux. On en espérait des miracles, surtout dans les affections nerveuses : les dames, principalement, s'armèrent d'aiguilles à la Perkins, dans l'espoir que ces pointes aimantées soutireraient de leurs nerfs les causes des migraines, des vapeurs etc., comme les pointes électriques ont la puissance de soutirer des nuages la cause du tonnerre, suivant la découverte qui illustra un autre citoyen de l'Amérique. Malheureusement les espérances basées sur le magnétisme minéral furent détruites de jour en jour par l'expérience; et quoiqu'on ait retiré quelques avantages réels des aimants artificiels, ceux que recommandait Perkins furent abandonnés avec autant d'empressement qu'ils avaient été adoptés, et aujourd'hui ils sont à peu près oubliés. Après la condamnation prononcée par l'expérience contre les bagues américaines, on peut admettre, sans risquer d'être accusé d'un scepticisme trop rigoureux, que les bagues en fer, quoique chargées d'un fluide électrique concentré, n'ont pas réellement la puissance médicatrice qu'on leur attribue. Resterait encore à savoir si, dans leur inertie, elles n'ont pas le grave inconvénient d'inspirer au malade une fausse sécurité, et de ne lui laisser voir le danger de son état que lorsque les progrès du mal l'ont rendu incurable !   Dr Charbonnier.

BAGUETTE. On emploie les baguettes à une infinité d'usages, et le bois dont on les fait varie selon ces usages; on en fait aussi en fer et en acier : telles sont les *baguettes de fusil* ou autres armes à feu, qui servent à les charger, et que l'on remet après dans le fût. Les baguettes de fusil de chasse se font en baleine ou en bois flexible des îles; le gros bout porte une tête d'ivoire, de corne ou de métal, un peu moins grosse que le calibre du canon. La baguette du fusil de munition est en acier, et, toute simple qu'elle est, sa fabrication exige une multitude d'opérations différentes, dont on ne se douterait guère. D'abord, l'ouvrier appelé *martineur* et son compagnon forment, avec de l'acier ordinaire, une baguette carrée qui prend le nom de *moquette*, de 5 lignes ou 11 millimètres d'épaisseur, et du poids de 14 onces. Sur un des bouts on enlève une masse pour former la tête de la baguette. Ces ébauches passent ensuite dans les mains d'autres ouvriers, qui les arrondissent au moyen d'*étampes* (espèce de marteaux qui portent une rainure demi-cylindrique). La baguette amenée à ce point doit avoir 14 millimètres de diamètre à la tête, 5 millimètres au petit bout, 163 millimètres le long, et peser onze onces. Une baguette est jugée bonne par les contrôleurs quand, tombant de 5 à 6 pouces de haut sur une pierre dure, elle rend un son clair. Après que la baguette est trempée, on commence à la polir en la promenant en travers et à sec sur une meule de grès tendre, puis un autre ouvrier l'use en la plaçant en long dans les cannelures d'une meule de même matière. Enfin le polissage se termine sur une meule ou roue de bois dont la circonférence est striée, et sur laquelle on répand de l'émeri délayé dans de l'huile. On détrempe le petit bout pour y former un pas de vis destiné à recevoir le tire-bourre; puis on brunit avec des meules de bois saupoudrées de poussière de charbon plié.

On appelle *baguettes* les petits bâtons courts avec lesquels on bat le tambour, ainsi que ceux dont on se sert pour tirer des sons de certains instruments, tels que le tambourin, les timbales, le psaltérion, etc.

Baguette, en termes d'artificier, est une petite pièce de bois qu'on attache à la fusée volante, et qui doit être de poids égal à cette fusée pour lui servir de contre-poids, condition sans laquelle celle-ci ne pourrait point s'élever en l'air.

En termes d'architecture, on appelle *baguette* une petite moulure ronde, moindre qu'un *astragale*, et quelquefois taillée d'ornements, dont on se sert dans les profils d'architecture. Elle reçoit plusieurs noms de la diversité de ses ornements : il y a des *baguettes à roses*, des *baguettes à rubans*, des *baguettes à cordon*, etc.

C'était autrefois une coutume chez les Franks, quand ils étaient en guerre, d'envoyer vers leurs ennemis des ambassadeurs avec de certaines *baguettes*, qu'ils appelaient *sacrées, parce qu'elles étaient la marque de leur mission*, et qu'en vertu du droit des gens elles les mettaient en sûreté contre toutes sortes d'insultes ou de mauvais traitements, comme autrefois le caducée chez les Romains et les Grecs.

On a donné la *baguette* à plusieurs officiers civils, comme signe de commandement et d'autorité ; de là sont venues les expressions de *commander à la baguette*, *mener à la baguette*, *faire marcher à la baguette*, pour commander avec hauteur et d'un ton menaçant.

Passer par les baguettes est supporter une punition qu'on inflige chez diverses nations aux soldats qui ont commis des fautes de discipline, et qui consiste à passer, les épaules nues, entre deux haies formées des militaires de leur compagnie, autant de fois que le porte la condamnation, et à recevoir en cet état des coups d'une baguette de saule ou d'osier dont chacun d'eux est armé. Cette peine n'est pas flétrissante en Angleterre, en Allemagne, en Prusse et en Russie, où on l'inflige pour la moindre faute ; mais il n'en était pas ainsi en France avant sa suppression, et le soldat qui l'avait subie était déclaré indigne de servir. Toutefois, on le réhabilitait en faisant passer le drapeau par-dessus sa tête au son des tambours, et il était défendu ensuite de lui rappeler sa faute, sous peine de la même punition.

BAGUETTE DIVINATOIRE, BAGUETTE MAGIQUE, VERGE D'AARON. L'art de la *rabdomancie*, divination au moyen de baguettes, pour découvrir, soit les sources d'eaux, soit des trésors enfouis, soit des mines de métaux précieux, soit pour opérer des charmes, date d'une haute antiquité dans l'Orient. Tout le monde se rappelle les magiciens de Pharaon, dont les baguettes, transformées en serpents, furent dévorées par celle de Moïse. Ce chef des Hébreux, frappant de sa verge des rochers, en faisait jaillir des sources d'eau vive, etc. Aaron portait aussi une verge sacrée.

Dans l'antique mythologie, le caducée de Mercure était un instrument magique, et l'on se souvient de la baguette de Circé métamorphosant les hommes en brutes, etc.

Dans le moyen âge, avec les fées, on sait qu'avaient aussi leur baguette, vinrent les rose-croix, les confrères alchimistes du grand œuvre de la chrysopée, cherchant la pierre philosophale à l'aide d'une baguette, qui selon eux pouvait découvrir, par une sympathie merveilleuse, l'or, l'argent et le mercure dans les entrailles de la terre. Le savant jésuite Kircher décrit, dans son *Mundus subterraneus*, le moyen de préparer ces sortes de baguettes, soit en bois poreux, comme le coudrier, l'aune, le hêtre ou le pommier; soit en y admettant des métaux capables, selon lui, d'attirer par sympathie leurs analogues. Il fut une époque, au seizième et au dix-septième siècle, où l'on ajoutait foi à cet art prestigieux, et sur cette confiance des princes entreprirent des fouilles considérables qui n'enrichirent guère que les prétendus devins.

L'incrédulité, qui a fait périr tant de croyances, a de même causé un grand dommage à la rabdomancie. Nos magiciens des places publiques portent encore quelquefois une baguette. Mesmer, près de son baquet magnétique, avait une canne légère dont les prétendues émanations distribuaient le fluide magnétique sur les parties du corps dont on l'approchait. Les femmes nerveuses croyaient ressentir des frémissements, de la chaleur, ou des picotements, tandis que les esprits calmes et philosophiques n'éprouvaient rien du tout. En résumé, la rabdomancie, la supposition de la vertu de certaines baguettes, n'ont plus guère de crédit, non plus que les amulettes et tous les procédés qui s'adressent à notre imagination. Le siècle qui n'admet que des effets matériels et visibles est moins abusé, sans doute; mais il peut tomber dans un excès qui lui fait nier quelquefois des effets réels par cela seul qu'ils ne sont pas explicables. J.-J. VIREY.

BAHALOUL, bouffon de Haroun-al-Raschid. On l'avait surnommé *le Fou*, parce qu'il se permettait toutes sortes de libertés et de plaisanteries à la cour de ce khalife. Celui-ci lui ayant un jour ordonné de lui dresser une liste exacte et complète de tous les fous que contenait la ville de Bagdad, Bahaloul répondit que c'était là une besogne bien longue et bien difficile; mais que, s'il l'ordonnait, il dresserait la liste de tous les gens sensés, ce qui serait plus tôt fait et beaucoup plus aisé. On cite encore de lui les mots suivants. Un courtisan lui ayant un jour annoncé que le khalife venait de lui donner le commandement suprême de tous les ours, loups, renards et singes du pays, Bahaloul de répliquer aussitôt : « S'il en est ainsi, me voilà roi de ce pays, et j'ai pour premiers sujets vous tous, courtisans! » Une autre fois, qu'il se promenait dans la salle d'audience du khalife, voyant que le trône demeurait vide, l'idée lui prit de s'y asseoir; liberté par trop grande, qui lui valut aussitôt, de la part des officiers du prince, force coups de canne. Haroun-al-Raschid étant survenu en ce moment : « Prends bien garde à ce que tu vas faire, lui cria Bahaloul; car, puisque j'ai reçu une volée de coups de canne pour m'être assis un seul instant sur ton trône, que de douleurs et de peines atroces ne dois-tu pas endurer, toi qui y restes assis toute la journée! »

BAHAMA (Iles) ou **LUCAYES** (de l'espagnol *los Cayos*, écueils, rescifs; en anglais *Keys*), groupe d'îles des Indes occidentales se prolongeant des deux côtés du tropique du Cancer sur une étendue de 1,110 kilomètres, depuis une assez longue distance de la côte de la Floride jusque près la côte septentrionale d'Haïti, et appartenant aux Anglais. Séparé du continent par le *petit* ou *nouveau canal de Bahama*, dit aussi *détroit de la Floride*, et de l'île de Cuba par l'*ancien canal de Bahama*, tout le groupe de Bahama s'étend sur un grand banc de corail (le *banc de Bahama*), en forme d'îles, d'îlots et de rescifs affectant une configuration oblongue, au nombre de vingt grandes îles et six cent trente îlots, occupant une superficie totale de 11,550 kilomètres carrés. Tout cet archipel peut se diviser en vingt petits groupes, entre lesquels des canaux étroits mais profonds offrent seuls des passes navigables. Ces vingt groupes sont : 1° New-Providence, 2° l'île d'Andros, 3° les îles Berry, 4° la grande Bahama, la plus étendue de toutes et qui comprend une superficie de 1,700 kilomètres carrés, 5° le grand et le petit Abaco, 6° Éleuthera, Royal et Egg, 7° l'île d'Harbour, 8° San-Salvador et Leeward, 9° Watlings et Windward, 10° la grande et la petite Exuma, 11° Rumkey, 12° les îles Ragged, 13° les îles Crooked et Acklins, 14° les îles Yama et Long, 15° Attwoodkey, 16° Mayaguana et Frenchkey, 17° la grande et la petite Heneagao ou Inagua, 18° les îles Caïco, 19° les îles Turks, 20° Kaysal et Anguilla.

Il n'y a guère que la septième partie du sol qui soit cultivée; et de toutes ces îles, vingt-cinq seulement, avec les écueils qui en dépendent, sont habitées, mais pauvrement. Le chiffre total de la population ne dépasse pas en effet 25,000 âmes, dont la plus forte moitié se compose de noirs, anciens esclaves, et la moindre de blancs, Anglais d'origine. Le sol est en partie rocheux et en partie sablonneux, très-mal arrosé et d'une fertilité médiocre. Le climat est chaud, mais tempéré par les vents de mer. Les légumes et les fruits de l'Europe, comme ceux des tropiques, y réussissent parfaitement. Le produit principal est le coton; viennent ensuite le café, le maïs, le sorgho et les pommes de terre. Quelques-unes de ces îles fournissent en outre d'excellents bois de construction, et l'élève du bétail y donne aussi des produits assez importants. L'exportation (coton, café, bois de teinture, acajou, fruits, sel, etc.) est moindre que l'importation; de sorte que c'est là un établissement onéreux à la mère patrie; mais il rachète ce défaut par l'avantage de sa situation géographique à l'entrée du golfe du Mexique.

Cet archipel forme le gouvernement anglais des îles Bahama, avec une constitution coloniale analogue à celle des colonies anglaises de l'Amérique du Nord. Le chef-lieu, siège du gouverneur général, et point central du commerce, est la ville de Nassau, située à New-Providence, avec un beau port et 6,000 habitants.

Par sa découverte de l'île Guanahany, île du Chat ou San-Salvador, la première terre qu'il ait aperçue lors de son expédition à la recherche d'un nouveau monde, Christophe Colomb rendit les Espagnols maîtres de l'archipel de Bahama; la paisible population caraïbe qu'ils y trouvèrent accueillit les Espagnols de la manière la plus hospitalière. Mais les espérances de ces aventuriers ayant été déçues dans les autres îles du groupe, qu'ils trouvèrent nues et désertes, ils abandonnèrent les îles Bahama, après en avoir enlevé toute la population aborigène pour la faire travailler aux mines de San-Domingo. En 1641 les Espagnols vinrent ruiner et détruire une colonie anglaise créée en 1629 à New-Providence; mais en 1688 ils abandonnèrent sans retour tout cet archipel aux flibustiers et aux corsaires, à qui il servit désormais de repaire, jusqu'à ce que le capitaine de la marine anglaise Woods Rogers les eut exterminés après avoir pris possession de ces îles au nom de l'Angleterre. Les Espagnols s'en emparèrent encore une fois en 1781, grâce à l'abandon où les colons se trouvaient laissés par le gouvernement anglais; mais le traité de Versailles restitua cet archipel à l'Angleterre.

BAHAMAN ou **BAHMANN**, divinité propice aux mortels, qui dans la religion des anciens Perses venait immédiatement après Ormuzd. Ce dieu avait sous sa protection spéciale les bœufs, les moutons, et tous les animaux susceptibles d'être formés à la domesticité. Il inspirait la bonté, répandait l'abondance sur la terre, et recevait les âmes des justes à leur entrée dans le céleste séjour.

BAHAR. *Voyez* BEHAR.

BAHARITES, première dynastie des mamelouks qui ont régné sur l'Égypte.

BAHIA, aussi nommée **SAN-SALVADOR**, capitale d'une des provinces les plus étendues et les plus peuplées de l'empire du Brésil, est située à 1,350 kilomètres nord-est de Rio de Janeiro, à l'entrée et sur le bord oriental de la magnifique baie de Tous-les-Saints. L'étendue de cette ville le long de la côte est de 4 kilomètres environ, et de plus d'un kilomètre et demi dans l'intérieur des terres. Une seule rue règne le long du rivage, et les deux extrémités de la ville vont en se rétrécissant; l'espace qu'elles enserrent s'élève rapidement à plus de 130 mètres, et une partie des maisons est bâtie sur cette pente escarpée. Lorsqu'on est arrivé au sommet de la colline, le terrain s'aplanit, et l'on jouit d'une des plus belles perspectives du monde. C'est dans cette partie haute que sont situés les plus belles maisons de la ville, la plupart des édifices publics, la magnifique église des Jésuites, celle de San-Francisco, la prison, les arsenaux, les magasins, le fort San-Pedro, le palais du président de la province, les demeures des consuls et le jardin public. A mi-côte s'élève le théâtre. La bourse est sur le bord de la mer, et un fortin se dresse au milieu de la rade.

La ville est en général mal bâtie; les rues sont peu propres et encombrées de nègres. Il n'y a de remarquable que les églises et les couvents, dont la richesse contraste d'une manière frappante avec la mauvaise construction et la malpropreté de beaucoup de maisons particulières. Les couvents de moines sont à peu près déserts ; la liberté en a chassé les cénobites, qui, d'eux-mêmes et sans y être forcés par la loi, ont préféré rentrer dans le monde. Beaucoup de religieuses ont suivi cet exemple.

Les voitures ne peuvent, à cause de l'escarpement du terrain circuler que dans la moindre partie de la ville. Partout ailleurs les gens riches se font transporter dans une espèce de palanquin, composé d'un petit dais, d'un parquet et d'un fauteuil pour une seule personne. La machine est entourée de rideaux de serge ou de soie, et présente deux solives de bois peint, l'une en avant, l'autre en arrière, reposant chacune sur l'épaule d'un nègre vigoureux. Il est du bon ton d'affecter la plus grande bizarrerie dans le costume de ces porteurs, dont l'allure et la marche rapide effrayeraient nos beautés françaises; ils ont les jambes et les pieds nus, sont coiffés pour la plupart d'un schako ou d'un casque, et revêtus d'une veste et d'une culotte à peu près militaires. Il n'y a ni chariots ni charrettes dans la ville ; les plus lourds fardeaux, les pipes de vin, les caisses les plus pesantes, sont suspendus comme des lustres à de fortes perches, et portés ainsi sur les épaules de nègres, qui durant le trajet font retentir l'air des cris les plus aigres et des plus discordants.

Le port de Bahia, défendu par des forts et des batteries, offre un bon mouillage, à l'abri de tous les vents. La passe est sans danger ; on peut entrer et sortir de nuit comme de jour. La ville fut fondée par Coutinho, premier donataire du sol, et plusieurs fois détruite par les Tupinambas, nation indigène, habitant le territoire compris entre Ilheos et la rivière San-Francisco. Rétablie par le premier vice-roi du Brésil, Thomé de Sousa, elle le fut encore par un de ses successeurs, Mem de Sa. Ces représentants de la métropole y résidèrent tant qu'elle fut la capitale du Brésil, c'est-à-dire jusqu'en 1776, époque où ce titre fut transféré à Rio-de-Janeiro.

Bahia est la dernière ville de leurs possessions américaines dans laquelle les Portugais se soient maintenus, grâce à son admirable situation et à la bravoure du général Madeira, qui y commandait les soldats de la mère-patrie. Depuis son incorporation à l'empire du Brésil, plusieurs révoltes y ont éclaté, et il n'en faut pas chercher la cause autre part que dans la composition du peuple qui l'habite : sur ses 120,000 habitants, on compte 50,000 blancs, 30,000 mulâtres et 40,000 nègres. Ces deux dernières castes font cause commune contre la première ; et comme il y a dans leur sein des hommes qui, par leur industrie, ont acquis une fortune considérable et par conséquent une grande influence, il en résulte parfois des révoltes sanglantes, qui heureusement ont été toujours étouffées par le gouvernement, dont l'œil est sans cesse ouvert, et qui dispose sur les lieux d'une force publique respectable.

Bahia est le siège du président de la province de ce nom, autorité administrative civile, délégué immédiat du pouvoir exécutif central, recevant toutes les communications, exécutant tous les ordres du gouvernement impérial. Le commandant des armes et les chefs de la police, de la douane et de la comptabilité financière lui sont soumis, bien qu'ils tiennent leurs nominations de Rio-de-Janeiro. Il est, en outre, à la tête du gouvernement de la province, et veille, en cette qualité, à l'exécution des lois locales émanant de l'assemblée provinciale, composée de trente-six membres nommés par le peuple.

La ville est redevable de ses principaux embellissements à son ancien gouverneur, le comte da Barca, et à son président actuel, le sénateur Gonsalves Martins. Plus que tous leurs prédécesseurs, ils se sont occupés de ses besoins moraux et de ses améliorations matérielles. Grâce au dernier surtout, Bahia a changé de face, et de toutes parts de nouveaux travaux y sont journellement entrepris.

C'est également à Bahia que siège le tribunal d'appel de la province, qui, quant aux tribunaux civils, criminels, commerciaux et administratifs, est divisée en dix-sept districts ou *comarcas*. Il y a aussi un archevêché, duquel relèvent tous les évêchés du Brésil. Le commerce de la ville, qui est considérable, consiste, pour l'importation, en toiles, draps, chapeaux, souliers, soieries, indiennes, qu'y apportent les marines européens, et, pour l'exportation, en sucre, coton, tabac, café, acajou, gomme, qu'ils y prennent en retour. Eugène G. DE MONGLAVE.

BAHMANN. *Voyez* BADAMANN.

BAHREÏN (Iles), appelées par les Anglais îles *Awal*, groupe d'îles du golfe Persique, dans la baie qui forme du côté de l'Arabie la presqu'île de Bahran vers El-Katif, par environ 26° de latitude septentrionale et 68° 1/2 de longitude orientale. La plus considérable de toutes ces îles est celle de *Bahreïn* ou d'*Awal*, qui donne son nom au groupe entier. Elle a environ six myriamètres du nord au sud, et deux myriamètres dans sa plus grande largeur. L'intérieur en est montagneux; mais les côtes en sont extrêmement plates et entourées de nombreux bancs de sable qui restent à sec pour peu que les eaux deviennent basses. Le sol en est d'une fertilité extraordinaire, et arrosé par de nombreuses sources d'eau douce ; cependant il n'y en a encore qu'une minime partie de cultivée. Il produit en abondance des dattes, des amandes, des limons, des grenades, des raisins, des figues, du froment et de l'orge. Un phénomène bien remarquable, c'est celui de puissantes sources d'eau douce sortant du fond de la mer, qu'on a lieu d'observer dans ces parages, et notamment tout autour de l'île Bahreïn, où des plongeurs vont les chercher dans des outres pour l'approvisionnement des navires.

On comptait jadis dans ces îles trente-six bourgades, dont une partie ont été anéanties ou réduites à un complet état de misère par les guerres intestines des populations. Outre quinze bourgades, il s'y trouve aujourd'hui deux villes, *Ruffin*, plus ancienne et située plus dans l'intérieur, et *Manama*, de fondation plus récente, capitale du groupe tout entier, située à l'extrémité nord-est de l'île de Bahreïn, avec une population de 40,000 âmes. Elle est bien bâtie, possède un riche bazar et de grands caravansérails pour loger les nombreux marchands étrangers qui s'y rendent à l'époque de la pêche des perles. Au nord de cette ville se trouve un bon port, qui cependant n'est point à l'abri des vents du nord-ouest, et dont l'accès est rendu difficile par des bancs de sable. Un petit port situé au sud-est de la ville offre bien plus de sécurité. Ces deux ports sont en grande partie formés par une seconde île, appelée *Arad*, située au nord de Bahreïn, et si plate que lorsque les eaux sont hautes elle semble divisée en deux. A l'extrémité sud-ouest de cette île est située *Maharadsch*.

Ce groupe d'îles doit sa célébrité et son importance à la productive industrie de la pêche des perles, dont Bahreïn est le grand centre. Toutefois ce n'est pas seulement dans les parages de Bahreïn que sont situés les bancs de perles : on en rencontre à une distance de soixante-cinq myriamètres, depuis les îles Biddoulf, au sud-est, jusqu'à Schardscha, où une source d'eau douce jaillit du fond sablonneux de la mer. La pêche des perles se fait avec une activité extrême de juin à septembre, mois de l'année pendant lesquels l'eau est assez chaude. Les barques qu'on emploie à cet effet, et qui sont montées par des équipages de huit à quarante hommes, varient beaucoup de grandeur. L'île Bahreïn y envoie année commune 3,500 barques, dont 2,500 à 3,000 appartiennent à la capitale seule. La côte de Perse en expédie 100, et les côtes des Pirates, ainsi que les bourgades situées entre Bahreïn et le Râs Musendon, environ 700. Les trois quarts environ en sont achetés par des marchands hindous, et le reste passe en Europe, en Arabie et en Perse. Les Anglais en estiment à environ 400,000 livres sterling.

(dix millions de francs) le produit net de tous frais, et notamment des redevances de diverses sortes à acquitter au profit des chéiks et des navires chargés de surveiller la pêche. Toutefois les relations les plus récentes s'accordent à représenter ce commerce comme étant en décadence complète.

Ces îles étaient déjà connues des anciens, la plus grande notamment, sous le nom de *Tylos* ou *Tyros*, et *Arad* ou *Aradus*, fort peuplée dès cette époque, à cause de la pêche des perles. Les Portugais, dont quelques ruines subsistent encore à l'entrée du port rappellent la domination dans ces parages, s'en emparèrent peu de temps après la conquête d'Ormuz, et firent alors pour leur compte la pêche des perles. Chah Abbas leur ayant enlevé Ormuz, force leur fut d'abandonner aussi les îles Bahrein, restées constamment un sujet de contestations entre les Persans et les Arabes jusqu'à ce qu'une peuplade de cette dernière nation, les *Athoubis*, s'en emparât, en 1784. Elle en demeura maîtresse jusqu'en 1800, époque où l'iman d'Oman lui déclara la guerre pour s'être refusée à lui payer tribut. Il s'en empara avec assez de facilité, mais ne les conserva que peu de temps; et les descendants des Athoubis, quoique troublés de temps en temps par les Wahabites, ont continué à dominer dans l'île de Bahrein, où l'intervention des Anglais a introduit plus de régularité dans le commerce.

BAHR-EL-ABIAD, BAHR-EL-AZIEK. *Voyez* NIL.

BAHUT. Ducange dérive ce mot de *bahudum*, employé dans la basse latinité pour indiquer une espèce de coffre; d'autres croient qu'il vient du mot celtique *bahu*, par lequel on désigne un coffre dont le dessus est fait en rond. Ménage le dérive de l'allemand *behalten* ou *behuten*, qui signifie *garder*, *enfermer*. Le mot *bahut* n'est plus guère usité en ce sens, et on l'a remplacé par celui de coffre, qui est plus généralement employé.

En termes d'architecture ou de maçonnerie, on appelle *bahut* ou *bahu* le profil bombé d'un chaperon de mur, de l'appui d'un quai, d'une terrasse, d'un fossé ou d'une balustrade.

En termes de jardinage on dit qu'une plate-bande, une planche ou une couche est en *bahut* ou *en dos de bahut*, lorsqu'elle est bombée et arrondie sur sa largeur, pour faciliter l'écoulement des eaux et mieux élever les fleurs.

BAI, en latin *badius* et en italien *bajo*, que l'on fait venir du grec *baion*; c'est une couleur de cheval rouge-brun, tirant sur le châtain, d'où l'animal lui-même est appelé *cheval bai*. Cette couleur a plusieurs nuances: *bai clair*, *bai doré*, *bai brun*, *bai châtain*, *bai cerise*; on appelle *bai miroité* ou *à miroirs* la couleur d'un cheval dont le corps est parsemé de taches rondes d'un bai plus clair que le reste de sa robe.

BAIADÈRES. *Voyez* BAYADÈRES.

BAIANISME, BAIANISTES, système et disciples de Baius.

BAIE (*Géographie*), espace de mer compris entre deux terres, où les vaisseaux ne sont pas exposés aux dangers de la pleine mer. La distinction entre les *golfes* et les *baies* n'est pas facile, et les géographes l'ont rendue encore plus embarrassante. On ne peut pas dire qu'une *baie* est un petit *golfe*, car celles d'Hudson et de Baffin, au nord de l'Amérique, sont plus étendues qu'aucun golfe, excepté celui du Mexique. On n'admettra pas non plus qu'une baie, pour mériter ce nom, doit être plus étroite à l'entrée que vers le fond, quoique plus d'un traité de géographie en donne cette définition: on ne reconnaîtra certainement pas ce caractère aux baies d'Andierne en France, de Naples en Italie, etc. La science n'a pas le pouvoir de rectifier les incorrections du langage, qui sont maintenant dans le domaine de plusieurs arts d'une haute importance, et que les cartes perpétuent en dépit des réclamations des savants.   FERRY.

BAIE (*Botanique*), en latin *bacca*. Les baies appartiennent à la section des *fruits charnus*; elles sont caractérisées par la présence d'une ou plusieurs graines éparses dans la pulpe, comme on le voit dans le raisin et la groseille. Il est toujours facile de distinguer la baie du *drupe*, celui-ci ayant un noyau unique.

On classe les *baies* d'après le nombre de semences qu'elles contiennent: quelques-unes n'en ont qu'une seule, comme on peut le constater dans l'aubépine, le fustet, l'obier et plusieurs arbres ou arbustes *baccifères*; d'autres en ont un grand nombre, comme les rosiers, les arbousiers, les myrtes, les groseilliers. On distingue aussi les baies réunies en grappes, et dans ce cas chacune, considérée isolément, est un *grain* (groseillier, raisin, sureau, etc.), et celles qui sont portées sur un réceptacle commun, se pressent l'une contre l'autre et semblent ne former qu'un seul fruit (mûrier, ronce).

Les baies baccifères sont presque toutes des arbres ou des arbustes, et appartiennent à des *familles* très-différentes qui se rapprochent cependant par quelques analogies de leur fructification.

Les baies sont un aliment pour de nombreuses tribus d'animaux, parmi lesquels il faut placer des carnassiers, même de grande taille. L'ours brun ne les dédaigne pas; l'image du renard sautant après une vigne pour en manger les fruits n'est pas une invention du fabuliste. Mais ce sont les oiseaux qui font la plus grande consommation de presque toutes les espèces de baies. A quelques égards les plantes profitent de cet emploi de leurs fruits: les semences sont transportées au loin, disséminées partout, et les chances favorables à leur développement sont ainsi plus multipliées qu'elles ne peuvent l'être par aucune autre voie. C'est vraisemblablement par ce moyen de propagation que le groseillier a traversé tout l'ancien continent, et que la vigne s'est répandue dans les forêts des deux mondes. Les fruits que les oiseaux ne peuvent ni cueillir ni transporter ne sont guère confinés dans leur pays natal; la pêche et l'abricot seraient encore en Asie si des voyageurs n'avaient pas pris soin de les donner à l'Europe; si ces fruits avaient été réduits à la grosseur d'une baie, ils auraient depuis longtemps envahi tout l'ancien continent, et peut-être le Nouveau Monde.   FERRY.

BAIE (*Architecture*). C'est en général une ouverture dans un mur: les portes et les fenêtres sont des baies. L'orthographe de ce mot a changé, sans que l'on sache d'où vient ce changement, et encore moins ce qui l'a motivé. Autrefois on écrivait *bée*, mot dont l'origine est évidemment la même que celle de l'adjectif *béant*, participe d'un verbe tombé depuis longtemps en désuétude.

BAÏES, *Baiæ* des anciens, aujourd'hui *Baja*, petite ville de la côte de Campanie, aux environs de Naples, où s'élève de nos jours le château de Baja, œuvre du vice-roi Pierre de Tolède. Baies était autrefois, à cause de son site ravissant, qui faisait dire à Horace:

Nullus in orbe sinus Bajis praelucet amoenis,

à cause de la fertilité de son terroir et des abondantes sources d'eaux minérales qu'il renferme, le séjour de prédilection des grands seigneurs romains à l'époque où l'empire brillait de son plus vif éclat. Jules César, Pison, Pompée, Marius, Julia Mammea, et d'autres encore, y eurent des maisons de campagne, qui plus d'une fois servirent de théâtre aux événements de la plus décisive gravité, et où régnait le luxe le plus voluptueux.

« Déjà au temps des Césars, dit Wieland, dans sa traduction d'Horace, Baies était le rendez-vous général des Romains de distinction, qui se croyaient en droit de déposer là le masque hypocrite de leur rigide républicanisme pour se livrer sans crainte aux délices d'une vie toute de plaisirs et de volupté. Cette circonstance donna à ce séjour enchanteur une telle réputation de débauche, que Properce ne crut pas pouvoir assez tôt en rappeler sa fille, et que Cicéron, dans sa défense pour le jeune Marcus Cœlius, crut devoir se justifier d'avoir pris sous sa protection un homme qui avait fréquenté le séjour de Baïes. »

Aujourd'hui des ruines s'élevant au-dessus de la mer, ou bien rompant seules la monotonie d'un territoire inculte et désert sont tout ce qui rappelle l'antique splendeur de Baïes. Là où jadis s'étendaient les parcs les plus délicieux, on ne rencontre plus que des plaines marécageuses desquelles s'échappent des miasmes putrides. A part quelques misérables cabanes, on n'y rencontre plus d'autre habitation que le château construit sur un rocher assez élevé. Les ruines des trois temples de Vénus, de Mercure et de Diane Lucifère ainsi que les débris de quelques anciens thermes attirent encore aujourd'hui l'attention des archéologues. Le port de *Bajæ*, l'un des plus vastes que possédassent les Romains, est aujourd'hui dans un déplorable état; mais la vue en est magnifique. Des ruines de villas romaines, par exemple de Cicéron, d'Agrippine, de Servilius Vacca, etc., de tombeaux et autres constructions romaines, couvrent les campagnes environnantes. Le terrain ayant fini par manquer dès le temps d'Horace, on en était venu à bâtir dans la mer même, comme le prouvent les ruines encore parfaitement visibles qui s'y trouvent.

BAÏF (Lazare de), abbé de Charroux et de Grenetière, conseiller du roi François 1er, maître des requêtes, fut chargé de plusieurs négociations. Il mourut en 1547. Le poète dramatique Jean-Antoine de Baïf (*voyez* l'article suivant) était son fils naturel. Lazare cultivait aussi les lettres. On a de lui plusieurs écrits savants, mais qui manquent de méthode, entre autres *De Re Vestiariâ* et *De Re Navali*, imprimés à Bâle, en 1541, in-8°. Il translata, ligne pour ligne, et vers pour vers, l'*Électre* de Sophocle et l'*Hécube* d'Euripide. Ces essais étaient dignes du siècle de Ronsard.

BAÏF (Jean-Antoine de), de Venise, où il naquit en 1532, et où son père était ambassadeur de France, fut envoyé jeune à Paris pour y faire ses études sous Charles Étienne, Nicolas Vergèce et Jean Dorat. Il profita sous ces habiles maîtres; mais il avait à peine quinze ans que la mort de son père le laissa dans la plus profonde misère. Les lettres furent sa seule ressource; elles le firent connaître à Charles IX, qui le nomma secrétaire de sa chambre. A l'exemple de Jodelle, il composa, ou plutôt il traduisit du latin plusieurs pièces de théâtre, qu'il jouait avec ses amis. Ce métier ne l'enrichit pas; car plus tard il partageait un lit avec Ronsard, son intime, lorsqu'il établit, par lettres patentes, dans un galetas du faubourg Saint-Marceau une académie de poésie et de musique. Ce fut la première société littéraire qu'il y ait eu en France, et elle obtint un grand succès, puisque Henri III voulut assister à l'une de ses séances; mais les troubles de la ligue interrompirent ces réunions.

Baïf fut le premier à tenter d'introduire l'usage des vers français mesurés de longues et brèves à la manière des Grecs et des Latins. Cet essai ne réussit point, quoique adopté par plusieurs de ses contemporains, comme Rapin, Remi Belleau, Agrippa d'Aubigné, etc., et plusieurs fois, et toujours vainement, renouvelé depuis. Baïf mourut en 1589. Il avait fait partie de la pléiade poétique de son époque.

Les œuvres de Baïf, recueillies par ses soins, ont été réunies en 2 gros volumes in-8°, imprimés en 1573. Elles contiennent 9 livres de *Poëmes*, 7 livres dits *les Amours*, 5 livres de *Jeux* ou pièces de théâtre, et 5 livres de *Passetemps*; mais *les Mimes*, imprimées en quatre livres après sa mort, sont le véritable titre de la gloire de Baïf. Ce sont des enseignements ou proverbes, comme il les appelle, ou plutôt c'est une suite de maximes et réflexions morales, et souvent satiriques, sur les mœurs de son temps, à la cour et dans les divers états, par sixains remplis de concision, de verve et de chaleur.

BAIGNOIRE. C'était dans les bains des anciens, comme dans les nôtres, un vaisseau dans lequel on se plaçait pour se baigner. Il y en avait de deux sortes, les unes fixes et les autres mobiles. Ces dernières étaient faites exprès pour être suspendues en l'air; on y joignait au plaisir de se baigner celui d'être balancé et comme bercé par le mouvement qu'on imprimait à la baignoire, et c'était sans doute à cet usage qu'étaient destinés ces grands anneaux dont on voit la représentation figurée aux baignoires de marbre qui nous sont parvenues.

BAÏKAL (en turc *Bei-Koul*, c'est-à-dire *mer riche*), après la mer Caspienne et le lac Aral, le plus grand des lacs ou mers intérieures de l'Asie, dans la Sibérie méridionale, sur la grande route militaire entre Moskou, Kiæchta et les mines de Nertschinsk, présente en général la forme d'une faucille. La largeur en varie beaucoup. Entre les embouchures de la Selenga et de la Bougouldeicha, il se rétrécit tellement qu'il n'a plus que 4 myriamètres de large, de sorte qu'il semble alors former deux lacs communiquant ensemble par un large *sund* ou détroit. Le Baïkal, que les populations circonvoisines appellent tout simplement *la mer*, est entouré de montagnes nues, aux flancs abrupts, désertes d'habitants, volcaniques, mais parfois aussi aux contours pittoresques et couvertes de belles forêts, formant, en pénétrant fort avant dans les eaux, de nombreux caps et promontoires, et des flancs desquels sourdent une immense quantité de rivières et de ruisseaux, qui viennent y déverser leurs eaux. Les affluents les plus considérables sont la Selenga, qui prend sa source dans la Mongolie, rivière au cours rapide et caractérisée par des rives d'une nature toute sibérienne; puis la Bargasine, dont les Bouræetes habitent les bords. La masse des eaux du lac Baïkal, après s'être frayé passage à travers la montagne du même nom, va se déverser dans le Iénisséï par l'Angara, rivière parfaitement navigable malgré l'extrême rapidité de son courant, et qui vers son embouchure prend le nom de Toungouska supérieure.

La plus grande île de ce lac, qui est extrêmement poissonneux et offre un grand nombre de phénomènes remarquables, a nom Olchone. La navigation y est des plus animées jusque fort avant dans l'automne, et procure des bénéfices considérables à diverses maisons d'Irkoutsk. En novembre et en décembre le transport des marchandises a lieu par la voie de terre en suivant les bords du lac, dont la surface reprend toute son animation dès que le froid l'a suffisamment solidifiée pour permettre aux convois de la traverser directement. Un essai tenté en 1843 pour introduire sur le lac Baïkal la navigation à vapeur n'a point été couronné de succès.

Indépendamment des Russes établis sur les rives de la Selenga et de l'Angara, les bords du lac Baïkal sont encore habités par des peuplades bouræetes et toungouses.

BAIL. C'est un contrat par lequel une personne, que l'on nomme *bailleur* ou *locateur*, s'oblige à faire jouir d'une chose une autre personne, nommée *preneur* ou *locataire*, pendant un certain temps, moyennant un certain prix. Le Code Civil s'occupe du contrat de bail au titre huitième de son livre III (art. 1708-1831). Il distingue les baux de maisons ou à loyer des baux ruraux ou à ferme, et expose successivement les règles qui leur sont communes et particulières.

Le contrat de bail diffère par sa nature de l'usufruit en ce que celui-ci ne prend pas ordinairement naissance dans une convention et confère un droit réel sur l'immeuble dont il n'est qu'un démembrement, tandis que le bail n'existe qu'en vertu d'une stipulation expresse et ne produit que de simples actions personnelles au profit du preneur. Il ne faut pas confondre davantage le bail avec la vente des fruits, qui a pour objet des corps certains; le bail au contraire n'a pour objet que le droit incorporel de cultiver et de jouir.

On peut donner à bail toutes sortes de biens meubles ou immeubles. Les droits d'usage et d'habitation ne sont pas de nature à être loués ni affermés, parce qu'ils sont purement personnels ; il n'en est pas de même de l'usufruit, qui frappe sur la propriété elle-même et dont par conséquent la jouissance peut être cédée. Les servitudes, qui ne sont qu'un accessoire inséparable des immeubles, ne peuvent faire l'objet d'un bail spécial ; mais le louage de l'immeuble emporte celui de la servitude.

Pour faire valablement un bail, il suffit d'avoir la capacité de contracter, sans qu'on ait besoin de celle d'aliéner, parce que le contrat de louage, renfermé toutefois dans de certaines limites, n'est qu'un acte de simple administration. Aussi le mineur émancipé, le tuteur, la femme séparée de biens ou non commune, les envoyés en possession provisoire, tous gens enfin à qui la loi ne permet que des actes d'administration, peuvent louer ou affermer.

La rédaction des baux n'est soumise à aucune forme particulière. On peut louer par écrit ou verbalement. Si le bail fait sans écrit n'a reçu aucune exécution, et que l'une des parties le nie, la preuve ne peut être reçue par témoins, quoique modique qu'en soit le prix et quoiqu'on allègue qu'il y a eu des arrhes données. Le serment peut seulement être déféré à celui qui nie le bail. Lorsqu'il y a contestation sur le prix du bail verbal dont l'exécution a commencé et qu'il n'existe point de quittance, le propriétaire en est cru sur son serment, si mieux n'aime le locataire demander l'estimation par experts; auquel cas les frais de l'expertise restent à sa charge, si l'estimation excède le prix qu'il a déclaré. Comme tous les actes sous seing privé qui contiennent des conventions synallagmatiques, le bail doit être fait en autant d'originaux qu'il y a de parties ayant un intérêt. — Quant aux baux des biens nationaux, des biens des communes et des établissements publics, ils sont soumis à des règlements particuliers.

En général la durée des baux dépend entièrement de la convention et de la volonté des parties. Les termes les plus usités sont trois, six ou neuf ans. On peut du reste adopter des termes beaucoup plus longs et même faire un *bail à vie*. En outre la durée peut être laissée à la volonté du bailleur seul ou dépendre à la fois de celles du bailleur et du preneur : quand on convient, par exemple, que le bail sera résiliable au bout des trois ou des six premières années, au gré de l'une ou de l'autre partie.

Quand il n'a pas été fait d'écrit ou que l'acte ne fixe pas le terme du bail, on distingue suivant la nature des biens qui en font l'objet. Le bail du fonds rural est censé fait pour le temps qui est nécessaire, afin que le preneur recueille les fruits. Ainsi le bail d'un pré, d'une vigne, et de tout autre fonds dont les fruits se recueillent en entier dans le cours de l'année est censé fait pour un an. Le bail des terres labourables, lorsqu'elles se divisent par soles ou saisons, est censé fait pour autant d'années qu'il y a de soles. Pour les baux des maisons, la loi renvoie aux usages locaux.

Si à l'expiration des baux écrits, le preneur reste et est laissé en possession, il s'opère un nouveau bail dont l'effet est réglé comme pour le cas où il n'y a pas d'écrit. C'est ce qu'on nomme la *tacite reconduction*.

Quant aux biens des femmes mariées, des mineurs, des interdits et des usufruitiers, les maris, tuteurs, curateurs, etc., ne peuvent affermer que pour neuf années seulement.

Par la nature même du contrat et sans qu'il soit besoin d'aucune stipulation particulière, le bailleur est tenu :

1° De délivrer la chose louée au preneur, et cela en bon état de réparations de toute espèce ;

2° D'entretenir cette chose en état de servir à l'usage pour lequel elle a été louée, et d'y faire pendant la durée du bail toutes les réparations qui peuvent devenir nécessaires, autres que les réparations locatives ;

3° D'en faire jouir paisiblement le preneur pendant la durée du bail et de le garantir des troubles qu'il pourrait éprouver de la part des tiers. Ajoutons du reste qu'à l'égard du trouble apporté par des tiers, le bailleur n'est assujetti à la garantie qu'autant que ces tiers prétendent avoir quelque droit sur la chose louée, soit à titre de propriété, soit à titre de servitude, et que ce trouble lui a été dénoncé. Quant à celui qui résulte d'une simple voie de fait, telle que dégradations, vol, incendie, il ne serait pas tenu d'en garantir son locataire ;

4° De garantir le preneur de tous les vices ou défauts de la chose louée qui en empêchent l'usage, quand même le bailleur ne les aurait pas connus lors du bail ; dans ce dernier cas, il n'est pas obligé de dédommager le preneur de la perte qu'il a soufferte par suite de ce vice, il n'est tenu que de reprendre la chose en le déchargeant du loyer ;

5° De ne pas changer, pendant toute la durée du bail, la forme de la chose louée.

Le bailleur a un privilège sur tous les objets mobiliers et les fruits qui garnissent l'immeuble affermé, et dans quelques cas il peut exercer la contrainte par corps contre le preneur. Il est en droit d'exiger que les lieux soient suffisamment garnis de meubles, bestiaux ou ustensiles. Lorsqu'il n'a pas de titre exécutoire contre le preneur, le bailleur a un mode d'exécution particulier qu'on nomme *saisie-gagerie*.

De son côté, le preneur a plusieurs obligations. Il doit :

1° Garnir les lieux de meubles, bestiaux et ustensiles suffisants pour répondre des loyers ou fermages. La quantité de ces meubles varie suivant les usages locaux. S'ils sont insuffisants, le preneur peut être obligé à résilier le bail, à moins qu'il ne donne des sûretés, en payant, par exemple, un terme d'avance ou en fournissant bonne et valable caution ;

2° User de la chose louée en bon père de famille et suivant la destination qui lui a été donnée par le bail. Le preneur est responsable, non-seulement de ses propres faits, mais encore de ceux de sa femme, de ses enfants, de ses domestiques, de ses pensionnaires, de ses ouvriers, de ses sous-locataires, etc. Il répond de l'incendie, à moins qu'il ne prouve que l'incendie est arrivé par cas fortuit ou force majeure, ou par vice de construction, ou que le feu a été communiqué par une maison voisine. S'il y a plusieurs locataires, tous sont solidairement responsables de l'incendie jusqu'à ce qu'ils aient prouvé sur qui cette responsabilité doit peser exclusivement ;

3° Payer le prix du bail. L'action du bailleur se prescrit par cinq ans ;

4° Supporter certaines charges. Il doit acquitter les contributions des portes et fenêtres ; il est tenu de se charger des réparations locatives. S'il n'a pas été fait d'état des lieux, il est présumé les avoir reçus en bon état de réparations locatives et doit les rendre tels, sauf la preuve contraire. Toutes les contestations qui s'élèvent entre le propriétaire et le preneur sur les réparations locatives et les dégradations alléguées par le propriétaire, doivent être portées devant le juge de paix.

Le preneur a le droit de percevoir les produits et avantages de la chose louée, de sous-louer, et même de céder son bail si cette faculté ne lui a pas été interdite. Il ne faut pas confondre la sous-location avec la cession de bail : celle-ci est le transport du bail aux conditions primitives ; la sous-location est un bail fait à des conditions différentes par le preneur primitif. La cession et la sous-location ne délient pas le preneur de ses obligations envers le bailleur, qui peut s'adresser à l'un ou à l'autre du preneur ou du cessionnaire. Si les réparations durent plus de quarante jours, le prix du bail peut être diminué à proportion du temps et de la gêne. En outre, le preneur peut obtenir la remise des fermages en tout ou en partie quand il a souffert dans sa jouissance une diminution ou une altération considérable par suite d'un accident imprévu, et lorsque la totalité ou la moitié d'une récolte sur pied au moins est enlevée par des cas fortuits.

Lorsque le bail a été fait sans écrit, l'une des parties ne peut donner congé à l'autre qu'en observant les délais fixés par l'usage des lieux. Lorsqu'il a été fait par écrit, il cesse de plein droit à l'expiration du terme fixé, sans qu'il soit nécessaire de donner congé. Un seul terme sans payement ne suffirait pas pour autoriser la demande en résiliation : il faut au moins deux termes. Le preneur est en droit de demander la résolution du bail quand la maison devient inhabitable faute de réparations. Si le bailleur vend la chose louée, l'acquéreur ne peut expulser le fermier ou le locataire qui a un bail authentique et dont la date est certaine, à moins que le vendeur ne se soit réservé ce droit par le contrat de bail. Lorsque l'acquéreur use de la faculté réservée par le bail d'expulser le fermier ou locataire, il est tenu de l'avertir au temps d'avance usité dans le lieu pour les congés. Il doit aussi avertir le fermier des biens ruraux au moins un an à l'avance. Il est tenu en outre d'indemniser le preneur avant de pouvoir prendre possession. En sortant des lieux le preneur doit les laisser en bon état; il n'a pas de réclamations à faire pour les améliorations dont il a fait profiter le fonds, si ce n'est pour le montant de la plus-value qu'en a reçue le fonds, défalcation faite du surcroît de produits que le preneur a retiré de ces améliorations. Le bailleur doit l'indemniser des réparations qui n'étaient pas à sa charge et qu'il a faites dans des cas d'urgence. Le preneur peut emporter, de ce qu'il a attaché aux lieux qu'il quitte, tout ce qu'il peut détacher sans détérioration.

Le fermier sortant doit laisser au fermier entrant les pailles et les engrais nécessaires pour commencer les travaux. Ils doivent se faciliter réciproquement l'entrée et la sortie du bail.

Les baux à ferme ou à loyer des biens meubles ou immeubles sont soumis au droit d'enregistrement de 20 cent. pour 100 francs sur le prix cumulé de toutes les années. Pour asseoir le droit, on ajoute au prix exprimé les charges imposées au preneur; si le bail est stipulé payable en nature, il en est fait une évaluation d'après les dernières mercuriales du lieu; on forme une année commune d'après les quatorze années antérieures, moins les deux plus fortes et les deux plus faibles. — Les baux verbaux ne sont assujettis à aucun droit d'enregistrement.

Le contrat de bail est susceptible d'applications si diverses, la nature particulière de la chose objet de la convention, les supputations des parties et les coutumes des pays peuvent varier de tant de façons, que ce contrat a été modifié d'une infinité de manières.

Nous nous occuperons du *bail à cheptel* au mot CHEPTEL, du *bail à convenant* ou *à domaine congéable*, au mot CONGÉABLE; du *bail emphytéotique* au mot EMPHYTÉOSE; du *bail d'ouvrage et d'industrie* au mot LOUAGE.

Le *bail à complant* est la concession de la jouissance d'un champ, à la charge d'y planter des arbres, et particulièrement des vignes, et de remettre une portion des fruits au propriétaire du terrain. Ce contrat est surtout en usage dans les départements de la Loire-Inférieure, de Maine-et-Loire et de la Vendée.

Les *baux à locatairerie* ou *à culture perpétuelle* étaient des baux d'une nature particulière, usités surtout dans les pays de droit écrit, par lesquels le propriétaire aliénait à perpétuité la jouissance du bien qui lui appartenait, tout en s'en réservant la propriété foncière, en sorte que le preneur acquérait sur la chose donnée en bail tous les droits attachés à la possession naturelle et utile, tandis que le bailleur conservait seulement la propriété foncière et la possession civile. Un tel *cisaillement* de la propriété, comme le disaient alors les auteurs, n'est plus admis dans notre législation moderne.

Le *bail à nourriture de personnes* était un contrat par lequel une personne se donnait elle-même à bail pour être nourrie et entretenue, moyennant le payement annuel d'une somme arrêtée à forfait. Ce contrat était surtout usité pour les mineurs; il convenait aussi parfaitement aux vieillards qui voulaient s'assurer une existence tranquille. Dans les divers établissements publics qui sont aujourd'hui ouverts à la vieillesse moyennant une pension, c'est un bail à nourriture qui est passé entre les parties, et le Code Civil, en chargeant les conseils de famille de régler la somme qui devra être employée annuellement pour la nourriture et l'entretien des mineurs, autorise par cela même le tuteur à passer un bail à nourriture.

BAILE, titre d'un office qui avait dans le midi quelques rapports avec celui des baillis dans les provinces du nord et du centre du royaume. Chaque seigneur particulier avait son *baile*, et les chartes des communautés font toujours mention du *baile*, sorte d'officier de police et même de juge. Ils étaient placés sous l'autorité des consuls ou jurats.

Le *baile* a été une sorte d'appariteur, de *précon*, de héraut ou crieur public; il a même été chargé d'exercer une sorte de surveillance sur les marchés, sur les étrangers, sur tout ce qui pouvait intéresser la sûreté publique. Les confréries pieuses eurent chacune un *baile* ou *neude* chargé de les convoquer; et dans beaucoup de petites communes du midi de la France le *baile* est une sorte de sergent de ville chargé de prêter main-forte aux magistrats, de faire connaître leurs arrêtés, et d'instruire le public de tout ce qui est relatif à la voirie et des déterminations des autorités supérieures.

Autrefois les ambassadeurs de la république de Venise résidant à Constantinople avaient le titre de *baile*, comme aujourd'hui ceux d'Autriche dans la même capitale ont encore celui d'*internonce*.

BAILLÉE DES ROSES. C'était une redevance dont, sur la fin du seizième siècle, les pairs de France s'acquittaient encore, lorsqu'en avril, mai et juin, on appelait leur rôle au parlement de Paris. Un jour d'audience à la grand'-chambre, le pair faisait joncher de roses et d'autres fleurs ou herbes odoriférantes toutes les chambres du parlement. Il donnait un déjeuner splendide aux présidents, conseillers, et même aux greffiers et huissiers de la cour; ensuite il se rendait dans chaque chambre, faisant porter devant lui un grand bassin rempli de bouquets d'œillets, de roses et autres fleurs, soit naturelles, soit artificielles, avec des couronnes rehaussées de ses armes, qu'il distribuait à chaque officier. Après cette distribution, qui était regardée comme un hommage, on lui donnait audience à la grand'-chambre; on célébrait la messe, pendant laquelle les hautbois ne cessaient de jouer, et la musique se transportait de là au dîner des présidents.

On ignore l'origine de cette espèce d'hommage; on ne sait pas même quand et pourquoi il a cessé. Dans ce temps, le parlement avait un faiseur de roses artificielles appelé le *rosier de la cour*. Les princes étrangers, les cardinaux, les princes du sang, les enfants de France, même les rois et reines de Navarre, n'étaient pas exempts de cette prestation, par rapport aux pairies qui se trouvaient dans le ressort du parlement. Cet hommage de roses était aussi exigé d'autres parlements. Ch. Du Rozoir.

BÂILLEMENT. C'est une inspiration longue, graduelle, indépendante jusqu'à un certain point de la volonté, s'accompagnant d'un écartement considérable des mâchoires, et suivie enfin d'une expiration plus ou moins bruyante. Toutes les fois que, par le trouble de la circulation ou de la respiration, le sang vient à s'accumuler dans les poumons de manière à ne pouvoir être suffisamment revivifié par l'air inspiré naturellement, le bâillement apporte avec lui un soulagement sensible en portant l'air jusque dans les dernières ramifications des bronches, et il remédie ainsi au trouble de la circulation.

Les modifications qu'éprouve la respiration quand

BAILLEMENT — BAILLEUL

l'homme s'endort ou se réveille, excitent des bâillements dont le nombre varie ; la faim et la fatigue en occasionnent également ; mais de toutes les causes du bâillement la plus déterminante est sans contredit l'ennui. — Inutile de dire que ce mal est contagieux.

Quand le bâillement sort des proportions ordinaires, le grand écartement des mâchoires peut déterminer la luxation de l'os maxillaire inférieur ; d'où le vieux dicton : *Bâiller à se démettre les mâchoires.*

BAILLET (ADRIEN), né le 16 juin 1649, à La Neuville, bourg entre Clermont et Beauvais, sur les limites de la forêt de Hez, mort à Paris, le 21 janvier 1706, âgé de cinquante-six ans ; l'un de ces hommes savants et pieux si nombreux au dix-septième siècle, et dont la vie, dirigée par un profond sentiment religieux, fut tout entière consacrée à l'étude et aux lettres.

Adrien Baillet, l'aîné de sept enfants d'un second lit, appartenait à une famille d'honnêtes agriculteurs, qu'un très-mince patrimoine et des labeurs assidus ne mettaient point à l'abri de la pauvreté. La protection d'un évêque et celle d'un curé de village favorisèrent ses études. Dévoré de l'amour des livres et du savoir, il avait appris dans son adolescence le grec, le latin, lu et imité les poëtes, étudié la chronologie, l'histoire, la géographie, surtout l'histoire ecclésiastique. Appelé successivement à professer deux des classes du collége où il était nourri, et recevant 600 fr. par an, il soulageait sa famille, achetait des livres et faisait encore des économies. Ayant reçu les ordres sacrés, il fut nommé vicaire en chef d'un lieu appelé Lardières, entre Méru et Beaumont. Le produit de ce vicariat ne dépassait pas 300 livres, et cependant, avec cette somme et le peu d'épargnes qu'il avait pu faire, il nourrissait un de ses frères et un petit valet. Il est vrai que chez lui on ne buvait que de l'eau, on ne mangeait que du gros pain, des légumes cuits à l'eau et au sel. Jamais de viande de boucherie, presque point de lard. Après avoir rempli les fonctions de chapier à Beaumont, une ecclésiastique du nom de Hermant, aimé et estimé de l'illustre famille des Lamoignon, le désigna à l'avocat général, fils du président, qui lui demandait un bibliothécaire. L'humilité de Baillet se refusait à ces fonctions, dont il se croyait peu capable. On vainquit sa résistance. Ce fut sa fortune. Quel autre bonheur en effet pouvait-il désirer en ce monde que celui de passer une vie tranquille et laborieuse au milieu des livres, des savants et des hommes de mérite en tout genre qui se rassemblaient autour de M. de Lamoignon ? Aussi se livra-t-il d'abord au charme de leurs conversations, les visitant et en étant visité. Mais bientôt il borna ces plaisirs au lundi de chaque semaine, ne changeant rien ou presque rien à son régime diététique, limitant à cinq les heures du sommeil, et ne le goûtant souvent que dans son fauteuil.

Baillet rédigea, en deux années, le catalogue de la magnifique bibliothèque qu'il surveillait. Ce catalogue, contenant des extraits de tous les livres, par ordre de matières, et des renvois aux ouvrages qui en traitent, ne comprenait pas moins de 35 vol. in-f°. Lamoignon y trouvait sur-le-champ tous les sujets qui l'occupaient et les auteurs qui en avaient écrit. Plusieurs prélats et magistrats voulurent avoir, les uns des copies, les autres un précis exact de cet immense et curieux catalogue. C'était en pendant à la fameuse bibliothèque de *Photius*. Livré à l'impression, c'eût été une espèce d'encyclopédie littéraire et bibliographique.

Ce travail lui donna l'idée d'une autre œuvre plus gigantesque encore pour un seul homme, et il en composa neuf volumes in-4°, aussi en deux années. Ce n'était rien moins qu'une *encyclopédie critique*. Ce recueil, dont il avait tracé le plan dans toute son étendue, mais qu'il ne continua pas, est un choix et une analyse raisonnée des opinions des critiques les plus estimés sur les ouvrages contenus que les sciences et les lettres ont produits en tout genre. Il fut publié sous le titre de *Jugements des Savants sur les principaux ouvrages des auteurs*. Baillet, écrivant avec rapidité, ne pouvait donner beaucoup de soin à son style, et, malgré toute son érudition, il devait laisser échapper de nombreuses erreurs. Mais on trouve aussi dans sa collection des morceaux d'une excellente critique, et où une rare facilité ne dépare pas la diction. Un autre érudit, homme d'esprit et de goût, Bernard de La Monnoye, a corrigé les fautes et réparé les omissions de Baillet dans une nouvelle édition de ses *Jugements*, etc., publiée en 8 vol. in-4°, 1730-1732. Les trois derniers comprennent d'autres ouvrages de Baillet : 1° *les Enfants célèbres par leurs études*; 2° *les Auteurs déguisés*, etc., premier travail destiné à signaler les écrivains anonymes ou pseudonymes, et qui a donné à Barbier l'idée de ses excellents recueils ; 3° son livre sur les *Satires personnelles qui portent le titre d'Anti*, réponse modérée à l'*Anti-Baillet* de Ménage ; 4° et enfin cet *Anti-Baillet*, avec les observations de l'éditeur (La Monnoye) et les *Réflexions* sur les *Jugements des Savants*. Quoique dans ce dernier recueil Baillet se fût imposé le rôle d'un avocat général, qui résume le pour et le contre sans prendre de conclusions, on voit qu'il n'avait pu éviter l'irritation des auteurs et des critiques. Ce fut ce qui l'empêcha de donner suite à son œuvre, ainsi qu'à ses *Auteurs déguisés*.

On a encore de lui : 1° une *Vie de Descartes*, beaucoup trop prolixe (2 vol. in-4°, 1691), abrégée par l'auteur en in-12 (1693) ; 2° une *Histoire de Hollande*, depuis 1609, 4 tomes in-12, sous le nom de La Neuville ; 3° *la Dévotion à la sainte Vierge*, etc. (1694, in-12) ; 4° *De la Conduite des Ames* (in-12, 1695), deux ouvrages qui lui eussent attiré des persécutions que sa piété reconnue fit avorter ; 5° une *Histoire des démêlés du pape Boniface VIII avec Philippe le Bel* (1717, in-12, et 1718) ; 6° une *Relation curieuse et nouvelle de la Moscovie* (1709, in-12). On lui attribue quelques autres ouvrages. Mais la meilleure composition d'Adrien Baillet est certainement son histoire des *Vies des Saints* (1701, 3 vol. in-f°, ou 12 vol. in-12).

AUDERT DE VITRY.

BAILLEUL ou **BALIOL** (JEAN DE) fut reconnu roi d'Écosse par Édouard Ier, roi d'Angleterre, lorsque, après la mort d'Alexandre III (1289) et de sa petite-fille Marguerite de Norvège, treize prétendants se disputèrent le trône vacant. Bailleul avait pour lui la priorité de la branche, Bruce la proximité du degré, et ce dernier titre l'emportait dans l'opinion du peuple ; mais Édouard, qui, profitant de la querelle, avait fait reconnaître son droit de suzeraineté sur l'Écosse, et s'était fait livrer les places fortes, se décida pour Bailleul, dont le caractère faible convenait à sa politique. L'orgueil écossais n'adopta point un roi choisi par l'Angleterre, et Bailleul pensa bientôt comme ses sujets. Quand Édouard, affectant de laisser sa patience, reçut les appels de ceux qu'il avait condamnés, et le cita devant son parlement à Newcastle, Bailleul refusa de comparaître. Il trouva dans la France un allié toujours prêt à secourir les Écossais contre l'Angleterre ; aussi le vieux proverbe anglais disait-il : « Celui qui veut avoir la France doit prendre d'abord l'Écosse. » Une guerre qui devait durer soixante-dix ans éclata. Bailleul, vainqueur un moment sur terre et sur mer, puis vaincu à Dumbar, où il perdit 25,000 hommes, fut obligé de se prosterner devant Édouard, lui remit à discrétion sa vie et ses sujets, signa l'aveu de sa rébellion, l'abdication de sa couronne, et fut envoyé comme prisonnier avec son fils à la Tour de Londres. L'Écosse, gouvernée en son absence par le comte de Sussex, put croire qu'elle n'aurait plus d'autres souverains que ceux de l'Angleterre, depuis qu'Édouard, après sa première conquête, avait fait emporter la pierre antique de Scone, sur laquelle on couronnait les rois. Bailleul, fondateur d'un collége encore existant à Oxford, après avoir renouvelé son abdication entre les mains d'Édouard et l'avoir reconnu pour maître absolu de l'Écosse, dut sa liberté surtout aux sollicitations du pape; mais il avait déclaré devant notaires préférer le plus triste exil à l'Écosse, où tout le monde l'avait trahi, et il alla passer le reste de ses jours en Normandie avec son fils, dans l'ancienne demeure de sa famille, où il mourut en 1305.

BAILLEUL (ÉDOUARD DE), fils du précédent, fut secrètement appelé de Normandie par Édouard III, envahit l'Écosse, qui depuis la mort de son père avait été tour à tour défendue contre les Anglais par l'intrépide Wallace, gouvernée par les partisans de sa famille, et enfin soumise à Robert et à David Bruce. A la tête de six mille aventuriers, que lui prêta le roi d'Angleterre sans les avouer, et d'une poignée de Normands et d'Écossais exilés, il remporta des victoires, prit des villes, tua le comte de Marr, régent au nom de David Bruce, et se fit couronner à Scone (1332), trente-deux ans après l'abdication de son père, tandis que David était conduit par ses partisans non à son beau-frère Édouard III, qui l'avait abandonné, mais au roi de France. Battu plus tard près d'Annan par les bruciens, dont la cause était populaire, et forcé de fuir en Angleterre, Bailleul fut rétabli par Édouard III, qui remporta la terrible victoire des Hallisdown (1333), où périrent douze mille Écossais, et prit Berwick. Bailleul, plus patient que son père, céda au vainqueur le sud de l'Écosse, toutes les places fortes jusqu'à Édimbourg. Jamais royauté ne fut plus méprisable que la sienne. Après une nouvelle révolte, emmené par Édouard en Angleterre, et remplacé par le comte d'Athol, comme gouverneur général, il revint une seconde fois derrière son protecteur, et fut remmené de nouveau par lui. Il fit un troisième voyage en Écosse, pendant qu'Édouard guerroyait en France; mais, réduit aux deux places de Sterling et de Berwick, il se hâta bientôt de regagner Londres; il céda enfin sa couronne au roi d'Angleterre en 1356. On ne sait pas ce qu'il devint depuis cette époque.

T. TOUSSENEL.

BAILLEUL (JACQUES-CHARLES) naquit le 12 décembre 1762, à Bretteville, dans la Seine-Inférieure. Son père était un cultivateur aisé. Charles Bailleul embrassa d'abord la profession d'avocat; bientôt il fut élu député à la Convention nationale, où il s'unit au parti de la Gironde. Dans le procès de Louis XVI il vota la réclusion, l'appel au peuple, la déportation à la paix, et motiva son vote avec une modération courageuse. Il protesta contre les événements du 31 mai, individuellement d'abord, puis collectivement avec les soixante-treize, dont il partagea la proscription. Arrêté à Provins, mis aux fers par le représentant Dubouchet, il resta détenu pendant seize mois à la Conciergerie, au Luxembourg et dans d'autres prisons. Rentré dans la Convention après le 9 thermidor, il obtint le rappel de ses collègues proscrits, et fit mettre en liberté le grand peintre David, emprisonné comme terroriste. Il fut, en 1795, membre du comité de sûreté générale. Après le 13 vendémiaire il se vit élu au conseil des Cinq-Cents par plus de vingt colléges.

Au 18 fructidor il embrassa le parti du Directoire : c'était, il faut bien le reconnaître malgré la juste défaveur attachée aux coups d'État, le parti de la révolution et de l'indépendance nationale. Ce fut lui qui se chargea du rapport sur ces graves et tristes événements, mission périlleuse, qui lui suscita beaucoup d'ennemis. Ce fut encore lui qui, plus tard, inaugura comme président la salle du Palais-Bourbon. Depuis, il s'appliqua surtout aux questions de finances; on lui doit sur cette matière plusieurs rapports et quelques écrits. Sous le consulat, Ch. Bailleul, entré au tribunal, continua de s'y occuper avec succès des questions financières. Il montra de l'indépendance, et fut compris, en 1802, dans la première élimination. En 1804 Ch. Bailleul fut nommé directeur général des droits réunis dans le département de la Somme : il y résida onze ans, et sut se faire aimer dans ce poste, où déjà il est difficile de ne pas se faire haïr.

Atteint par la réaction de 1815, il revint à Paris diriger, avec son frère Antoine, un journal peu répandu, le *Journal du Commerce*. Un hasard fit la fortune de cette feuille : le *Constitutionnel*, supprimé par la censure, avait besoin d'un privilége nouveau pour continuer à paraître; il se fondit avec le *Journal du Commerce*, auquel il apporta, en échange de son titre et de son droit de paraître, sa rédaction et sa belle clientèle. La direction du nouveau journal et la composition de quelques écrits occupèrent jusqu'en 1830 les loisirs de Ch. Bailleul. De ces écrits, le plus important a paru en 1822 : c'est la réfutation, en 2 vol., de l'ouvrage de madame de Staël sur *la révolution française*. Cette réfutation est solide et forte. L'auteur possède à fond son sujet, et s'il n'égale point par l'éloquence et le coloris l'illustre écrivain qu'il combat, on ne peut nier qu'il n'ait presque toujours raison contre lui. On trouve dans son ouvrage le germe des idées qui depuis ont servi de base aux travaux, plus brillants, de MM. Thiers et Mignet. Le style de Ch. Bailleul n'est pas élégant, mais il ne manque ni de mouvement ni de vigueur.

Après 1830, les désordres qui troublèrent quelque temps la capitale et une partie de la France firent une vive impression sur Ch. Bailleul; il craignit de voir renaître les scènes terribles de la révolution, et le girondin énergique devint un *conservateur* des plus timides. Cette disposition et le déclin de l'âge, qui commençait à se faire sentir, ont rendu ses derniers écrits sensiblement inférieurs aux premiers. On trouve cependant encore des vues souvent judicieuses et d'utiles renseignements historiques dans ses *Études sur l'histoire de Napoléon*, ouvrage étendu, entrepris en 1829, et terminé seulement dix années plus tard. Ch. Bailleul fut un homme droit et bon, aimable dans les rapports de la société, sincère et courageux dans ses convictions politiques. Il avait l'esprit cultivé, le goût et le sentiment des arts. Outre les écrits déjà cités, on lui doit encore : *Sully, ou la Vengeance d'un grand homme*, comédie jouée en 1804; *De l'Esprit de la Révolution*; *De la Richesse et de l'Impôt* (1816, dont le premier vol. seul a paru); *Sur les écrits de M. B. Constant relatifs à la liberté de la presse et à la responsabilité des ministres*; *Situation de la France* (1819).

Antoine BAILLEUL, son frère aîné, avait durant la révolution partagé ses opinions et ses dangers. Imprimeur estimé, ce fut de ses presses que sortit le *Constitutionnel*, durant une grande partie de la Restauration. C'était un homme de bien, de mœurs douces et bienveillantes, d'un esprit éclairé. Une inaltérable amitié unit pendant quatre-vingts ans les deux frères, et la mort vint les frapper à cinq jours de distance : Charles mourut le 16, Antoine le 21 mars 1843.

BERVILLE, avocat gén. à la cour d'appel de Paris.

BAILLI, BAILLIAGE. On appelait autrefois *bailli* un officier chargé de rendre la justice dans un certain ressort qu'on nommait *bailliage*. On donnait aussi le nom de *bailliage* à l'office du bailli et au lieu où il tenait ses séances.

« Les baillis, dit Pasquier, furent dans l'origine des commissaires envoyés par les rois de France pour faire droit aux réclamations du peuple contre les abus de pouvoir et les exactions des grands. Ils convoquaient et conduisaient le ban et l'arrière-ban à la guerre, percevaient les impôts, veillaient à la construction et à l'entretien des monuments publics, assistaient aux délibérations des communes, poursuivaient sur les chemins les brigands et les vagabonds, requéraient partout les hommes et les chevaux des seigneurs; puis au retour de ces expéditions ils assemblaient sept ou douze pairs d'un canton, et prononçaient le jugement. » L'institution de ces officiers fut entre les mains du pouvoir royal une arme puissante contre la féodalité. Cependant les pouvoirs immenses dont ils furent investis portèrent ombrage aux rois eux-mêmes, qui réduisirent successivement leurs attributions. « Les baillifs, dit Loiseau, ont tâché de faire que leurs offices fussent féodaux; mais ils s'en sont mal trouvés, car on a considéré à bon droit qu'ayant succédé en tout et partout à l'ancien office des ducs et des comtes, il leur eût esté aussi facile qu'à eux d'empiéter la propriété et la seigneurie de leur province. Partout on y a mis bon ordre, car on a peu à peu tellement démembré leurs offices qu'il ne leur en est presque demeuré que le titre, la charge des armes ayant esté baillée à des gouverneurs, celle de la justice ayant esté laissée entièrement aux lieutenants généraux, qui ont esté pourveus par le roy, au lieu qu'anciennement les baillifs les commettoient, et celle des finances ayant esté attribuée aux receveurs du domaine. » L'établissement des sièges présidiaux sous Henri II porta le dernier coup à l'autorité des baillis.

Il ne faut pas confondre ces baillis, dont les offices étaient nobles et d'épée, avec les *baillis seigneuriaux*; ceux-ci étaient dits de *robe longue* et *petits baillis*. L'Opéra-Comique nous rappelle tous les jours encore leur ignorance, leur morgue et leur bassesse. Les provinces qui n'étaient pas divisées par sénéchaussées l'étaient par bailliages relativement à l'élection des députés aux états généraux. En 1789 on distingua deux classes de bailliages et de sénéchaussées, les uns principaux, les autres secondaires. Ces derniers, qui n'étaient le plus souvent que d'anciens démembrements des autres, avaient député indirectement aux états de 1614, et continuèrent à députer encore indirectement et par adjonction aux autres bailliages et sénéchaussées de première classe.

On donnait le nom de *bailli du palais* au juge qui avait juridiction dans l'intérieur du palais du roi pour toutes les causes civiles et criminelles, et de *bailli de l'arsenal* à celui qui était chargé de prononcer sur les contestations entre les ouvriers employés à l'artillerie et leurs officiers et administrateurs.

Enfin dans l'ordre de Malte on donnait le titre de *bailli* aux chevaliers chefs capitulaires supérieurs, aux commandeurs, inférieurs aux grands-prieurs et établis dans les divers pays catholiques auprès des divers bailliages, chapitres, provinciaux de l'ordre. L'un de nos plus célèbres marins, Suffren, portait ce titre.

BAILLIE (MATTHIEU), célèbre médecin anatomiste anglais. Né en Écosse, dans le comté de Lanarck, en 1761, et neveu des deux Hunter, William et John, il montra moins d'inclination à suivre la direction de son père, qui, professeur de théologie à Glascow, voulait faire de lui un ministre anglican, qu'à imiter le glorieux exemple de ses oncles, tous deux anatomistes très-renommés. Quoique fort lettré et doué d'une éloquence naturelle qui l'aurait fait briller comme prédicateur, il voua son zèle studieux à la médecine : sa parenté décida de sa vocation, et ses succès furent tels qu'il n'eut point lieu de s'en repentir. Il ne commença ses études médicales et ne vint à Londres qu'en 1779, et dès 1781, âgé alors de vingt ans, il professait déjà l'anatomie. L'aîné de ses oncles, Guillaume Hunter, mourut en 1783, le laissa héritier de ses manuscrits, de sa bibliothèque et de sa maison, comme aussi d'une partie de sa science et de sa fortune. Baillie accrut l'une et l'autre, mais surtout la fortune.

Lié avec Cruikshank, anatomiste dont les travaux sur les vaisseaux lymphatiques ont rendu le nom célèbre, Baillie institua avec cet ami un cours d'anatomie qui eut un succès que les cours de ce genre obtiennent plus rarement à Londres qu'en Allemagne et à Paris. Ce fut peu de temps après qu'il fonda à Londres le cabinet d'anatomie pathologique, musée assez comparable à celui dont la générosité posthume de Dupuytren a doté la faculté de Paris, et que Baillie légua comme lui à l'instruction publique.

Jusqu'en 1788 Baillie s'était peu adonné à la médecine pratique. Mais déjà âgé de vingt-sept ans, récemment nommé médecin d'un des hôpitaux de Londres, et sachant sur l'anatomie morbide à peu près tout ce que la dissection pouvait lui apprendre, il résolut de pratiquer son art, ne fût-ce qu'afin de compléter les études de son choix, en découvrant par quels symptômes se décèlent les altérations matérielles qu'il avait si soigneusement décrites sans arrière-pensée de théorie, sans système. Justement à cette époque finissait le règne déjà trop long du docteur Pitcairn, le Broussais de l'Angleterre; en sorte que la publication que Baillie fit alors (1795) de son *Manuel d'Anatomie pathologique* fut comme le coup de grâce d'un système qui avait beaucoup à redouter du grand jour des faits positifs.

Après avoir ainsi détrôné Pitcairn sans intérêt de rivalité, sans intrigue et sans combats, Baillie lui succéda tranquillement dans la confiance publique; et si ce prompt succès fut sans triomphe, il ne fut ni sans conséquences pour la mortalité publique ni sans durée. Aussi bon confrère que sage conseiller et heureux praticien, la vogue de Baillie devint telle qu'il lui fallut renoncer et à l'hôpital et aux études qui la lui avaient conciliée; la pratique seule dévora tout son temps. Trop bon anatomiste pour attendre des remèdes seuls la guérison d'un grand nombre de maux, il accordait beaucoup à l'hygiène et aux voyages, aux eaux minérales et aux distractions. En de telles circonstances, et par le fait de ses conseils, toujours consciencieux, désintéressement fut souvent mis à des épreuves qu'il aurait pu éviter. Une phthisique à laquelle il conseillait un voyage en Italie lui confia que sa fortune lui en refusait les moyens. « Si ce n'est que l'argent, lui dit Baillie, c'est un agent thérapeutique, et ma bourse est à votre service comme le reste de ma pharmacie. »

Sa réputation, toujours plus grande, valut à Baillie des titres honorables et d'illustres affiliations. Médecin de la princesse de Galles, Georges III l'eut pour consultant, et il fut membre de la Société royale et du Collége des Médecins de Londres. Tant de travaux finirent par altérer sa santé, et abrégèrent sa vie : il mourut d'un simple catarrhe pulmonaire, en septembre 1828, n'ayant que soixante-deux ans.

Ses ouvrages sont peu nombreux : le *Manuel d'Anatomie pathologique* est le principal; il en a paru quatre éditions à Londres dans l'espace de dix-sept ans. Il a été traduit en allemand, en italien, et deux fois en français, par Guerbois (1815) et par Ferral (1803). C'est un traité maintenant incomplet, et qui n'a qu'un volume. L'auteur y ajouta plus tard dix beaux fascicules qui sont le digne complément du texte. Ses *Leçons* et des *Observations tirées de sa pratique* ont été publiées sous son nom, depuis sa mort, par plusieurs auteurs, en particulier par Wardrop, auteur véridique de l'histoire de sa vie.   Dr Isid. BOURDON.

BAILLIE (JOHANNA), née en 1762, à Bothwell, près de Glasgow, sœur du célèbre médecin et anatomiste anglais Matthieu Baillie, fut élevée loin du bruit du monde, et puisa le goût des vers non moins dans ses lectures que dans la disposition particulière de son esprit. Dans son premier ouvrage, qui parut sous le voile de l'anonyme, *A series of plays, in which it is attempted to delineate the stronger passions of the mind, each passion being the subject of a tragedy and a comedy* (Londres, 1798), et qui obtint tout de suite les honneurs de plusieurs éditions, elle trahit un esprit fait plutôt pour réfléchir que pour sentir et pour peindre. Elle a cherché à représenter dans ses drames, dans un style noble, simple, mais riche en archaïsmes, et où on reconnaît l'imitation, l'amour, la haine, l'ambition, toutes passions qu'il ne lui avait pas été donné de voir dans leur réalité et qu'elle n'avait pu étudier que dans Shakspeare et les autres poètes. Ses drames d'ailleurs ne méritent pas ce nom; ce ne sont que des expositions dialoguées d'exemples ayant pour but le commentaire d'une vérité morale. Il ne faut pas y chercher des peintures de caractères. Le développement de l'intrigue y roule constamment avec une fatigante monotonie sur l'éloge du caractère et de la vie de ceux qui, étrangers comme l'auteur à toutes les vives impressions de l'âme, font preuve de bonté, d'amabilité et de sensibilité. Malgré ces défauts, les ouvrages de Johanna Baillie firent une certaine sensation; et encouragée par le succès, elle publia en 1802 un nouveau volume, et un troisième dix ans plus tard, en 1812. Walter Scott, qui ne la désignait jamais que sous le nom de *sœur Johanna*, contribua beaucoup à fonder sa réputation, et ce fut par son crédit que ses pièces purent obtenir les honneurs de la représentation. La première qui parut sur la scène fut *the Family legend*, *a tragedy*, représentée à Édimbourg (1810); puis vinrent *Montfort, a tragedy* (Londres, 1808), et quelques-unes de ces *Miscellaneous plays* (Londres, 1804). Cependant les efforts des deux Kemble et du vieux Kean furent vains non-seulement pour conserver aucune de ces œuvres au répertoire, mais même pour les faire réussir. On a encore de Johanna Baillie *Metrical Legends of exalted characters* (Londres, 1821), les drames *the Martyr* (Londres, 1828) et *the Bride* (Londres, 1828); enfin *Dramas* (3 vol., Londres, 1836). Ses *Fugitives Verses* (Londres, 1840) sont de petits poèmes lyriques, où l'on retrouve la vie, l'*humour* et la simplicité des vieilles ballades écossaises. Longman a publié une édition complète de ses *Poetical Works* (Londres, 1851).

Johanna Baillie vint très-jeune encore s'établir avec l'une de ses deux sœurs à Londres auprès de leur frère *Matthieu Baillie*; mais par la suite elle se fixa à Hampstead, où elle vécut avec ses sœurs dans une modeste simplicité et où elle mourut, vers la fin de février 1851.

BAILLIF (Roch). *Voyez* LA RIVIÈRE.

BAILLON (Emmanuel), naturaliste distingué du dix-huitième siècle, s'est rendu célèbre par l'immense quantité de matériaux qu'il réunit relativement à l'histoire naturelle, et à l'ornithologie en particulier. On lui est redevable d'observations aussi curieuses que précieuses sur les mœurs et les habitudes des oiseaux de mer qui fréquentent les côtes de France, et dont la plupart n'étaient avant lui que très-peu connus ou même ne l'étaient pas du tout. Il avait un talent très-remarquable pour préparer avec grâce les oiseaux destinés à faire partie de collections, et le Muséum d'Histoire Naturelle de Paris notamment lui est redevable d'une partie des oiseaux de mer et de rivière qu'on admire dans sa collection. Un *Mémoire sur les causes du dépérissement des bois et le moyen d'y remédier* valut à Baillon le prix proposé sur cette question par l'Assemblée constituante. On a encore de lui un autre *Mémoire sur les sables mouvants qui couvrent les côtes du département du Pas-de-Calais, et les moyens de s'opposer à leur invasion*. Ce savant mourut à Abbeville, en 1803. Il avait longtemps entretenu un commerce de lettres avec Buffon, et l'illustre naturaliste attachait un haut prix à une correspondance dans laquelle il puisait des faits et des idées.

BAILLOT (Pierre-Marie-François-de-Sales), l'un des chefs de l'école française du violon, naquit à Passy, près Paris, le 1er octobre 1771. Dès l'âge de sept ans il était parvenu à jouer sur le violon des airs qu'il s'était appris lui-même. On lui donna pour maître de violon un nommé Polidori, Florentin. En 1780 Baillot vint habiter Paris; il quitta son professeur et prit Sainte-Marie, dont le jeu se distinguait par la netteté et la sévérité. En 1782, âgé seulement de dix ans, il fut conduit au concert spirituel qui se donnait aux Tuileries dans la salle des Maréchaux. Viotti débutait alors; il l'entendit, et il lui en resta une impression ineffaçable. Ce ne fut néanmoins que vingt ans après qu'il put entendre de nouveau ce grand artiste. Il se méfiait des impressions de son enfance, et craignait que le virtuose ne fût au-dessous du héros qu'il s'était formé dans son imagination. Il n'en fut pas ainsi. Baillot fut transporté : *Je le croyais Achille*, s'écria-t-il, *mais c'est Agamemnon*.

En 1783 Baillot père, qui avait rempli divers emplois dans la magistrature, étant nommé substitut du procureur général au conseil supérieur de Corse, emmena sa famille et son fils à Bastia. Mais à peine arrivé dans ce pays, Baillot père mourut. M. de Boucheporn, intendant de l'île, voulut bien se charger de Baillot, et l'envoya avec ses enfants étudier à Rome. Pendant les treize mois qu'il y passa à Rome, Baillot reçut des leçons de son troisième et dernier maître, Pollani, élève de Nardini. Pollani ne cessait de dire à l'élève : *Bisogna splanare l'arco* (il faut étendre l'archet). Baillot joua aux *conversations* du cardinal de Bernis et à l'académie de France. En 1785 Baillot retourna en Corse ; de là il se rendit à Bayonne, et pendant cinq ans partagea son temps entre Pau, Auch et les Pyrénées, s'occupant de musique par délassement, et remplissant auprès de M. de Boucheporn les fonctions de secrétaire.

Au mois de février 1791, les intendances ayant été supprimées, Baillot vint à Paris sans autre ressource que son talent. Viotti, charmé de la beauté et de la largeur de son jeu, lui offrit dans l'orchestre du théâtre Feydeau une place que Baillot n'accepta que temporairement. Rode était alors chef des seconds violons dans cet orchestre ; il se lia d'une étroite amitié avec Baillot. Celui-ci, au bout de cinq mois, obtint un emploi au ministère des finances. Dix mois après, Baillot, appelé comme volontaire de la première réquisition, quitta sa place aux finances et alla joindre l'armée des côtes de Cherbourg. Ayant, en 1795, découvert les compositions de Corelli, de Tartini, de Geminiani, de Locatelli, de Bach et de Hændel, il y trouva l'*histoire du violon*, et fit de ces œuvres une étude particulière. Après être resté sept mois à l'armée, il se fit entendre pour la première fois en public comme artiste, dans le quatorzième concerto de Viotti, au concert de la maison Wenzel, rue de l'Échiquier. Dès ce moment commença sa renommée, qui s'accrut à mesure qu'il exécutait ses propres concertos aux concerts de la rue Cléry, du théâtre Louvois et du théâtre de la Victoire. Le 22 décembre 1795 il fut admis à remplacer Rode comme professeur au Conservatoire.

Le Conservatoire de Musique étant définitivement constitué, et les branches de l'art y étant toutes représentées, le comité arrêta que des méthodes élémentaires seraient composées sur toutes les parties de la science. Rode, Kreutzer et Baillot furent chargés de la rédaction d'une méthode de violon. Mais Baillot se distinguant des autres par la facilité qu'il avait de s'exprimer et par la clarté de sa méthode, il fut convenu que cette tâche lui serait confiée, et il s'en acquitta avec une grande supériorité.

Le 20 juillet 1802 Baillot fut nommé chef des seconds violons de la musique particulière du premier consul, et il occupa la même place dans la chapelle de l'empereur. Au mois d'août 1805, sollicité par ses amis Rode et le violoncelliste de la Mare, Baillot partit pour Moscou. Le rendez-vous avec de la Mare était à Vienne. Dans cette ville, où il ne put rester que douze jours, Baillot vit en passant Haydn, Salieri, Beethoven et Cherubini, qui était allé composer son opéra de *Faniska* dans la capitale de l'Autriche. La guerre éclata, et le voyage de Baillot en Russie, qui ne devait durer qu'une année, se prolongea au delà de trois ans. Dès le mois de novembre 1805 Baillot et de la Mare donnèrent de brillants concerts à Moscou, après lesquels ils donnèrent seize séances de quatuors et de quintettes, fréquentées par plus de deux cents souscripteurs. Au commencement de 1808 Rode quitta Saint-Pétersbourg, et vint à Moscou trouver ses deux amis. De Moscou, où Baillot refusa la place de chef d'orchestre du Grand-Théâtre, il partit pour Saint-Pétersbourg. Boïeldieu, maître de chapelle de l'empereur Alexandre, accueillit les virtuoses avec sa cordialité accoutumée.

Les virtuoses furent très-applaudis à l'Ermitage, au Grand-Théâtre; mais quels que fussent les avantages qui auraient dû les retenir dans cette capitale, Baillot éprouva le besoin de revoir la France, ses amis et sa famille. Les deux artistes revinrent donc à Paris, en donnant deux concerts sur leur passage, l'un à Riga, l'autre à Mittau.

Baillot reparut devant le public parisien le 17 janvier 1809, dans un concert à l'Odéon; son succès fut immense. En 1812 il fait une tournée de six mois dans le midi de la France. De retour à Paris, il fonde des séances de musique instrumentale, dont le souvenir vivra toujours dans la mémoire des amateurs, et dans lesquelles il excellait à rendre les styles propres à la musique de Boccherini, de Haydn, de Mozart, de Onslow et de Beethoven. Ce fut le 12 décembre 1814 que la première de ces séances eut lieu; elles se sont continuées jusqu'en 1836 environ.

Les événements de 1815 ayant fait fermer le Conservatoire, au mois de juillet de la même année Baillot se rendit en Belgique, et donna des concerts à Bruxelles, Liége, Rotterdam, Amsterdam. Au mois de décembre il partit pour Londres, où il fut reçu membre de la Société Philharmonique. Il visita Leicester, Birmingham, Liverpool et Manchester. Il revint à Paris dans l'été de 1816. Cinq ans après, en novembre 1821, il fut nommé premier violon solo de l'Académie royale de Musique; en 1825 ses fonctions furent réduites à celle de l'exécution des solos. Il dirigea les concerts spirituels des années 1822, 23 et 24. En 1827 il fut nommé premier violon de la chapelle du roi; mais il ne jouit de cette place que jusqu'en 1830, époque où elle fut supprimée par suite de la révolution de Juillet. Au mois de juin 1831 M. Véron, directeur de l'Opéra, supprima la place de violon solo de l'Académie royale de Musique, en sorte que Baillot sortit de l'orchestre de l'Opéra après dix années de services. En 1832, Paër ayant été chargé de l'organisation de la musique particulière du roi Louis-Philippe, Baillot fut nommé chef des seconds violons. En 1833 il parcourt la Savoie, le Piémont, la Lombardie, la Suisse, Lyon, Chambéry, Aix-les-Bains, Lausanne, Genève. Partout son merveilleux talent excite la plus vive admiration. En 1835 il met le sceau à sa grande réputation par la publication de *l'Art du Violon*, savant et solide ouvrage, dont le succès a été immense en France comme à l'étranger.

Depuis cette époque Baillot se faisait peu entendre en public; il vivait fort retiré, allait faire son cours au Conservatoire, et se contentait de se faire entendre dans des réunions intimes, chez son gendre, M. Sauzet. Là il faisait les délices d'une société d'élite, par son jeu toujours jeune, toujours vigoureux et passionné, car c'était surtout dans le quatuor et le quintette que Baillot brillait. On ne se fait pas une idée de la variété de son jeu, du fini, de la coquetterie de son exécution, du mélange habile de tous les tons qu'il faisait lorsqu'il exécutait Haydn et Mozart. Paganini lui-même en fut saisi d'admiration. Celui qui écrit ces lignes n'oubliera jamais qu'en 1831, le lendemain ou le surlendemain de l'arrivée de Paganini à Paris, et avant que ce virtuose incomparable se fît entendre en public, Baillot donnait une de ses séances dans le local de la rue Saint-Lazare, au coin de la rue de la Chaussée-d'Antin. Meyerbeer, Onslow, étaient au nombre des auditeurs. Baillot exécutait le *sol* de Mozart. Tout à coup une rumeur se fait dans la salle : on voit paraître en effet une figure étrange; le nom de Paganini est répété par toutes les bouches. Baillot, sur son estrade, ne se doutait de rien; soudain la chanterelle de son violon vient à casser, il est obligé de s'interrompre : Paganini saisit ce moment, il traverse la salle, monte sur l'estrade, saute au cou de Baillot. « C'est sublime ! sublime ! lui disait-il, vous m'arrachez des larmes ! » Baillot reprend le morceau interrompu, et joue comme un dieu; Paganini tournait les feuillets. Vous pensez quel dut être l'enthousiasme du public.

Ce n'est pas ici le lieu de donner le catalogue exact de toutes les œuvres musicales de Baillot. Il a composé dix concertos, des duos, des trios, des quatuors, une grande quantité d'airs variés, de caprices, de fantaisies, de morceaux détachés, parmi lesquels on remarque un *andante avec sourdine*, morceau délicieux et d'un effet neuf.

En 1841 Baillot se proposait d'aller faire une tournée musicale dans les départements du Nord et de l'Ouest, lorsque sa santé, si robuste jusque alors, se trouva tout à coup altérée. Il lutta longtemps contre l'invasion du mal, et au printemps de l'année suivante les médecins lui ordonnèrent les eaux de Vichy. Les bains ne produisirent pas le bien qu'on en attendait, et le 15 septembre 1842 il mourut, à Paris, à l'âge de soixante et onze ans.

Parmi les artistes, il n'y en a pas eu de plus digne, de plus honorable. L'élévation de son cœur, la noblesse de son caractère, sa modestie, sa bienfaisance, lui avaient concilié le respect, l'estime de tous, autant que ses talents lui avaient conquis l'admiration universelle. J. D'ORTIGUE.

BAILLOU (GUILLAUME DE), nommé en latin *Ballonius*, célèbre médecin français, naquit à Paris, vers l'an 1538. Il cultiva d'abord la littérature, qu'il enseigna même avec éclat; puis, entraîné par un penchant irrésistible, il embrassa l'étude de la médecine à l'âge de trente ans, et fut nommé doyen de la faculté en 1580. Ce fut en méditant les écrits d'Hippocrate qu'il exerça tant d'influence sur la médecine de l'époque, influence qu'il dut à de grands talents et à une force d'argumentation telle qu'il fut surnommé le *Fléau des bacheliers*. C'est de lui que date la renaissance de la médecine d'observation. Attaché à l'étude des influences atmosphériques, et loin de la faiblesse de donner dans l'astrologie judiciaire; mais il approfondit la théorie des maladies endémiques et épidémiques, que le premier il remit en honneur. Dans sa vieillesse il préféra les douceurs de la vie privée à l'honneur de figurer à la cour de Henri IV, et mourut en 1616, âgé de soixante-dix-huit ans. Ses neveux ont publié ses œuvres, sous le titre de *Ballonii Opera medica omnia*, réimprimées plusieurs fois. D' FORGET.

BAILLY (JEAN-SILVAIN), naquit à Paris, le 15 septembre 1736. Son père, conservateur des tableaux du Louvre, homme d'esprit et de plaisir, égayait ses loisirs en composant de joyeux vaudevilles pour le théâtre dit *des Italiens*, où l'on ne jouait que des pièces françaises. Toute son ambition était de voir son fils lui succéder dans son paisible emploi, et il bornait son éducation à des leçons de dessin. Mais le jeune Bailly, entraîné par son goût pour les sciences, prenait des leçons de mathématiques de Montcarville et de Clairaut. Il essaya de travailler pour le théâtre, puis renonça à cette carrière par le conseil du comédien Lanoue, auquel il avait soumis deux tragédies : *Iphigénie en Tauride* et *Clotaire*. Il se livra alors tout entier à l'étude de l'astronomie, sous la direction du savant Lacaille, et publia successivement sur cette science plusieurs ouvrages regardés aujourd'hui encore comme classiques : 1° en 1764, *Essai sur la Théorie des Satellites de Jupiter*, avec des tables de Jeaurat; 2° *Histoire de l'Astronomie ancienne, depuis son origine jusqu'à l'établissement d'Alexandrie*, 1 vol. in-4°, 1776; 3° *Histoire de l'Astronomie moderne, depuis la fondation de l'école d'Alexandrie jusqu'en 1782*, 2 vol. in-4°; 4° ses *Lettres sur l'Atlantide de Platon et sur l'ancienne Histoire de l'Asie*. Beaucoup de ses mémoires insérés dans le recueil de l'Académie des Sciences, et ses lettres sur l'Atlantide, obtinrent un succès aussi brillant que mérité. Il concourut pour l'éloge de Charles V. En 1785 il obtint la plus honorable récompense de ses utiles travaux, sa nomination de membre des trois académies.

Montjoie, dont les écrits politiques respirent la plus profonde antipathie pour les principes et les hommes de la révolution de 1789, s'exprime ainsi sur le caractère et la conduite publique et privée de Bailly : « M. Bailly, né de parents obscurs, s'est élevé insensiblement et sans effort. Il n'a point été poussé dans la route de la fortune, elle s'est ouverte devant lui. Il l'a parcourue paisiblement, parce qu'il n'a jamais trouvé de concurrent ; confondu dans sa jeunesse avec le petit nombre de savants de la capitale, il n'inspira jamais de jalousie à aucun. Dans les cercles où ils se rassemblaient, il écoutait avec docilité, ne donnait point son avis, et se bornait à proposer modestement ses doutes. Sans intrigue, *en apparence* sans ambition, il ne blessa ni les prétentions ni l'amour-propre de personne. Dans les différentes sociétés où il était admis on l'avait surnommé le *bonhomme Bailly*..... Ses ouvrages ne lui firent point d'envieux ; mais aussi la considération qu'il acquit fut paisible comme son caractère. Comme il ne donnait ses livres au public qu'après en avoir longtemps confié le manuscrit à ceux qui dirigeaient l'opinion et leur avoir laissé la liberté d'y faire tous les changements qu'ils jugeraient à propos, il arrivait que lorsque ses livres paraissaient, chacun de ceux qui auraient pu le critiquer les regardant comme sa propre production, la satire n'ôtait rien à la gloire de l'auteur. Son seul écrit sur l'*Atlantide* trouva un censeur. Ce censeur était un journaliste obscur, ignorant et mal famé ; aussi le jugement d'un tel homme, loin de nuire à l'ouvrage, assura son succès. Jusqu'au moment où se formèrent à Paris les assemblées pour la convocation des états généraux, Bailly n'avait pris aucune part aux affaires publiques : il se trouva cependant dans son district ; il y parla peu, personne ne le connaissait ; mais le peu qu'il dit, son air de bonhomie, le préjugé qu'inspirait son agrégation à trois académies, lui firent trouver place parmi les électeurs. Dans cette nouvelle assemblée, il parla davantage, et commença à se faire remarquer (il fut élu secrétaire) ; mais ceux qui le connaissaient particulièrement le croyaient si peu propre à se montrer avec éclat aux états généraux, que les gens de lettres se disaient entre eux : Mais *que fait là le bonhomme Bailly* ?... Bailly est peut-être le seul homme qui soit parvenu précisément par la raison qu'il n'avait montré aucune ambition. L'extérieur de M. Bailly était l'image de son caractère : toutes les parties de son visage, toutes les formes de son corps, étaient dessinées avec roideur et à longs traits ; sa chevelure, longue et touffue, surchargeait plus qu'elle n'ornait sa tête ; son front se développait sans grâce, ses yeux étaient sans feu, ses joues sans couleur, sa bouche sans expression, et cet ensemble présentait une physionomie inanimée. Sans énergie dans le caractère, il était lent à parler, lent à agir. »

Ce portrait n'est point flatté. Bailly montra plus de l'énergie quand il présida la première séance du tiers-état et l'Assemblée nationale. A-t-il manqué de caractère et de dignité dans la fameuse séance du jeu de p a u m e ? N'avait-il pas déjà répondu au grand maître des cérémonies, ordonnant, au nom du roi, aux députés des communes de sortir de la salle : « La nation assemblée n'a point d'ordre à recevoir. » Dans les assemblées précédentes, les membres du tiers-état ne pouvaient parler qu'à genoux. Bailly ne l'ignorait pas ; les députés de la noblesse et du clergé ne pouvaient concevoir que ceux du tiers ne se conformassent pas aux exigences humiliantes de la vieille étiquette. Bailly sortait du château de Versailles, où il s'était rendu à la tête d'une députation du tiers-état. Les députés courtisans lui demandèrent comment la députation avait été reçue. « Nous étions debout, répondit Bailly, et le roi n'était pas assis. »

L'attitude calme et fière des députés des communes déconcerta tous les projets de la cour. La dissolution des états généraux était résolue. Le serment du jeu de paume, que Bailly eut l'honneur de prêter le premier, décida la révolution. Ce grand événement et ceux qui suivirent appartiennent à l'histoire générale (*voyez* CONSTITUANTE [Assemblée]). Bailly fut nommé maire de Paris le 16 juillet 1789, et le lendemain il reçut Louis XVI à l'Hôtel-de-Ville. Son discours se résumait par cette phrase, devenue historique : « Henri IV avait conquis son peuple, ici le peuple a reconquis son roi. » Cette phrase, que les hommes à préjugés ont trouvée inconvenante, et même séditieuse, n'était qu'un éloge plus poli que vrai : Henri IV n'était pas entré à Paris en conquérant ; l'entrée de la capitale lui avait été livrée par Brissac, qui commandait pour le duc de Mayenne.

Bailly n'avait accepté la place de maire de Paris qu'après avoir obtenu l'assentiment de l'Assemblée nationale, à laquelle il appartenait par le mandat qu'il avait reçu des électeurs de Paris. Bailly et L a f a y e t t e , nommé le même jour commandant général des milices bourgeoises, furent toujours d'accord dans toutes les mesures qu'ils prirent pour maintenir l'ordre dans la capitale. Tous les regards se fixèrent sur eux à la f é d é r a t i o n de 1790, où toute la France se trouvait représentée. Ils ne craignirent pas de compromettre leur vie et leur liberté dans ce même Champ-de-Mars où ils avaient été salués par les acclamations de toute la France. Une année ne s'était pas écoulée, le roi et sa famille s'étant enfuis du palais des Tuileries dans la nuit du 20 au 21 juin 1791, l'Assemblée nationale apprit bientôt qu'ils avaient été arrêtés à Varennes. Cette fuite imprévue fut un événement grave. Louis, sa femme et ses enfants furent ramenés à Paris. Tous les partis étaient en mouvement ; une grande question agitait tous les esprits : on demandait hautement la déchéance de Louis XVI. Le 17 juillet une foule immense s'était réunie au Champ-de-Mars pour y signer une pétition déposée sur l'autel de la patrie, à l'effet d'obtenir cette déchéance. Bailly s'y rendit à la tête d'une force armée considérable pour y faire proclamer la loi m a r t i a l e et disperser l'attroupement. Il fallut opposer la force à la force. Une affreuse collision en fut l'inévitable résultat ; le sang des citoyens avait coulé. Bailly n'avait fait qu'obéir à un décret rendu la veille. Il n'avait pas dépendu de lui d'en prévenir ni d'en éviter l'exécution. Il n'avait agi que par ordre du conseil municipal ; il n'avait pu faire les sommations prescrites par la loi qu'au milieu d'une grêle de pierres. L'Assemblée nationale, à laquelle il rendit compte des événements de cette journée déplorable, approuva sa conduite ; mais dès ce moment il perdit sa popularité. Le 19 septembre il envoya sa démission au corps municipal ; il la motivait sur le délabrement de sa santé. Cette démission ne fut pas acceptée ; il fut vivement prié de continuer ses fonctions. Il consentit à rester à la place jusqu'au mois de novembre, époque des élections. P e t h i o n lui succéda.

Bailly présida l'installation du nouveau maire. Retiré dans les environs de Melun, il ne quitta sa retraite que pour venir déposer comme témoin dans le procès de la reine Marie-Antoinette ; il résultat de l'acte d'accusation qu'il y aurait eu une correspondance entre lui et la prisonnière du Temple. Bailly déclara hautement que le fait était faux. C'est par erreur sans doute que l'on a prétendu que cette dénégation s'étendit à tous les faits mentionnés dans l'acte d'accusation. Il fut bientôt dénoncé lui-même et traduit devant le tribunal révolutionnaire. Conduit de Melun à Paris, il fut d'abord emprisonné aux Madelonnettes, et de là à la Conciergerie, et comparut, le 10 novembre 1793, devant le tribunal révolutionnaire pour avoir fait tirer sur les attroupements du Champ-de-Mars. Condamné à mort, il fut conduit le lendemain 21 novembre (2 brumaire) sur l'esplanade qui sépare le Champ-de-Mars des rives de la Seine. On avait placé à côté de lui, sur le fatal tombereau, le drapeau rouge qui avait servi lors de la proclamation de la loi martiale. Ce drapeau avait été trouvé dans les bureaux de la commune. Il fut brûlé au pied de l'échafaud. Bailly avait été trempé par une pluie fine et froide pendant le long trajet de la Conciergerie au lieu du supplice. Il s'évanouit en arrivant au Champ-de-Mars ; il reprit bientôt ses sens. « Tu trembles, Bailly ? » lui dit un des bourreaux. « C'est de froid, » répondit Bailly. Il monta d'un pas ferme sur l'échafaud.

Le 18 frimaire an V, sur le rapport de Pastoret, le conseil des Cinq-Cents décréta que la veuve Bailly serait assimilée aux veuves des représentants morts pour la république, et une pension lui fut accordée. Cette résolution réparatrice fut approuvée par le conseil des Anciens le 24 du même mois. L'infortunée n'en jouit pas longtemps; elle mourut trois ans après.

Bailly avait rédigé en forme de journal le récit des principaux événements dont la capitale avait été le théâtre depuis sa nomination à la mairie de Paris. Ces mémoires, qui renferment de précieux documents sur les hommes et les faits de cette époque fameuse, ont été publiés en deux volumes. La première édition est la plus estimée.

Une main amie, non impartiale, a tracé au bas de son portrait cette inscription :

De ses vertus, de sa raison
Il servit sa patrie ingrate;
Il écrivit comme Platon,
Et sut mourir comme Socrate.

DUFEY (de l'Yonne).

BAIN (du mot latin *balneum*, tiré lui-même du mot grec βαλανεῖον, lequel, suivant quelques auteurs, a pour étymologie les mots grecs βάλλω, je chasse, et ἀνία, la douleur). On nomme *bain* l'immersion totale ou partielle du corps dans une substance étrangère, le plus ordinairement liquide, et composée, soit d'eau pure à diverses températures, soit d'eau mélangée diversement, soit enfin réduite en vapeur. On donne aussi le nom de *bain* au lieu dans lequel on se baigne. Le bain a ou un but de propreté, et alors il appartient à l'hygiène et aux mœurs d'un peuple; ou bien il est du ressort de la médecine : c'est donc sous ce double point de vue qu'il est intéressant de le considérer, d'autant plus que chez divers peuples de los temps et dans divers siècles un intérêt moral assez puissant s'y rattache.

Sans rapporter ici l'exemple de la princesse Nausicaa, cité par Homère, ou celui de la fille de Pharaon, on peut faire comprendre de quelle utilité devait être le bain de propreté chez des peuples, où l'usage du linge de corps était inconnu à peu près, et où la chaussure ne garantissait que la plante du pied. L'homme a donc certainement lavé son corps dans les flots d'une onde pure dès que, sortant des ténèbres de l'enfance du monde, il s'est aperçu que la propreté contribue au bien-être physique, et longtemps avant qu'un Franklin en ait fait une vertu pour les peuples vierges de l'Amérique.

Télémaque fut, selon Homère, conduit au bain par la plus jeune des filles de Pylos, lavé et parfumé par elle d'essences précieuses, puis revêtu d'habits magnifiques. Il ne fut pas moins bien traité par les belles esclaves de Ménélas. Il fallait donc que chez les anciens Grecs les bains fussent en honneur, puisque l'on y avait consacré une partie des demeures des rois, où les lois de l'hospitalité prescrivaient de conduire les étrangers. Cet usage prit nécessairement de l'extension avec les progrès de la civilisation : une foule de monuments grecs l'attestent. On sait que dans le voisinage ou dans l'édifice même où les athlètes s'exerçaient à leurs jeux, des bains leur offraient un moyen facile d'enlever la poussière de leur corps et de reposer leurs membres fatigués. Ils avaient des bains publics assez vastes pour qu'on y pût nager à l'aise : à Sparte, les deux sexes s'y exerçaient ensemble à la natation. Platon voulait qu'une loi expresse portât que des bains publics seraient établis dans sa république.

Chez les Perses, les bains entraînaient une magnificence telle qu'Alexandre, entrant dans ceux de Darius, s'écria : « Est-ce au sein d'une telle mollesse qu'on peut commander aux hommes? »

La disposition et les usages observés dans ces temps anciens ne sont pas suffisamment éclaircis par l'histoire ni par les monuments. Les auteurs latins et les restes de Rome nous donnent des lumières plus grandes. D'abord, austères républicains, les Romains se lavaient et s'exerçaient journellement à la nage dans les eaux du Tibre. Plus tard, les riches eurent une partie de leur maison consacrée au bain; ce que le luxe put rassembler de plus recherché s'y réunit à ce que la mollesse put inventer de plus délicat; une grande piscine, où l'on pouvait nager commodément, des chambres chauffées à des températures diverses, des étuves sèches et humides, des esclaves chargés d'essuyer le corps, de le masser, de l'oindre plusieurs fois, de le frotter d'onguents parfumés, etc., voilà ce qu'on trouvait, non-seulement dans les palais des riches oisifs, mais encore dans ceux de Pline, de Cicéron et des riches patriciens.

L'industrie s'empara de cet élément de commerce : des bains publics étaient ouverts à des prix variés, selon le luxe qui y régnait, et selon la délicatesse des soins qu'on était à même d'y recevoir. La licence la plus effrénée y pénétra, les sexes y furent mélangés. Les baigneurs se procurèrent les esclaves les plus belles qu'ils purent pour achalander leurs établissements. Les comiques et les satiriques latins nous apprennent que les bains servaient les amours des époux infidèles, qu'ils étaient le rendez-vous ordinaire des roués de la ville éternelle. Quant aux *baigneurs*, entremetteurs de toutes les intrigues, ils étaient les Mercures des jeunes Romains : *Figaro*, barbier à Séville, eût été baigneur à Rome.

Cependant, le bas peuple était privé de ces délices des sens, au désir desquelles l'appelaient vivement et la nature du climat et le sensualisme dont toute l'organisation sociale était imprégnée, et surtout l'exemple si contagieux des riches. Sa faveur, si puissante est si attrayante pour les ambitieux, fut bientôt à ce prix. Au rapport de Dion, le premier bain public fut construit par Mécène. Agrippa en fit bâtir cent soixante-dix. Néron, Titus, Vespasien, Adrien, et presque tous les empereurs qui tinrent à capter la faveur populaire établirent des bains publics. Il y en eut jusqu'à huit cents dans les diverses parties de la ville. Le marbre le plus précieux, sous la main des plus habiles architectes, s'ouvrit en salles dignes, par leur luxe, des vainqueurs du monde, pour recevoir dans le bain ou dans l'étuve le prolétaire romain moyennant la faible rétribution d'un *quadrans*, c'est-à-dire d'un liard. Encore, s'il s'agissait de célébrer une fête publique, de faire quelque largesse au peuple, l'entrée était gratuite. Alexandre Sévère, en permettant que les bains fussent ouverts la nuit pendant les grandes chaleurs de l'été, se chargea de la dépense de l'huile qui brûlait dans les lampes.

La plupart des villes soumises à la civilisation romaine eurent des bains plus ou moins remarquables par leur beauté, et dont plusieurs ont laissé des restes que nous admirons encore. *Voyez* THERMES.

D'après les renseignements de Vitruve et les monuments que le temps a respectés, on peut apprécier quelle était leur disposition générale. Ils étaient ordinairement doubles, d'un côté pour les femmes et de l'autre pour les hommes; les deux bains chauds étaient entretenus par le même foyer; au milieu se trouvait un grand réservoir, autour duquel on attendait son tour d'entrée, et qui était environné d'une balustrade. Les étuves, l'une sèche (*laconicum* ou *calidarium*), l'autre humide (*tepidarium*), étaient de forme ronde, fermées en haut par un bouclier d'airain qu'on montait et qu'on descendait pour retenir ou laisser échapper la chaleur. Trois grands bassins, nommés *milliaria*, contenant de l'eau chaude, froide ou tiède, correspondaient aux bains par des tuyaux. À l'entrée de l'établissement on trouvait une vaste piscine d'eau froide, où l'on pouvait nager, et qui était exposée au nord, tandis que les autres parties étaient au midi; on se faisait frotter d'huile dans une salle où régnait une chaleur douce, puis on passait dans l'étuve sèche, et de là dans l'étuve humide, où l'on passait le bain chaud; cette dernière pièce était la plus vaste, à cause du concours qui s'y faisait et du temps assez long qu'on y restait. Des vases pleins d'eau, placés immédiatement sur le fourneau (*hypocaustis*, *hypocaustum*), y fournissaient continuellement de la vapeur. Tels furent à Rome les bains publics que fréquentaient non seulement le peuple, mais encore, pêle-mêle avec lui, ceux des grands qui voulaient lui être agréables, jusqu'à ce point que plusieurs empereurs s'y rendaient fréquemment.

D'abord on ne se baignait que de deux heures jusqu'au soir, plus tard du lever jusqu'au coucher du soleil. Nous avons vu qu'Alexandre Sévère permit que les bains fussent ouverts la nuit. La décence y fut d'abord observée avec tant de rigueur que les fils parvenus à l'âge viril ne se baignaient pas avec leurs pères, ni même les gendres avec leurs beaux-pères. Plus tard, la corruption y toléra la promiscuité des sexes. Les empereurs Adrien, Marc-Aurèle et Alexandre Sévère furent obligés, pour bannir une coutume aussi immorale, de décréter les peines les plus rigoureuses contre ces mélanges d'hommes et de femmes.

Chez les peuples qui ont succédé à la civilisation romaine, l'institution des bains publics s'est écroulée peu à peu au milieu du bouleversement social du moyen âge. Il paraît néanmoins que des bains publics ont existé à Paris jusque vers la fin du quatorzième siècle. Un médecin du temps faillit être lapidé par le peuple pour avoir conseillé de les fermer pendant la durée d'une peste qui régna à cette époque.

L'usage du bain n'ayant plus été dès lors qu'une coutume tout à fait particulière, l'histoire n'en a rien conservé pendant un assez long espace de temps. Mais, avec les progrès de la civilisation, l'industrie a ramené les bains publics, et maintenant il n'y a pas de ville de quelque importance en Europe qui n'ait un ou plusieurs établissements de ce genre. Beaucoup de particuliers ont chez eux des salles de bain, ou au moins les ustensiles nécessaires au bain. Mais le luxe des modernes, même dans nos palais les plus somptueux, n'offre rien qui approche de celui que les Romains étalaient dans leurs bains. Plusieurs bains publics à Paris présentent néanmoins tout ce qui peut satisfaire les besoins et les goûts du public, et même quelques-uns ce que peut espérer la recherche la plus exquise.

D'autres peuples, plus ou moins éloignés de nos mœurs, sont intéressants à étudier sous le point de vue qui nous occupe.

En Turquie, l'usage du bain et des ablutions est prescrit par la loi du prophète. Un dévot du Coran fait cinq prières par jour, et, avant chacune d'elles il se lave le visage, les mains et les pieds. A la suite de tout rapprochement des sexes, un bain entier est de rigueur, et pour les femmes à la suite de leurs menstrues. En outre, une ablution doit être faite par les Turcs chaque fois qu'ils ont satisfait un besoin naturel. Pour peu que leur fortune le leur permette, ils ont chez eux des bains d'étuve où l'on rencontre tout le luxe de l'Asie. Il n'y a point de village qui, avec sa petite mosquée, n'ait aussi son bain public. Les hommes et les femmes s'y baignent dans des lieux séparés ou à des heures différentes. Avant d'entrer dans l'étuve on dépose ses habillements, et l'on revêt une longue robe et des sandales. Quand on commence à suer, on se fait frotter avec un morceau de laine, puis on savonne tout le corps. Alors on se met dans l'une des baignoires d'eau chaude dont la salle est garnie. Au sortir du bain, on demeure quelque temps pour prendre le café. Les femmes, à ce qu'il paraît, y vont plus fréquemment que les hommes; le mari le plus jaloux ne peut en priver la sienne : c'est pour elle une obligation plus grande encore que d'aller à la mosquée. C'est du reste une occasion de se réunir avec ses amies et de savourer les douceurs de la causerie.

Dans l'Inde, on trouve aussi des bains publics. Un élégant de Surate, par exemple, se déshabille dans une première salle, puis entre dans une étuve où se trouve de l'eau bouillante; un serviteur vigoureux l'étend sur une planche, l'arrose d'eau chaude, lui presse toutes les parties du corps successivement, avec une force admirablement modérée, selon leur diverse sensibilité, fait craquer les jointures de tous les doigts, et même celles des membres. Il le retourne sur le ventre, s'agenouille sur ses reins, le saisit par les épaules, et fait craquer tous les os de l'épine dorsale, et donne de grands coups avec le plat de la main sur les parties charnues. Quand il lui a ainsi bien contus tout le corps, il arme sa main d'un gant de crin, et le frictionne à toute outrance, lui lime avec la pierre-ponce la peau épaisse des pieds, le frotte de savon et de parfums, le rase et l'épile. Cette opération dure bien trois quarts d'heure. L'Indien se sent alors vivre plus à l'aise, malgré l'énorme fatigue qu'il éprouve et qui l'oblige à dormir plusieurs heures : c'est alors seulement qu'il jouit de tout le bien que procure, sous un climat brûlant, un corps dispos et rafraîchi. Les femmes y trouvent un plaisir très-vif; elles passent souvent plusieurs heures du jour à se faire masser par leurs esclaves agenouillées autour du sofa sur lequel elles restent mollement étendues.

En Égypte, les villes de quelque importance sont aussi pourvues de bains publics. Une première salle en rotonde, garnie de gradins, reçoit les habits des baigneurs, qui s'y ceignent d'une serviette et y prennent des sandales; au centre est un bassin du milieu duquel jaillit un jet d'eau; elle est ouverte au sommet pour la circulation de l'air. Au sortir de cette salle, on passe dans un couloir étroit et long, chauffé graduellement, et par lequel on arrive à la salle du bain proprement dit. Celle-ci, très-spacieuse, est revêtue de marbre. La vapeur sans cesse renaissante d'un bassin d'eau chaude s'y marie à l'odeur des parfums qu'on y brûle. On s'y couche sur une espèce de hamac, et lorsqu'une moiteur un peu forte se prononce, un serviteur vous masse et vous fait craquer successivement toutes les articulations; il vous frotte de manière à enlever beaucoup d'écailles de l'épiderme et à débarrasser la peau des plus petites impuretés; il vous conduit ensuite dans des cabinets qui s'ouvrent dans cette salle, et vous verse sur la tête à profusion de l'écume de savon; de là vous passez dans un autre cabinet, où il vous laisse vous laver avec l'eau chaude et froide que vous y trouvez; il revient bientôt avec une pommade épilatoire, dont il vous enduit, et qui agit très-promptement. On ressort de même qu'on est entré, c'est-à-dire par un couloir dont la température est graduée de manière à ce qu'on ne soit pas trop brusquement frappé par l'air du dehors. Tous les petits soins qu'on peut obtenir dans ces établissements ne portent pas le prix du bain au delà de trois à quatre francs. Les gens du peuple se lavent eux-mêmes, vont suer dans l'étuve, et donnent quelques sous en sortant. Les Égyptiennes se baignent ainsi au moins une fois par semaine. C'est pour elles un jour de fête et une occasion d'étaler le luxe de leurs parures. C'est dans l'étuve qu'elles se font laver avec des essences odoriférantes, qu'elles font tresser leurs cheveux, qu'elles teignent leurs ongles et le bord de leurs paupières.

Les peuples du Nord ont aussi leurs usages et leurs coutumes particulières dans le bain. Un seigneur russe a chez lui une salle d'étuve humide, munie de toutes les commodités nécessaires, et le peuple trouve dans les villages même une étuve publique où il peut se rendre moyennant une faible rétribution. Dans une salle garnie de banquettes qui sont couvertes de matelas de foin ou de paille, se trouve un vaste fourneau garni d'une plaque de fer rougie par un feu ardent, et recouverte d'un monceau de cailloux que la chaleur rend incandescents; de cinq en cinq minutes on verse de ces cailloux des seaux d'eau froide, qui s'y vaporise à l'instant, et la salle se remplit d'une atmosphère humide, dont la température est souvent de 40 à 45° Réaumur. Le baigneur s'étend sur une des banquettes, une sueur abondante inonde bientôt ses membres; ensuite on le frotte avec

25.

des branches de bouleau et du savon, et bientôt la sueur s'apaise ; on lui verse alors sur le corps de l'eau tiède, puis plusieurs seaux d'eau froide; il s'essuie et demeure encore quelque temps dans l'étuve. Les gens du peuple n'y font point tant de façons : ils entrent dans l'étuve, et quand ils ont bien sué ils sortent, vont se jeter dans quelque ruisseau ou étang exposé à l'air libre et souvent à demi glacé, ou se rouler dans la neige, puis rentrent rapidement dans l'étuve, s'exposant ainsi brusquement aux températures les plus extrêmes. Un auteur observe que c'est ainsi que l'on trempe l'acier. Après le bain, le riche avale quelques rasades d'un vin généreux, le paysan se trouve content s'il peut boire un verre d'eau-de-vie de grain. On prend un bain semblable au moins tous les huit jours.

C'est surtout en Finlande que la température à laquelle on s'expose dans l'étuve est élevée. On y trouve l'étuve humide, chauffée à 38 ou 40° Réaumur, et l'étuve sèche, dont la chaleur s'élève quelquefois jusqu'à 60°. On a peine à croire que l'homme s'expose volontairement à une température aussi forte; néanmoins le témoignage des voyageurs est unanime. Une pratique des plus funestes est d'y conduire une femme nouvellement accouchée avec son enfant. La superstition en fait une loi dans certaines provinces : des matrones pronostiquent l'avenir de l'enfant selon la manière dont il s'y comporte; il doit leur arriver souvent de deviner juste en lui présageant une mort prompte.

Le bain de propreté, ou d'eau simple, est trop généralement négligé chez nous. On pourrait dire, jusqu'à un certain point, que l'usage du bain n'est point dans nos mœurs; et cela est absolument vrai, si nous nous comparons aux anciens, ou même aux peuples modernes de l'Égypte, de la Turquie et de la Russie. Cependant beaucoup de bains publics se sont établis à Paris et dans les villes de province depuis quelques années, en même temps que les lavoirs publics. A Londres une société s'est formée pour fournir de l'eau chaude à bon marché au peuple, soit pour bains, soit pour laver son linge. Le gouvernement français s'est occupé du même objet dans ces derniers temps, et une loi a été rendue pour créer ou aider à créer des bains et lavoirs publics à bon marché dans les villes où la population ouvrière abonde, remplissant ainsi le vœu que nous avions formé dans notre première édition. BAUDRY DE BALZAC.

On distingue les bains en *généraux* et en *partiels*, suivant que le corps entier ou une seule de ses parties est immergée. On a étendu en thérapeutique la même dénomination à l'immersion du corps dans l'eau réduite en vapeur (*bains de vapeur*), dans d'autres liquides que l'eau ordinaire ou dans l'eau chargée de différents principes (*bains médicamenteux*, *bains d'eaux minérales*, *bains de mer*); à l'application de diverses substances chaudes, sèches ou humides sur une plus ou moins grande surface du corps (*bains de sable*, *bains de marc de raisin*, etc.); enfin à l'échauffement de l'atmosphère dans laquelle on fait séjourner le corps (*bains de chaleur*), et même à l'exposition du corps nu à l'air libre (*bains d'air*).

Selon les parties immergées, les bains partiels prennent le nom de *bains de siége*, *bains de pieds* ou *pédiluves*, *manuluves*, etc.

On entend communément par *bain froid* celui qui est pris à la température des rivières ou de la mer pendant l'été; mais il serait peut-être plus convenable de le nommer *bain frais*, puisque par son emploi on cherche plutôt la sensation agréable déterminée par une température fraîche que celle toujours pénible qui est causée par le froid. La température des *bains froids* est fixée par Hallé, Guilbert et Nysten, de 0° à + 20° c. Lorsqu'on peut les supporter et qu'ils ne donnent lieu qu'à une réaction modérée, ils fortifient la constitution en redoublant l'énergie des organes, en consolidant les tissus, en empêchant les pertes occasionnées par la transpiration et en augmentant l'activité du système digestif; mais ils peuvent avoir chez les sujets faibles ou irritables des effets funestes, par suite des congestions internes qu'ils produisent, et qui ne se dissipent que par la réaction; alors ils donnent lieu à des bronchites, à des pneumonies, à des coliques, à des diarrhées et quelquefois même à des convulsions. On peut dire en général que le bain très-froid et qui détermine une sensation pénible n'est point un moyen hygiénique. Le bain froid pris dans l'eau courante donne lieu, à température égale, par le renouvellement continuel de l'eau, à une soustraction plus prompte de calorique que celui qui est pris dans une baignoire. Il semble aussi que ce soit avec raison que l'on attribue des effets toniques à la percussion exercée sur le corps par l'eau courante. Cette percussion est effectivement très-forte dans le bain de mer, et ses effets sont accrus encore par la plus grande densité de l'eau; celle-ci, par les substances salines qu'elle contient en dissolution, stimule aussi plus fortement la peau que ne le fait l'eau des rivières, en faisant même abstraction des modifications que l'absorption du liquide salin peut imprimer à la vitalité entière de l'organisme ou de quelque organe en particulier. *Voyez* BAINS DE MER.

Les bains froids, par l'ébranlement qu'ils impriment au système nerveux, ont quelquefois guéri la manie, la mélancolie avec penchant au suicide et l'hypocondrie. Les fièvres ataxiques, la fièvre jaune et la peste ont été parfois amendées par les bains froids, et alors on a vu dans quelques cas les malades passer du délire furieux au calme le plus parfait. Au dire de Giannini, dans les fièvres intermittentes, l'immersion dans l'eau froide sortant du puits est le remède spécifique de l'accès actuel, comme le quinquina est celui de l'accès à venir. Dans tous ces différents cas, ce sont les bains froids domestiques que l'on administre, à cause de l'impossibilité sur les effets de la réaction, qui, nous l'avons dit, est toujours plus vive à la suite des bains de mer ou d'eau courante. Quand la faiblesse du malade fait craindre qu'il ne puisse sans inconvénient être soumis à l'usage de ces bains, on essaye d'abord par des bains frais domestiques de 25 à 28° c., en ayant soin d'en abaisser graduellement la température. La durée ordinaire des bains froids, de cinq à dix minutes, peut être prolongée dans la manie et le début des fièvres ardentes; mais il faut retirer promptement les malades de l'eau si l'on craint l'apparition de la syncope. Les bains froids sont un puissant moyen thérapeutique dans la chorée ou danse de Saint-Guy; mais il faut bien se garder d'en abuser.

Cependant quand aux *bains froids partiels*, ceux de siége sont quelquefois fait cesser la métrorrhagie et diminuer le flux hémorrhoïdal; et les manuluves ont parfois arrêté l'épistaxis et l'hémoptysie. Les bains partiels de membres sont utiles dans les entorses et contusions au début, dans les brûlures sans dépouillement de l'épiderme, lors même qu'il y aurait des phlyctènes; ils sont également utiles dans la congélation; alors on les commence à 0°, puis on augmente ou on diminue graduellement la température à mesure que la réaction s'opère.

Les *bains frais* ont une température de 19 à 25° c. au-dessus de 0°, qui est celle des rivières et de la mer pendant l'été. L'eau à cette température détermine une légère horripilation, surtout lorsqu'on n'y est point habitué et qu'on n'entre dedans que graduellement, car lorsqu'on y entre tout d'un coup on éprouve une impression subite de froid, mais qui disparaît promptement. L'exhalation ne s'exerce pour ainsi dire que fort peu pendant la durée de cette sorte de bain, et est remplacée en partie par la sécrétion des urines, qui est augmentée. L'appétit est peu prononcé durant le séjour dans l'eau; la circulation se ralentit, la respiration devient plus rare, la calorification diminue si on n'exécute aucun mouvement, que l'on n'a pas lieu si on prend de l'exercice. Rien n'est plus salutaire que l'usage de ces bains : ils tempèrent la chaleur, calment la soif, et sont employés sous ce rapport avec avantage en été et dans les climats chauds; ils fortifient les constitutions faibles, délicates et molles, détruisent beaucoup de prédispositions fâcheuses, et peuvent même guérir quelques maladies chroniques. Les bains frais, tels qu'on peut les prendre dans une rivière, et non pas dans une baignoire, sont recommandés dans une foule d'affections où leurs effets sédatifs et toniques doivent naturellement les faire indiquer. C'est ainsi qu'employés dans les scrofules et dans le rachitisme, ils sont suivis de succès, surtout si les malades n'y restent pas dans l'inaction, et s'ils peuvent s'y livrer à l'exercice de la natation. Dans certaines gastralgies accompagnées d'une grande débilité, ils relèvent l'activité des fonctions digestives d'une manière étonnante, et contribuent pour beaucoup à la guérison de ces maladies si souvent rebelles à toutes les médications internes. Quand l'aménorrhée est liée à un état d'irritabilité nerveuse très-prononcé, elle cède en général assez promptement à l'usage des bains frais pris dans l'eau courante. C'est aussi l'un des meilleurs moyens de faire paraître les règles chez les jeunes filles pâles et chlorotiques, dont la menstruation première s'établit avec tant de difficulté. Les bains frais, dont l'emploi était autrefois totalement négligé des médecins, qui n'en connaissaient pas l'importance, ont pris aujourd'hui en hygiène et en thérapeutique une place qu'ils garderont.

Dans les *bains russes*, l'action du froid est combinée avec celle de la chaleur. On peut dire que c'est un fait physiologique bien remarquable que celui qu'offre l'emploi de ces bains, par lequel on voit un individu sortant d'une étuve être d'autant moins impressionnable au froid qu'il y aura subi une chaleur plus intense. Ce phénomène s'explique, dit-on, en admettant l'accumulation excessive du calorique et sa pénétration dans les tissus ; à tel point que, quelque énergique que soit ensuite la cause de sa soustraction, elle n'est pas immédiatement appréciable, si ce n'est par une sorte de sentiment de bien-être indicible. Quoi qu'il en soit de cette explication, il faut proclamer bien haut le danger qui résulte dans nos climats de l'emploi de ces moyens, et dire que ce n'est pas sans une extrême témérité que les individus à constitution énervée, molle et irritable de nos cités osent se soumettre à de telles épreuves, qui produisent toujours une extrême perturbation suivie souvent d'accidents mortels. Toutefois, porté à un degré modéré de température, $+38°$ à $+44°$ c. par exemple, avec l'affusion non pas glaciale, qui peut devenir immédiatement mortelle, mais tiède, le bain russe, d'ailleurs complété par le massage et la flagellation, et suivi de repos absolu ou de sommeil dans une douce température, peut procurer de bons résultats dans quelques affections ou prédispositions organiques ; mais il ne doit jamais être pris que d'après la prescription d'un médecin habile.

Il sera question ailleurs du système médical de Priessnitz, qui consiste en une immersion dans l'eau glacée des malades en sueur. *Voyez* HYDROTHÉRAPIE.

La température des *bains chauds* est fixée de $+36°$ à $+50°$ c. par Hallé, Guilbert et Nysten. Ces bains sont rarement employés dans les maladies, à cause de leurs effets sur l'encéphale ; et encore alors n'y reste-t-on que très-peu de temps, en ayant bien soin d'en surveiller soigneusement l'administration. On les a quelquefois prescrits pour déterminer une forte révulsion sur la peau, exciter une transpiration abondante ; c'est surtout dans les rhumatismes chroniques qu'ils peuvent être utiles, mais alors les bains de vapeur les remplacent avantageusement.

Les *bains chauds locaux* ou *partiels* ont été quelquefois efficaces pour rappeler les hémorrhoïdes supprimées (*bains de siège*) ; pour rappeler les lochies ou les règles ; dans les affections imminentes du cerveau, et dans le traitement de la goutte qu'une métastase a portée sur quelque viscère (*pédiluves*).

Le *bain tiède* ou *tempéré* est celui qu'on prend en hiver comme moyen d'hygiène, et dont la température varie de $+28°$ à $+35°$ c. Pendant la durée de ce bain on remarque un ralentissement des battements du cœur et des mouvements respiratoires, et un état de calme qui finirait par conduire doucement au sommeil, pour peu qu'on y fût disposé. Néanmoins l'absorption cutanée et la sécrétion rénale paraissent avoir acquis de l'activité, comme le témoigne le besoin d'uriner qui dans l'espace d'une heure peut se manifester plusieurs fois ; l'urine excrétée est alors claire et presque limpide. Les effets consécutifs de ce bain sont calmants et relâchants ; il délasse parfaitement et mieux que le bain frais. Considéré comme moyen hygiénique, le bain tiède convient à tout le monde ; car, quels que soient le sexe, le tempérament, la profession d'un individu, la propreté lui est indispensable ; mais c'est particulièrement aux tempéraments secs, irritables, aux vieillards, aux enfants, aux femmes, et même à celles qui sont dans l'état de grossesse ou qui nourrissent, que les bains tièdes sont avantageux. Après l'emploi de ce bain, on doit soigneusement éviter l'impression du froid ; car la peau, débarrassée des débris d'épiderme et de l'enduit qu'y avait laissés la sueur, reste quelque temps plus impressionnable qu'elle ne l'était avant le bain.

Sous le rapport thérapeutique, les bains tièdes conviennent par leurs propriétés relâchantes et calmantes dans beaucoup de maladies inflammatoires et douloureuses. Ils peuvent modérer les symptômes de la plupart des phlegmasies aiguës ; mais il faut en éloigner l'emploi dans celles de poitrine. Les fièvres inflammatoires avec douleurs contusives des membres, les courbatures, les rhumatismes musculaires, les tumeurs phlegmoneuses, sont avantageusement combattus par ces bains. Les inflammations cérébrales, telles que l'encéphalite et la méningite, surtout chez les enfants, où elles sont si souvent accompagnées de convulsions, réclament l'administration des bains tièdes, qui conviennent également dans un grand nombre de maladies nerveuses. C'est ainsi qu'aucun moyen n'est aussi puissant pour faire cesser cet état d'irritabilité, d'agitation nerveuse, ces insomnies qui se montrent particulièrement chez les femmes et chez les personnes dites nerveuses ; ces bains sont un des principaux moyens pour calmer et guérir les affections hystériques, hypocondriaques, les gastralgies qui se rattachent si fréquemment à ces états nerveux généraux, les palpitations qui ne dépendent point d'une lésion organique du cœur. Ils sont le meilleur et quelquefois le seul moyen, surtout chez les enfants, auquel on doive avoir recours dans les cas de convulsions, soit qu'on en connaisse ou non le point de départ ou la cause. Dans le croup et la coqueluche les bains tièdes produisent également d'heureux effets. On les emploie avec le plus grand avantage dans les cas de gastrite et d'entérite chroniques, dans les coliques nerveuses, dans les iléus, les étranglements internes et externes des intestins, dans la néphrite, soit calculeuse, soit nerveuse ; ils modèrent aussi les douleurs occasionnées par la présence d'un calcul dans la vessie. On les emploie également avec succès dans le traitement de la métrite ; ils en constituent un des moyens les plus efficaces pour faire cesser l'irritation dont l'utérus, par diverses causes, est le siège pendant la gestation, et qui peut amener l'avortement ou l'accouchement prématuré. Tout le monde sait l'avantage qu'on retire souvent du bain tiède dans le travail de l'accouchement. Un grand nombre d'autres affections, soit aiguës, soit chroniques, peuvent réclamer l'emploi des bains tempérés, et il appartient au médecin de saisir les circonstances où leur action peut être opportune. Les bains tièdes sont contre-indiqués dans les maladies scrofuleuses, scorbutiques, chez les individus atteints d'hydropisies, chez ceux qui sont épuisés par des évacuations abondantes. Ces bains sont proscrits du traitement des hydropisies, à cause de leurs effets débilitants et dans la crainte de l'absorption de l'eau. On ne les emploie jamais non plus dans les cas d'hémorrhagies ; car il y aurait alors à redouter l'augmentation de la congestion et du flux sanguin.

Pour que les bains tièdes produisent dans le traitement des

maladies l'effet qu'on en attend, il faut en surveiller attentivement l'administration. On doit avoir égard à la disposition individuelle pour fixer leur degré de température, aux effets immédiats que produit l'immersion pour en abréger ou en prolonger la durée, et enfin à leurs effets consécutifs pour en cesser ou en continuer l'emploi. On peut dire d'une manière générale que très-souvent on ne retire pas des bains tous les avantages qu'ils peuvent procurer, parce qu'on n'y tient pas les malades plongés assez longtemps. Il faut, quand on les emploie dans les cas de maladies cérébrales, s'attacher soigneusement à prévenir l'afflux sanguin vers la tête qu'ils peuvent déterminer, en soustrayant les malades à l'action des vapeurs qui s'en exhalent et en appliquant sur le front des topiques réfrigérants. Enfin, on doit faire en sorte que les malades n'éprouvent aucun refroidissement, soit avant d'entrer dans le bain, soit en en sortant.

Les *bains tièdes locaux*, tels que ceux de main, de bras ou d'avant-bras, de pied, de jambe, ou de toute autre partie du corps d'une configuration favorable, sont très-souvent employés dans un grand nombre de maladies. Les demi-bains *de fauteuil* ou *de siège* sont préférables chez les individus qui sont gênés ou oppressés par le bain entier. On a plusieurs fois utilement employé les demi-bains *de marc de raisin* dans la convalescence de certains rhumatismes chroniques et chez quelques enfants rachitiques ou scrofuleux. Les bains de siège chauds, soit simples, soit rendus plus excitants, ce qui vaut mieux, par l'addition de sel, de savon ou d'une décoction de plantes aromatiques, sont employés avec succès pour faciliter l'établissement des règles ou des hémorrhoïdes et pour en rappeler le cours. Donnés tièdes avec l'eau pure ou avec des décoctions émollientes, ils sont prescrits dans les phlegmasies abdominales et dans la plupart des affections aiguës des organes génitaux de l'homme et de la femme.

Les *bains de vapeur* agissent par le calorique combiné avec de l'eau en vapeur; les *bains de chaleur* n'agissent que par le calorique; les uns et les autres excitent vivement la surface de la peau, déterminent une transpiration abondante et peuvent, en augmentant ainsi les fonctions de l'organisme cutané, produire un effet dérivatif. Les bains de vapeur présentent une certaine analogie avec les bains chauds, qui en diffèrent cependant par la pression qu'exerce le liquide à la surface du corps et par la plus grande densité même du liquide; circonstances qui font que leur température est difficilement supportée par les malades, tandis qu'ils résistent à celle des bains de vapeur, qui est beaucoup plus élevée. Dans le bain de vapeur, quoique la transpiration soit plus considérable que dans le bain de chaleur simple, elle est néanmoins moindre que dans le bain chaud.

Les effets des bains de vapeur étant beaucoup plus sensibles, à température égale, que ceux des bains de chaleur, on n'élève guère dans le traitement des maladies la température des premiers au-dessus de 50° à 56° c. Cette circonstance, jointe à la facilité avec laquelle on peut faire prendre aujourd'hui les bains de vapeur, fait qu'on les préfère généralement aux bains de chaleur. Il est des cas cependant où les avantages des bains de chaleur sont tellement évidents, que l'on ne saurait les remplacer par les bains de vapeur : ce sont ceux où il importe d'agir sur le système vasculaire de la peau, sans toutefois augmenter l'intensité des fonctions de cet organe et de la transpiration en particulier. C'est probablement en agissant de la même manière que le *bain de sable* peut être employé avec succès, dans l'asphyxie par submersion.

Les bains de vapeur remplacent les bains chauds lorsque ceux-ci ne seraient pas tolérés par les malades : c'est ainsi qu'on les prescrit avantageusement dans les douleurs rhumatismales, la sciatique, les roideurs articulaires, et les douleurs vagues que quelques femmes éprouvent après l'accouchement. Ils sont également utiles dans la gale, les dartres et autres affections cutanées invétérées. On fait prendre les bains de vapeur en y introduisant tout le corps entier, ou le corps excepté la tête, ou encore une partie seulement du corps. Dans le premier cas, une température modérée de quarante et quelques degrés centigrades suffit pour provoquer immédiatement une sueur universelle; dans le second cas, la respiration s'effectuant dans l'air du dehors, la transpiration ne s'établit que plus lentement; dans le troisième cas enfin, quoique partielle d'abord, la sueur devient générale si, le corps étant suffisamment couvert, on porte la chaleur à 55° ou 56° c. La durée du bain de vapeur est proportionnée aux effets qu'il produit; on peut y faire séjourner les malades d'une à deux heures.

On administre un bain de vapeur en plaçant le malade dans un appareil particulier où l'on fait arriver la vapeur d'eau pure chargée de principes aromatiques volatils. Celui qu'on emploie maintenant à l'Hôtel-Dieu de Paris, consiste en un sac de toile vernissée qui enveloppe le corps du malade en laissant la tête libre. La vapeur est fournie au moyen d'une lampe entretenue par l'esprit de vin, et le malade prend ce bain sans sortir de son lit : ce sont alors des bains de vapeur sèche (provenant seulement de l'eau qui résulte de la combustion de l'alcool).

Terminons par quelques mots sur les *bains médicamenteux*, en renvoyant à l'article Eaux minérales l'énumération des qualités que possèdent les différentes sources dont les eaux naturelles sont prescrites en bains.

Les *bains alcalins* se composent en ajoutant à un bain ordinaire de 125 à 250 grammes de sous-carbonate de potasse et de soude. On peut aussi substituer avec avantage aux carbonates alcalins le *bain savonneux*, qui se fait avec 250 ou 500 grammes de savon dissous dans vingt litres de forte décoction de son que l'on ajoute à l'eau du bain. Les uns et les autres de ces bains sont utilement employés dans le traitement des maladies de la peau caractérisées par des éruptions sèches et accompagnées de démangeaisons plus ou moins vives. Il arrive quelquefois qu'il est nécessaire d'adoucir l'effet des préparations alcalines en les mélangeant avec une forte décoction de son ou d'herbes émollientes, ou une dissolution de colle de Flandre ou d'amidon.

Grâce aux travaux remarquables d'Anglada sur la composition des eaux minérales, on prépare aujourd'hui des *bains sulfureux* (bains de Baréges artificiels) bien moins odorants et bien plus rapprochés des eaux sulfureuses naturelles en employant, au lieu de sulfure de potasse, l'hydrosulfate de soude cristallisé. Les bains sulfureux ont été pendant longtemps regardés comme presque spécifiques de la plupart des maladies de la peau, si improprement appelées dartres. C'est à Biett qu'on doit d'être prémuni contre leur usage inconsidéré et intempestif dans ces maladies de nature et de forme si diverses. C'est particulièrement dans l'*eczéma* et l'*impétigo* chroniques, dans le *psoriasis*, la *lepra vulgaris*, la *pityriasis versicolor* et le *prurigo* que l'on observe les bons effets des bains sulfureux; c'est aussi le moyen dont on se sert le plus ordinairement pour guérir la gale chez les enfants : Guersent y attachait une grande importance dans le traitement des scrofules. L'administration de ces bains est très souvent suivie de succès dans certaines phlegmasies chroniques de l'abdomen, dans les rhumatismes anciens et dans la leucorrhée. On a retiré aussi de très-grands avantages de leur emploi dans le traitement de la chorée. Quand on croit devoir redouter l'irritation trop vive de la peau par ces bains, l'addition de la gélatine (250 grammes à un kilogramme) leur communique des qualités onctueuses qui préviennent les accidents.

On prépare les *bains salins* en ajoutant 125 à 250 grammes de sel de cuisine (chlorhydrate de soude) pour chaque seau que contient la baignoire; s'ils irritent trop, on les mitige au moyen d'une dissolution de gélatine ou d'eau de son. C'est particulièrement contre le rachitisme, les scrofules et les débilités générales que ces bains sont employés avec avantage.

Un ou deux hectogrammes de chlorure de soude, ajoutés à la quantité d'eau nécessaire pour remplir une baignoire, donnent un *bain chloruré* qui, suivant quelques médecins, est l'un des moyens les plus efficaces à mettre en usage contre les scrofules.

On prépare les *bains mercuriels* avec le deutochlorure de mercure, dont on fait dissoudre depuis 3 jusqu'à 30 grammes dans un hectolitre et demi d'eau environ. Ces bains ont été proposés pour remplacer le mercure à l'intérieur.

Les *bains iodurés*, les *bains d'iodure de potassium* et les *bains iodés* sont prescrits dans le traitement des maladies scrofuleuses. Dr Alex. DUCKETT.

BAIN (Ordre du), ancien ordre de chevalerie, aujourd'hui le troisième en rang qui existe en Angleterre. Il résulte des recherches de Cambden et de Selden que la qualification de *chevalier du Bain* apparut incontestablement pour la première fois en 1399, à l'occasion du couronnement du roi Henri IV, et on peut admettre que la création de cet ordre fut au nombre des solennités imaginées pour célébrer cet avénement. C'est à la coutume où l'on était alors de plonger dans un bain tout nouveau chevalier qu'il faut attribuer sa dénomination.

Par la suite, l'usage des rois d'Angleterre fut de créer des chevaliers de l'ordre du Bain, *knights of the Bath* : 1° avant le jour de leur couronnement; 2° à l'inauguration du prince de Galles ; 3° à l'occasion de leur propre mariage ou du mariage d'un membre de la famille royale; 4° enfin dans de grandes solennités toutes particulières. Lors du couronnement du roi Charles II, il fut créé quatre-vingt-six chevaliers du Bain; mais cet usage tomba en désuétude, et ne fut pratiqué de nouveau que par Georges Ier, sous l'administration de Walpole. Les nouveaux statuts et règlements de l'ordre portent la date du 23 mai 1725.

D'après la nouvelle organisation donnée alors à l'ordre du Bain, il dut se composer d'un grand maître et de trente-six chevaliers (*companions*), non compris les officiers de l'ordre, à savoir : le doyen, le garde des registres, le roi d'armes et généalogiste, le secrétaire, le majordome et le messager.

Le prince régent reconstitua l'ordre du Bain en 1815 pour en faire plus particulièrement un ordre du Mérite militaire, et il le partagea en trois classes : 1° les chevaliers grandscroix (jadis *companions*), dont le nombre est fixé, au *maximum*, à soixante-douze, non compris les princes du sang possédant de hauts grades dans l'armée ou dans la flotte : sur ces soixante-douze grands-croix, douze sont réservées à récompenser des services rendus dans l'ordre civil ou dans des fonctions diplomatiques; 2° les chevaliers commandeurs, dont le nombre ne devait pas dans le principe dépasser cent quatre-vingts, non compris les officiers étrangers au service d'Angleterre et auxquels dix croix peuvent être accordées à titre de chevaliers honoraires ; 3° les simples chevaliers (*companions*), classe réservée aux officiers de l'armée, mais à la charge d'avoir déjà obtenu une médaille ou autre distinction honorifique.

BAINI (JOSEPH, abbé), savant musicien italien, naquit à Rome, le 21 octobre 1775. Il fit ses études au collége Romain avec grand succès, et sa vocation s'accordant parfaitement avec les vues de ses parents, il entra au séminaire pour y faire ses études théologiques et être ordonné prêtre. Mais tout en s'adonnant à ces graves travaux, il s'était aussi appliqué d'abord à l'étude du plain-chant, puis à celle de la musique, pour laquelle il n'eut d'autre maître que lui-même et d'autre temps que celui des récréations, les règlements en défendant l'enseignement dans le séminaire. A l'âge de dix-huit ans, se trouvant dans une église où les chantres pontificaux étaient venus officier, il se sentit assez habile pour hasarder de joindre sa voix aux leurs ; la beauté de son organe ayant été aussitôt remarquée, il fut admis dans le collége des chapelains-chantres, et se passionnant de plus en plus pour la musique ancienne et pour le style et le genre de Palestrina, il étudia ce genre, non plus au point de vue de l'exécution, mais dans le but d'en pénétrer tous les secrets et d'en essayer toutes les ressources, en sorte que la chapelle Sixtine put entendre de ses compositions, qui ne faisaient point disparate avec la musique sublime qu'elle rendait habituellement. Son *Miserere* et son *Dies iræ* furent particulièrement remarqués. Cependant il cultivait en même temps l'archéologie musicale, et il ne tarda pas à devenir l'un des hommes les plus instruits dans tout ce qui concerne la musique aux époques du moyen âge et de la renaissance, particulièrement dans ses rapports avec le culte catholique. Les longues et pénibles recherches qu'il fit sur ces matières produisirent, outre plusieurs ouvrages restés inédits, le beau travail intitulé : *Memorie della Vita e delle Opere di Giovanni Pierluigi da Palestrina* (2 vol. in-4°, Rome, 1829). Cet ouvrage et un opuscule intitulé *Saggio sull' identita de' ritmi poetico e musicale* (in-8°, Florence, 1820) sont les seuls qui aient été imprimés. Baini aurait passé fort paisiblement sa vie si la conquête de l'Italie en 1798 et plus tard l'enlèvement du pape ne fussent venus troubler pour quelque temps ses laborieuses journées. Devenu directeur de la chapelle pontificale et choisi pour camerlingue par ses confrères, il remplit ces fonctions jusqu'à sa mort, bien que pendant les vingt dernières années de sa vie sa santé se fût singulièrement affaiblie. Grégoire XVI lui avait donné le titre de *cameriere*, mais il n'en porta jamais le costume, et dans les cérémonies il figura toujours parmi ses collègues les chapelains-chantres, prétendant, avec raison, que *les chapelains sont supérieurs aux valets de chambre*. Baini a formé dans le style qu'il préférait à tous les autres un certain nombre d'élèves, dont l'auteur de cette notice se souviendra toujours avec la plus vive reconnaissance d'avoir fait partie. Adrien DE LAFAGE.

BAIN-MARIE (*balneum maris*), nom donné à différentes substances qui, élevées à une certaine température, sont employées à faire partager leur chaleur aux corps qui y sont plongés. On donne particulièrement ce nom au bain d'eau chaude; et comme l'ébullition de l'eau sous une pression constante et toujours la même, le corps placé dans un bain-marie ne pourra contracter une chaleur supérieure à celle de l'eau bouillante. On y a recours toutes les fois que l'on veut agir sur des substances susceptibles de s'altérer par un degré de chaleur supérieur à celui de l'ébullition de l'eau (100 degrés centigrades), comme cela a lieu quand on a à dessécher des matières végétales ou animales, à évaporer des sucs végétaux ou autres.

BAINS, petite ville de France, département des Vosges. Elle possède plusieurs sources d'eau saline thermale dont la température varie de 33 à 51° cent. L'analyse y démontre la présence de 28 décigrammes de sulfate de magnésie par litre d'eau. La saison pendant laquelle on prend ces eaux date du 15 juin au 15 septembre.

BAINS DE MER. Nous arrivons tard en tout, après l'Italie pour les beaux-arts et pour la poésie, après l'Angleterre pour la science politique et l'industrie économique; il en a été de même pour les bains de mer. Les Anglais et les Napolitains se plongeaient depuis longtemps dans les eaux salées, que nous ne parlions encore des bains de mer qu'avec une crainte puérile. A peine osions-nous conseiller cette sorte de bains aux maniaques ou aux enragés, et ce n'était même pas sans un frissonnement d'horreur. Il a fallu l'exemple d'une femme, d'une jeune princesse italienne, pour enhardir notre timidité. Attentifs à lui plaire, tous les plaisirs ont dressé leurs tentes sur le rivage de la mer, et dès lors gens de la cour et de la ville, ambitieux ou mondains, vieux ou jeunes, hommes ou femmes, pour faire leur cour, se sont jetés à la mer, comme six mois plus tôt ils couraient au sermon, comme dix ans plus tôt ils allaient à Saint-Cloud, comme cinquante ans plus tôt à Versailles, à Trianon. La mode des plaisirs, l'attrait de la nouveauté, l'imitation des grands, la séduction de la faveur, voilà nos guides, à nous Français. Ce n'est pas nous qui changeons, c'est l'opinion, c'est la mode.

Les premiers bains de mer, c'est à Dieppe et à Boulogne qu'on les prit; c'est là que furent fondés les établissements modèles; celui de Boulogne fut le premier de tous.

Les malades sont ordinairement conduits à l'endroit où ils se baignent dans de jolies voitures, servant de voile pour la décence et contre l'indiscrétion, en même temps que de cabinet de toilette; car il faut bien faire un peu de toilette même pour se jeter à l'eau. On revêt alors une de ces longues tuniques de laine que portent toujours dans leur garde-robe les habitués des Pyrénées et du Mont-Dore. En outre, chaque baigneur a son conducteur ou son guide; souvent même on se fait jeter dans l'eau de la mer par ces hommes choisis exprès parmi les plus robustes, et qui ont fait de ce dur travail un long apprentissage.

Les personnes trop craintives ou trop faibles peuvent se plonger dans de vastes baignoires de pierre polie : on suspend même certaines de ces baignoires de manière à faire éprouver un balancement analogue à l'ondulation d'une mer paisible. On a quelquefois aussi chauffé l'eau de mer servant de bain; mais alors il serait plus convenable d'aller se plonger dans les eaux chaudes et salines de Bourboule ou de Bourbonne, qui, au reste, ont beaucoup de ressemblance avec l'eau de mer.

On conseille les bains de mer de préférence à la fin de l'été et au commencement de l'automne, parce qu'alors l'eau est un peu moins froide et l'air extérieur un peu moins chaud. Les personnes fortes peuvent prendre leur bain dès le matin; celles qui sont faibles doivent préférer le milieu du jour, entre le déjeuner et le dîner : quelques-unes le prennent le soir.

L'eau de mer marque ordinairement 12 à 14° au thermomètre de Réaumur : c'est plus de 15° R. au-dessous de la température du corps humain; il y a là de quoi transir. On doit donc ne se baigner dans l'eau de mer qu'avec d'extrêmes précautions, qu'avec prudence. Un pareil bain ne conviendrait point à la sortie du lit, parce qu'alors la peau est moite et trop perméable et sensible; point après un grand exercice, pour des raisons semblables; point à la suite des repas, parce que le froid de la peau contrarierait la digestion; point même dans un état de grande faiblesse ou de fatigue, parce qu'un bain froid suppose de la part du baigneur la faculté de réagir, un certain degré d'énergie; point lorsqu'il y a fièvre ou inflammation, parce que le bain froid repousse le sang vers les parties intérieures, ce qui aggraverait le mal : il ne convient non plus ni dans les maladies de la peau, que l'eau salée avive; ni dans le scorbut, que la fréquentation de la mer a souvent engendré; ni dans les maux de jambes avec gonflement, avec œdème; ni dans la phthisie pulmonaire, dont il hâterait le terme fatal. Les bains de mer excitent à l'action, ils exigent de l'énergie : ils conviennent à cause de cela aux jeunes gens beaucoup plus qu'aux personnes âgées. On se trouve bien d'un léger exercice avant et après chaque bain. On éprouve en se jetant à la mer un saisissement à l'épigastre, une sorte d'anxiété à laquelle on obvie par des onctions huileuses au creux de l'estomac.

Mais s'il est des cas où les bains de mer seraient nuisibles, il en est d'autres où ils manifestent une grande efficacité. Les scrofules ou humeurs froides, les maladies des nerfs surtout, ainsi que la débilité qui procède du tempérament, ou qui succède à des maladies, à des excès, sont les circonstances où les bains de mer sont le plus propices. Inutile de citer les Romains pour autoriser nos goûts du jour ou nos préceptes de médecine : peu nous importe que Musa, plus courtisan que médecin, ait guéri Auguste d'un catarrhe à l'aide des bains de mer. Assurément nul de nos médecins ne suivra l'exemple de Musa : aucun de nos malades n'aurait la docilité d'Auguste. — « Comment, docteur! vous voulez me faire glacer dans votre eau de mer, tandis que je suis enrhumé!... vous n'y pensez pas. — Cependant Auguste... — Laissez là vos Romains et votre Suétone! ils savaient faire de l'histoire, mais non de la médecine : les bains seuls, durant 600 ans, composèrent toute leur pharmacie; allez! le plaisir les occupait bien plus que leur santé. » — Ne parlons donc point des Romains... mais on sait que les pêcheurs de moules et de coquillages, gens sans cesse plongés dans l'eau salée, ne sont jamais atteints de rhume. Est-ce un effet de l'habitude? est-ce un bienfait de l'eau de mer et de l'air vif et pur qui l'environne? peu importe, le fait est certain. On sait aussi qu'on peut avoir les pieds mouillés par l'eau de mer sans éprouver les accidents familiers aux personnes exposées à des immersions d'eau douce. Les mêmes pêcheurs que l'eau de mer n'incommode point éprouvent souvent une maladie pour avoir été mouillés par une pluie d'orage.

Il y a à Venise dans le palais du Doge dix-neuf cachots souterrains où l'on tient renfermés les condamnés à mort dont la peine a été commuée. L'eau de la mer pénètre incessamment dans ces noires et sales prisons, et même les jambes des détenus sont quelquefois baignées de deux pieds d'eau; et cependant ces misérables parviennent souvent à un âge très-avancé.

L'eau salée conserve, disent les gens du monde : les marins vivent longtemps. Bacon disait : *Lavatio corporis in frigida bona ad longitudinem vitæ...* Thétis promet à Achille qui l'implore de conserver le corps d'Hector. *L'eau de mer adoucit les formes et favorise la beauté*, disent les artistes : Thétis avait les pieds admirablement beaux; Vénus naquit de l'écume de la mer, et près de la mer étaient les temples où on l'adorait. *L'eau de mer fait dormir*, disent les poëtes : voyez Ulysse dans l'île de Nausicaa! *L'eau de mer favorise la fécondité*, disent les satiriques : des femmes de marins restées en terre ferme ont eu plusieurs couches pendant que leurs maris faisaient le tour du monde.

Il est au moins certain que les bains de mer excitent les passions, de même qu'ils remédient à leurs excès. L'eau de mer redonne des forces, de la vigueur; elle fond les glandes engorgées, elle remédie au rachitis commençant, elle a souvent arrêté les progrès d'une déviation de la taille. C'est probablement ce qui aura inspiré à M. Duval l'idée d'ordonner des bains salés aux jeunes personnes contrefaites et un peu lymphatiques. L'eau salée rougit le sang, le docteur Steevens l'a prouvé. La mer convient surtout aux personnes nerveuses, à celles qui ont des tremblements, à celles qui ont de grands maux de tête, des palpitations, des tics douloureux, la danse de Saint-Gui, ou des spasmes hystériques, pourvu qu'il n'y ait pas trop de pléthore. Le bain de mer a souvent conjuré des fausses couches : Whigt en cite des exemples irrécusables. L'eau salée a fréquemment remédié à des tremblements mercuriels, à l'hypocondrie, à des paralysies insolites des paupières, quelquefois même à une paralysie étrangère au cerveau. L'eau de mer centuple la force de ceux qui s'immergent dans ses ondes; mais il serait dangereux de s'y plonger dans un état d'excessive faiblesse.

Un précepte bien important, c'est qu'il faut se baigner d'une seule fois, évitant d'exposer le corps alternativement à l'air et à l'eau salée; le corps entier doit plonger dans l'eau. Après un bain de quelques minutes, on doit rentrer dans sa petite voiture et reprendre aussitôt ses vêtements secs, ou s'envelopper d'une couverture.

Les propriétés de l'eau de mer ne doivent nullement surprendre, si l'on réfléchit à la quantité de différents sels qu'elle contient (près de 4 centièmes), à l'iode et au brome qui s'y trouvent mêlés, au phosphore, qui rend quelquefois la mer lumineuse durant la nuit, à son agitation perpétuelle, aux débris de végétaux et d'animaux qu'elle renferme. La mer contient en quelque sorte un extrait de toutes les parties

de la terre : l'eau qui la compose a été nuage, a été neige, glacier, rosée ; elle a été sang et séve : cette séve et ce sang, qui aboutissent finalement à l'Océan, entraînent vers lui et tiennent en suspension quelques-uns des principes constituants des êtres qu'ils ont abreuvés et nourris, de même que les différents fleuves y conduisent et déposent un échantillon de chaque terroir, des molécules atténuées de chaque montagne, comme aussi la réunion de toutes les eaux minérales du globe... Toutefois, et quelle que soit la vogue des bains de mer, quel qu'en soit le mérite réel, ils ne feront jamais abandonner nos eaux thermales des Pyrénées, du Bourbonnais et de l'Auvergne. C'est à ces dernières que les vrais malades iront dans tous les temps demander des forces et de la santé.
Dr Isidore BOURDON.

BAÏONNETTE, ou BAYONNETTE, dague, de cinquante centimètres de longueur, qui s'adapte au canon du fusil par un manche creux, forgé séparément, et que l'on appelle *douille*. L'arme entière se compose de trois parties, qui se fabriquent séparément, la *douille* et la *virole* qui sont en fer, et la *lame* qui est en acier. Le long de la douille et dans les deux tiers de sa hauteur, est pratiquée une entaille, de largeur proportionnée à la dimension d'un bouton carré placé à l'extrémité et en dehors du canon du fusil. Une autre entaille correspondante est pratiquée dans l'épaisseur d'un anneau mobile qui joue autour de la douille. En tournant cet anneau par-dessous le bouton, lorsque celui-ci a glissé jusqu'à l'extrémité de l'entaille de la douille, on forme une sorte de boutonnière fermée. La baïonnette est alors fixée au bout du fusil d'une manière solide et ne peut s'en détacher que lorsqu'on a replacé l'anneau de façon que son entaille et celle de la douille correspondent de nouveau. La baïonnette n'est aiguisée qu'à la pointe ; la lame présente une face plate avec, au dos, une forte arête qui va en s'élargissant. Une tige coudée ou courbure, d'environ 4 centimètres, entre la lame et la douille, tient la baïonnette à distance du canon du fusil, du côté où se trouve la batterie, en sorte que l'alignement n'est contrarié en rien lorsque l'œil met en joue.

La douille de la baïonnette se forge sur une enclume sur laquelle sont pratiquées deux gouttières demi-circulaires et deux rainures à queue d'aronde, dans lesquelles on fixe successivement les *étampes* au nombre de sept à huit, à l'aide desquelles on donne la régularité et le diamètre nécessaires à la douille. Tout à côté se trouve un *tas*, traversé d'un *mandrin* rond et un peu conique, sur lequel on roule et soude la plaque de fer destinée à faire la douille. Le forgeur de cette partie de la baïonnette est encore muni d'un étau dont les mâchoires présentent, quand elles sont fermées, une ouverture circulaire. Il a aussi trois mandrins de diverses grosseurs qu'il passe successivement, à commencer par le plus petit, dans l'intérieur de la douille pour donner à son ouverture le diamètre nécessaire.

Un ouvrier, aidé de son compagnon, forge ordinairement trente-six douilles par jour. Il y emploie de 13 à 14 kilogrammes de fer et 36 kilogrammes de charbon de terre de bonne qualité. Quand la douille est forgée, elle passe à l'examen de l'inspecteur, qui la rebute ou la reçoit ; dans le dernier cas, on la porte à l'*alésage*. C'est un appareil qui fait tourner des cônes d'acier angulaires de six grosseurs différentes qui passent successivement dans l'intérieur de la douille. Deux enfants, à l'aide de cette machine, peuvent en aléser deux cents par jour.

La baïonnette proprement dite se forge aussi au moyen de deux étampes. Une sert à former l'épaulement de la lame ; l'autre, la nervure ou l'arête qui règne dans toute sa longueur. Avant de terminer la forge de la lame, on y soude la douille, sur laquelle on a eu soin de ménager une sorte de queue de fer qui, étant courbée à l'issue de l'opération de la soudure, forme le coude de la baïonnette. Après que l'arme est forgée et trempée, on la porte au *polissage*, qui s'opère, d'abord, sur une meule ordinaire, puis sur des meules cannelées, sur lesquelles on présente la baïonnette en long. Des meules, d'un très-petit diamètre, sont encore employées pour évider ses faces. Des roues de bois cannelées, sur lesquelles on répand de l'émeri délayé dans de l'huile, terminent l'opération du polissage. On brunit la pièce sur une autre roue de bois saupoudrée de charbon. Enfin, on donne le dernier lustre avec de la pierre sanguine dure. Une baïonnette achevée doit peser un peu plus d'un demi-kilogramme.

La baïonnette adaptée au fusil en a fait la première de toutes les armes, une arme à la fois de jet et d'escrime, d'attaque et de défense. Le fantassin charge à la baïonnette ou s'abrite derrière elle. Les blessures qu'elle fait sont, de leur nature, fort dangereuses. Pour l'ordinaire profondes, puisque les coups se portent à deux mains, elles sont à la fois perçantes et contondantes ; les chairs d'alentour sont violemment meurtries, le sang coule difficilement.

A quelle époque remonte l'invention de la baïonnette ? Dans quel lieu fut-elle inventée ? Deux grandes questions qui préoccupent depuis longtemps les historiens civils et militaires. On lit dans une chronique du midi de la France : « Ce fut durant le siège que Bayonne soutint, en 1523, contre les rois d'Angleterre et d'Aragon réunis, que les femmes de cette ville, tout en défendant courageusement ses remparts, inventèrent la baïonnette. » En 1578, dit le *Journal des Sciences militaires*, on connaissait déjà le mot *baïonnette* comme signifiant une espèce de poignard. Si l'on en croit le *Journal de l'Armée*, ce seraient les Malais de Madagascar qui, bien avant que la France connût la baïonnette, auraient donné aux troupes hollandaises coloniales le modèle des dagues fixées au bout du canon du fusil. Le général Marion ne fait pas remonter au delà de 1641, et Gassendi au delà de 1671, la fabrication des baïonnettes à Bayonne. Suivant une opinion qui a cours dans le pays, la position des Pyrénées occidentales nommée la *redoute de la Baïonnette*, serait devenue célèbre par un combat dans lequel les Basques, ayant épuisé leurs munitions, n'auraient triomphé des Espagnols qu'en attachant leurs couteaux au bout de leurs fusils. On lit enfin dans les Mémoires de Puységur : « Avant la suppression de la pique, quelques officiers, trouvant cette arme inutile et embarrassante, en cherchèrent une plus commode. Lorsque M. de Puységur, commandant en 1642 dans une partie de la Flandre, envoyait des partis au delà des canaux, il ne donnait pas d'épées à ses soldats, mais bien des baïonnettes, dont la lame avait un pied de long, et dont le manche en bois s'enfonçait d'un pied dans le canon du fusil. Cette arme servait de défense contre ceux qui voulaient charger nos troupes après qu'elles avaient tiré. »

Le père Daniel croit que le premier corps qui en ait été armé est le régiment de fusiliers créé en 1671 et appelé depuis *royal-artillerie*. « Cette arme, dit-il, n'avait encore qu'un manche de bois qui entrait dans le canon. » En 1678, après la paix de Nimègue, on arma de fusils et de baïonnettes les grenadiers qui avaient été créés en 1667 et réunis en compagnies en 1672. Dans ce même siècle les dragons de la milice autrichienne se servaient de baïonnettes. En 1690, dit M. Meyer (Moritz), les Suédois commencèrent à faire emploi de l'espèce de baïonnette dite *carabine* nommée *coutal*, où à lame de couteau de chasse. Voltaire attribue l'invention de la baïonnette au colonel Martinet, inspecteur d'infanterie sous Louis XIV, auteur d'un fouet à lanières appelé de son nom *martinet*, lequel fut introduit par lui dans la discipline militaire. Il y a erreur à cet égard relativement à la baïonnette ; c'est seulement la douille cylindrique que Martinet inventa ou qu'il appliqua ; encore cette invention lui est-elle disputée par les Anglais.

En 1703, sur l'avis du maréchal de Vauban, la pique disparut définitivement de nos armées, et fit place au fusil armé de baïonnette. Parmi les raisons qu'on assignait pour s'opposer à cette innovation, on prétendait qu'un factionnaire dont les mains seraient occupées à tenir son fusil à baïonnette au lieu d'une épée serait aisément désarmé. Longtemps les vieux soldats, quand on les posait dans des factions difficiles et où il y avait danger d'être insulté, se promenèrent la baïonnette en main, de manière à pouvoir la manier en guise de poignard. On allait même jusqu'à donner deux baïonnettes aux factionnaires les plus exposés. Cela s'explique à une époque où la baïonnette, mal retenue par son manche de bois dans le canon du fusil, pouvait s'échapper ou être arrachée au moindre accident. Ce manche incommode, et qui nécessitait un mouvement long et difficile toutes les fois qu'il fallait introduire la cartouche ou faire feu, fut remplacé par le manche creux ou *douille* malgré la résistance du maréchal de Saxe, qui voulait des fusils de cinq pieds avec des baïonnettes à manche de bois de deux pieds et demi.

La baïonnette est la plus sûr rempart du fantassin contre la cavalerie. Une troupe formée en carré et qui se tient la baïonnette croisée, fortement appuyée sur la hanche droite, tant qu'elle conserve du sang-froid, est presque inexpugnable. Un fantassin isolé, qui présente sa baïonnette aux naseaux du cheval d'un cavalier, le force à se cabrer et reste bientôt maître de l'animal et de l'homme. Les Français et les Prussiens sont les deux peuples qui excellent dans le maniement de cette arme. Les Autrichiens usent d'une singulière manœuvre pour le maniement de la baïonnette : elle consiste à lancer le fusil armé de sa baïonnette à peu près comme l'ancien javelot et à l'amener brusquement à soi à l'aide de la bricole. Les soldats wurtembergeois et les officiers de cette nation dans leurs écoles militaires sont exercés à des combats simulés : avec des baïonnettes à pointe émoussée et garnie ils étudient l'escrime de cette arme comme chez nous on étudie celle du sabre.

C'est surtout depuis la révolution de 1789 que la *furia francese* a su tirer tout le parti convenable de la baïonnette; il nous faudrait citer ici toutes les batailles des vingt-cinq immortelles années de la révolution; car on n'en trouve aucune où la baïonnette n'ait joué un rôle important. A Valmy, aux Pyramides, à Amberg, à Auerstædt, à Austerlitz, à Wagram, à Waterloo, on la voit souvent et partout, soit dans les charges, soit dans les carrés. C'est la vieille garde surtout qui comprend la puissance de la baïonnette; son choc est irrésistible. De nos jours notre armée d'Afrique s'en est admirablement servie : on se souvient encore que pendant la retraite de Constantine le 2ᵉ léger se forma en carré et défendit contre une nuée d'Arabes ses blessés et son drapeau. Il est impossible de passer ici sous silence ce régiment polonais qui, pendant la guerre de 1831, jura à Dieu, genoux à terre, de ne pas brûler une amorce contre les Russes et, se précipitant sur eux à la baïonnette, parvint toujours à les refouler. Ajoutons, à la gloire de nos frères du Nord, que l'héroïque phalange fut renouvelée jusqu'à sept fois durant le cours de cette immortelle campagne.

Au commencement de notre première révolution, les bataillons de tirailleurs et les compagnies de carabiniers de notre infanterie légère étaient armés de carabines auxquelles s'adaptaient des baïonnettes, faites en manière de sabre, à lame droite et plate, ayant 55 à 60 centimètres de long. Cette baïonnette avait une poignée en cuivre qui s'enchassait au bout de la carabine et s'y fixait par un ressort. Les carabiniers portaient habituellement cette arme dans le passant du baudrier et ne l'ajustaient à la carabine que dans le cas de nécessité et quand ils ne faisaient plus feu. Elle fut abolie à l'époque de l'*embrigadement*. *La Sentinelle de l'Armée* a consacré plusieurs articles aux sabres-baïonnettes qui rappellent, à peu de chose près, l'arme précédente, et dont sont munis nos bataillons de chasseurs à pied, dits *chasseurs d'Orléans* ou *de Vincennes*, qui l'adaptent à leur ceinturon. Les chasseurs hanovriens, tyroliens, portugais et brésiliens en faisaient usage avant eux.

On emploie également la baïonnette dans la chasse au sanglier. Seulement la lame est plus courte que celle de la baïonnette de munition, et la crosse du fusil, qui est creuse, lui sert de fourreau.

On a attribué au général russe Souwarof un axiome qui caractérise les idées nouvelles et les guerres de notre première révolution : *La balle est folle; la baïonnette est sage*.

BAÏOQUE (en italien *bajocco*, au pluriel *bajocchi*), nom d'une monnaie de cuivre qui a cours dans les États de l'Église, et représente la centième partie d'un *scudo* ou à peu près cinq centimes. En Sicile, on appelle également *bajocco* le *grano* de Naples, autre monnaie de cuivre équivalant à la centième partie d'un ducat. Il y a des demi, des simples et des doubles *bajocchi*. Le *baiochello* vaut deux baïoques.

BAÏRAK-DAR ou BARAIK-TAR (MOUSTAFA, dit), célèbre vizir ottoman, né en 1755, dans une chaumière, exerça d'abord, comme ses parents, l'état d'agriculteur, puis le commerce des chevaux. Ayant pris enfin le métier des armes, il y signala sa bravoure et ses talents dans maintes actions, notamment dans celle où, couvert de blessures, il conserva un drapeau qu'il lui avait repris sur l'ennemi, ce qui lui valut le surnom qu'il a illustré, et qui signifie en turc *porte-étendard*. Devenu pacha de Routschouk en 1804, après Tersanik-Oglou, qu'il avait suivi dans toutes ses campagnes, il livra plusieurs combats aux Russes, qui avaient envahi la Moldavie, en 1806. S'il ne put les empêcher de prendre Boukharest, il détruisit du moins, l'année suivante, une partie de leur armée.

Après la révolution qui précipita du trône Sélim III pour y placer Moustafa IV, en 1807, Baïrak-Dar, dissimulant son attachement pour le sultan détrôné, feignit de marcher contre les Serviens; puis, se rapprochant d'Andrinople, il força le grand-vizir de se porter avec lui sur Constantinople pour rétablir Sélim. Mais, en pénétrant dans la première cour du sérail, il n'y trouva que le cadavre de ce prince infortuné. Ses larmes cédèrent bientôt à sa fureur. Il fit périr tous les fauteurs de la mort de Sélim, déposa Moustafa le 23 juillet 1808, et proclama sultan son frère Mahmoud II. Il avait déjà destitué le moufty, l'agha des janissaires, et tous les oulémahs qui avaient pris part à la dernière révolution.

Nommé grand-vizir, il travailla sans relâche à maintenir la tranquillité dans la capitale, à renforcer l'armée ottomane, et à supprimer les redoutables janissaires en les enrôlant dans les corps des *seymens*, qui, dressés à la discipline et à la tactique européennes par des officiers français et allemands, avaient succédé au *nizam-djedid*, créé par Sélim. Ces innovations, qui avaient été le prétexte de la déposition de ce prince, excitèrent les murmures des oulémahs, des fanatiques musulmans, et l'extrême sévérité dont usa Baïrak-Dar pour les contenir acheva d'exaspérer les esprits. Le 15 novembre 1808 les janissaires se soulevèrent, et, secondés par la populace et par la flotte, qui venait d'entrer dans le canal, ils attaquèrent le sérail en redemandant Moustafa IV. Le grand vizir, qui s'y était renfermé après avoir obtenu de brillants succès inutiles contre les rebelles, y opposa encore la plus vive résistance; mais, voyant que l'incendie gagnait le palais, et craignant de tomber vivant entre les mains de ses ennemis, il fit étrangler Moustafa, dont la tête fut jetée aux révoltés; puis se plaçant sur une mine, il se fit courageusement sauter. Le lendemain, son cadavre, trouvé dans les décombres, fut accablé d'outrages; mais les vainqueurs ne jouirent pas longtemps de leur triomphe. H. AUDIFFRET.

BAÏRAM. *Voyez* BEÏRAM.

BAIREUTH, autrefois capitale de la principauté du même nom et aujourd'hui chef-lieu de la Haute-Franconie, en Bavière, siége de l'administration supérieure de cette province et d'un consistoire protestant, est située sur la rive gauche du Main-Rouge, dans une contrée agréable; les rues en sont larges et régulières; et, en y comprenant la petite ville de Saint Georges, où se trouvent une maison de correction, une maison d'aliénés et un hôpital militaire, on y compte une population de 14,500 âmes. On voit, en outre, à Baireuth un gymnase, une école d'arts et métiers et d'agriculture, un cabinet d'histoire naturelle, riche surtout en pétrifications, un vieux et un nouveau château où résidait le prince Pie, fils du duc Guillaume de Bavière-Birkenfeldt, une belle salle d'opéra, une grande église de style gothique, une belle caserne; enfin elle est le siége de la Société historique de la Haute-Franconie, qui possède une riche collection d'antiquités allemandes. La fabrication du tabac, des pipes, des poteries, des draps, des cuirs, des parchemins et des objets de grosse quincaillerie, constitue la principale industrie de cette ville, au voisinage de laquelle existe une grande filature de chanvre. Il y a aussi une raffinerie de sucre à Saint-Georges. Aux environs de Baireuth on trouve les châteaux de Sans-Pareil, de l'Ermitage (avec un parc admirablement dessiné), et de Fantaisie (propriété particulière et résidence favorite du duc Alexandre de Wortemberg), tous monuments de la munificence des princes qui les firent construire. C'est à Baireuth que vécut Jean Paul, dans un cercle de relations modestes. La statue en bronze, par Schwanthaler, qui a été élevée à l'illustre écrivain en 1841 est un des ornements de la ville.

L'histoire de la *principauté de Baireuth* (autrefois Kulmbach) se confond dès une époque extrêmement éloignée avec celle d'Anspach. La plus grande partie de cette contrée appartint pendant les douzième et treizième siècles aux ducs de Méran, puis passa en 1248 au burgrave Frédéric de Nuremberg, qui épousa Élisabeth, sœur du dernier duc de Méran. Frédéric V de Nuremberg obtint en 1362 de l'empereur l'investiture d'Anspach et de ses dépendances, fief qu'en 1398 il partagea en faveur de ses deux fils en *Haut-Pays*, avec les villes de Kulmbach, et Baireuth, de Wunsiedel, etc., et en *Bas-Pays*, avec Anspach, Erlangen, etc. Le premier lot échut à Jean, qui établit sa résidence à Plassenburg près Kulmbach, et mourut en 1420 sans laisser d'héritiers. Le Haut-Pays fit alors retour à son frère Frédéric VI, margrave d'Anspach, à la mort duquel (1440) Jean l'Alchimiste, l'aîné de ses deux fils, en hérita. Mais celui-ci le rétrocéda en 1457 à son frère cadet Albert-Achille, déjà souverain du Bas-Pays. Les deux fils de ce dernier, Frédéric et Sigismond, gouvernèrent alors collectivement la contrée jusqu'en 1495, époque où Sigismond et où les deux principautés n'eurent plus qu'un seul souverain. Des deux fils de celui-ci, l'un, Georges le Pieux, mort en 1543, établit sa résidence à Anspach, et l'autre, Casimir (mort en 1527), à Baireuth. Quand, après la mort de Casimir, son fils Albert, surnommé *Alcibiade*, fut devenu majeur en 1541, le sort lui assigna Baireuth en partage. Mais lui-même étant mort en 1557 sans laisser de postérité, Baireuth fit retour à Georges-Frédéric d'Anspach, qui avait succédé à son père, mort en 1543, et qui mourut lui-même en 1603 sans laisser d'héritiers. En vertu de la convention de Géra, conclue en 1598, les pays franconiens passèrent alors aux fils puînés de l'électeur Jean-Georges de Brandebourg. L'un d'eux, Joachim-Ernest, mort en 1625, dont la descendance se continua en ligne directe jusqu'à Christian-Frédéric-Charles-Alexandre (voyez CRAVEN), qui abdiqua en 1791, et vendit ses États à la maison électorale de Brandebourg moyennant une pension annuelle, eut en partage la principauté d'Anspach. Christian, l'autre fils de Jean-Georges, reçut pour sa part la principauté de Baireuth, et fixa sa résidence dans la ville de Baireuth, qui atteignit l'apogée de sa prospérité sous le règne du margrave Frédéric, prince aimant le faste et ayant surtout le goût des constructions. Il avait succédé à son père en 1735, et mourut sans enfants en 1763. Le Haut-Pays se trouva alors encore une fois réuni sous les lois du même souverain qu'Anspach, jusqu'à ce que l'un et l'autre passassent en 1791 sous la souveraineté de la Prusse. En 1806 celle-ci dut les abandonner à Napoléon, qui en 1810 en fit cession à la Bavière.

BAIROUT. *Voyez* BÉIROUT.
BAISANCOR. *Voyez* AC-COINLU.
BAISE-MAINS. Dans la langue féodale ce mot désignait un hommage du vassal à son seigneur, et une redevance pécuniaire ou en denrées, que les tenanciers payaient au seigneur foncier à chaque renouvellement de bail à rente. C'était quelque chose d'analogue à ce qu'on a appelé depuis *pot-de-vin* ou *épingles*, dans les transactions qui ont pour cause une *vente* ou une *location*.

Le baise-mains est encore une des plus anciennes traditions de l'Église catholique; ce n'est d'ailleurs pas un hommage gratuit, il est toujours précédé de l'offrande dans les pays où il est encore en usage.

Le *baise-mains*, considéré comme une faveur royale, a été longtemps en usage en Orient; mais depuis la mort d'Amurat Ier, tué par un soldat servien, qui s'était approché de ce sultan sous prétexte de lui parler, il n'a plus été permis aux étrangers ni même aux ambassadeurs de s'approcher de Sa Hautesse. Le sultan ne leur répond qu'en s'adressant à son grand vizir. M. de Vergennes fut le premier diplomate auquel le sultan répondit directement. Cette exception a fait époque dans la diplomatie européenne. En Espagne, il est d'étiquette de baiser la main du roi, surtout aux installations et aux grandes réceptions. En Portugal, lorsque don Pedro, amant d'Inès de Castro, fut monté sur le trône, il fit exhumer le cadavre de sa maîtresse, et força les grands à lui baiser la main. En Russie cet usage subsiste encore aujourd'hui.

L'usage de baiser la main des dames n'est plus en France qu'une simple politesse sans conséquence.

Ce mot dans son acception proverbiale change de genre; on dit : demander à belle baise-main, pour exprimer l'insistance humble et forcée de la personne qui réclame le pardon d'une faute, l'oubli d'une inconvenance, une grâce, une préférence. Pris dans ce sens, *demander à belle baise-main* appartient au vocabulaire des solliciteurs.

Il signifie aussi compliments, salutations respectueuses; dans ce cas, il prend le pluriel, et n'est d'usage qu'à l'égard des dames. Exemple : *mes baise-mains à madame, à mademoiselle*, etc., formule de politesse surannée, que le laisser-aller de nos relations sociales a frappée de désuétude.

BAISEMENT DE PIEDS. L'usage de baiser les pieds, après avoir été en Orient dès l'antiquité la plus reculée un acte de soumission et de respect, fut introduit en Occident par les empereurs romains, puis exigé plus tard par les papes, notamment par Grégoire VII, comme une marque du profond respect que toute la chrétienté catholique et romaine devait témoigner aux souverains pontifes. D'après le programme du cérémonial, le pape porte à cet effet des pantoufles ou mules sur lesquelles est brodée une croix, et c'est cette croix que l'on baise. Les pantoufles du cadavre du pape, quand il est exposé sur son lit de parade, reçoivent également des fidèles le baisement de pieds. Aujourd'hui les protestants et encore les membres de familles souveraines admis à l'audience du pape sont dispensés de cette partie du cérémonial en usage à la cour de Rome; mais tous les catholiques y sont astreints.

BAISER. Le baiser était une manière de saluer très-ordinaire dans toute l'antiquité. Plutarque rapporte que les conjurés avant de tuer César lui baisèrent le visage, la main et la poitrine. Tacite dit que lorsque son beau-père revint à Rome, Domitien le reçut avec un froid baiser, ne lui dit rien et le laissa confondu dans la ville. L'inférieur qui ne pouvait parvenir à saluer son supérieur en le baisant appliquait sa bouche à sa propre main en lui envoyant ce baiser, qu'on lui rendait si on voulait.

On employait même ce signe pour adorer les dieux. Job, dans sa parabole, qui est peut-être le plus ancien de nos livres connus, dit « qu'il n'a point adoré le soleil et la lune comme les autres Arabes; qu'il n'a point porté sa main à sa bouche en regardant ces astres ». Il y avait chez les anciens je ne sais quoi de symbolique et de sacré attaché au baiser, puisqu'on baisait les statues des dieux et leurs barbes quand les sculpteurs les avaient figurés avec de la barbe. Les initiés se baisaient aux mystères de Cérès, en signe de concorde.

C'est une chose horrible de trahir en baisant : c'est ce qui rend l'assassinat de César encore plus odieux. Nous connaissons assez les *baisers de Judas*; ils sont devenus proverbe.

Joab, l'un des capitaines de David, étant fort jaloux d'Amasa, autre capitaine, lui dit : « Bonjour, mon frère ; » et il prit de sa main le menton d'Amasa pour le baiser, et de l'autre main il tira sa grande épée et l'assassina d'un seul coup, si terrible que toutes ses entrailles lui sortirent du corps.

On ne trouve aucun baiser dans les autres assassinats, assez fréquents, qui se commirent chez les Juifs, si ce n'est peut-être le baiser que donna Judith au capitaine Holopherne, avant de lui couper la tête dans son lit, lorsqu'il fut endormi ; mais il n'en est pas fait mention, et la chose n'est que vraisemblable.

Dans une tragédie de Shakspeare nommée *Othello*, cet Othello, qui est un nègre, donne deux baisers à sa femme avant de l'étrangler. Cela paraît abominable aux honnêtes gens ; mais des partisans de Shakspeare disent que c'est la belle nature, surtout chez un nègre.

Il n'y avait point d'autre manière autrefois de saluer les dames en France, en Allemagne, en Angleterre, qu'en les baisant sur la bouche ; c'eût été une incivilité, un affront qu'une dame honnête, en recevant la première visite d'un seigneur, ne le baisât pas à la bouche, malgré ses moustaches. « C'est une déplaisante coutume, dit Montaigne, et injurieuse aux dames, d'avoir à prêter leurs lèvres à quiconque a trois valets à sa suite, pour mal plaisant qu'il soit. » Cette coutume est pourtant la plus ancienne du monde.

C'était le droit des cardinaux de baiser les reines sur la bouche, et même en Espagne. Ce qui est singulier, c'est qu'ils n'eurent pas la même prérogative en France, où les dames eurent toujours plus de liberté que partout ailleurs ; mais *chaque pays a ses cérémonies*, et il n'y a point d'usage si général que le hasard et l'habitude n'y aient mis quelques exceptions.

Il est à remarquer que l'espèce humaine, les tourterelles et les pigeons sont les seuls qui connaissent le baiser ; de là est venu chez les Latins le mot *columbatim*, que notre langue n'a pu rendre. VOLTAIRE.

Les Latins avaient des mots différents pour marquer la différence des baisers : ils appliquaient *osculum* au baiser donné entre amis, *basium* un baiser donné par honnêteté, et *suavium* un baiser d'amour. L'auteur du *Livre de l'Amitié*, compris dans les *Œuvres de saint Augustin*, distingue quatre sortes de baisers : le premier, nommé *baiser de réconciliation*, se donnait entre ennemis que l'on était parvenu à rapprocher ; le second, le *baiser de paix*, que les chrétiens échangeaient dans l'église au temps de la communion ; le troisième est le *baiser d'amour* ; le quatrième est le *baiser de la foi*, qui s'octroyait entre les catholiques, et principalement à ceux envers qui ils exerçaient l'hospitalité. Quant au *baiser de paix*, qui pouvait également s'appliquer à trois circonstances que nous venons d'énumérer, il paraît que la coutume s'en introduisit parmi les chrétiens dès l'origine de l'Église, comme symbole de concorde et de charité mutuelle. Saint Pierre et saint Paul finissent leurs lettres en disant aux fidèles : « Saluez-vous les uns les autres par un saint baiser. » Saint Justin, Tertullien, saint Cyrille de Jérusalem et les pères des siècles suivants en parlent également ; il en est fait mention dans le concile de Laodicée, dans les *Constitutions apostoliques* et dans toutes les anciennes liturgies. Les païens, dit l'abbé Bergier, prirent de là un prétexte pour calomnier les chrétiens, et leur firent un crime de cette marque d'amitié fraternelle. C'est sans doute à ce reproche que saint Ambroise fait allusion lorsqu'il dit que le baiser est une marque d'amitié, un gage précieux de charité, et que c'est un sacrilége *d'en abuser*. Quoi qu'il en soit, ce baiser a été aboli depuis que les chrétiens ont perdu cette franchise et cette simplicité qui les distinguaient dans les premiers siècles, et nous ne croyons pas même que la secte des *piétistes* en ait conservé l'usage.

L'usage de donner un baiser dans les cérémonies féodales était très-fréquent. Il se donnait d'ordinaire sur la bouche, sur le front, sur les yeux, sur les mains, sur les pieds, sur les genoux. Le vassal, en rendant foi et hommage à son suzerain, était tenu de lui baiser la main. Les femmes étaient admises à se baiser sur la bouche. Si le seigneur se trouvait absent, l'hommage n'en était pas moins dû au manoir féodal, et le baiser était donné au *verrouil* de la porte, ce dont il était dressé acte.

BAISSE et **BAISSIER.** *Voyez* BOURSE.

BAITOSITES, secte judaïque, qui se confond avec celle des sadducéens. Elle prit son nom de Baitos, son chef.

BAIUS (MICHEL), docteur de Louvain, fut député par Philippe II, roi d'Espagne, aux dernières sessions du concile de Trente, où il se fit remarquer par une profonde érudition. En 1560 il avait fait paraître, comme le fruit de ses longues études sur saint Augustin, un livre sur la grâce, le libre arbitre, etc., dans lequel se trouvaient renfermés les premiers germes de ces erreurs que devaient reproduire plus tard Jansenius et ses disciples. Cet écrit trouva des partisans ; la Faculté de Paris le censura : de là des disputes, qui pourtant n'eurent pas de suites, parce que des l'année suivante le souverain pontife, Pie IV, imposa silence aux deux partis. A son retour du concile, Baïus écrivit de nouveau, et toujours dans le même sens. Un grand nombre de propositions tirées de ses ouvrages furent condamnées par une bulle de Pie V, en 1567. Baïus, affligé de cette censure, essaya de se justifier dans une épître apologétique, et de donner aux passages incriminés un sens à peu près orthodoxe. Grégoire XIII, confirmant les décisions de son prédécesseur, envoya à Louvain le jésuite Tolet, demander une rétractation, et faire reconnaître à l'auteur que les propositions condamnées l'avaient été *dans le sens qu'il avait entendu leur donner*. Le docteur se soumit humblement ; mais ses disciples, moins dociles, continuèrent à répandre sa doctrine, qui se confondit, quelques années après, avec celle que prêchaient les jansénistes. Baïus mourut en 1589, laissant une réputation méritée de savoir et de modestie, et ne conservant de ses erreurs que le regret de les avoir publiées.

L'abbé C. BANDEVILLE.

BAJA, BAJÆ. *Voyez* BAIES.

BAJASID ou BAYAZID, ville bâtie au pied de l'*Allah-Dag* ou *Montagne de Dieu*, dans le Bakewunt, province de l'ancienne Arménie. Elle donne son nom à un petit pachalik, autrefois dépendance d'Erzeroum, borné au nord par le Haut-Pasine, à l'ouest par la principauté persane de Makou, à l'ouest par le Bas-Pasine, et par le sud au Mulesgerd. La plus grande partie de la population se compose de Kourdes vivant de brigandage. Les Arméniens ont été se fixer en masse dans l'Arménie russe. Les Russes, après avoir longtemps occupé cette ville et le pachalik (1828), y avaient opéré un recensement de la population. La ville de Bajasid contenait à cette époque 2,045 familles, et on ne comptait guère en moyenne que 54 habitants par myriamètre carré dans tout le pachalik.

BAJAZET

BAJAZET Ier est illustre entre les fondateurs de la puissance ottomane. Il présente l'un des plus mémorables exemples de ces rapides changements de fortune qui remplissent l'histoire du monde, et dont le spectacle nous frappe toujours, comme si la fragilité des choses humaines était un attribut du temps où nous sommes! On le compte comme le quatrième souverain de l'empire des Turks. Cet empire avait été fondé dans la première année du quatorzième siècle (en 1300), par un simple chef de horde, Othman, qui établit à Koniah (Iconium), au pied du Taurus, les bandes de pâtres guerriers et de cavaliers nomades à la tête desquelles il marchait. En faisant de ces hommes une nation, Othman leur donna son nom. Orcan, son fils (1326), porta à Pruse le siége de la nouvelle monarchie; il fixa ses compagnons dans les villes subjuguées; les populations chrétiennes plièrent sous ses lois. Enfin, des provinces de l'empire grec, il étendit ses conquêtes jusque sur la famille des empereurs : car il cimenta sa domination en obtenant qu'une princesse de Constantinople, la fille de Cantacuzène, vînt partager sa couche musulmane. Son fils aîné, qui mourut trop tôt pour régner, le prince Soliman, avait profité des déchirements des factions latines, toujours acharnées à se disputer les débris de l'empire, pour franchir le Bosphore (1353), et planter les tentes ottomanes sur la terre d'Europe. Le second fils d'Orcan lui succéda. Ce fut Amurath I*er* (1359). Il poussa plus avant les découvertes et les conquêtes de ces barbares. Il soumit toute la Thrace, déborda sur la Macédoine, recula devant lui les Albanais, les Bulgares, les Bosniaques, et se hâta de transporter sa capitale, de la rive asiatique d'Andrinople (1362), comme Alexandre de Macédoine, dans sa marche contraire, avait fixé en terre son javelot en touchant au rivage de l'Asie. Ce fut Amurath qui, pour avoir une infanterie et affermir ses conquêtes, imagina de dresser les enfants des chrétiens à combattre la race chrétienne et à l'asservir : il fonda ainsi l'institution des janissaires (*yengi cheri*, nouveaux soldats), institution puissante, qui s'étendit rapidement sur la face de l'empire comme un réseau de fer : elle en a été jusqu'à nos jours le lien et la force. Avec cet appui, il s'enfonça dans la Mésie; il arriva au pied des monts Krapaks; là il trouva toutes les nations slavonnes réunies aux Hongrois par le commun péril, et déjà il venait de la défaite aux champs de Cassovie, quand, le soir, un triballe, nommé Milo, se dévouant pour venger la chrétienté, le poignarda dans sa tente au milieu de ses janissaires (9 mars 1389).

Bajazet alors fut proclamé souverain au milieu de l'armée. Fils d'Amurath, arrière-petit-fils d'Othman, ce prince apportait au trône une volonté de fer, une indomptable fierté, une rare activité d'esprit, une justice farouche et impitoyable, une ambition ardente. Le premier acte de sa puissance fut de mettre à mort son jeune frère Yacoub-Chélibi, dont la valeur brillante lui paraissait, sur la seconde marche du trône, un danger plutôt qu'un appui. L'exemple donné ainsi à ses successeurs ne devait que trop devenir une règle fondamentale de la politique des sultans. Son pouvoir assuré par ce forfait, il s'occupa de consolider les conquêtes de sa race. Manuel Paléologue était alors associé à l'empire de Jean, son père : il le manda sous ses étendards comme un vassal; il défendit à l'empereur Jean de fortifier Byzance, puis balaya de la Romélie, de la Bulgarie, des rives du Danube, tous les postes grecs ou latins qui y restaient encore. La servitude cour.it au-devant de ses pas. Un évêque dirigea sa marche par les Thermopyles sur l'Attique; une dame espagnole, veuve de l'un de ces croisés latins qui avaient perdu l'empire d'Orient en le divisant en une foule de principautés hostiles, lui livra, avec l'antique Delphes, un trésor qui aurait dû être plus précieux pour elle que tous ceux du temple d'Apollon :• c'était la beauté de sa fille. La Thessalie reconnut le musulman pour maître. Quatre Paléologues, qui se disputaient la monarchie grecque, réduite à la banlieue de Constantinople, s'estimèrent heureux qu'il oubliât de les assujettir. Il avait hâte de repasser en Asie pour y étendre sa puissance. Les émirs de Caramanie, qui régnaient sur des hordes semblables à celles des Ottomans, furent dépossédés par lui. L'un d'eux, Caraman-Ogli, son beau-père, eut la tête tranchée, et la nation turque le reconnut pour son unique chef. Il soumit l'Asie Mineure tout entière. Koniah, point de départ de sa maison, rentra dans ses domaines. Inquiet du mouvement des Tatares, il étendit ses victoires jusqu'à Amasie, Erzeroum, Angora; il descendit l'Euphrate, se donna de ce côté des frontières, puis, l'Asie assurée, il revient de l'Euphrate au Danube; il châtie les révoltes de la Servie; et s'il trouve une barrière dans le génie d'Étienne de Moldavie, ou plutôt dans le courage de la mère d'Étienne, qui a su ramener au combat les Moldaves vaincus et fugitifs, il ne se replie un moment que pour revenir bientôt sur ses pas, et alors il instruira ses ennemis par des exécutions terribles à respecter sa fortune.

Partout présent à la fois, courant d'une extrémité à l'autre de son empire au gré de tous les périls, Bajazet réunissait la prudence à la force. Ce fut lui qui donna une flotte aux Ottomans pour pouvoir défendre leurs rivages contre les galères redoutables des chevaliers de Rhodes. Il institua une justice ; une discipline sanglante régnait dans ses armées et servait de sauvegarde aux vaincus. Des officiers civils, les kadis, lui durent une organisation nouvelle. Il réunit de toutes les parties de son empire les ministres de la loi. On a prétendu que, lassé du titre d'émir, le seul que ses ancêtres eussent osé prendre, il se fit déférer par cette assemblée celui de sultan. Le khalife qui continuait de gouverner la foi des croyants, en se laissant gouverner lui-même par les mameluks, reconnut à Bajazet et lui déféra cette dignité souveraine.

Bajazet voulut justifier l'orgueil du rang suprême auquel s'élevait par lui le sang d'Othman. Il annonça (1394) la résolution de marcher sur la Hongrie pour détruire cette couronne, dont l'exemple excitait la résistance toutes les nations chrétiennes du Danube. On répandit qu'il avait écrit au jeune roi Sigismond l'intention de ne pas s'arrêter dans la carrière qui allait s'ouvrir devant lui, jusqu'à ce qu'il eût fait manger l'avoine à son cheval sur l'autel de Saint-Pierre de Rome. Un cri d'effroi retentit dans toute la chrétienté. La noblesse de France sentit se réveiller dans ses rangs l'ardeur des croisades. Il n'y eut qu'une voix pour proposer de courir aux barbares, de relever l'empire de Constantinople, et d'aller par la même occasion délivrer le saint tombeau. Charles VI, sur qui la main de Dieu s'était appesantie depuis trois ans, comme afin de frapper avec lui tout son peuple, l'infortuné Charles ne pouvait conduire la chevalerie de France. Le duc de Bourgogne offrit pour la commander son fils aîné, Jean, comte de Nevers, heureux de faire ses premières armes contre l'infidèle. Le connétable de France, Philippe d'Artois, comte d'Eu ; le comte de la Marche, Jacques de Bourbon ; les princes de Lorraine, Henri et Philippe de Bar ; l'amiral de France, Jean de Vienne; le maréchal de Boucicaut, le sire de Coucy, Guy de la Trémouille, Louis de Brézé, Saint-Pol, tous ces princes et gentils-hommes qui, dans le désœuvrement de la trêve avec l'Angleterre, passaient leur temps à défier tout venant aux pas d'armes pour l'honneur des dames de France, se précipitèrent dans une entreprise qui promettait un utile emploi à leur courage. Plus de mille chevaliers renommés se croisèrent. Leurs lances étaient si bien garnies, qu'avec leurs écuyers l'expédition française montait à dix mille hommes. C'était à Bude que le roi Sigismond avait fixé le rendez-vous des défenseurs de la croix. L'armée chrétienne (1396), forte de cent mille hommes, marcha le premier au combat. Les chevaliers de France se précipitèrent en avant, ivres de joie et d'orgueil. Les lenteurs accoutumées de Bajazet exaltèrent la confiance qu'ils n'étaient que trop disposés à placer dans la terreur de leur nom. Les succès brillants qu'obtient dans une première rencontre leur avant-garde, conduite par Coucy, confirmèrent ces dispositions, tout en éveillant, a-t-on dit, les ombrages jaloux de l'armée hongroise. On a prétendu que dans leur ivresse ils allèrent jusqu'à faire main basse sur leurs captifs. Quoi qu'il en soit, l'armée ottomane parut (28 septembre); c'était aux plaines de Nicopolis, sur la rive droite du Danube. Bajazet avait eu la prudence d'attendre ce redoutable choc en Bulgarie, au centre de ses forces et de ses ressources. Ses lignes présentaient un croissant de 200,000 combattants prêt à se refermer sur les téméraires qui viendraient l'attaquer. Un corps de quelques milliers d'hommes jetés en avant avait ordre d'engager l'action avec les premières troupes chrétiennes qui seraient aperçues, et de les entraîner par une retraite calculée dans ce vaste piége. Sigismond, averti, fit prévenir les Français. Coucy alors propose qu'on attende l'armée hongroise. Philippe d'Artois s'indigne; les autres seigneurs des lys se joignent à lui; toute la noblesse fait écho au cri des princes. Jean de Vienne, interrogé comme amiral de France, répond que *là où la vérité et la raison ne peuvent être ouïes, outrecuidance règne, et que puisque le comte d'Eu se veut combattre, il le faut suivre.* Si fait-on ; tout s'élance. La bannière de France poursuit le croissant, l'écrase, arrive au pied de cette muraille mouvante, immense, qui tout à coup se reforme sur elle-même et tient prisonnière toute la fleur de la noblesse française. Sigismond, à son tour, paraît. Il hésite ; ses compagnons s'étonnent : tout se débande. S'ils avaient eu la valeur intrépide des Français, dit un historien anglais (Gibbon), ou si les Français avaient pu avoir la prudence des Hongrois, les Osmanlis se seraient vus peut-être rejetés au delà du Bosphore. Mais l'heure de la prudence est passée ; il ne s'agit que de combattre et de mourir. Des coups terribles marquent la mort de tout ce que la France a de plus considérable. Les troupes d'Asie sont dispersées ; les janissaires même fléchissent. C'est sous le poids du nombre que cette poignée de héros succombera. Bajazet compte par milliers ses soldats moissonnés ; à peine trois cents des croisés purent-ils être désarmés vivants. Tout le reste avait péri. Le sultan ne trouve pas cependant assez de martyrs : il fait massacrer sous ses yeux tous ceux qui n'avaient pas un rang illustre, et ne conserve, pour les vendre cher à la France, que vingt-quatre princes ou barons éminents, tels que Nevers, Bourbon, Bar, La Trémouille, Boucicaut, Sigismond, coupé de sa retraite sur la Hongrie, n'eut d'autre ressource que de fuir le long des rivages de la mer Noire. Il parvint à Byzance, et retourna par l'Italie dans son royaume, où l'attendait bientôt la couronne impériale.

Un chevalier avait eu la permission de porter en Occident la nouvelle du désastre. La chrétienté fut saisie d'épouvante. La France, veuve de tout ce que les lys et la croix avaient de preux et de défenseurs, resta longtemps consternée. Charles VI et le roi de Chypre, Lusignan, multiplièrent les présents à Bajazet. Le barbare avait promené en triomphe, dans ses lignes et de marche en marche, les prisonniers chargés de fers ; puis, fatigué de les traîner à sa suite, il les avait enfermés à Pruse en Bithynie. A la fin, moyennant une rançon de 200 mille ducats, il rendit la liberté aux illustres captifs ; mais il les insulta encore en les délivrant. « Je te méprise trop, dit-il au comte de Nevers, pour te demander la parole de ne plus me combattre ; reviens si tu l'oses ! »

Le potentat qui abusait ainsi de la fortune était réservé à de terribles châtiments. Le premier de tous fut de se sentir trop épuisé par sa victoire pour donner suite à ses projets contre la chrétienté. Il tentait vainement assiégée la ville de Smyrne, que les chevaliers de Rhodes défendaient avec courage. Il tourna ses armes contre ce qui restait de l'empire grec. Tout réduit que fut ce tronçon à Constantinople et à sa ceinture, la fortune le tenait partagé entre deux Paléologues acharnés à se disputer une vaine ruine ! Manuel Paléologue régnait dans les murs de Byzance. Assiégé, il appelle la France à son aide (1400). Boucicaut l'entend ; jaloux de se venger de la défaite de Nicopolis et de la captivité de Pruse, il s'embarque à Aigues-Mortes, force l'Hellespont, que gardaient soixante-dix galères, et se jette dans Constantinople avec six cents hommes d'armes. Pendant une année le maréchal et l'empereur combattent côte à côte pour le dernier débris du nom romain. Au bout de ce temps, Manuel se décide à aller lui-même chercher en France des secours. Il laisse le trône à Jean, son compétiteur, pour mettre fin à des discordes insensées, et il part. La rage de Bajazet redouble. Peut-être allait-il obtenir, à la place de Mahomet II, la gloire d'en finir avec le fantôme de l'empire d'Orient. A ce moment, un ennemi nouveau, un ennemi formidable, qu'encourage la longue inutilité de ce siége ruineux, paraît sur les frontières d'Asie. Il s'avance vers Byzance à marches forcées au travers de l'Orient (1400). C'était Tamerlan. Tamerlan, ou Timur-Beg, avait recueilli les restes de l'empire de Gengis-khan ; il venait de fonder dans le Mogol une nouvelle monarchie tatare, à laquelle obéissaient l'Indoustan, la Perse, le Caucase, les provinces méridionales de la Russie. Le terrible khan s'offensa de la gloire de Bajazet. Ils'irritait de voir les princes chrétiens de l'Arménie trouver un refuge contre ses fureurs auprès de la Porte-Ottomane. Il écrivit à l'empereur des Romains, car il l'appelait ainsi, et c'était par mépris, des lettres insultantes : « Qu'as-tu fait, disait-il, pour justifier ton insolence et ton orgueil ? Tu as vaincu les chrétiens !... Mais l'apôtre du Dieu des croyants bénissait ton épée. Maintenant, réfléchis ; repens-toi. Détourne le tonnerre de notre vengeance ; tu es la fourmi ; l'éléphant t'écrasera sous un de ses pas. » Bajazet répondit : « Tes armées sont innombrables ; mais que sont les flèches de tes Tatares devant le cimeterre et la hache de mes janissaires ? Je défendrai les princes qui m'ont imploré. Viens me prendre dans ma tente, et, si je fuis devant tes armes, que mes femmes désertent trois fois ma couche. Mais si toi, tu n'as pas le courage de m'attendre sur les champs de bataille, puisses-tu ne revoir tes femmes que trois fois flétries par les embrassements de l'étranger ! » Tamerlan passa l'Euphrate, envahit l'Anatolie, emporta Sivas, et, au lieu d'attendre Bajazet, voulant lui donner, dit-il, le temps d'anéantir les chrétiens de Byzance, il courut sur la Syrie, écrasa les mamelucks, qui y régnaient, en Égypte, et revint en Asie Mineure joindre l'Ottoman.

L'armée turque montait à deux ou trois cent mille hommes. Les musulmans de l'Asie Mineure, les chrétiens qu'épouvantait le joug des Tatares, vingt mille cavaliers d'Europe fortement cuirassés et les janissaires, telles étaient les forces qui fondaient l'espoir de Bajazet. Il courut à la rencontre de son rival. Le choc eut lieu sous Angora (28 juillet 1402). Le vieux khan lançait lui-même les lignes de ses innombrables escadrons de Tatares. Bajazet combattit avec cette ardeur qui lui avait fait donner le surnom d'*Ilderim*, ou l'*Éclair*. Il en avait l'éclat, il en avait la destinée. L'étoile de Tamerlan l'emporta. Les troupes d'Anatolie, préoccupées du sort de leurs émirs, secondèrent mal le sultan. Ses cuirassiers, bardés de fer, se troublèrent sous les vives attaques du Mogol. Enfin, son troisième fils, Soliman, donna l'exemple de la fuite, et ne s'arrêta qu'en Europe. Il emportait le trésor de Pruse. Ce prince s'occupa sur-le-champ de recueillir l'empire qui échappait à son père ; car Bajazet était tombé au pouvoir du vainqueur. Comme afin d'expier à la fois toutes ses prospérités, il eut la douleur d'assister à l'incendie de Pruse, à la soumission de l'Asie Mineure, à la chute de Smyrne, qui, épuisée par dix ans de lutte contre les Turks, tomba en quelques jours devant les Tatares.

Un spectacle plus cruel encore l'attendait : c'étaient les discordes de ses cinq fils, qui se disputaient sur l'autre rivage du Bosphore et les débris de son héritage, et la pro-

Flocon, Louis Blanc, Caussidière, Étienne Arago, étaient devenus les maîtres de la France, et n'aspiraient pas moins qu'à révolutionner le reste de l'Europe. Bakounine était naturellement pour eux un instrument précieux : les ressources et les moyens d'action nécessaires furent donc immédiatement mis à sa disposition, et dès la fin de mars on le trouve à Prague assistant au congrès slave et prenant une part importante aux troubles sanglants qui en résultèrent. Il se rendit ensuite à Berlin, où il joua un des premiers rôles dans toutes les menées du parti démocratique allemand.

Expulsé du territoire prussien, il se réfugia à Dresde, dont le séjour ne tarda pas non plus à lui être interdit, et il dut alors résider tantôt à Dessau, tantôt à Kœthen, tantôt aux villes, toujours aux prises avec les autorités locales et toujours mêlé à toutes les menées démagogiques de l'époque. Dans les premiers jours de mars 1849 il revint s'établir à Dresde, où ses amis politiques le cachèrent pendant quelque temps et où il prit une grande part à la catastrophe de mai. Obligé de fuir de cette capitale avec Heubner et Rœckel, il fut arrêté à Chemnitz dans la nuit du 9 au 10 mai. Emprisonné d'abord dans la caserne de cavalerie à Dresde, il fut transféré de là à Kœnigstein le 28 août suivant. Condamné à mort au commencement de mai 1850, sa peine fut commuée en celle de la prison perpétuelle, et on le livra alors au gouvernement autrichien, qui réclamait son extradition par suite des procédures entamées à l'occasion des troubles révolutionnaires dont les États autrichiens avaient été le théâtre. Il fut de nouveau condamné à la peine capitale par un conseil de guerre, à Prague, en mai 1851, et cette fois encore cette peine fut commuée en celle d'une détention perpétuelle. Transporté ensuite à Saint-Pétersbourg, il a été, en 1852, envoyé à l'armée du Caucase, pour y servir comme simple soldat.

BAKTSCHI-SÉRAÏ, c'est-à-dire *la ville des Jardins*, capitale des anciens princes de la Crimée, est située dans une étroite fondrière calcaire, à peu de distance du chef-lieu actuel, *Simpheropol*. Elle se trouve encore de nos jours dans un parfait état de conservation, et compte environ 10,000 habitants, appartenant pour la plupart aux derniers débris de la population tatare qui dominait autrefois dans cette contrée. Baktschi-Séraï ne forme donc pas seulement à cet égard un frappant contraste avec les villes toutes modernes de Sévastopol et de Simpheropol, mais c'est en outre très-certainement l'une des villes les plus remarquablement originales qui existent en Europe. L'ancien palais des souverains de la Crimée, très-bien conservé par les Russes, est complétement meublé et arrangé à l'orientale. Il se trouve situé à peu près au milieu de Baktschi-Séraï. Kohl, dans ses *Voyages au sud de la Russie* (2 vol., Leipzig, 1841), a donné une description détaillée de cette ville tatare et de son palais.

BAL. S'il ne s'agissait que de donner l'étymologie du mot *bal*, je dirais qu'il vient du mot grec βάλλω, *je danse*; s'il ne fallait que définir ce qu'on entend par un bal, je dirais que c'est une réunion d'hommes et de femmes, dont les uns dansent et les autres regardent danser. Mais cette courte et sèche définition ne satisferait personne, et d'ailleurs il y a tant de sorte de bals qu'il faut bien les distinguer. Il n'est pas jusqu'à la forme des invitations qui souvent ne diffère : ainsi, dans le grand monde, un bal s'indique par ces mots : *on dansera*; et dans la classe bourgeoise, la vieille formule : *il y aura un violon*, se perpétue encore malgré le progrès des lumières; c'est par modestie cependant, car le violon annoncé est souvent un orchestre complet.

Pour que le lecteur n'ait rien à nous reprocher, nous nous proposons de le conduire successivement dans les divers bals qui composent le brillant domaine de Therpsichore : et d'abord nous le menerons au bal proprement dit, dont le théâtre varie depuis le riche hôtel du ministre, de l'ambassadeur, du sénateur et du banquier (et alors il prend souvent le nom de *fête*), jusqu'à l'humble salon du chef de bureau, de l'artiste et du rentier.

Tout n'est pas plaisir dans un bal, il faut bien en convenir. Avez-vous femme ou fille? C'est d'abord la robe, les fleurs ou les plumes dont il faut faire emplette : les mémoires viendront plus tard. C'est ensuite le coiffeur qui se fait attendre; car on ne peut pas avoir un coiffeur qui ne soit pas très-occupé. Enfin, après deux heures d'impatience, d'inquiétude, il arrive; et vous montez en voiture à l'heure où vous avez habitude de vous mettre au lit. A peine avez-vous fait quelques tours de roue, qu'on s'aperçoit de l'oubli d'un bouquet ou d'un éventail : on revient les chercher... Puis, après quelques reproches d'étourderie ou de négligence, on vient se placer à la queue des voitures, qui commence à trois rues de distance du lieu de la fête; on a alors, pour se désennuyer, la conversation des gardes chargés de maintenir l'ordre; on entend encore les quolibets des gens du peuple, qui, les pieds dans la boue, vous regardent comme des bêtes curieuses, et vous rient au nez. Plus d'une heure se passe avant que vous aperceviez les deux lampions qui décorent la porte-cochère, et indiquent aux automédons la borne à éviter. Heureusement il n'y a pas eu d'accident; et, après avoir mis pour faire cinq cents pas le temps d'aller de Paris à Versailles, vous arrivez au bal entre deux haies d'arbustes et de fleurs. Déjà la foule est telle, que vous ne savez plus où placer vos dames, à leur grand déplaisir et au vôtre, car vous aimez leur succès; elles sont obligées de s'asseoir dans l'endroit le moins apparent du bal. Mais le coup d'œil est ravissant et les toilettes riches ou élégantes, les rafraîchissements abondants; votre fille danse et votre femme fait tapisserie; vous voilà consolé.

J'avoue que tout ce mouvement de plumes, de fleurs, de jolis visages, séduit les yeux, et que l'orchestre charme les oreilles. Vous regardez, vous écoutez quelque temps; puis, comme la chaleur vous fatigue, vous passez dans la salle où l'on joue; car bien des gens et même des jeunes gens ne vont au bal que pour y jouer. C'est l'écarté, c'est la bouillotte, le lansquenet, le whist, qui tour à tour vous tentent; quant à votre femme et à votre fille, vous n'y pensez plus. Ce n'est que lorsque vous avez perdu tout votre argent que vous vous souvenez d'elles pour leur parler de le tour; mais on ne vous écoute pas : c'est le plus joli moment du bal... Et d'ailleurs il y a un souper : ce mot de souper vous console un peu. Vous cherchez alors à lier conversation avec quelque homme d'esprit; mais vous apprenez bientôt qu'en aucun lieu on n'a moins d'esprit que dans un bal : vous restez confondu de la nullité des gens de mérite, qui sont là tout dépaysés et qui pâlissent devant le jeune homme aux cheveux frisés et à l'simple cravate, qui a déjà répété cent fois et sur tous les tons : *Le bal est délicieux*, *l'orchestre est divin*; ou bien encore aux hommes brusquement : *Comme il fait chaud!* aux dames indifféremment : *Il fait bien chaud*; et aux demoiselles tendrement : *Ah! qu'il fait chaud!*

Si par hasard vous trouvez à échanger quelques paroles avec un ami ou une femme aimable, voilà qu'un couple maladroit, emporté par l'ardeur de la valse ou du galop, vous heurte et vous entraîne au loin dans son tourbillon. Enfin, l'heure du souper arrive, et là vous trouvez quelque compensation à vos pertes et à votre ennui; et si ce n'était une tache à la robe de votre femme, vous n'auriez rien à dire contre le souper. Il est quatre heures, et quand vous vous retirez, malgré les instances de votre fille, vous ne trouvez rien autre chose à dire à la maîtresse de la maison que ce que tout le monde lui a déjà dit : *Votre fête était ravissante!* compliment banal avec lequel on croit être quitte pour la danse, l'orchestre, les glaces, le punch et le souper,

Après quelque attente pour avoir votre voiture, vous partez; et c'est pour vous le moment le plus heureux de la soirée. Mais votre fille est enchantée, elle n'a pas manqué une seule contredanse ; et son contentement naïf vous prouve que si le bal ne vous amuse plus, ce n'est pas la faute du bal.

Les bals offrent quelquefois un attrait de plus à l'époque du carnaval ; c'est lorsque chaque invité vient déguisé. Ils prennent alors le nom de *bals costumés*. Le coup d'œil est peut-être moins gracieux, mais il est plus piquant et plus vrai. Sous ces divers déguisements, la gaieté trouve moyen de s'introduire dans un bal : quelques charges amusantes, quelques lazzis spirituels provoquent le rire, et les tournures grotesques ou ridicules du plus grand nombre éveillent les malins propos : là, c'est un sorcier qu'on interroge, et qui ne sait que répondre ; là, c'est un Turc qui n'ouvre la bouche que pour dévorer des gâteaux ; on le prend pour un député. Plus loin, c'est une bergère des Alpes dont les cheveux gris se font jour sous les roses de sa coiffure. Un habit de ministre, loué chez Babin (et il y en a de tous les régimes), change tellement un avocat qu'on ne peut le reconnaître. Certain magistrat s'est reconnu sur-le-champ sous son costume d'arlequin ; un guerrier illustre a pris l'habit du fournisseur Turcaret, et un banquier se persuade que ses épaulettes lui donnent l'air d'un général. On voit un pacha à trois queues danser avec une jeune Grecque, un chevalier du Temple valser avec une bacchante, et Guillaume Wallace galoper avec la comtesse d'Escarbagnas. Ces contrastes piquants donnent aux bals costumés un attrait particulier.

Du bal costumé au *bal masqué*, il ne devrait y avoir que la différence du masque de plus. Malheureusement il n'en est point ainsi, et je ne sais que l'aspect d'un enterrement qui soit plus triste que celui d'un bal masqué. D'abord toutes les femmes ne sont-elles pas entièrement couvertes de dominos noirs et de masques noirs ? car personne ne fait attention aux dominos roses. Là, une taille élégante est déguisée avec soin, et la coquetterie se réfugie tout entière dans la chaussure. C'est aux pieds qu'on regarde pour deviner si la figure est jolie, et on se passionne pour un bas à jour et un soulier de satin. L'esprit ne vient qu'ensuite développer la passion, qui commence et finit en moins d'une heure ; mais cette heure a été ravissante. La conquête avait près de cinquante ans ; mais qu'importe? l'imagination ne lui en donnait que vingt ; et l'imagination en fait d'amour n'est-elle pas tout, ou à peu près? J'ai souvent entendu parler des dangers des bals masqués pour celles qui les cherchent, ou qui n'en ont plus à craindre.

C'est du *bal champêtre* que les mères et les maris doivent plutôt s'alarmer. Là tout parle aux yeux et même à l'âme. Ces feuillages verts, ces fleurs odorantes, cette belle nature, cette douce chaleur, ce riant désordre, tout respire le plaisir et la volupté. Là disparaît l'étiquette glaciale des salons ; là pour conduire sa danseuse à sa place on peut prendre le chemin le plus long, et marcher le plus lentement possible : la foule est si grande ! là on peut oser tout dire, car l'instant d'après on ne se connaît plus. Qui le croirait ? c'est dans les bals champêtres qu'on trouve plus que partout ailleurs, une égalité presque entre l'aristocratie et la démocratie. Il y a salle haute et salle basse : là les danseurs à vingt-cinq centimes, là les danseurs à dix centimes, et au milieu l'orchestre prélevant sa rétribution, comme le gouvernement son impôt.   Ed. MENNECHET.

Le premier bal dont il soit fait mention dans l'histoire est celui qui se donna en 1385 à Amiens à l'occasion du mariage de Charles VI avec Isabeau de Bavière; encore paraît-il douteux que les nobles invités aient eux-mêmes figuré comme acteurs dans cette fête. Douze ans plus tard nous voyons ce même prince, remis de sa longue maladie mentale, remplir un rôle dans un bal costumé qui a lieu au faubourg Saint-Marceau, à l'hôtel de la Reine-Blanche. Cette soirée manqua de lui être fatale : il avait fait son entrée avec quatre seigneurs qu'il tenait enchaînés déguisés en sauvages. Le duc d'Orléans, frère du roi, approcha imprudemment un flambeau de leurs costumes d'étoupes et de toile goudronnée ; le feu y prit, l'incendie se propagea, la salle fut embrasée. La présence d'esprit de la duchesse de Berri sauva le roi : elle éteignit le feu qui l'entourait en l'enveloppant tout entier dans les plis de sa robe. Les quatre compagnons du monarque périrent, et lui retomba dans ses anciens accès.

Les tristes suites de ce bal refroidirent promptement en France le goût qui s'y était répandu pour ce genre de plaisir. Ce fut l'exemple de l'Italie, celui de l'Église surtout, qui le ranima parmi nos ancêtres. Lors du passage de Charles VIII à Milan, en 1500, il assista à un bal dans les danses duquel figurèrent les cardinaux de Saint-Séverin et de Narbonne. En 1562, nous voyons les pères du concile de Trente eux-mêmes clore leurs graves réunions par un bal dont ils font courtoisement les honneurs. L'arrivée de Catherine de Médicis en France y nationalisa le bal masqué; peut-être son astucieuse politique y cherchait-elle autre chose qu'un divertissement. En 1581, le mariage du duc de Joyeuse avec Marguerite de Lorraine devint pour la cour le signal de nouvelles fêtes, dont la danse fut le principal élément. La reine, les princes et les princesses en firent les honneurs. Les bals se multiplièrent sous le galant Henri IV. Le froid Louis XIII eut aussi les siens. Sous le brillant Louis XIV ils semblèrent un moment éclipsés par la danse plus pompeuse des ballets. Nous retrouvons cependant un véritable bal dans la fête donnée en 1668 à Versailles, et dont Molière nous a transmis les détails. Le bal proprement dit reparut avec son lustre quand le roi cessa de disputer aux acteurs de profession le sceptre du théâtre.

En 1697, à l'occasion du mariage du duc de Bourgogne, la magnifique galerie de Versailles retentit du son des quadrilles des violons du roi et des joyeux pas de danse exécutés par les premières illustrations européennes ; mais jusqu'à cette époque il n'y avait eu guère de bals qu'à la cour et chez les grands : on eût vainement cherché un intermédiaire entre ces pompeuses fêtes et l'humble *bal de village*. Celui-là du moins est de la plus grande ancienneté. De tout temps le ménétrier a rassemblé autour de lui les paysans pour leur faire oublier, les jours de fête, la sévérité de l'Église, la dureté du seigneur et la fatigue du travail.

En 1715 qu'une ordonnance créa le *bal de l'Opéra*, qui eut lieu trois fois par semaine et popularisa ce divertissement dans la capitale. On dut à un moine l'invention du mécanisme qui élevait pour ces nuits de plaisir le plancher du parterre au niveau de la scène. Combien il y a loin de ces préludes du bal de l'Opéra à ce bal d'intrigues gourmé, sentencieux, vêtu de dominos noirs ou roses, qu'a décrit plus haut notre spirituel collaborateur ! Bloqué aujourd'hui dans le foyer du théâtre, il laisse l'intérieur de la salle aux galops échevelés, délirants, des pierrots, pierrettes, chicards et débardeurs. Alors l'orchestre des concerts abandonne la douce symphonie pour ces airs formidables comme la tempête, et Musard règne en triomphateur dans ces nuits de folie par la verve entraînante de ses compositions.

A partir des premières années du dix-huitième siècle le bal devint le passe-temps de toutes les classes de la société, et tout le monde dansa. Les événements heureux, soit pour l'État, soit pour les familles, se célébrèrent par des bals. Les municipalités donnèrent pour ces bals à la naissance et au mariage des princes ; et les plus modestes familles eurent ces *bals de noce* gratuits, où à frais communs pour les invités, où la nouvelle épouse étouffe un instant pour ces tourbillons de la valse les dernières émotions de la jeune fille.

Le bal affermit son règne au bruit de nos dissensions politiques. Les ennemis de la révolution de 1789, oubliant avec une incroyable légèreté les pertes qu'avaient éprouvées leurs familles, dansèrent, pour ainsi dire, sur des tombeaux dans ces *bals des victimes* donnés de toutes parts après le 9 thermidor, et où nul n'était admis s'il n'avait eu au moins un parent décapité par la guillotine. Plus tard, la République et l'Empire virent leurs vaillants guerriers, sortis pour la plupart des rangs du peuple, oublier dans les rares et courts intervalles de la paix, souvent même entre deux victoires, les horreurs du champ de bataille au milieu des plaisirs du bal.

Le 2 juillet 1810, quelques mois après le mariage de l'empereur Napoléon avec Marie-Louise, l'ambassadeur d'Autriche Schwartzenberg donna une fête magnifique à l'archiduchesse, devenue l'épouse du héros. Au milieu de la brillante cohue du bal, un incendie se déclara; la grande salle dans laquelle s'agitaient les danseurs fut rapidement dévorée. L'impératrice quitta à la hâte ce lieu d'horreur; l'empereur resta jusqu'à ce que les flammes fussent éteintes. Plusieurs personnes avaient malheureusement péri, entre autres la belle-sœur elle-même de Schwartzenberg. Le peuple en éprouva de superstitieuses terreurs, et se prit à regretter plus que jamais la bonne impératrice Joséphine.

Les bals d'été, sous la Restauration, fréquentés généralement par les gros marchands, leurs délicieux enfants et leurs fidèles *épouses*, ainsi que par les courtauds de boutique, les sensibles grisettes et la population flottante de la capitale, avaient pour sièges principaux Tivoli, qui a fait place à tout un quartier de Paris; puis Marbeuf, l'Ile-d'Amour, le Delta, et tant d'autres; puis enfin la Chaumière et le bal de Sceaux, qui ont résisté à tous les caprices de la mode et sont encore debout.

Aujourd'hui, outre ces deux bals, outre ceux des fêtes du village des environs de Paris, toute l'échelle sociale dansante n'est-elle pas libre de s'épanouir à son aise, tant que dure la belle saison, soit les dimanches, soit à certains jours de la semaine, à Mabille, au Château des Fleurs, à la Closerie des Lilas, rendez-vous des étudiants et étudiantes, au Château-Rouge; à Asnières, rendez-vous des canotiers et canotières; à Enghien, lieux chers à la bourgeoisie nomade de la capitale, aux aventureuses beautés de *Breda-Street*, et où brillent les reines de la mode; puis, en descendant plus bas encore, à tous ces bals de barrière, où le militaire et le civil des deux sexes fraternisent à grands flots de vin bleu, à grand renfort de veau social et de salade démocratique, entre le combat qui ne reviendra plus, on l'espère bien, et la contredanse, qui ne saurait revenir assez fréquemment pour achever de mettre un peu d'harmonie dans les têtes?

Au mois de décembre commence la saison des bals d'hiver, qui ne finit qu'avec le mois de mars. Ce sont autant de foires où les mères étalent leurs filles à marier; les coquettes, leurs charmes et leurs diamants; les heureux, leur suffisance; les notabilités du jour, leurs croix et leurs rubans; les nullités, leurs habits à la mode. En général, on danse au bal, c'est convenu, mais on ne va point au bal pour y danser. Les provinciaux de passage à Paris sont très-friands des *bals officiels* des Tuileries, de l'Élysée, des Ministères, de l'Hôtel de Ville. Il n'est point de bassesses qu'ils ne soient prêts à faire afin d'obtenir une ou deux invitations pour y assister avec leurs dames. Le Parisien s'en soucie beaucoup moins. C'est beau, c'est magnifique, c'est éblouissant, c'est admirable, sans contredit; mais c'est aussi épouvantablement ennuyeux et fatigant. On peut en dire autant, sans calomnie, de beaucoup de bals du faubourg Saint-Honoré, de la Chaussée-d'Antin et du noble faubourg de la rive gauche. Je connais beaucoup de gens qui pour s'égayer préfèrent cent fois ces bonnes soirées du Marais où l'on danse au troisième étage la scotisch, la polka, la mazurka et la redowa, aux sons d'une vieille épinette métamorphosée en *forte-piano*, avec accompagnement obligé d'un cornet à pistons faux et d'un flageolet criard, au milieu des libations d'un punch douteux qui rappelle trop celui des respectables mères Gibou et Pochet.

Ces esprits fantasques aiment encore les jolis *bals d'actrices*, au cœur si bon, si généreux, dans lesquels les pauvres ne sont jamais oubliés; les *bals d'artistes*, où l'on n'est admis qu'en costume oriental, où l'on ne boit que de l'opium, où l'on ne mange que du haschisch, où l'on ne fume que du tabac de Smyrne dans des narghilehs de Tunis; les bals délicieux du Jardin-d'Hiver, où s'ébattent,en gracieux tourbillons, ces amours d'enfants déguisés en mousquetaires et en marquises; les bals si courus de Montesquieu, de Valentino, de la Redoute Saint-Honoré et du Salon de Mars, rendez-vous des garçons tailleurs, bottiers, ou épiciers, des lingères, modistes, couturières ou rentières sans profession, des cochers et femmes de chambre de bonne maison, revêtus des habits de leurs maîtres; puis, une fois l'an, le bal des gardes municipaux ou républicains; celui des blanchisseuses après l'élection de leur reine à la barbe de la république; celui des bouchers après la promenade du bœuf gras; celui des jardiniers, où les fleurs ne manquent pas; celui des porteurs d'eau, où le vin coule à torrents; ces bals, qui ont lieu tant que l'hiver dure, dans presque tous les cabarets de Paris, où l'orchestre est si faux, le vin si atroce et la société si étrange; ces autres bals nombreux où se trémoussent tumultueusement, sur divers points de la capitale, au son criard de la cornemuse, Auvergnats et Auvergnates, charbonniers et charbonnières débarbouillés du matin; ou même, dans la rue de Bièvre, celui, plus excentrique encore, du corps respectable des chiffonniers et chiffonnières, ces modestes Ashavérus de notre Jérusalem moderne.

Nous ne terminerons pas cet article sans constater que de nos jours le bal est devenu l'auxiliaire de la charité, et que, malgré ce que peut avoir d'étrange une pareille association d'idées, plus des misères se soulagent ainsi, chaque hiver, au prix de quelques contre-danses, de quelques valses et de quelques galops.   E. G. DE MONCLAVE.

BALAAM, fils de Béor, faux prophète ou devin dont il est fait mention au livre des *Nombres*, et que la Vulgate désigne sous la qualification d'*Ariolus*. Il habitait Péthor, ville bâtie sur les bords de l'Euphrate en Mésopotamie. Balak, roi de Moab, voyant son pays près d'être envahi par les Hébreux sortis de l'Égypte, envoya des ambassadeurs à Balaam pour l'engager à maudire Israël, attendant de sa malédiction la victoire que ses forces ne lui permettaient pas d'espérer. Balaam, séduit par les offres du roi, se mit en route pour se rendre auprès de lui, malgré la défense de Dieu. Au milieu du chemin, un ange, tenant un glaive nu, apparut à l'ânesse qui portait le prophète, et qui à cette vue s'arrêta court. Celui-ci la frappait pour la faire avancer, lorsque Dieu délia la langue de l'animal, et permit qu'il proférât des paroles raisonnables, et se plaignît du traitement injuste qu'il éprouvait. En même temps les yeux de Balaam se dessillèrent, et il aperçut l'ange, l'épée nue, devant son ânesse. Cet ange le reprit de sa désobéissance, et lui ordonna de continuer son chemin, en lui défendant toutefois de maudire Israël. Arrivé auprès du roi de Moab, Balaam lui dit qu'il ne pouvait pas maudire ses ennemis; cependant il lui conseilla d'envoyer dans leur camp des filles madianites pour les corrompre. Ce conseil réussit; mais il devint fatal à son auteur. Dieu, réconcilié avec son peuple et fléchi par sa pénitence, lui rendit la victoire, et Balaam fut enveloppé dans le carnage des Madianites, qui eut lieu peu de temps après. On place cet événement vers l'an 1489 avant J.-C.

BALADIN (du mot *bal*). Baladin signifie proprement celui qui danse. Dans l'origine on donnait ce nom à tout ce qui figurait dans les ballets. Du temps de Diderot le mot baladin avait, comme on le voit dans l'*Encyclopédie*, changé de sens : il s'appliquait au personnage facétieux de la comédie; il était devenu synonyme de bouffon. Le baladin était en France ce que le *gracioso* est pour le théâtre espagnol. Le personnage de *Polichinelle* dans l'intermède du *Malade Imaginaire* est un baladin. L'article de l'Encyclopédie annonce que le baladin, qui avait passé de mode, menace de s'insinuer dans les pièces de l'Opéra-Comique. Qu'eût dit l'auteur s'il eût vu de nos jours l'indispensable *niais*, qui n'est autre chose que le baladin, s'établir à poste fixe sur presque tous nos théâtres? Le *grotesque*, comme le conçoit l'école moderne, personnage destiné à former une opposition constante avec le personnage héroïque, n'est de même qu'une contrefaçon du baladin. Jadis on a compris aussi sous le nom général de baladin tout homme possesseur d'une recette pour faire rire, conte grivois, facétie folle, tour d'adresse, danse grotesque, etc., et le colportant de maison en maison pour maintenir en liesse la classe opulente. Cette profession est encore nombreuse dans tout l'Orient, et en Europe chez les peuples qui n'ont pas de spectacles nombreux ouverts chaque soir. Mais le mot ne se prend plus chez nous que dans une acception défavorable.   Saint-Germain.

BALAFRE se dit d'une blessure longue faite au visage avec une arme tranchante, et de la cicatrice qu'elle produit. C'est une semblable estafilade qui valut au célèbre François de Lorraine, duc de Guise, le surnom de *Balafré*.

BALAI. Ménage dérive ce mot de *valletus*, diminutif de *vallus*, parce que les balais sont ordinairement emmanchés d'un bâton. D'autres étymologistes font venir ce mot, avec plus d'apparence de raison, de *betula*, bouleau. Ducange le dérive de *baleis*, qui a signifié la même chose dans la basse latinité, et qu'on trouve dans Matthieu Paris. Les Bas-Bretons disent *baladn*, dans le même sens; ce qui fait croire que c'est un vieux mot celtique.

Les matelots, sur l'Océan, donnent le nom de *balai du ciel* au vent du nord-ouest, parce qu'il balaye, pour ainsi dire, le ciel et le nettoie de nuages.

Balai, en termes de fauconnerie, se dit de la gueule des oiseaux, et, en vénerie, du bout de la queue des chiens.

On dit vulgairement qu'une personne *fait le balai neuf*, quand elle s'acquitte au commencement des fonctions qui lui sont confiées avec un zèle dans lequel on ne doit pas susceptible de persister. — On dit aussi, et plus trivialement, *rôtir le balai*, quand on passe fréquemment d'un métier à un autre sans en retirer aucun avantage.

BALAIS, qualification qu'on s'emploie qu'avec le mot *rubis*, et qui indique une couleur de vin paillet. On a donné diverses étymologies de ce mot, dont la plus probable paraît être celle de *Balassia*, qui est un royaume ou terre ferme entre Pégu et Bengala, d'où l'on tire l'espèce de rubis nommée *rubis-balais*.

BALANCE (du latin *bis*, deux, et de *lanx*, plat). Les balances sont des instruments dont on se sert pour évaluer les poids des corps. Il y en a de plusieurs espèces; mais on peut les ramener à trois types : la *balance ordinaire*, la *balance romaine* ou simplement *romaine*, et le *peson*. Ces deux dernières espèces auront des articles particuliers.

La balance ordinaire se compose d'une barre rigide appelée *fléau*, qui est suspendue par son milieu et qui supporte à ses extrémités deux bassins égaux destinés à recevoir les corps dont on veut comparer les poids. Le fléau est donc un levier du premier genre ayant ses deux bras égaux : d'où il résulte que des poids égaux peuvent seuls être en équilibre dans les plateaux de l'instrument.

Pour qu'une balance soit juste, il faut que son centre de gravité se trouve sur la verticale menée par le point d'appui, ce dont on s'assure en examinant si la balance est en équilibre lorsque les bassins sont vides; s'il en est autrement, on rectifie l'instrument en attachant à l'un des bassins un poids qui détermine le rétablissement de l'équilibre. Il faut ensuite, et cette seconde condition est la plus importante, que le point d'appui divise exactement le fléau en deux parties égales : pour voir si cette condition est remplie, il suffit de mettre deux corps en équilibre dans les bassins et de les changer ensuite de place : si les bras de levier sont égaux, l'équilibre subsistera encore; dans le cas contraire, il sera détruit, et pour rectifier la balance on changera le point d'appui ou le point de suspension de l'un des bassins.

Ajoutons à la première condition que le centre de gravité doit en outre se trouver un peu au-dessous du point de suspension. S'il était au-dessus ou s'il coïncidait avec ce point, l'équilibre de la machine serait *instable* ou *indifférent*, c'est-à-dire qu'on aurait une balance *folle* dans le premier cas, *paresseuse* dans le second.

Quant à la condition d'égalité des bras de levier, si elle n'était pas remplie, on pourrait cependant se servir de la balance sans la rectifier, en employant un procédé dû à Borda et connu sous le nom de *méthode des doubles pesées*. On place dans un des bassins le corps que l'on veut peser, et on met dans l'autre une matière quelconque en quantité suffisante pour établir l'équilibre; on retire ensuite le corps du premier bassin, et on le remplace par des poids connus, de manière à ramener l'équilibre. Il est évident que l'ensemble de ces derniers poids équivaut au poids cherché.

Seulement il faut toujours s'assurer que le fléau est bien horizontal, à pour cela il porte en son milieu une aiguille qui lui est perpendiculaire, et qui lorsqu'elle est verticale correspond à une marque fixe.

Une bonne balance doit être très-mobile, pour que le plus petit poids ajouté d'un côté ou de l'autre fasse trébucher le fléau. Il faut donc rendre le frottement le plus petit possible : c'est pourquoi on donne au fléau, vers son point de suspension, la forme d'un *couteau*, dont le tranchant seul porte sur l'appui. Deux autres couteaux placés aux extrémités, et dont l'arête est tournée en haut, concourent au même résultat. Dans les balances dont les bassins sont fixés au-dessus du fléau, tout le système est porté par l'unique couteau du milieu; ces instruments, commodes du reste, ne sont pas susceptibles du même degré de justesse que les balances à trois couteaux.

Dans la *balance d'essai*, qu'on emploie pour les opérations délicates, le fléau est traversé par un couteau d'acier dont le tranchant repose sur des plans d'acier ou d'agate. Le centre de gravité du fléau peut être élevé ou abaissé au moyen d'un écrou mobile. Enfin, pour conserver le poli au couteau, on adapte à la balance un système de fourchettes qui viennent saisir le fléau par dessous et qui le maintiennent pendant qu'on charge les bassins; puis, en laissant doucement redescendre les fourchettes, le couteau vient se reposer sur ses plans, et le fléau peut faire des oscillations plus ou moins grandes, suivant que les fourchettes ont été plus ou moins abaissées. Une telle balance, ayant 500 grammes dans chaque bassin, trébuche facilement par l'addition d'un milligramme dans l'un d'eux.

On a imaginé de faire servir la balance aux opérations de l'arithmétique et de l'algèbre. Nous parlerons de cette application à l'article Calculer (Instruments à).   E. Merlieux.

BALANCE (*Astronomie*). La mythologie fit de la balance le symbole de l'équité, et, par suite, l'un des attributs de Thémis. Astrée aurait une balance qu'elle déposa au ciel, et qui y fut transformée en une constellation du zodiaque placée à l'est de la *Vierge*. Le signe de la Balance est ♎.

BALANCE HYDROSTATIQUE. Cet instrument est une *balance* ordinaire dont l'un des plateaux porte inférieurement un crochet auquel on suspend par un fil les corps, qu'on peut ainsi peser alternativement dans l'air et dans l'eau. Cette balance sert à démontrer par l'expérience le principe hydrostatique d'Archimède; dans la pratique, on l'emploie pour déterminer les densités des corps. La balance hydrostatique est donc un aréomètre d'une construction particulière.

BALANCE DE TORSION, instrument imaginé par Coulomb, et qui sert à rendre compte des forces avec lesquelles des petits corps sont attirés ou repoussés par d'autres corps. Il est fondé sur cette remarque qu'un fil très-fin à l'extrémité duquel est suspendu un petit poids peut être tordu dans toute sa longueur et revenir ensuite exactement à son premier état. La balance de Coulomb consiste donc en un fil métallique très-délié, ou en un fil de cocon de ver à soie, attaché par son extrémité supérieure à un pivot tournant, muni d'une aiguille dont l'extrémité se meut sur un cercle gradué ; ce fil descend à travers une colonne creuse de verre, jusqu'au milieu d'une cage de même substance ; à l'extrémité inférieure du fil est attaché par son milieu un levier horizontal en équilibre, terminé par deux petites masses, et qui, par la disposition de l'appareil, se trouve à l'abri des agitations de l'air. La paroi supérieure de la cage offre une ouverture qui se ferme à volonté, mais par laquelle on peut introduire les corps dont on veut mesurer les puissances attractives ou répulsives.

Pour donner une idée de l'usage de cet instrument, supposons que l'on veuille déterminer la force répulsive d'une petite sphère de métal électrisé. On attachera cette sphère au bout d'une tige isolante ; on la plongera dans l'appareil, vis-à-vis l'une des extrémités du levier horizontal, qui en sera d'abord attiré, et immédiatement après repoussé. Cette répulsion tordra le fil de suspension. Mais si l'on fait tourner en sens contraire le pivot auquel le fil est attaché, on augmentera la torsion jusqu'au point de ramener l'extrémité du levier au contact de la petite sphère électrisée. On jugera alors de la torsion produite par le nombre des degrés qu'aura parcourus l'aiguille du pivot sur le cercle gradué ; et comme toutes les expériences prouvent que la force de torsion est exactement proportionnelle à l'angle de torsion, la force de répulsion cherchée sera donc exprimée exactement par le nombre de degrés de cette torsion. La balance de torsion ainsi employée est un véritable électromètre.

Le levier étant en repos, si on l'écarte de sa position d'équilibre, il y reviendra, puis le dépassera pour revenir encore par une suite d'oscillations isochrones dont l'amplitude diminuera constamment à cause de la résistance de l'air. Si l'on place près d'une des extrémités du levier oscillant un corps d'une certaine masse, les oscillations deviendront d'autant plus rapides que cette masse sera plus rapprochée ou plus considérable. C'est par de telles considérations que Cavendish a démontré que l'attraction s'exerce entre les petites masses suivant les mêmes lois qu'entre les grandes.

E. MERLIEUX.

BALANCE DU COMMERCE. C'est la comparaison de la *valeur* des *marchandises exportées* avec la valeur des *marchandises importées*, l'argent et l'or exceptés. On regarde les métaux précieux comme le solde au moyen duquel se complète le payement des envois. Lorsqu'on dit que nous importons de tel pays pour 15 millions de marchandises, et que nous y exportons pour 20 millions, on imagine que nous tirons de ce pays 15 millions en marchandises et 5 millions en métaux précieux, pour compléter le payement des 20 millions de marchandises que nous lui avons vendues ; présomption qui est démentie par le raisonnement et par l'expérience. Dans le système exclusif, on viole par différents moyens la liberté des transactions qui se font entre deux pays, dans le but de vendre le plus et d'acheter le moins possible à l'étranger, préoccupé que l'on est de l'idée qu'il vaut mieux recevoir de l'étranger, pour solde, des matières d'or et d'argent que toute autre marchandise de même valeur.

Qu'on voie à l'article CAPITAL comment les capitaux d'un pays (les capitaux productifs comme les autres) se composent de toutes sortes de *marchandises* et de *denrées*, même de celles dont l'existence est la plus fugitive, et comment la *consommation* de ces denrées n'altère nullement la valeur du capital national, qui se reproduit par le fait même de cette consommation : dès lors on sentira qu'on n'augmente pas plus ses capitaux en important des *métaux précieux* qu'en important d'autres marchandises.

Si l'on pouvait avoir une évaluation exacte des valeurs de toutes sortes exportées et importées, on saurait à combien se montent les *profits* d'une nation dans son *commerce* avec l'étranger : ses profits sont égaux à l'excédant de ses *importations* sur ses *exportations*.
J.-B. SAY.

BALANCE GÉNÉRALE DES LIVRES, opération la plus difficile de la *tenue des livres en partie double*, si toutefois il peut exister quelque difficulté dans un art aussi simple. La *balance générale* doit se faire régulièrement à la fin de chaque année ou de chaque semestre, et de nécessité à la mort d'un associé, à l'époque de la dissolution d'une société, de la famille, de la maison, enfin toutes les fois qu'une liquidation devient nécessaire. Cette opération essentielle est pour ainsi dire la conclusion de toutes les écritures précédentes ; comme elle s'effectue en *balançant généralement* tous les comptes ouverts au grand-livre, de là lui vient le nom de *balance générale*. On sait que *balancer* un compte, c'est rendre le montant du débit de ce compte égal au montant du crédit, en ajoutant à celui des deux montants qui est le moindre la différence qui doit l'égaler au plus grand ; cette différence se nomme *solde*. Balancer ou solder un compte sont des expressions synonymes.

La balance a pour but : 1° de faire connaître les bénéfices ou les pertes des opérations de l'année ; 2° de déterminer exactement l'époque où la balance a lieu, l'état de situation de la maison de commerce ou de l'administration dont on tient les livres, en marchandises, argent, effets, valeurs diverses, comme aussi de fixer ses dettes actives et passives ; en d'autres termes, elle a pour objet de faire le résumé des livres qu'on a tenus, d'en extraire les résultats, et d'en déduire, avec la précision et l'exactitude mathématiques, l'état de situation ou le bilan. Ces résultats sont obtenus en balançant tous les comptes ouverts au grand-livre, et pour les balancer on ne fait usage que de deux comptes : de *balance de sortie* et de *profits et pertes*. Le compte de profits et pertes sert à solder tous les comptes présentant bénéfice ou perte ; et celui de balance de sortie sert à solder tous les autres.

Lorsqu'on veut solder à une époque quelconque tous les comptes établis sur les livres, il faut avant tout faire l'inventaire estimatif sur les objets matériels et la nature de tout ce qu'on possède, tant en marchandises, argent, effets à recevoir, qu'en immeubles, etc., ayant le soin de n'estimer les marchandises et autres effets qu'au prix coûtant ou au cours, enfin de manière à se réserver un bénéfice lors de la vente. Il faut ensuite additionner le débit et le crédit de chaque compte du grand livre, comme on le fait à la fin de chaque mois, réunir sur une feuille détachée, d'un côté tous ces débits, de l'autre tous ces crédits, et en faire l'addition ; le total des débits doit nécessairement être égal au total des crédits : s'il existait la moindre différence, elle ne pourrait provenir que d'une erreur, qu'il faudrait rechercher et faire disparaître avant tout. Cette feuille détachée, où sont portés les montants de tous les débits et crédits du chaque compte ouvert au grand-livre, représente en somme le grand-livre lui-même. Elle est destinée à servir de brouillon ; et c'est sur cette feuille qu'on opère d'abord, afin d'éviter de raturer le grand-livre, sur lequel on rapporte plus tard au net la balance lorsqu'elle est faite et sans erreur. Toutes ces préparations achevées, on procède à la balance générale, qui s'exécutent en balançant ou en soldant successivement chaque compte en particulier.

Prenons pour exemple le compte de *marchandises générales* : le débit de ce compte se compose des achats de mar-

406 BALANCE GÉNÉRALE DES LIVRES — BALANCIER

chandises au prix coûtant; le crédit se compose des ventes de ces mêmes marchandises au prix de vente : par conséquent, si elles étaient toutes vendues, l'excès du crédit sur le débit déterminerait nécessairement le bénéfice, et l'excès au contraire du débit sur le crédit présenterait la perte. Ainsi, par exemple, si l'on suppose que le montant du débit s'élève à 100,000 fr., et le montant du crédit à 125,000 fr., cela signifie que les marchandises achetées 100,000 fr. ont été vendues 125,000 francs, et que par conséquent on a fait un bénéfice de 25,000 fr. Si, au contraire, le crédit des marchandises ne s'élevait qu'à 80,000 fr., il en résulterait une perte de 20,000 francs. Dans l'un ou l'autre cas, puisqu'il y a gain ou perte, il faut solder le compte de marchandises générales par profits et pertes. Mais ce qui précède n'a lieu que lorsque toutes les marchandises ont été vendues; quand il en reste encore en magasin, ce qui arrive presque toujours, il faut, avant de solder le compte de marchandises générales par profits et pertes, ajouter au crédit le montant des marchandises qui restent en magasin. En effet, supposons qu'on ait acheté 100,000 fr. de marchandises, qu'on n'en ait vendu que pour 75,000 fr., et qu'il en reste encore en magasin pour 50,000 fr., évaluées au prix coûtant; pour trouver quel est le bénéfice fait sur les marchandises vendues, il faut ajouter à la partie des marchandises vendues, s'élevant à 75,000 fr., la partie des marchandises qui restent, s'élevant à 50,000 fr.; cette addition faite présente un total de 125,000. Ainsi, 100,000 fr. de marchandises achetées représentent aujourd'hui, tant en marchandises vendues qu'en marchandises qui restent, une somme de 125,000 fr. : il est donc évident qu'on a gagné 25,000 fr. On aurait perdu si les marchandises vendues, plus la valeur de celles qui restent, ne formaient qu'une somme inférieure au prix d'achat. En résumé, il faut donc, pour solder le compte des marchandises générales : 1° porter au crédit, par le débit de balance de sortie, le montant des marchandises qui restent en magasin, évaluées au prix coûtant, et l'additionner avec le crédit ; 2° solder, après le compte, par profits et pertes. Exemple :

DOIT. MARCHANDISES GÉNÉRALES. AVOIR.

Montant du débit,	100,000 fr.	Montant du crédit,	75,000 fr.
A profits et pertes, bénéfices,	25,000 fr.	Par balance de sortie, marchandises en magasin,	50,000 fr.
	125,000 fr.		125,000 fr.

Tous les autres comptes généraux, leurs subdivisions, les comptes des particuliers, se balancent absolument par les mêmes règles. Tous les comptes ayant été ainsi soldés partiellement et successivement sur la feuille de balance représentant le grand-livre, on passe écriture de tous ces soldes au journal ; il en résulte quatre articles à inscrire sur le journal, lesquels, rapportés plus tard au grand-livre, y balanceront évidemment tous les comptes, puisqu'ils sont extraits du grand-livre, ou plutôt de la feuille de balance, qui en est la copie abrégée. Edmond DEGRANGE.

BALANCE D'ENTRÉE. Dénomination d'un compte qui sert, dans la méthode en partie double, soit à commencer des livres qu'on établit, soit à rouvrir ou recommencer des livres nouveaux, qu'on a clôturés ou soldés par balance de sortie. On verra dans l'article suivant que pour ouvrir les livres on suppose qu'un individu, appelé balance de sortie, prend la suite des affaires de la maison. Pour les rouvrir, il faut faire la supposition inverse, qu'un nommé balance d'entrée cède, au contraire, la suite de ses affaires, c'est-à-dire livre tout son actif, à la charge d'acquitter tout le passif. Conséquemment, d'après cette hypothèse et le principe fondamental de la méthode en partie double, il faut créditer balance d'entrée des marchandises en magasin, effets en portefeuille, argent en caisse, etc., en un mot de toutes les valeurs dont l'actif se compose, et il faut le débiter aussi de toutes les valeurs passives, c'est-à-dire des ef-

fets à payer, créanciers par compte, et du capital. Ainsi, ce compte de balance d'entrée ou de bilan d'entrée, car il est ainsi dénommé quelquefois, n'est que la contre-épreuve de balance de sortie, avec cette seule différence que le débit de l'un correspond au crédit de l'autre, et réciproquement. Ces deux comptes de balance de sortie et d'entrée sont imaginés, le premier pour solder tous les comptes et en réunir les soldes, et le second pour rouvrir ces mêmes comptes et en représenter les soldes à nouveau. Le compte de balance d'entrée, ou bilan d'entrée, sert encore à commencer des livres lorsqu'on établit des livres en partie double pour la première fois. Le teneur de livres chargé de ce travail se fait donner l'état de situation ou bilan de la maison ou administration dont il s'agit d'organiser la comptabilité, etc. Il les commence par les deux articles ci-après :

DOIT. BALANCE D'ENTRÉE. AVOIR.

A effets à payer, pour les effets en circulation,	120,000	Marchandises générales, pour mettre en magasin,	100,000
A divers créanciers, montant des créances,	190,000	Effets à recevoir, pour effets en portefeuille,	50,000
		Caisse, pour l'argent en caisse,	25,000
	310,000	Immeubles, pour la maison rue de la Paix,	400,000
A capital, pour le capital net,	340,000	Meubles, pour le mobilier,	25,000
		Débiteurs divers, montant des débiteurs,	50,000
	650,000		650,000

Edmond DEGRANGE.

BALANCE DE SORTIE. Dénomination d'un compte qui sert, dans la méthode de tenue des livres en partie double, à balancer et clore tous les autres comptes ouverts au grand-livre. C'est un compte qui est constamment soldé. Sa dénomination de balance de sortie présente à l'esprit un sens abstrait, mais on peut se former une idée assez nette de son origine et de son emploi par l'explication suivante : Lorsqu'on fait la balance générale, on suppose qu'un individu prend la suite des affaires de la maison, c'est-à-dire qu'on lui livre tout l'actif, et qu'il se charge d'éteindre tout le passif. Dès lors on doit dans cette hypothèse, et conformément au principe fondamental de la méthode en double partie, le débiter de tout ce qu'il reçoit, c'est-à-dire des marchandises en magasin, de l'argent en caisse, des effets en portefeuille, des débiteurs, etc., comme on doit aussi le créditer des effets à payer, des créanciers par compte, enfin du capital, qu'il s'engage à payer ou rembourser. Ainsi, l'individu qui prend la suite des affaires doit être débité des valeurs actives qu'on lui livre, et crédité des valeurs passives qu'il a prises à sa charge. Cet individu, on le nomme balance de sortie, comme on pourrait le désigner sous toute autre dénomination. Il en résulte que le compte de balance de sortie présente à son débit l'actif, à son crédit le passif, plus le capital, qui tient ce compte constamment soldé, et il en résulte encore que ce compte n'est absolument que l'état de situation ou bilan. Aussi quelques teneurs de livres l'ont-ils intitulé bilan de sortie, dénomination peut-être plus compréhensible que celle qui a été consacrée par la pratique. Pour plus d'intelligence, voici un exemple du compte de balance de sortie au grand-livre :

DOIT. BALANCE DE SORTIE. AVOIR.

A marchandises générales, marchandises en magasin,	100,000	Par effets à payer, effets en circulation,	120,000
A effets à recevoir, effets en portefeuille,	50,000	Par créanciers divers,	190,000
A caisse, argent en caisse,	25,000		
A Immeubles, maison rue de la Paix,	400,000		
A meubles, mobilier,	25,000		310,000
A débiteurs divers,	50,000	Par capital, mon capital,	340,000
	650,000		650,000

Edmond DEGRANGE.

BALANCIER (Technologie). On donne ce nom aux fabricants de balances. Ils ne font en quelque sorte que retoucher, ajuster les diverses pièces qui entrent dans l'assortiment des instruments qu'ils vendent; le serrurier, le quincaillier leur fournissent les fléaux tout forgés et dégrossis ;

le menuisier construit les plateaux en bois ; le chaudronnier, les bassins en cuivre ; ils tirent des fondeurs les poids en fonte de fer ou de cuivre, qu'ils *justifient* en fixant dans leur intérieur une quantité convenable de plomb.

BALANCIER (*Mécanique*). Cette machine, dont les avantages sont fondés sur les propriétés de la v i s, est aujourd'hui fort répandue et d'une grande utilité. On s'en sert pour découper, estamper, frapper des reliefs sur les plaques métalliques, les monnaies, les médailles ; imprimer des timbres secs sur les papiers, les parchemins, avec exactitude et célérité.

Le balancier fut, dit-on, inventé en 1553 par un menuisier nommé Aubin Olivier, qui le proposa au roi Henri II pour la fabrication des m o n n a i e s. Il fut adopté avec empressement, à cause de la supériorité de ses produits sur la monnayage dit *au marteau*. Cependant, comme il opérait avec trop de lenteur à cause de ses imperfections, il fut destiné exclusivement par ordre de Charles IX à la confection des médailles. C'est depuis Louis XIII qu'on l'emploie aussi pour frapper les monnaies.

Un balancier se compose d'une sorte d'arcade de fonte de fer, de cuivre, ou de fer battu, dont le poids, en fonte de fer, peut aller jusqu'à 3,000 kilogrammes. Dans le sommet de l'arcade est logé un écrou en cuivre, dans lequel joue une forte vis en fer à deux ou trois filets carrés ; sur la tête de cette vis est fixée, au moyen d'un écrou, une barre de fer, dont les extrémités sont chargées chacune d'une boule dont le poids varie suivant les dimensions de la machine. La vis, avec sa barre, que l'on pourrait appeler proprement le *balancier*, présente la figure de la lettre T. Pour la mettre en mouvement, des hommes, poussant les boules ou les tirant avec des cordes, font jouer les balanciers ; la vis descend, et, par la pression qu'elle exerce, imprime sur le corps qui lui est soumis l'empreinte d'une matrice ; aussitôt le coup frappé, le mécanisme du balancier est combiné de manière que la vis se relève en tournant en sens contraire par l'effet de l'élasticité de la barre, et l'ouvrier peut procéder à une nouvelle opération.

BALANCIER (*Horlogerie*). Les inventeurs des premières horloges à roues dentées adoptèrent pour régulateur une espèce de v o l a n t qui, par l'effet d'un mécanisme fort simple, recevait l'impression des rouages dans deux sens alternativement opposés, ce qui lui fit donner le nom de *balancier*. Le balancier se composait d'une roue de cuivre ou de fer, dont l'arbre ou essieu portait deux palettes, qui se présentaient alternativement aux dents de la dernière roue de la machine. Cet arbre était vertical, de façon que le balancier oscillait horizontalement. Pour diminuer les frottements et lui laisser toute la liberté possible, les artistes le suspendaient par l'extrémité du pivot supérieur au moyen d'un double fil, qui, se tordant alternativement en sens contraires, accélérait et régularisait ses vibrations : tel fut le régulateur de toutes les horloges à roues depuis leur invention jusqu'en 1657. A cette époque H u y g e n s publia un livre sur les propriétés et les avantages du *pendule* pour régulariser la marche des horloges. Cette invention, dont Galilée avait, dit-on, fait des applications, fut adoptée dans toute l'Europe pour les horloges fixes ; mais il fut impossible de faire jouir les montres et autres chronomètres portatifs des mêmes avantages. Celles-ci sont encore réglées par un balancier. Quand on ouvre une montre ordinaire, on voit cette pièce osciller sous une sorte de grille que l'on appelle *coq*. Comme l'ancien, ce balancier se compose d'un anneau ou roue de cuivre ; son arbre porte deux petites ailes, dont les plans forment un angle d'environ 90 degrés. Les dents de la roue dite de *rencontre* détournent alternativement ces ailes à droite et à gauche, et font osciller le balancier. Celui-ci, par l'effet de son inertie, ralentit la marche de la roue, de la même manière, par exemple, qu'une boule pesante, posée sur un plan horizontal, retarderait le mouvement de la main qui la pousserait.

Le balancier des montres reçut un grand perfectionnement dans le dix-septième siècle : pour lui donner en quelque sorte les propriétés du pendule, on y adapta un petit ressort disposé de façon qu'il se bande jusqu'à un certain point à chaque oscillation que le balancier fait, soit à droite, soit à gauche ; sitôt qu'une des palettes échappe à la dent de la roue qui la presse, le ressort se débande et fait tourner rapidement le balancier en sens contraire ; l'autre palette, se présentant à la roue, est détournée par la dent qui la rencontre, et le ressort est bandé en sens opposé à la direction qu'il prend quand l'autre palette est pressée. Ce système a de grands avantages : le ressort opposant constamment, à très-peu près, des résistances égales, le balancier fait des oscillations isochrones, et il n'est pas sujet au renversement comme autrefois ; ses mouvements sont aussi beaucoup plus rapides.

Trois hommes, Huygens, Hook et l'abbé Hautefeuille, d'Orléans, se disputèrent cette heureuse invention. En 1674, Huygens présenta à Colbert une montre dont le balancier était modéré par un ressort contourné en spirale : d'où il a retenu le nom de *ressort spiral*, ou simplement de *spiral*. Le grand ministre fut si content de ce perfectionnement qu'il engagea l'auteur à solliciter un privilége, ce qu'il fit ; mais l'abbé Hautefeuille ayant prouvé que plus d'un an auparavant il avait construit une montre dont le balancier était accompagné d'un ressort, Huygens échoua dans sa demande, quoique son invention fût bien supérieure à celle de son adversaire. En effet, celui-ci employait un ressort tout droit, fixé par un de ses bouts sur le coq ; son autre extrémité était reçue dans une fourchette que portait le balancier. Quand ce dernier tournait, n'importe dans quel sens, le ressort se courbait un peu, et, en se débandant, accélérait l'oscillation, laquelle ne pouvait être que fort courte d'après la forme du ressort.

Le docteur Hook, célèbre par plusieurs inventions très-ingénieuses en horlogerie, fit, dit-on, construire à Londres, en 1665, une montre portant un spiral semblable à celui d'Huygens ; d'autres prétendent que Hook n'eut pas le premier l'idée de cette invention ; qu'il la prit dans une montre construite à Paris sous les yeux d'Huygens, et qui était passée ensuite en Angleterre. Quoi qu'il en soit, l'on convient avec difficulté que ces deux hommes justement célèbres étaient bien capables d'inventer, chacun de son côté, un tel perfectionnement.

Le ressort spiral est fixé par un bout à une petite virole qui tourne à frottement sur la verge du balancier ; vers l'autre bout, il est retenu dans un piton fixé sur la platine ; il passe en outre dans une petite fourchette que l'on fait mouvoir circulairement au moyen d'un pignon qui engrène dans un râteau ; c'est au moyen de ce mécanisme que l'on règle le plus communément la montre : si elle avance, on fait tourner le petit râteau de manière que la partie du spiral comprise entre la verge du balancier et la petite fourchette augmente de longueur : le ressort étant plus long, il se débande avec plus de lenteur, et les oscillations sont moins rapides. Si la montre retarde, on fait faire un mouvement contraire au râteau : le ressort se raccourcit, et les oscillations du balancier augmentent de vitesse. TEYSSÈDRE.

BALANCIER (*Funambulisme*). C'est une barre que le danseur de corde porte dans ses deux mains pour se tenir ou se remettre promptement en équilibre ; s'il se sent tomber vers la droite, il porte le balancier vers la gauche ; par ce moyen, il ramène son centre de gravité directement au-dessus de la corde. Nous faisons quelque chose de semblable quand nous étendons le bras gauche, par exemple, dans la crainte de tomber vers la droite. Les plus adroits acrobates ne se servaient pas toujours de balancier. Aussi annonçait-on leur danse *avec ou sans balancier*.

BALANCIER (*Entomologie*). On nomme ainsi deux

petits appendices membraneux, mobiles, très-minces, insérés de chaque côté du métathorax des diptères, dans l'angle formé par la jonction de l'abdomen avec le corselet. Les entomologistes ne sont pas d'accord sur l'usage de ces appendices.

Les uns, comparant l'aileron à une sorte de tambour et le balancier à une baguette, supposent que l'action de l'un sur l'autre produit le bourdonnement que font entendre en volant la plupart des diptères. Cette opinion n'est guère admissible, puisque les abeilles et les guêpes bourdonnent, quoique dépourvues de balanciers; de plus, si l'on prive un diptère de ses balanciers, on l'entend bourdonner aussi fort qu'auparavant, et cette expérience prouve en même temps que les organes qui nous occupent ne concourent pas au maintien de l'équilibre de l'insecte, comme l'avaient prétendu ceux qui leur imposèrent le nom de *balanciers*. Jusqu'à ce que de nouvelles expériences aient jeté quelque lumière sur cette question, il faut donc croire, avec Olivier, que ces organes servent à faciliter le vol, ou bien se ranger à l'opinion de Latreille et de M. Lacordaire, qui attribuent aux balanciers quelques rapports avec la respiration, dont ils faciliteraient les fonctions en contribuant à ouvrir et à fermer les stigmates postérieurs du thorax.

BALANCIER HYDRAULIQUE. Ce nom appartient à toute machine composée de deux capacités suspendues aux extrémités d'un balancier, et mises alternativement en mouvement par la pesanteur de l'eau, de sorte que pendant que l'une descend remplie d'eau, l'autre remonte à vide. Un des plus simples balanciers hydrauliques est celui qu'a imaginé Perrault et qu'on appelle aussi *bascule hydraulique* (*voyez* BASCULE). Ces machines n'ont d'ailleurs aucun avantage sur les r o u e s h y d r a u l i q u e s, qu'on préfère généralement.

BALANÇOIRE. Ce jeu, ou plutôt cet exercice, remonte à une très-haute antiquité, puisqu'on en recule l'invention jusqu'au temps d'Œbalus, roi de Laconie, père d'Érigone et de Pénélope. Ce prince, ayant appris de Bacchus l'usage de la vigne, fit boire du vin à ses paysans, qui, dans leur ivresse, croyant avoir pris du poison, tuèrent Icarius. « A peine ce crime eut-il été commis, dit Demoustier (*Lettres sur la Mythologie*), que les épouses des meurtriers furent saisies d'un transport de fureur et de rage que rien ne put calmer. L'oracle, consulté, ordonna que pour expier le crime de leurs époux, on instituât des fêtes en l'honneur d'Icarius; ces fêtes furent nommées les jeux icariens. On les célébrait en se balançant sur une corde attachée à deux arbres : c'est ce que nous appelons aujourd'hui *escarpolette*, de l'italien *scarpoletta*, qui signifie une *petite écharpe*. » Dans les fêtes des vendanges, instituées en l'honneur du fils de Sémélé, les Latins étaient également dans l'usage de se balancer sur une corde attachée à des pins.

BALANDRAN, ou BALANDRAS, manteau de campagne, sorte de casaque faite d'étoffe grossière, doublée depuis les épaules jusque sur le devant, dont on se couvre pour se garantir de la pluie : dérivé de *balandrana*, en italien *palandrano*, augmentatif de *palla*, robe, ou de *pallium*, manteau de cérémonie des évêques. Cette sorte d'habit est fort ancienne, puisque dès 1226, dans la règle de Saint-Benoît, il est défendu aux religieux de porter des habits de laïcs, comme des *balandrans* et des *surtouts*, qui sont appelés *balandrana* et *supertoti*. Ce mot, du reste, n'est plus en usage que dans le style simple et comique. La Fontaine s'en est servi dans sa fable de *Borée et le Soleil*.

BALANES ou GLANDS DE MER, animaux qui forment l'une des deux familles naturelles du groupe des *cir ripèdes*. Les balanes ont un corps de forme conique, protégé par un test solide, qu'on avait considéré autrefois comme une coquille, lorsque ces animaux étaient encore rangés dans le type des mollusques. Ce test se compose de plusieurs pans articulés entre eux ; l'ouverture de ce test est fermée par deux ou quatre valves mobiles entre lesquelles est une fente qui donne passage aux cirrhes ou appendices articulés, lorsque l'animal se montre à l'extérieur. Les balanes respirent au moyen de branchies membraneuses, foliacées et frangées, adhérentes à la face externe du manteau protégé par le test. Ces animaux, étant mieux connus maintenant, ont dû être rangés parmi les articulés, dans la classe des crustacés.   L. LAURENT.

BALARUC. Les eaux de Balaruc sont rangées parmi les eaux salines thermales. La source de Balaruc, située à 25 kilomètres de Montpellier, est voisine de l'étang de Thau, grande pièce d'eau salée qui n'a pas moins de 28 à 32 kilomètres de tour, et qui communique avec le canal du Midi et le canal latéral dit *d'Étangs*, et par ces canaux avec la mer, avec la Garonne et le Rhône. Balaruc a donc de faciles communications avec Cette, Bordeaux et Lyon, avec tout le midi de la France et même avec l'Algérie. C'est là ce qui porta le conseil général de l'Hérault, il y a quelques années, à former le vœu que l'État se rendît propriétaire de la source de Balaruc pour l'appliquer au traitement des affections auxquelles les militaires sont plus spécialement exposés.

La fréquence des paralysies, plus grande que jamais dans ce siècle-ci, a renouvelé la fortune thermale de Balaruc, établissement qui avant 1834 était presque abandonné depuis soixante ans.

Les eaux de Balaruc sont ordinairement purgatives, à raison des sels de soude et de magnésie qui y prédominent. Elles purgent sans affaiblir, mais rarement sans exciter. Très-thermales, leur température s'élève à 48 et quelquefois à 50° centigrades, selon l'abondance des eaux de l'étang de Thau et la direction des vents.

Elles contiennent par litre d'eau de onze à douze centilitres de gaz acide carbonique et environ douze grammes de sels. C'est plus d'un centième en principes fixes, proportion qui est rare de rencontrer dans les eaux minérales naturelles. Un bain ordinaire, étant composé d'environ quatre cents litres d'eau, renferme donc avec l'eau de Balaruc quatre à cinq kilogrammes de sels, ce qui est énorme. Il est vrai de dire que l'eau de mer renferme près de quatre fois plus de sels : d'où l'on a déjà inféré que les bains de Cette feront un jour à Balaruc une concurrence redoutable, péril auquel pourrait parer l'achat de Balaruc par l'État.

Les eaux de Balaruc excitent concurremment la peau et la membrane intestinale, double révulsion qui a des effets salutaires à peu près une fois sur cinq, quant aux affections auxquelles ces eaux sont le plus appropriées.... Elles n'ont de ces bons effets ni dans les maladies de la peau, ni dans les affections de l'estomac, des reins ou de la vessie. Elles sont nuisibles dans les maladies du cœur, dans les affections même chroniques des poumons, et toutes les fois qu'il y a de l'oppression ou de la toux. C'est un fait avéré, sans suggestions théoriques.

Elles ont de bons effets dans quelques rhumatismes, dans quelques névralgies, et particulièrement dans la sciatique, dans certaines paralysies légères provenant d'une lésion peu grave du cerveau ou de ses annexes. On les déclare sans rivales dans les hémiplégies même cérébrales, dans les tremblements nerveux et dans ce qu'on nomme à Montpellier *l'instabilité nerveuse*, et, qui plus est, dans les paraplégies , à moins que ces paraplégies n'aient pour cause une altération profonde de la moelle épinière ou un désordre irrémédiable dans la colonne vertébrale.

Balaruc ne recevant guère que de cent cinquante à deux cents malades chaque année, et chacun n'y séjournant que de six à huit jours, le produit de ces bains ne dépasse pas de beaucoup 12 à 15,000 fr. ; résultat matériel qui certes n'est pas en rapport avec la réputation du lieu.   1std. BOURDON.

BALATE, ou BICHON DE MER, espèce de zoophytes qu'on pêche aux Philippines et qu'on transporte en très-grande quantité en Chine, où elle est recherchée comme un mets des plus délicats. La balate cuite ressemble à un pied de cochon désossé. Les Chinois en font une très-grande consommation pour leur table. Lamouroux, auquel nous empruntons ces documents, fait remarquer que ce zoophyte, objet d'un commerce considérable, n'est cependant pas connu d'une manière exacte, et qu'on croit seulement qu'il appartient au groupe des holothuries ; il dit aussi que la balate est peut-être la même chose que le *tripan*. L. LAURENT.

BALAYAGE. Une ordonnance de police, promulguée en 1799, soigneusement renouvelée depuis lors chaque année, oblige tous les propriétaires ou locataires à faire balayer régulièrement tous les jours au-devant de leurs maisons, boutiques, cours, jardins et autres emplacements. Le balayage doit se faire à partir du ruisseau dans les rues à deux pavés, et les boues et immondices doivent être mis en tas auprès des murs. Dans les rues à chaussée, où le balayage doit être fait depuis le milieu de la chaussée, les boues et immondices seront mis en tas près des ruisseaux. Nul ne doit pousser les boues et immondices devant les propriétés de ses voisins. Aussitôt après le passage des voitures de nettoiement, les propriétaires ou locataires sont tenus de jeter la quantité d'eau suffisante pour dissiper la trace des tas de boue. Le balayage doit être terminé à sept heures du matin depuis le 1er avril jusqu'au 1er octobre, et à huit heures dans les mois d'hiver. Il est expressément défendu de déposer dans les rues toutes ordures et immondices provenant de l'intérieur des maisons après le passage des tombereaux de nettoiement, comme aussi de rien jeter dans les rues par les fenêtres et croisées. Dans les temps de neige et de gelée, les propriétaires ou locataires sont tenus de balayer la neige et de casser la glace au-devant de leurs maisons, boutiques, etc. Les maires et commissaires de police doivent faire effectuer par les citoyens le balayage auquel ceux-ci sont tenus devant leurs maisons, et le faire aux frais de la commune dans les places et autour des jardins et édifices publics. Les citoyens qui, dans les communes pavées, négligent de balayer les rues au-devant de leurs maisons aussi souvent qu'il est prescrit par la municipalité sont, aux termes de l'art. 605 du Code des Délits et des Peines, punissables d'une amende de trois journées de travail.

A Paris, quatre compagnies se partagent l'entreprise de la partie du balayage qui regarde non les particuliers, mais la ville, celui des places, du voisinage des égouts et au-devant des bâtiments publics. Ces compagnies traitent aussi avec les particuliers, et se chargent, d'après un tarif établi, de leur épargner cette corvée; car le balayage, tel qu'il est encore réglé, est un reste de l'ancienne corvée, un impôt en nature sur le labeur des citoyens. Il a l'inconvénient de nécessiter des surveillants nombreux, d'engendrer une foule de petites vexations, d'amener naturellement le boutiquier à se croire propriétaire de cette partie de la voie publique dont la propreté est confiée à ses soins, de lui inspirer une sorte de passion jalouse pour le pavé arrosé de ses sueurs quotidiennes. De là des envahissements sans nombre au détriment du public. *Voyez* VOIRIE.

BALBEK ou BAALBEK, ville de *Baal* ou du *Dieu du Soleil*, célèbre chez les Grecs et les Latins sous le nom d'*Hélios Polis*, dont la signification est la même, est située au pied de l'Anti-Liban, à la dernière ondulation de sa chaîne. Elle se révèle de loin au voyageur par un cordon blanchâtre de dômes et de minarets qui s'élancent au-dessus d'un rideau de verdure. Cette cité, si florissante jadis, et station importante sur la route de Palmyre, n'est plus qu'une bourgade assez mesquine, avec 5 ou 600 habitants, gouvernés par un émir, tous pauvres et sans autre culture que quelques cotons, du maïs et des pastèques. Ainsi déchue, il serait peu question de Balbek dans nos temps modernes, si elle ne renfermait les débris d'un des plus beaux édifices que nous ait légués l'antiquité.

Le temple de Balbek, que l'on nomme aussi le temple du Soleil, était jadis assis sur une suite de bases formant un carré long de 87 mètres sur 47 mètres 40 de large. Il présentait à l'orient une face de dix colonnes sur dix-neuf de flanc, cinquante-quatre en tout. Tel était l'état primitif de l'édifice; mais par la suite on en construisit un plus petit, dont la cage et le péristyle subsistent encore. Ce dernier présente un flanc de douze colonnes sur huit de front, en tout trente, dont vingt debout. Mais une différence notoire existe entre la colonnade du premier temple et celle du second. Les fûts de l'un ont 7 mètres 15 de circonférence sur 18 mètres 85 de longueur; de telle sorte que leur grandeur totale, y compris l'entablement, est de 23 mètres 40, tandis que les fûts de l'autre, quoique également d'ordre corinthien, n'offrent que 5 mètres 10 de circonférence sur 14 mètres 30 de hauteur. Six colonnes qui subsistent du premier monument suffisent seules à donner une idée de ses proportions grandioses. Les murs, jadis couverts de toutes les richesses de l'ordre corinthien, offrent encore des frontons de niches entre lesquels règnent des pilastres cannelés avec une riche frise de guirlandes. La voûte, à en juger par les débris qui gisent sur le sol, devait être merveilleusement décorée, et sa portée avait 15 mètres 50 de large sur 35 mètres 75 de longueur. Du reste, les détails exacts de ce magnifique monument ont été consignés dans un ouvrage publié à Londres en 1757 par Robert Wood, sous le titre de *Ruines de Balbek*. Cet auteur attribue la construction de cet édifice à Antonin le Pieux, bien que la tradition locale en fasse honneur au roi Salomon. On ignore le rang qu'a tenu dans l'antiquité la ville de Balbek, mais sa position sur la route de Palmyre devait lui donner une grande importance. Au temps d'Auguste elle avait garnison romaine.

Quand, sous le règne de Constantin, le christianisme devint religion dominante, le temple fut transformé en église. C'est de la prise de Balbek par les Arabes que date la ruine de cet édifice. Dans les guerres qui suivirent, on en fit, ainsi que du petit temple, une forteresse dont on distingue encore les créneaux. Aussi donne-t-on le nom de château à l'emplacement qu'ils occupent l'un et l'autre. Quant à la ville, sa décadence est le résultat du sort déplorable de la Syrie pendant tout le moyen âge et jusqu'à nos jours. Enfin, en 1759, un affreux tremblement de terre a détruit à peu près entièrement ce que le glaive des Arabes, des Tatares et des Turcs avait épargné. Louis REYBAUD, de l'Institut.

BALBES ou BALBI, ancienne famille sarde, qui fait remonter son origine jusqu'au Romain Balbus, lequel, vers la fin du sixième siècle, aurait fondé la république de Quiers en Piémont. Ce qu'il y a d'historiquement avéré, c'est que cette république était extrêmement florissante aux onzième et douzième siècles, et que les Balbes en étaient la première famille ou tribu. C'est elle qui commandait ses armées dans les longues guerres qu'elle eut à soutenir contre les marquis de Montferrat. Lors de l'invasion de l'Italie par l'empereur Frédéric Barbe-Rousse, Quiers, à l'instigation des Balbes, embrassa le parti guelfe; et une ceinture de petites forteresses, dont ils avaient entouré tout le territoire de la république, est encore appelée de nos jours *Tours des Balbes*.

La famille des Balbes, qui au treizième siècle ne formait pas moins de trente-huit branches, fournit plus tard plusieurs podestats à la république de Testone, voisine et alliée de celle de Quiers. La rivalité des Balbes et des six maisons d'Alberga produisit des luttes longues et sanglantes, dont les Balbes sortirent vainqueurs. Mais leur suprématie ne tarda point à rencontrer de nouveaux contradicteurs et à provoquer de nouvelles résistances. Aussi, moins de cent ans après, au milieu du quatorzième siècle, se virent-ils réduits à solliciter, comme une faveur, l'intervention du comte de Savoie dans les affaires intérieures de la petite république, qui prétendait se soustraire à leur joug. Le comte Amédée de Savoie, surnommé *le Comte vert*, fut, d'un commun accord, choisi pour arbitre par les nobles et le peuple de Quiers et par les Balbes. Un traité, conclu sous les auspices du médiateur, confirma à la république la plupart des droits qu'elle revendiquait, tout en garantissant d'ailleurs aux Balbes la jouissance de nombreux priviléges (1347). Ce traité, qui semblait devoir consolider la puissance des Balbes, ne fut point exécuté dans l'esprit qu'ils avaient entendu lui donner; et dès lors leur puissance déclina rapidement à Quiers. Environ un siècle plus tard, ils se virent assimilés par un décret de Louis II de Savoie aux nobles maisons dites d'Alberga; assimilation qui était la négation absolue de leur suprématie, et contre laquelle ils protestèrent inutilement. C'est alors, en 1455, que l'un des Balbes, Gilles de Berton, déserta une patrie où l'on refusait à sa famille les honneurs qu'il lui croyait dûs, et vint s'établir à Avignon, où il fonda la maison de Crillon. On trouve encore aujourd'hui des Balbes à Quiers et à Turin. Les *Balbi* de Gênes, famille d'ailleurs fort ancienne, ne sortent pas des Balbes de Piémont, dont on croit qu'une branche alla s'établir à Venise.

BALBI, nom qui a été commun à un grand nombre de littérateurs, de savants et d'artistes italiens. Nous mentionnerons plus particulièrement :

BALBI (JEAN de), dit *de Janua* ou *Januensis*, parce qu'il était Génois, religieux de l'ordre des Frères Prêcheurs que l'on a souvent confondu avec un autre Génois, son contemporain, comme lui de l'ordre de Saint-Dominique, Jacques de Voragine, l'auteur de la *Légende dorée*, vivait vers la fin du treizième siècle. Il est l'auteur d'une espèce d'encyclopédie intitulée *Catholicon*, et traitant des matières les plus diverses, théologie, histoire naturelle, orthographe, prosodie, étymologie, jurisprudence, etc. C'est un des premiers ouvrages auxquels on ait essayé d'appliquer l'art de la typographie, récemment inventé. En 1460 Schæffer et Jean Faust publièrent à Mayence le *Catholicon* sous ce titre : *Summa grammaticalis valde notabilis, quæ Catholicon nominatur*. L'ouvrage fut encore réimprimé à Augsbourg en 1469 et 1472, à Nuremberg en 1483, à Venise en 1487, etc.

BALBI ou BALBO (JÉRÔME), Vénitien, mort en 1535, à un âge fort avancé, occupa pendant quelque temps une chaire de droit à l'université de Paris. Les discussions qu'il y eut avec quelques-uns de ses confrères le déterminèrent à passer en Angleterre. De là il se rendit à Vienne, où l'empereur Maximilien Ier lui confia la chaire de droit germanique ; mais il ne tarda point à abandonner cette position pour celle d'instituteur des enfants du roi Ladislas de Hongrie. Il embrassa alors l'état ecclésiastique, et en 1522 il obtint l'évêché de Goritz, en Carinthie. C'est à ce titre qu'il assista au couronnement de Charles-Quint, circonstance qui lui fournit le sujet d'un livre assez curieux, intitulé *De Coronatione Principum* (Bologne, 1530), plusieurs fois réimprimé depuis. Entre autres ouvrages, on a encore de lui : *Ad Clementem VII, De civili et bellica Fortitudine Liber* (Rome, 1526), où il traite de l'origine et de l'empire des Turcs.

BALBI (GASPARD), joaillier vénitien, qui voyagea aux grandes Indes, comme plus tard notre Tavernier, a donné une relation exacte des pays qu'il avait parcourus de 1579 à 1588, sous ce titre : *Viaggio nelle Indie orientali* (Venise, 1590).

BALBI (ANDREA DI LANDO), peintre et sculpteur de l'école de Sienne, florissait vers 1572. On a de lui une statue de saint Ausano, qui orne la porte principale du palais de Sienne.

BALBI (LUDOVICO), compositeur vénitien, du siècle dernier, est auteur de messes, de vêpres, de motets, de madrigaux, entre autres : *Cantiones ecclesiasticæ* (Venise, 1776) ; *Ecclesiasticarum Cantionum IV vocum* (Ibid.).

BALBI (Comtesse DE), demeurée célèbre dans les fastes galants des dernières années du dix-huitième siècle, par le scandale de sa liaison publique avec le comte de Provence, qui fut depuis Louis XVIII, et qu'on appelait alors *Monsieur*, était fille d'un marquis de Caumont de la Force. Née en 1753, elle avait épousé, en 1770, le comte de Balbi, noble Génois, dont la fortune était considérable. Nommée dame d'atours de la comtesse de Provence, madame de Balbi ne tarda pas à jouer dans cette petite cour un rôle important. En effet, douée de tous les charmes du corps et de l'esprit, elle exerça sur le prince, qui s'éprit aussitôt pour elle d'une passion violente, l'empire le plus absolu, et put se livrer sans contrainte à une vie de dissipation et de plaisirs qui en peu de temps compromit gravement sa fortune. Les libéralités de son royal amant ne suffisant plus à la tirer des embarras d'argent qu'elle éprouvait, peu scrupuleuse sur les moyens de satisfaire son luxe insolent, elle fit interdire son mari comme aliéné, grâce aux toutes-puissantes influences que lui assurait une position tant enviée dans les cours, malgré l'infamie qu'y a toujours attachée l'opinion publique. Elle put dès lors achever de dissiper tout à son aise le patrimoine du malheureux comte de Balbi, à qui elle laissait à peine de quoi satisfaire aux besoins les plus matériels de la vie. Quand cette fortune tout entière eut été engloutie, la comtesse demanda des ressources aux chances du jeu, et ce fut bien pis encore. Il fallut alors prélever sur la caisse de Monsieur des contributions tellement fortes et multipliées qu'à son tour ce prince se trouva engagé dans de sérieux embarras d'argent.

Quoique la petite vérole eût privé madame de Balbi en grande partie de ses avantages physiques, l'empire qu'elle exerçait sur le comte de Provence, qui toujours se montra sensible aux charmes de l'esprit, était encore aussi puissant que jamais, après une liaison qui datait déjà pourtant de quinze ans. Mais alors éclata la révolution de 1789, laquelle donna une autre direction aux intrigues dont la petite cour de Monsieur était le théâtre. Madame de Balbi, mise dans la confidence des projets d'émigration du comte de Provence, prépara le départ de la princesse, dont elle était restée dame d'atours et qu'elle accompagna jusqu'à Mons, où le prince les rejoignit presqu'en même temps, après avoir suivi une route différente. Cependant, soit par lassitude, soit par inconstance, la passion de Monsieur se refroidit tout à coup, et madame de Balbi, qui l'avait suivi à Coblentz, comprit que le moment d'une rupture était arrivé. Elle se retira en Hollande, où elle vécut publiquement avec le comte Archambaud de Périgord ; puis en Angleterre, où l'inconstance scandaleuse de ses liaisons acheva de lui fermer l'accès de la petite cour du prétendant. Aussi profita-t-elle avec empressement de l'arrêté des consuls qui ouvrit les portes de la France à ceux des émigrés qui voulurent y rentrer, et vint-elle se fixer dans un château près de Brie-Comte-Robert.

Quelques intrigues auxquelles elle fut à tort ou à raison soupçonnée d'avoir pris part la firent exiler à Montauban, où elle établit un tripot. Elle se trouvait encore dans cette ville lorsque arriva la restauration de 1814. Toutes ses instances pour être admise à une audience de son ancien amant furent inutiles. En 1816 elle fut cependant plus heureuse, grâce, dit-on, à une intrigue de boudoir montée pour porter à la toute-puissance qu'exerçait alors sur l'esprit de Louis XVIII un jeune ministre dont la sœur jouait auprès du roi le rôle que madame de Balbi avait rempli vingt-cinq ans auparavant à la cour du comte de Provence. On avait espéré, sinon réveiller de tendres souvenirs, du moins affaiblir l'influence d'une maîtresse dont le nom bourgeois sonnait mal aux oreilles des courtisans, et dont le crédit servait admirablement le manége d'un ministre détesté et méprisé. Le roi se borna à assurer une existence convenable à la femme dont les charmes l'avaient si longtemps captivé, et qui mourut un an ou deux seulement après la révolution de Juillet, oublié même de ceux qui lui avait jadis fait la fortune. Un fils qu'elle avait eu de son mari se conduisit assez mal pour avoir des démêlés avec la justice, passa en

Amérique afin d'échapper à la vindicte des lois, et finit par y être pendu, toujours par suite de *fautes de jeunesse.*

BALBI (ADRIEN), connu par ses travaux géographiques et surtout statistiques, né à Venise, le 25 avril 1782, mort dans cette même ville, le 14 mars 1848, descendait d'une famille vénitienne. Le premier ouvrage relatif à la géographie qu'il fit paraître en Italie, en 1808, fut accueilli avec tant de faveur, qu'il lui valut sa nomination de professeur de géographie au collége de Saint-Michel à Murano. Plus tard, en 1811, il fut nommé professeur de physique au lycée de Fermo, et en 1813 on l'appela à Padoue, où on créa pour lui une chaire de statistique. Toutefois, les événements politiques l'empêchèrent de remplir ces fonctions; et en 1815 le gouvernement pontifical lui enleva aussi, comme étranger, l'emploi qu'il occupait à Fermo. Après être entré dans l'administration des douanes à Venise, des intérêts de famille le conduisirent plus tard en Portugal. Il se rendit ensuite à Paris, afin d'y publier son *Essai statistique sur le royaume de Portugal* (2 vol., Paris, 1822), ouvrage pour lequel il mit à profit des matériaux puisés dans les archives mêmes du royaume, et qui est surtout curieux à cause des renseignements qu'on y trouve sur l'état de ce pays à l'époque romaine, comme aussi sur son degré de civilisation. Les *Variétés politiques et statistiques de la Monarchie Portugaise* (Paris, 1822) en sont le corollaire.

Balbi séjourna à Paris jusqu'en 1832 ; il s'y lia avec Malte-Brun, et publia avec MM. Larenaudière et Huot le *Traité élémentaire de Géographie*, laissé inachevé par le savant géographe danois. Il y fit encore paraître : *La Monarchie Française comparée aux principaux États de l'Europe* (1828) ; *Balance politique du globe* (1828) ; *L'Empire Russe comparé aux principaux États du monde* (1829) ; *The World compared with the British Empire* (1830), etc. Il fit en outre, en société avec Guerry, une *Statistique comparée de l'instruction et du nombre des crimes* (Paris, 1829). Son *Atlas ethnographique du Globe* (Paris, 1826) offre d'ingénieux rapprochements et aperçus, pour lesquels il a utilisé les travaux des savants allemands et s'est aidé de la philologie comparée ; mais de tous ses ouvrages le plus célèbre est son *Abrégé de Géographie* (Paris, 1835), dont on ne compte plus les éditions. Adrien Balbi, indépendamment des ouvrages importants que nous venons de citer, prit une part assez active à la rédaction de plusieurs recueils scientifiques publiés à Paris. Le *Dictionnaire de la Conversation*, notamment, contient de lui divers articles relatifs à la science qui fit l'étude de toute sa vie. Vers la fin de 1832, Balbi s'en retourna à Padoue, où il fit paraître son *Essai sur les Bibliothèques de Vienne* (Vienne, 1835).

BALBIN (DECIUS-COELIUS BALBINUS), empereur romain, né dans la seconde moitié du deuxième siècle de notre ère, mort à Rome, en l'an 238, exerça d'abord de hautes fonctions administratives en Asie, en Afrique, dans les Gaules, dans le Pont, en Thrace, en Galatie, etc. Il était sénateur à Rome, et comme personnage deux fois consulaire il jouissait d'une grande considération, lorsque, à la mort du vieux Gordien et de son fils, arrivée en Afrique, le sénat, effrayé, jeta les yeux sur lui et sur Maxime Pupienus pour les opposer comme empereurs à Maximin, déjà en pleine marche sur Rome. Cette double élection n'obtint la sanction du peuple que parce que les deux nouveaux augustes consentirent à placer leur pourpre sous la protection du nom aimé de Gordien, en donnant le titre de César au tout jeune enfant, unique rejeton de cette race. Pupienus se chargea de marcher à la rencontre de Maximin, qu'il vainquit ; mais à son retour à Rome, les divisions éclatèrent entre les deux empereurs, qui dès lors se trouvèrent impuissants à réprimer les instincts de révolte des prétoriens. Ils n'étaient pas populaires dans l'armée, qui prétendait avoir seule le droit d'imposer des maîtres à l'empire. Le désaccord des deux chefs du pouvoir exécutif au moment de prendre les mesures nécessaires pour avoir raison d'une insurrection déclarée des cohortes prétoriennes, donna la victoire aux révoltés. Les portes du palais impérial furent brisées. Les deux augustes, entraînés dans les rues de Rome par une soldatesque furieuse, y furent l'objet des plus cruels outrages. Leur supplice aurait duré longtemps, car les prétoriens prenaient plaisir à insulter à ce pouvoir maintenant déchu et qui n'était pas leur œuvre ; mais les mercenaires germains ayant fait mine de vouloir prendre fait et cause pour les deux empereurs, les prétoriens se hâtèrent de mettre à mort ces vieillards. Balbin avait alors environ soixante ans. Il était élu depuis plus d'une année ; mais si l'on ne compte son avénement que de la mort de Maximin, il n'avait régné que trois mois. Jules Capitolin nous apprend qu'on le comptait parmi les bons poëtes de son temps.

BALBO (CESARE, comte), homme d'État et écrivain italien, naquit en 1789, à Turin. Son père, Prospero Balbo, était en grande estime auprès de l'empereur Napoléon, qui lui avait donné une position importante dans l'université. Dès l'âge de dix-huit ans le jeune Balbo fut nommé auditeur au conseil d'État, à Paris. En 1808 il devint secrétaire de la commission chargée de réorganiser la Toscane lors de l'adjonction de cet État au territoire de l'empire. Plus tard il fut élu secrétaire de la *consulta* créée à Rome dans un but anologue. En 1812 il fut nommé commissaire du gouvernement français pour les provinces illyriennes cédées à la France par la paix de Vienne de 1809. Après la chute de Napoléon, il alla remplir à Londres les fonctions de secrétaire de la légation sarde ; et il les conserva jusqu'au moment où les esprits de la révolution dont le Piémont fut le théâtre en 1821 le contraignirent à se retirer des affaires. Il revint dans sa ville natale, et s'y consacra alors aux sciences historiques, pour lesquelles dès sa jeunesse il avait manifesté un penchant décidé.

De 1830 à 1843, il livra à la publicité divers travaux, dont les plus importants sont une *Histoire d'Italie*, qui ne se compose pourtant que de deux volumes et ne va pas au delà de Charlemagne, et une traduction avec commentaires de l'ouvrage de Leo, intitulé *Entwickelung der Verfassung der Lombardischen Stædte* (Comuni italiani). En 1843, enfin, parurent les *Speranze d'Italia* (Espérances de l'Italie), le premier de ses ouvrages qui ait donné à son nom une grande et retentissante popularité. Il y jetait une vive lumière sur la situation où se trouvait alors l'Italie et sur les chances qu'elle avait de voir renaître son ancienne indépendance, son ancienne liberté et son ancienne puissance. Il s'attachait surtout à y développer cette idée que l'indépendance doit précéder la liberté, et par conséquent que viser à posséder celle-ci avant d'avoir su gagner celle-là était une entreprise aussi insensée que coupable. Quoiqu'il montrât à ses compatriotes peu d'espoir de les voir parvenir un jour à conquérir leur indépendance nationale, cet ouvrage, de même que celui de Gioberti, devint le manifeste des libéraux modérés, parti nouveau qu'on vit surgir à ce moment, et obtint plusieurs éditions.

L'abrégé de l'Histoire d'Italie de Balbo, *Della Storia d'Italia, dall' origine al'fino 1814* (5e édition ; Bastia, 1849), n'eut pas un succès moindre, et en était peut-être plus digne. Cet ouvrage, remarquable par un profond savoir historique et par un style aussi nerveux que concis, a pour but de répondre à cette question : « Pourquoi l'Italie n'est-elle plus indépendante, et comment peut-elle le redevenir ? »

Enfin, Balbo publia un grand nombre d'autres ouvrages de moindre étendue relatifs à l'histoire et à la politique, et fut un des fondateurs du journal de Turin *Il Risorgimento*, à la rédaction duquel il cessa d'ailleurs de prendre part lorsqu'il entra au cabinet. Comme chef du parti modéré, Balbo joue depuis 1847 un rôle des plus importants dans les affaires de l'Italie. Il avait toujours dissuadé ses compatriotes de toute précipitation, et dans les *Speranze d'Italia* il n'hésitait pas à condamner formellement les aspirations constitutionnelles. Lorsqu'en 1848 le parti démocratique libéral eut pour quelque temps la haute main dans la direction des affaires en Sardaigne, il l'attaqua de la manière la plus vive, surtout après la retraite de Gioberti. En revanche il prit une part importante à la lutte contre l'Autriche. Depuis l'octroi de la constitution du 8 février (4 mars) 1848, ce sont les plus souvent ses amis et des hommes de son école qui, à de rares intervalles près, ont été appelés en Sardaigne à la direction des affaires publiques ; mais il n'y a personnellement participé que fort peu de temps. Il a aussi été toujours en fort bons termes avec le ministère Azeglio, mais c'est à tort qu'on lui a attribué divers articles du *Risorgimento* où l'on prenait sa défense.

Le comte de Balbo, homme de mœurs sévères et d'un caractère irréprochable, profondément convaincu de la vérité des dogmes qu'enseigne l'Église catholique, voyait dans cette Église non pas seulement le salut des individus, mais encore celui des nations, et même l'unique source de la véritable civilisation; opinion qui nuit souvent chez lui à l'impartialité de l'historien. Dans les annotations de ses *Speranze d'Italia* relatives au progrès intellectuel des nations chrétiennes, il représente les Allemands et les Anglais comme des peuples que la réforme du seizième siècle et naturellement et forcément fait rester en arrière de tous les autres, c'est-à-dire des Français, des Italiens et des Espagnols; et en même temps, par une bizarre contradiction, il attribue surtout à la corruption morale des Italiens modernes, comparativement aux peuples du Nord, l'abaissement dans lequel est tombée l'Italie. Le style du comte Balbo, bien que généralement clair et précis, ne laisse pas que de déceler fortement le Piémontais. — Balbo est mort en mai 1853.

BALBOA (Vasco-Nunez de), né vers l'an 1475, à Xérez de Badajoz, fut un des aventuriers espagnols (*conquistadores*) qui suivirent la carrière que Colomb avait ouverte et tentèrent la fortune en Amérique. Après une jeunesse orageuse, il était passé à Saint-Domingue, d'où, pour échapper à ses créanciers, il prit la fuite caché au fond d'un tonneau à bord d'un des navires dont se composait l'expédition à la tête de laquelle Francisco de Enciso partait en 1510 pour Darien. Une révolte mit entre ses mains le commandement suprême de la colonie nouvelle. De vagues renseignements qui lui furent donnés sur l'existence d'un grand Océan à l'ouest le déterminèrent à entreprendre en 1513 une expédition de découvertes; et le 25 septembre de la même année il apercevait effectivement la mer du haut d'un des promontoires de l'isthme de Panama. L'enthousiasme bien naturel que lui inspira sa grande découverte fut partagé par tous ceux de ses compagnons d'aventure qui avaient reçu quelque éducation, et on lit encore aujourd'hui avec intérêt le tableau qu'en tracent les écrivains de l'époque.

Des intrigues fomentées à la cour de Madrid firent nommer Pedrarias Davila gouverneur des contrées conquises par Balboa, qui, en 1514, se plaça avec résignation sous l'autorité du chef qui lui était donné, homme au cœur bas et cruel, et ne laissa pas dans cette position subordonnée de faire encore d'importantes découvertes. Ses anciens et ses nouveaux services ne firent que redoubler la haine que lui avait vouée Pedrarias. Toutefois, le gouvernement de la mère-patrie intervint pour en annuler les effets, et Balboa épousa la fille de Pedrarias. Mais à l'occasion d'un nouveau conflit qui avait éclaté entre eux, Balboa s'oublia au point de se livrer à son ennemi. Celui-ci l'accusa de tentative de rébellion, lui fit faire un procès dans lequel on viola toutes les formes de la justice, puis le fit décapiter à Santa-Maria dans le Darien, en 1517.

BALBUENA (Don Bernardo de), poëte épique espagnol, naquit en 1568 à Valdepeñas, dans la Manche. Il passa, très-jeune encore, à la Nouvelle-Espagne, où il termina ses études théologiques dans un collége de Mexico. Déjà il ne se distinguait pas moins par l'étendue de ses connaissances que par ses dispositions pour la poésie ; et dans les concours poétiques qui avaient lieu dans cette école, c'était lui qui le plus souvent remportait le prix. En 1608 il revint en Espagne, et peu de temps après il fut nommé prévôt à la Jamaïque, et en 1620 évêque de Puerto-Rico, où il mourut, en 1627. On n'a conservé que trois de ses ouvrages : *la Grandesa Mejicana* (Mexico, 1609), description poétique de cette capitale ; *el Siglo de Oro* (Madrid, 1608), pastorale en vers et en prose ; et *El Bernardo, o sea la victoria de Roncesvalles*, poëme épique en vingt-quatre chants (Madrid, 1642; la meilleure et la dernière édition est de 1808). En 1821 l'Académie de Madrid a publié une nouvelle édition des deux premiers ouvrages que nous venons de citer, et Quintana a inséré de longs fragments du troisième dans sa *Musa epica* (2 vol., Madrid, 1833). Ce n'est que vers ces derniers temps qu'on a de nouveau rendu justice à ce poëte longtemps oublié, et à qui pourtant son *Bernardo* assure une place honorable dans l'histoire de la poésie espagnole. Sans doute on peut reprocher à cette épopée de manquer d'originalité en ce qui touche le plan et l'exécution ; mais l'essor poétique qu'y prend Balbuena, la richesse d'imagination dont il y fait preuve, et quelquefois la gracieuse simplicité qu'il y déploie, attestent un poëte.

BALBUTIEMENT, vice de langage qui consiste à parler à voix basse, avec hésitation ou interruption, tout en répétant les mots, mais sans précipitation. On ne doit donc point, comme l'avaient fait les anciens, confondre le balbutiement avec le bégaiement; et en effet ce dernier est toujours accompagné de mouvements convulsifs appartenant à la classe des affections spasmodiques.

Dans la première période de la vie, l'enfant balbutie les mots qu'il ne peut encore articuler, parce que les organes sont encore imparfaits, peu habitués à être mis en jeu, et que les idées chez lui sont confuses et inexactes. Mais à cette époque les causes du balbutiement ne tardent point à disparaître par le développement des organes de la voix et de l'intelligence. En général le balbutiement chez les enfants est ordinairement en sens inverse du développement de leur intelligence; chez les enfants précoces le balbutiement n'est point de longue durée, par le besoin qu'ils ont d'exprimer leurs idées. Le contraire a lieu chez ceux dont l'intelligence est tardive. Chez d'autres enfants, le balbutiement provient de l'existence d'affections vermineuses, qui doivent être combattues par un régime fortifiant sans lequel l'état continuel de faiblesse pourrait continuer indéfiniment ce vice dans la parole.

L'âge adulte n'est pas toujours à l'abri du balbutiement, qui s'observe surtout chez les personnes d'une intelligence bornée, et dans ce cas l'insignifiance de la pensée entraîne avec elle une sorte d'hésitation et d'imperfection dans la parole. D'autres fois cette imperfection se développe accidentellement chez les personnes qu'une surprise ou un trouble involontaire ont jetées dans une sorte d'inquiétude momentanée. Dans d'autres circonstances, le balbutiement n'est pas essentiel; il est produit par des affections qui lui sont quelquefois étrangères : telles sont les éruptions boutonneuses de la bouche, l'imminence de l'apoplexie, le froid des fièvres intermittentes, les spasmes, l'idiotisme, le narcotisme, l'ébriété, la faiblesse provenant de l'abus des saignées.

BALBUZARD, genre de l'ordre des oiseaux de proie de Cuvier, de la famille des Falconidées et de la sous-famille des Aquilinées.

Le balbuzard a pour principaux caractères : un bec assez grand, presque droit à sa base, à pointe très-crochue, très-acérée et très-prolongée ; les narines obliques ; les cuisses et les jambes très-musculeuses, vêtues de plumes courtes,

BALBUZARD — BALDAQUIN

serrées et lustrées, couvrant aussi le haut de la partie antérieure du tarse; ces tarses fort courts, mais gros et garnis d'écailles hexagones, rudes et saillantes; les doigts robustes; les ongles presque égaux entre eux, très-grands, arqués en demi-cercle, et non creusés en gouttière; les ailes de forme pointue, fort allongées, dépassent la queue; celle-ci moyenne, coupée carrément.

Le balbuzard se nourrit presque exclusivement de poissons : c'est le plus intrépide pêcheur de tous les oiseaux carnassiers. Il plane et se balance dans l'espace comme le faucon; puis fond avec la rapidité de la foudre sur sa proie humide, qu'il ne saisit souvent qu'à plusieurs pieds au-dessous de la surface de l'eau.

Mais dans les parages de l'Amérique du Nord la pêche du balbuzard est souvent troublée par une sorte de pirate, l'aigle à tête blanche. Lorsque ce dernier a reconnu le balbuzard planant sur les flots, il l'épie attentivement, et au moment où il le voit retirer un poisson de l'eau, il s'élance et l'a bientôt atteint. Le balbuzard, pour l'éviter, cherche à s'élever dans les airs; l'aigle l'y poursuit avec acharnement. L'un et l'autre montent dans l'air, brisent leur course par mille détours subits, tracent des cercles, des nœuds, des spirales infinis entre le ciel et la terre, jusqu'au moment où le balbuzard laisse échapper sa proie avec un cri de désespoir. L'aigle demeure un instant immobile, recueille ses forces, puis se précipite en ligne droite, et ressaisit le poisson ensanglanté avant qu'il ait encore effleuré l'eau.

On ne connaît bien que deux espèces appartenant à ce genre. Le *balbuzard d'Europe*, qui se trouve également sur divers points des autres continents, est assez commun dans la Bourgogne et dans les Vosges; il ne pêche que dans les eaux douces des rivières et des lacs. L'autre espèce, qui se trouve dans l'Amérique du Nord, diffère de la précédente par ses mœurs, et principalement par ce caractère, que les plumes de la tête et du cou sont lâches et arrondies, au lieu d'être tassées et subulées; elle ne se nourrit que de poissons de mer, et habite près des rivages de l'Océan.

BALCON. Ce mot vient de l'italien *balcone*, fait, dit Roquefort, du turc *bâlâ-khanèh*, et, selon Ménage, du latin *paticus*, ou de l'allemand *balk*, qui signifient tous deux *poutre*. Covarruvius croit que *balcon* vient du grec βάλλειν, *jeter*; et il se fonde sur l'opinion que les balcons étaient dans l'origine de petites tourelles élevées sur les principales portes des forteresses, du haut desquelles on lançait des dards sur les ennemis. Quoi qu'il en soit, on désigne aujourd'hui par ce mot de *balcon* une saillie pratiquée sur la façade extérieure d'un bâtiment, et portée par des colonnes ou des consoles, avec un appui de pierre ou de fer. On distingue deux sortes de balcons : les grands sont ceux qui portent en saillie et qui sont plus larges que les croisées ; les petits, ceux qui sont entre les tableaux des mêmes croisées, et servent d'appui.

L'usage du balcon chez les peuples modernes, dit Quatremère, ne paraît pas très-ancien; les plus anciennes villes, celles où la durée des édifices permet de remonter à quelques siècles, n'en offrent pas d'exemples. On ne voit pas d'ailleurs que les anciens, dont les maisons avaient très-peu d'ouvertures sur la rue, et qui faisaient venir du haut le jour qu'ils recevaient dans leurs appartements, connussent cette partie de l'architecture moderne; les appuis des fenêtres étaient si élevés qu'on ne pouvait s'en aider pour voir au dehors; et cette pratique, favorable à la belle architecture et à la décoration des intérieurs, était peut-être aussi l'effet de la nature des mœurs et de la retenue où les femmes vivaient renfermées dans leurs maisons. Cependant on a cru voir une espèce de *balcon* continu dans le *menianum* des anciens, ainsi appelé du nom de *Menius*, citoyen romain, qui, ayant vendu sa maison, située vis-à-vis la place des spectacles, se réserva seulement une colonne qui était au-devant, et sur laquelle il bâtit une espèce de balcon en terrasse; mais ces *meniana* étaient plutôt ce que les Italiens appellent *loggie*, c'est-à-dire des portiques continus, servant de dégagement aux appartements et en même temps de balcons couverts, d'où l'on regardait au dehors.

Aux maisons des particuliers, dit Winckelmann, il y avait aussi une plate-forme en saillie, qui revient à ce que nous appelons *balcon*, et que les Italiens appellent *ringhiera*. En Italie on ne s'est pas contenté des balcons ordinaires ; on en pratique à certains étages, qui sont vitrés et qui forment une espèce d'avant-corps, d'où, sans être vu, l'on peut voir à couvert. Quoique ces balcons, qu'on appelle *mignoni*, gâtent souvent l'ordonnance de l'architecture des façades des palais, cependant on ne peut les considérer que comme des hors-d'œuvre posticnes et, par leur nature, indépendants de la construction; la forme des fenêtres y reste dans de belles proportions, et les balcons ne l'ont point encore altérée, surtout dans de grands édifices, tandis qu'en France et dans les autres pays, où la mode des balcons est devenue générale, l'architecture est obligée de leur sacrifier souvent l'ensemble des façades extérieures et les proportions de leurs détails.

On appelle *balcon*, en termes de marine, les galeries couvertes ou découvertes qu'on fait sur le derrière de certains vaisseaux pour l'ornement et en même temps pour la commodité du service.

Dans nos salles de spectacle, le *balcon* est le prolongement de la première galerie jusqu'à l'avant-scène, séparé de la galerie par une cloison à hauteur d'appui; c'est là que se trouvent les places les plus chères, les plus en vue, et par cela même les plus recherchées, surtout par les personnes qui ont encore plus à cœur d'être vues que de voir.

BALDAQUIN. On a dit d'abord *baldachin*, ou *baudequin*, d'un mot de la basse latinité, *baldechinum*, par lequel on désignait la plus riche de toutes les étoffes connues, tissue de fils d'or, et dont la trame était de soie récamée relevée de broderie (nommée ainsi, selon les uns, de la ville de Bagdad, et, selon d'autres, de Babylone, qu'on appelait en français *Baldac* ou *Baudac*). On donne le nom de *baldaquin* à un ouvrage d'architecture élevé en forme de dais ou de couronne sur plusieurs colonnes, pour servir de couverture à un autel : et il est très-probable, en effet, que, prenant ici la partie pour le tout, comme on le voit souvent, on aura tiré ce nom de l'étoffe qui servait à recouvrir ce dais, et qui en était la partie la plus apparente.

Le *baldaquin*, dit Quatremère de Quincy, est une invention moderne; mais son origine remonte aux premiers siècles de l'Église, et il a pris la place des anciens *cibotres*, dont il emprunta les usages et la forme, un peu défigurée dans les compositions de nos jours. Il paraît qu'anciennement des voiles ou des rideaux, attachés et suspendus autour du ciboire, cachaient mystérieusement au peuple la vue de l'autel et ne se tiraient ou ne se relevaient que pendant le temps des cérémonies. De là l'idée du dais ou de cette espèce d'impériales, dont l'analogie rappelle toujours l'usage ancien des rideaux, et qui a été adopté également pour surmonter les lits.

Le *baldaquin de Saint-Pierre* de Rome est le plus grand ouvrage de bronze que l'on connaisse. Le dais, ou le couronnement, est porté sur quatre grandes colonnes torses composites, qui posent sur quatre piédestaux de marbre, dont les dés sont ornés de cartels. Les colonnes ont des cannelures jusqu'au tiers ; le reste est orné de feuilles de laurier et de petits enfants. L'exécution de tous les détails de l'ornement et de l'architecture y est portée au plus haut degré de perfection. Quatre grandes figures d'anges, debout sur les colonnes, accompagnent fort bien le couronnement, qui termine la masse totale aussi heureusement que pouvait le comporter le genre adopté. Le plan de ce baldaquin est carré, et l'autel se trouve entre les deux piédestaux des deux premières colonnes. Ce monument, élevé sous le pape Urbain VIII (Barberini), a 49 mètres 60 de hauteur, environ 7 mètres 80 de plus que le fronton de la colonnade du Louvre. La façon en coûta plus de cent mille écus romains (536,000 francs); il entra dans l'ensemble de l'ouvrage 93,196 kilogrammes de métal, qui furent pris au portique du Panthéon, ce qui vint encore à l'appui du jeu de mots satirique de Pasquin contre les Barberini.

Après le baldaquin de Saint-Pierre, on cite encore celui de Sainte-Marie-Majeure, à Rome. Il est formé d'une espèce de couronne soutenue par quatre figures qui portent sur des colonnes de porphyre, ornées de rinceaux de bronze. Il fut fait par le *cavalier Fuga*, sous le pontificat de Benoît XIV. A l'exception de ce dernier, tous les baldaquins qu'on a faits à l'imitation de celui de Saint-Pierre n'ont été que des copies plus ou moins vicieuses, soit dans le plan, soit dans la décoration. Nous ne parlerons donc point du baldaquin des Invalides ni de celui du Val-de-Grâce, compositions qui n'offrent, comme le dit fort bien Quatremère, qu'une disposition bizarre de colonnes torses, beaucoup trop sévères encore pour ce qu'elles soutiennent, et qui ne présente qu'un assemblage grotesque de palmes, de feuillages et d'enroulements contournés sans dessein et rapprochés sans accord.

BALDASSERONI (GIOVANNI), président du conseil des ministres de Toscane, né à Livourne, en 1790, entra d'abord dans les douanes, avec un emploi à Pise, puis fut nommé inspecteur de la comptabilité (*sindaco*) à Florence, place dans laquelle il se fit une grande réputation de zèle et de talent. Appelé plus tard aux fonctions d'administrateur des finances, il acquit à un si haut degré la confiance de son souverain que, le 4 novembre 1845, celui-ci lui conféra le titre de conseiller d'Etat en même temps que la direction réelle des finances, quoique le titre de directeur des finances ne lui ait été réellement accordé que deux années plus tard, en août 1847. Lors des crises ministérielles de septembre 1847 et de juin 1848, Baldasseroni réussit à conserver cet emploi, en dépit du changement survenu dans les principes du gouvernement. Nommé plus tard membre de la première chambre de Toscane (sénateur), il tomba avec le ministère Ridolfi devant la démonstration républicaine du 30 juillet 1848, qui eut pour résultat le ministère de transition présidé par Capponi. Demeuré étranger à la vie politique pendant la période révolutionnaire, Baldasseroni répondit à l'appel de Léopold, qui l'invitait à se rendra à Gaëte, et accepta le 24 mai 1849 la présidence du conseil dans le nouveau cabinet conservateur. Dans l'été de 1850 il alla avec le grand-duc à Vienne, et en rapporta les *lois de septembre* toscanes, en vertu desquelles la constitution fut indéfiniment suspendue et la liberté de la presse soumise aux plus rigoureuses entraves. Comme ministre des finances, il s'efforça de faire face aux besoins du trésor par un emprunt de 30 millions de *lire*, et en augmentant tous les impôts.

Baldasseroni est un homme de mœurs irréprochables et du commerce le plus aimable, mais chez qui l'esprit religieux touche à la bigoterie. On ne saurait lui contester des connaissances pratiques en finances, quoiqu'il n'ait aucune des idées élevées qui seules font les véritables hommes d'État. Administrateur intègre et consciencieux, sa participation à des ministères de la couleur la plus opposée ne permet pas de le défendre contre l'accusation de trop grande souplesse politique dont il est généralement l'objet.

BALDE (JACQUES), né à Enssiheim, en Alsace, l'an 1603, mort en 1668, à Neubourg sur le Danube. Il était jésuite, et prédicateur à la cour de l'électeur de Bavière, et passe pour un des modernes poètes latins les plus estimés. Herder a fait revivre sa mémoire par l'excellente traduction qu'il a donnée de ses œuvres dans la *Terpsichore*. Il a fait également, ainsi que A.-W. Schlegel, un grand éloge de Balde. Un de ses poèmes en vers élégiaques, *Urania victrix*, plut tellement à Alexandre VII, que ce pape gratifia l'auteur d'une médaille d'or. Au reste, autant il excellait dans la poésie latine, autant il était mauvais poëte quand il essayait d'écrire dans sa propre langue. On a un recueil de ses poésies imprimé à Cologne, 1660, contenant des odes, des épodes, des sylves, des poésies héroïques, des satires, des poésies diverses. Une autre édition en a paru à Munich en 1729. Ses œuvres choisies ont été publiées à Turin en 1805-1818, par Jean-Conrad Orellius.

BALDER. *Voyez* BALDUR.

BALDI (BERNARDINO), abbé de Guastalla, né à Urbin, en 1553, d'une noble famille originaire de Pérouse, est resté célèbre dans l'histoire des sciences, par la merveilleuse universalité de ses connaissances. A une mémoire vraiment extraordinaire, à une incomparable vivacité d'intelligence, il joignait la plus vive ardeur pour l'étude. Aussi s'essaya-t-il dans tous les genres; il fit des vers (et ses poésies sont demeurées classiques en Italie); il s'occupa de géographie, d'histoire, de philosophie, d'archéologie, de mathématiques, écrivit sur les diverses branches de la science humaine plus de cent ouvrages différents, et trouva encore le temps d'apprendre non-seulement toutes les langues de l'Europe, mais une grande partie de celles de l'Orient. On cite parmi ses ouvrages un poème didactique, *Nautica* (la Navigation), de délicieuses églogues, très-ingénieuses, parce que tous de son invention, des commentaires sur Vitruve et sur les problèmes de mécanique d'Aristote. Il mourut en 1617.

BALDINUCCI (FILIPO), né à Florence, en 1624, mort en 1696, avait acquis des connaissances très-étendues sur la peinture et la sculpture. L'étude approfondie des ouvrages des grands maîtres lui avait fait faire tant de découvertes, qu'il put répondre au vœu que lui exprima le cardinal Léopold de Toscane, et entreprendre une histoire complète de la peinture. Baldinucci la commença à Cimabué, le restaurateur de l'art, et la continua jusqu'aux grands peintres qui florissaient dans la dernière partie du dix-septième siècle. Il ne put, au reste, exécuter qu'une partie de son plan, et faire paraître de son vivant que trois volumes de cet ouvrage. Le restant, qui n'est guère qu'ébauché et qui offre de grandes lacunes, parut seulement après sa mort, et fut publié à Florence, de l'année 1702 à l'année 1720. On a aussi de lui un *Traité sur la Gravure sur cuivre*, suivi de la vie des plus célèbres graveurs, ouvrage fort estimé. Le style de cet écrivain est pur, ses renseignements exacts. L'Académie *della Crusca* l'avait admis au nombre de ses membres.

BALDUCCI (FRANCESCO), poëte né à Palerme, vers la fin du seizième siècle et mort à Rome, en 1642. Entraîné par un caractère aventureux et une imagination ardente, il consuma sa jeunesse dans une vie pleine de hasards et de misères. A bout de ressources, il s'était vu réduit à s'enrôler dans les troupes envoyées en Allemagne par Clément VIII. Revenu en Italie, il chercha d'abord à vivre de la protection de quelques grands seigneurs, puis crut trouver dans l'état ecclésiastique un refuge assuré contre le malheur qui semblait décidément son lot ici-bas, et devint chapelain de l'hôpital Saint-Sixte à Rome. Étant tombé malade chez le prince Gallicano, qui lui avait donné un logement dans son palais, il craignit d'être importun, et se fit transporter à l'hôpital Saint-Jean de Latran, où il expira, après vingt-deux jours de fièvre. Ses *Rime* (Rome, 1645-1647) lui assurent une place honorable parmi les meilleurs poëtes anacréontiques de l'Italie; les autres, cependant, ses *Canzoni Siciliane* (insérées dans le tome 1er de la *Muse Siciliane*, 1647), écrites dans le dialecte sicilien, ont-elles encore plus de charme. Au rapport de Crescimbeni, Balducci aurait le premier composé ces cantates et des oratorios.

BALDUNG (HANS), dit *Le Vert*, l'un des principaux peintres de la vieille école allemande, et dans les travaux duquel il est facile de reconnaître l'influence d'Albert Durer aussi bien que celle de Martin Schaffner, cet ingénieux imitateur de la nature. Il était né à Gmund, en Souabe. Son œuvre principale est un tableau d'autel qu'on voit dans la cathédrale de Fribourg et portant la date de 1516, chef-d'œuvre de la peinture allemande, d'une admirable conservation. Le tableau intérieur du milieu représente le couronnement de Marie par Dieu le Père et par Jésus-Christ. Les côtés intérieurs des ailes montrent les apôtres témoins du fait. Le côté extérieur représente une Annonciation, une Visitation, une Nativité et une Fuite en Égypte. On a aussi de Baldung quelques gravures. Il mourut en 1552, à Strasbourg.

BALDUR ou BALDER, l'une des divinités des anciens Scandinaves, et probablement aussi des autres peuples germaniques, sert de base à l'un des plus beaux et des plus ingénieux mythes de l'Edda. Baldur, dans l'ancien système des dieux du Nord, second fils d'Odin et de Frigga, et en même temps époux de Nanna, avait d'horribles rêves qui mettaient sa vie en danger. On en fit part aux dieux, et ceux-ci tinrent conseil; ils implorèrent pardon et miséricorde pour Baldur. Frigga fit promettre au feu et à l'eau, au fer et à tous les métaux, aux pierres, à la terre, aux plantes, aux animaux, aux oiseaux, au serpent, au poison et à toutes les maladies, qu'ils épargneraient Baldur; les dieux se livrèrent avec lui à la joie et à la gaieté, car ils l'aimaient beaucoup. Ils le frappaient et se le renvoyaient l'un à l'autre sans lui faire le moindre mal. Cet amusement déplut à Loki, qui se changea en vieille femme, s'enquit de la cause de l'invulnérabilité de Baldur, et apprit de Frigga que tous les êtres vivants et inanimés avaient promis de l'épargner, à l'exception d'un petit arbuste. Loki alla bien vite se procurer un de ces arbrisseaux, et, revenu dans l'assemblée des dieux, engagea l'aveugle Hœdhr, le dieu de la guerre, à lancer ce bois meurtrier à Baldur. Hœdhr fit ce qu'on lui demandait, et toucha le dieu, qui tout aussitôt tomba percé de part en part. La douleur des puissances célestes fut inexprimable. Frigga leur demanda qui d'entre elles voulait gagner ses bonnes grâces et chevaucher jusqu'à Hel pour délivrer Baldur. Hermodhr, autre fils d'Odin, s'offrit pour cette mission, et Hel promit d'accéder à sa demande aussitôt que la nature entière pleurerait Baldur. Tous les hommes, tous les êtres animés et inanimés pleurèrent en effet, à l'exception du géant Thœck, fils de Loki, qui refusa de s'associer à la douleur générale. C'est ainsi que Baldur fut condamné à habiter l'empire de Hela jusqu'à la fin du monde.

Les mythes relatifs à Baldur varient entre eux. Baldur, l'auteur de tout bien, est d'une beauté virile si aimable et si gracieuse que de lui s'échappent des torrents de lumière. La plus blanche des fleurs du Nord est appelée *source de Baldur*. Comme divinité germanique, Baldur est l'incarnation mythique de la paix, qui peut être détruite par la créature la plus petite et la plus faible. Loki, personnification morale de la vengeance, excite le dieu de la guerre, qui tue le dieu de la paix. A la vérité Loki, à son tour, est vaincu par Wali, dieu du tombeau, mais Baldur est mort. La grande et sainte divinité de la paix ne peut plus revivre que dans un monde nouveau, quand avec notre monde vieux et coupable auront péri les neuf dieux aujourd'hui régnants et souillés de crimes. D'autres voient dans le mythe de Baldur la représentation de la lutte de l'hiver et de l'été.

BÂLE, depuis 1501 le onzième canton de la Suisse, borné par la France et le grand-duché de Bade, par les cantons d'Argovie, de Soleure et de Berne, présente une superficie de 450 kilomètres carrés. La décision de la diète en date du 26 août 1833, aux termes de laquelle le canton de Bâle a été divisé en deux demi-cantons souverains, *Bâle-Ville* et *Bâle-Campagne*, avec chacun une demi-voix dans la diète fédérale, a perdu une grande partie de son importance politique depuis l'introduction de la nouvelle constitution fédérale de 1849. Le versant septentrional du Jura fait du canton de Bâle un pays de montagnes, où l'on ne trouve qu'un petit nombre de plaines, dont le sol est d'ailleurs fertile et bien cultivé. Le climat est très-doux aux environs de la ville de Bâle. La culture des céréales, des fruits, de la vigne, l'élève du bétail et la pêche constituent les principales occupations de la population, et depuis plusieurs années on recueille aussi beaucoup de sel dans la contrée. En fait d'industrie manufacturière particulière au canton de Bâle, il faut citer en première ligne la fabrication des rubans de soie, dont les produits ne s'élèvent pas à moins de 10 millions de francs par an, plus celle des étoffes de coton et des cuirs. Bâle est aussi le centre d'un commerce de transit fort important.

L'ancienne ville de Bâle a pour origine le poste romain *Basilia* ou *Basiliana*, établi au voisinage d'*Augusta Rauracorum*, dont on voit encore aujourd'hui quelques ruines dans le village d'Augst, près de Bâle. Lors du partage de l'empire des Franks, le pays de Bâle échut à Louis l'Allemand. L'empereur Henri Ier reconstruisit (924-933) la ville, qui était tombée en ruines. A partir de cette époque, elle s'accrut considérablement, fit pendant quelque temps partie de la Bourgogne, mais fut comprise, à partir de l'an 1032, dans l'empire d'Allemagne. Bâle fut de bonne heure le siége d'un évêque, qui à partir du onzième siècle y partagea la puissance souveraine avec diverses familles aristocratiques et avec la bourgeoisie. A la suite de nombreux troubles, tant intérieurs qu'extérieurs, la puissance de la noblesse fut peu à peu brisée; des bornes furent mises à l'autorité de l'évêque, et le pouvoir suprême passa de plus en plus aux mains des seuls bourgeois. En même temps les châteaux voisins étaient détruits, après avoir été pris d'assaut et vendus; de sorte que jusque dans ces derniers temps l'autorité de la ville s'étendit sur la contrée voisine, tenue par elle en état de sujétion et de dépendance. Après avoir eu à soutenir de nombreuses guerres contre les seigneurs de la maison de Habsbourg, Bâle, lors de la fondation de la Confédération Helvétique, s'y rattacha étroitement, surtout après la glorieuse bataille de Saint-Jacques sur la Birs, en 1444. Enfin, quand la paix eut été signée entre l'empereur Maximilien Ier et la Confédération, Bâle y accéda formellement, en 1501. A partir de 1519, on imprima à Bâle les ouvrages de Luther, et vingt ans après la religion réformée y était généralement adoptée. Le chapitre flut alors émigrer, et tous les couvents furent fermés.

Depuis la réunion de Bâle à la Suisse, l'élément bourgeois et démocratique y prit encore plus la haute main, de sorte qu'en 1516 une partie de la noblesse s'en éloigna, tandis que ce qui en resta dans la ville fut complétement assimulé aux corps de métiers bourgeois. De cette concentration exclusive de l'influence et du pouvoir entre les mains des hommes de commerce et d'industrie résulta la constitution d'un esprit bourgeois d'une nature toute particulière, avec les vertus qui lui sont propres, l'amour du travail, l'économie et une rigidité de mœurs tout au moins extérieure, mais aussi avec les vices politiques qui l'accompagnent le plus souvent, les préjugés de caste, l'insensibilité complète pour les grandes souffrances de la vie populaire, et l'absence d'opinion libre et indépendante. Toutefois, même dans le cercle si restreint de cette commune bourgeoise, les conflits ne laissèrent pas que d'être nombreux entre la bourgeoisie et ceux de ses membres venants de la direction supérieure des affaires, et ce résultat était inévitable. La ville était à la tête de l'État, et la puissance suprême entre les mains d'un grand et d'un petit conseil, l'un de deux cent quatre-vingts membres, l'autre de soixante-quatre, sous la présidence alternative du bourgmestre et du grand-maître des corps de métiers. Les deux conseils se recrutaient au moyen des membres désignés par le sort dans les quinze corps de métiers de la grande ville et des trois quartiers de la petite ville, située sur la rive gauche du Rhin. Le petit conseil n'exerçait pas seulement le pouvoir exécutif suprême; il cumulait encore les pouvoirs législatif et judiciaire, de sorte que les corps de métiers n'avaient plus en réalité que des attributions fort restreintes. A l'égard de la Campagne, où le bien-être matériel allait toujours croissant, mais où on ne faisait rien pour les progrès des lumières et de l'instruction, la Ville y réservait à ses bourgeois toutes les fonctions temporelles ou spirituelles un peu importantes.

Dès les siècles antérieurs le mécontentement de la Campagne à l'occasion de l'état de dépendance et d'infériorité où on la retenait s'était manifesté maintes fois fait jour dans d'infructueuses révoltes, avant que la grande commotion produite en Europe par la révolution française vînt aussi agiter ce petit coin du monde. Pendant que des bourgeois éclairés de la ville, ayant à leur tête le grand maître des corps de métiers Ochs, s'occupaient d'une réforme, des troubles éclataient dans la Ville. Ce ne fut qu'après que les châteaux de Waldenbourg, de Farnsbourg et de Hombourg eurent été livrés aux flammes, que le conseil souverain de Bâle résolut, le 20 janvier 1798, d'affranchir le peuple de l'état de sujétion dans lequel il était resté jusque alors et de proclamer l'égalité civile et politique de tous les habitants du canton.

Le canton de Bâle à partir de ce moment partagea les destinées du reste de la Suisse, passa sous la médiation française, et reçut pendant cette dernière période une constitution qui reconnaissait bien en principe l'égalité de tous pour l'exercice des droits civils et politiques, mais qui assurait indirectement à la ville une prépondérance décisive. Peu satisfait d'un pareil état de choses, le grand conseil, sous l'influence des idées de la Restauration, prescrivit encore au canton, dès le 4 mars 1814, une nouvelle constitution qui, au moyen de la division de la représentation et en déclarant viagères les fonctions de conseiller, réduisait l'égalité des droits civils et politiques reconnue aux habitants de la Campagne à n'être qu'un vain mot. L'arrondissement de Birseck, d'environ 165 kilomètres carrés, avec 5 ou 6,000 habitants catholiques, ancienne dépendance de l'évêché de Bâle, fut incorporé alors au canton.

Tandis qu'à l'extérieur le canton de Bâle savait faire respecter ses droits et sa dignité, et qu'en 1824 il repoussait noblement l'insinuation qui lui était faite d'avoir à expulser de son sein les nombreux réfugiés politiques qui y avaient trouvé asile, à l'intérieur la prédominance de la Ville excitait de plus en plus le mécontentement de la Campagne. Quand, en 1829 et 1830, divers cantons de la confédération s'occupèrent de la révision de leurs constitutions particulières, une assemblée des habitants de la Campagne eut également lieu le 18 octobre dans le canton de Bâle, aux bains de Bubendorf, où l'on rédigea une pétition au grand-conseil, rappelant les principes sur lesquels était basée la constitution de 1798. Le grand-conseil accueillit à la vérité cette proposition de réformes à opérer dans la constitution, mais prétendit confier le projet à une commission choisie dans son sein. De là les longues luttes qui suivirent. La Campagne prit les armes, et le 6 janvier 1831 un gouvernement provisoire fut établi à *Liestall*. Mais les milices urbaines et les troupes mercenaires dispersèrent ce ramassis de paysans mal armés, occupèrent Liestall et en expulsèrent le gouvernement provisoire; et alors, sous l'influence de la terreur, une majorité accepta le 16 janvier la nouvelle constitution. Des rigueurs intempestives exercées par les chefs de la force armée et des tiraillements réciproques continuels allumèrent de nouveau la guerre civile. Dès lors la Campagne résista à toutes les attaques de la Ville et se constitua en corps politique indépendant, en vertu d'une loi fondamentale délibérée le 27 avril 1832 par le comité de constitution. Déjà précédemment, au mois de février 1832, le parti urbain avait expulsé quarante-six communes de l'association politique constituant le canton. Après avoir adhéré à la ligue de Sarnen (*voyez* Suisse), ce parti attaqua à main armée la Campagne, le 3 août 1832, en dépit des mesures prises par la diète fédérale à l'effet d'assurer le maintien de la paix publique. Mais les troupes urbaines furent battues, et éprouvèrent des pertes considérables dans un sanglant engagement. Les troupes fédérales vinrent alors occuper le canton, et la diète reconnut sa séparation en deux parties, ce qui limita Bâle-Ville au territoire de la ville même et à trois villages sur la rive droite du Rhin, par conséquent à guère plus de 55 kilomètres carrés. Un décret ultérieur de la diète, à la date du 16 septembre 1833, détermina les contingents militaire et financier des deux parties du canton; enfin un tribunal arbitral fédéral institué pour le partage des domaines publics adjugea, le 16 septembre 1833, à la Campagne soixante-quatre pour cent des domaines médiats et immédiats de l'État, soixante pour cent des propriétés d'églises et d'écoles, représentant une valeur totale, sur une de 964,000 francs de Suisse, les autres de 1,900,000.

En considération de ce partage, la diète avait en même temps proposé au canton de Bâle-Ville un projet de constitution nouvelle pour régulariser et déterminer ses obligations fédérales. Cette constitution, promulguée le 3 octobre 1833, se rattachait à celle des autres cantons régénérés en raison des principes qu'elle consacrait en matière d'égalité civile, de séparation des pouvoirs, de liberté de la presse, de publicité, comme aussi de la durée des charges, fixée à six ans, à l'exception des fonctions judiciaires. Le droit d'éligibilité au grand conseil, composé de cent dix-neuf membres, et constituant le pouvoir suprême législatif et exécutif, demeurait toutefois soumis à l'obligation de remplir une charge dans le canton, ou bien d'y posséder une propriété foncière de 1500 fr. de Suisse ou pareille valeur en créances hypothécaires, ou encore d'y acquitter une taxe mobilière et industrielle de 6 francs par an. Pour opérer des modifications à la constitution, il était nécessaire de réunir l'assentiment des deux tiers du grand conseil, et elles devaient toujours être soumises à l'acceptation de la majorité absolue des citoyens aptes à voter. L'autorité administrative supérieure se composait de quinze membres du grand conseil, sous la présidence annuelle et alternative de deux bourgmestres; la dernière instance en matière civile et criminelle, d'une cour d'appel de treize membres, chargée en même temps de la surveillance des tribunaux d'arrondissement, du tribunal criminel et du tribunal correctionnel.

Poussée par les événements de 1833 à prendre une attitude hostile à l'égard de la majorité des cantons, Bâle-Ville, dans toutes les affaires relatives à la politique fédérale, par exemple dans la question des couvents, et aussi dans l'affaire du Sonderbund, se prononça toujours dans le sens du parti dit conservateur. Sous l'influence des événements qui agitaient vivement la Suisse, le parti du progrès finit par y prendre aussi une importance de plus en plus grande. A la suite de la révolution opérée à Genève en 1846, les conservateurs eux-mêmes décidèrent qu'un comité de constitution s'occuperait de la révision de la constitution. Les élections qui eurent lieu à cet effet se composèrent en grande partie de libéraux et de radicaux. Les changements les plus importants qu'on fit subir alors à l'ancienne constitution eurent trait à l'abolition du cens, et à l'extension du droit d'élection à tous citoyens âgés au moins de vingt ans. Aux termes de cette révision, le grand conseil se renouvelle tous les six ans, au moyen de la sortie d'un tiers de ses membres qui a lieu tous les deux ans. En même temps les conditions mises à l'acquisition des droits de citoyen ont été sous beaucoup de rapports rendues plus faciles. Les finances de Bâle-Ville sont en bon état. La dette publique, qui va toujours en diminuant, s'élevait encore en 1845 à 1,760,000 fr. de Suisse. Le revenu public se monte à 1,625,000 francs. Le budget annuel est d'une importance de 750,000 fr. Au nombre des ses principales sources figurent le produit des domaines de l'État et celui des salines. Le canton consacre chaque

BALE CAMPAGNE — BALE (CONCILE DE)

année une somme de 120,000 francs à l'instruction publique. Une proposition tendant à supprimer l'université, et à utiliser les fonds provenant de cette économie pour élargir encore les bases de l'enseignement et augmenter le nombre des écoles primaires, n'a point eu de résultat. Le budget de la guerre, qui dépasse le chiffre de 100,000 francs, est relativement plus considérable que dans les autres cantons, parce que le canton de Bâle-Ville est le seul qui entretienne un corps de troupes régulier, quoique la force totale n'en soit que de deux cents hommes environ. Les lois particulières en vigueur à Bâle sont le code criminel ou correctionnel de 1821, la procédure de 1819 avec son appendice, une procédure relative aux mariages en date de 1837, enfin des règlements réunis dans divers recueils. D'après le recensement de 1850, Bâle-Ville comptait une population de 29,198 habitants, et envoyait par conséquent un député à la diète fédérale. Consultez Ochs, *Histoire de la Ville et de la Campagne de Bâle* (8 vol., Bâle, 1796-1822); Burckhard, *Tableau statistique de Bâle-Ville* (Saint-Gall, 1841).

Le canton de BALE-CAMPAGNE, chef-lieu *Liestall*, comprend, suivant ce même recensement de 1850, 67,850 habitants, et envoie deux députés à la diète fédérale. D'après la constitution de 1833, la souveraineté appartient à l'ensemble des citoyens actifs. Cette constitution consacre l'égalité devant la loi, l'admissibilité de tous les citoyens aux différents emplois publics en satisfaisant aux mêmes conditions légales, et le renouvellement périodique des fonctionnaires publics; enfin le droit de pétition, de réunion et d'association, la liberté de la presse, la liberté religieuse et la liberté de l'enseignement, sauf réglémentation de l'usage de ces droits, l'obligation pour tous les citoyens de porter les armes; enfin elle déclare constamment rachetables les charges et obligations d'origine féodale. Tous les privilèges et immunités accordés soit à des localités, soit à des classes d'individus, ou encore à des particuliers, sont abolis, et il est interdit de faire publiquement usage de titres de noblesse. Le pouvoir législatif et exécutif suprême est exercé par le *Landrath* (conseil du pays), produit de l'élection des cercles électoraux. Il se compose d'autant de membres qu'on compte de fois six cents électeurs. En cas d'urgence, le *Landrath* a le droit de désigner un comité composé d'un certain nombre de ses membres. Comme limite à une législation irréfléchie et précipitée, il y a l'institution du *veto*, qui jusqu'en 1838 consista en ce que les lois n'étaient reconnues valables et obligatoires qu'autant dans les quinze jours de leur publication les deux tiers des citoyens, convoqués dans leurs communes respectives, n'avaient point protesté contre leur adoption. Le conseil de gouvernement de sept membres, élu par le *Landrath*, constitue le pouvoir administratif et exécutif suprême. L'administration de la justice a lieu par l'intermédiaire de juges de paix, de tribunaux d'arrondissement, et en dernière instance par un tribunal supérieur de neuf membres, qui est en même temps tribunal criminel et exerce la surveillance sur tout l'ordre judiciaire. La justice arbitrale est confiée à des magistrats particuliers. Les prêtres de l'Église catholique et les prêtres de l'Église réformée reçoivent seuls des traitements de l'État. Depuis 1832 les communes réformées ont le droit de nommer leurs pasteurs, et ne les élisent que pour cinq ans. En 1838 arriva la première période fixée pour la révision de la constitution. Voici les plus importantes modifications qui y ont alors été introduites alors : renouvellement intégral du *Landrath* tous les trois ans, au lieu de son renouvellement par tiers, et tous les deux ans; restriction du droit de véto, pour l'exercice duquel on ne requiert plus aujourd'hui que la majorité absolue, tandis qu'on exigeait autrefois les deux tiers des voix; incompatibilité de toutes autres fonctions publiques avec celles de membres du *Landrath*; abréviation de la durée de ces fonctions à trois années, à l'expiration desquelles toutefois les membres sont rééligibles; participation des arrondissements à

l'élection des membres du conseil de gouvernement; enfin, indépendamment de l'ancien comité des membres du conseil de gouvernement, création d'un comité de juges suprêmes tirés du *Landrath*. C'est, comme on voit, avoir poussé un peu loin la séparation des pouvoirs dans un petit État au total assez pauvre en capacités politiques.

Successivement on a apporté plus d'ordre et de régularité dans l'administration des finances particulières du canton, lesquelles à l'origine avaient été assez mal réglées. Le budget de 1850 se monte à près de 300,000 francs, argent de Suisse. L'organisation militaire, à laquelle on ne consacre année commune qu'une somme de 37,000 francs, est assez satisfaisante. Des lois rendues en 1835 ont réorganisé l'instruction publique, qui du temps de la domination de la Ville était fort négligée. Le bien-être matériel a progressé avec les lumières et l'instruction, en dépit des crises par lesquelles le nouveau canton a dû passer depuis sa création. Une remarquable institution de crédit, qui y a été fondée en 1849, est la banque hypothécaire de Bâle-Campagne.

La VILLE DE BALE compte 27,270 habitants, mais, en raison de son étendue, elle pourrait en contenir bien davantage. Au moyen âge, avant qu'elle eût été horriblement ravagée au quatorzième siècle par la *peste* ou *mort noire*, alors que, dit-on, l'on comptait dans son mur d'enceinte 41 tours et 1099 créneaux, elle possédait une population autrement nombreuse. Le grand Bâle, situé sur la rive gauche du Rhin, a réparé et accru ses fortifications à l'époque de la lutte entre Bâle-Ville et Bâle-Campagne; mais il a fallu tout récemment en ouvrir les ouvrages pour donner passage au chemin d'Alsace, qui a son débarcadère dans la ville même.

Quoique propre et bien bâtie, Bâle n'a rien dans sa physionomie extérieure qui puisse donner à penser que c'est la ville la plus riche de toute la confédération helvétique. Parmi ses édifices, il faut citer, outre le pont du Rhin, long de sept cent quinze pieds et construit depuis 1226, la cathédrale, construite de l'an 1010 à l'an 1019 par l'empereur Henri II, et où se trouvent les tombeaux de la femme de Rodolphe de Habsbourg, d'Érasme de Rotterdam, d'Œcolampade, etc.; l'église Saint-Jean, l'hôtel de ville et l'arsenal. Bâle possède un grand nombre d'institutions charitables et d'établissements d'instruction publique parfaitement organisés, et depuis 1459 une université avec une bibliothèque de 60,000 volumes, contenant de précieux manuscrits, un cabinet de médailles, un jardin botanique et un muséum d'histoire naturelle. À l'époque de la réformation, l'université de Bâle fut un des principaux centres de la vie intellectuelle, et plus tard elle a compté dans son sein un grand nombre d'hommes distingués, quoiqu'au total leur influence ait été peu sentie au dehors; aujourd'hui encore c'est de toutes les universités de la Suisse celle qui attire le moindre nombre d'étudiants. Le musée de Bâle est riche en toiles de Schongauer, de Holbein et de Manuel Deutsch. Le budget communal de la ville de Bâle s'élève à 360,000 francs, argent de Suisse. Son séminaire pour les missions est à bon droit célèbre. Il s'est récemment formé à Bâle une société archéologique, à laquelle on est redevable de quelques précieuses dissertations sur les antiquités de cette ville.

BALE (Concile de). Le concile de Constance (1414-18), chargé de fermer le grand schisme d'Occident, d'extirper l'hérésie et de réformer l'Église dans son chef et dans ses membres, n'avait point dignement accompli sa mission ; Martin V avait laissé pour adieux à l'empereur Sigismond , aux nations divisées par leurs jalousies et par la politique, des concordats insignifiants, qui détruisaient de petits abus. Toutefois, ce concile, en s'élevant au-dessus des papes, en condamnant les hussites, put croire un moment qu'il avait assuré le triomphe du vieux droit ecclésiastique sur les décrétales des papes, et rétabli l'unité de l'Église. Mais les hussites répondirent à l'excommunication par la guerre; la Bohême et la Silésie se soulevèrent contre Sigismond, le

DICT. DE LA CONVERS. — T. II. 27

meurtrier de Jean Huss et de Jérôme de Prague. Les Allemands, convaincus que les armes ne pouvaient rien contre le fanatisme de la Bohême, demandèrent un concile, et les cardinaux forcèrent Martin V à en convoquer un à Bâle pour l'année 1431. Avant sa mort, il nomma président du concile, comme légat du saint-siége, et son successeur Eugène IV confirma dans cette qualité le cardinal Julien Cesarini de San-Angelo, qui songeait plus sérieusement à la réforme que les papes eux-mêmes.

A Bâle on ne vota point par nation, comme à Constance; on divisa l'assemblée en députations, en comités, où les peuples étaient mêlés, où le bas clergé fut admis; ce qui donna tout d'abord aux Allemands une prépondérance décidée. Aussi, quand on proposa de commencer par l'extirpation de l'hérésie, la majorité, qui se rappelait la conduite du parti papiste à Constance, jugea la proposition absurde et contradictoire, et déclara qu'il fallait d'abord détruire la véritable cause des hérésies, la corruption de l'Église et du clergé. Eugène IV, alarmé, lança sur le concile une bulle de dissolution; le légat Cesarini se contenta de ne plus présider le concile au nom du pape, et lui fit avec l'assemblée des remontrances sévères, où l'on doit remarquer ces paroles : « Que si le clergé ne se réformait pas, ses vices, après la destruction des hussites, auraient bientôt fait naître d'autres hérétiques. » Sigismond espérait que le concile pacifierait la Bohême à son profit, et jura de le défendre contre le pape jusqu'à la mort; mais Sigismond, pour être couronné dans Rome, promit ses secours au pape contre le concile. Le pape n'en fut pas moins forcé de révoquer sa bulle et de reconnaître la suprématie du concile de Bâle.

Cette assemblée ne brillait point, comme celle de Constance, par l'éclat de certains noms européens, comme ceux de Pierre d'Ailly et de Gerson, mais par la fermeté et l'union de ses membres. Il semble que les rivalités scolastiques avaient fait place à l'influence démocratique du bas clergé de l'Allemagne. Après avoir pendant deux ans défendu son existence, le concile reprit ses négociations avec les hussites, et, malgré les défenses et le dépit d'Eugène IV, compromit sa dignité jusqu'à proposer une conférence à leurs théologiens, jusqu'à livrer des princes et des prélats en otage à ceux qui se rappelaient la mort de Jean Huss et de Jérôme de Prague. Cette conférence fut sans résultat; mais les ambassadeurs du concile, chargés de suivre ceux des hussites à leur retour en Bohême, profitèrent habilement de la discorde survenue entre les calixtins ou modérés, et les taborites et les orphelins, pour conclure avec les premiers (6 janvier 1433) un traité particulier (*compacta*), qui leur accordait la communion sous les deux espèces.

Le concile avait à peu près accompli sa première tâche, l'extirpation de l'hérésie, par la division des hérétiques; d'après le programme de ses travaux, tracé dans la première séance par Philibert, évêque de Coutances, il devait encore réformer l'Église, et rétablir la paix publique. Singulièrement enhardis à la réforme par la bulle où le pape avait été forcé de reconnaître leur infaillibilité et leur suprématie, les pères, par leurs décrets en date des 22 janvier et 9 juin 1435, supprimèrent d'abord les concubines du clergé, la fête des Fous, les foires qui se tenaient dans les églises, etc.; puis, attaquant le pape lui-même dans son temporel, ils abolirent les annates, les réserves et les expectatives; ils déclarèrent que désormais l'Église ne serait plus tributaire du saint-siége, que celui-ci devrait se contenter des revenus des États de l'Église, en un mot, ils voulurent ramener le pape, en puissance comme en richesses, à ce qu'il était avant la chute des empereurs souabes. Ces décrets du concile, adoptés avec quelques modifications par le clergé français, confirmés par Charles VII dans la pragmatique sanction de Bourges (1438), furent la base des libertés gallicanes, et de ces huit articles de réforme, l'Allemagne adopta ceux qui ne frappaient point la personne même d'Eugène IV.

Il arriva ce qui doit toujours arriver chez des peuples diversement civilisés et qu'on veut soumettre aux mêmes lois : ni le système du concile ni plus tard celui du pape ne purent exclusivement prévaloir. Eugène IV reprit à l'égard du concile une attitude hostile. A cette époque l'empereur grec Jean VI, pressé par les Turcs, proposait de venir lui-même en Italie hâter la réunion de l'Église grecque à l'Église latine, puisqu'il ne pouvait qu'à ce prix acheter les secours d'Occident. Eugène saisit avidement ce prétexte pour ouvrir un nouveau concile à Ferrare, et déclarer celui de Bâle schismatique (1437). L'empereur grec, dit-il, ne pouvait être reçu convenablement qu'en Italie. Les pères de Bâle, malgré la neutralité solennellement annoncée par la diète germanique, malgré l'improbation de la France, osèrent déposer Eugène IV (24 janvier 1438), et lui donner (17 novembre 1439) pour successeur Amédée, ancien duc de Savoie, qui vivait comme ermite à Ripaglia, sur les bords du lac de Genève, et prit le nom de Félix V. Le schisme recommença au moment même où déjà l'on se flattait d'avoir réuni les Églises grecque et latine. La diète garda sa neutralité sévère jusqu'à l'époque où le faible successeur de Sigismond et d'Albert II fut dirigé par un habile favori, qui sut trouver à ces longs débats un dénoûment favorable au pape.

Æneas Sylvius Piccolomini (*voyez* Pie II), d'abord secrétaire du concile de Bâle et défenseur éloquent de ses droits, puis secrétaire de Félix V, enfin secrétaire de Frédéric III, qui l'avait couronné comme grand poète dans une diète de Francfort, et dans le même temps secrétaire du pape Eugène IV, fit comprendre à ce dernier la faiblesse de l'empereur. Eugène IV s'enhardit jusqu'à déposer les archevêques de Mayence et de Trèves, partisans du concile de Bâle. Irrités d'une telle audace, les électeurs, réunis à Francfort, sommèrent Eugène IV : 1° de confirmer les décrets de Constance et de Bâle sur l'omnipotence des conciles généraux; 2° de convoquer un nouveau concile pour l'extinction du schisme dans une des six villes allemandes qui lui seraient proposées; 3° de révoquer la déposition des deux archevêques électeurs; à défaut de quoi ils reconnaîtraient la légitimité du concile de Bâle et du pape qu'il avait élu. Tant de fermeté déplut à l'empereur; Æneas Sylvius irrita son dépit en même temps qu'il conseillait au pape les plus grands ménagements pour les électeurs, et des réponses évasives à leur ambassade; enfin Æneas, après avoir épuisé contre la fermeté germanique tous les traits de l'intrigue italienne, corrompit Jean Lysura, vicaire général de l'électeur de Mayence, tout-puissant sur son maître, et véritable chef de la confédération de Francfort. Jean Lysura, pour la modique somme de 500 florins donnée à propos, vendit les libertés de l'Église allemande.

Par le *concordat des princes* (1447), le pape rehabilitait les deux archevêques, et confirmait les décrets de Bâle adoptés par l'Allemagne, à condition qu'il serait indemnisé par elle des pertes que lui faisaient éprouver ces mêmes décrets. Par le concordat de Vienne (1448), qui dut fixer ces indemnités, le successeur d'Eugène, Nicolas V, se fit rendre les annates, les réserves et les expectatives, quelque peu modifiées. On peut dire que les Allemands furent vendus et trahis, et ce fut l'œuvre d'un Italien, qui se rendait à leurs dépens digne de la tiare. Ils furent punis d'avoir conçu la réforme un siècle trop tôt; ils cédèrent les derniers, mais ils cédèrent plus que les autres.

Par ces deux concordats, le concile de Bâle était sacrifié. Dès le commencement de ses négociations avec Eugène IV, Frédéric III lui avait retiré sa garde; après le départ des évêques allemands, les pères du concile tinrent encore un an leurs séances, sous la protection des villes qui n'avaient pas été consultées dans ces différents traités avec Rome. Réfugiés à Lausanne, puis rassemblés à Lyon, ils se résignèrent, par la médiation et sur les conseils de la France, à reconnaître Nicolas V; ils engagèrent Félix V à déposer la tiare, et le 19 avril 1449 ils prononcèrent eux-mêmes la dissolution du concile, après une lutte de dix-sept ans. L'espoir des peuples chrétiens fut encore une fois trompé; les décrets les plus importants de Constance et de Bâle sur l'omnipotence des conciles furent si vite oubliés que déjà cinquante ans après Léon X osait les déclarer nuls. L'Allemagne ne devait plus revoir, assemblés en si grand nombre, ces courageux représentants des peuples chrétiens de l'Occident; mais les conciles, en rapprochant les hommes les plus distingués de chaque nation, avaient répandu en Europe des doctrines dont Léon X lui-même devait recueillir les tristes fruits. C'est à tort que les papes, en 1450, célébraient à Rome, par un grand jubilé, la fin des conciles; au moment où les conciles finissaient, les Allemands inventaient l'imprimerie. T. TOUSSENEL.

BALE (Confession de). *Voyez* HELVÉTIQUE (Confession).

BALE (Traités de). Le premier de ces traités fut conclu le 5 avril 1795, avec l'ambassadeur de Prusse, depuis chancelier d'État, baron de Hardenberg; le second, le 22 juillet de la même année, avec l'ambassadeur d'Espagne, marquis D. Domingo d'Yriate, et tous deux par l'envoyé de la république française, Barthélemy. La Prusse et l'Espagne se séparaient, par ces traités, de la coalition contre la France, et reconnaissaient la république française. La France était maintenue en possession des provinces situées sur la rive gauche du Rhin, qu'elle conserva en effet jusqu'à la paix générale, et acceptait la médiation de la Prusse dans le cas où des princes d'Allemagne voudraient conclure des traités d'alliance particuliers avec la république française. Les articles secrets de ce traité ne sont pas encore connus; on ne connaît que le traité du 17 mai 1795, qui établit la neutralité du nord de l'Allemagne.

La Prusse, à laquelle le landgrave de Hesse-Cassel s'unit par une convention en date du 25 août 1795, se détacha de la coalition contre la France. Elle déclara prendre sous sa protection toutes les puissances du nord de l'Allemagne qui, à son exemple, cesseraient de faire partie de la coalition, et, sous la réserve d'un accord ultérieur, elle abandonna à la république française victorieuse toutes ses anciennes possessions de la rive gauche du Rhin.

L'Espagne recouvra par le traité de Bâle tout ce que les armées républicaines avaient conquis au delà des Pyrénées, en même temps qu'elle abandonnait à la France la partie espagnole de Saint-Domingue.

BALÉARES (ce nom, dérivé du grec βάλλειν, *jeter, lancer*, leur fut donné dans l'antiquité à cause de l'adresse toute particulière avec laquelle leurs habitants lançaient des pierres à l'aide de la fronde), groupe d'îles de la Méditerranée, appartenant à l'Espagne. Ce groupe se compose de trois îles principales, *Mallorca* ou *Majorque* (3,465 kilom. carrés), *Minorca* ou *Minorque* (550 kilom. carrés), et *Cabrera* (55 kilom. carrés), situées en face de la côte de Valence. Il formait autrefois, avec les Pityuses (en grec îles des pins), le royaume de Mallorca, constitue aujourd'hui la capitainerie générale des *îles Baléares*, dont la population s'élève à 240,000 habitants, répartis sur environ 4,565 kilom. carrés.

Ces îles, centre d'un commerce des plus actifs, sont complétement montagneuses et jouissent d'un climat sain et tempéré. Le sol en est fertile, propre à la culture des céréales, des arbres à fruits et de la vigne, à la production de la soie, ainsi qu'à l'élève du bétail. L'île de Cabrera seule est stérile; aussi ne sert-elle que de lieu de déportation. C'est dans cet îlot que périrent si misérablement, à l'époque de la guerre de 1808, tant de prisonniers français que les Espagnols y avaient entassés.

On comprend sous la dénomination de *Pityuses* les îles d'*Iviça* et de *Formentera* (ainsi dénommée à cause de l'immense quantité de grains qu'elle produit relativement à son étendue), ensemble d'une superficie de 440 kilom. carrés.

Les îles Baléares donnent en abondance du blé, du chanvre, du lin, du vin, de l'huile, des amandes, tous les fruits du midi, et notamment des figues. On en exporte aussi beaucoup de sel. Elles furent visitées de bonne heure par les Phéniciens et par les Grecs, qui s'y rendaient de Rhodes. Plus tard elles passèrent sous l'autorité des Carthaginois, jusqu'à ce qu'Aulus Cœcilius Metellus *Balearicus* les eut assujetties à la puissance romaine, l'an 123 avant J.-C. En l'an 426 de notre ère, elles furent conquises par les Vandales, puis par les Visigoths, par Charlemagne, et en 798 par les Arabes, qui en restèrent maîtres pendant plus de quatre siècles. Reconquises sur les infidèles par le roi Jayme 1er d'Aragon, elles constituèrent sous les descendants de ce prince un royaume particulier (*el reyno de Mallorca*), qui fut réuni à la couronne d'Aragon en 1343.

BALECHOU (JEAN-JACQUES), graveur célèbre, né à Arles, en 1719, mort en 1765, à Avignon, a laissé comme buriniste une réputation qui dure encore. Les planches qu'on a de cet artiste sont remarquables surtout par la vigueur et la hardiesse du trait, bien qu'on puisse peut-être lui reprocher un peu de dureté dans les détails; et il a prouvé qu'il savait, quand il le voulait, unir l'admirable fini d'Edelinck et de Nanteuil aux grands traits de Mellan. Ses principaux ouvrages sont : les belles *marines* gravées d'après Vernet, et parmi lesquelles on admire surtout la *Tempête*; le *portrait de Frédéric-Auguste*, électeur de Saxe et roi de Pologne, et une *Sainte Geneviève*, d'après le tableau de Carle Vanloo. Le portrait de Frédéric-Auguste, qui est sans contredit le chef-d'œuvre de la gravure, et dont le peu d'exemplaires qui en existent se vendent aujourd'hui à des prix fous, fut la cause des chagrins qui abreuvèrent la vie de l'artiste. La planche était faite par ordre de la dauphine, et Balechou s'était formellement engagé à n'en point tirer d'épreuves autres que celles que se réservait la princesse. Il fut accusé d'avoir manqué à cet engagement et d'avoir vendu à son profit les plus belles épreuves de son œuvre; acte d'improbité qui passerait aujourd'hui pour une peccadille, mais qui le fit rayer de la liste des membres de l'académie et le força de quitter Paris pour se retirer à Avignon, ville où il avait fait ses premières armes dans son art, sous la direction et comme apprenti d'un modeste graveur de cachets. Balechou s'occupait aussi, dit-on, de chimie; et sa mort subite et prématurée fut généralement attribuée de l'emploi inopportun ou à trop forte dose d'un remède chimique.

BALEINE (*Histoire naturelle*), *Balæna*, Linné. On connaît sous ce nom, dérivé du phénicien, selon Bochard, et signifiant *roi de la mer*, un genre de mammifères appartenant à l'ordre des *cétacés*, et caractérisé par les *fanons* qui bordent, en place de dents, la mâchoire supérieure, et les *évents* à double ouverture placés sur le milieu de la longueur du front. Les baleines sont les plus gros de tous les animaux; leur taille est monstrueuse; la forme de leur corps est elliptique; leur peau nue est de couleur brune, grisâtre ou noirâtre. Chez elles, comme chez tous les cétacés, les membres antérieurs sont transformés en nageoires, et les postérieurs manquent tout à fait. Leur tête est extrêmement volumineuse, même proportionnellement à leur masse totale, dont elle forme au moins le quart; mais cette énorme tête, dont les os sont excessivement épais, ne contient qu'un bien petit cerveau : dans un individu, par exemple, qui avait 25 mètres de long, le plus grand diamètre de la cavité cérébrale fut trouvé de 30 à 35 centimètres. Les organes des sens sont également peu développés : l'œil est très-petit, l'ouïe est fort obtuse, d'après les observations du capitaine Scoresby; l'odorat existe certainement, comme on s'en est assuré par expérience, mais il est loin d'être subtil; le toucher ne paraît avoir quelque délicatesse que sous l'aisselle, par où les mères serrent leurs petits; la langue est immobile, et le sens du goût probablement à peu près nul; elles n'exer-

27.

cent d'ailleurs aucune mastication ; leur mâchoire supérieure, en forme de carène ou de toit renversé, a ses deux côtés garnis de fanons, c'est-à-dire de lames transverses, minces et serrées, effilées à leurs bords, et formées de cette espèce de corne fibreuse si connue sous le nom de *baleine*; la mâchoire inférieure loge la langue, ne porte aucune armure, et enveloppe, quand la bouche se ferme, toute la partie interne de la supérieure, avec les lames cornées dont elle est revêtue. Lorsque la bouche s'ouvre, l'eau s'y précipite ; puis, comprimée immédiatement après par le rapprochement des mâchoires, elle s'échappe en tamisant à travers les fanons de la baleine tous les petits animaux qu'elle contenait. Ces géants du règne animal ne vivent ainsi que de très-petites proies, des moindres poissons, et surtout des mollusques et des zoophytes qui remplissent le fluide dans lequel ils se meuvent, et dont ils engloutissent, à chaque instant et sans choix, des quantités immenses. A la partie la plus saillante de la tête, se trouvent les évents : ce sont deux trous qui pénètrent dans l'arrière-bouche ; c'est par là que la baleine reçoit l'air qu's'introduit dans ses poumons lorsqu'elle vient respirer à la surface de l'eau, et c'est par les mêmes orifices qu'elle rejette avec force l'eau qui pénètre dans sa gorge et forme ainsi ces jets d'eau qui ont fait donner aux animaux de ce genre, comme à tous les cétacés du même ordre, le nom commun de *souffleurs*.

Les baleines sont vivipares, et allaitent leurs petits comme les autres mammifères ; les mamelles sont au nombre de deux, situées vers l'extrémité postérieure du corps ; la portée est d'un seul petit, rarement de deux, et la gestation dure neuf à dix mois. Lorsque le *baleineau* veut teter, la mère se place sur le côté, et lui présente sa mamelle hors de l'eau, afin qu'il puisse respirer. Les baleineaux naissants ont 6 à 9 mètres, selon les espèces, et ils finissent par acquérir de 20 à 32 mètres. Leur croissance est lente, et la durée de leur vie doit être fort longue, mais elle n'est pas connue exactement.

C'est dans les mers polaires, et parfois aussi dans la Baltique, que se trouvent en général les baleines. Il paraît, d'après Pline et Strabon, qu'elles s'avançaient autrefois assez fréquemment jusque dans nos parages ; mais on n'y en voit maintenant que fort rarement, et leur apparition est citée comme un événement. Au temps de leur accouplement, vers le mois de novembre, elles quittent les mers du pôle, et s'avancent au midi pour faire leurs petits ; mais dans le mois de mars elles retournent dans leurs glaces. Ce sont des animaux d'un caractère éminemment pacifique, qui n'attaquent jamais, puisqu'ils n'ont aucune espèce d'armes offensives, reçoivent leur proie des flots de la mer plutôt qu'ils ne s'en emparent, et ne résistent guère que par leur masse à leurs ennemis, dont le plus dangereux après l'homme est le dauphin gladiateur. Les mouvements des baleines sont lourds et embarrassés ; leur vitesse est de même peu considérable, et les espèces les plus agiles ne font pas plus de quatre lieues à l'heure. Une foule de petits animaux tourmentent les baleines en s'attachant à leur peau, en pénétrant dans leur chair, et en se nourrissant de leur substance, sans qu'elles aient aucun moyen de s'en débarrasser. Mais de tous leurs ennemis, le plus terrible est peut-être l'homme. Les Groënlandais, montés sur de frêles canots, les poursuivent avec légèreté, les attaquent avec une hardiesse incroyable, les harponnent et les tuent à coups de lance. Les fanons leur servent à faire différents outils ; la chair et la graisse forment leur principale nourriture. Les Basques se livraient à cette pêche dès avant le douzième siècle, mais il paraît qu'à cette époque ils en trouvaient en assez grand nombre vers les côtes de la Biscaye et dans le golfe de Gascogne. Aujourd'hui les peuples civilisés de l'Europe vont les poursuivre dans les régions glacées qui leur servent de retraite.

Le genre des baleines se divise en trois sections ou sous-genres : les *baleines proprement dites*, les *baleinoptères à ventre lisse*, et les *baleinoptères à ventre plissé*.

Les *baleines proprement dites* se reconnaissent à l'absence de nageoire sur le dos. C'est à cette division qu'appartient la *baleine franche*, dont la plus grande longueur est d'environ 23 mètres. La couleur de sa peau est tantôt noire, tantôt d'un noir mêlé de gris, ou varié de diverses couleurs. C'est surtout cette espèce qui est chaque année poursuivie par nos bâtiments, et c'est ordinairement d'elle que l'on entend parler quand on dit, en général, la *pêche de la baleine*. Un seul individu fournit cent vingt tonneaux d'huile. Ses excréments sont d'un beau rouge qui teint assez bien la toile.

Les *baleinoptères à ventre lisse* ont sur le dos une nageoire et le ventre lisse comme les baleines. Il n'y en a qu'une espèce, le *gibbar* des Basques, le plus grand des cétacés. Il atteint jusqu'au delà de 32 mètres, et il est d'ailleurs beaucoup plus mince que la baleine franche, en sorte que sa taille est comme effilée ; sa couleur est brune en dessus, blanchâtre en dessous ; sa nageoire dorsale est triangulaire, courbée en arrière à son sommet. Il souffle l'eau avec plus de vigueur que la baleine franche, qu'il surpasse aussi en force et en vitesse ; il habite les mers boréales, mais poursuit quelquefois les bancs de poissons jusque sous le tropique. On ne le chasse qu'à défaut de baleines, parce que son lard étant moins riche en huile, sa pêche est moins productive en même temps qu'elle est plus dangereuse.

Les *baleinoptères à ventre plissé*, qui ont une nageoire dorsale comme les précédents, en diffèrent en ce que la peau de la partie antérieure du ventre présente des plis longitudinaux. Telle est la *jubarte des Basques*, caractérisée par sa nuque élevée et arrondie, son museau avancé, large et peu arrondi, les tubérosités presque demi-sphériques qui sont situées en avant des évents ; elle égale ou surpasse en longueur la baleine franche, mais elle est beaucoup plus mince ; elle se trouve surtout dans les mers du Nord, près du Groënland. Tel est encore le *rorqual*, caractérisé par la mâchoire inférieure arrondie, plus avancée et beaucoup plus large que celle d'en haut, la tête courte à proportion du corps et de la queue ; quoique habitant particulièrement le nord, il s'avance jusqu'au 34° degré, et pénètre dans la Méditerranée.

Outre les baleines qui se trouvent aujourd'hui vivantes sur notre globe, on en connaît plusieurs espèces à l'état fossile, dont trois appartiennent au sous-genre des baleines proprement dites, et deux ressemblent beaucoup au rorqual. Parmi les premières, il faut compter la *baleine de Lamanon*. Tout ce que l'on en possède consiste en une tête découverte en 1779 dans la cave d'un marchand de vin de la rue Dauphine, à Paris, et que Cuvier considère comme voisine de la baleine franche, mais comme s'en distinguant toutefois par des caractères suffisants pour en faire une espèce à part.   DEMEZIL.

C'est un fait aujourd'hui reconnu et constaté par les documents récents, que les baleines diminuent d'une manière appréciable. La reproduction de ces cétacés n'est pas en rapport avec leur destruction, et l'on peut supposer, d'après les lois de Cuvier, que dans un laps de temps plus ou moins long ils auront entièrement disparu. Il faut ajouter aussi que, chassés par la guerre terrible qu'on leur fait depuis un demi-siècle, ils émigrent chaque jour et abandonnent l'océan Atlantique pour se réfugier dans les parties les plus inaccessibles du Pacifique, et principalement dans les parages du détroit de Behring. C'est à ce fait qu'il faut attribuer principalement la diminution croissante des armements pour la pêche de la baleine et du cachalot en France et en Angleterre. En 1844 nous avions vingt-deux navires à cette pêche ; nous n'en avons plus aujourd'hui que sept. Les Anglais en 1830 avaient cent deux navires baleiniers, ils n'en possèdent plus que huit. Seuls les Américains du Nord ont maintenu leurs armements à peu près sur le même pied. Ils possèdent aujourd'hui sept cent cinquante navires armés pour la grande pêche et montés par vingt-cinq mille marins. Il est juste de dire que les voyages de pêche, depuis deux ans surtout, servent chez eux au développement du commerce en général, et principalement au transport des nombreux travailleurs qui vont en Californie.

Depuis qu'elles émigrent, les baleines, s'il est permis d'employer cette expression, *se portent moins bien*, et leur reproduction est plus difficile. Ne pouvant, comme autrefois, changer de mer et avancer vers le midi pour faire leurs petits, elles souffrent et dépérissent; les baleineaux s'élèvent lentement, et meurent souvent fort jeunes, d'une maladie que les naturalistes américains affirment être une maladie des poumons.

BALEINE (Pêche de la). La pêche de la baleine remonte aux siècles anciens. Suivant Oppien, Xénocrate, Pline, Strabon, Élien, et quelques autres écrivains de l'antiquité, elle était en usage chez les Tyriens, les Grecs, les Romains et les habitants des bords du golfe Arabique. Elle était également pratiquée en Chine dès les temps reculés, et au neuvième siècle elle y formait une branche de commerce et d'industrie fort lucrative. En Europe, avant comme après le neuvième siècle, les peuples du Nord, et principalement les Islandais, les Norvégiens, les Finlandais, l'exploitaient avec succès sur les côtes de la Flandre, de la Laponie et du Grœnland. Mais les Basques l'emportaient sur eux tous. Longtemps ils se bornèrent à poursuivre la baleine dans le golfe de Gascogne; ce ne fut guère que vers le quinzième ou le seizième siècle qu'ils poussèrent leurs expéditions jusque dans les parages du Canada et du Grœnland. Alors ils n'y employaient pas moins de 50 à 60 navires et de 9,000 à 10,000 marins chaque année, et fournissaient à toute l'Europe la plus grande partie des huiles de baleine dont elle avait besoin. Ils devinrent en même temps les modèles et les maîtres des autres nations dans l'art de la pêche; mais les Hollandais et les Anglais, qui leur devaient particulièrement leur instruction, finirent par les supplanter entièrement. Les marins de la Bretagne, de la Normandie, de l'Aunis et de la Guienne partagèrent durant de longues années avec les Basques les bénéfices immenses que procurait la pêche de la baleine; ils eurent à la fin le même sort.

Dans le cours du seizième siècle, les armements des Hollandais commencèrent à prendre de l'importance. Leurs succès éveillèrent la cupidité et la jalousie des Anglais, qui dès l'année 1598 entrèrent en concurrence avec eux, expédièrent plusieurs bâtiments pour la pêche du Grœnland, et plus tard essayèrent même par la violence de les dégoûter d'une industrie dont ils désiraient vivement s'assurer le monopole. Les Hollandais persévérèrent dans leurs entreprises, et formèrent au Spitzberg un vaste établissement pour la fonte de la graisse de la baleine, qui doubla encore leurs profits. Les avantages de la pêche avaient d'ailleurs attiré dans ces latitudes élevées une foule de navires appartenant à différents peuples du nord de l'Europe, tels que les Brémois, les Hambourgeois et les Danois. Ce concours produisit des démêlés sanglants; mais on finit par s'accorder : on se partagea les bancs et les côtes, et chacun put paisiblement se livrer à une pêche qui occupa souvent à la fois jusqu'à 400 gros bâtiments de toutes nations. Dans l'espace de quarante-six années seulement les Hollandais prirent 32,900 baleines, dont l'huile et les fanons leur rapportèrent 380 millions de francs. Peu à peu cependant leur prospérité diminua, et aujourd'hui leurs expéditions ne sont plus que l'ombre de ce qu'elles étaient.

L'Angleterre n'épargna rien pour seconder les efforts de ses nationaux. En 1786 elle pouvait déjà se passer des huiles de baleine étrangères.

Non moins pénétré que le gouvernement anglais de l'importance de la pêche de la baleine comme école de navigation et comme source de profits considérables, le gouvernement français profita en 1783 du rétablissement de la paix pour chercher à raviver cette branche d'industrie. De 1784 à 1786, dix-sept expéditions eurent lieu de Dunkerque sous ses auspices, mais elles ne firent pas même leurs frais. Le gouvernement français avait de plus, en 1786, déterminé une colonie de deux cents Nantukais, insulaires américains renommés pour leur habileté dans la pêche du cachalot, à s'établir à Dunkerque avec trente-six navires leur appartenant. La guerre que la révolution fit éclater entre la France et l'Angleterre dispersa totalement, en 1793, cette petite colonie de pêcheurs. De 1802 à 1803 sept bâtiments s'expédièrent encore de Dunkerque pour la pêche du cachalot; ils furent capturés par les Anglais. En 1816, lorsque la paix permit au pavillon français de reparaître sur les mers, le gouvernement métropolitain renouvela ses efforts. Tout était à refaire. Des encouragements et des faveurs particulières furent assurés aux marins français qui se consacreraient à la pêche de la baleine, et les ordonnances royales des 8 février 1816, 14 février 1819, 11 décembre 1821, 5 février 1823, 24 février 1825, 27 mai 1828 et 7 décembre 1829, établirent en outre pour les armateurs des primes dont le taux varia depuis 30 francs jusqu'à 70 francs par tonneau de jaugeage, et qui étaient doublées pour les navires se rendant dans les régions les plus lointaines. On ne put éviter d'admettre à bord des baleiniers français des marins étrangers experts dans la pêche de la baleine; mais leur nombre fut successivement réduit aux *deux tiers*, à *moitié*, puis enfin au *tiers* de l'équipage. La loi du 22 avril 1832 a maintenu, sauf quelques modifications, le système de primes antérieurement établi, et accordé diverses autres faveurs et immunités. Depuis cette prime a été renouvelée et changée suivant les circonstances.

Fatiguée sans doute des combats longs et acharnés livrés à son espèce, la baleine, si commune en Europe au moyen âge, a entièrement abandonné les bancs et les côtes qu'elle fréquentait autrefois, pour se réfugier dans les mers glaciales, où on la pêche actuellement dans l'intervalle du mois d'avril au mois d'août. On la trouve encore aujourd'hui dans toutes les mers de l'hémisphère méridional, où la pêche se fait généralement à l'époque de la belle saison.

Les navires baleiniers des mers du nord ont de 35 à 40 mètres de long, 10 de large et 4 de profondeur. Ils sont doublés d'un bordage de chêne assez fort pour résister au choc des glaces. L'équipage se compose de 40 à 50 hommes. Chaque bâtiment est pourvu de 6 à 7 chaloupes, chacune de 4 rameurs, de 1 ou 2 harponneurs et d'un patron, et munies de 7 pièces de cordes appelées *lignes*, de 120 brasses (195 mètres) chacune, 3 harpons, 6 lances, etc.

Le harpon est un instrument destiné, non à tuer la baleine, mais à pénétrer dans son corps, à y demeurer fixé au moyen de son fer barbelé, de façon à empêcher le cétacé d'échapper aux pêcheurs. A différentes époques on a cherché à appliquer à sa projection la force de la poudre à canon ; mais on est revenu à la méthode de le lancer à la main. En 1821 et 1822, les capitaines anglais Scoresby et Kay essayèrent de substituer les fusées à la Congrève au harpon : onze baleines atteintes de ces fusées moururent, soit instantanément, soit en moins de quinze minutes, les unes dans de violentes agitations convulsives, les autres en rendant par les évents une énorme quantité de sang ; la plupart ne filèrent point de ligne, et une seule survécut plus de deux heures. Les fusées dont il s'agit sont armées d'une pointe d'acier près de laquelle se trouve un petit globe de fer destiné à éclater comme un obus dans le corps du cétacé. Celui qui les lance peut viser comme une arme à feu. L'objection la plus forte contre l'emploi de ces fusées est leur cherté : chacune d'elles ne coûte pas moins de 10 schellings (12 francs environ). Les lances servant à tuer les baleines harponnées ont jusqu'à quinze pieds de longueur; le fer lui seul est long de cinq pieds.

Arrivés sur le lieu de la pêche, les équipages des navires baleiniers doivent se tenir jour et nuit prêts à agir. Le capitaine ou l'un des principaux officiers, placé dans la grande hune, promène ses regards sur l'Océan. Dès qu'il aperçoit une baleine ou qu'il l'entend rejeter l'eau par ses évents, il avertit immédiatement l'équipage. Plusieurs canots sont aussitôt mis à flot. L'un d'eux rame directement vers la baleine; quand il est près d'elle, le harponneur lance son harpon avec force, tâchant de frapper le monstre à l'oreille, sur le dos, ou dans quelque partie vitale. L'animal, se sentant blessé, s'abandonne souvent à des mouvements frénétiques; l'eau s'échappe de ses évents avec un bruit terrible; il pousse d'effroyables mugissements, et fait vibrer en l'air son énorme queue, capable, d'un seul coup, de briser un canot en mille pièces. Mais le plus ordinairement il plonge, et fuit avec une rapidité étonnante : sa vitesse alors n'est pas moins de onze mètres par seconde. A mesure que la baleine s'enfonce et s'éloigne, on laisse aller la ligne à laquelle est attaché le harpon, en ayant bien soin que la corde se déroule et glisse avec facilité; car, par l'effet de la traction, le rebord de la chaloupe se trouvant abaissé à fleur d'eau, si la ligne, en filant, éprouvait un seul instant d'arrêt, il n'en faudrait pas davantage pour faire disparaître pêcheurs et embarcations sous les flots. Le frottement de la ligne le long du bois est si rapide que pour empêcher le bois de prendre feu on est obligé de le mouiller sans cesse. On rencontre parfois des baleines d'une vigueur telle que leur capture exige de grands efforts inouïs.

Dans son excellent ouvrage sur la pêche des mers du Nord, le capitaine Scoresby parle d'un de ces cétacés qui, avant d'être pris, fila près de deux lieues environ de corde, coula bas une chaloupe, et coûta la perte de douze lignes neuves.

Une baleine harponnée demeure sous l'eau plus ou moins de temps, ordinairement une demi-heure; ce temps écoulé, le besoin de respirer la rappelle à la surface; elle reparaît souvent fort loin de l'endroit où elle a été atteinte. Tantôt elle semble étonnée et dans un grand épuisement; tantôt elle se montre farouche et furieuse. On ne doit dans ce moment s'en approcher qu'avec une extrême circonspection. Comme elle replonge généralement au bout de quelques minutes, on se hâte de lui lancer un nouveau harpon, quelquefois deux, et l'on attend qu'elle reparaisse de nouveau. Pendant cet intervalle, les canots se disposent à l'attaquer, et sitôt qu'elle se montre ils l'assaillent à coups de lance. Des flots de sang mêlé d'huile jaillissent bientôt des blessures qui lui sont faites, rougissent l'eau de la mer dans un vaste espace, et inondent même quelquefois les pirogues et les pêcheurs. Cette énorme perte de sang diminue à vue d'œil les forces de la baleine. Cependant, à l'approche de sa fin, elle se livre souvent à des transports furieux, et, dressant sa queue, la fait tournoyer en battant l'eau avec un bruit qui parfois s'entend à une lieue de distance. Enfin, épuisée et vaincue, elle se tourne sur le dos ou sur le côté, frappe la mer à petits coups précipités de ses deux nageoires latérales, dont le mouvement dure peu, et expire. Dès que la baleine est morte, les canots la remorquent jusqu'au bâtiment, et l'amarrent fortement à l'un de ses flancs. On songe alors à l'extraction de la graisse et de ses fanons. Les marins chargés du dépècement s'habillent de vêtements de cuir et garnissent leurs bottes de crampons de fer, pour pouvoir se tenir fermes sur la peau de la baleine, qui n'est ni moins unie ni moins glissante que celle de l'anguille. Munis de couteaux de bon acier, nommés *tranchants*, dont la lame a 05 centimètres et le manche 12 mètres de long, ils commencent leur besogne par le derrière de la tête du cétacé. La première pièce de lard qu'ils doivent couper se lève dans toute la longueur du corps du poisson : on la nomme pièce de revirement; toutes les autres se coupent en tranches parallèles d'un pied et demi de large, toujours de la tête à la queue. On partage ces différentes tranches en morceaux pesant environ un millier, qu'on tire sur le pont et qu'on place dans la cale. Tout le lard enlevé, on travaille à dépouiller la tête, et particulièrement la langue, qui à elle seule fournit quelquefois six tonneaux d'huile; la lèvre inférieure est aussi une des parties les plus chargées de graisse : elle rend jusqu'à 2,000 kilogrammes d'huile. Quand le dépècement est entièrement terminé, on pousse à la mer la carcasse de la baleine avec les immenses lambeaux de chair qui y restent attachés. Les oiseaux de mer, les requins et d'autres poissons voraces se précipitent sur ces débris, qui sont pour eux une excellente curée. On s'occupe ensuite à bord de débarrasser les tranches de lard rangées dans la cale de le couenne qui les recouvre, de les diviser de nouveau en morceaux de trois décimètres carrés, et de les encaquer dans des tonnes; c'est en cet état qu'on les rapporte au port d'armement, où la fonte en est opérée et l'huile extraite. Un navire de 400 tonneaux ne peut pas contenir plus de 240,000 kilogrammes de graisse; cette graisse éprouve par la fonte et l'épuration un déchet du tiers environ de son poids brut.

Les procédés de la pêche des mers du Sud diffèrent peu de ceux qui viennent d'être décrits. Toutefois, cette pêche exige un personnel et un matériel moins considérables, puisque vingt-quatre hommes d'équipage et trois pirogues y suffisent communément. Rien ne s'opposant à ce que les navires puissent rester des mois entiers à l'ancre dans les mers du sud, les graisses sont fondues à bord. Un voyage dans le Grand-Océan dure quelquefois deux à trois ans, et l'on a plusieurs exemples de baleiniers qui y ont tenu la mer huit mois de suite sans relâcher.

Autrefois, les baleines étaient plus grosses, et l'on en tirait jusqu'à soixante à quatre-vingts tonneaux d'huile; aujourd'hui une baleine ordinaire n'en fournit guère que trente à quarante. Les baleines du Spitzberg et du Groenland donnent deux fois plus de graisse que celles du Cap-Nord. Leur huile est recherchée. Les baleines qu'on pêche entre les tropiques sont si petites qu'il en faut quelquefois deux cents pour faire trois cents tonneaux d'huile. Il n'en est pas de même des baleines du Japon : cinquante suffisent à un chargement. Des différentes espèces de cétacés, le cachalot est le seul qui fournisse le *sperma-ceti* ou *blanc de baleine*. (*voyez* CÉTINE). Cette substance, dont on fait de très-belles bougies, et qu'on emploie aussi dans la pharmacie, s'extrait principalement de la cavité cérébrale du cachalot; elle se vend le double de l'huile fournie par le reste du corps; il n'est pas rare d'en tirer un demi-tonneau (500 kilogrammes) de la tête d'un seul cachalot. L'huile de baleine sert à toutes sortes d'usages, à l'éclairage, à la préparation des cuirs, à la fabrication du savon, à l'apprêt des étoffes, etc. Les fanons trouvent également leur emploi dans différentes industries.

Plusieurs peuples des régions arctiques, principalement les Kamtschadales et les Groenlandais, pêchent la baleine sur leurs propres côtes. Ce cétacé leur fournit la plupart des objets dont ils ont besoin : ils mangent sa chair cuite, séchée ou à demi corrompue, et fabriquent avec le reste de sa dépouille des vêtements, des chaussures, des outres, des rideaux, des mortiers, des filets, des manches de couteaux, des canots, des quilles de traîneaux et des clôtures pour leurs champs. Les uns se servent pour prendre la baleine de dards empoisonnés, de filets faits de courroies de morses; d'autres, à l'exemple des Européens, de lances et de harpons. Mais, si l'on s'en rapporte à quelques voyageurs anciens, il n'est aucun peuple qui déploie autant d'adresse et d'audace que les sauvages du littoral de la Floride. Exercés à nager et à plonger, dès que ces sauvages aperçoivent une baleine, ils s'élancent d'un bond sur sa tête, enfoncent un long cône de bois dans l'un de ses évents, et, s'y cramponnant fortement, ils se laissent entraîner sous l'eau par l'animal qui plonge aussitôt. Quand le besoin d'air fait remonter la baleine à la surface, ils en profitent pour enfoncer un second cône dans son autre évent, et, lui ôtant ainsi la faculté de respirer autrement qu'en tenant sa bouche ouverte, ils la contraignent à s'échouer à la côte ou sur des bas-fonds, seul moyen qui lui reste pour éviter que l'eau de la mer ne bouche la voie par laquelle elle peut encore respirer. Il devient alors facile à ses ennemis de lui ôter la vie.

Paul TIBY.

BALEINE (*Technologie*). *Voyez* FANON.
BALEINE (Blanc de). *Voyez* CÉTINE.
BALEINE (*Astronomie*). Constellation australe; son nom grec ainsi qu'arabe est *kêtos*. Elle a aussi conservé son ancien nom, celui du *dragon* (δράκων), dont elle semblait avoir la configuration. Quelques-uns lui donnent celle d'une lampe, tant sont vagues et imaginaires les figures des astérismes. Placée dans le ciel sous les Poissons et le Bélier ou Ariès, cette constellation, par sa brillante *secondaire* (étoile), fait un triangle équilatéral avec l'Ariès et les Pléiades. La Baleine est remarquable par les phénomènes de deux de ses étoiles, *b* et *o*. La première augmente, de siècle en siècle, d'intensité et d'éclat; la seconde, une des changeantes du ciel, dont les variations sont, avec celles du *Cygne*, les plus appréciables, passe périodiquement, dans l'espace de 333 à 334 jours, d'un éclat modéré à celui de *tertiaire*, époque à laquelle, pendant quinze jours, elle brille de la plus vive lumière, qui va s'affaiblissant et recommençant une semblable période, sauf quelques inégalités, ou son absence totale à l'œil. En effet, Hévélius rapporte qu'elle fut invisible quatre années de suite, depuis octobre 1672 jusqu'en décembre 1676.

Les poètes grecs veulent que POSÉIDÔN (Neptune), épris des charmes d'Andromède et furieux de ne la pas posséder, envoya un *kêtos* (une baleine) pour, non pas dévorer, comme disent quelques-uns, mais avaler cette princesse, quand se montra Persée, qui pétrifia le monstre, qu'en dédommagement le dieu des mers plaça dans le ciel. D'autres mythes prétendent que Poséidôn, outragé par Laomédon, demanda en expiation Hésione, la fille de ce roi, qui fit attacher l'infortunée à une roche sur le bord des flots, sous la vue d'un monstre marin qui venait la dévorer, quand la massue d'Hercule écrasa cet auxiliaire de Neptune, que le dieu fit passer de la mer au ciel, sous le nom de *Kêtos*.

DENNE-BARON.

BALEINIER. Ce mot désigne également et le bâtiment destiné à faire la pêche de la baleine, et le matelot embarqué à bord de ce bâtiment. Ainsi, l'on dit un *trois-mâts baleinier* pour indiquer que le trois-mâts dont on veut parler fait la pêche, comme on dit un officier baleinier pour distinguer de tous les autres officiers du commerce l'officier dont on veut parler particulièrement.

La construction du baleinier ne diffère pas de celle des autres navires. Aussi voit-on des armateurs choisir, pour les envoyer à la pêche, des bâtiments qui pendant plusieurs années ont fait toute autre navigation que celle à laquelle ils finissent par être destinés. Cependant il est incontestable que si l'on avait à construire un bâtiment pour la pêche du Nord surtout, on pourrait introduire dans sa construction des modifications favorables au genre de navigation que l'on se proposerait de lui faire faire.

Un navire baleinier, outre les objets d'armement qui, même à bord des autres bâtiments, doivent lui assurer les moyens de tenir longtemps la mer, se munit de ce qu'on appelle un appareil de pêche. Cet appareil se compose principalement : 1° des harpons et lances pour piquer et tuer le cétacé; des lignes et câbles destinés à attacher la baleine et à l'assujettir le long du bord, une fois prise, pour la dépecer; 2° des instruments coupants qui servent à enlever le gras de la baleine; 3° des pirogues avec lesquelles on chasse les baleines; 4° des fourneaux et des chaudières dans lesquelles on convertit en huile le gras du poisson; 5° des pièces ou fûts destinés à recevoir l'huile fondue et à être arrimés dans la cale.

Les *pirogues baleinières* sont des embarcations longues, légères, terminées en pointe devant et derrière, et réunissant toutes les conditions nécessaires pour marcher le plus possible à l'aviron et se manœuvrer avec la plus grande facilité. Chaque baleinier porte, suspendues sur son pont et sur ses côtés, le nombre de pirogues proportionné à son tonnage et à la force numérique de son équipage. Chaque pirogue est armée ordinairement de six hommes. Un de ces hommes gouverne l'embarcation avec un aviron : c'est le *chef de pirogue*; un autre se place sur l'avant : c'est le harponneur; les autres canotiers nagent dans la pirogue.

Les instruments avec lesquels les baleiniers piquent et tuent le poisson sont, comme nous l'avons dit, le *harpon* et la *lance*. Le *harpon* est une arme en fer très-malléable, de trois pieds de longueur environ, et de l'épaisseur d'un doigt. Il est terminé par une pointe triangulaire de la forme du piquant d'une flèche. Un long manche en bois, sur lequel on amarre la ligne qui est *cueillie* dans l'embarcation, sert à donner au *harponneur* la facilité nécessaire pour lancer ce trait dans le lard de la baleine. Souvent il arrive que la baleine, en fuyant avec le dard qu'elle a reçu dans une des parties du corps, tourne sur elle-même avec une telle force que le harpon dont elle cherche inutilement à se débarrasser se tord sur lui-même comme un tire-bouchon. Mais la qualité ductile du fer dont cet instrument est composé est si bien appropriée à l'usage qu'on en fait, que les harpons ainsi contournés servent presque toujours plusieurs fois, pourvu qu'ils soient bien confectionnés. Quoiqu'on dise *lancer le harpon* sur la baleine, il arrive toujours que le harponneur enfonce *deux* harpons dans la baleine pour mieux assurer sur elle la position de la ligne au moyen de laquelle l'embarcation doit se tenir amarrée au cétacé.

Les lieux de pêche plus fréquentés plus particulièrement les baleiniers sont les côtes du Brésil, le cap Horn, les îles Malouines, les côtes de Patagonie, les parages du Chili et du Pérou, la côte d'Afrique, les parages à l'ouest du cap de Bonne-Espérance et les baies qui avoisinent ce cap. Un baleinier d'une capacité ordinaire qui ne double pas le cap Horn met, terme moyen, un an dans ses voyages; celui qui double le cap Horn emploie de dix-huit mois à deux ans pour terminer ses voyages.

Aujourd'hui la rareté des baleines emporte plus loin les navires qui vont à leur recherche. Quelques-uns s'aventurent jusqu'aux glaces australes.

Ed. CORBIÈRE.

BALEINOPTÈRE (de *balæna*, baleine, et de πτέρον, nageoire), sorte de baleine ayant une nageoire dorsale.

BALFE (MICHEL-WILLIAM), chanteur et compositeur distingué, naquit le 15 mai 1808, à Dublin, où il reçut de son père et de Horn les premiers éléments de son art. Le jeune Balfe, on le devine à la facilité singulière dont ses productions ultérieures ont fait preuve, commença par être un enfant célèbre. A sept ans il jouait en public un concerto de Viotti avec le plus grand succès, et à seize ans il débutait à Londres, au théâtre de Drury-Lane, dans le rôle du mauvais chasseur, du *Freyschütz*. Quelque temps après, le chef d'orchestre ayant quitté le théâtre, Michel Balfe le remplaçait à l'âge où d'autres s'estimaient heureux d'être enrôlés sous son commandement : passant ainsi avec un égal bonheur de la scène au pupitre, comme il avait jadis laissé les concertos de Viotti pour les opéras de Weber.

En 1825 le chef d'orchestre sent encore une nouvelle faculté se développer en lui. Après avoir été, comme instrumentiste et chanteur, l'interprète de la pensée des autres, il aspire à produire la sienne. Il part pour Rome, et l'année suivante écrit la musique du ballet de *La Peyrouse*, pour la Scala. Revenant à la scène par un caprice d'artiste, il débute, en 1827, à notre Théâtre-Italien, sous le nom de *Balfi*, dans l'emploi de Pellegrini. C'était le beau temps des Sontag, des Malibran; malgré ce redoutable entourage, on se rappelle le succès éclatant qu'il y obtint dans les rôles de *Figaro*, *Dandini* du *Podestà*, *D. Giovanni*, etc.

Balfe quitta Paris et la scène au milieu de son triomphe, pour se livrer peu de temps après, et exclusivement, à la composition (1829). Alors se succédèrent avec rapidité à Palerme, Paris, Milan, ses opéras : *I Rivali* (1830); *un Avvertimento* (1832); *Enrico IV* (1834); à Londres, *l'Assedio di La Rochelle* (1835); *Manon Lescaut*, pour madame Malibran, qui obtint un succès de vogue (1836); *J. Grey* (1837); *la Dame voilée* et *Falstaff* (1838); *Joanne d'Arc* (1839); *Keolanthe* (1840); *la Gypsy* (1844). Depuis 1843 il a tenté deux fois, et toujours avec le même succès, notre deuxième scène lyrique : *le Puits d'Amour* et *les Quatre Fils Aymon* sont venus justifier sa réputation aux yeux des Parisiens. Néanmoins, en 1846, *l'Étoile de Séville*, jouée par Gardoni et madame Stoltz au Grand Opéra de Paris, n'eut aucun succès, malgré sa riche mise en scène. *Le Muldire*, représenté à Berlin en 1848, n'intéressa pas davantage le public.

La musique dramatique de Balfe se recommande par la clarté et l'abondance des motifs, leur bonne disposition pour la voix, l'entrain et la verve; son orchestration spirituelle enrichit sans appesantir, qualités qui le rangent parmi les disciples de Paër et de Rossini, dont il a reçu les conseils. Mais ce compositeur est essentiellement imitateur, et c'est surtout notre Auber dont il semble avoir cherché à s'assimiler la manière. Depuis 1846 Balfe remplit à Londres les fonctions de directeur de l'orchestre de l'Opéra-Italien et des concerts de la Société Philharmonique. Il y a fait représenter plusieurs autres ouvrages de sa composition, entre autres, en décembre 1846, l'opéra *the Bondmann* (le Serf), mais sans grand succès. B. DE CONGY.

BALFROUSCH ou **BALFOURUSCH**, c'est-à-dire *lieu de marché*, importante place de commerce de la province de Masenderan, en Perse, située sur le Baboul ou Bawoul, rivière navigable, qu'on y traverse sur un pont de huit à dix arches, dans une contrée marécageuse, malsaine en été, au milieu d'une forêt entremêlée de champs et de jardins. Les données varient beaucoup sur le chiffre de sa population, que les uns n'évaluaient qu'à 25,000 habitants, et d'autres à 70,000 et même à 200,000. Quoique les mœurs de cette population soient rudes et grossières, elle n'en contribue pas moins à répandre l'esprit de paix et de travail parmi les hordes errantes du voisinage. Dix caravansérails et grands bazars, presque aussi beaux que ceux d'Ispahan, servent aux relations du commerce. Au commencement du dix-septième siècle il n'y avait encore là qu'un village; l'heureuse situation de Balfrousch et les franchises commerciales qui lui furent accordées ont rapidement augmenté son importance. Une route très-sûre, latérale au Baboul, relie cette ville à Meschhed-i-sâr, grand centre commercial de la province de Masanderan, qui n'en est éloignée que de douze lieues, et où se trouve concentré le commerce russe dans la mer Caspienne.

BALGUERIE (Famille). Nom d'une honorable maison de commerce de Bordeaux, qui recommandent particulièrement les souvenirs laissés par son chef, Balguerie-Stattenburg. Sa carrière avait commencé au temps où tout renaissait en France à la suite de nos désastres révolutionnaires. Instruit et doué de cette sagacité vive et sûre qui constitue surtout l'esprit des affaires, il acquit promptement la confiance de divers négociants chez lesquels il fut d'abord occupé, jusqu'au moment où son association avec M. Sarget le plaça lui-même au rang de ceux dont il n'avait été jusque-là que le commis. Les succès de la nouvelle maison dont il était l'âme furent rapides, et dès les premières années de la Restauration on le voit en mesure de pouvoir se mettre à la tête d'importantes entreprises d'utilité publique. Balguerie avait compris la puissance de l'association à l'époque où cette puissance était encore en quelque sorte à créer en France. En 1817 il forma une compagnie pour l'achèvement du pont de Bordeaux, conception grandiose de Napoléon, qui fut ainsi promptement réalisée, grâce au concours des capitaux bordelais. Il ne sortit plus dès lors de la voie dans laquelle il était entré, et s'occupa sans relâche de développer dans cette partie de la France l'industrie manufacturière, qu'il appelait en aide à la riche industrie agricole dont elle est en possession depuis des siècles. Toutes les créations destinées à faire de sa ville natale une sorte de métropole du sud-ouest du royaume furent activement secondées par Balguerie, qui en même temps ne négligeait rien de ce qui pouvait ajouter à ses débouchés commerciaux, et armait lui-même des navires pour explorer les parages, peu fréquentés par notre marine marchande, des mers de la Chine. Vers 1830, sa pensée se tourna sur une partie de sa contrée bien digne d'intérêt à beaucoup d'égards; la Compagnie pour l'exploitation des landes bordelaises se forma sous ses auspices; il était peut-être à la veille de voir ses efforts récompensés par le succès, quand il fut emporté dans la force de l'âge par une maladie aiguë. Il expira le 19 août 1835.
P.-A. DUFAU.

BALI, île d'origine volcanique, située à peu de distance de l'extrémité orientale de Java, et nommée aussi à cause de cela *la petite Java*. Elle a une superficie de 5,775 kilomètres carrés et une population de 800,000 habitants, dont les uns professent le brahmanisme et les autres le bouddhisme, religions qui étaient aussi celles de la grande Java avant que l'islamisme s'y introduisit. Les sectateurs de Brahma observent également ici la division par castes, et possèdent une grande partie des livres sacrés des Hindous. Aujourd'hui qu'il est défendu dans l'Inde aux veuves de se brûler en l'honneur de leur époux défunt, l'île de Bali est le seul endroit où de semblables sacrifices aient encore lieu. L'île est gouvernée par huit radjahs, formant entre eux une espèce de confédération, et qui depuis longtemps reconnaissent la suzeraineté des Hollandais. Dans les dix années qui viennent de s'écouler, ils ont à diverses reprises cherché à se soustraire à la domination de Batavia; aussi les Hollandais ont-ils été obligés d'envoyer contre eux des expéditions en 1843 et 1847. Après de nombreux engagements, a été conclu entre les parties belligérantes, en 1848, un traité de paix aux termes duquel les différents princes de l'île ont pris l'obligation d'acquitter un tribut fixe.

BALI (Linguistique). Voyez PALI.
BALIOL. Voyez BAILLEUL.
BALISE (Navigation), marque placée à l'entrée des ports et havres pour indiquer aux bâtiments le passage le plus sûr. La balise est quelquefois un mât, mi-planté dans l'eau à l'entrée des canaux ou étangs qui bordent la mer. Le plus souvent la balise se compose de tonneaux attachés ensemble à une chaîne de fer, dont les extrémités sont retenues au fond de l'eau par de grosses pierres.

Les pêcheurs appellent aussi *balise* une bouée qui indique la position d'un filet par fond.

Le garde surveillant l'espace de terrain, que les propriétaires riverains sont obligés de laisser libre sur les bords des fleuves et rivières pour le halage, s'appelle *baliseur*.

BALISE, ville de l'Amérique anglaise, chef-lieu de la colonie de Honduras, sur la presqu'île de Yucatan et sur le fleuve de Balise, à son embouchure dans la baie de Honduras. Latitude nord, 17° 30'; longitude ouest, 90° 35'; 500 maisons environ : bon port, centre de tout le commerce extérieur de la colonie, entrepôt du commerce anglais avec les États confédérés de Guatemala. Aux environs est le fort George, principale station militaire de la colonie. Balise doit son origine au droit qu'ont les Anglais de couper du bois de campêche et d'acajou sur la côte orientale du Yucatan, au sud de Rio-Honda.

BALISIER. Les caractères généraux de ce genre de plantes, de la famille des amomées, sont un calice supère, coloré, souvent à six divisions irrégulières, avec une étamine insérée à la base du calice, un style à stigmate simple ou partagé, une capsule à trois loges, fleurs avec spathe. Les espèces les plus connues sont : le *balisier de l'Inde* (*canna indica*), le *balisier à feuilles étroites* de l'Amérique équinoxiale, le *balisier glauque* de l'Amérique méridionale, le *balisier gigantesque* de l'Inde, et le *balisier flasque* de la Caroline méridionale. Ces plantes figurent très-bien dans des plates-bandes, mais elles craignent le froid : il faut les semer sur couches, et leur donner au moins l'orangerie pendant l'hiver dans les provinces du Nord. Bien abritées et garnies de paille, elles passent l'hiver en pleine terre dans nos provinces méridionales.

Les racines du *balisier de l'Inde*, improprement appelé canne d'Inde, sont composées de gros nœuds de tubercules fibreux et chevelus, d'où partent quelques tiges, hautes de près de deux mètres, enveloppées de feuilles qui forment d'abord des cornets bien roulés, et qui peu à peu se déploient et ont souvent 50 centimètres de longueur sur 16 à 21 de large : elles sont rayées de plusieurs nervures transversales qui partent de la nervure médiane. Ses fleurs occupent le sommet des tiges ; elles sont d'un beau rouge ; chacune d'elles est un tuyau découpé profondément en cinq ou six pièces inégales. Le calice présente à sa base un embryon qui devenu fruit contient dans ses trois cellules membraneuses des semences brunes, rondes, dures, grosses comme de petits pois, et dont on fait des chapelets.

BALISTE (*Art militaire*), de βάλλειν, lancer. Cet instrument de jet des anciens, nommé aussi *scorpion*, se composait de deux écheveaux, de quatre chapiteaux, de deux bras ou styles, d'un canal, etc. Pour en comprendre le mécanisme, il faut imaginer deux écheveaux tendus verticalement à quelque distance l'un de l'autre, et chacun de ces écheveaux traversé par une tige horizontale ; les deux extrémités les plus éloignées de ces tiges étaient jointes par une corde qui complétait le mécanisme de l'arc.

Pour monter la baliste, on saisissait la corde par le milieu avec un croc, ou de toute autre manière aisée à concevoir, et, au moyen de leviers, de treuils peut-être, on bandait les deux écheveaux à la fois ; on plaçait le trait ou la pierre dans le canal ; on pointait, on lâchait la détente, et le coup partait.

Les Romains des premiers siècles de notre ère, qui faisaient un très-fréquent usage de ces machines, les avaient montées sur des roues et avaient adopté pour ainsi dire un certain nombre de calibres ; de telle façon que, la grosseur de la corde une fois fixée, toutes les dimensions des diverses pièces de la machine s'en déduisaient. Remarquons que les cordes en chanvre dont nous faisons usage ne seraient pas propres à produire une grande force d'impulsion et se désorganiseraient par la torsion. Aussi les Romains employaient-ils pour la fabrication de ces cordes, dont l'art s'est perdu faute d'application, des nerfs, des crins ou des cheveux. Cela nous fait comprendre pourquoi l'antiquité vit quelquefois dans les villes assiégées les femmes couper leur chevelure pour la faire servir à prolonger la défense. Le moyen âge étant parvenu à fabriquer des bandes d'acier, on en forma les bras des arcs, et on remplaça l'élasticité de torsion des cordes par l'élasticité de l'acier à la flexion. Le mécanisme de ces nouvelles machines, beaucoup moins compliqué que celui des anciennes, conduisit à l'arbalète.

Chaque légion romaine traînait avec elle cinquante-cinq balistes et dix onagres ou catapultes. Chaque baliste était servie par douze hommes.

BALISTE (*Ichthyologie*). Ces poissons, dont on connaît environ une trentaine d'espèces, presque toutes originaires des régions intertropicales, sont doués des couleurs les plus vives. Le nom de *baliste* leur a été donné par Artédi, à cause d'un aiguillon qui arme leur dorsale et que l'animal, lorsqu'il est menacé, redresse avec vivacité pour frapper l'ennemi qui l'attaque. La dorsale des balistes est encore munie de deux aiguillons plus petits. Ces poissons se font encore remarquer par un bassin toujours saillant et hérissé d'épines qu'on a regardées comme les rayons rudimentaires des nageoires ventrales. La queue de certaines espèces est dégarnie d'épines, tandis que chez d'autres elle est armée de plusieurs rangées d'aiguillons recourbés en avant, et dont le nombre varie de deux à quinze.

BALISTIQUE (du grec βάλλειν, lancer). Le mot répond aux termes grecs *acontismologie* et *catapultique*, ou art de tirer la *catapulte* ; il exprime une des branches de l'art militaire.

La balistique est originaire de l'Asie ; elle est l'appréciation du mouvement des corps pesants lancés en l'air ; d'abord elle était l'art de faire jouer les machines de guerre, maintenant elle embrasse les armes pyrobalistiques de l'artillerie et de l'infanterie ; elle calcule les lignes des trajectoires, le tir des bouches à feu, l'effet des projectiles, la mesure de l'angle qu'en ces opérations l'axe des tubes forme avec l'horizon ; elle évalue la portée, en la supputant sur la distance connue du but, sur le poids de la charge de l'arme à feu, sur la proportion et la pesanteur des mobiles, et même sur la disposition de l'atmosphère et la mesure des couches d'air ; elle applique l'étude des cibles et l'expérience des feux, et règle sur ces données la cyclodiatomie. Posséder la balistique, c'est donc tirer avec justesse, en variant à volonté les effets de l'arme mise en jeu. Cette étude est surtout une des parties de l'artillerie considérée comme science.

La balistique des Romains était de peu d'effet ; aussi n'en attendaient-ils qu'un faible secours : de là l'opinion que les camps retranchés faisaient seuls la sûreté des armées. Le moyen âge s'aidait à peine aussi de la balistique, bornés pour l'attaque ou la défense des châteaux : on regardait alors les armes blanches comme les plus sûres, et la cavalerie comme le fond et l'âme de l'armée. La balistique n'a donc exercé pendant longtemps qu'une médiocre influence sur les formes militaires et les intérêts sociaux. Tant que cette science a été incertaine et bornée, le soldat n'a tiré son principal mérite que de sa force physique, et la guerre s'est renfermée dans les combats corps à corps. La tactique, en se perfectionnant, y a substitué les combats en ordre profond ; les armes de jet, en se perfectionnant à leur tour, ont amené l'ordre déployé.

Du moment que la balistique rend plus mobiles ses engins, étend les portées et foudroie à l'improviste, la castramétation perd de son importance, les peuples s'émancipent, l'infanterie obtient la préférence sur les troupes à cheval, les armes défensives passent de mode, la cavalerie n'est plus que secondaire, l'espacement et l'amincissement des lignes de bataille deviennent un besoin senti, les efforts de la vigueur brute ne décident plus du succès : l'habileté du général, l'à-propos de son coup d'œil, la rapidité de l'exécution et le courage d'esprit sont les arbitres de la victoire.

Les recherches et les combinaisons auxquelles les anciens se seraient livrés touchant la balistique propre aux armes qui leur étaient familières nous sont mal connues. On ne saurait nier cependant que sur quelques points, et à quelques époques, la balistique n'ait été savante, même dans le moyen âge : on en retrouve la preuve dans la fabrication des catapultes et de tant d'étonnantes machines de guerre alors en usage ; on demeure convaincu de leurs prodigieux effets quand on songe aux difficultés de l'extraction, du transport, du jet de ces mobiles énormes qui, comme le dit Daru en parlant des milices italiennes, semblent appartenir à la guerre des géants.

Depuis l'invention de l'artillerie, Tartaglia se livra, le premier, à des expériences de balistique ; Galilée en fit un des objets de ses études ; Blondel s'en occupa plus spécialement, tandis qu'en Angleterre Halley, et en Allemagne Herbestein, rivalisèrent d'efforts. Newton appliqua à des démonstrations décisives le sceau de son génie ; mais il restait encore des découvertes à faire, et les recherches des Bernoulli, développées par Euler, rendirent classique une partie de cette science. Maupertuis en traita dans un mémoire savant et succinct. Robins, qui marche à leur suite, se montra enrichi de tout le savoir de ses devanciers, et il excita de nouveau l'émulation d'Euler, par qui il fut savamment commenté. Lambert ajouta par ses travaux à la masse des connaissances acquises. Les problèmes de la balistique exercèrent ensuite Lombard et Tempelhoff. Bezout composa ses *Éléments de Balistique* d'après les expériences faites en 1770 à La Fère. MM. Allaise, Billy, Boudrot, Puissant, ont cherché à approfondir cette science et en simplifiant l'étude. La balistique d'infanterie a occupé Guibert, Deligne, Mauvillon. Enfin, Lagrange a traité le problème fondamental de la balistique, et plusieurs formules relatives au mouvement des boulets dans l'intérieur des canons ont été extraites de ses manuscrits par Poisson, et insérées dans le 21° cahier du *Journal de l'École Polytechnique*. Des expériences plus récentes faites en Angleterre par M. Ch. Dupin sont décrites en détail dans ses voyages.

Gal BARDIN.

BALIVAGE. C'est l'action de marquer les arbres dont on veut faire des baliveaux.

BALIVEAU. On appelle ainsi, en termes d'eaux et forêts, les jeunes arbres choisis et réservés lors de la coupe d'un bois, et que l'on destine à croître en haute futaie. Les baliveaux qui sont du même âge que le taillis, c'est-à-dire venus de semence en même temps que lui, s'appellent *baliveaux de l'âge* ; ceux de deux ou trois âges, *baliveaux modernes*, et ceux de plus de trois âges, *baliveaux anciens*. On doit les choisir, autant qu'il se peut, dans l'ordre suivant : le chêne, le hêtre, le frêne, le châtaignier, le bouleau, le tremble, etc. Les *baliveaux de l'âge* doivent être choisis parmi les sujets de *brin* ou de *semence*, et toujours parmi les arbres les plus sains et de la plus belle venue. Les *baliveaux modernes* sont pris parmi les baliveaux de l'âge réservés lors de la coupe précédente, et l'on doit s'attacher particulièrement à ne conserver que les arbres les plus vigoureux et qui présentent les plus belles proportions, en rejetant tous ceux qui sont rabougris ou couronnés. Les *baliveaux anciens* sont choisis parmi les modernes qui ont atteint trois âges, et ce choix doit toujours se porter sur les arbres les plus gros et les mieux venants.

La composition des réserves et l'espacement convenable des baliveaux sur la surface du bois sont les deux points les plus importants de l'art du forestier.

[Les règles ordinaires de la coupe des bois établissent qu'il sera laissé 25 baliveaux par demi-hectare. C'est l'espérance de la futaie ; mais ils trompent souvent cette destination. Ces arbres, demeurés seuls dans le désert, ébranchés et décontenancés, prennent d'abord un air de privilégiés ridicules, dont le temps ne tarde pas à les punir.

L'auteur de *la Métromanie*, voulant caractériser un riche campagnard pédantesquement fier de sa position sociale, lui donne le nom comique de *Baliveau*. On croit voir tout de suite un personnage plus haut que les autres, maigre et dominateur. On dit que lorsque Baptiste aîné jouait ce rôle entre quelques acteurs de taille moyenne, l'analogie de cette image était parfaite.

Privés de l'abri de leurs frères, et arrachés à l'égalité protectrice, souvent les baliveaux périssent sous l'effort de la gelée, ou bien ils sont renversés par les vents. Passés à l'état d'orphelins, non-seulement ils souffrent, et les quelques glands qu'ils peuvent donner, tombés au hasard, ne réussissent point ; mais sous leur ombrage ils font pourrir autour d'eux les souches voisines. La croissance d'une forêt doit être fraternelle et simultanée. Jamais baliveau n'est parvenu à faire une poutre, un arbre de pressoir. Les conserver est, dans presque tous les terrains, d'une inhabile administration : « C'est, dit Réaumur, une mauvaise manière de repeupler le royaume des bois. »   H. DE LATOUCHE.]

BALIVERNE. *Voyez* BILLEVESÉE.

BALKAN (Mont), l'*Hæmus* des anciens, l'*Eminch-Dagh* (le bouclier) des Turcs, l'un des principaux systèmes de montagnes de l'Europe, dans la Turquie et dans la Grèce, et dont la chaîne principale, se continuant avec celle des Alpes, commence à la vallée de Narenta, par environ 15° 30' de longitude est, et se termine au cap Emineh sur la mer Noire par 25° 33' de longitude est et 42° 41' de latitude nord. Le développement de cette chaîne est d'environ 775 kilomètres ; elle sépare les anciennes provinces turques de Bosnie, Servie et Bulgarie au nord, de celles d'Herzegovine, Albanie et Romélie au sud. Sa pente la plus abrupte est celle du versant méridional. Son noyau central semble être le massif de l'Egri-Sou, qui supporte le bassin, presque fermé, où coule le Kara-Sou à son origine. Les cimes de l'Egri-Sou, sur la paroi septentrionale de ce bassin, s'élèvent à 3,000 mètres, et sont les points culminants de la chaîne. La crête principale, sous le nom de *Boujouk-Balkan*, l'*Véliki-Balkan*, c'est-à-dire grand Balkan (le *Khodjah-Balkan* ou *Eminch-Dag* des Turcs), se relie au midi avec les groupes de *Derbent*, et au nord avec les premières assises du petit Balkan, le *Koudjouk* ou *Malo-Balkan*.

Des contreforts du Balkan, le plus considérable est celui qui se détache du nœud de Perserin, entre les vallées du Drin et du Verdari, pour courir au sud et couvrir de ses ramifications tout le sol de l'ancienne Grèce. Deux autres contreforts méridionaux bornent à l'ouest et à l'est le bassin de la Maritza. Le premier est la chaîne du Despoto-Dag, le *Rhodope* des anciens ; le second, longeant à une faible distance la côte de la mer Noire, se prolonge jusqu'à l'entrée du canal de Constantinople. Le grand contrefort septentrional de la chaîne est celui qui se détache du massif central à l'est de Sofia. Il forme la paroi orientale du bassin de la Morava, s'avance jusqu'au Danube, dont il resserre le cours à Orsova, dans l'étroite gorge dite la Porte-de-Fer (*Demir-Kapou*), et, traversant le lit du fleuve, se continue dans la chaîne des Karpathes.

La chaîne centrale du Balkan isole presque complètement les pays qu'elle domine. Les déchirures profondes et étroites de sa cime ne forment, dans des sites fort rares, que des sentiers, à peine praticables pour les bêtes de somme ; une seule grande route la traverse, celle de la *Porte Trajane*, ou de *Soulou-Derbend*, de Sofia à Philippopoli, ou de Vienne à Constantinople. Ce passage porte le nom de l'empereur qui le fit ouvrir. Les plus importants sont ensuite, de l'ouest à l'est, ceux de Scutari à Novibazar, de Piristina à Ouskonb, de Kostendil à Philippopoli, traversant deux fois la chaîne, de Kabrova à Kazanlick, de Stareka à Selimno, ou Porte-de-Fer, et celui de Nadir-Derbend, à 35 kilomètres ouest du cap Emineh.

Les fertiles vallées au sein desquelles coulent les fleuves qui ont leur embouchure dans la mer Noire, tels que le Paravadi, le Kamisek, l'Ardos et le Nadir, sillonnent, en y formant de larges échancrures, la chaîne orientale du Balkan, dont la profondeur devient tout à coup de 88 à 111 kilomètres. Sur les hauteurs septentrionales on trouve les forteresses de Schoumla et de Paravadi ; au pied de son versant méridional, les villes de Karnabat et d'Aldos ; sur la côte, au nord, Varna ; au sud, Bourgas ; tous lieux situés à proximité des principaux passages, et dont, en 1829, on a pu apprécier l'importance stratégique.

Les anciens poètes assurent que l'*Hæmus*, *Hæmus*, ou *Æmus*, fut ainsi nommé d'un fils de Borée, le vent du nord, roi de ces cimes glacées, et d'Orithyie, leur reine. L'ancien

Scomius ou Scobrus, aujourd'hui la chaîne de Doubnitza, où prenait sa source le froid Strymon, est une portion de l'Hœmus. Ce fut dans la contrée qu'arrosait ce fleuve qu'Orphée dicta ses lois; là il pleura Eurydice, là il grossit le cours des eaux de ce torrent du torrent de ses larmes, au dire des mythes grecs.

Les anciens géographes ayant prétendu que de ses cimes les plus élevées on découvrait d'un côté l'Adriatique, de l'autre le Pont-Euxin, Philippe, roi de Macédoine, voulut s'assurer de ce fait par ses propres yeux. Malheureusement des nuages voilaient l'atmosphère, puis il y a plus de 400 kilomètres entre ces deux mers, puis enfin les montagnes d'Albanie bornent au loin l'horizon et la vue des flots d'Adria. Les pics de l'Hœmus, éblouissants aux rayons du soleil comme du cristal ou de l'argent, lui ont fait donner par les Italiens le nom d'*Argentaro*. L'Hèbre, aujourd'hui *Maritza*, fleuve qui a aussi un nom mémorable, naît au pied de l'Hœmus, et descend par la vallée que forme ce mont avec le Rhodope pour aller se jeter par deux bouches, vis-à-vis l'île de Samothrace, dans la mer Égée (aujourd'hui l'Archipel), dans les vagues de laquelle, il porta jadis, à travers les rocailles de son lit, la tête et la lyre d'Orphée, mis en pièces par les bacchantes. Trajanopolis et Hadrianopolis, bâties sur ce fleuve, n'y ont laissé depuis longtemps que la célébrité de leurs noms.

Depuis des siècles le Balkan est le boulevard, le bouclier, l'abri de Constantinople contre les invasions du Nord. Au mois de juillet 1829 le feld-maréchal Diebitsch franchit si rapidement avec l'armée russe cette chaîne de montagnes, à la vérité faiblement défendue par les Turcs, mais admirablement protégée par ses obstacles naturels, que dès le 26 juillet il était parvenu sous les murs de Karnebat, et était en pleine marche sur Andrinople, après avoir démoralisé l'armée du grand vizir par les défaites qu'il lui avait fait essuyer en Boulgarie le 17, le 18 et le 19 juillet, et l'avoir rejetée dans les places fortes du Nord. Le feld-maréchal dut à cette opération, aussi heureuse que décisive, le glorieux surnom de *Sabalkanski*, ou *vainqueur des Balkans*, lequel lui fut décerné par son souverain.

BALKH, jadis la province la plus septentrionale de l'Afghanistan; forme aujourd'hui dans le Khoraçan oriental un des arrondissements de Bokhara, quoique sa position politique entre Bokhara, l'Afghanistan et le Koundouz soit encore fort peu précise. Ce pays, situé dans l'ancienne Bactriane, occupe les premières assises du plateau qui, dans le territoire de l'Amou supérieur, relie les hautes chaînes de l'Hindou-Kouh aux basses vallées de Bokhara; situation d'une importance extrême pour le commerce entre l'Inde et l'est de l'Europe, et qui devait l'être bien davantage quand les marchandises de l'Inde et de la Chine n'arrivaient pas encore en Europe en doublant le cap de Bonne-Espérance. Le sol du Balkh tient généralement de la nature du désert, et ce n'est qu'à l'aide d'un système d'irrigation artificiel qu'on parvient à lui communiquer un peu de fertilité. Là où mûrissent en été la vigne et l'abricotier, et où le mûrier favorise l'industrie séricicole, on éprouve souvent des hivers d'une rigueur extrême, accompagnés d'énormes chutes de neige. Les habitants, d'origine uzbèke, participent de la nature variable de leur pays. Les uns constituent de paisibles tribus nomades, les autres sont de rudes guerriers, ou des brigands, ou des conducteurs de caravanes, ou encore des agriculteurs et des gens de métier répartis dans les villages et les villes.

Cette province a pour chef-lieu *Balkh*, situé à 39 kilom. de l'Amou, dans une contrée entrecoupée à l'infini par des fossés et des canaux recevant les eaux déviées du Roudi-Haai et les déchargeant dans l'Amou. Cette ville prend encore aujourd'hui la qualification superbe d'*Amou-al-Bouloud*, qui veut dire mère des villes; mais elle ne rappelle guère la splendeur de l'antique Bactres que par la vaste étendue de ses ruines.

Gengis-Khan et Tamerlan détruisirent Balkh presque complétement, et en 1825 elle fut encore pillée et saccagée par le redoutable souverain de Koundouz, Mir-Mourad-Bey. C'est à grand'peine si elle compte aujourd'hui quelques milliers d'habitants, pour la plupart originaires du Kaboul, et dont l'industrie principale consiste dans le tissage des étoffes, et plus particulièrement des étoffes de soie. Comme État-frontière situé entre l'Afghanistan et Bokhara, Balkh a joué un rôle important dans la dernière guerre des Anglais contre les Afghans.

BALLADE. La ballade, comme son nom l'indique, devait être originairement un chant destiné à accompagner les danses; tous les peuples méridionaux la définissent ainsi; chez les vieux Castillans, *ballar* est synonyme de *cantar*; en France, on disait autrefois *baller*:

......Il sait danser, baller,
Faire des tours de toute sorte. (LA FONTAINE.)

Nous avons encore aujourd'hui le mot *bal* et le participe *ballant* : des bras ballants. Du mot baller on a fait ballade, suivant le sentiment de Sebilet (*Art poétique français*, Lyon, 1576), du célèbre prote de Poitiers (*Traité de l'Orthographe française*), et de Lafrenaie-Vauquelin :

.... Des troubadours
Fut la rime trouvée en chantant leurs amours;
Et quand leurs vers rimés ils mirent en estime,
Ils sonnaient, ils chantaient, ils ballaient sous leur rime.
Du *son* se fit sonnet, du *chant* se fit *chansons*,
Et du *bal* la *ballade* en diverses façons.
Ces trouvères allaient par toutes les provinces
Sonner, chanter, danser leurs rimes chez les princes.
(*Art poétique*, chant I.)

La ballade française est composée de couplets faits sur les mêmes rimes et finissant par le même vers. La ballade contient ordinairement trois strophes ou couplets, et un envoi. Les strophes sont de huit, dix ou même douze vers; anciennement elles étaient quelquefois de neuf ou de onze. Les vers ont tantôt huit, tantôt dix syllabes; mais ils sont tous de la même mesure dans la même ballade. Les ballades les plus exactes ont un envoi de quatre vers lorsque les strophes sont de huit, de cinq lorsqu'elles sont de neuf ou de dix, et de six quand elles ont onze ou douze vers. On trouve cependant quelques ballades sans envoi et même sans refrain; mais c'est une exception.

Telle est en effet la forme la plus ordinaire de ce petit poëme, qui eut une grande vogue en France jusqu'au règne de Louis XIV; et je m'étonne qu'il l'ait conservée si longtemps, tant il me paraît peu en harmonie avec le génie de notre langue : on ne peut l'expliquer que par la puissance de la mode et le penchant naturel des Français pour l'imitation dans les arts.

Ces compositions, où la forme est trop rigoureuse et trop importante pour que la pensée n'y soit pas accessoire, me paraissent devoir appartenir à des langues plus souples, plus riches que la nôtre, à des langues artistes, où les mots, étant naturellement sonores et pittoresques, parlent pour ainsi dire d'eux-mêmes, et peuvent causer à une oreille délicate un plaisir dû en quelque sorte au seul concours des sons et à une difficulté élégamment vaincue. Par cette raison, je crois à notre ballade une origine méridionale. En effet, les mêmes caractères la distinguent chez tous les peuples du midi. La *ballata* des Italiens, la *balada* des Castillans, la *balada* des Catalans ou Provençaux, sont également des compositions de peu d'étendue, d'un rhythme régulier et pour ainsi dire musical, dans lesquelles on retrouve ces combinaisons de rimes, de coupe, de refrain, qui caractérisent la ballade. Elles subissent cependant quelques modifications. Chez les Italiens, l'envoi, ou demi-strophe, appelée par cette raison *entrata*, se place au commencement et non à la fin de la *ballata*; l'*entrata* est ordinairement de quatre vers, si les vers de la strophe sont en nombre pair; de trois si ce nombre est impair. Les ballades de Pétrarque se composent le plus souvent de l'*entrata* et d'une seule strophe (c'est ce qu'on appelle *ballata ignuda*; quand la *ballata* a plusieurs strophes, elle se nomme *ballata vestita*), jamais de plus de deux. Les strophes sont de sept, neuf, dix ou douze vers. Dante est plus varié et dans le nombre et dans la coupe des strophes; il y a des ballades de trois et quatre strophes; l'une n'a pas d'*entrata*, une autre en a deux, au commencement et à la fin. Boccace termine aussi par une ballade chaque journée de son *Decamerone*.

La *balada* catalane, à qui la nôtre a le plus emprunté, comme la nôtre, se compose ordinairement de trois couplets sur les mêmes rimes avec un refrain. Quelquefois cependant les rimes y sont libres comme dans notre chanson. Les vers peuvent être de diverses mesures dans une strophe, pourvu que la strophe ait la même coupe.

Dans le midi, la ballade est lyrique, elle chante; dans le nord au contraire elle est épique, elle raconte. Les vieilles *ballades anglaises* sont de longs récits en strophes, où la forme proprement dite est comptée pour peu de chose. Dans quelques-unes, cependant, un vers se répète d'un couplet à l'autre, comme on le voit dans plusieurs de nos anciennes romances; d'autres ont une sorte de refrain insignifiant, dont notre chanson de *Marlborough* pourrait donner l'idée; peut-être est-elle parodiée sur quelqu'une de celles-là. Ainsi, tandis que les *trobadors* de nos contrées méridionales faisaient danser au bruit de leurs ballades les dames et damoiselles, les bardes de l'Angleterre, ou les *minstrels*, qui leur avaient succédé après la conquête des Normands, accompagnaient les leurs d'une pantomime qui en reproduisait le sujet. C'est du moins ce qu'ont supposé les érudits, en remarquant que les chroniqueurs monastiques n'emploient jamais pour désigner un *minstrel* les mots qui pourraient s'appliquer à des chanteurs, comme *citharædus*, *cantator*, ou *citharista*; mais bien ceux de *mimus*, *histrio*, *joculator*, qui sembleraient plutôt reproduire le geste ou l'action théâtrale.

L'ancienne ballade française est aujourd'hui tout à fait abandonnée. Ce qu'on appelle de ce nom parmi les modernes se rapproche le plus souvent de la ballade anglaise; les *ballades allemandes* de Schiller, de Gœthe, de Bürger, etc., sont composées dans ce type. Je ferai observer en passant, toutefois, que les poésies de ce dernier, bien que connues sous le nom de ballades, ne sont point imprimées sous ce titre, pas même la fameuse *Lénore*, tant citée depuis madame de Staël. Cependant ce nom a prévalu, comme on peut le voir dans la correspondance de Bürger lui-même, sans doute parce que beaucoup de ses poésies sont imitées des ballades anglaises, qu'il relisait sans cesse.

Cette sorte de poème pour l'Angleterre et pour l'Écosse, où elle fut toujours éminemment populaire, ce que la romance (*el romance*) est pour l'Espagne, un cadre où viennent se placer tour à tour l'histoire, les traditions, les croyances, les superstitions nationales. Aussi trouve-t-on dans la littérature anglaise de fréquentes citations de ballades. Les drames de Shakespeare sont remplis d'allusions à celles de son temps; quelques-unes même sont des ballades mises en drame, quelques autres au contraire ont fourni des sujets de ballade. « Un chant vulgaire, ou une ballade qui fait les délices du peuple, dit Addison, ne peut manquer de plaire à quelque lecteur que ce soit, pourvu que l'affectation ou l'ignorance ne le rende pas tout à fait insensible à ce plaisir. La raison en est facile à concevoir, puisque les mêmes traits naturels qui le recommandent au lecteur illettré porteront beaux à celui qui est le plus éclairé. » Plusieurs de ces pièces, remarquables par l'intérêt de la composition et la naïveté du style, telles que *les Enfants dans les bois*, *l'Ombre de Marguerite*, *la Jeune fille aux cheveux châtains*, etc., ont acquis une popularité européenne, que beaucoup d'autres auraient également méritée.

Mᵐᵉ Amable Tastu.

BALLAINVILLIERS (Le baron de), fils d'un chancelier de l'ordre de Saint-Louis et intendant d'Auvergne, servit d'abord dans les mousquetaires noirs; puis il entra dans la magistrature. Nommé avocat du roi, il devint successivement conseiller au parlement et maître des requêtes de l'hôtel. Quelques rapports dont il fut chargé par Necker et de Calonne l'ayant mis en évidence, il épousa une nièce de Calonne, et obtint l'intendance du Languedoc. Au commencement de la révolution, il fut nommé maire de Montpellier et citoyen de Nîmes par le peuple de ces deux villes; mais il revint dès 1791 à Paris, où Louis XVI le nomma presque aussitôt conseiller d'État, et le chargea à l'étranger d'une mission secrète auprès des princes ses frères. Ballainvilliers ne cacha, à son retour dans la capitale, chez un homme qui lui accorda pendant plus d'un an l'hospitalité la plus généreuse.

Lorsqu'une surveillance moins active lui permit de quitter la France, il émigra, obtint la survivance de M. de Monthyon, chancelier du conseil de *Monsieur*, et devint intendant général de l'armée des princes. Ballainvilliers, rentré en France à la faveur de l'arrêté des consuls de 28 vendémiaire an IX, se consola de la perte de la presque totalité de sa fortune en cultivant les lettres; il publia en 1811 une traduction peu connue des *Odes* d'Horace en vers français, et vécut ignoré jusqu'au retour des Bourbons. La Restauration lui rendit ses places de chancelier du conseil de *Monsieur* et de conseiller d'État. Il fut même désigné par Louis XVIII pour présider provisoirement le conseil des ministres pendant une absence du président titulaire, et en 1826 il fut nommé grand prévôt et maître des cérémonies des ordres du roi, en remplacement du marquis d'Aguesseau. Rentré de nouveau dans une honorable obscurité à la révolution de Juillet, il reprit ses travaux littéraires, et mourut en 1834, entouré de la famille de celui qui l'avait sauvé sous la révolution et qu'il avait adoptée.

Il y a quelques années les promeneurs admiraient encore sur nos boulevards intérieurs, entre la rue du Faubourg-Poissonnière et celle du Faubourg-Montmartre, une royale demeure, qui s'élevait au fond d'un majestueux jardin français : c'était l'ancien hôtel de Ballainvilliers, qui fut vendu à l'époque de la révolution. Le banquier prussien Rougemont de Lowenberg s'en rendit plus tard acquéreur. A la mort de ce financier, ses héritiers résolurent de se défaire en détail d'une propriété qui avait plus que décuplé de valeur par suite de la hausse toujours croissante des terrains dans cette partie de la capitale. En conséquence, ils vendirent d'abord à Paris à provenir de la destruction de l'hôtel de Ballainvilliers; puis les beaux arbres, les majestueux quinconces du jardin, disparurent en quelques semaines sous la hache des démolisseurs, pour faire place à une belle mais triste rue qui porte aujourd'hui un nom inconnu de la génération actuelle, celui de l'opulent banquier. Le terrain s'y est vendu sur le pied de 2,500 fr. le mètre; ce qui portait l'hectare à 25 millions. Or, la totalité de l'espace occupé par l'hôtel et le jardin n'était pas moindre d'un hectare.

BALLANCHE (Pierre-Simon), né à Lyon, le 4 août 1776, mort à Paris le 12 juin 1847, exerça d'abord à Lyon la profession d'imprimeur, tout en longtemps, dans cette ville, propriétaire et éditeur du *Bulletin de Lyon*, qui avait appartenu à son père, imprimeur lui-même.

Appelé de bonne heure à partager les travaux de son père, il contracta dans ces occupations l'amour des livres et de l'étude, vivant comme cloîtré dans la maison paternelle, déjà sérieux et méditatif, ennemi du mouvement et du bruit extérieur, au point qu'il resta, dit-on, trois années entières sans sortir. Troublé par la révolution dans ses études, forcé de fuir avec sa mère au fond d'une campagne et soumis aux plus dures privations, le jeune Ballanche ne fit que languir pendant ces premières années de nos troubles civils. Ses souffrances physiques s'aggravant des douleurs morales que lui causaient les malheurs du temps, on désespéra de le conserver. Revenu à Lyon à la suite du 9 thermidor, sa convalescence fut lente et pénible, et il n'acheta la santé qu'au prix de véritables tortures. Une partie des os de la face et du crâne étant altérés ou déjà frappés de mort, il fallut appliquer le trépan, cruelle épreuve que le jeune patient supporta sans proférer une seule plainte. Une difformité étrange du visage, une extrême irritabilité du système nerveux, une altération de tous les organes de l'intelligence, telles furent les suites de l'opération si courageusement subie par le jeune Ballanche. Il n'avait pas attendu que sa convalescence fût parfaite pour reprendre ses études et ses travaux, ou plutôt jamais il ne les avait interrompus. A vingt ans il composa son premier livre, *Du Sentiment*, qui parut vers 1801. En 1813 il publia *Antigone*, et quatre ans plus tard son *Essai sur les Institutions sociales*. La *Palingénésie sociale* parut dans les années suivantes, par fragments.

[Il faut honorer d'une estime particulière et d'une admiration isolée les noms de ceux qui dans le tumulte des soixante années qui viennent de s'écouler, au milieu de tant d'ambitions enflammées et d'intrigues flagrantes, conservèrent pur le culte de la philosophie. Ballanche doit être placé à la tête de ces noms vénérables et rares. La pensée ne fut jamais pour lui un trafic, un moyen, une vanité. Le style, dont il possédait quelques-uns des secrets les plus exquis, ne fut dans ses mains ni une séduction ni une arme. Il ne se mêla à aucun des groupes qui essayaient de gravir le pouvoir, et se tint avec une gravité et une constance merveilleuses à l'abri de toutes les passions haineuses et de toutes les prétentions d'autorité, de crédit et de fortune auxquelles les philosophes eux-mêmes échappent aujourd'hui malaisément. C'était un vrai philosophe dans l'acception antique et sévère de ce mot, souvent flétri ou détourné. De sincères méditations, une observation infatigable, de nobles amitiés et la composition de grands ouvrages, destinés non à l'amusement de la foule, mais à l'étude et à l'amour de quelques intelligences d'élite, occupèrent sa vie, dont l'Académie Française vint enfin couronner la modestie et le renommée. Ces caractères de pensée et de talent, si peu communs dans notre époque, eurent pour résultat une ascension continue dans la sphère de la philosophie et de l'art.

Les premiers écrits de Ballanche, où la sensibilité dominait l'imagination et laissait peu de place à la raison pure, étaient loin de faire pressentir ou d'indiquer le degré de profondeur dans l'idée et de perfection dans la forme que le philosophe était destiné à conquérir. Au rebours de presque tous les talents contemporains, dont la première sève exubérante jaillit en promesses suivies d'une sénilité précoce ou d'une stérilité incurable, Ballanche, comme penseur et comme écrivain, ne cessa pas de s'élever sans cesse vers des théories plus nettes, soit vers une manière plus arrêtée et plus puissante. Il est à regretter peut-être qu'il n'ait pas attendu cette tardive et complète maturité de doctrine, qui n'arrive que tard aux grands esprits, pour présenter dans son ensemble la théorie vaste dont les fragments divers laissent entrevoir quelque dissonance ou du moins quelques nuances entre diverses phases de sa pensée. *Antigone*, *Orphée*, la *Vision d'Hébal*, etc., ne sont, en effet, que des parties intégrantes de cette large étude sur les transformations subies par les sociétés humaines, étude que l'auteur intitula : *Palingénésie sociale*. Frappé du spectacle terrible de la révolution française, qui entassait les ruines et annonçait une reconstruction future, Ballanche se demanda s'il était possible de regarder ces catastrophes comme nées du hasard, ou si une loi spéciale régissait la destinée des nations et les soumettait à ces crises redoutables d'anéantissement apparent et de renouvellement douloureux. Conduit ainsi à chercher les éléments primitifs et comme les germes des institutions sociales, il soumit successivement à une analyse à la fois philosophique et poétique l'ancienne Grèce, Rome conquérante et le monde moderne. Ses observations, guidées par une érudition de choix, prirent tour à tour la forme de l'épopée et du chant lyrique.

La prose de Ballanche, qui n'est pas le résultat d'une imitation servile des maîtres, et qui n'affecte pas l'originalité, est cependant très-originale par le mélange de grâce, d'harmonie, de suavité et de simplicité qui la distingue. Les formes en sont peu arrêtées, mais heureuses et charmantes, et l'élégance fluide qui en est le caractère principal rappelle tour à tour l'habile souplesse de Fénelon et la fécondité mélodieuse des Grecs de la meilleure époque.

Ballanche a laissé un des noms les plus honorables et les plus purs de ce temps. Sa vie s'écoula dans une retraite contemplative et dans la culture assidue et touchante de quelques amitiés de choix, à la tête desquelles on doit citer Chateaubriand et Mme Récamier. Si quelques nuages restent encore épandus sur les contours de ses doctrines ; si certaines portions de la grande théorie de Ballanche offrent non un désaccord, mais une difficulté d'harmonie définitive avec l'ensemble même de son œuvre ; si le même regret peut s'appliquer de temps à autre aux ondulations un peu molles et rêveuses de son style, il faut imputer ce malheur aux oscillations mêmes de ce siècle orageux et à la rapidité singulière des changements qui s'opéraient sous les yeux du philosophe. Ce qui est étonnant, ce n'est pas qu'il ait hésité quelquefois, mais qu'il ait osé, dans la tempête même et ballotté par la lame, chercher les lois secrètes de ces perturbations inévitables des générations humaines.

Philarète Chasles.]

BALLE (*Art militaire*). Sphère ou boule, le plus ordinairement en plomb, que l'on coule dans des moules en fer ou en cuivre, et qui sert de projectile pour les armes à feu. Un moule à balles se compose de deux pièces réunies par une charnière ; des cavités demi-sphériques sont pratiquées dans chacune de ces moitiés du moule, de façon que, lorsqu'il est fermé, ces cavités se rencontrent avec tant de justesse qu'elles forment deux à deux une sphère complète. Pour vider avec certitude les cavités d'un moule à balles, on fait en acier une petite boule dont on taille la surface comme celle d'une lime. Au moyen de cet instrument, que l'on fait tourner entre les deux moitiés du moule, on obtient des sphères creuses assez régulières. Quand on veut faire usage de ce moule, on ferme, on le fait chauffer à un degré un peu au-dessous du plomb fondu, et on le remplit de ce métal, que l'on place dans un vase de fer dans lequel il est tenu en fusion par une chaleur constante. La matière étant figée, on ouvre le moule, on coupe les jets avec une tenaille, et l'on jette les balles dans un baril porté sur un axe horizontal dans lequel on les fait rouler pendant plusieurs heures ; cette opération émousse les angles des jets coupés et les bavures.

Dans l'idée de rendre les balles plus meurtrières, on a quelquefois remplacé le plomb par un autre métal ; on croyait encore empoisonner les balles en les enduisant de graisse imprégnée d'arsenic. Souvent aussi on rend irrégulière la forme du projectile en le mordant ; on obtient ainsi des *balles mâchées*, dont l'extraction est plus difficile. En 1846 on introduisit les *balles cylindro-coniques* parmi nos chasseurs à pied, dans l'unique but de donner plus de justesse au tir ; à cette balle, dont l'invention est due à M. Minié, a succédé la *balle cylindro-ogivale* et à *cannelures* de M. le capitaine d'artillerie Tamisier. *Voyez* Carabine.

BALLE (*Agriculture*). C'est l'enveloppe des parties de la fructification dans les graminées ; elle remplace le calice et la corolle, qui n'y existent point. La balle se sépare facilement du seigle et du froment dans l'opération du battage. On l'emploie quelquefois à couvrir les artichauts et autres plantes pour les préserver de la gelée pendant les froids. Les animaux mangent volontiers la balle de paille d'avoine ; celle des autres céréales, mouillée avec de l'eau chaude, peut être employée au même usage; enfin on s'en sert dans les emballages d'objets fragiles.

BALLE (Jeu de). Ce jeu, qui remonte à la plus haute antiquité, faisait partie de la gymnastique des anciens et charme encore les loisirs des écoliers de notre temps. La balle dont ils se servent, et qui a le volume d'une orange, se confectionne avec de la laine, des chiffons, du parchemin et du caoutchouc. Ce jeu est un exercice salutaire, propre à développer la force et l'adresse des enfants. *Voyez* PAUME.

BALLENSTEDT, petite ville de 4,000 habitants, assez mal bâtie et située au pied du Harz-Inférieur, sur les rives de la Geitel, est la résidence habituelle des ducs d'Anhalt-Bernbourg, qui y possèdent un vieux manoir féodal entouré de jardins charmants et où l'on voit quelques bons tableaux des maîtres de l'École flamande. La culture des céréales et surtout celle des légumes et des arbres fruitiers, constituent la principale richesse des habitants. On va voir aux environs de cette ville la faisanderie, le parc et le rendez-vous de chasse bâti sur le Rœhrkopf.

BALLENY (Iles). *Voyez* ANTARCTIQUE (t. Ier, p. 641).

BALLESTEROS (Don FRANCISCO), né à Saragosse, en 1770, embrassa jeune encore la carrière militaire, et fit ses premières armes contre la France en 1793. Il était capitaine lorsqu'en 1804, sur une fausse dénonciation, le ministre Caballero le priva de son grade. Peu après, le prince de la Paix répara cette injustice, et Ballesteros obtint un emploi important dans les douanes : sa résidence était dans les Asturies. Lors de la guerre de l'indépendance, cette province forma un régiment à la tête duquel fut placé Ballesteros ; il alla se ranger sous les drapeaux de Castaños, et fit preuve d'autant de bravoure que d'activité. Battu en 1810 à Ronquillos, et en 1811 à Castilleja, il prit bientôt sa revanche d'une manière brillante, et vainquit les généraux français Maransen et Beauvais, l'un près de Cartama, l'autre à Ossuna. Cependant, vigoureusement poussé par le général Conroux, il dut céder aux forces qui lui étaient opposées, et se retira en 1812 sous le canon de Gibraltar. Lorsque Wellington reçut le commandement en chef de l'armée espagnole, Ballesteros, alors lieutenant général, refusa d'obéir à un étranger. Il fut arrêté et envoyé en exil à Ceuta. Mais, bientôt rappelé, il reçut le commandement d'une division dans le comté de Niebla, et s'établit dans les montagnes de la Ronda, où il se maintint sans pouvoir cependant rien faire d'important.

Lorsque Ferdinand rentra en Espagne, il choisit Ballesteros pour ministre de la guerre ; mais les principes de ce général ne pouvaient convenir aux absolutistes : il fut donc obligé d'abandonner les affaires, et se retira à Valladolid.

Quand en 1820 un mouvement constitutionnel éclata dans l'île de Léon, la cour, dans sa détresse, eut recours à Ballesteros. Appelé près du roi, il lui déclara que le retour à la constitution des cortès était le seul moyen d'étouffer l'insurrection, et refusa le commandement des troupes qu'on voulait opposer à Riego et à Quiroga. Ferdinand le nomma vice-président du gouvernement provisoire, et en cette qualité son premier acte fut d'ouvrir les portes des cachots de l'inquisition aux nombreuses victimes qui y gémissaient. Il fit prêter serment à la constitution par toute la garnison de Madrid, éloigna du pouvoir tous ceux qui avaient coopéré à la destruction de l'œuvre des cortès, réorganisa l'ordre judiciaire comme il était en 1812, et opéra ainsi la révolution sans secousse et sans réaction. Lorsqu'en 1822 un mouvement insurrectionnel éclata au sein même de la garde royale, il se mit à la tête des milices, et comprima cette tentative absolutiste. Quand l'armée française se prépara à franchir les Pyrénées, il prit le commandement du corps destiné à défendre la Navarre et l'Aragon. Il avait sous ses ordres 20,000 hommes, presque tous anciens soldats ; mais il fut obligé de céder aux habiles manœuvres du général Molitor. Il abandonna la ligne de l'Èbre, se retira par Teruel et Cuença dans les provinces du midi, et choisit une forte position sur les montagnes de Campillo et Aronas au royaume de Grenade ; mais à la suite d'une affaire assez chaude, qui eut lieu le 28 juillet 1823, il fut forcé de battre en retraite. Le 4 août il signa une convention par laquelle il reconnaissait la régence établie à Madrid. Lorsque Ferdinand eut annulé tout ce qui avait été fait sous le règne de la constitution, Ballesteros protesta énergiquement contre cette mesure dans une lettre qu'il adressa au duc d'Angoulême, invoquant les clauses de la capitulation qu'il avait signée et par laquelle il avait stipulé des garanties en faveur des hommes compromis dans la révolution. Exclu de l'amnistie, il vint alors demander un asile à la France, et il mourut à Paris le 29 juin 1832.

BALLESTEROS (LOUIS-LOPEZ) d'une autre famille que le précédent, naquit en 1778, en Galice. Commissaire des guerres à partir de 1808, il était directeur général des revenus publics quand, en 1825, c'est-à-dire à un moment où jamais le trésor n'avait été plus vide, l'influence toute puissante d'Ugarte lui fit confier le portefeuille des finances. Le pacte qu'il conclut avec Aguado, pour exploiter la crédulité des capitalistes français lui permit de battre impunément monnaie pendant plus de cinq années sur la place de Paris et de l'inonder de chiffons de papier sans valeur en échange de la masse énorme de capitaux qu'il en retira. Il réussit ainsi non-seulement à fournir au gouvernement espagnol les sommes dont il avait besoin, mais encore à verser dans l'escarcelle particulière du monarque une soixantaine de millions dont a hérité sa veuve Marie-Christine. Lui-même, comme on pense bien, ne s'oublia pas dans cette mise en *coupes réglées* de la place de Paris, et y acquit une fortune immense. Ses tendances notoirement absolutistes ne lui permirent pas de rester au ministère lors de la réaction libérale qui s'opéra dans la sphère du pouvoir à la mort de Ferdinand VII. Déjà conseiller d'État et sénateur, il vint de Le nomma, à la fin de 1851, vice-président du conseil d'outre-mer créé, après la tentative de Lopez sur l'île de Cuba, pour examiner la situation des colonies. Il mourut à Madrid le 12 octobre 1853.

BALLET. Ce mot vient du français *baller*, qui voulait dire danser, chanter, se réjouir ; lequel dérive lui-même de l'italien *ballare*, dont l'origine est le mot grec βάλλειν, dont on a fait *balle* de paume et *balco* où l'on danse. Tantôt le ballet est accessoire à la pièce ; ce sont des fêtes, des cérémonies qui s'exécutent dans le cours d'un opéra, ou qui le terminent ; les meilleurs de ces sortes de ballets sont ceux qui se lient à l'action, comme la danse des Scythes dans *Iphigénie en Tauride* de Gluck ; les réjouissances pour le rétablissement de la santé d'Admète dans l'*Alceste*, du même auteur. Les anciens avaient de ces sortes de ballets, et les cinquante Furies d'Eschyle chantant le terrible hymne des chaînes dans la tragédie des *Euménides*, exécutaient un ballet lié à l'action. Les Danaïdes s'approchant des autels des dieux, avec des marques à la main, dans *les Suppliantes* du même auteur, offraient encore un ballet-pantomime.

Les ballets qui ne tiennent point à l'action se nomment *divertissements*; et celui qui est placé à la fin, sans sujet, *divertissement général*.

La musique des ballets doit être composée d'*airs de danse*; ces airs ont un caractère particulier : leur rhythme doit être très-marqué, avoir une expression particulière et locale qui convienne au genre de l'action, au lieu de la scène, aux personnages que représentent les danseurs : tels sont le *ballet des Songes* dans *Atys*, le *ballet des Démons* dans *Orphée*, celui des *Nymphes d'Armide* autour de Renaud, etc.

Quelquefois c'est la danse qui est le sujet principal, et chaque divertissement amène une petite action exprimée en peu de mots; c'est ce qu'on appelle *ballet-opéra* : tels étaient, *les Éléments*, *les Amours des Dieux*, *l'Europe galante*, etc. Ce genre de spectacle n'est plus en usage.

Quelquefois l'action du drame est interrompue, à chaque acte, par un ballet qui a une action particulière, mais dont les personnages sont pris dans le sujet de la pièce : tels sont le ballet des *Tailleurs* et celui des *Marmitons* dans le *Bourgeois Gentil-homme*. Ces sortes de ballets se nomment *intermèdes*.

On appelle ballet d'action une pantomime servant à plusieurs actes, dont le sujet est héroïque, comme dans les ballets de *Psyché*, de *Télémaque*, de *Pâris*, de *Médée*; noble, comme dans le ballet de *Mirza*, ou comique, comme dans *la Dansomanie*, *la Chercheuse d'Esprit*. Le compositeur est à peu près soumis aux mêmes règles que le poète pour l'invention et la conduite de son plan, qu'il doit d'ailleurs faire servir au développement de son art. Il emploie des airs composés exprès ou des airs qu'il adopte; parmi ceux-ci, il en choisit quelquefois de très-connus qui rappellent aussitôt des paroles expliquant la situation de l'acteur : c'est ce qu'on appelle des *airs parlants*.

A.-L. MILLIN (de l'Institut).

Le premier ballet régulier dont il est fait mention lors de la renaissance des lettres fut offert, dans Tortone, en 1489, à Galéas, duc de Milan, qui venait d'épouser Isabelle d'Aragon. C'étaient à cette époque plaisirs royaux. Les ballets poétiques, tels que *la Nuit*, *les Saisons*, *les Ages*; les ballets allégoriques et moraux, tels que *les Plaisirs troublés*, *la Curiosité*, leur succèdent. On fait aussi des ballets de fantaisie, *les Postures*, *Bicêtre*, *les Cris de Paris*, etc. La division de toutes ces compositions chorégraphiques était en cinq actes; chacun présentait trois, six, neuf et même douze entrées. Ce fut Catherine de Médicis qui, en 1581, donna au Louvre le premier ballet exécuté en France, lequel fut annoncé sous le titre de *Grand Ballet de Circé et ses nymphes*, de la composition de Baltasarini, dit Beaujoyeux, paroles de Renaud et de Baillif. Il coûta la somme exorbitante de trois millions six cent mille livres. Plus de quatre-vingts ballets furent représentés à la cour de Henri IV, et le grave Sully, qui en était l'ordonnateur, s'y montra maintes fois exécutant les pas que la sœur du roi lui avait appris. La cour de Louis XIII étant fort triste, le duc de Nemours inventa, pour l'égayer, des ballets qui devaient être d'assez mauvais goût, à en juger par le titre de l'un d'eux, où Louis XIII figura : le ballet de *Maître Galimatias*, *pour le grand bal de la douairière de Billebahaut et de son fanfan de Sotteville*. Richelieu rendit aux ballets leur gravité et leur ennui; en 1641, on vit danser à la cour deux grands ballets : *le Temple de la Gloire* et *la Prospérité des armes de France*. Ces productions, tirées de la Fable, ne furent remarquables que par leur faste.

Mazarin fit danser Louis XIV en public dans le ballet de *la Prospérité des Armes de France*. La continuité des spectacles de la cour, l'opéra que Mazarin avait introduit à Paris en 1645, formèrent peu à peu le goût des Français, et le ballet suivit les progrès des autres compositions dramatiques. *Cassandre*, ballet dont Benserade avait fait les récits, fut le premier dans lequel on vit danser Louis XIV, alors âgé de treize ans; on l'exécuta le 26 février 1651. Ce monarque s'occupa des plaisirs de ses sujets, les régala de ses ronds de jambe, de ses entrechats, jusqu'en 1669. On représenta à la salle de la rue Guénégaud *le Triomphe des Dames*, comédie de T. Corneille, dont le ballet du *Jeu de Piquet* est un des intermèdes. On dansa sur le théâtre de l'Académie royale de Musique dès son ouverture. La danse n'y fut qu'en sous-ordre pendant quelque temps; les rôles de femmes dans le ballet étaient remplis par des hommes travestis et masqués. Le premier ballet où les femmes se montrèrent avait pour titre *le Triomphe de l'Amour*; on ne pouvait mieux choisir le titre. Lulli n'avait pourtant que quatre danseuses; il lança bravement sur la scène mesdemoiselles Lafontaine, Roland, Lepeintre et Fernon; leur succès fut prodigieux. Les ballets de ce temps n'étaient que des opéras coupés de manière à donner un peu plus de développement à la danse. Lulli réforma le ballet en introduisant la danse légère, que l'on traitait auparavant de baladinage. Les danseurs ne paraissaient sur le théâtre qu'avec un masque; les femmes n'avaient pas voulu perdre une partie de leurs avantages en se couvrant la figure.

Louis XIV fonda en 1661 l'Académie de Danse, qui tenait ses séances dans un cabaret ayant pour enseigne *l'Épée de Bois*. Galant du Désert, maître à danser de la reine, présidait cette académie. C'est la Camargo qui battit les premiers entrechats en 1730, et elle ne les battit qu'à quatre. Trente ans plus tard, Mlle Lany, excellente danseuse, les battit à six; ensuite on les battit à huit. On a vu un danseur les frotter à seize en avant. La pirouette ne s'est montrée sur notre grand théâtre qu'en 1766 : elle y fut apportée de Stuttgard, par Ferville et Mlle Heinel. Quinault disposait avec art les fêtes et les divertissements de ses opéras; Lamotte et ses contemporains prirent ensuite une autre route, et le mauvais goût du siècle de Louis XV porta sa funeste influence sur les ballets.

Noverre parut; il retrouva l'art de la pantomime, et donna les premiers modèles du ballet d'action tel que nous le possédons, modèles que Maximilien Gardel, Dauberval et Gardel jeune surent perfectionner. Le 13 juin 1763, on représenta *Ismène et Isménias*, dans lequel plusieurs scènes de *Médée et Jason*, ballet-pantomime, sont intercalées. Ce fragment fut ensuite ajouté à *Hypermnestre*; on ne goûta les œuvres de Noverre que quand il vint en France pour y faire exécuter ses ouvrages. Maximilien Gardel avait quitté le masque; ses camarades l'imitèrent bientôt; les choristes dansants l'ont conservé pourtant jusqu'en 1785.

La famille Vestris, originaire de Florence, a régné près d'un siècle sur notre empire dansant. Gaëtan Vestris parut en 1748 à l'Opéra, qu'il n'a quitté qu'en 1800; il avait quatre frères qui suivaient la même carrière. Son fils Auguste, virtuose du plus grand talent, se fit admirer dans la pantomime et l'exécution des pas. Il débuta à l'Opéra le 25 août 1772, dans *la Cinquantaine*, et s'est retiré le 27 septembre 1816 par *l'Enfant prodigue*. On compte parmi ses élèves Perrot et Taglioni. Dans les compositions de Gardel, on distingue *Télémaque*, *Psyché*, *Achille à Scyros*, *Pâris*, *la Dansomanie*, *Paul et Virginie*, *l'Enfant prodigue*. Noverre donna quelques ballets à Milan, et sa manière se propagea dans toute l'Italie. Rosni, Clerico, Franchi, Mazzarelli, Angiolini, Gianini, formés par Noverre, ouvrirent la carrière aux fameux Vigano et Gioia. Mlles Guimard, Allard, Heinel, Lany, et, plus tard, Mmes Gardel, Chevigny, Clotilde, Delille, Pérignon, Gosselin, Fanny Bias, Bigottini, Chameroy, brillèrent sur notre grande scène lyrique, où l'on applaudit successivement A. Vestris, Beaupré, Branchu, Nivelon, Lepicq, Laborie, Deshayes, Henry, Didelot, Beaulieu, Saint-Amand, Duport.

Les danseurs de l'Opéra figurent à la fête que Robespierre dédia à l'Être-Suprême; et plusieurs pièces révolutionnaires, telles que *l'Offrande à la Liberté*, ballet; *la Réunion du 10 août*, opéra en cinq actes, sont représentées du temps de la république. Dans *la Rosière républicaine*, A. Vestris, en sans-culotte, dansait un pas de trois avec deux religieuses, représentées par Mmes Pérignon et Adeline.

Albert, Coulon, Barrez, Paul, surnommé l'Aérien, madame Montessu, sa sœur, Mmes Legallois, Brocard, Vigneron, Anatole, Lacroix, Noblet, Julia, Dupont, Buron, Leroux, Louisa, Roland, Perceval, Mimi-Dupuis, Athalie, figurèrent à leur tour à l'Opéra, la plupart dans des rôles principaux. M¹¹ᵉ Marie Taglioni débuta sur ce théâtre le 23 juillet 1827, dans *le Sicilien*, avec le plus grand succès; elle termina ses représentations le 10 août suivant par *le Carnaval de Venise*. Revenue à Paris l'année suivante, elle reparut le 30 avril dans *les Bayadères*, et joua ensuite le rôle principal dans le ballet de *Psyché*; on l'engagea pour quinze ans à dater du 1ᵉʳ mai 1829. Perrot, jeune danseur d'une prodigieuse légèreté, et M¹¹ᵉ Duvernay sont venus plus tard.

Depuis Gardel, M. Milon a composé *Pygmalion*, *Héro et Léandre*, *Ulysse*, *les Noces de Gamache*, *l'Épreuve villageoise*, *Clary*. C'est à Dauberval que nous devons *la Fille mal gardée*. *Les Amours de Vénus*, *Pygmalion* et *la Double fête* firent la réputation de Coindé. Didelot, auteur de *Flore et Zéphire*, de *Cendrillon*, s'est montré le digne élève de Dauberval. *Antoine et Cléopâtre*, *la Somnambule* de M. Aumer, *Almaviva*, *les Filets de Vulcain*, de M. Blache, sont des ouvrages dignes d'être remarqués. *Aline*, *Joconde* et beaucoup d'autres ballets composés avec des livrets d'opéras ont été suivis de *la Somnambule*, *Manon Lescaut*, *l'Orgie*, dont M. Scribe a donné les programmes. C'est à Adolphe Nourrit que nous devons celui de *la Sylphide*, ballet composé par M. Taglioni, et dans lequel M¹¹ᵉ Marie, sa fille, s'est signalée. *Le Dieu et la Bayadère*, opéra-ballet, a été écrit pour cette virtuose ravissante. Un pas de naïade qu'elle dansait dans *la Belle au bois dormant* a fait le succès de ce ballet. Le ballet des Nonnes dans l'opéra de *Robert-le-Diable* est d'un très-bel effet.
CASTIL-BLAZE.

Au milieu de toutes nos révolutions le ballet est resté en honneur. Qu'il nous suffise de citer dans la dernière période *le Diable boiteux*, *la Péri*, *Paquita*, *la Fille de marbre*, *la Filleule des Fées*, *le Violon du Diable*, *la Vivandière*, etc., et parmi les chorégraphes, les danseurs et les danseuses, Coralli, Mazilier, Perrot, Petipa, Saint-Léon, Mᵐᵉˢ Fitz-James, Fanny Essler, Carlotta Grisi, Fanny Cerrito, Plunkett, etc.

BALLON, vessie enflée d'air et recouverte de peau, dont se sert pour jouer, en se la renvoyant avec le poing, ou avec le bras couvert d'un brassard, ou avec le pied. Le partner, placé à distance, la renvoie de même, après son premier bond; et l'adresse des joueurs n'est en défaut que lorsqu'ils ne parviennent pas à l'attendre pour la repousser. Il faut, pour cet exercice, de grands emplacements, tels que ceux dont les amateurs se sont emparés à Paris dans les Champs-Élysées.

Dans les laboratoires, on nomme ballon un vase de verre de forme sphérique, destiné à recevoir des gaz et des fluides.

BALLON AÉROSTATIQUE. Voyez AÉROSTAT.

BALLOTTAGE. On appelle ainsi, dans le mécanisme des élections, un tour de scrutin qui décide lequel l'emportera de deux compétiteurs qui ont eu le plus de voix dans un scrutin précédent. Il arrive en effet souvent que les partis restant divisés, et les voix se perdant sur un certain nombre de candidats, une élection resterait nulle si l'on s'en tenait à la majorité absolue. Pour en finir alors, on se contente de la majorité relative, ou bien on procède à un scrutin de ballottage, dans lequel on ne peut porter valablement que les noms qui ont eu le plus de voix jusque là. C'était ainsi qu'on procédait pour les élections des députés sous la monarchie constitutionnelle; après deux tours de scrutin sans résultat, on procédait à un scrutin de ballottage. Les électeurs qui voulaient continuer à voter étaient obligés d'abandonner leurs choix particuliers d'affection, et de reporter leurs suffrages sur l'un ou l'autre des candidats *ballottés*. La nouvelle loi électorale ne porte pas de ballottage, et au second tour de scrutin l'élection a lieu à la majorité relative.

[Il ne faut pas confondre le ballottage avec *the ballott* des Anglais: cette dernière dénomination signifie pour eux l'élection par suffrage secret. Depuis longtemps les radicaux de l'autre côté de la Manche poursuivent le vote secret. Ils savent que les petits fermiers et les petits marchands sont sous la dépendance étroite des tories et des whigs, hauts et puissants seigneurs de l'aristocratie agricole et industrielle. A billet ouvert, à vote apparent, le maître, car il faut l'appeler de ce nom, suit tous les mouvements de ses serviteurs. Les publicistes radicaux soutiennent, en conséquence, et ils espèrent que si le scrutin était secret, les fermiers et les petits marchands n'obéiraient qu'à leurs convictions intimes, et voteraient avec l'indépendance du citoyen. Mais ce qui fait que les uns le demandent fait précisément que les autres le refusent. Que deviendrait cette corruption, qui met les élections, en dernier résultat, dans les mains de la noblesse? On peut donc prédire que les tentatives des radicaux échoueront jusqu'à ce que la vieille Angleterre, secouée dans ses fondements par les convulsions du volcan révolutionnaire, se replace sur d'autres bases politiques, avec une autre forme de gouvernement. Il y aura alors des questions un peu plus graves que celles du *ballott* qui seront agitées: Dieu seul sait quelle en sera la solution!
TIMON.]

BALLOUDJISTAN. Voyez BÉLOUDJISTAN.

BALLY (VICTOR), né à Villeneuve-le-Roi, près de Sens, vers 1775, est devenu un des médecins les plus estimés de ce temps. Après quelques bonnes études, Bally s'embarqua, jeune encore, pour les Antilles, d'où il rapporta l'opinion que la fièvre jaune était contagieuse. Cette opinion, si erronée qu'elle soit, fit sa réputation et sa fortune, cette doctrine de peur étant celle qui inspire la plupart des gouvernements. De retour en France vers le commencement de la Restauration, Bally devint le médecin de la duchesse douairière d'Orléans, qui habitait le Temple; lui-même résidant dans le voisinage de son illustre cliente, il obtint dans le riche quartier du Marais une sorte de vogue et d'utiles succès. Quand vint la révolution d'Espagne et l'épidémie de Barcelone, Bally fut de ceux qui conseillèrent au gouvernement, déjà bien déterminé, mais qui prétexta de ces conseils, d'investir la frontière d'Espagne et d'instituer un cordon sanitaire. Des deux épidémies, des deux contagions, le gouvernement français redoutait l'épidémie de la fièvre jaune beaucoup moins que la contagion des idées libérales et révolutionnaires. Bally, cette fois, fut le courtisan du pouvoir sans s'en être douté. Bientôt, et de concert avec Pariset, Mazet et François, Bally remplit la glorieuse mission d'aller étudier l'épidémie de Barcelone, mission en effet sans péril pour quiconque n'eût point cru à la contagion, mais vraiment hasardeuse et quasi-héroïque pour des hommes qui, comme les quatre envoyés, étaient convaincus que la maladie était transmissible, soit par l'air, soit par le contact.

A l'aspect d'une ville en deuil que le mal décimait et que l'exil des riches réduisait à la misère la plus affreuse, l'effroi des arrivants fut tel que le docteur Mazet, le plus jeune des envoyés, mourut dès les premiers jours. Un autre médecin qui partageait cette mission, et dont nous avons tu le nom par égard pour la science et le courage qu'il a montrés en d'autres rencontres, ne craignit pas de s'abstenir et de s'absenter. Bally, ainsi que Pariset et François de Sens, garda la ferme contenance qui sied au courage. Il visitait chaque matin les hôpitaux, les ambulances, les malades domiciliés; croyant au danger, mais l'affrontant à chaque heure, parce qu'il espérait l'affaiblir, il trouva la gloire là où il avait pensé laisser obscurément sa vie, que de calmes études eussent malaisément préservée de l'oubli.

La mission finie, le danger passé, Bally publia ses observations d'Espagne; mais, confiant dans le talent de Pariset, beaucoup plus écrivain que lui, il laissa à son brillant collègue le soin de retracer les jours de péril et de dévouement. Vint bientôt l'heure des légitimes récompenses : comme ses deux amis, Bally reçut de la France et de l'Espagne des pensions, des médailles, des décorations, des titres : le cordon sanitaire des Pyrénées finit par orner sa boutonnière de rubans de toutes les couleurs. Tout modeste qu'il est resté, l'excellent docteur Bally dut se résigner à entendre résonner son nom au théâtre et dans les chants populaires, à le lire dans les poëtes et les historiens de l'époque. L'Académie Française mit au concours la mission de Barcelone, et ce fut madame Émile de Girardin, alors mademoiselle Delphine Gay, dont le poëme en l'honneur des quatre docteurs fut couronné. La plupart des beaux-arts, la sculpture, la gravure, la musique, se montrèrent aussi reconnaissants que la poésie. Enfin, cette mémorable mission eut tout le retentissement d'une grande victoire : il est vrai que l'épidémie de Barcelone fut plus meurtrière qu'une bataille.

Rendu à ses occupations accoutumées, et tout aussi curieux que jamais de cacher sa vie et de faire le bien, Bally fut successivement médecin de la Pitié, de l'hôpital Cochin et enfin de l'Hôtel-Dieu. Homme dévoué et médecin sans jactance, il s'appliqua surtout à conduire quelques jeunes médecins dans la route du vrai; son bonheur était de placer sous leurs pas des récompenses qu'ils pussent penser ne devoir qu'à leur zèle. C'est ainsi qu'on l'a vu protéger avec une exquise délicatesse des disciples rétifs à toute déférence, et qui déjà pouvaient se croire chefs d'école.

Outre ses travaux sur la fièvre jaune, Bally a publié quelques brochures sur la *choladrée*, etc., et quelques bons rapports; il a fait paraître aussi un petit volume sur *les eaux de Lamothe* (dans l'Isère et près d'Uriage). Il est question de tout dans cette minime brochure, mais surtout des chemins de fer et de l'économie politique. Bally est membre de l'Académie de Médecine, et très-assidu à tous ces congrès de province qu'on pourrait comparer à des conciles scientifiques.

Homme de mœurs douces et patriarcales, Bally a dû à son régime pythagoricien une vieillesse sans infirmités, comme à ses vertus un nom qu'entourent de justes hommages. Retiré de bonne heure, il passe des jours tranquilles dans son manoir, près de Sens. Isid. BOURDON.

BALME (Grotte N.-Dame de la). *Voy*. DAUPHINÉ.

BALNÉOGRAPHIE (du latin *balneum*, bain, et du grec γράφω, j'écris). On appelle ainsi la partie de la médecine qui a trait à la description et à l'examen des eaux minérales sous le rapport de leur composition chimique de même que sous celui de leurs effets sur l'organisme des individus malades ou en bonne santé. La littérature médicale abonde en livres sur ce sujet. Nous citerons surtout dans le nombre *Guide aux Eaux minérales*, par le docteur Isidore Bourdon, de l'Académie de Médecine (Paris, 1837), et *Description des Sources Médicinales les plus célèbres de l'Europe*, par Osann (en allemand, 2 vol., Berlin, 1832-1839).

La **balnéologie** comprend les préceptes fournis par la science sur les bains en général et sur leurs emplois thérapeutiques.

BALNEUM, chez les Romains, signifiait ou un bain particulier ou une pièce de bains. *Voyez* THERMES.

BALOGH (JANOS), né en 1800, dans le comitat de Barsh, depuis 1825 député de Barsh et de Komorn à toutes les diètes de Hongrie, et constamment membre énergique de l'opposition, défendit avec chaleur les intérêts des classes populaires contre l'oppression de la noblesse, ce qui lui attira un duel avec le député de Pesth, Zichy. Il acquit une grande popularité en revendiquant la solidarité de certaines expressions dont s'était servi en pleine diète le baron Wesselenyi, qui, déclaré coupable de haute trahison, les avait

DICT. DE LA CONVERS. — T. II.

payées de sa liberté. Par suite de cette courageuse déclaration, le gouvernement autrichien lui intenta un procès, demanda qu'il fût exclu de l'assemblée et qu'on procédât à l'élection d'un nouveau député. Mais les commettants de Balogh refusèrent de servir les colères du pouvoir, et il resta en conséquence membre de la diète. Plus tard, il fit mine de se rapprocher du gouvernement, et sollicita même un emploi administratif. Ses démarches étant demeurées infructueuses, il rentra dans l'opposition, et, après les événements de mars 1848, il appartint à l'extrême gauche. On l'a généralement accusé d'avoir poussé le peuple à assassiner le comte Lamberg; mais il a toujours protesté du contraire. Pendant la révolution il défendit énergiquement la cause de la nationalité hongroise, soit comme major dans les rangs de l'armée, soit comme commissaire civil; puis, quand il ne resta plus d'espoir aux patriotes, il réussit à gagner le sol turk en compagnie de Kossuth.

BALSAMIER (en latin *amyris*), genre de plantes dont les caractères sont : calice petit, persistant, à demi divisé en quatre dents pointues; fleur à quatre pétales oblongs et ouverts; huit étamines, un ovaire supérieur, surmonté d'un style court; fruit en drupe ovale arrondi, renfermant un noyau globuleux. Les espèces de ce genre sont assez nombreuses : voici les principales.

Balsamier élémifère, du Brésil. C'est un grand arbre, dont l'écorce est lisse et cendrée, les feuilles ailées et imparipennées, les fleurs très-petites, réunies en grappes aux aisselles des feuilles. Le fruit est une baie de la grosseur d'une olive, et dont la pulpe a la même odeur que la résine, tirée de l'arbre par incision. Cette *résine élémi* d'Amérique est recommandée principalement pour les plaies et les contusions de la tête et des tendons. Le balsamier qui la produit croît dans toutes les parties de l'Amérique méridionale qui ne sont pas exposées à des froids de longue durée.

Balsamier de Gilead. Arbre médiocre, à rameaux très-divergents. Les feuilles sont alternes, composées de trois folioles. Le pédoncule est uniflore ; le fruit est une baie contenant une substance visqueuse. On retire de cet arbre par incision un suc qui a l'odeur et les qualités du baume de la Mecque. Cet arbre croît dans l'Arabie Heureuse, ainsi que l'espèce suivante.

Balsamier de la Mecque. Arbrisseau toujours vert, dont les feuilles sont ailées et composées de trois, cinq ou sept folioles. Tout est résineux et odorant dans cet arbrisseau, excepté le bois lorsqu'il est desséché. Les fleurs sont surtout d'une odeur très-suave, quoique pénétrante. Les fruits sont de petites coques remplies d'une matière qui a la consistance et la couleur du miel, et qui répand une odeur analogue à celle du baume. Ce baume est un suc résineux, qui découle soit naturellement, soit par incision, lorsque l'arbrisseau est exposé aux plus grandes chaleurs de son pays natal. C'est le *baume de la Mecque, de Judée, d'Égypte, de Syrie*. *Voyez* BAUME.

Balsamier vénéneux. Petit arbre toujours vert, qui croît dans la Caroline, la Floride et les îles Bahama. Sa fructification a beaucoup de rapports avec celle du balsamier élémifère, dont quelques botanistes l'ont rapproché comme sous-espèce ; mais son suc est noir, et ne passe pour vénéneux ; on ne cite cependant aucun fait qui justifie cette opinion.

Balsamier kataf. Cette espèce appartient à l'Arabie, qui paraît être la commune patrie des baumes et des parfums les plus exquis. Le kataf n'a pas encore été suffisamment observé, et mérite pourtant l'attention des botanistes, s'il est vrai que dans la saison pluvieuse il se gonfle comme disent les Arabes, et que cette intumescence se résolve en une poudre rouge, d'une odeur très-agréable. Les dames du pays se plaisent à répandre ce parfum sur leurs cheveux. Les fleurs du kataf sont unisexuelles, encore imparfaitement connues, car la fleur femelle n'a pas été observée.

Balsamier kafal. Voici une autre espèce arabe, qu'on ne

28

peut confondre avec la précédente, puisque les habitants du pays où elles croissent l'une et l'autre leur ont imposé des noms différents. Le kafal est plus élevé que la kataf; ses rameaux sont terminés par une épine, au lieu que l'autre n'a rien d'épineux; et ce qui distingue essentiellement les deux espèces, c'est que le bois du kafal est d'un grand débit en Arabie et en Égypte, pour parfumer les vases et donner aux boissons une saveur qui plaît dans ce pays, mais dont les Européens ne s'accommodent pas aussi bien. D'ailleurs, la somme des analogies déduites de la comparaison des feuilles, des fleurs, des fruits et des sucs de ces deux arbres les rapproche assez pour faire soupçonner que la myrrhe découle de l'un des deux, et peut-être de l'un et de l'autre.

En général, les balsamiers sont des arbres des pays chauds, et ils s'étendent peu dans les zones tempérées. FERRY.

BALSAMINE (*Balsamina*, Tournefort, Jussieu; *impatiens*, Linné). Genre de plantes appartenant à la syngénésie monogamie de Linné, placé par Jussieu à la suite de la famille des géraniées, et considéré maintenant, d'après A. Richard et Decandolle, comme formant le type d'une famille particulière, celle des *balsaminées*. Les caractères de ce genre remarquable sont les suivants: calice formé de deux folioles colorées et caduques; corolle à quatre pétales irréguliers, dont l'inférieur se prolonge en éperon à sa base; cinq étamines, dont les anthères sont réunies en un tube; un ovaire libre, dépourvu de style et surmonté d'un stigmate aigu; fruit consistant en une capsule ovoïde, oblongue, à cinq valves et à cinq loges, dont chacune renferme plusieurs graines attachées à l'axe central du fruit; les cloisons qui forment ces loges se détruisent à mesure que le fruit prend de l'accroissement, en sorte qu'à la maturité il ne reste plus que l'axe central chargé de graines; alors, les cinq valves se séparent brusquement l'une de l'autre, en se roulant sur elles-mêmes en spirale, et chassent au loin les graines; lorsque le moment approche où cette rupture doit avoir lieu, il suffit d'une pression légère pour la déterminer à l'instant.

Les espèces de ce genre sont portées dans le *Prodromus* de Decandolle au nombre de trente et une; toutes sont des plantes herbacées, annuelles ou vivaces, dont les unes viennent dans l'Inde, les autres à la Chine, au cap de Bonne-Espérance, dans l'Amérique septentrionale; une seule est propre à l'Europe: c'est la *balsamine des bois* (*impatiens, noli tangere*, Linné), plante vivace, qui croît dans les bois ombragés et humides de l'Europe et de l'Amérique septentrionale, où elle fleurit en juillet et août; sa tige est rameuse, haute d'à peu près deux pieds; les feuilles alternes, pétiolées, ovales, molles et dentées; les pédoncules sont solitaires et portent chacun quatre à cinq fleurs pendantes, de couleur jaune; les capsules, pour peu qu'on les touche, s'ouvrent avec une élasticité très-remarquable. Les anciens médecins regardaient cette plante comme un puissant diurétique, et comme propre à former des topiques résolutifs et détersifs; mais les praticiens de nos jours ont généralement abandonné l'emploi. Les feuilles froissées entre les doigts exhalent une odeur nauséabonde, et passent pour vénéneuses; on dit cependant que dans le nord de l'Europe et en Amérique on les mange préparées à la manière des épinards; elles peuvent aussi servir, ainsi que les fleurs, à teindre la laine en jaune.

Parmi les espèces exotiques, il en est une, originaire de l'Inde, qui se cultive aujourd'hui dans tous nos jardins, et qui en fait en automne, où elle fleurit, un des plus jolis ornements: c'est la *balsamine des jardins* (*impatiens balsamina*, Linné), plante annuelle, dont la tige, haute d'un pied et demi environ, épaisse, succulente, verte ou rougeâtre, se divise en plusieurs rameaux garnis de feuilles alternes, lancéolées, glabres et dentelées: les fleurs sont grandes et deviennent facilement doubles; elles naissent deux ou trois ensemble dans les aisselles des feuilles, portées chacune sur un court pédoncule; elles varient pour les couleurs, et sont tantôt rouge vif, roses, incarnates, carmin, ponceau, violettes, blanches ou panachées. Parmi les nombreuses variétés de cette espèce, on remarque surtout la *balsamine camélia*, offrant des fleurs en rosaces régulières, à pétales larges et imbriqués.

Le mot balsamine vient de baume, *balsamum*, par allusion sans doute aux vertus supposées des plantes de ce genre, et non pas à leur odeur, qui est à peu près nulle. Les dénominations d'*impatiens* et de *noli tangere* (*n'y touchez pas*) ont été suggérées aux botanistes par la promptitude avec laquelle les fruits mûrs des balsamines, et surtout de celles des bois, s'ouvrent et lancent leurs graines par l'effet d'un attouchement léger. DÉMÉZIL.

BALTADJY. Ce nom, qui signifie en turc *fendeur de bois*, était donné, dans l'ancienne organisation de l'empire ottoman, aux hommes qui formaient le second corps de la garde intérieure du sérail de Constantinople. Ils étaient au nombre de quatre cents, et avaient pour chef le baltadjykeyassy, l'un des principaux officiers du sérail, qui, toutefois, était subordonné au kizlar-agassy, chef des eunuques noirs. C'étaient les bostandjys ou jardiniers qui composaient le premier corps de la garde, le plus nombreux de tous; le troisième et le quatrième étaient formés d'eunuques blancs et noirs. Les baltadjys étaient armés d'une hache. Quoique inférieurs par leur rang aux bostandjys, ils avaient à peu près le même costume, sauf un collet bleu de ciel, et portaient comme eux un turban écarlate d'une hauteur prodigieuse.

BALTES ou **BALTHES**, maison puissante des Goths, tirait son origine d'un chef appelé Baltha, nom qui signifiait *audace* dans la langue de ce peuple. Il est assez difficile de savoir à laquelle des deux maisons appartiennent ses premiers rois, car leur nomenclature même change au gré des annalistes. A partir d'Ostrogotha, la liste de Jornandès est différente de celle que nous avons donnée à propos des Amales. En combinant les récits, fort suspects, de cet historien avec les autres chroniqueurs, on pourrait même supposer qu'Ostrogotha était de la maison des Balthes; ce qui est certain, c'est que Cniva, son successeur, d'après Jornandès, en sortait, ainsi que ses trois héritiers, Araric, Aoric et Gerbérich. Celui-ci n'était que le parent des deux autres, puisque la même histoire le fait descendre de Cniva par Heldéric et Oliva. Ce Gerbérich gagna, en 284, sur les bords du Marisus, en Dacie, une grande bataille contre les Vandales, dont le roi Visimar périt dans la mêlée avec un grand nombre de ses soldats. Jornandès remarque qu'Ermarich, successeur de Gerbérich, était de la famille des Amales, et cette remarque, répétée par tous les historiens modernes, prouve que Gerbérich n'en était pas plus que les trois princes qui l'avaient précédé.

A cette époque, la séparation des deux parties de la nation gothique était définitivement opérée, et les Balthes s'attachèrent aux Visigoths, tandis que les Amales restèrent à la tête des Ostrogoths. Le Balthe Athanaric gouverna les premiers après la mort du juge Frîtigern, et beaucoup de vieux auteurs ne lui donnent pas d'autre titre à lui-même, mais les plus accrédités l'ont traité de roi. C'est lui qui soutint la révolte de Procope contre l'empereur Valens, en 366; mais l'usurpateur ayant péri avant l'arrivée du secours que lui envoyait Athanaric, les trois mille Visigoths qui le composaient furent cernés et taillés en pièces. Athanaric n'en força pas moins Valens à lui payer un subside annuel; mais il fut moins heureux contre les Huns, qu'il alla mourir à Constantinople, où Théodose l'avait accueilli en roi, le 25 janvier 381. A Laric 1er était aussi de la maison des Balthes ainsi qu'Ataulf, qui lui succéda. On sait que ce prince fut assassiné à Barcelone par Sigéric, frère d'un chef nommé Sarus, qu'il avait fait mettre à mort. Sigéric ayant été poignardé sept jours après, Valli fut élu en sa place.

Mais c'est à tort que les auteurs anglais de l'*Histoire Universelle* le font sortir de la maison des Balthes, ainsi que les trente-deux rois qui gouvernèrent l'Espagne jusqu'à l'invasion des Maures. Ces princes appartenaient à sept ou huit familles différentes, et les six enfants qu'Ataulf avait eus de la sœur d'Alaric, sa première femme, ayant été massacrés par Sigéric, il est probable que la race des Balthes s'éteignit avec eux. La maison de Baux, près d'Arles, l'une des plus considérables de la Provence au moyen âge, avait cependant la prétention d'en descendre. Je ne m'y oppose pas.

VIENNET, de l'Académie Française.

BALTHAZAR, dernier roi de Babylone, nommé par Bérose *Nabonnèdes*, par Hérode *Labynète*, et par Joseph *Naboandel*, était fils d'Évilmérodach et petit-fils de Nabuchodonosor. Cyaxare, roi des Mèdes, et Cyrus son neveu, roi des Perses, lui déclarèrent la guerre, prirent plusieurs de ses villes, et vinrent mettre le siége devant Babylone. Il y avait deux ans que ce siége durait lorsque Balthazar, ayant ordonné qu'on lui apportât au milieu d'un grand festin les vases d'or et d'argent que Nabuchodonosor avait enlevés du temple de Jérusalem, les fit servir à l'orgie où assistaient ses courtisans et ses concubines. Au même instant une main mystérieuse traça aux yeux de tous sur les murs du palais ces trois mots hébreu-samaritains : *Mané, Thecel, Pharès*, que nul des convives ni des devins et astrologues qu'il fit successivement appeler ne put expliquer. Daniel fut alors mandé par le roi, qui promit, s'il réussissait à satisfaire sa curiosité, de le décorer des attributs de la royauté et de l'associer à lui et à sa mère Nitocris dans le gouvernement de l'empire. Daniel, dédaignant ces offres, représenta avec beaucoup de liberté à Balthazar les désordres de sa vie, blâma avec sévérité le sacrilége et la profanation des vases sacrés auxquels il venait de se livrer, et lui annonça, d'après l'inscription, la fin de son règne et de sa vie, ainsi que le partage de son royaume entre les Mèdes et les Perses. Cette prédiction s'accomplit la nuit même ; Cyrus entra dans Babylone, et mit à mort Balthazar, l'an 538 avant J.-C.

BALTIMORE. Ville et port de mer du comté de ce nom, dans l'État de Maryland, aux États-Unis, avec une population de 150,000 habitants, dont 52,000 Allemands, sur la rive septentrionale du Patapsco, qui se jette à 22 kilomètres de là dans la baie de Chesapeak. Elle fut fondée en 1729 par lord Baltimore, mais ne se composait encore en 1765 que d'une cinquantaine de maisons. Érigée en ville en 1797, elle s'accrut rapidement, grâce aux développements toujours croissants de son commerce. On la divise en quatre quartiers : la vieille ville, la nouvelle ville, *Frenchtown*, et *Fell's Point*, et elle est partagée en deux parties par la petite rivière *John's Fall*, qu'on y passe sur trois ponts en pierre et quatre ponts en bois. Elle renferme un grand nombre d'édifices considérables, entre autres la banque du Maryland, l'hôtel de ville, la maison de refuge, l'hôpital, la grande bourse, le musée, les halles de vente, et plus de quarante églises et chapelles de toutes les confessions chrétiennes, notamment la cathédrale catholique, placée sous l'invocation de saint Paul. Parmi les nombreux monuments qui ont fait surnommer Baltimore *Monumental City*, il faut citer celui qui y a été élevé à la mémoire de Washington, ainsi que celui qui a pour but d'éterniser le souvenir de la victoire par laquelle, en 1814, fut repoussée une attaque tentée par les Anglais commandés par le général Ross.

Les voies de communication y sont régulières. La rue de Baltimore, entre autres, n'a pas moins d'un kilomètre de long sur 26 mètres de large. Le collège catholique de Marie existe depuis 1806, et possède une bibliothèque considérable, indépendamment de laquelle on en compte encore trois dans la ville. L'école de médecine fondée en 1807 à Baltimore a été érigée en université en 1812.

Baltimore est le grand centre du commerce des tabacs aux États-Unis. Les farines provenant des moulins à vapeur construits aux environs de cette ville s'exportent aussi avec avantage, à cause de leur excellente qualité. On compte dans la ville et dans ses alentours un grand nombre de manufactures de toiles et de cotonnades. Il y a plus de trente ans que la flotte jaune, autrefois si fréquente à Baltimore, en a complétement disparu. Un chemin de fer met cette ville en communication avec Washington (42 kilomètres), et un autre avec Philadelphie (96 kilomètres). L'entrée du port est étroite et protégée par le fort Mac-Henry. Les bâtiments de 5 à 600 tonneaux sont obligés de rester au bas de la ville, jusqu'à laquelle ne remontent que des bâtiments de 200 tonneaux.

En 1831 se réunit à Baltimore le premier concile catholique tenu dans le Nouveau Monde ; il se composait de six évêques, d'un administrateur et de onze théologiens.

BALTIQUE (Mer), grand golfe communiquant avec la mer du Nord et le Kattegat par les détroits du Sund, du grand et du petit Belt, borné par les côtes de Danemark, d'Allemagne, de Prusse, de Russie et de Suède. Il a environ 2,000 kilomètres de long sur 65 à 240 de large. Sa superficie, en y comprenant les golfes de Bothnie et de Finlande, est de 452,000 kilomètres carrés. La navigation de la mer Baltique est beaucoup plus dangereuse que celle de la mer du Nord, quoique les vagues de celle-ci soient plus effrayantes et sa profondeur plus considérable. Celle de la Baltique, dont la moyenne est de 30 à 40 mètres, varie quelquefois jusqu'à moitié moins. Les côtes de cette mer, extrêmement basses en Suède, sont généralement hérissées de rochers et de recifs du côté de la Prusse, et les changements de vents y sont d'une fréquence qu'on ne rencontre nulle part ailleurs.

Une chaîne d'îles sépare la partie méridionale de cette mer, ou *mer Baltique* proprement dite, de la partie septentrionale, appelée *golfe de Bothnie*. Le *golfe de Finlande* pénètre vers le nord-est fort avant dans le continent russe, et sépare la Finlande de l'Esthonie. Il y a encore un troisième golfe faisant partie de la mer Baltique ; c'est celui de *Riga* ou *de Livonie*. Le *Frisch-Haff* et le *Kourisch-Haff* sont des anses de la côte de Prusse.

L'eau de la mer Baltique est plus froide et plus claire que celle de l'Océan ; elle contient aussi moins de matières salines, et les glaces y rendent la navigation impraticable pendant trois ou quatre mois de l'année. Les marées y sont peu sensibles, comme dans toutes les mers profondément encaissées dans l'intérieur des terres. Néanmoins, dans certaines saisons son niveau s'élève ou s'abaisse assez visiblement : résultat qu'on peut attribuer, entre autres causes, à la différence du volume d'eau qu'y déversent suivant les saisons les fleuves qui y ont leur embouchure. A la suite des tempêtes, on y recueille, sur les côtes de la Prusse et de la Courlande, beaucoup d'ambre, que les vagues y rejettent.

Une foule de fleuves se déchargent dans la Baltique. Les principaux sont : en Allemagne, la Trave, la Warnow, l'Oder, la Rega, la Persante ; en Prusse, la Vistule, le Pregel et le Niémen ; en Russie, la Windau, la Duna, la Narwa, la Newa et l'Ulea ; en Suède, la Tornea, la Luléa, la Pitea, l'Umea, l'Angermanna et la Daleif, ainsi que l'émissaire du lac Mœlar.

Outre les îles de Seelande et de Fionie, on remarque les îles de Samsoe, Mœn, Bornholm, Langeland, Laaland, et Alsen, qui appartiennent au Danemark ; celles de Gothland, OEland, Hween, dans le Sund, appartenant à la Suède : dans cette dernière sont les ruines de l'observatoire d'Uranienbourg, bâti par Tycho-Brahe ; de plus, l'île de Rügen, qui appartient à la Prusse ; enfin, les îles d'Aland, à l'entrée du golfe de Bothnie, celles de Dagœ et d'OEsel, le long de la côte de Livonie, qui appartiennent à la Russie.

Le nombre des navires qui sortent chaque année de la

mer Baltique pour gagner la mer du Nord, ou bien qui y entrent, monte à 12 ou 13,000. Le canal de l'Eider ou de Schleswig-Holstein, qui a son entrée dans la mer Baltique à Friedrichsort et son embouchure dans la mer du Nord, établit une communication prompte et facile entre ces deux mers, et contribue singulièrement à faciliter dans les hivers peu rigoureux l'exportation des grains pour la Hollande et la France. Les ports commerciaux les plus importants de la Baltique sont : en Danemark, Copenhague, Flensbourg; en Allemagne, Schleswig, Kiel, Travemunde (Lubeck), Wismar, Rostock, Stralsund, Stettin, Swinemunde et quelques ports de la Poméranie; en Prusse, Dantzig, avec l'embouchure de la Vistule, Elbing, Kœnigsberg, Pillau et Memel; en Russie, Riga, Revel, Narva, Cronstadt (Saint-Pétersbourg) et Sweaborg; en Suède, Stockholm, Karlskrona et Ystadt.

Un phénomène extrêmement remarquable que présente la Baltique, c'est le soulèvement lent mais continu de ses côtes ; et vers le milieu du dernier siècle il donna lieu à de nombreuses dissertations de la part des physiciens. Il en est résulté une série d'observations faites avec le soin le plus rigoureux par le capitaine russe Reinecke, commis à cet effet par l'Académie des Sciences de Saint-Pétersbourg, lequel employa dans ce but des marques gravées sur les rochers de la Finlande, et des observations du pendule à Memel, Pillau et autres lieux ; comme aussi par Forchhammer, en Danemark. On s'est ainsi convaincu qu'à Sweaborg l'élévation des côtes augmente de 10 pouces tous les quarante ans; à Memel, l'accroissement est même en vingt-cinq ans de 1 pied 2 pouces 82 centièmes. Il est donc désormais acquis à la science qu'à la différence de la côte de la mer du Nord, qui, au contraire, va toujours s'abaissant davantage, il y a soulèvement manifeste et incessant du sol sur le littoral de la Baltique. Les côtes de cette mer nous offrent par conséquent, avec la côte occidentale de l'Italie, avec la côte de Koutsch dans l'Asie méridionale et celle d'Arakan dans l'Asie septentrionale, le quatrième exemple aujourd'hui connu d'un lent mais incessant soulèvement du sol dans l'Ancien-Monde.

BALTIQUE (Provinces de la). On désigne ainsi, dans la plus large acception, les cinq gouvernements de l'empire de Russie riverains de la Baltique, à savoir : la Courlande, la Livonie, l'Esthonie, l'Ingrie (*Ingermannland*) ou gouvernement de Saint-Pétersbourg, et la Finlande, et, dans un sens plus restreint, les trois premières seulement de ces provinces. A l'exception de la Courlande, qui avait ses ducs particuliers, quoique tributaires de la Pologne, les provinces de la Baltique appartenaient jadis à la Suède. Elles furent réunies à la Russie, en partie dès les premières années du dix-huitième siècle, à la suite des victoires de Pierre le Grand, et en partie seulement en 1809, sous le règne de l'empereur Alexandre. Aujourd'hui encore leurs institutions diffèrent essentiellement de celles du reste de l'empire. La Finlande est celle qui jouit des droits et des privilèges les plus étendus, et elle a une administration complètement à part. La Courlande, la Livonie et l'Esthonie conservent aussi quelques débris de leur ancienne organisation politique et certains privilèges, bien que l'organisation administrative propre aux gouvernements russes y ait été introduite ; aussi bien la politique du cabinet de Saint-Pétersbourg a toujours été de parvenir peu à peu à les russifier complétement. Les provinces de la Baltique occupent une superficie totale d'environ 5,180 myriamètres carrés ; les dernières opérations trigonométriques en attribuent sur ce chiffre 264 à la Courlande, 530 à la Livonie, 180 à l'Esthonie, 429 à l'Ingrie et 3,780 à la Finlande. Mais, quoiqu'elles renferment la capitale de l'empire, dont la population est aujourd'hui de plus de 500,000 âmes, on n'y compte guère en tout que 3 millions d'habitants, à savoir :

512,000 en Courlande, 783,000 en Livonie, 283,000 en Esthonie, 934,000 en Ingrie et 1,394,000 en Finlande.

BALTISTAN, appelé aussi *Petit Thibet*, ou encore *Iscardo*, à cause de sa capitale, est un petit État situé sur l'Indus supérieur : il est borné au nord par le Tourkestân chinois, à l'est par le Ladakh, au sud par le Cachemire, à l'ouest par Ghilgit et d'autres petites principautés ; il se compose en grande partie d'une vallée située à environ 2,200 mètres au-dessus du niveau de la mer, et formée par l'Indus et ses nombreux affluents. Sa population, forte au plus de 500,000 âmes, appartient à la race mongole et professe l'islamisme chiite. Jusqu'au moment où les Sikhs s'en emparèrent, le Baltistân avait été gouverné par un prince ou *rgilfo* ; aujourd'hui il est incorporé à l'Inde britannique.

BALUE ou **BALLUE** (JEAN), plus connu sous le nom de *cardinal de la Balue*, naquit en 1421, au bourg d'Angle, en Poitou, et fut d'abord, dans son enfance servi un moine des ordres mendiants, dont il portait la besace, il entra comme prêtre dans la maison de l'évêque de Poitiers, Juvénal des Ursins, qui le fit son exécuteur testamentaire, et il réussit à détourner à son profit les meilleurs effets de la succession de son patron. Il accompagna ensuite à Rome Jean de Beauvau, évêque d'Angers, ambassadeur de Charles VI, et il y augmenta fort ses richesses par une simonie sans pudeur. A son retour, Charles de Melun le fit connaître à Louis XI ; son esprit souple, intrigant, habile à semer la division, plut au roi. Successivement conseiller au parlement, administrateur du collége de Navarre, des hôpitaux et des aumôneries, chargé des promotions ecclésiastiques, trésorier de l'épargne, secrétaire d'État, titulaire de riches abbayes, il fut fait évêque d'Évreux en 1464.

Balue démentait par ses mœurs ses vœux religieux : quelque temps après son sacre, il fut attaqué et tenait la nuit en sortant de chez sa maîtresse. Il soupçonna de ce guet-apens Charles de Melun, qu'il savait son rival, et chercha dès lors à le perdre, oubliant les services qu'il avait reçus de lui : ses menées furent en partie cause de sa mort. Poussant l'ingratitude jusqu'à mettre au même rang un bienfaiteur et un ennemi, il noircit par des calomnies la réputation de Jean de Beauvau, dont il avait été le commensal, et le força de renoncer à son évêché d'Angers, qu'il se fit ensuite adjuger. Le roi savait toutes ces intrigues et ces fourberies ; elles le réjouissaient beaucoup : « C'est, disait-il, un bon diable d'évêque pour cette heure ; je ne sais ce qu'il sera à l'avenir. » Enfin il lui fit donner le 16 septembre 1467 le chapeau de cardinal, que Balue mérita aux yeux de la cour de Rome en faisant confirmer l'abolition de la *Pragmatique sanction* et en obtenant du tribunal du Châtelet l'enregistrement de cet édit.

Le cardinal Balue avait la prétention de servir Louis XI dans les camps mieux qu'il ne faisait dans les conseils, et on l'avait vu un jour, monté sur une mule, en rochet et en camail, passer la revue des milices de Paris ; c'est à cette occasion que le comte de Dammartin, s'approchant du roi, lui demanda comment il lui avait permis la permission d'aller à Évreux faire l'examen des clercs tandis que l'évêque d'Évreux inspectait ses soldats. Toutefois Balue sentait bien que c'était seulement par les négociations et les intrigues qu'il pourrait servir son maître, et aussi conseillait-il à Louis XI de se fier plus aux pourparlers qu'aux combats.

Instigateur mal inspiré de l'entrevue de Péronne, son crédit commença dès lors à baisser ; la défiance que le roi avait conçue contre lui fut, à ce qu'il semble, un des motifs qui le poussèrent à trahir son maître. D'ailleurs, fait remarquer Sismondi, cet homme, qui ne s'était élevé que par l'intrigue et qui n'avait plu à Louis que par son adresse à suivre les voies les plus tortueuses, était entraîné par ses habitudes, même en dépit de ses intérêts, à tromper ceux qui se confiaient à lui. De concert avec l'évêque de Verdun, Guillaume d'Haraucourt, il entra en correspondance avec le duc de Bourgogne, l'avertissant des efforts que faisait Louis XI pour déterminer son frère à accepter en apanage la Guienne à la place de la Champagne, et lui suggérant ce qu'il avait à faire pour porter obstacle à ces projets.

Sur ces entrefaites, vers le milieu d'avril, un prêtre nommé Simon Bélée fut arrêté porteur d'une lettre du cardinal Balue au duc de Bourgogne. Conduit à Amboise, il avoua tout au roi. Aussitôt Louis manda le cardinal, qui s'empressa de se rendre à cet ordre, sans se douter de rien. Pendant plus de deux heures, dit encore Sismondi, on les vit s'entretenir en se promenant ensemble sur le chemin qui mène d'Amboise à Notre-Dame de Cléry, où le roi allait en pèlerinage. On ne sut point si Balue s'efforça de fléchir par des aveux et des supplications le monarque qui l'avait appelé son ami, ou s'il protesta de son innocence. La justice du roi était toujours enveloppée d'un impénétrable mystère. L'affaire fut déférée à une commission de huit seigneurs ou magistrats, à la tête de laquelle était le redoutable Tristan l'Ermite. Cependant la dignité ecclésiastique dont Balue était revêtu s'opposait au cours ordinaire des lois; le pape, consulté, répondit qu'un cardinal devait être jugé en plein consistoire. Louis prit alors un terme moyen ; il arrêta le procès, et garda Balue en prison. Le cardinal fut enfermé dans une de ces cages de fer de huit pieds carrés qu'il avait imaginées lui-même pour servir les vengeances de son maître. On voyait naguère encore cette cage au château de Loches. Il y resta douze ans, jusqu'à ce que le cardinal de la Rovère, légat du pape en France, eut obtenu sa liberté de Louis XI, à la condition qu'il serait jugé par la cour de Rome. Mais les poursuites furent bientôt abandonnées, et le cardinal Balue ne tarda même pas à devenir tout-puissant dans le sacré collége. En 1484 il retourna en France en qualité de légat *a latere*; mais il dut se retirer devant un arrêt du parlement qui lui défendait l'entrée de Paris. Il mourut à Ancône, au mois d'octobre 1491, évêque de Préneste après l'avoir été d'Albano. W.-A. DUCKETT.

BALUSTRADE, BALUSTRE. Ces deux mots sont dérivés du grec βαλαύστιον, en latin *balaustum*, et en italien *balaustra*, qui est le nom d'une espèce de grenadier sauvage, appelé *balaustier* ; un balustre ressemble en effet au calice de la fleur de ce grenadier.

Les balustres sont de petits piliers façonnés, de pierre, de fer ou de bois, qui sont à hauteur d'appui, et qu'on met ordinairement au haut des bâtiments ou sur des terrasses pour opérer une clôture ou une séparation. Le balustre se compose ordinairement de trois parties principales : le chapiteau, la tige et le piédouche. L'usage du balustre, dit Quatremère de Quincy, ni rien qui en approche, ne se retrouve dans l'antiquité. On ne peut voir son origine ailleurs que dans les ouvrages en bois imaginés par la menuiserie pour faire des appuis ou des barrières dans les lieux où le comportement pas l'emploi d'une matière plus dispendieuse. L'architecture moderne en a adopté et consacré la forme dans les imitations de pierre ou de marbre qu'elle en a faites; elle a même depuis associé cette invention à celle des ordres, en faisant participer le balustre aux diverses proportions de ceux-ci. Les plus anciens balustres qu'on voit à Florence et dans quelques autres villes de l'Italie, et qui datent des premiers siècles de la renaissance des arts, ne sont que de très-petites colonnes dans la forme des grandes. Les balustres modernes n'offrent d'autre raison de leur forme que le caprice et la fantaisie du tourneur.

Les *balustres de bois* sont tournés ou faits à la main, droits ou rampants, et employés d'ordinaire, soit pour les galeries de dehors, soit pour les escaliers; les *balustres de bronze* sont ou de feuilles de bronze ciselées et à jour, ou fondus, séparés ou massifs, comme ceux du grand escalier de Versailles; les *balustres de fer* sont couronnés de fer carré ou de fer plat, et servent pour les balcons et les rampes d'escalier. On appelle *balustres de fermeture* ceux qui sont plus allongés, en manière de colonne, et qui se font de bronze, de fer forgé ou fondu, ou enfin de bois, pour les clôtures de chœurs d'église ou de chapelles, et *balustres entrelacés* ceux qui sont joints ensemble par quelque ornement taillé dans le même bloc de pierre ou de marbre.

Une BALUSTRADE est un appui formé le plus souvent de *balustres* et couvert d'une tablette en pierre, en marbre, etc., qui termine une terrasse ou un balcon, sert d'amortissement à un édifice ou de clôture à un sanctuaire, forme l'estrade d'un trône ou d'un lit de parade, ou enfin la rampe d'un escalier.

BALUZE (ÉTIENNE) naquit à Tulle, le 24 décembre 1630, d'une famille ancienne, dont les membres occupaient dans la municipalité et le barreau de cette ville un rang distingué. Après avoir fait ses premières études au collége de Tulle, il entra, en 1646, à celui de Saint-Martial, à Toulouse. Il y resta huit années ; puis, revenu chez son père, il étudia le droit civil, qu'il abandonna bientôt pour se livrer à la pratique des belles-lettres et de l'histoire. Agé de vingt-quatre ans, il retourna vivre à Toulouse, où ses grandes connaissances lui acquirent l'amitié et le patronage de plusieurs savants distingués. Charles de Montchal, archevêque de Toulouse, avait pris Baluze en affection, et la mort prématurée de ce prélat l'empêcha seule de faire pour lui ce qu'il avait projeté. Baluze s'attacha ensuite à l'illustre Pierre de Marca, aussi archevêque de Toulouse. En 1667, Colbert lui confia le soin de sa bibliothèque. Ce savant s'appliquait à l'enrichir chaque année d'ouvrages curieux et importants. Mais, vers 1700, Baluze, sentant la vieillesse approcher, résigna l'emploi qu'il exerçait ; il vivait paisiblement dans la retraite, quand, le 19 avril 1707, il fut nommé par le roi inspecteur du Collége de France.

Bien qu'il fût près d'atteindre sa quatre-vingtième année, Baluze travaillait sans cesse ; il ne prévoyait pas que des occupations aussi calmes pussent jamais attirer sur lui la colère de Louis XIV. Il s'était chargé d'écrire l'histoire de la maison d'Auvergne, et après avoir consacré plusieurs années à cette histoire, il la fit paraître, en 1708, en 2 vol. in-fol. Vers 1710, le cardinal de Bouillon, qui l'avait chargé de composer cet ouvrage, quitta la France, et l'amitié qu'il portait à Baluze fut représentée comme criminelle au roi. Louis XIV ajouta foi aux insinuations perfides de quelques-uns de ses familiers, qui lui firent croire que Baluze avait imprimé dans son histoire plusieurs actes faux favorables à la maison de Bouillon. L'ouvrage fut supprimé par un arrêt du 20 juin 1710, et le vieux Baluze, dépouillé de ses biens, se vit condamné à l'exil. Il fut relégué d'abord à Rouen, ensuite à Blois, de Blois à Tours, de Tours à Orléans. Enfin, cette persécution singulière cessa ; vers la fin de l'année 1713, la cour permit au docte vieillard de revenir à Paris. Il avait perdu sa petite fortune et sa place d'inspecteur au Collége royal ; rien ne lui fut rendu. Baluze ne réclama rien ; il continua de travailler avec ardeur à son édition des Œuvres de saint Cyprien, dont il avait conçu depuis longues années le dessein. Quand son travail fut assez avancé pour qu'il pût le mettre sous presse, Louis XIV était mort, et ceux qui avaient eu le courage de persécuter cet homme de bien n'étaient plus aux affaires. Le Régent, qui aimait ce vieillard, aussi rempli de vertus que de science, donna l'ordre que son travail fût mis sous presse à l'Imprimerie Royale. Baluze, malgré son âge avancé, en corrigea lui-même presque toutes les épreuves ; et quand il eut terminé ce travail, il expira tranquillement, le 28 juillet 1718, à l'âge de quatre-vingt-huit ans.

Les ouvrages que Baluze nous a laissés sont au nombre de quarante-quatre, parmi lesquels nous citerons encore son édition des *Capitulaires* de nos rois, son recueil des *Lettres du pape Innocent III* et les *Vies des papes d'Avignon* ; tous ces ouvrages sont écrits en latin. L'introduction.

dont il a fait précéder les Capitulaires est une histoire fort curieuse de la législation sous nos rois des deux premières races.
LEROUX DE LINCY.

BALZAC (JEAN-LOUIS GUEZ, seigneur DE), né à Angoulême, en 1594. Cet écrivain eut la gloire de contribuer puissamment à la restauration de la langue française, que Pascal, plus tard, était appelé à fixer. Son talent se développa de bonne heure. A l'âge de dix-sept ans il avait publié en Hollande un *Discours politique sur l'État des Provinces-Unies.* Le succès de ce petit ouvrage décida, non de sa vocation, mais de sa carrière; car, bien que depuis il eût servi pendant deux années d'agent à Rome au cardinal Lavalette, et qu'à son retour il eût été honoré d'une grande distinction par l'abbé de Richelieu, alors évêque de Luçon, il ne put réussir ni à entrer dans les affaires, ni même à suivre la carrière de l'Église, où sa qualité de gentilhomme lui permettait de prétendre à un évêché. « L'évêque de Luçon, dit-il, me fit une infinité de caresses, me traita d'illustre, d'homme rare, et de personne extraordinaire. M'ayant un jour prié à dîner, il dit à force gens de qualité qui étaient à table avec lui : Voilà un homme (Balzac n'avait alors que vingt-deux ans) à qui il faudra faire du bien quand nous le pourrons, et il faudra commencer par une abbaye de 10,000 livres de rente... Toutefois les choses en sont demeurées là. M. le cardinal de Richelieu ne s'est pas souvenu de ce qu'avait dit l'évêque de Luçon. »

Trompé dans ses espérances, Balzac eut le bon esprit de s'attacher désormais à ne devoir sa fortune qu'à lui-même. D'ambitieux il ne devint pas philosophe, mais écrivain distingué et dévot; et à ce dernier titre Bayle prétend que si, lors du succès du petit ouvrage de Balzac en Hollande, la république lui avait offert une belle charge, *l'auteur de dix-sept ans l'eût préférée à son pays et à son catholicisme.* Quoi qu'il en soit, le pauvre gentilhomme se réfugia dans la république des lettres, où vint le trouver bientôt une pension de 2,000 fr. du cardinal de Richelieu avec un brevet de conseiller d'État. C'était l'époque où il méritait d'être surnommé le *grand épistolier.* Ses *Lettres* parurent en 1624, et leur mérite fut justifié par la multiplicité des éditions, et aussi par d'ardentes controverses. Le premier coup fut porté par un jeune feuillant nommé le père André, lequel fut soutenu par le père Goulu, son supérieur, avec une âcreté toute monastique. Celui-ci, sous le nom de *Philarque*, publia deux gros volumes contre Balzac. A la suite du moine se rangèrent bientôt d'autres ennemis, tels que Heinsius, Croi, Nicolas Bourbon, de l'Académie Française, Coster et autres. Le peu de succès qu'obtint à la même époque un autre ouvrage de Balzac, intitulé *le Prince*, qui le brouilla avec la Sorbonne, ot qui fut brûlé à Bruxelles, le décida à se retirer à la campagne, sur les bords de la Charente. C'était cependant une apologie de Richelieu. Mais la tempête était trop forte : il dut céder la place à ses ennemis.

« Vous vous souvenez, dit-il dans un de ses *Entretiens*, de la cruelle persécution qui s'abîma contre moi il y a vingt ans. En ce temps-là un ange du ciel n'eût pas été écouté, s'il en fût descendu pour plaider ma cause. » Ce fut pendant cette retraite, où il finit ses jours, que Balzac publia ses *Entretiens*, *Aristippe*, ses *Relations à Ménandre*, ses *Apologies*, *le Barbon*, *le Socrate chrétien*, et qu'il reçut des plus augustes et des plus illustres personnages de la France et de l'Europe les témoignages d'une admiration passionnée, soit par leur visite dans ce qu'il appelait son désert, soit par l'immense correspondance à laquelle la renommée toujours croissante de ses *Lettres* l'avait condamné. « Je suis, écrivait-il, assassiné des civilités qui me viennent des quatre parties du monde, et il y avait hier au soir sur ma table cinquante lettres qui me demandaient des réponses *éloquentes, des réponses à être montrées, à être copiées, à être imprimées;* j'en dois même à des têtes couronnées. » La reine Christine était du nombre.

Ce fut également pendant cette longue retraite qu'il fut nommé à l'Académie Française, où il assure avoir été appelé sans l'avoir demandé. *On lui apprit*, dit-il, *qu'on avait vu son nom dans le soleil du petit bonhomme M. de la Peyre.* Celui-ci avait dédié un livre à l'Académie, à la tête duquel il avait fait placer le portrait du cardinal avec une couronne de rayons, dont chacun était marqué du nom d'un académicien. « L'honneur, dit-il encore, que l'Académie lui avait fait de le mettre de son corps, sans l'obliger à aller à Paris, étaient deux grâces singulières qu'il avait reçues d'elle en même temps... J'envoyai, ajoute-t-il, à M. Duchâtelet quelques ouvrages de ma façon, le priant de les lire à l'Académie et de les accompagner de quelques-unes de ses paroles, qui suffiraient pour me tenir quitte envers elle non-seulement du remercîment, mais encore de la harangue qu'il lui devait. » On n'en est pas quitte à présent à si bon marché pour le cérémonial, si on est plus indulgent pour les titres.

Tombé tout à fait dans la vie dévote, l'académicien s'était fait bâtir deux chambres aux Capucins d'Angoulême. Ce fut dans cet asile bizarre qu'il écrivit *le Socrate chrétien*, ouvrage qui eut alors une grande vogue. Il donna aussi de son vivant 8,000 écus pour être distribués en œuvres pies. De plus, il voulut être enterré dans l'hôpital de Notre-Dame-des-Anges à Angoulême, *aux pieds des pauvres qui y étaient déjà inhumés;* il légua 12,000 livres à cet hôpital, et une donation de 100 francs tous les deux ans à l'Académie pour le meilleur discours *sur un sujet de piété.* Balzac mourut le 18 février 1655, à l'âge de soixante ans. Son oraison funèbre fut prononcée par le chanoine Moriscet; en outre, un autre éloge fut publié par le frère de ce chanoine.
J. NOAVINS.

BALZAC (HONORÉ DE), né en Touraine, à côté de Chinon, le 20 mai 1799, mort à Paris le 19 août 1850, d'une hypertrophie du cœur, quelques mois seulement après avoir épousé une riche veuve dont la fortune devait désormais servir à dorer les dernières ombres d'une existence trop longtemps précaire et agitée, avait fait ses études au lycée de Vendôme. Il vint en 1820 à Paris, où il débuta dans la carrière des lettres par des romans obscurs, et dans la carrière commerciale par l'acquisition d'un brevet d'imprimeur et d'un établissement typographique, qui de mauvaises affaires l'obligèrent d'abandonner un an après. De 1827 à 1829 il produisit encore plusieurs romans pseudonymes, qui ne laissèrent aucune trace dans le souvenir du public. Mais avec 1830 une ère nouvelle commença pour lui. Le romancier inconnu fut un écrivain célèbre; le Tourangeau sans élégance devint un *lion* de l'époque; M. Balzac se trouva métamorphosé en M. de Balzac; l'imprimeur ruiné fut un *gentilhomme* d'ancienne roche. Entre 1830 et 1840, un flot d'ouvrages d'un mérite inégal, mais avidement lus, soutinrent cette vogue extraordinaire. Puis, tout à coup, en 1840, la période d'obscurité recommença pour celui qu'un succès si étourdissant avait arraché à l'obscurité. Des œuvres malheureuses, des drames mort-nés, des tentatives avortées, se succédèrent; et le public infidèle transporta sur la tête plus jeune de M. Eugène Sue les honneurs de la mode, longtemps apanagés à Balzac. Telles sont les principales phases de cette singulière vie littéraire.

Il n'est pas sans curiosité de rechercher les causes de cette gloire et de ces dédains, de cette lumière et de ces ombres répandues sur une seule carrière d'écrivain avec une irrégularité si bizarre. Nous remarquerons d'abord que le fond du talent de Balzac est une vérité d'observation bourgeoise, flamande, détaillée, admirablement minutieuse, quelquefois excessive, souvent piquante ; nous observerons ensuite que cette analyse bourgeoise n'a trouvé sa valeur et n'est parvenue à la glorification qu'après le triomphe définitif de la bourgeoisie, après la révolution de 1830. Un autre fait non moins digne d'attention, c'est le ton prétentieusement aristocratique et la fausse élégance dont Balzac se plaît à investir ses personnages. En réalité, ce sont marchands, banquiers, courtiers, spéculateurs; l'écrivain les fait comtes et marquis. Ses héroïnes, duchesses ou vicomtesses, sont à cet égard plus remarquables encore que ses héros; leur éducation bourgeoise se tapit sous des apparences héraldiques. Ainsi se trouvait mêlée aux prétentions nobiliaires l'ignorance complète des mœurs qui caractérisent le monde féodal. Le résultat de ce mélange fut de plaire beaucoup à une époque où la bourgeoisie, se substituant définitivement à la noblesse, ne demandait pas mieux qu'à hériter de ses corruptions, de ses vices et de ses ridicules, pourvu qu'elle régnât à sa place. Balzac flattait à la fois les deux fractions de la société, celle qui arrivait au pouvoir et celle qui le perdait, mais qui conservait les richesses.

Ce n'est pas l'œuvre d'une intelligence commune assurément que cette alliance des défauts et de la corruption des deux classes : par l'ironie et le scepticisme, Balzac est bien un bourgeois tourangeau, un descendant de Rabelais; pour le luxe des tapisseries décrites dans ses livres, la splendeur du mobilier, l'affectation des armoiries et du confortable, c'est l'aristocratie elle-même, ou plutôt son imitation prétentieuse. Balzac exerça donc deux séductions à la fois; mais ceux de ses ouvrages qui approchent le plus de la perfection et qui satisfont le plus complétement la critique sont précisément les créations où la vie bourgeoise se reproduit avec la fidélité la plus vraie et permet à l'écrivain de déployer tout son talent. Nous placerons dans cette subdivision des œuvres de Balzac *Eugénie Grandet*, le *Médecin de campagne* et les *Scènes de la vie privée, de la vie parisienne et de la vie de province*. Il y a plus de recherche, plus d'affectation et une prétention malheureuse à la métaphysique abstruse dans *la Peau de Chagrin*, l'histoire intellectuelle de *Louis Lambert* et *la Recherche de l'Absolu*; enfin un mysticisme inexplicable et confus domine dans *Séraphita* et *le Lis dans la Vallée*. Nous ne parlons ici que de la belle époque de Balzac, et nous ne touchons ni aux avortements nombreux de sa dernière phase, ni aux deux dramas intitulés *Vautrin* et *les Ressources de Quinola*, qui sont tombés lourdement sur les théâtres de la Porte-Saint-Martin et de l'Odéon. Nous ne rappelons pas non plus cette œuvre grossière où l'écrivain, dépassant la limite décente de son ironie bourgeoise, est descendu jusqu'à ces récits graveleux qu'il appelle *drôlatiques*. Peut-être en définitive le livre qui donne le plus complétement la mesure de Balzac est-il ce traité moraliste-ment scandaleux des erreurs et des fautes de la vie conjugale, qu'il a intitulé *Physiologie du Mariage*. Il est impossible d'entrer plus amoureusement dans toutes les corruptions de l'existence matrimoniale, dans les perfidies, vols, mensonges et impuretés auxquels cette existence à deux peut donner prise, que Balzac ne l'a fait dans cet étrange et mystérieux traité, celui de ses ouvrages qui d'ailleurs a eu le succès le plus soutenu.

Pendant l'époque radieuse de Balzac, la voix publique ne lui a pas épargné les ridicules, dont nous ne discuterons pas ici la réalité; plus d'un doute s'est élevé sur le *de* féodal attaché à son nom; plus d'un sarcasme a poursuivi cette chevelure, tantôt longue et ondoyante, tantôt coupée ras sur le sommet de la tête, et cette canne mythologique à laquelle Mme de Girardin consacra un livre. Ce n'est pas à nous de rappeler ou de réfuter les singulières anecdotes dont fut criblée cette vie littéraire, dont un des derniers événements est plus bizarre encore que tous les autres. Après l'apparition du livre de M. de Custine sur la Russie, on prétendit que le czar désirait impatiemment et invoquait de tous les vœux la plume d'un écrivain français assez habile pour protéger son pays et son trône contre les imputations du marquis. Balzac, s'il faut en croire la *Gazette d'Augsbourg*, prit la poste, partit pour Saint-Pétersbourg, et, une fois arrivé dans la capitale de la Russie, adressa à l'empereur un billet conçu en ces termes : « M. de Balzac l'écrivain et « M. de Balzac le gentil-homme sollicitent de Sa Majesté la « faveur d'une audience particulière. » Le lendemain, à ce que prétend la même *Gazette*, un écuyer de l'empereur aurait apporté à Balzac un billet ainsi conçu, et tracé de la main de l'autocrate lui-même : « M. de Balzac le gentil- « homme et M. de Balzac l'écrivain peuvent prendre la « poste quand il leur plaira. » Sur quoi Balzac repartit.

Nous croyons que la grande plaie de Balzac, de son talent et de sa fortune, ce fut la vanité; une vanité incommensurable, qui lui fit désirer et même espérer atteindre toutes les grandeurs, être à la fois et du même souffle historien, moraliste, corrupteur élégant, poëte, solitaire, rêveur, talon rouge, métaphysicien, peintre, musicien, médecin, architecte, législateur, journaliste, critique, dramaturge, publiciste, narrateur épique, auteur comique, mystique, logicien, imprimeur, ouvrier, généalogiste, — Napoléon, Talleyrand, Rabelais et Richelieu. Cette anomalie, ou plutôt cette omniprésence phénoménale de toutes ces vanités chez un seul homme s'élançant dans toutes les directions à la fois, apparaît dans les principaux ouvrages que cet écrivain a publiés de 1830 à 1840, pendant l'époque où le public s'occupait le plus de lui; elle s'explique sans beaucoup de peine. Une excessive obscurité avait enveloppé la jeunesse de Balzac, un grand éclat de renommée vint le surprendre dans l'âge mûr; l'éblouissement et l'enivrement furent extrêmes. Il se crut prédestiné à toute gloire, à toute grandeur, à toute puissance. Né pour être un très-habile observateur et un analyste délicat des prétentions et des vices secrets d'une société vieille et fatiguée, il ne se contenta pas de cette place, d'ailleurs fort belle, mais tenta presque au même instant de se porter philosophe, publiciste, régénérateur, physicien, naturaliste, législateur et moraliste. Dans les *Contes drôlatiques* il déchirait son manteau, et apparaissait, comme Rabelais, cyniquement nu. Dans *le Lis de la Vallée* il abjurait le sentiment du réel, s'élevait d'un seul essor aux régions éthérées, empruntait ses ailes à l'ange du mysticisme, et se perdait au fond des nues. Le résultat de cette ambition napoléonienne, d'ailleurs si fréquente de nos jours, fut, sinon la destruction, au moins l'affaissement et la détérioration d'un talent remarquable. Les véritables et réelles qualités de Balzac se ternirent et se corrompirent progressivement sous l'influence de cette prétention universelle. L'auteur de scènes bourgeoises et de tableaux d'intérieur que l'on ne peut lire sans intérêt, et quelquefois sans admiration, ne fut plus qu'un imitateur maladroit et confus de Rétif de la Bretonne et de Swedenborg, de Rabelais et de Ducray-Duminil, de Pigault-Lebrun et de Marivaux.

Une autre cause de perte se joignit à celle que nous venons de signaler : le besoin de beaucoup produire, et de réaliser par cette production exagérée des bénéfices considérables. Que l'on imagine le plus puissant génie soumis à cette double et délétère impulsion; la vaincre ou y résister sera impossible; il y périra. Quand même l'observation de Shakspeare, la méditation de Pascal, l'ironie de Voltaire, la mélancolie de Virgile, la grandeur d'Homère se concentreraient chez un seul homme, on verrait bientôt ces qualités s'éclipser, s'anéantir et faire place à une habitude de composition lâche et verbeuse, à un style hâtif et bizarre, à une prodigalité d'œuvres incomplètes et mal portées. Chez Balzac la prétention dans les gloires produisit la manière et la recherche; le désir d'absorber le marché littéraire donna naissance à la diffusion et au décousu. De là ce double et singulier caractère qui marque ses derniers romans : le mélange du baroque et du trivial, de la prolixité et de la recherche, de l'incorrection et de l'affectation. Un des hommes les plus spirituels de ce temps comparait les meilleurs ouvrages de cet écrivain à une petite fleur odorante poussant sur un tas de fumier. Pour être juste, il faut ajouter que si le fond est toujours la corruption, quelquefois la végétation se montre abondante et gracieuse, quelquefois aussi débile et étiolée; trop souvent aussi la fleur disparaît, et l'on n'aperçoit alors que le triste lit qui lui a servi de berceau.   Philarète Chasles.

BAMBA. *Voyez* Wamba.

BAMBARRA, royaume nègre dans l'intérieur de l'Afrique, sur les deux rives du Djoliba, au-dessus de son confluent avec l'Oulaba, et au-dessous de son point de jonction avec le Tankissa et le Lim. Il serait difficile de préciser avec certitude son étendue géographique. Il est situé entre le 11° 30′ et le 15° de latitude septentrionale et les 10° et 13° 30′ de longitude orientale. Ses limites sont au nord et au nord-est Massina et Birou, à l'est Gotto, Kanbori et Minjana, au sud les montagnes de Kong et les contrées des Mandingues proprement dits, à l'ouest Djallonkadou et Kaarta. Sa superficie peut être évaluée à 2,300 myriamètres carrés. Dans la partie occidentale s'élèvent de petites montagnes de granit, qui sont la continuation des montagnes où le Djoliba et ses affluents prennent leur source. La grande quantité de bêtes féroces, lions, tigres, etc., qu'on y trouve, les crocodiles qui infestent les fleuves, les guerres incessantes des tribus entre elles, contraignent les habitants à s'agglomérer dans des villes pour y trouver un peu de sécurité. Le sol de Bambarra est d'une grande fertilité, et la chaleur y est tempérée par des pluies fécondantes qui durent près de six mois (de juin à septembre). On y fait sans peine, quelquefois, double récolte de céréales, de riz, de maïs et de racines d'yam. Les essences d'arbres y sont extrêmement variées, et dans le nombre on distingue surtout le palmier et le *schi* ou arbre à beurre. Mais les produits de l'agriculture y sont bien moins importants que ceux du commerce des tissus, dans la fabrication desquels les femmes font preuve d'une grande habileté, et qui sont justement renommés pour leur belle teinture bleue (l'indigo croît naturellement au Bambarra) et pour leur grande solidité. Les autres objets de commerce sont les produits du sol, le fer et l'or, qu'on y trouve facilement et à la recherche desquels on employait autrefois des esclaves dans l'intérieur du pays.

Au total, les habitants du Bambarra se distinguent de leurs voisins de la manière la plus avantageuse : ils parlent le pur dialecte de la langue mandingue et ont embrassé l'islamisme, qui par l'introduction des caractères arabes a eu le grand mérite de transformer leur langue nationale en langue écrite. Leur pays se divise en *Haut-Bambarra* et *Bas-Bambarra*. Le chef-lieu du Haut-Bambarra est *Sego* sur le Djoliba, qui est le partage en deux parties communiquant entre elles au moyen d'un bac, avec une population de 30,000 âmes, et des maisons bien bâties en argile, faute de pierres. Mungo-Park, qui visita cette ville, compare la largeur du Djoliba sur ce point à celle de la Tamise à Londres. Les deux villes de commerce les plus importantes sont ensuite *Sandansing* et *Bammakou*. C'est dans cette dernière que commence la navigation régulière du Niger. Le Bas-Bambarra a pour capitale *Djinán* ou *Djenné*, centre d'un grand commerce, sur l'Oulaba, le grand affluent méridional du Niger. Il paraît que la souveraineté alterne entre ces deux capitales et les princes qui y règnent, suivant la tribu qui se trouve momentanément victorieuse. D'ailleurs, ces princes sont loin de jouir d'une autorité absolue. Les petits royaumes de Banan, Dirimar et Massina se sont, dans ces derniers temps du moins, rendus indépendants du Bas-Bambarra.

BAMBERG, ville du cercle de la Haute-Franconie (Bavière), à bon droit célèbre dans l'histoire de la civilisation allemande, jadis capitale et résidence d'un évêque prince de l'empire, est située dans une charmante et fertile contrée, à peu de distance de l'embouchure de la Regnitz dans le Mein. On y compte environ 20,000 habitants, et elle est encore aujourd'hui le siège d'un archevêché et d'un chapitre, ainsi que d'une cour d'appel. Cette ville possède en outre une école de médecine vétérinaire, un lycée, un gymnase et un séminaire pédagogique.

Parmi les monuments remarquables de Bamberg, il faut citer la cathédrale, construite par l'empereur Henri II, reconstruite en 1110 dans sa forme actuelle par l'évêque Othon Ier après l'incendie qui l'avait détruite en 1080, et restaurée en 1828 dans son premier style gothique, avec ses quatre tours, les tombeaux de Henri II et de son épouse Cunégonde, du pape Clément II et d'un grand nombre d'évêques; l'ancien palais épiscopal, construit en 1702 dans le goût italien par l'évêque Lothaire-François de Schœnborn, et où on voit de belles peintures à fresque; l'église Saint-Jacques, ancienne dépendance d'un chapitre du même nom, fondé en 1073 par l'évêque Hermann et sécularisé en 1803; la belle église de l'université, construite de 1690 à 1693 par les jésuites, et qui appartient aujourd'hui à la paroisse Saint-Martin; l'ancienne et riche abbaye des Bénédictins de Saint-Michel, transformée en 1803 en maison de refuge pour les habitants pauvres, et appelée aujourd'hui hôpital Saint-Louis, avec la prévôté de Sainte-Gertrude, qui en dépendait, transformée de nos jours en maison d'aliénés; l'église des Dominicains, dont on a fait depuis une caserne; l'église paroissiale de Notre-Dame, monument de vieux style gothique, etc. L'université, créée en 1647 par Othon et inaugurée en 1648, pour remplacer le gymnase fondé en 1585, fut augmentée en 1735 par l'évêque Frédéric-Charles d'une faculté de droit et d'une faculté de médecine, puis supprimée en 1803, et transformée en lycée, dans lequel existent une chaire de philosophie et une chaire de théologie. La bibliothèque ci-devant épiscopale et aujourd'hui royale, riche de 60,000 volumes, possède aussi une nombreuse et précieuse collection de manuscrits rares et d'anciennes éditions.

Depuis sa sécularisation, Bamberg a beaucoup perdu de son antique importance; l'horticulture, et notamment la culture des plantes officinales, sont les principales ressources de ses habitants. Le commerce de Bamberg est favorisé par l'heureuse situation de cette ville sur la Regnitz, rivière navigable, et au confluent du canal de Louis. Il exporte des quantités considérables de bois de réglisse, de carottes, de betteraves, de fruits, d'anis, de coriandre et de graines de toute espèce. Bamberg tire son nom et son origine du vieux château fort de Babenberg, qui s'élevait dans son voisinage, et où périt, assassiné, en 1208, par Othon de Wittelsbach, le roi Philippe de Souabe; et même sous le gouvernement de ses évêques, elle avait conservé une partie des franchises que les empereurs lui avaient accordées à diverses reprises.

L'évêché de Bamberg, fondé en l'an 1007, par l'empereur Henri II, lequel en avait hérité en 905 de son père, le duc Henri de Bavière, à qui l'empereur l'avait concédé à titre de fief en 973, eut pour premier évêque Eberhard, chancelier de ce prince. Il comptait soixante et un évêques lorsqu'il fut sécularisé en 1803, aux termes du traité de paix de Lunéville. Son territoire était à ce moment de 35 myriamètres carrés, avec une population de 200,000 âmes. Le concordat intervenu en 1817 entre le saint-siège et le gouvernement bavarois érigea Bamberg en archevêché, ayant pour suffragants les évêchés de Wurzbourg, d'Eichstædt et de Spire.

BAMBOCHADE, dessin grotesque, ainsi nommé d'un peintre que sa conformation rachitique fit appeler Bamboccio (*estropié*) (*voyez* Laar), et dont le talent original et mobile se plaisait à reproduire des scènes populaires et burlesques. En peinture, la bambochade est au tableau ce qu'en littérature le quolibet est le jeu de mots sont au livre. Il n'y a pas de si grand génie, quelque sérieux que soient ses travaux habituels, qui ne se permette quelquefois ce délassement. Michel-Ange s'est rendu coupable de la bambochade ; Vasari, dans la Vie de son héros, cite avec complaisance un singulier concours qui eut lieu dans un atelier entre les grands maîtres de cette époque. Il s'agissait d'imiter, en charbonnant sur la muraille, le barbouillage burlesque que peut seule tracer une main inexpérimentée, de dessiner le *bonhomme* dans sa naïve crudité : une boule servant de tête, une plus grosse formant le corps, quatre barres faisant les fonctions de membres. De l'aveu de ses concurrents, le peintre du *Jugement dernier* remporta le prix du *bonhomme*, et parmi tous ses triomphes celui-ci ne fut peut-être pas celui qui flatta le moins son amour-propre.

David lui-même, notre austère et laborieux David, égayait ses loisirs par des esquisses plus rapides et moins *puritaines* que celles du *Brutus* ou du *Léonidas*. Pendant les longues séances de la Convention, sa main, errant sur le papier, égara souvent la plume législative dans les contours d'un croquis plus recherché maintenant des amateurs que le plus énergique des amendements du fougueux révolutionnaire. On raconte à ce sujet une anecdote assez piquante. Tant que dura la lutte entre la Montagne et la Gironde, un profil se présentait constamment à son esprit, celui de Lanjuinais. Or, la nature avait relégué cette âme volcanique sous l'enveloppe la moins séduisante, et je ne sache rien de plus exhilarant que la charge de ce profil croqué à la plume par David : cheveux en brosse, front d'un travers de doigt, un triangle pour nez, pour bouche l'ouverture de l'angle le plus follement obtus, pour mâchoire inférieure une sorte de besace informe, que sa pesanteur entraînait vers la terre. Exposés de profils, rapports de commissions, tout ce qui offrait le plus petit coin de papier blanc recevait le trait accoutumé, que les doigts du peintre étaient parvenus à tracer de mémoire, et sans qu'il fût besoin que l'œil suivit la plume pour rectifier un écart. Vingt ans plus tard David, sur la terre d'exil, rencontre un amateur qui lui rappelle cette folie de sa jeunesse, et dit qu'il possède un des exemplaires de ce portrait si peu charitable. « La *charge du braillard !* s'écrie l'ex-montagnard, dont la vieille haine contre le girondin se réveille aussitôt ; je vivrais cent ans que je la ferais encore de souvenir et sans y voir. » En même temps il saisit une plume et déchire le feuillet blanc d'un livre qui se trouvait sous sa main. En quatre coups jetés avec une précision toute mécanique, sans que l'œil prit la moindre part à l'opération, la charge du pauvre Lanjuinais reparut. De retour chez lui, l'amateur compare les deux traits tracés à vingt ans d'intervalle; il n'existait pas entre eux de différence plus sensible que celle qui peut se remarquer à peine entre deux signatures données par la même main.

Pendant plusieurs siècles la bambochade eut une sort misérable, et ne fut point admise aux honneurs de la publicité. Improvisée au fond d'un atelier pendant les instants de récréation, le soir, dans un brillant salon, au milieu du tumulte des joies mondaines, il lui fallait se contenter d'amener le rire sur les lèvres d'un petit cercle d'amis ; il lui était à peu près interdit d'espérer de se produire jamais aux regards du public, trop peu importante pour obtenir une place dans les salons de l'exposition. A peine née, elle se voyait condamnée à mourir, ou tout au moins à aller dormir d'un sommeil bien léthargique dans quelque carton poudreux. Pour lui créer une existence multiple, et lui assurer des admirateurs nombreux, on n'avait que les procédés du burin ou de la gravure à l'eau-forte; mais ils étaient coûteux. D'ailleurs ils sont rares, les hommes de talent à la fois peintres et graveurs. Supposez que Callot eût ignoré les procédés de la gravure : au lieu de ces innombrables et inimitables eaux-fortes si chaudement exécutées par lui-même, qu'aurions-nous eu? de pâles et froides copies d'une douzaine de ses dessins peut-être, des dessins qu'un spéculateur eût choisis, non d'après leur mérite de composition ou d'exécution, mais d'après les chances de vente offertes par le sujet représenté. Joyeux Callot, c'est peut-être au bon esprit que tu as eu d'étudier la gravure, autant qu'à ton imagination féconde, que tu dois d'être resté jusqu'à nous le grotesque par excellence, le roi de la bambochade !

La découverte de la lithographie a ouvert à la bambochade une ère nouvelle. Aujourd'hui le dessinateur jette sa pensée sur une pierre aussi facilement qu'il le ferait sur le papier. Cette pensée n'a plus à passer par la traduction du graveur ; elle arrive vierge à l'acheteur. Il n'est plus besoin de couvrir une grande toile pour arriver jusqu'au public par l'exposition. Avant sa centième lithographie, Charlet s'était placé dans l'opinion générale au-dessus des trois quarts des faiseurs de tableaux. Son nom était celui qui arrivait immédiatement après les noms de nos grands peintres. Placez auprès de ses grognards sublimes vingt productions de lauréats revenus de Rome, et dites de quel côté se trouvent le style le plus simple et le plus large, la composition la plus sage, le drame le plus attachant ! Charlet, Grandville et Monnier ont été de notre temps les grands maîtres de la bambochade. Tous les trois étaient observateurs profonds. Grandville se distinguait par la causticité et la malice, Monnier par la gaieté bouffonne et la variété d'expression, Charlet par la naïveté. Le défaut du premier était un peu de froideur, le second tournait trop à la charge, Charlet seul était en tout point irréprochable. Il fait rire à la façon de Molière, Grandville à la façon de Regnard, Monnier rappelle Dancourt et surtout Vadé. Dans plusieurs des vignettes sur bois qui ornent un livre de Nodier, *les Sept Châteaux du roi de Bohême*, Tony Johannot a retrouvé ce grotesque idéal, ce type noble de la bambochade, où le génie de Callot seul était parvenu jusque alors à s'élever. SAINT-GERMAIN.

Charlet et Grandville sont morts. Monnier a abandonné son crayon pour se vouer presque exclusivement au théâtre. Qu'est devenu Gavarni? Daumier, jeune laisse reposer le moule de ses délicieuses statuettes, charmantes bambochades dans l'exécution desquelles il n'eut ni modèle ni imitateur; mais avec des dessinateurs tels que ceux qui nous restent, et à la tête desquels il faut placer Cham, Daumier, Travies, Bertall, heureux pourvoyeurs des journaux satiriques, non, la bambochade n'est pas morte en France; non, elle n'y mourra pas de si tôt.

BAMBOCHE ou **BAMBOCCIO**. *Voy.* LAAR (Pierre de).

BAMBOU ou **BAMBOS**, genre de plantes de la famille des graminées, dont les espèces, très-remarquables par la beauté de leur port, forment des arbres élancés, à bois solide, mais à fibres flexibles, qui s'élèvent à plus de 20 mètres de haut, et franchissent les bornes de l'humble famille à laquelle elles appartiennent pour se rapprocher de celle des palmiers, c'est-à-dire des végétaux les plus majestueux de la nature.

Les bambous ont pour caractères généraux : épillets lancéolés, comprimés, à cinq fleurs environ, ayant à leur base une glume à trois valves (écailles) ; glumelle (balle) bivalve; six étamines; deux ou trois écailles autour de l'ovaire ; ovaire à style bifide, terminé par deux stigmates plumeux ; caryopse (graine) oblong, enveloppé par les valves de la glumelle ; chaumes ligneux, arborescents, très-rameux, à rameaux ramassés et serrés en masse à chaque nœud. Deux espèces composent actuellement ce genre ; mais, d'après Rhéede, Loureiro, etc., il en existe certainement d'autres : c'est à de nouvelles observations à les faire connaître.

Les bambous sont d'une grande utilité. Leur bois, qui est très-dur, est employé par les Indiens pour faire différents meubles et ustensiles de ménage d'une grande solidité et d'une longue durée; ils s'en servent aussi pour la construction de leurs maisons, de leurs palanquins et de leurs bateaux. Ce bois, malgré sa dureté, ayant de la souplesse, les Indiens le divisent, le fendent en lanières avec lesquelles ils font des nattes, des corbeilles, des boîtes, et plusieurs autres ouvrages très-élégants. C'est avec les jeunes chaumes et les jeunes branches que l'on fait les cannes connues sous le nom de bambous, les tiges des parapluies, des ombrelles, etc., dont la légèreté, la solidité et la flexibilité rendent l'usage très-commode. Il serait vivement à désirer qu'on introduisît en Europe l'usage des bois de bambou : les arts de la tabletterie, de l'ébénisterie, de la menuiserie, etc., en confectionneraient une infinité d'objets utiles, agréables et d'une grande durée. L'observation semble avoir constaté que ces bois ne sont pas attaqués par les insectes, et qu'ils ne sont pas sujets non plus à l'altération que l'on désigne sous le nom de *pourriture sèche*, dans laquelle les bois tombent en poussière.

Mais les Indiens retirent encore d'autres avantages des bambous, presque égaux et de même nature que ceux qu'offrent les palmiers. Les jeunes pousses renferment entre les fibres une moelle spongieuse, succulente, d'une saveur douce, agréable, sucrée, dont les Indiens sont très-avides et font un usage fréquent ; et lorsqu'elles ont acquis plus de solidité, il découle naturellement de leurs nœuds un liquide sucré que l'on croit être le *tabaxir* des anciens; cette liqueur aqueuse se concrète, par l'action du soleil et la température élevée de l'atmosphère, en larmes dures, qui font un véritable sucre, dont on faisait un grand usage autrefois, avant la culture de la canne à sucre. Les jeunes turions des bambous sont très-succulents, et fournissent un aliment agréable, très-sain, à l'instar de l'asperge; en outre, ils font partie de la composition nommée *achar*, très-recherchée dans les Indes. La présence du sucre dans une proportion élevée étant démontrée dans les chaumes des bambous, et ces arbres venant très-bien dans les terrains sablonneux, il y aurait de grands avantages à en introduire la culture dans les contrées sablonneuses de nos colonies, en particulier au Sénégal, pour en retirer le sucre à l'aide d'opérations semblables à celles qu'on fait subir à la canne à sucre. Ce serait au gouvernement à faire faire d'abord des essais, puis des plantations en grand, et des entreprises d'extraction du sucre. CLARION.

BAMBOUK, État, ou pour mieux dire association d'États des Mandingues, dans la Sénégambie, dont les limites sont, au nord le Sénégal, à l'est Kasson, au sud Dentilia et Woolli, à l'ouest Bondou. Cette contrée est montagneuse, sans cependant offrir des hauteurs bien considérables, et abondamment arrosée par les affluents méridionaux du Sénégal. Les plus considérables de ces affluents sont le Faléné et le Barfing; de nombreux petits cours d'eau serpentent en outre dans les gorges des montagnes du Bambouk, et en fécondent les vallées. La chaleur, dans ce pays situé sous les 12° et 14° de latitude nord, devient intolérable aux approches du Sahara, et diminue vers le sud.

A l'époque des pluies, qui dure pendant quatre mois à partir de juillet ou d'août, il y a des inondations qui pendant quelque temps rendent l'air malsain, tout en communiquant au sol une fécondité égale à celle de la vallée du Nil. Une qualité tout à fait supérieure de riz, le maïs, le mil, les melons d'eau, y croissent spontanément avec la plus luxuriante abondance ; et on y trouve en outre des palmiers, des bananiers et de la vigne sauvage. Des pâturages d'une richesse extrême y favorisent l'élève des bestiaux, et les chevaux ainsi que les moutons y prospèrent, tout comme les animaux sauvages de l'Afrique tropicale. La riche végétation du Bambouk fournit une abondante subsistance à d'innombrables essaims d'abeilles dont on utilise le miel pour préparer des liqueurs enivrantes. Mais la principale richesse de cette contrée consiste dans ses inépuisables mines d'or, qui pourtant n'ont encore été jusqu'ici que fort imparfaitement exploitées. Le mont *Tabaura*, et surtout deux montagnes appelées *Na-Takon* et *Semayla*, contiennent celles de ces mines qui sont les plus riches. Les cours d'eau innombrables et de volume différent qui prennent leur source dans ces montagnes roulent tous des paillettes d'or. Les mines d'or de Karniéba, et le Faléné, fleuve situé sur la frontière occidentale, furent explorés pour la première fois d'une manière scientifique par des Français. Outre l'or, on y trouve aussi du fer; et tout permet de croire que lorsqu'une exploitation régulière des richesses métalliques du pays pourra avoir lieu, elles fourniront encore en abondance d'autres métaux.

Les habitants, au teint noir foncé, appartiennent à la race mandingue, mais ils ne sont pas aussi bien faits que leurs voisins du Bambarra. Avec la chasse, la recherche de l'or est la seule occupation paisible à laquelle ils se livrent; et le commerce de cette matière avec les Européens au moyen des caravanes, de même qu'ils leur vendent l'ivoire fourni par les nombreux éléphants du pays. Ils font de la chair du chien leur nourriture favorite; mais ils ne dédaignent pas non plus la chair de l'éléphant. Ils professent l'islamisme, tout en ayant conservé beaucoup de traces de leur ancienne religion ; leur foi nouvelle ne les a même pas empêchés d'expulser tous les marabouts du pays. Leur langue est un dialecte corrompu de la langue mandingue mêlée d'un grand nombre de mots portugais. En raison de l'agglomération de sa population, et aussi de l'étendue assez vaste de son territoire, le Bambouk pourrait avoir une certaine importance politique ; mais les divisions intestines des petits États entre lesquels il est partagé ont eu pour résultat de l'affaiblir, notamment à l'ouest, le long des rives du Faléné. A l'est il y a une concentration plus grande, et quelques États ont conclu des alliances avec ceux de Bambarra; mais là aussi le roi de Bondou exerce une influence prépondérante. Aussi bien, des haines nationales extrêmement vives existent entre les Foulahs et les Mandingues.

Le Bambouk fut occupé dès le quinzième siècle par les Portugais, qui, de même que dans tous leurs autres établissements, s'y conduisirent d'une manière si abominable, que les naturels finirent par les attaquer et les chasser de leur pays. Une exploration géographique du Bambouk fut entreprise pour la première fois par la compagnie française créée au siècle dernier pour le commerce de l'Afrique, laquelle voulait tirer de la source même l'or apporté sur les marchés de la Sénégambie par des Foulahs et des Mandingues. Brue, directeur de cette compagnie, apprit que cet or provenait du Bambouk ; et, à l'effet de nouer des relations directes avec ce pays, il fonda à Galam des établissements pour lesquels il fallut vaincre d'énormes difficultés. C'est de là que partit l'architecte Compagnon en 1716 (Consultez Labat, *Nouvelle Relation de l'Afrique occidentale*, 4 vol., Paris, 1718). Peu à peu on s'avança tellement dans l'intérieur, que vers la fin du dix-huitième siècle une foule de petits comptoirs existaient sur divers points du Bambouk. Après être resté longtemps dans l'abandon et l'oubli, le commerce a songé il n'y a pas longtemps à les rétablir, par exemple, celui de *Farbana*, lieu que l'on considère comme la capitale de tout le pays. Au dix-neuvième siècle Mungo-Park et surtout le major Houghton contribuèrent beaucoup à faire mieux connaître le Bambouk. Une expédition française fut entreprise dans les années 1843 et 1844 à l'effet de recueillir des lumières plus complètes encore à cet égard. On en trouvera les résultats consignés dans le *Voyage dans l'Afrique occidentale* par Raffenel (Paris, 1846).

BAMIAN, fertile vallée d'environ un kilomètre de largeur, entourée de tous côtés de rochers escarpés, sur la route de Kaboul au Tourkestan, à 8,496 pieds au-dessus du niveau de la mer, le seul passage accessible à l'artillerie et autres lourds charrois qu'on connaisse encore pour franchir l'Hindou-Kouh. C'était autrefois le principal centre du culte de Bouddha, comme en témoignent encore les nombreux débris de gigantesques idoles mutilées par le fanatisme des mahométans. La vallée de Bamiân, avec ses idoles sculptées dans les rochers, est déjà décrite par les moines bouddhistes qui, au quatrième et au cinquième siècle, émigrèrent de la Chine dans l'Inde en traversant l'Asie centrale. Ces statues se trouvent sur une montagne d'environ 300 pieds de hauteur, où sont pratiquées un grand nombre d'excavations ou de cellules superposées les unes aux autres en étages irréguliers, et ornées de sculptures de toute espèce. Les statues du sexe masculin ont environ cent soixante pieds de haut, et celles du sexe féminin cent vingt. Les unes et les autres affectent une position assez naturelle et sont revêtues d'une légère draperie. Les bouches, parfaitement dessinées, des premières sont encore aujourd'hui dans un complet état de conservation ; aux secondes manque toute la partie supérieure du visage. Chacune de ces statues est sculptée dans une niche profonde ornée également de sculptures représentant des princes et des princesses et une foule de figures symboliques semblables, dit-on, à celles qu'on remarque sur les médailles des Sassanides. On monte dans l'intérieur de ces statues jusqu'à la tête au moyen d'escaliers en colimaçon pratiqués dans la pierre massive. Toute cette vallée est d'ailleurs littéralement encombrée de ruines de tombeaux, de mosquées et autres édifices ayant appartenu à la ville mahométane de Ghalghaleh, fondée à une époque postérieure dans ces mêmes lieux et détruite en 1221 par Gengis-Khan. A huit kilomètres environ de Bamiân, on trouve les ruines, assez bien conservées, du *château de Zohak*, dont la construction est attribuée au fabuleux roi-serpent de Perse. Ce château fort servait à la défense de ce défilé. Tout récemment on y a trouvé, ainsi que dans la vallée de Bamiân, une grande quantité de médailles, anneaux et autres antiquités qui ont été décrites par Prinsep, Masson, Wilson Wood, etc.

BAN, publication paroissiale qui précède ordinairement la bénédiction nuptiale. La coutume de publier des bans avant la célébration du mariage ne remonte pas à une haute antiquité. Avant le douzième siècle, il n'y avait point de *bans* comme nous l'entendons aujourd'hui. Pour prévenir les inconvénients qui auraient pu être la suite du défaut de publicité, l'Église usait d'autres moyens. Les hommes qui voulaient contracter mariage s'adressaient au diacre, les filles ou femmes veuves aux diaconesses. L'évêque ne donnait l'autorisation de procéder au mariage qu'après en avoir discuté la convenance avec son clergé. Le concile de Latran, en 1216, prescrivit les *bans* ou publications, et les gouvernements accueillirent cette précaution, si conforme aux intérêts de la société. Enfin le concile de Trente en fit une loi expresse, qui fait partie de ses canons. La dispense d'une ou de deux publications, quelquefois même des trois, s'accorde moyennant finance. Du reste, en France, la loi exige la publication à la porte de la mairie. En Orient, l'usage des *bans* est totalement inconnu.

Une lettre du pape Innocent III, adressée, en 1213, à l'évêque de Beauvais, semblerait prouver que c'est en France qu'a pris naissance la coutume de publier des bans.

Le mot *ban* s'emploie encore pour l'annonce publique de la vendange. Avant la loi des 28 septembre et 6 octobre 1791, il y avait encore un *ban de fauchaison* et un *ban de moisson*.

On appelle encore *ban* la circonscription territoriale que l'autorité assigne à un condamné mis par jugement sous la surveillance de la haute police. Si cet individu reparaît dans les lieux dont le séjour lui a été interdit, il rompt son ban. Aux termes du Code Pénal (art. 44, 45), il peut alors être condamné à un emprisonnement de cinq ans au plus.

Le décret du 8 décembre 1851 aggrave cette pénalité.

Il porte que tout individu placé sous la surveillance de la haute police qui sera reconnu coupable du délit de rupture de ban pourra être transporté par mesure de sûreté générale dans une colonie pénitentiaire, à Cayenne ou en Algérie. La durée de la transportation sera de cinq ans au moins et de dix ans au plus.

Battre un ban, c'est battre la caisse d'une certaine manière pour annoncer quelque proclamation ou quelque avis.

Dans l'ancienne constitution germanique, mettre un prince *au ban de l'Empire*, c'était le déclarer déchu de ses dignités, droits et priviléges, et le proscrire. De là nous est restée l'expression figurée : *mettre au ban de la société*, *au ban des nations*.

BAN et **ARRIÈRE-BAN**. Sorte d'appel et de publication qui, dans une banlieue, appelait aux armes les vassaux du fief.

Lever le ban était un droit que les barons avaient sur leurs terres, comme le roi sur les siennes. Le service militaire dont ce ban était l'appel est mentionné dans les capitulaires ; c'était le ressort et le fond de la milice si imparfaite de ces époques.

Cette loi de tradition était la première entre toutes celles qui régissaient nos temps barbares ; elle était le nerf de la féodalité, elle régnait jusqu'au fond des steppes de la Russie. Le ban s'adressait, au nom du suzerain, aux gentilshommes feudataires, soit séculiers, soit ecclésiastiques, et aux subalternes, aux hommes coutumiers, aux hommes de *poesté* ; les premiers, sous peine de confiscation de fiefs, les autres, sous peine de bannissement, étaient tenus de se ranger immédiatement sous l'enseigne du seigneur. Ce système se régularisa surtout sous Louis le Gros, vers 1124. En 1213 la désobéissance à l'appel ou la désertion étaient déclarées félonie.

L'expression ban et arrière-ban ne figure dans les ordonnances que depuis celles de Charles VI ; il a signifié un ensemble plus complet des armées féodales; c'est sous le nom de ban, mais plus souvent sous celui de ban et arrière-ban, que les chevaliers du moyen âge et les troupes de toute espèce furent assemblés tant de fois sous la seconde et la troisième race.

Le *dapifer*, les missi dominici, et ensuite les viguiers, les grands sénéchaux, les grands baillis, les grands banerets, les grands prévôts, présidèrent aux réunions des bans du roi ; les bannerets, les baillis, les avoués, présidèrent aux rassemblements des forces militaires des fiefs de second ordre.

Les gouverneurs de province et les sénéchaux furent chargés des levées du ban royal, depuis Charles VII jusqu'à Louis XIV ; le premier de ces monarques avait, en partie, institué les francs-archers, pour prêter appui à l'autorité quand les levées avaient lieu.

Le ban, jusqu'au règne de Louis le Gros, vers 1120, fut presque la seule milice de France; il était le service du fief, de même que l'arrière-ban était le service de l'arrière-fief. Plus tard il alimenta encore la force armée ; mais il cessa de la constituer uniquement depuis l'époque où la milice communale fut instituée, jusqu'au temps où Charles VII mit sur pied des bandes soldées et rassemblées par enrôlements volontaires. Par un statut du 30 janvier 1454, Charles VII avait établi quelques règles touchant l'uniforme du ban et de l'arrière-ban. Des édits en confiaient la *montre* ou revue aux gouverneurs.

Le ban fut fréquemment employé, et avec assez d'avantages, par Louis XI ; la décadence de la chevalerie d'affiliation et la création des compagnies d'ordonnance en préparèrent l'abolition. Il y avait dans l'arrière-ban des remplaçants, comme cela s'est vu dans les réquisitions modernes. Monteil dit qu'ils touchaient deux soldes, celle du roi, celle du remplacé. Tels feudataires qui ne devaient qu'un demi-homme, qu'un quart d'homme, s'arrangeaient pour parfaire, en commun, le remplaçant. A partir du quinzième siècle, le ban ne fut plus qu'une milice extraordinaire, un moyen secondaire; il dégénéra sous Louis XII, et se discrédita sous Henri II.

La durée du service des bans a varié maintes fois, suivant les temps et les localités : à Rouen, les hommes de ban ne pouvaient être mis en campagne que sous condition qu'ils reviendraient coucher chez eux. Faire la guerre était pour eux une partie de chasse; mais, dans la plupart des provinces, le ban avait été fixé par François Ier à quarante jours dans le royaume, et à trois mois hors du royaume. Ce furent, au reste, des règles pleines de vicissitudes et d'exceptions.

Le mot ban a donné naissance aux mots *bannière*, *banneret*, parce qu'aussitôt qu'un possesseur de fiefs était évoqué par son souverain, il arborait au haut de son donjon la bannière seigneuriale ou le pennon, ce qui s'appelait *ponere banneriam*, *bannum*, proclamer ban, déployer bannière.

Les bans ont été maintenus par les ordonnances de 1554, 1635 et 1639; ils étaient alors mis sur pied par les fonctionnaires qui étaient à la tête des sénéchaussées, ou par les ducs ou comtes qui gouvernaient les provinces.

Les lettres patentes de 1652 convoquent le ban et arrière-ban du Dauphiné pour servir pendant un mois en Italie.

L'usage du ban est devenu de plus en plus rare depuis la création d'une véritable armée française; il est tombé dans le mépris après la fâcheuse expérience que Turenne fit de l'insubordination de ces tumultueuses cavalcades. Il fut pour la honte de nos armes qu'en 1674 on vit paraître à la guerre ces bandes de nobles et de serfs qui, à peine présentées à l'ennemi, lâchèrent pied et abandonnèrent leur général. Ce rassemblement fut le dernier de cette espèce; car s'il s'en vit un, à peu près semblable encore, en 1691, ce fut sans résultat; et si en 1755, lors de la prise de l'île d'Aix par une escadre anglaise, la noblesse de l'Aunis et des provinces limitrophes fut appelée à la défense des côtes menacées, cet événement ne rappelle aucune des formalités anciennes, et ce fut moins un ban qu'une convocation d'alarme.

Quelque chose de l'institution des bans se retrouvait dans l'institution des miliciens de Louis XIV ; mais il y avait entre elles une différence essentielle, car le ban contraignait au service militaire les nobles et les propriétaires, tandis que la milice, au contraire, les exemptait de servir; ces conditions exclusives, si opposées, font une égale critique de ces deux genres de levées.

Napoléon eut l'idée en 1812 de faire revivre le ban, et voulut même l'appuyer de deux arrière-bans, dont l'effectif eût présenté à 2,000,000 de baïonnettes. Le jeune ban eût été mobilisable jusqu'à la frontière, le ban moyen jusqu'aux confins du département, le vieux ban jusqu'aux remparts de la ville. Il fût résulté de cet heureux et nouveau de l'accomplissement de ce projet. L'état militaire, qui, dans nos mœurs modernes, est une exception politique, eût changé d'essence; n'être pas militaire fût devenu le cas exceptionnel. Las-Cases étaient les choses où ces questions furent agitées en conseil d'État.

Gal BARDIN.

BAN ou **BANUS**, par contraction du mot illyrien *bojân*, qui veut dire *seigneur*, ou plus vraisemblablement encore dérivé du mot slave *pan*, dont la signification est la même, était autrefois le titre et la dignité du commandant de diverses marches, frontières orientales du royaume de Hongrie, et répondait par conséquent au titre allemand *markgraf*, margrave (comte de la marche). Les pouvoirs du ban, qui était nommé par le roi, dans la diète, et qui prêtait serment dans la diète, étaient fort étendus; il exerçait en effet une autorité suprême presque absolue dans toutes les affaires politiques, judiciaires et militaires. Comme le palatin en Hongrie, le ban était dans sa juridiction le premier personnage après le roi, et avait les mêmes droits et les mêmes obligations que celui-ci en tout ce qui avait trait à l'administration et à la justice. En temps de guerre, il marchait à la tête des troupes de son banat; et quand il s'agissait de la défense de son banat, non-seulement c'était à lui à veiller à l'entretien de son armée, moyennant une indemnité payable partie en argent, partie en produits des salines royales, mais encore il était tenu de former l'avant-garde de l'armée quand elle marchait en avant et de se tenir à l'arrière-garde quand elle battait en retraite.

Les banats les plus importants étaient ceux de Dalmatie, de Croatie, de Slavonie, de Bosnie, de Machow et de Szörény. Les banats de Sabacz, de Zrebernik, de So, de Vazara, etc., dont font mention les anciens diplômes, n'existent plus depuis longtemps, et il serait difficile aujourd'hui d'en déterminer les délimitations. Les frontières des différents banats, variaient très-fréquemment, attendu que tantôt on réunissait plusieurs banats en un seul, tantôt on en divisait un pour en former plusieurs. Les progrès toujours croissants de la puissance ottomane à la suite de la malheureuse bataille de Mohacz, livrée au seizième siècle, amenèrent successivement la prise de possession par les Turcs de la plupart des banats, à l'exception de celui de la Dalmatie et de la Croatie réunies. Mais la puissance de ce dernier des bans se trouva extrêmement limitée, parce que les Turcs s'emparèrent encore d'une partie du banat, et que l'autre fut occupée par des commandants militaires impériaux. Le ban n'en administra que d'une manière plus arbitraire encore la petite portion de territoire demeurée soumise à sa juridiction; aussi les diètes adressèrent-elles à cet égard des plaintes nombreuses, jusqu'à ce qu'enfin, au commencement du dix-septième siècle, sous le ban Jean Draskovich, un règlement rendu par la diète eût déterminé d'une manière plus précise l'étendue et la nature des pouvoirs du ban. La diète tenue à Presbourg en 1723 soumit également ce banat au gouvernement général de Hongrie, qui venait alors d'être institué; décision qui eut pour résultat d'amoindrir singulièrement les attributions et les pouvoirs du ban. La division des affaires civiles et militaires, créée par Marie-Thérèse en 1746, quand elle organisa les *Frontières-Militaires*, et qui soumit les affaires militaires de ce banat à la direction immédiate du conseil aulique de Vienne, diminua beaucoup l'autorité militaire du ban. Au lieu de cela, l'impératrice constitua avec les comitats hongrois de Poséga, Béreczny et Sirmie, reconquis sur les Turcs par Léopold Ier, la Slavonie actuelle, et la plaça sous l'administration du ban.

Par suite de ces diverses transformations, voici en quoi consistèrent jusque dans ces derniers temps la puissance et la dignité du ban : il était le troisième grand dignitaire du royaume de Hongrie, juge local ordinaire, président de la Table du ban, égale à la Table royale de Hongrie, et subordonnée seulement à la Table septemvirale; membre du conseil de gouvernement de la Hongrie, chef de l'insurrection des nobles, et propriétaire du 1er et du 2e régiment des frontières du banat. Enfin, il pouvait, avec l'assentiment préalable du roi, convoquer la diète du banat, dont il était de droit président, et conférer des titres de noblesse; il remplissait dans sa juridiction les fonctions que gouverneur général, et lors du couronnement des rois de Hongrie il portait devant eux le globe impérial d'or. La constitution octroyée le 4 mars 1849 aux États composant l'ensemble de la monarchie autrichienne, constitution supprimée depuis, mais qui avait érigé la Croatie, la Slavonie et la Dalmatie en domaine particulier de la couronne, avait déclaré le ban complètement indépendant de la Hongrie et l'avait rendu gouverneur unique dans sa juridiction, en lui attribuant les mêmes pouvoirs qu'aux autres gouverneurs généraux des domaines de la couronne, tout en lui conservant spécialement la qualification de ban. C'est le célèbre Jellachich qui est investi aujourd'hui de cette dignité.

BAN DE LA ROCHE ou VAL DE LA ROCHE, en allemand *Steinthal*, vallée située dans les montagnes des Vosges, aux confins de la Lorraine et de l'Alsace, à sept ou huit lieues ouest-sud-ouest de Strasbourg; elle a six lieues environ de circonférence, et est bornée au midi par le Val-de-Villé, à l'est par les vastes territoires d'Obernai et de Barr, à l'ouest et au nord par la Brusche, petite rivière qui prend sa source non loin de là, et qui se jette dans l'Ill au-dessus de Strasbourg.

Quand on gravit le sentier roide et étroit qui du fond de cette vallée conduit, par Belmont et le Champ-du-Feu, au versant oriental des Vosges, on aperçoit à peu de distance, à sa droite, un bloc de pierre isolé, resté debout au flanc du coteau. C'est la *roche* sur laquelle était bâtie la demeure des seigneurs de ce district; elle a donné son nom au château et à la vallée au centre de laquelle elle se trouve.

Le château de la Roche était le chef-lieu d'un fief impérial, et appartenait dès le quatorzième siècle à la famille de Rathsamhausen, qui occupe une si grande place dans les annales chevaleresques de l'Alsace. Une branche de cette famille en prit le surnom *de la Roche*, en allemand *zum Stein*. Un seigneur de Rathsamhausen y ayant donné asile à une bande d'aventuriers redoutables, dont il favorisait les brigandages, le château fut assiégé, en 1471, par les troupes de l'évêque et de la ville de Strasbourg, et démantelé. La seigneurie du Ban de la Roche fut vendue, en 1584, aux comtes de Weldentz, qui y introduisirent le culte protestant. La ligne masculine de ces comtes s'étant éteinte en 1674, le fief passa aux filles; puis, en 1720, au sieur d'Angervilliers, intendant d'Alsace, et plus tard à M. de Paulmy, qui le vendit, en 1771, au baron de Dietrich, stettmeistre de Strasbourg.

Cette seigneurie, qui en 1762 avait été érigée en comté, comprenait huit villages ou communautés, avec quelques hameaux, divisés par le sommet des montagnes en deux paroisses, Rothau et Waldersbach. A la première appartenaient *Rothau*, résidence ordinaire du bailli de la prévôté; *Neuviller*, avec le hameau de Hautegoutte, et Wildersbach; à la seconde *Waldersbach*, *Sollbach*, *Fouday* (en allemand *Urbach*) avec le hameau de *Trouchi*, *Bellefosse* ou *Belfuss*, et *Belmont* avec *les Huttes*. A la révolution française, l'organisation des départements rompit le faisceau du fief seigneurial : une partie en fut rattachée au département du Bas-Rhin, l'autre partie entra dans le département des Vosges.

Jusque vers le milieu du siècle dernier le Ban de la Roche était resté étranger au développement de la riche province dont il ressortissait, l'Alsace. Le manque de voies de communication, et surtout un patois non lettré, idiome inconnu hors de la vallée, éternisaient l'isolement de cette population. L'arracher à un état demi-sauvage était une belle et sainte mission : elle tenta l'âme ardente du pasteur Oberlin. Entré en fonctions à Waldersbach en 1767, il consacra une carrière évangélique de soixante années à répandre les bienfaits de la religion, de l'instruction, du travail. Là où il n'y avait que ravins rocailleux, on voit des champs cultivés avec une active intelligence; l'isolement a cessé depuis que les chemins vicinaux ont relié entre elles les communes de la vallée, et l'ont mise en communication avec la grande route de Strasbourg; à l'ignorance profonde a succédé une instruction religieuse et professionnelle. Un habitant ne sachant ni lire ni écrire est devenu une rare exception et une honte. Ces résultats sont l'œuvre du digne pasteur. Les habitants bénissent sa mémoire, et l'entourent d'une vénération pieuse. Le nom d'Oberlin est maintenant inséparable de celui du Ban de la Roche. On peut dire de lui qu'il eut la bienfaisance du génie, et le génie de la bienfaisance. La vie du pasteur Oberlin a été écrite par M. Stœber : c'est l'histoire de la civilisation de cette contrée. Le frère d'Oberlin, que l'Europe a compté depuis parmi ses savants, a composé, en 1775, un *Essai* sur le patois du Ban de la Roche; son fils a donné en 1806 une excellente *topographie* de cette portion des Vosges. Ch. DE GIMEL.

BANAL, en droit féodal, se disait des choses à l'usage desquelles le seigneur d'un fief assujettissait ses vassaux pour en retirer certaine redevance, certains droits. Cet adjectif est demeuré dans la langue avec un sens qui en dérive. Il se dit de ce qui est extrêmement commun, de ce qui est devenu trivial ou insignifiant à force d'être employé.

Le droit de banalité avait pour principaux effets de forcer les vassaux à se rendre au moulin, au four ou au pressoir banaux. Comme la plupart des chartes d'affranchissement passées entre les habitants et les seigneurs contenaient la stipulation formelle, de la part des habitants de la communauté, qu'ils seraient soumis à la banalité, l'on peut considérer ce droit, qui a subsisté jusqu'à la Révolution, comme une simple modification du servage dans lequel ils se trouvaient; c'était en quelque sorte le prix de leur liberté : le seigneur, resté d'ailleurs propriétaire de tous les cours d'eau et maître de tout le territoire féodal, se trouvait en pouvoir d'empêcher toute exploitation : il fallait donc nécessairement traiter avec lui pour l'établissement, soit d'un moulin, soit d'un four, soit d'un pressoir; de là le droit de banalité. Comme tous les autres droits féodaux, ce droit a été aboli par la Révolution.

BANANE. *Voyez* BANANIER.

BANANIER (*Musa*, Linné), genre de plantes appartenant à la polygamie-monœcie de Linné, à la famille des musacées de Jussieu, et caractérisé ainsi qu'il suit : le périanthe se compose de deux folioles colorées formant comme une corolle à deux lèvres; la lèvre supérieure, plus longue que l'inférieure, l'embrasse entièrement par sa base et se divise à son sommet en cinq lanières étroites; la lèvre inférieure est plus courte, concave et en forme de cœur; les étamines, au nombre de six, sont insérées sur le sommet de l'ovaire; l'ovaire est adhérent au périanthe, très-grand, comme triangulaire, et, coupé en travers, offre trois loges contenant chacune un grand nombre d'ovules; il est surmonté d'un style terminé par un stigmate concave, dont le bord offre six dents; le fruit est une baie à peu près triangulaire, renfermant beaucoup de graines. Les bananiers se distinguent d'ailleurs par un port extrêmement élégant et tout à fait particulier. Leur racine se compose d'un grand nombre de fibres allongées, cylindriques et simples; elle est surmontée d'une espèce de tige tout à fait semblable à celle des bulbes des liliacées. Cette tige en effet une sorte de plateau charnu, qui, par sa face inférieure, donne naissance aux fibres qui constituent la racine, tandis que de sa face supérieure s'élève ce qu'on considère vulgairement comme la tige de ces végétaux. Cette prétendue tige se compose d'un grand nombre de gaines foliacées, étroitement emboîtées les unes dans les autres. Du centre des feuilles on voit sortir une trompe recourbée et pendante, et qui occupe l'axe de la plante depuis sa base jusqu'à sa partie supérieure. Les fleurs, qui sont très-grandes, sont disposées à la partie supérieure de la trompe, en une série de demi-anneaux; chacun de ces demi-anneaux, composé de dix à douze fleurs sessiles, est accompagné à sa base d'une grande bractée colorée. Les fleurs qui occupent la partie inférieure de cette sorte de régime sont les seules qui donnent des fruits; leur ovaire est gros et allongé, tandis que les étamines sont stériles et de moitié plus courtes que la lèvre supérieure du périanthe. Les fleurs supérieures, au contraire, ne donnent pas de fruit; leur ovaire est beaucoup plus petit, avorté et stérile; mais leurs étamines, saillantes au dehors du périanthe, servent à féconder les fleurs inférieures.

Des dix ou douze espèces de ce genre que connaissent les botanistes, et qui toutes croissent dans les contrées les plus chaudes des deux continents, deux méritent de fixer en particulier notre attention.

Le *bananier du paradis*, ou *figuier d'Adam* (*musa paradisiaca*, Linné), croissant en général dans les lieux bas et humides, se développe avec vigueur et rapidité ; sa tige acquiert jusqu'à 4 mètres d'élévation, sur un diamètre de 16 à 22 centimètres ; elle se termine par un faisceau de belles feuilles redressées, elliptiques, allongées, très-entières, longues de 1^m,25 à 1^m,65, obtuses au sommet, d'un vert clair et agréable. Les fleurs sont jaunâtres, portées sur la partie supérieure d'une hampe qui dépasse le sommet de la tige de 0^m,95 à 1^m,30 ; chaque grappe de fleurs est enveloppée dans une grande bractée rougeâtre qui tombe peu de temps après la floraison, et la hampe se termine à son sommet par une espèce de bouton composé d'écailles colorées, très-serrées les unes contre les autres. Les fruits qui succèdent aux fleurs inférieures, les seules qui soient fertiles, sont presque triangulaires, jaunâtres, longs de 16 à 22 centimètres, terminés en pointe irrégulière à leur sommet. On les connaît sous le nom de *bananes*. Leur chair est épaisse, un peu pâteuse ; les graines avortent presque constamment dans les individus cultivés. Ce végétal croît spontanément et se cultive en grand nombre en Afrique et dans les deux Indes. C'est de ceux sur lesquels l'imagination des peuples orientaux s'est le plus exercée. Selon les chrétiens d'Orient, c'est l'arbre du paradis terrestre qui portait le fruit défendu ; il en est qui pensent que les feuilles et non pas celles de notre figuier que nos premiers parents se couvrirent après leur désobéissance ; ce qu'il y a de certain, c'est que des sauvages s'en servent pour le même usage. D'autres croient que le régime de ce bananier était le fruit qu'apportèrent à Moïse les hommes envoyés par lui à la découverte de la terre promise. C'est une croyance populaire chez les Grecs de nos jours, que si quelqu'un s'avise d'enlever les bananes avant l'époque où elles doivent être cueillies, le bananier abaisse sa tête et frappe le ravisseur.

Le *bananier des sages* (*musa sapientium*, Linné) est semblable au précédent par son port et sa taille, mais s'en distingue par ses feuilles, plus aiguës, et par ses fruits, beaucoup plus courts, à chair plus fondante, connus sous les noms de *bacove* ou *figue banane*. Ce végétal se trouve aux mêmes lieux que le précédent. C'est, dit-on, sous son ombrage que les sages indiens, appelés *gymnosophistes*, passaient leur vie à méditer et à s'entretenir de sujets philosophiques, et son fruit faisait, selon Pline, leur nourriture ordinaire.

Les fruits de ces deux espèces sont les meilleurs et les plus utiles dans toutes les contrées où ils se trouvent. C'est la nourriture la plus ordinaire et la plus générale des Indiens et des nègres des colonies. Ceux du bananier des sages sont les meilleurs à manger crus ; on en fait plutôt un régal qu'un aliment habituel, et on le sert sur les tables les plus délicates avec les sucreries et autres mets de dessert. Il n'en est pas de même pour les fruits de l'autre espèce ; ils sont beaucoup moins agréables à manger crus, mais ils sont très-bons cuits. On en extrait une liqueur d'un goût assez flatteur, désignée sous le nom de *vin de bananes*. En écrasant les bananes bien mûres et les faisant passer au travers d'un tamis pour en retirer la partie fibreuse, on forme une pâte avec laquelle on prépare un pain très-nourrissant, mais lourd, parce qu'il lève mal. Cette pâte, presque entièrement composée d'amidon, peut se conserver lorsqu'elle est sèche ; et, délayée dans l'eau ou du bouillon, elle forme un aliment sain et assez agréable, dont les marins se trouvent fort bien pendant leurs traversées. Les gaînes foliacées qui constituent la tige font des fibres dures et résistantes, dont on fabrique des cordages ou du fil avec lequel on fait de la toile. De plus, cette tige, lorsqu'elle est encore jeune et tendre, peut servir à la nourriture des bestiaux, et même de l'homme. Quant aux feuilles, on les emploie pour couvrir les habitations, et l'on s'en sert, en mangeant, comme de nappes et de serviettes.

Le nom de bananier vient du mot *banana*, par lequel les peuples de l'Indoustan désignent la banane ; *musa* est formé du nom arabe du bananier *mauz*. Démezil.

BANAT ou **BANSAG**. Ce mot, dans la langue hongroise, s'applique, en général, à toute province frontière, ou à toute localité administrée par un ban, comme dans la langue allemande le mot *marche* ; mais les différents bans disparurent dans les longues et sanglantes guerres soutenues contre les Turcs, et il n'y eut que le royaume de Croatie qui conserva le sien, sans toutefois en prendre la dénomination particulière, à la différence du banat de Témès, qui reçut cette qualification après la conclusion de la paix de Passarowitz, sans avoir pourtant jamais eu de ban. Ce banat comprenait les trois comitats de Torontal, de Temeswar et de Krassowa, et jusque dans ces dernières années il avait fait partie du royaume de Hongrie. En vertu d'un décret impérial du 18 novembre 1849, il a cependant été jusqu'à un certain point séparé de la Hongrie pour constituer un nouveau domaine de la couronne d'Autriche, sous la dénomination de *woiwodie serbe et de banat de Témès*, sans fixation précise des limites de la woiwodie et du banat. Avant d'être divisé, l'ancien banat, composé des trois comitats ci-dessus désignés, contenait, en y comprenant les arrondissements des Frontières Militaires, une superficie de 297 myriamètres carrés, dont un tiers est couvert de montagnes et les deux autres tiers offrent un sol plat et marécageux, où l'eau surabonde généralement, mais d'un total fertile. Les limites en sont à l'ouest la Theiss, au sud le Danube, au nord la Maros et à l'est la chaîne de montagnes qui sépare la Hongrie de la Valachie et de la Transylvanie. Déjà célèbre du temps des Romains, à cause de la douceur de son climat, qui les avait engagés à y fonder plusieurs villes, cette contrée gémit plus tard pendant longtemps sous le joug des Turcs, et elle se trouvait à peu près dépeuplée lorsque les armées victorieuses de l'Autriche la reconquirent en 1716. Le banat fut alors placé sous une administration seulement militaire. Marie-Thérèse en incorpora la moitié au domaine royal, et y appela des bords de la Moselle et du Rhin et aussi de la Souabe des colons qui ne tardèrent pas à doter leur nouvelle patrie de nombreux éléments de prospérité. Le reste de la population se compléta avec des Magyares, des Valaques, des Bulgares, des Bohémiens et des Rasciens. Après la Lombardie, le banat est aujourd'hui la plus riche de toute la monarchie autrichienne. Le blé y croît partout en abondance, et il en est de même du tabac, du millet, du sumac, des noix et des fruits à noyau. La culture y donne des produits moins riches, mais d'excellente qualité. Le gibier à plume y est extrêmement abondant, et les rivières y sont très-poissonneuses. L'exploitation des mines donne des produits considérables en or, argent, zinc et surtout en cuivre ; cependant c'est la houille qui constitue la grande richesse minérale du banat. Parmi les nombreuses sources d'eaux minérales qu'on y rencontre, il faut citer en première ligne les eaux de Mehadia. En 1848 la population du banat s'élevait à 1,147,265 habitants, divisés, sous le rapport ethnographique, en Valaques, Allemands, Hongrois et Rasciens, et au point de vue religieux en grecs-unis, catholiques, luthériens et réformés. Le chef-lieu du banat est Temeswar. En fait de curiosités naturelles remarquables, il faut mentionner la *grotte de Veterani*, et les *Portes de Fer*, effrayant défilé sur les rives du Danube. Consultez Griselini, *Essai d'une histoire physique et politique du banat de Témès* (Vienne, 1785).

BANC. On donne ce nom aux hauts fonds d'une grande étendue que la sonde fait découvrir dans le bassin des mers. Quelques-uns peuvent être dangereux pour les vaisseaux ; tel est, par exemple, le *Doggers bank* (banc des Chiens) dans la mer du Nord, entre la Grande-Bretagne et le continent européen. Celui de Terre-Neuve, à l'orient de cette île, est le plus grand que l'on connaisse, et porte le nom de *Grand-Banc*, pour le distinguer de plusieurs autres, d'une moindre étendue, qui en sont peu distants, où la nature du fond est la même, et qui vraisemblablement doivent être rapportés à une même formation. Entre ces montagnes sous-marines et les terres les plus rapprochées, la mer peut être très-profonde, en sorte que ces parties du noyau terrestre sont nettement et fortement séparées les unes des autres ; l'hypothèse qui leur attribuerait une origine commune n'aurait aucun fondement.

La surface des bancs peut être comparée à celle des terres, qui montrent partout des témoins du long séjour qu'elles firent sous la mer. Les sondes y sont excessivement inégales : en multipliant les observations et les mesures, on parviendrait à y tracer des coteaux et des vallées ; on indiquerait quelques sommets isolés ; en un mot, on reconnaîtrait la parfaite analogie des terrains actuellement submergés et de ceux qui ont cessé de l'être : l'Asie centrale et quelques parties de l'Afrique présenteraient plusieurs espaces qui durent être autrefois des *bancs* analogues à celui de Terre-Neuve ; autour de ces espaces, on remarquerait ces abaissements du sol que quelques-uns des géologues modernes ont nommés *dépressions terrestres*.

Les poissons abondent sur les bancs plus qu'en tout autre espace des mers où l'on puisse leur comparer, quant à l'étendue et à la distance des îles ou des continents. En effet, plusieurs causes se réunissent pour donner à ces montagnes sous-marines une population plus nombreuse, soit permanente, soit passagère : les végétaux sous-marins y sont plus abondants, et, de plus, les bandes voyageuses de poissons, qui ne se rapprochent point de la surface et suivent dans leurs migrations les routes tracées au fond des mers, sont contraintes à franchir ces montagnes océaniques pour chercher dans d'autres parages la subsistance que les régions parcourues ne leur offrent plus. Au point culminant de leur route, les navigateurs peuvent les observer et les atteindre ; dès qu'elles redescendent, elles échappent aux hameçons des pêcheurs, de même qu'elles n'étaient point exposées à cette sorte de danger avant d'être parvenues à la hauteur des bancs. Comme les poissons voyageurs sont forcés à se tenir près du fond, où ils trouvent au moins une partie de leur subsistance, ils font peut-être beaucoup plus de chemin hors de la portée de nos moyens d'observation que dans les lieux où ils se rapprochent de nous, de nos pièges et de nos armes.

Les troupes voyageuses de poissons portent aussi le nom de *bancs*. C'est ainsi qu'on dit *un banc de harengs*.

En géologie, les bancs des couches qui, superposées les unes aux autres, se revêtent dans un ordre constant d'après l'époque plus ou moins ancienne de leur formation.

Conformément à l'acception du mot *banc* dans le discours ordinaire, les marins donnent ce nom au siége des rameurs, et sur les galères à l'habitation commune des forçats attachés à une même rame. FERRY.

BANC DU ROI ou **DE LA REINE** (Cour du). *Court of King's* ou *Queen's bench*, l'une des cours de justice supérieures siégeant à Westminster. Il se compose du grand justicier (*lord chief justice*) et de trois juges qui, conjointement avec les membres des deux autres cours, celle des Plaids communs (*Court of common Pleas*) et celle de l'Échiquier (*Court of exchequer*), forment le collége des douze grands juges d'Angleterre. Ces douze grands juges rendent la justice, soit collectivement, soit séparément, pour toute la Grande-Bretagne. A la juridiction du banc du roi appartenaient dans l'origine les crimes de haute trahison, les attentats contre la paix publique et d'autres causes criminelles ; mais au moyen de certaines fictions, on finit par lui attribuer également la connaissance des causes civiles, qui d'ailleurs pouvaient lui être déférées par appel.

Anciennement le roi présidait en personne la première de ces cours supérieures ; il siégeait sur un *banc* placé au-dessus des autres juges : c'est de là que lui vient le nom de *king's bench* ou cour du Banc du roi.

Les trois cours du Banc du roi, des Plaids communs et de l'Échiquier ne sont pas seulement juges d'appel l'une de l'autre ; mais lorsque l'arrêt d'un de ces tribunaux est déféré à la chambre des lords, en vertu d'un *writ of error*, le lord chancelier prend pour assesseurs plusieurs magistrats parmi les juges des deux autres cours. *Voyez* GRANDE-BRETAGNE.

BANCA, île située sur la côte sud-est de Sumatra, d'une étendue de 121 myriam. carrés, avec 35,000 habitants, parmi lesquels on compte beaucoup de Chinois, est célèbre par ses mines d'étain (le mot *banca* veut dire *étain*) et par ses pêcheries de perles. L'extraction de l'étain livré à la consommation des produits considérables, dont la plus grande partie passe en Chine, mais dont une certaine portion trouve aussi son écoulement en Europe. Depuis 1828 cette île est placée sous la souveraineté des Pays-Bas.

BANCAL, qui a les jambes difformes. Les Latins avaient trois expressions pour rendre trois sortes ou variétés de cette difformité : ils appelaient *valgus* l'individu qui a les jambes tournées en dehors ; *compernis*, celui qui les a tournées en dedans ; et *varus*, celui dont les jambes sont tortues ; nous appelons cette dernière espèce *bancroche*.

Bancal est aussi le nom d'un sabre recourbé.

BANCROFT (GEORGES), historien américain, né le 3 octobre 1800, à Worcester dans le Massachussets, fut élevé à l'école, alors célèbre, d'Exeter, dans le New-Hampshire, sous la direction du docteur Abbot, et plus tard à l'université de Cambridge. Après y avoir terminé ses études en 1817, il obtint par l'entremise d'Éverett un subside assez considérable à l'aide duquel il put aller étudier la philosophie en Allemagne. En 1818 il se rendit à Gœttingue, où il suivit les cours de Heeren, de Plank et d'Eichhorn, et où, en 1820, il obtint le grade de docteur en philosophie. Il alla alors à Berlin, où il suivit les cours de Hegel et où il se lia avec Schleiermacher, G. de Humboldt, Savigny, Varnagen d'Ense et autres notabilités littéraires ; puis voyagea dans les différentes parties de l'Allemagne, se créant partout les relations les plus honorables, par exemple avec Gœthe et Schiller. De là il passa en Italie, après un court séjour à Paris et à Londres, puis s'en revint en Amérique.

Après avoir pendant quelque temps rempli dans sa patrie les fonctions de professeur de langue grecque à l'université de Cambridge, il fonda à Northampton une maison d'éducation, dite *Roundhillschool*, dans laquelle il réunit autour de lui un certain nombre de professeurs allemands d'un haut mérite. Cependant il ne tarda pas à s'apercevoir qu'il pouvait être plus utile et plus influent comme écrivain politique. Il quitta donc Northampton pour venir s'établir à Springfield, où les preuves de dévouement qu'il donna au parti démocratique lui firent bientôt obtenir le lucratif emploi de receveur des douanes à Boston. Malgré ses devoirs administratifs, il trouva encore le temps de se livrer à la culture des lettres et de faire des cours publics de littérature allemande.

Quand Polk fut élu président des États-Unis en 1845, il appela Bancroft à l'emploi de ministre de la marine, et il signala son passage dans cette administration par la création d'un observatoire à Washington et d'une école de marine à Annapolis. Vers la fin de 1846, le président Polk le nomma envoyé extraordinaire et ministre plénipotentiaire à Londres, fonction qu'il continua de remplir jusqu'en 1849. Il mit à profit son séjour dans cette capitale pour se livrer à de précieuses recherches sur tous les documents relatifs à l'histoire de l'Amérique, et surtout de sa révolution, qu'il put recueillir dans ses archives. Il a publié le résultat de ses investigations dans son *History of the Revolution of North-America* (volume Ier, Boston 1850). Précédemment il avait publié, de 1834 à 1840, une *History of the United States of North-America*, qui est déjà arrivée à sa 12e édition, et qui lui assigne une place honorable parmi les historiens modernes.

BANDA, groupe d'îles des Indes orientales, faisant partie de celui que nous désignons sous la dénomination générale de Moluques. Il s'étend entre 3° 50' et 4° 50' de latitude sud et 126° 20' et 127° 30' de longitude est. Cette colonie hollandaise se compose d'une douzaine de petites îles au sol élevé, d'origine volcanique, avec une population de 6,000 âmes environ. Les principales sont *Lantoir*, ou *Banda-Lantoir*, ou simplement *Banda* (le *Hoogeland* des Hollandais), *Neira*, ou *Banda-Neira*, et *Gounong-Api*, du sein de laquelle s'élève, au milieu de la plus riche végétation, un volcan en activité. Le climat de ce groupe est insalubre; les pluies et les tempêtes y commencent en décembre avec la mousson d'ouest; et la navigation y est dangereuse, à cause des tremblements de terre qui surviennent d'octobre en avril.

Ces îles manquent de riz, de végétaux alimentaires, sauf le cocotier et le palmier sagou. Leur richesse est le muscadier. Le produit total de leurs plantations en ce genre est évalué à 50,000 kilog. de noix et à 15,000 kilog. de macis; il s'est élevé, dit-on, à 300,000 kilog. de noix et 75,000 de macis. La population se compose de Nègres Papouas, de Chinois et de Hollandais; la race des habitants primitifs a disparu.

Le groupe forme une résidence du gouvernement des Moluques. Son chef-lieu est *Nassau* ou *Waterford*, dans l'île de Neira, siége d'un tribunal néerlandais et défendu par le fort Belgica, construit en 1609. Ces îles, découvertes en 1512 par les Portugais Antonio Abreu, furent occupées en 1524 par cette nation, que les Hollandais en expulsèrent en 1599. En 1796, les Anglais s'en emparèrent. Après les avoir restituées à la Hollande à la paix d'Amiens, ils s'en saisirent encore une fois en 1810, et ne les rendirent aux Hollandais qu'en 1817, époque où furent seulement aplanies les difficultés qui s'étaient élevées entre les deux gouvernements pour le règlement des indemnités dues à l'Angleterre en raison des dépenses qu'elle avait faites dans le pays.

BANDA ORIENTAL, État de l'Amérique méridionale, au nord du golfe formé par l'embouchure du fleuve de la Plata, à l'est de la rivière de l'Uruguay, était autrefois, avec Montevideo, sa capitale, sous l'autorité des Espagnols. Elle passa ensuite sous la domination du Portugal, forma quelque temps, à partir de 1815, une république militaire, ayant à sa tête le chef d'insurgés Artigas; fut incorporée, en 1821, au Brésil, sous le nom de *Province cisplatine*, puis reconnue État indépendant, aux termes d'un traité intervenu en 1828, sous la médiation de l'Angleterre, entre le Brésil et l'Union de la Plata; et se déclara enfin indépendante le 10 septembre 1829, sous le nom de *Republica oriental del Uruguay*.

BANDAGE. On donne ce nom à divers appareils ordinairement composés de bandes et de compresses auxquelles on joint souvent quelques pièces comme des attelles, des plaques métalliques, etc., qui sont destinées, soit à contenir et rapprocher des parties divisées, soit à les maintenir dans leur position normale lorsqu'elles en sont sorties momentanément. Il existe aussi des appareils composés de ressorts, de courroies, de vis, qui ont reçu le nom de bandages; ces bandages s'emploient soit pour la contention d'une fracture, soit pour remédier à une infirmité : tels sont les bandages *herniaires*, les *tourniquets* pour comprimer les vaisseaux, etc.

Les bandages uniquement composés de bandes de linge reçoivent, indépendamment de leur destination, des noms différents suivant leurs formes : bandage *roulé, rampant*; bandage en *T*, en *huit de chiffre, triangulaire, carré*, etc.

L'application des bandages est une partie très-essentielle de la chirurgie, et de laquelle dépend souvent le succès des opérations les mieux faites d'ailleurs. On conçoit que c'est en vain qu'une fracture sera parfaitement réduite si le bandage ne maintient les fragments dans les rapports convenables. L'art d'appliquer les bandages constitue un véritable talent; cet art consiste à procéder promptement et avec adresse pour épargner des douleurs, et à disposer les pièces d'appareil avec une certaine symétrie qui plaît aux yeux, et donne souvent au malade la mesure du talent du praticien.

BANDE. Ménage dérive ce mot de l'allemand *bande*, qu'il dit être aussi persan et arabe; on trouve dans le bas grec βάνδον, et dans le latin *bandum*, qui signifie une enseigne d'une pièce d'étoffe ou de linge plus longue que large. *Bandum* se trouve dans la vie de saint Anastase, qui vivait au commencement du septième siècle, pour indiquer un étendard, un drapeau, une enseigne militaire. Enfin, Du Cange dit que le mot *banda* vient du saxon *bend*, dont on aurait fait *bende* et *bendellus*, d'où sont venus les mots de *banderolle* et de *bannière*, ou *bandière*; puis la dénomination du mot *bande* lui-même, employé dans plusieurs acceptions, et d'abord dans celle de *bandes armées*, *bandes de gens de guerre*, qu'on distinguait par leurs *bandes* ou leurs enseignes. Nous nous en tiendrons à cette étymologie, qui nous paraît la plus probable.

Le mot *bande* se dit généralement de tout morceau de toile, d'étoffe, de drap, de papier, de fer, de cuivre, ou de toute autre matière, dont la largeur et l'épaisseur sont peu considérables, relativement à la longueur.

En termes de chirurgie, *bande* se dit d'une ligature beaucoup plus longue que large, qui sert à tenir quelque partie du corps enveloppée et serrée pour la maintenir dans un état sain, ou le lui procurer.

En astronomie, on appelle *bandes de Jupiter* et *bandes de Saturne* des zones obscures qui paraissent entourer ces planètes et faire partie de leur disque. Elles ne sont néanmoins pas toujours de même grandeur, ni à même distance; elles semblent augmenter ou diminuer alternativement : tantôt elles sont fort éloignées l'une de l'autre, tantôt elles paraissent se rapprocher, mais toujours avec quelque changement. Les *bandes de Saturne* sont plus larges et moins apparentes que celles de Jupiter.

Bande, en architecture, se dit des principaux membres des architraves, des chambranles, imposts et archivoltes, qui pour l'ordinaire ont peu de saillie et de hauteur sur une grande étendue; ils prennent aussi le nom de *fasces*, du latin *fasciæ*, dont Vitruve se sert pour exprimer la même chose. Le nombre des *bandes* et leur disposition dans les architraves varient, suivant les différents ordres; ordinairement la plus grande est au-dessus, et la plus petite au-dessous. On donne le nom de *bande de briques* aux édifices bâtis de briques et aux bandeaux de cette matière qui sont au pourtour ou dans les trumeaux des croisées; une *bande de carreaux* est un rang de carreaux, petits ou grands, qui autrefois se faisait sur un plancher, environ de mètre en mètre, entre les carreaux à six pans; enfin une *bande de colonnes* est une espèce de bossage dont on orne le fût des colonnes rustiques et bandées, quelquefois simple, comme aux colonnes toscanes du Luxembourg, ou pointillé ou vermiculé comme à celles de la galerie du Louvre.

En termes de blason, la *bande* est une des pièces que l'on appelle *honorables* (bande de l'écu (*tænia*). Elle est de métal ou de couleur, traverse l'écu d'angle en angle, prend depuis le chef du côté droit et aboutit à la pointe au côté gauche. La *bande*, quand elle est seule, doit régulièrement occuper le tiers de l'écu; quand elle n'y est pas seule, elle ne contient que les deux tiers de sa largeur ordinaire, elle prend le nom de *cotice* (*tæniola*); et quand elle n'est que du tiers, ou moins de ce tiers, on l'appelle *bâton* ou *bande en bâton* (*obliquum bacillum*); enfin, quand il y en a plusieurs, on en spécifie le nombre, et on dit : un écu *bandé* de six, de huit pièces, etc. On l'appelle aussi *bandé* quand les principales pièces sont chargées de *bandes*, comme le chef, la

BANDE — BANDELLO

fasce, le chevron, etc. Le landgrave de Hesse porte : d'azur au lion *bandé* d'argent et de gueules de huit pièces. On le dit aussi des bandeaux qui sont sur les têtes des figures du blason. Quand le bâton ne touche pas les bords de l'écu, on l'appelle *péri en bandes*. Les *bandes*, les barres et les fasces représentent, dit-on, les écharpes que les dames donnaient aux chevaliers dans les tournois. Les *bandes* qui sont dans les armoiries de plusieurs familles viennent de ce que leurs ancêtres, dans les divisions des maisons d'Orléans et de Bourgogne, avaient pris part pour les premiers, dont les partisans portaient des *bandes* ou des écharpes blanches.

En termes de marine, *bande* signifie côte. On dit, par exemple : nous naviguons à deux degrés de la ligne de la *bande* du Nord... La déclinaison de l'aiguille est là de tant de degrés de la bande du Sud, etc. La *bande* est aussi l'inclinaison d'un vaisseau, de quelque cause qu'elle provienne; *donner la bande*, c'est incliner un vaisseau sur un côté. On donne la *demi-bande* aux vaisseaux dont on veut visiter une partie de la carène pour la nettoyer, réparer une voie d'eau, etc. *Passer à la bande*, c'est garnir les haubans et les vergues de matelots pour saluer de la voix. Les *bandes de ris* sont des bandes de toile transversales que l'on coud sur l'avant d'une voile pour renforcer la toile dans laquelle on perce les œils destinés à recevoir les garcettes de ris. Enfin, *larguer en bande*, c'est ouvrir les mains et laisser entièrement aller un cordage sur lequel on faisait force, etc.

En termes de billard, la *bande* est le bord de la table sur laquelle on joue. La *bande* est haute de deux ou trois pouces. On dit *collée sous bande*, ou simplement *collée*, en parlant d'une bille qui touche à la bande et qui s'y arrête.

Enfin le mot *bande* signifie généralement une troupe de plusieurs personnes associées pour un même dessein; on a dit autrefois une *bande de comédiens*; on appelait la *grande bande des violons du roi*, les 24 violons qui la composaient. On dit encore une *bande de factieux*, et *séditieux*, d'*égyptiens*, de *bohémiens*, de *voleurs*. De là on a dit *faire bande à part*, pour dire se séparer d'une troupe, d'un parti avec lequel on avait des intelligences et des rapports.

BANDE NOIRE. On appela ainsi, lors de notre première révolution, les associations de capitalistes et d'hommes versés dans tous les détails de la législation qui achetèrent les biens ecclésiastiques confisqués comme propriétés nationales, les domaines appartenant aux émigrés et les bâtiments rendus inutiles par la suppression des fidéicommis et des majorats. Cette qualification déshonorante fut appliquée à ces associations, parce qu'elles commirent alors de véritables actes de vandalisme en démolissant une foule d'édifices vénérables par leur antiquité, sans se soucier des souvenirs historiques qu'ils rappelaient non plus que des œuvres d'art qu'ils constituaient, uniquement pour en revendre les matériaux et le sol même divisé en petits lotissements. Les mêmes spéculations se produisirent en Allemagne à l'égard des églises et monastères sécularisés aux termes de la paix de Lunéville.

BANDEAU. Ce mot a presque la même acception générale que le mot *bande*. Le *bandeau* en effet est un morceau de linge, de toile, d'étoffe, en forme de bande plus ou moins large, qu'on met autour du front, ou autour de la tête, comme vêtement, comme ornement ou comme parure.

Le *bandeau des religieuses* est une bande de toile que les religieuses portent sur le front, pour signifier qu'elles ferment volontairement les yeux, afin de ne plus voir les folies du monde, auquel elles ont renoncé. Autrefois, les veuves étaient astreintes à porter ce bandeau. On mettait aussi un bandeau dans le sacrement de la confirmation.

On appelle le d i a d è m e un *bandeau royal*, parce que la marque de la royauté était autrefois un bandeau, que les rois portaient sur le front.

La *Fortune* et l'*Amour* sont représentés avec un bandeau sur les yeux, parce que la première est aveugle dans la distribution de ses richesses, qu'elle accorde au hasard et sans distinction, et que les amants ne voient point les défauts de la personne qu'ils aiment. On met aussi un *bandeau* aux figures qui représentent la *Justice*, pour indiquer que les juges ne doivent connaître ni favoriser personne, et qu'ils sont appelés à rendre également la justice à tous. De là on a dit figurément qu'un homme a un *bandeau sur les yeux*, pour dire qu'il est aveugle d'esprit, qu'il est préoccupé de quelque passion qui l'empêche de voir les choses telles qu'elles sont. L'*amour-propre*, en ce sens, est comme un *bandeau* épais qui nous empêche d'apercevoir nos défauts.

En termes d'architecture, *bandeau* est une plate-bande unie que l'on pratique autour des croisées et arcades d'un bâtiment. Le *bandeau* diffère des chambranles en ce que ceux-ci sont ornés de moulures, et que le premier, d'ordinaire, n'en a point.

BANDELETTE, petite bande avec laquelle on lie ou l'on bande quelque chose. Les victimes chez les païens étaient ornées de bandelettes. Les pontifes se couvraient aussi la tête de *bandelettes*, qu'on appelait *sacrees*, pour faire des sacrifices ou des prières publiques dans les cérémonies extraordinaires. Les dames romaines se coiffaient avec des *bandelettes*; c'était une marque de pudeur et de chasteté, que les courtisanes n'osaient porter; on lit en effet, ce vers dans Ovide :

Este procul, vittæ tenues, insigne pudoris.

En architecture, on appelle *bandelettes* une petite moulure plate qui a autant de saillie que de hauteur, comme celle qui couronne l'architecture toscane ou dorique. On connaît encore la *bandelette* sous le nom de *ténie*, du latin *tænia*, qui dans Vitruve a la même signification.

BANDELLO (MATTEO), poète italien, né vers l'an 1480, à Castel-Nuovo en Piémont, fut d'abord moine dominicain. Puis, son oncle étant devenu général de cet ordre, en 1501, il l'accompagna dans divers voyages, et eut ainsi occasion de mener un genre de vie plus libre, grâce auquel il put plus tard se livrer à l'étude des sciences et des lettres, à Rome ainsi qu'à Naples. En 1525, après la bataille de Pavie, les Espagnols l'expulsèrent, comme partisan des Français, de Milan, où il donnait des leçons à Lucretia, fille de Pirro Gonzaga. Il se retira d'abord auprès de Louis Gonzaga, puis auprès de Cesare Fregoso, qui était entré au service de France, et dans l'intimité duquel il vécut alors longtemps, tant dans les camps que dans différentes cours d'Italie. En tous lieux, il sut se faire bien venir des plus grands seigneurs et des plus nobles dames. Amené en France par François I*er*, il vécut, après la mort de Fregoso , son protecteur, à Agen, dans sa famille, et fut nommé évêque de cette ville en 1550. Mais il ne tarda pas à abandonner l'administration de son diocèse à l'évêque de Grasse, pour pouvoir achever ses *Nouvelles*, qu'il fit effectivement paraître en italien (3 volumes, Lucques, 1554). Il y ajouta encore un 4ᵉ volume, qui parut à Lyon en 1573, après sa mort, arrivée vraisemblablement vers 1562. Camillo Franceschini en donna une nouvelle édition à Venise, en 1566. Boistuau et Belleforest en ont donné une imitation. C'est là qu'on trouve pour la première fois l'histoire de Romeo et Juliette, la comtesse de Savoie, etc.

On a en outre de Bandello *Canti XI delle lodi della S. Lucrezia Gonzaga di Ganzuela e del vero amore, col tempio di pudicizia* (Agen, 1545), et deux autres poëmes qui sont de peu d'importance. D'autres poëmes, qui existent en manuscrit à Turin, furent publiés par Costa en 1816, sous le titre de *Rime di Matteo Bandello*. Il est loin d'égaler Boccace; mais l'harmonie concise de ses périodes, une narration rapide et une simplicité naturelle font lire ses

Nouvelles. Le contenu n'en est pas toujours conforme aux lois de la pudeur, et même il mérite ce reproche encore plus que Boccace; car il se complaît volontiers aux tableaux et aux descriptions obscènes, et n'épargne ni la couleur ni les développements pour les rendre plus sensibles à l'imagination.

BANDERALI (DAVID), célèbre professeur de chant au Conservatoire de Paris, naquit à Polazzo, le 15 janvier 1793. Dès l'âge de quatorze ans, et étant encore à Lodi, chez son père, homme d'affaires d'une riche famille italienne, il fit preuve de dispositions mélodiques si précoces et si remarquables, qu'on le laissa se livrer à l'étude de la musique, dans laquelle, à l'aide d'une voix expressive et pure, il se fit bientôt distinguer. Aussi, à peine âgé de dix-huit ans, parut-il avec succès sur les grandes scènes de l'Italie, et notamment, pendant sept ans, au théâtre de *la Scala*. Il avait vingt-trois ans lorsque Napoléon, comme roi d'Italie, l'attacha à la chapelle du vice-roi à Milan, et ce fut en cette qualité que Banderali fit le voyage de Moscou avec les chanteurs d'élite que l'empereur y avait appelés. Revenu en Italie, il était en 1822 professeur au Conservatoire de Milan.

A cette époque, le mouvement donné au système musical dramatique par les chefs-d'œuvre de Rossini tendait à s'implanter en France. Le grand *maestro* nous promettait bien une suite d'œuvres nouvelles, composées exprès pour notre scène; mais il y mettait une condition, c'était que l'Académie Royale de Musique lui livrerait des instruments, c'est-à-dire des voix propres à exécuter ses œuvres. La chose n'était pas facile. Cependant M. Lenormand, inspecteur des beaux-arts, fut envoyé en Italie, avec la mission d'attirer et d'attacher au Conservatoire de Paris le professeur David Banderali, qui consentit à se rendre en France.

A partir de ce moment l'art de la vocalisation put répondre aux œuvres nouvelles du nouveau système lyrique, et s'infiltra peu à peu dans l'exécution de l'opéra comique et jusque dans les plus minces émanations de l'inspiration musicale : scènes, romances, vaudevilles, etc., etc. C'est de la classe de Banderali que sont sortis les artistes dont nos diverses scènes et celles de l'étranger se sont successivement enrichies. La décoration de la Légion d'Honneur vint un peu tard récompenser tant de mérite modeste et de travaux utiles.
A. DELAFOREST.

BANDEROLE (mot dérivé de l'italien *banderola*, diminutif de *banda*), petite enseigne, petit étendard en forme de guidon, très long que large, dont l'usage est très-varié, et que l'on employait jadis surtout comme ornement des mâts de vaisseau (*voyez* FLAMME). Autrefois, dans les armées de terre, les banderoles servaient de distinction à une petite troupe, et étaient subordonnées aux bannières. Les arguolets et les stradiots avaient, au lieu de cornette, une longue banderole attachée à une longue lance. L'enseigne des archers à cheval était en banderole. Melzo nous montre en Espagne les capitaines des compagnies de lances portant une banderole ou flamme à leur lance. C'était ainsi à la fois le signe de la compagnie et celui de son chef.

D'autres banderoles étaient celles des chevaliers du moyen âge, composées d'une bande longue et peu large qui s'attachait et flottait près du fer de la lance. Par caprice ou par imitation, les croisés français, les officiers d'armes, les hérauts d'armes, ornèrent leur pique, leur lance, leur pertuisane de banderoles de toutes formes. Dans le neuvième siècle il y en avait à trois fanons ou découpures. Dans la maison militaire de Charles VI on en retrouve de carrées et d'autres finissant en deux pointes. Lacurne témoigne qu'il a été de mode que la couleur ou les armoiries des banderoles répondissent aux autres parties coloriées ou armoriées de l'armure. Nos compagnies d'ordonnance portaient la banderole, et l'usage en régnait encore parmi les gens d'armes d'Henri II. La coutume d'orner ainsi certaines armes de longueur subsiste dans toute l'Asie. Elle a reparu dans les corps de lanciers formés par l'empereur Napoléon, et s'y conserve de nos jours.

On a donné improprement le nom de banderoles, de drapeau, de giberne, de grand bidon, de grenadière, de sac de campagne, de tonnelet, d'étui de hache, d'outil de campement, etc., à diverses courroies de buffle destinées à supporter ou à porter ces divers objets et s'attachant au moyen de plusieurs boucles.

BANDES MILITAIRES. Le nom de ce genre de troupes remonte aux premiers siècles de la milice byzantine; elles succédèrent aux cohortes des légions romaines, et en conservèrent quelques formes. Elles étaient distinguées par des guidons nommés *flammes*; elles comprenaient des accenses, des comtes, des despotats, des tribuns; elles étaient une subdivision des dronges, ou des chiliarchies; leurs moindres agrégations étaient les décarchies ou décuries.

Les factions du cirque, dont parlent les vieux auteurs, se divisaient aussi par bandes. L'empereur Léon, le tacticien, emploie l'expression *bande* pour signifier corps à enseigne, ou troupe à drapeau. Dans le moyen âge *bande* et *faction* étaient synonymes en France et en Italie.

Vers le treizième siècle le mot *bande* devint l'expression employée dans les dénombrements et les levées des armées. En 1440 les ordonnances donnent cette dénomination à certains corps d'infanterie et aux rassemblements d'hommes nommés techniquement *compagnons*. Brantôme cependant appelle quelquefois *bandes* des troupes de cavalerie. Les bandes françaises tiennent chronologiquement, dans notre histoire, le milieu entre les armées féodales et l'armée française; elles se forment au déclin de la chevalerie fieffée, et sont indépendantes de cette milice. Ces bandes étaient des compagnies levées autrement que par la voie du ban et arrière-ban, c'est-à-dire formées de volontaires ou de soldats mis sur pied par le souverain, ou soldés par les communes : telles avaient été les bandes de la milice communale, qui marchaient sous des chevetaines; tels étaient les Brabançons sous Philippe-Auguste, tels furent les malandrins; telles avaient été en Italie les troupes des *condotieri*; tels furent les 1,000 hommes d'infanterie de Charles VII en 1440, et les 14,000 hommes d'infanterie nationale de Louis XI en 1481; telles furent celles que nos rois subordonnèrent à un colonel général, et qu'on appelait aussi *compagnies franches*.

Le roi Jean donna à quelques bandes le nom de *connestables*; mais cela dura peu. Les bandes, suivant l'auteur de l'*Essai sur l'Histoire de l'Art Militaire*, étaient des troupes de 200 hommes à peu près, sur huit rangs; mais cette assertion n'est pas exacte. Celles de Charles VII étaient de 500 hommes; en 1470 elles sont de 3 à 400 hommes; en 1509 elles s'élèvent de 5 à 600 hommes. Le nombre des rangs des bandes différait, s'il s'agissait d'arquebusiers ou de piquiers. Brantôme nous montre Louis XI formant en bandes nationales les aventuriers, et leur donnant quelque considération en y introduisant sa noblesse : ces bandes se divisaient en plusieurs enseignes de 200 hommes. Les gentils-hommes et les chevaliers qui se décidèrent alors à servir à pied entrèrent dans ces bandes à titre de capitaines, lieutenants et enseignes, et furent soumis au colonel général d'infanterie. Le nombre trop faible des officiers et des grades inférieurs de cette infanterie en rendait la composition aussi défectueuse que celle des francs-archers; mais un inconvénient plus grave, c'est qu'on levait les bandes à l'instant de la guerre et qu'on les licenciait à la paix. Elles prennent plus de consistance dans le quinzième siècle, époque où la France et l'Italie avaient des bandes noires. Celles qui servaient la France ont longtemps occupé le Piémont : de là le nom de *vieilles bandes de Piémont* ou *de bandes noires du Piémont*.

Il est fait mention des bandes noires sous Louis XII, vers 1598, soit sous cette désignation, ou sous celle de lansquenets, comme le témoigne Daniel; soit sous celle de *grande verge*, s'il en faut croire Lachesnaie. Cette dénomination leur venait de la grande hauteur de leur drapeau. Les bandes noires françaises se composaient, surtout en 1509, de Basques, de Gascons et de Picards. Il y avait des corps d'Allemands amenés au service de France, sous le nom de *bandes noires*, par le duc de Gueldre. François 1er les prit, en 1515, à sa solde, en vertu d'une capitulation passée avec ce duc; elles contribuèrent puissamment au succès de la bataille de Marignan. En 1521 les bandes noires prennent d'assaut Hesdin. En 1528 Lautrec envoie, pendant le siége de Naples, les bandes noires devant Melfe. En 1552 Henri II conduit au secours des électeurs une armée où il se voyait, dit Lachesnaie, vingt enseignes ou drapeaux, qui ont toujours été noirs, des vieilles bandes de Piémont. L'amalgame de ces corps a formé, en 1558, le régiment de Piémont, dont les drapeaux d'ordonnance étaient noirs. Quant aux bandes noires d'Italie, dont parle Montluc, c'étaient des Toscans commandés par J. de Médicis. Brantôme nous apprend que ce neveu de Léon, « par le regret qu'il en eut (de la mort du pape), fit faire ses enseignes noires : ces troupes n'estoient autrement nommées que les bandes noires ». Il paraît, suivant plusieurs auteurs, qu'originairement les bandes noires avaient l'armure bronzée, et que cette couleur sombre fut la première cause ou une des causes de leur dénomination.

D'abord plusieurs bandes s'associaient pour composer ce qu'on a anciennement nommé un *bataillon*. François 1er tint sur pied des bandes d'infanterie étrangère; il substitua momentanément des légions aux bandes; mais il recomposa bientôt des bandes nouvelles, ou des corps en forme de régiments, forts de 3 à 4,000 hommes, et commandés par un capitaine ou par un mestre de camp; on les voit se dissoudre peu après, faute de solde, ou du moins tomber jusqu'à 4 ou 500 hommes. Ce même prince donna une acception tout autre au mot *bande*, en divisant en six bandes chaque légion. Vers cette époque, les bandes donnent naissance aux dragons français. Sous Henri II la force des bandes n'est plus que de 200 hommes; elle s'affaiblit à un tel point sous les règnes suivants, que, de réduction en réduction, les bandes ne sont plus que des compagnies de 40 hommes, qu'alors on enrégimente; elles figurent sous cette forme nouvelle jusqu'à la guerre de 1610.

Le mot *bande* nous a légué celui de *bandit*, qui exprimait le brigandage des aventuriers. Quelquefois cependant *bande* a été employé dans une acception honorable; et depuis François 1er jusqu'au milieu du siècle dernier, le mot *vieilles bandes* ne se prend qu'en bonne part. A l'époque où la France se divisait en gouvernements, qui, semblables à de petits royaumes, avaient des armées indépendantes les unes des autres, les *bandes de Piémont*, les *bandes de Picardie* étaient l'infanterie de ces pays et de ces gouvernements.

Ainsi, les bandes ont été des agrégations organisées, suivant les temps, en légions, en compagnies, en gens de pied, en cavalerie, en aventuriers et en troupes étrangères. La police militaire, ou plutôt la justice et la discipline des troupes, s'appelait *police des bandes*. En outre des bandes françaises, considérées soit comme corps à part, soit comme parties de corps, il existait nominalement quelques régiments depuis 1557; mais malgré ce changement de composition ou de dénomination, le mot *bande* continue à être en général employé jusqu'à la fin du siècle, dans les divers règlements; car les régiments ne furent longtemps qu'une agrégation éventuelle et momentanée de quelques bandes. Gal Bardin.

BANDIERA (Attilio et Emilio), deux frères que leur fin tragique a rendus célèbres, descendant d'une grande famille aristocratique de Venise, dont le nom était inscrit autrefois dans le livre rouge de la République. Leur père, partisan dévoué de l'Autriche et contre-amiral au service impérial, s'était acquis un renom peu enviable, aux yeux de ses compatriotes du moins, en faisant prisonniers les fugitifs d'Ancône à la suite de la malheureuse échauffourée de 1831. C'était lui qui commandait la flotte autrichienne dans le Levant en 1840. Il est mort près de Venise, en 1847. Ses deux fils, qui avaient suivi la même carrière et obtenu le grade de lieutenants de vaisseau dans la marine autrichienne, étaient loin de partager ses idées politiques. En dépit de toutes les mesures prises par la police, les brochures et les pamphlets publiés en Suisse par la Jeune Italie pénétraient en Lombardie, enflammaient les cœurs de la jeunesse, et faisaient à l'idée républicaine un grand nombre de partisans, même dans les rangs de la marine, composée presque entièrement d'Italiens. Attilio et Emilio révèrent aussi l'Italie ne faisant plus qu'une grande république. En 1842 ils entrèrent en correspondance avec Mazzini. Chaque ligne de leurs lettres respire le plus ardent enthousiasme patriotique. On y voit deux nobles intelligences prêtes à tous les sacrifices, mais sous l'obsession de cette malheureuse pensée, que ce n'est qu'au moyen des conspirations qu'on pouvait porter remède aux souffrances de l'Italie. Le plus jeune, Emilio, d'une constitution physique plus vigoureuse et aussi d'un esprit plus léger, était complétement sous l'influence de son frère, esprit sérieux et méditatif. En 1843 ils crurent le temps venu pour un bouleversement violemment opéré. Les troubles de la Romagne, les avis réitérés sur les mouvements révolutionnaires qui se préparaient dans la Basse-Italie, les affermirent de plus en plus dans cette opinion ; mais ce fut en vain qu'ils invoquèrent l'aide et l'appui des patriotes les plus influents. Cependant leurs actives menées ayant fini par exciter les défiances de la police, ils ne se crurent plus en sûreté dans la Péninsule, et en 1844 ils se réfugièrent à Corfou.

Leur fuite causa de vives terreurs aux cours de Vienne et de Milan : on redoutait l'influence de l'exemple. En vain l'archiduc Reynier leur fit offrir par l'intermédiaire de leur mère grâce pleine et entière. Déclarés suspects de haute trahison, les deux frères convinrent franchement de leur culpabilité dans les gazettes étrangères, et exhortèrent leurs concitoyens à faire en masse tant dans l'armée de terre que dans la flotte, fut trompé. Leur séjour à Corfou ne fut pour eux qu'une série non interrompue d'amères déceptions. Personne ne se soucia de risquer sa vie et sa fortune pour un coup de main désespéré. Leurs lettres de cette époque sont pleines de reproches sur les amis faux et tièdes. De nombreux avis qu'ils reçurent de la Calabre, et auxquels il est difficile d'admettre que la police napolitaine soit demeurée étrangère, leur donnèrent à croire que toute cette province était en fermentation. Le 16 juin 1844, dans un état voisin de la misère et du désespoir, ils osèrent tenter avec vingt compagnons d'infortune un débarquement à l'embouchure du Nieto, petite rivière de la Calabre, convaincus que leur seule apparition allait déterminer les populations à courir aux armes. Le gouvernement napolitain les attendait. Ils avaient été vendus par un de leurs compagnons, un certain *Boccheciampe*. Attaqués par des forces supérieures dans le bourg de San-Giovanni in Fiore, presque tous furent obligés de se rendre prisonniers. Deux seulement parvinrent à s'échapper ; un troisième fut tué sur place. La procédure instruite contre ces malheureux demeura secrète. Le 25 juillet 1844, Attilio et Emilio Bandiera furent fusillés avec sept de leurs compagnons sur la place publique de Cosenza. Ils moururent bravement aux cris de *Viva l'Italia!* Un cri d'horreur retentit d'un bout de l'Europe à l'autre quand on y apprit les détails de cette *royale vengeance*, ainsi que l'appelait un journal conservateur de cette époque. Un an plus tard, les autres complices des frères Bandiera furent graciés.

BANDIÈRE, ou *bannière*, mot dérivé de l'italien *bandiera* et ayant d'abord signifié *bande*, enseigne d'un corps peu nombreux, ou même troupe d'infanterie.

On appelle *front de bandière* la ligne en avant d'un camp sur laquelle les soldats établissent leurs armes en faisceaux. On dit aussi d'une armée qu'elle est rangée en *front de bandière* lorsqu'elle se trouve en ligne avec ses drapeaux et ses étendards. C'est en ce sens qu'il en est fait mention dans la consigne *de la sentinelle de bandière*. La marine se servait encore il y a peu de temps de ce mot dans son ancienne acception.

BANDINELLI (BACCIO), sculpteur florentin, naquit en 1487. Son père, Michel-Ange de Viviano, orfèvre habile, le destinant à son art, lui avait enseigné les premiers éléments du dessin. Mais ayant reconnu le goût du jeune homme pour la sculpture, il le fit entrer dans l'atelier de Francesco Rustici, sculpteur de mérite, où Baccio fit de rapides progrès. Les dispositions de Bandinelli pour l'art dans lequel il était appelé à briller s'étaient révélées dès son enfance. Vasari raconte que pendant un hiver rigoureux, une grande quantité de neige étant tombée à Florence, le jeune Baccio eut l'idée de s'en servir pour sculpter une figure gigantesque. Il y réussit, à l'étonnement de tous les artistes, qui lui prédirent un avenir des plus glorieux. Ses premiers succès et les éloges qu'il en recueillit le rendirent très-vain de son propre mérite et envieux de celui des autres. Ce fut surtout la gloire de Michel-Ange qui blessa son orgueil. Imitateur de ce grand artiste, qu'il chercha toute sa vie à égaler, sinon à surpasser, Bandinelli, loin de cacher la haine qu'il lui avait vouée, s'en vantait publiquement : aussi lors de la destruction du fameux carton désigné sous le nom des *Grimpeurs*, que Michel-Ange avait fait en concurrence avec Léonard de Vinci, à l'occasion d'un concours ouvert par le sénat pour l'ornementation du palais de justice de Florence, l'accusa-t-on unanimement d'avoir profité des troubles de cette ville pour s'introduire dans le palais du gouvernement et y mettre en pièces ce chef-d'œuvre de l'art, qui faisait l'admiration de l'Italie.

Parmi les nombreux travaux de Bandinelli, les plus importants sont : le groupe colossal d'*Hercule et Cacus*, qu'on voit à Florence sur la place du Grand-Duc, et qui passe pour son chef-d'œuvre; un *Mercure*, qui fut envoyé à François Ier; le *Saint Pierre* de la cathédrale de Florence; l'*Orphée* du palais Pitti et la copie du *Laocoon*. Ce dernier groupe avait été exécuté sur la demande de François Ier; mais comme il ne fut achevé que sous le règne de Clément VII, ce pape, le trouvant trop beau pour être envoyé en France, préféra le garder et en fit don au musée de Florence, sa ville natale, où on le voit encore. Le dernier ouvrage de sculpture de Bandinelli fut un *Christ mort soutenu par Nicodème*, groupe qui orne le tombeau de l'artiste dans l'église dei Servi à Florence. Bandinelli excella dans la composition des bas-reliefs; ceux qu'on voit de lui dans la cathédrale de Florence sont d'un fort beau style : ils ont été gravés par Raphael Morghen. Un bas-relief que fit couler en bronze, et dont il fit hommage à l'empereur Charles-Quint, lui valut le titre de chevalier de Saint-Jacques. Ce fut à cette époque que, cherchant un nom qui s'adaptât à sa nouvelle dignité, il choisit celui de *Bandinelli*, prétendant descendre de la famille des Bandinelli de Sienne. Il nous reste de cet artiste plusieurs compositions dessinées, que le burin des premiers maîtres de son temps a perpétuées.

Baccio Bandinelli mourut à Florence, en 1559, à l'âge de soixante-douze ans, après avoir amassé de grandes richesses. Ses ouvrages se distinguent en général par une conception grandiose et l'élévation du style; mais on voit que l'artiste y a souvent sacrifié la grâce à la science, et le bon goût au mérite de la difficulté vaincue.

Le plus remarquable de ses élèves fut Giorgio BANDINI, surnommé *Benedetto da Castello* ou *dell' Opera*, qui excella surtout dans les bustes d'après nature. La belle statue de l'Architecture qu'on voit sur le tombeau de Michel-Ange est aussi de lui, de même que les deux statues de Saint Jacques et de Saint Philippe dans la cathédrale de Florence, et le bas-relief dans la *capella de' Gaddi* à Santa-Maria Novella de la même ville.

BANDIT, individu mis au ban de la loi, et par extension individu qui, mis au ban de la loi, déclare la guerre à la société civile, et devient voleur de grand chemin. Les bandits formaient autrefois en Italie une espèce de corporation, de confrérie, soumettant ses membres à des lois sévères et obéissant à de certaines lois d'honneur vraiment romanesques. Mais à la suite des mesures rigoureuses adoptées par le gouvernement pontifical en 1820, leurs repaires furent détruits, et ils restèrent sans asile. Ceux qui inquiétaient encore quelquefois les frontières napolitaines étaient des gens habitant ces localités, et aux yeux desquels le vol et l'assassinat constituaient un genre d'industrie comme la culture de la terre. Pietro il Calabrese, l'un des plus fameux, prenait en 1812 le titre d'*empereur des montagnes, roi des forêts, protecteur des conscrits et médiateur de la grande route de Florence à Naples*. Plus tard les bandits, qu'il faut bien se garder de confondre avec d'autres brigands nommés *malvivanti*, s'unirent à des aventuriers de toute espèce; et les troupes autrichiennes qui occupaient le royaume de Naples furent dans l'obligation d'entreprendre contre eux des opérations régulières sur une large échelle.

En Sicile, c'est dans le *val Demone* que les bandits sont le plus nombreux. Les choses en étaient même venues autrefois à ce point que le prince de Villa-Franca, par des considérations de police et autres, s'était déclaré leur protecteur, et les traitait avec beaucoup d'égards. Dans ces derniers temps le terme de bandit est presque complètement tombé en désuétude, au moins dans la Haute-Italie et dans l'Italie centrale, quoique la chose y subsiste toujours.

Dans les années 1841 et 1843 un grand nombre de proscrits politiques ont fait cause commune dans les Abruzzes, dans la Calabre, la Romagne et les Marches avec des brigands et des aventuriers de toute espèce; et depuis tous les efforts tentés pour en purger complètement ces contrées sont demeurés infructueux. Les révolutions de 1848 et 1849 ont eu pour résultat d'accroître encore considérablement le nombre de leurs complices; et dans quelques parties de l'Italie, notamment dans les États de l'Église, entre Ferrare et Ancône, entre l'Apennin et l'Adriatique, leur audace est devenue sans bornes, malgré l'état de siège et la présence des troupes autrichiennes. Sous les ordres d'un certain Bellino (plus connu sous le sobriquet de *il Passatore*), homme entreprenant et habile, qui fut tué en 1851, ils ont répandu la terreur dans toute la contrée et frappé des contributions sur des localités entières, par exemple, sur la petite ville de Forlimpopoli. Ils entreprennent en outre de véritables campagnes de guérillas contre la force armée. Des débris du corps franc de Garibaldi ont grossi ces bandes; et bon nombre d'habitants de la Romagne répondent tous les jours encore à leur appel quand il s'agit d'un riche butin.

L'Angleterre a eu aussi ses bandits. Au onzième siècle, sous le roi Guillaume le Conquérant et sous ses quatre successeurs, les Saxons, qui ne voulaient pas reconnaître l'autorité des Normands, se répandirent dans les montagnes du Northumberland, et formèrent un corps de bandits qu'on nommait *outlaws*. Archers très-adroits, ils vivaient de chasse et de rapine; Henri II leur fit une rude guerre; enfin ils rentrèrent dans les villes, et ils formèrent à Londres un quartier particulier, où ils vécurent en corporation jusqu'à la révolution de 1688.

La Corse a eu ses bandits, elle en a encore. Mais c'est presque toujours pour satisfaire une vengeance personnelle ou héréditaire que le Corse prend son fusil et se jette dans les forêts.

BANKNOTE. Ce mot, qui signifie *billet de banque*, est l'appellation dont on se sert, même chez nous, pour désigner ces sortes d'effets des banques d'Allemagne et surtout d'Angleterre. Les *notes* de la banque d'Angleterre ont cours dans presque tout le monde civilisé, parce que le gouvernement britannique les a assimilées aux moyens légaux de payement et les a ainsi érigées en papier-monnaie de l'État.

BANKOK, c'est-à-dire la *ville des Jardins*, depuis 1766 capitale du royaume de Siam. Située par 13° 40' de latitude nord et 101° 10' de longitude orientale, elle s'étend le long des rives du Menam, fleuve dont la largeur en cet endroit n'est pas moindre d'un kilomètre, et ne se compose que de maisons en bois, à la seule exception du palais du roi et des temples, qui sont bâtis en briques. Il existe aussi beaucoup d'habitations construites le long du fleuve sur des radeaux en bambous. La population, évaluée à 300,000 âmes, est très-mélangée; elle se compose de Siamois, de Birmans, de Malais, et de Chinois, dont le nombre, dit-on, n'est pas moindre de 40,000. On y voit de magnifiques temples de Bouddha avec une foule de grandes et de petites idoles, dont quelques-unes en or massif. Il existe aussi à Bankok un certain nombre de Siamois et de Kambodjes convertis au catholicisme. Un grand nombre de missionnaires envoyés par les diverses confessions chrétiennes se sont établis dans cette ville, où le gouvernement bouddhiste ne met aucune entrave à leur zèle de propagande.

BANKS (sir JOSEPH), naturaliste célèbre, né en 1743, à Revesby-Abbey, dans le Lincolnshire, mort le 19 juin 1820, descendait d'une famille d'origine suédoise venue environ cent ans auparavant s'établir en Angleterre, et à laquelle appartenait également le poète tragique John Banks, qui florissait vers le milieu du dix-septième siècle. Élevé à Eton et à Oxford, Joseph Banks entreprit en 1765 un voyage à Terre-Neuve et au Labrador, et de 1768 à 1771 accompagna Cook dans son voyage autour du monde. Ce fut lui qui introduisit l'arbre à pain aux Antilles, et qui rédigea la partie botanique du premier voyage de Cook. En 1772 il alla explorer les îles situées à l'ouest de l'Écosse et l'Islande, où il recueillit un grand nombre d'observations d'une haute importance pour l'histoire naturelle.

Reçu dès 1771 docteur en droit par l'université d'Oxford, il fut élu en 1777 président de la Société royale de Londres, et l'année suivante le roi d'Angleterre le créa baronet. Banks rendit des services importants à la science en fondant l'*African Association*, dont il fut longtemps le président; et un grand nombre de naturalistes, tels que Blumenthal, Hornemann, Burckhardt, lui furent redevables de l'assistance la plus dévouée et la plus désintéressée donnée à leurs recherches. A part un certain nombre d'articles insérés par lui dans quelques journaux, ou encore de dissertations publiées dans les Mémoires de diverses sociétés savantes, on n'a de lui qu'un ouvrage intitulé : *A short Account of the causes of the diseases in the corn called the bleght, the mildew and the rust*, imprimé pour un petit nombre d'amis seulement en 1803, mais réimprimé en 1805, et seulement alors répandu dans le public. Il laissa en mourant une précieuse bibliothèque, dont son ami Dryander a donné l'excellent catalogue, et une remarquable collection d'histoire naturelle; à la mort de Brown, son bibliothécaire, le *British Museum* hérita de l'une et de l'autre.

BANLIEUE. On appelait ainsi autrefois, en style de jurisprudence, l'étendue d'une lieue autour d'une ville, où se pouvait faire le ban, c'est-à-dire les proclamations de l'autorité, et dans le rayon de laquelle s'exerçait la juridiction de la ville. Cette expression est encore usitée de nos jours, mais seulement pour désigner les bourgs, villages, hameaux, lieux isolés attenant aux faubourgs d'une ville. La banlieue est, d'ailleurs, soumise à une autre juridiction que la ville et n'y adhère que par certains détails d'administration qui n'ont d'autre but que de simplifier les rouages du service.

BANNE, grosse et grande toile servant à couvrir les marchandises qui sont dans un bateau ou dans une voiture. C'est la même chose que *bâche*.

On appelle aussi *banne* une grande manne faite de branchages, dans laquelle on voiture particulièrement du charbon.

BANNERET. *Voyez* BANNIÈRE.

BANNIÈRE. Ce mot, qui était autrefois d'un usage très-étendu, ne se prend plus guère aujourd'hui que pour signifier une sorte de drapeau sous lequel se rangent en procession les membres d'une paroisse, d'une confrérie ou corporation. Ce drapeau est ordinairement de forme à peu près carrée, et pend à un bâton rattaché en croix à une hampe. La bannière des églises est de diverses couleurs, avec de riches broderies, représentant quelque image sainte, des franges tout autour; et une foule de rubans s'y rattachent. La bannière est l'objet d'une bénédiction particulière; suivant le plus grand nombre, elle rappelle le miraculeux *labarum* de Constantin; cependant l'un de nos plus anciens auteurs liturgiques, Durand de Mende, prétend que la bannière précède les processions pour représenter la victoire de la Résurrection et l'Ascension de Notre-Seigneur, qui s'éleva dans les cieux accompagné d'un grand nombre de captifs délivrés. La première bannière qui ait été bénie par un pape est celle que Grégoire III envoya vers 752 ou 753 au roi de France. Les clefs de saint Pierre y étaient représentées. Autrefois, en certaines églises, la bannière était portée par un diacre en dalmatique. Aujourd'hui ce soin est confié presque partout à des laïques, hommes ou femmes. Les Grecs et les Russes n'ont point de bannières proprement dites; mais ils portent dans quelques-unes de leurs processions des images de la Vierge ou d'autres saints.

A la guerre, pendant le moyen âge, la bannière était de forme carrée, mais attachée à la hampe comme nos drapeaux actuels. Elle différait du *pennon* en ce que celui-ci se terminait en pointe. La bannière jouait alors un rôle très-important dans la disposition des armées et par suite dans la hiérarchie féodale. Elle ne pouvait être portée que par un *banneret*, chevalier plus puissant, plus illustre et plus riche que le simple *homme d'armes* porteur du *pennon*. Un banneret devait avoir un nombre variable de 25 à 50 lances, suivant les circonstances et les époques. Le roi pouvait faire un banneret par ses lettres, en ayant égard aux terres et aux biens qu'il possédait; mais ce rang était le plus souvent conféré par le connétable à la veille d'un combat à tout homme d'armes qui avait pu réunir le nombre de lances exigé. Le connétable se contentait de couper la queue du pennon et d'en faire ainsi une bannière.

Dans l'origine on distinguait encore le simple *banneret du chevalier banneret*, qui avait déjà porté bannière dans un combat antérieur, et du *baron banneret*, qui s'était illustré dans une longue suite d'exploits comme chevalier banneret. Ces dénominations se confondirent plus tard.

Le nombre des bannières et des pennons a souvent servi à exprimer l'effectif d'une armée. Lorsqu'on sait que chaque lance entretenait trois archers et trois chevaux sous son pennon, on se rend facilement compte des termes de nos vieilles chroniques : on voit, par exemple, qu'une armée de quinze cents lances est une armée de sept à huit mille hommes dont quatre à cinq mille cavaliers.

Quant aux bannières des milices des paroisses, elles ne portaient d'abord qu'une simple croix, à laquelle fut jointe par la suite l'image révérée du saint patron de la paroisse.

Les abbayes avaient aussi leur bannière, et elles la faisaient porter à la guerre par leurs avoués. La bannière de l'abbaye de Saint-Denis est connue sous le nom d'*oriflamme*.

Quant à la bannière de France, suivant Legendre elle se

composait en 1100 d'une voile très-ample, au haut d'un mât assujetti sur un échafaud à roues, tiré par des bœufs couverts de tapis en soie et or. Cet échafaud était si vaste qu'il soutenait un petit autel pour dire la messe au crépuscule, avec dix chevaliers nuit et jour de garde, et dix trompettes, dont les fanfares continuelles animaient les troupes au moment de l'action. Cette bannière, si incommode par son volume, était au milieu du principal corps de bataille. L'enlever, la défendre, fut pendant plus de vingt ans le but des actions héroïques de l'un et de l'autre parti.

Les principaux témoignages prouvent que, depuis l'invention des armoiries, la bannière de France se composait d'une draperie de velours azur frangée, parsemée de fleurs de lys d'or sans nombre et attachée le long d'une trabe. Au reste, établir des distinctions précises et claires entre la *bannière royale*, la *cornette blanche*, la *cornette royale*, l'*enseigne royale*, l'*étendard de France*, le *pennon royal*, car toutes ces locutions ont été usitées, serait une tâche d'une médiocre utilité et peut-être d'un accomplissement impossible.

BANNISSEMENT, peine qualifiée infamante par la loi et qui a pour effet d'obliger celui qui l'a encourue à sortir du territoire du pays pour un temps déterminé. D'après notre Code Pénal, la durée du bannisement est de cinq ans au moins et de dix ans au plus. La condamnation au bannissement n'emporte pas la mort civile, mais elle prive le banni de certains droits attachés au titre de membre de la cité; l'article 28 du Code Pénal déclare qu'il ne pourra jamais être juré, ni expert, ni servir de témoin dans les actes, ni déposer en justice que pour y donner de simples renseignements. Il est également incapable de tutelle, si ce n'est de ses enfants et sur l'avis seulement de sa famille. Il est déchu du droit de port d'armes et du droit de servir dans les armées françaises. Si le banni avant l'expiration de sa peine rentre sur le territoire français, il doit être, sur la seule preuve de son identité, condamné à la déportation pour un temps au moins égal à celui qui restait à courir jusqu'à l'expiration du bannissement, et qui ne pourra dépasser le double de ce temps.

La peine du bannissement ne reçoit guère d'application que dans le cas de crimes ou de délits politiques. Ainsi celui qui aura exposé par des actes hostiles le gouvernement à une déclaration de guerre ou des Français à éprouver des représailles, sera puni du bannissement. Ainsi, le plan concerté pour être exécuté, soit dans toute la république, soit dans un ou plusieurs départements, soit dans un seul arrondissement communal, et qui aurait eu pour effet d'empêcher un ou plusieurs citoyens d'exercer leurs droits civiques, donne lieu contre ses auteurs à l'application du bannissement. Ainsi, le ministre qui a fait ou ordonné un acte arbitraire et attentatoire, soit à la liberté individuelle, soit aux droits civiques d'un ou de plusieurs citoyens, soit aux constitutions de l'État, est passible de la même peine. De même, les fonctionnaires de l'ordre civil qui concertent des mesures pour entraver l'exécution des lois ou les ordres du gouvernement, doivent être punis du bannissement. Les ministres des cultes qui dans les instructions pastorales ou sous quelque forme que ce soit provoqueraient à la désobéissance envers les lois ou même envers les actes de l'autorité, seraient passibles de la même peine. (Code Pénal, art. 202, 204, 208.) L'officier public qui, instruit d'une supposition de nom, aurait expédié un passeport sous le nom supposé, encourrait une peine semblable. Le *bannissement* est également infligé à toute personne pour fabrication de fausses feuilles de route, et spécialement à l'officier public qui les aurait rédigées. (Code Pénal, articles 156, 158.) Bien plus, de simples certificats donnés par un médecin ou un chirurgien pour dispenser quelqu'un d'un service public, entraînent contre ce médecin, s'il s'est laissé séduire par dons et promesses, la peine exorbitante du bannissement. L'article 229 prononce encore la peine du bannissement dans un cas particulier.

Le bannissement remonte à la plus haute antiquité; c'est la pénalité héroïque, a dit M. Michelet. On verra aux articles OSTRACISME, EXIL, RELÉGATION, etc., les rapports et les différences de ces peines des anciens avec le bannissement du Code Pénal. Dans notre ancien droit français on distinguait le *bannissement à temps* du *bannissement à perpétuité*, c'est-à-dire celui qui s'opérait de province à province et celui qui obligeait le condamné à sortir du royaume. « Le seul bannissement hors du royaume, dit le chancelier d'Aguesseau, retranche absolument le condamné du nombre des citoyens, et il n'y a que ce retranchement qui puisse opérer la mort civile. Tout homme qui n'est pas banni que d'une province du royaume conserve encore la qualité de membre de l'État; il participe aux effets civils; il est capable de contracter et de disposer de ses biens par donation ou par testament, et, à l'infamie près qui le suit partout, il jouit des mêmes droits que le reste des sujets du roi. » La peine du bannissement à temps, rétablie en 1810, été abolie par la loi du 1791, qui, sous le nom de *déportation*, conservait le bannissement à perpétuité.

BANNOCK-BURN (Bataille de). *Voyez* BRUCE (Robert).

BANQUE (de l'italien *banco*, banc). Dès le douzième siècle les Vénitiens, à l'effet de faciliter le commerce de l'argent, fondèrent un établissement où tout marchand avait le droit de déposer en espèces monnayées telle somme qu'il voulait, et ensuite d'y faire ses encaissements et ses payements. Les avantages d'un tel système sont évidents. On évitait ainsi les inconvénients des transports d'espèces. On ne risquait point d'être trompé sur la valeur réelle des monnaies de bas aloi remises en payement; et les bonnes, à force de circuler, ne s'usaient point à la longue, puisqu'elles demeuraient enfouies dans les caves de l'établissement. Les Vénitiens lui donnèrent la dénomination de *banco dei giro*, mots qui signifiaient au propre *banc de virement*. On se servit de ce mot *banc*, parce qu'à cette époque les changeurs, en Italie, avaient coutume de faire leur négoce sur les places publiques, assis sur un banc devant une table. En 1487, Gênes fonda un établissement analogue; deux siècles plus tard, en 1609, on suivit cet exemple à Amsterdam. Mais avec le mouvement et les proportions toujours croissants des affaires, des établissements d'une telle simplicité, créés uniquement à l'usage de la ville où ils se trouvaient placés et de sa banlieue, finirent par devenir insuffisants. Il fallut imaginer un moyen à l'aide duquel la circulation de l'argent pût être plus rapide, et qui permît de payer et de recevoir des millions avec facilité et sécurité. On le trouva à Londres en 1694, par la création de la banque d'Angleterre, la première banque tout à la fois de dépôt, d'escompte et de circulation qui ait été fondée, et dont la masse d'affaires ne put plus être comparée à la modeste activité des banques de virements jusqu'alors existantes.

De ce qui vient d'être dit il résulte qu'on entend par *banques de virement* celles où l'on dépose des métaux précieux en barres ou en espèces monnayées, et dans lesquelles un crédit correspondant à l'importance du capital déposé est ouvert sur les livres de la banque au déposant. La somme ainsi versée, calculée en argent de banque, est inscrite sur le grand livre de la banque, au compte particulier de chaque déposant. Si celui-ci se trouve avoir des payements à effectuer à des tiers, il lui suffit d'aviser la banque, au moyen d'un mandat, qu'elle ait à débiter son compte de la somme à payer et d'en créditer le compte de celui qui doit recevoir. On comprend facilement que la banque ne peut pas dans ce cas-là payer d'intérêts pour les sommes qui lui sont déposées, puisqu'elle lest constamment tenir à la disposition des déposants. Mais une banque de ce genre ne peut être utile qu'aux négociants de la ville où elle est établie et auxquels elle sert de caisse commune.

Pour devenir intéressé dans une banque de virements, il n'est nullement nécessaire de commencer par y opérer soi-même un versement en espèces monnayées. On peut au contraire acquérir un droit de propriété sur tout ou partie de l'argent ou de l'or qui y est déposé et celui d'en disposer, en se faisant délivrer par un tiers, déjà membre de la banque, un mandat par lequel on se trouve substitué à tout ou partie de ses droits, c'est-à-dire, comme il a été expliqué plus haut, crédité du montant de la somme portée au débit du compte de ce tiers. On devient dès lors, comme lui, membre de la banque, sur les livres de laquelle on se trouve avoir un compte ouvert. Ce compte peut d'ailleurs être diminué par de nouveaux mandats de virement délivrés à des tiers, ou par des retraits réels de métaux précieux. Les versements d'espèces monnayées ou de métaux précieux, qui naturellement peuvent souvent être effectués par chacun des membres de la banque; les transferts mutuels aux comptes réciproques de crédit et de débit, qui épargnent aux intéressés la peine de payer en espèces et de tenir des écritures de caisse compliquées, enfin les retraits d'espèces ou de métaux précieux, établissent d'incessantes variations dans l'avoir de chaque membre de la banque, et constituent les opérations en vue desquelles est créée toute *banque de virement*.

Les conditions et le mécanisme qui viennent d'être expliqués sont ceux des *banques de virement* proprement dites, tandis que le mécanisme et les conditions des affaires de virement sont tout autres. Par exemple, dans d'autres banques on ouvre des crédits sur dépôts d'effets publics ou de matières premières, et le déposant a le droit de disposer sur la banque, jusqu'à due concurrence, en faveur de ceux avec qui il est en relations de commerce; puis en opérant de nouveaux versements d'espèces, ou bien encore en faisant porter à son crédit le montant des mandats sur la banque délivrés à son profit par d'autres déposants, il remplace les sommes dont il a disposé. Au lieu d'un transfert, ou bien indépendamment d'un transfert, il y a quelquefois une traite formelle déterminant une somme fixe à payer au porteur, acceptée en virement par la banque, à laquelle il est fait honneur à l'échéance et d'ordinaire même encore quelque temps après; traite qui souvent circule comme du papier-monnaie sur la place où elle est tirée, et qu'on finit par présenter à la banque pour en toucher le montant, mais le plus souvent aussi pour en faire créditer d'autant un compte courant. Cette dernière forme d'affaires modifie déjà essentiellement le caractère des affaires de virement, et les rapproche beaucoup de ce que dans la plupart des banques on désigne aujourd'hui sous la dénomination de *virements de parties*. En effet, on se refuse de nos jours à admettre qu'une grande masse d'argent reste constamment improductive, au lieu d'être employée à faire réaliser de nouveaux profits. On a donc élargi le commerce de virement, 1° en utilisant dans d'autres opérations de banque les capitaux de virement, en tant qu'il est inutile de les tenir constamment à la disposition de ceux des déposants qui pourraient vouloir les retirer (et l'expérience a démontré qu'à cet égard il suffit d'avoir en réserve le quart environ du capital de virement); 2° en ne limitant plus les opérations au transfert réciproque des différents comptes, ainsi qu'à la faculté pour le déposant de retirer ses métaux précieux, et en faisant honneur aux mandats de virement; 3° enfin en payant au déposant l'intérêt des sommes qu'il n'a point retirées pendant un espace de temps spécifié.

Par *banque d'escompte* ou *de change* on entend celle qui achète les effets payables seulement à quelque temps de là sur la place où elle existe, et qui, sous le nom d'escompte, prélève sur le capital un intérêt déterminé depuis le jour de l'acquisition par elle faite de cet effet jusqu'au jour d'échéance ou de payement. L'utilité d'institutions de ce genre saute aux yeux. Le négociant obtient ainsi, avec les traites payables sur place qu'il possède, des moyens de payement facilement réalisables, tandis que, quelque bonnes et sûres que soient les signatures de ceux qui les ont tirées ou endossées, elles ne pourraient que bien rarement être données par lui en payement, attendu que n'étant pas encore exigibles, il ne saurait dès à présent en diviser le montant. Sans l'intervention d'une *banque d'escompte*, les petits négociants et industriels se trouveraient souvent embarrassés alors que, recevant en payement des effets à ordre, des lettres de change ou même des billets créés pour de faibles sommes, mais payables seulement à trois mois, il leur faut faire face tous les jours à diverses dépenses d'une minime importance, au solde desquelles ils ne sauraient employer les effets, mandats ou billets à ordre qu'ils ont en portefeuille. Ils ont dans ce cas-là de l'argent sans en avoir; et pour échapper à la nécessité du change, il leur faudrait emprunter à des conditions toujours onéreuses. Une *banque d'escompte*, au contraire, vient immédiatement à leur aide à des conditions très-douces, et leur permet de continuer leurs opérations sans entraves, puisque, par la vente qu'ils lui consentent de leur traite ou billet à ordre, ils peuvent en diviser le montant comme il leur plaît. Ajoutons toutefois que ces opérations d'escompte sont également du ressort des simples banquiers, lesquels tiennent lieu d'une banque d'escompte là où il n'en existe point.

On appelle *banques de dépôt* celles où des individus de toutes classes viennent opérer des versements de sommes plus ou moins considérables. Cet égard les opérations auxquelles se livrent ces établissements sont de trois sortes. Tantôt c'est de l'argent monnayé, des effets publics, des diamants et autres matières précieuses que les *banques de dépôt* reçoivent, avec mission de les garder en nature et de les restituer à la première demande au propriétaire, sur la simple présentation du récépissé de dépôt et moyennant le payement d'un droit minime pour frais de garde. Tantôt aussi elles acceptent des dépôts d'argent en barres, en se réservant de le faire valoir dans d'autres opérations de banque, cas auquel elles en payent l'intérêt à un taux relativement minime. La troisième classe d'opérations auxquelles se livrent encore les banques de dépôt consiste à recevoir moyennant intérêt de petites sommes de gens qui les acquièrent par leur travail et leur industrie, et qui par des épargnes successives contindent toujours à les augmenter. Dans ce cas, les banques de dépôt tiennent lieu de caisses d'épargne. C'est pour les classes inférieures, auxquelles elles offrent un lieu où elles peuvent déposer en toute sécurité le fruit de leurs économies. Les capitalistes y trouvent aussi pendant un temps plus ou moins long un placement sûr pour des capitaux qui sans cela demeureraient improductifs. Enfin les banques de dépôt présentent à un État ce grand avantage, qu'elles augmentent le capital national en formant comme autant de réservoirs où viennent affluer les innombrables petites sommes dispersées dans le pays, qui sans cela y demeureraient improductives, et qu'elles les transforment en capitaux allant se déverser dans les multiples canaux du commerce, de l'industrie et de l'agriculture, pour porter en tous lieux la fécondité et la vie. Il existe depuis peu en Angleterre, sous le nom de *Penny-Banks*, des institutions de cette nature, destinées à recueillir les plus faibles épargnes des classes laborieuses; on y peut déposer jusqu'à un *penny* (dix centimes) à la fois, et leur prospérité va toujours croissant.

Les *banques de prêt* ou *lombards* ont pour but de faire des prêts à ceux qui ont besoin d'argent et qui peuvent offrir des sécurités, afin de leur permettre de continuer sans interruption leurs affaires ou de réaliser des entreprises; elles cherchent aussi l'usure dont cherche des capitaux, et qui sans leur aide deviendrait peut-être la proie de la cupidité, de l'usure. La banque bénéficie du produit des intérêts qu'on lui paye; et ce bénéfice provient de la différence existant entre l'intérêt qu'elle accorde elle-même pour les capitaux qui lui sont déposés, et celui qu'elle prélève pour ses prêts. Une banque de prêt trouve ses sécurités ou dans des gages matériels, ou dans les cautions qui lui sont fournies par des tiers reconnus solvables. Il est évident que cette dernière sécurité est moindre que celle qu'offre un gage matériel, mais celui qui cherche de l'argent la fournit avec incomparablement plus de facilité; et quand on use de prudence à cet égard, comme aussi lorsque la banque en soumet l'emploi à un contrôle sévère, elle offre bien moins de dangers qu'on ne serait tenté de le croire à première vue. Les garanties matérielles exigées par les banques de prêt sont ou des titres d'hypothèques sur immeubles, ou le dépôt de valeurs mobilières. Ces dernières, consistant le plus ordinairement en métaux précieux, effets publics et marchandises non sujettes à détérioration, ont cet avantage qu'elles peuvent rester sous la garde et la surveillance de la banque, et qu'elles sont facilement réalisables. Quand une banque ne fait d'avances que sur garanties hypothécaires, elle rentre dans la catégorie des *banques hypothécaires*. Il existe dans différentes contrées de l'Europe, et sous le titre d'*Associations de crédit foncier*, des institutions destinées à consentir des prêts sur les propriétés nobles, qui émettent des obligations portant intérêt et reposant sur des hypothèques spéciales. La dénomination de *Lombards*, donnée plus particulièrement aux banques de prêt dans les Pays-Bas, en France et en Angleterre, provient de ce que dans ces pays ce furent de riches négociants émigrés d'Italie, et plus particulièrement de la Lombardie, qui y introduisirent les premiers ce genre d'opérations. C'est sur les mêmes bases que sont constitués les monts-de-piété et maisons de prêt existant aujourd'hui dans la plupart des grandes villes, et où l'on prête sur gages mobiliers jusqu'aux sommes les plus faibles ; toutefois, en raison même de la nature toute spéciale de leurs opérations, et du cercle uniforme dans lequel elles roulent constamment, on ne saurait les comprendre parmi les banques proprement dites.

Les *banques de crédit* ou *de circulation* usent du privilège qui leur est accordé d'émettre un papier-monnaie dont la dénomination varie suivant les temps et les lieux, d'effectuer à l'aide de ce papier-monnaie les divers payements qu'elles peuvent avoir à faire, et de créer ainsi un moyen de circulation qui prend des proportions plus ou moins grandes. La création d'une banque ne saurait d'ailleurs avoir uniquement pour but l'émission de valeurs représentatives de ce genre, lesquelles ne doivent être émises que pour lui fournir les moyens de faire avec plus de facilité ses différentes opérations. Néanmoins il conviendrait que comme institution nationale elle fût seule chargée de l'administration du papier-monnaie émis par l'État, ainsi que c'était autrefois le cas en Russie pour la *banque d'assignations*. La valeur du papier émis par les banques sous les différents noms de *billets de banque*, *banknotes*, *mandats de crédit*, etc., dépend, comme pour tout autre signe représentatif mis en circulation, du crédit qu'inspire le créeur (et ici c'est la banque elle-même), et de la confiance où sont les preneurs que le créeur est constamment prêt et disposé à en opérer à première réquisition l'échange contre des espèces monnayées. Quand cette confiance diminue, quand une banque n'est pas toujours en mesure de rembourser ou d'acquitter à échéance les signes représentatifs qu'elle met en circulation, la valeur de ce papier-monnaie doit naturellement baisser, et il s'établit alors un prix réel, appelé *cours*, différent de la valeur nominale. La principale cause de cette dépréciation gît généralement dans l'émission exagérée de ce papier, dont la quantité doit constamment être dans un rapport fixe et strictement déterminé avec le montant des valeurs existant en barres dans les caisses de la banque, ou des valeurs immédiatement réalisables qui peuvent en tenir lieu. S'il arrivait que le montant de tout le papier émis se trouvât en argent monnayé ou en barres dans les caisses de l'institution, il n'y aurait pas d'augmentation dans les moyens de circulation ; il n'y aurait qu'une transformation dans le mode de circulation. Si le rapport en question était le résultat d'une clause légale, l'émission d'un papier-monnaie n'aurait pas de but ; elle entraînerait seulement la banque dans des frais considérables et à peu près inutiles de fabrication, puisqu'ils n'auraient d'autres avantages que de rendre plus commodes les payements et les envois de fonds, que d'éviter le déchet, résultat inévitable d'une circulation d'espèces un peu active, que de rendre plus rare le crime de fabrication de fausse monnaie, et enfin que de faire bénéficier la banque de la valeur des billets détruits ou perdus ; tous avantages qui ne compenseraient certes point les dangers qu'elle courrait de voir l'industrie des faussaires s'attacher à la contrefaçon de son papier. Mais le public y perdrait l'avantage spécial en vue duquel sont émis les billets de banque, à savoir : l'augmentation des moyens de circulation (et non de la masse d'argent monnayé), attendu que là où l'argent en barres ne suffit pas aux rapides et incessantes opérations du commerce national, les billets de banque, comme tout autre papier-monnaie entouré de sécurité, doivent contribuer à augmenter les moyens de circulation et à abaisser le taux de l'intérêt, en même temps qu'à produire tous les résultats heureux qui en sont la conséquence. L'expérience a appris que l'approvisionnement d'une banque en espèces doit être dans le rapport d'un tiers au montant des billets émis par elle, et qu'il suffit alors à tous les besoins qui peuvent se présenter. Ordinairement les deux autres tiers de la valeur du papier émis doivent être représentés dans le portefeuille par des effets facilement réalisables (billets à ordre, effets publics, etc.). Quand le papier émis par une banque dépasse les valeurs qui en représentent l'importance dans ses caisses, on dit qu'il n'est pas couvert ou bien qu'il n'est pas représenté. Une émission exagérée de billets donne lieu, quand les conjonctures politiques deviennent critiques ou seulement difficiles, à une demande immodérée d'espèces, par suite à un grand concours de gens venant échanger leurs billets contre de l'argent ; elle peut par conséquent amener facilement la ruine d'une banque, et en tout cas avoir la plus désastreuse influence sur les relations commerciales, ainsi qu'on n'en a que trop d'exemples.

Si en théorie il convient d'établir entre les différentes espèces de banques les distinctions que nous venons de poser, il s'en faut qu'il en soit de même dans la pratique. Que si en effet les *banques de virement* pourraient à la rigueur exister complètement pour elles-mêmes, il n'en est pas de même des autres, puisque la *banque de dépôt*, chargée surtout de recevoir des capitaux, doit escompter ou prêter pour tirer du profit des dépôts qui lui sont faits, et que de son côté la *banque d'escompte* accepte volontiers des dépôts afin d'avoir de l'argent à un taux d'intérêt moindre que le sien ; enfin puisque toutes deux ne peuvent que gagner à émettre des billets et attirer dans le cercle de leur activité ce qu'on entend aujourd'hui par *affaires de virement*. Or, quand une banque, comme c'est presque toujours le cas, fait en même temps différentes espèces d'affaires de banque, il faut la ranger parmi les *banques mixtes*, parmi celles, par exemple, qui sont tout à la fois banques d'escompte, de dépôt et de circulation, ou en même temps des banques de virement et des banques de prêt. Plusieurs banques sont d'ailleurs investies du privilège d'employer une partie de leurs capitaux dans des affaires autres que les opérations de banque, par exemple en négociations d'effets publics, en commissions, en achats de marchandises, etc., etc. Mais de telles opérations détournent les banques du but primitif de leur institution, amoindrissent leur utilité, et même dans certaines circonstances données compromettent leur existence. Aussi les statuts de plusieurs banques contiennent-ils l'interdiction absolue de se mêler d'opérations étrangères aux affaires de banque.

Les banques sont ou des *banques d'État*, c'est-à-dire des institutions formellement reconnues par l'État, dont il a en partie ou complétement fourni le capital, et qui ne sont administrées que par des fonctionnaires dont il s'est réservé le choix; ou bien des *banques particulières*, constituées par la réunion de capitaux appartenant à divers particuliers. Les banques particulières ou sont placées sous la surveillance de l'État, et publient à des époques déterminées un aperçu de leur situation d'affaires et leur bilan annuel, cas où elles prennent la dénomination de *banques publiques*; ou sont affranchies de semblables obligations et complètement indépendantes dans leur action, n'ayant de comptes à rendre qu'à leurs co-participants. Cette dernière espèce de banques, les banques particulières non publiques, jouent dans le système général des banques le même rôle que les sociétés commerciales ordinaires en nom collectif. On ne compte en Allemagne que peu d'établissements de ce genre, notamment le *Berliner* et le *Breslauer Kassenverein*. En Angleterre, au contraire, les banques particulières non publiques sont très-nombreuses; il n'y a même qu'elles dans ce pays à qui on donne le nom de banques particulières (*private banks*); on les appelle aussi banques provinciales (*country banks*). Les établissements de ce genre existant en Angleterre ne peuvent compter au plus que six co-participants et entrepreneurs, et il leur est interdit d'émettre des billets de circulation à Londres, ainsi que dans un rayon de 65 milles de cette capitale. Il demeure libre à chacun de prendre une part d'intérêt dans la plupart des banques particulières (dans le sens le plus large de ce terme), puisqu'elles sont créées par actions. Mais comme le gouvernement exerce une surveillance sur ces établissements, qu'il leur impose pour obligation la publicité, laquelle déjà leur est ordonnée par la déférence qu'ils doivent à leurs actionnaires, les banques par actions sont en même temps des banques publiques. On donne ordinairement la qualification de *banque nationale* à une banque publique que l'État a investie de priviléges tout particuliers. A ces priviléges sont d'ailleurs toujours attachées des obligations de bons offices à rendre à l'État, qui ne laissent pas quelquefois que de gêner singulièrement la liberté de mouvements d'une banque. Des établissements de ce genre sont souvent des rapports d'argent avec l'État, dont quelquefois ils administrent, soit complètement, soit partiellement, les affaires financières, et à qui ils font fréquemment des avances. Il en résulte que leur existence se rattache au crédit de l'État, et elles arrivent ainsi à avoir complètement le caractère de *banques d'État*, comme c'est le cas pour la Banque d'Angleterre. Les banques par actions et libres de tout contrôle de l'État, sont celles qui rendent le plus de services. La réglementation de la circulation monétaire d'un État doit, comme celle de son système monétaire par rapport à la valeur des grains, se trouver dévolue à l'État. Par contre, toutes les institutions que réclament les besoins d'un commerce dont les proportions vont sans cesse en s'agrandissant, doivent demeurer des affaires privées, et les particuliers doivent avoir le droit de les fonder partout où le besoin s'en fait sentir. Quand elles sont ainsi constituées, elles ne sont pas à la merci de tous les accidents de la politique; elles n'éprouvent de perturbations dans leurs affaires que lorsqu'il y a danger pour le pays d'être envahi par l'ennemi; et dans ce cas même on doit admettre, en raison des principes généralement reconnus en matière de droit des gens, que l'ennemi les considérera comme des propriétés particulières et les laissera librement fonctionner. Leur clôture n'aura donc pas lieu, et les opérations ordinaires du commerce et de l'industrie ne se trouveront dès lors pas interrompues. Enfin, l'un des grands avantages de ces banques, c'est qu'elles sont mieux administrées et dirigées que les autres, parce que leurs actionnaires connaissent mieux les personnes qu'ils choisissent pour directeurs, et aussi parce que ces directeurs connaissent parfaitement le public, des rangs duquel ils sont sortis et avec qui ils entretiennent les relations les plus intimes, tandis que les directeurs d'une banque d'État ne connaissent guère que les grands capitalistes de leur ville, et les principaux d'entre ceux des provinces. La plupart des grandes banques ne bornent point à une seule place leur activité d'utilité publique non plus que le champ des bénéfices qu'elles sont appelées à recueillir; elles l'étendent au contraire, autant que le leur permettent leurs statuts, au moyen de commandites, d'agences et de correspondances établies dans les places commerciales les plus importantes du pays. Ces succursales ou banques filiales prennent des dénominations diverses, telles que *comptoirs*, *commandites*, *bureaux de banque*. Elles dépendent de la banque principale, ou se livrent soit aux mêmes opérations que celle-ci, soit seulement à une certaine partie de ses opérations habituelles.

Dans l'usage on donne aussi quelquefois le nom de banques à des institutions ayant pour but un certain emploi à faire et un certain profit à tirer de capitaux. C'est ainsi qu'à Berlin il existe la *banque prussienne d'assurances contre l'incendie*, et qu'en Angleterre on appelle *saving-banks*, banques d'épargne, les institutions qu'en France on désigne sous le nom de *caisses d'épargne*.

Nous terminerons ces considérations générales par quelques renseignements statistiques et historiques sur les principales banques du monde.

EUROPE.

ALLEMAGNE. — AUTRICHE. *Banque nationale Autrichienne*, à *Vienne*. Dès l'année 1703 une banque de virement fut établie à Vienne, et en 1714 elle fut agrandie, érigée en banque de ville, et administrée pour le compte de l'État. Jusqu'en 1784 elle avait émis pour 34 millions de florins de billets. Dans les guerres de 1792 à 1811, la masse des billets de banque en circulation fut portée à plus d'un milliard de florins, valeur dite de Vienne; aussi le cours en tomba-t-il tellement, qu'en 1811 on sentit la nécessité de recourir à une opération financière à la suite de laquelle les anciens billets en circulation furent admis pour le cinquième de leur valeur nominale en échange d'un nouveau papier-monnaie appelé *Einlœsungscheine* (certificats de retrait) auquel on adjoignit plus tard des *Anticipationsscheine*. Après la paix de 1815 les finances de l'Autriche étaient si complètement épuisées, qu'il lui fut impossible de rétablir la circulation monétaire. Le temps était passé où on pouvait à volonté battre monnaie à l'aide de la banque de Vienne. Il n'y avait plus d'autre ressource praticable que de se jeter dans les bras du public, que de lui abandonner la direction de la banque, et d'y attirer à tout prix les capitaux étrangers. Ainsi fut fondée, en 1816, la *Banque nationale Autrichienne*, encore aujourd'hui existante. On lui accorda les priviléges les plus étendus, et elle fut divisée en actions de la valeur de 1000 florins, monnaie de convention, contre versement de 100 florins, monnaie de convention, et 1000 florins valeur de Vienne. Malgré de tels avantages, sur les 100,000 actions offertes, 50,621 seulement trouvèrent preneurs. Le but de la nouvelle banque était de retirer peu à peu de la circulation plus de 600 millions en Certificats de Retrait et d'Anticipations, et de ramener ainsi la circulation au pied de la monnaie de convention, d'escompter des effets payables en monnaie de convention, de faire des avances sur matières d'or et d'argent ainsi que sur effets publics autrichiens, de recevoir des dépôts, d'émettre des billets au porteur; et depuis 1842 on y a encore ajouté les virements de parties. Elle délivre des mandats payables dans ses diverses succursales, et celles-ci à leur tour délivrent des mandats payables à l'établissement central. En 1841 la durée de son privilége fut étendue jusqu'en 1866, et elle reçut de nouveaux statuts différant peu des anciens. Elle a des succursales à Prague, à Brunn, à Troppau, à Ofen, à Temeswar, à

Kaschau, à Kronstadt, en Transylvanie, à Léopold, à Trieste, à Inspruck, à Gratz, à Linz, à Hermanstadt et à Agram. Les billets qu'elle a aujourd'hui en circulation sont de 1 et de 2 florins (provisoirement seulement, depuis 1848), de 5, 10, 50, 100 et 1000 florins. Les commotions terribles que les tempêtes politiques de 1848 ont occasionnées dans les finances autrichiennes ont eu les résultats les plus désastreux pour la banque. Elles ont déchiré le voile qui avait toujours caché jusque là ses opérations intérieures et ses ressources, et mis à nu une foule de ses plaies. Le cours de ses actions baissa alors considérablement, et la valeur des billets émis par elle tomba au-dessous du pair. A l'époque des complications diplomatiques survenues vers la fin de 1850 avec la Prusse, la dépréciation subie par les billets fut un instant de 54 pour 100, en même temps que les espèces monnayées avaient pour ainsi dire complètement disparu de la circulation. Le mal provenait surtout de ce que l'État se servait toujours de la banque pour intermédiaire dans toutes ses grandes opérations financières, faisant à cet effet d'immenses sacrifices, qui ne lui rapportaient aucun profit. On proposa donc à ce moment de complétement séparer les finances de l'État de l'institution de la banque; mais il ne fut pas donné suite à ce projet. Une commission d'hommes compétents, instituée en 1850 pour réglementer le système monétaire autrichien, jeta une vive lumière sur l'influence de la banque ainsi que sur les vices de tout le système financier de l'État, et fit plusieurs propositions d'une haute importance, mais demeurées pareillement sans résultats. Depuis la crise de 1848 les billets de la banque de Vienne ont reçu cours forcé. Le rapport de ces billets en circulation avec les métaux précieux existant dans les caisses de la banque était en octobre 1849 comme 12 ¹/₂ est à 1; le 31 décembre 1850 il était encore comme 8 est à 1. A cette même époque il restait en circulation pour 6,433,963 florins d'anciens Certificats de Retrait d'Anticipations, dits valeurs de Vienne, et dont l'échange entrait dans les attributions de la banque. Le 31 décembre 1850 la banque de Vienne possédait en monnaie de convention et en argent en barres 32,303,125 florins, en effets publics 46,027,095 florins, en effets escomptés 35,731,337 florins; ses avances montaient à 20,005,000 florins. Ses répétitions contre l'État, garanties par lui, s'élevaient à 152,791,078 flor., et son fonds de réserve à 5,080,595 florins. A cette même époque ses billets en circulation montaient à 255,367,221 florins. Le capital de la banque (56,621 actions) est de 30,372,600 florins. Un dividende de 35 florins (5 ¹/₂ pour 100) fut payé aux actionnaires pour le second semestre de 1851. Au mois de mai 1851 le gouvernement déclara qu'il limiterait à 200 millions de florins son compte courant à la banque, à laquelle il devait à ce moment 165 millions.

Une autre banque autrichienne est la caisse du commerce ou le *Monte civico commerciale*, fondée en 1843 à Trieste, par souscriptions particulières, avec un capital de 500,000 fl.; établissement garanti par la ville et par la bourse. Ses opérations sont l'escompte et le prêt sur marchandises.

BAVIÈRE. La *Caisse bavaroise d'hypothèques et de change*, fondée en 1835, par actions de 500 florins, a son siège à Munich et une succursale à Augsbourg. Elle est instituée pour venir en aide à l'agriculture par des prêts sur hypothèques, et au commerce ainsi qu'à l'industrie par des opérations d'escompte, de prêt, de dépôt, de virement, d'assurances, de rentes viagères et autres affaires semblables, de même qu'en recevant des capitaux à intérêt. En 1851 le fonds de roulement de la banque s'élevait à 13 millions de florins, mais il y a faculté de le porter à 20 millions. Les trois cinquièmes doivent en être employés en prêts à la propriété foncière, et les deux autres cinquièmes aux différentes autres opérations rentrant dans ses statuts. La banque émet des billets au porteur, mais au-dessous de 10 florins, et toujours remboursables à vue en espèces;

elle possède en outre le privilége exclusif d'émettre en Bavière du papier-monnaie, mais la somme n'en doit jamais dépasser les quatre dixièmes de son capital. En 1850 la masse des billets en circulation s'élevait à 5,200,000 flor. A Nuremberg, où avait été fondée en 1621 une célèbre banque de virement, depuis longtemps supprimée, existe aujourd'hui la *Banque royale de Bavière*, fondée vers 1785 comme banque d'État, et dont le capital de fondation est de 1,500,000 fl. C'est une banque d'escompte et de prêt, et elle prend aussi des dépôts portant intérêt. Elle fait également des opérations de change et sert en même temps de caisse d'épargne. La moitié de ses bénéfices nets revient à l'État. Créée à l'origine à Ratisbonne, elle fut transférée à Furth, puis définitivement établie à Nuremberg; elle a des succursales à Anspach, à Bamberg et à Wurtzbourg.

HAMBOURG. La *Banque de Hambourg* fut fondée en 1619 dans le but surtout de donner aux monnaies une valeur fixe et invariable. C'est une simple banque de virement, qui ne reçoit pas de dépôts à ce nécessaires en espèces monnayées, mais en argent en barres, le marc fin calculé à 24 ³/₄ marcs de banque, et qui en cas de retrait d'argent se compte au même taux. Elle prélève pour tous droits d'administration et de conservation 1 du mille, et seulement encore au moment où on lui dépose de l'argent en barres. On peut également en devenir membre par le transfert à son profit d'une somme (elle ne saurait être moindre de 100 marcs) portée au débit d'un tiers. Toutefois, pour être admis à y avoir un compte ouvert, il faut posséder la qualité de bourgeois de Hambourg; et les Israélites, en payant les frais attachés au droit de bourgeoisie. Les négociants étrangers ne le peuvent que par l'intermédiaire et sous le nom d'un bourgeois de Hambourg. La banque fait aussi des avances sur des piastres espagnoles et américaines et sur quelques autres monnaies étrangères brutes, moyennant 1 schilling banco d'intérêt par marc d'argent fin pour trois mois. Elle prête aussi sur cuivre, à raison de 37 ³/₄ marcs de banque par 100 livres; mais elle s'abstient de toutes autres opérations. Ses affaires sont tenues secrètes, et qui en cas de retrait d'argent se compte au même taux. Elle prélève pour tous droits d'administration et de conservation 1 du mille, et seulement encore au moment où on lui dépose de l'argent en barres. On peut également en devenir membre par le transfert à son profit d'une seignements que sur la situation de son propre compte courant. Le mouvement d'affaires de la banque est évalué à trois millions de marcs par jour, par conséquent à environ un milliard de marcs par an. La réserve en argent s'élève ordinairement de 16 à 20 millions de marcs. Cet établissement passe pour l'un des mieux administrés de l'Europe. En 1669 il subit une perturbation passagère, et une autre une seconde en 1813 et 1814, époque où le maréchal Davoust s'empara de sept millions et demi de marcs (14 millions de francs) appartenant à divers particuliers, et qui s'y trouvaient déposés. Par le traité conclu le 27 octobre 1816, la France ne s'engagea à tenir compte, à titre d'indemnité pour la violation de ce dépôt, que d'une somme de 10 millions de francs, représentés par une rente annuelle de 500,000 francs sur le grand livre.

La nouvelle association d'avances (*Vorschussverein*) créée pour actions à Hambourg en 1839, fonctionne comme banque de prêt, et fait des avances sur marchandises, sur effets publics de la ville de Hambourg et autres valeurs. Une caisse de dépôt et d'épargne, recevant les capitaux à intérêt, y est annexée.

PRUSSE. *Banque de Prusse*, à Berlin. En 1765 fut fondée comme établissement d'État une grande banque royale, qui devait s'occuper de toutes les opérations de banque, et où devaient être déposées, pour porter intérêt à 2, 2 ¹/₂ et 3 pour 100, toutes les sommes placées entre les mains de la justice, toutes celles qui appartenaient à des mineurs, ou encore aux églises, aux établissements de charité, etc. Sous le règne de Frédéric-Guillaume II le capital de fondation de cette banque, montant à 8 millions de thalers, fut restitué au gouvernement, et depuis elle n'eut plus d'autre fonds de roulement que celui qui provenait des bénéfices antérieurement réalisés par elle. La guerre de 1806 obligea la banque à suspendre ses payements; mais un édit royal, daté de Vienne le 5 avril 1815, mit cet établissement en état de reprendre ses opérations. La banque ne dépendait spécialement d'aucun ministère, mais était placée sous l'autorité d'un gouverneur investi de pleins pouvoirs et responsable. Elle émettait des billets qui en 1836 furent retirés de la circulation et remplacés par l'État au moyen de 3 millions de thalers d'assignations de caisse (*Kassenanweisungen*). En 1847 cet établissement subit une complète transformation. Un ordre de cabinet en date du 11 avril 1846 avait en effet décidé que la constitution et le mécanisme intérieurs de la banque seraient mis en rapport avec les besoins du temps, et permis que son capital fût augmenté de 10,000,000 de thalers au moyen de souscriptions particulières et volontaires, qui furent rapidement réalisées, et en échange desquelles on remit aux intéressés 10,000 actions de 1,000 thalers chacune, dites *Banks-Antheilscheine*; d'où il résulta que la banque perdit le caractère de simple banque d'État qu'elle avait eu jusque là, et prit le titre de banque de Prusse.

Le nouveau statut organique de la banque, en date du 5 octobre 1846, et qui devait être mis en vigueur à dater du 1er janvier suivant, ne contenait point de modifications essentielles en ce qui touchait les opérations de la banque, mais autorisait l'institution à émettre des billets pour une somme totale de 21 millions de thalers. La banque est obligée d'avoir toujours en numéraire ou argent en barres dans ses caisses, indépendamment de son fonds de réserve, deux sixièmes de la valeur des billets émis par elle, trois sixièmes au moins en effets et valeurs de portefeuille, le reste en récépissés de prêts sur matières. Les billets émis par elle ne sauraient être inférieurs à 25 thalers. La portion de capital souscrite par l'État lui-même dans la réorganisation de la banque montait à une valeur nominale de 1,197,583 thalers, somme dans laquelle la valeur des effets publics était évaluée au pair, tandis qu'au cours du jour elle subissait une dépréciation d'environ 690,000 thalers. Les bénéfices de la banque sont d'abord employés à servir aux actionnaires un intérêt annuel de 3 1/2 pour 100 ; le reste, déduction faite d'un quart attribué à la réserve (laquelle peut s'élever jusqu'à moitié du capital de fondation), est attribué, moitié aux actionnaires, moitié à l'État. Quand les bénéfices nets ne s'élèvent pas à 3 1/2 pour 100 du capital engagé, on y pourvoit au moyen du fonds de réserve. L'établissement est en outre banque de dépôt, d'escompte, de virement et de prêt; Les affaires de virement s'opèrent au moyen de traites tirées sur la banque par ses créanciers et qui circulent dans le commerce à l'instar d'argent en barres. La *Banque de Prusse*, indépendamment de son établissement central à Berlin, a aujourd'hui des succursales, des comptoirs, des commandites ou des agences à Breslau, Kœnigsberg, Dantzig, Stettin, Magdebourg, Munster, Cologne, Posen, Stolpe, Elberfeld, Créfeld, Halle, Stralsund, Thorn, Elbing, Memel, Siegen, Trèves, Coblentz, Aix-la-Chapelle, Dusseldorf, Minden, Erfurt, Francfort-sur-l'Oder, Kœslin, Liegnitz, Oppeln, Bromberg, Braunsberg, Insterburg et Tilsitt. En 1851 le cours des actions de la Banque de Prusse était de 96 à 97. Indépendamment de l'intérêt à 3 1/2 pour 100, l'année 1850 avait donné 4 2/7 de dividendes. Le bilan de la Banque arrêté au 28 février 1851 présentait à l'actif : espèces monnayées ou argent en barres, 10,097,200 th.; effets publics de Prusse, 3,750,500 th.; effets à ordre, 9,063,400 t.; avances sur matières, 10,675,500 th.; v*a*leurs diverses, 20,017,200 t.; et au passif, billets en circulation, 17,414,200 t.; capitaux déposés, 20,804,200 th.; fonds à divers, comme caisses publiques, institutions de bienfaisance et comptes de virements de parties, 4,276,400 th. L'ensemble des opérations pendant l'année 1850 s'était élevé au chiffre de 515,854,920 th.; en 1849 le mouvement d'affaires n'avait été que de 368,497,680 th. En 1851 la Banque de Prusse continuait à être indépendante de tout ministère spécial, et dirigée par un gouverneur personnellement responsable.

Après ce principal établissement de crédit que possède la Prusse, il faut encore citer : à *Berlin*, l'association de caisses (*Kassenverein*), fondée en 1831, au capital de 160,000 th.; la Banque de l'Association de Caisses, fondée en 1850, au capital d'un million de thalers, autorisée à émettre des billets pour somme pareille en coupures de 10, 20, 50, 100 et 20 thalers : le cours de ses actions était en 1851 de 114 ; à *Breslau*, l'association de caisses, fondée en 1846 par vingt maisons de commerce de Breslau, au capital de 200,000 thalers, représenté par des parts de 10,000 th. chacune : cet établissement s'occupe d'affaires d'escompte et de virement; — la Banque urbaine de Breslau, fondée en 1848 par cette ville; à *Stettin*, la banque particulière de la noblesse de Poméranie, qui s'occupe de prêts sur immeubles : fondée en 1824, réorganisée en 1833 et jouissant aujourd'hui du meilleur crédit. Ces divers établissements sont autorisés à émettre des billets qui circulent avec la plus grande facilité, et généralement au pair.

SAXE. La *Banque de Leipzig* fut créée en 1839, au capital de 1,500,000 thalers, avec autorisation de l'augmenter en proportion de ses besoins. Ses opérations consistent à recevoir des capitaux étrangers, soit à titre de dépôt, soit à intérêt, et comprennent l'escompte des bonnes valeurs de la place, l'achat de traites tirées sur l'étranger, les avances sur bonnes garanties, les acquisitions d'effets publics, d'actions, de matières d'or et d'argent, les prêts sur hypothèques, les avances sur consignations, le rachat de ses propres actions et l'émission d'un papier de circulation. Ses billets, qui ne sauraient être d'une valeur moindre de 20 thalers, sont divisés en coupures de 20, 50 et 100 thalers; et le tiers de leur valeur représentative doit toujours se trouver en espèces dans les caisses de l'établissement. Au commencement de l'année 1850 il en avait été émis pour 4,300,000 thalers. Cette banque, placée sous la surveillance du gouvernement, est autorisée à fonder des succursales et des comptoirs partout où le besoin s'en fait sentir. Dès l'origine elle obtint un grand crédit; ses actions, émises à 100, valent aujourd'hui 108.

Mentionnons encore la *Banque urbaine de Chemnitz*, fondée en 1849, au capital de 50,000 th., avec faculté de le porter à 200,000 th. ; et la *Banque d'épargne, de prêt et d'hypothèque* de la Haute-Lusace, fondée en 1850 à Budissin, autorisée à émettre des billets de 5 th. et au-dessus jusqu'à concurrence de 500,000 th.

WURTEMBERG. La *Banque royale de Wurtemberg*, fondée en 1802 à Stuttgard, est une banque d'État, qui s'occupe de toutes les opérations relatives à la négociation des effets publics et effets de commerce. C'est surtout une institution de prêt et d'escompte. Rien n'est jamais publié sur le résultat de ses opérations et sur sa situation.

Dans les différents États dont se compose la Confédération Germanique, on peut encore citer : la *banque provinciale d'Altenburg*, fondée il y a environ vingt-cinq ans, qui prête sur hypothèque et sur consignation, et qui est en même temps banque de dépôt ; — la *banque provinciale d'Anhalt-Dessau*, fondée en 1847 à Dessau, au capital de 2,500,000 th., émettant des billets de la valeur de 1 à 1,000 thalers, tout à la fois banque d'escompte, de prêt, de virement et de dépôt ; — la *caisse de prêt de Brunswick*, qui fait également des opérations de banque et émet des billets ; la *caisse d'escompte de Brême*, fondée en 1817, par actions ; — la *banque de prêt et de commerce privilégiée de la Hesse électorale*, fondée en 1721, établissement à la fois public et particulier, faisant surtout des avances sur consignations. Elle émet des billets au porteur portant intérêt; — la *banque particulière d'escompte et de prêt de Lubeck*, fondée par actions en 1820, réorganisée en 1850 dans de plus vastes proportions. Son capital est de 232,000 marcs ; — la *banque de Rostock*, fondée en 1850, au capital de 1 million de thalers, avec faculté de le porter à deux millions, et de créer des succursales dans les différentes villes du Mecklembourg. Elle émet des billets de 10, 20, 50, 100 et 200 thalers, prête sur hypothèque et sur consignation, achète les effets publics, escompte les effets de commerce et ouvre des crédits à ceux qui peuvent lui offrir la garantie de trois signatures notoirement solvables ; — enfin la *banque du duché de Hanau*, fondée en 1849, et autorisée à émettre des billets pour une valeur de 1 million de florins.

BELGIQUE. — Huit banques existent dans la seule ville de Bruxelles : la *Société générale*, la *Banque de Belgique*, la *Banque nationale*, la *Caisse hypothécaire*, la *Caisse des Propriétaires*, la *Caisse d'escompte, d'encaissement et de consignation*, le *Comptoir d'escompte* et l'*Association de crédit*. La Société générale fut fondée en 1822, et est à bon droit surnommée l'âme de l'industrie belge. Elle fait des opérations d'escompte, de virement, de prêt, de dépôt et d'émission de papier, et possède des succursales dans les villes les plus importantes de la Belgique. Plusieurs grandes sociétés industrielles lui doivent leur prospérité. La Banque de Belgique, fondée en 1835, a à peu près le même cercle d'opérations. La Banque nationale fut fondée par actions en 1850, dans un but identique, et chargée en même temps de centraliser les recettes du trésor public. La désignation seule de la Caisse hypothécaire indique quel est le but de cette institution ; la Caisse des Propriétaires se livre au même genre d'opérations. Inutile d'expliquer le but des autres établissements, puisque les dénominations particulières sous lesquelles ils sont connus parlent d'elles-mêmes. — Il y a deux banques à Anvers, la Banque commerciale et la Société de commerce : la première est essentiellement une banque d'escompte, de virement, de prêt et d'émission de papier ; la seconde est une banque de prêt. Toutes deux cependant se livrent en même temps à des opérations commerciales. Depuis 1841 il y a à Gand une Banque de Flandre.

DANEMARK. — La banque existant à Copenhague fut fondée par actions en 1736, au capital de 500,000 écus de Danemark courants, pour se livrer à toutes les opérations qui sont le propre d'une banque. Dès 1745 elle était dans l'obligation de suspendre ses payements en numéraire, et depuis lors elle a inondé le Danemark de papier-monnaie. En 1773 on désintéressa tous les actionnaires, et la banque fut à partir de ce moment administrée pour le compte de l'État. Avec un capital de 600,000 écus, elle avait émis pour 11 millions d'écus en billets, somme qui fut même portée plus tard à 16 millions. Pour remédier à un tel état de choses, il fut décidé qu'à l'avenir la banque n'émettrait plus de billets et en retirerait chaque année de la circulation pour 750,000 écus. La nouvelle *Banque de spécies* danoise et norvégienne, fondée par actions, au capital de 2,400,000 écus, eut pour but de rétablir le crédit national, indépendant qu'elle devait rester du gouvernement ; mais en 1804 les nouveaux billets qu'elle émettait perdaient déjà 25 pour 100, et les anciens 45 pour 100. En 1813 les choses en vinrent à ce point qu'on donnait 1,800 écus en billets de banque pour un écu en argent. A ce moment une ordonnance royale créa une nouvelle banque royale, destinée surtout à retirer de la circulation tout l'ancien papier-monnaie. En 1818 elle fut transformée en *Banque nationale*, fondée au moyen d'une première hypothèque générale de 6 pour 100 sur toute la propriété foncière du royaume de Danemark et des duchés de Schleswig-Holstein, et jusqu'au moment actuel elle n'a pas discontinué d'opérer dans le but pour lequel elle avait été créée. Indépendamment de l'émission d'un papier-monnaie, elle fait des affaires d'escompte et de dépôt. Ses actions, au nombre de 85,000 et au taux de 150 écus, avaient atteint le pair en 1841, et l'avaient même un peu dépassé au commencement de 1843. Depuis lors le cours s'en est constamment élevé tous ans, et au commencement de l'année 1851 il était de près de 150. A cette époque la somme de ses billets en circulation s'élevait à 20 millions d'écus de banque. En 1840 la banque nationale fut autorisée à fonder à Flensbourg une succursale ayant le droit à ce titre de faire les mêmes opérations qu'elle et d'établir un comptoir à Rendsbourg. Une autre succursale fut plus tard créée à Aarhuus. Les assemblées d'états provinciaux des duchés de Schleswig-Holstein protestèrent contre l'établissement de ces succursales de la Banque nationale de Danemark dans leur pays, de même qu'ils avaient protesté contre la première hypothèque de 6 pour 100 donnée à cet établissement, lors de sa fondation, sur la totalité des immeubles situés dans les duchés, et ils demandèrent l'autorisation de créer une banque particulière pour leur pays. Un établissement de ce genre fut effectivement mis en activité à Flensbourg, en 1844, sous la dénomination de *Banque de Schleswig-Holstein*, pour s'occuper d'opérations d'escompte, de prêt et de dépôt. Il créa un comptoir en 1847 à Rendsbourg ; mais lors des hostilités qui éclatèrent entre le Danemark et les duchés à la suite de la révolution de 1848, il transféra son siége à Altona ; et son existence même se trouvait gravement compromise au commencement de l'année 1851.

La *Caisse centrale* existant à Copenhague est une banque de prêt, fondée en 1829, par actions. En 1846 une autre banque fut encore établie par actions en Fionie.

ESPAGNE. — Une banque fut fondée à Barcelone vers la fin du quatorzième siècle, sous la garantie des autorités municipales de cette ville ; mais cette institution paraît avoir jeté peu d'éclat et n'avoir pas eu de caractère particulier. Ce ne fut qu'en 1782 que le gouvernement espagnol créa à Madrid la banque de *San-Carlos*. Son capital était de 300 millions de réaux de veillon, représenté par 150,000 actions de 2,000 réaux, et ses statuts lui permettaient de se livrer aux opérations d'escompte comme aussi de faire toutes les affaires financières du gouvernement. En 1791 cette banque émit pour la première fois des billets au porteur, et fut obligée d'avancer successivement au gouvernement jusqu'à concurrence de 320 millions de réaux. En 1829 cette banque fut réduite à 40 millions de réaux et comprise dans le capital de fondation de la nouvelle Banque de San-Fernando, créée au capital de 60 millions de réaux en actions de 2000 réaux. Celle-ci se livrait aux opérations d'escompte, de prêt, de dépôt et d'affaires de finance avec l'État, consistant généralement en avances de fonds. Un projet ayant pour but la réunion de cet établissement avec la nouvelle *Banque d'Isabelle II* resta sans résultat ; en revanche, on réorganisa en 1849 la *Banque de San-Fernando*. Son capital se compose depuis lors de 200 millions de réaux, et est divisé en 100,000 actions de 2,000 réaux. Elle est autorisée à émettre des billets jusqu'à concurrence de moitié de son capital. Elle doit, aux termes de ses statuts, avoir constamment dans ses caisses la représentation en numéraire du tiers au moins de ses billets en circulation, et ses moindres billets doivent être de 500 réaux. Cette banque est la seule qui soit autorisée aujourd'hui à émettre des billets, et à cet effet les banques de Cadix et de Barcelone y ont été incorporées. Elle s'occupe d'opérations d'escompte, de virement, de prêt, d'encaissement, de négociation d'effets publics, et est autorisée à fonder des succursales partout où elle le juge à propos. En 1849 elle avait dépassé de 465,000 réaux le chiffre fixé par la loi pour le maximum de ses émissions de billets. Lors de la grande crise commerciale et politique de 1848, ses billets eurent cours forcé, et descendirent au-dessous du pair ; mais ils l'ont regagné depuis le mois de janvier 1849. Ils constituent aujourd'hui le mode de payement le plus ordinaire. A la fin d'août 1849 le montant de ses billets en circulation s'élevait à près de 99 millions et demi de réaux, et le 7 septembre 1850 il atteignait juste le chiffre de 100 millions de réaux. A cette dernière date la réserve de la banque s'élevait en numéraire à 30,616,900 réaux, et en argent en barres à 1,934,600 réaux. Le 27 septembre 1849 le cours de ses

actions était de 77 ; le 24 septembre 1850 il était de 93 ¹/₄.
A la fin de 1850 la banque obtint de l'État une subvention annuelle de 14 millions de réaux. Au mois de février de la même année elle avait subi une réorganisation complète, qui n'était point encore définitive en 1851.

Les autres banques existant à Madrid sont : la *Banque d'Isabelle II*, fondée en 1844, au capital nominal de 100 millions de réaux, représenté par des actions de 5,000 réaux ; la *Banque de l'Union*, fondée par actions, réduite en novembre 1847 à suspendre provisoirement ses payements, mais qui les a repris depuis cette époque ; et enfin la *Banque de Fomento*, autrefois en rapport d'affaires avec le gouvernement et avec la Banque de San-Fernando, et qui en 1847 eut à traverser une crise des plus violentes. A Barcelone, la *Banque de Barcelone*, fondée par actions, et qui possède une succursale à Palma, dans l'île de Majorque, avait en septembre 1850 pour 482,380 piastres (la piastre à 20 réaux de veillon) de billets en circulation. La *Banque de Cadix*, constituée pareillement par actions, avait à cette même époque pour 10,848,000 réaux de billets en circulation. Son capital nominal est de 100 millions de réaux. Mais à la fin de 1849 elle n'avait encore pu émettre que pour 49,682,000 réaux de ses actions, et elle en a depuis lors racheté un bon nombre. Ces deux banques s'occupent surtout d'opérations d'escompte, de virement et de dépôt.

FRANCE. — La première banque que nous ayons eue en France fut fondée en 1716, à Paris. A l'origine ce n'était qu'une entreprise particulière existant en vertu d'un privilége concédé à l'Écossais Law ; mais en 1718 on la transforma en une institution publique, dont les opérations, aussi audacieuses que gigantesques, aboutirent dès 1720 à la ruine des finances de l'État et à celle d'une foule de familles.

Ce ne fut qu'en 1776 qu'on fonda de nouveau une banque, au capital de 12,000,000, sous le nom de *Caisse d'escompte de Paris*. Cet établissement, après avoir éprouvé de nombreux embarras, finit par tomber aux mains du gouvernement, qui en paya les dettes en assignats, puis en prononça la fermeture. En 1803 on créa le grand établissement de crédit désigné sous le nom de *Banque de France*, au capital de 45 millions de francs, représenté par 45,000 actions de 1,000 francs chacune, avec le privilége exclusif pour quinze ans d'émettre des billets au porteur et à vue. Ce privilége, comme celui sur lequel repose l'existence même de la banque, fut prorogé une première fois en 1806 pour quarante ans, et une seconde en 1840. La loi du 30 juin 1840 le prolongea jusqu'au 31 décembre 1867, avec faculté, pour le gouvernement, de le limiter au 31 décembre 1855. Par un traité intervenu le 3 mars 1852 entre la Banque et l'État, celui-ci a renoncé à l'exercice de cette faculté moyennant divers avantages qui lui ont été concédés par la Banque.

Les opérations de la Banque de France consistent : 1° à escompter les effets de commerce payables à Paris ou dans les villes où elle possède des comptoirs ou des succursales, revêtus de trois signatures notoirement solvables. Elle admet pourtant des effets garantis seulement par deux signatures, mais après s'être préalablement assurée qu'ils ont été créés pour fait de commerce, si à la garantie des deux signatures on ajoute celle d'un transfert d'actions de la banque, de titres de rentes, d'actions de canaux, d'actions ou d'obligations de chemins de fer ; — 2° à faire des avances sur dépôt d'effets publics, mais à la condition qu'ils seront pris en engagements à échéance fixe par les emprunteurs, comme aussi sur dépôts de lingots ou monnaies étrangères d'or et d'argent ; 3° à faire des avances sur effets publics français à échéance non déterminée, ainsi que sur actions et obligations de chemins de fer français ; — 4° à faire des avances sur lingots d'or et d'argent ; — 5° à émettre des billets à vue et au porteur, et des billets à ordre transmissibles par voie d'endossement ; — 6° à ouvrir des comptes courants aux particuliers, sans jamais leur faire aucune avance à découvert, mais seulement pour recevoir leurs fonds et faire leurs payements jusqu'à concurrence de ce qu'elle a reçu d'eux (ce service est gratuit) ; — 7° à tenir une caisse de dépôts volontaires pour tous titres, effets publics nationaux et étrangers, actions, contrats de toute espèce, tous billets et engagements à ordre ou au porteur, lettres de change, pour les lingots, les espèces d'or et d'argent nationales et étrangères et les diamants, moyennant un droit de garde calculé sur la valeur estimative du dépôt, droit qui ne peut excéder ¹/₈ pour 100 pour chaque période de six mois et au-dessous ; — 8° à se charger pour le compte des particuliers ou d'établissements publics du recouvrement des effets qui lui sont remis, recevoir en compte courant les sommes qui lui sont versées par les particuliers ou par les établissements publics, et à acquitter les dispositions faites sur elle jusqu'à concurrence des valeurs encaissées ; — 9° à émettre des billets à ordre payables dans ses succursales.

L'universalité des actionnaires est représentée par les deux cents plus forts d'entre eux, qui forment l'assemblée générale. Cette assemblée nomme les régents et les censeurs ; la réunion de ces fonctionnaires compose le conseil général. Les quinze régents et les trois censeurs se divisent en cinq comités : 1° *des comptes*, 2° *des billets*, 3° *des livres et portefeuilles*, 4° *des caisses*, 5° *des relations avec le trésor public et les receveurs généraux*. Ils sont assistés par un conseil d'escompte composé de douze membres. Un gouverneur et deux sous-gouverneurs, salariés par la banque, mais nommés par le gouvernement, sont chargés de contrôler en son nom toutes ses opérations. Le traitement du gouverneur est de 100,000 francs par an, et il est magnifiquement logé au palais même de la banque, l'ancien hôtel du comte de Toulouse, propriété et habitation particulières du duc de Penthièvre avant la révolution de 1789, qui a été complétement reconstruit depuis, et dont la valeur figure au bilan de la banque pour 4 millions de francs. Il y a interdiction absolue pour le gouverneur ou les sous-gouverneurs de présenter à l'escompte des effets souscrits par eux ou leur appartenant.

Pour être admis à l'escompte et avoir un compte courant à la Banque de France, il faut en faire la demande par écrit au gouverneur, et l'accompagner d'un certificat de trois personnes qui déclarent connaître la signature du demandeur et sa fidélité à remplir ses engagements. Les faillis non réhabilités ne peuvent être admis à l'escompte. Toute personne qui dispose sur la banque sans avoir fait les fonds pour son échéance peut être privée de son compte courant. Le taux de l'escompte est déterminé par le conseil général ; il était depuis longues années fixé à 4 pour 100 ; mais au moment où nous imprimons cet article il vient d'être réduit à 3 pour 100, sage mesure, qui ne peut avoir que la plus heureuse influence sur la reprise des affaires et du travail. Les jours d'escompte sont tous les jours non fériés. La banque n'admet pas d'oppositions sur les sommes qu'elle a en comptes courants, à moins que ces oppositions ne proviennent de ceux-là même qui ont les comptes courants, et n'aient pour but de la prévenir de la perte ou de la soustraction d'un mandat tiré sur elle. L'usufruit de ses actions peut être cédé à des tiers. Ces actions peuvent d'ailleurs toujours être immobilisées par la simple déclaration des propriétaires, et elles jouissent dès lors de toutes les prérogatives attachées aux immeubles.

Avant de reprendre l'histoire de la Banque de France, que nous avons dû interrompre pour donner une idée succincte de son organisation, un mot encore sur les précautions qui ont été prises pour mettre en sûreté les fonds déposés dans ses caves et servant de garantie à la masse de papier qu'elle a constamment en circulation ainsi qu'à ses autres obligations. On ne descend dans ces caves que par un puits garni d'un escalier en spirale, praticable seulement pour une personne, et dont la porte de fer est fermée à trois clefs. Les espèces, contenues dans des barils et rangées dans des caveaux fermés de plusieurs portes, ne sont extraites qu'avec des formalités qui rendent toute soustraction impossible. En cas d'alarme, il suffirait de combler avec de la terre ou de l'argile battue l'escalier de service pour interdire pendant au moins vingt-quatre heures l'entrée des caves, qui d'ailleurs peuvent être inondées à volonté : d'où résulterait, en cas d'un audacieux coup de main tenté à la faveur de quelque émeute ou insurrection, un obstacle à la satisfaction immédiate de la convoitise des pillards, obstacle qui avant d'être levé exigerait encore un nouveau délai, et ajouterait par conséquent une chance de plus pour qu'une pareille tentative de vol à main armée échouât par suite du rétablissement d'un ordre quelconque dans la cité.

Nous avons dit plus haut que la fondation de la Banque de France remontait à l'année 1803 (loi du 24 germinal an XI). Ses débuts, comme grand établissement de crédit, furent peu heureux; résultat qui s'explique surtout par cette circonstance, qu'elle n'eut pas, pour ainsi dire, plus tôt été créée, que le gouvernement la forçait, afin de faire monter le crédit de l'État avec le cours de la rente, à convertir une grande partie de son capital en rentes sur l'État; et à quelque temps de là Napoléon s'emparait du reste, en la contraignant d'accepter en échange des délégations sur les receveurs généraux. Avec de telles façons d'agir, il était difficile qu'elle ne se trouvât pas bientôt réduite aux abois. En 1806 force lui fut de suspendre le remboursement de ses billets, qui subirent alors une dépréciation considérable. De nombreuses et importantes faillites vinrent encore ajouter aux embarras de sa situation. Elle était telle qu'il y eut pour le gouvernement nécessité de reconstituer sur une nouvelle base cette grande institution financière par la loi du 22 avril 1806, qui porta son capital à 90 millions de francs, non compris une réserve qui l'élevait en réalité à plus de 100 millions, et étendit la durée de son privilège à quarante ans au lieu quinze. En 1808 la banque fut en outre autorisée à créer des comptoirs dans les villes les plus importantes de l'empire. Pendant longtemps, du reste, la Banque de France, tout en continuant à escompter dans une certaine mesure les effets à ordre qui lui remettaient les négociants et à seconder le commerce dans ses opérations, sembla avoir pour mission spéciale de soutenir avant tout le crédit public et de faire des avances à l'État. « En 1805, dit M. Ch. Coquelin, sur 97 millions de valeurs escomptées que renfermait le portefeuille, il y en avait pour 80 millions en obligations des receveurs généraux. Quoique escomptées à un taux fort inférieur à celui qu'on eût pu obtenir par d'autres voies, ces obligations ne furent pas acquittées à l'échéance : la banque ne fut sauvée que par la victoire d'Austerlitz, qui mit le gouvernement en état de s'acquitter envers elle. En 1807 elle lui fit au gouvernement un prêt de 40 millions, renouvelé ensuite par trimestre, et qui s'est perpétué jusqu'en 1814. Indépendamment de cette avance constante, qui n'a éprouvé de réduction qu'une seule fois, en janvier 1811, le gouvernement réclamait encore à la Banque, selon ses besoins, par prêts extraordinaires, qui ont porté l'ensemble des découverts de cet établissement envers lui à 94,543,000 francs en 1812, et à 76,272,000 francs en 1813. »

Les premiers jours de l'année 1814 furent encore pour la Banque de France un moment de crise redoutable, et dont le péril allait toujours croissant; mais dès le mois de février elle avait pris des mesures si bien combinées qu'elle était en état de faire face à toutes les exigences, de satisfaire à tous ses engagements, et même de rembourser à bureau ouvert ses billets en circulation, quand au mois de mars une panique se déclara, à la suite de laquelle ce fut à qui s'empresserait d'en opérer le change contre des espèces.

Le rétablissement de la paix générale, en contribuant à imprimer un nouvel essor aux affaires industrielles et commerciales, ne pouvait que favoriser les développements de notre grande institution de crédit, dont les actions ne tardèrent pas à subir une hausse considérable. Sur les 90,000 actions dont se compose son fonds social, la Banque en possède elle-même 22,100, qui constituent une partie de son capital. En 1820 les bénéfices réalisés depuis la paix par la Banque avaient été tels, qu'il lui fut possible de prélever sur sa réserve un dividende extraordinaire de 200 francs attribué à chacune de ses actions, dont la valeur nominale fut dès lors portée à 1,200 francs au lieu de 1,000, taux d'émission. En 1829 le cours de ses actions variait entre 1,900 et 2,000 francs. Dans les dernières années du règne de Louis-Philippe il s'éleva jusqu'à 3,550 francs.

Une des causes qui entravèrent le plus la prospérité de la Banque fut incontestablement la trop grande élévation de ses billets, dont jusqu'en 1846 la moindre coupure avait été de 500 francs. Depuis plus de quinze années le commerce réclamait, pour la plus grande commodité de ses transactions quotidiennes, des billets de moindre valeur, se prêtant davantage aux relations multiples qu'entraîne un grand mouvement d'affaires; mais toujours les absurdes partisans de la routine trouvaient des objections contre l'adoption d'une mesure dont le moindre danger, suivant eux, était, en temps de crise commerciale, d'exposer la Banque à se trouver dans l'impossibilité de rembourser ses billets par suite de la trop grande affluence de demandes de numéraire que provoquerait une panique. Ce fut donc une véritable victoire que remportèrent en 1846 les partisans du progrès lorsqu'ils obtinrent en 1846 la promulgation d'une loi qui autorisait la Banque à émettre désormais des billets de 200 francs.

Après la révolution de février 1848, le gouvernement provisoire autorisa l'émission de coupures de 100 francs; inutile de dire qu'aucune des sinistres prévisions que concevaient les adversaires de cette démocratisation (pardon de cet affreux barbarisme; c'était hier encore le langage à la mode) des billets de banque, ne s'est réalisée. Il faut reconnaître toutefois à ce propos, pour être juste, que le décret du gouvernement provisoire qui donna cours forcé aux billets émis par la Banque de France contribua pour beaucoup dans un pareil résultat. Bon gré mal gré il fallut bien que les peureux, les trembleurs, se conformassent au décret. Une mesure utile, nécessaire même pour soutenir le crédit de la Banque, ce fut l'obligation imposée au même moment à la Banque de deaux, à Lyon, à Nantes, à Rouen, à Marseille, au Havre, à Lille, à Toulouse et à Orléans. Ils faisaient ensemble pour d'avoir lieu précédemment par tous les trois mois et tous les six mois. Le traité conclu le 3 mars 1852 entre la Banque et le gouvernement a rétabli les choses sur l'ancien pied. Les billets émis aujourd'hui par la Banque sont de 5,000 francs, 1,000 francs, 500 francs, 200 francs et 100 francs. Depuis 1843 elle émet aussi des billets à ordre de 5,000 et de 10,000 francs.

Une loi rendue le 19 juillet 1845 avait créé à Alger un comptoir de la Banque de France, au capital de 10 millions, dont deux millions souscrits par la Banque elle-même et les huit autres fournis par le placement d'actions particulières émises au taux de 1,000 francs. Cet établissement n'ayant pas prospéré a dû être mis en liquidation depuis la révolution de Février; mais une loi récente a ordonné la création, avec l'appui de l'État, d'une Banque particulière à l'Algérie et ayant son siège à Alger.

Avant les événements de février 1848 on comptait en outre en France neuf banques de département créées au moyen d'actions, faisant chacune sur leurs places respectives les mêmes opérations que la Banque de France, et investies comme elle du privilège d'émettre des billets payables à vue et au porteur. Ces établissements avaient été fondés à Bordeaux, à Lyon, à Nantes, à Rouen, à Marseille, au Havre, à Lille, à Toulouse et à Orléans. Ils faisaient ensemble pour 120 à 130 millions francs d'escomptes par an, et émettaient généralement des billets de 1,000 francs, de 500 francs et de 250 francs; mais, de même que ceux de la Banque de France ne circulaient guère qu'à Paris, parce que c'était à Paris seulement qu'ils étaient payables, les billets de ces différentes banques n'avaient non plus cours, par une raison analogue, que dans la ville où était établie la banque qui les avait émis. Hors de ce rayon si restreint, aux portes de Paris même, pour les billets de la Banque de France, on ne trouvait à les échanger contre des écus qu'en subissant une perte de 1 °/₀ à 2 pour 100 sur leur valeur. En créant successivement des comptoirs à Montpellier, Saint-Étienne, Saint-Quentin, Reims, Avignon, Besançon, Angoulême, Grenoble, Clermont-Ferrand, Châteauroux, Caen, Limoges, Mulhouse, Strasbourg, le Mans, Valenciennes, Rennes, Nîmes, Metz et Angers, c'est-à-dire à peu près dans tous les grands centres industriels et commerciaux du pays, la Banque de France était sans doute parvenue à procurer une circulation plus étendue à ses billets, qui pouvaient être remboursés à vue dans chacune de ces villes; mais l'inconvénient restait le même à une certaine distance de ces différents foyers industriels, et il fallait toujours subir une perte quand il s'agissait d'en réaliser la valeur.

L'une des suites de la révolution de février 1848 fut la publication des décrets du 28 avril et du 2 mai, par lesquels les différentes banques créées dans les départements furent réunies à la Banque de France, dont elles ne furent plus dès lors que les succursales. Le décret qui donna cours forcé à ses billets et qui l'autorisa à en suspendre le remboursement, en limita en même temps l'émission à 350 millions. Le cours des actions, qui, nous l'avons dit, s'était élevé sous le règne de Louis-Philippe à 3,550 francs, subit alors une rapide dépréciation, et tomba jusqu'à 1,250 francs. Depuis, on l'a vu se relever malgré la situation fâcheuse de la Banque, dont les caves regorgent d'or et d'argent, mais dont le portefeuille reste à peu près vide, ce qui indique une complète stagnation des affaires. Dans les premiers jours de janvier 1852 les actions furent un instant cotées à 3,100 francs, pour revenir bientôt à 2,500 ou 2,600 francs.

Au mois d'août 1850 la Banque de France fut autorisée à reprendre ses payements en espèces. A la suite de la perturbation opérée vers cette époque dans le cours de l'or par l'exploitation des mines de la Californie, on vit cet établissement jeter dans la circulation l'or resté enfoui jusqu'à ce moment dans ses caves et ne présentant plus la valeur de convention que l'agio y avait ajoutée, valeur détruite par l'extrême abondance de l'or sur tous les marchés de l'Europe. Un autre décret, rendu le 13 du même mois, supprima le cours forcé des billets, en même temps qu'il autorisa la Banque à en étendre encore l'émission. Jamais peut-être la Banque n'inspira plus de confiance que depuis ces deux décrets; résultat auquel n'a pas peu contribué d'ailleurs la publication hebdomadaire de son bilan, duquel il ressort qu'elle a aujourd'hui en circulation pour cinq ou six millions de billets *de moins* qu'elle n'a d'espèces dans ses caisses; situation anomale, provenant uniquement de la persistante stagnation des affaires.

Le gouvernement provisoire comprenait parfaitement que la révolution de Février avait détruit pour longtemps la confiance. Voulant suppléer à l'inaction des établissements de crédit, intermédiaires ordinaires entre la Banque et le commerce, il organisa, par ses décrets du 8 mars et du 2 avril 1848, des *comptoirs nationaux d'escompte* dans tous les grands centres industriels. On ne saurait nier que ces établissements, flanqués de sous-comptoirs à l'usage de chaque grande spécialité commerciale, n'aient exercé une heureuse influence sur les affaires, en comblant le vide créé par la disparition subite de différentes institutions de crédit en possession jusque alors de rendre au commerce les mêmes services, par exemple (pour ne parler que de la seule place de Paris), par les désastres à la suite desquels, dès le mois de mars 1848, la caisse Gouin, la caisse Ganneron et la caisse Baudon durent se mettre en liquidation.

Grande-Bretagne et **Irlande**. — La plus ancienne des banques existant en Angleterre et la plus puissante qu'il y ait aujourd'hui au monde, est la Banque d'Angleterre, qui fut fondée en 1694. La guerre contre la France et surtout le système de réductions arbitraires opérées en faveur de certains contribuables, et duquel résultaient des déficits considérables dans les revenus publics, avaient jeté le gouvernement anglais dans les embarras financiers les plus graves. A ce moment un négociant fort intelligent, appelé W. Paterson, lui soumit le plan d'un emprunt qui devint la base première de la Banque d'Angleterre. Cet emprunt, de l'importance de 1,200,000 livres sterl., fut concédé à une compagnie de négociants et de capitalistes de la capitale moyennant certains avantages et priviléges. Indépendamment de l'intérêt à 8 pour 100, le gouvernement accorda aux prêteurs une somme de 4,000 livres sterl. par an pour frais d'administration; ce qui porta à la somme ronde de 100,000 livres sterl. la redevance annuelle à acquitter par le trésor public. La compagnie obtint le droit de se constituer avec la plus complète indépendance. Elle se nomma un gouverneur, un vice-gouverneur et vingt-quatre directeurs, dont chacun, sous l'obligation de posséder au moins 500 livres sterl. d'actions de la Banque six semaines avant d'être élu, avait voix délibérative au conseil. La Banque n'avait pas le droit de faire des opérations sur marchandises; elle n'était autorisée qu'à faire l'escompte et le change des matières. Dès 1696 la banque eut à traverser une crise redoutable; mais, grâce au gouvernement, elle s'en tira à son honneur. Afin d'éviter à l'avenir de semblables dangers, son fonds social fut porté à 2,211,171 livres sterl., puis doublé encore postérieurement. L'année d'après, elle fut à toujours exemptée de tous droits, taxes, impôts et frais, à l'exception des droits de timbre. En 1708 elle résolut de racheter 1,500,000 livres sterl. d'obligations du trésor en circulation sur la place; opération qui porta à 3,375,025 livres sterl. l'importance de son découvert vis-à-vis de l'État, découvert dont l'État lui paya l'intérêt à 6 pour 100. En même temps un acte législatif stipula qu'aucune autre Banque composée de plus de six associés ou participants ne pourrait s'établir en Angleterre que dans le pays de Galles. Les avances considérables que dès son origine la banque se trouva ainsi en mesure de faire à l'État parce qu'elle ne fut point gênée dans l'émission de ses billets, furent la base première de sa prospérité, toujours croissante. La première prolongation de privilége qu'elle obtint lui fut accordée en 1708. Moyennant une avance de 400,000 livres sterl. faite sans intérêts au gouvernement, son privilége fut prolongé de vingt-cinq ans. Pendant les vingt et une années qui suivirent, le dividende annuel des actions varia entre 5 °/₀ et 9 pour 100. Cette même année 1708 la Banque accrut son capital, et le porta à 5,058,547 livres sterl., puis en 1710 à 5,559,995 livres sterl. En 1713 on prolongea encore son privilége jusqu'en 1742, en récompense du zèle avec lequel elle opéra le placement de 1,200,000 livres sterl. de bons de l'échiquier. A partir de 1718 le gouvernement résolut de se servir de l'intermédiaire de la Banque pour toutes ses opérations financières; moyennant quoi la Banque continua à lui faire les avances dont il avait besoin; en 1722 le capital de la Banque fut porté à 8,959,995 livres sterl. A partir de 1732 jusqu'en 1747, les dividendes annuels furent de 5 °/₀. Pour obtenir la prolongation jusqu'en 1764 de son privilége, qui expirait en 1742, la Banque dut avancer au gouvernement 1,600,000 livres sterl. sans intérêt, et porter en conséquence son capital à 9,800,000 livres sterl.

En 1745, à la suite de l'insurrection de l'Écosse, elle subit une crise redoutable; mais dans une assemblée publique onze cent quarante négociants ayant déclaré qu'ils continueraient à accepter ses billets au pair, la panique se calma. En 1746 son capital fut porté à 10,780,000 livres sterl. Le compte débiteur de l'État à la Banque se montait à 11,686,800 livres sterl. ne portant point intérêt, et resta à peu près à ce chiffre jusqu'en 1816. Jusqu'en 1759 jamais la Banque n'avait émis de billets d'un taux inférieur à 20 livres sterl. A partir de cette époque elle en mit en circulation de 15 et de 10 livres sterl., de même que les premiers *post-bills*, c'est-à-dire des mandats payables à vingt et un jours de vue et représentant les intérêts de la dette nationale encaissés par elle. En 1764 elle obtint une nouvelle prolongation de son privilége jusqu'en 1786, bon office qu'elle reconnut encore en avançant au gouvernement un million sterl. sans intérêt jusqu'en 1766. De là jusqu'en 1781 la moyenne des dividendes annuels fut de 5 $^1/_2$ pour 100. En 1781, le privilége ayant de nouveau été prolongé jusqu'en 1812, la Banque fit au gouvernement une avance de 2 millions de livres sterl. pour trois ans au taux de 3 pour 100. A partir de cette époque jusqu'en 1788 le dividende annuel fut de 6 pour 100. Une loi décida en même temps que la banque ne serait plus tenue de payer ses billets contrefaits. En 1782 son capital fut porté à 11,642,400 livres sterl., et ne subit plus de modifications jusqu'en 1816. La bonification de 562 livres sterl. 10 sh. par million, allouée jusque alors à la Banque pour le service de la dette publique, fut réduite en 1786 à 450 livres sterl. De 1788 à 1807 les dividendes annuels s'élevèrent à 7 pour 100. En 1794 la Banque émit pour la première fois des billets de 5 livres sterl. Les événements politiques amenèrent en 1794 une crise suivie d'une panique telle, que la réserve métallique de la banque descendit un moment à la somme de 1,086,170 livres sterl. Le parlement rendit alors une loi qui autorisa la Banque à ne rembourser ses billets que six mois après la fin de la guerre, et en même temps à émettre des coupures de 1 et 2 livres sterl. Afin d'obtenir la prolongation de son privilége jusqu'en 1833, la Banque dut encore, en 1800, prêter au gouvernement 3 millions sterl. sans intérêt pendant six ans. En 1807 le dividende afférant aux actions fut fixé à 10 pour 100, et il continua d'être payé à ce taux jusqu'en 1823. En 1815, après le rétablissement général de la paix, le non-remboursement des billets de la banque, *the bank's restriction*, qui eût dû cesser, fut de nouveau prorogé jusqu'en 1818; et en 1816 son capital fut porté à 14,553,000 livres sterl. Mais pour en obtenir l'autorisation, la Banque dut encore consentir à l'État un nouveau prêt de 3 millions sterl., ce qui porta à 14,686,800 livres sterl. le chiffre total des sommes dues à la Banque par le trésor public. En 1818 un nouveau délai d'une année fut accordé à la Banque pour le remboursement de ses billets, qui ne dut commencer qu'en 1819, et être effectué à partir de cette date en or en barres au cours du jour, puis à partir de 1825 en monnaies d'or du royaume; enfin il fut en même temps décidé que le remboursement en espèces des coupures de 1 et 2 livres sterl. émises par la Banque ne deviendrait obligatoire qu'en 1825. Au mois de décembre de la même année, par suite d'une crise commerciale, la Banque subit un choc tel qu'elle se vit dans la nécessité de remettre en circulation les billets qu'elle en avait retirés; et le 31 décembre son encaisse descendit à 1,260,890 livres sterl. en espèces monnayées qu'en or en barres. En 1826 un bill du parlement autorisa la Banque à créer des succursales sur différents points du royaume, et aussi à faire des avances sur consignations.

En 1833 le parlement décida que le privilége de la Banque serait renouvelé pour une période de vingt et une années, mais avec réserve pour le gouvernement, à l'expiration de dix années, de pouvoir l'annuler, en prévenant la Banque une année d'avance de ses intentions. Le même bill décida qu'aucune banque composée de plus de six participants et existant, soit à Londres, soit dans un rayon de 60 milles de la capitale, ne pourrait émettre des billets au porteur et à vue. Liberté entière était laissée sous ce rapport aux établissements situés au delà de cette zone, et qui pouvaient compter autant d'intéressés et de participants que bon leur semblerait. Il en était stipulé qu'à l'avenir les billets émis par la Banque d'Angleterre constitueraient la monnaie légale du pays et auraient cours forcé dans toute l'étendue de l'empire britannique; que tous les trois mois la banque serait obligée de publier le bilan de sa situation; que l'État rembourserait à la Banque le quart des sommes dont il était son débiteur, enfin que le capital social de l'établissement serait réduit de 25 pour 100, et ne serait plus à l'avenir que de 10,914,750 livres sterl. Une nouvelle réduction de l'importance de 1,200,000 livres sterl. par an fut en outre opérée sur la bonification allouée à la Banque pour le service des intérêts de la dette publique. Depuis, la Banque a continué de distribuer régulièrement 7 pour 100 de dividende chaque année à ses actionnaires. En 1836 une crise l'obligea d'emprunter 1 million sterl. à la Banque de France. La Banque d'Angleterre exerce la plus grande influence sur le commerce et la circulation monétaire de la Grande-Bretagne; et le gouvernement s'assure toujours de son concours pour toute nouvelle opération en finances, de même que de son côté la Banque ne manque jamais de le lui offrir dans toutes les circonstances critiques. Indépendamment des dividendes annuels ordinaires de 7 pour 100 payés aux actions de capital, de 1790 à 1830, des répartitions extraordinaires de bénéfices, montant ensemble à 16,619,526 livres sterl., leur furent en outre attribuées dans le même espace de temps, c'est-à-dire dans une période de quarante années. De semblables résultats ne furent obtenus qu'au moyen d'une émission énorme de billets: aussi de 1800 à 1820 subirent-ils constamment une dépréciation de 25 pour 100, perte sèche supportée par la grande masse du public au profit seulement d'un petit nombre d'actionnaires. Le nombre des employés de la Banque est de neuf cent trente, et leurs appointements s'élèvent chaque année à 212,000 livres sterl. Environ deux cents pensionnaires perçoivent chaque année 31,200 liv. sterl.

Une partie du capital de la Banque d'Angleterre, qui depuis 1816 est de 14,353,000 livres sterl., se compose de sommes dues à l'établissement par l'État, et s'élevant à 11,015,100 livres sterl., dont l'intérêt n'est payé qu'à raison de 3 pour 100, mais pouvant être remboursées par le débiteur. Une importante modification dans le système d'émission des billets, et qui réagit puissamment aussi sur les autres banques du pays, est celle qu'opéra le bill présenté par sir Robert Peel et sanctionné par le parlement le 19 juillet 1844. Aux termes de cette loi, la Banque d'Angleterre n'a plus le droit d'émettre des billets au porteur et à vue que dans la mesure suivante : 1° en représentation du capital de 11,015,100 livres sterl. qui lui est dû par le gouvernement et par conséquent par la nation; 2° en représentation de son fonds de réserve (*rest*), s'élevant aujourd'hui à environ 3,560,000 livres sterl.; 3° en représentation de son encaisse métallique (*bullion*), lequel dans les années 1850 et 1851 s'est constamment maintenu à 16 millions sterl. La banque pourrait toujours avoir largement en circulation pour 30 millions sterl. de billets. Effectivement, à la date du 21 septembre 1850, elle avait en circulation pour 30,176,120 livres sterl. de billets. Son encaisse métallique à la même époque s'élevait à 15,951,162 livres sterl, or en barres, et 224,958 livres sterl. argent en barres. Le projet de loi présenté par Robert Peel contenait en outre une clause qui, dans des circonstances urgentes, autorisait la Banque, sous la sanction préalable de trois hauts fonctionnaires des finances, à émettre une plus grande masse de billets; mais cette clause fut rejetée par le parlement. Dès 1847, lors de la grande crise commerciale qui se fit partout sentir à cette époque, on eut lieu de regretter l'absence de cette clause dans le bill, car les limites qu'il posait à l'émission des billets firent qu'ajouter aux embarras du commerce. Aux termes de l'acte précité, le mécanisme intérieur de la Banque comprend deux grandes divisions, dont l'une (l'*issue department*) ne s'occupe que de la création et de la circulation des billets, tandis que l'autre (le *banking department*) a dans ses attributions les affaires commerciales proprement dites. La loi avait eu spécialement en vue d'empêcher que la masse des billets émise dépassât jamais les garanties effectives et matérielles que la Banque pouvait y affecter. Elle ordonnait en outre la publication hebdomadaire du bilan de situation de la Banque, au lieu du bilan mensuel publié jusque alors. Elle avait d'ailleurs encore un autre but : c'était de retirer autant que possible des mains des établissements privés les ressources monétaires du pays et de les placer sous la direction immédiate du gouvernement. De là l'interdiction d'émettre des billets au porteur prononcée désormais contre toute banque de création nouvelle, soit qu'elle fût créée en vertu d'une autorisation du gouvernement, soit qu'elle fût constituée par des particuliers au moyen d'actions. La faculté accordée à cet égard aux banques déjà existantes fut limitée au 1er août 1856, époque où, moyennant une provision qui ne pourra dépasser au plus 1 pour 100 par an, elles se serviront pour leurs affaires des billets de la Banque d'Angleterre. On a également imposé à ces diverses banques l'obligation de publier chaque semaine leur bilan de situation. Ce bill relatif aux banques par actions a produit les résultats les plus satisfaisants. Il ne leur est plus interdit désormais de se porter parties plaignantes ou de figurer comme intimées dans la personne de leurs directeurs, tandis qu'auparavant il ne leur était pas permis d'ester en justice, et que toute action judiciaire ne pouvait avoir lieu qu'au nom de la totalité des actionnaires ou encore contre eux. Cette extension de droits n'a pas peu contribué à augmenter le crédit des actions des diverses banques existantes. La nouvelle législation n'était dans le principe obligatoire que pour l'Angleterre et le pays de Galles ; mais dès 1846 elle devenait applicable à l'Écosse et à l'Irlande. Indépendamment de la masse de billets mis en circulation par la Banque d'Angleterre, et dont nous avons déjà indiqué plus haut le chiffre, elle a encore émis pour 2 millions sterl. de ce qu'on appelle des *post-bank-bills*, à l'effet de faciliter le service des postes. Assurément cette somme n'a rien d'exagéré dans un pays où l'envoi de valeurs par la poste n'a pas monté, dans le seul exercice de 1846 à 1847, à moins de 6 millions de livres sterl. Le gouvernement s'est réservé le droit de réviser les statuts de la Banque à l'expiration d'un terme de dix ans (1854) ; et dès l'année 1847, à l'occasion de la grande crise commerciale, un comité spécial fut institué à l'effet d'aviser aux mesures à prendre à cet égard, mais sans que ses délibérations aient eu de résultat. La loi a donné aux billets émis par la Banque d'Angleterre le caractère de monnaie légale, d'où il résulte qu'ils ont un cours forcé. L'établissement central de Londres et ses succursales dans les provinces ont seuls le droit d'exiger que les payements qu'on doit leur faire aient lieu en or et non en billets. La Banque d'Angleterre reçoit chaque année du gouvernement une somme de 130,000 livres sterl. à titre d'indemnité pour les services publics dont elle est chargée, tels que encaissement des revenus de l'État, payement des intérêts de la dette publique, des dépenses faites par l'État, etc.

Depuis l'année 1826 les BANQUES D'ÉCOSSE ont été organisées par le gouvernement sur le modèle des banques particulières existant en Angleterre, et là aussi la solidarité imposée aux actionnaires a produit les plus heureux résultats. Les banques d'Écosse sont fondées par actions, et publient chaque année des bilans de situation extrêmement détaillés. Leur mode de procéder en affaires n'est pas moins avantageux que la base même de leur organisation, et elles sont utiles tout aussi bien au petit négoce et aux branches multiples de l'industrie qu'au commerce en gros. Comme banques de dépôt, elles ne reçoivent pas seulement des capitaux considérables, mais jusqu'à de petites sommes de 10 livres sterl., et en payent l'intérêt. Les affaires de dépôt faites par les banques d'Écosse sont donc une extension donnée au système de caisses d'épargne existant dans le pays. Il en résulte qu'elles ont toujours en dépôt de 4 à 500 millions, produits de la réunion d'une multitude de petites économies ; fait bien remarquable assurément dans un pays qui ne compte que 2,500,000 habitants et dont le sol ne se compose en grande partie que de stériles montagnes. L'état de l'Écosse démontre que telle est la seule direction véritablement utile à donner aux banques. Les établissements de cette nature qui existent dans ce pays font également des opérations d'escompte sur une échelle des plus larges. Moyennant la caution de deux personnes solvables, elles ouvrent des crédits aux hommes industrieux de toutes les classes de la société, crédits dont ceux-ci peuvent à volonté faire usage, soit partiellement, soit complétement. Les banques d'Écosse ouvrent aussi des comptes courants moyennant garantie hypothécaire. Elles émettent des billets au porteur de 1 livre sterl., et en si grand nombre que les espèces sont chose assez rare dans ce pays. Malgré cela, depuis l'année 1770, époque où fut introduit l'usage d'échanges mutuels faits chaque semaine par ces banques de leurs valeurs en so soldant leurs différences au moyen de traites à huit jours de vue sur Londres, leurs billets se sont constamment maintenus au pair de l'or, même au plus fort des crises commerciales ou financières que l'Angleterre eut à subir dans cet intervalle. Parmi les banques par actions existant en Écosse, la Banque d'Écosse, la Banque royale d'Écosse et la Compagnie linière anglaise sont privilégiées. Le capital de chacune des deux premières est de 1,500,000 liv. sterl., et celui de la troisième de 500,000 liv. sterl. La dernière renonça bientôt au projet qu'elle avait eu à l'origine de faire le commerce des toiles. Il existe en outre en Écosse près de trente autres banques par actions. La plus ancienne de toutes est la Banque d'Écosse, dont la fondation remonte à l'année 1695. Tous ses actionnaires sont solidaires. Le nombre des banques autres que celles en actions est très-restreint dans ce pays.

La BANQUE D'IRLANDE fut fondée en 1783, et investie de priviléges identiques à ceux de la Banque d'Angleterre, notamment d'être la seule en Irlande qui pût se composer de plus de six participants. La législation adoptée dans ce pays relativement aux banques, en dépit de l'exemple si instructif et si frappant donné par l'Écosse, fut donc aussi vicieuse qu'en Angleterre. Quand en 1797 la Banque d'Angleterre se trouva forcée de suspendre ses payements en numéraire et y fut autorisée par un acte du pouvoir législatif, le même privilége fut accordé à la Banque d'Irlande, dont les émissions de billets devinrent dès lors très-considérables. Son capital est aujourd'hui de 3 millions sterl. L'extension toujours plus grande donnée aux émissions de la Banque d'Irlande eut pour corollaire un accroissement analogue dans celles des banques particulières. Il en résulta une dépréciation notable de ces diverses valeurs. Le cours de l'or monnayé et de l'or en barres s'y éleva à 10 pour 100 au-dessus de sa valeur légale, et le prix du change sur Londres y monta jusqu'à 18 pour 100. On a fondé depuis la fin du siècle dernier un grand nombre de banques particulières en Irlande ; mais, à l'exception de huit, toutes ont fait faillite l'une après l'autre, et ç'a été là pour le pays une source de calamités et de catastrophes sans nombre. Ce fut seulement en 1821 que la Banque d'Irlande donna son assentiment à ce qu'on fondât des banques par actions à une distance de cinquante milles de Dublin, mais avec interdiction de faire des traites moindres de 50 livres sterl. et à une échéance plus rapprochée que six mois, non plus que d'émettre des billets au porteur moindres de 5 livres sterl. A la différence de la Banque d'Irlande, les banques par actions fondées en Irlande ouvrent des crédits sur dépôt et payent l'intérêt des sommes qui leur sont versées comme dépôts.

Au mois de décembre 1847 on comptait en totalité dans

30.

les trois royaumes 1,585 banques et succursales de banque ; sur ce nombre 200 étaient de simples *banks of deposits*, et par conséquent non autorisées à émettre des billets. Parmi les autres on comptait 289 banques centrales, ayant toutes des succursales, dont, indépendamment de la Banque d'Angleterre, 195 banques particulières et 67 banques par actions en Angleterre, 18 banques par actions en Écosse, et 8 banques par actions en Irlande. A la fin d'avril 1849 il existait en Angleterre, outre la Banque d'Angleterre, 248 banques émettant des billets, dont 182 banques particulières et 66 banques par actions, en Écosse les 18 et en Irlande les 8 dont nous avons déjà parlé. On comptait par conséquent dans les royaumes-unis 274 banques émettant des billets, et leurs succursales. En 1850 les billets au porteur émis par les différentes banques particulières en Angleterre et dans le pays de Galles montaient à environ 4,790,000 livres sterl. ; ceux des banques par actions en Angleterre et dans le pays de Galles, à 3,400,000 livres sterl. ; ceux des banques d'Écosse, à 3,100,000 livres sterl. ; ceux des banques d'Irlande, à environ 6,350,000 livres sterl. Voici quel était, d'après le bilan de la semaine se terminant le 7 septembre 1850, l'importance totale de la circulation de billets au porteur : Banque d'Angleterre, 19,052,886 liv. sterl.; banques particulières d'Angleterre, 3,411,984 ; banques par actions, 2,611,314 livres sterl. Par conséquent, la circulation totale tant en Angleterre que dans le pays de Galles était de 25,676,184 livres sterl. En Écosse, la circulation, à la même date, était de 3,173,646 livres sterl., et en Irlande, de 4,153,979 livres sterl. La totalité des billets alors en circulation dans les trois royaumes était de 33,003,809 livres sterl. A cette époque, l'encaisse des banques d'Écosse était de 822,596, et celui des banques d'Irlande, de 1,351,652 livres sterl.

Grèce. — Dès le 11 avril 1841 le gouvernement grec rendit une loi portant que la Banque nationale alors projetée serait légalement constituée aussitôt que 2,600 de ses actions, chacune au capital de 1,000 drachmes, auraient été souscrites. Les souscripteurs d'actions ne s'étant pas présentés en nombre suffisant, le projet de loi fut modifié en ce sens que le nombre des actions à souscrire pour la constitution légale de la Banque fut réduit à 1,500. Il fut en outre stipulé que les deux tiers du capital seraient employés en prêts sur propriétés foncières, sur matières d'or et d'argent et aussi en escomptes. Tout emprunt sur hypothèque s'amortit au moyen d'annuités ; cependant le débiteur est libre de se libérer plus tôt. Les billets émis par la Banque sont reçus par toutes les caisses publiques comme comptant, et la Banque est investie pour vingt-cinq années du privilége d'en émettre. Les billets émis ne doivent pas dépasser les deux cinquièmes du capital de la Banque, et un quart doit constamment se trouver représenté par des espèces en caisse. Tous les six mois la Banque est tenue de rendre public son état de situation. Quand les dividendes afférents aux actionnaires dépassent 7 pour 100, le surplus des bénéfices, déduction faite de gratifications aux employés, et dont l'assemblée générale fixe la quotité, est réparti encore pour les trois quarts entre les actionnaires, tandis que l'autre quart va augmenter le fonds de réserve. Au commencement de l'année 1842 la Banque commença ses opérations avec un capital de 3,472,000 drachmes, représenté par 3,472 actions ; et dès le mois d'avril elle établit une caisse d'escompte à Syra. Dès la même année une succursale de la Banque était créée à Patras. A la fin de 1842 son capital était de 3,949,000 drachmes, représentant 3,949 actions. La crise financière qui se déclara au printemps de 1848 força la Banque à solliciter du gouvernement un prêt de 1,500,000 drachmes. Mais le trésor s'étant trouvé dans l'impossibilité de le faire, le parlement autorisa la Banque à suspendre pendant cinq mois le remboursement de ses billets ; autorisation qui fut encore prolongée de six mois (jusqu'en mars 1849). A la fin du semestre expirant le 30 juin 1849, l'ensemble des opérations de la Banque pendant ce semestre s'était élevé à 7,395,205 drachmes. L'encaisse était de 907,905 drachmes, les billets en circulation s'élevaient à 1,101,100 drachmes. Chaque action de 1,000 drachmes, outre son dividende fixe et régulier de 3 ½ pour 100, avait touché, pour ce même semestre, un dividende extraordinaire de 3/5 pour 100. Le dividende extraordinaire pour le second semestre de l'année 1850 avait été de 9/10 pour 100.

Hongrie. — La *Banque commerciale hongroise de Pesth* fut fondée en 1842, au capital de 1 million de florins, argent de convention, représenté par 2,000 actions de 500 flor. chaque. Ses opérations consistent dans l'escompte des effets de commerce, les virements de parties, la garde des dépôts, les prêts sur garantie, et la réception de dépôts productifs d'intérêt. Les événements de 1848 mirent le gouvernement hongrois dans la nécessité d'émettre par l'intermédiaire de la Banque une masse de billets descendant jusqu'au taux de 1 florin ; ces émissions s'accrurent encore quand une espèce de gouvernement républicain se fut établi dans le pays ; mais une fois que les troupes impériales eurent replacé la Hongrie sous les lois de l'Autriche, le gouvernement de l'empereur refusa de les reconnaître. Le 28 août 1848 la chambre aulique de Hongrie avait commencé par autoriser l'émission de 61 millions de florins en billets de la Banque, et avait assigné en garantie de leur remboursement en espèces les différents domaines et revenus de l'État. Les coupures étaient de 1, 2, 5, 10, 50, 100 et 500 flor. La première émission eut lieu à 12,500,000 flor., avec l'approbation du palatin, l'archiduc Étienne, et sur la base d'un dépôt en espèces de 5 millions de florins, mais qui ne fut effectué que par la réserve d'environ 4 millions de flor. en billets de 1 et 2 flor. Par contre, le gouvernement hongrois déposa à la Banque, tant en or qu'en argent, environ 1,900,000 flor. La Banque de Pesth, qui jusque alors avait prospéré, souffrit singulièrement des événements de 1848 et de 1849. Dans l'assemblée générale tenue en août 1850, la commission de comptabilité annonça que, décompte fait de l'intérêt annuel de 5 pour 100 à payer aux actionnaires, il ne restait d'autre bénéfice net qu'une somme de 18,411 flor., qu'on décida de verser au fonds de réserve. La Banque a le droit de créer des succursales, et dès 1845 elle en avait usé à Kaschau.

Italie. — Le royaume de Naples possédait autrefois sept banques, qui toutes succombèrent sous le règne de Joachim Murat. En 1810 on y fonda pour en tenir lieu la *Banque des Deux-Siciles*, créée au capital de 4,000 actions de 250 ducats, autorisée à faire l'escompte des effets de commerce, à prêter sur dépôts de matières précieuses, d'effets publics et de marchandises, à émettre des billets au porteur à vue, et qui jouit d'un excellent crédit. Elle fait aussi des affaires pour son compte particulier, et effectue tous les payements du gouvernement, qui délivre des mandats sur elle. Elle a en Sicile des succursales, à Palerme et à Messine. En 1827 on fonda à Naples, au moyen d'actions, une caisse de prêt et d'hypothèque, la *Banca fruttuaria*, chargée de seconder les efforts de l'industrie et de l'agriculture, avec un capital de 600,000 scudi. Cet établissement se charge aussi de constituer des rentes viagères. La *Compagnia sebezia promotrice delle industrie nazionali*, fondée à Naples en 1833, au capital d'un million de ducats, est une banque de virement.

La *Banque de Saint-Georges*, fondée par actions à Gênes, avait fait autrefois des avances considérables à la république, en garantie desquelles on lui avait affecté la plupart des revenus publics, et notamment le produit des douanes. Après avoir été pillée en 1746 par une armée autrichienne, elle fut obligée de suspendre ses payements ; mais elle ne tarda pas à prospérer de nouveau. En 1800, Masséna, pour payer l'arriéré de solde dû à ses troupes, fut obligé de s'emparer des fonds de la Banque, et ils ne furent que très-imparfaitement restitués. La *Banque de Saint-Georges* continua ses opérations jusque dans ces derniers temps ; mais elle fut remplacée au commencement de l'année 1844 par la *Banca di Genova*, fondée par actions, au capital de 4 millions de lire, mais qui dès les premiers mois de 1850 fut réunie à la Banque de Turin, et réorganisée alors sous la dénomination de *Banque nationale*. Chacune des deux banques émet cependant des billets particuliers. La seconde section de cette *Banque nationale*, la banque de Turin, ne date que de 1847, époque où elle fut fondée, sur le modèle de celle de Gênes, au capital de 4,000,000 lire, représenté par des actions de 1,000 lire. La nouvelle Banque nationale est tout à la fois banque d'escompte, de dépôt, de virement et de circulation, et son privilége est de trente ans. A la date du 4 janvier 1850 la Banque de Gênes avait en circulation pour 36,916,250 lire de ses billets.

A ROME florissait autrefois une banque d'État qui avait en même temps pour annexe une maison de prêt, la *banca del Spirito-Santo*; elle existe bien encore, mais elle n'a plus depuis longtemps aucune importance. En 1834 on fonda sous le nom de *Banca romana*, et par actions de 500 et coupons de 250 scudi, une banque d'escompte au capital de 2 millions de scudi. Ses billets étaient aussi reçus comme comptant dans toutes les caisses publiques. Elle était placée sous la surveillance du gouvernement, qui nommait son gouverneur, et organisée en tous points sur le modèle de la Banque de France. Elle subit des chocs nombreux, et en 1848, à cause de l'empressement avec lequel on vint de tous côtés lui réclamer le remboursement de ses billets, elle fut obligée d'interrompre ses escomptes. Ensuite elle obtint provisoirement l'autorisation de ne point rembourser ses actions, d'émettre de petites coupures de 1 et 2 scudi, et en 1849 le cours forcé de ses billets. Ayant à cette époque fait au gouvernement républicain des avances que plus tard le gouvernement pontifical refusa de reconnaître, elle se trouva dans les plus cruels embarras, surtout à cause de la stagnation complète des affaires ; et la crise qu'elle subit alors fut tellement grave, qu'il devint impossible de songer à y porter remède à l'aide de palliatifs. En conséquence, le gouvernement résolut d'édifier sur ses ruines une nouvelle banque, la *Banca dello Stato Pontificio*, avec des succursales à Ancône et à Bologne. Après plusieurs tentatives inutiles faites pour réaliser ce projet, son capital fixé à 600,000 scudi seulement, et représenté par 3,000 actions de 200 scudi, ayant été complétement souscrit, il fut enfin possible de la constituer définitivement le 22 février 1851.

Il existe en TOSCANE deux banques par actions : le *Comptoir d'escompte* ou *Banque de Livourne*, qui s'occupe d'escompte et de circulation, et la *Caisse d'escompte de Florence*.

On a fondé à LUCQUES en 1850 une caisse d'escompte.

L'origine de la *Banque de* VENISE fut, dit-on, un prêt fait en 1171 à la république par une association de marchands ; et depuis lors elle resta constamment le plus fort des créanciers de l'État. C'était une banque de dépôt et de virement. Son crédit fléchit singulièrement lorsque Venise fut prise par les Français en 1797, puis cédée par ceux-ci, comme indemnité, à l'Autriche. Après la réunion de Venise au royaume d'Italie, elle fut complétement supprimée, en 1808. En 1848, pendant la courte durée du gouvernement républicain, on fonda à Venise une *Banque nationale*, qui succomba lorsque la ville eut été contrainte de se soumettre de nouveau à l'Autriche.

NORVÈGE. — Une banque de circulation (*Rigsbank*) fut fondée en 1815 à Drontheim, avec mission de retirer peu à peu de la circulation l'immense quantité de papiers de tout genre qui circulaient dans le pays et de régulariser ses rapports monétaires avec l'étranger. On la créa au capital de 2 millions de spéciés et par actions. L'échange contre espèces des billets qu'elle émet peut non-seulement avoir lieu au siége de l'établissement, mais encore, par suite de dispositions récentes, dans les succursales qu'elle a établies à Christiania, Bergen, Christiansand, Drammen et Skeen. C'est tout à la fois une banque de prêt, de virement, d'escompte et de dépôt. Elle accorde un petit intérêt aux dépôts qui lui sont confiés. Ses billets (de 100, de 50, de 10, de 5, de 1, de 1/2 et de 1/3 de spéciés) restèrent longtemps au-dessous du pair ; mais depuis 1841 ils sont partout acceptés à l'égal de l'argent monnayé. Il ne doit jamais y avoir en circulation pour plus du double de l'encaisse métallique de la banque.

PAYS-BAS. — La banque la plus ancienne de la Hollande est la *Banque d'Amsterdam*, qui fut fondée en 1609, à l'effet de donner un cours certain à l'argent en barres. Placée sous la surveillance et l'administration directes de la ville d'Amsterdam, c'était avant tout une banque de virement de parties et de dépôt. Quand en 1672 une armée française parvint jusqu'à Utrecht, une panique se déclara parmi les détenteurs de ses billets, et ce fut à qui accourrait en réclamer le remboursement ; mais elle fit face à tous ses engagements sans la moindre hésitation, et cette attitude en pareille circonstance contribua singulièrement à consolider son crédit. En 1790 elle commença à restreindre le remboursement de ses effets, et en 1794 force fut à la direction d'avouer que depuis cinquante ans elle s'était mise à découvert de 10 millions et demi de florins avec la compagnie des Indes orientales, la ville d'Amsterdam et les états de Hollande et de la Frise occidentale. Ses billets subirent immédiatement une dépréciation de 5 pour 100, et cette baisse alla bientôt à 16 pour 100 au-dessous de la valeur nominale des titres. Les capitalistes retirèrent successivement la plus grande partie de leurs dépôts, et l'importance des opérations de la banque alla toujours en décroissant jusqu'en 1820, époque où elle fut mise en liquidation. En 1824 elle fut remplacée par la *Banque des Pays-Bas*, organisée tout à fait sur le modèle de la Banque d'Angleterre, et investie d'un privilége de vingt-cinq ans, qui en 1838 fut augmenté de vingt-cinq années de plus. Son capital se composa à l'origine de 5,000 actions de 1,000 florins ; mais on ne tarda pas à le porter à 10 millions, puis en 1840 à 15 millions. Ses billets au porteur sont de 1,000, de 500, de 300, de 200, de 100, de 80, de 60, de 40 et de 25 florins. Indépendamment des affaires d'escompte, du commerce des métaux précieux, des monnaies étrangères d'or et d'argent, enfin de prêts sur consignation d'or ou d'argent en barres ou de monnaies étrangères, elle s'occupe aussi de la fabrication des monnaies pour le compte du gouvernement. Elle est administrée par un président, un secrétaire et cinq directeurs.

Il existe en outre depuis 1806 à Amsterdam une institution de crédit appelé *Société d'association*, avec un capital d'un million de florins, représenté par des actions de 2,000 florins. Elle fait les encaissements et les payements, conserve les sommes qui lui sont versées, fait des avances sur des traites et autres bonnes valeurs, et opère les recouvrements en province. Elle est gérée par deux directeurs et cinq commissaires.

POLOGNE. — La *Banque nationale de Pologne*, banque d'État, fut fondée en 1828, et le gouvernement lui assigna pour capital 10 millions de florins de Pologne en espèces (environ 7 millions de francs), 10 millions en rescrits domaniaux et 10 millions en valeurs diverses. En 1834 son capital fut porté à 42 millions de florins, et en 1841 à 8 millions de roubles d'argent (= 53,500,000 florins de Pologne). Elle a pour mission de fonctionner comme banque de virement et d'amortir la dette publique, de conclure des emprunts pour la direction générale du crédit agricole, et de faire des affaires en effets publics, en escomptes de traites et en prêts sur consignations, et aussi de se livrer à de grandes opérations et entreprises industrielles. Elle accepte des dépôts qui ne sauraient être moindres que 200 florins et qui portent intérêt, de même que les dépôts publics et les fonds provenant des diverses caisses de l'État qu'elle est chargée de centraliser. En 1830 les billets de caisse d'État furent transformés en billets de banque de 5, 10, 50, 500 et 1,000 florins. Par suite de l'introduction du système monétaire russe en Pologne, ces billets furent retirés de la circulation et remplacés par des billets de 1, 3, 5, 10, 25, 50 et 100 roubles d'argent. Le montant de leur circulation est égal au capital de la Banque, 8 millions de roubles d'argent. Dans ces dernières années la Banque nationale a fait des opérations extrêmement avantageuses, et en 1851 le gouvernement russe s'occupait de la transformer en succursale de la Banque de commerce de Saint-Pétersbourg.

PORTUGAL. — La *Banque nationale*, fondée en 1822 à Lisbonne, avec un capital de 5 millions de milreis, divisé en actions de 500 milreis, est une banque d'escompte et de circulation. Elle ne constamment venue en aide au gouvernement en lui faisant des avances moyennant la concession de certaines branches du revenu public à titre de garantie. Aussi les billets émis par la banque sont-ils beaucoup au-dessous du pair. En septembre 1849 ils perdaient encore 37 pour 100. Une meilleure administration de l'établissement eut pour résultat de relever rapidement le cours de ses billets, qui à la date du 19 septembre 1850 ne perdaient plus que 6 1/4 pour 100. A la fin d'août de la même année la masse de ses billets en circulation était d'environ 25 millions de milreis. A la date du 19 septembre 1850 le cours moyen des actions de la Banque variait entre 375 et 380 milreis. Cette Banque possède une succursale à Oporto.

La *Banque commerciale d'Oporto* fut fondée en 1835, au capital de 2 millions de milreis. C'est une banque d'escompte et de circulation. Le 18 août 1850 ses actions étaient cotées à la bourse de Lisbonne à 200-204 milreis, valeur en billets de la Banque de Lisbonne.

RUSSIE. — En 1768 l'impératrice Catherine fonda à Saint-Pétersbourg, sous la dénomination de *Banque d'assignation*, une banque d'État qui, dans les dix-huit premières années de son existence n'émit que pour 40 millions de roubles d'assignations, lesquelles par conséquent restèrent constamment à peu près au pair. En 1786 on créa, indépendamment de cette banque, une *Banque d'État de prêt et de dépôt*, en relations intimes avec la première, ne formant même avec elle jusqu'à un certain point qu'un seul et même établissement, et chargée de faire sur hypothèque des prêts en assignations de banque, dont le chiffre d'émission fut porté à cet effet jusqu'à 100 millions. Ces deux établissements avaient pour mission de s'occuper d'opérations d'escompte. Les guerres rendirent nécessaires de plus importantes émissions de billets ; à la mort de l'impératrice elles s'élevaient déjà à 157 millions, et plus tard elles atteignirent le chiffre de 577 millions. Par suite de la guerre de 1807 et de la position dans laquelle la Russie se trouva placée jusqu'en 1816, la valeur du rouble en papier descendit jusqu'à 75 centimes environ. Mais à partir de 1816 des mesures furent prises pour porter remède à cet état de choses. La valeur du rouble d'argent fut légalement fixée à 4 roubles en papier, et les assignations de banque furent reçues à ce taux dans toutes les caisses publiques. La valeur du rouble en assignations de banque revint à varier entre 80 et 95 centimes. Le 1ᵉʳ janvier la masse des assignations de banque encore en circulation s'élevait à 595,776,310 roubles papier. Un oukase en date du 1ᵉʳ (13) juillet 1839 fixa définitivement ces assignations à 3 1/4 roubles en assignations pour 1 rouble en argent. Mais en 1843 l'empereur décida que ce papier serait successivement retiré de la circulation ; il a été remplacé depuis lui par un nouveau papier d'État circulant à l'instar de l'argent, qu'on appelle *billets de crédit de l'empire* ; et il ne reste plus aujourd'hui en circulation qu'une très-minime quantité des anciennes obligations. A la suite de cette mesure l'assignation de banque a été complètement supprimée en 1848.

En 1818 on fonda à Saint-Pétersbourg, comme institution publique, la *Banque du Commerce*, avec mission de faire circuler au moyen de comptes courants les espèces d'or et d'argent de même que les métaux précieux en barres, de prendre des dépôts moyennant intérêt, de faire des affaires d'escompte et de prêt sur consignations de marchandises d'origine russe. Il fut expliqué que son capital se composerait successivement de toutes les sommes versées dans les comptoirs d'escompte de la Banque d'assignation, des intérêts qu'elles auraient produits et du transport annuel jusqu'à concurrence de 4 millions de roubles du capital de l'expédition particulière de la Banque de prêt de l'empire ; transfert qui devait se continuer jusqu'à ce que le capital de fondation ainsi constitué eût atteint le chiffre de 30 millions de roubles. On n'est pas admis à y obtenir un compte de virement sans un versement d'au moins 500 roubles, et toutes dispositions sur la Banque doivent être à vingt-quatre heures de vue. Les effets et les traites présentés à l'escompte ne sauraient être à plus de six mois d'échéance. La Banque accorde 5 pour 100 d'intérêt aux dépôts qui lui sont faits pour trois mois au moins. Elle escompte les effets à une seule signature quand le créeur lui paraît solvable et qu'il ne s'agit que de sommes au-dessous de 10,000 roubles. Au-dessus, les effets et les traites doivent être revêtus d'au moins deux signatures réputées bonnes et valables. L'administration de la Banque se compose d'un directeur général, de quatre sous-directeurs désignés par le gouvernement et de quatre sous-directeurs nommés par le commerce. Il leur est ordonné de présenter au ministre des finances des états de situation hebdomadaires, mensuels et annuels. Depuis sa création la Banque n'a eu à supporter aucune espèce de crise ni de perturbation, et elle publie chaque année le tableau le plus complet de ses opérations et de sa situation. Elle a des comptoirs à Moscou, à Archangel, à Odessa, à Riga, à Astrakan, à Kief, à Wiadew, et à Katherinenburg, de même que, à l'époque des foires, à Nischni-Novgorod et à Irbitsch ; tout récemment encore elle vient d'en établir de nouveaux à Charkof et à Rybinsk.

Il existe depuis 1779 à *Astrakan* une banque particulière, et on a été également établi dans ces derniers temps à *Porchof*, à *Toula* et à *Helsingfors* (Finlande).

La banque urbaine de Libau (Courlande) fait des opérations d'escompte et des prêts sur consignations.

Depuis plusieurs années le gouvernement russe a fondé des banques à l'usage des simples villages. Ces établissements, désignés sous le nom de *Banques de prêt des paysans*, font des avances sur propriétés foncières, et sont d'une grande utilité à l'agriculture.

SUÈDE. — En 1657 le gouvernement suédois fonda à Stockholm la *Banque de la Diète*, au capital de 300,000 spécies thalers. Elle faisait surtout des affaires de prêt, émettait des billets au porteur, et s'occupait aussi de virements de parties. A la mort de Charles XII elle possédait un fonds de 5 millions de rixdalers. Mais dans la première moitié du dix-huitième siècle elle mit en circulation pour plus de 600 millions de rixdalers de cuivre, d'où il résulta que non-seulement les métaux précieux, mais encore les monnaies de cuivre et jusqu'aux monnaies de laiton, dites *stanies*, abandonnèrent la Suède pour passer à l'étranger, et que les billets de la banque tombèrent à 33 pour 100 au-dessous de leur valeur nominale. Gustave III essaya bien de remettre quelque ordre dans les finances et de retirer peu à peu de la circulation les billets de rixdales de cuivre ; mais ses guerres contre la Russie l'empêchèrent de réaliser complètement les projets à cet égard, et le mirent même dans la nécessité de faire de nouvelles émissions de papier-monnaie, ce qui acheva de faire disparaître de Suède toute espèce de monnaie d'argent. En 1829 le gouvernement s'occupa encore une fois du soin de porter remède à un état de choses si préjudiciable à la prospérité générale. Il fixa la valeur du rixdaler de banque à 3/8 de rixdale d'argent, en même temps qu'il décida que les billets émis par la banque seraient retirés de la circulation et changés contre espèces aussitôt que la banque posséderait un encaisse métallique égal aux cinq huitièmes de ses billets. C'est ce qui arriva en 1835, époque où commença le remboursement en espèces des billets dont la circulation avait alors atteint le chiffre de 32 millions de rixdales. Ils circulaient surtout en Finlande, mais ils y furent démonétisés en 1842. Cette mesure, en faisant affluer à la banque une masse de demandes de remboursement de ses billets, la mit dans de très-grands embarras, car à la date du 1er octobre 1842 elle avait été déjà obligée de rembourser pour 1,962,471 spéciès thalers en billets, ce qui réduisait le chiffre de sa circulation à 91,841,932 rixdales. La Banque ouvre des crédits en compte courant, et possède des comptoirs de prêt à Gothembourg et à Malmœ. A la fin de 1845 son encaisse se composait de 13,377,524 rixdales argent de banque (à 3/8 de rixdale argent), ses dettes actives se montaient à 31,023,181 rixdales, sa dette de banque de prêt (représentée par des mandats et des obligations en circulation et portant intérêt) à 738,932 rixdales, ses billets en circulation à 23,724,410 rixdales. Les bénéfices pour l'année 1845 s'étaient élevés à 1,038,153 rixdales argent de banque.

On compte en outre en Suède six banques particulières : celles de Scanie, de Smœland, de l'Ostrogothie, de Wermland, d'Œrebro et de la Dalécarlie, qui toutes émettent des billets à vue et au porteur. Au commencement de l'année 1846 la totalité de ces billets en circulation était de 9,103,000 rixdales de banque. Ces différentes banques sont toutes en voie de prospérité, et il n'est pas rare de les voir répartir des dividendes annuels de 12 et de 15 pour 100 à leurs actionnaires. En 1845 une loi décida qu'à l'avenir toute banque particulière ne serait autorisée ou prolongée qu'à la condition : 1° de la solidarité de tous les intéressés ; 2° de ne point émettre de billets de la valeur de moins de 6 2/3 rixdales, leur taux *minimum* restant provisoirement fixé à 3 1/3 rixdales.

Enfin il existe en Suède diverses *caisses* ou *banques hypothécaires*, prêtant toutes à 4 pour 100, et dont les obligations ont surtout cours à la bourse de Hambourg. Les principaux de ces établissements sont les caisses hypothécaires des propriétaires de mines de l'Ostrogothie, de Wexiœ, etc.

Suisse. — Il existe deux banques à Genève :

La *Banque de commerce*, fondée par actions, qui a remplacé en 1846 l'ancienne *Caisse de dépôt et de virement*, qui était une banque particulière. C'est une banque d'escompte, de virement et de circulation. Son capital est de 1,550,000 francs. En 1848 l'ensemble de ses opérations s'éleva à 146,827,709; cependant ses actionnaires ne touchèrent que 1 1/2 de dividende. Au 31 décembre 1848 son encaisse était de 4,577,253 francs, et ses billets en circulation de 2,104,600 francs, plus 205,517 francs de mandats de caisse.

La *Banque de Genève* fut ouverte le 1er juillet 1848, avec un capital nominal de 3 millions de francs, dont, aux termes de la nouvelle constitution, la ville de Genève dut souscrire la moitié. L'autre moitié devait être le produit du placement de 1,500 actions de 1,000 francs; mais à la date du 30 juin 1849 on n'en avait pu placer en tout que 162. C'est une banque d'escompte, de prêt, de virement et de circulation. La première année rapporta aux actionnaires 2 1/2 de dividende. Au 31 décembre 1849 son encaisse était de 326,224 francs, le montant de ses billets en circulation de 361,000 francs, et elle avait avancé au canton 225,000 francs.

La *Banque de Zurich* fut fondée le 5 juin 1837, au capital de 1 million de florins en actions de 500 florins ; c'est une banque d'escompte, de prêt, de virement et de circulation. Ses billets, désignés sous le nom de *certificats de caisse*, sont de 100, de 20 et de 10 écus de Brabant. Le montant de ses billets en circulation et des dépôts remboursables à un mois ne doit pas dépasser le triple de son encaisse métallique. La banque émet aussi des billets à ordre payables à présentation au bout d'un certain nombre de jours : elle a une succursale à Winterthur et des caisses où ses billets sont remboursables en espèces à Zurich et à Winterthur. Elle est autorisée à fonder des succursales dans les autres villes de la confédération. En 1848 son chiffre total d'affaires s'est élevé à 41,004,039 francs, et ses bénéfices nets à 63,335 florins.

La *Banque de Bâle*, reconstituée le 10 mars 1845, est la continuation de la banque de dépôt et de virement fondée dans cette ville le 1er janvier 1844. Son capital est de 500,000 francs, représenté par des actions de 5,000 francs, mais peut être accru à volonté. Elle s'occupe d'encaissements, de payements, de virements, de conservation de dépôts, d'émission de billets de banque et de mandats de caisse payables à ordre, d'escomptes, de prêts sur marchandises et sur hypothèques, d'achats d'effets publics et d'obligations de la ville de Bâle. Elle accepte des dépôts produisant intérêt. Les billets qu'elle émet sont de 100 et de 500 francs. En 1849 le chiffre total de ses opérations fut de 54,048,144 francs, et son bénéfice net de 28,264 francs, déduction faite de l'intérêt de 4 pour 100, payable à ses actionnaires, ainsi que de la part à faire, d'après ses statuts, à son fonds de réserve. Indépendamment de leurs 4 pour 100 d'intérêt, les actionnaires touchèrent environ 2 3/4 de dividende.

La *Banque cantonale de Berne*, fondée en 1833, fut réorganisée en 1846. C'est une banque purement urbaine, fondée par la ville au moyen d'un versement spécial de 3 millions de francs. Elle accorde des crédits en comptes courants, prête sur consignation, escompte, reçoit des dépôts, prend des capitaux à intérêt et émet des billets de 20, de 50 et de 100 francs. Les émissions ne doivent pas dépasser le double de 2 millions, et ces billets sont acceptés comme argent dans toutes les caisses publiques. Le chiffre total de ses affaires en 1848 s'est élevé à 30,359,000 francs, et son bénéfice à 159,000 ; ce qui donnait 5 3/4 pour 100 de son capital. On ne publie point ses bilans de situation. — Il existe aussi à Berne depuis 1847 une *Caisse hypothécaire* fondée par l'État au capital de 5 millions de francs. Ses opérations consistent à prêter sur hypothèque et à prendre des capitaux à intérêt.

La *Caisse cantonale de Vaud* fut fondée en 1846, à Lausanne, au capital de 2 millions de francs, dont moitié devait être fait par l'État, et l'autre moitié par le placement de 2,500 actions de 400 fr. Mais à la fin de 1848 l'État n'avait encore pu fournir que 150,000 francs sur les versements qu'il s'était engagé à faire, et on n'avait pu obtenir le placement que de 960 actions environ. Malgré de si faibles ressources, cette institution ne laissa pas que d'entrer en complète activité. C'est une banque tout à la fois d'escompte, de virement, de prêt et de circulation ; elle ouvre des crédits en compte courant et prête sur hypothèque. Son chiffre d'affaires pour l'année 1848 fut de près de 8 millions de francs, et elle donna 5 pour 100 de bénéfices. Ses billets sont de 50, de 100 et de 500 francs.

La *Banque de Saint-Gall* commença ses opérations le 1er octobre 1837. Son capital est de 1 million de florins, représenté par des actions de 250 florins, lequel peut être augmenté. Elle s'occupe d'escompte, de prêts sur consignation, de virements de parties et d'encaissements ; elle prend des capitaux à intérêt, achète les traites sur les places étrangères, émet des billets au porteur et des effets à ordre payables à vue après un certain nombre de jours. Ses billets sont de 10, de 50 et de 100 florins. Au 30 septembre 1848 son encaisse, tant en métaux précieux qu'en billets, était de 604,498 florins, et le montant de ses billets en circulation de 696,000 florins.

Turquie. — La première banque qui ait fonctionné en Turquie commença ses opérations à Constantinople au mois de juin 1849. Les fondateurs de cette entreprise furent le banquier français Alléon et le banquier italien Baltazzi, qui en furent nommés directeurs par le sultan. Le gouvernement a remis à la banque comme première dotation 25 millions de piastres turques, et l'a autorisée à émettre des actions jusqu'à concurrence de 100 millions de piastres. Dès le même mois de juin 1849 il en avait été souscrit pour 40 millions. C'est là un établissement d'État, et non point une banque proprement dite. Son but principal est la régularisation des cours du papier-monnaie turc (de là la part d'intérêt souscrite par l'État), et elle facilite en outre les opérations du commerce, en donnant à des conditions raisonnables des traites et des lettres de crédit sur l'Europe. Elle escompte le papier-monnaie turc à 3 pour 100 de perte, jusqu'à concurrence de son capital de 25 millions de piastres. Cette institution est malheureusement isolée ; destinée à agir surtout sur l'étranger, elle ne saurait guère influer d'une manière bienfaisante sur le commerce intérieur, et aujourd'hui encore les payements de ville à ville ne s'opèrent toujours en Turquie que par l'envoi de monnaies d'or et d'argent là où ils doivent être effectués.

AFRIQUE.

La colonie anglaise du *Cap* possède : 1° la *Banque du Cap*, fondée en 1837, au capital de 73,000 liv. st., divisé en actions de 50 liv. st. ; 2° la *Banque africaine du Sud*, fondée en 1838, au capital de 100,000 liv. st., divisé en actions de 50 liv. st. ; 3° la *Banque provinciale de l'Est*, fondée en 1838, au capital de 40,000 liv. st., divisé en actions de 25 liv. st. ; 4° la *Banque coloniale*, fondée en 1844, au capital de 100,000 liv. st., divisé en actions de 50 liv. st. ; 5° la *Banque de Port-Élisabeth*, fondée en 1846, au capital de 40,000 liv. st., divisé en actions de 25 liv. st. ; 6° la *Banque agricole et commerciale*, fondée en 1847, au capital de 75,000 liv. st., divisé en actions de 50 liv. st. ; 7° la *Banque de l'Union*, fondée en 1847, au capital de 150,000 liv. st., divisé en actions de 10 liv. st. ; 8° la *Banque provinciale de l'Ouest*, fondée en 1847, au capital de 20,000 liv. st., divisé en actions de 20 liv. st. ; 9° la *Banque de Grafreinet* (nom d'un district), fondée en 1848, au capital de 40,000 liv. st., divisé en actions de 25 liv. st. ; 10° la *Société de prêt de la province de l'Est*, fondée en 1845, au capital de 7,500 liv. st., divisé en actions de 50 liv. st.

Une banque fondée par le gouvernement a en outre son siége dans la ville du *Cap*. A *Maurice* (île de France) existe une banque locale, qui émet des billets circulant dans toute la colonie, et qui en raison de cette émission de papier à vue et des rapports avec le gouvernement.

Une banque d'État existe aussi au *Caire* (Égypte) depuis 1843, avec une succursale à Alexandrie. Elle a pour but de régulariser le cours des monnaies et possède un capital de 700,000 piastres d'Espagne. Dès 1837 le gouvernement égyptien fondait une banque de change, dont la banque actuelle n'est que la continuation et la transformation.

AMÉRIQUE.

ÉTATS-UNIS DE L'AMÉRIQUE SEPTENTRIONALE. — Le système des banques se propagea de la Grande-Bretagne dans ses différentes colonies, et plus particulièrement dans celles de l'Amérique du Nord. Franklin rend aux banques de ce pays la justice de reconnaître que dès leur origine ces établissements furent d'une grande utilité à l'agriculture, au commerce et à la colonisation. Mais leur nombre et leurs forces étaient alors en rapport avec la population, et par conséquent peu considérables. Ce ne fut qu'en 1791 qu'on reconnut le besoin d'une banque embrassant dans son cercle d'action toute l'Union et fonctionnant à côté des banques locales. On créa en conséquence la *Banque des États-Unis*, au capital de 10 millions de dollars, dont un cinquième fut souscrit par l'État. La banque s'occupait d'escomptes, d'avances sur consignations, d'émissions de billets, et recevait des dépôts. Jusqu'en 1810 ses dividendes annuels varièrent entre 7 3/4 et 10 pour 100. En 1811 le nombre total de toutes les banques locales existant aux États-Unis s'élevait à 88, dont on ne comptait pas moins de 55 dans les seuls États de Maine, New-Hampshire, Massachusetts, Rhode-Island, Connecticut et New-York, bien qu'ils ne formassent que le tiers de la population totale de l'Union. Jusque dans ces derniers temps elles ont continué à faire les mêmes opérations que la banque nationale. En 1811 celle-ci voulut réviser ses statuts; mais on lui en refusa l'autorisation. Par suite de la guerre avec l'Angleterre, toutes les banques durent en 1812 suspendre le remboursement en numéraire de leurs billets; mesure qui obtint d'ailleurs la sanction de la législature; jusqu'à cette époque elles n'avaient escompté que des traites et effets ayant moins de soixante-cinq jours d'échéance; depuis lors, elles ont admis à l'escompte des effets payables à quatre et même à six mois, système auquel on doit attribuer en grande partie les nombreuses catastrophes commerciales qu'ont subies les États-Unis. L'engagement pris de recommencer le remboursement des billets après la cessation des hostilités avec l'Angleterre ne fut point tenu en 1815; tout au contraire, au lieu de restreindre les affaires et de diminuer de la sorte la masse de papier en circulation, on en émit une telle quantité qu'il en résulta pendant plusieurs années les plus graves perturbations pour le commerce et la colonisation.

On fonda ensuite en 1816 une nouvelle *Banque des États-Unis*, avec un privilége expirant au 30 mars 1836. On émit 3 pour cent 35,000 actions à 100 dollars chaque, dont la cinquième partie fut souscrite par le gouvernement lui-même. On devait y verser 7 millions en numéraire et 28 millions en effets publics ; mais en réalité elle n'encaissa que 2 millions en numéraire, 21 millions en effets publics et 12 millions de ses propres actions en garantie. Le gouvernement ne versa rien du tout, et ne laissa pas pourtant que de se faire créditer sur les livres de la banque de l'intérêt à 6 pour 100 d'un versement qu'il n'effectua jamais. Le siége principal de la Banque était à Philadelphie, et vingt-cinq succursales se trouvaient réparties entre les villes les plus considérables de l'Union. Son cercle d'activité fut exactement le même que celui de la banque qu'elle avait remplacée. Elle ne pouvait point acheter d'effets publics, ni posséder d'autres propriétés foncières que celles que lui adjugeaient les tribunaux pour non-remboursement de prêts hypothécaires. La circulation de ses effets varia pendant plusieurs années entre 10 et 20 millions de dollars ; mais au mois d'octobre 1835 elle s'élevait à 25 millions de dollars. Ses billets étaient généralement de 5 et de 10 dollars, avaient cours dans toutes les parties de l'Union et étaient même reçus comme argent dans les caisses publiques. En 1817 ses actions avaient atteint le cours de 156. Elle préta alors une somme extrêmement considérable, en prenant en garantie de ses propres actions, non pas au pair, mais au cours de 150. Les emprunteurs firent faillite ; les actions de la banque subirent une forte dépréciation, et il en résulta pour elle une perte énorme. En 1819 un grand nombre de banques locales tombèrent en déconfiture, notamment dans les contrées agricoles du sud et de l'ouest, et leurs faillites amenèrent des désastres sans nombre. De 1824 à 1829, plusieurs des États composant l'Union américaine prirent des mesures pour prévenir à l'avenir le retour de pareilles catastrophes. Mais ou elles furent insuffisantes, ou on les observa mal, parce que le pouvoir exécutif n'avait pas à sa disposition les moyens coërcitifs qui lui eussent été nécessaires. En 1830 la banque des États-Unis avait 23 succursales et deux agences, avec une circulation de billets de 13,347,657 dollars. Les dividendes annuels à cette époque étaient régulièrement de 7 pour 100. On comptait en outre cette même année-là, dans toute l'Union, 330 banques locales, possédant ensemble un capital de 110,101,898 dollars. Mais on peut admettre qu'il avait été procédé à la réalisation de ce capital avec autant de légèreté qu'à la réalisation du capital de la Banque des États-Unis; les étrangers, Anglais pour la plupart, possédaient un quart des actions de la Banque des États-Unis, dont le mouvement d'affaires alla jusqu'à 255,175,477 dollars par an. En 1833 les billets émis par la seule banque de l'État de New-York montèrent à 12 millions de dollars, tandis que son encaisse en numéraire n'était que de 2 millions. Au 1er janvier 1834, 405 banques locales, pour une circulation de 65 millions de dollars en billets, n'avaient un encaisse métallique que de 14,250,000 dollars. Il existait en outre 101 banques locales dont la situation n'était qu'approximativement connue. On évaluait leur circulation à 12,500,000 dollars, et leur encaisse en numéraire seulement à 2,800,000 dollars. Les États situés au nord du Potomak avaient ensemble 414 banques locales, et ceux du sud et de l'ouest 88, les unes et les autres avec un capital d'environ 160 millions de dollars. La Banque des États-Unis, au contraire, avait émis pour 10,300,000 dollars de billets, et possédait un encaisse métallique de 13,865,000 dollars. Au 1er janvier 1835 il existait dans toute l'Union 557 banques locales avec 121 succursales, un capital de 196,250,337 dollars, une circulation de billets montant à 86,352,698 dollars et un encaisse métallique de 13,865,000 dollars. Avec ses 25 succursales, la Banque des États-Unis avait 17,359,797 dollars de billets en circulation, et 15,708,369 dollars espèces en caisse. Pendant cette même année 1835 le nombre des banques ne fit encore que s'accroitre.

Peu de temps après son entrée en fonctions le président Jackson comprit le mécanisme tout artificiel à l'aide duquel fonctionnaient les banques, et plus particulièrement la Banque des États-Unis : aussi lui déclara-t-il une guerre ouverte, dans laquelle il fut appuyé par les démocrates, tandis que les whigs, représentant l'aristocratie d'argent, engagèrent avec lui une lutte à mort. Jackson cependant l'emporta, et le privilége de la banque, qui expirait en 1836, ne fut point renouvelé. Jusque alors la banque avait eu le dépôt de tous les fonds appartenant à l'État, et elle avait été chargée du payement des pensions, des intérêts de la dette publique, etc. Dès 1834, à l'instigation de Jackson, elle eut ordre de liquider ses comptes avec le gouvernement et de lui restituer ses fonds. La banque semblait à jamais ruinée; mais, lors des élections qui eurent lieu en 1835 dans la Pensylvanie, ses partisans l'emportèrent, par suite des divisions qui éclatèrent dans les rangs de leurs adversaires; et la banque demanda alors à la législature particulière de cet État un privilége comme banque locale de Pensylvanie, qui lui fut accordé par la chambre des représentants, et que le sénat n'osa pas lui refuser, parce que l'État de Pensylvanie était appelé à en recueillir de notables avantages. Le 18 février 1835 ce privilége fut sanctionné par le gouverneur de la Pensylvanie, et la banque fut en même temps autorisée à opérer sur les effets publics. Elle remboursa alors au gouvernement central sa souscription au pair, établit des agences dans toutes les villes importantes de l'Union, et commença ses opérations en 1836 comme *banque de Pensylvanie*, transformée en apparence de banque nationale en banque locale, dans les assemblées d'actionnaires de laquelle des citoyens américains pouvaient seuls voter, soit en personne, soit par procuration. Pendant ce temps-là les banques locales avaient poussé leurs désordres jusqu'aux dernières limites, et devaient tellement exciter la fièvre de la spéculation qu'en 1837 mille banqueroutes éclatèrent sur la seule place de New-York, et qu'au mois de mai de la même année toutes les banques durent suspendre leurs payements. On ne discontinua pas pourtant pour cela d'abuser de la confiance publique; il s'établit, au contraire, constamment de nouvelles banques, qui se précipitèrent dans les mêmes excès de spéculation et éprouvèrent les mêmes vertiges que celles déjà existantes. Il n'existait pas moins de 700 banques locales à cette époque dans les États-Unis. Elles faisaient croire aux planteurs qu'elles possédaient la force et les moyens de maintenir les prix de leurs produits, parce que, pouvant seules en disposer, elles étaient en mesure de dicter des conditions aux consommateurs d'Europe. Mais l'immense émission de billets qui en résulta ne pouvait que diminuer le prix des produits, qui subirent effectivement une dépréciation des 2/3 de leur valeur. Les banques les achetaient, recevaient en échange de bonnes valeurs, avec lesquelles elles rachetaient des planteurs, au cours de 65, les billets qu'elles leur avaient donnés au pair en payement de leurs produits. Ce fut surtout la banque de Pensylvanie qui dans l'été de 1838 se distingua par des opérations de ce genre. Elle réussit à faire hausser le prix des cotons à Liverpool, mais pour peu de temps seulement; et l'expérience vint bientôt donner une confirmation nouvelle à ce vieil axiome d'économie politique, qu'il n'y a pas au monde d'institution de crédit qui soit assez forte pour pouvoir fixer le prix des marchandises. Les cotons baissèrent de nouveau; et la Banque de Pensylvanie, de même que toutes les autres banques locales, éprouvèrent des embarras tels qu'en novembre 1839, peu de temps après avoir commencé l'amortissement de leurs billets, toutes se virent forcées d'y renoncer, et qu'il se déclara une crise commerciale bien autrement terrible que celle de 1837. Le crédit de la Banque de Pensylvanie souffrit énormément; ses actions allèrent de plus en plus en perdant de leur valeur, et descendirent à la fin de 1840 à 47. A ce moment cependant les banques, y compris celle de Pensylvanie, recommencèrent à amortir partiellement leurs billets. En 1841 on essaya de régulariser les affaires des banques au moyen d'une loi; mais le président Jackson refusa sa sanction aussi bien au premier qu'au second projet de loi présenté à cet effet; et à cet égard il eut complètement raison, attendu que ni l'un ni l'autre n'attaquaient le mal dans ses racines. Alors la Banque de Pensylvanie, qu'on continuait généralement à appeler la Banque des États-Unis, suspendit formellement ses payements. Ses billets perdaient au commencement de l'année 1842 30 pour 100, et ses actions 95 3/4. Une foule de banques locales tombèrent en déconfiture, et il en résulta une irritation extrême dans les villes où elles avaient leur siége. Au mois d'avril beaucoup de banques recommencèrent à rembourser leurs billets, et une loi ordonna alors que celles qui au 1er septembre suivant n'auraient pas fait de même seraient tenues de se mettre en liquidation. Cette loi produisit les plus heureux résultats. Le nombre des banques diminua de plus de moitié, et dès le commencement de 1843 toute la circulation monétaire de l'Union ne se composait presque plus que de métaux précieux.

Comme dans l'Amérique du Nord le génie de la spéculation anime toutes les classes de la population, la plus grande partie des propriétés foncières aussi bien que cultivateurs, marchands et ouvriers, de même que des actions de chemins de fer, de canaux, etc., sont engagées aux banques à titre de garanties. Cette masse immense de biens engagés se trouve par conséquent dépendre des spéculations des banques. Les propriétés demeurent bien à l'usage productif de leurs possesseurs, mais elles circulent en même temps comme valeurs représentatives d'engagements, et semblent ainsi doublement favoriser la production. Or, par cela seul qu'elles circulent comme engagées, elles rentrent dans le domaine de la spéculation, et la majeure partie de la richesse nationale se trouve ainsi constamment exposée aux chances aléatoires de la spéculation, à une véritable loterie. Après les immenses catastrophes qu'essuyèrent les banques des États-Unis, celles qui purent résister s'attachèrent à suivre désormais des errements plus prudents, et à imiter sous ce rapport la marche réservée de la Banque de l'État de New-York. Cependant il appartient à l'essence même du fonctionnement d'un si grand nombre de banques, qu'on ne puisse pas toujours suffisamment contrôler la somme de billets qu'elles mettent en circulation. On peut, on doit donc s'attendre à voir les mêmes faits se reproduire dans une proportion plus ou moins étendue : de trop fortes émissions de billets, la hausse subite et factice de toutes les marchandises qui en sera le résultat, une exportation de métaux précieux à l'étranger, puis une réaction violente contre les billets, suivie de leur dépréciation, toutes causes de douloureuses crises commerciales.

AMÉRIQUE ANGLAISE DU NORD. — Il existe un nombre assez considérable de banques dans les possessions britanniques de l'Amérique septentrionale, surtout au Canada, notamment la *Banque de Québec* et la *Banque de l'Amérique anglaise du Nord*. On en trouve beaucoup d'autres encore à Québec, à Montréal, à Kingston, etc. Leurs billets s'abaissent jusqu'à un dollar. Elles doivent toujours avoir en caisse la valeur métallique représentant au moins le tiers de leurs émissions, et sont tenues de remettre chaque année leur bilan de situation à la législature.

Il y a plusieurs banques dans la *Nouvelle-Écosse*, à Halifax, etc. On en compte trois au *Nouveau-Brunswick* : à Saint-John, à Saint-Andrews et à Fredéricstown.

Le MEXIQUE possède aussi quelques banques, mais elles n'ont pas d'importance.

AMÉRIQUE DU SUD. — La banque la plus importante de la COLOMBIE est la *Banque de Venezuela*, à Caracas, fondée en 1841, au capital de 2 millions et demi de *pesos macuquina*, divisé en actions de 250 pesos. Elle est tout à la fois banque d'escompte, de dépôt et de circulation, et fait en même temps les recettes ainsi que les payements de l'État de Venezuela. Il existe en outre à Caracas une succursale de la Banque coloniale d'Angleterre.

En 1844 on fonda pour l'État de BOLIVIE une banque d'État, investie du monopole du quinquina, au capital d'un million de piastres, divisé en actions de 200 piastres. L'État possède en outre depuis 1846, à Potosi et à La Paz, des banques de mines, où les mineurs doivent verser l'or et l'argent qu'ils ont recueillis. Celles-ci les leur payent à un taux convenu, et se chargent d'acquitter les droits dus à l'État.

En 1825 une banque nationale, au capital de 10 millions de piastres, divisé en actions de 500 piastres, fut érigée à Santiago, capitale du CHILI.

Le BRÉSIL possédait autrefois une banque qui émettait des billets, mais qui fut ensuite supprimée. En 1838 on fonda à *Rio-Janeiro* une banque tout à fait indépendante du gouvernement, au capital de 2 millions et demi de milreis, divisé en actions de 500 milreis, qui est essentiellement une banque d'escompte, de virement et de circulation. Les billets qu'elle émet sont aujourd'hui sur cette place le principal mode de payement, mais ils ne laissent pas que d'être exposés à de grandes variations de cours. Il existe également à *Bahia* une banque émettant des billets.

La GUYANE possède deux banques : dans la partie anglaise, la *Banque de la Guyane*, qui a son siége à Georgetown, fondée en 1836, au capital de 300,000 livres sterl., divisé en actions de 50 livres sterl.: dans la partie hollandaise, la *Banque de Surinam*, dont les billets perdent dans la colonie même 25 pour 100 et plus encore.

Dans les INDES OCCIDENTALES, on trouve les banques suivantes : à *Cuba*, la Banque de la Havane, fondée en 1847, au capital de 1,800,000 piastres, autorisée à émettre des billets pour le double de cette somme; à *Saint-Thomas*, une banque fondée en 1837, au capital d'un million de piastres, divisé en actions de 500 piastres, s'occupant d'escompte et de circulation, et ne pouvant pas émettre de billets au delà du double de son capital réalisé; à la *Jamaïque*, la Banque de la Jamaïque, dont le siége est à Kingston, et qui émet des billets, ainsi qu'une succursale de la Banque d'Angleterre, émettant également des billets.

ASIE.

INDE ANGLAISE. — Il y existe diverses banques importantes, faisant des opérations de banque de tout genre. Ainsi on trouve à CALCUTTA : 1° la *Banque du Bengale*, fondée en 1806, et possédant aujourd'hui un capital de 10,700,000 roupies, en actions de 4,000 roupies; 2° la *Banque commerciale de l'Inde*; sans compter une succursale de la Banque orientale de Londres et quelques banques indigènes; à BOMBAY : 1° la *Banque de Bombay*, fondée en 1839, au capital de 5,225,000 roupies, divisé en actions de 1,000 roupies; 2° la *Banque des Indes orientales*, fondée en 1842; et en outre plusieurs succursales de banques étrangères; à MADRAS, la *Banque de Madras*, et également plusieurs succursales de banques étrangères; à AGRA, la *Banque d'Agra*, fondée en 1833, au capital de 6,750,000 roupies, divisé en actions de 500 roupies. Toutes ces banques ont des succursales sur différents points de l'Inde anglaise. A SINGAPORE existe une *Banque dite de l'Union*.

INDE HOLLANDAISE. — L'île de Java a sa banque à elle. Le siége de cette banque est à Batavia. Fondée en 1829, au capital de 2 millions de florins, divisé en actions, dont la Société hollandaise de commerce, siégeant à Amsterdam, souscrivit une forte partie, elle a établi des succursales à Samarang et à Surabaya. C'est surtout une banque d'escompte et de circulation. Le maximum de sa circulation est de temps à autre déterminé par le gouverneur général de Java, parce que le gouvernement accorde à cette banque sa protection toute particulière. Elle a éprouvé de grands désastres, et s'est déjà trouvée à plusieurs reprises dans la nécessité de suspendre ses payements pendant plus ou moins de temps. D'après une ordonnance rendue en 1846 par le gouverneur général de Java, il ne doit plus y avoir de répartitions aux actionnaires tant que la banque n'aura pas complétement récupéré son capital primitif. Au mois de mars 1846 cette institution de crédit avait émis environ 7 millions et demi de florins en billets; mais la presque totalité de ces valeurs étaient reçues par les caisses publiques à Java et à Madura. Le 22 janvier 1849 ses actions à la bourse de Batavia étaient cotées à 94.

INDE ESPAGNOLE. — Une banque par actions y a été fondée par ordonnance royale en 1829, sur le modèle de la banque anglaise des *Joint-Stocks*.

CHINE. — Dès le neuvième siècle de notre ère la Chine avait des banques de dépôt et de circulation; mais elles n'y existent plus depuis plusieurs siècles. A partir de la conquête de ce pays par les Mandchoux, en 1644, toute émission ultérieure de papier-monnaie y fut interdite en même temps qu'on démonétisait l'ancien.

AUSTRALIE.

Chaque colonie anglaise, en Australie, a sa banque à elle, et on y trouve en outre bon nombre de sociétés commerciales établies par actions, s'occupant d'affaires de banque. En fait de banques indépendantes, nous citerons : à la NOUVELLE-GALLES DU SUD, 1° la *Banque de la Nouvelle-Galles du Sud*, fondée en 1817, au capital d'environ 200,000 livres sterling; 2° la *Banque d'Australie*, fondée en 1826, au capital d'environ 225,000 livres sterling; 3° la *Banque de commerce de Sidney*, fondée en 1834, au capital de 300,000 livres sterling; 4° la *Banque de Sidney*, fondée en 1842, au capital de 150,000 livres sterling; 5° la *Banque de Port-Philippe*, avec un capital de plus de 50,000 livres sterling. Cette dernière a son siége à Port-Philippe, toutes les autres à Sidney. Jusqu'à il y a environ une douzaine d'années ces différentes banques avaient fonctionné avec les plus brillants résultats, et donné des dividendes annuels de 20 à 22 pour 100. Mais elles se laissèrent alors entraîner à émettre un trop grand nombre de billets, et apportèrent ainsi de graves perturbations dans toutes les transactions commerciales du pays. Ce n'a été qu'à la longue que l'équilibre est parvenu à se rétablir et que les choses ont pu reprendre un cours normal et régulier. La colonie de l'AUSTRALIE MÉRIDIONALE nous offre à Adelaïde la *Banque de la Société Australienne*. Dans l'AUSTRALIE OCCIDENTALE, on trouve à Perth la *Banque de l'Australie occidentale*. A la TERRE DE VAN DIEMEN existent : 1° la *Banque de la Terre de Van Diemen*, fondée en 1823, au capital de 40,000 livres sterling ; 2° la *banque de Derwent*, fondée en 1827, au capital de 100,000 livres sterling ; 3° la *Banque de commerce* (transférée depuis 1833, comme les deux précédentes, à Hobart-Town); la *Banque de Cornwallis*, fondée en 1828 à Launceston, au capital de 20,000 livres sterling. On a peu d'exemples d'opérations de banque aussi fructueuses que celles qu'a faites cet établissement. A la NOUVELLE-ZÉLANDE existe depuis une dizaine d'années, au chef-lieu, Auckland, la *Banque de Wellington*.

BANQUEROUTE. Ce terme vient des mots italiens *banco rotto*, qui signifient banc rompu. Comme on l'a vu à l'article BANQUE, les banquiers avaient autrefois au milieu des places publiques des bancs sur lesquels ils faisaient leur commerce d'argent ; lorsque l'un d'eux faisait faillite, on brisait son banc, pour avertir le public de sa déconfiture.

Dans l'acception vulgaire ce mot se confond assez souvent avec celui de *faillite*; cependant il existe entre le sens de l'un et la signification de l'autre des différences très-notables. Tout commerçant qui cesse ses payements est en état de *faillite*; mais parmi les commerçants faillis, celui-là seul est en état de *banqueroute* qui se trouve dans l'un des cas de faute grave ou de fraude prévus par la loi. Il suit de là que la faillite, qui n'est que le résultat des malheurs éprouvés par un négociant, reste dans le domaine des tribunaux de commerce, tandis que la banqueroute, qui constitue, suivant les cas, un délit ou un crime, est justiciable des tribunaux correctionnels ou des cours d'assises.

D'après la loi du 8 juin 1838, qui a modifié considérablement l'ancien texte du Code de Commerce, le négociant failli doit être poursuivi pour fait de *banqueroute simple :* 1° si les dépenses de sa maison, qu'il est tenu d'inscrire sur un livre-journal, sont jugées excessives ; 2° s'il a consommé de fortes sommes, soit au jeu, soit à des opérations de hasard, soit à des opérations fictives de bourse ou sur marchandises ; 3° si, dans l'intention de retarder sa faillite, il a fait des achats pour revendre au-dessous du cours; si dans la même intention il s'est livré à des emprunts, circulation d'effets ou autres moyens ruineux de se procurer des fonds ; 4° si après cessation de ses payements il a payé un créancier au préjudice de la masse. — La banqueroute simple peut être déclarée ou ne pas l'être, suivant l'appréciation des tribunaux, 1° si le commerçant failli a contracté pour le compte d'autrui, sans recevoir des valeurs en échange, des engagements jugés trop considérables eu égard à sa situation lorsqu'il les a contractés ; 2° s'il est de nouveau déclaré en faillite sans avoir satisfait aux obligations du concordat précédent ; 3° si, étant marié sous le régime dotal ou séparé de biens, il n'a pas fait remise d'un extrait de son contrat de mariage aux greffes et chambres du tribunal de première instance et du tribunal de commerce de son domicile; 4° si, dans les trois jours de la cessation de ses payements, il n'a pas fait au greffe la déclaration exigée, ou si cette déclaration ne contient pas les noms de tous les associés solidaires ; 5° si, sans empêchement légitime, il ne s'est pas présenté en personne aux syndics dans les cas et dans les délais fixés, ou si, après avoir obtenu un sauf-conduit, il ne s'est pas représenté à justice ; 6° s'il n'a pas tenu de livres et fait exactement inventaire ; si ses livres ou inventaires sont incomplets ou irrégulièrement tenus, ou s'ils n'offrent pas sa véritable situation active ou passive, pourvu qu'il n'y ait pas fraude.

La *banqueroute frauduleuse* se reconnaît aux caractères suivants : si le commerçant failli a soustrait ses livres, détourné ou dissimulé une partie de son actif, ou s'il s'est frauduleusement reconnu débiteur de sommes qu'il ne devait pas, soit dans ses écritures, soit par des actes publics ou des engagements sous signature privée, soit enfin par son bilan. — Si le failli se rend coupable de vol, de faux et autres crimes ou délits commis, non envers la masse, mais envers des créanciers isolés, ces faits ne constituent pas le crime de banqueroute frauduleuse, mais restent purement et simplement soumis aux peines prononcées par les articles du Code Pénal qui les concernent.

Dans tous les cas, que la banqueroute soit marquée aux caractères de la fraude, ou qu'on ne puisse l'imputer qu'aux fautes du débiteur, celui-ci est dépouillé de l'administration de ses biens, et des syndics sont nommés par le tribunal de commerce à l'effet de pourvoir à cette administration et de veiller aux intérêts des créanciers. Les fonctions et les devoirs des agents et des syndics seront exposés à l'article FAILLITE.

La peine infligée par le Code Pénal au délit de *banqueroute simple* est celle de l'emprisonnement, dont la durée ne peut être moins d'un mois et ne peut excéder deux ans. Le crime de *banqueroute frauduleuse* est puni par la peine des travaux forcés, qui varie de cinq à vingt ans, suivant qu'il semble aux magistrats que le condamné est plus ou moins coupable. Comme la fraude se pratique rarement sans une intervention ou une assistance étrangère, la loi condamne à la même peine que le banqueroutier les individus qui sont déclarés ses complices, c'est-à-dire ceux qui sont convaincus d'avoir, dans l'intérêt du failli, soustrait, recélé ou dissimulé tout ou partie de ses biens meubles ou immeubles, ou d'avoir frauduleusement présenté dans la faillite et affirmé, soit en leur nom, soit par interposition de personnes, des créances supposées. Il en est de même des individus qui, faisant le commerce sous le nom d'autrui ou sous un nom supposé, se sont rendus coupables des faits qui constituent la banqueroute frauduleuse.

A raison des garanties spéciales que doivent offrir certains officiers publics, comme les agents de change, les courtiers, on a prononcé contre ceux qui font faillite la peine des travaux forcés à temps, et celle des travaux forcés à perpétuité s'ils sont convaincus de banqueroute frauduleuse. Mais cette pénalité ne produit que l'impunité.

Les poursuites contre les banqueroutiers sont exercées d'office par le ministère public, sur la notoriété, ou sur la dénonciation, soit des syndics, soit même d'un créancier. Elles peuvent aussi, dans le cas de banqueroute simple, être faites à la demande directe des syndics, s'ils y ont été autorisés par une délibération prise à la majorité individuelle des créanciers présents.

Enfin, une règle commune aux deux espèces de banqueroute veut que les jugements et arrêts rendus contre les banqueroutiers et leurs complices soient affichés et, de plus, insérés dans un journal, en la forme prescrite par l'art. 683 du Code de Procédure civile.

Le banqueroutier frauduleux ne peut obtenir sa réhabilitation, parce que rien ne peut effacer la tache qui résulte de la fraude. Quant au banqueroutier simple, il faut qu'il répare par l'accomplissement de la peine qui lui a été infligée et par l'entier acquittement de ses dettes le scandale qu'il a causé dans le commerce et le tort qu'il a fait à ses créanciers.

La loi interdit aux faillis, et à plus forte raison aux banqueroutiers, l'entrée de la Bourse.

Dans l'ancien droit on ne distinguait guère entre les deux espèces de banqueroute. Le banqueroutier était livré à toute la rigueur des lois, et cette rigueur allait jusqu'au point de condamner le coupable à la peine de mort. Mais cette législation avait, à bon droit, paru trop sévère, et les parlements en avaient toujours corrigé l'excès. La peine ordinaire qu'ils prononçaient était, suivant les cas, celle de l'amende honorable, du pilori ou du carcan, des galères, ou du bannissement à temps ou à perpétuité. Ces peines même n'étaient infligées que lorsque l'accusé se trouvait atteint et convaincu d'une fraude manifeste et qui méritait la vengeance publique. La jurisprudence s'était depuis beaucoup relâchée de cette rigueur, et avant le code de 1808 l'indulgence dont on usait envers les banqueroutiers multipliait de scandaleuses faillites. Le mal n'a pas été complétement réprimé par la législation moderne, mais la rigueur de l'opinion publique compense plus que suffisamment la facilité avec laquelle on échappe au châtiment légal.

BANQUEROUTES PUBLIQUES. Les historiens ont donné ce nom aux cessations de payement des rentes par l'État, à l'abaissement forcé de l'intérêt, à toute inexécution enfin des conventions contractées par un pays avec ses prêteurs. Sans nous occuper des autres puissances, sans parler particulièrement de la déconfiture de l'Espagne, autrefois si riche, nous ne voyons que trop souvent la France forcée de recourir à ce moyen désastreux. La première trace de banqueroute remonte à 1350, sous le règne de Jean le Bon; il ne s'agit alors que du non-payement d'emprunts forcés auxquels on soumettait d'office les villes et les individus; la dette publique n'existait pas encore; de 1350 à 1358 le trésor suspendit la plupart de ses payements, à cause, disent les mémoires de l'époque, de ses « grands charges et dépens innumérables ». Sans doute les successeurs du roi Jean ne manquèrent pas non plus de prétextes pour oublier de payer les emprunts forcés qu'ils faisaient à leurs sujets.

A partir du règne de François Ier, la France se trouve chargée d'une dette permanente. Ce prince, au moment de partir pour l'Italie, en 1525, créa les premières rentes sur l'hôtel de ville pour environ 60,000 livres au denier 12 (8 1/3 pour 100); c'est là véritablement l'origine de la **dette publique**. Pendant tout le seizième siècle le payement en fut très-irrégulier; il n'y eut guère d'année où l'État ne retranchât un ou plusieurs quartiers d'arrérages : on trouve même des exemples d'interruption complète de payement.

Le dix-septième siècle s'ouvre par une conversion de rentes en 1601. Jusque alors les rentes avaient été d'ordinaire servies au denier 12 et même 10. Sully réduisit l'intérêt au denier 16. La paix de Vervins (1598) avait fait reparaître les capitaux. Sully voulait par cette mesure les forcer à se porter de préférence vers l'agriculture. A la nouvelle de cette réduction, les rentiers de Paris firent agir le corps des échevins et le prévôt des marchands; le parlement publia plusieurs ordonnances en leur faveur. Mais Sully résista à toutes ces réclamations; l'intérêt fut réduit, et pour certaines dettes les arrérages déjà perçus comptèrent dans le remboursement du capital. En 1604 nouvelle réduction pour rigoureuse, et cependant depuis l'an 1586 les arrérages des rentes s'élevaient à la somme de 60,760,000 livres.

Pendant le règne de Louis XIII les créations de rentes furent très-fréquentes; on en comptait presque chaque année; mais il paraît que les intérêts furent mieux servis. Cependant en 1616 l'historien peut enregistrer quelques plaintes des rentiers. En 1634 on trouve un emprunt forcé de huit millions et une réduction de l'intérêt au denier 18.

Avec Mazarin les payements devinrent plus irréguliers que jamais; en 1648, 1649, et 1650 retranchements de quartiers. De là ces vers fameux de Boileau :

Et ce visage enfin plus pâle qu'un rentier
A l'aspect d'un arrêt qui retranche un quartier.

Euphémisme d'un poète courtisan qui, a dit un de nos célèbres orateurs, ne peut nous dérober la triste vérité. Colbert lui-même, à la suite des longs gaspillages de la minorité de Louis XIV, fut contraint d'avoir recours aux mêmes moyens; en 1663 nous trouvons une ordonnance sur les rentes créées depuis 1656; en 1664 la suppression des rentes de l'emprunt forcé de huit millions émis par Richelieu. Néanmoins les vingt-deux années du gouvernement de Colbert (1661-1683) font une heureuse diversion dans l'administration des finances : par l'ordre et l'économie qu'il introduisit, on put faire face aux profusions excessives du roi, aux frais de la guerre, sans porter de nouvelles atteintes aux engagements publics. Connaissant le penchant de Louis XIV pour la dépense, Colbert évita autant qu'il le put les emprunts; il prévoyait les calamités qui en résulteraient si on s'engageait trop facilement dans cette voie fatale.

Ses craintes furent malheureusement justifiées sous ses successeurs, et surtout sous Chamillard. Ce ministre débuta en 1700 par réduire les rentes du denier 10 (10 pour 100) au denier 20 (5 pour 100). En 1702 on émit un certain nombre de billets à 8 pour 100, et le 1er avril 1705, jour fixé pour le payement, on ne les reçut que pour la moitié de la valeur d'émission. A ces mesures se joignit à plusieurs reprises l'altération des monnaies : en 1704, sur une refonte de 175 millions de livres, le roi fit un bénéfice de 29 millions, un seizième de la somme. En 1706 et 1707 on a encore à signaler une interruption de dix-huit mois dans les payements.

Malgré toute son habileté et son esprit de ressources, Desmarets, le neveu de Colbert, fut obligé d'avoir recours aux mêmes moyens : c'est ainsi que des rentes émises à 8 pour 100 furent converties par lui en rentes à 1 pour 100 non remboursables; pendant quatre ans, on ne paya que six mois d'arrérages chaque année, c'est-à-dire seulement la moitié des rentes inscrites. La France du reste était, par suite des fautes de Louis XIV, dans une situation des plus déplorables : le trésor à sec, la misère partout, les impôts excessifs, nul moyen de les augmenter; les effets sur l'État avaient perdu plus de 36 pour 100 de leur valeur primitive, le crédit était aux conditions les plus usuraires. On fut forcé de négocier 32 millions de billets pour avoir 8 millions d'argent : c'était 400 livres d'obligations pour 100 livres d'argent.

Telle était la situation lorsque Louis XIV mourut; 711 millions de dettes exigibles, et pour y satisfaire 7 à 800,000 fr. Aussi la première question proposée dans le conseil de la régence fut-elle la banqueroute positive, complète. On eut du reste la probité de la repousser, et, grâce à quelques améliorations du conseil des finances, les affaires se rétablirent un peu. L'administration de l'Écossais Law vint de nouveau creuser le gouffre et y engloutir, par une banqueroute générale, une somme de 3 milliards selon les uns, de près de 6 milliards selon d'autres.

Sous Lepelletier de la Houssaye (1720-1722) eut lieu l'opération des frères Pâris, connue sous le nom de *visa* : tous les rentiers durent soumettre leurs titres à une enquête. On les divisa en catégories, qui éprouvèrent une réduction d'un cinquième à quatre cinquièmes du capital; la dette de 2,288 millions fut réduite à 1,700 millions : c'était donc une suppression de 588 millions d'un seul coup. 511,900 citoyens furent soumis à cette mesure.

Jusqu'à l'abbé Terray, c'est-à-dire de 1722 à 1769, ce fut toujours le même système : emprunts à conditions onéreuses, réductions d'intérêts, suspensions de payement. La détresse était telle que Bertin, ministre de 1759 à 1763, fut sur le point de signer un emprunt avec les juifs de Strasbourg à 4 pour 100 par mois, ou 48 pour 100 par an ! La banqueroute, qui sous les prédécesseurs de Terray n'avait été qu'un accident, fréquent il est vrai, devint avec lui un système réglé, une des nécessités de la monarchie. « Il faut, dit l'abbé Terray, une banqueroute tous les cent ans pour mettre l'État au pair; » — et dans d'autres circonstances : « Le roi ne risque rien d'emprunter, parce qu'il est le maître de ne plus payer les anciennes dettes, quand elles ont été servies assez longtemps. — Les biens des citoyens sont ceux du roi, et les dettes du souverain sont celles de l'État. — Tous les biens fonds appartiennent au roi; et s'il en laisse jouir ses sujets, c'est un effet de sa bonté et de sa libéralité. » Déjà précédemment le cardinal Dubois, ministre du régent, avait dit : « La monarchie est un gouvernement fort, parce qu'elle peut faire banqueroute quand elle veut. » — Le duc de Saint-Simon, en conseillant la banqueroute complète au régent, disait : « Tout engagement pris par le roi prédécesseur périt avec lui, et le successeur n'est tenu de rien de tout ce dont son prédécesseur l'était. »

Les actes répondirent aux maximes : nous voyons sous Terray des retenues sur les pensions, et surtout sur les plus faibles ; ce ministre trouva même moyen de donner à cette loi des effets rétroactifs en l'appliquant aux payements arriérés, réductions qui, selon M. Bresson, montèrent à plus de 40 millions. Nous voyons encore la suspension des rescriptions et des billets de ferme générale (les bons du trésor de nos jours), ce qui leur fit perdre de 30 à 35 pour 100 ; la fermeture de la caisse d'amortissement, dont le fonds était formé par la retenue du dixième sur les rentes et les appointements des possesseurs de charges vénales ; on continua néanmoins de retenir le dixième : ce fut donc trois banqueroutes successives sur les mêmes rentes. — En 1770 réduction d'un cinquième des rentes de l'hôtel de ville, de 70 millions à 52 ; conversion des rentes tontines en viagères, bénéfice que le ministre évaluait froidement, d'après les probabilités de la vie des rentiers, à 150 millions. Ces mesures désastreuses n'atteignaient jamais les puissants. Quand Terray décrétait un arrêt de retenue sur les pensions, il avait soin de faire augmenter le chiffre des pensions des personnes influentes, de façon que, malgré la retenue, elles touchaient toujours la même somme d'argent. Ces banqueroutes jetèrent le désespoir et la ruine dans toutes les familles : dans une seule année on compta 2,350 bilans de faillites, 200 suicides ; la Compagnie des Indes fut entièrement ruinée.

Le char de l'État courait à un abîme, Turgot et Necker ne purent que retarder un instant sa chute. En appelant dans son conseil le premier de ces ministres, Louis XVI lui exposa ainsi son programme : « Point de banqueroute, point d'augmentations d'impôts, point d'emprunts ; et pour arriver à ce triple résultat, n'employer qu'un seul moyen, abaisser les dépenses au niveau des recettes, et même un peu au-dessous, afin de faire chaque année une vingtaine de millions d'économie pour payer les anciennes dettes. » Noble élan d'une âme honnête, mais peu faite pour des temps orageux. Peu de temps après, en effet, le faible Louis XVI, cédant aux intrigues d'une cour dissipée et dépensière, renvoyait son ministre. La monarchie, à bout de ressources, dut alors s'adresser aux états généraux. La révolution commençait ; comme il devait nécessairement arriver, ceux qui payaient devinrent les maîtres. L'Assemblée nationale eut bientôt à délibérer sur les embarras du trésor. En venant demander un crédit extraordinaire, Necker déclara que la dette s'élevait à 1,646 millions de livres, et qu'il y avait un déficit annuel de 140 millions. La hideuse banqueroute, comme disait Mirabeau, était au bout, si l'éloquent tribun ne l'eût conjurée par sa voix patriotique. L'Assemblée s'honora en consentant à des sacrifices énormes, plutôt que de manquer aux engagements du pays. Malheureusement ces justes principes d'honneur devaient céder devant l'état désespéré des affaires où se trouva bientôt la France ; car la dépréciation des assignats en 1791, et la réduction des deux tiers de la dette sous le Directoire, ne furent que des banqueroutes déguisées.

Le génie de Bonaparte, secondé par des hommes laborieux et probes, comme Lindet, Ramel et Gaudin, remit bientôt l'ordre dans ce chaos ; la situation financière de la France fut de plus en plus florissante jusqu'en 1812. Alors arrivèrent les désastres des dernières campagnes de l'empire ; puis les Bourbons, qui ramenés par les armées ennemies, leur payèrent une contribution de 700 millions, entretinrent 150,000 soldats alliés dans les principales places fortes du royaume ; puis le fameux milliard adjugé aux émigrés. Sous la monarchie d'Orléans les charges du budget public ne firent qu'augmenter, et lors de la révolution de Février une catastrophe financière devenait chaque jour de plus en plus imminente. Les événements qui se rapportent à cette époque sont trop récents pour que nous ayons besoin de les retracer. La seconde république, par l'organe de M. Goudchaux, repoussa la banqueroute, à laquelle l'engageaient d'officieux conseillers ; et si l'imprévu de la crise força le gouvernement provisoire à régler l'épargne et les conditions des payements, il n'en fit pas moins honneur aux dettes de l'État. Malheureusement la situation financière ne changea pas pour cela, et malgré quelques tentatives de réduction dans les dépenses, chaque année se termine avec un déficit.

A. FEILLET.

BANQUET, grand repas, festin. Ce mot n'était jadis en usage, dans le sens positif, qu'au sein des loges maçonniques, et dans le sens figuré, que pour la communion chrétienne, *sacram epulum*. L'usage des *banquets* ou repas de grande réunion s'est beaucoup étendu depuis 1789. Le premier et le plus nombreux fut celui du parc du *château de la Muette*, le 14 juillet 1790. Les tables occupaient toute l'enceinte du bois ; tous les fédérés y prirent place ; la France entière s'y trouvait représentée par les députations des gardes nationales de tous les départements et de tous les corps de l'armée. D'autres banquets eurent lieu, dans divers quartiers de Paris et sur l'emplacement de la Bastille. Cet usage de *banquets patriotiques* se répandit bientôt dans toute la France. Plus de fêtes, plus de solennités nationales sans banquets. Pendant les premières années de la république et à chaque fête nationale, les familles parisiennes se réunissaient à des tables dressées devant chaque maison. C'est ce qu'on appelait *repas civiques et fraternels*. A ces repas publics succédèrent les banquets particuliers, dans un lieu déterminé et choisi par réunion de convives, plus ou moins nombreux ; chaque réunion avait ses commissaires, qui réglaient le menu et tous les détails du banquet. Près de mourir, les Girondins, imitant les héros de Platon, se réunirent dans un repas pour deviser philosophiquement sur l'humanité.

L'usage des banquets survécut à la révolution. On vit encore sous l'Empire d'anciens frères d'armes se réunir et boire à la gloire de la France, et l'empereur lui-même offrit de grands repas à sa garde. Sous la Restauration il y eut peu de ces réunions, où les sentiments patriotiques font explosion ; on ne dînait guère que chez les ministres. Cependant un banquet fut offert dans les salons des *Vendanges de Bourgogne* aux deux cent vingt et un députés qui avaient voté l'adresse qui porte leur nom, et la royauté y vit renouveler les menaces sous lesquelles elle devait périr. Après la révolution de 1830 les banquets politiques reparurent. On vit alors des banquets s'organiser à tout propos. On fêtait ainsi les élus de la garde nationale, de la chambre, de la commune, les privilégiés de la fortune, les choisis du pouvoir, les vainqueurs de l'industrie, les proscrits illustres, etc. Ces repas se faisaient par souscription ; chaque convive payait sa part. Des toasts y étaient portés à la liberté, à la gloire du pays, à sa prospérité, et, à l'exemple de l'Angleterre, la santé du roi y était presque toujours portée la première.

Vers l'année 1847 les banquets changèrent d'allure. Celui du *Château-Rouge* réunit, sous l'influence du comité électoral de la Seine, les principaux chefs de l'opposition, et tous se coalisèrent sous le drapeau de la réforme. Le ministère eut aussi ses banquets. M. Guizot nia la corruption au banquet de Lisieux, et déclara que les conservateurs étaient seuls maîtres d'accorder ou de refuser tout progrès dans les institutions. Le ministère niait que la réforme fût désirée par les populations : l'opposition résolut d'agiter le pays au moyen de banquets. Pendant l'absence de la chambre, on vit s'organiser ce qu'on appela la *campagne des banquets réformistes*. Dans une foule de grandes villes on se réunit à table pour demander la réforme comme un remède à la corruption. A Mâcon M. de Lamartine, tirant le dernier horoscope de la dynastie d'Orléans, l'avertit des soulèvements démocratiques qui allaient éclater comme un volcan. Bientôt des banquets oublièrent la santé du roi. Un banquet, dit du douzième arrondissement, s'organisa à Paris : le gouvernement voulut enfin s'opposer à cette réunion, et ce fut le prélude de la révolution de Février.

Après cet événement quelques banquets eurent lieu encore, mais ils exercèrent peu d'influence. Un banquet monstre à vingt-cinq centimes fut pourtant imaginé. Il devait se célébrer le long des fortifications de Paris, et Dieu sait ce qui serait advenu de cette immense réunion d'hommes ; mais il n'avait pu être encore réalisé lorsque les événements de juin rendirent toute force au pouvoir, qui anéantit petit à petit le droit de réunion, dont les banquets ont partagé le sort. Nous citerons cependant celui *du Chalet*, aux Champs-Élysées, où M. Ledru-Rollin fit connaître enfin ses aspirations socialistes.

Les banquets sont devenus depuis l'apanage des agents du pouvoir. Les inaugurations de chemins de fer sont suivies de banquets. Le président de la république y a fait souvent des discours. L'Exposition de Londres donna lieu à plusieurs banquets célèbres. La corporation municipale de Londres fêta en cette occasion les membres du jury français; la commission municipale de Paris rendit ce dîner, et les autorités municipales des deux premières capitales de l'univers purent porter à la même table un toast *à la paix du monde!*

En dehors de la politique citerons-nous les banquets qui rassemblent d'anciens condisciples, comme les Barbistes; ou des confrères d'un même état, comme les imprimeurs; ou des compatriotes; ou des malheureux affligés d'une même infirmité, comme les sourds-muets? Citerons-nous enfin ces repas où l'ouvrier et le patron trinquent ensemble au succès de leurs entreprises?

BANQUETTE. En termes de fortification, on appelle ainsi un degré, une espèce de banc massif qui forme marche-pied au-dessus du terre-plein. La banquette, qui est ordinairement en terre, borde intérieurement le pied du parapet d'un ouvrage. Ses dimensions dépendent de son emploi, mais, en général, sa largeur est de 1 mètre 33 centimètres, avec un talus de même dimension, et elle s'élève à 66 centimètres sur le terre-plein, de manière que le soldat puisse aisément faire feu, ou par-dessus le parapet, ou à travers les créneaux.

On pratique des banquettes dans les tranchées, les chemins couverts, les lignes de fortifications passagères, les cavaliers, etc. Elles forment quelquefois un escalier de deux ou trois gradins dont la hauteur varie à proportion : s'il n'y a qu'un gradin, on pratique intérieurement un talus qui permette d'y monter. Un chef de poste que l'ennemi attaque ne doit d'abord faire garnir la banquette que de quelques soldats destinés à y commencer la fusillade. Il ne fait border l'ouvrage par les hommes qu'il tient en réserve que quand le pied du retranchement est insulté. Les banquettes se divisent en banquettes de forteresse, de fortification légère, de place d'armes, de poste et de tranchée.

BANQUIER. On donne ce nom aux industriels qui se chargent, moyennant rétribution, de transmettre à ceux qui *travaillent* les capitaux, c'est-à-dire les terres, maisons, usines et instruments de tout genre dont ils peuvent avoir besoin. Ils servent d'intermédiaire entre les travailleurs qui demandent les capitaux et les possesseurs de ces capitaux, qui ne veulent pas ou ne savent pas les faire fructifier, et que l'on désigne par le nom de capitalistes. Là ne se bornent pas sans doute les opérations des banquiers; mais comme ce sont les principales, je m'arrête à cette définition, me réservant de lui donner dans ce qui va suivre les développements nécessaires.

L'origine des banquiers remonte jusqu'à ces malheureux *juifs* couverts de réprobation dans la société chrétienne. Eux et les Lombards disposaient de la plus grande partie des métaux précieux; ils les répandaient dans la société, et s'occupaient exclusivement du mouvement de toutes les espèces. La position des juifs dans la société du moyen âge les avait mis de bonne heure dans la nécessité de se livrer à une industrie qui leur permit de soustraire facilement leurs richesses à l'avidité des rois et barons, car ils étaient errants sur toute la surface de la terre, et se trouvaient constamment exposés à être chassés de tous les royaumes et dépouillés de leur fortune. Ce génie mercantile qui les distingue si nettement encore aujourd'hui fut pour les travailleurs d'une immense utilité, car ce sont eux qui ont le plus contribué à l'affranchissement des serfs. Ce service fut à la vérité rendu indirectement par eux, mais il n'en fut pas moins rendu.

Les croisades avaient inspiré aux seigneurs le goût du luxe; ils aimaient surtout les belles armes. Les femmes nobles, enflammées par les récits des guerriers revenus d'Orient, éprises des belles étoffes fabriquées en Asie, s'adonnèrent aux parures recherchées ; mais tous ces goûts nouveaux ne pouvaient être satisfaits aisément, car les propriétés des seigneurs étaient toutes immobilières. Les juifs prêtèrent leur argent, mais à des conditions exorbitantes, ruineuses : on voit par exemple, dans un édit de 1360, qu'ils sont autorisés à prêter sur gages, en retirant, pour *chacune livre ou vingt sous, quatre deniers d'intérêt par semaine*, ce qui fait plus de 86 pour 100 par an. Les barons une fois lancés dans cette voie ne purent s'arrêter; ils cherchèrent à se procurer de l'argent par tous les moyens. Leurs serfs surent en profiter en se rachetant avec le *pécule* amassé par eux à grand'peine; c'est de là que date surtout leur affranchissement.

La satisfaction des besoins qui s'étaient développés chez les nobles fut pour l'industrie une source abondante de richesses, car les seigneurs finirent par abandonner leurs châteaux pour habiter les villes, où la plupart dissipèrent leurs fortunes, qui passèrent ainsi dans les mains des artisans. Sous Louis XIV, le passage de la noblesse dans les villes était entièrement accompli. La protection accordée par le grand roi à la fabrication et au commerce avait fait prendre un grand essor à ces deux branches de l'industrie; mais de ce bien il était résulté un inconvénient : les manufacturiers et les négociants, ayant multiplié leurs opérations, avaient à faire des payements et des recettes dans beaucoup d'endroits différents; d'où il arrivait que le travail nécessaire pour solder réciproquement leurs comptes employait une grande partie de leur temps. De là vint une nouvelle branche d'industrie, l'*industrie banquière*.

Les banquiers se chargèrent d'opérer les rentrées pour les uns et les autres, et de faire les payements; ce fut leur unique occupation, et ils purent s'y livrer à bien meilleur compte que les négociants et les fabricants, puisque les transports matériels d'argent furent, par ce moyen, considérablement diminués. Les banquiers ne tardèrent pas à obtenir un grand crédit, ce qui devait nécessairement résulter de ce que tous les grands mouvements d'argent se faisaient par eux. Ils surent profiter de leur crédit en le prêtant à intérêt aux négociants et aux fabricants. Les négociants et les fabricants, appuyés d'un plus grand crédit, purent étendre davantage leurs opérations, et produire une plus grande masse de richesses.

Le résultat définitif pour la société de l'établissement de la banque fut que la masse de productions dans tous les genres reçut un très-grand accroissement, et que la classe industrielle commença dès ce moment à posséder une force pécuniaire beaucoup plus considérable que toutes les autres classes réunies, et même que le gouvernement. Grâce à l'intervention des banquiers, le prêt à intérêt devint général. L'importance que prit la *finance* peu de temps après l'établissement des banques fit qu'une foule de seigneurs ne crurent pas *déroger* en sollicitant des emplois de fermiers généraux ou autres. Tout le monde sait l'attention particulière que le régent et Louis XV accordèrent à la nouvelle industrie. Les banquiers devinrent ainsi les intermédiaires entre les capitalistes et les travailleurs, et parvinrent à faire baisser le taux de l'intérêt que payent ces derniers aux premiers.

Tant que les *échanges* d'un pays à un autre ne se firent qu'avec la monnaie or et argent, la circulation des produits rencontra de grands obstacles; l'invention de la *lettre de change* fut pour le commerce d'une haute importance, car elle lui donna une immense extension; les mouvements d'argent devinrent inutiles entre les pays les plus éloignés faisant commerce entre eux. Par exemple, la Russie nous envoie des chanvres et des bois de construction; la France à son tour lui envoie des vins, des eaux-de-vie, des étoffes de soie. Eh bien, le payement peut s'effectuer de part et d'autre sans aucun transport d'argent. Pour cela, les marchands français tireront sur les marchands russes une lettre de change représentant la valeur livrée à ces derniers, la vendront aux personnes qui ont reçu les marchandises russes, et ces personnes renverront la lettre de change en Russie, pour que les commerçants dont ils ont acheté en reçoivent le montant chez eux.

Pour qu'un pays ait les relations commerciales dont je viens de parler avec un autre, il n'est pas nécessaire qu'il lui envoie des produits en échange de ceux qu'il en aura reçus; il suffit seulement qu'il ait reçu des produits d'autres pays. Par exemple, l'Angleterre tire des blés de Hambourg, et je suppose qu'elle ne puisse lui offrir en échange aucun produit de son sol ni de son industrie; mais elle fournit des marchandises à d'autres États de l'Europe : alors, pour payer les négociants de Hambourg, elle leur remet des lettres de change sur les divers États qui sont ses débiteurs; et à leur tour les négociants de Hambourg vendent ces lettres de change à ceux de leurs confrères qui en ont besoin pour effectuer leurs payements; ou bien ils s'en servent pour faire au dehors de nouveaux achats, et ainsi de suite, jusqu'à ce qu'elles arrivent dans les mains des négociants qui en ont directement besoin.

Le règlement de toutes ces opérations ne peut se faire qu'au moyen des banquiers, car elles sont très-nombreuses. Ainsi les banquiers de Paris sont en relation avec ceux de toutes les autres places du monde; ils en reçoivent régulièrement des avis, dans lesquels on leur indique le papier qui est offert et celui dont on a besoin. Par le prix auquel on offre de céder l'un, et par celui auquel on demande l'autre, ils savent toujours où il leur convient d'aller prendre tel ou tel papier, et où ils doivent l'envoyer. Les banquiers règlent de cette manière, presque sans mouvement d'argent, les opérations de tous les peuples entre eux, quelque indirectes que puissent être leurs relations. Ces opérations, qui se compliquent encore de la multiplicité des monnaies, s'appellent *arbitrages*.

Appelés d'abord comme instruments passifs par les gouvernements, les banquiers ont vu leur influence s'accroître rapidement depuis M. de Laborde, en 1759. Ce sont eux qui dirigent maintenant les finances des nations. Leur importance a été croissant surtout depuis 1817, époque de l'établissement du système de crédit en France, système adopté par tous les États de l'Europe, avec plus ou moins de modifications. Les chefs de la banque ont été partout à la tête des emprunts publics : leur crédit personnel, leurs richesses, ont pris un accroissement considérable, et leurs succès ont toujours tourné au profit de l'industrie. Ils ont crédité davantage le travail, directement par des crédits ouverts aux industriels, ou indirectement par la voie des circulations des venues plus rapides à cause du mouvement des fonds publics, et par l'extension donnée aux opérations de banque. Mais le fait le plus heureux à constater pour l'industrie, c'est que le système des emprunts a donné à ses chefs, les banquiers, une immense importance politique : ils peuvent dès lors exercer constamment une grande influence sur les projets financiers des gouvernements, et les forcer en quelque sorte à marcher vers l'amélioration du sort des travailleurs. Toute grande opération que veut exécuter un gouvernement doit être approuvée par les banquiers pour être exécutée, sans quoi ils peuvent refuser leur crédit. Aussi, ce sont les banquiers seuls qui pourront désormais empêcher les grands conflits entre les peuples, conflits si funestes aux intérêts de l'industrie, et par suite aux intérêts des banquiers.

Auguste Chevalier, secrétaire général de la Présidence.

BANQUISE. C'est un immense amas de glaces flottantes que les courants ou les brises détachent des côtes pour les réunir ensuite en chaînes de montagnes. Les banquises interceptent toute navigation. Les *clairières*, espaces ménagés parfois dans ces colossales barrières, sont souvent bien dangereuses pour les navigateurs qui s'y engagent dans l'espoir d'y trouver un passage; l'enceinte de glace se referme, et le navire se voit encadré de tous côtés par des masses infranchissables. La mer est ordinairement belle dans ces sortes de lacs, et les marins impuissants se livrent alors à la chasse des phoques et des ours blancs qui habitent ces rives mobiles. Cependant, lorsque l'espace à franchir pour regagner le large n'offre pas une étendue trop considérable, on scie la glace pour livrer passage au navire.

Jules Lecomte.

BANQUO, thane, ou chef royal d'une province d'Écosse, sous le règne du roi Duncan. Il rendit d'abord de grands services à son pays et détruisit une armée de Danois qui l'avait envahi; mais plus tard il servit l'ambition de Macbeth, qui assassina Duncan et s'empara du trône. Banquo périt lui-même, au bout de peu d'années, victime des défiances de Macbeth.

BANS DE MARIAGE. Voyez Ban.

BANTAM, ville de la Malaisie hollandaise, dans l'île de Java, à 85 kilomètres de Batavia, sur la baie de ce nom, dans le détroit de la Sonde, chef-lieu de résidence, dont le port est aujourd'hui encombré. Ce premier établissement des Hollandais dans l'Inde, fondé en 1602, était, avant la création de Batavia, l'entrepôt le plus important du commerce des épices.

BANTI (Brigide-Géorgie), célèbre cantatrice italienne, dont la voix magnifique fit pendant longtemps les délices des grandes villes de l'Europe, était née à Crema, en Lombardie, en 1757, de parents appartenant à la dernière classe de la société. Dans 1757, venue de bonne heure à Paris avec une troupe d'aventuriers, chantait-elle encore en 1778, c'est-à-dire à l'âge de vingt et un ans, dans les promenades publiques et dans les cafés, en s'accompagnant de la guitare obligée. Un heureux hasard voulut que le directeur de l'Opéra d'alors, Devismes, l'entendît dans une de ces perambulations musicales. Il fut frappé de l'éclat prodigieux et du volume de sa voix, fit venir le lendemain chez lui la pauvre chanteuse des rues, et, après avoir de nouveau éprouvé son talent en lui faisant chanter un des airs les plus difficiles de Sacchini, dont elle se tira cependant avec un rare bonheur à première vue, l'engagea aussitôt pour l'opéra-buffa. Ses débuts eurent lieu dans un air italien qu'elle chanta entre le deuxième et le troisième acte d'*Iphigénie en Aulide*, et elle enleva tous les suffrages. Après avoir fondé en France sa réputation, qui se répandit bientôt dans le reste de l'Europe, elle en parcourut les villes principales, récoltant selon l'usage force couronnes et force billets de banque. Cette cantatrice, surnommée par l'admiration de ses contemporains *la virtuosa du dix-huitième siècle*, fit pendant neuf années les délices de l'Opéra de Londres. Elle revint ensuite se fixer en Italie, où elle mourut en 1806, à Bologne.

BAOBAB (*Adansonia*, Linné). Genre de plantes appartenant à la monadelphie polyandrie de Linné, à la famille des malvacées de Jussieu, et à celle des bombacées de Kunth, caractérisé de la manière suivante : calice simple, caduc, à cinq divisions; corolle formée de pétales réfléchis en dehors ainsi que les divisions du calice; étamines extrêmement nombreuses (plusieurs centaines), réunies par leurs filets en un tube cylindrique; ovaire simple, à dix loges, contenant chacune plusieurs graines; style simple; cylindrique, creux, dépassant le tube staminal et terminé par dix à dix-huit stigmates; fruits consistant en une grande capsule indéhiscente, ovoïde, allongée, velue et dure à l'extérieur, divisée à l'intérieur en dix loges, dont chacune renferme plusieurs graines entourées d'une pulpe abondante.

Ce genre ne renferme encore qu'une espèce : c'est le *baobab d'Adanson* (*Adansonia digitata*, Linné), qui croît dans une grande partie de l'Afrique, particulièrement au Sénégal, et qui a été transporté d'Afrique dans plusieurs localités du Nouveau-Monde. C'est un arbre qui vient de préférence sur les plages arides et sablonneuses, et qui peut être regardé comme le plus gigantesque des végétaux. Son tronc, dont la hauteur excède rarement 4 ou 5 mètres, finit par acquérir, avec l'âge, une circonférence de 25 à 30 mètres; il est couronné par un énorme faisceau de branches, atteignant jusqu'à 20 à 22 mètres de longueur, et dont chacune représente un arbre d'une proportion remarquable. Les plus extérieures de ces branches s'inclinent souvent presque jusqu'à terre, en sorte que l'arbre tout entier ne forme plus qu'un vaste dôme de verdure. Les racines n'ont pas des dimensions moins considérables; le pivot, qui s'enfonce perpendiculairement dans le sol, est la continuation de la base du tronc; les ramifications latérales, d'une énorme grosseur, s'étendent quelquefois à plus de 30 mètres de distance de la tige. Les feuilles sont éparses, pétiolées, digitées, composées de trois, cinq ou sept folioles obovales, obtuses, un peu dentelées vers leur partie supérieure, et longues de 10 à 14 centimètres; le pétiole est long de 5 à 10 centimètres, canaliculé et accompagné à sa base de deux petites stipules triangulaires, qui tombent presqu'en même temps que les feuilles se développent. Les fleurs sont solitaires, portées sur des pédoncules d'environ 33 centimètres de longueur, recourbés et pendant vers la terre. Naissant à l'aisselle des feuilles inférieures, elles sont blanches, et lorsqu'elles sont épanouies, elles ont 10 centimètres de longueur sur 16 de large. Les fruits, qui ont la grosseur d'une courge, sont connus des Français qui habitent le Sénégal sous le nom de *pain-de-singe* (parce que, dit-on, les singes s'en nourrissent), et des naturels du pays sous celui de *bocci*. La pulpe de ce fruit est aigrelette et agréable, et le suc qu'on en exprime sert à préparer une boisson acidulée, analogue à la limonade. Les feuilles et surtout l'écorce des jeunes rameaux contiennent une grande quantité de mucilage, et peuvent être employées en décoction pour faire des tisanes adoucissantes. Les nègres font sécher ces feuilles à l'ombre, et les réduisent en une poudre qu'ils nomment *lalo*, et qu'ils conservent dans des sachets de toile de coton; ils en font un usage journalier, et la mêlent à leurs aliments. Les nègres font encore un usage bien singulier du tronc des baobabs. Ils agrandissent la cavité de ceux qui sont attaqués de carie, et y pratiquent ainsi des espèces de chambres où ils suspendent les cadavres de certains individus auxquels ils refusent les honneurs de la sépulture. Ces cadavres s'y dessèchent parfaitement, et se transforment, sans aucune préparation, en véritables momies. Le plus grand nombre de ces corps, ainsi desséchés, sont ceux des *guiriots*, espèce de poëtes musiciens, qui président aux fêtes et aux danses à la cour des rois des nègres. La supériorité que leur donne leur talent les fait considérer comme des sorciers ou des démons incarnés; on les respecte pendant leur vie, mais on se garde de leur donner la sépulture, de peur d'attirer la malédiction sur la terre.

Non-seulement le baobab est probablement celui de tous les végétaux auquel la nature a donné les plus énormes dimensions, mais c'est encore à lui qu'elle paraît avoir réservé la plus longue vie. Le baobab, dit Decandolle, est l'exemple le plus célèbre de longévité qui ait encore été observé avec précision. Il porte dans son pays natal un nom qui correspond à celui de mille ans, et, contre l'ordinaire, ce nom est resté au-dessous de la vérité. Adanson en a remarqué un aux îles du Cap-Vert qui, trois siècles auparavant, avait été observé par deux voyageurs anglais; il a retrouvé dans le tronc l'inscription qu'ils y avaient écrite, recouverte par trois cents couches ligneuses, et a pu juger ainsi de la quantité dont cet énorme végétal avait crû en trois siècles. En partant de cette donnée et de ce que l'observation des jeunes baobabs lui fournissait sur leur accroissement, il a dressé un tableau de leur végétation, dont un naturaliste a extrait les nombres suivants :

	DIAMÈTRE	HAUTEUR
À 1 an,	de 0^m,013 à 0^m,027	1^m,62
20 ans,	0^m,32	4^m,87
30	0^m,65	7^m,15
100	1^m,30	9^m,42
1000	4^m,55	18^m,84
2400	5^m,85	20^m,79
5150	9^m,75	22^m,71

C'était là le terme gigantesque de la dimension du baobab qui a servi à l'observation d'Adanson. Il assure qu'il en a vu dans le pays de plus gros, qu'il estimait, d'après ces données, à peu près à 6,000 ans. Cette durée est d'autant plus singulière que le bois du baobab n'est pas dur, et que les écorchures qu'il reçoit y déterminent souvent la carie; mais, d'un autre côté, l'énorme diamètre que son tronc acquiert comparativement à sa hauteur lui donne le moyen de résister au choc des vents.

Le mot *baobab* est celui par lequel les naturels de l'Égypte désignent ce végétal. Quant au nom d'*Adansonia*, il lui a été assigné par Bernard de Jussieu, en l'honneur de Michel Adanson, qui le premier donna de justes notions sur cet arbre prodigieux. DESFÉZUL.

BAOUR-LORMIAN (Louis-Pierre-Marie-François), né à Toulouse, en 1772. Son père, Jean-Florent Baour, imprimeur-libraire, n'avait rien négligé pour donner à son fils une éducation distinguée, et lui avait laissé une fortune considérable. L.-P.-M.-F. Baour, qui ajouta depuis à son nom celui de Lormian, débuta dans le monde littéraire par une traduction en vers de *la Jérusalem délivrée*, dont la première édition parut à Toulouse. Il se fixa plus tard à Paris. Le succès brillant de ses imitations d'Ossian le plaça au rang des poëtes les plus distingués de l'époque. Associé du Lycée Thélusson, il paya son tribut à l'opposition politico-littéraire de cette société par ses *Trois Mots*, satires dirigées contre les hommes du pouvoir et l'Institut. La modération de son caractère et de ses opinions semblait devoir lui interdire la satire et l'épigramme; il n'obtint dans ce genre qu'un médiocre succès. Il ne fut pas plus heureux dans sa polémique contre Lebrun et Chénier; mais dans ses *Veillées poétiques et morales*, *l'Atlantide*, ou *le Géant de la montagne bleue*, on reconnaît l'émule d'Ossian.

La France littéraire était encore sous l'empire de l'ancienne école. Son drame d'*Omasis* obtint un succès de vogue. Cette composition, faiblement conçue, ne peut plus prétendre aux honneurs de la représentation. Les portes de l'Académie étaient restées fermées au traducteur de la *Jérusalem délivrée*; elles s'ouvrirent enfin pour lui en 1815. Quelques pages rimées à propos du rétablissement du culte avaient expié les épigrammes de l'auteur contre l'Institut.

Baour-Lormian ne s'endormit pas dans le fauteuil académique. La double chute de sa tragédie de *Mahomet II* ne le découragea point. Il publia depuis un roman historique intitulé *Duranti*, tableau brillant des erreurs et des crimes de l'intolérance religieuse du seizième siècle. En 1814 Baour, en compagnie d'Étienne, improvisa la tragédie lyrique de *l'Oriflamme*, destinée à célébrer le *retour* et les *vertus* des Bourbons. Il publia en 1815 une nouvelle édition de sa *Jérusalem délivrée*. En 1829 il fit paraître *Légendes, ballades et fabliaux*, petits poëmes dont il avait emprunté les sujets au moyen âge. L'auteur, fidèle à ses premières inspirations, suivit les coryphées de la nouvelle école sur le terrain qu'ils avaient choisi. Comme eux il peignit les mœurs du moyen âge avec pureté, simplicité, élégance même parfois, mais sans vigueur, sans énergie. Un double succès couronna cependant ses efforts. Au bout de trois années Baour s'était arrêté, et les romantiques avaient marché.

Ce poëte d'une autre époque a publié en outre : *Recueil de Poésies diverses*, 1803; *Fête de l'Hymen et de la Naissance*, poëmes à l'occasion du mariage de Napoléon et de Marie-Louise et de la naissance du roi de Rome; *Rustan, ou les Vœux*, et trente-huit *Songes* en prose; la *Jérusalem délivrée*, opéra; *l'Aminte*, pastorale du Tasse, imitée en vers français, 1813.

On connaît cette épigramme de Lebrun :

Ci-gît le Tasse de Toulouse,
Qui mourut in-quarto, puis remourut in-douze,
Et qui, ressuscité par un effort nouveau,
Vient de mourir in-octavo.

Aujourd'hui Baour-Lormian, parvenu à sa quatre-vingtième année, vit retiré aux portes de Paris, à Batignolles.

BAPAUME, ville de France, chef-lieu de canton du département du Pas-de-Calais, peuplée de 3,195 habitants, avec un collége communal, des filatures de coton et de fils retors. C'est le centre d'une fabrication importante de batistes; on y fabrique encore du sucre de betterave. Bapaume était autrefois place de guerre; ses fortifications avaient été réparées par Vauban; mais elles tombaient en ruine. Le démantèlement en eut lieu en 1847 sous forme de siége dirigé par le duc de Montpensier.

Cette ville est fort ancienne; elle fut donnée en dot par Charles le Chauve à sa fille Judith, épouse de Baudoin Bras-de-Fer. Ce fut à Bapaume, en l'église Saint-Nicolas, que fut célébré le mariage d'Isabelle de Hainaut avec Philippe-Auguste. En 1325 Eudes, duc de Bourgogne, auquel appartenait le comté d'Artois, dont elle faisait partie, l'entoura d'un mur d'enceinte. Ces murailles étaient déjà assez fortes en 1359 pour permettre à Enguerrand de Nerdin et à Oulard de Renti de s'y enfermer et de repousser les Anglais. Après le meurtre du duc d'Orléans, Jean sans Peur, duc de Bourgogne, se réfugia à Bapaume; mais les Armagnacs se rendirent maîtres de la ville quelque temps après. Le traité d'Arras la restitua au duc de Bourgogne. En 1477 Louis XI s'en empara et l'incendia. Cependant elle ne tarda pas à se relever de ses ruines, et Charles-Quint la fortifia pour l'opposer à Péronne. En 1521 elle tombait au pouvoir du duc de Guise, mais le traité de Cambray la rendit à l'empereur. Assiégée en 1641 par le connétable de Montmorency, elle fut prise en 1641 par le maréchal de La Meilleraie. Le traité des Pyrénées la céda définitivement à la France.

BAPHOMET, symbole des Templiers, au sujet duquel on ne possède que des renseignements aussi vagues que confus, et dans lequel on voyait autrefois le nom défiguré de Mahomet; d'où l'on se croyait autorisé à accuser les membres de l'ordre de tendances au mahométisme. D'après l'opinion qu'exprime M. de Hammer dans le 6ᵉ volume de ses *Mines de l'Orient*, les symboles de ce genre existant dans plusieurs collections d'antiquités sont en pierre, hybrides, pourvus de deux têtes ou de deux visages; présentant d'ailleurs au total la configuration féminine, généralement entourés de serpents, du soleil, de la lune et autres attributs, et presque toujours accompagnés d'inscriptions arabes. Enfin il faut voir dans le mot *baphomet* un synonyme de baptême de feu ou baptême gnostique.

BAPTÊME (du grec βάπτισμα, immersion, purification), le premier sacrement de la religion chrétienne. Dans toutes les religions de l'antiquité, les ablutions extérieures furent un signe de la nécessité de la sanctification de l'âme; l'eau lustrale des païens, les nombreuses purifications des Juifs, n'avaient pas d'autre signification ; et quand saint Jean-Baptiste voulut disposer les hommes à la pénitence, il adopta le baptême comme un signe dont le sens était généralement connu. Mais toutes ces pratiques n'avaient aucune vertu par elles-mêmes; elles ne faisaient que promettre ce que seul le sacrement de la loi nouvelle pouvait tenir. Avec l'espérance d'un Messie réparateur, les Juifs eurent l'idée d'un baptême solennel et efficace qu'il devait instituer : de là vient que quand Jean parut, baptisant dans le Jourdain, ils en concluirent qu'il était le Christ, ou au moins Élie qui devait le précéder.

Ce fut dans les premiers temps de sa prédication que Jésus-Christ institua le baptême. Il ne le donna que par le ministère de ses disciples, qu'il envoya deux à deux baptiser dans tout le pays de la Judée. Quoique leur mission fût universelle, les apôtres hésitèrent longtemps à recevoir ceux qu'il n'étaient pas de la religion de Moïse : le centurion Corneille fut le premier des Gentils qu'on admit au baptême. Au commencement de foi, la promesse de vivre selon les maximes de la religion, furent d'abord les seules dispositions qu'on demanda aux nouveaux fidèles; à mesure que le nombre des croyants s'étendit, on exigea davantage. Les aspirants étaient soumis à de longues épreuves, jusqu'à ce qu'on se fut assuré qu'ils ne déshonoreraient pas par une vie licencieuse la sainteté du nom qu'ils allaient porter. On les préparait au baptême par des instructions ou catéchismes, d'où leur vint le nom de catéchumènes.

La veille de Pâques et celle de la Pentecôte étaient les jours fixés pour l'administration solennelle du baptême. Après la bénédiction des fonts, les catéchumènes étaient présentés, les garçons par des parrains, les filles par des marraines. On prenait leurs noms (car chacun conservait celui qu'il avait reçu de sa famille; l'usage de donner le nom au baptême ne vint qu'avec la coutume de baptiser les enfants d'leur naissance). On recevait leurs promesses ; puis, avec les précautions exigées par la décence, ils étaient introduits dans le baptistère, sorte de salle assez semblable à une salle de bain. Là, chaque catéchumène se dépouillait de ses vêtements, et descendait dans les fonts, soutenu par son parrain. On le plongeait trois fois dans l'eau, en invoquant chaque fois une des personnes de la Sainte-Trinité. Au sortir de la piscine, les nouveaux chrétiens étaient revêtus d'une robe blanche qu'ils portaient huit jours et qui devait leur rappeler la pureté qu'ils venaient d'acquérir. A cette robe fut d'abord ajouté un long bandeau de lin, destiné à couvrir l'onction du saint-chrême, que les baptisés recevaient de l'évêque; ce bandeau, nommé pour cette raison *chrismale* ou *chrémeau*, a plus tard été remplacé la robe. Les néophytes recevaient alors la communion, à laquelle on ajoutait du lait et du miel, soit pour leur rappeler, avec saint Pierre, qu'ils n'étaient que de tendres enfants que l'Église devait encore nourrir de lait, soit pour leur faire entendre qu'ils avaient recouvré la terre promise, où devaient couler pour eux le lait et le miel.

Les enfants des chrétiens étaient le plus souvent baptisés dans les huit premiers jours; mais l'exemple de saint Augustin et de plusieurs autres nous montre que souvent aussi on préférait différer le baptême jusqu'à ce que l'enfant fût en état d'en comprendre le bienfait. Quelques personnes même, pour vivre avec plus de liberté, ne le recevaient qu'à la mort. Cette dangereuse coutume ne tarda pas à être abolie; et l'Église, devenue plus sévère dans cette partie de sa discipline, par la crainte d'exposer les enfants au danger de mourir sans baptême, ordonne depuis longtemps qu'ils soient baptisés aussitôt après leur naissance. C'est le même motif de crainte qui a fait donner à toute espèce de personnes, catholiques, hérétiques, ou même infidèles, le pouvoir de conférer le baptême en cas de nécessité. Cependant, vers le milieu du troisième siècle, quelques évêques d'Afrique, ne pouvant comprendre qu'on devînt catholique de la main de ceux qui ne l'étaient pas, se mirent à réitérer le baptême à ceux qui l'avaient reçu des hérétiques : de là l'erreur des *rebaptisants*; de là aussi cette dispute que le pape saint Étienne et saint Cyprien ont rendue si célèbre, et qui ne finit que par le martyre de l'un et de l'autre.

L'usage de l'Église a varié dans la manière d'administrer le baptême. On croit que les apôtres baptisèrent plus d'une fois par aspersion, lorsque des milliers de personnes, des peuplades entières se présentaient à la fois. La règle suivie jusqu'au douzième siècle fut de baptiser par *immersion*, en plongeant dans l'eau le corps de celui qui recevait le sacrement; les inconvénients, les dangers même de cette pratique y firent substituer le mode plus simple de l'*infusion* (l'affusion ?), généralement adopté aujourd'hui dans l'Église latine.

En effaçant la tache originelle, en rendant à l'homme sa première innocence, le baptême lui ouvre les portes de l'Église, et lui donne le droit d'aspirer à la vie éternelle. Celui qui est privé de ce sacrement demeure, au contraire, enveloppé dans la disgrâce commune, dans la malédiction prononcée contre la nature humaine, et n'a point de bonheur à espérer dans l'autre vie. Telle est la doctrine catholique. *Voyez* LIMBES.

On a donné assez improprement le nom de *baptême* à la bénédiction des cloches, sans doute à cause des grandes ablutions qui ont lieu dans cette cérémonie, peut-être aussi parce que les cloches sont présentées par des personnes que plus improprement encore, on nomme *parrains* et *marraines*. L'abbé C. BANDEVILLE.

BAPTÊME DE SANG. Les premiers chrétiens reconnaissaient trois sortes de baptême : 1° le baptême de l'eau, qui est celui que Jésus-Christ institua sur les bords du Jourdain; 2° le baptême de la *pénitence*, qu'il fonda sur le Calvaire, en pardonnant au larron converti qui expirait à son côté; 3° enfin le baptême de sang, qu'il institua encore en consommant le sacrifice de sa vie sur la croix. Ce dernier n'est donc autre chose que le martyre. « La vertu de l'esprit céleste, dit saint Thomas, est cachée dans le baptême d'ablution; le baptême de la pénitence la révèle par la componction du cœur; elle éclate au baptême de sang par tout ce que l'ardeur de l'amour a de plus brûlant. » « Au baptême de sang, dit saint Augustin, le prêtre est remplacé par les bourreaux, l'eau par le sang, l'imposition mystique des mains par les tortures; aussi, quand l'âme, à la voix du prêtre, est visitée par la grâce d'en haut, elle devient, aux coups des bourreaux, le temple même du Dieu vivant. C'est pourquoi saint Bernard remarque que le sang dispense du chrême, du sel et de la salive; car, ajoute-t-il, ce n'est que pour apprendre au chrétien à ne pas rougir de sa foi qu'on le signe au front avec le chrême; on n'approche le sel de ses lèvres que pour donner la discrétion à ses discours; on ne porte la salive aux sens de l'ouïe et de l'odorat que pour les ouvrir à la parole de la sagesse et à l'odeur d'une vie pure; l'onction sur la tête n'est faite que pour avertir de conserver la grâce de la foi. Or, le baptême de sang ouvre immédiatement les portes du ciel, qui est le but de la vie chrétienne; le baptême de sang est ainsi le pardon du péché originel et de tous les autres péchés, accordé à celui qui confesse la foi évangélique en présence des tortures et de la mort. »

BAPTÊME DU TROPIQUE, BAPTÊME DE LA LIGNE. L'origine de cette cérémonie bizarre remonte à l'époque de la découverte du Nouveau-Monde Les premiers navigateurs qui osèrent passer la zone torride, considérée jusque alors comme inhabitable, célébrèrent ce passage comme une sorte de baptême, comme s'ils recommençaient une existence nouvelle. Depuis, les matelots, et surtout les matelots français, ont en grand soin de perpétuer cet usage, qui est pour eux une source de profits.

Tout Européen qui passe pour la première fois le tropique du Cancer, est obligé de se soumettre au baptême du tropique. Les matelots ont le privilége exclusif de cette cérémonie. Le jour où l'on doit franchir le 23° degré 28 minutes, le gros gabier, chargé du rôle du dieu des mers, tresse sa barbe d'étoupes, apprête le harpon qui doit lui tenir lieu de trident, barbouille de peinture noire ou de goudron les petits mousses destinés à devenir les Tritons du nouveau Neptune, érige sur le gaillard d'arrière un autel portatif destiné à recevoir le serment des néophytes, et fait monter sur le pont toutes les machines hydrauliques du navire pour inonder de l'eau du baptême les catéchumènes qui se disposent avec un certain courage à braver l'inévitable aspersion.

Quand on arrive au fatal passage, Neptune monte dans la grande hune. Le capitaine se tient, grave et immobile, sur son banc de quart. Le dieu, muni d'un grand porte-voix, hèle le capitaine, et lui demande, du haut de son belvédère, le nom du bâtiment, le lieu de son départ, celui de sa destination, l'effectif de son équipage et de ses passagers, le nombre surtout des individus de diverses catégories qui n'ont pas payé leur tribut au souverain des mers.

Après les questions et les réponses d'usage, Neptune se met à grelotter de froid et fait pleuvoir sur ses nouveaux sujets une grêle de pois verts et de haricots secs, météore précurseur de l'aspersion qui s'apprête. L'Olympe alors descend sur le pont, et la saturnale maritime commence. Si le navire n'a pas passé le tropique, le capitaine se soumet avec empressement à une offrande pécuniaire pour priver du baptême du bâtiment. Chaque néophyte, les yeux bandés, est ensuite amené vers une cuve pleine d'eau. Avant de l'y plonger, qu'il ait ou n'ait pas de barbe, on le rase avec un sabre de bois; une eau farineuse ou une mixture de goudron servent de savon. Le grand prêtre de cette burlesque cérémonie, le dieu lui-même quelquefois, reçoit la confession du pénitent, qu'il lui, un signal donné, est impitoyablement enfoncé dans la cuve sur laquelle il était assis. Les pompes et les seaux font complétement le reste, pour peu que le prix attaché par le néophyte à son rachat ne satisfasse pas ses sauveurs. Dans tous les cas, on a soin de le pourvoir des mots de passe sacramentels qui doivent servir à faire savoir à tous les marins qu'il a déjà subi l'épreuve.

Des jeux et des divertissements terminent la cérémonie, qui fait diversion à la monotonie ordinaire d'une longue traversée. Le baptême du tropique n'exempte pas de celui de la ligne. Dans l'un et l'autre, une double ration est rarement refusée par le capitaine le moins généreux, et une liberté entière est accordée pour tout le jour à l'équipage afin de mettre le comble au burlesque de ces petites saturnales. Le loustic du gaillard d'arrière ne manque jamais de montrer à quelque passager crédule la ligne tropicale ou équinoxiale à l'aide d'une longue-vue sur l'objectif de laquelle il a placé diamétralement un cheveu. Le lendemain la discipline du bord reprend sa verge de fer, et le trident de Neptune cesse d'être le sceptre du monde.

BAPTES. C'étaient à Athènes les prêtres de Cotytto, déesse de l'impureté, dont ils célébraient les fêtes pendant la nuit, en se livrant à des chants impudiques et à des danses lascives. Ils tiraient leur nom du verbe grec βάπτειν, qui signifie *se baigner*, et de l'usage où ils étaient en effet de se baigner et de se parfumer avant la célébration de leurs mystères. Ils étaient du reste regardés comme les derniers des hommes, et Juvénal dit d'eux qu'à force d'infamie ils avaient lassé Cotytto elle-même. On rapporte qu'Eupolis ayant fait contre eux une comédie à laquelle il avait donné leur nom, les *baptes*, pour s'en venger, le plongèrent dans la mer.

BAPTISTE aîné (Nicolas Anselme, dit), acteur du Théâtre-Français, était né à Bordeaux le 18 juin 1761. Son père, *Joseph-François* Anselme, jouait les *premiers comiques* en province, et était fort goûté à Bordeaux, où il avait épousé Marie Bourdais, qui occupait, elle, au théâtre de cette ville, l'emploi des *reines*, qu'elle quitta plus tard pour prendre celui des *duègnes*. Du côté des Bourdais, il y eut un premier comique, frère de madame Baptiste, qui était à Rouen lors de la révolution de 1789, qui vint ensuite à Paris au théâtre alors appelé des Variétés, et que nous avons vu, sous l'Empire, jouant les *valets* au théâtre de la Porte-Saint-Martin. Un autre Bourdais alla en Russie jouer les *financiers*. Madame Dorval, qui a eu une si grande célébrité, était également une Bourdais du côté des Baptiste. Outre l'aïeul (*Joseph-François*), que nous avons cité plus haut, et que nous avons vu fort âgé et retiré du théâtre, violon à l'orchestre de la Comédie-Française, il y a eu Baptiste aîné, de qui nous allons parler ; Baptiste cadet, dont la biographie vient plus loin ; puis madame *Desmousseaux*, fille de Baptiste aîné, qui fut un des ornements du Théâtre-Français ; puis *Desmousseaux*, mari de celle-ci, qui, jeune encore, se retira du même théâtre, où il jouait avec avantage les *pères nobles* de la tragédie et de la comédie ; M. Baptiste, frère cadet de madame Desmousseaux, qui débuta en 1844 sur la même scène dans *les Raisonneurs* ; madame Baptiste, qui y débuta dans l'emploi des reines ; puis enfin Féréol, qui jouait les comiques au théâtre de l'Opéra-Comique. Dans les titres dramatiques de cette grande famille il est à propos de constater que les talents de Baptiste l'*ancien* et de Marie Bourdais, sa femme, furent connus et appréciés de Lekain, et même de Voltaire lorsqu'ils jouèrent à Genève ; qu'ils eurent ces deux hommes célèbres pour patrons dans quelques circonstances, et qu'enfin Baptiste aîné, alors âgé de quinze à seize ans, ne resta pas inconnu à l'auteur de *Zaïre*.

Il avait embrassé la même carrière que ses parents, et, après avoir joué avec succès à Bordeaux les *jeunes premiers* de la tragédie et de la comédie, il prit les *premiers rôles* des deux genres, et se trouvait à Rouen en 1790, fort applaudi dans cet emploi. Lorsque, la liberté des théâtres ayant été proclamée par l'Assemblée constituante, vingt spectacles nouveaux s'ouvrirent publiquement à Paris, Baptiste vint, en 1791, au théâtre dit *du Marais*, rue Culture-Sainte-Catherine, auquel Beaumarchais prenait, à titres divers, un fort vif intérêt. Là il se fit un nom dans *Robert chef de brigands*, drame en cinq actes et en prose, de Lamartellière, imité de la célèbre pièce de Schiller (*les Brigands*), qui fut représenté le 6 mars 1791.

Baptiste avait connu à Bordeaux Gaillard et Dorfeuil, acteurs et directeurs de théâtre de cette ville, qui venaient de faire construire à Paris, sur un emplacement dépendant du Palais-Royal et donnant sur la rue Richelieu, une nouvelle salle, dite tour à tour *du Palais-Royal*, *Théâtre-Français* et *Théâtre de la République*. Ils y engagèrent notre acteur qui leur apporta son *Robert chef des brigands*. C'était en 1792. Laissons parler un critique de l'époque : « Parmi les artistes qui ont débuté au Théâtre de la République, on doit remarquer particulièrement le citoyen Baptiste, et sa famille. Le citoyen Baptiste est un de ces talents rares et transcendants que la nature semble avoir formés exprès pour l'art auquel elle les destine. Cet acteur se distingue surtout par une profonde intelligence, une diction pure, un bon ton de comédie, et des intentions toujours prononcées, toujours vraies. Son épouse a de la sensibilité et l'habitude du théâtre. Sa mère a de la vérité et du comique dans les duègnes. »...

C'est, en effet, avec toutes ces qualités que nous avons vu longtemps Baptiste aîné au *Théâtre-Français*. Il avait pris l'emploi des *pères nobles*, qu'il ne tint cependant pas en chef dans l'origine, parce que, lors du retour des anciens comédiens, qui, après avoir joué au théâtre Feydeau, revinrent au Théâtre de la République en 1796 et reprirent leur qualité de sociétaires par ordre et rang d'ancienneté, il ne fut admis pour la tragédie et la comédie que comme *remplaçant* de Monvel, Saint-Prix, Vanhove et Naudet. Ceux-ci, néanmoins, si l'on en excepte Monvel, n'approchaient pas de son talent. Il était grand, plein de noblesse et de distinction dans ses manières ; et quoique sa prononciation fût un peu *nasale*, il *disait* avec pureté, justesse, élégance. Il jouait avec une grande supériorité le *Philosophe sans le savoir*, Euphémon père (*Enfant prodigue*), le père du *Glorieux*, le père du *Dissipateur*, le *Père de famille*, Westein (*Tom Jones*), et marqua surtout d'une ineffaçable originalité le rôle du capitaine dans le drame des *Deux Frères*. Il créa, en outre, un grand nombre de rôles importants, notamment dans *les Quatre Ages*, de Merville ; *Orgueil et Vanité*, de Soucques ; *la Manie des Grandeurs*, de Duval ; *l'Agiotage*, de Picard ; *Chacun de son côté*, de M. Mazères, etc., etc. Ses mœurs étaient bonnes, douces, ses manières affables et distinguées ; il était sans cesse entouré de sa famille, qu'il chérissait autant qu'il en était aimé et respecté.

Comme professeur de déclamation au Conservatoire, il a formé pour nos divers théâtres des élèves qui ont fait honneur à ses leçons : aux Français, sa fille (madame Desmousseaux) et son gendre, mademoiselle Demerson, Cartigny ; à l'Opéra, Adolphe Nourrit et Levasseur ; à l'Opéra-Comique, Ponchard et sa femme ; madame Boulanger ; Féréol, son neveu. Après trente-sept années de services, Baptiste aîné quitta le théâtre le 1ᵉʳ avril 1828, et se retira à Batignolles, où il mourut, et fut inhumé dans le cimetière de cette commune le 30 novembre 1835.

A. Delaforest.

BAPTISTE cadet (Paul-Eustache Anselme, dit), né à Grenoble, le 8 juin 1765, suivit la carrière de son père, sa mère, de son frère, soit qu'il se trouvait à Rouen en 1790, et qu'il accompagna à Paris l'année suivante. Après avoir joué en province les *amoureux*, il débuta au théâtre du Marais dans les *seconds comiques* et les *grimes*. Mais il n'y resta que peu de temps, et grossit bientôt la troupe qui s'était formée au Palais-Royal, sous la direction de mademoiselle Montansier. Ce petit théâtre, devenu célèbre à plus d'un titre, avait pris le nom de sa fondatrice. Il en est sorti des talents de premier ordre, entre autres mademoiselle Mars. Baptiste cadet était entré à ce spectacle. Avant d'arriver au comique, il traversa le bouffon, et commença à jouer les *niais*. Il fut le prédécesseur de Brunet en créant le type des *Jocrisse*, et procura à une espèce de pièce de son répertoire, *le Sourd, ou l'Auberge pleine*, une vogue extraordinaire. La pièce et l'acteur passèrent au théâtre des *Variétés amusantes*, qui devint ensuite le théâtre de la rue de Richelieu, puis le *Théâtre de la République*, et où Baptiste cadet retrouva son frère, qui y était venu du théâtre du Marais. Ni l'un ni l'autre n'y purent déployer de longtemps les talents qu'ils y montrèrent plus tard. De là il échappa au théâtre Feydeau ; d'où il retourna à celui de la République, devenu Théâtre-Français, pour y tenir en chef l'emploi des comiques.

Baptiste cadet, non moins soigneux que son frère aîné dans l'étude et la composition de ses rôles, était beaucoup plus que lui favorisé de la nature ; il avait un *masque* éminemment comique, une voix plaisante et mordante, une facilité de gestes simples et d'un naturel si parfait qu'il était presque impossible d'apercevoir le comédien sous les traits du personnage qu'il représentait. Niais sans bêtise, sans charge, malicieux sans grimace, soit dans des rôles créés, soit dans l'ancien répertoire, rien n'était plus comique, plus plaisant, non-seulement sans bouffonnerie, mais même avec une sorte de grâce et de distinction relatives, que Baptiste cadet dans *le Sourd*, *les Héritiers*, *les Plaideurs*, *les Étourdis*, *les Femmes savantes*, et, par dessus tout, dans *les Fourberies de Scapin* (Argan), *le Mariage de Figaro* (Brid'Oison). Il passa près de trente ans au Théâtre-Français, où il avait été reçu comme sociétaire dès l'origine de la réunion des troupes. Après sa retraite il reparut encore une fois sur la scène, au théâtre Ventadour, dans une représentation au bénéfice de son parent, Féréol, acteur de l'Opéra-Comique, et joua le rôle de Brid'Oison. Mais l'affaiblissement de sa voix et de ses moyens ne permit ni à ses anciens admirateurs ni aux spectateurs qui ne l'avaient jamais vu de retrouver ou de connaître l'excellent comédien qui avait survécu à sa grande et juste réputation, et qui mourut quelques années après, à Paris, le 31 mai 1839. A. DELAFOREST.

BAPTISTÈRE. On appelle ainsi le lieu ou l'édifice dans lequel on conserve l'eau pour baptiser. Les premiers chrétiens, suivant Tertullien, n'avaient d'autres baptistères que les fontaines, les rivières, les lacs ou la mer qui se trouvaient le plus à portée de leurs habitations. Quand la religion chrétienne fut devenue celle des empereurs, outre les églises, on bâtit des édifices particuliers uniquement destinés à l'administration du *baptême*, et que, par cette raison, on nomma *baptistères*.

On confond aujourd'hui le *baptistère* avec les *fonts baptismaux*; anciennement, on distinguait positivement ces deux choses : par *baptistère* on entendait tout l'édifice où l'on administrait le baptême, et les *fonts* n'étaient autre chose que la fontaine ou le réservoir qui contenait les eaux pour le baptême. Les baptistères séparés des églises ont subsisté jusqu'à la fin du sixième siècle, où l'on commença à en voir quelques-uns placés dans le vestibule intérieur de l'église, tels que celui où Clovis reçut le baptême des mains de saint Rémi. Cet usage est ensuite devenu général, si l'on en excepte un petit nombre d'églises qui ont retenu l'ancien, comme celles de Florence et de toutes les villes épiscopales de Toscane, la métropole de Ravenne et l'église de Saint-Jean de Latran à Rome. Ces édifices, pour la plupart, étaient d'une grandeur considérable. Selon la discipline des premiers siècles, le baptême ne se donnait alors que par immersion, et (hors le cas de nécessité) seulement aux deux fêtes les plus solennelles de l'année. Le concours prodigieux de ceux qui se présentaient au baptême, la bienséance qui voulait que les hommes fussent baptisés séparément des femmes, exigèrent de vastes édifices. Ainsi le *baptistère* de l'église de Sainte-Sophie, à Constantinople, était si spacieux qu'il servit d'asile à l'empereur Basilisque, et de salle d'assemblée à un concile fort nombreux. Le plus ancien de tous les baptistères, et peut-être le premier monument de la religion chrétienne, est le *baptistère* de Saint-Jean de Latran, dit de *Constantin*, quoiqu'il soit faux que cet empereur y ait reçu le baptême, puisqu'on sait qu'il fut baptisé à Nicomédie, peu de temps avant sa mort.

Les Romains appelaient aussi, dans leurs bains, *baptisterium* un grand bassin où l'on pouvait se laver plusieurs ensemble et même nager. Pline le jeune en avait un dans sa maison de campagne. On donnait encore ce nom à des baignoires portatives.

BAPTISTES. C'est sous cette dénomination que se désignent eux-mêmes les sectaires qui ne croient pas à l'efficacité du baptême donné aux enfants, et qui ne l'administrent qu'aux adultes; sectaires très-nombreux, comme on sait, en Angleterre, et à qui leurs adversaires donnent tantôt le nom d'*antipédobaptistes*, qui veut dire : opposés au baptême des enfants; tantôt celui d'*anabaptistes*. *Voyez* t. Ier, p. 517.

BAR ou **BARS** (*Ichthyologie*). Ce poisson, connu dans beaucoup d'endroits sous le nom de *loup*, sans doute à cause de sa voracité, ressemble à la perche d'eau douce. Très abondant dans la Méditerranée, le bar a les opercules écailleux, les sous-orbitaires sans dentelures, le préopercule dentelé. Son dos présente deux dorsales; les ventrales sont thoraciques et insérées sous les pectorales. La couleur du bar est gris-bleu d'acier à reflets argentés sur le dos et tout à fait blanc sous le ventre. Ce poisson a ordinairement 60 à 80 centimètres de longueur; mais on assure en avoir pris de beaucoup plus grands et du poids de dix kilogrammes. On en rencontre une variété tachetée dans l'Océan, dans la Méditerranée, et principalement sur les côtes d'Égypte.

Les caractères du bar s'étant retrouvés dans plusieurs espèces d'Amérique et des Indes, M. Valenciennes en a fait un genre très-voisin des perches, mais qui s'en distingue par la présence de dents sur la langue et par l'absence de dentelures aux sous-orbitaires, aux sous-opercules et à l'interopercule.

BAR (comtes, puis ducs de). Le comté, puis duché de Bar, était situé entre la Lorraine et la Champagne : au nord, il avait pour limites le Luxembourg, et au midi la Franche-Comté. Il enclavait plusieurs portions des provinces de Lorraine, de Champagne, du Verdunois et du Toulois. Les bailliages de Bar et de la Marche étaient dans le ressort du parlement de Paris : c'est ce qu'on appelait *Barrois mouvant*; le surplus du Barrois était du parlement de Nancy; c'était le *Barrois non mouvant*. Bar-le-Duc était la capitale du Barrois. Compris originairement dans le pays des Leuquois, le Barrois prit ce nom dès le commencement du huitième siècle. Ses possesseurs portèrent le titre de ducs depuis 958 jusque vers 1034, époque à laquelle ils l'échangèrent pour celui de comtes. En 1355, ils revinrent à la qualification de ducs, qu'ils ne quittèrent plus.

FRÉDÉRIC ou FERRI Ier, fils de Wigaric, comte du palais sous le roi Charles le Simple, était en possession du comté de Bar dès 951. Il paraît qu'il lui fut conféré par Othon Ier, roi de Germanie, en faveur de son mariage avec Béatrix, nièce de ce prince et sœur de Hugues-Capet. Il fut créé en 959 duc de la haute Lorraine, dite Mosellane, et mourut en 984. THIERRI Ier, son fils, lui succéda et mourut vers 1024. A celui-ci succéda FRÉDÉRIC ou FERRI II, qui ne laissa que deux filles, dont l'aînée, *Sophie*, avait épousé Louis, comte de Mousson et de Montbéliard, Eudes, comte de Champagne, assiégea, en 1037, le château de Bar, et l'emporta d'assaut; mais bientôt après, ce comte ayant été tué dans une bataille contre le duc de Lorraine Gothelon, la place fut rendue à Sophie, qui mourut en 1093, plus de vingt ans après son mari.

THIERRI II succéda à son père dans les comtés de Mousson et Montbéliard, mais il n'obtint celui de Bar qu'à la mort de Sophie sa mère. THIERRI III, second fils de Thierri II, lui succéda dans les comtés de Montbéliard et de Bar. Mais s'étant rendu odieux aux sujets de ce dernier, il fut obligé de le céder peu de temps après à Renaud son frère.

RENAUD Ier, dit *le Borgne*, ne sut pas beaucoup mieux se faire aimer des Barrois. Il perdit et reprit plusieurs fois la ville de Verdun, sans pouvoir jamais la conserver. En 1147, il accompagna Louis le Jeune à la croisade, et mourut en 1150, peu de jours après son retour. RENAUD II, son fils, lui succéda, et s'attira de longues guerres, par les vexations dont il accablait ses voisins. La médiation de saint Bernard eut grand'peine à prévenir la guerre qui allait éclater entre ce prince et les habitants de Metz. Renaud II mourut en 1170. HENRI Ier, son fils aîné, lui succéda en bas âge, sous la tutelle d'Agnès de Champagne, sa mère. Il fut excommunié pour avoir pris les armes contre l'évêque de Verdun. En 1189 il partit avec Philippe-Auguste pour la

Terre Sainte; et il mourut en 1191, au siége d'Acre. THIBAUT Ier, son frère, lui succéda. En 1193 il épousa en troisièmes noces Ermanson, fille de Henri-l'Aveugle, comte de Namur et de Luxembourg, âgée de sept ou huit ans. Cette princesse lui apporta ses prétentions sur ces deux comtés; mais il ne put les faire valoir contre Baudoin V, comte de Hainaut. En 1207 il fit avec succès la guerre à Ferri II, duc de Lorraine, son gendre. En 1211 il se croisa contre les Albigeois. Il mourut en 1214.

HENRI II, son fils, lui succéda. Il se distingua à Bouvines, ravagea à plusieurs reprises la Lorraine et la Champagne, fut fait prisonnier en Bourgogne par Jean de Châlons et Henri de Vienne. En 1239 il s'embarqua pour la Palestine, et périt en 1240, dans un combat contre les infidèles.

THIBAUT II, son fils, fut fait prisonnier dans une bataille contre Guillaume II, comte de Hollande, en 1253. Il eut à soutenir de 1265 à 1268, contre Henri, comte de Luxembourg, son beau-frère, une guerre qui se termina par la médiation de saint Louis. Il eut aussi des démêlés avec Laurent, évêque de Metz; acquit, en 1292, du duc de Lorraine Ferri III, la châtellenie de Longwi, et mourut en 1297.

HENRI III fut le successeur de Thibaut, son père. Il servit avec zèle Édouard Ier, roi d'Angleterre, son beau-père, contre Philippe le Bel. En 1297 il fit une irruption dans la Champagne. La reine Jeanne de Navarre marcha contre lui, le battit près de Comines, et le fit prisonnier : il ne recouvra en 1301 sa liberté qu'en « rendant hommage au roi de France du comté de Bar, avec sa châtellenie et tout ce qu'il y tenait en franc-aleu par-deçà la Meuse. » On assure que, peu de temps après la conclusion de ce traité, la noblesse du Barrois s'assembla et protesta contre ce que le comte avait fait, prétendant qu'il n'était pas en son pouvoir d'aliéner sa souveraineté, qui de tout temps avait été indépendante. La même année Henri s'embarqua pour aller au secours du royaume de Chypre, attaqué par le sultan d'Égypte. Il obtint quelques avantages, et mourut en 1302, à son retour.

ÉDOUARD Ier succéda en bas âge au comte Henri, son père. Fait prisonnier en 1309 par Thibaut, duc de Lorraine, il se trouva plus tard à la bataille de Cassel avec Philippe de Valois, et mourut à Chypre, en 1337. Il eut pour successeurs HENRI IV et ÉDOUARD II, qui ne firent rien de remarquable.

ROBERT, frère de ce dernier, prit part à plusieurs guerres contre la Lorraine et épousa Marie de France, fille du roi Jean, pour qui Jean d'Arras composa le *roman de Mélusine*. ÉDOUARD III, son fils, fut tué avec Jean, son frère, à la bataille d'Azincourt, en 1415. Il laissait pour seul héritier son frère LOUIS, cardinal-évêque de Châlons-sur-Marne, qui se démit, en 1419, en faveur de René d'Anjou, son petit-neveu. Adolphe VIII, duc de Berg, fit à René une guerre malheureuse pour faire valoir ses prétentions au duché de Bar, au nom d'Yolande, sa femme, sœur du cardinal Louis. Il fut obligé de renoncer à tous ses droits.

En 1451 la réunion projetée des duchés de Bar et de Lorraine sur la tête de René s'effectua par la mort de Charles II. Depuis, le duché de Bar suivit le sort de la Lorraine.

BAR, petite ville de l'Ukraine, dans le gouvernement russe de Podolie, bâtie sur le Boug et peuplée de 2,500 habitants, fut fondée par Bona Sforza, épouse du roi Sigismond Ier de Pologne, et est demeurée célèbre dans l'histoire par la *confédération* qu'y forma une partie de la noblesse polonaise pour résister à l'influence russe, qui dominait le roi Stanislas-Auguste, et pour assurer la suprématie du catholicisme en Pologne. Adam Krasinski, évêque de Kaminiec, conçut la première idée de cet acte patriotique; le staroste Joseph Pulawski la mit à exécution, et le 29 février 1768 huit gentils-hommes signèrent l'acte original de la confédération. De nombreuses adhésions ne tardèrent pas à arriver de toutes les parties de la Pologne, et la confédération eut pour résultat de diviser la noblesse en deux camps. Quand les Russes prirent Bar d'assaut, le 28 mai 1768, les confédérés se réfugièrent en Valachie, et plus tard à Teschen. Ils déclarèrent le roi Stanislas-Auguste déchu du trône, et ce furent leurs partisans qui, en 1771, l'enlevèrent de Varsovie. Le pape et le ministère français présidé par Choiseul soutinrent d'abord les *confédérés de Bar*, dans les rangs desquels Dumouriez et Kellermann vinrent combattre les Russes, qui ne réussirent qu'après une lutte de quatre années à complétement réprimer et étouffer cette confédération.

BAR (ADRIEN-AIMÉ FLEURY DE), général de division, sénateur, est né à Thiais (Seine) le 13 décembre 1783. Il s'engagea en 1805 comme volontaire dans le quinzième régiment de ligne, et fit les campagnes de Portugal, d'Allemagne et de la Grande Armée, passant successivement par tous les grades. Il se conduisit vaillamment à Bautzen, où il fut atteint d'une balle qui lui traversa le bas-ventre. Deux ans après, à peine rentré des prisons de l'ennemi, il reçut un coup de feu au bras gauche à la bataille de Waterloo, où il combattait au premier rang, comme chef de bataillon au 151e de ligne. En 1823, à l'époque de la guerre d'Espagne, de Bar était lieutenant-colonel du 20e léger. La révolution de juillet le trouva colonel, commandant le 44e de ligne, et, quelques années après, il était appelé comme maréchal de camp au commandement de la Haute-Garonne et du Tarn, puis mis à la disposition du gouverneur général de l'Algérie.

Lors de son arrivée en Afrique, les hostilités reprenaient une nouvelle vigueur dans nos provinces de l'ouest. L'exemple des défections qui venaient chaque jour accroître la puissance d'Abd-el-Kader pouvait devenir contagieux et ramener peut-être encore l'ennemi aux portes d'Alger. Il fallait donc combattre l'émir avec acharnement, lui disputer le terrain pied à pied, le poursuivre sans relâche, l'affaiblir par des attaques incessantes, et consommer sa ruine par une éclatante victoire. Nul ne parut plus digne de cette mission que le général de Bar. Envoyé par le gouverneur général à la rencontre d'Abd-el-Kader, qui se dirigeait sur Cherchell, il le battit trois jours consécutifs, lui tua une partie de son monde, et l'obligea à se jeter dans les montagnes de Gouraya, où le général Changarnier acheva ce que le général de Bar avait commencé. Plusieurs succès brillants en différentes rencontres le signalèrent au maréchal Bugeaud, qui ne tarda pas à le faire nommer lieutenant général et à l'appeler auprès de lui afin de l'initier aux questions administratives de son gouvernement. Le général de Bar, en sa qualité de doyen des lieutenants généraux employés en Afrique, a plusieurs fois rempli, à cette époque, les fonctions de gouverneur par intérim, quand les intérêts de la colonie appelaient le maréchal en France ou l'obligeaient à se mettre en campagne.

La révolution de Février fit mettre le général de Bar à la retraite. Après les événements de mai, chaque légion de la garde nationale de Paris voulut avoir un général pour colonel : le général de Bar devint colonel de la 3e légion. Candidat de l'Union électorale aux élections complémentaires du 8 juillet 1849, il fut élu membre de l'Assemblée législative pour le département de la Seine. Il brilla peu toutefois dans cette assemblée, et depuis les événements du 2 décembre 1851 nous l'avons vu successivement membre de la Commission consultative et du Sénat.

BAR-LE-DUC, ville de France, chef-lieu du département de la Meuse, située en partie sur le penchant d'une colline et en partie dans une plaine arrosée par l'Ornain, d'où elle prend quelquefois aussi le nom de *Bar-sur-Ornain*, peuplée de 12,673 habitants, avec un tribunal de première instance, un tribunal de commerce, un collége, une école normale primaire départementale, et une bibliothèque publique. L'industrie y est très-active; on y compte quatre imprimeries, des filatures de coton, des fabriques de bonneterie, rouennerie, siamoises, dentelles, blondes, mouchoirs et calicots. Le commerce consiste encore en planches de sapin des Vosges, et en planches de chêne, en excellents vins rouges, eaux-de-vie, bière, huiles, et en confitures de groseilles très-estimées. Bar-le-Duc est divisé en haute et basse ville, et l'on n'arrive à la première que par des chemins escarpés. On y remarque l'église Sainte-Maxime, celle des Carmes et le palais de justice. La ville basse, où se concentre principalement le commerce, a une belle rue plantée d'arbres. On prétend que Bar-le-Duc existait déjà au cinquième siècle ; son premier comte, Frédéric, fit rebâtir le château qui dominait la ville pour servir aux Lorrains de boulevard contre les incursions des Champenois. Louis XIII prit cette ville en 1632.

BAR-SUR-AUBE, ville de France, chef-lieu d'arrondissement dans le département de l'Aube, à 45 kilomètres est de Troyes, sur la rive droite de l'Aube, avec une population de 4,000 âmes, un grand commerce de grains et de vins, des distilleries d'eau-de-vie, des mégisseries, etc. Cette ville, fort ancienne, à en juger par les nombreuses antiquités qu'on y trouve, fut détruite par les Huns et rebâtie vers la fin du cinquième siècle. Elle devint un comté particulier lors de l'établissement du régime féodal. Réunie à la couronne avec le reste de la Champagne, elle fut vendue, plus tard, par Philippe le Long, rachetée par les habitants, qui voulaient lui conserver le titre de *ville royale*, et réunie de nouveau au domaine de la couronne, avec cette clause, que les rois de France ne pourraient plus la vendre ni l'aliéner.

Bar-sur-Aube est surtout célèbre dans l'histoire des dernières luttes de la grande armée pour défendre pied à pied le sol de la France envahi par les puissances étrangères. La défaite du corps du prince de Wurtemberg à Montereau, le 18 février 1814, avait désorganisé le système d'opérations de l'armée des coalisés, en livrant à l'empereur Napoléon le passage de la Seine, et en lui fournissant les moyens de prendre en flanc les corps ennemis, gauchement placés ou plutôt disséminés le long de cette rivière. Les chefs de cette coalition, ne voyant d'autre remède à cette faute qu'une prompte concentration de toutes leurs forces, s'étaient hâtés de se mettre en retraite sur Troyes, où cette concentration devait avoir lieu. Le 23, leurs différents corps, montant à 220,000 hommes, dont 50,000 chevaux, étaient réunis autour de cette ville. L'armée française n'en comptait que 63,000, dont 15,000 chevaux ; tout semblait donc présager une bataille générale, que Napoléon était avec raison décidé à livrer. Mais les coalisés craignaient jusqu'au moindre mouvement sur leurs derrières : ils apprirent que le corps de 26,000 hommes qu'Augereau commandait sur le Rhône, ayant fait un mouvement en avant, occupait Chambéry en menaçant Genève, et le cœur leur manqua. Ils se décidèrent donc à continuer provisoirement leur retraite ; mais, pour masquer leurs intentions, ils offrirent encore de traiter, et proposèrent la réunion immédiate de nouveaux commissaires. En même temps leurs troupes repassaient, le 24, l'Aube à Bar. Le corps seul du Prussien Blücher, avec l'espoir d'arriver à Paris avant ses camarades attirait sur de côté, se sépara d'eux en se dirigeant sur la Marne.

Ce mouvement excentrique obligea Napoléon à changer son plan d'opérations. Ayant appris le 25 que Blücher se dirigeait sur Meaux, l'empereur quitta Troyes pour le suivre et le combattre, confiant la défense de l'Aube à deux de ses lieutenants. Le duc de Reggio, avec les 2e et 7e corps d'infanterie, les 2e et 6e de cavalerie, fut chargé de surveiller les passages de Bar-sur-Aube et de Doulaincourt ; le duc de Tarente, avec le 11e corps et le 5e de cavalerie, eut mission de protéger ceux de la Ferté-sur-Aube et de Clairvaux. Le premier avait 20,000 hommes et 6,000 chevaux ; le second, 7,000 hommes et 4,000 chevaux. Dès que les coalisés apprirent que Napoléon, avec une partie de son armée, se disposait à repasser l'Aube pour marcher contre Blücher, ils se décidèrent eux-mêmes à reprendre l'offensive et à marcher de nouveau sur Troyes en deux colonnes. Celle de droite, composée des corps de Wrède et de Wittgenstein, forts de plus de 50,000 hommes, devait forcer le passage de l'Aube à Bar, et se diriger par Vandœuvres ; celle de gauche, formée des corps de Wurtemberg et de Giulay, forte de plus de 40,000 hommes, devait passer à la Ferté, et se diriger par Bar-sur-Seine. Le mouvement était fixé au 27 au matin ; mais le général de Wrède s'étant imaginé qu'il suffisait d'un grand bruit de canons et de tambours pour se rendre maître de Bar, ne balança pas à l'attaquer ainsi dès le 26 au soir. Les murs de la ville, plus solides que ceux de Jéricho, tinrent ferme, et cette équipée coûta un millier d'hommes aux Bavarois. Le duc de Reggio était tellement tranquille dans ses positions, que non-seulement il avait renvoyé au Maguy-Fonchard l'artillerie du 7e corps, mais qu'il avait négligé de garder et d'assurer sa gauche, en sorte qu'il aurait été surpris le 27 au matin, si des fourrageurs envoyés vers Arentières ne fussent venus l'avertir de la présence de l'ennemi, qui arrivait sur ce point.

Vers dix heures du matin, ce fut le général de Wrède qui engagea le combat en faisant attaquer la ville de Bar par ses tirailleurs. A peu près en même temps, le corps de Wittgenstein arrivait sur les hauteurs d'Arentières, et, se déployant à droite sur Arsonval, s'engageait avec les trois brigades de la division Leval. Nos soldats se défendirent avec la plus grande valeur, malgré la disproportion du nombre, et obtinrent même des succès dans les premiers moments ; mais le duc de Reggio, redoutant le danger où allaient se trouver des troupes tout à fait privées d'artillerie, se vit forcé d'emprunter une batterie au corps du général Gérard, qui formait sa droite. Cette faible défense fut bientôt mise hors de combat par les batteries dix fois plus nombreuses. Une charge de la cavalerie russe fut enfoncée par la division Jacquinot, et le désordre se mit dans l'infanterie ennemie ; mais, soutenue par la cavalerie du général Pahlen, elle se raffermit. Plus tard, une triple charge de la cavalerie du général Treilhard contre les nombreuses batteries ennemies ayant échoué, le duc de Reggio, voyant l'impossibilité de soutenir plus longtemps un combat inégal, ordonna la retraite de son aile gauche. Elle se fit avec fermeté et en bon ordre par Ailleville, nos troupes repassant l'Aube sur le pont de Doulaincourt et prenant position à l'autre rive. En même temps, le duc de Reggio faisait évacuer la ville de Bar, que le général de Wrède put alors occuper, après avoir inutilement fait tuer ses soldats devant les murs. Le combat nous coûta environ 2,000 morts ou blessés ; l'ennemi en perdit près de 3,000. L'évacuation de Bar obliga le duc de Tarente à quitter ses positions le 28, pour se joindre à son collègue.

Gal G. DE VAUDONCOURT.

BAR-SUR-SEINE, ville de France, chef-lieu d'arrondissement dans le département de l'Aube, à 32 kilomètres sud-est de Troyes, sur la rive gauche de la Seine, avec une population de 2,350 habitants, un beau pont, de jolies promenades, un grand commerce de vins communs, d'eau-de-vie, de bois, de chanvre, de laines, de droguets, de bonneterie et de cuirs. C'est une ancienne ville, autrefois fortifiée.

Les affaires qui eurent lieu sous les premiers jours de février 1814, entre l'armée française et les troupes alliées, forment un des épisodes de l'admirable drame militaire qui vivra éternellement dans l'histoire, sous le nom de *campagne* de 1814. La première attaque tentée le 3 février contre la ville par l'avant-garde ennemie, aux ordres du prince Maurice de Lichtenstein, fut vivement repoussée par une division de la vieille garde, commandée par le général Michel, lequel prit le lendemain l'offensive et rejeta l'ennemi à quelques lieues, quoiqu'il lui fût de beaucoup inférieur en forces. Le 5, le prince Schwartzenberg opéra un mouvement général pour forcer Napoléon à abandonner Troyes, et menaça ses derrières en le faisant tourner par la route de Bar-sur-Seine ; mais Napoléon sut déjouer cette manœuvre, et Colloredo, ayant tenté de s'emparer du pont de la Guillotière, fut vigoureusement repoussé par le général Gérard, qui lui tua 400 hommes.

BARABALLA DE GAËTE (L'abbé), poëte ridicule du seizième siècle, qui rimait *invita Minerva*, et qui, suivant l'usage de ses malheureux confrères de tous les temps et de tous les pays, s'imaginait de la meilleure foi du monde n'enfanter que des chefs-d'œuvre : aussi acceptait-il comme l'expression de la vérité les compliments les plus exagérés, les louanges les plus emphatiques. Il en vint à se croire un autre Pétrarque, illusion qui prêtait trop à rire pour qu'à la cour de Léon X, dont ce malheureux abbé était le contemporain, on ne s'amusât pas à ses dépens. On fit mieux : de mauvais plaisants résolurent un jour de lui décerner les honneurs du triomphe, et de le couronner au Capitole, comme l'avait été autrefois le chantre immortel de Laure. Les représentations de sa famille ne purent jamais convaincre Baraballa qu'il était victime d'une mystification : il n'y vit que le résultat d'une basse jalousie, et laissa faire ses prétendus admirateurs, qui le juchèrent sur le dos d'un éléphant récemment offert en présent au pape par le roi de Portugal, et le conduisirent ainsi en grande pompe au Capitole, au milieu des huées et des éclats de rire de la foule. Paul Jove, qui rapporte le fait, ajoute que c'était un triste spectacle à voir que celui de ce vieillard devenu le jouet d'une multitude railleuse et l'objet de ses inhumaines risées. Le noble animal auquel on faisait jouer un rôle dans cette farce indécente sembla même honteux de s'y prêter davantage : quand le cortége arriva au pont du château Saint-Ange, il refusa d'aller plus loin, et entra dans une si violente fureur, que l'abbé Baraballa dut s'estimer heureux de pouvoir descendre de son dos sain et sauf, en fut réduit à aller à vied, revêtu de la *toga palmata* et du *lato clavo* des anciens Romains, recevoir la couronne dérisoirement décernée à une vanité sans bornes comme sans excuse.

BARADLO. *Voyez* ACTÉLEK.

BARAGUAY-D'HILLIERS (LOUIS) naquit à Paris, vers 1760, et entra, en 1785, dans la carrière des armes. Bien qu'issu d'une famille noble, il embrassa avec ardeur, en 1789, la cause de la révolution, et obtint en 1792 le grade de capitaine. Il fut employé à l'état-major, et remplit les fonctions d'aide de camp auprès des généraux Crillon et Labourdonnaye. Chargé de l'organisation du bataillon des *Alpes*, il servit sous Custine, dont il gagna l'affection. Devenu son sous-chef d'état-major à l'armée du Rhin, il fit avec lui la guerre du Palatinat, et s'y signala par ses qualités guerrières et par ses talents administratifs. Telle était même à cet égard sa réputation que, nommé bientôt général de brigade, il fut proposé pour le ministère de la guerre. Mais l'esprit soupçonneux de la démocratie avait pénétré dans les camps. Le général Custine fut mandé à Paris pour rendre compte de sa conduite. Baraguay-d'Hilliers l'y accompagna, et l'y défendit avec courage; le fait qu'il ne traduise pas lui-même devant le tribunal révolutionnaire. Custine avait été condamné et exécuté ; son ami, plus heureux, échappa à l'échafaud ; mais il ne fut rendu, néanmoins, à la liberté qu'après le 9 thermidor.

Attaché à l'armée de l'intérieur, Baraguay-d'Hilliers combattit pour la Convention dans les journées de prairial, et se fit soupçonner de connivence avec les sections parisiennes au 13 vendémiaire. La mollesse de son général en chef, Menou, donna lieu à ce fait, qui était dénué de fondement. Baraguay-d'Hilliers obtint ensuite le commandement d'une division dans l'Ouest, mais ce fut pour passer bientôt en Italie, où il fut nommé gouverneur de la Lombardie. Il se distingua à la seconde bataille de Rivoli, à la prise de Bergame, et prit part au plus grand nombre des journées glorieuses qui signalèrent les immortelles campagnes de 1796 et 1797. Ce fut lui qui planta le drapeau tricolore sur la place Saint-Marc, à Venise, lorsque l'armée française entra dans cette ville pour y tirer vengeance des *Vêpres vénitiennes*. Le commandement de cette place importante lui fut confié, et il l'exerçait encore lorsque la nouvelle des événements du 18 *fructidor* lui parvint. Baraguay-d'Hilliers imita son général en chef, et se prononça pour le Directoire.

Destiné à faire partie de l'expédition d'Égypte, il s'embarqua à Gênes, contribua à la prise de Malte, et reçut une mission pour la France. Surpris en mer par les Anglais, il tomba en leur pouvoir, et obtint d'être mis en liberté sur parole. Cependant le Directoire avait ordonné qu'il aurait à rendre compte de sa conduite devant un conseil de guerre. Baraguay-d'Hilliers n'eut pas de peine à se justifier. Après son acquittement, il servit à l'armée du Rhin, où il commanda l'aile gauche de la division Lecourbe. A l'issue de la campagne, il fut chargé de la défense de Landau, qu'il préserva de l'incendie lors de l'explosion du magasin à poudre. En l'an VIII, il suivit Moreau en Allemagne, et n'y montra pas moins de bravoure et d'intelligence qu'en Italie. Envoyé dans le pays des Grisons, il fut nommé, au retour, inspecteur général d'infanterie. Napoléon l'appela, en l'an XI, à la présidence du collège électoral de l'Eure, qui le choisit pour candidat au Sénat conservateur. Il reçut, peu de temps après, la croix de grand-officier de la Légion d'Honneur et le titre de colonel général des dragons. A la campagne d'Austerlitz, en 1805, il commanda la réserve de la cavalerie. En 1808 il reprit le commandement de Venise, et assista un an après à la bataille de Raab, sous les ordres du prince Eugène. Il passa de là en Espagne, fit partie de l'armée de Catalogne, et y soutint son ancienne réputation. Puis l'Empereur l'appela auprès de lui à l'armée du Nord. Il eut sa part de la gloire et des misères de la campagne de Russie. Accablé par les malheurs de la France, et succombant à ses fatigues et à ses souffrances personnelles, il ne put revoir sa patrie, et mourut à Berlin au milieu des désastres de cette grande armée dont il avait été l'un des chefs les plus capables et les plus intrépides.

Outre un fils dont nous allons parler, il laissait deux filles : l'une épousa le général Foy, l'autre le général Damrémont. LAURENT (de l'Ardèche).

BARAGUAY-D'HILLIERS (ACHILLE), général de division, vice-président du Sénat, grand cordon de la Légion d'Honneur, fils du précédent, est né à Paris, le 6 septembre 1795. A l'âge de onze ans il était incorporé dans le 9e régiment de dragons, d'où il passait, en 1807, élève au Prytanée militaire, pour en sortir, sur la fin de 1812, sous-lieutenant de chasseurs à cheval. Lieutenant aide de camp du duc de Raguse, en 1813, il avait le poignet gauche emporté par un boulet de canon à la bataille de Leipzig. Cette glorieuse blessure lui valut plus tard, de la part des Arabes, le surnom de *Bou-Dra* (père du Bras).

Capitaine en 1814, il passa dans les grenadiers à cheval de la garde royale l'année suivante, et, parfaitement rallié à la cause des Bourbons, nous le retrouvons lieutenant-colonel du 2e de ligne en 1827 ; il sortit de ce régiment pour prendre part à l'expédition d'Alger, et passa en 1830, avec son grade, dans le 1er léger, dont il fut nommé colonel cinq mois après. Appelé, en 1833, à un commandement à l'école de Saint-Cyr, il eut à y réprimer un mouvement républicain ; il fut récompensé de son action en chef de cette école quand il fut promu maréchal de camp en 1836. Mis à la disposition du gouverneur général de l'Algérie en 1841, commandant de la province de Constantine en 1843, il y resta jusqu'en juin 1844, après avoir été promu au grade de lieutenant général. Il prit une part active aux expéditions de cette époque. Le duc d'Aumale fit une campagne sous ses ordres, et dans son rapport sur la prise de Thaza le général disait du jeune prince, avec une courtoisie vraiment chevaleresque : « Un tel chef vaudra plus tard des armées au roi, car avec lui l'affection plus que le devoir commandera le dévouement et l'obéissance. »

Inspecteur général d'infanterie en 1847, il se mit tout de suite au service du gouvernement provisoire, après la révolution de Février. Appelé aussitôt au commandement de la 6ᵉ division militaire à Besançon, le mois suivant il recevait celui de la 2ᵉ division d'infanterie de l'armée des Alpes. Élu représentant du peuple à l'Assemblée constituante par le département du Doubs, il défendit chaudement la république au 15 mai; mais dans les fatales journées de juin il crut devoir refuser, malgré l'insistance du général Cavaignac, le commandement que la mort du brave général Négrier laissait vacant dans l'armée de Paris, voulant, disait-il, se renfermer dans ses fonctions de représentant.

Président de la réunion de la rue de Poitiers, le général Baraguay-d'Hilliers fut renvoyé par le département du Doubs à l'Assemblée législative. Là il ne cacha pas ses tendances réactionnaires, et on l'entendit, au mois de juin 1849, déclarer qu'il préférait la terreur blanche à la terreur rouge. Après la prise de Rome, il s'empressa de féliciter le général Oudinot; et lorsque le ministère dut donner un successeur au vainqueur de Rome, il choisit le général Baraguay-d'Hilliers. Dans ce poste important le général ne se fit remarquer que par son extrême condescendance pour les autorités spirituelles.

Au mois de mai 1850 M. Baraguay-d'Hilliers revint en France. Le 9 janvier 1851 il prit le commandement de l'armée de Paris, en remplacement du général Changarnier. Par un ordre du jour il déclara vouloir maintenir dans l'armée une stricte et rigoureuse discipline, conserver à chaque grade l'influence et l'autorité qui lui sont dévolues par les règlements ; respecter et faire respecter en toute occasion les droits des pouvoirs établis par la constitution ; enfin, appuyer énergiquement l'autorité dans l'exécution des lois. Le ministère nouveau qui l'avait nommé tomba devant un vote de l'Assemblée législative ; mais le général conserva sa place jusqu'au mois de juillet. Alors il donna sa démission, par respect pour la constitution, qui interdisait aux représentants d'accepter des missions temporaires de plus de six mois. « Dans l'intérêt du gouvernement et dans celui de ma propre dignité, écrivait-il alors à ses amis du Doubs, je n'ai pas voulu m'exposer au reproche d'illégalité. Le premier devoir d'un bon citoyen est de respecter les lois de son pays, quelque absurdes qu'elles soient; comme général et ancien président de la rue de Poitiers, je devais donner l'exemple : à mes yeux il n'y a rien de plus fâcheux que la violation de la loi par ceux-là même qui sont chargés de la faire respecter. »

Un des premiers membres de la commission consultative nommée par Louis-Napoléon, à qui il s'était empressé d'aller offrir son épée en décembre 1851, le général Baraguay-d'Hilliers a reçu aussitôt le plus haut grade de la Légion d'Honneur. Il a été appelé au Sénat dès sa fondation, et nommé en même temps l'un des vice-présidents de ce corps délibérant.

BARAIK-TAR. *Voyez* BAIRAK-DAR.

BARALIPTON, terme de logique, désignant le premier mode indirect de la première forme du syllogisme. Un syllogisme en *baralipton* consiste en ce que les deux premières propositions sont générales et la troisième particulière, le terme moyen étant le sujet de la première proposition, et l'attribut du prédicat de la seconde. Ainsi :

BA   Tout mal doit être craint;
RA   Toute violente passion est un mal;
LIP   Donc ce qu'il faut craindre, c'est une passion violente.

La dernière syllabe du mot *baralipton* n'a pas la moindre importance scientifique. Elle n'est placée là qu'euphoniquement.

BARANTE (AMABLE-GUILLAUME-PROSPER BRUGIÈRE, baron DE), ancien pair de France, membre de l'Académie Française, président de la Société de l'Histoire de France, est né à Riom, en 1782. Son père fut nommé par l'empereur préfet de l'Aude, puis du Léman. Ses trois frères entrèrent successivement dans l'armée; l'un périt en 1809, à la bataille de la Piave, un autre mourut à l'école de Saint-Cyr, le troisième dut quitter l'état militaire, après avoir été criblé de blessures à Eylau.

Le jeune Prosper de Barante, l'aîné de sa famille, fut destiné à la carrière administrative. Il acheva son éducation à l'école Polytechnique, et entra comme surnuméraire au ministère de l'intérieur. Tous les ans il allait passer quelque temps à Genève, chez son père. Ce fut là qu'il connut Mᵐᵉ de Staël, et cette femme célèbre exerça sur son esprit une très-grande influence.

Nommé auditeur au conseil d'État en 1806, M. de Barante fut chargé de missions délicates en Allemagne, en Pologne, en Espagne, et en 1807 il obtint la sous-préfecture de Brossuire, où il sut se concilier et maintenir les royalistes, ce qui lui valut en un plus tard la préfecture de la Vendée. Là M. de Barante publia un *Tableau de la Littérature française pendant le dix-huitième siècle*. Ce livre, vanté outre mesure par Mᵐᵉ de Staël, eut un certain retentissement. L'auteur prétendait ne voir dans les écrivains de l'époque qu'il jugeait que le reflet de la société de ce temps, et il expliquait les variations de notre littérature par celles de nos mœurs.

En novembre 1811 M. de Barante épousa Mˡˡᵉ Césarine d'Houdetot. En 1813 il fut appelé à la préfecture de la Loire-Inférieure. Mais l'aigle avait été blessé dans les neiges de la Russie. M. de Barante prévit la chute du régime impérial. « Lui qui avait pu étudier à loisir l'autorité absolue, cessait d'en être le partisan, dit un biographe, et il salua le retour des Bourbons comme une ère nouvelle de paix et de prospérité. » La Restauration confirma M. de Barante dans sa préfecture de la Loire-Inférieure. Aussitôt M. de Barante fit paraître les *Mémoires de madame de La Rochejaquelein*, histoire vendéenne au récit dramatique, au style pittoresque et aux principes monarchiques. Pendant les Cent Jours M. de Barante ne fut rien ; mais au nouveau retour des Bourbons, il fut nommé secrétaire général du ministère de l'Intérieur, avec l'intérim de ce ministère jusqu'à l'arrivée de M. de Vaublanc. Comme il avait montré une certaine modération en s'opposant aux rigueurs de la réaction, il se vit bientôt reléguer dans la direction générale des contributions indirectes. Envoyé deux fois à la Chambre des Députés, par les départements du Puy-de-Dôme et de la Loire-Inférieure, il professa à la tribune des sentiments patriotiques remplis de prudence et d'élévation ; mais la loi de 1816 ayant élevé l'âge des éligibles, M. de Barante, qui ne pouvait plus faire partie de la chambre élective, alla siéger au conseil d'État.

A l'avènement de M. de Villèle au ministère, M. de Barante tint à honneur de ne pas se séparer de ses amis politiques, MM. Camille Jordan, Guizot et Royer-Collard, qui étaient mis à l'écart, soit du conseil d'État, soit de l'administration, et il refusa le poste de ministre plénipotentiaire en Danemark, que lui offrit le duc de Richelieu.

Le 5 mars 1819, M. de Barante avait été élevé à la dignité de pair de France. Dans les principales discussions de cette époque sur la liberté de la presse, la guerre d'Espagne, l'indemnité des émigrés, le droit d'ainesse, le sacrilège, etc., il prit parti pour l'opposition, et prononça des discours qui furent remarqués.

A la même époque il publiait un livre intitulé : *Des Communes et de l'Aristocratie*. Il y réclamait des institutions communales et départementales qui transportassent dans les localités la discussion de leurs intérêts matériels, afin de donner aux habitants de la province le moyen de se faire connaître dans leur pays avant de venir jouer un rôle dans la capitale.

En même temps M. de Barante publia une traduction des *Œuvres dramatiques de Schiller*, dans laquelle, bien entendu, les Allemands ont absolument refusé de reconnaître leur poète favori. Quoi qu'il en soit, l'*Histoire des ducs de Bourgogne*, publiée en 13 volumes in-8°, en 1824, et plusieurs fois réimprimée depuis, rendit le nom de M. de Barante tout à fait populaire. C'est l'ouvrage le plus considérable de l'auteur. On l'a beaucoup critiqué : on lui a reproché de n'être qu'une reproduction des chroniques et des mémoires du temps, recouverte d'un vernis d'élégance moderne. Ce travail, quoi qu'on en ait pu dire, a été fait avec beaucoup d'esprit et de talent. Malgré son épigraphe, M. de Barante s'y montre plus historien qu'il n'a prétendu l'être. Son ouvrage se fera toujours lire avec beaucoup de plaisir et d'intérêt. Partant du principe que la tâche de l'historien est de raconter et non de démontrer, que la représentation fidèle de la vérité est préférable à la discussion des faits, qu'il vaut mieux enfin peindre les caractères et les mœurs que d'en faire l'éloge ou la critique, et reproduire les événements que d'en rechercher les causes, M. de Barante a voulu faire de l'histoire un théâtre, tandis que ses prédécesseurs en avaient fait un tribunal.

Ce livre ouvrit à M. de Barante les portes de l'Académie française. Il prit possession, le 20 novembre 1828, du fauteuil du comte Desèze.

Découragé par la politique de la Restauration, il se retira pendant quelque temps en Auvergne. Mais à l'issue des journées de juillet, il accourut à Paris donner sa sanction aux événements accomplis, et, honoré depuis longtemps de l'amitié du duc d'Orléans, il s'employa chaudement à lui assurer un trône où il croyait voir à jamais se consommer l'alliance de la monarchie avec la liberté. Son dévouement fut récompensé par les ambassades de Turin, puis de Pétersbourg, et jusqu'à la révolution de Février il resta attaché à la politique conservatrice, qui n'était en définitive que la politique personnelle du chef de l'État.

Les événements de 1848 firent rentrer M. de Barante dans la retraite. En 1850 il maria son fils à la fille du général Montholon ; et depuis il a commencé une *Histoire de la Convention* dont trois volumes ont paru, mais qui n'a eu qu'un médiocre succès. On lui doit en outre des biographies, des articles critiques ou littéraires, des discours qu'il a réunis dans ses *Mélanges historiques et littéraires* (Paris, 1835, 3 vol. in-8°), et une introduction à la *Chronique des Religieux de Saint-Denis*, publiée par le ministère de l'instruction publique.

BARAQUE, BARAQUEMENT (de l'espagnol *baraca*, hutte de pêcheur au bord de la mer). Une baraque était quelquefois une simple ramée, quelquefois une cahute plus solide. Les premiers camps romains furent en baraques grossièrement construites. Jusqu'à la fin du dix-septième siècle, le mot baraque est donné aux logements des hommes de cavalerie, ceux de l'infanterie s'appellent huttes. Il devient alors d'usage d'appeler également baraques les cabanes de l'infanterie et de la cavalerie.

Guillet décrit la manière dont on construisait une baraque dans le dix-septième siècle. On plantait quatre fourches aux coins d'un parallélogramme tracé sur un terrain de 2 mètres 25 à 2 mètres 60 de long sur 1 mètre 95 à 2 mètres 25 de large. Les fourches supportaient des traverses ; le tout s'abritait par une toiture de branchages ou de chaume ; ces baraques, conformes aux anciennes huttes, étaient encore en 1769 les seules qu'on connût. Avant les guerres de la Révolution on ne faisait usage de baraques que quand une campagne ou un siége se prolongeait dans l'arrière-saison ; quelquefois même une baraque n'était qu'une double enveloppe de tente.

Depuis 1794 le nom et l'usage des baraques sont devenus communs, parce qu'un nouveau système de campement a prévalu. En général, une baraque est un réduit construit des mains des soldats pour loger une chambrée ; extraordinairement, elles sont bâties par les soins des officiers du génie pour loger une compagnie ou une demi-compagnie. Le premier camp de baraques régulièrement édifié le fut en 1794 dans les dunes sous Dunkerque. Le camp de Boulogne, sa durée de deux ans, ses cent cinquante mille hommes, rappellent des souvenirs trop historiques pour n'être pas connus de tous les lecteurs. Chacune de ces baraques contenait quarante hommes, et avait 10 mètres de long, 5 de large et 3 de haut. La grande armée bivouaqua plusieurs mois à Tilsitt ; ses corps d'armée y semblaient autant de bourgades. L'armée française construisit aussi en octobre 1809 des baraques en Silésie. Après les événements de juin 1848, les troupes de Paris furent logées dans d'ignobles baraques construites en pans de bois et en plâtras sur plusieurs points stratégiques, au grand détriment de belles promenades publiques et de la santé du soldat, tandis que tant de casernes restaient en ruines.

Le peu d'ancienneté du système du baraquement explique pourquoi les principes relatifs à son application sont encore à créer. Le règlement de 1792 (5 avril) ne parle de baraques que dans un passage de quelques lignes, où il défend de brûler celles du vieux camp. Le règlement de l'an XII (16 brumaire) est le premier qui s'en occupe ; mais il s'en explique vaguement, et ne jette aucune clarté sur la matière. L'instruction de 1809 (11 octobre) ne parle que très-superficiellement de baraques qui contiendraient seize hommes, ou de baraques qui en contiendraient huit. Ce n'est pas ainsi que se tracent des règles. Un ouvrage plein de recherches sur le baraquement a été composé par le général Lomet ; mais il est resté inédit : M. Savart, reconnaissant le besoin des règles, en a posé quelques-unes en 1812. Le général Gassendi a effleuré cette castramétation. M. Canteloube l'a approfondie davantage. Le baraquement de l'armée anglaise est celui de ce pays une branche spéciale, administrativement dirigée par l'assistant quartier-maître-général (*barrak-master-general*). Le baraquement français n'a encore eu ni directeur ni direction. Un autre genre de baraquement est usité, c'est celui de certains postes de l'infanterie française et des lieux dépourvus de corps-de-garde : en ce cas, il est accordé à ces postes le chauffage de campagne et les matériaux propres à la construction d'abris-vent. Il a été traité spécialement du baraquement par M. le général Thiébault.

BARATHRE (βάραθρον), gouffre d'une grande profondeur dans l'Attique, dème Hippothoontide ; on y précipitait les condamnés à mort, surtout les brigands et les scélérats. Ce gouffre n'avait pas la forme d'un entonnoir comme certaine géhenne ou prison de cette république. Le barathre ressemblait à un puits par son revêtement intérieur en pierres, entre les joints desquelles on avait scellé des lames et pointes de fer perpendiculaires et horizontales qui, s'entre-croisant, mettaient dans sa chute le patient en lambeaux, supplice que le moyen âge et la féodalité ont reproduit dans les oubliettes. Le nom de *barathron* était aussi donné par extension aux cavités souterraines, aux gouffres béants, et, par figure, on l'appliqua aux gourmands, aux débauchés, aux prodigues, aux courtisans, aux avares même, gouffres qui, plus avisés que Charybde, ne rendent jamais leur proie. Le mot *barathron* passa par la suite dans la langue du Latium. Horace l'emploie pour désigner un *vafer*, dans notre idiome un *goinfre*. Martial, plus hardi, l'applique à l'estomac.

Le mot *barathrum* s'étendit chez les Latins jusques au Tullianum, fameuse prison de Rome, et particulièrement au lieu abrupt et surplombé du haut duquel on précipitait les criminels. On eût dû écrire sur la porte de cette terrible geôle l'impitoyable *væ victis!* des maîtres du monde. Le brave et infortuné Jugurtha justifia ce.mot affreux : après le triomphe de Marius, il fut jeté dans le *barathrum*, et s'y laissa mourir de faim.

Dans quelques auteurs ecclésiastiques *barathre* est employé comme synonyme d'enfer.   DENNE-BARON.

BARATTE. On appelle ainsi un vaisseau fait de douves, généralement plus étroit par le haut que par le bas, qui sert à battre le beurre, et que l'on nomme aussi *batte-beurre*.

Il y a plusieurs espèces de barattes : celle qui est la plus connue consiste en un tonneau de forme conique, sur lequel s'adapte un couvercle en bois percé, dans son centre, d'un trou assez grand pour permettre le libre mouvement d'un bâton terminé à son extrémité inférieure par une planchette ronde percée de trous. C'est cette planchette qui, dans le mouvement ascendant et descendant du bâton, est destinée à battre la crème. Cet instrument a depuis été perfectionné et a donné naissance à la *baratte flamande*, qui est une large barrique assujettie solidement sur un chevalet, et traversée d'une extrémité à l'autre par un axe armé de quatre ailes, et que l'on met en mouvement au moyen d'une manivelle qu'un homme fait tourner. Elle présente, à sa partie supérieure, une ouverture par laquelle on verse la crème, et qui se referme au moyen d'un couvercle.

La *baratte des Suisses*, employée aussi par les habitants de la Franche-Comté et des Vosges, est, à proprement parler, une section de tonneau faite parallèlement à l'un des fonds, que l'on assujettit entre les montants d'une petite échelle, et dans laquelle on fait tourner un moulin garni d'un nombre d'ailes considérable.

En Écosse, on emploie dans les grandes exploitations une baratte qui est en place sur un plateau un peu élevé et dont le moulinet est mis en mouvement par le vent au moyen d'un appareil armé de quatre ailes légères garnies de toile, que l'on déploie en totalité ou en partie, suivant la force du vent. Si le temps est trop calme, ce qui arrive rarement, une manivelle à la main remplace l'appareil à volonté, et un seul homme met la machine en action. — On voit dans le commerce, à Paris, un petit meuble d'une forme aussi gracieuse qu'élégante qui sert au même usage, et qui consiste en un bocal de cristal recouvert à sa partie supérieure par un couvercle en bois qui ferme hermétiquement. Au milieu de ce couvercle est une ouverture calculée de manière à permettre le mouvement libre d'un petit axe vertical dont la partie inférieure repose dans une cavité pratiquée au fond du bocal, et dont le haut fait saillie au dehors. La partie de cet axe qui entre dans le bocal est garnie de quatre ailes, irrégulièrement échancrées, qui sont destinées à battre la crème, et ce moulinet est mis en mouvement à l'aide d'un archet dont on tourne deux fois la corde autour de la partie extérieure de l'axe, et que l'on fait agir sans la moindre fatigue. Cette petite machine peut faire le beurre à la minute par un temps chaud ; mais elle ne peut guère en donner plus de cinq cents grammes à la fois.

BARATTERIE. La *baratterie de patron* comprend non-seulement les faits de du capitaine et de l'équipage placé sous ses ordres, mais encore ceux de simple imprudence, de défaut de soins et d'impéritie. On peut faire assurer la baratterie (Code de Commerce, art. 353) ; mais le capitaine ne peut jamais faire assurer sa propre baratterie, et les assureurs ne répondent pas envers lui de ses fautes. Dans tous les cas où les assureurs sont responsables des fautes et prévarications du capitaine, ils sont subrogés de plein droit aux actions de l'assuré contre lui. La loi du 11 avril 1825 contient une énumération assez complète en cas de baratterie ; quant aux lacunes qu'on y a pu trouver, il ne faut pas s'en plaindre, fait observer M. Pardessus, que dans les cas où le Code Pénal peut être appliqué une loi nouvelle ferait double emploi. La peine de mort est prononcée contre le crime de baratterie, mais seulement dans le cas où le capitaine, maître, patron ou pilote chargé de la conduite d'un navire ou autre bâtiment de commerce, l'a fait périr par des moyens quelconques, volontairement et dans une intention frauduleuse. Dans tous autres cas la peine est plus ou moins grave suivant les circonstances du fait incriminé.

BARATYNSKI (JEFGENIJ-ABRAM), l'un des poëtes les plus distingués qu'ait eus la Russie, contemporain et ami de Pouschkine, passa sa jeunesse à l'école des Pages, à Saint-Pétersbourg ; ce qui revient à dire qu'il fit folie sur folie. Devenu plus tard officier, il expia ses extravagances par huit années du service le plus rude en Finlande. La solitude et la nature de la contrée au milieu de laquelle il se trouvait excitèrent en lui le génie de la poésie. C'est intimement pénétré de la nature et de l'esprit finnois qu'il écrivit son premier poëme de quelque importance, intitulé : *Eda*. Quand l'empereur Nicolas fut parvenu sur le trône, Zukowsky, à qui le poëte avait confié ses souffrances et ses chagrins, lui fit enfin obtenir d'être déchargé de ce service si rigoureux ; et il put dès lors se livrer librement au culte des muses, passant son temps dans une heureuse retraite, tantôt à Moscou, tantôt dans un domaine peu éloigné de cette capitale. C'est à cette époque qu'il composa le meilleur et le plus beau de ses poëmes, *la Bohémienne*, tableau de mœurs et d'amour emprunté à la haute société russe, empreint de la plus merveilleuse magnificence et du charme le plus poétique. Il ne le cède en rien, sous le rapport de la délicatesse des sentiments et de la finesse des observations, aux meilleures productions de Pouschkine ; et il est même des juges qui le trouvent supérieur. Un recueil de ses poésies en 2 volumes avait paru en 1833. Baratynski est mort en Italie au mois de septembre 1844.

BARBACANE. On appelle ainsi, en architecture, des ouvertures longues et étroites qu'on pratique dans les murs de revêtement qui soutiennent des terres, afin de faciliter l'écoulement des eaux qui s'imbibent dans ces terres et qui pourraient dégrader ces murs. On appelle encore ces ouvertures *ventouses* ou *canonnières*.

On a aussi donné le nom de *barbacane* à un petit ouvrage de fortification servant à masquer un pont ou une porte de ville : ce n'était qu'un simple mur percé de créneaux. Ces barbacanes ou *fausses-braies* (*voyez* BRAIE) avaient de graves inconvénients : aussi les a-t-on supprimées et remplacées par une pièce de fortification détachée du corps de place, et que l'on nomme *tenaille*.

BARBACOLE, jeu de hasard, aussi nommé *hocca* ou *pharaon*. Le jeu de hocca ayant été défendu, lisons-nous dans le *Dictionnaire de Trévoux*, pour éluder la défense on l'appela *barbacole*. C'est pourquoi le roi le prohiba sous tous ces noms par un arrêt du 15 janvier 1691.
La Fontaine a fait ce mot synonyme de maître d'école :

Humains, il vous faudrait encore à soixante ans
Renvoyer chez les *Barbacoles*.

Ch. Nodier estime spirituellement que c'est un néologisme emprunté des Italiens, qui appellent ainsi ces faux savants dont le mérite est presque tout entier dans une barbe touffue (*barbam colit*).

BARBADE, île la plus orientale de l'archipel des petites Antilles, avec une superficie de près de 8 myriamètres carrés, et la plus grande des îles sous le Vent, par 13° de latitude nord et 62° de longitude occidentale, compte plus de cent trente mille habitants. Elle est par conséquent la plus peuplée du groupe et, après la Jamaïque, la plus importante de toutes les colonies britanniques dans les Indes occidentales. Le climat y est au total beaucoup plus modéré et plus sain que celui des autres colonies situées dans ces mêmes parages, et les maladies endémiques y sont presque inconnues. Avec une élévation moyenne de 130 à 160 mètres, la partie la plus méridionale de cette île est généralement plate; et dans le nord même la plus haute montagne, le *Mount Willoughby*, ne dépasse pas 358 mètres d'élévation. Quoique l'on n'y rencontre presque point de traces d'origine volcanique, la Barbade n'en possède pas moins un grand nombre de sources bitumineuses, dont les produits sont consommés sur place en guise de poix et d'huile à brûler. Près de Turnershall on trouve une source d'eau aussi chaude que celle de Pietramala dans les Apennins. On y rencontre aussi des sources minérales et quelques sources salines.

La Barbade paraît moins exposée que les autres Antilles aux tremblements de terre; en revanche, elle est périodiquement sujette à des ouragans qui y exercent souvent d'effrayants ravages. La canne à sucre, introduite depuis 1641 de Pernambuco, est dans cinq cents plantations le principal objet d'une culture extrêmement soignée et devant laquelle toutes les forêts ont fini par disparaître. Indépendamment du sucre et du rhum, on exporte d'ailleurs de la Barbade beaucoup d'arrow-root, de coton, de gingembre et d'aloès.

Son chef-lieu, *Bridgetown*, ville bâtie sur la baie de Carlisle, à l'extrémité sud-ouest de l'île, mal et irrégulièrement construite, compte 20,000 habitants et est le siége d'un gouverneur général, d'un évêque anglican, d'un conseil composé de douze membres nommés par la couronne, et de la *General Assembly* élue par les propriétaires fonciers. Le gouverneur général des *îles sous le Vent* réside à la Barbade.

Mentionnée pour la première fois en 1518, visitée et nommée par les Portugais pendant le cours du dix-septième siècle, ce ne fut cependant qu'en 1625 qu'eut lieu le premier essai de colonisation régulière tenté à la Barbade par des aventuriers anglais en vertu de lettres patentes accordées par Jacques Ier au duc de Marlborough. Après la mort de Jacques Ier, Carlisle, à qui Marlborough l'avait vendue en 1627, obtint de Charles Ier des lettres patentes comprenant toutes les Antilles. Le 17 janvier 1652 il fut pris possession de toutes ces différentes îles au nom de la couronne d'Angleterre, en vertu d'une capitulation qui confirmait les priviléges et les franchises des habitants. Depuis l'avénement au trône de Charles II, qui accorda bien une charte aux Antilles, mais qui frappa en même temps leurs exportations d'une lourde redevance, abolie seulement en 1838, une suite non interrompue de luttes intérieures s'établit entre les gouverneurs et l'*Assembly*. A ces causes de malaise se joignirent les ravages exercés par d'horribles ouragans, par exemple en 1665 et 1694, ainsi que par la fièvre jaune, et qui mirent souvent à de rudes épreuves la prospérité de la colonie. Mais ces dangers et ces calamités contribuèrent beaucoup d'un autre côté à développer l'énergie de caractère particulière à la population de cette colonie, où dès lors le gouvernement central a toujours eu à lutter contre une opposition plus vigoureuse et plus déterminée que partout ailleurs. Pendant le dix-septième et le dix-huitième siècles, la prospérité de la Barbade ne fit qu'aller toujours croissant, bien que cette île ait été souvent ravagée par des ouragans, notamment le 10 octobre 1780, et par des tremblements de terre. Une révolte de nègres qui éclata dans la colonie au mois d'avril 1816 eut pour résultat la dévastation d'un grand nombre de plantations. Dans ces derniers temps le commerce d'exportation de la Barbade a considérablement souffert, par suite de l'application des tarifs de douanes anglaises aux produits coloniaux des Indes orientales et occidentales.

BARBANÇON (Famille DE). Les seigneurs de Barbançon étaient jadis de puissants barons du Hainaut, qui portaient d'argent à trois lions de gueules, couronnés et armés d'or. Isaac, seigneur de Barbançon et pair de Hainaut, vivait en 1110; il épousa Mahaut de Rumigny, en Tiérache. Son fils Nicolas de Barbançon, s'unit à Yolande de Saint-Aubert, fille de Gilles de Saint-Aubert, sénéchal de Hainaut, et de Berthe de Bouchain, dont le père, Godefroi, était châtelain de Valenciennes et seigneur d'Ostrevant. Par la suite des temps, un mariage porta la terre de Barbançon dans l'illustre maison de Ligne. Eustache, dame héritière de Barbançon et d'autres biens considérables, seconde fille de Jean, mort en 1375, et d'Yolande de Gair, dite de Lens, décédée en 1388, épousa Jean II, baron de Ligne, de Belœil (autrefois Bailleul), d'Ollignices et de Fauquemberghe, qui fut fait prisonnier à la bataille d'Azincourt, en 1415, et paya pour sa rançon la somme énorme pour le temps de 14,400 livres. Un de ses descendants, d'une branche cadette, Jean de Ligne, baron de Barbançon, créé comte d'empire par Charles-Quint, en 1549, épousa Marguerite de la Marck, comtesse d'Arenberg; il fonda la maison d'A r e n-b e r g actuelle, qui a jeté tant d'éclat, et qui est alliée à la plupart des maisons souveraines de l'Europe.

Cependant un oncle d'Eustache de Barbançon, par qui cette seigneurie passa dans la maison de Ligne, avait continué celle de Barbançon : c'était Guillaume, seigneur de Jeumont et de Doustiennes. Il fut trisaïeul de Jean de Barbançon, seigneur de Werchin, par sa grand'mère, et prit le nom et les armes de Werchin pour condescendre au désir exprimé par le duc Philippe le Bon, à la fête de la Toison-d'Or, en 1444. Cette nouvelle maison de Werchin n'eut pas une longue durée. Yolande de Barbançon, dame de Werchin, Walaincourt, Cisoing, Boubaix et Richebourg, ayant épousé Hugues de Melun, Werchin et le titre héréditaire de sénéchal de Hainaut demeurèrent dans la maison d'Espinoy. Enfin, ces titres revinrent à la maison de Ligne par le mariage d'Anne-Marie de Melun avec Lamoral, premier prince de Ligne, mort à Bruxelles en 1614.

DE REIFFENBERG.

BARBANÈGRE (JOSEPH, baron), naquit en 1772, dans la petite ville de Pontacq (Basses-Pyrénées). Il entra dans la marine peu avant la révolution, et passa, à vingt-deux ans, avec le grade de capitaine, dans le 5e bataillon des volontaires de son département. Sa grande bravoure le fit distinguer pendant les guerres de la république, et il fut nommé en l'an X chef de bataillon dans la garde des consuls. Colonel du 48e régiment de ligne, il gagna sur le champ de bataille d'Austerlitz le titre de commandant de la Légion d'Honneur en chassant des hauteurs de Sokolnitz et en mettant en pleine déroute dix-huit cents grenadiers russes, auxquels il enleva trois drapeaux et quatre pièces de canon. Un an après, il renouvelait à Iéna ce qu'il avait fait à Austerlitz, culbutait la réserve de l'armée prussienne, et attachait une seconde fois son nom à l'histoire des grandes journées de l'ère impériale. Mais ce fut surtout à Eylau qu'il eut l'occasion de montrer que l'intrépide soldat pouvait en lui devenir un chef habile. Le général qui commandait la division ayant été blessé au milieu de cette sanglante bataille, le colonel Barbanègre le remplaça aussitôt, et mérita, par l'intelligence qu'il déploya dans ce commandement improvisé, d'être bientôt promu au grade de général de brigade. Lors de la campagne de 1809 contre l'Autriche, il justifia cette promotion par de nouvelles actions d'éclat, à Eckmühl, à Ratisbonne et à Wagram. En 1810 il chassa les Anglais des bouches de l'Elbe, et s'y fortifia dans l'île de Neuwerck. En 1812 il accompagna Napoléon en Russie, et fit partie de l'arrière-garde de la grande armée dans sa désastreuse retraite. Barbanègre fut du nombre des braves qui conservèrent toute leur intrépidité et tout leur sang-froid dans ces jours néfastes. Il se distingua à Krasnoë et au passage du Borysthène, où il fut grièvement blessé. Obligé de se jeter dans Stettin avec les débris du premier corps d'armée, il défendit cette place avec autant de constance que d'habileté, et ne consentit à l'évacuer qu'après avoir été instruit officiellement de l'abdication de Napoléon et du retour des Bourbons.

BARBANÈGRE

Pendant les Cent-Jours, Napoléon lui confia la défense d'Huningue. Cette place, la clef de la France du côté de l'Allemagne et de la Suisse, était presque démantelée, et elle n'avait pour garnison qu'une poignée de canonniers soutenus de quelques gardes nationaux, gendarmes et douaniers. Barbanègre, attristé de se trouver réduit à de pareils moyens de défense, n'eut garde toutefois de désespérer. Il répara en toute hâte les ouvrages détruits, et s'efforça de communiquer à sa petite troupe l'esprit patriotique dont il était animé. Le succès répondit à son attente. Il parvint à arrêter pendant deux mois, avec cinquante hommes, un corps d'armée qui en comptait au moins vingt-cinq mille sous les ordres de l'archiduc Jean d'Autriche. Lorsqu'il vit qu'il ne pouvait plus tenir, il voulut sauver l'honneur de ses armes en ne rendant la place qu'au nouveau gouvernement de la France et en stipulant une capitulation qui lui permit de se retirer avec la garnison, armes et bagages, et d'aller rejoindre l'armée française derrière la Loire.

En 1819, il fut employé en qualité d'inspecteur général. Mais remis en disponibilité le 1er janvier 1820, il résolut d'achever sa vie dans le repos. Vieux avant l'âge, il sentait son moral lui-même s'affaiblir de jour en jour. Fixé à Paris, il y passa ses dernières années dans l'isolement. Trois mois après avoir salué en 1830 le retour du drapeau tricolore, il s'éteignait oublié de tous, sans qu'une main amie pressât la sienne.

BARBARA, premier mode de la première figure du *syllogisme*. Les trois propositions d'un syllogisme en *barbara* sont universelles affirmatives : tel est cet exemple, emprunté à l'argument de saint Jean Chrysostome contre les riches (*non pavisti, occidisti*) :

BAR Tous ceux qui laissent mourir de faim ceux qu'ils doivent nourrir sont homicides.
BA Or, tous les riches qui ne donnent pas l'aumône laissent mourir de faim ceux qu'ils doivent nourrir.
RA Donc, tous les riches qui ne donnent pas l'aumône sont homicides.

BARBARELLI. *Voyez* GIORGIONE.

BARBARES. Ce nom, que les Grecs, puis les Romains, donnaient aux nations qui leur étaient étrangères, sert particulièrement à désigner ces peuples du Nord qui menacèrent, envahirent et renversèrent l'empire Romain quelques siècles après la naissance de Jésus-Christ. Ces hommes rudes, énergiques, sans civilisation pour ainsi dire, détruisirent le vieux monde, amolli et dégradé; mais du milieu des nuages qui s'élevèrent sous les pas des barbares, le christianisme, jusque là faible et dissolvant, sortit puissant et fécond. Une société nouvelle, pleine de sève, grandit sur les débris de la société antique, anéantie sous les pieds de ces peuples sans culture.

Lorsque l'heure de la décadence romaine vint à sonner, il y avait presque dix siècles que deux villes rivales, bâties chacune sur une des collines des bords du Tibre, Roma et Quirium, s'étaient réunies pour ne faire qu'une seule et même ville. Cette ville s'était étendue successivement aux collines voisines, puis elle était devenue la capitale d'un empire immense. L'empire romain, c'était alors le monde connu. Il avait pour limites à l'orient l'Euphrate, au midi l'Éthiopie et les déserts de l'Afrique, à l'occident l'océan Atlantique, au nord le Rhin et le Danube. Au delà du Rhin, du Danube et de la mer Caspienne, s'étendaient d'immenses contrées que les anciens connaissaient à peine, et qu'ils appelaient vaguement Germanie, Sarmatie et Scythie : c'était le monde barbare.

« Quand on jette les yeux, dit M. Amédée Thierry, sur une carte topographique de l'Europe, on voit que la moitié septentrionale de ce continent est occupée par une plaine qui se déroule de l'Océan et de la mer Baltique à la mer Noire, et de là aux solitudes polaires. La chaîne des monts Ourals du côté de l'est, celle des monts Carpathes et Hercyniens

BARBARES

terminent cette immense plaine, ouverte à toutes les invasions, et que la charrette l'été, le traîneau l'hiver, parcourent sans obstacle : c'est le grand chemin des nations entre l'Asie et l'Europe. Le Rhin et le Danube, voisins à leur source, opposés à leur embouchure, baignent le pied des deux dernières chaînes et ferment le midi de l'Europe par une ligne de défense naturelle que des ouvrages faits de main d'homme peuvent aisément compléter. Reliés ensemble au moyen d'un rempart et garnis dans tout leur cours de camps retranchés et de châteaux, ces deux fleuves formaient au quatrième siècle, avant la grande migration des peuples, la limite séparative de deux mondes en lutte opiniâtre l'un contre l'autre. En deçà se trouvait la masse des nations romaines, c'est-à-dire civilisées, puisque Rome avait eu l'insigne honneur de confondre son nom avec celui de la civilisation; au delà, dans ces plaines sans fin, vivait la masse des nations non romaines; en d'autres termes, et suivant la formule du temps, le midi était Romanie, le nord Barbarie.

« Les innombrables tribus composant le monde barbare pourraient se grouper en trois grandes races ou familles de peuples, qui habitent encore généralement les mêmes contrées. C'était d'abord, en partant du midi, la famille des peuples *germains* ou teutons; ensuite celle des peuples *slaves*; et enfin à l'extrême nord, surtout au nord-est, où on la voyait pour ainsi dire à cheval entre l'Europe et l'Asie, la famille des peuples appelés par les Germains *Fenn* ou *Finn*, *Finnois*, mais qui ne se reconnaissent pas eux-mêmes d'autre nom générique que *Suomi*, les hommes du pays. Une taille élancée et souple, un teint blanc, des cheveux blonds ou châtains, des traits droits, dénotaient dans le Slave et dans le Germain une parenté originelle avec les races du midi de l'Europe, et leurs idiomes, quoique formant des langues bien séparées, se rattachaient pourtant à la souche commune des idiomes indo-européens. Au contraire, le Finnois trapu, au teint basané, au nez plat, aux pommettes saillantes, aux yeux obliques, portait le type des races de l'Asie septentrionale, dont il paraissait être un dernier rameau, et auxquelles il se rattachait par son langage. Quant à l'état social, le Germain, mêlé depuis quatre siècles aux événements de la Romanie, entrait dans une période de demi-civilisation, et semblait destiné à jouer plus tard le rôle de civilisateur vis-à-vis des deux autres races barbares. Le Slave, sans lien national et toujours courbé sous des maîtres étrangers, vivait d'une vie abjecte et misérable, et le jour où il devait se montrer à l'Europe était encore loin de se lever ; tandis que le Finnois, en contact avec les nomades féroces de l'Asie, engagé dans leurs guerres, soumis à leur action, se retrempait incessamment aux sources d'une barbarie devant laquelle toute barbarie européenne s'effaçait. »

Ce tableau, tracé de main de maître, explique parfaitement les rôles que joua dans l'histoire chacune des races barbares qui se ruèrent sur l'empire Romain. Les peuples slaves et finnois semblent n'avoir que la mission de détruire; les peuples germaniques seuls reconstruisent une société nouvelle.

Rome avait conquis le monde antique bien plus encore par sa puissance d'assimilation que par la force de ses armes. De même que la famille romaine se recrutait par l'adoption, s'étendait et se divisait par l'émancipation, de même, selon la belle expression de M. Michelet, la cité adoptait des citoyens, puis des villes entières sous le nom de *municipes*, tandis qu'elle se reproduisait à l'infini dans ses colonies : sur chaque conquête elle déposait une jeune Rome qui représentait sa métropole. « La barbarie occidentale, Espagne, Bretagne et Gaule; la civilisation orientale, Grèce, Egypte, Asie, Syrie, tout y passa à son tour, ajoute le même historien. Le monde sémitique résistait : Carthage fut anéantie, la Judée dispersée. Tout le reste fut élevé maigré lui à l'uniformité de langue, de droit, de religion ; tous devinrent, bon gré, mal gré, Italiens, Romains, sénateurs, empereurs. Après les Césars, Romains et patriciens, les Flaviens ne sont plus qu'Italiens; les Antonins, Espagnols ou Gaulois; puis l'Orient réclamant ses droits contre l'Occident, paraissent les empereurs africains et syriens, Septime, Caracalla, Hélagabale, Alexandre Sévère; enfin les provinces du centre, les durs paysans de l'Illyrie, les Aurélions et les Probus; les barbares même, l'Arabe Philippe et le Goth Maximin. Avant que l'empire soit envahi, la pourpre impériale a été déjà conquise par toutes les nations. »

Rome pouvait se croire maîtresse de l'univers. Mais un cancer la rongeait au cœur. Les arts d'Orient avaient affaibli ses durs soldats, l'esclavage avait amené la dépopulation. La division de l'empire acheva de le rendre plus vulnérable. Nous suivrons à l'article MIGRATION DES PEUPLES les diverses races qui inondèrent l'ouest et le midi de l'Europe, comme à l'article ROMAIN (Empire) nous assisterons aux dernières convulsions de son agonie. Qu'il nous suffise de dessiner ici quelques-uns des traits essentiels des peuples barbares, de ces nations germaines en particulier, puisque ce sont les seules dont le génie ait résisté à l'immense travail de régénération qui confondit et effaça tant de races hétérogènes, tant de nationalités diverses.

Les mœurs naïves, grossières encore mais originales, des barbares ne ressemblaient en rien aux mœurs romaines. Serviteurs fidèles de leurs chefs, les barbares combattaient autour de lui sans ordre, mais avec adresse, courage et dévouement; plus confiants dans la valeur personnelle que dans la tactique, leurs armes sauvages finirent par vaincre la légion, si savamment organisée. La fraternité d'armes, l'attachement de l'homme au chef qu'il s'était choisi, la fidélité de l'individu à l'individu, formaient les traits saillants du caractère des Germains. En outre, comme le christianisme, la barbarie avait émancipé la femme. Velléda, au dire de Tacite, était adorée vivante. L'indépendance, ainsi que l'a dit Bossuet, était tout le fond d'un barbare, comme la patrie tout le fond d'un Romain. Le Germain libre portait au plus haut point le sentiment de sa valeur et de son droit, tandis que les Romains ne connaissaient que la liberté politique, la liberté du citoyen. C'est aux barbares que la civilisation moderne doit ce sentiment de la liberté individuelle, de l'indépendance personnelle, inconnu à la société romaine et à la société chrétienne. On aperçoit chez les Germains, selon M. Guizot, le germe des trois grands systèmes d'institutions qui depuis la chute du monde romain se sont disputé l'Europe. On y trouve : 1° des assemblées d'hommes libres où sont débattus les intérêts communs, les entreprises publiques, toutes les affaires importantes de la nation; 2° des rois, les uns à titre héréditaire, les autres à titre électif, et portant surtout un caractère guerrier; 3° enfin le patronage aristocratique, soit du chef de guerre sur ses compagnons, soit du propriétaire sur sa famille et ses colons. Le Germain, dit Châteaubriand, ne concevait pas qu'un être abstrait, qu'une loi, pût verser le sang. Ainsi dans cette société primitive l'instinct de l'homme repoussait la peine de mort (*voyez* COMPOSITION). M. Lerminier a cru retrouver en outre l'origine du jury dans l'institution des *cojurants* ou *compurgateurs*, douze hommes libres, pairs d'un accusé, qui affirmaient son innocence par serment devant le chef de la tribu au milieu de l'assemblée générale.

— On voit que les barbares apportaient avec eux, au fond de leurs forêts, presque tous les éléments de la société moderne. Aussi M. Guizot a-t-il pu dire avec raison que l'Europe devait la plupart de ses institutions à ses conquérants.

Sous leur domination farouche l'esclavage domestique disparut, le servage lui succéda et fut déjà une délivrance pour l'humanité opprimée. Les barbares apportaient une nature vierge à l'Église; elle eut prise sur eux, et la doctrine du Christ dut aux hommes du Nord sa forte unité et sa poésie mystique. Mais la chute de l'Empire ne s'accomplit pas d'un seul coup. Alaric, qu'une impulsion fatale entraî- nait contre Rome, la ravagea et mourut. « Le premier ban des barbares, Goths, Bourguignons, Hérules, dit M. Michelet, révérèrent la majesté mystérieuse de la ville qu'on ne violait pas impunément. Celui même qui se vantait que l'herbe ne poussait jamais où avait passé son cheval, tourna bride et sortit de l'Italie. Les premiers barbares furent intimidés ou séduits par la cité qu'ils venaient détruire. Ils composèrent avec le génie romain, et maintinrent l'esclavage. A eux n'appartenait pas la restauration du monde. » Enfin les Francs marchèrent sur Rome, mais ce fut pour émanciper l'Église. « Le Franc adopta l'homme-Dieu, dit encore M. Michelet, et le chaos tourbillonnant de la barbarie, qui dès Attila, dès Théodoric, voulait se fixer et s'unir, trouva son centre en Charlemagne. Cette unité matérielle et mensongère encore dura une vie d'homme, et, tombant en poudre, laissa sur l'Europe l'aristocratie épiscopale, l'aristocratie féodale, couronnées du pape et de l'empereur. Merveilleux système dans lequel s'organisèrent et se posèrent en face l'un de l'autre l'empire de Dieu et l'empire de l'homme. La force matérielle, la chair, l'hérédité, dans l'organisation féodale; dans l'Église, la parole, l'esprit, l'élection, la force partout, l'esprit au centre, l'esprit dominant la force. Les hommes de fer courbèrent devant le glaive invisible la roideur de leurs armures. Le fils du serf put mettre le pied sur la tête de Frédéric Barberousse. » *Voyez* MOYEN AGE.

BARBARIE. Ce terme était connu des anciens Grecs et Romains, qui flétrissaient même de ce nom quiconque était étranger, comme s'ils eussent été les seuls peuples civilisés de la terre. Cependant les Romains étaient encore des barbares par rapport aux Grecs. Ovide, exilé parmi les Gètes, dit qu'ils le regardaient comme un barbare :

Barbarus hic ego sum, quia non intelligor illis.

Les Gaulois devenus Romains par la conquête traitaient de barbares et les mœurs et la langue des Germains. En général, ce terme, dérivé, selon uns, du chaldéen *bara*, n'exprimait que l'extranéité; selon d'autres, il vient de l'arabe *bar*, signifiant désert, et désignait un homme sauvage, ou vivant au désert. Telle paraît être encore l'étymologie du nom des Berbères, voisins des solitudes du *Barabra*, qui fréquentent dans leurs incursions les côtes de la Barbarie, comme les anciens Garamantes, les Numides et les Gétules. Leur langage rauque et glapissant, leurs mœurs féroces, ont conservé au terme de *barbare* une acception de haine et même d'horreur. Les irruptions des barbares du Nord dans le midi de l'Europe, celles des Tatares et des Kalmouks ou Mandchoux en Asie, et toutes les atrocités qui accompagnèrent leur envahissement, ne furent pas propres à détruire le sentiment d'effroi ou de haine contre la barbarie chez des nations plus douces et plus policées.

Comme la barbarie consiste dans l'ignorance, dans l'absence des habitudes sociales et du goût pour les arts, elle est un objet de mépris pour les hommes policés, lors même qu'un éclatant courage et de grandes vertus sembleraient devoir l'ennoblir. Quand le consul Mummius, vainqueur de Corinthe, en fit transporter les statues et les tableaux à Rome, il recommanda, dans sa simplicité, aux personnes chargées de ce transport, de n'en laisser perdre ou dégrader de ces chefs-d'œuvre, sous peine de les faire remplacer par d'autres à leurs dépens. Que de spirituelles railleries ne dut-on pas faire à Athènes sur cette naïveté d'un barbare! Au reste, l'invasion des barbares chez les peuples civilisés, celle-ci eût éteint momentanément les lumières, les lettres, les sciences et les beaux-arts, a toujours pour dernier résultat de civiliser les barbares. Le contraire n'a été remarqué que dans la conquête de Constantinople par les Turcs.

Il n'y a nulle société réglée chez les nations qui subsistent dans l'état chasseur et le sauvage, comme les naturels américains ou encore plusieurs peuplades féroces du cœur de l'Afrique; chez ces sauvages l'homme est presque dépourvu de toute sensibilité, de toute sympathie; rarement on lui verra témoigner du chagrin ou de la colère au milieu des événements les plus fâcheux de la vie; il rit de tout et ne s'inquiète de rien. Il regarde la férocité, la tyrannie, comme des actes de grandeur, de domination, qui l'exaltent, le remplissent de joie et d'orgueil. De là cette invincible audace des sauvages dans leurs vengeances, la résistance opiniâtre, furieuse, qu'ils opposent à leurs ennemis, le courage insensible qu'ils montrent dans les supplices. Au contraire, l'homme policé met sa gloire dans la générosité, dans l'humanité.

Mais la barbarie survit souvent en partie à l'état sauvage. Il n'y a pas que les sauvages qui inventent des supplices cruels pour leurs ennemis; les guerres civiles, les guerres religieuses surtout, ont leur part d'atrocités, de turpitudes, dignes de cannibales. Les Romains ont brûlé les chrétiens, les Chinois vendent encore leurs enfants, les Hindous ont encore leurs *sutties*; et si nous cherchions bien, nous trouverions plus d'un usage barbare dans nos mœurs européennes, qui se prétendent si avancées.

Serait-ce donc un état heureux que celui qui force l'homme insouciant de l'avenir aux plus horribles forfaits pour soutenir sa propre existence? car telle est le plus souvent la situation du sauvage sans culture, sans propriété, au milieu des plus rigoureuses saisons. Insensible aux maux de ses semblables, comme ceux-ci le sont aux siens, tout barbare vit pour soi par le plus pur égoïsme, qui l'isole de tout, qui resserre la compatissance de son cœur, même pour ses proches, pour sa famille, pour toute personne malade. Le sauvage, accablé d'années, se sentant à charge à tout ce qui l'environne, se place lui-même d'un air satisfait dans le tombeau. Qui ne connaît cette cruelle férocité du barbare qui massacre froidement son père, sa mère, ses amis, ses enfants même, lorsqu'ils ne peuvent subvenir à leur existence? L'avortement, l'infanticide, l'anthropophagie, les sacrifices humains sont encore en vigueur parmi quelques peuplades sauvages. Que l'on vante donc les délices prétendues de cet antique âge d'or de la race humaine! Certes, de pareilles barbaries attestent dans quelle profonde misère elle fut jadis plongée; mais l'état moderne de la civilisation vers laquelle notre espèce s'avance insensiblement prouve, malgré ses vices, contre les détracteurs moroses, qu'elle est susceptible d'un perfectionnement réel.

De même que les arbres sauvages ne portent que des fruits acerbes, empreints de sucs âpres, qui s'adoucissent par la culture et la greffe, ainsi l'homme s'adoucit à l'aide de la culture sociale; il s'amollit même. Ses organes, d'abord rudes, deviennent plus dociles, plus flexibles; son cœur est désormais plus tendre, et sa sensibilité, plus délicate, peut devenir exquise parmi les douceurs de la vie policée. En effet, l'excès de cette dernière tend même à efféminer les individus, à les rendre lâches, esclaves, abjects et sans vertus, comme ces animaux domestiques énervés, abâtardis et prêts à subir tous les jougs. Un sage milieu entre la férocité du sauvage et la servilité sociale procure donc cet état heureux dans lequel l'homme peut rencontrer l'existence la plus favorable au développement de ses facultés physiques et intellectuelles. C'est ce milieu salutaire que n'ont point cherché Rousseau, éloquent apologiste de la vie sauvage, ni Hobbes, son âpre apôtre du despotisme. *Voyez* CIVILISATION. J.-J. VIREY.

BARBARIE, ÉTATS BARBARESQUES. C'est le nom général que l'on donne à cette partie de l'Afrique qui s'étend depuis le cap Noun sur l'océan Atlantique jusqu'au cap El-Mellah sur la Méditerranée. Elle embrasse d'une part une zone cultivable nommée *Tell*, ou les hautes terres, et une lisière d'oasis comprises par les Arabes sous le terme général de Bélud-èl-Djerid, pays des dattes. Quatre puissances politiques principales partagent cette contrée: ce sont l'empire du Maroc, l'Algérie, les régences de Tunis et de Tripoli.

Les Romains avaient particulièrement donné le nom d'Afrique à cette contrée, qui se subdivisait en Cyrénaïque, Syrtique, Numidie et Mauritanie. Un géographe arabe, Bakin, avait appelé *Barbarie* le pays de Barca; ce nom fut ensuite adopté par les géographes européens. Édrisi, autre géographe arabe, donne le nom de *Barbar* à la partie de ces États située vers la mer; et il distingue sous le nom de *Maghreb* la contrée qui en est plus éloignée.

La Barbarie est bornée à l'ouest par l'Atlantique, au nord par la Méditerranée, au sud par le Sahara, à l'est par la Méditerranée et par les dernières solitudes du Grand Désert qui s'étendent jusqu'à la côte. Elle est comprise entre le 26° et le 37° degré de latitude septentrionale et entre le 26° de longitude orientale et le 14° de longitude occidentale. Sa superficie est évaluée à 2,000,000 de kilomètres carrés.

L'île de Gerbi et le groupe de Kerkenni dans la Méditerranée sont les principales îles de cette contrée, qui n'en renferme que de très-petites et toutes adjacentes à ses côtes. Celles-ci offrent un développement de plus de 4,800 kilomètres, dont à peu près 800 appartiennent à la côte du nord-ouest et 4,000 à la côte nord de la péninsule africaine.

D'après ce que nous connaissons de la configuration physique de la Barbarie, son relief présente des caractères différents suivant qu'on considère cette contrée à l'ouest ou à l'est du golfe de la Sidre. A l'est le sol du désert, morcelé en mamelons isolés, en talus courts, peu élevés, courant dans toutes les directions et séparés les uns des autres par de vastes plaines de sable; à l'ouest un immense talus dont le faîte, dirigé de l'orient à l'occident et s'élevant graduellement dans cette direction, atteint sa plus grande hauteur sous le méridien du détroit de Gibraltar, puis s'abaisse rapidement vers l'océan Atlantique. Le versant méridional de ce talus, composé de terrasses étroites, soutenues par des escarpements à pic, descend précipitamment vers le désert du Sahara.

Une arête, s'étendant du cap Spartel au point le plus élevé du faîte, divise en deux versants secondaires le versant septentrional de ce talus, l'un occidental et l'autre septentrional. Ce dernier s'abaisse par une pente douce, en formant de larges terrasses dont les moins élevées s'étendent jusqu'à une petite distance de la Méditerranée et encaissent du cap Spartel au golfe de la Sidre une longue et étroite lisière de vallées basses qui se continuent presque sans interruption dans les États de Maroc, d'Alger, de Tunis et de Tripoli. Le versant occidental appartient en entier à l'empire de Maroc; sa pente, d'abord rapide, se termine par une vaste terrasse qui s'incline doucement vers l'océan Atlantique du cap Noun au cap Spartel. Les éperons peu nombreux qui la sillonnent et forment les plus grandes vallées maritimes de la Barbarie. Le faîte, les éperons et les escarpements de cet immense talus sont couronnés par un vaste système de montagnes. La chaîne principale de ce système, qui occupe le faîte du talus dans toute sa longueur, est le Daran des Arabes et l'Atlas des Européens. Les montagnes de la région à l'est du golfe de la Sidre ont peu d'importance.

La Barbarie, dont quelques points septentrionaux franchissent la latitude de l'extrémité méridionale de la Grèce et de l'Espagne, est presque entière dans la climature de l'Égypte, de la Perse, du Bengale, de la Chine, du Mexique et de la partie méridionale des États-Unis d'Amérique, c'est-à-dire sous le ciel des plus belles et des plus riches contrées. Cependant la température y éprouve deux modifications générales, qui sont l'effet de la configuration physique du sol. Le versant méridional, vaste paroi soutenant l'atmosphère embrasée du Sahara, est soumis à la température de la zone torride africaine; ses terrasses les plus élevées, ses vallées plus profondes, abritées par les montagnes, jouissent seules de ce côté de l'Atlas du climat tempéré de l'autre versant. Celui-ci, baigné par les vents frais de la Méditerranée et protégé par son exposition contre les vents du Sahara, réunit les avantages de la température vivifiante des zones équatoriales à tous les agréments des climats de l'Europe méridionale. L'ordre et le nombre des saisons y sont les mêmes qu'en Europe. Au mois de janvier les froids les plus vifs se font sentir, et les mois d'août et de septembre sont ceux où des chaleurs inconnues au nord de la Méditerranée brûlent le sol, le dépouillent de toute trace de végétation. A cette époque toutes les récoltes sont faites, c'est le seul temps de l'année pendant lequel soufflent les vents du Sud; alors se fait sentir le terrible simoun, dont la durée, ordinairement de quelques jours, s'est quelquefois prolongée pendant deux ou trois semaines. Sur les hautes terrasses, les saisons se réduisent à un hiver et un été. L'hiver ou saison des neiges dure depuis septembre ou octobre jusqu'en avril ou mai. Sur le versant méridional, l'année est aussi partagée en deux saisons; ce sont les deux saisons de la zone torride : celle des pluies, de juillet en octobre; celle des chaleurs, tout le reste de l'année.

Les productions de la Barbarie, dans tous les règnes de la nature, sont à peu près celles que nous trouvons en Algérie; nous le ferons connaître en détail aux articles consacrés à chacun des États barbaresques, ainsi que les différentes formes du gouvernement, la civilisation, l'industrie, le commerce et l'histoire générale de chacun de ces pays. Quant aux habitants, nous nous bornerons à rappeler qu'ils appartiennent à plusieurs races. Les plus nombreux sont les Arabes et les Berbères, les premiers venus en conquérants à la suite des généraux des khalifes, les seconds regardés comme indigènes. Les Arabes se divisent en deux branches : 1° les Arabes pasteurs, ou nomades ou Bédouins; 2° les Arabes Maures, habitants des villes, mélange, avec la prédominance du caractère arabe, de toutes les races qui se sont succédé dans ces contrées. Les tribus berbères sont les montagnards de la Barbarie; ils se divisent en Chillous, Kabyles, Touâries et Tibbous. Des Juifs se trouvent en grand nombre dans l'Algérie et le Maroc. Outre quelques milliers de Turcs, de Couloughs, de Mozabites, on y trouve encore des Nègres employés presque partout comme esclaves dans la culture des terres, et enfin un grand nombre d'Européens, surtout depuis notre conquête de l'Algérie.

Ce grand et beau pays, qui n'est séparé de notre Europe que par un bras de mer, fut plusieurs fois le point central de la civilisation. Il se recommandait par l'aisance, une population abondante et la culture des arts sous les Carthaginois, les Romains, les Vandales et les Arabes. Et de quel avantage n'est-il pas pour le commerce des peuples! Ses relations avec tous les pays situés le long des côtes d'Europe s'établissent plus sûrement et plus promptement que celles de ces mêmes pays avec leurs capitales respectives, et le transport des marchandises est à meilleur marché de Marseille et Gênes à Tunis et Alger, que de ces premières villes à Paris, à Turin ou à Milan. Caton montrait au sénat romain des figues fraîches qui avaient été cueillies sous les murs de Carthage. Et pourtant cette vaste contrée, qui peut suffire à l'entretien et à la nourriture de soixante millions d'individus, n'en contient peut-être pas vingt. Après l'Égypte, c'était la province la plus riche et la plus fertile de l'empire romain, elle était des principaux greniers à blé. Les auteurs romains l'appellent l'âme de la république, le bijou de l'empire, *speciositas totius terræ florentis*; et les patriciens regardaient comme le plus grand bien de posséder un palais ou une maison de campagne sur cette côte délicieuse. Les petites cours arabes, telles que Fez, Tétuan, Tlemcen, Garbo et Constantine, ne laissèrent pas non plus que d'encourager les établissements de luxe et d'économie rurale le long des côtes. Amalfi, Naples, Gênes, Pise, Florence, se sont enrichies par leurs relations multipliées avec ce beau pays, et la flotte vénitienne visitait toutes les villes de la côte d'Afrique.

Tout cela n'existe plus : le nord de l'Afrique était devenu l'asile du crime et de la misère, la proie de treize à quatorze mille aventuriers, ramassés dans les quatre parties du monde, et qui étaient la terreur des habitants. Depuis que la France a pris possession de la régence d'Alger, la piraterie a été chassée de ses derniers repaires, et les états barbaresques sauront sans doute retrouver dans le commerce les bénéfices que leur procurait le brigandage. La civilisation a repris tous ses droits sur cette terre si longtemps désolée; et malgré les obstacles qu'elle rencontre à chaque pas, on est en droit d'espérer qu'elle triomphera du fanatisme et de l'ignorance.

BARBARISME (du grec βάρβαρος, étranger). Ce mot indique une impropriété de langage, une faute contre la langue, qui résulte de l'emploi d'un mot qui est étranger à celle dans laquelle on s'exprime, ou lorsque l'on donne à un mot qui lui est propre un sens, une terminaison, un accent, une mesure de quantité, ou une prononciation différents de ceux qu'il doit avoir.

BARBAROUX (CHARLES-JEAN-MARIE), né à Marseille, en 1767, commissaire extraordinaire de la commune de Marseille près de l'Assemblée législative en 1792, prit part dans Paris à tous les complots révolutionnaires, et sauva la vie à plusieurs Suisses dans la journée du 10 août. Élu membre de la Convention, Barbaroux, républicain généreux, qui s'était soumis d'abord avec la confiance et l'exaltation de la jeunesse au sombre génie de Robespierre, se rapprocha bientôt des Girondins, Condorcet, Brissot, Vergniaud, Guadet, et du ministre Roland. C'est chez ce dernier qu'il conçut avec ses amis le projet d'une république pour le midi de la France, si Robespierre établissait son despotisme au nord. Le 25 septembre et le 10 octobre, Barbaroux osa dénoncer la commune, Robespierre et tous les jacobins. Il défendit le ministre Roland; il fut l'un des plus ardents à provoquer le jugement de Louis XVI, et vota pour la mort; mais il demanda l'appel au peuple, il adopta le sursis, et ne cessa de poursuivre de sa courageuse éloquence les septembriseurs, les chefs de l'anarchie.

Après la chute des Girondins, Barbaroux, arrêté, fut assez heureux pour échapper au gendarme qui le gardait, et se réfugia dans le Calvados, où il organisa, avec d'autres proscrits, l'armée qui devait délivrer la Convention, et qui fut défaite à Vernon. Louvet raconte, dans ses mémoires, qu'il vit à Caen Charlotte Corday dans l'antichambre de Barbaroux; et là-dessus, et parce que madame Roland dit que Barbaroux était beau comme Antinoüs, ceux qui voulaient trouver des motifs au dévouement de Charlotte Corday ont ridiculement prétendu que cette noble fille, républicaine avant la république, comme elle dit elle-même, avait assassiné Marat par amour pour Barbaroux. Celui-ci, après la défaite de Vernon, d'abord réfugié à Bordeaux, puis forcé d'en sortir, fut arrêté dans les grottes de Saint-Émilion, avec Salles et Guadet, et porta sa tête sur l'échafaud à Bordeaux, le 25 juin 1794. On a conservé de Barbaroux, outre plusieurs discours, des fragments de mémoires sur la révolution et une ode magnifique sur les volcans. T. TOUSSENEL.

BARBAULD (ANNA-LÆTITIA AIKIN), dame anglaise, qui s'est fait un nom par ses ouvrages en vers et en prose, était fille et sœur de médecins appelés tous deux *John Aikin*. Née le 20 juin 1743, à Kilwert-Harcourt, dans le comté de Leicester, elle témoigna dès sa première jeunesse le plus vif désir d'apprendre les langues classiques, par suite de l'admiration qu'elle entendait professer dans toute sa famille pour l'antiquité. Élevée au fond d'une campagne et recevant une éducation essentiellement domestique, n'ayant dès lors pas d'autre société que les quelques livres de la bibliothèque paternelle, ses dispositions naturelles pour la poésie se développèrent de bonne heure, et, en raison des sentiments de dévotion que sa mère chercha toujours à lui inspirer, elles prirent une teinte religieuse des plus prononcées. Son père ayant été nommé professeur à l'académie des *dissenters* de Wawington, la jeune fille se trouva en 1758 lancée dans un cercle beaucoup plus étendu. Cependant il n'y eut que les encouragements de son frère (*voyez* son article, tome I*er*, page 213) qui purent la déterminer à publier ses *Poëms* (Londres, 1773). Le succès en dépassa toute espérance, et il en fut fait la même année trois éditions successives.

Le frère et la sœur firent ensuite paraître des *Miscellaneous pieces in prose* (Londres, 1773), qui obtinrent également les honneurs de nombreuses éditions. L'année suivante, miss Aikin épousa Rochemont-Barbauld, prêtre de la commune des *dissenters* à Palgrave, dans le comté de Suffolk, et fonda avec lui un établissement d'instruction publique; circonstance qui la porta à composer un grand nombre d'ouvrages d'éducation. C'est ainsi qu'indépendamment de ses *Devotional Pieces* (Londres, 1775) elle fit paraître à l'usage des jeunes élèves confiées à ses soins ses *Hymns in prose*, qui n'ont pas seulement été réimprimés à diverses reprises en Angleterre, mais encore traduits en diverses langues étrangères. A peu de temps de là parurent ses *Early Lessons* pour les enfants en bas âge. Après avoir entrepris en 1785 avec sa femme un voyage d'agrément à Gênes et dans le midi de la France, en revenant par Paris, Barbauld fut nommé à une cure vacante à Hampstead, où sa femme publia divers essais en prose pleins d'énergie et d'enthousiasme, tels que *An Adress to the Oppossers of the Repeal of the Corporation and jast act* (Londres, 1790); *On the Rejection of the Bill for Abolishing the slave Trade* (1791), épitre poétique adressée à Wilberforce; *Remarks on Wakefield's Inquiry into the expediency and propriety of public or social Worship* (1791); et *the Religion of Nature* (1793). En 1804 elle entreprit une collection de *Morceaux choisis de la Littérature* et une édition des *British Novellists* (1810). On trouve un choix de ses ouvrages dans *the Female speaker* (Londres, 1811). Sa dernière production poétique fut son ode *Eighteen hundred and eleven* (1811). Il y a dans toutes les productions de mistress Barbauld une remarquable simplicité unie à une grande facilité d'exécution, à beaucoup d'harmonie et souvent même à beaucoup d'élévation dans le style. Jusqu'à sa mort, arrivée le 9 mars 1825, elle vécut dans une paisible retraite. On trouvera sa vie par Lucie Aikin, sa nièce, dans l'édition complète des *Works of A.-L. Barbauld* (2 vol., Londres, 1825). La même a publié, d'après les manuscrits posthumes de mistress Barbauld, *A Legacy for young Ladies* (Londres, 1826).

BARBAZAN (ARNAUD-GUILLEM, seigneur de), né d'une famille distinguée dans le Bigorre, fut premier chambellan du roi Charles VII, gouverneur de Champagne, de Brie et du Laonnois. Bien jeune encore, il fut choisi pour chef par les sept chevaliers français qui, acceptant le défi des Anglais, allèrent combattre à Montendre, et sortirent vainqueurs de cette lutte.

Après le combat de Montendre, le sire de Barbazan resta toujours fidèle au parti royal. En 1404 il servait avec Louis de Faudoas, son beau-frère, comme chevalier banneret, sous les ordres de Charles, sire d'Albret, connétable de France. En 1411 il commandait les troupes royales au combat du Puys, où il fut fait prisonnier et délivré par le seigneur de Gaucourt. Ils combattirent aussi l'un et l'autre dans un tournoi donné à Paris, le 1*er* janvier 1414, par Jean I*er*, duc de Bourbon. Barbazan était chevalier banneret et sénéchal d'Agénais le 10 janvier 1415. On retrouve en 1420 le seigneur de Barbazan, *noble vassal*, dit Monstrelet, *expert subtil et renommé en armes*, comme principal défenseur de la ville de Melon, assiégée par Henri d'Angleterre et le duc de Bourgogne. Barbazan était encore appelé *le Chevalier sans reproche*.

Quand les amis du dauphin machinèrent la mort de Jean,

duc de Bourgogne, ils eurent soin de cacher leur dessein à Barbazan, qui, en ayant connu le résultat, blâma rudement cette action, et dit que « mieux vaudroit avoir esté mort que d'avoir esté à cette journée ». Après l'issue malheureuse du siége de Melun, Barbazan, ayant été fait prisonnier de guerre, fut conduit au château Gaillard, où il resta enfermé jusqu'en 1429, époque où les Français s'emparèrent de cette forteresse. Il rejoignit alors Charles VII, qui l'accueillit avec joie, et lui donna des troupes. Il remporta, en 1430, une victoire signalée au combat de la Croisette, près de Châlons-sur-Marne, où avec 3,000 hommes il tailla en pièces 8,000 Anglais et Bourguignons. Il fut tué au combat de Bugneville, près Nancy, qui eut lieu le 2 juillet 1431, et fut enterré à Saint-Denis, comme Duguesclin, dont il avait partagé les périls et la gloire. Barbazan fut le dernier mâle de sa famille; ses biens retournèrent à la maison de Faudoas, avec laquelle les Barbazan avaient fait alliance au mois de janvier 1396.　　　　　　　LE ROUX DE LINCY.

BARBE, assemblage des poils qui garnissent en plus ou moins grande quantité les joues et le menton de l'homme. *Voyez* PILEUX (Système).

On a dans le cours des siècles compendieusement disserté sur l'utilité de la barbe et sur le but qu'a dû se proposer la nature en faisant à l'homme un semblable présent. La barbe a-t-elle pour mission de garantir la bouche? sentinelle vigilante, est-elle placée autour de cette ouverture, comme les cils autour des yeux? Mais alors pourquoi ce privilège réservé à l'homme et non à la femme? pourquoi l'homme même n'est-il appelé à en jouir qu'à une certaine époque de la vie? La nature a-t-elle voulu plutôt donner à l'homme un signe visible de sa force, et consacrer ainsi ce vers célèbre:

Du côté de la barbe est la toute-puissance?

Le lion ne jouit-il pas de l'avantage d'une crinière dont sa compagne est privée? En tout cas, les détracteurs de la barbe la dénoncent comme incommode dans beaucoup de cas, les gastronomes surtout, comme gênant l'ingestion des aliments. « Les Orientaux, a dit l'empereur Napoléon, se rasent le crâne et portent la barbe : les ophthalmies sont chez eux plus fréquentes que la perte des dents. Les Européens se rasent le menton et gardent leurs cheveux : la perte des dents est chez eux plus fréquente que l'ophthalmie. » Voilà nos gastronomes dans une horrible perplexité : que faire? Se raser le menton pour dégager les abords de la bouche, ou bien conserver aux mâchoires leur édredon pour le salut de leurs trente-deux fonctionnaires?

Les poils de la barbe prennent naissance dans le tissu cellulaire où plongent leurs bulbes; leurs racines y sont fixées par une espèce de crochet, ce qui rend leur avulsion très-douloureuse et presque impossible, au moins en entier. L'extrémité de la racine reste presque toujours et reproduit bientôt un nouveau poil : on voit chez certains individus la barbe descendre jusqu'au delà des muscles pectoraux, mais pour l'ordinaire c'est la limite qu'elle semble ne pouvoir franchir. Quelques auteurs allemands parlent avec admiration de la barbe du peintre, Jean Mayo, tellement longue que son orgueilleux possesseur se faisait un jeu de la marcher dessus.

Un médecin allemand de la fin du dix-septième siècle, Paullini, fait mention de barbes bleues et vertes, qu'il a vues à des ouvriers des mines, couleurs attribuées par lui à des émanations métalliques. Les poils de la barbe offrent d'eux-mêmes des variétés de couleur, de densité, de nombre, qu'il est important d'étudier, puisqu'elles se rapportent au tempérament des individus, au climat qu'ils habitent, à leur âge, à l'état de leurs forces, à la nature des aliments. Ces poils sont noirs, secs, souvent rares chez les hommes de tempérament bilieux et d'un âge mûr, chez ceux qui habitent les pays chauds et secs, comme les Arabes, les Éthiopiens, les Indiens, les Italiens, les Espagnols. Les hommes de constitution lymphatique, au contraire, les jeunes gens, les habitants des contrées froides et humides, les Hollandais, les Anglais, les Suédois, ont ordinairement la barbe blonde, épaisse, plus douce au toucher. Les saisons, qui imitent l'action des climats, peuvent influer sur la couleur des poils. La nourriture amène dans leur texture des changements notables : avec une nourriture bonne, succulente, humide, la barbe est douce, molle ; elle est âpre au toucher, ses poils sont gros et durs, lorsque les aliments sont secs et la digestion pénible.

Chez les vieillards, la barbe croît d'une manière plus active. Il en est de même chez les phthisiques et dans plusieurs maladies. La vieillesse la fait passer, quoiqu'un peu plus tard que les cheveux et par des dégradations de couleur successives, au blanc le plus parfait. Le chagrin violent, la terreur, suffisent aussi pour opérer la même métamorphose.

La couleur de la barbe n'est pas toujours en harmonie avec celle des cheveux ; l'époque de la pousse est celle de la puberté. Chez les malheureux qu'une opération cruelle consacre au triste métier de gardiens de femmes dans les harems, lorsque l'opération a été faite après l'âge de puberté, la barbe continue à pousser, quoique moins épaisse. Vers l'âge de cinquante ans, elle tombe, et sa chute devient le premier signe de décrépitude. Si l'opération a été faite dans l'état d'enfance, le menton reste nu pour jamais ; la chevelure prend un développement plus énergique, et ne tombe pas.

Par une sorte de jeu cruel, malheureux à la fois pour les deux sexes, la nature s'amuse quelquefois à couronner un menton féminin de cet attribut de la force et de la puissance. Un historien parle d'une femme suédoise qui cachait son sexe, et s'était enrôlée parmi les grenadiers de Charles XII. Des autorités plus recommandables nous apprennent que Marguerite, gouvernante des Pays-Bas, avait la face revêtue d'une *très-longue* et *très-forte barbe*. Dans tout climat, c'est assez fréquemment un indice de stérilité ; à en croire les médecins, l'excès de chasteté peut suffire chez certaines femmes pour déterminer une éruption de la barbe. Hippocrate cite l'exemple d'une femme d'Abdère, Phetusa, dont le mari, Pythias, était depuis long-temps retenu en exil, et qui un matin se réveilla barbue autant que la princesse *Dolorida* avant son désenchantement par don Quichotte. Le *Ménagiana*, après avoir recherché pourquoi le menton de la femme est privé de barbe, en donne l'explication suivante, que la physiologie reste maîtresse d'admettre ou de rejeter :

Sais-tu pourquoi, cher camarade,
Le beau sexe n'est point barbu ?
Babillard comme il est, on n'aurait jamais pu
Le raser sans estafilade,

pensée que l'éditeur a cru devoir reproduire en vers grecs, latins, italiens, espagnols, anglais, allemands, etc., pour l'instruction et l'édification des différentes nations de la terre.

Les peuples de l'antiquité se sont accordés à regarder la barbe comme une marque de sagesse. Le suppliant, en abordant un protecteur, lui touchait la barbe avec respect. Diogène demandait aux porteurs de mentons rasés s'ils étaient mécontents d'être hommes. Lors de la première invasion de Rome par les Gaulois, nous voyons combien les sénateurs assis au forum sur leurs chaises curules comptaient sur l'aspect de leurs belles barbes pour imposer aux farouches vainqueurs qui allaient inonder la ville. Dans les familles, la première tonte de la barbe donnait lieu à une grande cérémonie : on consacrait ce poil précieux à une divinité protectrice. Scipion l'Africain fut le premier Romain qui se servit de rasoirs tous les jours ; le Sicilien Ticinius en avait apporté la mode en Italie.

La barbe était peut-être en plus grand honneur encore chez les Hébreux. On lit dans le Lévitique : « Vous ne raserez point votre barbe ; » et l'on trouve dans les Paralipomènes que des ambassadeurs du roi-prophète ayant été rasés par ordre du roi des Ammonites, David les envoya à Jéricho cacher leur désastre et attendre que leur poil eût repoussé. Les fondateurs de l'Église chrétienne, à leur tour, préconisèrent la longue barbe, condamnant un menton rasé comme vanité d'un luxe mondain. Saint Clément le Romain, qui vivait du temps des apôtres, dit : « Dieu, qui nous a créés à son image, accablera de sa haine ceux qui violent sa loi en se rasant le menton. » Saint Clément d'Alexandrie dit à son tour : « La barbe contribue à la dignité de l'homme, comme les cheveux à la beauté de la femme. » Tertullien s'élève contre les mœurs corrompues qui avaient introduit l'usage de se raser.

Chez les Gaulois, sous la domination romaine, les prêtres et les nobles portaient seuls la barbe. Avant leur établissement dans les Gaules, les Goths et les Francs se rasaient. Lorsqu'ils adoptèrent les usages du peuple vaincu, ils laissèrent croître leur barbe entière, à l'instar de la noblesse et du clergé. Des ordonnances enjoignirent aux serfs de se raser complétement le menton. Longtemps le sceau des lettres qui émanaient des souverains porta pour plus de sanction trois poils de leur barbe. Une charte de 1120 se termine par ces mots : « Pour que ceci demeure délibéré et stable à jamais, j'ai corroboré le présent écrit de l'apposition de mon sceau avec trois poils de ma barbe. » La meilleure garantie qu'un suzerain pût donner à un vassal ou un allié de sa résolution de le prendre sous sa protection était de lui couper la barbe de sa main. Pour l'ordinaire, il se contentait de la toucher. À l'époque de Charlemagne, nous voyons les bourgeois de Spolète se rendre auprès du pape, dont ils implorent le secours, et ne le quitter qu'après lui avoir fait toucher leurs barbes. Charlemagne, pour infliger aux Lombards une marque de vasselage, voulut les obliger à se raser, tandis que lui-même, en prenant le titre d'empereur d'Occident, s'empressait de laisser pousser sa barbe à la romaine. Cette barbe, relique précieuse du grand homme, se conserve encore, dit-on, à Spire.

La division des Églises grecque et latine, qui date du même temps, devint le signal d'une effroyable perturbation dans la toilette de la figure. Jusque alors prêtres et nobles, empereur et pape, éloignaient scrupuleusement le rasoir de leur auguste face. Léon III, pour se distinguer du patriarche de Constantinople, dépose sa barbe, et présente à la chrétienté stupéfaite le spectacle d'un pape rasé. Environ trente ans après, Grégoire IV, persévérant dans le même système, fulmine une bulle qui enjoint à tout clerc de faire le sacrifice du poil de son visage, et menace les réfractaires de la confiscation de leurs biens. Au dixième siècle, la prescription qui avait fourbi tous les mentons des clercs s'attaque à ceux des laïques et même des monarques. En l'année 1105 Godefroi, évêque d'Amiens, renvoie de l'offrande tout ce qui porte barbe. Plus tard, un prédicateur dirige les foudres de son éloquence contre les poils grisonnants de Henri Ier, roi d'Angleterre, et le monarque obéissant va se livrer aux mains d'un barbier. Pareil exemple de résignation fut donné par le superbe Frédéric Ier, dit Barberousse. Notre Louis le Jeune s'estima de même trop heureux de sortir du confessionnal absous, mais barbifié. Quel était son crime ? Après la prise de Vitry, il avait fait rôtir dans une église trois cents bourgeois qui y avaient trouvé asile. Ce régime de terreur ne pouvait durer. Les caprices de la mode triomphent de tout, même de l'anathème, et, admirez les ruses de la Providence ! c'est à la mâchoire d'un pape, Honorius III, que la barbe vient refleurir au commencement du treizième siècle ! Elle orna successivement celles de plusieurs autres pontifes et de plusieurs souverains ; mais l'époque de triomphe pour la barbe fut le siècle de François Ier. Par suite de l'un de ces jeux que les rois modernes auraient peine à concevoir, un courtisan maladroit l'avait atteint d'un tison enflammé à la tête. La blessure était grave; elle nécessita le sacrifice entier de la chevelure. Le héros, par mode de consolation, donna liberté de croître à tous les menus poils ombrageant son ovale facial; les courtisans se hâtèrent de l'imiter. A la ville aussi bien qu'à la cour, cet usage fit fureur. Les élégants évêques qui vivaient plus à la cour que dans leur diocèse, brûlaient d'en faire autant, mais les canons des conciles les effrayaient; car, malgré l'exemple donné par des papes au treizième siècle, les antibarbistes avaient triomphé de nouveau en France au quatorzième siècle. C'était presque matière à schisme entre l'Église gallicane et l'Église romaine, puisque deux papes contemporains de François Ier ne se firent pas scrupule de porter barbe aussi bien que lui : Jules II, qui, élu jeune, imagina cet ornement pour se donner l'aspect grave d'un vieillard ; Clément VII, qui, ayant perdu l'habitude de se raser dans sa prison, ne jugea pas à propos de la reprendre après sa rentrée au Vatican. Cependant François Ier, à qui ses maîtresses coûtaient cher, imagina de spéculer sur la coquetterie de son haut clergé. Il obtint du pape un bref qui l'autorisait à lever un impôt sur tous les clercs portant barbe. Grande division entre le clergé riche et le clergé pauvre; mais l'opposition la plus rude fut celle que firent les parlements. La magistrature, généralement dévote, prit parti pour le clergé puritain. Un édit de 1535, appelé *édit des barbes*, défendit aux plaideurs de paraître devant la cour avec une barbe. Un maître des requêtes fut obligé de sacrifier la sienne pour être admis à prêter serment. En 1561 la Sorbonne décida, après mûre délibération, que la barbe était contraire à la modestie sacerdotale.

Guillaume Duprat, revenant du concile de Trente, allait prendre possession de l'évêché de Clermont; la cérémonie avait été remise au saint jour de Pâques. Il se présente porteur d'une barbe qui eût fait honneur au vénérable Priam, une barbe descendant à flots d'argent jusqu'à la ceinture; que rencontra-t-il sous le porche de son église métropolitaine? le doyen du chapitre, escorté de deux acolytes, et brandissant d'immenses ciseaux. Le péril était imminent, la résistance impossible; mais Guillaume Duprat n'était point homme à faire à l'ambition le sacrifice de son indépendance. Au moment où l'orgue et la foule entonnaient les hymnes pieux, au moment où le trio barbicide étendait les bras, il lui jette son surplis, et prend la fuite jusque dans sa demeure. « Je sauve ma barbe, s'écria-t-il, et j'abandonne mon évêché. »

Malgré la perte que les barbes, beaucoup plus que les lettres, avaient faite dans la personne de leur véritable protecteur, François Ier, et dans celle de son auguste rival, Henri II, les fortes têtes de la cour imitèrent Duprat et ne fléchirent ni devant les arrêts des parlements, ni devant les canons des conciles provinciaux, ni devant les décisions de la Sorbonne. Henri III, antibarbiste, fut en proie aux vers satiriques et aux épigrammes mordantes. Henri IV, mieux inspiré, se servit de sa large barbe grise comme d'une auréole ; mieux que son panache blanc, elle rallia à lui les hommes de tous les partis. Sous son règne brillèrent du même lustre les barbes pointues, les barbes carrées, les barbes rondes, en éventail, en queue d'hirondelle, en feuille d'artichaut; tout l'âge d'or de la barbe. Elle ne fit que décroître sous le règne de Louis XIII. Le *Mercure* de janvier 1732 nous a transmis le nom du dernier personnage qui ait porté la barbe à Paris. Il se nommait Richard Milhon ; il était lieutenant et juge criminel au comté d'Eu. En 1752 revint de Constantinople un peintre de portraits nommé Liotard, porteur d'une superbe barbe. Cette singularité le mit promptement à la mode. Il fallut, pour couper court à cette vogue, le mot un peu dur de madame de Pompadour : « Votre barbe fait tout votre mérite. » Dans un portrait de la favorite, il n'avait pu réussir à exécuter une bouche aussi minime que l'ordonnait le modèle.

Une secte religieuse peu nombreuse adopta la longue barbe à l'époque du Directoire. Elle refleurit après la révolution de 1830. Le poil s'épanouit sur toutes les faces avec la liberté. Elle fut interdite à la vérité aux jeunes adeptes de Thémis, par la fougue sénile du premier président de la cour de Paris, et le clergé, assez occupé de sa chevelure, ne songea jamais à disputer la barbe aux respectables rabbins; mais l'artiste et le poète prirent le bouc pour modèle. Le saint-simonien choisit pour type le bison. Quoique les sectateurs de la femme libre aient, il y a longtemps, échangé leurs rêves chimériques contre de bonnes places, la barbe, depuis 1848, régnait sans obstacle en France, grâce à la paresse qu'on a de se raser soi-même, grâce à la répugnance qu'on éprouve à se laisser frotter le menton par les doigts sales d'un étranger, quand les événements du 2 décembre sont venus subitement la menacer, beaucoup d'honnêtes bourgeois s'obstinant à ne voir dans tous les hommes barbus que des démagogues contre de bonnes places, ennemis de toute autorité, de la famille et de la propriété.

En Espagne, jusqu'à l'avénement de Philippe V, qui monta sur le trône le menton à peine ombragé d'un léger duvet, la barbe fut considérée comme l'ornement indispensable de tout homme grave. Les Espagnols ont ce proverbe : « Depuis qu'il n'y a plus de barbe, il n'y a plus d'âme. » Ils attachaient tant d'importance à la barbe que, vers le milieu du quatorzième siècle, quelques petits-maîtres ayant cru devoir se faire raser au milieu des grandes chaleurs de l'été, avaient imaginé des barbes postiches, qu'ils mettaient pour se présenter en public, et qu'ils déposaient dès qu'ils étaient chez eux. Don Pèdre, roi d'Aragon, en interdit l'usage, parce que plusieurs membres des cortès s'étaient permis de se rendre ainsi affublés au sein de la représentation nationale.

Le plus grand acte de tyrannie exercé à propos de barbe fut l'édit du czar Pierre le Grand : les prêtres et les paysans conservèrent seuls la faculté de la porter; les gentilshommes et les marchands durent payer un droit de cent roubles pour conserver la leur; le bas peuple des villes fut taxé à un copeck par tête. Aux portes de chaque ville, des percepteurs furent établis pour exiger ce droit; un barbier leur était adjoint, qui abattait à l'instant même toute barbe pour laquelle le rachat n'était point accompli.

De toutes les coquetteries la plus singulière est peut-être celle des rois perses, qui, au rapport de Chrysostome, tressaient les poils de leur barbe avec des fils et des paillettes d'or. En France plusieurs rois de la première race imitèrent cet usage oriental, et se firent gloire de porter une longue barbe, toute garnie de rubans et tressée avec des fils d'or et des paillettes. Dans la cérémonie des funérailles du duc de Bourgogne, tué à la bataille de Nancy en 1477, le duc de Lorraine, son vainqueur, se présenta vêtu de deuil, portant une grande barbe d'or qui lui venait jusqu'à la ceinture. Un prédicateur célèbre, Jean-Pierre Camus, évêque de Belley, chaque fois qu'il montait en chaire, divisait sa barbe en autant de toupets qu'il y avait de points à son sermon, et défaisait un toupet à mesure qu'un point était terminé. Thomas Morus sur l'échafaud, à l'aspect du billot, s'aperçoit que sa barbe est placée de manière que le glaive de l'exécuteur ne peut manquer de l'endommager. Il se relève avec sang-froid, et, la rejetant de côté : « Ma barbe n'a pas commis de trahison, dit-il, il n'est pas juste qu'elle soit punie. »

Les Orientaux font un tel cas de la barbe, qu'ils jurent par elle et qu'ils ne peuvent concevoir un grand homme sans ce magnifique attribut ; aussi les Égyptiens furent-ils très-étonnés de voir Napoléon sans barbe. Baudouin, comte d'Édesse, jeune dissipateur, pour arracher à son beau-père Gabriel une somme d'argent, imagina de lui raconter qu'il avait mis sa barbe en gage. Nous parlerons à l'article SA-PEURS de ces soldats barbus qui marchent à la tête des régiments dans la plupart des armées modernes.

Quelques ordres religieux ont conservé la barbe; elle brille encore sur le visage des Arabes, des prêtres grecs, des juifs allemands, des anabaptistes, etc., etc. Nos prêtres catholiques la portent en Algérie. Elle sied à la race caucasienne; les chrétiens la prêtent au Père éternel à son fils Jésus-Christ; les païens en ornaient Jupiter; les Indiens en décorent leur Bacchus. Malgré l'exemple des sapeurs, elle semble moins l'attribut du guerrier que du magistrat, du sage, du prêtre, du philosophe, du penseur.

BARBE (Sainte), vierge et martyre. On n'a rien de bien certain sur cette sainte, objet d'une dévotion particulière de la part des Latins, des Grecs, des Syriens et des Moscovites. Baronius pense qu'on doit donner la préférence à la version qui la fait disciple d'Origène et place son martyre à Nicomédie, en 235, sous le règne de Maximin 1er. Cette belle et courageuse fille de Dioscore, riche païen de cette ville, refuse de prendre un autre époux que Jésus-Christ, fait vœu de célibat malgré son père, se voit poursuivie par lui l'épée au poing, et se soustrait à sa fureur en traversant un rocher qui s'ouvre devant elle comme jadis la mer Rouge devant les Hébreux guidés par Moïse. Mais elle est saisie et conduite au tribunal de Marcian, qui ordonne qu'on lui déchire les flancs avec des râteaux de fer, qu'on la brûle avec des torches, qu'on lui frappe la tête avec des marteaux; et, comme si ce n'était point assez, furieux de voir que ses plaies se guérissent comme par enchantement, il lui fait couper les seins avec des rasoirs, et la fustige autour des remparts de Nicomédie, jusqu'à ce qu'enfin son père lui-même, ayant sollicité le barbare plaisir de lui porter le dernier coup, abat sa tête d'un revers de cimeterre, tandis que les lèvres de l'héroïque enfant murmurent encore une prière à Jésus crucifié.

A cette version Assemani préfère celle qui résulte des actes relatés par Métaphraste et Montbritius. Cette fois Barbe est martyrisée à Héliopolis, sous le règne de Galère, vers 306. C'est encore son père qui remplit volontairement l'office de bourreau; mais ici il est frappé de la foudre au moment où il lui abat la tête, ce qui fait qu'on invoque la sainte quand le tonnerre gronde.

Mais de laquelle de ces deux bienheureuses qu'il s'agisse, pourquoi, se demande-t-on, est-elle la patronne des artilleurs? Pourquoi les canonniers ont-ils donné à leur poste à bord le nom de la vierge martyre? (voyez SAINTE-BARBE). On se perd en conjectures pour deviner ce qu'il y a de commun entre l'artillerie et sainte Barbe. Quoi qu'il en soit, cette sainte a été et est encore en grande vénération à bord des vaisseaux comme à terre parmi les canonniers. C'est le 4 décembre qu'on la fête. Cette solennité militaire et gastronomique est annoncée sur les vaisseaux par des salves et des bordées. Avant le repas on promène processionnellement l'image de la vierge martyre, parée, enrubannée, placée sur une espèce de bastion. Il y a encore, sur certains vaisseaux, des maîtres canonniers qui ont dans leur chambre la figure de sainte Barbe. On l'invoque avant le combat, on se réconforte à l'aide d'une bonne ration d'eau-de-vie, et le canon fait merveille.

BARBE-BLEUE. Qui ne s'est senti frissonner devant cette terrible figure des *Contes* de Perrault? Qui ne se rappelle ce riche palais avec lequel contraste si bien le cabinet sanglant où sont rangés cinq cadavres de femmes sans tête, tristes victimes de la curiosité et du despotisme; puis cette clef qui, une fois trempée dans le sang, en garde obstinément la souillure; le dialogue de la jeune femme avec sa sœur Anne quand le glaive de son époux est déjà levé sur sa tête, et enfin le juste châtiment de ce méchant seigneur? Mais on conteste à Perrault l'invention de ce conte; M. Walckenaer est allé fouiller les annales du moyen âge pour retrouver l'origine de ces féeries. Des peintures à fresque du treizième siècle récemment retrouvées dans une chapelle du Morbihan, et représentant la légende de sainte Trophime, semblent se rapporter à l'histoire de Barbe-Bleue. On y voit cette sainte, fille d'un duc de Vannes, épouser un seigneur breton; dans un second compartiment le mari, prêt à quitter son château, remet une petite clef à sa femme. Les fresques suivantes montrent sainte Trophime pénétrant dans un cabinet où sept femmes sont pendues; la sainte interrogée par son époux, qui la regarde d'un air menaçant; la sainte en prières appelant sa sœur, qui se tient à une fenêtre; enfin, dans le dernier tableau, le farouche seigneur pend sa femme; mais les frères de la victime accourent avec saint Gildas, qui la ressuscite. Cette merveilleuse histoire est restée, dit-on, dans la mémoire du paysan breton. Le manoir du cruel époux était situé, suivant la tradition, sur le mont Castanes, qui s'entr'ouvrit à la voix de saint Gildas pour engloutir le maître et l'habitation, et qui est resté stérile depuis cette époque.

BARBE DE CAPUCIN. La barbe de capucin est une salade fort estimée, très-saine, et l'une des plus nourrissantes, la meilleure peut-être de toutes, quoique légèrement amère, la seule que les médecins permettent quelquefois aux malades qui entrent en convalescence. On l'obtient par un procédé de culture artificielle qui consiste à faire végéter la chicorée sauvage, *cichorium intybus*, dans une cave ou dans tout autre endroit chaud, entièrement ou presque entièrement privé de lumière, et où l'on plante ses racines, qui, au lieu de végéter on feuilles vertes, selon l'état naturel, produisent de longues feuilles blanches qui prennent, arrivées à cet état de blancheur, le nom de *barbe de capucin* ou de *barbe du Père éternel*. Si, au lieu d'employer les racines de la chicorée sauvage ordinaire, on plante celles de la chicorée sauvage panachée, on obtient une barbe de capucin colorée en rouge, rose et violet de diverses nuances, mais le plus souvent de stries torses ou longitudinales sanguines et d'un rouge plus ou moins vif : car si l'absence de la lumière empêche que la couleur verte ne se développe, cette absence a un effet presque nul sur la couleur rouge de cette chicorée, qui, conservant ainsi ses panaches rouges, prend le nom de *barbe de capucin panachée*. TOLLARD aîné.

BARBE DE JUPITER (*anthyllis barba Jovis*). Avant qu'une foule de végétaux étrangers, hôtes agréables, à la vérité, vinssent occuper les plus belles places de nos serres, on voyait dans toutes les orangeries la barbe de Jupiter, aux fleurs de couleur d'or et aux feuilles soyeuses et argentées. Si cet arbuste, qui est originaire du midi de l'Europe, et qui s'élève à la hauteur de 1m,30 à 1m,60, qui a un beau port, de belles et très-nombreuses fleurs en bouquets, a été un moment abandonné, cet oubli non mérité a cessé, car il commence à embellir en ce moment, comme autrefois, les collections qui se composent exclusivement de plantes distinguées. Il est d'orangerie; cependant plusieurs amateurs l'ont mis en pleine terre, où il est resté sans souffrir depuis plusieurs années, avec le soin de le préserver des grands froids par des paillassons, comme on le fait pour le figuier. Cette plante porte encore le nom d'*anthyllide argentée*; elle se multiplie par boutures, marcottes, et surtout par ses graines, qu'il faut semer sur couche.

C. TOLLARD aîné.

BARBÉ DE MARBOIS (FRANÇOIS), comte, puis marquis, homme d'État, magistrat, membre de l'Institut, né le 31 janvier 1745, à Metz, où son père était directeur de la monnaie, fut d'abord précepteur des enfants du maréchal de Castries, ministre de la marine, par la protection duquel il obtint un avancement rapide dans la diplomatie, puis, successivement secrétaire de légation à Ratisbonne, et chargé d'affaires à Dresde et à Munich. Lors de la guerre d'Amérique, il remplit près de la nouvelle puissance des États-

Unis les fonctions de chargé d'affaires de France; et plus tard, avec le titre de consul général, il organisa tous les consulats français dans ce pays. Dans cette mission, il fit si bien estimer son caractère que William Moore, président et gouverneur de la Pensylvanie, lui donna sa fille en mariage. Nommé, en 1785, intendant des îles Sous le Vent, Barbé de Marbois remit l'ordre dans les finances de Saint-Domingue, veilla à l'exacte administration de la justice, et résista avec fermeté aux empiétements de l'autorité militaire. Mais bientôt le contre-coup de la révolution, qui se fit sentir à Saint-Domingue, le força à revenir en France, où il rendit compte à l'Assemblée nationale de son administration. En 1792 Louis XVI l'envoya en qualité de ministre à la diète de Ratisbonne, pour régler avec les plénipotentiaires de l'Empire les droits féodaux des princes allemands possessionnés en Alsace et en Lorraine, que les décrets de l'Assemblée avaient dépouillés; il alla même à Vienne pour savoir les intentions positives de l'empereur à ce sujet; mais sa mission n'eut aucun succès. Rappelé en France, il se retira à Metz, où il fut incarcéré comme émigré.

Après la chute de Robespierre, ses concitoyens l'élurent successivement maire de Metz, et député au conseil des Anciens. Dans cette assemblée, où il fit preuve de connaissances positives en administration et en finances, il eut d'abord à se défendre de l'accusation d'avoir assisté aux conférences de Pilnitz, accusation fausse, même aux yeux de ceux qui l'avaient intentée, mais qui eut du moins pour eux l'avantage de signaler Barbé-Marbois comme un ennemi de la révolution. Au 18 fructidor (4 septembre 1797), il est, avec plusieurs de ses collègues, frappé de proscription. Déporté à Sinnamari, il supporte son malheur avec résignation. Cependant au bout de dix-huit mois sa femme obtient qu'il soit transféré à Oleron. Il ne revient à Paris qu'après le 19 brumaire; et, sur la recommandation du troisième consul, Lebrun, il est nommé conseiller d'État, puis, en 1801, directeur du trésor, titre qu'il échange bientôt après contre celui de ministre.

En 1803, par une heureuse négociation relative à la Louisiane, il obtient du gouvernement des États-Unis 80 millions au lieu de 50, pour lesquels il était autorisé à transiger. Napoléon, qui savait récompenser, gratifia de 192,000 fr. l'heureux négociateur. En 1805 Barbé de Marbois fut successivement nommé grand-officier de la Légion d'Honneur, grand cordon de Saint-Hubert de Bavière et comte de l'empire. Une baisse imprévue, causée dans les fonds publics par une fausse mesure, le fit destituer. « J'ose espérer que Votre Majesté ne m'accusera pas d'être un voleur, dit-il à Napoléon les larmes aux yeux. — Je le préférerais cent fois, répondit l'empereur : au moins la friponnerie a des bornes, la bêtise n'en a point. » — Cependant la disgrâce de Marbois cessa en 1808, et il fut nommé premier président de la cour des comptes. Pendant trente années qu'il fut investi de ces fonctions, il les remplit avec autant de zèle que d'aptitude. Plusieurs fois il eut occasion de haranguer Napoléon, qui le nomma sénateur le 5 avril 1813. Un an après, Barbé faisait partie de la commission du sénat qui prononçait la déchéance de l'empereur. Bien accueilli par Louis XVIII, il fut nommé le 4 juin 1814, puis conseiller de l'université. Pendant les Cent Jours il fit pressentir Napoléon sur ses dispositions à son égard; mais celui-ci témoigna vivement son indignation contre *un homme qui, tenant tout de lui, avait témoigné un empressement d'ingratitude que la nécessité ne justifiait point*. Il lui fit donner l'ordre de quitter Paris, et nomma premier président, à sa place, le comte Collin de Sussy.

Marbois rentra dans ses fonctions après le 8 juillet 1815, fut nommé par le roi membre du conseil privé, puis garde des sceaux. Modéré par principes, ennemi de toute réaction, il était peu agréable à la majorité de la Chambre introuvable, ce qui obligea Louis XVIII à lui ôter les sceaux le 26 janvier 1816; mais il continua de lui témoigner toujours la même bienveillance, et quelque temps après il lui rendit la présidence de la cour des comptes, et le décora du titre de marquis. Marbois, de son côté, ne négligeait aucune occasion solennelle de témoigner son dévouement. Il s'était mis, au mois de février 1817, à la tête de la commission qui provoqua le rétablissement de la statue de Henri IV sur le Pont-Neuf. Il fut, du reste, un des membres les plus zélés et les plus utiles du conseil général des hospices, de la Société royale pour l'amélioration des prisons, de la Société pour l'instruction élémentaire, etc. Il ne se montrait pas moins assidu à la Chambre des Pairs, où son nom figurait sans cesse, soit à la tête des bureaux, soit comme membre de commissions. On entendit avec intérêt l'ancien exilé de Sinnamari développer devant la chambre les motifs de sa proposition tendant à substituer une autre peine à la déportation. Il vota contre la fameuse motion de Barthélemy tendant à changer la loi des élections. Bien que dans ses harangues comme premier président il n'eût négligé aucune occasion de manifester à Charles X et au duc de Bordeaux un dévouement sans bornes, il s'empressa d'adhérer à la révolution de 1830, et harangua le nouveau roi dans le même style qu'il avait harangué Napoléon, Louis XVIII et Charles X. Il espérait mourir premier président : c'était son unique vœu, c'était sans doute le motif de tant de flexibilité : il fut trompé dans son attente, et se vit évincé de sa place par une suite de procédés aussi inconvenants que déloyaux. Il survécut trois ans à sa disgrâce, et mourut le 14 janvier 1837, dans sa quatre-vingt-douzième année. Il a publié depuis 1766 un assez grand nombre d'ouvrages, dont plusieurs offrent des détails curieux sur Saint-Domingue, la Louisiane, etc. Il a laissé de ses propres mémoires, 2 vol. in-8°. Ch. du Rozoir.

BARBEAU (*cyprinus barbus*, Linné). Ce poisson, du genre cyprin, se trouve dans toutes les rivières de l'Europe tempérée. Son corps est plus allongé et plus arrondi que celui de la carpe; ses nageoires sont rougeâtres, et la caudale est bordée de noir; la mâchoire supérieure dépasse l'inférieure, et porte quatre filaments qui ont fait donner à ce poisson le nom qu'il porte. On ne connaît pas les limites de sa croissance ni celles de sa vie; quoiqu'il ne parvienne jamais à la grosseur de quelques espèces de carpes, on en a trouvé quelques-uns du poids de dix-huit livres. Les eaux stagnantes lui conviennent peu; il préfère les eaux des rivières et même des torrents, pourvu qu'elles ne soient pas trop froides. La pêche de ce poisson est facile et peut être fructueuse lorsque le pêcheur choisit bien les appâts suivant le goût de l'animal auquel il jette l'hameçon. C'est une proie vivante qui attire le mieux un barbeau, vieux ou jeune, et les insectes paraissent être ce qu'il convoite le plus avidement.

On a dit que les œufs du barbeau sont aussi malfaisants que ceux du brochet, que c'est un purgatif des plus violents. Des naturalistes qui en ont mangé impunément, le cas plaisir, réussiront sans doute à faire disparaître l'erreur commune; ils assurent que ces œufs ne sont pas moins bons que ceux de la carpe. Ferry.

Barbeau est encore le nom vulgaire du bluet des champs (*centaurea cyanus*) et de quelques autres centaurées.

BARBÉLIOTES, BARBÉLIOTS, BARBORIENS, secte de gnostiques qui prétendaient qu'un éon immortel avait eu commerce avec un esprit vierge, appelé *Barbéloth*, auquel il avait successivement accordé la prescience, l'incorruptibilité et la vie éternelle; que Barbéloth, étant un jour plus gai que de coutume, avait engendré la lumière, qui, perfectionnée par l'onction de l'esprit, prit le nom de Christ; que Christ désira l'intelligence et l'obtint; que l'intelligence, la raison, l'incorruptibilité et Christ s'unirent; que la raison et l'intelligence engendrèrent Antogène; qu'Antogène engendra Adamas, l'homme parfait, et sa femme, la connaissance parfaite; qu'Adamas et sa femme engendrèrent le bois; que le premier Ange engendra l'Esprit-Saint, la sagesse ou Prunic; que Prunic, sentant le besoin d'un époux, engendra Protarchonte, ou le premier prince, qui fut sot et insolent; que Protarchonte enfin engendra les créatures, et connut charnellement Arrogance, avec laquelle il engendra tous les vices.

BARBERINI, célèbre famille princière de Rome, qui possédait autrefois d'immenses richesses.

Antonio Ier BARBERINI, mort lui-même sans enfants, fonda la grandeur de sa maison, par l'excellente éducation qu'il fit donner aux fils de son frère *Carlo Ier*. Le plus jeune, *Rafael*, servit avec distinction comme ingénieur dans les Pays-Bas, et en 1570 fut chargé par le duc d'Albe d'une mission diplomatique près de la reine Élisabeth. L'aîné, *Antonio II*, laissa trois fils, *Carlo II, Maffeo*, qui fut pape sous le nom d'Urbain VIII, de 1623 à 1644, et *Antonio III*, cardinal, qui, malgré son ignorance, fut bibliothécaire de l'Église romaine (né en 1569, mort en 1646).

Francesco II BARBERINI, fils aîné de Carlo II, devint cardinal en 1623. C'est lui qui, avec le concours du célèbre Leo Allatius de Chios (*voyez* ALLACCI), fonda la précieuse bibliothèque Barberini, qui contient 60,000 volumes et 9,000 manuscrits. Il traduisit Marc-Aurèle, et mourut à un âge fort avancé, en 1697, doyen du sacré-collége.

Taddeo BARBERINI acquit par l'intervention de son oncle, pape régnant, et aussi par son mariage (1627) avec Anna Colonna, arrière-petite-fille du vainqueur de Lépante, la principauté de Palestrina et divers autres grands biens. La puissance toujours croissante de Barberini et ses plans ambitieux excitèrent la jalousie des Médicis, des Este et des Farnèse. De là la fameuse guerre qui eut lieu (1641-1644) pour s'emparer du fief de Castro, situé dans le duché de Parme et appartenant aux Farnèse, guerre qui se termina par la destruction de ce château et la confiscation du fief, prononcée au profit de la chambre apostolique. Les persécutions qu'éprouvèrent aussi pendant quelque temps les Barberini sous le pontificat d'Innocent X furent encore la suite de l'abus qu'ils avaient fait de leur crédit sous le règne du prédécesseur de ce pape. Taddeo, forcé de se réfugier avec ses frères en France, puissance à laquelle toute sa famille était dévouée, mourut en exil à Paris, en 1647. Sa femme le suivit dans la tombe en 1658.

Antonio III BARBERINI, troisième fils de Carlo II, né en 1608, caractère inquiet et remuant, aimant le faste et les tournois, en outre protecteur des sciences, poëte latin et italien, cardinal dès l'année 1628, prit en 1631 possession pour le saint-siège du duché d'Urbino, tombé en dévolution, et obtint de Louis XIII l'évêché de Poitiers en même temps que le protectorat de la France, et de Mazarin le titre de grand-aumônier et l'archevêché de Reims. Après s'être réconcilié avec le pape, il revint en Italie, et mourut le 4 août 1677, à Nemi. C'est par lui qu'en 1654 les biens des Frangipani, dont le dernier, Mario, l'avait institué son héritier, entrèrent dans la famille Barberini.

Cent ans à peine après le pontificat d'Urbain VIII, la descendance masculine de sa maison s'éteignait. *Cornelia Constantia* BARBERINI, petite-fille de Taddeo et d'Anna, mariée, en 1728, à Giulio Cesare Colonna, prince de Carbognano et duc de Bassanello, petit-fils de Colonna, qui avait transmis Palestrina aux Barberini, lui apporta en dot l'immense fortune de la maison dont elle était l'unique héritière. Une fille issue de ce mariage, *Olympia* BARBERINI, mariée au Napolitain don Gennaro Caracciolo, duc de Girifalco, morte en 1800, est restée célèbre par sa destinée romanesque et tragique. L'aîné des trois fils, *Urbain*, prince de Carbognano (né en 1733), fut apanagé, tandis que le plus jeune, *Carlo III*, objet des préférences de sa mère, héritait de Palestrina et des autres domaines des familles Colonna et Barberini. A la suite d'un procès avec son neveu Maffeo Sciarra, qui ne se termina qu'en 1810, par l'intervention de Napoléon, il dut faire d'importants abandons à la maison de Sciarra; et à sa mort, arrivée en 1819, ses propriétés firent retour à son aîné, alors encore vivant, don *Francesco IV*.

Indépendamment d'une délicieuse villa aux environs d'Albano, les Barberini possèdent sur le versant nord-ouest du Quirinal, au fond de la Piazza Barberini, un palais bâti sous le pontificat d'Urbain VIII, par les architectes Carlo Maderno, Borromini et Bernini, après celui du Vatican le plus vaste qu'il y ait à Rome. A l'occasion des déprédations de monuments antiques commises pour enrichir cet édifice, on fit cette épigramme : *Quod non fecerunt Barbari, fecere Barberini*. Pendant longtemps l'atelier de Thorwaldsen occupa le rez-de-chaussée du palais Barberini. Le plafond de la grande salle de ce palais est le chef-d'œuvre de Pietro da Cortona. La galerie contient, entre autres tableaux d'une inestimable valeur, la *Fornarina* de Raphael, une admirable tête de jeune fille, portrait de Béatrix Cenci suivant quelques-uns, *Saint André Corsini en extase* de Guido Reni, et le vieux tableau de Rome personnifiée (*Roma Dea*), trouvé, le 7 août 1655, dans le sol même du palais. Beaucoup de précieux objets appartenant à cette collection ont été vendus à l'étranger : c'est ainsi qu'on voit aujourd'hui à la glyptothèque de Munich le *Faune Barberini* (satyre dormant), et que le Muséum britannique possède le célèbre vase de Portland. De nombreuses soustractions de livres commises dans la bibliothèque ont déterminé depuis peu le propriétaire à en interdire l'accès au public.

BARBEROUSSE Ier (AROUDJ), né en 1474, était le troisième des quatre enfants d'un renégat sicilien, nommé Yacoub, corsaire à Mételin (Lesbos). Il se fit pirate de bonne heure, et se signala dès l'âge de treize ans par la prise de deux galères du pape. Un seul brigantin composa d'abord toute sa fortune; mais huit ans après, grâce à ses nombreuses captures, il se trouva à la tête d'une escadre de quarante galères montées par de hardis forbans qu'avaient attirés sa réputation d'habile homme de guerre et ses succès.

En faisant ainsi le métier d'écumeur de mer, il ne tarda pas à apprendre celui de conquérant. Un port lui manquant pour mettre ses prises en sûreté : il tenta un coup de main sur Bougie; mais il dut se rembarquer, après avoir eu le bras gauche emporté d'un boulet de canon. Quelque temps après il fut plus heureux contre Djidjelli, qu'il prit sur les Génois, après une courte occupation de ceux-ci.

Sur ces entrefaites, le cheik arabe Salem-ebn-Témi, qui était maître d'Alger, s'efforçait d'enlever aux Espagnols la forteresse qu'ils avaient élevée en face de la ville; il invita Aroudj à joindre ses efforts aux siens et à opérer sur le fort une attaque par mer. Aussitôt le pirate fit partir dix-huit galères et trente barques sous les ordres de son frère Khaireddin (*voyez* l'article suivant); lui-même marcha sur Alger avec cinq mille hommes de ses meilleurs soldats. Mais Aroudj, au mépris de la foi jurée, livra au pillage des siens la ville qu'il était venu défendre, et, se débarrassant sans plus tarder du cheik son rival, se fit proclamer souverain d'Alger.

Le roi de Tlemcen, Abou-Hamou, ne vit pas sans inquiétude le puissant voisin qui résidait près de lui un État déjà redoutable. Aussi ce fut à son instigation et sur la demande d'un fils de Salem-ebn-Témi, réfugié à Oran, que les Espagnols tentèrent un coup de main sur Alger; mais la flotte, repoussée par don Diégo de Vera, ne toucha le rivage que pour s'y briser; et les troupes de débarquement, attaquées par Barberousse pendant qu'elles se livraient au pillage, furent presque anéanties.

Enflammé par ses succès, Aroudj conçut le projet de soumettre tout le Maghreb. Après s'être emparé de Cherchel, il marcha à la rencontre du souverain de Ténès, mit en pleine déroute avec la milice turque ses quinze mille Arabes, et s'empara de ses États. Presque aussitôt Tlemcen tombait en son pouvoir, et le roi Abou-Hamou se réfugiait chez les Espagnols. Son neveu, Abou-Zian-Mesnoud, proclamé un instant roi de Tlemcen, partagea bientôt le sort de Salem-ebn-Témi; il fut étranglé par ordre d'Aroudj avec sept de ses fils. C'en était fait peut-être de la domination espagnole. Un coup de vigueur seul pouvait sauver Oran. Par ordre de Charles-Quint, dix mille soldats, commandés par le marquis de Gomarès, gouverneur des possessions espagnoles, soutenus par de nombreux contingents des tribus indigènes, prirent tout à coup l'offensive. L'importante forteresse de Collo, située entre Alger et Tlemcen, fut enlevée d'assaut; Barberousse, assiégé dans Tlemcen, se jeta dans le Mechouar, château fort qui domine la ville, et fit une résistance vigoureuse. Ses ressources épuisées, il se sauva avec ses Turcs par un souterrain qu'il avait fait creuser, emportant avec lui toutes ses richesses. Poursuivi par les Espagnols, il fit semer derrière lui, comme ce héros de l'antiquité, son or et son argent pour protéger sa fuite; mais le général espagnol le joignit sur les bords de l'Oued-el-Maleh (Rio-Salado), à quelques lieues de Tlemcen. Obligé de faire face, Barberousse combattit avec acharnement; mais, accablé par le nombre, il périt dans la mêlée (1518).

BARBEROUSSE II (KHAÏREDDIN) naquit vers 1476, à Métélin, et suivit les traces de son père et de son frère, avec lequel il se mit à faire la course en commun. Le principal commandement appartenait, il est vrai, à Aroudj; mais en son absence, Khaïreddin exerçait une autorité égale à la sienne. Prenant part à tous les dangers que courait son aîné, il devait en recueillir également et gloire et profit. Après la prise d'Alger, Aroudj fit avec Khaïreddin le partage de leurs possessions; celui-ci garda la partie orientale, et établit le siége de son royaume à Tedlis. Il se rendit ensuite à Alger pour remplacer son frère pendant son expédition contre Tlemcen. Enfin, après le désastre du Rio-Salado, il fut reconnu pour son successeur et proclamé général de la mer par tous les capitaines corsaires de la côte barbaresque.

L'année même de son avénement, une flotte espagnole, sous les ordres du comte de Moncada, parut devant Alger; mais une tempête la dispersa. Effrayé et jaloux des progrès des Turcs, le souverain hafsite de Tunis envoya une armée contre Alger. Khaïreddin fit face à tous les dangers, et de sanglantes répressions le délivrèrent des complots qui se tramaient contre lui. Toutefois, ne pouvant se dissimuler la haine croissante des Arabes et l'affaiblissement graduel de son armée, Khaïreddin se mit sous la protection de la Porte, dont il reconnut la souveraineté (1520). Sélim 1er le nomma bey d'Alger, et lui envoya deux mille janissaires.

Fort de ces nouvelles ressources, et plus encore de ce puissant appui, Khaïreddin mit alors à exécution deux grands projets qu'il méditait depuis longtemps : il se rendit maître du fort élevé par les Espagnols en face d'Alger, sur l'île appelée aujourd'hui de *la Marine*, et fit construire le môle et la jetée qui réunit cet îlot à la terre ferme (*voyez* tome 1er, p. 308). Trente mille esclaves chrétiens travaillèrent à ce nouveau port, qui fut achevé en moins de trois ans, Barberousse, une fois en possession d'une rade vaste et sûre, organisa la piraterie sur une large échelle, et pendant plus de dix ans il fut la terreur de la Méditerranée.

Cependant de nouvelles destinées plus glorieuses encore lui étaient réservées. La renommée dont il jouissait dans tous les États islamiques fit jeter les yeux sur lui par le sultan Soliman II pour l'opposer au célèbre Doria, et contrebalancer l'influence toujours croissante des marines européennes. Dans les entrevues qu'il eut alors avec Soliman, Barberousse appela l'attention du sultan sur les chances de facile conquête qu'offrait à ce prince le Maghreb, dans l'état d'anarchie et de décadence où se trouvaient alors les divers États qui le composaient. Ces ouvertures furent bien accueillies par l'ambitieux sultan, qui mit à la disposition de Khaïreddin quatre-vingt-dix galères, deux cents navires chargés de munitions de guerre et de troupes de débarquement, et 80,000 ducats Les troubles qui agitaient alors Tunis offrirent à Barberousse une occasion favorable. Pour donner le change au roi de Tunis, Khaïreddin fit voile vers l'Italie, et ravagea les côtes de la Calabre, et de la Sicile; puis, tournant brusquement vers l'Afrique, il s'empara de Tunis sans coup férir. Il y fit reconnaître la souveraineté du sultan, et employa vingt mille esclaves à ouvrir le canal de la Goulette, qui, en faisant communiquer avec la mer le lac sur les bords duquel est bâtie Tunis, assurait à cette ville un port excellent.

Les victoires de Barberousse alarmèrent l'empereur Charles-Quint; celui-ci, craignant pour ses royaumes de Naples et de Sicile, résolut d'attaquer Khaïreddin au cœur même de ses nouvelles conquêtes. Une flotte de près de trois cents voiles, commandée par André Doria, portant deux mille chevaux, vingt-cinq mille fantassins et un grand nombre de volontaires, vint mouiller en 1535 devant Tunis. Charles-Quint était à la tête de cette formidable expédition, à laquelle l'Espagne, la Sicile, Naples, Gênes et Malte avaient fourni leurs contingents. De son côté Khaïreddin, au nom de l'islamisme menacé, implorait le secours de Soliman, du roi de Maroc et des Arabes du désert. Il appela d'Alger des renforts, et plaça ses hommes les plus dévoués sous les ordres de Sinan, audacieux corsaire. Après avoir soutenu un siége en règle dans le fort de la Goulette, et livré bataille dans les plaines de Tunis, il fut contraint de se réfugier à Biserte, abandonnant au vainqueur la ville de Tunis, dont les captifs chrétiens s'étaient déjà rendus maîtres pendant qu'il combattait à une lieue de ses murs.

Un si grand revers ne pouvait abattre l'âme intrépide de Barberousse; de Biserte il équipa une petite escadre, avec laquelle il se rendit à Alger. Puis il courut de nouveau ravager les côtes de l'Italie; il porta la terreur dans la Pouille, et surprit la ville de Fondi, où la belle Julie de Gonzague, qu'il venait enlever pour l'offrir à Soliman, ne lui échappa qu'en fuyant à demi nue au milieu de la nuit.

Appelé de nouveau par le sultan à Constantinople, Khaïreddin en reçut le titre de capitan pacha (grand amiral). Il avait laissé en partant l'eunuque Hassan-Aga, son lieutenant, dépositaire de son pouvoir; mais il ne reparut plus dans l'État qu'il avait fondé. En 1538 la guerre éclata entre la Porte-Ottomane et la république de Venise; Barberousse et Doria se trouvèrent de nouveau en présence. Barberousse, après avoir ravagé les îles vénitiennes de l'Archipel, s'engagea dans le golfe d'Ambracie; Doria l'y suivit, et le bloqua dans le canal de l'île Sainte-Maure. Un grand combat naval semblait inévitable; cependant Barberousse parvint à l'éviter par l'habileté de ses manœuvres. Il revint à Constantinople, après s'être emparé de Scyros, Pathmos, Paros, Égine et Stampalie. Chargé l'année suivante par Soliman d'assiéger Castel-Nuovo par terre et par mer, il prit cette place d'assaut. Aussi heureux général que marin redoutable, il réduisit le royaume d'Yémen pour le compte du sultan, et, reparaissant l'année suivante à la tête des flottes ottomanes, il battit la flotte vénitienne, forte de trois cents voiles, devant l'île de Candie.

En 1543 il parut dans la rivière de Gênes, et rejoignit la flotte française à Marseille. Les deux flottes combinées assiégèrent la citadelle de Nice, mais sans succès. L'amiral turc put revenir sans obstacle à Constantinople, et cependant André Doria était sur la mer Méditerranée avec les forces navales de Charles-Quint. Ces deux grands hommes de mer semblaient se respecter et se ménager l'un l'autre.

Barberousse ramenait sept mille captifs; Soliman le reçut avec les plus grands honneurs.

Ce fut la dernière campagne de Khaïreddin; quoique alors âgé de soixante-dix ans, il s'abandonna sans mesure aux délices du harem, et, comme Attila, on le trouva mort dans son lit entre les bras d'une femme (1546).

Khaïreddin doit être compté parmi les plus grandes figures qu'ait produites l'islamisme. En donnant aux États barbaresques de l'Afrique une existence politique régulière, il rapprocha pour ainsi dire Constantinople de Rome, fit des Turcs les voisins de l'Espagne et les alliés nécessaires de la France. C'est en grande partie à cet illustre amiral que la Porte doit son admission dans la grande famille européenne, pesant sur l'équilibre de l'Europe à la fois par les bouches du Danube et par l'étendue de la Méditerranée.

Le tombeau de Khaïreddin se voit encore à Bechiktoch, à l'entrée du canal de la mer Noire, où il avait une maison de plaisance. Son nom de Khaïreddin, dont les chrétiens ont fait *Hariadan*, lui fut donné par Soliman, et signifie *le bien de la religion*. Son véritable nom était *Hader* ou *Hazer*.

W.-A. DUCKETT.

BARBEROUSSE, empereur. *Voyez* FRÉDÉRIC Ier.

BARBÈS (ARMAND), démagogue contemporain, tristement fameux, est né en 1810, à la Pointe-à-Pitre (Guadeloupe); mais il vint fort jeune encore habiter le midi de la France, d'où sa famille est originaire. Elevé à l'école de Sorèze, renommée de tout temps par les tendances éminemment religieuses et monarchiques de son enseignement, il répondit assez mal aux soins dont il était l'objet, et fit au total des études classiques des plus médiocres. Mais la mort de son père, riche négociant, en le laissant de bonne heure en possession d'une douzaine de mille livres de rente, avec un beau domaine situé à Fortoul près de Carcassonne, l'avait dispensé de la grande loi du travail. L'existence pouvait donc être des plus douces et des plus faciles pour ce fils de bourgeois enrichi, et on voit combien peu il appartenait à ce que nos niveleurs contemporains appellent *les classes déshéritées de la société*. Après la révolution de 1830, le tuteur d'Armand Barbès l'envoya faire, comme tant d'autres, son droit à Paris; mais au lieu de chercher à réparer le temps perdu et à suppléer à ce que son éducation première avait eu d'insuffisant et d'incomplet, par la fréquentation des nombreux cours publics où à Paris la jeunesse peut puiser une instruction si complète et si variée, Armand Barbès, esprit orgueilleux et avide d'honneurs et de domination, se lança dans les intrigues de la politique, avec l'espoir de devenir une notabilité démocratique et d'occuper bientôt de ses faits et gestes la déesse aux cent bouches. Au milieu de l'effervescence générale provoquée par les partis hostiles à l'établissement de la royauté nouvelle, on conçoit qu'il ne lui fut pas difficile de se faire bien vite, avec sa fortune, une certaine position dans le parti ultra-républicain, où de pareilles recrues étaient alors et seront toujours extrêmement choyées, et surtout d'acquérir parmi les hommes affiliés aux nombreuses sociétés secrètes qui surgirent à ce moment un grand renom de civisme. La *Société des Droits de l'Homme* et la *Société des Saisons*, et je ne sais combien d'autres encore, n'eurent garde de ne pas flatter cette ambition *sui generis*, et lui décernèrent en conséquence tous les honneurs dont elles pouvaient disposer. Armand Barbès obtint même une grande marque de confiance de la part des frères et amis. Le comité directeur l'initia au secret de l'insurrection qui éclata en avril 1834 sur différents points de la France à la fois, et notamment à Lyon. Compromis par suite de cette confidence qui lui avait imposé des *devoirs* et exagéré outre toute mesure à ses propres yeux l'importance de sa personne, Barbès fut arrêté à cette occasion et jeté par la police à Sainte-Pélagie avec ceux des conspirateurs que le gouvernement de Louis-Philippe avait jugés dignes d'être l'objet de poursuites judiciaires. Cependant au bout de cinq mois de détention il y eut à son égard une ordonnance de non lieu, et il fut relâché. Mais son séjour à Sainte-Pélagie au milieu des douze cents prévenus qu'y avait entassés la maladresse du pouvoir acheva de poser Armand Barbès dans le parti républicain. Ses co-détenus, recrutés le plus généralement dans les classes pauvres et laborieuses de la population de divers grands centres d'activité manufacturière, se sentirent touchés d'un sympathique respect pour ce beau jeune homme à la taille haute et svelte, à la figure accentuée, au regard énergique, et surtout à la mise toujours soignée, qui contrastait singulièrement avec les haillons du plus grand nombre.

Aux yeux de ces malheureux, Barbès, martyr volontaire de la *bonne cause*, alors qu'il n'eût dépendu que de lui de *vivre de ses rentes à ne rien faire*, fut un héros; et à force de s'entendre décerner cette qualification, celui qui était ainsi l'objet de l'admiration générale finit par croire de la meilleure foi du monde qu'il la méritait.

L'attentat Fieschi vint à quelque temps de là frapper la France d'horreur et d'effroi. De nombreuses arrestations eurent lieu, et Armand Barbès, signalé aux défiances du pouvoir par tous ses antécédents, par les demi-révélations de Pépin, mais plus encore par la jactance habituelle de ses propos, y fut encore une fois compris. Mais au bout d'un certain temps il était de nouveau rendu à la liberté faute de preuves. L'année d'après, le tribunal de police correctionnelle de la Seine le condamna à quelques mois d'emprisonnement pour fabrication clandestine de poudre. L'amnistie accordée en 1837 par Louis-Philippe à tous les condamnés politiques comprit dans ses bienfaits ce conspirateur relaps et endurci, devenu désormais l'une des illustrations incontestées de la démagogie. La France toutefois fut deux années sans entendre reparler de lui. L'obscurité dans laquelle il était tombé pesait à l'orgueil de Barbès, qui résolut d'en sortir par un coup d'éclat.

Le 12 mai 1839, un jour de dimanche, au sein de la plus profonde paix, au moment où la partie laborieuse de la population de la capitale se répand joyeuse dans les différentes promenades pour s'y délasser de ses travaux de la semaine, le bruit se répandit tout à coup qu'une tentative venait d'être faite par le parti républicain pour renverser le gouvernement royal et proclamer la république, que des barricades étaient formées, et qu'on se battait déjà sur plusieurs points de la grande cité. Ces rumeurs n'étaient malheureusement que trop vraies.

Vers les trois heures de l'après-midi, une centaine d'individus armés jusqu'aux dents étaient sortis tout à coup d'une tabagie située dans l'une des rues étroites et fétides du vieux Paris, entre la rue Saint-Denis et la rue Saint-Martin, en se dirigeant vers l'Apport-Paris et le palais de justice aux cris de *Vive la république!* C'étaient des membres de la *Société des Familles* (laquelle tout entière devait, dit-on, prendre les armes, mais dont, par suite d'un malentendu, une section seulement répondit ce jour-là à l'appel du comité directeur), qui avaient jugé le moment opportun pour essayer d'en finir avec la royauté. Armand Barbès marchait en tête de cette bande, qui, dans le plan général de l'insurrection, avait sans doute pour mission particulière d'enlever les postes de la Conciergerie et de la préfecture de police; entreprise rendue facile par cette circonstance que l'autorité était surprise en défaut des précautions de sûreté les plus ordinaires, distraite qu'elle avait été par des mesures de police à prendre pour assurer le bon ordre aux abords du Champ de Mars, où se célébrait une solennité publique.

En entendant les clameurs confuses poussées par le rassemblement tumultueux que ruait au pas de course vers la Conciergerie, l'officier commandant du poste, le lieutenant Drouineau, ordonna à ses gens de prendre les armes; mais pourtant, avant d'en faire usage, il crut devoir s'avancer et parlementer avec le chef de ce rassemblement à l'effet de savoir à qui l'on en voulait, de quoi il s'agissait, tant il y avait peu lieu de penser à une tentative insurrectionnelle. Alors un coup de pistolet tiré à bout portant l'étendit roide mort, et la bande de furieux, répondant à ce signal, fit immédiatement feu sur les soldats du poste, dont le plus grand nombre tombèrent tués ou blessés.

Le poste de la Conciergerie, grâce à l'odieux assassinat ainsi commis sur la personne du malheureux lieutenant Drouineau, était enlevé: restait encore celui de la préfecture de police; mais la décharge faite sur le quai aux Fleurs par les insurgés avait donné l'alarme à la rue de Jérusalem. Toutes les forces qui s'y trouvaient disponibles avaient immédiatement couru aux armes. Aussi, en arrivant dans la rue de la Barillerie et sur le quai des Orfèvres, la bande commandée par Barbès jugea-t-elle prudent de battre en retraite pour aller se retrancher dans les rues du vieux Paris et y faire appel aux barricades et à l'insurrection.

Le soir même, cette folle et odieuse tentative avait complétement avorté; et les principaux coupables, Barbès notamment, étaient sous la main de la justice. Les journaux républicains s'efforcèrent alors de poétiser les détails de la lutte et surtout de laver Barbès de l'accusation d'avoir été l'auteur du meurtre du lieutenant Drouineau; mais dans l'intimité les hommes du parti n'y mettaient pas tant de façons, et traitaient hautement cette action d'héroïque, ajoutant, pour la justifier, que Barbès en brûlant la cervelle à Drouineau n'avait fait que punir un traître qui, complice de la conspiration, avait hésité au moment où il était tenu de remplir les engagements sacrés sur la foi desquels cent braves n'avaient pas hésité à jouer leur vie. Est-il besoin d'ajouter que ce n'était là encore qu'une odieuse calomnie, et que, non contents de l'avoir assassiné, les républicains jugeaient utile à l'intérêt de leur cause de déshonorer Drouineau?

Barbès avait opposé une vive résistance aux troupes chargées de comprimer cette émeute. Et, quoiqu'un coup de feu lui eût dénudé le crâne, peut-être eût-il réussi à s'échapper avec quelques-uns de ses complices sur lesquels la justice ne put mettre la main, s'il n'avait été aperçu par un garde municipal au moment où il sortait de chez un marchand de vin, dans la boutique duquel il s'était réfugié pendant le temps nécessaire pour y bander sa plaie.

Traduit devant la cour des Pairs, Barbès se drapa dans l'accusation qui le plaçait sous le coup de la vindicte des lois, et se posa en martyr de la liberté. Comme on devait s'y attendre, il repoussa d'ailleurs énergiquement le chef d'accusation qui le représentait comme l'assassin du lieutenant Drouineau. « Cette imputation infâme, dit-il mélodramatiquement, est au-dessous de moi. Je n'y répondrai pas... J'ai excité une insurrection, j'ai fait la guerre... Mais que j'aie assassiné, personne ne le croira... » Tout mauvais cas étant niable, nous n'insisterons pas sur cette singulière défense, et nous souhaitons même très-sincèrement que jamais le spectre sanglant du malheureux Drouineau ne soit venu troubler les longues nuits du détenu du mont Saint-Michel. Signalons seulement les étranges idées morales que professent tous ces renverseurs de gouvernements.

Les soldats du poste de la Conciergerie jouaient paisiblement aux cartes. Une rumeur étrange et toujours croissante appelle l'attention du commandant, qui, par précaution leur ordonne de prendre les armes et de se ranger devant le poste. Au lieu de faire feu sur le rassemblement de forcenés qui vient à lui, cet officier essaye de parlementer. On répond à ses paternelles représentations en lui brûlant la cervelle; une centaine de coups de fusil sont en même temps tirés sur les malheureux soldats, dont l'instant d'après les cadavres jonchent le pavé avec celui de leur chef. Or, gardez-vous bien de prendre cela pour autant de meurtres; ce ne sont que les conséquences de la guerre! La guerre, n'est-ce pas toujours libre de la déclarer à la société établie, et les plus horribles assassinats ne se transforment-ils pas en actes d'héroïsme dès qu'il s'agit de se saisir du pouvoir suprême!

« J'ai voulu renverser un gouvernement qui fait le malheur et le déshonneur de la France, » ajouta encore Barbès dans les quelques mots qu'il adressa aux pairs chargés de le juger. « Je suis vaincu, usez de la force, et vengez-vous; je ne viens pas me défendre. Je viens d'après votre loi des Indes, présenter ma tête au scalpel. » Le président Pasquier, s'emparant de cette comparaison, lui dit alors : « Vous avez vous-même caractérisé votre attentat en vous comparant à un sauvage. » Barbès lui répondit aussitôt : « Lequel est le plus sauvage, monsieur, de celui qui offre sa tête au scalpel, ou de celui qui prend le scalpel pour la couper? » Dans cette réplique, qui, s'il faut en croire les apologistes de Barbès, atterra le président de la cour des Pairs, on reconnaît les traces des vains sophismes mis en circulation par les charlatans de la philanthropie moderne, au sujet de la peine de mort, et de la confusion d'idées que leurs prédications produisent chaque jour dans les esprits. Tous ces docteurs font en effet profession d'horreur pour la peine capitale et dénient hautement à la société le droit de venger dans le sang du coupable les forfaits qu'il a commis. Ils ont des larmes et de l'indignation dans la voix quand il s'agit de qualifier les justes représailles à l'aide desquelles on persiste à se débarrasser de monstres qui déshonorent l'humanité. La société, suivant eux, serait tout au plus autorisée à détenir ces misérables pendant un temps plus ou moins long; et les crimes qu'ils ont commis imposeraient en même temps à cette société l'obligation sacrée de faire tous ses efforts pour essayer de ramener au bien ces intelligences que les vices seuls de l'ordre social dans lequel le hasard les a jetées ont pu pervertir. Par contre, surprendre et égorger de sang-froid les hommes machines, les soldats qui font obstacle à la réalisation des sublimes théories de tous ces niveleurs, de tous ces amis exclusifs du peuple, est chose non-seulement licite, mais sainte et héroïque. C'est la guerre de la liberté contre l'esclavage! Est-il besoin d'ajouter qu'ici l'esclavage, c'est la société établie; et la liberté, l'arrivée de quelques centaines d'aventuriers au pouvoir, aux honneurs, avec les richesses et les jouissances matérielles qu'ils procurent?

Barbès fut condamné à la peine de mort, et à tous les frais du procès; disposition parfaitement inutile, soit dit en passant, car, sachant bien qu'au métier de conspirateur il risquait de perdre tout ce qu'il possédait, Barbès avait eu, plusieurs années déjà auparavant, la précaution prudente de faire des actes de vente simulés, et de confier sa fortune à des mains tierces. Quand l'arrêt rendu par la cour des Pairs fut connu dans Paris, les sociétés secrètes firent mine de vouloir entraver le cours de la justice et de s'opposer à l'exécution de la sentence capitale. Louis-Philippe, contrairement à l'avis de ses ministres, recula devant la possibilité d'un conflit; et la peine de Barbès fut commuée en celle de la détention perpétuelle. Les instances du duc et de la duchesse d'Orléans en faveur du condamné ne contribuèrent d'ailleurs pas peu à cet adoucissement apporté à son sort. A quelques années de là les sollicitations de la famille de Barbès furent encore favorablement accueillies par Louis-Philippe, qui consentit à ce que le héros de la journée du 12 mai fut transféré à la maison centrale de Nîmes, sous un climat moins âpre, et à proximité plus grande de ses proches. La seule condition mise par le gouvernement à l'obtention de cette faveur, acheminement à une grâce complète promise pour un temps peu éloigné, une famille dont les membres étaient loin de partager le fanatisme politique de leur parent, c'est qu'elle fût réclamée par Barbès, dans une lettre qui témoignerait de son repentir. Le prisonnier en passa par ce qu'on lui demandait; et il ne manqua pas alors dans le parti républicain de puritains qui traitèrent de faiblesse et même de lâcheté l'acte de contrition fait en cette occasion par le condottière républicain.

La révolution de février 1848 rendit Barbès à la liberté; le gouvernement provisoire s'empressa aussitôt de le nommer colonel de la 12e légion de la garde nationale de Paris. Barbès se trouvait là dans son élément, et les fonctions toutes de parade qu'on lui confiait étaient parfaitement assorties à la portée de cette intelligence médiocre, mais essentiellement vaniteuse, qui se crut largement payée de ses longues luttes et de ses pénibles sacrifices dans l'intérêt de la cause républicaine du moment où il lui fut enfin donné de caracoler à cheval et en grand uniforme à la tête des prolétaires du faubourg Saint-Marceau. Envoyé à l'Assemblée constituante par le département de l'Aude, Barbès y prit place sur la crête de la montagne, et, avec le citoyen Flocon, fut le seul qui se conforma au stupide décret rendu par le gouvernement provisoire au sujet du costume officiel des législateurs, produit du suffrage universel. On sait que le gilet de piqué blanc, aux grands revers rabattus sur la poitrine, dit *à la Robespierre*, constituait la partie essentielle et indispensable du nouveau vêtement législatif.

A quelques jours de là éclatait l'échauffourée du 15 mai, au milieu de laquelle le local des séances de l'Assemblée fut envahi par l'émeute, dont les orateurs furent admis à proférer à la tribune les discours les plus violents. Huber ayant fini par donner lecture, *au nom du peuple souverain*, d'un décret qui prononçait la dissolution de l'Assemblée, Barbès en lut tout aussitôt un autre de sa façon, mais rendu également au nom du peuple souverain, qui ordonnait la création d'un impôt spécial *d'un milliard à prélever sur les riches, et à répartir entre les travailleurs pauvres*, et peu d'instants après la salle se trouva complétement vide. Chacun en effet avait compris que c'en était fait, quoi qu'il pût arriver désormais, de la république proclamée et acclamée si solennellement onze jours auparavant. La foule des curieux, qui jusque alors avait suivi machinalement, comme d'habitude, les émeutiers pour les voir à l'œuvre et juger de la prestesse de leurs coups, s'était dispersée, croyant rêver en songeant à tout ce dont il lui avait été donné d'être témoin dans l'espace d'une couple d'heures, et dont le lecteur trouvera le récit à l'article spécial de ce livre consacré à l'échauffourée du 15 mai. Les législateurs, frappés pour la plupart de terreur, étaient allés se cacher où ils avaient pu, et faire leurs dispositions pour fuir loin de Paris, tandis que les émeutiers, Barbès, Huber, Raspail, Blanqui, Louis Blanc et consorts à leur tête, couraient s'installer comme nouveau pouvoir exécutif à l'hôtel de ville, dont le maire de Paris, M. A. Marrast, n'avait pas un seul instant essayé de leur disputer l'entrée.

L'histoire, dont la mission est de recueillir les petits détails qui peuvent servir à l'intelligence des grands événements, n'a pas dédaigné de noter que, loin de songer alors à défendre l'hôtel de ville contre l'émeute momentanément victorieuse, le spirituel ex-rédacteur en chef du *National*, maire de Paris et futur président de l'Assemblée, était allé cacher son effroi dans le *water-closet* de ses appartements particuliers, mais fermement résolu à défendre chèrement sa vie si ses ennemis s'avisaient de l'y chercher. C'est là que le trouva et le délivra, après une heure environ de *solitary confinement*, la garde nationale, alors que, répondant avec son patriotisme habituel au tardif appel du gouvernement provisoire, elle vint *empoigner* les hommes du 15 mai, déjà occupés dans l'un des salons de l'hôtel de ville à rédiger, à signer et à expédier des masses de décrets.

Le soir même Barbès et ses complices étaient transférés à Vincennes, qu'ils ne quittèrent que pour comparaître devant une haute cour nationale convoquée à Bourges, sous la prévention de complot tendant au renversement du gouvernement républicain. Déclarés tous coupables par l'arrêt de la haute cour, ils furent condamnés à la déportation; mais faute d'un établissement spécial, cette peine se trouve encore aujourd'hui commuée de fait en celle de la détention.

Pour le vulgaire des républicains, Barbès est devenu plus que jamais une figure héroïque; et ses admirateurs ne manquent pas de faire valoir l'honorabilité de sa vie privée et la noblesse de tous ses sentiments pour le défendre contre les graves accusations qu'il a méritées comme aventurier politique. Nous estimons faire acte d'impartialité en consignant ici ces circonstances atténuantes, dont le lecteur devra tenir tel compte qu'il voudra dans l'appréciation qu'il pourra faire lui-même des actes et de la vie de ce bruyant comparse du drame révolutionnaire contemporain.

BARBESIEUX (Louis-François-Marie LETELLIER, marquis de), troisième fils du marquis de Louvois, né en 1668, succéda dans l'administration de la guerre, à l'âge de vingt-trois ans, à son père, qui pourtant était mort disgracié. Ce jeune chevalier de Malte, vif au travail comme au plaisir, se vengea des courtisans qui affectaient de le comparer à son père, en sachant entretenir à la fois plusieurs armées en Allemagne, en Flandre et dans le Piémont; en donnant à Louis XIV (1692), malgré l'épuisement du royaume, l'armée de 100,000 hommes qui prit Namur. A la paix de Ryswick, Barbesieux prit sa revanche, se livra sans mesure à sa passion pour les femmes, et négligea les affaires publiques, au point que Louis XIV se plaignit vivement de sa conduite dans une lettre à son oncle, l'archevêque de Reims, lettre que Voltaire nous a fait connaître. Épuisé par les plaisirs et les excès de tout genre, Barbesieux ne vit pas les revers de Louis XIV dans la guerre que lui suscita Guillaume III pour la succession d'Espagne. Il mourut à trente-trois ans, en 1701.

BARBET. C'est le nom d'une race de chiens. Le barbet est couvert de poils longs, fins et frisés, de couleur noire, tacheté de noir sur du blanc, ou tout blanc; il a la tête grosse et ronde, les oreilles larges et pendantes, les jambes courtes, le corps épais, la queue presque horizontale. Sa longueur, du bout du museau à l'origine de la queue, est de huit décimètres. C'est de tous les chiens le plus intelligent et le plus susceptible d'attachement. Il aime l'eau, nage avec la plus grande facilité, et s'emploie pour la chasse des oiseaux aquatiques; ce qui lui a valu le nom de *caniche, chien-canard*.

Le *petit barbet*, de taille plus petite, se distingue par son museau plus petit, et son poil, qui est soyeux et non frisé sur le sommet de la tête, les oreilles et l'extrémité de la queue. Il semble être provenu du mélange du barbet avec l'épagneul.

Le *griffon*, au contraire, paraît provenir du barbet et du chien de berger; il est de taille médiocre ou petite, a la forme du barbet, avec les oreilles un peu redressées, les poils longs, non frisés, et disposés par petites mèches droites qui vont dans toutes les directions; le museau garni de poils aussi longs que sur le reste du corps. Il chasse bien quand sa taille est un peu forte.

Barbet est encore le nom vulgaire que portent deux poissons, le *rouget* et le *mulet*. DÉKÉZIL.

BARBETTE. On donne ce nom à l'épaulement d'une batterie qui ne porte pas d'embrasure et par-dessus lequel la pièce peut tirer dans tous les sens. S'il y a avantage dans l'extension du champ de tir qu'on obtient par cette disposition, il en résulte aussi le grave inconvénient de laisser à découvert les pièces et le corps des artilleurs. Les batteries de place sont ordinairement à barbette et armées de pièces montées sur des affûts de place qui permettent d'élever l'épaulement à 1 mètre 62, en conservant à la volée tout le jeu nécessaire pour passer par-dessus.

BARBETTI (ANGELO), sculpteur en bois, né à Sienne, en 1803, a fait faire des progrès immenses à son art, dont il a été le régénérateur en Italie, par une étude constante du type grec. Barbetti est parvenu à donner à ses compositions une grâce et une pureté de style qu'on ne peut lui contester : on a admiré à l'exposition universelle de Londres un coffre orné de sculptures dont la belle exécution a fait décerner une médaille à leur auteur. Les plus beaux ouvrages de Barbetti, fixé aujourd'hui à Florence, où il a aussi obtenu trois médailles, sont les façades des dômes de Sienne et d'Ovieto.

BARBEZIEUX. *Voyez* CHARENTE (Département de la).

BARBIÉ DU BOCAGE (JEAN-DENIS), né à Paris, le 28 avril 1760, géographe et philologue, se sentit de bonne heure une vocation toute particulière pour l'étude de la géographie, et s'y forma sous la direction de Danville. Il fonda sa réputation (1789) par la publication de l'Atlas du *Voyage du jeune Anacharsis* de Barthélemy. Ses plans et ses cartes pour le *Voyage pittoresque en Grèce*, de Choiseul-Gouffier, et sa carte de la retraite des Dix Mille (1796), avec une notice explicative, prouvent assez avec quel soin il se livrait à l'étude de la géographie ancienne. Il publia plus tard en collaboration avec Sainte-Croix des *Mémoires historiques et géographiques* sur les pays situés entre la mer Noire et la mer Caspienne (Paris, in-4°, 1797). Il travailla aussi sur les Indiques d'Arrien et sur les voyages de Chandeler. Les œuvres de Gaïl, Pouqueville, Fortia d'Urban, la collection des classiques latins de Lemaire et une infinité d'autres livres estimés lui durent une grande partie de leur valeur. On ne pourrait énumérer toutes les dissertations qu'il composa, soit pour le *Magasin Encyclopédique*, soit pour la Société des Antiquaires de France. La carte de Morée, qu'il avait terminée en 1807 par ordre du ministre de la guerre, guida notre expédition de Grèce en 1828.

En 1816 il fit paraître son Atlas pour l'étude de l'histoire ancienne. En 1780 il avait été nommé géographe du ministère des affaires étrangères; en 1785 il fut attaché au cabinet des médailles, et fut nommé en 1792 conservateur de la collection des cartes géographiques de la Bibliothèque Nationale. Jeté en prison en 1793, il dut au courage de sa femme son prompt élargissement. Depuis cette époque il vécut exclusivement livré à ses études géographiques. Il allait tourner ses vues vers l'Afrique, lorsqu'une attaque d'apoplexie l'enleva aux sciences le 28 décembre 1825. Il était membre de l'Institut. Il avait été nommé en 1809 professeur à la Sorbonne, et avait fondé en 1821 la Société de Géographie, dont il fut longtemps le président.

Ses deux fils ont suivi la carrière de leur père. L'aîné, *Jean-Guillaume* BARBIÉ DU BOCAGE, né à Paris en 1793, mort vers 1845, était géographe au ministère des affaires étrangères, suppléant à la Faculté des Lettres, membre de la Société de Géographie et de plusieurs autres sociétés savantes. Il avait publié divers opuscules de géographie dans les recueils des sociétés dont il était membre et un grand nombre de cartes.

Le plus jeune, *Alexandre-Frédéric* BARBIÉ DU BOCAGE, né en 1798, mort à Pau en 1834, était professeur de géographie à la Faculté des Lettres et membre de la Société des Antiquaires. Il avait publié un *Traité de géographie générale* (1832), et un *Dictionnaire géographique de la Bible* (1834).

BARBIER. Le barbier est l'artiste qui *fait la barbe*; la barberie est sa profession. Les barbiers étaient fort peu connus dans les premiers temps de la monarchie française; mais la propreté ayant été regardée à juste titre comme un auxiliaire tout-puissant de la santé, on s'accoutuma à ne plus considérer les longues barbes comme un emblème de liberté. Les barbiers devinrent nombreux, et profitèrent de la rivalité qui existait entre les médecins et les chirurgiens pour s'emparer des fonctions de la chirurgie et les remplir avec les chirurgiens eux-mêmes. Ce fut la faculté de médecine, toute-puissante alors, qui fournit aux barbiers les moyens d'exercer la chirurgie.

Les barbiers portaient jadis en France le nom de *mires*, mot qui se retrouve encore dans quelques noms propres. Nous voyons parfois, dans l'histoire, le *mire du roi* devoir une importance politique à ses rapports intimes avec le prince. Les deux exemples les plus marquants en France sont ceux de Pierre la Brosse, ou la Broche, barbier de saint Louis et chirurgien de Philippe le Hardi, son fils, dont il devint premier ministre, et Olivier le Diable, dit *le Daim*, barbier de Louis XI, qui, honoré de la confiance de ce prince soupçonneux, devint comte de Meulan et commanda même des expéditions militaires : tous deux abusèrent de leur faveur, et finirent par être pendus. Il y a vingt ans à peu près, dom Miguel, durant sa courte apparition au trône de Portugal, transforma son barbier *fac-totum* en marquis de Queluz! Mais celui-ci n'a pas été pendu, que nous sachions.

La *corporation des barbiers* n'était pas jadis la moins importante de celles qui faisaient partie des corps de métiers de la bonne ville de Paris; et il en était de même dans le reste de la France, comme aussi en Angleterre, en Allemagne, etc. Au quatorzième siècle, la corporation des barbiers de Paris s'honorait d'être présidée par le premier valet de chambre ou barbier du roi, personnage qui, comme on l'a vu, jouait souvent à la cour un rôle envié par les plus grands seigneurs. Nous voyons en outre par les statuts de la corporation, dressés en 1371, que tout barbier convaincu de mauvaises mœurs devait en être impitoyablement éliminé, et que ses outils étaient alors confisqués, moitié au profit du roi, moitié au profit de son valet de chambre. Ces précautions prises à l'égard des barbiers pour s'assurer de leur savoir n'étonneront plus et l'on se rappelle qu'à cette époque, et bien longtemps encore après, ils étaient en possession de faire une foule d'opérations de petite chirurgie qui réclamaient évidemment de leur part des notions spéciales et préalables. C'est ainsi qu'on s'adressait à eux dès qu'il s'agissait de panser des clous, bosses, apostumes ou autres plaies non mortelles, de pratiquer une saignée, de guérir des fractures, chancres, fistules et autres maux.

On voit par ce détail passablement effrayant qu'un vaste champ s'offrait à l'habileté et à l'adresse pratique des barbiers, qui, sous les règnes de Charles IX et de Henri III, finirent même par tellement empiéter sur les attributions des maîtres et docteurs en chirurgie, que ceux-ci durent réclamer hautement contre leurs usurpations. Intervint alors un arrêt du parlement qui enjoignit aux barbiers de se montrer plus discrets et plus réservés à l'avenir, et de respecter les privilèges des chirurgiens. Cet arrêt n'eut cependant d'autres résultats que de longues contestations entre les parties intéressées au sujet des limites précises de leurs attributions respectives. Intrigants et ambitieux, les barbiers affectaient de prendre le titre de *chirurgiens-barbiers*, et il fallut un nouvel arrêt pour leur intimer la défense de prendre d'autres qualifications que celle de *maîtres barbiers-chirurgiens*. Le nombre des maîtres, qui était de quarante-huit, fut porté, en 1674, à deux cents. Ils ne purent avoir, à la fois, plus d'un apprenti, qui devait demeurer chez eux, sous peine de nullité d'apprentissage, afin qu'en y logeant et y couchant, on pût plus aisément l'instruire et mieux veiller sur sa conduite et ses mœurs. Les maîtres barbiers chirurgiens furent enfin obligés d'avoir pour enseigne des bassins blancs, afin qu'on ne les confondît pas avec les chirurgiens proprement dits, lesquels avaient des bassins jaunes.

Dès le milieu du dix-septième siècle, l'importance des barbiers avait au reste singulièrement déchu, et la supériorité sociale des chirurgiens était dès lors complètement justifiée par leur savoir et leur talent. Toutefois, les barbiers restèrent jusque vers la fin du dernier siècle en possession exclusive de manier la lancette, et il fallut presque la révolution de 1789 pour leur enlever le privilège des saignées; privilège qu'ils ont conservé jusque aujourd'hui dans la plupart des pays étrangers.

Il nous serait facile de réunir ici toutes les plaisanteries banales qu'on trouve partout à propos de cette profession. Nous pourrions conduire nos lecteurs chez les barbiers d'Athènes et de Rome, les faire assister aux graves discussions politiques qui s'agitaient dans ces boutiques, rendez-vous ordinaire des oisifs, des conteurs de nouvelles et des bavards de toute classe, où, chaque homme libre venait le matin faire sa toilette, où les *merveilleux* se faisaient rogner les ongles, et où, lorsque la mode voulait qu'on se laissât croître la barbe, ils venaient la faire entretenir au point de longueur convenable par les coupes fréquentes et savantes du χουρε ις, du *tonsor*; on peut voir à ce sujet une savante digression de M. Bœttiger après la cinquième scène de *Sabine*. Théophraste, Plutarque, les poëtes comiques font souvent mention de ces boutiques de barbiers. On s'y servait également de rasoirs pour la coupe de la barbe et pour celle des cheveux. Les ciseaux y étaient inconnus. On y suppléait par deux rasoirs qu'on faisait jouer en même temps en les opposant l'un à l'autre, mais qui n'étaient pas réunis par une vis comme nos ciseaux.

Nous pourrions signaler ensuite à nos lecteurs la proche parenté qui existe encore de nos jours entre les barbiers des pays orientaux et les barbiers de nos faubourgs ou de nos villages, tous également sots, bavards, indiscrets et importuns. Chez les musulmans l'usage de se raser la tête rend indispensable le secours des barbiers; ils y apportent une grande adresse; ce sont même en certains lieux les femmes qui pratiquent cette opération.

Nous ne terminerons cependant pas sans prévenir les étrangers que le mot *barbier* a disparu du vocabulaire usuel de notre langue, qu'il était généralement remplacé bien avant notre révolution de 1789 par celui de perruquier, lequel a cédé la place, dans nos temps modernes, à celui de coiffeur.

BARBIER (Antoine-Alexandre), savant bibliographe, naquit à Coulommiers (Seine-et-Marne), le 11 janvier 1765. Après qu'il eut terminé avec succès ses humanités au collège de Meaux, son père l'envoya à Paris, où, aidé d'un oncle qui prenait intérêt à lui, il étudia en théologie, et embrassa l'état ecclésiastique. Placé d'abord en qualité de vicaire à Acy, puis à Dammartin, il fut nommé en 1791 curé de la Ferté-sous-Jouarre. Au plus fort de la Terreur, il se vit forcé de renoncer à son état, et se maria. Après le concordat de 1801, il sollicita et obtint du pape une bulle qui le rendit à l'état séculier, et lui permit expressément de se marier en face de l'Église, ce qu'il s'empressa de faire.

Dès avant la révolution, et pendant son premier séjour à Paris, Barbier avait contracté un goût très-vif pour les livres. En 1794 il avait été envoyé à Paris par le département de Seine-et-Marne, avec la qualité d'élève de l'école Normale. Vers cette époque un des libraires les plus instruits de la capitale, Barrois l'aîné, le fit nommer membre de la commission temporaire des arts, adjointe au comité d'instruction publique, chargée de bibliographie. Ce fut un véritable service rendu aux lettres. C'était l'époque où les bibliothèques des couvents et autres établissements publics supprimés s'entassaient dans des dépôts formés à la hâte, exposées aux intempéries des localités, et ce qui est pis, aux ravages du vandalisme et de l'ignorance. Barbier protégea avec un zèle infatigable ces objets d'une affection qu'on eût pu sans trop d'exagération qualifier de tendresse. En 1798 François de Neufchâteau, alors ministre de l'intérieur, nomma Barbier conservateur du dépôt provisoire de la bibliothèque du Directoire exécutif, rue du Regard, hôtel de Croï, composée d'environ 30,000 volumes choisis par Barbier dans les divers dépôts. Cette bibliothèque fut donnée au conseil d'État sous le gouvernement consulaire, et en 1807 transférée au château de Fontainebleau. Barbier en forma une nouvelle, qu'il plaça, en 1814, dans la galerie du Louvre. En 1807 il devint aussi administrateur des diverses bibliothèques particulières de l'empereur, qu'il avait lui-même formées à Paris, à Rambouillet, à Trianon, à Compiègne et à Fontainebleau. Celle de Saint-Cloud fut mise par lui dans un nouvel ordre.

Ses fonctions le rapprochaient quelquefois de la personne de Napoléon; c'est Barbier qui choisissait parmi les nouvelles publications celles qui devaient être acquises pour l'usage particulier de l'empereur. Quand il était absent, il les envoyait avec un rapport propre à intéresser en faveur de l'ouvrage et quelquefois de l'auteur. Il fut aussi chargé par Napoléon de lui faire des rapports sur divers points et, en particulier, sur des matières religieuses. C'est ainsi que, le 5 janvier 1811, l'empereur voulut savoir « s'il y avait des exemples d'empereurs qui eussent suspendu ou déposé des papes ». Barbier s'acquitta de ces fonctions confidentielles avec la plus exacte impartialité. Le 1er juillet 1815, la Chambre des Représentants l'avait autorisé à remettre entre les mains de Napoléon les livres composant la bibliothèque de Trianon. Mais aucun de ces livres ne fut déplacé.

Barbier conserva ses titres et fonctions sous la Restauration; mais ils n'avaient plus l'avantage de le rapprocher de la personne du souverain. En 1821 il fut décoré de la croix de la Légion d'Honneur, et néanmoins l'année suivante il fut mis à la retraite. Cette mesure, qui le séparait des établissements qu'il avait organisés, et qu'il administrait avec un zèle et un ordre parfaits, dut le blesser profondément. Une maladie violente, suivie d'un dépérissement graduel, le conduisit au tombeau le 5 décembre 1825, dans sa soixante et unième année. Sa femme l'avait précédé de quelques mois.

L'histoire littéraire et la bibliographie doivent beaucoup aux travaux de Barbier. Son *Dictionnaire des Ouvrages anonymes et pseudonymes*, fruit de trente années de recherches et d'observations, est cité partout comme autorité : il était impossible de faire avec plus d'exactitude un livre d'une aussi difficile exécution. Personne ne fut plus sincèrement ami des lettres et des lettrés. L'étude faisait ses délices; il ne chercha jamais ailleurs ni délassement ni récréation. Quiconque s'annonçait comme occupé de quelque travail littéraire certain de trouver à l'instant chez lui empressement, confiance et facilité. Sa mémoire était d'ailleurs un répertoire non moins vaste et non moins bien ordonné que les nombreux établissements confiés à sa garde. Aucun fait bibliographique des temps modernes n'y était égaré; son entretien était aussi curieux qu'instructif. Plusieurs notices nécrologiques consacrées à Barbier ont été publiées dans divers journaux. On a remarqué surtout celle qui se trouve dans le 7e volume de la 2e édition du *Dictionnaire des Ouvrages anonymes*, et qui a été reproduite dans la *Revue encyclopédique*. Elle est due à la plume de son fils, qui est aujourd'hui conservateur administrateur de la Bibliothèque du Louvre, et qui a fait suivre ce travail d'une liste complète des ouvrages de son père.

BARBIER (Henri-Auguste), poëte satirique, qui, pour nous servir d'une expression de M. de Lamartine, naquit d'un orage. Né à Paris, le 28 avril 1805, il débuta dans le monde littéraire le lendemain de la révolution de Juillet par un de ces heureux coups d'écolier qu'on est convenu d'appeler des coups de maître. A cette époque on vit les plus poltrons disputer après la victoire leur récompense aux plus braves. *La Curée*, fougueuse satire, bien dessinée, d'un coloris éclatant, étincelante de trivialités si hardies, et quelquefois si heureuses, qu'elle semblait toucher au sublime, fit justice de *ces effrontés coureurs de salons*. Une grande célébrité s'attacha aussitôt au jeune poëte, qui continua sur le même ton à fustiger tour à tour les sceptiques, les dramaturges, les danseurs obscènes, les apologistes du suicide, les journalistes sans cœur et la triste engeance des émeutiers de bas étage. Le recueil de ces diverses satires s'appela *Iambes*. Quatre éditions en justifièrent la réputation et le mérite. C'est un coin admirablement peint du grand tableau de la révolution de Juillet; c'est un fidèle écho des rumeurs de cette tempête. Auguste Barbier n'appartient à aucun parti politique. Il prend à tâche de combattre les débordements de l'immoralité.

Mon vers, rude et grossier, est honnête homme au fond.

Mais ce vers rude et grossier devait bientôt, sans cesser d'être honnête homme, se civiliser et se polir.

Le poëte partit pour l'Italie. Sa muse, qui cherchait à dominer le tumulte de la grande cité du bruit de sa voix, céda aux douces influences du climat et de la solitude, et se dépouilla de son âpreté; elle passa, comme il convenait, de l'accent de la colère à celui de la tristesse. Les grâces antiques, qui l'avaient un peu abandonnée, la reprirent par la main, et la dirigèrent à travers les ruines; et quand elle laissa au retour découler de ses lèvres les belles élégies et les sonnets ravissants d'*Il Pianto* (le second recueil d'Auguste Barbier), ce fut de tous côtés un murmure d'étonnement et d'admiration. Cette métamorphose n'avait point cependant altéré l'originalité de l'écrivain ; elle brillait seulement par un choix d'expressions et d'images plus poétiques et plus harmonieuses. Aussi ne pouvait-il s'empêcher de s'écrier, comme un homme qui sent pénétrer dans sa poitrine un air pur et vivifiant :

Noble et douce Italie ! ô mère du vrai beau !

Quand il quitta cette terre féconde en inspirations, ce fut pour passer en Angleterre. Il n'hésita pas à lever le fouet de la satire sur l'orgueilleuse Albion. Il intitula son poëme *Lazare*, et découvrit toutes les plaies du corps social. Il mit en scène la misère, les atroces douleurs des classes ouvrières, et jamais poète tragique ne fit entrer plus avant dans le cœur humain l'épouvante et la pitié. Une belle page, *La Lyre d'Airain*, est gravée dans la mémoire du peuple. Auguste Barbier est le premier poëte qui ait résolument mis le pied sur le terrain de l'industrie, et qui ait osé lutter contre sa prétendue aridité. Il en a plus d'une fois triomphé, et il a dompté au service de la poésie tous ces instruments et toutes ces machines, qu'il appelle, dans son pittoresque langage,

Des enfants vigoureux du cuivre et de l'airain.

Ce n'est point ici le lieu de se plaindre des inégalités de talent de ce lutteur, plus robuste qu'agile ; ses dernières productions, d'ailleurs, les *Nouvelles Satires*, les *Rimes héroïques*, et surtout les *Chants civils et religieux*, sont purgés de ce cynisme dont Auguste Barbier lui-même redoutait le reproche alors que les *Iambes* débutaient par cet avertissement :

On dira qu'à plaisir je m'allume la joue,
Que mon vers aime à vivre et ramper dans la boue.

Dans les *Nouvelles Satires*, la première seule, *Pot-de-vin*, peut choquer en certains passages les gens qui ont le goût délicat. La seconde, *Érostrate*, est de tous points une admirable étude et de cœur humain et de l'antiquité. Sous le titre de *Rimes héroïques*, l'auteur a réuni les sonnets que lui avaient inspirés à diverses époques de grandes renommées ou de belles actions. Mais les grandes figures, les larges études, conviennent mieux par leurs proportions au génie poétique d'Auguste Barbier. C'est ainsi que les *Chants civils et religieux* brillent par les ressources que son imagination déploie à poursuivre tous les développements d'une métaphore, par la vaste et lumineuse étendue de ses périodes. Les hymnes *A la Mer*, *Au Soleil*, *A la Nuit*, rappellent par leur ampleur et leur charme musical les premières *Méditations*; les hymnes *A la Vigne* et *Au Froment* s'annoncent enfin comme une riche introduction à de modernes Géorgiques. Dans tous les cas, nous sommes loin de *La Curée*.
JULES PATON.

BARBIER D'AUCOUR (JEAN), né à Langres, en 1641, mort à Paris, membre de l'Académie Française, le 13 septembre 1694. D'abord répétiteur au collège de Lisieux, il suivit ensuite la carrière du barreau, mais sans grand succès. On le désignait au Palais sous le nom d'avocat *Sacrus*, et voici d'où lui venait ce sobriquet. Un jour qu'il se trouvait dans l'église des Jésuites, un des pères lui fit des observations sur sa tenue et lui rappela qu'une église est un lieu où l'on doit se comporter décemment, parce que, ajouta-t-il, *locus est sacer*; et Barbier d'Aucour de répliquer bien vite : *Si locus est sacrus, quare exponitur*... Il faisait allusion à des tableaux énigmatiques qui y étaient exposés ce jour-là pour être expliqués par les assistants. Ce barbarisme courut tout de suite de bouche en bouche, et l'épithète lui en resta. Ce petit malheur ne l'empêcha pourtant pas d'arriver à l'Académie Française; il est vrai qu'il avait été précepteur des fils de Colbert, et la protection du tout puissant ministre dut être pour quelque chose dans sa fortune littéraire. Dans tous les cas, il n'en fut pas redevable aux jésuites, parmi les adversaires desquels il figura toujours en première ligne; et la plupart de ses ouvrages sont dirigés contre la société ou contre les écrivains qu'elle a produits.

Son principal titre littéraire est un livre cité souvent et avec raison comme un modèle de critique ingénieuse et piquante. Il est intitulé : *Sentiments de Cléanthe sur les entretiens d'Ariste et d'Eugène par le P. Bouhours* (2 vol. in-12, 1672). Le jésuite Bouhours, écrivain frivole, froid et prétentieux, ne put se relever du rude coup porté à sa réputation. On a encore de Barbier d'Aucour un recueil de satires intitulé : *Les Gandinettes, L'Onguent pour la brûlure*, contre les Jésuites, réimprimé in-32, en 1826, comme une pièce de circonstance; *Appolton vendeur de Mithridate*, deux mauvaises satires contre Racine, où l'on ne reconnaît guère le critique ingénieux qui avait si finement raillé le P. Bouhours; etc., etc. Barbier d'Aucour n'avait jamais été heureux. D'une timidité excessive dans les rapports sociaux, il ne s'enhardissait que lorsqu'il avait une plume à la main, et n'était rien moins que brillant dans la conversation. Au Palais, où il poursuivait ce ridicule sobriquet d'avocat *Sacrus*, il lui était même arrivé un jour en plaidant de rester tout à fait à court.

Lorsqu'il fut pris de la maladie à laquelle il succomba, l'Académie l'envoya visiter par plusieurs de ses membres, qui furent touchés de le trouver si pauvrement logé : « Ma consolation, dit-il à ses collègues, c'est que je ne laisse pas d'héritiers de ma misère. » — Vous laissez un nom qui ne mourra pas, lui dit l'abbé de Choisy, l'un des députés de l'Académie. « Je ne m'en flatte pas, répondit le moribond. Je n'ai fait que des critiques, ouvrages toujours peu durables, qui tombent dans l'oubli avec les livres auxquels ils ont trait, si la critique est méritée, ou dans le mépris si elle est injuste. »

BARBISTES, nom donné aux élèves de l'institution de Sainte-Barbe.

BARBORIENS. Voyez BARBÉLIOTES.

BARBOU. La famille d'imprimeurs qui porte ce nom remonte au seizième siècle. Ses membres se sont fait un nom par la correction et l'élégance des livres sortis de leurs presses. Le premier, *Jean*, donna en 1539, à Lyon, une édition très-correcte, petit in-8°, et en caractères italiques, des *Œuvres de Clément Marot*. La devise de *Mort n'y mord*, qu'on y lit en tête, paraît être plutôt celle de Marot que celle de Barbou; car on la trouve dans toutes les éditions du poëte. Quant aux successeurs de Barbou, ils adoptèrent celle-ci : *Meta laboris honor*.

Hugues, fils de Jean, quitta Lyon pour Limoges, où il publia, en 1580, une très-belle édition, également en caractères italiques, des *Lettres de Cicéron à Atticus*, avec les corrections et les notes de Siméon Dubois, lieutenant général de cette ville.

Le premier imprimeur du nom de Barbou qui vint se fixer à Paris fut *Jean-Joseph*, reçu libraire en 1704 par arrêt du conseil, et qui mourut en 1752. Son frère, *Joseph*, reçu libraire en 1717, et imprimeur quatre ans après, en 1723, mourut en 1737, et eut pour successeur sa veuve, qui se démit de son imprimerie en 1750.

Joseph Gérard, neveu des deux précédents, reçu libraire en 1746, prit alors le privilége de la veuve de ce dernier, et publia la jolie *Collection des classiques* qui porte son nom, et dont les premiers volumes remontent à l'année 1743. L'abbé Lenglet-Dufresnoy est l'auteur de ce projet, par lequel il avait conçu l'espoir de suppléer les jolies éditions des auteurs latins publiées par les Elzévirs, et qui devenaient plus rares de jour en jour. Ce fut Antoine Coustelier, fils d'Urbain, qui en commença l'exécution; Joseph-Gérard Barbou n'en fut que le continuateur.

Hugues BARBOU, neveu de ce dernier, qui lui avait succédé en 1789, est mort en 1808. Son fonds passa alors aux mains de M. Delalain.

BARBOUR (JOHN), le plus ancien poëte national de l'Écosse, était né vers 1315. Archidiacre d'Aberdeen, il fut, en 1357, envoyé par l'évêque de son diocèse en Angleterre, à l'effet d'y négocier la rançon du roi David II, alors prisonnier des Anglais. Vers l'an 1375 il composa son poëme de *Bruce*, dont le sujet est l'histoire du roi Robert 1er, et qui a été pour la première fois imprimé en 1616. Comme l'un des plus anciens monuments du dialecte écossais, ce poëme, qui respire l'amour de la liberté et de la patrie, a une grande valeur linguistique; car, encore que Barbour fût contemporain de Gower et de Chaucer, la langue anglaise ressemble bien plus dans ses vers à la langue parlée aujourd'hui que dans ces deux poëtes. Il avait été chapelain du roi d'Écosse David Bruce, qui l'envoya plusieurs fois aussi en ambassade à Londres, où Édouard III lui témoigna beaucoup de considération. Il mourut en 1396.

BARBUE. *Voyez* CARRELET (Ichthyologie).

BARBUTES, aventuriers ainsi nommés de ce qu'ils portaient la *barbute* ou *barbue*. C'était, suivant Pierre Borel, un casque garni d'une mentonnière; selon Grassi, une espèce de heaume; au dire du roman d'Alector, l'accompagnement d'un certain casque et pent-être la garniture avoisinant la barbe et qu'on nommait *bavière*; d'après le Bibliophile Jacob enfin, un masque, à barbe, au moyen duquel on se déguisait pour commettre impunément tous les excès et tous les crimes. On lit dans Montfaucon et Hallam que les Barbutes, soldats d'Italie, étaient des cavaliers mercenaires employés au quatorzième siècle.

BARCA. *Voyez* BARKAH.

BARCA. *Voyez* AMILCAR et ASDRUBAL.

BARCAROLLE, c'est-à-dire *chanson de barque*, *de batelier*, sorte de chanson en langue vénitienne, que chantent les gondoliers à Venise. Quoique les airs des barcarolles soient faits pour le peuple, et souvent composés par les gondoliers mêmes, ils ont une mélodie si franche et si naïve, un accent si agréable, qu'il n'y a pas de musicien dans toute l'Italie qui ne se pique d'en savoir et d'en chanter. L'entrée gratuite qu'ont les gondoliers à tous les théâtres les met à portée de se former l'oreille et le goût; de sorte qu'ils composent et chantent leurs airs en gens qui, sans ignorer les finesses de la musique, ne veulent point altérer le genre simple et naturel de leurs barcarolles. Les paroles de ces petits airs sont communément plus que naturelles, comme les conversations de ceux qui les chantent. Ces improvisateurs empruntent des stances au Tasse; car la plupart savent par cœur une grande partie de son poëme; au Dante même, et chantent ces beaux vers alternativement d'une barque à l'autre. Rossini a donné une imitation parfaite de cette déclamation musicale dans le duo de barque d'*Otello*. Le chant des Gondoliers, composé sur des vers du Dante, est empreint d'une mélodie délicieuse.

Les chansons des gondoliers ont tant d'agrément que les compositeurs ont imaginé d'en placer dans leurs opéras, en leur accordant cependant un cadre plus étendu. Cet exemple a été donné par Berton dans *Aline* et par Nicolo dans *Michel-Ange*. *Amis, la matinée est belle*, de *la Muette de Portici*; *O mattutini*, de *la Donna del Lago*, sont des barcarolles; celle du *Roi Théodore*, à plusieurs voix, est d'un effet charmant; celle *O pescator dell' onda*, *fidelin*, en dialecte vénitien, après avoir obtenu un succès prodigieux comme pièce fugitive, a été arrangée en trio et introduite dans l'opéra de *la Sérénade*. La barcarolle s'écrit ordinairement à six-huit, quelquefois à deux-quatre. Son mouvement est plutôt gracieux que rapide, et son rhythme semble imiter et suivre l'ondulation du flot et le mouvement régulier de la rame. CASTIL-BLAZE.

BARCELONE, l'une des plus grandes villes d'Espagne, chef-lieu de la province de ce nom et ancienne capitale de la Catalogne, est située sur les bords de la Méditerranée, au nord de l'embouchure du Llobrégat, à 504 kilom. de Madrid et 125 de Perpignan. Elle est bâtie en forme de croissant, bien fortifiée, et défendue à l'est par une redoutable citadelle, construite en 1715, et communiquant avec le fort de San-Carlos, qui s'élève au bord de la mer. A l'ouest on découvre la hauteur appelée le Montjouy (*Mons Jovis*), avec un fort qui protège la place de ce côté. Le port de Barcelone est spacieux, mais l'entrée en est difficile et pas assez profonde pour les vaisseaux de guerre. Il est protégé par une longue jetée, à l'extrémité de laquelle s'élève un phare au milieu d'un bastion. On divise Barcelone en ville haute et ville basse. On y compte plus de 10,000 maisons et environ 200,000 habitants, en y comprenant *Barcelonette*, qui lui est attenante, et dont la population, composée en grande partie d'ouvriers, de matelots et de soldats, monte à 10,000 âmes. Ce faubourg, qui a été construit sur un plan très-régulier, ne date que de 1752.

La ville possède une cathédrale, neuf églises paroissiales, avec un grand nombre de succursales, un château, une ancienne résidence des comtes de Barcelone, une université, plusieurs bibliothèques publiques, diverses archives, entre autres celle de la couronne d'Aragon, l'une des plus riches dépôts de ce genre qu'il y ait au monde; un muséum d'histoire naturelle, une école d'artillerie et une école du génie, une académie des sciences et belles-lettres, une école de dessin, une maison d'orphelins, un hôpital pouvant recevoir trois mille malades, un grand arsenal, une fonderie de canons, un chantier de construction pour les vaisseaux, etc. Elle est le siége d'un évêque suffragant de l'archevêque de Tarragone, d'un capitaine général, et d'une haute cour de justice. Elle avait jadis un tribunal du saint-office. On y compte plus de 30 presses à calicot, 150 manufactures de cotonnades et bon nombre de manufactures de soieries. On y fabrique, en outre, de la toile, de la dentelle, des franges, des broderies, des tresses, des rubans, des chapeaux, des bas, des savons et de la quincaillerie grosse et fine, ainsi que de belles armes à feu et d'excellentes armes blanches. La banque de Barcelone est la première qui ait été fondée en Espagne.

Dès le moyen âge, Barcelone était devenue, grâce à sa situation, une des places commerciales les plus importantes de la Méditerranée. Indépendamment des produits des manufactures locales, le commerce y exploite plus particulièrement les vins et eaux-de-vie. Les importations consistent en produits des fabriques françaises et italiennes, grains, riz, bois de construction provenant de la Baltique, cuir jaune des États barbaresques, fers de Suède, aciers de Styrie, chanvre de Riga et de Saint-Pétersbourg, cordages, fils de fer et fils de laiton d'Allemagne. Les Anglais y apportent surtout de la morue de Terre-Neuve.

C'est à Barcelone que fut rédigé le plus ancien code de droit commercial et maritime que l'on connaisse (*voyez* Capmany, *Memorias historicas sobre la marina, comercio y artes de Barcelona* (4 vol., Madrid, 1792) et *Codigo de las Costumbres maritimas de Barcelona* (Madrid, 1791). Des conciles se tinrent dans cette ville durant les années 504, 599, 906 et 1064. La dernière de ces assemblées, en dépit de la vive opposition du clergé espagnol, supprima les lois ecclésiastiques des Goths. Cette ville, que l'on suppose avoir été fondée vers l'an 200 avant J.-C., par le général carthaginois Amilcar *Barca*, dont elle prit le nom, fut connue des Romains, d'abord sous le nom de *Barcinum*, puis sous celui de *Faventia*. On y voit encore des ruines d'un temple d'Hercule et de bains datant de leur époque. Soumise aux Goths dès le cinquième siècle et aux Sarrasins vers le huitième siècle, elle fut enlevée en 801 à ces derniers par les Francs de Charlemagne, et obéit à ses propres comtes jusqu'à ce qu'elle eût été réunie au royaume d'Aragon, en 1137, par suite du mariage de Raimond V avec la fille de Ramiro II, souverain de ce pays. En 1640, fatiguée du joug de l'Espagne, elle se soumit ainsi que le reste de la Catalogne aux lois de la France. La force lui imposa de nouveau en 1652 la domination de l'Escurial; mais en 1697 elle fut reprise par les Français, qui, aux termes de la paix de Ryswick, durent la restituer au cabinet de Madrid.

Lors de la guerre de la succession d'Espagne, elle se prononça en faveur de l'archiduc Charles. Assiégée en 1714 par les troupes de Philippe V, que commandait le duc de Berwick, elle se vit obligée de capituler après une opiniâtre résistance. Le 16 février 1809 elle fut surprise par les Français, qui en restèrent possesseurs jusqu'en 1814. La fièvre jaune y exerça d'horribles ravages en 1821, et les médecins, les sœurs de charité, accourus de Paris, s'y signalèrent par un dévouement héroïque. Lors de l'occupation de l'Espagne en 1823 par une armée française, Barcelone, où commandait le général Rotten, tint ferme jusqu'à la fin de la campagne, et n'ouvrit ses portes que sur l'ordre exprès du roi. Après la répression de l'insurrection des Agraviados, elle eut, comme toute la Catalogne, horriblement à souffrir, à partir de 1827, de la sanguinaire sévérité du comte d'España, jusqu'au moment où, en novembre 1832, il fut révoqué de ses fonctions par la reine. La guerre civile qui a peu de temps de là éclata en Espagne fut une source incessante de calamités pour Barcelone, où les émeutes et les insurrections devinrent à l'ordre du jour. La terrible révolte qui fit explosion au commencement de l'année 1835 à Saragosse et à Barcelone, où le peuple brisa la statue de Ferdinand VII, incendia la plus grande fabrique de la ville, égorgea le général Bassa et traîna son cadavre par les rues sur une claie, fut le signal de scènes semblables qui eurent encore lieu dans le courant de la même année, et furent provoquées par l'arbitraire des mesures prises à l'égard des moines, dont, au mois de septembre 1835 seulement, déjà plus de cinq cents avaient fui l'Aragon et la Catalogne pour trouver un asile à la France. Enfin, dans la nuit du 4 au 5 janvier, pendant une absence du général Mina, eurent lieu d'horribles massacres de prisonniers carlistes et d'individus suspects de carlisme. Les élections pour les cortès provoquèrent encore des scènes sanglantes en 1836 ; la garde nationale s'arma malgré l'autorité supérieure, et la tendance toute républicaine de la population devint de plus en plus prononcée.

Dans l'année 1840 la ville de Barcelone fut de nouveau le théâtre d'une crise terrible. La reine régente, qui s'y était rendue, avait été reçue avec beaucoup de pompe le 29 juin; mais le 16 juillet suivant Espartero, qui y vint de son côté pour préparer le coup de main à l'aide duquel il devait s'emparer de la régence, fut accueilli avec des démonstrations du plus vif enthousiasme. Quand, le 19, la nouvelle se répandit parmi le peuple qu'il avait échoué dans ses conférences avec la reine Christine et qu'il se disposait à repartir, une vive agitation se manifesta tout aussitôt, et le parti modéré s'étant armé pour défendre la reine, cette agitation fut suivie dans la nuit du 20 au 21 des scènes les plus terribles. Pour apaiser la fureur de la populace et rétablir l'ordre et la sécurité, il ne fallut rien moins que l'intervention énergique des troupes mêmes dont disposait Espartero. Mais Marie-Christine partit pour Valence, où, après de longues tergiversations, elle se démit de la régence. *Voyez* ESPAGNE.

De nouvelles émeutes éclatèrent à Barcelone en 1841, notamment le 7 juillet, à l'occasion d'une vente de quelques objets de contrebande, et au mois d'octobre, lorsque la garde nationale exigea la démolition immédiate des fortifications et la commença elle-même. Comme tant d'autres, ce mouvement put être comprimé par l'autorité ; mais le moment approchait de plus en plus où devait éclater une nouvelle catastrophe dont l'horreur fit oublier toutes les calamités passées. Elle fut provoquée par des arrestations faites le 13 novembre 1842, à l'occasion d'une tentative d'introduction en fraude dans la ville d'un certain nombre de pièces de vin, par l'incarcération des rédacteurs du *Republicano*, enfin par la nouvelle de la prochaine mise en vigueur d'une loi qui soumettait indistinctement tous les citoyens à l'obligation du service militaire par la voie de la conscription. Une députation populaire, qui était venue trouver le chef politique, don Juan Guitterez, ayant été arrêtée, cet acte de force brutale exaspéra tellement la multitude, que, le 15 au matin, des hostilités ouvertes éclatèrent entre le peuple et la garnison, et donnèrent bientôt lieu dans les rues à des luttes aussi sanglantes qu'acharnées. Les troupes, repoussées sur tous les points, durent évacuer le fort Atarazanes et se borner à conserver la possession du fort Montjouy, d'où bientôt le capitaine général Van Halen ouvrit le feu sur Barcelone. La junte insurrectionnelle qui se forma tout aussitôt étant entrée en négociation avec le capitaine général, la ville fut provisoirement épargnée; mais cette junte s'étant ensuite refusée à accepter les conditions qu'on lui imposait, Espartero envoya l'ordre exprès de bombarder la cité rebelle. Le feu se rouvrit en conséquence dans la journée du 3 décembre, à la fin de laquelle huit cents bombes, cent grenades et deux cents obus avaient été lancés sur Barcelone. L'aspect d'une partie de la ville en cendres et l'imminence de la complète destruction de la cité purent seuls déterminer les insurgés à céder et à évacuer Barcelone, qui fut immédiatement déclarée en état de siège et frappée d'une contribution extraordinaire de 12 millions de réaux (3 millions de fr.).

Cependant la chute du régent Espartero était résolue. Elle s'effectua par une coalition des progressistes et des *christinos* modérés. Le 9 mai 1843 il avait été forcé de sanctionner une amnistie générale ; cependant il refusa de sévir contre le général Zurbano, qui s'était rendu odieux par sa conduite à Barcelone, renvoya les ministres et prononça la dissolution des cortès. A cette nouvelle, des insurrections éclatent en Catalogne, en Andalousie, en Aragon, en Galice. Une junte révolutionnaire, constituée à Barcelone, proclame la majorité de la reine Isabelle et la déchéance d'Espartero. Plusieurs corps d'armée s'avancent contre lui. Il est frappé d'irrésolution, tente une sortie pour Barcelone, se perd par ses lenteurs, et n'a bientôt plus d'autre ressource que de s'embarquer à Cadix pour l'Angleterre.

Depuis cette époque, l'ancienne capitale de la Catalogne n'a pas cessé de jouir d'une tranquillité parfaite, et l'industrie et le commerce y ont pris un accroissement qui n'étonne pas moins les Espagnols que les étrangers. Toutefois, le gouvernement de Madrid ne doit pas oublier que, de nos jours encore, le Catalan est un peuple à part, qui demande à être traité avec beaucoup de ménagements; que son esprit, plus éclairé que celui d'autres populations de la péninsule, de même aussi plus naturellement aux idées d'indépendance et de progrès, qu'il y a là un feu secret qui dort sous la cendre et qu'il suffirait du moindre accident pour le réveiller.

BARCELONNETTE, ville de France, chef-lieu d'arrondissement, dans le département des Basses-Alpes, à 50 kilom. nord-est de Digne, sur l'Ubaye, avec une population de 2,200 âmes, un collége communal, des fabriques de soieries, draperies et cadis, un grand commerce de grains, mulets, bœufs et moutons. Cette ville a donné son nom à la belle vallée de l'Ubaye, dont les riches pâturages nourrissent de nombreux troupeaux de gros et menu bétail. Elle fut bâtie en 1230 par les comtes de Provence, sur l'emplacement d'une ancienne ville romaine, et, après avoir été prise et reprise plusieurs fois par les Français, cédée en 1713 par la Savoie à la France, en vertu du traité d'Utrecht.

BARCLAY (ALEXANDRE), poète et prosateur anglais, né vers la fin du quinzième siècle, fit ses études à Oxford, et obtint ensuite par l'entremise de son protecteur, l'évêque Cornish, une place de chapelain au collége d'Ottery, dans le comté de Devon. Il occupait cet emploi lorsqu'il composa, en 1508, son *Ship of fools*, d'après des imitations latine et française du *Narrenschiff* de Brandt, qui fut imprimé par Pynson (Londres, 1509), et dont une nouvelle édition parut en l'année 1570. Il s'était déjà fait connaître par un poème allégorique, *the Castle of Labour* (Londres, 1506). Plus tard, Barclay entra au monastère d'Ély, où il composa son *Mirror of Good Manners* (imprimé par Pynson, Londres). Ses *Éclogues*, les premières qui aient été composées en langue anglaise, ont été réimprimées à diverses reprises, et souvent sous le titre de *the Miseries, or miserable lives of courtiers*. Des voyages en Hollande, en Allemagne, en France et en Italie l'avaient familiarisé avec la connaissance des langues parlées dans ces divers pays; on a même de lui un ouvrage dédié au duc de Norfolk et intitulé : *Introductory to write and to pronounce french* (Londres, 1512). Après la suppression des couvents, il fut nommé vicaire à Wokey dans le Somerset, plus tard à Badda-Magna dans l'Essex, enfin en 1552 dans la paroisse de *Tous les Saints* à Londres, ville où il mourut la même année. Barclay est encore l'auteur d'une traduction de la *Guerre de Jugurtha* de Salluste, qui fut imprimée par Pynson.

BARCLAY (JOHN), ingénieux poète satirique latin, naquit vers 1582, à Pont-à-Mousson, où son père, *William Barclay*, Écossais de naissance, mort en 1605, occupait une chaire de droit. Il fit ses études au collége des jésuites de cette ville, qui tâchèrent de le faire entrer dans leur ordre. Son refus d'y consentir lui valut, ainsi qu'à son père, force persécutions de la part de ces religieux. En 1603, il revint avec son père en Angleterre, où bientôt il attira l'attention du roi Jacques Ier, à qui il dédia l'un de ses ouvrages, *Euphormionis Satyricon* (Londres, 1603), roman satirique et politique, dirigé surtout contre la Compagnie de Jésus. Il fit ensuite paraître sa *Conspiratio Anglicana* (Londres, 1605) et son *Icon Animorum* (Londres, 1614). En 1615 il se rendit à Rome, où il mourut le 12 août 1621. La même année fut publié à Paris son célèbre ouvrage, pareillement écrit en latin et traduit en plusieurs langues, *Argenis* (Paris, 1621), allégorie politique où l'on trouve de spirituelles allusions à l'état de l'Europe, et plus particulièrement de la France, à l'époque de la Ligue.

BARCLAY (ROBERT), célèbre apôtre des quakers, naquit en 1648, à Gordonstown, dans le comté de Murray, en Écosse. Envoyé à Paris dans sa première jeunesse à l'époque des troubles d'Écosse, il se laissa déterminer à y embrasser la religion catholique; mais, rappelé par sa famille, il ne tarda pas à entrer avec son père dans la secte des quakers. Doué de talents naturels, possédant une instruction variée, il acquit bientôt une grande réputation comme défenseur des nouvelles opinions religieuses. L'ouvrage qu'il écrivit contre le prêtre presbytérien Mitchell, et qui a pour titre : *Truth against Calumnies* (Aberdeen, 1670), contribua beaucoup à éclairer l'opinion au sujet des quakers et à inspirer au gouvernement plus de tolérance à leur égard. Il a donné une exposition plus complète des opinions religieuses de sa secte dans son principal ouvrage : *an Apology for the true christian divinity, as the same is preached and held forth by the people in scorn called quakers*, etc., qu'il dédia au roi Charles II. En compagnie de W. Penn, il entreprit, à l'effet de propager les principes des quakers, plusieurs voyages en Angleterre, en Hollande et en Allemagne, où presque partout on l'accueillit avec distinction, hommage rendu autant à son talent qu'à son caractère. Cependant il ne manqua pas non plus d'ennemis, qui lui suscitèrent force persécutions. Barclay mourut, en 1690, à Ury, près d'Aberdeen.

BARCLAY DE TOLLY (MICHEL, prince), l'un des plus célèbres généraux qu'ait eus l'armée russe, descendait d'une branche de l'ancienne famille écossaise du même nom, à laquelle appartenaient le poète ainsi que le quaker dont il a été fait mention dans les articles qui précèdent, et émigrée du Mecklenbourg en Livonie. Il était le plus jeune de trois frères, et naquit en 1759, en Livonie, où son père, *Gottlieb Barclay de Tolly*, ancien membre de la municipalité de Riga, possédait une propriété.

Adopté par le général Van Vermoulen, il entra dans un régiment russe de cuirassiers en qualité de vaguemestre, et prit une part des plus distinguées aux campagnes de 1788 et 1789 contre les Turcs, de 1790 contre la Suède, et de 1792 et 1794 contre la Pologne. En 1806 il commandait à Poultousk, avec le grade de général-major, l'avant-garde de Bennigsen, et il perdit un bras à Eylau. Quoiqu'en butte à la haine et aux attaques du vieux parti russe, qui persistait à ne voir en lui qu'un Allemand, il fut nommé en 1810 par l'empereur Alexandre ministre de la guerre, en remplacement d'Araktchéjeff; fonctions qu'il conserva jusqu'en 1813. En 1812 il obtint le commandement en chef de l'armée de l'ouest. Après avoir lentement battu en retraite avec elle sur Smolensk et perdu la bataille livrée sous les murs de cette ville (17 août), il se vit plus que jamais l'objet des attaques du parti national russe, et dut céder son commandement en chef à Koutousof. On a souvent prétendu que le plan du système défensif de l'armée russe en 1812 fut l'œuvre de Barclay de Tolly. Sans doute il conseilla de battre en retraite et de se retirer dans l'intérieur du pays en évitant toute bataille décisive; mais il est désormais acquis à l'histoire que ce plan fut conçu dans son ensemble comme dans ses détails par le général Pfuel, sorti du service de Prusse, et qui depuis 1807 accompagnait partout l'empereur Alexandre sans avoir pourtant de position officielle auprès de lui. A la bataille de Mojaïsk, Barclay de Tolly commandait l'aile droite. Après la mort de Koutousof, il reprit le commandement en chef de l'armée, qu'il conserva jusqu'à l'armistice conclu à la suite de la bataille de Bautzen. Plus tard il commanda l'armée russe de Bohême, assista aux batailles de Dresde, de Kulm et de Leipzig, puis reçut le commandement supérieur de toutes les forces russes entrées en France. Ses services dans cette dernière campagne furent récompensés par le grade de feld-maréchal et le titre de prince. La mort le surprit en 1818, à Insterburg, comme il se rendait en Bohême pour y prendre les eaux.

BAR-COCHBA. *Voyez* BAR-KOKÉBA.

BARDAJI Y AZARA (Don EUSEBIO DE), président du conseil des ministres d'Espagne en 1837, né en 1765, à Huete, dans la province de Cuença, fut destiné à la carrière diplomatique par son oncle, le chevalier Azara. A l'époque de l'abdication de Charles IV, en 1808, il était chef de bureau à la chancellerie d'État à Madrid; il accompagna don Pedro Cevallos dans sa mission à Bayonne, et rédigea les notes célèbres qui firent connaître à l'Europe ce qui s'était passé dans les conférences tenues en cette ville.

Bardaji y Azara suivit la junte centrale d'Aranjuez à Séville; et à son retour d'une mission à Vienne, il fut nommé par les Cortès ministre des affaires étrangères; puis, grâce à l'influence de l'ambassadeur d'Angleterre, envoyé en mission à Lisbonne en 1812 et à Saint-Pétersbourg, où il négocia le traité de Welicki Lucki, par lequel la Russie reconnut la constitution des Cortès de 1812. Ambassadeur d'Espagne à Turin depuis l'année 1816, il seconda la révolution qui y éclata en 1821, et, quand elle eut été étouffée, fut chargé d'une mission pour Paris. En 1822 il fut pendant peu de temps ministre des affaires étrangères; et il vécut ensuite dans une profonde retraite jusqu'au moment où, en 1836, la reine régente le nomma *procer* du royaume et l'appela à prendre encore une fois la direction des affaires étrangères. Bardaji appartenait au parti *moderado*; partisan de la politique française, il était l'adversaire du ministère Calatrava. Au moment de la chute de cette administration, l'influence toute-puissante d'Espartero lui fit déférer la présidence d'un nouveau cabinet qui ne se sentit pas de force à lutter contre les difficultés de la position. De nouvelles Cortès ayant été convoquées, Bardaji dut céder son portefeuille, le 17 décembre 1837, au comte d'Ofalia. Il se retira alors complétement des affaires, et mourut à Madrid, le 7 mars 1844.

BARDANE ou **GLOUTERON** (*arctium*, Linné), genre de plantes appartenant à la syngénésie polygamie égale de Linné, et à la famille des cynarocéphales de Jussieu. Il se distingue facilement de ceux qui l'avoisinent, et en particulier des chardons, par son involucre presque globuleux, formé d'écailles allongées, étroites, terminées à leur sommet par une pointe recourbée en crochet; son réceptacle presque plan, garni de soies courtes, tous ses fleurons hermaphrodites et fertiles, à corolle tubuleuse, légèrement évasée par le haut; ses fruits anguleux, couronnés par une aigrette courte, sessile et poilue.

Ce genre ne renferme qu'un petit nombre d'espèces, qui toutes appartiennent à l'Europe. La plus répandue de toutes est la *bardane officinale* (*arctium lappa*, Linné), très-commune dans les lieux incultes et sur les bords des chemins, dans presque toutes les parties de la France. C'est une plante dont la tige est haute de soixante centimètres à deux mètres, épaisse, striée et rameuse; les feuilles inférieures sont fort grandes, en forme de cœur, vertes en dessus, blanchâtres et cotonneuses en dessous, attachées à la tige par un pétiole assez long; celles du haut de la tige sont plus petites et simplement ovales. Les fleurs sont situées à l'extrémité des rameaux, de couleur purpurine, entourées d'un involucre armé de crochets aigus, au moyen desquels les têtes de fleurs de cette plante restent souvent attachées aux poils des animaux. La racine est bisannuelle, charnue, pivotante, de la grosseur du doigt, blanchâtre en dedans, mais enveloppée par un épiderme d'un brun foncé, très-analogue, en un mot, à celle du salsifis, et la remplaçant souvent comme aliment dans les campagnes. La décoction de cette racine est aussi employée en médecine comme sudorifique, et particulièrement administrée dans les maladies chroniques de la peau, d'où la plante est aussi appelée *herbe aux teigneux*. Les jeunes pousses de la bardane officinale, cueillies au printemps, offrent une saveur assez agréable, analogue à celle de l'artichaut, et sont quelquefois recherchées pour aliment par les habitants des campagnes. Ses tiges pourraient probablement acquérir les propriétés alimentaires des cardes au moyen d'une culture convenable. Les bœufs et les moutons les broutent, mais seulement quand elles sont jeunes. Malgré tous ces avantages, les cultivateurs s'attachent à détruire cette plante, qui envahit facilement les prairies, à cause du grand nombre de ses graines, et étouffe, par sa vigueur, des végétaux beaucoup plus précieux. Dénezil.

BARDAS, patrice de l'empire d'Orient, frère de l'impératrice Théodora, tuteur de son neveu Michel III (842), corrompit son pupille, le livra de bonne heure aux femmes pour le soustraire à l'influence de sa mère et des moines, enferma Théodora dans un cloître avec ses filles, se fit donner le titre de César, et régna quelque temps sans partage, pendant que Michel chassait et buvait. Bardas décida le schisme des églises d'Orient et d'Occident, en élevant sur le trône patriarcal de Constantinople le fougueux Photius à la place de l'illustre Ignace, qu'il avait déposé, et dont le pape Nicolas Ier embrassa la cause. Bardas, malgré sa corruption, suivit l'impulsion scientifique donnée par l'empereur Théophile, ranima l'étude du droit, et établit une espèce d'université où Léon le Philosophe enseignait la philosophie, son élève Théodore la géométrie, Théodelas l'astronomie, et Comœtas la rhétorique. Il assistait lui-même aux leçons, et récompensait les maîtres et les élèves. Mais Bardas avait de ses mains suspendu le glaive sur sa tête en favorisant les débauches de Michel. Basile le Macédonien, favori du jeune empereur et des femmes de la cour, le renversa et le fit tuer (866).

BARDAS PHOCAS et **BARDAS SCLÉRUS**, deux généraux de l'empire qui se disputèrent le pouvoir sous le règne de Basile II et de Constantin IX. Le second, beau-frère de l'empereur Jean Zimiscès, avait soutenu avec 10,000 hommes le siège d'Andrinople (970) contre les Russes, les Bulgares, les Patzinaies et les Hongrois, les avait battus séparément et les avait forcés de regagner leur pays. Après la mort de Jean Zimiscès, privé du commandement des troupes d'Orient par la jalousie de l'eunuque Basile, il se fit proclamer empereur par ses troupes, et fut vaincu dans un combat singulier en présence de deux armées par Bardas Phocas, que, par un jeu singulier de la fortune, il avait lui-même autrefois poursuivi comme rebelle. Réfugié chez le khalife de Bagdad, auquel il rendit des services contre les Perses, Sclérus, à la tête de 3,000 prisonniers chrétiens, passa l'Euphrate, reprit le titre d'empereur, conclut un traité avec Bardas Phocas, qui, comme lui, prétendait à l'empire, et fut enfermé dans une forteresse par son allié, qu'il voulait trahir. Délivré par la veuve de Phocas, au lieu de continuer la guerre civile, il négocia, obtint son pardon de la cour de Byzance, et fut investi de hautes fonctions, et mourut dans un âge avancé, vers l'an 990. Bardas Phocas avait péri déjà empoisonné au moment où il allait livrer bataille à son heureux rival.

BARDELEBEN (Kurt de), membre de la chambre des députés de Prusse, est né le 24 avril 1796, dans une terre de la Prusse orientale appartenant à son père, mort pendant le siège de Kustrin, dans une sortie qu'il fit avec un détachement de la landwehr dont le commandement lui avait été confié à titre d'ancien officier de l'armée. Le jeune Kurt de Bardeleben s'associa, lui aussi, aux patriotiques efforts tentés en 1813 par les Allemands pour recouvrer leur indépendance nationale; et quelques années après le rétablissement de la paix générale, il quitta le service. En 1819 il épousa la fille du président d'Auerswald à Kœnigsberg. Il fut élu en 1834 député de la noblesse à la diète provinciale. Lors de la prestation de foi et hommage au nouveau roi, en 1840, il fut au nombre de ceux qui lui adressèrent une pétition pour réclamer l'introduction du système représentatif en Prusse. Élu membre de la diète de 1847, il combattit de la manière la plus énergique dans cette assemblée les opinions des hommes alors au pouvoir, et plus particulièrement M. de Bodelschwing, commissaire du gouvernement. Lors de la réunion de la seconde diète, convoquée en 1848, il fit encore preuve des opinions les plus libérales. Élu alors par le cercle de Kœnigsberg député à l'Assemblée nationale de Francfort, il y vota avec le centre droit. Après l'assassinat de son beau-frère, le général d'Auerswald (18 septembre 1848), il quitta Francfort, pour aller porter cette funeste nouvelle à sa belle-mère et accompagner à Berlin les enfants mineurs laissés par la victime. A peu de temps de là il était élu par la ville de Berlin député à l'Assemblée nationale de Prusse. La confirmation de cette élection se fit tellement attendre, qu'il ne put venir siéger à l'assemblée que lorsque le lieu de ses séances eut été transféré à Brandebourg. Bardeleben y vota encore avec la droite, et signa la manifeste que celle-ci déclara contre la démagogie. Après la dissolution de cette assemblée, il se retira dans ses terres, et ne fut point élu membre de celle qui fut d'abord convoquée en 1849, mais seulement, après la dissolution de celle-ci, de la seconde, où il siégea comme député de Kœnigsberg Il s'y est constamment montré l'énergique défenseur du principe constitutionnel, et un discours qu'il y prononça en février 1850 contre la politique personnifiée en M. de Manteuffel eut un immense retentissement en Prusse.

BARDES (en langue erse *Bard*, en langue kymrique *Bardh*), nom donné aux poëtes des Gaulois et autres populations celtes, telles que les Bretons, les Kymris, les Irlandais, les Écossais, lesquels furent connus des Romains dès le deuxième siècle avant Jésus-Christ. A l'instar des *Scópes* des Anglo-Saxons et des *Skaldes* des anciens Scandinaves, ils célébraient les hauts faits des dieux et des héros dans les cérémonies du culte et dans les fêtes données par les princes et les grands, en s'accompagnant de la harpe ou *chrotta* (en erse *cruit* et *clarseach*), excitaient le courage des guerriers qu'ils menaient aux combats, et remplissaient en outre les fonctions de hérauts des rois et de médiateurs de la paix. Chez les Gaulois l'institution des bardes ne tarda pas à périr, tandis qu'elle se maintint beaucoup plus longtemps dans le pays de Galles, en Irlande et en Écosse. Partout ils constituaient une corporation héréditaire, organisée à l'instar d'une espèce d'ordre religieux et exerçant une grande influence sur les peuples et sur les princes.

Chez les Germains comme chez les Celtes, le poëte était le dépositaire de toute tradition historique. Dans le pays de Galles, ses privilèges et ses franchises avaient été déterminés et limités par le roi-législateur Howel-Dha ; mais en l'an 1078 tout l'ordre fut reformé par Gryfyth ap Conan, qui lui imposa de nouvelles règles. Il se tenait de temps à autre à Caerwys, Aberfraw et Mathraval de grandes luttes de chant et de poésie, appelées *Eisteddfods*, dont les juges étaient désignés par la couronne. Lors de la conquête du pays de Galles, sous Édouard 1er, en l'année 1284, les bardes perdirent, il est vrai, leurs privilèges, et furent même persécutés ; cependant ils se maintinrent longtemps encore, et l'on célébra avec l'autorisation des rois d'Angleterre des *Eisteddfods* jusqu'au règne d'Élisabeth. Par la suite on cessa d'accorder des autorisations pour des tournois poétiques de ce genre ; mais dans ces derniers temps on a vu se créer différentes associations ayant pour but la résurrection de l'ancienne poésie nationale des Celtes, par exemple, en 1770, la *Gwyneddigion Society*, en 1818 la *Cambrian Society*, et tout récemment le *Cymmrodorion* ou *Metropolitan Cambrian institution*. C'est aux travaux entrepris par ces diverses associations, ainsi qu'au patriotisme de quelques particuliers, que nous sommes redevables non-seulement d'informations précises sur l'institution des bardes, mais encore de la conservation des débris de leurs poëmes, dont les plus intéressants sont ceux de Myrddyn ap Morfryn, Myrddyn Emrys et Taliesin. Consultez Jones, *Relics of the Welsh bards* (Londres, 1794); Owen, *the Myvyrian archæology of Wales* (3 vol., Londres, 1801-07); William, *Ar barddoniath Cymraeg* (Dolgelly, 1828).

En Irlande, la corporation des bardes était divisée en trois classes, suivant leur destination particulière : les *Filedha*, qui dans les combats et les cérémonies du culte chantaient en s'accompagnant de la harpe, faisaient partie de l'entourage immédiat et du conseil des princes, et leur servaient en même temps d'orateurs et de hérauts ; les *Breitheamhaim*, chargés en certaines circonstances de rendre la justice ; enfin, les *Seanachaidhe*, versés dans la connaissance de l'histoire, généalogistes des familles nobles et princières. Protégés par de nombreuses franchises et immunités, les bardes arrivèrent à la longue à jouir de si vastes propriétés territoriales et à jouir de tant d'autorité usurpée, qu'à diverses reprises le peuple se révolta contre eux ou en bannit un certain nombre. Déjà *Concobar Mac Nessa*, roi d'Ulster, vers l'an 34, comme plus tard *Cormac Ulfadha*, avait dû mettre des bornes à leurs privilèges et entreprendre la réforme de leur ordre. C'est ce que tenta encore au sixième siècle le roi *Aidus*. La grande habileté des Irlandais à jouer de la harpe était à cette époque reconnue même par leurs ennemis. Il existe un grand nombre de fragments manuscrits de la poésie des bardes irlandais. L'institution commença à décliner aussitôt après la conquête de l'Irlande par Henri II. Toutefois, les bardes se maintinrent longtemps dans les grandes familles irlandaises. Leurs chants et leurs réminiscences historiques entretenaient l'amour sacré de la patrie dans le cœur des Irlandais. Aussi les conquérants de ce pays crurent-ils à diverses reprises devoir prendre des mesures rigoureuses à l'égard des bardes, comme il arriva notamment sous le règne de Henri V et sous celui de Henri VII. La grande Élisabeth elle-même ordonna maintes fois de pendre des *minstrels* arrêtés, parce que leurs chants excitaient le peuple à la révolte et à d'autres crimes. La victoire de la Boyne acheva d'anéantir l'institution des bardes. *Turlogh O'Carolan*, né en 1670, mort en 1737, dont les poésies ont été traduites en anglais par Furlory, est regardé comme le dernier barde qu'ait eu l'Irlande. Divers poëmes de cette catégorie ont été traduits par miss Brooke dans ses *Reliques of Irish Poetry* (Dublin, 1789; nouvelle édition par Seymour, 1816), et par Hardiman, dans l'ouvrage intitulé : *Irish Minstrelsy* (2 vol., Dublin, 1831). Consultez Walker, *Mémoires of the Irish Bards* (Londres, 1786).

L'institution des bardes eut la même origine et la même organisation en Écosse ou en Calédonie. Les poëmes appelés *Fenniques*, publiés sous le titre de *Poésies d'Ossian*, le barde calédonien par excellence, dans une traduction fort embellie de Macpherson, faite d'après des imitations gaéliques, sont originaires du nord de l'Irlande, d'où, vers la seconde moitié du troisième siècle, ils se répandirent dans toute l'Écosse avec la dynastie des Dalriades, en passant d'abord par l'île de Man, puis par les Hébrides et Argyle. En Écosse aussi les bardes étaient les serviteurs héréditaires des princes et des gentilshommes, et leur ordre n'y disparut complètement qu'en 1788, lors de la suppression des juridictions patrimoniales.

Le nom de *barde* était tout à fait inconnu aux Allemands, quoique par abus ils s'en servissent quelquefois dans le style poétique. Klopstock et son école poussèrent même cette fiction si loin qu'ils en vinrent à employer ce terme pour désigner les tentatives de réforme faites dans la poésie allemande. C'est ainsi que Klopstock imagina d'appeler *Bardiet* ou *Bardit* un poëme le plus souvent religieux et guerrier, que l'auteur suppose être l'œuvre d'un barde, ou bien encore un chant de bataille reproduisant l'énergie sauvage de la vie primitive des Teutons. Ce mot de *Bardiet* ou de *Bardit*, il s'était cru autorisé à le former par un passage de la *Germanie* de Tacite, où on lit à tort dans quelques manuscrits, au lieu de *baritus* (mot qui désigne l'action de pousser le cri du combat), *barditus*, qu'on a traduit par *chant du combat*. Les poëtes allemands de l'époque de Klopstock, qui exploitèrent le *bardiet* jusqu'à l'abus, y reproduisirent pour la plupart la vague sensiblerie d'Ossian, ou firent retentir des accents si ridiculement belliqueux qu'il ne fallut rien moins que la verve de Hœlty et d'autres pour en faire justice à l'aide de piquantes parodies. Au total, ce genre ne pouvait pas durer longtemps, puisqu'il n'était que l'imitation d'un modèle très-nuageux, très-vague, et que le lecteur devait commencer par se supposer transporté en arrière à une époque de grossière rudesse teutonne, à l'égard de laquelle on manque tout aussi bien de renseignements qu'à l'égard de la mythologie allemande, d'où il résulte qu'on se trouve dans l'impossibilité absolue d'apprécier les allusions qu'y fait le poëte. Il serait injuste toutefois de comprendre dans la proscription qui a frappé ce genre faux et ridicule les trois poëmes que Klopstock désigne aussi sous le nom de *Bardiet*, et qui ont pour titre : *la Bataille d'Hermann, Hermann et les princes*, et *la Mort d'Hermann*. Quelques poëmes de ses amis, qualifiés aussi de *bardiet*, méritent également d'être exceptés de cet anathème.

Denis et Gerstenberg traitèrent le *bardiet* sous la forme lyrique, et Kretschmann sous la forme épique.

BARDESANE, fondateur de la plus célèbre école gnostique de la Syrie, naquit à Édesse, vers le commencement du second siècle de l'ère chrétienne. Il fut d'abord entièrement dévoué à la cause chrétienne, et un philosophe impérial, Apollonius, ami de Lucius Verus, ayant essayé de lui arracher par menaces une apostasie qu'il ne pouvait obtenir par ses arguments, Bardesane lui fit cette belle réponse : « Je ne crains pas la mort ; je sais bien que je ne l'éviterais pas, même en cédant à l'empereur. » Il combattit aussi avec chaleur les erreurs de Marcion; les chrétiens étaient fiers de compter dans leurs rangs un homme d'une aussi haute science, et les hymnes qu'il avait composées pour le culte des fidèles continuèrent à être chantées dans les églises de la Syrie longtemps après que leur auteur eut été condamné pour son gnosticisme. C'est que Bardesane ne s'éloigna le peu de l'Église, s'attachant toujours à rester aussi orthodoxe que possible, admettant tous les écrits du Canon, et cherchant dans des interprétations mystiques sa *gnose*, qui rappelle tour à tour celles de Valentin, des ophites, du Zend-Avesta et de la Kabbale.

Il pose d'abord le *Père inconnu*, le Dieu suprême, éternel, qui vit dans le sein de la lumière, heureux de la pureté parfaite de son être. Puis vient la *matière éternelle*, masse inerte, informe, ténébreuse, source de tous les maux, la mère et le siége de Satan. Le *Dieu inconnu* s'est manifesté et s'est déployé en plusieurs êtres participant de sa nature et appelés *Éons*. D'abord, il crée sa compagne, celle qui sera la mère du Dieu vivant, de *Christos* ; ce qui signifie que l'Éternel a conçu, dans le silence de ses décrets, la pensée de se révéler par un être qui soit son image, son fils. Le fils naît de ce premier couple ; il s'allie à sa sœur, *Pneuma*, et de ce second couple ou de cette *syzygie* s'en engendrent réciproquement six autres. Une *heptas* spéciale est chargée par les puissances créatrices de présider, du haut des planètes, au gouvernement du monde. Le bonheur et le malheur, l'abondance et la disette, les destinées de l'homme et celles de la terre qu'il habite, dépendent de leur volonté. Bardesane ajoute à ces êtres douze génies, correspondant aux douze constellations du zodiaque ; et tandis que les astrologues attribuaient à chaque signe du zodiaque trente étoiles, il prépose à chaque décurie d'étoiles un *décanos*, ce qui produit en tout trente-six *décanoi*. Ces émanations, à mesure qu'elles s'éloignent de la Divinité, voient leur pureté décroître. L'homme est né de ces Éons. Il est au fond une émanation de l'Être suprême; mais, ayant transgressé la loi que celui-ci lui avait donnée, il a été relégué pour l'expiation de sa faute dans un corps emprunté au monde matériel, la source du mal. L'âme seule est appelée à la résurrection, seule elle est libre, et l'homme matériel est seul assujetti aux puissances sidérales. Mais il y a pour l'homme un moyen de se faire affranchir. Le fils du Dieu vivant, le *Christos*, est venu apprendre à l'âme sa haute origine, qu'elle ignorait auparavant ; revêtu d'un corps céleste, il n'a souffert qu'une mort apparente, mais sa doctrine suffit pour rendre la vie divine à l'âme humaine.

Tel est, bien sèchement analysé d'ailleurs, le système de Bardesane, autant que nous permettent de l'apprécier les ouvrages d'Éphrem, de Porphyre, d'Eusèbe, de Diodore de Tarse, de saint Épiphane, de saint Jérôme, saint Augustin, Sozomène et Théodoret, presque tous dirigés contre lui et son école. Bardesane était écrivain. Il publia, outre les hymnes que nous avons citées, des commentaires sur l'Inde, des dialogues sur le destin, des apologies et quelques autres ouvrages. Mais nous n'avons plus de tous ses travaux que des fragments épars dans les écrits de ses adversaires. Peu d'écoles gnostiques se trouvèrent placées dans de meilleures conditions de succès que la sienne, ouverte au confluent des doctrines persanes, judaïques, chrétiennes et grecques, dans un moment où ces théories se croisaient dans tous les sens. Peu d'écoles ont enseigné avec autant de sagesse et d'érudition ; et cependant les *bardesanites* ne furent jamais nombreux. Deux disciples de Bardesane, Harmonius, son fils, qui composa de belles hymnes, et Marinus, ont seuls échappé à l'oubli. Les *bardesanites* s'éteignent et se perdent dans les rangs des chrétiens vers le cinquième siècle. Leur absorption dans l'Église fut d'autant plus facile qu'ils admettaient les codes sacrés et que leur morale était pure. — Albert MATTER.

BARDESANITES. *Voyez* BARDESANE.
BARDIET ou **BARDIT.** *Voyez* BARDES.
BARDILI (CHRÉTIEN-GEOFFROI), philosophe allemand, né le 28 mai 1761, à Blaubeuren, dans le Wurtemberg, mort en 1808, à Stuttgard, où depuis 1794 il était attaché au gymnase en qualité de professeur de philosophie, occupe une place honorable dans l'histoire de la philosophie moderne de l'Allemagne. Le mouvement philosophique qui avait commencé par Kant produisit une longue série de penseurs profonds, qui cherchèrent à développer et à compléter la doctrine ou proposèrent de nouveaux systèmes, plus ou moins éloignés de celui du philosophe de Kœnigsberg. Bardili crut avoir trouvé la solution du problème de la philosophie par un nouveau principe de logique ; mais ce principe et le système qu'il en déduisait étaient trop étroits et trop insuffisants pour finir par prévaloir : de tous côtés une opposition très-prononcée se déclara contre lui ; le peu de partisans qu'il avait trouvés l'abandonnèrent, et son système disparut bientôt, après n'avoir joué en philosophie qu'un rôle secondaire et de courte durée. Pourtant, la pensée qui y dominait était remarquable, comme témoignant de la tendance générale de cette époque à chercher un principe unique, absolu, d'où pussent être déduites toutes les vérités.

Kant avait établi la nécessité d'un tel principe pour la philosophie, mais il ne croyait pas que l'homme pût jamais le découvrir. Or, comme il est dans la nature de l'esprit humain de considérer comme possible tout ce qu'il juge être nécessaire, et que cette nécessité découle pour lui en quelque sorte de la position même du problème, ou ne s'arrêta pas à la décision négative de Kant.

Le premier système important qui prétendit résoudre le problème posé par Kant fut celui de Fichte. La grande difficulté signalée par Kant, à savoir, comment l'esprit humain peut dépasser le cercle du *moi*, et arriver à la connaissance des choses extérieures et de leur essence, fut moins résolue que laissée de côté par le système idéaliste de Fichte, qui nia l'existence réelle d'un monde extérieur, et chercha à expliquer tous les phénomènes par la supposition d'un *moi* universel, dont tous les individus spirituels ne sont que des parties, et dont le prétendu monde extérieur ne forme qu'une limite extérieure, nécessaire pour que le *moi* puisse parvenir par cette opposition à la conscience de soi-même.

Mais ce système, quoiqu'il ait exercé une grande influence sur le développement de la philosophie, renfermait évidemment l'absolu dans le *moi*, au lieu de reconnaître le *moi* dans l'absolu ; il faisait ainsi sentir la nécessité d'un principe supérieur embrassant le monde extérieur aussi bien que le *moi* de l'homme.

On est en droit de dire que la théorie de Bardili n'était en quelque sorte que la transition du système idéaliste de Fichte à la philosophie absolue de Schelling, qui reconnaissait Dieu comme principe contenant en lui l'idéal et le réel, l'esprit et la nature. Mais la théorie même de Bardili fut loin de satisfaire aux moindres exigences d'une science méthodique. Le principe de la philosophie qu'il proposa dans ses éléments de la *première logique* (1799) était à ses yeux l'identité absolue de la pensée. La pensée, suivant lui, c'est l'*unité* ; or, pour que cette pensée puisse se manifester, puisse être appliquée, elle a besoin de la matière, de la nature extérieure, qui constitue l'idée du *multiple*. Mais l'harmonie entre la pensée et la matière, le lien entre l'esprit et la nature, sont fondés sur une *unité primitive*, qui se manifeste également dans la pensée comme dans les objets extérieurs. Cette *unité primitive* est essentiellement la vérité primitive, c'est-à-dire *Dieu*, le principe de toute science et de toute réalité.

L'étroitesse et l'incohérence de ce système, qui voulait ainsi réduire toute la philosophie à un pur formalisme logique, furent bientôt démontrées par les critiques de Fichte, de Schelling et d'autres penseurs. Ce système n'aurait même jamais acquis quelque importance, si Reinhold, philosophe distingué, qui le premier avait apprécié et proclamé la haute portée de la philosophie de Kant, ne s'était pas laissé tromper pour quelque temps par l'apparence, qui semblait lui promettre la découverte d'un réalisme rationnel, qu'il croyait être le but de la philosophie moderne. Reinhold recommanda donc à plusieurs reprises, dans les années 1801 à 1805, les travaux de Bardili ; mais plus tard il revint de son erreur, et la théorie de Bardili tomba bientôt dans un oubli complet. Ses écrits ont pourtant le mérite incontestable d'avoir contribué au perfectionnement de la logique, en y signalant des fautes et des lacunes importantes. H. Ahrens.

BARDIN (Étienne-Alexandre, baron), maréchal de camp, commandeur de la Légion d'Honneur et chevalier de Saint-Louis, né à Paris, le 31 mai 1774, était fils de *Jean* Bardin, de Montbard, qui remporta, au concours de 1764, le premier grand prix de peinture, fut envoyé à Rome aux frais du gouvernement, devint maître du célèbre David, puis professeur de dessin à l'école centrale, ensuite lycée d'Orléans, fonda dans cette ville une académie de peinture, qu'il dirigea jusqu'à sa mort, et figura avec honneur parmi les correspondants de l'Institut de France.

Le jeune Bardin acheva à peine ses études à l'école centrale que nous venons de citer, lorsque, le 12 septembre 1791, il entra comme capitaine adjudant-major dans le 8ᵉ bataillon de volontaires du Loiret. Il fit, dans ce grade, les campagnes de 1792 à 1796, à l'armée du nord ; passa plus tard à la 8ᵉ demi-brigade d'infanterie légère, servit avec distinction, de l'an v à l'an vIII, aux armées de Sambre et Meuse et d'Italie, sous Beurnonville, Jourdan, Macdonald et Masséna, et prit part aux brillantes défenses d'Ancône et de Gênes. A la fin de 1800 il fut attaché en qualité d'aide de camp au général Junot, gouverneur de Paris, et nommé en 1803 chef de bataillon au 1ᵉʳ régiment d'infanterie de la garde de Paris. Il fit avec cette partie de ce corps la campagne de Hollande de 1806. Nommé la même année major du 2ᵉ régiment de la garde de Paris, l'empereur lui confia, en 1809, le commandement d'une cohorte de la garde nationale destinée à reprendre l'île de Flessingue aux Anglais.

Nommé officier de la Légion d'Honneur en 1804, le major Bardin organisa en 1811 le régiment des pupilles de la garde, dont il devint colonel peu de temps après. Placé à la tête du 9ᵉ régiment de tirailleurs de la jeune garde en 1813, il fit avec ce corps la campagne de Saxe, y remplit les fonctions de général de brigade, se distingua particulièrement à la bataille de Dresde, et contribua en 1814 à la défense d'Anvers. Rentré en France après la première abdication de l'empereur, le colonel Bardin se livra à l'étude des sciences et de l'art de la guerre. Admis à la retraite en 1822, Louis XVIII lui conféra l'année suivante le grade honorifique de maréchal de camp, et le décora de la croix de Saint-Louis. Il est mort à Montargis, en novembre 1840.

On a de lui, outre un grand nombre d'articles relatifs à l'histoire de l'art militaire, insérés dans le *Dictionnaire de la Conversation* : 1° *Manuel de l'Infanterie*, in-8°, qui a été traduit dans plusieurs langues ; 2° *Mémorial de l'Officier d'Infanterie*, 2 vol.; 3° *Cours d'Instructions à l'u-*sage des élèves de l'École de Fontainebleau ; 4° *Examen de la Législation des Troupes en campagne*. Après sa mort on a publié sur ses manuscrits le *Dictionnaire de l'Armée de terre*, 6 vol. grand in-8°.

BARDOU, artiste du Vaudevillle, est de Montpellier. Sa famille, qui croyait avoir deviné en lui un goût très-prononcé pour la basoche, l'avait placé, à dix-huit ans, dans une étude d'avoué. Bardou, au lieu de copier des rôles, en apprenait. Un jour il s'élança de l'étude sur les planches d'un théâtre de société, et débuta dans *César*, non pas le César des *Rendez-vous bourgeois*, mais le César de la tragédie ; il fit rire. Bardou comprit. Il renonça tout de suite au genre tragique ; et comme il avait une voix d'un certain volume, ronde, vibrante, comme il était musicien, il s'essaya dans les secondes basses. Cette tentative fut moins malheureuse que la première ; Bardou fut écouté avec plaisir. C'en est fait, notre artiste est lancé ! Le voilà qui s'engage dans une troupe nomade, et court demander des applaudissements aux populations éclairées de Carcassonne, de Pézenas, de Béziers. Chemin faisant, il rencontre quelques conseils, exprimés sous une forme assez aiguë, qui l'avertissent que sa voix de seconde basse, un peu gênée dans l'opéra, serait fort à son aise dans le vaudeville. Docile à ces avis, il abdique l'opéra comme il avait abdiqué la tragédie, et se voue corps et âme au vaudeville.

C'est dans le vaudeville que Bayonne, Anvers et Brest l'applaudirent ; c'est après l'avoir vu dans le vaudeville que Toulouse lui cria que Paris le réclamait. Cette fois encore, Bardou se rend aux conseils ; il se hâte de venir chercher une petite place aux rayons du soleil parisien. Le théâtre du Vaudeville offre l'hospitalité au triomphateur de Toulouse, et lui permet de débuter dans quelques rôles de Bernard-Léon : Giraudeau, de *Pourquoi ?* Grochard, du *Bal d'Ouvriers*. Bardou réussit, mais sans éclat. Il réussit encore dans *L'Ami Grandet*, en reprenant le rôle qu'avait établi Volnys. Mais tous ces rôles n'étaient pas des créations, et le public parisien, public blasé s'il en fut, public qui a la manie du vieillard (*laudator temporis acti*), s'obstinait à comparer Bardou avec ses devanciers, et déclarait que le présent n'avait pas vaincu le passé. Enfin, les auteurs, qui peu à peu avaient pris confiance, écrivirent pour Bardou : *Une femme raisonnable*, *L'Article* 960, *Passé minuit*, *Les Mémoires du Diable*, *Les Petites Misères de la Vie humaine*, *un Péché de Jeunesse*, *Manche à Manche*, *La Gazette des Tribunaux*, furent autant d'occasions pour Bardou de prouver qu'il y a en lui de l'originalité, de la franchise, du naturel et de la vérité.

En décembre 1850 il faisait encore merveille au théâtre des Variétés, dans une pièce intitulée *Le Maître d'Armes*.

Édouard Lemoine.

BARDYLIS, roi des Illyriens vers 340 av. J.-C., fut d'abord charbonnier, puis chef de brigands, et combattit les prétentions qu'Amyntas II élevait au trône de Macédoine. Devenu roi, celui-ci dut acheter la paix de Bardylis et lui donner même un de ses fils en otage. Le roi des Illyriens n'en continua pas moins ses incursions en Macédoine sous Perdiccas III, qu'il vainquit et tua en l'an 360 av. J.-C. Mais à son tour Bardylis, âgé alors de quatre-vingt-dix ans, fut vaincu par Philippe.

BAREBONE (Praise God), fanatique anglais, qui fit beaucoup parler de lui au milieu du dix-septième siècle. Il était corroyeur, et devint, en 1654, un des membres les plus ardents du parlement que Cromwell tenait à sa complète dévotion. Quand Monk arriva à Londres, bien déterminé à rétablir la royauté des Stuarts, Barebone fut un de ceux qui dans leurs desseins véritables, et qui le gênèrent le plus dans leur exécution, par suite de l'ascendant qu'il exerçait sur la populace. Barebone présenta au parlement une pétition ayant pour but d'arracher à cette assemblée un nouveau décret d'exclusion à perpétuité contre Charles II et sa famille ;

aussi Monk se plaignit-il hautement des encouragements occultes que ce forcené trouvait dans l'assemblée. L'histoire ne nous apprend pas ce qu'il devint après la restauration.

BARÉGES. C'est ici la source minérale la plus connue, la plus vantée, et sans contredit la plus méritante de la France et de l'Europe. La réputation de ce lieu est si bien faite aujourd'hui, qu'il pourrait lutter contre la partialité injuste des médecins et des auteurs. Baréges a cela de commun avec la plupart des hommes d'un vrai mérite, qu'il a dû à lui-même toute sa renommée, qu'il a attendu patiemment la fortune, sans rien devoir à l'intrigue, sans se prêter aux caprices de la mode, sans complaire aux fantaisies des grands, et qu'il a constamment dédaigné les ornements frivoles, pour mieux conserver sa physionomie austère et un peu sauvage. Aussi les commencements de Baréges furent obscurs et difficiles. Avant Louis XIV il n'y avait là pour habitations que des cabanes, pour clientèle que des montagnards gazouillant le patois de Henri IV, pour restaurateurs que des marchands d'ail et d'olives ; d'hommes du monde et de citadins élégants, pas un.

A quelque temps de là, le duc du Maine devint souffrant, et donna à la cour des inquiétudes pour sa vie. Ce jeune prince avait ce tempérament si familier à nos Parisiens d'aujourd'hui : il était lymphatique, un peu faible, et disposé aux scrofules (mot affreux, qu'on se gardait de prononcer) ; il avait l'esprit vif et très-précoce, la tête trop grosse, les jointures un peu gonflées , et par-dessus tout cela un commencement de pied bot ! — Un pied bot ! un fils de Louis XIV ! — Mon Dieu, oui. Vous jugez si cela jurait parmi ces superbes vanités en talons rouges, au milieu de ce concours perpétuel de galanteries, de louanges outrées, de fêtes et d'amours : cela scandalisait, cela humiliait : c'étaient des pourparlers, des consultations sans terme et sans effet. — Que dit Fagon ?... Fagon, médecin du roi, bon courtisan, et néanmoins ami dévoué de madame de Maintenon, alors en sous-ordre et encore sans puissance, Fagon ne disait rien, essayant de lire dans les yeux de madame de Maintenon sa pensée secrète et ses désirs. Enfin, un voyage fut décidé, un voyage loin de Versailles, un voyage aux eaux, à Baréges. Ah ! c'est qu'une fois séparé de son fils par l'immense intervalle de deux cents lieues, le grand roi, alors mal distrait par madame de Montespan, s'inquiéterait du duc du Maine, dépêcherait plusieurs fois la semaine des courriers quérir des bulletins, écrirait de son auguste main à la spirituelle Maintenon, qui alors laisserait courir sur le papier cette raison enchanteresse, cette grâce de diction qu'elle n'aurait pu produire dans le salon de madame de Montespan en présence de Louis XIV et du grand Condé.

Deux mois passés à Baréges redonnèrent au jeune prince plus d'énergie, plus de santé, mais le pied bot n'était point guéri ! Les chirurgiens n'avaient pas encore inventé la t é n o t o m i e et d'ingénieuses machines. Le grand et merveilleux effet des eaux fut pour madame de Maintenon et pour Louis XIV. Mademoiselle d'Aubigné-Scarron revint de Baréges favorite et maîtresse adorée, et elle retrouva Louis XIV dans un enthousiasme effervescent, dans un amour qui faisait rougir sa vertu, toute grande personne qu'elle était.

De cette circonstance heureuse date la grande célébrité de Baréges. C'est depuis lors que ce lieu thermal reçoit la visite des grands malades et de tous les infirmes qu'on désespérait de guérir ailleurs. Vers juin ou septembre, quand on est riche et quand on souffre, surtout si l'on aime à voyager, on prend la poste ou le chemin de fer , on court à Bordeaux ; de Bordeaux on va à Pau , et enfin on arrive à Baréges. Vous trouvez alors dans un triste village , mal bâti, n'ayant qu'une rue ; vous êtes au milieu des vieilles Pyrénées, de toutes parts environné de montagnes couvertes de neiges en tout temps, à peu de distance de Saint-Sauveur , de Bonnes et de Bagnères, et vous êtes élevé à près de quatre mille pieds au-dessus du niveau de la mer ; vous respirez dans les nuages. D'un côté vous voyez le pic d'Eyrdc., et de l'autre un gave ou torrent nommé *le Bastan* , dont le cours s'alimente et se grossit de la fonte des neiges au printemps. Tout près de Baréges , à côté de ce torrent , de ces ravins, de ces avalanches, ou voit une jeune forêt de hêtres , seule verdure de cette Sibérie méridionale : c'est comme une protection à côté des dangers , un abri tout près des orages.

Il y a six sources à Baréges ; toutes ont des noms distinctifs , une température différente et des propriétés jusqu'à un certain point particulières.

L'eau de Baréges ne redoute la rivalité ni de Cauterèts ni de Luchon , lieux mondains et délicieux , où se rendent de préférence les curieux , les demi-malades : les malades véritables sont pour Baréges. Ici là nature a donné les eaux comme il en faut, ni trop chaudes ni trop froides, diversifiées d'ailleurs selon presque toutes les constitutions, toujours claires, toujours elles, et assez bonnes à boire , si ce n'était l'odeur. Soit à cause de la soude qu'elles renferment, soit par tout autre principe, ces eaux sont fort excitantes ; elles suscitent bientôt une sorte de fièvre, et de là dérivent bon par nombre de maladies chroniques. Elles activent la circulation, stimulent les organes , et donnent à la vie plus d'intensité, plus de vigueur.

Si une personne bien portante se met à l'usage des eaux de Baréges, il en résulte bientôt de l'irritation, des picotements à la peau ou à la gorge, de l'agitation dans les muscles ; la tête devient lourde , la digestion pénible , le sommeil est troublé. Ces effets sont encore plus prononcés s'il s'agit d'un homme fort , sanguin et pléthorique ; presque toutes les sécrétions sont alors comme interceptées : plus d'urine ; constipation gênante , perte d'appétit. C'est contre après des veilles excessives ou des abus de café. Il ne faut donc jamais recourir à l'usage de ces eaux ni dans les palpitations ni dans les anévrysmes ; jamais s'il y a imminence d'apoplexie ou de pertes , d'hémoptysie et de mal caduc ; jamais dans l'asthme, dans les maladies de poitrine, ni dans les paralysies cérébrales, ni quand il existe des maux de tête, des gastrites, des affections de reins ou de vessie. J'ai remarqué que les eaux sulfureuses excitent quelquefois en de jeunes sujets de telles douleurs dans la vessie qu'on serait tenté de croire alors à l'existence d'un calcul.

Il en est des eaux de Baréges comme de tous les remèdes souverains : miraculeuses là où elles conviennent , mais préjudiciables et même dangereuses si on les prend à contretemps : jamais insignifiantes.

Ces eaux conviennent dans quelques paralysies du premier âge, dans les rhumatismes chroniques, dans les rhumatismes des muscles et des ligaments surtout, peu dans ceux qui attaquent les articulations , cas dans lequel les eaux de Bourbonne conviennent davantage. Elles exaspèrent presque toujours la goutte, et souvent la réveillent si elle n'était qu'assoupie : et cela parce que la plupart des goutteux sont des hommes sanguins et pléthoriques. Elles font presque constamment du mal aux hommes de cette complexion : s'ils ont des dartres, ces eaux les rendent plus vives ; alors aussi elles enflamment et font suppurer les glandes engorgées , elles donnent lieu à des phlegmons, à des abcès. On cite l'exemple de quelques personnes sanguines qu'on a trouvées mortes dans leur bain. Hors ces cas de pléthore rouge, les eaux de Baréges soulagent la sciatique , le lumbago, les entorses , d'anciennes luxations , des tumeurs blanches , et quelquefois elles guérissent de fausses ankyloses et font cesser des claudications. En 1830 , le prince A. Demidoff guérit là en 25 jours une coxalgie qui l'empêchait de monter à cheval, et il a eu la générosité pendant sa cure de dépenser 12,000 fr. à Baréges. Elles ne guérissent jamais les tremblements nerveux , et elles échouent fréquemment contre les scrofules, à moins qu'on n'en seconde les effets soit avec le mercure , soit avec l'iode.

Mais le triomphe des eaux de Baréges , c'est dans les maladies de la peau qu'elles l'obtiennent ; principalement lorsque ces affections sont superficielles et anciennes. A la vérité, beaucoup de ces guérisons ne sont que passagères et peu durables, et elles sont plus apparentes que réelles; mais enfin ne guérissent-elles de pareils maux que durant six mois, ce serait encore beaucoup, puisque aucun autre remède n'agit ni aussi bien ni avec autant d'innocuité.

On a l'habitude de soumettre les malades d'abord aux eaux les plus tempérées, puis graduellement à des sources plus chaudes, plus excitantes. L'éruption dartreuse commence par rougir, par devenir plus vive, plus douloureuse; mais un mieux sensible succède bientôt à cette exaspération momentanée, et au bout de quarante à cinquante jours les eaux ont produit leur effet : inutile d'en prolonger l'usage au delà de deux mois.

Les eaux de Baréges ne sont pas moins souveraines dans les plaies fistuleuses, avec ou sans carie; dans les vieux ulcères, surtout s'ils sont variqueux; après les coups de feu; dans les paralysies par cause locale et non apoplectique. Elles guérissent quelquefois les ophthalmies invétérées et la chlorose, soulagent les douleurs lentes du foie et de la rate; mais elles échouent fréquemment dans les maux vénériens.

Malgré les puissantes qualités de ses eaux et son immense réputation, Baréges ne reçoit guère plus de mille à douze cents malades chaque année, et les militaires y sont d'ordinaire en majorité. C'est le lieu thermal où le ministre de la guerre envoie le plus d'infirmes, de convalescents et de blessés. Beaucoup de motifs dissuadent les malades civils ou d'un voyage ou d'un séjour prolongé à Baréges : d'abord, rien n'y flatte la vue; vous n'avez là pour perspective que des montagnes arides, des neiges, des torrents, des ravins à faire frissonner, et pas le plus petit ombrage pour calmer tant d'émotions et pour vous recueillir, nulle verdure pour récréer les yeux, pas de lieu de réunion, presque aucune société, absence de plaisirs. Les quatre-vingts maisons dont se compose le hameau thermal restent inhabitées huit mois de l'année; l'hiver, on ne laisse là que quelques sentinelles perdues préposées à leur garde : les appartements, en conséquence de cet abandon, sont mal nantis des objets d'utilité, et totalement dépourvus de ces attirails de luxe que la vie citadine a rendus si nécessaires. Sans doute les eaux de Baréges vous guériraient, mais mieux vaut rester malade que d'éprouver un instant d'ennui.

On remarque aussi que les sources de Baréges sont trop peu abondantes pour alimenter convenablement tout à la fois et les bains civils et les piscines militaires. Ce sont des conflits perpétuels et souvent attristants entre l'inspecteur, que personne ne soutient, et l'autorité militaire, toujours maîtresse et souvent despote là où elle a droit à un égal partage : on se dispute les eaux dès l'aube du jour; on s'arrache les douches. Ce sont des combats de corridor, des escarmouches de baignoires, dont le monde bourgeois sort toujours rancuneux, mais vaincu. Il y aurait un moyen bien simple de rendre la paix à Baréges et de faire cesser tant de rivalités pénibles, ce serait de fonder un hôpital militaire à Ax, où se trouvent des sources nombreuses et abondantes. Il y aurait dès lors à Baréges plus d'union entre les baigneurs, une société plus homogène et moins d'ennui; enfin l'on pourrait prendre sa douche à l'heure prescrite sans courir la chance d'un duel. Isid. BOURDON.

BARENTIN (Charles-Louis-François-de-Paule de), né en 1739, mort à Paris, en 1819, avait été avocat général au parlement de Paris et puis premier président à la cour des aides. Il remplissait ces dernières fonctions, lorsqu'en 1788 Louis XVI le nomma garde des sceaux, en remplacement de Lamoignon. En cette qualité, il prononça les discours d'ouverture de la seconde assemblée des notables, et ensuite des états généraux, morceaux parfaitement insignifiants et sous le rapport politique et sous le rapport oratoire. Chargé plus tard de notifier à l'Assemblée nationale la réponse de Louis XVI à l'adresse qui l'invitait à donner des ordres pour éloigner les troupes qu'on avait fait venir près de Paris, il encourut la défaveur marquée de l'assemblée, et se vit même dénoncer à la tribune par le fougueux Mirabeau, comme l'un des hommes dont les conseils perfides et coupables égaraient l'esprit du prince sur les véritables sentiments de la nation, et comme ayant été l'auteur indirect du 14 juillet. Barentin, effrayé, donna bien vite sa démission. Mais son éloignement des affaires ne satisfit point encore les rancunes de l'assemblée, et on le fit poursuivre devant le Châtelet, sous l'accusation d'avoir voulu employer la force militaire pour comprimer la régénération politique de la France. Barentin fut acquitté, et se hâta de passer à l'étranger. Il ne rentra en France qu'après le 18 brumaire. En 1814 Louis XVIII le nomma chancelier de France honoraire, et son gendre, M. Dambray, chancelier en exercice.

BARFOD (Paul-Frédéric), écrivain danois, aujourd'hui l'un des membres les plus influents du *Volksthing*, est né en 1811, aux environs de la petite ville de Grenaae, en Jutland. Après avoir, au début de sa carrière, professé les opinions les plus monarchiques, sans doute par reconnaissance pour le feu roi Frédéric VI, qui avait été pour lui plein de bonté, il s'est jeté, depuis la mort de ce prince, dans le parti démocratique le plus avancé. On le considère, en outre, dans le Nord, comme le représentant le plus important de ces idées scandinaves qui tendraient à faire des trois peuples une seule nation obéissant aux mêmes lois et ayant les mêmes intérêts. Ces idées ne sont qu'un retour vers un passé encore peu éloigné; aussi font-elles chaque jour de nouveaux progrès en Suède, en Norvège et en Danemark. Il y a là sujet à de vives inquiétudes pour le gouvernement danois, intéressé au maintien de préjugés et de rivalités qui, habilement entretenus et exploités, ont si longtemps divisé les trois peuples d'origine scandinave. On peut donc admettre qu'en essayant, dans ces derniers temps, de fanatiser les esprits en Danemark pour la *danisation* des duchés allemands de Schleswig-Holstein, le cabinet de Copenhague a surtout eu en vue de donner momentanément le change à l'opinion et, par l'apparence d'une conquête, de raviver l'esprit national, singulièrement affaibli depuis quelque temps.

M. Barfod a fondé en 1839, dans un but de propagande facile à entrevoir, et sous le titre de *Brage-og-Idun*, une revue trimestrielle destinée à accueillir et à vulgariser les essais en vers et en prose d'écrivains danois, suédois et norvégiens réunis par le même symbole politique. Le simple prospectus de cette publication produisit en Suède une si vive sensation, et il fut accueilli avec un enthousiasme tel, que Bernadotte crut nécessaire de s'en expliquer dans une circulaire officielle adressée à ses agents à l'étranger, et dans laquelle il se défendait de toute part directe ou indirecte à un mouvement de l'opinion bien fait pour effaroucher les puissances signataires des traités de 1814 et 1815. Si la revue de M. Barfod n'a pas acquis depuis toute l'importance politique qui semblait alors lui être réservée, on peut dire du moins qu'elle est très-répandue dans les trois royaumes, et qu'on y trouve fréquemment des articles du plus haut mérite, écrits tantôt en langue suédoise, et tantôt en langue danoise.

Les travaux du publiciste, les préoccupations de la vie militante du journalisme, n'absorbent pas tellement M. Barfod qu'il n'ait encore trouvé le temps de publier quelques poésies et quelques essais historiques justement estimés. Nous citerons ici, comme se distinguant par toutes les qualités qu'on exige de l'historien, son *Histoire du Danemark et de la Norvège sous le règne de Frédérick III*, sa biographie de la famille *Rantzau* et sa dissertation sur *l'etat des juifs en Danemark*.

BAR-HEBRÆUS. *Voyez* ABOULFARADJE.

BARI (Terra di), province située au sud-ouest du royaume de Naples, baignée au nord de la Pouille par la mer Adriatique, et dont l'intérieur est rempli par divers groupes de montagnes dont le plus important est le plateau du *San-Agostino*, est en grande partie la continuation de la plaine de l'Apulie, si pauvre en cours d'eau, où, indépendamment de quelques petits lacs intérieurs, on ne rencontre que l'Ofanto et la Puglia, petits ruisseaux qui vont se jeter dans la mer. Malgré cette rareté de cours d'eau, dont les longues chaleurs rendent souvent l'absence bien sensible, la *Terra di Bari* est encore une des provinces les plus fertiles et les plus peuplées du royaume. Elle est justement renommée pour ses vins, ses cotons, ses soies, ses huiles, ses fruits, ses laines, qui proviennent d'une magnifique race de moutons, ses riches salines, ses pêcheries; enfin, par l'intrépidité de sa population maritime, qui se livre à un commerce de cabotage très-actif.

Son chef-lieu est *Bari*, ville forte, peuplée de plus de 20,000 âmes, et admirablement située, siège d'un archevêché, d'un lycée, et centre d'un important commerce en grains, huiles d'olive, vins, cotons et laines. Des ruines assez précieuses y rappellent l'antique *Barium*, situé dans le district de Peucétie.

Les Sarrasins furent maîtres de cette province de l'an 852 à l'an 871; mais à cette époque les empereurs de Constantinople parvinrent à s'en emparer, et l'élevèrent au rang de principauté indépendante. Les Normands en firent la conquête en 1059; les Grecs la reprirent dès l'année suivante; puis les Normands la leur enlevèrent de nouveau en 1070, et un baron de cette nation y régna sous la suzeraineté de la Pouille d'abord, et plus tard de la Sicile, jusqu'à ce que la ville finît par s'unir au royaume de Naples.

BARIL. Ce mot exprime à la fois le vase et sa capacité. Le *baril* est un petit tonneau dont les dimensions sont assez exactement fixées pour qu'il contienne, à très-peu près, une quantité connue de la marchandise qu'il renfermera. Le mot de *barrique* est beaucoup plus usité, soit comme mesure, soit comme vase contenant des liquides ou d'autres matières mises dans le commerce. Dans la marine, l'usage a prévalu de dire un *baril* de poudre, et l'eau douce est déposée dans les *barriques*. En Toscane, le *baril* ne contient guère que 20 litres de vin; le baril de poudre en contient 50 kilogrammes. En France, les ordonnances concernant le *barillage* prescrivaient de donner à ces petits vaisseaux le huitième de la capacité d'un muid ou 18 boisseaux de Paris. On subdivisait le baril en *demi* et *quart*.

BARILS ARDENTS. *Voyez* BRÛLOT.

BARING FRÈRES ET COMP^ie, l'une des plus grandes maisons de commerce de Londres et du monde entier.

Jean BARING, fils de *François* BARING, pasteur de l'église Saint-Anschaire, à Brême, vint s'établir dans la première moitié du siècle dernier à Exeter, dans le comté de Devon, et y entreprit un petit négoce. Il eut quatre fils : *John*, né en 1730; *Thomas*, mort en 1757; *Francis* et *Charles* (né en 1742, mort le 13 janvier 1829). Francis et John fondèrent en 1770 à Londres une maison de commerce, berceau de celle qui existe encore aujourd'hui.

Francis BARING, troisième fils de Jean, l'un des membres les plus influents de l'aristocratie financière sous le ministère Pitt, naquit le 18 avril 1740, à Exeter. Il fut membre du comité de direction de la Compagnie des Indes orientales, seconda avec ardeur la politique de Pitt, et fut créé *baronet* le 29 mai 1793. Par ses *Observations on the establishment of the Bank of England* (Londres, 1797), il exerça une influence prépondérante sur le vote de la législature en vertu duquel fut renouvelé à cette époque le privilège de la Banque d'Angleterre, objet des plaintes et des attaques les plus vives de la part du commerce. Il mourut le 12 septembre 1810, laissant dix enfants, cinq filles et cinq fils : *Thomas*, *Alexandre*, *Henry*, *William* et *Georges*. Les trois premiers furent longtemps associés gérants de la maison, et membres de la chambre des communes.

Henry BARING, troisième fils de Francis, né en 1776, se retira de la maison pour suivre lord Macartney en Chine. Plus tard, il accepta un emploi dans la factorerie de la Compagnie des Indes à Calcutta, et mourut le 13 avril 1848. — Son fils aîné, *Henry-Bingham* BARING, né en 1803, est major dans l'armée anglaise, membre de la chambre des communes et l'un des lords de la trésorerie. — *William* BARING, troisième fils de sir Francis Baring, né le 8 décembre 1779, mort le 9 juillet 1820, résida longtemps en Chine, de même que son frère Georges BARING, né le 23 septembre 1781, et qui vit encore aujourd'hui. A son retour en Europe, ce dernier est entré dans les ordres comme prêtre de l'église anglicane; mais plus tard il s'est séparé de l'église officielle pour fonder une *église libre* à Exeter, à l'usage de laquelle il a fait bâtir à ses frais une chapelle.

Thomas BARING, fils aîné de sir Francis Baring, né le 12 juin 1772, hérita en 1810 du titre de son père, entra en 1830 à la chambre des communes, mais renonça dès 1832 à son siège en faveur du colonel Grey. A sa mort, arrivée le 3 avril 1848, sa magnifique collection de tableaux fut vendue aux enchères et dispersée.

Le second fils de sir Francis Baring, *Alexandre* BARING, lord *Ashburton*, né le 27 octobre 1773, travailla dès sa jeunesse dans les bureaux de sa maison, et plus tard dans les comptoirs qu'elle entretenait aux États-Unis et au Canada. En 1830 il se retira du commerce, avec l'intention de se consacrer désormais aux affaires publiques. De bonne heure il avait commencé à faire de la politique l'objet de ses études particulières. C'est ainsi que dès 1817 il écrivait son *Inquiry into the causes and consequences of the orders in council* (Londres, 1818); que l'année suivante il assistait au congrès d'Aix-la-Chapelle, où il négociait le grand emprunt français; qu'à partir de 1806 il n'avait pas cessé d'être membre du parlement, et qu'en 1820 il figura à la tête des négociants de la Cité de Londres qui pétitionnèrent à l'effet d'obtenir l'abrogation des diverses mesures portant obstacle aux développements et à la prospérité du commerce extérieur. En décembre 1834, Robert Peel le nomma directeur des monnaies et président du bureau de commerce (*Board of trade*), fonctions dont il se démit l'année suivante. Le 10 avril 1835 il fut promu à la pairie sous le titre de *baron Ashburton d'Ashburton*. Alexandre Baring fut constamment attaché au parti whig, mais uniquement à cause des principes professés en matière de commerce par les hommes de cette opinion, et vota toujours aussi contre le système de banques proposé par sir Robert Peel. Du reste, une fois devenu lord et grand propriétaire foncier, il cessa de s'intéresser si vivement à la liberté commerciale, et en 1846 il vota même contre le dernier bill de Robert Peel, qui en proclamait formellement les principes. En 1842 il réussit dans la mission qui lui fut confiée d'arranger les différends survenus entre les États-Unis et la Grande-Bretagne. Il mourut le 12 mai 1848, à Longieath, terre appartenant à son petit-fils, le marquis de Bath. Il était marié depuis 1798 avec *Anne*, fille aînée du sénateur Bingham de Philadelphie, dont la fille cadette, *Maria*, épousa en 1802 *Henry* BARING. Chacune d'elles apporta à son mari une dot de 100,000 livres sterl.

Francis Tornhild BARING, né à la mort de son père, Thomas Baring, hérita de son titre de baronet, entra dans l'administration, devint en 1830 l'un des lords de la trésorerie, puis, sous les différents ministères whigs qui se constituèrent, fut successivement nommé sous-secrétaire d'État, ministre secrétaire d'État des finances, et enfin lord de l'amirauté, fonctions qu'il occupe encore au moment où nous écrivons. *Thomas* BARING est membre du parlement et associé de la maison Baring frères et comp.

William Bingham BARING, baron Ashburton, fils aîné de lord Ashburton, né en 1799, entra dans l'administration sous le ministère Peel et est aujourd'hui membre du conseil privé. Comme il n'a pas d'enfants, l'héritier présomptif de son titre est son frère cadet, *Francis* BARING, né en 1800, membre de la chambre basse et gérant de la maison Baring frères et comp.

Les quatre autres associés de la maison, ayant également la signature sociale, sont aujourd'hui : *Josué* BATES, de Boston, directeur des opérations commerciales; *Thomas Baring*, fils cadet de sir Thomas Baring; *Charles* BARING J°, cousin des autres Baring, et *Russel Sturgis* de Boston.

La maison *Baring frères et comp.*, qui dispose d'immenses capitaux, s'intéresse dans toutes les grandes affaires commerciales, s'occupe de négociations d'effets publics, de négociations d'emprunts pour le compte des différents gouvernements, de vente de traites, de matières précieuses, et de produits spéciaux de certaines colonies, par exemple de ceux de l'île de Ceylan, d'importations et d'exportations, tant pour son compte propre que par commission, etc.

BARIUM. *Voyez* BARYUM.

BARKAH, ou BARCA. On appelle ainsi le plateau du nord de l'Afrique situé entre la grande Syrte (aujourd'hui golfe de Sydra) et l'Égypte. Ce nom, qui date d'une haute antiquité, et qui était celui de l'antique capitale de cette contrée, désigna ensuite le pays lui-même. Ce plateau est borné au nord par la Méditerranée, à l'est, vers l'Égypte, par une foule de populations nomades et indépendantes, au sud par la Nubie et le désert du Sahara, et à l'ouest par le territoire de Tripoli et le Biledudjérid. Son étendue de l'est à l'ouest est d'environ 250 lieues, et seulement de 30 à 40 du nord au sud. Sa superficie est de 8,000 lieues carrées, et sa population d'environ 360,000 âmes. Les limites de ce qu'on nomme le royaume de Barkah ne sont pas celles du désert du même nom, qui s'étend beaucoup plus avant vers le midi. Cette contrée correspond aux trois pays que les anciens appelaient la *Libye extérieure*, limitrophe à l'Égypte, la *Marmorique* et la *Cyrénaïque*. Le sol en est calcaire, pierreux et sablonneux dans la partie orientale, à l'exception de quelques *oasis* au milieu du désert, comme celle de Siouah.

Siouah, dont les habitants, au nombre de 5 à 6,000, y compris ceux de l'oasis, font un gros commerce de dattes; Sant-Rieh, que d'Anville regardait comme l'ancien *Ammonium*, et Al-Baretoun, autrefois *Parætonium*, sont les seuls lieux remarquables dans la partie orientale du pays de Barkah. La partie occidentale renferme un bien plus grand nombre de villes. On y retrouve les cinq principales qui avaient fait nommer la Cyrénaïque *Pentapolis*, savoir : *Darnis*, *Cyrène*, *Apollonis*, *Ptolémaïs* et *Arsinoé*, appelées aujourd'hui *Derna*, capitale du pays, *Courcin* ou *Grenneh*, *Marsa-Sosousch*, *Tolmeta* et *Toukrat*. On trouve encore, près de la côte, *Bengazi*, autrefois *Bérénice*, nommée aussi *Hesperis*, où les anciens plaçaient le jardin des Hespérides ; et dans l'intérieur des terres, au milieu d'une oasis, *Audjila*, petite république commerçante qui a conservé son nom antique.

Dans la partie sud-ouest de cette contrée est le mont Haroutsch, dont l'origine est probablement volcanique.

Les habitants de Barkah dépendent du pacha de Tripoli, auquel leurs différents beys payent tribut; ils sont tous Arabes ou Berbères, et en général maigres, laids et voleurs audacieux. Quoique pour la plupart fort misérables, ils se sont encore moins que leurs voisins, auxquels ils fournissent diverses denrées en échange des chameaux et des moutons qu'ils ne peuvent élever, faute de pâturages. Ils professent la religion musulmane; mais ceux de l'intérieur n'ont pas plus de religion que des temples.

En raison de la grande élévation du sol de la province de Barkah au-dessus du niveau de la mer, le climat en est sain et tempéré; et les différentes terrasses qu'il forme, encore bien que les cours d'eau y soient rares, sont extrêmement fertiles. La fécondité actuelle de cette contrée rappelle tout à fait celle qui jadis avait rendu la Cyrénaïque si célèbre. Le riz, les dattes, les olives, le safran, etc., y viennent avec une extrême abondance, et la vigne réussit admirablement aux environs de Libida. De riches prairies y favorisent l'élève du bétail, et les chevaux du pays de Barkah jouissent encore aujourd'hui de la même célébrité que dans l'antiquité.

Toutefois, il n'y a guère qu'un quart du pays de Barkah qui se trouve placé dans ces heureuses conditions; la limite en est formée par le versant méridional du Djebel el Achdar, vers le désert de Libye. Il s'en faut d'ailleurs que cette contrée même soit aujourd'hui aussi cultivée qu'elle l'était au temps de l'antiquité.

L'histoire du pays de Barkah est restée fort obscure dans ses détails, et on en connaît à peine les principales révolutions. Soumis en grande partie aux anciens rois d'Égypte, puis aux rois de Cyrène, qui fondèrent la ville de Barcé, nommée depuis Barkah, il fut incorporé dans la république de Cyrène, et tributaire des rois de Perse, jusqu'à la mort d'Alexandre le Grand. Asservi par des tyrans, il passa ensuite sous la domination des derniers Ptolémées, rois d'Égypte, puis, l'an 76 avant J.-C., sous celle des Romains. A cette époque les populations de Barkah étaient célèbres par leur race de chevaux et par leurs brigandages. Sous le khalifat d'Omar Ier, Amrou, gouverneur de l'Égypte, qu'il avait enlevée aux empereurs d'Orient, chargea Okbah de la conquête de l'Afrique, l'an 643. Okbah épargna les habitants de Barkah, qu'il assujettit à payer tribut; mais ceux de Tripoli ayant résisté, il assiégea et prit leur ville. Cette invasion des musulmans les rendit maîtres de la Libye. Abdallah-Ibn-Saad, frère utérin du khalife Othman, et gouverneur de l'Égypte, entreprit une seconde expédition en Afrique. L'an 648 il pénétra jusqu'à Tripoli, dont il leva le siége à l'arrivée d'une flotte grecque. Mais ayant vaincu et tué le patrice Grégoire, qui gouvernait l'Afrique au nom de l'empereur d'Orient, il s'empara de Cabes et de Soubaithala, résidence du gouverneur.

Les guerres civiles qui éclatèrent dans l'empire musulman après la mort d'Othman suspendirent pour un temps la conquête de l'Afrique. Okbah s'était maintenu à Barkah, où il avait converti à l'islamisme un grand nombre de Berbers. Ayant reçu de puissants renforts du khalife Moawiah, et obtenu le gouvernement de l'Afrique, qui jusque alors avait fait partie de celui d'Égypte, il poussa ses conquêtes jusque dans les environs de Tunis, et fonda, l'an 669 ou 675, la ville de Cairowan, qui fut longtemps la résidence des gouverneurs et souverains de l'Afrique musulmane, et qu'on a souvent confondue à tort avec Cyrène, qui est beaucoup plus à l'est et dans le pays de Barkah. Okbah pénétra jusqu'en Mauritanie, jusqu'aux bords de l'Océan.

L'Afrique étant devenue indépendante de l'empire des khalifes d'Orient, le pays de Barkah, d'abord soumis aux Thouloumides, souverains de l'Égypte, fit partie des États des Aglabides, qui régnèrent sur la Barbarie orientale de l'an 800 à 908, tandis que trois autres dynasties se partageaient le Magreb ou Afrique occidentale. Ces quatre puissances furent anéanties par celle des Obéidides ou Fathimides, qui possédèrent tout le nord de l'Afrique. Lorsque ces rivaux des khalifes abbassides de Bagdad eurent conquis l'Égypte, où ils transférèrent le siége de leur empire en 972, Barkah et le reste de l'Afrique septentrionale obéirent aux Zéirides, qui de gouverneurs et tributaires sous les Fathimides en devinrent souverains jusqu'au milieu du douzième siècle. Abd-el-Moumen, second prince de la puissante dynastie des Almohades, se rendit maître de tout le nord de l'Afrique; mais l'an 1172 Barkah et tout le pays jusqu'à Tripoli furent conquis par Taki-Eddin, neveu du célèbre Saladin, sultan d'Égypte et de Syrie, ou plutôt par un général turc qui portait le même nom. Au commencement du siècle suivant, cette contrée obéissait aux Hafsides, rois de Tunis. Vers le déclin de cette dynastie, celle des Ammarides, s'étant établie à Tripoli en 1324, possédа le pays de Barkah jusque vers l'an 1400.

La soumission de Barkah à ses souverains éloignés fut toujours équivoque et fragile, et se borna le plus souvent à un faible tribut assez irrégulièrement payé par les tribus berbères, maures et arabes qui l'habitent, surtout lorsque Tripoli eut été pris par Roger, roi de Sicile, en 1147, puis par les Espagnols, en 1518. Sinan-Pacha ayant enlevé cette place, en 1551, aux chevaliers de Malte, à qui Charles-Quint l'avait cédée en 1530, Barkah devint alors tributaire des deys de Tripoli, et l'est toujours demeurée depuis. Consultez Pacho, *Relation d'un voyage dans la Marmorique, la Cyrénaïque*, etc. (Paris, 1827). H. AUDIFFRET.

BARKER (EDMOND-HENRI), l'un des philologues les plus distingués qu'ait produits l'Angleterre, naquit le 22 décembre 1788, à Hollym, dans le Yorkshire, et reçut sa première éducation dans des pensions à Londres et à Louth dans Lincolnshire. Il entra ensuite au collége de la Trinité, à Cambridge.

Indépendamment de diverses éditions d'auteurs latins, par exemple du traité de Cicéron *de Amicitia* et de la *Vie d'Agricola* de Tacite, ainsi que de nombreuses dissertations insérées dans des recueils littéraires, notamment dans le *Classical Journal*, il se laissa déterminer par le célèbre philologue Parr, chez qui il était venu séjourner quelque temps, à Halton près de Warwick, à entreprendre une nouvelle édition du *Thesaurus Linguæ Græcæ* de Henri Étienne. Bien que ce travail gigantesque eût été attaqué dans le *Quarterly Review* par Blomfield, contre qui Barker publia son *Aristarchus Blomfieldanus* (Londres, 1818), il ne l'en mena pas moins courageusement à bonne fin, tout en modifiant un peu son plan primitif, en compagnie avec son éditeur, Valpy de Londres, qui de 1816 à 1828 en publia les 13 volumes. Les applaudissements des étrangers vengèrent Barker des injustes attaques de ses compatriotes.

Dans ses *Classical Recreations* (1 vol., Londres, 1812), qu'il avait fait paraître précédemment, il avait été l'un des premiers qui en Angleterre eussent encore osé traiter en langue vulgaire, et non pas en latin, des matières relatives à l'archéologie, et ne pas s'en tenir plus à la simple critique des mots. Il entra en relations avec un grand nombre de philologues allemands, et fournit des notes précieuses, entre autres, à Sturz pour son *Etymologicum Gudianum*. Il s'efforça, en outre, de rendre accessibles à ses concitoyens, au moyen des traductions anglaises, les travaux de plusieurs érudits allemands, notamment le *Catalogue des anciens Artistes* de Sillig et la *Grammaire Grecque élémentaire* de Buttmann. Indépendamment d'éditions des auteurs classiques grecs et latins à l'usage des colléges, il dirigea une édition nouvelle du traité d'Arcadius *De Accentibus* (Leipzig, 1820), en la faisant préceder d'une *epistola critica* à M. Boissonade. Un sentiment qu'il est facile de s'expliquer le porta aussi à vouloir se mêler de critique relative à la littérature moderne; c'est ainsi qu'on le vit prendre une part des plus vives à la discussion qui s'éleva au sujet du véritable auteur des *Lettres de Junius*. Dans son ouvrage intitulé *Parriana* (Londres, 2 vol., 1828-1829), livre à peine lisible, à cause de l'immense quantité de matières qu'il y a entassées avec fort peu d'ordre et de méthode, il a essayé d'élever un monument à la mémoire de son ami Parr.

Des procès qu'il entreprit dans l'espoir d'un héritage important compromirent sa fortune personnelle, à tel point qu'il fut forcé de vendre sa bibliothèque, et qu'il subit même une incarcération pour dettes. Il était en proie à la plus profonde misère, quand il mourut à Londres, le 21 mars 1839.

BARKER (MATHEW-HENRI), romancier anglais, qui a exploité avec succès le genre maritime sous le pseudonyme de *the Old Sailor*, était fils d'un ecclésiastique dissident attaché à la chapelle de Deptford, et naquit vers 1790. A l'âge de seize ans, il embrassa la carrière de la marine, entra au service de l'État, et y avança successivement en grade jusqu'à être appelé, en 1813, au commandement du schooner de guerre *True Briton*. Après la fin de la guerre continentale, Barker alla s'établir dans la Guyane, à Demerari, où, obéissant à sa vocation littéraire, il ne tarda pas à publier la *Demerara Gazette*. Revenu à Londres en 1823, il y écrivit ses *Pensionnaires de Greenwich*, le premier de ses *yarns* publiés dans la *Literary Gazette*, et dont le succès fut très-grand. Depuis la fin de l'année 1828 jusqu'au commencement de 1841, il rédigea en chef le *Nottingham Mercury*, journal de province écrit dans les principes du parti whig, et publia en même temps quelques charmantes nouvelles maritimes dans la *Literary Gazette*, le *Bentley's Miscellany*, dans différents almanachs et keepsakes, plus tard enfin dans le *Pictorial Times* et l'*United service Gazette*. Nous citerons entre autres *Land and Sea tales*, *Tough Yarns*, *Walks round Nottingham*, *The literary Mousetrap*, *Hamilton King*, *Jem Bunt*, *the Yolly boat*, *the Life of Nelson*, *Nights at Sea*, et beaucoup d'autres encore, tant en prose qu'en vers, signées tantôt *Father Ambrose*, tantôt *the Wanderer*, mais le plus souvent *the Old Sailor*. On a en outre de lui, comme corps d'ouvrage complet, *the Naval Club*, or *reminiscences of service* (3 vol., Londres, 1843), et *the Victory, or the Wardroom-mess* (3 vol., Londres, 1844). Barker est mort le 29 juin 1846, dans un état voisin de la misère.

BAR-KOKÉBA (SIMON). Ainsi s'appelait le chef des Juifs, lors de leur grande révolte contre les Romains, sous l'empereur Adrien (an 131-135 de notre ère). Les Juifs opprimés avaient déjà à trois reprises inutilement tenté de secouer le joug dans les années 115 à 118, quand, en l'année 130, peu de temps après le départ d'Adrien de la Syrie, éclata une nouvelle insurrection, depuis longtemps préparée en secret, à la tête de laquelle se trouvait Bar-Kokéba. Il avait pris ce nom, qui signifie *fils de l'étoile*, parce qu'il se flattait d'accomplir l'antique prophétie (Nombres, ch. XXIV, v. 17) relative à l'étoile qui doit s'élever du sein de Jacob. Il combattit d'abord les Romains avec beaucoup de succès, les contraignit à évacuer Jérusalem, où il fut proclamé roi, et fit même frapper des monnaies à son effigie. Bientôt la guerre franchit les frontières de la Palestine proprement dite, et les Juifs se rendirent maîtres de cinquante villes, indépendamment d'un grand nombre de bourgs et villages. Mais après l'arrivée de Jules Sévère, nouveau général d'Adrien, les Romains reprirent Jérusalem, et au mois d'avril 135 la dernière place forte occupée par les Juifs fut enlevée d'assaut. Bar-Kokéba périt le jour même de cette sanglante mêlée. Cent mille Juifs avaient trouvé la mort dans cette guerre; une foule d'entre eux, et notamment A k i b a, moururent dans les supplices. Cette dernière tentative faite pour reconquérir l'indépendance nationale n'eut d'autre résultat que de rendre plus écrasante encore la si lourde oppression qui déjà pesait sur les populations juives.

BARLAAM ET JOSAPHAT, titre de l'un des romans religieux les plus répandus au moyen âge, où l'on raconte l'histoire de la conversion du prince indien Josaphat, par Barlaam, ermite asiatique, où l'exemple de Barlaam est cité comme preuve de la force que le christianisme donne pour résister aux tentations du péché, et où la conversion de Nachor sert à démontrer l'excellence du christianisme sur toutes les religions. Le célèbre père de l'Église saint Jean Damascène est indiqué à tort comme l'auteur de l'original grec de cet ouvrage, que d'autres attribuent à l'historien de l'Église Anastase le Bibliothécaire. Ce qu'il y a de certain, c'est qu'il a pour auteur un chrétien originaire de l'Orient, peut-être bien de l'Éthiopie. Le texte grec primitif de ce roman lui publié pour la première fois par M. Boissonade, dans le tome IV de ses *Anecdota*. Lieprecht en a donné une traduction allemande (Munster, 1847). Dès le moyen âge on en possédait de nombreuses traductions latines, qui, vers la fin du quinzième siècle, furent imprimées à diverses reprises isolément, et plus tard ajoutées aux œuvres de saint Jean Damascène.

Vincent de Beauvais l'intercala dans son *Speculum Historiale*. C'est d'après cette traduction latine que furent ensuite composées trois imitations en vers français restées inédites, l'une par le trouvère anglo-normand Chardry, au treizième siècle; l'autre par Gui de Cambray, et la troisième par Herbert; de même que quelques traductions libres, en prose, publiées sous le titre de *Histoire de Barlaam et Josaphat* (Paris, 1514, 1574, 1592), et une imitation par Girard (Paris, 1642). Le même sujet a été traité, d'après des sources diverses, en allemand par Ems, en italien, en islandais, en suédois, en bohème, en espagnol, etc., etc.

BARLETTA, BARLETTE ou BARLET (GABRIEL), religieux dominicain, né à Barletta, dans le royaume de Naples, se distingua, dans le quinzième siècle, par ses prédications, qui, quoique toutes parsemées de traits d'une bouffonnerie grotesque, obtinrent un succès immense. Ses sermons, publiés à Lyon en 1536, ont eu plus de vingt éditions. Pour constater cette vogue, il suffit de rappeler le proverbe : *Qui nescit barlettare, nescit praedicare*. Barletta était considéré par ses contemporains comme un modèle d'éloquence. On ne saurait lui refuser, il est vrai, de l'esprit, de la vivacité, du mouvement ; mais, trop esclave du mauvais goût de son époque, il avait transformé sa chaire en théâtre. Son soin principal était de divertir ses auditeurs; l'enseignement moral semblait n'être pour lui qu'un accessoire. On cite de Barletta cette apostrophe célèbre : « Femmes de seigneurs et d'usuriers, si l'on mettait vos robes de gala sous le pressoir, le sang des pauvres en dégoutterait. » Avec beaucoup de mouvements de cette force, il aurait assurément mérité et conservé sa haute réputation ; mais que penser d'un orateur qui commençait une phrase en langue vulgaire, la continuait en latin, la finissait en grec; qui citait Virgile après Moïse, plaçait David à côté d'Hercule, et faisait entrer dans ses sermons jusqu'aux apologues d'Ésope ? CHAMPAGNAC.

BARLOW (JOEL), poëte et homme d'État américain, né en 1755, à Reading dans le Connecticut, se fit connaître dès 1778, à la sortie même de l'école de New-Haven, où il avait été élevé, par la publication d'un choix d'*American Poems*. Quoique destiné à la carrière du barreau, il accepta pendant la guerre de l'indépendance un emploi d'aumônier du régiment. Mais au rétablissement de la paix il reprit ses études juridiques, et publia ensuite un journal à Hertford, puis, en 1787, un grand poëme épique intitulé : *the Vision of Columbus*. L'année suivante il se chargea d'aller vendre en Angleterre et en France des terres pour le compte de la compagnie de l'Ohio. Républicain ardent, Barlow, pendant son séjour en France, suivit avec le plus vif intérêt les phases successives de la révolution, et se lia étroitement avec les Girondins. Il publia ensuite à Londres, en 1791, la première partie de son *Advice to the priviledged orders*, et en 1792 *the Conspiracy of Kings*, poëme qui a pour sujet la coalition des puissances continentales contre la France. Le but de ces ouvrages, et aussi d'une *Lettre* qu'il adressa à l'Assemblée nationale, et où il proposait, entre autres, l'abolition de la royauté, était d'agir sur l'opinion publique en Angleterre, où il s'était mis en rapport avec les partisans de la réforme. Envoyé à Paris en 1792 par le comité de constitution de Londres, il y obtint le titre de citoyen français, et, par suite des obstacles mis à son retour en Angleterre, suivit en Savoie son ami l'abbé Grégoire. Après y avoir activement contribué à la propagation des idées républicaines et y avoir composé son charmant poëme héroïque *Hasty Puddings*, il passa quelques années à Paris, s'occupant surtout de spéculations commerciales, jusqu'à ce qu'il eut été nommé en 1795 consul des États-Unis à Alger. Revenu à Paris en 1797, il fit d'inutiles efforts pour faire cesser la mésintelligence survenue entre la France et les États-Unis. En 1803 il retourna en Amérique, où il publia en 1808 sa *Columbiad* (Philadelphie, 1808), poëme dont les formes ne sont pas précisément celles de l'épopée, et dont le sujet est une vision qu'aurait eue Christophe Colomb dans sa prison à Valladolid. Ce n'est guère d'ailleurs que l'amplification de sa *Vision of Columbus*. Malgré de nombreuses beautés de détail, cet ouvrage a le défaut d'être surchargé de digressions politiques et philosophiques, et déparé par d'étranges accouplements de mots. Ayant fait l'acquisition d'une terre considérable aux environs de Washington, Barlow s'y livrait aux travaux préliminaires d'une histoire générale des États-Unis, dont il avait conçu le projet, lorsqu'en 1811 il fut nommé ambassadeur de l'Union américaine à Paris. Invité au mois d'octobre 1812, par Napoléon, à une conférence que l'empereur voulait avoir avec lui à Wilna, il mourut le 22 décembre de la même année, à Zarnawicze, près de Cracovie.

BARMÉCIDES, ou plus correctement *Barmakides*, nom d'une famille persane, non moins illustre par ses malheurs que par ses talents et les vertus qui la distinguèrent pendant sa prospérité. Ce nom, en arabe *Baramakah*, et en persan *Barmakian*, signifie enfants ou issus de Barmak. La famille des Barmécides était une des plus riches et des plus nobles du Khoraçan, lorsqu'elle s'attacha à la fortune des Abbassides, dont l'élévation commença dans cette province.

KHALED, le premier dont l'histoire ne soit pas douteuse, fut vizir d'Aboul-Abbas-al-Saffah, fondateur de cette dynastie.

YAHIA, fils de Khaled, fut doué, dit-on, de toutes les vertus, de tous les talents civils et militaires. Secrétaire du prince Haroun, il lui assura la khalifat en empêchant qu'il fût déshérité de ses droits par le khalife Hady, son frère, qui voulait assurer le trône à son propre fils. Haroun, y étant monté l'an 170 de l'hégire (786 de J.-C.), donna la charge de vizir au fidèle Yahia, et n'eut qu'à s'applaudir d'un tel choix. Ce ministre, sage, éloquent et habile, possédait en outre le talent assez rare de se faire aimer, craindre et respecter, en employant à propos la douceur, la fermeté, et surtout la libéralité. Il fit fleurir l'agriculture et l'industrie, protégea les sciences, les lettres et les arts, maintint la tranquillité dans l'intérieur, pourvut à la sûreté des frontières, et porta au plus haut degré l'éclat du trône. Ses quatre fils ne dégénérèrent pas de la vertu de leur père et de leur aïeul. FADHL fut le plus généreux des hommes. Il donnait des maisons, des terres, des trésors, comme un autre aurait donné un simple bijou. Il devait épouser la fille du khan des Turcs Khazars. Cette princesse étant morte en Arménie, l'an 788, lorsqu'elle venait trouver son futur époux, les gens de sa suite publièrent, à leur retour, qu'elle avait été empoisonnée, et déterminèrent le khan à envahir, peu d'années après, les provinces de Chirwan et de Gandjah, frontières septentrionales de l'empire musulman. Un prince issu du Prophète par Aly, Yahia, fils d'Abdallah, ayant renouvelé les éternelles prétentions de sa famille, prit le titre de khalife dans le Deylem, près de la mer Caspienne, l'an 792. Fadhl, pourvu par Haroun du gouvernement de l'Irak-Adjemi, du Djordjan et du Thabaristan, marcha à la tête de 50,000 hommes contre le prince alyde; mais au lieu de recourir aux armes, il capta sa confiance par les présents et par des lettres pleines de bienveillance et de politesse, l'engageant à se soumettre, et promettant de le prendre sous sa sauvegarde. Il lui obtint même un sauf-conduit écrit de la main du khalife, et signé de plusieurs témoins éminents. Le prince rebelle se remit entre les mains de Fadhl, qui le conduisit à Bagdad, et le présenta au khalife. Haroun accueillit favorablement son malheureux compétiteur ; mais dans la suite il le fit charger de fers, et ordonna à Djâfar de le faire périr.

DJAFAR était l'ami, le compagnon, le confident de son maître : c'est le Giafar des *Mille et une Nuits*. Fils puîné de Yahia le Barmécide, il ne se distinguait pas moins par son éloquence, son esprit, son jugement et son érudition que par son caractère doux et facile, et par ses manières nobles et agréables : aussi Haroun le préférait-il à son frère aîné, qui, malgré ses talents supérieurs et ses brillantes qualités, déplaisait au khalife, à cause de son orgueil, de son humeur difficile et fâcheuse. Fadhl s'indigna de la violation d'un serment solennel commise par le monarque envers son illustre prisonnier, et détermina sans peine Djâfar à ne pas exécuter l'ordre sanguinaire qui lui avait été donné. Haroun dissimula plusieurs années son secret mécontentement ; il confia même à Djâfar l'éducation de son fils aîné, qui fut le célèbre Al-Mamoun.

Fadhl passait pour le plus grand capitaine de l'empire. Il était le lieutenant de son père, Yahia ; aussi le nommait-on le *petit vizir*. Mais sur la demande du khalife, Yahia céda à Djâfar un département dans l'administration, lui confia la surintendance du palais impérial, et Djâfar fut aussi appelé le *petit vizir*. Fadhl consentit même plus tard à se démettre du ministère du sceau en faveur de son frère. Le crédit de ce personnage était si grand qu'ayant promis à un prince abbasside de payer ses dettes, qui montaient à un million de drachmes, et de procurer à son fils le gouvernement d'Égypte et la main d'une fille du khalife, il s'acquitta sur-le-champ de la première promesse, et obtint le lendemain la réalisation des deux autres.

La gloire et la fortune des Barmécides étaient parvenues, en dix-sept ans, au plus haut période, lorsque la fortune les abandonna tout à coup ; mais leur chute était préméditée, et, à défaut de motifs plausibles, les prétextes ne manquaient pas. On accusait les membres de cette famille de ne professer qu'extérieurement le mahométisme, de favoriser et de pratiquer secrètement le zendikisme, religion assez analogue à celle des mages ou prêtres persans, dont ils étaient issus. On les calomniait sans cesse auprès du khalife, qui s'alarmait déjà de leur puissance, de l'affection publique dont ils jouissaient, et qui craignait qu'ils n'abusassent de ses secrets et de leur pouvoir pour rendre le khalifat à la maison d'Aly ou à celle d'Ommyah. A ces causes générales se joignirent deux griefs personnels à Djâfar, et qui provoquèrent contre lui un traitement plus cruel qu'envers son père et ses frères. Loin de faire périr le prince alyde Yahia, il avait favorisé, comme on l'a vu, son évasion et désobéi à son souverain. Haroun lui demanda un jour ce qu'était devenu son prisonnier. Djâfar répondit qu'il était toujours en prison. « Fais-en donc le serment sur ta vie ! reprit Al-Raschid. — Non, seigneur, dit Djâfar ; je l'ai mis en liberté, parce qu'il n'était pas coupable. » Le khalife feignit d'être satisfait de la conduite de son favori ; mais à peine fut-il sorti qu'il s'écria : « Que Dieu m'extermine si je n'ai ta tête ! »

Malgré l'assertion de l'historien Ibn-Khaldoun, la plupart des écrivains arabes et persans attribuent à un autre motif l'arrêt de mort de Djâfar et la proscription de toute sa famille. Le khalife avait une sœur qui partageait avec ce favori toutes ses affections. Afin de jouir plus souvent de la société de deux êtres qui lui étaient si chers, et sans violer la défense que les mœurs de l'Orient lui opposaient de réunir auprès de lui deux personnes d'un sexe différent, il fit épouser la princesse à son favori, pourvu qu'elle pût décemment paraître en sa présence sans voile, mais après avoir exigé de lui la promesse qu'il n'userait jamais avec elle des droits du mariage. Malgré l'impression que fit sur son cœur la beauté d'Abbassa dès la première vue, le Barmécide fut longtemps fidèle à son serment. Mais les vers qu'il reçut de cette princesse, l'amour, la jeunesse, la nature, le lui firent oublier un moment : Abbassa devint enceinte, et mit au monde un fils qui fut élevé secrètement en Arabie. Le khalife, ayant pénétré ce mystère, dissimula ses projets de vengeance, et ne cessa de combler de présents son favori pendant tout le voyage.

Ce fut en janvier 803, à Anbar, sur l'Euphrate, que se dénoua ce terrible drame. Djâfar était à boire avec un médecin et un poëte, lorsque l'eunuque Mesrour (cité aussi dans les *Mille et une Nuits*) vint brusquement lui demander sa tête de la part du khalife. Dans l'espoir de faire rétracter un ordre donné peut-être dans un instant de colère ou de débauche, Djâfar obtint de Mesrour qu'il le conduirait à l'entrée du salon où était le khalife, auquel il annoncerait que son ordre était exécuté. Mais, sur une injonction itérative, l'eunuque alla aussitôt couper la tête de Djâfar, la présenta au monarque sur un bouclier, et lui apporta ensuite le corps dans un sac de cuir.

Djâfar n'avait que trente-sept ans. Sa fin tragique n'assouvit pas la vengeance du monarque, qu'on s'était trop hâté de surnommer *Al-Raschid* (le juste). Des ordres furent expédiés dans les diverses parties de l'empire pour arrêter les Barmécides et confisquer leurs biens. La mère de Fadhl, qui avait allaité Haroun, n'ayant pu obtenir de lui la liberté de son fils et de son époux, Yahia et ses fils, Fadhl, Mohammed et Mouza furent envoyés prisonniers à Raçca en Mésopotamie, où le premier mourut en 806, à soixante-dix ans, et le second en 808, à quarante-cinq ans. On ne sait si ses deux frères eurent le même sort. Il n'y eut d'excepté de la proscription que la branche de Mohammed, fils de Khaled, qui, n'ayant pas égalé en faveur et en crédit la famille de Yahia, n'avait eu ni les mêmes torts ni d'aussi puissants ennemis. Quelques rejetons de cette dernière branche, échappés au désastre de leur famille, tombèrent dans l'indigence et l'obscurité. La gloire et le souvenir des Barmécides survécurent à leur disgrâce. Les vertus, les malheurs de cette illustre famille ont trouvé presque autant d'historiens que les monarques et les conquérants.

Les infortunées amours de Djâfar et de la sœur d'Haroun ont fourni à mademoiselle Fauque, d'Avignon, le sujet d'un roman intitulé *Abbassaï*, histoire orientale, 1752, in-12. Les *Barmécides* sont aussi le titre d'une tragédie de Laharpe, représentée au Théâtre-Français, et imprimée en 1778. Cette pièce n'eut aucun succès au théâtre, et fit inventer des cannes *à la Barmécide*, munies d'un sifflet à piston. M. de Hammer a aussi écrit une tragédie allemande sur *la chute des Barmécides.*   H. AUDIFFRET.

BARNABÉ (Saint), placé par l'évangéliste saint Luc au rang des apôtres, mais en général mis au nombre des soixante-dix disciples de Jésus-Christ, était né dans l'île de Chypre, d'une famille de la tribu de Lévi. Son véritable nom était José ou Joseph ; à la naissance de l'Église, les apôtres le surnommèrent *Barnabé* (fils de consolation ou fils de prophète), afin de marquer par une seule appellation qu'il possédait un rare talent pour consoler les affligés, et qu'il avait reçu le don de prophétie. Possesseur d'une fort belle terre aux environs de Jérusalem, il la vendit pour en déposer le prix aux pieds des apôtres. Il avait été condisciple de saint Paul sous Gamaliel ; lorsque ce compagnon de ses études, fougueux ennemi du christianisme, eut embrassé la vraie foi, Barnabé le présenta aux apôtres en leur garantissant que le persécuteur de Jésus-Christ deviendrait le plus ardent prédicateur de son nom. Cinq ans après, Barnabé fut envoyé par l'Église de Jérusalem vers celle d'Antioche, pour y accélérer, par ses instructions, les progrès de l'Évangile ; il y reçut la mission du ciel pour aller avec saint Paul prêcher la foi aux gentils. Ayant cette vocation commune de deux condisciples à l'apostolat des gentils, Barnabé passait pour le premier des docteurs et des prophètes de l'Église, tandis que Paul était au dernier rang ;

mais depuis leur ordination, lorsqu'ils eurent entrepris d'aller ensemble porter l'Évangile aux nations, nous voyons toujours saint Barnabé céder le pas à saint Paul, principalement lorsqu'il faut user de la parole. Saint Paul et saint Barnabé parcoururent ensemble l'Asie, la Syrie, la Grèce et plusieurs autres contrées. L'an 51 de J.-C., ils furent envoyés d'Antioche à Jérusalem, à l'occasion des discussions qui s'y étaient élevées sur l'observation des cérémonies légales mosaïques, auxquelles les Juifs voulaient assujettir les gentils convertis. Ils assistèrent au concile de cette ville, et y furent reconnus apôtres des gentils.

Plus tard, saint Paul et saint Barnabé se disposant à quitter de nouveau Antioche pour continuer leur apostolat, le second voulut emmener son cousin saint Marc; mais le premier s'y étant opposé, ils se séparèrent : saint Paul, accompagné de Silas, prit le chemin de l'Asie, et saint Barnabé avec saint Marc s'en alla en Chypre. D'après une relation d'Alexandre, moine de cette île, qui vivait au sixième siècle, saint Barnabé aurait souffert le martyre à Salamine, après avoir converti une grande partie des habitants de l'île par ses prédications et par ses miracles. D'autres relations l'envoient prêcher en diverses contrées. L'Église de Milan le reconnaît pour son apôtre et pour son premier évêque; elle assure avoir reçu de lui la première prédication de la foi. C'est en commémoration de ce bienfait qu'a été bâtie à Milan l'église de Saint-Barnabé, desservie par des clercs réguliers appelés *barnabites*. On ignore la durée de la vie de saint Barnabé et l'époque de sa mort. On rapporte qu'en 488 son tombeau fut découvert dans les environs de Salamine, et qu'on trouva sur sa poitrine l'Évangile de saint Matthieu, écrit en hébreu de la propre main de cet apôtre. C'est depuis, et vers la fin du cinquième siècle, que son culte commença à s'établir dans l'Orient et dans la Grèce ; la célébration de sa fête fut fixée au 11 juin, tandis qu'auparavant elle était célébrée le 30 du même mois, jour consacré à solenniser en commun tous les apôtres.

L'épître qu'on attribue à saint Barnabé est citée par saint Clément d'Alexandrie et par d'autres Pères de l'Église comme étant de lui; mais saint Eusèbe et saint Jérôme la mettent dans la classe des livres apocryphes. Quant aux *Actes* et à l'*Évangile* qui portent son nom, ce sont des impostures imaginées par les hérétiques des premiers siècles : dans un concile tenue à Rome en 494, le pape Gélase 1er les anathématisa, comme les plus méprisables des livres apocryphes. E. LAVIGNE.

BARNABITES. On appelait ainsi les chanoines réguliers de Saint-Paul, dont l'ordre prit naissance en 1530 à Milan. Ils eurent pour fondateur Antoine-Marie Zacharie. Ils portaient l'habit noir, comme les ecclésiastiques séculiers, et firent leurs premiers exercices dans l'église de Saint-Barnabé, d'où ils prirent leur nom. Le P. Bouhours dit, dans sa *Vie de saint Ignace*, que l'archevêque de Gênes fit des tentatives pour unir la congrégation des Barnabites de Milan à la Compagnie de Jésus. Cet ordre a produit bon nombre d'hommes distingués. Indépendamment des trois vœux communs aux différents ordres religieux, ses membres faisaient celui de ne point rechercher les hautes dignités de l'Église. Ils se dévouaient aux missions, aux prédications et à l'instruction de la jeunesse. Ils enseignaient la théologie dans les académies de Milan et de Pavie, et avaient des collèges en Autriche, en Espagne et en France. Ce fut Henri IV qui les appela dans ce dernier pays, en 1608.

Depuis cette époque jusqu'à la révolution de 1789 ils y furent employés ainsi qu'en Autriche à la conversion des protestants. Ils y avaient un provincial, et la France était la cinquième province de leur ordre. Il n'existe plus aujourd'hui de Barnabites qu'en Espagne et dans quelques villes d'Italie. Ils avaient à Paris un couvent, dans la Cité, et leur église, qu'on voit encore, place du Palais de Justice, doit servir de lieu de vente pour les objets mobiliers du domaine.

BARNAVE (ANTOINE-PIERRE-JOSEPH-MARIE), membre de l'Assemblée constituante, était un de ces tribuns ardents et sincères que les révolutions suscitent et qu'elles dévorent, qui portent dans les commotions publiques trop de passion pour arrêter le char, et trop de probité pour le suivre jusqu'au bout : génies malheureux, que la postérité admire, blâme et plaint tout ensemble, parce qu'ils ont cherché le bien sans le trouver, fait le mal sans le vouloir, et expié beaucoup après avoir beaucoup failli.

Barnave naquit à Grenoble, en 1761, au sein de la religion réformée, également rattaché par ses origines à la robe et à l'épée. Son père était un avocat riche et célèbre; son grand-père, un officier d'infanterie estimé. Sa mère, mademoiselle de Presle, appartenait à une famille toute militaire. Femme d'un mérite éminent dans une province où les femmes se distinguaient par l'instruction et les lumières, elle s'appliqua sans relâche à développer dans ses fils les dons de la nature en leur prodiguant ceux de l'éducation et du savoir. Le plus jeune avait été voué à la carrière des armes; il mourut à vingt et un ans, officier du génie. L'aîné fut destiné à l'étude des lois; c'est celui que l'histoire nomme simplement Barnave. Barnave porta dans la profession à laquelle ses parents le consacraient un caractère trempé pour d'autres luttes que celles du barreau. Agé à peine de dix-sept ans, il eut, dans l'intérêt de son jeune frère, une affaire d'honneur qui le fit remarquer ; il y fut atteint d'un coup d'épée dont les suites mirent sa vie en danger. Cependant, il se fit bientôt reçu avocat au parlement de Grenoble, mais sans y jeter l'éclat que ferait supposer ce qu'on sait aujourd'hui de son talent supérieur. Apparemment, ce talent enthousiaste et passionné avait besoin d'une plus vaste arène. Ce fut par la polémique qu'il se révéla. Une grande lutte politique et sociale, la plus grande des temps modernes, allait être engagée entre les pouvoirs, et l'était déjà dans les esprits. La royauté absolue que Louis XIV avait fondée chancelait sur ses fondements, et avec elle tout l'ordre social dont elle était le pivot séculaire. Elle avait elle-même renversé les mœurs. Les croyances suivirent. Comment les hiérarchies seraient-elles restées debout? Il n'y avait plus d'autorité, plus de respect, plus de principes ! A la fois absolue et impuissante, la majesté royale était réduite à une ombre superbe et vaine. Les remontrances opiniâtres des parlements, leurs refus unanimes d'enregistrements réguliers, les lits de justice perpétués auxquels le trône recourait pour vaincre cet obstacle toujours renaissant, les pétitions universelles du clergé, de la noblesse et de la presse, déjà libre alors, pour imposer à Louis XVI la réunion des états généraux, tous ces témoignages de l'affaissement du vieux corps politique, et mille autres, préludaient à une dissolution déjà accomplie dans le sentiment public. De toutes les provinces, celle du Dauphiné se montra la plus attachée à revendiquer les vieilles libertés de la France. Barnave fit connaître à ses concitoyens son caractère et son génie par un écrit qui cachait sous un titre de circonstance, l'*Esprit des Édits*, un manifeste réfléchi en faveur de la constitution anglaise. Cette constitution, fille des siècles, mais qui n'était connue que superficiellement parmi nous, faisait depuis longtemps l'admiration du jeune jurisconsulte. Il l'avait embrassée de son coup d'œil étendait à toutes les institutions et à tous les usages de l'Angleterre. Comme beaucoup de gens de cour et de gens d'esprit, il portait cette passion jusqu'à la frivolité. A voir l'élégante et minutieuse anglomanie qui respirait dans toute sa personne, on n'eût deviné ni un homme d'État profond, ni le législateur populaire qui devait nous entretenir si loin de la monarchie constitutionnelle. Malheureusement, les conditions de ce beau et pénible régime étaient peu étudiées et mal comprises. A une révolution de liberté devait être substituée promptement une révolution d'égalité, qui rendrait impossible le système qu'on voulait fonder. Ce fut des conseils de Louis XVI que l'inpulsion partit, tant la révolution était déjà universelle, profonde, invincible, au sein de la société française! Les états généraux furent convoqués le 8 août 1788. En ordonnant, le 27 décembre suivant, le doublement du tiers, le trône déclara l'avénement du tiers seul à l'empire. C'était proclamer par là même la déchéance de toutes les institutions de la France. La question n'était plus que de savoir comment le tiers état userait de sa soudaine domination. On le sut bientôt.

Barnave fut nommé par ses concitoyens, en même temps que Mounier, député de cet ordre qui était dès ce moment le maître unique de l'État. Il avait vingt-huit ans. Quelle carrière lui était ouverte! Cette tribune qui l'attendait allait dominer, le jour où elle s'élèverait, le trône des rois. Sur ce banc plébéien où il venait s'asseoir devaient se fixer les destinées de la noblesse, du clergé, de la monarchie tout entière! Toute cette société de quatorze siècles avait à compter avec les principes, avec le mandat, avec le vote qu'il apportait! Législateur de sa patrie, et de quelle patrie! il allait la répétrir au gré de ses théories et accomplir tous les biens que depuis soixante ans les philosophes rêvaient! Dans ces routes nouvelles, la puissance comme la gloire était au plus digne!... Tels étaient ses rêves; et quand ses convictions marquaient sa place aux côtés de Mirabeau, il devait plus que Mirabeau mesurer cette carrière magnifique d'un œil assuré : car il y apportait, avec la sécurité infinie de la jeunesse, celle d'une conscience pure, l'habitude et l'amour du bien, une foi absolue dans la vertu des hommes, parce que la sienne était sans tache : disposition noble et redoutable! rien ne pouvant donner plus d'élan aux chefs des révolutions que de s'avancer vers l'avenir qu'ils méditent sans prévoir la possibilité d'un regret ni d'un remords.

Ce fut le 4 mai 1789 que Louis XVI, entouré de la reine et des princes de sa famille, ouvrit à Versailles la session des états généraux, ou plutôt ce fut ce jour-là que le Barnave comparut, avec la cour et la royauté, à la barre de celle des classes de la société française à laquelle les actes de la couronne, la marche du temps, l'esprit du siècle et la force des choses avaient livré son défense la société, le trône et la France. Cette classe souveraine, comme un prince absolu, n'avait plus de contre-poids : sa seule sagesse pouvait préserver l'État d'une commotion violente et profonde. Mais la sagesse est-elle possible à la toute-puissance? L'est-elle aux classes et aux partis? l'est-elle dans une révolution? l'était-elle surtout avec l'inexpérience des hommes, l'empire des théories, l'exagération des prétentions, l'ancienneté des griefs, l'ardeur des représailles, le déchaînement des passions? l'était-elle, enfin, avec l'inévitable déréglement des résistances qui devaient surgir de toutes parts? Dès les premiers jours, l'emportement de la lutte et la témérité des destructions éclatèrent. Dès les premiers jours aussi, Barnave prit rang, par une fatalité déplorable, entre les hommes destinés à se placer le plus haut sur les ruines de cette monarchie qu'il voulait simplement réformer, pour l'affermir, en lui donnant la barrière et le rempart du système représentatif! Dauphinois, protestant, avocat, à tous ces titres il appartenait au parti de la révolution; dès lors, incapable de s'arrêter devant un obstacle, il devait, comme l'Assemblée, comme toute la France, se laisser entraîner au delà de ses vœux les plus extrêmes par la passion du combat et la poursuite de la victoire. Barnave se distinguait tout à la fois par l'ardeur de son caractère et de ses opinions et par la gravité précoce de ses manières et de son esprit; alliance de qualités opposées qui est funeste dans les révolutions, car elle semble promettre aux factions la prudence pour guide, et les guides qu'elle leur donne ce sont l'enthousiasme, l'illusion, l'aveuglement, l'opiniâtreté, la colère.

L'éloquence de Barnave, sa résolution, son sang-froid, ce contraste perpétuel de la vivacité de ses maximes avec le calme de sa parole, le désignèrent d'abord comme l'un des chefs de l'Assemblée. Les résistances de la cour soulevèrent tous ses préjugés, tous ses principes, tous ses ressentiments; elle le reconnut pour l'un de ses plus redoutables ennemis. La popularité, cette popularité subversive qui allait renverser les bastilles et les trônes, le prit pour une de ses idoles, et en l'encensant l'enchaîna. Mirabeau disait de lui que c'était un jeune arbre qui serait un jour un mât de vaisseau. Oui, si la foudre, avec laquelle il joua si témérairement, ne l'eût pas brisé presque à ses débuts! Dans la séance du jeu de paume, qui fut la prise de possession du tiers état, Mirabeau n'eut pas d'auxiliaire plus résolu. Les tribuns réclamaient insolemment l'autorité royale à la force des baïonnettes, et la mettaient en balance avec la volonté du peuple. La volonté du peuple ne pouvait manquer dès ce moment d'avoir d'autres moyens d'action que la tribune, et de faire intervenir une force bien autrement tyrannique et brutale que celle des baïonnettes. C'est ainsi qu'on disait à la monarchie constitutionnelle un long adieu, le jour même où on croyait l'inaugurer. La révolution française, dès ses premiers pas, désertait les théories anglaises, qui avaient tant contribué à la susciter. Les Mounier, les Malouet, les Lally-Tollendal voulurent seuls leur rester fidèles. Barnave croyait l'être ; il croyait marcher au même but que son collègue Mounier, quand il faisait cause commune avec les exigences du parti populaire, comme Lafayette et Bailly, comme Adrien Duport et les Lameth, auxquels une vive amitié l'attacha bientôt. Mais on ne pouvait à la fois fonder la démocratie et imiter l'Angleterre! Cette double prétention atteste ce qu'à cette époque, dans ce période fatal de notre histoire, l'instruction avait de superficiel, l'esprit de frivole, le jugement d'erroné, la passion d'étourdi et de destructeur. Derrière tous ces hommes, constitutionnels à des degrés divers, il y avait les Trente, fraction de l'Assemblée alors méprisée ou inconnue, que Robespierre, Pétion et tant d'autres ne firent que trop connaître plus tard. Derrière l'Assemblée elle-même était l'hydre populaire. La prise d'armes du 14 juillet fut son manifeste : une puissance nouvelle, l'insurrection armée, prenait, de par la révolution et la démocratie, possession de la France. Après l'insurrection devait venir l'assassinat. Launay, gouverneur de la Bastille, Flesselles, prévôt de Paris, tombèrent. On sait comment l'infortuné Foulon fut massacré quelques jours plus tard. Lally-Tollendal demanda que M. de Berthier, arrêté à Compiègne et destiné au même sort, fût sauvé des cannibales qui s'attachaient à souiller dans le sang la révolution naissante. La délibération aurait dû être unanime. Loin de là, la discussion s'enflamma de toutes les passions qui remplissaient l'Assemblée et la France. Dans le débat retentit une parole immortelle : *Le sang qui coule est-il donc si pur qu'il faille tant le regretter?* s'écria un jeune homme dont les traits étaient nobles et réfléchis, dont les yeux bleus respiraient la douceur et la générosité, dont l'accent avait un charme singulier : c'était Barnave. Heureusement pour lui tout son sang a coulé! le mot fatal resta attaché à sa vie pour l'empoisonner; sans cette expiation, il serait resté attaché à sa mémoire pour la flétrir éternellement, en le calomniant auprès de la postérité.

En vain, dans cette discussion même, il avait demandé, avec l'indignation de l'honnête homme, que les assassins fussent livrés à la vindicte des lois. Les légitimes colères que sa funeste parole souleva contre lui et les applaudissements indignes qu'elle lui valut achevèrent apparemment de l'exaspérer; car, à dater de ce moment, il est au premier rang toujours dans la lutte et dans la destruction : il semble vouloir s'étourdir par le bruit des coups qu'il porte au vieil ordre social. Le 23 juillet il propose l'établissement des municipalités, l'organisation des gardes nationales, l'institution d'une justice extraordinaire pour les crimes politiques. Le 1er août il tonne dans la discussion des droits de l'homme. Le 13 octobre il attaque vivement les propriétés ecclésiastiques, à l'encontre de Sieyès, qui s'écriait : « Vous voulez être libres, et ne savez pas être justes! » Le 14 septembre il fait la motion que les résolutions de la nuit du 4 août aient force de loi sans qu'il y eût besoin, pour les décrets révolutionnaires, de la sanction royale. Il fait mander à la barre, le 17 novembre, le parlement de Metz et la chambre des vacations de celui de Rouen, pour avoir protesté contre l'abolition des parlements. Le 26 décembre il pousse la rigueur de ses formules d'égalité jusqu'à assimiler les protestants, les juifs, les comédiens, et, le dirons-nous, les bourreaux, pour l'égal exercice des droits politiques! Mirabeau se voyait dépassé. Tandis que Mirabeau, content des ruines qu'il avait faites, commençait à ne plus se soucier de passer outre, Barnave pensait encore qu'on n'avait pas assez repris la monarchie et la société aux fondements. Moitié conviction, moitié trafic, Mirabeau s'arrêtait où aurait voulu s'arrêter avec lui la bourgeoisie victorieuse et débordée. Son jeune rival craignait en s'arrêtant de s'affaiblir. Épouvanté de la cour et de ses desseins inconnus plus que des masses, de leurs attentats trop visibles et de leur ivresse croissante, il plaçait sa force dans des progrès nouveaux, dans l'esprit révolutionnaire, dans les clubs.

Sur cette pente fatale, le parti constitutionnel se divisait chaque jour : c'étaient, d'un côté, Mirabeau, Lafayette, Bailly, disposés, par probité, peur ou ambition, à maintenir tout ce qui restait de monarchie, mais n'ayant pas de parti pris, rompant la majorité existante sans en former une autre, allant du peuple à la cour, du côté droit à l'anarchie, sous l'impulsion de leurs mobiles divers, et jetant ainsi, dans la dissolution universelle, des dissolvants nouveaux; c'étaient, de l'autre côté, Barnave, Duport, les Lameth, gens d'esprit et de courage, mais logiciens rigoureux qui avaient foi au droit illimité de la révolution comme à sa vertu, et voulaient encore pour elle des concessions quand la plus belle, déjà impossible, aurait été le repos dans la liberté! On avait sous les yeux, en un mot, ce que toutes les révolutions présentent : les hommes du jour et ceux du lendemain : les uns et les autres faisant face également à la contre-révolution et à la république, mais les premiers, tentés, quand ils l'osaient, d'accuser l'entrainement irréfléchi des seconds qui les livrait à la merci de la multitude; ceux-ci accusant cette modération intéressée, hypocrite, inconséquente, tardive, qui compromettait la victoire en l'énervant, car elle risquait, disaient-ils, de décourager le peuple sans désarmer ni la noblesse, ni le clergé, ni l'émigration, ni l'étranger. Tous avaient raison, parce qu'ils étaient déjà tous loin des voies de la sagesse et de la justice. Cependant, les deux partis, se cherchant des points d'appui dans les forces extérieures, opposaient les affiliations aux affiliations. Mais le prétendu *club de 1789*, à la tête duquel Lafayette s'était placé, pâlissait avec son chef, comme il devait arriver de noms, d'actes et de dehors révolutionnaires employés pour tromper et enrayer la révolution. Seule dans le vrai, la société des Jacobins, que Barnave et ses amis avaient formée sous le nom des *Amis de la Constitution*, grandissait chaque jour; elle devait bientôt dépasser ses fondateurs. C'était la révolution organisée d'un bout du royaume à l'autre. Ce devait être bientôt la démagogie; la démagogie s'empara de ce levier terrible, et d'une arme défensive contre les réactions royalistes, elle fit une arme offensive contre l'ordre social.

Mirabeau portait dans ses doctrines et ses alliances, comme dans ses vices, une sorte d'indépendance grandiose; il appartenait à la fois au club indécis de Lafayette et au club bien autrement tranché des Jacobins. Celui-ci fut souvent le théâtre des luttes du géant et de Barnave. Barnave, comme cela devait être, y trouvait plus de soutien; et par là il se sentait de force à accepter la lutte. L'Assemblée nationale à son tour se vit partagée par leurs débats. Dans la question du *veto*, dans la discussion sur le droit d'éligibilité aux fonctions publiques (10 décembre), le dissentiment éclata jusqu'à la violence. Le dictateur de la démocratie,

châtiant une agression véhémente de Barnave, s'écria, avec sa hauteur de caractère et de langage, que *les rhéteurs parlent pour les vingt-quatre heures qui s'écoulent, et les hommes d'Etat pour l'avenir*. Mirabeau se jugeait homme d'État parce que, après avoir renversé les digues, il disait maintenant au flot déchainé : C'est assez !

Ce duel des deux tribuns, l'un adolescent, l'autre blanchi dans les travaux, remplit les débats de l'année 1790. En février Barnave vota l'abolition des ordres religieux; en mars il fit décréter que chaque colonie énoncerait un vœu sur sa future constitution; en avril il tenta, malgré Thouret, d'obtenir l'établissement du jury en matière civile; en même temps il s'opposa à l'institution royale des juges élus par le peuple, comme à un reste monstrueux de la féodalité. Mai fut rempli de la longue discussion à laquelle donna lieu le droit de paix et de guerre. Par son admirable éloquence, par sa logique insensée, qui s'appuyait au droit exclusif du peuple souverain, Barnave mérita d'être porté par le peuple en triomphe. Mirabeau put s'enorgueillir de sa sagesse, pour avoir voulu diviser, moins précisément que les Lameth, entre le roi et l'Assemblée, ce droit indivisible! Mirabeau, sur le champ de débat, retrouva toute la puissance de sa raison pour s'écrier qu'il savait de reste combien peu il y avait loin du Capitole à la roche Tarpéienne ! Le mot était profond : il ne pouvait manquer d'être prophétique. Mais son jeune adversaire était loin d'en tenir compte encore. Dans la soirée du 19 juin, Maury insistant pour que toutes les propositions destructives qui venaient d'être accumulées ne fussent point votées séance tenante, Barnave demanda que l'Assemblée décidât sans désemparer la suppression des droits et des titres féodaux. Ce fut lui qui détermina la formule du serment que le roi devait prêter dans la solennité de la Fédération, à l'anniversaire de la prise de la Bastille (14 juillet).

Pour prix de ses funestes victoires, l'Assemblée l'éleva en octobre à la présidence. Plus tard (28 janvier 1791), il prit la défense de la Société des Jacobins, dont les constituants s'épouvantaient comme d'alliés prêts à les dominer, et il foudroya le club monarchique comme un ramas de vils factieux. La fuite de Mesdames, tantes du roi, l'entraîna à porter ses attaques jusque sur la maison royale. Par de tels chemins, Barnave était parvenu à un crédit immense. Le second du parti de la révolution à la tribune, il était maintenant le premier dans la faveur du peuple et dans la haine de la cour. A la différence de Mirabeau, il se battait; sa rencontre à l'épée avec le vicomte Louis de Noailles, son combat au pistolet avec Cazalès, qu'il blessa grièvement, avaient achevé de jeter sur lui un vif éclat; ce qui marque bien quel caractère attachant et généreux cachaient ses passions ardentes ou plutôt ses utopies fatales, c'est qu'il inspira dès ce jour une amitié solide à ses deux nobles adversaires. Sur le terrain, on se voit de près. Barnave gagnait à être vu ainsi; on reconnaissait en lui le cœur d'où s'était échappé ce bel éloge de la France, *qu'elle sait bien mieux aimer qu'elle ne sait hair* ! On y reconnaissait aussi l'âme élevée, incapable de retenir son mépris mérité, et le versant du haut de la tribune sur ces hommes *qui grandissent dans les troubles et s'y engraissent comme les insectes dans la corruption*. Aussi devait-il arriver un moment où la position de Barnave changerait entièrement, et le moment approchait d'une façon rapide.

Mirabeau mourut le 2 avril 1791. Cette mort laissait une grande place vacante : soit qu'elle fit réfléchir Barnave sur la situation de sa patrie et sur la sienne propre, soit que son ambition fût tentée de travailler à son tour à enchaîner l'hydre populaire, soit simplement qu'une haute rivalité ne l'animat plus à l'assaut de l'ordre social, qu'il fût satisfait enfin des conquêtes accomplies, qu'il s'effrayât à la longue de la carrière de folies et de crimes où la faction anarchique s'élançait, il accueillit, ainsi qu'Adrien Duport et les Lameth, les avances de Lafayette. Lafayette, toujours flottant dans ses relations et ses espérances contraires, ayant des intelligences avec Bouillé, en ayant avec Brissot, craignait de se tromper en cherchant la gloire, et croyait trouver la puissance, avec l'ordre et la liberté, sous le drapeau tenu d'une main ferme par les Lameth. Le parti constitutionnel se trouva rallié ainsi dans un même camp. Cette alliance renfermait la dernière chance de salut. Déjà, on avait vu Barnave, au nom du comité colonial (11 mai), présenter, sur l'état des colonies et la condition des gens de couleur, un rapport qui produisit une vive impression par sa sagesse comme par son talent.

A ce moment, le bruit se répandit tout à coup qu'effrayés aussi du volcan creusé sous leurs pas, le roi, la reine, toute leur famille, venaient de s'évader de leur prison royale des Tuileries ! Barnave mesure les dangers nouveaux de la révolution, avec son sang-froid et son courage. Il fait (22 juin) décréter sur-le-champ que toutes les autorités militaires et civiles prêteront serment à l'Assemblée nationale. L'Assemblée, grâce à tout ce qui a été fait depuis deux années, s'est bientôt saisie de tous les pouvoirs. Le fantôme de la royauté absent ne laisse pas de vide dans cette prétendue constitution royale : il y a seulement un rouage inutile de moins. Le parti républicain triomphe de cette démonstration, et l'arrestation de Varennes met, à la place de la royauté inutile et suspecte, l'embarras d'une royauté prisonnière et ennemie. Barnave est désigné avec Pétion et Latour-Maubourg pour aller au-devant des augustes captifs. C'est à Épernai que les commissaires arrivent près d'eux. Voilà le jeune avocat de Grenoble dans les carrosses du roi ! Cette manière de s'y trouver parle plus à son âme que si c'eût été au temps des splendeurs de Versailles. Barnave, avec son cœur ardent et pur, ne pouvait en vain se rencontrer en la présence de Louis XVI, de madame Élisabeth, de la reine, du dauphin, de la jeune et noble Madame Royale, ses vaincus et ses prisonniers ! La majesté, la vertu, la beauté, la grâce, l'enfance, tout ce qui parle aux cœurs des hommes, et, par-dessus tout, le malheur, était rassemblée devant lui. Cette cour, dont il a tant redouté les desseins cruels, elle est là dans Louis XVI ! cette cour, dont il a tant accusé les corruptions, elle est là dans madame Élisabeth, un ange expatrié du ciel; elle est là dans Marie-Antoinette, la première des femmes, la plus auguste, la plus touchante, s'oubliant sans cesse dans cette adversité immense pour ne penser qu'à ses devoirs de reine et de mère, et belle comme avant ses malheurs, d'autant plus belle qu'en une seule nuit ses cheveux blanchissent, accusant ainsi l'activité dévorante de son âme sous ses traits si calmes et si imposants ! A côté d'elle brillent de tous les charmes que peuvent déployer l'innocence du cœur et la dignité du sang, les royaux enfants que tant d'infortunes attendent en place de tant de grandeurs. Sous le regard de Marie-Antoinette, de madame Élisabeth, de Madame Royale, que se passa-t-il dans l'âme de Barnave, déjà éprouvé ? On n'aurait pu le savoir que par lui-même; malheureusement il ne l'a pas écrit. Quelles révélations il aurait pu laisser ! Quel drame que son admiration, sa douleur, ses combats, ses regrets, ses craintes, ses remords ! Quel poëme que son histoire intérieure ! Ce sont les évènements qui nous la révéleront. Nous saurons ainsi ce que peuvent les unes sur les autres les nobles âmes ! Chacun de ses actes attestera la révolution qui se fait en lui, ou plutôt qui le rend à lui-même. Tandis que Pétion se dresse au-dessus de ces têtes royales, et y appesantit à plaisir le faix du malheur, usurpant ainsi sur le bourreau, Barnave s'incline devant ses infortunes si hautes. Ses égards, ses respects, touchent ses prisonniers, qui retrouvent un Français et un sujet en lui. La reine en est frappée ; madame Élisabeth s'en montre émue ; la vertueuse princesse voit avec attendrissement l'âme du jeune tribun bouillir au spectacle des outrages qu'accueillent çà et là la voiture royale. Un prêtre qui s'est approché trop près est sur le point d'être massacré ; Barnave s'élance : « Tigres ! s'écrie-t-il, avez-vous cessé d'être Français ? êtes-vous devenus une nation d'assassins ? » Le peuple s'arrête devant lui; le prêtre est sauvé à sa voix. Il avait fallu, pour arrêter ses transports généreux, que madame Élisabeth elle-même le retînt par le pan de son habit.

Maintenant, sous les yeux de ces victimes augustes, tout sang lui paraît *trop pur* pour être abandonné à la multitude ! Dorénavant, sa parole ne sera plus entendue de la France que pour prêter à la sagesse et à la justice de nobles accents, et jamais son éloquence n'aura été plus abondante, plus persuasive, plus haute, plus puissante que dans cette carrière nouvelle. Quand le royal cortége est entré dans Paris, Barnave rend compte de sa mission en termes qui saisissent l'Assemblée. Il lave hardiment Lafayette des accusations provoquées contre ce Falkland nouveau, qui rêve tour à tour de Monk et de Washington, et en qui le peuple voyait un Cromwell. Il le défend avec certitude ; car, ayant supplié la reine de lui permettre une question sur la supposition généralement répandue que M. de Lafayette aurait eu part au projet d'évasion : « Oh, non ! lui avait répondu Marie-Antoinette ; lorsque je sortais des Tuileries avec madame de Tourzel, voyant passer sa voiture escortée de ses gardes, je me mis à rire ; madame de Tourzel me demanda quel pouvait être dans un tel moment le motif de ma gaieté ? — Je pense, lui dis-je, à la figure qu'il fera demain quand on nous saura loin d'ici. Vous voyez que, quoique reine, on est toujours femme par quelques côtés. »

Barnave, pour sauver les captifs augustes, fit renvoyer à un comité, au sein duquel elle devait s'oublier, la proclamation fatale que le roi avait laissée à son départ. Enfin, la déchéance fut demandée. Alors, il l'attaque, il foudroie la faction républicaine ; il défend la couronne dans ce péril immense. Au milieu de tant de fautes et de passions, il fait proclamer l'inviolabilité royale. La voix de Mirabeau était muette sans retour ; son empire semble revivre dans ce jeune homme, l'un des derniers représentants de l'ordre monarchique, lorsque, pour en sauver les restes, il s'écria : « Au moment où nous manifestons notre puissance, prouvons aussi notre modération ; présentons la paix au monde inquiet des événements qui se passent au milieu de nous ; donnons une occasion de triomphe à tous ceux qui, dans les pays étrangers, ont pris intérêt à notre révolution ; ils nous crient de toutes parts : Vous êtes forts ; soyez sages, soyez modérés, usez de la victoire avec générosité : c'est là ce sera le terme de votre gloire ; c'est ainsi que vous montrerez que dans des circonstances diverses vous savez employer des moyens divers et de diverses vertus. » Fier de lui-même, parce qu'il l'est de la cause qu'il défend, il ne répond aux huées du peuple qu'en promenant sur les tribunes un regard de mépris. Les calomnies, les périls ne l'arrêtent point. Il attaque (25 juillet) l'esprit de dénonciation qui désorganise et flétrit l'armée ; il attaque l'esprit démagogique par la proposition de plus hautes conditions d'éligibilité aux fonctions publiques ; il attaque la tyrannie révolutionnaire dans les lois portées contre les prêtres réfractaires, et si ses triomphes n'ont plus le même retentissement sur la place publique, ils contribuent à donner à la révolution un point d'arrêt ; le torrent semble enchaîné.

La proclamation du pacte constitutionnel et son acceptation par le roi (14 septembre 1791) furent une époque de joie et d'espérance universelles. Barnave aussi espéra ; sur son noble et grave visage, où se reflétait un rayon de l'ivresse publique, on lisait la persuasion que l'avenir justifierait les deux parts de sa carrière, en associant la monarchie à la révolution. Au moment où l'Assemblée législative succédait à l'Assemblée constituante ; et, par une faute qui seule devait tout perdre, les constituants s'étaient rendus inéligibles. C'était donc à une nouvelle couche d'hommes de la révolution qu'arrivait la puissance; tous les fruits d'une expérience de plus de deux années étaient perdus. On descendait à des passions toutes vives, à des lumières plus étroites, à des intérêts plus exigeants. Aussi, le parti constitutionnel, qu'on appelait les Feuillants, à cause du lieu de ses réunions, était-il loin d'avoir une majorité certaine dans l'Assemblée. Le parti révolutionnaire dominait sous le nom des Girondins, nom emprunté des députés de la Gironde, les principaux chefs de ce parti. Les Girondins, illustrés plus tard par la manière bruyante dont ils moururent, et honorés de l'histoire comme modérés parce qu'après avoir voulu la république au prix de tous les attentats, ils ne veulent pas la terreur, dont ils seront les premières victimes, ces détestables Girondins s'apprêtaient à triompher par les décrets, par les complots, par l'insurrection.

Barnave, dans cette situation, tenta d'opérer l'alliance sincère de la couronne et des Feuillants. Les Lameth l'aidaient de tout leur pouvoir dans cette tâche nouvelle. Il avait été longtemps sans accès à la cour; depuis le voyage de Varennes, la bienveillance du roi et la confiance de Marie-Antoinette lui étaient acquises. Il fut admis dans les conseils intimes des Tuileries. Madame Campan raconte qu'à sa première entrée dans ce palais, où sa voix avait porté tant de fois la douleur et l'épouvante, Louis et la reine restèrent une heure de suite dans une attente pénible, appliqués à la porte qu'ils voulaient ouvrir eux-mêmes au généreux citoyen : Car, disait le roi, si sa visite était connue, le malheureux serait perdu! Sa pensée, celle de ses fidèles amis, était de sauver le roi, en séparant le trône à la fois du parti de l'émigration et de celui de la démagogie, pour l'entourer fortement du parti constitutionnel uni en un seul faisceau. On combattrait ainsi dans le champ de la Constitution, avec tous les bons citoyens, contre l'étranger d'une part, de l'autre contre le désordre.... Résolution généreuse, ou plutôt généreuse illusion, qui reposait sur l'espoir de réaliser encore l'utopie difficile de la monarchie constitutionnelle, quand on ne lui avait laissé ni bases ni appuis !

L'hiver de 1791 et l'été de 1792 se passèrent dans ces périlleuses négociations. La reine en était venue à ne pas écrire une lettre sans l'avoir soumise à Barnave. Dans leurs espérances précipitées, les royalistes n'apprirent point cette alliance secrète consacrée par la couronne ! Ils s'indignèrent ; ils représentèrent de tous côtés qu'on perdait ainsi la royauté, qu'il fallait laisser faire le jacobinisme, que là était le salut commun, que la France et l'Europe se soulèveraient contre les démagogues, et que le trône vengé ferait justice de tous les pervers. Barnave, de concert avec ses amis, réfutait leur éloquence, par ses lettres et ses discours, cet optimisme du mal qui perd souvent les États, mais qui perd toujours ses auteurs. Cependant, la cour, ballottée, la cour, qui voyait des périls de tous les côtés, la cour allait d'un parti à l'autre, ne se fiant pas plus aux idées impossibles de l'ancien monarchie que aux sentiments monarchiques des hommes de 1789, et délaissant ainsi les chances secourables des deux. La guerre allait éclater. C'était le moment d'adopter des résolutions décisives. Barnave ne put obtenir que ses conseils prévalussent. Comment blâmer cette hésitation d'un roi, d'une reine, d'une mère, à remettre leur monarchie, cette fois comme du temps de Mirabeau, aux mains d'un seul homme, à celui-là même qui l'avait battue en brèche si longtemps et qui restait séparé d'eux, maintenant encore, par les intérêts, les sentiments, les opinions, les préjugés de toute sa vie.

Barnave, à ce spectacle, fléchit sous le poids du plus lourd fardeau que puisse porter un homme de cœur dans des circonstances si grandes, et sentiment de son impuissance. Il résolut de s'éloigner (avril 1792). Il voulut prendre congé de la reine. Elle le reçut avec sa douce majesté, toujours calme, toujours courageuse, belle encore malgré les ravages de ses infortunes, belle de cette beauté touchante et royale qui semblait l'empreinte de son âme sur ses nobles traits. « Vos malheurs, madame, dit Barnave, et ceux que je prévois pour la France, m'avaient décidé à me dévouer pour vous servir. Je vois que mes avis ne répondent pas aux vues de Vos Majestés. J'augure peu de succès du plan que l'on vous fait suivre ; vous serez perdus avant que les secours ne parviennent à vous. Bien sûr de payer de ma tête l'intérêt que vos malheurs m'ont inspiré, je demande pour toute récompense l'honneur de baiser votre main. » La main auguste lui fut tendue avec une émotion profonde. Moment solennel et cher ! En inclinant ses lèvres sur cette main sacrée, il la baigna de ses larmes, auxquelles répondirent les larmes de sa souveraine. Elle sentait qu'elle perdait une chance d'être sauvée. Il perdait toutes ses chances de la servir. La reine et le roi, l'âme également remplie de sombres présages, se séparèrent pour ne plus se revoir, quoique destinés à se suivre de près au rendez-vous prochain de tout ce qu'il y avait de grand en France, celui de l'échafaud. Barnave courut cacher sa douleur et sa vie dans sa ville natale.

On a dit à tort que Grenoble élut maire le grand citoyen qui l'avait illustrée. Le temps eût manqué. On raconte aussi dans toutes les biographies qu'il y épousa la fille d'un conseiller à la cour des aides, qui lui apportait une grande fortune. Barnave avait l'âme trop blessée pour former de tels nœuds ; il disait, peu de temps auparavant, que le mariage n'était pas fait pour lui, qu'il se sentait dévoué au bourreau ; et en effet à peine était-il arrivé parmi ses concitoyens qu'il se vit décrété d'accusation par l'Assemblée législative (15 août) en même temps qu'Alexandre de Lameth. Les Tuileries étaient tombées sous la tourmente du 10 août. Le roi, la reine, étaient passés du trône dans un cachot. Les Girondins, par ces crimes qui étaient leur ouvrage et leur orgueil, avaient donné la mesure de la dignité de leur politique, de l'étendue de leur sagesse, de la légitimité de leurs titres au respect de l'avenir. Lafayette, qui voyait le sol manquer sous ses pas, avait clos son rôle en prenant la fuite du milieu de son armée. Les Feuillants restaient vaincus et muets. L'armoire de fer livra aux Girondins, maîtres de la France, des pièces qui faisaient connaître les relations de quelques-uns d'entre eux avec la cour. On sut que Barnave et Alexandre de Lameth avaient conseillé, de concert avec les ministres, l'usage du veto contre les décrets qui frappaient les prêtres de déportation et les émigrés de mort. Barnave fut arrêté dans sa maison de campagne, le 19 août, près Grenoble. Il demeura quinze mois dans les prisons. Du fort Barreaux, où il avait été enfermé d'abord, l'approche de l'armée sarde le fit transférer à Saint-Marcellin, où il attendit dans le calme d'une méditation grave et douloureuse, au milieu d'études et de travaux sur l'histoire de la révolution française, ce que lui réservait le sort. Indifférent sur lui-même, comme un homme qui n'avait plus rien à espérer de la vie, il semblait appeler la mort de ses vœux ; elle devait l'affranchir du spectacle des malheurs publics. Pressé de s'évader à l'exemple de Lafayette, quand tous les moyens lui en étaient offerts : « Je pourrais émigrer, répondait-il, si j'avais été étranger aux affaires ; mais lorsque j'y ai pris une part aussi active, les dangers qu'on redoute pour moi me défendent de quitter ma patrie si malheureuse. »

Dans la Convention même, tant de vertu, tant de talent et tant de renommée, inspirèrent un intérêt profond. Danton et quelques-uns des princes de la démagogie voulaient sauver l'illustre constituant. On convint que lui-même demanderait sa liberté par une pétition à l'Assemblée, et qu'un vote presque unanime ferait tomber ses fers ; mais il fallait que Barnave consentît à écrire ce qui était convenu. Ce fut Théodore de Lameth qui réclama le sacrifice de l'affection qui les unissait tous deux. Il refusa. « Non, mon ami, écrivit-il, j'aime mieux souffrir et mourir.

Demander justice, ce serait reconnaître la justice de tout le reste, et ils ont fait périr le roi ! » En effet, ils avaient fait périr le roi, et Barnave avait vu du fond de sa prison Louis XVI marcher à l'échafaud ; il vit, après Louis XVI, se presser sous le fer assassin les chefs les plus illustres de la révolution, les orateurs, les généraux, les savants, tous ceux qui s'étaient associés au long rêve de la liberté et de l'égalité par les masses populaires. Il vit le sang le plus pur couler à flots, la Gironde dépossédée subir cette loi commune : la Gironde, à qui la Montagne faisait bonne justice, en attendant que justice lui vînt à elle-même par ses propres fureurs. Le jour arriva où Barnave, du fond de sa captivité, vit s'ouvrir, une fois encore, la porte du Temple ; une femme, une mère, la reine en sortir ; la Conciergerie recevoir pour hôte Marie-Antoinette, et la victime auguste passer de là sur le tombereau homicide, pour aller rejoindre le roi au trône sanglant de la place de la Révolution ! Alors, comme s'il y avait un lien caché entre ces deux destinées, les tyrans se souvinrent de Barnave oublié. Il avait mérité en effet de suivre la reine, et, selon toute apparence, ce sort maintenant lui était plus doux que de vivre. Il fut mandé à Paris. Sur la route, à Dijon, il reçut les adieux de sa malheureuse mère et ceux de ses deux sœurs, madame Dumolard, et madame de Saint-Germain, qui vit encore. Il entra dans Paris, au milieu des fêtes d'un culte nouveau. C'était la Raison, dont un peuple en délire inaugurait les autels. Les cendres de Mirabeau étaient chassées du Panthéon pour faire place à celles de Marat. La mort ne sauvait pas Mirabeau de passer, lui aussi, *du Capitole à la roche Tarpéienne* ! C'était vraiment que Barnave voyait la prophétie s'accomplir pour lui. Un de ses amis de l'Assemblée constituante, qui osa le visiter, Baillot, le trouve pâle et abattu ; il s'en afflige, il s'en étonne. Barnave le comprend : « Mon ami, lui dit-il, ce n'est pas que l'épreuve soit plus forte que moi ; mais ce n'est pas assez de prendre ma vie, on veut m'enlever l'honneur de ma mort. Je succombe à la faim ! » Baillot, indigné, fit partout que cet affreux artifice des tyrans populaires fut abandonné. Barnave obtint des aliments. Il fut heureux ! « Quel service vous m'avez rendu ! disait-il, je pourrai maintenant mourir comme je le dois. » C'était là l'unique ambition que cet effroyable régime laissait à l'honneur et au génie ! Encore l'avait-on disputée à Barnave pour un raffinement abominable. Les prétendus ministres du peuple voulaient dépouiller aux yeux du peuple leur jeune adversaire de ce mérite de bien mourir, si facile sous leur tyrannie.

Il quitta l'Abbaye, où il avait été renfermé d'abord ; il vint à son tour habiter la *Conciergerie*, consacrée par les derniers souvenirs de Marie-Antoinette. Il était là, dans le même lieu, à la même place où elle avait passé. Traduit, comme la reine, et peu de jours après elle, devant le tribunal révolutionnaire, il étonne les assistants par son éloquence, par sa vertu, par son courage, dans cette enceinte où avait vu tant de courage et de vertu. Sa contenance, sa jeunesse, sa parole, imposèrent à ses juges. La multitude semblait épouvantée du forfait nouveau qui allait se commettre en son nom ; elle garda le silence sous le poids de cette parole puissante qu'elle avait tant applaudie. On le crut sauvé ; mais il avait mérité de mourir des mains de la démagogie par tout ce qu'il avait dit et fait pour elle. La démagogie le condamna. Il sortit des tribunaux en promenant des regards de mépris sur ses juges, sur ce peuple dont il avait voulu la puissance. Conduit à la mort (18 novembre 1793) avec l'ancien ministre de la justice, Duport-Dutertre, son ami, tous deux s'entretenaient avec calme sur la route de l'échafaud. Les furies du temps leur épargnèrent les injures. Barnave était défendu par le respect public. Parvenu à la place fatale, il regarda les Tuileries, et franchit avec Duport les degrés que le roi, que Marie-Antoinette avaient montés. Là, quelque chose des sentiments et des indignations de l'homme s'éveilla en lui. Il frappa du pied la planche de l'échafaud, et présenta sa tête au bourreau, en s'écriant : « Voilà donc le prix de ce que j'ai fait pour la liberté ! » Il se trompait. Il avait fait beaucoup pour la révolution, pour la démocratie extrême, peu pour la liberté, son idole ; l'une qui avait voulu étendre sur tout l'ordre social un impitoyable niveau, l'autre à qui cet universel nivellement devait être mortel. C'était par là qu'il périssait avec l'élite de la France.

Il avait trente-deux ans alors. Que d'avenir dévoré ! que de services, de travaux, de gloire peut-être, tranchés par cette hache ruisselante de crimes et que tant de crimes attendaient encore ! Entre toutes les voix éloquentes dont la tribune française a retenti depuis ce temps, l'illustre orateur de Grenoble s'est distingué par le ton de la discussion et l'impression pénétrante de son accent. On admirait en lui cette improvisation mesurée qui allie l'élégance à la facilité, la grâce à la force, une rhétorique fleurie à une puissante dialectique. Les débats auxquels il prenait part révélaient d'abord une âme convaincue et une conscience dévouée, de sorte qu'il joignait à l'empire du talent celui de la sincérité. Mais ce que Barnave avait surtout, c'était la vigueur, c'était la passion ; et comme son étoile le condamna à briller aux débuts de la révolution, la passion jointe à l'inexpérience fit ses torts et ses fautes ; elle fit aussi ses malheurs, qui, après ses fautes, étaient nécessaires à l'honneur de sa mémoire. Barnave comprit les conditions du salut de la monarchie et les principes nécessaires à l'établissement du système représentatif, mais ce fut quand il était trop tard. Il ne put que périr pour la cause unie de la royauté, de l'ordre et des lois. Il s'est honoré par là, comme cette grande cause, malgré d'immenses erreurs, peut à juste titre s'honorer de lui. Sa gloire est d'avoir donné ses dernières pensées à la monarchie constitutionnelle, comme il lui avait autrefois consacré les premières : « La monarchie libre et limitée, écrivait-il dans sa prison, est le plus beau des gouvernements qui ait jamais régné sur la terre. Je ne puis m'arracher à en fixer l'image. Nations à qui *la Nature* (enfant du dix-huitième siècle, il ne disait pas : la Providence!) a permis d'arriver à cette forme de gouvernement, quels que soient les sacrifices qu'elle vous ait coûtés, vous ne l'avez pas payée trop cher ! » Par là évidemment il voulait dire trop cher en fait de malheurs et non en fait de crimes. Dans ce sens, il était beau à lui de s'exprimer ainsi quand pour son compte il payait de sa vie. Une génération tout entière a donné le même prix !..... Générations nouvelles, puissions-nous éviter par notre sagesse qu'un prix si grand n'ait pas été perdu ! (*Paris, avril 1833.*) N.-A. DE SALVANDY, de l'Acad. Française.

BARNEVELDT (JEAN D'OLDEN), grand pensionnaire de Hollande, naquit vers 1549, à Amersfoord, dans l'État d'Utrecht, d'une ancienne famille. Après avoir étudié le droit et la théologie dans plusieurs villes des Provinces-Unies, d'Allemagne et de France, il servit comme volontaire contre les Espagnols dans la guerre de l'indépendance. Mais ce n'était point dans les camps que l'appelait son génie naturel. La carrière, plus difficile, de la diplomatie et des travaux parlementaires était celle où il devait glorieusement lutter pour la liberté de son pays. En 1576 il fut nommé conseiller et pensionnaire de la ville de Rotterdam.

Après la prise d'Anvers par les Espagnols (1585) les Provinces-Unies, alarmées des progrès du duc de Parme, s'étaient vainement offertes à Henri III. Une nouvelle ambassade, dont Barneveldt faisait partie, vint offrir à Élisabeth la souveraineté des Pays-Bas. La reine ne donna qu'une réponse dilatoire ; et Barneveldt, pénétrant la politique secrète, fit porter au stathoudérat réuni de la Hollande et de la Zélande le jeune Maurice de Nassau, avec assez de pouvoir pour lutter contre Leicester, favori d'Élisabeth, envoyé par elle en qualité de gouverneur général des Provinces-Unies. En même temps il fut nommé par les états de Hollande avocat général de cette province.

Envoyé ensuite en ambassade auprès de Henri IV (1598), il détourna ce prince de faire la paix avec les Espagnols. Ce fut encore lui qui détermina les Anglais à restituer aux Provinces-Unies les places qui étaient demeurées entre leurs mains comme gage de leur créance pour les frais de la guerre.

Trente années de services et de dévouement avaient acquis à Barneveldt un grand crédit dans la république. Il était devenu le chef du parti démocratique, qui réclamait l'amovibilité du stathoudérat et la prépondérance de la législature sur le pouvoir exécutif. Depuis longtemps il avait entrevu les projets ambitieux de Maurice; depuis longtemps il luttait contre les tendances du stathouder; car il ne voulait pas que la république ne se fût affranchie de la tyrannie de l'Espagne que pour tomber entre les mains d'un dictateur.

Cependant les Provinces-Unies étaient à la veille de recueillir le fruit de leur persévérance et de leur courage. L'Espagne, épuisée, sans espoir de recouvrer ses provinces, venait d'entrer en négociations par l'entremise de l'archiduc, gouverneur des Pays-Bas. La ville de La Haye fut choisie pour le lieu d'un congrès auquel la France, l'Angleterre, le Danemark, le Brandebourg et le Palatinat furent invités à prendre part. Barneveldt y porta la parole. Il obtint d'abord la reconnaissance pleine et sans aucune réserve de l'indépendance des Provinces-Unies; mais la liberté du commerce souleva un débat violent: les Espagnols exigeaient que les Hollandais renonçassent à la navigation des mers de l'Inde pour leur en laisser le monopole. Barneveldt, ne voyant d'autre élément de grandeur pour sa patrie que le magnifique domaine de l'Océan, fit de la liberté des mers une condition aussi essentielle pour la paix que la liberté même du territoire national. L'Espagne ne pouvant se résoudre à céder, Barneveldt proposa une trêve. Aussitôt Maurice s'efforça de porter obstacle à une mesure qui ruinait ses projets; et en un instant toute la république fut en feu. Chaque jour voyait éclore de nouveaux libelles; on accusait Barneveldt d'être vendu, soit à la France, soit à l'Espagne. Un fait certain, c'est qu'il avait reçu de l'argent du président Jeannin, ambassadeur de Henri IV. L'effervescence était à son comble. On allait jusqu'à demander la mise en jugement et la mort du grand pensionnaire. Celui-ci se rendit alors devant l'assemblée des états, et après un discours aussi noble qu'énergique il résigna sa charge et se retira. Aussitôt les états envoyèrent des députés le conjurer de ne pas abandonner la république en des temps aussi difficiles. Cédant à leurs instances, il reprit ses fonctions, poursuivit avec ardeur les négociations, et conclut en 1609 une trêve de douze ans avec l'Espagne.

La conclusion de cette trêve, qui avait si longtemps divisé les esprits, ne ramena pas la concorde entre les deux factions rivales. La paix leur ouvrit, au contraire, un nouveau champ de bataille, le plus terrible de tous, celui des discussions religieuses. Deux sectes ennemies venaient de prendre naissance dans l'université de Leyde : l'une, dont Jacques Arminius était le chef, défendait en religion le libre arbitre de l'homme et en politique inclinait vers le fédéralisme; l'autre, qui se rangeait sous la bannière de François Gomar, soutenait dans toute leur rigidité les dogmes de Calvin sur la prédestination et la grâce, et réclamait avec violence l'unité et la centralisation du pouvoir. Le parti populaire tenait pour Gomar avec Maurice; les classes éclairées, pour Arminius avec Barneveldt.

Effrayé des progrès du stathouder vers le pouvoir souverain, Barneveldt, pour mettre fin aux séditions populaires, fit décréter par les états de Hollande un véritable coup d'État. Malgré la constitution, qui donnait à Maurice le commandement supérieur de toutes les forces de la république, les états ordonnèrent aux villes de lever une milice particulière, dépendante des municipalités. Cette atteinte portée au pouvoir du stathouder ne fit rien perdre à Maurice de sa popularité. Le prétexte principal des émeutes était la convocation d'un synode général que les Gomaristes appelaient à grands cris pour condamner leurs adversaires. Les Arminiens, au contraire, réclamaient des synodes provinciaux pour conserver la prépondérance dans les pays où ils étaient en majorité. Maurice excitait lui-même le peuple à forcer la main aux états; il parcourait les villes, désarmant ou licenciant les milices bourgeoises, sans que personne osât s'y opposer. Les libelles et les outrages redoublèrent contre Barneveldt. L'orage s'amoncelait sur sa tête. C'est alors qu'il publia l'apologie de sa conduite sous forme d'un mémoire aux états de Hollande. Dans cet écrit, remarquable par la profondeur et la sagesse des pensées, il signalait aux Provinces-Unies les intrigues et les crimes de la faction de Nassau. Mais, tandis qu'il cherchait ainsi à se consolider par l'appui des états de sa province, le stathouder, plus habile, se ménageait celui des états généraux. La convocation du synode national fut décrétée, et Barneveldt arrêté avec les deux pensionnaires de Hollande, Grotius et Hogerbeets. Une commission de vingt-quatre membres des états généraux le condamna à mort. L'ambassadeur de France essaya vainement de le sauver. Il fut décapité, le 13 mai 1619, et mourut avec une grande fermeté.

L'aîné des fils de Barneveldt, *Guillaume*, voulut plus tard venger la mort de son père en assassinant Maurice; mais, trahi par ses propres enfants, qui étaient ses complices, il n'eut que le temps de se réfugier à Anvers. Son frère *René* eut la tête tranchée en 1623 pour n'avoir pas dénoncé son aîné. La veuve de Barneveldt avait pourtant dit à Maurice : « Je n'ai pas demandé grâce pour mon mari, parce qu'il était innocent; mais je la demande pour mon fils, parce qu'il est coupable. » W.-A. DUCKETT.

BARNIER (JEAN), poète français qui vivait à la fin du dix-septième siècle, est auteur de poëmes de différents genres, remarquables par une versification élégante de même que par la délicatesse et la grâce de la pensée. Ils n'ont point encore été publiés; mais ils existent en manuscrits dans la bibliothèque de Nîmes.

BARNIM (Mme de). *Voyez* ELSSLER (Fanny).

BARNSTORFF (BERNARD), né à Rostock en 1625, et mort en 1686, étudia la médecine à Wittemberg, parcourut ensuite la Hollande, l'Angleterre et la France, et ne fut reçu docteur qu'à l'âge de quarante-six ans, époque où il se fixa dans sa ville natale. Il venait d'être nommé professeur, quand la mort le surprit à l'âge de soixante et un ans. On a de lui : *Dissertatio inauguralis de morbo virgineo, sive fœdis virginum coloribus*, thèse soutenue pour l'épreuve du doctorat, et *Programma de resuscitatione Plantarum*, où il prétend prouver que les plantes peuvent renaître de leurs cendres, opinion d ont tout démontre la fausseté.

Son fils, *Éverard* BARNSTORFF, né en 1672, obtint le titre de docteur en 1696, après avoir étudié à Iéna, à Halle et à Leipzig, et occupa ensuite une chaire de mathématiques et de médecine à la seconde de ces universités. Il fut plus tard appelé aux fonctions de médecin cantonal, d'abord à Anklam, puis à Greifswald. Parmi les nombreuses dissertations qu'on a de lui, nous citerons celle qui est intitulée : *Consilium præservatorium*, ou *wohlgemeinte Gedanken wie man sich bei gegenwärtiger und herumschleichender pestilenzialischer Contagion zu verhalten und zu verwahren habe* (Conseil préservatif, ou ce qu'il convient de faire pour se préserver de la contagion pestilentielle [Greifswald, 1709]).

BARNUEVO (PEDRO DE PERALTO), poète espagnol qui florissait dans la moitié du siècle dernier, appartenait à l'armée et remplissait des fonctions militaires dans l'une des colonies espagnoles de l'Amérique du Sud. Un écrivain anglais contemporain, auteur d'une très-bonne histoire de la littérature espagnole, Ticknor, voit en lui plutôt un érudit qu'un poète. Quoi qu'il en soit, on a de lui, sous le titre de

Lima fundada (Lima, 1732) un poëme héroïque divisé en deux parties et consacré à célébrer la conquête du Pérou par Pizarre. L'auteur a largement mis à contribution l'histoire de l'Inca Garcilaso, qui lui reste supérieur; mais son poëme a un certain cachet de mysticisme qui le rend fort curieux. C'est ainsi qu'il représente les Américains implorant de Dieu qu'il leur fasse la grâce de leur envoyer des conquérants qui les convertissent à la foi chrétienne. Sa fiction, on le voit, est un peu forte.

BARO (BALTHASAR), né à Valence en Dauphiné, en 1600, et mort en 1650, fut d'abord secrétaire de d'Urfé. La protection de la duchesse de Chevreuse lui valut successivement la place de procureur du roi au présidial de sa ville natale, puis les lucratives fonctions de trésorier de France à Montpellier. On a de lui différents poëmes, entre autres : *Celinde*, poëme héroï-tragi-comique en cinq actes et en prose (1629), *Le prince Fugitif*, et *Saint-Eustache*, martyr, poëmes dramatiques (1649), *Carista, ou les Charmes de la beauté*, et *L'âme vindicative*, poëme du même genre (1651); une tragédie intitulée : *Rosemonde* (1651); enfin, une *Ode sur la mort du maréchal de Schomberg*, publiée dans les Mémoires de l'Académie Française.

BAROCCI (AMBROGIO), peintre et sculpteur milanais qui florissait au commencement du seizième siècle. Il se fixa dans la ville d'Urbino, et devint la souche de la famille qu'illustra plus tard *Federigo* Baroccio.

BAROCCIO (FEDERIGO), peintre célèbre, qui fit de la réaction contre la décadence de l'art à une époque où l'école fondée par Raphaël dégénérait, où les élèves du Corrége tombaient dans le maniéré et où l'on copiait Michel-Ange sans le comprendre. Il y réussit en imitant librement, mais non pas superficiellement, le Corrége; sous ce rapport il offre beaucoup de points de ressemblance avec le Parmesan, quoiqu'il ne manque pas d'âffèterie dans sa conception et que son expression soit trop léchée. En revanche, son coloris est fondu avec beaucoup de bonheur, et il excelle à distribuer les lumières et les ombres. Sa composition est gracieuse et délicate. Après avoir étudié successivement les ouvrages de Raphaël, du Titien et du Corrége, il produisit des tableaux dans la manière particulière à chacun de ces grands artistes, et finit par adopter celle du Corrége. Sa couleur, comme celle de ce maître, a une fraîcheur, une transparence, une délicatesse étonnantes; mais elle est peut-être un peu trop rosée et violacée. Son clair-obscur est savant dans ses reflets, et ses figures sont correctes. Né en 1528, à Urbino, il mourut en 1612. Son père était sculpteur, et son oncle architecte. Il apprit de l'un les éléments du dessin et à manier l'argile; l'autre lui enseigna la géométrie, l'architecture et la perspective.

A l'âge de vingt ans Baroccio vint à Rome, et mérita les encouragements et les éloges de Michel-Ange; mais plus tard, ses ennemis ayant essayé de l'empoisonner, il s'en retourna dans son pays. Il fut près de quatre ans sans pouvoir reprendre un pinceau, tant ce lâche attentat avait porté une grave atteinte à sa santé. On considère comme un de ses principaux ouvrages une *Descente de croix* colossale, qu'on voit dans la cathédrale de Pérouse, composition qui effectivement ne manque point de grandeur. Une *Madone dans les nuages*, une *Sainte Lucie* et un *Saint Antoine* que possède la collection du Louvre, sont des toiles d'une remarquable exécution technique, et *le Christ et Madeleine* qui orne la galerie Corsini à Rome se distingue par sa naïve vérité. Il peignit pour Clément X une *Communion*, qui se trouve aujourd'hui à Rome dans la Minerva. On voit de lui, entre autres, à Urbino, *Le Pardon*, grand tableau auquel l'artiste travailla pendant sept années consécutives. Il le grava lui-même sur cuivre.

Au nombre des meilleures productions de ce peintre, il faut encore citer une *Sainte Famille* qui se trouve aujourd'hui au Musée royal de Naples. C'est là, du reste, un sujet qu'il traita avec prédilection à diverses reprises, et toujours d'une manière différente. Ses nombreuses toiles sont dispersées dans toute l'Italie; mais il est rare d'en rencontrer dans le commerce, et toujours elles atteignent dans les ventes des prix fort élevés. Bellori, qui a écrit sa vie, en a aussi donné le catalogue complet. On s'étonnera qu'il ait pu tant produire, quand on saura que la délicatesse de sa santé ne lui permettait pas de travailler plus de deux à trois heures par jour.

BAROCHE (PIERRE-JULES), vice-président du conseil d'État, ancien ministre de l'Intérieur, est né à Paris, en 1802, d'une famille de commerçants. Orphelin dès l'âge de onze ans, il fit son droit, et se fit inscrire au tableau des avocats de la capitale en 1823. Ses débuts furent sans éclat, et il s'attacha d'abord à l'étude des questions de droit civil et commercial. Vers 1835, il défendit devant la cour d'assises l'assassin des époux Maës; et en 1839 il plaida dans la grande affaire de la coalition des messageries. Sans 'avoir jamais brillé au barreau, il devint bâtonnier en 1846, et fut réélu en 1847. Trois fois il se chargea de la défense d'accusés traduits devant la Cour des Pairs. En 1841, il défendit le marchand de vin Colombier, compromis dans l'affaire Quénisset, comme ayant prêté sa maison aux réunions de la société des Travailleurs égalitaires; et malgré sa plaidoirie, Colombier fut condamné à mort. En 1846, M. Baroche défendit Joseph Henry, auteur d'une tentative d'assassinat sur la personne de Louis-Philippe : l'accusé fut condamné aux travaux forcés à perpétuité. L'année suivante, il défendit encore le général Despans-Cubières, accusé de tentative de corruption, et, malgré la biographie élogieuse qu'il fit de son client, celui-ci fut condamné à la dégradation civique et à 10,000 francs d'amende.

Mais M. Baroche ne combattait pas seulement le pouvoir sous la toge de l'avocat; en 1840, 1842 et 1846, il se présenta comme candidat de l'opposition aux électeurs de Nantes. « Avocat depuis vingt-trois ans, disait-il dans une circulaire, je n'ambitionne pas d'autre titre; jamais je n'accepterai ni place ni fonctions publiques. J'appartiens à l'opposition modérée, mais ferme dans ses principes, qui siége sur les bancs du centre gauche et combat avec persévérance cette politique de paix à tout prix, non moins blessante pour l'honneur que pour les intérêts de la France... Je ne blâme pas avec moins d'énergie cette politique intérieure qui s'appuie sur la corruption parlementaire, etc. » M. Baroche, tout homme de travail et d'étude, tout partisan de la réforme qu'il fût, n'obtint pas les suffrages des électeurs; mais plus heureux, en 1847, lorsque M. le colonel Dumas, député de Rochefort, donna sa démission, il le remplaça. M. Baroche prit alors place sur les bancs de la gauche, devint un des héros, assez pâle, il est vrai, des banquets réformistes, et au mois de février 1848 il signa l'acte d'accusation déposé par son chef de file, M. O. Barrot, contre le ministère, pour avoir interdit le banquet du douzième arrondissement à Paris, et à avoir ainsi violemment dépouillé les citoyens d'un droit inhérent à toute constitution libre. Très-certainement M. Baroche était de ceux qui faisaient une loyale opposition constitutionnelle au ministère doctrinaire, et la chute de la monarchie de 1830 fut bien plutôt le résultat de l'entêtement de ce cabinet, que des actes de l'opposition.

Élu membre de l'Assemblée Constituante, en 1848, il y fit partie du comité des affaires étrangères, combattit la loi sur les incompatibilités, et vota pour les deux chambres. Réélu l'année suivante à l'Assemblée Législative, il fut appelé, le 15 mars 1850, à prendre le porte-feuille de l'Intérieur, qu'il échangea dans le courant du mois suivant contre celui des affaires étrangères. Il est aujourd'hui vice-président du conseil d'État.

BAROCO, quatrième mode de la seconde figure du *syllogisme*. La majeure dans un syllogisme en *baroco* est universelle affirmative; la mineure et la conclusion, particulières négatives. Tel est ce syllogisme, que nous empruntons à Port-Royal :

BA Toute vertu est accompagnée de discrétion.
RO Quelques zèles ne sont pas accompagnés de discrétion ;
CO Donc, quelques zèles ne sont pas vertu.

BAROERO (Jacques), chirurgien de mérite né à Soglio, comté d'Asti, en 1790, mort en 1831, fit ses études à l'université de Turin et plus tard y occupa une chaire de chirurgie. Il fut longtemps attaché à l'hôpital de cette ville connu sous le nom d'*hospice de la charité*, ainsi qu'à l'établissement spécial consacré au traitement des maladies vénériennes. Cet habile praticien périt victime d'un affreux accident. Ses chevaux, effrayés par un orage, s'emportèrent et entraînèrent sa voiture dans le Pô-où il se noya.

BAROMÈTRE (de βάρος, poids, et μέτρον, mesure). De ce que l'eau ne s'élève jamais au delà de trente-deux pieds dans les corps de pompe, Galilée soupçonna que l'ascension des fluides dans le vide pouvait être due à la pesanteur de l'air. Mais la mort vint bientôt surprendre le savant Florentin, et son disciple Torricelli, continuant les recherches du maître, arriva par la seule puissance du raisonnement à cette conclusion que l'eau s'élève dans les corps de pompe par la pression que l'air extérieur exerce sur elle, pression qui fait justement équilibre à une colonne d'eau de 32 pieds. Il restait à corroborer cette découverte par une expérience décisive ; pour simplifier cette vérification, Torricelli se basa sur ce principe, que la hauteur de la colonne liquide à laquelle la colonne atmosphérique fait contre-poids doit être en raison inverse de la densité du liquide. Ainsi le mercure, dont la densité est à celle de l'eau à peu près comme 13 ½ :: 1, ne devait s'élever qu'à une hauteur égale au résultat de la division de 32 pieds par 13 ½, c'est-à-dire 28 pouces environ. Torricelli prit un tube de verre d'environ 3 pieds de longueur, dont il boucha un des orifices ; il le remplit de mercure, puis le plongea par son extrémité ouverte dans un bain de ce métal; le liquide descendit aussitôt, laissa en haut du tube un espace vide d'air, et, après quelques oscillations, se fixa enfin à la hauteur de 28 pouces au-dessus de la surface du bain. Cette expérience réalisait pleinement les prévisions de Torricelli; cependant elle démontrait seulement que la même cause qui élevait l'eau dans les corps de pompe soutenait le mercure dans le tube d'expérimentation, sans prouver que cette cause fût la pesanteur de l'air. Torricelli fut enlevé aux sciences en 1647, avant d'avoir pu constater sa théorie.
Pascal reprit alors les travaux inachevés de Torricelli. Il s'appuya sur cette considération : « Si on conçoit une colonne d'air verticale de même hauteur que l'atmosphère, divisée en tranches ou couches horizontales par des plans équidistants et très-rapprochés l'un de l'autre, la pression exercée au niveau inférieur de chaque tranche, dans l'hypothèse de la pesanteur de l'air, est due au poids de cette tranche augmenté de celui de toutes les tranches supérieures ; cette pression doit être d'autant moindre que la tranche est plus élevée dans la colonne : d'où il résulte que la pression de l'air doit diminuer à mesure qu'on s'élève dans l'atmosphère, et par suite que, dans un mouvement graduel d'ascension au-dessus de la surface de la mer, la longueur de la colonne de mercure qui, dans le tube de Torricelli, fait équilibre à la pression des couches supérieures, doit aller graduellement en diminuant. » Pascal écrivit alors à son beau-frère Périer, conseiller des aides d'Auvergne, en le priant de vouloir bien se charger d'exécuter l'expérience sur la montagne du Puy-de-Dôme. Le succès fut complet; les hauteurs de la colonne de mercure, observées successivement au niveau de la ville de Clermont et au sommet du Puy-de-Dôme, présentèrent à Périer une différence de 3 pouces 1 ligne ½. Pascal lui-même répéta l'expérience à Paris sur la tour de Saint-Jacques-la-Boucherie, et trouva pour une différence de niveau de 25 toises une différence de plus de 2 lignes dans la hauteur de la colonne de mercure.

Telle fut l'origine de l'un des plus précieux instruments que possède la physique, du *baromètre*, qui n'est encore aujourd'hui, malgré les nombreux perfectionnements qu'il a reçus, que le *tube de Torricelli*.

Tout liquide serait propre à faire un baromètre ; mais le mercure est de beaucoup préférable, par la raison qu'à volume égal il est le plus pesant de tous. D'ailleurs le mercure n'est pas sujet, comme les autres liquides, à passer à l'état de vapeur par de faibles élévations de température : ces vapeurs se rendant dans la partie supérieure du tube, s'opposeraient par leur élasticité à l'action de l'atmosphère. C'est pour la même raison qu'une des premières conditions à remplir pour obtenir un instrument exact est de purger et le mercure et le tube de l'air qui peut s'y trouver retenu. Pour arriver à ce résultat, on prend du mercure que l'on rend aussi pur que possible en le distillant dans une cornue de fer ou de grès ; après quoi on le fait bouillir dans un vase couvert, afin qu'il ne soit pas en contact avec l'air. Ayant choisi un tube de verre d'environ un mètre de long et d'un diamètre de huit millimètres, on bouche un de ses orifices à la flamme d'une lampe d'émailleur, et l'on effile le tube vers le bout : sans cette précaution, il pourrait arriver, lorsqu'on renverserait l'instrument, que l'orifice bouché fût brisé par le choc du mercure. Le tube étant prêt, on le remplit au quart de mercure préparé comme il vient d'être dit ; on le promène sur des charbons allumés pour faire bouillir le mercure et chasser ainsi l'air qu'il pourrait contenir. Quand il ne se dégage plus de bulles, on verse de nouveau du mercure un peu chaud, on fait bouillir, et l'on continue de la même manière jusqu'à ce que le tube soit entièrement plein ; cela fait, on pose le doigt sur l'orifice ouvert, et l'on renverse l'appareil dans une cuvette pleine de mercure bouilli, sur laquelle on le tient dans une position verticale; le mercure abandonne le haut du tube; et si les opérations ont été faites avec soin, lorsqu'on renverse l'instrument, le mercure le remplit de nouveau entièrement après avoir donné un coup sec contre le sommet; si le coup est mou et s'il reste quelque vide entre le mercure et l'orifice bouché du tube, c'est un indice que l'opération est manquée. Le tube rempli est fixé avec la cuvette dans laquelle il plonge sur une planche tenue verticalement et dont la hauteur est graduée en millimètres à partir du niveau du mercure contenu dans la cuvette; un vernier lui est adapté. Enfin, un petit thermomètre très-sensible est fixé à côté du tube du baromètre, pour en indiquer la température.

Dans ce baromètre, le plus simple de tous les *baromètres à cuvette*, il importe beaucoup que le diamètre de la cuvette contienne un grand nombre de fois celui du tube, par la raison que voici : quand, par une cause quelconque, le poids de l'atmosphère diminue, le poids de la colonne de mercure contenue dans le tube n'étant plus contrebalancé, une certaine quantité de mercure de cette colonne se répand dans la cuvette, et la surface du métal contenu dans celle-ci s'élève ; il en résulte que le niveau du mercure dans la cuvette n'est pas constant, et qu'il varie d'autant plus que celle-ci est moins large. Cependant on peut obvier à l'inconvénient des variations de niveau, en rendant mobile l'échelle qui mesure les diverses hauteurs de la colonne, et en plaçant à chaque observation le zéro de cette échelle vis-à-vis la surface du bain de mercure dans la cuvette.

Le *baromètre de Fortin* est aussi à cuvette, mais il se distingue des autres instruments de même genre, en ce qu'on peut toujours ramener avec exactitude le niveau du mercure de la cuvette au zéro de l'échelle, en rendant ce niveau mobile, et en laissant l'échelle fixe. A cet effet, le fond de la cuvette est formé par un sac de peau qui, s'appuyant sur une tête de vis, et devenant mobile lorsqu'on fait marcher

34.

cette vis, peut toujours ramener le mercure à effleurer la pointe d'une aiguille fixe. Les baromètres du système Fortin, avec le perfectionnement d'exécution qu'y a apporté l'habile artiste Ernst, sont les meilleurs qui aient jamais été faits. Leur prix n'est que de 120 à 130 francs.

Supposons un siphon dont la plus longue branche ait environ un mètre et soit fermée; remplissons l'appareil de mercure : nous aurons un nouveau baromètre où le zéro de l'échelle correspondra à la surface du mercure dans la petite branche : comme cette surface varie de hauteur, on est obligé de rendre l'échelle mobile; on peut néanmoins s'en dispenser en doublant les variations de hauteur de l'une des colonnes, pourvu qu'elles aient absolument le même diamètre. Pour rendre le baromètre à siphon portatif, on y adaptait autrefois un robinet de fer qui fermait la branche ouverte; mais ce système avait des inconvénients : les matières grasses qui facilitaient le jeu du robinet altéraient à la longue la pureté du mercure.

Gay-Lussac inventa alors un baromètre à siphon qu'il rendit portatif sans l'emploi du robinet. Le tube de ce baromètre se compose de trois parties distinctes; la première et la troisième ont un même diamètre, égal à celui d'un tube barométrique ordinaire; la seconde, qui forme le coude du siphon, est beaucoup plus étroite, afin de prévenir toute introduction de l'air dans la plus longue branche de l'appareil. Cette branche est fermée supérieurement, tandis que l'autre communique avec l'atmosphère par une très-petite ouverture qui laisse entrer l'air, mais par laquelle le mercure ne peut sortir. Le tube est fixé sur une échelle graduée double, et renfermé dans une boîte longue et étroite. Le baromètre de Gay-Lussac, avec une ingénieuse modification due à M. Bunten, est le meilleur des baromètres portatifs à siphon.

Le baromètre à cadran, encore appelé baromètre de Jecker, et construit pour la première fois par Hooke en 1668, n'est qu'un baromètre à siphon fixé derrière un cadran dont l'aiguille se meut à l'aide d'une petite poulie très-mobile. Sur la gorge de cette poulie passe un fil portant à ses deux extrémités deux poids égaux; l'un de ces poids entre dans l'ouverture de la petite branche et repose sur le mercure; l'autre pend librement au dehors. Lorsque la pression atmosphérique augmente, le mercure descend dans la branche ouverte, ainsi que le poids qui pèse à sa surface, et l'aiguille, suivant le mouvement de la poulie entraînée par le fil, vient s'arrêter sur un point du cadran. Si, au contraire, la pression atmosphérique diminue, le mercure remonte avec les poids, et l'aiguille tourne en sens contraire. Comme la circonférence parcourue par la pointe de l'aiguille peut être rendue très-grande, il s'ensuit, en apparence du moins, que les plus petites différences de niveau dans la colonne de mercure, et par conséquent les moindres variations atmosphériques, sont appréciables sur le cadran. Ces indications sont loin cependant d'être aussi précises qu'on pourrait d'abord le croire : il faut, avant que l'aiguille se mette en mouvement, que la force qui fait monter ou descendre le mercure dans la petite branche, surmonte la résistance que lui oppose le double frottement de la poulie sur son axe et du fil sur la poulie. Aussi, quand on veut consulter cet instrument, est-il bon de le frapper doucement à petits coups, pour faire mouvoir l'aiguille.

Quelque bien construit que soit un baromètre, les observations faites avec cet instrument doivent toujours subir deux corrections pour donner une mesure exacte de la pression de l'air : l'une, relative à la capillarité, tient compte de la dépression occasionnée dans la colonne de mercure par son contact avec le tube de verre; l'autre est relative à la température, dont les variations, en déterminant des changements dans la densité du mercure, obligent de ramener les hauteurs observées à une même température, pour qu'elles puissent devenir comparables; c'est pourquoi nous avons vu qu'on joint ordinairement un thermomètre à l'appareil barométrique.

Les expériences faites au Puy-de-Dôme par le beau-frère de Pascal ayant démontré qu'on ne pouvait s'élever sans que le mercure s'abaissât dans le tube barométrique, l'application du baromètre à la mesure des hauteurs se présenta bientôt à l'esprit des mathématiciens, et, comme nous le verrons tout à l'heure, Halley eut le premier une idée précise de cette méthode.

Il fallait déterminer préalablement la loi suivant laquelle les variations de la colonne de mercure répondaient aux élévations des lieux observés. Si la densité de l'air était toujours la même à toutes les hauteurs, il aurait été facile de calculer l'abaissement progressif du mercure à mesure qu'on s'élève. En effet, lorsque le baromètre est à $0^m,76$, et la température à $0°$, on trouve, par expérience, qu'il faut s'élever de $10^m,5$ pour faire baisser le mercure de $0^m,001$, en sorte que, sous l'empire de ces circonstances, un cylindre de mercure d'un millimètre de hauteur a précisément le même poids qu'un cylindre d'air de même base et d'une hauteur de $10^m,5$. Si les mêmes circonstances se présentaient dans toutes les couches atmosphériques, chaque millimètre de la colonne barométrique répondant à $10^m,5$ de la colonne atmosphérique, la hauteur de l'atmosphère devrait être égale à 760 fois $10^m,5$ ou à 7980 mètres; or, ce résultat est bien loin de la vérité, puisque, dans sa mémorable ascension, Gay-Lussac s'éleva à plus de 7000 mètres, et qu'à cette prodigieuse hauteur, le mercure du baromètre ne descendit qu'à $0^m,328$. Mais on reconnaît facilement que c'est là un résultat de la compressibilité de l'air. On sait, en effet, que l'air se comprime en raison du poids dont il est chargé, et qu'en conséquence la densité de ce fluide, dans un point quelconque, est toujours proportionnelle au poids de la partie supérieure de la colonne atmosphérique sous laquelle il est placé, ou bien, ce qui revient au même, à l'élévation du mercure dans le baromètre à ce point. On arrive ainsi à cette loi formulée par Halley : Les densités de l'air diminuent en progression géométrique, lorsque les hauteurs croissent en progression arithmétique. Les différences de hauteur des diverses couches au-dessus du niveau de la mer sont donc proportionnelles aux différences des logarithmes des hauteurs du mercure dans le baromètre.

Rien ne serait plus simple que cette règle si le nombre ou module par lequel il faut multiplier la différence des logarithmes pouvait être regardé comme constant; mais, à mesure qu'on s'élève dans l'atmosphère, la densité de l'air, qui décroît en raison de la diminution de pression des couches supérieures, éprouve une variation en sens inverse par le refroidissement qui a lieu à mesure qu'on s'éloigne de la surface terrestre. Deluc, Tremblay et quelques autres savants cherchèrent à déterminer la loi de ce refroidissement et de la condensation qui en résulte. Laplace imagina une méthode dont Haüy fit l'application aux observations faites par de Saussure sur le Mont-Blanc. La formule de Laplace étant très-compliquée, M. Oltmanns a dressé, pour calculer la hauteur des montagnes, des tables qui facilitent singulièrement l'opération. Ces tables, publiées en 1817 dans l'Annuaire du Bureau des Longitudes, y ont été reproduites depuis.

Les différences de niveau dans la colonne barométrique ne se manifestent pas seulement en passant d'un lieu plus bas à un lieu plus élevé, on les observe encore dans un même lieu ; ainsi, à Paris, il n'y a pas de jour où ce niveau ne change de plusieurs millimètres. En général, on remarque deux sortes de variations dans le baromètre, les variations accidentelles et les variations horaires. Celles-ci se produisent régulièrement à des heures marquées, et sont d'une étendue constante; les autres surviennent irrégulièrement sans qu'on puisse en prévoir ni l'époque ni l'étendue.

Sous l'équateur les mouvements de dépression et d'ascension du mercure sont, d'après M. de Humboldt, qui les a longuement observés, tellement réguliers qu'ils pourraient servir à indiquer les heures comme le ferait une horloge ; seulement ils ont peu d'amplitude, car ils s'accomplissent dans une étendue qui ne dépasse point deux millimètres. A mesure que l'on s'éloigne des régions tropicales, les oscillations horaires du baromètre se compliquent avec des variations accidentelles beaucoup plus considérables, qui les masquent complétement aux yeux d'un observateur superficiel. Mais, par cela même que des variations sont accidentelles et irrégulières, leurs effets doivent se compenser sensiblement quand on embrasse un assez grand nombre d'observations, de manière à ne plus laisser subsister dans les valeurs moyennes que l'influence des causes constantes et régulières. Par cette ingénieuse déduction de la théorie des chances, Ramond a constaté en France l'existence d'une période semblable à celle qui s'observe entre les tropiques, mais moins étendue, et dont les instants correspondants aux plus grandes et aux plus petites hauteurs ne sont pas les mêmes en toutes saisons. Le *maximum* du matin arrive entre sept et huit heures pendant l'été, et de neuf à dix pendant l'hiver. Le *minimum* du soir tombe entre quatre et cinq heures durant la première saison, et entre deux et trois heures durant la seconde. En discutant plusieurs milliers d'observations faites à l'Observatoire de Paris, M. Bouvard a trouvé que la plus petite étendue des oscillations correspondait au trimestre de novembre, décembre et janvier, et la plus grande au trimestre suivant. Il parait que lorsqu'on atteint le 70ᵉ degré de latitude, l'influence des variations horaires cesse entièrement.

Quant aux *variations accidentelles*, elles ne sont soumises à aucune loi. A Paris, par exemple, le baromètre est en oscillation continuelle au-dessus ou au-dessous de la moyenne de l'année, et quelquefois ces oscillations occupent une très-grande étendue : ainsi, dans cette localité, où la hauteur moyenne du baromètre est à peu près de $0^m,754$, on observa dans la même année, en 1821, deux oscillations présentant entre elles une différence de $0^m,061$. Ces fluctuations deviennent encore plus sensibles lorsqu'on les observe dans un grand *baromètre à eau*, comme celui qu'on a construit à Londres ; un tel baromètre est continuellement dans une vive agitation.

L'emploi vulgaire du baromètre (et principalement du baromètre à cadran) repose sur la propriété qu'on accorde aux variations accidentelles de présager le beau et le mauvais temps.

Cette opinion est fondée sur des observations justes, quoiqu'elles soient le plus ordinairement mal interprétées ; aussi devons-nous entrer ici dans quelques détails relativement à ces observations, afin de leur assigner leur véritable importance, et de rectifier les fausses interprétations auxquelles elles peuvent donner lieu.

Les vents sont les grands arbitres de la pluie et du beau temps ; ce n'est donc point la pluie ou le beau temps que le baromètre annonce lorsqu'il baisse ou quand il monte : il indique uniquement, par ces variations opposées, que la direction du vent n'est plus la même. Comme lorsque ce changement de direction survient, le temps aussi change *le plus souvent*, on en a conclu que le baromètre devait l'annoncer, et on l'a accusé d'infidélité quand, le vent ayant changé, le temps est resté le même. Or, ce reproche ne doit pas être adressé au baromètre, et ce n'est que le vent qu'il faut accuser de n'avoir point chassé les nuages comme à son ordinaire, ou de ne les avoir pas rassemblés et précipités sous forme de pluie. Quelques exemples vont le démontrer. L'observation apprend que le baromètre est plus haut pour les vents compris entre le sud et le sud-sud-ouest que pour ceux compris entre le nord-ouest et le nord-est. Or, les premiers sont des vents chargés des vapeurs de l'océan Atlantique qui se résolvent très-souvent en pluie ; les seconds, traversant des continents, sont secs et rarement accompagnés de pluie. Supposons que le vent souffle du nord depuis quelque temps ; si le baromètre commence à baisser, on peut annoncer avec une grande probabilité qu'il sera remplacé par un vent du sud-ouest, d'autant mieux que déjà ce vent aura pu être observé dans les hautes régions de l'atmosphère par la direction des nuages : en effet, ce vent étant chargé de vapeurs maritimes, la pluie est probable. Elle peut aussi être amenée par le vent du nord ; car supposons que le vent du sud-ouest soufflait au moment du changement de vent, on verra le baromètre commencer à monter à mesure que le vent du nord s'établira ; mais alors l'atmosphère ne tardera pas à éprouver un refroidissement qui condensera les vapeurs amenées précédemment du sud-ouest, et dont la précipitation aura lieu sous forme de pluie. C'est là un de ces cas qui se présentent souvent (environ une fois sur cinq à Paris), et dont la cause, inconnue du vulgaire, est attribuée par lui seulement à une imperfection du baromètre. Il faut donc reconnaître que les erreurs qui proviennent des inductions tirées généralement de la simple observation de la hausse et de la baisse de cet instrument sont dues à ce qu'on veut absolument qu'il indique par ses variations des changements de temps, tandis que, rigoureusement parlant, il ne peut constater par là que des changements de vent ; mais comme la pluie est le plus souvent amenée par le vent du sud-ouest, les prophéties tirées de la hausse ou de la baisse du baromètre ont par là une probabilité d'être ordinairement réalisées. Dans les lieux où il pleut indifféremment par tous les vents, et c'est ce qui s'observe à Pétersbourg, par exemple, les indications générales du baromètre sont sans valeur.

Avant la pluie, la hauteur du baromètre est au-dessous de la moyenne du lieu d'environ quatre millimètres. Quand la pluie continue, le baromètre se tient plus bas qu'il ne se tiendrait avec le même vent si le temps était beau ; mais lorsque la pluie tombe, il commence à monter un peu. Pendant les orages, il baisse rapidement, pour remonter et redescendre ensuite. En hiver, cette baisse subite, lorsqu'elle se joint à une température élevée pour la saison, annonce presque infailliblement un orage. Dans tous ces cas, la baisse du baromètre n'est point générale à la surface d'un pays, et en rayonnant à partir du point où elle est le plus forte, on trouve que la colonne barométrique est de plus en plus élevée.

Lorsque le baromètre oscille très-vite, qu'il monte et descend rapidement, on peut en conclure que de grandes perturbations sont survenues dans les conditions climatériques d'une partie de l'Europe. Vers Noël 1821 le baromètre se tint très-bas dans presque toute l'Europe : aussi à Paris et dans l'Europe occidentale la température de janvier et de février fut-elle supérieure de plusieurs degrés à la moyenne, tandis que l'hiver fut très-rigoureux aux États-Unis et en Perse. L'été suivant fut très-chaud et très-sec à Paris ; dans l'Inde, au contraire, des vents de mer violents et humides régnèrent pendant ce même été. Souvent ces perturbations ne se manifestent pas dans la région dont l'observateur occupe le centre, et elles ont lieu sur des points plus ou moins éloignés de celui où il observe les oscillations de son instrument. Les orages et les coups de vent sont toujours précédés d'une baisse barométrique d'autant plus forte qu'on s'éloigne davantage de l'équateur. Aussi une baisse de quelques millimètres sous la ligne équinoxiale a-t-elle autant d'effet que celle de plusieurs centimètres au delà du cercle polaire. C'est ainsi que dans une grande tempête, qui parcourut une partie de l'Europe en février 1783, le baromètre baissa considérablement sur toutes les régions parcourues par la tempête : dans le centre de l'Angleterre il s'abaissa à 31 millimètres au-dessous de sa hauteur moyenne ; en France et en Allemagne l'abaissement fut de 11 à 30 millimètres, et à Rome de 7 millimètres.

BARON, dans la basse latinité *baro*, *barus*, qui signifie *homme*. En Germanie, en Gaule, à l'époque de l'invasion des barbares, nulle idée de distinction, de dignité, ne se rattachait à ce mot. Dans les lois des Ripuaires, des Alemans, des Longobards, *baro, barus* est employé pour *homo*, et il est toujours opposé à *femina*. On y trouve souvent cette formule : *sive baro, sive femina*. En Espagne le mot *varones*, qu'on rencontre dans les anciens documents, signifie *hommes* en général. Ce mot, d'origine germanique, fut incontestablement apporté dans la péninsule hispanique par les Goths.

L'acception générale de l'ancien mot se conserva longtemps encore. A l'époque où *baron* signifiait déjà un seigneur puissant, maître de grands fiefs, le même nom servait à désigner le mari, par opposition à la femme. On le retrouve avec ce sens dans un document du treizième siècle, cité par Beaumanoir, dans les Assises de Jérusalem et dans les lois normandes qui furent importées en Angleterre par les conquérants.

Au moment où s'établit le système féodal, les propriétaires de grands domaines, ceux qu'on appela plus tard les *grands vassaux*, reçurent généralement le nom honorifique de *barons*. Sous Charles le Chauve on désignait par ce mot ceux qui dans l'empire carlovingien tenaient un rang illustre par leur mérite ou l'étendue de leurs propriétés.

Au moyen âge les grands vassaux étaient appelés *barons* ou *bers*, et en langue vulgaire *hauts barons, hauts bers*. La femme du baron était qualifiée de *baronesse*, en latin *baronissa*, mot qu'on retrouve dans plusieurs auteurs qui ont écrit en langue vulgaire, notamment dans Christine de Pisan. Dans son *Traité sur les Seigneuries*, Loisel remarque que dans certaines provinces de France les fils aînés des puissants seigneurs recevaient le titre de *barons*; cette qualification était réputée honorable parmi les plus illustres; et un vieux poëte dit en parlant de Thibaut Ier, comte de Chartres :

Thibault fut né de France un des plus hauts barons,
Moult avoit par la terre chasteaux et fors maisons.

Quelques hommes en France étaient néanmoins spécialement appelés *barons*. C'étaient ceux qui jouissaient dans leurs terres des droits féodaux dans toute leur plénitude. Les pairs de la cour du roi, qu'on désigna plus tard sous le nom de *pairs de France*, étaient aussi appelés barons; c'étaient de *hauts barons*. Les Montmorency se qualifiaient de *premiers barons de France* ou *premiers barons chrétiens*. Certains dictons, généralement répandus, restreignaient beaucoup le nombre des barons. Il y avait, selon les uns, *quatre baronnies notables et principales* : Coucy, Craon, Sully et Beaujeu; suivant d'autres, trois seulement : Bourbon, Coucy et Beaujeu.

L'expression *baronnie*, qui désignait l'étendue des possessions et de la juridiction d'un baron, était aussi employée pour signifier l'assemblée des barons qui accompagnait le roi à la guerre :

Moult i ot riches hom, grant fu la baronie.

Ce mot servait en outre à désigner la noblesse en général : on le retrouve avec cette acception dans tous les chroniqueurs français, anglais et italiens. *Tenir en baronnie* signifiait tenir en fief. Ce que nous disons de *baronnie* s'applique également à *barnage* et à *baronage*.

Sous le règne de Philippe-Auguste, comme on le voit dans le cartulaire qui porte le nom de ce prince, le nombre des barons français était déjà très-considérable : on en comptait cinquante-neuf, parmi lesquels il n'y avait pas seulement des vassaux relevant immédiatement du roi, mais encore plusieurs arrière-vassaux. Du temps de Louis XI les barons étaient nobiliairement, mais non féodalement, au-dessous des comtes. Il n'y avait au-dessous des barons que les chevaliers; le nombre des barons était incalculable.

En Allemagne les anciens barons ou *Freiherrn* de l'Empire étaient propriétaires de biens immédiats ou *dynastes*. Ils figuraient également aux cours plénières et aux diètes impériales, et appartenaient en général à la haute noblesse. De bonne heure ils devinrent comtes et princes, et n'eurent plus dès lors rien de commun avec les barons d'une époque postérieure, lesquels ne formèrent plus qu'un degré de la petite noblesse venant après les comtes.

En Angleterre, le mot *baron* est dans son sens le plus général le synonyme de *pair*. Dans un sens plus restreint, il désigne encore aujourd'hui le degré inférieur de la pairie. Selon Cambden, ce furent les Normands qui l'introduisirent dans la législation politique du pays.

On appelle encore *barons*, en Angleterre, les juges de la cour de l'Échiquier (parce qu'à l'origine c'étaient toujours des pairs), quatre juges d'Angleterre avec un *chief-baron*, ainsi que cinq juges en Écosse, créés par patentes royales (*letters-patent*), et chargés de décider les contestations relatives à l'assiette et au recouvrement des impôts qui surviennent entre le roi et ses sujets.

Dans les anciens documents anglais on trouve également désignés sous la qualification de *barons* les notables de la bourgeoisie, et en général les bourgeois de Londres, d'York et de quelques autres grandes villes du royaume investies de priviléges particuliers. Ce titre était encore porté par les membres du parlement qui, avant les modifications opérées dans les circonscriptions électorales par l'acte de 1832, étaient envoyés à la chambre des communes par les Cinque-ports. Quand la qualification de baron n'est plus un titre de noblesse, comme dans ce dernier cas, elle est précédée uniquement du mot *master* (monsieur), tandis que les barons pairs reçoivent le titre de *seigneurie*.

En France, Napoléon ayant créé en 1808 par un sénatus-consulte une nouvelle noblesse, les barons prirent rang après les comtes. Dans les années suivantes ce titre put être facilement obtenu moyennant constitution d'un majorat, tandis que les autres continuèrent à être accordés par le prince comme récompense de services rendus au pays.

BARON (Michel BOYRON, dit), le premier, par ordre chronologique, des trois grands acteurs français universellement connus, naquit à Paris en 1653. Son père, marchand d'Issoudun, s'était épris, à une représentation de comédiens ambulants, d'un goût si vif pour la scène, qu'il quitta brusquement ses affaires commerciales pour prendre un engagement dans leur troupe. Michel Baron père apportait une extrême passion dans l'exercice de son état. Il s'identifiait, comme plus tard devait le faire son fils à un degré supérieur, avec les personnages qu'il était chargé de représenter. Sa mort fut même une suite de ce génie naturel qui le faisait vivre et agir à la scène comme l'eussent fait les personnages mêmes dont il remplissait les rôles. Un soir qu'il jouait don Diègue du *Cid*, dans cette belle scène où la faiblesse défaillante du vieillard fait si cruellement défaut à son ressentiment, son épée lui échappa des mains sous le choc de celle de don Gormas, ainsi que la situation l'exige, et il se fit au petit orteil, en la repoussant du pied avec colère, une blessure qui parut d'abord peu grave, mais dont les suites amenèrent la gangrène. L'amputation de la jambe devint nécessaire ; mais le vieil et ardent comédien ne put se résoudre à souffrir cette opération. *Non, non*, disait-il, *un roi de théâtre se ferait huer avec une jambe de bois*, Et il mourut de son obstination.

On pense bien que le jeune Baron, élevé à cette école, et d'ailleurs heureusement doué des qualités qui font le grand acteur, ne dut chercher un aliment pour ses jeunes passions qu'au théâtre, où il était né, et où il avait grandi avec l'exemple d'un tel père. Après ses débuts dans la troupe de la Raisin, il eut l'inappréciable bonheur d'être appelé dans celle de Molière, qui le prit en affection, et devint son guide et son ami. Molière, comme Shakspeare, acteur médiocre dans l'exécution, mais profondément versé dans tous les secrets de l'art, prodigua ses conseils au jeune Baron, qui en sut dignement profiter. Racine, quelque temps après, essaya d'introduire au théâtre, avec la pureté du drame grec, une sorte de mélopée qui eût rendu impossible le naturel. Baron ne voulut jamais se plier à ce goût du poëte, et sut tout d'abord le convertir à sa manière. Racine, le poëte épuré, aux mouvements toujours harmonieux, poëte plus lyrique peut-être que dramatique, dans la grande acception shakspearienne du mot, Racine éprouva une surprise mêlée de satisfaction lorsque Baron, sans rien ôter à ses vers de leur riche mélodie, les dit pour la première fois devant lui avec l'accent saisissant et vrai des passions. C'est à Baron qu'est dû le premier retour marqué à la nature, si méconnue dans la déclamation emphatique de l'hôtel de Bourgogne. Cette déclamation, il est vrai, s'accommodait merveilleusement à la versification du temps, toute pompeuse, et se produisant sans cesse par tirades cadencées. Baron sentit la nécessité d'assouplir la forme classique, belle et riche, mais quelque peu monotone. Plus le vers était pompeux, l'hémistiche plein et tout d'une pièce, la césure rare, plus il s'efforçait d'apporter de la variété dans la diction. Il excellait à rendre avec naturel les sentiments et les pensées qui paraissaient le plus s'éloigner de la nature. Il se montra toujours grand, varié, énergique, d'une noblesse et d'une vivacité de mouvement admirables. Racine fut si charmé de sa manière d'entendre l'art, qu'un jour, venant de donner aux acteurs qui jouaient dans une de ses pièces les instructions les plus détaillées, il dit à Baron, dont le tour était venu : « Pour vous, monsieur Baron, je vous livre à vous-même; votre cœur vous en apprendra plus que mes leçons. »

Le grand principe de cet acteur était de s'abandonner à la nature, de la régler sans doute, mais de la suivre toujours. Une fois, en émettant devant ses camarades le principe que dans l'action ordinaire il ne fallait pas élever les bras au-dessus de l'œil, il se reprit tout à coup, et exprima tout son système en ajoutant brusquement : « Que si toutefois la passion les porte au-dessus de la tête, laissez-la faire; la passion en sait plus que les règles. »

Il est facile de concevoir qu'avec les idées justes et les sentiments élevés inséparables de son talent, Baron dut avoir beaucoup à souffrir du préjugé qui s'attachait de son temps à l'exercice de la profession de comédien. Aussi, pour relever un peu cette profession dans l'estime publique, exagérait-il le cas qu'il faut faire des grands acteurs, et se livrait-il sur lui-même à la plus ridicule jactance. « Tous les cent ans, disait-il, on peut trouver un César; mais il faut deux mille ans pour produire un Baron. » Dans l'appréhension que les grands seigneurs ne le traitassent cavalièrement, selon l'usage des courtisans, il affectait dans leur compagnie des airs nobles et familiers. Il avait aussi la réputation d'un homme à bonnes fortunes, et l'on croit que c'est lui-même qu'il a peint dans la pièce qui porte ce titre.

Baron se retira du théâtre en 1691, encore dans toute la force de l'âge. On ne sait quels motifs le déterminèrent à prendre cette résolution, qu'il garda invariablement près de trente années. Il avait quitté la scène au moment où son talent était parvenu à toute sa maturité. Sa retraite excita longtemps un regret général, et le public n'espérait plus le revoir jamais, lorsque tout à coup, sans que personne s'y attendît, sa rentrée fut annoncée pour le 10 avril 1720. Ce fut un jour de triomphe pour Baron. Il passa près de dix ans encore à la scène, jouant toutes sortes de rôles tragiques et comiques, et parfois des rôles d'enfants, dont il s'acquittait, dit-on, très-bien, malgré son grand âge. Enfin, le 3 septembre 1729, la nature fut la plus forte. Comme il jouait le rôle de Venceslas, arrivé à ce vers, qui avait un singulier rapport avec sa situation :

Si proche du cercueil où je me vois descendre,

il ne put aller plus loin. Les forces lui manquèrent; il se trouva mal, et l'on fut obligé de l'emporter mourant hors du théâtre. Peu de temps après, le 22 décembre, Baron mourut, dans sa soixante-dix-septième année.

On a imprimé en 1759, aux dépens des libraires associés, 3 volumes in-12 de comédies, sous le titre de *Théâtre de M. Baron*. On a attribué quelques-unes de ces pièces au père de la Rue, jésuite. La meilleure et la plus connue, dont Baron est incontestablement l'auteur, est *l'Homme à bonnes fortunes*, qui est restée au théâtre. Charles ROMEY.

BARONET, titre héréditaire de noblesse, particulier à la Grande-Bretagne et à l'Irlande, plaçant ceux qui en sont revêtus à un rang intermédiaire entre celui de la pairie et celui de la simple *gentry*. Il fut créé en 1611 par le roi Jacques I*er*, d'après le conseil du chancelier Bacon, dans le but d'obtenir les fonds nécessaires pour équiper et solder des troupes dont on avait alors le plus pressant besoin pour tenir l'Irlande dans le devoir. C'est ce qui résulte de la teneur même des brevets primitifs. Dans le principe, ces nouveaux titres (dont le véritable sens est *petit baron*) furent imposés à certains riches propriétaires anglais, pour les forcer à en payer les droits de chancellerie, qui étaient de 1,100 liv. sterl. Chacun de ces *baronets* dut en outre prendre l'engagement d'entretenir à ses frais, contre les Irlandais rebelles, trente hommes à raison de 8 sous sterl. par jour. C'était, comme on voit, des *savonnettes à vilains* dont le prix était assez élevé, et qui exhalaient dès lors un véritable parfum d'aristocratie, puisqu'elles n'étaient pas à la portée de toutes les fortunes. La spéculation ayant réussi à Jacques I*er*, ce prince songea à l'appliquer à l'Irlande, qui, à partir de 1619, eut aussi ses *baronets* propres. Plus tard, Charles I*er*, séduit par cet exemple, et ne sachant non plus où trouver les fonds nécessaires pour la colonisation de la Nouvelle-Écosse, eut l'idée de créer dans cette contrée des *baronets*, en ayant soin d'assigner à chaque titre une certaine quantité de terres à y prendre, et lui aussi s'en trouva bien : preuve nouvelle que la vanité des riches bourgeois, habilement exploitée, pourrait fournir à un gouvernement sage les moyens de mener à bonne fin des entreprises grandes et utiles, sans pressurer les masses, en faisant rendre à l'impôt tout ce qu'il est susceptible de rendre.

Le titre de *baronet* est héréditaire et se transmet d'aîné en aîné dans les familles qui l'ont obtenu; les lettres patentes qui en contiennent la collation sont signées par le souverain et revêtues du grand sceau de l'État.

On compte aujourd'hui en Angleterre *sept cents baronets*, tous reconnaissables en ce qu'ils font précéder leur nom de baptême de l'appellation de *sir*, qui dans ce cas équivaut à celle de *chevalier*, mais qui, isolée et dans la conversation, répond tout simplement à notre mot *monsieur*. Ainsi, pour citer un exemple qui nous fera plus facilement comprendre, l'immortel auteur de *Waverley*, de *Quentin-Durward*, d'*Ivanhoé*, etc., une fois créé *baronet*, on fit désormais précéder son nom de la qualification de *sir*, distinctive de sa nouvelle dignité, et on ne l'appela plus *Walter Scott*, tandis qu'il n'était auparavant que *master* (maître) *Walter Scott*. Ce mot *master*, qui dans la conversation se prononce très-rapidement, *mister*, et que les Anglais dans leurs livres ont en écrivant représentent par l'abréviation M*r*, répond complétement dans ce dernier exemple à notre mot *monsieur*, placé dans les mêmes conditions.

Notons encore qu'on peut bien dire par abréviation *sir Walter*, mais qu'on ne saurait dire *sir Scott*; en effet, pour désigner un baronet, il faut absolument que le mot *sir* soit joint à un nom de baptême. Accolé à un nom patronymique, il est un non-sens, que l'on ne commettra jamais en Anglais, et qui trahit tout de suite l'homme étranger aux mœurs britanniques. Quand ils placent en Angleterre le lieu de la scène où se passent leurs romans, nos feuilletonistes, sous prétexte de faire de la couleur locale, commettent à tous les instants cette confusion de termes, et transforment, sans le moindre scrupule, en *baronet* chacun de leurs personnages.

Les femmes de *baronets* reçoivent la qualification de *lady*, qui veut dire *dame*, et qui nous fournira l'occasion de présenter des remarques analogues à celles que nous venons de faire ici à propos du mot *sir*. Consultez Debrett, *Baronetage of England* (Londres, 1840).

BARONIUS ou BARONIO (César), né à Sora, dans le pays de Naples, le 30 octobre 1538, fut l'un des premiers disciples de saint Philippe de Néri et membre de la congrégation des prêtres de *l'Oratoire*, fondée par ce dernier. En 1593 il fut nommé supérieur de cette congrégation, bientôt après confesseur du pape, protonotaire apostolique et cardinal, et enfin bibliothécaire du Vatican. Il fut redevable de ces dignités à la reconnaissance du pape pour les services qu'il avait rendus à l'Église catholique par ses *Annales*, publiées avec une persévérance digne d'éloges, depuis 1558 jusqu'à sa mort, qui arriva le 30 juillet 1607. Il avait été porté à écrire cet ouvrage par les leçons qu'il faisait sur l'histoire de l'Église dans la congrégation fondée par saint Philippe de Neri. C'est un des livres les plus riches en documents précieux pour l'histoire de l'Église qui existent dans les archives pontificales. Il a été écrit dans le but spécial de servir de réfutation aux *Centuries* de Magdebourg; mais il porte l'empreinte d'une si grande partialité qu'il n'est guère possible d'accorder une confiance absolue aux faits cités par l'auteur de même qu'aux autorités qu'il invoque. Les *Annales ecclesiastici a Christo nato ad ann.* 1198, *a C. Baronio* (Roma, 1588-1607, 12 vol. in-folio), ont été souvent réimprimés, corrigés et augmentés, à Mayence et à Anvers. Il manque à cette dernière édition la dissertation *De Monarchia Siciliæ*, qui conteste au roi de Sicile ses privilèges ecclésiastiques, et qui pour cette raison a été prohibée en Espagne. Le franciscain Antoine Pagi a relevé beaucoup d'erreurs, entre autres des anachronismes, dans son excellente critique de l'ouvrage de Baronius, *Critica historico-chronologica in Annales ecclesiasticos Baronii* (Anvers, 1705, 4 vol. in-folio). Parmi les différentes continuations des Annales, dont aucune, au reste, n'est comparable à l'ouvrage de Baronius, on cite celle de Bzovius, qui va jusqu'à l'année 1564 (Rome, 8 vol., 1616), et celle de Raynald, qui se servit des matériaux laissés par Baronius pour l'intervalle de 1198 à 1565 (8 vol., Rome, 1646-1677), comme les meilleures et les plus estimées. Mentionnons encore parmi les ouvrages d'érudition dont on est redevable à Baronius son édition du *Martyrologium Romanum* (Rome, 1586, et souvent réimprimé depuis).

BARONS (Conjuration des). L'histoire a donné ce nom à la révolte des barons napolitains contre Ferdinand Ier, roi de Naples. L'insurrection arbora la bannière d'Anjou, et le fils du roi René, Jean, duc titulaire de Calabre, eut un instant l'espoir de recouvrer le trône que sa famille avait tant de fois perdu. Mais la fortune trahit ses armes; les Génois, ses alliés, l'abandonnèrent, et les nobles napolitains durent se soumettre les uns après les autres à Ferdinand. Parmi eux on comptait Orsini, prince de Tarente, le plus puissant vassal de la couronne, et Piccinino, le dernier des grands condottieri. Vingt ans après, une seconde révolte des barons échoua également, et le roi en fit périr les auteurs au mépris de la foi jurée. Un des principaux conjurés, San-Severino, prince de Salerne, parvint à échapper à la vengeance de Ferdinand. Il se réfugia en France, où il ne cessa d'exciter le roi Charles VIII à détrôner le tyran qui avait immolé ses malheureux compatriotes. Ce crime ne contribua pas peu aux succès rapides des Français, lorsque, plusieurs années après, ils entreprirent la conquête du royaume de Naples.

BAROQUE, que quelques-uns ont écrit *barroque*. Ce mot vient-il du baroco des vieux logiciens ou de l'espagnol *barrueco*, perle inégale, raboteuse, qui n'est pas ronde? Un savant d'au delà les monts dérive ce dernier mot du latin *verruca*, verrue, à cause de la ressemblance de ces perles avec les verrues. On trouve pour la première fois le nom *baroque* appliqué aux perles inégales dans le Dictionnaire de Furetière (1690). Les religieux de Trévoux lui donnèrent dès 1724 sa signification figurée en l'appliquant à ce qui est irrégulier, bizarre, inégal. On dit donc une figure baroque, une musique baroque, un esprit baroque.

Baroque n'entraîne pas avec soi la même idée que bizarre ou fantasque. Un homme peut être fantasque sans être baroque; il peut être baroque sans être bizarre. Le bizarre diffère des autres hommes; le fantasque est inégal et brusque dans ses fantaisies; le baroque est inégal sans être brusque : il diffère moins des autres que de lui-même.

Pour en finir nous aurions bien voulu puiser quelques exemples du *style baroque* dans les œuvres de nos contemporains. La source était féconde, mais nous avons été retenu par la crainte d'offenser des amours-propres fort irritables; et cependant ce ne sont pas les méchants auteurs qui nous eussent fourni nos preuves. Un poëte constamment mauvais n'est point un auteur baroque. Un poëte tantôt bon et tantôt mauvais est seul baroque.

On parle de modes baroques, d'habits baroques, de meubles baroques: ce sont des modes, des habits, des meubles qui sortent de la forme ordinaire.

BAROZZIO. *Voyez* VIGNOLE.

BARQUE, petit bâtiment de cent à cent cinquante tonneaux au plus, ponté ou non, employé quelquefois dans la marine militaire, mais beaucoup plus fréquemment dans le cabotage. En général, tout petit navire dont la forme n'a pas reçu un nom particulier, qui n'est ni une goëlette, ni un brick, ni un lougre, etc., est une *barque*.

Le gréement des barques varie beaucoup, ainsi que leur forme. Il y en a qui portent trois mâts, et d'autres n'en ont qu'un ou deux. Les caboteurs, guidés par la connaissance des mers auxquelles ils bornent leur navigation, ont modifié la forme de leurs embarcations d'après les circonstances locales. C'est sur la Méditerranée que l'on voit la plus grande diversité de barques; la Baltique, beaucoup plus étroite, et dont les côtes sont occupées par une population plus homogène, montre partout des constructions navales à peu près semblables. Mais les barques de la Méditerranée semblent être le produit d'un art plus avancé : quelques traditions des anciens Rhodiens ont été conservées par les Grecs modernes, et les marins de l'Archipel ne paraissent pas moins habiles que ceux dont César a vanté les manœuvres. Leurs petits navires sont, en général, d'une forme qui plaît à l'œil par une élégante simplicité. FERRY.

BARRA (Joseph), né en 1780, à Palaiseau (Seine-et-Oise), fit vœu, à peine adolescent, et que peut dans un faible corps une âme énergique et résolue, et en 1793 il étonna par l'héroïsme de sa mort non plus héroïques soldats. Le sol de France étant envahi, et la république de toutes parts menacée par la vieille Europe, l'enfant, quoique d'une constitution frêle et chétive, voulut prendre part à la lutte. S'arrachant aux larmes de sa mère, quoique pauvre, il s'équipa à ses frais; et à l'âge de treize ans il combattait en Vendée dans les rangs des *bleus* avec une intrépidité qui eût fait honneur à un vieux soldat. Un jour, un bataillon républicain est cerné par de nombreuses bandes; pour le dégager et l'empêcher d'être détruit en déconcertant les paysans, le chef des *bleus* envoie plusieurs tambours sur divers points, avec ordre de battre la charge pour simuler l'arrivée de nouvelles forces. Cette mission aussi périlleuse qu'utile, le noble enfant la sollicite, et déjà il l'exécute pour sa part avec autant d'intelligence que de bonne volonté. Le moyen réussit : les Vendéens, troublés, hésitent; leurs bandes courageuses, mais mal organisées, lâchent pied. Par un hasard fatal, leur retraite les porte vers le point où Barra, battant toujours la charge, s'est avancé seul ; deux cents paysans l'environnent ; sa jeunesse et son courage calme les étonnent ; son extérieur délicat les touche. « Veux-tu la vie, enfant? lui crie-t-on de toutes parts, allons! crie *Vive le roi!* » Barra se tait, et continue de battre la charge. « Nous as-tu entendus, drôle? *Vive le roi!* » Même silence. « Es-tu sourd? attends, dit en le couchant en joue un de ces rudes compagnons pressé d'en finir. — Je suis républicain. — Ah! brigand, prends garde à toi, crie toute la bande; fais comme nous, ou tu es mort. Allons, *Vive le roi! — Vive la république!* » s'écrie de toutes ses forces le héros de treize ans. Au même instant vingt coups de feu partent, le martyr tombe. En voyant couché à leurs pieds ce cadavre si jeune, les Vendéens se troublent et fuient. Bientôt, confus de ce qu'ils ont fait, ils reviennent tristement, et, d'un commun accord, la tête découverte, relèvent les restes du noble enfant et les renvoient pieusement au camp des *bleus*.

La Convention nationale décréta que les honneurs du Panthéon seraient accordés à Barra, et qu'une gravure représentant sa mort serait envoyée à toutes les écoles primaires, afin que chaque citoyen pût apprendre dès l'enfance de quoi est capable l'amour de la patrie. La république accorda une pension à sa mère. J. Chénier fit allusion à ce dévouement dans le *Chant du Départ*, et M. David (d'Angers) a exposé au salon de 1839 une belle statue représentant Barra expirant. Jean AICARD.

BARRABAS était en prison à Jérusalem, pour cause de meurtre et de sédition, à l'époque de la passion de Jésus-Christ. La coutume des Juifs, à la fête de Pâques, était de donner la liberté à un criminel, et Pilate demanda au peuple à qui, de Barrabas ou de Jésus, il voulait accorder cette faveur. Le peuple choisit Barrabas.

BARRAGE. On appelait ainsi un droit établi pour la *réfection* (la réparation) des ponts et passages, et principalement du pavé (*jus exigendi vectigalis pro transitu*). C'était une ferme particulière, qui fut plus tard comprise dans le bail général des *aides*. On nommait ce droit *barrage*, à cause de la *barre* qui traversait le chemin pour empêcher le passage jusqu'à ce que l'on eût payé. — On entendait aussi par ce mot un droit seigneurial par lequel il était permis à quelques seigneurs de lever certaine somme de deniers sur les marchandises qui passaient sur leurs terres (*portorium*).

Barrage est aussi le nom de ces espèces de digues construites en travers des rivières, dans le but de les rendre plus navigables, ou d'obtenir des chutes d'eau propres à diriger des moteurs d'usines. Les barrages exhaussent le niveau d'une rivière, non-seulement à l'endroit où ils sont établis, mais beaucoup plus haut, en sorte qu'il suffit d'en placer un certain nombre à d'assez longs intervalles pour faire disparaître les bas-fonds, les courants et tout ce qui gêne la navigation. On obtient de cette manière une succession de nappes qui fait communiquer au moyen d'*écluses*.

Les barrages les plus usités sont les barrages inclinés : ils se composent en général d'une maçonnerie qui a un talus vers l'amont et un autre vers l'aval ; ce dernier est très-allongé, de sorte que l'eau qui glisse sur lui perd, par le frottement, une partie de sa vitesse; les affouillements (excavations qui atteignent de six à sept mètres de profondeur et qui se forment au pied des barrages mal construits) ne peuvent donc pas se faire. Souvent aussi, pour éviter cette cause de destruction, on construit les barrages dans une direction oblique à celle de la rivière. L'eau suit alors la ligne de plus grande pente perpendiculairement au barrage, et se répartissant sur toute sa plus grande largeur, il en résulte que l'action retardatrice du talus est plus énergique. Mais l'obliquité du courant relativement aux berges l'amène à se briser contre l'une d'elles,

pour se réfléchir ensuite sur l'autre, et entamer ainsi successivement chaque rive par des oscillations qui se font sentir à une grande distance, et occasionnent des dégâts dans les propriétés riveraines. C'est pour éviter cet inconvénient qu'on dispose presque toujours les barrages en forme de chevron dont le sommet est tourné vers l'amont : les directions opposées que prennent les filets d'eau donnent pour résultante unique une direction parallèle à l'axe du cours d'eau et sans action nuisible sur les rives.

Pendant l'été les barrages jouent un rôle important dans la navigation fluviale, en conservant aux rivières une profondeur d'eau suffisante; mais à la saison des crues les *barrages permanents* ont pour effet de rendre les débordements plus fréquents et plus désastreux. Ces considérations ont fait inventer des *barrages mobiles*, destinés à rester en place pendant la sécheresse et à disparaître pendant les crues. Un des meilleurs est le *barrage à aiguilles* du système Poirée. Cependant M. Arago préfère le système de M. Thénard, ingénieur en chef des ponts et chaussées, lequel consiste en deux séries de portes s'abattant sur le radier, les unes d'amont en aval, les autres en sens inverse. Cette disposition a l'avantage de permettre à un seul homme d'ouvrir et de fermer le barrage en très-peu de temps.

BARRAL (LOUIS-MATHIAS, comte DE), archevêque de Tours, naquit à Grenoble, le 20 avril 1746. Il était issu d'une ancienne famille du Dauphiné, originaire de la seigneurie d'Allevard, dont elle avait reçu l'inféodation du dauphin de Viennois en 1323. Cette famille a donné un grand-prieur à l'abbaye d'Ainay, des prélats distingués au clergé, des officiers généraux à nos armées, et trois présidents à mortier au parlement de Grenoble. Le comte de Barral était au commencement de la révolution coadjuteur de son oncle, l'évêque de Troyes, et lui succéda quand l'âge et les infirmités le rendirent incapable d'administrer son diocèse. Il refusa d'adhérer à la constitution civile du clergé, et s'éloigna de France, où il ne revint qu'après le 18 brumaire.

Son dévouement à Bonaparte lui valut l'évêché de Meaux en 1802, l'archevêché de Tours en 1805, et les fonctions de premier aumônier de l'impératrice. Les services qu'il eut occasion de rendre dans ses emplois et dans quelques négociations avec le saint-siége le firent appeler au sénat, avec le titre de comte de l'empire. L'archevêque de Tours ne voulut pas, comme tant d'autres, se faire de l'ingratitude un titre à la bienveillance du gouvernement de la Restauration. Il prononça, le 2 juin 1814, l'oraison funèbre de l'impératrice Joséphine, ce qui ne l'empêcha pas d'être appelé deux jours après à la pairie. Mais ayant, l'année suivante, officié pontificalement au Champ de Mai et accepté de faire partie de la chambre héréditaire des Cent-Jours, il fut déclaré pair démissionnaire à la seconde rentrée des Bourbons, et se dépouilla lui-même de ses fonctions archiépiscopales. Il mourut d'une attaque d'apoplexie, le 17 juin 1816.

BARRAS (PAUL-FRANÇOIS-JEAN-NICOLAS, comte DE), naquit à Jos-Emphoux, en Provence, le 20 juin 1755. L'ancienneté de sa famille était passée en proverbe; on disait : « noble comme les Barras, aussi anciens que les rochers de Provence ». Destiné à la profession des armes, il entra très-jeune comme sous-lieutenant dans le régiment de Languedoc, qu'il quitta en 1775 pour se rendre auprès d'un oncle gouverneur de l'île de France. Nommé officier dans le régiment de Pondichéry, il faillit périr dans un naufrage en allant à la côte de Coromandel. Avec courage et sang-froid il s'empara de la manœuvre, et aborda une île habitée par des sauvages. Ses compagnons et lui y restèrent un mois, et furent secourus et transportés à Pondichéry. Lorsque cette place se fut rendue, il s'embarqua sur l'escadre du bailli de Suffren, qui se dirigea vers l'île de France.

Promu, dès son retour dans la métropole, au grade de capitaine, et devenu maître d'une fortune considérable, il se livra à tous les plaisirs de son âge. Une révolution politique était imminente; les états généraux furent convoqués; Barras suivit l'exemple de Mirabeau, et n'hésita pas à se présenter à l'assemblée électorale du tiers état; son frère siégeait à celle de la noblesse. Il prit part aux journées des 14 et 15 juillet 1789, et à celle du 10 août 1792; fut nommé juré de la haute cour nationale siégeant à Orléans, élu ensuite député du Var à la Convention nationale, où il vota la mort de Louis XVI. Lorsque la transaction réelle ou supposée des Girondins avec la cour eut divisé cette assemblée, Barras se rangea du côté des montagnards, et fut envoyé, le 4 brumaire an II (29 octobre 1793), en mission à l'armée de Toulon, avec ses collègues Fréron, Sallicetti et Gasparin. Au siège de cette place il distingua Bonaparte, qui n'était encore que capitaine d'artillerie. L'un des plus violents promoteurs du 9 thermidor, il se mit à la tête des troupes qui s'emparèrent de Robespierre à l'hôtel-de-ville. Le 15 brumaire an III il fut élu membre du comité de sûreté générale, et nommé, le 23 germinal an III (14 avril 1795), commissaire de la Convention près de la force armée destinée à assurer les subsistances de Paris. Le 13 vendémiaire an IV la Convention lui conféra le commandement en chef de l'armée de Paris, et il fut courageusement secondé dans cette journée par son protégé Bonaparte. Enfin, la constitution de l'an III (1795) ayant établi un directoire exécutif de cinq membres, Barras fut élu l'un des directeurs.

Cette constitution subit, dès son origine, les plus fortes épreuves. Une double conspiration menaçait son existence; les royalistes avaient succombé dans la journée du 13 vendémiaire. Les partisans de la constitution de 1793 protestaient contre cette constitution dans leurs écrits, et bientôt ils formèrent une ligue redoutable. La conspiration des Égaux avait pour chef, du moins apparent, Gracchus Babœuf. Ces républicains radicaux ne dissimulaient ni leurs vœux ni leurs projets. Le Directoire les faisait observer, et avant de les déférer aux deux conseils législatifs, Barras voulut avoir une conférence avec Ch. Germain, lieutenant de hussards, jeune conspirateur, qui s'empressa de rendre compte à Babœuf de son entretien avec Barras dans une lettre datée du 30 germinal an IV.

Barras s'était élevé très-fort contre les royalistes. Il engageait les patriotes à ne pas les aider par des mouvements intempestifs. « Comme vous autres, lui dit-il, je sais que l'ordre de choses actuel n'est pas le but que s'étaient proposé les hommes qui ont renversé la Bastille, le trône et Robespierre. Comme vous, je sais, moi, qu'il faut opérer un changement, que ce changement n'est pas aussi éloigné qu'on pourrait le croire. » Puis il s'étonnait que les hommes avancés voulussent la ruine du Directoire, se faisant, sans y songer peut-être, les instruments des émigrés. Enfin, Barras terminait par demander un mouvement général contre les royalistes.

Quel était le but de Barras dans cette singulière entrevue? Espérait-il qu'un jeune conspirateur de vingt-six ans se compromettrait par quelques indiscrétions, et livrerait imprudemment le secret de ses prévisions? Il se trompa dans ses prévisions. Germain n'était pas un conspirateur ordinaire; il ne pouvait croire aux protestations de Barras; aucune transaction n'était possible. Barras avant le 13 vendémiaire avait déjà fait la même tentative auprès des républicains; il avait vu les chefs du club du Panthéon; il avait réclamé leur appui contre les royalistes, il l'avait obtenu; mais alors il y avait identité d'intérêt : il s'agissait d'attaquer et de vaincre l'ennemi. Les belles promesses faites aux républicains avaient été oubliées après le succès, et Barras ne pouvait espérer de recouvrer leur confiance. Le Directoire s'était jeté dans une fausse voie, qui devait le conduire à sa perte, le système de bascule.

Carnot, dans sa lettre à Bailleul sur le 18 fructidor, accuse les directeurs Barras, Rewbel et La Reveillère d'avoir protégé les nobles et fait arrêter le débile Barthélemy. Une accusation non moins grave pesa sur Barras après cette journée. On lui reprocha de conspirer avec les agents de Louis XVIII, et il est certain que Fauche-Borel, l'un des agents les plus hardis, les plus adroits de ce parti, avait obtenu un passe-port sous le nom de Borelly, et qu'à l'aide de ce passe-port il avait pu se soustraire aux ordres donnés contre lui. Il a été reconnu et avoué par Fauche-Borel lui-même, dans les mémoires qu'il a publiés depuis la Restauration, qu'il avait obtenu ce passe-port de Botto, secrétaire de Barras.

L'existence politique de Barras cessa le 18 brumaire. Les deux Conseils législatifs étaient à peine réunis à Saint-Cloud que celui des Cinq-Cents avait décidé l'envoi d'un message aux Anciens pour connaître les motifs de cette convocation extraordinaire. Un autre message dans le même sens avait été délibéré pour le Directoire. Au milieu de l'agitation générale arrive une lettre du directeur Barras, ainsi conçue : « Citoyen président, engagé dans les affaires publiques uniquement par ma passion pour la liberté, je n'ai consenti à partager la première magistrature de l'État que pour la soutenir dans ses périls par mon dévouement, pour préserver des atteintes de ses ennemis les patriotes compromis dans sa cause, et pour assurer aux défenseurs de la patrie ces soins particuliers qui ne peuvent leur être plus constamment donnés que par un citoyen anciennement témoin de leur vertu héroïque et toujours touché de leurs besoins. La gloire qui accompagne le retour du guerrier illustre à qui j'ai eu le bonheur d'ouvrir le chemin de la victoire, les marques éclatantes de confiance que lui donne le corps législatif et le décret de la représentation nationale m'ont convaincu que, quel que soit le poste où l'appelle désormais l'intérêt public, les périls de la liberté sont surmontés et les intérêts des armées garantis. Je rentre avec joie dans les rangs de simple citoyen; heureux, après tant d'orages, de remettre entières et plus respectables que jamais les destinées de la république, dont j'ai partagé le dépôt. » Le conseil allait délibérer sur cette démission tout à fait inattendue, et déjà on proposait de procéder dans les formes constitutionnelles au remplacement du directeur démissionnaire, lorsque l'on reçut les démissions des quatre autres directeurs.

La journée du 18 brumaire ne fut pas un coup d'État, mais le résultat d'une conjuration habilement tramée. Bonaparte se fit proclamer premier consul. Barras lui demanda et obtint une escorte pour protéger sa sortie de Paris. Il se retira dans son château de Grosbois. Bonaparte sembla avoir oublié celui qui lui avait ouvert la carrière des honneurs et de la gloire. Il ne pouvait se montrer reconnaissant sans compromettre le succès de son audacieuse entreprise, sans appeler l'attention sur le rôle qu'a joué Barras dans cette nouvelle révolution, à laquelle il était important de conserver une apparence de légalité. Barras pouvait espérer du moins qu'il lui serait permis de choisir sa retraite. Mais à peine le gouvernement consulaire fut-il organisé qu'il eut ordre de quitter sa délicieuse retraite de Grosbois : il la vendit. Il ne lui fut pas même permis de rester en France; il partit pour Bruxelles en 1805, et acheta aux environs un château qui avait appartenu au prince Charles. Là il s'entoura d'un domestique nombreux, et son train fut celui d'un grand seigneur. Plus tard, il obtint la permission de se retirer dans le midi de la France, et parut renoncer à tout rôle politique. Cependant il est à peu près certain qu'il eut connaissance de la conspiration de Mallet. Alors il fut exilé à Rome et mis sous la surveillance de la police. Il refusa en 1814 d'entrer dans le parti de Murat, partit de Rome, fut arrêté à Turin et conduit à Montpellier, où il se remit à intriguer dans le sens des royalistes. Pendant les désastres de la campagne de 1814, l'ex-montagnard conspira ouvertement pour les Bourbons, et revint à Paris lors de la rentrée de Louis XVIII. Consulté sur la marche du gouvernement par Blacas et d'André, il répondit : « Vous perdez le roi, et vous ramenerez nos calamités et Bonaparte. » Il lui était facile de parler ainsi : il était au courant de la conspiration qui rappela Bonaparte de l'île d'Elbe. N'ayant pu obtenir une audience du roi, il se retira en Provence, et ne revint à Paris qu'après la seconde restauration. Mais sa carrière politique était terminée.

Il s'établit à Chaillot, où il recevait d'anciennes connaissances, et ne partagea point l'exil des conventionnels proscrits par l'ordonnance de Louis XVIII, que les deux Chambres convertirent en loi. Il mourut le 29 janvier 1829, accablé d'infirmités ; et sa mort n'eût été qu'un événement inaperçu si les ministres de Charles X n'eussent renouvelé le scandale qui s'était déjà produit lors du décès de Cambacérès, en faisant mettre les scellés sur ses papiers. Cette violation du droit de propriété donna lieu à un procès. Un arrêt du 7 mai de la même année confirma la décision des premiers juges, qui avaient autorisé la présence du préfet à la levée des scellés et à l'inventaire, attendu que l'apposition des scellés était un droit acquis aux tiers intéressés à recouvrer des papiers ou titres, et sur la présomption que le défunt possédait des registres qui intéressaient l'État.

On a publié en 1816, à Bruxelles et à Paris, de prétendus mémoires de Barras en deux volumes in-12, sous le titre : *Amours et Aventures du comte de Barras*. On y cherchait vainement quelques documents sur les causes et les résultats des grands événements historiques auxquels se rattache le nom de l'ex-directeur. DUFEY (de l'Yonne).

BARRE. L'enceinte d'un tribunal est ordinairement fermée par une barre. Les membres du barreau, avocats et avoués, restent toujours à la barre du tribunal. Lorsque la comparution soit des parties, soit d'un juge inculpé, est ordonnée par le tribunal, on dit de la partie citée qu'elle est mandée à la barre. De là est venu l'usage de dire : se présenter à la barre, comparaître à la barre.

Ce terme a été également employé par analogie dans nos assemblées politiques. Les pétitions se présentaient à la barre de nos premières assemblées, et souvent à main armée. La Charte de 1814 et celle de 1830 défendaient d'apporter soi-même et en personne à la barre les pétitions adressées aux Chambres législatives ; cependant elles réservaient à celles-ci le droit de mander à leur barre ceux par qui elles étaient outragées. La constitution de 1848 consacrait les mêmes principes. Celle de 1852 a supprimé ce droit.

BARRE (*Blason*). C'est une des pièces de l'écu, laquelle va du haut de la partie gauche au bas de la partie droite, à l'opposé de la bande, qui va de droite à gauche. Deux barres ont chacune deux septièmes de largeur de l'écu ; trois n'ont chacune qu'une partie et demie des sept de cette même largeur. Quand il y a plus de trois de ces pièces, on les appelle *cotices*, mais on dit qu'elles sont *posées en barres*.

BARRE (*Marine*). Ce mot s'étend à beaucoup d'objets dont le principal est le levier fixé à la tête du gouvernail, et qui sert à manœuvrer ce dernier ; on le nomme *timon* ou *barre de gouvernail*.

BARRE DE JUSTICE. C'est une barre en fer contre laquelle, à l'aide d'anneaux et de cadenas, on fixe les jambes des matelots coupables de quelques délits. Cet instrument de punition devient un instrument de cruelle sûreté à bord des bâtiments négriers. Là, les malheureux noirs, entassés dans la cale et dans l'entrepont, sont retenus pendant des mois entiers les pieds serrés contre cette barre, dont les anneaux, souvent trop étroits, laissent sur leurs membres de profondes et douloureuses traces.

BARRE D'UN FLEUVE, BARRE D'EAU. Les rivières et les fleuves entraînent dans leur cours des particules terreuses qu'ils déposent à leur embouchure, et qui forment à peu de distance du rivage une espèce de dune sous-marine à laquelle on donne le nom de *barre*, à cause de l'obstacle qu'elle oppose à l'écoulement naturel des eaux. C'est surtout quand le fleuve vient se perdre en pente douce dans la mer que la barre est forte ; car la vitesse du courant se trouvant considérablement ralentie, les atterrissements se font avec plus de facilité, et la dune sous-marine devient une digue contre laquelle se brisent alternativement et la masse d'eau fluviale gonflée par les pluies, et les flots de la mer que chaque jour la marée amène et remporte. La force et la hauteur de la barre varient avec l'élévation des eaux du fleuve et la quantité de limon qu'elles charrient : ces variations sont si grandes qu'elles arrêtent souvent la navigation pendant un certain temps de l'année. Ainsi l'on a vu des navires, surpris par les pluies dans la rade de Tampico (Mexique), obligés d'attendre plusieurs mois que la barre fût devenue praticable. Les barres du Mississipi sont tellement changeantes, que les pilotes sont forcés de sonder les passes presque tous les jours.

Sur toutes les barres, le choc de la mer contre les eaux du fleuve produit un ressac dangereux pour les navires, et quelquefois si violent, qu'il est impossible de les franchir : c'est ce qui a lieu dans la plupart des rivières de la côte occidentale de l'Afrique : aussi la géographie de cette partie du monde a-t-elle déjà coûté la vie à un grand nombre de marins. Le fait suivant pourra donner une idée des dangers auxquels on est exposé sur ces barres. Un de nos commandants de la station d'Afrique, ayant cru apercevoir un bâtiment mouillé dans la rivière de Noun, avait expédié un officier avec quatre embarcations pour reconnaître si ce n'était pas un navire négrier. Pendant deux jours, l'officier chercha en vain un passage, partout il ne trouva qu'un horrible ressac qui remplissait et faisait chavirer ses canots aussitôt qu'ils osaient s'engager sur la barre : il revint donc à bord, en déclarant que l'embouchure de la rivière était impraticable, et que chercher à la franchir serait exposer inutilement des matelots à se noyer. Le commandant se rendit à ces raisons, mais il conservait un léger doute sur la manière dont l'officier avait rempli sa mission. A quelque temps de là, le commodore de la station anglaise vint faire une visite au capitaine français, qui lui parla de son expédition dans la rivière de Noun. « La rivière de Noun ! répéta l'Anglais avec surprise : j'ai perdu quatre aspirants et vingt matelots en y cherchant un passage, et tous nos efforts ont été infructueux. »

C'est surtout quand le fond est semé de rochers qu'il y a du danger à franchir une barre. S'il arrive que le navire touche le fond et qu'il soit arrêté dans sa course, le courant du fleuve le prend en travers, et le pousse sur les roches, où le ressac l'a bientôt brisé. Aussi les ports de commerce situés sur les fleuves ne sauraient-ils apporter trop de soin à former d'habiles pilotes.

Il y a des rades fermées par des barres qui ne sont pas le produit de l'alluvion d'un fleuve. L'entrée en est un goulet étroit dans lequel le flux et le reflux de la mer amoncellent des sables ; mais on conçoit que ces barres ne doivent pas être sujettes à beaucoup de variations : ainsi, à Pensacola, port de la Floride occidentale, la barre n'a pas changé depuis vingt ans. Quand les eaux du fleuve ont été enflées par des pluies abondantes, leur rencontre avec le flot de la marée produit quelquefois un phénomène remarquable, qu'on nomme *barre d'eau*. Les deux masses d'eau se heurtent avec violence, s'élèvent en montagne couverte d'écume à une très-grande hauteur. Si le fleuve a le dessus, cette montagne liquide disparaît dans la mer ; mais si le flot, ainsi qu'il arrive dans les grandes marées, est le plus fort, l'eau du fleuve est refoulée avec fracas, et la barre s'avance en frémissant vers le rivage, s'y brise quand la côte est accore (escarpée), et se répand dans les campagnes quand la plage est unie. Les habitants du golfe de Gascogne donnent à ce phénomène le nom de *Mascaret*. Mais le fleuve où il se reproduit avec le plus de majesté est la rivière des Amazones. Entre Macapa et le cap Nord, dans l'endroit où le canal du fleuve est le plus resserré par les îles, pendant les trois jours qui avoisinent la pleine et la nouvelle lune, la mer, au lieu d'employer près de six heures à monter, parvient en quelques minutes à sa plus grande hauteur. Un mouvement si rapide dans une énorme masse d'eau ne peut se passer tranquillement : à deux lieues de distance, on entend le bruit effrayant qui annonce le terrible flot; le bruit augmente à mesure qu'il approche, et bientôt l'on voit s'avancer une vague de quatre à cinq mètres de haut, puis une seconde plus élevée, puis une troisième et d'autres qui se suivent de près et occupent toute la largeur du canal en refoulant au loin les eaux du fleuve. Cette lame se précipite avec une prodigieuse rapidité, brisant tout ce qui lui résiste; partout où elle se répand, elle produit des ravages affreux, déracine les arbres, renverse les rochers et bouleverse des terrains de fond en comble. Le bruit des roches qu'elle pousse les unes contre les autres, celui que les eaux font elles-mêmes dans leur course, lui ont fait donner par les Indiens le nom imitatif de *Pororoca*. Quelquefois cette vague s'élève jusqu'à la hauteur de soixante mètres.

Th. PAGE, capitaine de vaisseau.

BARRÉ (PIERRE-YVES), auteur dramatique, directeur et fondateur du théâtre du Vaudeville, naquit à Paris, le 16 avril 1749, dans une boutique de mercerie, rue Mouffetard. Son père le fit entrer de bonne heure au collège d'Harcourt, où il se distingua. Ses études brillamment terminées, il devint avocat au parlement de Paris, puis greffier à celui de Pau en Béarn. Ayant perdu cette charge en 1789, il se mit à composer des pièces de théâtre. Après la réunion de l'Opéra-Comique à la Comédie-Italienne, Piis et Barré y obtinrent de grands succès avec de petits tableaux villageois : *les Amours d'été*, *les Vendangeurs*, *les Veillées villageoises*. Mais Sedaine n'aimait pas le genre du vaudeville, pour lequel à cette époque il fallait plus de grâce et d'esprit que de métier et do talent : aussi, dans les opéras comiques qu'il faisait représenter sur les mêmes planches et par les mêmes acteurs, se permettait-il de lancer contre le genre plus léger, exploité par ses jeunes confrères, des épigrammes acerbes. Cette petite guerre intestine ne pouvait pas durer : Sedaine et Grétry triomphèrent de Barré et de Piis; et ce dernier, ayant vu repousser par le théâtre une demande de subvention, de prime ou de pension, résolut de transporter ailleurs son léger répertoire. La loi, qui à cette époque proclamait la liberté des théâtres, lui permettait d'élever autel contre autel : il s'associa à Barré, Rosières, Mounier et Cambon, et une salle de bal, appelée le Wauxhall d'hiver ou le petit Panthéon, qui existait rue de Chartres, s'ouvrit comme théâtre le 12 janvier 1792.

Barré resta directeur du Vaudeville pendant vingt-cinq années, mettant en scène ses propres ouvrages comme ceux de ses confrères, enrichissant ses associés, soutenant sa famille, élevant ses neveux et secourant plus d'un artiste dramatique. Il composa des chansons et des pièces de théâtre en quantité prodigieuse de pièces de théâtre, tant pour l'Opéra-Comique que pour le théâtre du Vaudeville, en collaboration de Piis, Despréaux, Ourri, Rosières, Radet, Desfontaines, etc., etc.

En 1815 il fut remplacé par Désaugiers à la direction du Vaudeville. Ce théâtre, qu'il avait dirigé avec un succès constant, lui fut toujours cher. Durant sa longue et verte vieillesse, ce patriarche du *flon flon* se glissait tous les matins le long des coulisses pour assister à la répétition des ouvrages de ses successeurs; et quand un vieil air de vaudeville frappait son oreille en y réveillant un souvenir endormi, ses traits prenaient une expression joyeuse, et sa voix de quatre-vingt-trois ans fredonnait encore un de ces gais refrains qui avaient été signés de son nom et de ceux de ses collaborateurs habituels, Radet et Desfontaines. Resté le dernier de ce joyeux triumvirat, Barré mourut à Paris, enlevé par le choléra, le 3 mai 1832.   Étienne ARAGO.

BARREAU. On appelle ainsi, au palais, le lieu ou se placent les avocats à l'audience pour plaider ou pour écouter, et l'on a étendu cette dénomination à la profession même et à l'ordre des avocats. Nous placerons ici un tableau de l'exercice de cette profession chez les peuples parmi lesquels l'éloquence et le droit furent le plus en honneur.

La profession d'avocat remonte à la plus haute antiquité. Chez les Hébreux, les sages étaient chargés d'expliquer les points de droit dont l'obscurité donnait lieu à des contestations et de défendre les accusés. Ils recevaient pour tout salaire une portion des dîmes. Les Babyloniens, les Chaldéens, les Égyptiens avaient aussi leurs sages. Lorsque les Égyptiens possédèrent l'art d'écrire, ils décidèrent qu'à l'avenir on ne défendrait plus aucune cause de vive voix : le motif de cette prohibition était que les orateurs pouvaient séduire les juges par leur accent pathétique, par leur éloquence entraînante, par des larmes vraies ou feintes. Mais comme l'usage de l'écriture n'était pas général, non plus que la connaissance des lois, les personnes qui ne pouvaient se défendre elles-mêmes purent avoir recours aux sages, qui les assistaient par écrit, et faisaient ainsi l'office de ceux de nos avocats dont la fonction se borne à présenter en mémoire écrit la défense de leurs clients.

Du barreau chez les Grecs. Depuis que Périclès avait introduit l'éloquence dans l'exercice du barreau, il fut d'usage dans l'aréopage d'Athènes et dans les autres tribunaux de la Grèce de se faire assister par des orateurs; on pouvait, en outre, s'adjoindre quelques amis comme conseils. Les premiers de ces orateurs, Aristide, Périclès et Thémistocle, avaient coutume de prononcer eux-mêmes les discours composés pour leurs clients. Depuis Antiphon, qui le premier écrivit des oraisons que le plaideur débitait à l'audience, Démosthène, Lysias et Isocrate rédigèrent aussi par écrit leurs plaidoyers. Cependant dans certaines causes l'orateur prenait lui-même la parole, et se chargeait seul de la défense ou de l'accusation.

Les orateurs devaient avoir pour principe de ne chercher à prouver que la vérité, de ne pas employer des moyens répréhensibles pour gagner la confiance des juges ; l'enceinte de l'aréopage et du barreau était un lieu saint, que ne devait souiller aucun mensonge, aucune impureté : s'arrosait-on d'une eau lustrale avant l'audience, pour avertir les magistrats et les plaideurs que l'exercice de la justice était incompatible avec toute iniquité, avec toute souillure humaine. Cependant la sainteté du tribunal fut quelquefois profanée par des orateurs : on sait par quel moyen Hypéride défendit la courtisane Phryné, et comment il la fit acquitter.

Les Athéniens et les Spartiates, effrayés des abus qu'entraîneraient de semblables licences, firent une loi par laquelle il fun désormais défendu aux orateurs de chercher par aucun préambule, par aucun discours trop adroit, à émouvoir la pitié des juges ; on défendit aussi à ces derniers de regarder l'accusé toutes les fois que le défenseur tenterait de les disposer en sa faveur. Il fut également décidé que chaque orateur ne pourrait parler plus de trois heures, et l'on plaça dans l'auditoire des horloges d'eau ou *clepsydres* destinées à mesurer le temps. En outre, il fut spécialement enjoint aux orateurs de ne pas sortir des bornes de la décence et de la modestie, de s'abstenir des invectives et autres propos malséants, de ne pas frapper des pieds en signe d'impatience ou de colère; de ne faire aucune démarche en particulier auprès des juges pour les intéresser à leurs clients ; de ne point discuter deux fois en public la même question; enfin de sortir tranquillement de l'audience, sans attrouper personne autour d'eux. Une amende de cinquante drachmes et au delà était infligée à ceux qui contrevenaient à ces dispositions.

Tout le monde ne pouvait pas être choisi pour défenseur;

les lois de Solon et de Dracon avaient établi de sévères restrictions qui limitaient l'exercice de ce droit. Les esclaves, par exemple, ne pouvaient assister personne en jugement; pour avoir ce droit il fallait être de condition libre. Étaient exclus du même privilége, les infâmes, c'est-à-dire ceux qui s'étaient rendus coupables de quelque commerce honteux, ou qui fréquentaient les lieux de débauche; ceux qui avaient manqué au respect dû à leurs parents; ceux qui n'avaient pas voulu accepter quelque fonction publique, ou qui avaient refusé de défendre la patrie en danger; ceux, enfin, qui vivaient dans le luxe et dépensaient follement l'héritage de leurs parents. Les femmes n'étaient pas non plus admises à plaider.

Antiphon fut le premier orateur qui reçut des honoraires de ses clients; avant lui on se contentait de déférer quelque charge de la république à ceux qui s'étaient distingués dans l'exercice de cette profession.

Du barreau chez les Romains. Dans les premiers temps de Rome, les rapports qui existaient entre les *patrons* et les *clients* comprenaient l'obligation pour le patricien de défendre le plébéien en justice. L'insurrection de la plèbe et sa retraite sur le mont Sacré eurent pour résultat immédiat la création du tribun at et l'abolition des dettes; pour conséquence, l'affaiblissement du patronat. Bientôt après, le pouvoir judiciaire fut organisé sur des bases plus larges, et la loi des Douze Tables, en dépouillant l'aristocratie du priviléde de l'assistance judiciaire, doit être considérée comme ayant donné naissance à la profession d'avocat. La véritable révolution que fit dans le droit romain un scribe blessé dans sa vanité, Cneius Flavius, greffier des pontifes, en publiant un formulaire des actions et en affichant les fastes en plein Forum, compléta l'affranchissement de l'avocat et du jurisconsulte. L'accusé put alors appeler ses proches et ses amis à lui tenir lieu de patrons et à le défendre; ces défenseurs officieux furent désignés sous le nom d'*advocati*. Cependant cette dernière expression présentait une idée essentiellement collective : elle s'entendait de la réunion de tous ceux qui recueillaient les documents du procès, avançaient les frais et préparaient les moyens de défense, et aussi des témoins, par opposition à l'expression technique de *patronus*, seul reste de l'ancien système d'assistance judiciaire, et qui signifiait l'avocat proprement dit. A la fin de la république, *advocatus*, détourné de son acception primitive, était devenu tout à fait synonyme de *patronus*. Ce fut sous le règne de Domitien que la dénomination de *causidicus* commença à devenir usuelle.

Le barreau de Rome comprenait en outre d'autres individus remplissant des ministères spéciaux, et qui n'étaient pas à proprement parler des avocats, comme le *leguleius*, qui étudiait la lettre de la loi; le *formularius*, qui avait charge de veiller à la procédure; le *monitor*, qui improvisait les répliques; le *monitor posticus*, qui se tenait derrière l'avocat plaidant et venait en aide à sa mémoire comme un souffleur de comédie; le *morator*, qui prenait la parole quand l'avocat en titre, ayant besoin de se reposer, voulait traîner l'affaire en longueur. Le *cognitor* était une espèce d'avoué.

L'ancien barreau romain n'eut pas une organisation régulière ; ce n'est qu'après la ruine du patronat que l'on trouve des traces de corporation; encore n'eut-elle jamais une existence officielle, comme le collége des augures, par exemple, et l'unité résulta plutôt de l'esprit de corps. Cependant il est probable qu'au temps d'Ulpien les avocats formaient une corporation légale; sous Théodose et ses successeurs elle est réglementée avec le plus grand soin, et porte les noms de *collegium*, *ordo*, *consortium*, *corpus*, *toga*, *advocatio*, *matricula*. Les avocats autorisés par une permission expresse à exercer leur ministère devant les tribunaux étaient inscrits sur un tableau par rang d'ancienneté; leur nombre était déterminé et limité; ils étaient soumis à des épreuves et à un temps de stage; ils jouissaient de priviléges spéciaux; enfin ils pouvaient être suspendus et interdits.

Alexandre Sévère permit aux affranchis qui faisaient preuve de capacité, de faire partie du barreau. Les empereurs Valentinien et Valens déclarèrent, par une loi, que ceux qui étaient revêtus des plus hautes dignités pouvaient, sans déroger, exercer la profession d'avocat. Anastase accorda aux anciens avocats qui se retiraient le titre de *clarissimi*, pour récompense de leurs services.

En dernier lieu, voici quelles étaient les principales conditions pour être reçu avocat : il fallait d'abord avoir atteint l'âge de dix-sept ans, avoir étudié le droit pendant cinq ans, faire preuve de capacité et de bonnes mœurs, subir un examen devant le gouverneur de la province, ou en son absence devant le défenseur de la ville. Théodose et Valentinien déclarèrent que les Samaritains, les Juifs, les païens et les hérétiques ne pourraient exercer la profession d'avocats. Léon et Anthémius confirmèrent cette disposition. Ceux qui étaient notés d'infamie étaient aussi exclus du barreau, de même que les sourds et les aveugles; ces derniers pouvaient être juges. Quant aux femmes, depuis qu'une certaine Caia Afrania avait ennuyé et scandalisé les juges par son bavardage et ses emportements, elles furent éliminées du barreau. Une loi du Code Théodosien permit cependant aux femmes de parler en justice, mais seulement pour elles et non pour autrui.

Les parties avaient quelquefois plusieurs avocats pour une même cause. Depuis les guerres civiles jusqu'à la loi Julia il fut permis d'en avoir jusqu'à douze.

Quant au temps des plaidoiries, la loi des Douze-Tables voulait qu'elles fussent terminées entre adversaires présents avant midi, et que la cause contradictoire ou par défaut fût jugée avant le coucher du soleil. En 701 Pompée porta une loi qui fixa à deux heures pour l'accusateur, et à trois heures pour l'accusé, le temps que chaque orateur ou avocat aurait à parler. Plus tard les dispositions restrictives de la loi Pompéia furent modifiées, en ce sens que le juge fut investi du pouvoir discrétionnaire de régler la durée de la plaidoirie, en prenant en considération l'importance des affaires. Les empereurs Valentinien et Valens ordonnèrent que les avocats se tiendraient debout pendant qu'ils plaideraient.

On a prétendu longtemps que le ministère de l'avocat était exercé gratuitement chez les anciens Romains, et que l'usage des honoraires ne s'introduisit à Rome que bien longtemps après la chute de la république. Il suffit de se rappeler ce qu'était l'assistance judiciaire à son origine pour être convaincu qu'elle ne fut jamais plus onéreuse. Quand le patronat fut déchu de son privilége, la redevance du client fut exigée d'un présent honorifique, en un don volontaire. Mais bientôt les richesses et le luxe amollirent la ville des Quirites, et l'abus des honoraires devint excessif. Une loi fut portée dès l'an de Rome 549 pour réprimer la cupidité des avocats, la loi *Cincia* (*de donis et muneribus*), dont les dispositions ne nous sont pas parvenues. Mais leur rigueur excessive fut précisément ce qui les rendit impuissantes, et à une époque où le barreau romain brillait du plus vif éclat, on vit P. Clodius et C. Curion tarifer leur ministère à un taux inouï. Auguste essaya vainement de remettre en vigueur la loi Cincia. D'autres lois, entre autres celles de Trajan et de Justinien, autorisèrent les avocats à recevoir dix grands sesterces pour chaque cause, sans attendre le jugement.

Tant que la république subsista, le barreau fut, à Rome, le chemin des honneurs et de la célébrité; c'était l'écho satirique du Forum. Sous l'empire ce ne fut plus que l'écho bien affaibli de la basilique ou du prétoire. L'orateur improvisait rarement; quelques-uns récitaient leur plaidoyer en ayant le manuscrit sous les yeux ; d'autres le disaient de mémoire. A cette éloquence *pipéresse*, comme dit Montaigne, pleine d'artifice et de négligence, l'action, le geste, la pantomime étaient indispensables. Quintilien exige que le jeune disciple du barreau ait un maître de palestrique, qui lui apprenne la science du geste, et comment on donne l'aplomb à ses bras, la grâce à ses mouvements, la finesse aristocratique à ses mains, la décence à son attitude, l'élégance à sa marche. Cette science s'appelait *chironomie*.

La péroraison était le moment dramatique; les avocats romains y excellaient. « L'un, dit M. Grellet-Dumazeau (au remarquable travail duquel nous avons beaucoup emprunté), tenait un enfant entre ses bras et le promenait autour du tribunal; l'autre mettait à découvert les plaies purulentes de son client; celui-ci, voyant (en imagination) l'accusateur brandir un glaive ensanglanté, s'enfuyait en simulant l'épouvante; puis, revenant la figure à demi cachée par le pan de sa robe, demandait si le meurtrier avait disparu. »

Le style des plaidoyers répondait à l'action des orateurs. Il était sans mesure, sans véritable éclat, sans dignité et sans goût. L'éloquence du barreau avait dégénéré comme la littérature. On appelait *rabulæ* une espèce d'avocats toujours en colère, *latratores* les aboyeurs, *clamatores* les braillards. C'était autant de variétés de la profession.

Quant au succès du plaidoyer et aux applaudissements du public, une entreprise s'en chargeait à des prix modérés. Les c l a q u e u r s (ceux que nous appelons *romains*, ce qui est peut-être, dit encore M. Dumazeau, une trace curieuse de leur origine) se réunissaient à la porte du tribunal; on leur donnait quelques pièces de monnaie ou quelques bribes à consommer. Ainsi pourvus et repus, ils envahissaient les gradins, leur chef au milieu, qui donnait le signal des murmures approbateurs, des trépignements et des hurlements, suivant que l'admiration était notée sur la gamme fournie par l'orateur.

L'éloquence des avocats, légalement gratuite, ruinait les clients. Verrès disait publiquement que de ses trois années de gouvernement, c'est-à-dire de rapines, il fallait que trois parts : la première pour lui, la seconde pour ses avocats, la troisième pour ses juges. La corruption était générale. Juvénal a caractérisé, dans quelques vers admirables, le luxe extravagant que les avocats étalaient, soit comme produit de leur industrie, soit comme moyen de l'achalander. H o r t e n s i u s avait poussé jusqu'à un chiffre énorme une fortune acquise au barreau, et jusqu'à une folie presque incroyable les fantaisies de la possession. Plus tard un autre avocat, Régulus, devenu délateur en titre d'office, pour honorer son enfant mort, faisait égorger sur son bûcher toute une ménagerie d'animaux rares. Ce tendre père avait éteint des millions. Columelle disait de la profession d'avocat au temps de Tibère, que c'était un brigandage toléré en plein Forum. Parmi tant de corruption et d'infamie on aime à se rappeler une honorable exception, l'héroïque conduite de l'illustre Papinien, qui aima mieux perdre la vie que de justifier devant le sénat le fratricide de Caracalla.

Du barreau en France. La Gaule eut un barreau qui avait étendu si loin sa renommée que les nations étrangères y envoyaient l'élite de leur jeunesse pour s'instruire dans l'art de plaider. Juvénal appelle la Gaule la *mère nourrice des avocats*, et il nous apprend que c'était elle qui fournait les avocats des Iles Britanniques. Il y avait à Autun, sous le règne de Tibère, des écoles d'éloquence où l'on comptait un grand nombre de disciples. Sous l'empereur Constance-Chlore, ces écoles étaient dirigées par l'orateur E u m è n e, originaire d'Athènes. Celles de Toulouse, de Bordeaux, de Marseille, de Lyon, de Trèves et de Besançon jouissaient aussi d'une grande célébrité.

Lorsque les Francs s'emparèrent de la Gaule, dans le cinquième siècle, ils conservèrent l'institution du barreau, et proclamèrent les premiers le ministère de l'avocat un ministère noble.

Les Capitulaires de Charlemagne voulaient qu'on n'admît à cette profession que des hommes doux, pacifiques, craignant Dieu, aimant la justice, et prononçaient la peine de l'élimination contre ceux qui prévariquaient. Cette disposition fait supposer qu'à cette époque reculée ils formaient déjà un ordre constitué.

Sous saint Louis les avocats jouèrent un rôle important, qui leur donna pendant longtemps une influence notable sur les affaires du pays. Lors des démêlés de la puissance royale avec la cour de Rome, c'est parmi eux que les rois recrutèrent des défenseurs nombreux et dévoués. Versés dans toutes les subtilités du droit canonique, ils luttèrent avec un zèle persévérant contre les prétentions du pouvoir ecclésiastique, soit à propos des excommunications, soit à l'égard des collations de bénéfices. Gui Foucaud, l'un d'eux, élevé aux plus hautes dignités ecclésiastiques et civiles, finit par ceindre la tiare sous le nom de Clément IV. La Pragmatique-Sanction est en grande partie leur œuvre, et ils inspirèrent vraisemblablement au génie de saint Louis l'idée de la codification connue sous le nom d'É t a b l i s s e m e n t s.

Plus tard les querelles de B o n i f a c e VIII et de P h i l i p p e l e B e l replacèrent les avocats sur la scène politique. C'est de l'un d'eux, Pierre de Cugnières, qu'est cette fameuse lettre d'insultes adressée au pape que l'histoire a conservée. On sait que sous Philippe le Bel le parlement fut rendu sédentaire à Paris. A cette époque, les avocats les plus distingués s'attachaient exclusivement au parlement; les autres se consacraient aux affaires de la juridiction du Châtelet. Un grand nombre plaidaient auprès des tribunaux des b a i l l i a g e s et s é n é c h a u s s é e s. Il y en avait enfin qui se vouaient entièrement à l'étude des lois canoniques, et qui ne fréquentaient que les juridictions ecclésiastiques. Les prêtres pouvaient exercer la profession d'avocat auprès des cours épiscopales; il leur était interdit de se présenter devant les tribunaux civils. Tout homme noté d'infamie ne pouvait prétendre à l'exercice du ministère d'avocat. Les Juifs, les hérétiques, les excommuniés en étaient déclarés incapables.

La translation du saint-siège à Avignon vint augmenter encore la splendeur du barreau, en enfermant la justice dans des règles strictes pour l'instruction des affaires. A la suite de Clément V, les tribunaux, les praticiens, les avocats attachés à la cour de Rome, s'établirent en France. Depuis longtemps, les décrétales des papes, embrassant à la fois les matières civiles et ecclésiastiques, formaient un véritable code judiciaire. Ces règlements, mis en œuvre par l'esprit italien, donnèrent naissance à une science jusque alors inconnue : la p r o c é d u r e. C'est en ce temps que l'un des membres les plus distingués du barreau, Du Breuil, fit sur ce vaste sujet un livre intitulé : *Stylus curiæ parlementi* (Style du parlement).

Après la mort de Louis le Hutin, Philippe le Long s'empara du trône au détriment de sa nièce, et fit justifier son usurpation par le parlement et le barreau. L'expédient ou plutôt le subterfuge que trouvèrent les légistes devait rendre à la France d'immenses services. Ils firent la loi S a l i q u e.

Nous lisons dans une ordonnance de Philippe de Valois, rendue en février 1327, que pour obtenir le titre d'avocat il fallait être reçu par la cour, après serment; l'inscription au tableau et un temps de stage donnaient seuls le droit de plaider.

Philippe le Bel institua en faveur des avocats un ordre de chevalerie sous le titre de *chevaliers en lois*. Les longues guerres contre les Anglais et les troubles civils de cette désastreuse période interrompirent la prospérité du barreau, quoique nous trouvions encore d'illustres noms à citer, par exemple, ceux de Jean D e s m a r e t s, et de Juvénal des Ursins et d'Oudan des Moulins.

Le règne de Louis XI ne fut pas favorable au barreau; la révocation de la Pragmatique-Sanction souleva le parlement, qui refusa de l'enregistrer. Le roi céda. Durant le quinzième siècle, le barreau ne soutint pas sa brillante répu-

tation. Aucun homme illustre, aucun talent remarquable.
Mais au siècle suivant, l'art oratoire se ressentit des progrès extraordinaires de l'esprit humain. C'est alors qu'on vit paraître ce luxe étrange de citations qui donne à l'éloquence une si singulière allure ; ces phrases interminables, bourrées de mots latins, grecs et même hébreux ; ces merveilleuses comparaisons, ces rapprochements inouïs qui offensent si cruellement notre goût aujourd'hui. La Renaissance semblait avoir inoculé à tout le monde une fièvre d'érudition et de pédanterie.

Au nombre des ordonnances des rois qui contiennent des dispositions à l'égard du barreau, la plus remarquable est celle de Blois à la date de mai 1579. Son article 161, particulier aux avocats, leur enjoint de *signer leurs escritures, et, en bas de leur seing, escrire et parapher de leurs mains ce qu'ils auront reçu pour leur salaire, et ce sous peine de concussion.* En 1600 l'ordre des avocats menaça de se dissoudre immédiatement et de renoncer à son ministère si l'on ne rapportait pas cet article 161. Les avocats obtinrent satisfaction.

Sous le règne de Louis XIII et de Louis XIV le barreau brille du plus vif éclat. L'éloquence commençait à se dégager des nuages de la pédanterie ; on se dégoûtais des citations oiseuses, des détails ridicules, des déclamations stériles, des comparaisons bizarres. Tandis que les Bossuet et les Bourdaloue ramenaient l'éloquence de la chaire aux temps fortunés des Basile et des Chrysostome, le barreau prenait une large part au mouvement des intelligences ; Lemaître et Patru élevaient l'éloquence judiciaire à son plus haut période. Mais l'influence politique du barreau avait cessé depuis le triomphe du pouvoir royal. En 1727 et 1730 l'ordre des avocats tout entier se prononça contre la bulle *Unigenitus*. « Les avocats, dit Voltaire, signèrent une déclaration très-éloquente, dans laquelle ils expliquèrent les lois de royaume. Ils cessèrent de plaider jusqu'à ce que leur déclaration ou plutôt leur plainte eût été approuvée par la cour. Ils obtinrent cette fois ce qu'ils demandaient : de simples citoyens triomphèrent, n'ayant pour armes que la raison. » Quand le parlement eut été dissous par Maupeou, les avocats ne séparèrent pas leur cause de celle de ce grand corps judiciaire. Le barreau refusa de plaider devant les nouvelles cours, et les audiences, comme autrefois sous Sully, restèrent désertes. Cependant vingt-huit de ces membres, lassés de l'inaction ou intimidés par les menaces, prirent la résolution de reparaître à la Saint-Martin et de se résigner au serment. Quatre d'entre eux (on les appela les quatre *mendiants*, ce qui en fit mourir un de dépit) furent députés au chancelier, qui les reçut à bras ouverts. Leur exemple fut suivi par un grand nombre de leurs confrères. Le hasard voulut que des procès très-intéressants attirassent alors l'attention publique. Une foule énorme remplissait les salles d'audience encore désertes la veille. Les Gerbier, les Vermeil, les Hardouin, les de Bonniers, les Linguet, et cent autres qui jouissaient alors d'une grande célébrité, renouvelaient les beaux jours du barreau. L'appel comme d'abus des constitutions des Jésuites, et l'examen de ces constitutions, dans l'intervalle de 1762 à 1765, avaient imprimé un mouvement et donné du lustre à l'éloquence judiciaire. Il y eut des comptes-rendus sur les constitutions des jésuites par tous les parlements dans le ressort desquels cette société avait des collèges ou d'autres établissements d'instruction. Parmi ces écrits du ministère public dans les provinces, on distingua les réquisitoires de La Chalotais, procureur général au parlement de Bretagne, et de Ripert de Monclar, procureur général au parlement de Provence.

Tel était l'état de l'éloquence judiciaire, lorsque la révolution vint fermer en quelque sorte le barreau par le décret du 11 septembre 1790, qui abolit l'ordre des avocats, et en brisa le sceptre entre les mains de Tronchet, bâtonnier. Il n'y eut plus d'avocats, et ce titre fut remplacé par celui d'*hommes de loi*. Mais on ne tarda pas à reconnaître les inconvénients d'une liberté sans limites ; la justice fut servie par des mains moins pures, par des intelligences moins éclairées. En l'an XII, une loi reconstitua en termes généraux l'ordre des avocats, laissant à l'autorité exécutive le soin des dispositions réglementaires. Celles-ci furent l'objet d'un décret de 1810, qui, dicté par l'esprit de défiance et d'arbitraire qui animait le pouvoir, porta de graves atteintes à la dignité comme à l'indépendance de la profession. La Restauration ajouta encore à l'illibéralité du décret de 1810 par l'ordonnance de 1822 ; les ordonnances de 1830 effacèrent ce que les précédentes renfermaient de plus vexatoire. Le décret du 22 mars 1852 a rétabli à peu près l'ancien état de choses. *Voyez* BATONNIER et CONSEIL DE DISCIPLINE.

Du reste, un nouveau genre d'éloquence judiciaire naquit avec le gouvernement représentatif ; le barreau rappela le Forum et rivalisa avec la tribune antique et moderne. S'il fallait citer des noms, nous rappellerions ceux des Bellart, des Marchangy, des Dupin, des Berryer, des O. Barrot, etc.

Dans l'état actuel des barreaux étrangers, celui d'Angleterre est sans contredit le plus remarquable. Il a été illustré par Erskine, Samuel Romilly, Mackintosh, Brougham, Scarlett, Denman. Une école rivale s'est élevée à côté de celle qui reconnaît Erskine pour fondateur ; ses orateurs les plus brillants sont Curran, Grattan et Philipps. Pour l'organisation du barreau anglais nous renvoyons à l'article BARRISTER.

Le *barreau allemand* n'a pas encore eu le temps de naître ; un jour sans doute l'Allemagne, qui a produit tant d'hommes remarquables dans l'étude du droit, mais qui ne fait qu'entrer dans la pratique de la vie publique, pourra s'enorgueillir d'hommes qui se consacreront aux luttes judiciaires. W.-A. DUCKETT.

BARRÉE (Femme). On désigne sous ce nom un vice de conformation du bassin chez la femme, et dans lequel la symphise du pubis, trop rapprochée de l'angle sacro-vertébral, ou par sa trop grande hauteur, diminue l'étendue de l'ouverture à travers laquelle l'enfant doit se dégager. Dans les cas où ce vice est trop prononcé, l'accouchement devient impossible, et ne peut se terminer sans que le médecin intervienne en appliquant le forceps, ou même en recourant à d'autres moyens plus violents.

BARRÈME (FRANÇOIS), né à Lyon, vers 1640, mort à Paris en 1703, arithméticien des plus vulgaires, n'en a pas moins eu la gloire de laisser un nom qui ira à la postérité, grâce à l'expression proverbiale : *compter comme Barrême*, à laquelle a donné lieu son *Livre des Comptes faits*. Un ouvrage de ce genre, entrepris pour faciliter aux artisans et aux petits commerçants les opérations de l'arithmétique usuelle, devait nécessairement obtenir un immense débit et populariser la mémoire de l'utile vulgarisateur de notions indispensables au grand nombre. Aussi le nom de *Barrême* est-il devenu le titre même imposé par l'usage aux livres publiés par la suite dans le même but, et pour répondre aux besoins nouveaux créés par l'introduction du système décimal et son application aux poids et aux mesures.

BARRÈRE DE VIEUSAC (BERTRAND) naquit en 1755, à Tarbes (Hautes-Pyrénées), où sa famille jouissait d'une considération méritée. Rien ne fut négligé pour son éducation. Reçu avocat au parlement de Toulouse, il s'y distingua par ses talents. Nommé à l'académie des Jeux Floraux, il préluda dans la carrière littéraire par les éloges de Louis XII et de Michel l'Hospital. Ce début fut un double succès. Le barreau lui offrait un brillant avenir : il quitta la plaidoirie à la capitale du Languedoc, et vint occuper à Tarbes une charge de conseiller à la sénéchaussée de Bigorre. La convocation des états généraux devait être l'époque d'une ère nouvelle. Les citoyens appelés aux élections comprirent toute l'importance de leur haute mission. La rédaction du cahier fut dans chaque localité l'objet de graves discussions. Barrère eut une grande part à celle du cahier du tiers état de la sénéchaussée de Bigorre; il se prononça hautement contre les priviléges de la naissance. Il fut élu député, et resta fidèle à son mandat et aux principes qu'il avait manifestés avant son élection. De tous les orateurs qui se sont distingués à la tribune de l'Assemblée constituante et de la Convention, aucun n'occupe une aussi large place que Barrère dans les procès-verbaux de ces deux assemblées : la nomenclature de ses rapports et de ses opinions remplit vingt-sept colonnes in-4° des tables du *Moniteur*. Droit public, finances, liquidation civile, judiciaire, administrative, il discutait les questions les plus graves avec une prodigieuse facilité. Son élocution était brillante et concise, mais elle avait plus d'éclat que de profondeur. Il fonda le premier journal politique de la révolution, *le Point du Jour*. Cette feuille, exclusivement consacrée aux débats de l'Assemblée nationale, obtint un succès mérité.

La vérification des pouvoirs n'était pas terminée quand il appela l'attention de ses collègues sur la disette qui affligeait Paris. Il proposa qu'il fût nommé immédiatement une commission spéciale pour en examiner les causes et indiquer les moyens d'en arrêter ou du moins d'en atténuer les déplorables effets. Ces causes ne purent être connues que plus tard : on ignorait alors l'existence du *Pacte de famine*; on ignorait que depuis 1765 le monopole des grains avait été accordé à une compagnie privilégiée. Des ministres, des intendants de province, des chefs de la magistrature, des princes même étaient intéressés dans cette horrible spéculation. Le marché ne fut découvert que dans les archives de la Bastille. Le ministre des finances, Necker, proposa un emprunt hypothéqué sur les biens du clergé. L'adoption de ce projet eût été un obstacle à l'aliénation de ces biens; Barrère s'y opposa, et l'emprunt ne fut pas voté. A l'exemple du congrès des États-Unis, l'Assemblée nationale crut devoir faire précéder le nouveau pacte constitutionnel d'une déclaration des droits. Elle adopta à la presque unanimité, sur la proposition de M. de La Rochefoucault, l'article suivant : « La libre communication des pensées et des opinions est un des droits les plus précieux de l'homme. Tout citoyen peut donc parler, écrire, imprimer librement, sauf à répondre de l'abus de cette liberté dans les cas déterminés par la loi. » Barrère trouvait cette rédaction incomplète. Il soutenait qu'il fallait déclarer en principe que la liberté de la presse est la garantie nécessaire de la liberté publique. Les articles constitutionnels votés dans la célèbre séance du 4 août attendirent longtemps la sanction royale; enfin, le roi envoya des observations, qui donnèrent lieu à de graves débats. Barrère soutint le principe que les articles constitutionnels étaient au-dessus de la censure royale; que le *veto* n'était applicable qu'aux lois ordinaires; que le roi n'avait pas le droit d'examen de la loi fondamentale, qu'il n'avait que la faculté d'y accéder.

Dans l'Assemblée nationale, à peine quelques orateurs du côté droit prenaient part aux discussions; le côté gauche seul supportait tout le poids des travaux législatifs. Barrère se livra tout entier à ces pénibles et honorables fonctions. Il s'opposa à ce que les ministres prissent l'initiative en matière de finances. Lors de la fuite de Louis XVI, il ne pensa point que sa qualité de roi dût le placer en dehors du droit commun, et soutint qu'il ne devait pas être interrogé par des commissaires. Son opinion ne fut pas adoptée.

Il appartenait au premier peintre de l'époque de reproduire sur la toile le serment du *jeu de paume*. David avait commencé cette large composition, où l'artiste avait voulu conserver les portraits fidèles des principaux personnages et l'ensemble de ce grand drame historique; travail qui exigeait beaucoup de temps et de dépense. Sur la proposition de Barrère, l'Assemblée décréta que ce tableau monumental serait terminé aux frais de la nation. Ce fut aussi sur sa proposition que la veuve de J.-J. Rousseau obtint une pension.

Les représentants d'une nation ne s'appartiennent point, rien ne devrait les distraire des devoirs que leur impose le mandat qu'ils ont accepté, et cependant des cartels étaient adressés aux principaux orateurs du côté gauche. Des duels eurent lieu entre Cazalès et Barnave, Lameth et Castries. A l'occasion de ces déplorables scènes Barrère publia de judicieuses et énergiques observations sur le duel. Des clubs nouveaux s'étant formés, il ne fit qu'une courte apparition à celui des *Feuillants*, et revint à la société des *Amis de la Constitution* (les Jacobins). La mort de Mirabeau avait surpris et affligé toute la France; ses obsèques furent une grande solennité nationale; Barrère prononça l'oraison funèbre du célèbre orateur, et se montra le digne interprète de la douleur publique. L'Assemblée termina sa longue et mémorable session par la constitution. Elle s'interdit le droit de siéger à l'Assemblée législative qui devait lui succéder. Barrère rentra comme tous ses collègues dans la vie privée. Il fut appelé pendant la session de la première législature au tribunal de cassation. Lorsqu'une Convention nationale fut convoquée, Barrère fut nommé député. La république fut proclamée dès la première séance. Une ère nouvelle s'ouvrit alors pour la France, et à partir de ce moment le nom de Barrère se rattache aux actes les plus importants, aux événements les plus graves de cette époque.

La Convention s'était constituée le 23 septembre; l'un de ses premiers actes fut l'envoi de Barrère en mission dans les départements des Hautes et Basses-Pyrénées. Son absence ne fut pas longue, et dans la séance du 1er octobre il signala le premier à la censure de la Convention l'influence funeste de la municipalité de Paris, qui envahissait tous les pouvoirs et se plaçait au-dessus des lois. Dans cette circonstance, Barrère fit preuve d'un grand courage et d'une rare prévision; mais la municipalité trouva dans l'assemblée de puissants défenseurs, et la proposition de Barrère ne fut qu'un avertissement courageux, mais inutile. Le lendemain, 10 octobre, il fut nommé membre du comité de constitution; toutes les nuances d'opinions s'y trouvaient représentées : Barrère avait pour collègues Brissot, Vergniaud, Gensonné, Thomas Payne, Sieyès, Danton et Pétion, qui, huit jours après, fut élu maire de Paris, à la majorité de 13,746 voix sur 15,317. Barrère fut élu président de la Convention le 29 novembre suivant. Il dirigea les premiers débats du procès de Louis XVI; il vota pour la mort, et s'opposa au sursis; il rédigea l'adresse aux Français *sur la mort du tyran*, provoqua le jugement des assassins des 2 et 3 septembre et l'expulsion des Bourbons. La Convention, sur sa proposition, décerna à Michel Lepelletier les honneurs du Panthéon, et adopta sa fille au nom de la république. Barrère avait compris le mandat d'omnipotence de la Convention; il ne dépendit pas de lui que le plan de constitution proposé par Condorcet ne fût adopté; il le défendit avec plus de talent que de succès contre les efforts du parti de la Montagne.

La Convention réunissait tous les pouvoirs; une immense responsabilité pesait sur elle, mais il lui importait d'être libre dans ses actes, et dès le premier jour de son existence elle eut à soutenir une lutte continuelle et orageuse contre la municipalité de Paris. Le 10 mars des émeutes nombreuses et armées avaient été dirigées contre les Girondins. Santerre rendit leur tentative impuissante. Barrère osa les féliciter à la tribune. Le 25 décembre 1792 il fut nommé membre du comité de défense générale : on comptait parmi ses vingt-quatre collègues les principaux Girondins; ils composaient la majorité. Le 7 avril 1793 le premier comité de salut public fut organisé; Barrère ne cessa point d'en faire partie jusques et même après le 9 thermidor an II. Ses collègues s'étaient partagé la partie active du pouvoir, et ne lui avaient laissé que les rapports; il n'était que l'organe des arrêtés de ce comité. Dans la fameuse journée du 1er juin 1793 la Convention se vit envahie par une foule immense et menaçante. Barrère proposa à l'assemblée de quitter la salle de ses séances, et de se transporter au milieu même des masses qui l'environnaient ; sa proposition fut adoptée et exécutée à l'instant même. La Convention parcourut en corps le jardin des Tuileries, rentra dans la salle de ses séances, et reprit le cours de ses délibérations. Dans son rapport sur les moyens d'extirper la mendicité, qu'il appelle la *lèpre des monarchies*, Barrère déclare qu'il considère les secours à l'indigence infirme comme une dette de l'État ; son projet, malheureusement, ne put être mis à exécution. La *faction de l'étranger*, dont des écrivains sans portée ou sans bonne foi ont nié l'existence, entravait déjà la réalisation de toutes les œuvres utiles. Son influence s'était fait sentir après la journée du 13 août. Son plan était habilement concerté : son but était de détruire la Convention par la Convention elle-même ; elle avait placé son centre d'opérations dans la *commune* de Paris. Barrère l'avait deviné. La faction agissait surtout dans les assemblées des sections. Le procès de Louis XVI n'était encore qu'un projet, quand, en décembre 1792, de nombreuses députations de sectionnaires osèrent prendre l'initiative et poser la question suivante : *Louis, ci-devant roi des Français, est-il digne de mort ?* Barrère, président, avait répondu : « La Convention ne doit compte de ses pensées et du jugement de Louis qu'à la république entière. » La mort de Louis XVI ne changea rien au système d'opposition de la commune contre la Convention. Guadet avait proposé de casser toutes les autorités de Paris, et de convoquer à Bourges tous les suppléants de la Convention pour former une nouvelle assemblée, dans le cas où la dissolution de la Convention serait effectuée par la force ou par sa volonté. Barrère, au nom du comité de salut public, répond : « Il est vrai qu'il existe à Paris, et, par des ramifications dans toute la république, un mouvement préparé pour perdre la liberté. Ce mouvement, commencé à Marseille, s'est étendu jusqu'à Lyon et dans plusieurs autres départements. Parmi nous la peur, la vengeance et les haines personnelles ont fait attribuer aux divers côtés ce qui n'est que l'ouvrage de l'aristocratie. Voilà la véritable cause de nos dissensions... Les étrangers ne veulent pas nous attaquer ; ils espèrent tout de l'esprit de désordre qui règne parmi nous. »

Barrère cite plusieurs faits d'où il résulte que Chaumette et Hébert, qui dominent à la commune et dans les sections, ont tout disposé pour un mouvement dont le but est de décimer la Convention. Il examine ensuite le projet de Guadet : « Si je voulais l'anarchie, dit-il, j'appuierais la proposition de casser les autorités constituées de Paris ; » et le projet fut écarté par l'ordre du jour.

Les journées des 31 mai et 2 juin eurent de déplorables résultats. La division qui régnait dans l'assemblée atteignit les comités et même celui de salut public, sur lequel pesait tout le fardeau de l'administration intérieure et des armées. Robespierre aîné, Couthon et Saint-Just s'emparèrent seuls de la police générale, agirent sans le concours de leurs collègues, et leurs relations avec les membres influents de la commune, des sections et des Jacobins devinrent plus actives et plus intimes. Le décret du 22 prairial, qui proscrivit un grand nombre de députés, fut proposé sans avoir été communiqué aux autres membres du comité. Il est certain que lorsque les commissaires s'emparèrent de la commune, on trouva parmi les papiers saisis dans les bureaux plusieurs pièces qui révélèrent le projet des conjurés. Le nom de Barrère était inscrit le second sur une liste de députés qui le même jour devaient être mis à mort. Une faction nouvelle, mais dont le but était le même, s'empara de l'événement de thermidor, et l'exploita à son profit. Barrère avait eu une grande part au succès de cette journée, et bientôt après il fut proscrit et frappé d'une accusation capitale. Tous les actes des membres des anciens comités du gouvernement furent soumis à une sévère investigation par une commission spéciale. Le rapporteur de cette commission des vingt et un avait conclu à l'arrestation de Barrère, Collot-d'Herbois, Billaud-Varennes et Vadier. Barrère publia une défense remarquable par un rare talent de discussion. La Convention se constitua juge du procès ; les débats se prolongèrent. Un décret du 11 germinal an III (31 mars 1795) le condamna à la déportation avec Collot-d'Herbois, Billaud-Varennes et Vadier.

La Convention fut envahie et presque entièrement dispersée dans la désastreuse journée du 1er prairial. Romme profita de cette circonstance pour *enlever* un décret qui rappelait Barrère et les autres déportés. La Convention, rendue à ses fonctions, en rendit un autre qui rapporta le premier, et renvoya Barrère, Collot-d'Herbois et Billaud devant le tribunal criminel de la Charente-Inférieure. Le courrier porteur de ce décret arriva trop tard pour Collot et Billaud ; ils étaient déjà partis pour la Guyane. Barrère seul était resté à l'Ile d'Oleron. Il fut transféré à Saintes. Après la journée du 13 vendémiaire an IV, par une contradiction qu'il serait difficile d'expliquer, le décret qui ordonnait sa mise en jugement devant le tribunal de Saintes fut rapporté, mais celui qui prononçait sa déportation fut maintenu. Il mit fin à ce conflit en s'évadant, et sa liberté lui fut légalement rendue par le décret d'amnistie qui rappela les proscrits du 18 fructidor.

Ses compatriotes, dont il avait conservé la confiance, l'avaient désigné, en 1805, comme candidat au Sénat conservateur et au Corps Législatif ; mais il ne fut pas agréé par le Sénat. Depuis sa mise en liberté, il rédigeait le *Mémorial anti-Britannique*, journal destiné à faire connaître les envahissements du gouvernement anglais et les moyens d'y mettre un terme ; il publia plusieurs autres ouvrages de haute politique, *De la Pensée du Gouvernement*, *la Liberté des Mers*, etc. On lui doit un *Éloge de l'Hospital*, des *Observations sur Montesquieu*. Il avait fait paraître pendant son premier exil (1795) une traduction des *Veillées du Tasse* et des *Nuits d'Young*. Il fut élu pendant les Cent-Jours à la Chambre des Représentants. Le désastre de Waterloo ramena les armées coalisées sous les murs de la capitale. Barrère démontra l'insuffisance des lois constitutionnelles pour sauver la France envahie et non conquise. Il appuya la proposition de Garat pour la promulgation d'une déclaration des droits. Cet acte ne pouvait être et ne fut en effet qu'une protestation contre l'invasion étrangère. « Occupez-vous sans délai de ce travail, disait-il ; c'est ce que vous léguerez de mieux aux générations futures, et ce sera un beau spectacle dans l'histoire que de vous voir discuter vos droits avec calme en présence même de toutes les armées coalisées. »

La capitulation de Paris ouvrit pour la seconde fois, sous la protection des baïonnettes étrangères, l'entrée de cette ville aux Bourbons. Barrère fut compris dans l'ordonnance d'exil du 24 juillet 1815 ; il se retira à Bruxelles, où il vécut de ses travaux littéraires jusqu'à ce que la révolution de 1830 lui permit de revoir le sol natal. En 1831 il fut de nouveau élu député de les Hautes-Pyrénées, mais son élection fut annulée pour vice de forme. Appelé alors à faire partie de l'administration supérieure de ce département, comme membre de son conseil général, son grand âge l'obligea à se démettre de ces fonctions en 1840. Il rendit le dernier soupir le 14 janvier 1841. Il avait chargé M. Hippolyte Carnot de la publication de ses mémoires, et le fils de son ancien collègue à la Convention s'est pieusement acquitté de ce devoir : ils ont vu le jour à Paris en 2 volumes in-8° (1842). DUFEY (de l'Yonne).

BARRES (Jeu de). C'était dans l'origine un jeu militaire. Les armes de trait étaient alors les seules en usage. Les jeunes gens s'exerçaient à lancer, sur un point déterminé, de lourdes *barres* ; celui qui avait fait preuve de plus d'adresse et de force était proclamé vainqueur. L'invention des armes à feu a rendu cet ancien exercice inutile. Le jeu de barres ne consiste plus aujourd'hui que dans une lutte à la course.

Les joueurs se séparent en deux troupes; ils viennent se provoquer réciproquement, ils courent les uns contre les autres entre des limites marquées, en sorte que si quelqu'un de l'un ou de l'autre parti est pris par ses adversaires, il demeure prisonnier jusqu'à ce que quelqu'un de son parti le délivre, en l'emmenant malgré les poursuites du parti contraire.

Les parties de *barres* du Champ de Mars étaient célèbres jadis dans l'université de Paris, et de nombreux spectateurs s'y donnaient rendez-vous les grands jours de congé. Le Plessis et le collège des Irlandais réunis y luttaient contre les Grassins et Harcourt; chaque parti avait son camp et sa couleur : le Plessis le bleu, les autres le rouge.

Dupey (de l'Yonne).

BARRETTE, BERRETTE, BERRET. Ce sont des espèces de petits bonnets ronds que les nobles portaient jadis à Venise, et que les enfants, les ouvriers, les hommes du peuple portent encore dans quelques pays. Le *berret* de laine, de diverses couleurs, est la coiffure nationale des Béarnais et des Basques. Il y a cinquante ans la première de ces deux races le portait brun, et la seconde bleu. Aujourd'hui les deux peuples le portent indifféremment de toutes couleurs, depuis le rouge jusqu'au blanc.

Dans l'Église, la *barrette* était originairement un bonnet de toile mince, qui s'appliquait exactement sur les oreilles, à la différence du *berret*, posé négligemment sur la tête, et qui ne les couvre jamais. C'était une espèce de béguin d'enfant, qui n'était qu'à l'usage des papes. Elle se transforma, plus tard, en ce bonnet carré rouge, du même nom, que portent les cardinaux, et qui est une des marques de leur dignité. Aussi *recevoir la barrette* signifie-t-il être promu au cardinalat (*voyez* Cardinal).

BARRICADES. L'origine des barricades doit se reporter sans doute à celle de la civilisation elle-même. La première bourgade de bois et de terre glaise où s'agglomérèrent quelques familles humaines fut infailliblement pillée et brûlée par ses voisins errants des forêts. Elle se releva cité, bâtie de pierres et enclose de murs. La première ville vit bientôt le premier siège, et fut forcée de reconnaître que l'enceinte invincible et sacrée dont l'abri la rendait si fière pouvait être ouverte par le bélier ou escaladée par la tortue et les tours roulantes. Il fallait donc songer à une seconde barrière, locale, mobile, instantanée, propre à défendre chaque rue, chaque temple, chaque foyer, quand la cité elle-même était forcée, à rendre inutile par cent résistances partielles le succès général de l'assaut extérieur. Cette barrière tout improvisée avec les matériaux que le hasard offrit aux assiégés, poutres et pièces de bois de tout genre, tables, tableaux, pierres, décombres des murailles renversées par l'ennemi, et derrière ce nouveau rempart le courage et le désespoir purent de nouveau suppléer à l'infériorité du nombre.

Les barricades naquirent probablement dans quelques-unes de ces villes de l'Hellénie antique ou de l'Italie primitive dont chacune était le chef-lieu d'une république ou d'un royaume belliqueux, au territoire si exigu que quelques heures de marche amenaient le voisin, ou l'ennemi — c'était tout un — sur les bords de leurs fossés. Dans les temps historiques, nous voyons les habitants de Sagonte employer ce moyen de défense contre Annibal; les Lacédémoniens contre Pyrrhus, alors que les femmes de Sparte arrachèrent la victoire aux Épirotes, vainqueurs de leurs maris; les infortunés débris de Carthage, réfugiés dans leur citadelle avec le dernier chef de la race héroïque des Barca, la disputèrent ainsi pied à pied aux perfides destructeurs de leur patrie. Bien d'autres villes ont suivi depuis cet exemple.

Les barricades modernes changèrent entièrement de but et de caractère : bien que la guerre régulière ait continué d'en faire emploi, ce n'est pas à leurs services contre l'invasion étrangère qu'elles sont redevables de leur immense célébrité, et nous renverrons le lecteur à l'article Palissades pour leurs rapports avec l'art militaire et le génie. Les barricades dont nous avons à narrer la turbulente histoire, c'est l'arme offensive et défensive de l'insurrection bourgeoise, c'est le *veto* définitif du peuple contre la surcharge des *tailles*, le blocus du palais des rois par les rues courroucées, le boulevard infranchissable contre lequel sont venues se briser trois dynasties, les Valois, les Bourbons et les d'Orléans.

Sœurs des libertés municipales au moyen âge, elles apparaissent avec cette révolution communale du douzième siècle, qui constitua le tiers état, en émancipant du joug de la race franque une partie des vrais enfants du sol gaulois; c'était en effet la fortification la plus efficace à opposer aux gens d'armes que pouvait vomir dans la ville le châtel ou la tour du seigneur laïque ou ecclésiastique, souvent situés en dedans des murailles. De ce qui n'avait été qu'une heureuse inspiration, une ressource créée à la hâte contre un péril imminent, on fit bientôt un système de défense permanent, comme les compagnies bourgeoises, qui reçurent en beaucoup de lieux une organisation militaire, sous les noms d'archers, arbalétriers, puis arquebusiers et canonniers. Nous n'entreprendrons pas l'impossible énumération des scènes où les barricades jouèrent un rôle important dans nos provinces pendant le cours des luttes féodales, puis des guerres religieuses et politiques qui les suivirent. Hâtons-nous de les montrer surgissantes sur un plus brillant théâtre, en ce Paris, dont les exploits font retentir les annales de siècle en siècle.

Elles n'y parurent que fort tard. Tenu en respect par la grosse tour du Louvre et par la puissance royale, qui pesait sur son centre, Paris ne put tenter que vers le milieu du quatorzième siècle de conquérir ce privilège des communes, dont la royauté lui refusait les chartes libératrices. En 1358, durant la captivité du roi Jean en Angleterre, la mauvaise conduite des favoris du dauphin Charles, son peu de déférence pour le conseil que lui avaient donné les états généraux, poussèrent à bout le peuple parisien. Ce fut Étienne Marcel, ce prévôt des marchands de Paris, trompé par des historiens ignorants ou menteurs, a si longtemps maudit la mémoire et oublié les services pour ne se rappeler que ses fautes; ce fut, disons-nous, Étienne Marcel, membre du conseil des Trente-Six, qui s'avisa pour lors de barrer chaque coin de rue avec de fortes chaînes. Retroussées habituellement autour de l'anneau qui les scellait à la muraille, au premier cri d'alarme on les tendait au travers de la rue pour les aller fixer de l'autre part à un crochet de fer. Leurs anneaux se voyaient encore dans certains quartiers il n'y a pas longtemps. Les chaînes demeurèrent bien des années l'âme des barricades, qui s'y appuyaient et les serraient entre un double rang de pierres et de bahuts. On connaît la fin tragique de leur inventeur. Elles demeurèrent immobiles aux angles des rues depuis sa mort et la rentrée du dauphin Charles jusqu'en 1383, époque à laquelle les ducs d'Anjou, de Bourgogne et de Berri, oncles du roi Charles VI, les enlevèrent aux Parisiens, pour empêcher toute résistance à leurs horribles exactions. Plusieurs années après, Jean-sans-Peur, fils de ce duc de Bourgogne que nous venons de signaler comme l'un des oppresseurs de Paris, fit rapporter les chaînes du château de Vincennes, où elles avaient été déposées, et les rendit aux Parisiens. Ce fut là l'une des causes de cette popularité dont il abusa bientôt si cruellement. On ne tarda pas à mettre à profit cette restitution : les chaînes furent tendues maintes fois durant les troubles des Armagnacs et des Bourguignons, et pendant les horribles massacres exécutés par les cabochiens sous les auspices du duc Jean.

Les barricades se purifièrent de cette souillure en se formant contre l'étranger. En 1436, le peuple, fatigué de la tyrannie des Anglais, se souleva avec fureur, tandis que les hommes d'armes du connétable de Richemond pénétraient dans la ville. Bientôt les tuiles, les poteries, les meubles, pleuvent de chaque croisée sur les champions du Léopard, arrêtés de tous côtés par des barrières soudaines, et Paris recouvre, sinon la liberté, du moins l'indépendance nationale.

Il faut maintenant franchir un long intervalle pour retrouver les barricades. Elles ne reparaissent qu'après un siècle et demi, pour consommer la ruine de ces Valois qu'elles ont rappelés jadis. Ce grand événement eut lieu le 12 mai 1588. Le roi Henri III était devenu odieux aux protestants, que dirigeait Henri de Navarre, et aux catholiques, dont la *Ligue* formidable ne reconnaissait en réalité d'autre chef qu'Henri de Guise, bien que le roi se fût mis officiellement à la tête de la Sainte-Union. Les seize quartiers de Paris, où dominaient seize meneurs dévoués au duc de Guise, comptaient plus de vingt mille ligueurs déterminés à prendre les armes au premier signal, lorsque le roi, irrité de ce que le duc eût osé revenir dans la capitale malgré sa défense, parut se disposer à quelque coup d'État. La noblesse royaliste se rassemble au Louvre; quatre mille Suisses entrent dans Paris par la porte Saint-Honoré, et occupent les principaux postes de la ville. Le peuple les regarde en silence : « Il n'y a femme de bien qui ne passe aujourd'hui par la discrétion d'un Suisse, » dit tout haut un *rodomont de cour*. A cette insolente menace la masse inerte s'ébranle, les rues se dépavent, on court aux chaînes; tonneaux remplis de terre, planches, solives, coffres, s'accumulent en barrières infranchissables; le tocsin sonne; les barricades s'avancent de quartier en quartier, investissent les troupes royales, et la dernière d'entre elles vient se dresser en face du Louvre. Les Suisses, assaillis avec fureur en divers lieux, et surtout au Marché-Neuf, eussent été mis en pièces sans l'intervention du duc de Guise, qui leur permit de reprendre le chemin du Louvre, sans tambours, têtes découvertes et piques baissées. La marche du duc de son hôtel à celui de Soissons, où la reine mère, Catherine de Médicis, l'attendait afin d'entamer des négociations de la part du roi, fut un véritable triomphe pour le prince lorrain et pour le peuple. Henri III n'attendit pas la fin des pourparlers, et s'échappa le lendemain de Paris. Il n'y devait plus rentrer.

Le règne sage et bienveillant de Henri IV, le puissant despotisme du cardinal de Richelieu, surent prévenir le retour des mouvements populaires, l'un par l'affection, l'autre par la crainte. Mais après la mort de Louis XIII, l'administration à la fois faible et arbitraire de sa veuve, Anne d'Autriche, les pillages effrontés de son ministre Mazarin et de ses avides courtisans, firent monter sur l'horizon de nouveaux orages. Ils éclatèrent à l'occasion de la résistance courageuse qu'opposa le parlement aux entreprises de la cour, le 26 août 1648. La reine ayant fait arrêter deux conseillers de la grand' chambre, Broussel et Blancménil, le peuple courut aux armes; et quoiqu'on n'eût pu arracher le vénérable Broussel des mains des gardes, la sédition alla toujours croissant jusqu'aux environs du Palais-Royal, où logeait alors la régente. Elle ne s'apaisa que sur la promesse de remettre en liberté les prisonniers, promesse faite par le coadjuteur de Paris, au nom de la reine. Le lendemain on ne pensait plus à l'exécution de cette parole; le peuple y songea, lui. Le coadjuteur, furieux d'avoir été joué par Anne d'Autriche et Mazarin, souffle le feu qu'il a éteint la veille, et tandis que le parlement délibère sur l'attentat commis contre ses membres, cent mille Parisiens se lèvent en armes derrière deux mille barricades, espèces de citadelles dont quelques-unes étaient si hautes qu'il fallait des échelles pour les franchir; elles étaient, disent les mémoires du temps, construites avec tant d'art que tout le reste du royaume ensemble n'eût pas été capable de les forcer. Il n'y eut pas même de combat, sinon à la porte de Nesle, où un détachement suisse fut écharpé par les amis du coadjuteur. La cour humilia son orgueil devant les piques de la garde bourgeoise, ralliée aux masses des Halles et de la place Maubert. Les deux magistrats retournèrent au Palais, aux acclamations de la grande ville, et la déclaration du 24 octobre 1648, qui accordait au parlement un salutaire contrôle sur les actes de la couronne, fut le fruit des barricades : fruit peu durable, par malheur!

Bien que la journée du faubourg Saint-Antoine (2 juillet 1652) sorte un peu de notre cadre, et doive être considérée comme une bataille régulière entre des troupes régulières, nous ne pouvons passer sous silence cette lutte si terrible où le faubourg Saint-Antoine entier offrit l'aspect d'un camp retranché, dont chaque palissade, chaque ouvrage furent pris, repris, arrosés de sang durant tout un jour. Les deux premiers capitaines de l'Europe dirigèrent l'attaque et la défense, ramenant tour à tour à la charge leurs bataillons épuisés. Condé défendant, Turenne attaquant le faubourg, se rencontrèrent plus d'une fois l'épée au poing à travers ce labyrinthe de retranchements improvisés, de maisons crénelées vomissant du feu et du plomb par toutes leurs meurtrières. La rue de Charonne fut surtout fatale aux royalistes, la rue de Charenton aux frondeurs. Le neveu du cardinal Mazarin et le marquis de Saint-Mégrin, commandant l'aile droite de l'armée royale, expirèrent dans la première aux pieds de Condé, dont ils avaient juré la mort. La seconde vit tomber morts ou criblés de blessures l'élite du parti des princes, les ducs de La Rochefoucauld, de Nemours, etc. L'armée de Condé, très-inférieure en nombre, fut enfin acculée à la place de la Bastille, et les maréchaux de Turenne et La Ferté allaient la mitrailler les débris, ramassés dans cet étroit espace, lorsque les portes de Paris, ouvertes juste alors dans cette querelle, s'ouvrirent enfin pour recueillir les vaincus, dont le canon de la Bastille protégea la retraite.

Mais le parti féodal a succombé comme celui du parlement. La monarchie absolue a fait dans Paris son entrée triomphale : adieu la garde bourgeoise, les mots de passe et les tambours de l'insurrection! adieu les barricades! la voix de 89 ne les réveillera même pas : le 14 juillet et le 10 août ne feront pas appel à leur abri redoutable; la révolution attaque la poitrine nue, elle n'a que faire d'une armure défensive. L'Empire a passé. La Restauration nous ramène les orages de la tribune, entremêlés, parfois, de ceux de la place publique. Nous ne nous arrêterons pas sur les barricades de la rue Saint-Denis, en 1827, où l'irritation publique amena sous les balles des soldats une foule imprudente. Après quinze ans de luttes parlementaires, la royauté tire l'épée et jette à ses adversaires comme gage de combat les ordonnances du 25 juillet 1830. Les barricades se redressent, et c'est sur un tas de pavés que tombe la dynastie de l'étranger. *Voyez* JUILLET (Révolution de).

Dans les heures d'ivrement et d'apparente union qui suivirent le triomphe populaire, qui n'eût pu croire l'histoire des barricades à jamais close par cette éclatante catastrophe? Il n'en devait pas être ainsi : les germes de discorde cachés dans le sein du vaste parti libéral, où s'amalgamaient tant d'éléments divers, ne tardèrent pas à être travaillés par des mains inactives pendant le combat : l'irritation des hommes d'action qui s'étaient vus pris pour dupes ne tarda pas à se manifester avec violence. Un premier essai de barricades, sans importance, il est vrai, fut tenté lors de la nouvelle du désastre de Varsovie (17 septembre 1831). Paris était réservé, neuf mois après, à des scènes bien plus déplorables à propos du convoi du général Lamarque, l'un des plus illustres chefs du côté gauche de la Chambre. *Voyez* JUIN 1832 (Journées de).   Henri MARTIN.

L'histoire des barricades ne devait pas s'arrêter où l'a

laissée notre savant collaborateur en 1833. On sait qu'en 1834 Lyon, Paris et d'autres villes se hérissèrent de barricades (voyez AVRIL [Journées d']). En mai 1839 deux cents jeunes gens, appartenant à la *Société des Familles*, et dirigés par Barbès, Auguste Blanqui et Martin Bernard, descendent dans la rue au moment où l'on s'y attend le moins, dressent des barricades et s'avancent jusque sur le Palais de Justice et l'Hôtel de Ville, qui sont sur le point de tomber en leur pouvoir. En février 1848 la royauté de 1830 tombe devant ces mêmes barricades qui l'avaient élevée. Mais à peine la république est-elle proclamée que l'insurrection redresse la tête, et les hommes les plus avancés soulèvent encore les pavés contre ceux qui ont saisi le pouvoir. Les barricades de juin 1848 resteront comme un des plus tristes souvenirs de l'histoire de nos discordes civiles. A cette époque on proposa au gouvernement de faire construire des *barricades mobiles* derrière lesquelles les troupes pourraient avancer contre les barricades des insurgés. Plusieurs fois encore, et dans différentes villes, on tenta d'en dresser, mais elles n'ont pas depuis arrêté la marche du gouvernement. Dans les journées de décembre 1851 le représentant Baudin se fit tuer sur une barricade de la rue du Faubourg-Saint-Antoine. Des peines sévères ont été portées contre les faiseurs de barricades, et en dernier lieu le ministre de la guerre ordonna de passer par les armes tous ceux qui seraient trouvés travaillant à ces fortifications. L'art de faire les barricades fut porté à l'étranger après la révolution de Février, et en plusieurs endroits elles ont arraché des concessions aux gouvernements.

BARRICADES (Les), défilé de Piémont, à 56 kilomètres d'Embrun. Le prince de Conti, avec une armée française de vingt mille hommes, et don Philippe, à la tête de vingt mille Espagnols, passèrent le Var le 1er avril 1742. Le comté de Nice se rendit; Villefranche fut emportée d'assaut. Les Anglais, qui avaient pénétré dans les Alpes, furent culbutés; on arriva aux Barricades : c'est un passage de six mètres environ de largeur, resserré entre deux montagnes s'élevant jusqu'aux nues. Le roi de Sardaigne avait fait couler dans ce précipice la Stura, qui baigne la vallée. Trois retranchements en chemin couvert défendaient ce poste; il fallut ensuite se rendre maître du château de Démont, bâti avec des frais immenses sur la crête d'un rocher isolé. Ces barricades avaient été tournées habilement par les Français et les Espagnols; ils les avaient emportées presque sans coup férir, en mettant ceux qui les défendaient entre deux feux. « Cet avantage, dit Voltaire, fut un des chefs-d'œuvre de l'art de la guerre; car il fut glorieux, il atteignit le but proposé, et ne fut pas sanglant. »

Plus de cinquante ans après, le 14 septembre 1794, les Français, commandés par le général Vaubois, attaquaient à la baïonnette ce même poste des Barricades, et s'en rendaient maîtres.

BARRIÈRES (dérivé de *barre*, *barrer*), obstacle en bois ou en fer, placé jadis devant certains hôtels comme signe d'autorité, de féodalité). S'il survenait une émeute, si le peuple s'attroupait pour porter quelque plainte, le seigneur, le fonctionnaire, le magistrat descendait à sa porte, afin d'entendre les griefs; mais il restait en deçà de la barrière, pour ne pas être assailli par les mutins. Telle fut l'origine des barrières que les grands seigneurs avaient ou s'arrogeaient le droit de placer devant leurs hôtels, mais qu'ils furent obligés, bien avant la révolution, de laisser périr de pourriture et de vétusté, car on ne les força pas de les faire enlever.

Les différents gouvernements, dans un intérêt fiscal, et afin de protéger l'industrie nationale contre la concurrence étrangère, ne permettent l'introduction dans leurs États des marchandises venant de l'étranger que moyennant l'acquit de droits déterminés. L'entrée de certaines marchandises ou denrées est même quelquefois entièrement prohibée. Pour percevoir les droits sur les marchandises étrangères, ou, suivant les cas, empêcher l'introduction de ces marchandises, on établit aux frontières des États des barrières ou bureaux de douanes. Mais ce qui existe aujourd'hui de nation à nation, d'État à État, a existé longtemps en France de province à province. Les marchandises ne pouvaient passer d'une province du royaume à l'autre sans acquitter, sur les limites, des droits de péage. Cette institution remontait aux temps de la féodalité, alors que chaque seigneur, maître dans ses domaines, pouvait établir les règlements qu'il jugeait utiles à ses intérêts.

Une ordonnance de Louis XIV (février 1687) abolit en partie ce système, dont les restes se sont maintenus jusque après la révolution de 1789. C'est en effet par une loi des 31 octobre et 5 novembre 1790 qu'on a reculé aux frontières toutes ces barrières qui morcelaient le pays et gênaient la circulation. Aujourd'hui il existe encore en Allemagne des barrières et des péages intérieurs d'État à État; mais ils tendent de plus en plus à disparaître de la Confédération germanique.

BARRIÈRES (Traité des). C'est ainsi qu'on appela le traité particulier signé par les Hollandais le 29 janvier 1712, quelques mois avant la paix d'Utrecht, et par lequel ils se réservaient, sous la garantie de l'Angleterre, le droit de tenir garnison dans Furnes, Ypres, Menin, Tournai, Mons, Charleroi, Namur, et autres places des Pays-Bas espagnols. Les Hollandais, obligés de rendre les plus fortes parmi celles qu'ils avaient conquises dans cette province, et bientôt convaincus qu'ils n'avaient élevé qu'une barrière impuissante entre eux et la France, se plaignirent longtemps d'avoir été, dans les négociations d'Utrecht, sacrifiés par l'égoïsme de l'Angleterre.

BARRIÈRES DE PARIS. Il existe à l'entrée de beaucoup de villes en France des barrières, établies principalement pour la perception des droits d'octroi. Les bureaux des anciennes aux barrières de Paris ne furent d'abord que de simples échoppes en bois, portées sur de petites roues pour en faciliter le transport. De là le nom de *roulettes* qu'on leur a longtemps donné. Louis XVI accueillit, en 1782, la demande que lui adressèrent les fermiers généraux : il les chargea de faire construire les nouveaux murs de clôture de Paris, dans lesquels les faubourgs seraient renfermés, et de pratiquer des ouvertures destinées à l'introduction des denrées nécessaires à la consommation de la capitale. L'architecte Ledoux, non moins connu par son génie inventif et original que par l'élévation de ses mémoires, fut chargé de ces constructions. Comme leur but était de procurer beaucoup d'argent au fisc, on ne l'épargna point, et elles furent poussées avec tant d'activité qu'à l'époque de la révolution, c'est-à-dire dans l'espace de six à sept ans, elles étaient entièrement terminées. Les dépenses furent énormes; le devis les avait portées à 12,000,000, elles montèrent à 50. Ce qui choque à la fois les yeux, la raison, le bon sens, ce qui fait saigner le cœur, c'est de voir, sous le nom de *barrières*, des édifices prétentieux, à colonnades, à fronton, à arcades, du plus mauvais goût il est vrai, érigés insolemment pour servir à loger les commis du fisc. Un étranger qui arrive à Paris par les barrières de Vincennes, de Neuilly, de la Villette, etc., en voyant à l'entrée des faubourgs des monuments d'orgueil, d'égoïsme et d'inhumanité, les prend pour des temples, des palais, des théâtres, et s'informe quels sont les dieux qu'on y adore, les princes, les héros qui les habitent. Qu'on se figure sa surprise en voyant qu'ils sont occupés par de pauvres commis de l'octroi, à l'air souffreteux, à la casquette ronde, à l'habit vert sale, malheureux parias que le sort condamne à être de garde ainsi toute l'année de deux jours l'un.

On donne encore le nom de *barrières* aux nombreuses guinguettes, aux nombreux cabarets qui les avoisinent extérieurement, et où les ouvriers, les artisans de Paris et leurs familles se rendent régulièrement les dimanches, les lundis, les jours de fête, pour se délasser des travaux des cinq jours précédents, en manger le produit, oublier le présent et s'étourdir sur l'avenir. Ils y vont danser, jouer, et surtout s'abreuver à longs flots d'un vin noir, âpre et dur, qui leur semble d'autant meilleur qu'il leur coûte trois ou quatre sous de moins qu'en ville, mais qui en résultat leur revient à plus cher, parce qu'ils en boivent davantage. Bourgeois paisibles, mères de famille, jeunes gens des deux sexes, fuyez ces jours-là le voisinage des barrières et les rues adjacentes, si vous ne voulez pas avoir le tympan brisé par le bruit des crins-crins, des grosses caisses, par les chants discordants, les jurements et les hurlements des buveurs, si vous tenez surtout à ne pas rencontrer d'ivrognes sur votre route! Et vous que vos devoirs, vos affaires, vos plaisirs, appellent à Paris, ou hors de Paris, ayez soin certains jours de la semaine de n'y entrer ou de n'en sortir que par les petites barrières, les barrières de renvoi. Si vous vous obstinez à passer par les grandes, vous courrez risque d'y attendre des heures entières. Vous les trouverez encombrées de troupeaux de moutons, de bœufs, de porcs, auxquels il vous faudra, bon gré mal gré, céder le pas. Pour faciliter la surveillance, on clôt la principale porte; il ne reste qu'un étroit passage, et vous pourrez, tout à votre aise, voir défiler les animaux, et les compter un à un, comme le préposé.

Lorsqu'on enferma dans Paris, il y a soixante ans, des jardins, des marais, des campagnes, des villages qui n'en avaient jamais fait partie, il n'y eut qu'un cri contre les fermiers généraux, qui auraient voulu emprisonner ainsi toute l'Ile-de-France, dans l'unique but d'augmenter leurs bénéfices, en soumettant au fisc une plus grande étendue de terrain, un plus grand nombre de consommateurs. Tout se termina pourtant par un jeu de mots, par un calembour en vers :

Le mur murant Paris rend Paris murmurant.

La chose ne se serait pas ainsi passée si on eût tenté dix ans plus tard pareille entreprise. Les vainqueurs de la Bastille ne se seraient pas ainsi laissé emprisonner. Et cependant les murs de Paris ont à peine 28 kilomètres de circonférence, et ses barrières n'offrent rien d'effrayant ni d'hostile. Que sera-ce lorsqu'elles auront été reculées jusqu'aux fortifications, et que la nouvelle enceinte n'embrassera pas moins de 50 à 60 kilomètres ? H. AUDIFFRET.

BARRIQUE. On expédie en *barrique* diverses sortes de marchandises (*voyez* BARIL), principalement des vins et eaux-de-vie. — En Angleterre, la barrique de vin contient à peu près 235 litres ; la barrique d'huile de morue pèse ordinairement de 200 à 250 et quelquefois 260 kilogrammes. — A Paris, la barrique contenait 210 pintes (environ 195 litres).

BARRISTER. C'est la qualification donnée en Angleterre aux individus autorisés à plaider et à défendre devant des cours de justice les causes de ceux qui leur confient leurs intérêts, en d'autres termes, aux avocats plaidants. Dans un ouvrage spécial, M. de Golbéry nous apprend que pour atteindre au titre de *barrister* il faut avoir été cinq ans membre d'une des corporations appelées *Inns of court*, et que c'est assez de trois si le candidat a été gradé dans une université d'Angleterre ou d'Irlande. « Ces corporations, ajoute notre savant collaborateur, n'étaient dans l'origine que des associations libres ; mais aujourd'hui elles ont le droit exclusif de faire des *barristers*. Ordinairement on exige du candidat qu'il dîne quatre fois par terme (le terme étant de trois semaines environ) dans la salle de l'association; et comme il faut douze termes au moins, il s'ensuit que ce n'est qu'après quarante-huit repas de corps que ce candidat peut faire afficher son nom, pour l'exposer à la critique. On n'arrive point sans de grandes dépenses à la qualité de *barrister* ; et l'on est, de plus, obligé de prendre un logement dans les bâtiments de la corporation. Cet usage vient de ce que les étudiants vivaient autrefois en communauté dans les hôtels des tribunaux. Ces auberges ont donné naissance aux sociétés d'*Inner Temple*, *Middle Temple*, *Lincoln's Inn* et *Gray's Inn*. Les *barristers* sont tenus à une certaine représentation. Deux fois l'an ils font des tournées en Angleterre à la suite des juges d'assises. Ils peuvent indifféremment exercer leur profession devant tous les tribunaux ; mais ils s'attachent plus spécialement aux *courts of common law*, ou aux *courts of equity*, ou aux tribunaux criminels, ou enfin à la consultation, chacun suivant sa vocation particulière. »

Nous ajouterons que, de même que nos avocats, qui se distinguent des avoués, notaires, etc., en ce que leur ministère n'est point rétribué d'après un tarif fixé à l'avance, les *barristers*, différents en cela des *attorneys*, *sollicitors*, *serjeants*, etc., croiraient manquer à la dignité de leur profession en réclamant jamais de leurs clients les honoraires qui leur sont dus. C'est aux clients à les leur faire accepter.

BARROILHET (PAUL), chanteur de haut mérite, est né à Bayonne, en 1809. Fils d'un commerçant de cette ville, ses parents contrarièrent d'abord le penchant qu'il avait pour la musique, et il était arrivé à l'âge de vingt ans sans avoir encore fait aucune étude suivie de cet art; mais ses dispositions naturelles et sa facilité à retenir les airs qu'il entendait lui permettaient de les reproduire avec les nuances délicates que leur imprimait le chanteur, et quelquefois même il savait y ajouter de son chef une expression ou des agréments tout à fait inattendus. Un riche amateur qui passait à Bayonne, l'ayant par hasard entendu, lui conseilla de venir à Paris, et, l'y ayant déterminé, le présenta à Rossini, qui le fit entrer au Conservatoire dans la classe de Banderali, dont il commença de suivre les leçons en 1828. Sentant sa force et connaissant aussi son côté faible, il eut le bon sens de ne pas risquer son avenir sur les théâtres de Paris, et, muni de lettres de Rossini, il se rendit à Milan, où dès ses débuts, qui furent des plus heureux, il se trouva chaque soir sur la même scène que les artistes de premier ordre qui brillaient alors en Italie. De ce moment il obtint plusieurs engagements avantageux, et se montra successivement dans les principales villes de la Péninsule, où il a chanté d'original quantité d'opéras, entre autres *Elena di Feltra* et *la Vestale* de Mercadante, *l'Assedio di Calais*, *Roberto Devereux* et *Colombo* de Donizetti.

Ses nombreux triomphes ne l'empêchaient pas de désirer un engagement à Paris, qu'il obtint en 1839. Il lui fallut faire alors de nouvelles études pour s'habituer au genre français et corriger son accent méridional. Ce travail lui coûta peu, et il obtint bientôt à côté de Duprez des applaudissements non moins vifs que ceux qui l'avaient accueilli en société de Rubini. Il a paru depuis dans les principaux rôles du répertoire, et il a monté entre autres pièces *les Martyrs* et *la Favorite* de Donizetti : la suite de ce dernier ouvrage lui appartient presque en entier. Il a su donner aux rôles de *Don Juan* et de *Guillaume Tell* un cachet particulier, lui en a encore mieux fait comprendre le mérite. En effet, un des plus grands avantages de Barroilhet est d'avoir, comme on dit, *son individualité*, et c'est elle qui donne à sa belle voix de baryton, dont les deux octaves partent du *la bémol* grave, un caractère tout spécial, qui dans une foule de situations sert admirablement le chanteur et le rend maître de la scène ainsi que de l'auditoire.

Le goût des arts a poussé Barroilhet à réunir une magnifique collection de tableaux de toutes les écoles dont on annonce une exposition prochaine. Souvent il a encouragé les jeunes talents par son appui, en achetant leurs œuvres.

BARROIS. *Voyez* BAR (Duché de).

BARROS (JEAN DE), le plus célèbre de tous les historiens portugais, né à Viseu, en 1496, d'une noble et ancienne famille, se distingua par son esprit et son intelligence lorsqu'il était page du roi Emmanuel, à tel point que ce roi le choisit à l'âge de dix-sept ans pour tenir compagnie au prince royal. Il employait tout le temps que ses nouvelles fonctions lui laissaient à la lecture de Virgile, Salluste et Tite-Live. Au milieu des distractions de la cour, il écrivit, à l'âge de vingt-quatre ans, son premier ouvrage : *Cronica do emperador Clarismundo* (Coïmbre, 1520; dernière édition, Lisbonne, 1791), roman historique, qui se fait remarquer par la beauté du langage et la pureté du style. Il présenta cet ouvrage au roi, qui en fut si satisfait qu'il le chargea d'écrire l'histoire des Portugais dans les Indes. Le monarque étant venu à mourir quelque temps après, sa commission ne lui fut pas retirée, et trente-deux ans plus tard cet ouvrage historique fut publié. Le roi Jean III nomma Barros au gouvernement des colonies portugaises en Guinée, et par la suite il fut créé agent général de toutes les possessions portugaises dans ces contrées; fonctions qu'il remplit avec autant de zèle que de probité. En 1539 le roi lui fit don de la province de Maragnon, dans le Brésil, pour y fonder une colonie. Mais Barros, après y avoir employé toute sa fortune sans succès, fut contraint de la rendre au roi, qui s'efforça de le dédommager de ses pertes. Il se retira dans sa terre d'Alitem à l'âge de soixante-douze ans, et y mourut trois années après. Les trois premières décades seulement de son grand ouvrage, l'*Asia portugueza* (Lisbonne, 1552-1563; nouv. édit., 3 vol., 1736), relatif à l'histoire des possessions portugaises en Asie, sont de lui; les neuf autres décades sont l'œuvre de Diego de Couto. Une nouvelle édition de l'ouvrage complet a paru à Lisbonne en 24 volumes (1778-1788). Barros a écrit en outre un dialogue moral, *Ropicancuma*, dans lequel il démontre combien il est pernicieux d'abandonner ses principes pour s'accommoder aux circonstances; mais cet ouvrage fut condamné par l'inquisition. On a encore de lui des dialogues sur la fausse honte et une grammaire de la langue portugaise, la première qui ait été publiée.

BARROT. Cette famille a donné plusieurs célébrités, tant au barreau moderne qu'à nos assemblées législatives.

BARROT (J.-A.), père, membre de la Convention, vota contre la mort de Louis XVI et pour l'appel au peuple; puis, on ne sait trop pourquoi, après avoir prononcé un discours contre la sentence sanglante qui envoyait le roi à l'échafaud, il vota contre le sursis. Membre du Corps législatif, et ensuite de la Chambre des Députés de 1814, il fit éclater dans des circonstances décisives son éloignement pour l'Empire et son attachement pour la Restauration. Le 18 mars 1815 il proposa à la Chambre une adresse qu'elle vota; pendant les Cent-Jours, il se tint éloigné des affaires, et lorsque Louis XVIII rentra pour la seconde fois, il sollicita une place de conseiller à la cour royale de Paris. Le roi le nomma seulement membre du tribunal de première instance, et ce fut assez pour exciter contre lui les royalistes, qui rappelèrent son vote contre le sursis. M. O. Barrot, jeune encore, publia alors un mémoire en faveur de son père. « Dans le Corps législatif, disait le futur président du conseil du 20 décembre, M. Barrot soutint son caractère; *seul* dans ce corps, il vota contre l'Empire; les registres en font foi, et son département lui doit d'avoir été le seul dont le représentant n'ait pas sanctionné l'usurpation. A une époque plus récente, lorsque le Corps législatif, réveillé de sa trop longue léthargie par l'excès de nos malheurs, se dressa enfin contre le despotisme, M. Barrot fut l'un des plus ardents promoteurs de cette fameuse opposition qui arracha le masque du tyran... Au 18 mars 1815, au moment où Bonaparte touchait aux portes de Paris, où chacun s'occupait déjà de ses transactions avec le parti qui allait triompher, où quelques voix généreuses se faisaient seules entendre, M. Barrot, n'écoutant que sa conscience, monta à la tribune, et y proposa contre l'usurpateur un manifeste dont l'impression fut votée par acclamation... Les journaux étaient remplis de ce manifeste lorsque l'usurpateur est entré à Paris ; son ressentiment en aurait tôt ou tard atteint l'auteur. » M. Barrot père est mort à Paris le 19 novembre 1845, dans sa quatre-vingt-treizième année.

BARROT (CAMILLE-HYACINTHE-ODILON), avocat, ancien ministre, chef de l'opposition dynastique sous Louis-Philippe, fils aîné du précédent, est né à Villepot (Lozère), le 19 juillet 1791. Il commença ses études au Prytanée de Saint-Cyr, et les termina au lycée Napoléon. A dix-neuf ans il avait fini son droit et était reçu avocat. Il n'avait que vingt-trois ans lorsqu'à la première rentrée des Bourbons, en 1814, il fut nommé, par dispense d'âge, avocat aux conseils du roi et à la cour de cassation. On a prétendu avec M. Barrot s'était engagé dans les volontaires royaux en 1815. M. Barrot s'en est défendu. « En 1814 et en 1815, a-t-il dit à la Chambre des Députés le 28 novembre 1840, j'ai éprouvé les sentiments que beaucoup de jeunes hommes ont pu éprouver. A cette époque de ma vie, dévoué à la liberté constitutionnelle du pays, oui, j'ai signé contre l'Acte additionnel de l'Empire; oui, je m'accuse, si c'est un crime, d'avoir préféré la liberté constitutionnelle de mon pays au régime de l'Empire... J'ai fait plus : j'ai résigné à ce moment une situation qui m'était bien chère, j'ai résigné le titre d'avocat à la cour de cassation, dont je commençais à exercer les fonctions. Je n'ai pas fait partie des volontaires royaux ; ma dénégation ici n'est pas une justification, c'est une rectification. Je comprends très-bien que dans les luttes intérieures on s'arme pour ses convictions, on les défende; mais quand l'étranger se mêle du conflit, il ne peut y avoir qu'une seule place pour un homme d'honneur : c'est sous le drapeau de son pays. » Ce que M. O. Barrot avoue, c'est que, dans le mois de mars 1815, lorsque le gouvernement fit un appel à la garde nationale de Paris, il écrivit à un capitaine de la onzième légion pour se mettre avec quelques amis à sa disposition. « Je montais la garde dans les appartements du roi dans la nuit de son départ, a-t-il écrit quelque part. S. M. vit nos larmes, et contint l'élan de notre enthousiasme... Je n'eus point à fausser mon serment. Je n'ai repris mes titres qu'au retour de S. M. Je votai contre l'usurpation sur le registre ouvert au greffe de la chambre de police correctionnelle. Et enfin je signai dans la chambre des avocats une pétition qui, près d'un mois avant le retour de S. M., demandait, au milieu même des cris des fédérés, *le roi et la charte!* »

Cependant, M. O. Barrot ne tarda pas à faire de l'opposition. Nous le trouvons bientôt engagé en plein dans la lutte que le barreau soutenait alors contre la réaction royaliste. Deux causes contribuèrent surtout à populariser son nom : celle de Wilfrid Regnault (1818), où ses efforts, réunis à ceux de Benjamin Constant, arrachèrent à la mort un malheureux, victime des haines politiques, et condamné par la cour d'assises de l'Eure; et celle des protestants du midi, poursuivis pour avoir refusé de tapisser leurs maisons devant la procession de la Fête-Dieu (1817-19). Pour cette dernière affaire, « M. Odilon Barrot, dit M. Laurentie, prit dans la charte l'article qui convenait à sa cause, celui de la liberté des cultes, et il considéra comme non avenu l'article de la religion de l'État. Il s'ensuivait que l'autorité ne pouvait contraindre un citoyen à participer aux cérémonies d'un culte qui n'était pas le sien, que la loi restait neutre entre les croyances, et qu'une condamnation pénale serait le renversement de la charte. La cour de cassation partagea cette opinion. — *La loi est donc athée en France!* s'écria tout aussitôt M. De La Mennais, dans le *Conservateur.* — Oui, elle est *athée*, et doit *l'être*, répondit plus tard M. Odilon Barrot, lorsque la question se présenta devant toutes les chambres assemblées sous la présidence du garde des sceaux, M. de Serres. *Elle doit l'être*, ajoutait-il, *en ce sens qu'elle protège toutes les religions et ne s'i-*

dentifie avec aucune. Ce fut alors une grande rumeur. Le garde des sceaux réprimanda l'avocat; mais son système prévalut. »

D'autres procès politiques donnèrent du renom à M. Odilon Barrot; il fut lancé plus avant dans les oppositions, et son nom parut dans la plupart des entreprises publiques contre le système de la Restauration. C'est ainsi qu'il essaya encore, mais en vain, d'arracher l'infortuné Caron à la compétence des tribunaux militaires.

M. O. Barrot, qui avait épousé la petite-fille de Labbey de Pompières, un des vétérans du parti libéral, devint membre et président de la société *Aide-toi, le ciel t'aidera*, société fameuse, qui fut chargée de réaliser par une action suivie les vœux cachés des autres sociétés qui travaillaient sourdement la France. Cependant deux directions étaient données à cette réunion, la première violente et emportée, la seconde lente et progressive. M. O. Barrot, qui devait avoir le malheur de pousser à tant de révolutions sans le vouloir, et d'être toujours débordé au jour de la lutte, croyait davantage à l'opposition légale, c'était le penchant naturel de ses idées. La scission fut éclatante. Elle se manifesta dans une occasion qui fit du bruit. « L'opposition des deux cent vingt et un, dit M. Laurentie, avait commencé un engagement hardi avec le pouvoir, et on voulut célébrer cette attaque dans un banquet qui leur fut donné au restaurant des *Vendanges de Bourgogne*. Ce fut une grande question de savoir si on porterait la santé du roi. M. O. Barrot fut de ceux qui adoptèrent un avis favorable, et crurent justifier leur politique en laissant au pouvoir l'initiative de la violence. Les autres déclarèrent qu'ils briseraient plutôt leurs verres que de porter ce toast. L'opinion de M. Odilon Barrot prévalut; mais, pour ne pas choquer trop vivement le parti qui ne voulait aucune sorte de transaction, on adopta pour le toast cette vague formule : *Au concours des trois pouvoirs*. Elle suffit pour effaroucher les républicains; ils ne parurent pas au banquet, ce ne fut le signal public de cette rupture quelque temps déguisée par les joies de la victoire, et ravivée depuis par les rivalités du triomphe. M. Odilon Barrot représenta les électeurs de Paris dans ce fameux banquet, et il fut choisi par eux pour haranguer les 221. Son discours était encore le développement de cette pensée, *que les voies légales suffisaient au triomphe de la liberté, et que si ces voies étaient fermées, alors il n'y aurait d'autre ressource que dans le courage des citoyens, et que le courage ne manquerait pas*. La haine du pouvoir était populaire, le langage de M. Odilon Barrot fut accueilli avec transports. On y vit le présage d'un succès qui irait au delà de toutes les espérances, et ainsi de part et d'autre s'excitaient ces ardentes colères qui devaient finir par un sanglant conflit. »

A la révolution de Juillet M. O. Barrot se vit nommer secrétaire de la commission municipale. Familier du Palais-Royal, il fut un de ceux qui rêvèrent l'alliance de la monarchie et de la république, au moyen d'institutions libérales dont les bases furent jetées dans le fameux programme de l'Hôtel de Ville. Il concourut donc de tout son pouvoir aux actes qui consacrèrent le triomphe de la révolution et à l'établissement d'une royauté nouvelle. On assure même que ce fut lui qui détourna le général La Fayette d'accepter la présidence républicaine que lui offraient de nombreuses députations.

M. O. Barrot fut un des trois commissaires chargés d'escorter jusqu'à Cherbourg la famille royale déchue. Si l'on en croit un journal royaliste, Charles X, avant de s'embarquer, lui remit, d'après le désir qu'il en avait exprimé, un écrit dans lequel il attestait les égards dont il avait été l'objet de la part des commissaires. La Dauphine lui donna, comme un témoignage de gratitude, une feuille de papier portant ces deux mots : *Marie-Thérèse* ; enfin, M. O. Barrot aurait dit au vieux roi, en lui montrant le duc de Bordeaux : « Sire, conservez bien cet enfant, sur lequel peuvent un jour reposer les destinées de la France. » Ces paroles ont été déniées depuis.

Au retour de cette mission, M. O. Barrot fut nommé préfet de la Seine. Il pouvait se croire placé au-dessous de son mérite révolutionnaire, relativement à beaucoup d'autres, qui déjà faisaient dévier le programme, et usurpaient le prix des longs efforts qui avaient été faits pour abattre la monarchie. Il demanda à Louis-Philippe de le dispenser d'accepter cette charge, qui troublerait son existence au lieu de l'améliorer. Le roi lui répondit en s'offrant lui-même comme un modèle de désintéressement. Chacun, disait-il, se devait à son pays, et pour son compte il lui eût été plus doux de vivre à Neuilly que de se consacrer aux travaux pénibles de la royauté. M. Odilon Barrot céda à cette autorité. Dans ses fonctions, il ne donna point l'exemple de la subordination administrative. M. Guizot était ministre de l'intérieur. C'étaient deux hommes qui représentaient des systèmes contraires : M. Guizot la monarchie bourgeoise, M. Odilon Barrot la monarchie républicaine. Ses luttes avec M. Guizot lui furent utiles, et la faveur républicaine lui resta, surtout lorsqu'au moment du procès des ministres il se déclara dans sa proclamation contre le système du gouvernement.

« Il arrivait à M. Odilon Barrot, dit M. Laurentie, ce qui arrive à tous ceux qui hésitent à aller jusqu'au bout de leurs opinions. Il y était traîné par les autres sans les pouvoir désavouer, et dès ce moment il fut mêlé à cette partie de la révolution qui se qualifia du nom de *mouvement*, en opposition avec la révolution qui s'était faite *pouvoir* et qu'on désigna sous le nom de *résistance*. Ainsi, l'anarchie était consommée. Toutefois, M. Odilon Barrot ne se laissait aller qu'avec discrétion au mouvement de son parti. Il avait le pressentiment des périls qui étaient au terme de ce système de république, et il s'efforçait de se rattacher au système contraire par des idées de bon ordre et par un langage de modération et de politesse qui était d'ailleurs dans ses habitudes, et qui faisait contraste avec la fougue immodérée et l'éloquence passionnée de ses amis. On feignit quelque temps de ne point saisir les dissidences de ce parti du *mouvement*. C'était une scission ancienne qu'il fallait voiler. Et puis le nom de M. Odilon Barrot avait de l'autorité, la république en paraissait fière, et lui-même n'était pas d'un caractère assez fort pour disputer son renom aux opinions que secrètement il désavouait. Cet état de choses dura au milieu des déguisements, jusqu'à ce qu'enfin des occasions de rupture vinssent classer naturellement les opinions. »

L'émeute du 13 février, qui put durer assez longtemps sans qu'aucune autorité donnât signe de vie, absence de répression dont le ministre de l'intérieur, le préfet de la Seine et le préfet de police (*voyez* BAUDE) se renvoyèrent la responsabilité, força M. O. Barrot à donner sa démission. Rentré parmi l'opposition, il se déclara contre le cabinet du 13 mars, se séparant toutefois de la partie avancée de l'extrême gauche, notamment dans la discussion sur l'insurrection lyonnaise.

Il combattit l'hérédité de la pairie, proposa l'élection directe des pairs par les conseillers municipaux, prit la parole sur la plupart des questions que fit naître la révision du Code Pénal, fut chargé du rapport sur le rétablissement du divorce, protesta contre la dénomination de *sujet*, qu'il déclara insultante et inconstitutionnelle, etc. Après la mort de Casimir Périer, il fut un de ceux qui provoquèrent et signèrent le *Compte-rendu* de l'opposition, manifeste qu'il qualifia depuis de faute de tactique, et qui fut suivi de près par l'émeute des 5 et 6 juin.

Alors eut lieu dans l'opposition une scission qui dessina nettement la position de M. Barrot comme chef de la gauche dynastique. Tandis que les plus avancés s'engageaient hardiment dans la voie du radicalisme, il groupait autour de lui tous ceux qui, restant fidèles au programme de l'Hôtel de Ville, s'obstinaient à vouloir entourer la monarchie d'institutions républicaines. Néanmoins, il plaida devant la cour de cassation l'illégalité de la mise en état de siége de Paris après les événements de juin, et, s'appuyant sur le texte de la Charte, qui déclarait que nul ne pouvait être distrait de ses juges naturels, il fit annuler par la cour suprême les jugements des conseils de guerre qui condamnaient des insurgés.

Hostile aux ministères qui se succédèrent jusqu'en 1840, M. O. Barrot combattit énergiquement les lois de septembre et la loi de disjonction; il soutint toutes les propositions de réforme électorale et parlementaire; il fut l'un des chefs de la coalition qui fit tomber le ministère Molé et refusa les fonds secrets. Il prêta son appui passager au dernier ministère de M. Thiers, lui accordant même ces fonds secrets que jusque là il avait regardés comme entachés d'immoralité, et à l'avénement du ministère du 29 octobre il reprit son âpre opposition. Néanmoins il vota les fortifications de Paris, demanda la régence pour la mère du jeune prince en cas de décès du roi régnant, et, rapproché souvent de M. Thiers, il s'attacha de plus en plus à la réforme, combattit le droit de visite, les concessions à l'Angleterre, etc.

Enfin arriva le moment où le ministère repoussa toute réforme, sous le prétexte qu'elle n'était nullement désirée du pays. Là-dessus l'opposition se rallia pour semer partout l'agitation; des banquets furent organisés, et toutes les nuances de la gauche se réunirent sous le même drapeau pour faire la guerre à la corruption. M. O. Barrot apporta dans le combat son contingent de discours. Il but seize fois à la réforme, et lorsque la Chambre fut assemblée il se trouva à la tête de l'agitation accusée d'aveuglement par le pouvoir. L'un des plus pressés à accepter l'invitation au banquet du douzième arrondissement, il défendit éloquemment le droit de réunion lorsque le ministère voulait l'interdire; mais quand la police déclara qu'elle s'opposerait à l'ouverture du banquet, M. O. Barrot fut le premier à faiblir et à céder. Pour se consoler, il porta à la Chambre un acte d'accusation contre le ministère, contre-signé de cinquante-trois de ses collègues. Mais sur ces entrefaites l'agitation de la rue gagnait du terrain, et le 24 février au matin le roi se décidait à remettre le sort de la monarchie entre les mains de M. Thiers; celui-ci, se sentant déjà dépassé par les événements, demanda l'adjonction de M. O. Barrot. Les deux nouveaux ministres se lancèrent dans la rue; M. Thiers dut bientôt rebrousser chemin; M. O. Barrot ne put aller au delà de la porte Saint-Denis, où sa nomination ne fut pas favorablement accueillie. Il revint à la Chambre, où il plaida encore la cause perdue de la régence de la duchesse d'Orléans, et l'envahissement de l'assemblée ne put même lui enlever ses dernières illusions.

Nommé à l'Assemblée constituante par le département de l'Aisne, qu'il représentait depuis longtemps à la Chambre des Députés, il y combattit la nomination d'une commission exécutive, et demanda que l'Assemblée nommât directement les ministres. Il fit partie de la commission chargée d'élaborer la constitution, et présida la commission qui, chargée d'une enquête sur les événements de mai et de juin, se mit en définitive à instruire le procès d'une révolution qui était allée au delà des vœux de l'opposition dynastique.

Après l'élection du 10 décembre, le président de la république confia à M. O. Barrot le soin de présider le ministère avec les fonctions de garde des sceaux. Ce ministère louvoya d'abord avec l'Assemblée constituante; mais M. O. Barrot, appuyant la proposition Rateau, lui donna le conseil de se retirer, et demanda à la nouvelle assemblée M. O. Barrot, ne craignant pas de ratifier la prophétie que lui avait lancée M. Guizot, qui lui avait dit quelque temps auparavant : « Si vous étiez à ma place, vous feriez comme moi, » se vit condamné à proposer toutes les mesures qu'il avait combattues dans d'autres temps. Défendant l'expédition de Rome, il présenta un projet de loi contre la presse, un autre contre le droit de réunion, qui lui avait été si cher; il s'éleva contre l'examen qu'on voulait faire des demandes d'accusation présentées contre les représentants, et lui, qui soutenait en 1848 que les gardes nationaux pouvaient se joindre en uniforme aux groupes qui voulaient aller aux banquets, il demandait, l'année suivante, le renvoi devant la haute cour de Versailles de ceux qui s'étaient réunis le 13 juin pour porter une pétition à l'Assemblée. Sans doute les temps étaient bien changés, puisque M. O. Barrot était le chef du cabinet.

Au mois de septembre 1849, une indisposition force M. O. Barrot à prendre quelques jours de repos. Tout à coup, le 31 octobre, un message du président de la république informe le pouvoir législatif de la nomination d'un nouveau ministère. « Sans rancune contre aucune individualité, contre aucun parti, disait le président, j'ai laissé arriver aux affaires les hommes d'opinions les plus diverses, mais sans obtenir les heureux résultats que j'attendais de ce rapprochement. Au lieu d'opérer une fusion de nuances, je n'ai obtenu qu'une neutralisation de forces. » M. Rouher remplaça donc M. O. Barrot à la justice.

M. O. Barrot reparut bientôt à l'Assemblée, et, sans faire d'opposition au gouvernement, il s'en prit de sa déconfiture à l'entourage du président. On fut bien étonné pourtant lorsqu'il vota en faveur de la loi de déportation, lui qui avait combattu une loi semblable en termes éloquents mais amers en 1835. Enfin, au mois de juillet 1851, lors de la discussion sur la révision de la constitution, il se prononça pour cette révision. La constitution était, suivant lui, pleine de vices; il la voulait plus *monarchique*. La Constituante était bien libre à son avis; mais cependant il y avait, dit-il, un courant d'idées qui pesait sur tout le monde, et dont la commission n'a pas su se défendre. On sait que cette révision ne fut pas adoptée et ce qui en advint au 2 décembre. Depuis cette époque, M. O. Barrot est resté dans la retraite.

En 1831 M. O. Barrot avait cédé sa charge d'avocat au conseil d'État et à la cour de cassation, moyennant 200,000 francs, dit-on. Il se fit inscrire alors au tableau des avocats à la cour d'appel de Paris, et on l'a vu, au milieu de ses travaux parlementaires, venir encore au palais plaider des affaires importantes.

Un journaliste trop peu favorable à M. O. Barrot faisait de lui ce portrait en 1846 : « C'est un homme de taille ordinaire, bien prise; ses traits n'ont rien de remarquable; son front s'étudie à paraître haut et large; une calvitie précoce a raffermi ces efforts et secondé ce vœu. La tenue de M. O. Barrot est irréprochable, et contrastait même avec la négligence de la plupart de ses collègues. Habillé comme pour rendre une visite, les détails de sa toilette se montraient harmonieux, élégants et corrects; la chaussure, les gants et tout ce qui concourait à son ensemble fashionable avaient une grâce sévère et de très-bon goût... Dans l'extérieur de M. Barrot il n'y a rien qui dénote le tribun; au contraire, tout y sent le consul; ses habitudes, ses mœurs, son langage et sa personne entière ne sont point précisément aristocratiques, mais portent nous ne savons quelle empreinte qui touche et s'en près à l'orgueil de se confond avec lui. Il y a du commandement dans sa manière; sa politesse froide et réservée se défend dès l'abord de toute effusion, et paraît vouloir garder une certaine supériorité... Comme orateur, M. O. Barrot n'a que des mérites insaisissables à l'oreille nue. Sa voix gronde sourdement; sa phrase, sa période, sa parole et sa pensée vont expirer dans un gouffre profond, où elles tombent pêle-mêle avec de sombres et lointains mugissements... Les débuts de sa phrase ronflent à outrance; à travers ce bruit on guette un mot qui puisse révéler la signification de ce commencement : on s'aperçoit bientôt avec désespoir que la parole continue ce bruissement sans rien dire. On cherche vainement un dernier refuge dans la péroraison : là on se trouve meurtri, froissé et assourdi par une détonation oratoire dont l'écho se prolonge et se perd, et qu'accompagne toujours un geste violent, comme pour achever à tour de bras ce que l'expression ne peut atteindre... La pensée et l'expression semblent être devant lui comme si elles n'étaient pas; il ne s'occupe que de la partie matérielle de l'éloquence : l'action et le débit ont toutes ses prédilections. »

BARROT (FERDINAND), frère du précédent, né en 1805, fit également son droit et fut reçu avocat. Après la révolution de juillet il devint substitut du procureur du roi. En 1836 il se fit inscrire au tableau des avocats de Paris. Député de Loches, il se fit remarquer en 1845 par un discours sur l'Algérie, et il obtint quelques mois après une concession de 600 hectares de terrain en Afrique. Défenseur du colonel Vaudrey dans le procès de Strasbourg et l'un des trois conseils de Louis-Napoléon devant la Cour des Pairs après l'affaire de Boulogne, il fut élu représentant à l'Assemblée constituante en 1848 par l'Algérie; il y vota avec la réunion de la rue de Poitiers, et après le 10 décembre Louis-Napoléon l'appela près de lui comme secrétaire général. Il occupait encore cette position lorsque son frère fut dépossédé de la présidence du conseil. En revanche, M. F. Barrot prit le portefeuille de l'intérieur dans le nouveau ministère (31 octobre 1849). Il brilla peu dans cet emploi. Accusé de faiblesse par la majorité pour avoir destitué un agent de police désigné comme ayant fait enlever les couronnes portées à la colonne de Juillet le 24 février, il fut remplacé le 15 mars 1850 par M. Baroche. En retour, il était nommé ministre de France en Sardaigne, à la place de M. Lucien Murat. Il resta à Turin jusqu'au mois de novembre; c'est là qu'il reçut la croix de chevalier, puis d'officier de la Légion d'Honneur. M. Barrot n'avait pas d'abord été réélu à l'Assemblée législative; mais aux élections complémentaires du 8 juillet il passa, à Paris, avec toute la liste de l'Union électorale. Lors de la dissolution de l'Assemblée nationale, Louis-Napoléon a appelé M. F. Barrot à la commission consultative et par suite au nouveau Conseil d'État (janv. 1852). Il y fait partie de la section des travaux publics, de l'agriculture et du commerce.

Un autre frère de M. O. Barrot, *Adolphe* BARROT, a embrassé la carrière diplomatique. Successivement envoyé à Haïti, consul à Carthagène des Indes, consul général en Égypte, il est devenu ministre de la république à Lisbonne en 1849, puis à Naples le 20 février 1851. M. Adolphe Barrot a épousé la fille de l'amiral anglais Manby.

BARROW (ISAAC), célèbre en Angleterre comme théologien, est plus connu sur le continent comme mathématicien. Né à Londres, en 1630, d'un père marchand de draps, il étudia à Cambridge simultanément la théologie, les mathématiques et les sciences naturelles, sans se mêler aux luttes des partis qui divisaient alors son pays. Accusé d'arminianisme, il se décida à entreprendre un long voyage à l'étranger, et visita tour à tour la France, l'Italie et l'Asie Mineure. Après un an de séjour en Turquie, il revint de Constantinople par Venise, l'Allemagne et la Hollande, en Angleterre, et fut ordonné prêtre en 1659. L'année suivante il fut nommé professeur de langue grecque à Cambridge, et quelque temps après on le chargea, dans cette université, de l'enseignement des mathématiques. C'est dans l'exercice de ces fonctions qu'il connut le jeune Isaac Newton, dont il devina tout aussitôt le génie; et pour conserver à l'université un si grand talent, il céda sa chaire à son illustre élève. Retiré dans la solitude, Barrow se livra dès lors tout entier à l'étude de la théologie. En 1670 il fut nommé docteur en théologie et chapelain de Charles II; en 1675, chancelier de l'université de Cambridge, et il mourut à Londres, en 1677. Il se distingua tellement comme théologien, que Tillotson crut rendre à la science un service signalé en publiant une édition complète de ses sermons et de ses ouvrages théologiques (3 vol. in-fol., Londres, 1683; nouvelle édition, 1741). Les plus célèbres de ses ouvrages sur les sciences mathématiques sont : *Lectiones Opticæ* (Londres, 1669); *Lectiones Geometricæ* (Londres, 1670).

BARROW (Sir JOHN), célèbre voyageur anglais, membre de la Société Royale de Londres, né le 19 juin 1764, à Drayleybeck dans le Lancashire, apprit de bonne heure les mathématiques, et, après avoir publié un petit ouvrage relatif à l'art de l'arpentage, obtint un modeste emploi dans une fonderie de fer à Liverpool. Plus tard il alla visiter le Grœnland avec un baleinier, et au retour de ce voyage il donna des leçons de mathématiques dans une pension à Greenwich. Il obtint ensuite la place de secrétaire particulier de lord Macartney, nommé ambassadeur en Chine. Barrow mit à profit son séjour dans ce pays pour y étudier à fond la langue chinoise et pour y recueillir une foule de renseignements précieux, qu'il utilisa pour une série d'articles publiés dans le *Quaterly-Review* et pour ses *Travels in China* (2 vol., Londres, 1804). Quand par la suite lord Macartney fut nommé au gouvernement de la colonie du cap de Bonne-Espérance, Barrow utilisa encore son séjour dans l'Afrique méridionale pour entreprendre de grandes courses dans l'intérieur du pays, et il consigna les observations qu'elles lui donnèrent occasion de faire dans l'ouvrage intitulé : *Travels in the interior of southern Africa* (2 vol., Londres, 1801-1803). Revenu à Londres en 1804, il fut nommé par lord Melville secrétaire de l'Amirauté, poste que, à l'exception d'une minime interruption en 1806, il conserva jusqu'en 1845.

Barrow publia en outre *A Voyage to Cochinchina in the years 1792 and 1793* (Londres, 1806; traduit en français par Malte-Brun, Paris, 1807); plus, une série de biographies des marins anglais illustres, telles que celles de Anson (Londres, 1839), Drake (1843; 2e édition, 1844), Sidney Smith (2 vol., 1846), œuvres auxquelles se rattachent entièrement ses *Memoires of naval Worthies of Queen Elizabeth's reign* (Londres, 1845). Sous l'administration de Robert Peel, il fut créé baronnet. En 1845 il prit sa retraite, et publia encore *an Autobiographical Memoir* (Londres, 1847) et *Sketches of the Royal Society* (Londres, 1849). Il mourut à Londres, le 23 novembre 1849. John Barrow a rendu d'importants services à la géographie, en excitant et en propageant le goût des expéditions scientifiques. C'est lui qui en 1830 fonda à Londres, à l'instar de la Société Géographique de Paris, créée par Eyriès, Malte-Brun et La Renaudière, la Société Géographique de Londres, dont il fut vice-président jusqu'à sa mort.

Le second de ses fils, *John* BARROW, secrétaire de l'Amirauté, s'est fait avantageusement connaître comme *touriste*. On a de lui : *Excursions in the North of Europe* (Londres, 1834), *A Visit to Iceland* (Londres, 1835), *A Tour round Iceland* (Londres, 1836), *A Tour in Austrian Lombardy, the northern Tyrol* (Londres, 1841), etc., etc.

BARROW (Détroit de). Il a de 50 à 60 kilomètres de largeur, s'étend de l'est à l'ouest, sous le 70° de latitude, pendant 370 à 444 kilomètres, dans les eaux arctiques de l'Amérique septentrionale, dont les côtes escarpées et rocheuses forment au nord North-Devon et les îles Parry, et au sud Cockburn et North-Somerset. Découvert en 1616 par Baffin, qui le prit pour une baie formée à l'ouest, et lui donna le nom de *détroit de Lancastre*, sa dénomination actuelle lui fut donnée en l'honneur de John Barrow par le capitaine Parry, qui en 1819 s'y enfonça dans la direction de l'ouest. Depuis, il est très-fréquenté par les baleiniers.

BARROWISTES. *Voyez* BROUNISTES.

BARRUEL (L'abbé AUGUSTIN DE), issu d'une ancienne et honorable famille du Vivarais, naquit à Villeneuve-de-Berg, en 1741. Il embrassa l'état ecclésiastique, entra chez les jésuites, et devint aumônier de la princesse de Conti. Il s'était recommandé aux faveurs de la cour par une ode sur l'avénement de Louis XVI, en 1774. Quelques années après (1781), il publia les *Helviennes, ou Lettres provinciales philosophiques*. C'était la part d'un jésuite spirituel et haineux dans la guerre des gens d'Église contre les philosophes. Lorsque la révolution éclata, l'abbé Barruel fut l'un des premiers écrivains à la combattre. Il fit paraître dès 1789 un pamphlet sous le titre de *Discours sur les causes de la révolution, ou le Patriote véridique*. Un an après il attaqua vivement l'introduction du divorce dans la législation française, et s'attacha à réfuter le rapport de Durand-Maillane. En 1791 il publia un *Recueil complet des ouvrages faits depuis l'ouverture des états généraux, relativement au clergé*. Cependant la révolution, aigrie par d'opiniâtres résistances et par l'imminence du péril, se faisait de plus en plus violente, ombrageuse et persécutrice. L'abbé Barruel, qui l'avait combattue avec autant d'emportement que de persistance, comprit qu'il s'était exposé aux colères et aux vengeances du parti dominant : il émigra en 1792. Indépendamment des écrits dont nous avons parlé, il avait rédigé jusque là le *Journal Ecclésiastique*, dans lequel il jetait périodiquement l'amertume et l'abondance de son fiel contre les nouvelles institutions de la France.

Retiré en Angleterre, il y écrivit les *Mémoires pour servir à l'histoire du jacobinisme*, qui parurent en 1797. C'est l'ouvrage où l'abbé Barruel s'est le plus abandonné à la fougue de son caractère et à l'exagération de ses idées contre la philosophie et la révolution, ou plutôt contre les philosophes et les fondateurs de la liberté, car sa verve caustique ne s'exerce sur les choses que pour arriver aux hommes, et il semble chercher dans l'abus de la personnalité un moyen d'éclat et de succès pour son livre. A ses yeux les jacobins sont les héritiers des doctrines des francs-maçons, et Robespierre n'est que le disciple de Malesherbes ou de Montesquieu. Les *Mémoires* de l'abbé Barruel furent frappés de prohibition. Cependant cet émigré furibond, ce champion si exalté de l'ancien régime, se montra l'un des plus empressés à rentrer en France et à flatter le pouvoir consulaire, en publiant un nouvel opuscule en faveur du vainqueur du 18 brumaire. Cette défection lui valut une place de chanoine à la cathédrale de Paris. Les personnes qui ne connaissaient pas intimement l'abbé Barruel en furent étonnèrent ; mais d'autres, qui avaient aperçu le fonds sceptique de la pensée et le levain d'ambition qui fermentait en son âme sous les apparences d'une conviction ardente et d'un zèle frénétique pour les hommes et les choses du passé, se montrèrent moins surpris de rencontrer l'ancien rédacteur du *Journal Ecclésiastique* parmi les courtisans du pouvoir nouveau. L'abbé Barruel ne fit, du reste, que suivre la route où ne craignit pas de se jeter aussi un prêtre célèbre, placé plus haut que lui parmi les défenseurs de l'Église et du trône, l'abbé Maury. En 1803 il manifesta son adhésion au concordat dans un nouvel écrit intitulé : *De l'Autorité du Pape*.

A la chute de l'Empire, en 1814, il rentra dans la lice comme champion des vieilles doctrines, et attaqua vivement les institutions constitutionnelles et leurs partisans, le vénérable et savant abbé Grégoire entre autres. Cette production lui valut une réponse spirituelle de la part de M. Victor Augier. Pendant les Cent Jours l'abbé Barruel resta attaché au trône impérial. Il mourut peu de temps après la seconde Restauration. Il a laissé, outre les écrits déjà cités : 1° *Traduction du poëme sur les Éclipses* ; 2° *Histoire du Clergé de France pendant la révolution* (1794) ; 3° *Questions décisives sur la juridiction des nouveaux pasteurs*.
LAURENT (de l'Ardèche).

BARRUEL (JEAN-PIERRE), né à Autun, département de Saône-et-Loire, le 21 janvier 1780, et mort en 1838 à Paris. Ce savant modeste consacra sa vie entière à l'étude de la chimie. Fourcroy et Deyeux l'appelèrent en qualité d'aide préparateur à l'École de Médecine. Son assiduité et son habileté comme manipulateur le firent l'élève et l'ami de Vauquelin. Plus tard, M. Thouret le fit nommer chef des travaux chimiques à la même Faculté, position qu'il a gardée trente-sept ans, jusqu'à sa mort. Il était en même temps pharmacien en chef de l'hôpital de la Clinique.

Un titre scientifique de Barruel qui mérite d'être relaté ici, c'est son travail sur la fabrication et la cristallisation du sucre de betteraves. Pendant les Cent-Jours, l'empereur avait eu le projet de lui décerner, à titre d'encouragement, une récompense de 300,000 francs ; les tristes événements de juin et juillet 1815 en arrêtèrent l'exécution.

Barruel a été aussi membre de l'Académie de Médecine et adjoint au conseil de salubrité ; il a constamment montré un grand esprit de justice. Jules GARNIER.

BARRUEL DE BEAUVERT. *Voyez* BEAUVERT.

BARRY (Comtesse DU). *Voyez* DUBARRY.

BARRY (JAMES), peintre et critique célèbre, né en 1741, à Cork, en Irlande, mort en 1806. Le mérite de son premier tableau, représentant *saint Patrick, patron de l'Irlande, baptisant le roi de Cashel*, qu'il exposa à une des exhibitions publiques de la Société des Amis des Arts de Dublin, frappa si vivement Burke, que celui-ci se décida à emmener avec lui à Londres notre artiste, alors âgé seulement de vingt-trois ans. Pauvre et inconnu, il s'exerça dans cette capitale à copier de vieux tableaux, subsistant des secours que lui donnait son protecteur, dont la générosité lui fournit même plus tard les moyens d'aller se perfectionner successivement à Paris, à Florence, à Bologne, à Rome et à Naples. Pendant son séjour en Italie, qui ne dura pas moins de trois ans, Barry se livra à l'étude approfondie des grands maîtres de l'art ; il les apprécia avec une rare finesse d'observation, et fit de leurs œuvres l'objet des plus ingénieuses critiques. A son retour en Angleterre, nommé membre de l'Académie royale des Beaux-Arts et professeur de peinture, il peignit dans le court espace de trois années les six grands tableaux allégoriques qui ornent la salle de la Société d'Encouragement, et dont deux n'ont pas moins de 14 mètres de longueur.

Au nombre de ses meilleures toiles, on cite *Adam et Ève* ; *Vénus, Jupiter et Junon sur le mont Ida* ; *la Chute du mauvais ange*, qui se trouve dans l'église Saint-Paul, et surtout *la Mort du général Wolf*. Disons toutefois qu'on lui reproche des incorrections de dessin. Un écrit qu'il publia à Londres, en 1775, sur *les obstacles qui s'opposent en Angleterre au progrès des arts*, obtint un grand succès. Cependant Barry manquait totalement de cette éducation première qui lui eût été nécessaire pour présenter ses idées dans une forme convenable. Sans doute, s'il avait su plus adroitement dissimuler ce que ses critiques avaient de sévère, il ne se fût pas attiré de petites persécutions qui nuisirent à sa fortune. C'est ainsi qu'à propos d'observations sur l'organisation de l'académie, il se vit rayer de la liste des membres de cette corporation, et que la rancune de ses adversaires alla jusqu'à lui faire enlever sa chaire. Depuis cette disgrâce officielle Barry vécut toujours très-isolé et dans un état qui semblait voisin de la misère. Cependant on reconnut à sa mort que sa fortune, fruit de son travail, ne s'élevait pas à moins de 30,000 livres sterling.

BARRY-CORNWALL. *Voyez* PROCTOR.

BARS. *Voyez* BAR.

BARSABAS Ier (JOSEPH) était fils d'Alphée, frère de saint Jacques le Mineur et de Jude, surnommé Thadée ; il était aussi cousin-germain de Jésus-Christ. Il fut proposé aux apôtres pour remplacer le traître Judas Iscariote ; mais le sort étant tombé sur Mathias, il se soumit à cet ordre du ciel, se contenta d'être au nombre des soixante-dix disciples. Élu évêque d'Éleuthéropolis, en Palestine, il mérita par ses vertus le nom de *Juste*. Eusèbe, en citant Papias, rapporte que Joseph Barsabas, ayant bu du poison pour donner une nouvelle preuve de la sincérité de sa foi, n'en ressentit aucun mal. Il reçut la couronne du martyre le 20 juillet, jour consacré par l'Église à sa commémoration.

BARSABAS II est le surnom de *Jude*, frère de Joseph Barsabas, et l'un des principaux disciples dont il est parlé dans les *Actes des Apôtres*. Il se joignit à saint Paul, à saint Barnabé, à Silas et à plusieurs autres pour aller prêcher l'Évangile à Antioche; et après avoir instruit et fortifié ses frères de cette ville, il revint à Jérusalem, où il mourut dans un âge avancé. E. Lavigne.

BARSANIENS ou SEMIDULITES, hérétiques du sixième siècle, qui soutenaient les erreurs des gadanaïtes et des théodosiens sur la nature de Jésus-Christ, dont ils niaient la divinité. Tous leurs sacrifices consistaient en outre à prendre du bout du doigt un peu de fleur de farine, et à la porter à la bouche.

BART (Jean). Cet homme, qui a fait époque dans les annales de la marine française et qui a mérité de voir passer son nom en proverbe pour peindre un marin déterminé, était né le 20 octobre 1650. Il débuta de bonne heure dans la marine hollandaise, alors la première du monde; mais quand la guerre éclata entre la France et la Hollande, il revint offrir à sa patrie son bras et sa valeur. Né roturier, et par conséquent indigne de servir comme officier sur les bâtiments du roi, il se fit capitaine de corsaire, et se signala par tant de traits d'audace que Louis XIV lui donna une commission pour croiser dans la Méditerranée. Dans un combat à outrance qu'il livra à un corsaire anglais, il crut remarquer au milieu de la mêlée de l'altération de la figure de son fils, jeune enfant de dix ans ; frémissant à l'idée que jamais la peur pût entrer au cœur de son fils, il le fit attacher au pied du grand mât, et le laissa exposé à une grêle de balles pendant tout l'engagement.

Nommé lieutenant de vaisseau malgré le préjugé de sa naissance, il protégeait avec deux petites frégates un convoi de vingt navires marchands, lorsqu'on signala deux vaisseaux anglais de cinquante canons chacun. Des forces si supérieures effrayèrent le chevalier de Forbin, alors sous ses ordres, qui lui conseilla d'éviter l'engagement, au risque d'exposer la flotte marchande à être prise ou détruite. « Fuir devant l'ennemi! s'écria Jean Bart, jamais!... » et le signal du combat flotte au haut des mâts. Il arma comme il put trois des navires marchands, donna l'ordre aux autres de prendre le large au plus vite, et vira fièrement sur l'ennemi. Le combat fut long et terrible; plusieurs fois Jean Bart tenta l'abordage; mais les trois bâtiments marchands n'ayant pas secondé sa manœuvre, il fallut enfin céder au nombre. Jean Bart et Forbin furent faits prisonniers après avoir vu leurs navires et leurs équipages lachés par les boulets et la mitraille. Quoique serré de près dans sa prison à Plymouth, il parvint à s'évader, fit plus de soixante lieues en mer dans un canot de pêcheur, et arriva sur les côtes de France. Le bruit de ses exploits l'y avait devancé ; les navires marchands sauvés par son dévonement avaient vanté partout son intrépidité, et le roi l'éleva au grade de capitaine de frégate.

Appelé à croiser dans la Manche, il avait fait sur les ennemis des prises considérables qu'il avait conduites à Bergen (Suède), port neutre, où il restait pour se ravitailler. Un jour qu'il se promenait à terre, le capitaine d'un corsaire anglais l'aborde, et lui demande s'il n'est pas M. Jean Bart? « Oui, répondit celui-ci. — Eh bien! répond l'Anglais, il y a longtemps que je vous cherche; je veux avoir une affaire avec vous. — J'accepte, dit Jean Bart; aussitôt mon navire réparé, nous irons nous battre en pleine mer. » Sur le point de quitter le port, l'Anglais l'invite à déjeûner à son bord. « Deux ennemis comme nous, répond Jean Bart, ne doivent plus se parler qu'à coups de canon. » L'Anglais insiste, sollicite, et Jean Bart, confiant dans sa loyauté, accepte enfin. Après le déjeûner, le capitaine anglais lui déclare qu'ayant juré de le ramener mort ou vif à Plymouth, il le fait son prisonnier. Jean Bart, indigné de tant de lâcheté, saisit une mèche allumée, se précipite vers un baril à poudre qu'on avait monté par hasard sur le pont, et menace de faire sauter le navire si on ne lui rend sur-le-champ sa liberté. A la vue de tant d'audace, l'équipage entier reste muet d'effroi : les matelots français, qui étaient à peu de distance, entendant le cri de leur capitaine, volent à sa défense, et, malgré la neutralité de port, enlèvent à l'abordage et coulent bas le navire anglais.

De retour en France, il s'ennuya de rester inactif pendant que les Anglais et les Hollandais tenaient bloqué le port de Dunkerque. Profitant d'une nuit obscure, il se fraya de vive force un passage à travers la ligne ennemie, alla croiser sur les côtes de l'Angleterre, causa des pertes immenses au commerce des puissances coalisées, qui ne s'attendaient pas à le rencontrer dans ces parages; puis, opérant un débarquement, il saccagea la ville de Newcastle : cruelle et sanglante compensation des désastres qu'essuyait ailleurs notre marine !

Il vint à Paris après cette expédition, pour obéir au désir qu'avait le roi de le voir, et reçut de lui le brevet de capitaine de vaisseau. Mais l'étiquette de la cour ne lui convenait guère, et il retourna à Dunkerque, où il prit le commandement d'une escadre. Les Hollandais bloquaient alors ce port et empêchaient l'arrivée d'une flotte suédoise chargée de blé pour la France, qu'une disette tourmentait. Jean Bart eut recours à la ruse pour échapper à leur croisière ; il fit sortir pendant la nuit un nombre de barques égal à celui de ses navires, leur commandant de serrer la côte; de hisser des fanaux au haut des mâts pour faire croire à l'ennemi que c'était l'escadre française, et de les éteindre dès qu'il serait tombé dans le piège. Le stratagème réussit, et Jean Bart alla croiser dans la Manche. Sur l'avis qu'il reçut qu'une division hollandaise forte de huit vaisseaux avait capturé un convoi suédois chargé de blé pour la France, il jura de le reprendre. Il joint l'ennemi, et, quoique inférieur en forces, engage le combat en criant à ses matelots : « Mes amis, point de canons, point de fusils ; à l'abordage!... » Jean Bart essuie le feu du vaisseau amiral, l'accroche, saute à son bord, attaque corps à corps l'amiral lui-même, le tue d'un coup de pistolet dans la poitrine, et ramène en triomphe la flotte marchande à Dunkerque.

Ayant reçu la mission de conduire à Elseneur le prince de Conti, élu roi de Pologne, il fut attaqué par les Anglais, et courut grand risque d'être pris. Après l'affaire, comme le prince lui exprimait sa joie d'avoir échappé : « Nous n'avions pas à craindre d'être faits prisonniers, lui répondit Jean Bart : mon fils était à la sainte-barbe, prêt à nous faire sauter s'il eût fallu nous rendre. »

Il mourut d'une pleurésie le 27 avril 1702, âgé de cinquante-deux ans.

Jean Bart doit être considéré comme le modèle des capitaines de vaisseau, mais il est douteux qu'un si bouillant courage soit compatible avec les qualités que l'art réclame aujourd'hui d'un amiral. La ville de Dunkerque lui a élevé en 1845 une statue, due au ciseau de M. David (d'Angers). Théogène Page.

BARTAS (Guillaume-Salluste, sieur du), né en 1544, à Montfort, près d'Auch en Gascogne, gentilhomme protestant, embrassa dès sa première jeunesse l'état militaire, fut chargé par Henri roi de Navarre, depuis Henri IV, dont il était valet de chambre, de missions en Danemark, en Angleterre et en Écosse, et mourut en 1590. Il est difficile de comprendre comment du Bartas, sans être jamais venu à Paris, a pu produire tant et si bien, *comparativement*. Son style est emphatique, de mauvais goût, et même parfois barbare; mais sa pensée ne manque pas d'élévation et d'une sorte d'originalité gasconne qui a son charme. Rempli de la lecture des anciens, il s'en inspira d'une manière ingénieuse; son poëme intitulé *la Semaine* de la *Création du Monde* est un texte heureusement choisi pour la poésie descriptive, qu'il affectionnait, dont il est l'introducteur en France, et dont il savait tirer parti avec une véritable habileté : ainsi, à propos du saumon, qui, après avoir remonté les fleuves retourne vers l'Océan, du Bartas dit :

> Semblables au François, qui durant son jeune âge
> Et du Tibre et du Pô fraye le beau rivage,
> Car, bien que nuict et jour ses esprits soient flattés
> Du pipeur escadron des douices voluptés,
> Il ne peut oublier le lieu de sa naissance ;
> A chaque instant du jour il tourne vers la France
> Et son cœur et son œil, se faschant qu'il ne voit
> La fumée à flots gris voltiger sur son toit.

La *Seconde Semaine*, histoire abrégée des faits et des héros primitifs, est le plus faible de ses poëmes. L'*Uranie*, œuvre de sa première jeunesse, est un poëme en l'honneur de la poésie. Dans celui de *Judith*, dans son hymne sur la *Bataille d'Ivry*, dans quelques autres pièces qu'il adresse à la reine de Navarre et au roi d'Écosse, on retrouve ses défauts, mais non pas ses qualités. C'est partout une puérile affectation de tournures grecques et latines, avec des intentions continuelles de jeux de mots du plus mauvais goût. Ce qu'il y a de remarquable, cependant, c'est qu'il vit ses œuvres imprimées trente fois en six ans, et traduites en cinq langues, ce qui serait encore de nos jours un beau succès. La première édition porte la date de 1601 (2 vol. in-12). La plus complète est celle de 1611 ; elle est dans le format in-folio et contient des commentaires par Goulard de Genlis. VIOLET-LEDUC.

BARTAVELLE. *Voyez* PERDRIX.

BARTENSTEIN (LAURENT-ADAM), philosophe allemand, né en 1711, à Heldburg en Saxe, et mort en 1796, fut appelé en 1757 à remplir à Cobourg une chaire d'éloquence et de poésie, qu'il cumula huit années après avec une chaire de mathématiques. Dans le nombre de ses ouvrages nous signalerons plus particulièrement la dissertation intitulée : *Cur Virgilius moriens Æneida comburi jusserit* (Cobourg, 1774), et un mémoire sur la quadrature du cercle (*Discussio recentissimæ machinæ quadraturæ circuli* [1772]). Dans le domaine de la philologie, science dont il s'occupait plus particulièrement, il publia une méthode pour étudier le grec (*Anweisung zur griechischen Sprache*, 1757) et un ouvrage qui a pour titre *Latinæ linguæ Commendatio ex ipsa discendi difficultate et molestia repetita* (3 parties, 1765).

BARTENSTEIN (JEAN CHRISTOPHE DE), publiciste allemand, né en 1690, et mort en 1768, fut longtemps attaché à la chancellerie autrichienne. Les ministres dirigeants lui confièrent à diverses époques la rédaction des mémoires diplomatiques. Dans le nombre on cite celui par lequel la cour de Vienne motivait, en 1742, la guerre qu'elle déclarait à la France. Bartenstein composa aussi pour l'instruction du jeune archiduc, qui régna depuis sous le nom de Joseph II, un *Traité du droit de la nature et des gens* (Vienne, 1790).

BARTH, nom qui a été commun à un grand nombre de littérateurs allemands, parmi lesquels nous mentionnerons : 1° *Christophe-Godefroy* BARTH, né en 1675, à Blech (Bavière), mort archevêque de Bayersdorf, en 1723, auteur d'un mémoire intitulé *Disputatio de Studiis Romanorum litterariis in urbe et provinciis* (1698), et de diverses dissertations ayant pour sujet la littérature ancienne, dans la connaissance de laquelle il était profondément versé ; 2° *Gaspard de* BARTH, né en 1587, à Custrin, mort à Halle en 1658, auteur de savants commentaires sur les poëtes Claudien et Stace, et divers autres classiques anciens. Dès l'âge de douze ans il avait traduit les *Psaumes* de David en vers latins ; 3° *Jean-Baptiste-Louis-Honoré*, comte de BARTH-BARTHENHEIM, né en 1784, à Haguenau (Alsace),

mort à Vienne en 1846, auteur de divers ouvrages écrits en français et relatifs à l'administration autrichienne, dans laquelle il avait été admis de bonne heure, et à laquelle il demeura attaché jusqu'à sa mort. Dans le nombre on doit plus particulièrement mentionner les suivants, *Rapports politiques des diverses autorités constituées à l'égard des paysans de la basse Autriche* (Vienne, 1818) ; *Système de la police administrative à l'égard de la police autrichienne, en deçà de l'Ens* (1824). Philanthrope aussi éclairé que zélé, le comte de Barth-Barthenheim fut le premier qui créa en Autriche une société de patronage, de même qu'une maison de refuge et d'éducation pour les jeunes détenus. Ce sont là des œuvres qui méritent de sauver sa mémoire de l'oubli.

BARTHE (NICOLAS-THOMAS), né à Marseille, en 1733, et mort à Paris, en 1785, des suites d'une hernie étranglée. Élève des pères de l'Oratoire au collège de Juilly, il adopta cependant les principes de l'école voltairienne, et les exposa avec beaucoup d'énergie dans une de ses premières compositions, intitulée : *Lettre de l'abbé de Rancé à un ami*. Il obtint ensuite des prix de poésie à l'Académie de Marseille et aux Jeux Floraux de Toulouse. De ses quatre ouvrages dramatiques, il n'est resté que *Les Fausses Infidélités*, il faut avoir vu cette comédie jouée par Mlle Contat ou par Mlle Mars et par Fleury, le dernier homme en France qui ait su porter l'habit brodé et l'épée, pour se faire une idée du charme qu'offrait cette peinture exacte d'une société qui n'est plus. Nous ne dirons rien de *L'Amateur*, la première comédie de Barthe, ni même de *La Mère jalouse*, ni de *L'Homme personnel*, ou *l'Égoïste*. L'intrigue de ces deux dernières pièces est plus compliquée ; le style est plus soigné peut-être, mais le travail se fait trop sentir. Elles parurent en 1772 et 1778, longtemps après *Les Fausses Infidélités* ; mais elles n'obtinrent pas, à beaucoup près, un succès égal. L'Académie de Marseille, où Barthe avait offert ses prémices, s'empressa de lui ouvrir ses portes, mais celles de l'Académie Française lui restèrent fermées. Il est vrai qu'une mort prématurée ne lui permit pas de briguer assez longtemps un honneur qui ne s'accorde le plus souvent qu'à l'importunité des sollicitations. Un de ses amis lui rapportant à son lit de mort une loge pour la première représentation d'*Iphigénie en Tauride* de Piccini : « Comment voulez-vous, cher ami, que j'aille à l'Opéra? répondit-il ; on va me porter à l'église. » BRETON.

BARTHE (FÉLIX), ancien ministre de la justice et aujourd'hui premier président de la Cour des comptes, est né à Narbonne, en 1795. Après avoir terminé ses études juridiques à Toulouse, il vint faire son stage à Paris, en 1817. Toute la jeunesse d'alors, prenant au sérieux la constitution octroyée en 1814 par Louis XVIII, voyait avec douleur les actes et les tendances du pouvoir royal démentir les promesses de la charte. Les conquêtes civiles de 1789 étaient constamment le but des attaques des publicistes aux gages du pouvoir, qui déclaraient qu'il n'y avait de bonheur à espérer pour la France que dans la complète résurrection des institutions décrépites balayées par la révolution. Dans telle situation il ne faut pas s'étonner que l'opposition ne se contentât pas des faibles moyens de défense mis à sa disposition par une presse bâillonnée, qu'elle cherchât dans la création des sociétés secrètes un engin de guerre contre un gouvernement anti-national, et qu'elle exécutât même aux conspirations et aux insurrections pour le renverser. Nous ne rappellerons pas à ce propos le nom des diverses sociétés secrètes qui surgirent alors, et la plupart finirent par se fondre dans celle qui fut fondée sous le nom de *Charbonnerie française* et qui avait le même but que la société des *Carbonari* d'Italie : le triomphe des principes d'égalité et de liberté civile proclamés en 1789, et que la révolution française avait propagés dans tous les pays affranchis par nos armées victorieuses. Comme la plus grande partie des hommes de sa génération, M. Barthe s'affilia à une des *ventes* de la Charbonnerie, dans la conviction de faire en cela acte de patriotisme. Quelques procès politiques, où il lui fut donné de défendre d'office des accusés placés sous le coup d'accusations capitales, ne tardèrent pas à faire de lui, malgré sa jeunesse, une des notabilités du barreau parisien. C'est ainsi qu'il défendit successivement les nommés Gravier et Bouton, qui, par l'explosion de pétards jetés dans l'un des guichets des Tuileries, avaient voulu, disait-on, faire avorter la duchesse de Berry, alors enceinte du duc de Bordeaux ; puis le colonel Caron, qui avait essayé un mouvement militaire à Béfort, et l'un des quatre malheureux sergents de La Rochelle impliqués dans un autre mouvement insurrectionnel dont cette ville devait être le théâtre. Quelque temps après, Kœchlin, ancien député, traduit en justice à l'occasion d'une brochure contenant la relation exacte des événements qui avaient amené la condamnation du colonel Caron, confiait le soin de sa défense à M. Barthe, et la chaleur avec laquelle le jeune avocat plaida en faveur de son client lui valut, conformément aux requisitions du ministère public, une suspension d'un mois. Cette petite persécution du pouvoir acheva de populariser le nom de M. Barthe ; et bientôt il fut l'un des avocats les plus occupés de Paris. Le gouvernement royal sembla pourtant, vers ce temps-là, vouloir entrer dans des voies meilleures; et une fois que la discussion de ses actes se trouva plus libre, on vit les sociétés secrètes et les conspirations abandonnées et réprouvées par tous ceux qui pensaient que la liberté de discussion suffisait désormais pour assurer dans un très-prochain avenir le triomphe des idées de liberté et de progrès vainement combattues par la contre-révolution. M. Barthe était de ce nombre, et cessa ses rapports avec les hommes du parti extrême; mais quelques mois plus tard le mauvais génie de la Restauration poussa Charles X à tenter son coup d'État du 25 juillet 1830. Ce jour-là le *Moniteur* apprit à la France que la charte avait vécu, et que la nation était désormais remise sous le régime du bon plaisir. M. Barthe ne fut que fidèle à ses principes en s'associant alors aux courageuses protestations faites par la presse contre les violences de la royauté ; et de son côté la population de Paris courut aux armes pour défendre les libertés nationales mises d'un trait de plume à néant par la royauté, qui trois jours après était réduite à prendre le chemin de l'exil.

M. Barthe, par tous ses précédents, occupait depuis longtemps une place trop éminente dans le parti de l'opposition pour ne pas se trouver à ce moment tout naturellement porté aux affaires. Il fut donc appelé à faire partie de la commission municipale, constituée bientôt en gouvernement provisoire. Le duc d'Orléans, investi d'abord des fonctions de lieutenant-général du royaume, fut quelques jours après invité par les deux cent vingt et un à ceindre la couronne. Le nouveau roi prit Dupont de l'Eure pour ministre de la justice; et celui-ci confia à M. Barthe les fonctions de procureur du roi à Paris. Les modifications apportées à la charte, en abaissant l'âge d'éligibilité, lui permirent de se mettre sur les rangs pour la députation, et au mois d'octobre les électeurs des 11e et 12e arrondissements de la capitale lui conférèrent le mandat électoral. Dans les derniers jours de décembre 1830, M. Barthe était appelé à prendre le portefeuille de l'instruction publique. Trois mois plus tard, Casimir Périer lui confiait, dans le cabinet dont il devenait le chef, les fonctions de garde des sceaux, qu'il conserva jusqu'en avril 1834, époque où Louis-Philippe le nomma président de la Cour des comptes en remplacement de Barbé-Marbois, qui venait de mourir.

Les premières années du règne de l'élu des deux-cent-vingt-et-un, on se le rappelle, ne furent qu'une longue suite de conspirations tentées par le parti républicain. Ce parti qui, avant les journées de 1830, était presque imperceptible en France, s'était bien vite grossi d'une foule de mécontents et d'ambitieux de tous les étages, parce que les révolutions, si radicales qu'on puisse les supposer, ne disposent jamais d'assez d'emplois lucratifs pour satisfaire toutes les prétentions qu'elles font surgir. Investi de la confiance du nouveau roi, M. Barthe lui donna un concours loyal, et par la nature même de ses fonctions se trouva obligé de sévir contre des hommes avec qui, dix ans auparavant, il avait défendu les principes de 1789 contre les intrigues de la contre-révolution. Ces principes étaient aujourd'hui hautement proclamés par le pouvoir; M. Barthe pensait donc que leur application sincère suffisait pour répondre aux vœux de l'immense majorité de la nation, et que celle-ci ne demandait pas qu'on allât au delà. Ceux de ses anciens amis politiques qui entendaient, au contraire, soumettre la France à un nouvel essai de régime républicain, et à qui le ministre de la justice était obligé d'appliquer les sévérités de la loi, voyaient dans une telle conduite de sa part une apostasie ; et, quand il venait justifier à la tribune les mesures purement défensives prises par un gouvernement que les factions attaquaient à main armée, les journaux dont disposaient ces factions ne manquaient jamais de le signaler à la haine et au mépris des masses. A cet effet les feuilles républicaines exploitaient avec autant de perfidie que d'habileté les actes des premières phases de la vie politique de l'ancien *charbonnier* ; actes qui, il faut bien l'avouer, donnaient un si éclatant démenti aux doctrines d'ordre et de légalité professées maintenant par le ministre d'un roi constitutionnel.

Il y aurait d'ailleurs de l'injustice et de l'ingratitude à ne pas rappeler que l'administration de M. Barthe fut marquée par de notables améliorations. C'est pendant son ministère que le Code Pénal fut réformé, que les circonstances atténuantes furent introduites dans les procès criminels, qu'on abolit la mutilation du poignet, la peine de mort pour le crime de fausse monnaie, la marque, etc.

L'une des premières mesures prises par les hommes du 24 Février 1848 fut de proclamer nul et non avenu le grand et salutaire principe de l'inamovibilité de la magistrature, et en conséquence de destituer M. Barthe. Mais le gouvernement de Louis-Napoléon, secondé par l'Assemblée législative, rétablit bientôt l'inamovibilité ; et M. Barthe fut alors réinstallé dans sa présidence, qu'il occupe encore aujourd'hui.

BARTHE (GIRARD DE LA), peintre français dont on a de jolis paysages et de gracieuses aquarelles, et qui résidait dans les premières années de ce siècle à Moscou. On ignore la date et le lieu de sa naissance, de même que l'époque de sa mort. Cet artiste a publié un recueil de *Vues* de l'ancienne capitale de l'empire de Russie.

BARTHÉE (MELCHIOR), sculpteur allemand, né en Saxe, au commencement du siècle dernier, mort en 1764. Il avait étudié son art à Venise, dans l'atelier de Just Le Curt, et résida longtemps dans cette ville. Il avait adopté la manière du Bernin, et en est considéré à bon droit comme l'un des élèves les plus distingués de cette école. On voit de lui dans l'église *degli Scalzi* une belle statue de saint Jean-Baptiste.

BARTHEL (JEAN-GASPARD), publiciste allemand, né à Kissingen, en 1607, mort à Wurtzbourg (Bavière), en 1771, est auteur d'un grand nombre d'ouvrages relatifs aux rapports de l'Allemagne avec la cour de Rome, au droit public et au droit canon, parmi lesquels on remarque surtout ceux qui sont intitulés : *Historia generalis pacificationum Imperii circa religionem sistens* (1738) ; *De restituta canonicorum in Germania electionum Politia* (1740) ; *De Jure conformandi antiquo et novo* (1744) ; *Tractatus de ex quod circa libertatem, exercitu religionis ex lege divina, et ex lege Imperii justum est* (1764). Élevé au collège des Jésuites à Wurtzbourg, Barthel, quand il eut achevé ses études, se rendit à Rome, où il obtint les bonnes grâces et la protection du cardinal Lambertini, qui devait devenir chef de l'Église sous le nom de Benoît XIV. Plus tard, il revint se fixer aux lieux qui l'avaient vu naître, et obtint successivement une chaire de droit canon, le titre de chanoine du chapitre de Wurtzbourg et enfin celui de vice-chancelier de l'université de cette ville. Les universités catholiques d'Allemagne lui sont redevables d'une meilleure direction donnée à l'étude du droit canon, restée jusque alors fort en arrière des progrès de la science.

BARTHEL (JEAN-CHRISTIAN-FRÉDÉRIC), artiste habile, dont on a un grand nombre de gravures justement estimées par les amateurs. Il maniait le pinceau avec autant de bonheur que le burin; et le duc de Brunswick lui fit exécuter, pour le château où il réside dans sa capitale, divers sujets mythologiques dans lesquels Barthel a fait preuve d'une grande pureté de dessin et d'un coloris plein de vigueur. Parmi ses planches gravées, celle qu'on estime le plus représente une *Grotte* avec un paysage d'après Thormayer. *Le Château de Heidelberg* d'après Primavesi, et *Vaucluse*, œuvre de fantaisie, sont aussi fort recherchés. On a en outre de Barthel un livre intitulé : *Eumorphea* (Leipzig, 1807), dans lequel il traite diverses questions de haute critique.

BARTHÉLEMITES, clercs séculiers qui vivaient en commun et s'occupaient de l'éducation des jeunes gens et des ecclésiastiques. Ils avaient pris leur nom de Barthélemy Holzhauser, qui fonda cet ordre, à Salzbourg, en 1640. Les services qu'ils rendirent en Autriche leur valurent la protection de l'empereur Léopold et du pape Innocent XI; mais dès 1795 cet ordre cessa d'exister.

BARTHÉLEMY (Saint), apôtre, fils de Tolmaé, est vraisemblablement la même personne que Nathanael, dont l'Évangile selon saint Jean fait mention comme d'un honnête Hébreu et d'un disciple de Jésus, qui fut un des premiers à embrasser la religion nouvelle. Eusèbe rapporte qu'il alla prêcher la foi du Christ aux Indes, probablement dans l'Arabie méridionale, et qu'il y porta aussi l'Évangile selon saint Mathieu en langue hébraïque. Saint Jean Chrysostome rapporte qu'il prêcha encore en Arménie et dans l'Asie Mineure; enfin, une légende postérieure le fait mourir sur la croix à Albania-Pyla, aujourd'hui Derbent, en Russie. Les reliques de ce saint martyr sont conservées à Rome depuis l'année 983, dans l'église qui porte son nom.

L'Église catholique célèbre la fête du martyr le 23 août, et l'Église grecque le 11 juin. L'ancienne Église possédait sous son nom un évangile apocryphe, qui a péri depuis.

BARTHÉLEMY (Massacres de la Saint-). *Voyez* SAINT-BARTHÉLEMY.

BARTHÉLEMY ou BARTHOLOMÆUS, nom commun à divers personnages historiques. Dans le nombre nous citerons : 1° BARTHÉLEMY *d'Edesse*, moine, qu'on suppose avoir vécu au huitième siècle de notre ère, en Syrie. On a de lui une réfutation du Coran, qui fut publiée en 1665 dans le premier volume de la *Collectio variorum Sacrorum* (in-4°, textes grec et latin en regard), avec une dissertation du même auteur *Contra Muhanetum*. 2° BARTHÉLEMY (*Pierre*), prêtre, né à Marseille, qui suivit à la première croisade Raymond de Saint-Gilles et l'évêque du Puy, Adhémar. Il raconta un jour aux croisés que saint André lui était apparu pour lui apprendre que la lance qui avait servi à percer le flanc de notre Sauveur avait été enfouie à l'endroit où s'élevait alors l'autel de Saint-Pierre d'Antioche; que cette lance, dès qu'on la posséderait, suffirait pour mettre les infidèles en fuite. Il ne manqua pas d'incrédules qui contestèrent l'authenticité de l'apparition. Pierre Barthélemy, pour le prouver, consentit à subir l'épreuve du feu. Elle eut effectivement lieu, le vendredi saint de l'année 1099; mais Pierre Barthélemy mourut des suites de cet inutile martyr. 3° BARTHÉLEMY, évêque d'Urbino au commencement du quatorzième siècle. Il est auteur d'un choix des pensées de saint Augustin et de saint Ambroise. Le premier de ces recueils, *Milleloquium Augustini*, dédié au pape Clément VI, a été imprimé en 1644 à Lyon, et réimprimé à Paris l'année suivante. Le *Milleloquium Ambrosii* fut également publié à Lyon, en 1646. 4° BARTHÉLEMY ou BARTHOLE *de Cologne*, né dans cette ville vers le milieu du quinzième siècle, mort à Minden au commencement du quinzième, fut le condisciple d'Erasme, et acquit la réputation de savant littérateur. Il fut chargé d'enseigner la littérature classique à Zwolle, puis à Minden, et contribua beaucoup au reveil des saines études.

BARTHÉLEMY (JEAN-JACQUES), né à Cassis, près d'Aubagne, en Provence, le 20 janvier 1716, commença ses études chez les oratoriens de Marseille, et les continua chez les jésuites de la même ville : les uns et les autres distinguèrent en lui un élève aussi intelligent que laborieux. Les deux langues anciennes enseignées dans les collèges ne suffisaient point à son avidité d'instruction. Il apprit aussi l'hébreu, le chaldéen, le syriaque, et acquit une connaissance approfondie des mœurs et des usages de l'antiquité. Cet excès de travail fut la source d'une grave maladie. Lorsque le jeune Barthélemy fut rétabli, ses parents, qui le destinaient à l'état ecclésiastique, le firent entrer au séminaire de Marseille, dirigé par les lazaristes. Il paraît que l'étude aride de la théologie fut loin de lui offrir le même attrait que les précédentes; peut-être aussi cette âme si consciencieuse s'effraya-t-elle des obligations imposées par le sacerdoce. En partant du séminaire, il déclara qu'il renonçait à exercer les fonctions du ministère sacré; toutefois, il en garda l'habit, pour satisfaire en quelque chose au vœu de sa famille; il le conserva même toute sa vie, et fut dès lors connu sous le nom de *l'abbé* Barthélemy.

Ses goûts, ses talents, son désir ardent d'ajouter à ses connaissances, tout l'appelait dans la capitale; il y vint en 1744. Gros de Boze, l'un de ces savants qui ne feraient point faire un pas à la science, mais qui en conservent dans leur tête le dépôt intact, était alors garde du cabinet des médailles à la Bibliothèque du roi. L'érudition précoce du jeune Provençal trouva grâce pour sa vive imagination auprès de cet homme positif. Boze se plut à lui apprendre la numismatique, et bientôt son élève fut en état de partager ses fonctions et ses travaux. « Il n'est pas malheureux pour moi, disait gaiement l'abbé Barthélemy, d'avoir gagné l'affection d'un homme qui met les points sur les i, moi qui ne mets pas toujours les i sous les points. » Gros de Boze mourut en 1753. Le choix qu'il avait fait de Barthélemy pour son associé le désignait au gouvernement pour son successeur : le ministre le remplaça avec un grand avantage pour la science, puisqu'en quelques années ses recherches et ses soins éclairés augmentèrent de plus du double la précieuse collection des antiques. Un voyage qu'il entreprit en Italie lui fit surtout découvrir un grand nombre de ces trésors. Le sort lui fut réservé un autre dans ce pays : là commença pour lui la vive et constante attention de madame de Stainville et de son mari, depuis le duc de Choiseul, alors ambassadeur de France à Rome, devenu ministre, et ministre tout-puissant, peu après leur retour en France. Le duc s'empressa de prodiguer les places lucratives à l'abbé Barthélemy, auquel son propre mérite avait déjà procuré d'honorables distinctions : depuis plusieurs années, l'Académie des Inscriptions et Belles-Lettres, la Société royale de Londres et celle des Antiquités de la même ville le comptaient parmi leurs membres. Des mémoires, des dissertations, remarquables également par le fond et le style, avaient été ses titres d'admission.

Jamais faveurs ne furent mieux justifiées sous tous les rapports que celles dont le duc de Choiseul voulut, suivant son expression empruntée à Corneille, *accabler* le savant homme de lettres. Cette aisance, créée autour de Barthélemy, fut en grande partie répandue par lui sur sa famille; elle servit surtout à l'éducation de trois neveux, dont l'un, Barthélemy-Courcet, mort en 1800, était en l'an II de la république (1794) adjoint à la garde du cabinet des médailles de la Bibliothèque Nationale, et envoya à la Convention quelques épreuves de la gravure d'une médaille d'argent frappée à l'époque de la Fronde et *consacrée à la liberté*. Un autre, dont il sera question dans l'article suivant, montra de grands talents dans la diplomatie, et occupa avec distinction les premiers postes de l'État. Débarrassé de tout souci pécuniaire, l'abbé Barthélemy put se livrer entièrement à la composition du grand ouvrage, du monument qu'il devait laisser à sa patrie. Trente années furent employées à l'élever, et ce fut seulement en 1788 que parut le *Voyage d'Anacharsis*, dont Barthélemy vendit la propriété aux frères Debure, libraires, pour la modique somme de 3,000 fr. Les préoccupations politiques n'empêchèrent point de rendre justice à ce chef-d'œuvre, où l'érudition se cache sous tant de grâce. Au milieu de cette foule d'événements, éclos ou pressentis, l'apparition de ce livre fut aussi un événement : un cri d'admiration s'éleva de la France entière, et fut répété par toute l'Europe; chez nous les éditions, chez elle les traductions de cet ouvrage, se succédèrent coup sur coup, et le temps, ce grand appréciateur des hommes et des écrits, n'a fait que confirmer cet immense succès. Un pareil livre nommait d'avance Barthélemy à l'Académie Française; mais il fallait une vacance : elle eut lieu l'année suivante, et le froid grammairien Beauzée fut remplacé par l'auteur d'*Anacharsis*.

Là devaient s'arrêter les justes prospérités de l'illustre écrivain. Non-seulement les décrets et les réformes de l'Assemblée constituante et de celles qui la suivirent lui enlevèrent les places et les pensions qui formaient son aisance à l'âge où la nécessité s'en fait le plus sentir, mais, devenu suspect à cause de son titre d'abbé, il fut arrêté dans un jour de funeste mémoire, le 2 septembre 1792, et conduit aux Madelonnettes. Heureusement l'ordre fut promptement révoqué; Barthélemy fut rendu à la liberté un peu avant l'heure des assassinats, et cette mesure sauva sans doute à cette sanglante journée un crime et un opprobre de plus. Ces atteintes successives à sa fortune et à son repos firent naître dans l'abbé Barthélemy, non la misanthropie, que son cœur bienveillant et généreux ne connut jamais, mais une profonde mélancolie, qui se révéla plus d'une fois par des mots aussi ingénieux qu'expressifs. Lorsqu'en 1795 il reçut une noble réparation des injustices du gouvernement révolutionnaire, lorsque le ministre de l'intérieur Paré vint lui-même apporter au modeste savant la lettre par laquelle il lui annonçait sa nomination à la place de conservateur principal de la Bibliothèque, assurément Barthélemy fut sensible à un procédé qui devait lui rappeler les beaux jours de la Grèce, si bien dépeints par lui, où le talent était une dignité et allait de pair avec le pouvoir. Il refusa néanmoins, alléguant son âge, ses infirmités, et reprit seulement son ancienne place de garde du cabinet des médailles. Cet homme célèbre mourut peu de temps après, le 30 avril 1795, en lisant une épître d'Horace : digne fin d'un littérateur philosophe ! Quelques ouvrages de l'auteur d'*Anacharsis* ont été publiés après sa mort ; le plus remarquable est son *Voyage en Italie*, où l'on retrouve dans beaucoup de passages le savant aimable, l'habile critique et l'homme de goût.

BARTHÉLEMY(Famille). La noblesse de cette famille est de bien fraîche date, car elle ne remonte pas plus haut que l'Empire, et elle fut conférée par Napoléon à *François* BARTHÉLEMY, l'un des trois neveux du savant auteur du *Voyage d'Anacharsis*, dont nous venons de parler dans l'article précédent. Né en 1750, à Aubagne, il fut redevable de son éducation aux bienfaits de son oncle, qui plus tard profita de sa liaison intime avec M. de Choiseul, alors ministre dirigeant, pour faire entrer son neveu dans les bureaux des affaires étrangères. François Barthélemy fut attaché comme secrétaire à diverses légations, et séjourna longtemps en cette qualité près la cour de Suède, puis en Suisse. Au moment où éclata la révolution, il remplissait les fonctions de secrétaire d'ambassade à Londres; et il y avait le titre de chargé d'affaires, lorsqu'il reçut l'ordre de notifier au gouvernement anglais l'acceptation de la constitution par Louis XVI. Nommé, au mois de décembre 1791, ministre plénipotentiaire en Suisse, il n'hésita pas, après la journée du 10 août, à prêter le nouveau serment imposé à tous les fonctionnaires publics, informa le gouvernement né de l'insurrection de la neutralité que la Suisse était décidée à observer, et exécuta les instructions du comité de salut public relatives aux députés déclarés hors la loi. En 1795 ce fut lui qui négocia et signa à Bâle la paix conclue avec la Prusse, et peu de temps après avec l'Espagne et l'électeur de Hesse-Cassel; mais il échoua dans les négociations ouvertes dans le même but avec le gouvernement anglais.

Nommé par le Conseil des Anciens membre du Directoire exécutif, en remplacement de Letourneur de la Manche, il revint à Paris en 1796. Cette élection avait été favorablement accueillie par toutes les opinions ; mais compromis par ses relations avec le parti *clichien*, qui l'avait porté à cette fonction suprême, il fut enveloppé dans la proscription qui frappa ce parti tout entier à la journée du 18 fructidor. Arrêté le 4 septembre 1797, il fut déporté à Cayenne avec Pichegru et autres. Après un séjour de cinq mois au milieu des déserts pestilentiels de Sinnamari, François Barthélemy réussit à s'échapper en même temps que six de ses compagnons d'infortune et à gagner les États-Unis, d'où il passa en Angleterre. A la révolution du 18 brumaire (9 novembre 1799), il fut un des premiers que Bonaparte songea à rappeler en France. Il lui donna place au Sénat, lui confia plus tard la vice-présidence de cette assemblée, et enfin le créa comte de l'empire. Quoique Barthélemy se fût trouvé, en 1802, à la tête de la députation qui vint offrir à Napoléon le consulat à vie, il n'eut sous l'Empire d'autre crédit que celui que lui donnait sa position officielle. Quand vint en mars 1814 la chute d'un gouvernement à l'établissement duquel il avait pris une part si active, et qui l'en avait récompensé par des titres, des places lucratives et de riches dotations, le comte Barthélemy, vice-président du Sénat, se fit remarquer par son empressement à voter la déchéance de Napoléon et de sa famille : aussi le Sénat ne crut-il pas pouvoir confier à un plus digne la mission d'aller complimenter officiellement l'empereur Alexandre sur la magnanimité dont il faisait preuve envers le peuple français. Habitué à flagorner Napoléon au temps de sa gloire et de sa puissance, le comte Barthélemy s'acquitta avec bonheur d'une tâche enviée par plus d'un de ses collègues, car elle le désignait naturellement aux faveurs et à la confiance du régime nouveau.

Il fit donc partie de la commission chargée d'examiner pour la forme la *Charte constitutionnelle*, destinée à être l'arche d'alliance entre l'ancien et le nouveau régime, qu'on annonçа alors être le fruit des studieuses méditations de Louis XVIII pendant les vingt-quatre années de son exil, et que chacun sait aujourd'hui avoir été improvisée en une soirée par feu le comte Beugnot, de spirituelle mémoire. Une ordonnance, en date du 4 juin 1814, nomma le comte Barthélemy pair de France. Son frère cadet, qui faisait à Paris le commerce d'épiceries en gros, et qui était membre du conseil général du département de la Seine, ne témoigna pas d'une moindre ardeur pour le rétablissement des Bourbons; aussi Louis XVIII reconnaissant lui octroya-t-il une *savonnette à vilain*, des lettres de noblesse et la croix de la Légion d'Honneur, par une ordonnance de peu de jours postérieure à celle qui avait investi l'aîné de la pairie. Tant et de si hautes faveurs, dira-t-on, ne pouvaient se dire, ne firent cette fois pas d'ingrats; et quand, en 1815, le brusque retour de l'île d'Elbe réinstalla Napoléon aux Tuileries et força Louis XVIII de se réfugier à Gand, les frères Barthélemy ne figurèrent point au nombre des courtisans qui, retournant une fois de plus leur casaque, allèrent de nouveau adorer César et sa fortune. Louis XVIII récompensa cette fidélité du comte Barthélemy à ses dernières convictions en le transformant en marquis et en le créant ministre d'État par une ordonnance datée des derniers jours de 1815. Pendant les quinze années de la Restauration, le nouveau marquis disparut complétement de la scène politique, malgré une bruyante tentative faite par lui, en 1819, pour modifier dans un sens oligarchique la loi électorale. La fameuse *proposition Barthélemy* (c'est le nom qui est resté à cette tentative prématurée de contre-révolution) avait pour but de porter à un taux plus élevé le cens électoral, fixé à 300 francs par la législation alors en vigueur. Bien que rejetée lors de sa présentation, elle fut reprise plus tard en sous-œuvre par le ministère, et servit de point de départ pour arriver à la loi du double vote, à l'aide de laquelle la Restauration avait espéré enchaîner à jamais l'esprit de révolution.

Le marquis de Barthélemy est mort en 1830, à l'âge de quatre-vingt-trois ans, tout juste assez à temps pour transmettre à son neveu, *Sauvaire* BARTHÉLEMY, les fonctions de législateur privilégié que lui assurait la charte de 1814. Celui-ci n'a eu dans la Chambre des Pairs du règne de Louis-Philippe d'autre importance que celle que lui donnait la position qu'il avait su y prendre de représentant et de défenseur ardent du catholicisme. Né en 1800, à Marseille, il fut, après la révolution de Février, élu à la Constituante, puis à la Législative, par le département des Bouches-du-Rhône. Membre de la réunion de la rue de Poitiers, il vota toujours avec la fraction légitimiste, et prit une certaine part à la loi sur l'enseignement : c'est dire qu'il faisait partie de cette majorité de coalition qui devait conduire la république à l'abîme.

Nous ne savons si c'est à cette famille qu'appartient le Barthélemy qui, placé à la tête d'un comité royaliste à Paris, fut chargé par le comte de Chambord de faire connaître à son parti que le prince exilé répudiait les partisans de ce qu'on appelait le *droit national*. C'est du moins ce que l'on a pu inférer d'une circulaire adressée de Wiesbaden, le 30 août 1850, aux légitimistes pour les avertir que le comte de Chambord n'avait d'autres intermédiaires en France que le duc de Lévis, le général de Saint-Priest, M. Berryer, le marquis de Pastoret et le duc des Cars.

BARTHÉLEMY (AUGUSTE - MARSEILLE).........
....
Et pourtant il y avait en lui une âme généreuse, un cœur de poëte ! Verve intarissable, soudaineté, inspiration, grandes et patriotiques images, il possédait tout ; et quand il étendait ses larges ailes, l'espace était envahi. Qui de nous ne s'en souvient encore ? Lorsque partaient ses fébriles Némésis, lorsqu'au fond de chaque province impatiente les sentiments s'embrasaient en parcourant ces hymnes chauds de toutes les gloires, qui nous eût dit qu'un jour. . . . .
....
Plaignons l'insensé, ne le maudissons pas : le repentir a son sacerdoce, il absout la faute et le crime.

Barthélemy naquit à Marseille en 1799 ; jeune encore, presque enfant, il entra au collége de Sorèze, une des meilleures institutions de nos départements méridionaux. A l'âge de dix -huit ans il débuta à Marseille par des essais poétiques auxquels seuls applaudirent ses amis ; mais son premier titre à la brillante réputation qu'il s'est acquise, c'est une satire contre M. le comte de Chalabre, fermier des jeux. Le fils de ce comte provoqua Barthélemy ; un duel eut lieu ; Méry fut le témoin de notre poëte, et c'est sur ce champ clos que naquit cette fervente amitié qui les a si étroitement unis. Une épître de Méry à Sidi-Mahmoud fit connaître à la France littéraire la plume incisive de celui qui devait porter si loin sa gloire poétique. Barthélemy répondit à Méry ; et voilà formée une association fraternelle.

Trente-deux éditions de *la Villéliade*, vingt-cinq de *Napoléon en Égypte*, *la Bacriade*, *Rome à Paris*, *la Peyronnéide*, *le Fils de l'homme*, le poëme de *l'Insurrection*... Nous pouvons tous réciter la plupart des strophes ou des chants de ces livres, dont le retentissement fut immense, et qui placèrent les deux jouteurs sur la première ligne des poëtes contemporains. En 1831, au mois d'avril, on garde dans la mémoire les grandes époques des grandes choses, Barthélemy fonda *la Némésis*, ouvrage périodique, immortel, dont la trop courte durée fut un deuil pour la France. Jamais Barthélemy, jamais Méry, son collaborateur, n'ont eu de plus belles inspirations ; jamais triomphe de poëtes ne fut plus éclatant, plus universel. Après *la Némésis* vinrent *les Douze Journées de la révolution*, que Barthélemy signa seul, et dont Méry peut à juste titre revendiquer sa bonne part. Quatre ans après parut la traduction de l'*Énéide*, œuvre complète, exacte, qui laissa bien loin derrière elle celle de Delille, dont on ne parle plus aujourd'hui que pour mémoire. Que dire de son admirable chant de deuil sur les funérailles de Napoléon, de sa traduction du poëte latin Fracastor, de sa ravissante satire intitulée *Marseille*, et de son poëme *la Pipe et le Cigare*, où l'esprit le dispute à la verve, où chaque hémistiche est une étincelle, où chaque page est un faisceau éblouissant de lumières !

En 1829 Barthélemy, bravant la police de Metternich et le *carcere duro*, se rendit à Vienne pour offrir au duc de Reichstadt son poëme de *Napoléon en Égypte*. A son retour, il publia *le Fils de l'homme*, mémorable page poétique dont il subit les conséquences. C'était un crime à Paris de parler du grand empereur ; Barthélemy fut condamné à six mois de prison et à 10,000 francs d'amende.

Barthélemy de ces petits vers, qu'il n'emploie guère que dans l'épigramme et le madrigal. Ce qu'il lui faut, à lui, c'est l'alexandrin et son ampleur, c'est la rime carrée, la courte période, la précision. La rime n'est point pour lui une impérieuse decora, mais bien une esclave soumise ; il la saisit, il la traîne au bout de son vers, il l'y cloue, et vous diriez qu'à lui seul appartient le droit de la choisir aussi exacte, aussi riche. Quant à ses épithètes, dont au reste il se montre fort avare, on chercherait en vain un poëte qui les trouve plus énergiques, plus pittoresques. C'est une nouvelle force, c'est une âme nouvelle acquise à la pensée, et l'on ne peut l'en déshériter sans la gâter ou l'appauvrir. Ce qu'il y a de vraiment merveilleux dans cette mâle poésie de Barthélemy, c'est la richesse et la perfection des images. Elles naissent sous sa plume avec une incessante prodigalité ; elles s'accumulent sans désordre, sans gêne, comme dans ces forêts séculaires du nouveau monde se pressent, se croisent, s'enlacent les puissants végétaux qui pèsent sur le sol pour l'enrichir et l'abriter. Jacques ARAGO.

Ce que notre spirituel collaborateur ne dit pas, mais ce qui a été révélé par d'autres et relevé par M. Quérard, c'est qu'avant de venir à Paris, Barthélemy avait publié à Marseille une *satire contre les Capucins*. Bientôt il se ravise, et, si l'on en croit un in-8°, publié en 1836, sous le titre de *Sacerdoce littéraire*, par Aristophane (Scipion Marin), il écrivit dans le *Drapeau Blanc*, journal alors ministériel, certain article *contre la liberté de la presse*, qui lui valut un cadeau de 1500 fr. sur la cassette de Charles X. Puis le voilà publiant, en 1825, sa pièce sur *le sacre* de ce généreux monarque, qui prouverait, à elle seule, qu'on s'est trompé en affirmant que le poëte n'avait jamais recherché les faveurs du gouvernement. Cette fois, hélas ! il ne reçut que 300 fr., et cependant il avait dit :

Charles, vois près de toi la France rassemblée ;
Vois de toutes au loin la campagne peuplée ;
Entends ; c'est d'amour, ce n'est de mille voix......

La *Camarilla* n'avait pas été généreuse. Barthélemy lui en garda rancune, et cette rancune devint de la haine. Elle produisit les brillants ouvrages dont Jacques Arago fait l'éloge.

Mais Louis-Philippe monte sur le trône ! Il fait à Barthélemy une pension de 1,200 fr. Bientôt apparait la *Némesis*. Le poëte ose dire que

D'Argout incendia le drapeau tricolore ;

et sa pension mensuelle lui est enlevée. A la vérité il en marche plus hardiment;

Il respire affranchi de son étau de fer.

Il veut

Tenir du peuple seul la volontaire obole.

Car, ajoute-t-il :

Le pain de servitude à ma bouche est amer.

Mais au bout de cinquante-deux semaines le fouet vengeur tombe de ses mains nerveuses; il va s'asseoir à la table de ceux qu'il a flagellés, il goûte aux mets empoisonnés, il s'abreuve à l'*auge* des fonds secrets, il a de la prose en faveur de l'état de siége et des vers contre le peuple, enfin il encense le pouvoir. Plus tard, dans une suite de feuilletons intitulés *le Zodiaque*, il a pu célébrer ses nouveaux amis politiques.

Barthélemy a essayé de se réhabiliter à force de talent ; il a entrepris sa brillante traduction de l'*Énéide*, pour laquelle le ministère lui a compté, dit-on, 80,000 fr. ; mais l'œuvre n'a pas trouvé d'échos, ses vers ne s'adressaient plus à ses contemporains. La postérité, qui n'a pas de colère, imposera peut-être silence à son mépris pour l'homme, et déposera encore quelques feuilles d'un laurier flétri sur la tombe du grand poëte.

BARTHÉLEMY-SAINT-HILAIRE (JULES), professeur de philosophie grecque et latine au Collége de France, membre de l'Institut, chevalier de la Légion d'Honneur, est né à Paris, le 19 août 1805. Au sortir du collége, où il avait fait de brillantes études, il entra dans le monde, comme tant d'autres, riche de sa seule intelligence, mais avec beaucoup d'ambition et d'entregent. C'est là ce qui explique comment il fut admis de bonne heure dans une administration publique, et attaché au ministère des finances (contributions indirectes). Son activité, toutefois, ne s'y absorbait point tout entière, et il trouvait encore le temps de s'occuper de la marche des affaires publiques. Il en coûtait à sa fierté de citoyen d'avoir dû, pour obtenir une place, dissimuler ses opinions politiques. Aussi eut-il hâte de témoigner sa gratitude au gouvernement qui le faisait vivre, en l'attaquant dans le *Globe*, de 1828 à 1830. « Il fut, dit M. Quérard, comme rédacteur habituel de ce recueil, l'un des signataires, au 26 juillet, de la protestation des journalistes contre les ordonnances. Son nom est dans le *Globe* du 26 juillet 1830; mais il a été omis le plus souvent dans les listes incomplètes qui ont été données des signataires ; il a même été sur la médaille frappée à cette occasion par le gouvernement; toutefois, l'erreur fut reconnue, et la médaille lui fut envoyée. »

Après la révolution de 1830 M. Barthélemy-Saint-Hilaire entra dans la société *Aide-toi, le ciel t'aidera*, dont il demeura jusqu'à la fin un des membres les plus assidus, coopérant avec zèle à tous ses travaux, et travaillant jusqu'en 1832 à ses plus brûlantes circulaires. Il fonda vers ce temps, avec MM. Cauchois-Lemaire et Victor Rodde, *le Bon Sens*, et participa avec une extrême ardeur à la rédaction de ce journal, pendant les sept premiers mois de son existence hebdomadaire. Puis, des contestations d'intérêt s'étant élevées entre les fondateurs, l'affaire fut vidée devant la juridiction consulaire, et M. Barthélemy-Saint-Hilaire se retira du journal. A tour de rôle ou simultanément, le *National*, le *Constitutionnel*, le *Courrier Français*, le comptèrent parmi leurs rédacteurs , jusque vers la fin de 1833, qu'il abandonna tout à coup la politique pour se vouer exclusivement à Aristote et à la philosophie.

Cette détermination a été heureuse à M. Barthélemy-Saint-Hilaire , et tout lui a souri depuis. On le voit en effet successivement nommé répétiteur du cours de littérature française à l'École Polytechnique, en 1834; professeur de philosophie grecque et latine au collége de France, le 6 janvier 1838 ; membre de l'Académie des Sciences morales et politiques, le 23 mars 1839, etc. Cette même année il obtint la croix d'Honneur de son collègue à l'Institut, M. Villemain, ministre de l'instruction publique. « Beaucoup se sont demandé, a dit quelque part, peut-être bien dans ce livre, un écrivain dont il ne désirait pas moins lui-même ce ruban si envié, pourquoi le professeur de philosophie grecque et latine au Collége de France tenait tant à être décoré. Cela se conçoit très-bien : le philosophe de Stagire, que M. Barthélemy-Saint-Hilaire a choisi pour maître, et qu'il représente parmi nous , ne dédaignait pas, dit-on, les jouissances de la vanité, que Platon bannissait de sa république : or, Platon ayant été décoré par Charles X dans la personne de M. Cousin, il ne se pouvait pas qu'Aristote, le philosophe calculateur, ne le fût point par Louis-Philippe dans la personne de M. Barthélemy. »

Sous le ministère de M. Cousin, en 1840, M. Barthélemy fut quelque temps chef du secrétariat et du cabinet, faisant fonctions de secrétaire général du ministère.

Après la révolution de Février, le réveil de ses convictions républicaines le désigna tout naturellement au choix du gouvernement provisoire pour les fonctions de chef de son secrétariat. Élu membre de l'Assemblée constituante par le département de Seine-et-Oise, il y fit partie du comité de l'instruction publique, et présida la commission chargée de préparer la loi sur l'instruction primaire, dont il fit ensuite le rapport. Bientôt ses opinions devinrent de plus en plus modérées ; il vota en faveur des deux chambres lors de la discussion de la constitution. Réélu à l'Assemblée législative, M. Barthélemy-Saint-Hilaire, qui avait adopté l'ordre du jour sur les affaires d'Italie, fit partie de la commission du règlement et de celle de l'instruction publique. Il n'eut guère de succès dans la discussion de cette dernière loi, où il défendit bien en vain l'ancienne Université, et se fit le champion de la philosophie en même temps qu'il était un des premiers à provoquer la suspension du cours d'un de ses collègues du Collége de France, entaché d'un républicanisme trop lyrique et sans doute beaucoup moins ardent que le sien.

Les événements de décembre 1851 ont provisoirement rendu M. Barthélemy-Saint-Hilaire à ses études et à sa chaire.

On doit à cet habile érudit un *Mémoire sur l'ordre des livres de la Politique d'Aristote* ; un mémoire intitulé : *De la logique d'Aristote*, couronné par l'Institut (Paris, 1838 , 2 vol. in-8°) ; il a traduit la *Politique*, la *Logique* et les autres écrits d'Aristote. On cite encore de lui un *Mémoire sur la philosophie sanscrite et sur le Nyâya*, un article de la *Revue des Deux Mondes* ayant pour titre : *Psychologie criminelle : Louvel* (1832), et un petit traité *De la vraie Démocratie* (1848).

BARTHEZ (PIERRE-JOSEPH), l'un des hommes célèbres de l'école de Montpellier, naquit dans cette ville, le 11 décembre 1734. Les succès qu'eurent ses premières études ne pouvaient faire présager sa haute fortune , puisqu'il étudiait à Narbonne. Mais qu'importent les premiers enseignements à des hommes aussi studieux que Barthez! Concentré dans une obscure bourgade , il ignora longtemps sa vocation véritable. D'abord ecclésiastique, à l'exemple, et peut-être à l'instigation de ses premiers maitres, il devint en même temps géomètre, par une sorte d'émulation de famille, son père étant ingénieur ; mais bientôt les mathématiques l'attirèrent vers la physique , la physique le mit en présence de la médecine, et c'est à elle qu'il se fixa pour toujours, comme à un aimant irrésistible.

Reçu docteur de Montpellier après trois années d'études,

en 1753, à l'âge de dix-neuf ans, déjà théologien, médecin, et même un peu mathématicien, Barthez s'empressa de venir chercher à Paris cette science encyclopédique à laquelle aspirait son ardente intelligence, et dont Montpellier ne lui offrait qu'un abrégé incomplet et stérile.

Dans la capitale, Barthez trouva tous ses plaisirs dans l'intimité remplie de charmes des hommes célèbres auxquels on l'avait recommandé : le président Hénault, d'Alembert, le physicien Mairan, l'auteur d'*Anacharsis*, l'antiquaire Caylus et tant d'autres. Toutefois, il ne paraît pas avoir cultivé la bienveillance des quatre véritablement grands hommes de cette époque; peut-être était-il trop disputeur pour Voltaire, trop peu correct pour Buffon , trop médecin pour Rousseau et pour Montesquieu.

Barthez publia d'abord quelques mémoires d'érudition, que l'Académie des Inscriptions couronna. Employé ensuite assez obscurément dans l'armée du maréchal de Broglie, il s'acquitta si bien de ses devoirs qu'il gagna une sorte de typhus ou fièvre des camps, et ce fut là tout ce que ses campagnes lui valurent. De retour à Paris, il coopéra à l'*Encyclopédie*, au *Journal des Savants*, plus lu alors qu'aujourd'hui, sans doute parce qu'on se sentait plus ignorant et qu'on donnait moins de temps à la politique. A quelque temps de là, en 1759, une chaire devenue vacante et mise au concours à Montpellier (car les concours datent de l'ancien régime), le rappela dans sa patrie. Ce fut là son début dans la carrière de l'enseignement, où il obtint de grands succès. On va même jusqu'à assurer que l'élocution de Barthez était claire, élégante et rapide, lui dont les ouvrages sont d'un style si abstrait, si embarrassé et si obscur. Attribuons donc plutôt ses succès à ce qu'il exposait pour la première fois devant un public beaucoup plus épris de la métaphysique que celui de Paris sa nouvelle doctrine du *principe vital*, dont tout le monde parle, que certains médecins critiquent, mais qui certes n'est bien comprise que par un petit nombre de vrais adeptes.

Pour nouveauté, Barthez rattachait tous les phénomènes de la vie, tous les mystères de l'existence, à d'autres principes que ceux de la physique générale et de la philosophie du temps : c'était divorcer ouvertement avec tous les médecins, c'était faire scission avec Boërhaave et son école; dès lors, schisme médical. Avant lui on expliquait tout par les propriétés générales de la matière, par les lois de la physique, de la mécanique et de la chimie. La circulation du sang ne se réalisait absolument, assurait-on, que par les lois de l'hydraulique; les sécrétions ne s'opéraient qu'en vertu d'une affinité chimique; les sensations, c'étaient tout simplement des images et des empreintes déterminées par les ébranlements des fibres nerveuses; et la contraction musculaire elle-même, on l'attribuait à une sorte d'attraction. Barthez s'appliqua à démontrer qu'indépendamment de la faculté de penser, il y a dans l'homme et dans les animaux deux propriétés qui président aux phénomènes de la vie : le principe de la sensation et le principe du mouvement, c'est-à-dire la *sensibilité* et la *contractibilité*. Il porta les choses plus loin, et ce fut là son tort, comme aussi le secret de sa prompte réputation; car remarquez que les grandes fautes et les erreurs mémorables ont fondé plus de célébrités que les actions louables et les découvertes.

Barthez réunit donc les propriétés du mouvement et de la sensation l'une à l'autre pour n'en former qu'un principe commun, une propriété unique, qu'il nomma *principe vital*, sorte d'*âme physique* (s'il est permis d'employer ce terme), qu'il opposa à l'âme intellectuelle, et, à l'aide de ce principe, il explique tous les actes de la vie , qu'il soustrait de la sorte à la subordination des sciences physiques et mécaniques. Qu'on ne s'imagine pas, après tout, que Barthez soit le seul ou le premier physiologiste qui ait formulé, à l'aide d'abstractions, les obscurités, presque toutes impénétrables, de la vie, ni le seul qui ait créé un principe idéal et un terme fictif pour déguiser décemment notre ignorance trop réelle : non, d'autres avant lui l'avaient tenté; d'autres, depuis, sous des noms différents, ont exprimé des idées analogues ou semblables. Ce qu'Hippocrate nomme *nature* ou φυσις, l'*âme* de Stahl, l'*archée* de Van-Helmont, la *sensibilité* et l'*irritabilité* de Haller, les *propriétés vitales* de Bordeu et de Bichat, le *tourbillon vital* de Cuvier, la *chimie vivante* de Broussais, tout cela et le *principe vital* de Barthez, c'est même chose : c'est toujours de l'ignorance, ignorance qui se fait honte à elle-même, et qui, par orgueil, veut se cacher, tantôt sous un voile, tantôt sous un autre, mais tous si transparents qu'autant vaudrait se montrer à visage découvert.

Sans doute on reprochera longtemps à Barthez d'avoir fait rétrograder la *science de l'homme*, comme il l'appelle, vers la philosophie détrônée d'Aristote, auquel il a le très-grand tort d'emprunter ses obscures *entéléchies*, sans compter qu'il ne suit ni la secourable *méthode* de Descartes, ni les conseils si propices du *Novum Organum* de Bacon, ni la modeste et prudente voie d'expérimentation que le grand Newton a enseignée aux savants avec le souvenir de la gloire qu'il a su y trouver.

Toutefois, les *Nouveaux Éléments de la Science de l'Homme*, cet ouvrage si mal fait, si mal écrit, si incorrect, si confus, tant critiqué et si peu lu hors de la métropole du culte barthésien, ce livre de pensées profondes et de conviction, Barthez lui dut sa réputation , des postes importants, sa fortune, et une célébrité durable. Ce médecin, qui dès longtemps avait la connaissance de sa supériorité et le juste pressentiment de son élévation future, pour rendre plus universelles sa compétence et ses aptitudes, se fit recevoir avocat, docteur en droit. Il réunissait ainsi en la même personne toutes les Facultés de l'université : la théologie, c'est par là qu'il avait commencé; la médecine , c'est en cela qu'il excellait; les sciences, il était bon mécanicien, et l'Académie des Jussieu et des Cassini venait de se l'associer; quant à la Faculté de Droit , un diplôme encore tout récent lui donnait là ses franches coudées. Restait donc la Faculté des Lettres, qui, le jugeant sur le style, aurait pu sans injustice lui fermer ses portes; mais le moyen de déclarer illettré un homme qui savait disputer en six langues, et qui, de plus, venait d'être nommé membre de l'Académie des Inscriptions et Belles Lettres ! Aussi l'universel et ambitieux Barthez fut nommé successivement chancelier de l'université de Montpellier, conseiller à la cour souveraine de cette ville, médecin du roi Louis XVI, puis médecin du duc d'Orléans, en remplacement de Tronchin.

Il vint alors à Paris, où il trouva une clientèle brillante, et où il se vit entouré d'une considération telle qu'il n'eut lieu de regretter ni sa chère chancellerie ni le lieu de sa naissance et de sa renommée.

En 1792, la révolution força Barthez à s'exiler. Il se réfugia alors dans la petite ville de Carcassonne, où, loin des dangers, loin du bruit et des excès les plus déplorables, comme Harvey, médecin du malheureux Charles Ier, il occupa les inquiétudes de l'exil par des travaux utiles et non sans gloire. Il fit paraître, du fond de sa province, cette *Nouvelle Mécanique des mouvements de l'homme et des animaux*, livre utile, qu'on lit encore avec fruit, et pour la composition duquel l'ouvrage de Borelli, *de Motu Animalium*, lui fournit beaucoup de secours et de lumières. Aucun livre de physiologie n'était assurément susceptible de plus de clarté, de plus d'exactitude que celui-ci ; et pourtant il porte, comme toutes les productions de Barthez, un air d'abstraction et d'obscurité qui est le caractère distinctif de son talent.

Le *Discours sur le génie d'Hippocrate*, œuvre médiocre et déclamatoire, fut prononcé à l'occasion de l'inauguration à l'école de Montpellier du buste antique du père de la médecine (1801). Ce buste, tiré de la Grèce, avait été donné à cette faculté par Chaptal, alors ministre de l'intérieur, qui conserva toujours précieusement son titre de professeur honoraire de Montpellier.

Devenu vieux, très-vieux, à cause de tant de veilles et de travaux, Barthez fit paraître, en 2 volumes, Son *Traité des Maladies goutteuses*, puis ses excellents *Mémoires sur les Fluxions*, seuls livres de pratique qu'il ait lui-même publiés. Barthez montre ici ses qualités habituelles : toujours bon logicien et métaphysicien profond, toujours praticien méthodiste plutôt qu'observateur. Barthez possédait néanmoins une grande sagacité, un esprit d'une haute portée, un discernement exquis ; mais telle était sa prédilection pour les idées spéculatives et les théories abstraites, qu'il avait fini par ne plus considérer les faits particuliers qu'avec une indifférence qui ressemble au dédain.

Rien ne prouve mieux la tournure singulière de son esprit que la deuxième édition de son principal ouvrage, édition publiée en 1806, l'année de sa mort. N'allez pas croire qu'il tienne compte des nombreuses critiques que ce livre a justement encourues ; il idolâtre trop son premier texte pour lui faire subir de grands changements, et en cela sincèrement je l'approuve ; car refaire, tout près du cercueil, l'œuvre capitale de la jeunesse et du génie, c'est s'exposer à en ternir les vives couleurs, et peut-être à faire disparaître, par de vaines corrections, cette spontanéité juvénile, cette touche vigoureuse, qui est son cachet d'originalité. Mais les détails dont on lui avait reproché l'omission, il les entasse hors du texte et sous forme de notes détachées et numérotées dans un second volume, comme on cache des meubles inutiles loin du salon, dans un arrière-cabinet. N'importe, il vous prouve qu'il connaissait les faits, et vous voyez combien il les estime.

Des jours paisibles étant revenus, Napoléon n'oublia pas d'attirer le vieux Barthez parmi tous ces hommes illustres dont le grand homme composait son cortège. Il le nomma médecin du gouvernement sous le consulat, puis médecin consultant de l'empereur, et il le décora de ce cordon rouge dont la magie était si puissante.

Atteint de la pierre, et trop vieux pour être opéré, Barthez mourut en 1806, âgé de soixante-douze ans. Il avait composé un *Traité du Beau*, à l'exemple de l'abbé Huet et du père Y.-M. André. Ce livre, trouvé dans ses manuscrits, a été publié après sa mort ; il en a été de même de ses *Consultations de Médecine*, qui ont eu pour éditeur éclairé M. Lordat, le disciple chéri et l'éloquent et enthousiaste continuateur de Barthez. Isid. BOURDON.

BARTHOLE, né en 1312, à Sasso-Ferrato, dans la marche d'Ancône, fut un des plus célèbres jurisconsultes du quatorzième siècle. Il s'était livré à l'étude du droit dès l'âge de quatorze ans et fut reçu docteur à vingt et un. Juge à Todi et à Pise, il enseigna successivement dans cette ville, à Pérouse, à Bologne, dans les plus fameuses universités d'Italie. Sa réputation devint européenne. Il fut consulté par l'empereur Charles IV, qui l'anoblit et lui donna l'écusson de Bohême. Son nom s'éteignit avec lui. Il n'eut point de fils de la femme qu'il avait épousée à Pérouse, et mourut dans cette ville, en 1355. Il avait étudié aussi l'hébreu pour comprendre les livres saints dans leur texte original. Il s'engagea entre lui et Baldus, son ancien disciple, une polémique qui dura plusieurs années : il s'agissait d'un mot. Cette polémique se renouvela en France dans le seizième siècle entre Ramus et l'université de Paris. Toutes ces disputes de pédants d'école n'ont jamais fait faire un pas à l'instruction. Pour que l'on comprît bien la marche d'une procédure, Barthole avait composé un livre intitulé : *Procès de Satan contre la Vierge devant le tribunal de Jésus* (*Processus Satan contra Virginem, coram judice Jesu*). Le diable réclame le genre humain comme sa propriété, et invoque sa longue possession ; mais la Vierge lui répond qu'il a possédé de mauvaise foi, et elle gagne son procès.

Barthole employa toute sa vie à débrouiller le chaos des Pandectes. Il y a jeté quelque lumière, et ses annotations ou traités, comme on voudra les appeler, forment treize énormes in-folio. DUVET (de l'Yonne).

BARTHOLIN, nom d'une famille danoise qui s'est illustrée par les nombreux services que plusieurs de ses membres ont rendus aux sciences et aux lettres, de même que par les fonctions publiques dont ils furent revêtus, et notamment par les chaires qu'ils occupèrent à l'université de Copenhague.

Gaspard BARTHOLIN, né le 12 février 1585, à Malmœ, où son père était curé, étudia d'abord la théologie et la philosophie à Rostock et à Wittenberg, puis la médecine. En 1610 il fut reçu docteur en médecine par l'université de Bâle, et il accepta en 1613 une chaire de langue grecque et une chaire de médecine à l'université de Copenhague, où en 1624 il fut nommé professeur de théologie. Il mourut à Soroe en 1629. Ses *Institutiones anatomicæ* (Wittenberg, 1611, souvent réimprimées depuis), qui furent traduites en allemand, en français, en anglais et même en indien, servirent pendant tout le dix-septième siècle de manuel d'anatomie pour les cours d'un grand nombre d'universités.

Parmi ses fils, qui tous se sont fait un nom dans le monde savant, il faut surtout citer l'orientaliste *Jacques* BARTHOLIN, né en 1623, mort à Heidelberg, en 1653, célèbre pour avoir publié les écrits cabalistiques intitulés *Bahir* et *Májan Hachochinæ*; puis *Thomas* BARTHOLIN, également connu comme philologue, comme naturaliste et comme médecin. Il fut nommé en 1647 professeur de mathématiques, puis en 1648 professeur d'anatomie à Copenhague, fonction qu'il résigna en 1661, pour se livrer à l'enseignement particulier dans son domaine de Hagestad. En 1670 le roi de Danemark le nomma son médecin particulier, charge qu'il conserva jusqu'à sa mort, arrivée le 4 novembre 1680. Il enrichit d'un grand nombre d'observations la nouvelle édition du Manuel d'Anatomie de son père (Leyde, 1641). Indépendamment de beaucoup d'autres bons ouvrages relatifs à la médecine et à l'anatomie, on lui est redevable de divers écrits sur les antiquités de la Bible, l'archéologie générale et la philosophie naturelle, qui témoignent d'une érudition profonde. Il fut l'un des médecins les plus distingués de son siècle, et prit chaudement la défense du principe de la circulation du sang, découverte par Harvey. — Son fils, *Gaspard* BARTHOLIN, né en 1654, mort en 1704, fut de même un anatomiste distingué; et le frère puîné de celui-ci, *Thomas* BARTHOLIN, né en 1659, mort en 1690, est le célèbre auteur du grand ouvrage sur les antiquités du Nord qui a pour titre: *Antiquitatum Danicarum de Causis contemptæ a Danis adhuc gentilibus mortis* (Copenhague, 1689).

BARTOLI (PIETRO SANTÈS), surnommé, on ne sait trop pourquoi, le *Pérugin*, peintre et graveur, né à Bortola, en 1635, mort à Rome, en 1700, fut l'un des élèves de Poussin, dont il s'appropria le bon goût dans le dessin de l'antique, tout en ne sachant pas éviter le maniéré. Winckelmann, qui en faisait grand cas, recommande ses ouvrages aux jeunes gens pour leur inspirer le goût de l'antique. On n'a plus guère de lui que des copies ; et celles, entre autres, qu'il a faites de certains tableaux de Poussin, sont d'une exactitude et vu jusqu'à l'illusion.

Bartoli a acquis d'ailleurs bien plus de réputation comme graveur. Sous ce rapport, il prend le plus généralement pour sujets les monuments plastiques de l'antiquité, mais quelquefois aussi les ouvrages de Raphael, conçus en style de bas-reliefs. Il s'efforça surtout de s'approprier les résultats obtenus par l'école flamande de ce temps-là, et de se distinguer par une énergique reproduction des formes ; tendance par laquelle il n'a pas peu mérité de l'art, et en faisant ainsi école, il n'a pas laissé que d'exercer une heureuse influence sur la direction de l'art.

36.

BARTOLINI (Lorenzo), célèbre sculpteur italien, naquit en 1777, à Savinana, dans les environs de Prato, en Toscane. Son père, qui était serrurier, le destina d'abord à exercer la même profession. Mais dans une dispute qu'il eut avec un compagnon d'apprentissage, le jeune Bartolini ayant eu le malheur de le blesser d'un coup de lime, conçut pour cet outil une telle répulsion qu'il supplia son père de lui permettre de quitter un métier qu'il n'avait jamais exercé qu'à contre-cœur et d'en prendre un autre. Le vieux Bartolini y consentit, et plaça alors son fils en apprentissage à Florence chez un tailleur. Mais la vocation intime de l'enfant était déjà si puissante qu'il n'eut de repos que lorsqu'il eut obtenu de son père la permission d'entrer dans l'un des nombreux ateliers de Florence où l'on confectionne en albâtre une foule de jolis ouvrages d'art et d'ornement. Bartolini ne tarda pas à se distinguer entre tous ses compagnons par son habileté dans ce genre de travail, et il se rendit à Volterra, centre de la nouvelle industrie artistique. Mais des discussions qu'il y eut avec un patron le contraignirent à retourner à Florence.

Lors de la première occupation de cette ville par un corps d'armée française (1797), le général qui la commandait ayant demandé un jeune homme en état d'introduire à Paris le travail artistique de l'albâtre, on lui présenta Bartolini, qui l'accompagna effectivement jusqu'à Gênes. Les chances de la guerre contraignirent alors ce général à se séparer de son protégé, mais non toutefois sans lui remettre une somme d'argent avec laquelle Bartolini put entreprendre le voyage de Paris. Dépourvu de toute espèce de relations et de recommandations dans la grande ville, il y mena longtemps une existence misérable, n'ayant d'autres ressources pour vivre que quelques petits bustes qu'il trouvait moyen d'exécuter de temps à autre. Il serait mort de misère et de faim si un beau jour, au moment où il s'y attendait le moins, il ne lui avait pas été fait cadeau d'une somme assez ronde. A peu de temps de là, il concourut pour l'un des prix de l'Académie des Beaux-Arts, et le remporta en dépit des difficultés sans nombre qu'il eut à vaincre comme étranger inconnu. La carrière des succès s'ouvrait devant lui : plusieurs personnages haut placés se firent ses protecteurs, entre autres Denon, directeur général des musées, et Regnault de Saint-Jean-d'Angely. Le premier lui fit confier l'exécution d'un des bas-reliefs de la colonne de la place Vendôme et celle du buste de Napoléon qu'on voyait placé au-dessus de la porte d'entrée de l'Institut de France. L'empereur, qui faisait un cas tout particulier de Bartolini, l'envoya, en 1808, à Carrare pour y fonder une école de sculpture ; et il y demeura jusqu'au moment où la chute de Napoléon vint lui enlever son emploi. Attaqué dans sa demeure, comme partisan de Napoléon, par les habitants de Carrare révoltés, il dut alors prendre la fuite, et accompagna l'empereur à l'île d'Elbe. Après la bataille de Waterloo, il revint se fixer à Florence, où il a exécuté la plupart des ouvrages auxquels il doit sa renommée.

Lorsque l'ordre politique changea en Toscane et qu'une constitution y fut établie, Bartolini fut élevé par le grand-duc à la dignité de sénateur, jusqu'à ce que les événements eussent amené la suppression du système représentatif. Membre de vingt académies, correspondant de l'Institut de France, chevalier de la Légion d'Honneur et des ordres de Saint-Grégoire et de Saint-Joseph, Bartolini avait été nommé en 1840 professeur de sculpture à l'Académie des Beaux-Arts de Florence, où il exerça ses fonctions jusqu'à sa mort, arrivée le 20 janvier 1850.

Bartolini était un artiste extrêmement fécond ; mais, ayant l'habitude de ne jamais refuser les travaux qu'on venait lui offrir, il a laissé une foule d'ouvrages inachevés, et la plus grande partie de ceux qui sont sortis de ses ateliers ne reçurent jamais de lui que le dernier coup de ciseau du maître. Toutes ses figures se distinguent par la justesse des proportions. Il jette les plis avec grâce et facilité ; cependant il excelle plutôt encore dans les nus. On regrette souvent dans ses ouvrages l'absence de chaleur intime, de sentiment et d'expression animée, et ses formes les plus nobles laissent souvent le spectateur froid. Il nuisit souvent aussi à ses créations en confondant la vérité avec la réalité et en reproduisant trop fidèlement ce que la nature peut avoir de laid et de repoussant. C'est, après Canova et Thorwaldsen, un des premiers sculpteurs de l'époque moderne.

Cet artiste rendit d'importants services à l'Académie des Beaux-Arts de Florence, et ce ne fut pas sans peine qu'il parvint à y faire rétablir l'usage des modèles vivants. Comme homme privé, il était franc, généreux et enthousiaste de l'art, mais en même temps entêté, violent et d'une légèreté extrême. En dépit des sommes immenses qu'il gagnait, il était toujours besogneux. Jusque dans sa vieillesse, il s'efforça d'acquérir de l'instruction et de suppléer à ce que son éducation avait eu de défectueux sous ce rapport.

Bartolini ne fut pas seulement un sculpteur de premier ordre, c'était aussi un musicien distingué. Sa vocation musicale se manifesta même la première et lorsqu'il était tout enfant. Ainsi l'on raconte que, l'usage étant alors dans certaines localités de donner une crazia (sept centimes) aux petits garçons qui servaient la messe, le jeune Bartolini, appelé à remplir les fonctions d'enfant de chœur, pria le prêtre qui l'avait choisi de remplacer la crazia par une leçon de musique ; celui-ci, excellent musicien, ne se fit pas prier, et donna généreusement de nombreuses leçons. C'est ainsi que Bartolini parvint à connaître les règles de l'harmonie. Il continua assidûment ses études, et, lors de son séjour à Paris, nous le voyons admis à faire une partie dans les quatuors de Rode. Plus tard il organisa et dirigea un orchestre qui initia les habitants de Carrare à la musique allemande, en leur faisant connaître les chefs-d'œuvre de Mozart, Beethoven, Haydn, etc.

Les nombreux ouvrages de Bartolini sont dispersés dans toute l'Europe ; mais les plus importants se trouvent à Paris, à Londres, à Saint-Pétersbourg et à Florence ; nous citerons plus particulièrement de lui : une *Vénus* d'après le Titien, que Florence conserve dans la galerie degl' Uffizi ; une *Bacchante*, élégante production, que Bartolini appelait sa *Dircé*, et qui appartient aujourd'hui au duc de Devonshire ; un *Jeune Bacchus* ; une *Charité*, groupe de trois figures qui se trouve au palais Pitti, à Florence ; une figure agenouillée, *la Fiducia in Dio*, statue qu'on voit à Milan chez le marquise Poldi ; le cénotaphe de la cathédrale de Lausanne ; et la statue colossale de *Napoléon*, œuvre favorite du maître, qui, commencée en 1812 pour la ville de Livourne, se trouve encore dans l'atelier du statuaire. Il faut ajouter à cette liste les bustes de *Denon, Crescentini, Byron*, Mme *de Staël, Napoléon, Casimir Delavigne, Pie IX, Rossini*, MM. *de Metternich, Thiers, Liszt*, etc., Romanelli, son élève, est maintenant à la tête de l'atelier de Bartolini, qui laissa en mourant une veuve et trois filles sans fortune.

BARTOLOMEO DI SAN-MARCO (Fra), qu'on nomme aussi *Baccio della Porta*, l'une des gloires de la peinture à l'époque la plus glorieuse de l'art, naquit à Savignano, près de Prato, en Toscane, en 1469. Venu fort jeune à Florence chez des parents qui habitaient à la *Porta San-Pietro-Gattolino*, il reçut de ses camarades d'atelier le surnom de *Della Porta*, qu'il devait échanger plus tard, par suite de son entrée en religion, contre celui de *Frate* et de *Fra Bartolomeo*. Son premier maître fut Cosimo Rosselli, peintre encore peu distingué, sous la direction duquel il fit néanmoins de rapides progrès ; mais c'est à Léonard qu'il était réservé de faire de Bartolomeo un grand artiste ; l'ardeur avec laquelle Baccio étudia les ouvrages du Vinci décida de son avenir ; c'est à Léonard qu'il doit l'éclat de son coloris, l'élégance et la grandeur de sa manière.

Un événement faillit couper dans sa racine le talent du

peintre à l'instant même où il venait de fleurir : c'était le temps où Florence se passionnait aux prédications du fougueux Savonarole. L'âme sensible de Bartolomeo s'en était émue profondément, et, après avoir tout quitté pour le suivre, il se trouvait avec lui au couvent de Saint-Marc lorsqu'on en fit le siége. Baccio, épouvanté, fit vœu d'entrer dans les ordres s'il échappait à ce danger, et tint parole (1500). Pendant quatre ans on dut le croire perdu pour les arts, et il fallut les prières les plus instantes des frères dominicains du couvent de Saint-Marc, qu'il avait choisi, pour le décider à reprendre ses pinceaux. Pendant les quatorze années qu'il vécut encore, le religieux artiste se perfectionna tellement par ses travaux assidus, la présence du Sanzio à Florence (1504), et le voyage qu'il fit à Rome, attiré par la renommée des peintres du *Jugement dernier* et des *Stanze*, qu'à la fin de sa carrière, arrivée en 1517, ses dernières productions étaient quelquefois attribuées à Raphael. Il est vrai qu'une étroite amitié ne cessa d'unir les deux artistes. Ainsi en 1508 Raphael, appelé en toute hâte à Rome, ayant laissé quelques tableaux inachevés, Fra Bartolomeo se chargea de les terminer. Plus tard Raphael lui rendit le même service en terminant un tableau de *Saint Pierre et saint Paul*, que son ami n'avait pas achevé.

La plupart des productions de Baccio se trouvent encore aujourd'hui à Florence, notamment dans la galerie du palais Pitti. Notre musée du Louvre, après avoir possédé son fameux *Saint Marc*, n'a plus aujourd'hui que le petit tableau de *la Salutation Angélique* et celui du *Mariage mystique de sainte Catherine de Sienne*. B. DE CORCY.

BARTOLOZZI (Francesco), l'un des plus célèbres graveurs, naquit en 1730, à Florence, où son père était orfèvre et où il étudia le dessin sous Hugford, Ferretti et d'autres. A Venise, où il était particulièrement bien reçu dans la maison du poëte comte Gozzi, à cause de son talent sur la guitare, il grava à l'eau-forte une multitude de sujets religieux chez son maître Wagner; ensuite il alla se perfectionner à Florence et à Milan. Plus tard, en 1764, il accompagna Richard Dalton, secrétaire intime de Georges III, à Londres, où il trouva encouragement et protection auprès des personnes les plus recommandables. En Angleterre, Bartolozzi, sacrifiant complétement au goût, s'adonna avec le plus productif succès à la gravure au pointillé, alors si fort à la mode, et dont il se fit l'un des plus actifs propagateurs. En récompense de ses nombreux travaux, il obtint le titre de graveur du roi et de membre de l'Académie des Beaux-Arts de Londres. Il habitait cette capitale depuis plus de quarante années lorsqu'il alla à Lisbonne graver le portrait du prince régent, lequel lui conféra, en 1807, l'ordre du Christ, et il y mourut. Il se servait fort habilement du poinçon, et n'employait le burin que pour achever son travail. Il joignait à l'exactitude du dessin une grande délicatesse d'exécution. Une de ses gravures les plus estimées est celle qui représente la mort de lord Chatam, d'après Coypel, dont les bonnes épreuves se sont vendues jusqu'à 5 et 600 francs. Mentionnons encore la *Lady and Child*, l'une des plus gracieuses gravures qu'on connaisse. Le nombre de toutes ses planches dépasse deux mille, y compris plusieurs imitations de dessins à la main, gravées à l'eau forte.

BARTON (Élisabeth), désignée ordinairement sous le nom de *la sainte fille de Kent*, servante d'auberge à Aldington, dans le comté de Kent, acquit vers 1525, dans le bas peuple, la réputation de prophétesse inspirée, à cause des crampes nerveuses auxquelles elle était sujette. Le curé de son village et un chanoine de Canterbury reconnurent en elle les qualités propres à la faire servir d'instrument dans la lutte que le catholicisme s'apprêtait à soutenir contre les projets de révolution religieuse nourris contre lui par Henri VIII. Ils lui firent accroire qu'elle était inspirée de Dieu, et appelée par lui à déjouer toutes les entreprises du roi. En conséquence, elle déclamait, dans ses paroxysmes, contre le divorce projeté du roi et de Catherine d'Aragon, et surtout contre l'hérésie; et elle joua si bien son rôle, que Thomas Morus et Warham, archevêque de Canterbury, n'hésitèrent pas à la regarder comme inspirée de Dieu. Élisabeth Barton prit solennellement le voile; puis quand, en 1532, Henri VIII rompit ouvertement avec la cour de Rome, elle attaqua avec force le schisme opéré par ce prince, de même que son convoi en secondes noces avec Anne de Boulen, et alla même jusqu'à prédire que le roi n'avait plus qu'un mois à vivre. Henri VIII la fit arrêter en même temps que les hommes dont elle était l'instrument. Elle avoua la fraude à laquelle elle s'était prêtée, et réitéra ses aveux devant la foule. En conséquence elle fut condamnée à faire amende honorable et à la prison. Mais le parti de la reine Catherine ayant cherché à lui faire rétracter ses aveux, on l'impliqua dans une conspiration tramée contre la vie du roi, et, convaincue de haute trahison, elle fut exécutée le 30 avril 1534, avec quelques complices.

BARTON (Bernard), poëte anglais, naquit le 31 janvier 1784, à Londres, où son père, qui appartenait à la secte des quakers, était venu peu de temps auparavant fonder une usine. Destiné au commerce, il établit plus tard à Woodbridge avec son beau-frère une maison de commerce de blé et de houille; mais il ne tarda pas à y renoncer, par suite de la mort prématurée de son associé. Après une année de séjour à Liverpool en qualité d'instituteur particulier dans la famille d'un négociant, il entra comme commis dans une maison de banque à Woodbridge, et consacra dès lors ses loisirs à la poésie. Un recueil de vers qu'il publia en 1812 sous le titre de *Poetical Effusions* le mit en relations avec Southey. Ayant ensuite fait paraître ses *Poems by an Amateur* (1818), Baldwin, libraire de Londres, se chargea désormais d'éditer ses ouvrages. Ses *Poems* (Londres, 1820; 4e édit., 1835) lui firent un renom incontesté de poëte, et lui valurent l'amitié de Lamb et de Byron. Encouragé par le succès, il fit alors paraître son recueil intitulé *Napoleon, and others Poems* (Londres, 1822), que suivirent dans un intervalle de cinq années ses *Verses of the Death of Shelley* (1822), *Minor Poems* (comprenant son *Napoléon*, 1824), *Poetic Vigils* (1824), *Devotional Verses* (1826), *A Widow's Tale, and other poems* (1827), et *A New-Year's Eve, and other poems* (1828).

Dans toutes les compositions poétiques de Barton dominent les sentiments religieux du quaker. Son vers est gracieux et facile; et il exprime ses pensées avec autant de simplicité que de bonheur. Bien que notre poëte eût toujours voulu renoncer à ses occupations commerciales, son manque de fortune le contraignit à les conserver jusqu'en 1847. Dès 1824 une souscription ouverte en sa faveur à Woodbridge, dans un cercle de lecture qu'il y avait fondé, lui avait produit une somme de 1,200 livres sterl.; et plus tard Peel lui fit obtenir une pension de 100 livres sterl. Depuis 1828 Bernard Barton n'a que fort peu écrit. Tout ce qu'il a publié depuis cette époque se borne aux trois ouvrages dont les titres suivent : *Fisher's Juvenile scrap Book* (1836), *the Reliquary* (1836), *Household Verses* (1845). La mort le surprit le 19 février 1849. A quelque temps de là sa fille publiait: *Selections from the Poems and Letters of Bernard Barton* (Londres, 1849).

La sœur aînée de Barton, *Maria*, appelée depuis son mariage *Maria Hack*, a composé de nombreux ouvrages à l'usage de l'enfance.

BARUCH, c'est-à-dire *le Béni*, fils de Nérija, fut disciple, secrétaire du prophète Jérémie, et prophète lui-même. C'est lui qui lisait devant le peuple assemblé dans le temple de Jérusalem, l'an 606 avant Jésus-Christ, les prédictions contre Israel et Juda que Jérémie lui avait dictées dans sa prison, et dont Baruch seul fut effrayé. L'année suivante, Baruch vint de nouveau vers le peuple avec des prédictions si menaçantes que la cour du roi Jéchonias en trembla, et que Jéchonias déchira le livre avec fureur. Plus tard, accompagné de son frère Saraïas, et chargé d'une lettre de Jérémie, Baruch alla consoler les Juifs dans leur captivité, leur annoncer leur délivrance future et la ruine de Babylone. Emmené captif par Nabuchodonosor, remis en liberté par Nabuzardan, et n'ayant pu détourner le reste du peuple, égaré par de faux prophètes, de se retirer en Égypte, Baruch y suivit ses frères, et ne rejoignit qu'après la mort de Jérémie ceux qui pleuraient sur l'Euphrate. Là comme sur le Nil il entretint soigneusement la foi et la loi mosaïque, et répandit dans le peuple cette croyance au Messie ou libérateur qui depuis s'est conservée parmi les Juifs, et ne leur a pas paru comme aux chrétiens réalisée dans Jésus-Christ. La prophétie de Baruch, n'existant plus que dans la version grecque, est rejetée par les juifs et les protestants du nombre des livres canoniques. Baruch mourut à Babylone, selon les rabbins, la douzième année de la captivité. T. TOUSSENEL.

BARYE (ANTOINE-LOUIS), sculpteur, né à Paris, en 1796. Vers 1817 il étudia à la fois, et avec un succès égal, la sculpture, la peinture et la gravure. En 1819 il obtint une médaille au concours de gravure, et remporta l'année suivante un grand prix de sculpture dont le sujet était la *Malédiction de Caïn*. De cette époque à l'année 1829 il sculpta un grand nombre de médaillons, qui attestaient un main forme et déjà exercée. A l'exposition de 1829 on remarqua de lui plusieurs bustes d'un beau caractère. Jusqu'à ce moment M. Barye n'avait rien livré au public qui indiquât la spécialité vers laquelle tendrait son talent, et dans laquelle il devait révéler de si éminentes qualités ; mais en 1831 il exposa, avec un *Saint Sébastien*, le groupe, bien connu des artistes, du *Tigre et du crocodile*. Ce fut un début éclatant, et qui appela tout d'abord sur l'artiste l'attention générale. Ce premier succès fut confirmé et dépassé par le magnifique *Lion des Tuileries* (à l'entrée de la terrasse du bord de l'eau), *qui saisit un serpent dans ses griffes*. Ce groupe est plein de beautés de premier ordre ; l'exactitude du dessin, l'énergie des muscles, la puissance des proportions, la beauté ardente du pelage, l'aisance de l'allure, tout indique chez l'auteur un vif sentiment de la nature, secondé par de fortes études. Le groupe en pierre dure d'un *Tigre dévorant un cerf*, que M. Barye exposa peu de temps après dans son atelier, est une œuvre d'une égale importance. Nous citerons encore de lui le groupe des *Petits Ours jouant ensemble*, dont tout Paris a admiré les réductions chez les marchands de bronzes. C'est une étude ingénieuse et finie, qui témoigne d'une rare souplesse, d'une remarquable fécondité de talent.

La statuaire historique n'est pas étrangère à M. Barye. Il a composé le groupe de Charles VI, au moment où la *vision de la forêt du Mans* lui fit perdre la raison. Il nous serait impossible de citer les nombreux ouvrages de M. Barye qui se trouvent disséminés dans les galeries particulières. Nous ne saurions toutefois passer sous silence l'admirable travail dont il a couronné sa magnifique surtout dont les dessins furent commandés par le duc d'Orléans à Chenavard. Neuf groupes de figurines y représentent une chasse : c'est un chef-d'œuvre d'habileté patiente, minutieuse et délicate.

En 1831 M. Barye avait eu une médaille d'or ; il fut décoré en 1833 ; en 1835, le jury ayant refusé quelques-uns de ses ouvrages, M. Barye cessa d'envoyer ses travaux au salon jusqu'en 1850. A cette époque il exposa un *Centaure et un Lapithe* commandé par le ministre de l'intérieur, et un *Jaguar avec un Lièvre*. A. LEGOYT.

BARYTE. Cet oxyde de baryum, que l'on rencontre le plus habituellement combiné avec l'acide sulfurique, et formant le *spath pesant*, a été longtemps confondu avec une autre matière, la *strontiane*, qui n'en diffère que par un petit nombre de propriétés. A l'état de pureté, la baryte n'a que peu d'intérêt, excepté entre les mains des chimistes, auxquels elle sert comme un excellent réactif ; mais elle n'est pas employée dans les arts. Nous signalerons cependant ses principales propriétés. Cette matière est d'un blanc légèrement grisâtre, d'une excessive causticité. Quand on verse dessus quelques gouttes d'eau, elle s'échauffe très-fortement et augmente de volume ; son contact avec l'acide sulfurique donne lieu à un dégagement de lumière. Par elle-même, la baryte est entièrement infusible ; mais si elle contient de l'eau, elle peut se fondre à une chaleur rouge, et à quelque température qu'on la porte ensuite, elle ne peut perdre l'eau qu'elle renfermait. La baryte est un poison.

Le *sulfate de baryte*, ou *spath pesant*, se rencontre dans un assez grand nombre de localités, tantôt cristallisé en masses plus ou moins volumineuses et presque transparentes, tantôt sans forme régulière. Il accompagne souvent diverses espèces de minéraux, et principalement la galène ; on s'en sert quelquefois comme fondant, et son usage sous ce rapport pourrait devenir plus avantageux si on l'appliquait dans beaucoup d'occasions où il serait susceptible d'être employé : il peut servir à la fabrication d'un verre qui se rapproche du cristal par ses propriétés. On avait cherché aussi à le faire entrer dans la confection de quelques espèces de poteries. Le sulfate de baryte, converti en sulfure de baryum dans les laboratoires, et décomposé par l'acide nitrique, donne un sel qui, par la calcination, procure la baryte. Le sulfure de baryum, alors appelé *hydrosulfate de baryte*, a été employé pour la fabrication de la soude artificielle ; mais cette opération a conduit à des résultats défavorables sous le rapport commercial.

Le *carbonate de baryte*, que l'on rencontre seulement en Angleterre, peut servir à préparer le *nitrate de baryte*. Comme il contient presque toujours du carbonate de plomb, il exerce une beaucoup plus grande action sur l'économie, ainsi que quelques autres sels de cette base, aussi insolubles que lui, et c'est pour cette raison qu'en Angleterre on l'emploie comme *mort-aux-rats*. Le nitrate de baryte n'est employé que par les chimistes pour préparer la baryte. La baryte peut absorber de l'oxygène à une température rouge ; le composé qui se forme dans cette circonstance se décompose par l'eau quand on le fait chauffer avec elle, mais jouit de la singulière propriété, dans quelques circonstances, d'oxygéner l'eau en lui communiquant des caractères très-remarquables. Quand on fait passer sur cet oxyde du gaz hydrogène à une chaleur rouge, il dégage comme des gerbes de feu, qui se répandent dans tout le vase où l'on opère. H. GAULTIER DE CLAUBRY.

BARYTON (du grec βαρύς, grave, et τόνος, ton). C'est la seconde espèce de voix d'homme en comptant du grave à l'aigu. Elle tient le milieu entre la voix de basse, qui est plus grave, et le ténor, qui lui succède immédiatement à l'aigu. Le baryton se désignait autrefois par les noms de *concordant*, *seconde taille*, *bas-ténor* et *basse-taille*. Soit par goût ou par nécessité, les Français ont toujours préféré la voix de baryton à celle de basse. Le rôle d'Œdipe, dans l'opéra de Sacchini, est le premier rôle bien disposé pour la basse que l'on ait entendu à l'Opéra, où les parties de basse s'élevaient tellement au-dessus du diapason de cette voix qu'il serait maintenant impossible de faire chanter convenablement l'air de Thoas dans *Iphigénie en Tauride* de Gluck, si l'exécution n'en était pas confiée, non pas à un baryton, mais à un ténor. Les Italiens n'écrivent pas de rôles pour le baryton ; leurs rôles graves, d'une exécution brillante, sont tous disposés pour la basse chantante. Si le chanteur possède une voix qui tende à monter, un baryton, il transpose ses airs pour les élever d'un ton, et pointe ses passages pour les placer dans les belles cordes de sa voix. Tamburini transposait bien souvent les airs qui n'avaient pas été faits pour lui. Lays avait une superbe voix de baryton.

Le diapason du baryton commence en *si bémol* placé sur

la seconde ligne, la clé étant celle de *fa* quatrième ligne, et s'élève jusqu'au *fa* et au *sol* hors des lignes. On devrait noter la partie du baryton sur la clé de *fa* troisième ligne, ainsi que cela se pratiquait autrefois pour le concordant ; mais on lui donne maintenant la clé de basse, et cet usage est trop général pour qu'on ose tenter de le détruire.

On donne encore le nom de *baryton* à une espèce de basse de viole, montée de sept cordes à boyau, ayant sous le manche des cordes de laiton que l'on faisait résonner en les pinçant avec le pouce, tandis que l'on touchait les autres avec un archet. Haydn a composé beaucoup de musique pour le baryton. L'usage de cet instrument s'est perdu depuis cinquante ou soixante ans.   CASTIL-BLAZE.

BARYUM ou BARIUM (de βαρύς, pesant). Ce métal de la première section, découvert en 1807 par Davy, est blanc comme l'argent; sa pesanteur spécifique est de 4,97. Solide à la température ordinaire, il passe immédiatement à l'état d'oxyde par son contact avec l'eau. On le trouve dans la nature en combinaison avec l'oxygène (*voyez* BARYTE), les acides sulfurique et carbonique. On l'extrait de la baryte par l'action de la pile.

Dans les laboratoires, on prépare le *bromure*, l'*iodure* et le *chlorure* de baryum. Le premier de ces composés binaires cristallise tantôt en prismes rhomboïdaux, tantôt en petits amas cristallins qui ont la forme de choux-fleurs ; il est d'un blanc de lait, d'une saveur amère et nauséabonde, très-soluble dans l'eau et dans l'alcool concentré. L'iodure de baryum cristallise en aiguilles soyeuses et en petits prismes ; il est blanc, inodore, d'une saveur nauséabonde, très-déliquescent. Enfin, le chlorure de baryum est incolore, diaphane, inodore, d'une saveur légèrement piquante, âcre et très-désagréable.

Tous ces composés du baryum jouissent de propriétés thérapeutiques à peu près analogues ; leur manière d'agir est en général la même que celle du chlorure, dont l'usage est le plus fréquent. Le chlorure de baryum est un des poisons minéraux les plus énergiques : injecté dans les veines ou appliqué sur la peau des animaux, il détermine d'abord une irritation locale, et ensuite la coagulation du sang et des convulsions mortelles. Chez l'homme, il a suffi de l'ingestion de trente grammes de ce sel pour déterminer un empoisonnement dans lequel on a observé un sentiment de brûlure, des vomissements, des convulsions, de la céphalalgie, de la surdité, et la mort au bout d'une heure.

Parmi les effets les plus constamment produits par l'usage, à doses médicinales, de ce sel, on doit noter la diminution marquée de l'irritabilité et de la sensibilité, et le plus fréquemment un ralentissement de la circulation. Ce ralentissement est si considérable que Lisfranc a vu plusieurs malades, offrant dans l'état ordinaire soixante à quatre-vingts pulsations par minute, n'en présenter que quarante à cinquante et même vingt-cinq sous l'influence de ce médicament.

Malgré leurs propriétés toxiques, les composés de baryum, et le chlorure en particulier, ne sont pas moins conseillés et employés dans un grand nombre de maladies, notamment dans les engorgements glanduleux, le rachitis, la phthisie, le cancer, les obstructions du foie, la syphilis, les ulcères et les ophthalmies de nature scrofuleuse, etc. On considère aujourd'hui le chlorure de baryum comme le moyen le plus actif que l'on puisse employer contre les maladies scrofuleuses, et en particulier contre la tumeur blanche du genou.

Le traitement de l'empoisonnement par les composés du baryum consiste surtout dans l'administration rapide d'un sulfate alcalin ou terreux, tel que le sulfate de soude ou de magnésie. On pourrait même au besoin recourir à l'eau de puits, qui se trouve souvent contenir une assez grande quantité de sulfate de chaux.   Dr Alex. DUCKETT.

BAS. Les peuples de l'antiquité, habitant des pays chauds, ne couvraient ordinairement le bas de leurs jambes d'aucun vêtement, ce qui est constaté par les peintures, les statues, les bas-reliefs qui nous restent des Grecs et des Romains ; les Gaulois, les Germains et autres Barbares étaient si pauvres et si endurcis contre les rigueurs du ciel qui les couvrait, qu'une peau de bête jetée sur les épaules et un simple caleçon composaient tout leur vêtement. Ce fut dans le moyen âge que, l'industrie ayant fait quelques progrès, les gens un peu aisés enveloppèrent leurs jambes de *bas*, d'étoffe de toile, de peau, que l'on fixa avec des courroies, des cordons ; mais ces bas n'avaient pas de pied ; ce perfectionnement fut trouvé plus tard ; alors on fit des bas cousus, qui collaient sur la jambe et en prenaient exactement la forme.

On croit avec beaucoup de vraisemblance que l'art de former des étoffes d'un seul fil, composées de mailles groupées au moyen de simples baguettes de bois, de métal, etc., ne fut trouvé que vers la fin du quinzième siècle. *Voyez* TRICOT.

Le roi de France Henri II fut, dit-on, le premier qui porta des bas de soie tricotés, le jour du mariage de sa sœur avec le duc de Savoie. Le peuple et même les gens des classes aisées continuèrent longtemps encore à porter des bas cousus, comme les manches des habits ; le jeune Laforce portait des bas de toile le jour de la Saint-Barthélemi.

L'auteur du *métier à bas* est inconnu ; les Français prétendent qu'il était de leur nation, qu'il vivait sous Louis XIV, à qui furent présentés les premiers bas qu'il fabriqua ; on ajoute que les bonnetiers de Paris, redoutant les effets de son invention pour leurs bénéfices, corrompirent un valet de chambre qui, avant de présenter les bas au roi, en coupa plusieurs mailles avec des ciseaux : les bas se déchirèrent la première fois que le monarque les mit, et l'inventeur n'obtint pas la récompense qu'il avait si bien méritée ; il passa donc en Angleterre, y fut très-bien accueilli, et c'est dans ce pays qu'il organisa la première fabrique de bas au métier. On dit encore que ce grand mécanicien mourut à l'Hôtel-Dieu de Paris, sur la fin du dix-septième siècle. Ce fut en 1656 qu'un autre Français, Jean Hindret, importa d'Angleterre en France un métier à bas qui servit de modèle pour la construction de ceux dont se composa la manufacture de bas au métier établie pour la première fois en France, à Madrid près Paris. Les Anglais tiraient de si grands profits du métier à bas, qu'ils avaient défendu, sous peine de la vie, d'en exporter hors de leur île.

Les bas faits au métier ne sont point fermés comme ceux qui sont tricotés ; on est obligé d'y faire une couture par derrière, car lorsqu'ils sortent du métier ils présentent une pièce de tricot plane, large dans certains endroits et plus étroite dans d'autres.

Outre le métier simple, il y en a qui sont propres à faire des tricots à mailles fixes, à côtes, à jours, sans envers, sans coutures, etc. ; il y a même de ces métiers sur lesquels on fait de la dentelle.   TEYSSÈDRE.

BASALTE. Cette roche, noire ou d'un gris bleuâtre, se présente souvent en masses ou pitons non stratifiés ; le basalte s'étend aussi en nappes, qui quelquefois recouvrent des dépôts de nature différente, avec lesquels elles alternent. On le rencontre également en filons ; dans ses divers gisements, il se divise en plaques, en sphéroïdes aplatis à couches concentriques, ou en prismes droits ayant de trois à huit pans.

Suivant les analyses les plus récentes, les divers éléments des basaltes sont en moyenne dans les proportions suivantes : silice, 44 à 50 ; fer oxydulé, 23 à 24 ; alumine, 15 à 16 ; chaux, 8 à 9 ; magnésie, 2 ; soude, 2 à 3 ; eau, 2. Le basalte offre une cassure demi-cristalline et même terreuse ; il agit sur le barreau aimanté, en fondant, il donne un émail noir. Sa pesanteur spécifique lorsqu'il est compacte est à peu près égale à 3.

Après avoir donné lieu à de vives discussions entre les

BASALTE — BASCULE

vulcanistes et les *neptunistes*, aujourd'hui le basalte est pour tous les géologues un produit de formation ignée. La division des masses basaltiques en prismes est évidemment l'effet du retrait par suite du refroidissement. Ce n'est pas une cristallisation véritable, mais un fendillement analogue à celui qui s'observe quelquefois dans les murailles des fourneaux.

Les prismes basaltiques diffèrent beaucoup entre eux par leur grosseur et leur longueur; leur direction n'est pas toujours la même; elle est généralement perpendiculaire au plan des nappes; cependant ils sont quelquefois placés dans tous les sens et semblent converger vers un ou plusieurs points, comme on l'observe dans les rochers de Murat, en Auvergne. Les prismes d'une grande longueur sont souvent formés de tronçons qui s'emboîtent mutuellement, la face inférieure de chacun d'eux offrant une convexité qui s'articule dans une concavité correspondante de l'extrémité supérieure du tronçon contigu. Dans un faisceau de prismes ainsi articulés, les articulations sont au même niveau ; aussi, lorsque par une dénudation on peut voir en place une surface basaltique ainsi divisée, elle ressemble à une grande mosaïque : telle est la fameuse Chaussée des Géants, qu'on voit auprès du cap de Fairhead.

La grotte de Fingal, dans l'île de Staffa, à l'ouest de l'Écosse, n'est pas moins célèbre par la dimension de ses colonnades naturelles. Un autre monument basaltique remarquable par sa hauteur, qui excède vingt mètres, c'est cette aiguille de l'île Sainte-Hélène, que le peuple a surnommée *la Cheminée* : elle est formée de prismes horizontaux, hexagones, aux angles légèrement arrondis ; leur grosseur est celle d'une forte bûche.

BASANE. Sous ce nom, on désigne les peaux de mouton auxquelles le corroyeur a fait subir certaines préparations. Les peaux de mouton sont travaillées différemment, suivant les usages auxquels on les destine. Celles qui sont employées à faire des doublures et des bordures n'ont besoin que de peu de force ; le contraire a lieu lorsqu'on s'en sert, par exemple, pour garnir l'intérieur des voitures. La basane est employée par les reliures, par les bourreliers, les selliers, etc.

Il y a donc plusieurs sortes de basanes. — Les basanes *tannées* ou *de couche*, qui servent à faire des tapisseries de cuir doré, sont celles qui ont été étendues à plat dans la fosse pour y être tannées à la façon des peaux de veaux, mais qu'on n'y a pas laissées aussi longtemps. Les basanes *coudrées*, qu'on emploie aux mêmes usages que les précédentes, sont celles qui, après avoir été dépouillées de leur laine dans le plein au moyen de la chaux, ont été rougies dans l'eau chaude avec le tan. Les basanes sont dites *chipées* quand elles ont reçu l'apprêt particulier nommé *chipage*. Les basanes *passées au mesquis* sont celles qui, au lieu d'être passées au tan, l'ont été au redon. Enfin les basanes *aludes*, qu'on n'emploie ordinairement que dans la reliure, sont celles qu'on teint en jaune, en vert, en violet, etc., et qui sont très-velues d'un seul côté ; elles sont nommées *aludes* parce qu'on se sert d'alun dans les différents apprêts auxquels elles sont soumises.

BAS-BLEU, en anglais *blue-stocking*. Dans la société anglaise, et aujourd'hui dans quelques salons français, on appelle ironiquement *bas-bleu* une femme auteur, une femme pédante, une femme bel-esprit, qui a la prétention de tout savoir. A l'époque où lady Montague réunissait dans son cercle les hommes de lettres les plus renommés de la Grande-Bretagne, un étranger tout récemment arrivé à Londres refusa de lui être présenté immédiatement, parce qu'il s'excusant sur ce qu'il était encore en habit de voyage. La belle lady, instruite de ce refus, aurait, dit-on, répondu qu'il faisait beaucoup trop de cérémonies, et que chez elle on pouvait se présenter même en bas bleus. Telle est l'une des origines attribuées à l'expression de *bas-bleu*. Mills, dans son *History of Chivalery*, en rapporte une autre. Il se forma, dit-il, en 1400, à Venise, une société toute de plaisir et de littérature, qui prit le titre de *Società della Calza* (société du Bas), parce que le signe distinctif de ses membres résidait dans la couleur de leurs bas, généralement bleus. Cette société cessa d'exister en 1590. Mills prétend qu'alors la dénomination de *bas-bleu* s'introduisit en France, et qu'elle passa ensuite en Angleterre, où elle se naturalisa. Lord Byron avait l'antipathie la plus marquée pour les *bas-bleus* ; dans ses poèmes satiriques, il ne laisse échapper aucune occasion de les accabler de ses traits. Il ne paraît pas toutefois qu'il ait su lui-même bien positivement la véritable origine du mot, si l'on s'en rapporte à ce passage de *Don Juan :* « O bleues, si profondément, si obscurément, si parfaitement bleues, comme il le dit du ciel un de nos poètes, et comme je le dis de vous, savantes dames ! On prétend que vos bas sont bleus : *Dieu sait pourquoi*, car je n'en ai guère vu à vos jambes de cette couleur. »
Paul Tiny.

BAS-BORD. *Voyez* BABORD.

BASCHA, BASCHI. *Voyez* BACHA.

BASCHKIRS (ou plutôt *Baschkourts*, mot qui signifie *éleveurs d'abeilles* et *archiloups*, archibrigands), peuplade de race turque, qui habite les gouvernements russes d'Orenbourg et de Perm. On évalue leur nombre à 27,000 familles. Jadis ils erraient dans la partie méridionale de la Sibérie, obéissant à leurs princes. Inquiétés par les khans de Sibérie, ils se fixèrent dans leurs établissements actuels, se répandirent sur les bords du Wolga et dans les gorges de l'Oural, et s'emparèrent du khanat de Kasan. Cet État ayant été détruit vers l'an 1480 par Ivan II, ils se soumirent volontairement à la Russie ; mais ils se révoltèrent ensuite à diverses reprises, et en dernier lieu, dans les années 1735 et 1741, d'où résulta pour eux une grande diminution de bien-être et de population.

Les traits de leur visage et leur conformation physique indiquent une origine mongole. Leur vêtement consiste en un long pardessus à la manière orientale et en une grande peau de mouton ; leur coiffure, en un bonnet pointu en feutre. Ils sont nomades, et vivent des produits de leur chasse et de l'élève de leurs troupeaux et de leurs abeilles. Ils préparent avec du lait de chameau et de jument fermenté une boisson enivrante, le *koumiss*, dont ils sont extrêmement friands. La plupart professent l'islamisme. Ils élisent eux-mêmes leurs chefs, *starchines* ou *atamans*. Leurs flèches, l'arc et la lance sont leurs armes favorites ; cependant ils ont aussi maintenant des armes à feu. Comme les Kosaks, ils forment une partie de la cavalerie légère irrégulière de l'armée russe, et sont généralement employés pour garder les frontières de l'empire du côté de l'Asie. Toutefois, dans les grandes guerres de 1813 et 1814, l'armée russe s'était fait suivre en France par quelques détachements de ces barbares, au total assez peu redoutables. Le Baschkir est grossier, mais belliqueux. Il monte admirablement à cheval et manie fort habilement ses armes, lesquelles toutefois ne peuvent être de quelque utilité que lorsqu'il s'agit de poursuivre un ennemi en déroute.

BASCHMOURIQUE (Le). *Voyez* COPTES.

BASCULE. On appelle en général de ce nom toute barre de fer, de bois, suspendue sur un arbre ou essieu qui la divise en deux bras égaux ou inégaux, et sur lequel elle oscille : le fléau d'une balance est une véritable bascule à bras égaux.

Tout le monde connaît le *jeu de bascule*. Ceux qui se divertissent à ce jeu doivent être à peu près de même poids si les bras de la bascule sont égaux ; dans le cas contraire, le plus pesant des deux joueurs s'assiéra à l'extrémité du bras le plus court, et son adversaire sur le bras le plus long. Quoique les bras de la bascule soient égaux, deux joueurs de poids inégal peuvent encore se placer de manière à se faire réciproquement équilibre : pour cela, le plus léger se placera à l'extrémité de l'un des bras; l'autre, étant monté sur le second, avancera ou reculera jusqu'à ce que la bascule se mette en équilibre. — Pourquoi deux joueurs en équilibre sur cette machine se soulèvent-ils alternativement? C'est parce que celui qui est descendu jusqu'à terre s'élance en appuyant ses pieds contre le sol. Dans ce moment, son adversaire, se renversant en arrière, porte son centre de gravité plus en dehors, et allonge ainsi le bras de la bascule ou du levier qui le porte; d'ailleurs, il suffirait que l'un d'eux se penchât en avant pendant que l'autre se renverserait en arrière, pour rompre l'équilibre.

Il y a plusieurs sortes de *bascules hydrauliques*; elles ne diffèrent pas de beaucoup entre elles, voici la plus simple: pour rendre sa description plus intelligible, nous supposerons qu'on a à sa disposition un courant d'eau tombant d'un mètre de hauteur perpendiculaire, et que l'on veut élever une partie de cette eau prise au-dessous de la chute, à 10 mètres de haut. Pour atteindre ce but, on prendrait un chevron, n'importe de quel bois, de 11 mètres de long et d'une force proportionnée à la quantité d'eau qu'on pourrait élever à la fois. On fixerait transversalement une cheville de fer à un mètre de l'une des extrémités du chevron; c'est sur cette cheville, tournant entre deux pieux, que *basculerait* la machine; un seau d'une certaine capacité, 10 litres, par exemple, serait suspendu au bras le plus court de la bascule, au moyen de deux règles de bois ou de fer. L'autre bras de la bascule porterait un autre seau, suspendu de la même manière que le précédent, et dont la capacité serait d'un litre (le dixième de la sienne). Le courant d'eau tombant dans le grand seau le remplira, et la bascule s'inclinant de ce côté élèvera le petit seau à 10 mètres de hauteur, en supposant que ce dernier plongeait d'abord dans le courant. Le grand seau est suspendu un peu au-dessus de son centre de gravité (un peu au-dessus de son milieu). En arrivant à l'extrémité de sa descente il rencontre une cheville fixe qui, détournant une sorte de palette que le seau porte sur son côté, fait chavirer celui-ci, et toute l'eau dont il est chargé se répand à l'instant. Le petit seau, reprenant ses avantages, fait pencher la bascule de son côté et va se remplir dans le ruisseau, l'autre seau se remplit de nouveau; la bascule se relève du côté du petit seau, et ce dernier va se vider dans un canal qui conduit l'eau au lieu de sa destination. Ce jeu se continue sans interruption avec une vitesse proportionnée à la quantité d'eau fournie par la chute. Le courant ne serait-il qu'un très-petit filet d'eau, la bascule jouerait encore, mais avec lenteur. Une bascule de ce genre peut faire mouvoir le levier d'une pompe, d'une scie, etc.

La *bascule de d'Artigues*, dont on voit un modèle au Conservatoire des Arts et Métiers à Paris, n'a pas encore reçu beaucoup d'applications; elle est compliquée, et ne vaut pas la bascule de Claude Perrault. Celui-ci fit construire, dans le dix-septième siècle, une horloge à roues, sans poids, dont le mouvement était entretenu par un petit courant d'eau qui, tombant dans une petite bascule, faisait osciller le pendule. La *bascule de Perrault* se compose d'une petite caisse en bois tournant sur un axe et partagée en deux parties égales par une cloison. Deux appuis fixes empêchent alternativement la machine de se renverser. L'eau motrice, qui coule par un tuyau, tombe dans la partie élevée de la caisse; et quand cette partie est pleine, la caisse tourne sur son axe et vient s'appuyer sur l'obstacle correspondant, en versant l'eau dont le poids a déterminé son mouvement. L'autre partie se remplit à son tour, fait de nouveau pencher la caisse, et ainsi de suite. L'axe de la bascule est ainsi animé d'un mouvement de va-et-vient qui peut ensuite se modifier de mille manières. Cette machine est originale; il ne serait pas absurde d'en faire une application dans une horloge de campagne, mue par un courant d'eau; elle indiquerait les heures et les ferait sonner assez régulièrement, pourvu que le pendule eût de sept à huit mètres de long.

Aujourd'hui encore on emploie la bascule dans presque toutes les horloges pour déterminer le mouvement de la sonnerie et même pour mettre en mouvement les aiguilles des cadrans.
TEYSSÈDRE.

BASCULE (Système de). On a donné ce nom en politique, par métaphore et par analogie avec le *jeu de la bascule* (*voyez* l'article ci-dessus), à l'action gouvernementale qui consiste à se placer entre deux partis, et à peser successivement du côté de l'un et du côté de l'autre, de manière à les affaiblir et à les renforcer alternativement. Il n'entre pas dans le plan de cet article d'explorer toutes les circonstances historiques dans lesquelles ce moyen a été employé par les gouvernements. Le plus remarquable usage qui en ait été fait s'est produit sous le ministère de M. D e c a z e s, durant le règne de Louis XVIII. A cette époque le parti libéral, composé de toutes les opinions hostiles aux Bourbons, à quelque titre que ce fût, se pondérait avec le parti qu'on appelait de l'émigration, et qu'on aurait plus convenablement appelé le parti du passé. Le ministère crut pouvoir les dominer tous deux en se mettant de temps à autre dans leur balance respective. L'événement ne justifia pas la sagesse de cet essai, car M. Decazes finit par être renversé, et se retira avec l'animadversion de toutes les factions.

La vérité est que ce système est un système faux, d'où il ne peut sortir que de tristes conséquences. Le gouvernement qui le met en œuvre démontre d'abord par son adoption qu'il est un gouvernement faible et sans vigueur. Sous un gouvernement fort et décidément établi, il n'y a pas de partis, il y a un gouvernement et une nation gouvernée. Or, le gouvernement qui non-seulement reconnaît l'existence d'un parti assez fort pour être ménagé, mais l'existence de deux partis assez bien existants pour qu'il soit obligé d'employer contre eux une sorte de machiavélisme et de médiation, est un gouvernement malade et qu'on doit craindre de voir mourir à la peine. A supposer au reste qu'il n'y courût aucun danger lui-même, toujours est-il certain qu'il ne parviendra jamais au but qu'il s'est proposé. On n'opère pour sur les partis, qui sont des êtres actifs et vivants, comme on opère sur la matière, un être passif et inerte. Quand vous communiquez à un objet inanimé une force, il ne la conserve qu'à de certaines conditions dont vous êtes maître, que vous pouvez calculer, et vous la lui retirez tout d'un coup, selon des lois rigoureuses, quand vous le voulez. Quand au contraire vous avez mis le pouvoir aux mains d'un parti, vous n'êtes pas maître de le lui mesurer, car de ce que vous lui donnez volontairement, il se sert ensuite pour prendre; puis, quand vous vous apercevez qu'il est assez fort pour lui reprendre les mains le pouvoir que vous lui avez confié, toujours au moins ne pouvez-vous pas faire qu'il ne conserve par devers lui quelque chose: vous lui ôtez le fait, il conserve le droit; vous lui ôtez le maniement des choses, il conserve la considération, la popularité, l'action morale, mille éléments capricieux, inappréciables selon des calculs rigoureux : avec ces réserves, il vous mine peu à peu; et remarquez bien que durant ce temps je ne vous parle pas du contre-parti, qui néanmoins vous travaille de son mieux, et ne laisse pas de vous créer des embarras.

Il peut sans doute être aisé de s'allier à un parti pour écraser l'autre, mais c'est là un marché; une fois fait, vous avez choisi votre ennemi, choisi votre ami; avec l'ami vous étouffez l'ennemi; puis, parfois, l'ennemi mort, vous vous débarrassez de l'ami, dont vous vous débarrassez aussi, afin de rester seul. Cette politique, dont je ne juge pas la moralité, est logique, possible, et peut donner des résultats. Le système de bascule arrive en définitive à un résultat pareil : il met en définitive la force aux mains d'un seul, mais la duperie est que ce n'est pas ordinairement aux mains de celui qui avait primitivement le pouvoir et qui l'a partagé avec tout le monde. Un de ceux auxquels on l'avait prêté répond un beau matin qu'il ne veut pas le rendre, se fait le maître, et jette dehors les autres tout ébahis.

Il ne faut pas confondre la bascule avec l'équilibre : un gouvernement, à la suite d'une révolution, par exemple, quand tous les éléments sociaux ont été mis en fermentation, peut avoir plusieurs partis à combattre. Dans ce cas, qu'a-t-il à faire? Il doit d'abord être un gouvernement, c'est-à-dire quelque chose de plus fort qu'eux tous. Il doit ensuite maintenir dans ses relations avec eux un équilibre exact, peser beaucoup sur celui qui est fort ou entreprenant, être plus doux à celui qui est plus résigné ou plus faible, mais en ramenant toujours à lui cette distribution des forces gouvernementales de manière à ce que les partis soient forts ou faibles vis-à-vis de lui, mais non pas de manière à les faire forts ou faibles vis-à-vis les uns des autres, et lui se trouvant entre deux ; puis, en définitive, le fond de sa pensée doit être de les user petit à petit par des manœuvres habiles, de manière à ce que tôt ou tard ils viennent se confondre en lui seul, et qu'après y avoir eu des partis et un pouvoir, il n'y ait plus qu'un gouvernement et des gouvernés. Ch. RABOU.

BASE (de βάσις, fondement, appui). Ce mot sert en général à désigner la partie inférieure d'un objet, ou celle qui en fait le principe, ou bien encore celle sur laquelle il repose. Ainsi, en *architecture*, la *base d'une colonne* est la partie opposée au chapiteau, et qui varie de forme et d'ornement suivant que l'on emploie l'ordre toscan, l'ordre dorique, l'ordre ionique ou l'ordre corinthien. Dans les temples de l'Égypte, dans ceux de Pæstum et dans quelques anciennes constructions de l'Inde, il se trouve des colonnes qui n'ont pas de *base*, et dont le fût pose simplement sur une plinthe, qui est un socle carré, tandis que la *base* est ronde comme la colonne. Sa ressemblance avec les replis d'un serpent lui a fait quelquefois donner le nom de *spire*, du latin *spira*. On dit aussi la *base* d'un piédestal, la *base* d'une pyramide, celle d'un monument en général, la *base* d'un bastion.

En *conchyliologie*, la *base d'une coquille* est la partie opposée à sa pointe et celle sur laquelle il paraît plus facile de la poser.

La *base du cœur* en est la partie la plus élevée, mais qui se trouve en effet la plus large, et qui est également opposée à sa pointe.

En *médecine* on emploie le mot *base* pour désigner l'objet principal d'une mixtion quelconque.

BASE (*Mathématiques*). Ce mot s'emploie en *arithmétique* dans la numération et dans la théorie des logarithmes; il désigne aussi, dans un système régulier de mesures, l'unité principale de laquelle toutes les autres dérivent. *Voyez* MÉTRIQUE (Système).

En *géométrie* la *base* d'un triangle est l'un quelconque de ses côtés; mais, quand le triangle est rectangle, on prend le plus souvent pour base l'hypoténuse; et si le triangle est isocèle, le côté inégal aux deux autres; on appelle indifféremment bases d'un parallélogramme deux de ses côtés opposés; dans un trapèze, les bases sont les deux côtés parallèles. De même, la base d'un tétraèdre est l'une quelconque de ses faces; celle d'une pyramide polygonale est son unique face non triangulaire; on prend pour bases d'un parallélipipède deux faces opposées, et les bases d'un prisme sont ses deux faces parallèles qui ne sont pas des parallélogrammes. Enfin la base d'un cône est la portion plane de sa surface, et les bases d'un cylindre sont les deux cercles qui le terminent.

En *géodésie* on appelle *base* une ligne droite mesurée sur le terrain avec la plus grande exactitude possible, et sur laquelle on construit une série de triangles pour déterminer la situation des points remarquables. La mesure de cette base demande une telle exactitude qu'elle exige une foule de soins minutieux, dont on trouve l'exposé dans le *Traité de Géodésie* de Puissant. E. MERLIEUX.

BASE (*Chimie*). On appelle ainsi tout corps susceptible de se combiner avec un acide pour donner naissance à un sel. On ne considérait autrefois comme bases salifiables que les alcalis et quelques autres oxydes métalliques; aujourd'hui on reconnaît comme bases non-seulement un grand nombre de combinaisons binaires fournies par le règne inorganique, mais encore des composés particuliers que l'on rencontre dans le règne organique. Les corps basiques du règne minéral sont le produit de la combinaison de quelques-uns des métalloïdes entre eux ou avec les métaux : ainsi l'hydrogène et l'azote, en se combinant, donnent naissance à une base puissante, l'ammoniaque; il en est de même des composés formés par l'oxygène, le soufre, l'iode, le chlore, le potassium, le sodium, le baryum, le plomb, etc. Toutes les bases n'ayant pas la même affinité les unes que les autres pour les acides, il en résulte que les acides plus énergiques peuvent chasser les plus faibles de leurs combinaisons et les remplacer. Les bases végétales ou alcalis végétaux sont formés d'oxygène, d'hydrogène et de carbone, et l'analyse y démontre, en outre, une quantité constante d'azote; ce qui a fait penser que ce corps pourrait bien être un corps salifiable par excellence, auquel les alcalis végétaux devraient leur propriété basique. On n'a encore découvert que quelques bases salifiables dans le règne animal. Ces alcalis animaux sont volatils, liquides et d'une consistance huileuse, tandis que les alcalis végétaux se trouvent ordinairement en cristaux blancs. Les vertus médicinales et vénéneuses d'un bon nombre de substances employées dans la thérapeutique sont dues aux bases salifiables végétales, et ces alcalis peuvent suppléer avec efficacité les matières premières dont elles sont les principes essentiels. C'est ainsi qu'on retrouve les principes de l'opium dans la morphine et la codéine, ceux du quinquina dans la cinchonine et la quinine, etc.

BASEDOW (JEAN-BERNARD), dont le véritable nom était *Jean Berend Bassedau*, dit aussi *Bernard de Nordalbingie*, ainsi qu'il lui arriva souvent de se dénommer lui-même, penseur qui a laissé des traces de son passage dans le dix-huitième siècle, naquit le 8 septembre 1723, à Hambourg, où son père était perruquier. Après avoir étudié la philosophie et la théologie à l'université de Gœttingue, il obtint en 1746 une place de précepteur dans une famille noble du Holstein, et fut nommé en 1753 professeur à l'Académie de Soroe (Seelande). Mais en 1761 quelques opinions mal sonnantes, qu'il n'avait pas craint d'émettre dans l'exercice de ses fonctions officielles, le firent reléguer, avec un emploi analogue, à Altona.

En 1762, la publication et la vogue immense de l'*Émile* de Rousseau lui inspirèrent, comme à bien d'autres, l'ambition de devenir le réformateur du système d'instruction et d'éducation alors en vigueur, et de réaliser dans son pays les idées du philosophe de Genève, en même temps que celles de Coménius, autre philosophe de cette époque dont les ouvrages avaient produit sur lui une tout aussi vive impression. C'était là une entreprise exigeant des talents ainsi qu'une persistance de volonté qui certes ne faisaient point défaut à Basedow. Il proposa non-seulement la réforme des écoles et des méthodes d'enseignement suivies jusque alors, mais encore la fondation d'un établissement spécial pour former des maîtres propres à mettre en pratique ce système nouveau qu'il voulait substituer à l'ancien, et ouvrit une souscription pour l'impression d'un grand ouvrage modestement intitulé *Livre élémentaire*, mais que d'emphatiques prospectus eurent soin de présenter comme un tableau pittoresque de l'univers illustré de 100 gravures par Chodowiecki. Princes et particuliers s'empressèrent de souscrire à l'envi à un travail annoncé comme devant infailliblement amener la régénération et le perfectionnement de l'espèce humaine.

La souscription ne produisit pas moins de 15,000 thalers (près de 75,000 francs), somme plus que suffisante assurément pour couvrir tous les frais de fabrication d'un livre (3 vol., Altona, 1774 ; souvent réimprimé depuis), qui fut tout aussitôt traduit en français par Huber, et même en latin par Mongeildorff. En l'écrivant Basedow se proposait de mettre sous les yeux de la jeunesse une grande quantité de notions et d'idées sur le monde réel, et de développer en elle l'esprit de cosmopolitisme qui était le but final de son système. Une école-modèle pour la mise en pratique et l'application de la nouvelle méthode d'éducation fut fondée en 1774 à Dessau, sous la dénomination de *Philanthropin*, d'où les Allemands, toujours hardis dans leur terminologie, ont créé le mot *philanthropinisme* pour désigner le système d'éducation préconisé par Basedow et ses adeptes. Dès 1771 le prince d'Anhalt-Dessau avait attiré notre philosophe dans sa capitale; mais le succès de l'institut régénérateur fondé par Basedow fut loin de répondre à l'attente générale et surtout à ses propres promesses. Le caractère inconstant du novateur, son esprit de domination, ses habitudes brusques et même grossières, ne tardèrent point en effet à provoquer de pénibles et fréquents conflits entre lui et les hommes qui s'étaient associés à son œuvre, Wolke et Campe entre autres. Il abandonna donc dès 1778 la direction de son établissement ; mais il n'en continua pas moins jusqu'à sa mort, arrivée le 25 juillet 1790, à Magdebourg, à la suite de nombreux changements de résidence, à s'efforcer de populariser ses idées sur l'éducation à l'aide de nombreux ouvrages, dans lesquels il avait bien moins en vue de convaincre que de séduire par l'attrait de la nouveauté.

L'influence exercée par Basedow sur la direction des idées de son temps est incontestable. Une violente réaction s'opérait alors dans les esprits contre les traditions religieuses et sociales du moyen âge. Des enseignements d'une foi aveugle, on en appelait à l'étude de la réalité et de la nature, à la contemplation de la vie; et la méthode de Basedow s'accordait merveilleusement bien avec les aspirations de sa génération. En cherchant à affranchir l'éducation de la routine, de la tradition, il eut toutefois le tort de trop déprécier les anciens, et s'attira ainsi le reproche d'être personnellement intéressé, en raison même de l'étude extrêmement superficielle qu'il avait faite de leurs œuvres, à en ravaler le mérite. Quelque grands et incontestables qu'aient été les services rendus à l'éducation par Basedow, on ne saurait nier d'ailleurs que ses doctrines ne portent à un haut degré le caractère du système sensualiste qui dominait alors, encore bien que l'esprit du peuple au milieu duquel il vivait l'ait préservé de beaucoup d'écarts dans lesquels eussent pu l'entraîner les doctrines ouvertement matérialistes de son époque. Les vices de sa méthode furent bientôt reconnus; on en signala le côté faux, ridicule et exagéré, les tendances basses et égoïstes. Aussi Basedow n'est-il plus considéré aujourd'hui en Allemagne que comme représentant dans la pédagogie les tendances sensualistes et matérialistes du dix-huitième siècle.

BASELLE, genre de la famille des chénopodées, qui comprend huit à dix espèces de plantes, dont deux, la baselle rouge, *basella rubra*, et la baselle blanche, *basella alba*, l'une et l'autre originaires de l'Inde, sont cultivées en Europe depuis une quarantaine d'années, et se mangent comme nos épinards. Ces deux baselles n'étaient d'abord en France que des plantes de collection botanique, qu'on cultivait en orangerie, où elles vivaient deux à trois ans; mais de jeunes plants, nés de la semaison faite des semences de baselle au printemps, ayant été placés en pleine terre, accomplirent avant l'hiver de la même année toutes les périodes de leur existence, comme si elles eussent été cultivées dans l'orangerie; elles fournirent avec abondance leurs feuilles charnues et alimentaires et des graines aussi parfaites que celles qu'on obtenait dans la serre tempérée; dès lors on se borna à semer les graines de ces plantes sur couche en février et mars, et à repiquer le plant en avril en pleine terre, où elles donnent leurs produits en quatre, cinq et six mois, et où elles se sont modifiées en plantes annuelles de bisannuelles qu'elles étaient.

Les baselles blanches et rouges étant des plantes grimpantes, qui s'élèvent de six à huit pieds, il faut les placer auprès d'un treillage. En Chine il se fait une grande consommation de baselle comme aliment, mais parmi nous ce n'est encore qu'un mets de fantaisie. Les fruits de la baselle contiennent une couleur pourpre abondante et très-belle.

C. TOLLARD aîné.

BAS-EMPIRE. On n'est pas d'accord sur l'époque où le titre de *bas* doit être appliqué à cette partie de l'empire romain, connue aussi sous le nom d'*empire d'Orient*, *empire grec* ou *byzantin*, *empire de Constantinople*, dont cette ville en effet fut sans interruption la capitale, et qui, commençant à la mort de Théodose, finit à la prise de Constantinople par Mahomet II, en 1453. La vraie date du commencement du Bas-Empire est 395. Il y avait bien eu précédemment, en 364, un *partage officiel* de l'empire entre Valentinien Ier et Valens; la tétrarchie de Dioclétien elle-même avait établi un *partage réel* en empire d'Occident et en empire d'Orient; mais le partage dont résulta le Bas-Empire ne fut complet et définitif qu'après la mort de Théodose.

L'histoire du Bas-Empire se divise en six périodes : pendant la première (395-565), dont Justinien est le personnage principal, le Bas-Empire, après avoir subi les ravages des Huns et perdu presque toute l'Arménie, voit périr l'empire d'Orient; mais il recueille quelques-unes de ses dépouilles, en Italie, en Afrique et en Espagne.

A la deuxième période (565-717) la décadence n'est plus douteuse; les Lombards occupent les deux tiers de l'Italie; les Bulgares, les Serbes, les Croates s'établissent au sud du Danube; les Arabes soumettent la Syrie, l'Égypte, l'Afrique et l'île de Chypre.

Avec la troisième période (717-867) commence la dynastie isaurienne, qui se prolonge jusqu'en 802, et dont le zèle iconoclaste enlève la proie presque tout ce qui reste aux Grecs en Italie. Le culte des images rétabli, le schisme d'Orient éclate. Candie, presque toute la Sicile, la Cilicie échappent au Bas-Empire. Les guerres contre les Bulgares amènent d'affreux désastres.

La dynastie macédonienne remplit une partie de la quatrième période (867-1056). Elle ralentit la chute de l'Empire, et offre quelques princes remarquables. Les Bulgares et les Russes ravagent, il est vrai, le pays; mais la Bulgarie est deux fois reprise avec la Servie; Chypre, la Cilicie, Candie rentrent sous la domination du Bas-Empire; Alep et la Sicile sont momentanément recouvrées.

Au commencement de la cinquième période (1056-1260), les Seldjoucides s'emparent des deux tiers de l'Asie Mineure. Les Croisés qui traversent le Bas-Empire ne lui sont d'aucun secours, et lui deviennent même onéreux et funestes. Des guerres contre les Normands qui ont conquis la Sicile, et contre les Hongrois épuisent les forces des Grecs ; les Serbes et les Bulgares redeviennent indépendants; la quatrième croisade se détourne de Jérusalem sur Constantinople, qui est prise et qui devient le chef d'un empire latin, tandis que les lambeaux du Bas-Empire s'en vont en poussière.

La reprise de Constantinople, en 1261, ouvre la sixième période, que remplit la dynastie des Paléologues; mais ils sont impuissants à reconstituer le Bas-Empire. La Servie, la Bulgarie, la Bosnie, les îles, presque tout le sud de la péninsule, se démembrent; le reste passe aux Turcs, ainsi que les neuf dixièmes de l'Asie Mineure. Les guerres civiles achèvent la ruine de l'État, et Mahomet II s'empare de Constantinople malgré l'héroïque défense du dernier des Constantins.

Tel fut le Bas-Empire, que l'histoire a flétri de ce nom, dont elle a fait le synonyme de bassesse et de corruption. Sa décadence dura onze siècles. A la suite de Constantin étaient arrivés dans Byzance le libertinage fastueux des patriciens, la servilité des sénateurs, l'indiscipline des soldats. L'habitude des révolutions de cour y avait continué sa désastreuse influence. Le trône était comme toujours le prix de la révolte, de l'assassinat, du parricide. Il n'y avait de changé dans cette corruption que les jeux et les spectacles. Les cochers de l'hippodrome avaient remplacé les gladiateurs, avec cette différence que le peuple se passionnait pour ces meneurs de chars, et les quatre factions qu'ils avaient fait naître étaient devenues les instruments des ambitieux qui aspiraient à la couronne.

Aux vices de la vieille Rome s'était joint tout ce que le climat de l'Orient peut enfanter de mollesse et d'incurie. La prostitution était partout. Le costume même dénonçait un peuple d'histrions efféminés. Le christianisme n'y apporta aucune des vertus qu'il professe et qu'il commande. Il y toléra dès l'origine ces mutilations d'esclaves qui révoltent l'humanité; et telle était la bassesse des souverains, des grands et du peuple, que ces hommes déchus arrivaient à la plus scandaleuse opulence, aux premières charges de l'empire, à disposer même de l'État et de la destinée des empereurs.

L'hérésie, fille de l'Orient, se multiplia sous tant de formes que la dispute et la controverse devinrent presque un devoir pour les évêques, et passèrent dans toutes les classes de citoyens. Les empereurs, à l'imitation de Constantin, commencèrent par présider les conciles; ils en vinrent à prescrire les articles de foi, et finirent par écrire des plaidoyers théologiques pour ou contre les décisions des patriarches.

Un mot ajouté au symbole de Nicée par un synode espagnol du septième siècle coupa l'Église en deux grandes divisions. L'Occident rejeta le *Filioque*, l'Orient le rejeta, et l'Église grecque se sépara pour jamais de l'Église latine. L'ambition rivale des papes et des patriarches se signala dans cette querelle; mais la nation grecque en fut plus exclusivement occupée. Le saint-siége et ses croyances lui devinrent plus odieux que le Perse, le Bulgare ou le musulman, dont elle avait à redouter les armes. Souvent même son opiniâtreté, plus forte que celle de ses maîtres, repoussait l'union que ceux-ci voulaient lui imposer. Les questions religieuses, divisées, subdivisées à l'infini, dégénérèrent en subtilités ridicules, et les argumentations étaient encore plus absurdes que les thèses.

A ces querelles de mots se mêlaient les dissensions des prêtres qui se disputaient le patriarcat, et le peuple s'y intéressait plus vivement qu'aux débats des prétendants à l'empire. Les moines s'emparèrent de l'Orient chrétien avec une telle profusion, que la paix publique en fut cent fois troublée. Les légions redoutaient plus la rencontre de leurs bandes que celle des barbares. Le règne honteux de ces enfants de saint Basile acheva d'étouffer le peu de courage et de patriotisme qu'avait laissé la corruption. Les césars byzantins étaient plus glorieux de mourir en moines qu'en héros.

Si nous cherchons maintenant le contingent que le Bas-Empire a apporté à la civilisation moderne, nous trouverons le corps des lois romaines recueilli par Justinien, et l'introduction des vers à soie sous le même règne. Après lui, rien, à moins que nous n'admettions à son compte les moulins à vent, apportés de l'Asie Mineure en Normandie au commencement du douzième siècle. Le feu grégeois n'est point arrivé jusqu'à nous, et, nous avons plus tard inventé mieux ou pis. Cet intervalle de onze cents ans n'offre pas, dit Gibbon, une découverte qui ait augmenté la dignité de l'homme ou contribué à son bonheur.

Sous le rapport des lettres, nous n'en avons retiré que des histoires inexactes, sans critique, recueils informes d'événements tronqués ou dénaturés par la haine ou l'apologie, depuis le scolastique Socrate et le rhéteur Procope jusqu'aux Mémoires de Cantacuzène et aux Annales de Chalcondyle. Les écoles d'Athènes, détruites par la bigoterie de Justinien, s'étaient relevées cependant à Constantinople, et avaient survécu à toutes les révolutions de l'empire comme écoles de philosophie et d'éloquence. Si le peuple avait corrompu la langue d'Homère, la cour et les grands l'avaient conservée; et à la fin du onzième siècle on lisait encore à Byzance les odes d'Alcée et de Sapho, l'histoire de Théopompe et les comédies de Ménandre. L'anéantissement de ces précieux manuscrits ne peut être imputé aux Paléologues; et puisqu'ils existaient sous les Comnènes, il est impossible de ne pas en rejeter la honte sur les stupides croisés de Baudouin et de Dandolo. Aucun d'eux n'eut été en état de les lire, car l'étude de la langue grecque était perdue en Europe; et c'est de Byzance qu'en fuyant le glaive des Turcs, des savants illustres la rapportèrent en Italie. Le moine Barlaam vint enseigner le grec à Pétrarque et lui révéler les beautés d'Homère. Léonce Pilate, son disciple, le professa publiquement à Florence et eut Boccace pour auditeur et pour mécène. Trente ans plus tard, en 1390, Manuel-Chrysoloras propagea l'étude du grec à Pavie et à Rome; et quand Mahomet II eut planté l'étendard du croissant sur les murs de Constantinople, les maîtres de cette langue arrivèrent par centaines, et annoncèrent à l'Europe la chute d'une ville qui depuis trois siècles prenait le titre fastueux d'empire d'Orient.   VIENNET, de l'Acad. Française.

BAS-FOND. Les bas-fonds varient, non pas seulement chaque siècle, chaque année, mais encore chaque mois, chaque jour; et voilà pourquoi nous avons si souvent de grands désastres à signaler aux navigateurs. Les lignes qui suivent sont le résultat du calcul de l'expérience; on ne saurait trop les recommander à la méditation des explorateurs des mers lointaines.

Le fond de la mer, à une distance donnée d'un vaisseau, se voit d'autant mieux que l'observateur est plus élevé au-dessus de la surface de l'eau; aussi, lorsqu'un capitaine expérimenté navigue dans une mer inconnue et semée d'écueils, il va quelquefois, afin de pouvoir diriger son navire avec plus de certitude, se placer au sommet du mât. Le fait nous semble trop bien établi pour que nous ayons à ce sujet rien à réclamer de nos jeunes navigateurs, quant au point de vue pratique; mais ils pourront, en suivant les indications que nous nous permettrons de leur donner ici, remonter peut-être à la cause d'un phénomène qui les touche de si près, et en déduire, pour apercevoir les écueils, des moyens plus parfaits que ceux dont une observation fortuite leur a enseigné à faire usage jusqu'ici.

Quand un faisceau lumineux tombe sur une surface diaphane, quelle qu'en soit la nature, une partie la traverse et une autre se réfléchit. La portion réfléchie est d'autant plus intense que l'angle du rayon incident avec la surface est plus petit. Cette loi photométrique ne s'applique pas moins aux rayons qui venant d'un milieu rare rencontrent la surface d'un corps dense, qu'à ceux qui se mouvant dans un corps dense tombent sur la surface de séparation de ce corps et du milieu contigu. Cela posé, supposons qu'un observateur placé dans un navire désire apercevoir un écueil un peu éloigné, un écueil sous-marin situé à trente mètres de distance horizontale, par exemple. Si son œil est à un mètre de hauteur au-dessus de la mer, la ligne visuelle par laquelle la lumière réfléchie de l'écueil pourra lui parvenir après sa sortie de l'eau formera avec la surface de ce liquide un angle très-petit; si l'œil, au contraire, est fort élevé, s'il se trouve à trente mètres de hauteur, il verra l'écueil sous un angle de 45°. Or, l'angle d'incidence intérieure correspondant au petit angle d'émergence est évidemment moins ouvert que celui qui correspond à l'émergence de 45°.

Sous les petits angles, comme on a vu, s'opèrent les plus fortes réflexions : donc l'observateur recevra une portion d'autant plus considérable de la lumière qui part de l'écueil, qu'il sera lui-même placé plus haut.

Les rayons provenant de l'écueil sous-marin ne sont pas les seuls qui arrivent à l'œil de l'observateur. Dans la même direction, confondus avec eux, se trouvent des rayons de la lumière atmosphérique, réfléchis extérieurement par la surface de la mer. Si ceux-ci étaient soixante fois plus intenses que les premiers, ils en masqueraient totalement l'effet : l'écueil ne serait pas même soupçonné. Posons une moindre proportion entre les deux lumières, et l'image de l'écueil ne disparaîtra plus entièrement; elle ne sera qu'affaiblie. Rappelons maintenant que les rayons atmosphériques renvoyés à l'œil par la mer ont d'autant plus d'éclat qu'ils sont réfléchis sous un angle plus aigu, et tout le monde comprendra que deux causes différentes concourent à rendre un objet sous-marin de moins en moins apparent à mesure que la ligne visuelle se rapproche de la surface de la mer; savoir : d'une part, l'affaiblissement progressif et réel des rayons qui, émanant de cet objet, vont former son image dans l'œil; de l'autre, une augmentation rapide dans l'intensité de la lumière réfléchie par la surface extérieure des eaux, ou bien, qu'on me passe cette expression, dans le rideau lumineux à travers lequel les rayons venant de l'écueil doivent se faire jour.

Supposons les intensités comparatives des deux faisceaux superposés soient, comme tout porte à le croire, l'unique cause du phénomène que nous analysons, et nous pourrons indiquer aux navigateurs un moyen d'apercevoir les écueils sous-marins mieux et beaucoup plus facilement que ne l'ont fait tous leurs devanciers. Ce moyen est très-simple : il consiste à regarder la mer non plus à l'œil nu, mais à travers une lame de tourmaline, taillée parallèlement aux arêtes du prisme et placée devant la pupille dans une certaine position. Deux mots encore, et le mode d'action de la lame cristalline sera évident. Prenons que la ligne visuelle soit inclinée à la surface de la mer de 37° : la lumière qui se réfléchit sous cet angle à la surface extérieure de l'eau est complètement polarisée. La lumière produite, tous les physiciens le savent, ne traverse pas les lames de tourmaline convenablement situées. Une tourmaline peut donc éliminer en totalité les rayons réfléchis par l'eau qui dans la direction de la ligne visuelle étaient mêlés à la lumière provenant de l'écueil, l'effaçaient entièrement, ou du moins l'affaiblissaient beaucoup. Quand cet effet est produit, l'œil placé derrière la lame cristalline ne reçoit donc qu'une seule espèce de rayons, ceux qui émanent des objets sous-marins; au lieu de deux images superposées, il n'y a plus sur la rétine qu'une image unique : la visibilité de l'objet que cette image représente se trouve donc notablement facilitée.

L'élimination *entière, absolue*, de la lumière réfléchie à la surface de la mer n'est possible que sous l'angle de 37°, parce que cet angle est le seul dans lequel il y ait polarisation complète; mais sous des angles de 10 à 12° plus grands ou plus petits que 37° le nombre de rayons polarisés contenus dans le faisceau réfléchi, le nombre de rayons que la tourmaline peut arrêter, est encore tellement considérable que l'emploi du même moyen d'observation ne saurait manquer de donner des résultats très-avantageux.

En se livrant aux essais que nous venons de leur proposer, les navigateurs doteront probablement la marine d'un moyen d'observation qui pourra prévenir maints naufrages; en introduisant enfin la polarisation dans l'art nautique, ils montreront par un *nouvel* exemple à quoi s'exposent ceux qui accueillent sans cesse les expériences et les théories sans applications actuelles d'un dédaigneux *à quoi bon*?

F. ARAGO, secrét. perpétuel de l'Acad. des Sciences.

BASILE (Saint), surnommé *le Grand*, naquit à Césarée de Cappadoce, en 329, d'une famille qui donna plusieurs saints à l'Église. Son père, qui portait le même nom que lui, était un des hommes les plus vertueux et les plus éloquents de cette ville. Saint Basile nous apprend lui-même qu'il fut formé à la foi chrétienne d'après les principes de saint Grégoire le Thaumaturge, par Macrine, son aïeule. Il commença ses études dans la province de Pont, berceau de sa famille, d'où il alla à Constantinople assister aux leçons de Libanius, dont il excita l'enthousiasme par ses vertus et par ses talents. Venu ensuite à Athènes pour se perfectionner dans les lettres, il y lia avec saint Grégoire de Nazianze une étroite amitié, qui dura tout le temps de leur vie. Julien, qui fut depuis apostat, connut ces illustres amis en cette ville, et eut même quelque part à leur confiance. Il voulut les attirer à sa cour lorsqu'il fut élevé sur le trône; mais ils refusèrent d'avoir des relations avec un prince qui s'était déclaré l'ennemi de la religion chrétienne. De retour dans son pays, saint Basile y [enseigna quelque temps la rhétorique, et se distingua dans le barreau; mais ces occupations toutes mondaines, peu d'accord avec ses goûts pour la religion, lui inspirèrent la crainte de céder trop facilement aux séductions de la gloire humaine. Il reçut donc le baptême en 357, vendit ses biens, les distribua aux pauvres, et partit pour visiter les moines d'Égypte, de la Palestine et de la Syrie. Il trouva leur vie si parfaite qu'il résolut de l'imiter.

En effet, il ne fut pas plus tôt de retour dans son pays qu'il se retira dans un lieu solitaire de la province de Pont, près du fleuve Iris et de la ville d'Ybore, auprès du monastère de sainte Macrine, sa sœur, et de sainte Emmeline, sa mère, pour y mener une vie conforme à la vie religieuse des moines de la Thébaïde. Saint Grégoire de Nazianze ne tarda pas à venir l'y joindre. Les habitants de Néocésarée voulurent confier à saint Basile l'éducation de la jeunesse; mais il refusa. Il passa dans cette province depuis l'année 357 jusqu'à 362, avec les solitaires, auxquels il prescrivit la manière de vivre dans la profession religieuse. Les règles qu'il leur donna, traduites en latin par Rufin, prêtre d'Aquilée, ont été abrégées depuis et mises en vingt-trois articles par le savant cardinal Bessarion, Grec de nation et religieux de cet ordre. Il est à remarquer que saint Basile préférait de beaucoup la vie commune, ou cénobitique, à la vie anachorétique, ou solitaire. Il en donne de solides raisons dans plusieurs passages de ses écrits.

En 364 il fut ordonné prêtre par Eusèbe, évêque de Césarée, qui, l'ayant bientôt pris en aversion, l'obligea à retourner dans sa solitude du Pont. Cependant cet éloignement ne dura point. Il le rappela bientôt pour l'aider à gouverner son église, agitée par la persécution de l'empereur Valens, protecteur des ariens. Eusèbe étant mort en 370, saint Basile fut élu et ordonné évêque à sa place, du consentement de Grégoire, évêque de Nazianze, père de son ami.

Revêtu de cette dignité, il ne crut pas devoir changer sa manière de vivre. Quelque chose que fussent ses revenus, il continua à vivre dans la pauvreté, se montrant inexorable sur le choix des ministres des autels. L'instruction et l'édification de son peuple absorbaient toute son attention; ses soins cependant ne se bornaient pas à son diocèse. Il s'efforça inutilement de réconcilier les Orientaux et les Occidentaux, divisés au sujet de deux évêques d'Antioche, Mélèce, choisi par les ariens, et Paulin, déjà évêque de cette ville. Les Orientaux, avec Mélèce, prenaient le mot hypostase dans le sens de *personne*; et les Occidentaux, avec Paulin, entendaient par hypostase *essence*, et reprochaient à leurs adversaires d'admettre trois essences divines. Il eut plus de succès auprès des évêques ariens de Macédoine, qu'il tenta de réunir à la foi de l'Église; mais ce ne fut pas sans attirer sur lui par sa condescendance le reproche de favoriser l'hérésie des pneumatomaques (ennemis du Saint-Esprit). Il est vrai qu'il exigeait simplement que ces évêques confessassent la foi de Nicée et déclarassent qu'ils ne croyaient pas le Saint-Esprit créature, sans les obliger à dire expressément qu'il est Dieu. Cette conduite était justifiée par les circonstances : cependant il fut attaqué sur ce point par un moine dans un repas où se trouvait saint Grégoire de Nazianze. Celui-ci prit la défense de Basile, et lui rendit quelque temps après compte de ce différend. Saint Basile répondit : « Si nos frères ne sont pas encore convaincus de mes sentiments, je n'ai rien à répondre ; car comment persuaderai-je par une petite lettre ceux qu'un si long temps n'a pas persuadés ? » Saint Athanase approuva cette réserve, et saint Grégoire de Nazianze expose dans le panégyrique de saint Basile que ce saint évêque réfutait par de solides raisons les hérétiques ennemis du Saint-Esprit, qui avaient commencé à paraître en 367.

Une source nouvelle d'humiliations et de tourments s'ouvrit encore pour saint Basile, par sa confiance excessive dans l'orthodoxie d'Eustathe de Sébaste, confiance que ne partageait aucun des évêques de la province ; mais éclairé deux ans après la fourberie d'Eustathe, il se sépara entièrement de sa communion. Cependant une persécution plus redoutable le menaçait. L'empereur Valens, qui s'était déclaré le protecteur de l'arianisme, voulut l'obliger de communiquer avec Eudoxe, usurpateur du siége de Constantinople, et d'embrasser la doctrine des ariens. Ni les menaces du préfet Modeste ni celles de l'empereur lui-même ne parvinrent à le faire fléchir. Valens, surpris de cette généreuse fermeté, et renonçant à ses projets contre lui, assista le jour de l'Épiphanie aux saints mystères, et fit à l'autel son offrande, qui fut reçue par saint Basile. Deux fois encore Valens, obsédé par les ariens, ordonna son exil ; mais les craintes superstitieuses de l'empereur firent révoquer le premier ordre, et une révolte du peuple de Césarée empêcha l'exécution du second. Depuis ce moment, aucun événement ne se fait remarquer dans la vie de saint Basile. Épuisé par les travaux de son ministère, exténué par les rigueurs de la pénitence, il mourut le 1er janvier 379.

Il a laissé de nombreux ouvrages écrits en grec : essais d'explication de l'Écriture, homélies, controverses théologiques, lettres. C'est surtout à la morale du christianisme qu'il s'attache, et dans ses ouvrages de théologie il se rapporte plutôt à la tradition et à l'écriture qu'à un système philosophique quelconque : aussi ne saurait-il occuper dans l'histoire de la philosophie la place qu'y ont obtenue d'autres pères. La meilleure édition et la plus complète de ses œuvres est en trois vol. in-folio, le texte grec et la traduction latine en regard. Les deux premiers volumes ont été imprimés en 1721 par les soins de D. Julien Garnier, bénédictin ; le troisième, publié en 1730, après la mort de cet éditeur, est dû aux travaux de la congrégation de Saint-Maur.   H. BOUCHITTÉ, recteur de l'Acad. d'Eure-et-Loir.

BASILE Ier, dit *le Macédonien*, empereur grec (866-886), né en Macédoine, de parents pauvres, était d'abord simple écuyer, et obtint la faveur de l'empereur Michel III, auquel il plut par son adresse à dresser les chevaux. Michel l'associa à l'empire en 866, en reconnaissance de ce qu'il l'avait délivré du patrice Bardas. Peu de mois après, Basile se plaça seul sur le trône en donnant la mort à Michel, qui méditait sa perte. Il se montra digne de la couronne, fit avec succès la guerre en Orient, repoussa les Sarrasins de la Sicile, fit fleurir la justice et réforma les abus. On a de lui un traité de *l'Art de Régner*, pour son fils Léon. Il avait commencé un recueil de lois en soixante livres, que son fils termina, et qui est connu sous le titre de *Basiliques*. Ce n'est qu'une traduction grecque et une continuation du Digeste.

BASILE II, dit *le Jeune*, empereur grec (967-1025), fils de Romain II, regna conjointement avec son frère Constantin, après la mort de Zimiscès. Il étouffa les révoltes de Bardas-Sclérus et de Bardas-Phocas, battit les Bulgares (1013-1017), et réunit la Bulgarie à l'empire d'Orient. Ayant fait quinze mille prisonniers bulgares, il eut la cruauté de leur faire crever les yeux, n'en épargnant qu'un par centaine, pour qu'ils pussent reconduire les autres dans leur pays.

BASILE. Le talent esquisse un portrait ; et sa puissance est telle que, sous sa main, ce portrait devient un tableau, et ce tableau représente si bien un des caractères de la société au milieu de laquelle nous vivons, que nul à son aspect ne peut s'empêcher de s'écrier : *Il est d'après nature, et le voilà !* C'est principalement sur la scène que ce relief tranche vivement, saute aux yeux, et que, pour peu que l'illusion s'y prête, le doute n'est plus possible : aussi le spectateur se retire-t-il pleinement satisfait de sa soirée, quand, montrant du doigt *Tartufe*, il lui a dit : Tu t'appelles l'*Hypocrisie* ; et dévisageant *Basile*, il lui a craché à la face ces mots : Et toi, sournois, tu te nommes *la Calomnie !* Cette fois, l'esprit de Beaumarchais s'élève au niveau du génie de Molière.

Pour se soustraire au fer rouge qui lui brûle l'épiderme, Basile aura beau jeter par-dessus les moulins sa longue souquenille noire et son long *sombrero de frayle* espagnol ; il aura beau, si c'est possible, relever son œil faux et patelin, cesser de tenir ses bras en croix, redresser son front bigot longtemps incliné, son signalement a été si bien pris, que partout Figaro, le peuple, le reconnaîtra et l'appréhendera au corps. Basile, c'est Tartufe moins la grandeur, c'est Tartufe plus serpent encore que Tartufe. Chez l'hypocrite Tartufe, la calomnie n'est qu'un des mille engins de son arsenal diabolique ; chez le calomniateur Basile, c'est l'engin principal auquel tous les autres sont soumis. Tartufe découvert marche le front haut au péril ; Basile le tourne en marchant à quatre pattes. Tartufe plonge un honnête homme dans la misère, Basile l'envoie au bagne.

BASILIC (*Botanique*), de βασιλικός, royal, à cause de son odeur. Ce genre de plantes, qui appartient à la famille des labiées du Linné, se reconnaît aux caractères suivants : calice à deux lèvres, la supérieure large et enroulée, l'inférieure plus longue, à quatre dents aiguës ; corolle renversée, à lèvre supérieure quadrilobée, à lèvre inférieure plus longue, non divisée en lobes et seulement crenelée ; filets des deux étamines les plus courtes munis d'un petit appendice à leur base.

Ce genre contient une quarantaine d'espèces, remarquables par leur odeur suave et pénétrante. Elles sont toutes exotiques, et originaires, pour la plupart, des parties chaudes de l'Inde. Mais plusieurs ont été introduites dans nos jardins, et deux surtout, que nous allons décrire, y sont maintenant très-multipliées.

Le *basilic commun*, ou *grand basilic* (*ocimum basilicum*, Linné), est cultivé dans tous les jardins, à cause de son odeur. Ses tiges sont légèrement velues, hautes de 30 centim. environ ; ses feuilles pétiolées, en forme de cœur, un peu ciliées et dentelées sur les bords ; les fleurs, blanches ou d'un rouge pâle, sont disposées à l'extrémité de la tige et des rameaux, en anneaux composés chacun de cinq à six fleurs, et qui, par leur réunion, forment des espèces d'épis. Cette plante, qui nous est venue des Indes orientales, se retrouve aussi dans le nouveau continent ; elle est presque uniquement employée maintenant à servir, comme le thym, de condiment aromatique aux préparations culinaires. L'infusion de ses feuilles et de ses sommités fleuries était en usage autrefois en médecine, mais elle est aujourd'hui abandonnée ; il en est de même de l'eau distillée qu'elle fournit, et qui est très-aromatique et très-suave.

Le *basilic à petites feuilles*, ou *basilic nain* (*ocimum minimum*, Linné), est cette jolie espèce, originaire des Indes orientales, que l'on élève communément dans des pots, et que l'on tient dans les maisons ou sur les fenêtres pour jouir de son agréable odeur. Sa tige est haute d'environ quinze ou vingt centimètres, et garnie de rameaux tellement touffus que toute la plante ressemble à un petit buisson épais, ou plutôt à une boule de verdure; les feuilles sont petites, nombreuses, opposées, ovales, un peu charnues, vertes ou rougeâtres, presque semblables à celles du serpolet; ses fleurs sont blanches, petites et disposées par anneaux.

DÉMEZIL.

BASILIC (*Zoologie*). Ce mot a été longtemps employé pour désigner un animal imaginaire; c'était une sorte de dragon en miniature, dont la morsure était mortelle, et dont les yeux, plus terribles encore, donnaient la mort d'un seul regard. A la vérité, ce dernier effet n'avait lieu qu'autant que le basilic avait vu l'homme avant d'en être aperçu lui-même; car si celui-ci avait été le premier à découvrir l'animal, il était à l'abri de ses atteintes. Ce regard terrible, s'il venait à se réfléchir sur une glace, qui le renvoyait au basilic, suffisait pour le tuer lui-même : aussi pour le faire mourir et s'en emparer lui présentait-on un miroir. Quelques-uns prétendaient qu'une femme pouvait le saisir tout vivant sans peine et sans danger; tout le monde convenait d'ailleurs que c'était un rare animal, et l'on attachait beaucoup de prix à sa possession, car il servait à préparer des médicaments propres à guérir beaucoup de maux. Qui ne sait que le basilic a fourni à l'auteur de *Zadig* un de ses plus agréables chapitres? Mais on n'apprendra pas sans quelque surprise que des naturalistes l'aient figuré dans leurs ouvrages, et que des médecins l'aient autrefois vanté dans leurs pharmacopées. On voyait même dans beaucoup de cabinets d'histoire naturelle de petites raies façonnées en forme de dragons par des charlatans qui les vendaient aux gens crédules sous le nom de basilics.

Aujourd'hui l'on ne désigne plus sous ce nom qu'un genre de reptiles appartenant à l'ordre des sauriens, et caractérisés par un corps allongé, couvert de petites écailles; leurs quatre pieds à cinq doigts onguiculés, séparés, inégaux; leur langue charnue, épaisse, légèrement échancrée au bout; leur palais garni de dents, aussi bien que les mâchoires; leur dos et leur queue surmontés d'une crête élevée et continue, soutenue par des apophyses épineuses des vertèbres. Le genre basilic comprend deux espèces.

Le *basilic à capuchon* est un animal qui se rencontre au Mexique, à la Martinique et à la Guyane; sa longueur totale peut aller jusqu'à un mètre. Il est d'un brun fauve en dessus et blanchâtre en dessous; sa gorge porte des bandes d'un brun plombé, et de chaque côté de l'œil règne une raie blanchâtre, liserée de noir, qui va se perdre sur le dos. Ce reptile est fort innocent, du moins pour l'homme; il se nourrit de graines, et peut-être aussi de petits animaux, vit dans les lieux humides, nage fort bien à l'aide de sa queue, et n'a de royal qu'une proéminence membraneuse, en manière de capuchon, qui recouvre son occiput, et qui occupe la place d'une couronne sans en avoir tout à fait la forme.

Le *basilic à bandes*, originaire du Mexique, ne diffère du précédent que par le moindre développement de sa crête rachidienne, par ses écailles ventrales, qui sont carénées au lieu d'être lisses, et par six ou sept bandes noires régnant en travers de son dos. DÉMEZIL.

BASILICATE, partie de l'ancienne Lucanie, aujourd'hui l'une des quinze intendances (provinces) de terre ferme du royaume de Naples, est bornée par les provinces de *Terra di Bari*, *Capitanata*, *Principato citeriore* et *Principato ulteriore*, et contient environ 360,000 habitants. A l'ouest cette contrée est tantôt limitée et tantôt parcourue par la chaîne principale des Apennins; au sud-est elle est plate et bien arrosée. Le Bradano, le Bassente ou Bassiento et l'Agri traversent la province dans toute sa longueur, du nord-ouest au sud-est, mais aucun de ces cours d'eau n'est navigable. Le climat de la Basilicate est sain et tempéré, le sol fertile, mais la culture extrêmement défectueuse.

La population est demeurée en proie à l'ignorance et à la superstition; aussi le commerce et l'industrie n'ont-ils pris aucun développement dans cette province, qui a pour chef-lieu *Potenza*. La ville la plus peuplée, *Matera*, compte environ 12,000 habitants.

BASILIDE, fondateur d'une des écoles gnostiques de l'Égypte, naquit en Perse, au commencement du second siècle de l'ère chrétienne. Mais c'est en Égypte, à Alexandrie, qu'il exposa son système et que son école prit les plus grands développements. Sa doctrine se distingue de tous les autres systèmes gnostiques par la richesse de ses idées, de ses symboles, de ses monuments. Cet enfant de la Perse, initié aux théories chrétiennes dans Alexandrie, prétend qu'il n'innove en rien. Il a reçu la doctrine primitive des chrétiens par un certain Glaucias, interprète de saint Pierre. Il avoue cependant que son enseignement ne s'accorde pas avec les écrits *apostoliques*; mais il affirme que ces écrits sont les uns supposés par la mauvaise foi, les autres altérés par l'ignorance. Il met, comme Bardesane, à la tête de tout, un *Dieu sans nom*, qu'aucune parole ne saurait faire connaître, éternel, caché en lui-même, mais qui a manifesté ses perfections, et s'est déployé en une série d'émanations qui toutes sont encore lui. Les cinq premières de ces émanations sont des personnifications, des attributs de l'Intelligence; deux autres personnifient des qualités morales. Ces sept émanations réunies à Dieu forment une *ogdoade*, qui a des rapports avec l'ogdoade du Zend-Avesta (Zeruané Akéréné et les sept amshaspands), avec le monde Aziluth ou la première série des intelligences de la kabbale, et plus particulièrement avec la première ogdoade de l'ancienne théogonie égyptienne.

De sa première série d'éons Basilide en fait émaner une seconde, également composée de sept êtres, qui réfléchissent l'image de la série créatrice, et qui donnent naissance à une nouvelle série. Le nombre de ces déploiements successifs s'élève à trois cent soixante et cinq intelligences, qui forment autant de mondes intellectuels, *Ouranoi*. Elles sont toutes d'une pureté divine, et réfléchissent les images les unes des autres, tout en devenant de plus en plus imparfaites à mesure qu'elles s'éloignent de l'intelligence parfaite. Elles se partagent le gouvernement des divers mondes, et président, selon leurs rangs, aux destinées des astres et à celles de leurs habitants.

Pour expliquer la grande question de l'origine du mal, Basilide adopte un mythe du Zend-Avesta. Il admet une invasion violente du principe du mal dans le domaine du bien. L'harmonie du monde étant troublée par cette attaque, la sagesse divine dut prendre des mesures pour rétablir l'ordre et faire servir le mélange à un but digne de l'Être Suprême. En effet, ce qui est divin a pu s'altérer, se confondre avec la matière, mais doit revenir tôt ou tard à la pureté céleste. Dieu a donc créé ce monde pour servir de théâtre au grand drame de l'épuration. L'âme humaine se trouve depuis le commencement du monde dans une migration perpétuelle, dont le but est de la séparer du mélange matériel. Elle parcourt non-seulement les divers degrés de l'existence animale, mais encore les différentes échelles de la civilisation des peuples. Des anges spéciaux, préposés aux nations et aux individus, dirigent ces périodes de perfectionnement. Toutefois, cette surveillance ne suffisant pas à l'Être suprême, il résolut de se manifester aux hommes et de leur tracer leur destinée véritable. Pour cela, il envoya sa première intelligence, *Noûs*, ou réunir à Jésus, l'homme le plus moral de son époque. Dans l'apparition et dans la mort de ce personnage, moitié homme, moitié divinité, *l'homme seul souffrait*; *l'esprit* remplit sa mission, en indiquant à l'âme le chemin de la foi. La foi est non pas une suite de convictions, mais un état moral et intellectuel, une sorte de vie divine en communication avec le monde supérieur. La foi se transforme donc à mesure que l'âme s'élève. Pour s'élever ainsi, elle doit lutter contre certains esprits du mal, originairement étrangers à l'âme, mais qui, par suite de la grande confusion, se sont associés à elle au point de former dans l'homme une seconde âme, l'âme animale. En somme, la morale de Basilide se résume en cet axiome : « Le sage ne doit rien haïr ni rien désirer. »

Cet ensemble de doctrines, Basilide ne le communiquait que par degrés, en établissant des classes d'initiés plus nombreuses que les autres écoles gnostiques. Le plus illustre de ses élèves fut son fils Isidore, qui imprima à l'école une direction plus opposée à l'Église chrétienne, et adopta le *docétisme*, système d'après lequel la première intelligence, le *Noûs*, ne revêtit qu'une apparence de corps, et ne souffrit qu'une mort apparente. Les *basilidiens* se sont plus tard autorisés de cette maxime pour renier leurs croyances et se soustraire au martyre, comme, suivant eux, le Sauveur s'était dérobé à la croix.

Bientôt ils allèrent plus loin : ils prétendirent que les parfaits n'étaient tenus à aucune loi, que leur âme était trop élevée au-dessus du monde matériel pour pouvoir être affectée par la volupté. C'est par sa morale licencieuse qu'acheva de se perdre une école à laquelle ses adversaires les plus ardents, saint Clément d'Alexandrie, saint Irénée, saint Épiphane, Théodoret, Agrippa Castor, avaient d'abord reconnu de belles qualités morales. Après s'être répandue un instant dans toute l'Égypte, elle s'éteignit partout obscurément, vers le milieu du cinquième siècle. Albert Matter.

BASILIDIENS. *Voyez* Basilide.

BASILIO DA GAMA (José), poëte épique brésilien, naquit en 1740, à San-José, dans la province de Minas-Geraës. Amené à Rio-de-Janeiro par un franciscain, il entra au collége des Jésuites ; mais la suppression de l'ordre fut pour lui la cause d'une foule de pérégrinations malheureuses. Enfin il trouve asile et protection auprès de Pombal, qui l'attache à son cabinet. C'est là que Basilio écrit *Quitubia*, en faveur d'un chef africain dévoué aux Portugais, et son poème épique l'*Uraguay*. Mais à l'avénement de dona Maria Ire Pombal est exilé dans ses terres ; Basilio lui reste fidèle, et écrit des vers à sa louange. Les Jésuites relèvent la tête, attaquent l'*Uraguay*, traitent l'auteur d'ingrat et de parjure. Pour se soustraire à leur vengeance, Basilio repart pour Rio-de-Janeiro, où le vice-roi et l'évêque l'accueillent avec distinction. Il se lie avec tous les littérateurs de l'époque, et ils fondent ensemble la première académie brésilienne. En 1790 arrive un nouveau vice-roi, qui ferme l'académie, arrête, juge, condamne, déporte les littérateurs sur les côtes d'Afrique. Basilio da Gama lui échappe en retraversant l'Atlantique pour la cinquième fois. Il débarque à Lisbonne. Nul ne sait ce qu'il y devint. On croit seulement qu'il y mourut en 1795.

Basilio da Gama est auteur d'un grand nombre de gracieuses productions lyriques et élégiaques, de belles cantates, de tendres sonnets, d'ingénieuses épîtres ; et dans tous les genres il excelle. Mais son plus beau titre de gloire, c'est l'*Uraguay*, en cinq chants, écrits en vers héroïques libres, poëme ou plutôt roman en vers, palpitant de verve, de génie, d'inspiration. C'est l'histoire des guerres sanglantes que les Portugais soutiennent en 1756 contre les indigènes du Paraguay, soulevés par les Jésuites. Il y a dans cette épopée transatlantique, qui jouit d'une grande réputation en Portugal et au Brésil, des peintures délicates, d'intéressants épisodes, un vif attrait de curiosité constamment soutenu, des beautés inappréciables.

BASILIQUE. Ce mot désignait originairement un édifice où l'on rend la justice, un tribunal. Nous ne savons si chez les Grecs, dans le temps de leur autonomie, le mot de basilique était employé dans le sens d'édifice propre'à un tribunal ; mais nous trouvons à Athènes dès le temps de Platon, qui en parle dans le début de son *Eutyphron*, un portique appelé le portique du roi, ou du *basileus*, ou le portique *basilien*; et nous apprenons, tant par le témoignage du philosophe que par celui des orateurs attiques et des autres écrivains grecs, que cette dénomination était due à l'archonte-roi, ou *basileus*, qui avait en cet endroit son siége de justice. Ainsi, bien que l'adjectif usité par les Grecs, *basileios*, diffère légèrement comme forme de celui qu'ont employé les Romains, *basilicos*, nous ne nous en croyons pas moins autorisé à penser que la basilique modèle a été le tribunal de l'archonte-roi à Athènes. Les Romains avaient des basiliques dès le temps de Cicéron ; Vitruve, qui était un peu plus jeune que l'orateur latin, expose dans son livre les règles et les convenances qu'il faut observer pour la construction des basiliques, et en décrit une fort singulière qu'il avait élevée à Fano, sa patrie. La restitution de la basilique de Fano présente des difficultés qu'on n'est pas encore parvenu à vaincre. Il n'en est pas de même du type commun des basiliques, dont la disposition dans Vitruve correspond exactement à celle des principales basiliques chrétiennes. Après avoir déterminé la place propre à la basilique, laquelle doit être contiguë au *forum*, et dans une exposition chaude, pour que les marchands qui la fréquentent pendant l'hiver souffrent moins des incommodités de la saison, Vitruve trace le plan d'un édifice en parallélogramme, divisé par deux rangs de colonnes en trois nefs, une grande et deux petites. Chaque rang de colonnes en supporte un second, et entre ces deux ordres superposés, on établit le plancher d'une galerie supérieure, correspondante à la galerie qui dans beaucoup d'églises gothiques porte le nom de *travées*. L'édifice, plafonné dans toute sa longueur, se termine par un hémicycle voûté, ou *cul-de-four*, au centre duquel était placé le siége du magistrat.

Les basiliques ou plus étendues servaient donc à plusieurs usages : dans la nef du milieu, les marchands se rassemblaient pendant la mauvaise saison : c'était leur bourse. A droite et à gauche de la grande nef, sous les colonnes, étaient des boutiques, particulièrement celles des changeurs. Les jurisconsultes donnaient leurs consultations dans les galeries supérieures : on y plaçait souvent des bibliothèques. Enfin, l'hémicycle du fond, séparé du reste de l'édifice par une simple balustrade, et quelquefois par des colonnes, donnait asile aux juges, aux avocats et aux plaideurs. La Bourse de Paris rappellerait complétement les basiliques antiques, si l'extérieur en était plus simplement décoré, et l'on trouvait des boutiques aux deux ailes du rez-de-chaussée, et si le tribunal de commerce, au lieu d'être prudemment relégué dans une salle du premier étage, se déployait majestueusement au fond de la grande salle sous la demi-voûte d'une *tribune* à l'antique.

Les Romains n'eurent pas seulement des basiliques publiques ; ils introduisirent ce genre de construction dans les demeures particulières. Vitruve recommande aux citoyens riches de se faire construire des basiliques dont la magnificence égale celle des monuments publics, parce que, dit-il, il arrive souvent qu'on tient dans leurs maisons des assemblées d'un intérêt général, qu'on y juge des causes privées, et qu'on y règle des arbitrages. Sans doute, lorsque les particuliers élevaient des basiliques, au lieu d'y pénétrer par un *forum*, on trouvait attenant un grand *atrium* ou des portiques. Les basiliques chrétiennes, calquées en tout sur les basiliques dont parle Vitruve, offrent aussi les traces de cet usage.

Dans le silence des auteurs ecclésiastiques, il serait difficile de préciser le motif qui fit adopter aux chrétiens la forme des basiliques pour la construction de leurs premières églises. Nous croyons toutefois, avec M. Quatremère de Quincy, que le besoin de rassembler sous le même toit la multitude des fidèles indiqua naturellement les basiliques comme celui des édifices alors en usage qui se prêtait à renfermer un plus grand nombre de personnes. Pour les adapter à leur nouvelle destination, on n'eut aucun changement essentiel à leur faire subir. L'évêque s'assit au centre de l'hémicyle, à la place du juge; la table de sacrifice ou l'autel fut placé entre l'évêque et le peuple ; on recula jusque dans la grande nef la balustrade qui séparait autrefois la bourse du tribunal, et dans l'enceinte de cette balustrade on plaça les *ambons* ou chaires propres à la lecture des évangiles et aux prédications, les pupitres des chantres, enfin tout ce qui est nécessaire pour accomplir le service divin avec magnificence. Les hommes et les femmes, séparés en deux chœurs, se rangèrent dans les deux nefs latérales : c'est ainsi que nous les voyons représentés au-dessus de leurs places respectives sur les mosaïques qui ornent la nef principale de la basilique de Saint-Fortunat à Ravenne. D'autres fois, et cet usage participait de l'Orient, les femmes voilées occupèrent les galeries supérieures, et les hommes restèrent seuls en bas. Les catéchumènes, les néophytes, et généralement tous ceux qui n'avaient pas le droit de pénétrer dans le temple, trouvaient un asile sous le porche extérieur. Au reste, bien qu'on puisse juger par induction de la forme des premières basiliques chrétiennes, on ne sait au juste quelles furent les premières, et dans quelles dimensions on les bâtit. Ce qu'on n'a pas assez remarqué, c'est que les chapelles des catacombes, qu'on a tout lieu de regarder comme les premiers lieux d'assemblée des chrétiens, n'offrent aucun rapport avec les basiliques. Creusées généralement dans le roc, elles affectent à toutes leurs extrémités les formes demi-circulaires, et souvent présentent dans leurs plans des rapports avec la croix, qu'on a interprétés dans un sens mystique, mais qui n'étaient probablement à l'origine que des imitations du plan des salles des thermes romains ou des excavations sépulcrales, avec lesquelles ces chapelles offrent dans les détails et l'ornementation une si frappante analogie. Les salles des thermes romains devinrent, à compter de la fondation de Constantinople, le type le plus général des églises d'Orient, comme les basiliques restèrent le type des églises d'Occident. Ces règles néanmoins ne furent pas tellement absolues qu'on ne rencontre et des imitations des basiliques à Constantinople, ou à Ravenne, sa succursale, et des ressouvenirs de l'architecture des thermes dans les églises d'Italie. Les églises circulaires qu'on trouve à Rome contemporaines et voisines des églises en forme de basiliques, sont évidemment imitées des salles rondes, surmontées de coupoles, qui s'élevaient au centre des thermes publics, tels que ceux de Titus, de Caracalla et de Dioclétien. Ces temples, il est vrai, avaient d'abord une destination fixe; ils servaient aux cérémonies du baptême : c'est ainsi que nous trouvons le baptistère de Constantin à côté de la basilique de Saint-Jean, construite, dit-on, par cet empereur, sur l'emplacement du palais impérial de Latran. Mais l'existence en Italie d'un grand nombre d'églises circulaires très-anciennes, semblables à Saint-Étienne-le-Rond à Rome, au temple de Nocéra de Pagani, etc..., la construction en France, dès les premiers temps du christianisme, d'églises telles que Saint-Germain-le-Rond, remplacé par Saint-Germain-l'Auxerrois à Paris, sans qu'il soit question de basiliques plus grandes dont ces églises n'auraient été que l'appendice, tout cela prouve que la forme des basiliques n'a pas été dans l'origine essentielle aux églises chrétiennes de l'Occident, pas plus que les édifices circulaires, en croix, octogones, etc..., avec la coupole ou les surmonte, n'ont été un produit spontané de l'imagination orientale.

Pour en revenir aux basiliques, la tradition religieuse veut que la première ait été celle de Saint-Jean de Latran : il est pourtant bien difficile de croire que les chrétiens, dont le culte commençait à peine d'être toléré à cette époque, aient débuté par un édifice immense, à cinq nefs, et qui rappelle dans ses dispositions comme dans ses proportions la fameuse basilique Ulpienne, construite sous le règne de Trajan. L'église de Saint-Paul hors les murs, non moins riche ni moins importante que celle de Saint-Jean-de-La-

tran; l'église de Saint-Pierre au Vatican, qui avait cinq nefs comme les deux précédentes, sont aussi rapportées au règne de Constantin : il est vrai de dire toutefois que l'authenticité de ces dates n'a pas encore été soumise au creuset d'une critique sévère. Tout ce que l'on sait, c'est que l'église de Saint-Paul, dont l'ensemble a subsisté jusqu'à l'incendie de 1823, bien qu'élevée sur l'emplacement d'une première église contemporaine de Constantin, fut cependant reprise sur un plan plus magnifique sous le règne de Théodose. Ce fait, que l'on n'a jamais pu contester, à cause de l'existence d'une mosaïque qui attribuait au pape Honorius Ier l'œuvre dont une croyance plus respectable que raisonnée fait honneur à saint Sylvestre, ce fait doit nous laisser des doutes graves sur l'époque à laquelle les grandes basiliques de Saint-Jean et de Saint-Pierre ont été élevées, basiliques dont la première a été entièrement défigurée par les décorations modernes, et dont la seconde, détruite à la fin du quinzième siècle, a été remplacée par l'église actuelle de Saint-Pierre. La basilique de Saint-Laurent hors les murs, auprès de Rome, attribuée également à Constantin, laisse voir dans son état actuel l'espèce de transformation que les premières basiliques ont dû subir. La première église formée de colonnes et d'ornements empruntés à des monuments d'une grande époque, mais rassemblés avec la négligence et la grossièreté qui caractérisent les travaux du règne de Constantin, n'avait que cinq colonnes sur chaque côté, et deux colonnes en retour dans le sens de la largeur de l'édifice. Cette disposition, qui rappelle celle de la basilique romaine d'Otricoli, nous fait supposer que derrière ces deux colonnes de la largeur, devait se déployer un hémicycle proportionné au reste de l'édifice. Cette première basilique subsista jusqu'au commencement du treizième siècle, où le pape Honorius III entreprit de refaire et d'agrandir l'église Saint-Laurent. A cette époque le sol s'était prodigieusement élevé par l'accumulation des décombres, non-seulement dans l'enceinte de Rome, mais aux environs; et l'on devait descendre dans l'église Saint-Laurent absolument comme on descend encore aujourd'hui dans celle de Sainte-Agnès, qui en est peu éloignée, et qui ne compte encore que sept colonnes sur chaque côté avec deux colonnes en retour, mais celles-ci du côté de l'entrée. Par barbarie peut-être, ou par un résultat pittoresque, au lieu de refaire l'église en entier, on laissa subsister les anciennes colonnes à leur niveau primitif, et l'on éleva le sol de la nouvelle église de façon que ces premières colonnes, devenues celles du chœur, ne dépassent plus le pavement que d'un tiers de leur hauteur. Dans la disposition de l'église d'Honorius III, la basilique primitive n'occupe plus aussi qu'un tiers de la dimension totale. Cet exemple et cette proportion peuvent servir de base aux probabilités chronologiques qui s'appliquent aux églises primitives de Saint-Jean, de Saint-Paul et de Saint-Pierre.

Afin donc de trouver à Rome une basilique d'une forme et d'une proportion vraiment originaires, il convient d'étudier la construction des édifices chrétiens, mais parce que ces deux temples offrent un ensemble de parties, et portent un caractère simple et en quelque sorte domestique, qui a dû distinguer les premières constructions chrétiennes. Ainsi, quand on entre à Sainte-Praxède ou à Saint-Clément, on ne sait si ce n'est pas plutôt l'habitation d'un riche particulier qui s'offre à la vue : on croirait qu'on va participer à une réunion furtive de chrétiens dans la maison d'un de ces citoyens qui encouraient le martyre en donnant un asile aux fauteurs de la religion nouvelle. A Saint-Clément, nous trouvons un porche, ou vestibule extérieur, soutenu par quatre colonnes; à Sainte-Praxède seulement, nous traversons un véritable *prothyrum*, comme ceux de Pompeï, dont un escalier d'une vingtaine de marches, séparées par un palier, occupe la plus grande partie. L'*atrium* de Saint-Clément est péristyle comme celui des riches habitations romaines; celui de Sainte-Praxède est nu, et n'a peut-être jamais été plus orné. Cette cour antérieure se retrouve aussi à Saint-Ambroise de Milan et à la cathédrale de Novare. Quant à l'intérieur, celui de Saint-Clément offre, comme on sait généralement, la réunion la plus complète des parties qui composaient essentiellement une basilique chrétienne des premiers siècles, c'est-à-dire les trois nefs, la grande abside avec le siège de l'évêque et celui des prêtres assistants, ainsi que l'autel ou confession; le chœur, pris sur la grande nef, entouré d'une balustrade en marbre incrusté de mosaïques, et renfermant les ambons, également en marbre incrusté; enfin, les deux petites absides répondant aux deux nefs latérales, et dont l'une servait originairement de vestiaire, l'autre de bibliothèque.

Si l'on veut établir une identité à peu près absolue entre le type de la basilique romaine fourni par Vitruve et les basiliques chrétiennes qui subsistent encore, il conviendra de réunir les deux églises de Sainte-Marie-Majeure et de Sainte-Agnès, et d'extraire du premier de ces monuments ce qui sera nécessaire pour assimiler complétement le second aux tribunaux antiques. Ainsi, dans l'une et l'autre basilique, vous trouverez les trois nefs et l'abside du fond; mais à Sainte-Agnès seulement vous remarquerez la double colonnade et les galeries supérieures; et, seule aussi, Sainte-Marie-Majeure vous fournira l'exemple du *podium*, ou balustrade à hauteur d'appui, entre l'entablement des colonnes inférieures et la base de celles d'en haut, que Vitruve regarde comme utile, pour que les personnes placées dans la galerie ne soient pas vues des promeneurs du rez-de-chaussée. Au reste, le caractère obligé des basiliques antiques, c'est-à-dire l'existence des colonnades qui les divisent en trois nefs, et la couverture en bois à solives, soit apparentes, soit dissimulées par des caissons, ce caractère s'est conservé intact dans les églises de Rome jusqu'au treizième siècle. Seulement voit-on quelquefois, comme à Sainte-Marie *in Cosmedin*, substituer aux deux colonnes de chaque côté de la grande nef placées à la hauteur des ambons un pilier contre lequel les ambons sont appuyés. D'autres fois, comme à Saint-Vincent-aux-trois-Fontaines, on rencontre le principe des voûtes, qui, universellement adoptées dans le nord de l'Europe, ont fini par devenir un caractère essentiel de l'architecture ecclésiastique.

Depuis que l'attention des architectes s'est reportée sur les monuments du christianisme primitif, les basiliques de Rome ont été l'objet d'études approfondies : on en est venu à penser que dans nos mœurs nulle forme ne serait plus appropriée aux églises que celle des basiliques. Déjà même quelques imitations, telles que l'église de Notre-Dame-de-Lorette, par M. Lebas; la paroisse de Bercy, par M. Châtillon; l'église de Saint-Vincent-de-Paul, par MM. Lepère et Hittorff, ont été tentées sous nos yeux. Mais, quel que soit le mérite de ces essais, la difficulté capitale que présente aujourd'hui l'exécution des basiliques n'a pas été résolue. Cette difficulté gît dans l'extérieur d'un monument que les anciens paraissent avoir conçu très-simple, et de plus lequel au moins les chrétiens se sont contentés d'accuser à nu la construction. Les mosaïques que l'on voyait à l'extérieur de la façade de Saint-Paul, celles qui décorent la place correspondante de Sainte-Marie *in Trastevere*, n'iraient ni à notre climat ni à nos mœurs : ce serait de l'archaïsme pur et simple. Le porche bas, si gracieux à Saint-Laurent et au dôme de Civita-Castellana, a trop de modestie et en quelque sorte de bonhomie pour des églises qui ne rappelle pas les premiers chrétiens. Celui qui trouvera pour les basiliques une façade riche comme il le faut pour nos villes, et qui ne dénature pas en même temps le type de ce genre de monument, rendra un grand service aux arts; mais nous craignons bien que la difficulté ne soit insoluble.

Le nom de *basilique* a encore reçu deux acceptions différentes. Ainsi, le nom de basilique est resté spécialement affecté comme signe de rang et de privilége aux sept principales églises de Rome, et à un grand nombre d'autres églises de la chrétienté, bien que la plupart de ces églises aient été construites dans un système architectonique différent de celui des basiliques, et que d'autres, telles que Saint-Pierre de Rome, aient été rebâties sous une forme qui ne rappelle en rien la disposition originaire. D'un autre côté, Palladio, préoccupé du souvenir de Vitruve, a appliqué le nom de basilique au palais public de Vicence, restauré par lui, et connu en Italie sous le nom de *Palazzo della Ragione*. La basilique de Vicence offre bien comme usage quelque analogie avec les basiliques antiques; mais comme forme et disposition, elle s'en éloigne totalement.

Ch. LENORMANT, de l'Institut.

BASILIQUES. Nom donné à un code rédigé vers la fin du neuvième siècle par ordre de l'empereur Basile le Macédonien. C'est une refonte en langue grecque du Corps de Droit qui avait été promulgué par Justinien plus de trois siècles auparavant. L'on y réunit, dans un seul ouvrage de soixante livres, les quatre parties distinctes dont se composait le travail de Justinien, ayant égard en même temps aux ordonnances rendues postérieurement à cet empereur. Léon le Philosophe et Constantin Porphyrogénète (probablement en 945) publièrent chacun dans la suite une nouvelle édition de ce recueil avec des changements. Il nous sert aujourd'hui principalement à rectifier en beaucoup d'endroits les leçons du Corps de Droit romain, et c'est avec raison qu'on l'a comparé sous ce rapport à la traduction de l'*Ancien Testament* par les *Septante*. Une grande partie de ses dispositions ont encore force de loi en Grèce, en Russie et surtout dans la Moldavie. Nous n'en avons plus que trente-six livres dans leur entier ; sept sont pleins de lacunes (un manuscrit de la Bibliothèque impériale est assez complet à cet égard, mais il est inédit), et les dix-sept autres nous manquent. Il est prouvé qu'au moins sept de ces derniers étaient encore entre les mains de Cujas; ils existent donc probablement encore de nos jours, sans qu'on puisse les retrouver, ou ils n'ont péri que depuis deux siècles et demi environ. La seule édition que nous ayons des *Basiliques* a été publiée par Fabrot, à Paris, en 1647, 7 vol. in-fol. Elle contient également une traduction latine du texte, avec les *scolies* ou commentaires des jurisconsultes du Bas-Empire. Il y faut joindre les quatre livres imprimés pour la première fois par Reitz en 1752. Le *Manuale Basilicorum* de Haubold (Leipzig, 1819) facilite beaucoup l'étude de ce code, dont M. Heimbach, professeur à Iéna, a publié une nouvelle édition, terminée en 1850 (Leipzig).

BASIN. De l'italien *bambagine*, dont on a fait par contraction, d'abord *bagine*, puis *basin*), sorte d'étoffe croisée, dont la chaîne est de fil et la trame de coton.

BASINE ou **BAZINE**, femme de Childéric Ier, mère de Clovis, vivait au milieu du cinquième siècle. Forcé de fuir en Germanie pour échapper à la fureur des Francs, Childéric avait trouvé un asile en Thuringe. Rappelé plus tard par les Francs et remis en possession de la couronne, Basine, femme du roi des Thuringiens, abandonna son époux pour venir rejoindre Childéric, dont elle s'était éprise.

BASIRE (CLAUDE), conventionnel, né à Dijon en 1764, mort guillotiné à Paris, le 3 avril 1794, était pourvu d'un petit emploi aux archives de Bourgogne quand éclata la révolution. Député de la Côte-d'Or à la Législative, il s'y fit remarquer par l'ardeur de ses idées révolutionnaires et prit une part importante aux journées du 20 juin et du 10 août 1792. Représentant de la Côte-d'Or à la Convention, il y demanda la peine de mort contre quiconque proposerait le rétablissement d'une puissance *héréditaire et individuelle*, et dans le procès de Louis XVI il vota la peine de mort. En février 1793 il fut envoyé en mission extraordinaire à Lyon, et cassa la municipalité de cette ville, suspecte d'être favorable au parti de la Gironde. Au 31 mai, il proposa que la Convention allât *fraterniser* avec le peuple, qui attendait à la porte qu'elle expulsât de son sein la *mauvaise queue* de Brissot et de Vergniaud. Le 28 août il provoqua la loi qui déclarait la république en *état de révolution* jusqu'au rétablissement de la paix générale. C'est sur son rapport que fut rendue la loi qui ordonna le *tutoiement*. Compromis dans de sales tripotages auxquels donna lieu la liquidation de la compagnie des Indes, il fut condamné et exécuté le même jour.

BAS-JUSTICIER. *Voyez* JUSTICIER.

BASKERVILLE (JOHN), imprimeur, graveur et fondeur en caractères, célèbre à bon droit, naquit à Wolverley, dans le Worcestershire, en 1706. D'abord maître d'écriture à Birmingham, il fit plus tard avec succès un grand commerce de couleurs et de vernis; mais à partir de 1750 il s'appliqua à la gravure et à la fonte des caractères, auxquels il parvint à donner une grande perfection, et se fit imprimeur. Il confectionnait lui-même tous les ustensiles dont il se servait, et jusqu'à son papier. Le premier il fabriqua du papier non filigrané, dit *papier vélin*. Ses principales éditions se distinguent encore aujourd'hui par leur noble simplicité, sans vignettes ni ornements superflus. Cependant, on en voit dans son *Orlando furioso* (1775). On recherche surtout son Virgile (1757), son Horace, son Juvénal, son Perse et sa Bible anglaise. Les services qu'il rendit à l'imprimerie doivent être d'autant plus appréciés, qu'il rencontra peu d'encouragements parmi ses contemporains. A sa mort, arrivée en 1775, ses héritiers ne trouvèrent pas d'acquéreurs pour ses poinçons; et ils ne purent s'en défaire que dix ans plus tard, lorsque Beaumarchais eut l'idée de monter à Kehl une imprimerie spéciale pour une édition des œuvres de Voltaire.

BASNAGE, nom d'une famille protestante de Normandie, qui a fourni à l'Église réformée plusieurs de ses pasteurs les plus estimables : *Benjamin* BASNAGE, né en 1580, mort en 1662; *Antoine* BASNAGE, son fils, né en 1610, mort en 1691, en Hollande, où il se réfugia après la révocation de l'édit de Nantes; *Samuel* BASNAGE, fils d'Antoine, né en 1638, réfugié en Hollande avec son père, mort en 1721, auteur des *Annales Politico-Ecclesiastici* (Rotterdam, 1706).

La même famille a donné à la France plusieurs savants et écrivains distingués : BASNAGE DU FRAQUENAY, deuxième fils de Benjamin, célèbre avocat et jurisconsulte de Rouen, né en 1615, mort en 1695, qui publia les *Coutumes de Normandie*, 1677, et un *Traité des Hypothèques*, 1687.

Jacques BASNAGE DE BEAUVAL, fils du précédent, ministre de la religion réformée, né en 1653, à Rouen, réfugié en Hollande, mort l'an 1723. Pendant son séjour en Hollande il se sut concilier la faveur du grand-pensionnaire Heinsius. Il en profita pour rendre des services à son pays, auquel il était resté attaché, et contribua puissamment à faire contracter l'alliance avec la Hollande, qui fut conclue par l'abbé Dubois, à La Haye, en 1717. Basnage était l'ami de Bayle, avec lequel il s'était lié à Genève et à Sedan. Jacques Basnage a laissé un grand nombre d'ouvrages sur l'histoire de la religion, dont les plus estimés sont l'*Histoire de l'Église depuis Jésus-Christ jusqu'à présent* (Rotterdam, 1699); l'*Histoire des Juifs depuis Jésus-Christ jusqu'à présent, pour servir de supplément à l'Histoire de Josèphe* (1706), plusieurs fois réimprimés; les *Annales des Provinces-Unies* de 1646 à 1678 (La Haye, 1719).

Henri BASNAGE DE BEAUVAL, frère cadet du précédent, né en 1656, mort en Hollande, en 1710, fut d'abord avocat au parlement de Rouen, puis se réfugia en Hollande, où il se lia avec Bayle par l'entremise de son frère. Il continua, sous le titre d'*Histoire des Ouvrages des Savants* (depuis 1687 jusqu'à 1709, 24 vol.), l'intéressant recueil que Bayle avait créé sous le titre de *Nouvelles de la République des Lettres*: cette continuation, écrite avec l'impartialité et les égards convenables, n'est pas indigne de l'ouvrage auquel elle fait suite. H. Basnage donna en 1701 une deuxième édition du *Dictionnaire universel* de Furetière, 3 vol. Il avait publié en 1684 un petit ouvrage intitulé *Tolérance des Religions*.
BOUILLET.

BASOCHE ou **BAZOCHE**. Les étymologistes ne sont pas d'accord sur l'origine de ce mot. Ménage le fait dériver de *basilica*, parce qu'originairement on rendait la justice dans le palais des rois. Boiste le fait venir du grec βάζειν, railler; enfin, selon Gébelin, ce mot serait composé de *bas*, petit, et de *oche*, *ogue*, oie, la *petite oie*, la *petite cour*, par opposition à la cour dont elle relevait, la *haute cour* du parlement.

Toutes les corporations formées dans le moyen âge se résumaient en confréries; celle de la basoche est la première peut-être qui n'ait pas eu un caractère essentiellement religieux. Cette communauté prit dès son origine le titre de *royaume*, et son chef celui de *roi de la Basoche*. Elle date de l'époque où le parlement de Paris devint sédentaire. Les procureurs, alors en trop petit nombre pour faire eux-mêmes toutes les écritures qu'exigeait leur ministère, avaient obtenu du parlement, en 1303, la permission de se faire aider par de jeunes clercs, car il n'y avait alors que les *hommes de clergie* qui sussent lire et écrire. Des contestations s'élevaient souvent entre les clercs de procureurs; elles étaient portées devant les tribunaux ordinaires. Philippe le Bel, *de l'avis et conseil de son parlement*, établit la juridiction de la basoche, ordonna que le chef porterait le titre de roi, connaîtrait en dernier ressort de tous les différends qui naîtraient entre les clercs, et réglerait la discipline de cette turbulente milice. Les chefs de la juridiction se qualifiaient *princes de la Basoche*. Ils devaient foi et hommage au roi de la basoche; ils étaient tenus d'obéir à ses mandements; et l'appel de leurs jugements était porté devant lui ou devant son chancelier. Ces nouveaux statuts furent confirmés par plusieurs arrêts du parlement de Paris.

Louis XII leur permit de dresser un théâtre sur la table de marbre de la grande salle du Palais.

Le roi Philippe le Bel avait fixé le régime réglementaire de la basoche. Chaque année le roi de la basoche devait faire à Paris la *monstre* (revue) de tous les clercs du palais, de ses suppôts et sujets dans un célèbre et vaste champ qu'ils avaient acquis, et qu'on nommait pour cela le Pré aux Clercs. Ils s'y rendaient par bandes et compagnies, en uniforme. Ce nombreux carrousel attirait une affluence considérable de curieux. François 1er écrivit au parlement qu'il se trouverait à Paris au jour désigné pour voir la cérémonie. Le roi de la basoche, informé de la résolution de François 1er, envoya son avocat général au parlement pour prier la cour de vouloir bien vaquer les deux jours suivants. Arrêt conforme le 25 juin 1540. Huit cents clercs, en uniforme, musique en tête et bien montés, défilèrent devant le monarque, qui fut émerveillé de cette belle cavalcade. C'était presque une puissance politique que le roi électif de la basoche. Il faisait frapper une espèce de monnaie, qui avait cours entre les clercs.

En 1548 la Guienne s'était soulevée contre l'autorité de Henri II, qui avait envoyé dans cette province le connétable de Montmorency avec une armée considérable. Le roi de la basoche et ses officiers, ayant réuni le ban et l'arrière-ban des juridictions basochiales, offrirent leurs services au monarque. Ils étaient six mille. Leurs offres furent bien accueillies, et le monarque en fut si content qu'il leur voulut retour il leur demanda quelle récompense ils désiraient. « L'honneur de servir votre majesté partout où elle voudra nous employer. » Telle fut la réponse de la milice basochienne. Le roi, par lettres patentes de 1548, leur accorda plusieurs priviléges, entre autres celui de faire couper chaque année dans les forêts des domaines royaux tels arbres qu'ils voudraient pour la plantation du mai dans la cour de la Sainte-Chapelle. Ils en faisaient ordinairement couper trois, l'un pour être placé dans cette cour, et les deux autres pour être vendus à leur profit. Il leur fut alloué par le même prince une somme déterminée, à prendre sur les amendes à la cour des aides et à celle du parlement. Il fut permis au roi de la basoche et à ses suppôts d'avoir pour armoiries *un écu royal d'azur à trois écritoires d'or*, et au-dessus *timbre, casque et morion, avec deux anges pour supports*. Le trésorier et le receveur du domaine de la basoche eurent le droit de faire sceller gratis à la chancellerie une lettre de tel prix qu'ils voudraient. Les pièces qui constituaient les priviléges de la basoche ont été brûlées dans l'incendie du Palais. Le titre de *roi* était, du reste, commun aux chefs de plusieurs autres corporations : *roi des ribauds*, *roi des ménétriers, roi des merciers*, etc.

Henri III, effrayé de voir une population de dix mille clercs sous les ordres d'un seul homme dans sa capitale, supprima le titre de roi, et tous les droits attribués à ce chef furent déférés au chancelier de la basoche. Les *monstres* ou revues furent réduites aux seuls officiers. Le cortége ne se composait plus que de vingt-cinq à trente clercs, savoir : le chancelier, quelques maîtres des requêtes ordinaires, un grand audiencier, un référendaire, un aumônier, quatre trésoriers, un greffier, quatre notaires et secrétaires de la cour basochiale, un premier huissier et huit huissiers ordinaires.

Aux termes d'un arrêt rendu en 1656 par le parlement de Paris, tous les officiers de la basoche étaient élus dans une assemblée générale des clercs du palais. Le chancelier ne pouvait être ni marié ni bénéficier; il portait la robe et le bonnet carré; les autres officiers, l'habit noir, le rabat et le manteau. Le chancelier présidait le tribunal; il pouvait être suppléé par le vice-chancelier ou par le plus ancien maître des requêtes. Le nombre de juges, pour la validité de l'arrêt, ne pouvait être au-dessous de sept, non compris le président. Les arrêts étaient formulés ainsi : *La basoche régnante en triomphe et en titre d'honneur, à tous présents et à venir, salut. — Notre bien amé.... A ces causes.... De grâce spéciale et autorité royale basochienne.... Si mandons à nos amés et féaux. — Car tel est nostre plaisir. — Donné en nostre dit royaume, l'an de joie.... et de nostre règne le perpétuel.* Les décisions étaient souveraines : on ne pouvait en appeler que devant la même juridiction. La cause était alors jugée par ce qu'on appelait le *grand conseil*, composé des chanceliers et des procureurs de la cour basochiale. La basoche délivrait aux clercs des certificats de capacité. Dans l'origine, le temps de cléricature était constaté par des lettres qu'on appelait lettres de *béjaune* ou *becjaune*.

Les clercs de procureurs de la chambre des comptes formaient une autre communauté, dont le titre était encore plus ambitieux ; elle s'intitulait : *Souverain empire de Galilée*. On a souvent confondu cette institution avec celle de la basoche. A Orléans le chef de la basoche avait le titre d'*empereur*. Ses sujets portaient l'épée. Ils percevaient une somme de douze livres six sous sur les premières noces et six livres huit sous sur les secondes noces de tous gentilshommes, officiers d'épée et de robe, bourgeois vivant noblement, employés dans les affaires du roi, praticiens et huissiers. Marseille eut aussi son royaume de la basoche. Son origine est postérieure à l'ordonnance de Henri III, qui avait supprimé le titre de roi de la basoche à Paris et ses plus notables fonctions. Le roi de la basoche marseillaise était ordinairement un clerc de notaire : il prenait dans ses actes la qualité de *roi de la basoche par la grâce du bonheur*.

La juridiction de la basoche à Paris existait encore en 1789. Les clercs formèrent alors un bataillon qui conserva le même nom ; l'uniforme était rouge. Ce bataillon, stationnant, le 5 octobre 1789, aux Champs-Élysées, fut contraint de suivre le nombreux attroupement de femmes qui se dirigeaient sur Versailles ; mais déjà l'autorité municipale avait senti le danger d'armer les citoyens par corporation. D'autres compagnies s'étaient réunies dans différentes villes, en dehors de la garde nationale. Elles y furent toutes réunies par la loi du 18 juin 1790.　　　　Dupey (de l'Yonne).

BAS-OFFICIER, nom que l'on donnait autrefois dans les troupes aux sergents, maréchaux-des-logis, sergents-majors, maréchaux-des-logis-chefs, jusqu'aux sous-lieutenants exclusivement ; il a été remplacé depuis par celui de s o u s - o f f i c i e r.

BASQUES. S'il est un spectacle digne de fixer l'attention du philosophe et de l'observateur au milieu du morcellement du globe en tant de nations d'origines et de races différentes, c'est sans contredit la présence, à l'extrémité occidentale de l'Europe, de ce peuple bizarre, qui, jeté, comme un monument antique, entre la France et l'Espagne, entre les Pyrénées et l'Océan, semble, par ses mœurs, sa langue et ses usages, séquestré du monde entier, étranger au bouleversement des empires et stationnaire à côté des progrès de la civilisation.

Ce peuple, appelé par les Romains *Cantaber*, par les Espagnols *Bascuense, Vascongado*, par les Français *Basque, Vascon* (race qu'il ne faut pas confondre avec les *Gascons*, dont l'origine est toute différente), ne s'est jamais désigné lui-même que par la dénomination d'*Escualdunac* ; sa langue porte le nom d'*escuara*.

La Cantabrie actuelle, dont la population peut s'élever à 650,000 individus, groupés sur les principales hauteurs qui avoisinent les deux versants des Pyrénées, se compose de sept provinces, dont quatre sont en Espagne et trois en France. Les quatre provinces espagnoles sont la Biscaye, le Guipuzcoa, la Haute-Navarre et l'Alcava. Les provinces françaises sont le Labourd, *Laphur-duy*, solitude, terrain en friche ; la Basse-Navarre, en basque *Garazi*, pays de sources minérales ; et la Soule, *Zuberua*. Ces trois provinces ne forment aujourd'hui que les arrondissements de Bayonne et de Mauléon, dans le département des Basses-Pyrénées ; encore offrent-elles une dentelure accidentée et comprennent-elles plus d'un village gascon ou béarnais enclavé dans leur circonscription, et réciproquement. La partie espagnole est infiniment plus étendue.

Qu'ils occupent le nord ou le sud des Pyrénées, les Basques offrent encore l'aspect d'une colonie étrangère enclavée dans les provinces espagnoles et françaises. Leur sang, leurs mœurs, leur langue, leurs usages, élèvent une barrière entre eux et tout ce qui les entoure. Ils sont aussi éloignés du maintien grave du Castillan ou du flegme de l'Andalous, que de la politesse pointilleuse du Béarnais ou de la souplesse proverbiale du Gascon. Les deux premières races font sonner bien haut leur qualité d'espagnoles, les deux autres se glorifient d'un tout venant d'être françaises ; les Basques seuls, quelque versant qu'ils habitent, sont Basques avant tout, et ils comprennent mal au dix-neuvième siècle que le sort les ait contraints à faire partie de deux nations étrangères.

Si ce n'était pas sortir des limites que nous impose cet ouvrage, il y aurait un travail fort curieux à faire sur les constitutions et les f u e r o s des Basques et des Navarrais espagnols, avec leur arbre historique de Guernica, avec leurs municipalités mi-partie populaires, mi-partie héréditaires et aristocratiques ; sur la fédération des communes du Labourd, avec leur *bilçar*, congrès de vieillards, chefs de familles, siégeant debout, appuyés sur leurs rudes bâtons de néflier, dans une enceinte d'arbres séculaires que l'invasion a foudroyée, et dont il ne reste plus qu'un plateau nu et aux environs d'Ustaritz, sous les yeux de Bayonne, qui ne fut jamais, après tout, une cité basque, mais une forteresse étrangère, destinée à tenir en bride ce peuple belliqueux, remuant ; et enfin sur les assemblées libres de la

Basse-Navarre et de la Soule, régies par des codes écrits en béarnais, qu'elles ne comprenaient pas, comme jadis beaucoup de nations par le code romain, qu'elles ne comprenaient pas davantage; assemblées qui n'accordèrent jamais aux rois d'Espagne et de France que des *dons gratuits*, dont l'octroi même était suspendu quand la saison avait été mauvaise; systèmes de liberté fort curieux, qui ont précédé de longtemps nos régimes représentatifs, d'invention moderne, aux formes bien plus grêles et bien moins protectrices du faible; étrange mot de l'étrange énigme des succès momentanés de don C a r l o s, représentant de l'absolutisme et promettant aux Basques espagnols la conservation de leurs vieux *fueros*, autrement populaires à leurs yeux que tout ce constitutionalisme bâtard de fraîche date dont les menacent toujours les cortès de Madrid.

Les principaux monuments des Escualdunacs sont leurs églises, aux formes graves et majestueuses, entourées intérieurement de nombreuses tribunes superposées, et dont le porche, aujourd'hui défiguré, servit longtemps d'abri aux assemblées populaires. Pour s'en faire une idée, il faudrait citer toutes celles de la Cantabrie espagnole, si mystérieuses et si riches; il faudrait décrire cette belle cathédrale de Bayonne, qui remonte à la domination anglaise, et dont le cloître est un chef-d'œuvre de grâce et de légèreté; l'église de Saint-Jean-de-Luz, où s'accomplit le mariage de Louis XIV avec une infante d'Espagne; celle de Saint-Jean-Pied-de-Port, au style sévère; le mémorable monastère de Roncevaux, si fier de la dépouille du fabuleux Roland, et les églises pittoresques de la Soule, au triple clocher.

Partout les cimetières sont des parterres de roses; chez eux le culte des morts est en grande vénération; aux obsèques d'un parent et d'un ami ils s'arrachent les cheveux, se meurtrissent le visage et poussent des cris lamentables.

La valeur est un trait distinctif des Escualdunacs. Horace a dit d'eux :

Cantaber indoctus juga ferre nostra.

Ce sont d'excellents soldats pour la guerre des montagnes, mais indisciplinés, désertant en masse pendant les trêves, et ne reparaissant que la veille d'un combat; on dirait qu'ils sentent l'odeur de la poudre. En 1793, 1794 et 1795, ils se signalèrent dans la guerre contre l'Espagne, sous les ordres de Hariet et de H a r i s p e. Querelleurs et vindicatifs, il n'est pas de fête chez eux où il ne se livre des combats meurtriers; les premiers ils ont ouvert aux nations du globe le chemin des grandes pêches de la morue et de la baleine; corsaires et contrebandiers intrépides, ils pratiquent religieusement, comme tous les peuples primitifs, tous les devoirs de l'hospitalité. Après l'exercice de la paume, où ils sont sans rivaux, ce qui exalte le plus l'imagination du Basque, c'est la danse, c'est le *mouchico* violent et caractéristique, qui transporte et enivre toute une multitude.

Mais d'où vient cette race d'hommes si étrangère aux mœurs de la France et de l'Espagne, qui l'étreignent au nord et au midi? Le problème n'est pas facile à résoudre. Le Basque, aussi fanatique que le Bas-Breton en fait d'origine, vous dira que sa langue est celle du paradis terrestre. Faites-lui lire les livres saints, les livres de Moïse, faites-lui parcourir la Palestine, et vous serez surpris de le voir interpréter par sa langue tous les noms d'hommes, de districts, de montagnes, de villes, de plaines, qui s'offriront à ses regards. Le mont *Ararat* signifiera pour lui *le voilà ! allons-y !* Arménie, *à portée de la main* ; Sem, *fils* ; Béthulie, *ville où les mouches abondent* ; Sinaï, *serment* ; Phasga, *pâturage* ; Amona, *bonne mère*, ville entourée de campagnes fertiles, etc., etc., et il multipliera à l'infini ces traductions, qui prouvent, disent les érudits du pays, et la haute antiquité de la langue basque et son origine asiatique.

Le comte G a r a t, qui était Basque lui-même, a cru reconnaître dans les *Escualdunacs* des deux versants des Pyrénées des Phéniciens venus dans ces montagnes il y a cinq mille ans pour en exploiter les mines. Sans nous arrêter à cette hypothèse toute gratuite, si nous parcourons rapidement la nomenclature des désignations topographiques usitées jusqu'à ce jour en Espagne, nous verrons qu'il ne s'y trouve presque aucun nom de ville, de village, de bourg, de hameau, de montagne, de colline, de plaine, de vallée, de fleuve, de rivière, de ruisseau, de source, de forêt, dont l'origine ne soit incontestablement basque : preuve manifeste que l'espace limité par la Méditerranée, l'Océan et les Pyrénées a été à la fois ou tour à tour occupé par ce peuple.

Le Cantabre passa plus difficilement que ses voisins sous la domination romaine, et résista à l'immense force d'assimilation du peuple vainqueur. Plus tard, quand Charlemagne rentrait en France après son expédition d'Espagne, les Basques écrasèrent son armée dans les défilés de R o n c e v a u x. Le chant d'Altabiçar, que répètent encore aujourd'hui les bergers de ces montagnes, conserve le souvenir de cette victoire.

A quelle époque les Basques ibériens sont-ils venus s'établir au nord des Pyrénées? On porte généralement à l'an 588 leur grande invasion. Pressés par Récarède, roi des Goths, ils se jetèrent en grand nombre dans la Novempopulanie, enlevant les bestiaux, détruisant les vignes et les moissons. Bientôt un gros corps de ces turbulents montagnards, emmenant femmes et enfants, vint former des établissements réguliers dans la Basse-Navarre, la Soule, le Labourd et le Guipuzcoa septentrional : ce fut l'origine du *duché de Vasconie*, gouverné par des chefs tour à tour électifs et héréditaires.

Toutefois l'invasion de 588 n'était pas la première des Basques en France ; au temps de César, une tribu des plaines du Gers habitait une ville appelée *Elimberri* et portait elle-même le nom d'*Ausci*. Ces deux mots basques prouvent assez qu'elle était une colonie des Escualdunacs ibériens, ainsi qu'une autre tribu des Aquitains, les *Elusates*, dont la ville s'appelait *Elusaberri*.

Aujourd'hui les noms basques imposés à des localités sont très-fréquents dans toute l'étendue de l'Espagne, mais en France ils ne dépassent guère la rive gauche de l'Adour au nord des Pyrénées; on n'en rencontre plus à 120 kilomètres au nord de cette chaîne.

Les savants jésuites espagnols Rivera et Larramendi, l'érudit Scaliger, MM. Depping, Fauriel, Humboldt, Michelet, et plusieurs autres explorateurs judicieux, ne balancent pas à regarder cette langue comme antérieure à la latine, et peut-être à la grecque, comme contemporaine de l'hébraïque et mère de l'espagnole. Elle est simple, naturelle, riche, abondante. Les substantifs, les adjectifs et les pronoms s'y déclinent. Chaque déclinaison basque a plus du double de cas que chaque déclinaison latine ; car chaque article, chaque préposition, produit une nouvelle désinence. Tous les substantifs peuvent former des verbes par un simple changement de terminaison exprimant une action déterminée. Chaque verbe radical se conjugue jusqu'à vingt-trois fois sans altérer son unité indivisible, et toujours avec des désinences nouvelles, produites par les personnes, les temps, les modes, les régimes directs et indirects. La langue basque ne connaît pas de verbes réfléchis; leurs désinences comme celles des autres verbes sont complètes. Les prépositions, les adverbes, les interjections, tout ce qui est indéclinable et inconjugable dans les langues modernes se conjugue et se décline en basque. Cette langue offre en conséquence un plus grand nombre de désinences que toute autre langue de l'Europe et même que toutes les autres langues de l'Europe réunies.

Il en résulte qu'elle est infiniment ingénieuse dans ses combinaisons; mais elle n'est ni harmonieuse ni sonore, comme quelques savants l'ont prétendu : les mots y sont trop souvent d'une longueur effrayante ; les *k*, les *h*, les doubles *r*, les plus sourdes nasales s'y entre-choquent ; elle abonde en désinences en *ac*, *ic*, *ec*, *tua*, *ago*, etc. Cependant, si les sons doucereux de l'Italie ne se pressent pas sur les lèvres de ce peuple si spirituel, si vif, si étincelant, il y a dans ses inflexions, dans ses gestes et jusque dans son attitude quand il parle, quelque chose de fier, d'indépendant, qui n'exclut pas la grâce, et vaut mieux que des périodes étudiées. Demandez au voyageur qui a parcouru les Pyrénées si la langue basque lui a semblé sauvage et rocailleuse lorsqu'en présence des grandes scènes de la nature, au milieu des délicieuses vallées que mille gaves arrosent, au pied de ces blocs immenses suspendus sur sa tête, il a écouté parler ces villageoises à la prononciation langoureuse et chantante, au sourire gracieux, à l'œil noir, au teint animé. La langue basque se dépouille de son âpreté en passant par la bouche des femmes.

Cette langue, comme le grec ancien, a quatre principaux dialectes, le biscayen, le navarrais, le souletin et le labourdan. Le premier se parle en Espagne, le troisième et le quatrième en France seulement, le second dans les deux États. On dirait que toutes les langues humaines ont été confondues et mêlées, dit le Basque Achular, tandis que l'*escuara* seul, la langue des basques, a conservé son originalité, sa pureté primitive. » Il est cependant des langues dont la grammaire présente des analogies avec l'*escuara*. On cite, entre autres, l'hébreu, le chaldéen, le syriaque, le sanscrit, le grec, le latin, l'arabe, le berbère, le lapon, le hongrois, le finnois, le géorgien, et surtout les langues peu connues des peuplades sauvages de l'Amérique et de l'Afrique. Il semble que l'homme, pourvu partout des mêmes organes, procède partout d'une manière uniforme quand il s'agit de les mettre en jeu, et que comme ses gestes et ses cris sont semblables, son premier échafaudage grammatical s'élève aussi identiquement sur tous les points du globe.

Les livres basques imprimés sont fort rares, même dans le pays. En 1638 parut le meilleur ouvrage que nous possédions sur le basque : c'est la *Notitia utriusque Vasconiæ*, d'Oïhénart, encyclopédie escuarienne fort curieuse, souvent mentionnée et trop peu connue. Il ne faut pas oublier ensuite, malgré son titre fastueux, *El impossible vencido* : *Arte de la Lengua Bascongada*, du père Larramendi, et le *Dictionnaire Espagnol, Basque et Latin*, du même auteur, ainsi que la *Grammaire Basque et Française* de Harriet ; les *Antiquités de la Navarre* par le jésuite Moret ; les *Constitutions du monastère de Roncevaux* ; un *Essai français sur la Noblesse des Basques* ; un *Dictionnaire des Fueros de Navarre* ; une *Histoire de la Navarre* par Ganguas. En 1806 parut en Allemagne le premier volume du *Mithridates*, ouvrage qui a exigé d'immenses recherches, et qui était destiné à présenter, d'après un plan neuf, des idées fondamentales sur l'histoire, les caractères et la littérature de toutes les langues connues. Les trente premières pages du deuxième volume sont consacrées à la langue cantabrique ou basque. Elles sont d'Adelung et de Vater. M. Guillaume de Humboldt, après un long séjour dans les Pyrénées, les a complétées et rectifiées en quatre-vingt-trois pages in-8° (allemand). Le savant helléniste Lécluse et feu l'abbé Darrigol, ancien supérieur du séminaire de Bayonne, ont composé aussi sur la langue basque deux ouvrages qui ne sont pas sans mérite, mais qui laissent à désirer, bien que le second ait été couronné par l'Académie des Inscriptions.

Le premier livre dans lequel on ait imprimé quelques mots basques est probablement l'*Histoire d'Espagne* de Marinœus Siculus, *impressum Compluti per Michalen de Eguia*, 1533. L'auteur consacre un chapitre à l'antique langue des Espagnols ; les mots qu'il cite sont basques. Rabelais puise, de son côté, en passant, à cette source peu connue. Dans l'*Histoire de Gargantua*, liv. I, chap. v, se trouvent les mots *lagona edatera !* (à boire , camarade !), et au liv. II , parmy les dicts héroïques du bon Pantagruel, le chap. IX contient une allocution basque fort mal écrite et fort disloquée dans la plupart des éditions.

On possède une traduction du Nouveau-Testament en basque, imprimée à La Rochelle, en 1571, dédiée à la reine Jeanne de Navarre, par un littérateur de Briscous ; grand nombre de livres de prières en vers et en prose basques ; les *Proverbes basques* et les *Poésies basques* d'Oïhénart ; une traduction des *Catilinaires* ; une *Histoire des Danses, Fêtes et Jeux du Guipuzcoa*, avec un volume de musique gravée ; l'*Alphabet primitif* de l'ingénieux Erro ; l'*Apologie de la Langue Basque* d'Artarloa, et, par-dessus tout, le livre classique de ce peuple primitif, *le Guerico guero* (l'Après pour après) de Pierre Achular, curé de Sare en Labourd, imprimé en 1642. Pierre d'Urtubie, l'un de ceux qui l'ont approuvé, appelle l'auteur un homme très-célèbre. Un autre dit de lui que c'est un homme de grand renom dans la Cantabrie. La postérité a confirmé ces éloges. Le laboureur basque, après sa rude journée de travail, lit à sa famille, pour se délasser, les admirables pages d'Achular. Mais où se perpétue davantage le génie de la langue escuara, c'est dans ces poésies chevaleresques qui vivent depuis des siècles dans la mémoire de ce peuple, tout empreintes des souvenirs de Rome, de la Grèce, de Carthage, des Goths, des musulmans, des paladins de Charlemagne ; c'est dans les improvisations soudaines (paroles et musique) de ces pâtres, de ces laboureurs, de ces marins, qui ne savent ni lire ni écrire, et luttent de poésie au pied d'un hêtre, comme les bergers de Théocrite et de Virgile ; qui composent des tragédies et des comédies semblables à celles de Sophocle et d'Aristophane, et les jouent eux-mêmes, adossés aux grands monts, dans d'immenses vallées, au milieu de populations nombreuses accourues des deux versants, renouvelant ainsi les grandes solennités de la Grèce et de Rome, dont notre mesquine civilisation ne saurait donner la moindre idée.

Quelle autre réponse à faire à ces esprits prévenus, tels que M. Pierquin de Gembloux et autres, qui, ne sachant pas un mot de la langue basque et ne se donnant pas la peine de l'étudier, confondant sans pudeur le béarnais et le basque, un gracieux patois et une langue sauvage aux formes rudes et athlétiques, n'ayant jamais lu ni les ouvrages originaux ni les savants commentaires des Adelung, des Vater, des Humboldt, des Lécluse, osent effrontément imprimer, à la face de l'Europe, que la langue *escuara* n'est qu'un informe jargon, un patois de pièces et de morceaux, qui ne remonte pas au delà de deux siècles ?

Eugène GARAY DE MONGLAVE.

BAS-RELIEF. Ce nom est généralement donné à tout ouvrage de sculpture dont les objets ne sont point isolés, mais adhérents à un fond ou champ, soit qu'ils y aient été attachés ou appliqués, soit qu'ils fassent partie de la matière dans laquelle ils ont été travaillés. Chez les anciens, le mot *anaglyphum* avait la même signification générale ; mais lorsque les sculptures étaient de métal, on leur donnait le nom de *toreuma*. Cependant le nom spécial, et dont Pausanias se sert toujours, est τύπος, et dans les auteurs latins *typus*.

On distingue trois genres de reliefs : on appelle *haut-relief* ou *plein relief* ceux dont les figures sont entièrement détachées, et qui paraissent saillantes hors du fond ; lorsque la figure sort à demi-corps du plan, c'est le *demi-relief ;* enfin le *bas-relief* proprement dit est celui où les figures perdent leur saillie, et sont représentées comme aplaties sur le fond. Ce dernier genre de travail exige plus d'art que celui dont la saillie est plus considérable, parce qu'il est en effet très-difficile de donner l'air naturel à une figure qui a très-peu d'épaisseur proportionnellement à sa hauteur et à sa largeur. La composition pittoresque ou la formation des figures en groupes est encore bien plus difficile dans ce travail, parce qu'il est impossible d'employer, comme dans la peinture, différents fonds éloignés les uns des autres, et qu'il est nécessaire de tout bien calculer d'après la lumière dont l'ouvrage est éclairé, puisque les ombres des bas-reliefs sont des ombres véritables.

Toutes les nations connues dans l'histoire de l'art ont eu des bas-reliefs, dont le style était semblable à celui de leurs autres monuments, et toutes aussi ont employé comme ornements de temples, palais, maisons, meubles, etc., ce travail, qui souvent nous aide à comprendre un auteur ou à connaître les usages et coutumes d'un peuple que les chroniques mutilées ne nous ont qu'imparfaitement conservés. Sous ce dernier rapport, les Égyptiens surtout en sont une preuve convaincante; et ce n'est que dans les innombrables bas-reliefs dont ils ont couvert leurs temples, leurs palais ou leurs tombeaux, qu'il est permis d'espérer de retrouver les annales de cette nation. Les Égyptiens ont fait peu de véritables bas-reliefs, c'est-à-dire de figures saillantes plus ou moins sur le fond : leur relief est d'ordinaire dans le creux, de sorte que la figure ne dépasse pas le plan général de la surface. Cette habitude a puissamment concouru à la conservation des sculptures égyptiennes en relief. Chez les Persans, au contraire, les reliefs étaient très-prononcés. Les murs de *Tschelminar*, l'ancienne Persépolis, attestent encore le goût des Persans pour les bas-reliefs. Ils sont ordinairement d'un relief très-saillant, et souvent les têtes principales, surtout celles des animaux, se détachent complétement du plan; ce qui en a surtout favorisé la destruction.

Les Étrusques nous ont aussi laissé de nombreux bas-reliefs : l'on ne doit cependant pas leur attribuer toutes les productions de ce genre dont les figures ont des vêtements à plis droits ou à style roide, et qui sont les plus anciennes productions de l'art chez les Grecs. Les Voisques avaient l'usage de peindre les figures de leurs bas-reliefs, comme nous l'apprennent des monuments de ce genre conservés dans différents cabinets d'antiquités.

Les bas-reliefs en terre cuite servaient souvent chez les anciens à orner le frontons des temples : on en connaît aussi d'exécutés en ivoire, en métal ; mais les plus nombreux sont en marbre. Parmi ceux qui ont été les plus célèbres, on cite celui que Phidias exécuta sur la base et le bouclier de la statue de Minerve à Athènes, et qui était en ivoire ; les bas-reliefs qui ornaient le trône de Jupiter olympien, exécutés par Alcamène; celui d'Apollon amycléen, la caisse de Cypsélus, les bas-reliefs du temple d'Hercule à Thèbes, exécutés par Praxitèle ; ceux du temple de Delphes, exécutés par Praxias et Androsthène ; le célèbre monument funèbre de Mausolus, appelé de la *Mausolée* (*voyez* ARTÉMISE), et exécuté par Scopas, Bryaxis, Timothéus et Leochares; les trente-six colonnes du temple de Diane d'Éphèse, etc. Les artistes anciens qui se distinguèrent dans l'exécution des bas-reliefs dont on ornait les vases sont, entre autres, d'après Pline, Mentor, Acragas, Beothus, Mys, Calamis, Antipater, Stratonicus, Praxitèle, etc.

Les bas-reliefs du fronton du Parthénon, qui existaient encore du temps de Spon, à qui on en doit la description, étaient travaillés en grand relief, comme autant de statues appliquées sur un fond de marbre. Leur grandeur et leur élévation les préservaient des atteintes auxquelles étaient exposés les bas-reliefs placés plus bas, et auxquels pour cette raison on donnait moins de saillie. Cette circonstance a donné lieu à de vives discussions parmi les artistes et les savants, et enfin on a osé imiter les anciens dans la composition du sujet d'un fronton au moyen de figures de plein relief, isolées et détachées du fond ; il en existe des exemples à Paris. Nous ne citerons que le fronton de l'église Notre-Dame-de-Lorette. Le succès de cette tentative lui a procuré des imitateurs, et elle aide à expliquer la singularité de la pose de certaines statues antiques : il est reconnu que l'ensemble des figures nommées *la Famille de Niobé* avait été composé pour l'ornement du fronton d'un temple grec.

Les bas-reliefs proprement dits, exécutés en marbre, sont ceux qui nous sont parvenus en plus grand nombre : on les employait pour orner les autels, la base des statues, le plus souvent les tombeaux, quelquefois même la margelle des puits, comme le prouve le monument conservé au musée du Capitole, et qui représente l'éducation d'Achille. Deux autres monuments qui se trouvent aussi dans le même musée indiquent assez tout le soin et tout le talent que l'on déployait pour les bas-reliefs des autels anciens : l'un représente l'éducation de Jupiter, et l'autre les travaux d'Hercule. Lors de la décadence des arts en Grèce, au lieu d'ériger des statues en mémoire des hommes qui avaient bien mérité de la patrie, on leur consacra des bas-reliefs ; c'est ce que nous rapporte Pausanias en citant le bas-relief que plusieurs villes d'Arcadie consacrèrent à Polybe. Dans les temples, on en voyait qui retraçaient les images des dieux et leurs aventures mythologiques. Pausanias nous a conservé la description de deux des plus fameux, qui représentaient Hercule et Minerve, ouvrages en marbre pentélique, de grandeur colossale, qu'avait exécutés Alcamène, et que les Athéniens placèrent dans le temple d'Hercule à Thèbes après l'expulsion de leurs tyrans.

Quelques monuments nous ont aussi appris que les bas-reliefs servaient pour ainsi dire de table figurée d'une partie du cercle mythologique, ou même de l'histoire cyclique tout entière ; ils étaient accompagnés d'épigraphes qui désignaient les choses et les personnes, et qui souvent étaient disposées en forme de table chronologique, comme la liste des prêtresses de Junon argienne. C'est ce qu'on voit par les bas-reliefs du Repos ou de l'Apothéose d'Hercule de la villa Albani, par la table isiaque maintenant au musée de Turin, par les fragments mythologiques de Vérone, que l'on a vus longtemps au cabinet des antiques de Paris, et par ceux du cabinet du cardinal Borgia. Les arcs de triomphe que les Romains firent élever pour immortaliser leurs victoires dans les arts de la Grèce furent appelés dans la capitale du monde pour y répandre le luxe et les ornements, furent décorés de bas-reliefs qui retraçaient les faits les plus mémorables de l'histoire de Rome.

Mais l'usage des cercueils ou sarcophages que l'on adopta sous les empereurs, soit par imitation de la religion des Orientaux, soit pour accroître la splendeur des honneurs funéraires, rendit l'usage des bas-reliefs encore bien plus commun. A Rome et dans les environs de cette ville, le nombre en était prodigieux, et le travail généralement très-grossier et exécuté avec peu de soin. Mais quelques-uns ont le mérite assez rare de retracer les plus beaux morceaux des plus célèbres sculpteurs. On a trouvé plusieurs de ces sarcophages grecs dont la figure du bas-relief n'était que dégrossie ; d'où l'on a pu présumer qu'il en existait des manufactures, et qu'en achevant la figure principale on tâchait de lui donner de la ressemblance avec celle du mort. Le luxe et la protection des empereurs romains avaient attiré les artistes les plus distingués de la Grèce dans la capitale de l'empire : aussi ce genre de production n'est-il dû qu'à des sculpteurs d'un talent très-médiocre ; et quoique d'un mauvais goût, ils n'en ont pas moins été travaillés par des artistes grecs. Les nombreuses carrières de marbre de la Grèce, et surtout de l'Attique, durent les engager à ces sortes de productions, qui, du reste, se vendaient très-bien à Rome.

Ces bas-reliefs sont d'une grande utilité pour l'étude de l'art et des usages de l'antiquité. Ils nous rappellent une multitude de scènes mythologiques extrêmement curieuses, et plusieurs nous ont ainsi conservé la copie de quelques-unes des belles productions de la sculpture grecque ; car il arrivait souvent que l'artiste, choisissant dans les bas-reliefs célèbres la figure ou le groupe qui l'avait le plus frappé, le reproduisait dans la scène qu'il avait à exécuter. Ainsi, par la comparaison des figures avec les bas-reliefs, on a déterminé que celle dite vulgairement *le Rémouleur* devait être d'un Scythe qui écorche Marsyas, et que celle du prétendu Amphion de Florence est d'un des pédagogues des Niobides. De même, l'on trouve sur des intailles ou sur des lampes la figure de Minerve observant Oreste dans l'Aréopage, etc.

Dans le moyen âge et dans les temps modernes, on a fait le même emploi du bas-relief que les anciens; on en a décoré les monuments publics, les meubles, les palais, les églises, les tombeaux, etc.; mais par la profusion des détails et le grand nombre des têtes représentées dans le même sujet, les artistes se sont éloignés de la belle simplicité des bas-reliefs antiques. On retrouve dans plusieurs vieilles églises des figures dites gothiques, et qui ornent les stalles, les devants d'autels, etc.; leur relief est très-saillant, et annonce l'art dans sa décadence. Les bas-reliefs de la Porte-Saint-Denis, de Girardon et Michel Anguier, et ceux de la fontaine des Innocents, ouvrage de Jean Goujon, sont ceux que l'on admire le plus à Paris parmi les productions modernes de ce genre. Le Louvre offre aussi de belles études du même ordre.   CHAMPOLLION-FIGEAC.

BAS-RHIN (Département du). *Voyez* RHIN (Bas-).

BASSAN (JACOPO DA PONTE, surnommé LE), peintre de l'école vénitienne, doit ce surnom à la ville de Bassano, dans laquelle il naquit, en 1510. Il mourut à Venise, en 1592. Il fut le fondateur et le peintre le plus remarquable d'une école qui étendit aux choses ordinaires de la vie le principe de la reproduction fidèle de la nature, principe que Paul Véronèse avait déjà fait prévaloir avec tant d'originalité, et qui créa en peinture ce qu'on a depuis appelé *genre*. Le Bassan fut peut-être porté par le caractère de l'endroit même où il avait vu le jour, simple et paisible ville de province, où il revint se fixer après avoir étudié à Venise les ouvrages du Titien et de Bonifacio. Dans ses tableaux de genre et dans ceux où il représente la nature morte, les événements de l'Écriture sainte ou de la mythologie ne sont que des prétextes. Ses toiles, et toutes les galeries en possèdent, témoignent en définitive d'assez peu de diversité dans l'invention. Un des traits particuliers qui les caractérisent, c'est le soin que l'artiste a toujours d'y scener les pieds des personnages qu'il représente. Elles se bornent en général à l'imitation hardie et vivement accusée des objets les plus proches, imitation que l'artiste sait d'ailleurs unir à une ingénieuse disposition de ses groupes, à un paysage riche et fantastiquement éclairé, et surtout à de charmants effets de lumière et de couleur. Mais c'est surtout dans les portraits qu'il excelle. Dans le petit nombre de sujets saints qu'on a de lui, on distingue *les Vierges* du château de Chiswick près de Londres; *Jésus-Christ portant sa croix*, dans la galerie de Holkham, et un *Christ en croix* dans le musée de Berlin. Notre musée du Louvre est riche en productions du Bassan : on y trouve l'*Entrée des animaux dans l'Arche*, *Moïse frappant le rocher*, l'*Adoration des Bergers*, etc. Pour ses nombreux tableaux de genre, il est exact de dire qu'il avait organisé une véritable *fabrique*, dans les travaux de laquelle il était secondé par ses quatre fils, qui tous s'étaient complétement assimilé sa manière. Francesco et Leandro surtout se sont fait connaître, on n'a d'eux un certain nombre de travaux originaux, notamment des sujets de piété. Le Bassan vantait la puissance d'imagination de Francesco et l'habileté de Leandro comme portraitiste. L'un des meilleurs ouvrages de Francesco est un plafond dans le palais des Doges, à Venise, qui représente la *Prise de Padoue* pendant la nuit. Le musée de Berlin possède de cet artiste un portrait du *Bon Samaritain*; la galerie de Dresde, une *Ascension de la Vierge Marie*, une *Adoration des Bergers*, etc., et un tableau de genre. Il existe de Leandro un remarquable tableau de *la Trinité* dans l'église San-Giovanni e Paolo à Venise, ville où il fit un long séjour et où il fut créé chevalier par le doge Grimani, dont il avait fait le portrait. Il mourut en 1623, à l'âge de soixante-cinq ans. — Les deux derniers fils du Bassan, *Giambattista* et *Girolamo*, ne laissent pas que d'avoir une certaine importance comme excellents copistes. Le premier mourut en 1622, et le second en 1623.

BASSANO, jolie petite ville de 10 à 12,000 âmes, bâtie sur les bords de la Brenta, dans la légation de Vicence (royaume Lombardo-Vénitien), sur une hauteur dominant une plaine immense, et communiquant par un beau pont de cinquante-cinq mètres de long avec le bourg de Vicantino. Elle est le centre d'un commerce des plus actifs en soies, draps, cuirs, vins et huiles. L'imprimerie de Remondini, qui occupait autrefois cinquante presses, est aujourd'hui bien déchue. On trouve quelques belles toiles dans les trente églises que compte cette ville, ainsi que dans le palais du comte Roberti. L'ancien palais du podestat sert aujourd'hui d'habitation à l'archiprêtre. C'est tout récemment seulement qu'un théâtre a été construit à Bassano, qui a vu naître dans ses murs Alde Manuce et le peintre Da Ponte, qui en prit le nom. *Voyez* l'article BASSAN.

Bassano ne joua jamais de rôle important au moyen âge. Ce ne fut que pendant très-peu de temps qu'elle eut ses propres podestats. Elle resta presque toujours placée sous la dépendance des villes qui l'avoisinaient. En revanche, elle a acquis une grande célébrité dans l'histoire moderne, parce qu'elle fut l'un des derniers champs de bataille de l'immortelle campagne de 1796.

[La perte de la bataille de Roveredo avait enlevé au maréchal autrichien Wurmser toutes ses communications avec Trente et le Tyrol; il lui importait d'occuper fortement Bassano, afin de pouvoir établir sa ligne d'opérations par le Frioul. Napoléon le comprit, et manœuvra à tire d'aile pour lui enlever cette dernière ressource.

Le 5 septembre, à la pointe du jour, il partit de Trente avec les divisions Augereau et Masséna, en se dirigeant sur Bassano par les gorges de la Brenta. Il fallait à tout prix qu'il franchît en quarante-huit heures vingt lieues de chemins difficiles pour une armée; car, selon ses calculs, il serait trop tard le 9 pour prendre l'armée autrichienne en flagrant délit.

Le 7, avant le jour, l'avant-garde rencontra l'arrière-garde ennemie en position sur les hauteurs en arrière de Primolano. La 5e légère l'aborda sans hésiter avec son intrépidité ordinaire, et, soutenue par la 4e de ligne, en colonnes serrées, elle culbuta la double ligne des Autrichiens et la rejeta en désordre sur la chaussée. Une charge brillante du 5e dragons mit fin au combat; 12 pièces de canon, 5 drapeaux, 4,000 prisonniers, furent les trophées de cette journée. L'armée française bivouaqua au village de Cismone.

Le 8 elle se remit en marche à deux heures du matin, et dès le début de la journée elle culbuta six bataillons laissés par le général autrichien pour barrer un des passages les plus difficiles des gorges de la Brenta et couvrir sa retraite. Vers midi l'armée se trouva en présence d'une vingtaine de mille hommes en ligne de bataille, et que commandait en personne le maréchal Wurmser, qui s'était vu contraint de livrer bataille pour s'assurer la possession de Bassano.

Napoléon forma en colonne d'attaque les divisions Augereau et Masséna; la première aborda la droite de la ligne autrichienne, la seconde attaqua la gauche. La 4e de ligne, qui formait la réserve, reçut ordre d'enlever au pas de charge le pont de la Brenta; elle le traversa sous une grêle de mitraille, comme elle avait fait au pont de Lodi, et décida de la victoire. A trois heures l'armée française était établie dans Bassano; elle avait pris 6,000 hommes, 32 pièces de canon, 200 voitures de bagages, 2 équipages de pont et 8 drapeaux.

Le maréchal Wurmser se retira en désordre sur Vicence, où la division Masséna eut ordre de le suivre.

Battu sans relâche à Roveredo, devant Véronne, à Primolano, à Bassano, il ne restait plus avec lui que 16,000 hommes des 60,000 avec lesquels il était entré en campagne dans les premiers jours d'août. Ses manœuvres venaient d'être une série de fautes : il le reconnut, et désespéra de son salut.

Il aurait dû surtout défendre au général Davidowich d'accepter le combat à Roveredo, et lui prescrire, ainsi qu'au général Mezarros, de se replier sur Bassano. Le secours de ces deux divisions lui eût donné des chances pour s'assurer de cette position si importante, en ce qu'elle était la clef de la seule ligne sur laquelle il pût espérer de baser ses opérations de la fin de la campagne. Gal MONTHOLON.]

La ville de Bassano fut encore le théâtre de nouveaux combats entre les Français et les Autrichiens le 6 novembre 1796, le 11 novembre 1801, le 5 novembre 1805 et le 31 octobre 1813.

En 1809 Napoléon conféra au ministre secrétaire d'État Maret le titre de duc de BASSANO avec une dotation de 50,000 francs de rente.

On récolte aux environs de Bassano un vin fort estimé.

BASSANO (duc DE). *Voyez* MARET.

BASSARIDES, un des noms que portaient les Bacchantes, et qui leur venait, d'après l'ancien scoliaste, d'une robe ou d'un vêtement qui tombait jusqu'aux talons, et que les Africains et les Thraces appelaient *bassyris* et *bassara*. D'autres le dérivent de *Bassarenes*, surnom donné à Bacchus, soit du grec βαύζειν, *crier*, parce que dans ses mystères les Bacchantes jetaient de grands cris; soit d'une espèce de chaussure lydienne, nommée *bassareum*. Bochard, enfin, tire ce mot de l'hébreu *bassar*, signifiant la même chose que le τρυγᾶν des Grecs, c'est-à-dire *vendanger*, étymologie qui vaut bien les deux précédentes.

BASSE. Lors des premiers essais de l'harmonie, que l'on appela longtemps *organe* ou *diaphonie*, sa partie primitive, sur laquelle reposaient les quintes, quartes et octaves qui composaient cette harmonie, aujourd'hui si étrange pour nos oreilles, s'appelait *teneur*; et lorsqu'il s'agissait d'une partie accompagnante en dessous, celle-ci prenait le nom de *contreteneur* ou *basse*. Cette dernière dénomination resta seule en usage, lorsque le caractère de cette partie fut mieux décidé et que ce fut une faute de la faire trop souvent empiéter sur le domaine de la teneur. Aujourd'hui la dénomination de *basse*, de quelque manière qu'elle soit appliquée, désigne toujours la partie inférieure de l'harmonie.

La basse peut être considérée sous deux points de vue principaux, selon qu'elle a été conçue isolément, et la première, ou qu'elle a été tirée de la partie supérieure. On pourrait aussi à toute force la tirer d'une partie intermédiaire; mais un tel procédé n'aurait aucun avantage et entraînerait, au contraire, avec lui plusieurs embarras. Les basses préconçues, et sur lesquelles on traite des parties mélodiques en tel nombre que l'on veut, ne s'emploient que pour l'étude, sauf les cas où le compositeur, trouvant un chant de forme élégante qui s'adapte mieux par sa tournure et son caractère à la partie grave de l'harmonie qu'à toute autre, se sert alors de celle-ci comme de partie principale, et traite les autres en remplissage. L'art d'écrire et d'exécuter convenablement deux ou trois parties au-dessus d'une basse s'appelait autrefois *accompagnement*, mot qui a presque entièrement perdu ce sens, qui est passé au mot *harmonie*.

Lorsque le *sujet* (on appelle ainsi la mélodie qu'il s'agit d'accompagner) est à la partie supérieure, il faut, avant de lui donner un accompagnement complet, lui chercher d'abord une *basse* qui porte les accords voulus et dont la partie primitive continue à être aussi la partie essentielle. Les procédés à suivre sont basés sur les convenances harmoniques des intervalles. L'opération elle-même se fait par une espèce de tâtonnement, c'est-à-dire que l'on essaye laquelle des consonnances convient le mieux pour que le sujet forme avec la basse que l'on cherche un bon duo, en ayant soin que la partie inférieure conserve toujours la marche qui lui est propre, et qui consiste surtout dans une allure posée, dans l'emploi des chutes de quarte et de quinte pour les cadences et demi-cadences, dans des progressions diatoniques et un choix de degrés qui caractérise le plus possible la modulation. Les traités d'harmonie fournissent à cet égard les renseignements nécessaires, et en font l'application d'abord à la succession diatonique, si connue sous le nom de *gamme*, puis à chacun des intervalles pratiqués par saut. Quand la basse a été bien arrêtée, on la chiffre en ayant toujours l'œil sur la partie supérieure; puis on traite les parties intermédiaires en remplissant les accords selon les règles suivies par les bons harmonistes. Celui qui a mérité ce nom arrive par l'habitude à ne plus concevoir une mélodie sans que sa pensée et son oreille l'accompagnent en même temps d'une basse régulière; et si cette opération exige de lui quelque travail et quelque réflexion, c'est qu'il tient à donner à sa basse plus de correction, d'élégance ou de nouveauté.

Les différentes manières de traiter la basse dans la pratique musicale, ou bien la nécessité de se rendre compte des opérations de ce genre, ont donné lieu aux dénominations de *basse continue* ou *générale*, *basse figurée*, *contrainte*, *chiffrée*, *fondamentale*.

Au seizième siècle, lorsque l'harmonie avait déjà fait de très-grands progrès, on n'écrivait à peu près aucune musique instrumentale; les instruments exécutaient de la musique vocale, en se partageant le rôle de chaque voix en raison de leur étendue. Les instruments qui avaient en eux-mêmes assez de ressources pour représenter avec plus ou moins d'exactitude toutes les parties d'un morceau, tels que l'orgue ou le luth, s'efforçaient de le faire; mais dans l'usage ordinaire on leur donnait simplement pour accompagner la partie vocale de basse, de laquelle ils tiraient pour l'harmonie tout l'effet qu'ils pouvaient. Or, comme la basse vocale avait souvent des moments de repos, il en résultait pour l'accompagnement une interruption générale, quoique les parties vocales autres que la basse continuassent de chanter. Afin de remédier à cet inconvénient, on imagina de copier pour l'accompagnateur une partie reproduisant la basse vocale, mais dans laquelle les pauses à compter étaient remplacées par les notes de la partie vocale, qui en pareil cas faisait les fonctions de la basse, de telle sorte que l'accompagnement n'éprouvait plus aucune interruption. C'est ce que l'on nomma *basse continue*. Beaucoup d'auteurs attribuent cette invention à Ludovico Viadana de Lodi, maître de chapelle de Fano et de Mantoue, et la placent de 1609 à 1620; mais le fait paraît fort contestable.

Quel qu'ait été l'inventeur de la basse continue, celle-ci prit bientôt un développement qui donna lieu à une variété nouvelle. Au lieu de faire exécuter simplement à l'accompagnateur celle des parties vocales qui occupait le rang inférieur, on en établit une nouvelle, basée à la vérité sur la basse continue ordinaire, mais dans laquelle on multiplia les *figures* de notes, écrivant, par exemple, à la place d'une *ronde* quatre *noires*, soit sur le même degré, soit sur des degrés différents, mais de telle sorte que l'harmonie n'en fût pas contrariée. Cette nouvelle partie, tout à fait spéciale, qu'exécutait l'accompagnateur, se nomma *basse figurée*.

Certains compositeurs, amateurs de ces jeux d'esprit en musique que l'on prisait fort au dix-septième siècle, *figurèrent* des basses de telle sorte que pendant toute une pièce de musique, ou pendant une partie de cette pièce, elles offraient toujours le même dessin, c'est-à-dire la même série de valeurs de durée, soit pour une, soit pour plusieurs mesures : par exemple, une blanche suivie de six noires; ou bien encore ils traitèrent tout un morceau sur une basse unique sans en varier ni les durées ni l'intonation. Ces *obligations* que s'imposaient les compositeurs donnèrent lieu à la dénomination de *basse contrainte*.

Dans les premiers temps où l'on fit usage de la basse continue, la succession des accords était subordonnée à des règles à peu près invariables, et la plus grande partie du temps une pièce entière reposait sur l'accord parfait, auquel s'associait rarement l'accord de sixte. L'accompagnateur pouvait, guidé par l'habitude et par l'oreille, exécuter de la main droite un accompagnement qui représentait l'ensemble de l'harmonie, dont il jouait la basse de la main gauche; mais lorsque la succession des accords se montra plus variée et que les modulations d'un mode à un autre s'offrirent plus fréquemment, les erreurs dans un accompagnement improvisé devinrent plus difficiles à éviter, et il fallut donner à l'accompagnateur quelque moyen de ne pas s'égarer : c'est à cet effet que l'on imagina d'écrire au-dessus des notes de la basse certains chiffres qui indiquaient de quels accords elle devait être accompagnée. C'est ce que l'on nomma *basse chiffrée*. Cette manière d'indiquer les accords convenait à une époque où la musique, et surtout la musique d'église, était peu compliquée; elle ne sert plus guère que pour les morceaux écrits dans cette ancienne manière, et les compositeurs de nos jours disposent l'accompagnement tout au long sur deux portées, l'une pour la main droite, l'autre pour la main gauche, comme toute autre musique d'orgue ou de piano. L'usage de la basse chiffrée ne s'est conservé que pour l'étude, et l'on a nommé partiments les pièces spécialement composées à cet effet.

Outre les différents caractères que prend la basse dans la pratique, il est une autre espèce de basse que l'on pourrait nommer *théorique*, parce que l'on ne s'en sert que comme moyen de vérification pour se rendre compte de la succession des accords qui entrent dans la composition de l'harmonie. C'est celle que l'on a nommée *basse fondamentale*, et dont il est indispensable de dire un mot, non-seulement parce qu'elle a excité au siècle dernier de longues discussions, souvent fort embrouillées, mais encore parce que son idée première a été réellement très-utile, bien que l'ensemble de doctrines que l'on voulait en déduire soit à peu près abandonné. Ce que l'on peut dire de plus clair et de plus précis à ce sujet, c'est que tout accord ayant un son générateur, ce son premier, quelle que soit la place qu'il occupe dans l'harmonie, en est la basse fondamentale : ainsi dans l'accord *mi sol ut*, l'*ut* est la note génératrice, de même que dans l'accord *ut mi sol*, l'accord *fa sol si re*, c'est le *sol* qui est générateur, etc. Pour trouver la basse fondamentale d'un accord, il n'y a autre chose à faire que d'en disposer les termes par tierces ascendantes; la note la plus grave est la basse fondamentale : on écrit alors au-dessous de la basse ordinaire, qu'en ce cas on nomme *basse sensible* ou *chantante*. Par ce moyen on examine si les accords se succèdent régulièrement et si les modulations se lient bien entre elles : ainsi la basse *fondamentale* est à l'harmonie ce que la construction est au discours. Malheureusement il s'en faut que ce moyen de vérification puisse s'appliquer à tous les cas, et Rameau, à qui l'on doit cette belle et profonde idée, eut le tort si commun des inventeurs de systèmes, qui veulent toujours faire de leurs découvertes une application trop générale et les étendre à des objets auxquels on ne peut raisonnablement les associer. De toute la doctrine de Rameau, et de tous les livres qu'il composa à ce sujet, il n'est guère resté que la théorie du renversement des accords, qui a été universellement adoptée; mais cette idée est si féconde, et les avantages qui en résultent pour l'éclaircissement des difficultés et la signification de toute l'harmonie sont si grands et si incontestables, que les musiciens et surtout les professeurs en devront une éternelle reconnaissance à cet homme de génie. Adrien DE LAFAGE.

On appelle en général *basses* la réunion des voix d'un finale ou d'un chœur, ou des instruments qui dans un orchestre chantent ou jouent la partie de la basse, comme les voix de basse et de baryton, la contre-basse, le violoncelle, le basson, le trombone, l'ophicléide, le serpent et même les timbales. On peut se servir du même terme quand il s'agit d'un orchestre militaire, quoiqu'il n'ait pour basses que des trombones, des ophicléides et des bassons. Observons d'ailleurs que la partie de basse n'est pas toujours exécutée par des instruments graves; quelquefois c'est la clarinette ou la viole, le hautbois ou le cor, qui la remplissent dans certaines entrées d'instruments à vent, dans des groupes d'harmonie portés à l'aigu, comme on peut le remarquer dans le troisième acte de *Robert le Diable*, lorsque Alice paraît après le chœur diabolique. La clarinette tient la partie de basse au-dessous des flûtes et du hautbois. Par la même raison, la voix du ténor exécute la basse dans les trios où deux dessus figurent avec lui, comme le contr'alto dans un chœur de femmes.

La voix de *basse* est la voix d'homme la plus grave. Son diapason commence au second *fa* grave du piano, et s'élève jusqu'au *ré*, ou *mi* hors des lignes; sa partie s'écrit sur la clef de *fa*, quatrième ligne. On appelle aussi *clef de basse* par cette raison. Cette voix n'a qu'un seul registre, celui de poitrine. Les compositeurs français, après l'avoir longtemps négligée, on pourrait dire méconnue, commencent à écrire pour cette voix : les parties d'Œdipe, de Duntalmo, de Walter, de Bertram, sont de beaux rôles de basse. On peut en signaler dans tous les opéras italiens et allemands. Les voix de Lablache, de Levasseur, de Santini, de Galli, sont des voix de basse. On donnait autrefois en France le nom de *basse-contre* à la voix de basse, attendu qu'elle chantait *contre* la basse-taille ou baryton, seule voix grave admise à l'opéra pour les rôles de basse. On réservait la basse-contre pour les chœurs. Ce n'est que depuis peu de temps que nos compositeurs ont écrit des rôles pour ce genre de voix, dont les Allemands et les Italiens ont toujours tiré un si grand parti. Ceux qui veulent établir une différence entre la voix de basse et celle de basse-contre ont tort, et sont égarés par une erreur de mots provenant de ce que l'on trouve mal à propos la voix de basse avec le *bas ténor*, *basse-taille* ou *baryton*. Le diapason de la voix de basse commence au *fa*, qui est le deuxième *fa* grave du piano; cette note, et le *sol* qui la suit immédiatement, abondent dans la musique destinée à la basse. Dans le premier final du *Mariage secret*, dans *Mathilde de Sabran*, et dans certaines compositions allemandes, on fait descendre cette voix jusqu'au *mi*, au *ré*, et même à l'*ut*, qui est le premier *ut* grave du violoncelle. Dans la prière de *la Muette de Portici*, toutes les basses du chœur tiennent le *mi bémol*. Je ne pense pas qu'il soit possible d'établir un diapason vocal qui dépasse ce point.

On appelle *basse chantante* la partie que le compositeur a embellie de tous les agréments de la mélodie et des traits agiles qui doivent concerter avec les traits de la première cantatrice et du premier ténor. La basse chantante ne diffère point des parties aiguës pour le charme et la légèreté. Tamburini l'exécute avec une pureté de style, une expression, une agilité merveilleuses. Les rôles du bailli dans *la Pie voleuse*, de Figaro dans *le Barbier de Séville*, de Mustapha dans *l'Italienne à Alger*, appartiennent à l'emploi de *basse chantante*.

On désigne par le nom de *basse comique* la partie qui est écrite simplement, dont les airs et les duos ne présentent qu'une déclamation accentuée, un débit rapide qui marche en même temps que les mélodies et les traits de l'orchestre. Le chant instrumental soutient alors le discours. Les Italiens excellent dans ces compositions, qui appartiennent toutes au genre comique, et Lablache les chante, les déclame, avec une admirable perfection. Les parties de Geronimo du *Mariage secret*, de Bartholo du *Barbier de Séville*, sont des rôles de *basse comique*. Gastil-Blaze.

BASSE-BRETAGNE. *Voyez* Bretagne.
BASSE CHANTANTE, BASSE COMIQUE. *Voyez* Basse.
BASSE CONTINUE, BASSE CHIFFRÉE, BASSE CONTRAINTE. *Voyez* Basse.
BASSE-CONTRE. *Voyez* Basse.
BASSE-COUR. A la ville, lorsqu'une habitation est assez spacieuse pour que les écuries et leurs dépendances, les cuisines, etc., soient reléguées dans une cour séparée, celle-ci est une *basse-cour*. Pour l'homme des champs, riche ou pauvre, propriétaire ou fermier, le mot *basse-cour* a un autre sens : il désigne, en bloc, les habitations des animaux domestiques et ces animaux eux-mêmes.

La basse-cour, entourée de murs, doit être pavée avec une pente assez douce pour l'écoulement des eaux en dehors de la cour. Toutes les litières doivent être portées tous les matins sur les fumiers hors de ce local.

Il n'y a rien de plus barbare que de faire fermenter les matières animales et végétales et des déjections de toute sorte au milieu de cours fermées, et sous le nez d'un millier de bêtes, qui s'infectent comme nous nous infecterions nous-mêmes si nous vivions au milieu de nos déjections. Le trou à fumier doit donc être placé en dehors; les urines de tous les animaux doivent y être conduites par des tuyaux en briques et en maçonnerie. Il doit être mis à l'abri de la pluie et du soleil. Un tel fumier, conduit avec prudence, vaudra trois fois mieux que celui qui est étalé dans une cour de trois ou quatre arpents, et qui, étant alternativement desséché ou délayé, a perdu tous ses sels et sa vertu fécondante. Cte Français (de Nantes).

BASSE DE VIOLE. *Voyez* Viole.
BASSE FIGURÉE. *Voyez* Basse.
BASSE FONDAMENTALE. *Voyez* Basse.
BASSE-FOSSE, sorte de prison. C'est simplement une fosse de quelques pieds de profondeur dont les parois sont revêtues en maçonnerie. On y descend le prisonnier au moyen d'une échelle, et l'on referme le trou à l'aide d'une trappe ou d'une pierre. Cet usage barbare paraît venir de l'Orient, où il sert depuis la plus haute antiquité à la garde des animaux pris à la chasse, comme on le voit par cette fosse aux lions dans laquelle Daniel fut conservé si miraculeusement. Les Romains faisaient servir la basse-fosse au supplice de la vestale qui avait manqué à son vœu de chasteté. Un lit y était préparé avec une lampe allumée, et une petite ration de pain, d'eau et de lait. Ainsi enterrée vive, la malheureuse mourait de faim au bout de quelques jours. Le séducteur périssait en place publique, sous les verges. Les châtelains du moyen âge faisaient un grand usage de la basse-fosse. C'était un appendice obligé de tout manoir. Une ordonnance en date de mai 1425, rendue par Henri VI, cet Anglais qui fut quelques mois roi de Paris, pendant que le pauvre Charles VII était réduit à n'être que roi de Bourges, donne le tarif des droits que les prisonniers de la geôle de Paris ont à acquitter au geôlier, selon la prison où ils sont placés. « Si un prisonnier est mis dans la fosse, y est-il dit, il doit, quand il a de quoi payer, un denier. » Avant la révolution de 1789, le lieutenant de police de Paris avait encore à sa disposition une basse-fosse dont il menaçait les filles publiques et les vagabonds. « Je vous enverrai pourrir dans un cul de basse-fosse, » était la phrase favorite de ce redoutable fonctionnaire. Depuis que le système des prisons en France a commencé à subir quelques améliorations, la basse-fosse a disparu; le hideux cachot ne peut manquer de disparaître à son tour. Saint-Germain.

BASSE-LICE, ou BASSE-LISSE. *Voyez* Lisse.
BASSELIN (Olivier), simple foulon de Vire, en Normandie, vers le milieu du quinzième siècle, passe pour l'inventeur de la chanson, du moins de la chanson telle que nous l'entendons aujourd'hui. Il avait quelques connaissances des lettres grecques et latines, avec un goût naturel pour la poésie. Il paraît qu'il ne pouvait voir les Anglais maîtres de son pays sans exprimer son indignation. Au moins est-il certain que les ennemis de la France étaient les ennemis d'Olivier Basselin. Aussi un poète contemporain s'écrie-t-il :

. . . . Olivier Basselin
Orrons-nous plus de vos nouvelles?
Vous ont les Anglois mis à fin?

On avait appelé *vaux-de-Vire* ou Vaudevires les chansons de Basselin, du nom de sa résidence. Toutes de la plupart érotiques et bachiques, elles se distinguent par une verve et une gaieté vive qui jusqu'à cette époque n'avaient pas semblé compatibles avec la poésie. Ces poésies ont été publiées longtemps après sa mort, en 1610, par Lehoux, son compatriote, et réimprimées d'une manière plus complète à Avranches, par J. Travers, 1 vol., 1833. On dit que ce poëte-chansonnier avait perfectionné le moulin à fouler. On a prétendu aussi, mais sans fondement, qu'à ses chansons remonte l'origine du *vaudeville*. Champagnac.

BASSES-ALPES (Département des). *Voyez* Alpes (Basses-).
BASSES-PYRÉNÉES (Département des). *Voyez* Pyrénées (Basses-).
BASSESSE. Si l'élévation de l'âme, la noblesse du caractère, peuvent être le partage de toutes les classes de la société et même des plus humbles, l'abjection des sentiments, la bassesse des idées, peuvent se rencontrer partout, même dans les plus hauts rangs. Nous sommes loin de l'époque où l'ingénieux auteur des *Synonymes* disait : « La bassesse se trouve dans la peu de naissance, de mérite, de fortune et de dignité. » Aujourd'hui nous disons : « La bassesse est là où les actions sont méprisables et nuisibles, quels que soient la naissance, le mérite, la fortune, la dignité. » Le coup d'œil philosophique de notre époque est incontestablement plus haut, plus large et plus profond que celui de l'abbé Girard. On a dit aussi dans ce temps : *La bassesse d'état* ; aujourd'hui il n'y a de bassesse que dans l'âme de l'homme inestimable, et la pureté des sentiments peut relever l'état le plus obscur.

La bassesse ainsi définie devient la plus ignoble des maladies de l'âme ; elle descend plus bas même que la méchanceté, bien que ces deux infirmités du cœur soient très-proches parentes. Dans la bassesse de ses sentiments, un homme, pour arriver à ses fins, ne craindra ni le dol ni le mensonge ; il ne reculera pas devant l'adulation la plus vile ; et si ceux qui sont l'objet de ses importunités y répondent par le plus rude sentiment, il ne sera point vaincu, il rampera toujours pour atteindre son but. Car la bassesse consiste à méconnaître la dignité d'homme et à se prostituer ainsi devant tout ce qui a force. La bassesse efface de l'âme le sentiment du beau, du vrai et du bon ; elle n'y laisse plus qu'une déplorable obscurité ; et les sublimes notions du bien, que Dieu a mises en nous, s'éteignent dès que le cœur dont la bassesse s'empare. Les facultés mêmes de l'esprit s'oblitèrent dans cette cruelle aberration de l'âme, et la première punition qu'attire la bassesse, c'est, avec le mépris de ceux qui la constatent, la douleur poignante d'une infériorité manifeste. Aussi la bassesse peut être habile, mais jamais on n'est distingué. Adieu ces sublimes élans de l'âme ! adieu ces divines inspirations du cœur ! par la bassesse l'homme s'éloigne de Dieu et se confond avec la brute, qui n'a que des instincts. Jules Pautet.

BASSET. Cette race de chiens appartient à la famille des épagneuls. Les bassets se caractérisent par le raccourcissement extrême de leurs jambes, qui sont droites ou torses, ce qui produit les *bassets à jambes droites* et les *bassets à jambes torses*. Ils ont la tête du braque ou du chien courant, les oreilles longues et pendantes, le poil ras et très-variable pour la couleur. Ils sont ardents à la chasse, où on les emploie principalement pour attaquer les blaireaux et les renards au fond de leur tanière. Démezil.

BASSE-TAILLE. Voyez Baryton et Basse.

BASSETTE ou **BASSET.** Ce jeu, inventé par l'Italien Bassetti, qui lui avait donné son nom, fut peu favorable à son auteur. Les maisons privilégiées où l'on jouait l'*hombre* et le *lansquenet* jetèrent les hauts cris. Mis à la Bastille en vertu d'une lettre de cachet, Bassetti ne fut rendu à la liberté que pour être exilé ; mais le jeu qu'il avait imaginé subsista, avec quelques modifications, sous le nom de *pharaon*. Breton.

BASSEVILLE (Nicolas-Jean Hugon de) se livra d'abord à l'instruction publique. C'était avant 1789 un littérateur obscur, qui embrassa vivement les idées révolutionnaires, et devint alors un des rédacteurs du *Mercure National*, ou *Journal de l'État et du Citoyen*. Il avait fait paraître des *Éléments de Mythologie* (1784), des *Mélanges érotiques et historiques*, ou les *Œuvres posthumes d'un inconnu, publiées par un chapelain de Sapho* (1784) ; un *Précis de la vie de François Lefort, citoyen de Genève et ministre de Pierre le Grand* (1786) ; enfin, en 1790, des *Mémoires historiques de la révolution de France* (2 vol. in-8°) ; et malgré ces diverses productions, il serait aujourd'hui parfaitement oublié, si sa mort tragique ne lui avait ménagé une place dans l'histoire des malheurs et des crimes qui marquèrent cette époque. Nommé secrétaire de légation à Naples en 1792, il était resté à Rome en qualité de chargé d'affaires de la république. Il y fut assassiné par la populace, le 13 janvier 1793, comme il se promenait en voiture dans les rues de cette capitale. La vue des cocardes tricolores que portaient son cocher et son laquais avait causé cette émeute. La Convention ne manqua pas de faire grand bruit d'un pareil attentat. Une pension fut accordée à la veuve de Basseville et à son enfant. Plus tard, lors de l'armistice conclu avec le pape Pie VI, à Bologne, le 21 juin 1796, Bonaparte exigea des réparations pour le meurtre de cet agent diplomatique. Plusieurs poëtes se sont exercés sur cet événement, entre autres Dorat-Cubières en France, et Salvi et Monti en Italie. Ch. du Rozoir.

BASSIN (*Architecture hydraulique*), capacité fixe ou mobile, plus ou moins profonde, de figure circulaire, polygonale, de forme régulière ou irrégulière. Quand le bassin est d'une grandeur considérable, il prend le nom de *vivier, étang, port*.

Tout bassin étant ordinairement destiné à contenir de l'eau, son fond et ses côtés doivent être sans trous ni fissures, comme s'il avait été coulé d'une seule pièce, surtout si le liquide est peu abondant ; il faut aussi que la construction soit assise sur un terrain ferme ou sur une plate-forme de charpente ; sans quoi il serait à craindre que, s'affaissant inégalement, il ne se produisit des fuites. Il est vrai qu'on peut se dispenser de prendre ces précautions quand le réservoir, tel qu'un étang, un port, est d'une vaste étendue.

Les anciens excellaient dans la construction des bassins, citernes, etc. Les Italiens ont conservé leur méthode ; on l'imite aussi en France : après qu'on a fait la fouille et bien consolidé le fond, soit en le battant, soit en plaçant dessus un grillage de charpente, on étend dessus une couche de béton ; au-dessus de cette couche, égalisée et battue, et qui doit être faite pour ainsi dire d'un seul jet, on forme une cloison en planches, ayant la figure et la grandeur que l'on se propose de donner au bassin ; cette cloison doit être également éloignée de tous côtés des bords de la fouille ; le vide compris entre les planches et la terre se remplit de béton que l'on emploie le plus promptement qu'il est possible,

tandis que celui du fond est encore humide. Quand le béton est sec, on le couvre d'une couche de ciment fait de gros sable, que l'on étend avec la truelle ; on lui donne un centimètre et demi d'épaisseur, et l'on a soin d'arrondir tous les angles ; sur cette couche, on en jette une autre composée de tuiles pilées, passées au tamis et pétries avec de la chaux éteinte. Quelquefois on fait le fond et les murs en moellons et mortier de chaux et sable, que l'on revêt ensuite d'un enduit de 20 à 25 centimètres d'épaisseur.

Quand on veut éviter la dépense, on fait une fouille plus grande et plus profonde ; et lorsque le fond a la fermeté et la régularité convenables, on étend dessus une forte couche de terre glaise, préparée d'avance et purgée des cailloux qu'elle pourrait contenir et autres matières étrangères ; un mur en pierre ou en brique et mortier contient les terres, et empêche les racines des arbres du voisinage de pénétrer dans le bassin. A quelque distance de ce mur, et sur un bâti de bouts de chevrons, appelés *racineaux*, sur lesquels on cloue des planches, on élève un autre mur pour contenir les eaux du bassin, et l'on remplit de terre glaise l'intervalle qui règne entre les deux murs, puis on couvre le fond du bassin de sable et d'un pavé. Un bassin ainsi construit consiste en un vase de glaise d'une seule pièce, défendu par deux murs et un pavé.

On fait encore par économie des bassins en maçonnerie, que l'on recouvre de dalles de pierre, et l'on garnit les joints de mastic gras ; quelquefois aussi on remplace les dalles par un vase formé de tables de plomb.

Les bassins en blocage et couverts d'un bon enduit passent pour les meilleurs ; ceux en plomb coûtent plus cher et durent beaucoup moins ; enfin les bassins en glaise sont les plus économiques, mais ils le cèdent à tous les autres sous le rapport de la durée. Teyssèdre.

BASSIN (*Hydrographie*). Dans cette branche de la science géographique, on nomme en général *bassins* des portions du globe dont les eaux pluviales ou fluviales tombent dans un réservoir commun. L'Océan est un réservoir commun de toutes les eaux des continents et des îles qu'il enveloppe. Mais il pénètre dans les terres et y forme des bains, des golfes, des mers intérieures, telles que la Baltique et la Méditerranée.

On donne le nom de *bassins maritimes* aux portions d'un continent ou d'une île dont les eaux pluviales ou fluviales ont pour réservoir commun une mer intérieure, un golfe, une baie, ou toute autre portion de l'Océan comprise en de certaines limites. Outre les mers intérieures, qui sont des portions de l'Océan, on trouve des mers que les terres environnent de toutes parts. Telles sont la mer Caspienne et la mer d'Aral, dont les vastes bassins reçoivent les eaux pluviales et fluviales du centre de l'Asie.

On donne le nom générique de *bassins lacustres* ou *lacustriques* aux portions d'un continent ou d'une île dont les eaux ont pour réservoir commun un lac, un étang, une mare, ou même une dépression du sol dans laquelle les eaux s'amassent à certaines époques de l'année.

Les *bassins fluviatiles* sont des portions d'un continent ou d'une île dont les eaux pluviales ou de source ont pour canal d'écoulement le lit d'un fleuve ou d'un autre cours d'eau permanent ou temporaire. On distingue ces bassins en plusieurs classes. La première renferme les bassins des *fleuves* et des *cours d'eau maritimes*, dont les eaux tombent directement dans la mer par une ou plusieurs embouchures. On range dans la seconde classe les bassins des rivières et autres *affluents* d'un fleuve ou d'un cours d'eau maritime. Les bassins des affluents se subdivisent en différents ordres. Il suffit, pour en avoir une idée, de suivre sur la carte les ramifications des fleuves et des cours d'eau maritimes depuis leurs embouchures jusqu'aux chaînes qui renferment les sources de leurs affluents.

Les bassins fluviatiles forment des groupes dont chacun

appartient à un même bassin maritime. Tel est le groupe immense des bassins de tous les fleuves et cours d'eau que reçoit la Méditerranée, depuis le sommet des chaînes qui circonscrivent son vaste bassin, et qui ne s'ouvrent qu'au détroit de Gibraltar. Telle est, à l'extrémité de l'échelle, la rade de Brest, dont le bassin est circonscrit par des hauteurs qui ne laissent d'ouverture que l'entrée connue sous le nom du *Goulet*.

Dans l'ancien continent, le vaste bassin de l'Océan est séparé des bassins de la mer Caspienne et des autres mers intérieures, ou des lacs isolés du centre de l'Asie, par une *chaîne hydrographique* dont la crête est formée par les sommités des chaînes de montagnes et des hauteurs ou plateaux qui les unissent. Il faut bien distinguer les *chaînes hydrographiques* d'avec les *chaînes orologiques*. Celles-ci suivent à travers les fleuves et les mers la direction des montagnes ou des grandes aspérités du globe, considérées sous les rapports géologiques. Les chaînes hydrographiques sont les limites des bassins maritimes ou fluviatiles formés par la continuité des montagnes et des hauteurs secondaires dont les pentes versent leurs eaux dans le même réservoir. D'autres chaînes hydrographiques, qui partent de cette chaîne centrale, séparent entre elles et d'avec l'Océan les bassins des mers intérieures, telles que la Baltique ou la Méditerranée, et vont aboutir aux détroits, tels que ceux du Sund et de Gibraltar, qui seuls interrompent la continuité de la chaîne-limite. De la chaîne-limite d'un bassin maritime, tel que celui de la Méditerranée, partent des chaînes hydrographiques dont les ramifications séparent les bassins fluviatiles de tous les ordres.

Les chaînes-limites des bassins fluviatiles les circonscrivent ordinairement de toutes parts, et n'offrent d'ouverture qu'à leurs confluents ou à leur embouchure. C'est par une exception très-rare dans la nature que le bras d'un cours d'eau passe d'un bassin dans un autre. La plus remarquable de ces *dérivations naturelles* est le Cassiquiare, qui passe par un col de la chaîne-limite du bassin de l'Orénoque dans celui de la rivière des Amazones. On trouve au contraire beaucoup de *dérivations artificielles* : tel est le canal du Neuf-Fossé, qui dérive les eaux de la Lys dans le bassin de l'Aa ; telles sont les rigoles alimentaires des canaux à point de partage.

On donne le nom de *faîte* à la ligne culminante d'une chaîne hydrographique : c'est la *ligne du partage des eaux* entre les *versants* ou les pentes des bassins adossés. C'est ce que les anciens appelaient le divorce des eaux, *aquarum divortium* (*Lettres de Cicéron à Atticus*). Telle est, pour en donner un exemple remarquable, la ligne de partage qui, depuis le détroit de Gibraltar jusqu'à celui du Sund, sépare les versants de l'Océan des versants de la Baltique et de la Méditerranée ; telles sont, en sous-ordre, les lignes de partage qui, dans le bassin de l'Océan, divisent les bassins fluviatiles de la Garonne, de la Loire, de la Seine, de l'Escaut, et des cours d'eau maritimes que l'Océan reçoit directement entre les bouches de ces grands fleuves. Depuis les chaînes-limites des bassins maritimes jusqu'aux bords de la mer, les faîtes ou lignes de partage forment sur la carte des ramifications inverses de celles qu'y figurent les cours d'eau, et ces deux systèmes de ramifications suffisent à la rigueur pour définir la surface du globe. Mais, comme nous le verrons bientôt, des lignes hydrographiques plus multipliées et non moins remarquables peuvent servir à compléter cette définition.

Les fleuves à leur naissance coulent souvent en des vallées escarpées et profondes formées par les berges des hautes montagnes. Mais lorsqu'ils s'éloignent de la chaîne centrale, les fleuves coulent en des vallées formées par de simples collines, au-dessus desquelles s'élèvent des plaines hautes ou *plateaux* plus ou moins accidentés. Quelquefois les collines se resserrent et ne laissent pour le passage du fleuve qu'un défilé. Mais le plus souvent les collines s'écartent, et le fond de la vallée offre une *plaine d'alluvion*, formée par des plans légèrement inclinés. Le lit du fleuve, quelle que soit la nature de la vallée et du cours d'eau qui l'arrose, offre une ligne remarquable à laquelle on a donné le nom de *thalweg*. C'est, d'après l'étymologie allemande de ce mot, la ligne directrice de la route des eaux. C'est ce que La Fontaine appelait plus simplement le *fil de la rivière* (dans la fable de *la Femme qui se noie*). Dans son acception la plus générale, le thalweg est la ligne la plus basse de la vallée ou du vallon. C'est la projection de cette ligne qui dans les cartes à petit point forme le trait des cours d'eau. Dans les vallons qui ne reçoivent que les eaux pluviales, le thalweg sur les cartes soignées est exprimé par une ligne ponctuée qui descend du faîte jusqu'au point où le cours d'eau devient permanent. On doit aussi ponctuer le thalweg dans les points où le cours d'eau est artificiellement ou par un accident naturel soutenu au-dessus du fond de la vallée.

Les *lignes de rive* sont celles que la surface des eaux d'un fleuve ou d'un autre cours d'eau tracent sur les berges de son lit. Ce sont en général des courbes sinueuses et plus ou moins inclinées, qui varient dans les crues et les débordements. Lorsqu'un fleuve ou tout autre cours d'eau maritime tombe dans l'Océan, ses lignes de rive se raccordent avec les *laisses de mer*. C'est ainsi qu'on appelle les lignes horizontales que l'Océan trace sur ses rivages, et qui varient comme les marées. On distingue les *laisses de haute et de basse mer*, qui varient elles-mêmes comme les marées des syzigies et des quadratures, aux solstices et aux équinoxes. Ces *lignes de niveau* sont droites quand la plage maritime est un plan incliné. Dans tous les autres cas, ce sont des *courbes horizontales*, dont les sinuosités, formées par l'intersection des surfaces du sol et des eaux, se développent dans l'intérieur des bassins et sur la crête des chaînes qui les séparent. Les principales laisses de haute et de basse mer sont tracées sur les cartes marines à grande échelle. On ne décrit sur les cartes à petit point qu'une seule courbe qui exprime le niveau moyen de l'Océan. Les cartes des mers intérieures et sans marées n'offrent aussi qu'une laisse de mer. On exprime au contraire des *laisses de hautes et de basses eaux* sur le plan des lacs et des étangs, dont le niveau varie beaucoup en été et dans la saison des pluies ou par la fonte des neiges.

Si l'on suppose que les eaux de la mer s'élèvent graduellement, elles traceront à la surface du globe une suite de courbes horizontales. Ces courbes se développeront d'abord en sinuosités alternatives, suivant qu'elles envelopperont les hauteurs ou qu'elles pénétreront dans les vallées. A mesure que les eaux s'élèveront, elles couvriront les plateaux, et ne laisseront plus à sec que les hautes montagnes, qui formeront des îles dont chacune sera limitée par une courbe horizontale. C'est l'image du déluge : c'est ainsi que l'arche s'arrêta, suivant la Bible, sur l'île que formait le mont Ararat. Imaginons maintenant que les eaux de l'Océan s'abaissent graduellement au-dessous de leur niveau actuel. Ces nouvelles surfaces détermineront des courbes horizontales sur les pentes qui sont aujourd'hui submergées. Cet abaissement successif laissera bientôt à sec les portions les plus hautes du fond de la mer. Les îles deviendront des presqu'îles, et se rattacheront aux continents. Ce serait ainsi, par exemple, que l'isthme sous-marin qui unit l'Angleterre à la France, au détroit du Pas-de-Calais, se montrerait à découvert et reproduirait, à un niveau inférieur, l'isthme ancien qui joignait la Grande-Bretagne à la Morinie. Ces courbes horizontales que nous traçons par un déluge et par un assèchement imaginaire, on les détermine sur le terrain et on les projette sur la carte au moyen du nivellement ou de la sonde. Ces courbes sont des *lignes caractéristiques* propres à définir la surface du globe et le fond des mers. On remarquera, comme une propriété singulière de ces courbes horizontales, que le sommet de leurs arcs convexes coupe à angle droit les faîtes des bassins, et que les thalwegs sont pareillement coupés par les arcs concaves de ces lignes de niveau. Si maintenant on imagine que des courbes horizontales sont à des niveaux divers, mais équidistants, tracées à la superficie du globe, considéré comme une surface géométrique, les eaux pluviales descendront du faîte de chaque bassin vers son thalweg, en coupant à angle droit toutes les courbes, et la *ligne de chute* d'une goutte d'eau, comme d'un corps quelconque, sera une *ligne de plus grande pente*. Ces lignes, plus ou moins sinueuses, sont faciles à déterminer sur le terrain et à tracer sur la carte, quand la surface du sol est déjà définie par des courbes horizontales. Les courbes de plus grande pente offrent alors un second système de *lignes caractéristiques* également propres à définir la surface du globe. La combinaison des deux systèmes ne laisse rien à désirer pour cette définition. Enfin, et c'est une propriété non moins remarquable de ces lignes de chute, leurs sommets et leurs pieds se raccordent tangentiellement avec les *faîtes* et les *thalwegs*, qui sont eux-mêmes des *lignes de plus grande pente*, enveloppes et limites de toutes les autres.

Ces propriétés des faîtes, des thalwegs, des autres lignes de pente et des courbes horizontales pour la définition géométrique de la surface du globe et pour la description rigoureuse des bassins hydrographiques démontrent suffisamment l'utilité de l'*hydrographie*, considérée dans ses généralités et comme une branche importante de la géographie naturelle ou physique.
Chevalier ALLENT.

BASSIN (*Anatomie*). On donne ce nom à une large cavité osseuse qui loge en partie la vessie, les intestins, l'utérus chez la femme et d'autres organes essentiels, et qui sert de point d'attache aux os des membres postérieurs; chez l'homme et la plupart des mammifères, il se compose du sacrum, des os des îles ou os iliaques, et du *coccyx*. Le sacrum, placé en arrière, enchâssé entre les deux os iliaques, est recourbé et de forme pyramidale : sa base, qui est en haut, soutient la colonne vertébrale, tandis que son sommet est contigu au coccyx. Dans l'enfance, chaque os iliaque est formé de trois pièces, qui se soudent chez l'adulte : l'une, située en avant et à la partie inférieure du ventre, porte le nom de *pubis*; l'autre, qui forme spécialement le contour et la saillie de la hanche, est l'*ilium*; enfin, la troisième pièce, l'*ischion*, est cette saillie osseuse qui supporte le corps de chaque côté lorsqu'on est assis. Au point de réunion de ces trois pièces se trouve une cavité dite *cotyloïde*, de forme à peu près hémisphérique, dans laquelle s'articule la tête du *fémur*.

La structure et les diamètres du bassin sont surtout essentiels à étudier chez la femme, relativement au mécanisme de l'accouchement: c'est en effet la filière que doit traverser le produit de la conception; et pour peu que les dimensions respectives soient altérées, la mère et l'enfant peuvent encourir des accidents plus ou moins graves.

Le bassin peut être vicié dans la *direction* et dans les *dimensions* de ses diamètres. Les vices de direction ont en général des inconvénients moins graves que les vices de dimension. L'ampleur du bassin, qui serait au premier coup d'œil une condition avantageuse à l'accouchement, peut cependant entraîner des accidents par le fait de la rapidité avec laquelle le fœtus est expulsé; mais ces dangers sont bien moins graves que ceux qui accompagnent le rétrécissement des divers diamètres du bassin. On conçoit que ces rétrécissements peuvent avoir lieu dans tous les sens; leur cause la plus commune est cette maladie qu'on nomme le rachitisme. Selon que le rétrécissement est plus ou moins prononcé, l'accouchement peut encore être *naturel*, ou nécessiter l'emploi du *forceps*, ou la pratique de la *version*, l'opération de la *symphiséotomie* ou celle de l'*hystérotomie* (opération césarienne), ou enfin le morcellement du fœtus lorsqu'il a cessé de vivre.

On a imaginé divers procédés pour constater les vices du bassin; le plus simple et le moins défectueux est l'exploration directe au moyen du toucher. Cet examen est nécessaire pour constater l'aptitude d'une jeune personne à contracter le mariage, et pour établir la possibilité de l'accouchement au terme de la grossesse.
Dr FORGET.

BASSINET, petite pièce creuse de la platine d'une arme à feu dans laquelle on met l'amorce. On avait nommé *bassinet de sûreté* un petit mécanisme qui empêchait les armes à feu de partir accidentellement, et préservait en même temps l'amorce de toute humidité.

L'emploi des capsules comme amorce a rendu inutile le bassinet, qui est aujourd'hui remplacé dans les fusils de luxe et même dans les fusils de l'armée française par la *cheminée*.

BASSOMPIERRE (FRANÇOIS DE), maréchal de France, né le 12 avril 1579, au château de Harouel en Lorraine. Son père, Christophe de Bassompierre, était colonel d'un corps de quinze cents reîtres au service de la France. Sa famille était allemande, et se nommait *Besteinstein*, dont on a fait Bassompierre. C'était une branche de la maison de Clèves, qui tirait son origine d'Ulric III, comte de Ravensbourg.

Bassompierre reçut une éducation très-soignée, et étudia avec beaucoup de succès la philosophie, le droit, la médecine et l'art militaire. Joignant tous les avantages de la naissance, de la figure, de l'esprit et de la bravoure, il passa toute sa vie à la cour, dans les camps et dans les ambassades. Ce fut le type parfait du gentilhomme de son temps.

Après une campagne en Savoie, il alla combattre les Turcs en Hongrie sous les ordres du maréchal Rosworm. De retour en France, il parut à la cour, et ne tarda pas à devenir l'homme à la mode.

On sait que l'exemple, toujours contagieux, du monarque avait fait de la cour d'Henri IV le véritable séjour des plaisirs. Dans un siècle où l'hypocrisie n'était pas de bon ton, la fatuité et l'indiscrétion de Bassompierre étaient une séduction de plus; les femmes se faisaient gloire d'avoir été à lui : c'était un des libertins qu'Henri IV appelait en riant *les dangereux*.

Le roi le traitait en ami; mais la jalousie le rendit injuste et ingrat. Ne pouvant maîtriser sa passion pour mademoiselle de Montmorency, il fit rompre le mariage arrêté entre elle et Bassompierre. En dédommagement de ce sacrifice, Bassompierre fut nommé colonel général des Suisses et Grisons.

A la mort d'Henri IV, il resta fidèlement attaché aux intérêts de sa veuve et de son fils. Grand maître de l'artillerie, en 1617, au siège de Château-Porcien, il fut blessé à celui de Rethel. En 1620 il se trouva comme maréchal de camp au combat du Pont-de-Cé, aux sièges de Saint-Jean-d'Angely, de Montpellier, etc. Enfin en 1622 Louis XIII le fit maréchal de France.

La bienveillance que lui portait le roi inquiéta Luynes, le favori en titre; celui-ci, pour s'en débarrasser, lui fit successivement confier au maréchal plusieurs ambassades importantes. Il fut d'abord envoyé en Espagne pour traiter de la question de la Valteline; puis, en 1625, dans les cantons helvétiques, et enfin en Angleterre. Il assista au siège de La Rochelle, au passage du Pas de Suze et au siège de Montauban.

Luynes était mort, et le règne de Richelieu commençait. On sait que le but constant de la politique du cardinal fut l'abaissement de l'aristocratie. Comme l'une des plus hautes têtes de la noblesse, Bassompierre lui portait ombrage : Richelieu n'attendit pas longtemps l'occasion de le perdre. Il le fit arrêter et conduire à la Bastille le 25 février 1631. Bassompierre y resta jusqu'à la mort du cardinal. Il nous apprend dans ses *Mémoires* qu'avant d'y entrer il brûla six mille lettres d'amour, pour ne pas compromettre les femmes qui les lui avaient écrites.

Lorsqu'il sortit de la Bastille, le 19 janvier 1643, il avait soixante-quatre ans. La prison vieillit, il parut presque ridicule à une cour qui retentissait encore du bruit de ses anciens triomphes. On lui rendit la charge de colonel général des Suisses; mais il mourut quelque temps après, d'une attaque d'apoplexie, le 12 novembre 1646.

Pendant sa longue captivité il avait travaillé à divers écrits dont la publication a jeté un grand jour sur les événements du temps. On lui doit : 1° *Mémoires du maréchal de Bassompierre*, contenant l'*Histoire de sa vie* (Cologne, 1665, 3 vol. in-12); 2° *Ambassades du maréchal de Bassompierre en Espagne, en Suisse et en Angleterre* (1668, Cologne, 4 vol. in-12); 3° *Nouveaux Mémoires du maréchal de Bassompierre*, recueillis par le président Hénault, et publiés par Serieys, à Paris, 1 vol. in-8°.

BASSON, instrument de musique à vent et à anche, qui dans la famille du hautbois tient le même rang que le violoncelle dans la famille du violon. Le diapason du basson est de trois octaves et demie, à partir du premier *si bémol* grave du piano; il commence par conséquent un ton plus bas que celui du violoncelle. Le basson se joue dans tous les tons. Ses tons favoris sont : *ut, fa, si bémol, mi bémol* et leurs relatifs mineurs.

Les compositeurs italiens de l'ancienne école, après avoir fait entendre le basson dans un chant suivi ou dans un solo d'apparat, le renvoyaient à la partie de basse, qu'il doublait avec fidélité. On a depuis généralement adopté la manière de l'école allemande, en considérant cet instrument comme devant figurer dans les masses intermédiaires et se joindre à la viole, plutôt que de porter un secours, souvent inutile, à la partie grave, lui réservant ce renfort pour les unissons, les marches travaillées, les entrées de fugue et tous les passages où la basse, placée en première ligne, doit se faire jour à travers les *tremolo* des violons et les tenues des instruments à vent. Les contrebasses et les violoncelles suffisent pour les grosses notes de la simple basse.

Quoique le caractère du basson soit tendre et mélancolique, ses accents, pleins de vigueur et de sentiment, servent à exprimer les grandes passions dans l'*agitato*, invitent au recueillement, inspirent une douce piété s'ils accompagnent des chants religieux. Si le basson ne saurait briller très-brillant, il s'unit du moins parfaitement aux instruments qui ont cette qualité ; et lorsque les violons suspendent leurs discours pour laisser le champ libre aux flûtes, aux hautbois, aux clarinettes, aux cors, c'est lui qui sert de basse à leur harmonie éclatante. Instrument universel, il module un récit avec autant de grâce que de suavité, et porte ensuite sa voix sur tous les points où elle peut servir utilement, soit pour remplir les vides qui existent entre les parties intermédiaires, soit pour lier un trait d'accompagnement ou renforcer un passage *staccato*. Possédant le timbre qui s'accorde le mieux avec tous les diapasons, il double successivement la basse, la viole, la clarinette, le hautbois, la flûte; il suit la marche rapide des violons ou la paisible lenteur des cors. Ses notes graves, ronflantes, celles du médium, fournissent à l'accompagnement ; sa dernière octave donne une mélodie aussi pure que sonore. Gluck, Haydn, Mozart, Beethoven, ont eu pour cet instrument une telle affection qu'ils semblent ne s'être décidés qu'avec peine à l'exclure du plus petit fragment de leurs compositions. L'école de Rossini emploie le basson dans tous les morceaux d'un opéra et d'une symphonie, mais elle en use de même à l'égard des autres instruments de l'orchestre.

Comme la voix du basson a peu d'éclat, on ne la distingue pas toujours dans les masses; mais les bienfaits qu'elle répand, l'harmonie qu'elle y introduit, n'existent pas moins, et l'on doit lui en savoir d'autant plus de gré qu'on les attribue quelquefois à d'autres instruments. Telle la violette, cachée sous l'herbe, parfume la prairie et ne se montre point parmi les fleurs qui l'embellissent.

Deux bassons figurent dans les orchestres ordinaires ; c'est la seule partie d'instrument à vent que l'on double pour les grands orchestres, tels que ceux de l'Opéra et du Conservatoire, où l'on admet quatre bassons, deux premiers et deux seconds. Les unissons d'archet de ces grands orchestres, dont le résultat est si puissant et si flatteur, doivent la plus grande part de leur charme aux quatre bassons, qui les attaquent aussi. On entend le frottement de l'anche déborder les gammes et les arpéges de l'archet, comme on voit le duvet brillant qui lustre les ailes du papillon ou du colibri. Quatre cors figurent, il est vrai, dans les grands orchestres, mais ils sont par paires en tons différents pour exécuter quatre parties, tandis que les bassons se réunissent par deux sur la même.

On se sert de la clef de *fa* quatrième ligne et de la clef d'*ut* quatrième ligne, pour la musique du basson. Quelques traits de concerto ou d'air varié, s'élevant jusqu'aux dernières limites de l'aigu, doivent être écrits sur la clé de *sol*.

Le basson, si utile dans l'orchestre, est aussi un instrument de récit dans les concerts et la musique de chambre. On compose des concertos pour basson, des concertantes où il figure avec la flûte, le hautbois, la clarinette, le cor ; des quatuors, des trios, des sonates avec accompagnement de violoncelle, des duos pour deux bassons, des trios même pour trois bassons, dont l'effet est très-agréable.

Le nom de *basson* vient de ce que cet instrument donne des *sons bas*. Les Italiens l'ont appelé *fagotto*, à cause de la ressemblance que ses trois pièces, réunies ou démontées, ont avec un *fagot*.

Le *jeu de basson* est un jeu d'anche, qui dans l'orgue complète le jeu de hautbois et lui sert de basse. Le jeu de basson a une étendue de deux octaves.   CASTIL-BLAZE.

BASSORA, et plus correctement *Basrah*, mot arabe qui signifie *terrain pierreux*, chef-lieu de la province de son nom dans l'eyalet turc de Bagdad, à l'extrémité méridionale de l'Irak-Arabi, bâti sur la rive occidentale du Schat-el-Arab, à 110 kilomètres de l'embouchure de ce fleuve, qui est navigable pour des bâtiments de cinq cents tonneaux jusqu'aux murs mêmes de la ville. Dans l'enceinte de ces murs, qui est de 12 kilomètres, on voit beaucoup de jardins et de plantations; ce qui n'empêche pourtant pas Bassora d'être un endroit fort malpropre. Les nombreux canaux qui la coupent, et les émanations putrides résultant des fréquents débordements du fleuve, en rendent le séjour fort malsain et pernicieux, surtout pour les étrangers. Les maisons, construites en briques, sont basses et ont des toits en terrasse. Les bazars renferment les produits les plus précieux de l'Orient. La factorerie anglaise, qui est un des plus beaux monuments de Bassora, est le siége de la résidence britannique et l'intermédiaire de la correspondance entre les possessions indiennes et la métropole. La population est de 50 à 60 mille habitants, dont la moitié Arabes, un quart Persans, le reste Turcs, Arméniens, Juifs, Kourdes et Hindous, plus les Européens des factoreries, pauvres en général et travaillant pour un salaire très-minime. Les Turcs sont la plupart dans les emplois et dans le militaire. Parmi les commerçants on ne compte presque que des Arméniens.

Bassora est l'entrepôt général de la Turquie et de la Perse pour tous les produits de l'Inde. Ses exportations consistent surtout en essence de rose et en dattes renommées, produit principal de son territoire. Les articles entreposés sont les métaux précieux, la noix de galle, le cuivre, la soie grége, les fruits secs, les produits de l'Inde et de l'Asie orientale; mousselines et cotons, poivre et épices, drogues, riz, sucre, café, indigo, soie, châles, porcelaine, papier, teintures, laque, *assa fœtida*, chevaux de Perse et d'Arabie, gommes de ce dernier pays, perles de Bahreïn, corail de la Méditerranée, métaux travaillés, plomb, fer, acier, étain, tissus de coton et de laine de l'Europe. Les bâtiments arabes, principalement ceux de Maskate, et cinq ou six navires anglais, venant de l'Inde, font presque exclusivement le commerce maritime. Sur terre, les transports ont lieu par caravanes d'Alep, de Damas, de Bagdad et d'autres villes de l'intérieur de l'Asie.

Cette ville fut fondée en l'an 635 de notre ère par le khalife Omar. Devenue bientôt l'un des points les plus importants de l'Orient, les Persans et les Turcs s'en disputèrent la possession pendant plusieurs siècles. En 1668 ces derniers s'en rendirent maîtres; mais les premiers la leur enlevèrent dès 1677. Retombée l'année suivante au pouvoir des Turcs, elle fut prise par les Arabes en 1787. Mais à peu de temps de là le pacha de Bagdad s'en emparait de nouveau au nom du sultan, dont l'autorité s'y maintint dès lors jusqu'en 1832, époque où Bassora tomba au pouvoir de Méhémet-Ali, vice-roi d'Égypte. Les événements de l'année 1840 contraignirent ce prince à la restituer à son souverain.

BASSORINE. La gomme, très-abondamment répandue dans les végétaux, n'est point un principe immédiat; c'est un mélange de plusieurs principes distincts, solubles ou insolubles, qu'on a su isoler dans ces derniers temps. La *bassorine* est un de ces principes gommeux; elle est insoluble dans l'eau froide ou chaude, mais elle l'absorbe, s'y gonfle considérablement, et forme alors une matière gélatineuse ou un mucilage très-épais. On l'a trouvée en grande quantité dans la *gomme adragante*, dans le *salep*, dans la *gomme de Bassora*, etc. Cent parties de bassorine donnent à l'analyse 45,14 de carbone, 5,35 d'hydrogène et 49,51 d'oxygène.

BASTARD-D'ESTANG (DOMINIQUE-FRANÇOIS-MARIE, comte DE), né à Nogaro, en 1783, était d'une famille originaire de Toulouse, qui a donné plusieurs capitouls à cette ville et plusieurs magistrats à son parlement. Un arrêt de la commission du sceau, en 1831, a établi sa généalogie depuis Guillaume de Bastard, capitaine de la grosse tour de Bourges, et lieutenant général pour le roi en Berry, sous Charles VI et sous Charles VII; mais après avoir été déboutée en 1669 par jugement de l'intendant Pellot, la famille de Bastard n'avait pu prouver, en 1671, devant le conseil d'État, sa filiation avec qualifications nobles que depuis Pierre de Bastard, vivant en 1505. Le comte de Bastard, juge auditeur à la cour d'appel, puis maître des requêtes, fut nommé en 1810 conseiller à la cour impériale de Paris. Il continua à y siéger pendant les Cent-Jours, vota contre l'Acte additionnel, et fut nommé à la première présidence de la cour de Lyon après la seconde restauration. Il présida successivement les collèges électoraux de Lectoure et de la Haute-Garonne. Le 5 mars 1819 il fut élevé à la pairie, avec le titre de comte. Il déploya le même zèle et le même dévouement dans les fonctions de rapporteur des procès de Louvel, des ex-ministres de Charles X, d'Alibaud, de Quénisset, et dans celles de vice-président de la chambre haute, etc. Tant de services lui avaient mérité la présidence de la chambre criminelle de la cour de cassation et la grand'croix de la Légion d'Honneur. Il mourut le 24 janvier 1844.

BAS-TÉNOR. Voyez BARYTON.

BASTERNE, espèce de voiture dont les dames romaines se servaient autrefois. Elle avait succédé à la litière, dont elle différait peu; mais elle était traînée par des bêtes, tandis que cette dernière était portée sur les épaules par des esclaves. Cette voiture était passée des Romains chez les Francs, et fut employée par nos rois de la première race.

BASTIA, ville maritime, chef-lieu d'arrondissement du département de la Corse, sur la côte orientale de l'île, avec une population de 13,000 habitants. Chef-lieu de la dix-septième division militaire, place de guerre avec citadelle, cette ville possède une cour d'appel, un tribunal de commerce, un lycée, une école d'hydrographie, une bibliothèque riche d'environ 6,000 volumes; elle possède encore une direction de douanes et un entrepôt réel. On récolte de très-bon vin dans les environs; il se fait à Bastia une fabrication de savons, pâtes alimentaires, liqueurs, cireries; on y compte deux typographies. Le port peut contenir cinquante petits bâtiments. Bastia fait avec la France et l'Italie un commerce important, consistant principalement en exportation de grains et farines, d'huiles, de vins, de citrons, de peaux, d'écorces de chêne, etc. Un service de paquebots à vapeur fait communiquer une fois par semaine Bastia avec Toulon.

La ville vue de la mer paraît plus belle qu'elle ne l'est en effet, quoiqu'elle soit assez bien bâtie et qu'elle renferme plusieurs églises fort ornées. Ses rues sont pavées, mais étroites et obscures, et l'inégalité du terrain force constamment à monter et à descendre.

Bâtie au quatorzième siècle, Bastia fut la capitale de la Corse sous la domination génoise; elle a été le chef-lieu du département du Golo. Elle fut prise par les Anglais en 1745 et 1794.

BASTIAT (FRÉDÉRIC), un des plus remarquables adeptes contemporains de cette science confuse qu'on s'opiniâtre à qualifier d'*économie politique*, représentant du peuple à l'Assemblée constituante et à l'Assemblée législative, membre correspondant de l'Académie des Sciences morales et politiques, né à Bayonne, le 29 juin 1801, mort à Rome, le 24 décembre 1850. Son père, honorable négociant, le destinait à la carrière commerciale; lorsque des revers de fortune l'obligèrent d'aller, avec son fils, chercher un refuge auprès de son vieux père, possesseur d'un domaine près de Mugron, dans les Landes. Frédéric commença ses études au collège de Saint-Sever, et passa trois ans, pour les achever, au collège de Sorèze: ses travaux furent souvent interrompus par des indispositions; mais dès que sa santé se rétablissait il avait, grâce à la vivacité de son intelligence, bientôt rejoint ses condisciples. D'une taille moyenne et bien prise, nerveux, agile, apte à tous les exercices du corps, il se sentait malheureusement la poitrine faible, et tout effort prolongé le brisait. La bonté de son cœur, l'élévation de son caractère lui avaient fait des amis dévoués de tous ses camarades.

Ses études achevées, il entra dans la maison de commerce d'un de ses oncles, à Bayonne. Une partie de ses loisirs était employée à cultiver la littérature et les arts. Il chantait agréablement et jouait de la basse avec supériorité. Le goût des méditations philosophiques le prit de bonne heure: dès 1824 il avait approfondi les écrits de Smith, J.-B. Say, Destutt de Tracy. Que vouliez-vous dès lors qu'il fit dans un comptoir? Sa vocation pour l'économie politique devait l'enlever et l'enleva effectivement au commerce. En 1825, son grand-père étant mort, il s'établit à Mugron, où il retrouva un ami d'enfance, qui partageait ses goûts et avec lequel il se mit à commenter assidûment le *Traité de Législation* de Ch. Comte. Il est fâcheux qu'il ait aussi voulu dès 1827 essayer d'exploiter par lui-même les propriétés foncières dont il avait hérité. Cette tentative, comme il était facile de le prévoir, ne fut pas heureuse. N'importe! sa réputation commençait à grandir. En 1831 il était nommé juge de paix du canton, et l'année suivante élu membre du conseil général des Landes.

La liquidation de quelques créances de l'ancienne maison de commerce de son père l'ayant appelé en Espagne et en Portugal durant l'année 1840, il profita de son séjour dans ces deux pays pour étudier à fond les mœurs, le caractère, les institutions de ces peuples, si différents de tous ceux de l'Europe.

Vers la fin de 1844 un inconnu présente au *Journal des Économistes* un article, dont le rédacteur en chef ne daigne pas même prendre connaissance. Il faut pour qu'il s'y décide que l'opiniâtre auteur le persécute de ses instances pendant trois mois. Alors il lit enfin l'article, et il reste frappé de l'originalité de vues et de la profondeur de pensées que révèle ce beau travail, dont il s'empresse de faire jouir ses abonnés comme d'une bonne fortune. Il était intitulé : *De l'influence des tarifs français et anglais sur l'avenir des deux peuples*. Frédéric Bastiat était déjà auteur de deux opuscules publiés dans son département, et intitulés : l'un, *Aux électeurs des Landes*; l'autre, *Réflexions sur les pétitions de Bordeaux, le Havre et Lyon concernant les douanes*. Dans ces écrits on devine la plume qui tracera cinq ans plus tard les *Sophismes économiques*. On y découvre le germe de la théorie de la valeur, qu'il développera dans les *Harmonies* à la fin de 1849.

Instamment invité par le rédacteur en chef du *Journal des Économistes* à continuer ses envois, Frédéric Bastiat lui adresse un nouvel article. Le premier était une vigoureuse attaque contre le système protecteur; le second prenait à partie le socialisme dans ses applications partielles comme dans ses tendances générales; il combattait spécialement la théorie du *droit au travail*, et marquait ainsi nettement dès son entrée dans la carrière le but vers lequel devaient être dirigés les efforts de toute sa vie.

Dans un voyage en Angleterre, il fit connaissance avec Cobden, et se lia intimement avec lui. A son retour à Mugron en 1845, il traduisait les discours prononcés dans les réunions des libre-échangistes d'outre-Manche, et les faisait paraître précédés d'une remarquable introduction sous le titre de : *Cobden et la Ligue, ou l'Agitation anglaise pour la liberté des échanges*. La publication de ce livre fut pour la France une véritable révélation de l'importance acquise dans la Grande-Bretagne par la ligue contre la loi des céréales. Frédéric Bastiat trace avec une verve pleine d'originalité et de profondeur le tableau des dangereuses conditions économiques et politiques dans lesquelles se trouvait alors placée la nation anglaise, et dont elle commençait à sortir, grâce aux efforts de la ligue. Ses amis le déterminèrent à venir à Paris. Dans cette capitale et à Bordeaux il prêta en 1846 son concours à la propagation des principes de l'association du libre échange. Il accepta les fonctions de secrétaire de la Société parisienne et de rédacteur en chef du journal créé par les diverses sociétés libre-échangistes de France.

Cette année et la suivante furent pour lui deux années d'immense labeur. Il fit paraître les *Sophismes économiques*, attaque vigoureuse contre le système prohibitif, qui produisit une sensation des plus vives ; *Propriété et Loi, justice et fraternité*, nouveau brûlot jeté à la tête des sectaires des diverses écoles socialistes ; *Protectionnisme et Communisme, lettre à M. Thiers*, dans laquelle il démontre que le protectionnisme douanier n'est que du communisme; que le véritable nom de l'un et de l'autre est *spoliation*, et que la seule différence qu'il y a entre eux, c'est que le premier exerce la spoliation en faveur du riche, et le second en faveur du pauvre ; *Capital et Rente*, brochure contre la gratuité du prêt; *Paix et Liberté, ou le Budget républicain*, arguments pour la réduction des attributions et des dépenses gouvernementales ; *Incompatibilités parlementaires*, contre les ministres maintenus dans l'Assemblée nationale quand presque tous les fonctionnaires en étaient exclus; *l'État, maudit argent!* contre la décevante fiction qu'on appelle l'État et la confusion qu'on ne cesse de faire entre l'argent et la richesse; *Harmonies économiques*, rectification de la nomenclature et des lois économiques; *Gratuité du Crédit*, discussion avec Proudhon sur la légitimité et la nécessité de l'intérêt ; *Baccalauréat et Socialisme*, sur les funestes directions données à l'enseignement public ; *Spoliation et Loi*, défense de l'économie politique contre les protectionnistes ; *la Loi*, définition claire et précise de ce qu'elle doit être ; *Ce que l'on voit et ce que l'on ne voit pas*, économie politique démontrée en une leçon ; divers articles enfin dans le *Journal des Économistes* et dans *le Libre-Échange*.

Aux élections de 1847 Frédéric Bastiat avait été déjà porté comme candidat à la Chambre des Députés ; mais sa nomination avait échoué par une manœuvre de parti. Peu de temps après éclatait la révolution de Février, et ses concitoyens, appelés à jouir du suffrage universel, l'envoyaient à l'Assemblée nationale constituante, puis à l'Assemblée législative. Mais la faiblesse de son organe et sa santé, déjà fort altérée, ne lui permirent que très-rarement d'aborder la tribune. Ses amis voyaient avec effroi le dépérissement du peu de force qui lui restait. Pour obéir au conseil des médecins, il se décida vers le milieu de septembre 1850 à aller demander au climat de l'Italie une guérison qu'il n'espérait guère et qu'il ne devait pas obtenir. Le 24 décembre Bastiat mourait à Rome, à l'âge de quarante-neuf ans, laissant incomplet le manuscrit où il écrivait la seconde partie de son plus important ouvrage, les *Harmonies Économiques*, mais ayant eu, néanmoins, le temps de se créer, dans sa carrière si courte, si prématurément interrompue, des titres à l'admiration des rares adeptes d'une prétendue science qui s'éteint au berceau et dont il fut l'un des plus remarquables représentants.

BASTIDE (Jules), ministre des affaires étrangères sous la commission exécutive et sous la dictature du général Cavaignac, c'est-à-dire depuis le 10 mai jusqu'au 20 décembre 1848, l'une des personnifications les plus honnêtes du parti républicain portées à la direction des affaires publiques par la révolution de Février, est le fils d'un agent d'affaires qui s'était fort enrichi dans cette lucrative industrie. Né à Paris, en 1800, il reçut son éducation au lycée Henri IV (Napoléon), dont il fut l'un des plus médiocres écoliers. Au sortir de ses classes, il n'en eut pas moins un instant, à ce que nous apprend un complaisant biographe, *l'intention de se préparer* à l'école Polytechnique ; mais la réflexion le convainquit bientôt que sous la monarchie la carrière des emplois publics était incompatible avec ses principes en matière de gouvernement, et il renonça alors, non sans de vifs regrets, ajoute-t-on, aux fortes et sévères études qu'il lui eût fallu faire avant d'être admis dans cette pépinière de savants et de héros. Le barreau et ses luttes retentissantes souriaient d'ailleurs assez à ce cerveau exalté par les fumées de l'ambition ; car sous le régime représentatif, dont les Bourbons avaient doté la France, un brillant avenir de gloire, d'influence et de popularité était inévitablement réservé aux princes de la parole, appelés tantôt à défendre devant les tribunaux, dans des procès de presse ou d'autres affaires politiques, les grands principes de la liberté civile et religieuse, tantôt à proclamer bien haut à la tribune nationale les vrais principes du gouvernement constitutionnel. Mais, après avoir pris quelques inscriptions à l'École de Droit, le jeune Bastide s'aperçut que la nature lui avait décidément refusé celui de ses dons qui est le plus indispensable au défenseur de la veuve et de l'orphelin, le talent de la parole ; et il eut en conséquence le bon esprit de se résigner pendant quelque temps à n'être, comme la plupart des membres de sa famille, qu'un industriel négociant. Dans cette modeste mais si honorable carrière, il avait d'ailleurs, grâce à la sage prévoyance de son père, l'avantage de se trouver dispensé de tout lent et pénible apprentissage. Héritier d'une fortune assez ronde, il put en effet entreprendre tout de suite un commerce de bois à brûler ; genre d'affaires qui, à Paris surtout, exigeait en ce temps-là une mise de fonds assez considérable, et qui dès lors vous classait tout de suite un homme, sinon parmi les princes, du moins parmi les hauts barons de la bourgeoisie.

Cependant une telle position ne pouvait longtemps suffire aux vastes aspirations de cette intelligence d'élite, nous apprend encore le biographe précité. Sur les bancs de l'École de Droit, le jeune étudiant s'était déjà beaucoup plus occupé de politique et de conspirations que du Digeste ou du Code

Civil, et avait été des premiers à se faire affilier à la Charbonnerie française. Négociant, M. J. Bastide se délassa des soucis et des tracas des affaires en prenant une part active, quoique au total assez circonspecte, aux manœuvres employées par les ennemis de la maison de Bourbon pour amener le renversement de la dynastie, mais contribuant personnellement en maintes occasions aux sacrifices d'argent imposés par le parti pour assurer le triomphe de ses plans, et acquérant de la sorte des titres réels à l'estime de ses coreligionnaires politiques.

La révolution de 1830 arracha M. J. Bastide à l'obscurité toute d'abnégation à laquelle il s'était jusque alors condamné. Si à l'annonce du coup d'État il se fit remarquer par son ardeur à pousser à l'insurrection, pendant les trois *glorieuses* journées on admira son activité sans égale, sa froide intrépidité et son omniprésence une fois que la lutte se trouva irrémissiblement engagée entre la population de Paris tout entière, retranchée et embusquée derrière ses innombrables et formidables barricades, ou encore derrière les persiennes de ses croisées, et dix mille hommes environ, tant infanterie que cavalerie et artillerie, garde royale et troupes de ligne, disséminés sur les différents points stratégiquement importants de la capitale; forces jugées plus que suffisantes par l'imbécile ministre Polignac pour mettre à la raison ces *grands enfants* de Parisiens s'ils osaient bouger. A M. J. Bastide, s'il faut en croire le même historien, revient l'insigne honneur d'avoir de ses propres mains substitué alors le drapeau tricolore au blanc étendard des lys qui depuis 1815 flottait sur les Tuileries. Le mérite de cet acte héroïque fut, il est vrai, revendiqué en même temps par un certain *Massey de Tyrone*, lequel au 29 juillet 1830 commandait l'une de nombreuses bandes qui saccagèrent la demeure royale. Mais la réclamation de ce Massey de Tyrone ne fut point admise, parce que, notoirement connu la veille encore pour l'un des agents les plus compromis du ministère Polignac, sa présence au sac des Tuileries ne pouvait s'expliquer que par des motifs de pillage ou d'espionnage. Elle prouverait tout au plus, selon nous, que, la bataille une fois gagnée par le peuple, M. J. Bastide ne fut pas le seul qui eut l'idée de s'en attribuer toute la gloire en montant sur le faîte du pavillon de l'horloge et en accrochant le drapeau du vainqueur à la hampe qui le surmonte. Quoi qu'il en ait pu être, ses amis politiques, après avoir commencé par s'adjuger les ministères et les grandes positions officielles, s'empressèrent de récompenser son vieux patriotisme en l'appelant à faire partie de la commission chargée de la distribution des croix et des médailles de juillet; mission grave et délicate assurément, car il s'agissait de faire un petit nombre de choix entre les cent et quelques mille pétitions adressées de tous les points de la France à la commission pour obtenir cette distinction, et de peser consciencieusement les droits de chaque candidat. La commission, comme on sait, n'accorda que cinq mille croix et dix mille médailles!

L'un des premiers soins du pouvoir nouveau avait été de réorganiser la garde nationale parisienne, dissoute depuis 1827, et à laquelle on accorda le droit d'élire ses propres chefs. C'avait été là, soit dit en passant, un acte d'intelligente politique de la part du gouvernement nouveau et des barricades. Il satisfaisait ou tout au moins neutralisait de la sorte une foule d'ambitions vulgaires, dont une paire d'épaulettes d'argent et la perspective d'un morceau de ruban devaient être l'objet d'ardents dévouements. Mais vint le moment où la discorde se glissa dans les rangs des vainqueurs, où ceux qui n'obtinrent ni épaulettes d'argent, ni croix, ni places, se regardèrent comme *volés*, crièrent à la trahison, et de dépit arborèrent hautement les couleurs de la République. Systématiquement repoussés de tous les honneurs électifs dans les différentes légions de la garde nationale auxquelles ils pouvaient appartenir en raison de leur domicile, les républicains se groupèrent bientôt dans la légion d'artillerie indistinctement recrutée dans tous les arrondissements de la grande ville, et dont ils parvinrent à se distribuer fraternellement tous les grades. On tint compte alors dans le parti des scrupules de délicatesse qui douze années auparavant avaient empêché M. J. Bastide de donner suite à son *intention de se préparer* à l'école Polytechnique et d'acquérir ainsi une teinture même superficielle des notions rudimentaires indispensables pour exercer un commandement dans cette arme spéciale. En conséquence on l'acclama chef d'escadron.

La collation de ce grade, en même temps qu'elle faisait désormais de M. J. Bastide une notabilité politique incontestée, lui imposait des devoirs qu'il sut remplir. C'est ainsi que nous le trouvons dès 1831 membre d'une société secrète fondée par le vieux Buonarotti, l'ami de Babœuf, pour organiser le parti républicain dans le midi de la France, et qui dès lors préparait une prise d'armes à Lyon et à Grenoble. Obligé de parcourir les départements pour s'approvisionner son chantier, M. J. Bastide avait l'avantage de pouvoir se déplacer incessamment sans éveiller les défiances de la police, et il en usait largement dans les intérêts de la propagande républicaine. Le mouvement insurrectionnel organisé par Buonarotti, ayant éclaté à Grenoble avant le jour fixé par le comité d'action pour le soulèvement général du midi de la France, n'aboutit qu'à un avortement complet. Compromis dans cette échauffourée, M. J. Bastide fut arrêté et traduit en justice. Mais, suivant l'usage de tous les conspirateurs, il nia les faits mis à sa charge. Renvoyé de l'accusation faute de preuves, il arriva encore assez à temps à Paris, vers la fin de mai 1832, pour jouer un rôle des plus actifs dans la terrible émeute qui ensanglanta, le 5 juin suivant, les funérailles de Lamarque. Condamné à mort pour sa part qu'il y avait prise, M. Bastide parvint à s'échapper de prison, parce que le gouvernement, embarrassé de sa victoire, le voulut bien, et se réfugia à Londres, où il resta deux ans. Gracié alors, il revint à Paris en 1834, mais pour y avoir tout aussitôt de nouveaux démêlés avec le parquet. Traduit devant les assises, le jury, travaillé et intimidé par la presse républicaine, rendit encore à son égard un verdict d'acquittement. Quand en 1836 Armand Carrel eut été tué en duel par M. Émile Girardin, fondateur du journal *la Presse*, les actionnaires du *National* appelèrent M. Bastide à partager avec M. Thomas, déjà son associé dans son commerce de bois, les honneurs de la rédaction en chef du plus important des organes de l'opinion républicaine. L'un et l'autre figuraient depuis longtemps au nombre des principaux propriétaires de ce journal; et il ne vint jamais à l'esprit de personne de les prendre même pour la menue monnaie de l'écrivain éminent que la mort venait de fatalement ravir à son parti. Sous cette direction bicéphale la prospérité et l'influence du journal allèrent donc toujours décroissant, jusqu'au moment où le talent incisif et mordant, le style chaleureux et imagé de M. A. Marrast, rentré en France à la suite de l'amnistie rendue en 1837 sur la proposition de M. Molé, vint redonner au *National* une nouvelle verdeur et un bonheur de polémique dont ses abonnés étaient sevrés depuis la mort de Carrel. En 1846 des mésintelligences intestines déterminèrent M. J. Bastide à abdiquer des fonctions qui, aussi bien, depuis l'arrivée de M. Marrast, n'étaient guère que nominales; et il fonda en 1847 la *Revue Nationale*, dont jamais il ne fut parlé, mais où s'étala sans vergogne la prose prétentieusement soporifique de M. Buchez et de quelques autres adeptes d'un néo-catholicisme dans lequel on représente Jésus-Christ comme le premier des républicains pratiques; thèse qui, en définitive, n'a rien de bien neuf, puisque Chaumette n'appelait jamais le divin fondateur du christianisme autrement que *le Sans-Culotte Jésus*.

La révolution de Février 1848 trouva les hommes du *Na-*

tional hésitants devant la grave responsabilité à assumer par une prise d'armes. Cette petite coterie d'ambitieux égoïstes, parvenue depuis longtemps à la direction du parti de l'opposition, recueillait tous les profits de cette position, dont les abus du système représentatif avaient fini par faire quelque chose de fort sortable pour des épicuriens n'aimant pas moins à trôner dans les coulisses de l'Opéra qu'à tenir sous leur férule les auteurs et les comparses de la triste comédie politique qu'on persistait à appeler le gouvernement constitutionnel. Elle ne se souciait donc que médiocrement de compromettre la douce existence que lui avaient faite les fautes du pouvoir ; et si dans l'après-midi du 24 février elle se décida enfin à se jeter à plein collier dans l'insurrection, c'est qu'elle comprit qu'une plus longue hésitation de sa part aurait pour résultat de livrer exclusivement aux énergumènes et aux bras-nus de la *Réforme* le pouvoir qu'elle entendait bien tout au moins partager avec eux.

Dans la distribution des portefeuilles et des départements ministériels qui se fit alors, M. J. Bastide alla s'installer en qualité de délégué aux affaires étrangères, ostensiblement chargé à ce titre de suppléer M. de Lamartine lorsqu'il se trouverait empêché par ses fonctions de membre du gouvernement provisoire d'expédier la besogne courante du ministère, et en réalité pour y surveiller, au nom du parti, les actes d'un homme qui avait pendant longtemps représenté au Palais-Bourbon l'élément conservateur et même légitimiste, et dont la conversion au dogme républicain était encore trop récente et avait été trop brusque pour qu'on lui accordât une confiance absolue et sans réserve. Plus tard M. J. Bastide se donna la qualification de secrétaire général ; puis le 10 mai, jour de l'institution d'une commission exécutive dont M. de Lamartine était appelé à faire partie, il devint ministre en pied du département qu'en réalité il avait jusque alors dirigé beaucoup plus que le titulaire lui-même.

L'histoire jugera sévèrement le passage des hommes du *National* aux affaires. Certes les occasions et le temps nécessaire pour réaliser leurs belles promesses d'opposants et de rénovateurs ne leur manquèrent pas. Mais jamais on n'eut d'exemples de tant de généreuses espérances anéanties, de tant d'engagements positifs honteusement oubliés ; et jamais non plus les intérêts d'une grande nation ne se trouvèrent placés en des mains si impuissantes. Or, M. Bastide fut incontestablement le plus nul des nullités poussées alors au pouvoir par le flot révolutionnaire. Après avoir tant déclamé dans leurs journaux contre les humiliations des traités de 1815 ignominieusement subies par les deux branches de la maison de Bourbon, les hommes de 1848 les acceptèrent avec une couardise qui n'a d'égale que l'insolente jactance dont auparavant ils faisaient en toute occasion montre de loin à l'étranger. Au lieu de songer à seconder aucun des mouvements révolutionnaires provoqués sur divers points de l'Europe par la commotion électrique de Février, ils se mirent à plat ventre, eux aussi, devant la Sainte-Alliance, et l'Angleterre n'eut pas sur le continent d'alliés plus dévoués.

Membre de l'Assemblée constituante, élu simultanément par trois départements, M. J. Bastide fit-il du moins preuve de quelque tact, de quelque habileté dans les discussions, ou encore dans les explications qu'il eut occasion de donner à ses collègues? A cette question, la vérité historique nous force de répondre que jamais on ne put arracher de lui quatre mots de suite, pas plus dans les commissions qu'à la tribune : aussi a-t-il laissé après lui la réputation du plus discret ministre qui oncques ait existé. Ce n'est pas pourtant qu'il n'apportât un sans-façon assez brutal dans ses relations avec les représentants des puissances étrangères, ne quittant même pas son inséparable *brûle-gueule* quand ils venaient le trouver le matin, à l'heure habituelle du travail diplomatique, et leur envoyant de temps à autre de grosses bouffées de fumée de caporal au visage. C'est de la fumée de canon, de la fumée de Jemmapes et de Fleurus, qu'il y eût eu de la dignité à leur faire voir en perspective ; mais M. J. Bastide et ses amis, c'est une justice à leur rendre, n'en eurent jamais la pensée. Le débraillé de ses réceptions officielles s'explique d'ailleurs tout naturellement par les étranges usages qui s'introduisirent dans le monde du pouvoir à cette époque de transition, où l'on vit les représentants du peuple français transformer le palais de la législature en une vaste tabagie. Nous croyons être généreux en n'insistant pas sur les choix étranges faits par M. J. Bastide pour représenter la France républicaine à l'étranger ; aussi bien la responsabilité de bon nombre de ces nominations revient de droit à M. de Lamartine, et les historiens futurs ne seront sans doute pas peu embarrassés quand il leur faudra décider, par exemple, si ce fut le tailleur du *National* ou bien celui du chantre d'Elvire qui se trouva un beau jour transformé en envoyé extraordinaire et ministre plénipotentiaire

N'oublions pas de noter ici un fait qui peint bien l'époque ; c'est qu'il fut un instant sérieusement question dans les bureaux du *National* de faire élire M. J. Bastide membre de l'Académie Française en remplacement.... de Châteaubriand !

Les élections de 1849, disons-le bien vite, réparèrent toutes ces erreurs d'une première application du suffrage universel. Pas un seul homme de la coterie du *National* ne fut réélu ; et, déjà débarrassé des soucis de son existence ministérielle par l'élection du 10 décembre, M. J. Bastide est alors retombé dans toute son obscurité première. Souhaitons le même châtiment à toutes les bruyantes et vaniteuses médiocrités dont les ambitieuses menées ont troublé le pays dans ces vingt-cinq dernières années. Personne, à ce propos, ne s'avisera sans doute de nous accuser de faire ici de la haineuse réaction, puisque l'existence de M. J. Bastide est encore à ce moment des plus douces, et qu'il a eu l'esprit de conserver intacts le beau château ainsi que les trente bonnes mille livres de rente que lui avait légués son père. Avec cela on peut se consoler de la perte de bien des illusions, voire de celles de la vanité.

BASTILLE. On appelait ainsi, en général, les fortifications *extra muros* et les ouvrages fermés construites pour le blocus ou la défense des villes. Lors du fameux siège d'Orléans sous Charles VII par les Anglais, les tours que ceux-ci firent élever pour protéger leur camp étaient appelées *bastilles*.

Ce nom resta au château-fort destiné à défendre Paris contre les attaques extérieures, dans le quartier Saint-Antoine, lequel s'est considérablement agrandi depuis, mais dont l'emplacement était alors hors de la ville. La perte de la bataille de Poitiers, la capitulation du roi Jean, l'envahissement de plusieurs provinces par les Anglais, avaient fait sentir la nécessité de fortifier la capitale. Il n'existait que deux tours pour défendre l'entrée de Paris et la rive droite de la Seine, du côté du quartier Saint-Antoine. L'hôtel Saint-Paul était alors la résidence de la famille royale. Ces deux tours étaient séparées par le grand chemin. Hugues Aubriot, prévôt des marchands, en fit construire deux autres plus rapprochées des habitations. Elles furent ensuite réunies par une forte muraille, et l'édifice reçut le nom de *château de la Bastille*. Les quatre autres tours furent construites plus tard. Aubriot avait fourni le plan des premières constructions ; il en avait posé les fondements le 22 avril 1369. Tous les travaux ne furent cependant achevés que sous Charles VI, en 1383. Aubriot, qui avait été le premier fondateur du château, en fut aussi le premier prisonnier d'État.

La Bastille doit être considérée sous deux rapports également intéressants : 1° comme *château-fort*, 2° comme *prison d'État*.

La Bastille château-fort.

Comme château-fort, la Bastille était destinée à la défense de Paris. Aussi les frais de construction en furent-ils

38.

faits avec le produit d'une imposition spéciale extraordinaire levée sur chaque propriétaire de maison. Le minimum de la taxe avait été fixé à quatre livres tournois, et le maximum à vingt-cinq.

Charles VII combattait encore pour chasser les Anglais de la capitale, qu'Isabeau de Bavière leur avait livrée. Leur Henri V avait pris le titre de roi de France. Des officiers français de l'armée de Charles VII avaient été enfermés à la Bastille; ils avaient formé le projet de favoriser l'entrée de ce prince dans la capitale. Un d'entre eux, prisonnier aussi, mais qui avait payé sa rançon et obtenu sa liberté, était revenu dans le château pour y voir ses compagnons d'infortune; il avait trouvé le guichetier endormi sur un banc, s'était emparé de ses clefs, avait délivré ses amis, et revenait avec eux pour se défaire du dormeur et surprendre la garde, lorsque le capitaine du château se hâta de courir sur les prisonniers avec la garnison, et tua d'un coup de hache le premier qu'il rencontra; les autres furent pris, tués sur la place, et leurs corps jetés à la rivière.

Les Anglais continuèrent, sous le règne du même prince, eurent à soutenir une autre attaque, plus sérieuse et mieux concertée. Le 3 avril 1436 le comte de Richemond se présenta avec son armée à la porte Saint-Jacques, qui fut escaladée. Aussitôt les Parisiens se réunissent en groupes, tendent des chaînes et poursuivent les Anglais, forcés de se réfugier dans la Bastille; ceux-ci étaient en si grand nombre dans ce château que les provisions furent bientôt épuisées. Ils capitulèrent, payèrent une forte rançon, et il leur fut donné un sauf-conduit pour sortir de Paris.

En 1588 le duc de Guise, soutenu par ses nombreux partisans, se rendit maître de Paris, s'empara de la Bastille et de l'arsenal le 13 mai de la même année, et donna le commandement du château à Bussy-Leclerc, procureur et ligueur forcené. A la nouvelle de la mort de Guise, assassiné à Blois par ordre de Henri III, Bussy-Leclerc prit toutes les précautions possibles pour défendre la Bastille contre l'armée royale; il se rendit au parlement, qu'il somma de signer le pacte de la Ligue. La cour délibérait. Bussy-Leclerc fit arrêter et conduire à la Bastille tous les magistrats. Ce château était encore au pouvoir des ligueurs quand Henri IV entra dans Paris. Trois jours après, Debourg, gouverneur de la Bastille, ayant épuisé ses vivres, se rendit et obtint de sortir avec sa garnison, bague et vie sauves. Il avait été établi commandant de la forteresse par le duc de Mayenne, et ne s'était déterminé à capituler qu'après avoir eu la certitude qu'il ne pouvait être secouru.

Henri IV confia à Sully, avec la dignité de grand-maître d'artillerie, le commandement de la Bastille. Il lui fallait dans ce poste important un homme dévoué, car la Bastille lui assurait Paris, et Paris toute la France. Il y entassa beaucoup d'argent. Ce dépôt s'élevait à l'époque de sa mort à 15,870,000 livres, argent comptant, qui furent dilapidées par sa veuve.

En 1649 cette forteresse fut investie par les frondeurs le 11 janvier, et capitula le 13, après avoir essuyé cinq ou six coups de canon. La garnison, qui ne se composait que de vingt-deux soldats, sortit avec le Tremblay, gouverneur, qui l'avait remplacé par Broussel, conseiller à la grand' chambre. Les frondeurs et la cour firent la paix le 11 mars de la même année; mais il fut stipulé, par l'article 2 de ce traité, que la cour n'insisterait pas sur la remise de la Bastille, dont Broussel conserva le commandement. Ce château-fort ne fut en effet remis au roi que le 21 octobre 1651. Ce fut dans le cours de la même année qu'eut lieu le fameux combat de la porté Saint-Antoine entre Condé et Turenne, le premier commandant l'armée des frondeurs, le second celle du roi. Les deux armées combattaient hors des murs; Condé soutenait avec peine une lutte inégale, et allait succomber, quand les frondeurs parisiens lui ouvrirent les portes, et mademoiselle de Montpensier, fille de Gaston d'Orléans, protégea la retraite de Condé dans l'in-térieur de la ville, en faisant tirer le canon de la Bastille sur les troupes de l'armée du roi.

La Bastille fut assiégée pour la dernière fois le 14 juillet 1789. Sa position au centre du quartier le plus populeux de la capitale était d'une grande importance, et la cour avait pris quelques précautions pour mettre ce château à l'abri d'un coup de main. On avait évacué dès le commencement des troubles une partie des prisonniers; il n'en restait plus que sept à huit; la garnison avait été renforcée, elle se composait de 114 soldats. La Bastille renfermait 400 biscayens, 14 coffrets de boulets sabotés, 15,000 cartouches, beaucoup de boulets, 250 barils de poudre pesant 125 livres chacun. Le 9 et le 10 on avait transporté sur les tours une grande quantité de pavés et de vieux ferrements. De nouvelles embrasures avaient été pratiquées durant la nuit. Deux pièces avaient été placées en face de l'hôtel du gouverneur. Ce plan de défense se rattachait à l'attaque qui devait avoir lieu dans la nuit de 14 au 15, et pour laquelle on avait réuni autour de Paris 30,000 hommes, composés en grande partie de soldats étrangers, commandés par le maréchal de Broglie. Mais deux billets furent saisis par les insurgés; ils étaient adressés par Besenval, commandant de l'Ile-de-France, au gouverneur de la Bastille, auquel il recommandait de tenir le plus longtemps possible, l'assurant d'un prompt et puissant secours. Le plan de la cour eût néanmoins peut-être réussi sans l'imprudence du prince de Lambesc, qui, à la tête d'un escadron de son régiment Royal-Allemand, chargea les groupes qui se promenaient aux Tuileries. Cette incident irrita le peuple. Les électeurs, qui venaient de nommer les députés aux états généraux, se réunirent à l'hôtel de ville et s'emparèrent du pouvoir municipal.

Le même jour, 13 juillet, les Parisiens s'organisèrent en milice bourgeoise; le régiment des gardes françaises se réunit à eux. Le 14 la ville eut une milice sans expérience, il est vrai, mais nombreuse et dévouée, et tout le régiment des gardes françaises pour la diriger avec l'artillerie de ce régiment. Une députation de l'hôtel de ville alla proposer au gouverneur de la Bastille d'admettre la milice bourgeoise à la garde du château, conjointement avec la garnison. M. de Launay éluda, cherchant à gagner du temps. Mais d'autres députations se succédèrent, et une foule de citoyens pénétrèrent dans la première cour. Le gouverneur fit alors lever le pont-levis et mitrailler cette masse confuse. Le canon tirait en même temps sur la ville. La multitude pressée autour du château poussait d'épouvantables cris. Les assiégeants se rallient; quelques-uns vont chercher des canons, enlevés à l'hôtel des Invalides; d'autres courent demander des renforts aux districts, dont les bureaux sont en permanence; cinq pièces arrivent, et sont servies par d'anciens artilleurs. Une troupe du bourgeois traverse les cours de l'Arsenal et arrive au pied des tours.

L'action s'engage sur tous les points; des voitures de fumier laissées dans une des cours sont déchargées, et l'on y met le feu; la fumée dérobe aux assiégés les manœuvres des patriotes. Le gouverneur ne s'attendait pas à une attaque aussi vive. Convaincu qu'il ne peut tenir longtemps contre une armée qui fait pleuvoir sur le château une grêle de balles et de boulets, et qui a rompu à coups de canon les chaînes du premier pont, il arbore un drapeau blanc, puis il fait passer à travers les fentes du pont de l'intérieur un billet dont on s'empare, et qui est ainsi conçu : « Nous avons 20 milliers de poudre, et nous ferons sauter le fort, la garnison et tout le quartier si vous n'acceptez point la capitulation. » Cette menace ne fait qu'irriter les assiégeants, déjà trompés par un pareil signal. M. de Launay va exécuter son funeste dessein, un artilleur lui arrache la mèche. Trois canons sont mis en batterie pour briser les chaînes du dernier pont-levis. Le gouverneur fait baisser le petit pont de la gauche, à l'entrée du fort. Les Parisiens s'y élancent et demandent l'ouverture de la dernière porte ; elle s'ouvre enfin, mais les assiégés rangés derrière combattent encore.

Les gardes françaises se placent en colonne serrée de l'autre côté du pont pour arrêter la foule qui se précipite vers cette issue. Cependant le flot populaire rompt cette barrière ; les citoyens s'élancent dans toutes les cours et tuent tout ce qui se présente. Les canonniers expirent mortellement blessés à côté de leurs pièces, et bientôt le drapeau parisien flotte sur les tours après un combat de trois heures.

On cherche partout le gouverneur. Un grenadier des gardes françaises l'aperçoit et l'arrête. On se dispose à le conduire à l'hôtel de ville au milieu de la foule qui crie vengeance et mort. Malgré les efforts de l'escorte, de Launay lui est enlevé et tombe percé de coups.

Le pouvoir renonça alors à l'attaque qu'il avait projetée contre la capitale pour la nuit du 14 au 15 juillet. Toute la journée et une partie de cette nuit furent employées par les Parisiens à dépaver les rues, à élever des barricades, à creuser des fossés ; toutes les fenêtres de la ville furent illuminées. On avait disposé à chaque étage des amas de bûches, des ferrements, des paniers de cendre, des vases d'eau bouillante, et toute la population armée bivouaquait aux barrières. L'armée de Broglie se dispersa dans la nuit, abandonnant ses tentes, ses bagages et une partie de son artillerie.

La démolition de la Bastille fut exécutée immédiatement. Des fragments de ses pierres ornèrent en médaillons le cou des femmes ; et, en Angleterre, l'université de Cambridge donna pour sujet de prix à ses élèves *la prise de la Bastille.*

L'année suivante, les députés des départements vinrent visiter l'emplacement de la forteresse, et la municipalité conçut le projet d'y célébrer une fête patriotique. Sur l'emplacement des tours on avait planté des arbres qui portaient chacun le nom d'un département ; ils étaient entourés d'une enceinte illuminée. Au milieu s'élevait une colonne également illuminée aussi haute que la Bastille, et du sommet de laquelle flottait un drapeau tricolore avec la devise : *Liberté!* Au pied de la colonne on avait disposé un nombreux orchestre, et sur chaque porte on lisait : *Ici l'on danse.* Les combattants du 14 juillet furent décorés d'une médaille et autorisés à porter le nom de *vainqueurs de la Bastille.* Les premiers qui pénétrèrent dans la forteresse furent les nommés Hullin, Maillard, et Bonnemère de Saumur, soldat aux gardes françaises, qui sauva deux fois la vie à mademoiselle de Monsigny, qu'une multitude furieuse, la prenant pour la fille de M. de Launay, voulait brûler au pied de la Bastille pour forcer le gouverneur à se rendre. Il arracha encore à la mort Thuriot de la Rosière, entré dans la forteresse pour engager de Launay à mettre bas les armes, et délivra de son cachot le comte de Lorge, qui y était enfermé depuis trente-deux ans.

Plusieurs projets avaient été proposés pour ériger un monument national sur la place de la Bastille. On y a construit de nos jours une colonne de bronze en mémoire des journées de juillet 1789 et juillet 1830.

La Bastille prison d'État.

Il serait vrai de dire qu'elle eut cette destination dès son origine si l'on considère Aubriot comme prisonnier d'État, puisqu'il y fut jeté dès qu'elle eut été construite. Jacques d'Armagnac, duc de Nemours, y fut enfermé aussi, et condamné pour crime d'État. Biron y fut, comme d'Armagnac, détenu et jugé, et de plus exécuté. Ce procès est une page honteuse de la vie d'Henri IV.

Richelieu, qui continua la politique de Louis XI, fit emprisonner et exécuter un grand nombre de nobles. Plusieurs de ses ennemis furent détenus à la Bastille. On cite dans le nombre Bassompierre, le comte de Roussy, le comte de la Suze, le marquis d'O-Seguier, l'abbé de Foix, l'abbé de Beaulieu, Dorval-Langlois, son frère ; Vautier, premier médecin de la reine-mère ; le chevalier de Montaigu, le maréchal d'Ornano, de Marincourt, le comte de Cramail, le chevalier de Grignan, etc. Le cardinal Mazarin, successeur de Richelieu au pouvoir, avait rendu à la liberté presque tous les personnages politiques incarcérés par son prédécesseur, car les moyens acerbes lui répugnaient ; il substitua la ruse à la force brutale, et la Bastille ne reçut sous son ministère qu'un très-petit nombre de prisonniers. Le règne de Louis XIV fut la grande époque des proscriptions, et depuis lors jusqu'à la révolution de 89 les prisons d'État ne cessèrent d'être encombrées. Cette ère de proscription politique et religieuse date de l'établissement d'un lieutenant général de police à Paris. Fouquet, surintendant des finances, fut détenu d'abord à la Bastille, puis à Pignerol.

En ce temps-là le crime d'empoisonnement était devenu fort commun à la cour. Toutes les existences étaient menacées. Trois prêtres obscurs, Lepage, Guignard et Davot, et deux femmes, la Vigouroux et la Voisin, furent condamnés à mort, et subirent la torture et le dernier supplice. Mais les nobles, les grands seigneurs, les dames de la cour qui les avaient poussés au crime, et que l'on devait considérer comme les plus coupables, ne firent que paraître à la Bastille (1680 et 1692) ; tous furent absous par la chambre de l'Arsenal (*voyez* COUR DES POISONS). Les comtesses de Soissons, du Roure, de Polignac, la duchesse de Bouillon, contre lesquelles s'élevaient les charges les plus graves, furent également acquittées. La marquise de Brinvilliers, étrangère à la cour, avait été condamnée à mort et exécutée en 1676.

Saint-Mars, qui depuis 1671 avait gardé le prisonnier connu sous le nom de Masque de fer, l'amena avec lui des îles Sainte-Marguerite quand il vint prendre possession de la Bastille en 1698.

Avant et après la révocation de l'édit de Nantes, la Bastille ne fut pas assez vaste pour recevoir tous les proscrits pour cause de religion. Les *nouveaux convertis* qui avaient obtenu leur liberté étaient l'objet de la plus rigoureuse, de la plus active surveillance, et sur le plus léger soupçon ils étaient arrêtés de nouveau, conduits à la Bastille, et de là à Vincennes et dans d'autres prisons d'État. Le nombre des détenus s'accrut encore au commencement du dix-huitième siècle, à la suite des querelles sur la bulle *Unigenitus*, des proscriptions du jansénisme et des convulsionnaires. Malheur à qui ne pensait pas sur la bulle comme les jésuites ! On évalue à quatre-vingt mille les lettres de cachet lancées à leur instigation contre les jansénistes et les convulsionnaires. Au nombre des prisonniers de cette catégorie figure la petite Lepère, âgée de sept ans. Une femme, Jeanne Lelièvre, atteinte d'épilepsie, éprouve un accès dans la rue ; un commissaire de police passe et entend répéter le mot *convulsion* ; il s'approche, et fait conduire cette femme à la Bastille.

Le célèbre Lally entra prisonnier dans cette forteresse le 1er novembre 1762 ; la procédure ne fut terminée qu'en mai 1766, un arrêt du même jour, qui le condamnait à la peine capitale, reçut son exécution le 9 du même mois. Six officiers avaient été impliqués dans ce procès et mis également à la Bastille. Deux furent *bannis*, un troisième *moneste*, les trois autres absous.

Sous le long règne de Louis XV, les hommes de lettres étaient poursuivis à outrance. Il suffit de citer le savant abbé Lenglet-Dufresnoy. Il fut mis quatre fois à la Bastille, et passa une partie de sa vie dans cette prison et dans celle de Vincennes. Mahé de Bourdonnais, gouverneur des îles de France et de Bourbon, accusé de concussion et de malversations, fut plus heureux que Lally. Il ne resta que huit ans à la Bastille. Renvoyé devant une commission, il fut absous ; et après une restitution de dix-huit millions au trésor public, il lui restait encore, dit-on, huit cent mille livres de rente.

Le 23 juin 1769 onze prisonniers entrèrent en même temps à la Bastille : c'était tout le conseil supérieur du Cap-Français, le greffier compris. Le gouverneur, Louis de Rohan, les avait fait enlever en pleine audience, jeter dans un navire et transporter en France. Leur crime était de n'avoir enregistré une ordonnance de M. le gouverneur sur les milices, qu'avec la réserve qu'il serait fait au roi des représentations à ce sujet. Entrés dans la forteresse le 23 juin 1769, ils en sortirent les 17 et 18 juillet suivant, pour être conduits à Rochefort et embarqués sur la frégate l'*Isis* pour Saint-Domingue. Ces magistrats avaient dès leur arrivée adressé au roi une plainte contre le gouverneur ; mais la famille de Rohan était alors en grande faveur, et les ministres gardèrent le silence. L'affaire La Chalotais, son emprisonnement et celui des membres les plus distingués du parlement de Bretagne, furent une nouvelle preuve que la magistrature était sans force, sans garantie contre la tyrannie des gouverneurs des provinces et des colonies. Parmi les autres prisonniers célèbres de la Bastille, nous citerons le maréchal de Richelieu, Le Maistre de Sacy, de Renneville, Voltaire, Latude, Linguet.

On ne savait à quoi attribuer la pénurie des grains dans les marchés et la hausse exorbitante des prix après une abondante récolte ; on ignorait qu'une compagnie, à laquelle s'étaient associés des ministres, et jusqu'au lieutenant de police de Paris, accaparait les grains, et provoquait des disettes, grâce à ce fameux pacte de famine. Le Prévôt de Beaumont, agent du clergé, était parvenu à se procurer une copie du bail consenti par le ministre de Laverdy. Il se disposait à la transmettre au parlement de Rouen ; son paquet ayant été intercepté, on l'arrêta ; et il resta au secret pendant vingt-deux ans à la Bastille, à Vincennes, à Charenton. Sa famille ignora pendant dix ans ce qu'il était devenu. Il ne fut rendu à la liberté qu'après les journées de juillet 1789. L'un des originaux du bail des monopoleurs fut trouvé alors dans les archives de la Bastille ; ce bail avait été renouvelé sous le règne de Louis XVI, il était en plein exercice en 1789.

Le procès du Collier fut plus qu'un scandale. Un cardinal, un prince de l'Église, grand-aumônier de France, arrêté en pleine cour, dans le palais du roi, pour une escroquerie ! Le nombre des accusés était considérable ; tous furent mis à la Bastille, la procédure dura plus d'une année.

Les nobles de Bretagne, assemblés à Saint-Brieuc et à Vannes au nombre de douze cents, nommèrent douze commissaires chargés de présenter au roi un mémoire contre les atteintes portées à la constitution française et aux prérogatives de la Bretagne par les ministres et les gouverneurs de cette province. Ces envoyés se rendirent à Versailles pour remplir leur mission. Ils avaient demandé une audience au roi, et attendaient dans une parfaite sécurité le jour où il plairait à Sa Majesté de les recevoir, lorsque, dans la nuit du 14 au 15 juillet 1788, ils furent arrêtés en vertu de lettres de cachet et conduits à la Bastille. A cette nouvelle, toute la Bretagne jette un cri d'étonnement et d'indignation. Les nobles prisonniers sont rendus à la liberté, et leur retour dans la province est un triomphe.

En 1789 Réveillon, fabricant de papiers peints au faubourg Saint-Antoine, dont la maison avait été saccagée par des ouvriers qui l'accusaient de vouloir diminuer leur salaire, demanda et obtint d'être reçu à la Bastille pour garantir sa vie. Ainsi, le dernier prisonnier reçu dans ce château fut un prisonnier volontaire.

On évaluait à 60,000 livres les profits annuels du gouverneur de la Bastille, cette évaluation est fort au-dessous de la réalité. Ses appointements fixes étaient considérables, et outre les sommes allouées pour chaque prisonnier il lui était remis en sus du nombre effectif un bon de quinze places, à 10 livres chacun, ce qui lui rapportait 150 livres par jour, sans la moindre dépense. Il recevait en outre, suivant le tarif établi par jour d'après la qualité ou la profession de chaque prisonnier, pour un prince 50 livres, un maréchal 36 livres, un lieutenant général 16 livres, un conseiller au parlement 15 livres, un juge, un financier ou un prêtre 10 livres, un avocat ou procureur 5 livres, un bourgeois 4 livres, un valet, colporteur, un homme de *bas étage* 3 livres. C'était le *minimum* : la nourriture était à peu près la même pour tous, et ne coûtait pas au gouverneur pour les premières classes ce qui lui était accordé pour la dernière. Il avait le privilège de faire entrer exemptes de tous droits deux cents barriques de vin, et il cédait ce privilège moyennant une forte prime qu'il recevait en nature. Aussi cette place était-elle très-recherchée. M. de Jumilhac n'avait obtenu la survivance de M. de Launay qu'après avoir payé à celui-ci une indemnité de 300,000 livres, et avoir marié son fils avec mademoiselle de Launay.

Cependant, le gouverneur n'était dans le fait qu'un geôlier décoré et portant l'épée. Les règlements le plaçaient sous les ordres du lieutenant général de police. Il ne pouvait prendre aucune mesure sans y avoir été autorisé ; il lui fallait un ordre du *magistrat* pour permettre à un prisonnier de se faire raser, de changer de linge, d'aller à la messe, de recevoir des visites, d'écrire à sa famille ou à ses conseils. Cette place n'était donnée qu'à la faveur. Bernaville, qui était gouverneur lorsque le maréchal de Richelieu et Voltaire furent mis à la Bastille, avait été valet de M. de Bellefonds, gouverneur de Vincennes ; il substitua à son nom de Lefournier celui de Bernaville, et fut successivement lieutenant de roi et gouverneur de la Bastille. C'était un homme aussi cupide que féroce ; il traitait les prisonniers avec une brutalité qui passe toute croyance.

Un père de famille pouvait être enfermé à la Bastille et y mourir sans que ses parents et ses amis fussent informés de sa captivité et de sa mort. Le lieutenant général de police indiquait *sous quel nom* un prisonnier devait être enregistré à son entrée ou à son décès. On lit dans une instruction générale ou règlement : « Le magistrat ordonne que le médecin et le chirurgien seront tous deux appelés lorsqu'ils feront leurs visites, et qu'ils en dresseront le rapport le plus exact ; après quoi le magistrat ordonne *la sépulture et sous quel nom il doit être inhumé* ; cette cérémonie doit se faire toujours la nuit, et deux portes-clés y assistent comme témoins. » Il fallait un ordre exprès pour que le prisonnier mourant fût confessé, et, quelle que fût la gravité de la maladie, le médecin ne pouvait être appelé que sur un ordre du même magistrat. On trouve dans les registres originaux de nombreux exemples de substitutions de noms ; Latude fut d'abord enregistré sous son véritable nom, puis sous celui de Daury.

Les registres de la Bastille ne dataient que de 1668. Ils étaient tenus avec peu de régularité, et souvent interlignés et surchargés. Le major Chevalier avait été chargé de la rédaction d'un registre secret. On avait pris bien des précautions pour la défense de ce château-fort en 1789, mais rien n'avait été prévu pour les archives, parce qu'on a regardait la prise comme impossible. On évalue à deux mille le nombre des prisonniers enregistrés, en y comprenant ceux qui ont été inscrits sur des notes volantes, et ce nombre s'était accru dans une progression considérable sous les règnes de Louis XV et de Louis XVI. Les ministres Turgot et Malesherbes avaient proposé la révision de tous les dossiers et la mise en liberté de tous les incarcérés qui ne pouvaient être considérés comme prisonniers d'État, et c'était le plus grand nombre. Mais ils ne purent réaliser leur philanthropique projet. Ils ne restèrent pas assez longtemps au pouvoir.

Les archives de la Bastille étaient aussi le dépôt de tous les livres prohibés, destinés à être brûlés ou mis au pilon. Ce double moyen de destruction n'était jamais entièrement exécuté ; on réservait toujours un certain nombre d'exemplaires, et le libraire du parlement avait le privilège de les vendre. Les instructions du lieutenant général de police, prescrivant la rédaction de l'état général des livres à mettre au pilon et le mode d'y procéder, s'exprimaient ainsi : « Après que l'état général sera fait, on tirera vingt exemplaires de chaque ouvrage pour être conservés au dépôt de la Bastille, et douze ou quinze pour les distributions d'usage qui seront ordonnées. » Cette réserve pour les livres condamnés à la *brûlure* par le parlement était beaucoup moins restreinte; elle était d'un ou deux exemplaires pour chacun de *messieurs* : c'était donc deux ou trois cents exemplaires rendus à la circulation, et le libraire privilégié du parlement en avait toujours un assortiment pour les amateurs.

DUPEY (de l'Yonne).

BASTINGAGE. On nomme ainsi ces longs boyaux en toile peinte que l'on établit au-dessus des bords ou du pavois d'un navire, et dans lesquels on place les effets, les sacs et hamacs des gens de l'équipage pendant le jour. Cette espèce d'appareil est destinée à servir à la fois de décharge et à garantir, pendant le combat, la tête des hommes placés sur le pont des atteintes de la mousqueterie de l'ennemi. On conçoit aisément qu'un tel blindage, composé de hardes et de matelas liés et pressés avec soin, doit offrir contre la fusillade un abri assez sûr; mais il n'est pas de bastingage, quelque bien établi qu'il puisse être, qui soit assez fort pour résister au choc d'un boulet lancé de près.

Un navire est bien ou mal *bastingué* selon que ses bastingages sont plus ou moins susceptibles de garantir contre la fusillade ou contre les coups de mer les gens de l'équipage que leur devoir appelle sur le pont pendant le combat ou la tempête.

Pour recevoir et garantir le mieux possible les objets qu'on y dépose, les hastingages sont revêtus intérieurement d'un filet de corde de grosses mailles; la toile peinte qui les recouvre est destinée à les préserver de la pluie et à leur donner un peu d'élégance. Ed. CORBIÈRE.

BASTION (traduction des augmentatifs italiens *bastillione*, *bastione*, dérivés de *bastilia*, bastille), partie saillante d'une enceinte fortifiée, qui a remplacé les tours carrées ou rondes des anciennes forteresses. On reprochait aux tours le défaut, assez grave, de laisser au pied de leurs murailles un espace angulaire entièrement dérobé aux coups des armes de jet disposées au haut des remparts. Afin d'ôter à l'assiégeant cet asile dont il ne manquait pas de profiter pour y placer ses moyens d'attaque, on vit enfin, mais très-tard, qu'il suffisait d'ajouter au massif de chaque tour *l'angle mort* qu'elle laissait en avant. On s'étonne qu'un expédient aussi simple ne se soit pas offert plus tôt à la pensée des hommes de guerre, qu'il nous vienne de l'Asie, et qu'il faille chercher parmi les Turcs l'origine de ce perfectionnement.

Les premiers bastions que l'on construisit ne furent que des tours plus spacieuses que celles dont l'enceinte des places fortes avait été flanquée jusque alors, et qui dirigeaient en dehors un angle saillant pour procurer à la défense des feux croisés sur les approches de l'assiégeant, tandis que deux autres côtés donnaient aussi des feux croisés pour la défense du fossé. Peu à peu les bastions furent agrandis; la direction de leur *capitale* fut assujettie à la figure du terrain qui s'étend autour de la forteresse; les *faces* (côtés de l'angle saillant) furent soustraites à la vue et aux armes de l'assiégeant jusqu'au moment où ses travaux d'attaque seraient parvenus à leur dernier période; les *flancs* (côtés intermédiaires entre la face et l'enceinte) furent déterminés de grandeur et de position pour qu'ils pussent défendre le fossé de la place, battre le pied de la brèche, empêcher ou retarder l'assaut. Toutes ces acquisitions, faites au profit des assiégés, en provoquèrent d'autres, qui ajoutèrent, dans la même proportion, de nouvelles ressources à celles qui avaient décidé jusque alors la supériorité de l'attaque.

Quoi qu'il en soit, le *système bastionné* de la fortification moderne a été porté par Vauban et Cormontaigne à une perfection qui sera peut-être sa limite, à moins que la portée des armes ne change considérablement. C'est d'après cette portée que les dimensions des faces et des flancs des bastions sont réglées, ainsi que la longueur de la *courtine*, partie de l'enceinte comprise entre deux bastions. Quant à la distance entre les deux courtines séparées par un bastion, elle dépend du tracé de l'enceinte, des angles formés par les courtines, et de quelques circonstances locales; cette distance est ce qu'on nomme la *gorge* du bastion.

C'est aux bastions que l'assiégeant s'attache lorsqu'il est assez près pour les battre en brèche. Tous les travaux du siège ont été dirigés vers le *point d'attaque* : ce point et ses approches sont le but des batteries qui lancent des projectiles de toute espèce contre les bouches à feu de l'assiégé, afin d'*éteindre ses feux*, tandis que les boulets tirés à *ricochet* sillonnent les remparts, et les rendent inabordables. En même temps les batteries de brèche exécutent leur œuvre de destruction; c'est ordinairement dans l'une des faces du bastion attaqué que l'ouverture est faite; lorsqu'elle est assez grande, et que pour la rendre plus praticable dans toute son étendue, on l'a suffisamment *aplanie* à coups de canon, il ne reste plus qu'à traverser le fossé, et à donner l'assaut. Mais l'assiégeant peut être arrêté au haut de la brèche par des obstacles qui retarderont encore sa victoire, et laisseront au moins à l'assiégé une dernière ressource pour obtenir une capitulation moins désavantageuse : si le bastion est *plein*, on n'aura pas manqué d'y faire des *retranchements* capables d'arrêter l'ennemi, et qui lui imposeront l'obligation de continuer les travaux d'attaque. On dit qu'un bastion est *plein* lorsque tout son intérieur est exhaussé jusqu'au niveau du rempart; l'exhaussement dépasse même quelquefois la gorge du bastion. La défense peut en tirer un très-bon parti; mais le transport des terres qu'il faut accumuler pour remplir le vide des bastions ajoute beaucoup aux dépenses, d'ailleurs excessives, des fortifications modernes. D'un autre côté, les bastions vides laissent plus d'espace disponible dans l'enceinte des places fortes; ils conviennent mieux durant les longs intervalles de paix, auxquels il faut ajouter les temps de guerre où la place n'est pas exposée aux dangers d'un siège.

Voilà pourquoi le système des tours bastionnées de Vauban est demeuré sans autres applications que celles que ce grand ingénieur en a faites lui-même. La défense y trouve, il est vrai, beaucoup plus de ressources que dans le système ordinaire; mais la dépense est très-certainement doublée, et son utilité n'est pas aussi certaine.

Dans le cours d'une campagne, les ouvrages de fortification construits pour une courte durée, avec les matériaux que l'on a sous la main, admettent quelquefois la forme bastionnée. Certaines parties d'une enceinte sont terminées par des *demi-bastions*, composés d'une face et d'un flanc. Enfin, les bastions peuvent être *détachés*, et dans ce cas, il faut qu'ils soient fermés par la gorge, de peur qu'un ennemi entreprenant n'essaye de les *tourner*. FERRY.

BASTONNADE, coups de bâton, peine anciennement et jusqu'à ces derniers temps appliquée aux esclaves. Elle était aussi infligée aux soldats romains. Ce châtiment, quoiqu'il fût celui des esclaves, ne déshonorait pas, au dire de Pline. Selon le même auteur, la simple bastonnade devait être soigneusement distinguée du supplice des bâtons, *fustuarium*. On le comprend bien aisément, puisque la mort devait être le résultat de ce dernier supplice, infamant de sa nature. La bastonnade est fort en usage chez les Turcs et chez les Barbaresques. Elle y est, dans une foule de circonstances, ordonnée comme correction pénale, et administrée de diverses façons plus ou moins cruelles. La manière la plus douloureuse de la recevoir, c'est, dit-on, sous la plante des pieds. On fait dans la discipline des armées allemandes un fréquent emploi de ce genre de châtiment. Ce fut sous le ministère du comte de Saint-Germain que les coups de plat de sabre (punition disciplinaire déguisée à la française, mais analogue à la bastonnade, et que nos soldats s'obstinèrent à nommer ainsi) furent introduits en France. Cela vint assez à propos aux approches de la révolution pour achever d'aliéner les soldats, et les préparer au grand mouvement de 89. On rapporte un mot assez plaisant d'un vieil officier allemand qui contribua beaucoup pour sa part à l'introduction de ce supplice en France : « Pour moi, dit-il, je ne vois pas pourquoi on n'établirait pas les coups de bâton dans ce pays. Dans ma longue carrière, j'en ai beaucoup reçu, j'en ai fait beaucoup distribuer, et je m'en suis toujours très-bien trouvé. »

Une ordonnance royale rendue en 1776 porte : « L'intention de Sa Majesté est que les fautes légères qui jusqu'à présent ont été punies par la prison ne le soient plus dorénavant que par des coups de plat de sabre. » Tout est prévu avec une parfaite précision dans les nombreux articles de cette ordonnance : « Le grenadier, soldat, cavalier, chevau-léger, dragon, chasseur ou hussard, y est-il dit, qui aura été condamné par le commandant du corps à recevoir des coups de plat de sabre subira cette punition à la tête de la parade particulière du régiment, et ceux qui seront dans le cas d'être punis de coups pour quelque faute contre l'ordre et la police établie dans la compagnie les recevront à l'appel du matin, par l'ordre de celui qui la commandera. » C'était, d'après l'ordonnance, une correction paternelle ; l'armée en jugea tout autrement. Un cri général s'éleva contre la nouvelle discipline. Au rapport d'un historien, les mots les plus énergiques furent proférés par les soldats de toutes armes, et produisirent le même effet d'opposition qu'auraient pu faire d'éloquentes remontrances. Il en est ainsi en France, et souvent il y a lieu de s'en féliciter. Un grenadier avait dit : « Je n'aime du sabre que le tranchant. » Le mot était sublime : il fut répété avec enthousiasme. Le gouvernement se vit forcé de céder ; mais les soldats en gardèrent toujours rancune à l'ancien régime, et prirent une part active, plus tard, à la grande insurrection qui consomma la ruine du vieil ordre de choses. Ch. Romey.

BAS-VENTRE. *Voyez* Ventre et Abdomen.

BASVILLE (Lamoignon de). *Voyez* Camisards.

BÂT, espèce de selle grossière, à l'usage des bêtes de somme, composée tout simplement de deux fûts de bois joints avec des bandes de même matière et garnie en dessous d'un panneau rembourré pour empêcher l'animal de se blesser, et d'une sangle avec laquelle on assujettit le bât. Chaque côté de la carcasse est accompagné d'un fort crochet pour retenir les cordes auxquelles sont attachés des paniers, des paquets, des ballots, etc. Les bâts communs, que l'on nomme aussi *bâts à boutonnes*, sont ceux dont se servent les gens de la campagne, spécialement les maraîchers, les jardiniers qui approvisionnent les marchés et les halles. Le *bât français*, ou *bât à fausses gouttières*, est celui que portent les chevaux appelés *chevaux de bât*, et destinés à transporter de lourds fardeaux, à la guerre et en route. On nomme enfin *bât d'Auvergne* le bât de guerre des mulets.

En général, il faut avoir soin que le bât dont on charge une bête de somme ne soit ni trop large ni trop étroit ; s'il est trop large et s'il vacille sur le dos de l'animal, on aura beau sangler celui-ci, la charge tournera au moindre soubresaut; s'il est trop étroit, il pressera trop rigoureusement ses côtes, gênera sa respiration, le fatiguera, et finira par l'écorcher et lui occasionner une plaie.

Le mot *bât* s'emploie aussi au figuré. *Chacun sait où son bât le blesse*, dit-on, pour faire entendre que chacun a ses souffrances de travail, trop souvent assimilé au pauvre animal portant bât et longues oreilles, a déjà eu bien des fois l'occasion de répéter devant ces changements de maître, comme l'âne de Phèdre ou de La Fontaine

...... quid refert mea
Cui serviam, *clitellas* dum portem meas ?
Me fera-t-on porter double *bât*, double charge ?

BATAILLE et **BATAILLE NAVALE.** *Voy.* Combat et Combat Naval.

BATAILLE (Ordre de). On appelle, en général, ordre de bataille, la disposition selon laquelle sont rangées les armées au moment du combat, et qui résulte de la direction que le général en chef veut donner à son attaque. Il se prend souvent alors comme synonyme de *ligne de bataille* et comme l'opposé d'*ordre de colonne* et d'*ordre par le flanc*. Dans l'un et l'autre cas, on a appelé *ordre naturel*, ou *ayant la droite en tête*, l'ordre suivant lequel une troupe se présente sur le terrain par son premier rang ou par sa première subdivision ; cet ordre naturel est l'opposé, si la troupe se trouve en bataille, de l'*ordre par le dernier rang* ou *ordre renversé* ; il est l'opposé, si la troupe se trouve en colonnes, de l'*ordre par inversion*. L'*ordre de revue* est quelquefois *en bataille*, quelquefois en haie ; l'*ordre de parade* est toujours *en bataille*, soit sur une, soit sur plusieurs lignes.

En définitive, l'ordre de bataille se réduit à deux divisions, l'*ordre parallèle* et l'*ordre oblique*. Les bataillons rond, plein, en croix, en carré, octogone, à dents de scie, en hérisson, ont été les ordres de bataille des Suisses, ordres plutôt de parade que de guerre ; on n'a conservé avec raison que le bataillon carré à centre vide. Des majors d'infanterie, dans le commencement du siècle dernier, étaient parvenus à dessiner sur le terrain une fleur de lis, ou à y écrire *vive le roi*, suivant la forme qu'ils donnaient à leur ordre de bataille. Le grand Chevert y excellait. Grâce au ciel, notre époque a mis en oubli ces merveilles, *difficiles nugæ*. Les agglomérations incohérentes de piétons, de chevaux, d'artilleurs, pratiquées de Henri IV à Louis XIV, ont été préconisées par de célèbres généraux, par d'illustres écrivains ; on a renoncé également à cette méthode, quoiqu'elle fût consacrée par de grands noms de Condé et de Turenne. L'ordre en cinquain, en trois batailles, en quinconce, a fait place à l'ordre sur deux lignes, appuyé d'une réserve et entrecoupé d'intervalles à canons. On a tout essayé, tout usé en vaines complications, en préceptes à perte de vue, pour en revenir au simple. On doit ce sage retour à Gustave-Adolphe, à Guillaume de Nassau, à Frédéric, à Napoléon surtout. Aujourd'hui on forme en onze minutes 40,000 hommes en bataille. Cette opération demandait autrefois vingt-quatre heures. Gⁱ Bardin.

Une armée étant et ayant toujours été composée de la réunion de troupes de différentes armes, il en résulte que son ordonnance de combat ou ordre de bataille comprend trois éléments, qu'il convient d'examiner séparément : 1° l'ordre dans lequel sont rangées les troupes de chaque arme, en raison du service auquel elles sont destinées ; 2° l'ordre relatif dans lequel les différentes armes doivent être placées, ou la place que chacune doit occuper dans l'ordre général de bataille ; 3° la figure et la direction du front de bataille. Le premier de ces éléments appartient à la tactique ; les deux autres sont tout à la fois du domaine de la tactique et de la stratégie. L'ordre dans lequel ont été rangées les troupes légères, l'infanterie et la cavalerie, a varié selon les progrès ou la décadence de l'art militaire ; mais le même principe proportionnel a toujours existé entre elles, c'est-à-dire que la cavalerie a toujours été rangée dans un ordre moins profond que l'infanterie, et les troupes légères dans l'ordre le moins profond.

Dans l'enfance des nations les troupes étaient formées en grandes masses, placées les unes à côté des autres, et destinées à se heurter de front. Les évolutions étaient impossibles. C'est ainsi que l'histoire nous représente les armées des Assyriens, des Égyptiens et des Perses. Les premiers peuples qui eurent un système de tactique, c'est-à-dire un ordre de formation fixe pour les troupes de chaque arme, furent les Grecs et les Romains. Les uns et les autres avaient besoin d'économiser sur les pertes d'hommes ; or cette économie ne peut résulter que du bon emploi qu'on en fait, et des combinaisons qui permettent d'atteindre les mêmes effets par des masses moindres, en augmentant leur impulsion par l'accroissement de la mobilité, et conséquemment par l'augmentation de la vitesse. Mais ces deux peuples, étant dans une situation différente, durent adopter des systèmes différents. Les Grecs ayant à combattre dans les vastes plaines de l'Asie, et contre les grandes masses qui composaient les armées des peuples de l'Orient, furent obligés de conserver à l'ordonnance de leur infanterie un certain degré de solidité qui leur permît de résister au premier choc des assaillants. Ils formèrent leur phalange, c'est-à-dire leur infanterie pesante, sur seize rangs. Les Romains au contraire eurent pendant longtemps à agir dans un pays abrupt et coupé, contre des montagnards agiles et intelligents. Les masses profondes n'auraient pu sur ce terrain conserver leur ordonnance. Un fond trop prolongé pour chaque corps destiné à rester réuni aurait présenté les mêmes inconvénients. Ils formèrent donc leur infanterie légionnaire sur dix rangs, et ne donnèrent que douze files à chacun de leurs pelotons ou manipules, qui était l'élément de formation de leurs armées.

Chez les Grecs l'infanterie pesante était, ainsi que nous l'avons vu, formée sur seize rangs, la cavalerie sur huit, l'infanterie à moitié légère ou les peltastes également sur huit. Quant à l'infanterie qu'on peut proprement appeler légère, elle ne trouvait pas de place dans l'organisation de la phalange; son nombre, comparé au front qu'elle devait couvrir, semblerait indiquer que sa formation avant le combat devait être sur quatre, six ou huit rangs. Chez les Romains l'infanterie de ligne était sur dix rangs, l'infanterie de réserve ou les triaires sur cinq, la cavalerie sur quatre. Quant à l'infanterie légère légionnaire ou vélites, sa force étant un quart de l'infanterie de ligne, sa formation avant le combat devait être sur cinq rangs. Mais cette formation primitive, qui ne varia pas chez les Grecs jusqu'à la conquête des Romains, changea chez ces derniers. D'abord leurs guerres dans les plaines de la Gaule cisalpine leur firent voir la nécessité de se servir, au moins dans certains cas, d'un élément plus fort que le peloton ou manipule de 120 à 180 hommes. On réunit donc une manipule de chacune des deux lignes d'infanterie de bataille et un de la réserve, pour en former un corps de 300 à 450 hommes, qu'on appela cohorte, et dont dix formèrent une légion. C'est l'élément qu'aujourd'hui nous appelons bataillon. Plus tard, sous les empereurs, l'ordre de bataille fut exclusivement par cohortes; les vélites étant remplacés par l'infanterie légère auxiliaire, la cohorte fut un dixième de la légion.

Mais l'introduction de l'usage des machines de guerre dans les armées amena d'autres changements dans la profondeur de l'ordre de bataille. Dès qu'il y eut des balistes et des catapultes légères, destinées au même usage que l'artillerie actuelle de campagne, on sentit la nécessité de diminuer la profondeur des légions, afin de diminuer les pertes résultant de l'effet des machines sur les masses. Dans la guerre contre les Juifs, et probablement dans les guerres civiles d'Othon, Vitellius et Vespasien, les légions ne combattirent plus que sur six rangs. Arrien croyant devoir, dans son expédition contre les Alains, augmenter la force de résistance des légions, ne la porta cependant qu'à huit rangs. La formation sur six et huit rangs dura jusqu'à la fin de l'ordonnance des légions, dont on n'entendit plus parler après la bataille des Champs Catalauniques (14 juin 450).

L'invasion de l'empire romain par les barbares rejeta l'art militaire dans son enfance. Les Francs, les Goths, les Vandales, combattaient en grandes masses, comme les Assyriens et les Perses. L'organisation féodale fit presque disparaître l'infanterie, qui tomba dans le mépris. Les batailles se livraient par des masses de chevaux et de roulier, portant des hommes couverts de fer, auxquels des fantassins presque nus ne pouvaient ni opposer de résistance ni servir d'auxiliaires.

L'invention de la poudre vint changer cet ordre de choses. Les cavaliers bardés n'étant plus invulnérables, on commença à faire quelque attention aux hommes qui pouvaient, étant à pied, vaincre et tuer un cavalier, et dont l'entretien coûtait bien moins. Dans le seizième siècle, l'infanterie commença à reparaître. Son organisation fut longtemps très-informe, et les manœuvres presque nulles. L'usage des armes à feu de main étant encore très-restreint et mêlé à celui des armes de longueur, l'ordonnance de l'infanterie resta sur dix et huit rangs. La cavalerie se partagea en cuirassiers ou gendarmes et chevau-légers de différentes dénominations. Les premiers conservèrent l'armure ancienne et l'ordre profond; ils combattirent par rangs. Les seconds adoptèrent les armes à feu, et leur ordonnance fut moins profonde. Le perfectionnement des mousquets et leur usage, attribué à la fin du dix-septième siècle aux deux tiers de l'infanterie, et le perfectionnement de l'artillerie, qui augmenta son emploi et son usage, firent réduire la profondeur de l'infanterie à six, puis à quatre rangs. La cavalerie ayant renoncé à la lance et à l'arbalète, pour prendre le mousqueton et les pistolets, fut rangée sur quatre et sur trois rangs. Enfin, au commencement du dix-huitième siècle (1703), l'adoption du fusil à baïonnette et l'abolition des piques firent réduire la profondeur de l'infanterie à trois rangs, et celle de la cavalerie à deux. De là date la véritable science des manœuvres, que Gustave-Adolphe avait commencé à tirer du néant. Cette formation est celle qui est aujourd'hui généralement adoptée en Europe, mais elle tend à se modifier pour l'infanterie. La formation sur trois rangs est incommode pour les feux; elle est surtout défavorable au troisième rang, à moins qu'on n'en vienne à allonger les fusils; mais ce serait les rendre peu maniables et difficiles surtout à charger. La longueur actuelle est déjà peu commode pour les hommes de petite taille. D'un autre côté, la profondeur de trois rangs n'est pas toujours suffisante pour résister à la cavalerie. Il faut doubler; ce qui rend le côté d'un carré de huit cents hommes presque nul. En adoptant la formation sur deux rangs, il y aurait plus de facilité pour les feux; le doublement sur quatre rangs donnerait un plus grand côté aux carrés d'un bataillon, et une profondeur suffisante pour résister à la cavalerie. L'auteur l'a employé pour un corps de troupes légères qu'il commandait en 1792 et 1793; il a eu plus d'une charge à essuyer, et n'a jamais été rompu.

Le second élément de l'ordre de bataille, qui est le placement relatif des différents corps dans la ligne de bataille, a subi, comme l'ordonnance de chaque arme, et pour les mêmes causes, différentes modifications. Aussi longtemps que dura l'usage exclusif des armes si courtes, épées, lances ou *pilum*, les batailles ayant lieu par le choc direct des corps et la lutte individuelle des hommes qui les composaient, il est évident que la cavalerie ne pouvait pas trouver de place entre les masses, les légions ou les phalanges. Aussi la voyons-nous toujours sur les ailes, où elle combattait la cavalerie ennemie, et d'où, victorieuse, elle se rabattait souvent sur les derrières de l'infanterie opposée. La nécessité de lui assigner la seule place où elle pût être utile fit que son établissement sur les ailes devint un précepte. L'infanterie combattante formait un tout contigu d'une aile à l'autre, et la cavalerie, qui devait la protéger, ne pouvait être que près et en dehors de ces ailes. Cependant dans les mains des grands maîtres de l'art de la guerre cette ordonnance théorique reçut souvent des modifications essentielles. Ainsi, sans chercher un plus grand nombre d'exemples, nous voyons Alexandre à Arbèles, et César à Pharsale, combiner l'action de l'infanterie avec celle de la cavalerie, le premier au point où il veut percer l'ennemi, et le dernier là où il craint d'être débordé et tourné.

A mesure que les principes de la guerre se perfectionnèrent, que la science des combinaisons, la stratégie devint la directrice principale des opérations, dont la tactique ne fut plus que l'exécutrice, les préceptes généraux ne purent plus recevoir une application invariable, qui souvent aurait été à contre-sens de leur objet. Les batailles n'étant plus le choc continu de deux masses, l'une et l'autre presque indivisibles, mais l'agrégation d'un certain nombre de combats partiels entre des fractions non contiguës de deux armées opposées, la victoire n'étant plus uniquement le résultat d'un carnage de pied ferme, mais bien souvent celui de l'occupation de certains points, dont la perte renversait les combinaisons ou désorganisait les moyens de défense d'une des deux armées, le mélange des armes devint une disposition nécessaire. Il n'y a plus aujourd'hui dans une bataille deux seuls flancs à couvrir, mais quatre, six, huit. Tantôt, sur un point, l'infanterie doit préparer des avantages qu'il appartient à la cavalerie de compléter ou de recueillir; tantôt, sur un autre point, c'est le contraire qui a lieu. Ce que nous disons de la cavalerie et de l'infanterie s'applique également à l'artillerie. Ainsi, l'emplacement de la cavalerie et de l'artillerie dans l'ordre de bataille ne saurait être fixe; ces deux armes peuvent et doivent être, selon les circonstances, entremêlées avec l'infanterie sur la ligne de bataille, ou en avant, ou en arrière. Ces circonstances dépendent d'éléments nombreux, dont les combinaisons sont infinies. Il est donc évident qu'il ne saurait y avoir de règles fixes à cet égard. Tout dépend du génie et de l'expérience du général.

Sous le rapport de la figure de l'ordre de bataille et de la direction relative de la ligne de bataille, il n'y a pas eu moins de modifications. Les peuples les moins avancés dans l'art de la guerre ont toujours combattu sur une seule ligne très-profonde, les Grecs sur deux, les Romains sur trois, et dans les derniers temps sur deux. Lorsque l'usage des armes à feu eut fait diminuer la profondeur de l'ordonnance des troupes, on en revint à combattre sur trois lignes, dont une composait la réserve. Dans toutes ces dispositions, l'infanterie formait toujours le centre des armées dans des lignes contiguës. Lorsque la tactique commença à naître dans les institutions des Grecs et des Romains, les batailles ne furent pas toujours des chocs de front entre deux armées. Les grands maîtres aperçurent la véritable application du précepte de réunir sur un point important une masse de forces supérieures à celles de l'ennemi. De là naquirent les classifications de l'ordre de bataille, en ordre parallèle et en ordre oblique simple et double, qu'on trouve décrites au nombre de sept dans Végèce. Les exemples pratiqués chez les anciens se trouvent dans les batailles de Marathon, Arbèles, Leuctres, Mantinée, etc. Cette classification subsista tant que les armées en ligne formant un seul corps, agissant ensemble, exécutèrent des batailles à peu près comme de grandes manœuvres. Là, il pouvait y avoir des fronts relativement parallèles ou obliques. Mais depuis que la guerre est devenue une lutte de combinaisons stratégiques, de manœuvres, de postes et de positions, bien plus qu'un jeu de batailles, depuis surtout que les armées se composent de fractions (comme les divisions, les corps d'armée) organisées de manière à pouvoir agir indépendamment les unes des autres, et même isolément, ces classifications ont nécessairement disparu. Un jour de bataille, le nombre des lignes, non-seulement de l'ordre de bataille général, mais celui de chaque division ou corps d'armée, la disposition relative des différentes armes, la formation des troupes en bataille ou en colonne, tout cela dépend de la nature des opérations qu'elles doivent exécuter, de la configuration du terrain, et de la force ainsi que de la disposition de l'ennemi. Quant à la direction relative de la ligne de bataille, son parallélisme ou son obliquité ne peuvent être qu'accidentels ou momentanés. Si une armée se renforce sur un point de la ligne, et que cette portion se porte en avant pour forcer la ligne opposée, tandis que les autres refusent le combat ou l'entretiennent de loin, il y a momentanément obliquité simple ou double, jusqu'à ce que le combat s'allume sur toute le front, soit par un contre-mouvement de l'ennemi, soit pour toute autre cause. Alors l'ordre redevient parallèle, en ce que les deux armées se choquent sur tout leur front; mais ce parallélisme, en raison de la configuration du terrain et de la relation de placement des points principaux d'attaque et de défense, est le plus souvent celui de deux lignes à courbures composées.

Il est un autre genre de bataille qu'on peut appeler stratégiquement oblique. La disposition stratégique naturelle des deux armées est que leur ligne de bataille soit parallèle à leur base d'opérations, et perpendiculaire aux lignes de communication avec cette base, afin de couvrir leurs magasins et leurs ressources. Le talent du général est de se trouver toujours directement entre sa base et l'ennemi. Si donc un des deux généraux, après s'être assuré d'une nouvelle base, parvient, par un mouvement bien combiné, à se présenter de flanc aux lignes de communication de son adversaire, et à le forcer à recevoir une bataille dans cette position, cette bataille sera oblique stratégiquement, puisqu'elle l'est au système de guerre de l'ennemi ; c'est un coup de maître : témoin Napoléon à Iéna.   Gal G. DE VAUDONCOURT.

BATAILLE (*Musique*). On donne ce nom à une sorte de composition instrumentale dans laquelle le musicien croit imiter avec des sons le bruit de guerre et les divers résultats d'une bataille. L'expression musicale, riche en images et en effets, a ses bornes, qu'il faut bien se garder de passer. Toute tentative en ce genre ne sert qu'à montrer l'impuissance de l'art et la sottise de l'artiste. L'un imagine de peindre une orage, l'autre le lever de l'aurore, l'autre une noce villageoise ; enfin, il y en a qui poussent leur ridicule présomption jusqu'à tenter l'imitation d'une bataille. Que produisent-ils ? du bruit, ou des mélodies agréables, mais insignifiantes. L'expression instrumentale est trop vague. Il n'y a que les paroles ou la représentation muette des objets qui puissent donner à la musique cette clarté qui lui manque, et rectifier les fausses interprétations de l'esprit sur les sensations qu'on veut faire éprouver à l'âme.

On nous a donné successivement les batailles de Prague, de Jemmapes, de Marengo, d'Austerlitz, d'Iéna, lesquelles ont été réduites ensuite pour le piano, pour deux clarinettes, et même pour deux flageolets. Toutes ces œuvres singulières ont été achetées par la foule ignorante. Ne doit-on pas compter sur le succès d'une spéculation fondée sur la sottise ?   CASTIL-BLAZE.

BATAILLE (*Peinture*). Les peintres de batailles sont, à proprement parler, des peintres d'histoire, et cependant on les a souvent classés parmi les peintres de genre ; cela vient sans doute de ce qu'il y a deux manières bien distinctes de peindre les batailles : l'une est de chercher dans une mêlée un épisode présentant un véritable intérêt à l'imagination, à l'esprit, au cœur ; de sorte que, tout en laissant voir que dans le lointain il y a une masse immense de combattants, on n'est véritablement ému que par une scène qui se passe sur une superficie de quelques mètres, et à laquelle une vingtaine de personnes au plus prennent réellement part ; l'autre manière est d'offrir à l'œil la vue exacte d'un terrain de plusieurs lieues, sur laquelle on place de grandes lignes rouges ou vertes, avec des masses de fumée à travers lesquelles on reconnaît l'artillerie, tandis qu'on a souvent de la peine à distinguer l'infanterie de la cavalerie. Cette dernière manière a été fort usitée depuis quelques années ; mais ces tableaux sont-ils véritablement de la peinture ? ne doit-on pas plutôt les considérer comme le travail d'un ingénieur, fait pour l'instruction des personnes obligées d'étudier la stratégie ?

Les peintres anciens avaient une autre méthode, et nous

en trouvons un indice dans une des batailles que Jules Romain peignit au Vatican, d'après le dessin de Raphael, son maître : c'est celle qui représente la défaite de Maxence par Constantin. Hagedorn, dans ses *Réflexions sur la Peinture*, a dit avec raison : « Constantin, l'âme grande, élevée, paraît tranquille au milieu du fracas des vainqueurs et des vaincus; son image semble être l'image de la Victoire elle-même. La sécurité avec laquelle il agit réunit dans le vainqueur les regards sereins d'un espoir fondé au sang-froid d'un général expérimenté. Cependant nos yeux, se promenant sur le champ de bataille, trouvent Maxence culbuté dans le Tibre : les chevaux, échauffés et les naseaux ouverts, se débattent autour de lui et fendent le courant, ou se précipitent du rivage sur les corps palpitants des soldats; mais nos regards se fixent sur Maxence. Il ramasse toutes les forces d'un athlète pour se relever avec son cheval, dont la tournure fortifie le contraste. Le revers qu'il éprouve contracte les traits de son visage; toute la hysionomie du tyran décèle la détresse de son âme. Saisi l'effroi, il semble moins sentir que les flots vont l'ensevelir ue regretter la perte qu'il fait par ce coup du sort. »

On peut ajouter encore que ces deux méthodes si différentes viennent aussi du changement qui s'est fait dans l'art de la guerre depuis l'invention du mousquet, et surtout de l'artillerie. Dans le moyen âge, les batailles finissaient toujours par une mêlée où le nombre, le courage et la force des guerriers devaient l'emporter, tandis qu'aujourd'hui on se canonne pendant plusieurs heures. Le soldat n'a plus qu'à obéir sans s'inquiéter du résultat, et le devoir du général est de savoir manœuvrer avec assez d'habileté pour ménager la vie de ses soldats et tourner ou surprendre ses ennemis, puis enfin clore la journée par des charges de cavalerie qui, en quelques minutes, donnent un grand nombre de blessés, et heureusement encore plus de prisonniers.

Parmi les peintres qui ont traité le plus souvent des batailles, on doit citer de préférence, dans l'école d'Italie, Antoine Tempesta, né à Florence, en 1545; Michel-Ange Cerquozzi, né à Rome, en 1602, qui a reçu le nom de *Michel-Ange des Batailles*; Aniel Falcone, né à Naples, en 1600; Salvator Rosa, né à Naples, en 1615 : ces peintres ont laissé un assez grand nombre de batailles, soit de grande, soit de petite dimension; Antoine Calza, né à Vérone, en 1653, élève du peintre français Jacques Courtois, qui eut aussi pour élève Ange Everardi; François Monti, né à Bologne, en 1685, et François Simonini, né en 1667; dans les écoles flamande et allemande, Robert van Hoeke, Henry Verschuring, né à Gorcum, en 1627; Antoine-François van der Meulen, né à Bruxelles, en 1634, et que la France pourrait revendiquer avec raison, puisqu'il a toujours travaillé à Paris et qu'il a représenté les glorieuses actions des campagnes de Louis XIV; Jean van Hugtenburg, et George Philippe Rugendas, né à Augsbourg, eu 1066, peu connu en France, et qui mérite assurément de l'être davantage; Joachim Brich, qui a beaucoup travaillé à Munich.

Enfin l'école française doit citer avec orgueil Charles Le Brun, dont on admire avec raison les *batailles d'Alexandre*; Jacques Courtois, dit *le Bourguignon*, né à Saint-Hippolyte, en 1621; les Parocel, dont Joseph, le plus ancien, naquit à Brignoles, en 1648. Élève de J. Courtois, il surpassa son maître, et mit dans ses tableaux toute la vivacité de son fougueux caractère, qui était telle, que sur le pont du Rialto, à Venise, il parvint à mettre en fuite sept ou huit bandits apostés pour l'assassiner. Charles, son fils, eut peut-être moins de chaleur, mais plus de vérité, et il eut un égal succès. Ignace, son neveu, s'est aussi fait remarquer dans le même genre. Depuis, nous avons vu de belles batailles sorties du pinceau de Gros, de Gérard, de Girodet, de Carle et d'Horace Vernet.   J. DUCHESNE aîné.

BATAILLON. Ce mot est fort ancien. La langue française se l'est approprié dès le quatorzième siècle. Il exprima d'abord une troupe montant à 8 ou 10,000 hommes et formant une grande subdivision d'*exercite*, c'est-à-dire d'armée agissante. Au seizième siècle ce qu'on appelait bataillon était encore une masse à peu près carrée, à pied ou à cheval. Brantôme, dans son récit du siége de Metz en 1552, donne au marquis de Marignan un bataillon de 10,000 Allemands; mais depuis Henri IV ce terme prend plus de précision : il devient technique, surtout pour l'infanterie; Louis XIV le rend enfin tout à fait règlementaire dans l'armée française. Il commence dès lors à donner l'idée de la subdivision de troupes qui constituait chez les Romains la cohorte, chez les Byzantins le dronge, au moyen âge l'échelle, dans les légions de François Ier les bandes, et depuis 1635 les grosses fractions des régiments à pied. Enfin la langue française rend ce terme européen quand il sert au dénombrement des armées et représente l'unité tactique de l'infanterie.

Chez les nations modernes, un bataillon est en général une portion de régiment; cependant il y a des bataillons qui sont eux-mêmes régiments, comme en Angleterre, en Portugal. Nous avons aussi chez nous des bataillons qui forment des corps distincts et séparés, comme les bataillons de chasseurs à pied, d'infanterie légère d'Afrique, de tirailleurs indigènes en Afrique, de sapeurs-pompiers de Paris. Dans toutes les armées les grosses fractions du système moderne ont varié de 300 à 1,500 hommes; ils sont, en général, une association de compagnies; cependant, en presque tous les pays, il se voit des compagnies non embataillonnées, c'est-à-dire s'administrant ou servant à part. Le nombre des bataillons, considéré par rapport au corps dont ils forment une partie constitutive, n'a pas moins varié que leur force. Originairement il y en avait presque universellement deux par régiment. Sous Louis XV, quelques régiments étaient de quatre bataillons. Les demi-brigades étaient de trois bataillons. Sous le régime impérial ils ont été portés à cinq et à six; un seul régiment a été de neuf : c'était le régiment des *pupilles* de la garde, fort de plus de huit mille hommes.

Les légions départementales de la Restauration ont été de deux, de trois, de quatre bataillons. Depuis le rétablissement des régiments, le nombre des bataillons s'est élevé jusqu'à six. Il est maintenant de trois pour la ligne et l'infanterie légère. Ces vicissitudes sont déplorables, et les variations ont presque toujours résulté des caprices des ministres. On a fait les bataillons petits et nombreux pour avoir occasion de multiplier les états-majors. Des règles aussi peu fixes ont présidé longtemps à la formation des bataillons des puissances étrangères.

La quantité d'hommes dans les bataillons présente un chiffre inévitablement variable; mais les quantités prescrites par les lois de création et le chiffre des effectifs devraient être invariables, sauf les pieds de paix ou de guerre.

Gal BARDIN.

Le bataillon est sous les ordres d'un officier supérieur, auquel on donne le titre de chef de bataillon. L'état-major de chaque bataillon se compose, en outre, d'un adjudant-major, d'un chirurgien aide-major, d'un adjudant sous-officier et d'un caporal-tambour. Les bataillons forment un corps à part ont quelquefois de plus un capitaine-major, un trésorier et son adjoint, un officier d'habillement et d'armement et un chirurgien-major.

BATAILLON (Chef de). *Voyez* CHEF DE BATAILLON.
BATAILLON CARRÉ. *Voyez* CARRÉ.

BATALHA, bourg situé à 12 myriamètres de Lisbonne, célèbre par son couvent de dominicains placé sous l'invocation de *santa Maria da Vittoria*, que le roi Jean Ier de Portugal fonda en commémoration de la victoire remportée par lui le 14 août 1385, à Aljubarotta, sur le roi Jean Ier de Castille. Il a été construit en style gothique par l'Irlandais Hachett. La population de ce bourg, situé sur la Lis, est de 1,500 âmes. On y exploite des sources salées.

BÂTARD, BATARDISE. On écrivait autrefois *bastard*. En parlant des plantes et des animaux, on nomme *bâtards* les produits dégénérés d'une espèce qu'on regarde comme type (*voyez* ABATARDISSEMENT). En parlant des hommes, on désigne par le même nom ceux qui sont nés d'une union illégitime. Trop souvent ces enfants, produits dégradés d'une de ces erreurs de la jeunesse vague et inconstante, ne sont que de tristes et informes avortons, abandonnés à la misère, ne subsistant que des charités publiques, sans éducation ni instruction, condamnés à devenir *mauvais sujets*. Les enfants abandonnés, manquant le plus souvent de moyens d'existence, sont presque inévitablement poussés par le malheur à des actes répréhensibles. Voilà pourquoi la dépravation des mœurs dans les grandes villes, les pays de manufactures, de garnison, où sont rassemblés beaucoup d'hommes non mariés, donne naissance chaque année à des milliers de bâtards, dont la vie ne sera qu'opprobre ou infortune. On trouverait aussi dans la population des prisons, des bagnes, ou celle que le crime pousse jusqu'à l'échafaud, un plus grand nombre de bâtards que d'individus nés d'un mariage légitime.

La plupart des êtres nés hors de cette condition, aussi mal nourris que mal élevés, sont donc réduits à une vie faible autant que douloureuse, faute de secours dans leur enfance, car ils ne doivent rien qu'à la pitié. On ne peut guère les soustraire, dans les établissements qui leur sont aujourd'hui consacrés, à tous les besoins de leur misère. Quelle race doit naître de ces avortons? combien l'espèce doit-elle perdre de sa vigueur, de la noblesse et de la beauté de ses formes, par cette énervation de l'abâtardissement! Joignez-y de plus ce dévergondage d'immoralité sans frein qui fait que ces êtres se livrent à des voluptés désordonnées qui les épuisent bientôt, et vous reconnaîtrez facilement les causes de cette dégénération remarquée dans l'ignoble population des villes les plus corrompues.

Cependant, quelques faits semblent contredire cette règle générale. Qui ne sait que les *enfants naturels*, fruit d'un amour violent et contrarié par l'empire des lois, sont nés d'autant plus vigoureux qu'ils ne doivent leur existence qu'à une passion insurmontable? N'y a-t-il pas une foule de bâtards illustres, depuis Homère (Mélésigène) et Dunois, et le maréchal de Saxe, et d'Alembert, et Delille, etc., jusqu'à tant d'autres hommes célèbres que nous pourrions citer? Et de plus, combien ne faut-il pas de puissance d'esprit et de caractère pour s'élancer hors de cette situation inférieure aux rangs élevés d'une société qui vous repousse! car les *enfants de l'amour*, s'ils naissent avec tous leurs dons, sont plus ardents, plus spirituels, plus aimables lorsqu'ils tirent tout de leur propre génie, et sont inspirés par la même puissance qui les produisit.

Et d'ailleurs n'est-ce point par le croisement qu'une race affaiblie se ressuscite dans ces illégitimes liaisons? S'il est défendu aux hautes et grandes familles de se mésallier, les trop faciles jouissances de la fortune peuvent les énerver. Il convient qu'un sang plus vif, qu'une complexion plus vigoureuse passe dans ces vieilles souches, pour en rajeunir l'énergie par cette transfusion secrète et dérobée. Ainsi se sont relevées d'illustres maisons. Lycurgue permettait ces alliances ou ces interpolations, dont les pères pruitifs s'enorgueillissaient en voyant refleurir une tige menacée de stérilité.

Les bâtards peuvent donc souvent protester contre l'*abâtardissement*. Ce n'est pas un motif pour faciliter la *bâtardise*. Aujourd'hui on recueille à Paris le tiers des naissances dans les hospices des Enfants-Trouvés. S'ensuit-il que le tiers de la population se compose par la suite d'êtres sans nom, sans parents avoués, et même sans patrie, ou qui ne tiennent à rien? Non, car bientôt tout s'incorpore, et le mélange des consanguinités s'opère pour former une masse homogène. Les bâtards semblent être ainsi le ciment qui rattache des familles éloignées, et le domestique à son maître. J.-J. VIREY.

La bâtardise n'avait rien de honteux dans les siècles du moyen âge. L'usage des concubines, défendu par la loi chrétienne, semblait autorisé par la coutume. On rougissait si peu d'être issu d'une pareille union que souvent Guillaume, duc de Normandie, en écrivant, signait *le bâtard Guillaume*. Il n'était pas rare alors que les bâtards héritassent; car, suivant la remarque de Voltaire, dans un pays où les hommes n'étaient pas gouvernés par des lois fixes, publiques et reconnues, il est clair que la volonté d'un prince puissant devait être le seul code. Ainsi ce même Guillaume, fils du duc Robert et de la fille d'un pelletier de Falaise, que l'histoire appelle *Harlot*, mot qui en anglais signifie encore aujourd'hui *concubine*, fut déclaré par son père et par les états héritier du duché de Normandie; et il se maintint ensuite par son habileté et par sa valeur contre tous ceux qui lui disputèrent son domaine.

D'autres exemples prouvent que la bâtardise n'excluait point du trône. Ferdinand Ier, qui régnait à Naples au quinzième siècle, était un bâtard de la maison d'Aragon. C'était une race bâtarde qui régnait en Castille. C'était encore la race bâtarde de don Pédro le Sévère qui était sur le trône de Portugal. Ferdinand de Naples avait reçu l'investiture du pape, au préjudice des héritiers de la maison d'Anjou, qui réclamaient leurs droits.

Il est à remarquer qu'en Espagne les bâtards ont toujours hérité. Le roi Henri de Transtamare ne fut point regardé comme roi illégitime, quoiqu'il fût enfant illégitime; et cette race de bâtards, fondus dans la maison d'Autriche, a régné en Espagne jusqu'à Charles II. En Allemagne, il n'en était pas de même; les bâtards n'héritaient jamais des fiefs et n'avaient point d'état.

L'histoire cite une foule d'illustres bâtards : le célèbre don Juan d'Autriche, cet heureux triomphateur de Lépante, était fils naturel de l'empereur Charles-Quint, et le brave Dunois s'honorait du titre de *Bâtard d'Orléans*.
CHAMPAGNAC.

BATARDEAU, digue élevée avec des pieux, où s'entrelacent des branchages de saule ou d'osier, où quelquefois s'adaptent des planches, et dont les intervalles sont remplis de terre ou de sable. Le batardeau sert à détourner le cours d'une rivière ou à retenir l'eau dans les fossés d'une fortification. Il n'est pas rare que ce simple appareil soit pratiqué par les meuniers pour rejeter à la fois dans leurs écluses l'eau d'eau que laissera la sécheresse de juillet, et pour les débarrasser ensuite de l'excédant des crues; ils ont calculé avec quelque justesse la hauteur que doit avoir ce double auxiliaire.

Pour un propriétaire jaloux de fertiliser sa propriété et d'augmenter l'attrait de son paysage, élever un batardeau, c'est inviter les arbres aquatiques, toutes les plantes fluviales, à se choisir un très-pittoresque domicile entre les aïs du bois moussu et les sables humides; c'est établir de naturelles et changeantes cascades avec leurs écumes blanches et leurs bruits animés; c'est vivifier la perspective; c'est quelquefois peupler un désert. H. DE LATOUCHE.

BATAVE (République). *Voyez* PAYS-BAS.

BATAVES, peuple issu des Cattes. Bien avant César, et par suite de troubles intérieurs, ils passèrent le Rhin et s'établirent sur la rive méridionale du Wahal, dans la grande île que ce fleuve contribuait à former, et qui avait d'ailleurs pour limites la Meuse, l'Océan et l'embouchure occidentale du Rhin. C'est là l'*Insula Batavorum* décrite par César. Outre cette île, et à une époque postérieure, tout le pays situé au plus nord, depuis l'Yssel et le lac Flevus jusqu'à la mer, fut compris dans une acception plus étendue, sous le nom de *Batavia*, lorsque Drusus eut changé l'embouchure du Rhin par sa fameuse *Fossa Drusiana*, canal creusé par son ordre, comme l'indique son nom, et fait de

BATAVES — BATEAU

l'Yssel (*Sala*) et du Flevus (*Sudersée*) l'embouchure principale de ce fleuve.

Il est difficile de déterminer les limites méridionales des Bataves; mais il est certain que leurs demeures ont dû s'étendre au sud du Wahal et de la Meuse jusqu'au territoire des Toxandriens, des Ménapiens et des Gugernes ou Sicambres. On a discuté longtemps pour savoir si la Batavie appartenait à la Gaule ou à la Germanie; mais si l'on compare attentivement les textes des anciens auteurs, on hésitera difficilement à assigner tout ce territoire à la Gaule Belgique, et plus particulièrement à la partie de cette région appelée par les Romains *Germania secunda*.

Eumène, dans son panégyrique de Constantin, fait une description un peu trop oratoire de l'île des Bataves. Selon lui, le territoire que le Wahal traverse en biais et que le Rhin enserre dans ses bras n'est pour ainsi dire pas une terre (*penè, ut cum verbi periculo loquar, terra non est*). Toute cette contrée, dit-il, est tellement imprégnée d'eau, que l'on ne peut ni y marcher ni s'y tenir debout en sûreté, mais que partout où le sol paraît ferme la terre est ébranlée par la marche de l'homme, et s'entr'ouvre au loin sous le poids. Ainsi, dans son idée, le sol ne fait que surnager sur les eaux qui se trouvent au-dessous, et il manque très-aisément, parce qu'il ne repose sur rien. Ni cette nature trompeuse du sol, ni les nombreuses forêts où les barbares auraient pu trouver un refuge, ne furent, ajoute-t-il, des obstacles pour les Romains, qui vainquirent tout et réduisirent les barbares à se soumettre. Par cette description, qui s'applique bien à quelques parties du pays, mais non au pays tout entier, le panégyriste n'avait probablement pas d'autre but que de rehausser la gloire du césar en exagérant les difficultés dont celui-ci avait à triompher.

Les Bataves eurent, quelque temps au moins, pour capitale *Lugdunum Batavorum* (Leyde); avant l'arrivée des Romains, leur place principale, que Tacite représente comme fort importante, était *Batavodurum*, dont on ne peut aujourd'hui préciser la position.

Sous le rapport de la religion, des mœurs, des usages et de l'organisation politique, les Bataves devaient ressembler beaucoup aux Germains, desquels ils tiraient leur origine. Les anciens auteurs rendent unanimement témoignage à la bravoure des Bataves; leur cavalerie surtout, armée à la légère, et habituée à traverser les fleuves à la nage, fut très-utile aux Romains dans leurs guerres. Il paraît que leur infanterie était également exercée à combattre dans l'eau : aussi leurs chefs recouraient-ils plus d'une fois aux inondations pour mieux résister aux Romains. Ils plaçaient sur leurs casques des oiseaux et d'autres ornements. Pour musique militaire, ils avaient une sorte de cor de chasse. Ils n'avaient point de rois, mais des chefs d'armée (*duces*), élevés sur le pavois par une élection unanime, et des familles plus éminentes que les autres, parce que la gloire des combats passait des ancêtres à leurs descendants. Outre les armes dont se servaient les autres peuplades germaniques, les Bataves avaient des machines de siège, des échelles pour escalader les murs, et même des tours mobiles à l'aide desquelles ils chassaient l'ennemi de leurs remparts. Ils se servaient aussi de javelots et d'arcs, dont il n'est pas question chez les autres Germains. On leur donne des glaives et des boucliers bombés. Les Caninéfates étaient particulièrement puissants sur mer, et il y avait un grand nombre de Bataves parmi les matelots que les Romains entretenaient sur le Rhin.

Les Bataves étaient renommés à Rome, plus encore que les autres Germains, par leur haute stature et leur chevelure blonde. Aussi les cosmétiques destinés à teindre en blond les noirs cheveux des Romains s'appelaient-ils *crème batave*.

Sous Auguste et sous Tibère, lorsque Rome songea sérieusement à envahir la Germanie, le pays des Bataves devint la place d'armes des commandants romains. Du reste, ils étaient exempts de tributs et d'impôts, portaient le titre d'amis et d'alliés du peuple romain, et choisissaient eux-mêmes leurs chefs. Après la mort de Néron, le Batave Civilis fut l'âme de cette insurrection gallo-germaine qui, au nom de Vitellius, prit les armes contre Vespasien, et dont le but était d'établir un empire gaulois, ou indépendant de Rome, ou maître de Rome. Vespasien, délivré de Vitellius, eut besoin d'une année encore pour comprimer la révolte. Dans la suite, les Francs saliens s'établirent pour un temps dans l'île des Bataves. Sous les Mérovingiens, les Bataves furent rattachés de nom au royaume d'Austrasie. Sous les Carlovingiens, les noms anciens disparurent, et tous les pays eurent des ducs ou des comtes. L'île des Bataves fit partie, sous diverses appellations, des Pays-Bas.

Lorsque ces contrées secouèrent au seizième siècle le joug de l'Espagne, *Batave* devint synonyme de *Hollandais*. Les Pays-Bas hollandais, conquis en 1798 par les Français, formèrent la *république Batave*, remplacée en 1808 par le royaume de *Hollande*, découpé bientôt en départements français, puis incorporé dans le royaume des Pays-Bas après la chute de l'empire. Aug. SAVAGNER.

BATAVIA, capitale de l'Inde hollandaise, sur la côte septentrionale de l'île de Java, et bâtie sur les rives du Tjiliwund, fut fondée par les Hollandais en 1618, un an après qu'ils se furent rendus maîtres des établissements créés à Java par les Anglais. Cette ville atteignit l'apogée de sa splendeur et de sa prospérité vers le milieu du siècle dernier. Au commencement du siècle actuel les Européens l'abandonnèrent peu à peu, et aujourd'hui Batavia se compose d'une vieille ville à bon droit fameuse par l'air insalubre qu'on y respire, quoique les mesures de police sanitaire ordonnées dans ces derniers temps par les gouverneurs généraux Dændels et Van Capellen en aient beaucoup amélioré les conditions hygiéniques, et d'une nouvelle ville où sont situés les faubourgs de *Mulenvliet*, *Rijswijk*, *Noordwijk*, *Janabang*, *Koningsplein* et *Weltvreden*, habités en général par les riches Européens. Les principaux édifices et établissements publics de Batavia sont : l'hôtel de ville, l'hôpital des pauvres, l'hôpital des Chinois, l'hôtel de la Société des Arts et des Sciences, le museum de cette société, l'hôtel du gouverneur général, le palais et la caserne de Weltvreden, la Banque de Java et la Bourse. Les domaines ruraux des environs ont généralement pour propriétaires des négociants anglais ou chinois, ou encore des indigènes libres.

Batavia, centre du commerce entre les Pays-Bas, l'archipel et toute l'Asie orientale, possède quarante-sept navires jaugeant plus de 5,000 tonneaux. La *résidence* ou le territoire de Batavia comprend une population de 270,000 âmes. Rien que dans la ville on compte 118,000 habitants, dont 2,800 Européens, 25,000 Chinois, 80,000 indigènes, 1,000 Arabes, 9,200 nègres.

BATEAU. Ce nom est commun à différentes embarcations à voiles ou à rames. On classe sous ce titre depuis des navires de la plus petite dimension jusqu'à des vaisseaux de cent cinquante tonneaux. Ils prennent différents noms, suivant leur usage ou leur mode de construction.

Les *bateaux dragueurs* sont montés d'une machine au moyen de laquelle on retire le sable du fond de l'eau. *Voyez* DRAGAGE.

Les *bateaux plongeurs* sont munis d'appareils qui les font descendre dans l'eau, et permettent de travailler sous l'élément liquide.

Nous donnerons des articles particuliers aux bateaux à vapeur et aux bateaux sous-marins.

Les *bateaux de passage* servent à porter des passagers d'un bord à l'autre d'une rivière (*voyez* BAC), d'un port à une rade, etc. On fait aussi des ponts de bateaux.

Les *bateaux de sauvetage*, destinés à secourir les naufragés, sont ordinairement placés à l'entrée des ports, à l'extrémité des môles, suspendus au-dessus de l'eau par des

BATEAU — BATEAUX A VAPEUR

moufles et constamment munis de tous leurs agrès. Il faut qu'un bateau de sauvetage ne puisse pas sombrer, qu'il ait une solidité suffisante, et que sa capacité lui permette de porter un certain poids ; il faut enfin qu'il conserve une forme assez fine pour pouvoir lutter contre le vent avec ses rames. Pour maintenir la flottabilité et la stabilité du bateau de sauvetage, on emploie des réservoirs d'air, impénétrables à l'eau, placés intérieurement dans les ailes du bateau, et dans une position assez élevée pour qu'il conserve sa perpendicularité. On divise les réservoirs d'air en compartiments, de manière à ce qu'une avarie ne puisse priver que de la petite chambre qui l'éprouve. Ces chambres sont ordinairement des caisses carrées de fer-blanc très-mince.

Les *bateaux bœufs* sont des embarcations des côtes de Provence, du port de soixante à quatre-vingts tonneaux, à un mât qui grée des voiles latines. On les nomme ainsi parce qu'ils font la pêche attelés deux ensemble aux extrémités du filet ou de la drague.

Il est inutile d'expliquer l'usage des *bateaux pêcheurs*. Nous n'en parlons que pour rappeler le moyen ingénieux de conservation du poisson dont sont munis ceux qui couvrent les côtes d'Angleterre. Il consiste en une caisse ou *puits*, situé au centre de gravité du bateau, s'élevant au-dessus du niveau de l'eau ; ce puits, bien fermé sur les côtés, reçoit l'eau par une infinité de petits trous percés au fond du bateau même. Le poisson est jeté dans le puits, dont il ne peut s'échapper, quoiqu'il soit dans l'eau. Il résulte encore de cet arrangement un avantage très-important pour le bateau : il peut porter aussi facilement la voile que s'il avait du lest.

Les *bateaux plats* sont d'un petit tirant d'eau et d'un grand port. On les emploie pour le débarquement des troupes ; ils servent encore dans la navigation intérieure sur les canaux et les rivières à chenal étroit ; il y en a même qui descendent les grands fleuves, et notamment le Rhône, sans jamais remonter ; ils portent le nom de *sapines*, et sont démolis une fois arrivés à leur destination. Ils sont assemblés sans ferrures et calfatés avec de la mousse : leur solidité provient de la dimension de leurs planches, qui font toute la longueur (de 30 à 35 mètres).

Les *bateaux à pompe* sont des *bateaux plats* sur le fond desquels on établit une pompe aspirante et foulante. On les emploie dans les ports à éteindre les incendies et à maîtriser le feu quand on chauffe un bâtiment sur l'eau.

Les *bateaux lesteurs* servent dans les ports à transporter le lest à bord des bâtiments.

Les *bateaux portes* servent comme une vanne à fermer l'entrée d'une forme.

BATEAU-BOMBE. *Voyez* BOMBARDE.
BATEAU DE LOCH. *Voyez* LOCH.
BATEAUX (Pont de). *Voyez* PONT DE BATEAUX.
BATEAUX A VAPEUR, BATIMENTS A VAPEUR.
L'application des machines à vapeur à la navigation est d'une telle importance qu'on ne doit pas s'étonner de voir différents peuples s'en disputer la priorité. Les Américains du Nord attribuent cette invention à Fulton ; les Anglais opposent les écrits, fort antérieurs, de Jonathan Hull et de Patrick Miller. M. Arago l'a revendiquée pour la France.

« L'ouvrage de Jonathan Hull, dit le savant secrétaire perpétuel de l'Académie des Sciences, est de 1737. Il renferme, 1° la figure et la description de deux roues à palettes placées sur l'arrière du bâtiment : l'auteur voulait substituer ces roues aux rames ordinaires ; 2° le principe de faire tourner les axes des roues à l'aide de la machine de Newcomen, alors bien connue, mais employée seulement, d'après les propres expressions de Hull, pour élever de l'eau à l'aide du feu. L'ouvrage de Patrick Miller parut à Édimbourg en 1787. On y trouve aussi la description des roues à palettes, considérées comme moyen de faire avancer les bateaux dans les canaux, et l'indication des essais auxquels l'auteur s'était livré pour faire tourner ces roues convenablement. Voilà tout ce que les critiques anglais ont rapporté de plus précis et de plus ancien dans les discussions qu'ils ont eues avec leurs antagonistes d'Amérique. L'ouvrage de Papin (le Recueil de 1695) renferme *textuellement* ce qui suit : « Il serait trop long de rapporter ici de quelle manière « cette invention (celle de la machine à vapeur atmosphé-« rique) se pourrait appliquer à tirer l'eau des mines, à je-« ter des bombes, à *ramer contre le vent*.... Je ne puis « pourtant m'empêcher de remarquer combien cette force « serait préférable à celle des galériens pour aller vite en « mer. » Suit la critique des moteurs animés, qui occupent, dit l'auteur, un grand espace et consomment beaucoup, lors même qu'ils ne travaillent pas. Il remarque que ses tuyaux (ses corps de pompe) seraient moins embarrassants ; « mais, comme ils ne pourraient pas, dit-il, com-« modément faire jouer des rames ordinaires, il faudrait « employer des rames tournantes. » Papin rapporte qu'il a vu de semblables rames attachées à un essieu sur une barque du prince Robert, et que des chevaux les faisaient tourner. Papin a donc proposé, dans un ouvrage imprimé, de faire marcher les navires à l'aide de la machine à vapeur, quarante-deux ans avant Jonathan Hull, qui est regardé en Angleterre comme l'inventeur. »

Papin s'était en outre occupé de la transformation du mouvement rectiligne du piston en un mouvement de rotation continue, et le procédé qu'il indique n'est pas aussi défectueux qu'on pourrait le croire. Quant à la substitution des roues à palettes aux rames ordinaires, elle ne lui appartient pas plus qu'à Jonathan, leur emploi dans l'art nautique étant bien plus ancien. Mais si Papin prévit l'usage qu'on pourrait faire de la machine à vapeur dans la navigation, il n'en fit aucun essai pratique.

« Perrier, dit encore M. Arago, est le premier qui, en 1775, ait construit un bateau à vapeur. Des essais sur une plus grande échelle furent faits en 1778, à Baume-les-Dames, par le marquis de Jouffroy. En 1781, ce dernier, passant de l'expérience à l'exécution, établit réellement sur la Saône un grand bateau du même genre, qui n'avait pas moins de 46 mètres de long, avec $4^m,5$ de large. Les essais faits en Angleterre par Miller, lord Stanhope et Symington sont d'une date bien postérieure (les premiers doivent être rapportés à l'année 1791 ; ceux du lord Stanhope, à 1795, et l'expérience faite par Symington dans un canal d'Écosse, à l'année 1801). Quant aux tentatives de Livington et Fulton à Paris, n'étant que de 1803, elles pourraient d'autant moins donner des titres à l'invention que Fulton avait eu en Angleterre une connaissance détaillée des essais de Miller et Symington, et que plusieurs de ses compatriotes, Fitch entre autres, s'étaient livrés sur cet objet à des expériences publiques dès l'année 1786. Disons toutefois que le premier bateau à vapeur auquel on n'ait pas renoncé après l'avoir essayé, que le premier qui ait été appliqué au transport des hommes et des marchandises, est celui que Fulton construisit à New-York en 1807, et qui fit le voyage de cette ville à Albany. »

L'Amérique en 1807, pays immense et peu civilisé, trop jeune encore et trop pauvre pour avoir un bon système de routes, sillonné d'ailleurs en tous sens par de grands fleuves, dont les bords couverts d'épaisses forêts se refusaient au halage, allait voir l'essor de son industrie et de son commerce arrêté par l'insuffisance des moyens de communication entre l'intérieur et les côtes. Aussi, dès que Fulton, employant une machine à vapeur de la force de vingt chevaux, construite par Watt et Poulton, eut franchi avec une vitesse de quatre milles à l'heure la distance de New-York à Albany, on vit des associations opulentes se former et trouver dans l'exploitation de ce nouveau mode de transport des bénéfices considérables. Pour la république, c'était un grand événement, le plus grand peut-être qui se fût accompli depuis la guerre de l'indépendance. L'union entre les divers États s'en trouva resserrée. Des nations entières allèrent s'établir sur le bord des fleuves, fondèrent des villes, défrichèrent de vastes terrains, et il est hors de doute que la culture des districts de l'Ohio, du Missouri, de l'Illinois et d'Indiana a été, par cette invention, avancée de plus d'un siècle.

La navigation à vapeur, découverte en Europe, avait été se naturaliser en Amérique. Elle revint en 1811 prendre pied en Angleterre. Le premier, M. Bell construisit un bateau à vapeur qui navigua sur la Clyde avec succès. En peu d'années on vit des bateaux à vapeur sillonner tous les grands cours d'eau du pays; toutefois ce n'est qu'en 1818 qu'ils commencèrent à s'aventurer en mer. Comme on reconnut qu'ils étaient à l'épreuve des plus gros temps, un système régulier de paquebots fut bientôt établi, non-seulement entre tous les points importants des côtes britanniques, mais encore les principaux ports de la mer d'Allemagne, de la Baltique et de l'océan européen. Il était naturel qu'on cherchât à étendre les avantages de cette invention aux voyages de long cours, et on parvint à établir des services réguliers de paquebots transatlantiques. Des bâtiments à vapeur mettent aujourd'hui tous les grands ports de mer de l'univers en relation. La Méditerranée est sillonnée de paquebots qui apportent à l'Angleterre les nouvelles de l'Inde, et de Malte à l'Europe méridionale les nouvelles de l'Orient, à la France les nouvelles de l'Algérie; l'Océan est parcouru par des bâtiments qui vont à Hambourg, à Copenhague, à Saint-Pétersbourg, à New-York et aux autres ports de l'Amérique.

Les bateaux à vapeur doivent changer les conditions de la guerre maritime. Les gros temps n'arrêtent plus les escadres, qui peuvent toujours sortir des ports, et en peu de temps une flotte à vapeur peut porter sur un point donné de nombreux corps de troupes de débarquement. Quelques navires à vapeur remorquent facilement les bâtiments à voiles à leur poste de combat, quelque temps qu'il fasse, et doublent ainsi leurs forces. Cependant les bâtiments à vapeur, encombrés de charbon, embarrassés de leur machine, trop facilement mis hors d'état de tenir la mer par suite de la rupture de leur cheminée ou de leurs roues exposées aux coups de canon, sont moins propres que les bâtiments à voiles au combat naval. Aussi les flottes des grandes puissances maritimes se composent-elles de ces deux sortes de bâtiments. Bien plus, on a pensé à pourvoir les bâtiments à vapeur d'un gréement à voiles, afin de substituer, lorsque les vents le permettent, ce mode de navigation si peu coûteux au premier, qui est toujours fort cher.

D'après l'ordonnance du 22 novembre 1846, la flotte normale de la France devait comporter 102 bâtiments à vapeur, savoir: 10 frégates de 600 à 450 chevaux, 20 corvettes de 400 à 320 chevaux, 20 corvettes de 300 à 220 chevaux, 30 avisos de 200 à 160 chevaux, 20 avisos de 120 chevaux et moins, 2 batteries flottantes de 400 à 500 chevaux. Le message du président du 6 juin 1849 accuse dans la flotte active à vapeur 14 frégates, 13 corvettes, 34 avisos, et dans la réserve 10 frégates, 6 corvettes et 6 avisos. La Grande-Bretagne, dit-on, a 125 bâtiments à vapeur, savoir 1 yacht, 26 frégates, dont 9 en construction; 30 chaloupes, dont 12 en construction; 11 vaisseaux à canons, 7 gardes-côtes; 1 tug ship (remorqueur); 6 bateaux pour les services particuliers, 83 en diverses mers, enfin 21 paquebots dans différents ports. La flotte militaire des États-Unis de l'Amérique du Nord ne compte que 14 bâtiments à vapeur, armés chacun de 34 canons. Dans ses trente frégates la Russie en a quelques-unes à vapeur. L'Autriche a 10 bâtiments à vapeur, l'Espagne 26, les Pays-Bas 20, la Suède et la Norwége 20, la Turquie 14, les Deux-Siciles 12; la Sardaigne, le Brésil, le Danemark ont chacun 6 bateaux à vapeur; la Grèce et le Portugal en possèdent chacun 2.

L'introduction en France de la navigation à vapeur sur les fleuves date de 1815; elle ne fut point heureuse dans son début, et la plupart des spéculations entreprises à cette époque et dans les années suivantes ruinèrent ceux qui les firent. Cependant ce mode de transport se releva de ses premiers échecs, et il y a maintenant chez nous peu de rivières navigables qui ne soient couvertes de bateaux à vapeur. Nous avons fait d'ailleurs, depuis quelques années, d'immenses progrès dans la construction de ces puissants véhicules. On cite à la tête des constructeurs qui les ont le plus perfectionnés chez nous M. Guibert, de Nantes, qui leur a donné une extrême légèreté, et M. Cavé, de Paris, à qui on doit un système de roues à aubes des plus ingénieux. Les chemins de fer leur ont fait cependant une rude concurrence. En plusieurs endroits les bateaux à vapeur ont disparu, vaincus par la locomotive. Néanmoins il est de ces services pour lesquels ils n'ont rien à craindre, comme lorsqu'il s'agit de remorquer les bâtiments à l'embouchure des fleuves.

Les formes des bateaux à vapeur sont très-variées; elles dépendent du service qu'ils doivent faire, et surtout des eaux qu'ils ont à parcourir. Ils sont généralement pourvus d'une quille. En France, ils prennent ordinairement 60 à 80 centimètres d'eau; mais les bateaux qui naviguent sur la haute Seine ne tirent que 35 centimètres. Chacun sait que tous ces bâtiments marchent au moyen de roues que fait tourner la force élastique de la vapeur, et dont les aubes, frappant l'eau avec rapidité, laissent après elles ce double sillon d'une blanche écume qui fait le désespoir des peintres et l'admiration des voyageurs. Ces roues sont placées sur les flancs du navire et protégées contre les abordages par des charpentes en saillie; souvent on préfère les rentrer dans les flancs de manière à ce qu'elles ne dépassent aucunement le plan extérieur du bordage; mais ce mode de construction a l'inconvénient d'empiéter sur l'espace utile. Quelquefois une roue unique est placée sous la poupe du bateau, ou bien au milieu, dans une ouverture ménagée à cet effet dans la quille: cette disposition est nécessaire sur les canaux étroits, dont les bords seraient endommagés par le choc des vagues que soulèvent les roues placées sur les côtés du navire. Dans les bâtiments de guerre, on met volontiers la roue dans l'intérieur, pour les mieux dérober aux ravages des boulets. Enfin, dans ces dernières années, M. Sauvage a le premier essayé de remplacer les roues à aubes par des hélices entièrement plongées sous l'eau, et les résultats qu'a donnés ce mode de propulsion font prévoir un changement complet dans l'art de la navigation.

On pense généralement en Europe que ce genre de bâtiment doit être construit plus solidement que tout autre. C'est une erreur. D'habiles mécaniciens, parmi lesquels on peut citer Brunel, assurent que les mâts et les voiles fatiguent plus la coque d'un navire à voiles qu'une machine à vapeur encadrée dans une charpente convenablement disposée. L'exemple des Américains ne peut laisser de doute sur la justesse de cette opinion: leurs bateaux sont tous fort légers. On construit en France, pour la navigation des rivières, des bateaux en tôle auxquels on ne peut refuser le double avantage d'avoir un moindre tirant d'eau et une capacité intérieure plus grande qu'un bâtiment en bois qui déplacerait le même volume d'eau.

Les bateaux à vapeur présentent des dangers particuliers. Les incendies y sont plus fréquents, les explosions sont épouvantables, et la rencontre de deux navires à vapeur peut produire des avaries qui les engloutissent avec une rapidité déplorable. Les explosions en particulier en Amérique surtout, et ont déjà coûté la vie à un grand nombre de personnes. Les perfectionnements apportés à la construction des machines à vapeur rendront sans doute les explosions plus rares. D'un autre côté, si les chaudières sont une cause d'incendie, la vapeur donne un moyen de se rendre plus promptement maître du feu. Enfin des fanaux de diverses couleurs ont été imposés aux bâtiments à vapeur pour éviter les rencontres.

BATEAUX SOUS-MARINS. Les anciens ne paraissent pas avoir connu l'art de naviguer sous les eaux. Les premières recherches sur ce sujet ne remontent guère qu'au seizième siècle de l'ère chrétienne. On trouve dans le *Polyhistor* de Moshof la description d'un bateau sous-marin construit par le physicien allemand Sturmius. Le *Mathematical-Magic* de Wilkins, évêque de Chester, vante comme une précieuse invention un vaisseau sous-marin de Cornelius van Drebbel, mécanicien hollandais, que le roi Jacques Ier avait appelé à la cour d'Angleterre. Enfin, le tome XV de l'*Encyclopédie* et le *Journal Encyclopédique* de 1772 contiennent quelques renseignements sur des essais faits en France pendant le dix-huitième siècle. Mais l'Américain Bushnell est le premier qui ait conduit cette invention à un degré de perfection assez avancé pour qu'on ait pu en attendre quelques services. En 1787 il proposa à Jefferson, alors ambassadeur des États-Unis en France, de détruire, au moyen de bateaux sous-marins, toutes les flottes anglaises. Pour ne laisser aucun doute sur la valeur de son offre, il attaqua et fit sauter quelques petites embarcations en conduisant auprès d'elles un magasin à poudre. Toutefois, on reconnut que ce bateau n'était pas assez maître de ses mouvements pour atteindre sûrement le but de sa course. D'autres motifs d'ailleurs d'un ordre plus élevé furent opposés à Bushnell. Le droit public des nations ne permettait pas l'emploi de semblables moyens de destruction.

Cette réponse n'empêcha pas le célèbre Robert Fulton de renouveler la proposition en 1800. Son appareil, qu'il avait nommé *bateau-poisson* ou *nautile*, était bien supérieur à celui de Bushnell; il avait appliqué à sa construction et à son aménagement toutes les ressources d'un génie éminemment inventif : aussi l'essai qu'il en fit à Rouen et au Havre fut-il couronné de succès; il resta vingt minutes sous l'eau et parcourut quelques centaines de toises. Cependant Bonaparte, alors premier consul, rejeta ses offres.

A la même époque, l'ingénieur Hodgman faisait sur les côtes d'Angleterre un quart de mille sous l'eau dans un navire sous-marin, sans qu'on paraisse avoir donné plus de suite à ses expériences. Citons en passant les efforts incomplets de M. Klinger de Breslau vers 1807. En 1810 MM. Coëssin, du Havre, firent, en présence de commissaires du gouvernement, des expériences sur une grande échelle, au moyen d'un nautile qui pouvait contenir neuf personnes. Enfin plus tard, les journaux parlèrent des essais de MM. de Castera à Bordeaux, et Lemaire d'Angerville auprès de Rochefort. On sait que le contrebandier Johnson construisit un bateau-plongeur pour enlever Napoléon de Sainte-Hélène, projet qui n'eut pas de suite.

Dans la construction des bateaux sous-marins, trois conditions sont essentielles : il faut se mettre à l'abri de l'eau, se procurer de l'air, et diriger à son gré l'appareil.

Depuis Fulton, le cuivre est employé de préférence dans la construction des vaisseaux sous-marins. Il est à la fois léger, fort, et sans action sur l'aiguille aimantée. On renforce la coque par des arcs-boutants en fer; la quille et quelques parties des machines sont également de ce métal; mais la surface en est partout soigneusement vernissée. La forme du vaisseau a varié, suivant le caprice des inventeurs, entre celles d'un tonneau et d'un œuf, entre celles d'un poisson et d'une tortue. L'orifice par lequel on communique avec l'extérieur se ferme par un chapiteau à emboîtement, que le navigateur peut rapprocher fortement des parois au moyen d'une vis de rappel.

Quelle que soit la capacité du nautile, il est indispensable d'y appeler un courant d'air continu pour alimenter la respiration des habitants et entretenir la combustion des luminaires, dont on ne saurait se passer. C'est là l'écueil inévitable contre lequel sont venues échouer les méditations de tant d'hommes ingénieux.

Dans la marche de ces bâtiments, il y a trois mouvements à obtenir, immersion, ascension et progression. Après avoir établi par un lest l'équilibre de manière à se trouver avant l'immersion au niveau de l'eau et avoir assujetti le couvercle, on se submerge en introduisant dans un faux pont ou dans un cylindre placé sous le navire une quantité d'eau calculée d'après la profondeur à laquelle on veut descendre. Pour remonter à la surface, il suffit de chasser à l'aide des pompes l'eau introduite dans le faux pont. Le mouvement de progression s'exécute au moyen de rames ou de nageoires dont la poignée pénètre dans l'intérieur du bateau à travers une manche de cuir assez serrée contre le bois pour que l'eau ne puisse pas pénétrer. Une boussole et un gouvernail servent à régler la direction du navire; et il est juste de remarquer qu'ici la boussole, préservée des influences atmosphériques, serait un guide bien plus sûr, bien plus exact qu'à la surface des eaux. Un tube barométrique indique sur son échelle graduée les profondeurs, et de fortes lentilles de verre permettent de consulter les cieux lorsqu'on se maintient à fleur d'eau.

En 1846 un nouveau bateau sous-marin a été essayé à Paris : ce bateau, dont la construction est due au docteur Payerne, semble remplir les conditions qui viennent d'être établies.

BATELET. *Voyez* BACHOT.

BATELEUR. L'Académie le définit : « celui qui fait des tours de passe-passe, qui monte sur les tréteaux à les places publiques, ou qui fait le bouffon en société. » Acrobates, baladins, charlatans, danseurs de corde, diseurs de bonne aventure, escamoteurs, gilles, jongleurs, paillasses, pitres, prestidigitateurs, saltimbanques, santeurs, tireurs de cartes, etc., sont autant d'espèces de ce genre d'animaux à deux pieds qui semblent avoir été créés pour l'amusement des badauds.

Mais d'où peut venir ce mot important? Quelques-uns le tirent du grec βαττολογέω, dire des riens, des niaiseries. Quoi qu'il en soit, les bateleurs ne pouvaient pas être enrôlés dans les armées romaines.

Le métier du bateleur est de tromper le peuple en ayant l'air de le divertir : il monte sur les tréteaux, il parle, il ment, il agit, il débite des plaisanteries grossières, il se livre à des charges indécentes; il danse, il saute, il fait toute sorte de tours d'adresse ou de passe-passe.

A la liste, déjà si nombreuse, des bateleurs il faut ajouter ceux qui avalent des cailloux, des épées, des barres de fer, de l'huile bouillante, les hommes incombustibles, les Hercules, les joueurs de marionnettes, les porteurs de lanternes magiques, les joueurs d'orgues, les chanteurs de complaintes avec leur inévitable tableau, les chanteurs de vaudevilles ou de chansons grivoises, avec ou sans grimaces; les musiciens ambulants, et surtout ceux qui, se démenant de la bouche, des mains et des bras, jouent à la fois de cinq ou six instruments.

Enfin le nom de *bateleur* peut être appliqué à tous ceux qui dans les relations d'une société plus relevée apportent les prestidigitations de la foire, et qui, grâce à la jactance, aux petites manœuvres des compères, aux journaux, aux annonces, parviennent à se créer une réputation usurpée, à attraper les niais des salons, plus nombreux peut-être encore que ceux de la place publique.

BATH, l'une des plus belles cités du midi de l'Angleterre, chef-lieu du comté de Somerset. Cette ville, bâtie dans une situation charmante, sur les bords de l'Avon, qui y est navigable, et siège d'un évêché, avec près de 45,000 habitants, est surtout célèbre par ses eaux thermales, qui y attirent chaque année un grand nombre de baigneurs. Les maisons en sont toutes construites avec un beau marbre blanc que fournissent des carrières voisines. Parmi ses églises, pour la plupart fort belles, on distingue surtout la cathédrale, dont la construction fut commencée en 1495, l'un des plus magnifiques monuments de l'art gothique que possède l'Angleterre. Sa vaste salle de spectacle, inaugurée en 1805, est le premier théâtre de province qu'il y ait dans la Grande-Bretagne. En fait d'autres édifices dignes d'être vus, il faut encore citer : l'hôtel de ville, la halle, l'hôpital, deux superbes manéges; et parmi les places publiques, la place de la Reine, le Cirque, la Demi-Lune, et la place de la Parade. Indépendamment d'un grand hôpital contenant 150 lits et de divers hospices, on y trouve encore plusieurs autres établissements de bienfaisance et des sociétés ayant pour but de favoriser les progrès des sciences (*Literary Institution, Scientific Institution* et *Mechanic's Institution*), de la religion et de l'industrie. A l'exception d'un grand nombre de manufactures de papiers, on n'y trouve guère d'autres fabriques.

Les eaux thermales, auxquelles la ville de Bath doit sans doute son existence et sa prospérité, étaient déjà en usage, selon toute apparence, avant l'arrivée des légions romaines en Bretagne. Des traditions monacales en font remonter la découverte à l'année 870 avant J.-C. Les Romains firent les dispositions nécessaires à leur usage, et les bains magnifiques qu'ils construisirent, ainsi que les établissements qui en dépendaient, et dont il reste encore une foule de débris, appartiennent sans contredit aux plus anciens monuments qu'ils érigèrent dans la Grande-Bretagne. On conserve encore avec soin un fragment de colonne provenant d'un temple de Minerve dont la superficie est occupée aujourd'hui par un réservoir de pompe de 85 pieds de long sur 46 de large.

Les eaux de Bath sont ferrugineuses et salines : elles sont souveraines contre la goutte, les douleurs rhumatismales, les maladies du foie et de l'estomac, contre les scrofules, la chlorose et l'hypochondrie.

Les Romains désignaient la ville de Bath sous les noms d'*Aquæ Salis* et de *Fontes Calidi*; les Bretons l'appelaient *Caer Badun*, les Saxons *Hat Bathun* et *Accamancum* ou *la ville des malades*. En 1750 on construisit de nouvelles salles de réunion pour les baigneurs; en 1771, une superbe salle de bal de 106 pieds de long sur 42 de large et 42 de haut; une autre de 70 pieds de haut, et une troisième de forme octogone d'un diamètre de 48 pieds. Bath est desservi par le chemin de fer *Great Western*.

BATHORI, célèbre famille de Transylvanie, allemande d'origine, et qui émigra dans ce pays sous le roi Pierre, se divisa vers le milieu du quatorzième siècle en deux lignes, dont l'une prit le nom d'*Erfed* et l'autre celui de *Somlyo*, et donna à ce pays pendant plusieurs siècles de suite un grand nombre de personnages influents et remarquables.

BATHORI (Étienne), mort en 1493, grand juge et voïvode de Transylvanie, est surtout célèbre par les deux victoires qu'il remporta, avec Paul Kinisi, en 1479, à Kenyermezœ sur les Turks, et en 1490, au profit de Ladislas, sur l'anti-roi Jean Corvin.

BATHORI (Ladislas), religieux qui vivait vers le milieu du quinzième siècle, est l'auteur de la première traduction de la Bible qui ait été faite en langue hongroise.

BATHORI (Étienne) fut élu par les états, en 1571, prince de Transylvanie, et confirmé en cette qualité tant par le sultan Sélim II que par l'empereur Maximilien. Gaspard Békési, qui briguait cette dignité, intrigua à Constantinople et à Vienne contre Étienne Bathori, et, vraisemblablement appuyé en secret, envahit de Hongrie la Transylvanie à la tête d'une armée considérable; mais en 1575 il fut vaincu à la bataille de Saint-Paul par Étienne Bathori, qui lui fit trancher la tête. A la même époque les Polonais élurent Étienne Bathori roi, en remplacement de Henri de Valois. Après avoir été couronné à Cracovie en 1576, il épousa la fille du dernier roi de la famille des Jagellons, qui était déjà âgée de quarante-deux ans, et régna glorieusement jusqu'à sa mort, arrivée en 1586. S'il songea, comme on l'en accuse, à restreindre le droit d'élection, c'est peut-être à ce titre qu'il mérite surtout le respect qu'ont encore aujourd'hui les Polonais pour sa mémoire, car cette accusation attesterait la sagesse de ses vues politiques.

BATHORI (Christophe), frère aîné d'Étienne, fut élu à son instigation prince de Transylvanie, et gouverna ce pays de l'an 1576 à l'an 1581. Ce fut lui qui le premier attira les jésuites dans le pays. Il leur confia l'éducation de son fils, et mourut en 1581.

BATHORI (Sigismond), fils du précédent et élu du vivant même de son père pour lui succéder, ne manquait pas de capacité, mais, pour le malheur du pays, il se laissa gouverner par les prêtres. Sous leur influence, il se détacha de l'alliance de la Porte. Après avoir étouffé dans le sang la résistance des états, il épousa une princesse de la maison de Habsbourg, et passa avec l'empereur Rodolphe un compromis aux termes duquel, s'il venait à mourir sans héritiers, la couronne de Transylvanie passerait aux héritiers de l'empereur. L'influence qu'exerçait sur son esprit le jésuite Simon Genga fut telle que celui-ci le détermina à abdiquer presque aussitôt après en faveur de Rodolphe et à embrasser l'état ecclésiastique. En dépit de la résistance des états, dont le plus hardi orateur, Étienne Josika, eut la tête tranchée à Szathmar, il livra en 1588 la Transylvanie aux commissaires autrichiens, et se rendit en Silésie, où il espérait recevoir l'évêché et le chapeau de cardinal, que le cabinet de Vienne lui avait promis. Fatigué d'attendre inutilement l'un et l'autre, il revint en Transylvanie dès la même année et reprit les rênes du gouvernement, mais seulement pour les remettre tout de suite après à son frère Balthazar, en même temps qu'il se rendait en Pologne auprès de son beau-frère Zamoiski. Rodolphe fit marcher alors contre Balthazar Georges Basta, général de ses armées, et Michel, voïvode de Valachie. Ceux-ci le vainquirent sous les murs de Kronstadt, et, forcé de fuir devant eux, il périt à peu de temps de là égorgé par les siens. Mais une vive mésintelligence s'étant établie entre Basta et Michel, les Transylvaniens réussirent en 1601 à chasser les Autrichiens du pays et à rétablir, en qualité de prince de Transylvanie, Sigismond Bathori, qui, regrettant sa seconde abdication, était sur ces entrefaites rentré dans le pays. Basta et Michel, qui dans l'intervalle s'étaient réconciliés, l'ayant battu à Govosio, Bathori dut se réfugier en Valachie. Il rentra cependant encore une fois en Transylvanie, mais alors pour abdiquer formellement; moyennant quoi l'empereur lui assigna une pension de 300,000 thalers avec le château de Lobkowitz en Bohême pour résidence. Sigismond Bathori termina son existence si agitée le 27 mars 1613, à Prague.

BATHORI (Gabor), élu en 1608 prince de Transylvanie, ne tarda pas à se rendre universellement odieux, à cause de son orgueil et de sa vie débauchée. Il réussit bien en 1610 à comprimer violemment une révolte de la noblesse; mais plus tard les Saxons se soulevèrent aussi contre lui, appelèrent à leur aide le voïvode de Valachie, et battirent Bathori sous les murs de Kronstadt. Le roi de Hongrie Matthias, voulant profiter de ces circonstances pour conquérir la Transylvanie, envahit la contrée, s'empara de Weissenburg, et assiégea Bathori dans Hermanstadt. Mais le cousin de celui-ci, Bethlen Gabor, survint sur ces entrefaites avec des troupes turques auxiliaires, battit les Hongrois, et amena en 1611 le rétablissement de la paix entre Bathori et Matthias. Obéissant à un sentiment de jalousie qui n'avait aucun fondement, Bathori attenta ensuite à la vie de son cousin, lequel, révolté d'une telle ingratitude, se réfugia en Turquie, où le sultan le nomma prince de Transylvanie; et dès l'année 1613 il rentrait en Transylvanie à la tête d'une armée turque. Bathori, abandonné par ses sujets, se réfugia d'abord à Klausenbourg, ensuite à Grosswardein, où il périt assassiné, le 11 octobre 1613, par des ennemis personnels.

BATHORI (Élisabeth), femme du comte hongrois Nadasdi, a laissé un nom fameux dans les annales du crime. Ce monstre trouvait un plaisir indicible à voir périr des jeunes filles dans les horribles tortures auxquelles elle les soumettait. Un vieux domestique et deux servantes, séduits par les riches présents dont elle les comblait, lui servaient à cet égard de pourvoyeurs habituels, et étaient constamment à la recherche, dans les immenses domaines de leur maîtresse, de belles jeunes filles, qu'ils parvenaient, soit par la ruse, soit par l'emploi de la violence, à tenir en charte privée, et qu'ils amenaient ensuite secrètement à la comtesse. Celle-ci les renfermait dans les souterrains de son château, où ces infortunées périssaient au milieu des plus effroyables supplices. Tant de crimes ne pouvaient demeurer secrets ni impunis. Dans une de ses inspections le palatin Georges Thurzo, en 1610, surprit la comtesse Nadasdi en flagrant délit. L'instruction criminelle faite à cette occasion, et dont les pièces existent encore aujourd'hui dans les archives du chapitre de Grân, nous apprend que le nombre des jeunes filles qui périrent ainsi victimes des appétits sanguinaires d'Élisabeth Bathori, comtesse Nadasdi, ne s'élève pas à moins de *six cent cinquante*. Le domestique fut décapité, les deux servantes furent brûlées vives, et la comtesse condamnée à une détention perpétuelle dans son château d'Ései, comitat de Neutra, où elle mourut en 1614.

BATHURST (Famille). Les comtes Bathurst font, comme toutes les grandes et opulentes familles d'Angleterre, remonter leur origine à la conquête de l'île par Guillaume le Conquérant.

BATHURST (RALPH), théologien, médecin et poëte, né en 1620 à Howthorpe, dans le Northamptonshire, étudia à Coventry et à Oxford, fut ordonné prêtre en 1644, et commença même à faire un cours public de théologie; mais bientôt il ne vit se consacrer à l'étude de la médecine, faculté dans laquelle il fut reçu docteur en 1654, et en tous lieux sa clientèle fut aussitôt très-considérable. En 1668 il fut nommé président de la Société Royale (*Royal Society*), qui venait d'être fondée à Oxford. Après la restauration, il rentra dans l'état ecclésiastique, fut installé en 1670 dans le pays de Galles en qualité de doyen, et devint en 1691 évêque de Bristol. Il mourut le 14 juin 1704. Outre des poëmes latins, il a encore laissé quelques ouvrages relatifs à la médecine et à la théologie. — *Benjamin* BATHURST, le plus jeune des nombreux fils du frère de Ralph, *Georges* BATHURST, fut créé baronet sous le règne de la reine Anne. Il remplit les fonctions de payeur, et mourut en 1704.

BATHURST (ALLEN, comte), fils aîné du précédent, né en 1684, à Westminster, fit ses études à Oxford, et entra de bonne heure aux affaires, puisque dès l'année 1705 il était élu membre de la Chambre des Communes par le bourg de Cirencester. En 1711 il fut compris dans le nombre des douze pairs créés par la reine Anne, et entra alors à la Chambre haute avec le titre de *Bathurst de Battlesden*, dans le comté de Bedford. Plus tard, devenu l'un des meneurs de l'opposition tory, il figura au nombre des plus énergiques adversaires de Walpole, à la retraite duquel, en 1742, il fut appelé à faire partie du nouveau cabinet. En 1757 il fut nommé trésorier du prince de Galles, et lors de son accession à la couronne il se retira avec une pension de 2000 livres sterling dans son domaine de Cirencester, où il mourut le 16 septembre 1775, après avoir encore obtenu en 1772 le titre de comte.

BATHURST (HENRY, lord), fils de Benjamin Bathurst, frère cadet du précédent, né à Brackley, dans le Northamptonshire, le 16 octobre 1744, fit ses études à Winchester et à Oxford, fut reçu docteur en droit, nommé en 1775 chanoine de l'église du Christ à Oxford, en 1795 prébendier dans la cathédrale de Durham, et en 1805 évêque de Norwich. En cette qualité, il vota constamment avec le parti whig. Il mourut le 5 avril 1837. — Son fils, *Henry* BATHURST, archidiacre de Norwich, a écrit sa vie.

BATHURST (HENRY, baron APSLEY, comte), fils cadet d'Allen Bathurst, né le 2 mai 1714, fit ses études à Oxford, et fut reçu en 1735 à Lincoln-Inn comme *barrister*. Élu en 1732 membre de la Chambre des Communes par le bourg de Cirencester, il vota d'abord avec l'opposition; mais lors de la retraite de Walpole il soutint l'administration de Pelham, et en 1745 il rentra dans l'opposition comme *solicitor general* du prince de Galles. A la mort de ce prince (1751), il passa encore une fois dans les rangs ministériels, et fut nommé, en 1754, juge de la cour des *Common Pleas*. En 1770 Bathurst, promu à la pairie sous le titre de *baron d'Apsley*, parvint même à la dignité de lord chancelier; c'est assurément l'individu le plus ignorant, le plus incapable et le plus dénué de caractère qui ait jamais rempli ces fonctions en Angleterre. En 1775 il hérita du titre de comte de son père. En 1778 il résigna le grand sceau, et devint, en 1779, président du conseil privé, poste qu'il conserva jusqu'à la dissolution du cabinet présidé par lord North.

BATHURST (HENRI), fils et héritier du titre du précédent, membre à titres divers, et le plus souvent comme ministre, de la haute administration, successivement sous les règnes de Georges III, Georges IV et Guillaume IV, se fit constamment remarquer, en ce qui est de la politique intérieure de son pays, par une profonde antipathie pour les principes de liberté politique et d'égalité religieuse, et, en ce qui touche la politique extérieure, par sa haine aveugle pour Napoléon non moins que par sa constante jalousie à l'endroit des intérêts français. On peut même dire que ce furent ces deux sentiments qui le soutinrent au pouvoir, car si une paix de bientôt quarante années tend aujourd'hui à faire disparaître de plus en plus les traces de l'antipathie réelle qui existait longtemps entre deux nations destinées à être toujours rivales, on ne saurait nier que pendant le premier quart de ce siècle la haine de la France fut regardée en Angleterre comme un titre à la popularité et comme une garantie de patriotisme. L'impartiale histoire, tout en faisant la part des préjugés, et celle des intérêts, bien autrement puissants encore, flétrira d'ailleurs l'absence de générosité dont fit preuve à l'égard de Napoléon vaincu, humilié et proscrit, le cabinet dont le comte Bathurst était membre; elle lui reprochera notamment le choix de sir Hudson-Lowe pour gouverneur de l'île Sainte-Hélène, où la Sainte-Alliance s'était décidée à déporter l'*homme du siècle*; car, ministre des colonies à cette époque, c'est sur lui en définitive que doit directement retomber la responsabilité des actes odieux commis par son subordonné. La réaction qui s'opéra dans l'esprit public et ses tendances vers 1825, et qui amena le ministère de Canning, força le comte Bathurst à quitter le pouvoir. Il ne le reprit qu'en 1828, époque à laquelle il fut nommé président du conseil; mais les événements dont la France devint le théâtre en 1830 et le contre-coup terrible qu'ils produisirent dans le reste de l'Europe, amenèrent la formation d'un cabinet plus propre, par les antécédents de ses membres, à rassurer les amis de la liberté et à leur offrir des garanties. Le comte Bathurst disparut alors complètement de la scène politique. Il mourut le 26 juillet 1834.

BATHURST (HENRI-GEORGE, baron d'APSLEY, comte), fils du précédent, né le 24 février 1790, est auteur d'un ouvrage intitulé : *the Ruinous tendency of auctioneering* (Londres, 1811; nouvelle édition, 1848).

BATHURST (JAMES), fils cadet de Henry Bathurst, évêque de Norwich, né le 3 mai 1782, entra dans l'armée en 1794, servit dans toutes les parties du monde, fut créé en 1813 colonel, en 1819 général-major, en 1837 lieutenant général, et mourut gouverneur de Berwick en 1850.

BATHURST (BENJAMIN), frère du précédent, né à Londres, le 14 mars 1784, entra dans la diplomatie, et fut envoyé à Vienne en 1807 avec des dépêches de son gouvernement. À son retour, chargé de dépêches pour l'Angleterre, il disparut mystérieusement au nord de l'Allemagne, sans qu'on ait jamais su ce qu'il était devenu. On suppose qu'il fut assassiné.

BATHURST (*Géographie*). Ce nom a été donné par les Anglais : 1° à une île de l'Océan Austral, peu éloignée de la terre de Van Diemen, et située à l'entrée de l'île de Melville par le détroit d'Apsley, où l'on a fondé, en 1824, la colonie de Port-Cockburn ou Port-Raffles; 2° à une ville située dans l'intérieur de la Nouvelle-Hollande, à 20 myriamètres de la mer, dans une plaine fertile et agréable, sur la rive gauche du Macquarie, à l'ouest des montagnes Bleues. C'est la première ville qui ait été fondée à une si grande distance de la côte; elle possède un collége, une société littéraire, etc. On a découvert dans ces derniers temps des mines d'or importantes à Bathurst.

BATHYLLE. Nom qui a été porté par plusieurs personnages de l'antiquité grecque et romaine.

BATHYLLE de Samos est resté fameux par sa beauté et par l'amour impur qu'il inspira à Anacréon : le poète a consacré la 29° de ses odes à la description des charmes de ce Bathylle, qui auparavant avait été aimé par Polycrate, tyran de Samos. Celui-ci lui éleva même devant l'autel du temple de Junon une statue qui le représentait dans l'attitude d'un homme qui chante en s'accompagnant de la lyre.

BATHYLLE, né à Alexandrie, l'un des affranchis de Mécène, fut l'inventeur d'une espèce particulière de *pantomime*, et, par son habileté comme comique, devint l'un des acteurs favoris du peuple romain. Mais il eut un rival dans Pylade, Cilicien, qui lui disputa même la gloire de son invention, et dont le nom se trouve constamment mentionné en même temps que le sien. Extrêmes dans toutes leurs passions, les Romains se partagèrent en factions pour ces deux célèbres acteurs; et les choses en vinrent à ce point que Pylade, qui excellait dans la tragédie, se vit en butte aux persécutions des partisans du genre comique, et fut même un beau jour banni de Rome.

BATHYLLE, poète latin des plus médiocres, fut le contemporain de Virgile. Son nom rappelle une anecdote littéraire assez curieuse, et à laquelle nous sommes redevables du proverbe latin dont on a peut-être le plus souvent occasion de faire usage. Virgile avait attaché, de nuit, à la porte du palais d'Auguste, le distique suivant, et il ne s'était pas fait connaître pour l'auteur :

Nocte pluit tota, redeunt spectacula mane :
Divisum imperium cum Jove Cæsar habet.

« Il pleut la nuit entière, mais le jour nous rend nos « spectacles : César partage l'empire avec Jupiter. » Les beaux esprits de la cour d'Auguste trouvèrent heureuses et la pensée et la forme que lui avait donnée le poëte anonyme. Bathylle aussitôt de prétendre qu'il était l'auteur de ces vers, et de recevoir les compliments et les félicitations au lieu et place de Virgile. Mais il ne jouit pas longtemps de ce triomphe usurpé : la nuit suivante les mêmes vers furent de nouveau affichés, mais ils étaient, cette fois, suivis de cette épigraphe épigrammatique :

Hos ego versiculos feci, tulit alter honores
Sic vos non vobis..........
Sic vos non vobis..........
Sic vos non vobis..........
Sic vos non vobis..........

« J'ai fait ces vers, un autre en a eu la gloire : ainsi, ce « n'est point pour vous.... » — Bathylle, mis au défi, ne put jamais compléter la pensée indiquée par cette quadruple répétition du même hémistiche, et alors Virgile, en y ajoutant :

.....mellificatis, apes;
....vellera fertis, oves;
....nidificatis, aves ;
....fertis aratra, boves.

.... « que vous faites du miel, ô abeilles; que vous por-« tez des toisons, ô brebis ; que vous construisez vos nids, « ô oiseaux ; que vous portez le joug, ô bœufs, » acheva le vers pentamètre et ses variantes, donnant ainsi clairement à connaître que les vers dont Bathylle s'était adjugé la paternité étaient de lui; découverte qui couvrit de confusion notre pauvre versificateur, devenu dès lors la risée de Rome, et dont ce distique vengeur a condamné la vanité à l'immortalité du ridicule.
A. D'HÉRICOURT.

BATIGNOLLES-MONCEAUX, ville du département de la Seine, arrondissement de Saint-Denis, canton de Neuilly-sur-Seine, au nord-est de Paris, avec une population de 19,000 habitants. Il y a une vingtaine d'années Batignolles et Monceaux, annexes de la commune de Clichy, consistaient chacun dans un amas de quelques maisons hors barrière et aux environs du parc de Monceaux ; mais dans le mouvement de translation rapide qu'éprouve la population de Paris du sud-est au nord-ouest, l'humble hameau de Batignolles a acquis une grande importance. Quelques mois avant la révolution de Juillet, une ordonnance royale réunit Batignolles et Monceaux en une commune distincte. C'est aujourd'hui une ville, plus étendue, plus riche, plus peuplée que beaucoup de préfectures. Le mur d'octroi qui sépare Batignolles de Paris en a fait jusqu'à présent la fortune ; les provisions, les loyers y sont moins chers, et des omnibus de toutes espèces facilitent les communications nonseulement avec le centre, mais avec les extrémités de la capitale. Batignolles a une physionomie toute particulière; la population virile, composée presque entièrement d'employés et de commis, émigre dès le matin pour ne revenir qu'à la tombée de la nuit. Aussi il y règne dans la journée une immobilité et un silence qu'on ne retrouve guère que dans les villes d'Espagne ou d'Italie aux heures de la sieste. En revanche, entre cinq et six heures du soir toute cette population débordée reflue au grand complet, et les tables d'hôte à vingt-cinq sous *avec du vin* y attirent un grand nombre de dineurs parisiens.

En fait de monuments, on peut citer la mairie, l'église, le temple protestant et le théâtre. Le railway de Rouen traverse la commune de Batignolles sous un vaste tunnel qui s'étend jusqu'à la hauteur de la place de l'Église.

BATILDE ou BATHILDE (Sainte), femme de Clovis II, d'origine anglo-saxonne, mourut en 680. D'abord esclave d'un seigneur danois, elle fut achetée à vil prix par Archambaud, qui la fit ensuite épouser à Clovis II. Ce prince étant mort fort jeune, Batilde devint régente du royaume. Elle gouverna avec sagesse pendant la minorité orageuse de Clotaire III , son fils, et mourut à l'abbaye de Chelles, qu'elle avait restaurée. Elle avait aussi fondé l'abbaye de Corbie. Batilde était parfaitement belle, et son esprit juste et délicat répondait à tout ce que promettait sa physionomie. Ses charmes étaient rehaussés non-seulement de ces grâces touchantes sans lesquelles la beauté est imparfaite, mais encore de beaucoup de vertu.

« L'histoire, dit le président Hénault , lui rend le témoignage qu'elle n'oublia point sur le trône son premier état, et que, devenue religieuse, elle ne se souvint jamais qu'elle eût porté la couronne. » Pendant son règne elle mit tous ses soins à supprimer l'esclavage et les exactions qui trop souvent réduisaient les particuliers à vendre leurs enfants. Ébroin, le plus grand homme d'État de la première race, lui servit longtemps de conseil. Elle eut de Clovis II trois fils, qui furent Clotaire III, Childéric II et Thierry III . Batilde fut canonisée par le pape Nicolas Ier. Sa fête se célèbre le 1er janvier, considéré comme l'anniversaire de sa mort. Ses reliques reposaient, avant la révolution, sous le grand autel de l'abbaye de Chelles, avec celles de saint Genès évêque de Lyon, son aumônier, et celles de sainte Bertile, abbesse de ce monastère.

BÂTIMENT. Suivant Quatremère de Quincy, *bâtiment* est le nom général que l'on donne aux ouvrages de

39.

BATIMENT — BATON

l'architecture, et plus particulièrement à ceux qui sont destinés à l'habitation ; le mot *édifice* se prend dans une acception plus noble et plus distinguée. Le mot de *bâtiment* ne saurait convenir aux arcs de triomphe, aux fontaines, portes publiques, etc. ; celui d'*édifice* emporte avec lui l'idée de monument. Les particuliers doivent avoir des bâtiments simples et commodes ; les édifices publics et religieux doivent être somptueux et magnifiques.

Bâtiment se dit aussi des vaisseaux et de tous les moyens de transport par eau ; mais dans l'usage habituel on ne donne ce nom ni à un vaisseau, ni à une frégate, ni à une corvette, que cependant on range dans l'appellation collective de bâtiments armés en guerre, ou bâtiments de guerre : on dit *bâtiment marchand*, *bâtiment de commerce*, etc.

BÂTISSE. On doit appliquer exclusivement cette dénomination à l'exécution d'un bâtiment, quelle que soit sa matière, c'est-à-dire à sa partie toute matérielle. Une *bonne bâtisse* est celle où l'on a mis en œuvre, et avec soin, de bons matériaux ; une *belle bâtisse* est celle où l'appareil est bien régulier ou bien ragréé.

BATISTE, toile blanche, très-fine et très-serrée. On emploie pour la tisser le lin le plus fin et le plus blanc, qu'on appelle *ramé*, et qui vient particulièrement dans le Hainaut français. Vers le treizième siècle, Baptiste Chambrai mit en usage cette sorte de toile, qu'il fabriqua le premier. C'est d'après lui qu'on lui donnait aussi le nom de *toile de Chambrai*. D'autres croient que le nom de *batiste* ni a été donné par analogie avec une toile très-blanche et très-fine qui vient des Indes, et qu'on désigne sous le nom de *bastas*. Différentes sortes de batistes sont appelées *linons, claires, chambrais*, etc., etc. Elles ne sont pas seulement fabriquées en France et dans les Pays-Bas, mais bien aussi dans la Suisse, la Bohême et la Silésie. Les plus estimées sont celles qui nous viennent des Indes.

BATISTIN (Jean-Baptiste STRUCK, dit), célèbre musicien, d'origine allemande, naquit à Florence, dans les dernières années du dix-septième siècle, et mourut à Paris, en 1755. Il était tout à la fois directeur de l'Académie royale de Musique et directeur de la musique particulière du duc d'Orléans. Le premier, avec Labbé, il joua du violoncelle à l'Opéra. Louis XIV lui avait accordé une pension pour le fixer en France ; il en obtint une autre, en 1718, sur le produit des représentations et des bals de l'Opéra. Il fit représenter à l'Opéra *Méléagre* (1709) ; *Manto la Fée* (1711) ; *Polydore* (1720). *L'Amour Vengé, Céphale, Thétis, Proserpine, Diane, Flore, Les Fêtes bolonaises, Mars jaloux, Les troubles de l'Amour*, etc., opéras ou ballets écrits pour la cour, ne furent pas représentés à Paris. On a aussi de lui quatre livres de *Cantates* et un recueil d'*Airs nouveaux*.

BATJUSHKOF (Constantin Nicolaïévitch), poëte russe, né le 18 mai 1787, à Wologda, entra, lorsque éclata la guerre de 1806, dans le détachement de tirailleurs de Saint-Pétersbourg. Blessé à l'affaire de Heilsberg, il dut retourner à Saint-Pétersbourg ; mais dès qu'il fut guéri, il entra dans le régiment des chasseurs de la garde, et fit la rude campagne de Finlande. Au son retour, nommé conservateur de la bibliothèque de Pétersbourg, il n'en reprit pas moins du service quand vint à éclater la guerre de 1812, et fit en qualité de capitaine d'état-major et d'aide de camp du général Bachmetjef les campagnes de 1813 et de 1814. En 1816 il rentra de nouveau dans le service civil, et fut attaché au ministère des affaires étrangères.

J. Gnjeditsch a réuni en deux volumes (Pétersbourg, 1817) ses essais en vers et en prose, disséminés jusque alors dans différentes feuilles publiques. Ses œuvres poétiques se composent d'élégies, d'épîtres, de récits et de chansons ; ses essais en prose se rapportent pour la plus grande partie à l'appréciation de la littérature russe. Les poëtes italiens, le Tasse surtout, voilà les modèles qu'a suivis Batjushkof ; et ils ont influé jusque sur son style, qui est plein de délicatesse et d'harmonie. Nommé, en 1818, conseiller d'ambassade à Naples, le poëte eut enfin occasion de voir ce beau ciel d'Italie, après lequel il soupirait depuis si longtemps. Mais alors il ne tarda pas à tomber dans une profonde et noire mélancolie. Ce fut inutilement qu'en 1821 il alla prendre les eaux en Bohême ; le dérangement de ses facultés intellectuelles ne fit que s'aggraver à Dresde, où il s'occupa de travaux astronomiques, tout en traduisant en russe *La Fiancée de Messine*, de Schiller ; et à son retour à Saint-Pétersbourg tout espoir de guérison fut à jamais perdu. Depuis cette époque, Batjushkof végète dans un domaine situé non loin de Moscou, partageant l'infortune de cet immortel Tasso, son poëte favori, dont il a chanté la mort en si beaux vers.

BATOCKS, et mieux **PADOGGS**. C'est ainsi que les Russes appellent les coups de baguettes minces qu'on applique, comme peine disciplinaire, aux soldats et aux marins, dont le dos est mis à cet effet à nu, ou bien encore sur la poitrine et sur le ventre. Catherine II, dans son code, avait supprimé cette pénalité ; mais depuis que la peine du knouta tout récemment été abolie, l'usage des batocks est redevenu plus fréquent.

BÂTON, morceau de bois long, rond, maniable et portatif. Les anciens philosophes portaient habituellement un bâton et une besace, comme les pèlerins. Le bâton est une arme naturelle, offensive et défensive ; les bâtons ferrés ou durcis au feu, autrement nommés *pieux*, ont joué longtemps un rôle dans les anciennes guerres. Le bâton fut souvent aussi, et chez différents peuples, une marque de commandement et l'attribut d'une dignité ou d'un emploi. Autrefois ceux qui enseignaient ou expliquaient Homère avaient un bâton *rouge* quand ils interprétaient l'*Iliade*, et un bâton *jaune* quand il s'agissait de l'*Odyssée*. En France il y avait des bâtons de maréchaux de France (*voyez* ci-après), de maîtres d'hôtel, de capitaines des gardes, d'exempts. Cet usage du bâton comme marque de dignité et de pouvoir remonte à l'antiquité la plus haute. Dans les siècles les plus reculés, l'histoire nous apprend que non-seulement les princes, mais même les personnes considérables, telles que les pères de famille, les juges, les généraux d'armée, etc., portaient pour marque de distinction un bâton en forme de sceptre. Chez les Babyloniens, personne ne sortait qu'il n'eût à la main un bâton très-bien façonné, au haut duquel il y avait en relief une grenade, une rose, un lis, un aigle, ou quelque autre figure, car il n'était point permis de porter de bâtons simples et nus : ils devaient tous être garnis de quelque ornement, de quelque marque apparente et distinctive. Cet usage, très-expressément marqué dans l'Écriture Sainte, était établi chez tous les anciens peuples, et il s'y est perpétué pendant fort longtemps. Homère ne parle ni de couronnes ni de diadèmes, mais il n'oublie pas le sceptre ou le bâton de distinction. Quand un peuple ou un souverain établissait un officier pour le représenter dans le commandement d'une armée, dans quelque ambassade, ou dans l'administration de la justice, cet établissement se faisait par la transmission d'une baguette ou d'un bâton, qui devenait la marque de sa dignité. Les principaux magistrats romains portaient de ces bâtons : celui du consul était d'ivoire, celui du préteur était d'or. Les Lacédémoniens donnaient aux bâtons portés par leurs généraux le nom de *skitale*; le bâton d'un ambassadeur s'appelait *caducée*. Les monarques français portaient autrefois le sceptre d'une main et le bâton de l'autre. Ce bâton était revêtu d'une lame d'or à laquelle on substitua la *main de justice* au commencement du quatorzième siècle. Les évêques et les abbés prirent aussi cette marque de distinction ; mais ils terminèrent leur *bâton pastoral* par un bec recourbé, ce qui forme la *crosse*, toujours regardée comme signe de puissance. C'était aussi la forme du bâton augural dont les augures se servaient chez les anciens pour partager le ciel afin de faire leurs observations, et qu'on retrouve sur plusieurs médailles.

En *architecture* on appelle *bâton* ou *tore* une moulure usitée dans les bases de colonne.

On nomme *bâton rompu* une espèce de tapisserie qui représente des bâtons rompus et entremêlés.

Au figuré, on dit qu'un homme en est réduit au *bâton blanc* (bâton des pèlerins), pour dire qu'il est absolument ruiné, et qu'il a été contraint de sortir de sa maison, n'emportant avec lui qu'un bâton à la main. — On dit faire une chose à *bâtons rompus*, pour dire à plusieurs reprises, avec défaut de suite. Enfin, on appelle le *tour du bâton* les profits illicites qu'on fait secrètement et avec adresse dans une charge, dans une commission; par allusion, sans doute, aux charlatans, qui font mille subtilités qu'ils attribuent à la vertu de leur petit *bâton*.

BÂTON (*Blason*), espèce de bande qui n'a que le tiers de sa largeur ordinaire, ou la moitié d'un cotice. On le dit *brochant sur le tout* quand il porte sur d'autres pièces ou sur différentes parties de l'écu; et quand il est raccourci et vraiment alaisé (arrêté), on l'appelle *péri en bande*, ou absolument *péri*, et *péri en barre*. Le bâton *péri en bande* est de droite à gauche; le bâton *péri en barre*, de gauche à droite, et ce dernier est mis ordinairement pour les bâtards. Le duc Louis d'Orléans, ennemi du duc Jean de Bourgogne, portait pour devise dans ses banderoles un *bâton* épineux et noueux, avec ce mot : *Je l'envie*, par lequel il voulait dire que là où il frapperait, la *bugne* (tumeur) y lèverait. Le duc de Bourgogne, pour y répondre, faisait peindre un *rabot* dans ses bannières, voulant dire qu'il raboterait et aplanirait le *bâton* noueux du duc d'Orléans.

BÂTON DE FOC, BATON DE CLIN-FOC. *Voyez* BEAUPRÉ.

BÂTON DE JACOB ou ASPHODÈLE JAUNE. Grande et belle plante vivace d'ornement, dont les fleurs, d'un très-beau jaune d'or, se succèdent avec abondance et pendant longtemps autour d'une tige droite et bien faite, qui s'élève à trois pieds et qui s'accompagne d'un très-beau feuillage. Cette plante fait un bel effet dans les jardins. Les Siciliens mangent les tiges naissantes de cet asphodèle comme celles de l'asperge, dont elles ont la saveur. On la multiplie par ses graines, qu'on sème au printemps, ou par la division de ses racines; elle est originaire du Midi. *Voyez* ASPHODÈLE. C. TOLLARD aîné.

BÂTON DE MARÉCHAL. Son origine remonte aux investitures symboliques du moyen âge. Quand le maréchalat, qui d'abord fut un emploi domestique, devint un office militaire, ce qui paraît avoir eu lieu sous Philippe-Auguste, le roi, en signe de la prééminence qu'il lui donnait sur ses troupes, remit son bâton entre les mains du maréchal; car le bâton, signe du commandement, était, comme le sceptre, un attribut du prince.

Lorsque Napoléon voulut faire revivre le maréchalat, oublié depuis le commencement de la guerre de 1792, grand fut l'embarras pour trouver un renseignement, un détail écrit sur le bâton. Il fallut, tant les traditions sont fugitives, que le ministre, le duc de Feltre, députât au marbre de Condé un de ses commis pour prendre le modèle de celui que tient la statue. Le bâton de maréchal, long de cinq décimètres et d'un diamètre de quarante-cinq millimètres, est recouvert de velours de soie bleu d'azur. Il était orné de vingt abeilles d'or, rangées en quinconce sous l'Empire, de vingt fleurs de lis sous la Restauration et de vingt étoiles après 1830. Chacune des extrémités du bâton est garnie d'une calotte en vermeil. L'une est empreinte de l'écusson des armes de France, l'autre porte en ciselure le cartel armorié du maréchal.

Deux bâtons croisés distinguent l'épaulette du maréchal : dans ses armoiries, il les porte en sautoir, passés sous l'écusson; usage qui semble assez récent, car du Haillant écrivait sous Henri III que les maréchaux avaient coutume de placer une hache d'armes au côté de leurs armoiries; et son témoignage est confirmé par les tombes d'anciens maréchaux, où sont gravés leurs écussons côtoyés de haches d'armes. Nous ne savons pas que ce bâton, purement symbolique, ait jamais servi réellement, si ce n'est à la bataille de Fribourg (1644), où Condé jeta le sien dans les retranchements ennemis et alla le reprendre à la tête du régiment de Conti.

BÂTON DE MESURE. C'est un bâton fort court, ou même un rouleau de papier, dont le chef d'orchestre se sert dans les très-grandes réunions musicales, pour régler le mouvement et marquer la mesure et les temps.

Rousseau, dans ses écrits sur l'ancienne musique française, a dirigé particulièrement ses traits satiriques sur la manière d'exécuter adoptée à l'Académie Royale. Il appelle le chef d'orchestre le *bûcheron*, à cause des coups redoublés qu'il frappait sur le pupitre avec un gros bâton de bois bien dur. Le bruit du bâton, tombant à coups égaux, détruisait l'illusion et contrariait l'amateur attentif. Ce vice d'exécution était inhérent aux compositions françaises du temps de Rousseau. L'orchestre suivait les chanteurs à la piste sans observer ni rhythme ni mesure, et lorsqu'il se rencontrait quelque morceau d'une marche régulière, les symphonistes et les chanteurs étaient si surpris de se voir assujettis à la mesure, que leur chef ne pouvait les retenir dans le bon chemin qu'en leur marquant chaque pas.

Tous nos orchestres sont maintenant dirigés avec l'archet, que le chef promène dans l'espace pour marquer les premiers temps de la mesure. Dès que le mouvement est bien senti et l'impulsion donnée, il abandonne les chanteurs et l'orchestre pour se joindre aux premiers violons et jouer leur partie, jusqu'au moment où l'on aura de nouveau besoin d'un régulateur pour hâter ou retarder la marche du discours musical.

Les coups du bâton de mesure étaient nécessaires pour faire connaître et sentir la mesure aux chanteurs qui exécutaient un chœur dans les coulisses, et dont l'œil ne pouvait pas suivre les temps dessinés par la main du chef. M. Brod a inventé une mécanique aussi simple qu'ingénieuse, qui obéit à une pédale que le chef d'orchestre presse, et qui fait agir un marteau de bois battant la mesure sous le parquet du théâtre, au lieu même où les choristes sont rangés.

Le bâton de mesure est encore nécessaire dans les orchestres immenses réunis dans une église pour quelque grande solennité religieuse ou pour une fête musicale. J'ai vu Méhul conduire trois orchestres dans l'église des Invalides : un de ces orchestres était placé dans le haut du dôme; Méhul marquait la mesure avec son bras entouré d'un mouchoir blanc. CASTIL-BLAZE.

BÂTON DE SAINT-JACQUES. *Voyez* ROSE TRÉMIÈRE.

BÂTON D'OR. On donne ce nom à une variété remarquable de la *giroflée jaune*, dont la tige principale est forte, très-élevée, peu rameuse, et garnie dans presque toute sa longueur de fleurs très-odorantes, d'un jaune aurore ou tirant sur le brun. C. TOLLARD aîné.

BÂTON PASTORAL. *Voyez* CROSSE.

BÂTON ROYAL ou ASPHODÈLE BLANC, ASPHODÈLE RAMEUX. Cette espèce d'asphodèle produit des fleurs blanches. C'est une plante vivace, plus élevée que le bâton de Jacob, dont il est congénère et dont elle a toute la beauté et tous les avantages.

BATONI (POMPÉE-GIROLAMO), né à Lucques, en 1708, mort à Rome, en 1787, l'un des peintres les plus distingués d'une époque où le goût s'était dépravé, et le dernier grand artiste qu'on puisse citer dans l'histoire de la peinture italienne. Il fut redevable de son éducation artistique moins à ses maîtres qu'à l'étude de l'antique, des ouvrages

BATONI — BATRACIENS

de Raphael et de la nature. Tout en participant du caractère de son siècle, il témoigne dans ses œuvres de la direction sérieuse provoquée en ce même temps par Winckelmann, Mengs, etc., et qui devait exercer une influence plus durable et plus heureuse sur l'art français et allemand que sur l'art italien; Batoni excelle surtout dans les sujets tendres et gracieux, ce qui ne l'empêche d'ailleurs pas de réussir également dans le genre énergique et passionné. Sous ce rapport il faut de préférence mentionner son grand tableau de l'église Sainte-Marie-des-Anges de Rome, qui représente la *Chute de Simon le magicien*. Il s'est fait aussi une grande réputation comme portraitiste. On cite surtout ses portraits de l'empereur Joseph et de Marie-Thérèse, qui se trouvent dans la galerie impériale de Vienne.

BÂTONNIER. C'est un chef élu, qui porte le bâton d'une confrérie. On donna aussi le nom de *sergent bâtonnier* aux sergents qui portaient des bâtons ou verges dont ils touchaient ceux contre lesquels ils faisaient des exploits, et la coutume de Valenciennes, entre autres, contient cette dénomination.

Le chef de l'ordre des avocats s'appelle *bâtonnier*; cette dénomination provient de ce qu'aux processions d'une confrérie que les clercs du Palais avaient établie, en 1342, le doyen ou le chef de l'ordre portait une bannière à laquelle était attachée l'image de saint Nicolas. La participation des avocats à cette confrérie a cessé en 1782, et peut-être qu'alors on eût dû substituer à une qualification qui n'avait plus d'objet celle plus convenable de *président*, qui a été donnée par l'ordonnance royale du 10 septembre 1817 au chef de l'ordre des avocats aux conseils et à la cour de cassation. Mais l'empire de l'habitude, le respect pour les traditions et une dénomination qui avait traversé plus de quatre siècles ont sans doute empêché ce changement. La qualification de bâtonnier a été maintenue par le décret impérial du 14 décembre 1810, ainsi que par les ordonnances royales du 20 novembre 1822 et du 27 août 1830.

Le bâton de Saint-Nicolas, comme celui de maréchal pour les militaires, est devenu l'insigne de la plus haute dignité à laquelle un avocat puisse parvenir dans sa profession. Après la révolution de Juillet, ce qu'il y avait de plus important pour les avocats, c'était de recouvrer le droit de nommer directement leur bâtonnier et d'élire immédiatement aussi les membres des conseils de discipline que le décret du 14 décembre 1810 a institués. M. Dupin, au nom de ses confrères, et plusieurs barreaux des départements, entre autres celui de *Saint-Omer*, avaient, sous la Restauration, réclamé instamment l'élection directe du bâtonnier et des membres du conseil de discipline. Une ordonnance royale du 27 août 1830, restituant aux avocats la plénitude du droit de discipline et leurs anciennes prérogatives, leur rendit la nomination directe de leur bâtonnier et de leurs officiers. Ce droit, dont les avocats se montrèrent toujours si jaloux, et qui est la condition nécessaire de l'indépendance de leur profession, peut seul aussi leur faire supporter le joug d'une discipline exercée par leurs pairs.

La bannière de Saint-Nicolas eût dû être déposée en 1782 à la bibliothèque des avocats, et l'on aimerait à voir appendu aujourd'hui ce glorieux drapeau dans la chambre du conseil de l'ordre; mais nous n'avons pu apprendre ce qu'est devenue cette bannière, et peut-être a-t-elle été détruite dans la tempête révolutionnaire. Le bâtonnier peut être réélu indéfiniment.

Le *bâtonnat* est, au palais, à la fois la candidature et la dignité du bâtonnier. Heureusement ce mot n'est pas *français*, et si la susceptibilité de l'oreille s'en offense, la pureté grammaticale le repousse comme un barbarisme.

PARENT-RÉAL.

Aux termes d'un décret du 22 mars 1852, le bâtonnier n'est plus élu directement par le suffrage universel des membres de l'ordre, mais par le conseil de discipline, comme sous la Restauration et l'Empire.

BÂTONS DE NÉPER. *Voyez* CALCULER (Instruments à).

BATRACHOMYOMACHIE, c'est-à-dire *le combat des grenouilles et des rats*. Ce célèbre poëme burlesque, longtemps attribué à Homère, n'appartient évidemment pas à l'immortel auteur de l'*Iliade* et de l'*Odyssée*. Plutarque et Suidas en font honneur à Pigrès, frère de la reine Artémise et contemporain de Xerxès. Cette parodie de la poésie épique dénote en effet un état plus avancé de la civilisation. Rien de plus simple que le sujet de ce poëme en un seul chant et en 294 vers. Psycharpax, le prince des rats, après avoir échappé aux poursuites d'un chat, vient rafraîchir sa barbe et se désaltérer dans les eaux limpides d'un lac. Physignatos, roi des grenouilles, l'aperçoit et lui tient des discours flatteurs pour l'attirer dans son empire. L'imprudent monte sur le dos du perfide amphibie, et est aussitôt noyé. On ne voit point dans Homère, comme dans La Fontaine, un milan fondre sur *cette double proie*, et se donner *au cœur joie*,

Ayant de cette façon
À souper chair et poisson.

Les rats, irrités, vengent la mort de leur chef en faisant aux grenouilles une guerre implacable. Les dieux de l'Olympe prennent part à cette querelle. Pallas seule observe une neutralité parfaite, car les deux parties belligérantes l'ont également offensée. Si d'une part les grenouilles l'ont souvent empêchée de dormir par leurs coassements, de l'autre les rats ne cessent de dévorer dans les sanctuaires les offrandes qui lui sont faites, et ils ont osé ronger un voile ourdi de ses mains divines.

Les grenouilles allaient succomber sous les dents de leurs adversaires; Jupiter avait en vain lancé sa foudre; l'artillerie céleste n'avait point ému les vengeurs de Psycharpax; mais des auxiliaires inattendus, une armée d'écrevisses, viennent au secours des habitants du lac; les rats sont mis en pleine déroute, et la guerre finit en une seule journée:

Καὶ πολέμου τελετὴ μονοήμερος ἐξετελέσθη.

BRETON.

BATRACIENS. On désigne sous ce nom (formé du mot grec βάτραχος, grenouille) un ordre de la classe des reptiles, dont le genre grenouille fait en effet partie, et qui peut être caractérisé de la manière suivante : animaux à peau dépourvue de poils, de plumes ou d'écailles (excepté chez les *cécilies*), recouverte seulement d'une couche de mucus, à cœur formé d'une seule oreillette et d'un seul ventricule; produits par des œufs enveloppés d'une membrane et non d'une coque solide; paraissant au sortir de leur œuf sous une forme différente de celle qu'ils doivent acquérir par suite de leur développement et conserver tout le reste de leur vie. L'ordre des batraciens, divisé par MM. Duméril et Bibron en trois sous-ordres (*péromèles, anoures, urodèles*), renferme les neuf genres : *rainette, grenouille, pipa, crapaud, triton, salamandre, protée, sirène et cécilie*.

Ce que ces animaux offrent de plus remarquable, c'est la métamorphose qu'ils subissent peu après leur naissance, et qui non-seulement change souvent toute leur forme, mais aussi modifie considérablement leur manière de vivre. Dans leur premier âge, en effet, ils vivent dans l'eau, et respirent, comme les poissons, par des branchies placées sur les côtés du cou; ils nagent avec leur queue, et n'ont pas de membres (*voyez* TÉTARD); peu à peu leurs poumons se développent; alors les branchies se flétrissent progressivement et finissent par tomber, au moins dans la plupart des espèces; la plupart, de même, prennent quatre membres qui leur poussent peu à peu; d'autres n'en acquièrent que deux, ce sont les sirènes; d'autres n'en ont jamais aucun, ce sont les *cécilies*, longtemps classées parmi les serpents, mais qui, ayant des branchies dans leur premier âge, appartiennent à l'ordre des batraciens, où de Blainville les a placées depuis longtemps, et auquel elles se réunissent, d'ailleurs, par tout l'ensemble de leur organisation. Démezil.

BATRACUS, architecte de l'antiquité, qui naquit à Sparte, et travailla, de concert avec Saurus, à plusieurs édifices de Rome. Pline nous apprend qu'on leur dut la construction du temple de Jupiter et de Junon, que Métellus avait fait élever dans son portique. Leur mémoire a passé à la postérité avec les ruines des monuments qu'ils ont laissés, et sur lesquels ils avaient fait sculpter, comme symboles, les deux animaux dont ils portaient les noms. On les retrouve en effet dans le beau chapiteau ionique qui se voit hors des murs de Rome, à une des colonnes de l'église de Saint-Laurent, et que l'on pense avoir appartenu au temple de Jupiter et de Junon. Au milieu d'une des volutes de ce chapiteau, il y a dans ce qu'on appelle l'*œil*, au lieu de la rosette qui s'y trouve ordinairement, une grenouille étendue sur le dos, et dans l'autre on voit un lézard tournant autour de la rosette.

BATTAGE. On appelle ainsi l'action de séparer le grain de l'épi. Cette séparation s'opère de différentes manières; le fléau est la machine le plus généralement employée à cet usage, principalement dans le nord. Avec un fléau un batteur peut battre en un jour quatre-vingt-dix gerbes de froment (ou trois hectolitres de grain), cent huit gerbes d'avoine, et cent cinquante-quatre gerbes d'orge. Dans le midi le battage se pratique à l'aide d'un gros rouleau cannelé, ou au moyen de chevaux et de bœufs que l'on fait trépigner sur les gerbes étendues en plein air; c'est cette opération qu'on appelle *dépiquage*.

Il est quelques plantes, telles que le chanvre et le seigle, dont on veut ménager les pailles; on en sépare la graine en frappant l'extrémité des tiges contre le bord d'un tonneau fixé au sol, et dans lequel la graine tombe en se détachant. Le froment, le seigle, l'orge, l'avoine et la plupart des plantes fourragères et des légumineuses à siliques se battent au fléau, avec quelque différence dans l'arrangement des gerbes ou des bottes. Le trèfle sous le fléau ne donne que les gousses, qu'il faut soumettre à la pression d'une meule de moulin à cidre, ou placer entre deux grandes râpes, dont une reçoit un mouvement de va-et-vient. La navette, la moutarde, le colza, la cameline et les autres plantes à graines plus tendres que le froment se battent ordinairement à la *baguette*.

On emploie encore au battage des machines de divers genres, et c'est surtout en Angleterre que l'emploi des moyens mécaniques s'est répandu; il y existe des machines à battre en très-grand nombre; la plus estimée est celle d'Andrew Meikle. A l'aide de cette machine, dont le travail est immense, le grain est séparé de la paille d'une manière très-complète et très-expéditive. Le battage s'opère par la révolution d'un tambour cylindrique, sur lequel sont attachés des battoirs; le cylindre est mis en mouvement par l'eau, la vapeur ou un manége. Au-dessus de ce cylindre, on place de grandes ailes, qui sont mises en mouvement par le même moteur, et tournent avec une telle rapidité que le grain battu, les menues pailles, etc., sont jetés plus ou moins loin, selon leur pesanteur. On trouve encore dans divers comtés de l'Angleterre des machines à battre portatives, telles que celles de Ransomme, au moyen desquelles on peut battre en un jour quarante-cinq à soixante-huit hectolitres de froment ou quatre-vingt-treize de seigle, ainsi que d'autres machines à bras, qui peuvent convenir dans les petites fermes, et qu'on met en action à l'aide d'un cheval, d'un bœuf, du vent ou de l'eau.

Le prince Gagarine a aussi inventé en Russie une machine qui a l'avantage particulier de s'appliquer à tous les moulins à farine, après avoir enlevé la meule supérieure qu'on remplace par un tourniquet ou croix de bois à bras égaux, entre lesquels on introduit la tête des gerbes; les bras du tourniquet frappent les épis et en séparent le grain.

Outre l'économie qui résulte pour le propriétaire de la substitution des moyens mécaniques aux bras des hommes, c'est un service rendu à l'humanité que de soustraire cette classe d'ouvriers aux fatigues d'un état pénible et aux maladies qui en sont presque constamment la suite dans un âge avancé.

Dans un temps sec, le battage est plus facile que dans un temps humide; de même les grains qui ont été coupés avant leur complète maturité, ou qui ont été mis en meule avant d'être parfaitement secs, se séparent de la paille plus difficilement que ceux d'une récolte parfaitement mûre, et qui a été bien aérée.

L'époque du battage des grains varie suivant les localités et l'étendue des propriétés : dans les pays de petite culture on bat généralement plus tôt que dans les autres. Dans la Beauce, la Brie, la Flandre, la Normandie, à moins d'une grande élévation dans le prix des grains, on ne bat guère que dans le cours de la seconde année.

BATTAS, tribu malaise qui habite surtout aujourd'hui l'île de Sumatra, depuis l'embouchure de l'Assahan jusqu'au cap Tourromon, et au sud depuis l'embouchure de l'Elk-Bicia jusqu'à celle de l'Elk-Sinkouang. La guerre d'extermination que leur ont faite les fanatiques Padris a diminué de moitié, dit-on, leur nombre, qui était autrefois de 350,000 âmes. Avec des traits plus beaux et plus réguliers et une constitution plus musculeuse et plus vigoureuse que le Malais ordinaire, les Battas ont une langue particulière quoique d'origine malayo-polynésienne, une écriture particulière avec laquelle ils écrivaient autrefois sur du papier d'écorce, et dont ils se servent aujourd'hui sur des bambous; une chronologie particulière, des noms particuliers pour les mois de l'année, et jusqu'à des figures particulières pour les constellations. Au reste, ils sont extrêmement arriérés sous le rapport de la civilisation. Tout leur territoire n'est qu'une vaste anarchie. Chaque village constitue une commune indépendante, représentée par un chef ou rajah héréditaire, mais dont le pouvoir est fort limité, quoiqu'en temps de guerre il ait le droit d'exiger une obéissance absolue. Leur religion consiste dans l'adoration des bons et des mauvais esprits. A la vérité, ils n'ont pas de lois écrites, mais la plupart des questions de droit ont été déterminées et résolues d'avance. Les pénalités consistent surtout en amendes; et la peine de mort elle-même peut se racheter à prix d'argent, sauf un très-petit nombre d'exceptions. Les prisonniers de guerre faits hors du village, et les hommes du commun qui commettent adultère avec la femme d'un rajah, sont mangés. Autant peut en advenir aux étrangers qui, en dépit des avis qui leur sont donnés, persistent à pénétrer sur le territoire des Battas. D'ailleurs, le Batta est généralement hospitalier, et l'hôte qui invoque sa protection est sacré à ses yeux. Il aime de passion les combats de coqs; il y parie tout ce qu'il possède, et au besoin sa propre personne. Il règne encore aujourd'hui parmi ce peuple des traditions qui témoignent d'un degré supérieur de civilisation ayant existé autrefois dans son sein, civilisation dont l'origine était indienne. Consultez Junghuhn, *Die Battalænder auf Sumatra* (Berlin, 1847).

BATTEMENT. On donne ce nom, en musique, à un agrément de l'ancien chant français, qui consiste à battre un trille sur une note commencée uniment. Ce qui distingue le *battement* de la *cadence*, c'est que celle-ci commence par la note supérieure à celle sur laquelle elle est marquée, tandis que le battement commence, au contraire, sur la note même où il est marqué. Si, par exemple, une cadence est marquée par la première de ces deux notes *ré ut*, la cadence commence par faire sentir la note supérieure au *ré*, c'est-à-dire *mi*, de sorte qu'on fait entendre *mi ré, mi ré, mi ré, ut;* dans ce cas, le battement fera entendre les sons suivants, *ré mi, ré mi, ré mi, ut.*

En termes de danse, on entend par *battements* certains exercices élémentaires consistant dans le mouvement de la jambe qui est en l'air pendant que l'autre supporte le corps.

En termes d'escrime, ce mot se dit encore de l'attaque qui a lieu en frappant avec la lame de son épée celle de son adversaire.

En médecine, on appelle *battements*, ou *pulsations*, des contractions et des dilatations alternatives du cœur et des artères. *Voyez* POULS.

BATTERIE. La langue militaire donne à ce mot diverses acceptions. Nous réservant de parler ailleurs de la *batterie de fusil* et des *batteries du tambour*, nous ne nous occuperons ici que des batteries d'artillerie.

On appelle *batterie* un massif en terre, un ouvrage protecteur destiné à recevoir des bouches à feu et à les abriter du feu de l'ennemi. — On donne aussi le nom de *batterie* à plusieurs bouches à feu réunies, soit pour tirer sur des troupes, soit pour détruire les ouvrages et les travaux de l'ennemi : la batterie est dite *permanente* lorsqu'elle est placée derrière un abri ; *mobile*, quand elle peut être transportée rapidement partout où les besoins du service l'exigent. — On appelle encore *batterie* le personnel destiné à servir ces bouches à feu.

Les batteries, prises dans la première acception, se distinguent 1° en batteries *de siège, de place, de côte et de campagne*; et ces différentes sortes de batteries peuvent être *à barbette, à embrasures, à redan* ou *blindées*; 2° en batteries *de canons, d'obusiers, de mortiers et de pierriers*; 3° en batteries *de plein fouet et à ricochet*; 4° en batteries *directes, d'enfilade, d'écharpe et de revers.*

On entend par batteries *de siège* toutes les batteries qu'on établit devant une place dans le but de s'en emparer ; par batteries *de place*, toutes les batteries établies dans la place pour la défendre ; par batteries *de côte*, toutes les batteries établies sur les côtes pour en défendre l'approche.

Une batterie est *à barbette* lorsque les bouches à feu sont élevées de manière à tirer par dessus le parapet, et sans embrasures. Une batterie est *à embrasures* lorsque les bouches à feu tirent par des ouvertures pratiquées dans le massif qui leur sert d'abri : chacune de ces ouvertures se nomme *embrasure*, et le massif qui sépare deux embrasures se nomme *merlon*. Une batterie est *à redan* lorsque la masse couvrante est dirigée suivant plusieurs lignes droites formant entre elles des angles. Une batterie est *blindée* lorsque les bouches à feu et les ouvertures sont placées sous un blindage qui les couvre contre les feux verticaux.

La batterie est *de plein fouet* lorsque, l'objet qu'on veut battre étant à découvert, on emploie une forte charge sous un angle faible pour obtenir un *tir tendu.* Elle est *à ricochet* lorsque, au contraire, le but étant caché, on emploie, sous un angle de 8 à 15°, une faible charge pour obtenir un *tir courbe.*

La batterie est *directe* quand elle bat perpendiculairement la face d'un ouvrage ou le front d'une troupe ; *d'enfilade*, quand les projectiles parcourent la longueur de quelques parties des ouvrages de fortification, ou du front d'une troupe ou d'une colonne ; *d'écharpe*, quand la direction de la batterie est comprise entre les deux précédentes ; *de revers*, quand la batterie voit par derrière la face d'un ouvrage, ou une troupe en bataille ou en colonne.

Une *batterie*, comme matériel, se compose de 6 pièces en France et en Angleterre ; les batteries russes en ont 12 ; les wurtembergeoises 4 en temps de paix, et 8 en temps de guerre. Presque partout les obusiers forment le tiers ou le quart des bouches à feu : ainsi, une batterie française est de 4 pièces de 8 ou de 12 et de 2 obusiers de 15 ou 16 centimètres. Le front de bataille d'une batterie est égal à celui de deux escadrons et demi, soit 90 à 100 mètres.

Cependant, dans un siège ou une bataille, quand plusieurs pièces concourent à un même effet, leur ensemble reçoit encore le nom de *batterie* : c'est ainsi qu'on voit à Austerlitz une batterie de 80 pièces, et à Wagram 100 pièces jouant en une seule batterie.

Une *batterie*, considérée comme un ensemble de personnel, est une unité tactique ; on en distingue en France trois espèces : batteries *à cheval, à pied montées*, où les servants sont à pied, mais s'asseyent au besoin sur les caissons ; et *à pied non montées*, principalement destinées au service des places et des côtes. Les premières se composent en temps de paix de 96 hommes et 72 chevaux, en temps de guerre de 222 hommes et 258 chevaux ; les secondes ont en temps de paix 96 hommes et 34 chevaux, et en temps de guerre 212 hommes et 204 chevaux ; enfin les dernières sont invariablement de 200 hommes. Les officiers ne sont pas compris dans ces chiffres.

BATTERIE VOLTAÏQUE. *Voyez* PILE ÉLECTRIQUE.

BATTEUR DE PAVÉ. Cette locution a deux significations bien distinctes dans notre langue. D'abord elle est synonyme de vagabond, fainéant, vaurien, et même de filou et fripon, en ce qu'elle exprime l'idée d'un homme qui, par paresse et par libertinage, ne voulant rien faire, quoique la nécessité lui en impose la loi, quoique les moyens et l'occasion de travailler ne lui manquent point, passe sa vie à courir les rues, les places publiques, les carrefours ; se mêle dans toutes les foules, dans tous les attroupements joyeux ou hostiles ; fréquente les lieux les plus suspects, les tripots, les sociétés les plus diffamées ; se vautre dans la fange, et finit par s'abandonner au crime. C'est à ce batteur de pavé qu'on peut appliquer justement le proverbe : *L'oisiveté est la mère de tous les vices.*

Le *batteur de pavé*, tel que nous l'entendons, ne se présente pas sous cet aspect lugubre. C'est celui qui, oisif par goût, par nonchalance, plus que par nécessité, promène du matin au soir son désœuvrement et son ennui dans tous les quartiers de Paris, sans motif et sans but, va comme le vent le pousse, sans trop savoir comment ni pourquoi, cherchant tout simplement à tuer le temps. C'est, en d'autres termes, un musard ou un flâneur. H. AUDIFFRET.

BATTEUR D'OR. L'art de réduire l'or, l'argent et autres métaux en feuilles plus ou moins minces, remonte à l'antiquité la plus reculée ; il en est fait mention dans Homère. Les Égyptiens doraient les cercueils de leurs morts ; ils connaissaient aussi le laminoir, car on a trouvé une plaque d'or laminée sur la poitrine d'une momie.

L'or que l'on destine à être converti en feuilles très-minces doit être de la plus grande pureté, car il est reconnu que tout métal perd de sa ductilité toutes les fois qu'on le combine avec un autre. Cependant on allie quelquefois l'or avec l'argent dans leur état de pureté pour en former des feuilles de diverses nuances, mais c'est toujours aux dépens de la malléabilité.

Les opérations du batteur d'or se réduisent à trois principales : le *forgeage*, le *laminage* et le *battage.* Pour la première de ces opérations on prend un lingot ; et on le bat sur un tas (enclume) d'acier jusqu'à ce que son épaisseur soit réduite à 4 millimètres au plus. Pendant le cours de cette opération, on a soin de le faire recuire pour le radoucir, attendu qu'il s'écrouit sous un tel effort. La lame qui provient du lingot forgé est passée au laminoir à plusieurs reprises ; elle s'y étend en ruban de 27 millimètres de large et d'un millimètre d'épaisseur. C'est la deuxième opération. Il ne reste plus que le battage.

Pour cela on coupe d'abord le ruban en morceaux de 4 centimètres de long, qu'on appelle *quartiers*; on en met 24 les uns sur les autres comme un jeu de cartes, et on bat le paquet sur un tas, de façon que tous les *quartiers* deviennent des carrés de 54 millimètres de côté ; leur épaisseur est, par cette opération, réduite à la moitié d'un millimètre. Tous les quartiers ayant été amenés à ces dimensions, l'ouvrier en prend 64, dont il forme un paquet (qui prend le nom de *premier caucher*), de la manière suivante : 2 feuillets de parchemin, 20 de vélin, 1 quartier, 2 feuillets de vélin, 1 quartier, 2 feuillets de vélin,...... 20 feuillets de vélin, 2 de parchemin. Les feuillets de vélin qui ne contiennent pas de lames d'or et les feuillets de parchemin s'appellent *emplures*; tous ces feuillets de vélin et de parchemin sont des carrés de 108 millimètres de côté. Les batteurs appellent *outils* les feuillets de vélin qui sont interposés entre les feuilles d'or.

Le caucher, ainsi composé, est introduit dans un sac sans fond, ou *fourreau* de parchemin, formé de plusieurs doubles : ce premier fourreau, ainsi que le caucher, est introduit en travers dans un fourreau semblable. On conçoit que, ce dernier fermant les ouvertures du premier fourreau, il est impossible que le caucher sorte de son enveloppe. Le caucher est battu sur un bloc de marbre noir, poli en dessus et entouré d'une bordure de planches pour empêcher les *lavures* (particules d'or) de tomber à terre. La tête du marteau est polie et un peu convexe; elle a environ 14 centimètres de diamètre. Ce marteau pèse de 7 à 8 kilogrammes; on l'appelle *marteau à dégrossir* ou *à commencer*. Les batteurs d'or font encore usage d'un autre marteau, qu'on appelle marteau *à achever*.

On bat le premier caucher pendant une demi-heure en chassant du centre à la circonférence, et en frappant tantôt sur une face, tantôt sur l'autre. L'ouvrier le sort de temps en temps du fourreau pour examiner l'état des quartiers, car ils ne s'étendent pas tous également. Quelques-uns le couvrent qu'une partie des vélins, d'autres les affleurent, d'autres les débordent; il enlève ces derniers et les remplace par des feuillets de vélin, afin que le fourreau soit toujours plein ; puis il continue à frapper jusqu'à ce que tous les quartiers aient acquis une grandeur égale à celle des vélins.

Quand le premier *battage* est fini, on partage les quartiers du premier caucher, chacun en quatre parties égales, ce qui donne 4 fois 64, ou 256 nouveaux quartiers; on forme un second caucher en deux parties, dont chacune est composée comme il suit : 2 feuillets de parchemin, 12 de vélin, 1 quartier, 1 feuillet de vélin, etc.... jusqu'à 128 quartiers; on termine par 12 feuillets de vélin et 2 feuillets de parchemin; on met ces deux moitiés du caucher l'une sur l'autre, et on les renferme dans un même fourreau comme le premier caucher. On bat le second caucher avec le même marteau que le précédent, et pendant le même temps, avec cette différence qu'on retire de temps en temps les deux moitiés du fourreau pour les y replacer dans les positions réciproquement différentes, c'est-à-dire que ce qui était au milieu du caucher total se trouve sur les côtés, etc.

L'opération du battage terminée, on *défourre* (tire du fourreau), et l'on partage chaque quartier encore en quatre parties égales, ce qui produit 4 fois 256, ou 1024 nouveaux quartiers, avec lesquels on forme un nouveau caucher, suivant le système qu'on a suivi dans la composition du second; mais on remplace les feuillets de vélin par des feuillets de baudruche ayant 3 décimètres carrés : chaque emplure contient quinze de ces feuillets.

Ce troisième caucher s'appelle *chaudret* : on le bat pendant deux heures avec les mêmes précautions que l'on a employées en battant le second ; l'opération terminée, on retire délicatement les feuilles d'or du chaudret, on les étale sur un coussin, on les divise en quatre parties égales, et l'on obtient 4 fois 1,024, ou 4,096 nouveaux quartiers, dont quelques-uns sont défectueux; on les appelle *bactrioles*. De ces nouveaux feuillets, on forme quatre chaudrets, dont les baudruches et les parchemins sont des carrés de 14 centimètres de côté.

Ces nouveaux chaudrets, qui contiennent chacun mille feuilles d'or, s'appellent *moules*. Le battage de la moule exige plus de soins que celui du chaudret : un ouvrier habile et diligent peut à peine en battre quatre par jour : il frappe d'abord pendant deux heures avec le marteau à commencer ; il prend ensuite pendant une demi-heure le marteau à achever et se sert alternativement de ces deux marteaux pendant le même temps; il termine avec le marteau à achever. De même que dans les opérations précédentes, on tourne et retourne la moule ; on défourre, etc., et l'opération est terminée quand les quartiers désaffleurent les baudruches.

Cela fait, on met dans les *quarterons*. On appelle ainsi des livrets dont les feuillets sont d'un papier orangé rougeâtre ; il y en a qui ont 11 centimètres de côté, et d'autres 9 centimètres; en distribuant dans les quarterons, on met vingt-cinq feuillets dans chaque livret ; chaque moule fournit de quoi garnir quarante livrets. Le lingot d'or avant le battage pèse 150 grammes. Avec un morceau d'or du poids d'une pièce de 40 fr., on pourrait aisément couvrir une surface de 30 mètres carrés (284 pieds carrés). Le déchet, dont le poids est d'environ 60 grammes, est employé à faire de l'or en *coquille*. TEYSSÈDRE.

BATTEUX (CHARLES), né le 7 mai 1713, à Allend'hui, près de Reims, et chanoine honoraire de cette ville, y professa dès l'âge de vingt ans la rhétorique, qu'en 1730 il vint enseigner successivement aux collèges de Lisieux et de Navarre. Ce fut lui que l'Université, confiante dans les talents d'un tel professeur, chargea de prononcer, au nom du corps entier, le discours latin *Sur la naissance du duc de Bourgogne*, frère aîné de Louis XVI. Il passa bientôt à la chaire de philosophie grecque et latine du Collége royal. Nommé en 1754 à l'Académie des Inscriptions, il fut admis en 1761 à l'Académie Française. Chargé par le comte de Saint-Germain de rédiger un cours d'études à l'usage de l'École militaire, il fit paraître en moins d'un an les 45 volumes qui forment cet ouvrage, pour la rédaction duquel il s'adjoignit Chompré, Monchablon et Philippe de Pretot. Malgré son goût dominant pour les anciens, l'amour de cet abbé pour leurs écrits n'était point aveugle : il y eut dispute à laquelle donnèrent lieu les inscriptions des monuments en France, il combattit avec chaleur l'opinion de ceux qui donnaient à une langue morte la préférence sur la langue nationale. Il y avait dans sa philosophie autant de lumières que de bonne foi; car, tout professeur qu'il était, c'est à son écrit sur l'*Histoire des Causes Premières* que fut attribuée la suppression de la chaire de philosophie au Collége de France.

Cet érudit est auteur d'un assez grand nombre d'ouvrages, parmi lesquels on distingue ses traductions d'Ocellus Lucanus, *De la Nature de l'univers*; de Timée de Locres, *sur l'Ame du Monde*; des *quatre Poétiques* (Aristote, Horace, Vida, Boileau) et d'une *Lettre d'Aristote sur le Système du Monde*. Sa version d'Horace est privée du feu sacré qui animait le chantre de Lalagé et de Tibur. Delille estimait le savoir, la critique et le goût de cet académicien : le traité *des Beaux-Arts réduits à un même principe* justifie le jugement du traducteur des *Géorgiques*. Quant aux *Éléments de Littérature*, plusieurs fois réimprimés et attribués à ce professeur, ce ne sont que des extraits de son *Cours de Belles-Lettres*, qu'on a rafraîchis sous ce titre nouveau. Batteux mourut d'une hydropisie de poitrine, à l'âge de soixante-huit ans; il fut inhumé dans l'église de Saint-André-des-Arcs, où le ministre Bertin lui fit construire un tombeau : hommage mérité à la fois à l'honnête homme et au savant. DENNE-BARON.

BATTHYANI (Maison de), l'une des plus riches, des plus anciennes et des plus célèbres familles de magnats hongrois, qui fait remonter sa généalogie à Cœrs, l'un des compagnons d'Arpad dans l'invasion de la Pannonie par les Magyares (884), et qui a fourni à la Hongrie un grand nombre de guerriers et d'hommes d'État. Elle fut élevée à la

BATTHYANI

dignité de baron de l'empire d'Allemagne en 1585, à celle de comte en 1630, puis, dans sa ligne aînée, à celle de prince en 1764, et se distingua constamment par l'attachement et la fidélité que ses membres témoignèrent à la maison d'Autriche. En 1389 *Grégoire de* Cœrs, castellan de Grân, reçut du roi Sigismond, en récompense de ses services éclatants, la terre de *Batthyani*, dont toute sa famille prit dès lors le nom.

Balthazar Ier de BATTHYANI, mort en 1520, fut conseiller et chambellan de Ladislas Ier, puis ban, capitaine des Jazyges et vice-roi de Bosnie, province qu'il défendit bravement contre les Turks, et plus tard *feld-capitaine* et commandant de Guns. — Son fils, *Balthazar II de* BATTHYANI, né en 1493, grand chambellan du roi Louis, vice-ban de Croatie et de Slavonie en 1518, se comporta vaillamment à la bataille de Mohacs, et mourut en 1542. Son frère, *François Ier de* BATTHYANI, né en 1497, seigneur héréditaire de Gussing (*Nemet-Ujvar*), trésorier, chambellan et grand échanson du roi, grand bailli du comitat d'Eisenburg, ban de Slavonie et de Croatie, se distingua par sa bravoure dans la guerre faite en 1514, sous les ordres d'Étienne Bathori, aux paysans révoltés (*Kourouzes*). Après avoir pris en qualité de général en chef une part décisive à la bataille de Mohacs, il soutint ensuite tantôt le parti de Zapolya, tantôt celui de Ferdinand, et, par le courage dont il fit preuve dans les années 1546 à 1557, conserva à ce dernier la possession de la Slavonie et de la Croatie, vivement menacées par les Turks. Il mourut le 28 novembre 1566. — *Balthazar III de* BATTHYANI, né en 1538, mort en 1590, fils de Christophe Batthyani, général célèbre, se distingua dans les guerres contre les Turks, notamment en 1580 contre Skanderbeg, pacha de Poséga; il entretenait constamment à ses propres frais un corps de 1200 hommes d'infanterie et de 500 cavaliers. — Son fils, *Adam Ier de* BATTHYANI, fut créé en 1630 comte de l'empire d'Allemagne. — Les deux fils de ce dernier, *Christophe II* et *Paul Ier*, furent les fondateurs de deux lignes, l'aînée et la cadette.

La ligne aînée fut fondée par le comte *Adam II*, qui, dans sa lutte contre Rackozy, conserva la Croatie et la rive droite du Danube à la maison d'Autriche, et qui mourut en 1703 avec le titre de ban de Croatie. — Il eut pour fils *Charles*, prince de BATTHYANI, né en 1697, l'un des membres les plus distingués de cette illustre maison. Il servit d'abord dans la guerre contre les Turks, et accompagna en 1719 l'ambassade autrichienne qui se rendait à Constantinople. Il prit part avec le grade de feld-maréchal-lieutenant aux campagnes du prince Eugène sur le Rhin, et à la dernière guerre contre les Turks, qui eut lieu sous le règne de Charles VI. En 1741 ce prince le nomma conseiller intime. Le prince Charles de Batthyani se distingua surtout dans la guerre de succession de Bavière, où, par la victoire qu'il remporta à Pfaffenhofen sur les Français et les Bavarois (15 avril 1745), et par la conquête de la Bavière qui en fut la suite, il contribua essentiellement à la paix de Füssen (22 avril 1745). Plus tard, il commanda en qualité de feld-maréchal sur les bords du Rhin et dans les Pays-Bas, encore bien que ses efforts n'aient pas toujours été couronnés de succès, mais de manière à mériter et à obtenir l'estime même de l'ennemi. Après la conclusion du traité de paix d'Aix-la-Chapelle, Batthyani fut grand-maître de la cour de l'archiduc, qui fut depuis l'empereur Joseph II; mais il renonça à cette position en 1763, et mourut en 1772 après avoir été élevé à la dignité de prince de l'empire par droit de primogéniture. — Son fils, *Adam-Wenceslas*, prince de BATTHYANI, né le 27 mars 1722, d'abord vice-ban de Croatie, puis en 1767 général d'artillerie (*feldzeugmeister*) et conseiller intime. Il mourut le 25 octobre 1787 pendant un voyage à Sacco dans le Tyrol méridional. Le fils de celui-ci, le prince *Louis de* BATTHYANI, mort le 15 juillet 1806, fut le père des deux frères encore vivants aujourd'hui : le prince *Philippe de* BATTHYANI, né le 13 novembre 1781, seigneur héréditaire de Gussing, chambellan et conseiller intime de l'empereur et roi, et le comte *Jean-Baptiste de* BATTHYANI, né le 7 avril 1784. Le premier est aujourd'hui le chef de la branche princière de la famille. — Le comte *Antoine de* BATTHYANI, né le 14 décembre 1762, mort le 20 septembre 1828, était le petit-fils d'Adam-Wenceslas de Batthyani. — Il laissait en mourant deux fils, le comte *Gustave* BATTHYANI, né le 3 décembre 1805, et le comte *Casimir* BATTHYANI (*voyez* ci-après l'article qui lui est spécialement consacré).

La ligne cadette ou des comtes de Batthyani, fondée par Paul Ier, se divisa par ses deux fils, *Adam*, né en 1704, et *Emmerich*, né en 1711, en deux branches qui fleurissent encore aujourd'hui dans de nombreux rameaux. L'un des fils d'Adam, le comte *Louis de* BATTHYANI, palatin de Hongrie sous le règne de Marie Thérèse, de 1751 à 1765, fut le père de *Joseph de* BATTHYANI, né à Vienne le 30 janvier 1727. Celui-ci, prélat qui rendit d'essentiels services à l'Église et à l'État, et que l'empereur Joseph tenait en estime particulière, fut nommé en 1752 chanoine de Grân, en 1759 évêque de Transylvanie, en 1760 archevêque de Kolocsa, en 1776 prince-primat de Hongrie et archevêque de Grân, en 1778 cardinal, et mourut à Presbourg le 23 octobre 1799. Dans toutes les circonstances critiques et décisives où se trouva sa patrie, on le vit constamment faire preuve du plus complet dévouement à la chose publique. — La ligne mâle de *Batthyani-Scharfenstein* s'éteignit en la personne du son frère, le comte *Jean-Népomucène de* BATTHYANI, seigneur de Scharfenstein, né le 16 novembre 1747, mort le 6 juin 1831. — Une autre branche collatérale de la ligne fondée par le comte *Adam Ier* est la branche de Sigismond, aujourd'hui encore existante, et qui a pour chef le comte *Joseph-Emmanuel*, né le 19 décembre 1772. Le comte *Louis de* BATTHYANI, dont on trouvera ci-après l'article spécial, appartenait à un rameau éloigné de cette branche. — Le comte *Emmerich Ier*, né en 1711, fils cadet du comte Paul Ier, fut le fondateur du rameau de Pinkafeld. Il laissa plusieurs fils, dont quatre servent de souches à autant de branches collatérales. — Le second fils, le comte *Ignace de* BATTHYANI, né en 1741, évêque de Karlsburg depuis 1781, mort le 17 novembre 1798, fut un protecteur aussi généreux qu'éclairé des sciences et des lettres en Transylvanie. Il légua sa riche et nombreuse bibliothèque ainsi qu'un capital considérable à l'observatoire qu'il avait fondé de ses propres deniers à Karlsburg, et a laissé plusieurs écrits estimés. — Le fils aîné d'Emmerich Ier, le comte *Joseph de* BATTHYANI, né en 1738, laissa trois fils : le comte *Joseph*, né le 23 décembre 1770; le comte *Vincent*, né en 1772, mort en 1827, conseiller intime, vice-président du conseil aulique et grand bailli (*Obergespan*) du comitat de Hont; et le comte *Nicolas*, né en 1778, mort le 14 avril 1782. — L'un des fils du comte Vincent, le comte *Arthur* BATTHYANI, est aujourd'hui au service d'Autriche. — Du troisième fils d'Emmerich Ier, le comte *Emmerich II de* BATTHYANI, né en 1742, descendent les comtes : *Emmerich III*, né en 1786, conseiller intime, grand écuyer de la couronne de Hongrie; et *Étienne*. — Les fils de ce dernier sont les comtes : *Étienne*, né le 30 août 1812, et *Ladislas*, né le 12 août 1815. — Le quatrième fils d'Emmerich Ier fut *Aloys de* BATTHYANI, né en 1743, entré dans l'ordre des jésuites, puis, à la suppression de l'ordre, se maria, se prononça en faveur des protestants dans le sein de la diète tenue en 1790 à Ofen, et mourut en 1821. On a de lui divers ouvrages très-hardis, écrits tantôt en latin, tantôt en allemand et aussi en hongrois. — Le cinquième fils d'Emmerich Ier, qui portait le même nom, fonda un quatrième rameau des comtes *Batthyani de Pinkafeld*, dont les représentants mâles encore vivants sont les comtes *Sigismond*, né en 1810, et *Charles*, né en 1798.

BATTHYANI (CASIMIR, comte), ministre des affaires étrangères de Hongrie à l'époque de la révolution, né le 4 juin 1807, parcourut la plus grande partie de l'Europe après avoir terminé ses études, fit alors surtout un long séjour en Angleterre, et à son retour dans sa patrie se rattacha étroitement au parti libéral, dont il défendit les intérêts déjà dans la diète de 1840, mais avec plus d'énergie encore dans celles de 1843 et 1844. Il secondait avec une générosité vraiment princière toutes les entreprises nationales, et favorisait notamment à l'étranger l'impression d'ouvrages libéraux en langue hongroise. C'est ainsi qu'il a publié lui-même à Leipzig, en 1847, un certain nombre de ses discours à la diète de Hongrie. Nommé dans l'été de 1848 grand-bailli (*Obergespan*) et commissaire du gouvernement dans le comitat de Barany, il se montra non-seulement commissaire actif, mais soldat énergique dans la lutte hongroise et croate. Il occupa avec des troupes hongroises la place forte d'Esseg, assura la navigation du Danube et de la Drave, et remporta des avantages assez importants dans les combats livrés le 13 novembre à Szarwas, et le 19 décembre à Chézin. Quand, au mois de février 1849, Esseg dut se rendre aux Autrichiens, Batthyani se réfugia à Debreczin, et le gouvernement hongrois, qui y résidait, le nomma gouverneur civil et militaire de la petite Koumanie, de Szegedin, de Theresiopel et de Zombor; titre avec lequel il prit plus tard part à l'expédition de Perczel dans la Bacska. Quand l'indépendance de la Hongrie eut été proclamée, le 14 avril 1849, il fut nommé ministre des affaires étrangères; mais, en raison des circonstances si critiques où se trouvait alors son pays, il ne lui fut pas donné d'agir fort utilement en cette qualité. Il suivit aussi Kossuth dans sa retraite sur Szegedin et Arpad, et protesta, mais trop tard, contre l'élévation de Goergey aux fonctions de dictateur faite à son insu. Après la catastrophe de Vilagos, il se réfugia à Widdin, et fut ensuite interné par le gouvernement turk avec les autres chefs de la révolution, d'abord à Schoumla, et plus tard à Kutaych. Lorsque le gouvernement turk se fut décidé à rendre la liberté aux réfugiés hongrois, le comte Batthyani obtint la permission de venir à Paris, tandis que Kossuth, avec lequel il avait rompu, se rendait aux États-Unis en passant par l'Angleterre (septembre 1851). Il y vécut quelques mois dans la retraite; mais les événements le forcèrent, vers la fin de cette même année, à quitter la capitale de la France.

BATTHYANI (Louis, comte), président du conseil des ministres de la Hongrie à l'époque où ce pays proclama son indépendance, né à Presbourg en 1809, entra dans l'armée à l'âge de seize ans comme cadet. Le vue et l'étude des chefs-d'œuvre artistiques de Venise, où il avait été envoyé en garnison, contribua singulièrement à développer son intelligence et à perfectionner son éducation, qui avait été assez négligée. Après avoir gagné un procès intenté pour mettre un terme aux folles prodigalités de sa mère, et après être entré, à sa majorité, en possession d'une grande fortune, il renonça à la carrière militaire, d'après les conseils de Rumohr, et, obéissant aux tendances depuis longtemps innées dans sa famille, il se consacra avec ardeur aux études scientifiques et politiques. Il entreprit avec sa femme, la comtesse *Antonie* ZICHY (née le 14 juillet 1816, mariée le 3 décembre 1834), un grand voyage en Europe et jusqu'en Orient. A son retour, il fut si vivement frappé du mouvement national qui se prononçait chaque jour de plus en plus dans son pays, qu'il étudia sous la direction de Horvath la langue et l'histoire hongroise, qu'il n'avait jusqu'alors que fort imparfaitement connues, et dès 1840 il était en état de figurer comme orateur de l'opposition à la Table des magnats. Encouragé par les éloges qui lui arrivèrent de toutes parts, il se lia de plus en plus avec le parti libéral, combattit énergiquement à la diète de 1843 et 1844 les propositions du gouvernement et des conservateurs, appuya toutes les motions patriotiques faites en faveur du commerce et de l'industrie, et prit ouvertement parti contre le chancelier du royaume Appony et l'institution des administrateurs.

Quoique à l'origine l'un des adversaires de Kossuth, il en vint peu à peu à se lier si complètement avec lui que plus tard il mit tout en œuvre pour faire réussir l'élection de Kossuth en qualité de député du comitat de Pesth à la diète de 1847. L'influence de Batthyani s'accrut lorsque l'archiduc Étienne, son ami depuis plusieurs années, fut nommé palatin de Hongrie. Les journées de mars 1848 ayant assuré la victoire de l'opposition et donné un ministère particulier à la Hongrie, Batthyani en fut nommé président le 17 mars. La fidélité à la maison de Habsbourg et le maintien de l'union politique de la Hongrie et de l'Autriche furent incontestablement les principes que Batthyani s'efforça de faire prévaloir dans la position si difficile qu'il n'avait pas craint d'accepter. Mais les embarras allant toujours croissant et la situation devenant de plus en plus tendue, Batthyani déposa son portefeuille le 11 septembre, à la suite de négociations infructueuses avec le ministère autrichien, et de l'invasion de la Hongrie par le ban Jellachich. On ne saurait nier qu'il eût plutôt de bonnes intentions que la capacité qui lui eût été nécessaire pour présider aux destinées de sa patrie dans l'état de trouble et de confusion où elle se trouvait alors plongée. Dès le lendemain 12 septembre, l'archiduc palatin appelait Batthyani à se mettre à la tête d'une administration nouvelle, et à composer un cabinet qui, bien que formé d'hommes très-modérés, n'obtint cependant pas la sanction royale. A la suite de la dissolution de la diète et de l'assassinat du comte Lambert, nommé aux fonctions de commissaire civil, Batthyani se rendit à Vienne, en partie pour prévenir les suites de ces sanglants événements, et en partie aussi pour y déterminer le gouvernement à composer un nouveau ministère. Ses efforts n'ayant amené aucun résultat, il revint le 5 octobre dans son domaine d'Ikervar. Il arma alors ses domestiques, et, une fois les hostilités commencées, il combattit à leur tête dans le corps franc de Vidos; mais à quelque temps de là une chute le mit hors d'état de prendre part davantage aux opérations de la guerre.

Au mois de novembre 1848 il se rendit à Pesth pour y siéger à la diète, mais ne fut point appelé à faire partie du comité de défense. Dans la dernière séance que la diète tint à Pesth, Batthyani fit décider qu'une députation chargée de traiter de la paix serait envoyée au prince de Windischgraetz, qui dès les premiers jours de janvier 1849 s'approcha de la capitale de la Hongrie à la tête d'une armée autrichienne. Cette députation, à laquelle s'adjoignit Batthyani, ne fut point admise. Batthyani resta à Pesth, tandis que le gouvernement hongrois et la diète se retiraient en toute hâte à Debreczin, et fut arrêté dans l'hôtel de sa belle-sœur la comtesse Karolyi, après l'entrée de Windischgraetz dans la capitale, le 8 janvier 1849. On le transféra successivement à Ofen, à Olmutz et à Laibach; puis on le ramena à Pesth, où, le 5 octobre, il fut condamné par sentence d'un conseil de guerre à être pendu. Mais dans la nuit même, Batthyani se porta au cou diverses blessures à l'aide d'un poignard, de telle sorte que l'exécution ne put avoir lieu que dans la soirée du 6, et qu'il fallut fusiller le patient. Batthyani mourut avec la plus grande fermeté. Ses biens furent confisqués, et sa veuve se retira avec ses trois enfants à l'étranger. La condamnation de Batthyani eut lieu à l'improviste, et produisit généralement une impression d'autant plus pénible qu'on ne la croyait point comme justifiée. Consultez Horvath, *Louis Batthyani, martyr politique* (Hambourg, 1850).

BATTOLOGIE. On entend par cette dénomination une répétition ou une abondance stérile de mots vides de sens. Voici quelle serait, d'après quelques étymologistes, l'origine de ce terme. Certain *Battus*, roi des Cyrénéens, était bègue et avait coutume de répéter plusieurs fois les mêmes syllabes en parlant; de là les Grecs appelèrent *battologie*, de son nom *Battos*, et de λόγος, discours, ce que nous nommons, nous, *redondance*. Nous serions tentés de préférer à cette version celle qui ferait de *Battus* un poète ennuyeux, dont les longueurs et les redites auraient donné naissance à cette expression. D'autres enfin la font remonter au personnage du même nom qui découvrit par son indiscrétion le vol des troupeaux d'Apollon commis par Mercure. *Voyez* BATTUS.

BATTUE. Ce n'est point ici un adjectif, cet adjectif que recherche, dit-on, la femme russe, heureuse de trouver dans l'emportement de son époux une preuve d'amour. Si ce témoignage se fait attendre, elle s'afflige, disent les voyageurs; et elle se contente, quand elle le reçoit, de cette recommandation ingénue : « Pas sur la tête, mon cœur ! » *Battue* est ici un substantif : c'est un terme de chasse. Il exprime l'action de faire parcourir un bois, toute une contrée, par un nombre plus ou moins considérable de chasseurs armés ou désarmés, femmes et enfants, qui poussent des huées, effrayent le gibier par de grands cris, et frappent ordinairement avec un bâton les moindres buissons qu'ils rencontrent. De là le mot de *battue*. C'est particulièrement contre le sanglier et le loup que se pratique cette levée d'adversaires. Elle est quelquefois prescrite par l'autorité municipale contre un loup qui désole l'arrondissement. Elle ne réussit pas toujours contre l'ennemi qu'on attaque, mais elle est souvent funeste aux chasseurs eux-mêmes, soit on les exposant à la dent furieuse de l'animal exaspéré, soit à leur propre maladresse : car il est souvent arrivé que, demi-cachés dans l'épaisseur du fourré, ils ont tiré les uns sur les autres. Le moyen le plus prudent et le plus sûr pour se défaire d'un loup est de traîner une bête morte dans les environs de sa demeure ; il est infailliblement attiré là dans la nuit, et on peut le surprendre à l'affût, pourvu que cette nuit soit sans lune.

La *battue* était la chasse de prédilection de Charles X. Entouré de ses officiers, il se tenait ordinairement au milieu d'un carrefour formé par des taillis élagués avec beaucoup de soin jusqu'à la hauteur d'un mètre, afin de faciliter le tir des faisans et du gibier à plumes. Le nombre des rabatteurs dépassait souvent cent cinquante. Aussi le gibier, enfermé comme dans un réseau, venait-il par troupeaux s'offrir aux canons des fusils ; il y a de ces quatorze cents pièces tuées dans quelques heures de chasse par trois ou quatre personnes seulement, auxquelles on présentait des fusils tout chargés.

H. DE LATOUCHE.

BATTUECAS. Ainsi s'appellent deux vallées profondément encaissées entre de hautes montagnes, situées à 60 kilomètres de Salamanque, dans la province d'Estramadure. On se fera une idée de leur profondeur en pensant qu'aux plus longs jours de l'année le soleil n'y demeure que quatre heures sur l'horizon. Elles sont du reste tellement inaccessibles que la tradition raconte que leurs habitants, oubliés, ont été pendant plusieurs siècles complètement ignorés des autres provinces de l'Espagne. Un couvent de carmélites y fut fondé dès l'année 1559. Madame de Genlis a pris pour sujet de son roman les *Battuecas* (2 vol., Paris, 1816) la version suivant laquelle ces vallées n'auraient été découvertes qu'au seizième siècle par deux amants qui fuyaient les persécutions de leurs familles.

BATTUS, berger de Pylos, avait promis à Mercure de ne découvrir à personne le vol du troupeau d'Apollon, qu'il lui avait vu commettre, et en avait reçu en récompense la plus belle vache de celles que le dieu avait dérobées. Peu après, et dans le dessein de l'éprouver, Mercure revint, sous la forme d'un paysan, lui offrir un bœuf et une vache s'il voulait découvrir ce qu'il était le troupeau qu'on cherchait. Battus, tenté par une plus forte récompense, révéla le secret, et Mercure, indigné, le changea en pierre de touche, pierre dont on se sert pour éprouver la nature et la pureté des métaux.

BATYNE (Bataille de). Le 19 septembre 1810, les Russes, commandés par Kamenski, remportèrent sur Muhtar-Pacha, général turc, une victoire brillante près de Batyne, village situé sur le Danube et à peu de distance de Routchouk. Après avoir battu la flottille turque sur le Danube, les Russes emportèrent d'assaut le camp de Muhtar, établi au confluent du fleuve et de la Iantra. Muhtar se sauva avec un petit nombre d'hommes ; mais Ahmed-Pacha fut obligé de se soumettre avec tous les siens à la discrétion des vainqueurs, auxquels ce succès valut Sistova, Cladova, Giurgevo et Routchouk.

BATZE, monnaie qui fut frappée pour la première fois vers la fin du quinzième siècle à Berne. Ce nom n'est, dit-on, que la corruption du mot *bar* (ours), et provient de l'ours qui figure dans les armes du canton et qui est reproduit sur ces pièces de monnaie. Elles circulèrent bien vite en Suisse et dans le midi de l'Allemagne ; mais il y a déjà longtemps qu'on ne les reçoit plus que sur le territoire suisse, et encore la valeur en varie-t-elle suivant les cantons. Le *franc*, monnaie de compte admise autrefois en Suisse, contenait dix *batzen*; mais la loi de 1850, qui a introduit dans toute la confédération le système monétaire en usage en France, n'a point adopté la dénomination de *batze*.

BAUCHE ou **BAUGE**. *Voyez* TORCHIS.

BAUCHER (Méthode d'équitation de). M. Baucher ne s'est pas contenté de déployer son habileté dans la pratique de son art; il y a appliqué tous les efforts de réflexion d'un esprit pénétrant, et a créé une méthode d'équitation qui a soulevé dès sa naissance et qui soulève encore tous les jours de vives controverses. L'équitation est un art très-compliqué, et le but à atteindre par l'éducation du cheval change avec l'usage que l'on en veut faire. Une seule méthode d'équitation ne peut comprendre tous les cas et produire à la fois des résultats contradictoires. C'est là ce que ne voient pas les inventeurs qui, comme M. Baucher, veulent donner trop d'extension à leurs découvertes, et en nient les lacunes ou les inconvénients.

Élevé dans l'équitation de manège, c'est sur celle-là que M. Baucher a porté son attention. Il s'occupe d'abord de *placer* le cheval, c'est-à-dire de faire prendre à toutes les parties mobiles des positions telles que l'animal puisse se mouvoir le plus facilement possible. Pour arriver à ce résultat, il travaille successivement les diverses parties, en commençant par la position de la tête. Au lieu de se reposer entièrement, pour le placement de la tête, sur l'effet du mors, il observe que la position de la tête, qui a tant d'influence sur la résistance ou l'obéissance du cheval, dépend d'abord de celle de l'encolure, et que c'est par la roideur des muscles de l'encolure que le cheval résiste. Il commence donc par assouplir ces muscles, et par cela soumet le cheval au *pliement*. L'articulation de la mâchoire mobile est aussi travaillée et assouplie, parce qu'elle est employée dans la résistance du cheval. En donnant par la flexibilité de l'encolure et celle de la mâchoire mobile l'habitude de l'obéissance de ces parties à la volonté du cavalier, la nouvelle méthode n'a pas accompli toute sa tâche; elle s'occupe ensuite d'assouplir les épaules, la croupe et les hanches ; l'ensemble de ces travaux constitue la mise en équilibre, le *ramener*.

Par le *ramener*, le cavalier a conquis le pouvoir d'arrêter le cheval et de favoriser l'essor de ses forces ; il lui reste à faire de ce pouvoir un bon usage. Pour cela, M. Baucher emploie l'*attaque*, c'est-à-dire l'emploi des jambes et même de l'éperon sans autre effet que le *rassembler*, c'est-à-dire la préparation du cheval à l'effort qu'il devra produire. Ainsi, dans cette méthode, l'éperon devient un aide, et n'est, non pas à mettre le cheval en mouvement, mais à l'y préparer.

Nous avons exposé ce qu'il y a de plus général dans la nouvelle méthode ; nous allons citer deux de ses applications les plus neuves et les plus hardies. Reculer est un mouvement que le cheval monté n'exécute ordinairement qu'avec difficulté, parce que, la main du cavalier faisant refluer la masse du cheval sur l'arrière-main, l'animal se traîne avec difficulté. M. Baucher se sert des jambes de telle façon que le cheval, commençant son mouvement par les pieds de derrière, recule presque aussi facilement que s'il marchait en avant. Quand un cheval est lancé au galop, quel point d'appui peut-il prendre pour s'arrêter subitement? Celui de ses pieds de derrière arc-boutés le plus en avant possible. M. Baucher, pour arrêter son cheval, lui en donne le moyen en se servant vivement des jambes pour qu'il porte ses pieds de derrière en avant, et il l'arrête sur ce temps. On voit que l'emploi des jambes ne se borne plus à *porter le cheval en avant*. Il en résulte malheureusement dans l'application de la nouvelle méthode des difficultés graves.   I. Favé.

BAUCIS. *Voyez* Philémon.

BAUDE (Jean-Jacques, baron), né à Valence, en 1792, ancien conseiller d'État, ancien député, est le fils d'un employé à la comptabilité de l'armée d'Égypte, qui, parce qu'il avait été le camarade de collège de M. de Montalivet père, obtint sous l'empire de lucratives préfectures et le titre de baron, mais que la Restauration rendit plus tard aux douceurs de la vie privée.

Comme tant d'autres, qui se ruèrent sur les emplois publics aussitôt après la victoire du peuple en 1830, M. Baude fils serait demeuré inaperçu dans les rangs pressés des heureux exploiteurs de la révolution de juillet, si son nom ne se trouvait pas fatalement mêlé au souvenir d'une des plus néfastes journées qui signalèrent le nouveau régime. Nous voulons parler du 13 février 1831. M. Baude était alors préfet de police ; dans une circonstance qui exigeait autant de fermeté que de vigueur, il ne fit preuve que d'une faiblesse et d'une nullité auxquelles on ne saurait comparer que l'incapacité qui l'avait empêché de prévoir les scènes déplorables de cette journée, et qui ne lui avait permis que de s'occuper niaisement de la marche du bœuf gras dans les rues de Paris. On le vit bien alors, flanqué de deux gendarmes, parader sur le cheval gris aux abords de l'église Saint-Germain-l'Auxerrois, que la foule saccageait, mais il était impuissant à prendre une mesure énergique. Le lendemain, ce fut bien pis encore : chargé de veiller au maintien de l'ordre dans la cité, disposant à cette qualité de ressources immenses et de moyens de répression que possède à Paris un préfet de police qui a toute une armée à sa disposition, M. Baude ne sut rien prévoir, et, perdant plus complétement encore la tête que la veille, il permit à l'émeute de se réorganiser pour se ruer cette fois sur l'archevêché de Paris, le saccager de fond en comble, et n'y pas laisser pierre sur pierre. Ivre de fureur et surexcitée par ses propres excès, la foule s'en prit aux symboles mêmes du christianisme, et abattit les croix qui surmontaient les différentes églises de la capitale. Si M. Baude avait eu du cœur, à défaut de l'intelligence de son devoir, il eût dû se faire tuer par les démolisseurs sur les décombres de l'archevêché, ou empêcher le sac de ce palais et ces saturnales du mardi-gras 14 février 1831, qui resteront une tache indélébile dans l'histoire de la révolution de 1830.

Où était-il alors que la foule de curieux réunie suivant l'usage sur les boulevards voyait avec stupeur quelques centaines de misérables, dont un escadron de gendarmes eût eu facilement raison, traîner dans la boue et livrer aux plus sacriléges outrages les ornements sacerdotaux, les emblèmes vénérables du culte, parodier les augustes mystères et les imposantes cérémonies du catholicisme ? où était-il, cet administrateur pusillanime, quand le divin signe de la rédemption était foulé publiquement aux pieds par des malheureux ivres de liqueurs fortes, et tombait, aux insultantes acclamations d'une populace en vertige, du faîte des édifices consacrés au culte de Jésus-Christ ? Nul ne peut le dire. M. Baude disparut complétement dans cette effrayante scène de désorganisation sociale, provoquée en grande partie par son incapacité, et personne ne s'enquit de ce qu'il était devenu. L'opinion publique, justement indignée d'excès que ne sauraient justifier les audacieuses provocations du parti carliste, ne regarda pas comme une satisfaction suffisante l'article du *Moniteur* qui le lendemain 15 annonça que M. Baude était remplacé à la préfecture de police par M. Vivien.

Dans tout autre pays M. Baude eût été condamné à rentrer dans son obscurité première, et le pouvoir, soucieux de sa dignité, se fût bien gardé de confier de nouveau des fonctions publiques à un homme au nom duquel se rattachaient de si tristes souvenirs. Il n'en fut point ainsi. M. Baude, appelé au conseil d'État, trouva au contraire dans l'administration l'appui nécessaire pour se faire réélire député, et reçut depuis à diverses époques des missions de confiance, notamment en Algérie. C'est ainsi qu'il accompagna, nous ne savons trop en quelle qualité, la première expédition tentée contre Constantine par le maréchal Clauzel, lequel, nous a-t-on assuré, ne comprenait pas parfaitement de quelle utilité pouvait lui être contre les Bédouins du désert le préfet qui en 1831 avait montré si peu de décision et de fermeté devant les bédouins de Paris. On expliqua, du reste, alors les égards constants du pouvoir pour un fonctionnaire qui n'avait pas même le mérite de savoir le soutenir de sa plume dans la presse ou de sa parole à la tribune, par la reconnaissance due à l'énergie déployée par M. Baude dans les journées de juillet, et à l'honorable initiative de sa résistance aux ordonnances de Charles X en sa qualité de rédacteur du *Temps*. Nous voudrions qu'il nous fût possible de partager cette opinion.

Dans les derniers mois de 1829, c'est-à-dire quand tout annonçait le *commencement de la fin*, M. Baude, ancien sous-préfet de l'empire, à qui en 1815 la seconde Restauration n'avait pas tenu compte du zèle bourbonnien qu'il avait montré en 1814, sous prétexte que dans les Cent-Jours il avait témoigné tout autant d'empressement à saluer le retour inespéré de S. M. l'empereur; M. Baude avait quitté la province au fond de laquelle il menait une existence toute végétative, pour venir prendre une part importante, comme capitaliste, à la fondation du *Temps*; participation grâce à laquelle il s'était assuré dans ce journal une position de rédacteur influent. Or, les ordonnances, en portant un coup mortel à cette spéculation politico-commerciale, frappaient en lui bien plus encore l'*actionnaire* que le publiciste. Nous en pourrions, d'ailleurs, citer plus d'un parmi ces sauveurs de la patrie qui durent le courage et l'énergie dont ils firent preuve le 26 au soir, en apposant leurs noms au bas de la fameuse protestation de la presse, à beaucoup de verres de punch, et qui le lendemain, lorsque vint le réveil, lorsqu'ils comprirent enfin quel jeu terrible ils avaient joué le soir précédent, s'enfuirent éperdus à Ville-d'Avray ou à Montmorency. M. Baude, tout en lui faisant justice à lui rendre, loin de songer à fuir, ne quitta pas un seul instant les bureaux de son journal. Sollicité le 27 par des combattants de descendre dans la rue et d'être leur porte-drapeau, il répondit avec un grand sens que lorsque la patrie est en danger, le poste d'un journaliste est à ses presses. Il ne les quitta donc que lorsque tout danger eut disparu et que le peuple vainqueur se fut emparé de l'hôtel de ville. A cette nouvelle, prenant sa course à travers les barricades, au risque de se rompre le cou et de se casser les jambes, il se dirigea avec une rapidité toute patriotique vers l'antique édifice devenu dès lors, à ce qu'il paraît, le poste d'honneur des journalistes comme de tous ceux qui voulaient avoir part à la curée. Il y arriva essoufflé, hors d'haleine. Aussi l'instinct de la conservation, souvent plus fort chez l'homme que le sentiment des convenances, le força-t-il de chercher tout d'abord à satisfaire la soif brûlante qui le dévorait. Ils étaient là cinq cents, peut-être mille, accourus comme lui de tous les coins de Paris avec une vitesse prodigieuse ; car trois quarts d'heure à peine s'étaient écoulés depuis que le drapeau tricolore flottait au haut du campanile de l'hôtel de ville.

L'ardeur du jour, les émotions de la lutte, ou de la course, avaient produit chez tous ces hommes une soif qu'il fallait étancher à tout prix. Un témoin oculaire nous a raconté l'étrange impression qu'avait produite sur lui, dans une sombre office, voisine des cuisines de M. de Chabrol, la vue de M. Baude attendant là impatiemment, avec une douzaine d'autres héros, que son tour vînt de boire à même une large casserole de cuivre que, à défaut de verres, un marmiton tout tremblant venait de remplir de vin blanc, et que ces vainqueurs, épuisés de fatigue, se repassaient fraternellement.

M. Baude ne tarda pas, du reste, à recueillir la récompense due au dévouement dont il avait fait preuve envers son pays dans cette course au clocher. On fit de lui d'abord un préfet de la Manche, et tour à tour un sous-secrétaire d'État au ministère de l'Intérieur, un directeur général des ponts et chaussées, un préfet de police, et l'on vient de voir jusqu'à quel point, dans l'exercice de ces dernières fonctions, il justifia les faveurs du pouvoir nouveau. Aussi peut-on dire avec quelque raison que c'est de chute en chute qu'il a réussi à attraper au conseil d'État un fauteuil dont la révolution de février 1848 l'a précipité pour le replonger dans l'oubli. Du reste, le jugeant, un peu tard il est vrai, selon son mérite, les électeurs de Roanne avaient fini en 1846 par lui retirer leur mandat.

Nous allions oublier de dire que c'est M. Baude qui fit la première proposition sur le bannissement légal des Bourbons de la branche aînée et la vente forcée de leurs biens. Cette proposition fut mitigée, quant aux termes, par la commission avant de devenir loi.

BAUDELOCQUE (Jean-Louis), célèbre chirurgien accoucheur, né à Heilly (Somme), en 1746, et mort à Paris, au commencement de 1810. Baudelocque, après avoir reçu de son propre père les premiers éléments de son art, vint à Paris, où il s'appliqua à la fois à l'anatomie et à la chirurgie, et devint bientôt le collègue et l'émule de Desault. Déjà Smellie et Levret avaient donné une nouvelle impulsion et une nouvelle direction à l'art des accouchements; Solayrès, enlevé prématurément à la médecine, occupait alors l'attention du public par les cours qu'il avait ouverts, et où il s'attachait à développer et à expliquer les avantages de la nouvelle méthode, qui avait appelé la mécanique au secours de la science. Baudelocque était devenu un des auditeurs assidus de ces leçons, et le professeur, qui avait su le distinguer, lui confia le soin de terminer un de ses cours, qu'il avait été forcé d'interrompre. Cette circonstance décida de la vocation et de la réputation future du jeune praticien, dont les succès couronnèrent bientôt le zèle, en même temps qu'ils vinrent justifier la bienveillance du protecteur. Reçu en 1776 par le collége de chirurgie de Paris, Baudelocque fut quelque temps après chargé d'enseigner l'art des accouchements à l'École de Santé, que l'on venait de créer sur les débris des facultés de médecine et du collége de chirurgie, et nommé en même temps chirurgien en chef et accoucheur de l'hospice de la Maternité.

Baudelocque a laissé plusieurs ouvrages, qui sont devenus classiques, et qui ont été traduits dans plusieurs langues : 1° *Principes sur l'Art des Accouchements* (1775); 2° *l'Art des Accouchements* (1781) : le premier de ces ouvrages était spécialement destiné aux sages-femmes et aux habitants des campagnes; le second, composé pour les chirurgiens et les médecins, comportait plus d'étendue, et n'eut pas moins de succès; 3° un grand nombre de *Mémoires*, *Dissertations*, *Rapports sur les maladies des femmes, des enfants, et sur les accouchements*, qui ont été imprimés à part ou insérés dans différentes collections; 4° des notes ajoutées à la traduction de la *Médecine pratique* de Stoll; 5° enfin, la *collection* inédite *de ses observations*, fruit de quarante années d'études et de recherches. Baudelocque ramena par son exemple les praticiens à ne considérer l'accouchement que comme un acte qui entre dans le but de la nature, et que dès lors elle doit le plus souvent accomplir par ses propres forces. Il rendit beaucoup plus simples les secours que quelquefois il exige, et concourut beaucoup à faire rejeter cet attirail effrayant d'instruments dont cet art surchargeait encore alors sa pratique. Ses démêlés avec Sacombe au sujet de l'opération de la symphyse eurent un fâcheux éclat.

Deux autres docteurs de la même famille ont depuis dignement porté le nom du savant accoucheur dont nous venons de parler. L'un, *Auguste* BAUDELOCQUE, son neveu, a publié une brochure remarquable intitulée : *Nouveau moyen pour délivrer les femmes contrefaites, à terme et en travail, substitué à l'opération appelée césarienne* (1824), ainsi que plusieurs mémoires importants sur des sujets analogues, en particulier sur la compression de l'aorte pour remédier aux pertes utérines. L'autre, *Auguste-César* BAUDELOCQUE, docteur et agrégé de la Faculté et membre de l'Académie de Médecine de Paris, médecin de l'hôpital des Enfants, né à Heilly (Somme) en 1795, est mort en 1851. Ses principaux ouvrages sont : *Traité de la Péritonite puerpérale*; *Traité des Hémorrhagies internes de l'Utérus qui surviennent pendant la grossesse, dans le cours du travail et après l'accouchement*; *Mémoire sur le traitement des maladies scrofuleuses*, etc.

BAUDENS (Jean-Baptiste-Louis), né en 1804, à Aire (Pas-de-Calais), fut reçu docteur à la Faculté de Médecine de Paris en l'année 1827. Il avait fait de brillantes études classiques au collége d'Amiens, et suivi avec d'éclatants succès les hôpitaux militaires de Lille, de Strasbourg et de Paris, dans lesquels il avait remporté plusieurs premiers prix, soit de chirurgie, soit d'anatomie.

La vie active et méritoire du docteur Baudens a la même date que la conquête d'Alger. Employé en qualité de chirurgien aide-major dans l'armée d'expédition du général Bourmont, il eut assez d'autorité pour fonder à Alger même un hôpital d'instruction imité de ceux de Paris, dans lequel il professa avec zèle pendant neuf grandes années l'anatomie et la chirurgie. Il mérita ainsi que des amis bienveillants dissent de lui qu'il avait renouvelé l'école arabe d'Avicenne.

L'âge peu avancé de M. Baudens l'empêcha d'être nommé chirurgien en chef de l'armée d'Afrique; mais, soit comme directeur des hôpitaux militaires, soit comme professeur à Babazoun, comme inspecteur de la quarantaine et chirurgien principal toujours en activité, et plus d'une fois mis à l'ordre du jour de l'armée, M. Baudens appela sur lui l'attention des généraux et le regard bienveillant des visiteurs de la métropole et des princes, dont les attestations honorables firent pleuvoir sur lui toutes sortes de récompenses. Horace Vernet lui-même concourut à sa renommée, et la rendit plus durable en retraçant son portrait dans plusieurs des tableaux que Louis-Philippe avait commandés pour le musée de Versailles.

Revenu en France en 1841, fort de ses services, étayé du bon vouloir du duc de Nemours, qu'il avait connu en Algérie et dont il était devenu le chirurgien et pour ainsi dire l'ami, on le nomma aussitôt chirurgien de l'hôpital du Gros-Caillou, puis chirurgien en chef au Val-de-Grâce, poste où il rendit de grands services en février 1848 et surtout en juin de cette même année. A cette dernière et funeste époque, il fut chargé de traiter plusieurs des neuf généraux qu'atteignit mortellement l'artillerie des insurgés. La blessure du général Duvivier, en particulier, concentra en vain sur elle pendant huit jours son habileté et son dévouement. Ses insuccès d'alors furent pour le moins égaux à ceux de ses confrères; ce qui discrédita pour un moment la méthode de traitement des plaies d'armes à feu au moyen des applications de glace, méthode qui avait tant d'autres fois réussi entre ses mains expérimentées.

Le Val-de-Grâce, en 1850, ayant momentanément cessé

d'être un hôpital d'instruction, M. Baudens offrit sa"démission au ministre de la guerre dès qu'il apprit qu'un inspecteur directeur venait d'être placé à la tête de l'école réinstituée. Le ministre, empêché de charger de la nouvelle direction, dut le nommer chirurgien inspecteur, membre du conseil de santé des armées, espèce de maréchal des officiers de santé militaires.

Dans plusieurs voyages qu'il fit à Paris avant de s'y fixer définitivement, M. Baudens communiqua quelques mémoires à des corps savants. C'est ainsi que nous l'avons entendu lire à l'Académie de Médecine une dissertation très-pittoresque sur les *Bains d'Hamman-Meskoutine*, dont les incrustations calcaires, comparables à celles de Carlsbad et de Saint-Allyre, ont beaucoup trop excité sa surprise. Le même jour M. Baudens fit confidence à cette compagnie du traitement inusité (par l'extension) qu'il venait d'appliquer au duc de Nemours, qui s'était fracturé l'olécrane, espèce de rotule du coude. Cette dernière communication et une autre sur une fracture de mâchoire donnèrent lieu à plus d'une critique ; mais que peut-on objecter au succès ?

M. Baudens a publié : une *Clinique des plaies d'armes à feu* (Paris, 1836); une *Nouvelle Méthode des Amputations et*, comme exemple, *de l'amputation tibiotarsienne* (1842); des *Leçons sur le Strabisme et le Bégayement* selon la méthode ténotomique de Stromayer et de Dieffenbach (1841); *Relation historique de la Campagne de Tagdempt*, etc.   Dr Isidore BOURDON.

BAUDIN (NICOLAS), navigateur et botaniste, né vers 1750, à l'île de Ré, entra fort jeune dans la marine marchande; puis, en 1786, lors de la réorganisation de la marine royale par le maréchal de Castries, obtint le grade de sous-lieutenant de vaisseau dans la flotte. Chargé à quelque temps de là du commandement d'un bâtiment parti de Livourne sous pavillon autrichien pour une expédition scientifique dans les mers de l'Inde, il fit encore dans les Antilles un voyage analogue. A son retour en France, ayant présenté au Directoire la précieuse collection d'objets d'histoire naturelle qu'il avait réunie dans ses courses lointaines, le gouvernement récompensa par le grade de capitaine de vaisseau les services qu'il venait de rendre à la science; et en 1800 ce fut sur lui qu'on jeta les yeux pour le commandement d'une expédition scientifique sur les côtes de la nouvelle Hollande qu'il s'agissait de mieux reconnaître. Il partit, avec les corvettes *Le Géographe* et *Le Naturaliste* sous ses ordres. Après avoir reconnu que les côtes nord-ouest du continent austral étaient inabordables, il parcourut avec soin la grande baie des Chiens-Marins de Dampier (baie du *Dirk-Hertogs des Hollandais*), sur laquelle il donna des renseignements importants ; puis il reconnut la partie située entre le détroit de Bass et l'extrémité de la terre de Nuits, près de la région à laquelle Cook a donné le nom de *Nouvelle Galles du Sud*. La plus grande partie de ses équipages succombèrent aux fatigues de ce voyage, et Baudin lui-même mourut le 16 septembre 1803, à l'île de France. Sa conduite a été l'objet d'assez graves reproches; et le naturaliste Péron, qui a publié une partie de la relation de l'expédition, sous le titre de *Voyage aux Terres australes* (1807), ne mentionne pas même une seule fois le nom du commandant sous les ordres duquel il était placé, sans doute parce qu'il n'aurait pu parler de lui sans dire des choses désobligeantes pour sa mémoire.

BAUDIN (PIERRE-CHARLES-LOUIS) *des Ardennes*, conventionnel, né à Sedan, en 1748, mort en 1799, fut d'abord précepteur des enfants du président Gilbert de Voisins, et devint en 1786 directeur de la poste aux lettres de sa ville natale, qui l'élut pour maire en 1790. Successivement député des Ardennes à la législative et à la convention, il vota pour la détention de Louis XVI jusqu'à la paix, puis pour l'appel au peuple, et enfin pour le sursis. Membre du conseil des Cinq Cents, il voyait avec la plus vive douleur la France s'amoindrir de plus en plus sous l'administration corrompue du Directoire, et mourut de joie, dit-on, en apprenant que Bonaparte, dans lequel il voyait le seul homme en état de sauver le pays, venait de débarquer à Fréjus.

BAUDIN (CHARLES), fils du précédent, vice-amiral et membre du Bureau des Longitudes, né à Sedan, en 1792, mourut à Paris, le 7 juin 1854. En 1808, les mers des Indes virent se livrer un de ces combats dans lesquels nos marins luttaient de courage et d'audace avec les vieux soldats de l'empire : sur la frégate *La Piémontaise*, qui soutint en cette circonstance l'honneur du pavillon français, se trouvait Ch. Baudin, alors enseigne. Le feu de l'ennemi fit au jeune marin une cruelle et glorieuse blessure : il eut le bras droit emporté par un boulet de canon. Ainsi mutilé, l'enseigne Baudin ne crut pas devoir abandonner une carrière qu'il avait embrassée avec ardeur : il ne lui restait plus qu'un bras, mais c'était encore assez pour bien servir sa patrie.

Nous retrouverons le jeune Baudin en 1812; ce sera encore au milieu d'une de ces luttes inégales mais glorieuses dont peut s'enorgueillir la marine française. Lieutenant de vaisseau, il commandait alors le brick *Le Renard* : il reçut l'ordre d'escorter, avec une petite goëlette pour conserve, un convoi de quatorze bâtiments chargés de munitions navales, et en destination pour Toulon. Parti de Gênes le 11 juin, le convoi fut constamment harcelé par les nombreux croiseurs ennemis qui infestaient la Méditerranée; le 16 il se trouvait à la hauteur de Saint-Tropez, poursuivi par un vaisseau de ligne, une frégate et un brick anglais. Le commandant du *Renard* manœuvre de façon à assurer le sort de son convoi, qu'il fait entrer dans le port de Saint-Tropez; puis il vient hardiment offrir le combat au brick ennemi, trop éloigné du convoi du vaisseau et de la frégate pour en espérer un secours immédiat. Arrivé bord à bord, il fait ouvrir le feu, et un combat terrible s'engage entre *Le Renard* et l'ennemi, qui compte un équipage nombreux, et foudroie nos braves marins du feu de ses vingt-deux caronades. Pendant trois quarts d'heure *Le Renard* fit pleuvoir sur le pont ennemi une grêle de projectiles ; on se battait vergue contre vergue ; les deux navires étaient littéralement hachés par les boulets; l'avantage était à nous, et l'ennemi ne pouvait nous échapper, sans l'arrivée de la frégate, sous la protection de laquelle il se réfugia, et qui le remorqua au large, l'arrachant ainsi à la colère de nos braves. Sur quatre-vingt-quatorze hommes composant l'équipage du *Renard*, quatorze furent tués et vingt-huit blessés dans cette chaude action : au nombre des derniers se trouvait le lieutenant Baudin, atteint au moignon du bras qu'il avait perdu quatre années auparavant. Le combat du 16 juin valut à M. Baudin le grade de capitaine de frégate.

La Restauration mit en non-activité cet officier, dont les opinions lui étaient hostiles; mais le repos pesait à son caractère entreprenant : il donna donc sa démission en 1816, et entra dans la marine marchande. On assure que l'officier disgracié avait alors, avec quelques camarades, formé le projet d'aller à Sainte-Hélène délivrer Napoléon. 1830 vint rendre ses épaulettes au capitaine au long cours de la Restauration ; à la fin de 1833 il fut enfin nommé capitaine de vaisseau , et en 1838, trente ans après le jour où il avait perdu un de ses membres au service du pays, M. Charles Baudin était promu au grade de contre-amiral.

A cette époque de graves et sérieuses difficultés avaient surgi entre la France et le Mexique ; notre honneur national exigeait une réparation prompte et éclatante : une expédition fut résolue. Il fallait placer à la tête de l'escadre destinée à opérer contre le Mexique un officier d'une valeur et d'une intelligence éprouvées: ce commandement échut à l'amiral Baudin. Arrivé devant les côtes de la Nouvelle-Espagne avec vingt-trois bâtiments, l'amiral épuisa pendant un mois toutes les voies de conciliation. Il fallut recourir à la force, et le 27 novembre 1838 la frégate *La Né-*

réide, sur laquelle flottait le pavillon amiral, *la Gloire* et *l'Iphigénie*, et les bombardes *le Cyclope* et *le Vulcain*, ouvrirent un feu terrible contre Saint-Jean-d'Ulloa, forteresse regardée comme imprenable par les Mexicains, et qui commande le port et la ville de la Vera-Cruz. Quelques heures suffirent pour éteindre le feu des Mexicains, et le lendemain matin la garnison de Saint-Jean-d'Ulloa, qui n'était plus qu'un monceau de ruines, nous livrait cette forteresse et la ville de la Vera-Cruz. Par une généreuse délicatesse, l'amiral Baudin permit aux Mexicains de laisser dans cette ville mille hommes de troupes pour y maintenir l'ordre. Pendant le combat, un boulet tombé sur la dunette où se trouvait l'amiral avait failli l'emporter ainsi que tout son état-major.

Loin d'être suffisamment averti par la rude leçon qu'il venait de recevoir, et peu touché de la magnanimité avec laquelle s'était conduit l'amiral Baudin, le gouvernement mexicain refusa encore une fois de céder, et envoya de nombreux renforts à la Vera-Cruz. L'amiral et les troupes sous ses ordres eurent à combattre de nouveau, et ce fut toujours victorieusement. Le canot monté par M. Baudin fut criblé de balles dans cette affaire, et plusieurs des marins qui le montaient furent tués ou blessés. Le résultat du combat du 5 décembre fut le désarmement de la Vera-Cruz, la déroute complète des Mexicains, dont le général Santa-Anna eut une jambe emportée dans la bataille, et enfin une paix par laquelle la France obtint une satisfaction, nous ne dirons pas éclatante, car la diplomatie se mêla des négociations, mais au moins suffisante.

M. Baudin reçut la récompense de sa belle conduite; il fut nommé vice-amiral le 22 janvier 1839, et son retour à Cherbourg fut pour lui un vrai triomphe. En 1840 de nouvelles et justes faveurs lui furent accordées : il reçut le cordon de commandeur de la Légion d'Honneur, et fut investi d'une mission militaire et diplomatique près de la république de Buenos-Ayres, ainsi que du commandement en chef des forces navales dans les mers de l'Amérique du sud.

Grâce au système de paix si patiemment suivi alors, M. Baudin n'a plus eu d'autres actions d'éclat à ajouter à celles qui l'avaient déjà fait connaître et apprécier comme homme de guerre. Lors de la formation d'un de ces cabinets nouveaux dont l'enfantement était si laborieux sous Louis-Philippe, M. Baudin fut appelé pendant peu de temps au ministère de la marine; il fut bientôt débarrassé de la solidarité du pouvoir : homme spécial, M. Baudin préférait sans doute l'odeur de la poudre ou les mugissements de la mer aux luttes de tribune et aux travaux de cabinet qu'impose un portefeuille ministériel. Napoléon GALLOIS.

Appelé à la préfecture maritime de Toulon, l'amiral Baudin fut remplacé dans ce poste en 1847. Après la révolution de Février, au mois de mars 1848, il partit à la tête de l'escadre de la Méditerranée. Il y resta pendant les temps les plus difficiles, jusqu'à la fin de mai 1849. L'Italie essayait alors de secouer le joug de l'étranger et des rois dont l'Autriche est l'appui. La France républicaine avait cru le devoir intervenir dans cette lutte que d'une manière officieuse. Sa flotte seule pouvait chercher à adoucir les maux de la guerre. On sait l'attitude de l'escadre commandée par l'amiral Baudin à Naples et en Sicile : une intervention qui le 15 mai a sauvé Naples de la fureur des lazzaroni et des soldats ; une seconde intervention dans laquelle notre ascendant entraînait les Anglais avec nous, et qui le 8 septembre sauvait Messine de l'inutile rigueur de Filangieri ; de longs et consciencieux efforts, des conseils sages et désintéressés qui, trop longtemps méconnus, ont enfin épargné à Palerme et au reste de la Sicile les malheurs d'une occupation violente ; une large et généreuse hospitalité assurée sans distinction de partis à de nombreux vaincus qui fuyaient à bord de nos vaisseaux les excès des vainqueurs : tels sont les actes importants qui ont signalé la présence de l'escadre française sur les côtes de l'Italie. Oh ! si la France avait aidé l'Italie, ou plutôt si l'Italie avait pu trouver son mot de ralliement, le rôle de l'escadre eût été plus glorieux encore, et son digne chef n'eût pas été au-dessous de sa mission. Quoi qu'il en soit, protecteur soigneux des intérêts du commerce national, l'amiral sut exiger à Naples et à Tunis le payement de sommes importantes dues à des résidents français ; il fit partout respecter notre pavillon, calma l'irritation des esprits et donna une haute idée de nos forces navales. Au mois de juillet 1849 l'amiral Baudin fut remplacé par l'amiral Parseval-Deschênes, et il se rendit avec sa famille à Ischia, près de Naples. Il est aujourd'hui le plus ancien de nos vice-amiraux.

BAUDOUIN. Ce nom célèbre paraît être le même que celui de *Boduognat*, qu'on lit dans César. Il a été porté avec éclat par plusieurs princes belges qui gouvernèrent la Flandre, le Hainaut, le comté de Namur, et montèrent sur les trônes de Constantinople et de Jérusalem.

Comtes de Flandre.

BAUDOUIN Ier, surnommé *Bras-de-Fer*, et qui enleva Judith, fille de Charles le Chauve, roi de France, passe pour le premier comte de Flandre. Son fils lui succéda.

BAUDOUIN II, dit *le Chauve*, en mémoire de son aïeul maternel. Le comté de Cambrai, dépendant alors de la Flandre, fut donné à son frère cadet, Raoul. Baudouin gouverna la Flandre trente-neuf ans, et mourut en 917. Vassal turbulent, il fut souvent en guerre avec le roi de France.

BAUDOUIN III, dit *le Jeune*, fils d'Arnoul Ier, fut associé à son père en 958, mais la petite vérole l'enleva en 962.

BAUDOUIN IV, dit *le Barbu*, fils d'Arnoul II, régna de 989 à 1036. Pendant sa minorité, ceux qui avaient des domaines en bénéfice du comte Arnoul se les approprièrent et les rendirent héréditaires dans leurs maisons. Henri II, roi de Germanie, lui abandonna Valenciennes à titre de fief, avec le château de Gand, et lui fit don, en 1012, de l'île de Walcheren avec toute la Zélande en deçà de l'Escaut, origine de longues querelles entre les comtes de Flandre et de Hollande. En 1027, chassé de ses États par son fils, il se vit obligé de chercher une retraite auprès de Robert, duc de Normandie, qui le rétablit les armes à la main, et le réconcilia avec ce fils rebelle.

BAUDOUIN V, surnommé *de Lille*, à cause des embellissements qu'il fit à cette ville, et *le Débonnaire*, par la douceur de son gouvernement, que ne devait pas faire espérer sa conduite envers son père, épousa Adélaïde, fille de Robert, roi de France, appelée la *comtesse-reine*. Les violents démêlés qu'il eut avec l'Empire l'obligèrent de creuser le canal nommé le *Fossé-Neuf*, entre l'Artois et la Flandre. L'an 1060, après la mort de Henri Ier, roi de France, il fut chargé de la tutelle de Philippe, son fils, et de la régence du royaume. Il mourut le 1er septembre 1067.

BAUDOUIN VI ou Ier comme comte du Hainaut, dit *de Mons* et *le Bon*, fils de Baudouin V, épousa Richilde, comtesse de Hainaut. Il mérita l'amour de ses sujets par le soin qu'il eut d'entretenir parmi eux une exacte police. Il mourut le 17 juillet 1070, à Audenarde. Dans ses chartes il prend le titre de *comte palatin*.

BAUDOUIN VII, *à la Hache*, connu par son impitoyable rigueur et par sa justice farouche et sanglante. Il fut involontairement attaché aux intérêts du roi Louis le Gros, et il se servit avec zèle contre ses ennemis. Son gouvernement est renfermé entre les années 1111 et 1119.

Comtes de Hainaut.

BAUDOUIN Ier. *Voyez* ci-dessus BAUDOUIN VI, comte de Flandre.

BAUDOUIN II, second fils de Baudouin de Mons, lui succéda, en 1070. Ce prince était sous la tutelle de sa mère lorsque Richilde, effrayée des envahissements de Robert le Frison, usurpateur de la Flandre, mit le Hainaut sous la mouvance ou suzeraineté de l'évêque de Liége, à condition qu'il le défendrait. En 1096 il se croisa pour la Terre Sainte, ce qui lui valut le surnom de *Jérusalem*. Tombé dans une embuscade dressée par les Turcs, près de Nicée, on ne sut jamais ce qu'il était devenu.

BAUDOUIN III, son fils aîné, régna de 1099 à 1120. Il fit revivre les prétentions de ses ancêtres sur le comté de Flandre; mais il fut battu par Charles le Bon, prince danois, devenu maître de la Flandre.

BAUDOUIN IV, dit *le Bâtisseur*, succéda en bas âge à son père, sous la tutelle d'Yolande de Gueldre, sa mère. Il réclama aussi la Flandre; malheureusement Louis le Gros avait pris avec Guillaume Cliton de Normandie des engagements qui prévalurent sur les droits de Baudouin. En 1163 Henri Ier, son beau-frère, comte de Namur, de Luxembourg, de la Roche et de Durbai, n'ayant point d'enfants de Laure, sa femme, lui fit donation de ses États, comme à son plus proche héritier. Il avait acheté la ville de Valenciennes, en 1160, de son frère utérin Godefroid. Il mourut en 1171.

Comtes de Hainaut et de Flandre.

BAUDOUIN V et VIII, dit *le Courageux*, rétablit l'ordre dans le Hainaut. Le comté de Flandre lui revint, en 1191, par la mort du comte Philippe d'Alsace, dont il avait épousé la sœur, et qui ne laissait point de postérité. Il eut aussi le comté de Namur, dans lequel lui succéda son fils, Philippe II, dit *le Noble*.

BAUDOUIN VI et IX, dit *de Constantinople*, né au mois de juillet 1171, commença à régner en 1195 dans les comtés de Flandre et de Hainaut. L'an 1200, le 28 juillet, il publia, dans une grande assemblée de ses vassaux, des lois qui ont été pendant longtemps le fondement de la législation de ce dernier pays. Étant parti, l'an 1202, pour la croisade, il devint empereur de Constantinople, et finit ses jours l'an 1205 ou 1206. Les uns croient qu'il fut tué ou qu'il périt des suites de ses blessures à la bataille d'Andrinople; d'autres, qu'il fut fait prisonnier et mourut dans les fers, après avoir, comme un autre Joseph, repoussé les avances de la femme du roi bulgare Joannice. Une troisième opinion le ramène en Flandre. Elle ne se refuse pas à admettre que le personnage connu sous le nom de *Faux Baudouin* ait bien pu être l'empereur lui-même, et que la comtesse J e a n n e ait été sciemment parricide.

Comtes de Namur.

Indépendamment de BAUDOUIN IV et de BAUDOUIN V de Hainaut, on trouve parmi les comtes de Namur BAUDOUIN DE COURTENAI, qui devint souverain de ce pays en 1237, étant déjà empereur de Constantinople. Marie, sa femme, qu'il avait envoyée en Europe pour soutenir ses droits, se voyant privée de toute ressource et ne pouvant résister à Jean d'Avesnes, comte de Hainaut, à qui le roi des Romains, Guillaume de Hollande, avait adjugé le comté de Namur, en 1248, *faute d'hommage*, attendu que le Namurrois relevait du Hainaut, prit le parti de vendre cette souveraineté à Gui de Dampierre, comte de Flandre. La vente ne fut néanmoins consommée qu'en 1263, et l'empereur Baudouin la ratifia. Elle eut lieu moyennant une somme de 20,000 livres.   DE REIFFENBERG.

Empereurs de Constantinople.

BAUDOUIN Ier, premier empereur de Constantinople, est le même que Baudouin IV, comte de Hainaut, et IX comme comte de Flandre, dont nous avons parlé plus haut.

BAUDOUIN II, dernier empereur latin de Constantinople (1225-1261), était fils de Pierre de Courtenai, et n'avait que onze ans quand il monta sur le trône. Le gouvernement fut confié, pendant sa minorité, à Jean de Brienne. Pressé par deux puissants ennemis, Asan, roi des Bulgares, et J. Ducas Vatace, empereur grec de Nicée, ce prince faible, au lieu de résister par lui-même, vint plusieurs fois en Europe réclamer des secours, mais sans succès. En 1261 Michel Paléologue s'empara de Constantinople, et Baudouin se retira en Italie, où il mourut en 1273, âgé de cinquante-six ans.

Rois de Jérusalem.

BAUDOUIN Ier, roi de Jérusalem (1100-1118), était frère de Godefroy de Bouillon et fils d'Eustache, comte de Boulogne. Il avait pris la croix en 1095, et s'était emparé, pour son propre compte, de la principauté d'Édesse (1097). Pendant son règne il ne cessa de guerroyer contre les Sarrasins, et s'empara de Tripoli, Ptolémaïs, Sidon, Béryte, etc.

BAUDOUIN II, cousin du précédent, lui succéda d'abord dans sa principauté d'Édesse, puis sur le trône de Jérusalem (1118-1131). Après avoir remporté quelques succès sur les Turcs, il tomba entre leurs mains, et ne fut délivré que plusieurs années après par Josselin de Courtenai, comte d'Édesse. Il eut pour successeur Foulques, comte d'A n j o u, son gendre.

BAUDOUIN III, fils de Foulques, régna de 1142 à 1162, perdit Édesse et sollicita une nouvelle croisade, qui fut dirigée par Louis VII et Conrad III, mais qui n'eut aucun résultat. Amaury lui succéda.

BAUDOUIN IV, fils et successeur d'Amaury (1174-1185), était mineur à la mort de son père. Accablé d'infirmités et affligé de la lèpre, il fut battu par Saladin. Incapable de gouverner, il remit les rênes de l'État, d'abord à Guy de Lusignan, son beau-frère; puis à Raymond III, comte de Tripoli.

BAUDOUIN V, neveu de Baudouin IV, fut désigné par ce prince pour lui succéder, quoiqu'il fût en bas âge. Il ne régna que de nom, en 1185, et mourut au bout de sept mois. Un an après Jérusalem tombait au pouvoir de S a l a d i n.

BAUDRIER, bande de cuir ou d'étoffe, large de quatre à cinq doigts, que l'on passe sur l'épaule droite, et qui descend au côté gauche; il est composé de la bande et de deux pendants, au travers desquels on passe le sabre ou l'épée.

Il est question dans Virgile du baudrier qu'Euryale enleva à Rhamnès pendant son sommeil, et qui était orné de clous dorés, ainsi que du riche baudrier de Pallas, fils d'Évandre, qui, reconnu par Énée sur l'épaule de Turnus, causa la mort de ce dernier. Dans beaucoup de bas-reliefs antiques et sur les colonnes Trajane et Antonine, les soldats portent leur épée attachée au ceinturon, tandis que les chefs seuls ont un baudrier.

Ce que l'on appelait autrefois *baudrier*, dit Le Duchat, dans ses notes sur Rabelais, était proprement une ceinture de cuir doublée d'un autre cuir, laquelle servait à mettre de l'argent et à pendre aussi l'épée, lorsqu'on avait droit d'en porter une. On voit que c'était une marque de noblesse et de commandement.

« Les empereurs, dit Fauchet, dans son *Origine des Chevaliers*, donnèrent à ceux qu'ils vouloient honorer de la compagnie de leur suite une courroie, pour marque de leur dignité ou grade, appelée *cingulum militare*, c'est-à-dire ceinture militaire, que les officiers portoient, autant ceux qui servoient au palais de suite de l'empereur que les capitaines et soldats de légions servants aux armées et garnisons. Cette courroie s'appeloit *balteus*, et de nos François *baudrier*, pour ce que volontiers elle estoit de cuir sec (que nous appelons ainsi), auquel pendoit l'espée de ceux qui avoient droit de la porter; et ce baudrier estoit quelquefois changé en escharpe, principalement quand s'estoit en guerre. »

BAUDRUCHE, pellicule ou membrane péritonéale que l'on enlève du cæcum du bœuf ou du mouton. La baudruche s'appelle aussi *peau divine*, parce qu'en l'appliquant sur une coupure après l'avoir mouillée, elle arrête le

DICT. DE LA CONV. — T. II.   40 sang, et active la guérison de la plaie, comme le taffetas d'Angleterre. Les batteurs d'or font usage de cette membrane pour la dernière opération du battage ; ils la reçoivent toute préparée des boyaudiers. La baudruche sert aussi à la confection des aérostats.

BAUER. *Voyez* AGRICOLA (Georges).

BAUFFREMONT ou BEAUFFREMONT (Famille DE). Cette maison, originaire de la haute Lorraine, tire son nom d'un village des Vosges, situé à 11 kilomètres de Neuf-Château et peuplé de 450 habitants. Elle avait dès le treizième siècle la plupart de ses possessions féodales dans les deux Bourgognes, dont le changement de domination l'entraîna successivement au service des ducs de Bourgogne, des archiducs d'Autriche, des rois d'Espagne et des rois de France. Un vieil adage, *Li Bauffremont li bons barons*, atteste l'ancienneté de cette famille et la considération dont elle jouissait dans sa province. Quoiqu'elle n'ait produit ni grands capitaines ni grands-officiers de la couronne, ses rejetons ont toujours joui de beaucoup de crédit, par leur esprit courtisan et par leurs alliances. Cinq ont été décorés du collier du Saint-Esprit, et quatre de celui de la Toison d'Or. L'empereur François Ier conféra, le 8 juin 1757, le titre de prince du saint-empire romain à Louis, marquis de Bauffremont, maréchal de camp, mort en 1769.

Alexandre-Emmanuel-Louis DE BAUFFREMONT, petit-fils du précédent, fils de Joseph de Bauffremont, vice-amiral de France, naquit à Paris, en 1773. Il épousa, à Madrid, la fille aînée du duc de La Vauguyon, ambassadeur de France près de cette cour. Devenu chef de la famille, par la mort de son père, il se rendit en 1791 à Coblentz, où l'appelaient ses titres et ses opinions. Après avoir fait la campagne de l'armée des princes, il passa au service d'Espagne, et revint en 1795 dans sa patrie. Rayé de la liste des émigrés, il vivait retiré avec sa famille en Franche-Comté, quand Napoléon, qui déjà l'avait fait comte, le nomma président du collège électoral de la Haute-Saône, et le reçut en cette qualité le 12 avril 1812. Napoléon n'eut point à se plaindre de sa harangue. En juin 1815, il le nomma pair de France ; mais le comte refusa, sous prétexte de faiblesse, d'âge et de santé. C'est de Louis XVIII qu'il reçut le 17 août 1815 la pairie et le titre de duc. Après les événements de Juillet il envoya son serment par écrit, et mourut en 1833, laissant deux fils :

L'aîné, *Alphonse-Charles-Jean* DE BAUFFREMONT, né le 5 février 1792, était aide de camp de Murat, et se distingua à la bataille de la Moskowa, dans la désastreuse campagne de Saxe et à Dresde. En octobre 1814 il escortait le comte d'Artois comme commandant de la garde d'honneur de Vesoul. En 1815 il fut rappelé par Murat, puis envoyé en France, à la première nouvelle du débarquement de l'empereur, pour l'assurer qu'il pouvait compter sur son beau-frère de Naples. Il fut pris au retour, et gardé neuf jours à Turin.

Son frère puîné, *Théodore-Démétrius*, ancien aide de camp et gentilhomme d'honneur du duc de Berry, né le 22 décembre 1793, mort le 22 janvier 1853, ajoutait au titre de prince de Bauffremont celui de prince de *Courtenai*, qu'il prenait du chef de sa trisaïeule paternelle, Hélène de Courtenai, issue de la maison royale de France par un fils puîné de Louis le Gros.

BAUGE ou BAUCHE. *Voyez* TORCHIS.

BAUHIN, famille dont plusieurs membres se sont distingués dans la botanique et la médecine.

, BAUHIN (JEAN), le premier dans l'ordre chronologique, naquit à Amiens, en 1511, et mourut à Bâle, en 1582. Ses connaissances en médecine et en chirurgie lui valurent de bonne heure une place auprès de Catherine, reine de Navarre ; la lecture de la traduction du Nouveau Testament par Érasme le décida à embrasser la religion évangélique. Il se sauva en Angleterre, revint en France au bout de trois ans, et épousa Jeanne Fontaine. Emprisonné et condamné à mort pour ses opinions religieuses, il obtint sa liberté, grâce aux instances de la sœur de François Ier, Marguerite, qui le nomma son médecin. De nouvelles persécutions le contraignirent à la fuite. Sa renommée et les persécutions le suivirent dans les Pays-Bas. Il se rendit donc en Allemagne, et finit par se fixer à Bâle, en 1540. D'abord il fut employé comme correcteur chez l'imprimeur Jérôme Froben, mais il ne tarda pas à être recherché comme médecin, et exerça quarante ans encore cette profession.

BAUHIN (JEAN), fils aîné du précédent, naquit en 1541 à Bâle, et suivant Haller, à Lyon. Il étudia les éléments de la médecine sous son père, et alla en 1560 suivre les cours de l'université de Tubingue, où il le célèbre Fuchs enseignait alors la botanique. Il se rendit ensuite à Zurich, où il se lia dans un grand nombre de ses excursions scientifiques en Suisse. Il visita une partie des Alpes, l'Alsace, la forêt Noire, la haute Bourgogne et la Lombardie, où il séjourna pendant quelque temps à Padoue. A Bologne, il suivit les cours du célèbre Aldovrande. Il vint aussi en France et parcourut le Languedoc et le Dauphiné ; mais comme il était protestant, il s'aperçut qu'il y courait trop de dangers, et se hâta d'en sortir. A son passage à Lyon, il avait fait connaissance avec le célèbre botaniste Dalechamps. Après avoir habité Genève pendant quelque temps, il revint à Bâle, où, en 1566, il obtint la chaire de rhétorique, tout en continuant à se livrer à l'exercice de la médecine. Sa réputation toujours croissante le fit appeler, en 1570, à Montbelliard, par le duc Ulrich de Wurtemberg-Montbelliard, qui se l'attacha en qualité de médecin particulier. Ce prince aimait particulièrement la botanique, et ses jardins présentaient la plus riche collection de plantes nouvelles alors en Europe. Pendant les quarante-trois ans que Jean Bauhin passa à Montbelliard, il put donc continuer de se livrer fructueusement à son étude favorite. Le nombre des ouvrages qu'il a publiés sur la botanique est considérable ; mais ce ne sont le plus souvent que des compilations. Dans le nombre on remarque surtout : *De Plantis Absinthii nomen habentibus* (Montbelliard, 1593) ; et *Traité des animaux aians aisles qui nuisent par leurs piqueures et morsures, avec les remèdes*, etc. (Montbelliard, 1595). L'auteur s'y élève contre le préjugé fatal de regarder comme venimeux certains papillons diurnes. Deux ouvrages, toutefois, publiés plus de quarante ans après sa mort, l'ont placé au premier rang des botanistes du seizième siècle et ont immortalisé son nom. L'un a pour titre : *Historia Plantarum generalis novæ et absolutæ Prodromus* (Yverdun, 1619) ; il fut publié par les soins de J.-H. Cherler, médecin à Bâle, qui avait épousé la fille unique de Jean Bauhin. L'autre, beaucoup plus considérable, est intitulé : *Historia universalis Plantarum nova et absolutissima, cum consensu et dissensu circa eos* (Yverdun, 3 vol. in-fol., 1650-1651). Il fut publié par Grafenried, patrice de Berne, et Chabrée, médecin d'Yverdun, qui y ont ajouté leurs propres observations. Cet ouvrage, vaste compilation des travaux de Fuchs, de Dalechamps, de Lobel, de L'Écluse, etc., renferme tout ce qui a été écrit sur les plantes depuis l'antiquité jusqu'au dix-septième siècle. On y trouve la description d'environ 5,000 plantes, avec 3,577 figures. Les frais de publication s'élevèrent à près de 100,000 fr., et furent avancés par Grafenried. Jean Bauhin mourut à Montbelliard, en 1613.

BAUHIN (GASPARD), célèbre anatomiste et botaniste, frère puîné du précédent, né à Bâle, en 1560, mourut dans la même ville, en 1624. D'une constitution débile, il fut d'abord destiné à l'état ecclésiastique, mais une vocation plus puissante l'entraîna vers l'étude de la médecine et des sciences naturelles. Il fit ses études à Bâle, puis se perfectionna à Padoue, où il suivit les cours de Fabrice d'Aquapendente, de Mercuriali, de Capivacci et de Guilandini. Un savant et riche Hollandais, qui avait été son parrain, lui ayant légué sa bibliothèque, il apprécia toute l'importance de ce legs, et sut en tirer bon parti pour son instruction après un voyage scientifique à travers une partie de l'Italie, il partit en 1579 pour Montpellier, où il étudia pendant une année. De là il se rendit à Paris, puis en Allemagne, et ne revint à Bâle que rappelé par la nouvelle de l'état alarmant de la santé de son père (1580). L'année suivante, il fut reçu docteur et autorisé à faire des cours particuliers de botanique et d'anatomie, sciences pour lesquelles on créa en sa faveur une chaire spéciale à l'université de Bâle, en 1588. En 1596 il fut nommé médecin du duc Frédéric de Wurtemberg; et dix-huit ans après on le retrouve à Bâle, cumulant, depuis la mort de Félix Plater, la chaire de médecine pratique avec les fonctions de médecin inspecteur. Sa réputation fut encore plus grande que celle de son frère, et ce ne fut que justice; car Gaspard Bauhin le premier essaya d'introduire de l'ordre dans le chaos de la synonymie et de la nomenclature jusque alors suivies en botanique et en anatomie. Il désigna les plantes par quelques phrases courtes, significatives, et créa ainsi la plupart des noms génériques qui furent plus tard adoptés par Linné; et assurément ce n'est pas là une gloire médiocre. De même, en anatomie, la plupart des noms qu'il imposa aux muscles d'après leurs figures, leurs attaches et leurs usages, furent conservés jusqu'à Chaussier. Nous pourrions remplir près d'une page de ce Dictionnaire de la simple indication des ouvrages qu'on a de Gaspard Bauhin. Nous nous bornerons à citer dans le nombre : *Phytopinax, seu enumeratio plantarum ab herbariis nostro sæculo descriptarum cum earum differentiis* (Bâle, 1596). Cet ouvrage remarquable contient la description succincte de 2,700 espèces, avec leurs variétés; il commence par les graminées et finit par les papilionacées. On y trouve la première mention exacte, détaillée, de la pomme de terre, que Gaspard Bauhin, avec une sagacité peu commune, rangea dans la famille des solanées, en lui donnant le nom scientifique de *solanum tuberosum*, qu'elle conserve encore de nos jours. Il nous apprend en même temps que la pomme de terre était alors cultivée comme une curiosité dans les jardins d'un petit nombre d'amateurs. *Pinax Theatri Botanici, sive index Theophrasti, Dioscoridis, Plinii, qui a sæculo scripserunt opera, plantarum circiter sex millium ab ipsis exhibitarum nomina*, etc. (Bâle, 1596). Cet ouvrage, réimprimé nombre de fois resta jusqu'à Tournefort et à Linné l'évangile des botanistes. On y trouve les premiers indices de la classification naturelle inaugurée cent cinquante ans plus tard. *Præludia anatomica* (1601); *De Ossium Natura* (1604); *Catalogus Plantarum circa Basileam nascentium*, etc. (1622); cette flore des environs de Bâle a en quelque sorte servi de modèle aux nombreux ouvrages analogues qu'on a publiés depuis. *Dialogus de Morbo Gallico* (1674); ouvrage posthume, publié par les soins de son fils.

BAUHIN (Jean-Gaspard), fils du précédent, né à Bâle, en 1606, mort en 1685, fut pendant trente ans professeur de botanique à l'université de Bâle. En 1659, Louis XIV le nomma son médecin et lui accorda le titre de conseiller du roi, avec une pension. On a de lui : *Dissertatio de Peste* (Bâle, 1628); *De Morborum Differentiis et causis* (1670); *De Epilepsia* (1672). Il eut huit fils, dont un seul, Jérôme, né en 1637, mort en 1667, mérite une mention. Il est auteur de dissertations sur la péripneumonie et sur l'odontalgie.

BAUMANN (Nicolas), professeur d'histoire à Rostock, secrétaire d'État du duché de Juliers, mort en 1526, passe pour le véritable auteur du Roman du Renard, qu'on attribue généralement à Henri d'Alkmaer.

BAUMANN (Grotte de). C'est une caverne naturelle du Harz, située sur la rive gauche de la Bode, dans la principauté de Blankenbourg, dépendance du duché de Brunswick, non loin du bourg de Rubeland. Elle se compose de six grottes principales et de plusieurs autres, de moindre étendue, remplies en tout ens inagrégats de sel mobiles et tormées de stalactites, dont l'eau qui y pénètre partout goutte à goutte enlève les parties terreuses. L'entrée de la caverne est à 45 mètres au-dessus du sol de la vallée. Dans chacune de ces grottes, mais surtout dans la troisième, on voit des figures fantasques et des colonnes en stalactites; on cite surtout la *colonne résonnante*, ainsi nommée parce qu'elle rend un son vibrant et prolongé quand on la frappe. La première grotte, qui a 10 mètres d'élévation, est celle dont l'aspect est le plus propre à vivement impressionner les curieux.

Ce lieu tire son nom d'un mineur appelé *Baumann*, qui le premier s'aventura, en 1672, à le parcourir, dans l'espoir d'y trouver du minerai, et qui, s'y étant égaré, resta deux jours sans pouvoir en retrouver l'issue. Il mourut peu de jours après, de la frayeur qu'il avait éprouvée.

BAUME. Ce nom emporte l'idée d'une substance d'une odeur agréable et pénétrante, dont l'action sur les organes procure une sensation de bien-être intérieur. Si une odeur plaît sans affecter d'autres organes que celui de l'odorat c'est d'un parfum qu'elle émane. Les roses, les lilas et plusieurs autres fleurs magnifiques *parfument* les jardins et les appartements : l'odorat seul est flatté par leurs parfums, mais l'air chargé de leurs particules odorantes n'en est pas plus agréable à nos organes respiratoires; au contraire, les lablées sans parure et sans éclat *embaument* les lieux qu'on leur abandonne; on respire leurs émanations avec sécurité; on sent qu'elles sont bienfaisantes, salutaires, *balsamiques*. Si un médicament agit avec promptitude, si son premier effet est de faire cesser les douleurs, et le second de rendre la santé aux malades, c'est un *baume*. Dans ce sens ce mot se dit au figuré de ce qui adoucit les peines ou dissipe les inquiétudes, les chagrins.

Il ne faut pas confondre les *baumes naturels* avec les *baumes pharmaceutiques*. Dans la première classe on ne compte plus que les substances composées d'une résine, d'une huile essentielle et d'acide benzoïque : celles qui ne contiennent point cet acide, mais seulement des résines et de l'huile essentielle, sont réunies aux térébenthines. Ainsi, les baumes de *copahu*, de *Gilead*, etc., ont perdu leur nom sans que leurs propriétés réelles en soient affaiblies; s'ils ont opéré quelque bien dans les médicaments où ils furent employés, ils ne sont pas moins salutaires comme *térébenthines* qu'ils purent l'être en qualité de baumes.

Le nombre des baumes naturels est actuellement réduit à cinq, qui sont le *benjoin*, le *baume du Pérou*, le *baume de Tolu*, le *liquidambar* et le *styrax*. L'éther, les huiles essentielles et l'alcool les dissolvent en entier; un atcali sépare l'acide benzoïque de ces dissolutions, et forme des *benzoates*.

Les baumes pharmaceutiques sont en bien plus grand nombre que ceux dont la nature a fait tous les apprêts. On les divise en quatre classes, suivant la nature du dissolvant ou de l'excipient qui sert de véhicule aux drogues médicamenteuses. Les *baumes huileux* forment la première classe; le dissolvant est une huile fixe ou volatile. Viennent ensuite le baumes *onguentacés*, où les huiles grasses, les graisses, la cire et les résines donnent au médicament la consistance d'un onguent. La troisième classe est celle des *baumes savonneux*, préparés avec du savon dissous dans l'eau ou dans l'alcool. Enfin, les *baumes spiritueux* ne sont pas autre chose que des dissolutions alcooliques, des teintures. Dans toutes ces compositions diverses, l'acide benzoïque n'est pas nécessaire; ce qui établit une distinction caractéristique entre les baumes naturels et ceux de la pharmacie.

40.

Parmi les principaux baumes pharmaceutiques nous citerons les suivants :

Le *baume acétique*, qui est une solution de savon dans l'éther acétique. Il est principalement employé en frictions dans les douleurs rhumatismales. On ajoute souvent du camphre au baume acétique, qui prend alors le nom de *baume acétique, camphré*.

Le *baume d'Arcæus* est *l'onguent composé de térébenthine et de graisse* du nouveau Codex. Il contient du suif de mouton, de la graisse de porc, de la térébenthine et de la résine élémi, unis par fusion ; on l'emploie dans les pansements des ulcères atoniques et des plaies qui prennent un caractère gangréneux.

Le *baume du commandeur* est la teinture balsamique du Codex ; c'est une teinture alcoolique très-chargée de substances résineuses et balsamiques : l'oliban, la myrrhe, le styrax, le benjoin en sont la base. On y joint l'ambre, l'angélique et l'hypericum. On le donne à l'intérieur à la dose de dix à quarante gouttes ; employé à l'extérieur, il paraît accélérer la cicatrisation des plaies et des ulcères atoniques.

Le *baume de Fioravanti*, ou *l'alcool de térébenthine composé* du Codex, et très-chargé de principes odorants et volatils, d'un assez grand nombre de matières résineuses ou aromatiques, telles que la térébenthine, la myrrhe, la résine élémi, la cannelle, le girofle, le gingembre, etc., que l'on distille au bain-marie après lui avoir fait subir plusieurs jours de macération.

Dans le véritable baume de Fioravanti il entrait en outre du musc et de l'ambre gris. On l'emploie à l'extérieur dans les rhumatismes chroniques ; sous forme de collyre, il est mis en contact avec la cornée dans certains cas d'amaurose et d'ophthalmie. A l'intérieur, sa dose est de cinq à six gouttes.

Le *baume hypnotique* est composé de sucs de plantes narcotiques, d'opium, de safran, d'huile de noix muscade, unis à un corps gras ou à l'onguent populéum. Il est employé en frictions dans les mêmes cas que le *baume tranquille*. On lui attribue la faculté de provoquer le sommeil.

Le *baume nerval* ou *nervin* est *l'onguent composé d'huiles volatiles, de baume du Pérou et de camphre*, du Codex. Le beurre de muscade et la moelle de bœuf entrent aussi dans sa composition. Il est employé en embrocations, et plus rarement dans le pansement des plaies et des ulcères ; il entre aussi avec des liqueurs spiritueuses dans la composition de quelques liniments.

Le *baume opodeldoch* est le *savon ammoniacal camphré préparé avec la moelle de bœuf* du Codex. C'est une solution de savon animal, à base de potasse ou de sonde, dans l'alcool chargé de camphre et d'huiles volatiles. Quelques moments avant sa congélation, on ajoute l'ammoniaque. Employé en frictions dans les contusions, les rhumatismes chroniques, les affaiblissements des membres, il est encore usité comme vésicant quand il est très-chargé d'ammoniaque. En y ajoutant de l'opium, on a une préparation analogue au *baume anodin de Bates*.

Le *baume du docteur Sanchez*, ou *baume antiarthritique*, est un savon animal aromatique uni aux huiles de muscade, de girofle, de menthe, etc., et dissous dans l'éther acétique. On l'emploie comme l'opodeldoch et dans les mêmes cas.

Le *baume de soufre anisé*, ou *l'huile de soufre anisée*, est une dissolution d'une partie de fleur de soufre dans quatre parties d'huile d'anis, à l'aide d'une douce chaleur. Il entre dans la composition des pilules balsamiques de Morton. On le donnait autrefois comme diurétique, stimulant et carminatif.

Le *baume tranquille* et *l'huile narcotique* du Codex. C'est un infusum huileux de plantes narcotiques (stramonium, morelle, belladone, jusquiame, nicotiane, pavot) et aromatiques (romarin, lavande, thym, sauge, rue, etc.). Il se fait par macération au soleil dans des vaisseaux clos,

et est employé pour calmer les douleurs rhumatismales, névralgiques ou goutteuses.

Le *baume de vie d'Hoffmann* est une teinture alcoolique dans laquelle entrent les huiles volatiles de cannelle, de girofle, de macis, de citron, de succin, d'ambre gris, etc. On l'administre à l'intérieur à la dose d'un demi-gros (2 grammes) dans les coliques spasmodiques ; on l'emploie aussi à l'extérieur.

Le *baume vert de Metz*, ou *de mademoiselle Feuillet*, est un mélange d'huiles d'olive, de lin, de laurier, unies à la térébenthine et aux essences de girofle, de genièvre. A ce mélange on ajoute de l'aloès, du sous-acétate de cuivre et du sulfate de zinc. Il est employé comme phagédénique dans le traitement des ulcères fongueux. Ce baume a été inventé par un docteur de Metz nommé Duclos. Une demoiselle Feuillet, qui l'a mis en vogue à Paris, lui donna son nom. On connaît encore une foule d'autres baumes pharmaceutiques, mais ils ne sont presque plus usités de nos jours, et peuvent être avantageusement remplacés par ceux dont nous venons de parler. D' Alexandre Duckett.

BAUMÉ (Sainte), du provençal *baoumo*, caverne. C'est une grotte située dans une des plus belles localités de la France méridionale, à une égale distance (33 kilomètres) des villes d'Aix, Marseille et Toulon, creusée dans le flanc d'une montagne taillée à pic, dont l'ouverture regarde le nord-ouest, et qu'on prétend avoir été habitée pendant trente-trois ans par sainte Madeleine.

La pluie qui tombe sur le rocher de la Sainte-Baume, qui est tout fendu et tout crevassé, et sur lequel on ne voit nulle trace d'herbe, pénètre dans la grotte en très-peu d'heures, à une profondeur de plus de 130 mètres, et y forme une très-belle citerne, entretenue aussi par la fonte des neiges, dont le sommet du rocher est souvent couvert pendant l'hiver, ainsi que par les vapeurs produites par les brouillards qui l'enveloppent une partie de l'année. L'enceinte de cette grotte peut contenir environ quinze cents personnes. Pour y parvenir, on gravit une haute montagne, dont la chaîne part du côté de Marseille, vient aboutir près de Saint-Maximin, et à 52 kilomètres d'étendue. Les principaux objets curieux qu'on y remarque sont : une chapelle moderne, dont la façade et l'autel sont en marbre, un monument représentant le sépulcre de Jésus-Christ, sur le piédestal l'évêque Maximin donnant la communion à sainte Madeleine, et un autre autel dédié à la sainte Vierge, dont la statue se voit plus loin dans le fond.

Les hommes, disent Chapelle et Bachaumont, en parlant de cette grotte dans leur *Voyage*,

> N'y peuvent avoir travaillé,
> Et l'on croit, avec apparence,
> Que les saints esprits ont taillé
> Ce roc, qu'avec tant de constance
> La sainte a si longtemps mouillé
> Des larmes de sa pénitence.
> Mais si, d'une adresse admirable,
> L'ange a taillé ce roc divin,
> Le démon, cauteleux et fin,
> En a fait l'abord effroyable,
> Sachant bien que le pèlerin
> Se donnerait cent fois au diable
> Et se perdrait en chemin.

BAUMÉ (Antoine), célèbre pharmacien et chimiste, né à Senlis, le 29 février 1728, mort le 15 octobre 1804, était le fils d'un aubergiste. Il ne reçut point d'instruction première ; aussi eut-il à triompher de grandes difficultés lorsqu'il commença à se livrer avec ardeur à l'étude des sciences. En 1752 il fut reçu maître apothicaire, et peu de temps après il obtint au Collège de Pharmacie la chaire de chimie. Nul ne sut mieux que lui allier la théorie avec la pratique : professeur et fabricant, il traça les préceptes de la science dont Scheele et Lavoisier posèrent plus tard les bases, et le premier en France il fonda une fabrique de sel ammoniac, substance pour laquelle notre pays était jusque alors resté tributaire de l'Égypte. Son officine était moins un laboratoire de pharmacie qu'une manufacture, où le muriate d'étain, l'acétate de plomb, les sels mercuriels se fabriquaient par quintaux.

Il perfectionna aussi les procédés employés pour la fabrication de la porcelaine, la teinture écarlate des Gobelins, et les pèse-liqueurs, dont le plus usité porte encore aujourd'hui le nom d'*aéromètre de Baumé*. Il inventa des procédés pour dorer les pièces d'horlogerie, teindre les draps de deux couleurs, blanchir la soie jaune sans l'écruer, purifier le salpêtre et enlever à la fécule du marron d'Inde son principe amer. Certes il y avait bien là de quoi justifier son admission à l'Académie des Sciences. Dès 1773 ce corps savant élisait au nombre de ses membres notre infatigable chimiste, qui, malgré la sagacité de son jugement, ne voulut jamais, à l'instar de Sage et d'un petit nombre d'autres protestants, adopter la nouvelle nomenclature chimique proposée par Guyton-Morveau et Lavoisier, puis adoptée tout aussitôt par tous les chimistes de l'Europe. Le succès obtenu par l'Encyclopédie inspira à Baumé l'idée de publier un *Dictionnaire des Arts et Métiers*, qu'il enrichit lui-même d'un grand nombre d'articles importants.

En 1780, honorablement enrichi par son travail, Baumé abandonna le commerce pour se livrer exclusivement désormais à la culture des sciences. Quelques années après, la révolution vint lui enlever à peu près tout ce qu'il possédait. Quoique déjà avancé en âge, il supporta de revers avec une stoïque résignation, et, demandant de nouveau au travail ses moyens d'existence, il rouvrit une officine. Les plus importants de ses ouvrages sont sa *Chimie expérimentale et raisonnée* (Paris, 1773; 3 vol.), ses *Éléments de Pharmacie* (1762) et ses *Opuscules de Chimie* (1798). Tous assurément contiennent un précieux trésor d'observations; mais la lecture en est aujourd'hui rebutante, parce que la langue scientifique qu'il employé n'est plus celle qui a cours en chimie.

BAUME BLANC, BAUME DE JUDÉE, BAUME DE LA MECQUE, BAUME DE SYRIE, BAUME VRAI, BAUME DE CONSTANTINOPLE, BAUME DU GRAND-CAIRE, BAUME D'ÉGYPTE. *Voyez* GILEAD (Baume de).

BAUME D'AMBRE. *Voyez* LIQUIDAMBAR.

BAUME DES CHAMPS (*Botanique*). *Voy*. MENTHE.

BAUME DU CANADA. On nomme ainsi une résine qui découle naturellement, ou par incision, d'un pin originaire du Canada, la sapinette blanche de la Nouvelle-Angleterre (*pinus alba*, Linné). Cette substance est probablement appelée *baume* parce que son odeur, loin d'être repoussante comme celle des autres térébenthines, est au contraire légèrement aromatique et même agréable. En sortant de sa source, elle est liquide, limpide et transparente; mais avec le temps elle prend une couleur ambrée, jaunâtre, et devient plus ou moins concrète. Le baume du Canada, n'offrant pas un avantage signalé sur les autres résines employées à divers usages, est rare en France et presque oublié. On l'emploie en Angleterre pour composer un vernis à tableaux, qu'on prépare en mêlant une partie de baume du Canada dans deux parties d'essence de térébenthine éthérée; la résine ne tarde pas à se dissoudre, surtout si on expose le vase qui contient le mélange à une chaleur modérée. La solution qu'on obtient ainsi est très-transparente, s'étend facilement sur les tableaux, et elle a même, selon les Anglais, quelques avantages sur le vernis ordinaire, celui entre autres d'être moins cassante. Dr CHARBONNIER.

BAUMGÆRTNER (CHARLES-HENRI), professeur de clinique médicale à l'université de Fribourg, est né le 21 octobre 1798, à Pforzheim. Après avoir étudié à Tubingue et à Heidelberg, il fut reçu docteur en médecine et nommé en 1820 médecin de régiment. C'est en 1824 qu'il fut appelé à la chaire qu'il occupe encore aujourd'hui. Ses ouvrages roulent les uns sur la physiologie, et les autres sur la thérapeutique. Dans les premiers il a consigné des observations tirées de l'histoire du développement des animaux et des recherches sur la circulation du sang. Nous citerons plus particulièrement ici son *Essai sur la Nature et le Traitement des Fièvres* (1827); ses *Observations sur les Nerfs et sur le Sang* (1830); ses *Esquisses de Physiologie* (2e édit., 1842); son *Manuel des Maladies spéciales* (4e édit. 1842); sa *Nouvelle manière de traiter l'inflammation des poumons et autres maladies de poitrine* (1850). Tous ces ouvrages sont écrits en allemand.

BAUMGARTEN (ALEXANDRE-GOTTLOB), né à Berlin, le 17 juillet 1714, l'un des plus profonds penseurs sortis de l'école de Wolf, fit ses études à Halle, où il fut quelque temps professeur honoraire. Il était depuis 1740 professeur de philosophie à Francfort-sur-l'Oder, lorsqu'il mourut, dans cette ville, le 26 mai 1762. Il est le créateur de l'*esthétique*, en tant que science systématique du beau, et inventa même ce mot pour la désigner, encore bien qu'il ne l'envisageât psychologiquement que d'une manière très-secondaire. Ses idées sur cette science furent d'abord exposées dans une dissertation académique intitulée : *De nonnullis ad poema pertinentibus* (Halle, 1735, in-4°). Sept ans plus tard il fut désigné pour les professer publiquement. Ses leçons inspirèrent à Georges-François Meier l'ouvrage intitulé : *Anfangsgründe aller schœnen Wissenschaften*, en 3 volumes (Halle, 1748-1750). Ce fut huit ans plus tard que Baumgarten publia son grand ouvrage, *Æsthetica* (Francfort-sur-l'Oder, 1750-1758, 2 vol.), que la mort l'empêcha d'achever. Il n'y a de complet que l'introduction, qui contient le plan de l'ouvrage. Du reste, quand il expose les règles de sa théorie, il n'a presque toujours en vue que le beau en littérature. Les ouvrages qu'on a de lui sur d'autres parties de la philosophie se distinguent par beaucoup de lucidité; et sa *Métaphysique* (Halle, 1739; 7e édition, 1779) est encore aujourd'hui le livre le plus utile pour étudier la métaphysique de l'école de Wolf. Consultez Meier, *Vie de Baumgarten* (Halle, 1763).

BAUMGARTEN (JACQUES-SIGISMOND), frère aîné du précédent, naquit le 14 mars 1706, à Wolmirstædt près de Magdebourg. L'histoire ecclésiastique et les langues orientales furent les objets d'étude auxquels il s'appliqua de préférence. Disciple de Wolf, il se conduisit avec assez de prudence pour conserver la confiance des théologiens orthodoxes, qui réprouvaient les sentiments de ce philosophe. En 1732 il fut reçu maître ès arts et appelé à faire des cours publics de philosophie, de langues anciennes et de belles-lettres; enfin, en 1734, il fut nommé professeur de théologie. Accusé d'hétérodoxie par des théologiens de Halle, il fut mandé à Potsdam pour le roi; mais il se disculpa sans peine. Il mourut le 4 juillet 1757. Les ouvrages de J. S. Baumgarten sont remarquables par la netteté, la méthode et la justesse; l'université de Halle lui doit un important perfectionnement dans l'enseignement de la théologie, dont plusieurs branches étaient complètement négligées jusqu'à lui.

BAUMGARTNER (ANDRÉ, chevalier DE), ministre du commerce, de l'industrie et des travaux publics en Autriche, est né le 23 novembre 1793, à Friedberg, en Bohême. En 1804 il fut placé à l'école de Linz, où on le dirigea surtout vers l'étude des sciences exactes, et à partir de 1810 il alla étudier à l'université de Vienne. Promu au grade de docteur ès sciences, il fut nommé professeur suppléant de philosophie en 1815, et de mathématiques et de physique l'année suivante. En 1817 il fut appelé à occuper la chaire de physique au lycée d'Olmütz. C'est là qu'il composa son premier ouvrage, un *Traité d'Aréométrie* (Vienne, 1820). Au commencement de 1823 il fut nommé professeur de physique à l'université de Vienne; et en cette qualité il fit alors, en faveur des artistes et des ouvriers, un cours populaire de mécanique, etc., qui obtint un immense succès. Il a publié depuis les leçons qu'il fit à cette occasion, sous le titre de : *La Mécanique dans ses applications à l'art et à l'industrie* (2ᵉ édit., Vienne, 1823), et *La Science et la Nature* (3 volumes, Vienne, 1823). Ce dernier ouvrage, qui contribua beaucoup à populariser l'étude des sciences naturelles, et qui a été introduit comme livre élémentaire dans les écoles de l'Autriche et dans un grand nombre d'établissements d'instruction publique en Allemagne, a déjà eu les honneurs de huit éditions; et l'auteur y a fait à chaque fois de notables améliorations. Il en a été fait un abrégé pour les écoles élémentaires sous le titre de : *Éléments d'histoire naturelle* (3ᵉ édit., 1851). On a aussi de M. Baumgartner une *Instruction pour le chauffage des machines à vapour* (1841). Il a bien mérité des sciences naturelles en prenant une part active à la rédaction du *Journal de Physique et de Mathématiques* (10 vol., Vienne, 1826-1832), qu'il publia d'abord en société avec Ettinghausen, ensuite seul, sous le titre de *Journal de Physique et de Sciences appliquées* (4 vol., 1832-1837), puis en société avec Holger. Un mal de gorge opiniâtre l'ayant décidé à renoncer à sa chaire, il fut nommé directeur des manufactures impériales de porcelaine, de glaces, etc., et plus tard chef de toutes les manufactures impériales de tabac. En 1846 on lui confia le soin de l'établissement des télégraphes électriques, et au commencement de 1848 leur réseau embrassait déjà un parcours de plus de 850 kilomètres. A la fin de 1847 il fut nommé membre du conseil général de l'empire, et chargé de la direction supérieure de la construction des chemins de fer. Après les événements de mars 1848 il accepta, sous le ministère Pillersdorf, la direction générale des mines et des travaux publics; mais il la résigna aussitôt après l'arrivée du ministère Doblhof, et fut chargé alors d'une des divisions du ministère des finances.

A l'époque de la tenue du congrès douanier convoqué à Vienne dans les premiers mois de 1851, il défendit avec prudence et modération la politique du gouvernement contre les opinions et les propositions émises souvent avec une extrême vivacité par les industriels autrichiens. Lorsque M. de Bruck, au mois de mai 1851, donna sa démission des fonctions de ministre du commerce, de l'industrie et des travaux publics, ce fut M. Baumgartner qui prit son portefeuille; et la même année il fut nommé président de l'Académie des Sciences de Vienne, dont il était déjà depuis plusieurs années vice-président. En cette qualité, il avait droit à un traitement de 2,500 florins; mais toujours il avait consacré cette somme à l'encouragement des études météorologiques dans l'étendue de la monarchie autrichienne.

BAUMGARTNER (GALLUS-JACOB), landamman du canton de Saint-Gall, né le 28 octobre 1797, à Altstætten, d'un père simple ouvrier, suivit les classes du collège de sa ville natale, et alla ensuite étudier le droit à l'université de Fribourg. En 1816 il se rendit à Vienne; mais ses opinions politiques ayant paru suspectes, il fut arrêté en 1820 et expulsé d'Autriche. En 1825 il entra dans le grand conseil de son canton; il devint ensuite scribe d'État, et ne tarda point à exercer une grande influence par son habileté en affaires et par l'éloquence avec laquelle il défendait la cause populaire. Nommé en 1831 membre du comité de constitution, il eut une grande part à la rédaction de la constitution nouvelle qui fut adoptée alors, et fut nommé premier membre du petit conseil. Par ses grands talents administratifs, il rendit à ce moment des services essentiels à la chose publique. Comme premier député de son canton à la diète fédérale, il vota pour la réforme de la constitution fédérale par l'intermédiaire du comité de constitution et pour la complète séparation du canton de Bâle, après avoir d'abord voté en faveur de sa réorganisation au moyen d'un conseil de constitution ayant des troupes fédérales à sa disposition pour faire exécuter ses décisions. En 1833 il appuya la levée de 20,000 hommes contre les cantons entrés dans la ligue de Sarn; en 1834 il protesta contre les prétentions élevées par les ambassadeurs étrangers à l'occasion de l'expédition de Savoie et de l'assemblée de Steinhælzli, et en 1836 il combattit avec la minorité les conclusions prises dans l'affaire des réfugiés. Par sa participation à la rédaction de l'exalté journal ayant pour titre *Le Narrateur*, il se plaçait en même temps au premier rang parmi les hommes du mouvement. Mais ce fut surtout dans son canton qu'il fit preuve d'une énergie toute particulière pour combattre les tendances réactionnaires des ultramontains obéissant à la nonciature du pape. Il défendit contre eux avec succès le système libéral de l'instruction publique; en 1835 il fit supprimer le double évéché, qui était si préjudiciable au canton; et il figura au nombre des membres les plus actifs et les plus ardents de cette fameuse conférence de Baden, contre laquelle le saint-siège crut devoir lancer ses foudres. C'est ainsi que pendant une longue suite d'années on le compta parmi les meneurs du radicalisme, et surtout parmi les adversaires les plus redoutables du parti ultramontain. On conçoit dès lors quel prix celui-ci devait attacher à se débarrasser d'un tel ennemi et, si faire se pouvait, à le convertir *à la bonne cause*.

Baumgartner, pour commencer son mouvement de volteface, émit dans l'affaire du fonds de la fondation mercantile de Saint-Gall une opinion différant de celle de ses anciens frères, mais cependant unanime, mais sans que de cette divergence d'idées sur une question purement locale on pût inférer qu'il dût bientôt complétement changer de couleur politique. Ce fut à propos de la question des couvents d'Argovie qu'il se décida enfin à rompre ouvertement avec son ancien parti, en votant alors à la diète comme député de son canton en faveur du rétablissement de ces couvents, sauf de légères modifications. Dès lors Baumgartner, naguère l'un des oracles de la presse libérale, ne fut plus à ses yeux qu'un ignoble apostat. Il ne manqua pas de se regimber contre une telle accusation; par sa défense il ne fit qu'irriter encore davantage contre lui ses anciens coreligionnaires politiques. Découragé par la vivacité et le nombre des attaques auxquelles il se voyait en butte, il donna, au mois de novembre 1841, sa démission de membre du petit conseil, mais cependant seulement après avoir encore été nommé député à la diète fédérale. Plus tard il abandonna aussi la rédaction du *Narrateur*, et en novembre 1842 il prit pour quelque temps la direction de la *Nouvelle Gazette suisse*, où il chercha encore à garder une attitude de médiation entre les partis en présence. Mais lorsque ensuite il prit ouvertement parti pour les jésuites et pour le *Sonderbund*, il ne fut plus possible de douter qu'il n'eût passé avec armes et bagages dans le camp du parti que pendant si longtemps il avait attaqué avec tant de vigueur et d'animosité. On lui attribue généralement la brochure anonyme, intitulée : *La Suisse en 1842*, où l'on amenait l'ajournement de la réforme fédérale, comme prématurée, et où l'on présentait la pacification de la Suisse sur la base des garanties du droit public fédéral alors en vigueur comme la condition préalable de toute espèce de réforme politique future. Dans l'ouvrage intitulé : *Erlebnisse auf dem Felde der Politik* (Souvenirs du champ de la politique [Schaffhouse, 1844]), il a essayé de justifier jusqu'à un certain point le complet revirement survenu dans ses idées politiques; mais il ne réussit pas à se concilier l'opinion, qui se montra au contraire vivement irritée lorsque, en 1851, quelques feuilles du parti clérical s'avisèrent de mettre son nom en avant pour les fonctions de directeur général des postes de la Confédération.

BAUSSET (LOUIS-FRANÇOIS DE), évêque d'Alais, cardinal, duc et pair de France, membre de l'Académie Française, etc., naquit le 14 décembre 1748 à Pondichéry (Inde).

Il vit ses premiers pas dans la carrière ecclésiastique soutenus par M. de Boisgélin, archevêque d'Aix, dont il devint le grand-vicaire. A trente-six ans il fut nommé évêque d'Alais, diocèse où les protestants étaient nombreux, et se conduisit de manière à se faire vénérer des hommes de toutes les communions. Siégeant aux états du Languedoc, il adressa, comme leur député, à madame Élisabeth, sœur de Louis XVI, une harangue qui a été imprimée dans divers recueils, et qui a été remarquée comme un modèle de goût et de délicatesse. Il fut membre des deux assemblées des notables, mais non pas de l'Assemblée constituante, comme on l'a imprimé par erreur. Cette Assemblée ayant supprimé le siége d'Alais, il réclama par des lettres du 12 juillet et du 27 novembre 1790, qui ont été rendues publiques, refusa d'accepter la constitution civile du clergé, quitta la France en 1791, et y rentra l'année suivante. Atteint par les mesures de la Terreur, il fut incarcéré, et passa plusieurs années dans le couvent de Port-Royal, qui avait été transformé en prison. La chute de Robespierre l'ayant rendu à la liberté, il se retira à Villemoisson, près Lonjumeau, dans une maison de campagne appartenant à madame de Bassompierre, sa parente.

L'évêque d'Alais s'empressa d'adhérer à la demande faite, en 1801, par Pie VII, aux évêques de France, de se démettre de leurs siéges. Une place distinguée lui était assurée dans le nouvel épiscopat de France, organisé en 1802; mais une maladie cruelle, la goutte, qui le privait presque entièrement de l'usage de ses jambes, lui ôtait les moyens de remplir les fonctions ecclésiastiques. Napoléon le nomma en 1806 chanoine de Saint-Denis, puis, lors de la création de l'Université, conseiller titulaire. Après le retour du roi, en 1814, il conserva cette place jusqu'au moment où une ordonnance du 24 février 1815 l'éleva à la présidence du conseil royal de l'instruction publique, d'après une nouvelle organisation du corps enseignant. Pendant les Cent-Jours, un décret le rétablit conseiller titulaire. Au second retour du roi, il fut nommé pair de France, puis l'ordonnance de 1816 lui ouvrit les portes de l'Académie Française. Élevé au cardinalat le 28 juillet 1817, il reçut successivement de Louis XVIII les titres de duc, de commandeur du Saint-Esprit, de ministre d'État et de membre du conseil privé. Dans les délibérations de la Chambre des Pairs, il montra constamment une grande modération, jointe à une grande fierté dans ses principes. Le cardinal de Bausset était intimement lié avec le duc de Richelieu, dont il partageait les idées politiques, et les pairs de la même nuance d'opinion se réunissaient chez lui pour se concerter sur leurs délibérations; ce qui leur avait fait donner le nom de *cardinalistes*. Il mourut à Paris, le 21 juin 1824.

Rien qu'académicien par ordonnance, le cardinal de Bausset avait les titres les plus réels pour le devenir par élection. Les *Vies de Fénelon* et *de Bossuet*, publiées, la première en 1808, la seconde en 1814, sont au nombre des ouvrages les plus remarquables de notre époque. La *Vie de Fénelon* avait été jugée digne du second prix dans le concours décennal. Le style en est généralement correct et élégant, quoiqu'on puisse y remarquer quelques taches ; la narration manque parfois de rapidité, mais jamais de clarté et rarement d'intérêt. Le cardinal de Bausset avait fait vendre son ouvrage au profit des pauvres, car la charité était une de ses vertus dominantes. Certaines personnes ayant paru craindre que l'*Histoire de Fénelon* ne tendît à diminuer la haute réputation de l'évêque de Meaux, l'évêque d'Alais répondit victorieusement à ce reproche; il composa l'*Histoire de Bossuet*, qu'il avait achevée en 1812, mais qu'il ne publia qu'après la Restauration, 4 vol. in-8°. Ces deux ouvrages sont des faux-fuyants, et ne peuvent pour l'Église de France encore plus que pour la littérature. Ch. DU ROZOIR.

BAUTA (Pierres de). On désigne ainsi dans la péninsule scandinave les pierres commémoratives sans aucune inscription qu'on élevait à la mémoire des héros morts dans les combats et d'autres personnages de distinction. Ce sont des monolithes de forme conique, de 4 à 10 mètres de hauteur et placés perpendiculairement. On les rencontre surtout en Norvége et en Suède, dans le Dalslande et dans le Bolusléen. Le plus souvent ces pierres se trouvent en grand nombre dans la même localité, et elles indiquent alors qu'une sanglante bataille fut livrée jadis en cet endroit. Sur le champ de bataille de Gréby on voit cent trente monticules entourés de pierres ; près de moitié en devaient être ornés de *pierres de bauta*, et il en existe encore aujourd'hui quarante en cet état.

BAUTAIN (Louis, abbé), l'un de nos plus célèbres prédicateurs contemporains, né vers 1795, à Paris, fit ses études à l'école Normale, où il se distingua par son aptitude pour les sciences philosophiques. En 1817 il fut envoyé à Strasbourg pour y professer la philosophie à la faculté des lettres : son cours, brillant d'éloquence, attira des auditeurs de tout rang et de tout âge. Le gouvernement, un peu ombrageux, de cette époque le suspendit de ses fonctions. M. Bautain se livra à l'étude des sciences naturelles, et surtout de la médecine ; après avoir pris le grade de docteur dans cette faculté, il dirigea ses travaux vers la théologie, et se fit prêtre. Des esprits superficiels l'accusèrent alors de se mettre en contradiction avec ses anciennes doctrines ; accusation mal fondée, car rien dans ses antécédents n'était contraire à la foi catholique. Mais qui peut arrêter les ennemis de la religion dans les calomnies dont ils poursuivent les hommes courageux obéissant à leur conviction? Encore philosophe, M. Bautain avait publié en 1821 une charmante traduction des Paraboles de Krummacher. Plus tard, en 1827, il donna : 1° *la Morale de l'Évangile comparée à la Morale des Philosophes* ; 2° *de l'Enseignement de la Philosophie en France au dix-neuvième siècle* (1833) ; 3° *Quelques Réflexions sur l'explication des conférences religieuses* (Paris, 1834) ; 4° *Réponse d'un Chrétien aux Paroles d'un Croyant* (1834) ; 5° *Philosophie du Christianisme*, par Louis Bautain (1835) ; 6° *Lettre à Mgr. Lepape de Trevern* (Strasbourg, 1838) ; 7° *Philosophie, psychologie expérimentale*. C'est son cours à la faculté des lettres de Strasbourg (Paris, 1839).

Une assertion émise d'abord par M. l'abbé Bautain, et développée ensuite par M. l'abbé Maret dans sa *Théodicée Chrétienne*, à savoir, que le rationalisme, en d'autres termes, toute philosophie indépendante, s'appuyant sur la raison, conduit au panthéisme, provoqua de vives discussions entre les disciples de l'abbé Bautain et les diverses écoles philosophiques françaises ; discussions qui se prolongèrent dans le monde théologique et philosophique longtemps encore après la révolution de 1848. M. l'abbé Bautain y prit directement part lui-même en publiant sur cette question diverses dissertations, entre autres celle qui est intitulée : *Religion et Liberté* (Paris, 1848). Ce courageux et éloquent défenseur de la foi catholique a longtemps dirigé le collége de Juilly. Il est maintenant vicaire général de l'archevêque de Paris. P. DE GOLBÉRY.

BAUTRU (Guillaume), comte de Céran, était homme de cour et nullement homme de lettres, et n'en fut pas moins reçu membre de l'Académie Française ; mais elle ne faisait que de naître, et il suffissait pour y être admis d'être bien auprès du *maître*. Ce maître était Richelieu. Né à Angers, en 1588, Bautru mourut en 1665. Il passait pour le plus grand menteur de la cour ; aussi Marigni disait de lui qu'il était né d'une fausse couche, qu'il avait été baptisé avec du faux sel, qu'il ne logeait que dans les faubourgs, qu'il passait toujours par les fausses portes, cherchait toujours les fausses pièces, et ne chantait jamais qu'en faux-bourdon. Ses rébus faisaient pâmer d'admiration la haute société du dix-septième siècle. Il évitait de se rencontrer avec l'Angeli, le fou du roi, qui usait largement de son privilége aux dépens de l'amour-propre de Bautru, et ne laissait échapper aucune occasion de mystifier le noble académicien. Sous le ministère de Mazarin, il eut l'inspection de la *Gazette*, et fut chargé de rédiger tous les éloges qu'elle adressait au cardinal.

Coryphée des grands salons, Bautru ne pouvait rien dire comme un autre ; il lui était permis de *dauber* tout à son aise sur les pauvres poëtes, les gens du commun, et il s'en donnait à cœur joie, mais il paya cher une plaisanterie sur le duc d'Épernon. Il avait fait relier richement et distribuer à la cour un livre intitulé : *les Beaux Traits de la vie de M. le duc d'Épernon* ; il n'y avait d'imprimé que le titre ; tout le volume était blanc. Le duc fit rudement bâtonner Bautru. Desbarreaux, l'auteur du fameux sonnet sur Jésus-Christ, ayant rencontré Bautru portant un bâton, s'écria : « M. Bautru porte son bâton comme saint Laurent son gril, pour nous faire souvenir de son martyre. »

Il était de bon ton à cette époque de traiter sans pitié la roture, qui prenait parfois cependant sa revanche avec avantage. Louis XIII écoutant avec une impatience marquée la harangue du maire d'une petite ville, Bautru, pour faire sa cour au prince, interrompit brusquement l'orateur plébéien par cette question impertinente : « Monsieur le maire, les ânes de votre pays, de quel prix sont-ils ? » Le harangueur municipal, après avoir regardé Bautru de bas en haut, répondit : « Quand ils sont de votre poil et de votre taille, ils valent dix écus. » Et il continua son discours avec la plus flegmatique tranquillité.

Bautru était de bonne composition, et ne gardait pas rancune aux gens qui l'avaient malmené de paroles et de gestes. Quelques mois après la rude bastonnade qui lui avait infligée le duc d'Épernon, un de ces *hommes de main* qui se mettent à la solde du premier venu, et qui avait joué le principal rôle dans cette scène, rencontra Bautru à Notre-Dame, et lui répéta mot pour mot les cris qu'il avait fait entendre en recevant les horions : Ah ! messieurs, *la vie*! *la vie*! Bautru, se tournant vers l'assommeur, répondit, sans nullement se fâcher : « Je n'ai jamais vu d'écho pareil à celui-ci, qui répète ce qu'on a dit trois mois après. »

Dans ce temps là, c'était une bonne fortune pour un seigneur de la cour que de mystifier les *hommes de robe*. Un magistrat bordelais se présente un jour chez Bautru. Le laquais répond que son maitre y est, et se hâte d'aller annoncer le président. « Dis-lui que je suis malade. » Le laquais rapporte cette réponse ; mais le président insiste ; il veut tâter le pouls de monseigneur pour s'assurer de son mal. Nouveau message du laquais, et le maitre de reprendre : « Va lui dire que je suis mort. » Alors notre président déclare qu'il ne sortira pas sans avoir prié sur le défunt. Bautru n'a donc que le temps de se jeter sur son lit, et de s'envelopper d'un drap. Le président s'agenouille, et reste une heure en prières ; puis, quand il se relève enfin, c'est pour prendre un énorme bénitier qui était dans la ruelle, et le verser jusqu'à la dernière goutte sur la tête du prétendu mort.

Bautru n'était rien moins qu'homme d'État, mais c'était le plus amusant personnage de la cour. Ses succès de salon lui valurent les charges les plus honorables et les plus difficiles : il fut successivement introducteur des ambassadeurs et ministre plénipotentiaire de France en Flandre, en Angleterre, en Espagne et en Savoie.   DUPEY (de l'Yonne).

BAUTZEN ou BUDISSIN, ville de Saxe, à 50 kilom. de Dresde, sur la Sprée, avec 10,000 habitants environ, presque tous luthériens, un ancien château royal, dit d'Ortenbourg, l'église Saint-Pierre, l'hôtel de ville, le théâtre, deux bibliothèques, un gymnase, une école normale, des fabriques de draps, toiles, bonneteries de laine, des tanneries, des papeteries. Siége des états provinciaux de la haute Lusace et d'une cour d'appel, cette ville est célèbre par la victoire que les Français y remportèrent sur les coalisés, le 20 mai 1813.

La bataille de Lutzen, gagnée le 2 mai 1813 par l'empereur Napoléon sur les Prussiens et les Russes, n'avait eu que des résultats moraux. Elle signalait seulement la résurrection de l'armée française, et détruisait en Europe les craintes ou les espérances qu'avaient fait naitre les désastres de la Bérésina et l'épouvantable retraite de Moscou. Mais les alliés s'étaient retirés de Lutzen en bon ordre, laissant fort peu de prisonniers dans les mains de Napoléon, et ne semblaient lui céder le terrain que pour chercher une position plus avantageuse. Ils se bornèrent à couper les ponts de la Pleiss, de la Mulda, de l'Elbe, dont ils disputaient à peine les rivages à l'avant-garde française, et se replièrent sur la ville de Bautzen, au delà de laquelle ils avaient élevé des redoutes formidables sur la rive droite de la Sprée. Les escarpements de cette rivière offraient des retranchements naturels ; la ville, dont elle embrasse la moitié, avait été crénelée et hérissée de canons et de palissades. En arrière de ses murs, les routes de Lobau, de Reichenbach et de Weissenberg étaient défendues par des coupures et des batteries disposées en amphithéâtre sur leurs rampes ; et de nombreux mamelons garnis d'artillerie présentaient autant de forts dont les feux croisés d'artillerie sur tous les débouchés de la rivière et sur le nouveau champ de bataille choisi par Alexandre. Cet empereur avait pris le commandement des deux armées alliées. Renforcé par les nouvelles levées de la Prusse, par les corps de Kleist et de Barclay de Tolly, il comptait cent soixante mille hommes sa ligne. Sa gauche était appuyée sur les montagnes de Bohême, dont elle occupait les défilés ; les retranchements qui défendaient son centre commençaient de ce côté au village d'Hochkirch, couraient parallèlement à la route de Lobau, jusqu'à sa jonction avec celle de Reichenbach, formaient un coude au village de Kabschütz, et traversant la rivière de Weissenberg, après un développement de 10,000 à 12,000 mètres, allaient aboutir aux murs de Burschwitz. La droite de l'armée combinée, placée entre les deux Sprées, flanquait l'extrémité de ces retranchements en avant de Gottamelde, occupait le village de Malschwitz, et poussait son avant-garde jusqu'à celui de Klix.

Des historiens militaires ont pensé que Napoléon aurait pu, par une route plus directe, devancer ses ennemis au delà de l'Elbe, et rendre ces positions inutiles en les y prévenant ; mais la possession de Dresde, la nécessité d'y attendre ses renforts et surtout sa cavalerie le déterminèrent à suivre les traces des alliés. Leurs dispositions ne lui étaient pas, du reste, inconnues ; il savait où ils avaient formé la résolution de l'attendre, et c'est à Dresde même qu'il combina le plan de la bataille de Bautzen. Le maréchal Ney prit le commandement des troisième, cinquième et septième corps et de la cavalerie de Kellermann pour se porter par un détour sur le flanc droit des retranchements de Bautzen et tourner ainsi la droite de l'armée russe. En même temps Bertrand et le quatrième corps, Marmont et le sixième, Macdonald et le onzième, passaient l'Elbe sur le pont de Dresde et marchaient directement sur Bautzen. Macdonald avait, le 12, battu Miloradovitch à Bischoffswerda, et les deux autres l'avaient suivi à travers cette petite ville, dont les obus ennemis n'avaient fait qu'un monceau de cendres.

Dès le 16 les avant-gardes françaises étaient arrivées devant les positions des alliés. Le duc de Reggio avait pris avec le douzième corps l'extrême droite de l'armée sur les revers des montagnes de la Bohême ; et les soldats, qui pouvaient considérer à loisir les retranchements qu'ils avaient à emporter, ne concevaient pas l'inaction dans laquelle on les laissait. Cette oisiveté de trois jours était causée par la lenteur que Ney avait mise dans son opération, ou plutôt par la longueur du circuit qu'il avait pris pour se porter sur les derrières de l'armée russe. Napoléon, arrivé le 18 à Harthan, fut étonné d'apprendre que l'exécution de son plan était ainsi retardée, et Bertrand reçut ordre de détacher sur sa gauche la division italienne du général Peri pour rétablir ses communications avec le maréchal. Cette manœuvre fut malheureusement devinée par l'ennemi. Les corps d'Yorck et de Barclay de Tolly se jetèrent dans le large intervalle qui séparait le centre des Français de leur aile gauche, et Peri, surpris à son arrivée à Kœnigswartha, fut battu par Langeron et Cresbatof. Les généraux français Martelli, Balathier et Saint-André furent, en outre, blessés et pris avec six cents hommes et quelques pièces de canon. Mais les débris de cette division, ralliés dans les bois par le général Kellermann, qui arrivait avec sa cavalerie et un régiment d'infanterie légère, reprirent immédiatement la ville de Kœnigswartha; et le général prussien Yorck, attaqué en même temps à Weissig par l'avant-garde de Ney, qui débouchait enfin d'Hoyerswerda, fut contraint de se replier avec Barclay de Tolly sur les positions de l'armée combinée.

Le bruit de cette canonnade fut entendu toute la journée du 19 par Napoléon, qui ne fit aucun mouvement pour contrarier la retraite des deux corps ennemis ou pour seconder l'arrivée de son lieutenant. Ce ne fut que le 20 mai à midi que ses colonnes s'ébranlèrent, sans attendre que la jonction de son aile gauche fût entièrement effectuée. Lauriston, avec le cinquième corps, était le seul qui fût déjà entré en ligne; le troisième et le septième étaient encore en arrière avec le maréchal Ney. Marmont, à la tête du sixième corps, composé des vieilles troupes de l'artillerie de marine, marcha par divers points sur la ville de Bautzen et les hauteurs environnantes, sous la protection de son artillerie. Il jeta un pont sur la Sprée à Seydau, à la gauche de Bautzen, pendant que Macdonald passait la rivière sur la droite par le pont de pierre, que l'ennemi n'avait pas détruit, et qu'Oudinot en jetait un troisième à une lieue de lui pour attaquer les montagnes. Le corps prussien de Kleist défendait la ville et ses environs avec les généraux russes Roth et Rudiger. La cavalerie des alliés essaya plusieurs fois d'entamer les colonnes françaises qui débouchaient par les ponts et les gués de la Sprée. Toutes ses charges furent repoussées; et telle était la sagesse des combinaisons de Napoléon, que ces colonnes, en abordant les premières positions de l'ennemi, s'apercevaient en même temps que d'autres divisions les avaient tournées. Deux points importants, la ville de Bautzen et les hauteurs de Niederkayna, sur la gauche, soutinrent seules une attaque de front et de vive force. La division Compans lança une nuée de tirailleurs sur les escarpements de Bautzen, au faubourg dit des Vandales. Les rochers et les remparts furent escaladés avec une rare intrépidité. Une batterie prussienne fut enlevée, et la ville envahie par cette impétueuse colonne. Macdonald emportait en même temps les hauteurs de Prelswitz au delà de la Sprée, et le général Bertrand, dirigeant le quatrième corps sur celles de Doberschutz, après avoir forcé le défilé de Nieder-Gusck, repoussait devant lui la division prussienne de Ziethen. A droite de Bautzen et sur le flanc droit de Macdonald, le corps d'Oudinot chassait les Russes de Miloradovitch et la division du prince Eugène de Wurtemberg vers les coteaux escarpés de Kahnitz et de Weissig, et se rapprochait ainsi des retranchements formidables élevés par l'ennemi. L'extrême droite des Français et du corps d'Oudinot disputait à l'extrême gauche des Russes les ravins boisés des montagnes, où deux canons, laissés à grand'peine sur ces escarpements d'un accès difficile, ne cessaient de foudroyer les tirailleurs du prince de Wurtemberg. La division Bonnet, du sixième corps, attaquait enfin, après cinq heures de combat, la forte position de Niederkayna avec les six bataillons du second régiment de marine et ses pièces de campagne. Les Prussiens de Kleist s'y étaient ralliés après avoir abandonné la ville de Bautzen. Cette position, défendue par une artillerie formidable, fut attaquée de front par quatre bataillons que l'intrépide Bonnet dirigeait en personne, et tournée par deux autres. Une division de cavalerie, surprise par ce mouvement, fut mise en déroute, et la position enlevée à la baïonnette.

Cependant, les retranchements ennemis n'étaient pas encore abordés, et l'empereur Alexandre espérait y prendre une éclatante revanche. Mais dans la nuit du 20 le maréchal Ney était entré en ligne, en face du village de Klix et du corps russe de Barclay, et le 21 au matin la réunion de toutes les forces des deux armées annonçait une bataille décisive. Elle commença dès quatre heures et demie du matin par un feu de tirailleurs qu'Oudinot entretint dans les montagnes, en s'étendant de plus en plus vers la Bohème, pour attirer sur ce point l'attention des alliés et leur faire croire que Napoléon avait le projet de les tourner par leur aile gauche. Ils ne donnèrent point dans ce piége, et le prince de Wurtemberg soutint seul cette fausse attaque. L'empereur Alexandre, éclairé par les manœuvres de Ney sur sa droite, jugea que le véritable danger était là, et qu'il fallait à tout prix empêcher les Français de passer sur ce point les deux bras de la Sprée et de venir lui couper la retraite par les routes de Weissemberg et de Reichenbach. Il y maintint les corps de Kleist et de Barclay, les fit soutenir par une portion de celui de Blücher, et entre six et sept heures du matin la canonnade se fit entendre sur toute cette partie de la ligne. Le maréchal Ney, à la tête du troisième corps d'armée et de celui de Lauriston, ayant le septième en réserve sous le commandement de Reynier, fit attaquer par Kellermann les troupes de Barclay au village de Klix, passa l'un des bras de la Sprée, et força les Russes à se replier sur les hauteurs de Gleina. Ses divisions de droite enlevaient en même temps le village de Preititz, où arrivaient les premiers bataillons de Blücher. Ce général ennemi, se trouvant ainsi débordé par sa droite, et presque séparé des corps de Kleist et de Barclay, se vit dans la nécessité de reconquérir cette position, dont la perte compromettait celle de Kreckwitz, qu'il était principalement chargé de défendre. Le mamelon retranché de Kreckwitz était devenu le point le plus important du nouveau champ de bataille. Blücher l'avait conservé la veille, quoique tourné pour ainsi dire par le corps de Marmont; et comme ce mamelon dominait l'extrémité des retranchements russes, l'empereur Alexandre avait autant d'intérêt à le garder que Napoléon en avait à le prendre.

Blücher marcha donc sur les hauteurs de Preititz pour en chasser les troupes de Lauriston et rétablir ses communications avec l'aile droite des alliés. Kleist seconda cette attaque par un nouvel effort, et l'avant-garde de Ney fut forcée de se rejeter en arrière. Mais les divisions prussiennes s'efforcèrent en vain de pousser plus loin cet avantage. Ney resta maître de la rive droite de la Sprée et des hauteurs de Malschwitz; et contint l'ennemi jusqu'à la fin de la journée. L'impétuosité des Prussiens était d'ailleurs ralentie par une attaque sérieuse que dirigeait le maréchal Soult sur le mamelon de Kreckwitz, où Blücher n'avait laissé que la moitié de ses troupes. A la tête du corps de Bertrand, que la déroute de la division Peri avait dès l'avant-veille réduit au contingent wurtembergeois et au treizième régiment français, Soult gravit avec intrépidité les hauteurs de Kreckwitz, où les troupes du roi de Wurtemberg se couvrirent de gloire. Mais l'empereur Alexandre connaissait trop l'importance de cette position pour ne pas essayer de la reprendre. Le corps prussien du général Yorck, soutenu par une portion des gardes russes, marcha vivement sur ce point, et repoussa les tirailleurs wurtembergeois qui en défendaient les approches; mais Soult et le général Morand restèrent en possession de la crête et du village de Kreckwitz, où Napoléon s'empressa d'accourir avec sa garde et la cavalerie de Latour-Maubourg.

Ainsi, tout l'effort de cette seconde bataille s'était porté à l'extrémité du camp retranché où le czar avait espéré attirer son ennemi. Cette longue ligne de retranchements élevés d'avance et à grands frais lui devenait inutile. Napoléon n'avait laissé devant elle que les corps de Marmont et de Macdonald. Le premier s'était avancé sur la route de Weissemberg jusqu'au village de Batschutz, et s'était borné à canonner les redoutes russes. Macdonald et le onzième corps ne faisaient également que des démonstrations d'attaque sur un autre point de cette ligne, sans avoir l'intention de la forcer. Il n'y avait d'engagement sérieux que sur un terrain où l'empereur Alexandre n'avait pas songé à élever des défenses. Napoléon y arriva précédé d'une nombreuse artillerie que dirigeaient les généraux Drouot et Dulauloy. Ils s'établirent sur le flanc droit des Prussiens d'Yorck et de Ziethen, et les foudroyèrent par une grêle d'obus et de mitraille, pendant que le duc de Trévise, avec deux divisions de la jeune garde, se portait sur leur flanc gauche pour leur couper la route de Wurschen et de Weissenberg. Alors Blücher quitta précipitamment les hauteurs de Preititz pour dégager le général Yorck; mais les batteries de Devaux, de Drouot et de Dulauloy arrêtèrent la marche de ses colonnes. Kleist et Barclay de Tolly, épouvantés d'une attaque aussi vive, suivirent le mouvement de Blücher sur le centre. Le maréchal Ney ressaisit alors l'offensive; il reprit le village de Preititz, et, appuyant toujours sur sa gauche, s'efforça de déborder la droite des alliés. Alexandre, voyant ses retranchements pris à revers, ordonna au prince de Wurtemberg et à Miloradovitch d'abandonner les montagnes et de se replier sur la route de Lobau. Il se retira lui-même par celle de Reichenbach, et toute la ligne des alliés, désespérant de la victoire, ne chercha plus qu'à éviter une déroute en opérant sa retraite en bon ordre. Marmont et Macdonald entrèrent sans résistance dans les retranchements au pied desquels l'empereur Alexandre s'était flatté de les anéantir. Mais le maréchal Ney n'arriva à Wurschen que lorsque l'ennemi n'y était plus.

Cette bataille fut un chef-d'œuvre de stratégie; et si l'exécution eût répondu à la conception, elle aurait eu d'autres résultats que la prise de 3,000 hommes, et la perte de 18,000 blessés ou tués du côté de l'ennemi. Ney, une fois en ligne, y déploya de grands talents et un grand courage; mais s'il n'eût pas pris un si long détour, s'il y fût arrivé le 19, les alliés, qui ne furent avertis de ce mouvement que par l'inaction des forces qu'ils avaient en tête, auraient été surpris dans leurs retranchements; l'Autriche, dont la fidélité était déjà ébranlée, eût tenu un autre langage, et la catastrophe de l'empire français n'eût pas suivi de près le retour momentané de la victoire sous nos drapeaux. Les bulletins ont donné le nom de *Wurschen* à cette seconde bataille; mais l'histoire l'a réunie à la première, qui n'en était que le prélude, et l'a consacrée sous le nom de Bautzen. Les alliés se retirèrent vers l'Oder en laissant à leur arrière-garde le soin de protéger leur retraite; il n'y eut pendant douze jours que des combats de division, et le 4 juin un armistice fatal donna aux alliés le temps de se reconnaître et de se concerter pour anéantir l'ennemi qui venait de se relever aux yeux de l'Europe étonnée. Cette trêve fut une grande faute de Napoléon, et il la paya par de nouveaux désastres. VIENNET, de l'Acad. Française.

BAUX (Famille DE). Les barons de Baux, d'une maison à laquelle Bouche, Nostradamus et les autres historiens de Provence ont donné une origine fabuleuse, et qui prétendaient descendre au moins des anciens Baltes, famille royale chez les Wisigoths, étaient princes d'Orange, seigneurs en partie de la vicomté de Marseille, et portèrent quelque temps le titre de rois d'Arles. On ne sait si le château de Baux leur a emprunté ou donné son nom, qui signifie *rocher, lieu escarpé*. Il y a là encore un bourg de 500 âmes, situé à douze kilomètres d'Arles, et qui était autrefois le chef-lieu de la baronnie, contenant soixante-dix-neuf villages, appelés *terres baussenques*. Vers l'an 1140 le baron de Baux et ses quatre fils prirent les armes pour disputer à Raimond-Bérenger le comté de Provence. Les comtes de Toulouse et de Forcalquier et une partie de la noblesse du pays se déclarèrent en leur faveur; mais, après dix ans de lutte, les barons de Baux furent obligés de reconnaître la suzeraineté des comtes de Provence. Une branche de la maison de Baux alla s'établir dans le royaume de Naples, où elle posséda des terres considérables et les premières charges de l'État. Alix, baronne de Baux, dernier rejeton de la souche française, institua en 1425, pour ses héritiers, les représentants de la ligne napolitaine, et, à leur défaut, les enfants de Marie de Baux, sa sœur, qui avait épousé, vers l'an 1393, Jean de Châlons. Au mépris des dernières volontés de la testatrice, la baronnie fut unie au domaine comtal de Provence, et y resta jusqu'en 1641, que Louis XIII l'érigea en marquisat pour le prince de Monaco.

BAVA (JEAN-BAPTISTE-EUSÈBE, baron), général piémontais, naquit à Vorceil, en août 1790. Après avoir commencé ses études militaires au Prytanée de Saint-Cyr, il fut incorporé, sur sa demande, au 31° léger avec le grade de sous-officier, et fit en cette qualité les campagnes de Prusse et de Pologne. Sous-lieutenant en 1808, il passa en Espagne, se distingua au siège de Saragosse, et passa dans le corps d'armée du maréchal Soult. Fait prisonnier lors de l'évacuation d'Oporto, il fut conduit en Angleterre; il réussit bientôt à s'échapper en s'emparant d'une goelette marchande. Aussitôt il retourna en Espagne rejoindre son corps, et fut promu au grade de lieutenant. En mars 1811 il enleva par surprise la ville de Lequito, petit port de mer qu'occupait une bande de guérillas, dont il protégeait une frégate anglaise mouillée à l'embouchure de la rivière. Capitaine en 1811, il fit, tant en Espagne qu'en Portugal, les campagnes de 1811, 1812 et 1813, puis celle des Pyrénées en 1814. Après la bataille de Toulouse, il retourna dans sa patrie avec ses compatriotes piémontais, et conserva son grade dans l'armée sarde. Quand l'Empereur revint de l'île d'Elbe, Bava combattit ses anciens compagnons d'armes sous les murs de Grenoble. En 1819 il fut nommé major (chef de bataillon), en 1824 lieutenant-colonel, en 1830 colonel, en 1832 major général. Appelé au commandement de la division militaire de Turin en 1839, il fut nommé peu après lieutenant général et créé baron. A la fin de 1847 il était gouverneur de la province d'Alexandrie.

Lorsque éclata la guerre de l'Indépendance italienne, le général Bava eut le commandement du premier corps d'armée. La victoire de Goïto, due à ses habiles manœuvres, fixa bientôt tous les regards sur lui, et lui valut le grade de général d'armée, qui correspond à celui de maréchal dans notre pays. Le roi Charles-Albert avait adopté dans le principe le plan de campagne de Bava; mais on le modifia tellement par la suite, qu'il serait injuste de faire peser sur son auteur la responsabilité de l'insuccès et des désastres postérieurs. Bava aurait enlevé Governolo par un heureux coup de main le 18 juillet 1848, il couronna sa réputation par la brillante affaire de Somma-Campagna. Mais bientôt la défaite de Valeggio convertit la marche en avant de l'armée piémontaise en une retraite précipitée. Dans ces pénibles circonstances, le général Bava ne resta pas au-dessous de lui-même. On le trouvait partout encourageant les soldats, relevant le moral des troupes par sa parole et par son exemple, sachant suffire à tous les détails d'approvisionnement et de subsistance ne laissant même temps qu'il tenait tête dans des combats d'arrière-garde à l'ennemi, qui devenait plus audacieux d'instant en instant. La défense de Milan fut son dernier fait d'armes.

Dans la seconde campagne, le général Bava n'eut pas de commandement : il s'était prononcé dans un rapport contre le ministère pris dans les rangs du parti exalté. Le général

Chrzanowski fut nommé à sa place. En 1849 le roi Victor-Emmanuel appela le général Bava au ministère de la guerre; mais au mois de novembre de la même année le général résigna ces hautes fonctions pour reprendre celles d'inspecteur général de l'armée, dont il avait été précédemment chargé.
Duc DE DINO.

BAVARD, BAVARDAGE. Il y a deux sortes de bavards, que l'on rencontre souvent mêlées et confondues dans le même individu : l'un parle excessivement de choses insignifiantes et frivoles, l'autre de choses qu'il devrait tenir secrètes; mais le manque de mesure mène souvent à l'indiscrétion : on commence par dire des riens, la langue vous démange, et le besoin de parler vous pousse à dire des choses fâcheuses. L'homme qui ne sait pas retenir sa langue n'est pas longtemps maître de sa pensée; il parle à tort et à travers, et s'expose à des regrets amers. Dans le premier sens le bavard tient du *babillard*; cependant le *babil* entraîne avec lui l'idée de gentillesse, de futilité, mais de futilité agréable; c'est le caquet d'un enfant aimé, d'une fille naïve, d'une femme jolie ou spirituelle. Rien ne sent la médisance dans le babil; le bavardage approche souvent de la calomnie. Le babillard, bavard de la première espèce, parle pour le plaisir de parler; il jacasse sans trop savoir ce qu'il dit, comme un enfant : s'il est indiscret, c'est sans réflexion, sans préméditation. Le vrai bavard exerce sa langue sur tout et contre tous, sans pudeur, sans égards, sans être arrêté par aucune considération, pour satisfaire et entretenir un débordement, un flux de paroles, une rage de parler qui le tourmente.

Dieu vous garde en tout cas du bavard : quand il vous tient, il ne vous lâche plus. Un mot, un nom lui rappelle une histoire qu'il vous racontera dix fois, avec ou sans variantes. Il n'aura pitié ni de votre maladie, ni des affaires qui vous pressent, ni des personnes qui vous réclament; lui-même il oublie les devoirs qui l'appellent : qu'il ait quelqu'un qui l'écoute, c'est tout ce qu'il lui faut. Évitez-le si vous le voyez dans la rue, car il ira toujours de votre côté si vous ne voulez aller du sien, sous prétexte que tout chemin mène à Rome; fuyez plutôt de votre maison que de l'y recevoir, car il ne vous laissera rien faire, et il ne lèvera le siége que lorsqu'il se verra seul. N'essayez même pas de parler : le bavard, comme ce philosophe du dix-huitième siècle, n'est pas fait pour le dialogue; si vous dites quelque chose, il aura une histoire tout à fait semblable à raconter, et il l'assaisonnera de quelques longueurs à dormir debout.

On fait venir *bavard* du grec βαζω, causer, et sans doute cette propension à trop parler n'est pas d'origine moderne; nous en trouvons encore une preuve irrécusable dans les poëmes d'Homère, dont les héros, en général si *loquaces*, sont pour beaucoup dans le reproche que l'on a adressé au bonhomme Homère de s'endormir quelquefois. Théophraste nous fait déjà ce portrait du *diseur de riens*, si bien traduit par La Bruyère :

« La sotte envie de discourir, dit-il, vient de l'habitude que l'on contracte de parler beaucoup et sans réflexion. Un homme qui veut parler, se trouvant assis près d'une personne qu'il n'a jamais vue et qu'il ne connaît point, entre d'abord en matière, l'entretient de sa femme et lui fait son éloge, lui conte son songe, lui fait un long détail d'un repas où il s'est trouvé, sans oublier le moindre mets ni un seul service; il s'échauffe ensuite dans la conversation, et soutient que les hommes qui vivent présentement ne valent point leurs pères; de là il se jette sur ce qui se débite au marché, sur la cherté du blé, sur le grand nombre d'étrangers qui sont dans la ville; il dit qu'au printemps la mer devient navigable, qu'un peu de pluie serait utile aux biens de la terre et ferait espérer une bonne récolte; qu'il cultivera son champ l'année prochaine et qu'il le mettra en valeur ; que le siècle est dur et qu'on a bien de la peine à vivre.... Il demande ensuite à son inconnu combien de colonnes soutiennent le théâtre de la musique, quel est le quantième du mois; il lui dit qu'il a eu la veille une indigestion ; et si cet homme à qui il parle a la patience de l'écouter, il ne partira pas sans lui annoncer comme une chose nouvelle que les mystères se célèbrent au mois d'août, les *Apaturies* en octobre, et les Bacchanales en décembre. Il n'y a avec d'aussi rudes *causeurs* qu'un parti à prendre, c'est de fuir, si l'on veut éviter la fièvre. »

Ce portrait du *bavard*, tracé à une si grande distance de nous, serait encore celui du *bavard* de nos jours, tant il est vrai que les types primitifs des passions et des caractères sont les mêmes partout et dans tous les siècles. Dans son chapitre *de la société et de la conversation*. La Bruyère ajoute : « Il faut laisser parler cet inconnu que le hasard a placé auprès de vous dans une voiture publique, à une fête ou à un spectacle, et il ne vous coûtera bientôt pour le connaître que de l'avoir écouté : vous saurez son nom, sa demeure, son pays, l'état de son bien, son emploi, celui de son père, la famille dont est sa mère, sa parenté, ses alliances, les armes de sa maison; vous comprendrez qu'il est noble, qu'il a un château, de beaux meubles, des valets et un carrosse... Qui peut se promettre d'éviter dans la société des hommes la rencontre de ces esprits vains, légers, familiers, délibérés, qui sont toujours, dans une compagnie, ceux qui parlent, et qu'il faut que les autres écoutent? On les entend de l'antichambre; on entre impunément et sans crainte de les interrompre : ils continuent leur récit sans la moindre attention pour ceux qui entrent ou qui sortent, comme pour le rang ou le mérite des personnes qui composent le cercle : ils font taire celui qui commence à conter une nouvelle, pour la dire de leur façon, *qui est toujours la meilleure*; ils la tiennent de Zamet, de Ruccelay ou de Conchini, qu'ils ne connaissent point, à qui ils n'ont jamais parlé et qu'ils traiteraient de *monseigneur* s'ils leur parlaient... Si l'on faisait une sérieuse attention à tout ce qui se dit de froid, de vain et de puéril dans les entretiens ordinaires, l'on aurait honte de parler ou d'écouter, et l'on se condamnerait peut-être à un silence perpétuel ; mais il faut savoir permettre comme un mal nécessaire ce qu'on ne saurait empêcher, il faut laisser Aronce parler proverbe, Mélinde parler de soi, de ses vapeurs, de ses migraines et de ses insomnies... C'est le rôle d'un sot d'être importun : un homme habile sent s'il convient ou s'il ennuie; il sait disparaître le moment qui précède celui où il serait de trop quelque part. »

Nous profiterons de l'avis, estimant que le lecteur est capable de s'arranger bien mieux de l'esprit de Théophraste et de La Bruyère que du nôtre; et d'ailleurs, en traitant un tel sujet, il faut toujours craindre d'en trop justifier le titre.

BAVE. On emploie cette expression pour désigner la sortie involontaire, par la bouche, de la salive, dans quelques maladies, ou chez les enfants et les vieillards. Ainsi on conçoit facilement que par la grande mobilité des lèvres chez les premiers, la salive, ne pouvant être maintenue dans la bouche, s'en échappe sans cesse : d'ailleurs, la sécrétion de la salive est augmentée par la dentition. Quant aux seconds, la salive sort involontairement de leur bouche parce que les lèvres s'affaissent, ne trouvant plus de point d'appui dans les arcades dentaires, qui manquent au vieillard. La bave peut provenir encore d'une fistule salivaire ; mais dès lors le nom de bave devient impropre, puisque dans ce cas la bave ne sort plus de la bouche, mais de l'orifice de l'un des canaux excréteurs d'une des glandes salivaires.

On désigne encore par le mot bave la sortie de la salive chez les animaux atteints de la rage : observons à cet égard que bien que les éléments du virus rabique se trouvent en assez grande masse dans le sang d'un individu atteint de la rage, ces éléments ne peuvent acquérir de propriété virulente qu'après avoir subi une élaboration particulière dans les glandes salivaires.

Souvent enfin on observe la bave au moment des attaques

d'épilepsie; cette bave présente un caractère particulier : elle *mousse*. La mousse provient d'une grande quantité d'air mêlé à la salive par les fortes aspirations que fait le malade.

La bave se déclare souvent aussi à la suite des *traitements mercuriels*.

BAVIÈRE (en allemand *Bayern*). Sous le rapport de l'étendue du territoire, c'est le troisième des États de la Confédération germanique. Érigée en royaume depuis la paix conclue en 1805 à Presbourg, la Bavière se compose de deux parties distinctes et d'inégale grandeur; la plus petite située sur la rive gauche, et la plus grande sur la rive droite du Rhin. Cette dernière partie est bornée au sud et à l'est par l'Autriche, à savoir, par le Tyrol, l'archiduché et la Bohême; au nord par le royaume de Saxe, par la principauté de Reuss, par la Saxe Ducale et par la Hesse Électorale, à l'ouest par les grands-duchés de Hesse et de Bade et par le royaume de Wurtemberg. Le Palatinat, situé sur la rive gauche du Rhin, est borné à l'est par le Rhin Badois, au nord par le grand-duché de Hesse et par la Prusse, à l'ouest encore par la Prusse et par le bailliage de Meissenheim, dépendance de Hesse-Hombourg, au sud par la France. La superficie totale de la Bavière est de 1394 milles géogr. carrés, dont 105 pour le Palatinat du Rhin. La division politique en huit cercles, empruntant leurs dénominations particulières aux principaux cours d'eau qui les arrosent, a été remplacée depuis 1838 par une nouvelle division territoriale empruntée à l'ancienne constitution de l'empire d'Allemagne, mais répondant cependant plus ou moins aux diverses délimitations de la division précédente.

Géographie et statistique.

Ce qu'on appelle la *Vieille-Bavière* se compose des cercles méridionaux de la Haute-Bavière (311 milles géogr. carrés; autrefois *cercle de l'Isar*), de la Basse-Bavière (194 milles carrés; ci-devant cercle du Bas-Danube) et du Haut-Palatinat et de Ratisbonne (174 milles carrés, anciennement cercle du Regen). A ce groupe se rattachent au nord la Souabe et Neuburg (173 milles carrés; ci-devant cercle du Haut-Danube), la Franconie centrale (137 milles carrés; ci-devant cercle du Rezat), la Basse-Franconie et Aschaffenbourg (169 milles carrés; ci-devant cercle du Bas-Mein) et la Haute-Franconie (127 milles carrés; ci-devant cercle du Haut-Mein). Le *Palatinat du Rhin* (ci-devant-cercle du Rhin) se trouve complétement isolé au nord-ouest. Chacun de ces cercles situés sur la rive droite du Rhin est subdivisé en plusieurs arrondissements, et le Palatinat du Rhin en cantons.

Dans le Palatinat, la Hardt et le Mont-Palatin (*Pfælzische Gebirge*) se soulèvent autour du Mont-Tonnerre (*Donnersberg*), haut de 700 mètres au-dessus du niveau de l'Océan, pour former une contrée montagneuse séparée des Vosges au nord, puis s'abaissant d'une manière abrupte à l'est, où se trouve la profonde vallée du Haut-Rhin, contrée riche en vallées, en terrasses, en forêts et en coteaux chargés de vignes, tandis que la partie orientale du pays est formée par l'un des plateaux qui rattachent les Alpes aux monts Hyrciniens. Les chaînes des Alpes d'Algan et de Salzburg empiètent sur les contrées voisines de la frontière méridionale, où elles offrent des pics continuellement couverts de neige, tels que celui de *Zug*, haut de 3,023 mètres; le *Watzmann*, haut de 2,728 mètres; le *Mædelhorn*, haut de 2,702 mètres, et une foule d'autres encore, dont l'élévation varie entre 1,800 et 2,300 mètres, tandis que depuis le pied des Alpes, où les lacs abondent, s'étend jusqu'aux rives du Danube un plateau uni constituant la plus haute terrasse du sud de l'Allemagne, avec une élévation moyenne de 4 à 500 mètres. Dans la Bavière centrale, entre le Danube et le Mein, la configuration du sol devient déjà plus variée. A l'est on trouve le *Bœhmerwald*, avec des versants escarpés, des crêtes élevées, telles que l'*Arber*, haut de 1513 mètres, et le *Rachel*, haut de 1470 mètres, et quelques groupes détachés des systèmes principaux, comme le *Bayrische Wald* entre le Regen et le Danube. Au centre s'élève le plateau de Franconie, avec le haut versant du Jura Franconien, auquel se relient à l'ouest les terrasses de la Souabe. Dans la Bavière septentrionale, au delà du Mein, s'élève le système des monts Hyrciniens avec les groupes suivants : à l'est, le petit plateau des *Fichtelgebirge*, réservoir central de l'Allemagne, où le *Schneeberg* atteint une élévation de 752 mètres, et l'*Ochsenkopf* 1102 mètres, et le plateau montagneux du *Frankenwald*, situé au nord; au centre, le soulèvement basaltique des *Hautes Rœhn*, avec le *Kreuzberg*, haut de 975 mètres; et à l'ouest le *Spessart*, avec le *Geiersberg*, de 635 mètres. Les points du sol bavarois les moins élevés, si on excepte le Palatinat du Rhin, sont sur les bords du Danube à Passau, où le sol n'est qu'à 170 mètres au-dessus du niveau de la mer, et au-dessous d'Aschaffenburg, où son élévation ne dépasse même pas 108 mètres. On n'y peut d'ailleurs citer de vallées proprement dites que dans la petite fraction occidentale des plaines rhénanes du Palatinat.

Le sol bavarois participe à quatre des grands bassins de l'Allemagne; cependant ceux de l'Elbe et du Weser n'y occupent au nord qu'une superficie très-minime, et même le bassin immédiat du Rhin ne fait que l'effleurer à ses frontières et au moyen d'affluents peu importants de sa rive gauche. Les principaux cours d'eau sont au contraire le Mein et le Danube, le premier au nord et le second au sud, l'un en se dirigeant à l'ouest, l'autre à l'est; tous deux mis dans ces derniers temps en communication par le canal de Ludwig, qu'alimentent les eaux de l'Altmühl et de la Regnitz. Le Danube reçoit en Bavière, à droite les eaux de l'Iller, du Lech, de l'Isar et de l'Inn; à gauche celles de la Wernitz, de l'Altmühl, du Raab et du Regen. Le Mein, formé au-dessous de Baireuth par la jonction du Mein-Rouge et du Mein-Blanc, reçoit, à sa droite, les eaux de la Rodach, de l'Itz et de la Saale, et à sa gauche celles de la Regnitz.

En fait de lacs, on doit surtout citer, comme servant de réservoirs aux eaux provenant des Alpes, le lac de Constance, dont, à Lindenau, une minime partie des rives seulement est bavaroise, le lac de Tegern et le lac de Chiem.

L'élévation générale du sol, rempli en Bavière de chaînes de montagnes ou de hauts plateaux, n'étant interrompue que par la vallée du Rhin, y produit une température moyenne plus basse que celle de Hambourg et de Bergen en Norvège, et les mêmes résultats qu'on a lieu d'observer sur la côte orientale de l'Écosse, où la température moyenne est de 5° 2/5 Réaumur. Toutefois le climat de la Bavière a un caractère plus continental, les hivers y sont plus rigoureux et les étés plus chauds (13° Réaumur). De ces nombreuses alternatives d'élévation et d'abaissement dont nous avons parlé, comme aussi d'une constitution physique du sol plus favorable, il résulte que la Bavière est l'une des plus fertiles contrées de l'Allemagne. La culture des céréales y prospère jusqu'à une élévation de 1000 mètres au-dessus du niveau de la mer; la région des forêts, généralement composées d'essences résineuses, s'y étend jusqu'à une élévation de 1700 mètres, et celle des Alpes jusqu'à 2,700 mètres. Il n'y a que très-peu de points de la région des montagnes qui appartiennent à celle des neiges éternelles.

La population de la Bavière est aujourd'hui d'environ 4,500,000 habitants, tous de race allemande pure, à l'exception de 3,500 Français, de 60,000 juifs et de quelques débris de population slave dans les parties orientales du royaume. Sur ce nombre on compte 3,060,700 catholiques, 1,181,216 luthériens et 7,500 chrétiens des différentes autres confessions. Un fait bien remarquable, c'est le nombre considérable de naissances illégitimes qu'on compte dans ce pays. Il est dans la proportion d'un cinquième relativement au chiffre total des naissances, et même à Munich de moitié.

Sur 100 habitants on en compte 43 qui s'occupent exclusivement de travaux agricoles, 24 qui y joignent quelque profession industrielle, et 12 qui ne se livrent qu'à l'industrie.

Il existe encore aujourd'hui en Bavière vingt-quatre seigneurs, ci-devant princes ou comtes relevant immédiatement de l'Empire, dont les possessions comprennent une superficie de 69 myriamètres carrés, avec une population de près de 200,000 âmes.

Plus des 43/100es du sol se composent de terres arables; son exploitation consiste surtout dans la culture des céréales de tout genre. La pomme de terre y est cultivée aussi sur une très-large échelle. Les plantes commerciales, telles que le lin, le chanvre, le tabac, et du houblon d'une qualité tout à fait supérieure, y sont cultivées sur tous les points. La Vieille-Bavière produit en abondance des blés, le Palatinat et les cercles de Franconie des fruits. La sylviculture est aussi pour ce pays une notable source de richesses, attendu que près du tiers de la totalité du sol est couvert de forêts donnant en moyenne chaque année plus de deux millions de cordes de bois. L'élève du bétail est le plus souvent associée à la culture du sol, et constitue par conséquent une branche fort importante de l'économie rurale. Dans les contrées qui tiennent de la nature des Alpes, l'agriculture spéciale qui y est propre est aussi perfectionnée qu'elle peut l'être en Suisse. La haute Franconie est justement célèbre par son excellente viande de boucherie. La Franconie centrale, indépendamment de l'éducation de la volaille, se livre tout particulièrement à celle des moutons, quoique à cet égard elle soit encore restée bien inférieure à diverses autres parties de l'Allemagne. On évalue le nombre des chevaux existant en Bavière à environ 330,000, celui des bêtes à cornes à 2,350,500, celui des moutons à 1,484,100, celui des porcs à 866,900, et celui des chèvres à 101,600; à quoi il convient d'ajouter 4,500,000 têtes de volailles, et 171,400 ruches d'abeilles.

En ce qui touche l'exploitation des mines, c'est précisément celle des minéraux les plus utiles, comme le fer, le sel et la houille, qui donne en Bavière les plus riches produits; aussi n'a-t-on pas lieu vraiment d'y regretter la rareté des métaux précieux. En moyenne on peut en évaluer comme suit le produit annuel : cuivre, 770 quintaux ; fer, 342,500 ; manganèse, 110 ; cobalt, 520 ; mercure, 110 ; sel commun, 555,500 ; vitriol, 3,000 ; alun, 1610 ; houille, 407,520 ; anthracite, 30,000 ; argent, 150 marcs. On a depuis longtemps renoncé à l'exploitation des quatre lavages d'or qui existaient autrefois dans la Haute-Bavière, et qui de 1761 à 1773 rapportèrent en moyenne 16 à 17 marcs. En revanche, on apporte chaque jour plus de soin et d'intelligence à l'extraction du mercure, dont les mines les plus importantes sont celles d'Obermoschel, de Stahlberg et de Wolfstein. Les salines les plus importantes sont à Berchtesgaden, à Reichenhall, à Traunstein, à Rosenheim, à Kissingen, à Soden, à Orb, à Durckheim, et à Philippsthal; elles produisent assez de sel pour qu'on en puisse exporter. Outre une richesse extrême en divers autres produits minéraux et surtout de magnifiques matériaux de construction, il faut surtout citer la pierre calcaire du Jura, plus généralement connue aujourd'hui sous le nom de pierre lithographique. Les meilleures sont celles qu'on tire de Solnhofen sur l'Altmühl. En fait de sources minérales, les eaux de Bruckenau et celles de Kissingen sont les plus fréquentées.

Le génie industrieux du peuple bavarois fut puissamment excité au moyen âge par la possession de la grande route continentale du commerce qui mettait le nord de l'Europe en rapport avec le midi. Aussi y voit-on de bonne heure s'élever un grand nombre de villes, en tête desquelles il faut mentionner Augsbourg et Nuremberg, qui donnèrent au reste de l'Allemagne l'exemple de la prospérité dont le travail et l'industrie sont la source; toutefois, les changements survenus dans les voies adoptées par le commerce modifièrent singulièrement à la longue cet état de choses. Les ci-devant villes impériales ont bien encore conservé aujourd'hui quelques débris de leur importance, mais leur brillante prospérité a disparu depuis longtemps. On ne saurait disconvenir cependant que le chemin de fer construit entre Hof et Munich, et auquel se reliera avant peu celui d'Augsbourg à Ulm (Stuttgard), n'a pas peu contribué à leur imprimer comme une vie nouvelle. Déjà des voies ferrées relient Bamberg à Wurtzbourg, Munich à Salzbourg, en même temps que le chemin de fer de Ludwigshafen à Berbach traverse le Palatinat du Rhin, et qu'une convention conclue à la fin de 1850 avec la Prusse en assure la continuation jusqu'à Sarlouis.

Les manufactures de toiles, de draps, de cotonnades et de soieries de la Bavière sont sous tous les rapports de beaucoup inférieures à celles des pays voisins, et, en ce qui touche les deux premiers de ces articles, ne livrent même à la consommation que des produits grossiers. La fabrication des cuirs est loin aussi d'être satisfaisante. La fabrication des fers et des aciers y est beaucoup plus active, et prend chaque jour de nouveaux développements. L'orfévrerie d'Augsbourg conserve toujours sa vieille réputation. Les creusets de Passau s'expédient jusqu'en Amérique. Si la fabrication du verre soutient avantageusement la concurrence avec la Bohême, celle des instruments d'optique dans les établissements fondés à Munich par Fraunhaufer atteint une perfection à laquelle on ne saurait rien comparer en ce genre en Europe. Les jouets et la bimbeloterie de Nuremberg, de Furth et du voisinage des Alpes sont connus du monde entier; et la brasserie, qui compte près de 6,000 usines et livre annuellement à la consommation pour plus de 8 millions d'*eimer* de ses produits, n'est point une industrie moins florissante.

En raison de sa situation au centre de l'Europe, et aussi des nombreux cours d'eau navigables qui sillonnent son territoire, on peut dire que la Bavière se trouve placée dans des conditions des plus favorables. Le commerce, notamment le commerce de transit, y est donc très-actif, surtout depuis que la Bavière a accédé au *Zollverein*; et il y est encore favorisé d'une manière toute particulière par d'excellentes voies de communication. Les exportations consistent en bestiaux de toutes espèces, produits agricoles des Alpes, peaux brutes, laines, fromages, bois et ustensiles en bois, bois de réglisse des environs de Bamberg, lins et chanvres, houblon, bière, vin, articles de Nuremberg, etc. Les principaux objets d'importation sont les chevaux et les mulets, la laine, le coton et la soie, soit bruts, soit ouvrés, les denrées coloniales et les denrées médicinales, les huiles, les fourrures et les poissons de mer. La valeur des exportations est estimée à 14 millions de florins, et celle des importations à 10 millions. Les principales places de commerce sont, au nord, Bamberg, Schweinfurt et Wurtzbourg; au centre Nuremberg et Furth; au sud Augsbourg, grand entrepôt des produits de l'Italie et du Levant.

Il s'en faut de beaucoup que la Bavière, surtout la Vieille-Bavière, ait participé à ce mouvement si marqué des intelligences qui s'est produit dans presque toutes les autres parties de l'Allemagne. On en a bien eu la preuve dans les événements de 1848, qui ont fait que rendre plus sensible encore l'antagonisme des mœurs et des idées particulières aux deux races distinctes dont se compose la population. Chez le Franconien l'intelligence est plus vive et plus active que chez le Vieux-Bavarois, peuple à l'esprit lent, grave, et généralement peu éclairé. Une ligne de profonde démarcation les séparera longtemps encore. Trois universités, une protestante à Erlangen, et deux catholiques à Munich et à Wurtzbourg, favorisent l'étude des sciences et l'instruction supérieure, secondées par un grand nombre d'écoles préparatoires dont l'organisation a sans doute été singulièrement améliorée dans ces derniers temps, mais qui demeurent soumises encore à trop d'entraves pour pouvoir atteindre tout le développement dont elles seraient susceptibles. A un petit nombre d'exceptions près, l'activité industrielle est plus concentrée en Bavière dans quelques grandes villes qu'elle ne l'est au nord de l'Allemagne; toute l'activité intellectuelle se trouve de même à peu près concentrée à Munich, à Augsbourg, à Nuremberg, à Erlangen et à Wurtzbourg. La bibliothèque de Munich est, après celle de Paris, la plus grande qu'il y ait au monde. Cette capitale a d'ailleurs été le berceau d'une foule de découvertes d'une valeur inappréciable, et l'influence de l'exemple du roi Louis 1er est parvenue à en faire un des foyers des beaux-arts en Europe.

La Bavière est un État monarchique, ayant un roi pour chef. Celui-ci réunit en sa personne et exerce tous les droits de la puissance exécutive; mais son autorité est limitée par une constitution représentative octroyée le 26 mai 1818. L'assemblée des états, qui se réunit au moins tous les trois ans, se compose de deux Chambres : celle des Pairs et celle des Députés. La Chambre des Pairs comprend les princes de la famille royale, quand ils atteignent leur majorité, les grands dignitaires du royaume, les deux archevêques, les chefs des anciennes familles de princes et de comtes de l'Empire qui ont été médiatisés et en faveur de qui cette dignité a été rendue héréditaire, un évêque désigné par le roi et le président du consistoire protestant, ainsi que des membres nommés par le roi, soit à titre héréditaire, soit à vie, mais dont le nombre ne doit pas dépasser le tiers des membres héréditaires. La chambre des députés est le produit de l'élection directe, sans condition de cens (aux termes de la loi électorale de 1848). Est éligible tout citoyen jouissant de ses droits civils et âgé de plus de vingt-cinq ans. On nomme un député par 35,000 habitants. Depuis 1848 les chambres bavaroises ont obtenu tous les droits les plus essentiels qui sont la base du système constitutionnel : elles prennent part à la confection des lois, votent l'impôt, peuvent adresser à la couronne des doléances et des prières, et possèdent le droit d'initiative en matière de législation.

Le trône de Bavière est héréditaire par ordre de primogéniture, tant dans les lignes mâles que dans les lignes féminines, mais les premières sont toujours préférées aux secondes.

Les ordres de chevalerie existants en Bavière sont : 1° l'ordre de Saint-Hubert, fondé en 1444 et renouvelé en 1709; 2° l'ordre de Saint-Georges, fondé au douzième siècle et renouvelé en 1729 ; 3° l'ordre de Saint-Michel, fondé en 1693 et renouvelé en 1808 ; 4° l'ordre de Maximilien-Joseph, fondé en 1806 ; 5° l'ordre de Saint-Louis, fondé en 1827, qu'on obtient après cinquante ans de services rendus à l'État ; 6° l'ordre du Mérite civil de la couronne de Bavière, fondé en 1808 ; 7° l'ordre de Sainte-Thérèse, fondé en 1827, en faveur de douze demoiselles nobles recevant chacune une prébende de 300 florins de revenu. Indépendamment de ces ordres, il y a encore des médailles en or et en argent pour le mérite. Les deux autorités centrales du royaume sont le conseil d'État et le ministère d'État.

Le conseil d'État, comme autorité délibérante supérieure, est placé sous la direction immédiate du roi, lequel en est en même temps le président. En font partie le prince royal, quand il atteint l'âge de majorité, les princes de la famille royale en ligne directe qui sont majeurs, les ministres, le feld-maréchal, ainsi qu'un secrétaire général, plusieurs conseillers nommés par le roi.

Le ministère d'État, chargé de la direction suprême des affaires, se compose des départements de la maison du roi et des affaires étrangères, de l'intérieur, de la justice, des finances, du commerce et de l'industrie, des cultes et de l'instruction publique, de la guerre.

Autrefois, malgré une dette publique de 130,860,000 florins,

les finances de la Bavière paraissaient être dans l'état le plus satisfaisant. Ainsi le produit de l'impôt, pour l'année 1835, était évalué à 30,195,933 florins, tandis que le budget des dépenses, pour la période financière de 1837 à 1840, ne s'élevait qu'à 29,083,827 florins. Mais on acquit en 1848 la preuve que les épargnes résultant de l'excédant du montant des recettes sur celui des dépenses, et qu'on évaluait à une vingtaine de millions de florins, étaient une pure fiction. La question d'un emprunt en faveur de la Grèce souleva dans les chambres les plus vives discussions, et elles durèrent jusqu'à ce qu'en 1850 le roi Louis eût personnellement garanti cet emprunt. Au 31 décembre 1850 la dette publique de la Bavière s'élevait à 141,169,383 florins ; en 1849 elle n'était encore que de 107,722,653 florins. Le déficit annuel pour la période de quatre années expirant au 31 décembre 1851 avait été évalué à 3,600,000 florins.

L'armée bavaroise, autrefois très-négligée, mais qu'on a commencé à complétement réorganiser, doit se composer de 92,000 hommes avec un effectif de 60,000 hommes comme armée permanente ; mais le système des congés le réduit considérablement. A l'exception des membres du clergé, tous les citoyens de l'âge de vingt et un à vingt-cinq ans sont astreints au service militaire dans l'armée permanente, et restent jusqu'à l'âge de soixante ans dans les cadres de la *Landwehr* pour défendre le sol national. L'armée se compose de seize régiments d'infanterie de ligne, de quatre bataillons de chasseurs, de huit régiments de cavalerie et de deux régiments d'artillerie avec cent quatre-vingt-douze pièces de canon, deux compagnies de sapeurs, une compagnie de mineurs et une compagnie d'ouvriers, dont 35,600 hommes et soixante-douze bouches à feu font partie de l'armée de la confédération germanique, où ils forment le septième corps.

Les places fortes de la Bavière sont Passau, Ingolstadt, Forchheim, Wurtzbourg et Marienberg, Germersheim et Landau. Cette dernière place forte est une forteresse fédérale ; mais en temps de paix elle est exclusivement gardée par des troupes bavaroises.

Les huit chefs-lieux de cercle sont *Munich*, capitale du royaume, Passau, Augsbourg, Ratisbonne, Baireuth, Anspach, Wurtzbourg et Spire.

Histoire ancienne (jusqu'en 1800).

Suivant quelques auteurs, les Bavarois d'aujourd'hui descendent des Bojens celtes, l'une des tribus principales des Bajoariens. Mais Mannert pense que les Celtes du Danube (Bojens) qui habitaient à l'origine l'Allemagne méridionale, en furent expulsés ou exterminés. Des peuples de race germanique pure s'établirent, vers l'époque de la grande migration des peuples, dans leur pays, qui, à partir d'Auguste, forma les provinces de l'empire appelées *Vindelicie* et *Noricum* ; et vers la fin du cinquième siècle, du mélange des Heins, des Rugiens, des Turcilingiens et des Skyres, peut-être bien aussi des débris des anciens Bojens et Quades, se forma la nation des Bajoariens, confédération de peuples semblable à celles des Franks et des Marcomans, qui s'étendirent depuis le Noricum à l'ouest jusqu'au Lech, et Ratisbonne (*Regensburg*) devint leur capitale. Cette contrée s'appelait alors Noricum et, suivant Mannert, ne fut jamais subjuguée par les Ostrogoths. En 496 il n'y avait que la Rhétie, séparée de la Bavière par le Lech et habitée en partie par des *Alemans*, qui dépendît du royaume des Ostrogoths. Après la chute de cet empire, les Franks s'emparèrent de la Rhétie, et les Bajoariens, quoique ayant leurs souverains particuliers, dépendirent des rois franks d'Austrasie ; mais cet état de sujétion ne se trouva solidement affermi que sous les Carlovingiens.

Les Bavarois conservèrent sous les lois de cette dynastie leurs priviléges et immunités, ainsi que le droit d'élire eux-mêmes leurs généraux d'armée et leurs princes. L'histoire mentionne vers l'an 556 la famille des *Agilolfinges*, qui se maintint en possession de cette dignité jusqu'à la fin du huitième siècle. Le règne de *Thassilon I*er (590), l'un de ces princes, est mémorable par le commencement de la guerre contre les tribus slaves et leurs alliés, les Avares. Sous *Garibald II*, les Bavarois reçurent, vers l'an 630, du roi Frank Dagobert leurs premières lois écrites. *Odilon*, gendre de Charles-Martel, prit formellement le titre de roi, mais il fut vaincu par ses beaux-frères Carloman et Pépin lorsqu'il tenta, en l'an 743, de se soustraire à la suzeraineté des rois franks. Dès le septième siècle, des missionnaires franks avaient introduit le christianisme dans la contrée, saint Emmerand à Ratisbonne et Rupert à Salzbourg.

Sous le règne d'Odilon, l'archevêque Boniface divisa l'Église de Bavière en quatre évêchés, Salzbourg, Passau, Ratisbonne et Freisingen. Un grand nombre de couvents furent fondés à la même époque.

En 748 *Thassilon II* dut venir à la diète de Compiègne prêter comme vassal serment de fidélité au roi Frank Pepin le Bref; plus tard il déclara son serment nul, et se ligua avec le roi des Lombards, Desiderius (*Désiré*), son beau-père, et avec les ducs d'Aquitaine. En l'an 777 il s'associa son fils *Théodore* pour l'exercice de la souveraineté, et après la chute de la dynastie des Lombards, dont Charlemagne plaça la couronne sur sa propre tête, il se ligua contre lui avec les Avares. Vaincu par Charlemagne, celui-ci le fit renfermer lui et les membres de sa famille dans des monastères, où ils moururent ignorés. En outre, à la diète convoquée à Ratisbonne en 788, Charlemagne abolit la dignité de duc de Bavière, quoique le pays conservât toujours la dénomination et le rang de duché. Il en nomma gouverneur son gendre, le comte Gérold de Souabe, et y introduisit la législation franke en ce qui touchait l'administration de la justice, celle des g a u per les comtes et l'organisation de la milice. Consultez Lang, *Baierns'Gauen nach den drei Volkstæmmen der Alemanen, Franken und Bojoaren* (Nuremberg, 1830).

L'embouchure de la Naab dans le Danube devint en 799 la limite de la Bavière, qui comprenait alors, indépendamment de la Bavière proprement dite, le Tyrol, le pays de Salzbourg, la plus grande partie de l'Autriche, le Haut-Palatinat, Neuburg, Eichstædt, Anspach, Baireuth, Bamberg, Nuremberg, Weissembourg, Nœrdlingen et Dinkelsbühl.

Dans le partage de son héritage que fit Charlemagne, *Pepin* eut avec l'Italie la Bavière, mais au même titre que l'avait possédée Thassilon II. Après la mort de Charlemagne, Louis le Pieux, le seul de ses fils qui lui succéda, fit don de cette contrée à son fils aîné *Lothaire*, à titre de royaume, qui, lorsque Lothaire eut été associé par son père à l'empire, passa en 817 à *Louis l'Allemand*; et ce prince prit le titre de *Rex Bojoariorum*. Le pouvoir temporel des évêques avait été jusque alors en se consolidant toujours davantage; mais en même temps les comtes palatins, créés en remplacement du gouverneur lieutenant de l'empereur, acquéraient une grande influence. A la mort de Louis le Pieux, arrivée en 840, son fils *Carloman* fut couronné roi de Bavière, royaume qui comprenait en outre alors la Carinthie, la Carniole, l'Istrie, le Frioul, la Pannonie, la Bohême et la Moravie. Le frère de Carloman, *Louis III*, lui succéda en Bavière, par la libre élection des états de ce pays, en l'an 880; mais la Carinthie en fut alors détachée. Sa mort, arrivée en 882, fit passer la Bavière sous les lois de *Charles le Gros*, lequel la transmit en 887 à *Arnoulf*, à la mort duquel son fils *Louis IV* en hérita. A partir du règne de Charles le Gros, la Bavière fit partie des États de Charlemagne, réunis de nouveau sous les lois du même souverain; mais elle eut alors beaucoup à souffrir, notamment sous le règne de Louis, des invasions des Hongrois. En 911, la race carlovingienne s'éteignit en la personne de Louis IV; *Arnoulf II*, fils de Lultpold, célèbre chef d'armée bavarois, *markgraf* et général en chef depuis l'an 807, prit, du consentement du peuple, le titre de duc, et se saisit de la souveraine puissance, en qualité de « duc, par la grâce de Dieu, de la Bavière et des contrées limitrophes, » ainsi qu'il se qualifiait lui-même. Après son démêlé avec Conrad, roi des Allemands, il obtint de celui-ci la Bavière à titre de fief relevant de l'Empire. Sous ses successeurs ce pays devint le théâtre de guerres continuelles, tant intérieures qu'avec l'étranger; dans le nombre nous mentionnerons plus particulièrement la révolte du comte palatin Arnoulf de Scheyern contre le duc *Henri I*er, et les luttes de *Henri II* contre Othon et Hézilon.

De même qu'on voyait souvent en Allemagne deux empereurs se disputer la couronne et le titre d'empereur, de même la Bavière compta souvent plusieurs ducs à la fois. Après avoir beaucoup souffert pendant plusieurs siècles à la suite des croisades qui la dépeuplèrent, et des fréquents changements de ducs auxquels les empereurs la donnaient et l'enlevaient tour à tour, elle passa en 1180, après que *Henri le Lion* eut été mis au ban de l'Empire, sous la souveraineté du comte palatin de Bavière Othon de Wittelsbach, descendant d'Arnoulf, comte de Scheyern, dont il a été mention plus haut. Toutefois, on en détacha alors la Styrie, les domaines de la famille des Guelfes, et, au profit du clergé, diverses terres importantes.

Le duc *Othon de Wittelsbach*, mort en 1183, est la souche de la famille qui occupe encore en ce moment le trône de Bavière. Lui et son entreprenant successeur *Louis I*er accrurent considérablement leurs domaines héréditaires, et ce dernier obtint même de l'empereur Frédéric II le Palatinat du Rhin à titre de fief. Il périt assassiné en 1231, vraisemblablement à l'instigation du roi des Allemands Henri, et eut pour successeur son fils le comte palatin du Rhin, *Othon l'Illustre*. Sous le règne de ce prince les évêques se rendirent indépendants; cependant la Bavière reçut encore d'assez notables accroissements de territoire. Le pape l'excommunia en raison de son attachement aux intérêts de l'empereur. Il mourut en 1253. Ses fils, *Louis* et *Henri*, régnèrent conjointement pendant deux années; mais en 1255 ils opérèrent entre eux le partage de la contrée. Louis eut pour sa part la Haute-Bavière, le Palatinat du Rhin et le titre d'électeur; et Henri, dont la postérité ne tarda pas à s'éteindre, la Basse-Bavière. C'est à ces deux princes qu'échut l'héritage du malheureux Conradin de Hohenstaufen. L'un des deux fils de Louis, qui portait le même nom que lui, fut élu empereur en 1314 (*Voyez* Louis IV le Bavarois). Celui-ci conclut à Pavie en 1329, avec les fils de son frère, un traité de partage, aux termes duquel les différentes lignes durent hériter les unes des autres, en même temps que la dignité électorale alternerait entre elles. Mais dès 1356 la Bulle d'Or annulait cette dernière disposition, et fixait la dignité électorale dans la ligne palatine.

Lorsque la ligne de la Basse-Bavière vint à s'éteindre, l'empereur Louis réunit, du consentement des états, la Haute et la Basse-Bavière. L'empereur Louis, non moins illustre comme empereur d'Allemagne que comme duc de Bavière, rendit d'éminents services à ses États héréditaires en dotant la Haute-Bavière d'un nouveau code, en introduisant une nouvelle organisation judiciaire dans la Basse-Bavière, en octroyant à Munich le titre et les privilèges de ville, et en améliorant les rouages de l'administration intérieure du pays. On ne saurait nier toutefois qu'en écartant la ligne palatine il provoqua les discordes intestines qui régnèrent pendant si longtemps entre cette maison et la ligne de Bavière. L'empereur Louis IV mourut le 11 octobre 1347. Il laissait six fils et un riche héritage, non-seulement composé de la Bavière, mais comprenant encore le Brandebourg, les provinces de Hollande et de Zélande, le Tyrol, etc. Mais ces provinces ne tardèrent point à en être détachées, soit par des partages, soit par les luttes intestines des différentes lignes. La plupart de celles que fondèrent les six frères s'éteignirent bientôt; seule, celle de Munich réunit de nouveau sous son autorité une partie de l'héritage commun.

Dans les dernières années du quatorzième siècle, les besoins toujours croissants des souverains et les progrès de la civilisation amenèrent l'introduction d'une espèce de constitution d'états. Ils se composaient des prélats ayant à leur tête l'université du pays; en faisaient aussi partie un certain nombre de titulaires d'abbayes et un grand prieur de l'ordre de Saint-Jean de Jérusalem, des membres de la noblesse, et des représentants des villes et des marchés les plus importants. Aucun impôt ne pouvait être perçu sans leur assentiment. Si le souverain essayait de s'en passer, les états, comme il arriva souvent au quatorzième et au quinzième siècle, se liguaient pour résister à main armée à ses exigences arbitraires. La paix générale du pays (*allgemeine Landfried*), proclamée en 1495, mit seule fin à l'usage de ce droit d'insurrection, considéré jusque alors comme parfaitement légitime. Mais avant comme après les états surent mettre à profit les embarras des princes, pour se faire accorder des priviléges plus étendus, et rejeter presque tout le poids des impôts sur la masse du peuple, non représentée parmi eux. A partir de l'an 1542, les états obtinrent le droit de consentir non pas seulement l'impôt direct et foncier, mais encore l'impôt indirect. En 1506, les états de la Haute et de la Basse-Bavière s'étaient réunis pour ne plus former qu'une même assemblée, et le duc *Albert IV*, de la ligne de Munich, convaincu des suites désastreuses qu'avaient eues jusque alors les partages du pays, établit, du consentement de son frère Wolfgang et des états, une pragmatique-sanction en vertu de laquelle le droit de primogéniture fut introduit dans la maison ducale de Bavière en même temps qu'on déterminait le dédommagement annuel à accorder désormais aux fils puînés du souverain. Albert mourut en 1508. Des trois fils qu'il laissait, *Guillaume IV*, Louis et Ernest, c'était Guillaume qui devait seul régner; mais après de nombreuses discussions, Guillaume IV et Louis convinrent de régner collectivement, et il en fut ainsi depuis 1515 jusqu'à la mort de Louis, arrivée en 1534. Ces deux princes opposèrent la plus énergique résistance à la Réformation, mais ils rencontrae de nombreux partisans en Bavière, et dès 1541 les jésuites y étaient accueillis avec empressement. Guillaume IV mourut en 1550. Son fils *Albert IV*, dit *le Généreux*, favorisa également la société de Jésus, mais se montra en même temps le protecteur magnifique des sciences, des lettres et des arts. De ses trois fils, *Guillaume V*, dit *le Pieux*, lui succéda en 1579; mais dès 1586 il abandonnait le trône à son fils aîné, *Maximilien I*ᵉʳ, pour se retirer dans la solitude d'un monastère. Il avait permis à son frère Ferdinand d'épouser Maria Peterbeck, fille d'un simple expéditionnaire de l'hôtel de ville de Munich; et l'empereur créa comtes de Wartenberg les enfants issus de cette union. Maximilien, prince doué de remarquables facultés, fut l'âme de la ligue qui se constitua contre l'union des protestants à l'époque de la guerre de Trente Ans; en 1623, l'empereur Ferdinand lui octroya la dignité d'électeur palatin et la charge de grand échanson de l'Empire, titre et dignité devenus héréditaires à partir de 1628 dans la ligne de Guillaume.

La paix de Westphalie assura à Maximilien la cinquième dignité électorale, et la possession du Haut-Palatinat, moyennant sa renonciation à la Haute-Autriche, qui lui avait été engagée pour les frais de la guerre, liquidés à 13 millions; en conséquence de quoi un huitième électorat fut créé en faveur de la ligne palatine, à laquelle on assura le droit d'hériter des États et des titres appartenant à la ligne de Guillaume, au cas où celle-ci viendrait à s'éteindre. Maximilien mourut le 27 septembre 1651, après un règne de cinquante-cinq ans. Sous celui de son économe et paisible successeur, *Ferdinand-Marie*, se tint, en 1669, la dernière diète générale du pays, qui ne compta d'ailleurs qu'un fort petit nombre d'assistants, et dont tous les droits furent dès lors confiés à un comité des états, élu d'abord pour neuf années. Ferdinand-Marie, mort en 1679, eut pour successeur son fils *Maximilien-Emmanuel*, qui dans la guerre de la Succession d'Espagne prit parti pour la France. Aussi, à la suite de la bataille de Hochstett, perdue par l'armée française en 1704, l'empereur traita-t-il la Bavière en pays conquis. En 1706 l'électeur fut mis au ban de l'Empire, et la paix de Bade (1714) seule le réintégra dans la possession de ses États. Il eut pour successeur dans la dignité d'électeur *Charles-Albert*. Celui-ci, à la mort de l'empereur Charles VI, et après l'heureuse issue de la première guerre de Silésie, pour le roi de Prusse Frédéric II, revendiqua tout l'héritage de la maison d'Autriche au préjudice de Marie-Thérèse, en invoquant les clauses du contrat de mariage du duc Albert V avec Anne, fille de l'empereur Ferdinand Iᵉʳ, confirmées encore par le testament de ce prince. Ce contrat stipulait formellement, dit-on, qu'au cas où la lignée de Ferdinand viendrait à s'éteindre sans laisser d'héritiers mâles (*ohne maennliche erben*), ce seraient Anne ou sa descendance qui hériteraient de tous les domaines de la maison d'Autriche. A Vienne on prétendait, au contraire, qu'il y avait dans le contrat de mariage « sans aucun héritier » (*ohne einige erben*); expressions qui mettraient évidemment le droit du côté de Marie-Thérèse. Charles-Albert s'empara de vive force de toute la Haute-Autriche, prit en 1741 le titre d'archiduc d'Autriche, se fit couronner et prêter hommage la même année, à la suite de la bataille de Prague, en qualité de roi Bohême. L'année suivante (1742) il se fit même élire à Francfort empereur d'Allemagne sous le nom de Charles VII. Là s'arrêta le cours de ses prospérités. Malgré l'alliance conclue en 1744 entre lui, le landgrave de Hesse-Cassel et Frédéric II, malgré les succès des armées prussiennes, les talents et les forces supérieures du général autrichien, Charles de Lorraine, contraignirent Charles-Albert à évacuer la Bavière. Il ne vit pas d'ailleurs la fin de cette guerre, et mourut le 20 janvier 1745.

Son fils et successeur, *Maximilien III*, se réconcilia avec l'Autriche par le traité de paix conclu le 22 avril 1755. Il accéda à la Pragmatique-sanction, et obtint ainsi la restitution de toutes les provinces bavaroises dont l'Autriche s'était emparée. Maximilien-Joseph consacra dès lors tous ses efforts à assurer la prospérité de ses États. L'agriculture, l'industrie, l'exploitation des mines, l'administration de la justice, les finances et l'instruction publique furent de sa part l'objet de la sollicitude la plus active et la plus éclairée. Par la fondation de l'Académie des Sciences de Munich, il donna, en 1759, aux sciences et aux lettres un point d'appui et un centre d'action dans ses États, et en toutes occasions il se montra le protecteur généreux des beaux-arts. Comme il n'avait pas d'enfants, il confirma tous les traités de succession existant avec la maison électorale palatine, et même avant de mourir il admit l'électeur palatin, *Charles-Théodore*, à partager avec lui les droits de la souveraineté. Aux termes des traités conclus avec la maison de Wittelsbach, comme à ceux de la paix de Westphalie, la succession de la Bavière revenait incontestablement à l'électeur palatin quand la ligne de Wittelsbach-Baireuth vint à s'éteindre, le 30 décembre 1777, en la personne de Maximilien-Joseph. Mais alors l'Autriche éleva tout à coup des prétentions à la possession de la Basse-Bavière, et chercha à les faire prévaloir de vive force avant toute déclaration préalable. Charles-Théodore, qui n'avait pas d'enfants, se laissa déterminer à souscrire, à la date des 3 et 14 janvier 1778, un compromis par lequel il renonçait formellement à l'héritage de la Bavière. Mais, à l'incitation du roi de Prusse Frédéric II, le duc de Deux-Ponts protesta contre cette convention en sa qualité de plus proche agnat et d'héritier présomptif. Telle fut l'origine de la guerre de succession de Bavière, à laquelle toutefois la paix de Teschen mit fin le 13 mai 1779, sans qu'une seule bataille eût encore été livrée, par le seul effet de l'attitude prise par la Russie à l'égard de l'Autriche. La possession de la Bavière, dont l'Autriche ne se réserva que l'Innviertel avec Braunau, fut assurée et garantie à l'électeur palatin de Bavière, aux termes des conventions héréditaires existant dans la maison palatine. Cette réunion des diverses parties de la Bavière sous l'autorité d'un même souverain eut aussi pour résultat d'éteindre, aux termes des stipulations de la paix de Westphalie, la huitième dignité électorale. Cependant, en 1784, le désir de posséder la Bavière se réveilla de nouveau à Vienne, et on mit alors sur le tapis un projet d'échange dont il avait déjà été question au commencement du siècle. L'empereur Joseph II proposa en effet à l'électeur d'échanger ses États de Bavière contre les Pays-Bas autrichiens, à l'exclusion des provinces de Luxembourg et de Namur, une somme de 3 millions de florins à partager entre lui et le duc de Deux-Ponts, et le titre de roi de Bourgogne. Mais ces négociations, secondées par la politique russe, échouèrent contre l'opiniâtre fermeté du duc de Deux-Ponts, qui, fort de l'appui de la Prusse, déclara qu'il ne donnerait jamais son assentiment à un échange des domaines héréditaires de sa maison. Le vif intérêt avec lequel Frédéric II prit dans cette occurrence les intérêts de la Bavière détermina la cour de Vienne à ne pas donner suite à ce projet. *Voyez* LIGUE DES PRINCES.

Le règne de Charles-Théodore avait été marqué par l'apparition de l'ordre des Illuminés, par les procès intentés à cette société secrète qui prit naissance en Bavière, et aussi par les progrès toujours croissants du jésuitisme. Au milieu de ces luttes, les restrictions apportées à l'exercice de la liberté de la presse devinrent de plus en plus gênantes. Le Palatinat eut beaucoup à souffrir de la guerre provoquée par la révolution française, et en 1796 la Bavière elle-même servit de théâtre aux opérations militaires.

Histoire moderne.

C'est au milieu de cette crise, le 16 février 1799, que Charles-Théodore mourut, sans laisser d'héritiers. En lui s'éteignit la branche de Sulzbach, de la maison palatine, et le duc Maximilien Joseph de Deux-Ponts parvint alors à la possession des États et au titre d'électeur de Bavière. La paix conclue à Lunéville le 9 février 1801 mit fin à la guerre, qui venait d'éclater de nouveau, et stipula la cession de toute la rive gauche du Rhin à la France. Cette condition eut les résultats les plus importants pour la Bavière. En retour des possessions considérables situées à la gauche de ce fleuve, et de la partie du Palatinat située sur la rive droite qu'on lui enleva, elle obtint par un recès de l'empire une indemnité, d'où résulta pour elle une augmentation de territoire de 99 ⁵/₄ myriamètres carrés, avec une population de 216,000 âmes. L'importance que l'alliance de la Bavière avait acquise pour l'Autriche et pour la France apparut bien manifeste au début de la guerre de 1805. Quand l'Autriche se décida à armer, elle somma l'électeur de Bavière d'opérer immédiatement la réunion de ses troupes à son armée, refusant de reconnaître la neutralité que ce prince voulait observer; neutralité de la France, écrivait à la date du 3 septembre 1804 l'empereur François à l'électeur, ne respecterait vraisemblablement qu'aussi longtemps qu'elle se concilierait avec sa politique. Mais la Bavière ne jugea pas qu'il fût de son intérêt de se dévouer à l'Autriche, et au début des hostilités l'électeur envoya 30,000 hommes de ses troupes grossir les rangs de l'armée française. La paix de Presbourg valut à la Bavière un agrandissement de territoire d'environ 500 myriamètres avec un million d'habitants, entre autres la plus grande partie du Tyrol, et l'électeur fut autorisé à prendre le titre de roi avec tous les droits et honneurs qui s'y rattachent. En revanche, le prince renonça à la possession de Wurtzbourg, érigé en électorat particulier, au lieu et place de celui de Salzbourg,

qui avait fait retour à l'Autriche. A l'exemple du Wurtemberg et de Bade, la Bavière se mit alors en possession des seigneuries immédiates de l'Empire situées dans l'étendue de son territoire. La nouvelle alliance politique conclue entre la France fut encore consolidée par le mariage conclu entre la princesse Auguste, fille du roi, et Eugène Napoléon, fils adoptif de Napoléon, nommé vice-roi d'Italie. Les suites immédiates de ce bon accord furent l'échange de Berg, que la Bavière céda à Napoléon contre Anspach, abandonné par la Prusse à la France en échange du Hanovre, et enfin l'accession à la Confédération du Rhin, le 12 juillet 1806, mesure décisive par laquelle la Bavière contracta l'obligation de fournir à l'armée fédérale un contingent de 30,000 hommes, de fortifier Augsbourg et Lindenau, et de prendre part à la guerre contre la Prusse.

La sécularisation des abbayes et évêchés, en 1803, avait déjà depuis longtemps créé une lacune dans l'ancienne constitution d'états. D'ailleurs, plusieurs des provinces cédées en dernier lieu à la Bavière, par exemple Bamberg, Wurtzbourg, Augsbourg, Freisingen, Ratisbonne, etc., n'avaient plus ou même n'avaient jamais eu de diètes particulières, comme États indépendants de l'empire d'Allemagne. En conséquence, en juin 1807 les assemblées d'états provinciaux, qui mettaient souvent obstacle à la marche régulière de l'administration, furent également supprimées dans le reste de la Bavière. Par contre, une constitution nouvelle fut publiée pour être mise en vigueur dans toute l'étendue du royaume à partir du 1ᵉʳ mai 1808. Aux termes de cette loi, les deux cents plus fort imposés dans chaque cercle devaient élire sept députés nommés pour six ans, et dont la réunion composerait désormais la diète. Mais cette organisation, qui n'était que l'imitation de l'institution de la diète créée en Westphalie, ne fut jamais réalisée; et il n'y eut guère à la regretter, car dans cette simulacre de représentation nationale la discussion n'eût pas été libre, puisque le vote devait y être muet et secret.

A la fin de la guerre de 1809 contre l'Autriche, qui avait amené l'insurrection du Tyrol, sous les ordres de Hofer, la Bavière obtint encore de nouveaux agrandissements de territoire, partie aux dépens de l'Autriche, partie au moyen d'échanges conclus avec le Wurtemberg et avec Bade. Quand la guerre éclata en 1812 entre la France et la Russie, la Bavière, fidèle à ses engagements, mit de nouveau un contingent de troupes à la disposition de la première de ces puissances; mais des 30,000 hommes qui s'acheminèrent alors vers les champs glacés de la Russie, il n'y en eut qu'un bien petit nombre qui parvinrent à revoir leurs foyers, au commencement de l'année suivante. En dépit de tous les obstacles, Maximilien-Joseph mit encore une fois des troupes fraîches à la disposition de l'empereur des Français, quand celui-ci rouvrit la campagne, dans les derniers jours d'avril 1813. Le contingent bavarois, placé sous les ordres du maréchal Oudinot, qui figura avec sa bravoure accoutumée aux affaires de Luckau et de Gross-Beeren, avait essuyé déjà des pertes considérables, quand le roi de Bavière se décida tout à coup à changer de politique. Pendant qu'un corps français d'observation, aux ordres du maréchal Augereau, se concentrait sous les murs de Wurtzbourg, un autre corps d'observation, composé de troupes bavaroises, avait pris position sur l'Inn en face d'une partie de l'armée autrichienne. De part et d'autre on resta longtemps dans l'inaction. Le mouvement de retraite d'Augereau, qui livrait aux coups de l'ennemi le côté le plus vulnérable de la Bavière, hâta la détermination du roi. Le général bavarois Wrède conclut alors avec le général autrichien Frimont, à Ried, le 8 octobre, une convention, qui fut suivie le 15 du même mois d'une déclaration officielle, par laquelle le roi de Bavière se détacha de la confédération du Rhin, et mit son armée à la disposition des puissances coalisées contre la France. Aux termes de ce traité, qui garantissait au roi la possession de tous ses États actuels avec droits complets de souveraineté, ainsi que de justes indemnités pour les diverses cessions de territoire qu'il pourrait y avoir lieu de faire à l'Autriche, Wrède opéra la jonction de son corps avec les Autrichiens, et prit le commandement supérieur de cette armée combinée. Ce fut à la bataille de Hanau que les Bavarois en vinrent pour la première fois aux mains avec les Français, dans les rangs desquels ils avaient si longtemps combattu, et jusqu'à la paix conclue sous les murs de Paris ils soutinrent dignement l'honneur du nom allemand. Quand la lutte recommença en 1815, ce fut le prince royal lui-même qui prit le commandement en chef de l'armée. Pendant ce temps-là d'ailleurs, notamment dans les négociations relatives à la création de la Confédération germanique, le congrès de Vienne avait fourni au gouvernement bavarois l'occasion de déployer beaucoup d'habileté diplomatique, et d'y poser constamment la Bavière en État souverain et indépendant. Après avoir, aux termes de la paix de Paris du 30 mai 1814, abandonné à l'Autriche le Tyrol et le Vorarlberg moyennant la cession du grand-duché de Wurtzbourg et d'Aschaffenbourg, la Bavière lui céda encore, par un nouveau traité signé le 14 avril 1816 : 1° les portions du *Hausruckviertel* et de l'*Innviertel* que l'Autriche lui avait abandonnées en 1809; 2° la principauté de Salzbourg, à l'exception des quatre bailliages situés sur la rive droite de la Saale et de la Salzbach; 3° le bailliage de Vils; et en échange elle obtint tout le territoire désigné aujourd'hui sous le nom de *cercle du Rhin*, ainsi que différents arrondissements de l'ancienne principauté de Fulda, le bailliage de Weisers, une partie de celui de Bieberstein, et l'assurance de recevoir en outre, comme indemnité, si le grand-duc de Bade venait à mourir sans héritiers mâles directs, tout le Palatinat badois du Rhin. Quand le recès de Francfort de 1819 eut garanti l'intégrité du grand-duché de Bade, la Bavière réclama, le 3 juillet 1820, une indemnité pour la partie du comté de Sponheim cédée autrefois par Bade à la France (*voyez* BADE). Le 5 juin 1817 Maximilien-Joseph conclut un concordat avec le saint-siége. Au congrès de Vienne ce fut la Bavière qui s'opposa à ce qu'on décrétât une espèce de constitution normale destinée à régulariser les diètes de tous les États allemands; mais elle tint plus tôt, et dans une acception plus libérale que les autres souverains allemands, la promesse d'institutions représentatives formellement contenue à l'article 13 du pacte fédéral.

De la charte octroyée le 26 mai 1818, et que précéda une complète réorganisation des communes, date une ère nouvelle dans la vie politique de la Bavière. Cette constitution, si on y rattache le concordat de 1817, embrasse toutes les parties du droit public. Dès la première diète, qui s'ouvrit le 4 février et dura jusqu'au 23 juillet 1819, les députés membres de la seconde chambre prouvèrent, par leur aisance à manier la parole, par leur habileté à traiter les matières politiques, que la Bavière était mûre pour la vie constitutionnelle, et beaucoup de bien put déjà être réalisé ou tout au moins indiqué. Mais les pairs du royaume, dans leur réponse au discours d'ouverture, démentant les expressions de la chambre élective, parlèrent d'un peuple soulevé contre le trône, qu'ils s'offraient en conséquence à défendre, prenant de la sorte à l'égard de la chambre des députés une attitude qui devait immédiatement provoquer un conflit entre ces deux grands corps de l'État. La chambre des pairs s'opposa en outre à la création de conseils d'arrondissements; et le budget, offrant un déficit de 2 millions de florins sur une recette de 28 millions, provoqua les plus vives discussions. Cependant, jusqu'à la nouvelle réunion des chambres, c'est-à-dire dans l'intervalle de janvier à juin 1822, de notables réductions avaient pu être opérées dans les dépenses, et le chiffre des recettes s'était élevé à 34 millions, de sorte qu'au lieu d'un déficit on eut un excédant considérable. Mais lors de la troisième session législative, qui eut lieu en 1825, la seconde chambre put à bon droit reprocher au gouvernement l'exagération des frais d'administration, qui depuis 1820 avait empêché qu'on s'occupât jamais de l'amortissement de la dette publique. La négligence apportée à soigner les intérêts de l'agriculture et les abus de l'ordre judiciaire furent également l'objet des critiques les plus vives, et l'opinion commença dès lors à réclamer avec force l'introduction de la publicité dans la procédure.

Le roi Maximilien-Joseph mourut le 13 octobre 1825, peu après la clôture de cette troisième session des chambres bavaroises. Malgré la réaction générale qui s'opérait alors en Europe, l'avénement de *Louis Ier* au trône sembla devoir réaliser les plus brillantes espérances. Des réformes et des économies opérées dans l'administration civile et militaire, et qui permirent bientôt d'assigner au budget un million à l'amortissement de la dette publique, d'un autre côté des prodigalités au profit des Beaux-arts, et ne profitant guère qu'à une capitale où tout est artificiel, mais rachetées par la concession d'une plus grande liberté de mouvement et d'action dans la vie intellectuelle, résultat de la suppression de la censure pour les feuilles non politiques; c'étaient là, on peut le dire, autant de circonstances qui semblaient promettre un meilleur avenir. Le résultat de la session législative de 1827 et 1828 fut l'organisation des conseils d'arrondissement et la suppression de la juridiction militaire en matière civile. A la même époque on transféra à Munich l'université de Landshut, et un traité de commerce fut signé (12 avril 1827) avec le Wurtemberg et la principauté d'Hohenzollern. Par contre, l'établissement d'un grand nombre de couvents et d'ordres religieux dans le pays, et la séparation des cultes dans les établissements supérieurs d'instruction publique, indiquaient suffisamment quelle était la tendance que le ministre de l'intérieur Schenk, autrefois libéral, et maintenant dévoué aux intérêts du parti-prêtre, voulait désormais faire prévaloir dans l'administration, et, suivant toute apparence, d'après les désirs mêmes du roi.

La révolution dont la France fut le théâtre au mois de juillet 1830 n'amena point en Bavière de perturbations de la tranquillité publique un peu importantes, mais elle y provoqua une surexcitation plus générale des esprits. Pressé entre les vœux et des exigences essentiellement contraires, le gouvernement se trouva dans une grande perplexité. Sans exercer d'influence directe sur les élections pour la nouvelle session de 1831, il fit largement usage de son droit d'accorder ou de refuser des congés pour assister aux travaux de la chambre élective à ceux des fonctionnaires publics qui en avaient été élus membres; et le mécontentement ne put que s'accroître en présence d'une ordonnance restrictive de la liberté de la presse rendue la veille même du jour fixé pour la réunion des chambres, ordonnance qui excédait les attributions du pouvoir exécutif. On crut y voir l'influence d'une camarilla, et la majorité de la chambre élective se prononça avec vivacité contre cet empiétement de la couronne sur les droits de la puissance législative. Le gouvernement finit par consentir au retrait de cette ordonnance, à l'éloignement du ministre de l'intérieur, considéré comme en ayant été l'instigateur, et à son remplacement par le prince d'Œttingen-Wallerstein, ainsi qu'à la présentation d'une nouvelle loi relative à l'exercice de la liberté de la presse. Ce projet de loi était rédigé dans un esprit tel qu'à une époque moins agitée on s'en fût contenté, comme d'un acheminement à la liberté absolue de la presse; mais, en raison du désaccord constant existant entre le gouvernement, soutenu par la première chambre, et la seconde, il ne put pas être adopté. Il en fut de même d'un autre projet de loi ayant pour but de limiter le droit du gouvernement d'interdire l'accès de la chambre élective aux fonctionnaires publics. De nouveaux conflits s'élevèrent à propos de différents impôts créés sans l'assentiment des chambres, de même qu'à l'occasion de la discussion du budget de 1831-1834. La seconde chambre ayant insisté sur quelques économies, entre autres sur une minime réduction à opérer dans le chapitre relatif à la liste civile, la couronne répondit à ces manifestations de l'opinion par des réserves formelles insérées dans l'ordonnance de prorogation au sujet des droits qu'elle prétendait avoir. De cette constante mésintelligence des trois pouvoirs, il résulta que la session de 1831, après avoir fait concevoir les plus belles espérances, mais avoir donné lieu uniquement à beaucoup de parlage, avorta à peu près complétement. Toutefois pendant sa durée, c'est-à-dire du 1ᵉʳ mars au 29 décembre 1831, la presse, appuyée sur une chambre élective libérale, était parvenue à s'émanciper de fait pour quelque temps. La diète une fois close, la presse essaya de continuer encore son opposition, surtout dans la Bavière Rhénane, sous la protection de la législature de cette province. L'agitation des esprits alla donc toujours croissant, jusqu'à ce qu'elle atteignit son point extrême à la fête de Hambach et dans d'autres manifestations analogues.

Immédiatement après la clôture de la diète, le gouvernement se mit en devoir de réaliser le système de réaction qu'il avait annoncé. Les orateurs les plus hardis et les plus bruyants de l'opposition ou durent prendre la fuite, ou expièrent par une détention plus ou moins longue, les faits mis à leur charge, notamment Behr, Eisenmann et Volkhardt (ce dernier pour l'impression d'une brochure de Pistor intitulée Catéchisme du citoyen allemand); souvent même ils durent faire amende honorable devant le portrait du roi. Ce ne fut qu'en 1848 que le gouvernement se décida à accorder une amnistie générale applicable à tous les délits politiques.

En 1832 le second fils du roi, le prince Othon, ayant été nommé roi de la Grèce par le traité de Londres du 7 mai, des troupes bavaroises furent envoyées dans ce pays à l'effet d'y consolider le nouveau trône ; et avant le départ du jeune roi, le père et le fils conclurent un traité d'alliance offensive et défensive entre la Bavière et la Grèce. L'année suivante, en vertu du traité du 15 mai 1833, la Bavière accéda avec le Wurtemberg à l'union des douanes allemandes (Zollverein) ; et à la même époque commencèrent les travaux du canal de Ludwig, qui unit le Mein au Danube, et dont la construction ne fut achevée qu'en 1847.

En 1833, à l'occasion de l'anniversaire de la fête de Hambach, un sanglant conflit éclata à Neustadt entre la force armée et les citoyens. L'affaissement de l'esprit public, qui succéda à ces dernières traces d'agitation, se manifesta déjà bien visiblement dans la session suivante, qui dura du 8 mars au 28 juin 1834, encore bien que la seconde chambre se composât à peu près des mêmes hommes qu'en 1831. Presque tous les votes furent favorables au pouvoir. On lui accorda plus de 18 millions de florins pour la construction des fortifications d'Ingolstadt, et on vota une liste civile permanente d'un peu plus de 2,350,000 florins. A partir de l'automne de 1835 la Bavière fut également visitée par le choléra ; mais ce fléau y sévit moins que dans le reste de l'Allemagne. La même année on put inaugurer le chemin de fer de Nuremberg à Furth, la première voie ferrée qu'ait possédée l'Allemagne, et qui donna l'impulsion à la construction du vaste réseau de chemins de fer qui l'enserre aujourd'hui. La nouvelle diète, qui se réunit le 11 février 1837 et dura jusqu'au 4 novembre suivant, ne s'occupa presque exclusivement que d'intérêts matériels. Des excédants de produits considérables avaient eu lieu dans les recettes. L'emploi de ces excédants, les dépenses faites au delà des crédits accordés, le maintien du principe que c'est aux états qu'il appartient de disposer des impôts directs, amenèrent des conflits entre le pouvoir législatif et le pouvoir exécutif, qui, dans son ordonnance de prorogation de la diète, s'efforça de réserver les droits de la couronne et de poser des limites très-étroites au droit revendiqué par les chambres de fixer la quotité de l'impôt. De leur côté les chambres, dans la session qui s'ouvrit en janvier et dura jusqu'en avril 1838, s'attachèrent à défendre les prérogatives du pouvoir législatif contre les empiétements du pouvoir exécutif. Du reste, comme la précédente, cette diète s'occupa surtout de questions relatives aux intérêts généraux. Une ordonnance astreignant les protestants à s'agenouiller sur le passage du Saint-Sacrement causa un émoi général.

Dans sa session de 1837, et déjà même dans celle de 1831, la seconde chambre s'était élevée contre le nombre toujours croissant des couvents et autres institutions monacales ; néanmoins, dans la période de 1831 à 1840, ce nombre s'était élevé de quarante-deux à cent cinq.

La retraite du prince d'OEttingen-Wallerstein, qui tomba en désaccord avec le ministre des finances pendant la session de 1837 au sujet de diverses économies, et la nomination de M. d'Abel au poste de premier ministre, qui eut lieu immédiatement après la clôture de la diète de 1837, furent une preuve de la victoire complète remportée par le parti ultramontain, ayant à sa tête Gœrres, Dœllinger et consorts. Le prince Wallerstein, aristocrate de naissance, favorisait l'aristocratie et en était protégé. M. d'Abel, apostat du libéralisme, créature servile du clergé, sans aucun appui réel dans le pays, parce qu'on le savait habitué à déférer humblement aux moindres caprices de la couronne, n'en gouverna pas moins le pays jusqu'en 1847. L'oppression morale qui pesa sur la Bavière pendant cette période de temps fut des plus lourdes et se manifesta dans toutes les directions. C'est ainsi qu'on vit alors la presse gouvernementale bavaroise attiser dans les autres États de l'Allemagne, notamment en Prusse, le feu des controverses et des dissensions religieuses ; et elle ne cessa ses menées désorganisatrices que lorsque cette puissance eut été obligée d'adresser au cabinet de Munich les réclamations les plus menaçantes.

A cette époque la chambre aristocratique, obéissant aux inspirations du prince de Wallerstein, et qu'il n'était pas au pouvoir du gouvernement de dissoudre, fit seule un peu d'opposition. La seconde chambre, sous prétexte qu'elle n'était point composée conformément aux prescriptions de la constitution, fut dissoute le 24 août 1839. La nouvelle diète de 1840 ne s'occupa guère, elle aussi, que d'intérêts matériels. Cependant, indépendamment de la sanction royale donnée à la création d'une banque hypothécaire (dont les statuts s'opposent à ce qu'il soit créé du papier monnaie en Bavière), d'autres questions de principes furent également mises en discussion, par exemple le droit des états de légiférer en matière de finances. La diète de 1842 devait résoudre cette importante question, mais elle ne remplit pas cette tâche. Néanmoins une opposition plus décidée s'y manifesta contre l'administration d'Abel ; elle avait à sa tête le bourgmestre de Ratisbonne, M. de Thon-Dittmer, MM. Schwindel, Bestelmeier, Beisler et Heintz. Une proposition du gouvernement, tendant à rendre de nouveau les charges héréditaires, fut repoussée par la Chambre des Députés ; la Chambre des Pairs en fit autant du projet de loi relatif aux génuflexions sur le passage du Saint-Sacrement. La session de 1845-1846 s'ouvrit par la discussion d'importantes propositions présentées par le prince de Wallerstein et tendant à la mise en accusation du ministre d'Abel pour violation de la constitution à l'égard des articles garantissant aux protestants la complète égalité de droits politiques. La seconde chambre prit également en considération une demande de mise en accusation de ce ministre, pour violation des droits constitutionnels de l'Église protestante. Mais, sauf quelques insignifiantes concessions à l'opinion, les choses restèrent à peu près dans le même état.

Des circonstances toutes personnelles amenèrent enfin la chute du ministère d'Abel. La danseuse Lola Montez était arrivée à Munich dans le courant de l'automne 1846, et avait su captiver le cœur du monarque. On a maintes fois prétendu que le parti ultramontain avait voulu se servir de cette femme galante pour maintenir sous sa dépendance le roi Louis, jusqu'aux oreilles de qui avait fini par arriver le cri unanime de réprobation poussé par l'opinion publique contre le système en vigueur. On ajoute qu'on lui avait fait des conditions et tracé une règle de conduite, mais que Lola Montez, blessée dans son orgueil de courtisane par ces intrigues de sacristie, avait manœuvré avec beaucoup d'adresse dans le sens précisément contraire. Quoi qu'il en ait pu être, le ministère, composé de MM. d'Abel, Bray, Gumppenberg, Seidsheim et Schrenk, remit sa démission entre les mains du roi dans une audience où il s'efforça de lui faire entrevoir le danger d'une révolution, s'il ne consentait pas à éloigner de sa cour une personne dont la présence y était une cause de scandale, et à annuler la nomination de Lola Montez au titre de comtesse. Cette démission fut acceptée (13 février 1847). Pour se concilier l'opinion ameutée de toutes parts par le parti ultramontain, le roi Louis composa un ministère qui avait du moins pour lui l'éclat de quelques noms, par exemple, ceux de MM. de Maurer (extérieur et justice), de Zu Rhein (finances, cultes et instruction publique), de Zenetti (intérieur). Mais, sauf l'expulsion de quelques professeurs ultramontains des chaires qu'ils occupaient à l'université et quelques belles promesses, le nouveau cabinet laissa les choses à peu près dans l'état où elles se trouvaient. L'influence de Lola Montez durait toujours, et la diète extraordinaire convoquée (20 septembre 1847) pour voter l'établissement d'un nouveau chemin de fer, ayant rejeté ce projet sans que le ministère sût mettre à couvert son initiative, celui-ci fut brusquement congédié et remplacé par le cabinet Berks-Wallerstein. La danseuse fut dès lors souveraine absolue, et ses exigences n'eurent plus de bornes. Il existait à ce moment parmi les étudiants une coterie qui s'intitulait *Alemania*, et qui s'était placée sous le patronage direct de la maîtresse du monarque. Elle agitait violemment le monde universitaire de Munich, et les plates adulations qu'elle prodiguait à la danseuse révoltaient le sens moral du reste de la population. L'enterrement de Gœrres donna lieu à une première démonstration, de la part non-seulement des ultramontains, mais encore de tous ceux qu'indignaient ces sales intrigues de boudoir. Les conflits universitaires n'ayant fait que devenir en conséquence et plus fréquents et plus graves, le prince Wallerstein contresigna une ordonnance royale qui prononçait la clôture des cours de l'université de Munich (19 février 1848) jusqu'à l'autre semestre d'hiver. Cette mesure était une punition infligée à l'opposition tout entière. Alors commencèrent les démonstrations de la petite bourgeoisie de Munich, qui lésait dans ses intérêts, démonstrations auxquelles ne laissa pas que de prendre une certaine part la haute noblesse, profondément blessée qu'elle avait été par les lettres patentes portant le contreseing de M. de Maurer, en vertu desquelles Lola Montez avait obtenu l'indigénat et son titre de comtesse. Les démonstrations pacifiques, étant restées sans résultat, dégénérèrent bientôt en tumultueuses scènes de rues et de carrefours, auxquelles les divertissements habituels du carnaval de Munich servirent de prolégomènes. La révolution qui éclata quelques jours après à Paris, en Février, devait bientôt donner un caractère politique à ces agitations causées par des fautes personnelles. Dans l'espoir de prévenir un orage que tout annonçait être imminent, on eut recours à une nouvelle convocation des chambres, et le gouvernement, contraint enfin de faire des concessions, fixa au 15 mars l'ouverture de la nouvelle législature. Le manifeste publié à cette occasion (6 mars) annonçait en même temps des lois sur la responsabilité ministérielle, sur la liberté de la presse, sur le droit électoral, sur la publicité des débats judiciaires, etc., et décrétait la suppression de la censure, abolie dès le mois de décembre 1847 en ce qui touchait les affaires intérieures du pays; mais l'opinion ayant regardé ces concessions comme insuffisantes, il fallut que le gouvernement y ajoutât celle du renvoi de la danseuse. Le ministère Wallerstein avait été modifié au moment même où des manifestations tumultueuses éclataient dans tout le pays contre la favorite. La surprise n'en fut pas moins générale quand on apprit, le 20 mars 1848, que le roi Louis abdiquait, au profit de son fils le prince royal *Maximilien*, par le motif, disait le manifeste, « qu'on entrait dans une phase et dans une direction tout autres que « celles qu'avait prévues la constitution. » Le 22 mars le nouveau roi ouvrit les chambres par un discours annonçant une amnistie générale pour les crimes et délits politiques, et ajoutant à la proclamation du 6 mars l'engagement de prendre des mesures pour que le peuple fût représenté à la diète fédérale. Le premier ministère responsable qu'ait eu la Bavière fut composé de MM. de Thon-Dittmer (intérieur), Heintz (justice), de Lerchenfeld (finances), de Beisler (cultes), comte Bray (extérieur et maison du roi), Le Suire (guerre).

La première chambre qui se réunit alors fut, comme on devait s'y attendre, libérale, mais non pas radicale. Parmi les mesures qu'elle adopta tout d'abord, il faut citer l'envoi de quelques-uns de ses membres au parlement de Francfort, puis la résolution qui déclara ses séances publiques. D'autres lois furent rendues relativement à la révision de la législation générale, à l'introduction de la procédure orale et publique dans les affaires criminelles, à la représentation complète du Palatinat, aux élections pour le parlement national, à la presse, à l'abolition des corvées et des fiefs, à la responsabilité ministérielle, à l'initiative des chambres en matière de législation, à la réglementation de la chasse, à un emprunt volontaire et à un impôt sur le capital et le revenu; et quelques-unes furent immédiatement exécutées. Dans sa situation relativement à l'étranger, et notamment à la constitution germanique, la Bavière suivit le torrent du temps. Ce fut seulement vers la fin de 1848 que quelques indices firent pressentir que sa politique, dévouée jusque alors au pouvoir central de l'Allemagne, comme l'engagement en avait été pris dans les proclamations publiées au commencement de l'année, tendait à s'en détacher.

Quelques modifications avaient déjà eu lieu dans le ministère pendant le courant de l'année 1848. Il lui fut impossible de se maintenir devant la diète convoquée d'après la loi électorale de 1849 (quoique la chambre haute n'eût subi aucun changement). Trois prorogations successives, une crise ministérielle qui se prolongea pendant près de trois mois, qui finit par l'arrivée d'un nouveau cabinet, composé de MM. de Pfordten (extérieur, maison du roi, commerce et industrie, et plus tard présidence du conseil), de Kleinschrod (justice), de Zwehl (intérieur), Ringelmann (cultes), de Luders (guerre), ne firent qu'accroître les difficultés. Enfin une rupture complète eut lieu quand le ministère, à la suite de l'insurrection dont le Palatinat du Rhin avait été le théâtre, vint demander l'expulsion de la chambre de divers députés qui y avaient pris part. La dissolution des chambres fut prononcée alors que toute la Bavière était encore sous le charme de l'établissement de la constitution de l'empire, et les nouvelles élections se firent au moment où presque tout le pays se trouvait de fait en état de siège. La nouvelle diète dura dix mois, marcha d'accord avec le ministère, accepta les diverses lois qu'il lui présenta, notamment celles qui restreignaient la liberté d'association et la liberté de la presse et quelques autres lois de haute police, sanctionna une très-étroite amnistie accordée aux crimes et délits politiques commis depuis 1848, une augmentation de la dette publique d'environ 36 millions de florins, et acquiesça jusqu'à un certain point à la politique allemande. Un projet de loi présenté par le gouvernement pour l'émancipation des juifs échoua contre l'opposition de la chambre haute. D'autres lois, par exemple celle relative à l'organisation judiciaire, les économies dans le budget de l'intérieur et de la guerre, une loi sur la chasse, etc., donnèrent lieu à de vives discussions. Les professeurs Döllinger, Lasaulx, Hœfler, Sepp, etc., furent en outre rétablis dans leurs chaires ou rappelés à Munich dès la fin de 1849 et au commencement de 1850. L'assemblée d'évêques tenue à Freisingen en novembre 1850 manifesta, dans une adresse directement envoyée au roi, jusqu'à quel point s'étaient encore accrues les exigences cléricales. Les tendances de la presse ultramontaine l'avaient déjà bien fait voir dès le commencement de cette même année 1850. On ne saurait nier cependant que le ministère de Pfordten prit diverses mesures législatives et administratives utiles aux intérêts matériels. En revanche, les expulsions de la capitale prononcées sans énonciation de motifs contre divers écrivains bavarois et non bavarois, dans le courant de l'année 1850, après la clôture de la diète, les poursuites exercées contre les feuilles indépendantes, enfin les mesures vexatoires adoptées à l'égard des fonctionnaires publics coupables de libéralisme et contre d'autres individus encore, prouvent combien étaient étendus les pouvoirs confiés à la police par la législation. Une diète nouvelle, mais non pas produit d'élections nouvelles, se réunit le 3 février 1851.

Dès le mois de décembre 1848, quand on délibéra à Francfort sur la question de rendre la couronne impériale d'Allemagne héréditaire dans la maison de Hohenzollern, le comte Cetto, ambassadeur de Bavière à Londres, déclara nettement au ministère anglais qu'en ce qui touchait le pouvoir central définitif de l'Allemagne, la Bavière se tiendrait fermement attachée aux traités de 1815. Bien que cette démarche eût été désavouée par le comte Bray, ministre des affaires étrangères, on put dès lors remarquer une tendance évidente du cabinet de Munich à constituer pour les affaires de l'Allemagne une triade où la Bavière occuperait une position égale à celles de la Prusse et de l'Autriche. Quand on publia la constitution de l'empire, il n'y eut dans la Vieille-Bavière, au milieu de l'agitation qui s'y manifesta en sa faveur, que le parti ultramontain qui fit cause commune contre elle avec le pouvoir. En Franconie, cette agitation prit un caractère menaçant; dans le Palatinat, elle provoqua une adhésion patente à l'insurrection badoise. A cet instant les différents fonctionnaires publics de ces provinces prirent la fuite, et le gouvernement manqua de troupes pour agir. La Prusse, directement et indirectement requise par la Bavière, étouffa alors militairement cette insurrection avec tant de rapidité, que les troupes bavaroises n'arrivèrent à la frontière que lorsque déjà il ne restait plus rien à faire. De ce moment date l'attitude décidément hostile de la politique bavaroise à l'égard de la Prusse, dont on s'efforça de représenter l'assistance comme n'ayant pas été invoquée et comme s'étant au contraire *imposée*. Cependant le comte de Lerchenfeld-Kœfering, envoyé de Bavière à Berlin, continua de prendre part aux délibérations préliminaires relatives à la constitution de l'empire germano-prussien, jusqu'au 23 mai, époque où, à propos de la question de l'hégémonie, il quitta la conférence en déclarant qu'on ne pouvait savoir de quel œil la Russie et la France envisageraient ce nouvel arrangement. Pendant tout l'été la Bavière joua le rôle de médiatrice entre la Prusse et l'Autriche, après s'être prononcée avec le Wurtemberg contre le projet du 28 mai. Plus tard elle ne négligea rien pour constituer la commission fédérale centrale provisoire du 11 septembre, et dans toutes les questions elle appuya l'Autriche de la manière la plus décidée, après que le Hanovre et la Saxe se furent détachés de l'Union, et lorsque déjà d'autres États du centre menaçaient d'en faire autant. Dans cette circonstance le gouvernement était déterminé surtout par trois motifs : d'abord, il estimait qu'il appartenait à la Bavière de défendre le principe constitutionnel, ensuite que c'était à elle à sauvegarder la nationalité allemande, enfin qu'elle devait empêcher que l'Autriche fût *mise à la porte* de l'Allemagne. En même temps le cabinet de Munich invoquait vivement la législation fédérale. C'est alors, le 27 février 1850, que fut publié le projet dit *des trois rois*, auquel avait accédé le Hanovre, et qui établissait un pouvoir central composé de trois puissances avec une représentation nationale très-limitée. Le complet avortement de ce projet, auquel l'Autriche avait donné son assentiment à de très-dures conditions (note du 13 mars), et qu'on connut plus tôt à Saint-Pétersbourg que dans les cours de l'Allemagne, porta la Bavière à regarder le rétablissement de la diète fédérale comme chose désirable. La déclaration de M. de Pfordten, « Celui qui ne reconnaît pas la législation fédérale est un révolutionnaire », avait préparé les esprits à un tel résultat. C'est la Bavière qui décida l'Autriche à proposer la réunion d'une assemblée plénière fédérale, laquelle prit effectivement cette qualification dès que neuf États y eurent accédé, tandis que vingt-huit gouvernements allemands refusèrent de la reconnaître. Dès la troisième séance de cette assemblée fédérale (7 août), le gouvernement bavarois « dans le sentiment de son devoir, et dans sa sollicitude pour le bonheur de l'Allemagne », vota en faveur de la reconstitution immédiate de la diète fédérale. Quand surgit la question de la Hesse-Électorale, la Bavière n'envoya aussitôt ses troupes comme troupes fédérales d'exécution, et dans ses organes officiels elle prit ouvertement la défense de la politique Hassenpflug, tandis que l'empereur d'Autriche se rencontrait à Bregenz avec les rois de Bavière et de Wurtemberg. La conférence d'Ollmutz, tenue, comme celle de Varsovie, sans le concours de la Bavière, parut un instant avoir compromis quelque peu la bonne intelligence des cabinets de Vienne et de Munich. Lors des conférences tenues à Dresde, la Bavière resta à peu près isolée, surtout quand elle eut fait écarter la question de la représentation de l'élément populaire dans la diète fédérale, insistant toujours uniquement sur la reconstitution de la diète fédérale. — Consultez Mannert, *Histoire de Bavière* (2 vol., Leipzig, 1826); Rohmer, *la Bavière et la Réaction* (Munich, 1850), et la brochure semi-officielle intitulée : *Politique du gouvernement bavarois* (Munich, 1851).

BAVIUS (Marcus), dont le nom rappelle toujours à l'esprit celui de son contemporain Mævius, était comme lui un misérable faiseur de vers, doué de toute espèce d'imagination et de talent poétique. Tous deux s'arrogèrent cependant à Rome le droit de poursuivre de leurs stupides critiques les deux plus grands poètes de leur siècle; l'un s'était attaché à Horace, l'autre à Virgile. Leurs noms sont demeurés synonymes de mauvais goût, de critique absurde, de poésie plate et ennuyeuse.

BAWR (Alexandrine-Sophie GOURY DE CHAMPGRAND, d'abord comtesse DE SAINT-SIMON, puis baronne DE). Ce nom est entouré d'une juste célébrité dans les lettres. Celle qui le porte était loin, cependant, malgré son esprit et ses talents, de penser, au sortir de l'enfance, qu'elle dût jamais vivre de sa plume, car elle était née et vivait dans une grande opulence. Les plus habiles maîtres en tout genre furent appelés à l'instruire. Mais l'étude vers laquelle elle se sentit le plus vivement entraînée fut celle de la musique. Une fort belle voix, qu'un crachement de sang lui fit perdre dans son extrême jeunesse, contribua sans doute à déterminer ce penchant. Elle reçut des leçons de composition de Grétry.

Des pertes successives occasionnées par la révolution de 89 avaient complétement ruiné M. de Champgrand, quand sa fille épousa, en 1801, le comte de Saint-Simon, qui possédait encore de précieux débris de l'immense fortune que son bonheur dans les spéculations lui avait d'abord fait gagner. Quel plus étrange contraste que celui que présentent à l'esprit ce fougueux novateur et cette femme d'un esprit si précis, d'une intelligence si pleine de délicatesse et de sérénité! Jamais, on peut bien le dire, il n'y eut entre époux pareille incompatibilité d'humeur et de génie.

Quand Saint-Simon eut dissipé ses dernières ressources, il se regarda comme délivré des biens de ce monde et envoyé ici-bas pour rétablir la société sur de nouvelles bases. Alors il écrivit, un jour, à sa femme : « Malgré la tendresse et l'estime que m'inspirent votre personne et votre caractère, les pensées étroites et vulgaires dans lesquelles vous avez été élevée, et qui vous dominent encore, ne vous permettent pas de vous élancer, avec moi, au-dessus de toutes les lignes connues; je suis donc obligé de demander le divorce, le *premier* homme de ce monde ne devant avoir pour épouse que la *première* femme. »

Il paraît, du reste, que cette inconcevable lettre fut écrite au moment où Saint-Simon nourrissait une espérance plus inconcevable encore.... Il faisait un voyage à Coppet avec la pensée d'épouser Mme de Staël aussitôt qu'il aurait recouvré sa liberté. Le divorce fut donc prononcé; toutefois dans cette circonstance Saint-Simon donna encore à sa femme une preuve assez bizarre de l'espèce d'attachement qu'il lui portait. Comme ils étaient tous deux en présence de l'officier public pour cette triste cérémonie, celui-ci, s'apercevant que Saint-Simon pleurait, s'adressa à sa femme, qu'il supposait demanderesse, et l'engagea à se désister. Il fallut lui expliquer que le divorce avait lieu sur la demande du mari. Enfin, quand tout fut terminé légalement, Saint-Simon fit jurer à celle qui n'était plus sa femme de porter son nom tant qu'elle ne formerait pas d'autres nœuds.

A ce moment Mme de Saint-Simon se vit obligée d'avoir recours à ses talents pour vivre. C'était l'époque où les romances étaient fort à la mode à Paris et dans toute la France. Elle en composa plusieurs recueils (paroles et musique), qui eurent une très-grande vogue et lui fournirent quelques ressources pécuniaires. Encouragée par ce succès, elle voulut entreprendre la musique d'un opéra, que Grétry se chargea de faire recevoir et répéter. Mais où trouver un poëme? Elle s'adressa à tous les littérateurs de sa connaissance; mais, croyant s'apercevoir qu'ils se méfiaient de son talent de femme, elle résolut d'écrire elle-même les paroles de son œuvre. Malheureusement le prétendu poëme ne fut qu'une petite comédie, qui ne se prêtait nullement à la musique et que Mme de Saint-Simon alla porter à Picard, directeur du théâtre Louvois, sous le titre d'*Argent et Adresse* ou *le Petit Mensonge*, par M. François. La pièce eut un grand succès, ainsi que deux autres, *la Matinée du Jour* et *l'Argent du Voyage*, jouées sur la même scène, avec les mêmes précautions.

Le directeur de l'Ambigu-Comique ayant accepté les mêmes conditions, le prétendu M. François fit représenter sur ce théâtre deux autres comédies, *le Rival obligeant* et *le Double stratagème*; puis trois mélodrames, *les Chevaliers du Lion*, *le Revenant* et *Léon de Montaldi*. La *Gazette de France* comptait déjà Mme de Saint-Simon au nombre de ses rédactrices en même temps que Mlle de Meulan, depuis Mme Guizot. S'étant remariée vers cette époque avec M. de Bawr, officier russe, fils du général de ce nom, elle cessa entièrement d'écrire, et ne songea plus qu'à jouir d'un bonheur intérieur qui lui avait été longtemps refusé. Mais ces jours heureux eurent peu de durée : quelques années après ce mariage, M. de Bawr, âgé de trente et un ans, périt écrasé dans la rue par une voiture chargée de pierres dont la roue se détacha de l'essieu.

Dans le cours de la même année la fortune qu'elle tenait de son défunt époux lui fut en partie enlevée par des faillites et par les mauvais succès d'entreprises industrielles; ce qui l'obligea d'avoir de nouveau recours à sa plume. Sur le conseil de Talma, elle composa pour le Théâtre Français *la Suite d'un bal masqué*, comédie en un acte, la meilleure de ses pièces sans contredit, qui, représentée le 9 avril 1813, fut goûtée et applaudie, comme elle l'est encore de nos jours, et à laquelle succédèrent, sur la même scène, *la Méprise*, *l'Ami de tout le monde* et *Charlotte Brown*.

Mme de Bawr a aussi publié plusieurs romans et d'autres ouvrages qu'on lit avec plaisir, tels que *Auguste et Frédéric*, un *Cours de littérature ancienne détaché de La Harpe*, une *Histoire de Charlemagne*, *le Novice*, *Raoul* ou *l'Énéide*, *Histoires fausses ou vraies*, *les Flavy*, *la Fille d'honneur*, *Robertine*, *Sabine*. Bien qu'elle ait traversé trois révolutions et assisté à la première éclosion de la pensée saint-simonienne, rien n'apparaît dans ses écrits qui se ressente de cette quadruple influence; on n'y trouve aucune tendance révolutionnaire, aucune allusion au socialisme : c'est plutôt l'étude du cœur, l'expression de douces passions; c'est un style naturel, dégagé de tout pédantisme, une grande facilité de narration, et une habileté parfaite pour rendre ses personnages intéressants; c'est enfin un prestige rare qui répand un doux charme sur tous ses écrits. Avec une *Histoire de la Musique*, œuvre de patience et de curieuses investigations, voilà ses titres à la renommée littéraire. Mme de Bawr conserve dans un âge fort avancé la plus parfaite sérénité de cœur et d'intelligence. C'est une personne spirituelle et simple en parlant comme lorsqu'elle écrit. Habituellement gaie, quoique sa vie, souvent mêlée d'amertume, ait été excessivement laborieuse, elle compose presque toujours, et même avec plaisir. Cependant, bien que son esprit et son imagination, en fidèles acolytes, encore vigilants et dispos, soient sans cesse là tout prêts à mettre en œuvre ce qu'elle médite, beaucoup plus femme qu'auteur, elle aime mieux se reposer dans sa studieuse retraite de ses honorables travaux qu'en entreprendre d'autres, au succès desquels elle pourrait fort bien ne plus assister.

BAXTER (Richard), savant théologien anglais non conformiste, naquit en 1615 à Rowton, dans le Shropshire : il se fit remarquer dès sa jeunesse par sa piété et par ses talents. Nommé en 1640 ministre à Kidlerminster, il se déclara bientôt pour le parlement, mais sans jamais attaquer le roi. Il finit même par prêcher contre le *covenant*; et lorsque Cromwell fut arrivé au faîte de sa puissance, il ne craignit point de se prononcer contre sa tyrannie. Baxter se rendit à Londres quelque temps avant l'abdication de Richard Cromwell, et il contribua par ses prédications au rappel de Charles II. Ce monarque le nomma l'un de ses chapelains, et le chancelier Clarendon lui offrit l'évêché d'Hereford, qu'il refusa. La modération et la pureté de sa conduite ne purent le soustraire à la haine des royalistes. Son refus constant de se soumettre à l'*acte d'uniformité* fut pour lui une source de persécutions; sous le règne de Jacques II, maltraité, dépouillé et emprisonné plusieurs fois, il n'en continua pas moins de prêcher de place en place conformément à ses principes religieux. Il mourut le 8 décembre 1691. Au milieu des travaux, des agitations et des souffrances dont sa vie a été remplie, Baxter a composé sur des matières de théologie cent quarante-cinq traités, sans compter un grand nombre de petits écrits. Nous ne citerons que sa *Paraphrase du Nouveau Testament*, qui le fit condamner par la cour du banc du roi à une forte amende et à la prison. *La sainte République* fut brûlée en 1683 par les royalistes. Sans s'attacher à aucune secte, Baxter semble s'être formé une sorte de système d'opinions religieuses mixtes, ce qui a fait donner en Angleterre le nom de *baxtérianisme* à ce genre d'opinions.

BAYADÈRES (du portugais *bailadeira*, danseuse). Les Européens désignent ainsi les danseuses et chanteuses de l'Inde, lesquelles forment deux classes principales, subdivisées elles-mêmes en plusieurs catégories. A la première classe appartiennent les danseuses consacrées au service des temples et des dieux; celles qui parcourent les provinces sont rangées dans la seconde. Les premières, appelées *devadasis*, c'est-à-dire esclaves des dieux, forment deux catégories distinctes, suivant la famille dont elles descendent, l'importance de la divinité à laquelle elles sont consacrées, la renommée et la richesse du temple auquel elles sont attachées. Celles de la première catégorie sont recrutées dans les familles les plus distinguées de la caste de Vaisyâ, à laquelle appartiennent les riches propriétaires et marchands; et celles de la seconde dans les principales familles sudra, lesquelles répondent à nos classes ouvrières. On n'admet au nombre des *devadasis* que des filles non encore nubiles et exemptes de tout vice de conformation physique. Les parents doivent renoncer, en vertu d'un contrat solennel, à tous leurs droits sur leur enfant, qui reçoit alors les enseignements nécessaires. Les *devadasis* sont chargées, lors des fêtes et des processions de leur dieu, de chanter ses louanges, de célébrer ses hauts faits, de danser devant son image, de tresser les couronnes de fleurs avec lesquelles on orne ses statues, et en général de remplir au lieu des prêtres toutes les fonctions inférieures dans les temples. Par contre, elles sont exclues des cérémonies religieuses considérées plus particulièrement comme saintes : par exemple, les sacrifices des funérailles, les *sutties*, etc.

Les *devadasis* du premier rang habitent l'intérieur de l'enceinte circulaire du temple, et ne peuvent la franchir sans la permission expresse du grand prêtre. Il leur est loisible de conserver durant leur vie entière leur virginité ; toutefois il leur est permis aussi de se choisir un amant à l'intérieur ou à l'extérieur du temple, pourvu qu'il appartienne aux classes supérieures. Toute intrigue amoureuse qu'elles auraient avec un homme d'une condition inférieure serait punie avec une grande sévérité. Si elles ont des enfants, les filles sont élevées dans la profession de la mère, et les garçons deviennent des musiciens.

Les *devadasis* du second rang diffèrent fort peu au total de celles du premier, sauf qu'elles sont plus libres, n'étant pas tenues d'habiter l'intérieur des temples. Un certain nombre sont obligées de faire journellement à leur tour le service du saint lieu; mais elles doivent toutes assister aux processions. Non-seulement elles dansent et chantent devant les statues des dieux, service en rémunération duquel elles reçoivent des gages fixes tant en riz qu'en argent, mais encore elles vont remplir le même office chez les grands qui les font appeler à l'occasion de certaines solennités, comme mariages, grands repas, etc.

Toutes les *devadasis* adorent comme leur protectrice particulière la déesse Ramblia, l'une des plus belles danseuses du paradis d'Indra. Tous les ans, au printemps, on lui offre des sacrifices ainsi qu'au dieu de l'amour.

Les danseuses qui errent librement dans le pays, appelées seulement pour rehausser l'éclat de fêtes particulières ou pour amuser les étrangers dans les *tschoultris* ou auberges publiques, diffèrent essentiellement des *devadasis*, et sont désignées sous les noms tantôt de *nati*, ou dans la forme ordinaire *natsch*, tantôt de *soutradhari*, tantôt de *kouttani*, suivant le talent particulier dont elles font preuve. Quelques-unes vivent indépendantes en troupes de dix à douze, parcourant la contrée et partageant leur gain avec les musiciens qui les accompagnent. D'autres sont sous la surveillance et l'autorité de *dayas* ou vieilles danseuses, qui reçoivent tout l'argent qu'elles gagnent et leur fournissent en échange la nourriture et l'habillement. Il en est aussi qui sont véritablement les esclaves de vieilles femmes de cette espèce, parce que celles-ci les ont achetées ou recueillies dans leur enfance et leur ont appris leur art. Les bayadères qui ont donné en 1839 des représentations dans la plupart des grandes villes de l'Europe appartenaient à cette catégorie. Indépendamment de celles que nous venons d'énumérer, il y a encore dans l'Inde un grand nombre de danseuses, de danseurs et de chanteurs de différentes espèces, formant pour la plupart des troupes nomades. De ce genre sont les *kikars*, qui célèbrent les guerres des dieux.

Le costume des bayadères est original, et ne laisse pas que d'avoir quelque chose de séduisant. Leurs danses ne répondent pas à ce que nous entendons par *danse*. Ce sont plutôt des pantomimes, dont les chants des musiciens accompagnateurs donnent l'explication. La plupart ont pour sujets l'amour heureux ou désespéré, les tourments de la jalousie, l'attente du bien-aimé, etc. Les voyageurs européens parlent avec beaucoup d'enthousiasme du charme de ces pantomimes. Cependant, à en juger par les exhibitions que nous en a données la troupe de bayadères venue à Paris il y a quelques années, il y a beaucoup à rabattre de leurs pompeuses descriptions. Leurs mouvements, quoique pleins de souplesse, manquent en général de charme et de grâce.

BAYARD (PIERRE DU TERRAIL, seigneur de), surnommé le *Chevalier sans peur et sans reproche*, naquit en 1476, au château de Bayard, à six lieues de Grenoble, d'une ancienne famille du Dauphiné, dans laquelle le courage et le patriotisme étaient héréditaires. Son trisaïeul avait été tué aux pieds du roi Jean à la bataille de Poitiers ; son bisaïeul et son aïeul avaient eu le même sort, l'un à Azincourt, l'autre à Montlhéry. Élevé par son oncle, l'évêque de Grenoble, le jeune Bayard, admis parmi les pages du duc de Savoie, et célèbre déjà par son adresse militaire, plut tant au roi Charles VIII, grand connaisseur en tournois et faits d'armes, que son favori, Paul de Luxembourg, comte de Ligny, prit le page à son service pour flatter son maître. A Lyon, Bayard, âgé de dix-huit ans, osa se mesurer dans un tournoi avec la lance, l'épée et la hache d'armes, contre le sire de Vaudrey, gentilhomme bourguignon ; et quand, après sa victoire, il passa devant les dames la visière levée, suivant l'usage, celles-ci virent avec surprise et frayeur cette figure si jeune et si pâle ; le roi seul n'avait pas tremblé pour lui. Bayard, bien récompensé, alla servir le roi dans une compagnie de gens d'armes cantonnée dans l'Artois ; et là, de petits tournois où venaient s'exercer les garnisons voisines, et d'où le plus souvent il sortait vainqueur, le firent connaître et admirer, même avant la guerre.

Dans la première expédition de Charles VIII en Italie (1494), Bayard eut deux chevaux tués sous lui à Fornoue. Dans la seconde campagne, sous Louis XII (1499), il poursuivit un jour les fuyards avec tant d'ardeur aux portes de Milan, qu'il entra seul avec eux dans la ville, et fut fait prisonnier : non qu'il eût prétendu s'emparer seul de la ville, mais parce qu'il s'était cru suivi de ses cinquante compagnons, comme il le dit à Ludovic Sforce, qui lui rendit noblement la liberté. Dans la Pouille (1501) Bayard combattit à côté du brave Louis d'Ars, et lui sauva la vie. Dans une de ses courses aventureuses, il fit prisonnier le capitaine don Alonzo de Sotomayor, proche parent de Gonsalve de Cordoue, lui donna un appartement dans le château de Monervino, et lui donna sur de lui d'autre garantie que sa parole. L'Espagnol, si mal gardé, prit la fuite et fut ressaisi ; mais plus tard, quand sa rançon fut arrivée, il se plaignit aux siens d'avoir été traité par les Français comme un malfaiteur ; il fut défié par Bayard et tué. Sa réputation fit regarder la victoire du chevalier français comme un prodige de force et d'adresse. C'est dans cette malheureuse campagne que Bayard sauva l'armée française en retraite, quand, seul contre les Espagnols, il défendit un pont sur le Garigliano, « et se comporta si très bien qu'ils ne cuidoient point que ce fût un homme, mais un diable. » Ce beau fait d'armes lui valut pour devise un porc-épic avec cette inscription : *Vires agminis unus habet*. Plus tard, avec Louis XII, Bayard détermina la soumission des Génois révoltés et la prise de leur ville. A la bataille d'Agnadel (1509), placé à l'arrière-garde, il traversa des marais pour prendre les ennemis en flanc, et décida la victoire. On sait sa générosité envers ses hôtes de Brescia. Quand d'Aubigni vint le chercher, et qu'il entendit raconter par cette heureuse famille la générosité de Bayard, il dit tranquillement : « Oui, oui, c'est sa manière. » Et cette laconique indifférence fit mieux l'éloge de Bayard que la bruyante admiration de toute la ville.

Après avoir rejoint à Ravenne Gaston de Foix, qui périt pour n'avoir pas suivi son conseil, Bayard, blessé de nouveau dans la retraite de Pavie, et transporté à Grenoble dans la demeure de ses pères, vingt-deux ans après l'avoir quittée, fut rappelé sur le champ de bataille par la guerre qu'avait allumée dans la Navarre l'agression de Ferdinand le Catholique. Là, comme dans l'Artois et la Picardie, que menaçaient les Anglais (1513), il soutint sa réputation. A la honteuse défaite de Guinegate, il eut la gloire d'être fait prisonnier pour n'avoir pu se décider à fuir avec toute l'armée. Henri VIII le rendit sans rançon; toutefois avant son départ il lui fit faire des offres secrètes pour entrer à son service. Mais Bayard se contenta de répondre : « Je n'ai qu'un maître au ciel, qui est Dieu, et un maître sur terre, qui est le roi de France : je n'en servirai jamais d'autres. » Pour prix d'un si beau courage, Bayard commandait une compagnie de gens d'armes, mais au nom du duc de Lorraine, qui touchait les appointements. Louis XII, vers la fin de sa vie, le nomma lieutenant général du Dauphiné, mais toujours sans honoraires. François Ier fit mieux, car il avait besoin, pour reconquérir le Milanais, de l'épée et des conseils de Bayard : après la glorieuse journée de Marignan, il lui dit : « Je veux aujourd'huy soye fait chevalier par vos mains, parce que celui qui a combattu à pied et à cheval entre tous autres est tenu et réputé le plus digne chevalier. » Bayard s'excusait : « Faites mon vouloir et commandement, » ajouta le roi; et Bayard, le frappant du plat de son épée : « Sire, dit-il, autant vaille que si c'étoit Roland ou Olivier, Godefroy ou Baudoin son frère. » Puis, baisant son épée : « Tu es bien heureuse, mon épée, d'avoir à un si vertueux et puissant roi donné l'ordre de la chevalerie ! Ma bonne épée, tu seras moult bien comme relique gardée, et sur toute autre honorée. » Cette épée défendit vigoureusement la France contre Charles-Quint, et pendant un mois arrêta devant les faibles remparts de Mézières les Impériaux, commandés par le comte de Nassau et le fameux Sickingen. Cette fois seulement Bayard joignit la ruse au courage, et sema la discorde parmi les généraux ennemis, qui levèrent le siège. Paris le reçut comme son libérateur, et le parlement comme le sauveur de la patrie.

Après deux ans de repos, après avoir fait cesser par ses libéralités la disette et la peste dans son cher pays du Dauphiné, Bayard alla châtier les Génois révoltés, et fit preuve d'un mépris chevaleresque pour ces marchands et pour leurs aunes. L'armée française d'Italie était perdue par les fautes de l'amiral Bonnivet, quand Bayard en accepta le commandement; il se fit tuer en soutenant la retraite. Une pierre, lancée par une arquebuse à croc, vint le frapper au côté droit et lui rompit l'épine du dos : « Jésus, mon Dieu, s'écria-t-il, je suis mort ! » Il donna ordre qu'on le déposât au pied d'un arbre, le visage tourné vers l'ennemi, baisa la garde de son épée en guise de croix, et récita quelques versets du Miserere. Puis il engagea ceux qui l'entouraient à s'éloigner pour ne pas tomber au pouvoir des ennemis. Bientôt le connétable Charles de Bourbon, qui avait passé au service de l'empereur, s'étant approché pour le plaindre : « Je vous remercie, monseigneur, lui répondit Bayard; il n'y a point de pitié en moi, qui meurs en homme de bien et servant mon roi ; il faut avoir pitié de vous, qui portez les armes contre votre prince, votre patrie et votre serment. » Il survécut deux heures à ce propos, et mourut le 30 avril 1524, à dix heures du matin, à l'âge de quarante-huit ans. Le marquis de Pescaire fit embaumer son corps; le duc de Savoie lui fit rendre à son passage les mêmes honneurs funèbres qu'aux princes de son sang. Ses restes furent inhumés dans une église des Minimes, près de Grenoble, et François Ier fit son oraison funèbre à la bataille de Pavie : « Ah, chevalier Bayard ! dit-il, que vous me faites grande faute ! Je ne serois pas ici ! »

La mémoire de Bayard resta populaire jusqu'à Henri IV; on admira longtemps en lui l'heureux modèle du soldat français, aimant la gloire et le plaisir, le danger et les femmes; mais on a fait beaucoup de mots de Bayard trop solennels et trop sonores ; ses vertus, simples et naturelles, ne doivent pas être soupçonnées d'étude ou d'imitation ; et s'il se rencontra en deux circonstances de sa vie avec Fabricius et Scipion, ce fut sans doute par hasard et sans le savoir. Un noble lui demandant cependant, un jour, quels biens un gentilhomme devait laisser à ses enfants, il lui répondit : « Ce qui ne craint ni la pluie, ni la tempête, ni la force des hommes, ni l'injustice humaine : la sagesse et la vertu. » Il refusa de faire empoisonner Jules II, et menaça le duc de Ferrare d'avertir le pape, qui pourtant avait traîtreusement négocié sa perte et celle de ses compagnons. A Grenoble, il rendit vierge à sa mère une jeune fille qu'il avait achetée, et qui lui dit, en pleurant, sa noblesse et sa misère. Si Bayard ne commanda pas en chef l'armée française, c'est que l'intrigue lui manqua sans doute plus que le mérite; car la défense de Mézières, dont nul autre n'eût osé se charger, atteste les nombreuses ressources de son talent. Le Chevalier sans peur et sans reproche, avec ses vertus naïves, fut pourtant le contemporain d'Alexandre VI et de son fils, de Ferdinand le Catholique et de Henri VIII. Maximilien, ne pouvant jamais faire la guerre à propos, faute d'argent, désirait avoir douze Bayards, dût-il lui en coûter cent mille florins par an ; et Frédéric le Grand, voulant fonder parmi ses jeunes compagnons d'armes un nouvel ordre de chevalerie, lui donnait Bayard pour patron.
T. TOUSSENEL.

BAYARD (Jean-François-Alfred), l'un des plus féconds et des plus spirituels auteurs dramatiques de l'époque actuelle, naquit à Charolles (Saône-et-Loire), le 17 mars 1796. L'on a eu souvent occasion de remarquer combien l'École de droit avait fourni de vaudevillistes à la France. Bayard était doublement destiné à le devenir; car, avant d'entrer à l'École de droit, il avait fait ses études à Sainte-Barbe, pépinière d'auteurs dramatiques, de romanciers, de journalistes, dont l'habile directeur, M. Dejanneau père, avait composé un Dictionnaire des Rimes, sans doute dans la prévision du grand nombre de littérateurs qui sortiraient de son établissement.

Une singularité marqua les débuts de Bayard. Destiné par sa famille à la profession d'avocat, il entra dans une étude d'avoué, remplaçant un clerc qui quittait la basoche pour le séminaire et devait devenir plus tard archevêque. Ce fut sur la pancarte du futur prélat que Bayard écrivit une comédie en cinq actes et en vers, qui lui valut les encouragements et l'amitié de Picard.

Après avoir griffonné, pendant quelques mois, des assignations et des copies de jugements, il quitta l'étude de l'avoué pour se faire recevoir avocat et présenter au public sévère, impitoyable, de l'Odéon, ses premiers ouvrages, dont quelques-uns étaient en vers. Lorsque Robin des bois, envahissant le théâtre du faubourg Saint-Germain, en eut chassé la comédie, Bayard traversa la Seine, et vint frapper à la porte du Vaudeville, théâtre alors à la mode, et où il fut bientôt joué sous le patronage du bon Désaugiers. Sa première pièce en ce genre, Une Promenade à Vaucluse, représentée en 1821, est une causerie charmante, qui dit déjà ce que deviendra un jour l'heureux collaborateur de Scribe, Mélesville, Carmouche et Dumanoir. Bientôt on le retrouve au Gymnase, où l'immense succès de la Reine de seize ans décide de son avenir. Peu de temps après il épouse la nièce de M. Scribe, barbiste comme lui, et dont il a souvent partagé le succès.

Bayard était le un des vaudevillistes qui composaient le mieux et le plus vite ; car il eut plus de deux cents pièces jouées à l'Odéon, aux Français, à l'Opéra-Comique, au Gymnase, au Vaudeville, au Palais-Royal, aux Variétés, à la Porte-Saint-Martin, à l'Ambigu. Plusieurs de ces pièces ont fait la fortune des théâtres où il les a portées. Dans quelques-uns de ses vaudevilles les plus connus, vous trouverez un laisser-aller, un désordre d'expressions si bizarre, si extravagant, que vous en êtes à vous demander si ce ne sont pas là les œuvres de quelque pensionnaire de Bicêtre. Duvert et son gendre Lauzanne sont les créateurs de ce genre hétérogène, qui surprit tout d'abord, et auquel plus tard on s'est habitué parce qu'en général on aime ce qui est étrange et fantasque. Bayard les égaia tous deux, il ne guèrent bientôt de compagnie, et les voilà jetant en pâture aux joyeux amateurs du vaudeville *Les Gants jaunes*, *Le Mari de la Dame de chœurs*, et quelques autres folies ébouriffantes, qui prouvaient la flexibilité de son esprit.

Mais, après s'être égaré dans cette route difficile, où le succès touche de si près à la chute, Bayard ne tarda point à revenir à un genre plus sérieux, plus grave, plus intéressant. Il voulait que le drame et le rire voyageassent côte à côte; il cherchait des émotions dans les études intimes de nos mœurs, dans les passions vraies de l'âme, dans les tempêtes du cœur. Là était son élément, là était le champ clos où il aimait à entrer en lice, et d'où, disons-le, il est presque toujours sorti vainqueur. Qui de nous ne se rappelle *Marie Mignot*, ce chef-d'œuvre du genre, qui a relevé le Vaudeville, dont on désespérait depuis longtemps? Plus tard est venu *Le Premier Amour*, page touchante de la vie d'un jeune homme entrant dans le monde avec une âme ardente et toutes les illusions de son âge. A côté du *Premier Amour*, nous avons applaudi *Mathilde*, *André*, *Tout pour mon fils*, scènes ravissantes de noblesse, de dévouement maternel, d'où vous ne vous échappiez qu'avec un frisson au cœur et les yeux baignés de larmes. *Le Démon de la Nuit* est un tableau scintillant et pur comme un diamant; c'est un des meilleurs ouvrages dont il a doté le Vaudeville de la rue de Chartres, et qui ne contribuèrent pas peu à sa fortune. Mais cette scène ne suffisait point à sa fécondité; il lui fallait un champ plus vaste, ou plutôt il voulait un nouveau théâtre, un nouveau public, et le voilà rival de Scribe, son ami plutôt que son maître, nous donnant quelques-uns de ces vaudevilles de salon, si tendres, si pleins d'émotions de famille, qu'on ne retrouvait que là, et qu'on allait encore applaudir quand on les avait vus une fois. Au Vaudeville, *Marie Mignot*, dont nous avons déjà parlé; au Gymnase, *Le Gamin de Paris*; au Palais-Royal, *Les Premières Armes de Richelieu*, trois chefs-d'œuvre. Jamais théâtre n'avait obtenu de plus éclatants succès: on joua ces trois ouvrages toute l'année, et la curiosité n'était point satisfaite.

Bayard ne devait pas se contenter de ces faciles jeux de l'esprit, son ambition le portait plus haut; il frappa bientôt à la porte de la Comédie française; elle lui fut ouverte à deux battants, et *Le Ménage parisien*, ainsi que *Le Mari à la campagne* nous révélèrent un véritable poète comique de plus.

Malgré ses nombreux travaux, Bayard a consacré une grande partie de son temps à la Société des Auteurs dramatiques, dont pendant plusieurs années il a été un des commissaires les plus actifs, et en cette qualité il a concouru à presque tous les traités qui ont été passés avec les directeurs des théâtres de Paris. Il a publié aussi des articles littéraires dans plusieurs journaux et des pièces de vers dans plusieurs recueils. Frappé en 1837 d'un grand malheur de famille, il accepta comme distraction forcée la direction du théâtre des Variétés qui lui fut offerte. Bien qu'il n'ait conservé cette place que peu de temps, il n'en signala pas moins son passage par d'heureux résultats. Durant la même année il fut nommé chevalier de la Légion d'Honneur. Il est mort d'apoplexie, le 20 février 1853.

JACQUES ARAGO.

BAYARD (Le cheval). L'on voyait encore, il y a quelque vingt ans, servant d'enseigne à plusieurs magasins de Paris, un cheval lancé au galop, sur lequel étaient montés quatre guerriers. Cette enseigne avait l'inscription suivante: AUX QUATRE FILS AYMON. Ce cheval vigoureux, dont la renommée a traversé les siècles, était le fameux *Bayard*, qui joue un rôle important dans l'histoire romanesque de notre vieille chevalerie. *Bayard* en vieux français veut dire *bai*; c'est le sens dans lequel il est pris dans ce proverbe cité par un auteur du seizième siècle :

Bayard de trois, ……… ! …… ,
Bayard de quatre, cheval de foi,
Bayard d'un, ne le donne à aucun.

Dans la Chronique des Quatre fils A y m o n, comme dans plusieurs autres compositions du même genre, le cheval *Bayard* tire ses maîtres de toutes les occasions difficiles, et c'est avec le secours de ce noble animal qu'ils échappent à la vengeance du roi de France. Le pays des Ardennes et la province de Liége abondent en souvenirs relatifs à cette illustre monture. « On voit encore à Dhuy, écrivait Paquot en 1770, un vieux château appelé *Bayard*. » La Roche-Bayard, près de Dinant, est restée également célèbre; les paysans de ces cantons l'appellent par corruption *Roche à Bayan*. L'on raconte que le cheval *Bayard* se sauva de ces rochers pour se réfugier dans les forêts environnantes, et qu'il y demeure encore.

La légende des quatre fils Aymon a été populaire au village de Berthem, aux environs de Louvain. Un vieil auteur prétend que *Berthem* signifie *la demeure du cheval*, et que ce nom vient du célèbre Bayard. Ce qu'il y a de certain, c'est que ce village a pour armoirie un cheval, et que les gens du pays montraient naguère encore la crèche de *Bayard*, avec l'empreinte de son pied sur une pierre, dans la forêt de *Meerdœl*, c'est-à-dire la vallée du cheval. Avant les troubles du seizième siècle, on voyait au-dessus du maître-autel de Berthem un tableau représentant les quatre fils Aymon sur le cheval *Bayard*. Au-dessus du village de Couillot, près de Charleroi, l'on montre également le *pied* ou le *pas Bayard*. « Ce palefroi et ses quatre chevaliers, dit M. de Reiffenberg, sont les acteurs obligés de quelques-unes de nos solennités civiles et religieuses. En 1490, le jour de la kermesse, on fit à Louvain une procession instituée, assure-t-on, en 891, pour consacrer la défaite des Normands; on la renouvela en 1656, 1660, 1663 et 1681. Derrière l'université s'avançaient Bayard et les fils Aymon. L'énorme quadrupède était orné des armes de ses maîtres, c'est-à-dire de quatre au chef de même, et chargé de trois pals d'azur vairés d'argent. » Le même écrivain reproduit une chanson flamande composée en l'honneur de ce célèbre coursier, et dit qu'au jubilé de Malines, en 1825, et plusieurs fois depuis, le cheval Bayard a figuré dans les réjouissances publiques. LE ROUX DE LINCY.

BAYEN (PIERRE), chimiste de mérite, dont le nom n'a sans doute pas jeté autant d'éclat que ceux des Guyton-Morveau, des Lavoisier, des Fourcroy, mais dont les travaux eurent constamment en vue l'utilité publique, et qui on est redevable de quelques belles découvertes, naquit à Chalons-sur-Marne, en 1725. De bonne heure il annonça un goût prononcé pour les sciences utiles et les sciences appliquées; et encore au collége, il consacrait l'époque des vacances à visiter les fabriques et les ateliers, examinant attentivement les divers procédés dont on y faisait usage, et songeant dès lors aux moyens de les simplifier et de les perfectionner. Il était déjà âgé de vingt-quatre ans lorsqu'il vint pour la première fois à Paris. Successivement élève de Charras, de Rouelle et de Chamousset, ce fut surtout dans le laboratoire de ce dernier qu'il se livra en chimie à des travaux et à des expériences qui furent remarqués, et qui lui valurent de la part du gouvernement la mission d'examiner de concert avec Venel les diverses eaux minérales de France. Nommé à quelque temps de là pharmacien en chef de l'armée expéditionnaire envoyée contre Minorque, il rendit dans ces fonctions d'importants services. L'armée manquait d'eau potable, et de graves maladies se déclaraient parmi les soldats réduits à boire une eau saumâtre et fétide. Bayen, grâce à ses connaissances en histoire naturelle, découvrit une source qui suffit à tous les besoins. On manquait de salpêtre pour préparer les mèches de l'artillerie; l'habile pharmacien en chef demande de la poudre à canon, il en isole les principes constitutifs, et le jour même il livre à l'artillerie une assez grande quantité de nitrate de potasse pour qu'elle puisse continuer ses travaux. Bayen fit aussi en Allemagne les campagnes de la guerre de sept ans avec le grade de pharmacien en chef; et au rétablissement de la paix, il reprit son travail d'examen des eaux minérales de la France que la guerre était venue interrompre. C'est en analysant les eaux de Bagnères-de-Luchon, qu'il découvrit la propriété fulminante du mercure dans quelques-unes de ses combinaisons, qu'il étudia les divers oxydes de ce métal et qu'il constata d'une manière positive l'augmentation de poids qui résulte pour les métaux de leur oxydation; importante découverte qui conduisit à celle de l'oxygène, et qui fraya les voies à la chimie nouvelle, mais dont il eut la loyauté de reporter le mérite à un médecin du Périgord appelé Bey, qui, dès 1620, consignait le fait dans un mémoire depuis longtemps oublié.

La minéralogie est également redevable à Bayen de quelques importants progrès. Il indiqua les moyens d'analyser diverses pierres, telles que les ophites, les serpentines, etc., fit l'analyse comparée d'un grand nombre d'espèces de marbre et désigna ceux qui convenaient le mieux aux statuaires et aux architectes. Il signala la présence de la magnésie dans les schistes, et démontra la possibilité de faire servir leur décomposition à la fabrication du sel d'Epsom, qu'on est obligé de faire venir d'Angleterre. Enfin, il reconnut qu'un alcali est nécessaire pour déterminer la cristallisation de l'alun; que le fer spathique est dû au carbonate de fer; et il consigna le résultat de ses recherches dans un ouvrage intitulé : *Moyen d'analyser les suspensions, porphyres, ophites, granits, jaspes, schistes, jades et feldspath* (Paris, 1778). Vers le même temps, un mémoire publié par les chimistes allemands Henckel et Margraf, sur les propriétés de l'étain, répandit de vives inquiétudes à cause du rôle que joue dans l'économie domestique ce métal où les savants étrangers prétendaient avoir constamment trouvé une certaine quantité d'arsenic. Les expériences faites à ce sujet par Bayen, à la demande du gouvernement, prouvèrent que l'étain ne contient pas un atome d'arsenic, et rassurèrent complètement sur son emploi. Bayen mourut à Paris, en 1798. Il avait été nommé de l'Institut dès la première organisation de cette illustre compagnie.

BAYER (JEAN), astronome que ses cartes sidérales ont rendu célèbre, naquit vers la fin du seizième siècle à Augsbourg. Il occupa d'abord diverses cures protestantes, et en cette qualité se montra si zélé partisan des doctrines de l'Église réformée, qu'on le surnomma *Os protestantium*. Mais son titre le plus durable aux yeux de la postérité, c'est le grand ouvrage qu'il publia sous le titre d'*Uranometria* (Augsbourg, 1603). Cet atlas céleste comprend, en 51 cartes in-folio, toutes les constellations, avec les étoiles de chaque constellation désignées par des lettres des alphabets grec et romain, suivant l'ordre de leur grandeur apparente. Alessandro Piccolomini avait bien eu l'idée de cette innovation, et il l'avait même mise à exécution dans sa *Sfera del Mondo* (Venise, 1573); mais cette tentative était demeurée stérile; son atlas était inconnu hors de l'Italie.

Bayer vécut longtemps encore après la première publication de cet ouvrage, et l'étude incessante qu'il fit des étoiles lui permit de perfectionner considérablement.

En 1627 il en publia une nouvelle édition sous le titre de *Cœlum stellatum christianum* (Le Ciel étoilé chrétien), dans laquelle il avait rejeté les noms, caractères ou figures empruntés au paganisme pour désigner les constellations, en les remplaçant par d'autres noms et caractères tirés de l'Écriture sainte. Cette dernière innovation ne fut point acceptée par les astronomes; et nous voyons que les anciens noms et figures des constellations ont été rétablis dans les éditions subséquentes de l'*Uranometria*.

BAYES. *Voyez* BAIUS.

BAYEUX, ville de France, chef-lieu d'arrondissement du département du Calvados, située sur l'Aure, à 8 kilomètres de son embouchure, avec une population de 9,106 habitants. Siége d'un évêché suffragant de Rouen, et dont le diocèse est formé par le département du Calvados, cette ville possède un tribunal de commerce, un collége et une bibliothèque publique. L'industrie y est très-active; il s'y fait une fabrication considérable de dentelles et de blondes, de porcelaine réfractaire très-estimée, de porcelaines et de calicots; on y compte cinq typographies et de nombreuses tanneries. Le commerce consiste en chevaux, bétail, volaille, poisson, cidre, pommes, toiles, et surtout beurre d'Isigny et autres.

On y remarque la cathédrale, superbe édifice bâti avant la conquête de l'Angleterre; les églises de Saint-Exupère et de Saint-Patrice, et l'hôtel de ville, autrefois palais épiscopal.

Bayeux existait avant la domination romaine; elle s'appelait alors *Bajoca* ou *Bajocasses*. Saccagée à plusieurs reprises par les Normands, elle fut brûlée une première fois en 1046. Guillaume le Bâtard la donna à Odon, son frère utérin; mais son fils Henri Ier la reprit en 1106 et la livra aux flammes. Elle fut de nouveau brûlée en 1356 par Philippe de Navarre, frère de Charles le Mauvais. Elle se rendit aux Anglais en 1450. Tombée au pouvoir des protestants en 1562 et en 1563, elle fut reprise par les ligueurs en 1589, et se rendit l'année suivante au duc de Montpensier.

BAYEUX (Tapisserie de). Cette broderie, fort intéressante sous le rapport historique, retrace sur une toile de lin parfaitement conservé, de 52 centimètres de haut sur 71 mètres de long, les principaux événements de la conquête de l'Angleterre par Guillaume le Conquérant. Son nom lui vient de l'hôtel de ville de Bayeux, où elle fut découverte. La tradition l'attribue à la reine Mathilde, qui y aurait consacré ses longues soirées d'hiver. Mais la science n'est pas ici tout à fait d'accord avec la tradition, et l'abbé de la Rue, dans une dissertation savante, émet des doutes relativement à l'authenticité de cette filiation. Quoi qu'il en soit, la tapisserie de Bayeux est incontestablement une œuvre du onzième siècle; car les monuments qui y sont reproduits sont tous sans ogives. On peut supposer qu'elle fut tissue dans quelque manoir par de nobles châtelaines. Une attention experte et studieuse y découvre tous les signes propres à démontrer qu'elle est de la même époque que la conquête des Normands. Ces armures des chevaliers, ces cottes de mailles, ces casques pointus avec des demi-visières, ces boucliers longs et immenses, tous ces signes antérieurs aux croisades appartiennent évidemment au onzième siècle. Ce n'est pas tout : elle détaille avec une exactitude scrupuleuse toutes les habitudes de la société d'alors : la guerre, la vie commune, le costume des barons et des serfs, le goût des oiseaux de proie, des lévriers féodaux, et de ces chevaux de race au poil brillant, qui se perpétuent encore de nos jours dans quelques manoirs. Ce tableau, qu'on pourrait appeler mobile et vivant, non-seulement rappelle l'invasion normande en Angleterre, mais encore fait passer sous les yeux du spectateur les principales scènes qui se groupent autour de ce grand événement historique.

Outre l'intérêt historique, ce qui donne surtout un grand prix à la tapisserie de Bayeux, c'est la fidélité des costumes du temps. C'est en même temps le plus curieux et le plus instructif document pour l'histoire de la noblesse de Normandie, c'est là que figurent les barons et les chevaliers qui suivirent le sort de Guillaume. On s'étonne et l'on regrette que le laborieux historien de la *Conquête de l'Angleterre*, M. Augustin Thierry, n'ait pas cru devoir appuyer sur ce témoin irrécusable les faits qu'il a racontés. Cette légende *parlante* n'aurait nui ni à l'intérêt ni au mérite de son livre. La tapisserie de Bayeux a été reproduite plusieurs fois : dans les *Monuments de la monarchie française*, dans les *Antiquités anglo-normandes* du Ducarel, et dans les *Tapisseries historiques* d'Achille Jubinal et Sansonnetti.

CHAMPAGNAC.

BAYLE (Pierre), célèbre philosophe français, naquit au Carlat, bourg du comté de Foix, en 1647. Son père, qui était ministre de la religion réformée, fut son premier instituteur; mais les soins du ministre ne lui ayant pas permis d'achever son éducation, il se vit obligé de recourir à des établissements catholiques pour lui faire compléter ses études. Cette fâcheuse nécessité devint pour Bayle et pour sa famille une source de malheurs. Il fut envoyé d'abord au collége de Puylaurens, et trois ans plus tard au collége des jésuites de Toulouse : c'est là qu'il acquit cette connaissance profonde de la scolastique et de la théologie qui plus tard lui donna tant d'avantage dans les disputes qu'il eut à soutenir. Mais il ne se bornait pas à de pareilles études : dès cette époque ses auteurs favoris étaient Plutarque et Montaigne, qui tous deux exercèrent la plus grande influence sur la direction de ses travaux et sur la tournure de son esprit, le premier en lui donnant le goût des recherches historiques, le second en développant en lui un penchant au scepticisme qui était déjà dans son caractère. Les heureuses dispositions de Bayle et sa passion pour l'étude ayant attiré sur lui l'attention des jésuites ses maîtres, ils firent tous leurs efforts pour le faire changer de religion, et en effet au bout de peu de mois ils obtinrent de lui une abjuration solennelle. Mais, tandis qu'ils triomphaient de cette conversion, les parents de Bayle, auxquels cet événement avait causé la plus vive douleur, n'épargnaient rien pour le ramener à leur communion, et ils ne tardèrent pas à réussir à leur tour. Le nouveau converti, ébranlé par des objections qu'on lui avait laissé ignorer, quitta secrètement Toulouse, et se rendit auprès de sa famille, dans le sein de laquelle il abjura le catholicisme (1670).

Craignant après cette seconde abjuration les persécutions dont il aurait pu être l'objet en restant en France, il se rendit en Suisse, où il passa quelques années, soit à Genève, soit à Coppet, remplissant les pénibles fonctions d'instituteur particulier. Pendant son séjour dans ce pays, il étudia la philosophie de Descartes, qui le dégoûta bientôt de la scolastique, mais dont il ne tarda pas non plus à se détacher; c'est aussi là qu'il se lia d'amitié avec J. Basnage de Beauval, qui lui resta constamment attaché jusqu'à sa mort. Au bout de quelques années il se hasarda à rentrer en France, et, en s'éloignant des lieux dans lesquels sa double apostasie aurait pu être connue, il vint s'établir à Rouen, où il obtint une nouvelle place de précepteur. Peu après il se rendit à Paris, où il désirait venir depuis longtemps, pour y trouver les ressources littéraires dont il avait manqué jusque là. L'éducation des enfants du marquis de Béringhen lui permit de s'y fixer pour quelque temps. En 1675, sur les instances de Basnage, qui étudiait à Sedan, Bayle alla disputer au concours une chaire de philosophie qui vint à vaquer dans l'université de cette ville, et l'emporta de beaucoup sur tous ses rivaux. Il occupa cette chaire avec distinction jusqu'en 1681, époque à laquelle Louis XIV supprima l'université de Sedan, comme toutes celles qui appartenaient aux protestants. A Sedan, Bayle noua avec le ministre Jurieu, qui enseignait la théologie dans la même université, et qui avait contribué à lui procurer sa chaire, des relations qui furent d'abord amicales, mais qui devaient plus tard empoisonner sa vie.

Bayle s'était acquis par l'éclat de son enseignement une réputation telle qu'aussitôt après la suppression de l'université de Sedan, la ville de Rotterdam lui offrit une chaire de philosophie. Dès qu'il l'eut acceptée, il fit donner celle de théologie à son ancien collègue Jurieu, dépossédé comme lui. Alors, jouissant de la sécurité nécessaire aux travaux de l'esprit, Bayle partagea son temps entre les devoirs de l'en-

seignement et son goût pour les lettres. Il publia successivement ses *Pensées diverses sur la comète*, ou *Lettre à M. L. A. D. C.*, docteur de Sorbonne, où il est prouvé, par plusieurs raisons tirées de la philosophie et de la théologie, que les comètes ne sont le présage d'aucun malheur, etc. (Amsterdam, 1681, 2 vol.), ouvrage qu'il avait composé à l'occasion d'une énorme comète qui, vers la fin de 1680, répandit l'effroi dans toute l'Europe; sa *Critique générale de l'Histoire du Calvinisme du P. Maimbourg* (Amst., 1782), dans laquelle il réfutait les calomnies de ce jésuite contre les protestants, réfutation à laquelle l'auteur attaqué ne sut répondre qu'en obtenant de Louis XIV l'ordre de faire brûler le livre de la main du bourreau; et un *Recueil de pièces curieuses concernant la philosophie de M. Descartes* (1684), qui renfermait, avec plusieurs morceaux écrits pour ou contre le cartésianisme, une dissertation latine qu'il avait composée en 1680 pour répondre aux attaques du P. Valois, jésuite de Caen, contre la notion cartésienne de l'étendue.

En 1684, cédant aux pressantes sollicitations de ses amis, il entreprit la publication d'un journal de critique littéraire et philosophique, les *Nouvelles de la République des Lettres*, qui se répandit bientôt dans toute l'Europe, et jouit d'un immense crédit. Malheureusement l'état de sa santé l'obligea au bout de peu d'années (1687) à interrompre cette publication, que Basnage continua. Voltaire, dans ses *Conseils à un Journaliste*, offre cet écrit comme le *premier modèle* du style convenable à ce genre. La rédaction de cet ouvrage périodique mit Bayle en relation avec les personnages les plus distingués de l'époque, et particulièrement avec la reine Christine, qui s'était crue d'abord offensée dans un de ses articles, et qui, bientôt détrompée, l'honora de son amitié, et entretint avec lui une correspondance suivie.

Le bonheur dont Bayle semblait devoir jouir au milieu de tant de succès fut troublé l'année suivante par des chagrins cruels : il perdit successivement son père et ses deux frères, dont l'aîné, ministre de la religion réformée, expira dans un cachot, victime de la révocation de l'édit de Nantes (1685). Les persécutions dont les protestants étaient alors l'objet en France devinrent pour Bayle l'occasion de plusieurs écrits, dans lesquels il attaquait avec une nouvelle force le fanatisme et l'intolérance. En 1686 il publia à cet effet une traduction d'une lettre latine que Paëts, l'un de ses protecteurs, lui avait écrite d'Angleterre (*Lettre de M. L. V. P. à M. B. sur les derniers troubles d'Angleterre*, où il est parlé de la tolérance de ceux qui ne suivent pas la religion dominante); et peu après il fit paraître une petite brochure intitulée : *Ce que c'est que la France toute catholique sous le règne de Louis le Grand*, en réponse aux éloges que l'on prodiguait au grand roi pour la révocation de l'édit de Nantes. Il y peignait sous les plus vives couleurs les cruautés exercées par les ordres de Louis XIV contre les protestants; mais l'ouvrage de ce genre qui fit le plus de sensation, ce fut son *Commentaire philosophique sur ces paroles de l'Évangile* : Contrains-les d'entrer (*Compelle intrare*), où l'on prouve par plusieurs raisons démonstratives qu'il n'y a rien de plus abominable que de faire des conversions par la contrainte, et où l'on réfute tous les sophismes des convertisseurs à contrainte et l'apologie que saint Augustin a faite des persécutions (1686).

Un pareil ouvrage paraissait ne pouvoir être que fort bien accueilli dans un pays protestant. Il n'en fut pas ainsi : les protestants, aussi fanatiques dans leur croyance que les catholiques dans la leur, ne voulaient pas entendre parler de tolérance. Malgré la précaution que l'auteur avait prise de garder l'anonyme, Jurieu, qui depuis longtemps voyait d'un œil d'envie les succès de son collègue, saisit cette occasion pour éclater contre lui. Il le combattit d'abord dans un écrit virulent, dont le titre seul dénote clairement l'esprit : *Des* droits des deux souverains en matière de religion, la conscience et le prince, etc.; puis, exaspéré par un nouvel écrit où il était personnellement attaqué et livré au ridicule, l'*Avis important aux réfugiés* (1690), qu'il ne manqua pas d'attribuer à Bayle, quoique celui-ci repoussât de toutes ses forces cette imputation calomnieuse, il le dénonça au consistoire de Rotterdam comme étant l'âme d'une cabale dévouée aux intérêts de la France contre ceux du protestantisme. En vain Bayle réfuta de la manière la plus plausible, soit par ses écrits, soit par les explications qu'il donna devant le consistoire, les calomnies de son adversaire; les autorités de Rotterdam, après avoir montré pendant quelque temps assez de bienveillance pour lui, et avoir cherché à étouffer l'affaire, finirent par le condamner à perdre sa chaire ainsi qu'une pension de 500 florins, et lui interdirent même la faculté de donner des leçons particulières, croyant sans doute en cela se rendre agréables au stathouder, Guillaume, prince d'Orange, depuis roi d'Angleterre, qui était en guerre avec Louis XIV, et qui poursuivait dans ses états les partisans de la France. Dans le cours de cette dispute, Bayle publia d'assez nombreux écrits, qui eurent, comme tout ce qui sortait de sa plume, un grand retentissement.

Privé par une sentence inique de ses moyens d'existence, il supporta son sort avec fermeté. Mettant à profit les loisirs qu'il devait à ses persécuteurs, il s'occupa tout entier de la composition du vaste ouvrage qui l'a immortalisé, du *Dictionnaire historique et critique*, qui parut pour la première fois en 1697 (Rotterdam, 2 vol. in-fol., en quatre parties). C'est la première de ses productions à laquelle il ait mis son nom; jusque-là, soit par modestie, soit pour éviter les attaques que pouvaient provoquer ses écrits, il avait constamment gardé l'anonyme. En publiant son *Dictionnaire*, Bayle avait moins pour but de donner, comme le titre pourrait le faire croire, un répertoire complet d'histoire et de littérature, que de compléter ou de critiquer les dictionnaires qui existaient alors, surtout celui de Moreri. Il suivit dans l'exécution de cet ouvrage un plan assez singulier, qu'il expose ainsi lui-même dans sa préface : « J'ai divisé ma composition en deux parties : l'une est purement historique, un narré succinct des faits ; l'autre est un grand commentaire, un mélange de preuves et de discussions, où je fais entrer la censure de plusieurs fautes, et quelquefois même une tirade de réflexions philosophiques. » De ces deux parties, la première forme le corps des articles, tandis que la deuxième, incomparablement plus étendue, se compose de notes très-nombreuses. C'est cette deuxième partie qui offre le plus d'intérêt; c'est là que l'auteur donne carrière à son érudition, à son scepticisme, et qu'à l'occasion des livres les moins célèbres il aborde les discussions les plus profondes sur divers points d'histoire, de métaphysique ou de théologie; il attaque les faits les mieux établis en apparence, et se plaît à mettre en honneur les sectes les plus discréditées, entre autres celles des athées, des pyrrhoniens et des manichéens.

Le *Dictionnaire* de Bayle eut encore plus de succès que tous ses écrits précédents; mais si cette publication ajouta beaucoup à sa renommée et répara amplement le dommage que lui avait causé la sentence du consistoire, elle amoncela sur sa tête de nouveaux orages. L'impression du *Dictionnaire* fut défendue en France sur la dénonciation de l'abbé Renaudot; plusieurs articles furent vivement attaqués par de nombreux adversaires, surtout par Leclerc et Jacquelot; l'implacable Jurieu y puisa les motifs d'une nouvelle accusation, et fit commencer contre l'auteur une seconde procédure, qui heureusement n'eut pas pour lui de suites aussi funestes que la première. Ayant échoué devant le consistoire de Rotterdam, ses ennemis intriguèrent en Angleterre auprès du roi Guillaume afin de le faire bannir de Hollande, comme ennemi de l'État et partisan de la France;

mais, grâce à la protection du comte de Shaftesbury, Bayle échappa encore une fois aux coups de ses persécuteurs. Il se contenta de répondre aux principales critiques dans de nouvelles notes qu'il ajouta à la deuxième édition de son *Dictionnaire* (publiée en 1702, augmentée de près de moitié, Amsterdam, 2 vol. in-fol.), et surtout dans les *Éclaircissements* qu'il plaça à la fin.

Les articles qui donnèrent lieu aux attaques les plus vives ou aux discussions les plus intéressantes sont : *David*, que Jurieu déféra au consistoire; *Henri IV*, qui fournit à Renaudot l'un de ses principaux griefs; *Manichéens*, *Pauliciens* et *Origène*, où il expose avec complaisance le manichéisme, et qui furent surtout attaqués par Leclerc; *Pyrrhon* et *Zénon d'Élée*, où il reproduit les objections des anciens sceptiques contre la certitude en général, contre la possibilité du mouvement et de l'étendue; *Rorarius*, où il combat les principes de Leibnitz, et surtout son système de l'harmonie préétablie.

Après avoir achevé la deuxième édition de son *Dictionnaire*, Bayle publia encore quelques écrits, qui presque tous avaient trait aux discussions dans lesquelles il s'était trouvé engagé. Pendant qu'il se livrait avec ardeur à ces combats, qui avaient rempli toute sa vie, il contracta une maladie de poitrine qui le conduisit au tombeau; il mourut presque subitement, le 28 décembre 1706, à cinquante-neuf ans; la veille il écrivait encore.

Tous ceux qui ont parlé de Bayle ont loué ses qualités et ses vertus, tous ont reconnu en lui un vrai philosophe pratique : d'un commerce doux et facile, il opposait un calme imperturbable aux violentes attaques de ses adversaires; modeste à l'excès, il ne voulait pas même mettre son nom à ses meilleurs ouvrages; il était obligeant, désintéressé, d'une chasteté exemplaire, ce qui contraste singulièrement avec la licence qu'on a quelquefois sujet de reprocher à ses expressions. Comme Leibnitz, il était infatigable à l'étude, et travaillait quatorze heures par jour. Il n'avait d'autre défaut qu'une extrême mobilité de caractère, qui nous explique les variations si fréquentes que nous offrent sa vie et ses écrits. Sa manière d'écrire mérite à la fois des éloges et des critiques. Selon Voltaire, « Bayle est presque le seul compilateur qui ait du goût. Cependant, dans son style, toujours clair et naturel, il y a trop de négligence, trop d'oubli des bienséances, trop d'incorrections. Il est diffus; il fait, à la vérité, conversation avec son lecteur comme Montaigne, et en cela il charme tout le monde; mais il s'abandonne à une mollesse de style et aux expressions triviales d'une conversation trop simple, et en cela il rebute souvent l'homme de goût. » Bayle convient lui-même de ses défauts : « Mon style est, dit-il, assez négligé; il n'est pas exempt de termes impropres et qui vieillissent, ni peut-être même de barbarismes : je l'avoue, je suis là-dessus presque sans scrupule. » On lui reproche aussi de manquer d'ordre et de méthode : « Il aimait, dit La Harpe, à promener son imagination sur tous les objets, sans trop se soucier de leur liaison. Un titre quelconque lui suffisait pour le conduire à parler de tout. » En effet, on retrouve ce vice dans presque tous ses ouvrages, et surtout dans son *Dictionnaire*, qu'il appelle fort modestement « une compilation informe de passages cousus à la queue les uns des autres ».

On s'accorde généralement à reconnaître Bayle comme le premier des dialecticiens, et l'un des plus grands sceptiques des temps modernes. Peut-être cependant faut-il modifier la seconde partie de ce jugement. « On peut dire que Bayle est plus encore paradoxal que sceptique, dit M. Cousin, comme il est plus érudit que penseur; car il ne paraît pas avoir été doué d'une grande fécondité d'invention. Il se met presque toujours derrière quelque nom ou quelque opinion, derrière un ordre d'arguments donnés, qu'il excelle à développer, à éclaircir et à fortifier. Voici sa pratique constante et comme sa méthode : étant donné à attaquer une opinion accréditée de son temps, théologique ou philosophique, trouver quelque vieille opinion bien décriée, presque réduite à l'ignominie, la reprendre en sous-œuvre, l'arranger et la développer; ne pas l'avouer nettement et franchement, mais, à l'aide de cette opinion remise à neuf et rendue à la circulation, affaiblir l'opinion régnante. Cependant, pour être juste envers lui, il faut convenir qu'il a mis dans le monde, pour son compte, un certain nombre de paradoxes qui lui appartiennent... Mais si ces paradoxes trahissent bien dans Bayle un esprit sceptique, ils ne constituent pas un ensemble régulier, un système de scepticisme. Il nous semble en effet que Bayle a plutôt pratiqué que professé systématiquement le scepticisme. Du reste, son scepticisme de bonne foi, renfermé dans les bornes de la raison, ne s'attachait qu'à des points trop réellement controversables. Il portait la même défiance dans l'étude de l'histoire, où il avait trop souvent reconnu pour faux des faits que personne ne songeait à révoquer en doute. Bayle trouvait d'ailleurs quelques avantages pour un auteur dans cette manière de philosopher. « Le pyrrhonisme est, dit-il, la chose du monde la plus commode ; vous pouvez impunément discuter contre tout venant, sans craindre ces arguments *ad hominem* qui font quelquefois tant de peine... Vous n'êtes jamais obligé d'en venir à la défensive; en un mot, vous contestez et vous doutez tout votre saoul sans craindre la peine du talion. »

Quoi qu'il en soit, Bayle a rendu de grands services à la philosophie en combattant les préjugés, les erreurs et surtout les superstitions et l'intolérance avec les armes du raisonnement, de l'érudition et d'une gaieté spirituelle. Il a soulevé une foule de questions qui ont exercé la sagacité des penseurs de son siècle, et qui ont donné naissance à plusieurs ouvrages importants. Toute sa vie n'a été qu'une longue controverse, et il est mort, pour ainsi dire, les armes à la main.

Quoique Bayle ne soit pas à proprement parler un incrédule, quoiqu'il déclare en mille endroits qu'il n'attaque la raison que pour forcer les hommes à recourir à la foi, il est pourtant vrai que ses ouvrages, son *Dictionnaire* surtout, ont fourni un grand nombre d'objections aux adversaires de la religion; c'est l'arsenal où les incrédules du dernier siècle ont puisé leurs plus fortes armes : « Ses plus grands ennemis sont forcés d'avouer, dit Voltaire, qu'il n'y a pas une seule ligne dans ses ouvrages qui soit un blasphème évident contre la religion chrétienne; mais ses plus grands défenseurs avouent que dans ses articles de controverse il n'y a pas une seule page qui ne conduise le lecteur au doute et souvent à l'incrédulité. » BOUILLET.

BAYLE (GASPARD-LAURENT), médecin, né en 1774, au Vernet, village des Pyrénées-Orientales, fut l'un des disciples les plus éminents de cette grande école d'anatomie pathologique qui brilla en France d'un si vif éclat au commencement de ce siècle. Bayle, esprit mystique et sincèrement pieux, avait d'abord été destiné à l'état ecclésiastique, auquel il avait cru devoir renoncer plus tard dans la crainte de ne pas en remplir convenablement les nombreux et importants devoirs. Une circonstance fortuite qui l'amena à Montpellier lui révéla en quelque sorte sa vocation pour la science dont il devait être un jour l'un des plus savants interprètes. Il avait terminé ses études médicales et passé deux ans aux armées, lorsqu'il vint, en 1798, à Paris, où il devint successivement, grâce à son mérite, aide d'anatomie, et, en 1807, médecin de l'hôpital de la Charité, où il avait rempli précédemment les fonctions d'interne.

C'est là qu'il fit toutes ses recherches d'anatomie pathologique, et qu'il rassembla les matériaux de ses deux grands ouvrages (*Recherches sur la Phthisie pulmonaire*, et *Traité des Maladies cancéreuses*). Quoique l'impulsion donnée par Morgagni eût produit déjà d'importants travaux, l'anatomie morbide n'avait pas encore pris rang parmi les sciences médicales; les lésions organiques étaient simplement subordonnées aux symptômes, sans méthode dans leur recherche. Dans l'époque qui suit, la tendance aux idées positives se prononçant de plus en plus, et l'anatomie pathologique se constituant en science indépendante, ce sont les symptômes que l'on subordonna aux lésions organiques, lesquelles sont l'objet d'un examen plus approfondi, et remplacent les causes occultes, mécaniques, humorales, de la vieille pathologie. L'investigation cadavérique tend enfin à devenir la clef de la pathologie. Bayle, continuant, de concert avec Laënnec, Dupuytren, Broussais, les travaux ébauchés de Bichat, applique à l'étude de la plus meurtrière des maladies la méthode rigoureuse du naturaliste. Il décrit les tubercules pulmonaires dans leur mode de production, dans leurs transformations successives, et distingue avec une rigueur inconnue jusque alors dans la science les symptômes propres aux six espèces de phthisie que ses recherches anatomiques lui ont fait connaître.

Avec tous les médecins de cette école, Bayle a encouru le reproche d'avoir négligé l'étiologie, et surtout le traitement, favorisant ainsi cette espèce de fatalisme médical qui fait de l'homme de l'art l'impuissant spectateur des progrès de la cause désorganisatrice. Mais quoi ! est-il donné à l'observateur le plus laborieux d'embrasser toutes les faces de la science? et n'a-t-il pas accompli glorieusement sa tâche quand il a approfondi, de manière à laisser peu de chose à dire à ses successeurs, l'un des points les plus importants de la pathologie? Quand on pense que Bayle est mort en 1815, à quarante-deux ans, que ses fonctions de médecin par quartier de la maison impériale, qu'une vaste pratique, ne lui laissaient guère pour le travail que les heures données par d'autres à un repos nécessaire, on se demandera si beaucoup de vies ont été mieux remplies pour la science et pour l'humanité...

Aux qualités de l'esprit et aux connaissances littéraires qui faisaient de lui un homme fort distingué, notre confrère joignait ces dons du cœur qui y ajoutent un si haut prix. Une partie de ses revenus était consacrée à des actes de bienfaisance. Il succomba à la maladie qu'il avait si bien étudiée, dit-on, sa fin. Ses *Recherches sur les Maladies cancéreuses* ont été publiées en 1834-39 seulement, par son neveu. Ses autres productions sont restées disséminées dans les journaux du temps. Dr SAUCEROTTE.

BAYLEN, ville de 3,000 habitants, dans la province de Jaen (Espagne), sur le Guadalquivir, célèbre dans l'histoire contemporaine par la capitulation aux termes de laquelle, le 19 juillet 1808, le général Dupont de l'Étang mit bas les armes devant les Espagnols, à la tête d'une armée française forte de 18,000 hommes.

Après l'entrée de Joseph Bonaparte à Madrid, le général Dupont fut envoyé, dans les derniers jours de mai, en Andalousie avec un corps de 3,000 combattants, à l'effet d'assurer aux Français la possession de Cadix. Il passa la Sierra-Morena; battit le 7 juin, à Arcolea, les insurgés espagnols; puis se replia sur Andujar, à l'effet d'y faire venir de Madrid des renforts, que lui amenèrent les généraux Vedel et Gobert; ce dernier fut, plus tard, remplacé dans son commandement par le général Dufour. Sur ces entrefaites, arriva à marches forcées l'armée espagnole aux ordres de Castaños, laquelle, à la suite de quelques engagements très-vifs, se jeta entre Dupont et Vedel, en faisant croire au premier que son intention était de marcher sur Andujar. Dupont ayant fini par s'apercevoir quel était le véritable but de Castaños, marcha dans la nuit du 18 juillet sur Baylen, où il rencontra les divisions espagnoles Reding et Coupigny, qu'il attaqua vigoureusement à diverses reprises dans la matinée du 19. Mais il vit bientôt l'ennemi déboucher sur ses derrières.

BAYLEN — Cerné de toutes parts, épuisé, ignorant où pouvait être Vedel, Dupont, dans la position critique où il se trouvait, proposa un armistice, que les Espagnols lui accordèrent aussitôt. A ce moment même survint Vedel, qui attaqua vigoureusement les Espagnols; mais son action ne tarda pas à être complétement entravée par l'ordre que lui fit passer Dupont d'avoir à s'abstenir de toute hostilité, attendu que la convention comprenait la totalité des forces françaises. Le 23 juillet, intervint une capitulation aux termes de laquelle Dupont mit bas les armes avec ses 8,000 hommes, tandis que Vedel et Dufour s'engageaient à évacuer par mer l'Andalousie avec les 10,000 hommes sous leurs ordres. Mais les Espagnols, violant la capitulation, entassèrent tous les Français sur les pontons de Cadix. Les officiers supérieurs seuls eurent la faculté de rentrer en France. Dupont fut alors arrêté comme ayant trahi les intérêts de l'armée, et resta enfermé au fort de Joux jusqu'au retour de Louis XVIII, qui, en le prenant pour ministre de la guerre, blessa vivement le sentiment national.

Le désastre de Baylen, le premier fait de ce genre qui fût encore venu faire ombre à la glorieuse épopée de l'empire, eut surtout cela de fatal pour Napoléon, qu'il releva le courage de la junte de Séville, et qu'il imprima un nouvel élan à l'insurrection espagnole.

BAYONNE, place forte, port de France, chef-lieu de sous-préfecture, évêché, avec un tribunal de première instance, une chambre de commerce, une direction des douanes, une école d'hydrographie. C'est la ville la plus commerçante et la plus peuplée des Basses-Pyrénées, dont elle serait sans doute le chef-lieu si sa situation à l'une des extrémités de ce département ne la rendait peu propre à cette destination. Elle est bâtie au confluent de la Nive et de l'Adour. On y traverse le premier de ces cours d'eau sur deux ponts en bois, et le second sur un magnifique pont de pierre.

La barre qui ferme l'Adour est, par sa mobilité, un grand obstacle à la prospérité commerciale de Bayonne. L'embouchure, située à six kilomètres de la ville, se trouva, vers le milieu du quatorzième siècle, obstruée par des sables amoncelés à la suite d'une violente tempête. Le fleuve, ne pouvant suivre son cours habituel, se creusa un nouveau lit du côté du nord, le long des dunes, et alla se décharger dans l'Océan par une nouvelle embouchure, au Vieux-Boucau, près de Messanges, à 30 kilomètres de son ancien lit. Le port fut perdu; les navires cessèrent de remonter jusqu'à la ville, qui ne reçut plus que des chaloupes et des chasse-marées. Un ingénieur, Louis de Foix, essaya de canaliser la rivière en la resserrant entre deux fortes chaussées. Il espérait que l'Adour, devenu ainsi plus profond et plus rapide, chasserait les sables et recouvrerait son ancienne embouchure. Sa confiance fut d'abord déçue. Cependant, le 8 octobre 1579, les eaux descendirent en abondance des Pyrénées, accrurent encore la rivière, et, balayant tous les sables, ouvrirent l'ancien lit, puis se précipitèrent en ligne presque directe dans l'Océan.

Les travaux furent continués sous Louis XIV par M. de Ferri, et plus tard par M. Touras. Ces ingénieurs prolongèrent les chaussées d'un demi-mille dans le sud, et d'un mille dans le nord. Mais, malgré leurs efforts et ceux de leurs successeurs, la barre ne cessa pas d'être mobile. Cependant les corvettes sur leur lest pouvaient remonter jusqu'à la ville. Napoléon, jaloux d'améliorer la navigation de Bayonne, rendit, le 20 juin 1808, pendant son long séjour dans cette ville, un décret portant que la jetée du sud serait prolongée de 80 mètres, et celle du nord de 475. Une partie de ce travail seulement a été exécutée dans le nord, et la barre, devenue de plus en plus impraticable, menace aujourd'hui d'un anéantissement complet le commerce maritime de Bayonne.

Le commerce par terre est plus actif, grâce au voisinage de l'Espagne. Il consiste surtout en vins, eaux-de-vie, denrées coloniales, laines, toiles, draperies, soieries, planches de sapin, matières résineuses, liége, cuirs, froment, maïs, jambons dits *de Bayonne*, chocolat, morue, etc. Il y a des chantiers de construction pour la marine de l'État et pour celle du commerce. On y armait autrefois pour la pêche de la baleine; mais on a renoncé à ces expéditions, et le peu d'armements qui s'y font aujourd'hui ont pour but la pêche de la morue et l'Amérique méridionale.

La place a de bonnes fortifications extérieures, commencées en 1813, achevées depuis la révolution de 1830, mais qui exigeraient une armée entière pour leur défense. La seconde ligne, due à Vauban, ne serait pas aujourd'hui susceptible d'une longue résistance. Deux fortins s'y lient : ce sont le Château Neuf et le Château Vieux, dans lesquels on pénètre par la ville. Sur la rive droite de l'Adour est située la commune de Saint-Esprit, qui appartient au département des Landes, et qui est peuplée en grande partie d'Israélites originaires de Portugal. Sur un coteau qui la domine s'élève la citadelle, autre ouvrage de Vauban, mais qui semble plutôt destiné à battre la ville qu'à la protéger. Un souterrain qui passe sous les deux rivières unit la ville à la citadelle, dans laquelle se trouve un puits d'une grande profondeur.

Bayonne est assez bien bâtie, mais les rues en sont peu larges et mal distribuées; il y règne une grande propreté. Les places d'Armes et de la Liberté, quoique peu régulières, produisent un bon effet. La cathédrale est un élégant édifice gothique. On entre dans la ville par quatre portes. Celle des Allées-Marines donne accès à la promenade de ce nom, qui est une des plus agréables de France; elle est composée de plusieurs rangées d'arbres. Le long de cette promenade coule l'Adour; et ses rives, l'arsenal de la marine, la citadelle, les massifs de verdure, les maisons blanches qui les décorent, les navires dont le fleuve est couvert, les petites embarcations qui se croisent sur sa surface, offrent mille points de vue qu'il est plus facile d'admirer que de reproduire. Les Allées-Marines ont plus de 4 kilomètres de long; et, suivant un ancien projet reproduit par Napoléon, elles doivent rejoindre un jour la chaussée du Sud. La promenade s'étendra alors de Bayonne à la mer, l'espace de 6 kilomètres.

Outre les Allées-Marines, Bayonne a des promenades charmantes, de vastes glacis, et des maisons de plaisance qui font de ses environs un véritable paradis. Sa population est de 15,322 habitants.

Bayonne existait longtemps avant J.-C. sous le nom de *Lapurdum*, en basque *terre stérile*, dénomination que le Labourd seul, pays basque voisin, a conservée jusqu'en 1789. Elle a été la résidence de plusieurs princes, entre autres de Julien dit l'Apostat, et de Louis XI.

Napoléon, dans son long séjour, y reçut la renonciation de Charles IV, son épouse, de Ferdinand et de son frère à la couronne d'Espagne, couronne qui passa pour peu de temps sur la tête de Joseph, frère de l'empereur des Français. Le château de Marrac, où s'accomplit cette grande négociation, n'existe plus : un incendie l'a détruit durant la Restauration. Vers 1141, le nom de *Lapurdum* fut changé en celui de Bayonne, en basque *Baia-une*, port, suivant Oihenart. Dès l'année 1214 cette ville et son territoire avaient été érigés en république par Jean-sans-Terre devenu roi d'Angleterre. Elle conserva cette forme de gouvernement, et continua à obéir à des magistrats nommés par ses concitoyens jusqu'en 1451. La Saint-Barthélemy n'y fit pas de victimes, peu de ses habitants ayant embrassé le protestantisme. Aussi s'accorde-t-on généralement à regarder comme apocryphe la célèbre lettre du vicomte d'Orthe, qui n'est, du reste, rapportée que par d'Aubigné. De 401 à 1814 cette ville a soutenu quatorze siéges, contre les Vandales, les Sarrasins, les Normands, les Navarrais, les Gascons, les Béarnais, les Aragonais, les Anglais, les Espagnols et les Portugais. C'est dans celui de 1523, soutenu contre les rois d'Aragon et d'Angleterre réunis, que fut inventée, dit-on, la baïonnette, fait dont l'authenticité toutefois n'est pas démontrée.

En 1815, en pleine paix, sous le règne de Louis XVIII, quinze mille Espagnols, voulant sans doute avoir leur part de la rançon de la France, passèrent la Bidassoa, et s'avancèrent sur Bayonne. La ville n'avait point de garnison ; les habitants coururent aux armes ; huit cents hommes de la garde nationale occupèrent les postes avancés ; trois cents marins se distribuèrent sur divers points pour servir l'artillerie. Les vieillards, les femmes elles-mêmes coururent sur les remparts. Une si noble contenance eut le résultat qu'on en devait attendre : elle imposa aux ennemis, qui n'osèrent accomplir le coup de main qu'ils avaient projeté, et Bayonne conserva sa vieille devise : *Numquam polluta* (cité toujours vierge). Eug. GARAY DE MONCLAVE.

BAYONNETTE. *Voyez* BAÏONNETTE.

BAZAR, mot arabe dont l'équivalent en français est *trafic de marchandises.* On appelle de ce nom en Turquie et en Perse les marchés destinés à l'exposition et à la vente des produits. Les bazars orientaux sont les uns à ciel ouvert, les autres voûtés et à longues galeries couvertes. Dans les premiers se débitent les objets d'encombrement plutôt que de valeur ; ils sont en outre affectés à la vente des esclaves. Les seconds, merveilleusement disposés pour la conservation des marchandises, sont divisés à l'intérieur en compartiments qui forment autant de boutiques d'étalage. Là s'échangent les pierreries, les étoffes d'or et de soie, les châles de l'Inde, la poudre d'or, les dents d'éléphant, les plumes d'autruche, les draps de France, etc. On assure, et nous le répétons sans le garantir, que l'on y a parfois trouvé des manuscrits précieux, entre autres *Dioscoride*, l'*Histoire naturelle* de Pline, et l'*Itinéraire romain*, qui figurent aujourd'hui dans la bibliothèque impériale de Vienne. Toutes les villes turques et persanes ont leurs bazars, grands ou petits. Dans les principales ces marchés sont multipliés à l'infini, et presque tous les genres d'industrie ont le leur. Le *Misr Cartsché* (bazar égyptien), à Constantinople, est spécialement destiné aux marchandises provenant du Caire.

Les bazars ne sont pas seulement un lieu d'étalage et de vente pour les commerçants, ils servent encore de but de promenade aux oisifs et de point de rendez-vous. C'est là que le musulman, si concentré dans ses jouissances domestiques, vient chercher quelques plaisirs de vie extérieure. On y cause sur les affaires du jour ; on y devise des petits scandales de la cité, et des objets plus graves de la politique et de la religion. Les bains et les bazars sont en Orient les seuls lieux de laisser-aller et de libres causeries. Les bazars sont presque toujours des monuments publics ; ils font partie du domaine de l'État ou de celui du prince, et produisent en général un revenu considérable. Mahomet II fit construire à ses frais, en 1462, le grand bazar de Constantinople.

Le bazar d'Ispahan, le plus beau qu'on ait vu, et dont les proportions sont telles qu'une armée de 15,000 hommes pourrait y manœuvrer facilement, est la propriété du chah, et sa location sert à couvrir les dépenses de bouche de la maison de ce souverain. Toutefois le plus vaste bazar qu'il y ait en Orient est encore celui de Tauris, puisqu'on n'y compte pas moins de quinze mille boutiques.

Quelques grandes villes de l'Europe se sont enrichies dans ces dernières années d'établissements décorés du nom de *bazars*, dans lesquels on a cherché à réunir sous la main du consommateur le plus grand nombre possible d'industries utiles, afin de lui éviter dans ses acquisitions la peine de tout déplacement fatigant ; mais, à Paris du moins, ç'a toujours été là d'assez tristes spéculations. L'acquéreur sérieux, quoi qu'on dit, n'a jamais voulu y venir. Louis REYBAUD.

BAZARD (SAINT-AMAND), novateur contemporain, l'un des fondateurs du saint-simonisme, naquit à Paris, en 1791, dans une riche famille de bourgeoisie. Grâce aux sacrifices paternels, il put échapper au payement de l'impôt du sang, fournir plusieurs remplaçants à la conscription, et, au sortir du collége, être admis dans les bureaux de la préfecture de la Seine, où il obtint une place à la division de l'octroi. Garde national, il se distingua, dit-on, sous les murs de Paris, vers la fin de mars 1814, en concourant à reprendre aux alliés les pièces servies par les élèves de l'école Polytechnique, au nombre desquels figurait Enfantin. Bazard se fit un titre de sa conduite dans cette circonstance pour obtenir du gouvernement de la Restauration le grade de capitaine de sa compagnie et la croix de la Légion-d'Honneur, *hochet de la vanité* dont plus tard il crut devoir cesser de se parer. Vers 1818 il devint le principal rédacteur de *l'Aristarque*, journal qui se faisait remarquer par une opposition assez vive à la politique rétrograde du pouvoir. La censure ayant été rétablie à la suite de l'assassinat du duc de Berry, il fut un des premiers à imaginer et à réaliser le système des brochures quotidiennes pour suppléer au silence forcé des journaux.

Cependant, la marche rapide de la réaction poussait le libéralisme dans la voie des complots et des révoltes. Bazard songea d'abord à couvrir les affiliations politiques du manteau de la franc-maçonnerie, et à cet effet il fonda la fameuse loge des *Amis de la Vérité*, dont il devint le *vénérable*. Bientôt des amis lui apportèrent de Naples les statuts du ca rbonarisme, et ils travaillèrent de concert à implanter cette société secrète en France. C'était en 1821 : un an après la *charbonnerie française* se vantait de compter deux cent mille membres, épars sur la surface du territoire et divisés en ventes particulières, ventes centrales, hautes ventes et ventes suprêmes. Bazard se fit le chef de cette conspiration permanente ; on le vit même souvent se transporter là où devait éclater quelque tentative. C'est ainsi qu'il visita successivement Lyon, Béfort et les départements de l'Ouest : mais ces efforts n'aboutirent qu'à décimer le parti. Les meneurs restèrent prudemment dans l'ombre, se réservant pour des temps meilleurs, tandis qu'une douzaine de leurs plus fanatiques séïdes payaient de la vie leur participation à des complots ayant pour but de changer la forme du gouvernement. Le bon sens des masses sut bientôt faire justice de la prudente habileté des chefs, et les sociétés secrètes tombèrent en dissolution peu après la chute de la révolution espagnole.

Bazard se demanda alors s'il n'y avait pas une voie meilleure que les conspirations pour en finir avec le passé. Cette réflexion le rapprocha des premiers disciples de Saint-Simon au moment où, vers la fin de 1825, ils fondaient *le Producteur*, journal mensuel ; et il participa à sa rédaction jusqu'à la disparition de cette feuille, un an après. L'école un en était encore à ses travaux de philosophie et d'économie politique. Toute sa métaphysique ne dépassait pas les bornes du monde social, l'organisation et la rétribution du travail. Ses principaux adeptes étaient à ce moment, avec Bazard et Enfantin, Buchez, Rodrigues, Péreire, Pierre Leroux, Carnot, Michel Chevalier, etc. Bientôt, enivrés par l'encens qu'ils se brûlaient réciproquement au nez les uns les autres, nos réformateurs sociaux aspirèrent à doter l'humanité d'une religion nouvelle, dont leur maître commun, Saint-Simon, devait être le Christ et eux les apôtres ; religion basée sur la justification de tous les appétits sensuels. Bazard et Enfantin devinrent les chefs de cette nouvelle évolution de l'école saint-simonienne, qui groupa autour d'eux une foule d'esprits faux et surtout de vulgaires ambitieux heureux de participer à la notoriété de scandale qu'obtenait la nouvelle doctrine et ses prédicants. La révolution de Juillet vint à point pour favoriser le mouvement saint-simonien, et, dès cette époque, nos nouveaux apôtres prêchèrent publiquement leurs doctrines, et *appeler la femme au sacerdoce définitif.* Les badauds coururent à la salle Taitbout entendre prêcher le *collége saint-simonien*, c'est-à-dire les Bazard, les Enfantin, les Michel Chevalier, les Émile Barrault, les Transon, etc. ; puis vint le jour où nos apôtres prêchèrent ouvertement la promiscuité des femmes. Bazard, qui était marié et père de famille, à qui il restait encore quelques préjugés de son éducation chrétienne, s'insurgea alors contre la morale relâchée de ses collaborateurs. Une scission éclatante eut lieu. Enfantin resta seul acclamé *père suprême*; quant à Bazard, il mourait à quelque temps de là d'apoplexie, le 19 juillet 1832, près de Montfermeil.

Bazard est auteur du second volume de *l'Exposition de la Doctrine Saint-Simonienne*, d'une brochure intitulée : *Discussions morales, religieuses et politiques*, et d'une traduction de la *Défense de l'Usure*, de Bentham, précédée d'une introduction, tous ouvrages plus que médiocres.

BAZE (N.....), avocat, membre de la Constituante de 1848 et de la Législative, questeur de cette dernière assemblée, et ancien membre du *comité de la rue de Poitiers*, est né en 1800, à Agen, d'un père ouvrier graveur sur bois. Inscrit dès 1821 au tableau des avocats de sa ville natale, il brilla bientôt au barreau par une élocution abondante et fleurie, par une logique vigoureuse et entraînante. Deux fois il fut élu bâtonnier de son ordre. Nommé adjoint au maire en 1830, il se retira devant la réaction, et ne conserva que le titre de commandant de la garde nationale, qui lui fut sept fois confirmé. Plus tard, cependant, on l'accusa de s'être rallié à la dynastie d'Orléans, par suite de son mariage avec une parente du préfet, et de s'être montré courtisan trop enthousiaste du fils aîné de Louis-Philippe, qui se rendait aux Pyrénées.

Quoi qu'il en soit, en 1848 comme en 1830, il refusa les fonctions de procureur général qui lui étaient offertes. A lui seul à peu près il fit les élections de Lot-et-Garonne à la Constituante, et, sur les neuf élus, six au moins lui durent leur nomination. Proclamé représentant de son département, il fut, à l'assemblée, membre du comité de la justice, et vota contre le droit au travail, pour les deux chambres, pour le vote à la commune, pour la proposition Rateau, contre la mise en accusation du ministère du 20 décembre. Orateur du parti modéré, il prenait souvent la parole, et était toujours religieusement écouté.

A la Législative M. Baze fit partie de la commission de l'instruction publique, et fut nommé questeur. Il fut aussi membre de la commission de la loi contre les clubs. Il appuyait, du reste, habituellement la politique de la majorité. Bientôt pourtant il se sépara du ministère, et plusieurs fois il se plaignit des attaques que les journaux dont la vente était autorisée sur la voie publique se permettaient contre l'Assemblée. Ce fut même lui qui dénonça la circulaire dont un article du *Pouvoir*, dont le gérant fut poursuivi et condamné à l'amende. M. Baze, accusé alors de répandre dans son département des bruits peu favorables au chef de l'État, se vit rayé de la liste du conseil judiciaire du ministère de la guerre, dont il faisait partie. Son opposition au Président n'en devint que plus vive; et l'Assemblée ayant déclaré l'inviolabilité de ses membres en matière de contrainte par corps, ce fut lui qui se chargea de requérir la force publique et de faire élargir M. Mauguin, arrêté pour dettes. Il fut encore un de ceux qui votèrent contre la révision de la constitution. Arrêté dans la nuit du 2 décembre 1851, il a été éloigné temporairement de la France par le décret du 9 janvier suivant.

BAZEILHAC (JEAN). *Voyez* COSME (frère).

BAZIN DE RAUCOU (ANAÏS), littérateur et historien, naquit à Paris, le 26 janvier 1797. Son père, forte avoué, l'envoya au collége Charlemagne, où il fit de brillantes études. Devenu royaliste, il entra en 1814, à l'âge de dix-sept ans, dans les gardes du corps; mais bientôt Bazin, quittant l'armée, se mit à étudier le droit. Reçu en 1818 avocat à la cour royale de Paris, il quitta le barreau après quelques succès d'estime, pour se consacrer entièrement aux lettres. Mentionné en 1820 à l'Académie Française pour l'éloge de Lesage, Bazin obtint en 1821 le prix d'éloquence décerné à l'éloge de Malesherbes; il fut aussi un des collaborateurs de la *Revue de Paris* et de la *Quotidienne*, alors dirigée par M. Michaud, de l'Académie Française. Il publia en 1830 un assez faible roman historique dans le goût de l'époque, intitulé : *Mémoires d'un cadet de Gascogne, ou la Cour de Marie de Médicis*, préludant ainsi à son grand travail historique, *l'Histoire de France sous Louis XIII* (1838, 4 volumes) *et sous le ministère de Mazarin* (1842, 2 vol.). L'Académie, en 1840, décerna à ce bel ouvrage l'accessit du prix Gobert de mille francs, qu'il conserva jusqu'à sa mort.

On a encore de Bazin : *Études d'Histoire et de Biographie* (1844); *Notices sur Sully, Balzac, Henry IV, Bussy-Rabutin*, et enfin deux volumes d'études de mœurs sous le titre de *l'Époque sans nom* (1833), promenades satiriques d'un flâneur dans Paris, lesquelles peignent admirablement l'aspect des mœurs de la grande capitale à cette date; on y trouve surtout au naturel le bourgeois, le gamin d'alors, et surtout M. *Mayeux*, le fameux type du moment, qui, né à Paris le 14 juillet 1789, s'est successivement appelé Messidor-Napoléon-Louis-Charles-Philippe Mayeux ; satire piquante de notre inconstance politique.

Quelques années avant sa mort, Bazin avait inséré dans la *Revue des Deux Mondes* deux articles très-curieux et très-neufs sur Molière. Il mourut le 23 août 1850. Voici le jugement que porte M. Villemain sur son *Histoire de France sous Louis XIII* : « M. Bazin a fait un ouvrage instructif et piquant. Si quelques événements n'offrent pas dans ses récits le pathétique terrible auquel s'attendait l'imagination du lecteur, on n'en doit pas moins apprécier la finesse impartiale de son esprit. Il explique plus qu'il ne peint ; mais une pénétration ingénieuse éclaire tous ses récits. » Bazin a plus d'un rapport avec Duclos, moraliste et historien comme lui. A. FEILLET.

BAZOCHE. *Voyez* BASOCHE.

BDELLIUM, sorte de gomme aromatique qu'on recueillait dans l'Arabie et dans l'Inde, et à laquelle on attribuait anciennement les mêmes propriétés et la même vertu qu'à la myrrhe. On en connaissait deux espèces principales, l'arabique et la scythique. Il en est parlé dans la Genèse et dans Josèphe, ainsi que dans Pline et dans Dioscoride. Elle n'est plus guère employée aujourd'hui que dans la médecine vétérinaire. Son odeur est suave, sa saveur amère; elle se ramollit aisément entre les doigts et devant le feu, se dissout en partie dans l'alcool, et plus facilement encore dans l'eau.

BDELLOMÈTRE (du grec βδέλλα, sangsue, et μέτρον, mesure); instrument propre à remplacer les sangsues, dont le prix, comme on sait, va toujours croissant, et qui fut inventé en 1819 par le docteur Sarlandière, mais dont l'idée première est due à l'Anglais Whitford, qui dès 1816 en proposait l'application. Il consiste en une ventouse de verre garnie d'une petite pompe et de petites lancettes. Il a l'avantage d'être d'un emploi plus sûr pour la quantité de sang que l'on veut tirer, et il permet de la calculer avec plus de précision; son mécanisme est en outre réglé pour une plus prompte ou plus lente émission. Cet instrument a depuis été notablement perfectionné par Græfe, Hubschmann, Gelgenkranz, Kidston, etc.

BÉARN, ancienne vicomté, principauté et province de France, bornée au nord par la Chalosse, le Tursan et l'Armagnac; au sud par les Pyrénées, qui le séparent de la Navarre espagnole et de l'Aragon; à l'est par le Bigorre, l'ouest par le pays de Soule et la Basse-Navarre. Il avait 96 kilomètres de longueur sur 123 de largeur. Il tirait son nom de *Benehárnum*, son ancienne capitale, citée dans l'*Itinéraire* d'Antonin, mais dont il ne reste aucun vestige. Ce fut Morlaas qui lui succéda, ville ancienne et célèbre par ses monnaies, qui avaient cours dans toute l'Aquitaine. Dans la suite, les princes de Béarn ayant transféré leur résidence au château de Pau, berceau de Henri IV, la ville du même nom qui s'éleva près de ce château devint le chef-lieu du Béarn à partir du seizième siècle.

Lorsque César parut dans les Gaules, le Béarn était habité par les *Benearni* ou *Benarnenses*, nation voisine et alliée des *Tarusates*, des *Bigerri*, des *Tarbelli* et des *Vassei*. Du temps d'Honorius, ce pays faisait partie de la Novempopulanie. En 477, Euric, roi des Visigoths, en fit la conquête. Son fils Alaric II en fut dépouillé, ainsi que de toute l'Aquitaine et du royaume de Toulouse, en 507, par Clovis. Les Vascons ou Basques l'enlevèrent aux Francs en 581, et depuis cette époque jusqu'en 819 le Béarn partagea la destinée du duché de Vasconie. Il portait alors le titre de vicomté, ou du moins l'empereur Louis le Débonnaire ne voulut y attacher que ce titre, lorsque après avoir dépouillé de ses États Loup-Centule, duc de Vasconie, ennemi irréconciliable de sa maison, il consentit à donner seulement le Béarn (819) à Centule Ier, second fils de ce duc. Telle fut l'origine des premiers vicomtes de Béarn, dont le dernier, Centule V, périt le 17 juillet 1134, à la bataille de Fraga, perdue contre les Maures d'Espagne. Sa sœur Guiscarde, veuve de Pierre, vicomte de Gavarret, lui succéda dans la vicomté de Béarn, avec Pierre de Gavarret, son fils. Celui-ci, fondateur d'une nouvelle race des vicomtes de Béarn, ne démentit pas la gloire que ses aïeux maternels s'étaient acquise dans leurs guerres continuelles contre les Sarrasins, et il contribua à délivrer Fraga de leur joug, le 24 octobre 1144. Gaston V de Gavarret, son fils et son successeur en 1153, mourut en 1170 sans laisser d'enfants des deux femmes qu'il avait eues, Béatrix de Fezensac, et Léofas, dite Sancie de Navarre.

Un vieil historien rapporte que Léofas était enceinte à la mort de Gaston V. Son accouchement avant terme d'un enfant mort-né répandit la consternation parmi les grands et le peuple. Mille pronostics funestes de guerre civile, de pillages et de massacres surgirent de cet événement. Léofas, hautement accusée d'avoir par préméditation commis cet avortement, fut jugée par le conseil de Sanche VI, son frère, roi de Navarre, et condamnée à subir une épreuve équivalente à un supplice cruel et à une mort inévitable. Elle fut précipitée pieds et poings liés du haut du pont de Sauveterre dans le gave qui coule au-dessous; mais, soit que ses liens se fussent rompus, soit que la force du courant lui eût été favorable, on la vit surnager jusqu'à la distance de trois traits d'arc, et s'arrêter sur le sable. Dès lors son innocence fut proclamée, aux acclamations de la multitude, et elle fut rapportée chez elle en triomphe. Marie de Gavarret, sœur de Gaston V, hérita des vicomtés de Béarn et de Gavarret, qu'elle porta en mariage, en 1160, à Guillaume de Moncade. Les descendants de celui-ci possédèrent ce pays jusqu'au 26 avril 1290, date du décès de Gaston VII, dernier vicomte de cette troisième race, laquelle a joué aussi un rôle dans l'histoire. Marguerite, l'une de ses filles, porta le Béarn dans la maison de Foix, qui le transmit à celle de Grailly (1381), d'où il passa dans celle d'Albret en 1484. Henri IV, qualifié dans sa jeunesse prince de Béarn, du chef de Jeanne d'Albret, sa mère, ne voulut pas, en arrivant au trône de France, réunir positivement cette province à la couronne. Ce fut son fils Louis XIII qui en 1620 promulgua définitivement l'édit de réunion.

Le Béarn a conservé jusqu'à la révolution de 1789 ses *fors* et sa constitution d'états. On n'y distinguait que deux ordres, le clergé et la noblesse, confondus en un seul, et le tiers état. La noblesse avait cinq cent quarante entrées aux états, dont douze actions plus ou moins modernes. Le tiers état ou second ordre était représenté par les maires et jurats de quarante-deux villes ou communautés, dont le roi seul était seigneur. L'évêque de Lescar, ou en son absence l'évêque d'Oléron (les deux seuls évêques de la province), présidaient les états, où ils décidaient les affaires de finances et d'administration du pays. Ces assemblées se tenaient tous les ans en vertu d'une commission envoyée par le roi au gouverneur général ou à son lieutenant, qui y représentait la personne du souverain pendant toute la session. Le premier ordre ayant délibéré sur un objet, les syndics portaient la délibération au second ordre. S'il n'était pas du même avis, la constitution voulait qu'il opinât jusqu'à trois fois; alors, si le tiers état persistait dans son refus de participer à la mesure, elle demeurait nulle, et il n'en était plus parlé. Le Béarn se composait des cinq sénéchaussées de Morlaas, Oléron, Orthez, Pau et Sauveterre, et des trois vallées d'Aspe, de Baretous et d'Ossau. C'est un pays riche en bois et en pâturages. Les gaves d'Aspe, d'Ossau, d'Oléron, de Pau, l'Ourson, le Gabas, l'Arsie, etc., sont les principales rivières qui l'arrosent. Le climat y est tempéré dans les plaines et froid dans les montagnes, mais généralement très-sain.

« Le Béarnais, placé, dit M. d'Avezac, entre le Basque, incontestablement ibérien, et le Bigorrais, probablement gaulois, conserve un type spécial, qui révèle une colonie grecque vers les côtes d'une exquise douceur de langage et sa proverbiale courtoisie. La nomenclature géographique du pays fourmille, d'ailleurs, de noms grecs. Ce furent probablement des Phocéens chassés des bords de la Méditerranée par l'invasion des hordes kymriques. » Pour la langue et la littérature Béarnaises nous renverrons le lecteur à l'article DESPOURRINS.

En 1790, le Béarn et les provinces basques furent agrégés pour former le département des Basses-Pyrénées divisés en trois arrondissements : Orthez, Oléron et Pau. Les évêchés de Lescar et d'Oléron, sont demeurés fondus dans celui de Bayonne depuis le concordat de 1801. Sa population n'était en 1695 que de 198,000 âmes. Beaucoup de jeunes gens s'expatrient chaque année pour aller chercher fortune en Espagne, en Amérique, et revenir sur leurs vieux jours jouir du fruit de leurs travaux dans leur doux pays de Béarn.

BÉATIFICATION, acte par lequel le souverain pontife déclare qu'une personne dont la vie a été marquée par des actes de sainteté siège après sa mort au rang des bienheureux, qu'elle jouit du bonheur éternel réservé au juste, et que les fidèles sont par conséquent autorisés à lui rendre un culte religieux. La *béatification* diffère de la *canonisation* en ce que, dans la première, le pape ne fait pas acte d'autorité souveraine, n'agit pas en juge puisqu'il ne décide d'une manière absolue sur l'état de celui qui est béatifié, mais se borne en quelque sorte à permettre aux chrétiens de rendre un certain culte à l'objet de leur vénération sans encourir les peines portées contre ceux qui se livrent à des actes superstitieux, tandis que dans la canonisation il prononce en juge, et, comme on dit, *ex cathedra*, sur l'état de celui qu'il canonise. Quelques auteurs ne font point remonter l'origine de la béatification au delà de Grégoire X; cependant on ne peut pas douter que Guillaume, ermite de Malaval, en Toscane, ait été béatifié par Alexandre III. Benoît XIV, avant d'être revêtu de la tiare, publia en 1734 un volume in-folio sur la béatification et la canonisation.

BÉATITUDE, état des *bienheureux* dans la vie éternelle. Les théologiens scolastiques se sont dispensés sans fin sur la béatitude *objective* et sur la béatitude *formelle*; mais l'apôtre saint Paul dans sa première épître aux Corinthiens (II, 9) déclare expressément que personne des hommes de ce monde ne peut savoir en quoi consiste cette béatitude, et que l'œil n'a point vu, l'oreille n'a point entendu, la pensée n'a jamais conçu ce que Dieu prépare à ceux qui l'aiment.

On nomme *béatitudes évangéliques* les huit maximes qui servent d'exorde au célèbre discours de Jésus-Christ sur la montagne, tel qu'il est rapporté dans saint Mathieu (v, 3 et suiv.), attendu que ces maximes commencent toutes par le mot latin *beati*, qui veut dire heureux.

BEATON ou **BÉTHUNE** (DAVID), cardinal et primat d'Écosse, le plus ardent et le plus redoutable adversaire de la Réformation en Écosse, ainsi que de la réunion de ce pays à l'Angleterre, naquit vers 1494, et descendait d'une ancienne famille française depuis longtemps établie en Écosse. Après avoir étudié aux universités de Saint-Andrew et de Paris, il embrassa, jeune encore, l'état ecclésiastique, et pendant la minorité du roi Jacques V sa rare capacité pour les affaires engagea le régent, le duc d'Arran, à se servir de lui dans diverses missions politiques. Le duc l'envoya d'abord en France comme ambassadeur, et à son retour il le nomma garde des sceaux (1528). En 1533 Beaton se rendit de nouveau à Paris pour y négocier le mariage de Jacques V avec Madeleine, fille de François Ier; mais cette princesse étant venue à mourir, il lui substitua Marie, fille du duc de Guise, déjà veuve, après trois ans de mariage, de Louis II d'Orléans, duc de Longueville. Dans ces différentes négociations, Beaton contribua si activement à établir de bons rapports entre la France et l'Écosse, que François Ier, reconnaissant, lui accorda des lettres de grande naturalisation avec l'évêché de Mirepoix, et s'employa même auprès du saint-siège pour lui faire avoir le chapeau de cardinal.

En 1539, il succéda à son oncle sur le siége archiépiscopal de Saint-Andrew, et, en cette qualité, il excita le parlement à poursuivre rigoureusement les protestants, qui commençaient déjà à être fort nombreux dans le royaume. Croyant que le voisinage de l'Angleterre mettait en grand péril la cause du catholicisme en Écosse, il fit manquer le projet d'une rencontre entre Henri VIII et Jacques V, et détermina ce prince à déclarer la guerre à l'Angleterre. Jacques V ayant été tué à ses côtés à la bataille de Solway, livrée en 1542 contre l'armée anglaise, le cardinal fabriqua un testament qui l'instituait régent pendant la minorité de Marie Stuart. Mais la noblesse refusa de reconnaître la validité de cet acte apocryphe, et nomma régent le comte d'Arran, en sa qualité de prince du sang royal. Beaton ayant voulu en appeler à la maison de Guise, le nouveau régent non-seulement le fit arrêter, mais encore conclut avec Henri VIII un traité aux termes duquel le jeune prince de Galles devait un jour épouser Marie Stuart. Le cardinal ne tarda pas toutefois à sortir de prison, et alors, de concert avec la reine-mère, il suscita au régent un rival dans la personne du comte Lennox. Ayant ensuite réussi à s'emparer de la personne de la jeune reine, il contraignit le régent à solliciter une réconciliation avec lui, à déserter le parti de l'Angleterre et à abjurer, en 1543, le protestantisme. Désormais le régent lui abandonna la direction des affaires, et le cardinal exerça alors de fait la suprême puissance en Écosse avec autant d'insolence que de cruauté. La guerre lui avait paru le moyen le plus propre à empêcher toute espèce de relations avec l'Angleterre; mais il dissipa avec tant de légèreté les trésors qui eussent été nécessaires pour la soutenir, que, les hostilités qui éclatèrent alors entre la France et l'Angleterre, l'Écosse eût été perdue. En 1545, dans une de ses tournées archiépiscopales, il fit périr de la main du bourreau un grand nombre de protestants, et expulsa de l'université de Saint-Andrew Knox, si fameux plus tard comme réformateur. Enfin, dans un synode provincial tenu à Édimbourg, sous prétexte de réformer les mœurs et la discipline de son clergé, il fit brûler en sa présence Georges Wissart, le prédicateur protestant le plus important de ce temps-là. Beaton ne tarda pas à en porter la peine. En 1546, il fut assassiné par des gentilshommes, ses ennemis, dans le château de Saint-Andrew, qu'il avait fait fortifier, et où il détenait le fils du régent comme otage. Ce meurtre fut commis à l'instigation de l'Angleterre, qui en récompensa publiquement les auteurs, bien que les motifs qui les avaient fait agir eussent été très-différents. Le cardinal Beaton fut incontestablement un homme doué de grands talents, plein de zèle pour l'indépendance de l'Écosse; mais sa cruauté et la licence de ses mœurs l'avaient rendu tellement odieux que personne ne le regretta en lui tragique.

BÉATRIX. Ce nom, qui est celui d'une sainte martyrisée sous Dioclétien, a été porté au moyen âge par plusieurs princesses, dont les plus connues sont *Béatrix de Bourgogne*, fille de Renaud, comte de Bourgogne, qui épousa, en 1156, l'empereur Frédéric Ier, et lui apporta en dot la Bourgogne cisjurane et la Provence; — *Béatrix de Savoie*, qui épousa, en 1220, Raymond-Bérenger, comte de Provence, et qui favorisa les poëtes; — *Béatrix de Provence*, fille de la précédente, qui épousa, en 1245, Charles d'Anjou, frère de saint Louis.

D a n t e a immortalisé le nom d'une autre Béatrix. Il n'avait pas neuf ans lorsqu'il la vit toute petite fille passer dans la rue; il en devint amoureux et l'aima toute sa vie. Cette noble et belle Béatrix appartenait à la famille florentine des Portinari; elle mourut à vingt-quatre ans en 1290.

BEATTIE (JAMES), poëte et écrivain philosophe, né en 1735, à Lawrencekirk, dans le comté de Kincardine en Écosse, mort en 1803, professeur de philosophie morale à l'université d'Aberdeen, était fils d'un simple fermier. Il se fit un nom par la publication de son *Essay on the nature and immutability of truth* (Édimbourg, 1770; dernière édit., Londres, 1848), où il essayait de combattre dans un style qui se fait lire le scepticisme de Hume en invoquant les données du sens commun et aussi le sens moral, mais sans atteindre toutefois à la hauteur de talent de son adversaire. Il ne fut pas plus heureux dans ses *Dissertations Moral and Critical* (Londres, 1783), et dans ses *Elements of Moral Science* (2 vol., Londres, 1790), bien que ce dernier ouvrage contienne diverses dissertations où il fait preuve de goût et déploie ce génie de l'analyse qui est particulier aux Anglais. Ses essais poétiques *the Judgment of Paris* (1765) et *the Minstrel, or the progress of genius* (2 vol., 1774 et 1799) sont au total d'assez pauvres productions. Sa vie a été écrite par Bower (Londres, 1804) et par Forbes (3e édit., 2 volumes, Édimbourg, 1812).

BEAU. Ni les philosophes, qui ont soumis la nature à leurs investigations, ni les rhéteurs, qui ne sont guère parvenus qu'à obscurcir ses voies, n'ont été d'accord sur l'origine du *beau*. Ses qualités essentielles, si elles ont été niées, ont été également une cause de divergence dans les opinions. Et pourtant, que l'on ne puisse s'entendre sur ce qui, produisant en nous des émotions et nous conduisant à des désirs, s'offre partout sous des formes palpables et se laisse aborder de nu ou plusieurs de nos sens, c'est ce qui est en droit d'exciter notre surprise. Le *beau*, chacun en a la conscience, n'a point été relégué dans une région étrangère; il nous accompagne presque partout où nous portons nos pas; de sa toute-puissante influence il nous attire dans sa sphère; de ses ineffables attraits, pauvres ou riches, savants ou ignorants, il nous convie à l'aimer; et sa destinée serait de rester inexplicable! Il ne serait accordé à aucune main de soulever le voile sous lequel se dérobe son origine!

Voilà pourtant ce que l'on serait tenté de croire lorsqu'on voit à ce sujet l'antiquité, le moyen âge et les penseurs modernes en désaccord. Platon, qui le plaça dans les idées archétypes; Aristote, dans les forces actives et la cinquième essence; saint Augustin, dans l'unité, en ont parlé diversement. En sortant de la barbarie dont le glaive du vainqueur et le joug de la féodalité couvrirent successivement l'Europe, on ne traita la question que pour la traîner dans les mêmes ornières. Plus près de nous, Hutcheson, Crouzas, l'abbé Dubos, le père André, Sulzer, Montesquieu, Burke, Watelet et Diderot ont établi des règles d'appréciation qui s'excluent. Aucun n'a rallié sa doctrine à des principes fixes et positifs; après avoir délaissé la nature, tous, sans en excepter l'immortel auteur de l'*Esprit des Lois*, ont pris pour guide ou les traditions acceptées, ou le goût transitoire d'un siècle, et la nature s'est vengée en frappant de stérilité leurs froides conceptions.

Dans cette incertitude de vues, les artistes et les littérateurs du dix-neuvième siècle ont cru pour arriver à la découverte du *beau* il fallait s'ouvrir des routes nouvelles.

Deux guides peu sûrs, par cela même qu'ils s'étaient mis hors ligne, Gœthe et lord Byron, se sont présentés : le paradoxe auquel ils empruntaient leurs lettres de créance avait quelque chose d'effrayant; c'était un motif de plus pour qu'elles fussent acceptées. Qu'a produit une recherche entreprise sous de tels auspices dans les arts, dans les sciences et dans la morale? La peinture a méprisé l'étude de l'antique, sans s'attacher davantage à celle du modèle; ou plutôt, dédaignant d'arrêter ses yeux sur ce qui a répondu le plus dignement à la parole du Créateur, elle s'est mise en quête de l'ignoble et quelquefois de l'horrible. La sculpture, qui ne pouvait se racheter par le prestige des couleurs, a senti au moins qu'elle n'eût pas impunément offensé nos regards en s'abandonnant à de pareilles hardiesses.

Mais à quel degré infime n'avons-nous pas vu descendre les sciences, les lettres et la poésie! Les premières, peu soucieuses de leur céleste origine, ont paru ignorer que dans ses moindres investigations l'homme ne doit jamais la perdre de vue. A bien dire, elles ont répudié l'esprit, pour ne s'occuper que des jeux prétendus fortuits de la matière organisée ou organisante. Les autres ont été condamnées à jouer un plus triste rôle encore. Ce sont elles principalement qui ont oublié que le premier devoir des arts d'imitation, jusque dans leur plus grande audace, est de *choisir*. Quoi! serait-on fondé à leur dire, votre but est d'émouvoir, d'impressionner vivement par la reproduction des scènes de la vie publique, de nous rendre meilleurs par le touchant spectacle des vertus, ou de nous attendrir par celui des malheurs privés; vous aviez aussi à nous montrer l'innocence jouissante de la paix des foyers domestiques ou menacée dans son bien le plus précieux : et c'est le crime dans sa nudité; nous nous trompons, c'est le crime paré de couleurs mensongères que vous offrez à nos hommages ! Vous nous demandez effrontément pour lui nos larmes et notre intérêt ! s'il triomphe, il faut que par vous nous devenions complices; s'il succombe, à nous la honte de gémir sur sa défaite ! Après cela, le *beau* dans les arts et dans la morale pourra-t-il être autre chose qu'une manière de problème insoluble?

Ce serait peut-être le cas de remarquer ici que les fausses notions de *beau idéal* et de spiritualisme, qui de la philosophie du Nord ont fait irruption dans la nôtre, ont porté un coup funeste aux lettres françaises et à nos arts d'imitation. Nourris d'illusions, l'artiste et le poëte ont tout foulé aux pieds, se sont cru tout permis. De l'absurde ils devaient nous conduire à l'immoral; du caprice, à ce qu'il y a de plus désordonné. Ainsi que toutes les vérités se tiennent par la main, les erreurs s'enchaînent et se suivent. Les mauvais littérateurs nous donneront de méchants peintres et des architectes sans goût.

Nous ignorons s'il est permis, ou simplement possible, à l'exemple des platoniciens, de considérer le *beau* dans un sens abstrait. Quant à nous, il ne nous sera jamais loisible de l'étudier ailleurs que dans ses rapports avec nos impressions affectives, nos besoins latents, et nos jouissances présentes ou ajournées. Tout ce qui est au delà, tout ce qui est en deçà, n'est que conjecture, indigne d'un examen philosophique. D'autres êtres, avec d'autres organes que les nôtres, auraient peut-être d'autres aperçus que ceux qui nous sont échus en partage; mais notre économie actuelle a des points de contact, des appétits, des manières de sentir qui lui sont propres, des entraves, si on le veut; et il faut en tenir compte quand on traite de ce qui touche à l'homme d'aussi près.

L'intention qui a créé le vaste univers étant essentiellement bonne et intelligente, on peut établir un principe peu susceptible d'être contesté en affirmant que le *beau*, en ce qui concerne cette création, résultera d'abord à nos yeux de l'harmonie de son ensemble; qu'abaissant ensuite nos regards, nous le trouverons, pour chaque objet, dans la *conformité des parties avec le tout*, et *du tout avec sa destination*. Cette règle peut s'appliquer à tout ce qui végète, à tout ce qui respire, même à la matière brute et insensible. Nous ajouterons que lorsque nous aurons reconnu quelque part des caractères de beauté, c'est que nous y aurons été déterminés dans le sentiment instinctif de nos besoins, sans oublier que ceux-ci tiennent autant à notre nature intellectuelle qu'à notre nature organique.

Tout étant évidemment coordonné ici-bas, c'est de la convenance réciproque des êtres que naîtra pour nous le sentiment de leur perfection, qui ne sera jamais une perfection absolue, réservée à Dieu seul, mais une perfection relative; vérité que le célèbre Burke, qui avant nous écrivait sur le *beau* et le *sublime*, a totalement méconnue quand il s'est cru fondé à remarquer que le propre des attraits des plus belles femmes est de réveiller chez le spectateur des idées de *faiblesse*, de *maladie* et même d'*imperfection*. Bien que l'un des interprètes les mieux inspirés de la science médicale se soit également cru autorisé à regarder la femme comme un être *maladif par nature*, nous ne conseillerons jamais à une saine philosophie de prendre une pareille licence. Ce ne sera pas elle qui, calomniant une des créatures les plus richement dotées qui soient sorties des mains de l'Éternel, taxera d'imperfection ce qui est tout harmonie, charme et accord. Est-ce que cette faiblesse, remarquée improprement par l'écrivain anglais, n'est pas destinée à trouver bientôt son point d'appui? Est-ce que cette délicatesse et cette rondeur de formes, en captivant les regards d'un autre être, en réveillant même chez lui le sentiment de sa puissance, ne feront pas un appel à sa protection? L'opiniâtreté dans le travail, la force musculaire qui en assure le succès, la fermeté de la voix, le prononcé des traits, ont été placés ailleurs, et là ils sont une *beauté*, parce qu'il leur appartenait de signaler la présence d'un chef de famille; la grâce dans les mouvements, la morbidesse des contours, la paix de l'âme réfléchie sur un visage agréablement nuancé, la douceur d'un organe dont les sons vont à l'âme, ont cherché un autre asile, et là aussi elles sont une *beauté*, car elles convenaient parfaitement à celle qui, livrée aux soins sédentaires d'un ménage, devait chaque jour rappeler un hôte chéri sous le toit domestique.

Mais tout n'est pas dans la beauté physique. Que quelque qualité morale vienne se refléter sur un visage, celui-ci fût-il moins correct, il aura encore son genre de beauté, il attachera, il aura même certaines préférences; et ainsi que chaque partie du corps humain, dans les deux sexes, se rapproche de la beauté en ce qu'elle indique une aptitude ou une perfection physique relative à l'espèce ou personnelle à l'individu, de même chaque trait de la physionomie aura également le don de plaire par la promesse que nous y démêlerons d'une qualité essentielle ou d'une beauté de caractère. Alors l'entraînement sera justifié, et sans contredit, de toutes les séductions, ce sera la plus durable et la plus faite pour flatter l'amour-propre d'une créature intelligente. Dans la mesure de la sphère où cette qualité agira, elle deviendra grande et digne d'intérêt. Si sa concentration la rend un instrument de bonheur pour un seul être, nous en féliciterons celui-ci, sans y voir autre chose que le *beau* saisissable à l'un des derniers degrés de l'échelle, à moins qu'elle ne soit de nature à étendre plus loin ses heureux effets. Par exemple, parlons-nous de sobriété, elle gagnera de l'importance à nos yeux comme gage de bonne conduite dans le père de famille et d'incorruptibilité dans le magistrat. Est-ce de pudeur et de chasteté qu'il s'agit, l'une, chez la jeune fille, sera le gage de la candeur d'une âme qui pour s'attacher attend un amour honnête; l'autre, chez la femme mariée, attestera que l'époux peut marcher en toute sécurité vers ses travaux, et que pendant son absence ses pénates ne seront pas humiliés.

Élargissez le cercle, les vertus croissent aussitôt en résultats, par conséquent en beauté. Fabricius et Régulus ne se borneront pas à se nourrir frugalement : l'un repoussera l'or des ennemis de Rome pour les combattre; l'autre, dédaignant sa propre vie, ira chercher des supplices pour lui préférables au traité par lequel s'atténuerait la force de l'État, dont il est le premier citoyen. La fille des Scipions, Cornélie, ne se contentera pas d'être une bonne mère, ce sont de mâles courages que dans ses enfants elle voudra former pour la patrie.

Le point de départ de chaque vertu est donc l'être agissant dans l'intérêt propre de son unité. Elle ne parvient à un degré supérieur qu'en sortant de cette étroite enceinte, et selon que la personnalité se perd plus ou moins de vue. Je le confesse, il est bien à vous de défendre vos jours contre le fer des brigands qui vous assaillent dans votre route, la nature vous y convie; toutefois, vous en conviendrez, le mérite sera plus grand d'arracher au péril d'autres personnes que la vôtre. Si celles-ci cependant vous touchent de près; si votre fille, votre épouse ou votre amante ont été menacées, protecteur né de leur faiblesse, vous aurez rempli seulement envers elles un devoir, et il y aurait en de la lâcheté à vous en affranchir. Accourez-vous aux cris d'un inconnu pour lui apporter le secours de votre bras, le mouvement sera plus beau, car il sera plus désintéressé. Au lieu d'un homme, avez-vous sauvé une ville, nourri de la foi des siècles héroïques, êtes-vous résolu à vous jeter dans un gouffre, comme Curtius; êtes-vous prêt, comme Codrus, à engager la querelle qui, suivie de votre mort, assurera à votre pays le bénéfice de l'oracle, l'oubli de la personnalité ici sera complet; vous touchez dès lors au sublime, dont le premier caractère, dans la morale, sera toujours l'abnégation.

La gloire est une monnaie avec laquelle les États payent les plus grands services qui leur soient rendus ; elle leur coûte fort peu ; il n'est pas moins vrai que ceux qui consentent à la recevoir la tiennent pour bonne. Dès lors que pour la mériter on affronte les chances les plus périlleuses, et qu'on va jusqu'à braver une mort certaine, telle que celle qui attend le soldat à la tranchée, nous n'aurons garde d'en parler avec mépris : force est qu'elle possède en soi des éléments de beauté. Il y a en effet quelque chose d'enivrant dans l'approbation d'une foule qui vous contemple. La vie, sous ses regards, est dans un état d'exubérance; elle déborde de l'être, ou plutôt elle semble se multiplier pour lui avec le nombre des spectateurs témoins de son triomphe. S'il ne peut assister en personne à celui-ci, s'il n'est pas accordé à son oreille de recueillir des suffrages flatteurs, il les prévoit, il les entend dans l'avenir, et il se les rend présents par la pensée. Ce n'est donc pas pour rien qu'il a tout donné; l'échange est consommé : c'est celui qu'il faut aux grandes âmes.

Il est aussi des vertus plus solides et absolument désintéressées si nous bornons à les envisager dans l'économie actuelle. Par cette raison, elles touchent de plus près que les autres au beau moral; mais il leur faut encore un salaire; bien examinées, elles se mettent même à très-haut prix. Né demandant rien ici-bas, dans un orgueil peut-être légitime, n'y voyant rien qui soit digne de devenir le loyer de leurs œuvres, elles laissent après elles, sans l'honorer d'un regard, tout ce qui est dans la foule des hommes. Que leur ferait la gloire pour un nom dont le possesseur va disparaître, une cendre qui sera bientôt dispersée au souffle des vents? Mais, soyons-en convaincus une fois pour toutes, l'abnégation de l'âme profondément religieuse n'est pas si entière; son désintéressement ne va pas par-delà la vie du jour; elle ne la foule aux pieds que pour obtenir en échange une éternité; elle n'abandonne les biens présents que pour tirer sur l'avenir. C'est plus qu'un diadème qu'il y aura à apprêter pour son front. Du sein de sa misère terrestre, c'est au bonheur le plus intense qu'elle aspire; elle voudra en être saturée, inondée. Entrer en partage avec Dieu n'a rien qui effraye son ambition.

Il y eût eu non-seulement de la hardiesse, mais presque de l'insolence, à exiger, au nom de la société, de plusieurs ou de quelques-uns de ses membres, qu'ils signassent l'engagement de renoncer aux douceurs de la vie, et d'en accepter au contraire toutes les charges pour le plus grand soulagement de leurs frères. La sagesse ancienne a bien dit à ses adeptes : « Usez avec sobriété de vos richesses ; ne vous laissez pas aller aux charmes de la volupté, car elle corrompt les âmes; assistez de votre superflu ceux que la fortune a regardés dans sa rigueur; traitez avec bonté votre esclave et l'ennemi que les chances de la guerre vous auront livré; n'abusez jamais de votre pouvoir, qu'il serve plutôt d'appui aux faibles et de protection aux nécessiteux; enfin, soyez justes dans vos sentences, fût-ce contre vous-mêmes. » Les philosophes ont été jusque là. Mais en est-il un seul qui, sous le Portique ou sous les platanes du jardin d'Académus, eût osé dire à la classe souffrante, avec quelque espoir d'en être écouté : « Soyez patients dans vos douleurs, soumis dans les rangs infimes où le sort vous a placés, résignés dans la pauvreté, qui est votre partage; soulagez encore de plus malheureux que vous, s'il s'en rencontre sur vos pas ; la vie vous sera une vallée de pleurs, tandis qu'à vos côtés d'autres l'auront transformée pour eux en un lieu de délices; mais l'avenir est pour vous. » Non, de telles paroles n'étaient encore sorties de la bouche de personne. Eh bien ! une religion est venue, et elle a tenu ce langage sans en retrancher un mot. Elle a été plus loin : foulant à ses pieds l'envie, elle a fait de l'amour de tous un précepte; elle a ordonné le pardon des injures; si elle a imposé des privations au profit d'autrui, elle les a au moins érigées en mérite; et comme elle a enregistré les larmes et les soupirs de l'innocence, comme elle a tenu compte des sacrifices offerts à l'humanité avec respect et pudeur, depuis l'obole qui tombe obscurément de la main de la veuve dans le tronc destiné à soulager l'indigent, jusqu'au million qui va fonder un hospice, elle a vraiment proclamé l'alliance du ciel et de la terre. En nous plaçant sans distinction de rangs sous les yeux d'un père commun, juge et rémunérateur, elle a créé une nouvelle sorte de beau moral, qui a eu et qui aura dès la vie présente une grande influence sur les destinées de l'espèce humaine. Voyez BEAUTÉ. KÉRATRY.

BEAUCAIRE (Foire de). Au nombre des foires qui jouissent d'une célébrité nationale et européenne, il faut citer la foire de Beaucaire, qui a conservé presque toute sa vogue traditionnelle. Avec sa population permanente de dix mille habitants, environnée de terres peu productives, et bornant son commerce ordinaire aux bons vins rouges qu'elle récolte dans ses environs, à sa fabrication de soieries, florences, taffetas, à son huile d'olive, à ses poteries, à ses teintureries en peaux, Beaucaire ne serait qu'un point géographique insignifiant sans cette phase annuelle qui vient lui donner un aspect et un mouvement nouveaux. Assise sur la rive droite du Rhône, à l'affluent d'un canal qui lie la Méditerranée à l'Océan par les embranchements de la Radelle, des Étangs et du grand canal du Midi, dont la prise est dans la Garonne, cette ville du département du Gard, située en face de Tarascon, auquel elle est unie par un magnifique pont de fer suspendu de quatre arches et long de cinq cent vingt mètres, fut sans doute redevable à cette position favorisée des préférences des négociants. Point central entre la Provence, le Languedoc et le Lyonnais, Beaucaire embrasse en outre dans ses rayonnements le Dauphiné, le Comtat Venaissin, le Vivarais, la Gascogne, le Gévaudan, le Forez, la Bresse, etc., enfin toutes les provinces qui débouchent sur les deux grands bassins du Rhône et du canal du Midi. A ce privilége de la nature il faut joindre encore celui des communications maritimes. En effet, jusqu'à la hauteur de Beaucaire le fleuve est navigable pour les allèges, les tartanes, les bombardes, les bricks même, qui arrivent à pleines voiles, soit des ports provençaux, soit du littoral italien et espagnol. De plus, un chemin de fer relie maintenant cette ville à Alais et à Montpellier par Nîmes, un autre va jusqu'à Avignon. Bientôt le chemin de fer de Lyon à Avignon la mettra en relation avec toutes les voies de fer du pays.

La foire de Beaucaire, ouverte au 1ᵉʳ juillet, ne commence guère à s'animer que vers le 15. A cette date, tous les bateaux chargés qui lui viennent du nord, du midi et de l'ouest, ont jeté leurs amarres le long de ses quais. Les marchandises roulent sur le port, circulent dans les rues, s'empilent dans les magasins. Après les choses, les hommes. Vers le 20 du même mois, acheteurs et vendeurs sont en présence, se tâtent d'abord, s'essayent comme des lutteurs pour en venir plus tard à des propositions sérieuses. Bientôt dans cet espace, où dix mille âmes sont à l'étroit en temps ordinaire, se groupe et se foule une population flottante qu'on peut évaluer année commune à cent mille têtes. Là chaque commerce a son quartier ; ici celui-ci les laveurs de laines, les vendeurs de denrées coloniales dans celui-là ; à droite les marchands de draps, à gauche les fabricants d'indiennes. Cette dernière branche de commerce trouve surtout en cette occasion de larges débouchés. Aussi les principales manufactures de l'Alsace y envoient-elles des représentants. Les transactions faites à Beaucaire, flottantes et variables comme sa population, n'ont pu encore être soumises à une évaluation statistique ; mais il est hors de doute que leur chiffre s'élève à plusieurs milliards. La foire s'y termine le 24 juillet, à minuit, et les effets souscrits pour être payés *en foire* ne sont exigibles qu'à cette date.

Beaucaire est aussi le rendez-vous des industriels d'ordre inférieur, qui spéculent sur la curiosité musarde et crédule. Les albinos, les automates, les chiens savants, les ménageries, les femmes-géants, les débitants d'élixir, l'homme-hérisson, les cabinets de cire, tout part de Beaucaire avant de faire son tour de France. Et c'est un bon calcul ; car le soir, quand l'heure des affaires est passée, cette population nomade, arrachée à ses habitudes, lancée sur ce point pour huit jours seulement, va chercher sur la promenade extérieure des distractions et des plaisirs. Il faut voir comme on se heurte, comme on se coudoie au milieu de ces deux lignes de beaux ormes, parallèles au Rhône. L'air, l'espace, manquent. Et puis c'est un bruit, une confusion, une poussière ! les grosses caisses, les hautbois, les clarinettes, les cymbales, se mêlent aux voix nasillardes des charlatans forains ; le jargon provençal, sonore et accentué, se confond avec le patois languedocien, plus saccadé et plus incisif ; le Corse, le Génois, l'Espagnol, le Portugais, le Grec, le Barbaresque, y croisent leurs idiomes : c'est une véritable Babel.

Une brochure authentique de Napoléon, encore simple capitaine, porte le titre de *Souper de Beaucaire*.

Louis REYBAUD.

BEAUCE. De temps immémorial on a donné le nom de Beauce à une étendue de pays assez considérable, comprenant le pays Chartrain, le Dunois, le Vendômois, le Mantois et le Hurepoix. Ce sont de vastes et fertiles plaines parsemées de villes, bourgs, villages, et qui produisent une grande quantité de froment et nourrissent de nombreux troupeaux de moutons et de bêtes à cornes. La ville de Chartres est regardée comme la capitale de la Beauce. Au reste, cette contrée n'a jamais formé une province particulière, car elle n'a jamais donné son nom à aucune juridiction, soit spirituelle, soit temporelle. Il n'y a jamais eu non plus de seigneurs particuliers qui aient porté le titre ou le nom de seigneurs de Beauce. La Beauce est comprise aujourd'hui dans le département d'Eure-et-Loir.

BEAUCHAMP (ALPHONSE DE), né à Monaco, en 1768, était le fils du major de place de cette ville, homme de plaisir, mélomane très-prononcé, et qui, possédant peu de fortune, eut cependant le talent de marier avantageusement ses cinq filles. S'il n'enrichit pas son fils aîné, ce ne fut pas sa faute. Deux des sœurs de M. de Beauchamp étaient d'une rare beauté : l'aînée épousa le comte de Neuilly, maréchal de camp, âgé de soixante ans, mais riche de 60,000 francs de rentes. Elle devint lectrice de la reine Marie-Antoinette. Ses enfants, qui vivent encore, ont rempli des places à la cour de Louis XVIII. La plus jeune inspira une ardente passion à M. de Millo, frère du cardinal de ce nom, maréchal de camp, propriétaire d'un régiment italien au service de France, et gouverneur de la principauté de Monaco. Le vieux général avait déjà eu d'un premier mariage sept enfants ; de son second, avec Mˡˡᵉ de Beauchamp, qui n'avait que quinze ans, sont issues deux filles. Nous parlerons ailleurs de l'aînée, la célèbre madame de *Campestre*. La seconde devint successivement, par le crédit de Mᵐᵉ d'Arjuzon et du chevalier de Pougens, lectrice, dame d'atours, puis dame du palais de la princesse Borghèse, et épousa un écuyer du prince, le marquis de Saluces, créé baron de l'empire.

Quant à Alphonse de Beauchamp, il avait été envoyé à Paris pour y faire ses études. Élevé dans le grand monde, fréquentant la maison du duc Joseph de Valentinois, prince de Monaco, admis dans la société de sa sœur, la lectrice de la reine, et dans la société de son autre sœur, la marquise de Millo, il contracta, avec les habitudes du grand monde, le goût des plaisirs dispendieux. Son père le rappela pour le faire entrer comme lieutenant au service de Sardaigne. Mais il se sentait peu de goût pour le métier des armes ; il donna sa démission, et lorsque la révolution de 1789 vint à éclater, il embrassa avec ardeur des opinions très-différentes de celles qu'il a professées depuis. Ses principes lui attirèrent une longue détention dans la forteresse de Ceva. Ayant enfin obtenu sa liberté, il vint en France ; et comme il se sentait du goût pour la littérature, il se mit, comme beaucoup de jeunes gens le faisaient alors, aux gages des libraires. C'est à lui que l'on doit la première *table du Moniteur* ou *Dictionnaire de la Révolution française*, dont Girardin était l'éditeur.

Il obtint ensuite un emploi au ministère de la police, dans la division du conseiller d'État Réal. Tous les documents concernant les émigrés et les anciens Vendéens se trouvaient dans les cartons confiés à sa charge ; il y puisait largement dans ces instants de loisir les notes qui devaient servir de matériaux à son *Histoire des Guerres de la Vendée et des Chouans*. Cet ouvrage obtint un succès prodigieux, et eut trois éditions. S'il enrichit les libraires, il profita peu à son auteur, et l'exposa même aux plus grands dangers. On reprocha à Beauchamp d'avoir enlevé un dossier qui lui était confié : il fut destitué, et il aurait été enfermé au donjon de Vincennes, peut-être même livré à une commission militaire, s'il ne se fût retiré quelque temps à Reims pour laisser passer l'orage. Il obtint en 1810, par la protection de sa nièce, une petite place dans les Droits réunis, et la perdit en 1814. Mais il en fut amplement dédommagé lorsqu'il consentit à soutenir comme écrivain les opinions les plus exagérées de la Restauration.

Dans un écrit publié au commencement de 1815, il avait rejeté sur M. Bouvier-Dumolard, ancien préfet de Toulouse, la responsabilité de tout le sang inutilement versé dans la mémorable bataille livrée le 4 avril 1814 sous les murs de cette ville, en cachant au maréchal Soult les dépêches qui lui annonçaient la déchéance de Napoléon. M. Bouvier-Dumolard intenta pendant les Cent-Jours et gagna contre Beauchamp un procès en calomnie, et il abandonna aux pauvres les dommages et intérêts que lui avait adjugés la police correctionnelle.

Doué d'une mémoire prodigieuse, qu'avait alimentée le travail ingrat et presque mécanique des *Tables du Moniteur*, Beauchamp fit son profit d'un grand nombre d'anecdotes plus ou moins scandaleuses tombées dans l'oubli de la génération contemporaine. Il commit la faute d'en attribuer le récit à Fouché d'Otrante lui-même, qui venait de mourir, et il s'en servit pour composer les prétendus *Mémoires posthumes de Fouché, duc d'Otrante*. Le fils du conventionnel crut devoir venger la mémoire de son père contre une licence que l'on permettrait difficilement à un romancier, qui à plus forte raison devait être interdite à un historien, et il demanda satisfaction aux tribunaux. Malgré les efforts de M⁰ Couture, son habile avocat, Beauchamp fut condamné à des dommages et intérêts, et, ce qui lui était le plus sensible, la suppression de toute l'édition fut ordonnée.

Beauchamp mourut du choléra en 1832. Nous n'entreprendrons pas ici l'énumération de ses nombreux écrits. La *Table du Moniteur* est son œuvre de patience, et l'*Histoire de la Vendée* le seul titre littéraire qu'il puisse invoquer. Toutes ses compositions se distinguent par l'abondance des idées, l'élégance, l'extrême facilité du style; mais elles se ressentent de la précipitation forcée du travail. On désirerait surtout plus de critique et de choix dans ses compositions historiques, bien qu'il se flattât d'avoir une vocation particulière pour ce genre. BRETON.

BEAUFFREMONT (Famille DE). *Voyez* BAUFFREMONT.

BEAUFORT, nom d'une des plus célèbres familles d'Angleterre, originaire de l'Anjou.

BEAUFORT (JEAN), I⁰ʳ du nom, fils naturel de Jean de Gand, troisième fils d'Édouard III, fut plus tard légitimé, ainsi que ses frères. En 1397 Richard II le créa comte de Somerset et grand amiral, puis, en 1398, marquis de Dorset. Henri IV lui ayant enlevé ce dernier titre, le parlement, dont Beaufort était le favori, insista pour qu'il lui fût rendu; mais il y renonça volontairement en faveur de son frère, Thomas Beaufort, qui fut ensuite duc d'Exeter.

BEAUFORT (JEAN), II⁰ du nom, fils de Jean I⁰ʳ, fut créé par Henri V duc de Somerset, de Jean, duc de Lancastre, fille unique, mariée à Edmond Tudor, comte de Richmond, duquel elle eut un fils, qui fut depuis le roi Henri VII.

BEAUFORT (EDMOND), duc et comte de Dorset, frère du précédent, s'efforça, après la mort du duc de Bedford, de devenir régent de la France; et Richard, duc d'York, lui ayant été préféré, il conçut contre lui la haine la plus implacable. En 1445, la régence ayant de nouveau été promise au duc d'York pour cinq ans, il parvint, grâce à l'intervention de la reine Marguerite et de son favori, le duc de Suffolk, à décider Henri VI à manquer à sa parole et à confier à Beaufort l'administration de la France, au détriment du duc d'York. Mais Beaufort apporta tant de négligence dans l'exercice de ces fonctions que les Français purent reprendre aux Anglais la Normandie et tout le littoral du nord de la France, à l'exception de Calais et de Guines. Aussi, lorsqu'il revint en Angleterre, en 1550, le peuple témoigna à sa vue une telle indignation que le roi fut dans le plus grand péril pour sauver sa vie et sa liberté; mais bientôt après cette princesse lui fit rendre son gouvernement de Calais et de Guines. Le duc d'York, qui prit les armes contre le parti de la cour, défit complétement, en 1455, l'armée royale à la bataille de Saint-Albans, où Beaufort fut tué dans la mêlée.

Ses trois fils, HENRI, EDMOND et JEAN, cherchèrent à venger la mort de leur père, mais ils échouèrent dans toutes les tentatives qu'ils firent contre la maison d'York. Dans le cours de cette guerre civile (1463 à 1471), Henri et Edmond périrent du dernier supplice par ordre d'Édouard VI d'York; et la ligne directe des Beaufort s'éteignit avec Jean, mort sans laisser d'enfants légitimes.

Un fils naturel de Henri, *Charles* SOMERSET, fut créé en 1506 baron Herbert de Ragland, et en 1514 comte de Worcester. Un de ses descendants, HENRI, cinquième comte de Worcester, fut créé, en 1642, marquis de Worcester; et son petit-fils HENRI fut, en 1682, créé duc de Beaufort par Charles II; il est la souche de la famille de Beaufort actuelle.

Les *ducs de Beaufort* de France descendaient de Gabrielle d'Estrées, l'une des maîtresses du roi Henri IV, qui, par amour pour elle, avait érigé en duché-pairie (1597) la petite ville de Beaufort en Champagne, appartenant à la famille d'Estrées. Le personnage le plus célèbre de cette maison fut François de Vendôme, duc de *Beaufort* (*voyez* l'article ci-après), petit-fils de Gabrielle et de Henri IV.

Les comtes et les ducs de *Beaufort* ou *Beaufort* de Belgique tirent leur nom d'un château situé dans le comté de Namur. Dès l'an 1005 l'empereur Henri V fit don de ce manoir à Walter, fils de Gottfreod ou Godefroy, prince des Ardennes. Au treizième siècle cette maison s'était partagée en quatre branches, les *Beaufort de Gones*, les *Beaufort de Fallais*, les *Beaufort de Celles* et les *Beaufort de Spontin*.

Charles-Albert DE BEAUFORT, conseiller intime et chambellan de l'empereur, fut confirmé le 10 février 1746 dans son titre de comte, et nommé marquis avec rang de prince. — Son fils, *Frédéric-Auguste-Alexandre*, créé en 1783 DUC DE BEAUFORT, fut nommé en 1815 gouverneur général de la Belgique par les alliés, et mourut le 22 avril 1817, à Bruxelles, avec le titre de grand-maréchal de la cour du roi des Pays-Bas. — Son fils aîné et héritier, *Ladislas*, né en 1809, étant mort en 1834, sans laisser d'enfants, le titre de duc est passé au frère cadet, *Alfred*, né en 1816. Cette famille possède de grandes propriétés non-seulement en Belgique, mais encore en Bohême et en Autriche.

BEAUFORT (HENRI DE), cardinal et évêque de Winchester, fils de Jean, duc de Lancastre, et beau-frère de Henri IV, n'appartenait pas à la famille de Beaufort dont nous avons parlé plus haut. Élevé en Allemagne, il fut à trois reprises chancelier du royaume et mêlé aux affaires les plus importantes de son temps. En 1417 il vint assister au concile tenu à Constance, où il appuya l'élection du pape Martin V, qui l'en récompensa en le nommant cardinal. Son neveu, Henri V, pour fournir aux frais de la guerre contre la France, ayant formé le projet d'établir un nouvel impôt sur les biens de l'Église situés dans les provinces françaises soumises à sa domination, il obtint de lui qu'il y renonçât, et le pape fut si sensible à cette attention, qu'il le nomma bientôt après son légat en Allemagne, chargé d'y organiser une croisade contre les hussites. Cette entreprise ayant échoué, et Henri de Beaufort ayant employé l'argent du pape à organiser une armée anglaise destinée à agir contre la France, il encourut pour ce fait la disgrâce du saint-siége. En 1431 il conduisit en France le jeune roi Henri VI pour le faire couronner à Paris; il s'efforça aussi, mais inutilement, de réconcilier les ducs de Bourgogne et de Bedford, et mourut à Winchester, en 1447. Sa mémoire est demeurée justement flétrie pour la part qu'il prit à l'assassinat du duc de Glocester, et pour le rôle important qu'il joua comme président du tribunal dans la procédure inique qui eut pour résultat la condamnation à mort de Jeanne d'Arc.

BEAUFORT (FRANÇOIS DE VENDOME, duc DE) naquit à Paris, en janvier 1616. Son père, César de Vendôme, était fils naturel d'Henri IV et de Gabrielle d'Estrées. Il n'avait pas vingt ans quand il se distingua à la bataille d'Avein et aux siéges de Corbie, d'Hesdin et d'Arras.

La reine Anne d'Autriche avait pour ce jeune prince plus que de la bienveillance. Il paraît qu'instruit de l'intérêt que prenait la reine à la conspiration de Cinq-Mars, le duc avait mieux aimé se réfugier en Angleterre que de faire des aveux qui compromissent cette princesse. A son retour, après la mort de Richelieu, Anne d'Autriche le reçut avec la plus grande distinction, et dit publiquement en parlant de lui : « Voilà le plus honnête homme de France. » Elle lui donna même la plus grande marque d'estime en le chargeant de la garde de ses deux fils au moment de la mort de Louis XIII, les croyant alors en péril. Mais cette intimité dura peu. Après l'entrée aux affaires du cardinal Mazarin, voyant son crédit baisser, le duc de Beaufort s'emporta de la manière du monde la plus imprudente. « Il refusa, dit le cardinal de Retz, tous les avantages que la reine lui offrait avec profusion ; il fit vanité de donner au monde toutes les démonstrations d'un amant irrité ; il ne ménagea en rien le duc d'Orléans. Il brava dans les premiers jours le prince de Condé ; il l'outra ensuite par la déclaration publique qu'il fit contre madame de Longueville en faveur de madame de Montbazon, dont il était épris. Cette déclaration était relative à la contrefaçon qu'on accusait celle-ci d'avoir faite de lettres de madame de Longueville à Coligny. Enfin il forma la cabale des Importants, et, selon le style de tous ceux qui ont plus de vanité que de sens, il ne manqua pas en toute occasion de donner de grandes apparences aux moindres choses. L'on tenait cabinet mal à propos, l'on donnait des rendez-vous sans sujet ; les chasses même paraissaient mystérieuses. Enfin il manœuvra si adroitement qu'il se fit arrêter au Louvre par Guitaut, capitaine des gardes de la reine. » Le lendemain il était au donjon de Vincennes, et ne parvint à s'échapper que grâce au dévouement d'un homme du peuple qui s'était fait son geôlier pour assurer sa fuite.

La nouvelle de son évasion parvint bientôt à la cour. Mazarin ne montra ni chagrin ni surprise ; la reine, qui ne haïssait Beaufort que *par raison d'État*, apprit la nouvelle avec indifférence. Six mois après, le duc présenta requête au parlement pour être justifié de l'accusation portée contre lui. L'arrêt de réhabilitation ne se fit pas attendre. Il fut prononcé sans débats. Ce jour fut pour lui un véritable triomphe. Toute la population de Paris chanta des vaudevilles en son honneur. Le sobriquet de *Roi des halles* que lui avait donné la cour fut le refrain obligé de joyeux couplets improvisés par les poètes populaires.

Le duc alla se loger rue Quincampoix, chez le marguillier de Saint-Nicolas des Champs pour être au centre de son royaume. Ce n'était du reste pas par de vaines et affectueuses démonstrations que Beaufort avait obtenu une immense popularité, mais par des services essentiels rendus aux habitants de la capitale. A l'époque de la Fronde, les troupes de Mazarin arrêtaient dans toutes les directions les convois dirigés sur Paris. Un convoi considérable était parti d'Étampes ; Beaufort se met à la tête de la nombreuse escorte qui devait protéger sa marche ; ce convoi se composait de grains et de bestiaux. Le maréchal de Grammont, à la tête de l'armée royale, qui contraint de se retirer devant la troupe de Beaufort, et le convoi arriva sans encombre à sa destination.

Quand le prince de Condé commença la guerre civile, le duc de Beaufort devint un de ses lieutenants. C'est alors qu'éclata entre lui et son beau-frère, le duc de Nemours, une si violente inimitié qu'ils se battirent en duel. Le combat eut lieu en 1652, à Paris, derrière l'hôtel de Vendôme, et le duc de Beaufort tua son beau-frère d'un coup de pistolet.

Quand Louis XIV revint à Paris, le duc de Beaufort se soumit à l'autorité royale, et ne prit aucune part à la lutte que Condé prolongea quelques années encore. Ce ne fut plus qu'un sujet soumis qui servit le grand roi en soldat fidèle autant que brave. En 1664 il fut chargé d'une expédition navale contre les corsaires de Djidjelly ; l'année suivante il battit deux fois sur mer les Algériens. En 1669 il alla à Candie secourir les Vénitiens, attaqués depuis vingt-quatre ans par les Turcs. Quinze jours après son arrivée, il fut tué dans une sortie. Son corps ne fut pas reconnu parmi les morts : aussi a-t-on supposé qu'il avait été enlevé ; et dans le vague de mille conjectures contradictoires, on l'a dit prisonnier en Turquie, et on a cru le retrouver dans le Masque de fer de la Bastille. Ses funérailles furent célébrées avec une magnificence extraordinaire à Rome, à Venise et à Paris. Il ne s'était point marié, et ne laissa point d'enfants naturels.

BEAUFORT (LOUIS DE), savant historien français, gouverneur du prince de Hesse-Hombourg et membre de la Société royale de Londres, mort à Maëstricht, en 1795. Dans son petit livre sur *l'Incertitude des cinq premiers siècles de l'histoire romaine*, 1738, il porta le premier une main courageuse sur l'échafaudage de romans qu'on était convenu jusque alors d'appeler l'histoire des premiers temps de Rome. Sa critique incisive dévoila les contradictions et les falsifications que les auteurs anciens s'étaient permises sur cet objet, et Niebuhr, ainsi que M. Michelet, ont suivi ses traces en tâchant de rééditier là où l'élève du sceptique Bayle n'avait fait que détruire. Le second ouvrage de Beaufort, intitulé : *De la République romaine, ou plan général de l'ancien gouvernement de Rome* (1766, 2 vol. in-4°), augmenta encore sa réputation. Nous savons aujourd'hui jusqu'à quel point il s'y est appuyé des travaux du jurisconsulte italien Sigonius ; mais cet ouvrage n'en reste pas moins un livre classique pour tous ceux qui veulent étudier les mœurs et la forme du gouvernement de l'ancienne Rome. Il est écrit d'un style simple, élégant, et mériterait d'être consulté plus souvent qu'il ne l'est de nos jours.

BEAUGENCY, ville du département du Loiret, sur la rive droite de la Loire, peuplée de 4,833 habitants. On y fabrique des serges drapées, des eaux-de-vie, des cuirs et du sucre de betterave ; les environs produisent de très-bons vins d'ordinaire ; on y trouve des sources ferrugineuses. Beaugency n'offre rien de remarquable qu'un vieux pont de trente-huit arches sur la Loire. Anciennement elle avait un château dont la construction était attribuée aux Gallois, et relevait en partie de l'église d'Amiens, en partie du comté de Blois. On peut voir dans la *Gallia Christiana* les circonstances qui ont amené ce droit de l'église d'Amiens.

Sous les premiers Capétiens Beaugency était une des places les mieux fortifiées du royaume. Elle eut, comme presque toutes les villes françaises, des seigneurs héréditaires. Le dernier sire de Beaugency, Raoul II, vendit sa seigneurie à Philippe le Bel, qui la donna en douaire à la reine Clémence, veuve de Louis le Hutin. A la mort de cette princesse, cette terre fut réunie au domaine.

BEAUHARNAIS (Famille DE), noble famille de l'Orléanais, où dès 1390 Guillaume de Beauharnais épousait Marguerite de Bourges. Jean de Beauharnais témoigna en faveur de la Pucelle lors du procès de l'héroïne. Cette famille se distingua par ses services dans divers emplois civils et militaires. En 1764 la terre de la Ferté-Aurain, qui lui appartenait, fut érigée en marquisat, sous le titre de *Ferté-Beauharnais*.

BEAUHARNAIS (FRANÇOIS, marquis DE), né à La Rochelle, le 12 août 1756, représenta, comme chef de la famille, la noblesse aux états généraux de 1789, et y mérita le surnom de *féal Beauharnais* par sa persévérance à défendre les priviléges de ce corps et les droits du roi. Il voulut même, en 1792, arracher Louis XVI à sa position équivoque, en lui faisant quitter la France ; mais ce projet n'ayant pas réussi, Beauharnais émigra, et devint major général de l'armée de Condé. Lors du procès du roi, il écrivit au président de la Convention pour s'offrir comme otage, et demander à venir le défendre à la barre. Après le licenciement de l'armée de Condé, il sollicita vainement des puissances étrangères le moyen de transporter en Vendée cinq cents gentilshommes, à la tête desquels il annonçait qu'il était prêt à combattre. Plus tard il écrivit à Bonaparte pour le sommer de rendre le trône aux Bourbons. Bonaparte, qui venait d'épouser Joséphine, veuve du vicomte Alexandre de Beauharnais, frère de François, répondit à cette lettre en mariant la fille de François, encore émigré, à M. de Lavalette, qu'il nomma à cette occasion directeur général des postes. On sait par quel dévouement elle illustra son nouveau nom.

Le marquis de Beauharnais, ayant enfin reconnu Napoléon, fut successivement nommé ambassadeur près la reine d'Étrurie, et près le roi d'Espagne. Ce fut en cette dernière qualité qu'il refusa de seconder Murat, qui le pressait d'entrer dans le complot qui devait rendre l'empereur maître de ce pays. Napoléon, à cette nouvelle, donna l'ordre de l'exiler en *Pologne*; mais un copiste ayant par erreur écrit *Sologne*, le marquis en profita pour aller habiter dans ce pays le domaine de ses pères, la Ferté-Beauharnais, que le prince Eugène avait rachetée. L'empereur apprit cette erreur dans un de ses moments de gaieté; il en rit aux éclats, et ne la fit point rectifier. Le marquis resta exilé jusqu'à la Restauration, qui cependant n'eut aucune faveur pour lui. Il est mort aveugle, à Paris, le 3 mars 1846.

François de Beauharnais avait épousé en premières noces sa nièce, *Marie-Françoise de Beauharnais*, dont il avait eu *Émilie-Louise de Beauharnais*, qui épousa, comme nous l'avons dit, le comte de Lavalette, en 1802. — D'un second mariage, le marquis de Beauharnais eut *Hortense-Louise-Françoise de Beauharnais*, née en 1812, qui épousa d'abord Henri Sigfried Richard comte de Querelles, dont elle est devenue veuve en 1846, et qui en 1848 se remaria avec M. Laity, ancien aide de camp du président.

BEAUHARNAIS (Alexandre, vicomte de), frère puîné du précédent, naquit à la Martinique, en 1760. Il était major en second d'un régiment d'infanterie, lorsqu'il épousa mademoiselle Tascher de la Pagerie, devenue depuis l'Impératrice Joséphine. Il se distingua dans les guerres d'Amérique, sous les ordres du maréchal de Rochambeau, revint en France, et fut très-bien accueilli de la cour; ce qui ne l'empêcha pas, cependant, d'embrasser en 1789 la cause de la liberté. Nommé aux états généraux par la noblesse de la sénéchaussée de Blois, il fut un des premiers de son ordre à se réunir au tiers état. Dans la séance du 4 août il appuya la suppression des priviléges et l'égalité entre tous les citoyens. Il fut élu secrétaire de l'Assemblée nationale, puis membre du comité militaire. Il travailla avec ardeur aux préparatifs qu'on fit au Champ de Mars pour la première Fédération ; il était, dit Mercier, attelé à la même charrette que l'abbé Sieyès.

Il eut le tort de trop se souvenir de son métier de soldat quand il loua la conduite de Bouillé pendant les troubles de Nancy ; mais il montra une grande dignité lorsqu'on annonça à l'Assemblée, qu'il présidait, la fuite de Louis XVI. « Messieurs, dit-il, le roi est parti cette nuit; passons à l'ordre du jour ! » Après avoir présidé une seconde fois l'Assemblée nationale, il fut détaché à l'armée du Nord, en qualité d'adjudant général ; il commanda le camp de Soissons sous les ordres de Custine, et prêta le serment exigé après le 10 août. Parvenu au grade de général en 1792, il refusa le ministère de la guerre ; mais il accepta, l'année suivante, le commandement de la première armée du Rhin. Toutefois, il ne conserva pas longtemps cette position : indigné de la hauteur avec laquelle les représentants du peuple lui ordonnaient de détacher 15,000 hommes pour renforcer l'armée de la Moselle au moment où la sienne luttait à grand'peine contre Wurmser, et prévoyant ce qui résulterait de l'accomplissement de cet ordre, il donna sa démission, et se retira à la Ferté-Beauharnais, où il remplit avec zèle et dévouement les fonctions de maire.

Arrêté dans cette paisible retraite, il fut transféré à Paris,

et renfermé au Luxembourg, d'où on le traduisit au tribunal révolutionnaire, qui le condamna à mort, le 23 juillet 1794, quelques jours avant qu'on y envoyât Robespierre et ses partisans. Exécuté le même jour, à l'âge de trente-quatre ans, il avait écrit à sa femme, aussi en prison, et dont il était depuis longtemps séparé, pour lui recommander leurs enfants *Eugène* et *Hortense*; mais le sort devait se charger de les pourvoir.

Nous donnerons des articles particuliers à l'impératrice Joséphine, ainsi qu'à ses deux enfants, le prince Eugène et la reine Hortense, mère du président de la république. Le prince Eugène, après la chute de l'Empire, resta prince allemand, et sa famille a gardé son titre de Leuchtenberg. C'est à ce mot que nous retrouverons sa descendance. Mais d'autres personnages de la famille Beauharnais méritent encore de nous occuper ici.

[BEAUHARNAIS (Marie-Anne-Françoise Mouchard, plus connue sous le nom de Fanny, comtesse de) était née à Paris, en 1738. Son père, receveur général des finances, lui avait fait donner une éducation brillante. On ne connaissait alors d'autres pensionnats pour les demoiselles que les couvents ; mais on y admettait des maîtres d'agréments de tous les genres. Fanny fut, auteur à l'âge de dix ans : c'était l'impatience d'un jeune talent tourmenté d'un besoin précoce de se produire. Les religieuses lui enlevèrent son poëme, et le malencontreux manuscrit fut brûlé ; mais le talent qui l'avait créé lui resta, et quelques années après Fanny put se livrer à ses inspirations sans avoir à craindre la censure de ses scrupuleuses institutrices ; elle fut citée dans les salons de la capitale. Elle était jeune, riche et jolie ; ces avantages rehaussèrent l'éclat de ses succès. La Société patriotique bretonne, l'académie de Lyon, celle des Arcades de Rome et d'autres sociétés littéraires s'empressèrent de l'admettre dans leur sein. En l'an VIII, le Lycée de Toulouse, qui remplaçait l'ancienne Académie des sciences et celle des Jeux floraux de la même ville, la reçut au nombre de ses associés. Elle épousa le comte de Beauharnais, chef d'escadre, oncle d'Alexandre et de François. Cet hymen ne fut pas heureux : les époux se séparèrent après quelques années d'union. Fanny Beauharnais s'était retirée au couvent des Visitandines de la rue du Bac.

Devenue libre, elle put se livrer à son goût pour la littérature. Elle réunissait chez elle Mably, Bitaubé, Bailly, d'Arnaud, Mercier, Dorat-Cubières, etc. En 1788 elle put réaliser un projet conçu depuis longtemps : elle quitta Paris pour aller visiter la terre classique des arts. Son voyage fut une nouvelle étude dont elle sut profiter. Elle avait déjà publié plusieurs ouvrages en prose et en vers, et elle arriva en Italie précédée d'une brillante réputation. Les éloges et les critiques sévères ne lui manquèrent pas. Le poëte Lebrun et contre elle quelques épigrammes, plus poignantes qu'ingénieuses. Madame Fanny Beauharnais eut le bon esprit de ne pas s'en fâcher, et d'en rire la première. Elle partagea avec mesdames d'Hautpoul et Pipelet (princesse de Salm) les bonneurs du Lycée Thélusson. Les poésies légères, les concerts, les bals, avaient succédé aux cours graves et parfois monotones de La Harpe. Les rapports de famille, une conformité parfaite de goût et de caractère l'unissaient à Joséphine, veuve d'Alexandre Beauharnais, son neveu, et qu'attendaient la plus haute fortune et les plus déplorables revers. L'ancienne noblesse, dans les jours fastueux du Consulat et de l'Empire, assiégeait les salons de Joséphine et de sa tante. Les soirées de madame Fanny Beauharnais réunissaient les notabilités d'autrefois et celles du jour ; le siècle qui commençait et celui qui venait de finir s'y trouvaient représentés. Elle conserva dans un âge déjà avancé beaucoup de fraîcheur et des traits brillants d'expression et de bonté. Les hommages qu'elle recevait n'étaient pas désintéressés, et ses nombreux admirateurs étaient plus politiques que sincères.

A l'une de ces fastueuses soirées, l'on célébrait l'anniversaire de la *bonne*, de l'*excellente Fanny*, par l'inauguration de son buste : une main ennemie avait placé un billet entre le buste et le piédestal. Un des heureux conviés s'en empara : nul doute que ce ne fût quelque impromptu galant en l'honneur de la belle comtesse. On demande qu'il soit lu à haute voix ; tous les regards sont fixés sur le mystérieux billet ; un profond silence règne dans le salon ; on entend :

Églé, belle et poète, a deux petits travers.

Le lecteur, désappointé, s'arrête ; on le presse de continuer : c'était le premier vers d'une épigramme fort connue ; mais le second pouvait avoir été changé, et le trait satirique remplacé par un madrigal. Le lecteur avait eu le temps de le lire pour lui seul et s'était empressé de déchirer le fatal billet. Rien n'avait été changé ; le second vers, qui ne fut pas lu, portait bien :

Elle fait son visage, et ne fait pas ses vers.

L'application était flagrante. Ce petit incident n'apporta pas le moindre trouble à la fête ; mais madame Fanny Beauharnais dut être plus sévère sur le choix de ses invités.

Ses nombreux ouvrages appartiennent par leur genre et par leur style à l'école de Dorat, de Marivaux et de Demoustier. On remarque pourtant dans quelques-uns une certaine élévation de pensées et une observation approfondie des mœurs et des tendances politiques de l'époque. On a contesté à madame Fanny Beauharnais la plupart de ses ouvrages ; on en a attribué une partie à Dorat-Cubières et à d'autres gens de lettres, qui composaient la société intime de cette dame. Il est du moins certain qu'elle avait pris rang parmi les notabilités littéraires avant ses premières relations avec eux. C'est un problème dont la solution n'offre plus d'intérêt. Elle ne fut pas témoin de la fin déplorable de l'impératrice Joséphine, à laquelle elle avait voué un amour de mère ; elle mourut à Paris le 2 juillet 1813, à l'âge de soixante-quinze ans. DUFEY (de l'Yonne).]

BEAUHARNAIS (CLAUDE, comte DE), fils de la précédente et cousin de François et d'Alexandre, était officier dans les gardes françaises. Il épousa d'abord mademoiselle de Marnésia, puis mademoiselle Fortun, fille d'un armateur de Nantes. Il eut du premier mariage *Stéphanie-Louise-Adrienne*, que Napoléon unit en 1806 au grand-duc de Bade Charles-Louis-Frédéric, mort le 8 décembre 1818, sans descendant mâle. Sénateur titulaire de la sénatorerie d'Amiens, chevalier d'honneur de l'impératrice Marie-Louise, grand cordon de la Légion d'Honneur et grand'croix de l'ordre de la Fidélité de Bade, le comte Claude de Beauharnais fut pendant la Restauration élevé à la dignité de pair de France, et mourut le 10 janvier 1819.

Depuis la mort de son mari, la grande-duchesse de Bade, Stéphanie de Beauharnais, réside à Manheim. Elle est venue il y a quelque temps à Paris rendre visite à son neveu, président de la république française. — La fille cadette du comte Claude de Beauharnais, *Joséphine-Désirée*, issue de son second mariage, est mariée depuis le 7 novembre 1832 avec Adrien-Hippolyte, marquis de Quinquésan de Beaujon.

BEAUJEU (Maison DE). BÉRARD Ier ou BÉRAUD, dit aussi Bernard, troisième fils de Guillaume II, comte de Forez, eut en partage la seigneurie de Beaujeu, vers 890. On ne sait rien sur lui, ni sur ses successeurs BÉRARD II (967) et GUICHARD ou WICHARD Ier (976), si ce n'est qu'ils montrèrent une grande libéralité envers l'abbaye de Cluny. GUICHARD II ne fit pas preuve de moins de condescendance pour le clergé (1060). HUMBERT Ier suivit cet exemple (1079). GUICHARD III fut le premier sire de Beaujeu qui eut des biens dans le pays de Dombes. Ces biens et ceux qui ses successeurs y joignirent au delà de la Saône furent longtemps appelés le Beaujolais *en la part de l'empire*, parce qu'ils relevèrent longtemps de l'empereur d'Allemagne. GUICHARD III reçut en 1129, dans son château de Beaujeu, le pape Innocent II, lorsqu'il retournait à Rome, d'où l'antipape Anaclet l'avait obligé de sortir pour venir chercher un asile en France. Étant tombé gravement malade, il prit l'habit de religieux à Cluny, et y mourut en 1137. Il avait épousé Lucienne, fille de Gui de Rochefort, qui avait d'abord été mariée, ou plutôt fiancée, vers 1104, avant l'âge de puberté, au prince, depuis roi, Louis le Gros, et qui en fut séparée en 1107 pour cause de parenté.

HUMBERT II, fils de Guichard III, lui succéda et se conduisit d'abord avec une extrême licence ; puis, frappé de repentir, il alla en Palestine, et entra dans l'ordre des Templiers. Sa femme Alix, fille d'Amédée II, comte de Savoie, sans le consentement de laquelle il avait pris ce parti, le réclama, et obtint du pape Eugène III la cassation de ses vœux. Sa conversion avait d'abord inspiré de grandes espérances aux moines, au clergé et aux paysans ; mais il n'y persévéra pas. Son avidité lui fit entreprendre des guerres injustes et commettre de grandes déprédations, même sur les biens de l'Église. Il se ligua avec Drogon, archevêque de Lyon, et Girard, comte de Mâcon ; puis il attaqua Renaud III, seigneur de Baugé, de Bresse et d'une partie de Dombes, désola ses terres, et fit prisonnier Ulric de Baugé, son fils. Renaud, hors d'état de résister à cette ligue, imploré le secours du roi Louis le Jeune, qui interposa vainement son autorité. Il fallut que, pour la rançon de son fils, Renaud cédât à Humbert des terres considérables en Bresse. Sur la fin de ses jours Humbert se retira dans l'abbaye de Cluny, où il mourut en 1174.

HUMBERT III, dit *le Jeune*, continua la guerre que son père avait commencée contre le seigneur de Bresse, et la fit aussi à l'abbaye de Cluny, de concert avec Guillaume II, comte de Châlons, Girard, comte de Mâcon, et d'autres seigneurs. En 1180 Philippe-Auguste mit fin à leurs déprédations. Humbert III eut la gloire de fonder Villefranche, qui devint la capitale du Beaujolais. Il acquit la seigneurie de Montpensier par son mariage avec Agnès de Thiern. Il mourut vers 1202.

GUICHARD IV, son fils, termina généreusement des contestations qu'il avait avec l'abbaye de Cluny, et fit une guerre injuste à son cousin le vicomte Gui de Thiern. En 1209 il prit part à la croisade contre les Albigeois, et alla rejoindre le prince Louis de France (depuis Louis VIII). L'année suivante, ayant été député par le roi Philippe-Auguste, son beau-frère, au pape Innocent III et à l'empereur de Constantinople, il partit avec sa femme, Sibylle de Flandre, et revint chargé de richesses. En passant par Assise à son retour, il obtint de saint François trois religieux de son ordre, qu'il amena à Villefranche, où il fonda pour eux le premier couvent que cet ordre ait eu en France. Guichard, toujours dévoué au prince Louis, retourna (1215) avec lui en Languedoc pour reprendre la guerre contre les Albigeois. Il l'accompagna aussi dans son expédition d'Angleterre, et mourut à Douvres, en 1216.

HUMBERT IV, fils aîné de Guichard IV, servit utilement Philippe-Auguste et Louis VIII dans la guerre contre les Albigeois. Ce dernier, avant de quitter le Languedoc, nomma Humbert gouverneur de tout le pays, titre qui lui fut confirmé par saint Louis. Il se signala par son fanatisme et les malheureux sectaires. Ainsi, après la prise du château de la Bessède, près d'Albert (1227), il fit passer au fil de l'épée ou assommer à coups de bâton tous ceux qui s'y trouvaient. L'évêque de Toulouse tâcha en vain de sauver la vie aux femmes et aux enfants. Baudouin II, empereur latin de Constantinople, étant venu chercher du secours en Occident, le sire de Beaujeu se chargea, l'an 1239, de le reconduire dans ses États. A son retour en France il fut nommé connétable par saint Louis. Après avoir augmenté ses domaines par diverses acquisitions, Humbert partit avec saint Louis pour la croisade. Le sire de Joinville fait un grand éloge de la valeur et de la sagesse qu'il montra dans cette expédition, et une ancienne chronique dit qu'il mourut en 1250, en Égypte.

GUICHARD V, son fils, lui succéda dans la seigneurie de Beaujeu et dans la charge de connétable. Il força plusieurs petits seigneurs du voisinage à lui rendre hommage; mais lui-même dut fléchir à son tour le genou devant Philippe, archevêque de Lyon. Il secourut Charles, comte de Provence, contre ses sujets révoltés, et fut depuis envoyé par saint Louis comme ambassadeur en Angleterre, où il mourut sans enfants, en 1265.

Isabelle, sœur de Guichard V, veuve de Simon de Semur, et remariée à Renaud, comte de Forez, se mit en possession de la seigneurie, qu'un arrêt de la cour du roi lui conserva, malgré les réclamations que firent valoir les fils de deux de ses sœurs. En 1273 elle la céda à Louis, son second fils.

Louis de Forez eut des démêlés avec quelques seigneurs voisins, et fit la guerre à l'archevêque de Lyon. Il mourut en 1290. Il paraît qu'il fut connétable.

GUICHARD VI, son fils, surnommé *le Grand*, servit avec gloire sous les rois Philippe le Bel, Louis le Hutin, Philippe le Long, Charles le Bel et Philippe de Valois, desquels (dit la chronique) *il fut seigneur chambellan et grand gouverneur*. Il termina par des arrangements les guerres que son père lui avait laissées avec quelques seigneurs et avec les archevêques de Lyon. Il avait droit de battre monnaie dans la partie de la principauté de Dombes qui lui appartenait, et que les rois de France eux-mêmes regardaient comme une souveraineté indépendante du royaume. Il fut fait prisonnier dans une guerre où il soutint Édouard, comte de Savoie, contre Guigues VIII, dauphin de Viennois (1325), et pour acheter sa liberté (1327) il promit de donner une partie des terres qu'il avait dans le pays de Dombes, dans le Valromey et dans le Dauphiné ; mais après sa délivrance il refusa de remplir les engagements qu'il avait pris envers le dauphin, ce qui devint une semence de guerres entre eux et leurs successeurs. En 1328 il combattit vaillamment à la bataille de Cassel, où Philippe de Valois triompha des Flamands révoltés contre leur comte. Il mourut en 1331.

ÉDOUARD Ier, son fils aîné, lui succéda. « Ce prince, dit une chronique, était fort dévot à la vierge Marie : il mena quantité de gentils-hommes au voyage d'outre-mer à ses propres coûts et dépens, et batailla longtemps contre ceux qui tenoient la loi de Mahomet. » Il se distingua en différentes batailles, et surtout à celle de Crécy. Sous lui, sa seigneurie s'agrandit encore par de nouvelles acquisitions. En 1347, après la démission du maréchal de Montmorency, son beau-frère, il fut nommé maréchal de France. Il fit la guerre à Humbert, dauphin de Viennois, et mourut vers 1351, dans un combat qu'il livra près d'Ardres aux Anglais.

ANTOINE, fils d'Édouard, lui succéda sous la tutelle de Marie de Thil, sa mère, qu'il perdit en 1359. Plus tard, il soutint la réputation d'habile capitaine que son père s'était acquise : il ne paraît pas néanmoins qu'il ait assisté à la bataille de Brignais, donnée en 1361, contre les grandes compagnies qui désolaient son pays. Mais il se distingua trois ans après à la bataille de Cocherel. Il s'attacha à la fortune de Bertrand Duguesclin, qu'il suivit en Guienne et en Espagne, et mourut sans enfants à Montpellier, en 1374.

ÉDOUARD II, petit-fils de Guichard VI par Guichard son père, seigneur de Perreux et de Semur, tué à la bataille de Poitiers, recueillit la succession d'Antoine, malgré l'opposition de Marguerite, sœur de ce dernier, et femme de Jacques de Savoie, prince d'Achaïe. En 1376 les officiers d'Édouard, assemblés le 22 décembre avec des bourgeois de la ville de Villefranche dans un cabaret, y signèrent une espèce de code contenant les coutumes, immunités et privilèges de la ville, qu'ils firent ensuite approuver par Édouard. Un des articles porte qu'il *est permis aux maris de battre leurs femmes jusqu'à la mort exclusivement*, sans que le seigneur puisse les en punir. Par un autre il est dit qu'aucun débiteur ne peut être arrêté pendant les foires et marchés. Le refus que fit Édouard de prêter hommage pour plusieurs terres au comte de Savoie, malgré un traité conclu à Paris en 1377, donna naissance à une guerre dont le pays de Dombes fut le théâtre. Après quelques tentatives inutiles d'accommodement, la paix fut conclue en 1383.

Édouard était dans le même temps en procès avec Béatrix de Châlons, veuve d'Antoine de Beaujeu, au sujet de son douaire, dont il s'était emparé. Béatrix, après une longue procédure, obtint contre lui un arrêt de provision. Mais Édouard maltraita les huissiers qui vinrent le lui signifier, et pour se fortifier il donna retraite chez lui à des gens poursuivis par la justice. En conséquence, un arrêt de prise de corps fut décerné contre lui. Il se défendit contre les commissaires, archers et sergents du Châtelet envoyés pour l'exécution de ce jugement ; mais enfin il fut pris et amené aux prisons du Châtelet. Le comte de Savoie sollicita sa grâce, et obtint pour lui du roi Charles VI des lettres de rémission en date du mois de juillet 1388. En 1398, ayant enlevé une fille de Villefranche, il fut ajourné au parlement de Paris. Il était alors dans son château de Beaujeu, et eut un grand pouvoir pendant la minorité de Charles VIII, sous la régence de cette princesse. Quoique le duc d'Orléans eût beaucoup à se plaindre de la régente, il ne fut pas plus tôt devenu roi sous le nom de Louis XII, qu'il combla de faveurs Pierre de Bourbon ; et comme Pierre et Anne n'avaient qu'une fille, ils destinaient à Charles de Bourbon-Montpensier, le roi consentit à ce que les duchés de Bourbonnais et d'Auvergne, ainsi que le comté de Clermont, qui devaient lui revenir, passassent à ce jeune prince. Cette générosité mit à ses pieds ceux dont il aurait pu se venger. Pierre de Beaujeu mourut en 1503.

Suzanne, sa fille, épousa en effet Charles de Montpensier, que cette alliance rendit le plus riche des princes de l'Europe après les rois. C'est le fameux connétable de Bourbon, qui, sous le règne de François Ier sacrifia sa patrie et tous ses devoirs à sa haine contre Louise de Savoie.

LOUIS II, duc de Montpensier, entra en possession du Beaujolais par une transaction passée en 1560 entre le roi François II et lui. Il était neveu du connétable de Bourbon.

Son fils FRANÇOIS, puis son petit-fils HENRI de Bourbon, lui succédèrent en 1582 et 1592.

MARIE de Bourbon, épousa en 1626, Gaston, frère de Louis XIII, dont elle n'eut qu'une fille, Anne-Marie-Louise d'Orléans. Celle-ci, connue dans l'histoire sous le nom de *Mademoiselle*, hérita des biens de sa maison, et avec eux fit passer (1683) le Beaujolais à la deuxième maison d'Orléans, qui, montée sur le trône en 1830, en est descendue en 1848.

Aug. SAVAGNER.

BEAUJEU (ANNE DE FRANCE, dame DE), fille de Louis XI, était née en 1462. L'ombrageuse susceptibilité de Louis XI était d'autant plus grande qu'on lui appartenait de plus près. La princesse Anne, sa fille aînée, semblait avoir échappé à cette funeste prévention. Louis XI la préférait à ses autres enfants. Leurs caractères sympathisaient parfaitement : « Fine femme et déliée, dit Brantôme, et vraie image en tout du roi son père, voire en tout, car elle estoit fort vindicative..., trinquate (brouillonne), corrompue, pleine de dissimulation et grande hypocrisie, qui, pour son ambition, se masquoit et se déguisoit en toute sorte. »

Louis XI, craignant qu'en lui donnant un époux d'un caractère aussi ferme, aussi entreprenant que le sien, elle ne devint trop puissante, lui avait fait épouser Pierre de Bourbon, sire de Beaujeu, prince débonnaire, pacifique, indolent, sans ambition et sans esprit. Il la laissa vivre à son gré à la cour et gouverner sa maison, et se retira dans ses domaines du Beaujolais. S'il eût été susceptible de jalousie, il ne se fût pas éloigné de sa femme. Toute la cour savait qu'elle aimait Louis d'Orléans, devenu plus tard Louis XII, qui épousa depuis la princesse Jeanne, sa sœur cadette. Anne ne lui pardonna jamais cette préférence, et devint sa plus implacable ennemie.

Louis XI avait, par son testament, nommé sa fille chérie tutrice du jeune Charles, son frère, et lui avait conféré le gouvernement du royaume, sans lui donner le titre de régente. Le duc d'Orléans, premier prince du sang, et le duc de Bourbon, frère aîné du sire de Beaujeu, prétendirent à la régence. Le premier était regardé comme héritier présomptif de la couronne : le jeune roi était d'une faible complexion, et le duc d'Orléans avait pour lui toute la cour. Anne paraissait devoir succomber dans ce conflit. A défaut de force, elle employa la ruse, et attendit du temps le succès de ses projets d'ambition. Elle offrit spontanément aux deux compétiteurs de s'en remettre à la décision des états généraux. Les deux princes ne pouvaient refuser cet arbitrage sans se compromettre : ils cédèrent. L'adroite comtesse ne perdit pas un instant pour s'assurer du duc de Bourbon, son beau-frère. Elle lui fit comprendre que si les suffrages de l'assemblée n'étaient pour elle, ils seraient pour le duc d'Orléans, qu'il ne gagnerait par conséquent rien à soutenir ses prétentions. Elle employa un dernier argument, qui triompha des scrupules du faible vieillard : elle lui offrit l'épée de connétable. Le duc de Bourbon ambitionnait depuis trente ans cette haute dignité.

Anne n'eut plus dès lors en tête que le duc d'Orléans. Elle s'était assuré de nombreux partisans dans l'assemblée, qui confirma le testament de Louis XI ; les députés de l'apanage du duc d'Orléans furent les seuls opposants. Quant à lui, il devint furieux d'avoir été dupe des ruses et de l'ambition d'une femme qu'il avait dédaignée, et ne put se rendre maître de son ressentiment. Un jour qu'il jouait à la paume en présence du jeune roi et de sa sœur, la galerie fut consultée sur un coup douteux : Anne de Beaujeu jugea contre le duc. « Luy, qui estoit haut la main, et se doutant d'où venoit ce jugement, commença à dire assez bas que quiconque l'avoit condamné, si c'estoit un homme, il avoit menti ; et si c'estoit une femme, c'estoit une p..... Ce qu'estant rapporté à madame, l'ayant ouï à demy, la lui garda bonne, sous un beau semblant, et depuis oncques ne cessa de lui susciter de tels mescontentements, voire attentats sur sa personne, et fut contraint de sortir de Paris en grande haste, et se sauver. » (Brantôme, *Dames illustres*.)

Il se retira auprès du duc d'Alençon. Il dépendait d'Anne de le faire arrêter ; mais ce coup d'État pouvait avoir des conséquences les plus funestes, et provoquer une guerre civile et une guerre étrangère. Elle se borna à le faire suivre par des agents affidés, qui parvinrent à le rejoindre ; ils lui promirent une réconciliation complète et toutes les garanties qu'il pourrait exiger pour la sûreté de sa personne ; mais le duc se souvenait qu'il avait affaire à une femme rusée et vindicative, capable de tout sacrifier à son ambi-

tion et à son ressentiment. Il lui avait fait un affront public ; elle disposait de toutes les forces et trésors de l'État ; elle pouvait céder à la nécessité des circonstances, ajourner sa vengeance, mais non pas y renoncer. Il renvoya sans réponse les agents d'Anne de Beaujeu, et forma une ligue puissante avec ce même duc de Bourbon, dont Anne avait, dans l'affaire de la régence, acheté la neutralité par le don de l'épée de connétable, le comte d'Angoulême, les seigneurs de Foix et d'Albret. Le duc d'Orléans, à la tête des troupes de ses confédérés, se présenta devant Orléans, capitale de son apanage. Anne de Beaujeu l'avait prévenu ; elle s'était ménagé des intelligences dans cette ville, et les Orléanais lui fermèrent leurs portes. Il se replia sur Beaugency. Anne envoya contre lui deux armées, l'une commandée par le maréchal de Gié, l'autre par Graville ; elle conduisit le jeune roi à Beaugency. Le duc d'Orléans, n'osant soutenir une lutte dont le succès était au moins incertain, envoya des négociateurs à la princesse. « Anne estoit naturellement fine et tenoit *terriblement sa grandeur...*, on peut même dire qu'elle l'emportoit sur le roi son père, et qu'elle estoit plus ferme et moins timide que ce prince, qui rapportoit toute sa politique à la défiance et à la ruse. » (Brantôme.) Elle répondit aux députés du duc d'Orléans qu'après la faute énorme qu'il avait commise, il ne pouvait plus espérer de grâce que dans la clémence du roi. Les députés insistèrent pour que l'affaire fût déférée au conseil. Anne de Beaujeu y consentit sans peine. Le conseil lui était tout dévoué, elle dicta les conditions qui furent imposées au duc d'Orléans. Le prince se soumit, et les autres seigneurs confédérés obtinrent grâce et merci sans condition.

Anne de Beaujeu jouit de son triomphe sans en abuser. Elle voulait illustrer son administration en réunissant la Bretagne à la France. Elle intervint dans les débats du duc François avec ceux qu'on appelait les *mécontents*. Elle fournit à ces derniers de l'argent et des troupes. Le duc d'Orléans, accusé de faire reçu à la cour, avait été bientôt obligé de s'en éloigner. Landais, favori du duc de Bretagne, avait attiré le duc d'Orléans dans cette province pour s'en faire un appui. Anne de Beaujeu n'était intervenue dans les sanglants débats des Bretons et de leur duc que pour avoir un prétexte d'entrer en Bretagne à main armée. Elle suivit son plan avec plus de persévérance et d'adresse que de loyauté, et finit par s'emparer de la plus grande partie de cette province.

Le sire de Beaujeu prit le titre de duc de Bourbon après la mort du connétable, son frère aîné. La nouvelle duchesse voyait à regret s'avancer le terme de sa puissance. Elle avait été véritablement reine depuis la mort de Louis XI. Les courtisans pressaient le jeune roi, Charles VIII, de gouverner par lui-même ; il avait dix-sept ans. La majorité avait été fixée à quatorze ans, non pas que l'on eût qu'à cet âge l'héritier du trône fût capable de gouverner, mais pour prévenir les graves inconvénients d'une régence trop prolongée.

Anne de Beaujeu survécut à son frère. Elle avait craint que le duc d'Orléans, son successeur, ne la punît de tous les maux qu'elle lui avait causés. Les courtisans ne manquèrent pas, en effet, d'exciter son ressentiment ; mais le nouveau roi de France ne voulait pas se venger des injures d'un duc d'Orléans. Anne de Beaujeu eut une vieillesse paisible ; ce n'était pas oubliée pendant sa toute-puissance de quelques années : elle avait enrichi la famille de Bourbon de grands et riches domaines, et c'est à elle que cette maison doit le haut rang qu'elle tint parmi les maisons princières de France, jusqu'à ce qu'elle eût été elle-même placée sur le trône après la mort du dernier des Valois. Anne de Beaujeu mourut le 14 novembre 1522, au château de Chantelle, et fut enterrée auprès de son mari, au prieuré de Souvigny (Bourbonnais). DUFEY (de l'Yonne).

BEAUJOLAIS. Cette province de France était bornée au nord par le Charolais et le Mâconnais, au midi par le Lyonnais et le Forez, à l'orient par la Saône, qui la séparait de la principauté de Dombes, et à l'occident par le Forez, dont elle était presque séparée par la Loire. Son étendue était de 70 kilomètres de longueur sur 52 de largeur. Sous les Gaulois, elle faisait partie du pays des Ségusiens, et peut-être aussi de celui des Branoviens, qui paraissent avoir été les habitants de la contrée qui depuis fut appelée le Brionnais. Sous les empereurs romains, elle appartenait en partie à la cité de Lyon et en partie à celle de Mâcon. Il n'existe même aucun monument ancien qu'on puisse regarder comme propre au Beaujolais. Enlevée aux Romains par les Bourguignons, et à ceux-ci par les Francs, elle passa des Mérovingiens aux descendants de Charlemagne. Elle fut arrachée à ces derniers par Boson, et incorporée dans l'État que ce prince se forma sous le nom de royaume de Provence. Après la mort de Boson, ce pays revint aux rois de France, et fut donné en dot, au moins en partie (955), à Mathilde, sœur du roi Lothaire, lorsqu'elle épousa Conrad, roi de Bourgogne. Les comtes de Forez étaient dès lors en possession du château de Beaujeu et de son territoire, et cette baronnie donna son nom à la maison de Beaujeu. Villefranche devint dans la suite la capitale du Beaujolais. Ce pays formait une des principales et des plus anciennes baronnies du royaume. « Au royaume de France, dit le Grand Coutumier, il ne souloit y avoir que trois baronnies : Bourbon, Coucy et Beaujeu. » On y ajouta ensuite Craon et Sully lorsque Bourbon fut érigé en duché. En 1400 le Beaujolais fut transmis à Louis II, duc de Bourbon; enfin en 1541 François Ier le réunit à la couronne de France. Ce pays forme aujourd'hui l'arrondissement de Villefranche dans le département du Rhône. Son ancienne capitale, *Beaujeu*, à 20 kilomètres de cette dernière ville, sur l'Ardière, est un chef-lieu de canton du département du Rhône.

BEAUJOLAIS (Louis-Charles d'Orléans, comte de), troisième fils de Louis-Philippe-Joseph, duc d'Orléans, et frère du roi Louis-Philippe, naquit à Paris, le 7 octobre 1779. Détenu, à l'âge de treize ans, dans la prison de l'Abbaye avec sa famille, il fut transféré, plus tard, à Marseille, avec son frère le duc de Montpensier. Après une détention de trois ans et demi, à laquelle il n'eût tenu qu'à lui d'échapper si par un admirable dévouement il n'eût préféré demeurer auprès de son frère, dont la tentative d'évasion avait été moins heureuse que la sienne, ils furent tous deux déportés sous le Directoire aux États-Unis, où ils retrouvèrent leur frère aîné, Louis-Philippe. Les trois princes voyagèrent longtemps ensemble, et revinrent ensuite en Angleterre en 1800.

Huit ans après, les atteintes d'une maladie de poitrine déterminèrent le comte de Beaujolais à chercher un climat plus doux. Il allait gagner la Sicile, avec le duc d'Orléans, quand le mal auquel il était en proie l'obligea de s'arrêter à Malte, où il mourut le 30 mai 1808, âgé de vingt-huit ans. Ses éminentes qualités et son aimable caractère l'avaient fait estimer et chérir de tous ceux qui l'avaient connu dans son exil.

BEAUJOLAIS (Petits Comédiens du comte de). Ce fut pour amuser l'enfance du comte de Beaujolais, le plus jeune des frères de Louis-Philippe, que son père, Louis-Philippe-Joseph, alors duc de Chartres, fit construire au Palais-Royal, qu'on venait de rebâtir, le petit théâtre qui existe encore, et donna le nom de *théâtre des Petits Comédiens de S. A. S. le comte de Beaujolais*. Ces petits comédiens ne furent d'abord que de grandes marionnettes en bois de trois pieds de haut. L'ouverture de ce spectacle eut lieu le 24 octobre 1784, avec presque autant d'affluence que celle des théâtres Français et Italien en 1782 et 1783. La salle pouvait contenir huit cents personnes. On y joua un prologue, *Momus, directeur de spectacle*; un proverbe mêlé de vaudevilles, *Il y a commencement à tout*, et une pièce ornée de chants et de danses, *la Fable de Prométhée*. Le prologue et le proverbe parurent détestables; mais la pièce eut le plus grand succès, grâce au mérite du style, à la pompe brillante et variée de la mise en scène, aux ballets exécutés par des petits enfants, et aux voix mélodieuses qui chantaient dans les coulisses. Les marionnettes étaient bien faites et assez naturelles, sauf le fil d'archal qui les faisait mouvoir.

Mais le public se lassa bientôt de ce genre de spectacle, et les directeurs, voyant leur salle déserte, étaient à la veille de faire banqueroute. Ils imaginèrent une nouveauté qui leur réussit à merveille : ce fut de donner de petits opéras-comiques d'un genre neuf. Pour ne pas transgresser la défense de parler et de chanter sur la scène, des enfants devaient y jouer la pantomime, tandis qu'on parlerait et qu'on chanterait pour eux dans la coulisse. Les premiers essais des deux genres réunis parurent en juillet 1785, et furent exécutés avec tant d'intelligence, d'ensemble et de perfection, qu'ils produisirent une illusion complète. C'étaient : *le Vieux soldat*, de Desmaillot, musique de Froment, l'un des premiers violons de l'Opéra; et *l'Amateur de Musique*, paroles et musique du chef d'orchestre Raimond. Tout Paris raffola de cette nouveauté, bien qu'elle fût *renouvelée des Grecs*. On s'extasiait; et quelque prévenu que l'on fût, on ne pouvait croire qu'un seul et même rôle fût ainsi joué simultanément par deux acteurs. Mais les comédiens italiens, alarmés de ce succès, jetèrent les hauts cris contre ce qu'ils appelaient une atteinte formelle au privilège exclusif de chanter qu'ils avaient obtenu de l'Académie Royale de Musique. Leurs plaintes furent si pressantes que dès les premiers jours d'août on interdit aux petits comédiens les pièces mêlées de chant, et on ne leur permit que les pantomimes muettes et les bambochades.

Heureusement ils trouvèrent d'illustres et puissants protecteurs. La défense fut levée au bout de trois semaines, et *la Ruse d'Amour, ou l'Épreuve*, opéra-comique qui y fut joué le 25 avril à Paris, fut encore représentée le 28 septembre à Saint-Cloud, devant la famille royale.

Malgré la difficulté d'établir un ensemble parfait entre les mimes, et surtout les chanteurs et l'orchestre, qui ne pouvaient se voir; malgré le surcroît de dépenses que ces doubles emplois occasionnaient, malgré les frais considérables auxquels donnait lieu la réunion de divers genres, comédies, opéras, pantomimes, ballets, mélodrames, etc., ce singulier spectacle se soutint jusqu'à la révolution. Mais s'il fut alors dégagé des entraves qui avaient contribué à sa prospérité, il devint un théâtre subalterne ordinaire, et compta bientôt un grand nombre de rivaux parmi ceux que la liberté enfanta. Le dernier coup lui fut porté lorsqu'en 1789 la Montansier, directrice du théâtre de Versailles, voulant se fixer à Paris, réussit à les évincer du théâtre du Palais-Royal, dont elle fit l'acquisition. Les Beaujolais émigrèrent sur le boulevard de Ménilmontant, en face la rue Charlot, dans la salle bâtie en 1784 pour les élèves de l'Opéra. Mais leur éloignement du quartier de leurs anciens habitués et le voisinage des tréteaux et des parades du boulevard du Temple, mirent le comble à leur infortune. Après avoir fermé plusieurs fois dans le courant de 1790, ils cessèrent d'exister à la fin de cette année. Le directeur, le chef d'orchestre, quelques acteurs et la plupart des musiciens, fournisseurs et employés passèrent au théâtre nouvellement bâti dans la rue de Louvois, dont l'ouverture eut lieu en 1791. Ils n'avaient eu qu'environ six ans d'existence, mais ils laissèrent des regrets et des souvenirs. H. AUDIFFRET.

BEAUJON (Nicolas), né en 1718, à Bordeaux, d'une famille de marchands, fut successivement receveur général des finances de la généralité de Rouen, banquier de la cour, trésorier et commandeur de l'ordre de Saint-Louis, et enfin conseiller d'État à brevet. Beaujon joignait à une fortune considérable une grande habileté dans les affaires. Son père, le marchand, avait été assez vain pour payer les faveurs de la cour et en obtenir cette place de receveur général au profit de son fils aîné. Le puîné avait acheté la charge d'avocat général à la cour des aides du Bordeaux, où il était plus facile d'entrer qu'au parlement.

Pendant une famine qui désola sa ville natale, Beaujon s'entendit avec son frère l'avocat général pour vendre chèrement au peuple du blé qu'il avait en réserve. Ce délit public le fit décréter de prise de corps; mais il parvint à assoupir l'affaire à Paris. Ses protecteurs l'associèrent à de grandes entreprises : Regnard a dit :

Gagne-t-on ou deux ans un million sans crime?

Beaujon gagna dix millions aussi vite. Banquier de la cour, il payait à vue les bons du Parc-aux-Cerfs. Il eut un harem comme le maréchal de Soubise. Son bonheur était de marier des jeunes filles dont il était adoré, disait-il, de visiter ces époux assortis, et de s'entendre appeler mystérieusement papa par l'aîné.

Avait-on sœur, fille ou femme jolie,

comme dit La Fontaine, on s'adressait à Beaujon. Il a fait la fortune de deux à trois cents comnis.

Sa vanité égalait ses goûts d'épicurien : il envoya une montre garnie de diamants au poète Desmahis, qui l'avait comparé à Lucullus. Sa femme, née Bontemps, étant morte, il la qualifia dans les billets d'enterrement de « très-haute et très-puissante dame, épouse de très-haut et très-puissant seigneur Nicolas Beaujon, secrétaire du roi et de ses finances de La Rochelle ».

Il avait pour médecin Bouvard, qui le négligeait. Pour s'en faire mieux soigner il lui assura six mille livres de rente le temps qu'il le ferait vivre. Le docteur fut dès lors si assidu qu'il en devint importun. A cinquante ans Beaujon se plaignait de ne plus dormir : Bouvard lui envoya une barcelonnette et deux berceuses. La mode en fut aussitôt adoptée par tous les vieillards riches et blasés.

L'hospice qui porte son nom, et qui existe encore au faubourg du Roule, fut fondé et doté par lui avec magnificence en 1784. Ce fut d'abord une école gratuite ouverte à vingt-quatre enfants des deux sexes nés dans la commune du Roule, alors séparée de Paris. Le gouvernement en a fait un hôpital. Beaujon avait donné à sa fondation les terrains, les bâtiments, la chapelle, les vases sacrés et une somme de vingt-cinq mille livres de rente, dotation principière pour le temps. Le testament du célèbre financier contenait en outre pour plus de trois millions de legs. Il mourut à Paris, le 26 décembre 1786, sans laisser d'enfants.

BEAUJOUR (Louis-Auguste-Félix, baron de), né en Provence, entra, en 1788, dans la carrière diplomatique, et fut successivement secrétaire de légation à Munich (1790) et à Dresde (1791), consul général en Grèce en 1794, puis en 1799 consul général chargé d'affaires en Suède. Plus tard (1802) il devint membre du Tribunat, où il se fit remarquer par sa sagesse et sa modération. Il fut élu secrétaire le 21 juin 1803, et président au mois d'octobre suivant. En 1805 Bonaparte, frappé des vues remarquables qu'il se faisaient remarquer dans le *Traité de Lunéville* et le *Traité d'Amiens*, deux opuscules politiques de Beaujour, le nomma commissaire général des relations commerciales à Georges-Town (États-Unis). Cette mission remplie, il revint, en 1814, à Paris, qu'il lui fallut quitter de nouveau en 1816, pour aller prendre possession du consulat général de Smyrne. Chargé l'année suivante de l'inspection générale de tous les consulats d'Orient, il visita les Échelles et les divers établissements français. De retour à Paris en 1818, il reçut le titre de baron.

En 1831 la ville de Marseille l'élut député, voulant reconnaître les services que Beaujour lui avait rendus pendant son administration consulaire. Il fut, vers la même époque, nommé membre correspondant de l'Institut (Académie des Sciences morales et politiques). Appelé en 1835 à la Chambre des Pairs, où, comme à la Chambre des Députés, il votait avec le ministère, il n'y siégea pas longtemps, étant mort le 1er juillet 1836.

On a de lui un grand nombre d'ouvrages statistico-politiques, qui tous furent remarqués à leur apparition, parce qu'ils dénotaient dans leur auteur un homme parfaitement au fait de son sujet, un publiciste clairvoyant et modéré : aussi ces divers écrits ont-ils autant contribué que ses services administratifs à lui ménager un brillant avancement. On remarque dans le nombre : 1° *Expédition d'Annibal en Italie, et de la meilleure manière d'attaquer la Péninsule italique;* un *Aperçu des États-Unis au commencement du dix-neuvième siècle;* une *Théorie des Gouvernements* (1824, 2 vol.); un *Tableau des Révolutions de la France depuis la conquête des Francs jusqu'à l'établissement de la Charte;* enfin un *Voyage militaire dans l'empire othoman* (2 vol. avec cinq cartes).

En 1832 Beaujour fonda à Marseille un prix quinquennal de 5,000 fr. en faveur du meilleur ouvrage sur le commerce de cette ville. La même année il fit une fondation semblable à Paris, dans la classe de l'Institut dont il était membre. Ch. du Rozoir.

BEAULIEU (Blanche de), jeune Vendéenne, vivement poursuivie par nos soldats, allait périr dans un des premiers combats de cette déplorable guerre, lorsqu'elle vint se jeter éperdue, pâle et tremblante, aux pieds du général Marceau, en criant : *Sauvez-moi!* Marceau la relève, la rassure, et les soldats républicains s'arrêtent à la voix de leur jeune général, qui s'empresse de mettre la prisonnière en lieu de sûreté et de la confier à une famille républicaine dont l'humanité et le dévouement lui sont connus. Bientôt il s'éloigne et vole à Savenay, où il achève de mettre les rebelles en pleine déroute. Une loi terrible punissait de mort toute république qui aurait épargné un rebelle. Marceau n'avait revu qu'une fois sa belle protégée : c'était à une messe, où il lui avait donné une rose artificielle. Il est dénoncé : une commission instruit en secret contre lui; sa mort paraît inévitable. Le représentant Bourbotte, qu'il a arraché des mains des Vendéens, se présente à la commission ; il rappelle les services que son libérateur a rendus à la république; il démontre l'injustice des poursuites dirigées contre lui : désespérant de convaincre ses juges, il se fait remettre les pièces de la procédure et les déchire.

Il avait acquitté la dette de la reconnaissance : il faut plus, il s'associe à Marceau pour sauver Blanche de Beaulieu; leurs généreux efforts sont sans succès. L'asile où Marceau l'avait cachée ayant été découvert, elle est arrêtée, conduite en prison, et comparait bientôt devant le redoutable tribunal. Elle est condamnée à mort. Marceau avait oublié les dangers qui le menaçaient, il avait tout tenté pour l'arracher à une mort plus terrible; mais son devoir le retenait loin d'elle, et tandis qu'il sollicitait sa grâce auprès des comités du gouvernement, l'heure fatale, la dernière heure allait sonner pour l'infortunée Blanche; elle a remis à une main amie sa montre et son portrait pour les offrir au héros dont elle avait pleuré l'absence, et dont elle pressentait les vifs regrets et l'affreux désespoir. Elle pressait sur son cœur cette rose dont Marceau avait, dans un jour de bonheur et d'espérance, orné sa belle chevelure. Bientôt ses mains sont attachées; sa tête tombe sous la hache du bourreau, ses lèvres serraient encore la fleur chérie. A la nouvelle de sa mort, Marceau tomba dans le plus violent désespoir; il voulait la suivre dans la tombe. Il se devait à sa patrie, il vécut pour l'honorer et la défendre. Mais la souvenir de Blanche fut la pensée de toute sa vie; il n'en parlait jamais sans verser des larmes d'amour et de respect.
Dufey (de l'Yonne)

BEAULIEU (Jean-Pierre, baron de), l'un des généraux autrichiens les plus distingués du siècle dernier, né, le 26 octobre 1725, aux environs de Namur, et mort à Lintz le 22 décembre 1819, à l'âge de près de quatre-vingt-quinze ans, sortait d'une pauvre et obscure famille de gentils-hommes brabançons. Il embrassa dès l'année 1743 la carrière des armes, et servit avec distinction dans la guerre de Sept Ans, comme aide de camp du feld-maréchal Daun. Après la conclusion de la paix d'Hubertsbourg, il se consacra presque exclusivement dans le sein de sa famille aux arts, aux sciences et à l'éducation de son fils. En 1768 on récompensa ses services antérieurs par le grade de colonel. En 1789 il passa général major, et obtint le commandement de quelques troupes destinées à étouffer la révolution brabançonne. C'est dans un combat livré aux insurgés que, voyant son fils unique tomber à ses côtés mortellement blessé : « Mes amis, leur dit-il en s'adressant à ses soldats, ce n'est pas le moment de pleurer, mais de vaincre! » Devenu lieutenant général, et placé en 1792 sur la frontière des Pays-Bas, Beaulieu se défendit bravement contre les attaques du général Biron, et refoula les Français jusque sous les murs de Valenciennes. Ce fait d'armes, le premier des guerres de la révolution, fut suivi de divers succès en Flandre et dans la province du Luxembourg, où avec 15,000 soldats il soutint un jour les efforts de toute l'armée de la Moselle, commandée par Jourdan.

En 1796 la renommée militaire de Beaulieu lui valut le commandement en chef de l'armée d'Italie. Mais cette faveur fut fatale à sa gloire. Tandis que Bonaparte concentrait son armée sur la rivière de Gênes, entre Peltri et Finale, attendant tranquillement que son adversaire lui prêtât le flanc, Beaulieu, quoique disposant de toutes les ressources nécessaires, différait de jour en jour l'ouverture de la campagne. Au lieu de suivre l'avis du général en chef de l'armée piémontaise, Colli, qui insistait pour qu'on se portât avec toutes les forces disponibles sur le centre des Français, il sut si mal choisir sa position, qu'il laissa un vide entre lui et Colli. Les résultats de cette faute irréparable furent les désastres de Montenotte, de Millesimo, de Montesimo, de Mondovi et de Lodi. Cette dernière journée décida du sort de la Lombardie; et Beaulieu, constamment battu par Bonaparte, dut céder le commandement à Wurmser, que la fortune traita plus impitoyablement encore. Alors Beaulieu quitta le service, pour vivre dans la solitude, où l'accompagnèrent l'estime et les regrets de son armée. Retiré près de Lintz, dans un château qu'il avait acheté du produit de ses économies et des largesses de Léopold, il s'y livra à son goût favori pour l'étude et les soins agricoles, mais toujours poursuivi, écrasé sous le poids des souvenirs de la campagne de 1796.

Il est peu de soldats dont la vie ait été éprouvée par de plus cruels malheurs : son fils tué sous ses yeux, son gendre mortellement frappé à la bataille d'Osterach, ses trois frères morts aussi les armes à la main; sa fortune, sa bibliothèque, son cabinet de médailles et d'antiquités, exposés par les désastres de la guerre; enfin, cinquante années de glorieux services effacés par deux mois de revers, telles furent les douleurs qui attristèrent la vie d'un général estimable sous tous les rapports. Beaulieu a laissé, dit-on, sur ses campagnes, des mémoires restés inédits.

B. Sarrans jeune, anc. membre de l'Assemblée nationale.

BEAUMANOIR (Jean, sire de), issu d'une des plus illustres maisons de Bretagne, embrassa avec chaleur la cause du duc Charles de Blois contre Jean de Bretagne, comte de Montfort. Après la bataille de La Roche-Derrien, en 1347, il succéda à son père, Robert de Beaumanoir, dans la dignité de maréchal de Bretagne. Il obtint quelques succès contre les Anglais, et leur prit entre autres places la ville de Vannes; mais son plus grand titre à la gloire est le célèbre combat des Trente. En 1354 Beaumanoir fut envoyé en Angleterre négocier l'élargissement de Charles de Blois.

Il fut nommé conservateur de la trêve de deux ans conclue à Bordeaux le 23 mars 1357, puis l'un des plénipotentiaires du traité de pacification conclu dans la lande d'Evran, le 12 juillet 1363. Fait prisonnier à la bataille d'Aurai, il fut délivré presque aussitôt lors de la reprise de cette place par les Français. La duchesse Jeanne, comtesse de Penthièvre, le chargea de la défense de ses intérêts lors de la conclusion du traité de Guérande (12 avril 1365). Jean de Beaumanoir survécut peu de temps à ce dernier événement.

Beaumanoir est encore le nom d'une ancienne maison de la province du Maine, que l'on rattache aux Beaumanoir de Bretagne, quoique sa filiation ne soit bien connue qu'au quinzième siècle, époque où elle prit le nom de Lavardin. Philippe de Beaumanoir (*voyez* l'article suivant) appartenait à cette famille.

BEAUMANOIR (Philippe de), l'un des plus anciens jurisconsultes français, né dans le Beauvoisis, vers le milieu du treizième siècle, fut conseiller et bailli de Robert, comte de Clermont, cinquième fils de saint Louis. Il présida en cette qualité les plaids de Clermont en 1280, et en 1283 ceux du Vermandois. Les coutumes du Beauvoisis, qu'il recueillit en 1283, peuvent être considérées à juste titre comme le monument le plus précieux de l'ancien droit français. Elles ont été publiées pour la première fois, avec les Assises de Jérusalem, en 1692, par La Thaumassière, in-f°. Cette édition, la seule qui existe, est devenue fort rare. Montesquieu, qui s'est beaucoup servi de ce recueil, l'appelle quelque part un admirable ouvrage. Le livre de Beaumanoir est en effet l'expression exacte de la société au treizième siècle; l'auteur y a réuni en corps presque toutes les lois qui régissaient alors les hommes et la terre, et il y met admirablement en relief le régime féodal avec ses guerres et ses taxes, les communes avec leurs libertés franchises, les deux puissances *laïque* et *ecclésiastique*, armées chacune d'une épée, *l'une temporelle*, *l'autre spirituelle*. On y trouve jusqu'à des règlements de police relatifs aux poids et aux mesures, aux foires et aux marchés, aux pèlerins et aux marchands, aux hôtelleries et aux maladreries, aux insensés, aux usuriers, etc.

BEAUMARCHAIS (Pierre-Augustin Carron de) naquit à Paris, en 1732, et mourut en 1799. Ainsi sa vie embrassa toute la fin du dix-huitième siècle, et ses ouvrages représentent l'esprit de cette époque. En même temps ils ont un caractère d'originalité qui les distingue entre tous les ouvrages de l'école philosophique, et qui fait que le nom de Beaumarchais vivra auprès de ceux de Voltaire, de Montesquieu, de Rousseau et de Buffon. Examinons tour à tour sa vie et ses écrits.

La vie de Beaumarchais fut singulièrement agitée, et l'intrigue de Figaro n'est pas plus compliquée. Il n'est pas de ces gens qui ne mettent leurs talents que dans les livres et ne savent pas se servir de leur esprit pour réussir dans le monde. Fils d'un horloger, il s'introduisit à la cour par la protection de Mesdames, filles de Louis XV; il leur enseigna la guitare, et de musicien devint homme de cour. Plaideur par nécessité, il s'en fit un titre de gloire; tantôt ami des ministres, et tantôt enfermé à Saint-Lazare, expédiant des armes aux insurgés de l'Amérique septentrionale et faisant jouer *Figaro*, il mêla tout, affaires de cour, de palais, de coulisses et de commerce; ayant l'esprit de chaque chose, comme s'il n'avait que celui-là, et fait pour réussir partout, parce qu'il avait mieux que personne ce qui fait partout le succès, l'esprit net et décidé.

Les *Mémoires judiciaires* de Beaumarchais sont l'histoire de sa vie; c'est par ces mémoires qu'il a été autre chose qu'un homme de lettres. C'est là ce qui doit d'abord nous occuper. Disons-en le sujet. Beaumarchais avait fait des affaires avec Pâris-Duverney, et se trouvait débiteur à sa succession d'une somme de 15,000 francs. Il avouait cette dette; mais le légataire de Duverney réclamait de lui 150,000 francs. De là un procès dont Goëzman, conseiller au parlement Maupeou, fut rapporteur. Beaumarchais voulait visiter son rapporteur; celui-ci n'avait pas le temps. Cent louis et une montre à brillants furent offerts, et Beaumarchais eut son audience; mais il perdit son procès. Les cent louis et la montre à brillants furent rendus; seulement Beaumarchais prétendit qu'on avait oublié de rendre quinze louis donnés en surcroît de cadeau. Goëzman l'accusa comme calomniateur, Beaumarchais se défendit. Voilà au fond toute l'affaire Goëzman. Mais ce qu'il faut chercher surtout dans ces Mémoires, c'est leur caractère politique; c'est le rôle public qu'ils firent à Beaumarchais.

Pour intéresser il suffit souvent d'être malheureux et accusé; mais pour se faire approuver et même se faire aimer il faut quelque chose de mieux : il faut mettre en cause avec soi quelqu'un des droits de l'humanité. Beaumarchais n'y manque pas. Aux uns il a été peint comme un favori de cour, à d'autres comme un homme dangereux, à d'autres comme un bouffon. Le public hésite, et ne sait pas s'il ne doit pas mépriser l'homme et l'affaire. D'un mot Beaumarchais se relève, et agrandit son procès : il se dit citoyen, citoyen persécuté et venant réclamer justice devant les tribunaux. A ce nom, si nouveau en 1774, tout change : ce titre inconnu enchante tout le monde. Depuis ce mot il n'est personne qui ose traiter légèrement l'affaire de Beaumarchais. Qu'il soit libertin, bouffon, insolent, et tout ce que disent ses ennemis, après tout il est citoyen, et de ce côté sa cause touche tout le monde. En revendiquant ce titre sur la sellette même des accusés, Beaumarchais réforme les idées reçues. Au vieux temps rarement un accusé semblait autre chose qu'un *gibier de potence*, que le juge voyait avec mépris, et le public avec horreur ou indifférence. Devant un accusé qui se disait citoyen tout changea.

La nature de la cause, avouons-le, servit merveilleusement Beaumarchais : les affaires de diffamation, comme les procès politiques, ont un privilège particulier; c'est que l'opinion publique y intervient, faisant et rendant justice, tantôt corrigeant les arrêts, tantôt même les annulant mieux que ne le faisaient autrefois les lettres d'abolition. Dans ces sortes d'affaires il y a des choses que peuvent les arrêts, et d'autres qu'ils ne peuvent pas. Ainsi, ils ne feront jamais croire au public qu'on soit un calomniateur pour avoir dénoncé un juge corrompu. Aujourd'hui ces choses et ces idées-là n'ont plus rien d'extraordinaire ni de nouveau; mais à l'époque de Beaumarchais l'opinion publique n'avait pas encore appris à juger les jugements, et son affaire fut la première où elle prit ce droit. Le parlement Maupeou avait fini le procès par une sorte d'arrêt de transaction qui donnait tort à tout le monde, admonestant madame Goëzman et blâmant Beaumarchais. Cet arrêt excita une réclamation universelle. Beaumarchais avait depuis si longtemps gagné son procès tout entier devant le public que le parlement Maupeou eut mauvaise grâce à vouloir lui faire perdre en partie. La cour et la ville se firent écrire à l'envi chez Beaumarchais. Le prince de Conti vint l'inviter à dîner, disant qu'il était d'assez bonne maison pour donner exemple de la manière dont il fallait traiter un si grand citoyen. Ainsi, ce mot presque républicain réussissait même auprès d'un prince qu'on savait être fort attaché aux prérogatives du sang royal : tant était grand l'entraînement! Pour amortir un peu cet éclat et ce bruit, M. de Sartines, lieutenant de police, homme d'esprit et ami de Beaumarchais, lui écrivit par forme d'avis que ce n'était pas tout d'être blâmé, qu'il fallait encore être modeste. Beaumarchais partit pour l'Angleterre, et ce fut moins pour se dérober à sa peine qu'à son triomphe.

A cette époque, une circonstance particulière aidait à la popularité de Beaumarchais : c'était la défaveur du parlement Maupeou. On appelait ainsi la magistrature créée par le chancelier Maupeou. Fatigué des remontrances politiques du parlement de Paris, il avait voulu, disait-il, retirer la couronne du greffe : il avait hardiment supprimé l'ancienne magistrature et remboursé les charges; en même temps, il avait nommé d'autres magistrats. Désormais, plus de vénalité de charges; le ressort immense du parlement de Paris restreint dans de justes limites, d'utiles réformes dans l'administration de la justice, voilà pour le bien; mais aussi plus de remontrances publiques, plus d'indépendance dans la magistrature, plus de contre-poids au pouvoir de la couronne, voilà le mal et le danger. Le public ne s'y trompa pas. Il ne voulut pas de cette meilleure justice qu'on lui donnait aux dépens des derniers restes de ses libertés; il refusa l'échange, il prit parti pour la magistrature supprimée. Le parlement Maupeou fut bafoué, le vieux parlement regretté outre mesure, et Beaumarchais, qui arriva au milieu de la lutte, accusant de corruption un membre du nouveau parlement, se trouva servir à souhait la rancune publique. En vain il proteste de son respect pour les magistrats; le public ne veut pas y croire : c'est le parlement Maupeou! il suffit; et quand Beaumarchais soufflette Goëzman, le public en détourne quelque chose sur la joue de ses confrères.

Dans de pareilles circonstances, Beaumarchais pouvait être hardi impunément. Aussi voyez comme il bouleverse la routine ancienne des procédures, quelle publicité inusitée il donne aux *interrogatoires, recolements et confrontations*, renfermés autrefois entre les quatre murs du greffe. Il y fait assister le public; le voile est levé, et les mystères de la justice mis à nu. Ainsi c'est par cette cause bouffonne que s'introduit au palais le salutaire principe de la publicité, et c'est encore là un des mérites des *Mémoires de Beaumarchais* : après les avoir lus comme des modèles de plaisanterie et d'éloquence, relisez-les, vous y découvrirez à chaque instant le germe de quelques-uns des grands principes de justice ou d'humanité qui depuis ont passé dans les lois. Je ne connais aucun ouvrage qui donne une idée plus juste du travail des esprits à cette époque, en fait de législation. On y voit ce que la société voulait que fussent les lois. Beaumarchais, devenu par hasard au palais le représentant de la philosophie, exprime le vœu des opinions nouvelles. Il parle sans morgue comme sans timidité, en homme du monde, qui, ayant droit d'ignorer les règles et les formalités judiciaires, paraît, en les écartant, pécher par omission plutôt que par action. C'est ce qu'un avocat ne pourrait de bonne grâce; car, forcé de connaître et de respecter les formes de la loi, quelque minutieuses qu'elles soient, il serait coupable, quand Beaumarchais ne semble tout au plus qu'ignorant.

Chose singulière! cette publicité, qui était une infraction aux vieilles habitudes de palais, cette innovation hardie, ne choquait personne moins que les parlementaires zélés. Pleins de haine contre le parlement intrus de Maupeou, ils applaudissaient aux coups que Beaumarchais lui portait, sans s'apercevoir qu'il en jaillissait quelque chose sur eux-mêmes : car enfin ces formes et ces règles n'appartenaient au parlement Maupeou que par occasion. C'était toujours, quoique usurpé, l'ancien patrimoine du parlement, et il fallait beaucoup haïr pour aider à la ruine du domaine afin d'en perdre les usurpateurs.

La gloire des plaideurs a, comme toutes les autres, ses revers et ses chutes. Dans l'affaire Goëzman Beaumarchais était au faite de la célébrité; plus tard il déchut. En 1781, accusé d'avoir aidé à la séduction de madame Kornmann, il eut à plaider contre Bergasse, orateur grave et sérieux, souvent exagéré et déclamateur; mais un pareil défaut ne déplaisait guère à cette époque, où l'esprit moqueur de Voltaire cédait à l'influence sévère et sentencieuse de Rousseau, à la veille d'une révolution où les esprits semblèrent se laisser séduire volontiers par l'emphase et la déclamation.

Beaumarchais publia des mémoires; mais il ne rencontra plus les mêmes adversaires ni les mêmes temps. Le ridicule n'avait pas prise sur Bergasse comme sur madame Goëzman et le grand cousin Bertrand. Les contemporains avaient des prétentions au sérieux, et le rire commençait à avoir mauvaise grâce au milieu des discussions de la politique. Bergasse, au nom de la morale, accusant Beaumarchais d'avoir aidé à profaner la sainteté du mariage, obtenait auprès des admirateurs de l'*Héloïse* et de l'*Émile* un succès qu'il n'eût guère obtenu auprès des lecteurs de Crébillon fils ou des romans de Voltaire. Les bonnes fortunes commençaient à sentir l'ancien régime, et il n'y avait plus que les grandes passions qui se fissent excuser, grâce encore à Saint-Preux et à Julie. Aidé par cette disposition des esprits, Bergasse attaquait avec avantage un adversaire comme Beaumarchais, homme de cour, ami du plaisir, et qui, à ne le juger que par les agitations de sa vie, pouvait aux yeux de la malveillance ou du rigorisme passer pour intrigant plutôt que pour actif. D'ailleurs, autre avantage : Bergasse quand il déclame, quoique exagéré, a de la chaleur et de la force; on sent que ce défaut-là est le penchant naturel de son talent. Quand Beaumarchais déclame, comme ce n'est pas le tour de son esprit, il est froid et guindé. De là l'infériorité de cette partie de ses Mémoires; de là aussi la faiblesse de ses drames. Cette fois il gagna son procès : il avait raison; mais le public n'était pas habitué à voir Beaumarchais gagner ses procès par le fond plutôt que par la forme.

Enfin, comme si ses adversaires devaient grandir à mesure qu'il avançait dans la carrière, sa dernière affaire fut contre Lecointre et la Convention. Il s'agissait de fusils achetés pour le compte de la république, retenus en Hollande faute de payement, et que Beaumarchais, disait-on, voulait, sous ce prétexte, livrer aux ennemis de la France. Les Mémoires qu'il publia dans ce débat n'ont plus d'autre mérite que celui de la clarté des idées et de la netteté de la discussion. On y reconnaît encore l'homme qui a le talent des affaires, mais on n'y voit plus ce plaideur vif et ingénieux qui se jouait du parlement Maupeou. Aussi bien le rire et la plaisanterie ne convenaient plus à cette époque, et la Convention ne prêtait guère au ridicule. Dans ces Mémoires, il est curieux d'observer comment, devant cette terrible force de la révolution, Beaumarchais, l'antagoniste et le vainqueur d'un parlement, se sent faible et petit. Il n'a plus, comme autrefois, derrière lui l'opinion publique pour l'appuyer; l'opinion publique a maintenant autre chose à faire qu'à s'occuper de Beaumarchais. Il y avait eu un temps où un homme tel que Beaumarchais, tel que Linguet, était une puissance; c'était l'époque de la décadence de la vieille monarchie. Aujourd'hui tous ces vieux athlètes des ministères et des parlements de l'ancien régime tombaient sans résistance et sans bruit. Linguet montait sur l'échafaud; Beaumarchais était poursuivi, sa maison était envahie par des brigands, et sa vie menacée.

Mais il ne suffit pas de considérer les *Mémoires de Beaumarchais* sous leur côté politique ou sous le rapport qu'ils ont avec les événements de sa vie et les diverses époques de son siècle, il faut encore apprécier leur mérite littéraire. Ceci nous amène naturellement à l'examen du *Théâtre de Beaumarchais*.

En effet, dans ses *Mémoires* l'auteur comique éclate à chaque instant : ce n'est pas seulement par son habileté à raconter les incidents de son procès, de manière à ne jamais lasser la curiosité; ce n'est pas même par son talent à disposer les différentes scènes de son affaire, à faire de ses *interrogatoires et recolements* des dialogues, tantôt gais et grotesques, tantôt nobles et hardis; car enfin, depuis que la *Gazette des Tribunaux* nous fait assister aux séances de la cour d'assises et de la police correctionnelle, nous savons qu'en dépit des solennités de la justice et des entraves de la procédure, il se joue parfois au palais des comédies plus gaies que sur nos théâtres. Ainsi, ces scènes plaisantes, ces détails amusants, peuvent appartenir à l'affaire de Beaumarchais plutôt qu'à son talent. Mais ce qui n'appartient qu'à lui, c'est l'art avec lequel il trace le caractère de chaque personnage; c'est à cette marque qu'on reconnaît l'auteur dramatique. Dans les procès ordinaires, l'intérêt est toujours dans les événements, quelquefois dans l'accusé, jamais ailleurs. Les témoins défilent devant nous sans exciter notre attention autrement que par leurs dépositions; ils n'ont ni caractère ni allure propre; c'est le *sine nomine vulgus*. Dans Beaumarchais c'est tout différent. Personne ne figure dans son procès qui n'ait sa contenance et sa marque distinctive : ne craignez pas de les confondre, comme gens insignifiants qui se ressemblent tous; chacun a son caractère, et se fait reconnaître. Marin, le grand cousin Bertrand, madame Goëzman, M. Goëzman, madame Lejay, tous enfin, depuis le petit laquais blondin, qui ne fait que paraître un instant, jusqu'au président de Nicolaï, qui fait arrêter Beaumarchais, *sous prétexte qu'il lui a fait la grimace*.

Beaumarchais remercie gaiement le ciel de lui avoir donné de pareils ennemis; et à chaque nouveau remerciment, nouveau portrait; mais Dieu, j'imagine, n'est pour rien dans cette bonne fortune. Il n'a fait que donner à Beaumarchais cet esprit observateur et pénétrant, qui découvre dans l'homme le plus insignifiant en apparence des traits ineffaçables de caractère. Dans le monde, Marin et le cousin Bertrand n'étaient peut-être que des sots sans physionomie particulière; mais Beaumarchais, avec sa sagacité de poète comique, a découvert la marque caractéristique qui distingue entre tous les autres leur genre de sottise : les voilà devenus des types originaux, l'un de la sottise médisante et orgueilleuse, l'autre de la sottise étourdie et sans conséquence. C'est par là que son procès semble être en même temps une pièce d'intrigue et une pièce de caractère. Quand madame Goëzman entre au greffe avec Beaumarchais, voyons, disons-nous avec impatience, voyons! C'est pour nous comme le moment de quelque grande scène de comédie entre deux personnages principaux. Est-ce le détail des faits qui nous intéresse? Eh, non! c'est le développement des sentiments; c'est le plaisir de voir jaillir du dialogue ces traits de vérité naïve qui dévoilent d'un coup tout un caractère. En auteur dramatique créé des personnages; Beaumarchais fait quelque chose de mieux et de plus difficile, car il donne du relief aux personnages insignifiants qu'il trouve sous sa main. Aussi, malgré l'amertume de ses plaidoyers, il se garde bien de pousser l'invective jusqu'à la monotonie, chose assez ordinaire dans les procès, où, à force de maudire et de décrier son adversaire, on finit par en faire un scélérat ou un fripon qui ressemble aux fripons de tous les temps. C'est ainsi qu'on efface les caractères par des injures maladroites, et qu'on détruit l'intérêt. Beaumarchais aime mieux faire de chacun de ses adversaires une caricature originale, que de tous une sorte de monstre uniforme. C'est par là qu'il soutient l'intérêt. Ordinairement les répliques sont plus faibles que les plaidoyers, parce que déjà les faits et les arguments n'ont plus le mérite de la nouveauté. Ici, c'est tout l'opposé. Le second mémoire vaut mieux que le premier, le quatrième est encore un chef-d'œuvre; l'intérêt augmente au lieu de s'affaiblir. Quelle verve intarissable d'esprit, de gaieté et d'éloquence! L'avocat qui plaide pour autrui fait son métier; Beaumarchais fait son affaire. De là ce ton de vivacité si naturel. Il n'y a que dans les causes politiques où l'avocat, en défendant sa cause, défend ses opinions, qui se met tout entier dans l'affaire : ailleurs, il y a du talent et de l'expérience; l'orateur et le jurisconsulte se montrent, mais l'homme ne se fait pas voir.

Aussi, dit Figaro, « le client un peu instruit sait toujours mieux sa cause que certains avocats, qui, suant à froid, criant à tue-tête, et connaissant tout, hors le fait, s'embarrassent aussi peu de ruiner le plaideur que d'ennuyer l'auditoire. » La scène du jugement, dans *le Mariage de Figaro*, est curieuse à observer ; Beaumarchais y a résumé toute son expérience du palais : juges, avocat, chacun y a son mot. Brid'Oison, avec sa niaise importance, Doublemain, avec sa routine chicanière, sont peut-être des souvenirs de l'affaire Goëzman et du parlement Maupeou ; et Figaro lui-même, qui, quoique partie et accusé, semble diriger les débats, n'est-ce pas Beaumarchais conduisant les interrogatoires de madame Goëzman ?

Figaro fait à lui seul tout le théâtre de Beaumarchais. Beaumarchais n'a pas, comme les autres poëtes comiques, mis en scène des sujets et des personnages différents. Il n'a qu'un sujet et qu'un personnage ; c'est Figaro. Depuis *le Barbier de Séville*, où nous avons commencé à faire connaissance avec lui, jusqu'à *la Mère coupable*, c'est lui qui figure partout sur la scène ; c'est lui qui conduit tout. Rosine ne trompe son tuteur, le comte ne cherche à séduire Suzette ; la comtesse, dans *la Mère coupable*, ne se réconcilie avec son mari, que pour fournir à Figaro l'occasion de montrer son talent à nouer et à dénouer les intrigues. Le personnage de Figaro donne au théâtre de Beaumarchais un genre d'unité que n'a aucun autre théâtre. C'est un personnage dont Beaumarchais n'a pas seulement créé le caractère, il en a créé aussi l'histoire. *Le Barbier, le Mariage, la Mère coupable*, forment une sorte de trilogie comique, de roman dialogué en trois parties, dont Figaro est le héros principal. Examinons donc ce personnage singulier.

Pendant la dernière moitié du siècle dernier, l'esprit philosophique régnait au théâtre comme dans le reste de la littérature. Dans la tragédie, des tirades contre le fanatisme ; dans les comédies et les drames, des maximes d'égalité ; dans les opéras-comiques, des leçons de morale données en couplets ; partout enfin de ces choses qu'on appelle hardies, faute de pouvoir mieux définir ce qu'elles sont. Car ces grandes sentences présentent toujours deux faces : elles ont un sens général, qui n'a rien que de vrai et d'innocent, et un sens particulier, qui est parfois inquiétant. Leur rôle est d'être des vérités de tous les siècles, et cependant de n'avoir de portée et de force que pour certains temps et pour certaines choses. Après tout, c'était de la hardiesse, mais de la hardiesse du genre des prédicateurs qui attaquent les vices de l'humanité sans s'adresser particulièrement à personne, chacun reconnaissant qui bon lui semble. Il fallait que quelqu'un parlât net et haut. Vint Beaumarchais : il prit ses contemporains où Voltaire et Rousseau les avaient laissés, et les conduisit plus loin. Il appliqua les idées aux choses. Avant lui, les philosophes semblaient avoir écrit des lettres sans oser y mettre l'adresse : Beaumarchais s'en chargea. Dans ses drames, il avait sacrifié à une partie du goût de son siècle, il avait pris un ton déclamatoire et enthousiaste ; mais dans *Figaro* il sembla reprendre son langage naturel. Pas de tirades sur le vice et la vertu, des épigrammes vives et mordantes ; pas de maximes générales, des mots piquants et qui frappent au but ; par-dessus tout, un style si plein et si acéré, que sa prose se retient presque comme de vers, et que ses phrases ont fait proverbe. Qu'est-ce qu'un noble ? *Quelqu'un qui s'est donné la peine de naître.* Cette définition épigrammatique n'est pas de nature à s'oublier, surtout quand elle s'adresse à un parterre roturier.

Le tiers état était, pour ainsi dire, personnifié dans Figaro, et il y avait une sorte de rapprochement que la vanité ne pouvait manquer de saisir. D'un côté, l'esprit, l'industrie, l'activité, et avec tout cela une condition inférieure, voilà le sort de Figaro : c'était aussi celui du peuple ; de l'autre, la naissance, la richesse, sans avoir rien fait pour les obtenir, sans faire grand'chose pour les mériter ; voilà quel est Almaviva : voilà aussi ce qu'étaient la noblesse et la cour. Almaviva est le moins habile, et c'est lui pourtant qui est le maître. Figaro est le plus spirituel ; il fait et dit tout mieux que les autres : c'est pourtant lui qui est le valet. Voilà l'inégalité bizarre que Beaumarchais met sur la scène. Aussi, sans s'arrêter au fameux monologue où Figaro semble plutôt un tribun populaire, qu'un personnage de théâtre, l'idée de ce rôle est déjà une allégorie satirique du gouvernement et de la société à cette époque.

Ce qui fera l'éternel à-propos de Figaro, c'est que c'est une sorte de manifeste vivant contre les inégalités, justes ou injustes, de la société. Un homme se croit-il placé au-dessous de son mérite, un peuple a-t-il ou croit-il avoir plus d'esprit que ses ministres, il aime et applaudit Figaro. Quand Figaro se compare, lui qui n'est rien, au comte Almaviva, qui est tout ; quand il s'écrie avec un orgueilleux dépit : *tandis que moi, morbleu !* que de gens se disent aussi : *et nous, morbleu ! Ce moi, morbleu !* est la devise de la pauvreté contre la richesse, de l'esprit en disgrâce contre la sottise en faveur ; c'est aussi la plainte de la vanité mécontente. A ce compte, puisque Figaro répond à tant de sentiments bons et mauvais de notre nature, c'est un personnage qui cessera plus tôt d'être joué que d'être applaudi.

Il ne faut pas s'étonner de la prédilection que Beaumarchais a pour Figaro. C'est un personnage qui lui appartient. Figaro ne ressemble pas aux valets ordinaires de la comédie. Ce n'est pas un Jodelet, qui amuse par sa naïveté, ou un Crispin, qui fait rire par l'impudence de ses friponneries ; c'est un homme à part, où Beaumarchais a mis beaucoup de son caractère. Il est spirituel, hardi, fier, intrigant ; mais avec tout cela il est bon. Malin sans être méchant, s'il aime les intrigues, c'est surtout parce qu'il peut y faire éclater son esprit. Il se pique d'y réussir, parce que dans de pareilles affaires le succès est la preuve de l'habileté ; en comme un bon joueur, il veut gagner moins par intérêt que par vanité. Partout où Figaro intervient, c'est pour bien faire. Dans *le Barbier*, il réunit deux amants ; dans *le Mariage*, il réconcilie deux époux ; dans *la Mère coupable*, il démasque un imposteur ; dans *Calpigi*, qui n'est autre que Figaro, avec quelque chose de moins, il sert un brave guerrier. Est-ce là un rôle immoral ? Ce qui trompe, c'est qu'en voyant Figaro déployer tant d'esprit et tant de hardiesse, on craint involontairement qu'il n'en abuse pour mal faire. Mais cette peur-là est encore une manière d'hommage : Figaro dans la pièce, comme Beaumarchais dans le monde, donne prise à la calomnie, sans jamais lui donner raison.

Beaumarchais eut sans doute plus de peine à faire jouer sa pièce qu'à la composer, et l'intrigue de son ouvrage, quelque compliquée qu'elle soit, n'est rien auprès de l'histoire de ses démarches et de ses sollicitations. Jouera-t-on Figaro, ne le jouera-t-on pas ? Ce fut un événement politique : la cour et la ville se divisèrent en partis pour ou contre, et personne ne resta neutre. Le manuscrit fut plusieurs fois renvoyé de la police à la comédie, et de la comédie à la police. Enfin le roi et la reine voulurent eux-mêmes en juger. Voici comment madame Campan raconte cette anecdote : « Je reçus un matin un billet de la reine qui m'ordonnait d'être chez elle à trois heures, et de ne pas venir sans avoir dîné, parce qu'elle me garderait fort longtemps. Lorsque j'arrivai dans le cabinet intérieur de S. M., je la trouvai seule avec le roi. Un siége et une table étaient déjà placés en face d'eux, et sur la table était posé un énorme manuscrit en plusieurs cahiers. Le roi me dit : « C'est la comédie de Beaumarchais ; il faut que « vous nous la lisiez. Il y aura des endroits bien difficiles, à « cause des ratures et des renvois. Je l'ai déjà parcourue ; « mais je veux que la reine connaisse cet ouvrage. Vous ne « parlerez à personne de la lecture que vous allez faire. » Je commençai, le roi m'interrompait souvent par des exclamations toujours justes, soit pour louer, soit pour blâmer. Le plus souvent il s'écriait : « C'est de mauvais goût ! Cet

« homme ramène continuellement sur la scène l'habitude « des *concetti* italiens. » Au monologue de Figaro, mais surtout à la tirade des prisons d'État, le roi se leva avec vivacité, et dit : « C'est détestable! Cela ne sera jamais « joué ; il faudrait détruire la Bastille pour que la représen- « tation de cette pièce ne fût pas une inconséquence dange- « reuse. Cet homme joue tout ce qu'il faut respecter dans « un gouvernement. — On ne la jouera donc pas? dit la « reine. — Non, certainement; vous pouvez en être sûre, » répondit Louis XVI.

La reine était presqu'au nombre des protecteurs de *Figaro*. M. de Vaudreuil et la société de madame de Polignac, favorite de Marie-Antoinette, s'employaient à l'envi pour faire jouer l'ouvrage. Malgré la défense du roi, les rôles avaient été distribués aux acteurs du Théâtre-Français, et l'on voulut au moins jouir d'une représentation. Le premier gentilhomme de la chambre autorisa M. de La Ferté à prêter la salle de spectacle de l'hôtel des Menus-Plaisirs, qui servait aux répétitions de l'Opéra. On donna des billets aux gens de la cour, et déjà la salle était à moitié garnie de spectateurs, quand arriva un ordre du roi qui défendait cette représentation. Aussitôt chacun cria à l'oppression et à la tyrannie : jamais dans les jours les plus violents de la révolution on ne déclama contre le despotisme avec plus de chaleur, et Beaumarchais, emporté par la colère, s'écria : « Eh bien, messieurs! Il ne veut pas qu'on la représente ici ; et je jure, moi, qu'elle sera jouée, peut-être dans le chœur même de Notre-Dame! »

Cependant on répandit bientôt le bruit que Beaumarchais avait supprimé tout ce qui pouvait blesser le gouvernement ; il n'en était rien. Alors le roi permit de jouer la pièce, et crut que Paris allait être bien attrapé en ne voyant qu'un ouvrage mal conçu et sans intérêt depuis que toutes les satires avaient été supprimées. « Eh bien! dit-il à M. de Montesquiou, qui partait pour voir la première représentation, qu'augurez-vous du succès ? — Sire, j'espère que la pièce tombera. — Et moi aussi, » répondit le roi. Monsieur, frère du roi, alla en grande loge à la comédie pour assister à la chute de la pièce; il vit son triomphe. « Il y a quelque chose de plus fou que ma pièce, disait Beaumarchais, c'est son succès. »

Comme si tout ce qui se rattachait au *Mariage de Figaro* devait exciter le scandale, on fit circuler dans Paris une réponse de Beaumarchais à M. le duc de Villequier, qui lui demandait sa petite loge pour des femmes qui voulaient voir *Figaro* sans être vues. « Je n'ai nulle considération, monsieur le duc, pour des femmes qui se permettent de voir un spectacle qu'elles jugent malhonnête, pourvu qu'elles le voient en secret : je ne me prête pas à de pareilles fantaisies. J'ai donné ma pièce au public pour l'amuser et pour l'instruire, non pour offrir à des bégueules mitigées le plaisir d'en aller penser du bien en petite loge, à condition d'en dire du mal en société. Le plaisir du vice et les honneurs de la vertu, telle est la pruderie du siècle. Ma pièce n'est pas un ouvrage équivoque; il faut l'avouer ou la fuir. Je vous salue, monsieur le duc, et je garde ma loge. » Beaumarchais pensait sans doute que Chérubin n'est immoral que lorsqu'on le voit en petite loge. Voilà *les lions et les tigres*, comme il le dit dans une de ses lettres, qu'il eut à vaincre pour faire jouer *le Mariage de Figaro*.

En même temps il entreprenait de vastes spéculations, et écrivait contre Mirabeau pour la compagnie des eaux de Paris. Il avait un génie souple et fertile, qui suffisait à tout. « Après le travail forcé des affaires, dit-il dans une de ses lettres, chacun suit son attrait dans ses amusements : l'un chasse, l'autre boit, celui-là joue; et moi qui n'ai aucun de ces goûts, je broche une pièce de théâtre. » A cette époque on avait ouvert à Paris un jardin appelé *Redoute*; ce jardin devint à la mode, et un jour le comte de Maurepas, avec tous les ministres, alla y passer quelques heures. La semaine suivante, Beaumarchais alla voir M. de Maurepas, et dans la conversation lui apprit qu'il venait d'achever une nouvelle comédie : c'était *le Mariage de Figaro*. « Et dans quel temps, occupé comme vous l'êtes, avez-vous pu la faire ? — Moi, monsieur le comte! et je l'ai composée le jour où les ministres du roi ont eu assez de loisir pour aller tous ensemble à la *Redoute*. — Y a-t-il beaucoup de reparties pareilles dans votre comédie ? dit le comte ; je réponds du succès. »

Beaumarchais reçut au sujet de sa pièce beaucoup de lettres, les unes de félicitations, les autres d'invectives. Les petits théâtres d'alors, les grands danseurs du roi, l'Ambigu-Comique, les petits comédiens du comte de Beaujolais, les Variétés, voulurent à leur tour avoir des Figaros, et le personnage devint à la mode sur la scène; mais ils ne lui empruntèrent que son nom, et le vrai Figaro garda pour lui seul, sans le communiquer à d'autres, le secret de son esprit. Il n'est resté de ces imitations que la pièce des *Deux Figaros* de Martelli. A Paris, quand quelque chose réussit, la mode en donne le nom à mille objets divers : il y eut des robes à la Figaro, des bijoux à la Figaro. Les envieux donnèrent à un chien le nom de Figaro, et répandirent cette plaisanterie. Beaumarchais répondit que le quolibet du chien n'était qu'un chien de quolibet, et, opposant un calembour à une plaisanterie de mauvais ton, il se tint quitte. Il était en fonds de mauvais comme de bon esprit. Par une singulière bizarrerie, il y avait dans son talent du mauvais goût et de la naïveté, de la grâce et de la recherche prétentieuse. Son expression est souvent entortillée : il fait heurter les mots et les sons les uns contre les autres, il recherche les mêmes désinences; son style paraît pénible et travaillé ; à côté de cela, il a des tournures pleines de naturel ; il rappelle parfois le vieux français, et surtout dans quelques-unes de ses romances et de ses chansons il est plein de simplicité; et cet homme du dix-huitième siècle, cet écrivain de mauvais goût, prend le ton d'un trouvère des premiers temps.

Ce qui distingue Beaumarchais entre tous les auteurs du dernier siècle, c'est qu'il a poussé plus que personne les esprits en avant. Il y eut même dans sa destinée, comme dans ses écrits, quelque chose de novateur. A une époque où les rangs se gardaient encore avec une scrupuleuse exactitude, il sort de la bourgeoisie, arrive à la cour, fait une grande fortune, et, commerçant et courtisan tout ensemble, envoie des armes à l'Amérique insurgée, en même temps qu'il décide le ministre français à favoriser cette révolte. Voilà pour sa destinée. Même sort pour ses écrits. Simple faiseur de couplets, forcé de plaider pour défendre ses biens, il agite la France entière avec un procès de quinze louis, et renverse presque une magistrature créée par le pouvoir royal. Puis il fait d'un valet de comédie un personnage politique, et proclame, par la bouche de Figaro, les droits et les prétentions du tiers état aussi vivement que Sieyès dans sa brochure du *Tiers*. En littérature, même goût d'innovations : lisez sa préface du *Mariage*. Il se plaint de la monotonie de notre théâtre; ce n'est pas seulement un novateur en paroles, il dit et il fait; il donne la leçon dans la préface, et l'exemple dans la pièce. Beaumarchais sait que l'esprit humain est né pour avancer, et que chacun ici-bas doit chercher à lui faire faire une part du chemin. Aussi il le pousse hardiment en avant. C'est là une gloire ou un crime que ne lui pardonneront guère ceux qui marchent en arrière, ceux qui marchent de côté, et enfin ceux qui ne marchent pas du tout. SAINT-MARC-GIRARDIN, de l'Acad. Française.

BEAUMESNIL (HENRIETTE-ADÉLAÏDE VILLARD, connue sous le nom de mademoiselle DE), naquit à Paris, en 1748. Soit qu'elle fût fille d'acteurs, soit qu'elle eût été presqu'en naissant confiée à des artistes que leur profession rapprochait du théâtre, elle joua la comédie à sept ans, et avec assez de succès pour que Préville proposât à la Comédie-Française de faire élever cette enfant, dont le talent naissant promettait d'égaler un jour la finesse et le comique si remarquables de l'excellente soubrette mademoiselle Dangeville. La Comédie-Française refusa de se charger de cette éducation, et se nuisit ainsi probablement à elle-même, autant qu'elle fut préjudiciable à la jeune Beaumesnil. Ayant renoncé à la Comédie-Française, et remplacé les leçons de déclamation par des leçons de musique, elle débuta à l'Opéra le 27 novembre 1766, alors que Sophie Arnould y régnait par son talent autant que par le piquant de son esprit. Mademoiselle de Beaumesnil la remplaça dans le rôle principal de *Sylvie*, opéra ou plutôt pastorale qui était alors dans sa nouveauté. La débutante fut jugée supérieure au chef d'emploi, qui ne se vengea pas pourtant de cette petite humiliation par un de ces bons mots qui lui étaient familiers, sans doute parce qu'elle regardait la pastorale de *Sylvie* comme une pièce froide, et qu'elle était bien aise d'abandonner un mauvais rôle. Sophie Arnould brillait au théâtre par le charme passionné de son chant, le bon goût et surtout la noblesse de son jeu; un coup d'œil jeté sur mademoiselle de Beaumesnil put convaincre Sophie que sa rivale n'était pas dangereuse : c'était en effet une jeune personne charmante, point belle, mais très-jolie, dont les traits étaient agaçants, la physionomie mutine, la voix sèche et mordante, propre à reproduire les sentiments gracieux, les intentions comiques d'une servante de Marivaux, et nullement les tirades passionnées d'une héroïne. Elle aurait été sans doute une soubrette distinguée à la Comédie-Française, elle ne fut jamais qu'une actrice médiocre à l'Opéra, que des maladies graves lui firent quitter en 1781.

Mademoiselle de Beaumesnil, qui a été citée comme une des plus jolies actrices de son temps, était aussi une femme de beaucoup d'esprit, et, puisqu'il faut tout dire, elle joignit la coquetterie à ses autres moyens de séduction. Quand l'âge vint lui inspirer des pensées sérieuses, elle eut le bon sens d'épouser un avocat qui, sans briller au barreau, se contentait d'être l'homme d'affaires de la duchesse de Bourbon. Cette place l'enrichit, et sa femme, l'ex-actrice de l'Opéra, a vécu longtemps dans la familiarité de la princesse, qui aurait vainement cherché dans ses alentours une personne de plus d'esprit et d'un meilleur ton. Mademoiselle de Beaumesnil joignit à tous ces avantages celui d'être une excellente musicienne : on a d'elle la musique de *Tibulle et Délie*, acte qui fait partie de l'opéra des *Fêtes grecques et romaines* de Fuselier, représenté en 1784; et celle d'un opéra en deux actes, du marquis de la Salle, intitulé : *Plaire, c'est commander, ou les Législatrices*, représenté, en 1792, au théâtre Montesquieu. Riche et heureuse, ses dernières années ont été attristées par le soin continuel et exagéré qu'elle prenait de sa santé et la confiance trop absolue qu'elle avait en son médecin, dont elle sollicitait sans cesse les ordonnances. Elle mourut à Paris, le 15 juillet 1803.   Marie Aycard.

BEAUMONT, nom d'un grand nombre de villes en France, parmi lesquelles nous citerons :

BEAUMONT-DE-LOMAGNE, chef-lieu de canton dans le département de Tarn-et-Garonne; avec 4,130 habitants; il s'y fait des draps communs et lainages.

BEAUMONT-LE-ROGER, chef-lieu de canton dans le département de l'Eure, avec 2,515 habitants; on y fabrique de beaux draps, façon Louviers, des toiles et des calicots; on y trouve des blanchisseries, des tanneries, des mégisseries, une verrerie à bouteilles. Le commerce consiste en bois, fil et lin.

BEAUMONT-LE-VICOMTE, chef-lieu de canton du département de la Sarthe, avec 2,381 habitants. Il s'y fabrique des lainages, et il s'y fait un commerce de grains et d'oies grasses. Cette ville a été fondée au dixième siècle : on y voit encore les ruines de l'ancien château des vicomtes de Beaumont.

BEAUMONT-SUR-OISE, petite ville du département de Seine-et-Oise, avec 1,892 habitants. On y prépare des fromages dits *de Brie*; on y trouve des fabriques de passementerie et de poterie, une salpêtrerie; le commerce consiste en grains et en farines.

Cette ville a eu des comtes particuliers depuis Yves Ier en 1028 jusqu'au transport de ce comté au roi saint Louis par le comte Thibaud, seigneur de Luzarches.

BEAUMONT (Famille de). Cette maison, qui est divisée en deux branches, celle des seigneurs de la Freyte d'Autichamp, des Adrets et de Saint-Quentin, et celle des seigneurs de Beaumont et de Montfort en Dauphiné, de Pompignan en Languedoc, et de Payrac en Quercy, est originaire du Dauphiné, et remonte à Humbert Ier de *Beaumont*, qui vivait en l'an 1080. La première de ces branches provient d'Artaud IV, qui en 1326 fit son hommage à Amédée, comte de Genève; elle a pour rameaux principaux les Pélafol, les Barbières, les La Bastie-Rolland et les d'Autichamp. La seconde provient d'*Amblard de Beaumont*, ministre et confident de Humbert II, dauphin de Viennois, mort en 1375. Ce fut lui qui en 1349 détermina ce prince, qui n'avait point d'héritier direct, à traiter avec Philippe de Valois de la cession de sa principauté, à la charge de payer ses dettes. Une convention signée à Romans, le 29 mars, eut pour résultat l'abdication de Humbert II, et le couronnement de Charles, petit-fils de Philippe de Valois. Amblard de Beaumont, sans perdre un seul instant la confiance de l'ancien souverain, jouit constamment du plus grand crédit auprès du nouveau, dont il administra encore les affaires pendant vingt-deux ans. Cette seconde branche de la maison de Beaumont compte, comme la première, de nombreux rameaux, entre autres les Pompignan de Villeneuve, les Repaire et les La Roque.

BEAUMONT (Christophe de), archevêque de Paris, naquit au château de La Roque en Périgord, le 26 juillet 1703. Entré de bonne heure dans les ordres, il devint successivement chanoine et comte de Lyon, évêque de Bayonne, archevêque de Vienne, et en 1746 archevêque de Paris. Jamais peut-être haute fonction ecclésiastique ne fut plus difficile à remplir que celle-là à cette époque. La fameuse bulle *Unigenitus*, dirigée contre les *Réflexions morales* du Père Quesnel, après avoir divisé longtemps l'épiscopat français, avait été acceptée par la Sorbonne et par la majorité des évêques; mais la conversion était loin d'être générale : un grand nombre de prêtres résistaient encore; plusieurs prélats se montraient réfractaires, et M. de Beaumont, qui comme archevêque de Paris, et proviseur de la Sorbonne, se croyait obligé par devoir à soutenir la bulle, fut entraîné à d'intempestives rigueurs, que tempérait trop rarement la mansuétude évangélique.

Ce n'est pas tout. Pendant que ces débats religieux faisaient rétrograder les esprits jusqu'aux controverses du moyen âge, la philosophie lançait de toutes parts en avant ses hardis missionnaires, qui réclamaient avec éloquence, avec force, les droits imprescriptibles de la raison humaine. Ici la lutte que M. de Beaumont eut à soutenir fut autrement vive, autrement sérieuse. Les cent une propositions de Quesnel étaient tout à fait inoffensives pour la foi chrétienne, comparativement à des livres tels que le *Système de la Nature*, ou le traité de *l'Esprit*; ni les foudres du Vatican ni les censures de la Sorbonne ne purent en arrêter la propagation, ni en prévenir les effets. Les philosophes ripostaient aux condamnations par de nouvelles attaques, plus vives encore. Qui ne connaît la lettre de Jean-Jacques Rousseau à monseigneur l'archevêque? Le prélat résista tant qu'il put; mais la lutte était inégale. L'orage qui s'amoncela t sur sa tête devint bientôt plus menaçant par suite de la mésintelligence qui éclata entre le parlement et l'archevêque, qui fut exilé au château de La Roque, puis à Conflans, et enfin à la Trappe. Sa fermeté ne l'abandonna pas dans sa disgrâce. Le ministère, le voyant résolu à combattre de tous ses moyens

43.

les nouvelles doctrines, chercha à lui faire donner sa démission, et l'y engagea par l'offre séduisante des distinctions les plus éminentes de l'Église et de l'État. Le prélat fut inflexible. La devise de la maison de Beaumont était : *Impavidum ferient ruinæ*. Il y fut fidèle jusqu'à sa mort, arrivée le 12 décembre 1781.

BEAUMONT(Gustave-Auguste DE LA BONINIÈRE DE), publiciste distingué, est né le 6 février 1802, à Beaumont-la-Chartre (Sarthe). Après avoir terminé ses cours de droit, il fut nommé substitut du procureur du roi près le tribunal de première instance de la Seine, et perdit cet emploi à la suite de la révolution de juillet. En 1831 le gouvernement lui confia, ainsi qu'à M. de Tocqueville, une mission ayant pour but d'aller étudier aux États-Unis le système pénitentiaire. A son retour, on lui rendit la place qu'il avait précédemment occupée au parquet, mais pour la lui reprendre bientôt après, en punition de son refus formel de porter la parole au nom du ministère public dans le scandaleux procès de la baronne de Feuchères. En 1840 le département de la Sarthe le choisit pour député, et il vint alors prendre place à la Chambre parmi les députés de l'opposition, faisant preuve dans toutes les questions politiques de vastes connaissances et d'une grande facilité d'élocution. En 1843 il alla en Algérie, et de retour il publia une brochure intitulée : *État de la question d'Afrique*. Il prit une part considérable à la discussion de la loi sur la réforme des prisons, qui resta à l'état de projet. En 1845 il soutint les différentes propositions de réforme électorale qui furent faites, ce qui lui valut une double élection dans son département. Partisan des banquets, il revendiqua pour les réformistes le titre de conservateurs. « Savez-vous, Messieurs, quels sont les révolutionnaires? disait-il au banquet de Melun. Ce sont ceux qui, en dépit du sentiment public, s'obstinent à refuser les réformes que nous demandons, et qui, laissant la patience du pays, finiront peut-être par l'irriter, et par provoquer (ce qu'à Dieu ne plaise !) l'une de ces explosions terribles par lesquelles se manifeste l'opinion nationale indignée ! Extrémités terribles, quelquefois nécessaires, qu'il ne faut prévoir que pour s'appliquer à les prévenir ! »

Après la révolution de 1848, les électeurs du suffrage universel lui conférèrent également le mandat législatif et le nommèrent leur représentant à l'Assemblée constituante, où il vota constamment avec les républicains sincères, mais modérés, et fit partie du comité des affaires étrangères. Il fut, sous l'administration du général Cavaignac, envoyé ambassadeur en Angleterre. Réélu à l'Assemblée législative, il fut rapporteur du décret de la mise en état de siége de Paris au mois de juin 1849.

M. de Beaumont est petit-fils du général Lafayette : il a épousé en 1836 sa cousine, fille de Georges Lafayette. Les ouvrages qui ont fondé sa réputation sont : *Note sur le Système pénitentiaire* (Paris, 1831) ; *Du Système pénitentiaire aux États-Unis, et de son application en France* (livre écrit en société avec M. de Tocqueville ; 2 volumes. Paris, 1832 ; 2ᵉ édition, 1836) ; *Marie, ou l'Esclavage aux États-Unis* (2 vol., Paris, 1835 ; 4ᵉ édit., 1840) ; *l'Irlande sociale, politique et religieuse* (2 vol., 1839 ; 4ᵉ édit., 1840). Ces deux derniers livres ont obtenu, en 1840, de l'Institut le prix Monthyon.

M. de Beaumont est membre de l'Académie des Sciences morales et politiques depuis 1841.

BEAUMONT (F. DE), dit *de la Somme*, sénateur, est né en 1793. Ancien capitaine de hussards, il devint député de Péronne en 1838. L'agriculture a trouvé en lui un défenseur zélé. Il prit part au mouvement réformiste qui amena la révolution de Février.

Élu à l'Assemblée constituante par le même département, il y faisait partie du comité de l'agriculture. Il y vota pour deux chambres, pour le scrutin à la commune, pour des établissements de crédit foncier, pour la proposition Rateau-Lanjuinais, pour la suppression des clubs, et pour l'ordre du jour en faveur du ministère dans la discussion sur les affaires d'Italie. A la Législative, il a appuyé la politique du ministère Odilon Barrot, et celle des divers cabinets qui lui ont succédé. Lors de la discussion qui suivit la destitution du général Changarnier, à la suite de laquelle l'Assemblée manifesta son manque de confiance dans le ministère, M. de Beaumont proposa un ordre du jour ainsi conçu : « L'Assemblée, fatiguée des intrigues de tous les partis, passe à l'ordre du jour. » Cette proposition, bien entendu, ne fut pas adoptée. Après le 2 décembre le président de la république appela M. de Beaumont dans la commission consultative, et par suite il a été compris dans le nouveau Sénat, le 26 janvier 1852. M. de Beaumont aime à faire des discours qui, pour être justes, n'en sont pas toujours plus d'accord avec les règles de la syntaxe.

BEAUMONT et FLETCHER, deux noms que l'usage a depuis longtemps rendus inséparables. On a prétendu cependant que les cinquante-trois pièces de théâtre que l'Angleterre a vu mettre au jour sous cette raison sociale ne sont pas toutes le produit du travail commun des deux auteurs. On lit quelque part que Beaumont en a fait seul un certain nombre ; on lit ailleurs qu'une trentaine de ces pièces sont de Fletcher seul, ou de Fletcher en société avec d'autres que Beaumont. Sans admettre et sans rejeter entièrement aucune de ces hypothèses, qui, à la rigueur, ne s'excluent pas, il est à remarquer que Fletcher, de dix ans plus tôt et mort dix ans plus tard que son collaborateur, s'est trouvé ainsi plus à portée de produire en dehors de l'association. Mais, dans tous les cas, les deux auteurs durent certainement prendre part à la composition de celles de leurs pièces qui les ont mis au premier rang des poètes comiques de l'Angleterre. Il fallait que la juxtaposition de leurs noms se fût déjà signalée par plus d'un succès éclatant pour qu'ils espérassent prolonger la faveur du public en évitant de les disjoindre.

On sait peu de chose sur leur vie. *Francis* BEAUMONT naquit en 1585, dans un domaine du Leicestershire, appelé la Grâce-de-Dieu. Son père était juge des plaids communs ; il appartenait par sa mère, fille de Georges Pierrepoint, du comté de Nottingham, à la maison de Kingston, fameuse par le procès qui fut intenté à la veuve du dernier duc de la branche aînée. *John* FLETCHER, lui, né en 1576, était fils de l'évêque de Bristol, que la reine Élisabeth nomma en 1593 à l'évêché de Londres. Francis et John furent élevés ensemble à l'université de Cambridge, et là commença leur amitié. Beaumont étudia ensuite la jurisprudence ; mais il ne paraît pas qu'il ait embrassé cette étude avec beaucoup d'ardeur, car il quitta bientôt le barreau pour se vouer entièrement au théâtre. Il avait vingt et un ans et Fletcher trente, et un lorsqu'ils donnèrent leur première pièce, et dès lors s'établit entre eux une association si intime, que leurs existences parurent s'être mêlées en une seule. En effet, la communauté ne se borna pas aux ouvrages de l'esprit ; elle s'étendit encore à la maison, à la chambre, aux habits. Cette dernière circonstance annonce qu'il devait exister entre eux une autre conformité que celle des idées, ou qu'ils tenaient peu à l'élégance du costume. Quoi qu'il en soit, cela dura ainsi jusqu'au mariage de Beaumont.

La formation d'une association coopérative pour l'exploitation d'une œuvre d'art est aujourd'hui un fait aussi vulgaire qu'il était rare autrefois. Mais le succès de ces sortes d'entreprises n'est pas devenu plus commun, et nos deux auteurs sont peut-être encore l'unique exemple d'une célébrité durable acquise par ce procédé. Il est donc naturel que beaucoup de critiques aient cherché à découvrir la méthode de travail de Beaumont et Fletcher, et à démêler dans leur œuvre commune le travail particulier de chacun, afin de faire ensuite les portions de gloire au prorata du

génie dépensé. Mais il est naturel aussi qu'une assimilation réciproque aussi parfaite que la leur ait résisté à toutes les tentatives d'analyse et repoussé toutes les curiosités. Cependant, après bien des suppositions, on est arrivé à tenir pour certain que le grave et réfléchi Beaumont, chargé de la conception du plan, de la disposition des scènes, en un mot, de la charpente, laissait au sémillant et facétieux Fletcher le soin d'écrire le dialogue. Fletcher avait plus d'esprit, répète-t-on sans cesse, et Beaumont plus de jugement. Sans vouloir approfondir cette question, nous nous contenterons de citer une anecdote qui s'y rapporte, et que raconte Wistanley, auteur contemporain des deux amis :
« Accoudés à une table de taverne, ils bâtissaient près d'un pot d'*ale* (petite bière) le plan d'une tragédie. Tout à coup Fletcher s'écrie avec chaleur : *I take the king's murder upon me.* « Je me charge de l'assassinat du roi. » L'hôtelier, tout fier sans doute d'avoir découvert une conspiration contre la vie de son souverain, court en hâte dénoncer les coupables au shérif. Viennent les constables, qui s'emparent des futurs régicides et les conduisent devant le juge. Heureusement ils étaient bien connus pour des hommes *loyaux* (dans l'acception anglaise du mot), qui ne faisaient de complots qu'en cinq actes et en vers. On se borna donc à rire de leur mésaventure après qu'ils l'eurent expliquée. »

L'époque du mariage de Beaumont n'est pas connue; on sait qu'il eut deux filles, dont l'une vécut jusqu'à un âge très-avancé. Il mourut lui-même en 1615, avant d'avoir accompli sa trentième année. Il fut enterré dans l'abbaye de Westminster. Fletcher mourut à quarante-neuf ans, dans la peste qui désola Londres en 1625. Il ne paraît pas qu'il se soit jamais marié.

Le nombre de leurs pièces de théâtre, que nous avons porté à cinquante-trois, doit s'élever, suivant quelques-uns, jusqu'à cinquante-sept. Situations originales, caractères tranchés, vivacité de dialogue, expression poétiquement incisive, telles sont les qualités qu'on trouve dans presque toutes ces pièces, mais particulièrement dans celles qui, amendées par Garrick, ont continué à faire partie du répertoire de Covent-Garden et de Drury-Lane. Ce qu'on leur a le plus reproché, c'est un certain cynisme dans les actions et dans les discours des personnages. Si le reproche d'immoralité peut être adressé à nos deux auteurs, ce n'est pas pour quelques expressions triviales, mais plutôt à cause de l'habitude qu'ils ont de nous présenter trop rarement un honnête homme, plus rarement encore une honnête femme.

Les deux pièces de Beaumont et Fletcher auxquelles la vogue a été la plus fidèle sont the *Chances* (les Coups du Sort), et celle qui a pour titre : *Rule a wife and have a wife*, c'est-à-dire, en termes à peu près équivalents : *Avant de prendre une femme, apprenez à la diriger*. La première n'est guère qu'un amusant imbroglio à la manière espagnole; dans la seconde on voit un homme qui, après avoir épousé une certaine Margarita, très-disposée à se jouer de lui, la ramène par de sévères leçons au respect de ses devoirs et à l'oubli de ses mauvais penchants. Le style de Beaumont et Fletcher, nourri d'images vives et pressées, est généralement incorrect; mais, dit mistriss Inchbald, c'était la mode du temps, *it was the fashion of the times*. Beaumont a composé seul des poésies lyriques assez remarquables, et ses conceits ont été plus d'une fois réclamés par le célèbre Ben-Johnson, dont la fierté connue donne un grand prix à cette marque de déférence.

Émile SAUSSINE.

BEAUMONT (Mme LEPRINCE DE). *Voyez* LEPRINCE.
BEAUMONT (D'ÉON DE). *Voyez* ÉON.
BEAUMONT (ÉLIE DE). *Voyez* ÉLIE DE BEAUMONT.
BEAUNE, ville de France, chef-lieu d'arrondissement du département de la Côte-d'Or, à 32 kilomètres de Dijon, peuplée de 11,362 habitants, avec un tribunal de commerce, un collége et une bibliothèque publique de 10,000 volumes. On trouve dans cette ville des fabriques de grosse draperie et de serges, des raffineries de sucre de betterave, des tanneries, des teintureries, des brasseries, d'importantes pépinières d'arbres à fruits. Le commerce consiste en grains, et surtout en vins rouges de Bourgogne de première qualité que produit la côte Beaunoise (*voyez* l'article suivant). Beaune, située au pied d'un coteau dans un pays agréable, est généralement bien bâtie; ses remparts, plantés d'arbres, forment une promenade charmante. On y remarque, en fait de monuments, l'église Notre-Dame, l'église Saint-Pierre, et un bel hôpital, fondé en 1443.

Cette ville, fort ancienne, fut d'abord un camp romain, ensuite un château fort, et enfin, au septième siècle, une place assez considérable. Son nom lui vient, selon les uns, de Belenus, l'Apollon gaulois; selon les autres, de la Bellone qui figurait dans ses anciennes armoiries. En 1203 le duc de Bourgogne, Eudes III, lui accorda une charte de commune. En 1220 il s'y tint un concile. En 1401 elle fut aux trois quarts dévorée par un incendie. Après la mort de Charles le Téméraire, elle prit parti pour Marie de Bourgogne contre Louis XI, qui l'assiégea et s'en rendit maître en 1478. Louis XII la fortifia en 1502; mais un siècle plus tard Henri IV la fit démanteler. La révocation de l'édit de Nantes chassa de Beaune les calvinistes, qui y faisaient prospérer les manufactures; la prospérité de la ville en reçut une forte atteinte. Beaune fut la résidence de plusieurs ducs de Bourgogne, et le premier siége du parlement de Bourgogne sous le nom de *Jours généraux*.

BEAUNE (Vins de). Sous ce nom on comprend tous les vins que produit la côte Beaunoise. Les meilleurs vins rouges sont ceux de Volnay, Pomard, Beaune, Aloxe ou Corton, Chassagne, Meursault et Savigny. On n'estime en fait de vins blancs que ceux de Montrachet et de Meursault. Ces différents crus sont fins et suaves; mais ils ont besoin d'acquérir une certaine maturité. Au total ils sont inférieurs aux vins de Nuits, et les marchands et les connaisseurs ne rangent les meilleurs vins rouges de Beaune que dans la seconde classe. La côte Beaunoise est la partie de la Côte-d'Or qui s'étend depuis Nuits jusqu'à la rivière de Dheune.

BEAUNE (RENAUD DE) appartenait à une famille originaire de Tours, qui faisait remonter son illustration à *Jean de Beaune*, argentier de Louis XI et de Charles VIII. Son fils, *Jacques de Beaune*, connu sous le nom de baron de Samblançay, fut surintendant des finances de François 1er. Il eut pour fils *Guillaume de Beaune*, père de Renaud. Celui-ci naquit à Tours en 1527. Avant d'embrasser l'état ecclésiastique il occupa des charges importantes dans la magistrature; il devint ensuite évêque de Mende, puis archevêque de Bourges, en 1581. Il donna des marques de sa capacité dans les assemblées du clergé de France, et présida les états de Blois en 1588. Il prit hautement le parti du roi Henri IV à la conférence de Suresnes, contribua beaucoup à la conversion, et lui donna publiquement l'absolution dans l'église de Saint-Denis. Tant d'affection pour un hérétique rendit Renaud de Beaune odieux aux ligueurs; et comme il était d'ailleurs, au dire de Brantôme, un peu léger de créance, ils l'accusèrent d'athéisme. De Thou rapporte qu'il voulut être regardé dans le royaume, tant que le schisme y durerait, comme le chef des évêques pour les dispenses et la collation des bénéfices, et que ses ennemis l'accusèrent d'aspirer à devenir patriarche de France. Soit qu'il ajoutât foi à ce propos absurde, soit qu'il gardât rancune à l'archevêque de Bourges de n'avoir pas pris l'avis de Rome en aussi grave affaire que la conversion du roi, le pape Clément VIII refusa de lui accorder les bulles pour l'archevêché de Sens, auquel il avait été nommé en 1596. Renaud de Beaune les obtint néanmoins en 1602. Il devint ensuite grand aumônier de France, et mourut à Paris, en 1606, à soixante-dix-neuf ans. Il eut de son temps une très-grande réputation comme orateur, mais ce qui nous reste de ses discours et de ses oraisons funèbres ne s'élève pas au-dessus de la médiocrité.

BEAUNE (FLORIMOND DE), mathématicien célèbre, né à Blois, en 1601, embrassa d'abord l'état militaire, et acheta plus tard une charge de juge au présidial de sa ville natale, où il mourut en 1652 des suites d'une goutte si violente, que quelques années auparavant on avait cru devoir lui couper un pied. Ce fut de Beaune qui le premier en France comprit la portée de la géométrie de Descartes. Il rédigea des notes dans le but d'éclaircir les endroits de cet ouvrage qui, dans l'état où se trouvait alors la science, auraient pu passer pour obscurs, et il soumit ses observations à Descartes lui-même, avec lequel il avait eu l'occasion de se lier en 1626. De Beaune se proposa surtout de faciliter la résolution des équations numériques, et on lui doit une méthode pour déterminer les courbes au moyen des propriétés de leurs tangentes. Il y a dans ce genre un problème qui porte encore son nom, et qui n'a été complétement résolu que par Jean Bernoulli. De Beaune s'occupa beaucoup en outre du perfectionnement des télescopes, et en fabriqua même, dit-on, de très-remarquables. Il ne nous reste de lui que deux écrits, qu'on trouve dans l'édition latine elzévirienne de la Géométrie de Descartes, savoir : 1° *Florimundi de Beaune in Cartesii Geometriam Notæ breves*; 2° *De æquationum constructione et limitibus Opuscula duo, incepta a Florimundo de Beaune, absoluta vero et post mortem ejus edita*, etc.

BEAUPLAN (AMÉDÉE de). *Voyez* ROUSSEAU.

BEAUPRÉ. On appelle ainsi celui des bas mâts d'un navire qui, placé sur l'avant, dans une position oblique ou horizontale, se prolonge au-dessus des flots pour recevoir les voiles triangulaires que l'on nomme *les focs*. L'inclinaison donnée au mât de *beaupré* varie selon l'espèce des navires. A bord des bâtiments carrés, tels que les trois-mâts et les bricks, il est incliné de trente-cinq degrés par rapport à l'horizon. A bord des côtes et des longres, il est tout à fait horizontal, et il ne sert alors qu'à supporter un seul foc. On reconnaît ordinairement à la mer un bâtiment de guerre au grand angle que forme le beaupré des navires de l'État avec la ligne horizontale. A bord des bâtiments marchands ce mât est ordinairement moins relevé.

On regarde avec raison le *beaupré* comme la clef de toute la mâture; car c'est sur ce mât que s'appuie par ses étais le mât de misaine, qui lui-même sert à appuyer le grand mât, qui à son tour sert d'appui au mât d'artimon. Aussi dans un combat obtient-on un très-grand avantage sur le navire ennemi quand on réussit à couper son beaupré en dedans de l'étai de misaine; car cette avarie entraîne presque toujours la chute totale de la mâture, qui dès lors se trouve privée de son appui primitif.

La vergue que l'on grée transversalement sur le beaupré s'appelle *civadière*. Autrefois on établissait sur cette vergue, si rapprochée de la mer, une voile que les coups de tangage du navire avaient pour effet de plonger très-souvent dans la lame; mais aujourd'hui la civadière n'est guère conservée à bord de nos bâtiments que pour servir à appuyer, au moyen des bras qu'elle supporte, le boute-hors de beaupré contre l'effort que font les focs en recevant le vent du bord des amures.

Dans les anciens navires, on plantait sur l'extrémité extérieure du *beaupré* un mâtereau vertical que l'on nommait *perroquet de beaupré*, et sur lequel on gréait une voile. Mais cet appareil n'est guère maintenant que comme un objet de curiosité. Aujourd'hui on ne se sert même plus de la contre-civadière, qui autrefois était la vergue du boute-hors de beaupré.

Le *boute-hors de beaupré* ou le *bâton de foc* est à proprement parler le mât de lune de *beaupré*. C'est une pièce supplémentaire que l'on pousse parallèlement au beaupré pour y établir le grand foc. Sur ce bâton de foc, on établit encore un autre mât dans les grands navires, et ce troisième mât se nomme le *bâton de clin-foc*. C'est lui qui supporte la voile à laquelle on donne ce dernier nom.

Le *beaupré* dans les bâtiments carrés a la longueur des deux tiers du mât de misaine, et la même grosseur que ce dernier mât.
Édouard CORBIÈRE.

BEAUPRÉAU, chef-lieu de l'arrondissement de ce nom, dans le département de Maine-et-Loire, à 42 kilomètres sud-ouest d'Angers, sur l'Èvre, avec des tanneries, des teintureries de coton et de laine, et une population de 3,500 âmes. Cette petite ville de l'ancienne province d'Anjou porta d'abord le titre de baronnie, et fut érigée en marquisat en 1554. Elle fut, à deux reprises, le théâtre d'un combat entre les troupes de la république et les Vendéens.

Le 23 avril 1793, d'Elbée et Bonchamp, qui venaient d'opérer leur jonction, s'avancèrent contre les républicains. Gauvilliers, commandant des gardes nationales d'Angers et des environs, s'était porté sur Beaupréau, à la tête de deux mille hommes. Les troupes de ce général obtinrent d'abord quelques avantages; mais les royalistes se précipitèrent aveuglément sur les canons et les baïonnettes, et rien ne put résister à leur fougueuse impétuosité. Enveloppées de toutes parts, les troupes de la république furent forcées de céder. Les canonniers d'Eure-et-Loir se firent tuer sur leurs pièces. Abandonnée par l'artillerie, une compagnie de la garde nationale de Luynes fut hachée presque en entier, tandis que l'armée fuyait en désordre. Les royalistes entrèrent dans la ville, après avoir pris sur le champ de bataille six pièces de canon et plusieurs caissons. Gauvilliers, voyant ses troupes à la débandade, se hâta d'évacuer tous les postes de la rive gauche de la Loire, et de repasser le fleuve.

Six mois plus tard, après leur défaite à Chollet, les Vendéens s'étaient retirés sur Beaupréau; ils s'y croyaient pour quelques jours à l'abri d'une attaque de la part des républicains; mais à peine avaient-ils pris leurs quartiers, le 18 octobre 1793, que le canon, retentissant de tous côtés, leur annonça l'approche de l'ennemi. Westermann, accouru de Châtillon pour se réunir à l'armée de l'Ouest, n'était arrivé qu'après la victoire. Furieux de n'avoir pu prendre part au combat, il avait sollicité et reçu l'ordre de se mettre à la poursuite des vaincus pour les empêcher de se rallier. Les divisions Haxo et Beaupuy devaient appuyer ce mouvement. Parvenu sous les murs de Beaupréau, il égorge les avant-postes, pénètre dans la place, renverse et taille en pièces tout ce qui oppose quelque résistance. Henri de la Rochejaquelein, commandant des Vendéens depuis la mort de Bonchamp et d'Elbée, cherche en vain à rallier ses troupes : sa voix n'est point écoutée; il est lui-même forcé de fuir et de laisser au pouvoir des vainqueurs dix pièces de canon, trente mille rations de pain, un magasin à poudre et un grand nombre de prisonniers. Le brave Gauvilliers était vengé.

BEAUREPAIRE avait servi comme sous-lieutenant dans les carabiniers avant la révolution de 1789. Il fut élu chef du premier bataillon de Maine-et-Loire. Il commandait la ville de Verdun lorsque cette place fut sommée de se rendre par le duc de Brunswick, le 31 août 1792. Le conseil de défense, composé des municipaux et d'autres habitants influencés par la peur et par les intrigues de quelques traîtres vendus à l'étranger, proposa de rendre la ville, sans attendre qu'elle fût sérieusement attaquée. Des groupes parcouraient les rues et les places publiques en demandant à grands cris que l'on capitulât sans nul délai. La garnison brûlait de combattre; elle était déterminée à opposer une vigoureuse résistance. Le commandant Beaurepaire partageait son dévouement. Il s'était hâté d'aller exprimer au conseil et à la municipalité la généreuse résolution de la garnison et de la plus grande partie de la garde nationale. Vainement il annonça que la ville serait promptement secourue, que l'armée nationale serait bientôt sous ses remparts, qu'il suffirait de contenir l'ennemi par une courte résistance. Le conseil persista dans sa détermination. « Eh bien! s'écria l'intrépide et loyal commandant, je fais le serment de mourir plutôt que de me rendre. Survivez, vous, à votre honte et à votre déshonneur, puisque vous le voulez; mais, moi, je reste fidèle à mon serment. Voilà mon dernier mot : je meurs libre. » Et il se brûla la cervelle. L'ennemi prit possession de Verdun, mais il en fut bientôt chassé par l'armée nationale.

L'action héroïque de Beaurepaire ne resta pas sans récompense. Les théâtres se disputèrent l'honneur de célébrer son apothéose. La *Mort de Beaurepaire* fut représentée sur les théâtres de la capitale et des départements. La Convention décréta que son corps serait transporté au Panthéon, et qu'on graverait sur son tombeau cette inscription : « Beaurepaire aima mieux mourir que de capituler avec les tyrans. » Une pension fut accordée à sa veuve, et une section de Paris adopta le nom de Beaurepaire, qui est restée à une des rues du quartier Montmartre.   DUFEY (de l'Yonne).

BEAUSEMBLANT. *Voyez* LAFFEMAS.

BEAUSOBRE (ISAAC DE), Limousin et calviniste, né en 1659, se fit dans le siècle dernier une réputation solide par de nombreux ouvrages, dont quelques-uns sont encore lus ou consultés avec intérêt ou profit, comme sa *Défense de la doctrine des Réformés*, et son *Histoire critique du Manichéisme*, longue digression d'un ouvrage plus vaste, l'*Histoire de la Réformation*, qui l'avait occupé pendant la plus grande partie de sa vie, et qu'il n'eut pas le temps d'achever. Ministre d'une petite ville de Touraine, Beausobre fut forcé de quitter la France, après avoir osé briser les scellés qu'on avait apposés sur son temple. Il se retira d'abord à Dessau, et s'y fit connaître aussitôt comme zélé défenseur du calvinisme, comme prédicateur éloquent, comme écrivain judicieux, quoiqu'il affectât d'ailleurs une certaine roideur de principes et d'esprit, souvent reprochée aux protestants, et surtout aux religionnaires réfugiés. Favorablement accueilli par la cour de Berlin, qui savait s'enrichir de nos pertes et coloniser près d'elle la science et l'industrie française, il fut nommé chapelain du roi, inspecteur de l'hospice du collège et des temples français. Il fut chargé de publier une nouvelle version du *Nouveau Testament*, avec Lenfant, qui faisait comme lui partie de la société de savants réfugiés connue alors sous le titre d'*Anonymes*. Ce fut la première version française faite sur le texte grec par des protestants.

Dans son *Histoire du Manichéisme*, Beausobre avait fait preuve de connaissances philologiques bien rares à son époque; mais ses conjectures aventureuses, son mépris pour saint Augustin, d'abord sectateur, ensuite le plus terrible adversaire de la doctrine de Manès, comme de toutes les hérésies, et qu'il accusait de ne pas l'avoir comprise, furent vivement censurés par les journalistes de Trévoux, auxquels il répondit longuement dans la *Bibliothèque Germanique*. Beausobre mourut à l'âge de soixante-dix-neuf ans, exempt d'infirmités, prêchant encore avec tout le feu de la jeunesse, et laissant beaucoup d'ouvrages manuscrits, parmi lesquels une *Dissertation sur les livres d'Optat de Milève*, déjà savamment annotés par Dupin, et si précieux pour l'histoire politique et religieuse de l'Afrique au quatrième siècle.

Le fils aîné de Beausobre, *Charles-Louis*, ministre à Hambourg, puis à Berlin, a publié une *Apologie des Protestants*, et *le Triomphe de l'Innocence*. — Son second fils, *Louis*, que Frédéric le Grand, qui l'avait adopté, appelait par comparaison *le petit Beausobre*, membre de l'Académie des Sciences de Berlin, comme son frère, doué de connaissances variées, mais superficielles, a publié dans les *Mercures* de 1755 des *Lettres sur la Littérature Allemande*, des *Dissertations philosophiques sur la nature du feu et les différentes parties de la philosophie*; une introduction générale à l'étude de la politique, des finances, du commerce, etc.   T. TOUSSENEL.

BEAUTÉ. Selon Platon, notre âme possède en elle l'idée du beau archétype, image de la Divinité, qui possède elle seule la suprême beauté dans son essence. Les choses sont d'autant plus belles qu'elles participent davantage de Dieu. Marsile Ficin, son commentateur, dit que la beauté universelle est comme la splendeur de la face de Dieu. Aristote définit la beauté : une réunion des idées de grandeur, d'ordre et d'unité, comme dans la constitution d'un animal bien organisé. Telle est à peu près la théorie développée aussi par le P. André, qui dit que la beauté consiste en régularité, ordre et proportion. Galien établit que les formes sont d'autant plus belles qu'elles remplissent mieux l'objet pour lequel elles sont destinées : ainsi, la convenance des parties avec leurs fonctions lui paraît la suprême beauté. Cependant Aristote et Boëce ont combattu cette opinion, en disant que si l'on faisait l'anatomie du plus beau corps d'une Vénus ou d'un Alcibiade, ce serait un spectacle fort laid pour la plupart des yeux. Les leibnitziens déclarent que le beau est ce qui plaît, et le laid ce qui déplaît : on pourra toujours leur demander pourquoi tant de choses qui ne sont rien moins que belles, et même des femmes laides, peuvent avoir le don de plaire (par *la grâce, plus belle encore que la beauté*, selon La Fontaine). Crouzas, Moïse Mendelsohn et d'autres auteurs ont défini la beauté par l'unité d'un tout formé de parties variées, ou *l'unité dans la variété*.

Wolf et Baumgarten font consister la beauté dans la perfection, laquelle donne naissance aux sensations agréables; mais Winckelmann demande avec raison la définition de ce qu'on nomme *perfection*, attendu que le Nègre, le Chinois ou toute autre nation se forment des idées très-différentes de la beauté et de la perfection des traits, puisque chacun attribue la prééminence à sa figure. Le Kalmouk aime plus les traits grossiers et rudement prononcés de sa race que les formes adoucies et gracieuses d'une Géorgienne. Sulzer et Hemsterhuis ont défini la beauté par cette *impression qui fait naître en l'âme le plus grand nombre d'idées et de sentiments en un seul sujet*. Ainsi, l'être ou l'objet capable de réunir une foule de vues, d'idées, dans le plus petit espace de temps, sera beau. Sulzer ajoute que la beauté ne consiste pas dans la seule régularité des traits, mais surtout dans l'expression du sentiment moral de perfection dont cette forme n'est que l'enveloppe. Le P. Gerdil veut que la vraie beauté soit toujours *con qualche maraviglia*, accompagnée d'admiration et de qualités mystérieuses qui subjuguent l'esprit.

Hutcheson, tenant aux théories platoniciennes, admet dans nous un *sens moral interne* capable de concevoir l'idée de la beauté : celle-ci est l'uniformité dans la variété, comme on forme par l'abstraction un théorème de causes générales tirées de faits particuliers. Smith et d'autres philosophes de l'école Écossaise ont admis ces mêmes principes. Condillac et Burke, partant, au contraire, de l'origine extérieure des idées, soutiennent que la beauté n'est qu'un résultat de certains jugements et d'une association de sensations rapides, plus ou moins agréables, rendues familières par l'habitude. Ils ajoutent, avec le P. Buffier, qu'il y a même des figures difformes que l'accoutumance nous fait trouver belles, comme certaines modes, qui ensuite paraissent laides lorsqu'elles sont surannées. A cet égard, Métastase et Laborde, soutiennent qu'il n'y a pas de beau fixe en musique et en peinture, puisque les airs qui charmaient nos aïeux nous causent un ennui insupportable. Enfin, beaucoup d'autres auteurs, suivant les mêmes principes, triomphent en tirant des diverses opinions que chaque peuple et chaque siècle se forment en divers pays de la beauté : par exemple, les anciens Grecs et Romains aimaient dans leurs femmes de petits fronts et des sourcils qui se joignent, ce qui est encore maintenant le goût des Persans, tandis que les Espagnols préfèrent un grand front ouvert et des sourcils très-écartés. Les Mexicains et d'autres peuples d'Amérique recherchent les têtes aplaties, et les habitants voisins du Phase des têtes en pain de sucre, comme les Macrocéphales, cités par Hippocrate. N'était-ce pas la coutume des jeunes filles de se pincer extrêmement la taille, presque à s'étouffer, comme au temps de Térence, *reddunt curatura junceas?*

D'autres ont dit que la beauté n'était que la parfaite proportion des parties. Polyclète avait, dans sa statue dite *Canon*, établi cette règle de toutes les proportions du corps humain. De même, les peintres et statuaires prenaient sur différentes personnes les formes les plus parfaites, pour en composer un tout qui réunissait les diverses beautés.

On remarque chez les petits individus, les enfants surtout, ce qu'on appelle le *joli* : ainsi un petit individu peut être un joli homme, mais il faut une certaine grandeur pour atteindre à la vraie beauté ; le *sublime* ne peut appartenir qu'à ce qui est vaste et immense. Aussi la vue d'une étendue sans limites ou d'un espace infini, qui suscite même une secrète terreur par la comparaison avec notre faiblesse, ou plutôt notre néant, inspire le sentiment du sublime, selon les remarques de Kant, de Burke, etc. Cependant le saisissement que produit le terrible, le foudroyant, ou une puissance invincible, inévitable, peut causer de la terreur, sans être le principe du sublime, comme le soutenait ce dernier auteur. L'homme sauvage, aux prises avec la nature dans toute sa grandeur, sa majesté sévère, au sein de forêts impénétrables ou d'éternelles solitudes, est empreint de sentiments sublimes qui le plongent dans une noire mélancolie, comme s'il vivait sans cesse en présence de la mort. Ainsi, l'aspect des Alpes couronnées de neiges éternelles, et d'où se précipitent des torrents bouillonnants au fond d'énormes précipices, nous pénètre d'une sublime horreur, non moins qu'un ouragan furieux qui soulève les ondes de l'Océan, et les éclairs éblouissants qui fendent d'épaisses nuées au milieu des ténèbres et des détonations de la foudre. Certes, l'observateur placé dans ce péril sur un frêle esquif, jouet des tempêtes, peut dire avec Joseph Vernet : *Que cela est beau!* mais en même temps : *Que cela est terrible!*

Les définitions de la beauté sont donc aussi variées que les sensations qu'elle procure. Celle de l'homme consiste dans l'expression de la force, de l'audace, de la supériorité ; la beauté de la femme, au contraire, est plus intéressante quand il s'y joint une image de sa faiblesse. Ce ne sont pas tant les traits réguliers qui présentent la beauté qu'une expression de vie, d'action et de sentiment dans les êtres, puisqu'une belle statue qui paraît inanimée n'inspire aucun intérêt. Et ce n'est point encore l'effort des passions violentes qui produit le sentiment du beau ; il faut, comme dans le *Laocoon*, que la vive douleur paraisse surmontée par le noble courage, et qu'il y ait de la dignité, de la grandeur, jusque dans les derniers soupirs qu'exhale un mourant.

Entre tous les êtres créés, l'homme seul paraît sensible aux beautés, puisque seul il possède cette intelligence supérieure capable de saisir les rapports harmoniques des choses ou les relations des effets à leurs causes productrices, comme à la source suprême d'où découlent toutes les causes secondes. Cette faculté de sentir, de comprendre le vrai, constitue un ensemble théorique dont on a formé une branche des connaissances humaines sous le nom d'*Esthétique*. Tel est le sentiment qui charme dans les arts dits libéraux, poésie, peinture, musique, et ceux qui en dérivent, comme l'éloquence, l'art dramatique, ou la musique, la danse, l'architecture, etc.

Il est en effet remarquable que le seul sens intellectuel, avec ses organes principaux, les yeux et les oreilles, puisse connaître ou accepter les impressions de la *beauté physique* et *morale*. On ne saurait dire d'une odeur, d'une saveur, d'une impression du tact, qu'elles sont belles, tandis que les sensations de l'âme admettent le pittoresque, l'illusion, comme celles de l'ouïe reçoivent tout ce qu'il y a de poétique et de musical dans la nature. De plus, l'œil et l'oreille donnent seuls de pures jouissances intellectuelles ; les autres organes sont plus matérialistes. Le nez perçoit dans les odeurs une volupté presque toute physique ; la langue éprouve par les saveurs cette sensualité brute que partagent les animaux ; et le toucher de la peau, s'il procure les impressions les plus positives, les plus solides, les plus philosophiques et mathématiques, se livre aussi à des voluptés grossières qui ravalent l'intelligence au degré le plus infime.

Nous voyons donc déjà qu'il existe en nous deux ordres de sens : ceux purement corporels, qui sont communs aux animaux, où ne donnent que des impressions purement physiques ; et les sens intellectuels de l'audition et de la vision, les plus voisins du cerveau, foyer de la pensée, et capables d'apprécier la beauté comme la laideur physique et morale, ce qui est noble ou ignoble, digne d'admiration et d'estime, de blâme ou de mépris. Eux seuls aussi savent apprécier ce qu'il y a de vrai ou de faux, de symétrique ou d'irrégulier.

Boileau a dit avec justesse :

Rien n'est beau que le vrai, le vrai seul est aimable.

Cependant il ne s'ensuit pas que tout ce qui est vrai devienne par cela même aimable et beau, puisque les monstres au physique et au moral n'en sont pas moins affreux pour être vrais. Plus une créature est formée et développée dans toute sa naïveté naturelle, plus elle est belle et digne de notre admiration. L'auteur de la nature est ainsi la source de toute beauté. La vie, qui est un mouvement selon la nature, est belle dans toute sa jeunesse et le feu de sa vigueur et de sa santé ; tandis que la mort, les plaies, les douleurs, et surtout les monstruosités, les difformités, inspirent de l'horreur ou un secret déplaisir, parce qu'elles semblent contre la règle de la nature.

Plus une créature est conforme à son type régulier de génération, plus elle devient brillante d'attraits et de ces charmes vainqueurs qui enflamment l'amour, chacun selon son espèce. La laideur, au contraire, accompagne le vice boiteux ou contrefait, lequel naît de faiblesse, d'inégalité, de désordre ou de défaut d'harmonie des organes ; tandis que toute beauté, tout ce qui ravit d'admiration et d'amour, résulte des proportions de l'ordre ou d'une parfaite harmonie de l'organisation. L'*amour* ou l'*harmonie*, ce principe de toute concorde, de toute symétrie, émanant ainsi de la nature et de son sublime auteur, devient la source de toute beauté, parce que d'elle découlent également et la vigueur du corps et celle de l'âme ou la vertu, parce que de lui jaillissent la vie et le bonheur. Au contraire, la *discorde* ou la *haine* est la cause de la laideur, de la difformité, d'elle naquit l'impuissance, la monstruosité du corps, comme le vice, l'imperfection des penchants de l'âme ; parce que d'elle découlent tout mal, toute douleur, toute méchanceté.

Ainsi tout principe de concorde, établi dans l'organisation des créatures, produit la centralisation, la régularité des formes ; dans les fonctions vitales il procure une santé, une vigueur parfaite, et dans les fonctions génératives la fécondité. Tout élément de discorde, au contraire, est la source de l'imperfection, de l'inégalité, d'elle naquit l'impuissance, la difformité repoussante ; s'il atteint les facultés vitales, il cause la maladie, la mort, désagrégation universelle de l'être organisé ; s'il agit dans les fonctions génitales, il amène des dépravations, des monstres.

« D'où vient qu'ayant construit cette colonnade à l'une des ailes de votre édifice, pourrait-on demander à Vitruve, vous en élevez autant à l'autre? L'architecte répondra que c'est pour la symétrie. Pourquoi cette symétrie vous parait-elle nécessaire? — Par la raison que cela plaît. — Mais qui êtes-vous, dit saint Augustin, pour vous ériger en arbitre de ce qui plaît ou déplaît, et d'où savez-vous que la symétrie charme? — J'en suis certain, parce que les choses ainsi disposées ont de la grâce, de la justesse, de la décence; en un mot, parce que cela est beau. — Dites-moi donc pourquoi cela est beau? Ou, si ma question vous embarrasse, vous conviendrez sans peine que la similitude, l'égalité, la convenance des proportions et des parties de votre édifice, réduit tout à cette espèce d'unité ou d'ensemble qui satisfait l'esprit et la raison (*De vera Relig.*, c. 30, 31) ».

Dans la structure de l'homme et des animaux, dans celle de ces charmantes fleurs que vous foulez sous vos pas, et jusque dans ces brillants cristaux de pierreries et de diamants ou de riches métaux que vous arrachez aux entrailles de la terre, ne découvrez-vous pas de magnifiques symétries? De quels ornements plus gracieux et plus délicats une jeune beauté peut-elle composer sa parure que de ces fleurs, aimable décoration de la terre en son printemps? Que la peinture apprête l'éclat de ses couleurs, que le génie invente les formes les plus enchanteresses, encore seront-ils surpassés par la simple nature dans sa naïveté et dans sa fraîcheur.

Quelle est donc cette mystérieuse source de tout ce qui est beau, de cette pure et sublime harmonie qui transporte notre âme dans les contemplations de la nature? Quel est le moule premier, l'archétype originel de ces étonnants modèles qui captivent notre admiration? Sans doute il est au-dessus de ce monde matériel, derrière ces voiles et ces empreintes corporelles, un type éternel d'ordre ineffable; il existe un principe constant d'harmonie, de concorde, d'unité souveraine et universelle, règle essentielle du beau, et de laquelle tout émane dans ce monde : ce module primordial est un rayon de la Divinité elle-même, créatrice de tout ce qui est. S'il existe un moyen d'élever notre intelligence, ou le génie de la première des créatures, reine de toutes les autres et héritière des dons de la Divinité, n'est-ce pas d'étudier et d'imiter ces célestes modèles, de s'imprégner des lois qui les ont formés, de s'élancer au foyer resplendissant de toute vérité et de toute lumière? La beauté morale est pour l'intelligence ce que la beauté physique est pour le corps.

Notre esprit recherche et admire la beauté physique et morale, la vertu, la concorde, l'harmonie, le bien, tout ce qui fait la force et la vie; il y trouve sa perfection et sa félicité, comme en se replongeant dans sa source et son essence. La nature est savante elle-même dans des actes qui pour nous seraient art. Toutes les productions du génie humain ne sont que l'imitation de la nature. Ce que nous appelons art, étude, ouvrage et génie de l'homme, n'est donc en réalité que l'opération même de la nature par notre ministère et selon ses lois, puisque rien, à proprement parler, ne saurait absolument venir de nous-mêmes et de notre fonds. Nous opérerons, au contraire, d'autant mieux que nous suivrons davantage ces impulsions de la nature, et que nous y mettrons moins de nous. Les différents talents qu'elle départit aux hommes se perfectionnent surtout encore par l'étude de la nature, selon l'expérience de ses œuvres; tous les métiers, les arts que nous exerçons, ne sont pour nous qu'un développement de ces présents naturels, tout comme les divers travaux qui s'exécutent dans une ruche; la seule différence est que l'abeille, instruite par l'instinct dès sa naissance à cause de sa courte vie, agit toujours parfaitement du premier jet, tandis que l'homme, confié à sa propre destinée et à son libre arbitre, comme fils émancipé de la nature, devient susceptible de se perfectionner par l'exercice et l'étude; il a le mérite de mettre sa volonté dans ses œuvres, et d'imiter le bien par ses propres efforts.

Cependant tout ce que nous exécutons est d'autant plus beau et plus voisin de la perfection physique que nous y mettons plus d'âme et de vérité. Nous sentons alors je ne sais quel transport d'enthousiasme qui nous élève à la source pure de l'intelligence. Cette suprême puissance, qui, ayant organisé les membres des animaux, s'en sert comme d'instruments vivants pour accomplir ses œuvres, cette lumière de raison sublime nous guide, nous illumine dans les sentiers de la vie quand nous voulons la suivre dans ces sages directions. Ce serait bien en vain que l'homme prétendrait atteindre au faîte de la raison d'après lui seul, si la puissance suprême n'avait pas déposé en son sein un rayon d'intelligence, si nous ne cherchions pas à suivre ces voies d'unité, d'harmonie, de beauté, d'ordre et de proportions que nous observons dans les plus merveilleuses productions de la Divinité. Aussi, comme l'âme n'est jamais mieux réglée que par l'harmonie de la justice, par l'équilibre d'un jugement sain dans sa balance, la beauté, la régularité, la parfaite symétrie et les plus nobles attributs du génie sont le résultat de cette recherche du vrai, du beau, dans la sublime nature. J.-J. VIREY.

BEAUTÉ (Château de), aujourd'hui complètement détruit, mais dont il restait encore quelques traces en 1750, fut jusqu'au quinzième siècle une maison royale de plaisance et une forteresse; il avait été bâti sur les bords de la Marne, près de Nogent, par le roi Charles V, qui en aimait le séjour et qui y reçut en 1378 l'empereur d'Allemagne. En 1444 Charles VII en fit présent à sa maîtresse, Agnès Sorel, qui prit alors le titre de *dame de Beauté*. Diane de Poitiers, elle aussi, habita quelquefois ce château, qui ne tarda pas à tomber complètement en ruines.

BEAUTEMPS-BEAUPRÉ (CHARLES-FRANÇOIS), l'une de nos illustrations scientifiques contemporaines et l'un des vétérans de notre Académie des Sciences, est né à Neuville-le-Pont, en 1766. Dès 1785 il fut placé à Paris sous la direction de M. Fleurieu, l'homme de cette époque qui avait le plus fait progresser l'hydrographie; mais cette science, telle qu'on l'enseignait alors, ne pouvait suffire à l'esprit du jeune ingénieur : aussi, lorsque après de longues études, en 1791, il fut embarqué sous les ordres du contre-amiral d'Entrecasteaux, envoyé avec deux frégates à la recherche de La Peyrouse, loin et de côté les méthodes inexactes employées jusqu'à lui. Les travaux qu'il exécuta dans ce long voyage de circumnavigation sont restés notre meilleur modèle, et nous n'avons rien à changer à l'ouvrage dans lequel, au retour, il exposa son admirable système.

En ces temps d'agitation et de rénovation, un homme d'un tel mérite ne pouvait demeurer obscur : on lui confia donc les missions les plus importantes et les plus délicates; chacune demandait plusieurs années, mais alors on croyait encore à l'avenir. L'Escaut nous était ouvert, Anvers était à nous; jusque là cependant on n'avait pas cru que des vaisseaux de ligne pussent y arriver. M. Beautemps-Beaupré trouva la passe dite *Française*; d'après ses indications, on conduisit à Anvers vingt vaisseaux qu'il pilota lui-même, et l'importance politique et maritime de cette ville fut doublée. C'est à lui donc qu'on est redevable de la connaissance exacte des ressources maritimes que présentent les côtes de l'Adriatique. Napoléon voulut examiner par lui-même et les travaux qui se rattachaient à ses vastes projets, et l'homme qui avait accepté la responsabilité de leur exécution. L'ingénieur fut donc mandé à Schœnbrunn, et, une fois qu'il lui eut été donné de le juger, l'empereur le crut plus en fait de travaux maritimes, qu'à l'opinion de M. Beautemps-Beaupré. C'est à Schœnbrunn qu'il le nomma chevalier de la Couronne-de-Fer.

M. Beautemps-Beaupré employa ensuite plusieurs années à des reconnaissances de même genre sur la possibilité d'un établissement sur l'Elbe; et les matériaux qu'il réunit parurent assez importants pour qu'en 1814 les Hanovriens en exigeassent copie. Sous la Restauration, il ne fallait plus songer à envoyer examiner autour de nos anciennes limites si nous ne trouverions pas un point maritime à notre convenance; nous ne pensâmes plus qu'à tirer le meilleur parti de nos propres côtes, et M. Beautemps-Beaupré eût à entreprendre cet immense travail. On reconnut toutefois la nécessité de lui adjoindre des collaborateurs dignes de lui, et c'est de cette époque que date la réorganisation du corps des ingénieurs hydrographes, recrutés exclusivement depuis 1821 parmi les élèves de l'école Polytechnique. Il a fallu vingt-cinq laborieuses années pour que M. Beautemps-Beaupré pût achever ce monument impérissable, qui l'a fait surnommer par les Anglais le *Père de l'hydrographie*, et que les marins de toutes les nations ont su dignement apprécier.

M. Beautemps-Beaupré est depuis longtemps membre de l'Institut, du Bureau des Longitudes, etc.; inutile sans doute d'ajouter que les décorations de toutes espèces lui ont été prodiguées; que depuis quarante ans pas un travail maritime n'a été exécuté sans qu'on ait consulté sa haute expérience; que toutes les commissions nommées à cet effet se sont appuyées de ses avis et ont été unanimes pour rendre justice à ses éminents services. A. DELAMARCHE,
Ingénieur hydrographe de la marine.

BEAUVAIS, ville de France, chef-lieu du département de l'Oise, à 70 kilomètres au nord de Paris, bâtie sur les canaux formés par le Thérain et par l'Avelon, dont les eaux l'environnent de toutes parts.

Siége d'un évêché, suffragant de Reims, et dont le diocèse comprend le département de l'Oise, Beauvais possède un tribunal de commerce, un séminaire théologique, un collége et une bibliothèque publique de 8,000 volumes.

Cette ville est généralement mal construite; mais ses maisons en bois sont couvertes d'ornements et de sculptures. La vieille ville, qu'on nomme la *Cité*, et qui forme à peu près le cinquième de la ville actuelle, est entourée de murailles qui paraissent être du troisième ou du quatrième siècle. Jusqu'à la fin du dix-huitième siècle des remparts et des fossés dont la construction remontait au treizième et au quatorzième siècle entouraient la ville elle-même : ils sont maintenant convertis en boulevards qui forment un lieu de promenade très-agréable. Le plus bel édifice de Beauvais est l'hôtel de ville, construit en 1753 et 1754; le palais épiscopal, flanqué de deux grosses tours, a été converti en préfecture; la cathédrale est surtout remarquable à cause de l'élévation et de la légèreté de la voûte de son chœur, qui passe pour un chef-d'œuvre d'architecture; mais la nef n'est pas encore commencée. On voit dans l'intérieur de cette église un mausolée de marbre blanc élevé à la mémoire du cardinal-évêque de Beauvais, Forbin de Janson; sa statue, aussi en marbre blanc, est due au ciseau du célèbre Coustou.

On cite encore l'église Saint-Pierre, l'église Saint-Étienne, le collége, ancien couvent des Ursulines, la salle de spectacle, et une manufacture de tapisseries annexe de celle des Gobelins. L'origine de cet établissement remonte au grand siècle. Louis Hinard, qui en avait conçu le projet, obtint du gouvernement, en 1664, dix mille livres pour faciliter les premiers achats et trente mille pour construire les bâtiments. Jusqu'en 1684 la manufacture n'eut que fort peu d'importance; alors Colbert en confia la direction à un Flamand, nommé Béhacle, qui fit exécuter, d'après les cartons de Raphaël, de magnifiques tapisseries représentant les Actes des Apôtres. Béhacle serait donc, à bien dire, le véritable fondateur de la manufacture de Beauvais. Elle fut administrée par des particuliers, avec subvention du gouvernement, jusqu'en 1792; depuis cette époque elle est gérée pour le compte de l'État.

Mentionnons encore deux autres établissements ; l'hôtel-dieu et le bureau des Pauvres ou hospice des Indigents, créé en 1653 et garni de trois cents lits. On y reçoit les enfants abandonnés. Des ateliers où se font tous les travaux de la draperie, depuis le nettoiement des laines jusqu'à la fabrication du drap, ont été établis dans cet hospice avec ses fonds et pour son compte.

En 1851 Beauvais a élevé à son héroïne, Jeanne Hachette, une statue en bronze due au ciseau de M. Dubray.

L'industrie est très-importante à Beauvais; on y fabrique des draps, des couvertures de laine, des molletons, des flanelles, de très-belles toiles dites demi-Hollande, des tulles, de la poterie de grès, des produits chimiques. On y voit des blanchisseries, des brasseries, des tanneries, des mégisseries, des cireries, des brasseries, deux typographies, des teintureries et imprimeries sur étoffes. Il s'y fait en outre un commerce considérable de grains et de produits manufacturés.

Beauvais est une des plus anciennes villes de la France; elle existait avant la conquête romaine sous le nom de *Bratuspantium*. Plus tard elle prit le nom de *Cæsaromagus*, qu'elle quitta au temps de Constantin pour prendre celui des *Bellovaci*, dont elle était la capitale. Prise par Chilpéric en 471, elle fut brûlée en 850. Aux neuvième et dixième siècles elle fut encore réduite en cendres et saccagée à plusieurs reprises par les Normands. Louis le Gros s'en rendit maître en 1109, après un siège de deux ans.

C'est en 1099 que commencèrent les démêlés de l'évêque de Beauvais avec les bourgeois de cette ville, qui depuis longtemps avait déjà des coutumes passées en droit. Louis le Gros prit parti pour les bourgeois, et leur délivra de sa pleine autorité une charte de commune. Malgré cette charte, la ville fut souvent troublée par les juridictions rivales des pairs ou du maire des bourgeois et de l'official de l'évêque.

Beauvais se déclara, en 1417, avec la plupart des villes du nord de la France, pour le duc de Bourgogne; mais quand Charles VII eut reconquis une partie de son royaume, les habitants se hâtèrent de chasser leur évêque, l'infâme Cauchon, et de faire leur soumission au roi. Cependant, en 1433, les Anglais tentèrent encore un coup de main sur la ville, et faillirent s'en emparer. Les habitants de Beauvais se distinguèrent alors par leur courage et leur patriotisme. Mais la circonstance où ils acquirent le plus de gloire fut le siège qu'ils eurent à soutenir contre Charles le Téméraire (*voyez* l'article suivant).

Pendant les guerres de religion, les habitants de Beauvais se séparèrent de Henri III, sans cependant rien entreprendre contre ce prince; mais ils se soumirent à Henri IV, et conclurent un traité avec lui à Amiens, le 22 août 1594.

BEAUVAIS (Siége de). En 1472 Charles le Téméraire, duc de Bourgogne, s'était avancé, à la tête d'une nombreuse armée, jusque sur les frontières de l'Ile-de-France. Ayant appris que la ville de Beauvais n'avait point de garnison, il forma le projet de s'en rendre maître avant qu'elle pût recevoir des secours. Il emporta, en effet, les faubourgs après une faible résistance. Mais les citoyens de Beauvais, animés d'un noble courage, avaient résolu de défendre leur ville jusqu'à la dernière extrémité. Ils avaient en hâte fait terrasser les portes, et se rangèrent en armes sur les remparts. Le même esprit patriotique animant leurs épouses et leurs filles, elles résolurent de partager les périls de la défense. Sous la conduite de Jeanne Hachette, elles coururent se placer aux endroits les moins garnis des remparts et y combattirent avec la plus grande valeur. Une de ces héroïnes enleva un drapeau ennemi, qu'elle rapporta en triomphe dans la ville.

La principale attaque du Bourguignon était dirigée sur la porte de Bresle, et, malgré la vive résistance des habitants, le canon y avait fait une large brèche. L'ennemi se disposait à un assaut, qui pouvait le rendre maître de la ville, lorsque les habitants s'avisèrent d'entasser en cet endroit une grande quantité de fagots et de matières combustibles, auxquels ils mirent le feu. La flamme arrêta les Bourguignons, et permit aux habitants de prolonger leur défense. Le combat, où la valeur et le patriotisme avaient balancé la grande supériorité du nombre, avait commencé à huit heures du matin ; il aurait encore vers quatre heures après midi, lorsqu'on vit entrer par la porte de Paris un corps de troupes conduit par La Roche-Taisson et Fontenailles, qui accourait au secours de Beauvais. Ces braves, qui venaient de faire, ce jour-là même, quatorze lieues sans s'arrêter, s'élancèrent aussitôt de leurs chevaux, qu'ils abandonnèrent aux soins des femmes et des enfants restés en ville, et coururent aux remparts. Les Bourguignons, déjà découragés par la résistance qu'ils avaient éprouvée, ne purent résister au choc; ils furent culbutés et repoussés vers leur camp.

Le lendemain, dès la pointe du jour, de nouveaux renforts arrivèrent à Beauvais; les citoyens les reçurent comme des libérateurs, dressèrent dans les rues et sur les places des tables couvertes de rafraîchissements, et, après les avoir traités, les accompagnèrent sur les remparts. Alors le duc Charles de Bourgogne s'aperçut de la faute qu'il avait commise en attaquant la place sur un seul front, au lieu de commencer par l'investir. Elle avait reçu une bonne garnison, et les vivres y entraient sans difficulté. Bientôt sa propre armée ressentit la disette et se vit exposée à manquer de vivres; des partis français battaient la campagne, interceptant les fourrages et les convois. Convaincu que son expédition était manquée, il ne voulut cependant pas lever le siège sans avoir tenté un nouvel assaut. Les assiégés se préparèrent à le repousser sous la conduite du maréchal de Renouault, qui était venu se renfermer dans Beauvais. Le maréchal voulait se charger lui-même de la défense de la porte de Bresle. La Roche-Taisson et Fontenailles, qui s'y étaient postés en arrivant, et qui avaient glorieusement concouru à la défense et à la garde de ce poste, qui était le moins fort, se plaignirent de l'affront qu'on voulait leur faire, et obtinrent d'y rester.

Cependant, toutes les dispositions étant faites pour l'assaut, les Bourguignons s'avancent contre les remparts, protégés et aidés par un violent feu d'artillerie. Les échelles sont dressées, et ils s'élancent sur la brèche. Les assiégés les reçoivent avec intrépidité, les contraignent à ralentir leur mouvement, et bientôt les attaquent à leur tour et les forcent d'abandonner les murailles. Le duc Charles rallie ses bataillons, et parvient à les ramener au combat. Cette seconde tentative, reçue aussi vigoureusement que la première, eut un résultat encore plus désastreux. Les Bourguignons furent culbutés, et Charles, voyant leur découragement, fut obligé de faire sonner la retraite; elle se fit en désordre, et aurait été fatale aux ennemis si les assiégés, vainqueurs, avaient pu les poursuivre; mais la précaution qu'ils avaient prise de terrasser les portes du côté de l'ennemi les empêcha de faire une sortie au moment opportun. Le 10 juillet, le duc de Bourgogne, perdant toute espérance de prendre Beauvais, leva le siège, et retourna dans ses États, ravagés par les Français, pour les défendre.

Louis XI, pour récompenser la fidélité patriotique des citoyens de Beauvais, les exempta d'impôts. Il institua en même temps, le 10 juillet de chaque année, en mémoire de la délivrance de la ville, une procession où, pour rendre hommage à l'héroïsme de Jeanne Hachette et de ses compagnes, les femmes devaient avoir le pas sur les hommes.

Gal G. DE VAUDONCOURT.

BEAUVAIS (JEAN-BAPTISTE-CHARLES-MARIE DE), né à Cherbourg, le 17 octobre 1731, fut nommé, en 1773, évêque de Senez. Sous Louis XV il n'avait dû son élévation qu'à ses vertus et à son talent oratoire. Dans son fameux sermon de *la Cène*, prêché le jeudi saint devant le roi, Beauvais s'éleva avec énergie contre les scandales de la cour, et renouvela, sans croire et sans vouloir être prophète lui-même, l'effrayante prophétie de Jonas : *Encore quarante jours, et Ninive sera détruite.* Louis XV mourut quarante jours après. On remarqua dans tout ce discours des paroles plus hardies qu'il n'en arrivait d'ordinaire, en ce temps-là, aux oreilles royales. Dans l'oraison funèbre du même Louis XV, prononcée peu après, et où dès le début l'étrange prophétie est rappelée avec art, on admira ce cri sincère et digne, et qui est bien d'un prêtre chrétien : « Le peuple n'a pas sans doute le droit de murmurer ; mais sans doute aussi il a le droit de se taire, et son silence est la leçon des rois. » Sous différents titres, presque tous les sermons de Beauvais ont pour objet la misère du peuple, le luxe et la corruption des grands. Les philosophes le louaient beaucoup de savoir se borner à la partie morale de la religion; les théologiens rigides lui reprochent, non sans raison, d'avoir négligé le dogme. L'orateur sage et grave a moins réussi dans le panégyrique, quoique son talent brille en quelques passages de celui de saint Augustin, qu'il prononça devant l'assemblée du clergé de France. On ne lit pas sans émotion, non plus, son oraison funèbre de Charles de Broglie, évêque de Noyon.

Beauvais avait donné sa démission en 1783. Élu député aux états généraux par le clergé du bailliage de Paris (*extra muros*), celui qui s'était montré si hardi dans la chaire de Versailles parut timide dans l'Assemblée constituante. Sa voix n'y fut jamais entendue, « soit qu'il faille plus d'audace, dit Joseph Chénier, pour haranguer des égaux qui vont vous répondre qu'un roi qui vient vous écouter, soit qu'il n'ait pas voulu soumettre à l'épreuve des opinions populaires une réputation de trente ans. » La vérité est qu'une maladie de langueur, à laquelle Beauvais succomba le 4 avril 1790, l'avait mis de bonne heure dans l'impuissance de prendre une part active aux travaux de l'assemblée, et de concourir avec tant d'autres prêtres philosophes à diriger une révolution qu'il avait des premiers pressentie et, du haut de la chaire de vérité, clairement prédite à l'ancien régime.

Beauvais eut à son moment, avant 1789, la plus brillante réputation d'éloquence; mais, loin que cette réputation se soit maintenue, lui-même semble avoir survécu à sa gloire, et il est à peu près inconnu des générations nouvelles. Sans doute ses compositions sages et pieusement philosophiques, son style un peu froid, mais toujours correct, et, ce qui vaut mieux encore, toujours simple et sincère, l'élèvent fort au-dessus des prédicateurs de son temps, dont on ne saurait supporter à la lecture la finesse énigmatique, non plus que la sèche et laborieuse élégance. Mais dirait-on aujourd'hui de Beauvais, comme Joseph Chénier : « Il approche quelquefois de l'élévation de Bossuet, dont il n'a jamais l'énergie et la profondeur ; il atteint presque à la douceur de Massillon, etc. » ? Pour comprendre cet éloge de Beauvais sous la plume d'un si excellent juge, on a besoin de se souvenir de la foi un peu aveugle que Chénier professa toute sa vie en la philosophie du dix-huitième siècle, et de la ferveur de son enthousiasme pour tout ceux qui, de près ou de loin, l'avaient servie. Jean AICARD.

BEAUVAISIS, pays qui faisait anciennement partie de la Picardie, et qui plus tard fut compris dans le gouvernement général de l'Ile-de-France. Outre le comté de Clermont-en-Beauvaisis et celui de Beaumont-sur-Oise, ce petit pays comprenait les duchés-pairies de Fitz-James et de Bouffiers. Le pays de César de Beauvaisis était habité par les *Bellovaci*. Sous Honorius, il faisait partie de la seconde Belgique. Ce pays fut l'une des premières conquêtes des Francs sur les Romains. Il fut incorporé au royaume de Neustrie, et par la suite des temps il passa successivement aux comtes de Vermandois, à la maison de Champagne, et enfin aux évêques-comtes de Beauvais. Mais une partie de ce pays resta toujours attachée au domaine des comtes de Champagne, et ne reconnut jamais d'autre suzeraineté que celle des rois de France. C'est dans le Beauvaisis, en 1357, que prirent naissance les soulèvements de paysans qui, sous le nom de Jacques, contribuèrent si puissamment à l'expulsion des Anglais. Le Beauvaisis fait actuellement partie du département de l'Oise. LAINÉ.

BEAUVALLET, né en 1802, à Pithiviers (Loiret), arriva encore jeune à Paris, pour se livrer à l'étude de la peinture. Il suivait les ateliers en qualité de *rapin*, lorsqu'un incident fortuit vint déranger la vocation à laquelle il se croyait appelé, et le jeter dans une autre carrière. Il se trouvait à Montmartre, en 1821, en compagnie de camarades, comme lui apprentis artistes, poëtes, peintres et musiciens, tous réunis, sans se connaître, pour passer gaiement en semble une journée de printemps. Parmi cette bande artistique se trouvait un jeune homme à peine échappé du collége, Casimir Delavigne. Celui-ci se destinait au culte de la muse tragique, et déjà il travaillait à cette œuvre, *les Vêpres Siciliennes*, qui, malgré le succès qu'elle obtint depuis, ne pouvait pas faire présager le brillant et spirituel auteur des *Comédiens*, de *Louis XI* et des *Enfants d'Édouard*. Dans des repos de la longue promenade à laquelle tous ces jeunes gens s'étaient livrés, chacun, assis non loin des autres, s'abandonnait aux préoccupations de son art. Casimir Delavigne, qui composait déjà, comme il a toujours composé depuis, en se récitant à lui-même, et sans les écrire, les tirades et le dialogue qu'il comptait placer dans la bouche de ses personnages, se mit à dire quelques vers de la future tragédie, et il les déclamait de la voix faible et grêle qu'il tenait de sa nature chétive et maladive, lorsqu'il entendit, à quelques pas de lui, un de ses compagnons répondre à ses timides accents par une récitation faite à pleins poumons d'une scène des *Barmécides* de La Harpe. Le contraste était complet; cette contrebasse virile, ce trombone, cet ophicléide humain, c'était Beauvallet le rapin, révélant ainsi le puissant organe dont la nature l'avait doué.

Mais qu'est-ce que la nature sans l'art? qu'est-ce que les dons natifs sans l'éducation? A la suite de cette révélation, de cette audition en plein air, il fut décidé à l'unanimité que Beauvallet se destinerait au théâtre. Il céda, et se présenta bravement, armé de sa tirade des *Barmécides*, pour étude tragique à laquelle il se fût livré, à l'examen des aspirants élèves du Conservatoire de déclamation. Des quatre examinateurs qui l'entendirent, Granger, Lafon, Saint-Prix et Provost, un seul comprit l'effet que pouvait produire au théâtre un organe aussi puissant s'il était possible de l'assouplir : ce juste appréciateur des qualités théâtrales était Saint-Prix, qui lui-même possédait une voix forte, mais plutôt creuse que sonore. Beauvallet fut donc admis aux classes du Conservatoire, et, après s'être essayé dans la troupe Séveste, débuta en 1825 à l'Odéon, par le rôle de *Tancrède*, dans la tragédie de Voltaire. Il eut assez de succès pour être engagé à ce théâtre, où il créa quelques rôles d'une façon assez remarquable, entre autres : Talermi, dans *Roméo et Juliette*, de Frédéric Soulié; Malatesta, dans *Françoise de Rimini*, de Constant Berrier, et *Perkins-Warbeck*, de Fontan. En 1827, Beauvallet quitta l'Odéon pour s'engager à l'Ambigu-Comique, où il croyait trouver plus d'avantages pécuniaires et de moyens de succès.

Il serait difficile de donner une exacte idée de la force *taurobolique* de sa voix, soit dans les cordes hautes, soit dans les cordes basses. Assurément, il *descend* plus bas que les basses chantantes les plus célèbres ; et les éclats tout à la fois métalliques et sonores de cet organe étrange causent, même dans l'étouffement d'une salle remplie de monde, des vibrations remarquables. C'est là, sans aucun doute, pour l'acteur comédien, des plus puissants ressorts de l'art, un des moyens les plus assurés d'*effets profonds*. En ajoutant à cette force si rare de l'organe vocal ce qui n'est pas moins rare encore, une grande intelligence et une étude incontestable des personnages qu'il doit représenter, nous aurons fait avec justice une part large et favorable à tous les avantages naturels et à tous les talents acquis de Beauvallet. Si ces moyens d'une riche nature étaient appuyés d'une stature athlétique et de traits agréablement virils,

Beauvallet posséderait la plus belle *représentation* théâtrale que de mémoire d'homme on eût vue sur la scène; mais toutes les forces naturelles semblent chez lui s'être concentrées dans l'organe de la voix. Sa taille, quoique bien prise, souple et suffisamment gracieuse, est petite et grêle; sa figure est longue, maigre; l'expression en est sévère jusqu'à la dureté, et l'*ensemble* du physique est dénué de tout charme, même relatif.

Le Théâtre-Français eut encore cette fois, comme tant d'autres, le tort déplorable de ne pas reconnaître le parti qu'il pouvait tirer des qualités et de l'avenir de Beauvallet et de ne point se l'attacher, soit avant, soit après ses débuts à l'Odéon. On le laissa aller à l'Ambigu-Comique; on le laissa s'*emmélodramatiser* avec les *Serfs polonais*, les *Forçats libérés*, les *Nosdradamus*, les *Enragés* et toute l'*enragée boutique* du boulevard, où se sont perdus les Bocage, les Frédérik Lemaître et les Dorval. Ce ne fut qu'en 1830 qu'il entra au Théâtre-Français, qui ne l'avait pas pris assez tôt ou qui le prenait trop tard. En effet, à cette époque, le drame extravagant, échevelé, ayant suivi l'insurrection sociale, avait chassé le poëme tragique, et Beauvallet, qui avait été obligé de s'essayer dans *Hamlet*, *Manlius* et le grand répertoire, se retrouva misérablement affublé de la défroque du Nègre, de Marat, de Danton et de toutes les folles horreurs auxquelles le Théâtre-Français ouvrit alors ses portes.

Qu'est-il résulté pour Beauvallet de cette double entrée en scène? C'est que de l'origine, et au seul moment où les facultés sont susceptibles de transformations à l'aide de l'étude et du travail, il n'a pu parvenir à surmonter suffisamment l'inflexibilité de son organe vocal. Son début, brillant et puissant dans les choses de force et de terreur, est privé de modulation, de variété, dans le reste de la déclamation. Quand elle ne tonne pas, sa voix est, non pas sourde, mais traînante et monotone. Il ne module pas ses intonations, il les étouffe; les cordes de cette voix ne se sont pas façonnées, assouplies, distendues, selon le besoin, à l'aigu, au médium, au concordant; elles sont restées au diapason de la contre-basse ou au son éclatant de la trompette. Ce n'est pas le son humain travaillé par une vocalisation commencée de bonne heure, c'est l'affaiblissement brusque, le passage immédiat d'une intonation éclatante à une parole sans valeur. Les effets de sensibilité, d'abandon, de générosité, de grâce y perdent; et cela est d'autant plus regrettable que, dans *Tancrède*, *Rodrigue*, et surtout dans *Polyeucte*, Beauvallet a montré avec quelle intelligence il avait su comprendre la partie noble et sentimentale de ces rôles.

Reçu sociétaire de la Comédie-Française en 1831, non-seulement il tient tout l'ancien répertoire tragique, Oreste, Néron, Achille, etc., mais il a pris ou créé des rôles qui attestent l'originalité et la variété de son talent ; Tyrrel, des *Enfants d'Édouard*; Bertuccio, dans *Marino Faliero*; Aquila, de *Caligula*; *Latréaumont*, dans le drame de ce nom, etc. A. DELAFOREST.

A force de réciter des vers, Beauvallet a pensé qu'il en pourrait faire répéter à ses camarades. En 1830 il publia un *Caïn*, drame en deux actes fait en collaboration de M. Davesne. Puis il composa avec le même un chant dithyrambique sur *Les trois jours*. En 1847 le Théâtre-Français joua son *Robert Bruce*, tragédie en cinq actes, et en 1851 *Le dernier Abencerrage*, tragédie en trois actes. — Son fils, Léon BEAUVALLET, marchant sur les traces de son père, s'est également essayé sur les planches dans le double rôle d'auteur et d'acteur, et a obtenu quelques succès.

BEAUVERT (ANTOINE-JOSEPH, comte BARRUEL DE), né à Bagnoles (Orne), le 17 janvier 1756, était proche parent du célèbre Rivarol, et d'une famille noble, quoiqu'on lui ait souvent contesté le droit de se parer du titre de comte. Né sans fortune, il s'enrichit par un mariage et prit le parti des armes, pour lequel il semble cependant avoir eu peu de vocation ; car il n'obtint que le commandement d'une compagnie de réforme des dragons de Belsunce, pour devenir ensuite capitaine de miliciens. Opposé aux principes de la révolution de 1789, il n'en fut pas moins nommé commandant de la garde nationale de Bagnoles, et vint à Paris, où il travailla avec le fameux Peltier aux *Actes des Apôtres*. Après la fuite de Louis XVI à Varennes, il fut du nombre de ceux qui s'offrirent pour être ses otages ; et, malgré l'ardente polémique anti-révolutionnaire qu'il soutint alors dans la presse, il réussit à se soustraire aux échafauds de la Terreur.

Ayant repris la plume après le 9 thermidor, il fut compris dans le décret de déportation lancé, le 18 fructidor an V (7 septembre 1797), contre les écrivains royalistes. Rendu à la liberté par le 18 brumaire, il n'en fit pas moins une brochure énergique contre cette journée, et attaqua personnellement le premier consul. Enfermé au Temple, il y resta deux années et n'en sortit que vers 1802, grâce à l'intercession de Joséphine. La femme du premier consul ne borna point là sa protection : elle remit à Barruel-Beauvert une somme de mille francs, et lui fit offrir cinq cents francs par sa fille Hortense. En 1807 il publia un écrit intitulé, non plus *Actes des Apôtres*, mais *Actes des Philosophes*, recueillis et remis en évidence par le *ci-devan.t* comte Barruel-Beauvert. Il fit à la même époque une satire violente contre l'abbé Delille, qui venait d'obtenir sa rentrée en France. On employa pour le faire taire les moyens qui réussissaient à cette époque à l'égard de beaucoup d'autres écrivains réputés dangereux : on l'éloigna de Paris en lui donnant à Besançon la place d'inspecteur du système métrique dans six départements. C'était une sinécure avec cinq mille francs d'appointements.

A la Restauration il se remit à écrire. Son dernier ouvrage eut, en 1816, une célébrité déplorable. Il était intitulé : *Quelques particularités secrètes sur l'interrègne des Bourbons*, et portait pour épigraphe : « Cet ouvrage ne contient rien de nuisible à la réputation d'aucun homme d'honneur. » Cependant il y attaquait de la manière la plus cruelle un ancien rôtisseur, fournisseur de la maison de Louis XVIII, et y présentait cet homme, père de dix-neuf enfants, comme septembriseur et l'un des assassins de la princesse de Lamballe. Le fournisseur, expulsé du château, intenta contre Barruel-Beauvert une plainte en calomnie, qui fut jugée au tribunal correctionnel de Paris à la fin du mois de juillet 1816. Ce curieux procès dura plusieurs audiences. La défense du plaignant fut présentée par M. Parquin, qui faisait alors ses débuts au barreau. Chauveau-Lagarde plaida pour l'accusé. Le comte Barruel-Beauvert fut déclaré calomniateur ; mais on ne lui infligea qu'une amende de 25 francs, en le condamnant en outre aux dépens. L'écrit fut supprimé à la requête du procureur du roi, et la nature de son contenu motiva une autre amende de 300 fr. Barruel-Beauvert trouva la condamnation si légère, qu'il ne daigna pas même interjeter appel. Le résultat fut fatal au pauvre fournisseur, qui, dans son désespoir d'avoir été sous le coup d'une telle imputation, se coupa la gorge.

Le ci-devant colonel de dragons et de milice avait une tournure si peu militaire, que dans le monde on l'appelait l'*abbé Barruel de Beauvert*. On l'a soupçonné d'avoir songé à entrer dans l'institut des jésuites. Quoi qu'il en soit, il voulut, à l'âge de soixante ans, se hasarder dans la carrière dramatique, et fit recevoir au Théâtre Français, *de l'ordre exprès du roi*, c'est-à-dire de l'ordre de MM. les gentilshommes de la chambre, une comédie politique intitulée *le Luthier de Lubeck*. Cette pièce, imitée d'une comédie de Holberg, *le Potier d'étain politique*, tournait en ridicule la manie de ces gens qui, inhabiles à conduire leurs propres affaires, n'en prétendent pas moins diriger celles de l'État. Il va sans dire que l'ouvrage était rempli d'allusions contre les idées constitutionnelles ; mais ces allusions étaient si froides, et les plaisanteries si plates, qu'elles n'inspirèrent que du dégoût. Jamais on ne vit représentation si orageuse, ni chute mieux méritée. Le rideau baissa à l'une des premières scènes du second acte, au moment où la fille du luthier, devenu dictateur de la république, allait entrer en scène. Mademoiselle Bourgoin, qui jouait ce rôle, ne put jouir de l'effet d'un charmant costume lubeckois sur lequel elle comptait beaucoup. La chute fut décidée par ces mots adressés au dictateur : « Ah ! monsieur Beckmann, il vous souviendra de vos flûtes. » Le parterre ne voulut pas en entendre davantage, et les loges n'essayèrent pas de protéger l'auteur royaliste.

La santé de Barruel de Beauvert fut gravement altérée par le chagrin d'avoir occasionné la mort d'un infortuné qu'il avait accusé sur de vagues ouï-dire, et sans l'ombre d'une preuve. Il mourut une année après, en 1817.   Breton.

BEAUX-ARTS. *Voyez* Arts.

BEAUX-ARTS (Académie des). Une *Académie royale de Sculpture et de Peinture*, établie en 1648 par Mazarin, fut régulièrement constituée par lettres patentes de Louis XIV en 1655. Quelques années après, en 1671, Colbert, cédant aux sollicitations de l'architecte Pierre Mignard et du célèbre François Blondel, fonda une *Académie d'Architecture*, dont Louis XV, se déclarant personnellement protecteur, confirma l'institution par lettres patentes du mois de février 1717. Le décret du 8 août 1793 vint dissoudre ces deux académies ; mais l'Institut ayant été créé en 1795, les trois grandes branches des arts du dessin, réunies à la musique et à la déclamation, en composèrent la quatrième classe sous la dénomination commune de *classe des Beaux-Arts*. Sous la Restauration, cette classe de l'Institut prit le titre qu'elle porte encore aujourd'hui.

Cette académie est actuellement composée de quarante membres, répartis dans cinq sections, savoir : *peinture*, quatorze membres ; *sculpture*, huit ; *architecture*, huit ; *gravure*, quatre ; *composition musicale*, six. Elle admet en outre dix académiciens libres, dix associés étrangers et un nombre indéfini de correspondants ; elle nomme un secrétaire perpétuel, qui est membre de l'Académie, mais qui ne fait point partie des sections.

L'Académie des Beaux-Arts dirige l'enseignement de l'école des Beaux-Arts et en juge les concours ; dans certains cas, elle est appelée par le gouvernement à faire des rapports sur les questions qui intéressent l'art. Autrefois c'était encore ses membres qui remplissaient les fonctions du jury d'admission aux expositions artistiques ; mais après la révolution de Février ce jury fut nommé par les exposants. A présent il l'est encore en partie par les exposants, en partie par le gouvernement.

BEAUX-ARTS (École nationale des). Cette école est divisée en deux sections : 1° *peinture et sculpture*, 2° *architecture*. Dans la première, les études ont pour objet le dessin d'après nature et d'après l'antique, pendant deux heures tous les jours, sous la direction d'un professeur qui change chaque mois (le nombre des professeurs, peintres et sculpteurs, étant de douze, tous académiciens) ; les élèves suivent en outre des cours d'anatomie, de perspective et d'histoire, faits par des professeurs spéciaux. Pour la section d'architecture, l'enseignement de l'école se compose de cours sur la théorie et l'histoire de l'art, sur les mathématiques appliquées à l'architecture, et sur les principes de la construction ; cette section est subdivisée en deux classes, et c'est par les degrés obtenus dans les concours et exercices de la deuxième classe qu'on parvient à être élève de première classe.

Les nationaux et étrangers âgés de moins de trente ans sont admissibles comme élèves à l'école nationale des Beaux-Arts. Pour entrer dans la section de peinture et de sculpture, les candidats sont appelés au *concours des places* ; les auteurs des cent quatorze meilleurs dessins et des quarante meilleurs figures modelées sont admis. Pour être admis dans la section d'architecture, les candidats sont soumis à trois examens sur les éléments des mathématiques, sur l'application des projections géométrales à l'architecture et sur la composition architectonique.

Dans chacune des sections, il y a de plus des concours d'émulation, dont les récompenses sont des médailles d'argent et des mentions. Enfin les élèves français ou naturalisés qui n'ont pas atteint l'âge de trente ans prennent part à de *grands concours* annuels, et ceux qui en remportent les prix sont entretenus pendant cinq ans aux frais de l'État à l'Académie de France à Rome. Ces concours ont lieu par voie d'élimination : c'est-à-dire que dans la section de peinture, par exemple, on appelle d'abord tous les élèves peintres à subir deux épreuves ; les professeurs de l'école désignent alors les dix concurrents qu'ils jugent dignes de prendre part au grand concours. « De concours en concours, dit à ce mot M. Saint-Germain, de crible en crible, à force de tamiser son répertoire d'élèves, le professeur obtient donc enfin un résidu des dix plus fortes cervelles, les dix vases prédestinés dans lesquels, d'après tous les calculs des probabilités humaines, le génie de l'école a dû se condenser infailliblement tout entier. Vers les approches de la canicule, ces dix vases précieux sont déposés avec soin et sous verrous dans dix mansardes. Sous l'ardente couche d'ardoises, leur pulpe cérébrale fermente, et tandis que leurs lèvres murmurent machinalement les dernières syllabes d'un programme imposé, leur pinceau est tenu de jeter en un temps donné une minime esquisse sur la toile : c'est le dernier concours, celui de *composition*. Chaque esquisse dûment reconnue, on assigne aux concurrents un temps de captivité pendant lequel ils ont à l'exécuter dans des dimensions plus grandes. Défense la plus stricte est faite de rien changer au premier jet de la pensée. Dans ce concours de composition à la course, dans ce même sujet imposé à tous les concurrents, quelle que soit d'ailleurs la nature de leur intelligence, ardente et fougueuse, ou bien lente et méditative ; quelle que soit la nature de leur talent, gracieux ou sévère, fin ou passionné, où retrouvez-vous, je vous le demande, les premières conditions de tout concours, l'égalité dans les chances et dans les armes ? Vous figurez-vous Albane, Van Dyck, Greuze et Lethières appelés à concourir et à traiter tous les quatre le sujet d'il y a quelques années : *Coriolan qui vient s'asseoir au foyer du général volsque?* Voyez-vous Rembrandt ou David, qui changeaient jusqu'à dix fois l'ordonnance d'un tableau, concourir, sous la condition qu'impose l'école, avec Rubens, qui n'a jamais retouché le dessin d'une figure? »

Pour la sculpture et pour l'architecture, le nombre des concurrents aux grands prix n'est que de huit. Les concours ont aussi lieu entre huit élèves, tous les deux ans pour la gravure en taille douce, tous les quatre ans pour la gravure en médailles et en pierres fines et pour le paysage historique. Quant au concours de composition musicale, pour lequel l'enseignement est puisé au Conservatoire, il s'ouvre annuellement à l'école des Beaux-Arts entre six concurrents choisis dans deux épreuves précédentes, qui consistent, l'une à écrire l'harmonie d'une basse donnée, l'autre à composer une fugue sur un sujet donné : les six concurrents sortis. vainqueurs de ces premières épreuves mettent en musique une cantate, et composent un contre-point double et une fugue à quatre parties.

Les sujets de concours sont donnés par les sections correspondantes de l'Académie des Beaux-Arts, et c'est dans la séance annuelle de cette académie que sont couronnés les élèves qui ont remporté les grands prix.

L'école des Beaux-Arts, fondée par Mazarin en même temps que l'*Académie royale de Sculpture et de Peinture* (*voyez* l'article précédent), fut primitivement logée au Collège de France, puis transférée plus tard au Palais-Royal,

dont l'*Académie d'Architecture* occupait déjà une partie. Les deux académies quittèrent ensuite le Palais Royal pour aller s'établir au Louvre dans l'appartement de la reine. La restauration du Louvre ayant été entreprise en 1807, l'école des Beaux-Arts s'installa au Collège des Quatre Nations (aujourd'hui l'Institut de France), jusqu'à ce que, la suppression du Musée des Monuments français ayant laissé sans destination l'ancien couvent des Petits-Augustins, ce local fut accordé le 31 décembre 1816 à l'école des Beaux-Arts.

L'École nationale des Beaux-Arts, terminée en 1838 par M. Duban, est un édifice rempli d'élégance. On pénètre dans une première cour par une porte dont les pieds droits sont surmontés des bustes de Poussin et de Puget ; cette porte occupe le milieu de la grille qui s'étend sur la rue et clôt le palais. A l'entrée de la cour à droite est le portique d'Anet, qui sert d'entrée à l'ancienne église des Petits-Augustins, où l'on voit sur le mur du fond une copie du *Jugement dernier* de Michel-Ange, exécutée dans les colossales dimensions de l'original par Sigalon. L'arc de Gaillon, situé sur l'axe du bâtiment principal et parallèlement à sa façade, décore la cour d'entrée de l'édifice ; orné de statues, cet arc porte au revers les médaillons des deux empereurs romains qui ont le plus protégé les arts, Vespasien et Adrien.

Le bâtiment principal, destiné aux expositions et au jugement des concours, à l'administration de l'école, etc., est parallèle à la rue des Petits-Augustins ; il consiste en un rectangle de 75 mètres de longueur sur 35 de profondeur, contenant une cour dans son intérieur. A la partie postérieure de ce bâtiment communique une salle demi-circulaire éclairée par en haut et ornée d'une fresque de M. Paul Delaroche représentant les grands artistes de tous les temps. Le rez-de-chaussée du bâtiment principal pose sur un soubassement auquel sont adossées des statues en marbre copiées d'après l'antique par les pensionnaires de Rome. La façade offre au premier étage une ordonnance corinthienne à colonnes engagées, avec quatre médaillons, deux en bronze et les deux autres en marbre, tous quatre sur fond d'or, et représentant Philibert Delorme, Jean Goujon, Poussin et Lesueur. Un étage attique, où se trouve une bibliothèque spéciale, s'étend sur toute cette façade.

Un perron de six marches conduit à une galerie spacieuse de plain-pied avec la cour intérieure ; galerie qui donne accès à droite et à gauche à deux escaliers à rampes droites, dont les parois sont recouvertes de marbres français à hauteur d'appui. La cour intérieure est dallée en marbres de différentes couleurs et entourée de colonnes supportant les bustes d'artistes célèbres ; quatre médaillons peints en émail sur lave de Volvic couronnent les arcades du milieu et représentent Périclès, Auguste, Léon X et François 1er, tous protecteurs des arts.

BEAUZÉE (NICOLAS), grammairien distingué, élégant et fin, émule de l'abbé Girard dans la subtile et délicate science des mots de la langue qui ne diffèrent entre eux que par des nuances souvent fugitives, toujours difficiles à saisir et à fixer. Né à Verdun, le 9 mai 1717, il fut préparé de bonne heure à la précision, à la rectitude méthodique, par l'étude des sciences exactes ; il y joignit l'étude des langues et celle des lettres, des lettres grecques et latines d'abord, ensuite des lettres françaises. Beauzée vint très-jeune habiter Paris, et s'y lia avec plusieurs des écrivains célèbres du temps, particulièrement avec Duclos, d'Alembert et Dumarsais. Dumarsais était chargé des articles de grammaire de l'*Encyclopédie* ; à sa mort, arrivée en 1756, Beauzée fut choisi pour le remplacer, et il remplit sa tâche à la satisfaction des gens de goût. Il avait alors près de trente-neuf ans. Ce travail l'initia aux délicatesses en même temps qu'aux difficultés de la langue, et fit de lui un grammairien consommé. Il consigna ses idées nouvelles sur la matière dans un ouvrage qu'il publia à l'âge de quarante ans, sous le titre de : *Grammaire générale, ou Exposition raisonnée des Éléments néces-*

saires du Langage (1767, 2 vol. in-8°). C'est une excellente et très-savante analyse des éléments primordiaux du langage, et, partant, une très-bonne et très-complète grammaire générale.

En 1769 Beauzée donna une édition des Synonymes recueillis par l'abbé Girard, revue et corrigée, avec un volume de synonymes nouveaux de sa façon.

On a de Beauzée quelques ouvrages moins importants : une *Traduction de Salluste* (1770), manquant d'énergie et de concision; une *Histoire d'Alexandre le Grand*, traduite de Quinte-Curce (1789, 2 vol.); une *Exposition abrégée des Preuves historiques de la Religion chrétienne*; enfin, une traduction de l'*Imitation de Jésus-Christ*. On lui doit aussi, chose curieuse, la publication de l'*Optique* de Newton, traduite par Marat (1787, 2 vol.), traduction « dédiée au roi ».

Ce fut dans ses fonctions de secrétaire interprète du comte d'Artois (depuis Charles X) que Beauzée se lia avec Marat. Il était, depuis plusieurs années, professeur émérite de l'École Militaire; il avait été reçu en 1772 membre de l'Académie Française à la place de Duclos. Il mourut le 25 janvier 1789. On lui donna pour successeur à l'Académie Française le savant auteur du *Voyage du jeune Anacharsis*. Modéré dans ses goûts, « il sut, dit Boufflers dans sa réponse à l'abbé Barthélemy, conserver sa franchise et sa neutralité au milieu de la guerre éternelle des passions et des cabales. Content du modique revenu de ses travaux littéraires, sa modération lui tint lieu de fortune. » Ch. ROMEY.

BÉBÉ, nain élevé à la cour du roi Stanislas, qui en fit un de ses amusements. Son nom véritable était Nicolas Ferry. Il était né dans les Vosges, le 19 novembre 1741, de parents bien constitués et de taille au-dessus de la moyenne. Malgré toutes les apparences ordinaires, sa mère, alors âgée de trente-cinq ans, ne pouvait se persuader qu'elle était grosse lorsqu'elle le fut de cet enfant. A sa naissance, il était long d'environ 25 centimètres et pesait 460 grammes. Un sabot à demi rempli de laine fut son premier berceau. Lorsqu'il eut atteint toute sa croissance (ce fut environ à sa quinzième année), il avait 65 centimètres, et pesait environ 4 kilogrammes 250 grammes. Les signes ordinaires de la puberté se déclarèrent chez lui avec assez de force, et les excès auxquels il se livra, dit-on, hâtèrent sa vieillesse. Son intelligence était peu développée; on ne put jamais lui apprendre à lire ni lui donner aucune notion de l'Être suprême. Il paraissait assez sensible à la musique, et l'on parvint même à le faire danser en mesure; mais il se livrait à cet exercice les yeux toujours attachés sur son maître, et exécutait les divers mouvements que celui-ci lui indiquait comme le font certains animaux dressés à cela. Il était accessible aux passions qui se montrent dans tous les animaux, à la colère, à la jalousie; mais il semblait d'ailleurs peu touché des soins qu'on prenait de lui. Sa physionomie et tout son extérieur étaient assez agréables. On peut voir, au cabinet des collections anatomiques de la Faculté de médecine de Paris, un modèle en cire fait sur un de ses portraits, et revêtu d'habits qu'il portait quelque temps avant sa mort. Comme son épitaphe faite par le comte de Tressan nous l'annonce, cinq lustres furent pour lui un siècle. Il mourut de vieillesse, à l'âge de vingt-cinq ans, le 9 juin 1764.

BÉBIAN (AUGUSTE), l'un des plus habiles instituteurs et le meilleur écrivain peut-être de tous ceux qui vouèrent leurs talents à l'enseignement des sourds-muets. Né à la Guadeloupe, le 4 août 1789, il fut envoyé à Paris, en 1802, pour y faire ses études sous les yeux du célèbre abbé Sicard, dont il était le filleul. Mis en pension chez l'abbé Jauffret, qui fut depuis directeur de l'école impériale des sourds-muets de Saint-Pétersbourg, il suivit avec le plus grand succès les classes du lycée Charlemagne. Il était encore sur les bancs comme élève de rhétorique et de philosophie, lorsqu'il montra par ses travaux une aptitude spéciale pour la métaphysique du langage et pour la grammaire générale. Ses succès furent remarqués, et son nom retentit souvent avec honneur parmi ceux des lauréats du concours général. A la fin de ses études, il resta trois années chez l'abbé Sicard, et ce fut là que, livré profondément aux travaux philosophiques, il conçut le projet d'en appliquer le résultat à l'enseignement des sourds-muets.

Après avoir longtemps assisté comme amateur aux leçons de l'Institution royale de Paris, il publia son *Essai sur les Sourds-Muets et sur le Langage naturel, ou Introduction à une classification naturelle des idées avec leurs signes propres*. C'était en même temps une garantie des lumières et de la capacité du jeune écrivain. De pareils titres devaient lui ouvrir, et lui ouvrirent en effet, en 1817, les portes du sanctuaire; il ne tarda pas à justifier pleinement par ses succès la confiance de l'administration, et à mettre en application, à la grande surprise des instituteurs, les principes que, dans son livre, il avait exposés d'une manière claire et précise. D'une main ferme il renversa le vieux système de signes alors en vigueur, système tout empreint d'ignorance et de routine, et apprit à mieux apprécier l'énergie, la précision et la flexibilité du langage mimique.

En 1818, la Société royale académique des Sciences de Paris mit au concours l'*Éloge de l'abbé de l'Épée*, et ce fut Bébian qui remporta le prix. Six ans après, parut sa *Mimographie, ou Essai d'écriture mimique, propre à régulariser le langage des sourds-muets*. Ce livre a pour but, ainsi que le titre l'indique, de fixer le geste sur le papier, comme on y fixe la parole, en y ajoutant des points physionomiques imités de nos points d'admiration et d'interrogation. Le judicieux auteur a prouvé jusqu'à l'évidence qu'il est possible d'écrire avec un petit nombre de caractères tous les signes imaginables, et de composer dans cette vue un dictionnaire mimographique, dans lequel les sourds-muets trouveront la signification des mots, comme les élèves des collèges puisent dans leur dictionnaire français-latin ou français-grec, à côté des mots français correspondants, l'acception des mots de l'une de ces langues mortes qu'ils ont besoin de connaître.

Son *Journal de l'Instruction des Sourds-Muets et des Aveugles* (1826-1827) avait pour but de centraliser l'enseignement de ces infortunés en les ramenant autant que possible à l'unité, et de remédier à l'incohérence et aux variations capricieuses des systèmes divergents. Cette intéressante publication ne reçut pas du gouvernement d'alors tous les encouragements qu'elle méritait à tant de titres, et l'année suivante Bébian fut obligé d'y renoncer, au grand préjudice des élèves et des instituteurs.

Le *Manuel d'Enseignement pratique*, par Bébian, suivi de l'*Art d'enseigner à parler aux Sourds-Muets*, par l'abbé de l'Épée (1827), 2 vol., avec des modèles d'exercices, a été adopté et publié par le conseil d'administration de l'institution nationale de Paris. Chaque jour le temps et l'expérience apportent à ce monument d'utiles améliorations. L'auteur l'avait senti quand il conçut et exécuta l'idée d'un nouveau travail : *l'Éducation des Sourds-Muets mise à la portée des instituteurs primaires et de tous les parents*; *méthode nouvelle pour apprendre les langues sans traduction*, travail qui devait aider le jeune sourd-muet à s'instruire avec ses parents ou avec quelque personne charitable, en attendant son tour d'admission dans les écoles spécialement consacrées à cette classe d'infortunés. M. de Montalivet, alors ministre de l'intérieur, essaya d'en favoriser la publication par une souscription publique dont il prit l'initiative. Mais l'ouvrage est resté suspendu faute d'argent.

Lorsqu'il eut quitté les sourds-muets, Bébian s'occupa de former l'intelligence de jeunes élèves entendants-parlants, admis dans une école gratuite : ce fut dans cette vue qu'il publia en 1828 ou 1829 sa *Lecture instantanée, ou Méthode nouvelle pour apprendre à lire sans épeler*. Son dernier ouvrage : l'*Examen critique de la nouvelle organisation de l'enseignement dans l'Institution royale* (1834), est un éclatant témoignage de son dévouement opiniâtre et désintéressé à la cause des sourds-muets et à celle de leurs professeurs atteints de la même infirmité, dont il a défendu les droits avec un talent si remarquable. Bébian méditait encore plusieurs ouvrages, entre autres une bibliothèque des sourds-muets. Les injustices, les persécutions qui assaillirent sans cesse son existence, ses fréquentes maladies et sa mort ne lui laissèrent pas le temps d'ajouter ce fleuron à la couronne que lui décerne la reconnaissance de ses élèves.

Personne ne réunissait à la fois à un aussi haut degré que Bébian la franchise, l'indépendance du caractère, à une imagination vive et à une instruction variée. Son dévouement allait jusqu'à lui faire négliger presque toujours ses intérêts pour ne songer qu'à ceux de sa grande famille adoptive. Lors de son entrée à l'École royale, après avoir d'abord refusé le faible traitement attaché à ses fonctions laborieuses, il avait eu la louable idée de le convertir en prix, en encouragements de toute espèce. Il ne s'écoulait pas un jour, un instant, que les sourds-muets ne trouvassent en lui un défenseur actif et constant, un ami sincère, à toute épreuve. Au milieu des abus qui s'étaient introduits dans l'Institution, Bébian devait se faire des ennemis irréconciliables. Une vivacité très-excusable de la part de cet homme, jeune encore et d'une franchise sans bornes, le força à donner sa démission de censeur des études, qui fut acceptée.

Quelques années après son mariage, en 1822, avec la fille d'un inspecteur général des contributions indirectes, un grand seigneur russe l'invita à venir fonder à Moscou un établissement sur le modèle de celui de Paris, en lui faisant les offres les plus avantageuses. La persistance qu'il mit à refuser une si brillante position avait sa source dans l'affection sincère qu'il avait vouée à ses enfants de l'Institution de Paris, et qu'il a conservée jusqu'à sa mort. Cependant, la fortune persévérait à se montrer rebelle à ses vœux. Rien ne lui réussissait. Après avoir vu échouer sa nouvelle école, d'abord à Paris, puis à Rouen, se voyant de plus en plus dans la gêne avec sa femme et ses enfants, il se détermina, l'âme navrée de douleur, à quitter la France en 1834. Il partit pour la Guadeloupe. De nouveaux chagrins l'y attendaient. La perte soudaine de son fils le jeta dans un morne désespoir, qui le conduisit au tombeau le 24 février 1834. Sa cendre repose encore dans ce pays, bien éloigné de nous, attendant que ses élèves aillent l'y chercher un jour pour lui élever une tombe en France, entre celles que leur reconnaissance a consacrées à ses prédécesseurs, l'abbé de l'Épée et l'abbé Sicard. Ferdinand BERTHIER,
doyen des profess. sourds-muets de l'Instit. nation.

BÉBRYCES, peuples originaires de Thrace, qui furent les premiers habitants de la Bithynie, anciennement appelée de leur nom *Bébrycie*. Ils la tenaient eux-mêmes de *Bébrycé*, une des filles de Danaüs, qui épargna son mari, et dont ils se disaient les descendants. Ils excellaient dans les combats du ceste (Strabon, 7, 12). Dans l'*Argonautique* d'Apollonius, Castor et Pollux ont un combat singulier avec le chef des Bébryces.

C'est aussi le nom d'un peuple de la Gaule méridionale, qui, selon quelques auteurs, aurait habité, dans la Narbonnaise première, le territoire qu'occupèrent depuis les Volces arécomiques ; selon d'autres ce serait la même nation que celle des Hélysices.

BEC. C'est cette partie de la tête des oiseaux qui remplace chez eux les deux mâchoires des autres animaux vertébrés. Elle se compose de deux pièces superposées, appelées mandibules. La mandibule supérieure, qui correspond à la face des mammifères, est formée, comme chez eux, des deux os intermaxillaires ; la portion externe représente les os maxillaires et zygomatiques, et l'interne est formée des os palatins. Elle s'articule avec l'os carré, et avec le frontal et le sphénoïde, par des lames élastiques. Quant à la mandibule inférieure, elle s'articule comme la mâchoire correspondante des mammifères. Le bec des oiseaux est pourvu de muscles nombreux ; on en compte jusqu'à dix paires dans le canard et le perroquet. Il est recouvert d'une substance cornée, disposée par couches, et dont la dureté varie beaucoup suivant les espèces. La forme du bec est très-différente dans les divers oiseaux : il est crochu dans les aigles, garni d'une dent dans les faucons, droit dans les hérons, recourbé en haut dans les avocettes, aplati dans les canards, long, mince, faible et tendre par le bout dans les bécasses. La forme de cet organe doit en effet varier suivant qu'il est destiné à déchirer des lambeaux de chair, ou à briser la dure enveloppe des noyaux des fruits, etc.

On donne aussi le nom de *bec*, dans les insectes, à une avance cornée de la tête, telle qu'on l'observe, par exemple, dans les charançons et quelques sauterelles, ainsi qu'à l'espèce de suçoir qui fait le caractère de l'ordre des hémiptères.

En *anatomie*, on donne le nom de *bec* à différentes parties du corps humain : on appelle, par exemple, *bec coracoïdien* le sommet de l'apophyse coracoïde ; *bec de cuiller*, une petite lame fort mince qui sépare la portion osseuse de la trompe d'Eustache du canal destiné au passage du muscle interne du marteau, etc.

Ce nom de *bec de cuiller* est donné aussi à un instrument chirurgical dont on se sert pour l'extraction des balles : c'est une tige d'acier, longue de 20 à 22 centimètres, qui porte un bouton à l'une de ses extrémités, et à l'autre une petite cavité dans laquelle on engage la balle pour l'amener au dehors. Plusieurs autres instruments de chirurgie en forme de pince ont reçu également le nom de *bec*, de leur ressemblance avec les becs des divers oiseaux : tels sont *bec-de-corbin*, *bec-de-canne*, *bec-de-perroquet*, *bec-de-vautour*, *bec-de-cygne*, *bec-de-grue*, *bec-de-lézard*, etc.

En *géographie*, un *bec* est une pointe de terre qui se forme au confluent de deux rivières, tel que le *bec d'Ambès*, au confluent de la Garonne et de la Dordogne, et le *bec d'Allier*, au confluent de la rivière de ce nom et de la Loire.

En *architecture*, on appelle *bec* une masse de pierres formant un angle saillant aux extrémités des piles des ponts, qui fait contrefort et sert à diviser l'eau et à rompre les glaces.

Enfin le mot *bec* est employé dans une foule d'occasions pour désigner la partie d'un tout, ainsi que des outils ou des instruments de diverses professions, qui ont quelque analogie pour leur forme et pour le service qu'on en tire avec la partie de la mâchoire des oiseaux qui porte ce nom. Ainsi l'on dit le *bec d'une aiguière*, le *bec d'un alambic* ; ainsi le *bec d'âne* est un burin à deux biseaux, en usage chez le menuisier et le charpentier, pour faire des mortaises ; le *bec-de-canne* est tout à la fois un crochet, un clou à crochet, une poignée de serrure, etc.

BÉCARRE, BÉQUARRE, ou B QUARRE, signe de musique qu'on écrit ainsi : ♮, et qui marque que la note devant laquelle il est placé, ayant été d'abord altérée par un dièse ou par un bémol, doit alors être remise dans son état naturel. Si, par l'état de la clef, la note en question se trouve déjà diésée ou bémolisée, il est alors nécessaire de faire suivre le bécarre d'un dièse ou par un bémol, sans quoi l'on s'exposerait à la confusion, en ce que l'exécutant pourrait rendre cette note telle qu'elle se trouve dans l'ordre naturel de la gamme lorsqu'il n'y a ni dièses ni bémols à la clef. Le bécarre n'est jamais employé qu'accidentellement, et il agit alors d'une manière analogue à ce qui est dit à l'article BÉMOL, c'est-à-dire qu'il n'a d'effet que sur la note devant laquelle il est placé et sur celles de même nom qui se trouvent dans la même mesure. Bechem.

BÉCASSE, genre d'oiseaux de l'ordre des échassiers et de la famille des longirostres. Ses caractères sont : bec long, droit, grêle, mou ; mandibules sillonnées latéralement dans la plus grande partie de leur longueur, la supérieure plus longue que l'inférieure, celle-ci s'adaptant dans un renflement obtus et en forme de talon que présente la première à sa pointe.

Ce genre renferme deux sous-genres : 1° *bécasse* proprement dite (*rusticola*); 2° *bécassine* (*scolopax*).

Les individus du sous-genre bécasse ont le bas de la jambe emplumé jusqu'à l'articulation, l'ongle du pouce obtus et ne débordant pas le doigt, l'occiput rayé de bandes transversales, en général des formes lourdes et massives.

On ne connaît encore que trois espèces de bécasses : celle d'Europe ou *bécasse commune*, celle des États-Unis, et celle de Java.

Les bécasses de la première espèce, qui habitent les hautes montagnes boisées du centre de l'Europe, en descendent dès les premiers froids et arrivent dans nos contrées en octobre et novembre. Leur chasse se fait au *collet*. La façon la meilleure et la plus usitée est d'avoir un filet que l'on appelle *passée* ou *grands rets*, que l'on tend dans les taillis où l'on a remarqué qu'elles sont ordinairement. Le rets doit être de grande étendue ; on le tend entre deux grands arbres, les plus hauts que l'on puisse rencontrer ; on attache une poulie à l'un d'eux pour pouvoir lâcher le filet à propos quand l'oiseau s'en est approché, et pour le faire descendre avec plus de rapidité, on met aux deux bouts d'en haut une pierre ou un plomb. Cette chasse se fait le soir, après le soleil couché, ou le matin à la pointe du jour, car pendant la journée les bécasses se tiennent dans les bois.

Cet oiseau est un des gibiers les plus estimés ; sa chair est noire et a un goût un peu sauvage, différent de celui de la perdrix ; elle est très-nourrissante et très-fortifiante, mais celle des vieilles bécasses est dure et difficile à digérer.

BÉCASSE D'ARBRE ou BÉCASSE PERCHANTE. *Voyez* Huppe.

BÉCASSE DE MER. *Voyez* Courlis et Centrisque.

BÉCASSEAU, nom d'un groupe d'échassiers, voisin du précédent, se composant d'un assez grand nombre d'espèces ayant pour caractères communs : un bec long, faiblement arqué, flexible dans toute sa longueur, comprimé à la base, déprimé vers la pointe ; des sillons à l'extrémité des mandibules ; des pieds grêles, le pouce articulé avec le tarse ; enfin des ailes médiocres, ayant la première rémige plus longue que les autres. Les bécasseaux voyagent en petites troupes, et habitent les marais et surtout les bords de la mer. A l'aide de leur bec long et grêle, ils cherchent dans la vase les insectes et les mollusques dont ils se nourrissent.

BÉCASSINE. On désigne sous ce nom plusieurs espèces du grand genre *bécasse*, mais qui s'en distinguent néanmoins par leur plumage, par leurs proportions et même par leurs mœurs. La *bécassine* proprement dite est plus petite que la bécasse ; son corps est moins ramassé, ses tarses plus élevés, son bec plus long ; sa tête est marquée de deux raies longitudinales noires ; son cou moucheté de brun et de fauve ; le dessus du corps est varié de brun, de rouge pâle et de noir, le dessous est blanc. Elle ne fréquente pas les bois, mais se tient dans les lieux marécageux. La femelle niche à terre, et pond quatre œufs, d'un vert clair moucheté de blanc. La bécassine arrive en France au printemps et en automne, et nous quitte en hiver. Pendant son vol élevé et rapide, elle fait entendre un cri tremblotant assez analogue à celui de la chèvre, ce qui l'a fait surnommer *chèvre volante.* Dr Saucerotte.

BÉCASSINE CHEVALIER. *Voyez* Chevalier.

BECCARD. C'est le nom que les cuisiniers donnent à la femelle du saumon, qui a le museau plus crochu que le mâle. Pour le gourmet, tous les saumons du printemps deviennent *beccards* aux mois d'août et de septembre, époque de l'année où le saumon est beaucoup moins estimé. Dans le doute, dit le sage, il est toujours bon de s'abstenir : ainsi donc, l'on fera bien de n'acheter du saumon que lorsqu'il n'aura pas le museau crochu, c'est-à-dire lorsqu'il ne sera pas *beccard.*

BECCARIA. (César Bonesana, marquis de) naquit à Milan, en 1735, d'une famille noble, peu opulente, mais qui comptait parmi ses ancêtres des guerriers célèbres et des savants distingués. Son âme était douée d'une vive sensibilité, et dans sa correspondance il se peint lui-même comme ayant été animé dès son âge le plus tendre par trois sentiments très-profonds : « l'amour de la réputation littéraire, celui de la liberté, et la compassion pour le malheur des hommes, esclaves de tant d'erreurs. » C'est avec ces dispositions qu'il se livra, jeune encore, à l'étude de Montesquieu et de cette philosophie française, dont l'importance est attestée par la révolution de 1789. Il eut conscience du travail qui minait sourdement l'ancienne société ; il vit que le moment des grandes réformes était arrivé, et, dans son imagination ardente, il voulut faire parler de lui, en se proposant toutefois un noble but, le bonheur de l'humanité. Son pays fut le premier qui recueillit le fruit de ses efforts, par la publication qu'il fit, en 1762, d'un ouvrage *Sur le désordre des monnaies dans l'État de Milan.* Cet ouvrage, borné à des intérêts purement locaux, produisit quelque impression, et le gouvernement milanais paraît l'avoir mis à profit.

Mais ce n'était là que l'essai d'une âme généreuse ; en jetant les yeux sur son pays, où dominaient encore avec l'inquisition les idées du moyen âge et l'ignorance, Beccaria, sous la protection du comte Firmiani, gouverneur autrichien de la Lombardie, forma une société d'amis dévoués comme lui à l'humanité, comme lui imbus des principes de la philosophie française, et animés des mêmes intentions. Cette société, en songeant à tout le bien qu'avait produit le *Spectateur* en Angleterre, voulut aussi faire jouir les Milanais du bienfait d'un recueil analogue, et fonda en 1764, sous le titre du *Café,* un journal consacré à la littérature et aux sciences. Ce journal, qui se publia pendant deux années, contient un grand nombre d'articles de Beccaria. Nous nous bornerons à signaler le plus important de tous, qui a pour titre : *Recherches sur la nature du Style.* Dans cet article, l'auteur s'était jeté avec audace au milieu des questions les plus ardues, et il ne craignit pas de poser cette thèse générale : que tous les hommes naissent pourvus d'une égale portion de génie pour les lettres et pour les arts, et que, formés par la même éducation et les mêmes exercices, ils raisonneraient et écriraient tous également bien, soit en prose, soit en vers. C'est là, certes, une proposition hardie, et, malgré l'autorité d'Helvétius, qui s'en est déclaré le défenseur, elle est infiniment contestable. N'est-il pas évident en effet que, préoccupé de l'idée d'une égalité absolue, Beccaria avait méconnu les plus simples lois de l'humanité ? Vouloir trouver chez tous les hommes une égale aptitude, n'était-ce pas prétendre qu'ils naissent tous dans des conditions morales identiques ? Or, n'est-il pas clair que les hommes viennent au monde avec des différences marquées, l'un avec une complexion faible, l'autre avec une santé robuste ; celui-ci avec le libre usage de tous ses organes et de ses mouvements, celui-là avec des défectuosités sensibles ? Qui donc voudrait nier aujourd'hui l'influence qu'exercent les conditions physiques d'un enfant sur le développement de son caractère et de ses facultés morales ? Tous les hommes apportent bien en naissant des conditions réelles de perfectibilité, c'est là une vérité incontestable ; mais conclure que cette perfectibilité soit chez tous la même développement, et que tous les tempéraments peuvent se plier aux mêmes lois, et passer sous le même niveau pour arriver à la fois à un même but, c'est une conséquence repoussée par la conscience et par la raison.

Mais l'ouvrage vraiment capital de Beccaria, celui qui le signale à la reconnaissance de l'humanité, est son traité *Des Délits et des Peines*, qui parut à peu près en même temps que le recueil périodique dont nous venons de parler. Le but de cet ouvrage était de mettre en lumière des principes de législation criminelle qui sont vulgaires aujourd'hui. Aussi fit-il dans le monde savant une révolution qui surprit son auteur lui-même. Accueilli avec enthousiasme par les philosophes français, dont Beccaria se proclamait le disciple, il fut traduit par l'abbé Morellet, commenté par Voltaire et Diderot, et loué par tous avec exaltation. Les éditions s'en épuisèrent avec rapidité. Son succès ne se borna pas à la France : traduit dans toutes les langues de l'Europe, le fameux lord Mansfield le présenta à l'Angleterre comme un chef-d'œuvre; on le vit se populariser en Prusse, et passer dans les lois promulguées pour la Russie par l'impératrice Catherine II. Jamais livre ne fit plus de bruit, et n'eut une plus vaste renommée. Aujourd'hui que la philosophie a pénétré dans tous les esprits, et qu'aux sentiments vagues et instinctifs du dix-huitième siècle a succédé une raison plus pure, plus nette et mieux éclairée, on a peine à se rendre compte du succès du *Traité des Délits et des Peines*. Qu'y trouve-t-on en effet? Un amour profond de l'humanité, une philanthropie estimable, sans doute; mais, il faut le dire, peu ou point de science, point de cette philosophie qui approfondit les principes, les établit avec fermeté, et soumet impitoyablement à l'épreuve d'une raison sévère les instincts et les sentiments d'un cœur passionné. En vain y cherche-t-on des théories solides sur la société, le droit de penser, les limites de ce droit; on n'y trouve que des phrases parfois vives et éloquentes, des sentiments noblement exprimés; enfin, une âme remplie d'émotions généreuses, mais aucune preuve, aucune argumentation serrée.

Nous indiquons sans les développer les questions que fait naître la lecture du livre de Beccaria; mais l'esprit général de son temps ne permettait pas qu'on se les adressât, et il faut reconnaître que, mis en rapport avec son siècle, le succès de ce livre s'explique parfaitement. En effet, la législation criminelle présentait alors le spectacle affligeant de jugements clandestins, d'accusations frauduleuses, et d'une procédure captieuse, hérissée des subtilités de la philosophie scolastique. Combien fallait-il d'indices pour former une demi-preuve ou une preuve entière? combien de témoins récusables pour établir une déposition admissible? telles étaient pourtant les questions qui s'agitaient sérieusement dans les tribunaux. Ajoutez à cela l'accompagnement des tortures auxquelles on soumettait les malheureux soupçonnés, pour leur arracher des aveux repoussés par leur conscience. Eh bien! un homme se présente, qui, dans une pétition chaleureuse, vient réclamer les droits méconnus de l'humanité; il abat sans pitié l'édifice législatif du moyen âge; il flétrit en termes éloquents les tortures et les supplices, demande l'institution du jury, la publicité des jugements, veut que les traces barbares de l'ancienne législation disparaissent et fassent place à des principes humains et plus rationnels. Et quel est-il, celui qui ose élever ainsi une voix hardie? C'est un homme d'une famille noble, auquel même les préjugés de sa naissance semblaient interdire cet excès d'audace. En voilà, certes, plus qu'il n'en faut pour expliquer un si grand succès dans un siècle où tout acte d'opposition contre le moyen âge expirant était regardé comme une action glorieuse. Au milieu de cette fermentation des esprits et de cette ardeur qui faisait accueillir toutes les idées de destruction, on sent que les défauts du livre devaient disparaître, et que l'ensemble devait seul fixer l'attention. Aujourd'hui les défauts sont mieux sentis, et malgré cela l'ouvrage de Beccaria restera toujours comme un monument remarquable du droit criminel au dix-huitième siècle. Sa valeur historique sous ce rapport est incontestable, car il a prophétisé les principes qui régissent aujourd'hui notre législation pénale.

Beccaria, à l'exemple de tous les réformistes, ne jouit pas sans trouble de son triomphe; la calomnie arriva avec ses interprétations envenimées; des pamphlets le représentaient comme un impie, et le fameux Muyart de Vouglans osa prendre contre lui la défense des tortures et des supplices. Un orage plus grave faillit même éclater sur lui dans le Milanais; mais le comte Firmiani le prévint à propos. Toutefois, Beccaria, qui était alors à peine âgé de trente-cinq ans, s'affecta vivement de ces persécutions : homme faible et timide, il vit son repos compromis, et renonça à un grand ouvrage qu'il méditait sur la législation. Il écrivait même à ses amis ces paroles singulièrement naïves : « qu'en étant l'apôtre de l'humanité, il voulait éviter d'en être le martyr ». N'est-ce pas annoncer qu'il avait plus la conscience de ses bonnes intentions que de son génie? car le génie ne s'arrête pas en présence des obstacles et des difficultés.

Depuis ce moment Beccaria cessa de rien imprimer. Créé, en 1768, professeur d'économie publique à Milan, les fonctions du professorat l'absorbèrent tout entier : il ne publia pas même ses leçons, qui ne virent le jour qu'en 1804, dans la collection des économistes italiens, sous le titre d'*Éléments d'Économie publique*. Beccaria eut la satisfaction de voir de son vivant s'introduire dans la législation les principes qu'il avait proclamés. Il mourut d'une attaque d'apoplexie, au mois de novembre 1793.   E. DE CHABROL.

BECCARIA (GIOVANNI-BATTISTA), mathématicien et chimiste, né le 3 octobre 1716, à Mondovi, mort à Turin, le 27 avril 1781, fut élevé à Rome, où il professa longtemps, ainsi qu'à Palerme, avant d'être appelé à occuper la chaire de physique à l'université de Turin. A cette époque, où les expériences de Franklin et d'autres savants venaient d'appeler l'attention générale sur les phénomènes de l'électricité, Beccaria composa son essai *Dell' Elettricismo Naturale ed artifiziale* (Turin, 1753, in-4°). Dans son *Histoire de l'Électricité*, Priestley n'hésite pas à reconnaître que le travail de Beccaria surpasse tout ce qui avait été fait dans ce genre jusque alors. Mais son ouvrage le plus important sur cette matière est son traité *Dell' Elettricismo artifiziale* (Turin, 1772, in-4°), que Franklin lui-même traduisit en anglais.

En 1759, Beccaria fut chargé par le roi de Sardaigne de mesurer un degré du méridien en Piémont, et entreprit ce travail en 1760, conjointement avec l'abbé Canonica. Le résultat en fut publié par eux dans le *Gradus Taurinensis* (Turin, 1774, in-4°). Les doutes qu'exprima Cassini au sujet de l'exactitude de ses calculs l'engagèrent à publier quelque temps après ses *Lettere d'un Italiano ad un Parigino*; ouvrage dans lequel il démontre l'influence qu'il faut attribuer au voisinage des Alpes sur les déviations du pendule.

BEC-CROISÉ. On désigne par ce nom un genre d'oiseaux que G. Cuvier a rangés dans la famille des conirostres, de l'ordre des passereaux. Ces oiseaux, qui sont voisins des bouvreuils et des durs-becs, ont le bec comprimé et les deux mandibules recourbées de manière que leurs pointes se croisent tantôt d'un côté, tantôt de l'autre, selon les individus. Ils se servent de ce bec si extraordinaire pour arracher les semences de dessous les écailles des pommes de pin. Le bec-croisé ordinaire (*crucirostra vulgaris*) est de la taille du bouvreuil; il habite le nord de l'Europe; on peut l'apprivoiser, et sa chair est mangeable.

BEC-DE-CIGOGNE, BEC-DE-GRUE, BEC-DE-HÉRON, BEC-DE-PIGEON, noms vulgaires de différents geraniums.

BEC-DE-CORBIN, ou *becquoysel*, suivant Roquefort, arme de longueur ou de demi-longueur, dont le fer avait de la ressemblance avec le bec d'un corbeau ou corbin. Un bec-de-corbin était une canne d'armes, une hallebarde courte, une pertuisane, dont la lame rappelait en quelque chose l'ancienne hache d'armes, l'ancienne masse d'armes. Le bec-de-corbin armait des compagnies de gentils-hommes préposés à la garde du roi. Bouillet donne à cin.edre que les mots *bec-de-corbin* et *bec-de-faucon* étaient synonymes; mais le dernier est fort ancien, tandis que le bec-de-corbin est usité surtout depuis Louis XI; il était porté par la seconde compagnie de ses gardes du corps. Gal Bardin.

Bec-de-corbin était aussi le nom de certaines pommes de cannes imitant le bec d'un corbeau, lesquelles se faisaient de bois d'Inde, d'or, d'ivoire ou de corne; on y adaptait assez souvent une lorgnette, et la canne prenait elle-même le nom de *canne à bec-de-corbin*; elle était portée d'ordinaire surtout par les financiers et les médecins, s'il faut en croire la tradition théâtrale, qui en a fait l'insigne obligé de ces deux professions. — En architecture, c'est le nom d'une moulure.

BEC-DE-CORNE. *Voyez* CALAO.

BEC-DE-FAUCON, arme de demi-longueur, dont le fer avait de l'analogie avec le bec de l'oiseau ainsi appelé. On a confondu quelquefois le *b e c-d e-c o r b i n* et le *bec-de-faucon*; ce dernier était une imitation de l'angon; il était quelquefois garni d'un fer crochu, comme l'a été la hallebarde, quelquefois d'une massue. Les piétons se servaient du bec-de-faucon pour tirer à terre les gens d'armes et les y assommer. A la bataille d'Azincourt, en 1415, les archers anglais se ruèrent à coups de bec-de-faucon sur la gendarmerie de France. Gal Bardin.

BEC-DE-LIEVRE. On donne ce nom à une division verticale et permanente de l'une des lèvres, à cause de la ressemblance qu'on a cru trouver dans cette maladie avec la forme de la lèvre supérieure du lièvre. Le bec-de-lièvre est *congénial* ou *accidentel* : le premier ne s'observe qu'à la lèvre supérieure; le second peut exister indistinctement à l'une ou à l'autre lèvre, ou à toutes les deux à la fois.

Le bec-de-lièvre congénial peut être : 1° *simple*, ou présenter la bifidité des parties molles seulement; 2° *compliqué* de division du lobe du nez ou d'une des ailes du nez; de séparation de la voûte palatine, soit seulement en avant, soit dans toute son étendue; de séparation de la voûte palatine et du voile du palais; de direction vicieuse des dents correspondantes; de saillie des os sur lesquels s'appuie la lèvre malade, d'absence de la voûte palatine tout entière et de l'os vomer. Sa division est souvent verticale, mais plus souvent oblique et sinueuse; elle peut avoir lieu sur la ligne médiane, mais elle se présente plus fréquemment à gauche lorsque le bec-de-lièvre est compliqué. Lorsqu'il est simple, on ne le voit jamais sur la ligne médiane, mais un peu de côté et le plus souvent à gauche. Cette différence était expliquée par Dupuytren par la précocité du développement des parties droites dans la formation du fœtus, laquelle tient au vaisseau du cordon ombilical, qui ramène le sang du placenta, pour aller le distribuer dans le foie, situé un peu plus à droite qu'à gauche.

On n'admet point qu'il puisse y avoir une variété de bec-de-lièvre congénial triple. Lorsque la division est unique, elle se trouve donc plus souvent au-dessous de l'ouverture nasale gauche que vers la cloison du nez qui est rejetée au côté opposé. Elle peut occuper en hauteur une partie ou la totalité de la lèvre; dans ce dernier cas, son extrémité supérieure s'ouvre dans la narine, et souvent alors un petit prolongement de la peau s'étend en manière de pont de la base du nez vers son aile; et si la fente est double, chacune d'elles communique également avec une narine; la portion moyenne correspond ordinairement alors à la sous-cloison nasale.

Le bec-de-lièvre constitue une difformité des plus graves, surtout lorsqu'il est double. La fente triangulaire des lèvres, la saillie des dents et du bord alvéolaire qui restent à découvert, l'écrasement du nez, défigurent d'une manière hideuse et nuisent à la déglutition, à la digestion et à la formation de la parole. Chez l'enfant nouveau-né le bec-de-lièvre peut empêcher la lactation; alors il est nécessaire ou de lui procurer une autre nourriture, ou de lui faire immédiatement l'opération qui remédie à cette difformité. Si les cavités nasales communiquent avec celle de la bouche par la fente des os du palais, le mucus découle des premières dans la seconde, les aliments passent en partie dans le nez et sortent par les narines; la voix est altérée : quelquefois la difficulté d'avaler est portée à un degré assez considérable. Lorsque le bec-de-lièvre existe à la lèvre inférieure, et qu'il a été déterminé par quelque blessure ou qu'il est la suite de la gangrène, il donne lieu à un écoulement continuel de la salive, qui finit par détériorer la santé.

Les causes du bec-de-lièvre congénial sont encore tout à fait inconnues; quelques chirurgiens l'attribuent à un arrêt de développement; d'autres, M. Velpeau, par exemple, le considèrent comme le résultat d'une maladie intra-utérine. Une foule de causes après la naissance s'opposent à l'oblitération de la fissure plus ou moins compliquée qui constitue le bec-de-lièvre; parmi ces causes, il faut citer le passage de l'air ou des aliments, et surtout l'organisation d'une membrane muqueuse revêtue d'un véritable épiderme. Il en est autrement pour la voûte palatine : aussi longtemps que dure l'accroissement des os, on y observe une tendance marquée, sinon à l'oblitération complète, du moins à une diminution réelle.

Pour la lèvre seulement, l'opération du bec-de-lièvre consiste dans l'avivement des bords de la plaie et leur coaptation. L'avivement a lieu au moyen de l'excision, qui peut se pratiquer avec les ciseaux. La coaptation exige le concours des trois moyens généraux employés pour la réunion des plaies, savoir : la suture, les emplâtres agglutinatifs, et un bandage unissant. S'agit-il d'un bec-de-lièvre double, c'est-à-dire de deux fentes séparées par un lambeau, il faut autant que possible conserver cette portion moyenne. S'il y avait quelque complication, comme par exemple déviation d'une ou plusieurs dents incisives, il faudrait les attirer en arrière au moyen d'un fil métallique. Mais ce n'est pas la place d'insister sur ces divers procédés opératoires.

Si le bec-de-lièvre est unique ou double, mais sans complication, sa guérison est ordinairement facile et heureuse. S'il est compliqué de la fente du voile et de la voûte osseuse du palais, la guérison de la lèvre n'offre pas en général de grandes difficultés; mais celle des parties profondes exige du temps et des opérations successives, dont le résultat n'est pas toujours aussi certain. Il y a même des cas où la guérison est tout à fait au-dessus des ressources de l'art. Quoique l'opération du bec-de-lièvre ne soit point par elle-même dangereuse, elle peut cependant être quelquefois accompagnée de circonstances très-graves : c'est ainsi que dans le cas où les deux côtés du bec-de-lièvre ne seraient pas exactement affrontés, une hémorrhagie pourrait se faire par leur face postérieure, et le sang passer insensiblement dans l'estomac.

L'époque la plus favorable à laquelle il convient de faire l'opération du bec-de-lièvre congénial est généralement fixée à l'âge de trois mois, conformément à la pratique de Dupuytren : alors la vie est assurée et les chances de mortalité moindres qu'à la naissance. Cependant il est des cas dans lesquels il faut opérer immédiatement après la naissance : par exemple, lorsque le bec-de-lièvre apporte un obstacle invincible à la succion du mamelon, et par suite à l'alimentation. On peut dire que l'existence prolongée du mal entraîne beaucoup plus d'inconvénients qu'on ne semble se l'imaginer; il nuit au développement des facultés intellectuelles, par la gêne qu'il produit dans la prononciation. Quand la disjonction palatine le complique, plus on attend,

44.

plus les os s'écartent, à cause du défaut de résistance du dehors. Dans ce dernier cas, la succion et la déglutition elle-même peuvent en être rendues extrêmement difficiles, et la mort par inanition devenir inévitable. Dr Alex. DUCKETT.

BEC-EN-CISEAU, genre d'oiseaux palmipèdes de la famille des longipennes, qui ressemblent aux hirondelles de mer par leurs petits pieds, leur queue fourchue et leurs longues ailes. Les becs-en-ciseau ou rhyncops, qu'on nomme aussi *coupeurs d'eau*, se distinguent de tous les autres oiseaux par la forme extraordinaire de leur bec, aplati sur les côtés, dont la mandibule supérieure est plus courte que l'inférieure; les bords de ces mandibules se répondent sans s'embrasser. Cette forme si anomale de leur bec ne leur permet de prendre leur nourriture qu'en la relevant de la surface de l'eau avec leur mandibule inférieure pendant qu'ils volent. G. Cuvier en indique quatre espèces, dont la plus connue est la *rhyncops nigra*, qui habite les mers des Antilles. L. LAURENT.

BEC-EN-FOURREAU. *Voyez* COLÉORAMPHE.

BEC-FIGUE, BÉQUE-FIGUE ou VINETTE, petit oiseau très-délicat, fort gras et assez commun dans la Provence, le Languedoc, l'Italie, et généralement dans tous les pays où la figue, sa principale nourriture, vient en abondance. Voisin du genre gobe-mouche, le bec-figue appartient au genre fauvette, sous-famille des becs-fins. Il est du reste assez semblable au rossignol par sa couleur et sa grosseur. Le poëte Martial dit de la dénomination de cet oiseau :

Cum me ficus alat, cum pascar dulcibus uvis,
Cur potius nomen non dedit uva mihi ?

Dès le temps de Tibère le bec-figue était fort estimé chez les Romains. Suétone rapporte que cet empereur donna quatre cent mille sesterces à Aselius Sabinus pour avoir composé un dialogue dans lequel le champignon, le bec-figue, l'huître et la grive faisaient assaut de qualités.

Il y a une si grande quantité de bec-figues dans l'île de Chypre qu'on les marine au sel dans des barils. On en fait un grand commerce à Venise. Ordinairement les bec-figues se mangent rôtis; on leur coupe la tête et les pieds sans les vider. En automne, la chair de cet oiseau est excellente et donne un bon suc; elle est de si facile digestion qu'on la recommande aux convalescents.

On a donné le nom de *bec-figue d'hiver* à la linotte et au pipit.

BÉCHAMEIL (Marquis DE). Ne chicanons point sur les moyens d'arriver à l'immortalité, et constatons purement et simplement un fait irrécusable, avouons tout d'abord que le nom placé en tête de cet article est impérissable, puisqu'il est indissolublement lié à une des plus savantes et des plus ingénieuses combinaisons de l'art culinaire, à une sauce dont l'invention remonte au siècle du grand roi, à ce siècle prodigieux qui a fait en toutes choses notre éducation, et qui a imposé à l'Europe entière le joug de notre cuisine, de nos modes et de notre littérature. La *sauce à la Béchameil* (*voyez* l'article suivant) est incontestablement une des inventions qui font le plus d'honneur à la cuisine française, où elle tient le même rang et joue le même rôle que la *sauce à la d'Orléans* et la *sauce à la Condé*, noms glorieux, auxquels le marquis de Béchameil, surintendant de la maison de Monsieur, frère de Louis XIV, était assurément digne de joindre le sien, quoiqu'il fût de beaucoup moins bonne maison.

C'était en effet un simple financier, qui mourut en 1704, très-âgé, mais qui avait été fort dans les affaires au bon temps, c'est-à-dire au temps de la Fronde, alors que la France était au pillage, et qui s'y était considérablement enrichi, tout en conservant cependant une assez bonne réputation. Cette circonstance, assez rare à cette époque parmi les gens de sa sorte, lui permit de marier avantageusement ses deux filles : l'une avait épousé le duc de Brissac, et l'autre, Desmarest, directeur des finances, puis sur la fin contrôleur général. « C'était d'ailleurs, nous dit Saint-Simon, un homme d'esprit et fort à sa place, qui faisait une chère délicate et choisie en mets et en compagnie, et qui voyait chez lui la meilleure de la ville et la plus distinguée de la cour. »

Le théâtre nous a tellement habitués à ne nous représenter les *financiers* que comme des personnages aussi ridicules par leurs manières que disgracieux dans toute leur personne, que le lecteur sera tout étonné, sans doute, d'apprendre que notre Apicius était bien fait et de bonne mine. Rien de plus naturel dès lors qu'il fût fat et important; les parasites qu'il recevait à sa table n'avaient pas peu contribué en effet, par leurs flatteries, à lui inspirer une confiance exagérée dans son mérite personnel. Redevable de nombreux succès galants aux mêmes causes qui lui faisaient tant d'amis et d'admirateurs à la cour et à la ville, Béchameil se laissa persuader qu'il avait tout l'air du duc de Gramont; comique illusion de la vanité assurément, et qui fournit au vieux et spirituel oncle de ce seigneur, regardé comme le modèle le plus accompli de l'élégance et des grandes manières, l'idée d'une plaisanterie un peu risquée, et que nous ne rapporterons ici qu'en citant encore les propres termes de Saint-Simon. « Le comte de Gramont le voyant se promener aux Tuileries : Voulez-vous parier, dit-il à sa compagnie, que je vais donner un coup de pied au cul à Béchameil, et qu'il m'en saura le meilleur gré du monde? En effet, il l'exécuta en plein. Béchameil, bien étonné, se retourne, et le comte de Gramont à lui faire de grandes excuses sur ce qu'il l'a pris pour son neveu. Béchameil fut charmé, et les deux compagnies encore davantage. »

Disons-le hautement : malgré tout son mérite, malgré la juste réputation de sa table, malgré même la faveur toute particulière dont Louis XIV l'honorait à titre de connaisseur d'un goût exquis en tableaux, en pierreries, en meubles, en bâtiments et en jardins, il est douteux que le nom de Béchameil fût parvenu jusqu'à nous, s'il n'avait pas eu le bon sens de s'occuper avec une studieuse sollicitude de l'art de convenablement et dignement traiter ses convives, s'il eût dédaigné de donner à cet égard des conseils à son cuisinier, et s'il se fût reposé de ce soin sur le zèle vénal de quelque maître d'hôtel. Ce sera vraisemblablement dans l'une de ces conférences que l'application intelligente des vrais principes de la cuisine française à l'art de bien vivre, qu'aura jailli de son large cerveau la merveilleuse combinaison que ses contemporains reconnaissants dénommèrent tout aussitôt *sauce à la Béchameil*.

BÉCHAMEIL (Sauce à la). Il y en a de deux sortes, celle *à la bourgeoise* et celle *à la minute*.

Pour faire la sauce à la Béchameil à la bourgeoise, il faut prendre 25 décagrammes de veau et 12 décagrammes de jambon, que l'on coupe en dés; on y ajoute deux carottes et deux oignons coupés en tranches, deux clous de girofle, du laurier, deux échalotes, du persil et des ciboules hachées; puis on assaisonne de poivre et de muscade râpée, avec peu de sel; on y ajoute 12 décagrammes de beurre, et l'on passe le tout sur le feu sans faire prendre couleur ; puis on y mêle une cuillerée de farine qu'on mouille avec un litre de lait ; et l'on fait bouillir le tout très-doucement, en tournant toujours pour que la sauce ne s'attache pas; elle doit avoir la consistance d'une bouillie. Lorsqu'elle est à point, on la passe au tamis.

La Béchameil à la minute se compose avec un morceau de beurre, des champignons coupés en tranches, un bouquet garni et deux gousses d'ail. On fait roussir le tout légèrement, et l'on y ajoute une pincée de farine, qu'on délaye avec un demi-litre de lait, en tournant jusqu'à ce que la sauce soit bien liée. Après l'avoir passée à l'étamine, on y ajoute une pincée de persil blanchi et haché très-fin. En y ajoutant de bon bouillon ou du jus de viande, la sauce n'en est que meilleure; mais, dans tous les cas, il faut la faire réduire jusqu'à ce qu'elle ait consistance de crème.

BÊCHE. Cet outil se compose d'un fer rectangulaire, tranchant par sa pointe inférieure, ayant un manche en bois, qui s'élève à une hauteur suffisante pour pouvoir être saisi par les deux mains de l'homme qui l'emploie. Les bêches varient entre elles par la largeur, la longueur, la force de leur lame, par leur mode d'assemblage avec le manche, enfin par le genre d'appui réservé au pied de l'ouvrier. La réunion du manche et du fer se fait ou au moyen d'une douille, ou, ce qui est plus solide, au moyen de l'élargissement du manche en forme de pelle à sa partie inférieure, laquelle partie est fixée entre deux lames qui, en s'unissant par le bas, forment la lame unique de l'outil. Le pied de l'ouvrier se pose ou sur la partie supérieure et plus épaisse de l'outil, ou sur un *hoche-pied* à ce destiné.

Quoique la bêche soit plutôt un instrument de jardinage que d'agriculture, cependant on attribue à son emploi une grande part dans la fertilité des provinces de Flandre. Dans quelques parties de la France, et particulièrement dans les cantons vignobles, où les bras sont nombreux, et où chaque famille de vigneron cultive un champ de pommes de terre, un champ de méteil et une chenevière, la bêche remplace la charrue, et son action suffit pour amender les terres, qu'elle ameublit et rend plus pénétrables aux influences atmosphériques.

BECHER (JEAN-JOACHIM), auteur de la première théorie scientifique de la chimie, naquit à Spire, en 1635. La mort prématurée de son père l'obligea de se livrer à l'enseignement pour subvenir à ses besoins et à ceux de sa famille. Mais son zèle et son courage lui firent surmonter tous les obstacles. Il acquit des connaissances très-étendues en médecine, en chimie, en physique, et même en politique ainsi qu'en administration. Il devint successivement professeur à Mayence, conseiller aulique impérial à Vienne, et premier médecin de l'électeur de Bavière. Tombé en disgrâce à Vienne, il se rendit successivement à Mayence, à Munich, à Wurtzbourg, à Harlem et dans d'autres villes, et termina en 1685 à Londres une vie fort agitée.

Il avait beaucoup d'ennemis, et ce n'est pas tout à fait à tort qu'on l'accusait de charlatanisme; mais les services qu'il rendit à la chimie sont incontestables. Il fut le premier à chercher l'explication physique et chimique des phénomènes inorganiques de la nature. C'était le but de son important ouvrage *Physica Subterranea* (Francfort, 1669). Il fit aussi une étude toute particulière des phénomènes de la combustion. Il enseignait que tout métal est composé d'une matière terreuse, d'un principe combustible identique, et d'une substance mercurielle particulière. Si l'on vient à chauffer un métal de manière à en changer la forme, la substance mercurielle se dégage, et il ne reste plus que la chaux métallique. La théorie phlogistique de Stahl, acceptée comme vraie jusqu'à la venue de Lavoisier, et dont tous les historiens de la chimie ont dans ces derniers temps proclamé la puissante originalité, est là tout entière en germe.

BECHER (ALFRED-JULES), l'un des chefs du mouvement démagogique qui éclata à Vienne au mois d'octobre 1848, était né à Manchester, en 1803 ou 1804. Ses parents, qui appartenaient à la classe du haut commerce, vinrent de bonne heure s'établir avec lui en Allemagne, et il alla étudier le droit successivement à Heidelberg, à Gœttingue et à Berlin. Arrêté pendant quelque temps pour ses opinions, il y eut à son égard une ordonnance de non-lieu; et il put s'établir comme avocat à Elberfeldt. Mais son caractère, fougueux et excentrique, le porta bientôt à négliger sa clientèle, déjà assez considérable, pour la culture des beaux-arts. Après avoir rédigé à Cologne un journal d'art et de littérature, il se rendit à Dusseldorf pour y vivre de la vie d'artiste, et il s'y lia intimement avec divers artistes d'un grand mérite, entre autres avec Grabbe. Plus tard il fut nommé professeur de théorie musicale à La Haye, puis, en 1840, il alla remplir les mêmes fonctions à Londres. Chargé de pleins pouvoirs pour la poursuite d'un procès important, il se rendit en 1845 de Londres à Vienne, où de nombreuses recommandations de Mendelssohn l'eurent bientôt lancé dans le monde artistique et littéraire. A cette époque l'art l'occupait exclusivement, et les articles de critique qu'il publiait à ce sujet dans les journaux exerçaient une grande influence, bien que ses propres compositions fussent généralement peu goûtées. Il venait de publier une brochure où déborde l'enthousiasme le plus chaleureux de l'art sous le titre de : *Jenny Lind, esquisse de sa vie* (2ᵉ édit., Vienne, 1847), lorsque les journées de mars 1848 le rejetèrent inopinément dans le tourbillon de la politique. Membre du comité central démocratique, il entreprit avec la collaboration des principaux meneurs de son parti, tels que Tausenau, Jellinek, Stifft et Kolisch, le journal intitulé *le Radical*, qui parut depuis le 16 juin 1848 jusqu'au jour de la prise d'assaut de Vienne, et qui pendant la lutte excita la population à opposer aux forces impériales une résistance désespérée. Arrêté en conséquence quelques jours après, il fut condamné judiciairement le 16 juin 1848 à la peine de mort, et passé le lendemain au matin par les armes, avec Jellinek et consorts, dans les fossés de la Porte-Neuve à Vienne.

BECHIQUES (de βήξ, toux). On donne ce nom aux médicaments internes propres à calmer la toux; ils sont *adoucissants*, *vulnéraires*, ou *astringents*. — Dans la première classe on range les racines de réglisse, de tussilage, de guimauve, de grande consoude; les fleurs de mauve, de guimauve, de violette, etc.; les amandes, les figues, les raisins secs, les dattes, les jujubes, l'orge, le gruau, les gommes arabique et adragant, l'amidon, le miel, le sucre, les huiles d'olive et d'amande douce, etc.; enfin, toutes les substances qui relâchent les tissus et calment l'irritation : ces médicaments se prennent en tisanes chaudes ou tièdes, en sirops, en tablettes, en pâtes ou en conserves ; leur action est souvent avantageuse dans les rhumes et les affections catarrhales chroniques. — Les médicaments béchiques dits *vulnéraires* sont fournis par les racines de fougère, d'ortie, de fraisier, de scille et d'iris, les feuilles de capillaire, les baumes de Tolu et du Pérou et quelques gommes-résines; ils excitent la transpiration et favorisent l'expectoration. Le kermès, le soufre et quelques eaux minérales hydrosulfureuses sont des béchiques *astringents*.

BÉCHIR ou BESCHIR, émir ou prince du Liban, dépossédé en 1840, était né en 1763. Il appartenait à l'ancienne famille de Chaas, et avait été élevé au commandement de la montagne en 1799. Tant't désavouera, tantôt allié de Djezzar, pacha de Saint-Jean-d'Acre, il vit sa puissance soumise aux vicissitudes les plus diverses, surtout après la conquête de la Syrie par Méhémet-Ali, vice-roi d'Égypte. Sous le titre de *chérif* du Hauran, il réunissait sous son autorité les Druses et les Maronites. Son palais, d'une architecture mauresque, offrait une sorte d'amalgame des croyances de ces deux peuples : une mosquée et une église étaient enfermées dans son enceinte fortifiée, et l'émir, selon les événements, allait-on, à la messe ou à la prière musulmane. Sous la suzeraineté de Méhémet-Ali, l'émir Béchir exerçait un pouvoir incontesté dans tout le Liban, surtout depuis qu'il avait fait massacrer les membres de la puissante et ancienne famille du chéick Khassin, de la province de Kherawan, la seule qui pouvait contrebalancer l'influence morale de Béchir, particulièrement auprès des Musulmans, dont naturellement conserva toujours la religion. Ce chéick avait seul échappé à la destruction de sa famille. Toute la montagne était partagée entre les membres de la famille du vieux Béchir, qui gouvernaient sous ses ordres. Lorsque les Druses se révoltèrent, en 1834, contre le joug égyptien, Ibrahim-Pacha les fit rentrer sous l'obéissance et les désarma. Mais après le traité du 15 juillet 1840, les Anglais jetèrent des armes dans la montagne, une insurrection eut lieu; le vieux Béchir resta fidèle à Méhémet-Ali, malgré quelques membres de sa famille favorables au soulèvement. Forcé de quitter le siége de sa puissance, il fut dépouillé de sa dignité par la Porte et remplacé par l'émir Khassin. Le vieux Béchir se rendit alors à Malte, puis en Italie, et plus tard à Constantinople, mais sans pouvoir obtenir sa réintégration. Il est mort à Kadikœi, près de cette capitale, le 31 décembre 1850.

BECHSTEIN (Jean-Matthieu), naturaliste, né dans le duché de Saxe-Gotha, en 1757, et mort en 1822, s'est acquis une réputation honorable par ses travaux sur les principales branches de l'histoire naturelle; travaux qui ont efficacement contribué à vulgariser la science tout en l'avançant. Si l'on estime ses recherches sur l'ornithologie, sur l'histoire naturelle particulière de l'Allemagne et sur l'art du forestier, on n'accorde pas moins de mérite à sa traduction allemande de l'*Histoire naturelle des Reptiles* par Lacépède, où de nombreuses notes critiques et des additions importantes suppléent aux parties que l'auteur français a laissées incomplètes.

BECK (Chrétien-Daniel), également célèbre comme littérateur, archéologue, philologue et historien, naquit, le 22 janvier 1757, à Leipzig, où il fit toutes ses études et où il mourut, en 1832. Nommé en 1782 professeur extraordinaire, et en 1785 professeur ordinaire des langues grecque et latine, il accepta en 1819 la chaire d'histoire; mais il y renonça peu de temps après, pour reprendre sa chaire des langues grecque et latine. La société philologique fondée par lui en 1785 fut en 1809 transformée en un gymnase royal, dont il conserva la direction jusqu'à sa mort, et qui a produit une foule de sujets distingués.

Beck consacrait la plus grande partie des loisirs que lui laissaient ses fonctions à des recherches sur les littératures anciennes, et on a de lui une foule d'ouvrages, de dissertations historiques et philologiques, tous fort estimés, bien que plusieurs soient restés inachevés. Nous citerons surtout ses éditions de Pindare, d'Apollonius, d'Euripide, d'Aristophane et de Calpurnius: ses excellents programmes, au nombre de plus de quatre-vingts, sur divers sujets historiques et archéologiques; son *Histoire générale du Monde et des Peuples*, et ses *Éléments archéologiques pour servir à la connaissance de l'histoire de l'art antique*.

On a aussi de lui des traductions allemandes du *Tableau de l'Empire Ottoman* de Mouradgea d'Ohsson, de l'*Histoire de la République Romaine* de Ferguson, et de l'*Histoire Grecque* de Goldsmith.

BECKER (Jean-Philippe), l'un des démagogues les plus remuants de ce temps-ci, et le fils d'un meunier, est né le 19 mars 1809, à Franckenthal, dans le Palatinat du Rhin, et apprit le métier de brossier. Son apprentissage terminé, il se maria dès l'âge de dix-huit ans, et s'établit pour son propre compte. Professant des opinions politiques très-radicales, la révolution française de juillet 1830 dut naturellement surexciter ses passions et le jeter plus que jamais dans le mouvement démagogique. Becker devint un des rédacteurs du *Messager de l'Ouest* de Siebenpfeiffer, en même temps que l'un des propagateurs les plus actifs de l'Association pour la liberté de la presse, et l'un des principaux acteurs de la fête de Hambach. Le rôle qu'il y joua lui attira une nouvelle incarcération; mais il fut relâché l'année suivante, et ne cessa pas dès lors de s'occuper avec le plus grand zèle de la mise en liberté de ses co-détenus. De nombreuses persécutions que lui valurent ses opinions démocratiques, le déterminèrent à s'expatrier en 1837. Il alla donc en 1838 se fixer en Suisse, et là, tout en s'occupant à Bâle et à Berne d'entreprises commerciales et d'opérations industrielles, il ne discontinua pas d'agir dans l'intérêt de son parti. Outre plusieurs articles dans la *Gazette du Jura* et autres feuilles radicales, il publia *Un mot sur la question du moment* (Bellevue, près de Constance, 1840). Il organisait en même temps, en 1838, plus tard encore en 1844 et au commencement de 1845, les *corps francs*, rôle dans lequel il eut occasion de satisfaire ses instincts, décidément belliqueux. Après avoir contribué en 1846 à la révolution de Berne et y avoir obtenu le droit de bourgeoisie, il seconda vigoureusement les mesures prises contre les jésuites et le Sonderbund. Dans l'automne de 1847, Becker fut nommé secrétaire de l'état-major, puis appelé au bureau militaire de Berne, et, quand commencèrent les hostilités contre le Sonderbund, attaché à l'état-major de la division d'Ochsenbein, qui le prit pour aide de camp. Dans cette campagne, il fit preuve d'une incontestable bravoure. C'est lui qui rédigea le rapport sur les opérations de l'armée, et qui dressa la carte topographique qui y est jointe.

En 1848 Becker présida le comité central d'une association d'Allemands formée à l'effet d'organiser un corps auxiliaire qui devait appuyer les mouvements révolutionnaires en Allemagne, et plus particulièrement dans le pays de Bade. Après l'avortement de la tentative de Hecker, il revint en Suisse avec sa bande. Demeuré étranger à celle de Struve, qui fut aussitôt comprimée, il fonda à Huningue une ligue défensive. Le plan qu'il avait formé pour conduire en Sicile et à Rome des Allemands et des Suisses en qualité de troupes auxiliaires de la révolution, échoua par suite d'obstacles qu'en rencontra l'exécution à Marseille. Il se disposait à partir seul avec quelques officiers pour Rome, lorsque la nouvelle de l'insurrection du Palatinat et du grand-duché de Bade le détermina à se diriger à la tête de sa bande vers le grand-duché, et il arriva à Carlsruhe le 17 mai 1849. Après quelques engagements à Hirschhorn, il couvrit, à la tête de sa bande, où régnait plus de discipline que dans le reste de l'armée insurrectionnelle, la retraite sur Heidelberg et Sinsheim des insurgés battus à Waghœusel. Ce fut lui qui commanda en chef à l'affaire de Durlach (25 juin), et il prit également part à l'affaire de la Murg. De là il se dirigea sur la Forêt-Noire, et le 12 juillet il franchit la frontière suisse avec les débris de son corps et un certain nombre d'insurgés badois.

Becker alla alors s'établir à Genève, où il a fondé un établissement commercial et industriel qui prospère. On a de lui, en société avec Esselen, une *Histoire de la Révolution de mai 1849 au sud de l'Allemagne* (en allemand, Genève, 1849). Doué d'une constitution vigoureuse, et qui le rend propre à supporter toutes les fatigues, Becker a fait preuve tout à la fois de plus de courage et de plus de prudence que la plupart des chefs du parti révolutionnaire.

BECKER (Nicolas), auteur de la fameuse *Hymne du Rhin*, né en 1816, à Geilinkirchen (Prusse rhénane), étudia d'abord pendant quelque temps le droit à Bonn; mais, faute de ressources, dut renoncer ensuite à cette direction pour se faire expéditionnaire chez le greffier de son endroit. C'est là qu'en 1840, sous l'impression produite sur le patriotisme allemand par l'appel aux armes que fit alors entendre en France le parti de la guerre, qui parlait déjà de reprendre la rive gauche du Rhin, il composa l'hymne

Sie sollen ihn nicht haben, etc.

Cette production n'avait rien de bien poétique, mais elle exprimait avec beaucoup de bonheur et d'à-propos le sentiment de l'opinion publique. Elle obtint un succès d'enthousiasme dans toute l'Allemagne, et y popularisa immédiatement le nom de l'auteur. Les libéralités du roi de Prusse mirent le jeune poëte à même d'aller reprendre ses études juridiques, et le roi Louis de Bavière lui envoya une coupe d'honneur. La musique s'empara de l'œuvre de Becker, qui servit tout aussitôt de thème à une multitude d'airs nouveaux, sans qu'aucun d'eux obtînt de succès véritable et parvînt à rester. Les Français eux-mêmes ressentirent le contre-coup de l'agitation fébrile produite par l'hymne du Rhin. L'année suivante Alfred de Musset y répondit par son insolent

Nous l'avons eu, votre Rhin allemand, etc.

Lamartine, dans sa *Marseillaise de la paix* (1841), fit entendre des accords plus conciliants. Becker, jeune homme d'une grande modestie, ne s'était guère attendu à ce que ses vers pussent jamais faire tant de bruit. Ce succès si peu prévu ne l'éblouit pas d'ailleurs assez pour lui persuader qu'il fût véritablement né poëte. Après de si heureux débuts, sa lyre devait bientôt se taire. Malade déjà depuis longtemps, Nicolas Becker mourut le 28 août 1845. Une collection de ses *Poésies* avait paru à Cologne dès 1841.

BECKERATH (HERMANN DE), l'un des personnages politiques les plus justement célèbres de ce temps-ci en Allemagne, est né en décembre 1801, à Créfeld, d'une famille de réfugiés mennonites originaires du village de Beckerath dans le pays de Juliers, qui, expulsés de leurs foyers sous la domination de la maison d'Orange, trouvèrent l'hospitalité à Créfeld. Son grand-père était contre-maître dans une fabrique, et ses fils se consacrèrent soit au commerce, soit à l'industrie du tissage. Le plus jeune d'entre eux, Pierre de Beckerath, père de l'homme qui fait l'objet de cette notice, fut le seul que les malheurs du temps contraignirent à renoncer à cette direction pour se faire huissier, fonction qu'il remplissait encore il y a peu d'années. Hermann de Beckerath est l'aîné de cinq frères, qui tous sont arrivés à une juste considération dans la carrière commerciale.

Longtemps commis banquier, Hermann de Beckerath finit par fonder lui-même une maison de banque, à laquelle son intelligence et son activité méritèrent un grand crédit en même temps qu'elles en assuraient la prospérité, et il ne laissa pas que de faire marcher de front de sérieuses études en économie politique et en législation avec les occupations habituelles de son industrie. Élu en 1836 membre de la chambre de commerce de sa ville natale, il fut chargé en 1843 par cette corporation de la représenter à la diète de la province du Rhin. Dans cette assemblée ce fut à lui qu'on confia le soin de rédiger une adresse à la couronne dans laquelle on repoussait le projet de code pénal présenté par le gouvernement. Lors de la diète de 1845, on le nomma rapporteur de la commission chargée d'examiner le projet de M. Camphausen sur l'exécution de la loi du 22 mai 1815, relative à une représentation générale de la nation; et c'est encore à lui que revint le soin de rédiger l'adresse que les États adressèrent à cette occasion au roi. Dans la première diète générale de 1847, Beckerath prit une attitude des plus tranchées, et ce fut lui qui défendit contre le commissaire de la diète et contre le comte d'Arnim-Boytzenburg le projet d'adresse des états en réponse au discours de la couronne; projet d'adresse dont il était le rédacteur. Il prit dans cette assemblée la parole sur toutes les questions importantes; et la crise de 1848 et 1849 lui fournit l'occasion de montrer dans tout son jour le zèle ardent en même temps que la pureté et le désintéressement de son patriotisme.

Nommé par la ville de Créfeld député à l'Assemblée nationale allemande de Francfort, il y appartint à la fraction du centre droit désignée plus tard sous le nom de *parti du Casino*; et son éloquence y exerça une puissante influence. Le 9 juillet il fut appelé à faire partie du ministère de l'Empire en qualité de ministre des finances. Dans la discussion à laquelle donna lieu l'armistice de Malmoe, il vota l'acceptation, déterminé surtout par la conviction que le rejet de cette mesure amènerait infailliblement une rupture avec la Prusse. Quand, à Berlin, le ministère Auerswald-Hausmann se retira devant le vote favorable émis par l'Assemblée nationale prussienne au sujet d'une motion du député Stein relative à l'armée, M. de Beckerath fut appelé dans cette capitale à l'effet d'y constituer un nouveau cabinet, ou d'entrer dans celui que constituerait le général de Pfuel. Comprenant toutes les difficultés de la position, M. de Beckerath soumit au roi un programme de l'acceptation duquel il faisait dépendre son entrée au ministère. Loin d'exiger la sanction de la motion Stein, il proposait l'adoption d'une politique constitutionnelle propre à sauvegarder les droits de la couronne, à rétablir la bonne intelligence entre le gouvernement et l'Assemblée nationale, ainsi qu'à assurer le retour de la tranquillité.

La cour n'ayant pas accepté ce programme, M. de Beckerath abandonna au général de Pfuel le soin de constituer un nouveau ministère, et alla reprendre son poste au parlement de Francfort. Comme les autres membres du ministère de l'Empire qui avaient donné leur démission après le vote émis le 5 septembre par le parlement, il la retira quand cette assemblée eut sanctionné l'armistice de Malmoe. Lors des événements dont la Prusse fut le théâtre au mois de novembre suivant, M. de Beckerath évita avec soin de se montrer exclusif, et s'efforça au contraire d'obtenir que le pouvoir central allemand intervînt comme médiateur entre les partis et les intérêts en présence. Quand le programme de la diète autrichienne de Kremsier provoqua une scission profonde au sein du parlement de Francfort, M. de Beckerath combattit la politique de Schmerling, et soutint celle de M. de Gagern, en déclarant hautement que c'en serait fait de l'unité allemande le jour où l'Allemagne graviterait dans l'orbite de l'Autriche. En avril 1849, après l'élection impériale, M. de Beckerath fut envoyé à Berlin pour y pressentir l'opinion du gouvernement prussien au sujet du choix fait, et rapporta à Francfort la preuve qu'il était désapprouvé par le cabinet de Berlin.

A l'occasion d'une motion présentée par le député Wydenbrugk, à l'effet de mettre le peuple allemand en demeure d'avoir à exécuter et appliquer la constitution de l'Empire, M. de Beckerath se prononça vivement contre l'adoption d'une pareille mesure, quoique ses amis la soutinssent, déclarant qu'elle conduisait à une révolution. Il était d'avis qu'après avoir adressé à la nation allemande une proclamation contenant l'exposé de la situation réelle, l'assemblée de Francfort s'ajournât à six semaines, et laissât les événements suivre leur cours naturel. Son avis n'ayant pas prévalu, il déposa au commencement de mai 1849 son mandat de député, et donna sa démission des fonctions de membre du ministère de l'Empire; conduite que ses amis politiques ne tardèrent pas à imiter. Membre de la seconde chambre de la diète de Prusse depuis 1849, il y vota constamment dans le même esprit; et quand le ministère Manteuffel laissa tomber l'union allemande et revint à tous les errements politiques de l'ancien système, il fut l'un de ceux qui combattirent le plus énergiquement cette conduite.

BECKET (THOMAS), plus connu sous le nom de *saint Thomas de Cantorbéry*, fut archevêque de cette ville et primat d'Angleterre. Il est célèbre dans l'histoire par la lutte lente et persévérante qu'il soutint en faveur des privilèges de l'Église contre les persécutions d'Henri II, et par la mort violente qui en fut la suite.

Il naquit à Londres, le 21 décembre 1119, de l'union romanesque de l'Anglais Gilbert Becket et d'une femme de l'Orient, baptisée sous le nom de Mathilde. Gilbert, fait prisonnier à la croisade, était échu en partage au père de cette femme. Il dut sa liberté à l'amour qu'elle conçut pour lui. Elle ne tarda pas à le suivre, et, guidée par ces deux mots, les seuls qu'elle eût retenus, *Londres* et *Gilbert*, elle parvint à le joindre. Thomas Becket commença ses études à Oxford, et les acheva à l'université de Paris. Bientôt après, il alla étudier la théologie à Bologne. De retour dans sa patrie, la gaieté et la souplesse de son caractère, non moins que ses talents supérieurs, le firent distinguer, et Thibault, qui occupait alors le siège de Cantorbéry, lui fit prendre les ordres, le nomma archidiacre de son église métropolitaine, et l'employa dans plusieurs négociations délicates avec la cour de Rome.

Ce fut par son entremise que les évêques partisans d'Henri, fils de Mathilde, obtinrent du pape Eugène une défense formelle de sacrer le fils du roi Étienne. Aussi, lorsque Henri fut monté sur le trône, il appela Becket à la dignité de chancelier, et lui confia l'éducation de son fils aîné, attribuant à ces deux emplois de grands revenus. Le faste par lequel Becket signala sa nouvelle fortune, son goût pour les plaisirs, pour la chasse et pour la guerre, et surtout la fermeté avec laquelle il faisait valoir les droits du roi contre les prétentions du clergé, lui attirèrent la haine des prêtres et une menace d'excommunication de la part de Thibault, son premier protecteur.

A la mort de cet archevêque (1161), Henri II, fatigué depuis longtemps des prétentions et des désordres du clergé, que les lois de Guillaume le Bâtard et la création des tribunaux ecclésiastiques avaient rendu puissant, voulut placer sur le siége vacant un homme dévoué à ses intérêts, et recommanda son chancelier aux évêques. Ceux-ci, qui rarement hésitaient en pareille circonstance de déférer aux désirs du roi, s'y opposèrent cette fois, et déclarèrent qu'ils ne pouvaient pas élever à la suprématie un chasseur et un soldat de profession, un homme du monde et de bruit. Ils n'étaient pas les seuls qui fussent opposés au choix de Thomas Becket. Les barons normands ne voyaient pas sans crainte un Anglais d'origine élevé au siége primatial d'Angleterre. Mais le roi passa outre, et ordonna aux évêques, qui depuis treize mois retardaient l'élection, de nommer le candidat de la cour. Ils obéirent. Becket fut ordonné prêtre le samedi de la Pentecôte de l'année 1162, et le lendemain consacré archevêque.

Jamais changement ne fut plus rapide que celui qui se manifesta dans sa vie. Il trouva en lui à l'instant toutes les vertus de sa nouvelle profession. L'austérité de ses mœurs et la remise du sceau de la chancellerie, qu'il renvoya à Henri II, pour se livrer tout entier à son ministère, firent croire au roi et aux barons qu'ils étaient trahis, étonnèrent les évêques et le clergé normand, et promirent dans le nouveau primat un protecteur aux gens de basse condition, au clergé inférieur et aux indigènes. Dès ce moment le roi s'appliqua à persécuter Thomas Becket en toute occasion. Il fit valoir, pour détacher le monastère de Saint-Augustin de l'obéissance du siége de Cantorbéry, des droits antérieurs à la conquête, et abrogés par elle. Alors Thomas Becket, se souvenant qu'il était Anglais de race, se fondant d'ailleurs sur le même principe, voulut faire rentrer dans le domaine de son siége tout ce que les compagnons du Conquérant en avaient détaché. C'était attaquer la conquête elle-même. L'alarme fut générale. Plus tard, Becket ayant fait juger par un tribunal ecclésiastique un clerc dont les justiciers royaux s'étaient saisis, le roi crut devoir recourir à un synode pour y régler en sa faveur les droits qui étaient en litige.

Cette assemblée se tint dans le village de Clarendon, au mois de mars 1164, sous la présidence de Jean, évêque d'Oxford. La plupart des évêques normands, séduits par le roi, ou redoutant son ressentiment, souscrivirent aux différents articles, quoiqu'ils ruinassent l'indépendance du clergé. Becket, soit ouvertement, soit en demandant un délai pour réexaminer ces décrets, n'y donna point son consentement. Ils n'en furent pas moins publiés, et éveillèrent l'attention du pape Alexandre III, qui refusa de les sanctionner, sans cependant les condamner encore formellement. Cité devant le conseil des barons, pour y répondre à l'accusation d'avoir manqué à son allégeance, et pour rendre compte des sommes qu'il avait reçues dans ses fonctions de chancelier, quoique les barons de l'échiquier et Richard de Sucy, justicier de l'Angleterre, l'eussent déclaré quitte de tout compte et de toute réclamation, Becket fut condamné à l'emprisonnement; mais il interjeta appel au pape, et, étant parvenu à s'enfuir, il aborda après bien des peines et des dangers au port de Gravelines, d'où il se rendit au monastère de Saint-Bertin, dans la ville de Saint-Omer.

Le bannissement de tous les membres de sa famille, la confiscation de tous ses biens, suivirent de près la nouvelle de son arrivée en France. Reçu par l'hospitalité de Louis VII, malgré les réclamations de Henri II, il eut quelque peine à se concilier Alexandre III, que les malheurs de l'Église forçaient de tenir sa cour à Sens, et qui craignait de s'aliéner le roi d'Angleterre. Pendant deux ans il vécut en simple moine à l'abbaye de Pontigny, de l'ordre de Cîteaux; mais il ne cessa pas la guerre contre Henri. En 1166 il excommunia dans l'église de Vezelay les défenseurs des constitutions de Clarendon, les détenteurs de biens confisqués, séquestrés de l'abbaye de Cantorbéry, et nominativement plusieurs courtisans et favoris du roi. Celui-ci, en apprenant cette nouvelle à Chinon en Anjou, témoigna la plus vive colère, et écrivit au pape pour lui reprocher de favoriser ses ennemis. Trahi par Alexandre III, il dut chercher un asile à la cour du roi de France; mais Louis se rapprocha de Henri II, et Becket parut au congrès de Montmirail sous la protection des barons français. La restriction qu'il mit à son acquiescement aux désirs de Henri, en disant qu'il consentait à tout, sauf l'honneur de Dieu, renouvela la colère du roi, lui attira d'amers reproches de la part des assistants, et il se retira, réduit à vivre d'aumônes. Cependant les deux rois se brouillèrent; Louis rappela Becket près de lui. Aussitôt l'archevêque lança de nouveaux arrêts d'excommunication. Cependant le souverain pontife continuait à se montrer peu favorable à Becket, tout en lui faisant des assurances de dévouement et de protection. Il fallut les instances formelles de Louis VII pour qu'il menaçât le roi d'Angleterre de la censure ecclésiastique. Henri, effrayé de l'accord du pape et du roi de France, céda, et consentit à un accommodement.

Il eut lieu le 22 juillet de l'année 1170, entre Fréteval et La Ferté-Bernard, en Normandie. Becket retourna en Angleterre, malgré les conseils de Louis et les nombreux indices du défaut de sincérité du roi et de ses funestes desseins. Le bref qui suspendait l'archevêque d'York avait été publié avant l'arrivée de Becket; mais envoyé par lui, il ne le rétracta pas. Ce fut alors que, sur le rapport de l'archevêque d'York, qui vint le trouver en Normandie, Henri II prononça ces imprudentes paroles: « Quoi! un misérable qui a mangé mon pain, un mendiant qui est venu à ma cour sur un cheval boiteux et portant tout son bien derrière lui, insulte son roi, la famille royale et tout le royaume, et pas un de ces lâches chevaliers que je nourris à ma table n'ira me délivrer d'un prêtre qui me fait injure! » Richard le Breton, Hugues de Morville, Guillaume de Tracy et Regnault, fils d'Ours, l'ayant entendu, partirent aussitôt, et arrivèrent à Cantorbéry après les fêtes de Noël: ils le tuèrent dans son église, le 29 décembre 1170.

Ainsi périt Thomas Becket, sur lequel les jugements de la postérité ont varié comme l'esprit qui en a donné les opinions. Sous l'influence critique du siècle dernier, Thomas Becket a été condamné, comme il l'avait été par la Réforme, mère de l'école philosophique. Mais depuis qu'une plus sérieuse attention a été donnée, à ce sujet, au renouvellement des études historiques, on en a jugé plus sainement. Quel qu'ait été le mobile qui dirigeait alors les défenseurs des immunités de l'Église, on sait aujourd'hui qu'elles se liaient le plus souvent aux besoins du peuple, qui n'avait à opposer à la grossière tyrannie des barons que la puissance et les privilèges de ses prêtres. Becket a été un des soutiens de ce peuple opprimé. Aussi celui dans l'intérêt duquel on lui donna la mort fut-il deux ans après, lorsque l'archevêque eut été canonisé, forcé, par l'opinion de ces peuples, à humilier la majesté royale sous l'habit d'un simple pèle-

BECKET — BÉCLARD

rin, auprès du tombeau qu'environnait la vénération de son royaume. H. Bouchitté, recteur de l'Acad. d'Eure-et-Loir.

BÉCLARD (Pierre-Augustin), anatomiste célèbre, naquit, en 1785, à Angers. Ses parents, simples marchands, d'une probité antique, mais peu aisés, ne lui donnèrent que l'éducation strictement nécessaire à un homme de comptoir ou d'obscur bureau. Langues mortes, littérature, talents de luxe ou d'agrément, la jeunesse de Béclard ignora tout cela. Mais, se sentant appelé à d'autres destinées que celle qu'aurait voulu par prudence lui imposer son père, il lui arriva souvent de déserter le magasin pour l'école centrale, son bureau pour la bibliothèque; et ce fut là, dans une vie de quarante ans, le seul sujet de chagrin qu'il donna à sa famille.

Cependant Béclard avait de secrets desseins, il aurait voulu étudier la médecine. D'un naturel alors peu communicatif, et d'ailleurs mal encouragé par les siens, qui ne voyaient en lui qu'un rêveur inutile, Béclard n'osait dire ses projets ni faire ses confidences à son père. Heureusement une fête de famille, une de ces circonstances solennelles qui effacent passagèrement tous les soucis, et changent la timidité même en audace triomphante, lui fournit l'occasion de montrer ouvertement le fond de sa pensée. On l'écoute avec complaisance : sa demande lui est octroyée.... Pendant les quatre années qu'il passa à l'École secondaire de Médecine d'Angers, il fit des progrès qu'étaient loin de prévoir ceux qui décrétaient jusqu'ici sa complète nullité : toutes les couronnes du lieu tombèrent sur sa tête ; il sortit victorieux de tous les concours. Quant à ses moments de délassement, il les consacra avec zèle à apprendre le peu de latin et de philosophie dont le chapelain de l'hôpital pût se souvenir.

Béclard vint à Paris en 1803; il avait alors vingt-trois ans, et déjà quatre années d'études en médecine, déjà un peu d'expérience et de pratique, beaucoup de connaissances en anatomie, et il savait en histoire naturelle et en chimie tout ce qu'il est possible à un jeune homme d'en connaître en province, c'est-à-dire quelques éléments fort incomplets. Cela suffisait toutefois pour lui donner sur ses condisciples commençants une grande supériorité, que vérifièrent de nombreux concours. On le vit donc successivement, et sans que la rivalité lui eût rien de suspectible osât en murmurer ni s'en plaindre, interne des hôpitaux, plusieurs fois lauréat de l'École Pratique, répétiteur du célèbre chirurgien Roux, prosecteur de la Faculté, docteur en chirurgie (1813), chef des travaux anatomiques (place inappréciable, dans laquelle il remplaçait immédiatement Dupuytren), enfin chirurgien en chef de la Pitié, et, en 1818, professeur d'anatomie à l'École de Médecine de Paris; brillantes victoires dues toutes aux concours.

En dix ans c'était faire un chemin rapide; et tant de succès si flatteurs, Béclard en fut redevable à son zèle incomparable, à sa mémoire exercée et puissante, à son excellente méthode, à sa diction modeste et attachante, à son élocution facile autant que sage, et surtout (du moins je le pense) à l'inconcevable intérêt qui s'attachait de toutes parts à son caractère, bon par essence et d'une mélancolie pleine de charme, tant elle révélait de mystérieux chagrins et semblait promettre d'indulgence et de sympathie. Dans sa chaire comme dans son cabinet d'étude, à l'amphithéâtre comme à l'académie, qu'il eût dans ses mains, si belles et si adroites, une plume ou un scalpel; qu'il s'agît d'un cours ou d'une expérience, d'une opération ou d'un examen, Béclard avait toujours cette figure calme qui déconcerte l'imagination, cette facilité et cette onction qu'on écoute et qui persuade, qui combat avec succès, mais sans colère, le paradoxe et l'erreur, et qui, s'il en était besoin, saurait de même démasquer la fausseté, elle qu'on reconnaît si aisément à son langage et à sa contenance. Convenons cependant qu'on ne voyait en Béclard ni ces remarquables défauts ni ces qualités resplendissantes qui sont l'apanage des hommes supérieurs. Sa perfection accablait sans étonner, excitait une vive estime, mais nulle envie; et cela est si vrai qu'on avait surnommé Béclard le *Grandisson des chirurgiens*.

Ses ouvrages ne pouvant être ici analysés, nous nous bornerons à quelques indications que tout le monde pourra saisir. Il nota d'abord des observations curieuses : c'était, par exemple, une *grossesse extra-utérine* (l'enfant se trouvant dans le bas-ventre et hors de son réceptacle), grossesse qui eut pour issue un accouchement par le rectum. Ailleurs, c'était un fœtus qui avait pu vivre et s'accroître, encore qu'il eût le cœur dans la bouche et attaché au palais. Béclard découvrit aussi que les jeunes enfants, dans le sein maternel, s'exercent déjà à respirer, et qu'ils aspirent, par apprentissage, les eaux de l'amnios dont ils sont baignés de toutes parts, en attendant qu'ils puissent aspirer l'air pur de l'atmosphère. Il prouva que la graisse humaine n'est pas vaguement fluente dans le tissu cellulaire, mais qu'elle est exactement renfermée, comme une liqueur précieuse qu'on craindrait de répandre, dans de petites outres bien closes. Il étudia minutieusement l'âge auquel chacun de nos os devient dur et solide, et il fournit ainsi d'utiles documents à la médecine légale, qui en fera plus d'une application dans les questions d'*identité*. Il prouva que les nerfs coupés, aussi bien que les os fracturés ou rompus, ne se reproduisent jamais, et que la réunion n'en est point due à une régénération véritable. Enfin, cette légère courbure du haut de l'épine dorsale, que nous portons tous comme une tache originelle, Béclard prouva qu'elle n'était point due au voisinage de ce gros vaisseau qu'on nomme une aorte, mais qu'il fallait plutôt l'attribuer, comme Bichat, à l'emploi plus fréquent et à l'activité plus grande du bras droit. Un gaucher lui présenta cette courbure dans un sens inverse de sa direction ordinaire.

Personne plus que Béclard ne professait pour la mémoire de Bichat cette admiration sentie que commande la lecture de ses ouvrages. Il avait constamment près de lui son image, toujours sous les yeux ses écrits, son nom sans cesse sur les lèvres, toujours dans l'esprit le vif souvenir de ses découvertes, et l'aiguillon stimulant de sa gloire. Mais il n'existe entre ces deux hommes aucune analogie de talents. Béclard n'a point fait par lui-même de découvertes importantes ; il s'est plutôt attaché à combattre des erreurs, comme à rendre incontestables des vérités que d'autres avant lui avaient énoncées avec des preuves insuffisantes. Dans ses *Additions* à l'ouvrage de Bichat et dans son *Résumé d'Anatomie générale*, ses deux principaux ouvrages, Béclard a souvent garanti contre de nouvelles discussions et mis de la sorte hors d'atteinte des propositions jusque alors incertaines. D'ailleurs, une intention d'utilité perce à chaque page de ces livres; on le voit partout s'attacher à éclairer par l'anatomie les points encore obscurs de la chirurgie et de la médecine, aussi bien que la manœuvre des opérations chirurgicales. C'est au reste un héritage que M. Roux lui avait légué, lui vivant.

L'*Anatomie* de Béclard se termine par quelques chapitres intéressants sur l'*anatomie pathologique*, complément manuscrit de Bichat, que celui-ci n'avait pas eu le loisir de joindre à son grand ouvrage, la mort étant venue le surprendre à l'âge de trente-et un ans. Presque toutes les pages du livre dont nous parlons renferment contre Bichat une objection ou une critique, et quelquefois un démenti sous la forme polie d'un commentaire. C'est une sorte d'hommage dont on trouvera peut-être que Béclard s'est montré trop prodigue, surtout si l'on considère qu'il s'agit d'un maître à qui l'ouvrage même est dédié, et sans lequel il n'aurait pu être conçu.

Béclard savait par-dessus tout colliger avec sagacité, bien choisir. Il était parvenu à acquérir une érudition qui fut pour beaucoup dans ses succès, et qui lui attirait les applaudissements de cette foule d'élèves qui assistaient ponctuellement à ses cours. Il connaissait et citait surtout les Allemands ; c'était là son principal défaut, et l'un de ses mérites les plus saillants. Mais personne mieux que lui ne s'entendait à faire une leçon scientifique ; personne surtout ne s'en occupait davantage, ni avec plus de recueillement.

Une des contrariétés qu'eut à éprouver Béclard fut de n'avoir pas été conservé, selon le vœu et d'après l'élection de ses pairs, secrétaire général de l'Académie de Médecine. Mais l'homme que le gouvernement d'alors lui préféra (M. Pariset) avait tant d'esprit, tant d'expérience des assemblées publiques; il était, bien que distrait à l'excès, si profond littérateur, si agréablement disert, quelquefois si éloquent, et toujours si bon écrivain, que Béclard avait trop de justice et de philosophie pour ne pas bientôt, et de bonne grâce, passer condamnation sur ce choix, tout arbitraire qu'il le trouvait.

Ami et allié d'Ant. Dubois, élève favori et confident de Chaussier, voyant ses premiers désirs satisfaits, et laissant pour toujours l'émulation trop tyrannique du nom de Bichat, ne pensait à rien moins, dans les dernières années de sa vie, qu'à courir ou voler sur des traces encore plus glorieuses. Cette soif immodérée d'avancement et de célébrité exalta ses facultés outre mesure, et mit avant le temps fin à ses jours. Il mourut, dans le délire, d'un érysipèle à la face, compliqué de fièvre cérébrale, le 16 mars 1825. Il n'a vécu que quarante ans : ce fut assez pour l'instruction de trois générations d'élèves ; trop peu pour sa gloire. Dr Isid. BOURDON.

BECQUEREL (ANTOINE-CÉSAR) est né à Châtillon-sur-Loing, le 7 mars 1788. Il s'adonna plus particulièrement à l'étude des sciences naturelles et mathématiques, et il sortit de l'école Polytechnique en 1808. La pénurie militaire le réclama pour l'Espagne après une seule année de séjour à l'école d'Application. Jusqu'en 1812, il prit part aux siéges de Mequinença, de Tortose, de Tarragone, de Sagonte, de Valence, de Péniscola, sous les ordres du général Rogniat, qui commandait le génie. Nous lisons dans les *Mémoires* du maréchal Suchet, qui était alors gouverneur d'Aragon, que lorsque l'assaut fut donné à Sagonte, M. Becquerel parut au premier rang. De retour d'Espagne en France, il fut nommé inspecteur des études à l'école Polytechnique, fonctions qu'il remplit dans le cours de l'année 1813, et qu'il ne quitta que pour faire la campagne de France en 1814. Il prit alors part à la défense de Paris, et fut chargé de mettre plusieurs places en état de défense.

C'est de 1820 que date la vocation scientifique de M. Becquerel. A son retour d'Espagne, M. Becquerel cultiva l'amitié de Girodet, son cousin. Ce grand peintre, dont l'esprit était si rapide et abondant en idées, et qui possédait des notions assez étendues sur toutes les branches des connaissances humaines, l'engagea à se livrer à l'étude des sciences physiques, sur lesquelles il aimait lui-même à s'entretenir. Ses encouragements et ses avis judicieux contribuèrent beaucoup à développer dans M. Becquerel le goût des recherches scientifiques.

Les *Annales de Chimie et de Physique* contiennent un grand nombre de ses mémoires. Il a attaché son nom à une foule de questions scientifiques, dont l'une, qui en contient beaucoup d'autres, est l'analyse des puissances électro-motrices de la pile. Faisant la part de toutes les causes qui concourent ou qui se détruisent pour la production de la résultante générale, il a trouvé que les unes naissent du liquide, les autres du contact avec l'élévation de température ; que d'autres, enfin, purement électro-chimiques, résultent des nouvelles combinaisons qui s'établissent entre les corps. M. Becquerel est parvenu, à l'aide des forces électriques à petite tension, à l'aide des actions lentes, à reproduire une foule de minéraux analogues à ceux que l'on trouve dans la nature, et a montré que dans certains cas la nature avait dû procéder ainsi. Il est arrivé récemment à l'une des plus belles applications de la physique et de la chimie : il a démontré qu'à l'aide de l'électricité on peut traiter les minerais d'argent et de plomb. Ce procédé a été employé avec avantage en Amérique. Jusqu'à présent on y a éprouvé de la difficulté à le substituer aux procédés anciens, la routine des industriels américains étant un obstacle à ce perfectionnement. Mais si le mercure venait à manquer, ce nouveau procédé admirable serait la sauvegarde des métallurgistes, et permettrait de tirer du nouveau monde la même quantité d'argent qu'on en tire maintenant (*voyez* ARGENT, t. Ier, p. 788).

Les belles recherches de M. Becquerel sur l'électricité ne s'arrêtent pas là : qui ignore que dès 1845 il a fait cette observation si remarquable, que l'on peut déposer les peroxydes métalliques à la surface des métaux par l'électricité, et les colorer des plus vives couleurs ? Que de merveilles inconnues au monde ! Grâce aux physiciens et surtout à M. Becquerel, le fluide électrique, cette force la plus puissante que l'homme ait à sa disposition, auprès de laquelle la vapeur n'est rien ; grâce à M. Becquerel, l'électricité n'est plus seulement un corps curieux par ses mille phénomènes merveilleux, mais un fluide de la plus grande utilité. Outre son grand *Traité d'Électricité et de Magnétisme*, M. Becquerel a publié un *Traité de Physique appliquée aux sciences naturelles* et un *Traité d'Électro-Chimie appliquée aux Arts*. Ce dernier traité est pour ainsi dire le résumé du cours du Jardin des Plantes qu'il fait depuis 1838 ; le plan en est entièrement nouveau et roule en grande partie sur ses travaux. Très-peu d'hommes ont mené une vie intellectuelle aussi active que M. Becquerel ; il y a dans sa personne quelque chose de fébrile, et, qu'on nous passe l'expression, d'électrique, qui explique parfaitement l'activité de ce savant. Son nom a acquis un grand retentissement dans ces dernières années ; il a lu aux séances publiques des cinq Académies des discours qui ont eu le plus grand succès. M. Becquerel est entré à l'Académie des Sciences en 1829. On voit qu'il n'est pas du nombre de ceux qui s'endorment dans un fauteuil académique. M. Becquerel est conservateur perpétuel des collections physique et minéralogique de l'Institut.

Nous ne terminerons pas la notice de ce savant distingué sans rappeler ici le nom de son fils, M. Edmond BECQUEREL, à qui la science doit déjà de savantes recherches sur la lumière, et qui supplée M. Pouillet à la Faculté des Sciences. Jules GARNIER.

BECS-FINS (*Motacilla*, L.). Les zoologistes réunissent sous ce nom commun plusieurs genres d'oiseaux formant une sous-famille très-nombreuse et rangée par G. Cuvier dans la famille des conirostres, de l'ordre des passereaux. Les genres traquet, rubiette, fauvette, troglodyte, hoche-queue, bergeronnette, farlouse, composent la sous-famille des becs-fins, qui ont pour caractère commun un bec droit, menu, semblable à un poinçon, qui se rapproche de celui des gobe-mouches, quand il est déprimé à sa base, et de celui des pies-grièches à bec droit, lorsqu'il est comprimé et terminé par une pointe un peu recourbée. L. LAURENT.

BEDDOES (THOMAS), médecin et écrivain anglais estimé, né en 1754, à Shiffnal dans le Shropshire, mort à Bristol, en 1808, se distingua à l'université d'Oxford par une connaissance approfondie de la littérature ancienne, et par une rare aptitude pour les langues modernes. Cependant les importantes découvertes faites dans ces derniers temps en histoire naturelle, en chimie et en physiologie, avaient pour lui bien autrement d'attrait. Professeur de chimie à Oxford depuis 1786, il donna sa démission de cet emploi en 1792, et se retira à la campagne, pour y travailler à son livre sur l'essence des mathématiques, ouvrage dans lequel il cherche à démontrer que cette science est basée sur l'évidence des sens et l'expérience. C'est vers ce temps que parut son *Histoire* d'*Isaac Jenkins*, ouvrage composé dans le but de tracer à la classe laborieuse des règles de conduite sous une forme attrayante. On vendit en très-peu de temps plus de quarante mille exemplaires de cet excellent écrit populaire. Après son mariage, en 1794, il s'occupa de guérir par l'emploi de gaz de diverses natures des affections jusque alors regardées comme incurables, entre autres la phthisie. Avec la protection de Wedgwood, il parvint à fonder un établissement de ce genre, qui fut ouvert en 1798, et à la tête duquel il plaça un jeune homme nommé Humphry Davy, destiné à se faire un si grand nom en chimie. Toutefois, les résultats n'ayant pas répondu aux espérances qu'on avait conçues, le zèle de Beddoes se refroidit tellement, qu'il y renonça tout à fait un an avant sa mort. L'unique résultat de ses travaux dans cette direction d'idées fut un grand nombre de mémoires sur l'emploi des airs artificiels en médecine.

BÈDE LE VÉNÉRABLE (*Beda Venerabilis*) naquit en 672, vraisemblablement au bourg de Moukton, près de Girvy (aujourd'hui Yarrow), dans le comté de Northumberland. Dès l'âge de sept ans il fut placé au couvent de Weremouth, voisin du bourg de Moukton, et que gouvernait à ce moment l'abbé Benedict. Le religieux Trumberth lui enseigna la religion ; Jean Beverlye, devenu plus tard évêque d'York, les langues grecque et latine ; et Jean, archichantre de l'église Saint-Pierre à Rome, que l'abbé Benedict avait fait venir en Bretagne, la musique. Plus tard Bède quitta le couvent de Weremouth pour celui de Girvy (fondé en 682), qui n'en était pas éloigné et qui en relevait. Il y reçut le diaconat à l'âge de dix-neuf ans, et l'ordre de la prêtrise en l'an 702. C'est là qu'il commença à développer son activité littéraire, qui eut d'abord pour objet des commentaires sur l'Ancien et le Nouveau Testament, et qui ne se ralentit pas un seul instant jusqu'à l'âge de cinquante-neuf ans. Son renom de science et de piété ne tarda pas à se répandre sur le continent. Le pape Sergius lui fit faire des offres brillantes pour l'attirer auprès de lui et le consulter sur différents points de discipline ; mais rien ne put arracher l'austère religieux à son couvent et à ses paisibles études. L'excès du travail finit par altérer sa santé. A la veille de mourir il traduisait encore l'Évangile de saint Jean en langue anglo-saxonne et le dictait à ses disciples. Il mourut le 26 mai 735, et fut enterré dans le monastère de Girvy. Plus tard ses ossements furent transportés à Durham.

Bède a composé sur l'histoire sainte un grand nombre de commentaires justement estimés, et qui étaient d'une grande utilité pour son époque. On a en outre de lui des homélies, des vies de saints, des hymnes, des épigrammes, des ouvrages de chronologie et de grammaire. Il n'avait point acquis son savoir dans les écoles du continent. Il s'était instruit lui-même dans sa cellule, par la lecture approfondie des anciens et surtout des Pères de l'Église. Quoique son style manque parfois d'élégance et de pureté, il est toujours d'une clarté et d'une précision extrêmes ; et il manie la langue latine avec une remarquable facilité. Son principal ouvrage est son *Historia ecclesiastica gentis Anglorum*, en cinq livres, la source la plus précieuse et unique pour tout ce qui est relatif à l'introduction et à la propagation du christianisme en Angleterre. Elle va depuis les temps les plus reculés jusqu'à l'an 730. Pour la première partie il mit à profit les renseignements transmis par les Romains ; mais pour le reste, et c'est de beaucoup la partie la plus importante de son livre, il utilisa avec autant de sagacité que de justesse d'esprit la tradition de ses contemporains, entre lesquels Albinus, abbé de Canterbury, lui fut surtout d'un grand secours. La première édition imprimée qu'on en possède est celle de Strasbourg (1500) ; la meilleure est celle qu'en a donnée J. Smith (Cambridge, 1722). Ses œuvres complètes ont été imprimées à Paris (1544 et 1554), à Bâle (1563) et à Cologne (1615 et 1688). De nos jours Giles a donné une traduction anglaise des œuvres historiques de Bède (6 vol. ; Londres, 1843), et il a aussi publié une édition portative de l'Histoire ecclésiastique (1847). Le roi Alfred avait traduit cet ouvrage en anglo-saxon. Bède n'a pas moins d'importance comme chronologique. Son livre *De sex Ætatibus Mundi*, d'après l'ère de Dionysius, qu'il introduisit le premier, devint la base de la plupart des chroniques universelles du moyen âge. Consultez Gehle, *De Bedæ Venerabilis Vita et Scriptis* (Leyde, 1838) ; et Wright, *Biographica Britannica litteraria* (Londres, 1843).

BEDEAU ou BEDEAUDE, nom vulgaire d'insectes de différents ordres, dont le corps à l'état de larve ou à l'état parfait présente deux couleurs bien tranchées. Telles sont, par exemple, la cigale *bedeaude*, qui est moitié brune et moitié blanche ; la chenille de la *Vanusa gamma*, dont les quatre premiers anneaux sont fauves et le reste du corps blanc. — *Bedeaude* est encore le nom vulgaire de l'oiseau appelé *corneille mantelée*.

BEDEAU, sorte d'employé subalterne à la manière de nos huissiers. Autrefois, les universités en France avaient plusieurs bedeaux : bedeau général, bedeau pour chacune des facultés. Vêtus d'une robe mi-partie de deux couleurs, ils introduisaient le professeur dans la salle des cours, et se tenaient au bas de sa chaire pendant la durée de la leçon. C'était un grand honneur pour une université quand elle obtenait la faveur insigne de faire porter à ses bedeaux une verge d'argent. Dans ce bon temps des priviléges, les universités, non contentes de ceux qu'elles savaient conquérir pour leurs professeurs et leurs étudiants, n'ouillaient pas non plus leurs bedeaux, et les engraissaient aussi aux dépens de la chose publique. Le recueil des ordonnances fourmille d'*item* qui dispensent les bedeaux de telle bonne université, de telle bonne ville, de faire le service dans la garde bourgeoise, de rien verser pour les dîmes ou tailles, et les autorisent à faire venir leurs provisions en ville sans rien payer au bureau d'octroi, et à n'acquitter point aucun droit de péage, etc. Depuis 1789, il n'y a plus en France de bedeaux grands seigneurs ; le niveau de l'égalité a passé sur eux comme sur toutes les classes privilégiées. Les bedeaux d'église ont seuls conservé quelques restes de leur ancienne splendeur : la robe et la verge de baleine noire.

BEDEAU (MARIE-ALPHONSE), général de division, est né le 19 août 1804, à Vertou, près de Nantes. Son père était capitaine dans la marine de l'État. Élevé à l'école militaire de La Flèche, à partir de 1817, il entra en 1820 à Saint-Cyr, d'où il sortit sous-lieutenant élève à l'école d'application d'état-major. Il fut ensuite successivement attaché, comme lieutenant, au 8ᵉ de cuirassiers, aux lanciers de la garde royale, au 2ᵉ régiment d'artillerie et au 13ᵉ de ligne. Nommé capitaine au 3ᵉ léger, il le quitta pour devenir aide de camp de divers généraux. Ce fut en cette qualité qu'il fit les campagnes de Belgique de 1831 et 1832. Il s'y distingua même assez pour mériter que le général en chef lui donnât une mission de confiance auprès du général Chassé, commandant de la citadelle d'Anvers.

En décembre 1836 on l'envoya en Algérie comme chef d'un bataillon dans la légion étrangère, et il y prit d'abord part, en octobre 1837, à l'expédition de Constantine. Après la prise de cette ville, on récompensa la bravoure dont il avait fait preuve en l'en nommant commandant. Au mois d'octobre de la même année, il passa lieutenant-colonel, fut nommé en avril 1838 au commandement supérieur de Bougie, et, à la suite de divers combats contre les Kabyles, colonel du 17ᵉ léger, en décembre 1839. Au mois de mars de l'année suivante il prit part à l'expédition de Cherchell, dont la défense lui fut confiée. Dans les combats presque quotidiens qu'il eut alors à soutenir, il fut blessé à deux reprises, et ces affaires lui fournirent l'occasion de déployer la plus brillante énergie. Au défilé de Mouzaïa, il soutint pendant quatre heures de suite avec 800 hommes de son régiment les efforts de 10,000 hommes de troupes régulières et de Kabyles, commandés par Abd-el-Kader. La croix d'officier de la Légion d'Honneur fut la récompense de ce brillant fait d'armes, et, après s'être signalé dans diverses actions d'éclat de 1840 et 1841 à Milianah et Médéah, il fut nommé général de brigade en mai 1841. Au mois de février 1842, le maréchal Bugeaud lui confia la direction des affaires politiques et militaires sur les frontières du Maroc, et le chargea de la prise de Tlemcen. Le 21 mars il eut affaire à Abd-el-Kader en personne, et, à la tête de 1,200 hommes seulement, il mit en complète déroute les 6,000 hommes de l'émir. Le 12 avril il fit prisonnier dans un second combat l'un des chérifs les plus influents du pays, et réussit par la bonne manière dont il le traita à changer si bien ses dispositions, qu'il embrassa la cause des Français, et contribua plus tard à l'affermissement de leur puissance. Le 30 avril eut lieu, dans les montagnes de Nedromah, un troisième engagement, à la suite duquel l'émir dut évacuer la province de Tlemcen. Le kaïd de Houdjah eut avec le général, le 1er juin, une conférence à la suite de laquelle la paix fut conclue, et le général Bedeau s'occupa alors de l'organisation de la province.

En 1844 il assista à la série de combats qui se terminèrent le 14 août par la bataille d'Isly. Au mois de septembre, il passa général de division, et fut nommé au commandement supérieur de la province de Constantine, en remplacement du duc d'Aumale. Au mois de mai 1845, il dirigea l'expédition de l'Aurès, livra trois combats, et soumit les peuplades rebelles. Il ne fut pas moins heureux lors de l'insurrection générale de la province d'Oran, au mois d'octobre 1845, ainsi qu'à l'expédition de Bougie en 1847. Le 1er juillet 1847 il fut nommé gouverneur d'Alger par intérim; au mois d'août suivant, grand officier de la Légion d'Honneur; puis au mois d'octobre il fut remplacé par le duc d'Aumale dans le gouvernement de l'Algérie.

Au moment où éclata la révolution de février, le général se trouvait en congé à Paris. Comme la plupart des généraux disponibles, il se rendit aux Tuileries pour se mettre à la disposition du roi Louis-Philippe. Le maréchal Bugeaud, ayant été investi, dans la nuit du 23 au 24 février, du commandement en chef des troupes et de la garde nationale, donna au général Bedeau la direction d'une colonne d'attaque chargée d'étouffer l'insurrection sur les boulevards. L'ordre qu'il lui transmit portait expressément qu'il eût à la comprimer avec l'aide de la garde nationale, lui recommandant, quoi qu'il arrivât, de ne se prêter à aucune espèce de pourparlers. Arrivé à la hauteur du boulevard Poissonnière, le général trouva les esprits beaucoup plus échauffés qu'il ne l'avait cru, et la garde nationale elle-même fort mal disposée. Il instruisit le maréchal de l'état des choses, et reçut de lui l'injonction de battre en retraite. L'exécution de cet ordre plaça le général Bedeau dans un grave embarras. Jusqu'au boulevard des Italiens, le mouvement de retraite s'opéra sans encombre; mais là l'arrière-garde de la colonne, que le général ne pouvait apercevoir, puisqu'il marchait en tête à cheval, fut rudement maltraitée et perdit même ses canons. Les soldats tournèrent la crosse de leurs fusils en l'air, manifestation qui commença à démoraliser les troupes fidèles restées en position sur la place de la Concorde. Des bruits de trahison circulèrent dans les rangs, et le général se trouva ainsi placé dans la plus douloureuse des positions. Comme Louis-Philippe se fut décidé à quitter Paris, le général Bedeau prit le commandement de toutes les troupes rangées aux abords des Tuileries, et, la chambre se trouvant menacée par les insurgés, on lui fit un signal qu'il occupa le pont qui y conduit. Il eût pu, dans cette position, leur barrer le passage; mais il manquait complétement d'instructions; et en ayant fait demander à M. Odilon Barrot, on ce moment président du conseil des ministres, il lui fut répondu qu'il eût à s'abstenir de l'emploi de la force. Le général ne s'occupa donc que de faire cesser le feu; l'insurrection passa, et la chambre des députés n'eut plus qu'à se dissoudre.

Aussitôt le général Bedeau se mit à la disposition du gouvernement provisoire, qui le nomma ministre de la guerre; mais il n'accepta que le commandement de la place de Paris. C'est en cette qualité que, pour éviter toute chance de collision, il fit désarmer les troupes, qui même durent bientôt s'éloigner de Paris. Ces actes du général furent alors sévèrement jugés par les militaires. Lorsqu'une armée des Alpes fut formée, le commandement de la première division lui en fut confiée.

Élu par le département de la Loire-Inférieure à l'Assemblée constituante, il en devint vice-président, et se fit remarquer par la modération de ses votes. Au mois de juin 1848 il reçut un commandement contre l'insurrection, et fut blessé grièvement à la cuisse, presqu'au commencement de l'action, à l'attaque des barricades du Petit-Pont. Le général Cavaignac le chargea, dans son premier ministère, du portefeuille des affaires étrangères, mais il le refusa.

Après 10 décembre le général Bedeau, votant avec le parti modéré, soutint le ministère O. Barrot. Réélu le cinquième siècle par le département de la Seine, pour l'Assemblée Législative, le 13 mai 1849, il fut chargé, au mois de juillet, d'aller à Rome presser le siége de cette ville, qui résistait à l'armée commandée par le général Oudinot; mais il apprit à Marseille l'entrée des troupes françaises dans la ville aux sept collines, et revint à Paris, sans que personne ait su au juste le but de sa mission.

Bientôt cependant le général Bedeau montra des velléités d'opposition vis-à-vis du pouvoir exécutif, tout en restant parmi la majorité. Continuellement réélu vice-président de l'Assemblée législative, il était peu favorable à la partie avancée de ce corps délibérant, en même temps qu'il se prononçait contre la destitution du général Changarnier et contre les tendances du gouvernement. Aussi le 2 décembre 1851 fut-il arrêté et conduit à la prison Mazas, puis au château de Ham, d'où il a été éloigné temporairement de la France par le décret du 9 janvier 1852.

Capitaine distingué, aimé des soldats, bon organisateur, administrateur intègre, le général Bedeau a eu à défendre sa conduite en Février, par suite de la publication d'une lettre du maréchal Bugeaud. Il l'a fait avec convenance et dignité dans un article dont l'esprit contraste avec certaine brochure où il se montrait beaucoup moins partisan de l'obéissance passive lorsqu'il s'agit de combattre des concitoyens.

BÉDÉGARS. *Voyez* CYNIPS.

BEDFORD, comté situé au sud-est de l'Angleterre centrale, compte une population d'environ 110,000 âmes sur une superficie d'environ 20 myriamètres carrés. Le sol de cette province, le plus souvent plat, mais couvert au midi de stériles montagnes calcaires, est généralement bien cultivé, et même, à l'ouest, d'une remarquable fertilité. Les habitants du comté de Bedford se livrent avec succès à l'agriculture et à l'horticulture, ainsi qu'à l'élève des bestiaux; leur industrie manufacturière se borne à la fabrication des lacets, des chapeaux de paille, des nattes, des paniers et des jouets d'enfants. Ils exportent aussi avec avantage la terre à foulon, très-commune dans ce comté, partie de l'Angleterre, et d'une remarquable qualité. Les communications de ce comté se trouvent facilitées depuis 1848 par la construction d'un embranchement du *London and Northwestern railway*. Il a pour chef-lieu Bedford, ville de plus de 10,000 âmes, bâtie sur l'Ouse, qui y devient navigable, et siège d'assez importantes manufactures de dentelles et d'étoffes de laine; elle est aussi le centre d'un commerce fort actif en blé, situé à proximité de terre à foulon, bois de construction, fer, cuivre et draps. Cette ville, dont il est déjà fait mention au sixième siècle sous le nom de *Bedicanford*, fut assiégée et prise d'assaut en 1137 par le roi Étienne, et au commencement du treizième siècle par Faulkes de Bréant. Parmi ses cinq églises, on remarque sa cathédrale, vénérable monument d'architecture gothique, construit entre les années 1350 et 1400.

Le prince Plantagenet, ou, comme l'appelle Shakspeare, le prince Jean DE LANCASTRE, fils du roi d'Angleterre Henri IV, qui du vivant de son père fut gouverneur de Berwick et garde de la marche d'Écosse, puis devint régent de France, fut créé duc de Bedford dans la seconde année du règne de son frère, Henri V (*voyez* l'article suivant). Deux siècles plus tard le titre, depuis longtemps éteint, de duc de Bedford fut renouvelé en faveur de la famille Russell. Parmi les ducs de Bedford de cette maison on en cite plusieurs qui ont joué un rôle important dans les affaires publiques.

BEDFORD (JEAN DE PLANTAGENET, duc DE), de la branche de Lancastre, troisième fils de Henri IV, roi d'Angleterre, et de Marie de Bohun, régent de France pour les Anglais, naquit en 1389.

Suivant l'usage du temps il fut armé chevalier dès l'âge de dix ans, à l'occasion du couronnement de son frère, le roi d'Angleterre Henri V, qui, dans la deuxième année de son règne, lui conféra le titre de duc de Bedford. Heureusement doué par la nature, Jean ne se fit pas moins remarquer par sa dextérité dans tous les exercices militaires, que par la sagesse et l'habileté de ses avis en matières de gouvernement. Aussi Henri V le nomma-t-il successivement gouverneur de Berwick sur Tweed, gardien des marches d'Écosse, et enfin son lieutenant en Angleterre pendant les séjours qu'il allait faire en France. Ce prince mourut à Vincennes, comme on sait, en 1422, léguant le lourd fardeau d'une double couronne à un enfant âgé de huit mois à peine. Par son testament il s'efforça de prévenir les dissensions et les querelles qu'il jugeait imminentes entre ses proches; et en même temps qu'il nommait le duc de Glocester régent en Angleterre, c'est au duc de Bedford qu'il confiait la tâche difficile de maintenir ses conquêtes en France, où il l'investissait également du titre et des pouvoirs de régent pendant toute la minorité de son fils, en lui recommandant toutefois, par ménagement plus que par déférence pour le duc de Bourgogne, de commencer par offrir la régence à ce prince et de ne s'en saisir qu'à son refus.

Le duc de Bedford suivit fidèlement les instructions de son frère mourant. Au mois d'avril 1423 eut lieu l'entrevue d'Amiens où lui, Bedford, le duc de Bourgogne, le duc de Bretagne et son frère Arthur de Richemont, signèrent un nouveau traité d'alliance, auquel on cloucha à donner une sanction plus solennelle encore en faisant épouser à Arthur Anne, fille de Philippe le Bon, duc de Bourgogne, et belle-sœur du duc de Bedford. Ces arrangements terminés, le régent, qui était maître de Paris, reprit avec une nouvelle activité les hostilités contre Charles VII, réduit à se réfugier par delà la Loire; et il remporta encore sur les armées du roi de France les victoires de Crevant et de Verneuil.

Une suite d'événements imprévus vint alors complétement modifier la face des choses. Le parlement d'Angleterre se croyant autorisé, dans l'intérêt de la nation, à aller au delà des dernières volontés de Henri V mourant, maintint bien au duc de Glocester le titre et les fonctions de régent en Angleterre, mais en le surbordonnant au duc de Bedford, qui fut déclaré « protecteur et défenseur des royaume et église d'Angleterre, et chef du conseil royal pendant la minorité. » Il n'est guère possible de présumer que le parlement n'ait pas agi en cette circonstance à l'instigation de Bedford; et dès lors il ne faut pas s'étonner de voir la mésintelligence, la jalousie et les divisions éclater entre les princes chargés du soin d'administrer les affaires de l'État pendant la minorité du jeune roi. Le premier qui abandonna les intérêts anglais, ce fut le duc de Bretagne, qui, pour se réconcilier avec le roi de France, profita d'une absence que le duc de Bedford était allé faire en Angleterre. Le duc de Bourgogne, ensuite, se montra au moins incertain. Le régent d'Angleterre, le duc de Glocester, qui avait enlevé la femme du duc de Brabant, tantôt guerroyait sur le continent contre l'époux qu'il avait offensé, et contre le duc de Bourgogne, cousin du duc de Brabant, tantôt se querellait avec le cardinal de Winchester et exposait l'Angleterre à toutes les horreurs de la guerre civile. Le duc de Bedford lutta avec autant d'énergie que de succès contre toutes ces difficultés. Les victoires qu'il remporta en Bretagne contraignirent le duc, non-seulement à rentrer dans l'alliance anglaise, mais encore à se reconnaître vassal de l'Angleterre; et il rétablit la bonne harmonie entre Glocester et le duc de Bourgogne en décidant son frère à renoncer à l'union illicite qu'il avait contractée avec l'infidèle épouse du duc de Brabant. Tout semblait donc aller au gré de ses désirs et devoir consolider la couronne du jeune roi qu'il venait d'armer chevalier, lorsque la Providence suscita, pour sauver le royaume de France et la nationalité française, l'héroïne de Vaucouleurs, l'immortelle Jeanne d'Arc. Dès lors Bedford n'eut plus que le triste bonheur de lutter pour une cause irrémissiblement perdue. Charles VII put être sacré à Reims, et les armées anglaises n'éprouvèrent plus que revers sur revers. Bedford s'en vengea lâchement sur Jeanne d'Arc, que le sort des armes mit entre ses mains (1430). Ce fut lui qui la fit traîner de prison en prison, qui la chargea de fers, et qui lui fit intenter ce monstrueux procès terminé par un supplice qui ne fut qu'un odieux crime, dont toute la responsabilité doit retomber sur le prince par l'ordre duquel furent inventés ce tissu de perfidies, cette série de cruautés abominables. C'est en vertu des instructions qui leur furent transmises au nom du régent que les juges-bourreaux de l'héroïne française eurent l'infamie de la soumettre à une visite de matrones en présence de la duchesse de Bedford; acte de grossière impudicité et de stupide superstition, à la perpétration duquel Bedford se donna la satisfaction d'assister lui-même en un lieu secret, ainsi que le rapporte dans sa déposition le notaire Guillaume Colles. C'est alors que Bedford put faire sacrer Henri VI à Paris, en pleine église Notre-Dame, comme roi de France; seul moyen de contrebalancer dans l'esprit des populations l'impression produite par la cérémonie qui avait eu lieu à Reims en faveur de Charles VII.

Un an après le supplice de Jeanne d'Arc, Bedford devint veuf par le décès d'Anne de Bourgogne, et tout aussitôt on le vit se remarier avec Jacquette, fille du comte de Saint-Paul, vassal de son beau-père. Philippe le Bon ne put que voir un outrage dans une union qui faisait succéder à sa fille une femme de naissance tellement inférieure; et ce grief contribua à affaiblir encore davantage les liens de l'alliance, si dangereuse pour la France, qui existait entre le régent d'Angleterre et le duc de Bourgogne, en même temps que d'habiles négociations opéraient un rapprochement sensible entre ce dernier et le roi de France. Elles se terminèrent par la signature du traité d'Arras, qui réconcilia complétement Philippe le Bon avec le prince *des fleurs de lis*. Ce brusque revirement survenu dans la situation des choses porta le coup de mort au duc de Bedford, qui, accablé d'inquiétudes et de soucis pour l'avenir de son neveu, mourut à Rouen, le 13 septembre 1435. Les écrivains anglais s'efforcent, comme de juste, de décharger sa mémoire des graves accusations que l'histoire fait peser sur lui, et d'atténuer autant que possible l'odieux rôle qu'il joua dans le procès de Jeanne d'Arc. Ils le représentent aussi comme le prince le plus accompli de son époque; éloge vrai, à certains égards, car Bedford se montra, comme la plupart des descendants de cet illustre Jean de Gand, le patron généreux des beaux-arts. A Paris, il avait acheté la bibliothèque de près de 900 volumes que le roi Charles V avait formée, et l'avait fait passer en Angleterre.

BEDFORDIA, genre de plantes de la tribu des composées sénécionées, qui comprend aujourd'hui deux arbrisseaux indigènes de la Terre de Van Diémen, dont l'une est cultivée dans les jardins botaniques sous le nom de *cacalia salicina*. Caractères : Capitules multiflores homogames; réceptacle alvéolé ou marqué de petites fossettes ; involucre muni à la base de deux ou trois bractéoles subulées, et formé de deux ou trois rangées d'écailles distinctes et d'égale longueur. Fruits glabres, cylindracés, anguleux, munis au sommet d'un rebord portant une aigrette composée d'une rangée de poils scabres à la base, ou barbellée au sommet. Les *Bedfordia*, que Labillardére avait réunis aux *cacalia*, sous les noms de *cacalia salicina* ou *linearis*, sont remarquables par leur port, leurs fleurs jaunes, leurs feuilles entières, allongées, cotonneuses en dessous, et assez semblables à celles du saule.

BEDLAM, corruption de *Bethleem*, comme *Bicêtre* l'est de *Winchester*. C'est le nom d'un immense et bel établissement, destiné comme Bicêtre l'était autrefois, au séjour des aliénés et des criminels. Londres n'a rien de plus magnifique. Comme Bicêtre, il est situé en dehors et au midi de la ville. Mais il est loin de contenir dans sa vaste enceinte une population aussi nombreuse. Le nombre des condamnés ne s'élève pas au-dessus de soixante ; celui des fous n'est que de quatre cents. Aussi est-ce de cette institution qu'on pourrait dire que les Anglais logent les malheureux dans des palais, tandis qu'ils logent les rois dans des hôpitaux. La façade seule est de 580 pieds anglais de long. Le bâtiment est neuf; la première pierre fut posée en 1812. Mais il existait précédemment un hôpital du même nom, qui avait la même destination, et qui remontait à Henri VIII. De là vient que ce nom de Bediam est, de toute ancienneté, populaire dans toute l'Europe pour désigner les asiles consacrés à la plus grande des infirmités humaines.

On pourrait se demander par quelle singulière rencontre l'Angleterre et la France ont pu rassembler dans un même séjour les insensés et les coupables. Au premier abord, ce rapprochement révolte. On y voit une marque de mépris pour le malheur. Et trop probablement en effet ce rapprochement, dont notre humanité s'étonne, tient à l'habitude d'un même régime, d'une même surveillance, des mêmes fers. Ce n'est point l'être déchu qu'on a comparé à l'être déchu ; ce n'est point le malheureux déshérité de l'intelligence humaine qu'on a comparé au malheureux déshérité de la moralité humaine. On a vu des deux côtés une chaîne, des menottes, une chemise de force. Pour plus de commodité on les a accouplés.

En y regardant de plus près, on reconnaît que ce rapprochement irréfléchi aurait pu être philosophique. Il aurait pu tenir moins au mépris pour le malheur qu'au mépris pour le crime. Il aurait pu reposer sur la conviction que le crime est un calcul erroné, une faiblesse de l'esprit avant d'être une corruption du cœur, une faute en un mot aussi bien qu'un tort. La société aurait pu annoncer ainsi que la dégradation morale est aussi une dégradation intellectuelle, et qu'en se jetant en dehors des lois du devoir, on se proclame dépossédé des droits et des lumières de la raison. C'eût été écrire sur la porte des geôles : Vous êtes des insensés. Montesquieu s'est amusé à dire, dans les *Lettres Persanes*, que les Français avaient réuni dans un établissement quelques centaines de fous pour faire croire que ce qui reste dehors ne l'est pas. Le trait sent les *Lettres Persanes* en effet plus que l'*Esprit des Lois*. On voit qu'il s'applique à l'Angleterre ainsi qu'à la France. Il s'appliquerait bien au monde entier. Partout, à côté des folies qui provoquent la surveillance et les rigueurs de la société, il y a, en bien plus grand nombre, les folies qu'on ne poursuit pas, qu'on ne renferme pas, qu'on ne redoute pas. Ce sont les plus dangereuses ; mais elles sont innombrables, et elles constituent un attribut de la nature humaine, comme les autres en sont la dégradation. C'est que la nature humaine est nécessairement imparfaite. La folie serait de méconnaître la sagesse souveraine, qui l'a voulu ainsi. Retranchez nos misères, où sera le mérite de la vertu ? Retranchez nos erreurs, où sera le labeur et le mérite du génie ? O Montesquieu ; ne médisez pas de nos préjugés et de nos travers ; vous auriez tort, comme Belsunce, d'accuser nos vices. Il ne faut pas se plaindre du champ de bataille où on a vaincu. C'est par vos victoires que vous êtes devenus grands parmi les hommes, et que des noms tels que les vôtres, honneur éternel d'un siècle, ont mérité les hommages de tous les siècles.

N.-A. DE SALVANDY, de l'Académie Française.

BEDMAR (ALPHONSE DE LA CUEVA, marquis DE), cardinal, évêque d'Oviédo, issu d'une ancienne maison espagnole, était, en 1618, ambassadeur du roi Philippe III près la république de Venise, lorsque, dit-on, il forma un complot auquel prirent part le duc d'Ossuna, vice-roi de Naples, et D. Pedro de Tolède, gouverneur de Milan, dans le but d'amener la ruine totale de la puissance auprès de laquelle il était accrédité; complot dont la réalité a été mise en doute par quelques critiques, mais qui a fourni à l'abbé de Saint-Réal le sujet de son *Histoire de la Conspiration des Espagnols contre Venise*, l'un des chefs-d'œuvre de notre littérature. Le marquis de Bedmar s'était assuré, à ce qu'il paraît, du concours actif et dévoué d'un certain nombre d'étrangers réunis par ses soins à Venise, et qui, après avoir mis le feu à l'arsenal, devaient s'emparer des postes les plus importants de la ville, appeler le peuple à l'insurrection contre l'oligarchie vénitienne, et livrer au pillage les palais des familles patriciennes. Des troupes milanaises auraient secondé ce mouvement en débarquant tout à coup, grâce à la trahison de matelots gagnés à prix d'argent, et chargés d'introduire dans le port des barques remplies de ces soldats étrangers. Cette conspiration, qui eût eu pour résultat la destruction du gouvernement vénitien, fut découverte à temps ; et tous les conspirateurs dont on réussit à se saisir furent, sans autre forme de procès, noyés dans les lagunes. Toutefois, on respecta dans le principal instigateur du complot le caractère diplomatique dont il était revêtu ; et le sénat, dans la crainte que le peuple en fureur ne le déchirât en morceaux, le fit même partir en secret de Venise.

Grosley, dans ses *Remarques sur l'Italie*, prétend que toute l'histoire de cette conspiration ne fut qu'un tour d'adresse imaginé au profit des Vénitiens par Fra Paolo, dans le but de débarrasser la république du marquis de Bedmar, dont la résidence sur le territoire vénitien était devenue à charge au conseil des Dix. Naudé et Capriara avaient, avant Grosley, émis la même opinion. Cependant d'autres critiques affirment que, si certains détails du complot ont été singulièrement exagérés par des écrivains dont l'imagination a vu la matière à un roman saisissant, le fond même en est vrai. Si, disent-ils, le gouvernement vénitien crut devoir ensevelir dans un mystérieux secret la découverte d'un complot qui avait failli amener sa ruine, c'est que l'Espagne était alors la première puissance de l'Europe, et qu'il fallait ou ne rien divulguer ou déclarer la guerre à un ennemi si redoutable.

Bedmar, après avoir quitté Venise, se retira en Flandre dont il fut nommé gouverneur général. La sévérité extrême qu'il déploya dans l'exercice de ces fonctions fut cause qu'on les lui retira. Il se rendit alors à Rome, où il reçut le chapeau de cardinal et fut nommé évêque de Malaga. Il y mourut, en 1665. On le regarde comme une des têtes les mieux organisées et comme l'un des esprits les plus dangereux qui aient présidé aux affaires de l'Espagne.

BÉDOUINS (en arabe *Bédaoui*, mot qui désigne les habitants du pays plat ou du désert). C'est le nom qu'on donne à ceux des Arabes qui mènent une vie nomade.

Issus de la race sémitique, comme l'indique la tradition qui les fait descendre d'Ismael, fils d'Abraham, ce sont les habitants aborigènes de l'Arabie. Ils nous apparaissent déjà comme tels, suivant les récits de la Bible, dans l'histoire primitive du genre humain, avec le même état social et les mêmes mœurs qu'aujourd'hui. En tant que nomades, ils n'ont pas d'histoire proprement dite, mais seulement des généalogies. Si on ne les voit que bien rarement figurer dans l'histoire d'une manière active et indépendante, jamais du moins, à quelques rares exceptions près, on ne les voit devenir la proie d'un conquérant.

On peut considérer comme leur véritable patrie le désert de l'Arabie, où le plateau de Nedjed est le centre de leurs établissements. C'est de là que, dès l'antiquité, ils se répandirent dans les déserts de la Syrie et de l'Égypte, et plus tard, après l'anéantissement de l'antique civilisation en Syrie, à travers la Mésopotamie et la Chaldée. Au septième siècle enfin, après avoir conquis le nord de l'Afrique, ils s'y établirent ainsi que dans le Grand Désert, entre la mer Rouge et l'océan Atlantique, et cet immense territoire devint pour eux une nouvelle patrie. C'est de la sorte qu'ils sont arrivés à posséder aujourd'hui tout l'espace qui s'étend depuis les frontières occidentales de la Perse jusqu'à l'Atlantique, et depuis les montagnes du Kourdistan jusqu'aux peuples nègres du Soudan. Dans les parties de cette vaste zone qui sont susceptibles d'être mises en culture, telles que la Mésopotamie, la Chaldée, les frontières de la Syrie, la Barbarie, la Nubie et l'extrémité septentrionale du Soudan, on les trouve souvent, il est vrai, mêlés avec d'autres peuples, mais ils sont les uniques dominateurs de ce qu'on appelle, à proprement parler, le désert.

La nature toute particulière de cette contrée les força de mener une vie errante, et ne leur enseigna d'autre occupation que l'élève du bétail et le brigandage. Ce sont ces deux traits caractéristiques de leurs mœurs, le métier de pasteur et celui de brigand, qui, joints aux particularités physiques et morales propres à la race sémitique, développèrent les autres traits saillants de leur caractère et de leur constitution. La vie solitaire, misérable et pleine de dangers du Bédouin le rendit sobre, frugal, endurci à la fatigue, intrépide et hospitalier. La vie errante du bandit le rendit belliqueux, épris de la gloire, poétique et, sous beaucoup de rapports, chevaleresque. La rapacité et la finesse naturelles à sa race firent de lui un être avide d'argent, amant le pillage et sans foi. Sa confiance en ses propres forces lui inspira des idées d'indépendance et lui fit aimer la liberté, aussi bien au point de vue national qu'au point de vue individuel. Tous les autres traits distinctifs de la race sémitique, notamment la volupté et la vengeance, se développèrent chez lui avec une double énergie, et, en raison de son naturel ardent, prirent le caractère d'impétueuses passions.

Les Bédouins sont, à tout prendre, une belle race d'hommes ; les fatigues et les privations excessives auxquelles ils sont exposés les ont réduits à n'offrir en général qu'une stature au-dessous de la moyenne, un corps d'une maigreur excessive où les tendons dominent plus que les muscles ; malgré cela, ils sont éminemment vifs, énergiques et durs à la fatigue. Leur œil, bien découpé, est ardent et dénote en même temps une profonde finesse. Toute l'expression de leur visage, aux traits généralement allongés et au nez aquilin fortement prononcé, annonce la fierté unie à la naïveté. Leur tournure est dégagée et imposante. La couleur de leur peau est le brun avec ses nuances diverses. Tous leurs sens, particulièrement celui de la vue, sont d'une acuité extrême.

A l'exception de quelques tribus habitant la Syrie, qui forment une secte religieuse particulière, et dont l'une fait même, dit-on, profession du christianisme, tous les Bédouins sont mahométans, sans pourtant se montrer précisément observateurs très-rigoureux des préceptes de leur religion. Les fonctions sacerdotales sont exercées parmi eux par des *marabouts*, hommes que leurs occupations théologiques et ascétiques mettent en grand renom de sainteté, et qui dès lors exercent une grande influence. En l'absence de toute autorité extérieure régulatrice, c'est encore la religion qui constitue la seule force capable de discipliner le Bédouin, de lui imposer certaines idées morales et de confondre son individualité dans l'unité nationale. On en a eu surtout la preuve lors des luttes que les Français ont eu à soutenir avec les populations algériennes, considérées comme plus croyantes et comme plus fanatiques que les Bédouins, fixés plus à l'est, ceux de l'Arabie, par exemple, parmi lesquels s'est opérée dans ces derniers temps une espèce de réformation religieuse.

Leur culture intellectuelle est très-peu avancée ; cependant ils ont beaucoup de bon sens naturel, l'esprit vif et l'imagination ardente, qualités qu'on retrouve dans leurs contes et leurs productions poétiques. Leurs mœurs sont, d'une part, celles de tous les peuples nomades et pasteurs, et de l'autre celles de toutes les nations mahométanes ; et il faut surtout citer la coutume, si générale parmi eux, d'exercer généreusement les devoirs de l'hospitalité, le ressentiment profond qu'ils conservent des injures et des offenses, et les vengeances implacables qu'ils en tirent, même longtemps après. Les rapports mutuels des sexes ont parmi eux plus de liberté que parmi les Orientaux sédentaires. Ils sont loin de soumettre leurs femmes à une surveillance aussi sévère et à une réclusion aussi complète que ceux-là, et généralement elles vont sans voile. Ils suppléent à la polygamie en changeant fréquemment de femme. Le jeu de paume et la chasse sont leurs principaux divertissements. Ils excellent à monter à cheval. Leurs plus grands plaisirs consistent ensuite à entendre raconter des histoires, à danser, à chanter, à fumer indolemment du tabac et à boire du café. Au nombre des objets dont ils font leur nourriture, et consistant pour la plupart en produits végétaux du sol ou encore en produits de leurs troupeaux, figurent les sauterelles et les lézards. Leurs habillements, faits avec des étoffes de laine qu'ils fabriquent eux-mêmes, consistent en un long et large vêtement blanc de dessous, appelé *haïk*, qui recouvre en même temps la tête, autour de laquelle il est attaché par une corde en poil de chameau enroulée en forme de turban, et en un grand manteau, appelé *burnous*. Il n'y a que les plus distingués et les plus riches qui portent des pantalons, et sous le haïk une chemise de dessous en toile ou en étoffe de coton. Les Bédouins se coupent les cheveux de la tête, tandis que leur barbe est de leur part l'objet des soins les plus attentifs.

Leur industrie se borne à la fabrication des ustensiles et des étoffes qui leur sont les plus indispensables ; leur commerce, à la vente des produits de leurs troupeaux, qui leur permettent d'acheter des armes, des munitions et des grains. Leur état social et politique est encore celui de la vie patriarcale. Une ou plusieurs familles, dont le chef prend le titre de *chéik*, forment le centre de la tribu, et constituent avec les marabouts une espèce de noblesse. C'est parmi elles que sont choisis les chéiks supérieurs ou *cadis*, c'est-à-dire les chefs de toute la tribu, dont beaucoup portent le titre d'*émir*, ainsi que les chefs des différents *douars*. Ceux-ci sont en même temps les généraux en temps de guerre, les magistrats et les juges en temps de paix. Leur pouvoir toutefois est très-chancelant, et dans tous leurs rapports avec les membres de la tribu règne une grande liberté. Chaque tribu comprend plusieurs douars ou villages mobiles, ne consistant le plus souvent qu'en tentes fabriquées simplement avec des poils de chameau et disposées circulairement, et au milieu desquelles on renferme les troupeaux pendant la nuit. Leurs principaux animaux domestiques sont le chameau et le cheval, puis l'âne, le mouton et la chèvre.

Le tableau que nous traçons ici de la vie des Bédouins s'applique surtout aux habitants du désert; les exceptions locales le modifient dans une foule de points. C'est ainsi que dans les parties susceptibles de culture de la Barbarie, de la Mésopotamie et de la Syrie, les Bédouins habitent généralement des endroits clos. Ils cultivent le sol, entretiennent des troupeaux de bœufs, habitent des huttes, et leurs chefs ont même des maisons. Ils vivent aussi dans une plus grande abondance. Leur carnation est plus belle, plus blanche, leur taille plus élevée, leur constitution plus robuste; mais en revanche ils sont plus ou moins dépendants et tributaires des nations voisines.

BEDOUZES, BLOUSES ou TREMBLANTS. On donne sur les côtes de Gascogne ces trois noms à une série continue de monticules placés les uns à côté des autres, de manière à former de petites chaînes séparées par des vallées souvent humides et dont le sol cède sous les pas d'un voyageur imprudent. Ces monticules, qui font partie d'une masse de dunes, se succèdent suivant la direction du vent de mer qui domine, et par conséquent suivant une ligne tirée de la côte vers l'intérieur des terres. M. Rozet a constaté que depuis Dunkerque jusqu'à Bayonne les dunes ont la forme de triangles dont la base est appuyée sur la côte et le sommet dirigé vers l'intérieur du continent, et que la ligne qui joint le sommet de ces monticules vers le milieu de leur base est dirigée du sud-ouest au nord-est, c'est-à-dire dans la direction du vent dominant sur la côte. L. LAURENT.

BÉDOYÈRE (comte HUCHET DE LA). *Voyez* LABÉDOYÈRE.

BÉDRIAC, aujourd'hui *Caneto*, petite ville de la Gaule Cisalpine, où l'empereur romain Othon fut vaincu par Vitellius, l'an 69. Le général de Vaudencourt nie que Bédriac soit le même endroit que Caneto; il place l'ancienne ville à Casalmaggiore.

BEEF-STEACK (prononcez *bifstek*). Nos praticiens ont eu le bon esprit d'accorder des lettres de grande naturalisation à ce plat d'origine anglaise, qui se compose d'un morceau de filet de bœuf, qu'on fait griller après l'avoir coupé par tranches qu'on réduit, en les aplatissant, à l'épaisseur d'un centimètre et demi. Il faut que le feu saisisse un *beef-steack* si on veut lui conserver son jus. Aussi, quand le feu est convenable, ne faut-il pas plus de trois minutes pour le faire cuire. Cette opération terminée, on met dans un plat gros de beurre comme une noix par chaque filet; on chauffe légèrement ce plat; on retourne les filets, qui font fondre le beurre, et on les garnit de pommes de terre sautées aussi au beurre. Les artistes anglais prennent pour faire leur *beef-steack* ce que nous appelons la *sous-noix* de bœuf; ils le font cuire sur une plaque de fonte destinée à cet usage; au lieu de charbon de bois, ils se servent de charbon de terre. Il faut convenir que cette partie du bœuf, employée par les Anglais, est infiniment plus savoureuse que le filet mignon dont nous faisons usage; mais elle est naturellement beaucoup moins tendre.

Le beef-steack fit invasion sur nos tables en 1815. Il n'a guère figuré sur les cartes de nos traiteurs qu'à dater de cette époque. On peut donc le considérer comme une importation culinaire de la Restauration.

BÉEL ou **BEL.** *Voyez* BAAL.

BÉELZÉBUB, c'est-à-dire *Mouche-Bel.* Sous ce nom les habitants d'Ékron, dans le pays des Philistins, adoraient le dieu Baal ou Bel. Les Grecs, eux aussi, avaient leur Ζευς Ἀπόμυιος, ou Μυιαγρος, c'est-à-dire *qui préserve des mouches*.

Comme les divinités païennes étaient tenues par les Juifs pour des démons, ce nom de Béelzébub, qu'on écrit aussi *Béelzébuth*, arriva à la longue à désigner le chef des esprits impurs, et on le trouve employé en ce sens dans les Évangiles (*Matth*., XII, 24; *Luc*, XI, 15). La leçon la plus correcte est cependant *Béelzébul*, qui signifie seigneur de l'excrément, jeu de mots par lequel on entendait désigner en même temps la nature commune et sale de ces démons.

BEER (JACOB-MEYER), plus ordinairement appelé *Giacomo Meyerbeer*, l'un des compositeurs les plus célèbres de notre époque, est né à Berlin, en 1794. Son père, Jacques Beer, riche banquier israélite, lui donna de bonne heure une éducation distinguée. Ses heureuses dispositions pour la musique se manifestèrent bientôt, et dès l'âge de sept ans il jouait du piano dans les concerts. Ce ne fut guère que vers l'âge de quinze ans que Meyer-Beer commença ses grandes études musicales sous la direction de l'abbé Vogler, un des plus grands théoriciens et sans contredit le plus habile organiste de l'Allemagne à son époque, qui avait ouvert à Darmstadt une école dans laquelle il n'admettait que des élèves de choix. Meyer-Beer y eut pour condisciple Gænsbacher, aujourd'hui maître de chapelle à Vienne, et l'illustre Ch.-Marie de Weber. Chaque matin, après la messe, que Weber servait presque journellement, parce qu'il était catholique, on se réunissait dans l'appartement du professeur : celui-ci donnait un thème que chacun devait remplir dans la journée : c'était tantôt un psaume, tantôt une ode, tantôt un *Kyrie*. L'abbé Vogler se mettait, lui cinquième, au travail, et le soir les cinq compositions étaient exécutées. Ce genre d'exercice joignait à l'avantage d'être fort instructif celui de piquer vivement l'émulation. Un opéra entier fut composé de cette manière.

Une amitié très-étroite et toute fraternelle se forma bientôt entre Meyer-Beer et Weber. Pendant deux ans ils n'eurent qu'une table et qu'un lit. Cette amitié se maintint jusqu'en 1826, époque de la mort de l'auteur du *Freyschütz*. L'illustre moribond légua à son ami un ouvrage inachevé, *les trois Pinto*, opéra en trois actes, et le chargea de le terminer. Un seul acte a été esquissé de la main de Weber, mais non instrumenté.

Deux ans après l'entrée de Meyer-Beer chez l'abbé Vogler, celui-ci ferma son école, et l'élève et le maître parcoururent ensemble l'Allemagne pendant un an. Ce fut sous les auspices de son professeur que le jeune compositeur, âgé de dix-huit ans, donna à Munich son premier ouvrage, *la Fille de Jephté*, opéra seria en trois actes, qui obtint un succès d'estime. Comme tous les jeunes gens, Meyer-Beer avait voulu faire preuve de science, et à cet effet il avait un peu trop sacrifié les idées mélodiques. L'abbé Vogler s'en montra très-flatté, et, dans sa naïveté, le bonhomme délivra au jeune élève un brevet de *maestro* en bonne forme, auquel, du même trait de plume, il ajouta sa bénédiction. Après quoi le maître et l'élève se séparèrent. Celui-ci effectivement n'avait plus rien à apprendre de l'autre.

A Vienne, le succès qu'obtint Meyer-Beer comme pianiste lui valut l'honneur d'être chargé d'un opéra pour la cour, intitulé : *Les deux Califes*. Il avait vingt ans. La musique italienne tournait alors toutes les têtes dans cette capitale. Quelquefois il entra dans les jeunes cerveaux l'idée de réagir contre un entraînement général. L'ouvrage, écrit dans un système tout opposé et dans le style de *La fille de Jephté*, échoua. Le jeune étourdi avait peine à en prendre son parti; mais l'auteur de *Tarare*, Salieri, le consola, et lui avoua que les germes de la mélodie perçaient souvent dans son ouvrage à travers l'âpreté des formes et les rances du contrepoint. Il lui conseilla d'aller humer l'air de l'Italie pour y dépouiller le vieil homme, y rafraîchir son imagination, moyennant quoi il réparerait bientôt cet échec. Le vieux Salieri avait raison. L'influence du climat, les habitudes, agirent sur le jeune compositeur et le transformèrent. Il se passionna pour ce qui avait fait l'objet de son aversion. Le style italien le charma. Il fut transporté à l'audition du premier opéra italien de Rossini qu'il vit : c'était *Tancredi*.

A partir de ce moment, il composa successivement sept

ouvrages qui, presque tous, eurent le plus grand succès. A Padoue (1818) il donna *Romilda e Constanza*, opéra semi-seria, écrit pour Mᵐᵉ Pisaroni. Les Padouans firent grand accueil à cet ouvrage, parce que l'auteur était élève de l'abbé Vogler, qui, à son tour, avait eu pour maître, quarante-six ans auparavant (en 1772), le père Vaiotti, ancien maître de chapelle à Padoue, et dont la mémoire classique était en vénération. C'en était assez pour que Meyer-Beer fût considéré comme un rejeton de cette école. En 1819 il fait représenter au Théâtre-Royal de Turin *Semiramide riconosciuta*, de Métastase, opéra dont le rôle principal fut écrit pour Mᵐᵉ Carolina Bassi, la cantatrice la plus dramatique que l'Italie ait produite jusqu'à Mᵐᵉ Pasta; en 1820, à Veñise, *Emma di Resburgo*, même sujet qu'*Hélène* de Méhul. Cet opéra parut dans la même saison où Rossini fit jouer *Eduardo e Cristina*. Les deux ouvrages obtinrent un succès d'enthousiasme.

En 1821 Meyer-Beer écrivit *la Porte de Brandebourg*, dans le style italien, pour Berlin, sa patrie. Certaines circonstances s'opposèrent à la représentation de cet ouvrage. Bientôt la réputation de l'auteur d'*Emma* retentit au théâtre de la Scala, à Milan, théâtre dont les abords sont, comme on le sait, assez difficiles aux musiciens. Il y donna *Margherita d'Anjou*, en 1822. Ce fut dans cet opéra que le chanteur Levasseur débuta sur la scène italienne. Dans le même temps *Emma* fut traduite et représentée sur tous les théâtres d'Allemagne, sans exception. Malgré son grand succès, cet ouvrage souleva la critique des compatriotes et surtout des condisciples de Meyer-Beer. Weber, alors maître de chapelle et directeur du théâtre de Dresde, crut servir la réputation de son ami en faisant représenter au théâtre allemand *les Deux Califes*, tandis qu'on jouait *Emma* au théâtre italien. Il écrivit lui-même plusieurs articles dans lesquels il signala, en la déplorant, la transformation que Meyer-Beer avait fait subir à son talent. Weber avait espéré réconcilier le public avec les formes de ce premier ouvrage, et engager par là l'auteur à revenir à son premier système. Le contraire arriva; mais on doit dire, à la louange de cet homme de génie, que, malgré son opinion bien prononcée sur le genre adopté par son ami, il porta la loyauté jusqu'à faire représenter tous les opéras italiens de ce dernier sur le théâtre de Dresde, et les monta avec tant de soin que jamais l'exécution n'en fut plus parfaite.

L'année suivante, 1823, l'*Esule di Granata*, à Milan, succéda à *Margherita d'Anjou*. Les principaux rôles avaient été écrits pour Lablache et la Pisaroni; mais la mise en scène se fit avec tant de lenteur qu'il ne fut joué qu'aux derniers jours de carnaval. Cette circonstance fit naître une cabale. On se promit de siffler l'ouvrage. En effet, le premier acte échoua; le second aurait peut-être éprouvé le même sort sans un duo dans lequel Lablache et Mᵐᵉ Pisaroni enlevèrent tout l'auditoire. Aux représentations suivantes, le triomphe fut complet. Dans la même année, l'opéra d'*Almanzor* fut composé pour Rome. Mᵐᵉ Carolina Bassi, chargée du principal rôle, tomba malade après la répétition générale, et l'opéra, dont elle garda la partition, n'a jamais été représenté. Ce fut à la fin de 1825 que Venise vit paraître le *Crociato*. Mᵐᵉ Méric-Lalande y fit son début sous les auspices de Velluti et de Crivelli. Le musicien fut appelé et couronné sur la scène, et bientôt il alla lui-même monter son ouvrage sur tous les théâtres d'Italie.

En 1826, sur l'invitation de M. de Larochefoucault, il partit pour Paris, où le *Crociato* fut accueilli avec transport. Là se borne la deuxième période de la carrière lyrique de Meyer-Beer.

Son mariage, qui eut lieu en 1827, et successivement la perte de deux enfants, à laquelle il se montra très-sensible, suspendirent ses travaux pendant près de deux ans. Il les reprit en 1828 pour écrire *Robert le Diable*, dont la partition fut remise, deux ans après, en juillet 1830, à M. Lubbert, prédécesseur de M. Véron, et que ce dernier n'eût jamais acceptée s'il n'avait pas été obligé de remplir les engagements antérieurs à son administration. C'est pourtant ce bel ouvrage qui a fait la fortune de l'ex-directeur de l'Opéra.

Robert le Diable fut représenté en novembre 1831. Ici nous ne pouvons rien dire qui n'ait été dit et répété mille fois. On sait l'immense succès de cet ouvrage à Paris, dans les provinces, en Europe, dans le monde entier. Rien dans les précédents opéras de Meyer-Beer, sans en excepter quelques tendances du *Crociato*, ne pouvait faire soupçonner que l'auteur s'élevât à une pareille hauteur. Le cinquième acte surtout renferme des beautés d'un genre absolument nouveau. Meyer-Beer ne pouvait être surpassé que par lui-même. *Les Huguenots* parurent au mois de mars de l'année 1836. Même succès, même enthousiasme. Le rôle de Marcel est une création du premier ordre; et dans le quatrième acte, dans la bénédiction des poignards et le duo entre Raoul et Valentine, le compositeur s'est élevé à la plus grande puissance de l'expression dramatique.

Outre les opéras dont nous avons parlé, Meyer-Beer a publié un grand nombre d'œuvres : ce sont un *Stabat*, un *Miserere*, un *Te Deum*, douze psaumes à deux chœurs, huit cantiques de Klopstock à quatre voix, l'oratorio *Dieu et la Nature*, plusieurs autres cantates, un dithyrambe à Dieu, un grand nombre de mélodies sur des paroles italiennes, allemandes et françaises.

En 1842 Meyer-Beer a été nommé maître de chapelle du roi de Prusse. Il est membre de l'Académie des Beaux-Arts de Berlin, associé étranger de l'Institut de France, officier de la Légion d'Honneur, chevalier de l'ordre de Léopold et de celui de la Croix du Sud (du Brésil). J. D'ORTIGUE.

C'est seulement l'opéra des *Huguenots* qui donna au nom de Meyer-Beer une grande et incontestable popularité en Allemagne, et dans sa ville natale même, à Berlin, on consentit enfin alors à lui rendre complètement justice. Il se fit à son égard un tel mouvement dans l'opinion, que l'Académie des Beaux-Arts de Berlin l'admit au nombre de ses membres, et que le roi de Prusse le nomma directeur général de sa musique.

Il composa la même année, à la demande de ce prince, l'opéra patriotique *Le camp de Silésie*, le plus faible de tous ses ouvrages dramatiques, et dont le grand succès ne s'explique que par le jeu de Jenny Lind et par l'esprit patriotique du Berlinois. L'ouverture, la marche, les airs de danse, les mélodrames et les chœurs qu'il composa en 1845 pour le drame de son frère Michel, intitulé *Struensée*, eurent une tout autre importance comme œuvre d'art.

L'opéra *le Prophète*, après avoir été si longtemps attendu, fut enfin représenté pour la première fois en 1849 à Paris, et a été monté depuis sur la plupart des grandes scènes lyriques de l'Europe. Au total, il n'existe entre cet opéra et celui des *Huguenots*, qui l'avait précédé, aucune différence bien sensible, Comme mise en scène, cet opéra a triomphé de difficultés très-grandes, mais qui précisément n'eussent jamais dû avoir rien de commun avec la musique dramatique. L'immense talent et la nature essentiellement artiste de Meyer-Beer eussent pu le dispenser de l'emploi de tels moyens pour arracher des applaudissements.

On annonce la prochaine représentation sur la scène de l'Opéra de Paris d'un autre grand ouvrage de Meyer-Beer, *l'Africaine*.

Lors de l'inauguration à Berlin, en juin 1851, du monument élevé à la mémoire de Frédéric II, Meyer-Beer composa une cantate patriotique.

Le roi de Prusse a décidé que le portrait du grand artiste ferait partie de la galerie des portraits des contemporains célèbres qu'il a établie dans la résidence de Charlottembourg.

BEER (GUILLAUME), banquier à Berlin, frère cadet du célèbre Meyer-Beer, naquit à Berlin en 1797, et se fit un nom dans le monde scientifique par des travaux astronomiques entrepris et publiés en société avec Mædler. De 1813 à 1815 il prit part, comme engagé volontaire, au grand mouvement national de l'Allemagne; mais lors du rétablissement de la paix, il renonça, suivant le désir de son père, à l'état militaire pour embrasser la carrière commerciale. Toutefois, il consacra tous ses loisirs à la culture des sciences, et plus particulièrement à l'étude de l'astronomie. Il construisit à cet effet un petit observatoire, et s'y livra, avec son ami Mædler, à des observations qui eurent surtout pour objet *Mars* et la *Lune*. Une dissertation, contenant les observations qu'il avait eu lieu de faire sur Mars, produisit, en 1830, une vive sensation dans le monde savant. Une carte de la lune, qu'il publia en 1836, après six années d'un travail opiniâtre, et contenant la rectification d'un grand nombre d'erreurs, mit le comble à sa réputation et lui fit décerner par l'Académie des Sciences de Paris le prix d'astronomie fondé par Lalande. Un grand ouvrage descriptif intitulé : *La Lune dans ses rapports cosmiques et individuels, ou Sélénographie générale comparée*, commentaire nécessaire de cette carte, a paru à Berlin en 1837. Membre de la première chambre de la diète prussienne de 1849, Guillaume Beer a écrit alors une brochure politique intitulée : *La Constitution des trois rois dans ses dangers pour la Prusse* (Berlin, 1849). Il est mort au mois de mars 1850.

BEER (MICHEL), frère puîné des précédents, né à Berlin en 1800, sentit de bonne heure en lui pour la poésie une vocation, excitée et développée par la fréquentation du cercle de savants, d'artistes et de gens de lettres qui se réunissaient chez son père. Il se livra, à l'université de Berlin, à l'étude des sciences historiques, philosophiques et naturelles, et perfectionna son éducation par des voyages en France et en Italie. Plus tard il résida le plus ordinairement à Munich, sur les bords du Rhin ou à Paris, mais rarement à Berlin. Dès 1819 il fit représenter sur le Grand Théâtre de Berlin sa tragédie de *Clytemnestre*, qui reçut l'accueil le plus encourageant. Il fit suivre cet ouvrage des tragédies *la Fiancée d'Aragon* et *le Paria* (1823). En Italie, il composa, en 1826, ses touchantes *Élégies génoises*; en 1827, à Munich, son drame de *Struensée*, qui fut représenté par ordre exprès du roi, malgré l'intervention d'un agent diplomatique, qui s'efforça de démontrer que jouer un tel ouvrage était offenser *le roi son maître*. Sa dernière tragédie, qui a pour titre: *L'Épée et la Main*, fut représentée à Berlin, mais sans grand succès; et la scène demeura fermée à d'autres essais de sa muse, tels que *l'Empereur Albert*, *Mazarin*, *les Amazones*, par suite des préoccupations politiques de l'époque. Il mourut le 22 mars 1833, à Munich, des suites d'une fièvre nerveuse. Son ami, M. Ed. de Schenck, qui a publié une édition complète de ses œuvres (Leipzig, 1835), l'a fait précéder d'une intéressante notice biographique.

Sa *Correspondance*, qui a eu le même éditeur que ses livres, permet d'apprécier tout ce qu'il y avait de noble et de généreux dans cette intelligence d'élite. Sans être précisément un génie créateur, Michel Beer possédait à un haut degré le don de la poésie, et excellait à manier l'élément dramatique, la langue et le rhythme. Sa tragédie du *Paria*, dans laquelle on remarque un grand éclat de style, joint aux pensées les plus généreuses, obtint un immense succès; toutefois, *Struensée*, drame auquel on ne rend pas assez justice, restera son meilleur ouvrage.

BEETHOVEN (LUDWIG VAN), naquit le 15 décembre 1770, à Bonn, où son père était ténor de la chapelle du grand-duc. Dès ses premières années se développa la passion de cet art, qu'il porta si haut dans la suite. Il avait à peine cinq ans déjà grondait en lui une harmonie instinctive, vague, obscure, confuse comme tout ce qui nous vient d'instinct. C'était un concert perpétuel, un hymne sans fin que le monde extérieur entretenait dans son âme; aussi l'air, la rosée, les parfums, les couleurs et tous les phénomènes de la nature n'étaient pour lui que des voix harmonieuses : Beethoven enfant ne percevait que des sons. Dès lors il sentit que son droit était de faire entendre à tous cette vaste symphonie dont il était encore seul à jouir; il sentit que la science devait ouvrir un cratère à toute cette lave de mélodies. Il tourmente son père, l'obsède de telle façon qu'au bout de deux ans toute la science d'un musicien habile ne lui suffit plus. S'apercevant qu'il devient l'écolier de son fils, le père le confie à Van der Eden, l'organiste de la cour, et le claveciniste le plus distingué de Bonn.

Après la mort d'Eden, Neefer, qui succéda à ce maître, prit Ludwig en affection, et lui fit connaître les œuvres sublimes de Sébastien Bach, de Hændel, qui furent pour nes. Tandis que le pianiste de onze ans exécutait les œuvres les plus difficiles avec une prodigieuse habileté, avec un sentiment profond, cette ardeur de créer qu'il avait étouffée pendant trois ans sous des études consciencieuses vint le tourmenter de nouveau. Il céda cette fois, et bientôt des variations sur une marche, trois sonates, plusieurs cantates, furent publiées à Manheim. Mais le champ où le génie de l'artiste se développait d'une manière plus hardie et plus brillante, c'était la libre fantaisie et l'improvisation sur un motif donné.

Ce talent de création spontanée fut mis à l'épreuve par Mozart lui-même, par Mozart, au moment où il jouissait en Allemagne de toute la splendeur de sa gloire. A Vienne, en 1790, Beethoven improvisa devant l'auteur de *Don Juan*, qui, voulant s'assurer de son talent, l'écouta froidement, et finit par lui dire que toute cette improvisation avait bien l'air d'une scène apprise par cœur. Beethoven, humilié, lui demanda un thème original. Mozart, alors, croyant l'embarrasser, écrit un motif chromatique et fugué d'une extrême difficulté, qu'il met aussitôt sur le pupitre. Beethoven travaille le thème donné pendant trois quarts d'heure, avec tant de grâce, de verve, de génie et d'originalité, qu'il se rend maître de son auditoire, et Mozart, transporté, dit à l'assemblée : « Faites attention à ce jeune homme! il ira loin. »

Ludwig s'était déjà signalé sur l'orgue, et l'électeur, passionné pour l'art, le nomma successeur de Neefer, en lui accordant le titre d'organiste de la cour, avec un congé d'une année, afin qu'il pût se rendre à Vienne, y terminer aux frais de l'État ses études sous les yeux de Joseph Haydn. A peine Beethoven commençait-il à sentir tout le prix des leçons d'un tel professeur que celui-ci, appelé en Angleterre, se vit forcé de confier son élève au maître de chapelle Albrechtsberger, qui l'initia tout à fait aux mystères du contrepoint.

Déjà Beethoven s'était fait connaître par un grand nombre de belles compositions, qu'il passait à Vienne pour un pianiste du premier ordre, lorsque dans les dernières années du siècle passé surgit en Wolf un rival digne de lui. Alors se renouvela en quelque sorte la vieille querelle des gluckistes et des piccinistes, et les nombreux amateurs de la ville impériale se divisèrent en deux partis. Le prince Rodolphe commandait les soutiens de Beethoven, et le baron de Metzler se montrait à la tête des plus zélés protecteurs de Wolf; le baron de Metzler, dont la magnifique *villa*, toujours ouverte aux artistes, leur offrait un séjour délicieux. Ce fut là que la lutte harmonieuse des deux jeunes artistes eut lieu devant une réunion d'amateurs et de connaisseurs du plus grand mérite. Ils improvisaient tour à tour sur des thèmes qu'ils se jetaient mutuellement; l'un répondait à l'autre; c'était un concert qui semblait ne devoir pas finir. Quelquefois ils s'arrêtaient pour reprendre haleine, s'essuyaient le front d'une main, tandis que l'autre, errant sur le clavier, soutenant encore le motif, préparait des jeux d'harmonie que l'autre main allait attaquer. Que de mélodies, que de caprices délicieux, sont nés de cette lutte, de cette double inspiration! Il était impossible de dire lequel des deux avait mieux fait. Wolf, avec sa main de géant, embrassait onze notes avec facilité. Pour Beethoven, déjà dans l'improvisation se révélait son génie sombre et mélancolique.

Les guerres d'Allemagne, la mort de son noble protecteur, le forcèrent de quitter sa ville natale. Il se rendit à Vienne. Il écrivit ses quatuors pour instruments à archet, et vint ajouter encore à l'importance, à l'intérêt que les productions de Haydn et de Mozart avaient donnés à cette musique de chambre, si complète malgré la simplicité de ses moyens d'exécution.

Les relations fréquentes qu'il avait avec Salieri éveillèrent en Beethoven le désir d'écrire un opéra. On arrangea pour lui un livret français, l'*Amour Conjugal*, que Paër avait déjà mis en musique sous le titre de *Leonora*; Beethoven lui donna celui de *Fidelio*. Cette pièce, l'une des plus mauvaises de notre théâtre lyrique, avait réussi à Feydeau en 1795, malgré la musique de Gaveaux, grâce au talent de Mme Scio, actrice et cantatrice dramatique du plus grand mérite. Il est singulier que deux maîtres tels que Paër et Beethoven aient voulu s'exercer sur un aussi pauvre canevas.

En deux ans Beethoven créa dix chefs-d'œuvre, *Fidelio*, *le Christ au mont des Oliviers*, ses concertos de violon, la *Symphonie Pastorale*, création ravissante de jeunesse, de pureté, de fraîcheur, où la musique pittoresque a été portée à son plus haut degré de perfection ; la *Symphonie héroïque*, celle en *la*, des concertos de piano, etc. Quelles années! quelle profusion de jouissances! que de voluptés il a dû ressentir dans cette vie de création et d'harmonie que rien n'interrompait encore! Cependant *Fidelio* ne réussit point à ses premières représentations données à Prague : la faiblesse de l'exécution et les approches de la guerre furent les causes de cette mésaventure. L'année suivante, *Fidelio* prit une brillante revanche à Vienne.

Jusque là Beethoven avait éprouvé toutes les contrariétés mesquines dont l'envie harcelle toujours l'artiste qui s'élève. En 1809 le roi de Westphalie lui fit offrir la place de maître de chapelle à Cassel. Beethoven était sur le point d'accepter, lorsque trois hommes passionnés pour l'art, le grand Rodolphe, depuis cardinal archevêque d'Olmutz, les princes Lobkowitz et Knowsky, s'opposèrent à cette résolution, et firent obtenir au grand maître un contrat par lequel il lui était assuré 4,000 florins de rente, à cette seule condition qu'il en dépenserait les revenus dans les États autrichiens. Touché de cet hommage rendu à son génie, Beethoven travailla sans relâche jusqu'à sa mort.

A mesure que sa réputation se répandait en Europe, elle lui renvoyait de toutes parts des marques de son passage : c'était la médaille frappée à Paris, un magnifique piano que l'Angleterre lui envoyait, des nominations, des diplômes académiques arrivant de tous les pays. La perte de l'organe de l'ouïe, la plus douloureuse que puisse faire un musicien, vint alors l'accabler. Il devint complètement sourd, et ne put communiquer que par écrit avec le monde extérieur. Les suites nécessaires de cette infirmité devaient être un amour ardent de la solitude, une méfiance inquiète et tous les symptômes de l'hypochondrie naissante. La lecture, la promenade en pleine campagne, l'instant des heures douces occupations, un petit cercle d'amis dévoués son seul délassement. Cependant de nouvelles souffrances s'étaient jointes à cette infirmité : l'hydropisie se déclara, fit de grands progrès, et précipita l'instant fatal. Il institua légataire universel son neveu Karl van Beethoven, qu'il aimait comme un fils, et dont il faisait lui-même l'éducation. Il s'éteignit le 26 mars 1827. Sa fortune se montait à peu près à 9,000 florins.

A sa mort, Vienne, Prague, Berlin, toutes les villes d'Allemagne, furent en deuil. Ce fut à qui rendrait au grand homme les honneurs les plus dignes de lui. On donna un concert spirituel, dans la salle des états de la diète, où l'on n'entendit que sa musique, et dont le produit fut consacré à lui élever un monument. La ville de Bonn lui a élevé une statue, en 1845. Cette statue, d'un grand caractère, haute de vingt-sept pieds avec son piédestal, est due à M. Hœchnel. C'est le produit d'une souscription volontaire. Tous les musiciens se donnèrent rendez-vous à son inauguration.

Beethoven était de moyenne taille, vigoureux, et n'avait jamais été malade, malgré la vie irrégulière à laquelle un travail continuel l'assujettissait. Il était robuste d'âme et de corps, et loyal Allemand. Culte envers les malheureux, dévouement à tous, telles étaient les qualités qui dominaient en lui, et qu'en revanche il voulait trouver chez les autres. Rien ne l'indignait plus qu'une promesse violée. Dans les premiers temps de sa vie, la musique fut son seul amour, sa seule étude, sa seule passion. Plus tard il s'occupa beaucoup d'histoire et de philosophie. Cette tension d'esprit constante l'empêchait de s'attacher aux détails de l'exécution. Beethoven était un chef d'orchestre dont il fallait se méfier. Il ne pensait qu'à son œuvre ; il était avec elle identifié au point que sans le vouloir il en figurait l'expression d'une manière pittoresque. Sur un passage vigoureux , il frappait à coups redoublés son pupitre. Au *diminuendo*, il se faisait petit ; au *pianissimo*, il disparaissait. Mais si tout l'orchestre éclatait dans une explosion générale, le nain devenait géant, il grandissait, s'élevait avec la tempête du chœur et de l'orchestre. Alors sa face s'éclairait, le bonheur rayonnait dans tous ses traits, un sourire de bienveillance errait sur ses lèvres, et sa voix de tonnerre jetait à tous les musiciens, comme récompense, ces mots *bravi tutti!*

Quelquefois, dans l'intimité de la causerie, il disait son opinion sur les grands artistes. Voici ce qu'il pensait des trois suivants : « Weber a commencé trop tard ; l'art en lui n'est pas spontané, il est le résultat d'une étude opiniâtre et profonde. Du reste la science me semble lui tenir lieu de génie. — Le chef-d'œuvre de Mozart est et restera toujours sa *Zauber Flœte*. C'est dans cet ouvrage qu'il s'est montré pour la première fois grand maître allemand. *Don Juan* a les allures italiennes ; et puis l'art divin et sacré aurait-il jamais dû se prostituer à un sujet si scandaleux ? — Hændel est seul sur son trône ; nul n'a jamais atteint à sa hauteur, nul ne l'égalera. Je pense que cela soit un jour. Maîtres, étudiez-le profondément! apprenez de lui comment, avec des moyens simples, on produit de merveilleux effets ! »

Beethoven nous a laissé huit symphonies à grand orchestre : *la Victoire de Wellington*, symphonie pittoresque ; une symphonie avec chœurs ; une messe en *ut* à quatre voix, chœur et symphonie, publiée à Paris par l'auteur de cet article ; une messe en *ré*, à double chœur ; *le Christ au mont des Oliviers*, oratorio ; *Armide*, *Adélaïde*, cantates ; *Fidelio*, opéra ; *Egmont*, mélodrame ; *Prométhée*, ballet ; les ouvertures de *Coriolan*, *les Ruines d'Athènes*, *la Dédicace du Temple*, des quatuors pour instruments à archet, un quintette, un septuor, des trios, avec partie principale pour le piano ; des sonates et des concertos de piano, des concertos de violon ; une infinité de pièces fugitives, telles que menuets, contredanses, valses allemandes, chansons, canons, etc. Voilà pour les ouvrages pratiques. En théorie, il nous a légué ses *Études*, ou *Traité d'Harmonie et de Composition*, qui ont été traduites en français.

La *Symphonie héroïque*, en *mi bémol*, a été l'objet d'une infinité de conjectures de la part des biographes et des journalistes ; chacun a bâti son plan à sa fantaisie et prêté à Beethoven ses propres idées. On a poussé même la manie des commentaires jusqu'à appliquer à la mort de Napoléon, à la pompe de son convoi funèbre, les images que l'auteur a présentées dans cette composition et le caractère d'expression qu'il lui a donné. Ces écrivains ignoraient sans doute que la *Symphonie héroïque* était connue de l'Europe entière

45.

depuis quinze ans lorsque le captif de Sainte-Hélène a été rayé du nombre des vivants. La partition de cette symphonie avait pour titre unique le mot *Napoléon* : commencée sous le consulat, Beethoven y travaillait encore, lorsqu'un matin, son élève F. Ries entre chez lui, un journal à la main, et lui annonce que Bonaparte s'est fait proclamer empereur. Beethoven, qui rêvait un héros républicain, resta un instant stupéfait; puis il s'écria : « Allons ! c'est un ambitieux comme tous les autres. » Et au nom de *Napoléon*, il substitua ces mots : *Sinfonia eroica per festeggiare la memoria di un grand'uomo.* Il recomposa le second morceau, et d'un hymne de gloire en fit un chant de deuil.

Lorsque les symptômes de l'hypochondrie se manifestèrent chez lui, il commença d'abord par se plaindre de la méchanceté des hommes, portés tous au mensonge, à la flatterie, à la débauche. Il voyait tout en noir, et soutenait qu'on ne pouvait désormais trouver d'homme probe nulle part. Il finit par se méfier de sa cuisinière, bonne vieille femme éprouvée par trente années de services. Il résolut tout à coup de conquérir une entière indépendance, et cette idée bizarre, une fois entrée dans son cerveau, dut être réalisée aussitôt. Or voilà Beethoven allant lui-même au marché, choisissant, achetant la viande, les légumes, qu'on lui faisait payer très-cher. Rentré chez lui, l'illustre maître apprête lui-même son dîner. Cela dura ainsi quelque temps; et comme ses amis dévoués, les seuls qu'il reçût encore dans son intimité, lui adressaient des observations sérieuses sur cette manie, il se fâcha; et, pour leur prouver ses connaissances profondes dans l'art culinaire, il les invita à dîner pour le lendemain. Ce festin remarquable fut le dernier que le maître de l'harmonie apprêta. Son nouveau métier l'ennuya; il abandonna la couronne et le sceptre, le bonnet de coton et la cuillère à pot. La vieille ménagère revint à son ancienne dignité; et le patron, résigné, à son pupitre, qu'il n'aurait pas dû quitter. CASTIL-BLAZE.

BEFANA (La). A Rome Noël est le jour des étrennes; ainsi, tandis que d'un côté des *crèches* (presepi) somptueuses ou modestes, selon la fortune des habitants, sont ouvertes aux curieux de aux familles, et représentent avec un art tout pittoresque, et souvent très-remarquable, la naissance du Christ, l'étable, la sainte famille, l'adoration des mages, dans des bocages factices ou naturels; de l'autre, les boutiques des confiseurs étalent aux habitations les plus simples comme aux palais les plus magnifiques la représentation de la *Befana*. L'origine de ce nom est inconnue; toutefois, il signifie *fantôme*. Ce personnage est du sexe féminin; vêtu d'une grande robe noire, il est grand comme nature, assis sous le manteau de la cheminée, portant dans la main droite une grande gaule et dans la gauche une lettre qu'il est censé avoir reçue des enfants de la maison; car ceux-ci lui ont écrit de venir leur donner leurs étrennes, et, pour faciliter la bienfaisance de la Befana, ils ont soin, la veille de Noël, avant de se coucher, de suspendre dans la cheminée des bas, de petits sacs, de petits paniers, et le lendemain à leur réveil ils vont voir si la Befana les a remplis de bonbons, de gâteaux et de joujoux. La mère de famille a soin que sous ce rapport tout se passe convenablement à la satisfaction de ses enfants et à l'honneur de la sorcellerie. Mais il arrive que la Befana, qui est armée d'une longue baguette, a aussi apporté des verges et des martinets pour étrennes aux petits enfants méchants.

C'est le côté moral de ce vieil usage, bien connu également en France; mais chez nous le rôle mystérieux es est laissé au *bonhomme Noël* ou au *petit Jésus*. A Rome l'origine en est sans doute ancienne comme les fables qui ont si longtemps gouverné, éclairé et trompé la ville aux sept collines. Au moins le sortilège de la Befana est innocent, et il célèbre d'une manière agréable, par la joie des enfants, la naissance de celui dont ils disent aux visiteurs des crèches : *Sata notte, mezza notte, tra l'asino e il bove, è nato un bambino, ben fresco e ben carino, il quale Christo si chiama.* Les enfants de l'État romain se croient, le jour de la *Befana*, les frères aînés de l'enfant Jésus, et ils lui offrent des confitures et des dragées qu'ils ont reçues de la *vieille femme noire*. J. NORVINS.

BEFFARA (LOUIS-FRANÇOIS), né en 1751, à Nonancourt (Eure), mort à Paris le 2 février 1838, a composé, depuis 1777, beaucoup d'ouvrages consacrés, presque tous, à des recherches sur les dates de la naissance et de la mort de Molière et de Regnard, lesquelles, malgré la célébrité de ces poètes comiques, ont été et sont peut-être encore incertaines. Pourtant, en ce qui touche Molière, on a, d'après M. Beffara, fixé l'époque de sa naissance au 15 janvier 1622; c'est là, du moins, la date qui a été inscrite sur le monument élevé à la mémoire de Molière dans la rue Richelieu. Outre ses ouvrages publiés, Beffara en avait en portefeuille un assez grand nombre d'autres, et notamment un dictionnaire de l'Académie royale de Musique, depuis l'origine de cet établissement jusqu'à nos jours, formant 33 vol. En 1815 il remplissait les fonctions de commissaire de police du quartier de la Chaussée-d'Antin, et fut destitué à la suite de l'évasion de M. de Lavalette. Comme c'était dans les limites de son arrondissement que le malheureux proscrit avait trouvé un asile, le pouvoir réactionnaire de cette époque rendit Beffara responsable d'un fait dont la France entière eût voulu être complice, et auquel, est-il besoin de le dire? il était demeuré complètement étranger.

Beffara fut un des collaborateurs de la *France Littéraire* de Quérard. Ses manuscrits et sa curieuse collection d'ouvrages relatifs à l'art dramatique ont été légués par lui à la Bibliothèque Nationale, à celle de la ville de Paris et à M. Taschereau, qui en a profité pour son *Histoire de Molière*.

BEFFROI ou **BEFFROY**, Nicot, dans son grand *Lexique* latin et français, dérive ce mot de *béée* et d'*effroy*, « étant fait, dit-il, pour béer, c'est-à-dire pour regarder et faire le guet en temps soupçonneux, et pour sonner l'effroy. » Ménage définit un effet le beffroi « une tour ou lieu élevé dans une place frontière, où on fait le guet, et d'où on sonne l'alarme quand les ennemis paraissent. » Dans son acception spéciale, le beffroi était une cloche qu'on ne sonnait que dans des circonstances particulières, et pour annoncer un événement notable, comme la naissance ou la mort d'un haut personnage, un incendie. Le beffroi sonnait aussi pour convoquer les habitants d'une cité. Sous le régime féodal, c'était la grande tour où, dans quelques provinces de France, on plaçait la *ban-cloque* (*campana bannalis*). C'était un édifice privilégié; d'anciennes chartes de communes mentionnaient le droit de ban-cloque ou beffroi dans les immunités accordées aux cités. Paris avait trois beffrois, à l'Hôtel de Ville, au Palais, à la Samaritaine. Le beffroi sonnait pendant vingt-quatre heures pour la naissance d'un *fils de France*. Le signal du massacre de la Saint-Barthélemy devait être donné par la cloche de la Sainte-Chapelle du Palais; ce fut par un contre-ordre que ce signal fut en effet donné par une cloche de Saint-Germain l'Auxerrois.

On appelait aussi beffroi ces grandes tours mobiles élevées sur des roues, et qui, avant l'invention de la poudre à canon, étaient dirigées le plus près possible des murs d'une place assiégée, et s'élevaient à la hauteur des remparts. Ces machines colossales portaient des soldats armés.

DUFEY (de l'Yonne).

BEFFROI (*Ornithologie*). On a donné les noms de *grand beffroi* et de *petit beffroi* à deux espèces d'oiseaux passereaux de l'ordre des *passereaux*, famille des *dentirostres*, particulières à l'Amérique du Sud. Cette dénomination vient de l'étendue de la voix de ces oiseaux.

BEFFROY DE REIGNY (LOUIS-ABEL), plus connu sous le nom de *Cousin Jacques*, naquit à Laon, en 1757.

Écrivain infatigable, il affectait de donner à chacune de ses productions un titre bizarre, comme le sobriquet littéraire qu'il substituait à son nom. Il a publié, en 1783, *les Petites-Maisons du Parnasse, Malboroug-Turlututu, Hurluberlu* (3 vol.). *Les Lunes,* qui ont paru par cahiers in-18, en 1785 et 1787 (24 vol.), ont obtenu un succès de vogue. C'est une revue critique des faits et des ouvrages de cette époque. Aux *Lunes* succédèrent, de 1788 à 1790, *le Courrier des Planètes,* ouvrage du même genre (10 vol.); le *Précis historique de la prise de la Bastille,* 1789; une *Histoire de France pendant trois mois,* 1789 (1 vol.); *les nouvelles Lunes,* en 1791; *le Consolateur,* en 1792 (3 vol.); *la Constitution de la Lune,* 1793 (1 vol.); *Testament d'un Électeur de Paris,* en 1795 (1 vol.). La politique domine dans tous ses ouvrages : l'auteur se place entre les partis extrêmes, comme conciliateur. Tous ces écrits respirent le patriotisme le plus pur, qui n'est et ne peut être autre chose que l'heureuse association des vertus publiques et privées.

On remarque le même esprit, la même tendance dans ses pièces de théâtre. Il donna la même année à l'Opéra-Comique l'*Histoire universelle,* qui eut 87 représentations consécutives, et au théâtre des Jeunes-Artistes *Nicodème dans la Lune,* qui a fait la fortune de ce spectacle et fondé la réputation de l'excellent comédien Jullet. *Nicodème dans la Lune* obtint sur tous les théâtres des départements la même vogue qu'à Paris. *Le Club des bonnes gens, la Petite Nanette,* sont restés longtemps au répertoire. *Le Cousin Jacques* a fait la musique de presque tous ses petits opéras et vaudevilles.

Des succès aussi brillants, aussi soutenus, semblaient devoir le fixer à un genre qu'il avait créé avec autant de talent que de bonheur; il le quitta cependant pour se livrer à des travaux plus sérieux. Il conçut le projet d'un grand ouvrage d'histoire et de philosophie ; mais il avait plutôt consulté ses sympathies et son zèle que ses forces. Les premières livraisons de ce nouvel ouvrage, intitulé : *Dictionnaire Néologique des Hommes et des Choses,* parurent en 1799. La modération de ses principes politiques n'allait pas jusqu'à sacrifier ses convictions et sa conscience. La police du gouvernement consulaire se montra plus susceptible que celle du Directoire; l'auteur fut contraint d'interrompre cette publication. Il en est resté à la lettre B.

Sa carrière littéraire était désormais terminée; Beffroy de Reigny se retira dans un village près de Paris, et y mourut en 1811. Il avait été intimement lié avec Carnot.

BEFFROY (LOUIS-ÉTIENNE), frère du précédent, suivit d'abord avec succès la carrière des armes. A vingt-deux ans il était capitaine aide-major dans la compagnie des cinquante cadets envoyée par le ministère français au roi de Pologne. De retour en France, il passa officier dans les grenadiers royaux de Champagne. Il embrassa avec ardeur et conviction la cause de la révolution de 1789, et fut successivement procureur de la commune de Laon, membre du directoire du département de l'Aisne, suppléant à la première Assemblée législative, substitut du procureur général, syndic du département, député à la Convention nationale.

Dans le procès de Louis XVI, il motiva son opinion en ces termes : « Par respect pour les principes, par amour pour la liberté , j'invoque contre Louis la loi qui prononce la peine de mort contre les conspirateurs. » Cependant il vota pour le sursis. Envoyé en mission à l'armée des Alpes après le 9 thermidor, il fit ouvrir les églises à Nice et arrêter quelques individus qui lui avaient été signalés comme patriotes exaltés, et notamment Napoléon Bonaparte.

Élu membre au conseil des Cinq-Cents, Beffroy, dans toute sa carrière législative, resta fidèle aux doctrines des girondins. On l'accusa, 1° d'avoir fait arrêter Bonaparte à Nice : il prouva qu'il avait été étranger à cette arrestation, dont il rejeta la responsabilité sur ses collègues de mission ; 2° de faux dans des pièces de liquidation : il ne lui fut pas difficile de se justifier de cette grave inculpation, et il fut nommé immédiatement administrateur de l'hôpital de Bruxelles. Capitaine en 1799, il resta dans ce grade, et commanda une compagnie de vétérans jusqu'en 1815. Considéré alors comme régicide, quoiqu'il eût voté pour le sursis, il fut compris dans les ordonnances de 1816 et banni. Il se retira à Bruxelles. Rentré en France après la révolution de 1830, il y est mort peu de temps après. DUPEY (de l'Yonne).

BÉFORT ou **BELFORT**, ville de France, chef-lieu d'arrondissement du département du Haut-Rhin. Place de guerre de première classe, Béfort possède un tribunal de première instance, un tribunal de commerce, une direction de douanes et un collége. Sa population est de 5,425 habitants. Entrepôt d'un commerce considérable pour la Suisse et l'Allemagne, qui consiste principalement en grains, eaux-de-vie, vins, kirschwasser ; on y fabrique de l'horlogerie, de la ferblanterie, des cierges, des bougies, des chapeaux. On y trouve des tanneries, des forges, des étireries de fil de fer. La ville, ainsi que son château, a été fortifiée par Vauban ; elle est dans une position agréable. On y remarque l'église paroissiale, l'hôtel de ville, les casernes.

L'origine de Béfort ne remonte pas au delà du treizième siècle. Elle eut d'abord des seigneurs particuliers ; elle appartint ensuite à l'Autriche, et fut cédée à la France par le traité de Westphalie en 1648.

En 1821 une conspiration bonapartiste fut découverte à Béfort. Elle donna naissance au mouvement de Colmar, qui coûta la vie au colonel Caron.

BÉG. *Voyez* BEY.

BÉGAIEMENT ou **PSELLISME**, affection caractérisée par un trouble et un temps d'arrêt plus ou moins complet dans les fonctions respiratoires et de l'appareil vocal existant le plus souvent sans lésions organiques, trouble et temps d'arrêt qui rendent la voix articulée ou la parole pénible, et la font sortir de la bouche tantôt d'une manière explosive , saccadée, tantôt avec répétition d'une ou de plusieurs syllabes, tantôt enfin qui la rendent impossible.

Cette affection, d'après la définition même que nous venons d'en donner, se présente à divers degrés. Les individus qui en sont atteints au plus haut degré ouvrent la bouche comme pour parler, chassent l'air de la poitrine, contractent convulsivement tous les muscles de l'appareil phonateur et respiratoire, de la face, du cou, sans pouvoir articuler une syllabe ; cette forme constitue le *bégaiement muet.* Une autre forme, beaucoup plus commune, consiste dans une articulation saccadée ou dans la répétition d'une même lettre, ou d'une même syllabe; les lettres $c, d, b, g, k, p, q, s, t, v,$ sont celles qui nous ont paru donner le plus souvent lieu au bégaiement, surtout lorsque la phrase commençait par une d'elles.

Le bégaiement, à peine appréciable dans l'enfance, commence à apparaître vers l'âge de huit à dix ans. Il s'accroît ensuite généralement avec le développement de l'intelligence et de la susceptibilité nerveuse du sujet, pour diminuer vers l'âge mûr, et souvent cesser entièrement dans la vieillesse.

Le bégaiement prend quelquefois la forme intermittente. Nous l'avons observé chez plusieurs femmes augmentant à l'approche de la menstruation, décroissant ensuite et disparaissant même pendant la durée des époques. D'autres climats tempérés que durant leur séjour dans des pays placés sous une autre latitude.

Les auteurs ont admis plusieurs espèces de bégaiement ; M. Colombat en établissait deux principales, le *labi-chorêique,* l'autre *guttûro-tétanique* ; la première consisterait, suivant lui, dans une espèce de danse de Saint-Guy et dans la succession plus ou moins rapide de mouvements convulsifs exécutés par la langue, la mâchoire inférieure et tous les organes de l'articulation; elle donnerait surtout naissance aux répétitions des lettres *bbb*, *ttt*, *dd*, *qq*. M. Malbouche admet trois formes principales, le *bégaiement d'avant*, le *bégaiement de haut*, le *bégaiement d'arrière*. Dans la première forme la langue, au lieu d'être appliquée au palais, touche par sa pointe la face postérieure des incisives inférieures; dans la seconde, elle reste en haut lorsqu'elle devrait se porter en avant; dans la troisième forme, qui est la plus fréquente, les mouvements de la langue en arrière sont très-difficiles, tandis que les mouvements d'en haut peuvent s'exécuter avec facilité; cette variété du bégaiement aurait lieu principalement lorsqu'on voudrait articuler les lettres *b*, *d*, *f*, *g*, *p*, *t*, *s*, *c*, *k*, *q*, *v*.

Ces distinctions dans l'état actuel de la science ne sont presque d'aucune utilité pour éclairer l'étiologie de cette affection, de même que pour le traitement à y opposer. Nous croyons que la grande distinction que nous avons établie permet plus facilement d'arriver à la cause et à un traitement rationnel du bégaiement.

Causes. Le bégaiement peut être occasionné par des lésions organiques, ou seulement par des troubles fonctionnels de l'appareil auditif et vocal.

La langue par son épaisseur ou sa brièveté, le filet par son excès de longueur ou par un défaut opposé, la conformation vicieuse de la voûte du palais et de la luette, la division de ces organes, la forme irrégulière des joues, de la mâchoire, l'implantation des dents, l'hypertrophie des amygdales, l'épaississement de la muqueuse, du pharynx, la structure du larynx, la rétraction isolée ou simultanée des muscles congénères de l'appareil vocal ou respiratoire, telles sont les lésions qui ont été quelquefois observées comme concourant d'une manière plus ou moins directe à la production du bégaiement.

La cause du bégaiement, dans la plupart des cas, n'est pas aussi visible, aussi saisissable; l'appareil vocal est régulièrement conformé, et on ne rencontre aucune altération organique qui puisse servir à expliquer cette infirmité. Itard et Sauvage en ont placé la cause dans le cerveau. Cette opinion, prise d'une manière absolue, n'est pas admissible; la cause la plus appréciable selon nous dans la plupart des cas de psellisme, c'est un trouble dans la fonction respiratoire, un désaccord entre l'organe de la volonté et l'appareil vocal qui lui est soumis. La preuve de ce que nous avançons, c'est que si l'on fait exécuter à un bègue une large inspiration, et si on lui commande de parler aussitôt après, il articulera sans aucune trace de bégaiement. Le défaut d'harmonie entre l'organe qui commande (le cerveau) et l'organe qui obéit (l'appareil vocal et respiratoire) est la cause la plus commune, la plus ordinaire du bégaiement. Tous les jours il se passe sous nos yeux des phénomènes semblables, et qui corroborent les faits que nous avançons. Dix personnes apprennent à danser, huit danseront en mesure, deux ne pourront arriver qu'avec la plus grande difficulté à mettre leurs mouvements d'accord avec leur volonté; vous observez les mêmes faits lorsque des soldats apprennent à faire l'exercice, lorsqu'un individu apprend à nager, à chanter, à jouer d'un instrument; les fonctions des autres organes des sens fournissent des exemples sans nombre du désaccord qui existe entre l'organe de la pensée et les instruments qui sont ou doivent être à son service.

Au nombre des causes qui produisent ou qui du moins sont propres à développer cette infirmité, nous citerons les émotions morales, les sensations vives, la frayeur, la colère, l'amour, le plaisir, la douleur, l'obligation de parler au public ou sur un sujet qui vous est peu connu ou principalement sur un sujet qui va donner lieu à de vives discussions. Tout ce qui tend à surexciter violemment le système nerveux cérébral peut contribuer encore à augmenter le bégaiement et à le faire naître.

La plupart des bègues, lorsqu'ils causent des choses familières, usuelles, ne bégayent pas; s'ils chantent et qu'ils observent la mesure, leur infirmité ne se révèle pas non plus; s'ils veulent commander à leur organe avec fermeté et faire des inspirations suffisantes, ils parlent très-régulièrement.

Une preuve des émotions morales comme cause excitatrice se trouve démontrée par le fait suivant : dans plusieurs circonstances, nous avons entendu des individus converser sans vices de prononciation, et chez qui l'apparition d'une personne qui leur était inconnue faisait naître le bégaiement. Le docteur Hervez a observé certains bègues qui sous le masque ne bégayaient pas. Le bégaiement n'est pas seulement le partage du parlant, il existe également chez le sourd-muet; nous avons observé la forme de bégaiement gutturo-tétanique à l'Institution de Paris, sur un jeune sourd-muet auquel nous travaillions à rendre la parole.

Traitement. Le traitement à opposer au bégaiement se déduit des causes mêmes que nous avons indiquées. Lorsque cette infirmité se rattache à des lésions d'organes, il faut opposer un traitement propre à rétablir le libre jeu de l'appareil vocal; si le frein de la langue est trop court, et empêche cet organe de porter la pointe au palais, il faut. en opérer la section, exciser les amygdales, la luette si cela est nécessaire; il faut pratiquer en un mot toutes les opérations qui doivent permettre le jeu libre et régulier des organes de la parole.

L'observation et l'expérience nous ont démontré que les cas où la chirurgie peut intervenir avec succès sont excessivement rares.

S'il est difficile de rencontrer des circonstances où le bégaiement puisse être traité heureusement à l'aide d'une opération, il est au contraire très-commun de voir des individus retirer les avantages les plus marqués d'un traitement physiologique bien ordonné. Toutefois il ne faut pas confondre avec le bégaiement le bredouillement, le grasseyement, le balbutiement et d'autres vices de la parole, qui sont le résultat de l'âge, d'affections hystériques, de chorées, et contre lesquels le traitement dont nous allons parler ne saurait avoir les mêmes avantages.

Pour parvenir à rétablir les fonctions régulières de l'appareil vocal, il faut de la part du malade le désir de se guérir, de la persévérance dans l'emploi des moyens, et avoir atteint l'âge où l'on comprend la nécessité et l'importance de voir disparaître cette infirmité; de la part du médecin, de la volonté, de la douceur, de la patience et une connaissance parfaite du mécanisme de la parole. Il enseignera d'abord à faire des inspirations et des expirations réglées, à ménager son souffle et à ne jamais parler à la fin d'une expiration sans avoir préalablement rempli sa poitrine d'air.

La gymnastique vocale et auditive dont nous nous servons avec succès depuis plus de dix ans pour développer l'appareil auditif et vocal du sourd-muet, nous a rendu de grands services pour traiter le bégaiement; nous avons trouvé dans ces exercices les moyens d'habituer le malade à parler doucement et en mesure, à mettre sa respiration en harmonie avec le jeu des organes qui servent à l'articulation. A ces moyens il faut ajouter le traitement des causes morales et de toutes les affections concomitantes capables d'entretenir la maladie.

Nous allons passer rapidement en revue les méthodes de traitement proposées par divers auteurs.

Jusque dans ces dernières années le traitement du bégaiement appartenait non-seulement aux empiriques, mais encore était enveloppé d'une sorte de mystère. Le malheureux atteint de cette infirmité avant de commencer le traitement devait jurer de ne jamais révéler les règles qui allaient lui être confiées.

Mme Leigh, des États-Unis, ayant remarqué que dans le moment où le bègue hésitait, sa langue était placée en bas derrière les incisives, conseilla pour guérir le bégaiement de faire porter la pointe de la langue au palais lorsqu'on parle. Cette méthode de traitement a été importée en France par M. Malbouche.

M. Colombat prétendait qu'avec le rhythme il guérissait la plupart des individus atteints du bégaiement labio-choréique. Ce moyen consistait à parler en écartant les commissures des lèvres, de telle sorte que ces organes fussent tendus comme dans l'action de rire. Le bégaiement gutturo-tétanique était combattu par lui à l'aide de la gymnastique pectorale, laryngienne gutturale, labiale linguale; cette gymnastique consistait à faire faire une légère inspiration et à refouler en même temps la langue dans le pharynx, en portant la pointe renversée de cet organe vers le voile du palais, en même temps qu'on écartait transversalement les commissures des lèvres, comme il l'indiquait pour les variétés choréiques.

M. Jourdan indiqua, en 1843, un nouveau moyen de guérison. « Après une légère inspiration, dit-il, faites parler les bègues en même temps qu'ils maintiennent les côtes soulevées et le diaphragme abaissé (dilatation de la poitrine), engagez-les à user le moins possible d'air pour la parole et à s'exprimer avec un peu plus de lenteur qu'à l'ordinaire. »

La médecine opératoire dans ces dernières années chercha à corriger le bégaiement par une opération, la résection de la base de la langue, la résection à la pointe, la division des piliers du palais, l'excision des amygdales. Malheureusement toutes ces tentatives n'ont eu aucun succès, et sont aujourd'hui entièrement abandonnées.

A. BLANCHET, chirurgien en chef de l'Instit. nat. des Sourds-Muets.

BÉGARDS, BEGGHARDS, BÉGÉHARDS, BÉGUINS, BÉGUINES. On comprend sous tous ces noms des hérétiques, hommes et femmes, qui s'élevèrent en Allemagne vers la fin du treizième siècle. Quelques auteurs leur donnent à tort pour chef Dulcin ou Doucin (*voy.* DULCINISTES). Voici quelle était leur croyance :

« Dans cette vie l'homme peut arriver à un tel degré de perfection qu'il sera complétement à l'abri de tout péché; dès lors il ne fera plus aucun progrès dans la grâce. Car si un homme y avançait toujours, il deviendrait peut-être plus parfait que Jésus-Christ. Alors donc que l'on est arrivé à ce point de perfection, on ne doit plus ni prier ni jeûner. En effet, les appétits des sens sont tellement subjugués par l'esprit et la raison que l'on peut céder sans danger à tous les désirs charnels. De plus, la liberté est là où se trouve l'esprit du Seigneur ; or, l'esprit du Seigneur étant avec ceux qui atteignent cette perfection des bégards, ils doivent vouloir la liberté; par suite, ils ne sont soumis ni à l'autorité des hommes ni aux commandements de l'Église. Dans cette vie, on peut obtenir, aussi bien que dans l'autre, la béatitude finale. Toute intelligence trouve son bonheur en elle-même; pour voir Dieu et jouir de lui, l'âme n'a pas besoin de lumière de gloire. L'âme parfaite a exclu les vertus ; c'est donc une imperfection que de s'exercer à leur pratique. A l'élévation du corps de Jésus-Christ, l'homme parfait ne doit rendre aucune marque de respect; car ce serait une imperfection que de descendre de la pureté et de la hauteur de sa contemplation pour penser à la passion et à l'humanité de Jésus-Christ ou à l'Eucharistie. »

Leur principal règlement était de mendier les choses nécessaires à la vie, afin de pouvoir travailler exclusivement à la propagation de leurs rêveries. A des époques déterminées, ils avaient des réunions, et expliquaient dans leur sens aux ignorants les Saintes Écritures. Sans garder le célibat ni aucune observance monastique, ils portaient l'habit religieux, de longues robes, de longs capuchons, etc. On les a, mais à tort, confondus quelquefois avec les vaudois. Souvent ils se donnèrent le nom d'*apôtres*, et firent surtout des prosélytes parmi les femmes qu'on appela à cause de cela *béguines*. Ils furent condamnés plusieurs fois par les papes, entre autres par Clément V, au concile général de Vienne (1311), et rudement poursuivis depuis sous le règne de Charles IV de Lorraine et le pontificat d'Urbain V, surtout en 1367 et 1369.

On a donné aussi quelquefois le nom de *béghards*, *béguins* et *béguines* aux religieux du doux nom du tiers ordre de Saint-François.

Dans les Pays-Bas, certains individus, longtemps avant d'embrasser cette règle et d'être érigés en communauté reconnue, formèrent des réunions dans plusieurs villes, vivant du travail de leurs mains; ils avaient pris pour patronne sainte Beggha, mère de Pépin d'Héristal, morte en 692, dans le monastère d'Ardenne-sur-Meuse (Namur), qu'elle avait fondé. Toutefois, les bénédictins qui ont complété le Glossaire de Ducange contestent que le nom de ces *béghards* ou béguins vienne de sainte Beggha. Il semble beaucoup plus probable qu'il provient du prêtre Lambertus Le Bègue ou Le Bèghe, lequel aurait le premier fondé à Liége, vers l'an 1080, une institution de ce genre. A Toulouse, on les nomma *béguins*, parce qu'un nommé Barthélemi Béchin leur avait donné sa maison pour les y établir. Le peuple, trompé par cette conformité de nom, leur imputait les erreurs des *béghards* et des *béguins*, condamnés au concile de Vienne. Mais les papes Clément V et Benoît XII déclarèrent par des bulles expresses qu'ils n'étaient nullement compris dans les anathèmes lancés contre les hérétiques partis d'Allemagne.

On donnait encore dans les Pays-Bas le nom de *béguines* à des filles ou veuves qui, sans faire de vœux, se réunissaient pour vivre dans la dévotion : pour être reçu parmi elles, il fallait apporter seulement assez pour vivre. Elles portaient un habillement noir assez semblable à celui des autres religieuses, suivaient certaines règles générales, faisaient leurs prières en commun aux heures marquées, et passaient le reste du temps à différents ouvrages et à soigner les malades. Elles pouvaient se retirer de la communauté et se marier; tant qu'elles restaient dans le *béguinage* (en basse latinité *beginagium*), elles étaient tenues d'obéir à leur supérieure, et étaient dirigées par un prêtre qui faisait auprès d'elles les fonctions de curé. Elles se sont maintenues dans les Pays-Bas jusque vers la fin du dix-huitième siècle; mais le douzième et le treizième siècle sont l'époque où leurs établissements furent le plus nombreux et le plus importants. A cette époque elles se répandirent en France et en Allemagne.

Vers le milieu du quinzième siècle, elles étaient décriées en France pour la licence de leurs mœurs; peu à peu leur institut s'y perdit, et elles y furent remplacées par les sœurs du tiers ordre de Saint-François. Une ordonnance de Louis XI, du mois de mars 1479, donna à ces dernières le monastère des béguines de Paris, connu sous le nom de l'*Ave-Maria*, et transformé aujourd'hui en caserne d'infanterie.

Le lieu où les béguines demeuraient en commun s'appelait *béguinage*. Dans plusieurs villes des Pays-Bas il y avait des béguinages très-vastes. A Gand il y en avait deux, le grand et le petit : le premier pouvait contenir jusqu'à huit cents béguines. Aujourd'hui encore on rencontre sur quelques points de l'Allemagne des *béguinages*; mais ce ne sont plus que des institutions charitables, où on recueille des femmes non mariées appartenant aux classes pauvres. Elle y sont logées pour rien, et y jouissent de quelques autres avantages. Consultez Mosheim, *De Beghardis et Beguinabus* (Leipzig, 1790); Hallmann, *Histoire de l'origine des Béguines belges* (Berlin, 1843).

BÉGIN (LOUIS-JACQUES), chirurgien militaire, président du conseil de santé des armées, commandeur de la Légion d'Honneur, est né à Liège, le 2 novembre 1793. Auteur à un âge où l'on étudie, il devint naturellement l'avocat des opinions et des systèmes le plus en vogue à son époque, étant encore trop inexpérimenté pour ne mettre sa plume qu'au service de ses pensées personnelles. Gendre de M. Fournier-Pescay, médecin érudit plutôt que praticien, il devint son collaborateur pour plusieurs ouvrages, mais plus particulièrement pour le *Dictionnaire des Sciences médicales* de Panckoucke. Quand vint le règne de Broussais, M. Bégin fut au premier rang des disciples de ce maître célèbre, et l'un de ses partisans les plus passionnés. Il appliqua la nouvelle doctrine à la chirurgie, et publia une *Physiologie pathologique* qui eut des lecteurs nombreux. Il s'occupa ensuite, de concert avec ses amis MM. Boisseau et Jourdan, à composer un abrégé systématique du grand Dictionnaire; abrégé en quinze volumes, qui devint entre leurs mains le répertoire des opinions de Broussais. Interprète docile et convaincu du maître, M. Bégin néanmoins parut lui être assez opposé en certaines rencontres, ainsi que le docteur Boisseau, pour qu'on l'ait considéré comme le Mélanchthon du Luther de la médecine. Se vouant ensuite plus spécialement à la chirurgie, il prêta sa plume et l'appui de son talent au célèbre Dupuytren, et ce fut sous son inspiration qu'il publia avec des annotations une édition de la *Médecine opératoire* de Sabatier. C'est lui aussi (avec le docteur Sanson) que Dupuytren, dans son testament, chargea de publier son *Traité sur la Taille de Celse* (gr. in-fol. avec dix planches par Jacob, 1836).

Homme actif, franc, spontané jusqu'à la brusquerie, essentiellement militaire, par le caractère et le ton, ayant le don du commandement, et se conciliant des amis sans rien sacrifier de sa nature, il a su faire son chemin sans paraître briguer ni flatter. Chirurgien sous-aide en 1812, il gagna ses éperons dans les dernières campagnes de l'empire, et fut promu de grade en grade dans différents hôpitaux militaires. Il était professeur de médecine opératoire à la faculté de Strasbourg et chirurgien en chef de l'hôpital militaire de cette ville, quand il fut nommé, en mai 1840, chirurgien en chef du Val-de-Grâce. Deux années après, le baron Larrey étant mort, on le trouva digne de lui succéder au Conseil de santé des armées, sa place active du Val-de-Grâce se trouvant dévolue au docteur Baudens, chirurgien du deuxième fils du roi Louis-Philippe. Esprit droit et adroit, M. Bégin sait parler, écrire, opérer, discuter et convaincre, ce qui n'est pas un petit mérite.   Isid. Bourdon.

BEGLERBEG ou BEYLERBEY, mot turc formé de *beg* ou *bey*, et de *begler* ou *beyler*, qui en est le pluriel. Il signifie donc *prince des princes*, *seigneur des seigneurs*. C'est le titre que prennent en Turquie les gouverneurs des grandes provinces (*Beilerbeilik*), ayant sous leurs ordres plusieurs *begs*, *aghas*, etc. Comme signe distinctif de leur dignité, ils portent trois queues de cheval et ont droit aux honneurs du *tebl-alem*, c'est-à-dire qu'à l'instar du grand vizir ils peuvent se faire précéder dans leurs promenades d'un certain nombre de fifres et de tambours. Les gouverneurs de la Roumélie (chef-lieu, *Sophia*), de l'Anatolie (chef-lieu, *Kutayeh*) et de la Syrie (chef-lieu, *Damas*) sont surtout ceux qu'on qualifie de *beglerbegs*, et ce n'est généralement que par flatterie que les autres pachas à trois queues reçoivent le titre, au cadi, un reïs-effendi, un defterdar, un agha, un spaïsalar, dont les cinq premiers forment son conseil privé, et qui représentent assez bien le ministère de la Porte-Othomane. Une partie de ces beglerbegs ont un revenu assigné sur les villes, bourgs et villages de leur gouvernement; les autres ont pour traitement une rente qui leur est payée dans leur résidence par les trésoriers de l'État. Il y a aussi des beglerbegs temporaires, dont l'autorité est sans bornes dans tout l'empire, excepté dans la capitale, tant que dure leur commission.

BÉGUINS, BÉGUINES. *Voyez* BÉGARDS.

BEHAIM (Martin), cosmographe célèbre, issu de l'ancienne famille bohême de Schwarzbach, établie depuis le milieu du treizième siècle à Nuremberg, où existe encore une de ses branches, dite les *barons de Behaim*, et qui a produit divers autres personnages illustres.

Martin Behaim naquit à Nuremberg, en 1430, ou plus vraisemblablement en 1436. Il fut d'abord marchand de draps, et se rendit pour les affaires de son commerce, en 1457, à Venise, puis de 1477 à 1479 à Malines, à Anvers et à Vienne. De 1480 à 1484, il séjourna en Portugal, où résidait alors Christophe Colomb, avec lequel tout indique qu'il entretint des relations, sans qu'il soit cependant possible aujourd'hui de préciser de quelle nature. Ces deux hommes s'occupaient en même temps chacun de son côté des plans de voyages maritimes, comme on le voit dans l'histoire de leur vie; mais on n'y trouve rien qui indique qu'ils aient pu à cet égard contracter vis-à-vis l'un de l'autre de mutuelles obligations. On comprendra d'ailleurs très-facilement que tous deux, passionnés pour les progrès de la géographie et pour les découvertes, soient venus alors se fixer en Portugal, en songeant au rôle important que ce pays joua dans la dernière moitié du quinzième siècle pour tout ce qui était relatif aux expéditions de voyages et de découvertes, et aux projets de navigation les plus hardis. En 1483 Martin Behaim fut chargé par le roi Jean II de Portugal de fabriquer un astrolabe et de calculer des tables de déclinaison, puis nommé chevalier de l'ordre du Christ, vraisemblablement en récompense de ce travail. De 1484 à 1485 il accompagna le navigateur portugais Diego Cam dans un voyage de navigation le long de la côte occidentale de l'Afrique, et parvint jusqu'à l'embouchure du Zaïre, autrement dit le Congo. En 1486 il se rendit à Fayal, l'une des Açores, où s'était établie une colonie flamande, dont le gouverneur, Jobst de Kuster, lui donna sa fille en mariage. Il ne quitta cette résidence qu'en 1490, et revint encore une fois à Nuremberg, où il séjourna de 1491 à 1493, et où, pour laisser trace de son souvenir, il construisit un grand globe, dont la famille Behaim est encore en possession aujourd'hui, et qui constitue un monument d'un grand prix pour l'histoire de la géographie et des découvertes. Martin Behaim s'en revint ensuite en Portugal, en passant par la France et la Flandre, séjourna encore de 1494 à 1506 à Fayal, puis se rendit à Lisbonne, où il mourut le 29 juillet 1507. Les services que Martin Behaim rendit à l'art nautique et à la géographie furent immenses, encore bien que les recherches les plus récentes aient démontré que ni Christophe Colomb, ni Magellan encore moins, ne se sont servis de ses renseignements pour leurs immortelles découvertes. Consultez Murr, *Histoire Diplomatique du chevalier de Behaim* (Nuremberg, 1778, 2ᵉ édit., 1801) et A. de Humboldt, *Recherches critiques* (2 vol., 1836).

BEHAIM (Michel), troubadour allemand, né en 1421, à Sulzbach dans la seigneurie de Weinsberg, d'où on l'appelle aussi *poeta weinsbergensis*, essaya d'introduire de nouveau dans les cours la poésie, tombée dans le domaine des classes laborieuses. A la mort de Conrad de Weinsberg, son maître, il se rendit successivement aux cours d'Albert de Brandebourg, de Christian de Danemark et de Norvège, et plus tard à celle d'Albert de Bavière. Il vécut ensuite pendant quelque temps auprès d'Albert d'Autriche et de Ladislas de Hongrie, d'où il dût cependant se retirer à la suite de plusieurs désagréments, jusqu'à ce qu'il trouva enfin des fonctions fixes à la cour de Frédéric du Palatinat. Il y composa en société avec Mathis de Kemnath le poëme héroïque *Frédéric Ier*. Ses nombreux poëmes ont généralement pour sujets des événements de son siècle, et sont dès lors d'un grand intérêt pour l'histoire et l'appréciation des idées de cette époque, bien que sous le rapport de l'art ils soient inférieurs à ceux de Suchenwirth. Karajan a publié son *Livre des Viennois* (Vienne, 1843). Le même a inséré dans ses *Recherches relatives à l'histoire de la littérature et de l'art national* (1848), avec huit autres petits ouvrages de Michel Behaim, les deux poëmes qui ont pour titre : *Sur l'Université de Vienne*, et *Sur le roi Ladislas*.

BEHAR, BAHAR et mieux BIHAR, c'est-à-dire *temple*, l'une des plus vastes provinces de l'Indostan, située entre le 22° et le 27° de latitude septentrionale, avec une superficie totale d'environ 260 kilomètres carrés. C'est l'une des contrées de l'Inde les mieux arrosées (par le Gange), les mieux cultivées et les plus fertiles. C'est aussi l'un des pays qui furent le plus tôt organisés à la manière des Brahmes ; plus tard il devint le centre de la doctrine de Bouddha qui est si répandue en Asie. *Gaja* ou *Bouddha Gaja* était autrefois et jusqu'à un certain point est encore aujourd'hui un lieu de pèlerinage, et d'immenses ruines témoignent de son antique importance. Le chef-lieu du Behar était *Palibothra*, visitée et décrite jadis par Mégasthène, au confluent du Sona et du Gange, au-dessus de la ville actuelle de *Patna*. Behar et Bénarès appartiennent aux plus riches contrées de l'Inde; c'est de là que les Anglais tirent la plus grande partie de l'opium qu'ils expédient en Chine.

BÉHÉMOT, mot hébreu qui veut dire *les bêtes* et qui se dit du gros bétail. On trouve dans le livre de Job (ch. XL, v. 10) ce nom donné à un animal particulier, dans lequel les uns ont vu l'hippopotame, d'autres l'éléphant, le bœuf ou le crocodile. Selon les Pères, c'est le démon ; suivant les rabbins, c'est le Léviathan, animal que Dieu destine au repas des élus israélites au temps du Messie. Ch. Nodier a cru voir dans le Béhémot quelque mammouth dont l'existence est certaine , quoique l'espèce soit perdue.

BEHN (APHARA), femme poëte et romancière anglaise, née à Cantorbéry, mourut à Londres, le 15 avril 1689. Elle était fille d'un nommé Johnson, qui partit pour Surinam où il avait été nommé un emploi supérieur, et qui mourut dans la traversée. Arrivée à Surinam, Aphara Johnson fit la connaissance d'un prince africain, appelé Oronoko, et dont les aventures lui fournirent plus tard le sujet d'un roman. A son retour en Angleterre, elle épousa à Londres un négociant d'origine hollandaise, un certain Behn, qui ne tarda point à la laisser veuve. Chargée par Charles II d'une mission de police secrète, elle vint s'établir à Anvers, où elle découvrit le projet qu'avaient formé les Hollandais de remonter la Tamise pour venir incendier Londres; mais le gouvernement ne tint aucun compte des avis qu'elle lui transmit.

Mistress Behn, dégoûtée de la diplomatie occulte, se fit alors femme de lettres et tint chez elle ce qu'un peu plus tard on aurait appelé un *bureau d'esprit*, c'est-à-dire qu'elle ouvrit son salon à une société d'élite, composée d'hommes d'esprit et de gens de loisir, amis des lettres et des arts. On a d'elle un grand nombre de pièces de théâtre, imitées pour la plupart de l'italien et de l'espagnol, et dont quelques-unes obtinrent du succès à la scène, trois volumes de poésies, un recueil d'*Histoires et Nouvelles*, contenant entre autres l'histoire du prince Oronoko, qui a été traduite en français par Laplace, et des *Lettres d'un Gentilhomme à sa sœur*. Elle traduisit en anglais l'*Histoire des Oracles* et la *Pluralité des Mondes* de Fontenelle.

BEHR (JEAN-HENRI-AUGUSTE), ministre des finances en Saxe, est né le 15 novembre 1793, à Friedberg. Après avoir pendant deux années suivi à Leipzig les cours de la Faculté de théologie, il abandonna l'étude de cette science pour se livrer, de 1813 à 1815, à l'étude du droit. Entré de bonne heure dans l'administration, il fut appelé, en 1833, à remplir à Dresde les fonctions de bailli, qu'il conserva jusqu'en 1838, époque où il fut nommé membre du conseil intime des finances ; et, en avril 1849, le ministre de l'intérieur Weinling lui confia la direction de la première division de ce département. Un mois plus tard, on lui offrit une place dans le cabinet Zschinsky; mais il déclina cette proposition, encore bien que sa participation à la direction supérieure des affaires eût en réalité de ce moment-là. Ce ne fut que le 14 mai qu'il prit officiellement le portefeuille des finances.

Il estime que mieux vaut augmenter les taxes existantes que d'en créer de nouvelles ; aussi en 1850-1851, pour couvrir le déficit provenant de l'accroissement des charges publiques, proposa-t-il une augmentation de l'impôt sur la fabrication du sucre de betteraves et sur la viande, de l'impôt foncier et du timbre, de la contribution personnelle et des patentes. Relativement à l'importante question de l'union douanière allemande , il a toujours gardé un sage milieu entre les deux opinions en présence. Convaincu de l'impossibilité d'une fusion immédiate de tous les intérêts douaniers des différents États de l'Allemagne, il pense qu'il faut commencer par égaliser autant que possible les divers tarifs, par donner, aussi autant que possible, aux diverses administrations douanières la même organisation, et par réunir les résultats d'expériences faites pendant plusieurs années après contrôle réciproque. Sur le banc ministériel à la chambre, M. Behr brille par un véritable talent d'orateur, par la finesse des aperçus et par l'habileté dans les discussions. Comme ministre, c'est un homme essentiellement pratique et un travailleur infatigable.

BEHR (GUILLAUME-JOSEPH), l'un des membres les plus marquants et aussi l'un des martyrs de l'opposition constitutionnelle en Bavière, ancien bourgmestre de la ville de Wurzbourg, né à Sulzheim, en 1775, fut nommé, en 1799, professeur de droit politique à l'université de Wurzbourg, et remplit ces fonctions jusqu'en 1821. Élu en 1819 membre de la Chambre des Députés de Bavière, il se plaça tout aussitôt sur les bancs de l'opposition, et par la franchise de ses opinions s'attira bien vite l'animadversion du pouvoir.

A la fin de cette session, la ville de Wurzbourg le choisit pour son bourgmestre; mais le gouvernement, pour se venger de l'orateur qui avait si vivement contrarié sa politique dans la Chambre, profita de cette circonstance pour lui enlever une chaire qu'il occupait avec éclat depuis vingt-deux ans. M. Behr, n'étant plus en état de cumul, dut accepter les fonctions qui lui étaient offertes par les habitants de Wurzbourg, et qui lui fournirent une nouvelle occasion de contribuer à la propagation des idées constitutionnelles dans les masses. Appelé encore une fois à la chambre en 1831, le gouvernement lui en interdit l'entrée, en vertu de l'article de la Charte qui lui permettait d'en écarter les fonctionnaires. L'opinion se montra vivement irritée d'une exclusion qui trahissait les tendances illibérales du pouvoir ; et les feuilles publiques s'exprimèrent à cet égard avec une violence qui devait entraîner le gouvernement à employer des moyens de répression peu propres à calmer l'effervescence des esprits.

M. Behr publia dans ces circonstances une brochure sur la situation, qui excita encore plus les rancunes officielles ; et quelques discours qu'il prononça le 27 mai 1832 , à Gaibach, à l'occasion de la fête de la Constitution, déterminèrent le pouvoir à lui intenter alors un procès de tendance, à la suite duquel il fut destitué de ses fonctions de bourgmestre. Le 24 janvier suivant, on l'arrêta dans son domicile à Wurzbourg, sous la prévention d'avoir pris part à un complot révolutionnaire ; et, après une instruction qu'on trouva moyen de faire traîner plusieurs années, il fut enfin condamné en 1836, pour menées démagogiques, à faire amende honorable devant le portrait du roi, et à rester détenu dans une forteresse pendant un temps illimité. En vertu de cette sentence, M. Behr fut transféré dans la forteresse d'Oberhaus, près Passau. En 1839, une décision royale lui permit de quitter cette bastille pour s'établir dans une maison particulière à Passau, et ce ne fut qu'en 1842 que ce vieillard obtint enfin l'autorisation de fixer sa résidence à Ratisbonne, où il resta d'ailleurs soumis à la surveillance particulière de la haute police jusqu'à ce que l'amnistie politique du 6 mars 1848 (*voyez* BAVIÈRE) lui eût rendu sa complète liberté. Il reçut en outre alors une indemnité de 10,000 florins, et fut nommé dans la même année député au parlement national de Francfort. Il réside aujourd'hui à Bamberg. Parmi les nombreux ouvrages de M. Behr, nous citerons particulièrement son *Essai sur les seigneuries féodales* (1799); son *Système de droit public* (2 vol., 1810); *Constitution et administration de l'État allemand* (1811-1812); *Exposition des besoins et des vœux du peuple allemand* (1816); *Leçons d'Économie politique* (1822); *Besoins et vœux des Bavarois* (1830).

BEHRING. *Voyez* BÆRING.

BEICH (JOACHIM-FRANÇOIS), peintre et graveur, né en 1665, à Ravensbourg (Wurtemberg), mort à Munich, en 1748. Son père, qui était géomètre, s'occupait aussi de peinture, et put lui donner les premiers principes de l'art. Beich devint bientôt un artiste habile : aussi fut-il chargé par l'électeur Maximilien-Emmanuel de peindre les batailles livrées par ce prince en Hongrie. Ce travail terminé, il alla visiter l'Italie, où il exécuta plusieurs ouvrages auxquels Salvator Rosa n'eût pas dédaigné d'attacher son nom : la manière de ce dernier peintre est en effet celle dont Beich se rapproche le plus.

BEIGH. *Voyez* BEY.

BEIRA, province de Portugal, divisée en *Haut Beira* ou *du nord*, et *Bas Beira* ou *du midi* ; elle s'étend depuis la rive gauche du Douro jusqu'au Tage et à la province d'Estramadure, et compte une population de 922,000 âmes, répartie sur une superficie d'environ 400 myriamètres carrés. Le nord et l'est de cette contrée sont hérissés de montagnes, ramifications de la chaîne principale dite Sierra-Estrelha, dont le pic supérieur, situé à Malhao-de-Serra, s'élève à près de 2,700 mètres au-dessus de niveau de la mer, et qui prolonge jusqu'aux extrémités septentrionale et méridionale de la province ses plateaux, où partout la nature se montre âpre et sauvage. Du côté de l'ouest, au contraire, le sol va toujours s'abaissant davantage, et finit par ne plus former qu'une vaste plaine tantôt sablonneuse, tantôt marécageuse, et que traversent le Vouga et le Mondego, fleuves qui vont se jeter dans l'océan Atlantique. La diversité des climats qui règnent dans les différentes parties de cette province répond complétement à la diversité de son sol et de ses produits. Tandis que les montagnes restent une grande partie de l'année couvertes de neige, les vallées avec leur luxuriante végétation offrent de précieuses ressources pour l'éducation des bestiaux, notamment pour celle des moutons, dont la race est des plus belles, et les épaisses forêts de chênes et de châtaigniers qu'on rencontre dans un grand nombre de districts ne sont pas moins favorables à l'élève des pourceaux. C'est de la province de Beira qu'on tire les jambons de Lisbonne, qui ont acquis au loin une juste célébrité. Les coteaux sont utilisés pour la culture des vignes, des oliviers, des orangers et d'arbres fruitiers de toute espèce. Le maïs réussit admirablement dans les terrains chauds et humides, tandis que les riches champs de blé des plaines accusent une agriculture avancée. L'exploitation des mines n'y est point importante, et le lavage de l'or ne donne que des produits insignifiants. Les eaux minérales qu'on y découvre chaque jour procurent des bénéfices plus assurés, et ceux que produit l'exploitation des marais salants de la côte ne laissent pas que d'être considérables. La population est pauvre, mais de mœurs douces et honnêtes, et remarquable d'ailleurs par son activité et sa gaieté. La pêche, l'agriculture, l'éducation des bestiaux, un peu d'industrie manufacturière, le commerce de l'huile, du maïs, des oranges, des jambons, des haricots, des fromages de lait de chèvre, du miel, de la cire, de la laine, du sel, de pierres meulières et de quelques poteries, constituent ses moyens d'existence. *Coïmbre* est la ville la plus importante de la province de Beira.

BEIRAKTAR (MUSTAPHA). *Voyez* BAIRAIK-DAR.

BÉIRAM ou BAIRAL, c'est-à-dire *fête du sacrifice*. On en compte deux, le *béiram* et le *kourban-béiram*. Béiram est le nom commun des deux seules fêtes fondamentales et rituelles de la religion musulmane. Ce sont des fêtes mobiles, qui, dans l'espace de trente-trois ans, tombent en toutes les saisons et tous les mois de l'année, parce que l'année mahométane est lunaire. La première de ces fêtes arrive le 1er jour de la lune qui suit celle du *ramadan*, ou carême des Musulmans. On la célèbre à Constantinople avec un grand éclat; elle est en outre, l'occasion de présents et de cadeaux que reçoivent de leurs subordonnés les principaux officiers de l'empire. La deuxième est fixée au 70e jour après la première ; elle dure quatre jours, et c'est la plus solennelle. Quelques voyageurs européens ont prétendu le contraire sans fondement; ce qui les a induits en erreur, c'est que le premier béiram, terminant les mois de carême, est accompagné de plus de réjouissances et passe même dans l'opinion du peuple pour le grand Béiram.

Les fêtes de Kourban-Béiram s'appellent en arabe Aïd-el-Kebir : en Algérie les principaux chefs des tribus exécutent ces jours-là ces jeux qu'on nomme la *fantasia*. Chaque grande famille appelle ses membres à des festins splendides, les amis échangent des présents, chaque maison habillée à neuf ses domestiques; mais cette fête est surtout celle des enfants. Louis REYNAUD.

BÉIRAM (Hadji), saint en grande vénération parmi les Turcs, né près d'Angora, mort en l'an de l'hégire 816 (1413), fut chéik et fondateur d'un ordre de derviches appelés, d'après lui, *Béirami*. Son tombeau est encore aujourd'hui le but de nombreux pèlerinages.

BEIREIS (GOTTFRIED-CHRISTOPHE), espèce d'original qui ambitionna d'être le comte de Saint-Germain de l'Allemagne, et qui semble avoir profité de l'autre côté du Rhin, comme celui-ci à Paris, de connaissances positives en chimie et en physique plus étendues qu'on n'en possédait généralement vers la fin du dix-huitième siècle, à l'effet de réaliser des bénéfices considérables par l'exploitation habile de recettes encore peu ou point connues, tout en cherchant à faire croire au vulgaire qu'il avait trouvé le secret de la pierre philosophale.

Beireis naquit en 1730, à Mulhouse, où son père, fonctionnaire public, s'occupait un peu de pharmacie. En 1750 il alla étudier le droit à Iéna, et en même temps, pour satisfaire une vocation toute particulière chez lui, les mathématiques, la physique, la chimie et la médecine. Ses études terminées, il entreprit des voyages, autant pour accroître ses connaissances que pour faire argent des découvertes qu'il avait faites en chimie. Mais au lieu de s'en être allé dans les Indes ainsi qu'il le prétendait, il est vraisemblable qu'il parcourut tout simplement alors la France, l'Italie, la Suisse, la Hollande et l'Allemagne. Un fait certain, c'est qu'à son retour, en 1759, il se trouvait possesseur de sommes considérables. Il alla alors s'établir à Helmstedt, où il étudia la chirurgie sous Heister, dont la clientèle passa presque tout entière à son élève quand il vint à mourir. En 1759, Beireis fut nommé professeur titulaire de physique à l'université de Helmstedt, professeur de médecine en 1762, de chirurgie en 1768, médecin particulier du duc Charles Ferdinand de Brunswick en 1802, et mourut le 17 septembre 1809.

Les contemporains de Beireis s'accordent à le représenter comme un homme d'une grande piété, de beaucoup de bon sens naturel et d'un savoir fort étendu. Dans la pratique de l'enseignement et de l'art médical il faisait preuve d'autant de désintéressement que d'habileté. Mais il était dominé en même temps par une vanité et un esprit de charlatanisme qui devenaient le plus souvent le mobile de ses actions. Il vécut constamment dans un état d'isolement presque complet, ne se maria jamais, et s'efforçait de jeter quelque chose de mystérieux sur toute son existence. Sa maison était encombrée de curiosités, dont les unes étaient réellement rares et précieuses, et dont les autres étaient présentées par lui comme telles avec beaucoup d'habileté. Il possédait dix-sept collections différentes d'objets d'art, de sciences, d'histoire naturelle, de mécanique, etc., et avait passé toute sa vie à les réunir à grands frais. Sa collection de tableaux contenait beaucoup de toiles précieuses, encore bien qu'il donnât souvent des copies pour des originaux. On voyait chez lui, par exemple, les trois fameux automates de Vaucanson, la montre magique fabriquée par Droz et d'autres chefs-d'œuvre de mécanique. Ses préparations physiologiques et anatomiques étaient d'une haute importance, et entre autres celle de Lieberkuhn, unique en son genre. Son médailler contenait un grand nombre de vieilles monnaies d'or d'une valeur considérable. Ce n'était que fort rarement, et encore seulement à des connaisseurs, qu'il montrait une masse transparente, plus grosse qu'un œuf de poule, qu'il disait être un diamant du poids de 6400 carats, que tous les princes de la terre réunis n'auraient jamais les moyens d'acheter. Il prétendait que cet inappréciable joyau lui avait été mis en gage par l'empereur de la Chine, et il racontait à ce propos une foule de détails très-adroitement combinés pour donner à ce conte l'apparence de la réalité. A sa mort on ne retrouva plus dans son héritage ce prétendu diamant, que des personnes compétentes ont déclaré n'avoir été qu'un caillou de Madagascar.

Quelque exagérée qu'ait pu être la valeur attribuée par Beireis à ses diverses collections, on ne saurait disconvenir en tout cas qu'elles durent lui coûter des sommes considérables; et on était dès lors en droit de demander comment un homme dans sa position avait pu se les procurer. Pour expliquer cette énigme, Beireis répondait qu'il savait faire de l'or ; et il montrait de prétendues preuves de son merveilleux secret. Mais ce qu'il y a de plus vraisemblable, c'est qu'à cette époque, où la chimie était encore si arriérée, il fit plusieurs découvertes utiles et d'un grand profit, par exemple celle d'un meilleur mode de préparer le carmin, dont il vendit le secret aux Hollandais, et celle de l'art de fabriquer du vinaigre avec des matières premières jusque alors sans emploi pour un tel usage; découverte dont il céda la propriété, en se réservant pendant un grand nombre d'années une grande partie du bénéfice à tirer de son exploitation. Les dissertations physiologiques qu'il a publiées sont sans importance. Consultez Lichtenstein, dans l'*Almanach Historique* de Raumer (année 1847).

BEIROUT, BEYROUTH ou BAIROUT, l'ancienne *Béryte*, ville de la côte de Phénicie, située entre Sidon et Tripoli, qu'Aboulféda vante comme le port florissant de Damas, où Justinien fonda une école de droit, et qui conservait encore une grande importance au temps des croisades, n'est plus aujourd'hui qu'un port insignifiant et en partie comblé par les sables d'un petit fleuve portant le même nom, qui vient s'y déverser dans la mer, après avoir fécondé une contrée célèbre par son excellente culture du tabac.

Cette ville est le siége d'un évêque grec et d'un évêque maronite, et depuis longtemps un lieu de rendez-vous pour les caravanes de pèlerins s'en allant à la Mecque. On y compte 8,000 habitants.

En 1840 Beirout joua un rôle important dans les affaires d'Orient. Les hostilités contre le pacha d'Égypte commencèrent en Syrie par le bombardement de cette ville. Il dura du 10 au 14 septembre, et fut exécuté par les flottes combinées de l'Angleterre, de l'Autriche et du grand seigneur, placées sous les ordres de l'amiral Stopford. Détruite en grande partie à la suite de cette démonstration, la ville fut évacuée par Soliman-Pacha le 9 octobre, et occupée le même jour par les troupes des confédérés. Le lendemain Ibrahim-Pacha fut expulsé de la forte position qu'il occupait près de Beirout, et complétement mis en déroute par une armée turque que commandaient Selim-Pacha, le commodore Napier et le général Jochmus. Ce double désastre, essuyé sur terre et sur mer à Beirout par les Egyptiens, donna tout aussitôt une autre tournure à la *question d'Orient*.

BEISLER (Hermann, chevalier de), ancien ministre de l'intérieur et des cultes en Bavière, est né à Bensheim, en 1790. D'abord militaire, il se décida à aller étudier le droit dans diverses universités, puis à entrer dans l'administration. En 1813 il était secrétaire général du ministère de l'intérieur du grand-duché de Francfort. Alors il s'associa au mouvement patriotique qui armait les populations allemandes contre la domination des Français, et s'engagea dans un bataillon de la *landwehr*. Chef de bataillon l'année suivante au service de Bavière, pour échapper à l'oisiveté de la vie de garnison il travailla longtemps comme volontaire au ministère des affaires étrangères. Toutefois, il finit par rentrer complétement dans l'administration, et fut successivement président de régence à Ansbach, à Passau, à Augsbourg et à Ratisbonne. Nommé conseiller d'État en 1847, lors du renvoi du ministère Abel, il accepta en mars 1848 le portefeuille de l'instruction publique et des cultes. En cette qualité il prit part aux réformes administratives provoquées par les événements de mars. En décembre de la même année, après avoir été pendant quelque temps représentant bavarois à l'assemblée nationale de Francfort, il passa, non sans répugnance, au ministère de l'intérieur; mais il dut donner sa démission dès le 5 mars 1849.

BÉJART. Cinq personnages de ce nom ont fait partie de la troupe de Molière. Ils avaient pour père un procureur au Châtelet, nommé *Joseph* Béjart, qui négligea l'éducation de ses enfants ; cependant Béjart aîné et Louis Béjart se firent toujours remarquer par la noblesse et l'élévation de leurs sentiments. M o l i è r e les aimait et les estimait beaucoup. — *Madeleine* Béjart, qui n'était pas également digne de son estime, lui inspira pourtant pendant quelque temps un sentiment plus tendre. Il paraît qu'il succéda dans ses bonnes grâces au comte de Modène, qui avait eu d'elle, en 1638, une fille naturelle. Jusque-là Madeleine se vantait de n'avoir jamais eu de faiblesses que pour des gentilshommes. Elle devint lui par la suite la doyenne de la troupe, qui lui témoignait une grande déférence. — *Geneviève* Béjart, sœur des précédents, épousa Villaubrun, puis Aubry, qui de maître paveur était devenu auteur tragique. Elle jouait les rôles de soubrettes, et mourut en 1675.

Béjart (Louis), né à Paris en 1630, mort en 1678, fit également partie de la troupe de Molière, et joua avec un succès constant dans la plupart des pièces de notre comique. Entre autres rôles créés par lui, il faut citer celui de La Flèche dans *l'Avare*, et c'est parce qu'il boitait légèrement, par suite d'accident, que Molière fait dire à Harpagon : « Je ne me plais point à voir ce chien de boiteux-là. » Quand il quitta la scène, en 1670, ses camarades lui firent une pension de 1,000 livres : telle est l'origine des pensions de la Comédie française.

Béjart (Armande-Grésinde-Claire-Élisabeth), née en 1643, était la sœur puînée des précédents. Lorsqu'elle épousa, en 1662, l'illustre Molière, plus âgé qu'elle de vingt-huit ans, ce dernier fut accusé par l'acteur Montfleury de s'être uni à sa propre fille, ce qui était une calomnie. « Cette horrible accusation, dit M. Taschereau, se fondait en partie sur ce que quelques personnes s'étaient persuadées alors qu'Armande Béjart était fille de Madeleine Béjart, sa sœur aînée, qui avait été la maîtresse de Molière, et qui était accouchée le 11 juillet 1638 d'un enfant dont le comte de Modène avait bien voulu se reconnaître le père. Montfleury ne manquait pas d'affirmer que ce gentilhomme avait été dupe d'une coquine ; mais aujourd'hui, grâce aux savantes recherches de M. Beffara, la fausseté de cette accusation est devenue évidente. »

Molière en épousant Armande Béjart avait voulu réaliser le rêve impossible d'un cœur tendre et généreux. Il avait élevé cette enfant sous ses yeux, la formant à ses idées, la créant pour ainsi dire une seconde fois à son image; il avait espéré qu'en la mettant à l'abri de tout contact étranger, elle ne pourrait être que toute à lui; enfin, suivant ses propres expressions, il l'avait prise dès le berceau pour en faire sa femme. Eh bien! tout son génie échoua devant la coquetterie vulgaire d'une âme mesquine, et cette noble erreur, Molière la paya de son repos, peut-être de sa vie.

Mademoiselle Molière (on disait ainsi) n'était pas une beauté accomplie : Mlle Poisson nous la représente petite, avec une très-grande bouche et de très-petits yeux. Il est vrai que Mlle Poisson était la camarade de Mlle Molière, et l'on pourrait croire qu'elle n'a pas flatté le portrait, si Molière n'en avait tracé un semblable dans une scène du *Bourgeois Gentilhomme* entre Covielle et Cléonte (acte III, scène IX). Elle s'amouracha d'abord du duc de Guiche, qui n'y prit pas garde; elle se consola ensuite de ses dédains avec Lauzun. Bientôt on ne compta plus ses amants, et le scandale devint tel que Molière, qui l'adorait toujours, dut se résigner à une séparation. Seulement, par égard pour les bienséances, il exigea que sa femme n'allât point demeurer dans un autre logis que le sien; mais ils ne se virent plus qu'au théâtre. Plus tard elle vécut publiquement avec l'acteur Baron, beaucoup plus jeune qu'elle. Eut-elle un remords de sa conduite quand à la mort de Molière elle s'écria : « Quoi ! on lui refuse ici la sépulture? en Grèce on lui eût élevé des autels ! » et que pour apaiser le peuple qui entourait le cercueil de son époux et voulait insulter à ses restes, elle fit jeter par les fenêtres une somme d'argent assez considérable ? On aimerait à le croire; mais on s'y refuse quand on la voit quelque temps après échanger ce grand nom de Molière contre celui du comédien Guérin d'Estriche. Il paraît, du reste, qu'elle ne l'épousa pas très-volontiers, mais qu'elle y fut réellement forcée, parce qu'il l'avait en un état critique pour une veuve. L'histoire impartiale dit qu'à partir de cette nouvelle union, la Béjart vécut d'une vie exemplaire; mais la chronique médisante fait remarquer qu'elle avait quarante-cinq ans, et le mérite de sa conversion en souffre assurément. Elle mourut le 30 novembre 1700.

Des trois enfants qu'Armande Béjart eut avec Molière, une seule survécut à son père; elle était grande et bien faite, peu jolie, mais en revanche très-spirituelle. Elle se fit enlever à vingt et un ans par un sieur Rachel de Montalant, qui avait le double de son âge et quatre enfants. Elle l'épousa plus tard, et mourut sans postérité, le 23 mai 1723.

W.-A. DUCKETT.

BÉJAUNE, pour *bec-jaune*, terme de fauconnerie, par lequel on désigne un jeune oiseau qui n'est pas encore sorti du nid, qui n'est point formé, parce qu'en effet le bec est généralement de cette couleur chez les petits des oiseaux, et qu'il ne commence à noircir que lorsqu'ils acquièrent de l'âge et de la force.

On a transporté cette dénomination dans le langage figuré pour désigner un jeune homme simple et sans expérience, qui ne connaît encore rien du monde, et que cette ignorance expose à être trompé et à faire plus d'une école. Il signifie donc en général *ignorance*, et c'est en ce sens qu'il faut le prendre dans cette phrase proverbiale : *On lui a fait voir son béjaune.*

Au temps de la Basoche, on donnait ce nom aux clercs qui entraient dans la corporation. Chaque clerc qui débutait chez les notaires, commissaires ou procureurs du Châtelet, était tenu, après le 9 mai, de payer au prévôt et aux trésoriers de la Basoche, pour son entrée et bienvenue, la somme de 6 sous parisis; s'il s'y refusait, il était taxé à 8 sous; s'il refusait encore, on était en droit de saisir et vendre ses manteaux, chapeaux et autres objets à lui appartenant. Ces nouveaux venus étaient nommés *béjaunes* ou *becs-jaunes*, dit Ducange, comme est le bec des oiseaux qui ne sont pas encore sortis de leur nid. Les lettres que la corporation délivrait pour constater le temps de la cléricature s'appelaient *lettres de béjaune*.

BEK. *Voyez* BEY.

BEKKER (ÉLISABETH), l'une des gloires de la littérature hollandaise, née le 24 juillet 1738, à Flessingue, avait épousé le pasteur réformé *Adrien* WOLFF. Après la mort de son mari, arrivée en 1777, elle vécut dans l'amitié la plus intime avec la spirituelle Agathe Deken, et, à l'époque de la guerre entre l'Angleterre et la France, toutes deux vinrent s'établir à Trévoux. Pendant la révolution, sa présence d'esprit non-seulement la déroba à la guillotine, mais encore facilita la mise en liberté du mari de son amie, Renauld. Elle revint avec elle en Hollande en 1795, et vécut dès lors à La Haye, où elle mourut, le 25 novembre 1804. Sa dépouille mortelle repose dans le cimetière de Scheveningen, à côté de celle de son amie, qu'elle ne précéda que de quelques jours dans la tombe. Peu de femmes auteurs réunirent à un si haut degré le talent, la dignité et l'austérité des mœurs. De là le succès et l'influence vraiment immenses de ses nombreux écrits, dont plusieurs, notamment ses romans : *Historie van Willem Levend* (8 vol. Amsterdam, 1785), *Historie van Sara Burgerhart* (2 vol. 1790), *Abraham Blankaart* (2 vol. 1787) et *Cornelie Wildschut* (2 vol. 1793) sont depuis longtemps au nombre des classiques de la littérature hollandaise. Elle composa ses ouvrages les plus importants de société avec son amie Agathe Deken, et l'on n'a jamais su laquelle des deux avait le plus contribué à l'œuvre commune.

BEKKER (BALTHASAR), théologien et savant hollandais, né près de Groningue en 1634, et mort à Amsterdam en 1698, après avoir été successivement ministre et prédicateur dans plusieurs églises allemandes, a laissé de nombreux écrits, dont le plus remarquable, et celui qui contribua le plus à le faire connaître, est *le Monde enchanté*. Bekker y attaque l'opinion du peuple sur le pouvoir des démons; mais, malgré Bayle et les bons esprits qui commençaient à éclairer le monde, la croyance dans la sorcellerie et dans la démonomanie était encore en vigueur dans toute l'Europe au milieu du dix-septième siècle, même parmi les théologiens, et l'ouvrage de Bekker lui attira des persécutions.

Bekker, après avoir commencé par nier le pouvoir de Satan, s'enhardit jusqu'à soutenir qu'il n'existe pas. « S'il y avait un diable, disait-il, il se vengerait de la guerre que je lui fais. » Selon lui, le serpent qui séduisit nos premiers parents n'était point un diable, mais un vrai serpent, comme l'âne de Balaam était un âne véritable, et comme la baleine qui engloutit Jonas était une véritable baleine. Du reste, l'auteur met son esprit à la torture pour interpréter les textes qui peuvent être favorables à son opinion et pour éluder ceux qui lui sont contraires. Par une raison qui peut paraître en contradiction chez lui, Bekker admet l'existence des anges; mais, en même temps, il assure qu'on ne peut prouver par la raison qu'il y en ait. Voltaire, terminant son examen du livre de Bekker, prétend que si le diable lui-même avait été forcé de lire *le Monde enchanté* de Bekker, il n'aurait jamais pu lui pardonner de l'avoir si prodigieusement ennuyé. Ce qui paraît certain, c'est que ses partisans firent frapper des médailles en son honneur; mais, d'un autre côté, ses ennemis en firent frapper une sur laquelle le diable est représenté en prédicateur assis sur un âne.

Bekker, dit un de ses biographes, avait une figure très-laide; ses joues étaient très-saillantes, et son nez et son menton étaient tellement allongés qu'ils se joignaient presque. La Monnoie a fait sur lui l'épigramme suivante :

> Oui, par toi de Satan la puissance est brisée ;
> Mais tu n'as cependant pas encore assez fait :
> Pour nous ôter du diable entièrement l'idée,
> Bekker, supprime ton portrait.

Quoique profond théologien, Bekker faisait de mauvais sermons; il y mêlait quelquefois même des bouffonneries.

— Son fils, *Jean-Henri* BEKKER, a écrit un petit livre sur ses derniers moments, et Swager a publié en allemand (Leipzig, 1820) un ouvrage sur la vie, les aventures et les opinions de ce fameux pasteur, dont les autres ouvrages sont deux espèces de catéchismes sous les titres assez bizarres de *Gesnedenbrood* (Pain coupé), et *Varte spyze* (Mets de carême), une *Explication du prophète Daniel* et des *Recherches sur les Comètes*.

BEKTACHIS ou BEIGTACHIS, ordre de moines ou derviches turcs, qui tirent leur nom de leur fondateur, Hadji-Bektach, religieux musulman, natif du Khoraçan, et surnommé *le Saint*. Ce fut sur le bruit de ses prophéties et de ses prétendus miracles que le sultan othoman Amurath 1er le choisit pour bénir, en 1362, l'étendard de la fameuse milice des janissaires, instituée par le sultan Orkhan, son père, mort l'année précédente. Pendant l'allocution qu'il leur adressa, il mit sur la tête de l'un d'eux la manche pendante de sa robe en feutre blanc, et cette manche devint le modèle du bonnet que les janissaires portaient dans les grandes cérémonies. Bektach mourut à Kir-Chehr, vers 1367.

Les becktachis ne vivent que du produit des aumônes et du travail de leurs mains; ils font des cuillers, des écumoires, des grattoirs, des boucles de ceinture, etc. Il y avait beaucoup de sympathie entre eux et les janissaires, qui logeaient et entretenaient toujours, à Constantinople, huit becktachis dans leurs casernes. Ceux-ci, dans les solennités, marchaient à pied, vêtus de drap vert, devant l'aga des janissaires, en faisant entendre des cris affreux. D'ailleurs, même indépendance, même indiscipline, même immoralité dans ces deux institutions. Les becktachis menaient une vie errante, pouvaient se marier, et modifiaient à leur gré les prescriptions du Koran. H. AUDIFFRET.

BEL ou **BÉLUS**. *Voyez* BAAL.

BELA. Ce nom a été porté par quatre rois de Hongrie de la dynastie des *Arpades*.

BELA 1er, qui régna de l'an 1061 à l'an 1063, réprima énergiquement la dernière tentative faite pour le retour des populations hongroises au paganisme. L'introduction d'un système régulier de poids, de mesures et de monnaies dont la Hongrie lui fut redevable, peut à bon droit le faire considérer comme le créateur du commerce dans cette contrée. C'est lui aussi qui institua la représentation nationale par des diètes. Celle qu'il convoqua à Stuhlwissembourg ne se composa que de deux nobles élus pour chaque comitat, tandis que jusque alors la noblesse tout entière avait toujours assisté aux diverses assemblées.

BELA II, dit *l'Aveugle*, qui régna de l'an 1131 à l'an 1141, avait eu dans son enfance les yeux crevés comme son père Almus par ordre de son cousin Coloman; celui-ci avait voulu le faire priver des organes de la virilité, mais l'humanité de ses émissaires sauva Bela de cette mutilation. Le jeune prince grandit sous la protection des moines de Doemoes et de Petovarad. Le roi Étienne II n'ayant point d'héritier, et les grands étant mal disposés pour Boris, fils de Coloman, qui n'était pas marié, on songea à appeler au trône le prince aveugle. Épuisé par les débauches de sa jeunesse, le roi laissa les grands désigner Bela pour leur souverain à venir. Il lui assigna Tolna pour résidence, lui donna une pension annuelle en rapport avec son rang, et lui fit épouser Hélène, fille d'Urosch, prince de Servie. Dans les dernières années de sa vie, Bela II s'abandonna à la boisson, se laissa extorquer dans l'ivresse des donations et des condamnations à mort, et mourut après avoir occupé dix ans le trône.

BELA III, qui régna de 1174 à 1196, avait été élevé à Constantinople. Il introduisit à la cour et dans le pays les mœurs et la civilisation byzantines; circonstance heureuse pour le développement du bien-être matériel de la nation, mais qui, en plaçant Béla sous l'influence directe de l'empereur grec Emmanuel, était de nature à compromettre son indépendance politique.

BÉLA IV, qui régna de 1235 à 1270, fils de cet André II à qui la noblesse arracha la Bulle-d'Or, la Grande-Charte des Hongrois, s'efforça surtout de rendre au pouvoir royal tout son ancien prestige, en opprimant et en humiliant la noblesse. Mais il ne réussit par là qu'à provoquer ainsi un mécontentement général, par suite duquel la noblesse appela à son secours le duc d'Autriche Frédéric II, que Bela battit complètement en 1236, et à qui il imposa les plus dures conditions d'indemnité pécuniaire. Or, à quelque temps de là Bela était réduit à aller demander asile au prince qu'il avait vaincu. En effet, les Mongols, qui en 1241 envahirent la Hongrie en y portant partout le fer et le feu, le battirent sur les bords du Sajo.

Pendant l'action même, le roi s'enfuit en Autriche, où il avait envoyé d'avance sa femme, Marie Lascaris, et son enfant, et où le duc Frédéric ne consentit à l'accueillir qu'après l'avoir dépouillé de ses trésors. Dans son désespoir, Béla offrit son royaume comme fief à l'empereur Frédéric II, si les secours de l'Allemagne pouvaient le sauver des hordes mongoles. Mais l'empereur avait à lutter contre le pape et contre ses nombreux partisans, et l'humiliation de son plus redoutable ennemi lui paraissait bien autrement importante que la guerre des Mongols. Bela, ainsi abandonné à lui-même, s'enfuit à Zagrab, de là à Spalatro et dans l'île de Veglia, où il fut bien reçu par les Frangipani, que jadis son aïeul avait protégés (1241).

Au bout d'un an, les Mongols, qu'effraya la nouvelle de la mort de leur grand khan, quittèrent la Hongrie, épuisée, et Bela, à son retour, la trouva dans la situation la plus déplorable; il ne s'appliqua plus qu'à guérir les blessures de son peuple et à rétablir la paix et la sécurité. Il y réussit si bien que dès l'année 1246 il se sentait assez fort pour tirer une éclatante vengeance du duc d'Autriche par la déroute complète qu'il lui fit essuyer sous les murs de Wiener-Neustadt, et qu'en 1262 il put vigoureusement repousser une nouvelle invasion de la Hongrie tentée par les Mongols. Il mourut en 1270; ses dernières années furent remplies d'amertume par les fréquentes révoltes de son fils Étienne.

BELBEUF (Famille DE). La terre de Belbeuf fut érigée en marquisat par lettres patentes du mois de septembre 1719, en faveur de la famille *Godart*, originaire de Normandie, qui avait donné plusieurs magistrats distingués au parlement de Rouen. Les rejetons de cette famille ont porté depuis, presque exclusivement, le nom de Belbeuf, qui dissimulait mieux leur noblesse de robe.

Louis GODART, marquis DE BELBEUF, chef actuel de la maison, entra de bonne heure dans la magistrature, où son dévouement aux Bourbons lui mérita un avancement rapide. Après la révolution de Juillet, l'ardeur de son zèle pour la royauté de lui fit qu'elle créa le fit nommer premier président de la cour royale de Lyon, et ensuite appeler à la Chambre des Pairs par le titre du 3 octobre 1837. Son vote y a seul quelquefois manifesté sa présence. Destitué dans les premières années de la république, il a été appelé au sénat le 26 janvier 1852, et nommé premier président honoraire de la cour d'appel de Lyon par le président Louis-Napoléon.

BELCHITES, ville forte d'Espagne, située dans le royaume d'Aragon, à 32 kilomètres S.-E. de Saragosse, sur les rives de l'Almonacid, avec une population d'environ 2,500 habitants. Elle est demeurée célèbre dans les fastes de nos grandes guerres, par la victoire que remporta sous ses murs, le 17 juin 1809, une armée française forte de 12,000 hommes, et commandée par Suchet, sur 30,000 Espagnols aux ordres de Blake. L'explosion fortuite de quelques grenades jeta une telle confusion dans un des régiments espagnols qu'il entraîna dans sa fuite le reste de l'armée. Les annales de la guerre offrent peu d'exemples d'une déroute aussi complète. Les Espagnols eurent 6,000 hommes tués ou blessés, et abandonnèrent 36 pièces de canon sur le champ de bataille, tandis que nous comptâmes au plus cent des nôtres tués ou blessés.

BELED-EL-GÉRID. Voyez Béled-el-Djérid.

BELEM, abréviation de *Bethléem*, nom d'un faubourg de Lisbonne, à l'embouchure du Tage, comprenant une population de 5,000 âmes et relié à la capitale par les quartiers d'Alcantara et de la Jonqueira, ne fut érigé en ville qu'en 1754. Il reçut son nom de l'église placée sous l'invocation de *Nossa Senhora de Bethléem*, que le roi Emmanuel, au retour des Indes de Vasco de Gama, en 1499, fit construire en l'honneur de la Nativité du Christ. C'est dans le couvent d'hiéronymites qu'il y adjoignit que se trouve le superbe caveau funéraire en marbre blanc où l'on dépose les restes mortels des princes et princesses de la famille royale. A la suite du tremblement de terre de 1757, ce monument fut reconstruit dans le style gothique. Le nouveau palais, bâti après l'incendie qui dévora l'ancienne résidence royale, est admirablement situé, et l'on y jouit d'une vue délicieuse sur le port et sur la mer. Il y a à Belem un laboratoire de chimie, un cabinet d'histoire naturelle, un jardin botanique, avec une ménagerie et un vaste parc. L'antique tour de Belem (*Torre de Belem*), défendue par des batteries, et qui sert aujourd'hui de prison d'État, mérite d'être visitée. Belem fut pris en 1807 par les Français, et en 1834 par dom Pedro.

BÉLEMNITES (du grec βελεμνον, flèche). On a ainsi nommé, à cause de leur figure allongée, certains corps fossiles sur le compte desquels les auteurs ont émis une foule d'opinions; quelques-uns ont aussi appelé ce même minéral *pierre de lynx*, par suite de la croyance ancienne qui voulait que la bélemnite fût formée de l'urine du lynx, origine aussi fabuleuse et aussi peu prouvée que la vertu que l'on attribuait à ce fossile en le prescrivant, réduit en poudre, comme un agent propre à briser la pierre et à la chasser des reins et de la vessie par les voies ordinaires.

Les bélemnites sont de la grosseur et de la longueur du doigt, pointues par un bout en forme de pyramide ou de flèche, blanches, grises ou brunes. On les a regardées tour à tour comme des stalactites, des bois pétrifiés, des dents de poisson, des défenses de narval, des dents de crocodile, des tubulites, des holoturies pétrifiées, des pointes d'oursin, ce qui les rattacherait à la fois aux trois règnes de la nature.

Aujourd'hui, les recherches de MM. Agassiz, de Férussac et Alcide d'Orbigny ont amené ce dernier à conclure que la bélemnite n'est ni une pointe d'oursin, ni une pointe d'échinoderme, et que l'alvéole n'est pas un animal parasite, comme l'a cru M. Raspail. « Elle ne peut être comparée, ajoute le même savant, aux orthocères, coquilles complètes, susceptibles de recevoir l'animal entier dans leur loge supérieure; elle n'est pas non plus un corps parfait interne, mais la très-petite partie d'un osselet placé dans les téguments, à l'extrémité postérieure d'un animal complet, pouvant, dès lors, varier beaucoup plus dans sa forme qu'une partie dont les fonctions sont importantes dans l'économie vitale. Si je le compare au centre crétacé des os de seiche, j'aurai la certitude qu'il devait être très-dur avant la fossilisation, et qu'il n'a pas beaucoup changé de nature.... On pourrait croire que les bélemnites étaient des animaux côtiers, voyageant par grandes troupes sur les rives des anciens océans; ce qu'indiqueraient les bancs qu'on en rencontre dans presque tous les lieux où elles se trouvent. »

Les bélemnites sont très-abondantes dans les terrains qui renferment de la craie.

BÉLÉNUS était la divinité principale de quelques parties de la Gaule, et surtout de la Pannonie, de l'Illyrie et de la Norique. On croit que sous ce nom les peuples de ces contrées adoraient le soleil; aussi Bélénus a-t-il été considéré comme l'*Apollon* des Grecs et l'*Orus* des Égyptiens. Les érudits se sont épuisés en inutiles conjectures sur l'étymologie du nom de cette divinité gauloise; quelques-uns, l'écrivant en grec et lui donnant une légère modification, prétendent y trouver le nombre 365, nombre des jours de l'année.

BEL ESPRIT. Entre l'esprit et le bel esprit, ces deux frères du même lit qui se détestent, la différence spéciale à établir, c'est que le dernier a plus particulièrement besoin de la concurrence; et comme la gaze de la veille est un chiffon le lendemain, on y supplée par une autre babiole, qui donne le ton à son tour, pour disparaître avec le même sort et la même rapidité. Il y aurait une chronologie subtile à écrire sur la diversité des métamorphoses du bel esprit, à ne le prendre que depuis les pointes dont Marot assaisonnait ses poésies, jusqu'aux extravagances du style moderne.

Une remarque se place naturellement ici : en Suisse, lors qu'on n'a rien à dire, on fume; en Angleterre, on boit et on fume; en Allemagne, on rêve; en Espagne, on fait la sieste; en France, on parle. Le vrai ciment d'un cercle, dans notre pays de politesse, où chacun se dévoue de si grand cœur à la corvée de divertir les autres, c'est le babil: au moindre silence, un cercle s'éparpille et se brise, comme une carafe pleine d'eau lorsque la température tombe au zéro du thermomètre. De là est née la fureur du paradoxé dans les petites idées, et la manière paradoxale d'exprimer de petites choses : les rions se traduisent de cent mille façons. Il est impossible de se soustraire à cette loi fatale, qui dans la bonne compagnie commande l'indiscrétion, la calomnie, le calombour, ou la divagation, sous peine de passer pour un être qui n'a point de savoir-vivre; et l'on voit journellement des personnes, qui d'ailleurs se renvoient avec réciprocité l'ennui le plus mortel, moraliser à perte de vue, mais non sans charme, sur cet inconvénient, dans le seul but de ne pas arriver trop vite au bout de leur rouleau.

Montaigne a dit avec son expression qui porte coup et qui reste : *La gravité est une qualité du corps pour cacher les défauts de l'esprit : les ânes sont graves.* Ce mot, plus saillant que juste, semble avoir porté malheur au silence : quiconque se réduit au rôle d'écouteur est perdu. Nul ne veut avoir la sottise d'être modeste, et l'orgueil du bel esprit devient le travers universel.

Le bel esprit, qui de nos jours comme autrefois est une profession dont une célébrité quelconque peut seule obtenir le brevet (bien que les contrefaçons foisonnent), avait du temps de nos pères une excuse puissante, et qui maintenant est perdue. On suppléait alors à la liberté de la presse par des correspondances, et le journalisme était simplement épistolaire; les infidélités de la poste ne permettaient pas qu'on s'entretînt de matières graves. En conséquence, le laisser-aller de l'imagination dans ces feuilles qui circulaient à la ronde, sous la protection de la renommée du signataire, autorisait le sans-gêne du mot et le débraillé du langage. Le bel esprit avait succédé au métier de bouffon; les bonnes maisons avaient troqué leur fou contre un homme de lettres : elles ne risquaient pas d'y perdre, et la balance des turlupinades doit être en faveur de ces derniers, car ils y mettaient de la conscience. Il semblait que cela fût négligemment jeté au courant de la plume et sous la folle inspiration du tête-à-tête, qui a ses saillies privilégiées et ses coudées franches.

Voiture, écrivant au grand Condé, que ses amis nommaient entre eux le *Brochet*, disait au vainqueur de Rocroi que *les baleines du nord suaient à grosses gouttes en apprenant sa gloire*, et que *les gens de l'empereur songeaient à le frire pour le manger avec un grain de sel*. Cet échantillon du style de la lettre fameuse qui mit le comble à la réputation du favori de l'hôtel Rambouillet fut singé avec une frénésie qui gâta d'assez bonnes cervelles, et qui détourna de la carrière des professions honnêtes grand nombre de pauvres diables alléchés par la noble émulation d'en faire autant.

Le malheur du bel esprit est d'être contagieux, au détriment des imbéciles, qui sont toujours disposés à se méprendre sur leur génie. En matière d'esprit, chacun veut pousser sa pointe : les plus sots ne sont pas les moins intrépides. Mais à la suite de Voiture, comme à la suite de Mazurier, qui eut autant de souplesse dans un autre genre, bien des saltimbanques se sont cassé le cou, parce que dans les lettres et dans les arts les écoliers ne comptent pas et tombent : l'école ne survit que dans le nom du maître. Un adepte du genre a dit, en parlant de Voiture : *Nombre de gens courent après, et ne peuvent l'atteindre*. C'est que rien ne sert de courir, et qu'il faut partir à point, suivant la maxime expresse du fabuliste.

Devant le réquisitoire qui se fâche toujours, le bel esprit, qui a souffert comme l'ancien régime en aidant à le mettre à bas, n'a ni perdu tous ses droits ni émigré. Il se glisse encore entre deux actes politiques : il s'en moque, il leur fait la guerre. J'avouerai cependant qu'il a perdu de ses grâces et qu'il a gagné en fatuité, comme ces vieillards, voltigeurs de la génération éteinte, qui voudraient dissimuler à quel point ils sont devenus raisonnables.

C'est toujours, à la vérité, la même sécheresse de cœur et d'âme, car sur ce point le bel esprit est invariable; ce n'est plus la même vigueur de libertinage. Le bel esprit, Lovelace épuisé, en est aux mouches cantharides : il porte de l'opium dans son drageoir. Des pastorales de Fontenelle à la littérature courante, il y a la distance de la coquetterie à l'obscénité.

Aujourd'hui, qu'il ne s'agit plus d'amuser simplement en famille les élus de l'aristocratie, le bel esprit, jadis valet à la livrée d'un grand seigneur, maintenant industriel et libre, tombé dans le journal, se trouve en face d'un plus grand auditoire, sur un plus large théâtre, en tête-à-tête avec des juges moins indulgents, qui ont maintes fois la cruauté de vouloir quelque chose de mieux. Dix beaux esprits, par exemple, se mettent sous la direction d'un entrepreneur, qui paye cautionnement pour faire danser ces marionnettes : si les marionnettes dansent comme il faut, l'entrepreneur a la croix de la Légion d'Honneur ou une préfecture. Aussi se fait-il une dépense prodigieuse de sottises pour faire face à cette immense consommation, qui ne donne ni paix ni trève, et qui dévore un homme de lettres par minute. Dieu, qui est bon, a permis que l'homme de lettres ne manquât pas. Il en sort par milliers de tous les points de la France, sauterelles armées de plumes, et qui obscurciront infailliblement l'atmosphère de la civilisation avec leurs écrits, si le choléra et la paralysie ne viennent à notre secours.

La bannière du bel esprit n'est plus seulement dans les mains de la capitale : tous les départements, las du joug, se sont insurgés pour propager la littérature du crû. Jamais on n'a tant parlé d'art et d'association, et fait avec moins d'espoir des vœux sans portée pour l'avenir de l'un et de l'autre. C'est que lorsque les beaux esprits ont de l'action sur les peuples, le symbole de l'unité disparaît, parce qu'il n'en est pas un qui ne cherche à faire prévaloir son drapeau. Nous ne savons qui s'est imaginé de dire que *les beaux esprits se rencontrent* ; nous croyons, nous, qu'ils ne se rencontrent que pour se disputer.

Nos derniers mouvements politiques ont soulevé une poussière d'hommes d'État qui prend à la gorge. Tous ces messieurs, qui manient admirablement les mouchettes, mais qui, dans un besoin, ne sauraient trouver la cruche à l'huile, ont couru avec leurs flambeaux sur les flancs de l'équipage social, dont ils ont obtenu quelquefois de conduire les chevaux. Depuis qu'ils ont été au pouvoir, il n'est plus permis de prendre au sérieux l'allégorie de la lyre et des murs de Thèbes.

Une métamorphose s'est opérée par cela même dans les formes du bel esprit : il a passé du coquet au grandiose. Il s'est jeté dans la nacelle d'un ballon par la fenêtre du boudoir. Les lettres de Voiture étaient simplement joyeuses : tous nos feuilletons sont des chefs-d'œuvre. On y a perdu considérablement, et cela est sans remède, à moins que la prédiction de l'homme de Sainte-Hélène sur le sort de l'Europe, qui doit avant un demi-siècle être cosaque ou républicaine, ne se réalise aux dépens de nos libertés.

Déjà notre idiome devient cosmopolite, et, si l'on veut causer avec un bel esprit, il faut être pour le moins polyglotte. L'Académie aura bien de la peine à recruter les mots aventuriers qui font irruption de toutes parts dans le vocabulaire, depuis que les novateurs abandonnent à la canaille le talent de se faire comprendre. Ce n'est plus la douce afféterie de Demoustier, qui parfilait une galanterie incolore; la nonchalance de Boufflers, qui soufflait à l'oreille de nos marquises fardées de jolis vers si vides; le jargon pétillant d'esprit et de maligne analyse, qui impatiente si agréablement avec Marivaux; l'indécence de bon goût de ce mauvais sujet de Crébillon fils, qui savait sa ruelle sur le bout du doigt : ces auteurs étaient de la transition. Nous sommes en progrès d'une manière épouvantable. La forme est plus que jamais à couteau tiré avec le fond. Il semble désormais que la matière dans laquelle on coupe des phrases soit un métal rougi par la fournaise, et que sur ce fer de vigoureux forgerons, qui le mettent en contact avec l'enclume, déchargent leurs marteaux à tour de bras. L'étincelle vole aux yeux, le bruit rend sourd, et les travailleurs ne quittent l'ouvrage qu'épuisés, rompus, couverts de sueur.

La railleuse Sophie Arnould disait dans son temps : « Les beaux esprits sont comme les roses; une fait plaisir, un grand nombre entête. » Elle avouerait aujourd'hui qu'un seul de nos beaux esprits entête à lui seul plus que tous les contemporains du prince d'Hénin et du comte de Lauraguais; mais, comme il en est la première victime, on prend le plaisir en patience. Contre la confusion des langues et le péril de devenir par suite une province russe, ainsi que l'imaginait Napoléon, peut-être, en songeant à l'aventure de la tour de Babel, l'espoir d'une réaction nous reste, qui descende les beaux esprits de leurs échasses et les ramène tout doucement à des spécialités plus modestes. Alors nous reviendrons, peut-être, au pur et vrai bel esprit de l'ancien temps, retouche légère pour gâter quelque chose de parfait; fatuité de la grâce, dont le penchant est de se mettre en guerre avec le naturel; maladie *des causeurs délicieux*, qui ont la prétention d'être fort au-dessus du bon sens.

A. BRUCKER.

BELETTE. Ce petit mammifère, de l'ordre des carnassiers, appartient au sous-genre *putois*, du genre *marte*. La belette n'a guère que 15 à 25 centimètres de long de l'extrémité du museau jusqu'à l'origine de la queue. Sa fourrure, qui ne sert à rien, est généralement d'un fauve blond, mêlé de blanc sous le ventre. Les jeunes poulets et les pigeonneaux sont le but des fréquentes attaques de la belette, qui leur ouvre le crâne pour en humer la substance cérébrale, dont elle est friande; l'exiguïté de sa taille lui permettant de pénétrer avec facilité par les plus petits trous des poulaillers et des pigeonniers. Dans les champs, la belette vit de petits rongeurs, tels que les mulots et les souris, et d'œufs d'oiseaux, qu'elle va prendre au nid. En un mot, ce petit animal est plus destructeur de volaille et de gibier que la fouine, que le putois, et il serait nuisible en tout s'il ne nous débarrassait des rats, qu'il peut poursuivre jusqu'au fond de leurs trous : malgré ce léger service, la belette n'en est pas moins un sujet de haine pour l'agriculteur, qui la tue partout où il la rencontre.

BELFAST, ville commerçante du comté d'Antrim (Irlande), au nord de Dublin, au fond de la magnifique baie de Carrickfergus, où vient se jeter le Lagan, rivière navigable, avec un port, qu'un canal navigable met en communication avec le lac de Lough-Neagh, et qui possède un grand nombre de docks. Deux ponts bâtis sur le Lagan relient Belfast au faubourg de Ballymacarret. La ville, dont presque toutes les maisons sont en briques, est généralement bien bâtie. En 1758 elle ne comptait guère encore que 8 à 9,000 habitants ; aujourd'hui sa population est de plus de 80,000 âmes. Elle est le siége d'un évêque catholique. On y compte quatre églises catholiques, deux églises presbytériennes, huit églises anglicanes, et diverses chapelles à l'usage des autres confessions religieuses ; un établissement d'instruction supérieure (royal academical Institution), deux colléges avec vingt et un professeurs et quatre cents élèves, et un grand nombre d'établissements de bienfaisance. Belfast est l'entrepôt du commerce des toiles du nord de l'Irlande, et en même temps le siége principal de cette fabrication. Ses manufactures de cotonnades, ses brasseries, ses fonderies, ses moulins, n'ont pas moins d'importance. Les produits de cette industrie manufacturière, les cotonnades, les toiles, les fils, les chanvres, l'étoupe, le blé, la farine, les approvisionnements pour la marine, les chevaux, constituent les principaux objets du commerce considérable d'exportation que fait cette place tant avec l'intérieur même de l'Irlande qu'avec la Grande-Bretagne, l'Amérique du nord, les Antilles, Archangel, la Méditerranée, la Baltique et même la Chine. Environ vingt bâtiments à vapeur servent aux communications de Belfast avec les ports de la Grande-Bretagne.

BELFORT. Voyez BÉFORT.

BELGIQUE, le plus jeune des États dont se compose aujourd'hui la grande famille européenne, formé de la partie méridionale du royaume créé en 1815, à la suite du remaniement général de la carte de l'Europe par le congrès de Vienne, sous le nom de Pays-Bas, a emprunté sa dénomination aux souvenirs de l'époque de la domination romaine, sous laquelle les contrées qu'il représente aujourd'hui étaient désignées par le nom de *Provincia Belgica*.

Telle qu'elle est maintenant constituée, la Belgique comprend la plus grande partie des ci-devant *Pays-Bas autrichiens*, avec les comtés de Flandre, de Hainaut, de Namur, et certaines parties des duchés de Brabant, de Luxembourg et de Limbourg.

Ce pays, situé au nord de la France, et qui pendant vingt ans en a fait partie, n'est pas moins digne d'attention, par la fertilité de son sol, l'importance politique de sa situation, ses richesses naturelles et acquises, que par le caractère de ses habitants, par les grands événements dont il a été témoin, et par ceux que chacun pressent devoir s'y passer encore. Il semble en effet que dans ces champs, qu'un rayon de soleil couvre d'abondantes moissons, sur ces bords où un coup de vent amène les trésors des deux mondes, doivent venir à jamais se vider les épouvantables querelles qui divisent les rois et les peuples, et mettent aux prises les principes sociaux. Il y a longtemps que Strada, se servant d'une image devenue triviale, et qui convenait peut-être mieux à un rhéteur qu'à un historien, écrivait que Mars voyageait ailleurs, mais avait élu domicile en Belgique : *Mars ut in alias terras peregrinari Mars ac circumferre bellum, hic armorum sedem fixisse videatur*. Pensée qu'un poëte flamand, Jacques Van Eyck, a rendue en vers latins :

...*Aliis tandem committi prœlia terris,*
Hic vere possis dicere bella geri.

....
Martius hic ludus.

Et de fait les hommes pressés sur ce vaste champ de bataille ont au fond du cœur des sentiments belliqueux qu'il est facile d'en faire jaillir, auxquels César, qui se connaissait en valeur, a rendu un éclatant hommage. C'est là un trait général propre à toute la nation, qui, sous d'autres rapports, présente tant de diversité et de contrastes. Formée d'éléments hétérogènes, l'esprit de clan ou de tribu y subsiste encore dans sa force. La langue, les affections, les besoins varient de distance en distance. On croit changer de pays, et l'on n'a fait que passer d'un canton dans un autre. Mais partout l'on trouve un fond de probité et de franchise. A la fois vaniteux et humble, le peuple a grande opinion de lui-même, sans néanmoins se soucier des individus qui l'honorent. Imbu d'idées religieuses, attaché surtout aux pratiques extérieures du culte, il serait aisément conduit à abandonner une partie de cette liberté dont à aucune époque il n'a cessé de se montrer jaloux. Enfin, constamment placé sous des influences étrangères, obligé de recommencer à chaque moment son existence politique, il a dû être retardé dans sa civilisation, bien que sous ce point de vue il égale encore la plupart des nations les plus avancées.

La Belgique occupe l'intervalle compris entre le 0° 4' et le 3° 42' de longitude orientale, et entre le 49° 30' et le 51° 31' de latitude septentrionale. Elle est bornée au nord par la Hollande, à l'est par le Limbourg hollandais et la Prusse Rhénane, au sud et à l'ouest par la France, au nord-ouest par la mer du Nord. C'est dans la direction du nord-ouest au sud-est, c'est-à-dire d'Ostende à Arlon (277 kilomètres) et dans celle du sud au nord, de Chimay à Turnhout (160 kilomètres), qu'elle atteint sa plus grande étendue. Sa superficie totale est de 2,945,574 hectares, ou environ 295 myriamètres carrés, répartis comme suit, en négligeant les fractions, entre les différentes provinces dont se compose le royaume : *Luxembourg*, chef-lieu Arlon, 44 myr.; *Hainaut*, chef-lieu Mons, 37 myr.; *Namur*, chef-lieu la ville du même nom, 36 myr.; *Brabant*, chef-lieu Bruxelles, 32 myriam.; *Flandre occidentale*, chef-lieu Bruges, 32 myriam., *Flandre orientale*, chef-lieu Gand, 29 myr.; *Liége*, chef-lieu la ville du même nom, 28 myr.; *Anvers*, chef-lieu la ville du même nom, 28 myr.; *Limbourg*, chef-lieu Hasselt, 24. La population totale, forte de 4,370,882 habitants, présente en moyenne 14,816 habitants par myr. carré, soit encore 222 habitants par 150 hectares ; de ces chiffres il résulte que, toutes proportions gardées, la Belgique occupe le premier rang parmi les États de l'Europe les mieux peuplés. La population des Flandres forme environ le tiers du chiffre indiqué plus haut; celles du Brabant et du Hainaut constituent le second tiers, et le dernier se trouve réparti entre les diverses autres provinces. C'est relativement la Flandre orientale qui est la plus peuplée de toutes ces provinces, car on y compte 265 habitants par 100 hectares, tandis que dans le Luxembourg ce nombre n'est plus que de 42. Le recensement général opéré en 1840 démontra que depuis 1830 le chiffre de la population s'était augmenté de 7,59 o/o. Depuis cette époque, jusqu'en 1850 l'accroissement annuel a été en moyenne de 29,700 habitants; chiffre qui ne pourra encore qu'augmenter à mesure que se consolideront de plus en plus tous les grands intérêts nationaux, et que le commerce ainsi que l'industrie prendront des développements plus importants. La population des campagnes est à celle des villes à peu près comme 3 est à 1. On compte en effet dans 86 communes urbaines 1,118,618 habitants; et dans 2,438 communes rurales, 3,261,621 habitants. En 1839 le nombre des parcelles de terre cadastrées dans le royaume s'élevait à 5,653,961.

En 1850 on comptait 738,512 propriétaires fonciers, dont

2,623 seulement possédaient un revenu cadastré supérieur à 6,000 fr.; 517,492 n'avaient un revenu que de 100 francs.

La population de la Belgique est le résultat du mélange de peuplades germaines et celtes, entre lesquelles on distingue surtout aujourd'hui les Flamands et les Wallons, par leur persistance à conserver leur idiome national; puis les Hollandais, les Allemands et les Français, qui conservent également leur langue primitive. De ces divers idiomes, c'est le français qui est parvenu à être en fait la langue dominante, la langue des classes instruites et polies, celle des autorités centrales de l'État, quoique aucune loi n'ait régularisé et sanctionné un pareil état de choses et que le flamand soit numériquement aux autres idiomes dans la proportion exacte où 4 est à 3. Les Liégeois se servent d'un patois qui possède une espèce de littérature, dont le poète Lambert de Ryckman est le coryphée. Cet idiome mériterait peut-être qu'on fit pour lui ce que M. de Humboldt a entrepris pour le basque. Il est probable qu'il aura été cause de l'erreur dans laquelle est tombé Walter Scott dans son *Quentin Durward*, en métamorphosant les Liégeois en Flamands. C'est comme si l'on prenait l'Alsace pour la Provence.

C'est au treizième siècle que le flamand, qui avait toujours subsisté, commença à prendre une forme plus stable. Au quinzième, la langue de Van Maerlant s'altéra, s'abâtardit : la domination des princes français de la maison de Valois, la multiplicité des *chambres de rhétorique*, des relations commerciales, chaque jour plus étendues, furent les principales causes de décadence. Toutefois, le flamand, ou mieux le hollandais, qui en est un dialecte plus pur, plus cultivé, se releva entre les mains de Kornhert, de Spieghel et de Visscher; il se débarrassa de ses acquisitions méprisables, et revint à son type original, qui est la vigueur et la franchise. Cats, Hooff et Vondel unirent à ces qualités l'élégance et l'harmonie; après eux tout faillit se perdre : malgré les Antonides, les Brandt, les Hoogvliet, les règles du Parnasse français furent seules reconnues; les Latins avaient imité les Grecs, les Français imitèrent les Latins; les Hollandais (car les Flamands négligeaient déjà la culture de leur idiome), les Hollandais imitèrent les Français : en dernière analyse, c'était toujours du grec et du latin défigurés par ces nombreuses transmigrations. Mais, pour comble d'erreur, on enviait surtout aux Français leurs gentillesses et leurs mignardises. Si la langue gagna en politesse, elle perdit en énergie. Enfin elle redevint ce qu'elle devait être, ce que le flamand pouvait ambitionner d'être à plus juste encore, forte, large, abondante, naïve et gracieuse. Dotée de la liberté des inversions et du pouvoir de composer et de décomposer les mots, elle varia à l'infini les formes de la diction, sinon du style, qu'on n'a point encore assez assoupli, et qui, surtout dans la prose, pêche par une sorte d'emphase et de roideur. Un phénomène de linguistique fort remarquable, c'est que des provinces dont les habitants sont d'origine germanique, comme les Nerviens, parlent le français, tandis que des peuplades celtiques ou gauloises ne se servent que du flamand.

En 1840 on comptait en Belgique 34,060 individus parlant allemand, dont 25,774 dans la partie allemande du Luxembourg. Le nombre des Anglais résidant en Belgique n'est guère que de 4,000. A l'inverse de la Hollande, la religion catholique est la religion dominante en Belgique. On n'y compte guère en effet que 10,323 individus professant un autre culte, dont 7,368 protestants et 1,336 juifs. Les catholiques ont pour chefs spirituels l'archevêque de Malines et ses cinq suffragants, les évêques de Bruges, Gand, Tournay, Namur et Liége. Les petites communautés protestantes établies soit dans les villes, soit dans de gros bourgs, se partagent entre les cultes anglican et réformé. Une somme de 58,000 fr. figure chaque année au budget de l'État pour les frais du culte de ces dissidents.

La Belgique n'est point un pays de montagnes; les plaines et les petites collines sont au contraire la configuration du sol qui y domine. Toutefois le contre-fort occidental du plateau des Ardennes se prolonge encore dans sa partie sud-est, découpée par la Sambre et par la Meuse. La hauteur moyenne en est de 1,200 pieds au-dessus du niveau de la mer, et vers sa lisière septentrionale ce plateau acquiert une véritable importance au point de vue de l'industrie. Les masses d'argile et de grauwacke des Ardennes sont traversées par de puissantes couches de grauwacke calcaire, et de riches gisements de fer et de houille accompagnent les rives de la Meuse avant que les couches tertiaires du Hainaut et du Brabant méridional viennent se confondre avec le sol d'alluvion des plaines de la Flandre, et s'y abaisser tellement qu'il est nécessaire d'y élever des digues artificielles et des polders pour empêcher les empiétements de la mer là où manque l'abri naturel des dunes. La contrée sablonneuse de la Campine, dans la partie nord-est de la province d'Anvers, offre, à la vérité, une zone de terres infertiles parallèles à la côte; mais les encouragements accordés avec intelligence par l'État à la mise en culture de cette zone aride, qui depuis 1847 surtout se rétrécit chaque jour davantage, en restreignent incessamment les limites. Les impénétrables marais des Moriniens et des Ménapiens, où vint échouer César, en dépit de toute son habileté stratégique et de la valeur de ses armées, ont depuis longtemps été desséchés, transformés en champs fertiles et entourés de hautes et épaisses plantations qui vus de loin donnent au pays l'aspect d'une vaste forêt, tandis qu'en réalité il n'y a là que de nombreuses habitations dispersées au milieu de champs de blé, et de prairies entrecoupées de fossés. Le riche système d'irrigation que l'on y a rattache, à l'exception de l'Yperlé, qui se jette dans la mer au-dessous de Nieuwport, aux bassins de l'Escaut et de la Meuse, deux fleuves qui deviennent navigables à leur sortie de France, mais qui ont l'un et l'autre leur embouchure sur le territoire hollandais. Les principaux affluents de l'Escaut, dont la largeur à Anvers est de 720 mètres, et la profondeur de 10 mètres, sont la Lys, la Dendre et le Rupel, formé par la Nèthe et la Dyle. Ceux de la Meuse sont la Sambre, l'Ourthe et la Roer. Ces conditions hydrographiques si favorables ont été utilisées avec beaucoup de profit pour un système de canalisation reliant Bruxelles et Louvain avec le Rupel, Bruxelles avec Charleroi, Mons avec Condé, Ostende avec Bruges et Gand, et cette dernière ville avec Terneuse. Aux termes d'une loi rendue en 1842 par les chambres, on a entrepris l'exécution, longtemps différée, d'un projet de canalisation de la Campine, et ces travaux contribueront à rendre promptement à la culture une grande partie de ce sol encore infécond.

Dans les plaines qui avoisinent la mer, le climat de la Belgique offre beaucoup d'analogie avec le climat tout océanien de l'Angleterre, et la douceur de la température y contraste vivement avec les parties de ce royaume dont le sol est plus élevé, par exemple le sud-est, où des hivers plus âpres succèdent à des étés plus chauds et où le loup trouve encore un asile dans les crêtes extrêmes du plateau. Cette diversité de climats, répondant à la diversité de nature de son sol, donne à la Belgique une plus grande variété de produits qu'à la monarchie des Pays-Bas. Tandis que les forêts des Ardennes offrent d'importantes richesses en bois de toute espèce, on trouve dans les plaines tous les genres de céréales en abondance, des plantes oléagineuses, le chanvre, le lin, qui en Flandre surtout est d'une beauté particulière, le tabac dans la Flandre occidentale, beaucoup de houblon, de plantes tinctoriales et de chicorée. Les derniers documents statistiques publiés donnent les résultats suivants en ce qui touche la partie du sol mise en culture : terres à blé, 1,463,633 hectares; pâturages, 544,162; forêts, 539,128; terres en friche, 227,482; culture maraîchère, 52,363; voies de communication et places publiques, 65,702; culture de la vigne, 229 hectares. Les forêts des Ardennes abondent en gibier de toute espèce. Les versants et les vallées du pays de montagnes, de même que les gras pâturages du pays plat, favorisent l'élève des bêtes à cornes, des moutons et des chevaux, quoique la race des bêtes à cornes n'y soit pas aussi nombreuse qu'en Hollande; enfin les côtes de la mer du Nord ouvrent un large champ à l'exploitation de la pêche. En 1846 la Belgique possédait 294,537 chevaux, 1,203,891 bêtes à cornes et 662,508 moutons. Le règne minéral fournit d'abondants produits en plomb, cuivre, calamine, zinc, alun, tourbe, marbre d'une beauté remarquable (celui qu'on trouve à Theux et à Visé est du noir le plus brillant), pierre à chaux, ardoises, pierre de taille, pierre blanche à bâtir, et les gisements de fer et de houille les plus riches qu'on connaisse après ceux de l'Angleterre. En raison du chiffre essentiellement variable des hauts fourneaux en activité (on en compte aujourd'hui 86), on peut évaluer approximativement la production brute annuelle du fer de 140 à 150,000 tonnes. La richesse houillère se trouve agglomérée dans les trois grands bassins de Mons, Liége et Charleroi : on en estime le produit annuel à trois millions de tonnes, représentant une valeur de 46 millions de francs. Ces chiffres équivalent à la production totale de la France. Parmi les sources minérales de la Belgique, les eaux ferrugineuses de Spa jouissent d'une célébrité européenne et, avec les bains de mer d'Ostende, attirent constamment dans le pays un grand nombre d'étrangers.

Les diverses branches de l'industrie agricole trouvent, à peu d'exceptions près, de puissants éléments de succès dans l'excessive richesse du sol de la Belgique. La culture des céréales et des légumineuses y est portée à un haut degré de perfection. Partout on s'y livre à l'élève du bétail, mais principalement dans les deux Flandres et dans le Limbourg, et le fromage de cette dernière province constitue un important objet de commerce. L'éducation des abeilles est pratiquée sur une large échelle dans la Campine, et le gouvernement s'efforce de développer la sériculture par l'appât de primes élevées. L'exploitation des mines, celle des mines de fer, de zinc et de houille notamment, joue un rôle important dans l'industrie belge. Voilà déjà huit cents ans qu'on extrait de la houille de ces contrées, et le nombre des fosses n'y est pas aujourd'hui moindre de 400. Il est d'ailleurs à noter que le pays est loin de manquer de bois : et c'est là une circonstance qui constitue un avantage marqué en sa faveur sur l'Angleterre. A ces trésors souterrains, dont l'exploitation n'occupe pas moins de 218,000 individus, ajoutez ceux que produit l'admirable fertilité d'un sol nourrissant une population compacte, une situation géographique non moins favorable au commerce extérieur qu'au commerce intérieur, enfin la possession de brillants et précieux souvenirs historiques, et vous comprendrez comment il se fait que la Belgique soit un pays de grande industrie, pouvant rivaliser sans crainte sous ce rapport même avec l'Angleterre.

L'origine de l'industrie principale de ces contrées se retrouve dans celle dont les Romains admiraient déjà les produits chez les Celtes voisins du pays habité par les anciens Belges, industrie qui se conserva toujours à travers les âges, et qui des Flandres wallonnes se répandit en Allemagne. Il est en effet impossible de ne pas reconnaître dans les Atrébates, ces si habiles tisserands, les ancêtres d'une race laborieuse qui alla toujours en se répandant davantage à l'est et au nord. Les villes de Flandre étaient jadis seules en possession de cette productive industrie, alors qu'il n'y avait de travail possible qu'à la condition d'être protégé par les solides murailles des villes; et la rupture violente opérée en 1830 entre la Belgique et la Hollande n'a eu que les résultats les plus avantageux pour le développement intérieur de cette source de richesses.

Un État entré dans la vie politique avec le fardeau écrasant d'une dette publique, resserré entre des nations dont le pavillon domine dans les mers les plus lointaines et y possédant des riches colonies, dont les fleuves navigables ont leur embouchure située dans les contrées voisines, dont la population ne constitue pas un tout compacte rendu homogène par l'origine, par la langue et par la culture intellectuelle, doit nécessairement songer d'abord à accroître et à augmenter ses forces intérieures, avant de vouloir agir en dehors de ses frontières. C'est là une vérité que la Belgique a parfaitement comprise et mise en pratique. Le jour où elle parvint à l'indépendance politique, elle concentra sur sa prospérité intérieure toutes ses préoccupations, convaincue que le développement de son commerce et de son industrie serait pour elle un élément de grandeur et de puissance; et dans cette voie elle fut admirablement servie par la richesse naturelle de son sol et les matières premières de tout genre qu'il lui offrait en si grande abondance.

Les cinq principales branches d'industrie manufacturière de la Belgique sont la fabrication des étoffes de lin, de laine et de coton, et la préparation des métaux. Les grands centres de la fabrication des toiles (genre d'industrie qui, après avoir pendant longtemps langui, a repris dans ces derniers temps un grand élan) sont les environs de Courtray et de Bruges, dans la Flandre occidentale, Gand dans la Flandre orientale, Bruxelles dans le Brabant, Malines dans la province d'Anvers, et Tournay dans le Hainaut. On évalue à 900,000 le nombre des pièces de toiles qui s'y fabriquent annuellement, et à 400,000 celui des travailleurs qu'occupe cette industrie. Les batistes et les damassés de Bruges sont à bon droit célèbres. Les dentelles de Bruxelles ou de Brabant sont recherchées dans toute l'Europe; les plus belles, pour lesquelles les fils les plus fins proviennent de Courtray et de Malines, se fabriquent, soit à l'intérieur, soit aux environs des villes de Bruxelles, Louvain, Malines et Bruges, et le prix en va quelquefois jusqu'à 4,000 fr. l'aune. Le tissage de la Flandre, ne pent pour le prix de revient soutenir la concurrence contre les machines, malgré sa supériorité de qualité. L'Angleterre, qui avant 1834 importait encore trois millions de kilogrammes de fil fabriqué à la main, exportait dès 1844 15 millions de kilog. de fil fabriqué chez elle au métier. Depuis 1842 l'industrie des toiles a également vu ses produits doubler en France, et il y a déjà longtemps que les fileurs et les tisserands belges ont cessé d'approvisionner de toiles l'Espagne et presque toute l'Amérique. En raison de la hausse constante de tous les objets de subsistance, il était donc inévitable qu'une crise des plus graves éclatât là tôt ou tard. Il faut savoir gré d'ailleurs au gouvernement belge d'avoir su détourner de son pays l'immense péril d'un paupérisme toujours croissant, par l'emploi de diverses mesures habiles, par la création d'ateliers de perfectionnement, par l'introduction de nouvelles branches d'industrie et par un puissant essor imprimé aux progrès de l'agriculture.

Verviers et ses environs, Limbourg, Ensival, Francomont et Hodimont, le grand centre de la fabrication des étoffes de laine. Les 3,000 métiers battants qui existent dans les 200 fabriques de ces diverses localités, où l'on trouve de 60 à 70 machines à vapeur, livrent chaque année à la consommation plus de 110,000 pièces de drap le plus fin, pour lequel on emploie le plus généralement des laines de provenance russe ou allemande. On fabrique en outre du drap à Thuin, à Ypres et à Poperinghe. Les autres lainages, tels que flanelles, étamines, serges et camelots, sont fabriqués dans toutes les provinces, et particulièrement à Hodimont, Stavelot et Tirlemont; les couvertures de laine, à Bruxelles, Liége, Malines et Verviers. Il existe de grandes manufactures de tapis à Bruxelles et à Tournay, et on fabrique beaucoup du bas dans le Hainaut. Les plus importantes manufactures de cotonnades sont à Gand et à Lokeren dans la Flandre orientale, à Bruges et à Courtray dans la Flandre occidentale, à Malines, Louvain et Anderlacht dans le Bradeux écoles normales établies à Lierre et à Nivelle, forment aujourd'hui entre les mains de l'État un contre-poids à opposer aux nombreux établissements d'instruction publique placés sous la direction immédiate ou indirecte du clergé. Dans le nombre il faut particulièrement citer l'université *catholique* de Louvain, fondée en 1836 par les évêques, et dont l'enseignement est placé sous leur surveillance en même temps que sous leur direction. Mentionnons encore l'université de Bruxelles, création du parti libéral, et les colléges tenus par les jésuites à Namur, à Brugelette, à Bruxelles et à Liége. Au budget de 1851, une somme totale de 2,189,131 fr. figurait au chapitre de l'instruction publique; et ce chiffre a encore été augmenté de 200,000 fr. en vertu d'un crédit alloué en 1850 par la loi sur les colléges. L'abolition du timbre sur les journaux, à la suite des événements de 1848, a eu pour résultat d'augmenter de beaucoup le nombre des feuilles consacrées à la discussion des intérêts généraux. Il n'est pas moindre aujourd'hui de 180, parmi lesquels 56 sont rédigées en langue flamande. Toutefois, le plus grand nombre de ces journaux sont loin de faire preuve de ces connaissances étendues et générales, et de cette vigueur de dialectique qu'exige aujourd'hui la mission du journalisme.

Dans sa forme actuelle, la constitution monarchique et constitutionnelle de la Belgique est le produit de la révolution de 1830. Le corps législatif se compose de deux chambres, celle du sénat et la chambre des représentants. Un ministère responsable, présidé par le roi, est placé à la tête de l'administration, et secondé dans son action par les gouverneurs des diverses provinces. Ce ministère est composé des départements de l'intérieur, des affaires étrangères, des finances, de la justice, des travaux publics et de la guerre. L'organisation judiciaire est demeurée ce qu'elle était au temps de la domination française. Les revenus de l'État, d'après les prévisions du budget de 1852, étaient évalués à 117 millions de francs, et les dépenses publiques à 115 millions. Elles se répartissaient ainsi : dette publique, 29,872,027 fr.; pensions, environ 6 millions de fr.; liste civile du roi, 2,751,322 fr.; sénat, chambre des représentants et cour des comptes, 614,600 fr.; justice et cultes, 11,908,865 fr.; affaires étrangères, commerce et marine, 2,188,738 fr.; département de l'intérieur et de l'instruction publique, 6,502,802 fr.; travaux publics et chemins de fer, 16,061,495 fr.; ministère de la guerre, 26,787,000 fr.; finances, etc., 12,700,000 fr. Au chapitre des recettes figurent les articles suivants : contributions directes, droits de douanes et autres, 86,754,050 fr.; produits des routes, canaux et rivières, 16 millions. Le nombre des fonctionnaires recevant un traitement acquitté par le trésor public s'élevait en 1851, d'après un rapport présenté par le ministre des finances, à 16,603, dont 500 n'étaient pas belges de naissance, mais s'étaient pour la plupart fait naturaliser. L'organisation de l'armée belge a pour base la loi du 19 mars 1845. Mise sur le pied de paix depuis le 18 juin 1839, l'armée est placée sous le commandement du roi et comprend les divisions suivantes : corps des officiers généraux, au nombre de 33 ; état-major général; état-major particulier des commandants de provinces et de places ; corps de l'intendance ; service de santé ; l'infanterie, composée d'un régiment d'élite, de 12 régiments de ligne et de 3 régiments de chasseurs, avec 1,246 officiers ; la cavalerie, composée de deux régiments de chasseurs, de deux régiments de hulans, d'un régiment de guides et de deux régiments de cuirassiers, avec 266 officiers; le corps du génie, avec son état-major et un régiment ; la gendarmerie, forte de 1,408 hommes et 43 officiers. Le camp de Beverloo dans la Campine, le polygone de Braschat près d'Anvers, l'arsenal de construction de cette ville, la fabrique des canons et la manufacture d'armes à feu de Liége, l'école pyrotechnique de la même ville et l'école militaire de Bruxelles sont autant d'établissements ressortissant au ministère de la guerre. L'armée se recrute au moyen d'enrôlements volontaires et par la voie de la conscription. Son actif ne dépasse pas 30,000 hommes, mais peut être porté à 80,000. Le personnel de la *marine royale* ne se compose guère que de 30 individus ; et la *flotte*, du *Duc-de-Brabant*, brick de 20 canons, de la goélette *Louise-Marie*, et de trois bateaux à vapeur faisant le service de paquebots entre Ostende et Douvres. L'importance stratégique de la situation de la Belgique, jointe au souvenir des différentes dominations étrangères qui ont tour à tour pesé sur ce sol, choisi tant de fois pour champ de bataille par les nations de l'Europe, font à ce pays une nécessité d'entretenir un grand nombre de places fortes, dont les plus importantes sont Anvers, Ostende, Nieuport, Ypres, Tournai, Diest, Mons, Philippeville, Charleroi et Namur. La capitale du royaume est Bruxelles.

Histoire.

Les fastes de la Belgique ne commencent avec certitude qu'aux récits de César. Ces Romains, qui se firent rois du monde, imposèrent aux vaincus une histoire dans laquelle ont été absorbés, engloutis, tous les monuments nationaux ; et quand nos farouches ancêtres triomphèrent de Rome à leur tour et lui dénièrent son éternité, ils laissèrent encore à des esclaves le plaisir de leur ravir le passé.

A cette époque, sous le nom de *Gallia Belgica*, les Pays-Bas méridionaux formaient sur les frontières de la Germanie et de la Gaule une partie de la Gaule elle-même. Sa population était un mélange de peuplades celtes et germaines, tandis que l'élément germain dominait dans la Batavie et la Frise. Il en fut de même aux cinquième et sixième siècles, sous la domination franke dans les provinces méridionales.

Drusus et l'infortuné Germanicus commandèrent dans la Belgique. L'imbécile Caligula, qui se croyait fait aussi pour la gloire, parut avec son armée, en costume de théâtre, au milieu des Bataves, comme pour leur révéler le secret de la honte de l'empire, et, après avoir ramassé quelques coquillages sur les bords de l'Océan déclaré vaincu, il s'en alla triompher à Rome aux acclamations des descendants des Émile et des Fabius.

Plus tard, de nouveaux peuples septentrionaux fondent sur les Gaules. Les Huns, que le Goth Jornandès croyait issus du commerce des démons et des sorciers, portent la désolation dans la Germanie inférieure. Les Belges s'unissent aux Franks contre les Romains et les barbares. Les Franks établis dans la Tongrie élèvent sur le pavois un chef qu'on est convenu d'appeler Pharamond, ou plutôt *Waremond*, sans doute à cause de la dignité de ses traits. Klodion s'empare de Tournay et s'étend jusqu'aux rives de la Somme. Hilderik, successeur de Merowig, meurt à Tournay, où son tombeau fut découvert en 1658. (Quelques écrivains ont cru que le C ou K et l'H placés devant les noms de la plupart de ces chefs barbares étaient des abréviations des mots *koning* ou *kuning*, roi, et *heer*, seigneur; mais c'étaient de pures aspirations.)

Ainsi la Belgique fut le berceau de ce que la plupart des écrivains appellent dès lors la *monarchie française*, quoiqu'il n'y eût point de monarchie. Hlodewig mort, ses quatre fils devinrent chefs des Franks. Thiodorik, né d'une concubine, commanda entre le Rhin et l'Escaut, Hlodeher entre l'Escaut et l'Océan. Ce fut là l'origine des dénominations fameuses par lesquelles on distingua les Franks orientaux des Franks occidentaux, c'est-à-dire de ceux d'Austrasie et de Neustrie. Le traité de Verdun rendit cette ligne de démarcation politique encore plus tranchée, attendu que les provinces de Neustrie, la Flandre et l'Artois, passèrent sous la domination franke, tandis que les provinces d'Austrasie, le Brabant entre autres, continuèrent à faire partie de l'empire d'Allemagne.

La Belgique fut, comme le reste de l'Austrasie, gouvernée par les maires du palais, à partir, en 613, de Pippin, de

Landen, bourgade de la Hesbale, lieu de sa naissance et de sa résidence ordinaire.

Dès le quatrième siècle, un christianisme informe s'était répandu dans cette contrée, en se mêlant aux superstitions païennes. Constantin et Hlodewig l'avaient introduit. Sous Daghebert, Éloi vint prêcher en Flandre et à Anvers. Les monastères ne tardèrent pas à se multiplier; ils s'emparaient de la plupart des terres, livraient à la culture d'infertiles déserts, servaient, dans ces jours de violence, d'asile aux puissants comme aux faibles, et devenaient la prison des princes détrônés.

Karl le Grand ou Charlemagne régna sur toute la Gaule. Il entretint aux embouchures des rivières des flottilles destinées à repousser les Normands : Gand était une de ces stations navales. L'empereur protégea à la fois le commerce et l'instruction. Les écoles se propagèrent : il y en eut jusqu'à Rome pour la jeunesse franke. Les plus célèbres de la Belgique furent celles de Liége, de Lobbes et de Saint-Amand.

Les Normands, profitant de la faiblesse de Louis le Débonnaire, ravagent Anvers et l'île de Walcheren, où ils se maintiennent. Ses enfants s'arrachent sa succession; nouveau partage, qu'il ne faut pas juger comme le résultat d'une politique imprudente, mais comme la conséquence des mœurs germaniques, dont la tradition paraît subsister encore aujourd'hui dans cette division d'un grand nombre de maisons souveraines de l'Allemagne, en diverses branches, toutes possessionnées. Ce qui est enclavé entre le Rhin et l'Escaut, le Cambrésis, le Brabant, le Hainaut, le comté de Lomme ou de Namur, tous les comtés autour de la Meuse jusqu'au Rhin, échut à Lothaire, qui posséda la Belgique, excepté la Flandre et l'Artois dévolus à Charles le Chauve. Ainsi se forma la *Lotharingie* ou *royaume de Lothaire*.

Les Normands, qu'on voyait dans la mêlée tomber, sourire et cesser de vivre, envahissent, quittent et reprennent la Frise, désolent Courtray, Gand, Tournay; se répandent dans les pays voisins, s'emparent de Louvain, incendient Térouenne, se montrent partout à la fois, avec la rapidité de l'éclair, à l'aide de leurs légères embarcations. Ils ne triomphent que pour détruire, confondent dans le même fanatisme la poésie, l'amour et le carnage; écoutent avec de pareils transports de plaisir les cris de leurs victimes et les chants des scaldes; inspirent aux peuples une telle épouvante que les temples répètent, bien des années après, cette prière ajoutée aux litanies : *De la rage des Normands, délivrez-nous, Seigneur !* et ne disparaissent de la Belgique que vers l'an 892, rebutés par la résistance qu'ils éprouvent. Mais les traces de leur passage restèrent longtemps fumantes, et les désastres qu'ils avaient causés ne furent complétement réparés qu'au douzième et au treizième siècle.

Cependant la féodalité s'organisait. Ici commence cette complication de souverains et de seigneurs qui gouvernèrent les diverses parties de la Belgique, et qui remplissent nos annales de noms innombrables, de dates incertaines, de petits faits sans liaison générale, mais non sans intérêt et sans instruction. L'étude de ces temps obscurs est au contraire une des plus fécondes en découvertes importantes, en précieux enseignements. Les diverses provinces du sud formèrent autant de duchés ou de comtés. Le comté de Flandre, qui par son industrie et son commerce acquit plus d'importance que les autres provinces, soutint une longue et opiniâtre lutte pour défendre son indépendance contre les projets d'absorption conçus par la monarchie franke. A l'extinction de la ligne mâle des comtes de Flandre, arrivée en 1386, ce comté échut à la maison de Bourgogne, qui au commencement du quinzième siècle parvint, tant par mariages et héritages que par contrats d'acquisition, à réunir sous sa domination toutes les autres provinces des Pays-Bas, alors que les ducs de Brabant avaient déjà jeté au commencement du treizième siècle les bases d'un puissant État par la réunion du Brabant et du Limbourg. Les princes de la maison de Bourgogne firent preuve de persévérance dans la politique qui leur conseillait de ne rien négliger pour fonder un État puissant entre l'Allemagne et la France; et à cet effet ils s'efforcèrent constamment de comprimer l'esprit démocratique, qui avait pour foyers les différentes villes parvenues rapidement à un haut degré de prospérité.

Il serait impossible d'esquisser ici, même en courant, une foule d'événements si divers, et qui, pour la plupart, ne sont précieux que par de petits détails, agrandis bientôt à l'examen de la réflexion. Aussi bien ils trouveront leur place plus naturellement aux articles particuliers consacrés dans ce livre à l'histoire des différentes provinces de la Belgique. Laissant donc de côté tout le temps écoulé du neuvième au commencement du quinzième siècle, nous hâterons d'arriver au règne de Philippe le Bon, dont la domination s'étendit de la mer du Nord à la Somme.

Ce prince, surnommé le *grand duc d'Occident*, aurait pu placer sur son front le diadème royal, s'il n'avait trouvé une puissante opposition dans la jalousie de Louis XI, et dans ses sujets naturels, qui auraient craint avec raison que l'unité monarchique ne portât de graves atteintes à l'individualité politique de chacune de leurs provinces. Prince français, principal moteur des grandes intrigues qui agitaient la France, il n'y avait pas puisé le respect de la liberté. La Belgique fut bien appelée de son temps la *Terre de promission*, mais elle devait sa prospérité moins à ses maîtres qu'à ses lois constitutives, appelées *priviléges*, ainsi qu'à l'énergie, à l'activité, à l'industrie de ses habitants. Les vertus privées des citoyens amendaient les fâcheux résultats d'une administration tour à tour molle et despotique, et le caractère chevaleresque du prince, la grâce et la noblesse de ses manières, l'éclat de sa cour et de sa puissance, achevaient de fermer les yeux sur ce qu'il y avait de répréhensible dans son gouvernement. Quoique populaire à bon droit, Philippe le Bon n'en livra pas moins, peu de jours avant sa mort, la ville de Dinant aux flammes, et fit jeter dans la Meuse huit cents de ses habitants, liés deux à deux.

Charles le Téméraire trouva dans les coffres de son père 72,000 marcs d'argent en vaisselle, et pour 2 millions d'écus d'or en meubles, ou environ 23,210,863 francs 70 centimes de notre monnaie actuelle. Ces trésors et tout l'argent qu'il put obtenir de ses sujets furent dissipés à guerroyer; car on peut dire, en se servant d'une expression énergique du faible Olivier de la Marche, que Charles vécut l'épée au poing avec tous ses voisins, et même avec ses sujets. Son ennemi capital fut Louis XI, qu'il avait appris à détester lorsque, n'étant encore que dauphin, ce prince s'était réfugié à la cour de Bruxelles.

Apre, belliqueux, inflexible, Charles poursuivait ses desseins avec une obstination aveugle. Trompé par l'empereur dans ses démarches pour être reconnu roi, il songea à se mettre lui-même la couronne sur le front. Maître du comté de Ferrette et du landgraviat d'Alsace, qu'il avait acquis par engagement du duc Sigismond, il vint assiéger Neuss-sur-le-Rhin, afin de rétablir l'archevêque de Cologne, Robert de Bavière, dont il avait embrassé la cause pour motiver ses propres entreprises. Ayant eu l'imprudence d'attaquer les Suisses après avoir soumis la Lorraine, il fut défait à Granson et à Morat. Ces revers portèrent sa fureur au comble. Un aventurier italien, qu'il avait accablé de biens et de faveurs, le comte de Campo-Basso, le trahit dans cette extrémité. En proie à des transports de rage voisins de la démence, il se déroba pendant plusieurs mois à toute société, laissant croître sa barbe et ses ongles, et ne changeant pas même d'habits. Cette frénésie le jeta sous les murs de la ville de Nancy, reprise récemment par le duc de Lorraine. Il y périt le 5 janvier 1477, à l'âge de quarante-quatre ans.

Des finances délabrées, une administration chancelante, les désordres d'une régence, les dangers de la guerre, partout la haine et l'astuce de Louis XI, tel était le tableau que présentaient les Pays-Bas en passant sous le sceptre de Marie, fille unique de Charles et d'Isabelle de Bourbon.

Louis ne pouvait manquer de profiter de tant de malheurs. Il s'empara du duché de Bourgogne ainsi que des villes rachetables de Picardie, et intrigua près des Gantois, qui, geôliers de leur souveraine, lui avaient choisi un conseil. Un barbier, maître Olivier le Diable ou le Dain, né à Thielt en Flandre, fut le diplomate qu'il employa dans cette occurrence. La négociation ne réussit point : Olivier fut obligé de prendre la fuite; mais en se sauvant il fit tomber Tournay entre ses mains, et s'en retourna raser son maître.

Marie, gouvernée par le seigneur d'Imbercourt et le chancelier Hugonet, avait écrit au roi de France des lettres où elle les signalait comme ses confidents intimes. Louis, qui aimait à compliquer les ressorts de sa politique, et ne se refusait jamais à ce qu'il appelait un bon tour, remit cette lettre aux Gantois. Ceux-ci, se croyant trahis, arrêtèrent Imbercourt et Hugonet, et, malgré les larmes de la duchesse, accourue sur la place publique, leur firent trancher la tête en sa présence.

Charles le Téméraire s'était cru fort habile en promettant la main de sa fille à tous les souverains. Les états se prononcèrent pour Maximilien, fils de Frédéric III. Telle fut l'origine de l'élévation de la maison d'Autriche. Maximilien n'avait apporté aux Pays-Bas que son titre d'archiduc, on avait même été obligé de payer les frais de son voyage; mais c'est précisément cette impuissance personnelle qui avait été son titre de recommandation aux yeux des Flamands. Une fin prématurée lui enleva son épouse : Marie mourut à Bruges, d'une chute de cheval, laissant deux enfants en bas âge, Philippe le Beau et *Croit-Conseil*, et Marguerite, *la gente damoiselle*.

Malgré les troubles de la régence de Maximilien, que les Flamands osèrent même emprisonner, le règne de son fils n'en est pas moins regardé, et avec raison, comme l'époque de la plus haute prospérité dont aient joui ces provinces. Philippe, par son mariage avec l'infante Jeanne de Castille, devint roi de ce pays. Les historiens espagnols se plaignent avec vivacité des exactions et de l'insolence de ses conseillers flamands. Il paraît en effet qu'ils abusèrent de leur ascendant sur leur maître, et de là date peut-être une inimitié qui éclata plusieurs années après avec une violence si déplorable.

C'est au commerce que la Belgique dut alors sa splendeur. Ce qu'elle avait perdu en priviléges, car Philippe lui en retira quelques-uns, elle le reconquit en industrie. Des communications nouvelles s'étaient ouvertes entre les peuples. Venise avait dû renoncer à sa suprématie, et n'était plus le centre du monde commercial, qui venait d'être agrandi par Colomb d'un second hémisphère, après l'avoir été par Gama de toutes les mers qui baignent l'Afrique et l'Asie. Philippe laissa (1506) un fils âgé de six ans, à qui la mort de Ferdinand le Catholique, son aïeul maternel, abandonna toute la monarchie espagnole; mais des séditions faillirent d'abord la lui enlever. Le trône impérial était vacant. Charles-Quint, qui n'avait pas encore assez de toutes ses couronnes, l'ayant convoité, trouva un compétiteur redoutable, le roi de France François Ier. Cependant il l'emporta, et plus tard même la guerre il livra la personne de son rival. Après tant de prospérités, sa vieillesse fut marquée par des revers. Épuisé de travaux, fatigué des grandeurs, obsédé par l'ambition d'un fils avide de régner, il donna au monde le spectacle du dédain des plus éblouissantes vanités, mais ne tarda pas à les regretter, selon la plupart des historiens.

Il choisit Bruxelles pour y faire son abdication. Le vieil empereur parut appuyé sur Guillaume de Nassau, élevé sous ses yeux, et qui devait arracher une partie des Pays-Bas à la domination de la maison d'Autriche. Il céda ses États à Philippe, déjà l'ennemi secret des Belges (1555), et se retira au monastère de Saint-Just, près de Placenza, où, dit-on, il s'amusa à tyranniser de pauvres moines, et à mettre d'accord des horloges aussi rebelles que les intérêts de l'ambition. Enfin, pour dernier acte de bizarrerie, il fit célébrer ses propres funérailles, et mourut deux jours après cette lugubre comédie (1558). Malgré tout son génie, ce grand homme n'était pas impunément le fils de Jeanne la Folle et l'arrière-petit-fils de Charles le Téméraire.

Quoiqu'il eût traité avec la dernière sévérité la ville de Gand, où il avait reçu le jour, et qui s'était révoltée contre lui (1540), et qu'en toute occasion il eût cherché à affermir son autorité aux dépens des priviléges des provinces, les Belges, fiers de sa grandeur et de sa gloire, séduits par ses manières, et disposés à lui faire honneur d'une partie de leur bien-être, le pleurèrent comme un père.

Sous lui se forma le système de l'équilibre européen. L'antagonisme des deux puissances les plus formidables du continent, l'alliance de la France avec la Turquie, les affaires de la Hongrie, le rôle important joué désormais par l'Angleterre, enfin le mouvement que la réforme de Luther imprima au corps germanique, ce sont là autant de causes qui placèrent vis-à-vis les uns des autres dans des rapports permanents et intimes des États auparavant presque isolés, et les opérations de la politique embrassèrent dès lors un horizon plus vaste.

L'air de la Belgique ne convenait pas à Philippe II. Élevé en Espagne, où les Flamands étaient odieux depuis son aïeul, il avait rarement, même en sa jeunesse, montré ce front serein qui promet de beaux jours. Sa fierté était sombre, minutieuse, inquiète; ses soupçons ajoutaient encore à ses lenteurs et à ses incertitudes. Voulant tout voir, tout connaître, au lieu de prononcer sur les dépêches qu'on lui adressait, il paraissait les commenter. Sa dévotion sombre, jointe à une politique haineuse et tyrannique, lui faisait voir des séditieux dans ceux qui penchaient pour les nouveautés religieuses, un hérétique dans quiconque n'obéissait pas aveuglément à ses caprices. Aussi, loin d'adoucir les sévères édits de son père, il usa contre les réformés des Pays-Bas d'un surcroît de rigueur.

Philippe était monté sur le trône avec un orgueil déjà mûr, des desseins tout formés. Fatigué d'une longue attente, quand il se vit à vingt-neuf ans chef d'une multitude d'États, il ne goûta point cet enivrement qui tient quelquefois lieu de générosité. La trêve de cinq ans, conclue à Vaucelles, venait d'être rompue. Les Français avaient essuyé une défaite totale à Saint-Quentin, et la victoire avait dépendu en grande partie de la brillante bravoure du comte d'Egmont, qu'on en punit d'une manière si terrible. Mais les lauriers doivent aussi se payer. Philippe demanda des subsides aux Belges, qui ne les lui accordèrent qu'avec répugnance. Les états chargèrent même des commissaires à en surveiller l'emploi. Ils exigèrent en outre que les troupes espagnoles évacuassent le pays, prétentions formellement contraires aux vues de Philippe. Excédé de leurs doléances et de leurs remontrances, irrité des difficultés qu'on s'efforçait de lui opposer, le roi partit pour l'Espagne avec des idées de réforme qui ressemblaient à des plans de vengeance. Il fallait un chef au gouvernement de *par-deçà*, comme on le disait à Madrid. Sur qui se fixerait le choix de Philippe? On désignait tour à tour Christine, tante du roi et duchesse de Lorraine; Guillaume de Nassau, prince d'Orange, et le comte d'Egmont. Guillaume était issu d'une maison souveraine, qui avait possédé la Gueldre quand on parlait à peine des comtes de Habsbourg, et qui avait donné ensuite un empereur à l'Allemagne. Philippe redoutait également son influence et son génie. Nourri dans le cabinet de Charles-Quint, Guillaume avait contracté de bonne heure des habitudes sérieuses, et joué, pour ainsi dire, encore enfant, avec la politique du monde. Guidé par une prudence habile à ne point confondre l'adresse avec l'astuce, infatigable dans la poursuite de ses desseins, réservé, taciturne, il était grand sans orgueil, magnifique sans faste, populaire avec dignité.

D'une origine moins illustre, quoique descendant aussi d'une maison à laquelle la Gueldre avait été soumise, Egmont s'avançait paré des lauriers de deux grandes victoires. Aimant l'éclat, attaché à la cour par ses idées aristocratiques, au peuple par sentiment, indécis sur la marche qu'il devait suivre, mais toujours généreux, il charmait la multitude par son abord ouvert, sa bienfaisance prodigue, sa bonne mine, et même par son adresse dans les exercices du corps. Quand il vint pour la première fois en France, les dames de la cour la plus corrompue de l'univers le trouvèrent *d'assez mauvaise petite grâce :* il avait trop de prud'homie pour plaire aux filles d'honneur de Médicis.

Ces deux hommes semblaient résumer dans leurs personnes les deux partis de la nation qu'ils représentaient plus spécialement. Guillaume se distinguait par une volonté ferme, inébranlable; il savait s'identifier avec les intérêts populaires, et trouver dans le temps des ressources contre la mauvaise fortune. Egmont était entraîné tour à tour par des courants contraires : le roi, le clergé, l'aristocratie, exerçaient sur lui une triple influence. Son courage n'était qu'une crise, son patriotisme qu'un accès, et il se laissait dominer ensuite par le même pouvoir dont naguère il avait voulu briser le joug. Cette conduite le conduisit à l'échafaud. Quant à Guillaume, s'il tomba plus tard sous les coups d'un assassin, il avait du moins donné à son œuvre des fondements si solides qu'elle subsiste encore aujourd'hui plus belle et plus imposante que jamais.

Jouet de l'étranger et de ses propres passions, la Belgique méridionale revint sous la domination espagnole. Deux princes se rencontrèrent, bien propres par leur dangereuse douceur à lui rendre le joug moins lourd. Albert et Isabelle combattirent indirectement l'esprit d'innovation et de progrès. Ils créèrent une aristocratie subalterne, multiplièrent les couvents, laissèrent dépérir le commerce, et minèrent tout doucement les institutions démocratiques. Les historiens vantent le bonheur dont la Belgique leur fut redevable, sans s'apercevoir que dès lors le caractère national s'altéra, et qu'un peuple accoutumé jadis à l'action et au mouvement s'endormit dans une lâche torpeur, puis s'effaça insensiblement de la scène du monde. Il ne se réveilla qu'en 1789.

L'empereur Joseph II, véritable enfant du siècle, amoureux de la gloire, et placé en présence de deux grandes renommées, celles de Catherine et de Frédéric, désirait se rendre le parallèle avantageux. Il enviait même à l'avenir les changements propices que la succession des années peut produire ; le voilà donc qui se dispose à les devancer, se flattant que les siècles avortent sans danger.

Il y a dans le caractère belge quelque chose d'indocile que la douceur endort, mais que la dureté stimule. Joseph II eut le tort de prendre ce peuple pour un individu, et cet individu pour un philosophe, tandis que ce n'était qu'une nation de plusieurs pièces, et où la philosophie n'avait fait que passer. Il y a une manière de faire mal le bien; or c'est précisément celle-là que Joseph II eut l'air de préférer.

Il commença par de véritables infractions à la *Joyeuse Entrée,* charte fondamentale du Brabant. L'établissement à Louvain d'un *séminaire général* fit pousser les hauts cris au clergé. Le parti théocratique prit chaque jour de nouvelles forces, et parvint enfin à faire prononcer la déchéance de l'empereur, ce cas étant prévu par la constitution. Léopold, son successeur, fit aux Belges des propositions modérées et satisfaisantes, que les exagérés rejetèrent. Qu'arriva-t-il? Le maréchal de Bender entra dans le Brabant ; le dictateur Van-der-Noot s'enfuit; le congrès fut dissous, et l'armée se dispersa d'elle-même. La révolution était finie.

Une autre révolution ne tarda pas à réunir la Belgique à la France. Il avait été question de déclarer cette contrée indépendante, et au sein de la Convention nationale, le 6 octobre 1795, Roberjot, qui joua dans la diplomatie un rôle si funeste, prononça ces paroles remarquables et prophétiques : « En proposant l'indépendance des « Belges et des Liégeois, on présume sans doute que la ré- « publique sera mieux affermie, qu'elle sera propre à nous « garantir à nous-mêmes plus sûrement notre indépen- « dance. Moi, je pense, au contraire, que si vous pronon- « cez l'indépendance de ces peuples, vous ne conclurez « qu'une paix précaire et simulée ; vous livrerez pendant « plusieurs années ces riches contrées au fléau de la guerre « et aux horreurs de l'anarchie; vous alimenterez l'ambi- « tion et les espérances de la maison d'Autriche; vous dé- « tournerez à votre désavantage la balance politique, et vous « ferez rétrograder la révolution... L'Angleterre, qui s'a- « perçoit que cette guerre, qu'elle a conduite dans des « vues de cupidité et de jalousie, lui a enlevé une partie « des débouchés qu'elle s'était appropriés sur la Hollande, « sur la France et dans le Levant, et qu'ils diminueraient « encore par la réunion de la Belgique, cherche par cette « mesure (la déclaration d'indépendance) à se dédommager « de ses pertes..... Sentant qu'il lui est important de s'ou- « vrir les portes du commerce en Allemagne, de profiter de « l'indépendance que vous accorderez aux Belges, pour « l'anéantir dans quelque temps, s'emparer des ports d'An- « vers et d'Ostende, ouvrir un débouché certain aux pro- « duits de ses manufactures, s'approprier le commerce de « transit pour leur destination à l'Allemagne, et enfin, puis- « qu'il faut le dire, le duc d'York sur un trône qu'on doit « lui fonder, l'Angleterre n'a cessé d'avoir en vue la pros- « périté de son commerce. Toutes mesures lui ont paru « bonnes; il est donc dans ses principes de risquer de nou- « veaux troubles pour prévenir sa ruine et ne pas perdre « les avantages qu'elle avait acquis. »

Après des alternatives de succès et de revers, la campagne de 1794, faite sous les ordres de Pichegru, plaça la Belgique sous l'influence française. Organisée à l'origine comme république indépendante, la Belgique fut définitivement adjugée à la France par les traités de paix de Campo-Formio et de Lunéville. Divisée alors en neuf départements, elle partagea les destinées de la France républicaine et de la France impériale, fournissant des conscrits à ses armées et de l'or à son trésor jusqu'au jour où tomba Napoléon.

La première paix de Paris, signée le 30 mai 1814, plaça la Hollande et la Belgique (cette dernière, après avoir été administrée pendant quelques mois par un gouverneur général autrichien) sous la souveraineté du prince Guillaume-Frédéric d'Orange-Nassau, qui, le 23 mars 1815, prit le titre de roi des Pays-Bas. Après quoi, le traité de Londres du 19 mai 1815, et plus tard les décisions du congrès de Vienne, en date du 31 mai, puis l'acte final du 9 juin 1815, régularisèrent les rapports du nouveau royaume. Plus tard on y réunit Liége et quelques parcelles de territoire riveraines de la Meuse, tandis que le Luxembourg entrait dans la Confédération Germanique comme grand-duché particulier. La seconde paix de 1815 renforça les frontières méridionales des Pays-Bas par l'addition de quelques portions de territoire et des places fortes de Philippeville, Marienbourg et Bouillon. DE REIFFENBERG.

La constitution nouvelle, qui devait faire en tout compacte et homogène de ces deux peuples juxtaposés par la nature et réunis par la volonté des puissances, ne fut pas plus tôt mise en activité que l'antagonisme profond existant entre leurs nationalités, leurs langues, leur religion et leurs mœurs, se manifesta avec une violence que des hommes d'État eussent dû prévoir, au lieu de se bercer, comme ils firent alors, de l'espoir de confondre à toujours les Hollandais, race protestant la religion réformée, et participant de toutes les qualités comme de tous les vices des nations commerçantes, et les Belges, populations essentiellement agricoles et industrieuses, mais surtout catholiques, et dont la langue parlementaire est le français, idiome généralement adopté par les classes instruites et éclairées. Parmi les articles de cette constitution qui provoquèrent en Belgique la plus vive opposition, il faut mentionner en première ligne ceux qui attribuaient exclusivement au roi la direction des affaires coloniales ainsi que la fixation du chiffre du budget, dont les différents crédits devaient sans doute être votés par les états généraux, mais uniquement en ce sens que le vote des impôts fixes et réguliers de même que celui des voies et moyens n'avaient lieu que tous les dix ans, et que les impositions extraordinaires étaient seules soumises chaque année à l'approbation des chambres. La part faite à la Belgique dans le fardeau de la dette hollandaise, la proclamation du principe de la complète égalité des cultes, l'irresponsabilité ministérielle résultant tout au moins des termes vagues ou obscurs dans lesquels on y parlait de la responsabilité des conseillers de la couronne, la publicité en matière judiciaire limitée au simple prononcé des jugements, enfin l'inégale répartition de la représentation nationale entre les provinces du nord et celles du sud, par suite de laquelle les unes et les autres avaient le même nombre de représentants, tandis que, en raison du chiffre de sa population relative, la Belgique en aurait dû compter soixante-huit sur les cent dix dont se composait la seconde chambre, furent autant de griefs qui provoquèrent au sud le mécontentement et la désaffection. Aussi bien cette constitution, notamment en ce qui touchait l'établissement d'états provinciaux fonctionnant en même temps comme collèges électoraux pour la nomination des membres de la seconde chambre des états généraux, n'était dans toutes ses dispositions les plus importantes que l'expression des intérêts et des besoins des provinces du nord, en même temps que le corollaire de toute leur histoire politique. Quelques modifications apportées à l'esprit général du nouveau droit public, et ayant pour but de restreindre sous certains rapports l'exercice de la puissance monarchique, en enlevant, entre autres, à la couronne le droit de dissoudre les états généraux, et en la contraignant par la nomination des autorités judiciaires à prendre part au jeu régulier des états généraux et provinciaux, parurent insuffisantes pour racheter les vices inhérents à la nature même du pacte constitutif; quelques-unes même furent considérées par l'opinion comme en aggravant encore les dispositions illibérales. C'est ce qui explique comment il put arriver qu'un projet de constitution adopté à l'unanimité par les députés hollandais ait été repoussé par la majorité des députés belges (796 voix contre 527). On ne put alors parvenir à constituer une majorité factice pour l'adoption du nouveau pacte social qu'en interprétant de la manière la plus arbitraire le vote négatif d'une partie des notables, de même qu'en recourant à une fiction de droit à l'aide de laquelle les abstentions furent considérées comme autant de votes approbatifs. La grande majorité de la nation belge considéra dès lors cette constitution comme lui ayant été imposée par la force, et l'opposition devint d'autant plus redoutable que le clergé, profondément blessé par l'article qui proclamait la complète égalité des cultes, et s'ayant à sa tête l'évêque de Gand, Broglie, se mit ouvertement à la tête. Néanmoins il y a justice à reconnaître que la domination hollandaise de remarquables et heureux efforts furent faits pour favoriser les progrès du bien-être matériel.

D'un autre côté, les impôts et le déficit annuels allèrent toujours croissants; pour faire face à l'augmentation des dépenses on fut obligé d'augmenter les droits de consommation, et bientôt même d'introduire une taxe spéciale sur la viande de boucherie et sur la mouture des grains; taxe objet d'une réprobation générale, particulièrement oppressive pour les classes inférieures, et bien autrement lourde pour les contribuables en Belgique, pays essentiellement agricole, qu'en Hollande. A ces griefs publics vint s'ajouter, en 1822, le syndicat d'amortissement, institution investie de grands priviléges, et dont les premières opérations ne laissèrent pas sans doute que d'être salutaires, mais qui, faute de tout élément de publicité et de tout contrôle, prit aux yeux des masses le caractère fiscal le plus odieux. Ces innovations financières passèrent toutes dans les états généraux à une grande majorité formée par les députés hollandais, et ayant pour appoint une fraction ministérielle de députés belges. L'opposition en Belgique eut donc toujours de nouveaux griefs à faire valoir, et ses forces s'accrurent encore quand on vit le gouvernement poursuivre ouvertement l'exécution d'un projet tendant à amener la fusion complète des deux pays dans le sens hollandais. Le pouvoir s'attacha surtout à briser la résistance qu'il rencontrait de la part du catholicisme; mais en voulant diriger les affaires ecclésiastiques, et soumettre l'instruction publique à son contrôle, il se lança dans d'inextricables difficultés. Déjà, par suite du refus d'une partie du clergé de prêter serment à la constitution, une lutte de plus en plus violente s'était établie entre la presse hollandaise et la presse belge. Les rigueurs exercées contre certains ecclésiastiques qui se faisaient remarquer par la violence de leur opposition, et dont les écrits furent l'objet de poursuites judiciaires; une condamnation infamante prononcée à cette occasion contre le prince-évêque de Gand, qui, de même que ses vicaires généraux, fut privé de la juridiction ecclésiastique; la suppression des écoles ecclésiastiques fondées par les évêques, et connues sous le nom de *petits séminaires*; l'influence que le gouvernement chercha à exercer sur l'enseignement religieux dans les écoles catholiques, en restreignant autant que possible celui du clergé; enfin la création du collége philosophique de Louvain, établissement complétement soustrait à la surveillance de l'autorité ecclésiastique, et dont la fréquentation fut rendue obligatoire pour tous les individus qui voudraient obtenir des fonctions ecclésiastiques dans le royaume, etc., etc., furent autant de mesures qui rendirent de plus en plus profonde et irréparable la scission survenue entre le clergé et le gouvernement. D'autres causes soulevèrent un mécontentement non moins vif, et réunirent les catholiques zélés et les libéraux dans un sentiment commun d'hostilité ouverte contre le gouvernement. Dans le nombre, il faut surtout signaler les tentatives faites en 1818, 1819 et 1822 pour rendre la langue hollandaise obligatoire dans toutes les affaires judiciaires et administratives, et qui provoquèrent le mécontentement le plus violent, puis encore le système consistant à éloigner autant que possible les Belges des fonctions civiles ou militaires. C'est ainsi, par exemple, qu'en 1830, sur les sept ministres dont se composait le conseil du roi Guillaume, un seul était belge; que sur les cent dix-sept employés de tous grades du ministère de l'intérieur, onze seulement appartenaient à la Belgique. Sur un personnel de cent deux employés de ministère de la guerre n'en comptait que trois belges, et sur mille cinq cent soixante-treize individus composant le corps d'officiers de l'infanterie, il n'y en avait que deux cent soixante-treize qui fussent belges.

Le mécontentement et la désaffection toujours croissants trouvèrent de nombreux organes dans la presse périodique de la Belgique, et devinrent plus violents que jamais quand la liberté de la presse, telle que l'avait réglée la loi fondamentale, eut été rendue à peu près illusoire par des mesures restrictives de tout genre et par une foule de sévères condamnations prononcées dans des procès de presse. Les concessions faites de temps à autre par le pouvoir ne furent envisagées que comme des preuves de faiblesse; et la négociation avec le saint-siège d'un concordat, qui fut conclu le 18 juillet 1827 dans l'esprit de celui qui était intervenu au commencement du siècle entre Napoléon et Pie VII, ne désarma que passagèrement les rancunes du parti clérical. De nouveaux griefs amenèrent tout au contraire la formation d'une coalition entre le parti catholique et le parti libéral, ayant à sa tête des hommes ardents et éloquents, tels que De Potter, Tielemans, etc. Cette coalition réunit également dans les états généraux près de la moitié des voix, et le refus opiniâtre du gouvernement de reconnaître le grand principe de la responsabilité ministérielle ne put que lui donner de nouvelles forces. Toutes ces causes réunies provoquèrent dans les masses une fermentation si générale et si vive, que les importantes concessions faites plus tard par le gouvernement, notamment la suppression du droit de mouture et du droit sur la boucherie, des ordonnances relatives à l'emploi de la langue hollandaise, et les modifications essentielles faites à l'organisation du collége philosophique de Louvain, furent insuffisantes pour désarmer l'opinion, qui les regarda comme autant de victoires remportées sur un pouvoir ennemi. Le budget ne fut voté qu'à la majorité d'une seule voix. Ce vote coûta à cinq députés les fonctions publiques dont ils étaient revêtus, et au baron de Stassart une pension qui lui avait été précédemment accordée. Néanmoins le gouvernement ne tarda point à se trouver de nouveau dans la nécessité de céder; tandis que la presse, notamment le *Courrier des Pays-Bas*, journal rédigé avec beaucoup de talent par les avocats Claës, van de Weyer, Nothomb, Ducpétiaux et Jottrand, exigeait avec une hardiesse de plus en plus grande le redressement des divers griefs de l'opinion, prenait pour point d'appui le principe de la souveraineté du peuple et s'efforçait d'y chercher la base d'un gouvernement constitutionnel. Du fond de la prison où il était détenu à la suite d'une condamnation prononcée contre lui pour une attaque contre les ministres, de Potter sut donner l'impulsion à un système de pétitionnement général qui eut pour effet d'accabler la chambre de 1829 sous un déluge de pétitions. Des comités constitutionnels s'organisèrent la même année sur la plupart des points du territoire belge. Irrité par toutes ces provocations, le gouvernement y répondit le 11 décembre 1829 par la présentation d'un projet de loi très-sévère sur l'exercice de la liberté de la presse, accompagné d'un exposé des motifs rédigé avec beaucoup d'amertume. Cette loi nouvelle était destinée à remplacer un projet beaucoup plus libéral rejeté quelque temps auparavant par la seconde chambre des états généraux. Dans l'exposé des motifs, la constitution était désignée comme un acte de bon plaisir du pouvoir royal, qui avait consenti à poser des limites volontaires à l'exercice de la puissance monarchique, et l'opposition, qui s'attachait à entraver la marche de son gouvernement, comme le résultat du fanatisme et des passions aveugles. Tous les fonctionnaires publics eurent ordre, sous peine d'être privés de leurs places, d'adhérer dans les quarante-huit heures aux principes posés dans ce message royal, et un certain nombre d'employés furent effectivement renvoyés comme ayant fait acte de sympathie pour les doctrines proclamées par l'opposition. L'irritation des esprits devint plus vive encore quand, dans les premiers jours de 1830, à la suite d'un procès de presse, De Potter, Tielemans, Bartels et De Nève eurent été condamnés à plusieurs années d'exil, condamnation qui ne les empêcha pas de continuer, de France, où ils avaient trouvé asile, leurs attaques dans la presse.

Les choses se trouvaient en cet état quand la révolution de juillet éclata à Paris. L'impression morale produite par cet immense événement fut activement exploitée par des écrits spéciaux envoyés alors de Paris en Belgique, à l'effet d'y provoquer un mouvement révolutionnaire. Le 24 août 1830, jour anniversaire de la naissance du roi Guillaume, devait être célébré par des illuminations et un feu d'artifice. On s'abstint de l'une et de l'autre de ces démonstrations. La représentation de l'opéra *la Muette de Portici*, qui eut lieu le lendemain, provoqua les premiers symptômes d'agitation sérieuse. De nombreuses bandes d'hommes du peuple, dont quelques-unes étaient même armées, envahirent les bureaux et les ateliers du journal ministériel le *National*, détruisirent le matériel considérable de cette entreprise, puis dévastèrent et incendièrent la maison habitée par Libri-Bagnano, vil folliculaire à la solde de la police, et flétri quelques années auparavant par une condamnation infamante. Le palais de justice, l'hôtel du ministre de la justice, van Maanen, et celui du directeur de la police, furent le théâtre des mêmes excès. Après quelques jours de troubles, une garde civique improvisée pour la circonstance réussit à rétablir l'ordre dans la cité, où les armoiries royales avaient partout été enlevées en même temps qu'on y arborait l'étendard du Brabant. Des scènes semblables, à la suite desquelles se formèrent partout des gardes civiques et des comités de sûreté publique, éclatèrent successivement à Liége, Verviers, Bruges, Louvain et autres grandes villes de la Belgique. Des députés se rendirent alors d'un grand nombre de points du pays à La Haye. Cependant il n'était point encore question de fonder un État belge complétement indépendant de la Hollande. On se bornait à réclamer la séparation administrative du nord et du midi du royaume, et le redressement des différents griefs de l'opinion. A la nouvelle de ces événements, les fils du roi se rendirent à Vilvorde (12 kilom. de Bruxelles) à la tête de 5 à 6,000 hommes de troupes, et y établirent leur quartier général. Mais ni les conférences qui s'y tinrent avec les notables de la capitale, ni l'apparition du prince d'Orange en personne à Bruxelles au milieu même des barricades, pas plus que la promesse de la séparation administrative des deux pays, ne réussirent à calmer les esprits, dont l'irritation devint au contraire plus vive encore quand on sut à Bruxelles que la conduite conciliatrice du prince royal avait été formellement désapprouvée à La Haye.

Le 13 septembre les états généraux se réunirent, et, d'après le conseil du baron de Gerlache, les différents députés belges assistèrent à la séance, à l'effet de délibérer sur les modifications à apporter à la loi fondamentale. Mais les députés hollandais réussirent à faire trainer la délibération en longueur; alors l'un des députés, le baron de Stassart, revint de La Haye à Bruxelles, et donna, sur l'inutilité des efforts faits par ses collègues pour arriver à une conciliation, des détails qui portèrent à son comble l'irritation des esprits. Une nouvelle insurrection, provoquée alors par le bruit d'une attaque projetée par les troupes hollandaises, eut pour résultat de mettre des armes aux mains des classes populaires sous leurs chefs. Le 20 septembre toutes les autorités existantes furent remplacées, et on nomma un gouvernement provisoire, qui n'ailleurs ne put point fonctionner. Tandis que d'un côté des attaques étaient tentées par le peuple, maintenant armé et militairement organisé, contre les avant-postes des troupes réunies à Anvers sous le commandement du prince Frédéric, de l'autre quelques habitants de Bruxelles, mus par la crainte de la domination de la populace et de l'anarchie, engageaient le prince à faire occuper militairement leur ville; entreprise qu'ils représentaient comme des plus faciles. Le roi y ayant consenti, le prince Frédéric publia le 21 septembre une proclamation dans laquelle il menaçait de toute la rigueur des lois les fauteurs et instigateurs des troubles ainsi que les étrangers qui y prendraient part, et ordonnait à la garde civique de déposer les couleurs qu'elle avait arborées. Cette démarche décida de la lutte. Le 23 septembre, le prince, arrivé dès le 21 d'Anvers sous les murs de Bruxelles à la tête de 13 à 14,000 hommes, commença l'attaque, et s'empara de la ville haute, mais sans pouvoir réussir à se maintenir dans la ville basse. Les insurgés de Bruxelles, dont les rangs s'étaient grossis d'un corps de volontaires liégeois organisé et commandé par M. Rogier, avocat, devenu plus tard ministre, et qui avaient trouvé des chefs habiles dans le réfugié espagnol Juan van Halen et le général français Mellinet, reçurent constamment, pendant la durée de la lutte, de nouveaux renforts venus des localités voisines; de sorte qu'après quatre jours de combat le prince se trouva forcé de battre en retraite sur Anvers avec une perte considérable. Après cette victoire, le mouvement insurrectionnel se propagea rapidement dans le reste de la Belgique. Le 24 septembre, un gouvernement provisoire, composé à l'origine de MM. Rogier, d'Hooghvorst, commandant de la garde civique, Joly, officier du génie, et des secrétaires de ville Vanderlinden et de Coppin, s'était formé à l'hôtel de ville; il s'augmenta, le 26, du comte Félix de Mérode, de MM. Gendebien, Van de Weyer, Nicolaï (faisant fonctions de secrétaire), et le jour suivant De Potter, revenu de France en véritable triomphateur. Le 4 octobre, ce gouvernement proclama l'indépendance de la Belgique, et annonça qu'il allait s'occuper de la rédaction d'un projet de constitution et de la prochaine convocation d'un congrès national composé de deux cents députés. Les jours suivants on proclama la liberté de l'enseignement, de la presse, des cultes, du théâtre, d'association, etc., et on déclara en même temps le grand-duché de Luxembourg partie intégrante du nouvel État.

Les liens qui rattachaient la Belgique à la Hollande se trouvaient ainsi brisés, et une tentative faite par le prince d'Orange pour conserver ce pays à sa maison, en déclarant qu'il voulait le gouverner comme État libre et indépendant et se mettre franchement à la tête du mouvement, échoua tout à fait. Le roi de Hollande lui-même déclara cet acte de son fils nul et non avenu. Dans une proclamation à la date du 24 octobre, il annonça qu'il abandonnait la Belgique à elle-même jusqu'à la décision que prendrait le congrès des grandes puissances européennes réuni à Londres, et qu'en attendant il continuerait à faire occuper par ses troupes les citadelles d'Anvers, de Maestricht et de Venloo. Mais dès le 27 octobre des troupes belges entraient à Anvers en violation d'une capitulation précédemment conclue avec le commandant de la citadelle, le général Chassé. Celui-ci fit alors bombarder la ville, qui souffrit beaucoup de cette mesure de rigueur, dont le résultat fut de détruire une immense quantité de marchandises. Cet acte de représailles ne fit qu'irriter encore davantage les haines nationales existant entre les deux peuples, et provoqua en même temps contre la Hollande les plus vives réclamations de la part des négociants étrangers. En même temps des scènes anarchiques éclataient sur divers points de la Belgique. Mais la majorité du clergé, de la noblesse, des riches propriétaires et négociants, dont les vœux appelaient l'établissement d'une monarchie constitutionnelle, ne tarda pas à obtenir une prépondérance décisive qui annula l'action du parti républicain, ayant De Potter pour chef, comme aussi l'influence du parti qui souhaitait la réunion de la Belgique à la France. Le 10 novembre eut lieu sous la présidence de De Potter l'ouverture du congrès; et cette assemblée nationale proclama, soit à l'unanimité, soit à une immense majorité, l'indépendance de la Belgique sous la réserve des relations à établir pour la Confédération germanique pour le Luxembourg, l'établissement d'une monarchie constitutionnelle avec le système des deux chambres, et l'exclusion perpétuelle de la maison d'Orange du trône de Belgique. Sur 187 votants, 13 seulement se prononcèrent pour l'adoption de la république comme forme de gouvernement.

Pendant ce temps-là la conférence de Londres se constituait, et par son premier protocole, en date du 4 novembre 1830, elle rendait obligatoire pour les deux parties l'armistice de fait déjà existant entre elles. Le 20 décembre la conférence reconnut la dissolution de l'ancien royaume des Pays-Bas. D'autres protocoles furent consacrés à la détermination des conditions auxquelles cette dissolution devait s'opérer. Mais ces conditions, qu'acceptait le cabinet de La Haye (la ligne de frontières existant en 1790 entre les deux pays, et l'évacuation du Luxembourg insurgé, pour continuer à être placé sous le sceptre de la maison de Nassau et à faire partie de la Confédération germanique), furent rejetées par le congrès national et singulièrement modifiées depuis par la conférence. Elles sont connues, dans leur nouvelle rédaction, sous le nom de *traité des dix-huit articles*. Le congrès belge, qui, le 23 février 1831, avait nommé son président, le baron Surlet de Chokier, régent provisoire, résolut d'abord d'appeler au trône de Belgique le duc de Leuchtenberg, puis le duc de Nemours. Mais ces deux choix furent également repoussés par les grandes puissances comme incompatibles avec leur politique. A la recommandation de l'Angleterre, le congrès élut alors pour roi, à la majorité de cent cinquante-deux voix sur cent quatre-vingt-seize votants, le prince Léopold de Saxe-Cobourg, qui accepta la couronne qu'on lui offrait à la condition que le congrès accepterait de son côté le *traité des dix-huit articles*. Cette acceptation ayant effectivement eu lieu le 9 juillet 1831, le prince Léopold fit son entrée solennelle dans Bruxelles le 21 du même mois, et prêta en même temps serment à la constitution qui dans l'intervalle avait pu être achevée. Mais alors à son tour la Hollande rejeta le *traité des dix-huit articles*, et fit envahir la Belgique dans les premiers jours d'août 1831 par une armée aux ordres du prince d'Orange, qui surprit, battit et dispersa à Hasselt et à Louvain les troupes belges, encore mal organisées. La prompte entrée en Belgique d'une armée française auxiliaire, commandée par le maréchal Gérard, put même seule empêcher la capitale de tomber au pouvoir des Hollandais; et alors, sur les instances des ambassadeurs de France et d'Angleterre, les troupes hollandaises se replièrent vers la frontière. De nouvelles négociations qui s'ouvrirent à ce moment, firent obtenir de meilleures conditions à la Hollande.

En vertu du *traité des vingt-quatre articles*, arrêté alors par la conférence et déclaré par elle irrévocable, le Luxembourg et le Limbourg furent partagés entre la Hollande et la Belgique, en même temps que le payement annuel d'une somme de 8,400,000 florins était mis à la charge de cette dernière pour sa part dans la dette hollandaise. La Hollande ayant repoussé ces conditions nouvelles, tandis qu'elles étaient acceptées par la Belgique, il fallut recourir à l'emploi de mesures coércitives contre la Hollande, au blocus de l'embouchure de l'Escaut et des côtes de la Hollande par une flotte combinée française et anglaise, et faire de nouveau entrer en Belgique une armée française (15 novembre 1832) qui, après vingt-quatre jours de tranchée, s'empara de la citadelle d'Anvers, restée jusque alors occupée par une garnison hollandaise, et dont remise fut faite à la Belgique le 1er janvier 1833. Une convention conclue à Londres le 21 mai 1833 mit ensuite un terme à l'emploi des mesures coércitives. Jusqu'à la signature d'un traité définitif, la Hollande resta provisoirement en possession des forts de Lillo et de Lieflenshoeck, qui commandent l'entrée de l'Escaut, et la Belgique en possession du Luxembourg, à l'exception de la forteresse et de son rayon, et aussi du Limbourg. Ce *statu quo* dura cinq ans, et la Belgique se mit à profit avec beaucoup de succès pour achever son organisation politique et développer sa prospérité intérieure.

La constitution donnée à la nation belge, œuvre très-remarquable sous beaucoup de rapports et qui dans bon nombre de ses dispositions porte évidemment le caractère d'une réaction décidée contre les principes et les institutions considérés sous la domination hollandaise comme entachés d'illibéralisme, proclame l'égalité de tous les Belges devant la loi, la suppression des différences de caste, le droit d'association et de réunion, la liberté de la presse et celle de l'enseignement. La liberté de tous les cultes et leur exercice public sont garantis dans les mêmes termes, et ne peuvent être limites qu'en ce qui concerne les précautions de police à prendre pour assurer le maintien du bon ordre. D'ailleurs l'État, qui est complétement séparé de l'Église, n'a aucun droit pour intervenir dans la nomination ou la déposition des ministres des différents cultes, dans les rapports du clergé avec ses chefs spirituels et surtout dans la publication des ordonnances religieuses. De pareils principes ne laissent pas que d'être en contradiction flagrante avec les articles de la constitution qui mettent à la charge de l'État les frais de tous les cultes; mais c'est là une contradiction qu'explique facilement l'esprit du catholicisme qui domine en Belgique. La royauté belge est héréditaire par ordre de primogéniture, mais à l'exclusion perpétuelle des femmes et de leur descendance. Au roi, chef du pouvoir exécutif, appartient le droit de dissoudre les chambres, dont les délibérations sont publiques, et il partage avec elles la puissance législative ainsi que le droit d'initiative. Les membres de la chambre des représentants, au nombre de cent huit, sont élus par tous les citoyens âgés de vingt-cinq ans et payant au moins 40 fr. d'impôts. Diverses lois rendues en 1848 ont supprimé les différences qui existaient autrefois entre les conditions de capacité électorale dans les campagnes et dans les villes, et abaissent le cens au minimum fixé par la constitution. L'éligibilité à la chambre des représentants n'est soumise à aucune condition de cens. Les sénateurs, dont le nombre est la moitié seulement de celui des représentants, sont élus pour huit ans par les mêmes électeurs, et se renouvellent tous les quatre ans par moitié; ils doivent être âgés de quarante ans et payer au moins 2,000 fr. d'impôts directs. Les chambres votent le budget tous les ans; chaque année aussi le chiffre de l'effectif de l'armée est soumis à leurs délibérations. Pour que des modifications puissent être faites à la constitution, il faut que le vœu en soit émis préalablement par le sénat d'accord avec la chambre des représentants et qu'on convoque de nouvelles chambres. La procédure est publique. Toutes les affaires criminelles, tous procès politiques ou pour délits commis par la voie de la presse sont soumis à l'appréciation du jury. Il y a une cour de cassation commune à toute la Belgique, et chargée de décider de tous les défauts de forme. Elle fonctionne aussi comme cour de justice dans les procès intentés aux ministres. Les membres en sont nommés par le roi sur une liste présentée par le sénat et par la cour de cassation elle-même. Les conseillers des cours d'appel sont également nommés par le roi sur une double liste présentée par ces cours et par les conseils provinciaux. En 1832 on créa, mais non sans avoir à triompher d'une vive opposition, l'*ordre de Léopold*, destiné à récompenser les services civils et militaires. Depuis cette époque la décoration en a été donnée à plus de trois mille individus ; profusion qui a dû contribuer à singulièrement avilir cette distinction. Malgré l'organisation toute démocratique du nouvel État, la constitution a laissé à la noblesse la libre jouissance de ses titres. Ce qui prouve combien était importante cette disposition de la loi fondamentale, c'est que de 1830 à 1851 il n'a pas été rendu moins de 300 ordonnances royales portant confirmation ou création de titres nobiliaires, et qu'an nombre des diverses corporations politiques fonctionne encore aujourd'hui le plus sérieusement du monde un *collège héraldique*.

Les lois rendues en 1836 sur l'organisation des communes et la constitution des provinces eurent une importance toute particulière. En 1842 on modifia la loi relative aux communes, et le changement le plus important qu'on y opéra consista en ce que le roi fut désormais autorisé à choisir les bourgmestres non plus seulement parmi les conseillers communaux, nommés par les électeurs communaux, mais aussi parmi les autres conseillers municipaux. Toutefois cette disposition fut annulée plus tard, à la demande du ministre de l'intérieur lui-même; et un vaste champ d'action resta de la sorte ouvert à l'autonomie des conseils communaux et provinciaux, de même qu'à l'activité des comités délibérants choisis par ces derniers. L'adoption d'un système unitaire d'enseignement public ne fut pas d'une importance moindre, et en raison de l'antagonisme des intérêts en présence, ceux du clergé et ceux des libéraux, elle ne put avoir lieu sans de grandes difficultés. La loi sur l'instruction élémentaire, présentée dès 1834, mais modifiée plus tard, et sanctionnée par les chambres seulement en 1842, imposa aux communes l'obligation de fonder des écoles élémentaires là où des écoles libres n'existaient pas déjà en nombre suffisant; elle réglait en outre les rapports du clergé avec les écoles, et contenait les dispositions nécessaires pour la fondation d'écoles primaires supérieures. La question principale, celle des universités, avait déjà reçu une solution en 1835, sous l'influence du ministère de Theux. Mais l'organisation de l'instruction moyenne avait été retardée, en raison des ferments de discorde contenus dans les flancs d'une telle question, qui ne put recevoir de solution définitive qu'en 1850. Cette solution fut loin de satisfaire le clergé, qu'elle lésait sensiblement dans son influence.

Dès le 9 août 1832 le roi Léopold avait épousé la fille aînée du roi Louis-Philippe, la princesse *Louise d'Orléans*. Le premier fruit de cette union mourut, il est vrai ; mais la naissance postérieure de deux princes (1835 et 1837) assura à la dynastie de Cobourg la succession du trône de Belgique. Le mariage du roi Léopold avait encore raffermi la position du nouveau royaume dans le système général des États européens. Après la remise de la citadelle d'Anvers (janvier 1833), il n'en fut que plus facile de tenir en bride le parti qui en Belgique et jusque dans les chambres poussait incessamment à la reprise des hostilités contre la Hollande. Après la dissolution de la chambre des représentants qui eut lieu au printemps de 1833, la majorité de la chambre qui lui succéda se montra mieux disposée à soutenir la politique pacifique du gouvernement. Mais alors le *statu quo* si péniblement établi sembla devoir être troublé d'un autre côté. L'opposition mise par le gouverneur de la forteresse fédérale de Luxembourg à ce que le gouvernement belge soumît à l'accomplissement de leurs devoirs militaires les habitants du rayon de la place forte, puis l'arrestation d'un fonctionnaire belge qui en février 1834 fut enlevé et conduit à Luxembourg, provoquèrent une extrême agitation à Bruxelles, et eurent pour résultat l'envoi dans cette province d'un corps de troupes belge. Ce ne fut qu'à la suite de longues négociations qu'on parvint à arranger cette affaire, et que le fonctionnaire belge arrêté fut rendu à la liberté. Dans cette discussion on crut d'autant plus sûrement reconnaître la main de la Hollande qu'à la même époque le parti orangiste commença à relever audacieusement la tête en Belgique. Une démonstration provocatrice qu'il tenta à Bruxelles amena des troubles dans cette ville, où dans les journées du 4 au 6 avril les maisons des orangistes notables furent pillées et saccagées. Un changement de cabinet opéré au mois d'août éloigna des affaires le ministère doctrinaire qui les avait jusqu'alors dirigées, et le remplaça par un ministère mixte catholico-libéral. Mais l'élément catholique ne tarda pas à prendre la haute main aussi bien dans l'administration que dans les chambres. Le court passage des tories au pouvoir en Angleterre, depuis la fin de l'année 1834 jusqu'au mois d'avril de l'année suivante, rendit la guerre plus probable, et força la Belgique à continuer ses ruineux armements. A cette crise passagère succéda une période de calme qui dura jusqu'à la fin de 1836, et pendant laquelle l'industrie prit de puissants développements, en même temps qu'un tiers parti, composé d'industriels et de financiers, essayait de se constituer, malgré la vive résistance qu'il rencontra, tant dans les chambres que dans l'administration. Il en résulta quelques modifications du cabinet, toutefois plutôt dans la tendance catholique, et la création en faveur de M. Nothomb d'un nouveau département ministériel, celui des travaux publics. La tranquillité sembla de nouveau compromise quand, à la fin de l'année 1837, le gouvernement hollandais fit mine d'exercer des droits de souveraineté dans le Luxembourg en s'emparant de la forêt de Grunewald. Des protestations et des démonstrations militaires, mais surtout le langage énergique de la France et de l'Angleterre, contraignirent le cabinet de La Haye à renoncer à son projet, et les troupes belges abandonnèrent les positions qu'elles avaient prises.

Après l'établissement du *statu quo* en 1833, la conférence n'avait que très-faiblement essayé de continuer les négociations, qui furent interrompues en août 1833 et qui sommeillèrent alors pendant quelque temps. Ce fut le 18 août 1836 seulement que la Confédération germanique donna son assentiment à l'échange du Limbourg contre une partie du Luxembourg, stipulé par le *traité des vingt-quatre articles*, à la condition qu'aucune espèce de fortifications ne pourrait y être construite dans la partie belge. Sous la pression de l'opinion publique du peuple hollandais et de ses représentants, il ne resta plus au cabinet de La Haye, une fois l'affaire de la forêt de Grunewald vidée, d'autre alternative que de se déclarer prêt à accepter, d'abord provisoirement, et ensuite définitivement, le *traité des vingt-quatre articles*.

Le premier résultat de la mise à exécution de ce traité devait être l'évacuation par les Belges du Limbourg et d'une partie du Luxembourg; et à cette occasion les réclamations les plus vives se firent entendre en Belgique. Les représentants et le sénat votèrent à l'unanimité des adresses dans lesquelles on adjurait le pouvoir exécutif de maintenir à tout prix l'intégrité du territoire. Une agitation des plus violentes se manifesta en outre dans les contrées directement intéressées dans la question; partout on y arbora les couleurs belges, et il en résulta un conflit extrêmement grave avec le gouverneur de la forteresse de Luxembourg. Des scènes tumultueuses éclatèrent également à Bruxelles, notamment dans la journée du 31 mai. Le 13 novembre le roi fit l'ouverture des chambres. Un tonnerre d'applaudissements accueillit la déclaration de ce prince, qu'il saurait défendre avec constance et courage les intérêts du pays; et une adresse rédigée dans les termes les plus belliqueux par M. Dumortier répondit à ces paroles solennelles du trône. On arma en Hollande comme en Belgique, en même temps que la France, elle aussi, concentrait des troupes, à l'effet de faire respecter le protocole définitif de la conférence, en date du 22 janvier 1839, qui maintenait les stipulations relatives à l'échange des territoires, mais contenait aussi quelques adoucissements aux conditions financières imposées à la Belgique. Cette attitude ne fit que surexciter davantage l'esprit belliqueux des Belges. Les soldats en congé furent rappelés; on fit appel aux engagements volontaires; les garnisons d'Anvers et de Venloo, forteresse qu'on devait céder à la Hollande, reçurent des renforts, et l'ancien général polonais Skrzynecki entra au service de Belgique avec le grade de général de division. Les envoyés d'Autriche et de Prusse réclamèrent contre cette mesure, et quittèrent même momentanément Bruxelles. Cependant le roi Léopold ne tarda pas à céder devant l'expression unanime du mécontentement des grandes puissances. Skrzynecki fut mis en non-activité, et les deux ministres partisans de la guerre, Ernest et Hérard, donnèrent leur démission. Après de violents débats, les chambres, qui avaient été convoquées le 16 février 1839, votèrent enfin l'acceptation et l'exécution du traité; toutefois, la majorité dans la chambre des représentants ne fut que de treize voix. Alors eut lieu le 19 avril la signature du traité par la Belgique et par les autres puissances. Il avait été ratifié par la Hollande dès le 4 février. Un traité subséquent, en date du 19 octobre 1839, eut pour but de terminer, d'après les bases du *traité des vingt-quatre articles*, la liquidation des dettes mises à la charge respective de la Hollande et de la Belgique.

Lorsqu'à la suite de la complication survenue en 1840 dans les affaires d'Orient, les armements de la France menacèrent l'Europe d'une conflagration générale, les chambres belges, pour faire respecter la neutralité de leur pays, votèrent une augmentation de trente mille hommes à l'armée, dont l'effectif dut être porté à 80,000 hommes, sans toutefois accroître véritablement pour cela le chiffre du budget de la guerre. Tout au contraire, de 49 millions auquel il avait été fixé en 1839, il fut réduit à 33 millions en 1840, et de nouvelles réductions furent encore réclamées. Pendant ce temps-là continuait d'ailleurs la lutte sourde mais ardente du parti libéral et du parti catholique. Le premier insistait sur une solution immédiate à donner à une foule de questions morales et matérielles qui jusque alors avaient toujours été étudiées par le parti catholique, jaloux de conserver son omnipotente influence; les choses en vinrent à ce point, qu'une rupture complète éclata entre les deux partis, dont la coalition désignée sous le nom d'*Union* se trouva brisée. La franc-maçonnerie devint le point de mire des attaques du parti catholique, et surtout du clergé, à la tête duquel l'évêque de Liége, Bommel (mort au commencement d'avril 1852) se distingua par l'exagération de son zèle. De leur côté, les libéraux adoptèrent pour devise et pour mot d'ordre la réforme électorale, l'égalité du cens dans les villes et dans les campagnes, l'obligation de savoir lire et écrire attachée à l'exercice des droits électoraux; ils cherchèrent même, à l'effet de mieux combattre l'influence toujours croissante du clergé, à accréditer le bruit que son intention secrète était d'arriver au rétablissement des dîmes. A Liége et aux environs la population se porta à de blâmables excès contre des missionnaires et contre l'évêque. La démission du ministère de Theux, en mars 1840, amena la formation du cabinet Rogier-Lebeau, qui accorda une nouvelle amnistie générale, et négocia un emprunt de 90 millions destiné au remboursement de quelques dettes et à couvrir les frais de diverses grandes entreprises industrielles. Mais ce cabinet ne tarda pas à rencontrer dans les chambres l'opposition la plus décidée de la part du parti catholique, demeuré tout-puissant, bien qu'en refusant de confirmer l'élection de M. Stassart, grand maître des loges maçonniques, aux fonctions de bourgmestre de Bruxelles, il eût paru tendre la main à l'opinion rétrograde. Une adresse à la couronne, votée le 17 mars 1841 par le sénat, engagea le roi à aviser aux moyens propres à faire cesser les dissensions intestines existantes dans le sein de la représentation nationale; expressions que la presse libéral signala comme un défi jeté à la bourgeoisie par la noblesse, et qui provoquèrent des protestations énergiques de la part des conseils municipaux de la plupart des grandes villes. Le roi s'étant refusé à dissoudre les deux chambres, ou tout au moins celle du sénat, le ministère, de plus en plus poussé par l'opinion libérale, donna sa démission (avril 1841), et, après d'assez longs tâtonnements, fut remplacé par un nouveau cabinet, signalé comme libéral modéré, tandis qu'il n'était en réalité qu'un cabinet de transition dans le sens de l'ancienne Union. Le général Buzen en faisait partie, et y tenait le portefeuille de la guerre; les graves accusations élevées au commencement de 1842 par quelques feuilles publiques contre cet officier général le portèrent à s'ôter la vie, et il fut remplacé dans le ministère par le général de brigade de Liem. En entrant en fonctions, M. Nothomb, le nouveau ministre de l'intérieur, adressa aux différents gouverneurs de provinces, ses subordonnés, une circulaire dans laquelle il développait les principes d'un système de transaction; ce qui n'empêcha pas les deux partis de s'engager, le 8 juin 1841, la lutte la plus acharnée, à l'occasion des quarante-huit élections destinées à remplir le voeu que devait opérer dans la chambre des représentants l'expiration des pouvoirs de la moitié de ses membres. Le résultat de cette élection n'apporta cependant aucun changement matériel dans la situation respective des deux opinions; mais une circonstance que l'on peut bien l'état de l'esprit public en Belgique, c'est que partout les candidats libéraux furent réélus à de grandes majorités, tandis que les catholiques n'obtinrent dans les grandes villes que d'imperceptibles minorités. L'agitation s'apaisa après les élections, et elle diminua encore davantage lorsque, plus tard, au mois de février 1842, probablement à l'instigation de la cour de Rome, les évêques belges renoncèrent, à leur projet de faire attribuer une juridiction civile à l'université catholique de Louvain, projet qui avait excité les plus vives clameurs de la part des libéraux.

Sur ces entrefaites, le parti orangiste, qui depuis longtemps s'était complétement effacé de la scène politique, s'avisa de relever la tête. On découvrit une conspiration dont l'idée première remontait à l'année 1841, mais dont l'exécution avait jusque alors été retardée. A la tête de ce mouvement se trouvaient le général Vandermeer et l'ex-général Vandersmissen. Des débats du procès qui s'ouvrit solennellement devant la cour d'assises de Bruxelles résulta la preuve que plusieurs des accusés avaient eu à leur disposition des ressources considérables en argent; circonstance qui accrédita généralement le bruit que la conspiration avait été ou fomentée ou appuyée par une puissance étrangère. Le jury rendit contre plusieurs des accusés un verdict entraînant la peine de mort. Le roi Léopold commua toutefois cette condamnation en vingt années de détention, peine à laquelle Vandersmissen fut assez heureux pour se soustraire, dès le mois de novembre 1842, par une évasion combinée avec autant d'adresse que de sang-froid. En février de l'année suivante, les portes de la prison s'ouvrirent pour le général Vandermeer, qui dut promettre de se retirer en Amérique, ainsi que pour quelques-uns de ses complices.

Un traité de commerce d'une haute importance pour l'industrie des Flandres fut signé à Paris le 16 juillet 1842, et reçut peu après la sanction législative. En vertu de ce traité, les toiles belges furent affranchies, à leur entrée en France, de l'augmentation de droits dont les frappait une récente ordonnance royale, et, par réciprocité, la Belgique consentit à une réduction des droits perçus à l'entrée des vins, des soieries et du sel provenant de France. Une ordonnance du roi Léopold, en date du 28 août de la même année, étendit aussi provisoirement, jusqu'au 1er juillet 1843, aux vins et aux soieries provenant d'Allemagne, la réduction de droits d'entrée accordée aux provenances venant de France, en attendant le résultat des négociations entamées pour l'accession de la Belgique au *Zollverein*. Le 1er septembre 1846, enfin, fut conclu un traité de navigation, de commerce et de transit avec les différents États composant l'Union douanière allemande (*Zollverein*), qui modifia beaucoup dans l'intérêt du pays la situation commerciale de la Belgique en général, quoique son industrie des fers ait pu en souffrir.

L'acte le plus important accompli par le premier cabinet présidé par M. Nothomb fut la loi sur l'enseignement primaire, qui laissait sans doute encore un champ bien vaste à l'influence cléricale, mais que les chambres sanctionnèrent à la presque unanimité. Lors des élections nouvelles qui eurent lieu en 1843, plusieurs grandes villes de Belgique, imitant l'exemple que leur avait donné la ville de Bruxelles, se prononcèrent en faveur des représentants de l'opinion libérale la plus avancée; et il fallut constituer, toujours d'après le principe de coalition, un nouveau cabinet dont M. Nothomb fut encore une fois le chef. Mais ce ministère ne survécut pas longtemps aux élections de 1845, qui augmentèrent encore les forces du parti libéral. Au mois de juillet 1845, M. Van de Weyer, qui appartient à l'opinion libérale, appelé à prendre la direction des affaires, essaya de nouveau de ressusciter la défunte Union. Mais il n'eut pas plus tôt invoqué son énergie, à propos de la question de l'enseignement primaire, les droits et les prérogatives de la puissance civile, qu'il fut vaincu par le parti prêtre et obligé de se retirer avec ses collègues, dont les plus éminents étaient MM. Malou et Dechamps. Il retourna alors à Londres remplir le poste diplomatique qu'il y avait constamment occupé depuis 1830. Le roi Léopold, avec sa prudence consommée et peut-être avec les sentiments de défiance bien naturelle que devait lui inspirer le parti libéral, dont l'action n'avait jamais été que négative ou dissolvante, comprit que le moment n'était point encore venu de mettre à exécution les plans de M. Rogier et de dissoudre les chambres. Il se trouvait toujours en face d'un parlement essentiellement catholique, derrière lequel on ne voyait qu'une masse électorale assez indifférente. C'est ce qui explique comment en mars 1846 une administration de catholiques purs arriva à la tête des affaires sous la direction de M. de Theux. Cependant, aux yeux de tout spectateur impartial, un tel acte, bien qu'accompli dans les données rigoureuses du système constitutionnel, était un véritable anachronisme. Le 15 juillet 1846 s'ouvrit à Bruxelles, pour délibérer sur une marche unitaire à suivre, un congrès de libéraux auquel assistèrent trois cent soixante membres, et dans lequel se fit plus particulièrement remarquer l'avocat Frère, de Liége, devenu plus tard ministre. Voici les principaux points à l'égard desquels on y tomba d'accord : 1° Réduction successive du cens électoral jusqu'au chiffre *minimum* (40 fr.) fixé par la constitution, comme principe fondamental; puis, comme application immédiatement possible, adjonction au corps électoral des capacités payant ce cens; enfin diminution du cens électoral dans les villes, sans toutefois l'abaisser au niveau de celui des campagnes; 2° indépendance du pouvoir civil de l'influence ecclésiastique; 3° pouvoir exclusif de l'État sur l'enseignement donné par lui, sans l'intervention officielle du clergé; 4° affranchissement du clergé inférieur, soustrait autant que possible à l'oppression de la puissance épiscopale. En même temps que ce congrès politique se tenait à Bruxelles, on célébrait à Liége avec toute la magnificence que peut déployer l'Église le 600e anniversaire de l'introduction de la procession du Saint-Sacrement par sainte Julie. Les évêques, tant indigènes qu'étrangers, qui se réunirent à cette occasion en profitèrent pour délibérer sur les mesures à prendre par suite de la situation nouvelle faite au clergé et pour éloigner les dangers qui le menaçaient.

Enfin eurent lieu les élections de 1847, dont le résultat amena la chute d'une administration ayant pour principe de favoriser en tout et partout les intérêts du parti prêtre. Les libéraux arrivèrent alors à la direction des affaires, mais avec une extension intérieure produite par la distinction faite dès lors entre les vieux libéraux ou doctrinalreset les jeunes libéraux ou radicaux; et un nouveau cabinet se forma, composé de MM. Rogier, d'Hoffschmidt, de Haussy, Veydt, Chazal et Frère-Orban, tous d'ailleurs hommes modérés. Le roi Léopold n'hésita pas alors plus longtemps à s'associer au mouvement si manifeste de l'opinion publique, et à donner satisfaction aux exigences de la majorité complétement transformée. Le programme de la nouvelle politique fut : indépendance absolue du pouvoir civil à tous les degrés de la hiérarchie administrative; respect profond pour la religion et ses ministres. Les nouveaux ministres annoncèrent en outre la présentation d'un projet de loi qui attribuerait au gouvernement, au lieu des chambres législatives, la nomination des commissions d'enquête; le retrait de la loi adoptée sous le ministère Nothomb, par laquelle le roi avait été autorisé à choisir les bourgmestres en dehors des conseils municipaux ; enfin l'adjonction des capacités au corps électoral. Ils s'engageaient à éviter toute espèce d'augmentation dans les tarifs douaniers, à opérer dans l'intérêt des consommateurs un remaniement complet des taxes mises sur les objets de première nécessité, et enfin à venir puissamment en aide à la détresse de l'agriculture. Arracher les Flandres à la misère fut déclaré constituer un engagement d'honneur pour le pays et pour le gouvernement. Malgré cela, la situation du ministère continua à être toujours des plus difficiles. Dans la chambre des représentants, la solution des affaires les plus graves tenait à une simple majorité de sept à huit voix. D'un autre côté, la première chambre, dont le renouvellement électif ne devait avoir lieu que plus tard, était restée étrangère au mouvement si prononcé de l'opinion. Elle se composait presque exclusivement de grands propriétaires et de partisans du clergé, et se montrait particulièrement hostile au ministre Rogier, qui en 1841 et en 1846 l'avait menacée d'une dissolution. Néanmoins le ministère sut habilement se conduire à travers tant d'écueils, et poursuivit résolument la réalisation de son programme. A cet égard force est de rendre hommage à sa loyauté et à son énergie, en dépit des quelques hésitations qu'on ait pu lui reprocher. La prospérité matérielle du pays se développa avec un élan extraordinaire sous l'influence de cette administration. Par la création de nombreuses écoles agricoles et industrielles, d'ateliers et d'usines-modèles, de bibliothèques populaires, de caisses de retraites, et par diverses autres mesures administratives et législatives ayant pour but de venir en aide et appui aux classes laborieuses, le gouvernement belge non-seulement consolida alors les bases de la prospérité générale, mais encore sut donner des forces nouvelles à l'esprit national, répandre dans les masses des idées plus justes sur les droits et les devoirs politiques, et raffermir l'ordre public. La question de l'enseignement reçut enfin une solution définitive, et le ministère fit preuve d'autant d'habileté que de dignité dans la lutte qu'il lui fallut soutenir sur ce terrain contre le clergé et la faction cléricale.

Le ministère Rogier reçut aussi le baptême du feu en dirigeant heureusement les intérêts de la Belgique au milieu des tempêtes révolutionnaires qui, à la fin de février 1848, ravagèrent la plus grande partie de l'Europe. Déjà, par suite de ses rapports avec la France, de la profonde détresse des Flandres, et de la situation douloureuse des classes pauvres dans l'année de disette 1847, la Belgique avait eu à traverser des crises des plus graves. Non-seulement elle en triompha, mais encore elle réussit à donner des bases plus solides à la constitution dont l'avaient dotée les événements de 1830, et à imprimer à sa prospérité intérieure un essor plus puissant que jamais. Dès avant 1848, l'extrême gauche, en présence d'un déficit considérable et de la situation des Flandres, avait insisté vivement pour que de grandes économies fussent opérées dans le budget, notamment dans le budget de la guerre. A ce moment, le gouvernement s'empressa d'y donner satisfaction, de même qu'à d'autres griefs de l'opinion. De son côté, à la nouvelle de la catastrophe qui venait d'éclater en France, le roi Léopold déclara noblement qu'il se tenait aux ordres de la nation, et que c'était à elle à décider s'il lui convenait qu'il déposât ou qu'il conservât sa couronne constitutionnelle. Cette déclaration si franche et si loyale produisit immédiatement un incroyable effet en faveur du maintien de l'ordre de choses existant : elle désarma les mécontents, accrut la confiance, et donna plus de force encore à la puissance monarchique. Les chambres accordèrent, pour la défense de l'indépendance et de la nationalité de la Belgique, une imposition extraordinaire de huit douzièmes sur la propriété foncière, un emprunt forcé de 25 millions de francs pour les besoins de l'armée et des secours à l'industrie, ainsi que la garantie de l'État à une émission de 30 millions de francs en billets de banque. Les ministres présentèrent ensuite successivement à la sanction législative des projets qui abaissèrent le cens électoral au minimum de 40 francs, déclarèrent les fonctions publiques incompatibles avec le mandat législatif, et abolirent l'impôt du timbre sur les journaux. Sous l'influence de ces diverses réformes, les ferments révolutionnaires existant dans les classes inférieures ou prirent une direction politique diamétralement opposée, ou se trouvèrent neutralisés et réduits à une radicale impuissance. Quand, dans les derniers jours de mars 1848, quelques centaines d'ouvriers belges et français, agissant, suivant toute apparence, à l'instigation des hommes qui présidaient à ce moment aux destinées de la France, et munis d'armes et de munitions par les soins du préfet même du département du Nord, envahirent la Belgique, et cherchèrent à entraîner le pays dans le mouvement français, la nation belge non-seulement fit preuve de la répulsion la plus profonde pour ces provocations, mais encore s'en montra vivement blessée au point de vue de son indépendance et de sa nationalité. Le 25 mars ce ramas d'aventuriers franchit la frontière belge; mais à peine fut-il arrivé à Risquons-Tout (village voisin de la station du chemin de fer, à Mouscron), qu'il y fut attaqué et dispersé en un clin d'œil par les troupes belges, qui firent prisonniers une bonne partie des individus composant cette bande, et rejetèrent le reste sur le territoire français. Les chefs de cette ridicule expédition étaient un avocat de Gand du nom de Spilthoorn, un autre Belge appelé Grégoire, qui se donnait le titre de général en chef et de président de la république, l'Allemand Bornstedt et le Suisse Becker.

Par suite de l'adoption de la nouvelle loi électorale, la chambre fut dissoute, et, au mois de juillet 1848, il s'en réunit une nouvelle dans laquelle l'élément libéral constitutionnel décidément le dessus, tandis que les représentants de l'intérêt clérical se trouvèrent réduits au tiers du nombre dont ils se composaient naguère. D'accord avec ce nouveau parlement, le ministère put alors procéder à la complète réalisation de son programme et à la mise en pratique de ses principes, quoique le parti prêtre se coalisât alors avec les enfants perdus du parti révolutionnaire pour relever la lutte et déclarer une guerre acharnée au pouvoir.

Au mois de novembre 1849, le gouvernement belge conclut avec la France un nouveau traité de commerce pour dix ans et ayant pour base, comme celui de 1838, le principe de la réciprocité. Le traité précédemment conclu avec le Zollverein fut en même temps prolongé.

C'est dans la session de 1850 que la question de l'enseignement reçut enfin la solution attendue depuis si longtemps. Il en fut de même de la négociation relative aux droits de douane sur les céréales, et dans cette occurrence le ministère Rogier demeura fidèle au grand principe de la liberté du commerce.

Le 11 octobre 1850 mourut la reine Louise, princesse douée de qualités remarquables, et dont la perte provoqua dans les masses les expressions les plus vives d'une sympathique douleur et les marques d'un dévouement réel à la dynastie : aussi peut-on dire à bon droit que cette lamentable mort eut toute l'importance d'un événement politique.

Dans le milieu de cette même année 1850, le ministère subit quelques modifications partielles, sans que pour cela la direction politique changeât en rien. Le général Brialmont remplaça au département de la guerre le général Chazal, qui dut donner sa démission à la suite d'un conflit avec la garde civique. M. Frère, travailleur intrépide, prit les finances en remplacement de M. Veydt, en même temps que l'avocat Rolin, remplacé plus tard à son tour par le professeur Hoorebeke, prenait les travaux publics. M. de Haussy, ministre de la justice, nommé directeur de la banque nationale, eut pour successeur M. Teesch, savant jurisconsulte. Le ministère ainsi reconstitué se trouva placé dans une position très-difficile lorsque, au commencement de l'année 1851, on souleva la question de réductions nouvelles à opérer dans l'armée. Toutefois il se décida à en passer par les volontés de la majorité et à réduire le budget de la guerre à 25 millions. Au milieu de cette brûlante discussion, le ministre de la guerre, abandonné par ses collègues, se sépara d'eux avec un certain éclat, et M. Rogier dut se charger de son portefeuille par *interim*.

Bientôt une autre question vint encore inquiéter le pays. Une loi établissant un impôt sur les successions fut rejetée par le sénat au mois de septembre 1851, malgré l'appui que la chambre des représentants prêtait à cette mesure; d'ailleurs populaire. Le ministère ne crut pas devoir se retirer, et le sénat fut dissous; mais les éligibles au sénat sont peu nombreux en Belgique. La pression de l'opinion publique changea à peine les éléments de ce corps, et la loi gagna à peine quelques partisans aux élections nouvelles, qui eurent lieu le 27 septembre 1851. Cependant la loi mitigée put passer dans le nouveau sénat. D'ailleurs les événements qui s'accomplissaient en France vinrent réagir sur la Belgique, qui reçut un grand nombre de nos réfugiés.

Dans ces quelques pages, nous avons rapidement passé en revue les principales phases de la vie politique du nouvel État que la révolution de Juillet a créé en Europe. Il ne nous reste plus, pour compléter ce tableau, qu'à reconnaître et à proclamer bien haut que la Belgique est sous une foule de rapports beaucoup plus avancée que nous dans l'application des idées saines et pratiques de gouvernement et de liberté. Il y aurait de l'injustice à ne pas tout d'abord reconnaître que le prince à qui elle a confié ses destinées s'est montré digne d'un tel choix. Léopold 1er a été le modèle des rois constitutionnels, et son gouvernement, toujours libéral et éclairé, a en constamment en vue d'aider au développement du crédit public et particulier, d'imprimer un puissant essor à l'industrie nationale. Par l'établissement de son admirable réseau de chemins de fer, aujourd'hui complétement achevé, la Belgique semble appelée à une immense prospérité commerciale, et à devenir avant peu la grande voie de transit par laquelle se fera tout le commerce extérieur de l'Allemagne. Les conséquences d'un pareil état de choses pour la prospérité matérielle de ce pays sont incalculables.

[*Sources historiques à consulter.*]

Aubert Le Mire a écrit en latin une chronique belge, commençant à l'an 58 avant Jésus-Christ, et finissant à l'an 1634. Pontus Heuterus a tracé l'histoire de nos provinces sous les princes des maisons de Bourgogne et d'Autriche, y compris Philippe II, mettant à profit les chroniques si animées de Froissart, de Monstrelet, de Comines, etc., que M. de Barante a eu le secret de rajeunir sans leur rien ôter de leur coloris et de leur naïveté. Des Roches, qui mourut en 1787, rédigea pour la jeunesse et dans la langue des colléges un abrégé substantiel qui était, pour ainsi dire, l'esquisse d'un travail immense, dont il n'a donné que le commencement, dans un in-4° où il ne dépasse pas les expéditions de César en Belgique. De nos jours, M. Dewez a tenté d'achever ce qué Des Roches n'avait qu'ébauché, et il n'a pas cessé jusqu'à présent d'ajouter à son œuvre primitive tout ce que la réflexion et une étude assidue pouvaient lui révéler. Le précis de M. Desmet, ceux de MM. Raingo et Schrant sont principalement destinés aux colléges, ainsi que l'*Epitome* latin publié à Liége.

Mais si l'histoire générale de la Belgique n'a pas été traitée souvent, l'histoire particulière de ses provinces, et même de ses moindres villes, présente une richesse de documents telle que l'imagination de l'écrivain le plus exercé en serait certainement déconcertée. Barlandus, Butkens, Haræus, Divæus et le baron Le Roy sont les historiens principaux du Brabant; Meyer, d'Oudegherst, Marchand, Bucelin, Sanderus, Vredius, de la Flandre; Cousin et Poutrain, du Tournaisis; Jacques de Guyse, Vinchant et Ruteau, Bertelius et le P. Delewarde, du Hainaut; le P. de Marne et Galliot, du Namurois; Bertholius et Bertholet, du Luxembourg; de Hemricourt, Fisen, Foullon, Chapeauville et M. Dewez, du pays de Liége. Gramaye a recueilli les antiquités de la Flandre et de ses contrées, et le savant M. Ernst, chanoine de Rolduc, a composé une histoire extrêmement intéressante du Limbourg, la seule qui existe, mais qui malheureusement est encore en manuscrit.

L'histoire diplomatique compte Aubert Le Mire, Foppens, Hoynch-Van-Papendrecht, Matthæus, Burman, le comte de Saint-Genois, le chevalier Diericx, etc.; l'héraldique, Philippe de Lespinoy, Le Blond, J.-B. Christyn, André du Chesne, de Azevedo, de Vesiano, etc.; l'histoire ecclésiastique, Gazet, Rosweyd, Molanus, Aubert Le Mire, les bollandistes, de Raisse, Havensius, Sanderus, Brandt, Van Gestel, Ghesquière, etc.; celle des sciences, des lettres et des arts, Aubert Le Mire, Sangerus, Valère André, Sweertius, Vernulœus, Van Mander, Paquot, Hofman-Perlkamp, Lambinet, La Serna, Van Praet, etc.

On consultera avec fruit pour l'histoire moderne de la Belgique : Nothomb, *Travaux publics en Belgique* (Bruxelles, 1839; 2e édit. 1840); le même, *Statistique de la Belgique* (Bruxelles, 1848); Conscience, *Geschiedenis van Belgien* (Anvers, 1845); Histe, *Histoire de la Belgique* (3e édit., 1850); Poplimont, *La Belgique depuis 1830* (Bruxelles, 1850); Lœbell (en allemand), *Lettres de voyage écrites ex. Belgique* (Berlin, 1837); Kuranda (aussi en allemand), *la Belgique et sa révolution* (Leipzig, 1846).

Découvertes, inventions, perfectionnements, etc., dus aux Belges.

César dit que les Belges enseignèrent l'agriculture aux Bretons, ainsi que l'art de cultiver, de filer et de tisser le lin. Depuis le règne de Henri VIII, ils introduisirent en Angleterre la culture de presque tous les légumes. En 1540 ils envoyèrent dans ce pays les premiers cerisiers, et ce fut vers 1650 qu'ils y popularisèrent de meilleurs principes d'agriculture.

On leur doit le parcage des moutons, l'invention de plusieurs engrais, la généralisation de la culture du trèfle, la faux flamande, dite *piquette*, etc.; culture du houblon, art de brasser la bière; amélioration et multiplication des fruits, mouvement commencé par l'abbé Ardempont de Mons. La *pomme de Saint-Jean* tire son nom de saint-Jean-l'Agneau, évêque de Tongres vers l'an 630. Le tabac donné par un Flamand à Nicot. Au seizième siècle, les Belges portent en Danemark les bonnes pratiques du jardinage; dès le douzième siècle, la Saxe leur emprunte leur agriculture. Les croisés belges et les navigateurs venus à leur suite font présent à l'Europe de la renoncule, des cannes à sucre, de l'échalotte, des oreilles-d'ours. Busbecq tire de l'Orient les tulipes et les lilas. L'œillet d'Inde dû à l'empereur Charles-Quint. Invention des orangeries et serres chaudes. Le chanoine de Liége Charles de Langhe, meurt en 1573, répand le goût des plantes étrangères. Perfectionnement de la métallurgie. Premiers fourneaux dits *flusso-feu*. Hauts fourneaux élevés au quinzième siècle. Un ouvrier liégeois appelé Grisard invente le procédé pour fendre le fer, et le réduire en baguettes fort minces. Un autre, maréchal du village d'Essouvaux, fabrique une pièce de canon en fer battu, de dix-huit livres de balles, en démontant à vis et pouvant être transportée sur une seule bête de somme. Un certain Xhrowet, de Spa, employé par les états généraux de Hollande, trouve le moyen de rétablir les pièces d'artillerie enclouées ou crevées, et d'y ajouter des culasses neuves avec autant de solidité que si elles avaient été refondues. Application des eaux minérales à la santé. Art de tisser la toile et le drap importé en Angleterre dès 1066, et plus tard en Allemagne. Tapis et tapisseries de haute-lice. Ancienneté du gouvernement municipal et de la jouissance des droits politiques consacrés par des chartes ou privilèges. Voyages de long cours à une époque très-reculée. Le Brabançon G. de Rubruquis navigue au treizième siècle sur la mer des Indes. Le P. Hennepin, d'Ath, découvre le Mississipi en 1680. Chapeaux importés de Flandre en Angleterre, sous le roi Henri IV. Nouvelle méthode de faire le sel, communiquée au même pays en 1440. Invention des émaux et de la peinture à l'huile à la fin du quatorzième siècle. Perfectionnement des procédés de la peinture sur verre. Progrès de la gravure et de la sculpture. L'ancien monument de la place des Victoires à Paris, ouvrage de Martin Van der Bogaert, dit Desjardins. Services immenses rendus à l'architecture. Architecture à ogives ou arcs pointus cultivée avec succès. Architecture hydraulique. Romain, de Gand, construit à Paris le pont Royal. La machine de Marly et celle de la Samaritaine dues à des Belges. Art de la ciselure porté à un haut point de perfection. Art de tailler le diamant trouvé au milieu du quinzième siècle. Réforme de la musique en Italie, en France et en Allemagne. Hubert Waelrant, né en 1517, tente de réformer l'échelle musicale; ce qu'Henri Van de Put opéra quelque temps après d'une manière plus heureuse, en ajoutant la note *si* aux six déjà en usage. L'imprimerie perfectionnée par Jean de Westphalie, les Frères de la *Vie commune*, Plantin, les Moretus, etc. Invention du mortier au seizième siècle. Anciennes piques de Flandre dites *gœdendag*. Invention des horloges à carillon. Perfectionnement de la fonte des cloches. Dentelles. Linge de table. Broderie à l'aiguille. Construction des carrosses dans les ateliers du sieur Simons père. Exploitation du charbon de terre. Établissement moderne des postes par Maximilien Ier. Progrès de la géométrie dus à Grégoire de Saint-Vincent, né à Bruges en 1584. Le jésuite Malapert de Mons observe les taches du soleil. La botanique enrichie par R. Dodoens de Malines; l'anatomie, par André Vésale, de Bruxelles, le premier né en 1518, le second en 1504. La médecine illustrée par Jacques Despares, de Tournai, médecin du roi de France, Charles VII. Nic. Cleynarts, de Diest, perfectionne, au seizième siècle, les méthodes grammaticales et celles pour l'enseignement des langues en général. Stevin, de Bruges, géomètre du prince d'Orange Maurice, invente les chariots à voile. Gemma Frisius, professeur à Louvain, enseigne à se servir de l'astrolabe. Geoffroy, de Malines, invente une machine à l'aide de laquelle les navires peuvent aller contre les courants avec d'autant plus de vitesse que ces courants sont plus forts. Ægidius Diestensis ou Gilles de Diest, imprimeur d'Anvers, emploie le premier des cartes géographiques gravées sur métal. Gérard Mercator, ou Kauffmann, né à Rupelmonde en 1512, invente la projection des cartes marines, que les Anglais tâchent en vain de s'attribuer, etc., etc. On pousserait aisément plus loin ce tableau, pour lequel on trouve des matériaux dans un mémoire, du reste très-incomplet, de P.-J. Heylen, *De Inventis Belgarum*, et parmi les notes intéressantes que M. Le Mayeur a ajoutées à sa *Gloire belgique*. De REIFFENBERG.]

BELGRADE, le *Taurunum* des anciens, appelée par les Turcs *Darol-Djihad*, c'est-à-dire la *maison de la sainte guerre*, en allemand *Weissenburg*, dérivé du slave *brilo*, blanc, et *grad* ou *grod*, c'est-à-dire *château* ou ville, en hongrois *Nandor Fejervar*, importante ville forte et commerciale de Turquie, située en Servie, au confluent de la Save et du Danube, avec une population de 30,000 âmes. Elle se compose des parties suivantes : 1° la forteresse, qui domine le Danube, possède de hautes murailles, de fortes tours, un triple rang de fossés avec des mines et des casemates à l'abri de la bombe, et séparée des autres quartiers de la ville par un grand emplacement vide de quatre cents pas de large ; 2° la Ville d'eau (*Wasserstadt*), la partie la plus agréable de la ville, entourée de fossés et de remparts, située au nord, au confluent des deux rivières ; 3° la *Raitzenstadt*, située à l'ouest de la Save, entourée de palissades, et 4° la *Palanka*, faubourg mal bâti qui entoure la forteresse au sud et à l'est. Un pacha à trois queues réside dans la forteresse, où est située aussi la plus grande des quatorze mosquées qu'on compte à Belgrade. Les bâtiments faisant la navigation du Danube jettent l'ancre un peu au-dessus de la ville, entre trois îles. A l'embouchure de la Save, on trouve l'île des Bohémiens.

Par sa position, qui en fait le principal point de communication entre Constantinople et Vienne, en même temps que la clé du sud-est de la Hongrie, Belgrade est d'une haute importance commerciale et stratégique ; aussi a-t-elle été fréquemment le théâtre de luttes opiniâtres. Cette ville resta au pouvoir des Grecs jusqu'en 1073, époque où le roi de Hongrie Salomon s'en empara. Après avoir ensuite appartenu tantôt aux Grecs, tantôt aux Bulgares, tantôt aux Bosniaques et tantôt aux Serbes, Belgrade, au commencement du quinzième siècle, fut vendue par ces derniers à l'empereur Sigismond. En 1442 les Turcs perdirent inutilement beaucoup de temps, d'argent et d'hommes à l'assiéger ; et le 14 juillet 1456, électrisés par l'héroïque exemple de Hunyades encore une fois l'assaut désespéré donné à leurs murailles par une armée turque ; mais en 1521 cette ville succomba enfin sous les efforts de Soliman II. En 1688 elle fut prise d'assaut par l'électeur de Bavière, Maximilien-Emmanuel, qui passa au fil de l'épée la garnison et les habitants. En 1690 les Turcs la reprirent encore une fois d'assaut, après que sa garnison chrétienne se fut trouvée réduite à cinq cents hommes. Assiégée vainement en 1693 par le duc de Croy, elle tomba par capitulation en 1717 au pouvoir du prince Eugène, qui, investi dans son propre camp par une armée de 150,000 Turcs, la mit complétement en déroute. En 1739 cette ville fut restituée aux Turcs, sans qu'ils eussent eu besoin de brûler une amorce ; seulement, aux termes de la paix conclue alors dans ses murs, elle dut être démantelée. Reprise en 1789 par Landon, elle fut encore une fois rendue aux Turcs en 1791. Ensuite les Serbes s'en emparèrent ; mais elle retomba au pouvoir des Turcs quand leur insurrection eut été comprimée. Lorsque, en 1804, Czerny se souleva à Belgrade avec les Serbes contre l'oppression des *Dahi*, c'est-à-dire des exilés revenus dans leurs foyers, les Turcs investirent cette ville, qui resta bloquée avec des alternatives diverses jusqu'en 1807, époque où Suleïman Pacha s'en empara par capitulation. Dans cet intervalle de trois années, un sénat de Servie avait été constitué à Belgrade, et la Russie s'était fait représenter auprès de lui par un plénipotentiaire. La Servie ayant perdu en 1812 la protection du cabinet de Saint-Pétersbourg, Belgrade, après avoir été maintes fois le théâtre de scènes de carnage, retomba au pouvoir des Turcs ; et aujourd'hui même que la Porte a reconnu par la paix d'Andrinople l'indépendance médiate de cette principauté, elle s'est réservé le droit d'entretenir une garnison de 3,000 hommes à Belgrade.

BELGRAVE-SQUARE. C'est le nom d'un quartier du *West-End* de Londres, où descendit en 1843 M. le comte de Chambord, et où il reçut les hommages d'un millier de Français venus exprès. Parmi les personnages importants qui firent ce pèlerinage se trouvaient quelques pairs et quelques députés, lesquels avaient par conséquent prêté serment de fidélité au roi Louis-Philippe. Ce fut alors un grand scandale, car il était bien connu qu'on allait saluer à Londres le *roi de France*. Le comte de Chambord composa en effet dans cette circonstance une espèce de cour, joua au roi, reçut les hommages de ses loyaux sujets, accepta leurs vœux, leur exprima ses volontés. Puis enfin il prit congé d'eux, et s'en retourna en Autriche, sans avoir obtenu de la reine d'Angleterre la réception brillante sur laquelle il avait cru pouvoir compter.

Cependant il était impossible que ces hommages rendus outre Manche à la royauté *légitime* n'excitassent pas une certaine émotion au sein du parlement. Dans son discours d'ouverture des chambres, le roi se contenta de rappeler son dévouement au pays et sa fidélité à la France. La chambre des pairs profita par ces mots : « Le roi a tenu ses serments ; quel Français pourrait oublier ou trahir les siens? » Mais l'adresse dont M. de Broglie était le rapporteur ne passa pas sans amener quelques pairs à la tribune. M. de Richelieu, qui était allé à Belgrave-Square, prit la parole pour ôter, disait-il, à son voyage tout caractère politique, et s'étudia à établir que dans cette démarche il n'avait été inspiré que par la reconnaissance. M. de Vérac rappela à la chambre les droits d'un *royal enfant*, *héritier du trône par sa naissance et par la Charte*. Alors M. Guizot, ministre des affaires étrangères, ne crut pas devoir faire plus longtemps la pensée du gouvernement : il qualifia de *scandaleuses* les scènes de Belgrave-Square, les déclarant néanmoins exemptes de toute gravité politique. Quelques jours après, le roi répondit à la députation de la chambre des pairs qui lui présentait l'adresse : « Les factions sont vaincues, et de vaines démonstrations de leur part ne feront que constater leur impuissance. »

Bientôt M. Saint-Marc Girardin, rapporteur de la commission de l'adresse à la chambre des députés, donna lecture du projet de réponse au discours du trône. Cette adresse se terminait ainsi : « Votre famille, Sire, est vraiment nationale. Entre la France et vous l'alliance est indissoluble. Vos serments et les nôtres ont cimenté cette union..... La conscience publique *flétrit* de coupables manifestations : notre révolution de Juillet, en punissant la violation de la foi jurée, a consacré chez nous la sainteté du serment. »

Les débats s'ouvrirent le 15 janvier 1844. M. Berryer prétendit qu'il était impossible aux députés désignés de retarder leurs explications à la chambre. Sa conduite et celle de ses amis n'avaient eu pour but, selon lui, que de substituer, dans les événements politiques, les moyens légaux d'opposition aux moyens violents. C'était dans cette unique intention qu'ils étaient allés à Londres. Fréquemment interrompu par des mouvements d'improbation et d'hilarité, il fut obligé de renoncer à la parole et de descendre de la tribune. M. Guizot profita habilement de cette situation et de l'embarras de l'orateur légitimiste pour obtenir qu'il fût entendu de nouveau. Alors M. Berryer déclara solennellement qu'aucune pensée de désordre ne s'était mêlée aux hommages rendus au duc de Bordeaux. « Vous nous parlez, dit-il, de la sainteté du serment. Nous y croyons, nous la comprenons comme vous; mais nous mesurons, avant de prêter un serment, l'étendue de l'engagement que nous allons contracter. Nous avons vu un changement de principe. Sous le principe nouveau, nous avons compris notre liberté. Ajoutez à vos lois, placez-nous en dehors des garanties et des principes fondamentaux de la déclaration de 1830, et nous aviserons. »

M. Guizot critiqua, en réponse, ce qui s'était passé, ce qui se passait encore en Angleterre et en France, cette réunion, cette petite cour d'un prince, tantôt annoncé comme le roi de l'avenir, tantôt traité déjà de roi, ayant autour de lui les petits états généraux d'une nouvelle émigration d'un moment. « Tout le monde y est allé, disait-il, et on est revenu librement. Veut-on provoquer aujourd'hui des rigueurs, des mesures violentes? Nullement. La chambre ne fait qu'exprimer ses sentiments, sa réprobation. »

Après une réponse assez faible de M. Berryer et un discours de M. Dupin, réprouvant alors un *scandale* dont il devait lui-même renouveler l'exemple huit ans après en faisant le pèlerinage de *Claremont*, la discussion qu'avaient soulevée les paroles sévères de la commission fut marquée par un de ces orages qui font époque dans l'histoire parlementaire. M. Béchard le provoqua en déclarant que rien n'avait pu empêcher les visiteurs de Belgrave-Square de déposer aux pieds du jeune descendant de soixante rois *l'hommage d'une respectueuse et inaltérable fidélité*. « L'avenir, ajoutait-il, n'appartient à personne, et des rêves ne peuvent constituer un parjure. Mieux vaut décimer une opinion que de la *flétrir*. » M. Berryer avait à prononcer une revanche de sa dernière défaite. Il fut encore une fois au-dessous de lui-même, et ne put achever sa théorie embarrassée du serment qu'à travers les interpellations d'une grande partie de la chambre.

M. Duchâtel, ministre de l'intérieur, soutint qu'il était impossible d'admettre l'interprétation de la théorie du serment sous aucun régime; qu'il fallait, au contraire, positivement déclarer que le serment ne permet pas de travailler au renversement de la dynastie et de la constitution, et de reconnaître deux rois à la fois. Après lui, M. de La Rochejaquelein crut pouvoir se dispenser de tout ménagement. A son avis, le roi de France était celui qui l'aurait été si l'ancienne constitution n'avait pas été violée, si la nouvelle avait été respectée de tout le monde. Un mot avait été prononcé à Belgrave-Square en présence de M. de Châteaubriand.

« Après avoir salué le roi de France, nous venons saluer le roi de l'intelligence. » La chambre n'a aucune autorité morale sur ce qui s'est passé dans un salon de Londres. M. de La Rochejaquelein convenait bien avoir juré fidélité au roi..... des Français ; mais cette fidélité n'était ni amour ni dévouement. C'était, disait-il, l'engagement de ne pas conspirer, non celui de se sacrifier tout entier.

Après M. Hébert, ministre de la justice, M. Guizot, ministre des affaires étrangères, vint expliquer à la tribune pourquoi le gouvernement appuyait la phrase de la commission. C'est là que M. Berryer l'attendait : aux manifestations de Belgrave-Square il opposa les souvenirs de 1815, et au voyage de Londres le voyage de M. Guizot à Gand. Alors commença une scène impossible à décrire : la gauche et la droite, réunies dans des accusations de trahison contre la France, étouffaient la justification que balbutiait le ministre, qui finit par s'écrier : « On peut épuiser mes forces, on n'épuisera pas mon courage. Quant aux injures, aux calomnies, aux colères extérieures, on peut les multiplier, les entasser tant qu'on voudra, on ne les élèvera jamais au-dessus de mon dédain. » Les amis de M. Guizot firent graver une médaille pour rappeler le souvenir de cette scène et de ces paroles.

Quelques amendements furent proposés dans le but d'amoindrir le sens et la portée de la phrase de la commission. Un, entre autres, substituait le mot *réprouver* au mot *flétrir*. Ils furent tous rejetés. La chambre frappa sans pitié un parti hostile à la couronne. Louis-Philippe laissa percer sa satisfaction dans sa réponse à l'adresse : « L'accord de tous les pouvoirs de l'État, dit-il, rend chimériques les coupables espérances que les ennemis de nos institutions s'efforcent en vain de ranimer. » Les députés qu'atteignait le vote de la chambre crurent devoir donner leur démission pour soumettre leur conduite à l'appréciation de leurs commettants. Tous furent réélus; mais ce ne fut pas sans rencontrer une vive opposition dans les collèges, dans la presse et dans la rue. A Marseille, par exemple, ces manifestations populaires faillirent amener des scènes sanglantes.

A la suite du vote de la chambre, un des membres les plus considérables du parti dynastique, M. de Salvandy, alors ambassadeur à Turin, donna sa démission. On crut que le roi lui avait fait quelque reproche de n'avoir pas mêlé sa voix à celles des 220 membres de la majorité qui n'avaient pas craint de couvrir d'une *flétrissure* la conduite de leurs collègues. Ce nouvel incident fit encore du bruit ; il montrait assez combien l'influence du roi était grande dans ses conseils, et c'était alors la mode de s'élever contre le gouvernement personnel du chef de l'État. Pour ramener la paix, M. de Salvandy consentit à retirer sa démission, et refusa toujours les explications qu'on lui demanda à ce sujet. Bientôt même il redevint ministre.

Le voyage de Belgrave-Square remit le parti légitimiste en évidence. Le vote de la chambre jeta ce parti dans une opposition plus vive, et l'unit intimement aux membres de la minorité, qui devaient finir par renverser le trône de Louis-Philippe.

BÉLIAL, mot hébreu qui signifie *nuisible*, *mauvais*, et par lequel l'Ancien Testament désigne l'esprit destructeur, le génie du mal. Ce mot, pris d'ordinaire substantivement, a été interprété par divers commentateurs comme synonyme d'enfer, de dieu des ombres, dieu des démons, et ils ont supposé qu'il avait été emprunté par les Juifs à la mythologie égyptienne. C'est dans ce sens qu'au figuré on a appelé les impies les *enfants de Bélial*.

BELIDAH. *Voyez* BLIDAH.

BÉLIDOR (BERNARD FOREST DE), ingénieur célèbre par ses écrits sur l'architecture civile, militaire et hydraulique, les mines et l'artillerie, naquit en 1698, en Espagne; mais élevé en France par un ingénieur militaire, il en reçut le goût des mathématiques et de la science des fortifications; il se livra avec tant de succès à ce genre d'études, qu'il fut, quoique très-jeune encore, choisi par les ingénieurs de la Flandre pour aider Cassini et La Hire dans le tracé de la méridienne. Ces savants l'apprécièrent, et le produisirent. Professeur à l'école d'artillerie de La Fère, il fut appelé, à la sollicitation des officiers de ce corps, à en faire partie avec le grade de commissaire d'artillerie, et rendit bientôt un grand service à cette arme par la publication du *Bombardier français* (1731), ouvrage qui donnait pour la première fois aux artilleurs des tables construites d'après les principes qu'il avait précédemment développés dans son *Cours de Mathématiques* (1725).

Chargé de faire le projet d'une machine hydraulique, et désireux d'en calculer les proportions et la puissance, il s'aperçut que rien n'était fait à cet égard, et que la mécanique rationnelle n'avait reçu presque aucune application dans la construction des machines et les travaux publics. Dès lors il conçut le projet d'introduire dans la pratique des arts mécaniques l'usage des théories mathématiques et physiques, et, pour atteindre ce but, d'écrire un grand ouvrage sur l'hydraulique, où les faits fussent constamment ramenés aux principes, où rien de ce qui peut être calculé ne fût laissé aux tâtonnements de l'aveugle routine. D'immenses recherches, plusieurs fois interrompues par ses devoirs militaires, donnèrent naissance à son *Architecture Hydraulique* (4 vol. in-fol., 1737-1753), où l'on trouve présenté avec exactitude et détail tout ce qui concerne la recherche, la distribution et l'aménagement des eaux, leur emploi comme moteur, et la construction de tous les ouvrages hydrauliques, ports, canaux, écluses, ponts, etc. Il y donna la description d'une machine entièrement nouvelle et très-ingénieuse, destinée à élever l'eau d'un mouvement continu, et à laquelle la justice de la postérité a conservé le nom de *machine à colonne d'eau de Bélidor*.

Quoique près d'un siècle se soit écoulé depuis la publication de cet ouvrage, et que la science ait fait depuis de grands progrès, c'est encore un des meilleurs traités que nous possédions sur la matière. Tout ce qui est relatif à la description des procédés, à l'administration des travaux et à l'histoire de l'art ne laisse rien à désirer; mais la partie théorique et mathématique, imparfaite même du temps de Bélidor, est aujourd'hui tout à fait défectueuse. Elle a été complétement rectifiée dans le premier volume par M. Navier, qui en a donné une excellente édition en 1819. Déjà cet ingénieur avait, en 1813, enrichi de ses savantes notes un autre traité de Bélidor, *la Science des Ingénieurs*, où il s'occupe de l'architecture militaire, et qui mérite encore d'être consulté.

Bélidor avait fait des recherches sur les effets de la poudre, et croyait avoir reconnu que l'on pouvait économiser moitié de la poudre employée dans le tir des canons. Cette opinion, que le temps ne paraît pas avoir sanctionnée, fut pour lui la source de grands chagrins. N'ayant pu faire accueillir ses idées par ses chefs, il s'adressa au cardinal Fleury; mais le prince de Dombes, grand maître de l'artillerie, offensé de cette conduite, le dépouilla de toutes ses places. Il faut dire à la louange de Bélidor que son dévouement au pays repoussa les offres brillantes que lui firent alors les étrangers, et qu'il eut le courage d'attendre justice en silence. Le maréchal de Belle-Isle, qui l'aimait, le rappela au service; depuis lors il fit plusieurs campagnes en Allemagne et en Italie, et ses talents comme ingénieur lui valurent un avancement rapide. Il devint inspecteur de l'arsenal de Paris, brigadier des armées, et inspecteur général des mineurs. Il était membre des Académies des Sciences de France, d'Angleterre et de Prusse. Bélidor mourut en 1761. A. DES GENEVEZ.

BÉLIER, mâle de la brebis. *Voyez* MOUTON, BÉTAIL, etc.

BÉLIER (*Art militaire*), machine fort simple, qui servait à battre les murailles des villes qu'on assiégeait; elle se composait d'une poutre plus ou moins longue, plus ou moins grosse, armée par un bout d'une masse de fer ou de bronze, à laquelle on donnait la figure d'une tête de bélier, parce que cette arme agissait contre les murs à la manière des béliers quand ils se battent entre eux. Il y avait trois sortes de béliers : celui que portaient ceux qui le faisaient jouer, le *bélier suspendu* et le *bélier sur rouleaux*.

Le bélier qu'on portait, et qu'on faisait mouvoir à force de bras, était le plus simple : une poutre pouvait en servir; on l'employait principalement à enfoncer les portes, les cloisons.

Une poutre suspendue par son milieu avec des cordes, dans un bâti de bois, comme le fléau d'une balance, formait le bélier de la seconde espèce; c'était le plus redoutable. Des hommes le faisaient jouer au moyen de cordes attachées à l'extrémité opposée à la tête; il y avait de ces béliers d'une grandeur extraordinaire : on lit dans Plutarque qu'Antoine allant combattre les Parthes en faisait traîner un de 25 mètres de long. Le bélier suspendu agissait à découvert.

Le bélier sur rouleaux était logé dans une galerie couverte, faite d'épais madriers, portée sur des roues, et que l'on poussait au moyen de leviers jusqu'au pied des murs; des soldats partagés en deux groupes, un sur le devant, l'autre sur le derrière, faisaient aller et venir le bélier avec des cordes qu'ils tiraient alternativement en sens opposés. Ces rouleaux sur lesquels courait la poutre servaient à diminuer le frottement.

On faisait encore usage d'une sorte de bélier, qui perçait les murs en tournant comme une tarière.

Pour neutraliser les effets du bélier, on employait divers moyens : on amortissait la violence de ses coups en couvrant les murailles de matières élastiques; ou bien on disposait une machine appelée *corbeau*, avec laquelle, saisissant le bélier par le cou, on l'enlevait et on le transportait quelquefois par-dessus les murs au sein même de la ville assiégée. Dans la fameuse guerre du Péloponnèse, dont le récit se lit dans Thucydide, les Thespiens, assiégés, firent usage d'un moyen tout neuf pour rendre nuls les coups des béliers : ils tenaient derrière horizontalement une poutre suspendue à deux bascules; au moment où le bélier sortait de sa galerie (*testudo*, comme la tête d'une tortue), la poutre tombait en travers sur son cou, et l'empêchait d'atteindre le mur.

BÉLIER (*Astronomie*). Cette constellation zodiacale, dont le nom grec est κριός, en le nom latin *Aries*, a pour signe ♈. La première, par ordre, des constellations du zodiaque, qu'elle commence vers le nord, elle est composée de soixante-six étoiles, dont deux tertiaires sont dans la tête de l'animal. Placée au-dessous d'Andromède sur l'équateur même, comme on l'appelle, elle marque l'équinoxe du printemps. C'est le 20 mars que le soleil y entre, ou plutôt à la place que ce signe occupait dans le ciel il y a deux mille années, car aujourd'hui cet astre, au 20 mars, se trouve véritablement dans la constellation des Poissons, tout près du Verseau, d'après les lois de la précession.

Parmi les mythes antiques, les uns voient dans cet astérisme la toison d'or enlevée par Jason à Colchos, et placée au ciel, premier signe commémoratif des héroïques actions; les autres y voient la poupe du vaisseau, ornée d'une figure de bélier, qui transportait loin des fureurs d'Athamas, leur père, Phryxus et Hellé, sur les côtes d'Asie. Au reste, ce qu'il y a de plus raisonnable en explication, c'est qu'au temps où la sphère étoilée n'avait point, par le mouvement de la

47.

terre d'orient en occident, contre l'ordre des signes, rétrogradé de plus de l'un deux, le Bélier céleste (nommé aussi *dux gregis*) était en Égypte l'emblème du mouvement des troupeaux, qui à l'époque de la nouvelle saison se rendaient dans les pâturages.   DENNE-BARON.

BÉLIER HYDRAULIQUE. C'est une machine destinée à élever les eaux par le choc des eaux elles-mêmes. Elle fut inventée en 1796 par le célèbre Montgolfier, qui l'appliqua d'abord à sa papeterie de Voiron, en Dauphiné. La seule condition indispensable à son emploi, c'est une chute d'eau suffisante; car elle peut mettre à profit le plus mince filet d'eau pour produire avec le temps les plus grands effets. Elle emploie avec économie la force motrice d'une chute d'eau à faire remonter une partie de ce liquide à une hauteur considérable; et par suite, elle peut mettre en jeu un mécanisme quelconque. Aucune machine n'atteint ce but à moins de frais, aucune n'est d'un entretien journalier aussi peu coûteux.

Essayons d'en faire comprendre la composition et le jeu : l'eau est reçue au sommet de sa chute dans un tuyau incliné pendant la plus grande partie de sa longueur, puis horizontal. Ce tuyau, fermé à son extrémité inférieure, se nomme le *corps du bélier*; la portion horizontale est la *tête du bélier*. Sur la tête du bélier sont percés deux orifices sur lesquels s'appliquent exactement des soupapes, dont l'une, dite *soupape d'écoulement*, se ferme de dedans en dehors, et l'autre, appelée *soupape d'ascension*, se ferme en sens contraire. Celle-ci est surmontée d'un tuyau nommé *tuyau d'ascension*. Ce sont deux boulets creux retenus par des muselières qui servent de soupapes.

La soupape d'écoulement est ouverte ; l'eau, en descendant avec une certaine vitesse, s'échappe d'abord par cet orifice, puis le ferme bientôt par son choc et se trouve arrêtée. Mais comme elle ne peut perdre tout d'un coup la vitesse qu'elle avait acquise dans sa chute, elle réagit sur les parois du canal, soulève la seconde soupape, et s'introduit dans le tuyau d'ascension. En s'élevant elle perd graduellement sa vitesse et sa force ; les boulets retombent par leur propre poids, l'un sur sa muselière, l'autre sur l'orifice d'ascension ; l'eau cesse d'entrer dans le tube d'ascension, et recommence à s'échapper par l'orifice d'écoulement ; une soupape est fermée, l'autre ouverte, et les mêmes effets se renouvellent sans cesse à intervalles sensiblement égaux.

L'eau qui est chassée dans le tuyau d'ascension s'arrêterait chaque fois que la soupape retombe si l'on n'avait soin de rendre le mouvement d'ascension continu en plaçant au-dessus de cette soupape un réservoir d'air. Lorsque le coup de bélier lance l'eau dans ce réservoir, l'air qui s'y trouve est comprimé contre les parois ; et quand la soupape retombe, l'air, tendant à reprendre son volume, fait ressort contre la surface de l'eau, et la force à passer dans le tuyau d'ascension, qui s'embouche au bas du réservoir. Ainsi l'eau s'élève sans interruption, tantôt par le choc du bélier, tantôt par l'élasticité de l'air.

On ne sait pas encore si cette ingénieuse machine établie sur une grande échelle aurait quelque avantage sur les autres moyens d'élever l'eau. Mais l'expérience ne laisse aucun doute sur son mérite quand elle est de petite dimension. Quelques exemples donneront une idée de ses effets. Dans une manufacture de Lyon, une source qui fournit 85 litres d'eau par minute, à 10^m,6, envoie par l'intermédiaire d'un bélier hydraulique 17 litres d'eau par minute à une hauteur de 34 mètres. A Clermont (Oise), on a établi dans la sous-préfecture un bélier sous une faible source de 12 litres et avec une pente de 7 mètres ; et l'on reçoit à 60 mètres de hauteur verticale 97 centilitres d'eau par minute. Près de la même ville, à Mello, un autre bélier, au moyen d'une source de 140 litres et de 11^m,37 de chute, verse 17 litres 1/2 d'eau par minute à 59^m,44

d'élévation. Ces faits suffisent pour montrer quel parti une industrie intelligente peut tirer de cette machine. Elle utilise plus des trois cinquièmes de la force motrice contenue dans la chute, et je ne sache pas qu'aucune machine hydraulique ait jamais donné un résultat plus avantageux.

A. DES GENEVEZ.

BÉLISAIRE, général des armées de l'empereur Justinien, occupa la scène historique depuis l'an 527 jusqu'en l'an 561, où il mourut dans un âge avancé.

Ut pueris placeas et declamatio fias :

Si jamais cet adage put s'appliquer à un personnage historique, c'est bien à Bélisaire. Le vainqueur des Goths et des Vandales nous apparaît dès notre enfance comme l'exemple le plus frappant des vicissitudes humaines et de l'ingratitude des rois. L'*obole* de Bélisaire, aveugle et mendiant par les chemins, est plus connue que ses exploits en Orient et en Occident. La philosophie, la peinture, la poésie, se sont emparées de ce conte, inventé ou recueilli par le moine grec Tzetzès ; mais l'historien respecte les moralistes, admire les grands peintres, et ne croit pas les poètes. Toute la gloire militaire du long règne de Justinien appartient à Bélisaire, et ceux qui étudient l'histoire dans un but stratégique trouveront d'amples sujets de méditation dans le récit de ses campagnes. Il paraît que, comme César, Bélisaire réunit toutes les qualités d'un grand capitaine, avec cette différence que César manqua rarement des moyens d'exécution, tandis que le général de Justinien fut presque toujours contrarié par la parcimonie jalouse de son souverain.

La valeur du plus brillant soldat distinguait Bélisaire : doué d'une taille et d'une physionomie imposantes, personne ne lançait plus juste un javelot, ne portait des coups plus terribles au combat, ne conduisait avec plus d'impétuosité une charge de cavalerie. La conquête de l'Afrique vandale l'a fait surnommer le Scipion l'Africain de la Rome byzantine ; mais il n'eut pas, comme son devancier, l'avantage d'une naissance illustre ni d'une éducation libérale. Paysan thrace, ainsi que Justinien, il fut d'abord un des gardes, puis un des officiers, enfin l'un des généraux de cet empereur parvenu ; l'histoire même ne nous laisse pas ignorer qu'il fut un de ses compagnons de débauche ; enfin, comme lui, il devait devenir l'époux d'une courtisane.

En 529, un demi-siècle s'était écoulé depuis la chute de l'empire d'Occident ; la domination des Ostrogoths en Italie et celle des Vandales en Afrique semblaient établies sur des fondements solides. L'empire grec, resserré à l'orient par les Perses, menacé sur sa frontière du nord par les barbares sarmates et tartares, semblait n'avoir d'autre tâche à remplir que de repousser les agressions de ces redoutables ennemis. Justinien espéra plus : cet empereur, dévot et voluptueux, esclave de l'impératrice Théodora, prétendait porter sur ses épaules caduques le fardeau du double empire d'Orient et d'Occident ; il voulait que la lutte contre les Perses et les hordes qui menaçaient l'Asie Mineure et Constantinople marchât de front avec la conquête des deux plus belles provinces de l'empire d'Occident. Pour de pareils desseins, ce n'était pas trop de l'épée de Bélisaire.

Nous laissons à des biographies didactiques le soin de présenter la suite des campagnes de ce héros, depuis l'incursion qu'il fit en Perse l'an 527, jusqu'au brillant combat contre les Bulgares, qui termina, en 559, sa carrière militaire et sauva Constantinople. Nous nous contenterons de quelques traits qui montrent en lui sous tous les aspects le grand général.

Les Perses avaient envahi la Syrie : trop faible avec vingt mille hommes pour affronter l'ennemi, il sut non-seulement l'arrêter par ses savantes dispositions, mais le forcer à la retraite. Chaque nuit, il occupait le camp où les Perses avaient logé la veille, et, nouveau Fabius, il se serait assuré la victoire sans combat s'il avait pu contenir l'impatience de ses troupes. Cette valeur dont elles s'étaient vantées se montra peu le jour de la bataille. Déjà l'aile droite de l'armée romaine avait pris la fuite, mais l'infanterie demeura inébranlable sur la gauche. Bélisaire, descendant lui-même de cheval, fit voir à ses soldats qu'il ne leur restait d'autre ressource qu'une audace désespérée. Dociles à la voix, à l'exemple de leur chef, ils tournent le dos à l'Euphrate et le visage à l'ennemi, opposent une ligne impénétrable de piques aux traits, aux assauts multipliés de sa cavalerie, et le forcent enfin de se retirer avec ignominie. Ainsi Bélisaire sut, par sa valeur personnelle, soustraire ses troupes aux suites de leur témérité.

Dans l'expédition d'Afrique, où il eut moins d'occasions de déployer ses talents guerriers qu'une politique prévoyante et modérée, partout il fit respecter l'habitant, le cultivateur, et les Africains aidèrent de leur inaction, de leurs vœux et de leurs subsides leurs politiques libérateurs. Il fit son entrée à Carthage au milieu de la joie des habitants, et les boutiques partout ouvertes rappelaient Camille entrant à Faléries. A la table préparée pour le festin royal de Gélimer, entouré d'officiers vandales qui le servaient en bénissant sa clémence, Bélisaire n'était plus un lieutenant d'un César du Bas-Empire, c'était un triomphateur de la vieille Rome, c'était Paul-Émile au palais de Persée. Mais on retrouve l'homme de Byzance dans le pieux chrétien qui dévotement baisait la châsse de saint Cyprien, si longtemps en la possession des prêtres d'Arius. Cependant l'envie, toujours éveillée, suggérait à Justinien que son général n'avait conquis l'Afrique que pour lui-même. Point de milieu pour Bélisaire : il fallait ou confirmer ces bruits par une révolte ouverte, ou confondre ses ennemis par un prompt retour. Bélisaire n'hésita point, et sa présence dissipa les soupçons du prince. En rentrant à Constantinople, il renoua par son triomphe la chaîne des temps, car depuis Tibère les honneurs triomphaux n'étaient plus réservés qu'aux Césars. Il fut sur-le-champ déclaré consul ; mais sa plus noble récompense fut la fidélité avec laquelle on exécuta le traité généreux sur lequel il avait engagé son honneur au roi vandale. L'empereur donna au roi détrôné un vaste domaine en Galatie, où Gélimer trouva la paix, l'abondance et peut-être le contentement.

Les campagnes de Bélisaire en Italie offrent une grande variété d'incidents. Un habile stratagème l'ayant rendu maître de Naples, son humanité sauva une partie des habitants. Il était entré à Rome sans coup férir au mois de décembre 536, et, reçu avec enthousiasme par les Romains, il y avait vu proclamer par eux le rétablissement de l'empire. Bientôt (mars 537), cent cinquante mille Goths paraissent devant cette capitale, et, pour leur coup d'essai, manquent de s'emparer de la personne de Bélisaire. Remplis de force, d'activité, d'adresse, ils faisaient tomber autour de lui des traits pesants et mortels. Accablée par le nombre, sa troupe recula jusqu'aux portes de la ville; on les avait fermées sur le bruit qu'il venait d'être tué. La sueur, la poussière, le sang, le rendaient presque méconnaissable ; mais sa valeur le décelait assez, et dans une dernière charge il repousse les Goths avec une telle impétuosité que ceux-ci prennent la fuite à leur tour, persuadés qu'une nouvelle armée est sortie de la ville. La porte Flaminienne s'ouvre enfin pour recevoir Bélisaire ; et, malgré la fatigue dont il est accablé, sa femme et ses amis ne peuvent lui persuader de prendre ni repos ni nourriture avant qu'il ait visité toutes les portes et pourvu à la sûreté de Rome. Plus tard, dans un assaut général des Goths, dès que l'ennemi s'approcha du fossé, Bélisaire lança le premier trait, et perça d'outre en outre celui des chefs barbares qui se trouvait le plus en avant. Un cri d'applaudissement et de victoire retentit le long de la muraille. Bélisaire tire un second trait : même succès, mêmes acclamations.

On aime à retrouver ces faits dignes des héros d'Homère dans la vie d'un héros du moyen âge. Ce fut durant ce siège qu'il construisit ou répara les murs de Rome, et, au dire des voyageurs, l'on distingue encore quelques traces du mur de Bélisaire. On lui a reproché sa conduite envers le pape Silvère. S'il est vrai que ce pontife avait appelé à Rome le roi des Goths, le représentant de Justinien devait sévir ; mais ce qu'on ne peut excuser, c'est d'avoir prodigué l'or impérial pour faire élire le diacre Vigile à la place de Silvère. Sans approfondir cette intrigue, il est assez curieux de se rappeler l'entrevue de Bélisaire et du pontife disgracié. Celui-ci vint, suivi de son clergé ; mais il fut seul admis dans l'appartement du général. Le vainqueur de Rome et de Carthage était modestement assis aux pieds de son épouse Antonina, couchée sur un lit magnifique. Ce fut cette femme impérieuse qui, parlant pour son époux, accabla le pontife de reproches et de menaces. Antonina servait la haine de l'impératrice Théodora, qui voulait à tout prix obtenir un pape opposé ou indifférent au concile de Chalcédoine.

Au siége de Ravenne Bélisaire se montra vraiment grand, en s'élevant au-dessus des intrigues de la cour impériale. Tout lui promettait la reddition de ce dernier rempart de la royauté expirante de Vitigès, lorsqu'un inconcevable décret de Justinien, en lui laissant quelques provinces, vint prescrire à Bélisaire de se dessaisir de la victoire. Il osa désobéir, et déclara qu'il ne déposerait les armes que pour conduire à Constantinople Vitigès chargé de chaînes. Il tint parole ; et s'il fut disgracié, si l'empereur lui refusa le triomphe pour l'Italie, la gloire du héros s'accrut de ce refus de la cour de Byzance. Il ne faut pas oublier qu'au lieu de rendre à Justinien l'Italie, il n'eût tenu qu'à Bélisaire de ceindre son front de la couronne de Vitigès ; mais il fut insensible à cette offre de la nation gothe. Jamais son nom n'avait été plus populaire ; les mères le montraient à leurs enfants comme l'appui, le sauveur de l'empire, et il eût vécu heureux, si ce grand homme, qui retraçait en sa personne quelques-unes des vertus des vieux Romains, avait su se passer de la faveur d'un maître. Mais dans la disgrâce il fléchissait, il s'humiliait, et déclarait jusqu'à ce que le crédit de sa femme lui eût rendu les regards bienveillants de Justinien et les honneurs du commandement.

L'instant ne se fit pas attendre où son bras fut encore une fois nécessaire. L'an 541 il repoussa les Perses, qui venaient d'envahir la Syrie. Ce nouveau service est suivi d'une autre disgrâce ; mais les dangers furent tels à la campagne suivante qu'il fallut bien le replacer à la tête des troupes, et sa présence seule força le roi de Perse à rentrer dans ses limites (542). Cependant, en Italie, un héros du sang du Théodoric, Totila, profitait de la mauvaise gestion des onze généraux qui avaient remplacé Bélisaire ; il avait relevé la puissance gothe, il menaçait Rome. Bélisaire, envoyé contre lui avec des moyens insuffisants, ne put sauver cette ville ; maître de cette capitale, Totila en détruisit les fortifications. Peu s'en fallut qu'il ne rasât entièrement les maisons et les édifices, et qu'il ne changeât la cité de la louve en un pâturage pour les troupeaux. Les remontrances de Bélisaire arrêtèrent cette barbare exécution, et Totila se contenta de disperser les habitants. Quarante jours après le départ du monarque goth, Bélisaire rentra dans Rome par un de ces coups de main hardis que ne tentent jamais les grands généraux sans avoir la prescience du succès. Il se hâta de relever les ruines désertes de Rome, la fortifia à la hâte, et les clés de la ville d'Auguste furent envoyées une seconde fois à Justinien. Totila arrive de la Pouille pour recouvrer cette position décisive; Bélisaire le repousse dans trois assauts. Rome était sauvée ; mais pour reconquérir l'Italie il eût fallu des troupes, des vivres et des subsides, que la cour de Byzance n'envoya point; et, après cinq campagnes, qui ne furent pas sans gloire pour lui aux yeux de ceux qui savent comparer les moyens avec les résultats, ce grand capitaine, las d'être le témoin passif des progrès de Totila, s'estima heureux d'obtenir son rappel. Il faut avouer que ces dernières années n'avaient pas été sans profit pour la fortune de Bélisaire. Il n'avait soutenu son armée qu'en pressurant les Italiens; l'avarice d'Antonina s'était donné carrière, et la part du général avait été faite dans les dépouilles de l'Italie après celles de l'empereur et de l'armée. Bélisaire pensait que dans un siècle corrompu les richesses soutiennent et embellissent le mérite personnel. Cette tache dans sa vie est la conséquence de l'esprit du temps.

A son arrivée à Byzance une conspiration éclata contre la vie de Justinien; mais les conjurés, avant de le frapper, avaient résolu de passer sur le corps de Bélisaire, dont ils redoutaient la loyauté et, en cas de succès, la vengeance. Le complot fut déjoué, et Bélisaire se reposa dans le rang élevé de général de l'Orient et de comte des domestiques. Il fut arraché une dernière fois à ce glorieux loisir par le cri de la guerre. Zuberghan, roi des Huns Contrigours, avait, au mois de mars 559, passé le Danube sur la glace, ravagé la Mésie, la Thrace, et il campait à six lieues de Constantinople. Tout tremble dans cette capitale; mais au nom de Bélisaire on se rassure, on s'arme; dix mille hommes se précipitent sur les pas du vieux guerrier, et le lendemain il rentrait à Constantinople traînant à sa suite les chevaux de l'ennemi en fuite. Deux ans après, le sauveur de l'empire fut accusé de conspiration; ses biens furent séquestrés, et il mourut au bout de huit mois.

C'est ici que trouve sa place la fable de Bélisaire aveugle et mendiant. Ce que le vulgaire des compilateurs n'a pas dit au sujet de ce grand homme, ce que le savant et spirituel Gibbon a établi avec tout le charme du roman, avec toute la vérité de l'histoire, c'est l'ascendant prodigieux qu'obtint toujours sur lui son épouse Antonina, qui, toute dévouée à la fortune, à la gloire militaire du héros dont elle partageait la couche, les travaux et les dangers, ne se piquait nullement de fidélité conjugale. Elle n'en aimait pas moins son mari, dont la force et la beauté étaient héroïques comme son renom guerrier. Entièrement subjugué par elle, il n'avait d'yeux que pour l'heureuse et lubrique Antonina. En vain les écarts de cette femme éhontée éclataient à tous les regards, il s'obstinait à ne rien voir, à ne rien entendre, à ne rien croire. En un mot, l'effroi du Goth et du Vandale fut le plus débonnaire des maris, et à ce sujet les anecdotes de Procope feraient un excellent texte de comédie morale et historique. Bélisaire trouva toujours du moins un puissant avocat dans sa femme auprès de l'impératrice Théodora, qui, sortie comme elle des mauvais lieux et du théâtre pour arriver aux grandeurs de la terre, exerçait sur Justinien le même empire qu'Antonina sur Bélisaire. La gloire de Bélisaire venait réveiller l'envie des courtisans presqu'à chacune de ses admirables campagnes, et autant de fois le savoir-faire de sa femme remettait à flot l'esquif chancelant de sa fortune. Ch. DU ROZOIR.

BÉLÎTRE (de l'allemand *bettler*; gueux). C'est un vieux mot qui s'en va, comme beaucoup d'autres, et qui signifiait un homme de rien, un coquin, un misérable, faisant le câlin pour apitoyer les bonnes âmes. On ne l'a pas toujours pris en aussi mauvaise part, puisqu'il a servi à désigner les quatre ordres mendiants, et qu'à Pontoise les confrères pèlerins de la confrérie de Saint-Jacques ont porté le nom de Bélîtres.

Bélitre avait si bien obtenu chez nous droit de bourgeoisie, qu'il s'y était installé avec tout son bagage, avec son féminin, avec son substantif. Charron disait : « Flatterie, vice de l'âme femelle, une *bélitresse*; » et Montaigne : « Dédaignons cette faim d'honneur et *bélitresse* qui nous fait coquiner avec toute sorte de gens, par moyens abjects, à quelque prix que ce soit ! C'est déshonneur qu'être ainsi honoré. »

Bélîtrerie, dans ce vieux langage, était synonyme de gueuserie, et la législation de l'époque stigmatisait cette qualification le métier actuel de vagabond et de mendiant. Les termes seuls changent, les choses restent.

BELL, nom d'une très-nombreuse famille écossaise dont beaucoup de membres se sont rendus célèbres, soit comme chirurgiens, soit comme auteurs de traités sur l'anatomie et la physiologie.

BELL (JOHN), né en 1691, arriva en 1716 comme médecin à Saint-Pétersbourg, d'où il alla visiter la Perse, la Chine et Constantinople. Revenu dans sa patrie en 1746, il mourut le 1ᵉʳ juillet 1780. Ses *Travels from Petersburgh in Russia to diverse parts of Asia* (2 vol., Glascow, 1763), ont été réimprimés plusieurs fois et traduits en diverses langues. — Son fils, *Charles-André* BELL ou BEL, né en 1717, à Saint-Pétersbourg, occupa une chaire de poésie à Leipzig, où de 1755 à 1781 il rédigea les *Acta Eruditorum*. Il mourut en 1782 par strangulation volontaire.

BELL (BENJAMIN), né à Édimbourg, devint l'un des chirurgiens les plus célèbres du dix-huitième siècle, grâce à la publication de son *System of Surgery* (6 vol., Édimbourg, 1782-1787; 9ᵉ édition, 7 vol., 1801), qui a été traduit dans toutes les langues. On lui est redevable en outre de quelques autres ouvrages d'une grande importance, tels que : *On the theory and menagement of Ulcers* (Édimbourg, 1779; 7ᵉ édit., 1801); *On Gonorrhœa virulenta* (2 vol., 1793; 2ᵉ édit., 1797); *On the Hydrocele, on Sarcocele or Cancer*, etc. (Édimbourg, 1794).

BELL (ANDRÉ), issu de la même famille, né en 1753, à Saint-Andrews, alla d'abord dans l'Amérique septentrionale en qualité de ministre de l'Église anglicane; puis passa ensuite aux grandes Indes, à Madras, où, placé depuis 1789 en qualité de chapelain au fort Saint-Georges, et de prédicateur de l'église de Sainte-Marie, il prit la direction de l'instruction dans l'*Asile des Orphelins militaires*. Ces fonctions lui fournirent l'occasion d'étudier la méthode d'enseignement mutuel, déjà appliquée depuis longtemps dans les nombreuses écoles des missions à l'usage des enfants indigènes, et de la perfectionner. A son retour en Angleterre, Bell, ayant perdu l'espoir de voir le gouvernement anglais s'intéresser au *Système d'enseignement de Madras*, se retira à la campagne. Mais en 1807 un système analogue d'enseignement introduit par le quaker Josué Lancaster dans les écoles de pauvres à Londres, et surtout dans celles des dissidents, ayant beaucoup occupé l'attention publique, Bell reçut mission de l'Église anglicane d'introduire son système dans les écoles placées sous sa direction.

Il l'avait exposé pour la première fois dans un ouvrage intitulé : *An Experiment in education made in the asylum of Madras* (Londres, 1797). Plus tard il publia à ce sujet les *Elements of Tuition* (Londres, 1815), et *the Wrongs of Children* (Londres, 1819). Ses *Letters to sir John Sinclair on the Infant-School-Society of Edinburgh* (Londres, 1819), roulent sur le mécanisme général des écoles. Bell mourut le 27 janvier 1832, disposant en faveur de l'Institut national et de divers établissements de bienfaisance de toute sa fortune, qui ne s'élevait pas à moins de 120,000 liv. sterl. (3 millions de francs).

BELL (JOHN), frère cadet du précédent, né le 12 mai 1763, à Édimbourg, se consacra dans cette ville à l'étude de la médecine, et en 1790 ouvrit dans son propre amphithéâtre des cours d'anatomie, qui furent fréquentés par un grand nombre d'auditeurs, en dépit des obstacles de tout genre que lui suscitèrent ses collègues. Le premier ouvrage par lequel il se fit connaître comme écrivain, *System of the Anatomy of the Human Body* (2 vol., Édimbourg, 1793-1798), auquel son frère Charles Bell ajouta plus tard un troisième et un quatrième volume, fut presque aussitôt suivi de la publication de *Discourses on the nature and cure of Wounds* (2 vol., 1793-1795), qu'il fit suivre de ses *Principles of Surgery* (3 vol., 1801). La série de ses planches anatomiques, qui firent époque par la beauté et par l'exactitude de leur exécution, commença par les *Engravings to illustrate the structure of Bones* (Londres, 1794; 2° édit., 1808). Vinrent ensuite : *Engravings of the Brain* (1802); *Engravings of the Nerves* (1803) et *Engravings of the Viscera* (1804). John Bell quitta plus tard sa chaire, et mourut à Rome, le 15 mai 1820, pendant un voyage en Italie, après avoir encore publié *Letters on professional Characters* (Édimbourg, 1810). Sa veuve a publié plus tard, d'après le journal qu'il avait tenu pendant son voyage, des *Observations on Italy* (Édimbourg, 1825).

BELL (CHARLES), frère puîné des précédents, né à Édimbourg, en 1778, y reçut son éducation, et avait déjà publié un *System of Dissections* (1799) avant d'être admis dans le *College of Surgeons* d'Édimbourg. En peu de temps il acquit la réputation d'opérateur consommé. A la suite de quelques discussions avec les directeurs de l'hôpital, il se rendit en 1806 à Londres, où il fit des cours d'anatomie et de chirurgie dans l'amphithéâtre de Hunter, et où il publia un *System of operative Surgery* (Londres, 1807), ouvrage dont il donna plus tard une nouvelle édition, entièrement refondue, sous le titre de *A System of operative Surgery founded on anatomy* (2 vol., Londres, 1814). On retrouve le caractère particulier aux travaux de cet observateur, qui ont toujours pour but de pénétrer dans la vie et, pour ainsi parler, la respiration de la nature, dans ses *Essays on the Anatomy of expression in Painting* (Londres, 1806), livre réimprimé sous le titre de *the Anatomy and Philosophy of Expression as connected with the fine arts* (Londres, 1844). Il publia ensuite les ouvrages suivants : *On the Diseases of the Urethræ* (1810; 2° édit., 1832); *Idea of a new Anatomy of the Brain* (1811), et *Engravings from specimens of the morbid parts* (1813). En 1812 Charles Bell fut nommé membre du *College royal of Surgeons* de Londres, et peu de temps après chirurgien de l'hôpital de Middlesex et professeur à la clinique de cet établissement. De même qu'en 1809 il s'était empressé d'accourir aux lieux où s'était livrée la bataille de la Corogne, en 1815, après la bataille de Waterloo, il se rendit à Bruxelles, à l'effet d'y fonctionner jour et nuit comme chirurgien et comme opérateur au chevet des blessés. A son retour à Londres, il entreprit de rendre compte, dans les *Surgical Observations* (2 vol., Londres, 1816-1817), des cas les plus remarquables qui se présentaient dans le service chirurgical de *Middlesex Hospital*. On a encore de lui *the Anatomy and Physiology of the Human Body* (3 vol., Londres, 1819); *Essay on the forces which circulate the Blood* (1819); *Illustrations of the capital Operations of Surgery* (1820), etc. Mais les ouvrages qui resteront à jamais sa gloire, et qui popularisèrent son nom en Europe, furent : *An Exposition of the natural system of the Nerves of the human body* (1824), refondu sous le titre de *the Nervous System of the human body* (1830; nouv. édit., 1836). Il a fait aussi pour la *Society for diffusion of useful Knowledge* deux excellents articles, et pour la collection des traités de Bridgewater la belle et attachante dissertation intitulée *the Human Hand* (1834). Après avoir accepté une chaire de chirurgie à l'Université d'Édimbourg et publié encore ses *Institutes of Surgery* (2 vol., 1838), et ses *Practical Essays* (2 vol., 1841-1842, Édimbourg), il mourut dans cette ville, le 28 avril 1842. En 1833 il avait reçu le titre de *baronet*.

Charles Bell fut incontestablement l'un des plus grands anatomistes et des plus grands physiologistes de ce siècle. La théorie des fonctions du système nerveux à l'état sain et à l'état morbide lui est redevable de progrès remarquables; on peut même à bon droit le regarder comme le véritable créateur de la nouvelle physiologie des nerfs. Par la simple observation de la direction anatomique des nerfs et par la pratique pathologique, il arriva à penser que les nerfs de chaque organe sont compliqués en proportion directe de la diversité de ses fonctions : par exemple, que les racines antérieures de la moelle épinière procurent le mouvement, et que celles de derrière, qui sont pourvues d'un ganglion, procurent seulement la sensation : découverte que M. Magendie a vainement cherché à lui contester. La similitude de la cinquième paire de nerfs avec les nerfs de la moelle épinière l'amena à penser que les racines doivent se comporter de même; et l'observation, d'accord avec l'expérience, lui démontra que le mouvement des muscles du visage ne s'opère que par la septième paire : découverte qui modifia complétement la théorie de la névralgie faciale, autrement dite *tic douloureux*.

BELL (CURRER). *Voyez* BRONTE.

BELL (ROBERT), fécond écrivain anglais contemporain, né le 10 janvier 1800, à Cork, en Irlande, où son père, officier dans l'armée, tenait garnison, fut élevé à Dublin, et se destinait à l'étude de la jurisprudence, quand la mort de son père, en le privant des ressources nécessaires, vint le contraindre à renoncer à cette direction et à entrer dans l'administration. Mais il en abandonna bientôt les rangs pour se jeter dans la littérature. Il entreprit alors la rédaction d'un journal politique, écrivit des comédies, dont deux, *The double Disguise* et *Comic Lectures*, obtinrent les honneurs de la scène, et ressuscita le *Dublin Inquisitor*. Plus tard, il se rendit à Londres, où il publia dans le *New monthly Magazine* une série de *Reminiscences*, et accepta la rédaction de l'*Atlas*, le premier journal politique et littéraire qu'on eût encore publié à Londres; entreprise qu'il conduisit à merveille. En 1829 la rédaction de cette feuille lui attira avec lord Lyndhurst un procès dans lequel il présenta lui-même sa défense, et dont il sortit victorieux. A quelque temps de là, il se chargea d'écrire une *Histoire de Russie* en trois volumes, les *Vies des Poètes anglais* en deux volumes pour la *Cabinet-Cyclopædia* de Lardner, et de terminer le dernier volume de la *Naval History of England* de Southey (1837). Le dixième volume de l'*History of England* de Mackintosh est également de lui. Après avoir renoncé à la rédaction de l'*Atlas*, il fonda en 1840 avec Bulwer et Lardner le *Monthly Chronicle*, dont il devint ensuite tout à la fois le rédacteur et le propriétaire. Il composa en même temps trois pièces de théâtre qui obtinrent du succès : *Marriage* (1842), *Mothers and Daughters* (Londres; 2° édit., 1846), et *Temper* (1847), travaux qu'il fit marcher de front avec la composition de quelques autres productions, et même de plusieurs ouvrages historiques, par exemple *Outlines of China* (1845), *Life of George Canning* (1846), *Memorials of the Civil War* (2 vol., 1849) et *Wayside pictures through France, Belgium and Holland* (1849). L'un de ses derniers livres a pour titre *The Ladder of Gold* (3 vol., Londres, 1850). Robert Bell est un homme d'un caractère des plus aimables, et dans toute sa carrière d'écrivain et de critique il ne s'est fait que peu d'ennemis. Ses ouvrages portent nécessairement l'empreinte de son caractère : aussi est-il plutôt panégyriste qu'historien, par exemple, dans sa *Vie de Canning*. Son style est clair et facile, son exposition pleine de charme.

BELL (JEAN-ADAM SCHALL DE), l'un des plus célèbres astronomes et des plus savants orientalistes du dix-septième siècle, était né à Cologne, en 1591, d'une famille noble. En 1611 il entra dans l'ordre des jésuites. L'étude approfondie qu'il avait faite des mathématiques, de l'astronomie et des sciences accessoires lui désignait comme un des sujets les plus propres à aller prêcher l'Évangile en Chine, il partit en 1620 pour cette mission, aussi pénible, que périlleuse. La ville de Sigân-Fou, chef-lieu d'une des provinces de l'empire, fut le premier théâtre de son activité apostolique; il eut à y triompher de dangers et d'obstacles de tout genre. Toutefois il y opéra de nombreuses conversions, et y éleva une église au Dieu des chrétiens.

La renommée de son profond savoir en astronomie parvint

jusqu'à l'empereur, qui le fit venir à Pékin, et le chargea de rectifier le calendrier chinois en ce qui touchait les éclipses de lune et de soleil, le cours des planètes, etc. Schall de Bell consacra cinq années à cet immense travail, qui lui fournit l'occasion d'écrire en langue chinoise cent cinquante dissertations, toutes relatives à ces matières. L'empereur, pour lui témoigner sa satisfaction, le nomma mandarin et président d'un institut mathématique. Schall de Bell remplit ces fonctions durant vingt-trois ans, et jouit constamment d'un grand crédit auprès des trois empereurs qui se succédèrent pendant cet espace de temps, auprès du dernier surtout, appelé Xinn-Chi, qui l'avait pris en une affection telle qu'il lui décerna, malgré son refus, le titre de *maître des secrets célestes*, et qu'il lui donna place dans son conseil privé.

Les égards de l'empereur pour l'un des ministres de la religion nouvelle durent faciliter les progrès de la mission; aussi en quatorze années ne compta-t-on pas moins de 20,000 néophytes admis à recevoir le baptême. Mais l'empereur, qui avait été jusque alors l'ami et le protecteur de Schall de Bell, mourut, instituant comme tuteurs de son fils, et régents de l'empire pendant sa minorité, quatre hommes animés d'une haine profonde contre le christianisme. Schall de Bell, qui depuis longtemps souffrait d'une hydropisie, eut à subir des persécutions qui durèrent jusqu'à sa mort, arrivée le 15 août 1666.

BELL et **LANCASTER** (Méthode de). *Voyez* ENSEIGNEMENT MUTUEL, BELL (André) et LANCASTER.

BELLA (STEFANO DELLA), dont nous avons fait *Etienne* DE LA BELLE, fils d'un sculpteur de Florence, naquit dans cette ville, le 18 mai 1610, et y mourut, le 22 juillet 1684. Ce célèbre graveur eut à vaincre dans son enfance toutes les difficultés que lui suscitait la profonde misère où l'avait laissé la mort de ses parents. Cependant il ne se rebuta pas, et se consacra entièrement à la gravure, et surtout à la gravure à l'eau-forte, dont la rapidité d'exécution s'alliait mieux à sa vivacité naturelle et à la fécondité de son génie. Sa réputation ne tarda pas à s'établir dans toute l'Europe, et, dans un voyage qu'il fit en France, il fut accueilli avec distinction par le cardinal de Richelieu, qui le chargea de graver *la Prise d'Arras* et les autres conquêtes de Louis XIII. Pendant son séjour à Paris, il composa aussi une collection de jeux de cartes, pour faciliter à Louis XIV l'étude de l'histoire et de la géographie.

A l'époque des guerres de la Fronde, la haine que le peuple portait au cardinal Mazarin, et par suite au nom italien, faillit être fatale à della Bella; dans une émeute, il fut assailli par une troupe de furieux qui allaient le tuer, lorsqu'une femme qui le connaissait s'écria naïvement : « Que faites-vous, mes amis? cet homme n'est pas italien; c'est un Florentin. » A ces mots, les groupes menaçants qui entouraient l'artiste s'écartèrent, et il dut son salut à l'ignorance de cette populace.

Pour ne plus se trouver exposé à de pareilles aventures, della Bella retourna dans sa patrie, où le grand-duc le gratifia d'une pension, et le choisit pour enseigner le dessin à son fils, depuis Cosme II.

Della Bella est regardé comme un des bons graveurs de l'Italie : s'il n'a point le fini et la précision de Callot, qui lui succéda dans la faveur des Médicis, en revanche sa touche est plus libre, plus savante et plus pittoresque. Son œuvre est très-considérable : on y distingue, une *Vue du Pont-Neuf*, devenue très-rare, les estampes de *Saint Prosper*, du *Parnasse*, du *Reposoir*, du *Rocher*, du *Vase du Médicis*, etc.

BELLADONE ou BELLE-DAME, de l'italien *bella donna*, belle dame. Ces noms élégants ont été donnés à plusieurs plantes qui n'ont entre elles aucune ressemblance. Telles sont l'*atriplex hortensis* ou a r r o c h e des jardins; l'*amaryllis bella donna*, plante qui nous vient des Antilles et de Cayenne, qui fleurit en septembre et qui donne un bouquet de grandes fleurs, d'abord presque blanches, puis incarnates, enfin d'un rose tendre, d'une odeur douce, approchant de celle de la jacinthe; enfin, la belladone des jardins, *atropa bella donna*, à laquelle nous allons consacrer quelques lignes.

Cette plante, de la famille des solanées, a acquis une triste célébrité par un grand nombre d'empoisonnements. De cette nature malfaisante lui est venu son nom d'*atropa*, emprunté à la parque *Atropos*. Elle a dû celui de *bella donna* à une propriété plus innocente : les Italiens retirent de son eau distillée une espèce de fard propre à entretenir la blancheur de la peau.

Il y a diverses espèces de belladones. Celle qui croît spontanément en Angleterre, en Allemagne et dans la France septentrionale, habite particulièrement les lieux les plus bas et les plus ombragés des bois; elle porte, à 1^m,30 ou 1^m,60 de hauteur, ses tiges droites et robustes; ses fleurs en forme de cloche sont d'un brun violet très-obscur. Toutes les parties de la plante renferment le principe vénéneux; mais c'est surtout dans les baies noires dont elle se charge que réside le danger, car elles séduisent par leur aspect vulgaire et leur saveur légèrement sucrée. Malheur à l'enfant qui les goûte imprudemment! les effets en sont prompts et terribles. Chez les uns, c'est un délire stupide comme celui de l'ivresse; chez les autres, ce sont des convulsions poignantes, et, chez tous, ces symptômes mènent à la mort si l'on ne se hâte d'avoir recours à de puissants vomitifs : les médecins recommandent en outre l'emploi des acides, et surtout du suc de limon et du vinaigre.

Le principe vénéneux de la belladone peut en être séparé sous forme d'une matière cristallisée, incolore, douée de réactions alcalines, et susceptible par conséquent de se combiner avec les acides. Brandes lui a donné le nom d'*atropino*.

Par une sorte de compensation, pour les malheurs qu'elle occasionne, la belladone fournit quelques secours à la thérapeutique. Ses fruits, adoucissants et résolutifs, servent à la composition d'une pommade utile dans les affections hémorroïdales et cancéreuses. Quelques gouttes d'une infusion de belladone introduites dans l'œil font instantanément élargir la pupille : on a fait de cette singulière propriété une très-heureuse application à l'opération si délicate de la cataracte. En ayant soin de paralyser momentanément l'œil par ce moyen, on peut entamer la cornée et parvenir jusqu'à la capsule du cristallin sans craindre de blesser l'iris. Ces fruits, à la fois si dangereux et si utiles, ont encore un emploi dans les arts : par leur macération, on obtient une belle couleur verte, recherchée des peintres en miniature.

A. DES GENÈVEZ.

BELLAMY (JACQUES), célèbre poète hollandais, né le 12 novembre 1757, à Flessingue, et mort le 11 mars 1786. Sa mère, demeurée veuve de bonne heure, se vit réduite par la misère à le mettre en apprentissage chez un boulanger. Le pasteur Water, ayant eu occasion de voir quelques informes essais de sa muse encore bien inculte, fut frappé des dispositions vraiment rares qu'il annonçaient. Lui et quelques-uns de ses amis s'intéressèrent à cet enfant du peuple, qui demandait à la poésie des délassements à ses rudes travaux; ils se cotisèrent pour lui fournir les moyens de perfectionner par l'étude les heureux dons qu'il tenait de la nature, et, grâce à leur généreux appui, Bellamy, alors âgé de vingt-deux ans, put commencer les études classiques. En 1782 il alla à Utrecht étudier la théologie.

La fermentation des esprits qui régnait alors dans son pays, les violentes discussions qui s'élevèrent à Utrecht relativement à l'administration communale, et surtout son séjour dans la maison d'un des démagogues les plus exaltés de cette époque, furent autant de circonstances qui contribuèrent puissamment à surexciter chez lui le sentiment patriotique, déjà très-prononcé, et à développer son imagination.

Aux poésies le plus généralement sentimentales et anacréontiques publiées en 1782 à Amsterdam, sous le pseudonyme de Zelandus et le titre de *Gezangen mijner jeugd* (*chants de ma jeunesse*), il ne tarda pas à joindre, toujours sous le même nom d'emprunt, des *Vaderlandsche Gezangen* (*chants patriotiques*), œuvres brûlantes d'enthousiasme, puis d'autres *Gezangen*, d'une nature plus sérieuse que les premiers, plus calmes aussi que les seconds, supérieurs à tous égards à ses premières productions, mais où domine le triste pressentiment qu'a déjà le poète de sa fin prochaine. Une édition choisie des poésies de Jacques Bellamy a été publiée à Haarlem en 1816, et réimprimée en 1826 ; mais, circonstance assez bizarre, l'éditeur a précisément omis d'y comprendre la plus célèbre et la plus charmante des productions poétiques de l'auteur, son conte poétique intitulé *Roosje* (Rosette), qui fut publié dans les *Proeven voor het verstand, den smaak en het hart* (Utrecht, 1784).

C'est à Bellamy et à Alphen, au premier surtout, que la littérature hollandaise est redevable d'avoir été arrachée à l'état de somnolence et de torpeur où elle était depuis si longtemps plongée. Indépendamment de l'influence que purent exercer sur le talent de Bellamy la fréquentation d'hommes instruits et la conversation spirituelle de ses condisciples à l'université d'Utrecht, on reconnaît aussi celle de la littérature allemande dans ses œuvres, qui rappellent souvent celles de Gleim et de Hœlty. Il est à regretter toutefois qu'il ne se fût pas assez familiarisé avec les classiques anciens. Bellamy introduisit avec beaucoup de bonheur le vers blanc dans la poésie hollandaise ; seulement il est fâcheux qu'une tentative qui lui avait si bien réussi ait provoqué tant et de si malheureuses imitations.

Bellamy publia aussi quelques dissertations critiques en prose dans le *Poetischen Spectator* (Amsterdam, 1784).

BELLAMY (Miss ANNE-GEORGETTE), célèbre actrice anglaise, née à Londres, en 1735, morte vers 1800, était fille naturelle, mais reconnue, de lord Tirawley. Une circonstance qui l'honore la priva de l'appui de son père. Celui-ci, peu satisfait de la conduite tenue par la mère de miss Bellamy, l'avait éloignée. Touchée de pitié pour sa mère, la jeune fille, malgré l'expresse défense de son père, alla partager la demeure et la misère de sa mère. Dans sa fureur, lord Tirawley lui retira ses bienfaits, et ne s'occupa plus d'elle.

Liée avec des actrices, actrice elle-même, cette mère dès ce moment voua sa fille à la scène, sur laquelle, d'ailleurs, semblaient l'appeler les plus brillantes dispositions. Une figure moins régulièrement belle qu'expressive, un jeu animé de toute la chaleur d'une âme tendre, une voix touchante, mélodieuse, dans laquelle la nature avait mis des larmes, tels furent les avantages qui lui valurent l'appui de Sheridan, de Smollett, de Thomson, de Garrick, et de Rich, le directeur du théâtre de Covent-Garden, qui l'admit dans sa troupe. Ses succès furent brillants ; ils séduisirent jusqu'au célèbre Kean, d'abord prévenu contre elle, et lui assurèrent de puissants protecteurs, Henry Fox, entre autres, grand ministre, grand orateur, qui devint son ami. A cette faiblesse elle en ajouta bien quelques autres ; mais jamais l'intérêt ne fut le mobile de ses actions, et ce fut toujours à son cœur qu'elle céda. C'était dans toute l'étendue de l'expression une bonne personne, n'écoutant que les impulsions de son cœur, sans souci du lendemain, abîmée de dettes, en faisant tous les jours de nouvelles, donnant tout ce qu'elle possédait, dévouée à ses amis, courant les grands chemins, se faisant parfois de la morale à elle-même et n'en profitant jamais, parce que les occasions de faillir n'étaient pas assez rares.

De longues maladies, un funeste accident, attristèrent la fin de ses jours. Retirée forcément du théâtre, cette femme, qui en avait été la reine, se vit réduite à solliciter la compassion des directeurs pour quelques représentations à bénéfice. Cette ressource épuisée, elle en trouva une autre dans la publication de ses Mémoires, écrits avec beaucoup de naturel, et qui parurent à Londres en 1784. Quatre éditions en furent rapidement épuisées. Néanmoins les secours de ses fils et la générosité de la duchesse de Devonshire furent nécessaires au soutien de ses derniers moments.

Une traduction un peu abrégée de ses mémoires fut publiée en France en 1799 par Benoist. Elle a reparu en 1822 dans la collection des *Mémoires dramatiques*, où elle est précédée d'une spirituelle notice de M. Thiers, qui en était alors à ses débuts dans la littérature.

BELLANGÉ (HIPPOLYTE-JOSEPH). Dans l'atelier de l'immortel auteur des *Pestiférés de Jaffa*, on a vu la même année Charlet, Delaroche, Roqueplan, Marochetti, Eugène Lami, Robert Fleury, Bonnington, Belloc, Decaisne, Bellangé, etc. Si le style est l'homme, vous connaissez Hippolyte Bellangé en étudiant ses œuvres. Il ne tâtonne pas, lui ; il voit du premier coup d'œil le genre qui convient à son pinceau ferme et téméraire ; il se jette avec amour, avec audace, dans la route qu'il vient de s'ouvrir, et le voilà rival des plus habiles, voyageant à côté des Horace Vernet et des Charlet, ces deux gloires d'une école dont Raffet aussi a sa belle part à revendiquer.

S'il est vrai que l'enfance de l'homme se reflète dans un âge plus avancé, Hippolyte Bellangé devait être un peintre de batailles. Il n'a jamais pu, dès qu'il a eu la force de diriger une plume ou un crayon, dessiner une tête sans l'orner d'un colbak, d'un schako et d'une florissante paire de moustaches. Il plaçait des moustaches sur les lèvres des mamans, des bambins et des petites filles. Quant aux yeux, ils n'étaient jamais assez flamboyants : il aurait cru se rendre coupable d'une grande faute, s'il n'avait point placé à côté d'un berceau, d'un ange ou d'une madone, des fusils, des canons et une croix d'honneur.

Plus tard, quand la passion fut devenue un raisonnement, Bellangé se montra philosophe, citoyen et peintre à la fois : son soldat a une pensée, cette pensée est une douleur ou une gloire. Personne autant que lui, Charlet excepté, ne dota ses héros de plus de calme, de résignation, de grandeur, de patriotisme ; et lorsque pour se reposer du bruit des camps il jetait sur la toile quelqu'une de ces scènes populaires qui ont fait de lui un peintre à part, vous comprenez que ces visages frais et arrondis de paysans, ces douces et touchantes physionomies de jeunes filles et de mères, ces cabanes paisibles dont tous les détails disaient si bien le travail et le bonheur, n'étaient pour notre Bellangé qu'une halte momentanée au milieu des fatigues des camps et des périls de la guerre.

Ses soldats, à lui, marchent, se mêlent, se heurtent, se battent pour se tuer. Ce n'est plus un jeu où l'on se pose en gladiateur, où l'on frappe en mesure, où l'on tombe avec grâce ; c'est une mêlée horrible, ce sont de larges estafilades sur des fronts ouverts, c'est le carnage, c'est le deuil, c'est la sanglante lutte avec toute son escorte de râles et d'angoisses. Vous entendez résonner le tambour, sonner la fanfare, et l'écho vous répète la voix sonore du canon qui fait de profondes trouées dans les rangs. Ne demandez point à Bellangé une page de nos annales où l'honneur de la France a été compromis : il brisera sa palette et ses pinceaux, il répudiera son art, il se voilera la face. Ses pages sont un précieux album qui garde avec amour tout ce qui fait la gloire et la grandeur de son pays.

On bâtirait un palais avec les pierres lithographiques qu'il a couvertes de son crayon spirituel, coquet et chatoyant. Il n'y a point de galerie d'amateur ou d'artiste qui ne garde précieusement quelques-unes de ses aquarelles si fraîches, si harmonieuses, si délicates à la fois ; quant à ses grands tableaux, qui aime la peinture les connaît, qui aime notre gloire les admire. Ce sont de larges créations, que la tête sans le cœur ne saurait enfanter ; l'âme ne peut rester tiède en présence des belles toiles de celui qui compte quelques rivaux, mais à qui on ne donne point de vainqueur.

Le Retour de l'île d'Elbe, le Combat d'Anderlecht, la Visite du curé, la Prise de la lunette Saint-Laurent, l'Entrée des Français à Mons, le Lendemain de la bataille de Jemmapes, la Bataille de Fleurus, le Passage du Mincio, le Combat de Landsberg, la Lutte militaire, le Duel sous Richelieu, le Coup de l'étrier, le Porte-Drapeau de la république, la bataille de Wagram, la Lecture, un Épisode de la bataille de Friedland, telles sont à peu près les premières et mémorables pages qui firent grandir la réputation de Bellangé; puis vinrent la Sommo-Sierra, la Prise du Teniah de Mouzaïa, si chaude, si palpitante, si dramatique, qui clouait la foule en face de ce beau cadre à l'exposition de 1841; puis la Bataille de la Corogne et celle d'Ocaña, dont le musée de Versailles s'est enrichi comme de la plupart des chefs-d'œuvre de notre célèbre peintre.

Après cela, que vous importe de savoir que Bellangé est né en 1800, et qu'il a été nommé, en 1837, directeur du musée de Rouen! Jacques Arago.

BELLARMIN (Robert), cardinal, archevêque de Capoue, naquit à Montepulciano en Toscane, le 4 octobre 1542. Sa mère, Cinthie Servin, était sœur du pape Marcel II. Entré dans la compagnie de Jésus à l'âge de dix-huit ans, Bellarmin s'annonça par une supériorité d'esprit si extraordinaire qu'en peu de temps il fut autorisé à prêcher avant même qu'il eût été promu à l'ordre de prêtrise. A cette époque les schismes récents de Luther et de Calvin avaient répandu la douleur et l'effroi dans l'Église catholique. Des persécutions et des cruautés n'ayant fait qu'accroître et propager le zèle pour la réforme, on en était venu à une arme plus innocente et plus légitime, la controverse.

L'Église comptait alors beaucoup de prédicateurs renommés : Bellarmin s'éleva au-dessus de tous, sinon par l'éloquence, du moins par une érudition immense, et une logique d'autant plus puissante qu'elle aborde toujours avec une entière franchise les objections les plus fortes, sans jamais rien déguiser de leurs conséquences et de leur portée. Ce fut à Louvain qu'il commença ses prédications. Elles y attirèrent une foule de protestants d'Angleterre et de Hollande, qui firent ce voyage pour le seul plaisir de l'entendre. A Mondovi, à Florence, à Padoue, ses sermons produisirent le même effet sur les esprits et attirèrent la même affluence. Vers l'année 1576, après son retour à Rome, il fut appelé par Grégoire XIII pour enseigner la controverse dans le nouveau collége que ce pontife avait fondé. Il accompagna en France (1590) le cardinal-légat Henri Cajetan, avec mission d'y soutenir la controverse contre les protestants de ce royaume.

Bellarmin fut fait cardinal en 1598, puis archevêque de Capoue en 1601. Paul V l'ayant fixé à Rome par la place de bibliothécaire du Vatican, il résigna consciencieusement son archevêché, où il ne pouvait plus siéger. A cette occasion, il reçut de la ville de Capoue les témoignages du plus vif regret. Deux fois, dans le conclave, on fut sur le point d'élever ce célèbre cardinal au trône pontifical, mais la crainte de tomber sous la domination des jésuites détourna deux fois le choix du sacré collège. Bellarmin mourut le 17 novembre 1621. Ses nombreux et savants écrits l'ont placé au rang des plus célèbres controversistes. Les jésuites ont souvent sollicité, mais sans succès, la canonisation d'un homme qui avait jeté un si vaste éclat sur leur ordre. L'eût-elle été sont-ils trop prévalus des opinions ultramontaines de Bellarmin. Ses grandes qualités et ses vertus privées valaient mieux que sa gloire, et dans d'autres temps elles eussent pu le conduire avec plus de justice aux honneurs de la légende. Lainé.

BELLART (Nicolas-François). Il ne faut point juger Bellart d'après les griefs, souvent trop légitimes, que l'opinion libérale a soulevés contre lui. On conçoit qu'un homme honorable et généreux, mais d'une imagination vive et d'une tête peu forte, porté par une révolution à des fonctions difficiles, nullement faites pour lui, y commette beaucoup d'erreurs, et des erreurs très-regrettables, sans qu'on doive cesser d'estimer son caractère et de respecter ses intentions. Tel est à nos yeux Bellart. L'auteur de cette notice a combattu quinze ans avec persévérance les actes du procureur général, mais il n'hésite pas à rendre justice à l'homme ainsi qu'à l'orateur.

Bellart naquit à Paris, le 20 septembre 1761 ; il était fils d'un charron. Son père cependant lui fit faire de bonnes études. Sorti du collège, il étudia le droit sous Pigeau, son parent, fut admis au stage en 1784, et inscrit en 1788 au tableau des avocats. Il commença par écrire des mémoires ; bientôt il se livra de préférence à la plaidoirie, dans laquelle il obtint d'éminents succès. Dans le cours de la révolution, il plaida un grand nombre de causes politiques, et fut presque toujours heureux dans ses défenses. Il rédigea un mémoire pour le général Moreau, que défendait son ami M. Bonnet. Les plaidoyers de Bellart se distinguaient par une grande chaleur d'âme, par de nobles et dignes inspirations. Son élocution, incorrecte et parfois empreinte de néologisme, avait du mouvement, de la pompe et de la couleur. Mais dès 1804 la fatigue de sa poitrine, qu'il ne ménageait pas assez dans les combats du barreau, le força de renoncer presque entièrement à la plaidoirie pour se livrer à la défense écrite. Bellart était membre du conseil municipal lors de l'entrée des étrangers à Paris, en 1814. Il y fit adopter l'adresse qui provoquait la déchéance de l'empereur et le rappel des Bourbons. Au 20 mars il fut excepté de l'amnistie, et dut fuir à l'étranger. Il revint en France avec les Bourbons, et fut alors nommé procureur général près la cour royale de Paris.

Nul poste ne pouvait moins lui convenir : l'impassibilité du magistrat était impossible à cette âme ardente ; d'ailleurs, froissé dans ses convictions par la révolution et l'empire, il apportait au pouvoir les impressions de l'homme de parti, d'autant plus redoutables qu'elles étaient sincères. De là cette violence dans le triste procès du maréchal Ney ; de là ce système de rigueurs contre la presse libérale ; de là, dans mainte affaire, ces réquisitoires où au fait trop souvent désirer la modération, condition première de la justice. Sur la fin de sa carrière, Bellart fut effrayé du progrès de la réaction sacerdotale ; c'est alors qu'il donna au roi Charles X des conseils qui ne furent point écoutés. Il mourut en 1826. Depuis 1815 il siégeait à la chambre des députés, où sans son talent jeta peu d'éclat. Bellart était fait surtout pour les luttes du barreau : à sa véhémence, à ses formes dramatiques et solennelles, donnaient à son éloquence un haut caractère ; il fut sans contredit le plus éminent des orateurs judiciaires de son époque ; le magistrat, le député, sont restés fort au-dessous de l'avocat sous le rapport du talent. Comme procureur général, si nous faisons abstraction de la partie politique de ses fonctions, nous aurons à louer en lui un administrateur plein de désintéressement et d'intégrité, d'une noblesse d'âme peu commune, juste et paternel envers ses subordonnés. Le Barreau français contient quelques plaidoyers de Bellart, entre autres sa défense pour Mlle de Cicé, regardée comme son chef-d'œuvre ; les plaidoyers pour Joseph Gras, pour le médecin Rue, sont aussi des morceaux d'éloquence fort remarquables. Les Annales du Barreau français ont consacré un volume entier aux œuvres oratoires de Bellart. Sa famille a fait aussi imprimer le recueil de ses œuvres en plusieurs volumes. On lit surtout avec intérêt sa correspondance : c'est celle d'un homme de bien. Bellart est au nombre de ces caractères qui, entrés dans la carrière orageuse de la politique sans préparation suffisante et avec des passions trop vives, ont pu se tromper, même gravement quelquefois, mais qui, en se trompant, sont restés honorables.

BELLE (Étienne de la). *Voyez* Bella (della). — Saint-Albin Berville.

BELLE-ALLIANCE, nom d'une petite ferme située dans le Brabant méridional, et par lequel les écrivains militaires prussiens désignent la bataille qui eut lieu, le 18 juin 1815, entre l'armée française, commandée par Napoléon, et les troupes anglaises et prussiennes aux ordres de Wellington et de Blücher. Nous avons nous-mêmes pendant longtemps désigné cette fatale journée sous le nom de bataille de Mont-Saint-Jean; mais la dénomination de bataille de Waterloo, que lui ont donnée tout d'abord les Anglais, a fini par prévaloir.

BELLEAU (Remi), né à Nogent-le-Rotrou, en 1528, mort à Paris en 1577, l'un des sept poëtes qui composaient la *Pléiade française* de Ronsard, avait été précepteur de Charles de Lorraine, duc d'Elbeuf, général des galères de France, qui l'emmena en Italie, lorsqu'il alla faire en 1557 son expédition de Naples. Belleau a traduit du grec, et en vers, Aratus et Anacréon; il a composé un grand nombre de poésies, une bergerie, une pastorale à l'imitation des Italiens, et une comédie. Il avait été lui-même acteur dans les pièces de son ami Jodelle. Un poëme macaronique sur les guerres des huguenots le fit soupçonner de calvinisme. Les vers de Belleau ont de la douceur, de la grâce, et une facilité parfois trop abondante. Aujourd'hui oubliées, ses poésies étaient fort estimées de son temps, surtout son *Traité des Pierreries*, qui lui valut l'épitaphe suivante de Ronsard, qu'on lisait sur son tombeau, à Notre-Dame de Paris :

Ne taillez, mains industrieuses,
Des pierres pour couvrir Belleau :
Luy-mesme a bâti son tombeau
Dedans ses *Pierres precieuses*.

Belleau était sourd. Ronsard l'appelle le *peintre de la nature* ; et Pasquier, l'*Anacréon de son siècle*.

BELLE-DAME. *Voyez* Arroche et Belladone.

BELLE-DE-JOUR. C'est le nom vulgaire du liseron tricolore (*convolvulus tricolor*, Linné), connu aussi sous les noms de *liset* ou *liseron de Portugal* : ce dernier nom indique la contrée d'où cette plante est originaire. La belle-de-jour, appartenant à la famille des convolvulacées, occupe dans nos jardins un rang distingué parmi ses congénères. On l'obtient en semant ses graines en avril et en mai. Ses fleurs nombreuses, en forme d'entonnoir évasé, assez grandes, jaunes dans le fond, d'un beau bleu de ciel sur les bords, blanches dans le reste de leur étendue, quelquefois panachées on tout à fait blanches, se montrent ordinairement dans l'été; cependant, en retardant l'époque de la semaison, on peut obtenir des fleurs en automne et même en printemps. On en forme des touffes d'un effet très-agréable, dont la hauteur varie de 30 à 40 centimètres. La belle-de-jour demande une terre légère et une exposition chaude.

BELLE-DE-NUIT. Tout le monde connaît la *belle-de-nuit du Pérou* (*mirabilis jalapa*, Linné), dont les fleurs sont blanches, rouges, jaunes ou panachées, et présentent la particularité de ne s'épanouir qu'aux approches de la nuit. C'est une plante bien faite, qui a un bon feuillage, de belles et nombreuses fleurs. On la voit partout, dans les petits jardins de Paris, sur les terrasses, dans les cours, dans les encaissements des croisées, où sa forte constitution lui permet de supporter toutes les privations d'arrosement imposées aux plantes employées pour ces sortes de jardins. On la voit avec un égal plaisir dans les jardins de toutes grandeurs et dans les parcs, où, prenant tous ses développements, elle fait un grand effet. Ce serait une erreur de croire que les racines de belle-de-nuit soient celles qui produisent le *jalap*, médicament fort connu et très-souvent employé, ce dernier étant au contraire le produit d'un *convolvulus* (*voyez* Liseron) ; néanmoins, les racines de belle-de-nuit ne sont pas tellement innocentes qu'on doive les laisser à la disposition des enfants, ni sous la dent des animaux. Les racines de belle-de-nuit contiennent, ainsi que les graines de cette plante, une matière féculente, blanche, très-abondante, qu'il serait sans doute utile de séparer du principe âcre dont elle est accompagnée. La belle-de-nuit et ses variétés se multiplient par leurs graines, qu'on sème au printemps sur couche, et en pleine terre si la saison est avancée et la terre un peu échauffée; on la multiplie aussi par ses racines, qu'on peut arracher en automne, garder à la cave et replanter au printemps ; mais ce procédé n'est presque jamais employé, et l'on préfère celui de la multiplication par graines.

La *belle-de-nuit à longues fleurs* (*mirabilis longiflora*, Linné) est originaire du Mexique. Si les fleurs de cette belle-de-nuit sont moins brillantes que celles de la belle-de-nuit du Mexique lui ôtent quelque chose du port noble des belles-de-nuit inodores, elle n'en est pas moins très-recherchée pour ses fleurs blanches disposées en longs tubes de 13 centimètres, qui exhalent l'arome le plus suave, un parfum délicieux, ayant de l'analogie avec celui de la fleur de l'oranger, mais beaucoup plus agréable. Les racines et les semences de cette plante contiennent les mêmes principes que celles de la belle-de-nuit ordinaire. Ses fleurs ne s'ouvrent également qu'aux approches de la nuit, et les procédés de multiplication sont les mêmes que ceux de la belle-de-nuit ordinaire.

Le genre *mirabilis* contient encore quelques espèces qui ont peu d'intérêt pour l'horticulteur. Le croisement des deux précédentes donne une variété hybride qui est très-recherchée. C. Tollard.

BELLE-D'ONZE-HEURES, nom vulgaire de l'*ornithogalum umbellatum*. Elle doit son nom à cette particularité, que c'est à onze heures du matin que ses fleurs s'épanouissent. *Voyez* Ornithocale.

BELLEFOREST (François de), né à Sarzan, dans le comté de Comminges, en Guienne, en 1530, mort à Paris, en 1583. La reine de Navarre, sœur de François 1er, prit soin de son enfance. Destiné au barreau, il étudia à Bordeaux et à Toulouse sous les plus célèbres professeurs de droit, se dégoûta de leurs leçons, et vint à Paris, où il se lia avec Baïf et Ronsard. Prosateur plus que médiocre et versificateur détestable, il a publié en 1 volume in-folio l'*Histoire des neuf Rois de France* qui jusque alors avaient porté le nom de Charles; et en a fait paraître de lui en 1600, en 2 vol. in-fol., les *Annales ou l'Histoire générale de France*, jusqu'en 1574. Cet ouvrage a été continué par Gabriel Chapuis jusqu'en 1590. Nommé par Henri III historiographe de France, l'infidélité de ses récits lui fit perdre cette place, et il se mit aux gages des libraires. « Il avait, dit Duhaillan, des moules dans lesquels il jetait des livres nouveaux. » Il travaillait ordinairement pour plusieurs éditeurs à la fois; mais fidèle aux engagements qu'il avait contractés, il ne manquait jamais de livrer sa marchandise au jour et à l'heure convenus. Cette exactitude, qui était son seul mérite, lui assurait de nombreuses pratiques. Il faisait vivre sa famille avec ses ouvrages, qui sont au nombre de cinquante, la plupart in-folio. A force d'en rassasier le public, il se fit une certaine réputation. Outre les livres ci-dessus mentionnés, on a de lui une *Cosmographie*, fort indigeste, et qui n'est qu'une compilation maladroite de celle de Munster; les *Histoires tragiques* extraites des œuvres italiennes de Bandel (*voyez* Bandelio) et mises en langue française, les six premières par Boaistuau, les suivantes par *Belleforest*, 1580, 7 vol. ; les *Histoires prodigieuses extraites de plusieurs fameux auteurs grecs et latins*, par Boaistuau, C. de Tesserant, R. Heyer, Jean de Marconville et *Belleforest*, 1598, 6 tomes, etc., etc.

On aurait pu appliquer à Belleforest beaucoup mieux qu'au pauvre Colletet le reproche d'aller mendier son pain de cuisine en cuisine. Il composait des sonnets à tout venant pour quiconque lui donnait à dîner ou à souper. Il a sans doute fait *gratis* pour son collaborateur Boaistuau de Launai un sonnet qui se termine par ce double tercet :

> Et quoi que des saints vers des Grecs, Latins, on die,
> Et qu'on loué, sans prix, d'eux tous la tragédie,
> La prose de Launaï nonobstant les surmonte.
> Car, espandant le sang, privant de l'âm' les corps,
> Il accorde si bien des nombres les discords,
> Que sa prose tragique aux vers tragiqu's fait honte.

BELLEGARDE, forteresse appartenant à la France, sur les frontières de l'Espagne, dans le département des Pyrénées-Orientales, sur la route de Perpignan à Figuéras et le passage conduisant du col de Pertus à l'est, au col de Panizas à l'ouest. En 1285 les Français, aux ordres de Philippe III, y furent battus par le roi d'Aragon Pierre III. Après la paix de Nimègue, Louis XIV fit construire là une forteresse régulière à cinq bastions.

Au début des guerres de la révolution, les environs de Bellegarde furent le théâtre d'engagements assez sérieux, à la suite desquels les Espagnols, aux ordres du général Ricardos, vinrent mettre le siége tout à la fois devant Bellegarde, Collioure et Port-Vendre, au mois d'avril 1793 ; et ils le poussèrent avec la plus grande activité, une fois qu'ils se furent emparés du camp de Boulou. Sommé de se rendre, le gouverneur de Bellegarde répondit qu'il se défendrait tant que les murs de sa citadelle seraient en bon état. On continua donc à se canonner de part et d'autre avec d'autant plus de vigueur que les Espagnols ne pouvaient songer à pénétrer plus avant dans le Roussillon, tant qu'ils ne seraient pas maîtres de cette place ; et que de leur côté les Français faisaient tous leurs efforts pour la ravitailler. De nouvelles batteries furent établies par les Espagnols, et bientôt les murailles de Bellegarde offrirent de larges brèches. La garnison manquant tout à la fois de vivres et de munitions, il fallut bien songer à capituler ; et le 14 juin, après quarante jours de bombardement, elle obtint tous les honneurs de la guerre. L'arrivée de Dugommier sur le théâtre des opérations, ne tarda point à changer la face des choses. Il contraignit les Espagnols à rentrer sur leur territoire, et investit à son tour Collioure, Saint-Elme et Bellegarde. Les deux premières de ces places tinrent peu ; mais voulant conserver la troisième dans un bon état à la France, il s'abstint d'en pousser le siége avec vigueur, se contentant de la bloquer en attendant que la famine contraignît l'ennemi à la lui abandonner. Tous les efforts tentés par l'armée espagnole pour faire lever ce blocus furent inutiles. Battue par Augereau à Saint-Laurent de Moulga, elle n'eut plus aucun espoir de secourir Bellegarde. Toutefois, la garnison tint bon jusqu'au 17 septembre ; mais alors le marquis de Valsantoro, gouverneur espagnol, se vit réduit à parler de capitulation. Dugommier exigea que les Espagnols se rendissent à discrétion, et le lendemain il entrait dans la place, où il trouva soixante bouches à feu et quarante milliers de poudre.

BELLEGARDE, ancienne famille, d'origine flamande, qui vint par la suite s'établir en France et en Savoie, et dont plusieurs membres se distinguèrent au service des Pays-Bas, du roi de France, du duc de Savoie, de l'électeur de Saxe, et surtout à celui de l'empereur.

BELLEGARDE (Roger de SAINT-LARY de), maréchal de France, un des commencement du seizième siècle, mort en 1579, avait d'abord été, comme cadet, destiné à l'Église ; mais sa nature le portait vers le métier des armes, et il ne tarda point à l'embrasser. Il accompagna son grand-oncle le maréchal de Termes en Piémont, et s'y distingua. De retour en France, après la mort du maréchal, il parvint, grâce à la protection d'un de ces Italiens qui avaient suivi Catherine de Médicis en France, à se mettre si bien en cour que les faveurs plurent littéralement sur lui ; et le duc d'Anjou, frère de Charles IX, le nomma colonel de son infanterie. C'est Henri III qui lui conféra le titre de maréchal de Fance en récompense du service qu'il lui avait rendu en lui procurant l'alliance du duc de Savoie, des princes d'Italie et de Venise. Envoyé plus tard dans le Dauphiné combattre les religionnaires et surtout Montbrun, le plus redouté de leurs chefs, il fut peu heureux dans cette mission et se vit en outre desservi à la cour, où bientôt il perdit tout crédit. Une mission qu'on lui confia pour la Pologne n'était évidemment qu'un exil déguisé. Bellegarde, au lieu de s'y rendre, se retira en Piémont et s'empara du marquisat de Saluces. Henri III essaya alors de l'apaiser, mais le maréchal fut inflexible ; ce que voyant, Catherine de Médicis eut recours à un des moyens qui lui étaient familiers. Du moins on peut conclure du récit de Brantôme qu'elle le fit empoisonner.

BELLEGARDE (Roger de), duc et pair, grand écuyer de France, fut comblé des faveurs de Henri III, Henri IV et Louis XIII, et mourut en 1646, à l'âge de quatre-vingt-trois ans, sans postérité. Sa liaison avec la belle Gabrielle d'Estrées, que Henri IV lui enleva, lui a donné quelque célébrité.

BELLEGARDE (Claude-Marie de) entra en 1730 au service de l'électeur de Saxe, roi de Pologne, épousa en 1732 une fille naturelle du roi Auguste II, et mourut en 1755 ambassadeur à Paris.

BELLEGARDE (Jean-François de), son frère, entré comme lui au service de l'électeur, fut fait prisonnier dans l'affaire de Kesselsdorf, puis remplit les fonctions d'envoyé auprès de plusieurs cours, et mourut à Dresde, en 1769, ministre de cabinet.

BELLEGARDE (Henri, comte de), feld-maréchal-général, ministre d'état et de conférences au service d'Autriche, né à Chambéry, en 1753, entra d'abord au service de l'électeur de Saxe, et plus tard à celui de l'Autriche. En 1788 il faisait avec distinction la campagne de l'armée autrichienne contre les Turcs, et était promu en 1792 au grade de général major. Dans la première campagne contre la France, il remplit sous les bords du Rhin les fonctions de chef d'état-major général de l'armée de Wurmser, et fut créé, en 1796. feld-maréchal-lieutenant. Il prit part ensuite, sous les ordres de l'archiduc Charles, à la campagne de 1796, sur le Rhin, et accompagna l'année d'après ce prince en Frioul, où il conclut l'armistice de Léoben. En 1797 il était envoyé au congrès de Rastadt avec des instructions particulières. Il fut appelé, en 1799, au commandement supérieur du corps d'armée chargée de maintenir les communications entre l'archiduc Charles et Souvaroff, et résista glorieusement à Lecourbe, le 20 mars, à l'affaire de Finstermuntz.

A l'issue de la campagne d'Italie de 1800, il fut appelé à faire partie du conseil aulique de guerre, qu'il présida, à partir de 1805, en l'absence de l'archiduc Charles. Dans la campagne de 1805, le comte de Bellegarde commanda l'aile droite de l'armée autrichienne à la bataille de Caldioro, et remplit les fonctions de gouverneur général des États vénitiens. L'année suivante il fut appelé aux mêmes fonctions en Gallicie, et à celles de feld-maréchal. En 1806 ce fut lui qu'on choisit pour gouverneur de l'archiduc héritier du trône. Pendant la campagne de 1809 il commanda en Bohême le premier et le second corps, et se signala par sa bravoure aux batailles d'Aspern et de Wagram. Après la conclusion de la paix de Vienne, il fut de nouveau nommé gouverneur de la Gallicie ; fonctions qu'il remplit jusqu'en 1813, époque à laquelle il fut appelé encore une fois au conseil aulique de guerre. Mais dès l'automne de la même année il le commandement en chef des forces autrichiennes en Italie lui était dévolu. Il parvint jusqu'à Plaisance, où, le 16 avril 1814, il conclut un armistice avec le prince Eugène Beauharnais.

Nommé alors gouverneur général des provinces italiennes que le sort des armes avait fait rentrer sous la domination autrichienne, il gagna l'estime des populations par la douceur de son administration. En 1815 il battit Murat à Occhiobello et à Ferrare, et mit l'armée napolitaine en déroute complète à la bataille de Tolentino (2 et 5 mai). Après la seconde paix de Paris, le comte de Bellegarde fit un assez long séjour dans cette capitale. En 1820 il remplaça Schwartzenberg en qualité de président du conseil aulique de guerre, fonctions qu'il cumula avec celles de ministre d'État et de conférences jusqu'en 1825, époque où, par suite de l'affaiblissement de sa vue, il fut obligé de rentrer dans la vie privée. Il mourut à Vienne, le 22 juillet 1845, laissant deux fils, héritiers de son nom. — L'un, *Auguste*, comte DE BELLEGARDE, né le 29 octobre 1795, est membre du conseil privé, chambellan, feld-maréchal-lieutenant, et chef de la cour de l'impératrice douairière. — L'autre, *Henri*, comte DE BELLEGARDE, né en 1798, est général major et brigadier au service de l'Autriche.

BELLEGARDE (FRÉDÉRIC, comte DE), frère du feld-maréchal, né en 1758, est mort le 4 janvier 1830, feld-maréchal-lieutenant.

Une autre branche de la même famille, fixée en France et au Brésil, a fourni des officiers distingués à la marine de ces deux États.

BELLE-ISLE, île située sur les côtes de France, dans l'océan Atlantique, à 12 kilomètres de la presqu'île de Quiberon, fait partie du département du Morbihan et de l'arrondissement de Lorient. Elle a environ 40 kilomètres de circonférence. Presque entièrement entourée de rochers escarpés, elle offre pourtant un bon mouillage et plusieurs petits ports; elle possède maintenant un phare de premier ordre à feu tournant, d'une hauteur de 84 mètres et d'une portée de 31 kilomètres. Elle forme un canton, dont le chef-lieu est *le Palais*. L'île est défendue par une citadelle. On y récolte du froment et on y élève d'excellents chevaux de trait; les pâturages sont magnifiques. On y exploite des salines; les habitants se livrent presque tous à l'agriculture ou à la pêche de la sardine. La population est de 8,600 habitants. L'île possède des sources d'eau d'excellente qualité; Vauban y a construit le réservoir de *Port-Larron*, pour servir à l'approvisionnement des vaisseaux de l'État.

Belle-Isle portait autrefois le nom de *Guedel*; au onzième siècle elle appartenait au comte de *Cornouailles*, qui en fit présent à l'abbaye de Quimperlé. Au seizième siècle les moines, hors d'état de la défendre contre les invasions étrangères, la donnèrent en échange d'autres domaines au maréchal de Retz. En 1658 le duc de Retz ayant vendu cette île à Fouquet pour la somme de 1,370,000 livres, le port et les fortifications que ce surintendant y fit construire figurèrent depuis parmi les griefs articulés dans son procès. Ces travaux n'empêchèrent pas l'amiral hollandais Tromp de s'emparer de Belle-Isle en 1674. Elle fut rendue à la France quatre ans après, par la paix de Nimègue. Après la disgrâce de Fouquet Belle-Isle était revenue à sa femme; ce fut d'elle qu'en hérita son troisième fils, le marquis de Belle-Isle, qui en 1718 la céda à la France en échange des comtés de Gisors, de Lions, de Vernon et d'Andeli en Normandie, érigées en 1748 en duché-pairie en faveur de son fils, le maréchal de Belle-Isle. En 1759, il se donna, à la vue de Belle-Isle, un combat naval, où la flotte française, que commandait le maréchal de Conflans, fut entièrement dispersée par celle des Anglais. Assiégée par les vainqueurs en 1761, cette île fit une belle défense, et obtint, le 7 juin, une capitulation honorable. La France la recouvra en échange de Minorque, par le traité de paix de 1763. Pendant la guerre de l'Indépendance de l'Amérique, elle fut encore bloquée par les Anglais; mais la belle défense de M. de Bellecombe les força de renoncer à leur entreprise. Une nouvelle tentative de leur part en 1795 ne fut pas plus heureuse, non plus que les efforts des royalistes pour l'amener à capituler pendant les guerres de la Vendée.

Après l'insurrection de juin 1848, Belle-Isle fut le séjour momentané de près de douze cents transportés, détenus là par mesure de sûreté générale sans jugement, sans procès, sans confrontation, sur une simple procédure occulte. Ils étaient logés dans un camp composé de six baraques de 100 mètres chacune sur 12 de large, et situé sur un plateau qui domine la mer, depuis les glacis de la citadelle du Palais jusqu'aux deux lunettes du nord et du nord-est. A la longue, ces transportés furent successivement rendus à la liberté, sauf un certain nombre qu'on envoya en Afrique. Belle-Isle devint alors un lieu provisoire de déportation, et les condamnés à cette peine avant la loi de 1850 y ont été transférés.

BELLE-ISLE (CHARLES-LOUIS-AUGUSTE FOUQUET, comte, puis duc DE), né, en 1648, à Villefranche (Rouergue), était petit-fils du célèbre surintendant Fouquet. Il entra dans les mousquetaires à l'âge de dix-sept ans. Très-jeune encore, il commandait un régiment de dragons au siége de Lille. Blessé, il fut fait brigadier des armées du roi, et passa ensuite en Espagne, où il se couvrit de gloire. Villars l'emmena aux conférences de Rastadt, et les services qu'il y rendit comme négociateur lui valurent le gouvernement de Huningue. Maréchal de camp en 1719, il eut part à la prise de Fontarabie et de Saint-Sébastien, revint en France à la paix, et, après avoir été quelque temps disgracié, fut promu au grade de lieutenant général en 1732. Deux ans plus tard, sous les ordres du maréchal de Berwick, il prenait Trèves et Trarbach, se distinguait au siége de Philippsbourg, et tenait tête au prince Eugène, qui cherchait à débloquer cette ville. La paix de 1736, qui assura la Lorraine à la France, fut en grande partie son ouvrage. Le roi, en reconnaissance, l'investit à perpétuité du gouvernement de Metz et des Trois-Évêchés. L'année suivante, il fut chargé, conjointement avec le maréchal d'Asfeld, de reconnaître l'état de toutes les places de la Meuse. En 1738 il sollicita une grande ambassade; mais le cardinal de Fleury, qui tenait à l'avoir sous la main, lui donna le bâton de maréchal de France en 1741. Il avait reçu en 1735 le collier des ordres du roi.

Sur ces entrefaites, l'empereur Charles VI étant mort, une nouvelle guerre de succession embrasait l'Europe. Il avait parcouru l'Allemagne durant la courte période de temps qui sépara ces deux événements, et négocié en secret l'élévation de l'électeur de Bavière, Charles-Albert, depuis Charles VII, à l'empire. A la tête de 100,000 hommes il annonce que dans trois mois il conclura la paix sous les murs de Vienne; en attendant il envahit la Bohême, s'empare de Prague, paraît à Francfort, avec le titre d'ambassadeur extraordinaire, dans tout l'éclat d'un prince de l'empire décoré de la Toison d'Or, et influence si bien la diète que le candidat qu'il protége est élu. Cependant, il tombe malade, et ses lieutenants, en son absence, commettent de graves fautes. Hors d'état de tenir désormais la campagne, il se jette dans Prague avec 28,000 hommes. Assiégé par 60,000 Impériaux, il opère en dix jours une retraite qu'on a comparée à celle des Dix Mille. Peu après il se voit, malgré le droit des gens, arrêté avec son frère à une poste hanovrienne, et tous deux sont retenus un an entier en Angleterre, de 1744 à 1745.

En 1746 Belle-Isle, général en chef de l'armée d'Italie, défend avec succès les frontières du sud-est de la France, menacées par les Autrichiens et les Sardes. Deux ans après, il est créé duc de Belle-Isle et de Gisors, et pair de France. En 1753 il est chargé du portefeuille de la guerre, qu'il garde presque jusqu'à sa mort. Il s'applique surtout à détruire les abus qui se perpétuaient dans l'armée, et supprime le plus criant de tous, celui des *colonels à la bavette*, ainsi nommés par dérision, parce qu'on les voyait commander des régiments, en vertu du privilége de leur naissance, à un âge où ils auraient encore dû être au collége. L'académie de Metz et l'ordre du Mérite militaire pour les officiers protestants lui furent redevables de leur fondation. Il était membre de l'Académie Française depuis 1750, et a laissé des *Mémoires*. Son fils, Louis-Marie FOUQUET, comte DE GISORS, l'ayant précédé au tombeau, il mourut le 26 janvier 1761, sans laisser d'héritier de son duché-pairie.

BELLE-ISLE (LOUIS-CHARLES-ARMAND FOUQUET, chevalier, puis comte DE), frère du maréchal, né en 1693, se signala par de brillants faits d'armes, et périt en 1746 à la funeste attaque du Col de l'Assiette, en essayant de forcer ce passage à la tête de cinquante bataillons. Il avait aussi du goût pour la carrière diplomatique, un génie ardent, une passion immodérée pour les femmes, et beaucoup d'ambition.

BELLÊME. *Voyez* ORNE (Département de l').

BELLE POULE, nom d'une frégate française de la marine de l'État, qui est devenue célèbre par le voyage qu'elle fit à Sainte-Hélène, en 1840, sous les ordres du prince de Joinville, pour aller chercher les cendres de l'empereur Napoléon. Le nom avait été porté par une autre frégate qui s'illustra dans la Manche, le 17 juin 1778, dans un combat contre la frégate anglaise *L'Aréthuse*, commandée par le capitaine Marshall. Montée par le lieutenant de vaisseau Chadeau de la Clocheterie, *La Belle Poule* soutint un combat de cinq heures, perdit quarante hommes morts et cinquante-sept blessés; mais elle démâta son adversaire, qui dut se replier vers l'escadre anglaise.

Quant à *La* nouvelle *Belle Poule*, ce fut le 7 juillet 1840 qu'elle reçut à son bord le fils du roi, chargé de rapporter en France les restes mortels du héros. Le prince de Joinville était accompagné du capitaine de vaisseau Hernoux, son aide de camp; de l'enseigne Touchard, son officier d'ordonnance; du comte de Rohan-Chabot, commissaire du roi; du baron Emmanuel de Las-Cases, député; des généraux Bertrand et Gourgaud; de l'abbé Coquereau, aumônier de l'expédition, et des quatre anciens serviteurs de Napoléon, Saint-Denis, Noverraz, Pierron et Archambauld.

La Belle Poule avait été disposée pour la noble et pieuse mission qui lui était dévolue. Dans l'entre-pont se trouvait une chapelle ardente tendue en velours noir brodé d'argent et contenant le cénotaphe impérial. Ce cénotaphe, dans la forme des sarcophages romains, était peint en grisaille, et présentait sur ses grandes faces deux bas-reliefs allégoriques, l'Histoire et la Justice; sur les deux autres faces, la croix de la Légion d'Honneur et la Religion; aux angles, quatre aigles; et sur le haut du fronton, la couronne impériale.

La Belle Poule quitta le port de Toulon dans la soirée même du 7 juillet. Elle passa le 15 devant Gibraltar, et mouilla le lendemain dans la rade de Cadix, où les libéraux français et les constitutionnels espagnols mêlèrent leurs chants patriotiques. Elle s'arrêta le 24 à Madère, et célébra le 29 à Ténériffe l'anniversaire de la révolution de 1830. Le 20 août elle traversa l'équateur, et le *baptême de la ligne* ne fut point oublié. Arrivée le 28 à Bahia, elle y séjourna jusqu'au 14 septembre. Le 7 octobre elle se trouva en face de Sainte-Hélène. Deux jours après, son jeune commandant mit pied à terre avec sa suite. Le 15, au soleil couchant, elle reçut le dépôt sacré qu'elle était chargée de rendre à la France, et le 18 au matin elle faisait voile vers l'Europe. Quarante-deux jours après, elle entrait en rade de Cherbourg, et le 8 décembre, après une messe solennelle célébrée à bord, en présence des autorités civiles et militaires, elle remettait à *La Normandie* la précieuse relique qu'elle apportait de Sainte-Hélène, et qu'une flottille de bateaux à vapeur devait porter aux Invalides.

La Belle-Poule a fait encore partie de l'escadre destinée à agir contre le Maroc, et s'est trouvée ainsi de nouveau placée sous le commandement du prince, qui pendant la traversée de Sainte-Hélène à Cherbourg, et sur un bruit de rupture prochaine avec les Anglais, avait fait démolir sa chambre et celles de ses officiers pour établir d'autres batteries et braquer d'autres canons, résolu à s'ensevelir dans les flots plutôt que de laisser tomber en des mains ennemies les cendres qu'il était jaloux de restituer à la France. LAURENT (de l'Ardèche).

BELLÉROPHE, genre de mollusques établi par Denis de Montfort, et connu seulement à l'état fossile, qui a été tour à tour placé parmi les coquilles polythalames, ensuite reconnu monothalame par M. Defrance, et rapproché avec plus de raison des bulles. Voici le caractéristique qu'en donne M. Rang : Animal inconnu; coquille uniloculaire, mince, plus ou moins spirale, globuleuse ou un peu déprimée par le dos et alors en forme de navette ; spire visible ou lâchée quelquefois par le dernier tour qui enveloppe les autres; bouche arquée, suivant dans son milieu l'avant-dernier tour et prolongée aux deux extrémités; une carène dorsale, formant une sorte de sinus au bord dorsal de l'ouverture.

Ce genre ne renferme que quelques espèces, venant la plupart d'Angleterre. Ces espèces sont différenciées par leur forme, qui est ovuliforme dans les unes, nautiloïde dans les autres, et hélicoïde dans un troisième groupe.

BELLÉROPHON, nommé d'abord *Hipponoüs*, était fils de Glaucus, roi de Corinthe, et d'Eurinède, fille de Sisyphe. Ayant tué son frère par méprise, il se réfugia auprès de Prœtus, roi d'Argos, son parent, qui lui accorda la plus généreuse hospitalité. A cette cour, la reine Anthée, qu'Apollodore appelle Sthénébœa, ne tarda pas à concevoir un coupable amour pour le jeune prince; et celui-ci n'y ayant pas répondu, par respect pour les lois sacrées de l'hospitalité, elle se vengea de son indifférence, en le calomniant auprès de son époux. Prœtus, pour se venger, dépêcha Bellérophon à son beau-père Iobatès, roi de Lycie, avec des tablettes sur lesquelles étaient gravés certains signes qui ne pouvaient qu'avoir les suites les plus fatales pour le porteur de ce message. Suivant l'usage des temps héroïques, Iobatès prodigua au jeune étranger toutes les attentions et les prévenances de l'antique hospitalité avant de songer à lui demander quel motif l'amenait vers lui. Le dixième jour, enfin, quand il reconnut les signes mystérieux et comprit de quoi il s'agissait en réalité, il ne voulut pas souiller ses mains du sang d'un homme qu'il considérait comme son hôte. Mais il lui ordonna de combattre la Chimère, monstre à trois corps et vomissant des flammes, convaincu qu'il était que le plus brave devait succomber dans une pareille lutte. Cependant, monté sur Pégase, cheval ailé dont Pallas lui avait fait présent, Bellérophon combattit la Chimère dans les airs, et tua le monstre de sa vigoureuse main. Iobatès l'envoya alors en expédition contre les Amazones; et Bellérophon les ayant également vaincues, il lui donna en mariage sa fille Philonoé, de laquelle il eut Isandrus, Hippolochus et Laodamie. Pour ce qui est de ses dernières destinées, Homère raconte que, haï de tous les dieux, qui lui avaient tué deux de ses enfants, il errait çà et là solitaire. Suivant Pindare, il aurait voulu contraindre Pégase à monter jusqu'à l'Olympe; mais son coursier, rendu furieux par Jupiter, l'aurait jeté à terre, et à la suite de cette chute il aurait été frappé de cécité.

BELLEROSE (PIERRE LE MESSIER, dit), comédien français, débuta en 1629 sur le théâtre de l'Hôtel de Bourgogne. Bensserade éprouva pour sa femme une passion des plus vives. Il joua d'original le rôle du Menteur pour lequel le cardinal de Richelieu lui fit présent d'un costume magnifique. Il mourut en 1670.

BELLES-LETTRES. *Voyez* LETTRES.

BELLEVAL (CHARLES-FRANÇOIS DUMAISNIEL de), né en 1733, mort en 1790, à Abbeville, a laissé un nom en botanique, grâce à la part importante qu'il prit à la rédaction du Dictionnaire de Botanique de l'*Encyclopédie méthodique*. Ce fut à l'âge de quarante ans seulement qu'il commença à se livrer à l'étude des sciences naturelles; mais, plein d'ardeur, il y eut bientôt acquis des connaissances pro fondes. On a de lui des *Notes sur les Plantes de Picardie* ainsi que sur les *coquilles* et les *lithophytes*.

BELLEVALIA, genre de plantes appartenant à la famille des liliacées, ainsi nommé par Picot Lapeyrouse en l'honneur de Belleval, botaniste français, a pour type et caractère unique l'*Hyacinthus romanus*, L., commun en Italie et dans quelques parties du midi de la France. On a aussi proposé le nom de *Belvalia* pour une petite plante aquatique qui croît dans les lacs salés du midi de la France.

BELLEVILLE, un des plus grands centres de population de la banlieue de Paris, appartient à l'arrondissement de Saint-Denis, au canton de Pantin, et se trouve située sur une hauteur au nord-est de la capitale. Belleville n'a pas moins de 25,000 habitants. Sa population compte bien quelques rentiers retirés du Marais, quelques chefs d'atelier qui viennent y chercher le repos hebdomadaire; mais le travail y est surtout en honneur. Elle possède une foule de petits établissements industriels. On y fabrique des tissus de cachemire, des tissus de crin, des produits chimiques, des savons, de la tabletterie, des cuirs vernis, des crayons, du papier verré et émerisé, des cordes métalliques; on y trouve des affineries de métaux précieux et des tréfileries de laiton et d'acier. Les pépinières de Belleville jouissent d'une réputation méritée; il s'y fait encore une exploitation assez considérable de gypse. Ménilmontant et Belleville ne font qu'une seule et même commune.

L'heureuse situation de Belleville y a attiré un grand nombre de pensionnats; mais ce qui donne surtout à ce vaste faubourg de Paris une physionomie *sui generis*, ce sont ses guinguettes populaires et ses bals en plein vent. Le dimanche et le lundi une affluence énorme vient chercher à Belleville les distractions et les plaisirs de la classe ouvrière. Sur la route on trouve ces jours-là de dératés buveurs qui, après maintes stations devant le comptoir des marchands de vin de Paris, s'écrient encore à grande volée de poumons:

Pour rigoler moutons,
Montons à la barrière:
A six sous nous boirons
Du vin d' propriétaire.

Tandis que quelques promeneurs traversent rapidement la Courtille pour aller respirer l'air de la campagne aux Prés-Saint-Gervais ou chercher l'ombre du bois de Romainville, dont on ne trouve presque plus de vestige, d'autres s'arrêtent dans les petits bals champêtres ou dans les cabarets semés sur la route. Il en est peu qui le soir ne fassent une halte chez quelque traiteur de la barrière, où l'on boit et mange aux sons du rigodon, l'hiver dans la salle du premier, l'été sous la charmille. C'est à Belleville que trôna le *papa Denoyez*, avec ses innombrables couverts. Les *Folies de Belleville* ouvrent leur porte à des milliers de danseurs; enfin, les plus sales personnages de la capitale viennent s'émoustiller dans d'autres établissements aussi repoussants par leur aspect que par leurs noms. Aux jours gras, les guinguettes se remplissent d'ignobles masques, qui le mardi attendent le jour pour rentrer à Paris, et forment la fameuse *descente de la Courtille*. Dans les endroits plus retirés on trouve encore quelque société chantante, où des esprits plus sages remplacent la danse par des chants plus ou moins joyeux; mais partout les plaisirs se marient, et l'on trinque à l'amitié. C'est à Belleville qu'on trouve le type de la guinguette. Peu d'endroits produisent autant de gens ivres, et là plus qu'ailleurs,

La garde et les amours
Se chamaillent toujours.

Autrefois tout amoureux devait un pèlerinage à l'*Ile d'Amour*. C'était un établissement garni de bosquets, situé en face de l'église, et dans lequel serpentait un ruisseau, trop souvent fétide, autour d'un tertre où s'élevait un temple au dieu du lieu. Hélas! nous le savons de trop, les dieux s'en vont. La maison de ville a renversé les autels de Cupidon: Ménilmontant est plus bourgeois; c'est là que les saint-simoniens essayèrent de vivre en famille. Sa population est plus aristocratique, ses guinguettes moins bruyantes. Quelques petits bals champêtres se cachent sous des arbres moins poussiéreux. Autrefois il y avait beaucoup de lilas par là, et c'était une fête que d'en aller cueillir, d'y manger des œufs frais et de faire une partie d'âne. La grisette y va encore, quoique les lilas soient devenus rares, qu'on n'y mange guère les œufs du pays, et que les ânes ne puissent faire cent pas sans vouloir revenir à l'écurie. Aussi le seul plaisir équestre qu'on puisse se procurer à Belleville est-il aujourd'hui le cheval de bois. Il n'est plus, le temps où le pont-neuf disait avec quelque apparence de vérité:

On est heureux,
Joyeux,
Tranquille
A Romainville;
Ce bois charmant pour les amants
Offre mille agréments.

Les satanées maisons envahissent tout. Peut-être bien aussi le voisinage de Montfaucon, avec ses odeurs peu suaves, fut-il pour beaucoup dans la désertion de ces champs idylliques.

Les plus anciens aqueducs de tous ceux qui fournissent de l'eau à la capitale serpentent sous les Prés-Saint-Gervais. Ils amènent à Paris les eaux de diverses sources rassemblées entre les villages de Pantin et de Romainville.

BELLEVILLE (Henri LEGRAND, dit). *Voyez* TURLUPIN.

BELLEVUE, village du département de Seine-et-Oise, entre Sèvres et Meudon, doit son origine à une maison de plaisance que Mme de Pompadour y fit bâtir en 1748, dans un de ses caprices de favorite. Les travaux de construction en furent poussés et achevés avec une extrême rapidité, et la marquise l'inaugura par une grande fête, à laquelle son royal amant lui fit l'honneur d'assister. Louis XV fut ravi du luxe et de la magnificence de bon goût qui avaient présidé à l'édification de cette coquette demeure. C'était en définitive, comme on pense bien, le trésor public qui en avait fait tous les frais. Avec une générosité qu'admirèrent beaucoup les courtisans, le roi exigea que la marquise lui revendît immédiatement et *au prix coûtant* le château de Bellevue, et comme *bénéfice* il en abandonna la jouissance viagère à sa maîtresse. A la mort de Mme de Pompadour, Bellevue devint la résidence habituelle des filles de Louis XV, tantes de Louis XVI; et ces princesses ne le quittèrent que lorsqu'elles se décidèrent à émigrer, à l'époque des orages de notre première révolution. La Convention décida d'abord que ce château servirait à des fêtes populaires. Quelques années après, Bellevue fut vendu à titre de propriété nationale. Les acquéreurs morcelèrent le parc et enlevèrent du château tous les objets de prix qui l'ornaient. Dans les premières années de la Restauration, ce n'était déjà plus qu'une immense ruine. En 1822 le dernier propriétaire, en acheva la complète démolition. Un village de maisons de plaisance s'éleva alors comme par enchantement sur l'emplacement de l'ancien château, dont il ne reste plus aujourd'hui de traces que dans quelques habitations particulières pour la construction desquelles les entrepreneurs utilisèrent les fondations et les derniers débris de certaines parties de l'élégant palais improvisé à si grands frais par Mme de Pompadour. Une circonstance curieuse à noter, c'est que la toute-puissante favorite respecta le droit de passage qu'avaient de tout temps possédé en ces lieux les habitants de Sèvres et de Meudon, et que le chemin vicinal reliant ces deux communes entre elles traversait la grande cour d'honneur du château de Bellevue.

Ce nom a aussi été donné à divers châteaux et maisons de plaisance appartenant à des princes allemands. Nous citerons entre autres le château de Bellevue du landgrave de

Hesse-Cassel, qui est entouré d'un grand parc et situé à peu de distance de la Porte Friedrich, à Cassel; la maison de plaisance, propriété du roi de Wurtemberg, située près du château de Rosenstein, lequel n'est qu'à quatre kilomètres de Stuttgard; le château du prince de Reuss qu'on voit sur une hauteur entre Lohenstein et Ebersdorf; le château royal de Bellevue et son parc, près de Berlin, sur la rive gauche de la Sprée, au nord du *Thiergarten*. Il fut ainsi dénommé par le prince Auguste-Ferdinand, qui en acheta le sol en 1785, fit construire de 1786 à 1790 le château, composé de deux ailes, et dessiner à grands frais le parc, qui est toujours resté depuis à peu près dans le même état. Frédéric le Grand s'était déjà fait construire en cet endroit une charmante habitation de campagne, qui forme aujourd'hui la partie du château royal désignée sous le nom d'*aile de la Sprée*. A la mort du prince Auguste-Ferdinand, son fils, le prince Auguste, en hérita et l'habita. Par suite du décès du prince Auguste, le château fit retour en 1842 au roi Frédéric-Guillaume IV, qui y a fondé une galerie de tableaux modernes.

BELLEVUE-LES-BAINS. *Voyez* Bourbon-Lanci.

BELLEY, ville de France, chef-lieu d'arrondissement du département de l'Ain, siége d'un évêché suffragant de Besançon et dont le diocèse comprend le département de l'Ain, avec 4,474 habitants. Elle possède une direction de douanes, une école secondaire ecclésiastique et une bibliothèque publique de 6,000 vol. On y fabrique des soieries, des indiennes et des mousselines; l'élève des vers à soie y a une certaine importance; on exploitait naguère encore dans les environs des carrières de pierres lithographiques, regardées comme les meilleures de France; on y récolte des truffes noires estimées.

Cette ville est agréablement située entre deux collines, à six kilomètres du Rhône; elle possède quelques édifices remarquables, parmi lesquels il faut placer en première ligne le palais épiscopal; la cathédrale possède un très-beau clocher. Mais les environs sont très-pittoresques : nous citerons les ruines de Chatillanet, le lac d'Ambléon, le Pont du Diable, la cascade de Glandieux, les grottes de la Palme-sous-Pierre-Châtel, la cataracte de Servérieux, la ferme-modèle de Peyrieux et le magnifique pont suspendu sur le Rhône.

Belley est une très-ancienne ville. César s'en empara, et s'en servit comme d'une place forte dans la guerre contre les Allobroges. Elle fut brûlée par Alaric en 390, rebâtie par Wibertus en 412, détruite de nouveau par un incendie en 1385, et reconstruite peu de temps après par le duc de Savoie. Elle fut cédée à la France par Charles-Emmanuel, et réunie au domaine de la couronne en 1601.

BELLIARD (Augustin-Daniel), lieutenant général, pair de France, ambassadeur, etc., né à Fontenay-le-Comte, le 25 mai 1769. Ce nom est de ceux dont l'illustration appartient tout entière à la révolution de 1789. Issu d'une famille obscure, Belliard faisait ses études dans une petite ville du Poitou, lorsque éclatèrent les grands événements qui allaient changer les destinées de la France. L'enfant du peuple s'élança des bancs de l'école, courut sous les drapeaux, et figura magnifiquement, pendant vingt ans, sur tous les grands théâtres de notre gloire. Jamais carrière ne s'ouvrit sous de plus beaux auspices. Engagé volontaire en 1791, il s'essaya aux combats dans les journées de Grand-Pré, Sainte-Menehould, Jemmapes et Nerwinde, où il servit comme aide de camp de Dumouriez. Placé, à Jemmapes, à la tête des hussards de Berchini, il enleva successivement plusieurs redoutes ennemies, et conquit sur le champ de bataille le grade d'adjudant général. Mais ce début faillit être fatal à sa fortune militaire. Compromis par la défection de Dumouriez, Belliard fut arrêté après le départ de ce général, transféré à Paris et cassé. Sans doute, les sévérités révolutionnaires ne se seraient pas bornées à une destitution, si le jeune adjudant général n'eût immédiatement demandé à servir son pays comme volontaire. Il

entra, en effet, dans le 3° régiment de chasseurs, et fit toute une campagne comme simple soldat. Cet acte d'abnégation patriotique le réhabilita dans l'estime du pouvoir ombrageux qui l'avait frappé pour un crime qui n'était pas le sien; il fut réintégré dans son grade, et placé sous les ordres du pacificateur de la Vendée, le célèbre Hoche, qui le compta bientôt au nombre de ses plus braves et plus habiles officiers.

Depuis ce moment, sous l'empire comme sous la république, la vie de Belliard ne fut qu'une succession continuelle des plus brillants faits d'armes. Par une faveur providentielle de sa destinée, il prit part à toutes les grandes guerres, combattit sur tous les champs de bataille, partagea tous les triomphes et tous les revers de la France. En 1796, il fit, sous Bonaparte, l'immortelle campagne d'Italie, et se couvrit de gloire à Castiglione, à Vérone, à Caldiero, à Arcole, à Saint-Georges, au passage du Lavis, à Brixen, etc. A Arcole, il eut deux chevaux tués sous lui, et fut nommé général de brigade; à Tramen, il mit en pleine déroute le corps autrichien de Landon; partout il déploya une intrépidité et une intelligence qui lui méritèrent les applaudissements de l'armée et les suffrages de Bonaparte. En 1798 il contribua, sous Championnet, à la conquête de Naples, de la Sicile et des États de l'Église.

Ici commence la carrière diplomatique de Belliard. Envoyé extraordinaire près du gouvernement napolitain, il sut par l'autorité de son nom maintenir les conquêtes de son épée. Lors de la révolte de Rome contre les troupes françaises, son attitude énergique empêcha Ferdinand de franchir la frontière pour appuyer l'insurrection. Il accompagna Bonaparte en Égypte, contribua, en passant, à la prise de Malte, décida celle d'Alexandrie, combattit héroïquement aux Pyramides, où, à la tête d'un carré d'infanterie, il eut la gloire de recevoir la première charge des mamelouks; à Banou, où, avec cinq cents hommes, il détruisit cinq mille Mecquais, mamelouks ou Arabes; à Sapht-Rachim, où, soutenu par deux bataillons seulement, il défit plusieurs milliers de révoltés, et contraignit Mourad-Bey à demander la paix. C'est Belliard qui, le premier, franchit les limites de l'empire romain, pénétra en Abyssinie, et porta la gloire de nos armes jusqu'à Calafché. Il remporta avec Desaix la victoire d'Héliopolis, et marcha avec douze cents hommes contre l'armée ottomane, qu'il chassa de Damiette. Assiégé dans le Caire par les forces combinées des Anglais, des Turcs et des mamelouks, assailli par terre et par mer, aux prises avec une population nombreuse et fanatique, il obtint, par son énergie, une capitulation honorable, et ramena en France les troupes placées sous ses ordres.

Rentré en Europe, il commanda en Belgique, où il laissa une grande réputation de justice et de loyauté. En 1805 et 1806 il prit une large part aux campagnes d'Allemagne et de Prusse en qualité de chef d'état-major de Murat, contribua puissamment à la victoire d'Ulm, et s'immortalisa à Austerlitz, à Iéna, à Erfurth, à Lubeck, à Heilberg, à Hoff, à Eylau et à Friedland. Employé ensuite à l'armée d'Espagne, il fut nommé gouverneur de Madrid, dont, après la désastreuse bataille de Talavera, il apaisa l'insurrection en se jetant seul au milieu de la population soulevée. Aussi humain que brave, Belliard eut le courage de suspendre, malgré les ordres réitérés de Napoléon, l'exécution du marquis de Saint-Simon, et de laisser à la piété de sa fille le temps d'obtenir la grâce de son père. Devenu major général du roi Joseph, il dirigea toutes les opérations des divers corps de l'armée péninsulaire, et commanda, en outre, l'armée du centre. En 1812 il fit la mémorable campagne de Russie, et combattit à Witepsk, à Smolensk, à Mojaïsk, avec sa valeur accoutumée. C'est lui qui, après la retraite de Moscou, rallia et réorganisa en Prusse la cavalerie française. Dangereusement blessé à Leipzig, il continua la lutte, eut deux chevaux tués sous lui à Hanau, et rentra à Mayence avec les glorieux débris de l'armée. Grandissant au milieu des dangers de la patrie, Belliard combattit en héros sur le sol envahi de la France. Tour à tour major général de l'armée et commandant en chef de la cavalerie, il disputa pied à pied le terrain aux alliés, et resta jusqu'au dernier moment fidèle à la France et à l'empereur : il ne quitta Fontainebleau qu'après le départ de Napoléon pour l'île d'Elbe.

La renommée de Belliard était trop éclatante pour que la Restauration ne crût pas devoir le rattacher à sa cause. Louis XVIII le nomma pair de France, chevalier de Saint-Louis, et, après le débarquement de l'île d'Elbe, major général de l'armée que le duc de Berry devait opposer à Napoléon. Fidèle à ses nouveaux devoirs, Belliard accompagna la famille royale jusqu'à Beauvais, et ne rentra à Paris que sur l'ordre exprès de Louis XVIII. Affranchi de ses engagements, il accepta de Napoléon une mission auprès de Murat; mais quand il arriva à Naples, la ruine de ce prince était consommée. Rentré à Paris, il prit le commandement de l'armée de la Moselle, et se battit, une fois encore, pour l'indépendance de son pays. Après la seconde abdication de Napoléon, il fut dépouillé de son titre de pair de France et jeté dans un cachot, où il languit six mois, sans pouvoir obtenir des juges. Cependant, le 5 mars 1819, cet homme dont le sang avait coulé dans cent combats fut réintégré dans ses dignités.

Après la révolution de juillet, le nouveau gouvernement le chargea d'aller notifier au cabinet de Vienne l'avénement de Louis-Philippe. Il fut ensuite nommé ambassadeur de France en Belgique, et son active intervention sauva en 1831 Anvers, prêt à succomber sous le canon des Hollandais. Mais bientôt les intrigues de la diplomatie et la coupable incurie du ministère Périer, qui abandonnait aux Anglais le sort de la Belgique, suscitèrent à Belliard des difficultés si sérieuses et un chagrin si profond, que sa santé en fut gravement altérée. Le 28 janvier 1832 il tomba frappé d'une attaque d'apoplexie foudroyante, au moment où il sortait de chez Léopold. Bon, intègre, juste et affable, la mort de Belliard ne fut pas moins un sujet de deuil pour la Belgique que pour la France.

— Ce nom est aussi celui d'un poëte du seizième siècle, *Guillaume* BELLIARD, auteur des *Amours de Marc-Antoine et de Cléopâtre*, et de quelques imitations peu estimées d'Ovide, de Pétrarque et de l'Arioste. Ce Belliard devint secrétaire de Marguerite de Valois, et mourut en 1584.

B. SARRANS.

BELLIÈVRE (POMPONE DE), chancelier de France, né à Lyon, en 1529, était fils de Claude de Bellièvre, conseiller-échevin de cette ville, puis premier président au parlement de Grenoble. Il fit ses études à Toulouse et à Padoue, et fut nommé à son retour conseiller au parlement de Chambéri dans la Savoie, alors au pouvoir des Français. Il exerçait la charge de lieutenant général au bailliage de Vermandois, lorsque Charles IX, après la restitution de la Savoie, l'envoya en ambassade vers les Suisses et les Grisons. Il suivit en Pologne le duc d'Anjou, et fut fait par ce prince, devenu roi de France, surintendant des finances en 1575. L'année suivante il se rendit auprès d'Élisabeth d'Angleterre, pour la détourner d'attenter à la vie de Marie Stuart. Ses habiles négociations lui acquirent la faveur de Henri IV, qui lui confia les sceaux. Il les remit en 1605, mais en conservant la présidence du conseil, et mourut le 5 septembre 1607.

BELLIÈVRE (POMPONE II DE), petit-fils du précédent, et neveu d'Albert et de Claude de Bellièvre, archevêques de Lyon en 1594 et 1640, fut pourvu de la charge de président à mortier au parlement de Paris, par la démission de Nicolas, son père. Après avoir été chargé de plusieurs ambassades, dont l'une en Angleterre et l'autre en Hollande, il fut élevé par Louis XIV à la dignité de premier président

DICT. DE LA CONVERS. — T. II.

au parlement de Paris, en 1651. Il mourut six ans après, regretté de tous et béni des pauvres, pour lesquels il avait provoqué et entrepris l'établissement d'un hôpital général. C'était le dernier rejeton de la famille de Bellièvre.

BELLINI, famille distinguée de peintres vénitiens. Le plus ancien artiste de ce nom dont fasse mention l'histoire est *Giacomo* BELLINI, élève du célèbre Gentile da Fabriano, et dont on n'a conservé que bien peu de chose. Il mourut en 1470. — Son fils aîné, à qui il donna le nom de baptême de son maître, *Gentile* BELLINI, né en 1421, mourut en 1507. Il n'existe non plus qu'un très-petit nombre de toiles de cet artiste, mais toutes sont riches en figures. Il n'avait pas moins de mérite comme médailliste. En 1479 il fut envoyé à Constantinople à Mahomet II, qui avait demandé un bon peintre. Il y dessina entre autres les bas-reliefs de la colonne Théodosienne, qui n'existent plus que dans ses croquis. — Son frère *Giovanni* BELLINI, appelé aussi par abréviation *Gianbellin* ou *Sambellin*, né en 1426, mort en 1516, est bien autrement célèbre que lui. Il fut le chef de l'ancienne école vénitienne, et lui donna la direction qui l'a rendue si importante dans l'histoire de l'art. Les qualités par lesquelles il brille à un haut degré sont la chaleur de conception, la naïveté et le fini de l'exécution en même temps que la vigueur et l'énergie du coloris. Il forma de nombreux élèves, dont les plus célèbres furent le Titien et Giorgione.

BELLINI (VINCENZO), l'un des plus charmants compositeurs contemporains, né le 1er novembre 1802, à Catania en Sicile, mort le 24 septembre 1835 à Puteaux, près Paris, fit ses études musicales au conservatoire de Naples, et reçut ensuite des leçons de composition de Tritto et de Zingarelli. Après avoir écrit quelques petits morceaux de musique instrumentale et plusieurs compositions religieuses, il débuta en 1824 par l'opéra d'*Adelson e Salvina*, sur le petit théâtre du Collége royal de Musique de Naples. Plus tard il fit représenter au théâtre San-Carlo un autre opéra, intitulé *Bianca e Gernando*, dont le succès fut tel qu'en 1827 on le chargea d'écrire un opéra pour la Scala de Milan. C'est à cette occasion qu'il composa son *il Pirata*, qui eut bientôt rendu son nom célèbre, même à l'étranger. A cette œuvre en succéda une autre, en 1828, dont le succès ne fut pas moindre, *la Straniera*. Toutefois celui de ses ouvrages qui contribua le plus à sa gloire fut son opéra des *Montecchi e Capuletti* (écrit à Venise, en 1829), moins parce que son génie y a atteint l'apogée de sa puissance de production, que parce que le sujet en est éminemment dramatique, et que Roméo est un des rôles les plus brillants que puissent souhaiter les cantatrices de tout pays et de tout rang.

Bellini donna coup sur coup des ouvrages *la Sonnambula*, *Norma*, *Beatrice di Tenda*, jusqu'au moment où il se rendit à Paris, en 1833, et où il put se familiariser avec un autre genre de musique italienne. Avant de commencer un nouvel opéra, il voulut d'abord étudier le goût du public parisien; puis il accepta une invitation pour Londres, où l'attendait le plus brillant accueil. A son retour à Paris, il y écrivit l'opéra i *Puritani*; ouvrage dans lequel l'influence de l'école française est visible, et qui prouve avec quelle rapidité Bellini savait s'approprier une manière qui naguère lui était complètement étrangère, et pourtant sans emprunts directs et sans servile imitation. C'est lorsque son talent entrait dans cette phase nouvelle que la mort vint prématurément le frapper.

De tous les imitateurs de Rossini, Bellini est incontestablement celui qui a le plus d'indépendance et d'originalité. Sans doute il n'a pas la puissante originalité de Rossini, on ne trouve jamais chez lui de ces négligences qui trop souvent choquent les connaisseurs dans les œuvres de son devancier. Il a conservé la modulation colorée dont raffolent aujourd'hui les Italiens, tout en sachant éviter l'excès dans lequel est tombé Rossini; et l'ornement a chez lui bien plutôt pour base l'essence même du chant que celle de la musique instrumentale. Il semblait appelé à ramener l'opéra italien dans des voies plus savantes; cependant ses efforts n'ont point eu de résultats durables, et ses successeurs ou en ont mal compris la portée, ou n'ont su que l'exagérer. Le côté par lequel Bellini l'emporte sur tous les compositeurs italiens dont il fut le contemporain, et sur Rossini lui-même, c'est l'emploi sagement combiné des instruments, qui lui fait obtenir de grands effets d'orchestre sans tomber dans l'assourdissant fracas qu'on est quelquefois en droit de reprocher à son rival. Mais ce qui manque complétement à ses ouvrages, c'est le fini de la partie technique, quoique son dernier ouvrage témoigne déjà sous ce rapport d'un notable progrès. D'ailleurs l'uniformité de ses motifs et de ses formes, et la sentimentalité qui de nos jours envahit l'art de plus en plus, l'empêchèrent de donner une vérité complète à ses caractères, comme aussi de développer ses situations dramatiques autant qu'elles eussent dû l'être.

BELLINZONA ou **BELLENZ**, l'un des trois chefs-lieux du canton du Tessin, avec une population de 1,500 habitants, dans une ravissante contrée. Avec les châteaux construits sur les hauteurs qui la dominent à l'ouest et à l'est, et avec ses hautes murailles, cette ville ferme si bien la vallée qu'on ne saurait plus y pénétrer du moment où l'on prend soin de barricader la porte de Bellinzona. A l'est s'élèvent sur les rochers du Giori le *castello di Mezzo* et le *castello Corbe*, qui tombent chaque jour davantage en ruines; à l'ouest, sur un autre rocher, le *Castello Grande*, pourvu de deux tours et servant aujourd'hui de prison pénitentiaire et d'arsenal au canton. L'édifice le plus considérable, et aussi l'église la plus belle du canton, est la cathédrale de Saint-Pierre et de Saint-Paul, avec une façade en marbre et quelques bons tableaux d'autel. L'ancien couvent des Augustins, où l'on remarque une vaste et belle salle, est aujourd'hui le siége du gouvernement. Il existe en outre divers autres couvents à Bellinzona. La digue en pierres, longue de 800 mètres, qui protège la ville contre les inondations du Tessin, est une construction remarquable. Détruite en partie en 1829, elle a été depuis lors rééedifiée et prolongée. Un pont long de 238 mètres et large de 21, construit en pierres de taille de granit et à dix arches, y passe le Tessin.

Bellinzona est d'une grande importance militaire en raison de sa situation. Elle est la clef de diverses routes qui viennent s'y croiser ou situées à peu de distance : par exemple, de la route du Saint-Gothard, de la route venant de Locarmo, de celle conduisant au mont Bernhardin, laquelle se croise avec la route du Splugen au bourg de ce nom, dans le canton des Grisons. La proposition faite à diverses reprises de fortifier Bellinzona fut encore une fois repoussée en 1846; mais les événements militaires qui se sont accomplis récemment en Italie doivent nécessairement avoir fait comprendre aux autorités militaires de la confédération toute l'importance stratégique de ce point, que la nature a déjà fortifié en partie.

BELLMANN (CHARLES-MICHEL), poëte suédois, né à Stockholm, le 4 février 1740, secrétaire de la cour à partir de 1775, mort le 11 février 1795. Il s'essaya d'abord dans la poésie religieuse, traduisit les fables de Gellert, et écrivit aussi quelques ouvrages dramatiques. Cependant son véritable talent poétique ne se développa que lorsqu'il eut atteint l'âge de vingt-cinq ans. C'est dans de joyeux banquets qu'il composa ses meilleures productions; et comme elles sont d'une nature toute particulière, on ne saurait les comparer à rien d'analogue en poésie. Le sujet ordinaire en est le vin et l'amour, mais elles contiennent aussi le plus souvent des descriptions lascives et obscènes accusées avec la plus grande énergie d'expression, et empreintes d'un charme poétique qui se comprend plus aisément qu'il ne s'explique. Il arrivait souvent à Bellmann d'improviser ses chants en s'accompagnant de la guitare, et le talent mimique dont il était doué à un haut degré ne contribuait pas peu à leur donner plus de charme encore. Ne buvant lui-même que modérément, il passait quelquefois des nuits entières à chanter avec ses amis, jusqu'à ce qu'il tombât épuisé. Un grand nombre et peut-être les meilleures de ses improvisations ne furent jamais écrites, mais seulement chantées et répétées dans les joyeux moments qui les voyaient naître. Peu de temps avant sa dernière maladie, il réunit autour de lui ses meilleurs amis, « afin qu'ils pussent encore, leur disait-il, entendre chanter Bellmann ». Il chanta pendant une nuit tout entière ses joyeuses aventures d'amour. Engagé par un de ses convives à ménager sa santé, déjà visiblement altérée : « Mourons, répondit-il, comme nous avons vécu, aux sons mélodieux de l'harmonie » ; puis vidant encore une fois son verre, il entonna le chant du cygne. On a fait de nombreuses éditions des poésies de Bellmann, et le 26 juillet 1829 on inaugura à Stockholm, en présence de la famille royale, un monument élevé en son honneur par les nombreux admirateurs de son génie.

BELLOC (LOUISE SWANTON, madame), l'un de nos plus aimables conteurs, naquit à La Rochelle, le 1er octobre 1799, d'un officier supérieur irlandais, qui y avait fixé sa résidence. Élevée avec soin par un père éclairé, également familiarisée avec la langue anglaise et avec la langue française, elle consacra de bonne heure ses loisirs à faire connaître à la France la littérature de l'Angleterre moderne. Elle avait vingt ans à peine, lorsque parut sa première traduction, *les Patriarches, ou la Terre de Chanaan*, de miss O'Keeffe. Les *Contes pour les Enfants*, de miss Edgeworth, populaires en Angleterre, le devinrent bientôt en France, grâce à la plume élégante de madame Belloc et de son amie mademoiselle Montgolfier. Les traductions des *Amours des Anges* et des *Mélodies Irlandaises*, de Thomas Moore, rendirent, autant qu'il était possible de le faire, des beautés d'autant plus difficiles à faire passer dans une langue étrangère, qu'elles consistent dans le coloris, dans l'harmonie, dans le style, plus que dans la pensée. En 1820 madame Belloc se chargea de rendre compte dans la *Revue Encyclopédique* de toutes les productions de la littérature anglaise à mesure de leur apparition, et ce travail, naturellement ingrat, devint intéressant sous sa plume. En relisant aujourd'hui ces feuilles, qui ne semblaient qu'éphémères à celle même qui les écrivait, on y trouve des morceaux de critique littéraire également remarquables par leur élégance, leur haute impartialité et leur élévation. Depuis longtemps madame Belloc semble s'être vouée tout entière à l'éducation de la jeunesse, et la *Petite Galerie morale*, le joli conte de *Pierre et Pierrette*, couronné par l'Académie Française; un recueil mensuel, la *Bibliothèque des Familles*, également couronné; le journal *la Ruche*, publié, comme la *Bibliothèque des Familles*, en collaboration avec mademoiselle Montgolfier, ont mérité et obtenu à leurs auteurs le respect et la reconnaissance de toutes les mères de famille.

BELLOCQ (PIERRE), valet de chambre de Louis XIV, né à Paris en 1645, composa plusieurs récits qu'on mêlait à des danses exécutées tantôt chez la reine, tantôt chez Madame, l'infortunée Henriette d'Angleterre; et ces récits exprimaient avec mystère le secret de la passion du roi pour mademoiselle de La Vallière, fille d'honneur de Madame, passion qui cessa bientôt d'être un secret. Bellocq plaisait par son esprit, par ses saillies, par sa physionomie. Il était lié avec Molière et Racine. Ses satires des *Petits-Maîtres* et des *Nouvellistes* eurent du succès, ainsi que son poëme sur l'église des Invalides. Il mourut le 4 octobre 1704.

BELLONE, la déesse de la guerre chez les Romains, compagne de Mars, suivant les poëtes, qui lui donnent les noms de sœur, d'épouse et de fille de ce dieu, et qui la représentent armée d'un fléau sanglant. A l'époque de la guerre des Samnites, le consul Appius Claudius lui voua un temple, qui fut plus tard construit dans le Champ de Mars. C'est là que le sénat donnait audience aux ambassadeurs étrangers et aussi à ceux des consuls qui prétendaient aux honneurs du triomphe, et ne pouvaient dès lors entrer dans la ville. Les prêtres de la déesse étaient appelés *bellonarii*, et célébraient sa fête en se faisant des incisions aux bras ou aux jambes et en lui offrant à titre de sacrifice le sang qui ruisselait de leurs blessures, ou bien encore en le buvant. Comme le 24 mars était le jour spécialement consacré à cette solennité, on l'avait surnommé *dies sanguinis* (jour du sang).

BELLOTE, nom qu'on donne aux fruits du chêne à glands doux.

BELLOTI (PIERRE), peintre de l'école vénitienne, né à Voigano, mort en 1700, à Garignano, excella pour le coloris. On remarque surtout ses portraits et ses caricatures; mais il réussit beaucoup moins dans le genre historique. Il est parfois trop minutieux dans les détails, et le défaut de son style est la sécheresse. En revanche l'exactitude, le fini et la délicatesse de sa touche tiennent du prodige.

BELLOTO (BERNARDO). *Voyez* CANALETTO.

BELLOVÈSE, chef gaulois, ou plutôt celte, qui, vers l'an 590 avant J.-C., se sépara de son oncle Ambigatus, et prit la route d'Italie, tandis que son parent Sigovèse se dirigeait vers l'orient à travers l'Helvétie. Les deux chefs s'étaient séparés au confluent du Rhône et de la Saône; l'un et l'autre étaient suivis de bandes nombreuses animées de l'esprit d'aventures et de conquêtes. Tarquin l'Ancien régnait en ce moment à Rome, et précisément à cette même époque les Phocéens venaient d'aborder sur la plage gauloise. Avant de franchir les Alpes, Bellovèse fit cause commune avec les Phocéens, que repoussaient les Slaves, habitants aborigènes du territoire où ils venaient fonder la cité si célèbre depuis sous le nom de Marseille. De là il passa dans les pays qui sont aujourd'hui le Piémont et la Lombardie, et s'y établit malgré les Étrusques, qui tentèrent en vain de résister à des envahisseurs dont les rangs se grossissaient à chaque instant de nouveaux aventuriers, attirés par le beau ciel et la riche nature du sol de l'Italie. Dans un marais qu'on appelait le *Champ des Insubriens*, et qui, nous dit Tite-Live, le séduisait par sa ressemblance avec sa terre natale, Bellovèse fonda la ville de *Mediolanum* (Milan), et le pays qu'il avait subjugué prit dès lors le nom de *Gaule cisalpine*. L'invasion de l'Italie méridionale, par un autre chef gaulois, appelé *Brennus*, n'eut lieu que deux siècles plus tard.

BELLOY (PIERRE-LAURENT BUYRETTE, dit DORMONT DE), l'un de nos poëtes dramatiques qui les premiers produisirent sur la scène française des héros nationaux, au lieu des simpiternels Grecs et Romains, seuls en possession jusqu'alors d'émouvoir le parterre, naquit le 17 novembre 1727, à Saint-Flour en Auvergne. Encore tout jeune enfant, il vint à Paris, où il ne tarda point à perdre son père. Il fut alors recueilli par un oncle, avocat, qui lui fit faire de bonnes études et le destina à suivre sa profession. Les projets de son oncle pour son avenir étaient peu de son goût, car il se sentait irrésistiblement entraîné vers la culture des lettres. Après avoir longtemps hésité entre ce qu'il devait à l'homme qui avait pris soin de son éducation et l'influence secrète qui le dominait à son insu, il disparut un beau jour, et s'en alla jouer la comédie, sous le nom emprunté de *Dormont de Belloy*, en Russie d'abord, puis dans divers autres pays étrangers; et partout, par la parfaite honorabilité de sa conduite, il mérita et obtint l'estime publique. L'impératrice de Russie, Élisabeth, lui donna de fréquentes preuves de sa bienveillance et de sa considération. Il revint à Paris en 1758, pour y faire représenter sa tragédie de *Titus*, imitation de *La Clemenza di Tito*, de Métastase. Cette copie d'une pièce assez faible n'est qu'une ébauche très-légère des traits mâles de Corneille, dont l'auteur visait évidemment à imiter la manière. Il avait compté sur un succès pour se réconcilier avec sa famille. Sa pièce tomba à plat; et de Belloy, de désespoir, reprit encore le chemin de l'étranger. Quelques années plus tard, il rentra en France, et fit représenter sur la scène du Théâtre-Français sa tragédie de *Zelmire*, imitation de l'*Issipile* de Métastase, et obtint cette fois un succès franc et complet, grâce au jeu pathétique de Mlle Clairon. En 1765 il donna *Le Siége de Calais*, tragédie qui est demeurée au répertoire. Les annales du théâtre font mention de peu de succès qu'on puisse comparer à celui du *Siége de Calais*; il fit battre dans les cœurs français la fibre du patriotisme, et applaudir le poète qui avait trouvé quelques beaux vers pour célébrer les gloires nationales devint une affaire de sentiment. Ceux qui hasardaient quelques critiques étaient considérés comme des ennemis de leur pays. « Est-il vrai, dit un jour Louis XV au duc d'Ayen, que vous n'aimiez pas *Le Siége de Calais?* Je vous croyais meilleur Français. — Ah, sire! répondit le spirituel courtisan, plût au ciel que le style de cette pièce fût aussi bon Français que moi! » Le conseil municipal de Calais décida que le portrait de l'auteur serait placé à l'hôtel de ville, parmi ceux des bienfaiteurs de la cité, et lui adressa en outre dans une boîte d'or le titre de *citoyen de Calais*. Il arriva d'ailleurs à la pièce de de Belloy ce qui arrive à tant d'autres ouvrages que la vogue prend sous son patronage. Après l'avoir beaucoup trop exaltée, elle fut ensuite beaucoup trop dépréciée.

Gaston et Bayard (1771), que de Belloy donna ensuite, n'eut pas, à beaucoup près, le même succès, mais n'en ouvrit pas moins à l'auteur les portes de l'Académie Française. *Gabrielle de Vergy* (1777), applaudie dans sa nouveauté, tomba plus tard; mais depuis elle a été reprise plusieurs fois, et toujours avec bonheur. *Pierre le Cruel* n'obtint aucun succès, et sa chute affecta si profondément de Belloy qu'elle hâta la fin de ses jours. Il mourut à Paris, le 5 mars 1775, dans un état voisin de la misère. Louis XVI apprenant la pénurie dans laquelle se trouvait le poëte moribond, lui fit adresser 50 louis. Après sa mort, on reprit *Pierre le Cruel*. La pièce se releva alors complètement, et obtint un grand nombre de représentations. La critique reproche au poète d'y avoir substitué les coups de théâtre au pathétique et les petits ressorts de la scène à l'éloquence du cœur. On ne peut refuser à l'auteur du théâtre de de Belloy une certaine énergie, beaucoup d'entente de la scène. La partie faible, c'est le style. Gaillard a publié des *Œuvres complètes de de Belloy* (6 vol. in-8°; Paris, 1779-1787). Il existe une édition en 2 volumes de ses *Œuvres choisies*, avec notice par Auger (Paris, 1811).

BELLOY (JEAN-BAPTISTE DE), cardinal, archevêque de Paris, né le 9 octobre 1709, à Morangles, diocèse de Beauvais, mort le 10 juin 1808.

Durant une vie qui a rempli l'espace de près d'un siècle le cardinal de Belloy est un exemple remarquable de la félicité que procure même ici-bas une vertu qui ne se dément point. Sans être courtisan, il fut toujours bien avec les puissances de la terre : enfant, il reçut du régent Philippe d'Orléans une pension à son bénéfice; homme fait, il jouit de l'estime personnelle de Louis XV, qui le choisit pour pacifier un diocèse troublé par les discordes religieuses; vieillard nonagénaire, il se vit recherché, comblé d'honneurs et de dignités par Napoléon. L'influence de ses douces vertus l'avait soustrait aux persécutions de la terreur; enfin, il n'est pas jusqu'à sa mort qui ne fût heureuse, car il cessa de vivre au moment où Napoléon, en rompant toute mesure avec le saint-siége, allait rendre si difficile la conduite à tenir par les prélats français. Aimable et patriarcal dans sa vie privée, modéré dans ses principes, tolérant, éclairé dans ses opinions, il fut le type du prêtre gallican, caractère qui chaque jour devient plus rare.

48.

Vicaire général et archidiacre de Beauvais, sous le cardinal de Gèvres, il annonça dès lors cette charité, cette douceur évangélique, ce zèle selon la science, qui lors du rétablissement du culte en 1802 lui servit à ramener au bercail des fidèles qu'aurait scandalisés ou repoussés l'indécente apostasie ou le zèle inconsidéré de bien d'autres. Député à la fameuse assemblée du clergé de 1755, qui avait mission de faire cesser le schisme causé dans l'Église gallicane par la bulle *Unigenitus*, de Belloy, alors évêque de Glandève depuis 1751, se rangea parmi les prélats modérés, qui avaient à leur tête le cardinal de La Rochefoucault, et qui se prêtèrent à toutes les mesures nécessaires pour ramener la paix. L'évêque de Marseille Belsunce mourut pendant cette assemblée, laissant son diocèse plus agité qu'aucun autre de la France en proie à la fureur des controverses. Dans ces débats il avait toujours montré autant d'acrimonie et d'intolérance qu'il avait déployé de charité durant la peste dont Marseille avait éprouvé les ravages en 1720. De Belloy n'eut qu'à paraître pour tout pacifier.

Depuis trente-sept ans il occupait ce siége, lorsque les décrets de nos assemblées nationales imposèrent aux prêtres de nouveaux serments : il ne crut pas devoir les prêter, quitta son église, et se retira à Chambly, dans la province où il était né. On y respecta son âge et ses vertus, et il demeura tranquille dans un temps où la tranquillité paraissait bannie de la France. A l'époque du concordat de 1801 il fut des premiers qui, pour en faciliter la conclusion, firent le sacrifice de leur siège épiscopal. Dans la lettre qu'il écrivit à cette occasion au cardinal Spina, il protestait de son obéissance filiale au souverain pontife. Cet exemple du prélat de l'épiscopat eut une grande influence ; il attira sur lui tous les regards, et, en rappelant le souvenir de ses qualités, le fit regarder comme le prélat de France qui convenait le mieux au siége de la capitale. Napoléon l'y appela, à l'exclusion de Bernier, le grand factotum du concordat, et qui s'était, *in petto*, réservé le premier archevêché de la république.

Placer dans un poste si important le vénérable de Belloy, c'était y faire siéger la vertu mûrie par près d'un siècle d'exercice de toutes les bonnes actions qui peuvent recommander un évêque. Dans cette haute dignité, à laquelle Pie VII joignit, en 1803, le chapeau de cardinal, le nouvel archevêque justifia toutes les espérances. Jamais l'épiscopat n'avait paru dans Paris avec une dignité plus évangélique. On vit dès lors la religion refleurir sans fanatisme, mais non sans éclat ; dans toutes les paroisses de la capitale le culte retrouva ses pompes, les prêtres leur ancienne considération ; les théâtres n'offrirent plus chaque soir d'indécentes plaisanteries contre les croyances d'une partie des citoyens, et tout cela fut dû à l'influence du prélat, dont le zèle ne se déployait jamais à propos, parce qu'il était tellement sûr de lui-même qu'il pouvait attendre. De Belloy, successivement fait comte, sénateur, grand-aigle de la Légion-d'Honneur, se vit revêtu de toutes les dignités de l'empire et de l'Église, et il les honora toutes. Sa verte vieillesse, heureux fruit d'une inaltérable sérénité d'âme, jointe à une conduite toujours conforme aux convenances de son état, le rendait capable d'exercer toutes les fonctions de l'épiscopat dans un âge où l'homme est condamné d'ordinaire à l'inaction et à la retraite. Napoléon, étonné de lui voir une santé si robuste, lui dit un jour : « Vous vivrez donc jusqu'à cent ans, monsieur le cardinal ? — Eh ! pourquoi, répondit gaiement l'archevêque, Votre Majesté veut-elle que je n'aie plus que quatre ans à vivre ? »

Toutefois il ne devait pas atteindre cet âge ; il mourut d'un catarrhe suffoquant moins avant d'avoir accompli le siècle : c'était sa première maladie. Sa mort fut édifiante, et jusqu'au dernier moment il conserva toute sa tête. En s'adressant aux personnes de sa famille qui entouraient son lit pour recevoir sa bénédiction : *Apprenez à mourir*, leur dit-il ; et comme l'un de ses gens lui présentait une potion fortifiante : *N'entravez pas la mort*, s'écria le moribond. Ce furent, dit-on, ses dernières paroles. Napoléon, en permettant qu'il fût enterré à Notre-Dame dans le caveau de ses prédécesseurs, ordonna qu'il lui fût élevé un monument, « afin d'attester la singulière considération qu'il avait eue pour ses vertus épiscopales ». Ce monument, dû au ciseau de Desenne, est un des plus beaux ornements de l'église métropolitaine.

Un jour le cardinal de Belloy, n'ayant pu se dispenser d'assister à un grand bal de la cour de Napoléon, mit à profit pour les pauvres sa présence au milieu de ces joies mondaines, et fit une quête qui fut très-productive. On lui a reproché le ton quelquefois adulateur de ses mandements ; mais, il faut le dire, de Belloy, dont l'ambition eût été plus que satisfaite s'il en avait eu, se livrait dans cette circonstance à un sentiment honorable, à la reconnaissance envers Napoléon, qui n'avait encore rien fait pour gâter le surnom de restaurateur de la religion que lui donnait l'Église. Au surplus, l'affection était réciproque entre le vainqueur de l'Europe et le successeur de Belsunce. Longtemps après, dans ses conversations à Sainte-Hélène, Napoléon mettait de Belloy à la tête de ces anciens évêques qui eurent sa confiance et qui ne la trahirent jamais. « Le digne cardinal de Belloy et le bon archevêque Roquelaure, disait-il, m'affectionnaient sincèrement. » Ch. Du Rozoir.

BELL-ROCK, ou INCH-CAPE, rocher extrêmement dangereux sur la côte du comté de Forfar en Écosse, non loin de l'embouchure de la rivière de Tay. Le nom de Bell-Rock, ou *rocher de la Cloche*, lui vient probablement d'une cloche (*bell*) que les moines d'Aberbrothok y avaient fait placer autrefois pour avertir les vaisseaux de la venue et du départ du flot. Ce rocher, dans les marées ordinaires, reste entièrement couvert de 12 pieds d'eau ; aux marées basses, il présente une saillie de 427 pieds de long sur 230 de large, avec une élévation de 4 pieds au-dessus de la surface de la mer. Ce ne fût qu'en 1807 qu'on se décida à y construire un phare, et, malgré des difficultés sans cesse renaissantes, il fut heureusement achevé en 1811 sous la direction du célèbre architecte Stevenson. La base de ce phare, qui a 115 pieds d'élévation, est entièrement à sec dans les marées ordinaires ; dans les marées hautes, elle est recouverte d'environ 15 pieds d'eau. Les signaux sont donnés par une machine. Ils consistent en une lumière rouge et une lumière blanche, alternant avec une complète obscurité. Lorsque le temps brumeux ne permet pas d'apercevoir les signaux, la même machine met en branle deux grosses cloches pour avertir les navigateurs.

BELLUNE (en italien *Belluno*), capitale de la délégation la plus septentrionale du gouvernement de Venise, dans le royaume Lombardo-Vénitien, est située sur une hauteur qui domine le cours de la Piave, à 70 kilomètres nord de Venise. C'est le siège d'un évêché et une place de guerre entourée de vieilles murailles. Cette ville est très-ancienne ; les Romains l'appelaient *Belunum*. On y remarque une riche bibliothèque, treize églises, et une cathédrale qui a été construite sur les dessins de Palladio. Un magnifique aqueduc y amène une eau d'une limpidité remarquable, provenant d'une source située dans les montagnes. On y compte près de 10,000 habitants, qui font un commerce assez actif en bois de construction, vin, fruits, et se livrent avec succès à la fabrication des soieries, des ouvrages de paille, des poteries, à des exploitations de tanneries, et au blanchîment des cires. Napoléon avait attaché le nom de cette ville au titre de duc dont il avait gratifié le maréchal Victor.

BELLUNE (duc de). *Voyez* VICTOR.

BELMAS (Louis, baron de), évêque de Cambrai, commandeur de la Légion-d'Honneur, naquit à Montréal, arrondissement et diocèse de Carcassonne, le 11 août 1757. Reçu bachelier en théologie à l'université de Toulouse en 1779, et ordonné prêtre le 22 décembre 1781, il fut nommé im-

BELMAS — BÉLOMANCIE 757

médiatement vicaire de la paroisse Saint-Michel, à Carcassonne, et ne tarda pas à fixer l'attention de ses supérieurs par une conduite exemplaire, non moins que par de brillantes qualités intellectuelles. Il devint successivement prébendier de la collégiale de Montréal en 1782, professeur de théologie et directeur du séminaire de Carcassonne la même année, promoteur général du diocèse en 1786, curé de Calipo, même diocèse, en 1787, de Castelnaudary en 1791, après avoir prêté serment à la constitution civile du clergé, et fut sacré évêque coadjuteur de Carcassonne le 4 brumaire an IX (26 octobre 1800). En cette dernière qualité, il assista au concile national tenu à Paris, et fut appelé au siége épiscopal de Cambrai au commencement d'avril 1802.

Pendant les Cent-Jours, l'évêque de Cambrai assista à la fameuse assemblée du *Champ-de-Mai*, ce que Louis XVIII ne put jamais lui pardonner. Charles X, plus indulgent, oublia les antécédents quelque peu révolutionnaires de M. Belmas, et en 1827, lors de son voyage dans le Nord et au camp de Saint-Omer, il séjourna au palais épiscopal de Cambrai, dont le prélat lui fit les honneurs avec beaucoup de grâce et d'esprit. M. de Belmas se rallia franchement à l'ordre de choses issu de la révolution de 1830, et, dans les derniers temps de sa vie, adressa au clergé de son diocèse une lettre par laquelle il lui recommandait l'obéissance, la soumission et l'amour au chef de l'État. Cette lettre fit beaucoup de bruit. Écrivain distingué, comme le prouvent ses divers mandements, il cultivait encore avec succès les sciences et les arts. Il possédait des notions très-étendues en astronomie, en mécanique, en horlogerie, et a laissé un cabinet fort curieux d'instruments astronomiques, de montres, d'horloges de prix, d'ivoires, de tableaux d'anciens maîtres. Il est mort le 21 juillet 1841, à Cambrai. Edward LEGLAY.

BELMONTET (Louis), poëte contemporain, dont la fidélité aux glorieux souvenirs de l'empire a fini par faire une notabilité politique, est né le 26 mars 1799 à Montauban. Son père, Italien de naissance et qui écrivait son nom *Belmonte*, après avoir servi dans l'armée piémontaise, vint s'établir à Toulouse et y faire le commerce des vins. C'est là aussi que Louis Belmontet reçut son éducation. De beaux succès de collége, qui lui valurent une bourse gratuite, justifièrent les sacrifices auxquels se résigna ensuite sa famille pour le mettre en état de faire de complètes études et de suivre les cours de la faculté de droit de Toulouse. Quand il eut passé ses examens, et ce ne fut pas sans avoir à triompher de bien des obstacles suscités par les hommes de la Restauration à un candidat qui faisait ouvertement profession d'un enthousiaste attachement pour Napoléon et sa famille, le jeune Belmontet vint à Paris, comme tant d'autres, dans l'espoir de parvenir à s'y faire une position littéraire; car, en dépit des vœux paternels, c'était vers la culture des lettres, bien plutôt que vers le barreau ou la basoche, qu'il se sentait irrésistiblement entraîné.

Il entra d'abord comme maître d'études dans l'une des pensions de la capitale; puis, grâce aux relations qu'il y forma, il parvint à obtenir l'emploi de précepteur des enfants d'un pair de France, le comte Germain. Quelques pièces de vers insérées de temps à autre dans les recueils littéraires de l'époque le signalèrent alors à l'attention des hommes qui croient à la poésie, et lui valurent d'honorables et surtout d'utiles amitiés, malgré la profonde dissemblance de leurs principes politiques, parmi les écrivains françois royalistes jurés de la Restauration qui tenaient alors le haut du pavé poétique, par exemple Victor Hugo, Soumet, Émile Deschamps, etc. C'est ainsi qu'en 1829 il composa, en société avec Soumet, la tragédie *Une Fête de Néron*, dont la première représentation eut lieu à l'Odéon en janvier 1830, et qui obtint un grand succès.

La révolution de Juillet surprit M. Belmontet en Suisse, où ses nombreuses pièces de vers à la gloire de Napoléon lui avaient fait obtenir le plus gracieux accueil de la reine Hor-

tense, alors fixée à Arenenberg. Le nouveau roi, qui comprenait parfaitement les dangers dont les souvenirs napoléoniens menaçaient sa dynastie, s'attacha tout aussitôt avec une rare habileté à isoler de plus en plus les différents Napoléonides encore vivants, en attirant à lui les hommes de quelque valeur restés jusqu'à ce moment fidèles au culte du malheur. La plupart, répudiant alors tout leur passé, s'estimèrent heureux, comme on sait, de rentrer dans les honneurs et les places lucratives, et même d'accepter des emplois dans la domesticité de l'élu des 221.

M. Belmontet persista à avoir foi en l'étoile impériale, et une *Ode au duc de Reichstadt* qu'il publia à peu de temps de là à cette époque pour but de réveiller les souvenirs du peuple en faveur du fils et héritier de l'Homme du Destin, prisonnier à Schœnbrunn. A partir aussi de ce moment M. Belmontet prit part, toujours avec sa couleur nettement inféritaliste, à tous les efforts faits par les adversaires des deux branches de la maison de Bourbon pour renverser la royauté de 1830.

Un instant, pourtant, la fortune sembla s'être prononcée pour le maintien à tout jamais de la dynastie d'Orléans. Louis-Napoléon expiait à Ham l'entreprise à main armée qu'il avait tentée en 1840 sur la côte de Boulogne. C'était en 1845. M. Belmontet, lui aussi, sentit alors chanceler sa foi dans l'avenir. Elle ne lui avait encore rapporté que des persécutions ou des passe-droits. Il se prit donc à regretter sa jeunesse perdue, ses chances de fortune et ses illusions évanouies. C'est dans cet état de découragement où l'âme la plus fortement trempée tombe parfois, que le pouvoir vint insidieusement le tenter en lui offrant l'oubli complet du passé et, pour gage de la franchise de leur réconciliation, une de ces sinécures que tous les gouvernements passés, présents et futurs ont tenues, tiennent et tiendront toujours à la disposition des hommes dont ils veulent amortir l'hostilité. M. Belmontet comprit qu'avoir prêté l'oreille à de semblables propositions, c'était déjà s'être avoué vaincu. Il se résigna donc à accepter d'un gouvernement détesté les fonctions de commissaire près les associations tontinières, aux appointements de 6,000 fr. La république en 1848 n'eut garde de les lui enlever, et il les tient encore au moment où nous écrivons. M. Belmontet est membre du corps législatif pour le département de Tarn-et-Garonne (Montauban). Le décret qui a déclaré les fonctions législatives incompatibles avec tout emploi salarié que le pouvoir ne lui était point applicable, puisque ce sont les compagnies tontinières elles-mêmes qui l'ont en quelque sorte imposé aux commissaires chargés de surveiller leurs opérations.

M. Belmontet a mis, en portefeuille une tragédie de *Montezuma*, dites comédiens ordinaires de la république ne l'ont pas depuis longtemps reçue par acclamation, mise à l'étude et représentée, c'est évidemment que l'auteur ne l'a pas voulu.

La *Biographie des Hommes du Jour* des sieurs Sarrut et Saint-Edme a consacré à cet écrivain une notice fort étendue. Les éloges qu'on y donne à ses ouvrages et à sa conduite politique sont sincères sans doute, mais peut-être pas assez désintéressés. M. Quérard nous apprend en effet que l'auteur n'en est autre que M. Belmontet, qui vraisemblablement aura pensé que ces sortes de choses-là se sont jamais mieux faites que lorsqu'on les fait soi-même.

BÉLOMANCIE (du grec βέλος, flèche; μαντεία, divination), sorte de divination qui se faisait par les flèches. Elle était fort en usage dans l'Orient. Les Arabes l'appelaient *alaz lam*. Tous les peuples ne la pratiquaient pas de la même manière. Chez les uns on mettait dans un sac des flèches marquées de différents signes, puis on en tirait au hasard un nombre voulu, et, selon la marque qu'elles portaient, on présageait l'issue d'une entreprise. Quelquefois c'étaient des noms de ville qui y étaient inscrits; la ville dont le nom était sur la première flèche tirée était aussi la

BÉLOMANCIE — BÉLOUDJISTAN

première dont on faisait le siége. Chez d'autres on ne se servait que de trois flèches : sur l'une on écrivait *Dieu me l'ordonne*, sur une autre *Dieu me le défend*, on laissait la troisième sans inscription. On les mettait toutes trois dans un carquois, et l'on en tirait une. Si la première sortait, on exécutait l'entreprise ; si c'était la deuxième, on y renonçait ; si c'était la dernière, on était averti que l'entreprise devait être différée, et soumise dans un autre temps à une nouvelle épreuve. Les Turcs, suivant Thévenot, cherchent à deviner le résultat d'une guerre en plaçant quatre flèches deux à deux et contre les pointes ; ils attachent à deux de ces flèches la destinée de leurs armes, et aux deux autres celle des armes de leurs ennemis. Après avoir récité un chapitre du Coran, ils poussent ces flèches les unes contre les autres, et celles qui montent sur les autres sont le présage de la victoire pour le parti qu'elles représentent. Les Chaldéens, les Scythes, les Slaves, les Germains connurent tous la bélomancie. Mais les commentateurs s'entendent peu sur le procédé employé par ces peuples. Les uns disent que les flèches étaient tirées au sort ; d'autres, que, le fer des flèches étant poli, on y considérait comme dans un miroir ce qu'on voulait apprendre du sort ; d'autres encore, que les flèches étaient lancées en l'air, et qu'on observait l'endroit où elles tombaient pour en tirer un augure favorable ou défavorable.

BÉLOPTÈRE (de βέλος, flèche; πτερόν, plume, aile), genre de mollusques placé par Blainville à la fin de la famille des sépiacés, et ainsi caractérisé par ce savant zoologiste : Animal entièrement inconnu, contenant dans le dos de son enveloppe musculaire une pièce calcaire symétrique formée de deux parties, un sommet épais, solide, très-chargé en arrière et en avant, et un tube conique plus ou moins complet, à cavité également conique, comme annelée en travers, élargies aux points de leur jonction par des appendices aliformes et sans prolongement clypéacé antérieur. Les espèces sont séploïdes ou belemnoïdes, selon que la coquille ressemble à celle des seiches ou à celle des bélemnites. L. LAURENT.

BÉLOUDJISTAN ou BÉLOUTCHISTAN, principauté situé à l'extrémité sud-est du plateau d'Iran, la *Gedrosia* et la *Drangiana* des anciens, qui ne fut comprise sous son nom actuel qu'au nombre des États asiatiques qu'en 1739, époque où l'un des chefs de hordes béloutches, Nasir-Khan, fut confirmé par le roi de Perse Nadir-Chah, en qualité de chef de ces provinces unies. Cette principauté parvint de bonne heure à se rendre indépendante, mais elle n'eut pas de forces suffisantes pour empêcher qu'en 1779 le Sind et en 1809 le Mekran se séparassent d'avec elle. Le Béloudjistan, qui, sur une superficie de 9,500 myriam. carrés, comprend une population de 2,700,000 habitants, est borné à l'est par la vallée de l'Indus, au nord par l'Afghanistan, à l'ouest par la Perse et au sud par la mer des Indes, et comprend les provinces du Sarawan, de Kélat, de Goundava, de Khozdar, d'Ihalawan et de Lous. La nature de son sol présente beaucoup d'affinité avec l'Afghanistan. A l'est la contrée est occupée par une continuelle succession de plateaux et de chaînes de montagnes dont les cimes, dépouillées de toute végétation, atteignent la région des neiges éternelles ; puis, s'abaissant à l'est et à l'ouest en terrasses escarpées, elles séparent des deux côtés les riches contrées de la vallée de l'Indus de déserts sablonneux qui s'étendent jusqu'aux frontières de l'est. De même que là, au nord, le désert confine ici, au sud, à un système encore presque complétement inconnu de montagnes courant dans des directions parallèles et renfermant de longues et étroites vallées, qui s'élèvent en terrasses les unes au-dessus des autres. Le point le plus élevé des chaînes orientales est le mont *Brahouik*, qui s'élève de la mer à partir du cap Monza ou Mowari, sous le 25° de lat. nord et le 58° de long. est, dont la continuation septentrionale se rattache au système afghan des monts Soliman, et est entrecoupée, sur le territoire même du Béloudjistan, par deux principaux défilés, à savoir : celui de

Goumdawa ou de Molan, et celui de Bolan, par lequel passa en 1839 l'expédition envoyée par les Anglais au Kandahar. Sur les versants occidentaux de cette montagne s'appuient les petites plaines cultivées de Woudd, de Khozdar et de Chorab, etc., comme plateau le plus élevé et le plus septentrional ; la plaine de Kélat, qui s'élève en moyenne à 2,000 mètres au-dessus du niveau de la mer. Parmi les fleuves qui se frayent passage au sud, les plus considérables paraissent être le Bolan et le Moula, puis le Pouralli et le Dasti. Le désert n'est dans toute la vérité de l'expression qu'une immense mer de sable.

Le climat varie avec la diversité d'élévation du sol. Les déserts brûlants, les vallées profondes, chaudes et humides offrent les plus frappants contrastes avec les plateaux, où l'hiver reprend tous ses droits, où, comme à Kélat, par exemple, la culture du riz est remplacée par celle des céréales de l'Europe centrale, où les arbres se dépouillent de leur feuillage, et où, quoiqu'on se trouve par 29°, les quatre saisons de l'année se succèdent régulièrement. Le dattier à la taille élancée orne les oasis du désert ; dans les profondes vallées croissent le riz, le coton et l'indigo ; dans les parties montagneuses et élevées, les céréales et les fruits ordinaires de l'Europe, et l'assa-fœtida se rencontre dans toutes les montagnes. Outre les animaux domestiques propres à l'Europe, tels que le chameau, dont l'utilité y est particulièrement appréciée, le cheval, la chèvre et le buffle, les contrées désertes et d'un accès difficile contiennent une foule d'animaux sauvages, comme le lion, le tigre, le léopard, la hyène, le chacal et le loup. Le règne minéral parait offrir les produits les plus variés et les plus riches ; en effet, indépendamment d'un peu d'or et d'argent, on y trouve aussi en abondance du fer, du plomb, du cuivre, de l'étain, du sel gemme, de l'alun, du salpêtre et du soufre.

Le Béloudjistan est habité par deux races différentes : à l'est, dans sa partie la plus sauvage, par les *Brahouis*, au nord et à l'ouest par les *Béloutches*.

Ces derniers, qui constituent la grande masse de la population, se divisent en trois souches principales, à savoir : les *Narrous* avec sept peuplades distinctes, les *Rinds* avec vingt-cinq peuplades, et les *Mourghis* avec seize peuplades. Les Béloutches sont des hommes extrêmement ignorants et fanatiques. Ils n'épousent d'ordinaire qu'une femme, deux au plus. Leurs chefs seuls en ont quatre, et ils les traitent avec respect et amour. Ils sont bien faits, élancés, actifs et adroits. C'est un peuple pasteur, s'en allant au loin piller et dévaster, en formant ce qu'ils appellent des *choupaos*, espèces d'expéditions faites sur des chameaux, et dans lesquelles ils font preuve d'autant d'intrépidité que de ruse et de rapidité de marche. Dans leurs habitations, qui se composent, parmi ceux d'entre eux qui mènent la vie nomade, de tentes en feutre noirâtre ou en toiles grossières, et, dans les autres tribus, de misérables cabanes, ils exercent une hospitalité toute patriarcale. Leurs divertissements consistent en exercices de corps et en luttes chevaleresques. Il n'y a pas jusqu'aux esclaves condamnés à cultiver la terre, qu'ils ne traitent avec la plus grande douceur.

Les *Brahouis* se divisent également en un certain nombre de peuplades parlant une langue dérivée du persan, et se distinguent des Béloutches par une taille plus courte et plus épaisse, par un visage rond, des traits plats. C'est un peuple nomade et pasteur, changeant de demeure en été et en hiver. Vivant dans une profonde solitude et avec beaucoup de simplicité, ils aiment la paix, et ne sont pas enclins au brigandage, comme leurs voisins, ce qui ne les empêche pas d'être endurcis à la fatigue et de jouir d'un grand renom de bravoure. Mais, en dépit de leur extrême grossièreté de mœurs, comme il leur manque absolu de civilisation, les deux peuples n'en ont pas moins l'esprit vif et pénétrant, des sentiments nobles et généreux, et témoignent de beaucoup de dispositions pour le chant et pour la

BÉLOUDJISTAN — BELUD-EL-DJÉRID

musique. Le lien politique qui réunit les diverses tribus sous l'autorité de leur khan est très-faible. En temps de paix le khan de Kélat n'est guère que de nom le souverain du pays, mais en temps de guerre il exerce une grande puissance et commande à de nombreuses troupes. Les revenus du khan actuel de Kélat, qui consistent pour la plupart en produits du sol, sont estimés à environ 20,000 liv. sterl. (750,000 fr.), et la force de son armée à 10,000 cavaliers-irréguliers et 20,000 hommes de la levée en masse, quoique, lorsque besoin est, des forces bien plus considérables puissent être mises par lui en campagne.

En 1839 les Anglais, en punition de quelques brigandages et de quelques attaques hostiles de ces populations, vinrent mettre le siége devant Kélat, qui ne succomba qu'après une courageuse résistance. Mohrab-Khan, souverain du Béloudjistan, fut expulsé du pays, et Kélat reçut une garnison anglaise, qui, surprise à quelque temps de là, périssait égorgée tout entière. Mais les Anglais, commandés par le général Nott, s'emparèrent de nouveau de Kélat la même année, et Mohrab-Khan fut tué dans un des combats livrés à cette occasion. Son fils, Nasir-Khan, reçut alors du gouvernement anglais le Béloudjistan à titre de fief relevant de la couronne anglaise; dépendance à peu près illusoire, car les forces britanniques n'eurent pas plus tôt évacué le Béloudjistan que toutes relations furent rompues entre ce pays et l'empire anglo-indien.

BELPHÉGOR, nom d'une idole des Ammonites, des Moabites et des Madianites, qui dans la théogonie syrienne joue tantôt le rôle du soleil, tantôt celui de Saturne, et plus souvent encore celui de Priape, dont elle a les attributs. Les uns lui font offrir des victimes humaines par ses prêtres, qui en mangent ensuite les chairs; d'autres lui font faire des sacrifices immondes. La vérité est qu'on ne sait rien de bien positif sur ce faux dieu, dont on a fait une idole d'ignominie, et qui, suivant les rabbins, était honoré par des actions qui blessent la modestie et la pudeur. Origène dit qu'il n'a trouvé dans les interprétations des noms des Hébreux sur cette idole rien autre chose sinon que c'était une *représentation d'impureté*; et il ajoute qu'elle était adorée dans le pays de Madian, *principalement par les femmes*, ce qui semble contredire le culte honteux qu'on lui suppose. Moïse (*Nombres*, XXV, 3) rapporte aussi que les Israélites l'adorèrent : Selden dit que Belphégor est le même qui est appelé simplement *Phegor* ou *Phogor* dans l'Écriture, et qui n'est autre que *Baal*. La *Vulgate* dit que *Phegor* est un nom de lieu : d'où on pourrait conclure que *Bel-Phégor* désigne simplement une idole ou un faux dieu qui aurait été adoré sur une montagne. Joseph Scaliger pense que le véritable nom de ce dieu était *Baal-Reem*, c'est-à-dire *dieu du tonnerre*.

La Fontaine a tiré d'un petit ouvrage de Machiavel (*le Mariage de Belphégor*) le sujet d'un conte dont la moralité est de prouver qu'on rencontre parfois des femmes qui ne valent pas le diable.

BELSUNCE DE CASTEL-MOROU (HENRI-FRANÇOIS-XAVIER DE), né le 4 décembre 1671, au château de la Force en Périgord, d'une ancienne famille originaire de la Navarre française, et mort à Marseille, le 4 juin 1755, est célèbre par le dévouement qu'il montra lors de la peste qui désola cette ville en 1720 et 1721. Entré dans la société de Jésus en 1691, il en était sorti quelque temps après pour devenir d'abord vicaire général d'Agen, puis évêque de Marseille, en 1709. C'est là que l'attendaient de rudes épreuves. On le vit au plus fort de la contagion, dit un historien, allant de rue en rue, portant les secours spirituels et temporels aux malades, les encourageant par son exemple encore plus que par ses discours, et se consacrant sans réserve à cette œuvre héroïque. C'est ainsi qu'en faisant chaque jour ou plutôt à chaque moment le sacrifice de sa propre vie, il sauva un grand nombre de ses diocésains, sans avoir été jamais atteint lui-même du cruel fléau qui les moissonnait par centaines. Ce dévouement sublime a fourni à Millevoye le sujet d'un poëme intitulé : *Belsunce, ou la Peste de Marseille*, et a mérité en même temps au digne prélat d'être célébré dans des vers de Pope. La cour, pour le récompenser de son zèle, lui offrit successivement l'évêché et la duché-pairie de Laon, puis l'archevêché de Bordeaux; mais il préféra rester dans sa résidence de Marseille, que tant de sacrifices lui avaient rendue si chère, et fut dédommagé de son refus par l'investiture de deux riches abbayes et par le *pallium* dont Clément XII l'honora en 1731.

Élève des jésuites, jésuite lui-même, l'influence qu'il leur laissa prendre dans son diocèse y jeta souvent le trouble, et le précipita lui-même, au sujet des affaires du jansénisme, dans des démarches qui le mirent en guerre avec le parlement d'Aix. Il fut le premier des évêques qui imagina de faire interroger les malades sur leur soumission à la bulle *Unigenitus*, et de faire refuser les sacrements à ceux qui lui seraient contraires. Le régent, qui avait en diverses occasions fait les plus grands efforts pour le ramener à des dispositions plus conformes au caractère évangélique, disait un jour en sortant d'une conférence qu'il avait eue avec lui : « Voilà un saint qui a bien de la rancune! »

BELT (Le Grand et le Petit), sont deux détroits qui, avec le Sund, unissent le Kattégat et la mer Baltique. Le *grand Belt* sépare les îles de Séeland et de Laland des îles de Fionie et Langeland; sa largeur est de cinq à six lieues, et sa profondeur de quinze à vingt brasses; des bancs de sable et de petites îles à fleur d'eau en rendent la navigation périlleuse. Le *Petit Belt* sépare l'île de Fionie du Jutland. Il se rétrécit considérablement près *Fridericia*, où il n'a plus qu'une demi-lieue de largeur environ, de sorte que l'entrée du Kattégat est entièrement commandée par les batteries de la forteresse. En raison des nombreux bancs de sable qui s'y trouvent, la navigation en offre beaucoup de dangers, surtout pour les bâtiments d'un fort tonnage. Aussi la presque totalité des navires en destination de la Baltique passent-ils par le Sund.

BELTSÉPHON, en hébreu *Dieu* ou *seigneur caché*, ou *dieu du septentrion* (de *bel* et de *tsaphon*), nom d'un lieu situé près de la mer Rouge et de l'endroit où les Israélites la passèrent à sec. Quelques auteurs sont d'avis que c'était une ville; d'autres n'y voient qu'une station, un rocher dans le désert. Les rabbins pensent que c'était une idole de *Baal*, la même peut-être que *Belphégor*, érigée là par les Égyptiens pour observer les Israélites et les empêcher de sortir d'Égypte : d'où ils donnent au mot *tsaphon* la signification de *speculator*, qu'ils appliquent à Baal, comme Jupiter avait reçu celle de *stator*, pour avoir arrêté une armée qui fuyait. Les pères Kircher partage leur opinion; mais il veut que la statue soit celle du Mercure des Égyptiens, qu'ils avaient coutume de placer sur les routes.

BÉLUD-EL-DJÉRID, ou *Bilèd-ul-Gerîd* (c'est-à-dire *Terre des Palmiers*), appelé par les anciens géographes arabes *Castilia*, pays de steppes arides et peu cultivé, du nord de l'Afrique, et au sud de l'Atlas, formant la transition entre la Berberie et le désert du Sahara. Cette contrée, bornée au nord par les territoires de Tunis, de l'Algérie et du Maroc, à l'ouest encore par le Maroc, au sud par le Sahara, à l'est par le territoire de Tripoli et par le Fezzân, large d'environ 80 myriamètres sur à peu près 240 myriamètres de long, n'est traversée que par quelques maigres rivières, dont l'eau semble ne tarde pas à se perdre dans les sables du désert ou à s'évaporer sous l'influence desséchante d'un soleil brûlant. C'est seulement sur les rives de ces différents cours d'eau que la végétation témoigne quelque puissance; l'orge, les dattes et les fruits tropicaux en sont ce qui réussit le mieux. Les habitants, des Arabes, des Berbères et des Nègres. Ils se livrent au commerce et voyagent par caravanes, employant à cet effet le chameau, et surtout le *haïri*, quadrupède, indigène à la marche extrêmement rapide. Les villes sont peu nombreuses; les plus importantes sont *Tafilet* sur le Ziz, centre commun où viennent se réunir les caravanes se dirigeant soit vers le nord, soit vers l'intérieur de l'Afrique, et *Gadamès*, cité indépendante, où se croisent les routes suivies par des caravanes de Tripoli, de Tunis, de Fez, de Maroc et de Tombouktou.

Le Belud-el-Djérid est le pays que les anciens désignaient sous le nom de *plaine de Numidie*, et qui à l'époque de la domination romaine, et aussi sous la période brillante des khalifes, était parvenu à un haut degré de civilisation, qui a disparu depuis longtemps et dont témoignent seules aujourd'hui de nombreuses ruines.

BÉLUGA. Ce cétacé, que F. Cuvier range parmi les marsouins, en a été séparé par d'autres naturalistes, qui en ont fait un groupe particulier de la famille des dauphins.

Le béluga (*whit-visch*, *poisson blanc* des Hollandais) se distingue de tous les autres dauphins par son corps, plus court, plus massif, manquant de nageoire dorsale. Il a environ quatre mètres de longueur, sur un de diamètre ; le corps est cylindrique, un peu gibbeux au milieu du dos; la tête est terminée par un museau obtus et arqué. Le béluga porte au milieu du front un évent unique formé en croissant et garni d'une valvule; ses nageoires pectorales, de forme trapézoïde, sont un peu petites; sa caudale est bilobée, à lobes triangulaires, rapprochés, étendus vers les pointes. L'animal entier est d'un blanc d'ivoire quand il est adulte, brun dans son enfance, blanc tacheté de gris et de brun dans sa jeunesse.

Le béluga se rencontre sur toutes les rives des mers arctiques, mais surtout aux embouchures des fleuves poissonneux, qu'il remonte fort avant dans les terres; il nage avec une grande vitesse, battant l'eau de sa queue, et la faisant jaillir de son évent à une grande hauteur. Il forme un objet de pêche assez important pour les peuplades de ces régions septentrionales.

BÉLUS ou **BEL**. *Voyez* BAAL.

BÉLUS. Ce nom a été porté par plusieurs princes de l'Orient, dont l'existence est plus ou moins fabuleuse.

Le plus ancien est BÉLUS, roi d'Assyrie, à qui l'on attribue la fondation de Babylone, ville à laquelle il aurait donné son nom. Fils d'Osiris, roi et divinité d'Égypte, ou, selon d'autres, fils de Neptune et de Libye, il conduisit de 1993 à 1966 avant J.-C. une colonie égyptienne en Assyrie et conquit la Babylonie sur les Arabes. Après un règne de vingt-sept ans il aurait laissé son royaume à Ninus, qui l'aurait fait mettre au rang des dieux.

Un autre BÉLUS, père d'Égyptus, de Danaüs et de Céphée, régnait en Phénicie vers l'an 1500 avant J.-C.

BELVÉDÈRE (*Architecture*), mot tiré de l'italien, qui veut dire *belle vue*. C'est en architecture un petit donjon, ou plutôt un pavillon, qui, de même que la lanterne sur les coupoles, couronne et domine les maisons de plaisance. Il est aisé de voir que cette recherche dans les habitations nous vient de l'Italie, dont les belles campagnes, les horizons enchanteurs, le ciel si pur, l'atmosphère si calme, ne pouvaient manquer d'éveiller chez un peuple amant des arts et de la volupté un goût pour ce luxe de l'architecture moderne. Presque toutes les maisons à Rome sont surmontées d'un belvédère; le plus fameux est celui du Vatican, élevé par Bramante dans la statue d'Apollon, qui s'y trouve; la ville de Rome s'étend à ses pieds, tandis que les Apennins prolongent indéfiniment sur une seule ligne leurs cimes toujours blanches de neige : c'est un des plus beaux points de vue de l'univers.

En France, on nomme aussi belvédère un petit pavillon situé à l'extrémité, soit d'un jardin, soit d'un parc, où à midi on se met à l'abri des feux du soleil, où le soir on goûte le frais. Dans les maisons royales, un belvédère est un appartement complet ou un salon unique percé à jour, où tout autour de soi on a des croisées qui divergent sur l'horizon.

On appelle aussi belvédère une plate-forme revêtue d'un mur de terrasse, ou soutenue d'un glacis de gazon dominant sur les lieux d'alentour. C'est un terme de jardinage.
DESNE-BARON.

BELVÉDÈRE (*Botanique*). *Voyez* ANSÉRINE.

BELZÉBUTH. *Voyez* BÉELZÉBUB.

BELZONI (GIOVANNI-BATTISTA), célèbre par ses voyages et ses découvertes, fils d'un malheureux barbier, naquit en 1778, à Padoue, et fut élevé à Rome pour embrasser l'état ecclésiastique. Mais il y renonça bientôt pour s'occuper plus particulièrement de mécanique hydraulique. De Rome il passa en 1800 en Hollande, et de là, en 1803, en Angleterre, où il se maria et ne tarda pas à tomber dans une misère telle qu'il fut réduit à donner des représentations mimiques et à débuter au théâtre d'Astley, à Londres, dans les rôles d'Apollon et d'Hercule, auxquels le rendaient propre une vigueur vraiment athlétique et une beauté de formes peu commune, s'occupant en même temps de constructions hydrauliques, art qui avait toujours eu pour lui un attrait particulier et dans lequel il parvint à acquérir des connaissances pratiques assez étendues. Après avoir ainsi vécu neuf années à Londres, il alla successivement donner des représentations à Lisbonne, à Madrid et à Malte.

C'est là qu'en 1815 il fut engagé pour le compte de Méhémet-Ali, vice-roi d'Égypte, qui lui confia la direction de différentes entreprises hydrauliques dans ses états: il s'en était acquitté à la complète satisfaction du pacha, quand les voyageurs Burckhardt et Salt le déterminèrent à se vouer à la recherche des antiquités égyptiennes; et dans cette direction nouvelle donnée à son intelligence, il apporta autant de constance que d'abnégation. Il réussit à transporter des environs de Thèbes à Alexandrie le buste qu'on dit être celui de Memnon le jeune, et à pénétrer le premier dans le temple d'Ipsamboul, dans la vallée des tombes royales (*Biban-el-Molouk*). Près de Thèbes, il découvrit plusieurs vastes catacombes contenant des momies. En 1817 il ouvrit, entre autres, le célèbre tombeau royal de Psammétique ou Necho, d'où il tira le magnifique sarcophage d'albâtre qu'on voit aujourd'hui au *British-Museum*, avec le buste de Memnon dont il vient d'être parlé et avec la plus grande partie des antiquités égyptiennes rapportées par lui en Europe. Mais de toutes les expéditions de Belzoni la plus brillante fut celle dans laquelle il parvint à ouvrir la pyramide de Chéphrén. Une tentative de meurtre dont il faillit être victime le décida à quitter l'Égypte. Toutefois, il entreprit auparavant un voyage aux rives de la mer Rouge, pendant lequel il découvrit la mine d'émeraudes de Zoubara et les ruines de l'antique Bérénice. De là il se rendit à l'oasis de Siouah, à l'effet d'y explorer les ruines du temple d'Ammon.

Au mois de septembre 1819 il se rembarqua pour l'Europe avec sa femme, qui avait été la compagne courageuse et dévouée de toutes ses explorations. Il fit don à Padoue, sa ville natale, de deux statues égyptiennes en granit qu'il fit placer dans le palais de justice. Il publia ensuite le résultat de ses recherches sous le titre de : *Narrative of the Operations and recent Discoveries, etc., in Egypt and Nubia, and a Journey to the coast of the read sea in search of the ancient Berenice, and a Journey to the Oasis of Jupiter Ammon* (Londres, 1821).

En 1821 Belzoni organisa à Londres une exhibition des antiquités égyptiennes rapportées par lui en Angleterre. Vers la fin de l'année suivante, il repartit pour un voyage à Tombouktou, dans l'intérieur de l'Afrique. Mais, arrivé à Bénin, il fut atteint d'une dyssenterie des plus graves, qui le força de s'en revenir à Gato, où il mourut, le 3 décembre 1823.

Les dessins originaux du tombeau royal égyptien qu'il

était parvenu à ouvrir ont été publiés par sa veuve (Londres, 1829).

BELZUNCE. *Voyez* BELSUNCE.

BEM (JOSEPH), général polonais, naquit à Tarnow, en Gallicie, en 1795, d'une famille noble. Élève de l'école d'Application de Varsovie, il en sortit pour servir dans une batterie d'artillerie à cheval, commandée par le comte Ladislas Ostrowski. Décoré de la croix de la Légion d'Honneur pendant la campagne de 1812, il fut nommé lieutenant au siége de Dantzig. A la paix, Bem rentra en Pologne, où il accepta du service dans l'armée nationale que réorganisait l'empereur Alexandre. Promu au grade de capitaine par le grand-duc Constantin, et chargé de professer un cours à l'école d'artillerie, Bem, patriote indépendant, ne manqua pas d'encourir bientôt la disgrâce du proconsul moscovite. Mis à la réforme, puis rappelé sur la demande formelle du général Gerstenzweig, plus tard congédié de nouveau, il se vit tour à tour l'objet des avances les plus flatteuses et des persécutions les plus violentes. Enfin on le laissa libre, et il se retira à Lemberg, où ses connaissances dans les arts mécaniques le rendirent utile à tous les manufacturiers de la contrée.

La révolution du 29 novembre 1830 vint l'arracher à ses paisibles travaux. Déjouant la surveillance autrichienne, il arriva à Varsovie dans les premiers jours de mars, et obtint, avec le grade de major, le commandement de la quatrième batterie d'artillerie à cheval. Il figura en cette qualité le 10 mars 1831 à la bataille d'Iganie, et contribua beaucoup au succès qui la couronna. Le grade de lieutenant-colonel et la croix polonaise dite *Virtuti militari* furent la récompense de sa conduite dans cette affaire. Depuis lors, Bem resta inactif jusqu'à l'époque de la bataille d'Ostrolenka, où, arrivant en face du pont de la Narew avec dix pièces d'artillerie seulement, il retarda le passage des Russes, et préserva l'armée polonaise d'une complète déroute. Nommé d'abord colonel, puis commandant de toute l'artillerie polonaise, il s'occupa activement des fortifications de Varsovie et du son système de défense. Présent à Sochaczew et à Bolimow, il se replia avec toute l'armée sur la capitale menacée. A ce moment suprême de la révolution, Bem déploya toute l'énergie de son caractère et toute la vigueur de son génie. Vers la fin d'août 1831 il avait été promu par le généralissime Krukowiecki au grade de général de brigade, avec le commandement de toute l'artillerie de siége. Les assauts des 6 et 7 septembre furent pour le général Bem une occasion de grande et décisive gloire. Sur la brèche pendant deux jours, il dirigea le feu de deux cents pièces d'artillerie, et se porta de sa personne sur tous les points menacés.

Après la capitulation, il suivit l'armée à Modlin, et se prononça toujours dans les délibérations qui survinrent pour le parti le plus énergique et le plus chanceux. Ainsi, il figura dans cette minorité courageuse qui voulait continuer la guerre en la portant sur la rive gauche de la Vistule. Mais l'avis contraire ayant prévalu, force lui fut de se réfugier avec les débris des troupes nationales sur le territoire prussien. Là, Bem chercha encore à ressusciter la nationalité polonaise en y créant des *légions* à l'instar de celles qui avaient jadis été les auxiliaires de la France sous la république et sous l'empire; mais un ordre formel de la police prussienne l'obligea bientôt à se séparer de ses compagnons d'armes sans avoir pu leur donner une organisation définitive. « Maintenant que le général nous quitte, dirent les soldats, tout est perdu. » Il traversa Dresde et arriva à Paris, où ses démarches auprès du ministre de la guerre et du duc d'Orléans, prince royal, ne furent pas sans influence sur le sort des soldats réfugiés. Retourné en Saxe, il s'employa à les acheminer en France et à les diriger vers les dépôts désignés pour leurs casernements.   Louis REYBAUD.

Dans l'émigration, Bem s'abstint de prendre parti dans les divisions intestines auxquelles sont constamment restés en proie ses malheureux compatriotes; il s'efforça d'ouvrir des voies nouvelles à son activité. En 1833 il négocia avec dom Pédro pour l'organisation d'une légion polonaise ; mais ce projet ne put être mis à exécution, à cause des dissensions intérieures de l'émigration. Les années suivantes furent remplies par des travaux scientifiques et littéraires, notamment par des essais tentés pour perfectionner la méthode mnémonique dite *méthode polonaise*, ainsi que par des voyages en Portugal, en Espagne, en Belgique et en Hollande.

A la suite des journées de mars 1848, Bem quitta la France pour retourner à Lemberg, et le 14 octobre il vint à Vienne offrir ses services à Messenhauser, commandant supérieur de la garde nationale de cette capitale. On lui confia alors le soin d'organiser les moyens de défense, et il déploya dans cette mission une activité infatigable, quoiqu'il ne se fit pas illusion sur l'impossibilité de résister dans l'état où se trouvait l'insurrection viennoise. Il est vraisemblable qu'en prolongeant autant que possible la résistance du 25 octobre, et défendit le 28 la grande redoute élevée à l'extrémité de la *Jægerzeile*. Quand le conseil municipal se décida à capituler, Bem disparut mystérieusement du théâtre des événements, mais pour reparaître dès les premiers jours de novembre à Presbourg. Il y mit ses talents et son expérience militaires à la disposition des chefs de la révolution hongroise, convaincu que l'insurrection de la Hongrie ne pouvait qu'être favorable au rétablissement de sa patrie, la Pologne, dans ses droits. Cela n'empêcha pas bon nombre de gens de le considérer comme un traître, et quand il dissuada le gouvernement hongrois de former un corps spécial polonais, il y eut à Pesth un de ses compatriotes qui lui tira un coup de pistolet, et qui le blessa assez grièvement.

Le gouvernement hongrois ne lui en confia pas moins la mission de soulever la Transylvanie à la tête d'un corps franc. Après être parvenu en un très-court délai, et avec des ressources évidemment insuffisantes, à organiser un corps de 8 à 10,000 hommes, il entra en Transylvanie à la fin de 1849. Dès le 19 décembre il remportait à Dees sa première victoire sur les Autrichiens, qu'à la suite de plusieurs autres affaires non moins heureuses il rejeta du nord de la province en Bukowine, et chemin faisant il renforça son armée des nombreux *Ssekters* accourus de toutes parts en grossir les rangs. Il se dirigea ensuite contre le corps principal autrichien aux ordres du général Puchner, et après l'avoir contraint à se retirer sur Hermannstadt, il s'en vint attaquer cette ville le 21 janvier 1849. Mais il fut battu, et le 4 février Puchner lui fit essuyer à Vizakna une déroute complète. Entouré de tous côtés, forcé d'abandonner son artillerie, sa situation était si critique qu'on devait le croire perdu. Cependant il réussit le 7 février à se frayer passage à travers les rangs autrichiens, et le 9, après avoir reçu quelques troupes hongroises de renfort, il livra la sanglante bataille du pont de Piski, où Puchner fut sévèrement traité. Le 11 mars, à la suite d'une attaque aussi prompte qu'audacieuse, il prit Hermannstadt, puis Cronstadt, et le 16 mars il rejeta en Valachie, par le défilé de Notenthurm, les Autrichiens ainsi que les troupes auxiliaires russes qui depuis le mois de février étaient accourues à leur secours.

Devenu de la sorte maître du pays, il s'efforça, par la proclamation d'une amnistie et par des mesures de douceur, de concilier à la cause hongroise les populations allemande et slave, et surtout les Valaques; tandis que Kossuth et les commissaires hongrois contrariaient de tous les moyens en leur pouvoir cette habile tactique. Bem reçut alors du gouvernement hongrois l'ordre d'entrer dans le banat; et il contraignit encore Puchner, qui avait fait irruption sur ce territoire, à l'évacuer. Quoiqu'au mois de juin 1849 Kossuth eût songé à lui pour le commandement en chef de l'armée nationale en Hongrie, Bem retourna en Transylvanie, où les Russes avaient pénétré pendant ce temps-là avec des forces considérables et avaient battu les troupes hongroises. Bem réorganisa son armée, et, dans une suite d'engagements, fit tous ses efforts pour empêcher les Russes et les Autrichiens d'opérer leur jonction; mais, par suite de l'insuffisance des ressources mises à sa disposition et aussi de l'attitude hostile des Valaques, il lui fut désormais impossible de rien faire de décisif. Cependant, il tenta d'opérer une diversion sur les derrières de l'ennemi en entrant le 23 juillet dans la Moldavie, qu'il espérait faire soulever contre les Russes. Ayant encore échoué dans ses efforts, il revint rapidement en Transylvanie, où le 13 juillet il livra à Schetzburg une bataille dans laquelle il fut défait par un ennemi trois fois supérieur en forces. Lui-même n'échappa alors à la captivité que parce qu'il fit une chute au fond d'un marais, d'où quelques hussards débandés parvinrent seuls à le tirer.

Après avoir pu rejoindre les débris de son armée, il reprit encore d'assaut Hermannstadt le 5 août; mais force lui fut bientôt de l'évacuer, parce que les renforts sur lesquels il comptait n'arrivèrent pas. A la demande pressante de Kossuth, et après une autre affaire malheureuse engagée le 7 août, il revint en toute hâte en Hongrie, où il arriva encore assez à temps pour pouvoir prendre part à la bataille livrée le 9 sous les murs de Temeswar. Un mouvement en avant qu'il tenta imprudemment eut pour résultat, dans cette journée, une éclatante et décisive défaite des troupes hongroises. Il essaya tout aussi inutilement à Lugos de livrer une nouvelle bataille avec les débris de l'armée nationale, et dut alors se retirer en Transylvanie, où il se maintint encore jusqu'au 19 août contre des forces énormément supérieures aux siennes. Il finit par se réfugier sur le territoire turc, où, dans l'espoir de pouvoir continuer à agir contre la Russie, il embrassa l'islamisme et obtint alors un grade supérieur dans l'armée turque sous le nom d'*Amurath-Pacha*.

Il consacra désormais toute son activité à réorganiser l'armée turque, bien que singulièrement contrarié à cet égard par les influences occultes de la Russie et de l'Autriche. En février 1850 on lui assigna pour résidence, comme aux autres Hongrois qui avaient embrassé l'islamisme, la ville d'Alep, où, au mois de novembre, il lui fut encore donné de réprimer à la tête des troupes turques la sanglante insurrection de la population arabe contre les chrétiens. Son corps, brisé par les fatigues et couvert de blessures, ne tarda pas à être attaqué par une fièvre opiniâtre, pour laquelle il repoussa toute assistance médicale, et à laquelle il succomba, le 10 décembre 1850. Tout ce qui lui avait appartenu a été vendu à des prix fabuleux à Alep en 1851.

L'extérieur de Bem n'était rien moins qu'imposant : sa démarche était vacillante, son visage blême et rougeâtre ; mais il était doué d'un esprit audacieux, inventif, indomptable, et d'une activité infatigable. Il se sentait à l'aise et comme dans son élément au milieu du tonnerre des batailles. Jamais danger ne put l'émouvoir, et dans les situations les plus désespérées il conservait toujours son sang-froid. Dans sa vie privée, il était d'une extrême modération, d'une grande bienveillance et d'une générosité approchant de la prodigalité. Le peuple et les soldats lui portaient un vif attachement, quoiqu'il astreignît ces derniers à la plus sévère discipline, tout en leur témoignant une sollicitude toute paternelle. Comme général d'armée, il excellait dans l'emploi de l'artillerie, et déployait une incomparable rapidité dans tous ses mouvements. Bem n'avait qu'un but dans sa vie comme Polonais, la lutte contre la Russie. On a de lui un *Exposé général de la Méthode Mnémonique polonaise*, etc. (Paris, 1839). Consulter Czecz, *La Campagne de Bem en Transylvanie* (Hambourg, 1850), et Pataky, *Bem en Transylvanie* (Leipzig, 1850).

BEMBÉCE ou **BEMBEX** (du grec βέμβηξ, espèce de guêpe). Ce genre se compose d'insectes hyménoptères, que l'on trouve dans les lieux arides, sablonneux, exposés au soleil. Linné les avait rangés avec les abeilles en leur donnant le nom spécifique de *rostrata* ; Fabricius, le premier, en forma, sous la dénomination de *bembex*, un genre propre, composé aujourd'hui d'un assez grand nombre d'espèces. Le *bembex à bec* est très-commun dans les lieux arides et sablonneux des environs de Paris, de même que le *bembex tarsier*, ainsi nommé à raison des petites taches d'un brun noirâtre dont sont entrecoupés ses tarses antérieurs, du moins dans les mâles.

La larve du bembex à bec a dix millimètres de longueur ; son corps est très-mou, d'un blanc grisâtre, uni, sans pattes, d'une forme presque cylindrique, grossissant peu à peu vers son extrémité postérieure, qui est arrondie. La tête est petite, écailleuse, d'un brun très-clair, et pourvue de mandibules, de mâchoires et d'une lèvre bien reconnaissables. On aperçoit sur chaque côté du corps neuf stigmates placés sur une ligne longitudinale, depuis un bout jusqu'à l'autre, et distingués par des points d'un brun noirâtre.

Les bembex fouillent le sable avec beaucoup de facilité et une très-grande promptitude. On n'en sera point étonné si l'on examine la forme de leurs tarses de devant : ils sont garnis tout au long, du côté extérieur, de plusieurs cils très-forts et parallèles, comme les dents d'un peigne. Ces hyménoptères ont des mouvements très-rapides ; ils se passent presque sans s'arrêter d'une fleur à l'autre, en faisant entendre un bourdonnement assez vif, entrecoupé, et dont le son n'est pas le même dans les deux espèces. Leur vol près des lieux où ils veulent se poser est une espèce de balancement perpendiculaire. Les mâles vont chercher les femelles dans les trous qu'elles creusent, ou se tiennent aux alentours ; souvent ils les poursuivent en l'air, et c'est là que leur réunion doit s'opérer. Peu d'insectes mâles ont les organes sexuels aussi développés que ceux des bembex. On remarque encore sous le ventre des mêmes individus de ce genre une ou deux saillies en forme de dents, caractère qu'il ne faut pas négliger dans la détermination des espèces. Enfin, les bembex exhalent la plupart une odeur de rose très-prononcée.

Ces insectes ne commencent à paraître qu'après le solstice d'été, et c'est au mois d'août qu'ils sont le plus communs ; on n'en rencontre plus à la fin de septembre. Les fleurs de thym, de serpolet et de quelques autres plantes de ce genre sont celles qu'ils préfèrent. Outre la mouche apiforme, ils choisissent encore pour nourriture quelques autres diptères, tels que l'*eristalis nemorum*, la mouche *cæsar*, et même les taons. Le bembex tarsier fait une guerre toute particulière aux bombilles.

BEMBIDION (du grec βέμβηξ, guêpe, et εἶδος, forme), genre de coléoptères pentamères, de la famille des carabiques et adopté par presque tous les entomologistes. Les bembidions sont des insectes en général très-petits, qui vivent presque tous aux bords des eaux, dans le sable, sous les débris des végétaux ou courant sur la vase. On en trouve aussi communément sous les pierres, dans les endroits humides. Quelques espèces ne se rencontrent que dans les montagnes et quelques autres sous les écorces. Sur 142 espèces mentionnées dans le catalogue de M. Déjean, qui divise ces coléoptères en dix groupes principaux, 36 seulement sont étrangères à l'Europe et appartiennent à l'Asie, à l'Afrique et à l'Amérique.

BEMBO (PIETRO), l'un des savants les plus célèbres que l'Italie ait produits au seizième siècle, né à Venise, le 20 mai 1470, mort le 18 janvier 1547, eut une de ces existences honorables et douces que procurait souvent à la re naissance des lettres le goût de l'étude allié aux dignités de l'Église. Il était fils d'un sénateur, homme fort instruit, qui fut envoyé par les Vénitiens comme ambassadeur à Florence. C'est dans cette ville que commença l'éducation du jeune Bembo. Il y acquit une connaissance parfaite de toutes les finesses de la langue latine; et plus tard, pour se perfectionner à l'égal dans la connaissance de la langue grecque, il alla à Messine suivre pendant deux années les leçons du célèbre Lascaris. A son retour à Venise, il publia un petit écrit sur l'Etna (imprimé par Alde, 1495); puis il se rendit à Padoue, pour y faire son cours de philosophie.

Destiné par son père à suivre la carrière de l'administration, il s'en dégoûta bientôt et préféra celle des lettres. En conséquence, il prit l'habit ecclésiastique, ce qui alors était le meilleur moyen pour se livrer en toute liberté à l'étude. Parmi les princes d'Italie qui le protégèrent le plus, on remarque Alphonse d'Este, duc de Ferrare. Il passa plusieurs années à la cour de ce prince, où il paraît qu'il fut au mieux avec sa femme, la fameuse Lucrèce Borgia. De retour à Venise, il ne tarda pas à faire partie de l'espèce d'académie que formait alors un cercle de gens de lettres et de savants que l'imprimeur Alde Manuce recevait dans sa maison. C'est vers ce temps qu'il donna des éditions critiques de poésies italiennes de Pétrarque (1501) et des *Terzerime* du Dante (1502), toutes deux sorties des presses de son ami Alde Manuce. Bembo alla ensuite passer quelques années à la cour d'Urbino, autre foyer des sciences et des lettres en Italie à cette époque. En 1512 il s'attacha à Julien de Médicis, qu'il accompagna à Rome. Les honneurs et les bénéfices ne tardèrent point à l'y venir chercher, et Jules II lui accorda la commanderie de Bologne. Le frère de Julien de Médicis, le cardinal Jean, ayant été élu pape sous le nom de Léon X à la mort de Jules II, le nomma aussitôt son secrétaire; fonctions dans lesquelles il eut pour collègue son ami Sadoleto. Quelques missions de confiance, beaucoup de richesses et d'honneurs, furent la suite naturelle de cette position. Les hommes les plus distingués, les cardinaux Bibiena et Jules de Médicis, les poëtes Tebaldeo et Accolti, le peintre Raphael, et les principaux seigneurs romains furent au nombre de ses amis. C'est aussi à Rome que Bembo entretint pendant longtemps une tendre liaison avec la jeune et aimable Morosina, de laquelle il eut deux fils et une fille. A la mort de Léon X, sa belle maîtresse le détermina à renoncer aux affaires et à se retirer à Padoue, ville justement célèbre par l'éclat de son université. Bembo y réunit une bibliothèque considérée comme l'une des plus précieuses de son époque, et qui alla plus tard enrichir celle du Vatican, ainsi qu'une collection de médailles et de monuments de l'antiquité, parmi lesquels on remarquait la fameuse table Isiaque.

Lors de l'exaltation de Clément VIII, Bembo crut devoir se rendre à Rome pour offrir ses hommages et ses félicitations au nouveau souverain pontife; mais il s'en revint bien vite à Padoue, pour continuer à y vivre dans le cercle paisible de ses amis et à s'y livrer à ses travaux. En 1529, à la mort d'André Navagero, il accepta la charge d'historiographe de Venise, mais sans les honoraires qui y étaient attachés. Il devait à ce titre retracer la période de 1486 à 1530; mais il ne conduisit son histoire que jusqu'à l'année 1513, et on ne l'imprima que quatre ans après sa mort. Il l'avait écrite en latin; elle fut presque aussitôt après traduite et publiée en italien sous le titre de : *Istoria Veneziana* (Venise, 1552; nouv. édit., 1790). Les travaux nécessités par la composition de cet ouvrage amenèrent le gouvernement vénitien à lui confier la direction de la bibliothèque de Saint-Marc. En 1539 le pape Paul III lui donna le chapeau de cardinal. Bembo avait alors soixante ans. Depuis quatre ans la mort de Morosina avait fait cesser le scandale que présentait cette liaison entretenue publiquement par un homme portant l'habit ecclésiastique. Bembo songea sérieusement à réformer ses mœurs; il se rendit à Rome, et s'y fit ordonner prêtre. Dès lors il renonça aux lettres profanes, pour étudier les pères et les théologiens. Deux ans après, le pape lui conféra l'évêché de Gubbio, et un peu plus tard le riche évêché de Bergame. Il mourut comblé d'honneurs, le 18 janvier 1547, léguant par son testament tous ses biens à son fils Torquato.

Bembo, que ses panégyristes ont prétendu mettre au rang des plus grands génies, fut tout simplement un écrivain plein de goût et de grâce. Son véritable mérite est d'avoir été l'un des restaurateurs de la belle latinité, de même qu'il s'attacha à perfectionner la langue italienne en prenant Pétrarque pour modèle. Mais, ainsi que Sadoleto, son émule et son ami, il fut puriste en latin comme en italien. Ce qu'on raconte des quarante corrections successives auxquelles il soumettait chacun de ses ouvrages est sans doute empreint d'exagération, mais peint bien les habitudes de travail de Bembo. Parmi ses ouvrages, qui ont été maintes fois réimprimés séparément, les plus importants sont ses *Rerum Veneticarum Libri XII*, de 1487 à 1513 (Venise, 1551), dont il prépara lui-même une édition italienne (Venise, 1552; la meilleure édition est celle qu'en a donnée Morelli [Venise, 1790, 2 vol.]); puis ses *Prose*, dialogues dans lesquels il expose les règles de la langue toscane; *Gli Asolani*, dialogues sur la Nature de l'amour (Venise, 1530); il intitula ainsi ces dialogues, parce qu'il les écrivit, dit-on, au château d'Asolo. Ils étaient, par la nature même du sujet, assez libres, surtout pour un ecclésiastique; ils ont été traduits en français; en 1545, *Rime*, collection de sonnets et de canzoni excellents; ses *Lettres*, écrites tant en latin qu'en italien; le livre intitulé *Virgilii Culice et Terentio fabulis*; ses *Carmina*, poésies aussi ingénieuses que pleines de goût, mais qui témoignent d'un esprit beaucoup plus libre que ne le ferait supposer la position de l'auteur dans ce monde; enfin, ses *Lettres* (2 vol. in-8°, Venise, 1575), correspondance remplie de détails sur les affaires et les mœurs du temps, et dont la partie la plus curieuse est celle qui se rapporte aux affaires publiques. Tous ces écrits sont d'ailleurs empreints du même cachet d'élégance; ce qui manque à la plupart, c'est l'énergie et l'originalité. Consultez les *Histoires de la Littérature italienne* de Tiraboschi et de Maffei en italien, et celle de Ginguené en français.

BEMMEL, nom d'une nombreuse famille de peintres descendant de *Guillaume* de BEMMEL, né en 1630, à Utrecht, où s'étaient réfugiés pour cause de persécution religieuse ses parents, originaires de la Bourgogne. Guillaume apprit le paysage dans l'atelier de H. Saftleeven, et alla se perfectionner en Italie. Il parcourut ensuite l'Angleterre et l'Allemagne, et finit par entrer au service du landgrave de Hesse-Cassel, chez qui il resta six ans et pour qui il exécuta un grand nombre de paysages remarquables par le goût et la vérité des détails. Il passa la plus grande partie de sa vie à Nuremberg. On vante le magnifique coloris de ses toiles, l'heureux choix de ses points de vue et la diversité de ses effets. Dans la distribution des ombres et de la lumière il chercha à imiter fidèlement la nature; par là il est parvenu à donner à ses paysages un caractère de vérité qui le fait rechercher des amateurs. Il mourut en 1708, à Wœrd.

BEMMEL (JEAN-GEORGES DE), fils aîné du précédent, né à Nuremberg, 1669, mort en 1723, commença par être l'élève de son père, puis se livra à la peinture d'animaux. Il y a dans ses toiles beaucoup d'expression, de justesse de dessin, et un agréable coloris. Il était d'une santé très-faible, et dans les derniers temps de sa vie la goutte ne lui laissait que deux doigts de libres, ce qui ne l'empêchait pas de travailler avec autant d'ardeur que jamais. Comme presque tous les membres de sa famille, il offre le glorieux exemple d'une grande faiblesse de constitution impuissante à empêcher le libre et complet exercice du talent. Il finit par abandonner la peinture du paysage pour se livrer exclusivement à celle des batailles, qui lui valut sa réputation, et dans laquelle il suivit la manière de F.-P. Lembke.

BEMMEL (PIERRE DE), frère cadet du précédent, né en 1685, à Nuremberg, mort à Ratisbonne, en 1754, ne se consacra à l'art que fort tard, et comme son père, mais sans avoir sa manière, fut peintre de paysage. Il réussissait surtout dans les scènes d'hiver et de tempête, suppléant à cet égard son père, qui, malgré la diversité de son talent, ne sut jamais peindre un orage. Pierre de Bemmel fut surtout occupé par l'évêque de Bamberg, Conrad de Stadion, qui le chargea d'orner ses résidences de peintures.

BEMMEL (JOEL-PAUL DE), fils aîné de Jean-Georges, né en 1716, fut élève de Kupetzky, dont il imita la manière dans ses tableaux (portraits, classes, animaux et genre).

BEMMEL (CHRISTOPHE DE), fils aîné de Pierre, né en 1707, peintre de paysage, exerça à Manheim, et plus tard à Strasbourg.

BEMMEL (JEAN-CHRISTOPHE DE), frère du précédent, et comme lui peintre de paysages, résidait à Bamberg, où il se convertit à la religion catholique. Il travailla moins pour l'art que pour faire subsister sa famille.

BEMMEL (CHARLES-SÉBASTIEN DE), fils du précédent, né en 1743, mort en 1796, se sauva à Nuremberg, à l'âge de sept ans, par suite des cruels traitements qu'il avait à endurer de sa belle-mère, et y fut recueilli par une veuve. Il s'y livra avec une ardeur extrême à l'étude, et fit surtout des paysages à l'aquarelle, qui étaient très-recherchés dans tous les pays.

Il ne prenait pour modèles que les meilleurs maîtres dans chaque partie; il imita les arbres de Wateloo, les rochers de Berghem, de Salvator-Rosa, de Meyer, d'Ermel et de Hakerse; il avait l'habitude de dire qu'il fallait avoir le compas dans l'œil, et non dans la main. Il aimait surtout à représenter les sujets maritimes, les orages, les levers et les couchers du soleil, les incendies, les scènes de nuit et de matin, et il excellait dans la perspective, de même qu'à reproduire les arbres, le ciel et l'eau. En 1765 il embrassa le protestantisme. La faiblesse de sa santé finit par l'empêcher d'exécuter les nombreuses commandes qui lui arrivaient de toutes parts, notamment d'Angleterre. Il mourut d'une maladie de langueur.

BEMMEL (JEAN-GASPARD DE), frère du précédent, mort à Leipzig, en 1799, eut une vie des plus agitées, tomba en 1778, dans une tournée artistique, aux mains de racoleurs prussiens, et revint dans un état déplorable à Bamberg, où d'ailleurs il ne séjourna pas longtemps. Après avoir été frère lai à Mayence, il s'engagea au service de Prusse, déserta de Wesel, et se rendit à Leipzig. On a de lui quelques beaux paysages.

BÉMOL, ou B MOL, signe ou caractère de musique dont la figure ressemble beaucoup à celle d'un *b*, et qu'on emploie pour abaisser d'un demi-ton mineur ou chromatique la note devant laquelle il est placé. Ce signe peut être employé de deux manières : accidentellement et à la clef. Le *bémol accidentel* n'altère que la note qu'il précède et celles de même nom qui se trouvent dans la même mesure (à moins de signe contraire). Le *bémol à la clef* modifie toutes les notes placées sur le même degré que lui, dans toutes les octaves et pendant toute la durée du morceau, à moins qu'un b é c a r r e ou quelquefois un d i è s e n'en vienne accidentellement détruire l'effet.

Les bémols à la clef se placent par quartes ascendantes ou quintes descendantes, en commençant par le *si*. En voici la raison : leur position n'ayant d'autre but qu'un changement de ton, c'est-à-dire une transposition de l'échelle musicale, il faut, avant tout, avoir soin que les demi-tons naturels de cette échelle se trouvent entre eux aux mêmes intervalles, qui sont d'un côté la quarte et de l'autre la quinte. Ainsi, dans le ton d'*ut* naturel, que nous prenons pour point de départ, et qui n'a à la clef ni bémol ni dièse, le premier demi-ton en allant du grave à l'aigu se trouve du *mi* au *fa*, et le second du *si* à l'*ut*. Le *mi* fait donc avec le *si*, son correspondant dans l'autre demi-ton, une quinte s'il est placé au grave de cette dernière note, et une quarte s'il est placé à l'aigu de cette même note. Si, pour opérer une transposition de l'échelle musicale, on donnait un bémol au *sol*, par exemple, on aurait trois demi-tons au lieu de deux; et si le bémol était donné au *mi*, les deux demi-tons de l'échelle ne garderaient plus entre eux les intervalles prescrits.

Le premier se trouvant du *ré* au *mi* et le second du *si* à l'*ut*, le *ré*, placé au grave du *si*, son correspondant, ferait avec lui une sixte, et placé à l'aigu de ce même *si*, une tierce : les deux demi-tons seraient donc d'un côté trop rapprochés, et de l'autre trop éloignés. En faisant une opération semblable successivement avec chacune des notes de la gamme, on trouvera que la seule qui ne dérange pas l'ordre respectif des demi-tons correspondants est la note *si* : c'est donc par celle-là que la série des bémols doit commencer. Car quoique le deuxième demi-ton se trouve alors entre le *la* et le *si*, l'ordre n'est point interverti, puisque ce demi-ton forme avec son homologue une quarte d'un côté et une quinte de l'autre. En commençant la gamme de manière à ce que les demi-tons se trouvent placés entre les mêmes degrés que dans l'échelle d'*ut*, que nous avons prise pour modèle, on aura pour premier degré du nouveau ton la note *fa*, qui se trouve à la quarte supérieure ou à la quinte inférieure de l'ancienne tonique *ut*. Par les mêmes motifs, le second bémol sera placé sur le *mi*, le troisième sur le *la*, et ainsi de suite.

La conséquence toute naturelle de ce qui vient d'être démontré, c'est de ne pouvoir employer à la clef un ou plusieurs des derniers bémols sans avoir en même temps ceux qui précèdent ; c'est-à-dire que l'on ne peut poser le bémol du *mi*, par exemple, sans celui du *si*, et celui du *la* sans ceux du *mi* et du *si*.

Dans les tons où l'on a déjà plusieurs bémols à la clef, il arrive quelquefois qu'on a besoin d'abaisser d'un demi-ton une note bémolisée. N'ayant pas de signe spécialement affecté à cet usage, on a recours au double bémol, que l'on marque ainsi *bb*, et n'a jamais lieu qu'accidentellement. Dans le cas où cette note doit revenir à son état primitif, on la fait précéder d'un bécarre, auquel on ajoute alors un bémol.

Ce dernier signe est tout à fait indispensable, car sans lui la note accompagnée d'un bécarre serait d'un demi-ton plus élevée que ne l'exige l'état de la clef.

On n'est pas d'accord sur l'invention du bémol. Quelques-uns l'attribuent à Lemaire, à Van der Putten, et d'autres à Jean de Muris et au moine Banchieri. Quoi qu'il en soit, il paraît certain que l'usage en remonte au temps de Gui d'Arezzo. Ce dernier ayant substitué aux lettres de l'alphabet dont on se servait autrefois les syllabes *ut, ré, mi, fa, sol, la*, pour désigner les six premières notes de la gamme, laissa à la septième son ancienne désignation, la lettre *b*. Ce *b* se chantait suivant la circonstance à un ton où à un demi-ton du *la* : dans le premier cas, on le nommait *b dur* ou *b quarre*, à cause de l'effet désagréable que produisait sur l'oreille la succession diatonique de trois tons majeurs qui remplissaient l'intervalle de *fa* naturel à *si bécarre* ; dans le second cas, comme l'effet de cette même succession de *fa* naturel à *si bémol* était d'une grande douceur, on l'appelait *b doux* ou *b mol*. Les Allemands, qui ont conservé l'usage des lettres pour les notes de la gamme, on remédié à cette confusion d'un seul signe pour deux sons différents, en désignant le *si* naturel par *h*, et le *si* bémol par *b*.

BECHEM.

BEN. En arabe et en hébreu ce mot veut dire *fils*. Dans l'une et l'autre de ces langues, il s'ajoute au nom pour mieux désigner une personne et en même temps son père. Ainsi placé, le mot *Ben* équivaut à *fils de*; exemple : David Ben Salomon, Ali Ben Hassan. Parmi les familles juives, dans les contrées arabes, il est aussi d'usage de faire précéder le nom de famille du mot *Ben*. Ainsi, *Ben-Jaisch* (Baruch), *Ben Melech* (Salomon). C'est de la sorte que la syllabe *ben* figure aujourd'hui dans les noms d'un grand nombre de familles juives, par exemple *Benary, Benfey, Bendavid, Benlevy*, etc.

BEN (*Botanique*). Cet arbre, appelé *guilandina* par Linné, et *moringa* par Jussieu, constitue un genre de la famille des légumineuses. Ses fleurs ressemblent à celles des papilionacées, mais ses fruits sont des capsules polygonales, uniloculaires, bivalves.

Les racines du *ben menja*, qui croît au Malabar, y sont employées en décoction contre les fièvres malignes.

Le *ben oléifère*, qui appartient aux Indes orientales, donne un bois connu sous le nom de bois *néphrétique*; ses racines sont un puissant anti-scorbutique, et son fruit fournit une huile recherchée, surtout par les parfumeurs, parce qu'elle ne rancit pas.

BEN DE JUDÉE, synonyme de benjoin.

BENABEN (LOUIS-GUILLAUME-JACQUES-MARIE), l'un de ces littérateurs qui déshonorent la profession d'écrivain par l'infamie de leur conduite, naquit à Toulouse, le 12 février 1774. Doué d'une rare aptitude pour les affaires comme pour les lettres, il fut, à l'âge de vingt-quatre ans, nommé commissaire des guerres, et fit en cette qualité l'expédition d'Égypte. De retour dans sa ville natale, il devint chef du bureau militaire, et conserva cet emploi jusqu'à l'établissement des préfectures, qui entraîna sa suppression. Benaben entra alors dans la carrière de l'enseignement, et fut successivement professeur de belles-lettres à Orléans, à Carcassonne, à Napoléon-Vendée, puis de mathématiques à Angers. En 1815 la dépravation de ses mœurs obligea les chefs du corps enseignant à l'en expulser. Benaben vint alors à Paris : il était nécessairement mécontent; il s'affilia à la cohorte des écrivains libéraux, et donna à la *Minerve* et au *Constitutionnel* des articles qui furent remarqués. Le ministère Villèle l'acheta, et il s'attacha à la rédaction de la *Gazette de France*, qui, comme on sait, pendant les dernières années de la Restauration, ne fut pas un seul jour sans défendre le pouvoir, qu'il eût tort ou raison. La plume de Benaben était inépuisable autant qu'habile.

On pense bien que les libéraux, qui l'avaient compté dans leurs rangs, ne lui épargnèrent pas leurs attaques. On se rappelle entre autres ce passage du *Congrès des ministres* pour la dissolution de la garde nationale, où Barthélemy faisait dire à M. de Peyronnet :

J'entends le baro de la France ;
Mais, après un mûr examen,
Il me reste ma conscience
Et l'estime de Beauben.

Benaben répondit quelquefois avec aigreur aux épigrammes; du reste, il se consolait de ces contrariétés inévitables en émargeant chaque mois au ministère de l'intérieur un gros traitement, avec lequel il menait joyeuse vie, plaçant, comme il le disait lui-même, la conscience politique non dans sa manière de voir, mais dans le prix qu'on lui offrait; et sous ce rapport on peut dire qu'il gagnait bien son argent. Benaben mourut en 1832, d'une attaque d'apoplexie.

Irons-nous allonger cet article par les titres de ses différentes productions? Contentons-nous de dire qu'en 1811 il composa une pièce de vers sur la *Naissance du roi de Rome*, et que parmi ses diverses brochures il publia une réfutation de la *Monarchie selon la Charte*, de M. de Châteaubriand, sous ce titre : *Procès de l'oligarchie contre la monarchie* (Paris, 1817). La préface de Benaben se borne à ce peu de mots : « J'aurais fait la part des convenances plus forte, si je n'eusse craint de faire celle de la vérité trop faible. » Il défendit aussi les ministres contre Fiévée dans un écrit intitulé *le Fond de la question* (Paris, 1818). Enfin, il avait fait paraître en l'an XII (1804), à Toulouse, six *Satires toulousaines*, qui firent grand bruit dans le pays, et où l'auteur décochait des traits mordants contre quelques écrivains obscurs, membres de l'Académie des Jeux Floraux, et même contre un poëte qui n'a pas été depuis sans illustration, M. Baour-Lormian. Ch. DU ROZOIR.

BEN-AÏSSA, marabout de Flissa, dans la province de Constantine, était originaire de la tribu kabyle des Beni Fergan. Son influence s'étendait sur toutes les tribus kabyles, mais principalement sur celles de l'est, remarquables par leur fanatisme. Il habitait le mont Jurjura, et partageait sa vie entre des exercices de piété et des actions bienfaisantes. Secourable à tous par ses bons conseils autant que par ses richesses, qui étaient immenses, et qu'il prodiguait avec une largesse souveraine, il possédait la confiance du soupçonneux bey de Constantine, Hadji-Ahmed, qui remettait entre ses mains le commandement de cette ville chaque fois qu'il faisait une tournée dans la province. Il l'avait élevé à la dignité de *bach-hambah*, titre emprunté à la cour de Tunis, mais en en changeant les attributions. Le marabout de Flissa eut en effet des fonctions de premier ministre ou de favori. La direction de la monnaie et de la douane lui échut en partage; il commandait les fantassins kabyles qui suivaient le pacha dans ses expéditions, et présidait surtout aux confiscations, aux arrestations politiques et aux exécutions secrètes. A l'extérieur de la ville il administrait la partie du *Sahel* comprise entre Constantine et la mer, la frontière de Bône à l'est et le Ferdjiouah à l'ouest. Il avait trois kaïds et plusieurs grands chéîkhs sous ses ordres. C'était, dans toute la province, le seul exemple d'une autorité intermédiaire entre les chefs directs des tribus et le pacha.

Sidi-Saïd, Maure d'Alger, intrigant de la pire espèce, arrivant de La Mecque, s'était arrêté à Livourne, où il avait concerté avec Hussein-Dey un plan de soulèvement général de l'Algérie. Il chercha, une fois débarqué dans l'ancienne régence, à susciter dans un projet d'expulsion des Français du territoire. Les confédérés n'ayant mis aucun ensemble dans leurs opérations, et les contingents qu'ils devaient réunir ne s'étant pas trouvés au complet, la coalition, qui s'était annoncée si formidable, ne tarda pas à se dissoudre, et le général Berthezène put battre l'ennemi séparément au gué de l'Harrach et de la Ferme-Modèle. Ben-Aïssa, depuis ce temps, sortit rarement de Constantine, où cet échec l'avait forcé de se réfugier. C'est par le Maure Hamdan qu'il fut mis en relation avec nous. Il avait d'assez fréquents rapports avec sa famille à Alger, et Hamdan logea chez lui lors du voyage diplomatique qu'il dut faire à Constantine, sous l'administration du duc de Rovigo.

En 1833 l'autorité française conservait encore l'espoir d'amener Hadji-Ahmed à traiter avec elle. Le duc de Rovigo avait compris que Ben-Aïssa était un homme qu'il fallait à tout prix intéresser à notre cause. C'était le plus puissant auxiliaire qu'il pût choisir pour déterminer le bey à nous céder son beylick aux conditions avantageuses qu'on lui offrait. On fit sonder le marabout de Flissa pour voir s'il se chargerait de la ferme de l'impôt de la province de Constantine, et l'on acquit la conviction qu'il serait facile à persuader. Sur ces renseignements, le général de Rovigo crut pouvoir hasarder certaines lettres dont la teneur était plus propre à nous nuire dans l'esprit susceptible de Ben-Aïssa qu'à le gagner; aussi n'obtint-il de ses réponses polies, mais évasives. Peu charmé d'une correspondance aussi insignifiante, le duc de Rovigo s'en tint à cet essai malheureux, et ne chercha plus à renouer ses relations avec lui. Ben-Aïssa mourut très-vieux dans l'été de 1835.

Un de ses neveux, du même nom, le remplaça à Flissa. Il jouissait d'un si grand crédit près d'Hadji-Ahmed, il avait su acquérir une telle prépondérance dans les affaires, qu'on le considérait comme un bey sous les ordres du bey de Constantine lui-même. En 1836 et 1837 il commanda la garnison de Constantine lors des deux expéditions dirigées par la France contre cette ville. Sa défense fut acharnée; il demeura jusqu'au bout fidèle à son maître; mais, une fois soumis aux vainqueurs, il s'efforça de tout son pouvoir de consolider la pacification par ses paroles et ses actes. Il a été depuis investi du khalifat du Sahel.

BÉNARÈS, en sanscrit *Kasi* et *Waranasi*, district extrêmement fertile et magnifiquement cultivé de la province d'Allahabad, dans l'Inde britannique, avec la ville du même nom, sur le Gange, pour chef-lieu. Quand ce district fut cédé, en 1775, par le nabab d'Audh aux Anglais, il contenait 12,000 kilomètres carrés, dont 10,000 se développent le long des deux rives du Gange dans une vallée admirablement cultivée.

La ville de Bénarès est bâtie en forme de demi-cercle, sur la rive gauche du Gange, auquel on arrive par les *ghats*, espèces d'escaliers en pierres garnis d'arbres. C'est l'une des plus remarquables et des plus grandes villes de l'Inde. Elle jouit d'un grand renom de sainteté, et est considérée par les Indous comme leur lieu de pèlerinage le plus vénéré. Beaucoup de riches Indous se retirent à Bénarès pour y terminer leurs jours, car, d'après les idées religieuses de ces peuples, mourir à Bénarès, c'est être certain de s'en aller droit en paradis. Les *ghats* sont constamment couverts d'hommes, de femmes et d'enfants en prières, ou bien accomplissant les ablutions commandées par le culte de Brahma et remplissant des cruches de l'eau du fleuve sacré. Le nombre des habitants de Bénarès s'élève à 600,000, répartis en plus de 100,000 maisons construites partie en pierres, partie en terre. Il faut encore y ajouter le grand nombre d'étrangers qui y séjournent suivant les saisons de l'année, mais plus particulièrement à l'époque des grandes solennités religieuses. La fête du *Dawalli* est la plus magnifique de toutes; et à cette occasion la ville, illuminée de la manière la plus riche, offre un aspect de la beauté duquel on pourrait difficilement se faire une idée. Les mahométans forment le cinquième de la population, et habitent pour la plupart les faubourgs. Le nombre des brahmines est de 32,000, et celui des fakirs de 7,000.

Quelque imposant que soit l'aspect de Bénarès, surtout quand on la découvre du Gange, où s'étend en amphithéâtre une mer de maisons, de pagodes et de minarets dorés aux proportions sveltes et élancées, l'intérieur de la ville ne produit pas une impression moins féerique, attendu que les rues, où se meuvent d'épaisses masses d'habitants, sont généralement étroites et sinueuses. Parmi les mille pagodes ou temples indous et les trois cent trente mosquées qu'on compte à Bénarès, il en est plusieurs d'extrêmement remarquables, par exemple la mosquée construite au dix-septième siècle par Aureng-Zeyb sur les ruines d'une pagode, comme monument de la domination musulmane. La plus célèbre de toutes ces pagodes est celle qu'on appelle *Vishvaïsha*. L'un des monuments les plus curieux de Bénarès est son observatoire, qu'on prétend avoir été construit longtemps avant l'invasion de l'Inde par les mahométans, et qu'on a conservé en parfait état jusqu'à nos jours. Sa tour, entourée de cours et de galeries, est munie d'un énorme cadran solaire dont l'indicateur n'a pas moins de 7 mètres de hauteur. Bénarès est d'ailleurs l'antique siège du culte et de la science des Indous, et chaque année une foule d'Indous de distinction viennent s'y préparer au service de Brahma. On y trouve aussi un grand nombre d'écoles indoues élémentaires, et un collège indou particulier où dix professeurs salariés par le gouvernement anglais donnent à la jeunesse indoue des leçons de lecture, d'écriture, de calcul, de législation indoue, de littérature sacrée, de sanscrit, d'astronomie et d'astrologie. Bénarès est en outre un grand foyer industriel et commercial. Les produits de son orfèvrerie et de sa joaillerie, ses fins tissus de coton et de soie, ses étoffes brodées d'or et d'argent désignées sous le nom de *kinkob* et ses turbans de velours brodés sont justement renommés. Pour la fabrication des jouets d'enfants en bois et en argile, Bénarès peut à bon droit être appelée le *Nuremberg de l'Inde*. C'est aussi le grand marché des châles du nord de l'Inde, des mousselines les plus fines, et des marchandises anglaises introduites par Calcutta, comme aussi des diamants et autres pierres précieuses de l'Inde méridionale. La compagnie des Indes Orientales a assigné Bénarès pour résidence à un grand nombre de princes indous déposés.

BENCOULEN, en anglais *Bencoolen*, dans la langue du pays *Bangkahoulou*. C'est le nom d'une importante ville fortifiée et bâtie sur des pilotis de bambou, à l'extrémité sud-ouest de l'île de Sumatra, par 3° 36' de latitude méridionale et 120° de long. orient., dans une contrée marécageuse et malsaine, et qui appartient aujourd'hui aux Hollandais. Parmi les 12,000 habitants qu'on y compte, il se trouve un grand nombre de Malais et de Chinois. Cette ville fait avec le Bengale, la côte de Coromandel et Java, un commerce important, particulièrement en poivre et en camphre; et, au temps où elle appartenait aux Anglais, qui fondèrent en cet endroit un comptoir dès l'année 1685, elle était le chef-lieu d'une présidence. Mais en 1825 les Anglais en firent cession aux Hollandais en échange de Malakka, parce que cette colonie ne leur rapportait pas, à beaucoup près, ce qu'elle leur coûtait. Aujourd'hui *Bencoulen* est devenu le lieu le plus important du gouvernement de Padang (chef-lieu, la ville du même nom). Un peu plus loin dans l'intérieur des terres, on trouve encore le fort Marlborough, autre création de la puissance britannique.

BENDA (Franz), fondateur d'une école toute particulière de violon en Allemagne, était né en 1709, à Altbenatka en Bohême, et était fils d'un tisserand. Dans son enfance il fut attaché comme enfant de chœur à l'église de Saint-Nicolas à Prague, et plus tard il s'engagea dans une troupe de musiciens ambulants, dont faisait partie un vieux juif aveugle nommé Lœbel, qui lui donna des leçons de violon. Fatigué de cette vie errante, il revint, à l'âge de dix-huit ans, à Prague, où il eut le bonheur de recevoir, pendant quelque temps, des leçons du célèbre Konyczeck. Il alla ensuite à Vienne, où il étudia encore son instrument favori sous la direction de Franciscello. Il devint alors maître de chapelle du staroste Szaniawski, et en 1740 il passa au service du prince royal de Prusse, qui fut plus tard Frédéric II. En 1771 il remplaça Graun en qualité de directeur des concerts de la cour, et mourut à Potsdam, en 1788.

Son frère, *Georges* Benda, né en 1721, fut aussi engagé par Frédéric II, à partir de 1742, comme second violon de sa chapelle; mais en 1748 il passa, en qualité de maître de chapelle, au service du duc de Gotha, qui, en 1765, lui fit faire un voyage en Italie. A la mort de ce prince, Georges Benda quitta Gotha pour entreprendre une tournée en Allemagne et venir à Paris. Au retour, il alla s'établir de nouveau à Gotha, puis à Ronneburg, et en dernier lieu à Kœstritz, où il mourut, en 1795. C'était un homme bizarre et fantasque, et ses excentricités, ses inconcevables distractions surtout, ont donné matière à de nombreuses et piquantes anecdotes. Parmi celles de ses compositions qui, dans leur temps, firent le plus de sensation, nous citerons ici le mélodrame *Ariadne à Naxos*, les opéras *La Foire do village*, *Walder*, *Roméo et Juliette*, *le Bûcheron* et *l'Orphelin*. Lorsqu'il composa *Ariadne*, il ignorait que, sous le nom de *Pygmalion*, Jean-Jacques Rousseau eût traité le même sujet. Cette pièce, traduite en français, fut représentée avec succès à Paris en 1781, pendant le séjour qu'il fit dans cette capitale.

BENDAVID (Lazare), profond philosophe et mathématicien, né en 1762, de parents juifs, à Berlin, ne reçut qu'une éducation des plus incomplètes. Obligé de gagner sa vie, il était polisseur de verres; et cependant, à force de constance et d'assiduité, tout en gagnant son pain de chaque jour à la sueur de son front, il trouva encore le temps de pousser lui seul ses études assez avant pour pouvoir aller suivre les cours de l'université de Gœttingue, où il étudia, sous Lichtenberg et Kæstner, les mathématiques avec un succès tel que le dernier lui délivra un certificat par lequel il déclarait que son disciple était désormais digne d'occuper toutes les chaires de mathématiques existantes en Europe, à l'exception de celle de l'université de Gœttingue tant qu'il l'occuperait lui-même; plaisanterie quelque peu lourde, mais qu'il faut savoir pardonner à ce savant en faveur de l'intention. Bendavid alla ensuite à Vienne faire des cours sur la philosophie critique, que Kant venait de mettre en vogue. De sourdes persécutions l'obligèrent plus tard à retourner dans sa patrie, et depuis lors il résida constamment à Berlin, où, par ses discours et ses écrits, il ne cessa pas de se rendre utile. Rédacteur de la *Gazette de Haud et Spener* pendant le temps de l'occupation de l'Allemagne par les Français, il fit preuve, dans la direction de cette feuille influente, d'autant de prudence que d'habileté; et, directeur de l'école libre des Israélites, il s'acquitta de ces fonctions avec le plus grand désintéressement et avec un zèle au-dessus de tout éloge, jusqu'à sa mort, arrivée le 28 mars 1832.

Parmi la foule d'écrits philosophiques qu'on a de lui, nous citerons : *Essai sur le Plaisir* (Vienne, 1794); *Leçons sur la Critique de la raison pure* (Vienne, 1795; 2ᵉ édition, Berlin, 1802); *Leçons sur la Critique de la raison pratique* (Vienne, 1796); *Essais d'Esthétique* (Berlin, 1798); enfin, un remarquable travail sur le *Calendrier juif*.

BENDEMANN (ÉDOUARD), peintre, l'un des coryphées de l'école de Dusseldorf, est né le 3 décembre 1811, à Berlin, où son père était banquier. Son talent précoce se développa rapidement sous l'habile direction du professeur W. Schadow, et l'on peut dire que sa réputation commença avec ses premiers travaux. Ce fut un tableau de M. Bendemann, des *Juifs pleurant sur les rives de Babylone*, qui révéla pour ainsi dire la valeur et l'importance de l'école de Dusseldorf, fort contestées ou du moins peu appréciées jusque alors en Allemagne. En 1837 M. Bendemann se fit connaître au public français en envoyant à l'exposition du Louvre son grand tableau de *Jérémie assis sur les ruines de Jérusalem*. Cette page remarquable à tant de titres offre, selon nous, l'expression la plus complète du talent de l'artiste, qui s'y révèle avec toutes ses qualités et tous ses défauts. Le prophète, assis sur des ruines disposées avec une recherche symétrique, est abîmé dans une profonde méditation. Autour de lui on voit un soldat blessé, des enfants morts et leurs mères éplorées, qui sentent que leur dernière heure approche, et dans le lointain des palais qui s'affaissent et que les flammes dévorent, des murailles qui croulent, des arcades rompues et des colonnes brisées. Mais tous ces éléments d'une excellente composition, d'un dessin fort correct, ne sont pas disposés pour l'effet et ne produisent qu'une faible émotion.

On peut dire qu'il y a dans les compositions historiques de M. Bendemann plus d'étude que de sentiment, plus de sagesse que de bonheur. L'esprit général en est sensé et peu saisissant. Cette remarque s'applique également aux deux grandes compositions allégoriques du même artiste : *les Arts puisant à la source de la religion*, et *Sion et Babylone*. Il en est tout autrement des tableaux de genre de M. Bendemann. Rien de plus frais, de plus suave et de mieux senti que ces délicieuses productions. *Deux jeunes Filles à la fontaine*, *Berger et bergère*, et surtout *la Moisson*, sont des chefs-d'œuvre d'inspiration, de grâce et de coloris. Les tableaux de M. Bendemann se trouvent, soit dans les musées d'Allemagne, soit dans quelques galeries particulières. Les *Juifs de Babylone* font partie du musée de Cologne, et le *Jérémie* a été acquis par le roi de Prusse. Presque tous les ouvrages de cet artiste ont d'ailleurs été reproduits par la gravure et la lithographie.

Depuis 1838 M. Bendemann est professeur à l'Académie des Beaux-Arts et membre du conseil académique de Dresde, et le gouvernement saxon lui a confié l'exécution de grandes peintures à fresque dans le château royal. Une ophthalmie persistante, qui le contraignit à faire un voyage en Italie, l'a forcé d'interrompre pendant plusieurs années ces grands travaux, qui touchent aujourd'hui à leur terme.

H. HOERTEL.

BENDER, en langue moldave *Teckin* ou *Tigino*, ville forte de la province russe de Bessarabie, sur les bords du Dniester, construite en forme de croissant, et parfaitement fortifiée, en partie suivant l'ancien système, et en partie suivant le nouveau, entourée en outre de remparts et de fossés, avec un château fort construit sur une hauteur voisine. On y compte environ 10,000 habitants, parmi lesquels bon nombre d'Arméniens et un certain nombre de Tatares, de Moldaves et de juifs. La vieille ville turque, située au nord de la citadelle, est aujourd'hui entièrement déserte. Le commerce est très-considérable et très-actif à Bender. On y trouve aussi des fabriques de papier, des teintureries, des forges et une manufacture de salpêtre.

Bender fut pris d'assaut en 1770 par les Russes aux ordres du général Panin. Les vainqueurs incendièrent la ville et passèrent au fil de l'épée la garnison et les habitants, au nombre de près de 30,000. Toutefois la paix de Kaïnardji restitua Bender aux Turcs en 1774. Les Russes eurent moins de peine à s'en rendre maîtres de nouveau, le 15 novembre 1789; mais cette fois encore ce fut pour la rendre aux Turcs à la paix. Quand ils la reprirent pour la troisième fois, en 1811, elle leur fut définitivement adjugée par la paix signée, en 1812, à Boukharest, et réunie alors à la Russie avec le reste de la Bessarabie. C'est à Varnitza, village voisin de Bender, que résida, de 1709 à 1712, le roi de Suède Charles XII, dont la mémoire vit encore parmi les populations de ces contrées.

BENDER-BOUSHEH. *Voyez* ABOUSCHEHR.

BENDISE. C'était chez les Thraces la déesse de la lune, et le culte en fut importé dans l'Attique, où on la confondait avec Artémise, par les Thraces établis à Athènes. On célébrait en son honneur dans le Pirée, le 19 et le 20 de thargélion, une fête appelée *Bendideia*, et ayant beaucoup d'analogie avec les fêtes célébrées en l'honneur de Bacchus.

BENEDEK (LUDWIG DE), général autrichien, fils d'un honorable médecin d'Edenburg, en Hongrie, naquit dans cette ville, en 1804. Après avoir fait ses études à l'école militaire de Neustædt, il entra dans l'armée avec le grade d'enseigne. Dès 1843 il était parvenu à celui de lieutenant-colonel, et en 1846 l'insurrection de la Gallicie lui fournit de nombreuses occasions de se montrer commandant aussi prudent que brave. Chargé d'un ordre spécial par l'archiduc Ferdinand d'Este, alors gouverneur général de la Gallicie, il se rendit vers la mi-février 1846 dans les cercles occidentaux, contribua beaucoup par l'habileté de ses dispositions à étouffer dans son germe le soulèvement partiel de la contrée. Ses combinaisons à Wieliczka et dans les environs permirent au général Collin de saisir l'offensive et de prendre Podgorze d'assaut. Il en fut récompensé par la croix de chevalier de l'ordre de Léopold. Nommé en août 1847 au commandement du régiment d'infanterie comte Gyulai, il se rendit, d'après les nouvelles instructions, en Italie, où devait bientôt s'ouvrir devant lui un cercle d'activité plus brillant.

Le feld-maréchal Radetzki fit mention de lui de la manière la plus honorable, d'abord en qualité de colonel, puis comme chef d'une brigade, dans les rapports qu'il eut occasion de faire sur la retraite de Milan, sur le combat des bords de l'Osone, et notamment sur l'affaire de Curtatone, où il dirigea avec une bravoure égale à son habileté une grande et décisive attaque sur toute la ligne. A cette occasion, on le créa chevalier de l'ordre de Marie-Thérèse. A peu de temps de là il lui fut encore donné de se distinguer à la bataille de Mortara, et à celle de Novare il conduisit lui-même à l'attaque son régiment flanqué d'un autre bataillon. Le 3 avril 1849 il fut promu au grade de général major et nommé brigadier du premier corps de réserve de l'armée du Danube. Aux affaires de Raab et d'Oszœny, c'est lui qui commandait l'avant-garde; et à celle d'Uj-Szegedin, en août, il fut légèrement blessé; ce qui ne l'empêcha pas de prendre encore part aux combats de Szœrny et d'Ozs-Ivany, où il fut de nouveau blessé au pied par un éclat d'obus. Après la fin de la guerre de Hongrie le général Benedek fut nommé chef de l'état-major général du second corps d'armée et envoyé de nouveau en Italie.

BÉNÉDETTE (La). *Voyez* CASTIGLIONE.

BENEDETTO DA CASTELLO. *Voyez* BANDINELLI.

BENEDICITE. On appelle ainsi une courte prière qui commence par ce mot en latin, et que l'on récite en se mettant à table. Chez les Romains, tout chef de maison, en se mettant à table, prenait une coupe pleine de vin, et répandait quelques gouttes à terre ou dans le foyer, et par ces libations rendait hommage à la Divinité. Cet usage se conserva longtemps en Provence depuis l'établissement du christianisme, mais seulement à la collation de la veille de Noël. Le *Benedicite* remplaça chez les chrétiens la libation quotidienne des païens; mais l'usage de cette prière et des actions de grâces qui se disent après le repas, relégué dans les couvents, dans les colléges, dans les pensions, fut abandonné par les gens du grand monde, comme une cérémonie puérile, comme une vieille mode, et insensiblement par la moyenne société. Cependant la table du roi continua pendant longtemps d'être bénie par un de ses aumôniers.

BENEDICTBEURN, dans le cercle bavarois de la Haute-Bavière, au pied du premier contre-fort du Tyrol, antique abbaye, avec une magnifique église construite sous l'abbé Placidus, et consacrée en 1686, dont la fondation remontait à l'année 740. Mise en vente en 1805, lors de la suppression des couvents en Bavière, elle fut acquise par Utzschneider, qui y établit en 1806 une verrerie. Il s'y trouve aussi un haras depuis l'année 1818. A l'est de Benedictbeurn s'élève la montagne escarpée, haute de 2,033 mètres, appelée *Benedictenwand*, du sommet de laquelle on peut découvrir la moitié de la Souabe et de la Bavière et ses nombreux lacs. Le lac de Kochel en est tout proche.

BÉNÉDICTINES. Il n'est pas aisé de fixer au juste l'époque de l'origine des religieuses bénédictines; il paraît prouvé néanmoins que leur plus ancienne maison en France fut celle de Sainte-Croix de Poitiers, que sainte Radegonde, femme de Clotaire 1er, fit bâtir en 544. Sainte Clotilde fit construire, peu de temps après, celle de Chelles, près de Paris. Beaucoup de chanoinesses séculières secouèrent le joug de la règle de saint Benoit. Plusieurs monastères en auraient peut-être fait autant, si, dans les deux derniers siècles, de saintes filles n'eussent réformé les cloîtres dont elles avaient le gouvernement et n'y eussent fait revivre le véritable esprit de saint Benoit. Avant les réformes, la plupart des religieuses bénédictines en France avaient déjà pris l'habit de chanoinesses, comme dans les monastères de Montmartre, de la Trinité de Caen, de Saintes, et dans plusieurs autres.

Quelques-unes de ces religieuses portaient des robes blanches et des surplis de toile fine et empesée; d'autres portaient l'habit blanc sans rochet; d'autres avaient des robes noires avec des surplis de toile noire; mais le véritable habillement des bénédictines consistait en une robe noire, un scapulaire de même couleur, et par-dessus la robe une tunique d'une étoffe qui, autant que cela se pouvait, n'était point teinte. Au chœur, et dans les cérémonies, elles portaient un grand habit de serge noire comme les religieux.

Il a existé à Paris quatre couvents de cet ordre : les *Bénédictines de la Ville-l'Évêque*, les *Bénédictines anglaises*, les *Bénédictines de Notre-Dame de Liesse* et les *Bénédictines de Notre-Dame de Consolation*. L'église du premier de ces monastères, situé rue de la Madeleine, au coin de la rue de Surène, était ornée avec soin : sur le grand autel on voyait une *Annonciation* attribuée à Lesueur, et, parmi plusieurs autres tableaux, une *Adoration des Mages* et *Jésus au désert*, peints par Boulogne l'aîné. Ce couvent fut supprimé en 1790, et l'emplacement vendu à divers particuliers, qui y ont fait construire des maisons. Le couvent des *Bénédictines anglaises*, situé au faubourg Saint-Marcel, rue du Champ-de-l'Alouette, fut fondé en 1619. L'église portait le titre de *Notre-Dame de Bonne Espérance*. Cet établissement fut confirmé en 1681, et supprimé en 1790 : il est devenu propriété nationale. Le couvent des *Bénédictines de Notre-Dame de Liesse* était situé rue de Sèvres. Devenu presque désert, il fut supprimé en 1778, et madame Necker y fonda un hôpital qui porte encore son nom. Le prieuré de *Notre-Dame de Consolation*, rue du Cherche-Midi, reçut en 1669 le titre de *Bénédictines de Notre-Dame de Consolation*.

BÉNÉDICTINS. C'est la dénomination générale sous laquelle on désigne tous les religieux vivant sous l'observance de la règle de saint Benoît de Norsia. En Angleterre ils furent primitivement connus sous le nom de *moines noirs*, à cause de la couleur de leur habit; par opposition à celle des ordres blancs. Cet habit est composé d'une robe et d'un scapulaire noirs, avec un petit capuce de même couleur, qu'ils portent dans l'intérieur de leur maison ou en voyage. Au chœur et lorsqu'ils vont en ville, ils mettent par-dessus une ample chape de serge noire, à grandes manches, avec un capuchon qui se termine en pointe. En raison de l'extension immense que prit cet ordre dès le milieu du sixième siècle, les bénédictins devinrent les principaux agents de la grande propagande chrétienne et de la civilisation, en même temps que leurs écoles ravivaient les principales sources d'instruction et de lumières qui brillassent alors dans tout l'Occident. Les plus importantes furent celles des monastères de Saint-Gall, de Fulda, de Reichenau, de Corvey, de Hirschau, de Brême, de Hersfeld, etc., où étaient élevés et instruits surtout la descendance des nobles et l'espoir de l'épiscopat.

Mais les richesses immenses acquises en peu de temps par les monastères de bénédictins (l'abbé de Reichenau, par exemple, possédait 60,000 florins de revenu) eurent à la longue pour résultat de relâcher les liens de la discipline conventuelle, et provoquèrent différentes réformes, dont les plus mémorables furent celles qu'opérèrent Benoît d'Aniane au huitième siècle, et Berno, abbé de Cluny en Bourgogne, en l'année 910, enfin celle de Hirschau dans la Forêt-Noire, en 1069. Celles dont furent le théâtre les couvents de bénédictins de Vallombreuse et des camaldules au onzième siècle, rentrent dans la même catégorie.

Bien qu'au dixième siècle quelques bénédictins se fussent distingués en Allemagne par l'ardeur qu'ils apportaient à la culture des sciences et des lettres; quoique dans la seconde moitié du onzième siècle les importants travaux des Italiens Lanfranc et Anselme, des abbés du monastère du Bec en Normandie et des archevêques de Cantorbéry eussent édifié sur des bases solides la scolastique du moyen âge; quoiqu'en Italie même des religieux de l'ordre de Saint-Benoît se fussent déjà fait un nom parmi les savants, notamment comme jurisconsultes et comme médecins, la corruption de mœurs provoquée par les richesses des différents ordres, et surtout par cette circonstance qu'ils ne se recrutaient plus guère que de novices appartenant aux classes nobles, allait toujours croissant parmi ces religieux, dont les désordres engagèrent plusieurs fois les papes à essayer de remettre en vigueur parmi eux les sévères prescriptions de leur antique discipline. Le concile de Constance entreprit aussi en 1416 la réforme de l'ordre des bénédictins ; mais ses efforts n'eurent pas de plus durables résultats.

Les réformes partielles furent couronnées de plus de succès. C'est ainsi qu'en 1425 Jean de Minden réforma l'abbaye de Bursfeld en Westphalie. En Italie l'abbé Barba de Santa-Justina devint le fondateur de la congrégation du Mont-Cassin. En Espagne, surtout, naquit en 1436 la congrégation de Saint-Benoît de Valladolid. Un décret du concile de Trente contre les abbayes de bénédictins démembrées donna naissance à de nouvelles congrégations en Allemagne, en Suisse et en Flandre. Ce fut surtout en France que les religieux de l'ordre de Saint-Benoît firent preuve de plus d'opiniâtreté dans les désordres auxquels leurs congrégations étaient en proie et qu'on s'éloigna le plus des règles, en conférant très-souvent à des laïques ou encore à des prêtres séculiers des bénéfices et des prébendes qui n'eussent dû appartenir qu'à des bénédictins. L'abbaye de Cluny elle-même était devenue en 1528 une commende séculière. L'abbaye de Chezal-Benoît, en Bretagne, et la petite congrégation *Casalis Benedicti* qui depuis 1502 s'y rattachait, demeurèrent jusqu'à la fin du seizième siècle une honorable exception à la décadence notoire de l'ordre ; on en peut dire autant de la congrégation réunie en 1604 de Saint-Vannes (Viton de Verdun) et de Saint-Hadulph dans les Vosges.

La congrégation de Saint-Maur, fondée en 1618 par Laurent Bénard, produisit les plus heureux effets sur la régénération de l'ordre. On prétend que ses membres furent en France les premiers bénédictins qui remplacèrent par des travaux de l'esprit et des exercices scientifiques et littéraires les travaux manuels et le chant des psaumes prescrits par la règle de Saint-Benoît. Ce qu'il y a d'incontestable, c'est qu'une société de moines se transforma alors en une académie consacrée à l'étude et à la culture des sciences historiques et théologiques ; académie qui, grâce à la protection toute spéciale dont elle fut l'objet de la part du cardinal Richelieu, et aussi aux travaux d'hommes tels que Ménard, Sainte-Marthe, Bouquet, Mabillon, Montfaucon, d'Achéry, Legallois, Martène, Durand, Dufrène, Ruinart, Vaissette, etc., obtint une place distinguée dans l'estime publique, et mérita surtout des lettres par la publication de la *Diplomatique*, de l'*Art de vérifier les dates*, de la *Gallia Christiana*, du *Spicilége*, de la *Collection des Historiens de France*, des *Antiquités expliquées*, des histoires de la plupart des provinces. Ajoutons qu'à la différence de la société de Jésus, la congrégation de Saint-Maur resta constamment étrangère aux intrigues de la politique.

Au quinzième siècle l'ordre de Saint-Benoît comptait 15,700 maisons. La réformation ne lui en laissa que 5,000, et aujourd'hui on n'en compte plus guère que 800. Cet ordre (suivant le calcul qu'en a fait Fessler) se vante d'avoir eu parmi ses membres 24 papes, 200 cardinaux, 1,600 archevêques, 4,000 évêques, 15,700 écrivains, 1,560 saints régulièrement canonisés et 5,000 bienheureux, 43 empereurs et 44 rois. Les couvents soumis à l'observance de la règle de saint Benoît n'ont d'ailleurs jamais constitué un tout, un ensemble régulièrement organisé et gouverné soit aristocratiquement, soit monarchiquement. Tout au contraire, beaucoup de maisons religieuses, ayant pour origine des établissements de bénédictins, se sont transformées peu à peu, aux termes des décrets du concile de Trente, en congrégations particulières. Dans le nombre on doit surtout mentionner les bénédictins du Mont-Cassin (*Monte-Cassino*), de *Monte-Vergine* et de *Monte-Oliveto* (les olivetains) en Italie et en Sicile, où leurs maisons continuent à fleurir ; ceux de Valladolid et de Montserrat en Espagne, de Hirschau, de Fulda (avec Bursfeld, son annexe) et de Mœlk, en Allemagne. Ces différentes maisons ne se distinguent pas moins par l'étendue de leurs domaines et la magnificence de leurs églises, que par la douceur de leur règle et par l'importance réelle des services qu'elles ont souvent rendus aux lettres.

La congrégation de la Sainte-Croix, fondée en 1670 en Pologne, et les bénédictins de Hongrie (répandus dans ce pays depuis le onzième siècle et réunis en 1385 sous le gouvernement des abbés de Saint-Martinsberg près Raab, promus en 1514 à la dignité d'archi-abbés), se sont beaucoup plus occupés de la mise en culture des terres et de l'éducation des populations que la congrégation fondée en 1560 à Meleda en Dalmatie, laquelle fut presque anéantie par la malheureuse bataille de Mohacs (29 août 1526). Supprimée en 1786, à la suite des mesures prises par Joseph II à l'égard des ordres religieux, le rétablissement qu'on en ordonna en 1802 l'empereur François II fut impuissant à lui rendre une vie nouvelle, que les orages de ces derniers temps n'ont guère été propres à favoriser. A la corporation de Mœlk, qui emploie ses membres et ses revenus à des objets d'utilité publique, sous la surveillance de l'Etat, se rattachent les autres maisons de bénédictins existant aujourd'hui dans la monarchie autrichienne, par exemple les abbayes de Kremsmunster, de Mariazell, le couvent des Ecossais de Vienne, etc.

La révolution française, qui détruisit tous les ordres religieux, ne laissa guère subsister de bénédictins qu'en Italie et en Sicile, sans parler des maisons allemandes, qui pour la plupart ne sont que des établissements de retraite et de prévoyance à l'usage de la noblesse.

De tous les ordres religieux, l'ordre de Saint-Benoît est incontestablement celui qui a le plus fait pour la propagation des idées pieuses, la mise en culture des terres et les progrès des sciences et des lettres. Outre les ordres des camaldules et de Vallombreuse, que nous avons cités plus haut, l'ordre de Saint-Benoît a engendré plusieurs autres, dont les plus considérables, à savoir ceux des Chartreux, de Citeaux, de Grammont, des Célestins, etc., suivent tous, pour le fond, la règle de saint Benoît et ont également rendu de grands services à la religion, soit par la science, soit par la vie édifiante de leurs membres.

Quelques religieux, sous la direction de dom Prosper Guéranger, se réunirent, en 1833, à Solesme (Sarthe), pour reconstituer en France l'ordre des bénédictins de Saint-Maur. En 1837 leur établissement fut érigé en abbaye régulière par un bref du pape Grégoire XVI, avec une succursale à Angers. Les nouveaux bénédictins entreprirent, entre autres travaux, la publication du quatorzième et dernier volume de la *Gallia Christiana*. Mais ils étaient bien loin, hélas ! de l'immense érudition, de la critique judicieuse et de la savante impartialité de leurs illustres prédécesseurs.

BÉNÉDICTION, l'action de bénir, de souhaiter quelque chose d'heureux, soit par signes, soit par paroles. Cette cérémonie a été de toute antiquité en usage, tant parmi les juifs que parmi les chrétiens.

Les Hébreux comprenaient encore sous ce nom les présents que se faisaient les amis, parce qu'ils étaient ordinairement accompagnés de bénédictions et de compliments de la part de ceux qui les offraient et de ceux qui les recevaient. Ils désignaient également ainsi les bénédictions solennelles que les prêtres donnaient au peuple dans certaines cérémonies. Moïse dit un jour à Aaron : « Quand vous bénirez les enfants d'Israel, vous direz : Que le Seigneur vous bénisse et vous conserve ; que le Seigneur fasse briller sur vous la lumière de son visage ; qu'il ait pitié de vous ; qu'il tourne sa face vers vous et qu'il vous donne la paix ! » Il prononçait ces paroles debout, à haute voix, les mains étendues et élevées. Les prophètes et les hommes inspirés donnaient souvent aussi des bénédictions au nom du Seigneur. Les psaumes sont pleins de pareilles bénédictions. Les patriarches, au lit de mort, bénissaient leurs enfants et leur famille. Cette bénédiction avait un caractère de plus : elle tenait, en quelque sorte, lieu d'un acte testamentaire; elle désignait celui des fils qui, après le décès du père, devait être reconnu chef de la famille ou de la peuplade.

Le Seigneur ordonne que le peuple d'Israël étant arrivé dans la Terre Promise, on assemble toute la multitude entre les montagnes d'Hébal et de Garizim, et qu'on fasse publier des bénédictions pour ceux qui observent les lois du Seigneur sur la montagne de Garizim, et des malédictions contre les violateurs de ces lois sur la montagne d'Hébal. C'est ce que Josué exécute après avoir fait la conquête d'une partie de la terre de Chanaan. De nos jours encore la bénédiction dans les synagogues n'est prononcée que par des individus regardés comme descendants d'Aaron.

Bénédiction signifiait aussi chez les Hébreux abondance : « Celui qui sème avec épargne, disaient-ils, moissonnera peu; et celui qui sème avec bénédiction, moissonnera avec bénédiction. » Jacob souhaite à son fils Joseph les bénédictions du ciel, la pluie et la rosée; les bénédictions de l'abîme, l'eau des sources; les bénédictions des mamelles, la fécondité des femmes et des animaux. On entend encore par ce terme tous les bienfaits de la divinité, mais spécialement ceux qui se rapportent à notre situation temporelle : c'est ainsi qu'on range au nombre des bénédictions de Dieu la santé, le succès des entreprises, l'influence du ciel sur la fécondité de la terre.

De temps immémorial, la bénédiction se fait dans l'Église catholique par des aspersions d'eau bénite, des signes de croix et des prières analogues à la cérémonie. Il y a plusieurs espèces de bénédictions : les unes se donnent à des personnes revêtues de certains pouvoirs, ou vouées à certains états, comme les rois, les reines, les abbés, les abbesses, les vierges, les chevaliers; d'autres s'emploient à l'égard des objets destinés au culte, comme l'eau, le sel, le pain, le vin du sacrifice, l'huile, le pain bénit qu'on distribue aux fidèles, les clerges, les rameaux, les cendres, les vases, les linges, les ornements, les cloches, les fonts baptismaux, les chapelles, les églises, les cimetières, etc.; enfin la religion bénit les choses à l'usage des hommes, comme l'anneau de mariage, le lit nuptial même dans certains pays, les aliments, les fruits et les biens de la terre, les champs, les jardins, les puits, les fontaines, la besace du voyageur, les cuves, les agneaux, le fromage, le lait, le miel, le sel que l'on donne aux bestiaux, les maisons, les navires, la mer, les rivières, les chemins de fer, les drapeaux, les armes, etc., etc.

Les bénédictions accompagnées d'onction prennent le nom de consécration : ainsi on consacre le calice et on bénit le ciboire, parce qu'on emploie l'onction pour le calice. Dans l'usage, ces mots se confondent quelquefois. Les évêques en traversant l'église, ou même en passant dans les rues, donnent leur bénédiction au peuple. Autrefois, quand ils allaient par la ville, ou qu'ils passaient par les bourgs et les villages, on sonnait une petite cloche pour avertir le peuple de venir recevoir leur bénédiction. Lorsqu'ils allaient à la cour, ils ne s'en retournaient point sans avoir donné la bénédiction au roi. Le prêtre donne la bénédiction, dans l'église, à la fin de la messe, et la bénédiction du saint-sacrement se donne solennellement au salut. Le détail de toutes ces bénédictions est consigné dans le Bénédictionnaire, ou livre des cérémonies ecclésiastiques, imprimé du temps de Léon X, ainsi que dans les rituels et les cérémoniaux de différentes églises.

Il y a des bénédictions réservées aux seuls évêques; toutes les consécrations sont de ce nombre, et, en outre, les bénédictions des abbés, des abbesses, des vierges, des chevaliers, etc. Il y en a d'autres qui leur appartiennent, mais pour lesquelles ils peuvent se faire remplacer par de simples prêtres. Eux seuls peuvent donner des bénédictions en particulier et hors des églises.

On voit dans certains cas les papes faire présent d'objets bénis par eux, auxquels la dévotion attache une très-haute valeur, tels qu'agnus Dei, chapelets, médailles, etc. La rose d'or est d'un prix bien supérieur encore. Les bénédictions que donnent le souverain pontife, les cardinaux, les évêques, les nonces apostoliques, consistent généralement dans le signe de la croix. Trois fois par an, du haut du balcon de Saint-Pierre, le pape donne solennellement sa bénédiction urbi et orbi, à la ville et au monde. Cette cérémonie a lieu le vendredi saint, le jour de Pâques et le jour de l'Ascension. Elle se pratiquait jadis suivant la formule mosaïque.

Dans les églises protestantes l'office religieux se termine par la bénédiction dont Moïse avait prescrit les paroles; elle est, en certains pays, accompagnée du signe de la croix. Les ministres protestants prononcent en d'autres cas des bénédictions en imposant les mains, par exemple pour les mariages, pour la consécration des pasteurs, pour la confirmation des catéchumènes, pour le baptême des enfants. Mais ces bénédictions ne s'adressent jamais qu'aux personnes. Dans les églises catholique et grecque la bénédiction au contraire se prononce sur les personnes et sur les choses.

BÉNÉDICTION NUPTIALE. Nous entendons désigner par ce nom cette cérémonie du culte catholique par laquelle un homme et une femme déjà mariés civilement sont mariés chrétiennement, et sans laquelle il n'y a pas de mariage aux yeux de l'Église. Les lois actuelles de France (Code pénal, art. 199) défendent aux prêtres de procéder à la bénédiction religieuse sans avoir acquis la preuve légale que le mariage civil a été préalablement accompli. Elles considèrent ainsi cette bénédiction comme l'accessoire du mariage, et ne pouvant en aucun cas en produire les effets. La loi religieuse, de son côté, forcée matériellement d'obéir jusqu'à un certain point à la loi civile, en ce sens qu'elle attend le mariage opéré par le magistrat pour procéder à la bénédiction nuptiale, n'en considère pas moins cette bénédiction comme constituant le mariage lui-même, auquel l'acte civil est incapable, selon elle, d'ajouter ou d'enlever la moindre valeur. Ainsi, selon qu'on se pose comme prêtre catholique ou comme magistrat civil français, l'acte constitutif du mariage est différent : pour le premier, il résulte de la bénédiction nuptiale; pour le second, de l'engagement sanctionné et réglé par la loi; et c'est de ces deux points de vue que sont jugés par l'un et par l'autre tous les caractères, toutes les suites du mariage, comme sa durée absolue et relative et l'état social des enfants. Pour les catholiques, les enfants nés avant la bénédiction nuptiale sont illégitimes, même après le mariage civil ; pour le magistrat français, les enfants seraient illégitimes sans mariage civil, même après la bénédiction nuptiale. L'Église n'admet jamais d'autre dissolution du mariage que celle qui est causée par la mort naturelle de l'un des époux ; tandis que l'État en France admet la dissolution dans plusieurs cas, comme dans celui de mort civile et de divorce établi par la loi politique.

Plusieurs causes, parmi lesquelles il faut mentionner surtout les écrits soi-disant philosophiques du dix-huitième siècle, ont amené en France une forte réaction contre les idées chrétiennes et catholiques. Ce mouvement moral anti-religieux, agrandi et soutenu par l'énergie du bouleversement politique de 1789, est presque toujours resté allié à un mouvement réformateur dans l'ordre des choses sociales ; de telle sorte qu'on s'est cru logiquement obligé d'être impie pour être vraiment libéral. C'est ainsi que cet esprit hostile au catholicisme se trouve surtout exalté parmi les hommes qui ont donné le plus de garantie aux libertés politiques. Ceux-là, en concert et de très-bonne foi, s'élèvent sans cesse avec force contre ce qu'ils appellent les envahissements du spirituel sur le temporel. L'école doctrinaire, beaucoup plus instruite et plus sérieuse, s'est toujours distinguée de ses amis politiques par l'appui qu'elle s'est empressée de porter à tous les éléments sociaux qu'elle a trouvés établis, éléments catholiques, éléments aristocratiques, éléments populaires, éléments de toute sorte, s'efforçant de les faire vivre ensemble, sans préférence et sans exclusion. Comme c'est de l'opinion qu'on professe vis-à-vis des doctrines religieuses en général, et notamment en France actuellement vis-à-vis des lois catholiques relatives au mariage, que provient le parti qu'on est entraîné à prendre dans des questions législatives, comme le divorce et l'état civil des enfants, il nous a paru curieux de montrer comment se sont produits dans l'histoire le dogme religieux et le dogme civil qui constituent à des conditions diverses l'union de l'homme et de la femme, et de chercher si lorsque certains hommes se plaignent de l'envahissement de l'Église, l'Église n'avait pas plus de droit de se plaindre de leurs propres invasions.

Tout le monde sait que lorsque le christianisme s'établit, il agit sur la vieille société comme un dissolvant, c'est-à-dire qu'il ne reconnut en rien aucune des choses qu'elle avait établies, si ce n'est l'autorité civile, qu'il n'attaqua jamais de front et matériellement. Les apôtres se contentèrent de proclamer que les bases de la société des gentils étaient mauvaises; que leurs droits n'étaient pas des droits, leurs vertus des vertus; et ceux qui eurent foi dans les paroles des apôtres se détachèrent de l'ancienne société un à un, d'euxmêmes, et se présentèrent pour accepter volontairement et sans contrôle les lois qui constituaient le monde social des chrétiens. Ainsi, le paganisme mourut d'inanition; tous les hommes passèrent du côté du Christ, et les vieilles idoles finirent par se trouver seules dans leurs temples. Or, voici venir maintenant les dogmes nouveaux que les catéchumènes ou initiés acceptaient pour être chrétiens. Un habitant de l'empire romain, soumis par conséquent aux lois civiles de son pays, était régulièrement marié lorsqu'il s'était uni à une femme selon le mode indiqué par cette loi. Comme elle permettait le concubinage avec plusieurs femmes simultanées ou consécutives, que les esclaves ne pouvaient pas se marier légalement, et que les soldats avaient une façon de le faire fort commode et expéditive, le mariage des citoyens romains avec des formules compliquées ne s'observait que par un petit nombre d'individus. Mais enfin, ces formules remplies, ces cérémonies faites, le citoyen romain était valablement marié. Aussitôt qu'il devenait chrétien, toutes ces croyances d'autrefois étaient non avenues; ce qu'il avait considéré comme valable et légal était nul à ses yeux, et la loi des chrétiens qu'il avait adoptée professait à cet égard d'autres principes. C'est qui arriva entre autres choses pour le mariage. Les apôtres et les chefs ou évêques, dont tout initié acceptait l'autorité sans condition, prescrivirent un mode nouveau selon lequel uniquement on pouvait se considérer comme marié. Ce mode était dépouillé de toutes les complications qui s'introduisirent plus tard, mais suffisait néanmoins, parce que la foi était neuve, ardente, et que la parole de l'évêque était un axiome dont personne n'avait jamais eu la pensée de douter. Lorsqu'un chrétien voulait se marier, il choisissait une femme à son gré, dont la famille agréait la sienne, et à l'instant même, une fois le consentement de la jeune fille obtenu, il la prenait par la main, l'emmenait seule chez lui, lui jurait sur l'Évangile d'être toujours son époux, et en quatre mots et en deux minutes le mariage était opéré (*Cod.*, liv. V, tit. IV, l. 22). Un serment fait sur l'Évangile, voilà la première forme du mariage chrétien.

Cette forme simple de l'union de l'homme et de la femme a suffi trois siècles à la société chrétienne, qui couvrait déjà tout l'empire romain. Le dogme apostolique était dans toute l'énergie de son autorité; la parole d'un homme donnée à une femme servait de garantie à la morale, aux intérêts matériels de la famille et à l'état civil des enfants. Le concubinage était bien encore souffert par le christianisme, mais il n'admettait plus plusieurs femmes simultanées; cette union imparfaite réunissait momentanément un homme et une femme, et le serment sur l'Évangile était la seule chose qui lui manquait pour constituer un mariage réel. Il arriva que parmi ces millions de néophytes qui réclamèrent la force du baptême et l'entrée dans la société des chrétiens, plusieurs abusèrent de cette facilité du mariage, qui leur livrait la pudeur d'une vierge sur un simple serment de tête-à-tête. Quand vinrent d'autres désirs, ils oublièrent qu'ils avaient juré d'être et de rester toujours époux ; de pauvres femmes, enceintes ou déjà mères, s'en allèrent trouver leurs évêques, en se plaignant d'avoir été trompées, elles et leurs enfants. Alors, à ce point où la sainte promesse faite sur l'Évangile commençait à n'être plus assez forte pour enchaîner l'union d'un homme et ne pouvait plus tenir en balance la tumultuarité de ses passions, les évêques appelèrent à leur secours une influence nouvelle. Et il parait que les plaintes étaient nombreuses et fondées, et que la supercherie des néophytes échappait dans toute l'étendue de l'empire romain à l'action de la loi. L'empereur Justinien s'en exprime en termes qui montrent la nécessité d'une forme nouvelle du mariage en même temps qu'ils constatent la forme que nous venons d'indiquer. « Au milieu des réclamations qui nous sont si souvent adressées, dit-il, nous avons remarqué les gémissements des femmes qui viennent se plaindre à nous à chaque instant, disant que des hommes, épris du désir de leurs charmes, les emmènent dans leurs maisons, leur jurent, en touchant les saintes Écritures, qu'ils seront désormais leurs légitimes époux, les gardent en effet pendant plusieurs années, et puis, quand elles sont devenues mères, pleins du dégoût qui leur est survenu, les chassent sans pitié en retenant même leurs enfants. Or, nous avons jugé nécessaire d'établir que si une femme peut prouver légalement qu'elle a été ainsi épousée, et qu'un homme l'a conduite dans sa maison avec la promesse qu'elle serait son épouse et la mère légitime de ses enfants, il ne soit point loisible à cet homme de la renvoyer en dehors des prévisions de la loi; nous voulons au contraire qu'il la garde comme épouse légitime, que les enfants soient déclarés siens, et que si la femme n'a pas eu de dot constituée, elle profite du bénéfice de notre constitution (*novelle* 35, chap. 7), et conserve le quart des biens de son mari, soit qu'elle divorce, soit qu'elle devienne veuve. » (*Novelle* 24, chap. 4).

Quand la *novelle* de Justinien eut été promulguée, on institua le moyen légal dont elle parle, et qui devait servir à la femme pour constater le serment que lui avait fait son époux. Jusqu'alors ce serment s'était fait en tête-à-tête, au milieu de l'effusion d'un premier mouvement d'amour ; mais, pour prévenir l'oubli de cette sainte promesse, on appela deux ou trois amis du mari pour servir de témoins. Voilà la seconde forme du mariage chrétien. Il semblait au premier abord que cette précaution servirait de garantie au mariage; mais la fraude du mari s'augmenta de la fraude des témoins : par une connivence de jeunes gens avec un esprit de coupable libertinage, ils affectaient de détourner la tête quand le serment était prononcé ; et plus tard, lorsqu'une mère abandonnée en appelait à leur foi devant l'évêque, ils répondaient qu'ils n'avaient rien vu. Le moment le plus important de la société, et d'enchaîner si bien l'homme et la femme que tous les intérêts qui se rattachent au mariage fussent suffisamment protégés. L'Église, par l'organe de Justinien, promulgua une loi nouvelle, à l'action de laquelle il n'était plus possible d'échapper. L'époux était forcé de conduire la jeune femme à l'une des maisons où les chrétiens s'assemblaient pour prier, et de déclarer formellement au prêtre qui en était le chef (*defensori*) qu'il la choisissait pour être la mère de ses enfants. Le prêtre, assisté de trois ou quatre élus, rédigeait une attestation en ces termes : « Sous telle indiction, tel mots, tel jour, telle année de l'empire, tel consulat, tel homme, telle femme, venus en cette église, y ont été mariés...... » L'époux et l'épousé signaient la déclaration, ainsi que le prêtre et les trois ou quatre élus, ou un plus grand nombre; puis la déclaration, portant au moins trois signatures, était placée par le prêtre dans les archives de l'église, c'est-à-dire dans le lieu où étaient conservés les vases sacrés. « Nous prenons ces dispositions, ajoute la loi, parce que nous tenons pour suspecte la déclaration des témoins. » (*Novell. Justin.*, 74, chap. 14). Voilà la troisième forme des mariages chrétiens.

Maintenant l'acte du mariage est formulé d'une manière si explicite, il s'environne de tant de circonstances positives, qu'on peut le considérer comme définitif et complet, comme certain et officiel. Il avait fallu lutter contre les vieilles habitudes du paganisme, inspirer à des hommes encore peu affermis dans la foi chrétienne la haute idée que la religion nouvelle concevait du mariage, et le respect inviolable dont était à ses yeux la parole d'un homme à une femme. Désormais l'union des sexes va se sanctifier davantage; le concubinage disparaîtra peu à peu devant les défenses du christianisme, et enfin la bénédiction nuptiale s'introduira. Cette dernière moitié du mariage chrétien, qui la complète en le mêlant au culte et aux prières publiques, fut instituée par la constitution 89 de l'empereur Léon, qui avait déjà établi les cérémonies religieuses pour l'adoption des enfants dans sa *novelle* 74. Il résulte même des paroles remarquables de la loi, que la bénédiction nuptiale constitua expressément le mariage à elle seule, et que ce fut une quatrième forme de l'union conjugale des chrétiens.

« . . . . Nous ordonnons que les mariages soient confirmés par la bénédiction, de telle sorte que si un homme et une femme se réunissaient sans l'avoir obtenue, ils ne pourraient pas se nommer du titre d'époux ; et il leur serait interdit de profiter jamais des droits que donne le mariage, car il ne peut pas y avoir de milieu juste et raisonnable entre le mariage et le célibat. Êtes-vous séduit par le désir de la vie conjugale, observez les lois et nécessités de cette union. En trouvez-vous les devoirs trop pénibles, alors vivez célibataire; mais ne souffrez pas le mariage par l'adultère, ou ne couvrez pas votre libertinage sous un faux semblant de célibat ! » (Léon, *novelle* 89).

Voilà maintenant le mariage chrétien arrivé au dernier développement qu'il pouvait atteindre dans son idée et dans sa forme; c'est une union formée sous les auspices du Christ, et réalisée selon le mode de sa loi. Cette union n'a pas été conçue et exécutée d'un jet; elle s'est successivement modifiée et agrandie, de manière à atteindre son objet à proportion qu'il se déplaçait et s'agrandissait lui-même. On conçoit facilement cette progression des idées chrétiennes, si l'on songe que l'Évangile est un code social, et que Dieu s'y manifeste comme un nouveau lien selon lequel seront unis tous les hommes. Or, en s'établissant, le christianisme avait affaire à des hommes de tant d'espèces qu'il lui eût été impossible de se généraliser trop promptement. Il a fallu près de quatre siècles pour arrêter la forme définitive du mariage; encore verrons-nous un quatrième qui lui sera ajouté par le pape Innocent III. Tel qu'il est constitué par la *novelle* de l'empereur Léon, le mariage ne s'appliquait encore qu'aux classes instruites : car les affranchis, le menu peuple, les esclaves et les soldats se mariaient toujours sur la simple promesse verbale, selon la *novelle* 74 de Justinien, qui n'était pas abrogée. Une fois la loi chrétienne du mariage nettement posée, restaient les cas d'application et les difficultés qu'ils firent naître. Les pères avaient été comme les publicistes qui s'étaient chargés de justifier philosophiquement la synthèse sociale du christianisme ; les papes en furent le pouvoir exécutif, en publiant directement ses lois, et les conciles en fixèrent la jurisprudence. C'est sous Innocent III que les difficultés qui survenaient au mariage par des parentés mal déterminées, incertaines et même inconnues, furent levées définitivement : ce pape institua la publication des bans faite dans les églises. Ainsi, depuis le treizième siècle, rien ne manque au mariage chrétien; il n'y a pas d'obstacle qu'il ne surmonte, et pas de besoin social auquel il ne puisse se prêter. Or, où étaient, au treizième siècle, les magistrats civils, la loi civile, et toutes les choses d'hier selon lesquelles se fait maintenant en France l'acte du mariage? Quel air se donnent ceux qui vont se plaignant que le catholicisme les envahit? Qui est le premier venu en France, du catholicisme, qui y était sous Néron, ou du code Bonaparte, publié en 1803?

Nous n'avons qu'une chose à ajouter pour juger ces publicistes qui se ruent si insolemment sur ces vieilles doctrines : le christianisme a servi de lien à tous les peuples européens quand ils étaient formés de mille éléments hétérogènes ; il a été loi religieuse, loi morale, loi civile, loi politique, quand il n'y avait rien de tout cela ; il a établi l'ordre quand il y avait partout le chaos : il serait plaisant qu'ayant été bon au milieu de tant de difficultés sociales, il cessât de l'être quand ces difficultés sont aplanies, et aplanies par lui, ce qui est plus fort.

A. GRANIER DE CASSAGNAC, député au Corps législatif.

BENEDIKTOF (WLADIMIR), poëte lyrique russe, qui est parvenu dans ces derniers temps à une grande et juste réputation. Élevé à l'Institut des cadets de Saint-Pétersbourg, il entra d'abord au service militaire, et passa ensuite dans l'administration des finances. Obéissant à une irrésistible vocation, il composait depuis longtemps des vers en secret, lorsqu'un de ses amis le surprit par hasard dans un de ses moments de travail poétique. Ravi de la beauté des vers dont il le força en quelque sorte à lui donner communication, celui-ci le détermina à les publier, et on les imprima en 1835. Le succès en fut vraiment extraordinaire, et toute la Russie les lut avec une juste admiration; ils brillent en effet par l'enthousiasme vrai qu'inspire au poète une profonde contemplation de la nature. Les pièces les plus remarquables de ce recueil ont pour titre : *les Trois Formes*, *la Mer* et *le Tombeau*.

BÉNÉFICE (*Droit*). Au sens le plus général, c'est une exception favorable que la loi admet dans certains cas déterminés. Il y a des bénéfices de plusieurs espèces.

Les *bénéfices d'âge* est une espèce de bienfait, de faveur ou de privilége accordé à l'âge par la loi. L'homme âgé de soixante-cinq ans accomplis, par exemple, peut refuser d'être tuteur; celui qui a côté même avant cet âge peut, à soixante-dix ans, se faire décharger de la tutelle. — La contrainte par corps ne peut être prononcée en matière civile contre ceux qui ont atteint leur soixante-dixième année, excepté dans le cas de stellionat. On peut également à cet âge se faire dispenser de remplir les fonctions de juré. — Les citoyens âgés de cinquante ans peuvent sur leur demande se faire dispenser du service de la garde nationale, sans que ce soit une raison absolue pour les rayer du contrôle, s'ils présentent toutes les garanties exigées.

Dans l'ancienne législation française on appelait *lettres de bénéfice d'âge* des lettres de la grande chancellerie ou des chancelleries établies près les parlements, en vertu desquelles un mineur orphelin obtenait le droit d'administrer ses biens immeubles, sans pouvoir toutefois les aliéner ou les engager, et de disposer de ses biens meubles en toute liberté. Les garçons devaient avoir au moins vingt ans pour obtenir ces lettres, et les filles dix-huit. L'usage en a été aboli par la loi du 7 septembre 1790. On appelait encore autrefois *lettres de bénéfice d'âge* celles qui permettaient à un mineur de traiter d'un office et de se faire recevoir avant sa majorité.

Le *bénéfice de compétence* était dans le droit ancien un privilége particulier accordé à certaines personnes, en vertu duquel le débiteur poursuivi en payement de sa dette et discuté dans ses biens pouvait retenir ce dont la jouissance lui était nécessaire pour subsister. Ce bénéfice appartenait, entre autres, au donateur poursuivi en payement de la donation par le donataire, et aux ascendants et descendants poursuivis les uns par les autres en payement de toute espèce de dettes civiles. Le code n'a pas renouvelé explicitement ces dispositions ; Proudhon est cependant d'avis qu'elles sont encore en vigueur.

Le *bénéfice de cession* est accordé par la loi au débiteur failli, malheureux et de bonne foi, qui peut alors faire en justice l'abandon de tous ses biens à ses créanciers pour avoir la liberté de sa personne. *Voyez* CESSION DE BIENS.

Le *bénéfice de discussion* est l'exception que peut opposer celui qui, n'étant obligé à la dette que pour un autre, ou comme caution, demande que le débiteur principal soit poursuivi préalablement.

Suivant l'ancien droit romain, on devait *discuter* le débiteur avant de pouvoir attaquer le tiers acquéreur des biens de celui-ci ; mais cette jurisprudence a varié, et il était seulement resté pour certain que la caution pouvait exiger qu'on discutât le débiteur et ses héritiers avant de s'adresser à elle.

Dans les anciennes coutumes, les différences étaient notables, et les principes ne recevaient pas toujours la même application. Ainsi, par la *Coutume de Paris*, les détenteurs d'héritages obligés ou hypothéqués à une dette étaient tenus de la payer, ainsi que les intérêts ou arrérages, tandis que s'il ne s'agissait que d'une *simple obligation*, on devait discuter le principal obligé avant de pouvoir agir contre le tiers détenteur. Mais le Code Civil a prescrit une règle uniforme : suivant l'art. 2021, la caution n'est obligée envers le créancier à le payer qu'à défaut du débiteur, qui doit être préalablement discuté dans ses biens, à moins que la caution n'ait renoncé au bénéfice de discussion, ou à moins qu'elle ne soit obligée solidairement avec le débiteur. Toutefois, le créancier n'est obligé de *discuter* le débiteur principal que lorsque la caution le requiert, sur les premières poursuites dirigées contre elle ; et encore dans ce cas la caution doit-elle indiquer au créancier les biens du débiteur principal, et avancer les deniers suffisants pour faire la discussion. Bien plus, elle ne doit indiquer ni les biens du débiteur principal situés hors de l'arrondissement de la cour d'appel du lieu où le payement doit être fait, ni les biens litigieux, ni ceux hypothéqués à la dette qui ne sont plus en la possession du débiteur. Telles sont les dispositions précises de la loi ; mais si telles sont ses exigences contre la caution, elle devient sa protectrice aussitôt que ses prescriptions ont été remplies : ainsi, toutes les fois que la caution a fait l'indication des biens dont il vient d'être parlé, et qu'elle a fourni les deniers suffisants pour la discussion, le créancier est, jusqu'à concurrence des biens indiqués, responsable, à l'égard de la caution, de l'insolvabilité du débiteur principal survenue par le défaut de poursuites.

Le tiers détenteur d'un immeuble hypothéqué au payement d'une dette devient, par le fait de la possession, obligé au payement de cette dette ; néanmoins, s'il ne s'est pas engagé personnellement, il peut s'opposer à la vente de l'héritage hypothéqué qui lui a été transmis, s'il est demeuré d'autres immeubles hypothéqués à la même dette dans la possession du principal ou des principaux obligés ; il peut alors en requérir la *discussion* préalable, et pendant cette discussion il est sursis à la vente de l'héritage hypothéqué. Mais cette exception, bonne dans les cas d'une hypothèque ordinaire ou générale, ne peut être invoquée lorsque le créancier a privilège ou hypothèque spéciale sur l'immeuble.

Il y a une espèce de *discussion* que le débiteur même peut opposer avant qu'on puisse vendre l'immeuble saisi sur lui : c'est lorsque cet immeuble n'est pas hypothéqué à sa dette, et qu'il en possède d'autres qui sont hypothéqués : telle est la disposition formelle de l'art. 2209 du Code Civil, suivant lequel « le créancier ne peut poursuivre la vente des immeubles qui ne lui sont pas hypothéqués que dans le cas d'insuffisance des biens qui lui sont hypothéqués. »

Le Code Civil a abrogé les lois et les coutumes qui, dans quelques parties de la France, voulaient que le mobilier des majeurs fût discuté avant qu'on pût faire vendre leurs immeubles ; mais par l'art. 2206 il défend de mettre en vente les immeubles d'un mineur, même émancipé, ou d'un interdit, avant la discussion du mobilier. Et cependant il ajoute, art. 2207, que « la discussion du mobilier n'est pas requise avant l'expropriation des immeubles possédés par un majeur et un mineur ou interdit, si la dette leur est commune, ni dans le cas où les poursuites ont été commencées contre un majeur, ou avant l'interdiction ».

Le *bénéfice de division* est la faculté accordée aux coobligés non solidaires et aux cautions d'une même dette d'exiger que les poursuites contre eux soient réduites à leur portion.

Ces expressions, parfaitement claires, du Code Civil dispensent de toute autre définition. Au surplus, il ne s'agit point d'une disposition introduite dans les lois modernes : l'origine du bénéfice de division remonte aux constitutions de l'empereur Adrien, et l'effet en est tel que lorsque le créancier recherche un des fidéjusseurs pour le payement de la dette entière, ce fidéjusseur peut, ainsi que nous venons de le dire, se contenter de payer sa portion, en demandant que le surplus soit acquitté par les autres fidéjusseurs.

Mais si l'un d'eux n'est pas solvable, et si l'insolvabilité est antérieure à la demande, la caution est tenue proportionnellement de cette insolvabilité. Au contraire, elle ne peut plus être recherchée à raison des insolvabilités survenues depuis la division. Bien plus, si le créancier a divisé lui-même et volontairement son action, il ne peut plus revenir contre cette division, quoiqu'il y eût, même antérieurement au temps où il l'a ainsi consentie, des cautions insolvables.

Observons, du reste, que le bénéfice de division ne peut plus être invoqué dès que les cautions se sont obligées solidairement ; le créancier, dans ce cas, peut s'adresser à celui des débiteurs qu'il veut choisir, et l'expression de la solidarité vaut une renonciation formelle à tous les avantages qui peuvent résulter de la loi quant à la division et à la discussion.

[*Bénéfice d'inventaire.*] Il arrive fréquemment que les successions se présentent sous un aspect embarrassant : la masse des dettes peut paraître tellement considérable qu'elle semble surpasser la valeur des biens, rendre au moins problématique l'avantage qui peut résulter de la succession, ou faire considérer cet avantage comme peu capable de dédommager l'héritier présomptif des soins et des inquiétudes que la liquidation doit lui causer. La loi a dû venir au secours des hommes de bonne foi : elle n'a pas voulu tendre un piège à l'empressement ordinaire des héritiers ; et c'est pour mettre à couvert leurs intérêts importants qu'elle a autorisé l'acceptation des successions *sous bénéfice d'inventaire*.

L'établissement de cette forme d'acceptation remonte à une époque très-ancienne. L'institution n'eut lieu d'abord qu'en faveur des soldats, que les devoirs du service militaire devaient naturellement empêcher de reconnaître la une succession en état plus ou moins avantageuse, plus ou moins onéreuse. Ce fut l'empereur Gordien qui leur accorda le privilège de n'être pas obligés, sur leurs propres biens, aux charges de l'hérédité, et ce bienfait fut ensuite étendu par l'empereur Justinien à tous les autres héritiers. Ainsi donc le bénéfice d'inventaire est défini par les jurisconsultes : un privilège que les lois accordent à l'héritier, et qui consiste à l'admettre à la succession du défunt sans lui imposer des charges plus grandes que la valeur des biens dont cette succession est composée, pourvu qu'il ait fait inventaire dans le temps déterminé par ces lois.

En général, tout héritier majeur et jouissant de ses droits peut exercer son choix entre l'acceptation pure et simple et le bénéfice d'inventaire. Mais la loi, qui veille spécialement à ce que les intérêts des personnes qui ne peuvent se défendre ou contracter elles-mêmes ne soient point compromis par des opérations hasardeuses, n'a pas permis que l'hérédité fût appréhendée en leur nom avant qu'on pût en connaître la consistance réelle : et de là vient la nécessité de n'accepter une succession qu'à cette condition pour des mineurs et des interdits. Il est cependant des cas où l'héritier *majeur* peut être privé ou déchu du *bénéfice d'inventaire* : par exemple, s'il s'est rendu coupable de recel, c'est-à-dire s'il a détourné ou caché quelques effets de la succession; s'il a sciemment et de mauvaise foi omis de comprendre dans l'inventaire des biens dépendant de cette succession; si enfin, hors le cas d'exception, il a pris le titre et fait acte d'héritier absolu. Dans ces différentes hypothèses, il perd la faculté de renoncer, il demeure héritier pur et simple, et même il ne peut prétendre à aucune part dans les objets divertis ou recélés.

La déclaration d'un héritier qu'il entend ne prendre cette qualité que *sous bénéfice d'inventaire* doit être faite au greffe du tribunal de première instance dans l'arrondissement duquel la succession s'est ouverte. Telle est la disposition de l'article 793 du Code Civil; mais on conçoit que cet héritier ne doive pas rester d'une manière indéfinie dans cette situation provisoire et pour ainsi dire équivoque. On conçoit de même que les personnes intéressées à la liquidation de la succession puissent exiger que le titre d'héritier ne demeure pas trop longtemps dans l'incertitude : aussi les délais nécessaires pour procéder à l'inventaire et pour prendre une qualité définitive ont-ils été réglés par la loi. L'article 795 du Code Civil accorde à l'héritier pour faire inventaire trois mois, à compter du jour de l'ouverture de la succession. Il lui donne, de plus, pour délibérer sur son acceptation pure et simple, ou sur sa renonciation, un délai de quarante jours, et ce moment les qualités doivent être fixées. Mais il arrive parfois que des obstacles, des difficultés qu'il est impossible de prévoir, ou qui ne peuvent être promptement surmontés, rendent ces délais insuffisants. Dans ce cas l'héritier bénéficiaire peut réclamer une prérogative, et le tribunal saisi de la cause fait droit à sa demande ou la repousse, suivant les circonstances.

Nous ne décrirons pas tous les effets du bénéfice d'inventaire, toutes les formalités qu'il exige, toutes les obligations qu'il impose. Il nous suffira de dire que l'effet principal du bénéfice d'inventaire est de procurer à l'héritier l'avantage 1° de n'être tenu du payement des dettes que jusqu'à concurrence de la valeur des biens qu'il a recueillis, même de pouvoir se décharger de ce payement en abandonnant tous les biens de la succession aux créanciers et aux légataires; 2° de ne pas confondre ses biens particuliers avec ceux de la succession, et de réserver contre elle le droit de réclamer le payement de ce qu'elle lui doit. Mais s'il conserve tout à la fois le droit de renoncer à la succession et de ne pas compromettre sa propre fortune, il n'en est pas moins tenu de toutes les obligations d'un administrateur. Ainsi, quoique la loi établisse, comme on vient de le voir, une sage distinction entre les biens de la succession et ceux personnels à l'héritier bénéficiaire, ces derniers n'en sont pas moins la garantie de son administration, de telle sorte qu'il peut être contraint sur sa fortune particulière, après avoir été mis en demeure de présenter son compte, et faute par lui d'avoir satisfait à cette obligation.

Toutefois, il ne faut pas croire que la responsabilité de l'administration soit portée jusqu'au point de le rendre garant de toutes les fautes qu'il aura pu commettre. L'héritier bénéficiaire ne répond que des fautes graves que la loi assimile au dol. Il ne peut vendre les meubles de la succession que par le ministère d'un officier public, aux enchères et après les affiches et publications accoutumées. Quant aux immeubles, le même système de publicité doit être suivi : toutes les lois sur la procédure doivent être observées, et l'héritier bénéficiaire est tenu de déléguer le prix de la vente aux créanciers, dans l'ordre et de la manière réglés par ces mêmes lois.

Ce n'est pas tout encore : si les créanciers ou autres personnes intéressées l'exigent, l'héritier est obligé de fournir caution de la valeur du mobilier compris dans l'inventaire, et de la portion du prix des immeubles non déléguée aux créanciers hypothécaires. A défaut de ce cautionnement, les meubles sont vendus, et leur prix est *déposé*, ainsi que la portion non déléguée du prix des immeubles. Et à l'égard de la distribution, elle s'opère diversement suivant les cas. S'il y a des créanciers opposants, c'est-à-dire s'il y a des créanciers qui s'opposent à ce que la distribution soit faite hors de leur présence et à leur préjudice, l'héritier bénéficiaire ne peut payer que dans l'ordre et de la manière réglée par le juge. S'il n'y a pas d'opposants, il paye les créanciers et les légataires à mesure qu'ils se présentent. Il suit de là naturellement que les créanciers qui n'ont formé opposition qu'après l'apurement du compte de l'héritier et le payement du reliquat n'ont de recours à exercer que contre les légataires; et ceux-ci sont obligés de restituer, suivant le principe que le défunt n'a pu leur donner ce qui ne lui appartenait pas : *Nemo liberalis nisi liberatus*. Mais, dans tous les cas, le recours se prescrit par trois ans à dater du jour de l'apurement du compte et du payement du reliquat. Du reste, le compte doit être rendu en justice, conformément aux dispositions des articles 527 et suivants du Code de Procédure civile.

Durand, ancien procureur général].

BÉNÉFICE (*Droit féodal*). Dès les premiers temps de notre histoire, aussitôt après l'invasion et l'établissement des Germains sur le sol gaulois, on voit apparaître les bénéfices. Le mot *beneficium* désigna dès l'origine (et il l'exprime clairement) une faveur d'un supérieur à titre de récompense, de bienfait, et qui obligeait envers lui à certains services. Tacite dit que les chefs germains, pour s'attirer ou s'attacher des compagnons, leur faisaient des présents d'armes, de chevaux, les nourrissaient, les entretenaient à leur suite. Les dons de terres, les bénéfices, parurent ou du moins vinrent s'ajouter à ces présents mobiliers. Mais de là devait résulter, dans les relations du chef et de ses compagnons, un changement considérable. Les présents d'armes, de chevaux, les banquets, retenaient les compagnons autour du chef et dans une vie commune; les dons de terres, au contraire, étaient une cause infaillible de séparation. Parmi les hommes à qui leur chef donnait des bénéfices, plusieurs pirent bientôt l'envie d'aller s'y établir, et d'y devenir à leur tour le centre d'une petite société. Ainsi, peu à peu la grande nature, les noyeaux dons du chef à ses compagnons dispersèrent la bande, et changèrent les principes aussi bien que les formes de la société. Seconde différence féconde en résultats : la quantité des armes, des chevaux, des présents mobiliers, en un mot, qu'un chef pouvait faire à ses hommes, n'était pas limitée. Une affaire de pillage; une nouvelle expédition procurait toujours de quoi donner. Il n'en pouvait être ainsi des présents de terres : c'était beaucoup sans doute que l'empire romain à se partager; cependant la main n'était pas inépuisable; et quand un chef avait donné les terres du pays où il s'était fixé, il n'avait plus rien à donner pour gagner d'autres compagnons, à moins de changer sans cesse de résidence et de patrie, habitude qui se perdait de plus en plus. De là un double fait, partout visible, du cinquième au neuvième siècle : d'une part, l'effort constant des donateurs de bénéfices pour les reprendre dès que cela leur convient, et s'en faire un moyen d'acquérir d'autres compagnons ; d'autre part, l'effort également constant des bénéficiers pour s'assurer la possession pleine et immuable des terres, et s'affranchir même de leurs obligations envers le chef, auprès duquel ils ne vivent plus, dont ils ne partagent plus toute la destinée.

C'était là le fait ; mais quel était le droit ? L'amovibilité arbitraire absolue des bénéfices se peut-elle supposer ? Il y a dans cette seule expression quelque chose qui répugne à la nature même des relations humaines. Sans nul doute, le roi ou tout donateur de bénéfices qui se trouvait plus puissant que le donataire reprenait ses dons quand il en avait envie ou besoin : cette instabilité, cette lutte violente, était continuelle. Mais quel fut l'état légal de ce genre de propriété, que les possesseurs de bénéfices reconnussent aux donateurs le droit de les leur retirer dès qu'il leur plaisait, aucun témoignage ne le prouve. On voit partout, au contraire, les bénéficiers réclamer contre l'iniquité d'une telle spoliation, et soutenir qu'on ne doit leur reprendre les bénéfices que lorsqu'ils ont manqué de leur côté à la foi promise. A condition de la *fidélité* du bénéficier, la possession du bénéfice doit être stable et paisible : c'est là le droit, la règle morale établie dans les esprits. « Si quelque terre a été enlevée à quelqu'un *sans faute de sa part*, dit le traité d'Andelot, qu'elle lui soit rendue. »

La propriété bénéficiaire affecta-t-elle quelque temps la forme légale d'une concession à terme fixe, d'une sorte de bail, de fermage ? Les contrats à terme fixe, à conditions précises et de courte durée, sont des combinaisons délicates, difficiles à faire observer, qui ne se pratiquent guère que dans des sociétés assez avancées, bien réglées, et où existe un pouvoir capable d'en procurer l'exécution. On rencontre cependant, du sixième au neuvième siècle, des bénéfices qui paraissent temporaires : en voici, je crois, l'origine. Dans la législation romaine, on appelait *precarium* la concession gratuite de l'usufruit d'une propriété pour un temps limité et en général assez court. Après la chute de l'empire, les églises affermèrent souvent leurs biens pour un cens déterminé, et par un contrat dit aussi *precarium*, dont le terme était communément d'une année. Plus d'une fois, sans doute, pour s'assurer la protection ou détourner l'hostilité d'un voisin puissant, une église lui concéda gratuitement cette jouissance temporaire de quelque domaine ; plus d'une fois aussi le concessionnaire, se prévalant de sa force, ne paya point le cens convenu et retint cependant la concession. A coup sûr, l'usage ou l'abus de ces *precaria* ou bénéfices temporaires sur les biens de l'Église devint assez fréquent, car dans le cours du septième siècle on voit les rois et les maires du palais employer auprès des églises leur crédit, ou plutôt leur autorité, pour faire obtenir à leurs clients des usufruits de ce genre : « A la recommandation de l'illustre Ébroïn, maire du palais, le nommé Jean obtint du monastère de Saint-Denis le domaine dit *Taberniacum*, à titre de précaire. » Quand Charles-Martel s'empara d'une partie des domaines de l'Église pour les distribuer à ses guerriers, l'Église réclama vivement contre cette spoliation. Pépin, devenu chef des Francs, avait besoin de se réconcilier avec l'Église ; mais comment lui rendre ses domaines ? Il aurait fallu déposséder des hommes dont Pépin avait besoin encore plus que de l'Église, et qui se seraient plus efficacement défendus. Pour se tirer d'embarras, Pépin et son frère Carloman rendirent ce capitulaire : « .... A cause des guerres qui nous menacent et des attaques des nations qui nous environnent, nous avons décidé que, pour le soutien de nos guerriers,... nous retiendrions quelque partie, à titre de *précaire*, et sauf le payement d'un cens, une partie des biens des églises..... Si celui qui jouit dudit bien vient à mourir, l'église rentrera en possession. Si la nécessité nous

y contraint, et si nous l'ordonnons, le *précaire* (bail) sera renouvelé. » Charles le Chauve prescrivit, que, *selon l'ancien usage*, la durée du bénéfice *in precario* serait de cinq ans, et que tous les cinq ans le bénéficier serait tenu de faire renouveler son titre. La plupart de ces domaines ne furent jamais rendus, et le cens fut très-inexactement payé. De là cependant des bénéfices à forme temporaire, des termes tenues pour un temps déterminé ; mais on ne saurait considérer ce fait comme un état légal de la propriété bénéficiaire en général, un des degrés par lesquels elle a passé.

De temporaires, dit-on, les bénéfices devinrent viagers : c'est leur troisième degré ; c'est bien plus, c'est leur véritable état primitif, habituel, le caractère commun de ce genre de concessions : ainsi le voulait la nature même des relations que les bénéfices étaient destinés à perpétuer. Avant l'invasion, quand les Germains erraient sur les frontières romaines, la relation du chef aux compagnons était, purement personnelle : le compagnon n'engageait à coup sûr ni sa famille ni sa race, il n'engageait que lui-même. Après l'établissement, et quand les Germains eurent passé de la vie errante à l'état de propriétaires, il en fut encore ainsi : le lien du donateur au bénéficier était encore considéré comme personnel et viager ; le bénéfice devait l'être également. La plupart des documents de l'époque, en effet, le disent expressément ou le supposent. En 585, « Wandelin, qui avait élevé le jeune roi Childebert, mourut ; tous les biens qu'il avait reçus du fisc retournèrent au fisc. »

A toutes les époques cependant, au milieu des bénéfices viagers, on trouve des bénéfices héréditaires : il n'y a pas lieu de s'en étonner, et ce n'est pas à l'avidité seule des possesseurs qu'il faut imputer cette tendance si prompte à l'hérédité qui se manifeste dans l'histoire des bénéfices : ainsi le voulait la nature même de la possession territoriale. L'hérédité est son état normal, le but vers lequel elle tend dès qu'elle existe. Cette tendance se manifeste, en effet, dès l'origine des bénéfices, et à toutes les époques ; elle atteignit quelquefois son but. Les formules de Marculf contiennent celle-ci, qui prouve que les concessions héréditaires étaient déjà à la fin du septième siècle une pratique usitée : « Nous avons concédé à l'illustre N. le domaine ainsi dénommé. Nous ordonnons par le présent décret, lequel doit subsister à toujours, qu'il conservera à perpétuité ledit domaine, le possédera à titre de propriétaire, et en laissera la possession, après sa mort, à ses descendants, soit à qui il voudra. » A partir de Louis le Débonnaire, les concessions de ce genre deviennent fréquentes ; les exemples abondent dans les diplômes de ce prince et de Charles le Chauve. Enfin, ce dernier reconnaît formellement, en 877, l'hérédité des bénéfices ; et à la fin du neuvième siècle c'est là leur condition commune et dominante, de même que dans les sixième et septième siècles la condition viagère avait été le fait général. Ainsi, la propriété bénéficiaire n'a point passé, du cinquième au dixième siècle, par quatre états successifs et réguliers, l'amovibilité arbitraire, la concession temporaire, la concession viagère et l'hérédité : ces quatre états se rencontrent à toutes les époques. La prédominance primitive des concessions à vie, et la tendance constante à l'hérédité, qui finit par triompher, voilà les seules conclusions générales qu'on puisse déduire des monuments.

En même temps que la propriété bénéficiaire devenait héréditaire et stable, on même temps elle devenait générale, c'est-à-dire que la propriété territoriale prenait presque partout cette forme. L'argent était rare ; la terre était, pour ainsi dire, la monnaie la plus commune, la plus disponible ; on l'employa à payer toute sorte de services. Les possesseurs de vastes domaines les distribuèrent à leurs compagnons à titre de salaire, et tout grand propriétaire, lès ecclésiastiques comme les laïques, Eginhard comme Charlemagne, payaient ainsi la plupart des hommes libres qu'ils employaient : de là la rapide division de la propriété foncière et la multitude des petits bénéfices. Une seconde cause, l'usurpation, en accrut aussi beaucoup le nombre. Les chefs puissants qui avaient pris possession d'un vaste territoire avaient peu de moyens de l'occuper réellement et de le préserver de l'invasion : il était aisé à des voisins, au premier venu, de s'y établir et de s'en approprier telle ou telle partie. On lit dans la vie anonyme de Louis le Débonnaire qu'en Aquitaine, les grands ne s'occupant que de leurs propres intérêts et négligeant les intérêts publics, les domaines royaux étaient partout convertis en propriétés privées : d'où il arrivait que Louis n'était roi que de nom et manquait presque de tout. Et lorsqu'en 846 les évêques donnent à Charles le Chauve des conseils sur la meilleure manière de relever sa dignité et sa puissance : « Beaucoup de domaines publics, lui disent-ils, vous ont été enlevés, tantôt par la force, tantôt par la fraude.... on les a retenus à titre soit de bénéfices, soit d'alleux. » Il y avait aussi une grande quantité de terres désertes, incultes : des hommes chassés de leur domicile ou encore errants, ou bien des moines, s'y établirent, et les cultivèrent. Quand elles eurent pris de la valeur, souvent un voisin puissant les revendiqua pour les concéder ensuite, à titre de bénéfices, à ceux qui les occupaient. Enfin, et en vertu d'une pratique connue sous le nom de *recommandation*, une foule d'alleux furent convertis en bénéfices.

Les bénéfices ont donné naissance à l'aristocratie féodale; mais dans tous les rangs, sauf la servitude absolue, se rencontraient des bénéficiers. Plus tard nous retrouverons les bénéfices sous le nom de fiefs. *Voyez* FIEF, FÉODALITÉ, CHARLEMAGNE. F. GUIZOT, de l'Académie Française.

BÉNÉFICE (Représentation à). *Voyez* REPRÉSENTATION A BÉNÉFICE.

BÉNÉFICE DE CLERGIE. Longtemps le mot de *clerc* fut synonyme d'homme instruit, et on appela *clergie* le savoir, l'instruction. Au moyen âge la société, toute rude et ignorante qu'elle fût, comprenait si bien de quelle utilité lui étaient ceux de ses membres qui, possédant une certaine teinture des lettres, voire sachant seulement lire, pouvaient passer pour *clercs*, qu'elle leur accordait la vie lorsqu'ils venaient à être condamnés à mort en raison de quelque crime. Ce privilége fut aussi établi en Angleterre par Guillaume le Roux, au onzième siècle. Les termes du statut royal qui consacre cette étrange immunité sont des plus curieux; le préambule explique que la rareté des sujets propres à remplir les fonctions ecclésiastiques était si grande en Angleterre, qu'il convient d'accorder au clergé un privilège en vertu duquel, si un homme sachant lire est condamné à mort, l'évêque diocésain aura le droit de le réclamer comme *clerc*, et pourra, la preuve de son savoir une fois faite, lui confier dans son diocèse telles fonctions qu'il lui plaira. La condamnation à mort n'aura d'effet qu'autant que le coupable ou le demandeur ne pourra pas prouver qu'il sait lire ou ne sera pas réclamé par son évêque. Un statut rendu par Henri VII décida que le *bénéfice de clergie* (c'est le nom donné à cette immunité) ne pourrait être invoqué qu'une seule fois en sa vie par le même individu. Toutefois, du moment qu'il était question de haute trahison envers le roi, il n'y avait plus de *bénéfice de clergie* qui tînt, et l'accusé, clerc ou non, était soumis à ce grand principe de l'égalité devant la loi, qu'il a fallu tant de siècles, tant de luttes et tant d'efforts pour faire proclamer et respecter.

BÉNÉFICES ECCLÉSIASTIQUES, ancien mode d'administration des biens ecclésiastiques, par lequel à chaque fonction du ministère religieux était attachée une partie de ces biens, dont jouissait un titulaire, à la charge de remplir cette fonction.

Il paraît qu'à une époque dont on ne saurait bien préciser la date, des évêques, pour se décharger des soins d'une distribution difficile des revenus de l'Église, donnèrent aux membres du clergé qui remplissaient des fonctions dans un lieu éloigné de leur siége, une certaine quantité de biens, au moyen desquels ces ecclésiastiques devaient pourvoir aux besoins divers du culte, à leur nourriture personnelle et à l'entretien des pauvres. Or cet usage, déjà en vigueur en 513, devint contagieux à une époque où le régime féodal se formait dans la société civile : l'établissement du régime bénéficial dans la société religieuse en fut la suite. Chaque église particulière divisa ses biens-fonds et ses revenus en autant de parts qu'on put trouver de fonctions distinctes. On investit de l'usufruit de ces biens en conférant la fonction; et les évêchés, les archevêchés, la papauté elle-même, tout fut érigé en bénéfices.

C'est vers la fin du onzième siècle, lorsque Grégoire VII aspirait, du haut du saint-siége, à la monarchie absolue sur la chrétienté, que les bénéfices s'établirent par le partage des biens réunis sous l'administration des évêques. A chaque office ecclésiastique fut attaché un bénéfice. L'idée qui avait présidé à la division des bénéfices militaires présida à la division des bénéfices ecclésiastiques. La terre de l'Église était donnée au prêtre, à la charge d'un devoir, d'une fonction sacerdotale, comme le bien du fisc au leude, au fidèle, au comte, à la charge du service militaire, ou d'une fonction administrative. La constitution des biens ecclésiastiques en bénéfices eut cet avantage qu'elle en assura l'administration, de même que la constitution du régime féodal dans la société civile assura l'ordre là où il ne pouvait être établi par un gouvernement général; mais le régime féodal dégénéra en une désastreuse aristocratie, qui faillit avoir en France de funestes résultats et qui dure encore dans une partie de l'Europe, parce que les fiefs, se transmettant aux enfants, finissaient par devenir héréditaires, tandis que l'Église rendait impossible la translation héréditaire des bénéfices en prescrivant le célibat aux prêtres.

Toutefois, le régime bénéficial eut des inconvénients : en divisant à l'infini les fonctions ecclésiastiques, il amena l'emploi d'un nombre d'hommes trop considérable, et causa ainsi un gaspillage inutile d'activité et de richesse. Tous les biens se trouvant partagés, quand on ordonnait plus de prêtres qu'il n'y avait de bénéfices à conférer, on jetait dans l'Église des ministres sans fonctions et sans moyens de subsistance. De là dans la chrétienté tout un ordre de mendiants qui n'avaient point fait vœu de pauvreté et se mettaient aux gages des ecclésiastiques pourvus, qu'ils suppléaient dans leurs fonctions et auxquels ils procuraient de gros loisirs, devenant aussi chapelains de seigneurs à l'humeur desquels ils accommodaient la religion. Par le système bénéficial, il y avait des prêtres qui faisaient peu, et d'autres qui, n'ayant rien à faire, étaient prêts à tout faire. Possédés par les uns, recherchés par les autres, les bénéfices excitaient l'avidité et l'ambition de tous.

Les canonistes ultramontains s'efforçaient de faire prévaloir et la propriété de l'Église sur tous les bénéfices, et le droit qu'avait le pape, chef de l'Église, de disposer en tout ou en partie de cette propriété. Les légistes des princes temporels repoussaient courageusement ces prétentions. Il en résulta une lutte qui dura des siècles, et l'Europe entière fut pour théâtre. Alors les papes cherchèrent à obtenir de la dévotion des bénéficiers ce qu'ils ne pouvaient plus espérer de la résistance des rois. Ils envoyèrent des Italiens en France, et firent en sorte qu'ils fussent admis aux bénéfices; mais les gallicans décidèrent que les papes ne pouvaient toucher aux fonds et aux revenus des bénéfices, même du consentement des bénéficiers, et que nul, s'il n'était Français, n'avait le droit de posséder un bénéfice en France.

Les bénéfices, dans leur dernier état, étaient devenus la proie des familles ambitieuses. Les biens de l'Église étaient détournés du but de leur institution, et d'immenses richesses se trouvaient gaspillées au profit de quelques-uns. Ainsi, tandis que d'honorables curés de campagne étaient réduits à vivre d'aumônes, des enfants voyaient s'amonceler autour de leur berceau de riches bénéfices, jusqu'au nombre de dix, vingt et plus. Bien qu'ils représentassent chacun une fonction, on en réunissait plusieurs sur une seule tête, en chargeant de remplir la fonction un ecclésiastique qu'on réduisait à la portion *congrue*. Le reste de la portion, ce qui n'était point congru, revenait au titulaire oisif.

Les bénéfices, depuis longtemps décriés par d'aussi honteuses dilapidations, furent supprimés en France par le décret du 2 novembre 1789, rendu sur la motion de Talleyrand, alors évêque d'Autun, mais plus spécialement encore par ceux des 12 et 24 août 1790, 10 et 18 février, 26 septembre et 16 octobre 1791, et du 13 brumaire an II. Ces lois abolitives chargèrent l'État de pourvoir, d'une manière convenable, aux frais du culte, à l'entretien des ministres et au soulagement des pauvres. C'était juste le triple but de l'établissement des bénéfices. En compensation de l'abandon fait par le pape de la propriété des bénéfices et autres biens ecclésiastiques, le concordat de 1801 stipulait que le gouvernement assurerait un traitement convenable aux évêques et aux curés.

Les bénéfices étaient ou *séculiers* ou *réguliers*. Les séculiers embrassaient l'archevêché, l'évêché, les dignités des chapitres et les chanoines sans prébende, avec prébende, ou à demi-prébende, les cures, les prieurés-cures, les vicaireries perpétuelles, les prieurés simples et les chapelles. Les réguliers comprenaient l'abbaye en titre, les offices claustraux ayant un revenu affecté, etc., etc. On divisait encore les bénéfices en *bénéfices sacerdotaux*, *bénéfices à charge d'âmes* et *bénéfices simples*. Les premiers étaient des dignités ecclésiastiques qu'on ne pouvait posséder sans être prêtre ou en âge de l'être au moins dans l'année. Les deuxièmes donnaient juridiction sur une certaine masse de peuple qu'on était chargé d'instruire : tels étaient les archevêchés, évêchés et cures. Les troisièmes, enfin, n'avaient ni charge d'âmes ni obligation d'aller au chœur, et n'obligeaient point à résidence : tels étaient les abbayes ou prieurés en commende et les chapelles tenues seulement à quelques messes qu'on pouvait faire célébrer par autrui. Il y avait des irrégularités qui empêchaient de posséder des bénéfices, telles que la bâtardise, la bigamie, la mutilation, les crimes infamants, l'hérésie, la simonie, etc.

On entend par *bénéfices consistoriaux* de grands bénéfices comme les archevêchés, évêchés, abbayes et autres dignités, ainsi appelés parce qu'en divers pays c'était le pape qui en donnait les provisions après une délibération dans le consistoire des cardinaux. On appelait de ce nom en France les dignités ecclésiastiques dont le roi avait la nomination, suivant le concordat passé entre le pape Léon X et François Ier et conformément aux libertés de l'Église gallicane. La *feuille des bénéfices* était, avant 1789, la liste des bénéfices vacants à la nomination du roi; elle constituait un véritable ministère *des affaires ecclésiastiques*.

BÉNÉT. *Voyez* BÊTISE.

BÉNÉVENT, celle des délégations des États de l'Église qui est située le plus au sud, avec une population de 28,000 âmes, répartie sur un territoire d'environ 4 myriamètres carrés; elle est entourée de toutes parts par la province napolitaine désignée sous le nom de *Principauté Ultérieure*, et éloignée de 17 myriamètres du groupe compacte formé par le reste du territoire pontifical. Cette contrée appartient aux premiers contre-forts de l'Apennin napolitain. Le sol en est uni et fertile; elle fournit à l'exportation beaucoup de gros bétail, de grains, de vin, d'huile, de fruits du sud et de gibier. Jadis ce pays, alors beaucoup plus étendu, s'appelait *Maleventum*, et faisait partie du territoire des Samnites. Il ne reçut le nom de *Beneventum* que lorsqu'une colonie y eut été envoyée en l'année 269 avant J.-C., à la suite de la conquête qu'en firent les Romains. Sous le règne de l'empereur Auguste, qui y établit de nouveaux colons, elle fut nommée *Julia Concordia*, mais pour reprendre plus tard son ancien nom. Les Lombards érigèrent, en l'année 571, Bénévent en duché; et il conserva son indépendance longtemps après la chute de la puissance lombarde. En 840 il fut divisé en deux, et en 850 en trois États particuliers : *Bénévent*, *Salerne* et *Capoue*. En 1077 il tomba au pouvoir des Normands. Il n'y eut que la ville et son cercle actuel qui furent épargnés par ces barbares, parce que l'empereur Henri III les avait abandonnés, en 1053, au pape Léon IX, à titre d'indemnité pour certains droits féodaux auxquels celui-ci avait renoncé sur Bamberg en Franconie. Au onzième et au douzième siècle, il se tint quatre conciles à Bénévent. En 1266 une mémorable et décisive bataille fut livrée sous les murs de cette place entre Charles d'Anjou et l'odieux Manfred, contre qui le pape Clément VI avait invoqué le secours de la France. Manfred périt dans la mêlée avec 3,000 hommes, Sarrasins pour la plupart; et cette victoire rendit Charles d'Anjou maître de l'Apulie, de la Sicile et de la Tuscie. En 1418 Bénévent passa sous l'autorité du royaume de Naples; mais Ferdinand Ier le restitua au pape Alexandre VI, qui en investit pour quelque temps, à titre de duché, son fils Jean. Bénévent, après avoir été conquis en 1798 par les Français, fut cédé par eux au roi de Naples. Mais en 1806 Napoléon en dota son ministre des relations extérieures, Talleyrand, lequel prit de la le titre de *prince de Bénévent*, qu'il continua de porter jusqu'à la paix de 1815, époque où Bénévent et son territoire furent restitués au pape. L'insurrection qui y éclata en 1820 fut bientôt réprimée. Lors de la révolution de 1848 et 1849, Bénévent et Ponte-Corvo demeurèrent fidèles au pape ; fait auquel contribua peut-être plus la position géographique de ces villes que les dispositions réelles de leur population.

La seule ville qui existe dans cette délégation, BÉNÉVENT, bâtie sur une hauteur entre le Sabato et le Calore, petits cours d'eau qui viennent s'y confondre, compte une population de 16,000 âmes. Elle est le siège d'un archevêché (fondé en 969; et on y compte deux collégiales, huit églises et 19 couvents, ainsi que plusieurs fabriques d'objets piqués en or et en argent, de cuirs et de parchemins. Le commerce de grains y est très-considérable, mais les cinq foires qui s'y tiennent chaque année sont sans importance. Il est peu de villes qui par leurs antiquités méritent autant que Bénévent de fixer l'attention des voyageurs. Presque tous les murs y sont construits avec des débris d'autels, de tombeaux, de colonnes et d'entablements. On distingue surtout, dans le nombre, le bel arc de triomphe de Trajan, construit en l'an 114 de notre ère et aujourd'hui encore en parfait état de conservation, qui, sous le nom de Porte d'Or (*Porta Aurea*), sert de porte de ville. Il consiste en une arcade simple, très-bien conservée, avec une inscription encore lisible de chaque côté. A droite sont représentés divers traits de la vie de Trajan, et à gauche plusieurs dieux et déesses, par exemple Jupiter, Junon, Minerve, etc. Mentionnons encore, comme digne d'être visitée, la belle cathédrale, d'architecture gothique, avec ses portes en bronze et ses beaux tableaux, ainsi que le petit obélisque égyptien qui la précède.

BENGALE, partie orientale de l'Indoustan, et nom d'une des présidences de l'empire indo-britannique. Politiquement parlant, on appelle ainsi la province dépendant de cette présidence, qui se trouve située le plus à l'est ; province confinant au nord-ouest au Népaul, au nord, au Sikkim, au nord-est à l'Assam, à l'est aux contrées de l'Inde extérieure, au sud au golfe du Bengale, au sud-ouest à l'Orissa et au Gondwana, au nord-ouest au Behar, et comprenant une superficie de 4,523 myriamètres carrés, avec une population de 26,000,000 d'habitants.

Le sol du Bengale se compose d'une série de terrasses,

BENGALE

s'abaissant successivement depuis les derniers contre-forts de l'Himalaya jusqu'aux basses terres du Gange et du Brahmapoutra, à la vallée qui sépare le Hughly et le Mégna, et aux rivages du golfe du Bengale. Entre le Hughly et le Mégna, le sol s'abaisse tellement sur une longueur de 30 à 40 myriamètres, qu'il se trouve presqu'au niveau de la mer. Il en résulte que cette contrée se trouve exposée à de fréquentes inondations, et se compose pour la plus grande partie de terres marécageuses couvertes de forêts et de broussailles impénétrables, désignées sous le nom de *djongles* (*jungles*).

Le Gange est le fleuve le plus important du Bengale, où il arrive après avoir traversé le Behar, et avoir recueilli en route les eaux du Tista, du Kosa, du Mahanada, et de beaucoup d'autres grands cours d'eau ayant leur source dans l'Himalaya. Il forme alors un grand nombre de bras qui viennent se réunir à Dakka avec ceux du Brahmapoutra. Les deux fleuves forment un delta deux fois aussi grand que celui du Nil, occupant sur la côte une étendue de 50 myriamètres, sujet à de continuelles variations et empiétant toujours de plus en plus sur le domaine de l'Océan. La plupart de ses dix-sept embouchures principales et de ses nombreuses embouchures secondaires sont obstruées par la vase. Ce n'est que par le Hughly, de tous ses bras celui qui est situé le plus à l'ouest, que les gros navires peuvent remonter le fleuve jusqu'à une hauteur de 50 myriamètres. Outre les deux grands fleuves ci-dessus mentionnés, il faut encore citer parmi les affluents du golfe de Bengale (*voyez* l'article ci-après) le Tchittagong et le Sounkar, ainsi que le Soubounrika. Le sol, dans l'intérieur des terres, se compose d'une profonde couche d'argile recouverte d'un lit épais de terreau, et dans le delta, quoique en partie sablonneux, il ne laisse pas que d'être également fertile. Il pourrait produire bien au delà des besoins de la population, si les Bengalais étaient plus industrieux, et si le cultivateur y était propriétaire au lieu d'être simplement fermier. On y cultive le riz, le froment, l'orge, le mil, les fruits à noyaux, les plantes oléagineuses, la canne à sucre, le coton, le bétel, l'opium, l'indigo, le gingembre, le poivre, différentes espèces de fruits, les mangos, les noix de palmier et d'arekas et les ananas. L'élève du bétail y est considérable, surtout en moutons, buffles et chèvres. La sériculture et l'apiculture y donnent aussi d'importants produits. L'éléphant et une foule d'animaux sauvages, comme le tigre, le rhinocéros, le sanglier, etc., etc., trouvent un refuge dans les déserts. L'exploitation du règne minéral produit du fer; on fabrique aussi un peu de salpêtre et on recueille du sel. L'industrie en tout genre a pris depuis longtemps au Bengale une haute importance; elle livre surtout à la consommation des étoffes de soie et de coton, des cuirs, des tapis, des toiles à voiles en chanvre et en coton, de la poterie de terre, du tabac, du sucre, de l'opium, des objets d'orfèvrerie, des vases de cuivre, etc., etc. Le commerce, tant intérieur qu'extérieur, a atteint de larges proportions. Les habitants sont un aborigènes, ou Indous de races diverses, ou encore Mongols, musulmans, Européens immigrés, Anglais surtout, Arméniens, Allemands, juifs, et un petit nombre de Parsis; une aisance générale règne d'ailleurs parmi eux.

En tant que province de la présidence de Calcutta, le Bengale se compose de dix-huit districts, à savoir : Calcutta, Hughly, Nouddia et Kichnagour, Djessore, Bakergooundj, Tchittagong avec l'importante ville d'Islamabad, Tipperah, Silhet, Dakka, Mymansing, Roungpour, Dinadchpour, Radjahai, Birdouan, Mourjédabad, Bourdwan, Boullouah et Djonghle-Mehals. Le Gange sert de grande voie commerciale à cette riche et fertile contrée; le Brahmapoutra est celle qui conduit au royaume d'Assam, et la plupart des villages ou peu importants du Bengale sont toujours construits au voisinage d'un cours d'eau navigable. Le Bengale est une contrée intermédiaire entre l'Asie orientale et occidentale, entre l'Afrique et l'Australie, et forme le point de départ de la domination des Européens dans le reste de l'Orient. C'est aussi là que se trouve Calcutta, la plus récente des capitales de l'Inde. La langue particulière et l'écriture à part dont se sert la population du Bengale prouvent que cette contrée a dû dès une époque extrêmement reculée constituer un État indépendant, mais souvent morcelé en plusieurs principautés, dont les souverains résidaient tantôt dans une ville, tantôt dans une autre. En 1203 le Bengale fut conquis par les musulmans. A partir de 1225 il fut réuni à l'empire de Delhi, et devint ensuite le théâtre de nombreuses usurpations et de rapides changements de dynastie, jusqu'à ce que le grand Mogol Akbar le réunit de nouveau à l'empire mongol; et à partir de 1586, il fut ensuite administré par des *soubhadars* ou gouverneurs.

Les Anglais, après avoir obtenu, en 1633, la permission de faire le commerce au Bengale, y fondèrent des comptoirs, et établirent, en 1681, un gouverneur à Hughly. En 1696 ils furent autorisés, comme les Français à Chandernagor, à entourer leur factorerie d'ouvrages de défense, et quatre ans plus tard on leur permit de faire l'acquisition des trois villages, Tchatanoutti, Govindpour et Calcutta. Au sujet des fortifications élevées autour de Calcutta, le gouverneur du Bengale, alors presque indépendant du Delhi, eut, en 1756, des démêlés avec la compagnie anglaise des Indes orientales. Il s'empara de vive force de cette place, et fit égorger dans la fameuse *Caverne-Noire* un grand nombre de prisonniers de guerre. Mais dès l'année suivante les Anglais, commandés par Watson et par Clive, se rendaient de nouveau maîtres de Calcutta. Ils expulsèrent à quelque temps de là de Chandernagor la garnison française qui l'occupait, et dès lors leur puissance alla toujours en raison de nouveaux progrès. Aussi, quoique la cession formelle du Bengale, du Behar et de l'Orissa, consentie par l'Angleterre par les souverains indigènes, soit postérieure de dix années (12 août 1765), on peut cependant faire dater l'origine de l'empire indo-britannique du jour, à jamais mémorable, où les troupes anglaises reprirent possession de Calcutta. Depuis près d'un siècle que le Bengale est soumis à la domination britannique, aucune armée étrangère n'a plus envahi cette province. La tranquillité des populations indoues a égalé celle dont elles jouissaient sous le règne d'Aureng-Zeyb. C'est le seul avantage qu'elles aient eu sur les populations des autres provinces de l'Indoustan; car elles n'ont pas trouvé de différence entre la rapacité des agents du fisc anglais et les exactions dont elles étaient accablées par leurs rois et leurs gouverneurs musulmans.

BENGALE (Golfe du), le *Gangeticus Sinus* des anciens, grand golfe de l'océan Indien, compris entre les deux presqu'îles de l'Inde, au nord de l'île de Sumatra. Sa longueur est d'environ 1,600 kilomètres; sa plus grande largeur de 1,900. Les îles qu'il renferme sont celle de Ceylan à l'ouest, à l'est, enfin, la partie nord de l'île de Sumatra, et un grand nombre de petites îles, dont les principales sont celles de Poulo-Pinang, ou du Prince-de-Galles, et celles de l'archipel de Mergui. Les divisions principales formées par ces îles ou entre ces îles et les côtes, sont le golfe de Bengale proprement dit, à l'est des archipels d'Andaman et de Nicobar, formant le détroit de Manaar, entre le continent et l'île de Ceylan; et la mer de Mergui, à l'est des archipels de Nicobar et d'Andaman, formant au nord le golfe de Martaban sur la côte de la presqu'île de l'Indo-Chine, et sur la manche ou détroit de Malacca, entre la presqu'île de ce nom et l'île de Sumatra. Ce golfe reçoit la plus grande partie des eaux des deux presqu'îles de l'Inde. Ses grands affluents sont le Pennar, la Krischna, la Godavery, le Méhénédy, le Gange avec le Brahmapoutra, l'Yrawadi et le Thalouen. Sa côte occidentale n'offre aucun port susceptible de recevoir de grands bâtiments, tandis que la côte orientale en présente d'excellents, tels que Arracan (Rakhang), Tchédaba, Négrais,

Samlien (Syriam), Tavey (Daouay), Djonkseylon (Djan-Sailan), etc. Les vents, dit-on, soufflent dans ce golfe six mois dans la direction du nord-est, et six mois dans celle du sud-ouest. Cette observation, pour ne pas être rigoureusement exacte, n'en est pas moins utile aux navigateurs.

BENGALE (Feux ou Flammes du). *Voyez* FLAMMES DU BENGALE.

BENGALI. Les oiseaux qui portent ce nom se rattachent au genre gros-bec, de l'ordre des passereaux. Les caractères du bengali sont, d'après Swainson : taille très-petite; bec très-court, conique; ailes pointues, à penne bâtarde, petite; pattes médiocres ou petites.

BENGUÉLA. C'est le nom particulier sous lequel on désigne le prolongement méridional des côtes de la Basse-Guinée, contrée touchant à Angola, et qui s'étend depuis le fleuve Congo jusqu'au Cap Négro, par 9-16° de latitude méridionale, et 31-36° de longitude orientale. Ses limites sont : au nord Angola, dont la séparent les eaux du Coanza, et Matamba; à l'est les peuplades chaggas, au sud les pays nègres bornés par la montagne du cap Négro. On en peut évaluer approximativement la superficie carrée à 5,000 myriamètres. Le sol de cette contrée, à partir de la côte, qui est très-plate, va toujours en s'élevant pour former successivement autant de terrasses jusqu'à ce que, suivant toute apparence, il acquiert dans l'intérieur des terres, à une certaine distance, tout le caractère des plateaux et des montagnes. Il en résulte que l'air en est pur et sain, tandis que sur la côte, et particulièrement à l'époque de la saison des pluies (qui tombe ordinairement dans les mois de mai et de juin, mais est cependant sujette à quelques irrégularités), il est extrêmement malsain. De nombreux cours d'eau, dont le San-Francisco est le plus considérable, sourdent des montagnes; cependant la contrée manque assez généralement d'eau potable. Le règne minéral fournit en abondance de l'argent, du cuivre et du fer, et aussi du sel fossile. Remarquable par une luxuriante végétation, l'empire de Flore y offre un grand nombre d'espèces de palmiers, d'orangers, de vignes, de bananiers, de cèdres, de manioes, de maïs, et les légumes de l'Europe y réussissent parfaitement. La canne à sucre croit sur les bords du Catombella. La contrée du Benguela n'est pas moins riche en ce qui est du règne animal. On y rencontre trois espèces d'hyènes, des lions qui s'en viennent rôder audacieusement autour de la ville, des éléphants, des buffles, des zèbres, des antilopes, des pintades, des tourterelles, et tous ces animaux en immense quantité. Au total, on n'y élève que fort peu de bétail. Les habitants, qui appartiennent à la race du Congo, et parlent la langue *bounda*, sont encore au dernier échelon de la civilisation; bon nombre sont anthropophages, et n'ont d'autre culte que celui des fétiches. Le commerce des esclaves, que les Portugais continuent à y faire en dépit de toutes les mesures prises pour la répression de la traite, et dont le résultat, pour la seule année 1838, et la capitale, Benguéla, a été une vente de vingt mille esclaves, n'est pas de nature à y favoriser l'accroissement de la population.

Les Portugais administrent autrefois, sans avoir cependant pénétré fort avant dans l'intérieur, la contrée de Benguéla avec celle d'Angola. Aujourd'hui encore le gouvernement de Benguéla dépend de l'autorité du gouverneur général de Loanda, avec le préside qui en fait partie et le fort Caconda; cependant le Benguéla portugais ne comprend à proprement parler que la côte du haut Benguéla, dont le chef-lieu *San-Felipe di Benguela*, ou tout simplement *Benguela*, appelée aussi *Benguela Nova* (pour la distinguer de *Benguéla Velha*, aujourd'hui abandonnée et située au nord de Novo Retondo), bâtie dans une vallée marécageuse mais ravissante. Les maisons sont construites en bambous et en terre, mais avec beaucoup de goût et tout à fait à l'européenne. On trouve cependant de nombreuses ruines, parce qu'en 1836 cette ville fut surprise et saccagée par les sauvages chaggas. Malgré sa situation éminemment malsaine, elle n'en compte pas moins de nouveau environ 5,000 habitants, dont la plupart, quoique convertis au catholicisme, ne le pratiquent encore guère qu'extérieurement. L'église, l'édifice le plus considérable de la ville, avec l'hôpital, qui a 250 pieds de long sur 40 de large, relève de l'évêque de Loando; mais les cérémonies du culte n'y sont que fort irrégulièrement accomplies, et il y a absence totale d'écoles. Le port de Benguéla est excellent, bien que l'entrée en soit assez dangereuse.

Au sud de Benguéla, on trouve la colonie portugaise de *Mossamedes*, dans une contrée très-saine, et avec un bon port; et on annonce que le siége du gouvernement ne tardera pas à y être transféré. A 42 myriamètres au sud du chef-lieu on rencontre Caconda, poste militaire. Consultez Tams, *les Possessions portugaises au sud-ouest de l'Afrique* (Hambourg, 1845).

BEN-HADAD. Trois rois syriens ont porté ce nom dans les temps bibliques. Le premier secourut le roi de Juda Asa contre le roi d'Israel Basa, enleva à celui-ci tout le pays de Nephtali, et le contraignit à demander la paix. — Ben-Hadad II fut le plus célèbre des rois syriens de Damas. Il vainquit, dit-on, trente-deux rois ; mais il fut, après deux défaites, soumis par Achab, roi d'Israel, à un tribut dont il s'affranchit l'an 888 avant J.-C. Il fut assassiné par Hazael, un de ses officiers, qui fit d'importantes conquêtes sur les Juifs. Mais ceux-ci imposèrent un nouveau tribut aux Syriens sous Ben-Hadad III.

BÉNIN, royaume de Guinée dépendant des Aschantis, situé à peu près entre le 4° et le 9° de latitude septentrionale, et entre le 21° 40' et le 26° de longitude orientale, tire son nom d'un des bras du Niger inférieur, considéré autrefois comme constituant un fleuve à part, et qui coule au nord et au nord-ouest du Niger. Le fleuve Bénin, appelé aussi Formosa, se sépare du Niger à Kiril, et vient se jeter dans l'océan Atlantique, après un parcours d'environ 25 myriamètres. A son embouchure, sa largeur est de près de 5 kilomètres. Les limites du royaume sont au nord-est et à l'est le Niger, au sud le golfe de Bénin, dans lequel fait saillie le cap de Formosa, à l'ouest le royaume de Dahomey, au nord-ouest le Yarriba. La côte de Bénin est échancrée par un grand nombre de cours d'eau, formant en vastes marais. Le sol, d'abord plat, finit par atteindre dans les montagnes du Congo une élévation de plus de 700 mètres. Il est d'une grande fertilité, et produit en abondance du riz, de l'yam, des palmiers, du sucre, etc. En somme, la flore et la faune diffèrent peu de celles de la Guinée. La population est extrêmement compacte : aussi le roi, adoré comme fétiche par les populations, peut-il mettre sur pied une armée de 100,000 hommes. Il a pour tributaire le royaume d'Awari on de *Lagos*. La langue du pays a beaucoup d'analogie avec celle des Yébous, peuple voisin.

La capitale du royaume, qu'on appelle aussi *Benin*, compte près de 15,000 habitants. Elle s'étend fort au loin sur les deux rives du Benin, et est le centre d'un commerce considérable. A environ 10 myriamètres au-dessous on trouve le port de Gatto, avec un grand nombre de factoreries et d'établissements européens. La ville la plus importante après cela est *Ouari*, avec 5,000 habitants, dans une belle île, chef-lieu du royaume de *d'Ouari* ou *Wari*. Depuis la suppression de la traite, le commerce s'est presque tout entier transporté à Bonny.

Le royaume de Benin fut découvert en 1486 par les Portugais Alfonso de Aveiro. En 1786 les Français avaient créé à l'embouchure du fleuve quelques établissements, que les Anglais détruisirent en 1792.

BENIOWSKI (MAURICE-AUGUSTE, comte DE), célèbre aventurier du siècle dernier, naquit en 1741, à Werbowa, dans le comitat de Neutra, en Hongrie, où son père était au service d'Autriche avec le grade de général, et servit lui-même en qualité de lieutenant dans l'armée impériale pendant la guerre de Sept-Ans, jusqu'en 1748, époque où un oncle dont il devait hériter l'appela auprès de lui, en Lithuanie. Des discussions avec sa belle-sœur le déterminèrent, à la mort de sa mère, à s'en aller voyager à l'étranger. Il se rendit en premier lieu à Hambourg, où il se livra avec beaucoup d'ardeur à l'étude de la navigation, puis, afin de se perfectionner encore davantage dans cet art, à Amsterdam et à Plymouth. Cependant, changeant bientôt d'idées, il s'en revint alors en Pologne, accéda à la confédération contre les Russes, et fut successivement nommé colonel, commandant de la cavalerie et quartier-maître général. Fait prisonnier par les Russes en 1769, il fut exilé l'année suivante au Kamtschatka. En se rendant à cette destination, il sauva dans une tempête le navire à bord duquel il se trouvait; et cette circonstance jointe à son habileté comme joueur d'échecs lui fit obtenir un excellent accueil du gouverneur du Kamtschatka, appelé Nilow, aux enfants duquel il donna des leçons de français et d'allemand. Beniowski détermina ce gouverneur à faire construire un grand bâtiment d'école, et lui proposa même de mettre en culture avec l'aide de ses compagnons d'exil l'extrémité méridionale du Kamtschatka. En récompense de son beau zèle, il obtint non-seulement sa liberté, mais encore, quoique déjà marié, la main d'Aphanasie, fille du gouverneur, qui avait conçu pour lui la passion la plus vive. Cependant il avait déjà depuis longtemps le projet de s'évader avec un certain nombre de conjurés. Aphanasie apprit son dessein; mais, loin de le trahir ou de l'abandonner, elle le prévint en temps utile que des dispositions avaient été faites pour s'emparer de sa personne.

Au mois de mai 1771, accompagné d'Aphanasie, qui lui demeura immuablement fidèle, bien qu'elle apprît seulement alors qu'il était déjà marié, Beniowski quitta le Kamtschatka avec quatre-vingt-seize individus, après avoir réussi non-seulement à battre et à repousser un détachement de troupes envoyé contre lui, mais encore à se rendre maître du fort de Botscherezk et d'une somme de 1,500,000 piastres qui s'y trouvait déposée. Il fit voile pour Formose; puis se rendit à Macao, où moururent bon nombre de ses compagnons, entre autres la dévouée et fidèle Aphanasie. Après avoir vendu son navire et toute sa cargaison, il prit passage à bord d'un navire français, qui le conduisit en France, où on lui confia le commandement d'un régiment. Plus tard il fut chargé par le gouvernement français d'aller fonder un établissement à Madagascar, entreprise dont il prévoyait toutes les difficultés, surtout parce que le succès dépendait presque uniquement du bon vouloir des autorités de l'île de France, qui avaient ordre de lui fournir la plus grande partie de son armement et de ce dont il pourrait manquer. Arrivé à Madagascar en juin 1774, il y fonda un établissement à Foul-Point, et se fit si bien venir d'un certain nombre de tribus qu'en 1776 elles le choisirent pour leur roi. Revenu en Europe à l'effet d'y solliciter des secours pour la nouvelle colonie, il éprouva alors tant de déboires de la part du gouvernement, qu'il se détermina à reprendre du service en Autriche; et en 1778, à l'affaire d'Habelschwerdt, c'est lui qui commandait les troupes impériales contre les Prussiens. En 1783 il essaya en Angleterre d'organiser une nouvelle expédition à Madagascar, et partit en effet en 1784 pour cette destination, après avoir obtenu l'appui qui lui était nécessaire tant auprès de spéculateurs de Londres qu'auprès d'une puissante maison de commerce de Baltimore en Amérique. Mais ayant commencé les hostilités contre les Français dès son arrivée à Madagascar, en 1785, les autorités de l'île de France y envoyèrent des troupes contre lui; et il tomba mortellement blessé dans un engagement livré le 23 mai 1786. Nicholson a publié son autobiographie, qu'il avait rédigée lui-même en français (2 vol., Londres, 1790), et Kotzebue a mis cet homme singulier en scène dans celui de ses drames qui a pour titre *Une Conspiration au Kamtschatka*.

BÉNITIER. On appelle ainsi un vaisseau plein d'eau bénite, et dont la place est à l'entrée des églises. On en trouve aussi de plus petite dimension dans les appartements, à la tête d'un lit, surmontés d'un crucifix.

On distingue deux espèces de bénitiers : ceux qui sont faits en bassin porté sur un balustre, lequel est appuyé lui-même sur un socle, et ceux qui ont la forme de coquille, adhérant au mur de l'église ou soutenus par des accessoires allégoriques. Les plus beaux de la première catégorie sont ceux de l'église de Saint-Silvestre à Rome. Ils sont en bronze, et remontent aux plus beaux temps de l'art moderne. Leur forme, le goût de leurs ornements, le travail de la ciselure, tout semble le disputer aux ouvrages de l'antiquité. Les plus fameux bénitiers de la seconde espèce sont ceux de l'église de Saint-Pierre de Rome : ils consistent en une coquille de marbre jaune antique, supportée par deux anges qui se détachent d'une draperie de marbre bleu turquin; ces anges ont près de deux mètres de hauteur, et leur accord avec les vastes dimensions de l'église est tel qu'ils ne paraissent avoir que la grandeur ordinaire d'un enfant d'un peu plus d'un mètre. L'église de Saint-Sulpice, à Paris, possède aussi deux *bénitiers* remarquables, par la grandeur des coquilles naturelles dont ils sont formés, et qu'on a placées, chacune, sur un rocher de marbre blanc. Enfin les statuaires de nos jours ont enrichi de gracieux bénitiers allégoriques plusieurs églises de la capitale entre autres celle de la Madeleine et celle de Saint-Germain-l'Auxerrois.

BÉNITIER (*Conchyliologie*). *Voyez* TRIDACNES.

BENJAMIN, douzième et dernier fils de Jacob et de Rachel, naquit à Bethléem, vers l'an 2297 avant J.-C., et causa en naissant la mort de sa mère, qui en le mettant au monde l'appela *Ben-Onin* (enfant de douleur), nom que Jacob changea plus tard en celui de *Benimin* (enfant des jours, des vieux jours), pour marquer qu'il l'avait eu dans sa vieillesse. C'était aussi pour cette raison, et en mémoire sans doute de sa chère Rachel, que cet enfant était son préféré. De là l'usage où l'on est de donner le nom de *Benjamin*, devenu synonyme de celui de *bien-aimé*, à l'enfant dernier né d'une nombreuse famille.

Jacob, lorsqu'il envoya ses fils en Égypte pour y acheter des grains, ne voulut pas laisser Benjamin partir avec eux; et lorsque ceux-ci revinrent avec l'ordre de Joseph de ramener leur plus jeune frère à sa cour, il ne céda à leurs vives instances que pressé par la famine qui désolait la terre de Chanaan. Joseph, qui ne s'était pas découvert à ses frères, réjoui de les voir tous auprès de lui, leur fit servir un grand festin, leur donna tout ce qu'ils demandaient et les renvoya comblés de caresses et de présents. Mais il avait conçu la plus vive affection pour le plus jeune, pour Benjamin, et l'Ancien Testament nous apprend qu'il usa d'un coupable et cruel stratagème afin de le retenir auprès de lui. Il ordonna en effet à son économe de glisser dans le sac de Benjamin une coupe d'argent, qu'il l'accusa ensuite d'avoir voulu lui dérober. Touché de l'innocence et des larmes de cet enfant, et se reprochant son action envers lui, Joseph finit par se découvrir à ses frères, et par les engager à revenir tous habiter auprès de lui avec leur père.

Depuis cet événement, l'Écriture ne nous apprend plus rien de particulier sur Benjamin, qu'on ne voit plus reparaître qu'à la mort de Jacob, pour recevoir sa bénédiction. « Benjamin, lui dit ce patriarche en le bénissant, est un loup ravissant; le matin il répandra le sang de ses ennemis, et le soir il partagera leurs dépouilles. »

Benjamin mourut à l'âge de cent onze ans, et donna son nom à la tribu petite, mais à la plus fidèle des tribus. Son territoire était situé sur les rives du Jourdain, au centre de la Palestine, et limité par les territoires des tribus d'Éphraïm, de Dan et de Juda. Les principales villes en étaient Bethléem et Béthel. Jérusalem était située à l'extrémité, sur les confins du territoire de la tribu de Juda. Entraînées, à l'époque des Juges, dans une guerre contre toutes les autres tribus, la tribu de Benjamin eût été anéantie si l'on n'avait pas alors permis aux vaincus de se procurer des femmes de la même façon que les Romains lorsqu'ils firent main basse sur les Sabines. C'est la tribu de Benjamin qui donna à Israël son premier roi, Saül, et elle demeura fidèle à son fils Isboseth. Après la mort de Salomon, elle se fusionna avec la tribu de Juda pour former le véritable noyau de ce que plus tard on appela le peuple juif.

BENJAMIN (Saint), diacre, souffrit le martyre en Perse sous Varane V, vers l'an 424. Après une année de captivité, Benjamin sortit de prison sur l'intervention du représentant de l'empereur Théodose le Jeune en Perse, qui s'engagea à ce que le pieux diacre ne se mêlât plus à l'avenir de prêcher la foi en Jésus-Christ. Mais Benjamin n'en continua pas moins de prêcher l'Évangile aux grands et aux petits, et périt au milieu des plus horribles tourments.

BENJAMIN DE TUDÈLE, entreprit, de l'an 1159 à l'an 1173, autant dans les intérêts de son commerce que pour se bien renseigner sur la situation de ses coreligionnaires dispersés dans la plus grande partie de la terre alors connue, un voyage dont le point de départ fut Saragosse en Espagne. De là il se rendit en Italie, en Grèce et en Palestine; puis il revint dans sa patrie par l'Égypte et par la Sicile. Benjamin de Tudèle fut le premier voyageur européen qui nous renseigna sur les contrées lointaines de l'Orient. Sa relation, écrite en hébreu sous le titre de *Mazahoth* (Excursions) et dans laquelle on trouve une foule de renseignements curieux, mais dont il faut savoir ne faire usage qu'avec circonspection, fut imprimée pour la première fois en 1543 à Constantinople et souvent réimprimée depuis. Arias Montanus en publia une traduction en latin, à Anvers (1572). On en a aussi des traductions anglaise, hollandaise et française. La dernière édition, celle d'Asher (Londres, 1841) contient le texte hébreu vocalisé, avec la traduction anglaise en regard et de précieuses annotations.

BENJAMIN-CONSTANT. *Voyez* CONSTANT DE REBECQUE (Benjamin).

BEN-JOHNSON. *Voyez* JOHNSON.

BENJOIN. On désigne sous ce nom un baume solide produit par le styrax ou aliboufier benjoin, arbre de la décandrie monogynie, et de la famille des ébénacées, qui croît à Sumatra, à Java et dans quelques autres îles de la Sonde. Ce baume découle par des incisions faites au tronc de l'arbre sous la forme d'un liquide lactescent, qui se solidifie et se colore par le contact de l'air et la chaleur de l'atmosphère. Un seul arbre peut en fournir un kilogramme et demi, et les incisions peuvent être réitérées pendant dix ou douze années.

Le benjoin est abondant dans le commerce de la droguerie; il en existe deux sortes: l'une en masses agglomérées, présentant sur une matière homogène, rougeâtre, des larmes ovoïdes, blanches, qui ont la forme d'amandes cassées : c'est le benjoin *amygdaloïde*, le meilleur et le plus pur ; l'autre, dit benjoin *en sorte*, offre une teinte brun rougeâtre, uniforme, et renferme beaucoup d'impuretés.

Le benjoin a une odeur très-suave, une saveur d'abord douce et balsamique, mais qui finit par irriter la gorge; il se brise facilement et fait entendre un petit bruit sous la dent pendant la mastication; il se fond par la chaleur et dégage une fumée blanche très-odorante, qui se condense en cristaux d'acide benzoïque; il est soluble dans l'alcool et l'éther; la solution précipite en blanc par l'addition de l'eau, et forme le *lait virginal*, parfum agréable fort usité pour la toilette. L'analyse chimique, selon Bucholz, a donné pour 100 parties de benjoin : résine, 83; acide benzoïque, 12; substance analogue au baume du Pérou, 1, 4; principe particulier aromatique, soluble dans l'eau et dans l'alcool, 0,44 ; débris ligneux, 3.

Ce n'est que depuis quelques années que l'on connaît l'arbre qui fournit le benjoin; auparavant les auteurs l'attribuaient au *laurier benjoin*, arbre qui croît dans l'Amérique septentrionale, au *croton benzoë*, et au *badamier benjoin*, arbre des Indes orientales. Le benjoin est employé avec succès en médecine et pour la toilette. Il entre dans la composition du baume du commandeur, des clous fumants, etc. On en retire par la sublimation, ou à l'aide d'un alcali, et en précipitant par l'acide hydrochlorique, l'acide benzoïque ; mais il n'est pas pur : dans le premier cas il contient de l'huile volatile, et dans le second de la résine ; on le purifie par la sublimation après l'avoir mêlé avec du sable et du charbon. CLARION.

BENKENDORFF. Famille russe d'origine allemande, appartenant aujourd'hui à la noblesse de Livonie, bien qu'elle ne figure pas sur le registre des familles indigènes de cette province, et qui n'obtint même que vers le milieu du siècle dernier l'indigénat en Esthonie. *Christophe* DE BENKENDORFF servit dans la garde sous le règne de Catherine II, et laissa deux fils et une fille.

BENKENDORFF (ALEXANDRE), le fils aîné, né en 1784 en Esthonie, fut élevé à Baireuth. Revenu à Saint-Pétersbourg à l'âge de l'adolescence, il fut introduit dans le petit cercle intime du Palais-d'Hiver, en sa qualité de parent de la comtesse (créée plus tard princesse) Charlotte de Lieven, chargée d'élever successivement tous les enfants de la famille impériale, et devint bientôt le compagnon et l'ami de jeunesse des grands-ducs. Rempli de talents, souple, habile et insinuant, gracieux de manières et de tournure, il occupait dès lors dans l'intimité des grands-ducs une position à laquelle il est bien rarement donné à un Allemand de parvenir. Son avancement rapide comme officier de la garde était donc chose toute naturelle, et il prit pact comme officier de l'état-major général aux campagnes de l'armée russe en Allemagne et en France. Au retour de celle de France, il fut promu au grade de général et attaché en qualité d'aide de camp à la personne du grand-duc Nicolas. La révolte militaire dont l'avénement de l'empereur Nicolas au trône fut le signal, en lui fournissant l'occasion, comme adjudant général, lieutenant général, et chef de la première division de cuirassiers, de donner d'éclatantes preuves de son dévouement sans bornes et de sa grande habileté, le mit plus que jamais dans les bonnes grâces de l'empereur. La première marque de confiance illimitée que lui donna ce prince fut de le nommer membre de la commission chargée de la procédure à laquelle donna lieu cette conspiration ; et l'habileté dont il fit preuve dans ces fonctions fut récompensée (juin 1826) par sa nomination au grade de chef de la gendarmerie et de commandant du quartier général impérial. A partir de ce moment Benkendorff ne quitta plus un seul instant l'empereur, qu'il se montrât en public ou bien qu'il entreprit un voyage ou même la moindre excursion. Sa puissance et son influence finirent par devenir presque illimitées, alors que la *chancellerie particulière de S. M. l'empereur* se trouva renforcée d'une troisième division. Cette division est en effet le centre d'un système de police secrète qui entretient des agents non-seulement en Russie, mais encore, comme chacun sait, sur tous les points importants de l'Europe.

Il est naturel que le rôle joué par Benkendorff dans une telle position donnât lieu contre lui à beaucoup d'odieuses accusations et de calomnies. En Russie on paraît admettre assez généralement qu'il ne lui arriva jamais de comprendre les fonctions délicates qu'il avait acceptées de manière à les faire servir à la satisfaction de mesquines rancunes bureaucratiques, et que le plus souvent il laissait tomber dans le mépris qu'elles méritent les dénonciations relatives à des affaires privées. L'élévation de sa famille au titre de comte et sa propre nomination à la dignité de membre du sénat prouvèrent plus tard combien son souverain avait lieu d'être satisfait de ses services. Toutefois, dans les dernières années de sa vie, Benkendorff parut posséder la confiance de l'empereur à un degré moindre que le comte Kleinmichel. Le chagrin qu'il en éprouva altéra sa santé, et dans l'espoir de la rétablir il entreprit une tournée en Allemagne au printemps de 1844. La mort le surprit le 23 septembre de la même année à bord du vapeur *l'Hercule*, comme il s'en revenait à Saint-Pétersbourg. Il fut inhumé à Fall, domaine que sa famille possède en Esthonie, et laissait deux filles.

BENKENDORFF (CONSTANTIN DE), frère cadet du précédent, né en 1784, abandonna la carrière diplomatique en 1812, pour entrer dans les rangs de l'armée active avec le grade de major. Comme chef d'une division de Cosaques, il fut l'un des premiers qui traversèrent l'Allemagne à la poursuite de l'armée française. A la fin de la campagne de 1814, il était parvenu au grade de brigadier et de chef de division. En 1826 il fut envoyé en mission extraordinaire à Stuttgard et à Carlsruhe, mais il revint bientôt après en Russie. Réintégré alors dans les rangs de l'armée active, il fut nommé lieutenant-général dans la campagne de Perse pour le blocus d'Ériwan et pour un engagement heureux avec les Kourdes. Il accompagna plus tard l'empereur avec le grade d'adjudant général dans la guerre contre les Turcs, s'empara de Prawadi à la suite d'un coup de main hardi, mais succomba dans cette ville à une fièvre nerveuse. — Son fils est colonel de la garde, officier d'ordonnance de l'empereur et attaché à la légation russe à Berlin.

La comtesse (plus tard princesse) *Daria Christophorowna* LIEVEN, si connue de nos jours dans le monde diplomatique, et surtout par ses rapports d'amitié avec M. Guizot, est la sœur d'Alexandre et de Constantin Benkendorff.

BENNE, petit vaisseau dont on charge les bêtes de somme et qui sert à transporter des grains, de la chaux, de la vendange, etc. Il servait aussi de mesure dans la plupart des provinces de France, et représentait environ deux minots de Paris.

BENNEWITZ ou BIENEWITZ. *Voyez* APIANUS.

BENNIGSEN (LEVIN-AUGUSTE-THÉOPHILE, comte DE), l'un des plus célèbres généraux de l'armée russe, né à Hanovre le 10 février 1745, était fils du colonel des gardes du corps du duc de Brunswick. En 1755 il entra comme page à la cour de Hanovre, et en 1759 fut admis avec le grade d'enseigne dans la garde à pied de l'électeur, où il parvint jusqu'au grade de lieutenant. Mais se sentant peu de dispositions pour l'état militaire, il prit sa retraite pour aller habiter la terre de Banteln, dont il avait hérité, et où il mena si joyeuse vie qu'il ne tarda pas à se trouver au trois quarts ruiné. Cette circonstance et la mort de sa femme lui inspirèrent en 1773 la pensée d'entrer au service de Russie. L'intervention officieuse de quelques amis lui ayant fait obtenir du gouvernement hanovrien le grade de lieutenant-colonel, il fut immédiatement admis dans l'armée russe en qualité de premier major. Il fit d'abord la guerre contre les Turcs sous les ordres de Romanzow, puis fut attaché au corps expéditionnaire chargé de réprimer l'insurrection de Pugatschef. Lors de la seconde guerre contre les Turcs, il attira sur lui comme colonel l'attention de l'impératrice par la bravoure dont il fit preuve à l'assaut d'Oczakow en 1788. Catherine II devina en lui l'homme capable d'exécuter les projets qu'elle avait sur la Pologne. En 1793 et 1794 il y fut chargé du commandement supérieur d'un corps mobile considérable; et à la suite de la bataille de Soli il fut nommé général-major hors rang. Comme commandant de la cavalerie en Lithuanie, ce fut lui qui par une charge hardie décida de la victoire remportée sous les murs de Wilna; et par une attaque plus audacieuse encore contre Obita, il dispersa presque complètement l'armée polonaise. Dans la guerre de 1796 contre la Perse, ce fut à lui que revint la gloire de la prise de Derbent, puisque la reddition de cette place eut lieu par le côté qu'il avait attaqué.

Après la mort de l'impératrice Catherine, et sous le règne de son successeur, Paul Ier, dont il ne posséda jamais les bonnes grâces, il demeura en inactivité à la cour et confondu dans la foule; cependant il fut promu en 1798 au grade de lieutenant général. Il fut l'un des chefs principaux de la conspiration tramée contre l'empereur Paul, laquelle ne réussit que grâce à son énergie et à sa présence d'esprit. Il paraît qu'il n'assista point à la sanglante catastrophe qui couronna. On assure toutefois que ce fut lui qui empêcha l'impératrice Marie d'accourir aux cris poussés par l'empereur son époux. Peu de temps après son avénement au trône, l'empereur Alexandre le nomma gouverneur général de Lithuanie et l'année suivante général de cavalerie. Lors de la lutte entreprise de concert en 1805 contre la France par la Russie, l'Autriche et l'Angleterre coalisées, Bennigsen fut nommé au commandement de l'armée du Nord, et combattit avec assez de succès Napoléon, le 26 décembre 1806, à la bataille de Pultusk. Il remplaça ensuite Kamensky dans le commandement en chef de l'armée active contre les Français, et livra les 7 et 8 février 1807 la bataille d'Eylau. Cependant Bennigsen comprit que sa position n'était plus tenable; en conséquence il demanda instamment à être mis à la retraite; mais l'empereur le maintint en fonctions.

La paix ayant été signée à Tilsitt, il se retira dans ses terres, et ne sortit de sa retraite qu'en 1812, alors que la guerre éclata de nouveau entre la Russie et la France. A la meurtrière bataille de Borodino ou de la Moskowa, il commandait le centre de l'armée russe. Ce fut lui et le général Doctoroff qui le lendemain conseillèrent à l'empereur de faire prendre position à son armée sous les murs de Moscou et de livrer une seconde bataille. Le 18 octobre, par une rapide attaque, il remporta un brillant avantage sur Murat à Woronowa. Des discussions avec Koutousof, qui refusa d'adopter un plan présenté par Bennigsen à l'effet de rendre le passage de la Bérésina impossible aux Français, le déterminèrent à quitter l'armée et à se retirer du théâtre de la guerre. Ce ne fut qu'après la mort de Koutousof, arrivée le 28 avril 1813, qu'il prit le commandement du corps de réserve qui au mois de juillet entra en Saxe sous le nom d'armée de Pologne. A la bataille de Leipzig il commandait, à l'aile droite, la troisième colonne principale, composée, indépendamment des troupes déjà placées sous ses ordres, du 4e corps d'armée autrichien (Klenau), de la 11e brigade prussienne (Ziethen) et du corps de Kosaks de Platoff, formant ensemble un effectif de 50,000 hommes. Le 18, il battit les Français à Zweinaundorf, et le même soir il fut créé comte par l'empereur sur le champ de bataille. Lors de la prise de Leipzig, il pénétra dans la ville par le faubourg de Grimma, et fut chargé par les souverains alliés d'aller annoncer au roi de Saxe qu'il était leur prisonnier. Vers la fin de la campagne, il prit le commandement en chef de la grande armée; mais le 3 mars 1814 il le céda au comte de Wittgenstein. Après la conclusion de la paix de Paris, il fût appelé au commandement en chef de l'armée du sud, que le gouvernement russe réunit en Bessarabie contre la Turquie. Mais un grand affaiblissement physique le força en 1818 à donner sa démission, et il retourna alors se fixer dans ses terres de Hanovre, où il mourut, le 3 octobre 1826, complétement aveugle.

Son fils, *Alexandre-Levin*, comte DE BENNIGSEN, né le 20 juillet 1809, à Zakret près Wilna, fut élevé à Hanovre, et, après avoir étudié le droit à l'université de Gœttingue, entra dans la carrière administrative, en 1830, en qualité d'auditeur au bailliage de Lauenstein. En 1840 il renonça à la carrière administrative, à cause de la faiblesse de sa vue. En 1841, l'élection des principautés de Calenberg, de Gœttingue et de Grubenhagen l'appela pourtant à faire partie de la première chambre de la diète hanovrienne. Le 20 mars 1848, au milieu de l'agitation générale qui régnait à cette époque, le roi lui confia le soin de composer un cabinel propre à donner satisfaction aux justes exigences de l'opinion. Le comte de Bennigsen accepta cette mission, et prit pour lui dans le nouveau ministère le portefeuille des affaires étrangères. Le cabinet ainsi constitué dura jusqu'en 1850, époque où, sur ses instantes prières, le roi consentit à recevoir sa démission. Dans la session de 1851 le comte de Bennigsen a rempli les fonctions de président de la première chambre de la diète.

BENNON (Saint), évêque de Meissen, né l'an 1010, à Hildesheim, appartenait à la famille des comtes de Woldenburg, dont les domaines étaient situés aux environs de Goslar. Ayant reçu une forte éducation dans le couvent de Saint-Michel de cette ville, il prit l'habit monastique, et devint évêque de Meissen. Dans cette position il embrassa d'abord le parti de Henri IV contre le pape, et se déclara ensuite en faveur de Grégoire VII contre l'empereur, à l'excommunication duquel il adhéra dans un concile. Gracié par l'intervention du pape Clément III, il rentra en Allemagne comblé de présents, et fut réintégré sur son siége. C'est à ce retour de Bennon dans son diocèse que se rattache la légende suivante laquelle il aurait retrouvé, dans le corps d'un grand poisson que lui servit un aubergiste, la clef de son église épiscopale, qu'en quittant Meissen, en 1085, il avait jetée dans l'Elbe. Il mourut le 11 juin 1107, à l'âge de quatre-vingt-seize ans. Les Allemands lui attribuaient une vertu telle qu'ils avaient coutume de dire d'une terre fertile : « L'évêque Bennon a passé par là. » Il fut enseveli derrière le chœur, au milieu de la cathédrale de Meissen, et le bruit se répandit qu'une foule de miraculeuses guérisons s'opéraient sur son tombeau. Cependant ce ne fut qu'en 1523 qu'il fut canonisé par le pape Adrien IV. A ce sujet Luther composa un factum intitulé : *Contre la nouvelle idole et le vieux démon qu'on va élever à Meissen*. Après la Réforme, les ossements du bienheureux évêque furent transférés d'abord à Stolpen, puis à Wurzen, et de là à Munich en 1576.

BENOIT (Saint), le patriarche des moines d'Occident, comme saint Antoine, deux cents ans auparavant, avait été celui des moines d'Orient, naquit en 480, à Norsia ou Nursie, dans le duché de Spolète, en Italie. Sa famille était riche et illustre. Fort jeune il fut envoyé à Rome pour y faire ses études. Sa conduite fut exemplaire ; ses succès furent brillants. Il avait devant lui la plus belle perspective. Sa naissance et son mérite lui ouvraient le chemin des honneurs, et l'ambition l'aurait facilement élevé jusqu'au faîte. Mais il ne put respirer longtemps l'air contagieux de la vieille capitale du monde ; l'aspect de la corruption révolta son âme. A seize ans il forma le dessein de se retirer dans la solitude pour échapper aux dangers de la séduction. Sa nourrice, qui l'aimait tendrement, voulait l'accompagner ; elle le suivit même quelque temps ; mais il trompa sa sollicitude, et arriva seul dans un lieu solitaire nommé Subiaco, à 50 kilomètres de Rome. Là il s'enfonça dans une caverne horrible, appelée depuis la *Sainte Grotte*, et passa ainsi trois ans dans la prière, ne recevant l'eau et la lumière que par la fente du rocher. Pendant tout ce temps, il n'eut aucune communication avec les hommes. Chaque semaine, à travers la fissure de la roche, descendait au bout d'une ficelle un morceau de pain noir et desséché, tandis qu'un vieillard agitait une sonnette au haut du rocher : c'était un vieux solitaire qui venait ainsi partager avec le jeune ermite son pain de chaque jour.

Malheureusement les lieux les plus inaccessibles au bruit du monde ne le sont pas toujours à la tentation. L'image d'une femme qu'il avait vue à Rome se présentait sans cesse à son imagination. Il la repoussait en vain ; elle reparaissait toujours plus séduisante. Le péril était imminent ; en athlète vigoureux, le jeune saint, presque nu, se roule sur un lit de ronces et d'orties. Son corps est déchiré, ses membres sanglants ; mais l'excès de la douleur éteint ses feux, et depuis il n'éprouve plus de tentation. Lorsqu'un homme par ses vertus s'élève si haut, c'est que Dieu l'appelle à de sublimes destinées. Benoît, qui doit répandre sur l'Occident une si vive lumière, ne saurait rester longtemps inconnu. Un jour, des bergers l'ayant aperçu le prennent d'abord pour une bête fauve, à cause de son habit de peau, et parce qu'ils ne s'imaginent pas qu'un être humain ait pu fixer sa demeure au milieu d'une nature si sauvage et de rochers si affreux. Cependant ils s'enhardissent à l'approcher, et ils sont bien agréablement surpris lorsqu'au lieu d'une bête féroce ils trouvent un homme qui leur parle du ciel. Son accent était si pathétique, ses paroles étaient si pleines de feu, que plusieurs, touchés jusqu'au fond de l'âme, se déclarent prêts à tout quitter à son exemple pour ne plus songer qu'à leur salut. Dès lors la réputation du saint commence à croître sans mesure. Les moines du monastère de Vicovare, situé entre *Subiaco* et *Tivoli*, viennent le prier de se mettre à leur tête. Il cède avec peine à leurs instances réitérées ; mais comme il n'est pas homme à composer avec le désordre, la sévérité du nouvel abbé déplaît à ces religieux, qui n'en ont plus que le nom. Ils passent du mécontentement à la haine, et de la haine au crime ; ils conçoivent l'affreux projet de l'empoisonner. Déjà le breuvage est prêt ; mais le saint ayant fait le signe de la croix sur la coupe, elle se brise d'elle-même. Il se contente de rappeler à ses assassins la répugnance avec laquelle il s'est rendu au milieu d'eux, et se retire dans sa première solitude.

Bientôt des hommes arrivent en foule qui demandent à se mettre sous sa direction. Douze monastères s'élèvent presque en même temps dans la province de *Valoria*, autour de la Sainte-Grotte. De grands personnages viennent contempler le saint dans sa solitude, sollicitent comme une grâce sa bénédiction, et plusieurs le prient de vouloir bien élever leurs enfants. Parmi ces enfants illustres, on distingue surtout Maur et Placide, tous deux issus des premières familles de Rome, tous deux fils de consulaires, tous deux célèbres par leur sainteté et par les congrégations fameuses auxquelles ils donneront leurs noms. En butte à une atroce calomnie, dont la sévérité de ses mœurs peut à peine le sauver, il pardonne à celui qui en est la source impure, et pour lui épargner le tourment de l'envie il se retire avec sa petite colonie en un lieu nommé Cassin. Là, son zèle s'enflamme à la vue de quelques restes d'idolâtrie ; il convertit le peuple par ses discours, fait couper les bois sacrés, démolir le temple, et renverse lui-même la statue d'Apollon. Deux chapelles s'élèvent immédiatement sur ces ruines, et c'est là même qu'il jette les fondements du célèbre monastère du mont Cassin, d'où, comme d'une source immense, s'épancheront sur l'Europe des torrents de science et de vertu. Saint Benoît était alors âgé de quarante-huit ans : Justinien tenait depuis trois ans les rênes de l'empire, et Félix IV gouvernait l'Église. Au mont Cassin comme à Subiaco, le saint se vit promptement environné d'une multitude d'hommes qui demandaient à vivre sous sa conduite. Sainte Scolastique, sa sœur jumelle, accourut le rejoindre ; elle fonda sous sa direction plusieurs monastères de religieuses, qu'elle confia à sa paternelle sollicitude. Le jeune saint Placide venait de partir pour la Sicile, où il jeta les fondements de cet antique monastère qui porte encore ce nom, et qui jouit d'une si juste célébrité.

Déjà le mont Cassin ne pouvait plus suffire à la multitude des disciples qui grossissait chaque jour le nombre de ses enfants ; ce fut alors qu'il songea à écrire sa règle, cette règle si célèbre, qui fut depuis adoptée et suivie pendant plusieurs siècles par tous les moines d'Occident. Elle est principalement fondée sur le silence, la solitude, la prière, l'humilité et l'obéissance. Il y règne un tel esprit de sagesse et de discernement que saint Grégoire la met au-dessus de toutes les autres règles ; il la trouve *sermone luculentam et discretione præcipuam*.

Comment s'étonner ensuite de voir son siècle gratifier de la puissance des miracles un homme qu'il présageait devoir exercer une si grande influence sur les destinées de l'Europe? Un jour, en présence d'un peuple nombreux, il ressuscite un novice qui a été écrasé par la chute d'une muraille. Plusieurs fois pour lui l'avenir déchire son voile, et il lui est donné de prédire des choses que la sagesse humaine ne peut prévoir, et que l'événement vérifie. En 542, Totila, roi des Goths, traverse la Campanie; frappé des récits merveilleux qu'on lui a faits de saint Benoît, il veut éprouver par lui-même s'il est tel qu'on le lui avait dépeint. Il lui fait annoncer qu'il ira lui rendre visite. Mais, au lieu d'y aller lui-même, il envoie un de ses officiers avec toutes les marques de la royauté. Le saint vieillard est assis; il se lève dès qu'il aperçoit ce simulacre de roi, et s'écrie : *Quittez, mon fils, cet habit qui n'est point le vôtre!* L'officier tombe à ses pieds. Cette scène est racontée à Totila, qui vient en personne visiter le serviteur de Dieu. Dès qu'il le voit, il se prosterne, et attend pour se relever que le saint lui tende la main. Mais quel est l'étonnement de ce roi superbe lorsqu'il entend ces paroles sévères : « Vous faites beaucoup de mal, et je prévois que vous en ferez encore davantage. Vous prendrez Rome, vous passerez la mer, et régnerez neuf ans; mais vous mourrez dans la dixième année, et serez cité au tribunal du grand juge pour lui rendre compte de vos œuvres. » Totila, effrayé, se recommande aux prières du saint, et se montre moins cruel qu'auparavant. Dix ans plus tard, Rome est prise; Totila a passé la mer, il est mort, et est allé rendre compte à celui qui juge les rois de sa gloire et de ses forfaits.

Un an après cette singulière entrevue, saint Benoît avait fait creuser sa tombe, car il sentait que sa fin était proche. Déjà sainte Scolastique, sa sœur, l'avait précédé dans le tombeau. Pour lui, il avait annoncé sa mort, et il la vit approcher sans trouble. Il s'était fait porter à l'église pour y recevoir le viatique; là, il donna encore quelques instructions à ses disciples, et s'appuyant sur l'un d'eux il pria debout, les mains levées au ciel, et rendit tranquillement l'esprit. Il était âgé de soixante-trois ans, et en avait passé quatorze au mont Cassin. On y voit encore la plus grande partie de ses reliques. On lit dans les chroniques de Saint-Maur que vers la fin du neuvième siècle quelques-unes furent apportées en France, et déposées à l'abbaye de Fleury-sur-Loire, où elles ont toujours été en grande vénération.

BENOIT (Saint), D'ANIANE, en Languedoc, réformateur de la discipline monastique, naquit vers l'an 750 et mourut en 821. Il était fils d'Aigulfe, comte de Maguelone. Après avoir été échanson de Pépin et de Charlemagne, il se retira, en 774, à l'abbaye des bénédictins de Saint-Seine, où il prit l'habit et se fit dès lors remarquer par l'austérité de sa vie. Les religieux de ce monastère ne tardèrent pas à le prier d'être leur abbé ; mais, ne les trouvant pas assez franchement disposés à suivre le même genre de vie que lui, il refusa cette proposition, et préféra se retirer dans une terre appartenant à sa famille, aux environs d'Aniane, petite ville qui fait aujourd'hui partie du département de l'Hérault. Son projet étant d'y vivre désormais dans une profonde solitude; il y éleva, près d'une chapelle consacrée à saint Saturnin, un petit ermitage qui se transforma bientôt en une vaste abbaye. En effet, de nouveaux disciples, désireux de travailler et de prier sous la direction de Benoît, y accoururent chaque jour, et le nombre en devint en peu de temps si considérable, que, en 782, il fallut construire une vaste abbaye pour pouvoir loger les trois cents religieux qui avaient voulu vivre sous sa direction et sous sa règle. La réforme monastique introduite par le saint s'étendit rapidement à tous les monastères du Languedoc et de la Gascogne; c'est de l'abbaye d'Aniane que partirent les moines qui allèrent à cette époque réformer les divers couvents de bénédictins et réviser les statuts donnés par les premiers fondateurs de l'ordre. Plus tard, l'empereur Louis le Débonnaire confia à saint Benoît la surveillance de toutes les communautés religieuses de l'empire, et, pour l'avoir constamment près de lui, fit bâtir aux environs d'Aix-la-Chapelle un monastère dont il lui confia la direction. C'est là qu'il mourut, âgé de soixante et onze ans.

Saint Benoît d'Aniane se montra constamment le zélé protecteur des lettres. Il avait réuni dans son monastère d'Aniane une riche et nombreuse bibliothèque; et peut-être devons-nous la plus grande partie de ce que nous possédons encore aujourd'hui des chefs-d'œuvre de la littérature latine à la noble émulation qu'il sut exciter parmi ses religieux pour copier et multiplier les manuscrits contenant les meilleurs ouvrages des écrivains de l'antiquité.

BENOIT. Quatorze papes de ce nom ont occupé la chaire de saint Pierre.

BENOIT 1er succéda en 573 à Jean III, après dix mois de vacance du saint-siége. Il se nommait *Bonose*, était fils de Boniface, et Romain de naissance. Son règne n'est célèbre que par une famine qui eût dépeuplé Rome si l'empereur Justin n'eût envoyé du blé d'Égypte. Mort en 577, il fut enterré le 31 juillet dans l'église de Saint-Pierre.

BENOIT II succéda en 684 à Léon II. Il était fils de Jean et Romain de naissance. L'empereur d'Orient, Constantin-Pogonat, fit attendre longtemps son consentement à cette exaltation ; mais il parut se repentir bientôt des retards qu'il y avait apportés, et permit que les papes élus fussent immédiatement couronnés sans attendre la confirmation de la puissance temporelle. Cet abandon d'un droit inhérent à l'empire mit les papes dans une indépendance qui fut fatale au repos du monde chrétien. Benoît II ne régna que six mois douze jours. Anastase le Bibliothécaire loue sa douceur, sa patience, son humilité et sa libéralité ; d'autres auteurs le sanctifient, et Rome lui doit la réparation de ses principales églises.

BENOIT III était le fils d'un Romain nommé Pierre, qui l'instruisit aux saintes lettres ; il fut fait diacre par Grégoire IV, et prêtre du titre de Saint-Calixte par Léon IV. Élevé à la chaire pontificale en 855, il répondit au peuple qui accourut en foule pour lui demander son élection : « Ne me tirez pas de mon église! je ne suis pas capable de supporter le poids d'une si grande dignité. » Cette modestie était un pressentiment des chagrins qui devaient l'assiéger. Les empereurs Lothaire et Louis le Germanique s'opposèrent à son exaltation, et voulurent élever à sa place le prêtre Anastase, cardinal de Saint-Marcel, anathématisé par le pape Léon IV. et le concile de Rome. Les évêques se divisèrent, et un schisme affligea l'Église romaine. Les députés impériaux conduisirent dans Rome cet Anastase, qui débuta par faire briser et brûler l'image du concile que le pape Léon avait fait peindre sur la porte de Saint-Pierre. Il marcha ensuite au palais de Latran, fit arracher Benoît III de la chaire pontificale par Romain, évêque de Bagni, l'accabla de coups et d'injures, et le remit à la garde de deux prêtres condamnés comme lui pour leurs crimes. Mais le courage de plusieurs évêques triompha de cette violence : menacés par le glaive des évêques et de leur suite, ils se refusèrent de reconnaître le pape que les empereurs prétendaient leur imposer, et le peuple, ayant pris parti pour ces défenseurs de la puissance ecclésiastique, déclara qu'il ne voulait pas d'autre pontife que Benoît.

Les délégués de l'empire furent contraints de céder; Benoît III fut porté en triomphe à l'église de Sainte-Marie-Majeure, couronné trois jours après dans celle de Saint-Pierre, et se montra digne de sa victoire en tendant les bras à ses ennemis. Ce pape est le premier qui ait pris le titre de *vicaire de Jésus-Christ*. La puissance pontificale s'accrut sous son règne par la piété d'Ethelulphe, roi d'Essex en Angleterre, qui vint à Rome, en 856, offrir à Benoît une couronne du poids de quatre livres, et établit à son retour dans ses États, au profit de Rome, l'impôt connu sous le nom de *denier de saint Pierre*. Il fit même ordonner par le concile de Winchester que la dixième partie de toutes les terres appartiendrait à l'Église. Michel, empereur d'Orient, envoya également à ce pape des présents considérables. Benoît III était digne de ces hommages : il s'efforça de réprimer les déportements des moines, nourrit les pauvres, visita les malades, protégea les faibles, et se rendit cher au monde entier par sa douceur et son humilité. Photius, ennemi du saint-siége, n'a pu s'empêcher de lui rendre justice. Malheureusement il n'occupa le trône pontifical que pendant deux ans et demi : il mourut le 10 mars 858.

BENOIT IV arriva au saint-siége en 905, dans un temps où la richesse du clergé en avait amené la corruption. Il fut impuissant contre l'irruption de tant de vices; mais les efforts qu'il fit pour les réprimer lui valurent les éloges des historiens les plus sévères. Platine lui-même le loue d'avoir conservé sa pureté au milieu d'une aussi grande dissolution. Il n'apporta point dans les affaires l'orgueil de sa noble origine. Forcé de prononcer entre l'évêque de Langres, Argrim, et la faction qui l'avait chassé de son église, il ne voulut rien décider qu'après avoir pris l'avis des évêques assemblés dans le palais de Latran; et, sur la décision de ce concile, il rendit le pallium au prélat dépossédé. Il mourut l'année même de son exaltation. L'histoire de félicite d'avoir échappé par une mort prompte aux impuretés de son siècle, dans lequel, dit Usserius, il ne restait pas même assez de foi pour produire des hérésies.

BENOIT V eut un règne plus court encore. Un schisme sanglant affligeait l'Église. Les Romains avaient chassé le pape Léon VIII, que protégeait Othon le Grand. Ils avaient d'abord mis sur le trône pontifical l'infâme Jean XII, le Sardanapale de la tiare; et quand un assassinat eut puni ce monstre de ses adultères, ils lui substituèrent, en 964, le cardinal Benoît, Romain de naissance, que son savoir et ses vertus rendaient le plus digne de cet honneur; mais son mérite ne trouva point grâce devant Othon, qui était jaloux de ramener les pontifes sous l'autorité impériale. Il leva brusquement le siége de Camerino, qui l'occupait alors, marcha droit à Rome, l'investit de ses troupes, et se montra peu digne du titre de Grand en faisant horriblement mutiler tons ceux qui s'échappaient de la ville sainte. Le pape la défendit en héros et en pontife ; il excommunia l'empereur et son armée; mais les armes d'Othon furent plus fortes que ses foudres. La famine triompha des Romains, et Benoît, déposé le 23 juin, alla finir ses jours dans la ville de Hambourg, où l'empereur l'exila. Il ne fut pas cependant rejeté par l'histoire au nombre des antipapes.

BENOIT VI. Né à Rome, comme presque tous les autres papes de son nom, il succéda en 973 à Jean XIII, avec le consentement d'Othon le Grand. Mais à la mort de cet empereur, le tyran Crescentius s'empara de la ville, de la puissance suprême et du pape, qu'il fit lâchement étrangler dans le château Saint-Ange, après quelques mois de règne, pour lui substituer Francon, qui lui avait conseillé tous ses crimes.

BENOIT VII fut plus heureux. Élevé le 28 décembre 975, après la mort de Domnus II, par la faction des comtes de Toscanelle, ses parents, il avait été délivré Rome de Crescentius et de son complice Francon ou Boniface VII, il régna neuf ans. Il s'était auparavant évêque de Sutri, et s'était fait remarquer par son esprit et son courage. Ces qualités ne l'abandonnèrent point sur le saint-siége. Forcé de lutter contre la faction de Boniface VII, qui avait eu l'adresse de rallier tous les ennemis de l'empereur, et qui de Constantinople, où il était retiré, troublait l'Italie de ses intrigues, Benoît s'attacha à la protection impériale pour se maintenir; mais son protecteur Othon II, fils d'Othon le Grand, n'affermit son autorité que par un exécrable attentat. Cet empereur, arrivé dans Rome sous une apparence de pacificateur, assembla dans un festin les principaux chefs de la faction de Crescentius et de Boniface VII, et les fit massacrer dans la cour du Vatican par ses gardes. Le silence des historiens contemporains ferait douter de ce massacre, qui ne fut raconté que deux siècles après par Godefroi de Viterbe. Mais le surnom de Sanguinaire, donné à Othon II avant Godefroi, paraît justifier cet historien. Personne au reste n'accuse Benoît VII d'avoir pris part à ce crime, qui est le seul fait remarquable de son pontificat. Il mourut le 10 juillet 984.

BENOIT VIII (JEAN DE TUSCULUM) était évêque de Porto, quand il fut appelé à la tiare en 1012, après la mort de Serge IV, par la même faction des comtes de Toscanelle, dont il était aussi le parent, comme fils de Grégoire, comte de Tusculum. Ces comtes étant devenus les tyrans de Rome, le peuple fit élire un antipape du nom de Grégoire, et chassa le pape Benoît, qui se retira en Allemagne, à la cour d'Henri II. La seule peur des armes impériales fit rentrer bientôt après les Romains sous son obéissance. Il couronna ce même Henri, surnommé *le Saint*, et sa femme Cunégonde, dans l'église de Saint-Pierre, et lui fit présent d'un globe d'or surmonté d'une croix, qui devint alors l'un des emblèmes de l'empire. Ce globe fut déposé dans le monastère de Cluny par l'empereur, qui ne fut pas en reste avec le saint-siége. Il confirma les priviléges accordés au pape par Constantin-Pogonat, dégagea l'élection pontificale des formalités du consentement impérial, et, ne se réservant que le droit d'envoyer à Rome des commissaires pour entendre les plaintes du peuple, il renversa par cette concession libéralité la seule digue qui pût arrêter les empiétements temporels du vicaire de Jésus-Christ. L'empereur se mêla aussi de liturgie, et ce fut sur sa prière que le pape ordonna la récitation du *Credo* pendant la messe.

Des soins plus importants vinrent l'occuper après le départ d'Henri II. Muget, roi des Sarrasins de Sardaigne, ayant débarqué près de Luna, et s'étant emparé de cette ville, Benoît marcha contre eux, les tailla en pièces, fit couper la tête de la reine, qui était restée sa prisonnière, et offrit à l'empereur l'or et les pierreries dont cette tête était ornée. Un nouveau trait de cruauté souilla bientôt son pontificat. Pour punir un juif qu's'était moqué du crucifix, il en fit décapiter un grand nombre, et crut fléchir ainsi la colère de Dieu, qui affligeait Rome par un tremblement de terre et des tempêtes. Les irruptions des Grecs dans la Pouille lui présentèrent des ennemis plus difficiles à dompter. Benoît VIII accepta le secours des aventuriers normands qui préludaient à leurs descentes en Italie; mais les premiers de ces illustres vagabonds ayant trouvé des adversaires trop redoutables dans les soldats de l'empereur Basile, Benoît retourna en Allemagne pour implorer les secours d'Henri II. Cet empereur passa les Alpes en 1020, à la tête d'une armée formidable, après avoir acheté les prières du pape par le don de la ville et de l'évêché de Bamberg. Il chassa les Grecs du royaume de Naples, établit les chevaliers normands dans la Pouille, et leur laissa le soin d'anéantir un reste de Grecs réfugiés à l'extrémité de la Calabre. Benoît VIII accompagna l'empereur dans cette expédition, pendant laquelle il fit quelques règlements ayant pour but de réprimer l'incontinence du clergé. Dans un concile tenu à Pavie il renouvela les défenses du concile de Nicée relatives au mariage des prêtres, et déclara leurs enfants serfs et bâtards. Son règne acquit une nouvelle célébrité par le voyage du roi de France Robert, qui alla visiter le tombeau des apôtres et rendre ses pieux hommages au successeur de saint Pierre. Benoît VIII mourut peu de temps après, en 1024, et la superstition de ces temps de barbarie lui prêta des apparitions qui attestent du moins son importance.

BENOIT IX (Théophylacte de TUSCULUM), succéda, en 1033, à Jean XIX, successeur immédiat de Benoît VIII, dont il était le neveu. Il était fils d'Albéric, comte de Tusculum, et fut élu à l'âge de douze ans par le crédit de sa famille. La protection de l'empereur Conrad le maintint sur le saint-siége, qu'il souilla de crimes. Conrad le Salique vint à Rome pour faire voir au peuple que cet indigne pape était sous sa tutelle. Le seul incident remarquable de ce pontificat est la permission accordée à Casimir de Pologne de quitter le monastère de Cluny pour aller reprendre la couronne et mettre un terme à l'anarchie qui dévorait ce royaume. Mais la puissance de Conrad fut enfin contrainte de céder à l'indignation que soulevaient partout les dérèglements du jeune pontife. Les Romains, ruinés par ses exactions, scandalisés par ses adultères, le chassèrent en décembre 1044. Soutenu par les comtes de Toscanelle, il troubla le court règne de l'antipape Sylvestre III, et réussit à rentrer dans son palais; mais il consentit bientôt lui-même à vendre le saint-siége à l'antipape Jean XX, qu'il couronna de ses mains, et se retira chez son père, pour être plus libre dans ses débauches. L'ambition vint le chercher dans sa retraite; il revendiqua dans la même année la puissance pontificale qu'il avait vendue, rentra à main armée dans le palais du Vatican, et reprit les rênes de l'État.

Rome eut alors le scandaleux spectacle de la présence de trois pontifes d'une égale scélératesse. Benoît IX officiait à Saint-Jean de Latran, Sylvestre dans Saint-Pierre et Jean XX à Sainte-Marie-Majeure. Jean-Gratien, archiprêtre de l'église de Rome, homme d'une grande autorité dans la ville sainte, acheta la tiare des trois papes, et, se faisant élire à leur place, fut, sous le nom de Grégoire VI, le quatrième pontife vivant. Benoît IX se contenta des revenus que le saint-siége tirait de l'Angleterre. Mais le quatrième pape fut bientôt déposé comme simoniaque par le concile de Sutri. Henri III, dit le Noir, vint à Rome, convoqua les évêques; et comme les quatre vicaires de Jésus-Christ avaient été simultanément déposés par le concile, il en fit élire un cinquième dans la personne de Swidger, évêque de Bamberg, qui prit le nom de Clément II. A la mort de celui-ci, qui arriva dans la même année 1047, Benoît IX, que l'histoire accuse de l'avoir fait empoisonner, s'empara pour la troisième fois du saint-siége, et s'y maintint jusqu'au 19 juillet 1049. Mais les remords saisirent ce monstre, et après s'être confessé au pieux Barthélemi, abbé de Grotta-Ferrata, il résigna encore une fois la puissance pontificale au moment où Poppon, évêque de Brixen, nommé pape par l'empereur, entrait dans Rome, sous le nom de Damase II. Ce Damase étant mort au bout de vingt-trois jours, le père Maimbourg prétend que Benoît IX fut ramené à Rome par sa faction. D'autres historiens nient ce fait ou le passent sous silence. Quoi qu'il en soit, cette entreprise n'eut pas plus de succès que la précédente. Les Romains, indignés, recoururent encore à la puissance impériale, qui leur envoya l'évêque Brunon pour pape, sous le nom de Léon IX. Benoît disparut alors de la scène du monde. Il se réfugia dans le monastère de Grotta-Ferrata, où il mourut six ans après, en 1054, usé à trente-trois ans par la débauche, et consumé peut-être par le chagrin de n'avoir pu retenir un pouvoir qu'il avait si bien mérité de perdre.

BENOIT X était encore un parent et une créature des comtes de Toscanelle qui dominaient Rome depuis deux siècles. Il se nommait Jean, et était évêque de Velletri à la mort d'Étienne IX, son prédécesseur. Ce pape avait ordonné au clergé, en mourant, d'attendre le retour du diacre Hildebrand avant de faire l'élection; mais la faction dominante la précipita, malgré l'opposition et les anathèmes de Pierre Damien, et l'argent de Benoît et les menaces des comtes de Toscanelle triomphèrent de cette résistance. L'archiprêtre d'office fut forcé, le poignard sur la gorge, de couronner cet indigne pontife, le 5 avril 1058.

Ce nouveau monstre, sorti d'une famille si féconde, ne tint le saint-siége que dix mois; le fougueux Hildebrand, revenu d'Allemagne à Florence, fit élire Girard, évêque de cette ville, qui marcha immédiatement sur Rome sous le nom de Nicolas II, et y entra au mois de janvier 1059. Benoît X, trop faible contre l'empereur Henri IV, vint se jeter aux pieds de son successeur, et se retira dans Sainte-Marie-Majeure, où il mourut deux mois après.

BENOIT XI (Nicolas BOCCASINI) succéda en octobre 1303 à Boniface VIII. Aucun pontife n'avait osé prendre ce nom pendant deux siècles et demi; mais les vertus de celui-ci ne pouvaient en souffrir aucune atteinte. Né de parents obscurs, à Trévise, il était fils du notaire Boccasio Boccasini. Élevé à Venise, il gagna sa vie à instruire les enfants. Entré dans l'ordre des dominicains, il atteignit de charge en charge la dignité de général de cet ordre. Boniface VIII le fit cardinal. Il était connu sous le nom de Nicolas de Trévise. Il était en outre évêque d'Ostie au moment de son exaltation. Elle se fit d'une voix unanime. Dès son avénement au pontificat, il s'efforça de réprimer les scandales qui souillaient les églises de Servie et de Dalmatie. Philippe le Bel, roi de France, lui envoya des ambassadeurs pour le complimenter et se plaindre des abus qu'avait introduits l'ambition de Boniface VIII. Ces envoyés demandèrent la convocation d'un concile à Lyon pour mettre un terme au discord de Rome et de l'Église gallicane. Benoît XI révoqua les anathèmes de Boniface, et sacrifia l'orgueil du saint-siége à la paix de l'Église, en donnant raison sur tout à Philippe le Bel. Il fut moins heureux à Florence, où son légat, voulant terminer la longue et sanglante guerre des Gibelins et des Guelfes, ne fit qu'animer cette fatale discorde. Les Colonne, dépouillés par Boniface au profit des Caïetan, furent rétablis dans leurs biens et dans leurs honneurs; mais le pape, alliant la fermeté à la justice, ne pardonna jamais à Guillaume de Nogaret et à Sciarra-Colonna le pillage du trésor d'Anagni, qu'ils avaient enlevé pendant ces débats. Ils restèrent sous le poids des excommunications dont Boniface les avait frappés.

Benoît XI porta quelques efforts pour seconder Charles de Valois, frère de Philippe le Bel, dans son entreprise sur Constantinople, dont il revendiquait l'empire au nom de sa femme, Catherine de Courtenai; mais ce pape mourut, après dix mois de pontificat, le 6 juillet 1304, à Pérouse, avant d'avoir pu donner quelque suite à cette affaire. Les cardinaux, dont il gourmandait les désordres, le firent empoisonner à Pérouse, par un jeune homme déguisé en tourière des religieuses de Sainte-Pétronille, qui lui apporta des figues. D'autres attribuent ce crime aux Caïetan. Quoi qu'il en soit, sa mort fut un malheur pour l'Église.

BENOIT XII (Jacques de NOVELLI, surnommé FOURNIER), était né à Saverdun, dans le comté de Foix, d'un boulanger appelé Guillaume. Entré dès sa jeunesse dans l'ordre de Citeaux, bachelier de l'université de Paris, où il avait achevé ses études, il y reçut, en 1311, la nouvelle de sa nomination à l'abbaye de Fond-Froide. Évêque de Pamiers en 1317, il gouverna ce diocèse, qu'il abandonna pour celui de Mirepoix, où le pape Jean XXII lui envoya la barrette de cardinal. Huit ans après, en 1334, à la mort de ce pape, le conclave d'Avignon lui donna la tiare; il était alors déguisé sous le nom du cardinal Blanc, de la couleur de son habit; et quoiqu'il fût savant théologien et profond jurisconsulte, il répondit aux cardinaux qui vinrent l'adorer, qu'*ils avaient élu un âne*. Le fait est qu'aucune des deux factions qui partageaient le conclave ne pouvait d'abord à lui, et qu'il ne fut élu qu'au refus du cardinal de Comminges, qui ne voulut point prendre l'engagement de ne jamais reporter à Rome le siége du pontificat.

Les abus introduits dans l'Église trouvèrent dans Benoît XII un ennemi infatigable. Il fit sortir d'Avignon et contraignit à résidence tous les ecclésiastiques ayant charge d'âmes; il révoqua toutes les commendes faites par ses prédécesseurs, ne les laissant qu'aux cardinaux et patriarches, anéantit les survivances promises, abolit la pluralité des bénéfices, réforma les mœurs des monastères, se prononça contre le népotisme en refusant à ses parents les grâces qu'ils sollicitaient, ayant coutume de dire qu'un prêtre ne devait avoir ni parents, ni père, ni mère. Il fallut qu'un de ses neveux eût un mérite avoué de tous pour qu'il lui donnât l'archevêché d'Arles. Les sollicitations des cardinaux et des princes séculiers le trouvaient également inflexible quand il les croyait contraires à la justice. Les Romains l'ayant supplié de rentrer dans leur capitale; il eut quelque désir de s'en rapprocher en transportant le saintsiége à Bologne; mais les révoltes des Bolonais et les intrigues de Philippe de Valois le retinrent à Avignon. Il se contenta de faire réparer à ses frais les principales églises de Rome.

Philippe crut obtenir davantage de ce pontife : il sollicita le titre de vicaire de l'empire en Italie, la levée de toutes les dîmes pendant dix ans, et le trésor de l'Église, sous prétexte d'une croisade pour la Terre Sainte. Mais ce roi de France trouva moins de complaisance dans Benoît que dans son prédécesseur Jean XXII : le pape ne lui accorda pas même le titre de roi de Vienne pour son fils. Toutefois il songeait déjà à réconcilier l'empereur Louis de Bavière avec le saint-siége. Louis s'y prêta de bonne grâce, et Benoît XII était prêt à l'absoudre. Mais Robert de Naples, Philippe de Valois, les rois de Bohême, de Hongrie et de Pologne s'emparèrent de l'esprit des cardinaux, et détournèrent le pape de cet accommodement. Après avoir échoué dans ses nouvelles tentatives, l'empereur Louis de Bavière rappela ses ambassadeurs, convoqua une diète à Francfort, fit casser les actes de la cour pontificale et déclarer que la puissance impériale ne venait point du pape. Les princes de l'empire et le roi d'Angleterre approuvèrent le décret de la diète, et le pape renouvela les excommunications dans les termes les plus durs. Il maintint la vacance de l'empire, donna à Euquin Visconti le titre de vicaire impérial en Italie, établit des gouvernements dans les principales villes de la Péninsule et leur ordonna de lever des troupes. Les rois de France, d'Angleterre et de Portugal bravaient en même temps son autorité; ils levaient des décimes sur le clergé de leurs États pour se faire la guerre. Les officiers de Philippe allaient jusqu'à piller les bénéfices vacants, en étendant le droit de régale. Benoît XII n'osa point s'opposer à l'exécution de cette ordonnance, connue sous le nom de *Philippine*. Le roi de Sicile, Pierre d'Aragon, se moqua également de ses anathèmes, et refusa de rendre son île au roi Robert, que le pape en avait investi. Le grand khan des Tatars fut le seul souverain qui reconnût sa suprématie. Mais l'Europe pouvait échapper tout entière au saint-siége. Le roi de Hongrie lui-même pillait les biens du clergé, et le pape se bornait à des exhortations. Il ne fut pas plus heureux dans ses négociations avec Andronic, empereur d'Orient, pour ramener les Grecs dans le sein de l'Église. Cette lutte de l'Europe contre la cour de Rome était un fardeau trop lourd pour un pape aussi débonnaire. Il mourut après sept ans et quatre mois de règne, le 25 avril 1342, laissant un riche trésor à ses successeurs et une grande réputation de sainteté. On lui attribua plusieurs miracles après sa mort. Mais la plus précieuse de ses vertus fut de ne jamais oublier l'obscurité de son origine, et de refuser même les nobles alliances qu'on lui proposait pour ses nièces. Il préférait les gens de lettres à ses parents; et ses décrétales, ses lettres, ses sermons, ses traités théologiques attestent son savoir et son éloquence.

BENOÎT XIII (PIERRE DE LUNE), antipape, né en Aragon d'une famille distinguée, s'adonna d'abord à la jurisprudence civile et canonique, quitta cette étude pour porter les armes, la reprit ensuite, et enseigna le droit dans l'université de Montpellier. Grégoire XI, le faisant cardinal en 1375, lui dit : « Prenez garde, mon fils, que votre lune ne s'éclipse! » Après la mort de Clément VII (1394), qui siégeait à Avignon, les cardinaux avignonnais l'élurent pape, tandis que les cardinaux romains élisaient Boniface. Il prit le nom de Benoît XIII. Avant son élection, il avait promis de se démettre, si on l'exigeait, pour mettre fin au schisme ; mais, devenu souverain pontife, il oublia sa promesse. Il amusa pendant quelque temps par des paroles trompeuses Charles VI, roi de France, ainsi que divers princes de l'Europe, et finit par déclarer qu'il gardait la tiare. Il ne fut plus dès lors regardé partout que comme un schismatique; on résolut de s'emparer de sa personne, de le déposer, et Charles VI le fit assiéger dans Avignon. Mais lui s'enfuit d'abord dans le voisinage, à Château-Renard, puis à Peniscola, en Aragon, où il mourut, en 1424, ne cessant de lancer des foudres sur toute la terre. Homme de grande renommée, d'un sang illustre, d'une ardente ambition, il avait usé cinq papes : Innocent VII, Grégoire XII, Alexandre V, Jean XXIII et Martin V.

BENOÎT XIII (PIERRE-FRANÇOIS ORSINI) succéda en 1724 à Innocent XIII. Issu de la famille des Ursins, il était né le 2 février 1649, de Ferdinand Orsini, duc de Gravina, et de Jeanne Frangipani, et prit le nom de *Vincent-Marie*, en entrant, le 13 février 1668, dans l'ordre de Saint-Dominique. Sa vie était si simple et si austère qu'il refusa, le 1er mars 1672, le chapeau de cardinal, que sa famille avait sollicité à son insu. Il fallut employer l'autorité du général de son ordre pour le forcer d'accepter. Promu, en 1685, à l'archevêché de Bénévent, il y montra le zèle, la piété et toutes les vertus des premiers temps de l'Église. Ce saint homme faillit être écrasé sous les ruines de son palais épiscopal par un tremblement de terre. Deux poutres lui sauvèrent la vie en se croisant sur sa tête, et il prêcha le même jour avec le saint-sacrement à la main pour rassurer son troupeau. Parvenu à la tiare, malgré lui, dans sa soixante-seizième année, il fit briller sur le saint-siége toutes les qualités qui l'avaient distingué dans les autres situations de sa vie. L'éclat des grandeurs et des richesses le fatiguait; il rejeta les pompes de l'exaltation, et se rendit à pied dans la chapelle où on devait l'introniser : Il fit enlever les belles tapisseries du Vatican, y fit transporter son lit de moine, repoussa le linge qui lui fut présenté et garda son habit de laine. L'appareil de la puissance gênait sa modestie. On eut peine à obtenir de lui qu'il se laissât accompagner par quinze chevau-légers quand il se montrait en public dans sa modeste voiture. Non content de prêcher d'exemple, il essaya de réformer le luxe des autres, et appliqua aux pauvres le superflu qu'il retranchait des attributs et des revenus de la papauté. Il défendit aux prêtres de se prosterner devant lui, n'en garda que douze pour son service, souffrit à peine deux domestiques laïques, obligea les cardinaux à la résidence et rappela le clergé et les moines à la sainteté de leur origine. La frugalité de sa table était au-dessous du nécessaire, et il ne se permettait que quatre heures de sommeil. Il fit fermer les lieux de débauche qui souillaient la capitale du monde chrétien, et ne voulut voir son propre frère, auquel il avait cédé son droit d'aînesse, qu'après sa réconciliation avec sa femme.

Toutefois il avait entrepris une tâche au-dessus de ses forces, en voulant réformer ainsi toute la chrétienté. C'était sans doute ramener le saint-siége à sa destination véritable; mais Benoît XIII arrivait trop tard : la corruption était plus forte que lui. Le cardinal Paulucci convint lui-même que les courtisanes romaines étaient un mal nécessaire, et le bref du pape ne fut qu'à moitié exécuté. Le rétablissement de la paix de l'Église fut encore un des rêves de ce pontife homme de bien; il écrivit à ce sujet à toutes les puissances catholiques. Mais son éducation ultramontaine avait enraciné dans son esprit un principe qui devait nuire à ces projets de pacification. Aucun pape ne poussa plus loin, n'adopta plus exclusivement le dogme de l'infaillibilité du saint-siége.

La bulle *Unigenitus* (voyez aussi CLÉMENT XI) bouleversait l'Église gallicane. Les jansénistes, qu'elle foudroyait, l'avaient expliquée de telle sorte qu'elle était devenue une source nouvelle de controverses. Les explications de cette bulle données en 1720 par le clergé de France n'avaient rien expliqué. Le cardinal de Noailles, qui les avait signées, fut mandé à Rome par le pape, son ancien ami. Le cardinal se borna à lui écrire pour demander une décision. Benoît XIII tira de ces explications douze articles qu'il prit la résolution d'approuver. Mais les molinistes n'en furent pas plus satisfaits que les jansénistes ; les jésuites jetèrent feu et flamme, et ameutèrent les cardinaux contre le pape. Les jansénistes attaquaient de leur côté les jésuites sur leur conduite à la Chine et dans le Paraguay. Benoît XIII parut incliner à les blâmer eux et leurs doctrines ; il convoqua un concile, et en exclut quelques cardinaux, trop attachés à la société. Ces cardinaux protestèrent, et le pape leva la séance. Un concile fut assemblé enfin dans Saint-Jean-de-Latran. Benoît XIII y proposa divers règlements sur la discipline ecclésiastique, avant d'arriver à la bulle *Unigenitus*, qui fut confirmée. Mais au moment de signer, les cardinaux voulant prendre la qualité de *definientes*, qui mettait le pape dans leur dépendance, Benoît XIII s'y opposa, et ne leur accorda que celle de *consentientes*. Il faut remarquer que ces niaiseries sont du dix-huitième siècle : on pourrait l'oublier. Toutefois, malgré son apparente fermeté sur les formes, le pape fit au fond violence à ses propres opinions en condamnant ainsi la doctrine de saint Thomas, dont il était le partisan déclaré. Il profita d'un voyage qu'il fit à Bénévent, en 1727, pour donner une nouvelle explication de la fameuse bulle, et se mit en contradiction avec le concile dont il avait signé les décisions. Il soutint plus tard cette même bulle contre l'opposition de l'évêque de Senez, qui défendait les douze articles extraits par le pape lui-même. Un concile assemblé à Embrun condamna l'évêque, et Benoît XIII souscrivit à la condamnation.

Il ne montra pas plus de suite dans les affaires temporelles. Après avoir manifesté l'intention de soumettre l'empereur Charles VI à l'investiture du royaume de Naples, il lui laissa la liberté de se moquer de ses prétentions. L'empereur et le roi d'Espagne déclarent en 1725 que Parme et Plaisance sont des fiefs de l'empire. Le pape proteste, soutient vivement les droits du saint-siége, et l'empereur n'ayant aucun égard à cette protestation, le pape se borne à faire des prières pour que Dieu triomphe de la résistance de César. La cour de Lisbonne demanda un chapeau pour le nonce Bichi. Le pape refuse, et se laisse insulter par le Portugal pendant toute la durée de son pontificat. Le canton de Lucerne, au mépris de ses remontrances, chasse les jésuites de son territoire. Le roi de Sardaigne était investi depuis trois siècles du droit de nommer aux bénéfices vacants ; la cour de Rome revendiquait ce droit ; les cardinaux étaient partagés, et Benoît XIII, qui donnait raison au roi, mourut sans pouvoir terminer ce différend. Il ne fut pas plus heureux dans son projet de réunir toutes les communions chrétiennes. Il ne lui resta d'autre gloire que celle de ses vertus et de ses bonnes œuvres, ses règlements de police, sa bienfaisance pour les pauvres, son zèle à visiter les hôpitaux et les prisons. « Ce fut, dit Voltaire, un moine entêté, mais un homme de bien, et son passage dans la chaire de saint Pierre honora le siége apostolique. » Il mourut le 21 février 1730, à l'âge de quatre-vingt-un ans, après un règne de cinq ans huit mois et vingt-trois jours.

BENOIT XIV (PROSPER LAMBERTINI) succéda, le 17 août 1740, à Clément XII, successeur immédiat de Benoît XIII. Il était né à Bologne, d'une famille illustre, le 31 mars 1675. Ses progrès de collége furent rapides ; il prit saint Thomas pour son guide théologique. Après avoir étudié le droit civil et canonique sous l'avocat Giustiniani, il fut successivement avocat consistorial et promoteur de la foi, rechercha l'amitié de tous les hommes illustres de son siècle, et se familiarisa avec les auteurs de l'antiquité comme avec les grands poëtes de l'Italie ancienne et moderne. Le bénédictin Montfaucon disait de lui qu'il avait deux âmes, l'une pour les sciences, l'autre pour la société. Clément XI le nomma chanoine de Saint-Pierre, le promut à la prélature, le fit consulteur du saint-office, et l'associa à la congrégation des rites. Innocent XIII le fit canoniste de la pénitencerie ; Benoît XIII lui donna en 1727 l'évêché d'Ancône, le créa cardinal en 1728, et Clément XII lui conféra l'archevêché de Bologne, sa patrie. Lui seul était effrayé de tant de fardeaux. Rome et l'Italie savaient qu'il pouvait y suffire, et il se montra toujours supérieur aux emplois dont il était revêtu. Il porta dans l'administration successive de ces deux diocèses le zèle d'un évêque de la primitive Église, l'instruction d'un homme de son siècle, et un mélange de douceur et de fermeté qui fit admirer tout à la fois sa tolérance et sa justice. Forcé de destituer un curé, il lui enleva son troupeau, et assura la subsistance de sa vieillesse en bénéfice sans charge d'âmes. Ennemi du fanatisme, il protégea même les jours de ceux qui le provoquaient par leurs railleries.

Une fortune plus brillante lui était destinée, et dès sa jeunesse il en avait manifesté le pressentiment, pendant un voyage qu'il avait fait à Gênes avec ses amis. Ceux-ci ayant pris la résolution de retourner par mer à Rome : « Partez, leur dit-il en riant, vous qui n'avez rien à risquer ; mais moi, qui dois être pape, je ne dois pas hasarder ainsi César et sa fortune. » Cette prophétie, qui n'était peut-être alors qu'une plaisanterie de jeune homme, s'accomplit à la mort de Clément XII, malgré la faction de France, que dirigeait le cardinal de Tencin. Les intrigues de ce cardinal fatiguaient ses confrères, et six mois de conclave les accablaient d'ennui. Lambertini leur dit gaiement : « Si vous voulez un saint, nommez Gotti ; un politique, prenez Aldovrandi ; un bonhomme, élisez-moi, » et il fut élu. Il avait alors soixante-cinq ans, et n'avait rien perdu de sa gaieté naturelle. Son pontificat, de près de dix-huit années, ne fut point éprouvé par de ces grands événements politiques qui avaient donné à ses prédécesseurs l'occasion d'exercer et d'accroître leur autorité. La marche de l'esprit humain avait d'ailleurs circonscrit la puissance temporelle des papes dans les limites de leurs États, et leur puissance spirituelle était désarmée de ses foudres, émoussées. Benoît XIV eut la sagesse de le reconnaître. Il laissa Marie-Thérèse et le duc de Bavière se disputer la succession de l'empereur Charles VI, et quoiqu'il fit des vœux pour la reine de Hongrie, il garda une sage neutralité jusqu'à la décision de la fortune. Il se borna alors à un acte insignifiant de souveraineté en attachant le titre d'*Apostolique* à la majesté impériale, et donna en même temps au roi de Portugal celui de *Très-Fidèle*. La suppression du patriarchat d'Aquilée lui attira quelques protestations de la république de Venise ; mais la cour de Vienne étant d'accord sur ce point avec celle de Rome, ce ne fut qu'une guerre de mots.

Les affaires religieuses de France étaient plus sérieuses. Les jésuites, outrant les conséquences de la bulle *Unigenitus*, troublaient le royaume de leurs persécutions. On refusait les sacrements aux moribonds sous les prétextes les plus frivoles et sur les délations les plus infâmes. Louis XV consulta le pape, et Benoît XIV restreignit les refus de secours spirituels à ceux qui étaient notoirement convaincus de désobéir à la bulle. Cette réponse était vague, mais c'était un blâme indirect de l'intolérance, et les persécutions se ralentirent. Les jésuites furent souvent l'objet de ses censures. En 1744 il foudroya les pratiques superstitieuses qu'ils souffraient chez les chrétiens de l'Inde et dans la Chine. En 1745 il fit proscrire la *Bibliothèque janséniste* du père Colonia; en 1755 il condamna l'*Histoire romanesque du Peuple de Dieu* par le père Berruyer. Il défendit les doctrines du cardinal Noris contre les attaques de cette société, et supprima l'*index* dont le grand inquisiteur d'Espagne les avait frappées. Ennemi constant des superstitions qui déshonoraient le christianisme, il mit un terme aux troubles que causait en Pologne la prétendue apparition des vampires. Les *auto-da-fé* le révoltaient; et s'il ne put détruire l'inquisition en Espagne, il purgea du moins la Toscane de ce fléau. Il s'appliqua à combattre dans les cloîtres les rigueurs du fanatisme, et s'efforça de le détruire dans l'esprit du peuple. Il poursuivit sans relâche les thaumaturges, les visionnaires qui abusaient, par des révélations et de prétendus prodiges, de la crédulité publique. Indulgent pour les faiblesses humaines, il releva des censures ecclésiastiques une religieuse enlevée d'un monastère, et que son ravisseur avait rendue mère de trois enfants. Sa charité était inépuisable. Il s'occupa constamment de l'administration des hôpitaux et des moyens de mettre le peuple dans le cas de se passer de la loterie et du mont-de-piété. Pendant les débordements du Tibre, il fit du Colisée l'asile des malheureux qui étaient chassés par les flots de leurs demeures, et leur fit prodiguer des secours. Son aumônier secret lui dit un jour que sa bourse était vide, et qu'il ne pouvait plus suffire à tant d'aumônes. « Chut! répondit Benoît XIV; si les pauvres vous entendaient, ils nous demanderaient nos équipages, nos meubles, nos palais, comme un bien à eux, et nous ne saurions que leur dire. » Il publia des édits contre le luxe, et fit reléguer les courtisanes hors de la ville. Il fit bâtir sur ses plans l'église de Saint-Marcellin, augmenta les bâtiments des Enfants-Trouvés, orna le Colisée de chapelles élégantes, répara le Panthéon ou église de la Rotonde, et fit embellir Notre-Dame de Lorette pour la rendre plus digne du pèlerinage célèbre dont elle était l'objet.

Le dessèchement des marais Pontins, la navigation des fleuves, la restauration des belles routes de l'Italie, attirèrent constamment sa sollicitude, et les arts éprouvèrent sans cesse les effets de sa protection éclairée. Il fit ouvrir l'académie de Saint-Luc, créa le musée et l'enrichit du produit des fouilles qui rendaient à Rome moderne les trésors dont la sculpture et la peinture avaient enrichi la vieille Rome. Il prodiguait les encouragements aux académies, il assistait à leurs séances. Il portait une attention assidue sur les universités, les séminaires et les colléges. Il fortifiait leurs études en y introduisant les nouvelles inventions de l'esprit humain, en proscrivant les routines et le mauvais goût qui entravaient ses progrès. Le catalogue des manuscrits du Vatican fut imprimé par ses ordres. Lié avec tous les savants de l'Europe, il aimait à les attirer dans sa capitale, et se montrait leur digne émule en consacrant à l'étude tous les loisirs que lui laissait l'administration de ses États et de sa puissance spirituelle. Doué d'un esprit fin et pénétrant, il enchantait tous ceux qui pouvaient l'approcher par le piquant de sa conversation et l'à-propos de ses saillies. Aucun homme célèbre n'a jamais laissé tomber de ces mots qu'on aime à redire, et ce serait tronquer la vie de Benoît XIV que de ne point faire apprécier son esprit par des citations de ce genre. En apprenant que le prétendant s'était embarqué pour l'Écosse, il dit que « ce prince ferait comme le fer, il irait au flux, qui revient sur lui-même après s'être avancé ». Quelques gardes de marine de la suite du chevalier de Mirabeau ayant éclaté de rire pendant le baisement des pieds, ce capitaine de vaisseau cherchait à les excuser : « Pensez-vous, dit le pape, que j'empêcherai des Français de rire? Je n'en ai ni le pouvoir ni la volonté. » Voyant, une autre fois, un étranger qui restait debout pendant sa bénédiction : « Ce doit être un Français, dit-il en riant, et je lui pardonne en vertu des libertés de l'Église gallicane. » Le célèbre La Condamine lui demandant une dispense de mariage : « Volontiers, répondit le pape, et d'autant plus que votre surdité assurera la paix du ménage. » Le cardinal Passionei s'emportait, suivant son habitude, dans une discussion avec le pape : « Cardinal, dit Lambertini, si la colère s'élève en raison du rang, la mienne sera plus forte que la vôtre. » Il disait qu'un pape était tellement enchaîné qu'on ne lui laissait la main libre que pour donner des bénédictions. Il comparait un prélat dont le zèle impétueux ne gardait aucune mesure dans l'exécution ou l'explication des brefs, à un gentilhomme napolitain qui avait soutenu quatorze duels pour affirmer que le Dante valait mieux que l'Arioste, et qui était convenu en mourant qu'il n'avait lu ni l'un ni l'autre.

Ces saillies de tous les jours lui attiraient les reproches de ces esprits gourmés qui veulent absolument attrister la dignité et lui donner le masque de la sottise. Mais il était plus vrai lui-même quand il disait : « Les saillies m'ont plus d'une fois tiré d'embarras; et si je composais un manuel pour les hommes d'État, je leur conseillerais d'en faire usage. » Il convenait cependant qu'il n'était pas assez grave pour un pape, et Pasquin le mordait quelquefois là-dessus. Mais, suivant l'expression du cardinal Spinelli, la liberté de sa conversation ne fit jamais soupçonner sa vertu. Ses mœurs étaient d'une pureté exemplaire; et sous cette apparente légèreté se cachaient une profondeur de vues, une sûreté de tact, une prudence, une pénétration, qui justifiaient pour ainsi dire en lui le dogme de l'infaillibilité. Il étudiait avec tant de soin les sujets qu'on lui présentait pour les grands bénéfices, qu'il se trompait rarement sur leur mérite pour leur nullité. Après avoir cédé aux rois de Prusse et de Portugal sur des nominations qu'il improuvait, il eut la satisfaction de les faire convenir plus tard qu'ils s'étaient trompés eux-mêmes.

Personne ne remplissait mieux sa vie que Benoît XIV. Depuis cinq heures du matin jusqu'à neuf heures du soir, il était à la prière, à l'étude, aux affaires ou aux audiences. Le cardinal Colonna, son majordome, et le prélat Bouget entraient alors pour lui raconter les nouvelles du jour, et il donnait carrière à sa brillante imagination. Les grands du siècle se plaisaient à le visiter, à converser ou à correspondre avec Lambertini, quelle que fût leur religion. Frédéric II traitait directement avec lui des affaires ecclésiastiques de son royaume. Le pape le comparait à l'empereur Julien. « Les rapports, disait-il, sont frappants. Même ardeur pour les sciences, même amour pour les savants, même passion pour la gloire, même valeur dans les combats, même succès à la guerre. » Il ajoutait peut-être in *petto* : « même persistance dans l'hérésie ». Il avait si bien pénétré le génie de ce grand homme, que dès son début il n'avait dit que Frédéric ne s'arrêterait qu'aux limites qu'il aurait posées lui-même. La czarine Élisabeth Pétrovna appelait Lambertini *l'homme sage*, et déclarait qu'elle l'aurait pris pour arbitre dans les affaires les plus épineuses, si elle en avait reçu la permission de ses préjugés. Le roi de Naples et la margrave de Baireuth, sœur du roi de Prusse, vinrent à Rome pour lui rendre hommage, et manifestèrent en le quittant le regret de n'avoir pu jouir plus longtemps de sa conversation. « Les moments les plus heureux de ma vie, disait le cardinal Albani, sont ceux que je passe avec le pape. Sa mémoire lui tient lieu de tous les livres; et lorsqu'il n'écrit pas, c'est pour dire des choses que tout le monde voudrait écrire. » Les rois de l'Europe ne cessaient de le féliciter sur sa modération et sa prudence. Voltaire lui dédia sa tragédie de *Mahomet*, et fit pour son portrait le distique suivant :

Lambertinus hic est, Romæ decus et pater orbis,
Qui mundum scriptis docuit, virtutibus ornat.

Le Grand Turc lui-même lui fit faire des compliments. Le roi de Sardaigne, connaissant son horreur pour le népotisme, s'appliquait, par amitié pour lui, à réparer à l'égard de ses parents le tort que leur faisait cette répugnance de Benoît XIV, qui ne permettait pas même à ses neveux et cousins de venir le voir, et ne leur donna ni dignités ni richesses. « Rome, disait-il, n'est obligée par aucun contrat à enrichir ma famille. Je n'en ai pas d'autre que l'Église. La robe de Jésus-Christ ne se partage pas, et mes parents ont de quoi vivre. » Ennemi du faste, et détaché pour lui-même des biens temporels, il ne comprenait pas qu'une âme immortelle se collât sur des pièces d'or. Les Anglais, les Suédois, les protestants de tous les rangs, de tous les États, affluaient à Rome pour visiter un pontife qui avait permis à Marie-Thérèse de les tolérer dans son empire, en lui recommandant de les ramener par la douceur et la persuasion, et qui avait repris fortement un moine pour avoir injurié les juifs du haut de la chaire. Tous ces étrangers étaient tentés de se convertir après l'avoir entendu. « Il nous rendrait tous papistes s'il venait à Londres, » disait un lord; et dans un pays où le pape est brûlé tous les ans en effigie, le fils du ministre Walpole lui érigea un monument dont l'inscription est le plus bel éloge qu'on puisse faire d'un prêtre philosophe.

Treize volumes in-folio sont sortis de sa plume. Quatre ont pour sujet le sacrifice de la messe, les bulles, les brefs, les synodes et les fêtes de l'Église. Huit autres contiennent des dissertations sur la canonisation des saints. Il fut très-sobre sur cet article, et n'enrichit la légende que d'une sainte, Jeanne de Chantal. Mais le recueil de ses lettres est ce qu'il a laissé de plus curieux. Le temps vint où il ne fut plus permis à Lambertini d'écrire. Son âge et ses infirmités l'arrêtaient. Ses jambes enflaient d'une manière alarmante; mais il conserva jusqu'au bout son esprit et sa gaieté. On poursuivait à cette époque la béatification d'un moine. « C'est bien, dit le pape, je le prie en attendant pour ma guérison; et comme il me fera, je lui ferai. » L'affluence des Romains et des étrangers redoublait avec le danger de le perdre : « C'est le commencement de mon convoi, » disait-il en riant; mais un jour qu'on vint interrompre sa prière pour lui parler d'une affaire, il s'écria : « Ces gens-là ne veulent pas que j'arrive au ciel; ils ont toujours quelques intérêts temporels à marmotter; c'est le bréviaire des gens du monde. » Il s'en remit dès lors à la sagesse du cardinal Archinto. Entouré de ses amis et de ses serviteurs, il s'efforçait de calmer leur douleur; son âme était en paix, et se montrait supérieure aux dernières misères de la vie humaine. La voix lui manqua enfin, et, les yeux attachés au ciel, il expira le 3 mai 1758, dans sa quatre-vingt-quatrième année. Les hommes de toutes les religions lui donnèrent des larmes; Rome entière assista à ses obsèques, et l'Europe fut affligée de cette grande perte comme d'une calamité universelle. VIENNET, de l'Acad. Française.

BENOÎTE. D'abord appelée *caryophyllata*, à cause de l'odeur de ses racines fraîches, qui approche de celle du girofle (*caryophyllus*), la benoîte a reçu de Linné le nom de *geum*, que Pline donnait à une plante que le botaniste suédois a supposée être la même; quant au nom vulgaire de *benoîte*, il signifie *herbe bénite*, et vient des vertus médicinales et des propriétés merveilleuses qu'on attribuait à cette plante.

Le genre benoîte, de la famille des rosacées, a pour caractères : calice persistant, à dix divisions, dont cinq alternes, plus petites, forment une sorte de calicule; cinq pétales insérés sur le calice; étamines nombreuses; plusieurs ovaires placés sur un réceptacle commun; styles se développant beaucoup après la floraison, et formant au sommet des graines de longues barbes souvent géniculées, plumeuses ou en crochet.

La *benoîte commune* (*geum urbanum*), qui intéresse le plus les cultivateurs, passe pour vulnéraire, sudorifique et un peu astringente. Elle croît naturellement dans les lieux frais et ombragés, sur la lisière des bois, au pied des haies et des murs. Au printemps le bétail en mange les jeunes pousses; mais les tiges durcissent promptement et sont bientôt rebutées par les animaux. On recommande sa racine, à l'état frais, contre les catarrhes chroniques; sèche, on l'emploie contre les hémorrhagies et les fièvres intermittentes. On l'a propagée pour remplacer le quinquina. La *benoîte aquatique* (*geum rivale*), dont la racine offre absolument les mêmes propriétés, est cultivée dans les jardins comme plante d'ornement. La *benoîte écarlate* (*geum coccineum*), originaire du mont Olympe, est aussi une jolie plante d'ornement, remarquable par ses fleurs cramoisies paraissant pendant tout l'été.

BENSERADE (ISAAC DE) naquit à Lions, petite ville de la haute Normandie, en 1612. Il avait à peine huit ans, lorsque l'évêque qui lui donnait la confirmation lui demanda s'il ne voulait point changer son nom de juif pour un nom de chrétien. « Très-volontiers, répondit l'enfant, pourvu qu'on me donne du retour. » Le prélat trouva la repartie heureuse, et frappant doucement sur la joue d'Isaac. « Il faut lui laisser son nom, dit-il, il le rendra illustre : » Le prélat avait raison. La célébrité prit Benserade au sortir de ses études, et ne le quitta guère qu'à sa mort, célébrité dont plus tard on a fait justice, mais qui n'en fut pas moins réelle. Digne représentant du mauvais goût de son siècle, bel esprit flatteur et railleur, il s'érigea bien vite en galant dans la vieille cour, où ses chansonnettes et ses rondeaux rivalisaient d'affectation avec la prose de Voiture et de Balzac. Sa conversation lardée de pointes et d'équivoques lui valut tout d'abord l'amitié des grands et les faveurs de la fortune.

La Bruyère, dans son chapitre *De la Société et de la Conversation*, a fait le portrait de Benserade septuagénaire; portrait railleur, qui sous les soixante années du modèle laisse assez clairement deviner Benserade jeune et grand poète. Ces quelques lignes de La Bruyère nous prouvent d'ailleurs, avec les critiques de Boileau et de Furetière, que l'astre d'Isaac se coucha moins glorieux qu'il ne s'était levé. Il faut connaître l'engouement dont il rendit malades et la cour et la ville, et le délaissement dont la ville et la cour l'affligèrent plus tard, pour comprendre tout ce qu'une destinée peut avoir de hauts et de bas. Les poètes sont là, comme les rois, pour témoigner de la fragilité des grandeurs humaines, et pour donner de fortes leçons au monde. Bossuet, en parlant des vicissitudes royales, l'a parlé aussi pour les poètes : leurs palmes sont aussi *cassantes* que le sceptre des rois.

Quoi qu'il en soit, la cour ouvrit bientôt à Benserade toutes ses voies de gloire et de fortune. Richelieu, dont il se disait parent, fut le tout d'abord une pension de 600 livres, qui lui fut continuée jusqu'à la mort de l'éminence, et que la duchesse d'Aiguillon lui eût faite toute sa vie sans cette mauvaise plaisanterie qu'il écrivit après la mort du cardinal :

Ci gît, oui, gît, par le morbleu !
Le cardinal de Richelieu,
Et, ce qui cause mon ennui,
Ma pension avec lui.

Au reste, ce fut par un autre trait d'étourderie, où il entra peut-être plus d'affectation que de légèreté, qu'il obtint la protection de Mazarin. On avait lu chez la reine quelques vers de Benserade, que le cardinal avait beaucoup loués, et qui lui avaient fait dire qu'étant lui-même fort jeune, il s'était fait connaître à la cour de Rome par quelques vers galants. Benserade, instruit de ce mot par ses amis, court aussitôt au palais du cardinal. Le cardinal était au lit; on refuse au poète l'entrée de son appartement. Le poète insiste, s'emporte, coudoie les gens à livrée, s'élance dans l'appartement conquis, et va tomber au pied du lit de Mazarin, qui se réveille en criant : « A la garde ! » Benserade le rassure, baise à plusieurs reprises ses mains et sa courte-pointe, et lui témoigne enfin sa reconnaissance de ce qu'il a bien voulu se comparer à lui, épuisant sur ce texte tout l'esprit alors à la mode. Six jours après, le cardinal Mazarin lui fit une pension de deux mille livres sur un bénéfice, et lui donna plus tard plusieurs autres pensions, qui montèrent, dit-on, à plus de douze mille livres.

Si la muse de Benserade fut flatteuse et servile, avide de richesses autant que de succès, il faut cependant reconnaître au poète une grande indépendance dans l'esprit. Il sacrifiait volontiers à la fortune, mais il savait aussi sacrifier la fortune au plaisir de la raillerie. Il plaisantait les grands sans pitié, il n'épargnait même pas ses protecteurs le plus haut placés; en un mot, il remplaçait à la cour le fou du roi, qui avait le droit de tout dire. Un jour Mazarin, jouant au piquet, chercha chicane à son adversaire. Une discussion assez vive venait de s'engager, et l'assemblée, qui faisait cercle, restait silencieuse et comme indifférente au débat dont elle devait être juge, lorsque Benserade entra. Mazarin s'adressant à lui pour décider le cas en litige : « Monseigneur, lui dit-il, vous avez tort. — Eh! comment peux-tu me condamner sans savoir le fait? s'écria Mazarin, qui ne le lui avait point encore expliqué. — Ah! vertubleu! monseigneur, répondit Benserade, le silence de ces messieurs m'instruit parfaitement : ils crieraient en faveur de Son Éminence aussi haut qu'elle, si Son Éminence avait raison. »

Toute la cour fut partagée en 1651 sur le sonnet de *Job* par Benserade et sur celui d'*Uranie* par Voiture. Il y eut deux partis, les jobelins et les uraniens. Le prince de Conti fut à la tête du premier, et sa sœur, madame de Longueville, à la tête de l'autre. Il y eut moins d'animosité entre les guelfes et les gibelins, et cette vieille haine coûta moins de sang et de morts que celle-ci d'encre versée, d'épigrammes et de couplets. Ces deux sonnets seraient inconnus de nos jours, et n'eussent pas même vécu de leur temps sans cette dispute bizarre.

La gloire et la fortune suivirent Benserade à la nouvelle cour. Il y plaisait surtout par sa conversation, toujours assaisonnée de plaisanteries, qui nous semblent aujourd'hui très-mauvaises et fort plates, mais qui lui gagnaient alors tous les cœurs et toutes les admirations, celles même des gens sur lesquels il exerçait son esprit railleur. Il excella surtout dans les vers des ballets qu'il fit pour le roi avant que l'opéra fût à la mode. Il avait un talent particulier pour ces pièces galantes : il savait faire entrer avec assez d'adresse dans les personnages de l'antiquité ou de la fable les caractères, les inclinations, les passions et les aventures de ceux qui les représentaient. Voici des vers pour le roi, représentant le Soleil, qui peuvent donner une idée de la grâce de ces allusions :

Je doute qu'on le prenne avec vous sur le ton
De Daphné et de Phaéton;
Lui trop ambitieux, elle trop inhumaine;
Il n'est point là de piège où vous puissiez tomber.
Le moyen de s'imaginer
Qu'une femme vous fuie et qu'un homme vous mène?

Au commencement de l'inclination de Louis XIV pour mademoiselle de La Vallière, cette dame eut recours à la muse de Benserade pour répondre à son royal amant. Elle fit prier le poète de passer chez elle, sans le prévenir de son dessein. Benserade, avantageux de bel esprit, y courut comme à un rendez-vous, s'introduisit avec mystère, et vint tomber, tout amoureux et tout essoufflé, aux genoux de mademoiselle de La Vallière, comme il avait fait jadis au pied du lit de Mazarin, baisant le bas de sa robe, comme il avait baisé la courte-pointe du cardinal, et s'efforçant de suivre une main qu'il trouvait moins complaisante que celle de Son Éminence. Ce fut vainement que mademoiselle de La Vallière voulut s'opposer au flux de paroles qui s'échappait des lèvres de Benserade : il lui fallut entendre d'un bout à l'autre les improvisations érotiques qu'il avait préparées en accourant chez elle, joyeux et pimpant, le feutre sur l'oreille, le manteau coquet, les nœuds d'épaule satinés, et les aiguillettes à ferrets d'argent. Son amour s'écoulait en torrents de madrigaux, de sonnets, de rondeaux et de poésies de toute espèce, qui faisaient l'admiration et le désespoir de mademoiselle de La Vallière. « Hé! monsieur, s'écria-t-elle enfin, en appliquant sur la bouche opiniâtre de Benserade ses deux mains blanches et mutines, hé! monsieur! ce n'est pas cela! gardez tant d'esprit pour un meilleur usage, je n'en ai que faire pour mon compte : c'est pour le roi, monsieur, qu'il faut le conserver! c'est mon amour qu'il faudra traduire au roi! » Ce disant, elle plonges ses deux doigts dans son corset de satin, en retira un papier parfumé, et l'offrit gravement à Benserade, en lui disant : « Lisez! » Benserade se releva, et lut. C'était une lettre de Louis. « Maintenant, lui dit mademoiselle de La Vallière, en le faisant asseoir devant une table de marqueterie, servez-moi de secrétaire; répondez au roi, qui m'adore et que j'aime; exprimez-lui pour moi, monsieur, la passion que tout à l'heure vous m'exprimiez si bien pour vous. » Benserade ne se déconcerta pas, et devint le secrétaire assidu de la correspondance amoureuse de mademoiselle de La Vallière. Louis XIV, charmé de l'esprit de sa maîtresse, combla Benserade de faveurs et de bienfaits.

Ce fut à peu près dans ce temps, où se trouve la période la plus élevée de sa fortune, que sa gloire poétique reçut un échec dont elle ne se releva pas. Il avait déjà mis les fables d'Ésope en quatrains; il s'avisa, à la prière du grand monarque, de mettre les Métamorphoses d'Ovide en rondeaux. Ce fut une véritable maladie de rondeaux : la dédicace est en rondeau; il n'est pas une métamorphose qui n'en subisse une seconde et qui ne soit travestie en rondeau; le privilège du roi est en rondeaux; en rondeaux sont les *errata*. Jamais on ne vit tant de rondeaux logés sous la même couverture, et nous sommes obligé d'avouer qu'on n'en vit jamais de plus absurdes. Si Ovide avait pressenti au fond de son exil le sort qu'un grand poète nommé Benserade devait infliger à son livre chéri sous la forme du rondeau, il eût ajouté sans doute une élégie de plus à ses *Tristes*. Ce rondeau épigrammatique, qui fut fait à l'occasion de tant de rondeaux, vaut mieux que tous ceux qui sont échappés à la verve de Benserade :

A la fontaine où s'enivre Boileau,
Le grand Corneille et le sacré troupeau
De ces auteurs que l'on ne trouve guère,
Un bon rimeur doit boire à pleine aiguière,
S'il veut donner un bon tour au rondeau.
Quoique j'en buive aussi peu qu'un moineau,
Cher Benserade, il te faut satisfaire,
T'en écrire un. Hé! c'est porter de l'eau
A la fontaine.
De tes refrains un livre tout nouveau
A bien des gens n'a pas eu l'heur de plaire :
Mais quant à moi, j'en trouve tout fort beau.
Papier, dorure, images, caractère,
Hormis les vers, qu'il fallait laisser faire
A La Fontaine.

Benserade fut très-renommé par son goût pour les pointes, les équivoques et les calembours, qu'il jetait à profusion dans ses écrits et dans ses discours; sa réputation ne le cédait en rien à celle qu'eut plus tard M. de Bièvre. Des compilateurs maladroits ont fait des volumes de ses plaisanteries, qu'ils ont données pour des bons mots, et qui ne sont que de fort plates choses. En voici une des plus attiques et des plus délicates : une demoiselle, jeune et jolie, chantait devant lui en s'accompagnant sur le clavecin; sa voix était belle, et son haleine un peu forte. Lorsqu'elle eut achevé sa chansonnette, Benserade s'inclinant profondément devant elle : « J'en aime les paroles, lui dit-il, mais l'*air* n'en vaut rien. » Boileau disait à ses amis que cette malheureuse faiblesse ne l'abandonna pas même dans ses derniers moments ; car peu d'heures avant sa mort, son médecin lui ayant ordonné une poule bouillie : « Pourquoi du bouilli, répondit-il, puisque je suis frit? » Ceci est pitoyable, mais il faut bien pardonner quelque chose aux mourants.

Outre les Fables d'Ésope alignées en quatrains et les Métamorphoses d'Ovide coulées en rondeaux, on a de lui deux volumes de poésies légères, qui, réduites à leur essence, pourraient faire deux petites pages qui ne seraient pas sans quelque grâce naïve et coquette. Il nous a laissé deux énormes in-quarto de tragédies, qui ne valent pas ses ballets, lesquels ne valent pas grand'chose. *La Mort d'Achille, ou la Dispute de ses armes*, tragédie en cinq actes et en vers, est un monument curieux de tout ce mauvais goût auquel parfois sacrifiait Corneille, mais qui s'épurait à son vaste génie. Tous les personnages y parlent le langage des héros de mademoiselle Scudéry : Homère y est parodié plus impitoyablement que ne le fut Ovide dans le livre aux rondeaux. En un mot, il était impossible d'avoir moins de respect pour les morts et pour les vivants. L'auteur n'en fut pas moins choyé des grands, caressé des rois, recherché des femmes, reçu à l'Académie, chargé de pensions et de gloire : la fortune s'est toujours vengée du génie en élevant la médiocrité. Durant les triomphes de Benserade, *le Cid* était critiqué à l'Académie par ordre ministériel ; l'Académie, où trônait l'auteur du sonnet de *Job*, laissait languir à sa porte l'homme qui avait écrit *Cinna*, et refusait de les ouvrir à l'auteur du *Misanthrope*. Au reste, le dix-septième siècle fit justice lui-même de ses erreurs et de son engouement ; la gloire de Benserade se coucha pâle et terne dans la solitude et l'oubli. Nous avons rappelé le portrait un peu rude qu'en trace La Bruyère ; Boileau ne l'épargna pas davantage, ni Cassaigne, ni Voiture, ni Furetière non plus.

Lorsque Benserade vit son astre pâlir, lorsqu'il se sentit délaissé de ses admirateurs, un profond dégoût du monde le prit, lui qui s'était vu grand homme, et que le ridicule diminuait d'un pouce chaque jour. De la cour, las de la ville, le cœur plein d'amertume au souvenir de ses triomphes passés, il se retira à Gentilly, où il vécut et mourut solitaire, entouré de quelques amis, qui, moins inconstants que la gloire, ne l'abandonnèrent pas à la justice des temps. Il passa le reste de ses jours à méditer sur les vicissitudes humaines, à courtiser la muse, qui lui fut toujours un peu rebelle, la méchante! à corriger ses œuvres, qui n'en valent guère mieux, à embellir sa retraite de diverses inscriptions en vers. Il en couvrit ses murs, ses plafonds et les arbres : tout son petit domaine avait l'air d'un album barbouillé sur toutes les pages. Plusieurs de ces inscriptions sont pleines de grâce et de mélancolie, par exemple, celle-ci, écrite sur l'écorce d'un chêne :

Adieu, fortune, honneurs; adieu, vous et les vôtres!
Je viens ici vous oublier.
Adieu, toi-même, amour, bien plus que tous les autres
Difficile à congédier.

Le meilleur livre de Benserade fut sa propriété de Gentilly. Il y mourut en 1691, âgé de soixante-dix-huit ans. Il avait été reçu à l'Académie Française en 1674. Nous terminerons par le portrait que fit de lui Senecay :

Ce bel esprit eut trois talents divers,
Qui trouveront l'avenir peu crédule :
De plaisanter les grands il se fit peu scrupule,
Sans qu'ils le prissent de travers;
Il fut vieux et galant sans être ridicule,
Et s'enrichit à composer des vers.

Ce talent pour les vers faillit le conduire aussi aux honneurs ; on fut à l'instant de l'envoyer en Suède comme résident et même comme ambassadeur, pour complaire à la reine Christine, qui était charmée de ses ouvrages. L'affaire manqua, et Scarron s'imagina de dater ainsi une de ses lettres :

L'an que le sieur de Benserade
N'alla point en son ambassade.

Jules SANDEAU.

BENSLEY (THOMAS), imprimeur à Londres, mort en 1835, partagea avec Bulmer, dans les premières années de ce siècle, la gloire d'être le plus habile et le plus distingué des typographes anglais. Les plus magnifiques ouvrages sortis de ses presses sont la Bible de Macklin (7 vol. in-folio, 1800-1816) et l'édition de luxe de l'*Histoire d'Angleterre* de Hume (10 vol. in-folio, 1806), toutes deux enrichies de gravures. Ses éditions in-8° de Shakspeare et de Hume (11 et 16 vol.) ne sont pas moins remarquables par la beauté de leur exécution. Bensley eut aussi le mérite de deviner la révolution que devait opérer dans son art la presse mécanique, dont Kœnig eut le premier l'idée, d'encourager ses essais et de former avec lui une association à la suite de laquelle, bien qu'en 1819 un incendie eût pour la deuxième fois réduit son imprimerie en cendres, il parvint à atteindre le but qu'il avait eu en vue, à savoir : réaliser de grandes économies dans la fabrication des livres et surtout des journaux, en simplifiant et en rendant incomparablement plus expéditifs les procédés du tirage.

BENTHAM (JÉRÉMIE), savant jurisconsulte anglais, né à Londres, le 15 février 1747. Son père, qui exerçait la profession d'homme de loi, l'avait destiné au barreau ; il y parut, mais il ne tarda pas à être repoussé par les procédés qu'entraîne la cupidité des gens d'affaires. Il raconte lui-même dans un de ses écrits (*Indications concerning lord Eldon*) le dégoût que lui inspirèrent certaines manœuvres imaginées par les procureurs pour grossir leurs émoluments en dépit de la loi et aux dépens des plaideurs. Il abandonna une profession déshonorée par de honteux abus, aimant mieux, comme il le dit, consacrer ses veilles à les dénoncer que d'en tirer profit.

Depuis lors Jérémie Bentham se voua à l'étude avec une infatigable persévérance. Plus de soixante années d'une vie laborieuse furent consacrées à combattre tous les préjugés, à soutenir toutes les réformes. Il attaqua successivement les restrictions de la liberté du commerce, la répartition inégale des impôts, les lois qui fixent l'intérêt de l'argent dans les transactions privées, celles qui prodiguent la formalité du serment ; il ne craignit pas de s'élever contre les maximes exclusives et tyranniques de l'Église anglicane. La réforme, qui a fini par triompher en Angleterre, n'eut aucun champion plus énergique ; mais il la voulait complète, et publia un écrit pour démontrer qu'elle devait être *radicale*, et que modérée elle ne satisferait pas aux vœux et aux besoins du pays. Il apporta dans toutes ces discussions une inflexibilité de principes qui ne se démentit jamais. La législation proprement dite était l'objet habituel de ses travaux. Il en étudia le langage, les procédés et les règles ; il la soumit à la critique rigoureuse d'un esprit observateur et exact. Il voulait embrasser dans un système général de codification, soumettre à l'application d'une théorie commune, tous les rapports sociaux qui tombent dans le domaine des lois, et introduire dans le style légal la précision propre à en rendre l'expression toujours claire et exclusive d'équivoque.

C'est surtout aux lois pénales qu'il consacra ses recherches. Il avait besoin de connaître la jurisprudence criminelle de tous les peuples de l'Europe ; mais il ne pouvait l'étudier que dans la langue originale des diverses nations. Il apprit successivement le français, l'italien, l'espagnol, l'allemand, le russe et le chinois, visita presque toute l'Europe, passa plusieurs années en Crimée, où son frère était employé au service de la Russie, et vint trois fois en France. Lorsqu'il eut parcouru tous les décombres des lois gothiques et rassemblé ses matériaux, il bâtit son plan systématique de lois criminelles, qu'il essaya d'élever entièrement sur la raison, sur la nature des choses et sur l'humanité.

Un principe unique domine tous les systèmes de Bentham, le principe de l'utilité : il le considère comme la base la plus sûre de la législation, comme le régulateur le plus certain des rapports sociaux ; il s'attache à le concilier avec les règles de la morale et de la justice ; il combat la doctrine qui tend à nous imposer des privations sans utilité ; il veut engager les hommes par la considération matérielle de l'intérêt personnel à l'observation des devoirs prescrits dans l'intérêt public.

C'est à Bentham que l'on doit la première conception du système pénitentiaire. Dès 1791 il avait publié son ouvrage célèbre sur le *Panoptique ou maison d'inspection, contenant l'indication d'un nouveau système de construction applicable à toutes sortes d'établissements dans lesquels des individus quelconques sont soumis à une surveillance.* Sur ce plan furent établies les maisons de détention de plusieurs États de l'Europe, et, en particulier, aux États-Unis.

Une prodigieuse activité d'esprit ne lui permettait point de se renfermer dans ces travaux spéciaux. Il publia plusieurs articles dans les *Annales d'Agriculture* d'Arthur Young, composa une *Chrestomathie*, et a laissé, dit-on, dans ses manuscrits un *Traité sur les Mathématiques*.

L'indépendance et l'originalité qui distinguent ses ouvrages se faisaient aussi remarquer dans ses habitudes et dans son caractère. Il s'occupait moins de la publication de ses manuscrits, que de leur composition ; plusieurs furent imprimés longtemps avant d'être livrés au public. Un plus grand nombre, particulièrement un *Essai sur les institutions judiciaires* et un *Code constitutionnel*, auquel il travaillait au moment de sa mort, n'ont jamais vu le jour. Son ami, M. Dumont de Genève, obtint à grand'peine la communication de ses manuscrits, et publia en France des traités complets qu'il en avait extraits sur la *Législation civile et pénale*, sur les *Peines et les Récompenses* et sur les *Preuves judiciaires*. Ces publications, qui n'avaient lieu ni dans la langue ni dans le pays de l'auteur, fondèrent sa réputation sur le continent, et eurent pour résultat singulier de le rendre plus célèbre en France et en Amérique qu'il ne l'était en Angleterre. On voulut plusieurs fois faire paraître une édition complète des œuvres de Bentham. Peu de temps avant sa mort, M. de Talleyrand, qui a dans tous les temps professé pour lui la plus haute admiration, lui offrit de faire faire cette édition à Paris et en français. Ces honorables propositions ne furent jamais acceptées.

Comme écrivain, Bentham était très-obscur, et peut-être doit-il à ce défaut d'avoir pu impunément proclamer des doctrines pleines de hardiesse et propres à irriter de puissantes susceptibilités. Des amis éclairés, parmi lesquels M. Et. Dumont occupe le premier rang, s'exercèrent à donner quelque clarté à ses ouvrages et assurèrent le succès qu'ils ont obtenu. Il faut avouer cependant que leur lecture offre peu d'attrait : le style est incorrect et souvent défiguré par un néologisme presque barbare. La théorie s'y présente dans toute sa sécheresse, et souvent de minutieux détails remplacent une exposition large et élevée.

En correspondance avec Catherine, avec l'empereur Alexandre, avec plusieurs princes, Bentham ne s'écarta jamais des principes qu'il avait soutenus, et ne céda en aucune occasion à l'ascendant de la puissance. L'empereur Alexandre, qui avait reculé devant les théories audacieuses du radical anglais, lui envoya une bague enrichie de diamants : Bentham la refusa, disant que le but de ses travaux était le bonheur des hommes et non la munificence des rois. Ses principes étaient mieux accueillis par les gouvernements libres. L'Assemblée législative recevait ses communications et lui décernait le titre de citoyen français ; plusieurs républiques d'Amérique s'éclairaient de ses lumières, et les Cortès, pendant le court réveil de la liberté espagnole, réclamèrent ses conseils et l'appui de sa science.

Rien n'égalait la simplicité, la franchise de ses manières, sa bienveillance pour les étrangers. On trouve sur ses habitudes et sa vie quelques détails curieux dans les Mémoires de Brissot : « Vous êtes-vous quelquefois représenté Howard, Benezech, par exemple, candeur sur la figure, douceur dans les regards, sérénité sur le front, calme dans les discours, sang-froid dans les mouvements, impassibilité à côté de la sensibilité ; voilà leurs traits, c'étaient ceux de mon ami Bentham. Bentham ne me connaissait que par une injure. Dans ma *Théorie des Lois criminelles*, j'avais traité très-légèrement une dissertation très-profonde qu'il avait publiée sur la *peine du travail* dans les maisons de correction. Ayant appris mon adresse, il vint me décliner son nom, m'expliqua les motifs de son opinion : ce calme, ce sang-froid, me confondirent. Comme j'étais petit à ses yeux ! Je lui demandai son amitié, ses conseils ; il me les promit... Depuis dix ans il se consacrait tout entier à son grand ouvrage sur la jurisprudence criminelle. Sa vie était d'une extrême régularité. A son lever, il se promenait au loin pendant deux ou trois heures, revenait déjeûner seul ; il se livrait ensuite à son travail favori jusqu'à l'heure de son dîner, repas qu'il allait toujours prendre à quatre heures chez son père. Ce père était riche, et cependant Bentham vivait comme un jeune homme de la fortune la plus médiocre, et n'économisait que pour satisfaire sa passion dévorante, celle des livres... Bentham ne voyait qu'avec attendrissement notre révolution ; il en suivait les progrès, et, voulant y participer, il prit plus d'une fois la plume pour diriger nos pas. On se rappelle un excellent ouvrage sur la composition des tribunaux qu'il adressa à l'Assemblée constituante. Le marquis de Lansdowne en avait envoyé cent exemplaires en son nom, à peine daigna-t-on le remercier. La Rochefoucault-Liancourt avait demandé la traduction de cet ouvrage. Sieyès, qui régnait en despote aux comités de constitution et de jurisprudence, et qui ne partageait pas les vues de Bentham, parvint peut-être parce qu'elles n'étaient pas les siennes, fit rejeter cette proposition. »

Malgré la nature de ses travaux et de ses études, Bentham avait beaucoup de verve, de gaieté et de ce que les Anglais appellent *humour*. Son esprit offrait quelque chose de l'originalité de Swift. Il a plusieurs fois attaqué les poètes et les arts d'imagination ; cependant il aimait à citer à l'occasion quelques vers de Virgile, et il rendait un culte d'admiration à Milton, dont l'ancienne habitation se trouvait enclose dans son jardin. Il est vrai, dit un de ses biographes, qu'un autre rapport que la poésie existait entre eux : Milton avait joué de l'orgue, et Bentham était aussi très-habile sur cet instrument. Jamais vieillesse ne fut plus vénérable que celle de Bentham. On se rappelle encore le séjour qu'il fit à Paris en 1825 : il visita les tribunaux, et reçut partout les hommages dus à l'élévation de son caractère et de son talent. Ses longs cheveux blancs flottaient sur ses épaules ; son regard était plein de bienveillance et d'expression ; il rappelait la noble et simple attitude de Benjamin Franklin. Il mourut à Londres, le 6 juin 1832, à l'âge de quatre-vingt-cinq ans, et son testament contenait une dernière preuve de son dévouement à l'humanité, de son éloignement de tous les préjugés. On sait quels obstacles les mœurs et les lois opposent en Angleterre à l'étude de l'anatomie et aux travaux des dissections. Bentham légua son corps à un collège de chirurgie pour être disséqué. Cette disposition a été exécutée : une leçon publique a été faite sur ses restes par le docteur Southwood-Smith, et cet incident si nouveau ne sera peut-être pas sans influence sur les réformes que l'Angleterre a déjà commencé à introduire dans cette partie de sa législation. VIVIEN, de l'Institut.

BENTHEIM, comté du bailliage d'Osnabruck, à l'extrémité occidentale du royaume de Hanovre, auquel il se rattache par le comté de Lingen et par le duché d'Aremberg-Meppen, tandis qu'il est borné partout ailleurs par les Pays-Bas et par la province de Westphalie (Prusse), présente une superficie de 19 myriamètres carrés avec une population de près de 30,000 âmes. Une partie de son territoire consiste en marais, prairies et tourbières; le reste est fertile en blé, plantes légumineuses, betteraves, navets, pommes de terre, lin et bois. La religion des habitants de même que la maison princière de Bentheim est la réformée.

Bentheim était autrefois partagé en haut et bas comté. Le premier, avec la seigneurie d'Emblichheim, constituait un fief de l'Empire; le second était un fief qui, après avoir dépendu de l'évêque d'Utrecht, et ensuite de la province d'Over-Yssel, passa plus tard en la possession des princes de Nassau-Orange.

La race des anciens comtes de Bentheim s'éteignit en l'an 1421, en la personne du comte Bernard Ier. Il eut pour héritier le seigneur Eberwyn de Guterswyck, qui, par son premier mariage, acquit le comté de Steinfurt, et par un second mariage les domaines de la maison de Solms-Ottenstein. Son petit-fils Eberwyn IV, mort en 1562, acquit également par alliance le comté de Tecklenburg, et transmit ses différentes possessions à son fils Arnold IV. Les fils de celui-ci fondèrent les trois lignes de *Tecklenburg*, de *Bentheim* et de *Steinfurt*. Les deux premières subsistent seules aujourd'hui.

En 1817 le roi de Prusse éleva les comtes de Bentheim à la dignité de princes.

La maison de Bentheim-Tecklenburg a pour chef le prince *Casimir*, né le 4 mars 1795, qui succéda à son père en 1837. Ses revenus s'élèvent à environ 70,000 florins. — La maison de Bentheim-Bentheim a pour chef le prince *Alexis*, né le 20 janvier 1781. — Le frère cadet de celui-ci, le prince *Guillaume* DE BENTHEIM, né en 1782, est mort le 12 octobre 1839, à Villa-Franca en Italie. Il était entré au service d'Autriche en 1799, et y était parvenu au grade de feld-maréchal-lieutenant. Au moment de sa mort il commandait le deuxième corps de l'armée autrichienne dans la péninsule.

BENTINCK, famille originaire du Palatinat, mais transplantée d'abord dans les Pays-Bas, et ensuite en Angleterre.

La branche aînée fut fondée et établie en Angleterre par *Jean-Guillaume* de BENTINCK, né en 1648, mort en 1709, troisième fils de *Hendrik* BENTINCK, de Diepenhân dans l'Over-Yssel. Ami d'enfance et confident du roi Guillaume III, il fut créé par lui en 1689 baron anglais de Cirencester, vicomte de Woodstock et comte de Portland. — Son fils aîné, *Henry* BENTINCK, reçut en 1716 le titre de duc de Portland et de marquis de Titchfield. En 1721 il fut nommé gouverneur de la Jamaïque, où il mourut, le 4 juillet 1726. — Son fils et héritier, *William* BENTINCK, né le 1er mars 1768, épousa la riche *Marguerite* CAVENDISH, fille unique du comte Harley d'Oxford, qui fonda la Balstrode un musée, dont faisait partie le célèbre vase de Portland.

BENTINCK (WILLIAM-HENRY CAVENDISH), fils aîné issu du mariage de William Bentinck avec Marguerite Cavendish, né le 14 avril 1738, succéda à son père, mort le 1er mai 1762. A l'époque de la guerre d'Amérique, il fit constamment partie de l'opposition dans la chambre haute. Après avoir été nommé en 1783 premier lord de la trésorerie, il lui fallut dès la fin de la même année céder la place au ministère Pitt, pendant toute la durée duquel il continua à faire également de l'opposition, jusqu'en 1792, époque où il commença à donner son appui à la lutte contre la révolution, et par suite au gouvernement qui se chargeait de la combattre. Le 11 juillet 1794 il fut nommé ministre de l'intérieur, et conserva cette position jusqu'à la retraite de Pitt, en 1801. Il renonça en 1805 à la présidence du conseil privé, et mourut le 30 octobre 1809, après avoir encore une fois rempli pendant quelque temps, au commencement de 1807, les fonctions de premier lord de la trésorerie.

BENTINCK (WILLIAM-CHARLES CAVENDISH), fils cadet et héritier du précédent, né le 14 septembre 1774, avança rapidement en grade dans l'armée, et était parvenu dès 1803 aux fonctions de gouverneur de Madras. Rappelé quelques années plus tard, il fit d'abord un peu de diplomatie; puis passa en Espagne, où il prit le commandement d'une brigade de l'armée anglaise. Il fut ensuite nommé commandant en chef des troupes anglaises auxiliaires en Sicile, ainsi que ministre plénipotentiaire d'Angleterre auprès du roi Ferdinand, réfugié dans cette île. La conduite hautaine de lord Bentinck blessa si profondément l'orgueilleuse reine Caroline qu'en 1811 elle partit pour Vienne, à l'effet d'entrer de là en négociations avec son ennemi mortel Napoléon. Bentinck n'en prit qu'un ascendant encore plus puissant sur la direction de la politique intérieure de la Sicile; et en 1812 il alla même jusqu'à faire octroyer aux Siciliens une constitution que la politique anglaise laissa, il est vrai, mourir de sa belle mort après le renversement de Napoléon. En 1813 Bentinck vint de Sicile débarquer en Catalogne; mais l'issue malheureuse de la bataille livrée à Villa-Franca le força de se rembarquer. Il fut plus heureux l'année suivante dans un débarquement tenté à Livourne, d'où il marcha sur Gênes, dont il s'empara et qu'il garda jusqu'au moment où le congrès de Vienne l'adjugea au roi de Sardaigne. Lord Bentinck ne put définir son gouvernement à tenir la promesse qu'il avait faite aux habitants de cette antique république, et à leur rendre leur indépendance politique confisquée par la France. Il remplit ensuite pendant quelque temps les fonctions de plénipotentiaire anglais à Rome, et plus tard il entra à la chambre basse. En 1827 on l'envoya comme gouverneur général aux Indes orientales, où il interdit sous les peines les plus sévères que les veuves se brûlassent après la mort de leurs maris, et où il favorisa puissamment l'établissement de nouveaux colons venus d'Angleterre. En 1835 il dut céder ces fonctions à lord Auckland, à cause de l'attitude de plus en plus menaçante prise sous son administration par les Afghans et autres peuplades du nord de l'Inde. Lord Bentinck à son retour en Europe vint à Paris, où il mourut le 17 juin 1839.

BENTINCK (WILLIAM-HENRY CAVENDISH SCOTT), fils aîné du précédent, aujourd'hui duc DE PORTLAND, né le 24 juin 1768, est le père de trois fils, dont l'aîné mourut en 1824, et dont le second, né le 17 septembre 1800, porte le titre de marquis de Titchfield.

BENTINCK (GEORGE-FREDERICK CAVENDISH), troisième fils du précédent, connu comme membre de la Chambre des Communes, né le 27 février 1808, entra dans l'armée à l'âge de treize ans, et parvint bientôt au grade de major. Il embrassa ensuite la carrière politique, et devint le secrétaire particulier de son oncle Canning, position à laquelle il rendait éminemment propre son exacte connaissance du personnel de la haute aristocratie et du cercle de la cour. En même temps il possédait à un très haut degré de perfection ce style de protocole qui doit savoir beaucoup cacher tout en paraissant laisser entrevoir. Élu membre du parlement en 1826, il y prit place parmi les whigs modérés, qui reconnaissent lord Stanley pour chef. Mais dès les premières discussions sur le bill de la réforme parlementaire il fit preuve de dispositions marquées à se rapprocher des tories, jusqu'à ce qu'enfin il se sépara avec éclat de l'administration et ne son parti en 1834, lors de la retraite de Stanley, de Graham, etc., etc. A partir de ce moment Bentinck se montra toujours le partisan fidèle de la politique de Peel.

Au parlement, c'était un orateur redouté, mais il menait l'éloquence comme la chasse et les paris. Il possédait une expérience consommée en matière de *turf*, et avait, dit-on, gagné des sommes considérables aux courses. Le 21 septembre 1848, dans une visite aux environs de Londres, il fut frappé d'une attaque d'apoplexie foudroyante; du moins son cadavre fut trouvé gisant sur la voie publique, sans qu'il y eût de traces extérieures d'un acte de violence et sans qu'un vol eût non plus été perpétré. Il mourut célibataire.

La branche cadette de la maison de Bentinck fut fondée par un très-jeune cousin du comte de Portland, ami d'enfance de Guillaume III, par *Guillaume* DE BENTINCK, né en 1701, mort en 1773, créé comte de l'Empire en 1732, marié en 1733 à *Charlotte-Sophie*, fille unique et héritière du dernier comte d'Aldenburg, laquelle lui apporta en dot le majorat d'Aldenburg, composé de la baronnie de Kniphausen et de la seigneurie de Varel, avec de nombreux domaines dans le pays d'Oldenburg; majorat constitué par le dernier comte d'Oldenburg-Delmenhorst en faveur d'un fils illégitime, Antoine, légitimé et créé plus tard comte de l'Empire par l'empereur Ferdinand III. Le comte Guillaume de Bentinck laissa en mourant deux fils, qui à leur tour furent la source de deux lignes collatérales dans la branche cadette. Les représentants de ces deux lignes se sont vivement disputé la possession de l'héritage commun, devenu litigieux entre elles, par suite de questions d'état très-ardues, soulevées par les différents compétiteurs. Il s'agissait de savoir si, aux termes de la loi féodale, la noble baronnie de Kniphausen pouvait jamais passer à des bâtards, ou du moins à des légitimés par mariage subséquent contracté avec une femme d'origine roturière. Les procès nombreux qui s'ensuivirent occupèrent vivement de 1830 à 1840 l'attention publique en Allemagne; et au moment où nous écrivons la question de droit n'est même pas encore définitivement vidée.

BENTIVOGLIO, nom d'une famille qui régna dans Bologne, et qui prétendait descendre d'un fils naturel de Hensius, bâtard lui-même de Frédéric II. Hensius avait été fait prisonnier en 1249 par les Bolonais dans une bataille, et il mourut dans leur ville après vingt-deux ans de captivité. Mais l'histoire de son fils paraît apocryphe, et Sismondi, d'après d'anciennes chroniques, rattache la famille de Bentivoglio à la corporation des bouchers; quoi qu'il en soit, elle avait acquis une certaine illustration à la fin du quatorzième siècle, et elle jouissait d'une haute influence dans la république lorsque *Jean* BENTIVOGLIO se fit proclamer, le 28 mars 1401, seigneur de Bologne. Son règne fut très-court, puisque son armée fut défaite le 26 juin 1402 par Jean Galeaz Visconti, et le lendemain il fut tué par le peuple de Bologne. « Cependant, dit Sismondi, cette première usurpation d'un Bentivoglio devint pour tous les descendants un titre à la souveraineté; et comme dès cette époque Bologne fut presque toujours en lutte avec l'Église pour défendre ou recouvrer son indépendance, le parti de Bentivoglio, par son opposition au parti du pape, se confondit enfin, aux yeux du peuple lui-même, avec le parti de la liberté. »

BENTIVOGLIO (ANTOINE), fils de Jean, après un exil de quinze ans, obtint en 1435 la permission de rentrer à Bologne; mais la faveur populaire dont il jouissait ayant excité la défiance du pape Eugène IV, il fut arrêté le 23 décembre de la même année, et décapité sans jugement.

BENTIVOGLIO (ANNIBAL), fils du précédent, fut appelé à la tête du gouvernement de Bologne lorsque Nicolas Piccinino se fut emparé de cette ville, en 1438. Il épousa une fille naturelle du duc de Milan, dont Piccinino commandait les troupes; néanmoins ce général fit arrêter Bentivoglio en 1442. Une émeute le délivra, et les Milanais furent chassés. Il périt victime d'une conjuration, le 24 juin 1445.

BENTIVOGLIO (SANCHE ou SANTI). Annibal Bentivoglio ne laissant qu'un fils de six ans, les Bolonais choisirent pour chef pendant sa minorité un certain Santi, qui passait pour fils d'Ange Cascèse de Poppi, et que l'on prétendit alors être fils naturel d'un Hercule Bentivoglio. Ce jeune homme, qui était manufacturier en laine à Florence, se laissa faire, et prit le gouvernement de Bologne, en 1446. Pendant les seize années qu'il vécut encore, il usa du pouvoir avec autant de vigueur que de modération, de prudence que de désintéressement, et mourut en 1462, regretté de tous ses concitoyens.

BENTIVOGLIO (JEAN II), fils d'Annibal, que Santi avait élevé avec un soin tout paternel, lui succéda. Les Malvezzi complotèrent contre sa vie, en 1488, et en furent sévèrement punis. Jouissant à Bologne d'une autorité analogue à celle dont Laurent de Médicis s'était revêtu à Florence, Bentivoglio était très-considéré dans toute l'Italie, et il alliait sa famille aux maisons souveraines. Il s'était fait aussi le protecteur des arts et des lettres, ornant Bologne d'édifices somptueux, appelant près de lui les artistes et les savants les plus célèbres, enrichissant sa patrie des plus brillantes collections de statues, de tableaux, de manuscrits et de livres. Il gouvernait Bologne depuis quarante-quatre ans lorsque le pape Jules II s'avisa de conduire une armée devant cette ville, en 1506. Bentivoglio voyant que les Français, dont il attendait le secours, s'étaient unis à ses adversaires, se retira dans le Milanez, le 2 novembre, pendant que les Bolonais ouvraient leurs portes au pape. Il mourut en 1508.

BENTIVOGLIO (ANNIBAL II et HERMÈS), tous deux fils de Jean, furent rétablis le 21 mai 1511 dans la souveraineté de Bologne par les Français. Cependant, bien qu'ils eussent gagné la bataille de Ravenne, les Français abandonnèrent bientôt l'Italie. Bologne se rendit au pape en 1512, et les Bentivoglio, réfugiés à Mantoue et Ferrare, renoncèrent pour toujours à leur souveraineté.

BENTIVOGLIO (HERCULE), un des meilleurs poètes italiens du seizième siècle, naquit à Bologne, en 1506. Son père Annibal II fut forcé la même année de quitter cette ville, dont Jules II prenait possession. Chassé une seconde fois de Bologne, en 1512, Annibal emmena son fils à Ferrare, auprès du prince de la maison d'Este, dont il était parent. Le jeune Hercule Bentivoglio, neveu du duc Alphonse 1er, ne tarda pas à se faire distinguer à sa cour. Il fut plusieurs fois employé par le prince de Ferrare dans des affaires et des négociations délicates. Il mourut le 6 novembre 1573, laissant des œuvres estimées qui ont été publiées ensemble à Paris, en 1719. On y trouve des sonnets, des stances, des églogues, six satires, cinq épîtres et deux comédies, *Il Geloso*, et *I Fantasmi*.

[BENTIVOGLIO (GUI), de la même famille, fut le premier cardinal qu'elle donna à l'Église romaine. Il était né à Ferrare, en 1579. Politique habile et profond, il apporta cette qualité dans ses travaux d'historien, et c'est ce qui leur donne cette maturité et cette supériorité de vues qu'on y remarque. Nourri de fortes études aux écoles de Ferrare et de Padoue, il en sortit très-jeune pour se livrer tout entier à la vie active de l'époque. Il eut bientôt à faire preuve de finesse et d'habileté contre les prétentions du pape Clément VIII, lorsque celui-ci crut pouvoir marcher ouvertement à l'usurpation du domaine des princes de Ferrare. Ces prétentions de Clément VIII allaient contre les droits du frère aîné de Gui Bentivoglio. Déjà une expédition, que commandait le cardinal Aldobrandini sous le titre de général de la sainte Église, se dirigeait sur Ferrare. Gui, à peine âgé de dix-neuf ans, se rendit auprès d'Aldobrandini pour y plaider la cause de son frère. Une espèce de traité de paix s'ensuivit, dans lequel cependant il ne put parvenir à sauver ce qui faisait l'objet de la contestation, c'est-à-dire les droits de son frère sur un territoire qui lui revenait évidemment par droit de naissance. Le pape l'emporta, mais on transigea devant la force sans déshonneur. Cette négociation fut l'origine de la fortune du jeune Gui. L'habileté qu'il avait montrée avec les plénipotentiaires de la cour de Rome l'y mit en grand honneur, et lui ouvrit le chemin des emplois et des dignités. Clément VIII le nomma d'abord son camérier secret.

L'occasion de déployer ses rares talents de diplomate ne tarda pas à lui être offerte. Dès 1607 Paul V, après l'avoir créé archevêque de Rhodes, l'envoya en Flandre en qualité de nonce apostolique. De là il passa, en 1617, avec la même qualité, à la cour de France. Dans ces missions délicates, le diplomate italien se montra plein de prudence et de ressources, et sut toujours stipuler dans l'intérêt de Rome. Enfin, le 11 janvier 1621 il fut nommé cardinal, et retourna à Rome, où il ne tarda pas à captiver toute la confiance d'Urbain VIII, dont il ne cessa plus de diriger la politique jusqu'à la mort de ce pape, arrivée en 1644. Gui Bentivoglio, selon toute apparence, aurait succédé à son ami, si la mort n'était venu le frapper, le 7 septembre de cette année 1644, au conclave même réuni pour nommer le successeur d'Urbain VIII. Ce fut durant son séjour en Flandre que Van Dyck fit son portrait, l'un des plus remarquables parmi ceux que nous possédons de ce peintre au musée du Louvre.

D'autres Bentivoglio ont encore cultivé les lettres ou servi l'Église, mais avec un moindre éclat. *Hippolyte*, né vers le milieu du seizième siècle, après une vie assez agitée, mourut à Ferrare, en 1685. — Son fils, *Cornelio*, né en 1668, fut aussi cardinal. Son meilleur ouvrage est une traduction de la *Thébaïde* de Stace, qui parut à Rome en 1729. Il mourut en 1732. — *Louis* BENTIVOGLIO, frère de Cornelio, fut grand d'Espagne, théologien, orateur et poëte. — Leur sœur *Matilde*, mariée au marquis Mario Calcaguini, cultivait aussi la poésie, et fit partie de l'Académie des Arcades. Elle mourut en 1711.
Charles ROMEY.]

BENTLEY (RICHARD), l'un des philologues les plus instruits, et en même temps les plus judicieux, né le 27 janvier 1662, à Oulton, dans l'Yorkshire, était fils d'un maréchal-ferrant. Il fréquenta d'abord l'école de Wakefield, alla en 1676 étudier à l'université de Cambridge, devint en 1681 professeur à Spalding, dans le Lincolnshire, puis précepteur du fils du docteur Stillingfleet, qu'il accompagna à l'université d'Oxford, et ensuite chapelain du père de son élève, lorsqu'il fut nommé évêque de Worcester.

En 1692, chargé de l'exécution d'une disposition testamentaire de Robert Boyle, il composa huit sermons dans lesquels il réfutait avec une rare sagacité toutes les objections de l'athéisme contre la révélation. En 1693. il fut nommé conservateur de la bibliothèque de Saint-James. En 1693, le comte d'Orrery s'étant plaint, dans la préface des *Lettres de Phalaris*, du peu de complaisance dont avait fait preuve à son égard Richard Bentley, en ne consentant à lui confier que pour quelques heures seulement un manuscrit de cet auteur que possédait la bibliothèque de Saint-James, notre bibliothécaire, piqué de ce reproche, s'en vengea en démontrant la fausseté des prétendues *Lettres de Phalaris*.

En 1700 il fut nommé professeur de théologie au collége de la Trinité à Cambridge, et l'année suivante, après avoir résigné son canonicat de Worcester, il fut pourvu d'un archidiaconat à Ely. Bentley publia alors ses remarquables critiques sur deux comédies d'Aristophane, et, sous le pseudonyme de *Phileleutherus Lipsiensis*, ses leçons sur les fragments de Ménandre. Vinrent ensuite successivement ses éditions annotées d'Horace (Cambridge, 1711; 3e édition 1723, Amsterdam), regardée comme chef-d'œuvre ; de Térence et de Phèdre (1726), que Hare critiqua vivement dans sa célèbre *Epistola critica*, et de Manilius (1739). Son édition de Milton, dans laquelle il s'est permis des changements et des suppressions de tout genre, prouve combien peu il avait le sens de la poésie. Sa vie fut une longue série de querelles académiques, et quelque futiles qu'en aient

le plus souvent été les motifs, on ne saurait disconvenir qu'il y déploya autant de courage que de talent. Il mourut le 14 juillet 1742.

Son neveu, *Thomas* BENTLEY, qui fut, comme lui, membre du *Trinity College* de Cambridge, mort en 1786, s'est également fait un nom comme éditeur et commentateur de quelques classiques, entre autres de César, mais surtout par l'étendue de ses connaissances en archéologie.

BENTZEL-STERNAU. (CHRISTIAN-ERNEST, comte DE), né à Mayence, le 9 avril 1767, entra en 1791 au service de l'électeur de cette ville. En 1806 il passa au service du grand-duc de Bade avec le titre de directeur au ministère de l'intérieur; et en 1812 le grand-duc de Francfort le nomma son ministre des finances. Lorsque, par suite des événements de 1813, cet État cut cessé d'exister, le comte de Bentzel-Sternau alla habiter alternativement en Suisse Mariahalden, près du lac de Zurich, et son domaine d'Emmerichshofen, près d'Aschaffenbourg, où il est mort le 13 août 1850. Partageant depuis longtemps, comme son frère Gottfried, mort en 1832, les doctrines du protestantisme, il embrassa ouvertement le culte à Francfort-sur-le-Mein, en août 1827, déterminé à une telle démarche par la conviction qu'à une époque travaillée comme la nôtre par les sourdes menées du parti prêtre, tout homme d'honneur se doit à lui-même de déclarer hautement quelles sont ses idées en matière de foi.

Les productions de cet écrivain, l'un des plus féconds de notre époque, sont aussi nombreuses que diverses. Ses *Nouvelles pour le Cœur* (2 vol., Hambourg, 1795-1796) avaient déjà produit une vive sensation, lorsque *le Veau d'Or*, biographie (4 vol., Gotha, 1802), vint placer incontestablement l'auteur au rang des écrivains humoristes les plus distingués de l'Allemagne. Nous citerons encore dans la foule de productions auxquelles il a attaché son nom : *Esprits vivifiants des Archives de Klarfeldt* (Gotha, 4 volumes, 1804); *Entretien dans le Labyrinthe* (Gotha, 3 vol., 1805); *Protée* (Ratisbonne, 1808); *Lettres écrites par les Pygmées*, roman satirique (Gotha, 1806) ; *Telanta* (Ratisbonne, 1807); *Morphée* ou *l'empire des songes* (Ratisbonne, 1808); *l'Hôte de Pierre* (Gotha, 1808). De 1808 à 1811, il rédigea le journal ayant pour titre *Jason*, et s'essaya aussi dans le genre dramatique; mais l'élément satirique y domine plus que l'élément scénique. Les productions les plus originales qu'il ait fait paraître en ce genre sont les nombreux proverbes qu'il a réunis sous le titre de *Théâtre de la Cour de Barataria* (4 vol., Leipzig, 1828). On a encore de lui les comédies *Blanc et Noir* (Zurich, 1826) et *A moi le monde!* (Hanau, 1831). Le comte de Bentzel-Sternau se montre partout, mais plus particulièrement dans ses romans satiriques, penseur profond, original, plein de finesse, d'esprit et d'observation; et l'on voit qu'il possède une rare connaissance des hommes et du monde. Toutefois on peut lui reprocher de trop souvent donner la forme de la sentence et de l'aphorisme à ses appréciations, comme aussi de faire abus de l'image, d'être quelquefois recherché, et par suite obscur; défauts qu'on remarque surtout dans les drames *l'Esprit de Canova* (Zurich, 1839) et les *Dernières Feuilles de figuier* (1840).

BENVENUTO CELLINI. *Voyez* CELLINI.

BENZENBERG (JEAN-FRÉDÉRIC), savant physicien, né le 5 mai 1777, à Schœller, près Elberfeld, fils unique d'un pasteur protestant, étudia la théologie à Marbourg, puis la physique et les mathématiques à Gœttingue. Dès 1798 il fit des observations intéressantes sur les étoiles filantes, et le premier il essaya d'en déterminer la distance et l'orbite. Il séjourna ensuite pendant quelque temps à Hambourg, où il fit, sur la tour de Saint-Michel, des expériences sur la loi de la chute des corps, sur la résistance de l'air et sur le mouvement rotatoire de la terre. Après un voyage à Paris, il renouvela encore ses expériences sur le mouvement de rotation de la terre au fond d'une houillère à Schlebusch, dans le comté de la Marche. L'électeur de Bavière le nomma en 1805 professeur de physique et d'astronomie au lycée de Dusseldorff, et lui confia la direction du cadastre qui fut entrepris en 1807, au moyen d'une nouvelle triangulation de la Bavière. Il fonda en outre une école particulière d'arpentage, à l'usage de laquelle il composa un *Manuel de Géométrie*. Ennemi déclaré de Napoléon et de la domination française, il se retira en Suisse quand le territoire de Dusseldorff fut attribué en souveraineté au grand-duc de Berg, et dans ce pays il s'occupa surtout de déterminer les grandes hauteurs au moyen du baromètre. En 1815, la bataille de Waterloo rendit inutile un projet qu'il avait conçu à l'effet de provoquer une levée en masse contre Napoléon. Il se rendit alors à Paris, où il publia son premier écrit politique. Il est intitulé : *Vœux et espérances d'un Habitant du bord du Rhin* (Dortmund, 2° édit., 1815). Ensuite il fit paraître successivement divers ouvrages d'économie politique, de même que des articles relatifs à cette science dans le *Mercure de Westphalie*, toutes publications qui le firent fort bien venir du gouvernement prussien. Comme membre des États de la province rhénane, il réclama constamment un gouvernement représentatif pour la Prusse, l'égalité devant la loi, et la liberté des cultes. En 1845 il publia encore un ouvrage *sur les Constitutions d'États de l'Allemagne*, et de *Nouveaux Essais sur le mouvement rotatoire de la terre*. Il est mort le 8 juin 1846, dans un domaine qu'il possédait à Bilk, village voisin de Dusseldorff, où il avait fait construire, en 1844, un observatoire que par l'acte de ses dernières volontés il légua à la ville de Dusseldorf avec le capital nécessaire à son entretien, ainsi que pour salarier l'astronome chargé d'y faire des observations.

BENZOÏQUE (Acide). Cet acide, ainsi nommé parce qu'il s'obtient du benjoin, entre comme partie constituante dans tous les baumes, dans la vanille, la cannelle, l'urine des enfants et celle des mammifères herbivores. Il se présente sous forme de lamelles nacrées, blanches et flexibles. Il est inodore lorsqu'il est pur, et il a une odeur d'encens quand il renferme de la résine et un peu d'huile essentielle. Sa saveur est piquante et un peu amère. Enfin, sa composition est représentée par la formule $C^{14}H^5O^3+HO$. Il forme avec les oxydes métalliques les *benzoates*, dans lesquels l'équivalent d'eau de l'acide est remplacé par un équivalent d'oxyde métallique.

BÉOTARQUE (de Βοιωτός, Béotien, et ἀρχή, commandement). *Voyez* BÉOTIE.

BÉOTIE, contrée de la Grèce centrale, bornée au nord par la Phocide et la Locride opontienne, à l'est par le canal de l'Eubée, au sud par l'Attique et la Mégaride, à l'ouest par la mer d'Alcyon et la Phocide, quoique ces différentes limites aient beaucoup varié. C'est en général, et surtout au sud-ouest, un pays de montagnes fort élevées. Les vallées renfermées au sud entre le Cithéron et le Parnès, à l'ouest entre l'Hélicon et les défilés du Parnasse, au nord par les monts Opontiens, forment trois régions distinctes : celle de la vallée du Copaé, celle de l'Asope et le littoral de la mer de Crissa. Les poètes et les mythologues anciens célèbrent à l'envi les beautés de ces montagnes, de même que celles du Libethrus et du mont Sphinx. Le Céphyse, qui entre en Béotie à Chéronée, venant de la Phocide, en était le principal cours d'eau; grossi au printemps par une multitude de ruisseaux formés par les pluies, il transforme la vallée de Copaé en un vaste lac. Au nord de la Béotie, l'air est pur et sain ; mais les parties basses de la contrée sont sujettes aux tremblements de terre et à des brouillards épais et malsains.

La Béotie abondait en richesses minérales, notamment en marbre, argile et fer; elle produisait beaucoup de blé et de fruits, et était célèbre même au temps de l'antiquité par ses tuyaux de flûtes. Les habitants primitifs de cette contrée appartenaient à des races diverses; et de bonne heure ils furent refoulés par les Éoliens, venus de Thessalie, avec lesquels ils finirent par se confondre en partie. Les Béotiens étaient de vigoureux cultivateurs, de braves soldats tant d'infanterie que de cavalerie, mais lourds, grossiers, étrangers à tous les raffinements introduits dans les mœurs par la civilisation : aussi y avait-il aux yeux des Grecs quelque chose de honteux à être originaire de la Béotie, et le nom de *Béotien* équivalait-il parmi eux à une injure. Les Béotiens ne laissent cependant pas que d'avoir produit bon nombre de capitaines célèbres, Épaminondas, entre autres; de poètes, de philosophes et d'historiens illustres, par exemple Hésiode, Pindare, Corinne, Plutarque, etc.

Leur territoire et leurs villes les plus importantes, dont le nombre est le plus souvent porté à quatorze, parmi lesquelles on mentionne Thèbes, Haliartus, Thespies, etc., formaient ce qu'on appelait la *Ligue béotienne*. Consultez Klutz, *De Fœdere Bœotico* (Berlin, 1821), et Ter Breujel, *De Fœdere Bœotico* (Grœningue, 1831). A la tête de cette ligue était placé un archonte; venait ensuite un corps délibérant, composé de quatre personnes et siégeant à Thèbes. Quant au pouvoir exécutif, il était confié aux *béoturques* élus en assemblées générales du peuple par les différents États, et dont les fonctions ne pouvaient pas se prolonger au delà de l'une année. Au temps de l'empire romain, il ne subsistait plus que quelques traces de l'existence de cette ligue; car après la bataille de Chéronée, où Philippe fonda la prépondérance macédonienne sur les ruines de la liberté de la Grèce, l'importance politique de la Béotie avait si rapidement déchu, que, vers l'an 30 avant J.-C. Tanagræa et Thespies étaient les seules villes dont il fut encore quelque peu question. Mais les champs de bataille de Platée, de Leuctres, de Coronée et de Chéronée resteront éternellement célèbres dans l'histoire. On trouvera des renseignements les plus précis sur la topographie et l'histoire de la Béotie dans l'ouvrage allemand d'Otfried Muller intitulé *Geschichten hellenischer Stæmme und Stædte* (1er volume), et dans les *Hellenica* de Forchhammer (Kiel, 1841).

BÉOTIEN. *Voyez* BÉOTIE.

On sait de reste qu'il y a des Béotiens ailleurs qu'en Grèce. En effet, de nom des habitants de la Béotie, devenu proverbial, s'emploie pour désigner un homme stupide, illettré, quel que soit le lieu de sa naissance. La néologie a même créé le nom de *béotisme* pour désigner cet état de l'esprit qui fait d'un lourdaud un béotien.

BÉOTIENNE (Ligue). *Voyez* BÉOTIE.

BÉQUARRE. *Voyez* BÉCARRE.

BÈQUE-FIGUE. *Voyez* BEC-FIGUE.

BÉQUET (ÉTIENNE), journaliste, naquit à Paris, vers 1800, d'une famille riche et considérée. Après avoir fait de brillantes études dans sa ville natale, il se conforma d'abord au vœu de son père, qui le destinait au barreau ; mais l'aridité du code le rebuta. Il préférait lire et relire Jean-Jacques, Diderot, et plus encore Voltaire. Geoffroy, Dussault, Hoffman, Duviquet florissaient alors au *Journal des Débats*; ils tendirent une main bienveillante et fraternelle au jeune Béquet, et l'on sait, sous l'initiale R, écrivit pendant quinze ans un feuilleton hebdomadaire de critique pour ce journal. Son insouciant abandon, sa grâce parfaite, son tact exquis, le merveilleux talent qu'il avait de tout dire sans offenser personne, ce besoin qu'il éprouvait de parler toujours plutôt des morts que des vivants, ce profond sentiment des convenances qui ne l'abandonna jamais, le mirent à l'abri des rules épreuves du journalisme. Il s'effaça prudemment pour laisser passer ce nuage, gros de rien, qu'on appelait alors *l'école nouvelle*. Presque seul, il combattit pour Casimir Delavigne, quand le poëte était abandonné de tous. Le premier, il applaudit à la comédie de Scribe, qu'il trouvait ingénieuse et *suffisamment écrite*. C'est même à lui qu'on est redevable du prospectus des œuvres du célèbre vaudevilliste, et jamais il ne donna à personne une plus grande preuve de dévouement. Il avait été l'ami de Talma, il resta l'ami de Mlle Mars, les deux seuls grands talents, selon lui, de notre scène moderne.

Quelquefois, après avoir écrit pendant six mois sa critique hebdomadaire, il abandonnait brusquement la besogne, et, sans dire adieu à personne, il allait dans quelque maison des champs, éloignée de la ville, se replonger avec délices dans cette paresseuse contemplation des modèles, qui était sa vie. Si l'oisiveté devenait trop forte, il se mettait à traduire quelque vieil auteur, et c'est à cette disposition d'esprit que nous devons sa version élégante et fidèle de l'*Histoire véritable* de Lucien, qui fait partie de la collection des romans grecs éditée par le libraire Merlin.

Quoique exclusivement chargé du feuilleton littéraire, Béquet abordait quelquefois cependant la politique dans le *Journal des Débats*. Au mois d'août 1829, à la fin de la monarchie de Charles X, quand tout courait au dénoûment fatal, il arrive au bureau, plein de tristesse, portant, lui aussi, sa page prophétique, qui finissait par ces mots : *Malheureuse France! malheureux roi!* A cette parole, la France sembla se lever comme un seul homme. Le ministère pâlit, tremble, et fait au journal ce mémorable procès qui fut son avant-dernière défaite. Alors seulement on apprit quelle main invisible avait écrit ce *Mané, Tekel, Pharès!* Béquet, sans prévenir personne, s'en fut se dénoncer lui-même au procureur du roi, qui s'étonna de voir entrer dans son prétoire ce Mirabeau si tranquille et si calme. *Totam Græciam conturbavi*, disait-il, comme Cicéron, et il se consolait de tout, même de ne pas être arrêté, avec une citation latine.

Le plus bel avenir semblait sourire à Béquet après la révolution de Juillet, dont il avait donné le premier signal. Tous ses amis étaient professeurs, préfets, conseillers d'État, ministres; lui ne voulut rien être; il trouvait un charme trop irrésistible à vivre dans son indolente paresse. Une autre passion, encore plus triste et qui étonne autant qu'elle afflige, s'empara de lui et le domina jusqu'au tombeau : cet homme d'un esprit si délicat, d'un caractère si aimable, laissait souvent sa raison au fond d'un verre.

Un jour il se mit en tête d'essayer, lui aussi, son roman; et, par un beau jour de printemps, il commença son œuvre après y avoir longtemps rêvé. Il écrivait très-lentement; c'était un habile artiste, s'efforçant d'être simple et calme sur-tout. Il ne lui fallut pas moins d'un mois pour achever ses quelques pages intitulées : *Marie, ou le Mouchoir bleu*. C'est l'histoire d'un pauvre soldat suisse qui vole un mouchoir pour Marie, sa fiancée, que la loi militaire fusille, et qui envole à Marie ce mouchoir qu'il a baisé avant de mourir. Ce petit récit courut toute l'Europe, et eut presque autant de succès que *Paul et Virginie*. On se souvient d'avoir entendu M. Villemain en répéter plusieurs passages par cœur.

Ce succès effaroucha Béquet; mais la *Revue de Paris*, qui avait inséré sa première nouvelle, lui en demanda une seconde, et il se décida à lui donner l'*Abbaye de Maubuisson*, qui fut lue avec non moins de plaisir. En 1835, cependant, une lassitude précoce, et qui était sans remède, le saisit; il abandonna la littérature et le *Journal des Débats*. Son père était mort : il alla s'ensevelir dans un des plus tristes villages des environs de Paris, au fond d'une maison froide et triste, au bord d'une mare fangeuse, avec quelques vieux livres et une servante presque aussi vieille; et une fois là, on ne put plus l'en tirer, il ne voulut plus rien écrire; la vue d'un encrier et d'une plume lui faisait le même effet que l'eau sur les hydrophobes. A dater de ce jour, il vécut seul, tout seul; il relut les chefs-d'œuvre épars dans sa chambre sans tapis; il but, il but sans cesse, il but toujours, et l'abus de cet indigne passe-temps acheva de ruiner sa vie. Ses amis le pleuraient depuis longtemps, quand, le 28 septembre 1838, il mourait dans la maison de santé du docteur Blanche, après une maladie de langueur qui avait duré trois mois.

BÉQUILLE, sorte de bâton surmonté d'une traverse, sur lequel les vieillards, les infirmes et les convalescents s'appuient pour marcher. On appelle *béquillard* celui que l'âge ou les infirmités ont réduit à se servir d'une béquille, et ce mot est employé dans le style comique, comme synonyme de *vieillard*.

Béquille, en termes de jardinage, est un instrument en forme de ratissoire, au moyen duquel on donne un léger labour aux plantes qui sont en végétation, et même aux céréales. Ce binage convient mieux dans le jardinage que dans la culture en grand; cependant, on peut l'employer aussi dans cette dernière avec le plus grand avantage lorsque la main-d'œuvre n'est pas chère, surtout pour les légumineuses à racines charnues et tuberculeuses. La béquille a pris ce nom parce que jadis, au bout de son manche, il y avait un morceau de bois en travers, posé comme celui d'une béquille.

FIN DU DEUXIÈME VOLUME.

www.ingramcontent.com/pod-product-compliance
Lightning Source LLC
Chambersburg PA
CBHW061731300426
44115CB00009B/1172